Wirtschaftsprüfer-Handbuch 1992, Band I

WIRTSCHAFTSPRÜFER-HANDBUCH
1992

Handbuch für Rechnungslegung, Prüfung und Beratung

BAND I

bearbeitet von

WIRTSCHAFTSPRÜFER DR. WOLFGANG DIETER BUDDE
WIRTSCHAFTSPRÜFER PROF. DR. DR. H.C. KARL-HEINZ FORSTER
WIRTSCHAFTSPRÜFER DR. WOLFGANG GREWE
WIRTSCHAFTSPRÜFER PROF. DR. HANS HAVERMANN
WIRTSCHAFTSPRÜFER DIPL.-KFM. HORST KAMINSKI
WIRTSCHAFTSPRÜFER DR. WELF MÜLLER
WIRTSCHAFTSPRÜFER DIPL.-KFM. ERNST A. POHL
WIRTSCHAFTSPRÜFER DR. HORST RICHTER
WIRTSCHAFTSPRÜFER ROLF WINDMÖLLER

herausgegeben vom

INSTITUT DER WIRTSCHAFTSPRÜFER
IN DEUTSCHLAND E.V.

in 10. Auflage seit 1945

IDW-VERLAG GMBH

Düsseldorf 1992

ISBN 3 8021 0493-5

Vorwort

Die 0. Ausgabe ‹Wirtschaftsprüfer-Handbuchs zur Rechnungslegung, Prüfung und Beratun rde unter Beibehaltung der bewährten, den Benutzern vertrau n Grundkortion neu gestaltet. Ziel der Neugestaltung war, bei Aufnahıe von Erläungen zu weiteren wichtigen Fachgebieten ein benutzerfreudliches, prakbles, handliches Handbuch zur Verfügung zu stellen.

Das VPH erschei aher nunmehr in 2 Bänden.

Ban I enthält di läuterungen zum Berufsrecht sowie zur Rechnungslegung und 'rüfung des Jesabschlusses und des Konzernabschlusses, einschließlich Prüfngsergebnis 1 Prüfungstechnik, die um ergänzende Ausführungen zur Rechungslegung d Prüfung der Kreditinstitute, Versicherungsunternehmen und Virtschaftsbebe der öffentlichen Hand erweitert wurden. Einbezogen sind Abschnitte ü die Organbezüge, die Unternehmensverbindungen, Nichtigke und Anfecarkeit, Unterbilanz und Überschuldung sowie der Anhang mit nseszins-Talen, Grundformeln zur Rentenversicherung, Teilwert- und Barwrttabellen z Plausibilitätsprüfung der Pensionsrückstellung und einer Überict über di achgutachten und Stellungnahmen des IDW.

In Bad II, der in irze folgt, sind Sonderprüfungsbereiche (unzulässige Unterbewetung, Gründg, Kapitalerhöhung, Verschmelzung, Umwandlung, Sanierung, Datenschutzdie Unternehmensbewertung, Treuhand- und Beratungsaufgabe sowie für d Berufspraxis wichtige rechtliche Bestimmungen der grenzüberschreitenden esellschaftsformen und Maßnahmen (Europa AG, Europäische Wirtschaftlic Interessengemeinschaft, Niederlassungen, Internationale Fusion), des Kartrechts, des Insolvenzrechts, der Verjährung, der Kapitalneufestsezung nach lem DM-Bilanzgesetz sowie die Wertsicherungsklauseln behardelt.

Entfalen sind die den Vorauflagen enthaltenen Gesetzestexte zur Rechnungslegun und Prüfu und der Abschnitt Steuerrecht sowie – zunächst – die Ausführigen über Fanzwirtschaft, Preisrecht, Kostenrechnung und Betriebsvergleich

Für ds umfangrche Gebiet des Steuerrechts ist ein gesonderter Band, das „Hancuch der Uternehmensbesteuerung" erschienen (Düsseldorf 1990). Der steuerlche Jahresbschluß wird, wie zuvor, bei den Erläuterungen zum Bilanzrecht tehandelt.

Die Gsetzestexte waren bereits bisher weitgehend in der Textsammlung „Wirtschaftsgesetze" dc IDW-Verlag GmbH enthalten. In die 9. Ausgabe der Wirtschaftsgesetze sin nunmehr – mit Ausnahme der Krankenhausgesetzgebung – alle bisher im WFH enthaltenen Gesetze und Verordnungen des Bundes aufgenommen worden. Damit entfällt die durch die Überschneidung eingetretene Doppeveröffentlichung einerseits; zum anderen ist damit sichergestellt, daß die Gesetzestexte aktuell und in einer handlichen Ausgabe vorliegen.

Im Interesse der Benutzerfreundlichkeit wurden Textziffern aufgenommen und in diesem Zusammenhang die einzelnen Hauptabschnitte nicht mehr mit römischen Ziffern, sondern durchgehend mit Großbuchstaben bezeichnet.

Nach ihrem Eintritt in den Ruhestand sind aus dem Vsserkreis ausgeschieden die Herren WP Dr. Hans-Jörg Gmelin, Essen, WF Hans Kaiser,Stuttgart, WP Dipl.-Kfm. Joachim Kretschmer, Frankfurt/n, RA Dr. Mnfred Thümmel, Düsseldorf und RA Dr. Manfred Zilias, Ddorf; neu hizugekommen sind die Herren WP/StB Dipl.-Kfm. Die Dörner, Stutgart, WP/StB Dr. Wolfgang Grewe, München, WP/StB/RA Welf Müller, rankfurt, WP Dipl.-Kfm. Ernst August Pohl, Düsseldorf, Dr. Horst Rhter, Köln und WP/StB/RA Rolf Windmöller, Frankfurt/M

Gesetzgebung, Rechtsprechung und Literatur sind mintens auf dem Stand von Ende März 1991. Gegenüber der Vorauflage habech im einzeln folgende Änderungen und Ergänzungen ergeben:

Berufsrechtlicher Teil

Abschnitt A: Der Beruf des Wirtschaftsprüfers

Abschnitt B: Berufsorganisationen

Abschnitt C: Andere prüfende und beratende Berufe

Abschnitt D: Übersicht über die rechtlichen Grundlagen vim Bereich de Wirtschaft vorgeschriebenen Prüfungen

Der Berufsrechtliche Teil ist nicht nur aktualisiert, sonderuch neu gefßt und dabei gestrafft worden; so wurde auf die Wiedergabe vonesetzes- undRichtlinientexten verzichtet, weil diese gesondert zugänglich si.

Die Ausführungen zur Auftragsabwicklung, über das Horar, die Steur- und Rechtsberatung sowie zu den Hilfsberufen befinden si nunmehr nit in Abschnitt A über den WP-Beruf; dagegen sind Aufgaben id Organisaton der Wirtschaftsprüferkammer und der Arbeitsgemeinschaft fi das wirtschftliche Prüfungswesen mit in Abschnitt B „Berufsorganisationen" argestellt wrden.

Eingehend erläutert wurde der Zugang zum Beruf und das erfahren au Anerkennung als Wirtschaftsprüfungsgesellschaft; neu sind Hineise für sognannte Altgesellschaften, weil die entsprechenden Erkenntnisse er in den letztn Jahren gewonnen werden konnten.

Soweit möglich und erforderlich, ist die anstehende Novdierung sowhl der Wirtschaftsprüferordnung als auch der Berufsrichtlinien anesprochen vorden; hier gilt der Vorbehalt, daß im Zuge der noch in Gang befirlichen Bertungen andere Lösungen nicht ausgeschlossen werden können.

Hinsichtlich der Rechtsbesorgungsbefugnis konnte im Hinbck auf die klärende positive Rechtsprechung einerseits und die vielfache Zsammenarbeit mit Rechtsanwälten andererseits auf die Darstellung der frühern Rechtsprechung und Literatur verzichtet werden; bei den Erläuterungen der Honorarregelungen ist ua. den kartellrechtlichen Besonderheiten Rechnung getrgen worden.

Verfasser: WP Dipl.-Kfm. Horst Kaminski, Düsseldorf

(Mitarbeiter: RA Manfred Hamannt, WP/StB Peter Marks, RA Dieter Pfefferer [alle Düsseldorf])

Fachlicher Teil

Abscnitt E: *Erläuterungen zu den für alle Kaufleute geltenden Vorschriften zum Jahresabschluß*

Abscnitt F: *Erläuterungen zu den für Kapitalgesellschaften geltenden ergänzenden Vorschriften zum Jahresabschluß und zum Lagebericht sowie zum Abhängigkeitsbericht*

Abscnitt G: *Erläuterungen zu den für eingetragene Genossenschaften geltenden ergänzenden Vorschriften zum Jahresabschluß und zum Lagebericht*

Abscnitt H: *Erläuterungen zu den Vorschriften zum Jahresabschluß und zum Lagebericht nach dem Publizitätsgesetz*

Die Überarbeitung der vorstehenden Abschnitte erstreckte sich im wesentlichen auf d Einarbeitung und Berücksichtigung zwischenzeitlich ergangener Änderunge des Bilanzrechts, der Stellungnahmen und Verlautbarungen der Berufsorganationen, des einschlägigen Schrifttums – insbesondere der nunmehr vorliegerlen Kommentierungen des Bilanzrichtlinien-Gesetzes – und der BFH-Rechtprechung. Nennenswerte Änderungen haben sich dabei nicht ergeben, doch onnten verschiedene Fragen, die in der Vorauflage unmittelbar nach Verabschedung des Bilanzrichtlinien-Gesetzes offengeblieben sind, einer Klärung zugefhrt werden.

Neu nd im Abschnitt F erstmals erläutert sind die zahlreichen Sonderposten nach em D-Markbilanzgesetz, soweit diese für die folgenden Jahresabschlüsse relevat sind. Außerdem sind die Fragen der Aufstellung und Prüfung des Abhägigkeitsberichts, die bisher in einem besonderen Abschnitt dargestellt waren in Abschnitt F einbezogen worden.

Verfaser: WP/StB Dipl.-Kfm. Professor Dr. Dr. h.c. Karl-Heinz Forster, Frankfurt/Main

(Mitarbeiter: WP Dipl.-Kfm. Wolf-Dietrich Gelhausen, WP/StB Dipl.-Kfm. Dr. Michael Bullinger, Dipl.-Kfm. Dr. Gerd Fey, WP/StB Dipl.-Ök. Dr. Wolf-Michael Farr, WP/RA Dr. Hans Friedrich Gelhausen, alle Frankfurt/Main)

Abschntt J: *Erläuterungen zu den für Kreditinstitute geltenden ergänzenden Vorschriften zur Rechnungslegung und Prüfung*

Die für Kreditinstitute geltenden ergänzenden Vorschriften werden derzeit an die Bankbilanzrichtlinie angepaßt; durch das Bankbilanzrichtlinie-Gesetz ist bisher allerdings erst ein Teil der Vorschriften der Bankbilanzrichtlinie transformiert worden. Die neuen Vorschriften sind erstmals auf das nach dem 31. Dezember 1992 beginnende Geschäftsjahr anzuwenden. Im Hinblick auf diesen Rechtszustand werden die im Augenblick geltenden Vorschriften und die zukünftg anzuwendenden Bestimmungen weitgehend nur im Überblick dargestellt.

Verfasser: WP/StB/RA Rolf Windmöller, Frankfurt/Main

(Mitarbeiter: WP/StB Herbert Busch, Frankfurt/Main)

.cnnitt K: Erläuterungen zu den für Versicherungsunternehmen geenden
ergänzenden Vorschriften zur Rechnungslegung und Prüfung

In diesem neu aufgenommenen Abschnitt sind die Vorschriften zur Rechungslegung und Prüfung der Versicherungsunternehmen, soweit sie von dei allgemeinen Regelungen abweichen, in ihren Grundzügen dargestellt. Ebnfalls
berücksichtigt wurden spezifische Fragen der Prüfungstechnik bei Vrsiche-
rungsunternehmen.

Die EG-Versicherungsbilanzrichtlinie, die zum Zeitpunkt der Fertigstellng des
Manuskriptes als Entwurf vorlag, ist in einem gesonderten Unterabchnitt
behandelt.

Verfasser: WP Dipl.-Kfm. Horst Richter, Köln

(Mitarbeiter: Dipl.-Kfm. Dr. Frank Ellenbürger, WP/StB Dipl.-
Kfm. Gerd Geib, beide Köln)

Abschnitt L: Erläuterungen zu den für Wirtschaftsbetriebe der öffentliche Hand
geltenden ergänzenden Vorschriften zur Rechnungslegung ud Prü-
fung

Dieser ebenfalls als Exkurs zu den vorangegangenen Ausführungen zu Rechnungslegung und Prüfung nach Handelsrecht neu aufgenommene Abchnitt
behandelt die Besonderheiten, die auf diesen Gebieten bei den Wirtschftsbe-
trieben der öffentlichen Hand zu beachten sind; er enthält umfassende Hnweise
auf die zu berücksichtigenden zahlreichen einschlägigen Gesetze und Verordnungen sowie auf die entsprechende Fachliteratur.

Verfasser: WP/StB Dipl.-Kfm. Ernst August Pohl, Düsseldorf

Abschnitt M: Erläuterungen der Rechnungslegung und Prüfung im Konzen nach
dem Handelsgesetzbuch

Abschnitt N: Erläuterungen der Rechnungslegung und Prüfung im Konzen nach
dem Publizitätsgesetz

Abschnitt M ist eingehend überarbeitet worden. Neben der neueren Literatur
wurden auch Einzelfragen berücksichtigt, die sich aus der Anwendung der Konzernrechnungslegungsvorschriften des Handelsgesetzbuchs in der Zwishenzeit
ergaben. Kürzungen konnten insoweit vorgenommen werden, als Ausfürungen
zu den Übergangsvorschriften nunmehr entbehrlich erschienen.

Abschnitt N ist im wesentlichen unverändert geblieben.

Verfasser: WP Dipl.-Kfm. Professor Dr. Hans Havermann, Düsseldorf

(Mitarbeiter: WP Dipl.-Kfm. Ulrich Maas, WP Dipl.-Kfm. Dr.
Wienand Schruff, beide Düsseldorf)

Abschnitt O: Das Prüfungsergebnis

Die Ausführungen zum Bestätigungsvermerk und zum Prüfungsbericht nach
handelsrechtlichen Grundsätzen wurden eingehend überarbeitet. Das nach Herausgabe der Vorauflage erschienene umfangreiche Schrifttum einschließlich der

Kommentare, insbesondere der zum Handelsgesetzbuch, wurde unter besonderer Berücksichtigung der Fachgutachten und Stellungnahmen des Berufsstandes und der Praxiserfahrungen eingearbeitet. In einigen Fällen sind zwischenzeitlich bei der letzten Auflage noch nicht abschließend zu klärende Sachverhältnisse etc. auf der Basis der Publikation von Fach- und Berufsstandsauffassungen einer Klärung zugeführt worden. Bei der Überarbeitung der Darstellung zu sonstigen Prüfungen wurden die fachliche Entwicklung, die Veröffentlichungen der Aufsichtsämter und die zwischenzeitlich erfolgten Anpassungen verschiedener gesetzlicher Regelungen an das Bilanzrichtlinien-Gesetz einbezogen.

Der Aufbau des Abschnittes wurde unter Berücksichtigung von Klarheit und Übersichtlichkeit der Darstellung grundsätzlich beibehalten.

Verfasser: WP/StB Dipl.-Oec. Dr. Wolfgang Grewe, München

(Mitarbeiter: WP/StB Dipl.-Kfm. Michael Irmscher, StB Dipl.-Kfm. Dr. Martin Plendl, beide München)

Abschnitt P: *Prüfungstechnik*

Bei der Überarbeitung dieses Abschnitts wurden die neueren nationalen und internationalen Verlautbarungen des Berufsstandes zu den Prüfungsgrundsätzen und den Prüfungsverfahren, namentlich das Fachgutachten 1/1988: Grundsätze ordnungsgemäßer Durchführung von Abschlußprüfungen berücksichtigt. Dabei wurde der Abschnitt Prüfungsplanung völlig neu konzipiert.

Die Ausführungen zur Prüfungsdurchführung wurden um die Prüfungshandlungen für solche Posten ergänzt, die als Sonderposten aus den DM-Eröffnungsbilanzen in den Jahresabschlüssen der Folgejahre fortzuführen sind.

Verfasser: WP Dipl.-Kfm. Professor Dr. Hans Havermann, Düsseldorf

(Mitarbeiter: WP Dipl.-Kfm. Heinz Nelißen, Düsseldorf)

Die Unterabschnitte „Computergestützte Prüfungshandlungen" und „Prüfung des internen Kontrollsystems bei computergestützten Buchführungssystemen" wurden von WP Dipl.-Kfm. Professor Dr. Günther Minz, Köln, verfaßt.

Abschnitt Q: *Die Bezüge des Vorstands und des Aufsichtsrats einer Aktiengesellschaft*

Abschnitt R: *Unternehmensverbindungen*

Die Erläuterungen zu Abschnitt Q sind gegenüber der Vorauflage im wesentlichen unverändert geblieben. Sie beinhalten die Anpassung an die Terminologie des Handelsgesetzbuchs in der Fassung nach Berücksichtigung des Bilanzrichtlinien-Gesetzes.

Abschnitt R beinhaltet – aufbauend auf den Erläuterungen der Vorauflage – die jetzt zusammengefaßte Darstellung der Unternehmensverbindungen im Aktiengesetz und Handelsgesetzbuch. Außer der Aktualisierung durch Berücksichtigung neuer Rechtsprechung und Literatur wurden Ausführungen zur faktischen Konzernierung und zu den Unternehmensverträgen mit abhängigen GmbH neu aufgenommen. Die Erläuterungen zu § 271 Abs. 2 HGB greifen die nunmehr herrschende Auffassung zum weiten Begriffsfeld der verbundenen Unternehmen im Handelsgesetzbuch auf.

Verfasser: WP/StB/RA Dr. Welf Müller, Frankfurt/Main

(Mitarbeiter: WP/StB/RA Dr. Ernst Thomas Kraft, Frankfurt/Main)

Abschnitt S: Nichtigkeit und Anfechtbarkeit von Hauptversammlungsbeschlüssen und des festgestellten Jahresabschlusses

Die Ausführungen konnten zum großen Teil aus der Vorauflage übernommen werden. Ein Unterabschnitt über die rechtsmißbräuchliche Anfechtungsklage ist aufgrund der mittlerweile gefestigten neueren Rechtsprechung eingearbeitet worden. Wegen der Änderungen, die das Aktiengesetz im Rahmen der Umsetzung der sogenannten Bankenrichtlinie erfahren hat, sind die Ausführungen zur Nichtigkeit des Jahresabschlusses (§ 256 Abs. 1, 4 und 5 AktG) größtenteils neu gefaßt worden.

Verfasser: WP/StB/RA Dr. Wolfgang Dieter Budde, Frankfurt/Main

(Mitarbeiter: Assessor Martin Heinsius, Frankfurt/Main)

Abschnitt T: Unterbilanz und Überschuldung

Die Ausführungen in der Vorauflage sind unter Berücksichtigung neuer Rechtsprechung und Literatur sowie der Berichte der Kommission für Insolvenzrecht aktualisiert worden. Verpflichtungen aus Zusagen für Vorruhestandsleistungen und Zusagen auf Jubiläumszuwendungen sowie Besonderheiten des DM-Bilanzgesetzes wurden ergänzend aufgenommen.

Verfasser: WP/StB/RA Dr. Welf Müller, Frankfurt/Main

(Mitarbeiter: WP/StB/RA Dr. Ernst Thomas Kraft, Frankfurt/Main)

Anhang

Abschnitt U: Tabellen zur Zinseszinsrechnung

Abschnitt V: Grundformeln für die Renten- und Todesfallversicherung

Abschnitt W: Teilwerte und Barwerte nach den Richttafeln Dr. Klaus Heubeck

Abschnitt X: Die Fachgutachten und Stellungnahmen des Instituts der Wirtschaftsprüfer auf dem Gebiete der Rechnungslegung und Prüfung

Aus dem bisherigen Anhang wurden die Unterabschnitte mit Tabellen zur Zinseszinsrechnung, den Tabellen der Teilwerte und Barwerte von Dr. Klaus Heubeck sowie die Übersicht über die Fachgutachten und Stellungnahmen des Instituts der Wirtschaftsprüfer als eigenständige Abschnitte fortgeführt – zu den Fachgutachten und Stellungnahmen auch als Nachweis der Fundstellen, von deren Angabe in den übrigen Abschnitten des WPH zur Entlastung der Fußnoten grundsätzlich abgesehen worden ist. Wieder aufgenommen und mit Erläuterungen versehen wurden nach einmaliger Vakanz in der Vorauflage die Grundformeln für die Renten- und Todesfallversicherung. Die Abschnitte Prüfung der Pensionsrückstellungen und Techniken zur Ablaufdokumentation sind an dieser Stelle entfallen.

Verfasser der Abschnitte U, W und X:
>Mitarbeiter der Fachabteilung des Instituts der Wirtschaftsprüfer in Deutschland e. V.

Verfasser des Abschnitts V:
>WP/StB/Dipl.-Kfm. Professor Dr. Dr. h. c. Karl-Heinz Forster, Frankfurt/Main

>(Mitarbeiter: Dipl.-Math. Hans Dinter, Frankfurt/Main)

Wir hoffen, daß wir damit den Benutzern des WPH wieder einen zuverlässigen und praktikablen Ratgeber anhand geben, der ihnen ihre Tagesarbeit erleichtert.

Düsseldorf, im August 1991

Die Verfasser

Inhaltsverzeichnis

(Auszug[1])

---

1 Das vollständige Verzeichnis siehe Seiten XVII ff.

Inhaltsverzeichnis

Inhaltsverzeichnis

Berufsrechtlicher Teil

Abschnitt A

Der Beruf des Wirtschaftsprüfers

Abschnitt B

Berufsorganisationen

Abschnitt C

Andere prüfende und beratende Berufe

Abschnitt D

Übersicht über die rechtlichen Grundlagen von im Bereich der Wirtschaft vorgeschriebenen Prüfungen

Fachlicher Teil

Abschnitt E

Erläuterungen zu den für alle Kaufleute geltenden Vorschriften zum Jahresabschluß

Abschnitt F

Erläuterungen zu den für Kapitalgesellschaften geltenden ergänzenden Vorschriften zum Jahresabschluß und zum Lagebericht sowie zum Abhängigkeitsbericht

Abschnitt G

Erläuterungen zu den für eingetragene Genossenschaften geltenden ergänzenden Vorschriften zum Jahresabschluß und zum Lagebericht

Abschnitt H

Erläuterungen zu den Vorschriften zum Jahresabschluß und zum Lagebericht nach dem Publizitätsgesetz

Abschnitt J

Erläuterungen zu den für Kreditinstitute geltenden ergänzenden Vorschriften zur Rechnungslegung und Prüfung

Abschnitt K

Erläuterungen zu den für Versicherungsunternehmen geltenden ergänzenden Vorschriften zur Rechnungslegung und Prüfung

Abschnitt L

Erläuterungen zu den für Wirtschaftsbetriebe der öffentlichen Hand geltenden ergänzenden Vorschriften zur Rechnungslegung und Prüfung

Abschnitt M

Erläuterungen zur Rechnungslegung und Prüfung im Konzern nach dem Handelsgesetzbuch

Abschnitt N

Erläuterungen zur Rechnungslegung und Prüfung im Konzern
nach dem Publizitätsgesetz

Abschnitt O

Das Prüfungsergebnis

Abschnitt P

Prüfungstechnik

Abschnitt Q

Die Bezüge des Vorstands und des Aufsichtsrates einer Aktiengesellschaft

Abschnitt R

Unternehmensverbindungen

Abschnitt S

Nichtigkeit und Anfechtbarkeit von Hauptversammlungsbeschlüssen und des festgestellten Jahresabschlusses

Abschnitt T

Unterbilanz und Überschuldung der Aktiengesellschaft

Abschnitt U

Tabellen zur Zinseszinsrechnung

Abschnitt V

Grundformeln für die Renten- und Todesfallversicherung

Abschnitt W

Tabellen mit Teilwerten und Barwerten nach den Richttafeln von Dr. Klaus Heubeck

Abschnitt X

Die Fachgutachten und Stellungnahmen des Instituts der Wirtschaftsprüfer auf dem Gebiet der Rechnungslegung und Prüfung

Abschnitt Y

Dauerkalender für die Jahre 1801–2099

Berufsrechtlicher Teil

Abschnitt A

Der Beruf des Wirtschaftsprüfers

WP ist, wer als solcher gem. § 15 WPO v. 24. 7. 1961[1] öffentlich bestellt ist. Die **1** Bestellung wiederum setzt den Nachweis der persönlichen und fachlichen Eignung im Zulassungs- und Prüfungsverfahren voraus (§ 1 Abs. 1 WPO); eine **prüfungsbefreite Bestellung** ist – im Gegensatz zum StB-Beruf (§ 38 StBerG) – nicht möglich. Die nach Maßgabe der WPO bestellten WP sind zugleich WP im Genossenschaftswesen iSd. GenG; war ein WP vor Inkrafttreten der WPO bereits bestellt und nicht zur Prüfung von Genossenschaften berechtigt oder besonders ermächtigt, so kann er auf Antrag durch die oberste Landesbehörde für Wirtschaft zur Prüfung von Genossenschaften ermächtigt werden. Die Ermächtigung setzt voraus, daß er im genossenschaftlichen Prüfungswesen ausreichend vorgebildet und erfahren ist (§ 26 WPO).

Der WP übt einen freien Beruf aus, seine Tätigkeit ist also nicht gewerblicher **2** Natur. Ungeachtet dessen kann im Einzelfall **Gewerbesteuerpflicht** auftreten[2]; des weiteren können auch Freiberufler zur **Fremdenverkehrsabgabe** herangezogen werden[3].

Die Firmierung als WPG setzt voraus, daß die Gesellschaft zuvor durch die **3** zuständige oberste Landesbehörde für Wirtschaft als WPG anerkannt worden ist. Die Anerkennung setzt den Nachweis voraus, daß die Gesellschaft von WP **verantwortlich geführt** wird (§ 1 Abs. 3 WPO); die weiteren Voraussetzungen für die Anerkennung und das Anerkennungsverfahren ergeben sich aus den §§ 27 bis 36 der WPO. WPG bieten zum einen den natürlichen Personen die Möglichkeit der gemeinschaftlichen Berufsausübung, zum anderen sind sie aber selbst Träger von Rechten und Pflichten, können insb. als APr. gewählt und tätig werden. Zu beachten bleibt jedoch, daß Gesellschaften immer nur durch natürliche Personen mit der entsprechenden beruflichen Qualifikation handeln können; dies wird durch § 32 WPO deutlich, der vorschreibt, das gesetzlich vorgeschriebene Bestätigungsvermerke, die von WPG erteilt werden, nur von WP unterzeichnet werden dürfen. Auch im Rahmen der Berufsausübung innerhalb einer WPG bleibt der Charakter der freiberuflichen Tätigkeit erhalten, und zwar ungeachtet dessen, daß WPG Kraft Rechtsform über die **Kaufmannseigenschaft** verfügen, ohne Rücksicht auf die Art der Betätigung gewerbesteuerpflichtig sind[4] und IHK-Pflichtmitgliedschaft besteht[5].

---

1 BGBl. S. 1049.
2 BFH v. 1. 2. 1990, BB S. 1254, BFH v. 11. 5. 1989, DB S. 1905 = DStR S. 538.
3 BVerfG v. 18. 8. 1989, WPK-Mitt. 1990 S. 91.
4 Wegen der für WPG in der Rechtsform der OHG oder KG gegebenen faktischen Möglichkeiten, die Gewerbesteuerpflicht im Einzelfall zu vermeiden, s. BFH v. 9. 7. 1964, BStBl. III S. 530.
5 BVG v. 25. 10. 1977, NJW 1978 S. 904.

I. Die Entwicklung des Berufsrechts

1. Historischer Überblick

4   Die Entwicklung des Berufsstandes nahm ihren Weg von der internen Revision und Kontrolle der Betriebe über die **freiberuflich tätigen Revisoren** und die **gerichtlichen Sachverständigen** zu den qualifizierten freiberuflich tätigen **Bücher-revisoren**. Um die Wende des 19. zum 20. Jahrhundert entstanden ferner vornehmlich zum Zwecke der Prüfung und Beratung von Großunternehmen die ersten **Treuhandgesellschaften**.

5   Im Zuge der Weltwirtschaftskrise der 30er Jahre ergab sich die Notwendigkeit, die bereits seit mehreren Jahren verfolgte Absicht zu verwirklichen, Aktiengesellschaften und Unternehmen anderer Rechtsformen einer **gesetzlichen Abschlußprüfung** durch qualifizierte und unabhängige Prüfer zu unterwerfen[6]. Mit der ersten VO zur Durchführung der aktienrechtlichen Vorschriften des Reichspräsidenten über Aktienrecht, Bankenaufsicht und über eine Steueramnestie v. 15. 12. 1931[7] wurde zugleich bestimmt, daß die Befähigung zur Ausübung der Tätigkeit als Bilanzprüfer iSd. neu geschaffenen Bestimmungen über die Pflichtprüfung nur die aufgrund der als Anlage hierzu erlassenen **Ländervereinbarung öffentlich bestellten WP** und die mit der Berechtigung zur WP-Tätigkeit bei der Hauptstelle für die öffentlich bestellten WP eingetragenen WPG haben.

6   Mit der Ländervereinbarung wurden Grundsätze für die öffentliche Bestellung als WP aufgestellt und Rahmenvorschriften für das Prüfungs- und Bestellungsverfahren erlassen, die späterhin von der Hauptstelle für die öffentlich bestellten WP ausgebaut und auf das Verfahren für die Zulassung von WPG ausgedehnt wurden.

7   Das so geschaffene **erste Berufsrecht** sicherte eine Auslese persönlich und fachlich geeigneter Kräfte für den WP-Beruf und gewährleistete die Innehaltung der Berufspflichten durch die Aufstellung von **strengen Berufsgrundsätzen** und die Einrichtung einer **Berufsgerichtsbarkeit**.

8   Die vorerwähnte berufsrechtliche Regelung von 1931 blieb, abgesehen von organisatorischen Änderungen[8], bis zum Jahre 1945 gültig und bildete die Grundlage für nach 1945 zunächst in den einzelnen Ländern bzw. Besatzungszonen geschaffenen Neuregelungen.

Eine vollständige Übersicht gibt § 139 WPO v. 24. 7. 1961 idF v. 5. 11. 1975, der die bis zum Inkrafttreten der WPO geltenden berufsrechtlichen Nachkriegsregelungen für WP und vBP in der BRD und in Berlin aufhebt.

---

6 VO des Reichspräsidenten über Aktienrecht, Bankenaufsicht und über eine Steueramnestie v. 19. 9. 1931, RGBl. I S. 493.
7 RGBl. I 1931 S. 760.
8 VO über den Zusammenschluß auf dem Gebiet des wirtschaftlichen Prüfungs- und Treuhandwesens v. 23. 3. 1943, RGBl. I S. 157 sowie weitere aufgrund der Ermächtigung des § 9 dieser VO ergangene Anordnungen, RWMBl. 1943 S. 352, 354 und RAnz. 1943 Nr. 139.

2. Geltendes Recht

Die **WPO** v. 24. 7. 1961, die am 1. 11. 1961 in Kraft trat, löste nach einer über **9** zehnjährigen Gesetzgebungsarbeit die seit 1945 in den einzelnen Ländern unterschiedlichen Rechtsverordnungen durch eine **bundeseinheitliche Berufsgesetzgebung** ab.

Einzelbestimmungen der WPO wurden im Zuge der Verabschiedung bzw. Änderung anderer Gesetze ua. im strafrechtlichen Bereich in den Jahren 1964, 1968, 1970 und 1974 geändert [9]. Eine erste Reform brachte das Ges. zur Änderung der WPO und anderer Gesetze v. 20. 8. 1975 [10]; die Neufassung der WPO wurde unter dem 5. 11. 1975 bekanntgemacht [11].

Die nächste wesentliche Änderung des Berufsrechts brachte das **BiRiLiG** [12], mit **10** dem nicht nur die 4. EG-RL, sondern auch die 7. und die 8. EG-RL in deutsches Recht transformiert wurden. Insb. die Umsetzung der 8. EG-RL, der sog. Prüferrichtlinie, bedingte weitere Anpassungen der WPO an neue rechtliche Gegebenheiten hinsichtlich der

– **Zulassung** zum WP-Examen
– **Anerkennung** von WPG
– des **Berufsregisters.**

Hinzu kam, daß der im Jahre 1961 geschlossene Zugang zum Beruf des vBP wieder geöffnet wurde, allerdings in einer gegenüber der früheren Regelung modifizierten Form.

Die jüngsten Änderungen brachten das **Zweite Ges. zur Änderung der WPO** **11** v. 20. 7. 1990 [13], mit dem ua. die sog. Hochschuldiplomrichtlinie, die auch die wechselseitige Anerkennung entsprechender Berufsqualifikationen im EG-Bereich vorsieht, in nationales Recht umgesetzt wurde, sowie als Folge des Einigungsvertrages v. 31. 8. 1990 das entsprechende Ges. v. 23. 9. 1990 [14], mit dem die neuen Bundesländer, also die ehemalige DDR, in den unmittelbaren Geltungsbereich der WPO einbezogen wurden.

Eine Neuordnung des Berufsrechts im Rahmen eines **Dritten Gesetzes zur Änderung der WPO** steht bevor; ua. ist es erforderlich, die bisher im Rahmen der **12** BRiL enthaltenen Vorschriften in eine förmliche Berufssatzung zu übernehmen, um den Anforderungen des BVerfG [15] an die rechtliche Qualität standesrechtlicher Vorschriften zu genügen.

---

9 Art. 12 Nr. 4 des Gesetzes zur Änderung der Strafprozeßordnung und des Gerichtsverfassungsgesetzes v. 19. 12. 1964, BGBl. I S. 1067; Art. 61 des Einführungsgesetzes z. Gesetz über Ordnungswidrigkeiten v. 24. 5. 1968, BGBl. I S. 503; Art. 14 des Gesetzes zur Änderung v. Kostenermächtigungen, sozialversicherungsrechtlichen und anderen Vorschriften v. 23. 6. 1970, BGBl. I S. 805; Art. 172 des Einführungsgesetzes z. Strafgesetzbuch v. 2. 3. 1974, BGBl. I S. 469; Art. 14 des Gesetzes zur Ermächtigung des Ersten Gesetzes zur Reform des Strafverfahrensrechts v. 20. 12. 1974, BGBl. I S. 3686.
10 BGBl. I S. 2258.
11 BGBl. I S. 2803.
12 BGBl. I 1985 S. 2355.
13 BGBl. I S. 1462.
14 BGBl. II S. 885.
15 BVerfG v. 14. 7. 1987, NJW 1988 S. 191 = ZIP S. 1559 = MittBl. WPK Nr. 130/88 S. 10.

II. Berufsbild und Aufgaben des Wirtschaftsprüfers

1. Das Berufsbild

13   Das Berufsbild des WP umfaßt eine Fülle von Aufgaben, die von der Bedeutung und dem Umfang her generell gleichwertig sind, auch wenn im Einzelfall bestimmte Tätigkeiten überwiegen.

a) Prüfungstätigkeit

14   Das Berufsbild des WP wird selbstverständlich maßgeblich durch die **Vorbehaltsaufgabe** geprägt, die durch Ges. vorgeschriebene Prüfung der JA bestimmter Unternehmen durchzuführen und über das Ergebnis der Prüfung zu berichten sowie einen BestV zu erteilen bzw. zu versagen (§ 2 Abs. 1 WPO); eine solche Prüfungspflicht wird zB durch die Rechtsform, die Größe oder den Unternehmenszweig begründet[16]. Die Durchführung der Prüfung des JA dient jedoch nicht nur Kontrollfunktionen, zB hinsichtlich der Ordnungsmäßigkeit der Buchführung oder der Berichterstattung über die Lage des Unternehmens, sie ist auch formalrechtliche Voraussetzung für die Feststellung des JA durch das zuständige Gesellschaftsorgan. Unterbleibt die gesetzlich vorgeschriebene Prüfung des JA, so kann dieser nicht festgestellt werden; die zivil-, straf- und steuerrechtlichen Auswirkungen einer unterlassenen Pflichtprüfung sind überaus gravierend[17].

15   Wirtschaftlich gleichbedeutend für den Beruf sind die sog. **freiwilligen Prüfungen** von JA; im Regelfall besteht bei den Unternehmen aufgrund Satzung oder Gesellschaftsvertrag die Pflicht, eine Prüfung des JA durch WP vornehmen zu lassen, so daß die Bezeichnung als „freiwillige" Prüfung mitunter irreführend ist.

16   Zum Bereich der Prüfungstätigkeit iSv. § 2 Abs. 1 WPO zählen die Gründungsprüfung (§ 33 AktG), Sonderprüfungen gem. § 142 AktG sowie sonstige betriebswirtschaftliche Prüfungen, zB der Kreditwürdigkeit eines Unternehmens oder Unterschlagungsprüfungen.

b) Steuerberatung

17   Zu den beruflichen Vorbehaltsaufgaben, die ebenfalls das Berufsbild maßgeblich prägen, zählt die unbeschränkte Befugnis des WP zur **geschäftsmäßigen Hilfeleistung in Steuersachen,** also der Steuerberatung, einschließlich des Rechts der Vertretung der Klientel vor den FG und dem BFH sowie den VG, soweit es sich um die Überprüfung steuerrechtlich relevanter Verwaltungsakte handelt[18].

18   WPG sind als **Prozeßbevollmächtigte** vor dem FG zugelassen[19], nicht aber vor dem BFH; das BFH-Entlastungsgesetz aus dem Jahre 1975 ist bis Ende 1992 verlängert worden.

---

16 Eine Zusammenstellung gesetzlich vorgeschriebener Prüfungen enthält Abschn. D.
17 Wegen der zivil- und steuerrechtlichen Folgen s. *Seitz.* Rechtsfolgen der unterlassenen Pflichtprüfung bei einer mittelgroßen GmbH, DStR 1991 S. 315.
18 BayVGH v. 27. 8. 1984, MittBl. WPK 116/85 S. 17 = StB 1985 S. 181. Keine Steuersache ist hingegen das Verfahren auf Gewährung v. Investitionszulagen. WP (und StB) können daher insoweit *nicht* vor dem Bundesamt für Wirtschaft bzw. den VG als Bevollmächtigte auftreten (BVG v. 12. 3. 1985, NJW S. 1972 = MittBl. WPK Nr. 117 S. 11).
19 BFH v. 10. 3. 1969, BStBl. II S. 435, Nds. FG v. 15. 12. 1986, EFG S. 363, BFH v. 22. 11. 1991, DB S. 1104.

c) Wirtschafts-/Unternehmensberatung

Auch die Beratung in wirtschaftlichen Angelegenheiten, im Regelfall als **Unter-** **19** **nehmensberatung** bezeichnet, gehört zu den Berufsaufgaben iengS, auch wenn es sich nach dem derzeitigen Wortlaut von § 43 Abs. 4 Nr. 1 WPO nur um eine mit der Berufsausübung als WP vereinbare Tätigkeit handelt[20]. Zur Wirtschafts- bzw. Unternehmensberatung zählt auch die Beratung der Klientel in Personalange- legenheiten. Nach bisherigem Verständnis beschränkte sich diese auf den Bereich „Führungskräfte", der allerdings nicht eindeutig definiert ist. Mit Sicherheit gehört zur Personalberatung die fachliche Überprüfung von Bewer- bern, die in den Bereichen Rechnungswesen, Finanzen und Steuern tätig werden sollen; hier ist die Sachkunde des WP unverzichtbar.

Ob der evtl. Fortfall des Arbeitsvermittlungsmonopols der Bundesanstalt für **20** Arbeit bzw. der Arbeitsverwaltung durch die Entscheidung des EuGH v. 23. 4. 1991[21] direkte Auswirkungen für den WP-Beruf haben wird, muß noch geklärt werden; es kann nicht ausgeschlossen werden, daß die Arbeitsvermittlung als Maklertätigkeit, also als Handelsgewerbe, eingestuft wird.

d) Gutachter-/Sachverständigentätigkeit

Ebenfalls zum unmittelbaren Berufsbild gehört die Tätigkeit als Gutachter/ **21** Sachverständiger **in allen Bereichen der wirtschaftlichen Betriebsführung** (§ 2 Abs. 3 WPO), einem sehr umfassenden Bereich, zu dem zB auch die Unterneh- mensbewertung zählt[22].

e) Treuhandtätigkeit

Zu den Berufsaufgaben iengS zählt schließlich auch noch die Treuhandtätigkeit, **22** allerdings nur solche auf gesetzlicher bzw. rechtsgeschäftlicher Basis, weil nur insoweit Versicherungsschutz im Rahmen der obligatorischen Berufshaftpflicht- versicherung besteht[23]. Die Wertung als Berufsaufgabe iengS hat zur Folge, daß für diesen Tätigkeitsbereich die kurze **Verjährungsfrist von 5 Jahren** des § 51a WPO gilt und nicht die regelmäßige, dh., die lange Verjährungsfrist von 30 Jah- ren des § 195 BGB[24].

f) Rechtsberatungs-/-besorgungsbefugnis

Die gem. Art. 1 § 5 Nr. 2 RBerG bestehende Befugnis zur Rechtsbesorgung/ **23** -beratung ist zwar keine Berufsaufgabe; für die tägliche Berufsarbeit von Bedeu- tung ist aber, daß der WP in Angelegenheiten, mit denen er beruflich befaßt ist, auch die rechtliche Bearbeitung übernehmen darf, soweit dies mit seinen Aufga- ben, dh. deren Erledigung, in unmittelbarem Zusammenhang steht. Von wesent- licher Bedeutung ist dabei die Auslegung des Begriffes „Berufliche Aufgaben", weil diese den Rahmen der Rechtsbesorgungsbefugnis des WP umschreiben; wie zuvor dargelegt, ist der Begriff „Berufliche Aufgaben" umfassender und nicht nur durch die Vorbehaltsaufgaben, zB den Bereich der Pflichtprüfung,

---

20 BFH v. 4. 12. 1980, MittBl. WPK Nr. 93/1981 S. 15, BGH v. 11. 3. 1987, MittBl. WPK 127 S. 20.
21 EuGH v. 23. 4. 1991, DB S. 1013.
22 BVG v. 10. 6. 1983, MittBl. WPK 106 S. 19.
23 Risikobeschreibung W der BHV I, Nr. 4, Besondere BHV-Bedingungen A III Abs. 1.
24 BGH v. 11. 3. 1987, MittBl. WPK 127 S. 20.

gekennzeichnet[25]. Die Rechtsberatungsbefugnis ist infolgedessen nicht auf diesen Teil der beruflichen Aufgaben, zB die Prüfungstätigkeit, beschränkt. Das zweite Kriterium, der unmittelbare Zusammenhang mit der beruflichen Aufgabe, macht deutlich, daß die Rechtsbesorgungsbefugnis nur akzessorischer Natur ist, sich also nur auf die Fälle bezieht, in denen die Rechtsbesorgung zur sachgerechten Erledigung der eigentlichen Berufsaufgabe erforderlich ist[26]. Das bedeutet, daß eine von der eigentlichen beruflichen Tätigkeit des WP völlig losgelöste Rechtsberatung nicht von der Vorschrift des Art. 1 § 5 Nr. 2 RBerG erfaßt wird. Dementsprechend können die beruflichen Aktivitäten im Bereich der Rechtsberatung bzw. Rechtsbesorgung bei der **Honorarberechnung** auch **nicht gesondert** ausgewiesen werden; die Leistungen in diesem Bereich sind vielmehr bei der Bemessung des Honorars für die eigentliche berufliche Tätigkeit zu berücksichtigen.

Von einer weitergehenden Darstellung ist abgesehen worden, weil durch die tatsächliche Entwicklung (positive Rspr. einerseits, vielfache berufliche Zusammenarbeit mit RAe andererseits) die ursprünglich vorhandene Brisanz weitgehend entfallen ist.

2. Vereinbare und unvereinbare Tätigkeiten

24   Das Berufsbild und der Umfang der beruflichen Tätigkeit werden nicht nur durch die prägenden Berufsaufgaben, vor allem die aus den Vorbehaltsbereichen, bestimmt. Auch diejenigen Tätigkeiten, die als vereinbar oder unvereinbar gelten, beschreiben den Umfang der beruflichen Aktivitäten in erheblichem Maße und tragen zur Abgrenzung bei.

Im Rahmen dieses Abschnittes werden nur die wesentlichen Kriterien aufgezeigt; eingehende Erläuterungen finden sich in Abschnitt VII BRiL.

a) Vereinbare Tätigkeiten

25   In § 43 Abs. 4 WPO ist der Kreis der mit der Ausübung des WP-Berufs vereinbaren Tätigkeiten umrissen; allerdings ist die Aufzählung entgegen der Formulierung nicht abschließend. Wie bereits unter Tz. 19 und 22 dargelegt, werden einige dieser beruflichen Tätigkeiten (wirtschaftliche Beratung, Treuhandtätigkeit) dem Berufsbild iengS zugeordnet mit der Folge, daß sie nicht nur als vereinbar, sondern als Berufsaufgaben anzusehen sind. Diese Zuordnung hat weitergehende Bedeutung, zB für die Entscheidung, ob im Einzelfall erlaubte Rechtsberatung vorgenommen worden ist (s. Tz. 23) oder welche Verjährungsvorschriften für die Haftung anzuwenden sind (s. Fn. 24).

aa) Ausübung eines anderen freien Berufs

26   Zu den vereinbaren Tätigkeiten gehört die gleichzeitige Ausübung eines freien Berufs auf den Gebieten der Technik oder des Rechtswesens (§ 43 Abs. 4 Nr. 2 WPO), also auf jeden Fall die Ausübung des Berufs als **StB, RA** und **Patentanwalt.** Dieser freiberuflichen Tätigkeit in eigener Praxis gleichgestellt und damit

---

25 BGH v. 4. 11. 1987, MittBl. WPK 130/1988 S. 17 = WM 1988 S. 26 = ZIP 1988 S. 40.
26 BGH v. 9. 5. 1967, BGHZ 48 S. 12 = NJW S. 1588.

zulässig ist die Funktion als **gesetzlicher Vertreter einer BPG oder StBG** (§ 44 Abs. 5 WPO).

Aus WP-Sicht zulässig ist auch die Tätigkeit als **Anwaltsnotar.** Die Zweifel an der Freiberuflichkeit der Notartätigkeit (wegen der Amtsstellung) dürften nicht ausreichen, um die Vereinbarkeit ernsthaft in Zweifel zu stellen. Für die berufliche Praxis bedeutsam ist aber die ablehnende Haltung der Notarorganisationen, die von den Landesjustizverwaltungen und der Rspr.[27] geteilt wird. Im Gegensatz dazu ist die gleichzeitige Tätigkeit als StB/RA/Notar zulässig[28].   **27**

Auch die Tätigkeit als freiberuflicher **Architekt**[29], beratender **Ingenieur** uä. dürfte statthaft sein; Zweifel bestehen jedoch, ob entsprechende Berufsbezeichnungen geführt werden dürfen, weil nach § 18 Abs. 2 WPO nur amtlich verliehene Berufsbezeichnungen erlaubt sind.   **28**

Zu den freiberuflichen Tätigkeiten auf den Gebieten der Technik oder des Rechtswesens dürfte auch die Betätigung als öffentlich bestellter **Sachverständiger** zählen; berufsrechtlich bestehen gegen den Hinweis auf die öffentliche Bestellung dann keine Bedenken, wenn er nur im Rahmen der entsprechenden Sachverständigentätigkeit verwendet wird und es sich nicht um die Gebiete der wirtschaftlichen Betriebsführung (§ 2 Abs. 3 WPO) und des betrieblichen Rechnungswesens (§ 129 Abs. 3 WPO) handelt (Abschn. VIII Nr. 1 BRiL).   **29**

bb) Lehrtätigkeit

Berufsrechtlich zulässig ist auch die Lehrtätigkeit; dazu gehört nicht nur die Betätigung an wissenschaftlichen Instituten und als **Lehrer an Hochschulen** (Universitäten und Fachhochschulen), sondern auch die **Vortragstätigkeit** bei Veranstaltungen, die der fachlichen Fortbildung oder der Ausbildung zum Beruf dienen, und zwar gleichgültig, wer als Veranstalter auftritt.   **30**

Rechtliche Zweifel bestehen zZ nur, ob die Tätigkeit als beamteter Hochschullehrer zulässig ist, weil § 43 Abs. 3 Nr. 2 WPO nur das Anstellungs-, nicht aber das **Beamtenverhältnis** für zulässig erklärt. Im Zweifel handelt es sich um eine Lücke in der Gesetzgebung, die in Angleichung an die herrschende Praxis im Rahmen des Dritten Gesetzes zur Änderung der WPO geschlossen werden soll. Eine vergleichbare Problematik bestand bezüglich der in den Prüfungsstellen der Sparkassen- und Giroverbände tätigen WP, die aufgrund der landesrechtlichen Bestimmungen (Sparkassengesetze) Beamtenstatus hatten (zB in BaWü. und NRW); inzwischen ist durch Gesetzesänderung der Beamtenstatus dieser WP entfallen.   **31**

cc) Treuhänderische Verwaltung

Ebenfalls ausdrücklich als vereinbar gekennzeichnet ist die Betätigung im Rahmen der **treuhänderischen Verwaltung,** also die Übernahme der Funktionen als Testamentsvollstrecker, Nachlaßverwalter, Pfleger, Vormund, Konkursverwalter, Vergleichsverwalter, Liquidator, Nachlaßpfleger. Zum Bereich der Treuhandtätigkeit zählt auch die sog. Domizilgewährung für gewerbliche Unterneh-   **32**

---

27 BVerfG v. 1. 7. 1980, NJW S. 2123 = MittBl. WPK Nr. 88 S. 14, BVerfG v. 17. 12. 1980, MittBl. WPK Nr. 91/1981 S. 8.
28 BGH v. 1. 12. 1969, BGHZ 53, 103.
29 BVerfG v. 4. 4. 1990, MittBl. WPK Nr. 4 S. 272.

men, die sich in der Gründung bzw. in der Aufbauphase befinden. Im Regelfall wird nur die Funktion als Zustellungsadresse übernommen.

33   Soweit die Treuhandverwaltung eine Organstellung oder ein Anstellungsverhältnis in einem gewerblichen Unternehmen unvermeidbar macht, können derartige Funktionen mit **Ausnahmegenehmigung** der WPK vorübergehend übernommen werden (§ 43 Abs. 4 Nr. 4 zweiter Hs. WPO). Ein typisches Beispiel für derartige Fälle ist die Tätigkeit als **Notgeschäftsführer.** Es handelt sich insoweit um eine Ausnahme vom Verbot der geschäftsführenden Treuhandtätigkeit, die generell nicht erlaubt ist [30].

dd) Schriftstellerische/künstlerische Tätigkeit

34   Zu den vereinbaren Tätigkeiten gehört auch die freie schriftstellerische und künstlerische Tätigkeit; unter die schriftstellerische Betätigung fallen sowohl fachliterarische als auch belletristische Aktivitäten. Ob allerdings eine solche Betätigung überhaupt im Rahmen eines Abhängigkeits- bzw. Anstellungsverhältnisses ausgeübt werden kann, erscheint zweifelhaft. Vertragliche Verpflichtungen gegenüber einem Verlag oder Kunsthändler sind unschädlich. Die Entgeltlichkeit bzw. Gewinnerzielungsabsicht wirkt sich auf die Zulässigkeit der Betätigung nicht aus. Der WP darf auch als **Herausgeber** tätig werden, **nicht** aber als **Verleger,** weil insoweit die gewerbliche Betätigung gegeben ist; der nicht gewerbsmäßig betriebene eigenhändige Verkauf selbstgemalter Bilder wäre hingegen berufsrechtlich zulässig.

ee) Aufsichtsfunktionen

35   Obwohl in § 43 Abs. 4 WPO nicht ausdrücklich erwähnt, aber ohne Zweifel zulässig ist die **Mitgliedschaft/Tätigkeit in Kontrollorganen** (AR, Beirat) privat- bzw. ö.-r. Unternehmen, und zwar ohne Rücksicht darauf, ob von diesen gewerbliche oder hoheitliche Aktivitäten entfaltet werden. Allerdings werden Risiken aus diesen Tätigkeiten nicht von der **Berufshaftpflichtversicherung** abgedeckt; es ist jedoch ein gesonderter Versicherungsschutz möglich. Etwaige Unvereinbarkeiten iSv. § 319 Abs. 2 Nrn. 2 und 3 HGB wirken sich negativ nur auf die Funktion als APr. aus, machen aber nicht die Mitgliedschaft in diesen Kontroll- bzw. Beratungsgremien generell unstatthaft. Zu dieser Gruppe vereinbarer Tätigkeiten zählt auch die Übernahme der Funktion eines **Datenschutzbeauftragten.**

b) Unvereinbare Tätigkeiten

36   Als Angehöriger eines freien Berufes, dem durch Ges. die Durchführung bestimmter Aufgaben zugewiesen ist, hat sich der WP der Tätigkeiten zu enthalten, welche die Einhaltung der Berufspflichten gefährden oder Ansehen und Würde des Berufes verletzen bzw. verletzen können. Infolgedessen dürfen solche Tätigkeiten nicht übernommen werden, die der Ausübung des Berufes, dh. der Wahrnehmung der beruflichen Aufgaben, entgegenstehen.

---

[30] OLG Düsseldorf v. 27. 9. 1988, MittBl. WPK Nr. 3/1989 S. 91.

aa) Gewerbliche Tätigkeiten

Generell unstatthaft ist gem. § 43 Abs. 3 Nr. 1 WPO jede gewerbliche Betäti- **37** gung, auch die gelegentliche. Zu den gewerblichen Betätigungen gehören auch sog. **Provisionsgeschäfte,** die durch die eigentliche Berufstätigkeit ausgelöst sein können. Ein Beispiel ist die entgeltliche Vermittlung von Beteiligungen etc., mit denen ein steuerlicher Erfolg erzielt werden soll. Ohne Belang ist auch, ob die Vermittlungsprovision als solche bezeichnet oder in mittelbarer Form, nämlich als sog. Beratungshonorar, vom Anbieter/Vertreiber der Vermögensanlagen „erstattet" wird.

Nicht unter das Verbot der gewerblichen Betätigung fällt die **kapitalmäßige** **38** **Beteiligung** an gewerblichen Unternehmen, zB als Aktionär, GmbH-Gesellschaf- ter oder Kommanditist, und zwar auch dann nicht, wenn, wie bei der Komman- ditbeteiligung, die daraus erzielten Erträge als gewerbliche Einkünfte gelten sowie die Anlage/Verwaltung des eigenen Vermögens. Gehört zum eigenen Ver- mögen jedoch ein gewerbliches Unternehmen, zB aufgrund Erbfalls, so ist eine Tätigkeit in diesem Unternehmen, die über die Wahrnehmung von Gesellschaf- terrechten hinaus geht, unzulässig.

Wegen der Einzelheiten kann auf die Darstellung in Abschnitt VII Nrn. 2 und 3 BRiL verwiesen werden.

bb) Unzulässige Anstellungsverhältnisse

Ebenfalls unstatthaft sind alle **berufsfremden** Anstellungsverhältnisse (§ 43 **39** Abs. 3 Nr. 2 WPO), und zwar gleichgültig, ob es sich um die Stellung als gesetzli- cher Vertreter (Vorstand, Geschäftsführer, persönlich haftender Gesellschafter), gewillkürter Vertreter (Prokurist, Handlungsbevollmächtigter) oder um ein schlichtes Angestelltenverhältnis handelt.

Dieses Verbot berufsfremder Anstellungsverhältnisse betr. nicht nur entspre- **40** chende Positionen bei gewerblichen Unternehmen (zB des Leiters des Rech- nungswesens), wobei dahinstehen mag, ob insoweit schon eine unzulässige gewerbliche Betätigung (§ 43 Abs. 3 Nr. 1 WPO) vorliegt, sondern auch **Anstel- lungsverhältnisse bei sozietätsfähigen Personen** (vBP, StB, RA) oder entsprechen- den Berufsgesellschaften (BPG, StBG).

Eine Ausnahme gilt für die Übernahme der Funktion als **gesetzlicher Vertreter** **41** **einer BPG oder StBG** (§ 44 Abs. 5 WPO), weil insoweit eine Tätigkeit ausgeübt wird, die der freiberuflichen Tätigkeit als StB oder RA (§ 43 Abs. 4 Nr. 2 WPO) entspricht (s. Tz. 26). Vom Verbot des außerberuflichen Anstellungsverhältnisses umfaßt sind auch **ehrenamtliche Tätigkeiten** in gewerblichen Unternehmen, zB als Mitglied des Vorstandes einer Genossenschaft[31] oder eines genossenschaftli- chen Kreditinstitutes. Entsprechendes gilt für Anstellungsverhältnisse bei nicht gewerblichen Organisationen, zB **Wirtschafts- oder Berufsverbänden** (ausgenom- men Berufsorganisationen der WP und vBP), gemeinnützigen Organisationen und Idealvereinen; nicht vom Verbot betroffen ist die Funktion als gesetzlicher Vertreter eines Idealvereins, weil insoweit kein Anstellungsverhältnis, sondern nur eine ehrenamtliche Tätigkeit vorliegt, und zwar ohne Rücksicht auf die Höhe einer etwaigen Aufwandsentschädigung.

---

31 BGH v. 29. 2. 1988, MittBl. WPK Nr. 131 S. 17 = WM S. 662.

cc) Öffentlich-rechtliche Dienst- oder Amtsverhältnisse

42   Gem. § 44a WPO **unvereinbar** mit dem WP-Beruf ist auch die Übernahme eines ö.-r. Dienst- oder Amtsverhältnisses, zB als Wahlbeamter oder als Minister; ausgenommen von diesem Verbot sind ehrenamtlich ausgeübte Funktionen. Die WPK kann **Ausnahmen** gestatten, wenn die Wahrnehmung der Berufspflichten nicht beeinträchtigt wird, oder auf Antrag einen Vertreter bestellen. Erfahrungen in diesem Bereich liegen bisher nicht in nennenswertem Umfange vor, zumal auch die Möglichkeit der Beurlaubung (§ 46 WPO) in Betracht kommt.

43   Nicht von § 44a WPO erfaßt sind Mandate als **Abgeordneter** des BT, eines Landtages oder eines Gemeindeparlaments; zum einen handelt es sich um ehrenamtliche Tätigkeiten, zum anderen liegt insoweit auch kein ö.-r. Amtsverhältnis vor.

III. Zugang zum Beruf

44   Die **Bestellung** setzt gem. § 15 WPO voraus, daß zuvor das Fachexamen als WP mit Erfolg abgelegt worden ist. Neben dem Normalexamen (§§ 12 ff. WPO) sieht das Ges. in den §§ 131c ff. WPO einen erleichterten Zugang für bestimmte Bewerber mit WP- bzw. RA-Qualifikationen vor; des weiteren gibt es besondere Eignungsprüfungen für Angehörige vergleichbarer Prüferberufe aus anderen EG-Staaten (§§ 131g ff. WPO) sowie für bestimmte Bewerber aus den neuen Bundesländern (§ 134a Abs. 5 WPO).

Eine umfassende Darstellung des Zulassungs- und Prüfungsverfahrens findet sich in Broschüren über den Wirtschaftsprüferberuf mit Informationen für den Berufsnachwuchs[32]. Infolgedessen beschränken sich die folgenden Ausführungen auf eine Erl. der wesentlichen Punkte und auf Hinweise zu Besonderheiten, die sich aufgrund der bisherigen Praxis ergeben haben.

1. Normales WP-Examen

45   Für das normale WP-Examen ist ein gesondertes **Zulassungsverfahren** vorgesehen; die Einzelheiten über die Zulassung sind in den §§ 5 bis 11 WPO geregelt. Das WP-Examen selbst ist in den §§ 12 bis 14a WPO nur in Grundzügen geregelt; die Einzelheiten des Prüfungsverfahrens regelt eine gem. § 14 WPO erlassene PrüfO[33].

a) Zulassungsverfahren

46   Über den Antrag auf Zulassung entscheidet ein **Zulassungsausschuß,** der bei der jeweiligen obersten Landesbehörde für Wirtschaft errichtet ist (§ 5 WPO) und dessen Zuständigkeit sich nach dem Berufs- bzw. Wohnsitz des Erwerbers richtet (§ 7 WPO). Mehrere Bundesländer haben jeweils gemeinsame Ausschüsse errichtet, zB die Norddeutschen Länder sowie Hes., RhldPf. und das Saar. Ob die neuen Bundesländer eigene Zulassungsausschüsse errichten, bleibt abzu-

---

32 Erhältlich bei den Geschäftsstellen v. IDW und WPK.
33 PrüfO für WP v. 31. 7. 1962 (BGBl. I S. 529), zuletzt geändert durch 2. VO v. 1. 3. 1988 (BGBl. I S. 202); als Sonderdruck bei der IDW-Verlag GmbH erhältlich.

warten. Soweit erkennbar, will sich Mecklenburg-Vorpommern den Norddeutschen Ländern und Brandenburg Berlin anschließen. Thüringen hat sich bereits Hes., RhldPf. und dem Saar. angeschlossen.

Der Zulassungsausschuß bestimmt, bis zu welchem Termin der **Antrag auf** **47** **Zulassung** zum Examen zu stellen ist; in § 2 PrüfO WP ist sodann aufgeführt, welche Unterlagen der Bewerber mit dem Antrag auf Zulassung einzureichen hat. Ua. sind zwei PrB oder Gutachten mit der Erklärung des Bewerbers vorzulegen, daß er diese selbständig oder im wesentlichen selbständig angefertigt hat. Es müssen keine Berichte über gesetzlich vorgeschriebene Prüfungen sein. Der Ausbilder ist verpflichtet, dem Bewerber die Vorlage der PrB zu ermöglichen[34].

b) Zulassungsvoraussetzungen

Die WPO schreibt im Gegensatz zum StBerG (§ 36 Abs. 1 Nr. 1 s. Tz. C 33) **48** keine Reihenfolge für die Vorbildung und die praktischen Tätigkeiten vor. Es ist daher möglich, wenn auch nicht üblich, erst die praktischen Tätigkeiten abzuleisten und anschließend das Hochschulstudium zu absolvieren. Die Zulassungsvoraussetzungen müssen aber im Zeitpunkt der Antragstellung, spätestens zum Zeitpunkt der Entscheidung des Zulassungsausschusses erfüllt sein.

aa) Vorbildung

Im Hinblick auf die Fülle und die Schwierigkeit der beruflichen Anforderungen **49** geht die WPO generell von einer **akademischen Vorbildung** des Bewerbers aus. Dementsprechend ist gem. § 8 Abs. 1 Nr. 1 WPO Zulassungsvoraussetzung, daß der Bewerber den Abschluß eines Hochschul(Universitäts)studiums[35]

– der Wirtschaftswissenschaften
– der Rechtswissenchaften
– der Technik
– der Landwirtschaft

oder eines anderen Studiums (zB der **Mathematik** oder der **Sozialwissenschaften**) **50** **mit wirtschaftswissenschaftlicher Ausrichtung**[36] im In- oder Ausland nachweist; bei einem Studium im **Ausland** muß gewährleistet sein, daß das Abschlußzeugnis gleichwertig ist. (Als gleichwertig gilt im Zweifel ein Master-Degree; nicht ausreichend ist im Regelfall ein Bachelor-Abschluß. Im Einzelfall empfiehlt sich eine Voranfrage beim Zulassungsausschuß.)

Das Fehlen eines geeigneten abgeschlossenen Hochschulstudiums kann durch **51** den Nachweis bestimmter praktischer Tätigkeiten ausgeglichen werden, und zwar

– gem. § 8 Abs. 2 Nr. 1 WPO durch eine **10jährige Bewährung als Mitarbeiter** **eines WP,** einer WPG oder einer Prüfungseinrichtung, bei der ein WP tätig ist; eine Lehrzeit wird nicht angerechnet. Falls der Abschluß eines wirtschaftswissenschaftlichen FH-Studiums oder eines FH-Studiums mit wirtschaftswissenschaftlicher Ausrichtung nachgewiesen wird, sind die jeweilige Studiendauer

---

34 ArbG Hamburg v. 11. 2. 1983, MittBl. WPK Nr. 108/84 S. 13.
35 Beim Studium an einer Gesamthochschule ist die Mindeststudiendauer für die Beurteilung als Hochschulstudium iSv. § 8 Abs. 1 Nr. 1 WPO maßgebend; Studiengänge mit weniger als 8 Mindestsemestern gelten als FH-Studium (sa. § 36 Abs. 1 Nr. 1 StBerG).
36 BFH v. 28. 8. 1990, DStR 1991 S. 198.

(max. 4 Jahre) und das Berufspraktikum (falles es von der jeweiligen Studienordnung vorgeschrieben wird) auf die 10jährige Tätigkeit anzurechnen. (Wichtig ist, daß nur die Tätigkeit bei einem WP, einer WPG oder einer Prüfungseinrichtung mit WP Anrechnung findet, nicht aber eine solche bei einem vBP oder einer BPG.)

oder

– gem. § 8 Abs. 2 Nr. 2 WPO durch eine mindestens **fünfjährige Tätigkeit als vBP oder StB,** die ununterbrochen vor Antragstellung ausgeübt worden sein muß. Eine Gesamtzeit von 5 Jahren Berufstätigkeit als vBP und/oder StB, jedoch mit Unterbrechungen, genügt nicht. Diese strenge Auslegung ergibt sich aus der Formulierung

„seit mindestens 5 Jahren den Beruf als vBP oder StB ausgeübt",

die sich ähnlich auch in § 131c Abs. 2 S. 1 Nr. 1 WPO findet. Eine andere Beurteilung wäre nur möglich, falls es hieße

„... 2. Wenn der Bewerber mindestens 5 Jahre den Beruf als vBP oder StB ausgeübt hat",

wie es in § 131 Abs. 1 Nr. 1 WPO für die Zulassung zum vBP-Examen vorgeschrieben ist. Es findet auch keine Anrechnung von Tätigkeiten als StBv. statt. Zu beachten ist insoweit, daß die Vorschrift mit der Regelung des § 131 Abs. 1 S. 1 Nr. 1 WPO nicht deckungsgleich ist. Infolgedessen erfüllen vBP/StB nicht automatisch die Anforderungen des § 8 Abs. 2 Nr. 2 WPO, weil die vorgenannte Vorschrift des § 131 Abs. 1 S. 1 Nr. 1 WPO nur eine Gesamtzeit von 5 Jahren StB-Tätigkeit, auf die außerdem StBv.-Zeiten angerechnet werden können, vorschreibt. Für vBP/RA ist die Vorschrift des § 8 Abs. 2 Nr. 2 WPO ohne Interesse, weil diese Bewerber über ein abgeschlossenes rechtswissenschaftliches Studium verfügen, das Fehlen eines geeigneten Hochschulstudiums also nicht ausgleichen müssen.

bb) Praktische Tätigkeiten

52 Hinsichtlich der praktischen Tätigkeiten schreibt die WPO nur **Mindestzeiten** vor; die Anforderungen sind für alle Bewerber gleich, also nicht von der Vorbildung abhängig. Faktisch bestehen jedoch Unterschiede, weil Bewerber mit Hochschulabschluß größere Variationsmöglichkeiten haben.

Alle Bewerber haben gem. § 8 Abs. 1 Nr. 2 WPO eine mindestens 5jährige praktische Tätigkeit im Wirtschaftsleben nachzuweisen, von der mindestens 4 Jahre als Prüfungstätigkeit abgeleistet sein müssen.

Als **praktische Tätigkeiten im Wirtschaftsleben** zählen zB alle Tätigkeiten

– iSv. § 8 Abs. 2 WPO
– iSv. § 9 Absätze 1 bis 5 WPO
– bei StB, StBv., StBG
– im kaufmännischen Bereich gewerblicher Unternehmen
– in der Verwaltung von Berufs- und Wirtschaftsverbänden und vergleichbaren Institutionen

nicht aber

53 – wirtschaftsferne Tätigkeiten, wie zB Ausbildungszeiten im öffentlichen Dienst, also im Rahmen der Justiz bzw. Finanzverwaltung. Das hat zur Folge,

daß die Ausbildung als Referendar oder in der Finanzverwaltung nur ausnahmsweise Anrechnung findet, falls es sich um Stationen handelt, die als wirtschaftsnah einzustufen sind (zB die Ableistung der freien Station in einem gewerblichen Unternehmen, bei einem RA oder ein Einsatz im Bereich der Außenprüfung der Finanzverwaltung),

– wissenschaftliche Tätigkeiten, zB als Hochschulassistent, es sei denn, daß die Mitarbeit an praxisbezogenen Aufgaben (zB bei Erstellung von Bewertungsgutachten) nachgewiesen wird.

Zeiten der **Ausbildung als Fachgehilfe in steuer- und wirtschaftsberatenden Berufen** bzw. in einem **kaufmännischen Beruf** werden max. mit 1 Jahr angerechnet. Praktika während der Semesterferien werden angerechnet, wenn es sich um zusammenhängende Tätigkeiten über einen längeren Zeitraum handelt, also nicht nur um einen tage- oder wochenweisen Einsatz. **54**

Der Begriff **„Prüfungstätigkeit"** ist in § 9 Abs. 1 WPO definiert. Es muß sich um materielle Buch- und Bilanzprüfungen nach betriebswirtschaftlichen Grundsätzen in fremden Unternehmen gehandelt haben. In § 9 Abs. 2 WPO ist sodann geregelt, wie diese Prüfungstätigkeit erbracht werden kann, nämlich in eigener Praxis (zB als vBP oder als Sozius eines WP bzw. vBP) oder als Mitarbeiter einer auf dem Gebiete des wirtschaftlichen Prüfungs- und Treuhandwesens tätigen Person oder Gesellschaft bzw. Prüfungseinrichtung (zB eines genossenschaftlichen Prüfungsverbandes). **55**

Als Prüfungstätigkeit iSv. § 9 Absätze 1 und 2 WPO kann gem. § 9 Abs. 3 WPO eine Tätigkeit als **56**

– StB

– Revisor (Prüfer) in größeren Unternehmen (so zB als Mitarbeiter der internen Revision oder der Konzernrevision); insoweit besteht eine Ausnahme vom Erfordernis der Prüfungstätigkeit in „fremden" Unternehmen

– Prüfer im öffentlichen Dienst, sofern der Bewerber selbständig Prüfungen von größeren Betrieben durchgeführt hat (zB im Rahmen der Groß- bzw. Konzern-BP)

angerechnet werden.

In der Praxis wird von der Möglichkeit des Anrechnen-Könnens regelmäßig Gebrauch gemacht; vor allem die StB-Tätigkeit gilt insoweit als Prüfungstätigkeit, ohne daß im einzelnen eine Prüfungstätigkeit iSv. § 9 Abs. 1 WPO unter Beweis gestellt werden muß.

Als Prüfungstätigkeit iSv. § 9 Absätze 1 und 2 WPO gilt auch im **Ausland** abgeleistete Prüfungstätigkeit, zB als Mitarbeiter von Personen, die in ihrem Heimatland einen dem WP bzw. vBP vergleichbaren Beruf ausüben (§ 28 Abs. 3 WPO). **57**

Wichtig ist, daß **mindestens 2 Jahre** Prüfungstätigkeit bei einer Person, Gesellschaft oder Institution abgeleistet werden, die zur Durchführung gesetzlich vorgeschriebener Abschlußprüfungen befugt sind, also bei WP, vBP, WPG, BPG oder Prüfungseinrichtungen, bei denen WP tätig sind, zB genossenschaftlichen Prüfungsverbänden (§ 9 Absätze 4 und 5 WPO). Während dieser Prüfungstätigkeit iSv. § 9 Abs. 4 WPO muß der Bewerber an **Abschlußprüfungen** teilgenommen und beim **Abfassen der PrB** mitgewirkt haben; es muß sich aber nicht um die Durchführung gesetzlich vorgeschriebener Prüfungen (sog. Pflichtprüfungen) gehandelt haben. **58**

A   Der Beruf des Wirtschaftsprüfers

59 Tätigkeiten **bei vorläufig bestellten Personen** (§§ 131b, 131f WPO) sind keine Prüfungstätigkeit iSv. § 9 Abs. 4 WPO, können aber als sonstige Prüfungstätigkeit Anrechnung finden, falls es sich um Tätigkeiten iSv. § 9 Abs. 1 WPO handelt.

60 Auch für die besondere Prüfungstätigkeit iSv. § 9 Abs. 4 WPO gilt, daß sie in eigener Praxis (zB als vBP) erbracht werden kann; im Regelfall wird diese Prüfungstätigkeit jedoch als Mitarbeiter einer Person oder Einrichtung iSv. § 9 Absätze 4 und 5 WPO abgeleistet. Das Wort „Mitarbeiter" umfaßt alle denkbaren Formen des Einsatzes, also als

– Angestellter
– freier Mitarbeiter
– Partner

eines WP oder vBP bzw. einer WPG oder als gesetzlicher Vertreter einer WPG bzw. BPG. Maßgebend ist, daß der Bewerber während der – gesamten – Dauer von 2 Jahren an Abschlußprüfungen teilgenommen hat, also zumindest überwiegend und nicht nur gelegentlich; vor allem bei freier Mitarbeit sind die Anforderungen an den zeitlichen Nachweis streng.

Je nach Vorbildung des Bewerbers ist die Ausgestaltung der praktischen Tätigkeit faktisch vorgegeben, soweit es die Mindestzeiten betr.; die folgenden Beispiele machen dies deutlich.

61 **Bewerber mit Hochschulabschluß** iSv. § 8 Abs. 1 Nr. 1 WPO haben die meisten Variationsmöglichkeiten. Die mindestens 5jährige praktische Tätigkeit im Wirtschaftsleben kann zB abgeleistet werden durch

– 5 Jahre Tätigkeit bei WP, vBP etc.

oder

– 1 Jahr Tätigkeit im gewerblichen Unternehmen (oder bei einem StB), 4 Jahre Tätigkeit bei WP, vBP etc.

oder

– 1 Jahr Tätigkeit im gewerblichen Unternehmen, 2 Jahre Tätigkeit als StB, in Konzernrevision, im öffentlichen Dienst oder bei einem sachverständigen Prüfer im Ausland, 2 Jahre bei WP, vBP etc.

62 Für **Bewerber ohne Hochschulabschluß** iSv. § 8 Abs. 2 Nr. 1 WPO, die das Fehlen des Hochschulstudiums durch eine Bewährung in 10jähriger Mitarbeit bei einem WP, einer WPG oder einer Prüfungseinrichtung mit WP ausgleichen, kommt die Anrechnung anderer Tätigkeiten auf diese Mindestzeit nicht in Betracht; evtl. Tätigkeiten bei einem vBP, StB oder in einem gewerblichen Unternehmen zählen insoweit nicht, werden also zusätzlich erbracht. Während der 10-Jahresfrist kann die gesamte Mindest-Prüfungstätigkeit von 4 Jahren, also auch die nach § 9 Abs. 4 WPO, abgeleistet werden; es ist also nicht erforderlich, diese besonderen Zeiten der praktischen Tätigkeit zusätzlich zur 10jährigen Bewährung als Mitarbeiter nachzuweisen.

63 Dasselbe gilt für **Fachhochschulabsolventen;** für diese Bewerber verkürzt sich lediglich die Zeit der Bewährung um die Studienzeit (max. 4 Jahre) und das *Berufspraktikum.*

64 Bewerber **ohne Hochschulabschluß** iSv. § 8 Abs. 2 Nr. 2 WPO, also **mit vBP- und/oder StB-Qualifikation,** erfüllen bereits durch die 5 Jahre Berufsausübung das

Erfordernis der Tätigkeit im Wirtschaftsleben, ohne daß es auf Zeiten der vorhergehenden Ausbildung zum vBP oder StB noch ankommt.

Für die **vBP-Bewerber** gilt, daß sie auch die gesamte Mindestprüfungstätigkeit einschließlich der nach § 9 Abs. 4 WPO während der 5 Mindestjahre in eigener Praxis ableisten können; allerdings müssen auch sie nachweisen, daß während dieser Mindestzeiten von 4 bzw. 2 Jahren entsprechende Prüfungen iSv. § 9 Absätze 1 und 4 WPO im erforderlichen Umfang vorgenommen worden sind, also auch Abschlußprüfungen.

Für Bewerber mit **StB-Qualifikation** gilt, daß gem. § 9 Abs. 3 WPO 2 Jahre Berufstätigkeit als Prüfungstätigkeit angerechnet werden können bzw. angerechnet werden. Die Prüfungstätigkeit iSv. § 9 Abs. 4 WPO muß zwar wie von allen anderen Bewerbern nachgewiesen, kann aber – wie von vBP – während der 5 Mindestjahre iSv. § 8 Abs. 2 Nr. 2 WPO erbracht werden.

cc) Befreiung vom Nachweis der Prüfungstätigkeit

Die WPO sieht für zwei Fallgruppen von Bewerbern die Befreiung vom Nachweis der Prüfungstätigkeit vor; die praktische Bedeutung ist aber äußerst gering. **65**

Gem. § 9 Abs. 6 WPO konnte in **Härtefällen** vom Erfordernis, Prüfungstätigkeit **66** iSv. § 9 Abs. 4 WPO nachzuweisen, abgesehen werden. Da die 8. EG-RL einen generellen Verzicht auf qualifizierte Prüfungstätigkeit nicht mehr zuläßt, mußte die Vorschrift gestrichen werden. Lediglich für eine **Übergangszeit,** nämlich bis Ende 1995, kann Bewerbern, die am 1. 1. 1990 (Stichtag) den Beruf eines vBP oder eines StB ausübten, der Nachweis der Prüfungstätigkeit nach § 9 Abs. 4 WPO auf Antrag erlassen werden (§ 9 Abs. 6 S. 1 WPO). Für Bewerber, die bei einem genossenschaftlichen Prüfungsverband tätig sind und sich zum Stichtag, also am 1. 1. 1990, in der praktischen Ausbildung zum WP befanden, gilt diese Ausnahmeregelung gem. § 9 Abs. 6 S. 2 WPO.

Nachdem die Härteklausel des § 9 Abs. 6 WPO schon in der Vergangenheit keine praktische Bedeutung hatte, wird sie eine solche auch nicht mehr bis Ende 1995 erlangen, zumal ihre Anwendung zT schon aus anderen rechtlichen Gründen ausscheidet.

Für Bewerber mit **vBP-Qualifikation** gilt nämlich, daß sie die Tätigkeit gem. § 9 Abs. 4 WPO in eigener Praxis erbringen können; sind sie im Anstellungsverhältnis tätig, darf ein solches wegen der §§ 44, 130 WPO nur bei einem WP oder vBP, bei einer WPG, BPG oder einer mit WP besetzten Prüfungseinrichtung bestehen mit der Folge, daß die Möglichkeit, Prüfungstätigkeit auszuüben, immer gegeben, ein Härtefall iSv. § 9 Abs. 6 S. 1 WPO nicht vorstellbar ist.

Für den Bereich des **genossenschaftlichen Prüfungswesens** gilt, daß § 63b Abs. 5 **67** GenG seit dem Jahre 1973 in Kraft ist mit der Folge, daß es Prüfungsverbände ohne WP nicht mehr gibt. Auch für den Bereich der neuen Bundesländer sind solche Fälle nicht denkbar, weil es hier zum Stichtag 1. 1. 1990 noch keine genossenschaftlichen Prüfungsverbände gab und damit auch keine Bewerber, die sich in der Ausbildung zum WP (iSd. WPO) befanden.

Die zweite Fallgruppe resultiert aus § 8 Abs. 1 Nr. 2 S. 2 WPO. Nach dieser Vor- **68** schrift, die aufgrund der 8. EG-RL erforderlich gewesen sein soll, entfällt der Nachweis der Prüfungstätigkeit für Bewerber, die – im Zeitpunkt des Antrages

auf Zulassung – seit mindestens **15 Jahren,** also ununterbrochen, den Beruf als
vBP oder StB ausüben; eine Tätigkeit als StBv. kann bis zu 10 Jahren angerechnet werden. Diese Bewerber müssen dementsprechend auch keine PrB vorlegen
(§ 2 Abs. 2 Nr. 5 PrüfO WP); im übrigen erfüllen diese Bewerber wegen der
Dauer der beruflichen Tätigkeit die sonstigen Zulassungsvoraussetzungen, gleichen ua. auch das Fehlen eines abgeschlossenen Hochschulstudiums aus (§ 8
Abs. 2 Nr. 2 WPO).

Diese vom Ges. vorgesehene Erleichterung ist für Bewerber mit vBP-Qualifikation ohne Bedeutung, weil sie schon aufgrund ihrer Berufsqualifikation als vBP
den Nachweis der Prüfungstätigkeit nahezu automatisch erbringen; im übrigen
muß beachtet werden, daß Bewerber für das vBP-Examen, die ab dem 1. 1. 1990
den Antrag auf Zulassung gestellt haben, ohnehin wenigstens 3 Jahre Prüfungstätigkeit, davon 2 Jahre iSv. § 9 Abs. 4 WPO, nachweisen müssen (§ 131 Abs. 1
S. 1 Nr. 2 WPO).

dd) Zulassungserleichterungen für Bewerber aus den neuen Bundesländern

69 Gem. § 134a Abs. 4 WPO können Bewerber, die am 31. 12. 1989 ihren Wohnsitz
oder ständigen Aufenthalt im Gebiet der Ex-DDR hatten, das Fehlen des Hochschulstudiums iSv. § 8 Abs. 1 Nr. 1 WPO durch eine Bewährung in mindestens
10jähriger Tätigkeit als Mitarbeiter einer auf dem Gebiet des wirtschaftlichen
Prüfungswesen tätigen Person, eines Prüfungsverbandes oder einer sonstigen
Prüfungseinrichtung, bei der kein WP iSd. WPO tätig ist bzw. gewesen ist, ausgleichen. Maßgebend für diese Erleichterung ist der Umstand, daß vor dem
Stichtag 31. 12. 1989 im Bereich der Ex-DDR weder WP iSd. WPO noch mit solchen WP besetzte Prüfungsorganisationen (zB genossenschaftliche Prüfungsverbände) existierten, die Möglichkeit der entsprechenden Ausbildung faktisch erst
ab dem 1. 1. 1990 gegeben war. Für Hochschulabsolventen sind keine Erleichterungen im Rahmen der Zulassung vorgesehen.

c) Versagung, Rücknahme und Widerruf der Zulassung

70 Durch das Versagen der Zulassung zum Examen (§ 10 WPO) müssen bzw. können solche Bewerber vom Beruf ferngehalten werden, die aufgrund ihres bisherigen Verhaltens oder der in ihrer Person festgestellten Umstände für den Beruf
des WP **persönlich ungeeignet** erscheinen; es sind zT dieselben Sachverhalte, die
gem. §§ 16, 20 WPO zur Versagung oder zur Rücknahme bzw. zum Widerruf der
Bestellung führen bzw. führen können.

Die **Zulassung zum Examen muß versagt werden,** wenn bereits feststeht, daß die
Ausübung des WP-Berufes aus rechtlichen und/oder tatsächlichen Gründen
unmöglich sein wird. Diese Voraussetzungen sind erfüllt, wenn der Bewerber

– infolge **strafgerichtlicher Verurteilung** die Fähigkeit zur Bekleidung öffentlicher Ämter (§ 45 StGB) nicht (mehr) besitzt (§ 10 Abs. 1 Nr. 1 WPO),
– sich eines Verhaltens schuldig gemacht hat, daß die Ausschließung aus dem
  Beruf rechtfertigen würde (§ 10 Abs. 1 Nr. 2 WPO). Eine solche Ausschließung wird bei rkr. Bestrafung wegen schwerwiegender **vermögens- oder steuerrechtlicher Delikte** unterstellt; sie kommt auch für Bewerber in Betracht, die –
  noch – als vBP bestellt sind,
– infolge eines **körperlichen Gebrechens** oder wegen Schwäche seiner geistigen
  Kräfte dauernd unfähig ist, den Beruf des WP ordnungsgemäß auszuüben

(§ 10 Abs. 1 Nr. 3 WPO); in einem solchen Fall ist schon die Teilnahme an der Prüfung nicht vorstellbar, geschweige denn ein Bestehen derselben.
- sich nicht in geordneten wirtschaftlichen Verhältnissen befindet. Solche ungeordneten wirtschaftlichen Verhältnisse sind anzunehmen, wenn der Bewerber sich in **Vermögensverfall** befindet, also ein Insolvenzverfahren eröffnet oder er in ein Schuldnerverzeichnis eingetragen worden ist.

Die Zulassung **kann,** muß aber nicht **versagt werden,** wenn der Bewerber   **71**
- infolge gerichtlicher Anordnung in der Vfg. über sein Vermögen allgemein beschränkt ist;
- sich so verhalten hat, daß die Besorgnis begründet ist, er werde den Berufspflichten als WP nicht genügen; das gilt sowohl für sonstige strafgerichtliche Verurteilungen als auch für berufsgerichtliche Maßnahmen aufgrund einer anderweitigen Berufszugehörigkeit (als vBP, StB oder RA)[37];
- nicht Deutscher iSd. Art. 116 GG ist und Gegenseitigkeit mit dem Heimatland des Bewerbers nicht besteht. Dieser Versagungsgrund betr. ausschließlich Nicht-EG-Ausländer, in deren Heimatland deutschen Bewerbern der Zugang zum entsprechenden Prüferberuf verwehrt wird (zB in Österreich). Gibt es im Heimatland des Bewerbers keinen vergleichbaren Beruf, wird nach der bisherigen Entscheidungspraxis von der Versagung abgesehen.
Werden nach erfolgter Zulassung, aber vor vollendeter Prüfung Tatsachen iSd. § 10 Abs. 1 WPO bekannt, so muß die Zulassung nach Anhörung des Bewerbers zurückgenommen bzw. widerrufen werden. Werden Tatsachen iSd. § 10 Abs. 2 WPO bekannt, so kann die Zulassung zurückgenommen bzw. widerrufen werden. Die praktische Bedeutung der Vorschrift ist äußerst gering; Fälle der Rücknahme oder des Widerrufs der Zulassung sind bisher so gut wie nie vorgenommen.
Wie einleitend dargelegt, soll bereits im Zulassungsverfahren die persönliche Eignung der Bewerber, den WP-Beruf auszuüben, überprüft und beurteilt werden; damit ist die früher in § 1 PrüfO WP vorgesehene Beurteilung der persönlichen Eignung des Bewerbers entfallen, weil im Rahmen des Examens nur die fachlichen Kenntnisse zu prüfen sind. Die Gründe, ungeeignete Bewerber vom Beruf fernzuhalten, sind durchaus einleuchtend; zu beachten bleibt aber, daß nicht alle Examenskandidaten den Beruf als WP anschließend auch ausüben wollen, vielmehr lediglich durch das erfolgreiche Ablegen der Prüfung ihre fachliche Eignung unter Beweis stellen möchten, etwa zur Förderung der Karriere in der gewerblichen Wirtschaft.

d) Prüfungsverfahren

Durch das Examen soll der Nachweis der **fachlichen Befähigung** erbracht werden, den WP-Beruf ordnungsgemäß auszuüben. Die ursprünglich in § 1 PrüfO WP vorgesehene Feststellung auch der persönlichen Eignung findet nunmehr im Rahmen des Zulassungsverfahrens statt (s. Tz. 45, 70).   **72**

Die Prüfung gliedert sich in einen **schriftlichen** und **mündlichen Teil;** an alle Bewerber sind ohne Rücksicht auf ihren beruflichen Werdegang gleiche Anforderungen zu stellen (§ 12 Abs. 3 WPO). Es ist also nicht zulässig, Bewerber wegen der Art der Vorbildung (zB wegen des Nachweises oder des Fehlens des   **73**

---

37 VG München v. 17. 1. 1990, WPK-Mitt. S. 161.

abgeschlossenen Hochschulstudiums) zu bevorzugen oder zu benachteiligen. Die Einzelheiten des **Prüfungsverfahrens** und Ablaufs regelt die bereits erwähnte PrüfO WP (s. Fn. 26), die ua. bestimmt,

- welche Antragunterlagen einzureichen sind,
- wie der Prüfungsausschuß besetzt ist [38],
- auf welche Gebiete sich die Prüfung erstreckt,
- wie die schriftliche und die mündliche Prüfung zu gestalten sind,
- wie die Prüfungsleistungen zu bewerten sind einschließlich der Benotung im einzelnen,
- wann eine Ergänzungsprüfung abzulegen ist,
- wie sich der Rücktritt von der Prüfung auswirkt,
- wie oft die Wiederholung der Prüfung möglich ist,
- wieviele Zulassungsanträge gestellt werden können.

Eine Erl. der einzelnen Vorschriften erscheint entbehrlich, weil die PrüfO WP selbst detaillierte Regelungen enthält; jedoch ist auf einige wichtige Dinge hinzuweisen.

74   Dem Ergebnis der **schriftlichen Prüfung** kommt erhöhte Bedeutung zu. So ist die Gesamtprüfung bereits nicht bestanden, wenn für die schriftliche Prüfung die Gesamtnote ungenügend erteilt worden ist (§ 12 Abs. 2 PrüfO WP); dasselbe gilt, wenn die Aufsichtsarbeiten aus dem Gebiet des wirtschaftlichen Prüfungswesens und eine weitere Aufsichtsarbeit mit ungenügend bewertet worden sind (§ 12 Abs. 3 PrüfO).

75   Bei der Bildung der Prüfungsgesamtnote kommt dem Ergebnis der schriftlichen Arbeiten ein größeres Gewicht zu als dem Ergebnis der **mündlichen Prüfung**; das Bewertungsverhältnis zwischen schriftlicher und mündlicher Prüfung (§ 16 PrüfO WP) lautet 60 : 40 mit der Folge, daß Fehlleistungen im schriftlichen Teil nur durch überdurchschnittliche Leistungen in der mündlichen Prüfung ausgeglichen werden können, weil eine Prüfungsgesamtnote von mindestens ausreichend (4,0) erforderlich ist (§§ 10 Abs. 2, 18 PrüfO WP).

76   Der **Rücktritt** von der mündlichen Prüfung **ohne triftigen Grund** [39] hat formal zwar nicht das Nichtbestehen der Prüfung zur Folge, aber faktisch dieselbe Auswirkung, weil ein Bewerber nicht mehr als **dreimal** zur Prüfung **zugelassen** werden darf. Ist ein Bewerber also zweimal ohne triftigen Grund zurückgetreten und beim dritten Versuch erfolglos geblieben, scheidet selbst die erstmalige Wiederholung der Prüfung aus, weil die ansonsten gegebene zweimalige Wiederholungsmöglichkeit im Hinblick auf die zuvor genannte Begrenzung der Zahl der Zulassungsanträge entfällt (§§ 20 Abs. 1, 21 Abs. 1 PrüfO WP).

77   Im Falle einer **Ergänzungsprüfung** ist keine erneute Zulassung erforderlich, so daß kein weiterer Zulassungsantrag verbraucht wird. Die Bewerber müssen sich aber generell innerhalb eines Jahres nach der Mitt. des Prüfungsergebnisses zur Ablegung der Ergänzungsprüfung melden (nicht antreten!), jedoch kann der Prüfungsausschuß auf Antrag Ausnahmen zulassen (§ 18 Abs. 5 PrüfO WP).

---

38 Die Bundesländer haben zT auch gemeinsame Prüfungsausschüsse errichtet (s. Tz. 46).
39 VG Aachen v. 20. 7. 1988, MittBl. WPK Nr. 131 S. 20, VG Karlsruhe v. 1. 4. 1989, WPK-Mitt. S. 140.

Eine **gerichtliche Überprüfung der Entscheidungen des Prüfungsausschusses** ist möglich [40], und zwar ohne Einschränkungen; ob sich diese Änderung der Rechtsprechung in nennenswertem Umfang auf die Ergebnisse der WP-Examina auswirken wird, muß abgewartet werden. **78**

e) Verkürzung des WP-Examens

Die WPO sieht zwei Möglichkeiten vor, das Examen in verkürzter Form abzulegen; dabei entfallen bestimmte Prüfungsgebiete im Rahmen der schriftlichen und der mündlichen Prüfung. **79**

aa) Verkürzte Prüfung für Steuerberater

Gem. § 13 WPO **entfällt** für Bewerber mit StB-Qualifikation auf Antrag (§ 7 PrüfO WP) die **Prüfung im Steuerrecht** (§ 5 Abschn. D PrüfO WP). Der Bewerber muß als StB bestellt sein; ein mit Erfolg abgelegtes StB-Examen reicht nicht aus. Die Erleichterung gilt auch für diejenigen StB, die gem. § 38 StBerG prüfungsbefreit bestellt worden sind. Der Antrag auf Prüfungsverkürzung muß mit dem Antrag auf Zulassung gestellt werden, kann also nicht nachgeholt werden, zB im Falle des Nichtbestehens auf dem Gebiete des Steuerrechts. **80**

bb) Verkürzte Prüfung für vBP

Gem. § 13a WPO sind weitere Möglichkeiten der **Examensverkürzung für vBP** vorgesehen, und zwar entfallen je nach vorhandener Berufsqualifikation folgende Prüfungsgebiete im Rahmen der schriftlichen und mündlichen Prüfung: **81**

– Betriebswirtschaft und Volkswirtschaft für Nur-vBP, die es faktisch aber nicht mehr gibt
– Betriebswirtschaft, Volkswirtschaft und Steuerrecht für vBP/StB; hier wirkt sich die gleichzeitige Kürzungsmöglichkeit nach § 13 WPO aus
– Betriebswirtschaft, Volkswirtschaft und Wirtschaftsrecht für vBP/RA; Kandidaten mit RA-Qualifikation werden von der Prüfung im Wirtschaftsrecht nur befreit, wenn sie gleichzeitig vBP sind
– Betriebswirtschaft, Volkswirtschaft, Steuer- und Wirtschaftsrecht für vBP/ StB/RA; diese Kumulierung der Verkürzungsmöglichkeiten hat zur Folge, daß Bewerber mit der dreifachen Qualifikation als vBP/StB/RA im WP-Normalexamen nur noch auf dem Gebiet des Wirtschaftlichen Prüfungswesens examiniert werden, die Zahl der Aufsichtsarbeiten sich also auf zwei reduziert.

2. Zugang zum WP-Beruf in Sonderfällen

Neben dem normalen WP-Examen sieht die WPO einige Möglichkeiten vor, im Rahmen besonderer Prüfungsverfahren, die gegenüber dem Normalexamen verkürzt sind, die fachliche Eignung als WP nachzuweisen und damit die Voraussetzungen für die Bestellung (§ 15 WPO) zu erbringen. **82**

---

40 BVerfG v. 18. 6. 1991, NJW S. 2005.

a) Erleichterte Bestellung als Wirtschaftsprüfer gem. §§ 131c ff. WPO

83　Wegen der Einführung der Prüfungspflicht für GmbH durch das BiRiLiG war vBP, StB und RAe, die über prüfungspflichtige GmbH in der Klientel verfügten, **zeitlich befristet** die Möglichkeit eingeräumt worden, im Rahmen einer Übergangsregelung erleichtert die WP-Qualifikation zu erwerben. Anträge auf Zulassung zur Prüfung konnten **bis zum 31. 12. 1989** gestellt werden; die meisten der Interessenten haben bereits von der Möglichkeit des erleichterten Zuganges Gebrauch gemacht, so daß zZ nur noch ein geringer Teil von Kandidaten vor der Prüfung steht. Infolgedessen reicht es aus, auf die Darstellung im WPH 1985/86 Bd. II zu verweisen.

b) Eignungsprüfung nach dem 8. Teil der WPO

84　Durch die Umsetzung der **Hochschuldiplomrichtlinie** im Rahmen des zweiten Gesetzes zur Änderung der WPO (sa. A II) ist für **Angehörige vergleichbarer Berufe aus den Mitgliedstaaten der EG** die Möglichkeit geschaffen worden, auf eine gegenüber dem Normalexamen erleichterte Weise die fachliche Eignung für die Ausübung des WP-Berufes nachzuweisen und so die Bestellung als WP zu erreichen (§§ 131g ff. WPO). Die Einzelheiten der Eignungsprüfung regelt eine gem. § 131l WPO erlassene Rechtsverordnung[41].

Bei dieser Eignungsprüfung handelt es sich in erster Linie um eine sog. **Rechtsprüfung.** Gegenstand der Prüfung sind die besonderen nationalen Rechtsvorschriften, die für die Berufsausübung Bedeutung haben, wie zB die Rechnungslegungsvorschriften des HGB, die steuer- und wirtschaftsrechtlichen Vorschriften sowie das Berufsrecht. Die Prüfung gliedert sich in eine **schriftliche Prüfung,** bestehend aus zwei Aufsichtsarbeiten, sowie eine **mündliche Prüfung.** Wichtig ist, daß die Prüfung **in deutscher Sprache** abgenommen wird.

Über die Zulassung entscheidet nicht ein Zulassungsausschuß, sondern die für Wirtschaft zuständige oberste Landesbehörde. Der **Zulassungsantrag** ist an die Behörde zu richten, in deren Bereich der Bewerber seine berufliche NL begründen oder seine Tätigkeit ausüben will.

c) Eignungsprüfung nach § 134a Abs. 5 WPO

85　Bewerber, die nach den in der **Ex-DDR** geltenden Vorschriften die Befugnis erlangt haben, nach Abschluß eines postgradualen Studiums an der Humboldt-Universität die Bezeichnung „**Wirtschaftsprüfer**" zu führen, können im Rahmen einer gegenüber dem Normalexamen erleichterten Eignungsprüfung ihre fachliche Qualifikation für die Berufsausübung als WP iSd. WPO nachweisen und damit die Voraussetzungen für die Bestellung als WP schaffen. Es handelt sich bei dieser Regelung, wie der amtlichen Begr. zu entnehmen ist, um eine einmalige Sonderregelung, die es im Rahmen der Wiedervereinigung Deutschlands zu regeln galt. Die Einzelheiten des Verfahrens der Prüfung sind in der PrüfO für die Eignungsprüfung als WP nach § 134a Abs. 5 WPO v. 13. 3. 1991 (BGBl. I S. 679) geregelt. Auch diese Eignungsprüfung gliedert sich in eine **schriftliche Prüfung,** bestehend aus zwei Aufsichtsarbeiten, und einer **mündlichen Prüfung.** Über die **Zulassung** zur Eignungsprüfung entscheidet die oberste Landesbehörde für Wirtschaft, bei der der Antrag auf Zulassung zum Examen gestellt

---

41　PrüfO für die Eignungsprüfung als WP nach dem 8. Teil der WPO v. 13. 3. 1991 (BGBl. I S. 675).

worden ist; ein gesondertes Zulassungsverfahren mit Einschaltung des Zulassungsausschusses ist nicht vorgesehen.

3. Bestellung als WP

Die Bestellung als WP (§ 15 WPO) erfolgt **auf Antrag.** Zuständig ist die oberste   **86** Landesbehörde, in deren Bereich der Bewerber seine berufliche NL begründet hat oder begründen will. Soll die NL im Ausland begründet werden, ist die Behörde des Landes zuständig; in dem die WPK ihren Sitz hat; das ist zZ das Ministerium für Wirtschaft, Mittelstand und Technologie des Landes NW. Der Antrag auf Bestellung ist nicht an Fristen gebunden; wird jedoch der Antrag nicht **innerhalb von 5 Jahren** nach bestandener Prüfung gestellt, so finden die Vorschriften über die Wiederbestellung (§ 23 Abs. 2 bis 4 WPO) entsprechende Anwendung. Das bedeutet, daß im Einzelfall der Bewerber sich der Prüfung oder Teilen derselben nochmals unterziehen muß, wenn die pflichtgemäße Ausübung des Berufes ansonsten nicht gewährleistet erscheint.

Die Bestellung muß versagt werden, wenn in der Zwischenzeit in der Person des   **87** Bewerbers Gründe eingetreten sind, aufgrund derer seine Zulassung zur Prüfung hätte versagt werden müssen (s. Tz. 70). Weitere **zwingende Versagungsgründe** sind

– der **fehlende** Nachweis einer eigenen **Berufshaftpflichtversicherung,** falls der Bewerber den Beruf selbständig ausüben will,

und

– die Ausübung einer **Tätigkeit,** die mit dem Beruf nach § 43 Absätze 2 und 3 WPO **unvereinbar** ist.

Die Bestellung **kann** aus den Gründen **versagt werden,** aus denen die Zulassung   **88** zur Prüfung hätte versagt werden können; sie kann weiterhin versagt werden, wenn der Bewerber seinen Wohnsitz nicht im Inland oder in einem anderen Mitgliedstaat der EG hat. Die letztgenannte Versagungsmöglichkeit hat allerdings keine praktische Bedeutung, weil es hinsichtlich der Wahl der beruflichen NL keine derartigen Beschränkungen gibt. Infolgedessen ist es weder rechtlich sinnvoll noch vertretbar, hinsichtlich des Wohnsitzes strengere Anforderungen zu stellen.

Vor Aushändigung der **Berufsurkunde** haben die Bewerber den **Berufseid** zu lei-   **89** sten, dessen Text in § 17 Abs. 1 WPO festgelegt ist.

4. Erlöschen sowie Rücknahme/Widerruf der Bestellung

Die Bestellung als WP stellt ein höchstpersönliches Recht dar; die Berufsqualifi-   **90** kation und die daraus resultierenden Befugnisse können daher nicht auf andere Personen übertragen werden, sind also auch nicht vererblich.

a) Erlöschen der Bestellung

Wegen der vorerwähnten Höchstpersönlichkeit erlischt infolgedessen die Bestel-   **91** lung durch den **Tod** des Berufsangehörigen (§ 19 Abs. 1 Nr. 1 WPO); sie erlischt weiterhin durch **Verzicht** (§ 19 Abs. 1 Nr. 2 WPO), der schriftlich gegenüber der zuständigen obersten Landesbehörde für Wirtschaft zu erklären ist (§ 19 Abs. 2 WPO). Es besteht die Möglichkeit, den Verzicht zu einem konkreten künftigen Termin auszusprechen; rückwirkend kann der Verzicht allerdings nicht ausgesprochen werden, weil damit uU zwischenzeitlich ausgesprochene berufliche Erklärungen, zB Bestätigungsvermerke, nachträglich entfallen würden. Ist der Verzicht nicht zu einem bestimmten Zeitpunkt erklärt worden, wird er mit dem Eingang der – schriftlichen – Verzichtserklärung wirksam.

92   Die Bestellung erlischt schließlich auch durch die rkr. **Ausschließung** aus dem Beruf (§ 19 Abs. 1 Nr. 3 WPO), die im berufsgerichtlichen Verfahren ausgesprochen wird (§ 68 Abs. 1 Nr. 4 WPO).

b) Rücknahme/Widerruf

Zu einem Fortfall der Bestellung führen nach § 20 WPO auch die Rücknahme sowie der Widerruf.

aa) Rücknahme

93   Gem. § 20 Abs. 1 WPO ist die Bestellung zurückzunehmen, wenn der WP die Zulassung zur Prüfung oder die Bestellung durch arglistige Täuschung, Drohung, Bestechung oder durch Angaben erwirkt hat, die in wesentlicher Beziehung unrichtig oder unvollständig waren. Es findet insoweit eine Ergänzung der §§ 10, 16 WPO statt, und zwar in zeitlicher Hinsicht; eine Rücknahme der Bestellung setzt eine vorangegangene Bestellung nach § 15 WPO, also auch eine Zulassung zum Examen, voraus. Die Rücknahme wirkt nicht ex tunc, also nicht auf den Zeitpunkt der Bestellung zurück. Das Ges. enthält zwar keinen konkreten Hinweis; eine Rückwirkung verbietet sich aber schon wegen der durchaus möglichen negativen Drittwirkungen, weil eine rückwirkende Bestellung auch alle bis dahin ergangenen beruflichen Erklärungen, zB Bestätigungsvermerke, gegenstandslos machen würde.

bb) Widerruf

94   **Die Bestellung muß widerrufen werden** nach § 20 Abs. 2 WPO, wenn der WP

- **nicht eigenverantwortlich** iSv. § 44 WPO tätig ist oder **unvereinbare Tätigkeiten** (§ 43 Abs. 2 u. 3 WPO) ausübt, zB sich gewerblich betätigt oder ein unzulässiges Anstellungsverhältnis (s. Tz. 39 bis 42) eingegangen ist.
- infolge **strafgerichtlicher Verurteilung** die Fähigkeit zur Bekleidung öffentlicher Ämter verloren hat (§ 45 StGB). In derartigen Fällen findet auch kein berufsgerichtliches Verfahren mehr statt, weil der Betreffende nicht mehr dem Beruf angehört; allerdings ist gem. §§ 109, 110 WPO die Sicherung von Beweisen möglich, um ein berufsgerichtliches Verfahren bei Wiederbestellung nach Fortfall der Sanktionen des § 45 StGB (§ 23 Abs. 1 Nr. 3 WPO) durchführen zu können.
- wegen **körperlicher Gebrechen** oder geistiger Schwäche dauernd unfähig ist, den Beruf ordnungsgemäß auszuüben. Wichtig ist die dauernde Unfähigkeit; eine nur vorübergehende Erkrankung, sei sie auch noch so schwer, führt nicht zum Widerruf.

– nicht die vorgeschriebene **Berufshaftpflichtversicherung** (§ 54 WPO) unterhält; dieser Widerrufsgrund hat durchaus praktische Bedeutung.

Nach § 28 Abs. 3 WPO **kann** die Bestellung **widerrufen werden,** wenn der WP   **95**
– infolge gerichtlicher Anordnung in der Vfg. über sein Vermögen beschränkt oder in **Vermögensverfall** geraten ist und dadurch die Interessen der Auftraggeber oder anderer Personen gefährdet sind; die Vorschrift wird demnächst an die entsprechenden Regelungen anderer Berufsordnungen angeglichen und verschärft.
– **nicht** innerhalb von 6 Monaten nach der Bestellung eine **berufliche NL begründet** hat; diese Regelung ist überflüssig, weil bereits im Rahmen des Bestellungsverfahrens die Art der künftigen Betätigung (selbständig oder im Anstellungsverhältnis) angegeben (§ 16 Abs. 1 Nrn. 2 und 3 WPO) und nach erfolgter Bestellung sofort die entsprechende Meldung zum Berufsregister (§ 38 WPO) gemacht werden muß.

Rücknahme und Widerruf sind unzulässig, wenn wegen des Falles bereits ein   **96**
berufsgerichtliches Verfahren anhängig ist (§ 20 Abs. 5 WPO); das gilt nicht für die in § 20 Abs. 2 Nr. 3 und Abs. 3 Nr. 1 WPO genannten Fälle, weil insoweit eine Verletzung von Berufspflichten (§ 67 WPO) nicht in Betracht kommt.

5. Wiederbestellung

Die WPO gibt nach § 23 WPO die Möglichkeit der Wiederbestellung, und zwar   **97**
dann, wenn
– die Bestellung **durch Verzicht erloschen** ist
– die rkr. **Ausschließung** im Gnadenwege **aufgehoben worden** ist oder seit der rkr. Ausschließung mindestens 8 Jahre vergangen sind. Diese Regelung ist aufgrund einer Entscheidung des BVerfG v. 4. 4. 1984[42] durch das 2. Ges. zur Änderung der WPO v. 20. 7. 1990 eingeführt worden.
– die Bestellung nach § 20 WPO zurückgenommen oder widerrufen worden ist, die dafür maßgebenden **Gründe** aber **nicht mehr bestehen;** praxisrelevant ist nach bisherigen Erfahrungen allenfalls der Fortfall der Widerrufsgründe nach § 20 Abs. 2 Nrn. 1 und 4 WPO, also die Beendigung eines unzulässigen Anstellungsverhältnisses oder der Nachweis der erforderlichen Berufshaftpflichtversicherung.

Eine **erneute Prüfung** ist – grundsätzlich – nicht erforderlich; sie kann – auch   **98**
partiell – vom Prüfungsausschuß aber dann angeordnet werden, wenn Zweifel bestehen, ob der Bewerber (noch) in der Lage ist, den Beruf pflichtgemäß auszuüben. Solche Zweifel sind nach der bisherigen Entscheidungspraxis gerechtfertigt, wenn der Bewerber schon vor langer Zeit aus dem Beruf ausgeschieden ist, aufgrund der bisherigen Tätigkeit nicht gewährleistet erscheint, daß er mit der Berufsarbeit eines WP vertraut geblieben ist und zwischenzeitlich wichtige Änderungen im Gesellschafts- oder Steuerrecht eingetreten sind, deren Kenntnis für die Berufsausübung unverzichtbar sind.

---

42 BVerfGE 66 S. 337.

Derartige wesentliche Neuerungen waren die Reform des Aktienrechts im Jahre 1965 und die Einführung des Mehrwertsteuersystems im Jahre 1968; in jüngster Zeit dürfte die Umsetzung der 4., 7. und 8. EG-RL durch das BiRiLiG eine solche wichtige Neuerung darstellen, deren Kenntnis für eine ordnungsgemäße Berufsausübung unverzichtbar ist.

Die **berufsnotwendigen Kenntnisse** gelten im Regelfall als **nachgewiesen,** wenn der Bewerber in den Bereichen Rechnungswesen, Finanzen und Steuern gewerblicher Unternehmen oder gleichartiger Einrichtungen, zB eines Industrie- und Wirtschaftsverbandes, tätig gewesen war.

6. Gebühren

99   Für die Verfahren auf **Zulassung, Prüfung** und **Wiederbestellung** sind Gebühren an die zuständige oberste Landesbehörde für Wirtschaft zu entrichten; lediglich die Bestellung und Vereidigung als WP ist gebührenfrei. Im einzelnen sind folgende Gebühren zu zahlen:

- Für die Zulassung zum WP-Examen nach § 7 WPO   200,– DM.
- Für das Normal-Prüfungsverfahren   750,– DM;
  eine Verkürzung der Prüfung nach den §§ 13, 13a WPO
  mindert die Gebühr nicht. Bei Ergänzungsprüfungen (§ 18
  PrüfO WP) ermäßigt sich die Gebühr auf die Hälfte; tritt
  der Bewerber vor Beginn der mündlichen Prüfung zurück,
  ist die Hälfte der Prüfungsgebühr zu erstatten.
- Für das Wiederbestellungsverfahren   200,– DM.
- Für das Prüfungsverfahren nach §§ 131c, 131e WPO   400,– DM;
  eine Zulassungsgebühr wird nicht erhoben.
- Für die Eignungsprüfung nach dem Achten Teil der WPO   500,– DM;
  eine Zulassungsgebühr wird nicht erhoben.
- Für die Eignungsprüfung nach § 134a Abs. 5 WPO   400,– DM;
  eine Zulassungsgebühr wird nicht erhoben.

100   Für die übrigen Verwaltungsakte der obersten Landesbehörden, zB Rücknahme oder Widerruf der Bestellung (§ 20 WPO), Fristsetzung nach § 20 Abs. 4 S. 2 WPO; Bekanntgabe der Bestellung (§ 22 WPO) sowie die Ermächtigung zur Prüfung von Genossenschaften, sieht die WPO keine Gebühren vor; es besteht jedoch die Möglichkeit, daß landesrechtliche Bestimmungen Gebühren auslösen.

IV. Wirtschaftsprüfungsgesellschaften

101   Wie bereits in der Einleitung (Tz. 3) dargelegt, bieten WPG zum einen die Möglichkeit einer besonders intensiven gemeinsamen Berufsausübung; zum anderen sind WPG selbst Träger von Rechten und Pflichten mit der Folge, daß ihr Fortbestand auch dann gewährleistet ist, wenn die in ihr tätigen natürlichen Personen wechseln. Grundvoraussetzung für diesen Fortbestand ist aber, daß die Gesellschaft jederzeit **von WP verantwortlich geführt wird** (§ 3 Abs. 1 WPO), ein Merkmal der Freiberuflichkeit, die auch bei der Tätigkeit in einer WPG nicht

entfällt. Diese verantwortliche Führung wird durch **Beherrschungs- oder Gewinn-abführungsverträge** zwischen WPG, die nur steuerlichen Zwecken dienen, nicht beeinträchtigt.

1. Errichtung einer Wirtschaftsprüfungsgesellschaft

Über das in den §§ 27 ff. WPO geregelte **Anerkennungsverfahren** und die **Aner-**   **102**
kennungsvoraussetzungen unterrichtet ein Merkblatt, das bei der Geschäftsstelle der WPK angefordert werden kann; diesem Merkblatt beigefügt sind Musterverträge für WPG bzw. für WPG/StBG in der Rechtsform der GmbH. Im Hinblick auf dieses ausführliche Informationsmaterial ist eine nochmalige detaillierte Erl. nicht erforderlich; infolgedessen beschränken sich die Hinweise auf Besonderheiten, die erfahrungsgemäß bei der Errichtung einer WPG und im Anerkennungsverfahren Schwierigkeiten bereiten.

a) Zulässige Rechtsformen

Gem. § 27 WPO können WPG in der Rechtsform der **Kapitalgesellschaft** und   **103**
auch der **Personengesellschaft** des Handelsrechts errichtet werden; bei OHG und KG ist Voraussetzung, daß sie wegen der Treuhandtätigkeit als Handelsgesellschaften in das HR eingetragen worden sind. Hier gilt die Besonderheit, daß die Treuhandtätigkeit zwar steuerrechtlich als gewerbliche Tätigkeit zu werten ist, dennoch als zulässige freiberufliche Tätigkeit iSd. WPO gilt.
Wegen der Gewerbesteuerpflicht und deren Vermeidung s. Fn. 4.

Nicht als WPG anerkannt werden können **bürgerlich-rechtliche Gesellschaften,**   **104**
weil es an der Rechtsfähigkeit fehlt[43]; nicht zulässig sind weiterhin **Mischformen** aus Personenhandelsgesellschaft und Kapitalgesellschaft, also AG & Co. sowie GmbH & Co. Hier gilt, daß diese Gesellschaften die Anerkennungsvoraussetzung des § 28 Abs. 1 WPO nicht erfüllen, derzufolge – zunächst – alle gesetzlichen Vertreter WP, also natürliche Personen, sein müssen. Es reicht daher nicht aus, daß eine – mit WP besetzte – WPG in der Rechtsform der GmbH oder der AG als gesetzlicher Vertreter (phG) der Personenhandelsgesellschaft fungiert.

Ebenfalls nicht als WPG anerkannt werden kann die **Europäische Wirtschaftli-**   **105**
che Vereinigung (EWiV); der Zweck dieser besonderen Rechtsform darf nicht auf die Berufstätigkeit gerichtet sein, sondern sich nur auf sog. Hilfsgeschäfte erstrecken[44]. Wegen der steuerlichen Behandlung der EWiV wird auf das Schr. des BFM v. 15. 11. 1988[45] verwiesen.

Die stille Gesellschaft (§§ 230 ff. HGB) ist im Katalog des § 27 WPO nicht aufge-   **106**
führt, so daß auch sie nicht als WPG anerkannt werden kann. Gegen deren Möglichkeit spricht der Wortlaut sowohl von § 28 Abs. 4 als auch von § 38 Abs. 1 Nr. 2d WPO. Im übrigen könnten nur die in § 28 Abs. 4 S. 1 Nr. 1 WPO genannten Personen eine solche stille Beteiligung halten.

---

43 VG Düsseldorf v. 29. 10. 1964, WPg. 1965 S. 321.
44 *Mayer-Landrut*, WPK-Mitt. 1989 S. 56.
45 WPK-Mitt. 1989 S. 32.

107   Ob die zZ laufenden Bemühungen erfolgreich sein werden, mit der **Partner-schaft** eine neue Gesellschaftsform für die Zusammenarbeit von Freiberuflern zur Vfg. zu stellen, muß abgewartet werden. Zweimalige Versuche in der Vergangenheit sind ua. an der Uneinigkeit der freien Berufe gescheitert; auch heute steht schon fest, daß zB die Heilberufe die Zusammenarbeit in einer Partnerschaft ablehnen. Sollte ein Partnerschaftsgesetz zustande kommen, müßte der Katalog des § 27 WPO erweitert werden, um die Anerkennung dieser Gesellschaft als WPG zu ermöglichen.

b) Gesetzliche Vertretung

108   Gem. § 28 Abs. 1 WPO müssen – zunächst – alle gesetzlichen Vertreter **WP** sein. Der Umfang der **Vertretungsmacht** wird von der Satzung bzw. dem Gesellschaftsvertrag bestimmt. Die WPO selbst enthält insoweit keine konkreten Vorschriften, jedoch gilt als Mindestfordernis:

Ist nur ein gesetzlicher Vertreter mit WP-Qualifikation vorhanden, so muß er Alleinvertretungsrecht haben, weil die Gesellschaft ansonsten beruflich nicht handlungsfähig ist (§§ 1 Abs. 3 S. 2, 32 WPO).

109   Um jedoch die Zusammenarbeit mit anderen Berufen zu ermöglichen, aber auch wegen der vielfachen gleichzeitigen Anerkennung als StBG, sieht das Ges. die Möglichkeit vor, mit Genehmigung der obersten Landesbehörde für Wirtschaft **Nicht-WP,** zB vBP und StB, **neben WP** als gesetzliche Vertreter von WPG zu berufen. Die Zahl dieser Nicht-WP darf die der WP nicht erreichen; hat die WPG nur zwei gesetzliche Vertreter, so genügt Parität. Gesetzliche Vertreter ohne WP-Qualifikation gehören der WPK als Pflicht-Mitglieder an (§ 58 Abs. 1 WPO), sind beitragspflichtig (§ 61 Abs. 1 WPO) und unterliegen der Berufsaufsicht bzw. -gerichtsbarkeit (§ 71 WPO).

aa) Ausnahmen für Personen anderer Fachrichtung

110   Nach § 28 Abs. 2 WPO können nicht nur vBP und StB, sondern auch besonders befähigte Kräfte anderer Fachrichtung als gesetzliche Vertreter berufen werden. Als besonders befähigte Kräfte anderer Fachrichtung gelten Absolventen eines

– **rechtswissenschaftlichen** oder **technischen Hochschul- bzw. Fachhochschulstudiums,** also RAe, Assessoren, Referendare einerseits und Dipl.-Ing., Dipl.-Wirtschaftsing., Dipl. Braumeister etc. andererseits. Beide Studiengänge werden zwar in § 8 Abs. 1 Nr. 1 WPO als mögliche Vorbildung erwähnt; statistisch gesehen sind sie jedoch atypisch, weil das Studium der Wirtschaftswissenschaften dominiert,

– **naturwissenschaftlichen Studiums,** zB Dipl.-Mathematiker, Dipl.-Versicherungsmathematiker, Dipl.-Physiker,

sowie

– **Spitzenkräfte aus** den Bereichen der **EDV- und der Unternehmensberatung;** ansonsten gelten die EDV- und die Unternehmensberatung nicht mehr als andere Fachrichtungen, weil für die Berufsausübung als WP gute Kenntnisse in diesen Bereichen unabdingbar sind. Die Entscheidung des VG München *aus dem Jahre 1963*[46] hat infolgedessen keine generelle Bedeutung mehr.

---

46 WPg. S. 459.

Personen mit besonderer Erfahrung im wirtschaftlichen Prüfungswesen sind nicht als Kräfte anderer Fachrichtung anzusehen; dasselbe gilt für Absolventen eines wirtschaftswissenschaftlichen Studiums, weil dessen Abschluß bei WP der Regelfall ist. Eine andere Beurteilung greift nur ein, wenn diese Personen über besondere andere Fachkenntnisse verfügen, die ein WP im Normalfall nicht hat.

bb) Ausnahmen für ausländische Prüfer

Zur Förderung der internationalen Zusammenarbeit können gem. § 28 Abs. 3   **111** WPO auch ausländische sachverständige Prüfer mit Ausnahmegenehmigung als gesetzliche Vertreter von WPG berufen werden, wenn sie über eine **adäquate Berufsqualifikation** verfügen und **Gegenseitigkeit** besteht, also ein WP im Heimatland dieses Ausländers eine gleichartige Funktion einnehmen kann. Adäquanz und Gegenseitigkeit sind für diejenigen Staaten gegeben, in denen der Beruf des Chartered Accountants (CA) besteht, also im Vereinigten Königreich sowie im Commonwealth, das nach dem britischen System ausgerichtet ist; auch für Frankreich und die Schweiz stehen die Gleichwertigkeit und die Gegenseitigkeit fest. Noch keine Gegenseitigkeit besteht mit den USA und mit Österreich.

cc) Umfang der Befugnisse von Nicht-WP

Die WPO enthält keine Vorschriften, ob Nicht-WP Allein- oder nur Gesamtver-   **112** tretungsrecht haben können. Die in § 28 Abs. 2 u. 3 WPO enthalte Formulierung „… neben WP" besagt lediglich, daß Ausnahmegenehmigungen nur dann erteilt werden können, wenn tatsächlich gesetzliche Vertreter mit WP-Qualifikation vorhanden sind und damit das Anerkennungserfordernis des § 28 Abs. 1 WPO erfüllt ist. Durch die Funktion als gesetzlicher Vertreter erhält ein Nicht-WP **keine persönlichen Befugnisse im Bereich der gesetzlichen Abschlußprüfung;** gem. § 32 WPO müssen gesetzlich vorgeschriebene Bestätigungsvermerke, die von WPG erfüllt werden, immer von – vertretungsberechtigten – WP unterzeichnet werden. Wird unter Mißachtung von § 32 WPO ein gesetzlich vorgeschriebener BestV von einem Nicht-WP unterzeichnet, werden die gesetzlichen Vertreter mit WP-Qualifikation wegen Nichtbeachtung des Gebotes der Gewissenhaftigkeit berufsrechtlich belangt [47].

Das gilt **auch** für die Abschlußprüfung **bei einer mittelgroßen GmbH;** ein gesetz-   **113** licher Vertreter mit vBP-Qualifikation ist insoweit nicht für die WPG zeichnungsberechtigt, obwohl er über eine persönliche Prüfungsbefugnis gem. § 319 Abs. 1 S. 2 HGB verfügt. Maßgebend ist hier, daß es insoweit nicht auf die persönliche Befugnis, sondern auf die verantwortliche Leitung der WPG durch WP ankommt (§ 1 Abs. 3 WPO).

Entsprechendes gilt für den Vorbehaltsbereich der geschäftsmäßigen Hilfelei-   **114** stung in Steuersachen, also **die Steuerberatung;** durch die Funktion als gesetzlicher Vertreter wird die fehlende persönliche Befugnis gem. § 3 StBerG nicht ausgeglichen.

---

47 Berufsgerichtliche Entscheidungen sowie Rügen in Wirtschaftsprüfersachen Bd. I S. 37 (erhältlich bei der Geschäftsstelle der WPK).

dd) Versagung der Ausnahmegenehmigung

115 Bei den Kräften anderer Fachrichtung ist auch die **persönliche Zuverlässigkeit** zu prüfen; fehlt sie, darf die Ausnahmegenehmigung versagt werden. Eine solche Prüfung der persönlichen Zuverlässigkeit ist hingegen bei vBP und StB nicht mehr möglich, aber auch entbehrlich, weil diese Personen ua. der Berufsaufsicht durch eine Kammer unterliegen.

Eine **unzulässige Tätigkeit** iSv. § 43 Absätze 2 und 3 WPO, zB ein Anstellungsverhältnis bei einem gewerblichen Unternehmen, führt zur Versagung der Ausnahmegenehmigung; auch für gesetzliche Vertreter von WPG ohne WP-Qualifikation gelten gem. § 56 Abs. 1 WPO die in den §§ 43, 49 bis 53 WPO genannten Berufspflichten entsprechend.

c) Zulässiger Gesellschafterkreis

116 Seit dem 1. 1. 1986 ist die Errichtung von WPG mit berufsfremder **Kapitalbeteiligung** nicht mehr möglich; der Kreis der zulässigen Gesellschafter einschließlich der Kommanditisten ist in § 28 Abs. 4 S. 1 Nr. 1 WPO **abschließend** aufgezählt[48]. Die Gesellschafterfähigkeit von Angehörigen befreundeter Berufe (vBP, StB, RAe, StBv., sowie gesetzlichen Vertretern ohne WP-Qualifikation iSv. § 28 Absätze 2 und 3 WPO) hängt davon ab, daß diese Personen **in** der Gesellschaft **tätig sind**; eine Tätigkeit **für** die Gesellschaft reicht **nicht** aus. Der Nachweis der Tätigkeit in der Gesellschaft ist erbracht durch die Übernahme der Funktion als gesetzlicher Vertreter (Vorstand, Geschäftsführer, persönlich haftender Gesellschafter) oder als gewillkürter Vertreter (Prokurist, Handlungsbevollmächtigter); es ist aber nicht ausgeschlossen, daß für gewillkürte Vertreter ebenso wie in den anderen Fällen durch Vorlage eines Anstellungsvertrages der Nachweis für die Tätigkeit in der Gesellschaft erbracht werden muß.

117 Die Gesellschafterfähigkeit einer WPG hängt wiederum davon ab, daß sie selbst den Voraussetzungen des § 28 Abs. 4 WPO entspricht, und zwar nicht nur hinsichtlich der Kapitalbeteiligung, sondern auch in bezug auf die übrigen dort genannten Erfordernisse. **BPG, StBG, genossenschaftliche Prüfungsverbände** sowie **Prüfungseinrichtungen** iSv. § 9 Abs. 5 WPO können nicht Gesellschafter sein; dasselbe gilt für **ausländische Prüfungsgesellschaften.**

118 Zu beachten ist weiterhin, daß WP und WPG die **Mehrheit der Anteile** gehören müssen, und zwar bezogen auf die Sa. ihrer Beteiligungen (§ 28 Abs. 4 S. 1 Nr. 3 WPO); das gilt auch für das Kommanditkapital. Das Mehrheitsgebot gilt weiterhin für die Stimmrechte (§ 28 Abs. 4 S. 1 Nr. 5 WPO).

119 Zulässige Gesellschafter iSv. § 28 Abs. 4 S. 1 Nr. 1 WPO können ihre **Anteile** auch **gemeinschaftlich halten.** Die Höhe der jeweiligen Beteiligung an der WPG bestimmt sich nach der Beteiligung an dieser BGB-Gesellschaft. Nach dem Wortlaut des Gesetzes (§ 28 Abs. 4 S. 2 WPO) darf die BGB-Gesellschaft nur den Zweck haben, die Anteile an dieser WPG zu halten, und es wird in der Praxis uU beanstandet, wenn die Partner dieser BGB-Gesellschaft gleichzeitig auch noch den Beruf gemeinschaftlich ausüben; infolgedessen soll im Rahmen der Novellierung der WPO diese Einschränkung entfallen, zumal sie nicht notwendig ist. Wichtig ist jedoch, daß über das gemeinschaftliche Halten der Anteile

---

48 Zur Verfassungsmäßigkeit v. § 28 Abs. 4 WPO s. BVerfG v. 17. 3. 1988, MittBl. WPK 131 S. 12.

weder der Kreis der zulässigen Gesellschafter erweitert noch das Mehrheitserfordernis zugunsten der WP und WPG aufgehoben werden kann.

Als zulässige Gesellschafter gelten weiterhin **Stiftungen und eingetragene Vereine,** wenn sie ausschließlich   **120**

der **Altersversorgung** von in der WPG tätigen Personen und deren Hinterbliebenen dienen

oder

die **Berufsausbildung, Berufsfortbildung** oder die **Wissenschaft** fördern

und

die zur gesetzlichen Vertretung berufenen Organe mehrheitlich aus WP bestehen (§ 28 Abs. 4 S. 3 WPO).

Zu beachten bleibt aber, daß diese Ausnahme-Gesellschafter nicht als WP gelten und daher nicht Mehrheitsgesellschafter sein können.

Es ist im Zweifel nicht erforderlich, daß die Stiftungen oder eingetragenen Vereine ausschließlich der Altersversorgung nur der Personen dienen, die in der betreffenden WPG tätig sind; das Wort „ausschließlich" bezieht sich nur auf den Bereich der Altersversorgung, bedeutet also, daß die betreffende Versorgungseinrichtung keinen weiteren, abweichenden Zweck haben darf; es ist aber nicht ausgeschlossen, daß zum Kreise der versorgten Personen auch solche Personen zählen, die nicht unmittelbar bei der betreffenden WPG, sondern bei Mutter-, Tochter- oder Schwestergesellschaften beschäftigt sind. Infolgedessen ist es durchaus möglich, daß miteinander verbundene WPG eine gemeinschaftliche Einrichtung für die Altersversorgung unterhalten, die im Regelfall zum Kreis der – zulässigen – Gesellschafter bei der Obergesellschaft zählt.

d) Berufsrechtliche Sondervorschriften für Kapitalgesellschaften

Soweit die WPO nichts anderes bestimmt, gelten für WPG die jeweiligen Vorschriften der entsprechenden Gesetze, also die Regeln des AktG, des GmbHG und des HGB. Die berufsrechtlichen Besonderheiten sind nachfolgend dargestellt.

aa) Vinkulierung der Anteile

Bei AG und KGaA müssen die Aktien auf den Namen lauten; die **Übertragung**   **121**
muß an die **Zustimmung** der Gesellschaft **gebunden sein** (§ 28 Abs. 5 S. 1 WPO).
Dieses Zustimmungsgebot gilt auch für die Übertragung von Geschäftsanteilen an GmbH (§ 28 Abs. 5 S. 2 WPO). Für KG-Anteile gibt es kein Vinkulierungsgebot.

Die Vinkulierung, dh. die Zustimmung der Gesellschaft zur Übertragung, erfolgt nicht durch das Ges.; vielmehr muß die Satzung bzw. der Gesellschaftsvertrag dies ausdrücklich vorschreiben. Die Zustimmung der Gesellschaft wird von den gesetzlichen Vertretern erteilt. Eine Zustimmung der Gesellschafter oder der Gesellschafterversammlung reicht nicht aus, kann aber zusätzlich durch die Satzung bzw. den Gesellschaftsvertrag vorgeschrieben werden.

bb) Mindestkapital und -einzahlung

122 Hinsichtlich des Mindestkapitals gelten die jeweiligen Vorschriften des AktG und des GmbH[49]. Abweichend davon bestimmt jedoch § 28 Abs. 6 S. 2 WPO, daß auf das Grund- bzw. Stammkapital **mindestens 50 000,– DM eingezahlt** sein müssen; ansonsten bleiben die jeweiligen Vorschriften über die Mindesteinzahlung (§ 36a AktG, § 7 Abs. 2 S. 1 GmbHG) unberührt.

123 Der Wortlaut des Gesetzes schließt zwar **Sachgründungen** aus; gleichwohl werden auch Sachgründungen für zulässig gehalten, spielen in der Praxis wegen des besonderen Aufwandes aber nur eine geringe Rolle.

e) Firma

124 Bei der Wahl der Firma sind sowohl die handels- als auch die berufsrechtlichen Erfordernisse zu berücksichtigen; damit werden die Gestaltungsmöglichkeiten erheblich eingeschränkt.

Die WPO schreibt in § 31 WPO vor, daß die Bezeichnung „**Wirtschaftsprüfungsgesellschaft**" in die Firma aufzunehmen ist, damit also notwendiger Firmenbestandteil wird. Berücksichtigt man, daß die Anerkennung als WPG der Bestellung als WP entspricht, die Bezeichnung WPG also eine Qualifikation bedeutet, so ergibt sich daraus, daß die Bezeichnung unverändert, dh. ungekürzt, ungebrochen und auch nicht kombiniert, in die Firma eingefügt werden muß. Unzulässig sind daher Wortverbindungen wie

> Wirtschaftsprüfungs- und
> Steuerberatungsgesellschaft

oder

> Wirtschaftsprüfungs- und Treuhandgesellschaft

sowie Kombinationen zwischen Qualifikationen und Rechtsform wie

> Wirtschaftsprüfungsgesellschaft mbH,

weil es nur WPG, nicht aber WPG mit beschränkter Haftung oä. gibt.

Es entspricht weiterhin der Berufsüblichkeit, den Bestandteil WPG bzw. WPG/StBG an den Schluß der Firma zu stellen, so daß eine korrekte Firmierung wie folgt lautet:

> X Treuhand GmbH Wirtschaftsprüfungsgesellschaft

bzw.

> X Treuhand GmbH Wirtschaftsprüfungsgesellschaft/
> Steuerberatungsgesellschaft.

Den Gesellschaften mit der Anerkennung als WPG und StBG bleibt es überlassen, in welcher Reihenfolge die Anerkennungen aufgeführt werden.

125 Wegen der Verwendung von **Orts-/Regional- und Sachbezeichnungen** wird zur Vermeidung von Wiederholungen auf die ausführlichen Darlegungen in Abschnitt VIII Nr. 1c BRiL verwiesen. Dasselbe gilt für das Verbot, auf bestimmte Unternehmen und Branchen sowie besondere Spezialisierung hin-

---

49 Die Regelung des § 28 Abs. 6 S. 1 WPO ist durch die Novellierung des GmbHG in 1980 gegenstandslos geworden, weil das Mindeststammkapital immer 50 000,– DM betragen muß.

zuweisen. Infolgedessen reicht es aus, anhand der vorliegenden Rspr. auf einige grundlegende Fragen einzugehen.

aa) Orts- und Regionalangaben

Ortsangaben in der Firma sind im Zweifel zulässig, wenn sie in substantivischer Form erfolgen, zB

> Treuhand A-Dorf GmbH
> Wirtschaftsprüfungsgesellschaft;

es ist jedoch zu beanstanden, wenn sie in attributiver Weise erscheinen, also

> A-Dorfer Treuhand GmbH
> Wirtschaftsprüfungsgesellschaft,

und damit eine herausragende Bedeutung der Gesellschaft für diesen Ort suggerieren[50].

Ob diese Verwendungsregeln auch für **Regional-, Landes- oder gar Bundesbezeichnungen** gelten, ist sehr zweifelhaft. Die Aufnahme von Landes- oder Bundesbezeichnungen in die Firma kommt für Neugründungen mit Sicherheit nicht in Betracht, weil es an der Größe und der Bedeutung fehlt, die eine solche anspruchsvolle Firmierung rechtfertigen könnte, und zwar gleichgültig, ob es in substantivischer oder attributiver Form erfolgt. Ob im Falle von Fusionen die Größe des Zusammenschlusses eine solch anspruchsvolle Firmierung erlaubt, kann nur aufgrund der Umstände des Einzelfalles beurteilt und entschieden werden. Zu beachten ist in diesem Zusammenhang, daß bereits die IHK und auch die Registerrichter eine sehr restriktive Haltung einnehmen und infolgedessen besonders anspruchsvolle Firmierungen schon am negativen Votum dieser beteiligten Stellen scheitern.

bb) Hinweise auf Wirtschaftsgruppen

Ob und in welcher Form Hinweise auf bestimmte Wirtschaftsgruppen, zB den **Mittelstand,** zulässig sind, läßt sich ebenfalls nur nach Maßgabe des Einzelfalles beurteilen. Als nicht zulässig ist die Firmierung

> Revisions-/Treuhandgesellschaft für den Mittelstand

anzusehen, weil insoweit sowohl eine besondere Zuständigkeit für diese Wirtschaftsgruppe als auch eine Spezialisierung für Fragen und Probleme des Mittelstandes behauptet wird. Zulässig ist hingegen der Firmenbestandteil „Mittelstandstreu", weil einem solchen Kürzel keine unzulässige Werbewirkung zukommt, vor allem dann nicht, wenn es nur einer von mehreren markanten Firmenbestandteilen ist[51].

cc) Verwendung von Personennamen

Bei der Verwendung von Personennamen gilt, daß die **Namen Verstorbener** zwar fortgeführt werden können, bei Neugründung aber nicht mehr verwendet werden dürfen. Eine scheinbare Durchbrechung dieser Regel erfolgt dann, wenn

126

127

128

129

---

50 BGH v. 19. 10. 1989, BB S. 2349 = WPK-Mitt. 1990 S. 47, BFH v. 13. 5. 1987, StB S. 277 = MittBl. WPK Nr. 129 S. 17.
51 BayVGH v. 11. 4. 1989, StB S. 371.

eine **WPG,** die den Namen eines verstorbenen WP in der Firma führt, bei einer Neugründung als **Gesellschafterin und Namensgeberin** (§ 4 GmbHG) mitwirkt. Hier gilt, daß die WPG als selbständiges Rechtssubjekt ein Eigenleben führt, das sich auch auf die Firma erstreckt; damit erfährt der darin enthaltene Personenname eine Versachlichung, ein Vorgang, der in der gewerblichen Wirtschaft schon seit langem und auch häufig vorkommt.

Ist eine WPG im Rahmen einer **Neugründung** Namensgeberin, so muß die neue WPG nicht die volle Firma der WPG-Gesellschafterin übernehmen. Es gilt der Grundsatz des „pars pro toto", weil die Aufnahme der Gesamtfirma faktisch nicht darstellbar ist; dies wird deutlich, wenn mehrere WPG an der Gründung beteiligt und Namensgeber sind.

Soweit die Firmierungen von bestehenden WPG den Erfordernissen der WPO bzw. der BRiL nicht oder nicht völlig entsprechen, handelt es sich im Regelfall um sog. **Altgesellschaften,** die Bestandsschutz genießen.

2. Erlöschen sowie Rücknahme und Widerruf der Anerkennung

Ebenso wie für die Bestellung als WP sieht die WPO für die Anerkennung als WPG das Erlöschen sowie die Rücknahme und den Widerruf vor.

a) Erlöschen

130   Gem. § 33 Abs. 1 Nr. 2 WPO erlischt die Anerkennung durch **Verzicht,** der schriftlich von den gesetzlichen Vertretern zu erklären ist und mit Eingang bei der zuständigen obersten Landesbehörde wirksam wird. Die Gesellschaft bleibt als solche bestehen, muß aber die Firma ändern, nämlich den Teil „Wirtschaftsprüfungsgesellschaft" entfernen, um einen Verstoß gegen § 133 WPO zu vermeiden. Des weiteren müssen evtl. andere, nunmehr unzulässige Firmenbestandteile wie „Revision" oder „Prüfung" aus der Firma entfernt werden, weil die Verwendung derartiger Hinweise durch Nicht-WPG firmenrechtlich unzulässig ist[52]. Die bisher in der Gesellschaft tätigen WP müssen ausscheiden, weil ansonsten ein unzulässiges Anstellungsverhältnis (§ 43 Abs. 3 Nr. 2 WPO) gegeben ist; dies gilt nicht, soweit die Gesellschaft auch über die Anerkennung als StBG verfügt und der oder die WP die Funktion als gesetzlicher Vertreter haben (§ 44 Abs. 5 WPO).

Die Anerkennung erlischt nach § 33 Abs. 1 Nr. 1 WPO auch durch **Auflösung,** die erst mit der Eintragung im HR wirksam wird, also nicht rückwirkend erfolgen kann; hierbei sind mehrere Fallkonstellationen denkbar, die zT weitergehende berufsrechtliche Auswirkungen haben.

aa) Konkurs der WPG

131   Durch die Eröffnung des Konkurses wird die Gesellschaft aufgelöst (§ 131 Nrn. 3 und 5 HGB, § 262 Abs. 1 Nr. 3 AktG, § 60 Abs. 1 Nr. 4 GmbHG). Berufsrechtlich von Bedeutung ist, daß es als **Berufspflichtverletzung** angesehen wird, wenn über das Vermögen einer WPG der Konkurs eröffnet wird. Ein solcher

---

52 OLG Bamberg v. 14. 2. 1990, WPK-Mitt. S. 101.

Vorfall wird als Verletzung des Gebots zur gewissenhaften Berufsausübung gewertet[53]. Infolgedessen ist auf jeden Fall darauf zu achten, daß vor Eröffnung des Konkurses auf die Anerkennung als WPG verzichtet wird.

bb) Umwandlung

Bei der Umwandlung nach dem Umwandlungsgesetz wird die umgewandelte **132** WPG, gleich welcher Rechtsform, aufgelöst (§§ 5, 44, 49 UWG); die Anerkennung als WPG **erlischt** damit, geht also trotz Vermögensübergang nicht auf die aufnehmende Gesellschaft über. Wird auf eine bestehende WPG umgewandelt, treten im Zweifel keine nachteiligen Folgen hinsichtlich des **Mandantenstamms** auf, weil durch den Vermögensübergang auch die Rechtsbeziehungen zur Klientel transferiert werden; etwaige Zweifel, ob auch die Funktion als gewählter und beauftragter APr. (§ 318 Abs. 1 HGB) übergeht, beruhen auf der fehlenden Identität zwischen der umgewandelten und der aufnehmenden Gesellschaft.

Wird hingegen nicht auf eine bestehende WPG umgewandelt, ist der Mandatsübergang gefährdet, soweit die Anerkennung als WPG Grundlage der Aufträge war. Ist die übernehmende Gesellschaft als StBG anerkannt, dürfte der Übergang der Steuerberatungsmandate allerdings gesichert sein.

Wird im Rahmen einer Umwandlung nach dem Dritten Teil des AktG lediglich **133** die **Rechtsform gewechselt** (§§ 362, 366, 369, 376 AktG), erfolgt keine Auflösung und damit auch kein automatischer Verlust der Anerkennung. Es tritt auch kein Identitätsverlust ein, eine im Hinblick auf § 318 Abs. 4 S. 2 HGB wichtige Folge. Allerdings drohen bei Fortfall von Anerkennungsvoraussetzungen die Rücknahme oder der Widerruf der Anerkennung nach § 34 Abs. 1 Nr. 2 WPO (s. Tz. 136 ff.).

cc) Verschmelzung

Werden WPG in der Rechtsform der Kapitalgesellschaft nach Maßgabe von **134** § 339 Abs. 1 S. 2 Nr. 1 AktG verschmolzen, verliert nur die **übertragende WPG** ihre Anerkennung durch Auflösung. Die übernehmende WPG behält nicht nur ihre Anerkennung mit der Folge, daß die Fortführung des beruflichen Geschäfts nahtlos gesichert ist; es ist auch kein Identitätsverlust eingetreten, der uU eine Neubestellung als gesetzlicher APr. erforderlich machen könnte, weil die übertragende WPG in der übernehmenden Gesellschaft fortbesteht.

Findet hingegen eine Verschmelzung **durch Neubildung** statt (§ 339 Abs. 1 S. 2 **135** Nr. 2 AktG), verlieren beide WPG ihre Anerkennung; für die neue Gesellschaft müßte ein Anerkennungsverfahren betrieben werden, falls das berufliche Geschäft fortgeführt werden soll. Das für den Fall der Neubildung bestehende Anerkennungsvakuum birgt enorme Risiken, so daß eine derartige Verschmelzung zu vermeiden ist, falls der Geschäftsbetrieb als WPG fortgeführt werden soll. Im Zweifel tritt wegen der Neubildung auch Identitätsverlust mit der Folge auf, daß die verschmolzenen WPG als „weggefallen" iSv. § 318 Abs. 4 S. 2 HGB anzusehen sind. Es können auch negative berufsrechtliche Folgen eintreten. Führt eine WPG, die nicht als APr. gewählt und bestellt worden ist, anstelle der

---

53 Berufsgerichtliche Entscheidungen sowie Rügen in Wirtschaftsprüfersachen, Bd. I S. 42.

gewählten und bestellten WPG die Jahresabschlußprüfung durch, so stellt dies auch einen Verstoß gegen das Gebot der Gewissenhaftigkeit dar[54].

b) Rücknahme und Widerruf

136 Die WPO nennt in § 34 mehrere Gründe, die zur Rücknahme bzw. zum Widerruf der Anerkennung führen müssen oder können.

aa) Fortfall von Anerkennungsvoraussetzungen

137 Die Anerkennung muß zurückgenommen oder widerrufen werden, wenn nachträglich Anerkennungsvoraussetzungen entfallen sind, und zwar gleichgültig, ob dies aus tatsächlichen oder rechtlichen Gründen erfolgt ist. Für die Praxis vor allem von Bedeutung sind die Fälle, daß

– die Gesellschaft durch das **Ausscheiden von gesetzlichen Vertretern mit WP-Qualifikation** nicht mehr ordnungsgemäß besetzt ist

oder

– sich die **Kapitalbeteiligung** in unzulässiger Weise verändert hat

oder

– der **Gesellschaftsvertrag/die Satzung geändert** und zwingendes Recht nicht beachtet worden ist.

Das zur gesetzlichen Vertretung berufene Organ ist nicht mehr ordnungsgemäß besetzt, wenn die Zahl der Nicht-WP die Zahl der WP erreicht oder gar übersteigt (§ 28 Absätze 2 und 3 WPO), und zwar gleichgültig, durch welche Gründe dieses Mißverhältnis ausgelöst worden ist (zB durch Tod, Kündigung, Verlust der WP-Qualifikation durch Rücknahme/Widerruf der Bestellung oder durch Ausschließung aus dem Beruf, Verzicht auf die Bestellung). Verringert sich die Zahl der gesetzlichen Vertreter auf zwei, so bleibt die Anerkennungsvoraussetzung erhalten, wenn mindestens ein gesetzlicher Vertreter WP ist, weil Parität ausreicht.

Das Vertretungsorgan ist auch dann nicht mehr ordnungsgemäß besetzt, wenn ihm noch eine Person iSv. § 28 Abs. 2 u. 3 WPO angehört, der die Eignung zur Vertretung und Geschäftsführung einer WPG im berufsgerichtlichen Verfahren aberkannt worden ist (§ 71 S. 2 WPO); insoweit ist die Ausnahmegenehmigung nach § 28 Absätze 2 oder 3 WPO entfallen.

138 Der Gesellschaft ist eine angemessene **Anpassungsfrist** zu gewähren, binnen derer der dem Ges. entsprechende Zustand herbeigeführt werden muß. Ist die Mehrheit der gesetzlichen Vertreter mit WP-Qualifikation nicht mehr gegeben, darf die Anpassungsfrist höchstens 2 Jahre betragen; haben sich bei der Kapitalbeteiligung durch Erbfall negative Veränderungen ergeben, muß die Anpassungsfrist mindestens 5 Jahre betragen. Ist einem gesetzlichen Vertreter die Berufsqualifikation entzogen worden, und zwar gleichgültig auf welche Weise, oder hat ein gesetzlicher Vertreter ohne WP-Qualifikation die Eignung zur Vertretung und Geschäftsführung durch berufsgerichtliche Entscheidung verloren, muß die WPG zur Vermeidung der Rücknahme bzw. des Widerrufs der Anerkennung der betreffenden Person unverzüglich jede Vertretungs- und Geschäftsführungsbefugnis entziehen.

---

54 Berufsgerichtliche Entscheidungen sowie Rügen in Wirtschaftsprüfersachen, Bd. I S. 44.

Noch nicht geklärt ist, ob nachträglich eine Anerkennungsvoraussetzung ent- **139** fällt, wenn ein bisher zulässiger Gesellschafter seine **Gesellschafterfähigkeit verliert,** zB die Bestellung als WP erlischt, die Anerkennung als WPG entfällt oder die Tätigkeit in der Gesellschaft endet. Für sog. **Altgesellschaften** (s. die nachfolgenden Ausführungen zu Tz. 146) kann aus § 134a Abs. 2 S. 2 WPO entnommen werden, daß ein derartiger Fortfall der Gesellschaftereignung nicht die Rücknahme bzw. den Widerruf der Anerkennung auslöst; denkbar ist allerdings, daß für nach dem 1. 1. 1986 anerkannte WPG strengere Regeln gelten sollen. Auf jeden Fall wirkt sich die Veränderung auf der Kapitalseite für die WPG negativ aus, weil sie sodann nicht mehr die Voraussetzungen des § 28 Abs. 4 WPO erfüllt, also nicht mehr selbst Gesellschafter einer anderen WPG werden kann.

Wird die **Satzung** oder der **Gesellschaftsvertrag geändert,** so ist dies unverzüglich **140** der Anerkennungsbehörde anzuzeigen (§ 29 Abs. 2 S. 2 WPO). Werden durch die Änderung Anerkennungsvoraussetzungen beseitigt, zB die Vinkulierung der Aktien oder Geschäftsanteile (§ 28 Abs. 5 WPO) aufgehoben, die Firma unter Nichtbeachtung von § 31 WPO oder der Gesellschaftszweck unter Nichtbeachtung von § 43 Abs. 3 Nr. 1 WPO geändert, so ist die Anerkennung ebenfalls zu widerrufen, falls nicht fristgerecht eine Heilung erfolgt.

Ob durch eine **Veränderung der Firma,** bei der Abschn. VIII Nr. 1c BRiL nicht **141** beachtet wird, auch eine Anerkennungsvoraussetzung nachträglich entfällt, ist zweifelhaft. Mit Sicherheit führt ein solches Handeln zu Maßnahmen der Berufsaufsicht, wenn die neue Firmierung einen Verstoß gegen das **Werbeverbot** (§ 52 WPO) darstellt. Falls die neue Firmierung gegen die Gebote der **Firmenwahrheit und -klarheit** verstößt, kann dies auch eine zivilrechtliche Unterlassungsklage zur Folge haben; ein solcher Verstoß gegen das Gebot der Firmenwahrheit liegt zB vor, wenn nur noch der Name eines Nicht-WP in der Firma erscheint.

bb) Vermögensverfall

Die Anerkennung kann zurückgenommen werden, wenn die Gesellschaft durch **142** gerichtliche Anordnung in der Vfg. über ihr Vermögen allgemein beschränkt ist oder wenn sie in Vermögensverfall geraten ist und dadurch die Interessen der Auftraggeber oder anderer Personen gefährdet sind; insoweit besteht eine Parallele zur Möglichkeit des Widerrufs der Bestellung eines WP gem. § 20 Abs. 3 Nr. 1 WPO. Ist eine WPG im amtlichen **Schuldnerverzeichnis** eingetragen, begründet dies einen hinreichenden Verdacht des Vermögensverfalls, so daß die Anerkennung zurückgenommen werden kann [55].

3. Altgesellschaften

Als **Altgesellschaften** iSd. folgenden Ausführungen gelten solche WPG, die **143**
– vor dem 1. 1. 1986 anerkannt waren und bei denen die Kapitalbeteiligung bzw. Stimmrechte nicht den ab dem 1. 1. 1986 geltenden Vorschriften entsprechen (§ 134a Abs. 2 WPO)

---

[55] VG München v. 8. 11. 1988, MittBl. WPK 133/89 S. 20.

oder

– vor dem 1. 1. 1990 anerkannt waren und bei denen die Besetzung des zur gesetzlichen Vertretung berufenen Organs (VO, GF, phG) nicht den ab dem 1. 1. 1990 geltenden Vorschriften entspricht (§ 134a Abs. 1 S. 2 WPO).

Die Anerkennung dieser WPG bleibt zunächst bestehen; die WPO sieht in § 134a Abs. 1 u. 2 Übergangsregelungen und Anpassungsfristen vor.

a) Kapitalbeteiligung Berufsfremder

144 Für WPG mit unzulässigen Gesellschaftern besteht **kein genereller Anpassungs-zwang;** bis zum **31. 12. 1987** waren sogar beliebige Änderungen hinsichtlich der Beteiligung und Stimmrechte möglich, zB auch eine Aufstockung der Beteiligung Berufsfremder. Werden jetzt, also **nach Ablauf dieser Frist,** der Bestand der Gesellschafter oder das Verhältnis ihrer Beteiligungen oder Stimmrechte durch Rechtsgeschäft oder aufgrund Erbfalls verändert und die nunmehr geltende Regelungen des § 28 Abs. 4 WPO nicht beachtet, so entfällt nachträglich eine Anerkennungsvoraussetzung mit der Folge, daß gem. § 34 Abs. 1 Nr. 2 WPO die Anerkennung zurückzunehmen bzw. zu widerrufen ist (s. Tz. 137). Da § 28 Abs. 4 WPO sowohl den Kreis der zulässigen Gesellschafter abschließend bestimmt als auch die Mehrheit der Beteiligung von WP/WPG vorschreibt, ist bei Veränderungen immer zu berücksichtigen, daß beiden Anforderungen genügt wird. Es gelten folgende Regeln:

Entspricht die Beteiligung dem nunmehr geltenden Recht, so gelten dieselben Regeln wie für WPG, die nach dem 1. 1. 1986 anerkannt worden sind. **Beteili-gungsveränderungen** innerhalb der WP/WPG-Gesellschafter sind nach Belieben möglich; die WP/WPG-Quote kann auch vermindert werden, solange es bei der Mehrheitsbeteiligung von WP/WPG insgesamt bleibt. Dasselbe gilt für Veränderungen im Kreise der übrigen zulässigen Gesellschafter; deren Gesamtbeteiligung darf aber nicht die Hälfte des Grund-, Stamm- oder Kommanditkapitals erreichen.

Die Aufnahme unzulässiger Gesellschafter ist nicht mehr möglich und führt zum Fortfall einer Anerkennungsvoraussetzung, sofern nicht innerhalb der Anpassungsfrist nach § 34 Abs. 1 Nr. 2 WPO eine **Heilung** stattfindet. Über-nimmt zB eine WPG, die unzulässige Gesellschafter hat und damit selbst unzulässige Gesellschafterin ist, Anteile einer anderen WPG, so kann die Heilung darin bestehen, daß die übernehmende WPG ihre Kapitalseite dem neuen Recht anpaßt.

145 Stehen berufsfremde Beteiligungen zur **Übertragung** an, muß zunächst dem Erfordernis der WP/WPG-Mehrheit (§ 28 Abs. 4 S. 1 Nr. 3 WPO) genügt wer-den; erst danach kommen Personen aus dem Kreise der übrigen zulässigen Gesellschafter als Erwerber in Betracht.

Eine Pflicht zur Beachtung des neuen Rechts besteht nur insoweit, als berufs-fremde Beteiligungen zur Übertragung anstehen. Will nur einer von mehreren berufsfremden Gesellschaftern seinen Anteil veräußern, so hat dies für die übrigen unzulässigen Beteiligungen keine Bedeutung; es besteht also keine *Notwendigkeit, eine* Anpassung in toto vorzunehmen.

146 Werden im Rahmen einer **Kapitalerhöhung** weder der Gesellschafterkreis noch die Beteiligungs- bzw. Stimmrechtsverhältnisse geändert, wirkt sich dies nicht negativ auf die Anerkennung aus. Dasselbe gilt, wenn sich dabei die Beteiligung der WP/WPG bzw. der zulässigen Gesellschafter erhöht, weil insoweit eine – partielle – Anpassung an das gelten Recht stattfindet, also § 28 Abs. 4 WPO beachtet wird.

Wird aufgrund eines **Erbfalls** eine bis dahin zulässige Beteiligung unzulässig, muß die nach § 34 Abs. 1 Nr. 2 WPO zu gewährende Anpassungsfrist – wie bei Neu-WPG – mindestens 5 Jahre betragen, um den Erben ausreichend Zeit zu geben, die Beteiligung bestmöglich zu veräußern. Entsprach diese Altgesellschaft schon dem neuen Recht, so wirkt sich diese Änderung für die Gesellschaft allerdings nachteilig aus.

Verliert ein bisher zulässiger Gesellschafter seine **persönliche Gesellschaftereignung** (s. Tz. 139), so wirkt sich dies auf die Anerkennung der Gesellschaft als WPG nicht negativ aus, weil weder der Bestand der Gesellschafter noch das Verhältnis der Beteiligungen durch Rechtsgeschäft verändert wird; dies gilt mit Sicherheit aber nur für Alt-WPG, weil es für sog. Neu-WPG keine dem § 134a Abs. 2 S. 2 WPO entsprechende Regelung gibt. Allerdings hat diese Veränderung in der Person des Gesellschafters für die WPG nachteilige Folgen, weil insoweit die Voraussetzungen des § 28 Abs. 4 WPO nicht mehr gegeben sind und damit die Möglichkeit entfällt, sich an anderen WPG zu beteiligen.

b) Gesetzliche Vertretung

Stellten am 1. 1. 1990 die gesetzlichen Vertreter mit WP-Qualifikation nicht die   **147** Mehrheit, so bleibt die Anerkennung der WPG zwar zunächst erhalten; es besteht jedoch die Notwendigkeit, **bis zum 31. 12. 1994** dafür Sorge zu tragen, daß den Anforderungen genügt wird, die § 28 Abs. 2 u. 3 WPO nunmehr an die Besetzung stellen, weil ansonsten die Anerkennung zu widerrufen ist (§ 134 Abs. 1 S. 3 WPO). Dabei bleibt es der Gesellschaft überlassen, auf welche Weise die Lösung herbeigeführt wird. Es ist sowohl möglich, die Anzahl der gesetzlichen Vertreter entsprechend zu erhöhen als auch die Zahl der gesetzlichen Vertreter ohne WP-Qualifikation im notwendigen Umfange zu verringern, um die WP-Mehrheit sicherzustellen. Denkbar ist auch, die Zahl der gesetzlichen Vertreter auf zwei zu verringern, weil dann – wie bei Neu-WPG – Parität genügt; im übrigen entfällt der Anpassungszwang, wenn die Gesellschaft nur zwei gesetzliche Vertreter hat, von denen einer WP ist.

4. Gebühren

Auch für das **Verfahren auf Anerkennung als WPG** sowie für die **Erteilung von**   **148** **Ausnahmegenehmigungen** sind Gebühren an die zuständige oberste Landesbehörde für Wirtschaft zu entrichten (s. Tz. 99); im einzelnen fallen folgende Beträge an:

– Für das Verfahren auf Anerkennung als WPG   750,– DM.
– Für das Verfahren auf Erteilung einer Ausnahmegenehmigung nach § 28 Absätze 2 und 3 WPO   300,– DM.
  Wird für mehrere Personen gleichzeitig die Erteilung einer Ausnahmegenehmigung beantragt, so handelt es sich den-

noch um mehrere Verfahren, so daß die Gebühr entsprechend oft gezahlt werden muß.

Für die **übrigen Verwaltungsakte** (§§ 34, 35) sieht die WPO keine Gebühren vor;
auch hier besteht aber die Möglichkeit, daß landesrechtliche Bestimmungen
Gebühren vorsehen (s. Tz. 100).

V. Die Berufsausübung

149   Die WPO gewährt ein hohes Maß an Möglichkeiten, die Ausübung des Berufes
individuell zu gestalten, sei es in räumlicher, sei es in funktionaler Hinsicht. Das
Ges. schreibt nur **Mindestvoraussetzungen** vor, die sich zwangsläufig aus der
Freiberuflichkeit einerseits und den besonderen beruflichen Befugnissen im
Bereich der Abschlußprüfung und der Steuerberatung andererseits ergeben. Der
Beruf kann ohne räumliche Beschränkungen ausgeübt werden; die WPO
gewährt sowohl **Niederlassungs-** als auch **Dienstleistungsfreiheit.** Der WP kann
daher seine berufliche NL (Berufssitz) sowohl im Inland als auch im Ausland
begründen. Er ist durch die WPO auch nicht gehindert, berufliche Leistungen
im Ausland zu erbringen; allerdings bleibt das Recht des Gastlandes davon
unberührt.

1. Berufssitz

150   Jeder WP hat nur **einen (einzigen) Berufssitz,** der von der Art der Berufsausübung bestimmt wird. Bei selbständiger Tätigkeit (§ 44 Abs. 1 Nr. 1 WPO) befindet sich der Berufssitz an der Anschrift der eigenen Praxis, und zwar ohne Rücksicht auf deren Größe. Übernimmt ein WP die Funktion als ortsansässiger
gesetzlicher Vertreter (§ 28 Abs. 1 WPO) oder als Niederlassungsleiter (§ 47
Abs. 2 S. 1 WPO) einer WPG, so befindet sich sein Berufssitz an der jeweiligen
Anschrift der WPG. Ansonsten bestimmt sich der Berufssitz des im Anstellungsverhältnis tätigen WP durch den **Anstellungsvertrag,** im Zweifel also nach dem
Berufssitz seines Arbeitgebers.

Die Tatsache, daß ein WP nur einen einzigen Berufssitz haben kann, schließt
nicht aus, daß er in weiteren beruflichen Funktionen tätig wird, zB **mehrere
Dienstverhältnisse** unterhält oder gleichzeitig selbständig und im Anstellungsverhältnis tätig ist.

151   Allerdings ist es nicht möglich, an **verschiedenen Orten Alleinfunktionen** zu übernehmen, zB in A eine eigene Praxis zu unterhalten, in B als alleiniger gesetzlicher Vertreter der WPG X aufzutreten und in C die Zweigniederlassung der
WPG Y zu leiten; ebensowenig ist es zulässig, innerhalb einer politischen
Gemeinde unter verschiedenen Anschriften derartige Alleinfunktionen zu übernehmen. Keine Bedenken bestehen hingegen, wenn sich eigene Praxis, Sitz der
WPG X und Zweigniederlassung der WPG Y an derselben Adresse befinden
und damit räumliche Einheit gegeben ist (Abschn. III Nr. 3 BRiL).

Für die berufliche Praxis von Bedeutung ist, daß der Bewerber bereits mit dem
Antrag auf Bestellung anzugeben hat, wie er – ab der Bestellung – tätig sein will,
und zwar wegen des Nachweises einer ausreichenden Berufshaftpflichtversiche-

rung (§ 16 Abs. 1 S. 2 WPO); ist er als WP bestellt, hat er unverzüglich die **Anschrift der beruflichen NL,** also des Berufssitzes, zum Berufsregister **zu melden** (§ 38 Abs. 1 Nr. 1c WPO).

Bei **WPG** richtet sich die berufliche NL, dh. der Sitz der Gesellschaft, nach den Bestimmungen der Satzung bzw. des Gesellschaftsvertrages; nach dem Sitz der Gesellschaft richtet sich sodann auch die Zuständigkeit der für die Anerkennung maßgebenden obersten Behörde für Wirtschaft. **152**

2. Zweigniederlassungen

WP und WPG können Zweigniederlassungen im In- und Ausland errichten (§ 3 Abs. 2 WPO); bei WP ist allerdings die Zahl der Zweigniederlassungen im Inland zZ noch auf eine einzige beschränkt. **153**

Zweigniederlassungen von **WP** müssen nach § 47 Abs. 1 S. 1 WPO von einem anderen, am Ort der Zweigniederlassung beruflich ansässigen **WP fachlich geleitet** werden. Von diesem Leitungserfordernis kann die WPK **auf Antrag Ausnahmen** zulassen (§ 47 Abs. 1 S. 2 WPO). Für die alten Bundesländer gilt, daß nur in besonderen Fällen (zB beim Erwerb einer Praxis an einem anderen Ort) befristete Ausnahmegenehmigungen erteilt werden; für Zweigniederlassungen in den neuen Bundesländern wird wegen der besonderen Umstände zZ noch generell Dispens vom Leitungserfordernis erteilt, allerdings vorläufig befristet bis zum 30. 6. 1992. **154**

Zweigniederlassungen von **WPG** müssen gem. § 47 Abs. 2 S. 1 WPO immer von einem beruflich ortsansässigen **WP geleitet** werden, der als in der WPG tätig gilt; Ausnahmen sind nicht möglich. Bei Fortfall des Niederlassungsleiters kann nur in entsprechender Anwendung von § 34 Abs. 1 WPO eine Anpassungsfrist gewährt werden. Hingegen kann die WPK auf Antrag vom **Wohnsitzerfordernis** des Niederlassungsleiters nach § 47 Abs. 2 Nr. 1 WPO Dispens erteilen, und für Zweigniederlassungen in den neuen Bundesländern wird zZ noch großzügig verfahren, nicht aber für Zweigniederlassungen in den alten Bundesländern, bei denen der Wohnsitz zumindest im Nahbereich liegen muß. Allerdings ist geplant, im Rahmen der künftigen Novellierung die Residenzpflicht entfallen zu lassen. **155**

3. Art der Berufsausübung

Ein WP kann seinen Beruf sowohl selbständig (§ 44 Abs. 1 Nr. 1 WPO) als auch im Anstellungsverhältnis (§ 44 Abs. 1 Nrn. 2 und 3 WPO) ausüben. Zulässig ist, wie bereits dargelegt (Tz. 150), die gleichzeitige Tätigkeit in eigener Praxis und im Anstellungsverhältnis; es besteht auch kein berufsrechtliches Verbot, mehrere Anstellungsverhältnisse zu begründen oder mehreren beruflichen Zusammenschlüssen (Sozietäten) als Partner anzugehören. **156**

Befindet sich der WP nicht in einem zulässigen **Anstellungsverhältnis,** so gilt er als **selbständig** tätig mit der Folge, das Bestehen einer dem Ges. entsprechenden **Berufshaftpflichtversicherung** nachweisen zu müssen (§ 54 Abs. 1 WPO); eine Arbeitslosigkeit im arbeitsrechtlichen Sinne ist unerheblich, entbindet also nicht **157** von der Pflicht, den Nachweis der Berufshaftpflichtversicherung zu erbringen, weil ansonsten der Widerruf der Bestellung gem. § 20 Abs. 2 Nr. 4 WPO droht[56]. Ein WP gilt weiterhin als selbständig, wenn er **gesetzlicher Vertreter einer Nur-StBG** ist, weil er befugt bleiben muß, gesetzlich vorgeschriebene Prüfungen durchzuführen (§ 44 Abs. 5 WPO); auch für diesen Fall gilt die Notwendigkeit, den Nachweis der **Berufshaftpflichtversicherung** für diese gesetzlich vermutete Tätigkeit in eigener Praxis zu erbringen. Dasselbe gilt, wenn er gesetzlicher Vertreter einer BPG bzw. BPG/StBG ist; für diesen Fall findet § 44 Abs. 5 WPO entsprechende Anwendung.

a) Einzelpraxis

158 Der WP bestimmt, **wo** er seine selbständige Tätigkeit ausübt. Es gibt keine Pflicht, besondere Praxisräume einzurichten oder ein Praxisschild anzubringen; die Praxis kann sich daher auch in der Wohnung befinden. Es gibt auch keine Residenzpflicht, wie sie zZ noch für Funktionsträger von WPG in den §§ 28 Abs. 1, 47 Abs. 2 WPO vorgeschrieben ist. Infolgedessen können sich Praxis und Wohnort an verschiedenen Orten befinden, und zwar ohne Rücksicht auf die räumliche Entfernung.

b) Gemeinschaftliche Berufsausübung

159 WP können sich zur gemeinschaftlichen Berufsausübung zusammenschließen, und zwar auf örtlicher oder überörtlicher Basis; im Regelfall handelt es sich um BGB-Gesellschaften, die berufsüblich als **Sozietäten** bezeichnet werden. Auch bei gemeinschaftlicher Berufsausübung handelt es sich um eine selbständige Tätigkeit iSv. § 44 Abs. 1 Nr. 1 WPO. Der Umfang der Zusammenarbeit bestimmt sich nach den vertraglichen Absprachen; es ist daher durchaus möglich, neben der Tätigkeit in der Sozietät auch noch eine Einzelpraxis zu unterhalten, sofern die gesamte selbständige Tätigkeit unter derselben Anschrift ausgeübt wird. Die Wahrnehmung mehrerer Funktionen führt nicht dazu, daß sich die Zahl der beruflichen Niederlassungen (Berufssitze) vermehrt.

160 Eine gemeinschaftliche Berufsausübung ist auch **mit Angehörigen bestimmter anderer freier Berufe** möglich; dies gilt zZ ohne Einschränkungen für vBP, StB, RAe sowie sachverständige Prüfer aus den EG-Staaten.

161 Mit Ausnahmegenehmigung der WPK können auch **Sozietäten mit StBv.** begründet werden. Handelt es sich um einen Ehegatten oder nahen Verwandten, gilt die Ausnahmegenehmigung als erteilt. Im übrigen spielen derartige Sozietäten mit StBv. nur noch eine geringe Rolle; es handelt sich daher fast ausnahmslos um Fälle der Praxisübertragung bzw. -überleitung.

162 **Sozietäten mit RA/Not** sind nach dem Berufsrecht der WP zwar zulässig, werden zZ aber noch von seiten der Notarorganisationen und der Justizverwaltungen für nicht zulässig erachtet, während Sozietäten zwischen StB und RA/Not zulässig sind[57].

163 **Sozietäten zwischen natürlichen und juristischen Personen,** also Berufsgesellschaften, sind aus WP-Sicht zulässig, wenngleich selten. Inzwischen werden auch im

---

56 BVG v. 13. 5. 1986, MittBl. WPK Nr. 120 S. 16.
57 BVerfG v. 4. 7. 1989, WPK-Mitt. S. 142.

StB-Bereich derartige Sozietäten zwischen natürlichen und juristischen Personen für zulässig erachtet[58]. Die Ehrengerichtsbarkeit der Anwaltschaft hatte die Zulässigkeit von Sozietäten zwischen natürlichen und juristischen Personen bereits bejaht[59].

c) Bürogemeinschaften

Mit den Angehörigen sozietätsfähiger Berufe können auch Bürogemeinschaften begründet werden. Es handelt sich dabei um sog. **Innengesellschaften,** die nicht nach außen in Erscheinung treten bzw. in Erscheinung treten dürfen[60]. Der Zweck der Bürogemeinschaft ist auf die gemeinschaftliche Nutzung des Personals und/oder der Büroeinrichtung einschließlich der Räumlichkeiten gerichtet. Der Umfang richtet sich im einzelnen nach den vertraglichen Absprachen. Treten Personen, die lediglich eine Bürogemeinschaft vereinbart haben, im Rahmen der Berufsausübung gemeinschaftlich auf, so gelten sie als Sozien mit den sich daraus ergebenden Folgen, zB hinsichtlich der gesamtschuldnerischen Haftung bei Berufsversehen. **164**

d) Anstellungsverhältnis

Die WPO enthält insoweit keine besonderen Formalvorschriften. Verwendet ein nicht selbständig tätiger WP allerdings einen sog. Geschäftsbriefbogen, der üblicherweise nur im Rahmen der Tätigkeit in eigener Praxis findet und ua. Bankverbindungen sowie Telefax und Telexnummern enthält, so erweckt er den **Eindruck des Bestehens einer eigenen Praxis** mit der Folge, daß der Nachweis der Berufshaftpflichtversicherung erbracht werden muß und sich persönliche Haftungsrisiken ergeben können, die nicht durch die Berufshaftpflichtversicherung des Arbeitgebers gedeckt sind. **165**

e) Freie Mitarbeit

Bei der echten freien Mitarbeit handelt es sich um eine **selbständige Tätigkeit** mit der Besonderheit, daß Auftraggeber des WP nicht ein Mandat, sondern ein Berufskollege bzw. eine Berufsgesellschaft ist; der freie Mitarbeiter wird wie ein sog. Subunternehmer tätig. Ist der sog. freie Mitarbeiter allerdings **wie ein Mitarbeiter** in die Praxis des Auftraggebers integriert (Dauerbeschäftigung, feste Arbeitszeiten, kein eigenes Büro), so liegt im Zweifel ein **Dienstverhältnis** vor[61], was bedeutet, daß Sozialversicherungspflicht besteht sowie Lohnsteuer einbehalten und abgeführt werden muß; in einem derartigen Fall ist es nicht möglich, die Vergütung als Honorar für freiberufliche Tätigkeit zu deklarieren und den Vorsteuerabzug geltend zu machen. **166**

Hinsichtlich der **Berufshaftpflichtversicherung** gilt, daß der freie Mitarbeiter in diejenige des Auftraggebers einbezogen, also insoweit wie ein Angestellter behandelt wird, selbstverständlich nur im Rahmen der jeweils erteilten Aufträge; die übrige selbständige Tätigkeit muß durch eine eigene Berufshaftpflicht-

---

58 BVG v. 28. 5. 1991, WPK Mitt. S. 132.
59 EGH BaWü. v. 28. 12. 1987, MittBl. WPK Nr. 131/88 S. 19.
60 LG Düsseldorf v. 8. 1. 1990, StB 1991 S. 55.
61 BSG v. 17. 10. 1969, MittBl. WPK Nr. 33 S. 19, LAG BaWü. v. 14. 3. 1985, MittBl. WPK Nr. 127/87 S. 12. Wegen der arbeitsrechtlichen Abgrenzung zwischen Arbeitsverhältnis und freier Mitarbeit s. BAG v. 9. 7. 1986, DB S. 2676, LAG Köln v. 23. 3. 1988, DB S. 1403, LAG Düsseldorf v. 5. 12. 1988, DB 1989 S. 1343.

versicherung, die den gesetzlichen Mindestanforderungen entspricht, abgesichert sein, und zwar ohne Rücksicht auf die Höhe des erzielten Umsatzes.

4. Berufssiegel

167   WP und WPG sind gem. § 48 WPO befugt und verpflichtet, ein Berufssiegel zu führen, das nach Maßgabe der VO zu § 48 Abs. 2 WPO v. 9. 3. 1962[62] gestaltet sein muß. Da die Siegelführungsbefugnis ausschließlich auf der WP-Qualifikation beruht, dürfen **andere Berufsbezeichnungen** nicht im Siegel erscheinen, auch wenn sie ansonsten geführt werden dürfen (§ 18 Abs. 2 WPO); zulässig ist aber die Erwähnung von **akademischen Graden** oder **Titeln.** Bei dem Siegel einer WPG/StBG bleibt zu beachten, daß die gesamte Firma im äußeren Ring des Siegels anzugeben ist; im inneren Ring darf nur die Bezeichnung „Wirtschaftsprüfungsgesellschaft" erscheinen (s. auch nachfolgende Nr. 5).

168   Gemeinschaftliche Siegel, zB von WP-Sozien, sind nicht zulässig.

169   Das Siegel **muß** benutzt werden, wenn in der Berufseigenschaft aufgrund gesetzlicher Vorschriften Erklärungen abgegeben werden, zB **bei der Erteilung eines BestV** gem. § 322 HGB. Es **darf** bei sog. **freiwilligen Prüfungen** und im Rahmen der **Gutachtertätigkeit** verwendet werden. Eine ausführliche Erl. zur Siegelverwendung findet sich in Abschn. X BRiL. Aus der Befugnis zur Siegelführung erwächst aber keine generelle Befugnis zur Beglaubigung iSd. Beurkundungsgesetzes[63]; der WP ist jedoch befugt, Lebensbescheinigungen von Sozialrentnern und Kindergeldbescheinigungen iSd. Kindergeldgesetzes zu „beglaubigen".

170   Das Siegel darf nur vom Berufsangehörigen selbst verwendet werden, also nicht durch einen anderen WP, zB einen Partner oder einen Angestellten, geschweige denn durch einen Nicht-WP; erteilt eine **WPG** eines BestV, so darf nur das Siegel der WPG, nicht aber das persönliche Siegel des unterzeichnenden WP beigefügt werden.

Nur im **Anstellungsverhältnis** tätige WP benötigen im Regelfall kein Siegel, weil sie nicht als Auftragnehmer in Betracht kommen; Ausnahmen sind denkbar für den Bereich der Gerichtsgutachtertätigkeit, weil eine Vielzahl von Gerichten nur natürliche Personen als Gerichtsgutachter bestellt, nicht aber juristische Personen.

171   Für **Zweigniederlassungen** von WP und WPG können gesonderte Siegel verwendet werden, bei denen nach oder unter dem Ort des Berufs- bzw. Gesellschaftssitzes der Ort der Zweigniederlassung mit dem Zusatz „Zweigniederlassung" anzugeben ist.

5. Berufsbezeichnung

172   Die WPO schreibt hinsichtlich der **Kundmachung** der beruflichen Tätigkeit nur Mindestanforderungen vor, die allerdings eingehalten werden müssen, also nicht unterschritten werden können.

---

62 BGBl. I S. 164.
63 OVG Münster v. 2. 1. 1978, MittBl. WPK Nr. 89 S. 21.

Alle WP haben gem. § 18 Abs. 1 WPO im beruflichen Verkehr, also bei allen   **173**
Tätigkeiten, die aufgrund der WP-Qualifikation ausgeübt werden können (dürfen), die **Berufsbezeichnung „Wirtschaftsprüfer"** zu führen, und zwar gleichgültig, wie der Beruf funktional ausgeübt wird, also auch bei Unterhalten einer
Zweigniederlassung. Besondere Bedeutung in der Praxis hat dieses Gebot für
die steuerberatende Tätigkeit; es ist nicht möglich, diesen Bereich „auszuglie-
dern" und nur mit der Qualifikation als StB aufzutreten. Damit scheidet die
Möglichkeit aus, nur in der Eigenschaft als StB eine auswärtige Beratungsstelle
iSd. § 34 Abs. 2 StBerG zu unterhalten, um so das Leitungserfordernis des § 47
Abs. 1 S. 1 WPO für die Zweigniederlassung eines WP zu umgehen (s. Tz. 154).

Eine **Ausnahme** besteht für diejenigen Tätigkeiten, bei denen die Befugnisse   **174**
nicht auf der WP-Qualifikation, sondern ausschließlich auf anderen Berufsqualifikationen, zB als RA oder Patentanwalt, beruhen. Hier ist es möglich, nur
unter der maßgebenden Berufsbezeichnung aufzutreten, also einen gesonderten
Briefbogen zu verwenden, der nur die Bezeichnung als RA und/oder Patentanwalt ausweist.

Wird der WP **im Rahmen gesetzlich vorgeschriebener Prüfungen** tätig, bei denen   **175**
seine Befugnisse ausschließlich auf der WP-Qualifikation beruhen und die Verwendung des Berufssiegels vorgeschrieben ist, so darf er nur die Bezeichnung
„Wirtschaftsprüfer" führen (Abschn. VIII Nr. 1a BRil.); weitere Berufsbezeichnungen dürfen nicht erwähnt werden, auch wenn sie nach § 18 Abs. 2 WPO
ansonsten geführt werden dürfen. Insoweit besteht eine Parallele zum RA/
Notar, der bei Notartätigkeit ausschließlich unter der Berufsbezeichnung
„Notar" aufzutreten hat und dessen Siegelführungsbefugnis ausschließlich auf
der Notarbestellung beruht.

Bei **gemeinschaftlicher Berufsausübung** (Sozietät) müssen alle Partner mit ihren   **176**
Berufsbezeichnungen auftreten. Allerdings ist es möglich, daß ein WP/RA bzw.
ein WP/StB/RA ausschließlich in seiner RA-Eigenschaft einer Sozietät aus
Nur-Rechtsanwälten angehört, weil dieser Bereich der beruflichen Betätigung
von der des WP eindeutig abgetrennt werden kann und insoweit Überlagerun-
gen aufgrund überschneidender Berufsbilder nicht möglich sind (s. Tz. 173). In
einem solchen Fall darf der Berufsangehörige nur als RA in Erscheinung treten;
tritt er jedoch gleichzeitig auch als WP (oder als StB) im Rahmen der Kundmachung auf, so ist im Außenverhältnis eine echte gemischte Sozietät gegeben mit
den daraus resultierenden Pflichten, ua. hinsichtlich des Nachweises einer ausreichenden Berufshaftpflichtversicherung für die Partner ohne WP-Qualifikation (s. nachfolgend Tz. 181).

Sozietäten dürfen unter einer „Firma", also einer Kurzbezeichnung, auftreten,   **177**
bei der nicht alle Partner genannt werden; zulässig ist auch, bei dieser Kurzbezeichnung alle Berufsqualifikationen aufzuführen, die in der Sozietät insgesamt
vorkommen. Allerdings müssen bei der Verwendung von Kurzbezeichnungen
alle Partner an anderer Stelle mit ihren persönlichen Berufsqualifikationen auf
dem Briefbogen aufgeführt werden, um das Risiko des unbefugten Führens
geschützter Berufsbezeichnungen zu vermeiden (§ 132a StGB). Folgende Kurz-
formen sind üblich:

               A, B und C
oder

               A, B und Partner

oder

               A, B und C
               WP/StB/RA (RAe)

oder

               A, B und Partner
               WP/StB/RA (RAe).

Bei **Praxisschildern** und **Praxisstempeln** von Sozietäten genügen die Kurzbezeichnungen, weil eine Aufschlüsselung wie auf dem Briefbogen im Regelfall aus tatsächlichen, dh. räumlichen Gründen, ausscheidet.

178 Bei **überörtlichen Sozietäten** ist darauf zu achten, daß eindeutig zu erkennen sein muß, wo der jeweilige Partner seinen Berufssitz hat; ein Auftreten unter einer einzigen Anschrift erweckt den unrichtigen und damit unzulässigen Anschein, als ob alle Partner unter der angegebenen Anschrift ihren Berufssitz unterhielten.

179 Bei **WPG** schreibt § 31 WPO lediglich die Aufnahme des Wortes „Wirtschaftsprüfungsgesellschaft" in die **Firma** vor (s. Tz. 124). Zu beachten bleibt, daß bei gleichzeitiger Anerkennung als StBG auch die Bezeichnung „Steuerberatungsgesellschaft" notwendiger Firmenbestandteil ist (§ 53 StBerG) mit der Folge, daß WPG/StBG auch im Vorbehaltsbereich der gesetzlich vorgeschriebenen Prüfungen mit der vollen Firma, also mit der Bezeichnung „Steuerberatungsgesellschaft" in Erscheinung treten (müssen).

Die **Zweigniederlassung** einer WPG darf keine abweichende Firma führen; sie hat keine eigene Anerkennung und ist daher an die Firmierung gebunden, die der Anerkennung zugrunde gelegen hat.

6. Berufshaftpflichtversicherung

180 **Jeder** selbständig tätige **WP** sowie **jede WPG** muß gem. § 54 Abs. 1 WPO eine Berufshaftpflichtversicherung unterhalten, deren Mindesthöhe und -umfang durch die gem. § 54 Abs. 2 WPO erlassene DVO v. 8. 12. 1967[64] festgelegt ist. Die **Mindestversicherungssumme** je Schadensfall muß 500 000,– DM betragen und unbeschränkt zur Vfg. stehen; damit scheidet eine Begrenzung der Jahreshöchstleistung auf eine bestimmte Sa. aus. Eine scheinbare Ausnahme besteht nur hinsichtlich der sog. Serienschadenklausel iSv. § 2 Abs. 2 Nr. 2 der vorgenannten DVO. Hier kann die Gesamtleistung des Versicherers auf das Fünffache der Versicherungssumme beschränkt werden[65]. Ein Selbstbehalt von maximal 5000,– DM ist zulässig.

Das **Fehlen** einer Berufshaftpflichtversicherung führt nicht nur zum Widerruf der Bestellung (s. Tz. 94), sondern wird auch als Berufspflichtverletzung verfolgt[66].

---

64 BGBl. I S. 1212.
65 *Die Serienschadenklausel greift nicht ein, wenn mehrere Anleger eines Erwerbermodells wegen desselben Fehlverhaltens Schadenersatz beanspruchen*, LG Köln v. 1. 6. 1988, MittBl. WPK Nr. 132 S. 20, oder sich bei der steuerlichen Beratung der Fehler alljährlich wiederholt, BGH v. 15. 5. 1991, BB S. 1376, DB S. 1723.
66 LG Düsseldorf v. 12. 11. 1990, WPK-Mitt. 1991 S. 37.

Zu beachten bleibt, daß durch die vorgenannte DVO nur die Mindestsumme vorgeschrieben ist; versichert sich ein WP oder eine WPG höher, so geschieht dies freiwillig. Infolgedessen muß auch nur die Mindestsumme von 500000,− DM unbeschränkt zur Vfg. stehen; ob damit allerdings die Risiken aus der Praxis ausreichend abgedeckt sind, hat der WP im Rahmen seiner Eigenverantwortung zu beurteilen und zu entscheiden.

Bei **gemeinschaftlicher Berufsausübung** haben alle Partner den Nachweis des Mindestversicherungsschutzes zu erbringen; keine Rolle spielt es, ob dies im Rahmen einer Gemeinschaftspolice oder durch Einzelpolicen erfolgt.

Übt ein WP seinen Beruf im Rahmen einer **gemischten Sozietät** aus, also mit **181** Partnern ohne WP- bzw. vBP-Qualifikation, so ist er zum Nachweis verpflichtet, daß diese Partner ohne WP-Qualifikation hinsichtlich ihrer Berufshaftpflichtversicherung den Mindestanforderungen entsprechen, die für WP gelten[67]. Diese Verpflichtung ergibt sich aus § 54 WPO iVm. Abschn. III Nr. 6 BRil.; ansonsten würde im Hinblick auf die generell bestehende gesamtschuldnerische Haftung aller Sozien der Mindestversicherungspflicht nicht genügt. Zu beachten ist in diesem Zusammenhang, daß die Berufshaftpflichtversicherung nicht nur die Risiken aus dem Vorbehaltsbereich der Abschlußprüfung, sondern aus der gesamten zulässigen Tätigkeit abdeckt; des weiteren gleicht eine hohe Gesamtversicherungssumme die Deckungslücke nicht aus, die durch eine Begrenzung des Versicherungsschutzes auf eine Jahreshöchstleistung geschaffen wird, weil immer die Gefahr besteht, daß diese Jahreshöchstleistung durch die Vielzahl der Haftungsfälle aufgezehrt wird mit der Folge, daß für den sodann folgenden Schaden kein Versicherungsschutz mehr besteht.

7. Berufsregister

In das bei der WPK geführte Berufsregister (§§ 37 bis 40 WPO) sind WP und **182** WPG mit bestimmten beruflichen und persönlichen Daten einzutragen. Das Register ist **öffentlich,** kann also von jedermann ohne den Nachweis eines berechtigten Interesses eingesehen werden. Die dort verzeichneten Pflichtangaben genießen daher auch keinen Datenschutz.

Eintragungen und **Löschungen** sind im Regelfall von dem WP bzw. den gesetzlichen Vertretern der WPG zu beantragen; sie können auch von Amts wegen vorgenommen werden, falls entsprechende Mitteilungen der obersten Landesbehörde für Wirtschaft (§§ 22, 35 WPO) oder der Gerichte, vor allem der HR, vorliegen.

Im Regelfall erhält die WPK von den obersten Landesbehörden für Wirtschaft die Mitt. über die Bestellung als WP bzw. die Anerkennung als WPG. Sie tritt sodann an die Berufsangehörigen heran und erbittet mittels entsprechender Fragebogen bzw. Karteikarten die für das Berufsregister erforderlichen Angaben; bei **Veränderungen** der Daten ist es Sache der Kammermitglieder, umgehend für die Berichtigung Sorge zu tragen. Insb. ist es bei WPG wichtig, Veränderungen in der gesetzlichen Vertretung und im Gesellschafterbereich mitzuteilen, weil von diesen Daten uU das Fortbestehen der Anerkennung als WPG abhängt.

---

67 VG Düsseldorf v. 8. 1. 1991, WPK-Mitt. S. 137, LG Düsseldorf v. 15. 3. 1991, WPK-Mitt. S. 125.

8. Beurlaubung

183 Will ein WP nur vorübergehend eine **unvereinbare Tätigkeit** iSv. § 43 Abs. 3 WPO aufnehmen, so kann er nach § 46 Abs. 1 WPO auf Antrag beurlaubt werden; über den Antrag entscheidet der Vorstand der Kammer.

Vorübergehend iSv. § 46 Abs. 1 WPO ist eine solche unvereinbare Tätigkeit aber nur, wenn der Zeitpunkt der Beendigung schon bei Beginn feststeht. Die Möglichkeit einer kurzfristigen Beendigung durch Kündigung reicht nicht aus; eine Probezeit gilt aber noch als vorübergehend, weil zumindest ein bedingtes Ende schon gegeben ist.

Mit dem Beruf unvereinbare Tätigkeiten sind auch **berufsfremde Anstellungsverhältnisse** iSv. § 43 Abs. 3 Nr. 2 WPO; infolgedessen ist auch die Tätigkeit als gesetzlicher Vertreter einer Unternehmensberatungsgesellschaft mit dem WP-Beruf unvereinbar, obwohl die Betätigung im Bereich der Unternehmensberatung selbst zulässig ist, ja sogar als Berufsaufgabe iengS gilt (s. Tz. 19).

184 Während der Zeit der Beurlaubung darf weder die **Berufsbezeichnung** „Wirtschaftsprüfer" geführt noch die **Tätigkeit als WP** ausgeübt werden. Als WP-Tätigkeit gilt hier die Betätigung iSv. § 2 WPO; allerdings bleiben Befugnisse aufgrund einer evtl. fortbestehenden StB-Qualifikation unberührt.

185 Die **Dauer** der Beurlaubung soll zunächst höchstens ein Jahr betragen; Verlängerungen sind möglich, doch soll die Gesamtzeit drei Jahre nicht übersteigen. Da es sich um Sollvorschriften handelt, ist es im Einzelfall möglich, die Beurlaubung auch für einen längeren Zeitraum auszusprechen, falls die Dauer der berufsfremden Betätigung von vornherein feststeht.

186 Während der Beurlaubung ruht die **Mitgliedschaft in der WPK,** also auch die Beitragspflicht; es besteht – wegen des Verbots der WP-Tätigkeit – auch keine Verpflichtung, während der Beurlaubung eine **Berufshaftpflichtversicherung** zu unterhalten. Allerdings bleiben auch die beurlaubten WP der **Berufsgerichtsbarkeit** nach Maßgabe der WPO unterworfen.

VI. Berufspflichten

187 Die WPO regelt die Berufspflichten, dh., die im Rahmen der Berufsausübung zu beachtenden Ge- und Verbote unmittelbar; die gem. § 57 Abs. 2 Nr. 5 WPO vom Beirat der WPK festgestellten BRil. geben, von Ausnahmen abgesehen, nur Erläuterungen und Hinweise, um die zT unbestimmten Rechtsbegriffe hinsichtlich ihrer Bedeutung und ihres Geltungsumfanges für alle Berufsangehörigen verständlich zu machen. Infolgedessen hat die Rspr. des BVerfG zum Standesrecht der RAe (s. Fn. 15) geringere Bedeutung, weil es für den WP-Beruf an Berufsausübungsregeln, die den Ansprüchen des Art. 12 GG genügen, nicht fehlt.

1. Unabhängigkeit

188 Wie alle anderen freien Berufe muß auch der des WP unabhängig ausgeübt werden, also **frei** sein sowohl in fachlicher als auch in wirtschaftlicher bzw. arbeitsrechtlicher Hinsicht, vor allem frei **von jeglicher Abhängigkeit von den Auftragge-bern.** Dies gilt ganz besonders für den Bereich der gesetzlichen Abschlußprüfung; die dem WP hier verliehenen Befugnisse schließen die Einbindung in den Weisungsbereich eines berufsfremden Arbeitgebers/Dienstherrn mit den sich daraus ergebenden arbeitsrechtlichen und sozialen Folgen aus. Dementsprechend gibt es keinen dem sog. Syndikus-RA (§ 46 BRAO) entsprechenden Syndikus-WP. Nach dem Berufsbild und der Aufgabenstellung ist es eben nicht denkbar, daß ein derart Bediensteter bei Dritten, nämlich prüfungspflichtigen Unternehmen, Aufgaben durchführt, bei denen er nicht Weisungen, ja nicht einmal Einflußnahmen Dritter, unterworfen sein darf. Der Gesetzgeber hat diesen Erfordernissen Rechnung getragen und dementsprechend in § 319 Abs. 2 Nrn. 2 und 8 HGB bestimmt, daß als APr. ausgeschlossen ist, wer bei dem zu prüfenden Unternehmen im **Anstellungsverhältnis** tätig oder wegen des **Honorarvolumens** als von dem zu prüfenden Unternehmen als wirtschaftlich abhängig anzusehen ist. Die Verfassungsmäßigkeit der in § 319 Abs. 2 Nr. 8 HGB enthaltenen Honorarklausel ist im Rahmen einer verfassungsrechtlichen Überprüfung für unbedenklich angesehen worden[68].

Abhängigkeit wird auch durch **Versorgungszusagen** seitens der Mandanten begründet, weil der WP seine Alterssicherung mit dem wirtschaftlichen Schicksal des Auftraggebers verknüpft und damit von dessen wirstchaftlichen Gedeihen bzw. Fortbestand abhängig macht. **189**

2. Unbefangenheit

Insb. die Funktion des **Abschlußprüfers** macht erforderlich, daß der WP bei seinen Feststellungen, Beurteilungen und Entscheidungen frei von Einflüssen, Bindungen und Rücksichten ist, und zwar gleichgültig, ob sie persönlicher, wirtschaftlicher oder rechtlicher Natur sind. Infolgedessen begründet Abhängigkeit gleichzeitig auch **Befangenheit,** weil sowohl die wirtschaftlichen bzw. arbeitsrechtlichen Bindungen als auch die fachliche Weisungsgebundenheit eine **unwiderlegbare Vermutung** begründen, daß der Abhängige gegenüber seinem Dienstherrn bzw. Weisungsbefugten auch befangen ist; auf das subjektive Empfinden des betroffenen WP kommt es insoweit nicht an. Der Gesetzgeber hat dementsprechend für den Bereich der gesetzlich vorgeschriebenen Abschlußprüfung eine Reihe von Fallkonstellationen gekennzeichnet, bei denen Befangenheit gegeben ist oder als gegeben gilt; die in § 319 Abs. 2 Nrn. 1, 5 und 7 HGB normierten Tatbestände beschreiben derartige Fälle. Zu berücksichtigen ist, daß in § 319 Abs. 2 HGB aber nur solche Tatbestände genannt sind, die nach § 334 HGB als Ordnungswidrigkeiten verfolgt werden und bei deren Vorliegen der Prüfungsauftrag wegen Verstoßes gegen § 134 BGB als nichtig anzusehen ist[69]; die Zahl der Fallkonstellationen, bei denen Befangenheit vorliegt bzw. vorliegen kann, ist nicht begrenzt, aber auch nicht kodifizierbar. **190**

Wichtig ist, daß das Gebot der Unbefangenheit nicht nur für den Bereich der Prüfungstätigkeit, sondern auch für die **Beratungstätigkeit** gilt[70], wenngleich das **191**

---

68 BVerfG v. 17. 3. 1988, MittBl. WPK Nr. 131 S. 12.
69 OLG Düsseldorf v. 16. 11. 1990 (nkr.), WPK-Mitt. 1991 S. 88.
70 BGH v. 26. 9. 1990, BB S. 2362 = WPK-Mitt. 1991 S. 41.

Risiko der Befangenheit in diesem Tätigkeitsbereich weitaus geringer ist. Eine solche Befangenheit besteht, wenn der Berater am Ergebnis seines Rates finanziell interessiert ist, zB für die Empfehlung einer Kapitalanlage aus steuerlichen Erwägungen von dem Vertreiber eine – berufsrechtlich ohnehin unzulässige – Provision erhält. Hier ist der Berufsangehörige durch das finanzielle Eigeninteresse gehindert, seinem Mandanten den bestmöglichen Rat zu erteilen.

192   Wie wichtig das Gebot zur unbefangenen Berufsausübung ist, wird daraus deutlich, daß schon der **Anschein der Befangenheit** für die Auftragsübernahme hinderlich sein kann, nämlich dann, wenn – begründete – Besorgnis der Befangenheit besteht[71]. Obwohl Befangenheit gar nicht vorliegt, hat der WP seine Tätigkeit zu versagen (§ 49 WPO), wenn der Verdacht bzw. der Anschein der Befangenheit gegeben sein kann. Allerdings reicht die schlichte Behauptung eines Betroffenen, er befürchte Besorgnis der Befangenheit, nicht aus; die gesamten Umstände des Falles müssen vielmehr geeignet sein, aus der Sicht eines vernünftigen Dritten Zweifel an der Unbefangenheit des Berufsangehörigen zu begründen. Dementsprechend ist es im Regelfall möglich, denselben Auftraggeber sowohl zu beraten als auch zu prüfen[72]. Dasselbe gilt für die Durchführung unterschiedlicher Prüfungsaufträge in demselben Unternehmen, sofern nicht kraft Gesetzes Verhinderung gegeben ist, wie zB im Falle der Sonderprüfung nach § 142 AktG. Infolgedessen kann der APr. einer GmbH, die in eine AG umgewandelt werden soll, auch als deren Gründungsprüfer fungieren; weiterhin ist es möglich, daß der APr. gleichzeitig auch eine Mittelverwendungskontrolle vornimmt oder einen vom geprüften Unternehmen herausgegebenen Prospekt prüft. Eine Beratungstätigkeit, die über eine fachliche oder wissenschaftliche Sachaufklärung bzw. über eine gutachterliche Darstellung von Alternativen, also über eine Entscheidungshilfe hinausgeht, steht der gleichzeitigen Tätigkeit als APr. des beratenden Unternehmens jedoch entgegen, wenn durch die Beratertätigkeit der Eindruck erweckt wird, daß die Funktion des außenstehenden unbefangenen WP nicht mehr gegeben ist.

3. Unparteilichkeit

193   Gem. § 43 Abs. 1 S. 2 WPO hat sich der WP bei der Prüfungstätigkeit und der Erstattung von Gutachten unparteiisch zu verhalten, ein Gebot, das vom WP in seiner Funktion als Prüfer oder Gutachter absolute **Neutralität** verlangt. Zu berücksichtigen ist, daß er insoweit widerstreitenden Interessen ausgesetzt ist, aber auf keinen Fall einzelnen Interessen verpflichtet sein darf.

Die Neutralität muß in **PrB** und **Gutachten** auch zum Ausdruck kommen. Wesentliche Sachverhalte dürfen nicht verschwiegen werden oder im Rahmen der fachlichen Würdigung unberücksichtigt bleiben. Die fachliche Beurteilung der ermittelten Fakten muß weiterhin nachvollziehbar sein; sie darf auch nicht durch Sonderinteressen beeinflußt werden. Letzteres ist vor allem dann von Bedeutung, wenn der WP mehreren Auftraggebern gleichzeitig verpflichtet ist, zB in seiner Funktion als Trh. einer Vielzahl von Treugebern.

---

71 LG Düsseldorf v. 5. 9. 1988, MittBl. WPK Nr. 132 S. 7.
72 BayObLG v. 17. 9. 1987, WM S. 1361 = DB S. 2400 = ZIP S. 1547 = MittBl. WPK Nr. 130/88 S. 23.

4. Verschwiegenheit

Die Pflicht zur Verschwiegenheit bildet das Fundament für das Vertrauen, das **194** dem WP entgegengebracht wird; ohne dieses Vertrauen wäre die Erfüllung der beruflichen Aufgaben, vor allem in kritischen Phasen, nicht möglich. Dementsprechend ist die Verschwiegenheitspflicht nicht nur durch das **Berufsrecht** (§ 43 Abs. 1 S. 1 WPO), sondern auch durch das **Strafrecht** (§ 203 StGB) sowie eine Vielzahl **spezialgesetzlicher Vorschriften** vorgeschrieben und abgesichert[73]. Verschwiegenheit ist **zeitlich unbegrenzt**[74] und **gegenüber jedermann,** auch gegenüber Berufskollegen, zu bewahren. Sie umfaßt alle Kenntnisse von Tatsachen und Umständen, die im Rahmen der beruflichen Tätigkeit anvertraut oder bekannt werden.

Durch die Pflicht zur Verschwiegenheit wird der WP auch gehindert, geschützte **195** Kenntnisse für sich selbst auszunutzen; insoweit enthält das Berufsrecht bereits das Verbot der **Verwertung sog. Insiderkenntnisse** für eigene finanzielle Entscheidungen. Zur Klarstellung ist aber festzuhalten, daß nur die Kenntnisse von Tatsachen und Sachverhalten dem Schutz der Verschwiegenheit und damit dem Verwertungsverbot unterliegen, nicht aber die aus der beruflichen Tätigkeit gewonnenen Erfahrungen und Kenntnisse in fachlicher und rechtlicher Hinsicht. Allerdings darf durch eine zB fachliterarische Verwertung der geschützte Bereich nicht verletzt werden; es ist infolgedessen nicht zulässig, im Rahmen von Fachaufsätzen Fakten zu offenbaren, die dem Schutz der Verschwiegenheit unterliegen.

Die Verschwiegenheitspflicht besteht auch im prozessualen Bereich (§ 53 StPO, **196** § 383 Nr. 6 ZPO, § 385 AO); hier hat der Berufsangehörige ein **Zeugnisverweigerungsrecht,** von dem er im Regelfall Gebrauch zu machen hat. Hat der WP beide Prozeßparteien beraten, so ist er beiden gegenüber verpflichtet; die Entbindung nur einer Partei reicht nicht aus[75].

Zweifelhaft kann mitunter sein, ob Kenntnisse, die der WP im Rahmen seiner **197** **beratenden Tätigkeit** über die oder von der Gegenseite erlangt hat, der Verschwiegenheitspflicht unterliegen. Sicher ist, daß der WP insoweit nicht in größerem Umfang verpflichtet ist als sein Auftraggeber; diesem gegenüber hat er aber im Hinblick auf die Verpflichtung zur bestmöglichen Durchführung des Auftrags diese Kenntnisse zu offenbaren. Ein typischer Fall für eine derartige Offenbarungspflicht ist gegeben, wenn der WP vom Auftraggeber als Zeuge über den Verlauf oder das Ergebnis von Verhandlungen benannt worden ist; hier kann sich die Gegenseite, weil insoweit nicht geschützt, nicht auf die Verschwiegenheitspflicht des WP berufen.

Die Pflicht zur Verschwiegenheit entfällt, wenn der WP wirksam davon befreit **198** worden ist. Hat der durch die Verschwiegenheitspflicht Geschützte, im Regelfall der Auftraggeber, zB **Aussagegenehmigung** erteilt, so muß der WP im gerichtlichen Verfahren aussagen (§ 53 Abs. 2 StPO, § 385 Abs. 2 ZPO); dasselbe gilt, wenn ein Dritter den Auftrag erteilt und von der Verschwiegenheitspflicht ent-

---

73 Einen vollständigen Katalog der einschlägigen Vorschriften erhält die Verpflichtungserklärung zur Verschwiegenheit, erhältlich bei der IDW-Verlag GmbH.
74 BayOblG v. 2. 3. 1966, NJW S. 1664, OLG Stuttgart v. 18. 10. 1982, NJW 1983 S. 1070.
75 BGH v. 20. 4. 1983, WM S. 653 = ZIP S. 735.

bunden hat[76]. Ein **Zeugnisverweigerungsrecht** aus persönlichen Gründen bleibt davon allerdings unberührt.

199 Schwierigkeiten in der Praxis treten mitunter auf, wenn eine juristische Person Mandant war, die gesetzlichen Vertreter oder andere leitende Personen dem WP anvertraut bzw. offenbart hatten und der Mandant in **Konkurs** gefallen ist. Für den strafrechtlichen Bereich gilt, daß insoweit die gesetzlichen Vertreter persönlich den Schutz der Verschwiegenheit genießen[77], eine Befreiungserklärung des Konkursverwalters also nicht ausreicht.

200 Unstreitig ist hingegen die Möglichkeit des **Konkursverwalters,** von der Verschwiegenheitspflicht zu befreien, falls es um Regreßansprüche der früheren Mandantin gegen die ehemaligen gesetzlichen Vertreter geht[78].

201 Die Verschwiegenheitspflicht darf durchbrochen werden, wenn es darum geht, berechtigte eigene Interessen durchzusetzen, also bei der Geltendmachung von **Honoraransprüchen** und bei der **Verteidigung** im Regreß- bzw. Strafverfahren[79]. Zu beachten bleibt allerdings, daß nur im notwendigen Umfang offenbart werden darf; im Zweifel ist es daher nicht zulässig, Honorarforderungen zur Sicherheit an Kreditinstitute oder Factoring-Unternehmen abzutreten, weil damit zwangsläufig Einzelheiten des Auftrags offenbart werden müssen[80].

202 Ob bei **widerstreitenden Interessen** von Mandanten die Verschwiegenheitspflicht durchbrochen werden darf oder muß, ist aufgrund einer Güterabwägung im Einzelfall zu entscheiden[81]. Derartige Konstellationen treten zB auf, wenn sowohl der Kreditgeber als auch der Kreditnehmer zur Mandantschaft zählen und die Bewertung eines Kredites im Rahmen der Prüfung des Kreditgebers ansteht.

203 Die Pflicht zur Verschwiegenheit ist von der Art der Berufsausübung unabhängig, gilt also auch für den im **Anstellungsverhältnis** tätigen WP. Zu beachten ist in diesem Zusammenhang, daß die **Gehilfen** und **Mitarbeiter,** soweit sie nicht schon durch Ges. zur Verschwiegenheit verpflichtet sind, von WP zur Verschwiegenheit verpflichtet werden müssen (s. Fn. 72). Über das Zeugnisverweigerungsrecht der Mitarbeiter im Strafverfahren entscheidet der WP in seiner Funktion als Dienstherr (§ 53a Abs. 1 S. 2 StPO); wird der Mitarbeiter von der Verschwiegenheitspflicht befreit, muß er aussagen (§ 53a Abs. 2 StPO).

204 Durch die Verpflichtung zur Verschwiegenheit ist der WP auch gehalten, die **Beschlagnahme** sowohl **seiner Akten** als auch ihm anvertrauter Unterlagen im Rahmen des Möglichen zu verhindern; dies gilt für die Gegenstände, die gem. § 97 Abs. 1 Nrn. 1 bis 3 StPO nicht der Beschlagnahme unterliegen. Allerdings bleibt zu beachten, daß in der Praxis die Beschlagnahmebeschränkungen oftmals unterlaufen werden, etwa derart, daß der Berufsangehörige zunächst der Mittäterschaft bezichtigt wird oder die gesuchten Unterlagen als sog. instrumen-

---

76 LG Mannheim v. 7. 3. 1984, MittBl. WPK Nr. 110 S. 11.
77 OLG Schleswig v. 27. 5. 1980, MittBl. WPK Nr. 88 S. 21. Allerdings ist die Entscheidung nicht unumstritten, weil sie ein Privileg für Führungskräfte schafft; der schlichte Angestellte, der uU dem WP eigene Fehler eingesteht, genießt den Schutz der Verschwiegenheitspflicht dagegen nicht.
78 OLG Nürnberg v. 19. 7. 1976, MittBl. WPK Nr. 68 S. 17, BGH v. 30. 11. 1989, BB 1990 S. 91 = WPK-Mitt. 1990 S. 93.
79 LG München I v. 19. 11. 1980, DStR 1982 S. 179.
80 OLG Köln v. 29. 8. 1990, NJW 1991 S. 753.
81 BGH v. 27. 11. 1990, NJW 1991 S. VI. Wegen der Auskunftspflicht gegenüber Erben s. OLG Koblenz v. 17. 1. 1991, DStR S. 789.

A

tae sceleris bezeichnet werden (§ 97 Abs. 2 S. 3 StPO). Über die bei der Durchsuchung der Praxis oder der Beschlagnahme von Unterlagen zu beachtenden Regeln und Maßnahmen unterrichten Merkblätter, die bei den Geschäftsstellen von IDW und WPK erhältlich sind.

5. Gewissenhaftigkeit

Gem. § 43 Abs. 1 S. 1 WPO hat der WP seinen Beruf gewissenhaft auszuüben, **205**
also die für die Berufsausübung **maßgebenden Gesetze, deren Auslegung durch die Gerichte und die sonstigen anerkannten fachlichen Regeln** zu beachten; als solche sind zB die **Fachgutachten und fachlichen St.** der entsprechenden **IDW-Gremien** sowie die **GOB** anzusehen. Den von den Fachausschüssen des IDW abgegebenen Fachgutachten und St. kommt eine besondere Gewichtung zu. Diese Fachgutachten und St. zu Grundsätzen ordnungsmäßiger Buchführung, Bilanzierung, Berichterstattung und Prüfung hat sich der WP bei seinen eigenverantwortlichen Entscheidungen stets vor Augen zu halten. Er soll und wird ohne gewichtige Gründe von ihnen nicht abweichen, dh., er hat zu prüfen, ob die Grundsätze eines Fachgutachtens oder einer St. in dem von ihm zu bearbeitenden Fall anzuwenden sind. Beachtet ein APr. ohne gewichtige Gründe die Grundsätze eines Fachgutachtens oder einer St. nicht, so muß er damit rechnen, daß dies zu seinem Nachteil – und zwar sowohl zivilrechtlich als auch berufsrechtlich – ausgelegt werden kann. Ungeachtet der Pflicht zur Beachtung von Fachgutachten und St. ist zur Rechtslage festzustellen, daß weder die WPK als Aufsichtsbehörde noch ein Gericht Weisungen für die Rechtsanwendung im Einzelfall erteilen darf. Die eigene fachliche Meinung und Überzeugung des Berufsangehörigen vermag ein Dritter nicht zu ersetzen. Eine solche Maßnahme würde die Eigenverantwortlichkeit des Berufsangehörigen beeinträchtigen. Dies folgt aus der Unabhängigkeit des WP ähnlich der des unabhängigen Notars[82].

Fachgutachten und St. geben die Fachmeinung von dem Vertrauen des Berufs getragener, besonders erfahrener und sachverständiger Berufsangehöriger wieder. Sie werden vor ihrer Verabschiedung in den Fachnachrichten des Instituts und in der Fachzeitschrift „Die Wirtschaftsprüfung" veröffentlicht, um Gelegenheit zu Anregungen aus dem Mitgliederkreis zu geben. Sie sind als Loseblattausgabe im IDW-Verlag, Düsseldorf, erschienen.

Bezüglich der **fachlichen Verlautbarungen internationaler Berufsorganisationen** (wie IFAC, IASC, FEE) vgl. B Tz. 56 ff.

Die BRiL enthalten ferner in Abschn. II eine Reihe von Erläuterungen, auf die hier verwiesen werden kann; dasselbe gilt hinsichtlich der in Bd. I der Berufsgerichtlichen Entscheidungen sowie Rügen in WP-Sachen veröffentlichten Fälle.

Wichtig ist, daß nicht jede **leichte Fahrlässigkeit** im Rahmen der beruflichen **206**
Tätigkeit, die zum Schadenersatz führt, auch eine Berufspflichtverletzung darstellt; nur das grob fahrlässige oder gar vorsätzliche Abweichen von Ges., Rspr. und fachlichen Regeln stellt eine Verletzung der Berufspflicht zur gewissenhaften Berufsausübung dar.

---

82 BGH v. 13. 12. 1971, NJW 1972 S. 541; OLG Hamm v. 26. 11. 1975, NJW 1976 S. 974; vgl. im übrigen hierzu MittBl. WPK Nr. 74.

6. Eigenverantwortlichkeit

207   Der WP ist schließlich auch gehalten, seinen Beruf eigenverantwortlich auszuüben (§ 43 Abs. 1 S. 1 WPO). Das Berufsgesetz geht dabei von einem doppelten Sinne des Begriffes aus.

208   Zunächst ist in § 44 Abs. 1 WPO dargelegt, welche Formen der Berufsausübung dem Gebot der eigenverantwortlichen Berufstätigkeit entsprechen; damit sind gleichzeitig die Funktionen, in denen der Beruf ausgeübt werden kann, abschließend aufgeführt. Insb. das **Verbot des sog. berufsfremden Anstellungsverhältnisses** iSv. § 43 Abs. 3 Nr. 2 WPO macht deutlich, daß nur die in § 44 Abs. 1 WPO genannten Arten der Berufsausübung als adäquat und damit zulässig gelten.

209   Das Gebot der Eigenverantwortlichkeit schreibt weiterhin vor, daß der WP, auch wenn er den Beruf in einer zulässigen Form ausübt, **keinen** fachlichen **Weisungen** unterliegen darf, die ihn verpflichten, insb. PrB und Gutachten auch dann zu unterzeichnen, wenn sich ihr Inhalt nicht mit seiner Überzeugung deckt (§ 44 Abs. 2 S. 1 WPO). Das Ges. schützt sodann den Berufsangehörigen bei der Einhaltung seiner Berufspflicht zur Eigenverantwortlichkeit, in dem es Weisungen, die entgegenstehende Verpflichtungen enthalten, für unzulässig erklärt (§ 44 Abs. 2 S. 2 WPO); diese Schutzvorschrift ist vor allem für diejenigen WP von Bedeutung, die im Anstellungsverhältnis tätig sind. Infolgedessen gelten **WP stets** als **leitende Angestellte** iSd. BetrVerfG, auch wenn sie selbst nicht Arbeitgeberfunktionen wahrnehmen.[83]

210   Interpretationsbedürftig ist in diesem Zusammenhang der von Ges. verwendete Begriff **„zeichnungsberechtigter Vertreter"**, weil er zu der unrichtigen Schlußfolgerung verleitet, der im Anstellungsverhältnis tätige WP müsse immer vertretungsberechtigt sein. Richtig ist lediglich, daß der angestellte WP hinsichtlich seines Zeichnungsrechtes nicht fremdbestimmt sein darf, er also stets selbst darüber entscheiden muß, ob er PrB und Gutachten unterzeichnen will. Die Richtigkeit dieser Auslegung wird deutlich, wenn man den Fall des bei einem Berufskollegen angestellten WP untersucht; würde das Wort „zeichnungsberechtigt" mit „vertretungsberechtigt" interpretiert, so könnte der Angestellte anstelle des Arbeitgebers, der Auftragnehmer des Mandanten ist, entscheiden, ob er oder der Auftragnehmer die entsprechenden beruflichen Erklärungen unterzeichnet. Berücksichtigt man in diesem Zusammenhang noch, daß es bei der Funktion als gesetzlicher APr. keine Stellvertretung gibt, weil es sich bei der Wahl und Bestellung als APr. um einen höchstpersönlichen Auftrag handelt, so wird klar, daß die vielfach anzutreffende Interpretation des Wortes „zeichnungsberechtigt" als „vertretungsberechtigt" nicht ztr. sein kann.

211   Die Eigenverantwortlichkeit ist nicht davon abhängig, daß der WP als Angestellter einer WPG auch **Prokura** hat (§ 45 WPO); es handelt sich insoweit nur um eine Sollvorschrift, und es bestehen keine berufsrechtlichen Bedenken, wenn einem angestellten WP erst nach einer geraumen Zeit der beruflichen Bewährung die Rechtsstellung eines Prokuristen eingeräumt wird.

212   Im Rahmen der **gemeinsamen Berufsausübung mit Nicht-WP** hat der WP darauf *zu achten, daß er hinsichtlich der Entscheidung, Aufträge auf gesetzlich vorge-*

---

83 BAG v. 28. 1. 1975, WPg. S. 319 = MittBl. WPK Nr. 64 S. 30.

schriebene Prüfungen durchzuführen, nicht von der Zustimmung seiner Partner abhängig sein darf, weil sodann in seine Eigenverantwortlichkeit eingegriffen wird. Dieses Erfordernis ergibt sich aus den Regelungen in § 44 Absätze 4 und 5 WPO, die ausdrücklich vorschreiben, daß der WP bei der Zusammenarbeit mit ausländischen Partnern oder bei einer Tätigkeit als gesetzlicher Vertreter einer Nur-StBG (s. Tz. 26, 156) befugt bleiben muß, Aufträge auf die Durchführung gesetzlich vorgeschriebener Prüfungen im eigenen Namen durchzuführen. Nicht erforderlich ist allerdings, daß das Honorar aus dieser Tätigkeit ausschließlich dem WP zufließt; es ist durchaus denkbar, daß derartige Erträge in die gemeinschaftliche Kasse fließen.

7. Berufswürdiges Verhalten

Der WP hat sich sowohl innerhalb als auch außerhalb der Berufstätigkeit des Vertrauens und der Achtung würdig zu erweisen, die der Beruf erfordert, und sich der besonderen Berufspflichten bewußt zu sein, die ihm aus der Befugnis erwachsen, gesetzlich vorgeschriebene Bestätigungsvermerke zu erteilen (§ 43 Abs. 2 Sätze 2 und 3 WPO). Von WP als Angehörigen eines staatlich geregelten freien Berufs, dem wichtige Aufgaben im Bereich der Prüfung und Steuerberatung vorbehalten sind, wird daher ein **untadeliges Verhalten** nicht nur gegenüber Mandanten, Kollegen und Mitarbeitern, sondern auch gegenüber Dritten und der Berufsorganisation erwartet. Die BRil. enthalten in Abschn. VI einen umfangreichen Verhaltenskodex, auf den zur Vermeidung von Wiederholungen verwiesen werden kann. Es genügt daher, auf einige besonders wichtige Einzelheiten näher einzugehen. **213**

a) Vermeidung pflichtwidrigen Verhaltens

Gem. § 49 WPO hat der WP seine Tätigkeit zu versagen, wenn sie für eine pflichtwidrige Handlung in Anspruch genommen werden soll. Das gilt nicht nur für die Bereiche des Strafrechts und der Ordnungswidrigkeiten, so zB die Beihilfe zu Vermögens- oder Steuerdelikten, sondern auch für den Bereich des Berufsrechts. Ein Auftrag darf nicht übernommen bzw. durchgeführt werden, wenn dabei berufliche Gebote bzw. Verbote, zB das Werbeverbot oder das Gebot der Gewissenhaftigkeit, verletzt werden. **214**

b) Verbot des Erfolgshonorars

Ein Erfolgshonorar liegt vor, wenn das Entstehen des Honoraranspruchs vom Eintritt eines bestimmten Erfolges, also einer Bedingung, abhängt und/oder ein bestimmter Teil des Erfolges als Honorar ausbedungen wird. Durch ein solches Erfolgshonorar wird im Regelfall **Befangenheit,** zumindest aber Besorgnis der Befangenheit begründet. Die Anbindung des Honoraranspruchs an den wirtschaftlichen Erfolg des Auftraggebers, also nicht die Berechnung nach den ansonsten üblichen Beurteilungsmaßstäben Schwierigkeit, Umfang und Bedeutung, bewirkt, daß der WP in die geschäftlichen Unternehmungen des Mandanten als unmittelbar Beteiligter einbezogen wird; damit verliert er aber die kritische Distanz, die den Prüfer und auch den externen Berater kennzeichnen. **215**

Für den Bereich der Abschlußprüfung wird dies besonders deutlich. Es bedarf keiner umfassenden Erläuterungen, daß die Absprache, ein Honorar nur im Falle der Erteilung eines uneingeschränkten Bestätigungsvermerkes zahlen zu müssen, derart massiv in die Entscheidungen des Prüfers eingreift und diese beeinflußt, daß eine unbefangene Prüfung und Berichterstattung ausgeschlossen ist.

c) Mandatsschutzklauseln

216 Mandats- bzw. Mandantenschutzklauseln sind **Wettbewerbsverbote** iSd. §§ 74 ff. HGB, auch wenn sie den Wettbewerb zwischen Arbeitgeber und Arbeitnehmer nur in begrenztem Umfang, nämlich für den Bereich der Klientel des Arbeitgebers, unterbinden. Wegen der Entwicklung der Rspr., vor allem des BAG, darf auf die Darstellung im WPH 1985/86 Bd. I S. 52 ff. verwiesen werden; es genügt daher, die wesentlichen Punkte und die neuere Entwicklung schlagwortartig darzustellen.

217 **Mandatsschutzvereinbarungen mit Angestellten,** also auch mit angestellten WP, bedürfen der Schriftform (§ 74 Abs. 1 HGB) und sind bedingungsfeindlich[84]; sie sind nur wirksam, wenn gleichzeitig die Zahlung von **Karenzentschädigung** in gesetzlich vorgeschriebener Mindesthöhe, also 50 vH der zuletzt bezogenen vertragsmäßigen Leistungen, zugesagt wird (§ 74 Abs. 2 HGB). Ob tatsächlich Karenzentschädigung gezahlt werden muß, hängt von der Höhe des anderweitigen Erwerbs des früheren Mitarbeiters ab (§ 74c HGB). Im Regelfall wird sich der im Anstellungsverhältnis Tätige gehaltlich derart verbessern, daß die Zahlung der Karenzentschädigung entfällt. Wird der frühere Mitarbeiter jedoch selbständig tätig, so kann aufgrund steuerrechtlicher Möglichkeiten (zB durch Abschreibung einer käuflich erworbenen Praxis) eine solche Minderung des Einkommens eintreten, daß die Karenzentschädigung zu zahlen ist[85].

Der **Mandatsschutz** darf die Dauer von **2 Jahren** nicht übersteigen (§ 74a Abs. 1 S. 2 HGB). Des weiteren ist es nicht möglich, alle ehemaligen Mandate zu sperren, weil dies nicht dem **berechtigten** geschäftlichen Interesse des Arbeitgebers dienen dürfte (§ 74a Abs. 1 S. 1 HGB); im Zweifel können nur solche Mandanten einbezogen werden, mit denen die geschäftlichen Beziehungen noch bestehen bzw. nicht endgültig beendet sind.

Ob es möglich ist, den Mitarbeitern zu untersagen, in die Dienste eines Mandanten zu treten, erscheint im Hinblick auf § 74a Abs. 1 S. 2 HGB zweifelhaft, weil damit das berufliche Fortkommen erheblich behindert wird; im übrigen würde dies nicht nur eine Mandatsschutzklausel, sondern ein echtes Wettbewerbsverbot bedeuten.

218 Mandatsschutzvereinbarungen werden durch den Eintritt des Mitarbeiters in den **Ruhestand** nicht gegenstandslos[86]. Infolgedessen können auch Pensionäre Zahlung von Karenzentschädigung verlangen. Eine Versorgungszusage kann die Anrechnung der Karenzentschädigung auf die Betriebsrente vorsehen. Es ist

---

84 BAG v. 10. 1. 1989, BB S. 1124.
85 BAG v. 13. 11. 1975, MittBl. WPK Nr. 68 S. 12.
86 BAG v. 30. 10. 1984, MittBl. WPK Nr. 115/85 S. 10.

jedoch zweifelhaft, ob die Betriebsrente als weiterer Erwerb nach § 74c HGB auf die Karenzentschädigung anzurechnen ist[87].

Ob Wettbewerbsabreden mit **freien Mitarbeitern** zu ihrer Gültigkeit der Zusage **219** von Karenzentschädigung bedürfen, ist noch nicht höchstrichterlich entschieden. Bei echter freier Mitarbeit, die nur fallweise vorkommt und auf die Bearbeitung bestimmter Aufträge beschränkt sein dürfte, erscheint die Zusage von Karenzentschädigung entbehrlich[88]; ist hingegen die freie Mitarbeit einer Angestelltentätigkeit sehr angenähert, muß von der Anwendung des § 74 Abs. 2 HGB im Zweifel ausgegangen werden.

Berufsrechtlich zulässig ist auch, mit dem Mitarbeiter einen **aufschiebend beding- 220 ten Vertrag über die Veräußerung einer Praxis** bzw. Teilpraxis abzuschließen, der erst wirksam wird, wenn der Mitarbeiter im Zuge des Ausscheidens Mandate übernimmt. Allerdings liegen noch keine Erfahrungen vor, ob eine solche Abrede zulässig ist oder als Umgehung der §§ 74 ff. HGB gewertet wird[89]. Das Risiko der Wertung als Umgehung besteht dann, wenn der Kaufpreis das übliche Entgelt für eine Praxis oder Teilpraxis nicht unerheblich übersteigt, weil sodann der „Strafcharakter" und damit die Umgehung der §§ 74 ff. HGB evident werden dürfte.

Wettbewerbsabreden bzw. Mandatsschutzvereinbarungen mit **Sozien und gesetz- 221 lichen Vertretern** bedürfen zu ihrer Wirksamkeit nicht der Zusage einer Karenzentschädigung; es gelten aber neben § 138 BGB die in § 74a Abs. 1 HGB genannten Einschränkungen[90]. Infolgedessen sind derartige Wettbewerbsverbote unwirksam, wenn sie sich als faktische Berufsverbote auswirken[91]. Das gilt zB dann, wenn die in § 74a Abs. 1 S. 3 HGB festgelegte Maximaldauer von 2 Jahren nicht unerheblich überschritten oder regionale bzw. branchenmäßige Verbote vereinbart werden[92]. Die vorgenannten Einschränkungen gelten auch für Mandatsschutzabreden, die im Rahmen einer **Praxisveräußerung** getroffen werden[93].

Im übrigen begründet ein **Praxisverkauf** nicht automatisch Mandatsschutz **222** zugunsten des Erwerbers. Der Verkäufer ist auch nicht verpflichtet, die aus der Betreuung wieder übernommener Mandanten erzielten Honorare an den Erwerber der Praxis herauszugeben, falls diese Mandanten zuvor das zum Erwerber bestehende Mandatsschutzverhältnis durch Kündigung beendet hatten[94]. Zu beachten bleibt, daß das Risiko des Mandatsfortbestandes immer zu Lasten des Erwerbers geht, sofern keine Revisionsklausel vereinbart ist, die spätere Kürzungen des Kaufpreises zuläßt. Wegen der Ermittlung des **Praxiswertes** s. B Tz. 29.

d) Entschädigung bei nicht derivativem Mandatsübergang

Bis 1977 sahen die Berufsrichtlinien zwar keine zivilrechtliche, wohl aber eine **223** berufsständische Verpflichtung vor, auch bei **nicht derivativem Mandatsübergang**

87 BAG v. 26. 2. 1985, MittBl. WPK Nr. 118 S. 12.
88 *H. Knief,* Der RA als angestellter und freier Mitarbeiter, AnwBl. 1985 S. 58.
89 BAG v. 10. 12. 1985, DB 1986 S. 1829.
90 BGH v. 29. 10 1990, DB S. 2588.
91 BGH v. 15. 3. 1989, DB S. 1620.
92 BGH v. 26. 3. 1984, DB S. 1717, ZIP S. 954.
93 BGH v. 28. 4. 1986, ZIP S. 1056 = MittBl. WPK Nr. 122 S. 21.
94 BGH v. 23. 3. 1988, ZIP S. 719 = WM S. 903.

eine Entschädigung zu zahlen, wenn **Alter und/oder Krankheit** für den Mandats-
verlust ursächlich gewesen waren. Im Hinblick auf die dem Freiberufler oblie-
gende Pflicht, rechtzeitig für die Alterssicherung und die Praxisnachfolge Sorge
zu tragen, ist die Formulierung von Abschn. VI Nr. 2f BRiL derart geändert worden, daß eine Entschädigungszahlung nur dann geboten ist, wenn dies unter
Berücksichtigung aller Umstände angemessen erscheint. Infolgedessen sind
Alter und Krankheit für die Beurteilung der Entschädigungspflicht nicht mehr
ausschlaggebend, wenn zuvor die Möglichkeit der Praxisverwertung bestanden
hatte und die Notwendigkeit eines solchen Schrittes auch erkennbar war. Son-
dersituationen iSv. Abschn. VI Nr. 2f BRil. sind daher nur gegeben, wenn ein
WP in einem Alter verstirbt, in dem sich die Frage der Praxisnachfolge noch
nicht stellt oder wenn der Juniorpartner vorverstirbt und dadurch kurzfristig
Mandatsverluste ausgelöst werden; in derartigen und vergleichbaren Fällen
wird die berufsrechtliche Entschädigungspflicht zu bejahen sein.

e) Ausbildung des Berufsnachwuchses und der Mitarbeiter

224 WP sind gehalten, an der Ausbildung des Berufsnachwuchses im Rahmen ihrer
Möglichkeiten mitzuwirken. Die Verpflichtung ist ein **berufliches Selbstverständ-
nis;** zu beachten ist weiterhin, daß ein Teil der praktischen Ausbildung bei
Berufsangehörigen erfolgen muß (§ 9 Abs. 4 WPO). Schließlich darf nicht übersehen werden, daß die Berufsausbildung durch eine VO nach Maßgabe von
§ 137 WPO mit der Folge eines Beschäftigungszwanges geregelt werden kann.
Bisher hat der Beruf seinen Verpflichtungen in diesem Bereich genügt, so daß
der Erl. dieser VO entbehrlich war. Entsprechendes gilt für die Ausbildung von
Mitarbeitern, insb. von Fachgehilfen. Auch hier gilt, daß die Ausbildungsbefug-
nis nach § 90 BBiG zugleich eine Verpflichtung bedeutet.

f) Auftragsübernahme

225 Nach § 52 S. 1 WPO ist der WP zu berufswürdigem Verhalten bei der Auftragsübernahme verpflichtet. Dieses Gebot ist vor allem dann bedeutsam, wenn der
Auftraggeber bisher von einem anderen WP betreut wurde oder nach wie vor
betreut wird; in einem derartigen Fall ist **kollegiales Verhalten** in hohem Maße
geboten. Im Regelfall ist der andere WP zu unterrichten; eine gegenteilige
Anweisung des Auftraggebers genießt aber Vorrang, nicht zuletzt im Hinblick
auf das Gebot zur Verschwiegenheit.

226 Wird ein WP auf Veranlassung Dritter, zB staatlicher Stellen oder Kreditinstitute, tätig, so darf diese Einschaltung nicht dazu ausgenutzt werden, **den bisherigen Prüfer** oder Berater des Unternehmens aus dem Mandat **zu verdrängen.**
Andererseits ist das Gebot der Gewissenhaftigkeit ohne Einschränkung zu
beachten, auch wenn dadurch Fehler des Kollegen aufgedeckt werden.

8. Kundmachung und Werbeverbot

227 Der WP ist zum berufswürdigem Verhalten bei der Kundmachung seiner Tätigkeit verpflichtet (§ 52 S. 1 WPO). Werbung ist ihm nicht gestattet (§ 52 S. 2
WPO).

Im Gegensatz zum Sprachgebrauch des StBerG (§ 53 Abs. 1) unterscheidet die **228** WPO nicht zwischen berufswürdiger und **berufswidriger Werbung**; der Bereich der berufswürdigen, also erlaubten Werbung, wird von der WPO mit dem Begriff **„Kundmachung"** umschrieben, während die berufswidrige Werbung schlicht als Werbung bezeichnet wird. Ein materieller Unterschied zum StBerG und zu der Rspr. zur BRAO besteht jedoch nicht. Wegen der Abgrenzung von erlaubter Kundmachung zur verbotenen Werbung, vor allem im Rahmen von **Interviews,** hat das LG Düsseldorf in seiner Entscheidung v. 19. 12. 1985[95] grundsätzliche Ausführungen gemacht.

a) Kundmachung

Der Bereich der Kundmachung wird in Abschn. VIII der BRil. sehr eingehend **229** erläutert, so daß es ausreicht, auf einige aktuelle Einzelfragen einzugehen.

Gem. § 18 Abs. 2 S. 1 WPO können **akademische Grade** und **Titel** sowie Zusätze, **230** die auf **staatlich verliehene Graduierungen** hinweisen, neben der Bezeichnung WP geführt werden. Zu den staatlich verliehenen Graduierungen gehören jedoch nicht die Bezeichnungen „staatlich geprüfter Betriebswirt"[96] und „Betriebswirt (VWA)"[97].

Zu den **amtlich verliehenen Berufsbezeichnungen** iSv. § 18 Abs. 2 S. 2 WPO gehö- **231** ren nach der entsprechenden Änderung der BRAO alle gesetzlich erlaubten Fachanwaltsbezeichnungen, nicht nur die in der WPO erwähnte Bezeichnung „Fachanwalt für Steuerrecht".

Neu ist auch die ausdrückliche gesetzliche Regelung, daß vergleichbare **auslän- 232 dische Berufsbezeichnungen** geführt werden dürfen (§ 18 Abs. 2 S. 3 WPO); dies war bisher schon nicht zweifelhaft (Abschn. VIII Nr. 1a BRil.).

Firmenzeichen (Embleme, Logogramme, Signets) und Dienstleistungsmarken **233** waren bisher nicht gestattet. Hier hat sich die rechtliche Beurteilung geändert; die Verwendung derartiger Zeichen wird nicht mehr als – verbotene – Werbung angesehen. Damit besteht insb. für WP und WPG, die einem entsprechenden Verbund angehören, die Möglichkeit, auf die bestehende **corporate identity** hinzuweisen.

In **Stellenanzeigen** dürfen die angebotenen Posten in erforderlichem Umfang **234** umschrieben werden; es macht jedoch einen erheblichen Unterschied, ob ein Partner, ein leitender Mitarbeiter, ein Prüfungsassistent oder Bürokräfte gesucht werden. Die im StB-Bereich anzutreffende Auslegung hinsichtlich der erforderlichen Stellenbeschreibung[98] muß ua. im Hinblick auf die derzeitige Personalnotlage als zu eng angesehen werden. Nach wie vor unzulässig ist jedoch die Verwendung optischer Merkmale, zB großformatiger Bilder, durch die der Anzeigentext in den Hintergrund tritt und der Eindruck einer PR-Anzeige des Stellenanbieters erweckt wird, die denjenigen gewerblicher Unternehmen angeglichen ist, die eindeutig der Werbung für diese Unternehmen und ihre Produkte bzw. Dienstleistungen dienen sollen.

---

95 MittBl. WPK Nr. 123/86 S. 20.
96 BVerfG v. 29. 10. 1990, WPK-Mitt. 1991 S. 90 = DStR 1991 S. 563. Damit ist die gegenteilige Entscheidung des OLG Düsseldorf v. 25. 11. 1988, MittBl. WPK Nr. 133/89, überholt.
97 BFH v. 11. 11. 1986, DB 1987 S. 468 = DStR 1987 S. 183.
98 LG Hannover v. 8. 8. 1988, StB 1989 S. 78, LG Hannover v. 1. 3. 1990, StbG S. 381.

b) Werbeverbot

235 Der Begriff „Werbung" wird weder durch die WPO noch die BRil. definiert; die Abgrenzung zur Kundmachung (als der erlaubten Werbung) macht deutlich, daß durch das Verbot in § 52 S. 2 WPO die im gewerblichen Bereich übliche Reklame sowie die dort gebräuchlichen Formen des Bewerbens um Aufträge angesprochen und für unzulässig erklärt werden. Infolgedessen ist das **gezielte Ansprechen möglicher Auftraggeber** oder das **öffentliche Anbieten beruflicher Leistungen,** sei es in Zeitungsanzeigen oder in Verzeichnissen, zB durch einen Eintrag in außerberuflichen Empfehlungen von Branchenfernsprechbüchern [99], verboten; als ein solches öffentliches Anbieten gilt auch die Durchführung von **Seminarveranstaltungen** durch eine Organisation, bei der die betreffenden WP sowohl Leitungsfunktionen haben als auch in erster Linie als besonders fachkundige Referenten angekündigt werden und auftreten [100].

236 Unstatthaft ist auch die **Werbung durch Dritte,** zB durch sog. Verbandsempfehlungen oder durch ausländische Partner eines internationalen Verbundes. Hier greift auch die IFAC-Verlautbarung „Ethics across International Borders" ein, die das Unterlaufen nationaler Ge- und Verbote durch Maßnahmen aus dem Ausland als unzulässig kennzeichnet.

237 Eine Werbung iSv. § 52 S. 1 WPO liegt auch dann vor, wenn Schwester-, Tochter- und Enkelgesellschaften von WPG mit **weitgehend übereinstimmender Firmierung** werbend, zB durch Anzeigen über berufliche Aktivitäten, tätig werden, weil über die Firmenidentität auch ein Werbeeffekt zugunsten der WPG entsteht. Die für die Leitung der WPG verantwortlichen WP haben daher dafür zu sorgen, daß das Werbeverbot nicht durch die anderen Firmen der Gruppe unterlaufen wird; sie müssen sich diese Verstöße unmittelbar zurechnen lassen.

VII. Berufsaufsicht und Berufsgerichtsbarkeit

238 Zur berufsständischen **Selbstverwaltung** gehört es, die Erfüllung der den Mitgliedern der WPK obliegenden Pflichten zu überwachen und das Recht der Rüge zu handhaben (§ 57 Abs. 2 Nr. 4 WPO). Ein weiteres Kennzeichen beruflicher Selbstverwaltung ist die Existenz einer gesonderten Berufsgerichtsbarkeit, die zwar im Hinblick auf die Gewaltenteilung organisatorisch der allgemeinen Gerichtsbarkeit zugeordnet ist, bei der aber die Berufsangehörigen als ehrenamtliche Beisitzer mitwirken und damit sicherstellen, daß der Beruf auch insoweit an der Kontrolle des Verhaltens seiner Mitglieder mitwirkt.

1. Berufsaufsicht

239 Die Berufsaufsicht entspricht der Disziplinargewalt im Beamtenrecht; es handelt sich infolgedessen nicht um ein Verfahren mit strafrechtlichem Charakter.

---

99 LG Düsseldorf v. 19. 2. 1990, WPK-Mitt. S. 87.
100 OLG Düsseldorf v. 23. 5. 1990, WPK-Mitt. S. 273.

a) Verfahren

Zuständig für die Berufsaufsicht ist nach § 8 der WPK-Satzung der **Vorstand,** 240
dem auch das Recht gegeben ist, **Berufspflichtverletzungen** durch Ausspruch
einer **Rüge** zu ahnden, wenn die Schuld des WP gering ist und die Ahndung
durch die Berufsgerichtsbarkeit nicht erforderlich erscheint (§ 63 Abs. 1 S. 1
WPO. Im Rahmen des Ermittlungsverfahrens haben WP vor der WPK zu
erscheinen, wenn sie zur **Anhörung** geladen werden, und Auskunft zu erteilen
sowie ihre Handakten vorzulegen, es sei denn, sie würden dadurch ihre Verschwiegenheitspflicht verletzen. Allerdings dürfte in derartigen Fällen ein
Durchbrechen der Verschwiegenheitspflicht wegen widerstreitender Interessen
(s. Tz. 202) zulässig sein.

Im übrigen ist durch § 64 WPO sichergestellt, daß die im Rahmen eines **Berufs-** 241
aufsichtsverfahrens gewonnenen Erkenntnisse durch die **Verschwiegenheitspflicht**
geschützt werden. Alle Mitglieder der WPK-Gremien sowie die Mitarbeiter der
WPK sind hinsichtlich der Angelegenheiten, die ihnen im Rahmen ihrer Tätigkeiten bekannt werden, gegenüber jedermann zur Verschwiegenheit verpflichtet.
Das gilt vor allem für Verfahren der Berufsaufsicht, aber auch andere Vorfälle,
die im Rahmen der Kammerarbeit bekannt werden. Infolgedessen werden
Beschwerdeführer niemals darüber unterrichtet, ob eine und falls ja, welche
Maßnahme der Berufsaufsicht ergriffen worden ist. Zulässig ist allerdings die
Mitt., daß keine Berufspflichtverletzung festgestellt worden ist, weil eine derartige Nachricht den Berufsangehörigen lediglich begünstigt; dasselbe gilt für die
Mitt. über die Abgabe der Sache an die Generalstaatsanwaltschaft (s. Tz. 251),
allerdings ohne Angabe der Gründe. Nicht erfaßt von der Verschwiegenheitspflicht nach § 64 WPO sind die Tatsachen und Mitteilungen, die im **Berufsregi-**
ster eingetragen und damit allgemein zugänglich sind (§ 37 WPO).

Die Verschwiegenheitspflicht gilt auch für **Verfahren vor Gerichten und Behör-**
den; hier dürfen Aussagen nur mit entsprechender Genehmigung des Vorstandes
gemacht werden; über deren Erteilung hat der Vorstand nach pflichtgemäßem
Ermessen zu entscheiden. Die Genehmigung soll allerdings nur versagt werden,
wenn Rücksichten auf die Stellung oder die Aufgaben der WPK oder berechtigte Belange der Personen, über welche die Tatsachen bekanntgeworden sind,
es unabweisbar erfordern. Für das berufsgerichtliche Verfahren muß im Regelfall Aussagegenehmigung erteilt werden, vor allem dann, wenn es auf Betreiben
der WPK eingeleitet worden ist.

Der Vorstand wird im Rahmen der Berufsaufsicht **von Amts wegen, auf Anzeige** 242
bzw. Beschwerde oder aufgrund einer Mitt. nach Maßgabe von Nr. 24 der Anordnung über die **Mitteilungen in Strafsachen** (MiStra) tätig; durch diese Mitteilungen der Strafverfolgungsbehörden bzw. der Strafgerichtsbarkeit wird die Wirtschaftsprüferkammer über die Erhebung der Anklage oder die Verurteilung im
strafrechtsgerichtlichen Verfahren unterrichtet, soweit es Berufsangehörige betr.
Im Regelfall findet ein schriftliches Verfahren statt; die persönliche Anhörung
bildete bisher die Ausnahme.

Mit dem **Ausscheiden aus dem Beruf** endet nicht nur die Kammermitgliedschaft, 243
sondern auch die Berufsaufsicht durch die WPK und die Zuständigkeit der
Berufsgerichtsbarkeit; dies gilt nicht für gem. § 46 WPO **beurlaubte Berufsange-**
hörige, die zwar während der Beurlaubung weder als WP tätig sein noch die

Berufsbezeichnung führen dürfen, gleichwohl aber der Berufsaufsicht und der Berufsgerichtsbarkeit weiterhin unterliegen.

b) Rüge

244 Gem. § 63 Abs. 1 S. 1 kann der Vorstand das Verhalten eines WP rügen, wenn er die ihm obliegenden Pflichten verletzt hat und die Schuld gering ist. Die seit Jahren geübte Entscheidungspraxis sieht eine Graduierung der Rüge in Form der Mißbilligung, der scharfen Mißbilligung und der schärfsten Mißbilligung vor, um der Bedeutung des Einzelfalles und dem konkreten Verhalten des betroffenen WP gerecht werden zu können.

245 Im **Rügeverfahren** gilt § 69a WPO entsprechend. Ist durch ein Gericht oder eine Behörde, zB durch eine andere Berufskammer, eine Strafe oder eine Berufsrechtliche Maßnahme in Form einer Rüge verhängt worden, so ist von einer weiteren Rüge wegen desselben Verhaltens abzusehen, wenn diese nicht zusätzlich erforderlich ist, um den WP zur Erfüllung seiner Pflichten anzuhalten und das Ansehen des Berufes zu wahren.

246 Auch für das Rügeverfahren gelten der Vorrang des ordentlichen Strafverfahrens (§ 83 Abs. 1 WPO) und die Zuständigkeitsregelung des § 83a WPO entsprechend; infolgedessen wird über die Pflichtverletzung eines WP/StB, WP/RA oder WP/StB/RA im Rahmen der Berufsaufsicht nach der WPO nur entschieden, wenn die vorgeworfene Pflichtverletzung überwiegend mit der Ausübung des WP-Berufs im Zusammenhang steht. Ein solcher Zusammenhang ist gegeben, wenn **Pflichtverletzungen im Rahmen der Prüfungstätigkeit** zu beurteilen und zu ahnden sind; wird hingegen einem WP/StB eine Pflichtverletzung **im Rahmen seiner steuerberatenden Tätigkeit** vorgeworfen, besteht Verfolgungsvorrang nach Maßgabe des StBerG. Entsprechendes gilt, wenn gegen einen WP/RA Vorwürfe erhoben werden, die seiner Anwaltstätigkeit zuzuordnen sind.

247 Eine Rüge darf nicht mehr erteilt werden, wenn das berufsgerichtliche Verfahren eingeleitet ist oder seit der Pflichtverletzung mehr als drei Jahre vergangen sind (§ 63 Abs. 2 S. 1 WPO); dasselbe gilt, während das Verfahren nach § 87 WPO (s. Tz. 261) anhängig ist.

248 Vor Ausspruch der Rüge ist das **rechtliche Gehör** zu gewähren. Der **Rügebescheid** ist zu begründen und dem betroffenen WP zuzustellen; eine Abschrift des Rügebescheides ist der Generalstaatsanwaltschaft in Düsseldorf zuzuleiten.

249 Gegen den Rügebescheid kann binnen eines Monats nach Zustellung beim Vorstand der WPK Einspruch erhoben werden, über den auch der Vorstand selbst entscheidet (§ 63 Abs. 5). Gegen den abweisenden Einspruchsbescheid kann der WP innerhalb eines Monats nach Zustellung – schriftlich – die Entscheidung der Kammer für WP-Sachen beim LG Düsseldorf beantragen (§ 63a Abs. 1 WPO), die endgültig entscheidet (§ 63a Abs. 3 S. 4 WPO).

2. Berufsrechtliches Ermittlungsverfahren

250 Hält der Vorstand der WPK das Fehlverhalten eines WP für so schwer, daß der Ausspruch einer Rüge nicht mehr als ausreichend erscheint, wird die Angelegen-

heit an die **GStA in Düsseldorf** als gem. § 84 WPO zuständige **Ermittlungsbehörde** abgegeben, die ihrerseits prüft, ob ein berufsgerichtliches Verfahren einzuleiten ist (§ 85 WPO). Will die GStA dem Vorschlag des Vorstandes nicht entsprechen, so hat sie ihre Entschließung unter Angabe der Gründe mitzuteilen; der Vorstand kann binnen eines Monats nach Bekanntmachung beim OLG Düsseldorf die gerichtliche Entscheidung beantragen. Seit der Errichtung der WPK im Jahre 1961 ist dies noch nicht vorgekommen. Andererseits kommt es gelegentlich vor, daß ein Aufsichtsvorgang an die WPK zur Weiterbehandlung im Rahmen der Berufsaufsicht zurückgegeben wird, wenn die weiteren Ermittlungen der GStA ergeben haben, daß eine berufsgerichtliche Ahndung zwar nicht in Betracht kommt, weil das Verschulden des WP dafür nicht ausreicht, wohl aber für den Ausspruch einer Rüge.

Die GStA hat auch die Möglichkeit, einen Vorfall, der zum Ausspruch einer   **251**
Rüge geführt hat, aufzugreifen und im Rahmen eines berufsgerichtlichen Verfahrens weiterzuverfolgen, falls nach ihrer Auffassung die Berufspflichtverletzung durch die Rüge nicht ausreichend geahndet worden ist (§ 69 Abs. 1 WPO); von dieser Möglichkeit ist bisher einmal Gebrauch gemacht worden, und zwar vor einer Vielzahl von Jahren. Wird der WP in einem derartigen berufsgerichtlichen Verfahren freigesprochen, wird auch der Rügebescheid unwirksam; dasselbe gilt, wenn rkr. die Eröffnung des Hauptverfahrens abgelehnt worden ist, weil eine schuldhafte Pflichtverletzung nicht festgestellt werden konnte.

3. Berufsgerichtsbarkeit

Das berufsgerichtliche Verfahren richtet sich zwar weitgehend nach den Vor-   **252**
schriften der StPO, ist aber dennoch ein **Disziplinar- und kein Strafverfahren.**

a) Organisation

Die Berufsgerichtsbarkeit ist in die ordentliche Gerichtsbarkeit integriert, um   **253**
den verfassungsrechtlichen Anforderungen an die Gewaltenteilung zu genügen.
Dem steht die **Mitwirkung ehrenamtlicher Beisitzer aus dem Berufsstand** nicht
entgegen, weil diese Beisitzer nicht gleichzeitig dem Vorstand oder dem Beirat
der WPK angehören oder bei der WPK im Haupt- oder Nebenberuf (s. § 76
Abs. 2 WPO) tätig sein dürfen. Die Berufsgerichtsbarkeit ist wie folgt gegliedert:

1. Instanz: **Kammer für WP-Sachen** beim LG Düsseldorf, weil in dessen Bezirk
   die WPK ihren Sitz hat (§ 72 Abs. 1 WPO).
2. Instanz: **Senat für WP-Sachen beim OLG Düsseldorf** (§ 73 WPO).
3. Instanz: **Senat für WP-Sachen beim BGH** (§ 74 WPO).

In der 1. und der 2. Instanz nimmt die GStA in Düsseldorf die Aufgaben der
Staatsanwaltschaft wahr (§§ 84, 106 WPO); in der 3. Instanz ist der Generalbundesanwalt zuständig (§ 108 WPO).

b) Berufsgerichtliches Verfahren

Das berufsgerichtliche Verfahren wird gem. § 85 WPO durch Einreichen der   **254**
Anschuldigungsschrift der GStA eingeleitet; über die **Eröffnung** des Hauptverfahrens entscheidet das Gericht der 1. Instanz. Die Eröffnung des Verfahrens
kann vom WP nicht angefochten werden.

Die **Hauptverhandlung** kann in Abwesenheit des WP geführt werden, wenn er ordnungsgemäß geladen und entsprechend belehrt worden ist; eine öffentliche Ladung ist allerdings nicht zulässig. Die Hauptverhandlung ist nicht öffentlich. Auf Antrag der GStA kann, auf Antrag des WP muß die Öffentlichkeit hergestellt werden. Zutritt zur nichtöffentlichen Verhandlung haben ua. Vertreter der WPK. Eine Verhaftung des WP ist nicht zulässig; dgl. darf er weder vorläufig festgenommen noch vorgeführt werden (§ 82 WPO). Zu **Verteidigern** im berufsgerichtlichen Verfahren vor dem LG und dem OLG können auch WP gewählt werden.

Für das berufsgerichtliche Verfahren gilt gem. § 83 Abs. 1 WPO der Vorrang des Strafverfahrens (s. Tz. 246); des weiteren gilt die Zuständigkeitsregelung des § 83a bei Mehrfachqualifikation des Berufsangehörigen.

255   Die **Verfolgung** einer Pflichtverletzung verjährt in 5 Jahren; dies gilt nicht, sofern auf Ausschließung aus dem Beruf erkannt wird (§ 70 WPO).

c) Berufsgerichtliche Maßnahmen

256   Berufsgerichtliche Maßnahmen sind gem. § 68 Abs. 1 WPO

1. die Warnung
2. der Verweis
3. die Geldbuße bis zu 20 000 DM
4. die Ausschließung aus dem Beruf.

Verweis und Geldbuße können nebeneinander verhängt werden (§ 68 Abs. 2 WPO).

d) Rechtsmittel

257   Gegen das Urt. der Kammer für WP-Sachen ist gem. § 105 WPO die **Berufung** an den Senat für WP-Sachen zulässig. Sie muß binnen einer Woche nach Verkündung des Urt. bei der Kammer für WP-Sachen schriftlich eingelegt werden. Ist das Urt. nicht in Anwesenheit des WP verkündet worden, so beginnt die Frist für diesen mit der Zustellung des Urt. Die Berufung kann nur schriftlich gerechtfertigt, dh., begründet werden.

Gegen ein Urt. des Senats für WP-Sachen beim OLG Düsseldorf ist die **Revision** an den BGH zulässig, wenn

1. das Urt. auf Ausschließung aus dem Beruf lautet;
2. wenn der Senat für WP-Sachen beim OLG entgegen einem Antrag der StA nicht auf Ausschließung erkannt hat;
3. wenn der Senat für WP-Sachen beim OLG die Revision im Urt. zugelassen hat (§ 107 Abs. 1 WPO).

Die Revision darf nur zugelassen werden, wenn in der 2. Instanz über Rechtsfragen oder Fragen der Berufspflichten entschieden worden ist, die von grundsätzlicher Bedeutung sind; derartige Fälle sind bisher noch nicht vorgekommen.

Die **Nichtzulassung der Revision** kann selbständig durch Beschwerde innerhalb eines Monats nach Zustellung des Urt. angefochten werden (§ 107 Abs. 3 WPO). Auch die Revision ist binnen einer Woche nach Verkündung des Urt. bei dem OLG schriftlich einzulegen; ist das Urt. nicht in Anwesenheit des WP verkündet worden, so beginnt für ihn die Frist mit der Zustellung (§ 107a WPO). Seitens des WP können die Revisionsanträge und deren Begr. nur schriftlich angebracht werden (§ 107a Abs. 2 WPO).

4. Sicherung von Beweisen

Wird ein berufsgerichtliches Verfahren gegen einen WP eingestellt, weil seine **258** Bestellung als WP erloschen oder zurückgenommen ist und er damit der Berufsgerichtsbarkeit nicht mehr unterliegt, so kann auf Antrag der StA die Sicherung der Beweise angeordnet werden, wenn zu erwarten ist bzw. war, daß auf Ausschließung aus dem Beruf erkannt worden wäre (§ 109 WPO). Eine solche Beweissicherung ist vor allem dann angebracht, wenn damit zu rechnen ist, daß der Ausgeschiedene die Wiederbestellung als WP betreibt (§ 23 WPO); damit wird vermieden, daß sich der Betreffende durch – vorübergehendes – Ausscheiden aus dem Beruf der befürchteten berufsgerichtlichen Ahndung durch Ausschließung aus dem Beruf (§ 68 Abs. 1 Nr. 4 WPO) entzieht.

5. Berufsverbot

Gem. § 111 WPO kann gegen einen WP ein – vorläufiges – Berufsverbot ver- **259** hängt werden, wenn dringende Gründe für die Annahme vorhanden sind, daß gegen ihn auf Ausschließung aus dem Beruf erkannt werden wird. Ein solcher Antrag auf Erl. eines Berufsverbotes kann schon vor Einleitung des berufsgerichtlichen Verfahrens (§ 85 WPO) gestellt werden.

Im Hinblick auf die sehr restriktive Entscheidungspraxis des BVerfG in Sachen Berufsverbot für RAe kommen derartige vorläufige Berufsverbote heute nur noch selten vor; die wenigen Entscheidungen gegen Mitglieder der WPK sind vor einer Vielzahl von Jahren ergangen, stellen also nicht mehr die aktuelle Rspr. dar.

Ein Berufsverbot kann auch im Rahmen eines strafgerichtlichen Verfahrens ver- **260** hängt werden (§ 70 StGB); es handelt sich insoweit aber um ein von der WPO getrenntes Verfahren, bei dem der Berufsstand auch nicht durch ehrenamtliche Beisitzer beteiligt ist. Allerdings liegen auch hier noch keine Entscheidungen gegen Berufsangehörige vor.

6. Selbstanzeige

Gem. § 87 WPO kann der WP bei der GStA beantragen, gegen ihn selbst das **261** berufsgerichtliche Verfahren einzuleiten, damit er sich von dem Verdacht einer Pflichtverletzung reinigen kann. In der Praxis spielt diese Möglichkeit keine Rolle, weil den Berufsangehörigen eine Bestätigung der WPK, daß Pflichtverletzungen nicht vorliegen bzw. erkennbar sind, ausreicht.

VIII. Auftragsdurchführung

262 Die Abwicklung beruflicher Aufträge richtet sich nach den BGB-Regeln über den Auftrag; da WP im Regelfall nicht unentgeltlich tätig werden, ist **§ 675 BGB** die maßgebende Vorschrift, und zwar gleichgültig, ob es sich um einen Dienst- oder Werkvertrag handelt. Ob im Einzelfall ein **Dienstvertrag** vorliegt, zB im Bereich der steuerlichen Beratung, oder ob ein **Werkvertrag** zu erfüllen ist, zB bei der Abschlußprüfung, oder ob es sich um Mischformen handelt, ist unter dem Aspekt der Haftung und der Verjährung unerheblich [101], weil der WP für jedes Verschulden einzustehen hat und die Verjährungsfrist gem. § 51a WPO immer 5 Jahre beträgt, von Ausnahmen bei Berufsangehörigen mit Mehrfach- qualifikation abgesehen (s. Tz. 266).

263 Es ist auch zulässig, der Auftragsdurchführung **Allgemeine Auftragsbedingungen** zugrundezulegen; für WP und WPG kommen im Regelfall nur die Allgemeinen Auftragsbedingungen für WP und WPG (AAB) [102] in Betracht, weil diese hin- sichtlich der Haftungsbegrenzung auch den berufsrechtlichen Anforderungen entsprechen. Die AAB müssen spätestens bei der Auftragsannahme Bestandteil der vertraglichen Absprache werden; das spätere Beifügen, zB an den PrB, reicht nicht aus, um sie zur Grundlage der Auftragsdurchführung zu machen.

1. Auftragserteilung

264 Für die Auftragserteilung bzw. -annahme ist keine besondere Form vorgesehen, jedoch empfiehlt es sich, die erteilten Aufträge **schriftlich** zu bestätigen, damit im Streitfall, sei es wegen der Haftung, sei es wegen des Honorars, ein eindeuti- ger Nachweis möglich ist. Im Zweifel gilt, daß Unklarheiten über den Umfang des Auftrages und die daraus resultierenden Pflichten immer zum Nachteil des Berufsangehörigen gehen. Hinsichtlich der **Haftung** hat dies zufolge, daß der WP im Regelfall umfassend verpflichtet ist, also auch ohne ausdrücklichen Auf- trag auf rechtliche und sachliche Risiken und Probleme hinweisen muß, die ihm als dem Fachmann bei der Durchführung des Auftrages auffallen; vor allem im Bereich der Steuerberatung ist davon auszugehen, daß bei einem global erteilten Auftrag alle sich aufdrängenden Fragen steuerrechtlicher Art zu erledigen sind.

Im **Honorarrechtsstreit** hat der WP hingegen darzulegen und unter Beweis zu stellen, daß er im behaupteten Umfang beauftragt und auch tätig geworden ist.

265 Verfügt der Berufsangehörige über mehrere Berufsqualifikationen, so empfiehlt sich vorab die Klärung, **in welcher Berufseigenschaft** er beauftragt wird, falls es sich nicht um eine Vorbehaltsaufgabe handelt, die nur einer bestimmten Qualifi- kation zugeordnet werden kann, zB die gesetzliche Abschlußprüfung dem WP, die reine Rechtsberatung und -besorgung dem RA. Bei der Steuerberatung ist im Hinblick auf § 3 StBerG eine dreifache Zuordnung möglich; dasselbe gilt für den übrigen Bereich der beruflich erlaubten Tätigkeit.

266 Die Klärung der Auftragszuordnung ist auch im Hinblick auf die unterschiedli- che Verjährung für die Haftung aus Berufsversehen geboten; nach § 51 WPO

---

101 BGH v. 26. 5. 1982, WM S. 851 = ZIP S. 844 = WPg. S. 443.
102 Stand: 1. 1. 1990; erhältlich bei der IDW-Verlag GmbH, Postfach 38 24 05, 4000 Düsseldorf.

beträgt die **Verjährungsfrist** fünf Jahre, nach § 68 StBerG und § 51 BRAO hingegen nur drei Jahre.

Besondere Sorgfalt ist bei der Erteilung von Aufträgen zur Durchführung **gesetz-** **267** **lich vorgeschriebener Abschlußprüfungen** geboten; hier hat der WP sich zu vergewissern, daß er rechtswirksam als Prüfer bestellt worden ist. Dazu gehört zunächst seine Wahl als APr. durch das zuständige Gesellschaftsorgan (§ 318 Abs. 1 Sätze 1 und 2 HGB)[103]. Das Erteilen des zivilrechtlichen Auftrages durch die gesetzlichen Vertreter der Gesellschaft (§ 318 Abs. 1 S. 4 HGB) mag zwar für das Entstehen des Honoraranspruchs ausreichen, genügt aber nicht, wenn zuvor keine Wahl durch das zuständige Gesellschaftsorgan stattgefunden hat.

2. Persönliche Erledigung

Im Regelfall hat der WP den ihm übertragenen Auftrag persönlich durchzuführen; ob er sich von anderen Personen mit entsprechenden Befugnissen vertreten lassen kann, hängt von den Umständen des Einzelfalles ab. **268**

Eine solche höchstpersönliche Verpflichtung ist bei der Bestellung als gesetzlicher APr. gegeben. Hier ist eine Stellvertretung durch einen anderen WP nicht möglich; ist der als APr. gewählte und beauftragte WP **verhindert,** die Prüfung durchzuführen, so muß ein anderer APr. entweder gewählt oder durch das Gericht bestellt werden (§ 318 Abs. 4 S. 2 HGB). Eine gleichartige Höchstpersönlichkeit gilt auch für die Durchführung eines vom Gericht erteilten Gutachterauftrages[104]. **269**

Diese persönliche Verpflichtung des WP bedeutet aber nicht, daß er den gesamten Auftrag allein durchführen muß; es ist wie bei allen anderen Aufträgen möglich, **Mitarbeiter** einzusetzen, die nach den Anweisungen des WP und unter seiner Aufsicht an der Erledigung des Auftrages mitwirken. **270**

3. Beauftragung von Sozietäten

Schließen sich WP oder WP und Angehörige anderer sozietätsfähiger Berufe zur gemeinsamen Berufsausübung zusammen, so bekunden sie damit im Regelfall ihren Willen, alle Aufträge gemeinschaftlich entgegenzunehmen und durchzuführen[105]. Eine solche **gemeinschaftliche Auftragsdurchführung** ist ohne Einschränkung möglich, sofern alle Partner dieses beruflichen Zusammenschlusses über die notwendigen Befugnisse verfügen, zB über die Befugnis zur uneingeschränkten Steuerberatung (§ 3 StBerG), oder besondere berufliche Befugnisse nicht erforderlich sind, zB bei der Unternehmensberatung oder Treuhandtätigkeit. **271**

Besonderheiten gelten, wenn der Auftrag höchstpersönlicher Natur ist, weil nur ein bestimmter Partner beauftragt worden ist und nur dieser den Auftrag durch- **272**

103 Bei OHG und KG ist, falls der Gesellschaftsvertrag keine anderweitige Regelung enthält, die Gesellschafterversammlung zuständig, BGH v. 24. 3. 1980, WM S. 526.
104 OLG Frankfurt/Main v. 18. 5. 1983, ZIP S. 1000.
105 BGH v. 4. 2. 1988, ZIP S. 415 = BB S. 658, BGH v. 17. 10. 1989, WM 1990 S. 188 = WPK-Mitt. 1990 S. 91.

führen soll. Eine solche Konstellation ist bei jedem beliebigen Auftrag denkbar, also nicht nur in den Vorbehaltsbereichen der gesetzlichen Abschlußprüfung sowie der Steuer- und der Rechtsberatung.

273 Im Bereich der **gesetzlichen Abschlußprüfung** ist diese Höchstpersönlichkeit aber immer gegeben. Zunächst ist zu beachten, daß nur der oder die WP-Partner über die uneingeschränkte Befugnis zur Durchführung gesetzlich vorgeschriebener Abschlußprüfungen verfügen, Partner ohne diese Qualifikation also weder wählbar sind (§§ 318 Abs. 1, 319 Abs. 1 HGB) noch zivilrechtlich beauftragt werden können (dürfen), weil sie die Leistung nicht erbringen können (§ 306 BGB).

274 Im Einzelfall ist sodann von Bedeutung, ob ein oder alle WP-Partner als Prüfer gewählt worden sind und dementsprechend beauftragt werden müssen. Ist die **Sozietät** gewählt und beauftragt, so sind wegen des Fehlens der Rechtsfähigkeit im Zweifel alle Partner gewählt mit der Folge, daß alle den Auftrag durchführen, also alle den PrB und den BestV unterzeichnen (§ 322 HGB) und siegeln (§ 48 Abs. 1 S. 1 WPO) müssen. Fehlt die Unterschrift eines Partners unter dem PrB und dem BestV, so ist die Prüfung nicht im vorgeschriebenen Umfang durchgeführt worden, weil nicht alle bestellten APr. mitgewirkt haben; insoweit gilt sodann § 316 Abs. 1 S. 2 HGB.

275 Bei großen beruflichen Zusammenschlüssen ist eine solche Auftragsdurchführung nicht nur unzweckmäßig, sondern auch faktisch kaum möglich. Es ist daher üblich, daß nur ein WP-Partner als Prüfer gewählt und bestellt wird; die übrigen WP-Partner werden – in beliebiger Reihenfolge – als **Ersatzprüfer** gewählt und beauftragt (§ 318 Abs. 4 S. 2 HGB), so daß der Fortbestand des Auftrags im Rahmen des Möglichen und Zulässigen gesichert ist.

276 Treten im Einzelfall die nicht als APr. bestellten WP-Partner wegen der Gestaltung der Briefbogen bzw. der Berichtsmappen im PrB in Erscheinung oder unterzeichnen sie zusätzlich den BestV, weil sie an der Prüfung mitgewirkt haben, so ist dies berufsrechtlich unerheblich und für die Wirksamkeit des BestV ohne Auswirkungen. Maßgebend ist, wie zuvor dargelegt, daß der als APr. bestellte WP-Partner den PrB und den BestV unterzeichnet.

277 **Partner ohne WP-Qualifikation** dürfen hingegen weder den BestV noch den PrB mitunterzeichnen; insoweit findet § 32 WPO (s. Tz. 112, 279) entsprechende Anwendung. Es ist auch berufsrechtlich unzulässig, daß Partner ohne WP-Qualifikation bei gesetzlich vorgeschriebenen Prüfungen auf den Berichtsmappen mit aufgeführt werden (Abschn. VII Nr. 8 Abs. 3 BRil.).

278 Bei **nicht gesetzlich vorgeschriebenen Prüfungen** muß mindestens ein WP-Partner den PrB und den BestV mitunterzeichnen (Abschn. IX Abs. 2 BRil.); dieses Erfordernis ergibt sich im Regelfall als Verpflichtung aus dem Auftrag, aber auch aus dem durch die §§ 2 Abs. 1, 32 WPO umschriebenen Berufsbild des WP.

4. Beauftragung von WPG

279 Soweit WPG beauftragt werden, gilt hinsichtlich der Auftragsdurchführung dasselbe wie für WP und Sozietäten. Bei **gesetzlich vorgeschriebenen Prüfungen** dürfen BestV und PrB nur von – vertretungsberechtigten – WP unterzeichnet wer-

den (§ 32 WPO); bei **nicht gesetzlich vorgeschriebenen Prüfungen** muß mindestens ein WP mitunterzeichnen (Abschn. IX Abs. 2 BRil.). Die Vertretungsberechtigung des WP kann aus der Organstellung oder auf gewillkürter Vertretungsmacht beruhen; zulässig ist auch, einen nicht in der Gesellschaft tätigen WP für den Einzelfall entsprechend zu ermächtigen.

Für den Bereich der **Steuerberatung** ist zu beachten, daß WPG zwar als Prozeß- **280** bevollmächtigte vor den FG, nicht aber vor dem BFH auftreten können (s. Fn. 18): des weiteren ist es in der Rspr. bzw. der Gerichtspraxis umstritten, ob WPG als **gerichtliche Sachverständige** tätig werden können.

5. Zurückbehaltungsrecht

WP können ein Zurückbehaltungsrecht geltend machen, das sich zum einen auf **281** ihre **beruflichen Leistungen** und zum anderen auf vom Mandanten **übergebene Unterlagen** erstreckt, sofern ihnen noch **Honoraransprüche** zustehen.

Generell gilt, daß der WP alles, was er aus dem Auftrag erlangt hat, gem. §§ 667, **282** 675 BGB an den Auftraggeber herauszugeben hat. Dazu gehören alle Schriftstücke, die er aus Anlaß seiner beruflichen Tätigkeit von dem oder für den Auftraggeber erhalten hat (§ 66 Abs. 2 StBerG), ua. auch die Pflicht, DATEV-Bestände auf den Mandanten bzw. den Mandatsnachfolger zu übergeben[106], nicht aber eigene Arbeitsergebnisse[107]; für derartige Leistungen, die aufgrund des Auftrages zu liefern sind, gilt, sofern nichts anderes vereinbart, die Pflicht/ das Recht zur Zug-um-Zug-Herausgabe gegen das vereinbarte Honorar[108]; der WP kann sich insoweit auf das in § 273 BGB normierte Zurückbehaltungsrecht berufen, bis seine Honoraransprüche befriedigt werden.

Ob der WP nach § 273 BGB auch ein Zurückbehaltungsrecht an übergebenen **283** Unterlagen geltend machen kann, ist in der Rspr. kaum noch umstritten[109].

Im Einzelfall kann das Zurückbehaltungsrecht an der eigenen Leistung oder an **284** Unterlagen des Mandanten mißbräuchlich sein, wenn zB der Honorar-Restanspruch nur gering ist; der ehemalige Mandant kann aber durch Hinterlegung des streitigen Betrages das Zurückbehaltungsrecht gegenstandslos machen.

6. Handakten

Die WPO enthält zZ noch keine Vorschriften über Handakten und deren **Aufbe-** **285** **wahrung;** es ist daher erforderlich, bis zur Ergänzung im Rahmen der anstehenden Novellierung auf die Vorschriften des StBerG und der BRAO zurückzugreifen.

Für die Aufbewahrung der Handakten von StB, StBv. und StBG sieht § 66 **286** Abs. 1 S. 1 StBerG eine Frist von sieben Jahren ab Beendigung des Auftrages

---

106 LG München I v. 10. 5. 1988, NJW S. VI.
107 BGH v. 25. 10. 1988, WM S. 1755 = ZIP S. 1474 = BB S. 2428.
108 BGH v. 17. 2. 1988, ZIP S. 442 = BB S. 656.
109 OLG Nürnberg v. 11. 4. 1990, WPK-Mitt. 1991 S. 45, LG Zweibrücken v. 3. 12. 1990, DStR 1991 S. 663.

vor; für RAe gilt nach § 50 Abs. 2 S. 1 BRAO eine solche Frist von fünf Jahren. Die vorgenannten Fristen können aber gem. § 66 Abs. 1 S. 2 StBerG bzw. § 50 Abs. 2 S. 2 BRAO auf ein halbes Jahr verkürzt werden, wenn der Mandant aufgefordert worden ist, die Handakten in Empfang zu nehmen, er aber dieser Aufforderung nicht binnen sechs Monaten nach Erhalt nachgekommen ist.

Die Aufbewahrungsfristen gem. § 257 Abs. 4 HGB betragen sechs bzw. zehn Jahre; dasselbe gilt im Steuerrecht (§ 147 Abs. 3 AO). Infolgedessen beträgt die Mindestdauer für die Aufbewahrung fünf, die Höchstdauer zehn Jahre; welche Aufbewahrungsfrist in Betracht kommt, richtet sich nach den Anforderungen des Einzelfalles.

287   Von der Aktenvernichtung **ausgeschlossen** sind Unterlagen und Belege (Urkunden, Titel, Steuerbescheide etc.), die im Eigentum des Mandanten stehen; sie sind an diesen zu übergeben. Über die Vernichtung der Handakten ist eine Niederschrift anzufertigen, aus der sich ergibt, welche Akten wann, wo und von wem vernichtet worden sind, damit jederzeit der Verbleib der Handakten festgestellt werden kann.

Die Aufbewahrungspflicht bzw. das Recht, Akten vernichten zu dürfen, haben keinen Einfluß auf die allgemeinen Verjährungsfristen des BGB bzw. der jeweiligen Berufsordnungen. Der Berufsangehörige hat daher im Rahmen seiner Eigenverantwortung das Risiko zu berücksichtigen, nach Vernichtung der Handakten in Beweisnot zu geraten.

7. Auftragsbeendigung

288   Das Auftragsverhältnis endet durch **Erledigung** oder durch **Kündigung.**

Die Beendigung des Auftrages durch Erledigung ist im Regelfall unproblematisch; Schwierigkeiten können nur auftreten, wenn Mängel gerügt oder Unvollständigkeit der Leistung behauptet werden. Ob und inwieweit in einem solchen Fall Ergänzungen oder Nachbesserungen erforderlich sind, ist Tatfrage.

289   Bei der Beendigung durch Kündigung ist zu unterscheiden, ob ein Vertragsverhältnis vor Erledigung des Auftrags oder aber ein unbefristetes Dauerauftragsverhältnis, zB im Bereich der Steuerberatung, beendet wird.

290   Da es sich bei den beruflichen Dienstleistungen des WP stets um Dienste höherer Art handelt, die auf einem besonderen Vertrauensverhältnis beruhen, ist eine Kündigung nicht nur aus wichtigem Grund (§ 626 BGB), sondern jederzeit möglich (§ 627 BGB). Während das Recht auf Kündigung aus wichtigem Grund (§ 626 Abs. 1 BGB) nicht abgedungen werden kann, ist es hingegen möglich, daß jederzeitige Kündigungsrecht nach § 627 BGB durch vertragliche Vereinbarung auszuschließen[110]; zweifelhaft ist nur, ob eine solche Abrede über den Ausschluß der jederzeit möglichen Kündigung durch die Vereinbarung Allgemeiner Auftragsbedingungen zulässig ist[111].

Für Werkverträge gilt hinsichtlich der Kündigung § 649 BGB.

---

110 OLG Düsseldorf v. 22. 11. 1990, StB 1991 S. 52 = WPK-Mitt. 1991 S. 89.
111 OLG Koblenz v. 18. 5. 1990, NJW S. 3153 = WPK-Mitt. 1991 S. 38.

Eine **Ausnahme von der** Möglichkeit der **Kündigung** nach den §§ 626, 627, 649   **291**
BGB besteht für den Bereich der gesetzlich vorgeschriebenen Abschlußprüfung.
Dem gem. § 318 Abs. 1 HGB bestellten APr. kann der Auftrag nicht durch Kün-
digung seitens des zu prüfenden Unternehmens entzogen werden; der APr. kann
vielmehr nur aus den in § 318 Abs. 3 HGB genannten Gründen durch das
Gericht abberufen werden. Der Widerruf des Prüfungsauftrages nach § 318
Abs. 1 S. 5 HGB stellt daher keine Kündigung, sondern nur die notwendige
zivilrechtliche Folge der gerichtlichen Abberufung dar.

Demgegenüber kann der WP den angenommenen Prüfungsauftrag kündigen,   **292**
allerdings nur aus wichtigem Grund (§ 318 Abs. 6 S. 1 HGB). Meinungsverschiedenheiten fachlicher Art zwischen dem APr. und der zu prüfenden Gesellschaft
sind jedoch kein wichtiger Grund für die Kündigung; für die Klärung derartiger
Streitfragen ist nach § 324 HGB das Landgericht zuständig.

IX. Haftung

Der WP haftet gem. § 276 BGB dem Auftraggeber für die **eigene schuldhafte Ver-**   **293**
letzung der ihm obliegenden vertraglichen Pflichten und gem. § 278 BGB für **das**
Verschulden seiner Erfüllungsgehilfen, und zwar grundsätzlich unbeschränkt. Es
ist auch unerheblich, ob es sich im Einzelfall um die Durchführung eines
Dienst- oder Werkvertrages handelt; wegen der Abgrenzungskriterien, welcher
Vertragstyp vorliegt, wird auf Tz. 262 und die Ausführungen im WPH 1985/86
Bd. I S. 66, 72 verwiesen.

Wegen der Fülle möglicher Vertragsverletzungen, dh. beruflicher Fehlleistungen, vor allem im Beratungsbereich, kann an dieser Stelle keine erschöpfende,
geschweige denn eine systematische Darstellung gegeben werden, zumal auch
eine umfassende Schematisierung der Aufträge nicht möglich ist. Wichtig ist
eine **eindeutige Auftragsbeschreibung** (Tz. 264), damit der Umfang der zu erbringenden beruflichen Leistungen für die Vertragspartner erkennbar ist.

Für den Bereich der Abschlußprüfung enthalten die §§ 316 bis 323 HGB eine   **294**
Leistungs- bzw. Auftragsbeschreibung, die durch andere fachliche Regeln, zB
die FG 1 bis 3/1988, ergänzt wird. Daraus ergibt sich, daß zB das **Aufdecken von**
Unterschlagungen nicht ohne weiteres Gegenstand der Abschlußprüfung ist [112],
wenngleich der Prüfer über aufgedeckte Unterschlagungen zu berichten und
einem im Rahmen einer ordnungsgemäß durchgeführten Prüfung auftretenden
Verdacht nachzugehen hat.

Einen besonderen Haftungstatbestand gesetzlicher Art enthält § 51 WPO, der § 663   **295**
BGB nachgebildet ist. Danach haftet der WP auch für Schäden, die durch eine **nicht**
rechtzeitige Ablehnung eines Prüfungsauftrages entstehen. Damit besteht auch für
WP, deren Praxis ruht, ein – wenn auch geringes – Haftungsrisiko.

Für den WP kommt schließlich auch eine **deliktische Haftung** in Betracht.   **296**

Zwar scheidet eine Haftung nach § 823 Abs. 1 BGB aus, weil die dort genannten   **297**
Rechtsgüter nicht durch Berufsversehen im eigentlichen Sinne verletzt werden

---

112 OLG Karlsruhe v. 12. 2. 1975, StB S. 137 = MittBl. WPK Nr. 64 S. 22; FG 1/1988 Abschn. C I
    Anm. 3.

können und das Vermögen des Auftraggebers durch diese Vorschrift nicht geschützt wird; eine Schadenersatzpflicht zB wegen fahrlässiger Sachbeschädigung von Akten kann hier außer Betracht bleiben.

298   Durchaus möglich ist aber eine Haftung nach § 823 Abs. 2 BGB. Zwar sind die Vorschriften der WPO, zB die §§ 2, 43, keine Schutzgesetze iSv. § 823 Abs. 2 BGB, wohl aber § 323 HGB und § 403 AktG[113]; dasselbe gilt für die §§ 263, 266, 282 ff. StGB, bei denen in erster Linie das Risiko einer Mittäterschaft droht. Eine weitere deliktische Haftungsgrundlage bildet schließlich § 826 BGB, vor allem für die Haftung gegenüber Dritten; ein Haftungsrisiko aus § 824 BGB, zB wegen einer negativ ausgegangenen Bonitätsprüfung, ist bisher noch nicht bekannt geworden.

299   Für den Bereich der deliktischen Haftung ist zu beachten, daß im Regelfall kein **Versicherungsschutz** besteht, weil die in Betracht kommenden Schutzgesetze von einem vorsätzlichen Handeln ausgehen, das aber nicht von der Berufshaftpflichtversicherung abgedeckt wird.

1. Haftung gegenüber Dritten

300   Eine Haftung gegenüber Dritten kommt in Betracht, wenn dieser zB als Empfänger der beruflichen Erklärung bzw. Leistung in die **Schutzwirkung** des Vertrages zwischen WP und Auftraggeber einbezogen ist oder als einbezogen gilt[114]. Ein solcher Fall liegt vor, wenn der WP ein **Gutachten über die Kreditwürdigkeit** des Auftraggebers erstellt hat, das als Basis für die Entscheidung des Kreditgebers dienen sollte bzw. gedient hat. Entsprechendes gilt, wenn der WP an den Kreditverhandlungen beteiligt war und die Richtigkeit des von ihm erstellten Zahlenwerks bekräftigt hat.

301   Die Rspr. der letzten Jahre hat verdeutlicht, daß die öffentliche Bestellung und Vereidigung[115], die Verwendung des Berufssiegels[116] und die Zugehörigkeit zu einem Beruf, dem wegen seiner fachlichen Qualifikation besonderes Vertrauen entgegengebracht wird[117], die Verantwortlichkeit gegenüber Dritten und damit eine Haftung diesen gegenüber zur Folge haben. Hinsichtlich der Anwendbarkeit der für den öffentlich bestellten und vereidigten Sachverständigen geltenden Dritthaftung sind die Funktionen des WP als gesetzlicher APr. und als Sachverständiger nach § 2 Abs. 3 WPO von Bedeutung. Vor allem im Bereich der **Prospekthaftung** spielt die Zugehörigkeit zu einem Beruf, der Kraft Ausbildung und Aufgabenstellung allseits Vertrauen genießt, eine maßgebende Rolle, und die Befugnis zur Führung eines Berufssiegels und dessen Verwendung im konkreten Fall indizieren aus der Sicht des Empfängers von WP-Erklärungen die Zuverlässigkeit und Richtigkeit der gegebenen Informationen.

302   Auch für den Bereich der **Prospektprüfung** ist wegen der besonderen beruflichen Qualifikationen und der daraus resultierenden Garantenstellung ein Vertrauenstatbestand zugunsten der Anleger gegeben mit der Folge, daß im Schadenfall

---

113 *BGH v. 25. 4. 1961, BB S. 652* = DB S. 837.
114 BGH v. 26. 11. 1986, WM 1987 S. 257 = BB 1987 S. 371 = MittBl. WPK Nr. 127/87 S. 16.
115 BGH v. 23. 1. 1985, WM S. 450.
116 BGH v. 19. 3. 1986, WM S. 711 = MittBl. WPK Nr. 120 S. 29.
117 BGH v. 23. 11. 1983, DB 1984 S. 288 = WM 1984 S. 19.

eine Ersatzpflicht des WP besteht, falls er schuldhaft seine Pflichten als Prospektprüfer verletzt hat[118].

Eine Dritthaftung besteht (noch) nicht für den **APr.**, weil § 323 HGB nach herrschender Auffassung keine Ansprüche Dritter begründet[119]; dies gilt selbst dann nicht, wenn der Prüfer pflichtwidrig das Testat erteilt hat. Eine Ersatzpflicht nach § 826 BGB tritt in einem derartigen Fall nur ein, wenn das pflichtwidrige Verhalten des WP den Schaden herausgefordert hat; für strafbare Handlungen der gesetzlichen Vertreter der geprüften Gesellschaft unter Ausnutzung des Testats ist er hingegen nicht verantwortlich[120]. Bemerkenswert ist, daß der BGH diese Rechtsauffassung gebilligt und die Annahme der Revision abgelehnt hat[121]. War hingegen der pflichtwidrig erteilte BestV dazu bestimmt, die **Kreditgewährung** durch einen Dritten zu beeinflussen, haftet der APr. dem Kreditinstitut nach § 826 BGB[122]. Eine solche Haftung nach § 826 BGB kommt auch in Betracht, wenn der Berufsangehörige nur als „verlängerter Arm" des Auftraggebers tätig war, jedoch erhebliche Zweifel an der Richtigkeit der Angaben des Mandanten bestanden; der Sittenverstoß erfordert keine positive Kenntnis der Unrichtigkeit, es genügt schon leichtfertiges Handeln[123]. **303**

Eine umfassende Darstellung der Literatur und der Rspr. zur Haftung des WP für fahrlässig verursachte Vermögensschäden Dritter haben *Ebke/Scheel*[124] gegeben und sich auch mit den Möglichkeiten der **Haftungsbegrenzung** gegenüber Dritten befaßt. Eine weitere Darstellung zum Thema „Dritthaftung des WP" mit der Erl. der Probleme anhand von Entscheidungen des OLG Düsseldorf vom 15. 11. 1990 und des OLG Hamm vom 9. 1. 1991 findet sich in den WPK-Mitt. 1991 S. 65; schließlich hat sich in letzter Zeit auch *Streck*[125] mit dem Thema Dritthaftung befaßt. **304**

2. Haftung von Sozietäten

Schließen sich WP oder WP und andere sozietätsfähige Personen zur gemeinsamen Berufsausübung zusammen, so hat dies im Regelfall auch die **gesamtschuldnerische Haftung** zur Folge[126]. Dies gilt für den Aufgabenbereich, den alle Partner aufgrund ihrer persönlichen Befugnisse bearbeiten können, also die Steuerberatung[127], die Wirtschaftsberatung und die Treuhandtätigkeit, ohne jede Einschränkung. **305**

Zweifel an der gesamtschuldnerischen Haftung sind daher nur geboten, wenn ein solcher Auftrag einem bestimmten Partner erteilt wird mit der Maßgabe, diesen höchstpersönlich zu erledigen. Hier kann davon ausgegangen werden, daß aufgrund der Entscheidung des Mandanten keine gemeinschaftliche Erledigung stattfinden soll; damit liegt auch die Folgerung nahe, daß keine gemeinsame Haftung gewünscht wird. **306**

---

118 BGH v. 31. 5. 1990, ZIP S. 928 = DB S. 1913 = WPK-Mitt. S. 275.
119 *Ebke*, JZ 1990 S. 688.
120 OLG Karlsruhe v. 7. 2. 1985, WM S. 940 = ZIP S. 409.
121 BGH v. 14. 1. 1986, ZIP A 17 Rz. 22.
122 OLG Oldenburg v. 6. 3. 1980, VersR 1981 S. 88 = MittBl. WPK Nr. 95 S. 11.
123 BGH v. 17. 9. 1985, MittBl. WPK Nr. 118 S. 12.
124 WM 1991 S. 389.
125 StBg. 1991 S. 98.
126 BGH v. 6. 7. 1971, BGHZ 56 S. 355.
127 BGH v. 4. 2. 1988, ZIP S. 315 = BB S. 658.

307   Entsprechendes gilt bei sog. **höchstpersönlichen Aufträgen,** zB als Gerichtsgutachter, Konkursverwalter, Testamentsvollstrecker ua., bei denen eine Stellvertretung durch Partner ausscheidet.

308   Dieselbe Rechtslage besteht im Bereich der **gesetzlichen Abschlußprüfung.** Auftragnehmer kann und darf nur der als APr. gewählte WP sein (§ 318 Abs. 1 HGB), und nur dieser ist in der Lage, den Prüfungsauftrag wirksam durchzuführen und den BestV zu erteilen, der Grundlage für die Feststellung des JA ist (§ 316 Abs. 1 S. 2 HGB). Eine Stellvertretung durch die Partner scheidet aus; eine andere Beurteilung greift nur ein, wenn die übrigen WP-Partner als Ersatzprüfer bestellt sind und der als APr. gewählte WP an der Durchführung des Auftrags gehindert oder weggefallen ist (§ 318 Abs. 4 S. 2 HGB).

309   Wirken jedoch die nicht gewählten WP-Partner derart mit, daß sie den PrB und auch den BestV mit unterzeichnen, so kann dies als Erklärung ihres Willens zur gesamtschuldnerischen Haftung zu deuten sein; diese Folge ergibt sich hier aber aus dem atypischen Verhalten im Einzelfall und nicht automatisch aus der – ansonsten bestehenden – gemeinsamen Berufsausübung.

310   Bei **gemischten Sozietäten** stellt die Mitzeichnung der Partner ohne WP-Qualifikation bereits einen Verstoß gegen § 32 WPO dar (s. Tz. 277); weiterhin ist zu berücksichtigen, daß diese Partner nicht als APr. bestellt werden können. Sollte unter Verkennung/Mißachtung der Rechtslage ein solcher Partner ohne WP-Qualifikation persönlich die Durchführung eines Pflichtprüfungsauftrages übernehmen, sich also zu einer unmöglichen Leistung (§ 306 BGB) verpflichten, so kann dies zwar zu einer Haftung wegen fehlerhafter Berufsausübung führen; es handelt sich aber nicht um den Fall der Mithaftung für Fehler des WP-Partners bei der Durchführung einer gesetzlich vorgeschriebenen Abschlußprüfung.

311   Eine vergleichbare Rechtslage ist bei den Sozietäten zwischen RA und RA/Not. gegeben; hier haftet der RA-Partner nicht für Fehler aus dem Notarbereich, weil insoweit ein gemeinschaftliches Handeln der Partner ausscheidet [128].

3. Haftungsbegrenzung

312   Eine Begrenzung der Haftung wegen **vorsätzlich** verursachter Schäden ist wegen § 276 Abs. 2 BGB **ausgeschlossen,** wohl aber wegen **fahrlässig** verursachter Schäden **möglich.** Berufsrechtlich ist die Begrenzung der Haftung wegen fahrlässiger Versehen zulässig; allerdings darf die Mindesthöhe der gesetzlich vorgesehenen Deckungssumme – zZ 500 000,– DM je Schadensfall – nicht unterschritten werden (Abschn. VI Nr. 1e BRil.).

313   Ein **Haftungsausschluß** ist für Berufsversehen nur in besonderen Fällen zulässig; denkbar ist er für solche berufsrechtlich zulässigen Tätigkeiten, für die kein Schutz im Rahmen der Berufshaftpflichtversicherung besteht und anderweitiger Versicherungsschutz nicht möglich oder – aus Kostengründen – unzumutbar ist.

314   Eine gesetzliche **Haftungsbegrenzung** für fahrlässige Verstöße enthält § 323 Abs. 2 HGB, der die Ersatzpflicht des Abschlußprüfers und seiner Gehilfen gegenüber dem geprüften Unternehmen auf 500 000,– DM beschränkt. Diese

---

128 *Kornblum,* Probleme der Haftung assoziierter Rechtsanwälte, AnwBl. 1973 S. 153.

Vorschrift findet durch entsprechende Verweisung für alle gesetzlich vorgeschriebenen Abschlußprüfungen sowie andere gesetzlich vorgeschriebene Prüfungen Anwendung.

Die Haftung nach § 323 HGB darf durch Vertrag weder ausgeschlossen noch **315**
weiter begrenzt werden (§ 323 Abs. 4 HGB), was auch gegen Abschn. VI Nr. 1e
BRil. verstoßen würde; es ist berufsrechtlich aber auch nicht zulässig, abw. von
§ 323 Abs. 1 S. 1 HGB eine höhere Haftung anzubieten oder zuzusagen (Abschn.
VI Nr. 1e Abs. 2 S. 3 BRil.), weil ein derartiger Wettbewerb um Pflichtprüfungs-
aufträge als unlauter und daher berufswidrig anzusehen ist.

Mit der Frage, ob die gesetzliche Haftungsbegrenzung analog für nicht gesetz- **316**
lich vorgeschriebene Abschlußprüfungen gilt, hat sich *Schlechtriem*[129] befaßt
und eine solche Möglichkeit bejaht; die in der Literatur bisher behandelten
Fälle betrafen keine Abschlußprüfungen nach Art und Umfang gesetzlich vorgeschriebener Abschlußprüfungen durch WP. Allerdings hat das OLG Hamburg
mit rkr. Urt. v. 14. 6. 1989 eine gegenteilige Auffassung vertreten, weil § 164
AktG aF keine Leitfunktion habe, vielmehr eine nicht allgemein übertragbare
Sondervorschrift darstelle.

Die Begrenzung der Haftung durch Vereinbarung von **Allgemeinen Auftragsbe-** **317**
dingungen ist durch das AGBG[130] erheblich eingeschränkt worden. So kann die
Haftung für grobes Verschulden nur begrenzt werden, wenn der Auftrag von
einem Kaufmann im Rahmen seines Handelsgewerbes, einer juristischen Person
des öffentlichen Rechts oder von einem ö.-r. Sondervermögen erteilt ist; allerdings sind Einzelfälle denkbar, in denen eine solche Haftungsbegrenzung nicht
greift, weil sog. Kardinalpflichten verletzt worden sind.

Bei anderen Auftraggebern bedarf die Beschränkung der Haftung bei grobem **318**
Verschulden immer einer individuellen Vereinbarung iSv. § 1 Abs. 2 AGBG. Die
derzeit geltende Fassung der AAB v. 1. 1. 1990 verweist auf diese Rechtslage; in
den AAB wird auch auf die Verpflichtung des WP hingewiesen, eine höhere
Haftung als die Mindestdeckungssumme von 500 000,– DM anzubieten, falls
das vorhersehbare Risiko höher ist. Die berufliche Sorgfaltspflicht und die Für-
sorgepflicht gegenüber dem Auftraggeber kann es uU erforderlich machen, auch
nach Auftragserteilung auf ein – inzwischen erkennbar gewordenes – höheres
Risiko hinzuweisen und die Vereinbarung einer entsprechend höheren Haftung
anzubieten.

Die bisherige Rspr. hat die AAB in der jetzt geltenden Fassung nicht negativ beur- **319**
teilt. Das unter Tz. 316 genannte Urteil des OLG Hamburg hatte die Fassung der
AAB 1977 beanstandet, soweit eine Haftung wegen jeder Form der Fahrlässigkeit
ausgeschlossen wurde. Der Hinweis von *Ebke/Scheel* s. Fn. 124) auf eine angebli-
che Negativentscheidung des BGH (s. Fn. 114) ist nicht zutreffend; das Urt.
befaßte sich nicht mit den AAB, sondern inhaltlich völlig verschiedenen AGB für
StB, die zudem nur eine Haftung von 100 000,– DM vorsahen. Demgegenüber hat
das OLG Oldenburg[131] entschieden, daß eine Begrenzung der Haftung durch AGB
auf 100 000,– DM in Steuerberatersachen keinen rechtlichen Bedenken begegnet;
die daraus resultierende Schlußfolgerung, daß eine Mindesthaftung von

129 BB 1984 S. 1117.
130 BGBl. 1976 I S. 3317.
131 OLG Oldenburg v. 7. 5. 1988, MittBl. WPK Nr. 132/88 S. 20.

500 000, – DM noch weniger zu beanstanden sei, ist durch das unter Tz. 316 erwähnte Urteil des OLG Hamburg allerdings fraglich geworden.

320   Schwierigkeiten tatsächlicher und rechtlicher Art bestehen hinsichtlich der Möglichkeiten, die Haftung **Dritten gegenüber** zu begrenzen, weil im Regelfall keine vorherigen Kontakte bestehen. Eine Ausnahme ist für den Fall gegeben, daß der WP an Verhandlungen mit dem Kreditgeber teilnimmt und hierbei dem Dritten, der sich später auf eine Haftung aus Auskunftsvertrag berufen könnte, vorab die Begrenzung seiner Haftung für derartige Auskünfte mitteilt.

321   In der Literatur wird die Möglichkeit, dem Dritten gegenüber eine mit dem Mandanten vereinbarte Haftungsbegrenzung geltend zu machen, unterschiedlich beurteilt [132]; die Rspr. [133] schließt eine solche Möglichkeit zumindest nicht aus. Für diese Drittwirkung der Haftungsbegrenzung spricht auch der Umstand, daß der Dritte, der an den WP kein Honorar zahlt, nicht besser gestellt werden sollte als der Auftraggeber.

322   Von seiten der Berufsorganisationen wird daher seit jeher geraten, der – schriftlichen – beruflichen Erklärung stets ein Exemplar der AAB beizufügen, um dem Empfänger unmißverständlich aufzuzeigen, daß die Haftung für diese Erklärung (PrB, Gutachten etc.) begrenzt ist.

4. Mitverschulden

323   Der Auftraggeber muß sich eigenes Fehlverhalten bei der Geltendmachung von Schadenersatzansprüchen anrechnen lassen mit der Folge, daß je nach Lage des Falles jegliche Haftung des Berufsangehörigen entfällt. Das gilt sowohl für den Bereich der Abschlußprüfung [134] als auch der Steuerberatung [135]. Hat der Auftraggeber den WP **vorsätzlich getäuscht,** so überlagert dieses dolose Handeln ein fahrlässiges Versehen des WP mit der Folge, daß der Mandant den Schaden selbst zu tragen hat. Eine andere Beurteilung kommt allerdings dann in Betracht, wenn der WP sich leichtfertig und gewissenlos über erkannte Bedenken hinweggesetzt oder auf unerläßliche Prüfungshandlungen bewußt verzichtet hat; in einem derartigen Fall dürfte schon eine deliktische Haftung des WP gem. § 826 BGB in Betracht kommen (s. Fn. 122 u. 123).

5. Verjährung

324   Gem. § 51a S. 1 WPO verjähren **Ersatzansprüche des Auftraggebers** in 5 Jahren von dem Zeitpunkt an, in dem der Anspruch entstanden ist; auf die Kenntnis des Auftraggebers vom Schaden kommt es nicht an.

325   Allerdings kann ein sog. sekundärer Schadenersatzanspruch [136] entstehen, wenn der WP vor Ablauf der Verjährungsfrist sein Versehen bemerkt und eine Unterrichtung des Auftraggebers unterläßt, obwohl eine **Belehrungspflicht** besteht. Ob

---

132 Bejahend *Ebke/Scheel* (Fn. 123), zweifelnd *Lang*, WPg. 1989 S. 57.
133 Fn. 114.
134 OLG Frankfurt v. 7. 11. 1979 (nicht veröffentlicht, v. BGH bestätigt), OLG Köln v. 14. 12. 1990, VersR S. 564 = WPK-Mitt. 1991 S. 131.
135 OLG Hamburg v. 6. 5. 1988, ZIP S. 1551 = MittBl. WPK Nr. 133/89 S. 24.
136 BGH v. 20. 1. 1982, WM S. 367.

ein solcher Sekundäranspruch, der von der Rspr. primär zur Haftung von RAe und StB entwickelt worden ist, besteht, ist nach Umständen des Einzelfalles zu entscheiden; eine Belehrungspflicht entfällt, falls der Geschädigte bereits anwaltlich beraten wird[137]. Die BRil. sehen in Abschnitt II Nr. 7 eine Verpflichtung des WP vor, an der notwendig werdenden Richtigstellung und Bereinigung des Vorfalles in angemessener und zumutbarer Weise mitzuwirken, wenn er ein ihm zuzurechnendes Berufsversehen bemerkt; daraus wird deutlich, daß eine gewisse Nachsorgepflicht besteht, und vor allem bei Fortdauer des Mandats wird man eine Verpflichtung bejahen müssen, den Auftraggeber auf einen zuvor entstandenen Fehler bzw. Schaden hinzuweisen. Obliegenheitspflichten gegenüber dem Berufshaftpflichtversicherer bleiben von der evtl. Belehrungspflicht gegenüber dem Mandanten ohnehin unberührt.

Gem. § 51a S. 2 WPO bleiben besondere gesetzliche Bestimmungen über die Verjährung unberührt. Zu diesen besonderen gesetzlichen Bestimmungen gehört zB § 323 Abs. 5 HGB, der ebenfalls eine Verjährung von 5 Jahren vorsieht. **326**

Keine besonderen gesetzlichen Bestimmungen sind hingegen die **Verjährungsvorschriften des BGB,** zB §§ 195 ff. oder § 649; Schadenersatzansprüche aus fehlerhafter Erfüllung eines Werkvertrages, zB eines Prüfungsauftrages, verjähren daher nicht nach § 638 BGB in 6 Monaten, sondern gem. § 51a S. 1 WPO iVm. § 323 Abs. 5 HGB in 5 Jahren (s. Fn. 101). Ebenfalls in 5 Jahren verjähren Schadenersatzansprüche aus wirtschaftsberatender und treuhänderischer Tätigkeit (s. Fn. 23). **327**

Die Verjährungsfrist von 5 Jahren gilt für **Nur-WP** auch im Bereich der Steuerberatung[138]; für WP/StB[139] oder WP/RA[140] gilt hingegen die kürzere Verjährungsfrist von 3 Jahren (§ 68 StBerG, § 51 BRAGebO), weil im Regelfall die steuerberatende Tätigkeit der StB- bzw. der RA-Qualifikation zuzurechnen ist. Für diese Zuordnung spricht auch die Zuständigkeitsregelung im berufsgerichtlichen Verfahren (§ 83a WPO bzw. § 110 StBerG). **328**

Wird hingegen ein WP/StB im Rahmen eines Prospekts auch als WP vorgestellt bzw. herausgestellt, so gilt die längere Verjährungsfrist des § 51a WPO[141] (s. Tz. 266).

X. Honorarregelungen

WP erbringen ihre beruflichen Leistungen im Regelfall geschäftsmäßig, werden daher nicht unentgeltlich, sondern gegen Entgelt tätig (s. Tz. 262). **329**

1. Prüfungstätigkeit

Eine **gesetzliche** Honorarregelung, wie sie mit der StBGebV für StB und der BRAGO für RAe existiert, besteht für WP nicht. Zwar gibt § 55 WPO dem BfW die Möglichkeit, mit Zustimmung des Bundesrates eine GebO für den Bereich der gesetzlich vorgeschriebenen Prüfungen zu erlassen; bisher ist von dieser **330**

137 BGH v. 20. 1. 1982, WM S. 369.
138 BGH v. 6. 11. 1980, WPg. 1981 S. 46 = DB 1981 S. 310 = WM 1981 S. 480.
139 BGH v. 21. 4. 1982, ZIP S. 846 = WM S. 743 = WPg. S. 444.
140 BGH v. 25. 3. 1987, WM S. 928 = MittBl. WPK Nr. 129 S. 24.
141 BGH v. 19. 11. 1987, WM 1988 S. 54 = ZIP 1988 S. 32.

Ermächtigung aber kein Gebrauch gemacht worden, zumal ernsthafte Zweifel bestehen, ob die derzeitige Fassung von § 55 WPO den Anforderungen des Art. 80 GG im Hinblick auf Bestimmtheit etc. genügt.

Im Bereich der Prüfungstätigkeit sind zudem die unterschiedlichen Aufgaben zu berücksichtigen. So fallen nicht nur gesetzlich vorgeschriebene Prüfungen der Jahresabschlüsse an, sondern auch Sonderprüfungen (zB § 142 AktG), Prüfungen des Abhängigkeitsberichtes oder Ordnungsprüfungen wie die nach § 16 MaBV.

a) Gebühren für die Prüfung des Jahresabschlusses privatwirtschaftlicher Unternehmen

331   Die durch Erl. des Reichswirtschaftsministers v. 11. 4. 1939 geschaffene GebO für Pflichtprüfungen (abgedruckt im WPH 1985/86 Bd. I S. 137) wird nach wie vor von der Mehrzahl der Berufsangehörigen für die Berechnung des Honorars für Prüfungen des JA im Prinzip angewendet. Das bedeutet, daß zum einen der zeitliche Einsatz der eingesetzten Fachkräfte, abgestuft nach der beruflichen Qualifikation und Erfahrung, und zum anderen eine Wertgebühr, die sich an der Bilanzsumme des geprüften Unternehmens orientiert, in Rechnung gestellt werden. Die früher übliche Berechnung des zeitlichen Einsatzes nach Tagewerken ist durch eine Berechnung von Stundensätzen abgelöst worden; damit erübrigen sich Auseinandersetzungen über die zeitliche Dauer eines Tagewerkes.

332   Da aus kartellrechtlichen Gründen **Gebührenverlautbarungen** nicht mehr möglich sind, müssen die Berufsangehörigen die Höhe ihrer Stundensätze auf der Basis einer Eigenkalkulation ermitteln. Gegenüber der letzten Verlautbarung des IDW aus dem Jahre 1971 hat sich aufgrund der zwischenzeitlichen Kostensteigerungen die tatsächliche Bandbreite der Stundensätze erheblich erweitert. Dasselbe gilt für die Eingruppierung der Mitarbeiter; auch hier ist eine weitergehende Staffelung nach Qualifikation und Erfahrung üblich geworden.

333   Bei der Berechnung der **Wertgebühr** wird allerdings das Berechnungsschema aus 1939 nicht mehr vollständig angewendet. Dies gilt vor allem für die Berücksichtigung von Verlusten oder Verlustvorträgen, weil dies bei sog. Verlustzuweisungsgesellschaften zu einer nicht gerechtfertigten Kürzung der Wertgebühr, uU sogar zu deren Fortfall, führen könnte.

334   Veränderungen haben sich auch bei der Berechnung von **Auslagen** und Schreibgebühren ergeben; im Hinblick auf die völlig veränderte Kostenlage werden sowohl die Auslagen für Porti berechnet als auch die Kosten für Schreibarbeiten durch entsprechende Zeitgebühren in Rechnung gestellt.

335   Mitunter ist auch eine Berechnung nur nach – erhöhten – Zeitgebühren zu beobachten; damit erübrigt sich die eigenständige Fortentwicklung der zuletzt im Jahre 1971 verlautbarten Wertgebührentabelle.

b) Gebühren für die Pflichtprüfung des Jahresabschlusses gemeindlicher Betriebe

336   Entsprechend der Handhabung im ehemaligen Lande Preußen [142] geben die IM der Länder Erlasse heraus, in denen den Gemeinden Gebührensätze für die Prüfung ihrer Betriebe durch WP bzw. WPG anhand gegeben werden; es handelt

---

142 Vgl. die Anweisung des RuPrMdI v. 25. 3. 1935, VGP 816, an die Gemeindeprüfungsämter in Preußen, abgedruckt WPH 1985/86 Bd. 1 S. 141.

sich um **Zeitgebühren,** deren Höhe idR jährlich oder zweijährig den Marktver-
hältnissen angepaßt wird. Die Sätze für ein Tagewerk und der wesentliche
Inhalt der Ländererlasse sind einheitlich; Abweichungen können jedoch im
Detail, zB bei den Gebühren für die Vervielfältigung der Berichte, bestehen.

Nachstehend ist der Erl. des Landes NW nach dem Stande vom 14. 12. 1990 im
Wortlaut wiedergegeben. Die Erl. oder Schreiben der anderen Länder sind in
der Übersicht unter Tz. 338 ff. mit Datum und – wenn sie veröffentlicht sind –
der Quelle angegeben. Auf wesentliche sachliche Abweichungen von dem Erlaß
des Landes NW ist in diesem Erl. in Fußnoten hingewiesen. Über spätere Änderungen der Erl. wird in den Fachnachrichten des IDW berichtet bzw sie können
beim IDW angefordert werden.

Die Sonderregelung für die Pflichtprüfung gemeindlicher Betriebe gilt nicht,
wenn die zu prüfenden Unternehmen in der Rechtsform einer Kapitalgesellschaft betrieben werden. In diesen Fällen finden die üblichen Gebühren für
Pflichtprüfungen Anwendung (vgl. Tz. 331 ff.).

ba) Runderlaß des IM NW v. 19. 1. 1963

III B 3–8/10–7274/62, zuletzt geändert durch RdErl. v. 4. 12. 1990, III B 4 –
8/10 – 4.558/90

Gebühren für die Pflichtprüfung gemeindlicher Betriebe

Bei der Regelung der Gebühren für Pflichtprüfungen kommunaler wirtschaftli-   **337**
cher Unternehmen durch WP ist von den GPA als Bilanzprüfer nachstehende
Anordnung zu beachten:

1. Grundsatz

Für die Inanspruchnahme des Prüfers zu Pflichtprüfungen der Buchführung,
des Jahresabschlusses und der wirtschaftlichen Verhältnisse, zu sonstigen
Abschlußprüfungen, Ordnungsprüfungen usw., deren genauer Zeitraum innerhalb der gesetzlichen Zeitgrenzen vom WP bestimmt werden kann, sind dem
Prüfer als Entgelt

a) eine Zeitgebühr zu gewähren (Nr. 3)

b) die getätigten Auslagen zu ersetzen (Nr. 4, 5 und 7)

sowie die auf diese Entgelte entfallende Umsatzsteuer (Mehrwertsteuer) zu
erstatten.

2. Inanspruchnahme des Prüfers

(1) Die Inanspruchnahme des Prüfers erstreckt sich auf die Arbeit an Ort und
Stelle, die Besprechungen und Reisen sowie die Berichterstattung[143].

(2) Die Inanspruchnahme des Prüfers erstreckt sich ferner auf den Einsatz von
Prüfungsgehilfen, die nach ihrer Vorbildung, Ausbildung und Tätigkeit geeignet
sind, die Wirtschaftsprüfung im ganzen oder Teile der Wirtschaftsprüfung selbständig durchzuführen. Ob diese Voraussetzungen vorliegen, entscheidet der
Leiter des GPA.

---

143 Saar.: vgl. dort § 2 Abs. 5.

3. Zeitgebühr

(1) Die Zeitgebühr wird für die Arbeit des Prüfers am Prüfungsort und für die Berichtsabfassung gewährt. Sie bemißt sich nach Tagewerken, deren Zeitdauer ab 1. 7. 1985 ein Fünftel der für die Beamten[144] im Lande NW geltenden regelmäßigen wöchentlichen Arbeitszeit beträgt. Für die Berechnung der Tagewerke sind die für die Prüfung am Prüfungsort und für die Berichtsabfassung geleisteten Arbeitsstunden insgesamt zu ermitteln und durch die nach Satz 2 zu errechnende Stundenzahl zu teilen.

(2) Die Zeitgebühr je Tagewerk beträgt für Prüfungsleistungen, die ab 1. 1. 1991 erbracht werden,

a) in Gemeinden bis 20 000 Einwohner 660, – DM
b) in Gemeinden über 20 000 Einwohner 717, – DM

(3) Bei Betrieben, die regelmäßig auch außerhalb des Gebietes ihrer Sitzgemeinde Leistungen erbringen, ist für die Gebührenstaffelung nach Abs. 2 die Einwohnerzahl der insgesamt betreuten Gebietsteile zugrunde zu legen[145].

(4) Die Arbeitszeit an Ort und Stelle hat sich im Rahmen dessen zu halten, was für die Pflichtprüfung unter den gegebenen Verhältnissen im allgemeinen notwendig ist. Die für die Abfassung des Prüfungsberichts bestimmte Zeit wird von dem Leiter des GPA mit dem Prüfer vereinbart[146].

4. Tage- und Übernachtungsgelder

(1) Der WP ist berechtigt, bei Prüfungen außerhalb des Sitzes seiner beruflichen Tätigkeit Tage- und Übernachtungsgeld nach staatlichen Grundsätzen in Rechnung zu stellen. Hierbei ist die Reisekostenstufe C[147] des Landesreisekostengesetzes[148] in der jeweils geltenden Fassung zugrunde zu legen. Darüber hinaus

---

144 Hes.: für die beim Land beschäftigten Angestellten, vgl. dort § 3 Abs. 1 Satz 1.
145 Dies gilt auch bei der Gebührenberechnung für die Jahresabschlußprüfung kommunaler Krankenhäuser gem. § 23 Gemeindekrankenhausbetriebsverordnung NW, vgl. Nr. 3 Abs. 2 des IM-Erlasses v. 11. 8. 1978 – III B 4–8/10 – 10292/78, vgl. FN S. 313. Zur Honorarstufe bei Krankenhäusern, Altenheimen, Kuranstalten sowie Ferien-, Sport- uä. Einrichtungen in RhldPf., vgl. dort § 3 Abs. 2 idF des Änderungserlasses v. 19. 6. 1987.
146 Es wird idR nicht beanstandet, wenn der Zeitaufwand für die Abfassung des Prüfungsberichts 20% der Prüfungszeit beträgt.
147 Bay.: Reisekostenstufe B, vgl. dort Nr. 3 des Erlasses.
148 Hes. und SchlH.: des Bundesreisekostengesetzes, vgl. dort § 4 Abs. 1 der Erlasse. Die Reisekostengesetze des Bundes und der Länder stimmen im wesentlichen überein. Für den WP und seine Mitarbeiter beträgt danach nach Reisekostenstufe C das **Tagegeld** zur Zeit
  – bei eintägiger Reise 31, – DM,
  – bei mehrtägiger Reise 46, – DM,
  – für eine Dienstreise, die keinen vollen Kalendertag in Anspruch nimmt, oder für den Tag des Antritts und den Tag der Beendigung einer mehrtägigen Dienstreise bei einer Dauer der Dienstreise von mehr als 6 bis 8 Stunden ³/₁₀, von mehr als 8 bis 12 Stunden ⁵/₁₀ und mehr als 12 Stunden den vollen Satz (vgl. jedoch BaWü., RhldPf.),
  – bei mehreren Dienstreisen an einem Kalendertag wird jede Reise für sich berechnet; es wird jedoch zusammen nicht mehr als ein volles Tagegeld gewährt,
  – erstreckt sich eine Dienstreise auf 2 Kalendertage und steht ein Übernachtungsgeld nicht zu, so ist, wenn dies günstiger ist, das Tagegeld so zu berechnen, als ob die Dienstreise an einem Kalendertag ausgeführt worden wäre.
  – Das **Übernachtungsgeld** beträgt bei einer mindestens 8stündigen Dienstreise, wenn diese sich über mehrere Kalendertage erstreckt, oder bis 3 Uhr angetreten worden ist, 39, – DM. Übernachtungsgeld wird nicht für eine Nacht gewährt, in der die Reise nach 3 Uhr angetreten oder vor 3 Uhr beendet worden ist. Sind die nachgewiesenen Übernachtungskosten höher als der zustehende Gesamtbetrag des Übernachtungsgeldes, so wird der Mehrbetrag bis zu 50 vH des Geamtbetrages erstattet. Darüber hinausgehende Mehrkosten werden erstattet, soweit sie unvermeidbar sind. Übernachtungskosten, die die Kosten des Frühstücks einschließen, sind vorab um

können für Prüfungsgehilfen, die die Voraussetzungen von Abschnitt 2 Abs. 2 nicht erfüllen, Reisekosten nach der Reisekostenstufe A bewilligt werden.

(2) Diese Regelung gilt auch bei Prüfungen, die länger als 14 Tage dauern.

5. Fahrt- und Nebenkosten

Die tatsächlich entstandenen Fahrtkosten 1. Klasse und die Nebenkosten (Zu- und Abgang, Gepäck udgl.) werden erstattet. Für die Benutzung eines eigenen Kraftfahrzeuges erhält der WP die Wegestreckenentschädigung, die einem Beamten bei Benutzung eines anerkannten privateigenen Kraftfahrzeuges[149] zustehen würde.

6. Nacharbeiten

Durch den Prüfungsauftrag zunächst nicht gedeckte Arbeiten werden bei der Gebührenfestsetzung nur berücksichtigt, wenn der Prüfungsauftrag nachträglich auch hierauf erstreckt wurde.

7. Berichtsausfertigungen[150]

Bis zu 5 Berichtsausfertigungen sind durch die Zeitgebühr abgegolten. Werden darüber hinaus bis 20 Berichtsausfertigungen rechtzeitig angefordert, so können für jede Berichtsseite DIN A 4 zusätzlich nicht mehr als DM 2,— berechnet werden.

8. Es werden aufgehoben

Anweisung des RuPrMdI v. 25. 3. 1935 – V GP 816 – nv.
RdErl. des RuPrMdI v. 4. 3. 1936 – V GP 906/36 – nv.
Erl. des RMdI v. 15. 3. 1944 – IVa 5 11 III/44 – nv.
RdErl. v. 11. 12. 1951 – III B 8/10 – nv.
RdErl. v. 19. 3. 1952 – III B 8/10 – 212/52 – nv.
RdErl. v. 2. 3. 1954 – III B 8/10 – 3241/53 – nv.
RdErl. v. 16. 5. 1956 – III B 8/10 – 5518/56 – nv.
RdErl. v. 6. 5. 1957 – II B 8/10 – 694/57 – nv.
RdErl. v. 16. 2. 1959 – III B 8/10 – 295/59 – nv.
RdErl. v. 8. 12. 1960 – III B 3 – 8/10 – 7308/60 – nv.

Dieser Erlaß ergeht im Einvernehmen mit dem Finanzminister und dem Minister für Wirtschaft, Mittelstand und Verkehr des Landes NW. Er wird nicht im MBl. NW veröffentlicht. Ich bitte, die Gemeinden (Gemeindeverbände), die wirtschaftliche Unternehmen unterhalten, zu verständigen.

---

20 vH des Tagesgeldes zu kürzen. Sind Auslagen für das Benutzen von Schlafwagen oder Schiffs-kabinen zu erstatten, so wird für dieselbe Nacht ein weiteres Übernachtungsgeld gewährt, wenn wegen der frühen Ankunft oder späten Abfahrt des Beförderungsmittels eine Unterkunft in Anspruch genommen oder beibehalten werden mußte.
149 ZZ 0,42 DM; Saar: Vgl. Erlaß des MdI.
150 Saar.: vgl. dort § 6 Abs. 3.

bb) Gebührenerlasse der anderen Länder

Baden-Württemberg:

338   Bestimmungen über die Vergütung der Leistungen des Abschlußprüfers bei der Jahresabschlußprüfung

Anlage zu § 6 Abs. 1 der Bekanntmachung der Gemeindeprüfungsanstalt über die Allgemeinen Vertragsbedingungen für die Vornahme der Jahresabschlußprüfung bei kommunalen wirtschaftlichen Unternehmen durch Wirtschaftsprüfer oder Wirtschaftsprüfungsgesellschaften (AVBJAPrüf.) v. 19. 10. 1988, GABl. S. 1208, geändert durch Bek. des GPA v. 19. 11. 1990, 800.321 –, GABl. S. 1034.

Bayern:

339   Gebühren der Wirtschaftsprüfer für Pflichtprüfungen wirtschaftlicher Unternehmen der Gemeinden

Bekanntmachung des Bayerischen Staatsministeriums des Innern v. 11. 7. 1985, Nr. I B 4 – 3.036 – 19/1, MABl. Bay. S. 343, zuletzt geändert durch Bek. des MdI v. 9. 11. 1990 Nr. I B 4 – 3036 – 19/1 (88).

Berlin:

340   Schreiben des Rechnungshofs von Berlin v. 26. 11. 1990, IV 4, iVm. Schr. v. 4. 1. 1989, IV 4, an die Eigenbetriebe der Stadt bzw. Schr. des Senators für Verkehr und Betriebe v. 21. 12. 1990, IV A2, iVm. Schr. v. 13. 1. 1989, 9 IV A2.

Hamburg:

341   Gebühren der Wirtschaftsprüfer für die Jahresabschlußprüfung

Schreiben der Finanzbehörde – Vermögens- und Beteiligungsverwaltung – der Freien und Hansestadt Hamburg an die Vorstände/Geschäftsführer der hamburgischen öffentlichen Unternehmen v. 19. 2. 1991, 310/2 – 320-0-3/5 iVm. dem Schr. v. 15. 2. 1989.

Hessen:

342   Prüfungsgebühren für die Pflichtprüfung kommunaler Wirtschaftsbetriebe in Hessen

Bekanntmachung des Hessischen Ministers des Innern v. 9. 1. 1979, IV B 15 – 3 m 0603, StAnz. 1979 S. 220, zuletzt geändert durch Erl. des MdI v. 13. 12. 1990, StAnz. S. 2914.

Niedersachsen:

343   Vergütung für die Jahresabschlußprüfung von Eigenbetrieben und anderen prüfungspflichtigen Einrichtungen (JAPrüfVerg.)

RdErl. des Hessischen Ministers des Innern v. 17. 7. 1987, Nds. MBl. S. 759, zuletzt geändert durch RdErl. des MdI v. 14. 11. 1990, Nds. MBl. S. 1327.

Rheinland-Pfalz:

Honorarordnung für die Pflichtprüfung kommunaler Betriebe   **344**

RdSchr. des Ministeriums des Innern und für Sport v. 10. 6. 1985, 384–06/2, MBl. S. 245, berichtigt S. 358, zuletzt geändert durch RdSchr. des MdI v. 27. 11. 1990 – 322/364-06/2, MBl. RhldPf. S. 460.

Saarland:

Gebührenordnung für die Pflichtprüfung kommunaler Wirtschaftsbetriebe im   **345**
Saarland

Erl. des MdI v. 14. 4. 1961, zuletzt geändert durch Erl. des MdI v. 8. 1. 1991, C5-4753-00 6/We.

Schleswig-Holstein:

Gebührenregelung für die Jahresabschlußprüfung kommunaler Wirtschaftsbe-   **346**
triebe

Bekanntmachung des Innenministers v. 14. 8. 1987, IV 320c – 164.102.45, ABl. SchlH S. 359, zuletzt geändert durch Bek. des MdI v. 20. 11. 1990, IV 320c – 164.102.45, ABl. SchlH S. 666.

c) Gebühren für sonstige Prüfungstätigkeiten

Für Sonderprüfungen, die Prüfung des Abhängigkeitsberichtes sowie Prüfungen   **347**
nach § 16 MaBV werden üblicherweise nur **Zeitgebühren** berechnet, deren Höhe der WP unter Berücksichtigung der fachlichen Qualifikation und Erfahrung der eingesetzten Mitarbeiter nach pflichtgemäßem Ermessen ermittelt; wie bei der Abschlußprüfung empfiehlt sich auch hier eine vorherige Vereinbarung über die Höhe der Stundensätze, um spätere Auseinandersetzungen über deren Angemessenheit zu vermeiden. Zu berücksichtigen ist, daß eine solche Angemessenheitsprüfung nach §§ 315, 316 BGB in Betracht kommt, falls keine wirksame vorherige Vereinbarung getroffen ist.

2. Steuerberatergebührenverordnung (StBGebV)

Für WP/StB ist die StBGebV als **gesetzliche Gebührenregelung** maßgebend,   **348**
soweit es die steuerberatende Tätigkeit angeht. Diese schon vor Jahren von der WPK vertretene Rechtsauffassung[151] ist inzwischen durch die Rspr.[152] bestätigt worden.

Für **Nur-WP** stellt die StBGebV eine Taxe iSd. §§ 612, 632 BGB dar[153], die zur   **349**
Anwendung kommt, falls keine vertragliche Vereinbarung über die Honorarberechnung vorliegt.

---

151 MittBl. WPK Nr. 122/86 S. 8.
152 OLG Hamm v. 22. 6. 1988, BB S. 1499 = MittBl. WPK Nr. 132 S. 23, OLG Düsseldorf v. 30. 10. 1990, StB 1991 S. 139.
153 OlG Düsseldorf v. 6. 4. 1989, WPK-Mitt. S. 87.

3. Tätigkeit als gerichtlicher Sachverständiger

350 Die Tätigkeit als gerichtlicher Sachverständiger wird durch das ZuSEG geregelt; zu beachten ist, daß das Ges. nur eine Entschädigung, nicht aber eine angemessene Honorierung vorsieht. Die für die Entschädigung von Sachverständigen maßgebende Vorschrift des § 3 Abs. 2 ZuSEG ist 1986 geändert worden. Der **Zeitgebührenrahmen** beträgt zZ 40,– DM bis 70,– DM je Stunde. Er kann nach Maßgabe von § 3 Abs. 3 ZuSEG bis zu 50 vH überschritten werden,

wenn sich der Sachverständige für den Einzelfall eingehend mit der wissenschaftlichen Lehre auseinanderzusetzen hat

oder

nach billigem Ermessen, wenn der Sachverständige durch die Dauer oder die Häufigkeit seiner Heranziehung einen nicht zumutbaren Erwerbsverlust erleiden würde

oder

wenn er seine Berufseinkünfte im wesentlichen als gerichtlicher oder außergerichtlicher Sachverständiger erzielt.

351 Gem. § 7 ZuSEG besteht die Möglichkeit, eine **höhere Entschädigung** zu erhalten, falls sich die Parteien dem Gericht gegenüber damit einverstanden erklärt haben und ein ausreichender Betrag an die Staatskasse gezahlt ist; die Erklärung nur einer Partei genügt, wenn das Gericht zustimmt. Eine solche besondere Entschädigung muß vorab vereinbart werden; die Erfahrung hat gezeigt, daß nachträgliche Änderungen in bezug auf die Höhe der Entschädigung nicht erreichbar sind.

Aktuelle gerichtliche Entscheidungen über die Gewährung einer höheren Entschädigung liegen nicht vor; zu berücksichtigen ist, daß beim wirksamen Zustandekommen einer Vereinbarung über eine höhere Entschädigung gerichtliche Entscheidungen im Regelfall nicht erforderlich sind. Die Erfahrung zeigt weiterhin, daß im Bereich der Zivilgerichtsbarkeit durchaus die Möglichkeit gegeben ist, eine höhere Entschädigung für die Gerichtsgutachtertätigkeit zu erhalten; Schwierigkeiten treten nur dann auf, wenn der Fiskus als Kostenschuldner in Betracht kommt, also in Strafverfahren und in Verfahren, für die Prozeßkostenhilfe (früheres Armenrecht) gewährt worden ist.

4. Sonstige Tätigkeiten

352 Wegen der Berechnung des Honorars für die Tätigkeit als **Zwangsverwalter, Nachlaßverwalter, Testamentsvollstrecker, Vermögensverwalter** oder **Konkurs-** bzw. **Vergleichsverwalter** wird auf die Ausführungen im WPH 1985/86 Bd. I S. 154 ff. verwiesen; neuere Erkenntnisse liegen nicht vor.

353 Die Anwendung **früherer privatrechtlich geschaffener GebO** wie zB der AllGO oder der GOTV begegnet erheblichen Bedenken. Hinsichtlich der AllGO ist zu berücksichtigen, daß sie für den Bereich der Steuerberatungstätigkeit durch die StBGebV gegenstandslos geworden ist; weiterhin ist zu beachten, daß diese GeBO schon seit einer Vielzahl von Jahren nicht mehr überarbeitet und aktualisiert worden sind, so daß auch hinsichtlich ihrer Anwendung eine Üblichkeit nicht mehr bejaht werden kann.

5. Verjährung von Honoraransprüchen

Nach herrschender Rspr.[154] verjähren Honoraransprüche von WP und WPG **354**
gem. § 196 Abs. 1 Nr. 15 BGB in 2 Jahren; dies gilt auch für den Fall, daß es sich
bei den Auftraggebern um Personen iSd. § 196 Abs. 1 Nr. 1 BGB handelt, zB um
Kaufleute, und die berufliche Leistung für den Gewerbebetrieb des Auftraggebers erfolgte.

6. Gerichtsstand für Honorarklagen

Die Frage, ob für Honorarklagen der Berufssitz des WP oder der Wohnsitz des **355**
Auftraggebers maßgebend ist, wird in der Rechtsprechung unterschiedlich beurteilt.

Während für RAe eine gefestigte Rechtsprechung vorliegt, daß gem. § 29 Abs. 1
ZPO der Berufssitz des RA maßgebend ist[155], gibt es für den WP-Bereich nur
einige positive Entscheidungen[156], noch keinen verläßlichen Rückschluß auf
eine gefestigte, geschweige denn herrschende Rechtsprechung gestatten. Hinzu
kommt, daß die Rechtsprechung für den StB-Bereich uneinheitlich ist[157].

Eine **Vereinbarung des Gerichtsstandes** im Rahmen von AGB verstößt nach herr- **356**
schender Auffassung in Rechtsprechung und Literatur gegen das AGBG. Dementsprechend sehen die AAB 1990 eine Vereinbarung des Gerichtsstandes nicht
mehr vor; des gleichen ist die Regelung über den Erfüllungsort entfallen, weil
dies eine – indirekte – Gerichtsstandsvereinbarung bedeuten könnte.

XI. Hilfsberufe

Der WP kann die ihm übertragenen beruflichen Aufgaben nur mit Hilfe fachlich **357**
ausgebildeter Mitarbeiter bewältigen; die WPO enthält jedoch keinerlei Regelungen über die Ausbildung und die Qualifikation dieser Fachmitarbeiter.

1. Prüfer und Prüfungsgehilfen

Für den Bereich der Prüfungstätigkeit entspricht es der Üblichkeit, **Absolventen** **358**
eines Hochschul- bzw. Fachhochschulstudiums, im Regelfall der Wirtschaftswissenschaften, als Prüfungs- bzw. Revisionsassistenten einzustellen und auszubil-
den. Nach dieser Ausbildung, die zeitlich nicht festgelegt ist, werden die Mitarbeiter sodann als Prüfer eingesetzt, die je nach persönlicher Fähigkeit selbständig arbeiten, jedoch unter der stetigen Anleitung und Aufsicht durch den WP.
Zur Wahrung der gewissenhaften und eigenverantwortlichen Berufsausübung

---

154 OLG Hamburg v. 25. 11. 1981, MittBl. WPK Nr. 101/82 S. 30, OLG Celle v. 26. 10. 1983, NJW
   1984 S. 442.
155 OLG Stuttgart v. 28. 11. 1975, AnwBl. 1976 S. 439, LG Osnabrück v. 21. 1. 1977, AnwBl. S. 217.
156 AG Dürkheim v. 28. 11. 1985, MittBl. WPK Nr. 119/86 S. 29 (vom BGH am 12. 12. 1985 ohne
   Begründung nach § 36 Nr. 6 ZPO bestätigt), LG Köln v. 15. 5. 1990, WPK-Mitt. S. 157.
157 Bejahend LG Darmstadt v. 1. 3. 1984, AnwBl. S. 503 = MittBl. WPK Nr. 113 S. 10, verneinend
   OLG Düsseldorf vom 9. 10. 1986, StB S. 309 = MittBl. WPK Nr. 124/87 S. 16.

soll der WP nur so viele Mitarbeiter einsetzen, wie er im Rahmen der täglichen
Arbeit auch tatsächlich anleiten und beaufsichtigen kann; die BRil. sehen infolgedessen in Abschn. III Nr. 5 Abs. 2 eine **Maximalzahl** von 5 fachlichen Mitarbeitern je WP vor. Spezialisten können dabei außer Betracht bleiben; bei Buch-
führungsarbeit kann die Zahl der Mitarbeiter höher sein.

Die **Ausbildung** der Prüfungsassistenten bzw. Prüfer orientiert sich im Regelfall
an den Anforderungen der WPO für die Zulassung zum Examen. Der WP hat
dafür Sorge zu tragen, daß die Mitarbeiter ihre Kenntnisse im gebotenen
Umfange schulen, damit sie auch in die Lage versetzt werden, die ihnen übertragenen Aufgaben fehlerfrei und zeitgerecht auszuführen.

2. Fachgehilfen in steuer- und wirtschaftsberatenden Berufen

359   Seit der Schaffung des **Ausbildungsberufes** im Jahre 1949 wirken WP an der Ausbildung der Fachgehilfen bei. Durch das BBiG v. 14. 8. 1969 ist die WPK erstmals mit der Ausbildung des Gehilfenberufes betraut worden; sie ist gem. § 89
BBiG ebenso wie die regionalen StBK zuständige Stelle für die Verwaltung und
Betreuung der Ausbildungsverhältnisse.

Von der in § 89 Abs. 1 S. 2 BBiG gegebenen Möglichkeit, die Aufgaben auf eine
andere zuständige Stelle zu übertragen, hat die WPK Gebrauch gemacht und mit
Zustimmung der Aufsichtsbehörden ihre Rechte und Pflichten auf die regionalen StBK übertragen; für die neuen Bundesländer steht ein solcher Schritt noch
aus. Diese Delegierung der Aufgaben erschien im Hinblick auf die Stellung der
WPK als bundesunmittelbare Körperschaft des öffentlichen Rechts und die
recht geringe Zahl der Ausbildungsverhältnisse bei Nur-WP und Nur-WPG
sinnvoll; es wäre auch nicht im Interesse der Auszubildenden gewesen, wegen
der Ausbildungsverhältnisse bei WP/StB usw. mit den regionalen StBK zu kon-
kurrieren. Allerdings ist die WPK auf Bundesebene weiterhin beratend tätig und
wirkt bei der Erörterung allgemein interessierender Fragen im Bereich des Aus-
bildungswesens mit. Durch die VO über die Berufsausbildung zu Fachgehilfen
in steuer- und wirtschaftsberatenden Berufen v. 15. 2. 1978 ist die Ausbildung
des Gehilfenberufes neu geregelt worden; mit der VO wurde zugleich der zugehörige Ausbildungsrahmenplan geschaffen und veröffentlicht.

Im W. Bertelsmann Verlag KG, Bielefeld, ist im Rahmen der Blätter zur Berufs-
kunde auch die Broschüre „Fachgehilfe in steuer- und wirtschaftsberatenden
Berufen" erschienen; Einzelexemplare dieser Broschüre sind bei der Geschäftsstelle der WPK erhältlich.

Abschnitt B

Berufsorganisationen

I. Das Institut der Wirtschaftsprüfer
in Deutschland eV

1. Entwicklung

Die berufsorganisatorischen Reformbestrebungen im Revisions- und Treuhand- **1**
wesen[1] gehen auf die Jahreswende 1929/30 zurück und stehen im Zusammenhang mit der Einführung der Pflichtprüfung für Aktiengesellschaften und Wirtschaftsbetriebe der öffentlichen Hand. Das im August 1930 ins Leben gerufene
„Institut für das Revisions- und Treuhandwesen" wurde am 15. 2. 1932, nachdem
die Pflichtprüfung dem inzwischen geschaffenen **Berufsstand der Wirtschafts-**
prüfer übertragen worden war[2], in das **„Institut der Wirtschaftsprüfer"** umgebil-
det, das bald darauf als alleinige Berufsorganisation des WP-Berufes mit der
Ermächtigung ausgestattet wurde, die berufliche Selbstverwaltung und die sich
hieraus ergebenden öffentlichen Aufgaben wahrzunehmen. Das ehemalige Institut war seinerzeit mithin Pflichtorganisation der WP und WPG, der Dienstaufsicht des RWM unterstellt und hatte hierdurch öffentlich-rechtlichen Charakter.

Nach Überführung des Instituts in die **Reichskammer der Wirtschaftstreuhänder** **2**
im Jahre 1943 hat der Berufsstand schon bald nach 1945 die Initiative ergriffen,
um anschließend an die frühere Tradition die Facharbeit wieder aufzunehmen
und in neuen Berufsvertretungen die Aufgaben des ehemaligen Instituts der
Wirtschaftsprüfer fortzuführen. Derartige Institute der Wirtschaftsprüfer entstanden zunächst auf Landesebene in NW, Bay., Bln. und Bre.[3] Ferner schlossen sich für Hessen WP und vBP in der Kammer der Wirtschaftsprüfer und vereidigten Bücherrevisoren für Hessen eV, für Württemberg-Baden WP, vBP und
StB in der Kammer der Wirtschaftsprüfer, vereidigte Bücherrevisoren und Steuerberater Württemberg-Baden eV zusammen. In der späteren Entwicklung über-
nahm das **Institut der Wirtschaftsprüfer Düsseldorf** die für den gesamten Berufsstand wichtige einheitliche Facharbeit sowie die Wahrnehmung berufspoliti-
scher Aufgaben, zu denen auch die Bestrebungen nach einem bundeseinheitli-
chen Berufsrecht gehörten. Die Landesorganisationen in Bay., Bln., Hes. und
WüBa. erwarben für ihre Mitglieder die korporative Mitgliedschaft im Institut
der Wirtschaftsprüfer Düsseldorf, während die WP im übrigen Bundesgebiet
eine unmittelbare Mitgliedschaft unterhielten. Am 25. 11. 1954 wurde die Umbenennung in **„Institut der Wirtschaftsprüfer in Deutschland eV"** (IDW) beschlossen.

Mit dem Zeitpunkt des Inkrafttretens der WPO am 1. 11. 1961 fand aufgrund **3**
einer besonders hierfür im Jahre 1954 geschaffenen Satzungsbestimmung die

---

1 Zur Entwicklung vgl. C Tz. 1 ff.
2 Vgl. A Tz. 5.
3 In Bremen als Vereinigung der Wirtschaftsprüfer.

korporative Mitgliedschaft von Zusammenschlüssen der WP auf Landesebene ihr Ende. Die bis dahin mittelbare Mitgliedschaft von WP und WPG wurde kraft Satzung in eine unmittelbare überführt; gleichzeitig lösten sich das Institut der Wirtschaftsprüfer in Bayern eV und die Kammer der Wirtschaftsprüfer und vereidigten Bücherrevisoren für Hessen eV auf, während die Kammer der Wirtschaftsprüfer, vereidigten Bücherrevisoren und Steuerberater Württemberg-Baden eV nach Umbenennung in Vereinigung der Wirtschaftsprüfer, vereidigten Buchprüfer und Steuerberater in Baden-Württemberg eV sich bezüglich ihres Aufgabenbereichs auf die Pflege des Zusammenhalts innerhalb dieser Berufsgruppen im dortigen Bereich beschränkte.

4   Mit der **Neuordnung des Berufsrechts** und der damit eingeleiteten Zusammenführung der Berufsstände der WP und vBP bei gleichzeitiger Schließung des vBP-Berufs wurde schließlich eine korporative Mitgliedschaft des Bundesverbandes der vereidigten Buchprüfer – Verband Deutscher Bücherrevisoren – VDB (öffentlich bestellte Prüfer) eV im IDW mit einer Erweiterung der Satzung durch einen neuen § 16 anläßlich des 5. Wirtschaftsprüfertages am 2. 2. 1962 geschaffen, von welcher der Bundesverband mit Wirkung vom 1. 10. 1962 Gebrauch machte. Durch Beschluß der Mitgliederversammlung vom 14. 11. 1968 wurde der **Bundesverband der vereidigten Buchprüfer** zum 31. 12. 1968 **aufgelöst** und durch eine Ergänzung des § 16 allen vBP der Erwerb der außerordentlichen Mitgliedschaft zum IDW ermöglicht. Diese vBP hatten das Recht, die fachlichen Einrichtungen des IDW unmittelbar in Anspruch zu nehmen und an den Wirtschaftsprüfertagen als Gäste teilzunehmen sowie einen Sprecher und einen Stellvertreter als stimmberechtigte Mitglieder in den Verwaltungsrat des IDW zu entsenden, so lange die Zahl der außerordentlichen vBP-Mitglieder 50 nicht unterschritt. Im Jahre 1984 ist diese Zahl unterschritten worden.

5   Mit dem Inkrafttreten des **Bilanzrichtlinien-Gesetzes** am 1. 1. 1986 gibt es neben dem WP auf Dauer wieder einen zweiten prüfenden Beruf, den des vBP. VBP haben insbesondere das Recht, die Pflichtprüfung des Jahresabschlusses bei der sog. mittelgroßen GmbH durchzuführen. Der **Berufsstand des vBP** wurde für solche StB und RA auf Dauer **wiedereröffnet**, die zusätzliche Anforderungen erfüllen, insbesondere ein (während der Übergangszeit erleichtertes) Zusatzexamen ablegen. Außerdem wurde bestimmten vBP, StB und RA, die einen Besitzstand bei künftig prüfungspflichtig werdenden GmbH haben, die Möglichkeit eingeräumt, die Zusatzqualifikation als WP zu erwerben, wenn sie eine Übergangsprüfung ablegen.

6   Im Zuge der Wiedereinführung des Berufs des vBP ist Anfang 1986 der **Bundesverband der vereidigten Buchprüfer eV (BvB)** wiedergegründet worden [4]. IDW und BvB haben vereinbart, auf den fachlichen Gebieten, die zu den gemeinsamen Tätigkeiten der WP und der vBP gehören, eng zusammenzuarbeiten.

7   So ist das heutige **Institut der Wirtschaftsprüfer** in Deutschland eV, Düsseldorf, die Vereinigung der deutschen WP und WPG auf der Grundlage **freiwilliger Mitgliedschaft** [5].

---

4 Vgl. C Tz. 5.
5 Eingetragen beim Amtsgericht in Düsseldorf – Vereinsregister – Geschäftsnummer 89 VR 3850.

2. Aufgabenstellung

Das IDW fördert die Fachgebiete des WP und tritt für die Interessen des WP- **8**
Berufs ein. Insbesondere hat das IDW für die Aus- und Fortbildung zu sorgen
und entsprechende Maßnahmen durchzuführen sowie für einheitliche Grundsätze der unabhängigen, eigenverantwortlichen und gewissenhaften Berufsausübung einzutreten und deren Einhaltung durch die Mitglieder sicherzustellen.
Hierbei kann das IDW zu Fach- und Berufsfragen, die den gesamten WP-Beruf
angehen, auch gutachterlich Stellung nehmen.

Die rasante zahlenmäßige Erhöhung der gesetzlichen Abschlußprüfer ab 1. 1. **9**
1986 – in weniger als fünf Jahren Verdoppelung – als Konsequenz des BiRiLiG
birgt erfahrungsgemäß die Gefahr der Qualitätsverwässerung in sich. Um dieser
Gefahr rechtzeitig zu begegnen, verstärkt das IDW seine Bemühungen, für seine
Mitglieder die Anforderungen an eine einheitliche Berufsausübung auf hohem
Niveau zu präzisieren und nach außen zu verdeutlichen.

Um dem Anspruch des IDW als **Gütegemeinschaft** zu genügen sowie zur **10**
Abgrenzung von anderen prüfenden und beratenden Berufen, verpflichten sich
seine Mitglieder durch eine Neuformulierung der Rechte und Pflichten in der
Satzung des IDW [6] über die gesetzlichen Mindestanforderungen für die Berufsausübung hinaus:

– im Rahmen der beruflichen Eigenverantwortlichkeit die vom IDW abgegebe- **11**
  nen Fachgutachten und Stellungnahmen zu beachten [7],
– insbesondere die vom IDW herausgegebenen Grundsätze zur Gewährleistung
  der Prüfungsqualität zu beachten und anzuwenden sowie ihre Beachtung und
  Anwendung durch die Mitarbeiter sicherzustellen und zu überwachen,
– ihre Unabhängigkeit, insbesondere ihre finanzielle Unabhängigkeit gegenüber
  der Mandantschaft, stets zu wahren und
– in nennenswertem Umfang Fortbildungsveranstaltungen zu besuchen.

3. Mitgliedschaft

Dem IDW gehören als unmittelbare **ordentliche Mitglieder** ca. 80 % der WP und **12**
WPG im Bundesgebiet an. Als außerordentliche Mitglieder werden vBP
(s. Tz. 4), ehemalige WP, die Prüfungsstellen der Sparkassen- und Giroverbände
sowie Vorstandsmitglieder, Geschäftsführer und persönlich haftende Gesellschafter von WPG, die nicht WP sind, geführt. Der Mitgliederstand des IDW
zum 1. 5. 1991 stellt sich wie folgt dar:

---

6 Diese Änderungen wurden anläßlich einer ao. Mitgliederversammlung am 14. 9. 1990 beschlossen.
7 Die Fachgutachten und Stellungnahmen des Instituts der Wirtschaftsprüfer auf dem Gebiet der
  Rechnungslegung und Prüfung, Losebls., Düsseldorf (Sammlg. IDW FG/St).

1. ordentliche Mitglieder

Wirtschaftsprüfer	5766	
Wirtschaftsprüfungsgesellschaften	657	6423

2. außerordentliche Mitglieder   371
   (darunter 213 ehemalige Wirtschaftsprüfer
   und 30 vereidigte Buchprüfer)

3. Ehrenmitglieder   4

                                   6798

13   Persönlichkeiten, die sich außergewöhnliche Verdienste um den Beruf des WP erworben haben, können zu **Ehrenmitgliedern** ernannt werden.

Ehrenmitglieder sind:

Dr. Dr. h. c. Georg Döllerer, Unterwössen
Prof. Dr. Adolf Moxter, Oberursel
WP Prof. Dr. Erich Potthoff, Meerbusch
Prof. Dr. Kurt Schmaltz, Heidelberg

14   Im November 1990 hat das IDW ein **Mitgliederverzeichnis** herausgegeben, in dem alle WP und WPG sowie die außerordentlichen Mitglieder aufgeführt sind. Das Verzeichnis enthält neben den Anschriften der Mitglieder auch Informationen über Verbindungen des jeweiligen Mitglieds zu anderen WP, zB im Rahmen von Sozietäten, oder zu anderen WPG, soweit sie IDW-Mitglied sind. Dem Verzeichnis beigefügt ist die Broschüre „Wirtschaftsprüfer im IDW – Prüfer – Berater – Gutachter" mit Informationen über die beruflichen Tätigkeiten des WP, den Berufszugang, die Förderung der Mitglieder durch das IDW und die Bedeutung der IDW-Mitgliedschaft für die Berufstätigkeit.

4. Organe

15   **Organe** des Instituts sind:

der Wirtschaftsprüfertag (Mitgliederversammlung iSd. BGB)
der Verwaltungsrat
der Vorstand.

Dem 5köpfigen **Vorstand** obliegt die Leitung des Instituts. Er ist für alle Entscheidungen und Maßnahmen zuständig, die nicht nach der Satzung anderen Organen zugewiesen sind.

Der **Verwaltungsrat** ist zuständig für:

a) die Wahl des Vorstandes
b) die Wahl des Vorsitzers des HFA und des Hauptschriftleiters der vom IDW herausgegebenen Fachzeitschrift „Die Wirtschaftsprüfung" (WPg.)
c) die Festsetzung des Wirtschaftsplanes
d) den Erlaß der Beitragsordnung
e) *die Genehmigung des Jahresabschlusses und des Geschäftsberichts sowie die Entlastung des Vorstandes*
f) die Bestellung des Abschlußprüfers
g) die Ernennung von Ehrenmitgliedern

h) die Ernennung von Mitgliedern des Beirats der Hilfskasse sowie die Änderung der Satzung der Hilfskasse.

Dem **Wirtschaftsprüfertag** obliegen ua. die Wahl der Mitglieder des Ehrenrates **16** sowie von sieben Mitgliedern des Verwaltungsrates, die Entgegennahme der Berichte von Vorstand und Verwaltungsrat über die Entwicklung des Berufsstandes und des IDW, die Entlastung des Verwaltungsrates sowie Satzungsänderungen.

In den Ländern sind **Landesgruppen** mit Landesgeschäftsstellen in Berlin, Frankfurt, Hamburg, Leipzig, München und Stuttgart, die die Hauptgeschäftsstelle in der Durchführung der ihr obliegenden Aufgaben unterstützen, jedoch keine rechtliche Selbständigkeit besitzen, eingerichtet. **17**

Landesgruppen sind zugleich Wahlkörper für Verwaltungsratswahlen (je angefangene 100 der in ihrem Bereich ansässigen ordentlichen Mitglieder des IDW 1 Mandat). Sieben weitere Mitglieder des Verwaltungsrats werden vom Wirtschaftsprüfertag ohne Rücksicht auf den Ort ihres beruflichen Wohnsitzes gewählt.

Derzeit gehören dem **Vorstand** folgende Herren an: **18**

WP/StB Dipl.-Kfm. Jürgen Wichmann, Hannover, Vorstandsvorsitzer[8]
WP Dr. Werner Ellerbeck, Bremen, 1. stellv. Vorstandsvorsitzer[8]
WP/StB Dr. Hein Granobs, Berlin, 2. stellv. Vorstandsvorsitzer[8]
WP/StB Dipl.-Kfm. Dietrich Dörner, Stuttgart
WP/StB Prof. Dr. Rainer Ludewig, Kassel

Den Vorsitz im **Verwaltungsrat** hat WP/StB Dipl.-Kfm. Rudolf J. Niehus, Düsseldorf; stellvertretender Vorsitzer des Verwaltungsrats ist WP/StB Dr. Gundolf Thiery, Saarbrücken.

5. Facharbeit

Die **Facharbeit** umfaßt die Behandlung der fachlichen Fragen im nationalen und **19** internationalen Bereich aus allen Tätigkeitsgebieten des WP. Sie richtet sich sowohl an Mitglieder als auch an die interessierte Öffentlichkeit in Staat und Wirtschaft sowie an andere nationale und internationale Institutionen.

Die nationale Facharbeit dient der einheitlichen und fachgerechten Berufsausübung. Dabei stehen die Beratung einzelner Mitglieder in fachlichen Zweifelsfragen von grundsätzlicher Bedeutung und die Herausgabe von fachlichen Verlautbarungen, insbesondere von Fachgutachten und Stellungnahmen, im Vordergrund. Die von den Fachausschüssen des IDW abgegebenen Fachgutachten und Stellungnahmen[9] legen die Auffassung des Berufs zu fachlichen Fragen, insbesondere der Prüfung und Bilanzierung, dar oder tragen zu ihrer Entwicklung bei. Der WP hat daher sorgfältig zu prüfen, ob die Grundsätze eines Fach- **20**

8 Die Amtszeit des Vorsitzers und seiner beiden Stellvertreter beläuft sich auf 2 Jahre.
9 Vgl. Die Fachgutachten und Stellungnahmen des Instituts der Wirtschaftsprüfer auf dem Gebiet der Rechnungslegung und Prüfung, Losebl., Düsseldorf (Sammlg. IDW FG/St), Übersicht s. X.

gutachtens oder einer Stellungnahme in dem von ihm zu bearbeitenden Fall anzuwenden sind[10].

Arbeitsergebnisse mit besonderer Bedeutung für den Berufsstand werden in aller Regel vorab als Entwurf veröffentlicht, um allen Berufsangehörigen und darüber hinaus allen interessierten Kreisen Gelegenheit zur Meinungsäußerung zu geben und die Fachgutachten und Stellungnahmen auf eine breite Berufsauffassung zu stützen.

21   Für die Beratung fachlicher Probleme von grundsätzlicher Bedeutung ist der **Hauptfachausschuß** (HFA) gebildet, dem neben den ordentlichen Mitgliedern ein Kreis korrespondierender Mitglieder angeschlossen ist. Ordentliche HFA-Mitglieder, die aus Altersgründen aus diesem Gremium ausscheiden, wechseln in den Kreis der ehemaligen HFA-Mitglieder über.

Fachfragen aus speziellen Tätigkeitsgebieten oder Wirtschaftszweigen werden in **besonderen Fachausschüssen** (FAMA, BFA, VFA, KFA, KHFA, WFA, FA-Recht, StFA, AFIZ) behandelt[11].

22   Für seine Mitglieder gibt das IDW monatlich die **„Fachnachrichten"** heraus. Hier werden die Ergebnisse der Arbeiten in den Fachausschüssen und den internationalen Gremien, in denen das IDW mitarbeitet, wiedergegeben; es wird über aktuelle, für die Tagesarbeit des WP wichtige wirtschaftsrechtliche, steuerrechtliche und berufsständische Vorgänge berichtet und auf literarische Neuerscheinungen, die für die Berufsarbeit wichtig sind, aufmerksam gemacht.

23   Die umfangreiche **Fachbibliothek** in der Hauptgeschäftsstelle steht allen Mitgliedern zur Verfügung.

6. Aus- und Fortbildung

24   Die **fachliche Förderung** des WP und seines beruflichen Nachwuchses ist eine der satzungsmäßigen Aufgaben des IDW. Gegenwärtig werden folgende Programme angeboten:

Studienlehrgänge

a) Die Studienlehrgänge werden vom IDW durchgeführt, um die Lehrgangsteilnehmer berufsbezogen auf das WP-Examen vorzubereiten.

WP I   Betriebswirtschaft – Volkswirtschaft
WP II   Wirtschaftliches Prüfungswesen
WP III   Wirtschaftsrecht

Ergänzend zum Studienlehrgang: Klausurenwoche – Recht.

Seminare

b) Die dreistufigen Seminare „Berufsbegleitende Ausbildung" (BA) wurden für jüngere Mitarbeiter von Mitgliedern eingerichtet. Sie sind auf die tägliche Berufsarbeit ausgerichtet und nicht examensorientiert.

---

10 Vgl. unter Gewissenhaftigkeit A Tz. 205.
11 Vgl. IDW-WP-Verzeichnis 1990/91 S. 529 ff.

c) Für die Prüfung von computergestützten Buchführungen auf der Grundlage einer Systemprüfung wird zur Vermittlung der erforderlichen Kenntnisse ein besonderes Lehrgangsprogramm durchgeführt.

Dezentrale Fortbildung

d) Von den Landesgruppen des IDW wird in Zusammenarbeit mit der Hauptgeschäftsstelle ein Dezentrales Fortbildungsprogramm angeboten, das in Halbtags- bzw. Abendveranstaltungen aktuelle Fachfragen behandelt.

Landesgruppenveranstaltungen

e) Von den Landesgruppen BaWü. („Freudenstädter Fachtage"), Bay. („Fachkolloquium Oberammergau"), RhldPf. („Fachveranstaltung Bad Dürkheim") sowie durch das IDW Berlin („Fachdiskussionen") finden zudem jährlich ein- bzw. mehrtägige Fachveranstaltungen statt.

Arbeitstagung

f) Die jährliche Arbeitstagung des IDW dient hauptsächlich dem Meinungs- und Erfahrungsaustausch von Mitgliedern und deren qualifizierten Mitarbeitern in kleinen Diskussionsgruppen.

Fachtagung

g) Die IDW-Fachtagungen verbinden das Erfordernis der Fortbildung für Berufsangehörige mit der Darstellung beruflicher Belange gegenüber der interessierten Öffentlichkeit.

Repetitorien

h) Mit einigen Repetitorien besteht unter Federführung der Landesgruppen des IDW eine Zusammenarbeit.

7. Fachorgan

Als eigenes Fachorgan gibt das IDW die Zeitschrift **„Die Wirtschaftsprüfung"** 25 heraus, die in halbmonatlicher Folge im IDW-Verlag GmbH, Düsseldorf, erscheint (Hauptschriftleitung: WP Prof. Dr. Hans Havermann, Düsseldorf).

8. IDW-Verlag GmbH

1950 wurde die **„IDW-Verlag GmbH"**, Tersteegenstr. 14, Wirtschaftsprüferhaus, 26 4000 Düsseldorf 30, mit dem Ziel der Veröffentlichung einschlägiger Fachliteratur aus betriebswirtschaftlichem, wirtschaftsrechtlichem, steuerrechtlichem Bereich gegründet.

9. Wirtschaftsprüferakademie

Die in 1989 gegründete WPA **Wirtschaftsprüfer-Akademie** mbH des IDW hat 27 insbesondere die Aufgabe, die Aus- und Fortbildung für den wirtschaftsprüfenden Beruf und seinen Nachwuchs durchzuführen.

10. Versorgungswerk

28 Im Jahre 1951 hat das IDW den Aufbau eines **Versorgungswerkes** für seine Mitglieder beschlossen. Es umfaßt

- eine Hilfskasse für die Unterstützung unverschuldet in Not geratener Berufsangehöriger und ihrer Hinterbliebenen
- eine Sterbegeld-Gruppenversicherung (unter besonderer Berücksichtigung des Unfalltodes) mit der Deutschen Anwalt- und Notarversicherung

Mit der Errichtung der **Hilfskasse** konnten Grundlagen zur Vorbeugung gegen ernste Not geschaffen werden, um Mitgliedern des IDW und deren Hinterbliebenen eine Hilfe bei Krankheit, Gebrechlichkeit und Tod zu bieten; an diesen Unterstützungsleistungen beteiligt sich gleichermaßen die WPK.

11. Praxisverwertung

29 Aus der Einschaltung der Geschäftsstelle bei **Praxisverwertungen** bzw. der Ermittlung des **Praxiswertes**[12] haben sich ungeachtet anderer Methoden und Übungen[13] neuere Erkenntnisse ergeben, die in die Überlegungen einbezogen werden sollen; die im WPH 1985/86 Bd. I S. 80 aufgeführten Kriterien sind zum Teil nicht mehr aktuell. Es handelt sich aber auch bei diesen neueren Hinweisen nach wie vor nur um Grundzüge, die weder verbindlich sind noch allgemeine Gültigkeit besitzen; es ist durchaus denkbar, im Hinblick auf die Besonderheiten des Einzelfalles anders zu verfahren.

30 a) Maßgebend für den Wert einer WP-Praxis ist der übertragbare **Mandantenstamm,** also der Kreis der Auftraggeber, der bereit ist, die Geschäftsbeziehungen mit dem Praxisnachfolger fortzusetzen.

31 b) Der Veräußerungswert orientiert sich am **nachhaltigen Jahresumsatz** (Summe der Honorare). Dabei ist es möglich, den Durchschnitt der letzten 3 oder 4 Jahre zugrunde zu legen; es kann aber auch eine Bereinigung des letzten Jahresumsatzes nach Maßgabe der Nachhaltigkeit der Mandate bzw. der einzelnen Aufträge erfolgen.

32 c) Die Höhe des Kaufpreises bewegt sich im Regelfall innerhalb einer Bandbreite von 100 bis 130% des nachhaltigen Umsatzes. Für die Zuordnung innerhalb dieser Bandbreite ist die **Praxisstruktur** maßgebend, ua. die Rendite = Rohüberschuß, die Streuung der Klientel, die Ausweitungsmöglichkeiten der Aufträge, die Steigerungsfähigkeit des Honorars etc. Ist die Rendite überdurchschnittlich hoch, so kann der Kaufpreis auch bis zu 140% des nachhaltigen Umsatzes betragen.

d) Ob und wie sich die Übernahme von Personal auswirkt, richtet sich nach den Gegebenheiten des jeweiligen Falles. Im Regelfall ist eingearbeitetes Personal von Vorteil, im Zweifel sogar unentbehrlich, um die anfallenden Aufgaben zu bewältigen; andererseits kommt es aber auch vor, daß durch die Über-

---

12 Wegen der Abgrenzung der Begriffe „Praxiswert" und „Geschäftswert" s. BFH v. 13. 3. 1991, DStR S. 813 = BB S. 1156.
13 *Breidenbach*, DStR 1991 S. 47; *Unkelbach*, DStR 1988 S. 631; *Gratz*, DB 1987 S. 2421.

nahme einer Praxis lediglich bereits vorhandene Kapazitäten ausgelastet werden sollen.

e) Die Zahlungsmodalitäten (Einmalbetrag, Ratenzahlung, Verrentung) sind für die Ermittlung des Praxiswertes zwar unerheblich, können aber gleichwohl die Höhe des Kaufpreises beeinflussen, zB durch Ab- bzw. Verzinsung; entsprechendes gilt für Vereinbarungen über die weitere Nutzung der Büroräume.

f) Die Praxiseinrichtung (Mobiliar, Maschinen, Fachbibliothek etc.) wird, falls sie übernommen werden soll, stets gesondert bewertet, also nicht bei der Ermittlung des sogenannten Praxiswertes berücksichtigt.

II. Wirtschaftsprüferkammer

Gem. § 4 Abs. 1 WPO ist zur Erfüllung der beruflichen Selbstverwaltung die **33** WPK gebildet worden; die Kammer hat sich anläßlich der ersten Mitgliederversammlung am 8. 12. 1961 konstituiert.

1. Aufgabenstellung

Die Aufgaben der WPK werden durch § 57 WPO bestimmt und beschrieben. **34**

Nach § 57 Abs. 1 WPO hat die WPK die Aufgabe, die beruflichen Belange der **35** Gesamtheit der Mitglieder zu wahren und die Erfüllung der beruflichen Pflichten zu überwachen. Der Wahrung der **Gesamtbelange** dient zB, das Interesse der Berufsangehörigen an einem berufsständischen **Versorgungswerk** zu ermitteln und, falls vorhanden, in die Tat umzusetzen[14]; dasselbe gilt für die Herausgabe eines Mitgliederverzeichnisses, in dem alle Berufsangehörigen mit ihren beruflichen Anschriften erscheinen[15]. Zu den beruflichen Belangen zählen hingegen nicht die wirtschaftlichen Interessen einzelner Mitglieder oder Mitgliedergruppen; hier sind die freiwilligen Vereinigungen gefordert[16].

Im Hinblick auf die Unterschiedlichkeit der Mitgliedergruppen ist die WPK **36** auch zur internen **Neutralität** verpflichtet mit der Folge, daß es ihr nicht möglich ist, für eine der Mitgliederguppen gegen die andere tätig zu werden; damit ist aber kein Handeln ausgeschlossen, daß sich nur für eine Mitgliedergruppe auswirkt, weil die anderen nicht berührt sind. Ein solches Beispiel gruppenspezifischer Belange bildet die **Vertretungsbefugnis** vor dem BFH, die durch das BFH-Entlastungsgesetz (s. Fn. A 18) RAe, StB und WP vorbehalten ist; vBP, StBv. sowie WPG, BPG und StBG sind als Prozeßbevollmächtigte nicht zugelassen. Sollten im Rahmen der künftigen Neuregelung Bestrebungen erkennbar werden, die Vertretungsbefugnis der WP zu beseitigen, wäre die WPK nicht gehindert, die beruflichen Belange der Gesamtheit dieser Mitgliedergruppe wahrzunehmen und sich für den Fortbestand der Vertretungsbefugnis der WP einzusetzen.

In § 57 Abs. 2 WPO sind besonders wichtige Aufgaben der WPK genannt; diese **37** Aufzählung ist jedoch nicht abschließend, sondern nur beispielhaft, wie aus dem

---

14 VG Düsseldorf v. 1. 9. 1988, OVG Münster v. 17. 11. 1988, beide MittBl. WPK Nr. 132 S. 13.
15 VG Düsseldorf v. 5. 4. 1991, WPK-Mitt. S. 139.
16 BVG v. 10. 6. 1986, NJW 1987 S. 337.

Wort „insbesondere" deutlich wird. Eine weitere Aufgabe der WPK findet sich in § 319 Abs. 2 Nr. 8 HGB; durch diese Vorschrift ist der WPK die Möglichkeit erteilt, von der Anwendung der **Honorarklausel,** die zum Ausschluß als APr. führt, Ausnahmegenehmigungen zu erteilen. Im einzelnen ist folgendes anzumerken:

38   Die **Beratung und Belehrung** der Mitglieder in Fragen der **Berufspflichten** nach § 57 Abs. 2 Nr. 1 WPO korrespondiert mit der in Nr. 4 dieser Vorschrift enthaltenen Befugnis, die Berufsaufsicht auszuüben und das Rügerecht wahrzunehmen; es steht außer Frage, daß die Kammermitglieder einen Anspruch auf Auskunft bzw. Belehrung in berufsrechtlichen Fragen haben, um die Verletzung von Berufspflichten zu vermeiden. Allerdings kann die WPK die eigenverantwortliche Entscheidung der Berufsangehörigen nicht ersetzen oder gar eine Weisung erteilen[17]; insoweit findet § 44 Abs. 2 WPO entsprechende Anwendung.

39   Die **Vermittlungstätigkeit** nach § 57 Abs. 2 Nrn. 2 und 3 WPO bei Streitigkeiten zwischen Berufsangehörigen oder zwischen WP und Mandanten setzt voraus, daß alle Beteiligten mit einer solchen Vermittlung einverstanden sind. Eine Zwangsschlichtung kommt nicht in Betracht; im übrigen ist der – erfolglose – Versuch der Vermittlung keine Klagbarkeitsvoraussetzung[18]. Es ist auch nicht Aufgabe der WPK, zivilrechtliche Streitfragen in Honorar-, Herausgabe- oder Regreßangelegenheiten zu entscheiden oder ein Präjudiz zu schaffen.

40   Die derzeit geltende Fassung der vom Beirat der WPK festgestellten **BRil.** (§ 57 Abs. 2 Nr. 5 WPO) datiert vom 12. 3. 1987; wegen der Auswirkungen der Rspr. des BVerfG zum Standesrecht der RAe (s. A Fn. 15 und Tz. 12, 187).

41   Die in § 57 Abs. 1 WPO normierte Pflicht zur Wahrnehmung der beruflichen Belange wird in § 57 Abs. 2 Nr. 6 WPO näher umschrieben: ein Beispiel für eine derartige notwendige Aktivität ist die zuvor erwähnte Untersuchung, ob seitens der Berufsangehörigen ein berufsständisches **Versorgungswerk** gewünscht wird. Das positive Ergebnis der Umfrage macht es der WPK, dh. den verantwortlichen Gremien, zur Pflicht, den Willen des Berufsstandes im Rahmen der vorgesehenen Möglichkeiten umzusetzen.

42   Die in § 57 Abs. 2 Nr. 7 WPO angesprochene **Gutachtertätigkeit** betr. zum einen Fragen des Berufs- und Standesrechts, zB hinsichtlich der Zulässigkeit von Versorgungszusagen durch Mandanten, zum anderen aber auch Fragen der Üblichkeit bzw. Angemessenheit des beanspruchten Honorars oder der Praxisbewertung, zB im Rahmen von Auseinandersetzungen oder bei der Feststellung des Zugewinnausgleichs. Die Kammer wird insoweit aber nicht als Privatgutachter tätig, erteilt allerdings die notwendigen Auskünfte, um gerichtliche Auseinandersetzungen zu vermeiden.

43   Die WPK ist zuständige Stelle iSv. § 89 BBiG, soweit es den Ausbildungsberuf **„Fachgehilfe in steuer- und wirtschaftsberatenden Berufen"** angeht (§ 57 Abs. 2 Nr. 8 WPO); sie hat diese Aufgabe mit Zustimmung der Aufsichtsbehörden auf die regionalen StBK übertragen (s. A Tz. 359). Zum einen wird damit die Einheitlichkeit der Ausbildung und der Betreuung der Ausbildungsverhältnisse

---

17 BGH v. 13. 12. 1971, NJW 1972 S. 541, OLG Hamm v. 26. 11. 1975, NJW 1976 S. 974.
18 BGH v. 17. 2. 1986, WM S. 575.

gesichert, nicht zuletzt wegen der Vielzahl der Doppelqualifikationen als WP/StB bzw. vBP/StB; zum anderen entspricht nur diese Lösung einer wirtschaftlichen und sparsamen Verwaltung.

Das **Vorschlagsrecht** der WPK für die berufsständischen Mitglieder der **Zulassungs- und Prüfungsausschüsse** sowie die ehrenamtlichen **Beisitzer der Berufsgerichte** und die Führung des **Berufsregisters** durch die WPK (§ 57 Abs. 2 Nrn. 9, 11 und 12 WPO) kennzeichnen zum einen die in § 4 WPO festgelegte berufliche Selbstverwaltung und gewährleisten zum anderen die Mitwirkung des Berufs sowohl bei der Überprüfung der fachlichen Eignung des Nachwuchses als auch die Kontrolle bei der Einhaltung der Berufspflichten durch die Berufsangehörigen selbst. **44**

Entsprechendes gilt für die in § 57 Abs. 2 Nr. 10 WPO genannte Förderung sowohl der beruflichen **Fortbildung** der Mitglieder als auch der **Ausbildung** des Berufsnachwuchses; es bleibt dem pflichtgemäßen Ermessen der WPK überlassen, wie Fort- und Ausbildung gefördert werden sollen. Zu beachten bleibt in diesem Zusammenhang, daß es Aufgabe der Berufsangehörigen selbst ist, für die eigene Fortbildung und die Ausbildung des Berufsnachwuchses zu sorgen; die WPK kann nur Hilfestellung leisten, zB entsprechende Veranstaltungen durchführen bzw. durchführen lassen oder darauf achten, daß entsprechend den beruflichen Anforderungen ausgebildet wird. **45**

2. Interne Organisation

Mitglieder der WPK sind kraft Gesetzes (§ 58 Abs. 1, § 128 Abs. 3 WPO) alle WP, vBP, WPG, BPG sowie alle gesetzlichen Vertreter von WPG bzw. BPG ohne WP/vBP-Qualifikation (§ 28 Absätze 2 und 3 WPO), des weiteren alle gem. §§ 131b Abs. 2, 131 f. Abs. 2 WPO vorläufig bestellten Personen; deren Zahl kann allerdings wegen des generellen Fristablaufs zum 31. 12. 1990 vernachlässigt werden. Für genossenschaftliche Prüfungsverbände, Prüfungsstellen der Sparkassen- und Giroverbände sowie überörtliche Prüfungseinrichtungen für öffentliche Körperschaften besteht die Möglichkeit der freiwilligen Mitgliedschaft; diese freiwilligen Mitglieder sind allerdings weder der Berufsaufsicht noch der Berufsgerichtsbarkeit unterworfen, wohl aber die in diesen Institutionen tätigen WP und vBP. **46**

Zum 1. 7. 1991 hatte die WPK folgenden Mitgliederstand: **47**

WP	6 906
WPG	1 328
vBP	3 690
BPG	61
N-WP in WPG	445
N-vBP in BPG	20
Gem. § 131 f. WPO vorläufig bestellt	20
Gem. § 131 b WPO vorläufig bestellt	18
Pflichtmitglieder	12 488
Freiwillige Mitglieder	28
Gesamtzahl	12 516

48   **Organe** der WPK sind gem. § 59 WPO

> die WP-Versammlung
> der Beirat
> der Vorstand.

Der **Beirat** wird von der WP-Versammlung, der Vorstand vom Beirat gewählt; zum Mitglied des Beirates und damit des Vorstandes kann nur gewählt werden, wer persönlich Mitglied der WPK ist, also keine WPG oder BPG. Der Präsident und der Vorsitzer des Beirates müssen WP sein (§ 59 Abs. 1 S. 4 WPO); die Zahl der Nicht-WP darf die Zahl der WP weder im Beirat noch im Vorstand erreichen (§ 59 Abs. 2 Sätze 4 und 5 WPO). Durch diese Regelung ist sichergestellt, daß der WP-Beruf in der Selbstverwaltungsorganisation nicht von anderen Mitgliedergruppen majorisiert wird. Die zahlenmäßige Entwicklung der letzten Jahre hat deutlich gemacht, daß ein solches Risiko nicht bestanden hat und auch künftig ausscheidet.

49   Die Organisation und Verwaltung der WPK sind in einer nach § 60 WPO erlassenen **Satzung** geregelt, die ebenso wie ihre Änderungen der Zustimmung des BfW bedarf. Eine ausführliche Information enthält die Broschüre „Die Wirtschaftsprüferkammer", erhältlich bei der Geschäftsstelle der WPK.

50   Die Kammermitglieder sind verpflichtet, nach Maßgabe einer vom Beirat beschlossenen **Beitragsordnung** (BO) Beitrag zu zahlen (§ 61 Abs. 1 WPO); die BO bedarf im Gegensatz zur Satzung nicht der Zustimmung des BfW.

51   Von der Möglichkeit, eine GebO zu erlassen (§ 61 Abs. 2 WPO), hat die WPK bisher keinen Gebrauch gemacht; lediglich für die Ausstellung von Mitgliedsausweisen wird im Rahmen der Kostenerstattung ein Betrag von 25,– DM eingefordert.

52   Im Rahmen der bereits erwähnten Novellierung der WPO muß auch geregelt werden, welches Kammerorgan für den Erl. einer „**Berufssatzung**" iSd. Entscheidung des BVerfG v. 14. 7. 1987 (s. A Tz. 12, 187) zuständig ist; zugleich ist zu klären, ob die Regelung des § 57 Abs. 2 Nr. 5 WPO (Feststellung der RL für die Berufsausübung) bestehen bleibt oder geändert wird.

53   Die WPK unterliegt der **Staatsaufsicht** durch den BfW (§ 66 S. 1 WPO); er hat zu überwachen, daß die WPK ihre Aufgaben im Rahmen der geltenden Gesetze und Satzungen erfüllt. Es ist ihm jedoch nicht möglich, zB in einer Aufsichtssache eine andere Entscheidung als die WPK zu treffen und durchzusetzen oder der WPK eine entsprechende Anweisung zu erteilen; ein solches Handeln wäre nur im Rahmen einer Fachaufsicht möglich, die die WPO aber nicht vorsieht.

3. Arbeitsgemeinschaft

54   Gem. § 65 WPO bilden WPK und DIHT eine nicht rechtsfähige Arbeitsgemeinschaft **für das wirtschaftliche Prüfungswesen** zur Behandlung von Fragen, die gemeinsame Belange der Wirtschaft und der WP und vBP berücksichtigen; die Geschäftsführung der Arbeitsgemeinschaft liegt zZ beim DIHT.

Die Arbeitsgemeinschaft hat sich ihre eigene Satzung gegeben. Sowohl der DIHT als auch der Berufsstand ist durch je 4 Delegierte vertreten; als ständige

Gäste nehmen der Präsident der WPK, falls er nicht zugleich Delegierter ist, sowie der Referent für WP-Sachen des BfW an den Sitzungen teil.

Zu den Fragen, die gemeinsame Belange iSv. § 65 WPO berühren, gehört die   **55** Feststellung der BRil. (§ 57 Abs. 2 Nr. 5 WPO); vor deren Feststellung durch den Beirat der WPK ist die Arbeitsgemeinschaft zu hören. Weitere aktuelle Beratungspunkte sind zB die Neuordnung des Berufsrechts durch die Novellierung der WPO und den Erl. einer Berufssatzung.

III. Internationale Berufsorganisationen

Die vielfältige internationale Zusammenarbeit des IDW vollzieht sich in einer   **56** Reihe von internationalen Berufsorganisationen. Diese sind entweder weltweit – so die International Federation of Accountants (IFAC) und das International Accounting Standards Committee (IASC), letzteres nur auf dem Gebiet der Rechnungslegung, – oder regional tätig – so die Fédération des Experts Comptables Européens (FEE) im westeuropäischen Bereich. Die vorgenannten Organisationen geben mit Ausnahme der FEE internationale Verlautbarungen heraus. Die nationalen Mitgliedsorganisationen haben sich verpflichtet, darauf hinzuwirken, daß die **internationalen Verlautbarungen,** die an die Mitgliedsorganisationen gerichtet sind, in nationale Vorschriften oder Grundsätze transformiert werden[19], wenn und soweit dies unter nationalen Gegebenheiten zulässig oder durchführbar ist. Ist dies nicht der Fall, haben sich die nationalen Berufsorganisationen zu bemühen, die Unternehmen und die zuständigen Institutionen davon zu überzeugen, daß diese die Voraussetzung für eine Transformation schaffen[20].

Eine Zusammenstellung der internationalen Verlautbarungen der IFAC, des IASC und der vormaligen UEC ist letztmals in FN 1989 S. 236a veröffentlicht worden.

1. International Federation of Accountants (IFAC)

Die IFAC (mit Sitz in New York) wurde am 7. 10. 1977 anläßlich des XI. Inter-   **57** nationalen Accountants-Kongresses in München mit dem Ziel gegründet, weltweit eine Koordinierung des Accountancy-Berufes durch harmonisierte **Grundsätze auf fachlichem und berufsethischem Gebiet** sowie zur **Aus- und Fortbildung** zu entwickeln und zu fördern. Zu diesem Zweck erarbeitet IFAC internationale Leitsätze, pflegt Kontakte mit nationalen und regionalen Berufsorganisationen und führt in jeweils 5jährigem Abstand **internationale Accountants-Kongresse** durch[21]. Der XIV. Kongreß dieser Art ist für Herbst 1992 in Washington (USA) geplant.

---

19 Diese Transformation ist im Gange, vgl. hierzu *Schülen*, WPg. 1989 S. 1, sowie die FG 1/1988: Grundsätze ordnungsmäßiger Durchführung von Abschlußprüfungen, 2/1988: Grundsätze ordnungsmäßiger Berichterstattung bei Abschlußprüfungen und 3/1988; Grundsätze für die Erteilung von Bestätigungsvermerken bei Abschlußprüfungen. Zum Verpflichtungscharakter internationaler Verlautbarungen vgl. auch FG 1/1988 Abschnitt C. IV. Anm. 2.
20 IFAC Constitution 1982, Tz. 6a und 6b.
21 Zur Gründung, Zielsetzung und Arbeitsweise der IFAC, vgl. FN 1977 S. 313.

58 IFAC umfaßt derzeit **105 Berufsorganisationen** aus 79 Ländern – darunter für Deutschland das IDW und die WPK – mit mehr als 1 Million Berufsangehörigen.

59 **Organe** der IFAC sind die Mitgliederversammlung, die alle 5 Jahre jeweils anläßlich der Weltkongresse zusammentritt, und der von ihr gewählte **Council,** der jährlich zwei- bis dreimal tagt und dem Delegierte der Mitgliedsorganisationen aus 15 Ländern angehören. Zur Verwirklichung ihrer Aufgaben wurde eine Reihe von **Fachausschüssen** gegründet: Es handelt sich dabei um das International Auditing Practices Committee (IAPC), ein bezüglich der Herausgabe von Verlautbarungen zu Prüfungsfragen autonomer Ausschuß mit Mitgliedern aus 13 Ländern, sowie um die Ausschüsse für Education, Ethics, Financial and Management Accounting, Public Sector und World Congress. Außerdem wurde als Nachfolgerin des Planning Committee nunmehr eine sog. Executive Group gebildet, der neben dem Präsidenten der Deputy Präsident, ein Council-Mitglied sowie der Director General angehören. Aufgabe dieser Gruppe ist es, zwischen den Council-Sitzungen erforderliche Entscheidungen zu treffen. Bezüglich der erarbeiteten Verlautbarungen und Diskussionsentwürfe dieser Ausschüsse wird auf den Tätigkeitsbericht des IDW 1988/89 S. 68 verwiesen.

2. International Accounting Standards Committee (IASC)

60 Durch ein sog. **Mutual Commitment** eng mit der IFAC verbunden ist das 1973 mit Sitz in London gegründete International Accounting Standards Committee (IASC). Nach einer 1982 getroffenen Vereinbarung sind die Mitglieder beider Organisationen identisch; damit gehören dem IASC ebenso wie der IFAC derzeit 105 Berufsorganisationen aus 79 Ländern an, darunter auch IDW und WPK. Die IFAC Satzung statuiert bezüglich des Verhältnisses zum IASC, daß die Zielsetzungen ineinandergreifen und zwischen den beiden Organisationen die engste Zusammenarbeit besteht.

61 Die Geschäfte des IASC werden von einem **Board** geführt, der bis zu 17 Mitglieder umfassen kann. Der IFAC Council benennt für dieses Gremium 13 Länder, deren Berufsorganisationen Mitglieder der IFAC sind und die jeweils 1 Delegierten entsenden. Des weiteren können dem Board bis zu 4 Organisationen, die an Fragen der Rechnungslegung ein besonderes Interesse haben, angehören. Diese Organisationen nimmt der Board selbst als Mitglieder auf (derzeit ist aus dieser Kategorie das International Coordinating Committee fo Financial Analysts Associations Mitglied). Der Board hält regelmäßig gemeinsame Sitzungen mit einer **Consultative Group** ab, die aus Vertretern von Organisationen besteht, die ein Interesse an der Erstellung und Auswertung von Jahresabschlüssen haben. Dies sind zur Zeit die Fédération Internationale des Bourses de Valeurs, die International Association of Financial Executives Institutes, die International Banking Associations, die International Bar Association, die International Chamber of Commerce, die International Confederation of Free Trade Unions, die International Finance Corporation, die International Organisation of Securities Commissions, die Weltbank, die Organisation for Economic Cooperation and Development und das United Nations Centre on Transitional Corporations sowie als jüngstes Mitglied The International Assets Valuation Standards Com-

mitee. Ebenso haben sich der amerikanische Financial Accounting Standards Board (FASB) sowie die EG-Kommission bereit erklärt, im Rahmen der Consultative Group mitzuarbeiten.

Das IASC hat sich zum Ziel gesetzt, **internationale Rechnungslegungsgrundsätze** 62 (International Accounting Standards) zu erarbeiten und zu veröffentlichen sowie für deren weltweite Beachtung einzutreten. Wie vorstehend erläutert, werden im Rahmen der Beratungen mit der Consultative Group dabei auch andere internationale Organisationen, die an der Aufstellung und Veröffentlichung von Jahresabschlüssen interessiert sind, an dieser Arbeit beteiligt. Eine Zusammenstellung aller vom IASC verabschiedeten und veröffentlichten Verlautbarungen und Diskussionsentwürfe findet sich im Tätigkeitsbericht des IDW 1988/89 Seite 72.

3. Fédération des Experts Comptables Européens (FEE)

Mit Wirkung vom 1. 1. 1987 wurden die 1951 in Paris gegründete **Union Euro-** 63 **péenne des Experts Comptables Economiques et Financiers (UEC)** und die 1958 ins Leben gerufene **Groupe d'Etudes des Experts Comptables de la C. E. E.** zur Fédération des Experts Comptables Européens (FEE) mit Sitz in Brüssel verschmolzen. In der FEE sind derzeit 33 der führenden Berufsorganisationen (zuzüglich 2 assoziierte Mitglieder) der 12 EG-Mitgliedstaaten sowie weiterer Ländern Westeuropas zusammengeschlossen. Deutschland ist durch das Institut der Wirtschaftsprüfer in Deutschland eV sowie das Institut der Wirtschaftsprüfer Berlin eV vertreten.

Geleitet wird die FEE durch einen sog. **Executiv-Ausschuß,** dem der Präsident, 64 ein Schatzmeister sowie mindestens 2 Vize-Präsidenten angehören. Für die fachlichen Beratungen ist der **Conseil** zuständig, der zu spezifischen Themenbereichen Arbeitskreise einrichten kann. Der Conseil setzt sich zusammen aus jeweils einem Delegierten pro Mitgliedsland.

Aufgabe der FEE ist es, zum einen Meinungen des europäischen Berufsstandes 65 zu zahlreichen Vorentwürfen und Richtlinienvorschlägen zu gesellschafts-, steuer- und berufsrechtlichen Fragen gegenüber den Organen der EG sowie den nationalen Regierungssachverständigen zum Ausdruck zu bringen, und zum anderen zu Problemen, die im Hinblick auf eine Verwirklichung des Rom-Vertrages aus der Sicht des Berufsstandes von besonderer Bedeutung sind, der EG-Kommission Lösungsvorschläge zu unterbreiten. Mit dem Ziel, die **Harmonisierung der Rechnungslegung in Europa** zu fördern, pflegt die FEE einen regen Gedankenaustausch mit verschiedenen internationalen an der Erstellung und Benutzung von Jahresabschlüssen beteiligten Gremien. Des weiteren unterstützt und fördert sie die Entwicklung im Bereich des Rechnungswesens in den Ländern Osteuropas.

4. Bilaterale Konsultationsausschüsse

Mit verschiedenen ausländischen Berufsorganisationen bestehen seit Jahren 66 Konsultationsauschüsse, die in regelmäßigen Abständen über den Berufsstand interessierende Fragen beraten, Informationen austauschen, Vergleichsstudien[22] erarbeiten und Seminare veranstalten.

Mit ausländischen Berufskollegen wurden bisher folgende **Seminare** durchgeführt:

  5 mit französischen
19 mit englischen
  8 mit niederländischen
13 mit dänischen
  1 mit schwedischen.

Im übrigen unterhält das IDW zu zahlreichen ausländischen Berufsorganisationen direkte Kontakte[23].

---

22 *Deutsch-Französischer Konsultationsausschuß*
  – Abschlußprüfung in Frankreich und Deutschland
  – Prüfungs- und Zulassungsbedingungen für den Beruf des Expert Comptable und Comptable Agréé in Frankreich
  – Vergleichsstudie über die Berufsethik in der Bundesrepublik Deutschland und in Frankreich
  – Französische Empfehlungen zur Abschlußprüfung
  Deutsch-Englischer Konsultationsausschuß
  – Abschlußprüfung in Großbritannien/Irland und in Deutschland
  – Der Zugang zum Beruf des Chartered bzw. Certified Accountant im Vereinigten Königreich und in der Republik Irland
  – Berufsethik für Chartered Accountants im Vereinigten Königreich und in der Republik Irland
  – Wesentliche Tätigkeitsbereiche eines Chartered bzw. Certified Accountant im Vereinigten Königreich
  Deutsch-Niederländischer Konsultationsausschuß
  – Abschlußprüfung in den Niederlanden und in Deutschland
  – Vergleichende Studie über die Berufsethik in Deutschland und den Niederlanden
  Die vorgenannten Veröffentlichungen können über das IDW bezogen werden.
23 Die Anschriften dieser Berufsorganisationen gibt das IDW auf Anfrage bekannt.

Abschnitt C

Andere prüfende und beratende Berufe

I. Vereidigte Buchprüfer

1. Entwicklung

Das wirtschaftliche Prüfungs- und Treuhandwesen hat seine Wurzeln im Berufs-   **1**
stand der Bücherrevisoren[1]. Schon im späten Mittelalter zogen die großen Han-
delshäuser gelegentlich fremde, unabhängige Revisoren zur Prüfung der Bücher
heran. Die Hansestadt Hamburg erließ 1753 zum Zweck einer ordnungsmäßigen
Konkursabwicklung erstmals eine Verordnung mit genauen Bestimmungen über
die **Beeidigung des Bücherrevisors** (Fallitenordnung)[2]. Nachdem das Allgemeine
Landrecht für die preußischen Staaten harte Strafen für den Bankrott durch Ver-
fälschung der Handelsbücher eingeführt hatte, war die Zuhilfenahme von Revisoren insbesondere bei Bankhäusern nicht außergewöhnlich[3].

Durch die zunehmende Verbreitung des kaufmännischen Rechnungswesens   **2**
wuchs die Zahl entsprechender Sachverständiger, die nicht selten von Gerichten
beauftragt und beeidigt wurden. Nach Einführung der Gründungsprüfung für
Aktiengesellschaften (1884) erließen wenig später die **Hansestädte** Lübeck
(1887), Hamburg (1888) und Bremen (1889) die ersten gesetzlichen Vorschriften
über die Ernennung von Bücherrevisoren. Durch das Preußische Handelskam-
mergesetz vom 10. 8. 1897 wurde das Recht der Vereidigung von Handelssach-
verständigen auf Bücherrevisoren ausgedehnt und eine Novelle der **Reichsgewerbeordnung** im Jahre 1900 führte zur namentlichen Erwähnung der Bücherrevisoren in § 36 dieses Gesetzes.

In der Folgezeit wurde das Recht zur **Vereidigung** von Bücherrevisoren weitge-   **3**
hend den Industrie- und Handelskammern übertragen. Der DIHT legte 1929 auf
Betreiben des Verbandes deutscher Bücherrevisoren in Normativbestimmungen
das Zulassungs- und Prüfungsverfahren sowie die Grundsätze der Berufsausübung fest, die Ende 1937 durch reichseinheitliche Bestimmungen über die Ver-
leihung der berufsständischen Bezeichnung Wirtschaftstreuhänder NSRB und
die öffentliche Bestellung und Vereidigung als **Bücherrevisor** abgelöst wurden.
Die „Verordnung über den Zusammenschluß auf dem Gebiet des wirtschaftlichen Prüfungs- und Treuhandwesens" vom 23. 3. 1943 brachte für den gesamten
prüfenden Beruf einschneidende Veränderungen. Unter anderem wurde die bisherige Berufsbezeichnung „vereidigter Bücherrevisor" durch die Berufsbezeichnung **„vereidigter Buchprüfer"** ersetzt und die Führung der Bezeichnung
„Bücherrevisor" verboten. Gleichzeitig wurden vereidigte Buchprüfer (ebenso
wie Wirtschaftsprüfer und Wirtschaftsprüfungsgesellschaften) in der Reichs-

---

1 Zur Geschichte insgesamt vgl. *Gerhard*, 60 Jahre Berufsorganisation der vereidigten Buchprüfer
  (Bücherrevisoren), Stuttgart 1956.
2 Teilweiser Abdruck bei *Voss*, Handbuch für das Revisions- und Treuhandwesen, Stuttgart 1930,
  S. 10 ff.
3 Siehe *Penndorf*, Die Betriebswirtschaft 1932 S. 312 ff.

kammer der Wirtschaftstreuhänder zusammengeschlossen und ihre öffentliche Bestellung dem Reichswirtschaftsminister zugeordnet. Außerdem wurde der Begriff „Bücherrevisor" in § 36 Reichsgewerbeordnung gestrichen. Diese Streichung war der Abschluß einer mit der Entscheidung des RFH vom 13. 6. 1928[4] eingeleiteten Entwicklung, nach der Bücherrevisoren nicht zu den Gewerbetreibenden, sondern zu den **Freien Berufen** zählen.

4 Nach 1945 entwickelten sich in den Ländern – entsprechend den Vorstellungen der Besatzungsmächte – unterschiedliche Berufsordnungen für die Angehörigen des wirtschaftlichen Prüfungs- und Treuhandwesens. § 139 WPO vermittelt einen Überblick über diese Zersplitterung des Berufsrechts bis zum Inkrafttreten der WPO 1961. Schon in der ersten Legislaturperiode des Deutschen Bundestages wurde ein Versuch unternommen, das Berufsrecht der vereidigten Buchprüfer neu zu regeln, dieses Vorhaben wurde jedoch zurückgestellt. 1954 wurde ein Gesetzentwurf über die Berufsordnung der vereidigten Buchprüfer (gemeinsam mit entsprechenden Entwürfen für die Berufsordnung der Wirtschaftsprüfer und der steuerberatenden Berufe) in den gesetzgebenden Gremien beraten[5]. Die Sorge um den Fortbestand des Berufsstandes, genährt durch das hohe Durchschnittsalter und die Anzahl der Berufsangehörigen sowie durch Nachwuchsmangel, veranlaßten den Gesetzgeber, vom Erlaß einer Berufsordnung für vBP Abstand zu nehmen. Vielmehr wurde der Zugang zu dieser **Berufsgruppe geschlossen** und für die Berufsangehörigen eine Übergangsprüfung zum WP vorgesehen. Die speziellen berufsrechtlichen Bestimmungen für vBP wurden unmittelbar in die WPO übernommen und vBP und BPG der WPK angeschlossen. Die Übergangsprüfung lief im Jahre 1968 aus.

2. Geltendes Recht

a) Einleitung

5 Mit dem BiRiLiG vom 19. 12. 1985[6] wurde der Berufsstand der vereidigten Buchprüfer **wieder eröffnet.** Diese Lösung der Prüferfrage beruht auf dem Vorschlag des Rechtsausschusses des Deutschen Bundestages, der damit für die unterschiedlichen Auffassungen von Bundesregierung und Bundesrat den entscheidenden Kompromiß fand. Die Bundesregierung hatte sich für die Beibehaltung eines Prüferberufs (WP) ausgesprochen, während der BR einen zweiten abgestuften Prüferberuf verlangte, der im StBerG verankert sein sollte[7]. Zur weiteren Entstehungsgeschichte zur Lösung dieser Prüferfrage wird auf die Ausführungen in der Vorauflage[8] verwiesen. Am 1. 7. 1991 betrug die Zahl der bestellten vBP 3695, die Zahl der noch nicht erledigten Zulassungsanträge belief sich am 1. 1. 1991 auf 4113. VBP gehören kraft Gesetzes der WPK an. Sie haben sich zudem zu einem großen Teil privatrechtlich im Bundesverband der vereidigten Buchprüfer e. V. (BvB) organisiert, der auf fachlichem Gebiet eng mit dem IDW zusammenarbeitet.

4 *StuW 1928* Sp. 92.
5 BT-Drs. II/783, 784, 785 und BT-Drs. II/202.
6 BGBl. I S. 2355.
7 BT-Drs. 10/307 vom 26. 8. 1983 S. 47 ff. bzw. S. 140 ff.
8 WPH 1985/86 Bd. II S. 1 und die dort angegebenen Quellennachweise.

Die Wiedereröffnung des Berufsstands der vBP und damit die Schaffung eines zweiten Prüferberufes fand zunächst ihren Niederschlag in § 319 Abs. 1 HGB. Danach können Abschlußprüfer von JA und LB mittelgroßer GmbH iSd. § 267 Abs. 2 HGB auch vBP und BPG sein.

b) Zugang zum Beruf des vereidigten Buchprüfers

aa) Zulassungsvoraussetzungen

Die **Zulassung zur Prüfung** als vBP kann (im Unterschied zur Zulassung zum **6** WP-Examen) nur einem Bewerber erteilt werden, der im Zeitpunkt der Antragstellung StB oder RA ist und darüber hinaus mindestens 5 Jahre den Beruf eines StB, StBv. oder RA ausgeübt hat (§ 131 WPO). Es ist unerheblich, ob der Bewerber die mindestens 5jährige Berufstätigkeit ununterbrochen bis zum Zeitpunkt der Antragstellung abgeleistet hat. Die Tätigkeit muß auch nicht selbständig ausgeübt worden sein, eine Angestelltentätigkeit reicht aus.

Bewerber, die am 31. 12. 1989 ihren Wohnsitz in den **neuen Bundesländern** hatten **7** und einen Zulassungsantrag zur Prüfung bis zum 31. 12. 1996 stellen, müssen nur 2 Jahre lang die Tätigkeit als StB oder RA ausgeübt haben (§ 134a WPO).

Neben der genannten Vorbildungsvoraussetzung muß der Bewerber den Nach- **8** weis einer **3jährigen Prüfungstätigkeit** iSv. § 9 WPO erbringen, also in fremden Unternehmen materielle Buch- und Bilanzprüfungen nach betriebswirtschaftlichen Grundsätzen durchgeführt haben (vgl. dazu A Tz. 55 ff.). Bei Bewerbern, die mindestens seit 15 Jahren den Beruf als StB ausgeübt haben, wobei bis zu 10 Jahre als StBv. anzurechnen sind (§ 131 Abs. 1 S. 1 Nr. 2 iVm. § 8 Abs. 1 Nr. 2 letzter Satz WPO), wird auf den Nachweis der Prüfungstätigkeit verzichtet. War der Kandidat als Revisor in einem größeren Unternehmen oder als StB tätig, kann dies bis zur Höchstdauer von 1 Jahr auf die Prüfungstätigkeit angerechnet werden.

Bewerber, die einen Zulassungsantrag bis zum 31. 12. 1989 gestellt hatten, konn- **9** ten unter **erleichterten Bedingungen** (Verzicht auf die 3jährige Prüfungstätigkeit und die schriftliche Prüfung) das vBP-Examen ablegen. Wegen des Auslaufens der Frist kann auf die Darstellung der Einzelheiten insoweit verzichtet werden.

Der **Antrag auf Zulassung** zur Prüfung als vBP ist an die für Wirtschaft zuständige oberste Landesbehörde zu richten, in deren Bereich der Bewerber seine berufliche Niederlassung hat, seine berufliche Tätigkeit ausübt oder, falls beides fehlt, seinen Wohnsitz hat. Die dem Antrag auf Zulassung beizufügenden Unterlagen sind in § 5 Abs. 2 DV Art. 6 BiRiLiG aufgelistet, die zuständigen Landesbehörden halten idR einschlägige Merkblätter bereit.

bb) Anforderungen an das Examen

Das Examen setzt sich aus einem schriftlichen und mündlichen Teil zusammen **10** (§ 131a WPO). Die **schriftliche Prüfung** besteht aus einer Klausur (§ 131a Abs. 2 letzter Satz WPO). Die Dauer der **mündlichen Prüfung** soll eine Stunde je Bewerber nicht überschreiten. Die Prüfung ist – ebenso wie die WP-Prüfung – vor einem bei der obersten Landesbehörde für Wirtschaft gebildeten Prüfungsausschuß abzulegen.

cc) Prüfungsgebiete

11   Prüfungsgebiete sind Wirtschaftliches Prüfungswesen (Pflichtprüfung des Jahresabschlusses), Betriebswirtschaft, Wirtschaftsrecht (unter besonderer Berücksichtigung des Rechts der GmbH) und Berufsrecht. Aus den genannten Prüfungsgebieten ist das Thema der Klausur auszuwählen. Da sich die Prüfungsbefugnis der vBP bei gesetzlich vorgeschriebenen Jahresabschlußprüfungen allein auf mittelgroße GmbH erstreckt, entfällt innerhalb des wirtschaftlichen Prüfungswesens der Bereich des Konzernabschlusses. Weitere Einzelheiten sind in der DV Art. 6 BiRiLiG (vom 16. 6. 1986, BGBl. I S. 904) geregelt.

c) Inhalt der beruflichen Tätigkeit

12   § 129 WPO beschreibt den Inhalt der Tätigkeit der vBP wie folgt:

„(1) Vereidigte Buchprüfer haben die berufliche Aufgabe, Prüfungen auf dem Gebiet des betrieblichen Rechnungswesens, insbesondere Buch- und Bilanzprüfungen, durchzuführen. Sie können über das Ergebnis ihrer Prüfungen Prüfungsvermerke erteilen. Zu den Prüfungsvermerken gehören auch Bestätigungen und Feststellungen, die vereidigte Buchprüfer aufgrund gesetzlicher Vorschriften vornehmen. Zu den beruflichen Aufgaben des vereidigten Buchprüfers gehört es insbesondere, die Prüfung des Jahresabschlusses von mittelgroßen Gesellschaften mit beschränkter Haftung (§ 267 Abs. 2 des Handelsgesetzbuchs) nach § 316 Abs. 1 Satz 1 des Handelsgesetzbuchs durchzuführen.

(2) Vereidigte Buchprüfer sind befugt, ihre Auftraggeber in steuerlichen Angelegenheiten nach Maßgabe der bestehenden Vorschriften zu beraten und zu vertreten.

(3) Vereidigte Buchprüfer können unter Berufung auf ihren Berufseid auf den Gebieten des betrieblichen Rechnungswesens als Sachverständige auftreten."

Die Befugnis zum gesetzlichen APr. bezieht sich auf **mittelgroße GmbH,** soweit diese nicht – ggf. schon vor Inkrafttreten des BiRiLiG – nach anderen gesetzlichen Bestimmungen (zB des KWG oder des VAG) prüfungspflichtig sind. VBP können auch **Prüfungen nach § 16 MaBV** durchführen, sie sind zudem berechtigt, **Eröffnungsbilanzen nach dem D-MBilG** (§ 34 Abs. 1) zu prüfen. Ist eine WPG mit der Jahresabschlußprüfung einer mittelgroßen GmbH beauftragt worden, darf der **Bestätigungsvermerk** nach dem Wortlaut des § 32 WPO gleichwohl nur von einem WP unterzeichnet werden.

13   Im Unterschied zu StB gehören vBP ebenso wie WP zu dem Personenkreis, dem im unmittelbaren Zusammenhang mit seiner wirtschaftsberatenden Tätigkeit **Rechtsberatung** erlaubt ist[9]. Zwar benennt Art. 1 § 5 RBerG allgemein die Berufsgruppe der Bücherrevisoren, jedoch ist dieser Name später durch vBP ersetzt[10] worden.

14   **Buchprüfungsgesellschaften** bedürfen ebenso wie WPG einer besonderen Anerkennung (§ 128 Abs. 1 S. 2 WPO). Ihnen stehen die gleichen Rechtsformen offen wie WPG, das sind die AG, KGaA, GmbH, OHG und KG (vgl. § 27 iVm. § 130 Abs. 2 WPO). Die Anerkennung setzt voraus, daß die Mitglieder des Vorstands, der Geschäftsführung oder die persönlich haftenden Gesellschafter vBP sind, wobei entsprechend § 28 Abs. 2 WPO Ausnahmen zugelassen werden (vgl. dazu A Tz. 110).

---

9 Zum Inhalt dieser Befugnis siehe A Tz. 23.
10 Vgl. Tz. 3.

Hinsichtlich der **Rechte und Pflichten** der vBP und BPG gelten nach § 130 WPO die entsprechenden Bestimmungen für WP und WPG analog. Auf die diesbezüglichen Ausführungen in Abschn. A kann daher verwiesen werden.

II. Steuerberater

1. Entwicklung

Das Bedürfnis für einen steuerberatenden Beruf entstand Ende des 19. Jahrhunderts durch die **Miquelsche Steuerreform,** mit der die Steuererklärungspflicht eingeführt und erlaubt wurde, sich hierbei durch „Bevollmächtigte" vertreten zu lassen[11]. Eine erste namentliche Erwähnung findet sich im Gesetz über die **Zulassung zum StB** vom 6. 5. 1933 (RGBl. I S. 257), das allerdings vom nationalsozialistischen Gedankengut geprägt war[12]. Das „Gesetz zur Verhütung von Mißbräuchen auf dem Gebiet der Rechtsberatung (Rechtsberatungsgesetz)" vom 13. 12. 1935 (RGBl. I 1935 S. 1478) brachte die Einführung des § 107a in die RAO, mit dem die rechtlichen Grundlagen für die Berufstätigkeit der „Helfer in Steuersachen" geschaffen wurden. Allgemeine Bestimmungen über die Zulassung von StB waren Gegenstand der Verordnung vom 18. 2. 1937[13], gleichzeitig erging ein Runderlaß des Reichsfinanzministers[14], der iVm. einer wenig später erlassenen Steuerberaterprüfungsordnung[15] nähere Zulassungs- und Prüfungsvoraussetzungen enthielt. Die Zulassungsvoraussetzungen zum StB wurden durch einen weiteren RdF-Erlaß im Jahre 1941[16] neu geregelt. Für StBG iSd. § 107 Abs. 3 Ziff. 2 RAO, die von einem Oberfinanzpräsidenten oder Landesfinanzamt allgemein zugelassen waren, enthielt die Verordnung vom 18. 2. 1937 eine Schutzbestimmung insoweit, als nur diese die Bezeichnung „Steuerberatungsgesellschaft" führen durften.

„Helfer in Steuersachen" iSd. § 107a Abs. 1 RAO erhielten ihre Tätigkeitserlaubnis von einem Finanzamt grundsätzlich nur für einen örtlich begrenzten Bereich. Für die Erteilung dieser Erlaubnis wurden geringere fachliche Anforderungen gestellt als für die Zulassung als StB, insbesondere entfiel eine Fachprüfung[17].

Durch die Verordnung über die **Reichskammer der Steuerberater** vom 12. 6. 1943[18] wurden die Steuerberater, die Helfer in Steuersachen, die Steuerberatungsgesellschaften und die Steuerhelfergesellschaften in dieser Reichskammer zusammengefaßt; sie gehörten nach der zweiten Verordnung über die Reichskammer der Steuerberater vom 8. 7. 1943[19]dieser als Zwangsmitglieder an. Nach 1945 sind länderweise unterschiedliche Vorschriften über die Zulassung und Prüfung als Steuerberater sowie über die Berufsausübung erlassen worden. Einen Überblick über die dadurch bedingte Zersplitterung gibt § 156 StBerG.

15

16

---

11 Zur Geschichte des steuerberatenden Berufs insgesamt vgl. *Mittelsteiner/Pausch/Kumpf,* Illustrierte Geschichte des steuerberatenden Berufs, 2. Aufl. Köln 1986.
12 *Pausch,* StB 1983 S. 135 ff.
13 RGBl. I 1937 S. 247.
14 RStBl. 1937 S. 314.
15 RStBl. 1937 S. 457.
16 RStBl. I 1941 S. 143.
17 Vgl. *Mittelsteiner/Pausch/Kumpf.* (Fn. 11) S. 260 f.
18 RGBl. I 1943 S. 374.
19 RGBl. I 1943 S. 385.

2. Geltendes Recht

a) Einleitung

17   Mit dem „Gesetz über die Rechtsverhältnisse der **Steuerberater** und **Steuerbevollmächtigten** (Steuerberatungsgesetz)" vom 16. 8. 1961[20] wurde das Berufsrecht dieser beiden Berufsgruppen bundeseinheitlich geregelt, wobei der Steuerbevollmächtigte den „Helfer in Steuersachen" ablöste. Gleichzeitig wurden bestimmte einengende Regelungen (zB die Beschränkung auf einen örtlichen Wirkungskreis) aufgehoben. Das Gesetz trat ebenso wie die WPO am 1. 11. 1961 in Kraft.

18   Eine grundlegende Strukturänderung brachte das Zweite Gesetz zur Änderung des Steuerberatungsgesetzes vom 11. 8. 1972[21]. Der bis dahin zweigleisige steuerberatende Beruf wurde im **Einheitsberuf „Steuerberater"** zusammengefaßt. StBv. konnten im Rahmen eines Übergangsverfahrens in einer bestimmten Frist StB werden. Zugleich wurde der Beruf des StBv (nach Ablauf einer Übergangsfrist) geschlossen. Darüber hinaus legte dieses Gesetz die **Vorbildungsvoraussetzungen** für den Zugang zum Beruf des StB neuen Rechts fest. Schließlich wurden auch die beiden Berufskammern (auf regionaler und auf Bundesebene) mit Wirkung zum 1. 1. 1975 zusammengefaßt.

19   Das Dritte Änderungsgesetz, mit dem die Neubezeichnung „Steuerberatungsgesetz (StBerG)" eingeführt wurde, enthielt die Festlegung des Umfangs der zulässigen Tätigkeit sogen. **Lohnsteuerhilfevereine,** allgemeine Vorschriften über die **Hilfeleistung in Steuersachen** sowie die Streichung des § 107a RAO. Seit diesem Änderungsgesetz sind alle Vorschriften, die die geschäftsmäßige Hilfeleistung in Steuersachen zum Gegenstand haben und die Ausübung entsprechender Tätigkeiten durch dazu befugte Personen bzw. Vereinigungen betreffen, im StBerG zusammengefaßt. Soweit dieser Regelungsbereich betroffen ist, gilt das StBerG auch für WP, WPG, vBP und BPG.

20   Mit dem Vierten Gesetz zur Änderung des Steuerberatungsgesetzes vom 9. 6. 1989[22] zog der Gesetzgeber die Konsequenzen aus den Entscheidungen des BVerfG zum sogen. **Buchführungsprivileg** der steuerberatenden Berufe. Nach dieser Rechtsprechung waren die Regelungen des StBerG insoweit mit Art. 12 GG unvereinbar, als sie das geschäftsmäßige Kontieren von Belegen und die geschäftsmäßige Erledigung laufender Lohnbuchhaltungsarbeiten sowie die Werbung dafür Personen untersagten, die eine kaufmännische Gehilfenprüfung bestanden haben[23]. In §§ 6 Nr. 4 und 8 Abs. 1 S. 2 StBerG sind entsprechende Regelungen eingefügt worden, so daß diese Tätigkeiten vom Verbot der unbefugten Hilfeleistung in Steuersachen grundsätzlich nicht betroffen sind, sofern sie vom dazu befähigten Personenkreis erbracht werden. Die Einrichtung der Finanz- und Lohnbuchhaltung[24] und die Aufstellung des JA[25] zählen jedoch weiterhin zum Buchführungsprivileg der steuerberatenden Berufe.

21   Mit der Einführung der **Kapitalbindung** auch bei StBG brachte das Vierte Änderungsgesetz eine bedeutsame Neuerung. Die entsprechende Vorschrift (§ 50a

20 BGBl. I 1961 S. 1301.
21 *BGBl. I S. 1401.*
22 BGBl. I 1989 S. 1062.
23 BVerfG v. 18. 6. 1980, BGBl. I S. 2036 ff., v. 27. 1. 1982, BGBl. I S. 545.
24 Vgl. BFH v. 12. 1. 1988, BStBl. II S. 380.
25 OLG München vom 11. 7. 1985, StB 1986 S. 10.

StBerG) ist zwar § 28 Abs. 4 WPO (vgl. dazu A Tz. 116 ff.) nachgebildet, enthält aber einen wesentlichen Unterschied: Nur noch natürliche Personen, nicht aber Berufsgesellschaften (StBG, WPG, BPG) können sich an einer StBG beteiligen. Dieses **Beteiligungsverbot** kann im Einzelfall dazu führen, daß bei Doppelgesellschaften (WPG/StBG oder BPG/StBG) die Anerkennung als StBG zurückgegeben werden oder eine StBG in eine WPG oder BPG umgestaltet werden muß. Für StBG, die den Anforderungen des neuen § 50a StBerG nicht genügen, wurde eine Besitzstandsregelung geschaffen. Jedoch ist bei einer Veränderung des Gesellschafterbestands, der Beteiligungsverhältnisse oder der Stimmrechte **nach dem 31. 12. 1990** darauf zu achten, daß die Gesellschafter insgesamt die Voraussetzungen des § 50a StBerG erfüllen (vgl. § 155 Abs. 4 StBerG).

Darüber hinaus wurden mit diesem Änderungsgesetz Zweifelsfragen geklärt, die **22** vor allem die **Zulassungsvoraussetzungen** für den steuerberatenden Beruf, die Tätigkeit der Lohnsteuerhilfevereine, die Beratungsbefugnisse der berufsständischen Vereinigungen der Land- und Forstwirtschaft, die Zulassung Berufsfremder zur beschränkten Hilfeleistung in Steuersachen und das Verfahren bei der Anerkennung „Landwirtschaftlicher Buchstellen" betreffen[26].

Bereits anderthalb Jahre nach Inkrafttreten des Vierten Änderungsgesetzes **23** wurde insbesondere durch die Transformation der sog. **Hochschuldiplom-Richtlinie** ein weiteres Änderungsgesetz erforderlich. Mit dem Fünften Gesetz zur Änderung des Steuerberatungsgesetzes wurde die EG-Richtlinie über eine allgemeine Regelung zur Anerkennung der Hochschuldiplome, die eine mindestens dreijährige Berufsausbildung abschließen[27], für die steuerberatenden Berufe in deutsches Recht umgesetzt. Damit haben **Angehörige der Mitgliedstaaten der EG,** die Inhaber eines Diploms iSd. Richtlinie sind, Zugang zum Beruf des StB. Die Einzelheiten über die Zulassung und den Inhalt der StB-Prü. regeln die §§ 36 ff. StBerG (vgl. Tz. 38). Weitere Regelungen betreffen Erweiterungen bei der Aufsicht über Lohnsteuerhilfevereine, die Offenbarung geschützter Daten für berufsrechtliche Zwecke und eine ausdrückliche Regelung über die Zulässigkeit der gemeinsamen Berufsausübung von StB in einer GbR (§ 55a StBerG).

Außerdem wurde eine besondere Regelung (§ 12a StBerG) eingefügt, nach der **24** StB, StBv. und StBG geschäftsmäßige Hilfe in Steuersachen auch in Angelegenheiten leisten dürfen, die das **Abgabenrecht fremder Staaten** betreffen. Diese Regelung dürfte rein deklaratorischen Charakter haben und naturgemäß in anderen Staaten bedeutungslos sein, insbesondere wird dadurch keine Vorbehaltsaufgabe für StB geschaffen.

Hervorzuheben ist eine Änderung des § 34 StBerG. Danach wird bei Einrich- **25** tung einer **auswärtigen Beratungsstelle in einem anderen EG-Mitgliedstaat** auf das Leitungserfordernis durch einen StB oder StBv. generell verzichtet. Damit gilt für diese Fälle nur noch das Berufsrecht des Gaststaates. Sofern eine **auswärtige Beratungsstelle in den neuen Bundesländern** errichtet wird, können diese bis zum 31. 12. 1993 auch von einem StB oder StBv. geleitet werden, der seine berufliche Niederlassung nicht am Ort der Beratungsstelle (oder in dessen Nahbereich) hat. Die genannten Neuregelungen gelten sinngemäß auch für StBG (vgl. § 72 StBerG). Da eine parallele Regelung für eine Betätigung in den neuen Bun-

---

26 Zu den Einzelheiten vgl. *Mittelsteiner,* DStR 1989 S. 403 ff.
27 ABl. EG L 1989 S. 16; vgl. zur Umsetzung für WP A Tz. 84.

desländern in der WPO nicht geschaffen wurde (vgl. § 47 WPO[28]), können diese Erleichterungen von WP, WPG, vBP und BPG nicht ohne weiteres in Anspruch genommen werden.

26   Mit dem Fünften Änderungsgesetz sind auch die Anforderungen an die **praktische Vorbildung** geändert worden; es reicht für die Zulassung zur StB-Prüfung nunmehr eine mindestens dreijährige hauptberufliche Tätigkeit „auf dem Gebiet des Steuerwesens" nicht mehr aus. Im Hinblick auf die weite Rechtsprechung des BFH[29], nach der auch Randbereiche des Steuerrechts (Betriebswirtschaft, Volkswirtschaft, Berufsrecht) zum Gebiet des Steuerwesens gehörten, fordert der Gesetzgeber jetzt eine praktische Tätigkeit „auf dem Gebiet der von den Bundes- oder Landesfinanzbehörden verwalteten Steuern" (§ 36 StBerG). Durch diese Neufassung soll sichergestellt werden, daß die praktische Vorbildung sich tatsächlich auf den Kernbereich der Berufstätigkeit des späteren StB bezieht[30]. Bei den Bescheinigungen für das Zulassungsverfahren muß dieser Kernbereich deutlich werden, dh., im Zweifel auch genauer beschrieben werden als in der Vergangenheit.

Entgegen dem Entwurf der Bundesregierung[31] ist eine Gesetzesänderung zur Schaffung einer **Satzungskompetenz,** die nach den Entscheidungen des BVerfG zum Standesrecht der Rechtsanwälte[32] als erforderlich angesehen wird, noch nicht verwirklicht worden.

27   Mit dem Einigungsvertragsgesetz vom 23. 9. 1990 wurden mit Wirkung ab 1. 1. 1991 das StBG und die hierzu ergangenen Rechtsverordnungen auch auf dem Gebiet der neuen Bundesländer in Kraft gesetzt. Gleichzeitig wurde aber bestimmt (§ 40a StBerG), daß zwischen dem 6. 2. 1990 und dem 1. 1. 1991 dort bestellte StB und StBv. nur als vorläufig bestellt gelten. Außerdem haben StBv. mit der vorläufigen Bestellung nur das Recht, in dem Gebiet des Bezirks, in dem sie bestellt wurden, Hilfe in Steuersachen zu leisten. Über die Aufrechterhaltung der Bestellung haben die obersten Landesfinanzbehörden nach dem 31. 12. 1994 zu entscheiden. Die endgültige Bestellung darf allerdings nicht versagt werden, wenn der Betroffene an einem Seminar iSd. § 157 StBerG (Übergangsseminar vom StBv. zum StB) erfolgreich teilgenommen hat. Für StBv., die im Bereich der ehemaligen DDR vor dem 1. 1. 1991 bestellt worden sind, wird eine Übergangsfrist für die Erlangung der StB-Qualifikation bis zum 31. 12. 1997 eingeräumt (§ 157 Abs. 9 StBerG).

b) Hilfeleistung in Steuersachen

28   Der Gesetzgeber erlaubt die geschäftsmäßige Hilfeleistung in Steuersachen nur denjenigen Personen und Vereinigungen, die hierzu ausdrücklich **befugt** sind. Dabei ist es unerheblich, ob die Tätigkeit hauptberuflich, nebenberuflich, entgeltlich oder unentgeltlich ausgeübt wird. Eine unentgeltliche Hilfeleistung in Steuersachen ist allerdings für Angehörige iSd. § 15 AO zulässig (siehe § 6 Nr. 2 StBerG). Die **Befugnis zur unbeschränkten geschäftsmäßigen Hilfeleistung in Steuersachen** behält der Gesetzgeber den Angehörigen folgender Berufe vor:

---

28 *Siehe dazu und zu den für diese geltenden Ausnahmeregelungen A Tz. 154 f.*
29 Vgl. zuletzt vom 24. 1. 1989, BStBl. II S. 337.
30 Siehe Begr. BT-Drs. 11/7665 S. 9 li. Sp.
31 Vgl. BT-Drs. 11/7665 S. 6.
32 BVerfGE 76 S. 171 ff. und S. 196 ff. sowie BVerfGE 77 S. 125 ff.

– StB, StBv. und StBG
– RA, WP, WPG, vBP und BPG.

Soweit StB, StBv., StBG vor dem 1. 1. 1991 in den **neuen Bundesländern** bestellt   **29**
bzw. anerkannt wurden, haben sie – vorbehaltlich der Regelung in § 40a StBerG
(vgl. Tz. 27) – ebenfalls die Befugnis zur unbeschränkten Hilfeleistung in Steuersachen.

Neben den genannten Berufsträgern hat der Gesetzgeber einer Reihe von weite-   **30**
ren Personen bzw. Einrichtungen die **Befugnis zur beschränkten Hilfeleistung in
Steuersachen** ausdrücklich zugestanden, § 4 StBerG enthält eine abschließende
Aufzählung. Genannt sind dort ua. Notare, Patentanwälte, Verwahrer und Verwalter fremden Vermögens, genossenschaftliche Prüfungs- und Spitzenverbände, Berufsvertretungen, Kreditinstitute sowie öffentlich bestellte versicherungsmathematische Sachverständige. Die in § 4 bezeichneten Personen und
Vereinigungen dürfen allerdings nur im Rahmen ihrer Befugnisse bzw. innerhalb ihrer Zuständigkeit geschäftsmäßig Hilfesachen in Steuersachen leisten (§ 5
Abs. 1 S. 2 StBerG), die Hilfeleistung in Steuersachen muß also im Zusammenhang mit der normalen beruflichen Tätigkeit stehen.

Vom **Verbot der unbefugten Hilfeleistung in Steuersachen** (§ 5 StBerG) sind
bestimmte Tätigkeiten, zB die Erstattung wissenschaftlicher Gutachten und die
Durchführung mechanischer Arbeitsgänge bei der Führung der Bücher und Aufzeichnungen, wieder **ausgenommen** (§ 6 StBerG).

Im Bereich der **ehemaligen DDR** waren auch sogen. „**Stundenbuchhalter**" zur   **31**
beschränkten Hilfeleistung in Steuersachen befugt[33]. Ein durch das Einigungsvertragsgesetz eingefügter Absatz 2 in § 12 StBerG stellt sicher, daß dieser Personenkreis auch weiterhin bei der Führung von Büchern und Aufzeichnungen, die
für die Besteuerung von Bedeutung sind, Hilfe in Steuersachen leisten kann.

Zur beschränkten Hilfeleistung in Steuersachen befugt sind auch LStHV.   **32**
§§ 13–31 StBerG regeln ihre Aufgaben, das Anerkennungsverfahren, Rechte und
Pflichten sowie die Aufsicht, die den OFD obliegt. Einzelheiten über das Anerkennungsverfahren und die Führung des Verzeichnisses der LStHV nach § 30
Abs. 1 StBerG sind in der Verordnung zur Durchführung der Vorschriften über
die Lohnsteuerhilfevereine, (DVLStHV) vom 15. 7. 1975[34] geregelt. Sie wird
ergänzt durch eine Verordnung über Art und Inhalt der zulässigen Hinweise auf
die Befugnisse zur Hilfe in Steuersachen (WerbVOStBerG)[35], die sich im wesentlichen mit der Werbung durch LStHV befaßt. Inhalt und Umfang der Beratungsbefugnisse der LStHV, die durch das Vierte Änderungsgesetz vom 9. 6. 1989 (vgl.
Tz. 20 ff.) erweitert wurden, ist Gegenstand der gleichlautenden Erlasse der
obersten Finanzbehörden der Länder vom 6. 12. 1989 (BStBl. I S. 465).

---

33 § 3 der Anordnung über die Zulassung zur Ausübung der selbständigen Tätigkeit als Helfer in Steu-
    ersachen und die Registrierung von Stundenbuchhaltern vom 7. 2. 1990, (DDR) GBl. I Nr. 12 S. 92.
34 BGBl. I S. 1906.
35 Vom 25. 11. 1976, BGBl. I S. 3245.

c) Zugang zum Beruf des Steuerberaters

aa) Zulassungsvoraussetzungen

33   Die **Bestellung** zum StB (zum Verfahren siehe §§ 40 ff. StBerG) erfordert grundsätzlich das Bestehen einer Prüfung (§ 35 StBerG). Die **Vorbildungsvoraussetzungen** für die Prüfung (§ 36 StBerG) wurden im Rahmen des Vierten (vgl. Tz. 22) und Fünften (vgl Tz. 26) Änderungsgesetzes zum Teil neu gefaßt. § 36 StBerG bestimmt nunmehr:

(1) Die Zulassung zur Steuerberaterprüfung setzt voraus, daß der Bewerber

1. ein wirtschaftswissenschaftliches oder anderes Universitätsstudium mit wirtschaftswissenschaftlicher Fachrichtung mit einer Regelstudienzeit von jeweils mindestens acht Semestern oder ein rechtswissenschaftliches Studium abgeschlossen hat und danach hauptberuflich drei Jahre auf dem Gebiet der von den Bundes- oder Landesfinanzbehörden verwalteten Steuern praktisch tätig gewesen ist oder

2. ein wirtschaftswissenschaftliches oder anderes Fachhochschulstudium mit wirtschaftswissenschaftlicher Fachrichtung oder ein vergleichbares Studium an einer Universität abgeschlossen hat und danach hauptberuflich vier Jahre auf dem Gebiet der von den Bundes- oder Landesfinanzbehörden verwalteten Steuern praktisch tätig gewesen ist.

(2) Ein Bewerber ist zur Steuerberaterprüfung auch zuzulassen, wenn er

1. eine Abschlußprüfung im steuer- und wirtschaftsberatenden oder einem kaufmännischen Ausbildungsberuf bestanden hat oder eine andere gleichwertige Vorbildung besitzt und nach Abschluß der Ausbildung hauptberuflich 10 Jahre auf dem Gebiet der von den Bundes- oder Landesfinanzbehörden verwalteten Steuern tätig gewesen ist oder

2. der Finanzverwaltung als Beamter oder Angestellter des gehobenen Dienstes angehört oder angehört hat und bei ihr mindestens 7 Jahre auf dem Gebiet der von den Bundes- oder Landesfinanzbehörden verwalteten Steuern als Sachbearbeiter oder mindestens gleichwertiger Stellung tätig gewesen ist.

Zu beachten ist, daß jetzt auch bei einem Berufsweg nach § 36 Abs. 1 Nr. 2 und Abs. 2 Nr. 1 eine bestimmte Reihenfolge (erst Fachhochschule bzw. Studium, danach Ausbildung bzw. praktische Tätigkeit), der Vorbildung zwingend vorgesehen ist[36]. Voraussetzungen, die ein **Bewerber aus einem EG-Mitgliedstaat** (vgl. dazu Tz. 23) erfüllen muß, beschreiben § 36 Abs. 3 und Abs. 4 StBerG. Weitere Voraussetzungen nennt § 37 StBerG (Wohnsitz in einem EG-Mitgliedstaat, geordnete wirtschaftliche Verhältnisse, das Fehlen von Versagungsgründen).

bb) Anforderungen an das Examen

34   Bisher waren die Bestimmungen für die StB-Prüfung nur in der Durchführungsverordnung zum Steuerberatungsgesetz (DVStB) vom 12. 11. 1979[37] enthalten. Mit dem Fünften Änderungsgesetz wurden die wesentlichen Bestimmungen der DVStB in das Gesetz aufgenommen, was die Einfügung des Inhalts der Eignungsprüfung für Bewerber aus anderen EG-Mitgliedstaaten erleichtern sollte.

Mit der Prüfung hat der Bewerber darzutun, daß er in der Lage ist, den Beruf eines StB ordnungsgemäß auszuüben (§ 37a Abs. 1 StBerG). Unterschieden werden können das Normalexamen und die Prüfung in Sonderfällen.

---

36 Zur Übergangsregelung vgl. § 157a Abs. 3 StBerG.
37 BGBl. I S. 1922.

(1) Normalexamen (§ 37a StBerG)

Die Prüfung besteht in einem schriftlichen Teil aus 3 **Aufsichtsarbeiten** und einer **35**
mündlichen Prüfung. Sie ist vor einem **Prüfungsausschuß**, der bei **der obersten**
Landesfinanzbehörde zu bilden ist, abzulegen. Nach § 37a Abs. 3 StBerG sind
Prüfungsgebiete der StB-Prüfung nunmehr:

1. Steuerliches Verfahrensrecht,
2. Ertragsteuern,
3. Besitzsteuern,
4. Verbrauch- und Verkehrsteuern,
5. Grundzüge des Bürgerlichen Rechts und des Wirtschaftsrechts,
6. Betriebswirtschaft- und Rechnungswesen,
7. Volkswirtschaft,
8. Berufsrecht.

Die stärkere Aufgliederung der Prüfungsgebiete im Verhältnis zu der bisherigen
Regelung (§ 12 DVStB) wird mit der Notwendigkeit begründet, im Zusammenhang mit der Eignungsprüfung für Bewerber aus den EG-Mitgliedstaaten den
Nachweis entsprechender Vorkenntnisse auf einzelnen Prüfungsgebieten zu
erleichtern [38]. Durch die Übernahme von Teilen der DVStB ins StBerG ist eine
Änderung der Durchführungsverordnung [39] notwendig geworden. Dabei sind
auch die oben genannten Themenbereiche den Klausuren zuzuordnen.

(2) Prüfung in Sonderfällen (§ 37b StBerG)

Das Gesetz kennt zwei Fälle, in denen der Inhalt der Prüfung von der Normal- **36**
prüfung nach § 37a StBerG abweicht.

Auf Antrag können WP und vBP die **Prüfung in verkürzter Form** ablegen, wobei
die Prüfungsgebiete Grundzüge des Bürgerlichen Rechts und des Wirtschaftsrechts, Betriebswirtschaft und Rechnungswesens entfallen (§ 37b Abs. 1
StBerG). Diese Regelung wurde aus § 13 DVStB unverändert ins Gesetz übernommen. Nach dem Änderungsentwurf zur DVStB ist vorgesehen, daß für WP
und vBP die verkürzte Prüfung wie bisher aus **zwei schriftlichen Aufsichtsarbei-**
ten besteht, deren Themen nur aus den Gebieten des Steuerrechts (§ 37a Abs. 3
Nr. 1–4 StBerG) zu entnehmen sind [40].

Dem **Antrag** von WP oder vBP auf eine verkürzte Prüfung ist eine Bescheini- **37**
gung der WPK beizufügen, aus der sich ergibt, daß der Bewerber WP oder vBP
ist und daß zudem keine Tatsachen bekannt sind, die die Zurücknahme der
Bestellung oder gar die Einleitung eines berufsgerichtlichen Verfahrens gegen
den Bewerber rechtfertigt (§ 5 Abs. 1 DVStB).

Daneben ist für diejenigen **Bewerber aus** einem **EG-Mitgliedstaat**, die nach § 36 **38**
Abs. 3 StBerG aufgrund der EG-Richtlinie über die gegenseitige Anerkennung
der Hochschuldiplome [41] einen Anspruch auf Erleichterung im Rahmen ihrer
sogen. Eignungsprüfung haben, eine verkürzte Prüfung vorgesehen. Diese Eignungsprüfung erstreckt sich allerdings nur auf die zur Berufsausübung notwendigen Rechtskenntnisse der in § 37a Abs. 3 StBerG aufgezählten Gebiete. Es

38 BT-Drs. 11/7665 S. 9 re. Sp.
39 Sie liegt bisher nur im Entwurf vor (BR-Drs. 341/91).
40 § 16 Abs. 3 der DVStB nF (im Entwurf).
41 Vgl. Tz. 23.

wird grundsätzlich also kein Einzelnachweis darüber gefordert, daß alle nach dem Gesetz und nach der DVStB verlangten Kenntnisse im jeweiligen Prüfungsgebiet bereits vorhanden sind. Die Prüfung in einem der genannten Prüfungsgebiete entfällt, wenn durch Diplom oder gleichwertige Prüfungszeugnisse einer staatlichen oder staatlich anerkannten Universität oder einer Hochschule oder einer anderen Ausbildungseinrichtung die geforderten Kenntnisse nachgewiesen werden. Ob ein entsprechender **Nachweis** vorliegt, entscheidet der Zulassungsausschuß. Dieser kann auch vorab eine verbindliche Auskunft darüber erteilen, ob und welche Voraussetzungen für die Zulassung zu einer verkürzten Prüfung erfüllt sind [42].

Die Prüfung in Sonderfällen gliedert sich ebenso wie die Prüfung nach § 37a StBerG in einen schriftlichen und einen **mündlichen** Teil, allerdings besteht die schriftliche Prüfung nur aus **2 Klausurarbeiten.** Im übrigen gelten für die Prüfung nach § 37b StBerG grundsätzlich dieselben Vorschriften wie für die normale Steuerberaterprüfung.

(3) Befreiung von der Prüfung

39 Nach § 38 Abs. 1 StBerG sind von der StB-Prüfung zu befreien

- Professoren, die an einer deutschen Hochschule mindestens 10 Jahre auf dem Gebiet der von den Bundes- oder Landesfinanzbehörden verwalteten Steuern gelehrt haben,
- ehemaliger Finanzrichter, die mindestens 10 Jahre auf dem Gebiet der von den Bundes- oder Landesfinanzbehörden verwalteten Steuern tätig gewesen sind,
- ehemalige Beamte und Angestellte des höheren Dienstes der Finanzverwaltung mit mindestens 10jähriger Tätigkeit auf dem Gebiet der von den Bundes- oder Landesfinanzbehörden verwalteten Steuern als Sachgebietsleiter oder mindestens in gleichwertiger Stellung,
- ehemalige Beamte und Angestellte des gehobenen Dienstes mit mindestens 15jähriger Tätigkeit als Sachbearbeiter oder in gleichwertiger Stellung auf dem Gebiet der von dem Bundes- oder Landesfinanzbehörden verwalteten Steuern,
- ehemalige Beamte und Angestellte des höheren bzw. gehobenen Dienstes der gesetzgebenden Körperschaften sowie der obersten Rechnungsprüfungsbehörden des Bundes und der Länder, sofern sie mindestens zehn bzw. fünfzehn Jahre überwiegend auf dem Gebiet der von den Bundes- und Landesfinanzbehörden verwalteten Steuern als Sachgebietsleiter bzw. Sachbearbeiter oder mindestens in gleichwertiger Stellung tätig gewesen sind.

40 Bei allen an den Prüfungsausschuß gerichteten **Anträgen** (Zulassung, Befreiung, verbindliche Auskunft) hat der Bewerber eine **Gebühr** von DM 200,– gleichzeitig mit der Antragstellung zu entrichten. Die Prüfungsgebühr beträgt DM 750,– (vgl. § 39 Abs. 2 StBerG mit weiteren Regelungen zu den Gebühren).

d) Inhalt der beruflichen Tätigkeit

41 Das materielle Berufsrecht der StB, StBv. und StBG enthält der zweite Teil des StBerG (Steuerberaterordnung, §§ 32–158).

StB leisten **geschäftsmäßige Hilfe in Steuersachen** und üben einen **freien Beruf** aus (§ 32 StBerG).

---

42 Vgl. § 7 DVStB nF (im Entwurf).

Nach § 33 StBerG haben StB, StBv. die Aufgabe, im Rahmen ihres Auftrags ihre **42** Auftraggeber in Steuersachen zu beraten, sie zu vertreten und ihnen bei der Bearbeitung ihrer Steuerangelegenheiten und bei der Erfüllung ihrer steuerlichen Pflichten Hilfe zu leisten. Dazu gehören auch die Hilfeleistungen in **Steuerstrafsachen** und in **Bußgeldsachen** wegen einer Steuerordnungswidrigkeit sowie die **Hilfeleistung bei der Erfüllung von Buchführungspflichten,** die aufgrund von Steuergesetzen bestehen, insbesondere die Aufstellung von Steuerbilanzen und deren steuerrechtliche Beurteilung.

Keine berufstypische und damit freiberufliche Tätigkeit iSd. § 12 Abs. 2 Nr. 5 UStG für StB ist allerdings die Übernahme einer **Testamentsvollstreckung** [43], ebensowenig die Vermittlung von Eigentumswohnungen gegenüber Vertriebsunternehmen oder Initiatoren [44].

StB gehören – anders als WP und vBP (vgl. dazu Tz. 13) – nicht zu dem in Art. 1 **43** § 5 Nr. 2 RBerG aufgezählten Personenkreis. Kammern und Verbände der steuerberatenden Berufe fordern deshalb schon seit langem, daß der Umfang der **Beratungsbefugnis in Rechtsfragen** von StB und StBv. gesetzlich geregelt werden soll. Noch im Rahmen der Beratungen zum Fünften Gesetz zur Änderung des Steuerberatungsgesetzes hat die Bundesregierung jedoch keine Möglichkeit gesehen, diesen Vorschlägen zu entsprechen [45].

Die Abgrenzung zwischen Steuerberatung und **unerlaubter Rechtsberatung** ist **44** mitunter schwierig und beschäftigt ständig Gerichte, die Berufskammern und das Schrifttum. Zu beachten ist, daß bei unerlaubter Rechtsberatung wegen Verstoßes gegen das Rechtsberatungsgesetz der entsprechende Vertrag nach § 134 BGB nichtig ist und ein **Honoraranspruch** somit nicht besteht [46]. Darüber hinaus kann in diesen Fällen der **Versicherungsschutz** gefährdet sein. War die Beratung im Einzelfall fehlerhaft, besteht zudem ein Anspruch des Mandanten auf **Schadensersatz** aus unerlaubter Handlung (§ 823 Abs. 2 iVm. d. RBerG). Ein Verstoß gegen das RBerG ist auch nicht dann ausgeschlossen, wenn der StB intern einen Rechtsanwalt hinzuzieht [47].

StB können sogen. **auswärtige Beratungsstellen** unterhalten, soweit dadurch die **45** Erfüllung der Berufpflichten nicht beeinträchtigt wird (§ 34 Abs. 2 StBerG). Die auswärtige Beratungsstelle muß in den alten Bundesländern von einem anderen StB oder StBv. geleitet werden [48]. Für die **neuen Bundesländer** gilt bis Ende 1993 eine Sonderregelung (vgl. Tz. 25).

e) Allgemeine Berufpflichten

StB müssen ihren Beruf unabhängig, eigenverantwortlich, gewissenhaft, ver- **46** schwiegen und unter Verzicht auf berufswidrige Werbung ausüben (§ 57 Abs. 1 StBerG). Sie haben sich außerdem jeder Tätigkeit zu enthalten, die mit ihrem Beruf oder mit dem Ansehen des Berufs nicht vereinbar ist. Sie haben sich auch

---

43 BFH vom 19. 2. 1981, DB S. 1070.
44 BFH vom 9. 8. 1983, BStBl. II 1984 S. 129.
45 BT-Drs. 11/7665 D. 7 re. Sp.; Ein Überblick über die Rechtsentwicklung und Rechtsprechungsbeispiele findet sich bei *Peter/Charlier,* Steuerberatungsgesetz, Kommentar mit Berufsrecht und Praxis der Steuerberatung § 33 StBerG 27 ff.
46 Vgl. etwa OLG Hamm vom 7. 10. 1988, MDR 1989 S. 258.
47 OLG Hamm vom 28. 8. 1985, DB 1986 S. 32.
48 OVG Nürnberg vom 13. 2. 1980, StB S. 163.

außerhalb der Berufstätigkeit des Vertrauens und der Achtung würdig zu erweisen, die ihr Beruf erfordert (§ 57 Abs. 2 StBerG). Die Vorschrift legt zum einen die Pflichten bei der Berufsausübung (Abs. 1) fest und beschreibt darüber hinaus eine allgemeine Verhaltensregel (Abs. 2). Ähnliche Vorschriften finden sich auch in anderen Berufsordnungen, zB in § 43 Abs. 1 und 2 WPO. Dies bedeutet jedoch nicht, daß diese Vorschriften inhaltlich gleich zu verstehen sind[49]. Bei der Auslegung muß vielmehr das jeweilige Berufsbild berücksichtigt werden. Für den steuerberatenden Beruf hat die Bundessteuerberaterkammer **Standesrichtlinien** herausgegeben, die den Inhalt der Berufspflichten beschreiben und konkretisieren[50]. In welchem Umfang diesen Richtlinien noch Bedeutung beigemessen werden kann, ist nach den Entscheidungen des BVerfG zum Standesrecht der RA (vgl. Tz. 26, Fn. 32) nicht abschließend zu beurteilen.

47   Eine **eigenverantwortliche** Tätigkeit iSd. § 57 Abs. 1 üben nur aus

1. selbständige StB oder StBv.,
2. zeichnungsberechtigte Vertreter einer StB, eines StBv. oder einer StBG
3. Angestellte, die nach § 50 StBerG mit dem Recht der Zeichnung Hilfe in Steuersachen leisten.

Trotz Zeichnungsberechtigung fehlt es allerdings an einer eigenverantwortlichen Tätigkeit, wenn eine Bindung an Weisungen besteht, durch die die Freiheit zu pflichtgemäßem Handeln iSv. § 57 StBerG genommen wird (vgl. § 60 StBerG).

48   Mit dem Beruf eines StB sind folgende **Tätigkeiten** ohne weiteres **vereinbar** (§ 57 Abs. 3 StBerG):

1. die Tätigkeit als WP oder vBP;
2. eine freiberufliche Tätigkeit, die die Wahrnehmung fremder Interessen einschließlich der Beratung zum Gegenstand hat;
3. eine wirtschaftsberatende, gutachtliche oder treuhänderische Tätigkeit sowie die Erteilung von Bescheinigungen über die Beachtung steuerrechtlicher Vorschriften in Vermögensübersichten und Erfolgsrechnungen;
4. die Tätigkeit eines Lehrers an wissenschaftlichen Hochschulen und Instituten sowie Fachhochschulen; dies gilt nicht für Lehrer an staatlichen verwaltungsinternen Fachhochschulen mit Ausbildungsgängen für den öffentlichen Dienst;
5. eine freie, schriftstellerische Tätigkeit sowie eine freie Vortrags- und Lehrtätigkeit.

49   **Nicht vereinbar** mit dem Beruf des StB ist jedoch jede gewerbliche Tätigkeit und die Tätigkeit als Arbeitnehmer. Davon ausgenommen ist eine Angestelltentätigkeit bei StB, StBv, StBG, RA, WP, WPG, vBP, BPG. Darüber hinaus zählt § 58 Abs. 1 eine Reihe von weiteren Tätigkeiten auf, die StB als Arbeitnehmer ausüben dürfen, auf diese Aufzählung kann verwiesen werden. Diese Vorschrift ist als abschließende Aufzählung zu verstehen, gegen die nach Auffassung des BFH auch keine verfassungsrechtlichen Bedenken bestehen[51].

50   Bei ihrer beruflichen Tätigkeit sind StB an vom BdF im Wege der RVO aufgrund der Ermächtigung im § 54 StBerG erlassene **Gebührenordnung**[52] gebun

---

49 Vgl. zB zur unterschiedlichen Bedeutung des Begriffs „Unabhängigkeit" *Thümmel*, Anlage MittBl. WPK Nr. 112.
50 Richtlinien für die Berufsausübung der StB und StBv., festgestellt von der Bundessteuerberaterkammer am 24./25. 1. 1977, ergänzt am 24./26. 3. und 20./21. 10. 1980 sowie am 17./18. 10. 1983, abgedruckt in StB 1984 S. 80 ff.
51 BFH vom 4. 8. 1987, BStBl. II 790.
52 Vom 17. 12. 1981, BGBl. I S. 1442, geändert durch die Erste Verordnung zur Änderung der StBGebV vom 20. 6. 1988, BGBl. I S. 841.

den. Die Höhe der Gebühren darf allerdings den Rahmen des Angemessenen nicht übersteigen und muß sich an dem Zeitaufwand, dem Wert des Objekts und der Art der Aufgabe ausrichten. Die Gebührenregelungen beziehen sich allerdings nur auf die Tätigkeiten, die das Berufsbild des StB iSd. § 33 StBerG prägen. Für Tätigkeiten, die mit dem Beruf des StB lediglich vereinbar sind (§ 57 Abs. 3 StBerG), gelten sie nicht. Für die **Vertretung in finanzgerichtlichen** und **verwaltungsgerichtlichen Verfahren** sowie für den Beistand in **Steuerstrafverfahren** oder Bußgeldverfahren verweist die StBGebV auf die entsprechenden Bestimmungen der BRAGebO.

f) Steuerberatungsgesellschaften

StB können sich die Berufsausübung auch durch StBG bedienen. Zulässige **51** **Rechtsformen** sind die AG, KGaA, GmbH sowie die OHG und die KG (§ 49 StBerG). Die **Anerkennung** der StBG setzt aber voraus, daß

a) die Mitglieder des Vorstands, die Geschäftsführer, die persönlich haftenden Gesellschafter StB sind und mindestens ein Mitglied des Vorstands, ein Geschäftsführer oder ein persönlich haftender Gesellschafter seinen Wohnsitz am Sitz der Gesellschaft oder in dessen Nahbereich hat;
b) bei AG, KGaA, die Aktien auf Namen lauten
c) die Vertreibung von Aktien bzw. Geschäftsanteilen an die Zustimmung der Gesellschafter gebunden ist;
d) die Gesellschaft von StB verantwortlich geführt wird[53];
e) Gesellschafter ausschließlich StB, RA, WP, vBP, StBv. oder in der Gesellschaft tätige Personen sind, deren Tätigkeit als Vorstandsmitglied, Geschäftsführer, persönlich haftender Gesellschafter nach § 50 Abs. 3 StBerG genehmigt worden ist;
f) Anteile an einer StBG nicht für Rechnung eines Dritten gehalten werden;
g) bei Kapitalgesellschaften die Anteile Personen iSv. e) gehören;
i) bei KG die im Handelsregister eingetragenen Einlagen von Personen iSv. e) übernommen worden sind;
j) StB, RA, WP, vBP oder StBv. zusammen die Mehrheit der Stimmrechte der Aktionäre, Kommanditaktionäre, Gesellschafter einer GmbH oder Kommanditisten zusteht und
k) im Gesellschaftsvertrag bestimmt ist, daß zur Ausübung von Gesellschafterrechten nur Gesellschafter bevollmächigt werden können, die StB, RA, WP, vBP oder StBv. sind.

Die Voraussetzungen über die **Kapitalbindung** (e–k) sind durch das Vierte Änderungsgesetz (vgl. Tz. 21) in das StBerG eingefügt worden.

Neben StB können gem. § 15 Abs. 2 StBerG auch RA, WP, vBP und StBv. **Mit-** **52** **glieder des Vorstands, Geschäftsführer oder persönlich haftende Gesellschafter** von StBG sein; einer Ausnahmegenehmigung bedarf es dazu nicht. Die Bezeichnung „Steuerberatungsgesellschaft" ist zwingend in die **Firma** aufzunehmen, insoweit gelten grundsätzlich die gleichen Regeln wie bei WPG und BPG[54]. Außer dem schon angesprochenen Personenkreis können auch besonders befähigte Personen anderer Fachrichtungen neben StB Vorstandsmitglieder,

---

53 BFH vom 26. 3. 1981, DStR S. 538.
54 Vgl. A Tz. 179.

Geschäftsführer etc. sein (§ 50 Abs. 3 StBerG). Dies setzt allerdings eine besondere Genehmigung der Finanzverwaltung voraus. Die Zahl der in § 50 Abs. 2 und 3 StBerG genannten Personen darf aber die Zahl der StB im Vorstand, unter den Geschäftsführern oder unter den persönlich haftenden Gesellschaftern nicht übersteigen (§ 50 Abs. 4 StBerG). Für StBG gelten die Vorschriften über die auswärtige Beratungsstelle (§ 34 StBerG), die Allgemeinen Berufspflichten (§ 57 StBerG) sowie die §§ 62–64, und 66–68 StBerG sinngemäß (s. § 72 StBerG).

53 Mit dem Fünften Änderungsgesetz (vgl. Tz. 23) ist eine besondere Regelung über die Zulässigkeit der **Zusammenarbeit** von StB **in** der Form **einer GbR** in das Gesetz aufgenommen worden (§ 55a StBerG). Obwohl die GbR, sei es in der Form der Sozietät oder der Bürogemeinschaft, bislang als zulässig erachtet wurde und nicht zu den StBG iSv. § 49 StBerG zählt, wollte der Gesetzgeber mit dieser Regelung den Bestand dieser Form des Zusammenschlusses auf Dauer sichern. Im Unterschied zu den in § 49 StBerG benannten Gesellschaften bedürfen GbR allerdings keiner förmlichen Anerkennung, sondern haben lediglich eine Anzeigepflicht.

Abschnitt D

Übersicht über die rechtlichen Grundlagen von im Bereich der Wirtschaft vorgeschriebenen Prüfungen

Vorbemerkung

Eine Vielzahl gesetzlicher Bestimmungen schreibt auf den verschiedensten **1** Gebieten der Wirtschaft Prüfungen vor, die die Überwachung wirtschaftlicher Betätigung im weitesten Sinne bezwecken.

Dabei stellt eine Gruppe von Prüfungen vornehmlich auf die Feststellung ab, ob die Betriebe nach betriebswirtschaftlichen und kaufmännischen Grundsätzen gem. den diesbezüglichen Vorschriften geführt werden, während bei einer anderen Gruppe von Prüfungen zu bestätigen ist, ob die im öffentlichen Interesse erlassenen Vorschriften eingehalten worden sind. Allerdings läßt sich diese Unterscheidung nicht streng durchführen. Eine nicht geringe Anzahl von Prüfungen dient gleichzeitig beiden Zwecken.

Die nachstehende Übersicht weist die wichtigsten Rechtsgrundlagen für diese im Bereich der Wirtschaft vorgeschriebenen Prüfungen nach. Zunächst sind einschlägige Prüfungsvorschriften für die einzelnen Rechtsformen und nach dem Publizitätsgesetz angeführt, dem folgen Prüfungsvorschriften für bestimmte Wirtschaftszweige und für die Betriebe der öffentlichen Hand mit und ohne eigener Rechtspersönlichkeit sowie alsdann die Prüfungsbestimmungen für einzelne Einrichtungen.

Eine besondere Stellung nehmen im Rahmen der allgemeinen Ordnungsprüfungen die Vorschriften über die Prüfung des Jahresabschlusses und des Konzernabschlusses ein. Zu beachten ist, daß mehrere Prüfungen vorgesehen sein können und daß für die Prüfung bestimmter Wirtschaftszweige, zB der Kreditinstitute, Versicherungsunternehmen und der Wirtschaftsbetriebe der öffentlichen Hand, besondere Vorschriften gelten, die von den Bestimmungen für die Rechtsform abweichen bzw. darüber hinausgehen.

Gliederung

A. Allgemeine Ordnungsprüfungen

I. Im Bereich der privaten Wirtschaft

1. Prüfungsvorschriften für Betriebe bestimmter Rechtsformen
   a) Aktiengesellschaften und Kommanditgesellschaften auf Aktien
   b) Gesellschaften mit beschränkter Haftung
   c) Bergrechtliche Gewerkschaften
   d) Genossenschaften
   e) Stiftungen

2. Prüfungsvorschriften des Publizitätsgesetzes

3. Prüfungsvorschriften für Betriebe bestimmter Wirtschaftszweige
   a) Kreditinstitute, ausländische Investmentgesellschaften
   b) Versicherungsunternehmen
   c) Gemeinnützige Wohnungsunternehmen
   d) Krankenhäuser
   e) Verwertungsgesellschaften
   f) Börsenmakler
   g) Kunsthändler, Versteigerer
   h) Lagerhausanstalten
   j) Rabattsparvereinigungen
   k) Parteien
   l) Baubetreuer, Bauträger, Makler, Darlehens- und Anlagevermittler
   m) Bergbau, eisen- und stahlerzeugende Industrie

II. Im Bereich der öffentlichen Wirtschaft

1. Prüfungsvorschriften bei Beteiligung einer Gebietskörperschaft an einem Unternehmen in der Rechtsform des privaten Rechts
   a) bei Beteiligung des Bundes
   b) bei Beteiligung eines Landes
   c) bei Beteiligung einer Gemeinde bzw. eines Gemeindeverbandes

2. Prüfungsvorschriften für Unternehmen in der Rechtsform einer juristischen Person des öffentlichen Rechts
   a) des Bundes
   b) sonstiger Gebietskörperschaften
   c) für Sparkassen
   d) für Studentenwerke
   e) für Rundfunkanstalten

3. Prüfungsvorschriften für Wirtschaftsbetriebe ohne eigene Rechtspersönlichkeit
   a) der Länder
   b) der Gemeinden und Gemeindeverbände

4. Sondervorschriften für die Deutsche Bundesbahn und die Deutsche Bundespost
   a) Deutsche Bundesbahn
   b) Deutsche Bundespost

III. Für bestimmte Einrichtungen

IV. Prüfungsvorschriften für die DM-Eröffnungsbilanzen in den neuen Bundesländern

B. Steuerliche Betriebsprüfung (Außenprüfung)

A. Allgemeine Ordnungsprüfungen

I. Im Bereich der privaten Wirtschaft

1. Prüfungsvorschriften für Betriebe bestimmter Rechtsformen

a) Aktiengesellschaften und Kommanditgesellschaften auf Aktien [1]

Abschlußprüfungen   2

§ 316 Abs. 1 Satz 1, Abs. 3 HGB; § 171 AktG; § 278 Abs. 3 AktG
Prüfung des Jahresabschlusses und des Lageberichts

§ 313 Abs. 1 AktG; § 314 Abs. 2 AktG
Prüfung des Abhängigkeitsberichts [2]

§ 12 Gesetz über Unternehmensbeteiligungsgesellschaften
Prüfung des Jahresabschlusses kleiner Gesellschaften idS § 267 Absatz 1 HGB sowie Prüfung der Einhaltung der Vorschriften des UBG

§ 316 Abs. 2 HGB; § 316 Abs. 3 HGB
Prüfung des Konzern- bzw. Teilkonzernabschlusses sowie des -lageberichts

§ 270 Abs. 2 Satz 2 und Abs. 3 AktG; § 278 Abs. 3 AktG
Prüfung der Eröffnungsbilanz und des Erläuterungsberichts sowie des Jahresabschlusses und des Lageberichts bei Abwicklung

§ 209 Abs. 1 und 3 AktG; § 278 Abs. 3 AktG[4]
Prüfung der einer Kapitalerhöhung aus Gesellschaftsmitteln zugrundegelegten Bilanz

§ 345 Abs. 3 Satz 2 AktG; § 354 Abs. 2 AktG
Prüfung der Schlußbilanz der übertragenden Gesellschaft bei Verschmelzung [3, 4]

Prüfung besonderer Vorgänge [5]   3

§ 33 Abs. 1 und 2 AktG; § 278 Abs. 3 AktG
Gründungsprüfung

§ 52 Abs. 4 AktG; § 278 Abs. 3 AktG
Nachgründungsprüfung

§§ 378 Abs. 1 und 3, 385 Abs. 2, 385a Abs. 4, 385b Abs. 2, 385g, 385m Abs. 5 AktG; §§ 41 Abs. 2, 43 Abs. 2, 51 Abs. 2, 53 Abs. 2, 57 Abs. 2, 60 Abs. 1, 61 Abs. 1 UmwG [6]
Gründungsprüfung bei Umwandlungen in eine AG

---

1 Für die KGaA gelten grundsätzlich die Vorschriften des Ersten Buchs des AktG, dh., die §§ 1–277 (vgl. § 278 Abs. 3 AktG).
2 Für KGaA vgl. § 311 AktG.
3 S. auch unter der Rechtsform oder Branche der übertragenden Gesellschaft.
4 Zu beachten ist der Diskussionsentwurf eines Gesetzes zur Bereinigung des Umwandlungsrechts – E/UmwG; neben der Schließung von Gesetzeslücken sieht er die Zusammenfassung bestehender einschlägiger Vorschriften und Wegfall dieser Vorschriften in den anderen Gesetzen vor.
5 Abhängigkeitsbericht s. unter Abschlußprüfungen.
6 S. Fn. 4; die §§ 339 bis 393 AktG sollen nach Art. 6 Nr. 8 E/UmwG entfallen.

§§ 362 Abs. 4, 389 Abs. 4, 392, 393 Abs. 2 AktG; §§ 41 Abs. 2, 43 Abs. 2, 51 Abs. 2, 53 Abs. 2 UmwG[6]
Gründungsprüfung bei Umwandlungen in eine KGaA

§§ 340b Abs. 1, 353 Abs. 1, 354 Abs. 2, 355 Abs. 2 Satz 1 und Satz 2 zweiter Halbsatz; 356 Abs. 2 Satz 1, 357 Abs. 2 Satz 1, 358 Abs. 2 Satz 1 AktG[6]
Prüfung des Verschmelzungsvertrages

§ 342 AktG[6]
Nachgründungsprüfung bei Verschmelzung

§ 359 Abs. 2 iVm. § 340b Abs. 1 AktG[6]
Vermögensübertragung auf die öffentliche Hand

§ 360 Abs. 2 Satz 1 iVm. § 340b Abs. 1 AktG[6]
Vermögensübertragung auf VVaG

§ 361 Abs. 3 Satz 1 iVm. § 270 Abs. 2 Satz 2 und Abs. 3 AktG[6]
Vermögensübertragung in anderer Weise

§§ 183 Abs. 3, 194 Abs. 4, 205 Abs. 3, 206 Satz 2 AktG; § 278 Abs. 3 AktG
Prüfung der Sacheinlagen bei Kapitalbeschaffungsmaßnahmen

§ 142 AktG; § 278 Abs. 3 AktG
Sonderprüfung
– von Vorgängen bei der Gründung
– von Vorgängen bei der Geschäftsführung
– von Vorgängen bei Maßnahmen der Kapitalbeschaffung und Kapitalherabsetzung

§ 258 Abs. 1 AktG; § 278 Abs. 3 AktG
Sonderprüfung wegen
– unzulässiger Unterbewertung
– Unvollständigkeit des Anhangs

§ 315 AktG
Sonderprüfung der Beziehungen zu verbundenen Unternehmen (für KGaA aufgrund des § 311 AktG)

4 b) Gesellschaften mit beschränkter Haftung

§ 316 Abs. 1 Satz 1, Abs. 3 HGB; § 52 Abs. 1 GmbHG iVm. § 171 Abs. 1 AktG
Prüfung des Jahresabschlusses und des Lageberichts

§ 316 Abs. 2, § 316 Abs. 3 HGB
Prüfung des Konzernabschlusses bzw. Teilkonzernabschlusses und -lage-
berichts

§§ 3, 4 Abs. 2 KapErhG[7]
Prüfung der einer Kapitalerhöhung aus Gesellschaftsmitteln zugrundegelegten Bilanz

§§ 355 Abs. 2 Satz 1 und Satz 2 zweiter Halbsatz; 356 Abs. 2 Satz 1 AktG[6]
Prüfung des Verschmelzungsvertrages bei Verschmelzung mit einer AG
oder KGaA

---

7 Art. 5 E/UmwG sieht die Aufhebung des Gesetzes vor; siehe Fn. 4.

§§ 378 Abs. 1 und 3, 389 Abs. 4 Satz 1, 392 AktG[6]
Gründungsprüfung bei Umwandlung in eine AG oder KGaA

§ 71 Abs. 2 Satz 2, Abs. 3 GmbHG
Prüfung der Eröffnungsbilanz und des Erläuterungsberichts sowie des Jahresabschlusses und Lageberichts bei Liquidation

c) Bergrechtliche Gewerkschaften 5

§ 28 Abs. 1 und 2 EG/AktG
Prüfung des Konzern- bzw. Teilkonzernabschlusses und -lageberichts

§ 357 Abs. 2 Satz 1 AktG; § 358 Abs. 2 Satz 1 AktG[6]
Prüfung bei Verschmelzung mit einer AG oder KGaA

§ 385 Abs. 2 AktG; § 393 Abs. 2 AktG[6]
Gründungsprüfung bei Umwandlung in eine AG oder KGaA

d) Genossenschaften 6

§ 53; § 38 Abs. 1 Satz 3; § 48 Abs. 2 GenG
Prüfung der Einrichtungen, der Vermögenslage und der Geschäftsführung zur Feststellung der wirtschaftlichen Verhältnisse und der Ordnungsmäßigkeit der Geschäftsführung sowie Prüfung des Jahresabschlusses und des Lageberichts

§ 385m Abs. 5 AktG[6]
Prüfung bei Umwandlung in eine AG

e) Stiftungen[8] 7

§ 10 Abs. 1 Stiftungsgesetz NW
Prüfung des Jahresabschlusses

2. Prüfungsvorschriften des Publizitätsgesetzes

§ 6 PublG; § 7 PublG 8
Prüfung des Jahresabschlusses und Lageberichts

§ 14 PublG
Prüfung des Konzern- bzw. Teilkonzernabschlusses und -lageberichts

3. Prüfungsvorschriften für Betriebe bestimmter Wirtschaftszweige

a) Kreditinstitute, ausländische Investmentgesellschaften[9] 9

§ 340k HGB, §§ 27, 29 KWG
Prüfung des Jahresabschlusses, der Erläuterungsanlage und des Lageberichts sowie des Konzernabschlusses und Konzernlageberichts[10]

---

8 Auch die Vorschriften in den anderen Bundesländern sehen idR eine Prüfung vor, vgl. die Stiftungsgesetze der Länder in Burhenne/Gesell, Recht der gemeinnützigen Organisationen und Einrichtungen, Losebls., Berlin.
9 Börsenmakler su. Tz. 14.
10 Ab 1. 1. 1991.

§ 13 Bausparkassengesetz
Erweiterung der Prüfung des Jahresabschlusses der Bausparkasse

§ 24a Abs. 4 des Gesetzes über Kapitalanlagegesellschaften [11]
Erweiterung der Prüfung des Jahresabschlusses auf die Sondervermögen und den Rechenschaftsbericht der Kapitalanlagegesellschaft

§ 30 Abs. 1 KWG
Depotprüfung

§ 44a Abs. 2 und 3 KWG
Prüfung der an eine ausländische Bankenaufsicht übermittelten Daten

§ 7 Abs. 2 AuslInvestmG [12]
Prüfung der dem BAK einzureichenden Rechenschaftsberichte und Jahresabschlüsse sowie der Depotaufstellung ausländischer Investmentgesellschaften

10 b) Versicherungsunternehmen

§§ 57, 60, 64 VAG
Prüfung des Jahresabschlusses und des Lageberichts

§ 157 Abs. 2 VAG
Prüfung des Geschäftsbetriebs und der Vermögenslage nicht eintragungspflichtiger kleinerer VVaG

§ 385g AktG [6]
Gründungsprüfung bei Umwandlung eines VVaG in eine AG

§ 47 Abs. 3 Satz 2 VAG
Prüfung der Eröffnungsbilanz und des Erläuterungsberichts sowie des Jahresabschlusses und des Lageberichts bei Abwicklung eines großen VVaG

§ 360 Abs. 2 Satz 1 iVm. § 340b Abs. 1 AktG [6]
Prüfung der Vermögensübertragung einer AG auf einen VVaG

§ 44b Abs. 2 VAG iVm. § 340b Abs. 1 AktG [6]
Prüfung der Vermögensübertragung großer VVaG auf eine AG

§ 44c Abs. 3 VAG iVm. § 44b Abs. 2 VAG und § 340b Abs. 1 AktG [6]
Prüfung der Vermögensübertragung eines VVaG auf ein öffentlich-rechtliches VU

§ 54a Abs. 2 Nr. 5a VAG
Prüfung des Jahresabschlusses und Lageberichts von Unternehmen, bei denen gebundenes Vermögen angelegt wird

11 c) Wohnungsunternehmen, die als gemeinnützig oder Organ der staatlichen Wohnungspolitik anerkannt waren

§ 316 Abs. 1, 2 HGB, Art. 25 EG/HGB; § 62 Abs. 5 KWG
Prüfung des Jahresabschlusses und des Lageberichts bzw. des Konzernabschlusses und -lageberichts

---

11 IdF des Art. 1 Nr. 19 des Finanzmarktförderungsgesetzes v. 22. 2. 1990, BGBl. I S. 266/275; zur Anwendung der Neufassung vgl. § 53a nF KAGG.
12 IdF des Finanzmarktförderungsgesetzes (Fn. 11).

d) Krankenhäuser [13]/[14]

12

Br.: § 24 KHBG; **Hbg.:** § 29 KHG; **Hes.:** § 15 KHG; **Nds.:** § 1 Abs. 1 EigVO;
NW: § 32 KHG, § 23 GemKHBVO; **RhldPf.:** § 86 Abs. 2 Nr. 3 GO;
Saar: § 37 KHG, § 124 Abs. 1 Nr. 2 KSVG
Erweiterte Prüfung des Jahresabschlusses

§ 16 Abs. 3 Satz 2, 3; § 17 Abs. 1 Satz 5 BPflV
Pflegesatzprüfung

e) Verwertungsgesellschaften

13

§   9 Abs. 4 und 7 Urheberrechtswahrnehmungsgesetz
Prüfung des Jahresabschlusses und des Lageberichts

f) Börsenmakler

14

§   8a Abs. 2 Satz 1 Börsengesetz
Prüfung des Jahresabschlusses

§   8a Abs. 2 Satz 2
Prüfung der Einhaltung der börsenrechtlichen Vorschriften und Anordnungen sowie der wirtschaftlichen Leistungsfähigkeit

g) Kunsthändler, Versteigerer

15

§ 26 Abs. 6 UrhG
Prüfung der 5%-Beteiligung des Urhebers am Veräußerungserlös

h) Lagerhausanstalten

16

§   9 VO über Orderlagerscheine
Prüfung des Jahresabschlusses

j) Rabattsparvereinigungen

17

§   4 Abs. 2 des Gesetzes über Preisnachlässe (Rabattgesetz)
Jährliche Prüfung der Geschäftsgebarung

k) Parteien

18

§ 23 Abs. 2 Parteiengesetz
Jährliche Prüfung des Rechenschaftsberichts

l) Baubetreuer, Bauträger, Makler, Darlehens- und Anlagevermittler

19

§ 16 MABV
Prüfung der Pflichten gem. §§ 2 bis 14 MABV

---

13 Nur spezielle Vorschriften für Krankenhäuser.
14 Bestehen keine speziellen Vorschriften, gelten die Vorschriften für die Rechtsform des Krankenhauses.

20 **m) Bergbau, eisen- und stahlerzeugende Industrie**

    §   4 Abs. 1 MErgGBE
        Prüfung des Umsatzverhältnisses nach § 3 MErgGBE

    Art. 3 der Entscheidung Nr. 3716 EG KS vom 23. 12. 1983 (ABl./EG L 373/1983
        S. 1/7)
        Stahlpreisprüfung

    §   2 Abs. 3 Stahlinvestitionszulagengesetz
        Prüfung der Tragfähigkeit des Umstrukturierungsprogramms

II. Im Bereich der öffentlichen Wirtschaft [15]

1. Prüfungsvorschriften bei Beteiligung einer Gebietskörperschaft an einem Unternehmen in der Rechtsform des privaten Rechts

21 **a) bei Beteiligung des Bundes**

    § 53 HGrG, § 65 Abs. 1 Nr. 4 bzw. § 67 BHO
        Prüfung des Jahresabschlusses und des Lageberichts

22 **b) bei Beteiligung eines Landes**

    § 53 HGrG, § 65 Abs. 1 Nr. 4 bzw. § 67 LHO des Landes, in Berlin auch § 94
        Abs. 3 LHO
        Prüfung des Jahresabschlusses

23 **c) bei Beteiligung einer Gemeinde bzw. eines Gemeindeverbandes**

    § 53 HGrG, **BaWü.:** § 115a Abs. 1 GO; **Bay.:** Art. 94a Abs. 1 Nr. 1 GO; **Hes.:**
        § 122 Abs. 1 Satz 1 Nr. 4 GO; **Nds.:** § 124 GO, § 32 EigVO; **NW:** § 89
        Abs. 1 S. 1 Nr. 3 GO; **RhldPf.:** § 86 GO; **Saar:** § 109 Abs. 1 Nr. 4, § 113
        KSVG; **SchlH:** § 9 Abs. 1 Nr. 1 KPG; § 102 Abs. 1 GO
        Erweiterte Prüfung des Jahresabschlusses

2. Prüfungsvorschriften für Unternehmen in der Rechtsform einer juristischen Person des öffentlichen Rechts

24 **a) des Bundes**

    § 55 Abs. 2 HGrG, § 112 Abs. 2 iVm. § 65 Abs. 1 Nr. 4 BHO
        Prüfung des Jahresabschlusses

25 **b) sonstiger Gebietskörperschaften**

    § 55 Abs. 2 HGrG, § 112 Abs. 2 iVm. § 65 Abs. 1 Nr. 4 LHO des Landes;
        Bay.: § 112 Abs. 3 LHO; **NW** und **RhldPf.:** § 112 Abs. 2 und 3 LHO
        Prüfung des Jahresabschlusses

---

15 Prüfungsvorschriften bei Umwandlung einer Gebietskörperschaft oder Anstalt des öffentlichen
    Rechts oder von Unternehmen von Gebietskörperschaften oder Gemeindeverbänden s. §§ 385a
    Abs. 4, 385b Abs. 2 AktG bzw. § 57 UmwG; vgl. dazu Fn. 4.

c) Sparkassen   26

Die Sparkassengesetze der Länder
    Prüfung des Jahresabschlusses

d) Studentenwerke   27

Die Studentenwerksgesetze der Länder (zB § 13 Abs. 4 BaWü., § 11 Abs. 4 Hes.)

e) Rundfunkanstalten   28

Die Rundfunkgesetze der Länder (zB §§ 42, 43 Abs. 2 **NW**, § 32 Abs. 3 **Saar**)

3. Prüfungsvorschriften für Wirtschaftsbetriebe ohne eigene Rechtspersönlichkeit [16]

a) der Länder   29

Bln.: § 113 Abs. 2 iVm. § 65 LHO
    Prüfung des Jahresabschlusses

b) der Gemeinden und Gemeindeverbände [17]

BaWü.: § 115 Abs. 1 GO; **Bay.:** Art. 107 GO; **Hes.:** § 132 Abs. 2 GO iVm. § 27
Abs. 2 EigBG; **Nds.:** § 25 EigVO; **NW:** § 103a GO; **RhldPf.:** § 86 Abs. 2
GO; **Saar:** § 124 Abs. 1 Nr. 1 KSVG, § 1 JAPrVO; **SchlH:** § 8, 11 KPG;
Bln.: § 113 Abs. 1 Satz 2 iVm. § 94 Abs. 3 LHO
Erweiterte Prüfung des Jahresabschlusses

RhldPf.: FöRiWWV Nr. 4.3.1, Nr. 8.4.2 iVm. Rdschr. des MISp. v. 19. 10. 1984
    Prüfung des Entgeltsbedarfs und Entgeltsaufkommens sowie des Ver-
wendungsnachweises

4. Sondervorschriften für die Deutsche Bundesbahn und die Deutsche Bundespost

a) Deutsche Bundesbahn   30

§ 32 Bundesbahngesetz v. 13. 12. 1951 (BGBl. I S. 955, 1981 S. 1689) sowie
§§ 6 und 9 bis 12 der Rechnungsprüfungsordnung für die Deutsche Bundesbahn v. 16. 10. 1957 (MBl. BMF S. 1342)
Jahresabschlußprüfung

b) Deutsche Bundespost

§ 45 Poststrukturgesetz
Prüfung des Jahresabschlusses und Lageberichts der Unternehmen Post-
dienst/Postbank/Telekom sowie des Gesamtjahresabschlusses der Deutschen Bundespost

---

16 Krankenhäuser su. I 3d Tz. 12.
17 Für die neuen Bundesländer sind Vorschriften zur Anpassung an die Vorschriften für die alten Bundesländer in Vorbereitung; s. auch L Tz. 1.

III. Prüfungsvorschriften für bestimmte Einrichtungen

– Beispiele –

31   §   9 Abs. 1 Gesetz über die Kreditanstalt für Wiederaufbau iVm. § 341k HGB
Prüfung des Jahresabschlusses und Lagebericht sowie [18]
Prüfung des Konzernabschlusses und Konzernlageberichtes der Anstalt

      § 12 Abs. 2 Filmförderungsgesetz
Prüfung der Rechnung der Filmförderungsanstalt

      § 21 Abs. 2 Erdölbevorratungsgesetz
Prüfung der Rechnung des Erdölbevorratungsverbandes

      § 16 Heimsicherungsverordnung
Prüfung der Pflichten der Alten- und Altenwohn- sowie Pflegeheime gem. §§ 5 bis 15 der VO

      § 12 Abs. 1 Werkstättenverordnung Schwerbehindertengesetz
Prüfung des Jahresabschlusses und der Betriebsabrechnung der Werkstätten für Behinderte

   Art. 20 Abs. 3 Medienerprobungs- und Entwicklungsgesetz Bay.
Prüfung des Jahresabschlusses der Bayerischen Landeszentrale für neue Medien

IV. Prüfungsvorschriften für die DM-Eröffnungsbilanzen in den neuen Bundesländern

32   § 33 Abs. 1 DM-Bilanzgesetz
Prüfung der Eröffnungsbilanz und des Anhangs (ohne vergleichende Darstellung)

      § 33 Abs. 3 DM-Bilanzgesetz
Prüfung der Konzerneröffnungsbilanz und des Konzernanhangs

B. Steuerliche Betriebsprüfung (Außenprüfung)

33   § 193 AO
Ermittlung der steuerlichen Verhältnisse durch die Finanzbehörde

---

18 Ab 1. 1. 1991.

Fachlicher Teil

Abschnitt E

Erläuterungen zu den für alle Kaufleute geltenden Vorschriften zum Jahresabschluß [1]

Durch das BiRiLiG vom 19. 12. 1985 [2] sind die Vorschriften über die Handelsbücher und die Bilanz des Kaufmanns in das Dritte Buch „Handelsbücher" des HGB aufgenommen worden (§§ 238–339). Es enthält in seinem ersten Abschnitt Vorschriften über den JA für **alle Kaufleute** (§§ 242–256 HGB). Diese Vorschriften sind auch von **Kapitalgesellschaften** (AG, KGaA, GmbH) und von eingetragenen **Genossenschaften** (eG) zu beachten, soweit nicht die weiteren Abschnitte des Dritten Buches ergänzende oder abweichende Bestimmungen enthalten (§§ 264–335 bzw. 336–339 HGB) [3]. Kreditinstitute haben außerdem die ergänzenden Vorschriften der §§ 340–340o HGB (idF durch das Bankbilanzrichtlinie-Gesetz) zu beachten (vgl. J): Für VU vgl. K, für Wirtschaftsbetriebe der öffentlichen Hand L.

I. Allgemeines

Jeder Kaufmann hat für den Schluß eines jeden GJ innerhalb der einem ordentlichen Geschäftsgang entsprechenden Zeit [4] (§ 243 Abs. 3 HGB) eine Bilanz und eine GuV aufzustellen, die zusammen den **JA** bilden (§ 242 HGB). Ein (für Kapitalgesellschaften obligatorischer) Anhang braucht nicht erstellt zu werden,

---

1 Aus der Literatur zum JA nach dem BiRiLiG vgl. *v. Wysocki/Schulze-Osterloh* (Hrsg.), Handbuch des Jahresabschlusses in Einzeldarstellungen (*HdJ*), Köln ab 1984; *Biener/Berneke*, Bilanzrichtlinien-Gesetz (BiRiLiG), Düsseldorf 1986; *Glade*, Rechnungslegung und Prüfung nach dem Bilanzrichtlinien-Gesetz (BiRiLiG), Herne/Berlin 1986; *Gross/Schruff*, Der Jahresabschluß nach neuem Recht, 2. Aufl., Düsseldorf 1986; *Hofbauer/Kupsch*, Bonner Handbuch der Rechnungslegung (*BoHdR*), Bonn ab 1986; *Leffson/Rückle/Großfeld* (Hrsg.), Handwörterbuch unbestimmter Rechtsbegriffe im Bilanzrecht des HGB (*HuRB*), Köln 1986; *Niehus/Scholz*, in *Meyer-Landrut/Miller/Niehus*, GmbH-Gesetz, Berlin/New York 1987; *Adler/Düring/Schmaltz*, Rechnungslegung und Prüfung der Unternehmen (*ADS*), 5. Aufl., Stuttgart ab 1987; *Castan/Heymann/Müller/Ordelheide/Scheffler* (Hrsg.), Beck'sches Handbuch der Rechnungslegung (*BHdR*), München ab 1987; *Schulze-Osterloh*, in *Baumbach/Hueck*, GmbH-Gesetz (*Baumbach/Hueck*), 15. Aufl., München 1988; *Budde/Clemm/Pankow/Sarx*, Beck'scher Bilanz-Kommentar (*BeBiKo.*), 2. Aufl., München 1990; *Claussen/Korth*, in Kölner Kommentar zum Aktiengesetz (*Kölner Kom.*), 2. Aufl., Köln ua. 1990; *Küting/Weber* (Hrsg.), Handbuch der Rechnungslegung (*HdR*), 3. Aufl., Stuttgart 1990; *Lück*, in Steuerberater-Handbuch 1990 (*StBHb.*), 4. Aufl., Bonn 1990; *Deutsches wissenschaftliches Steuerinstitut der Steuerberater und Steuerbevollmächtigten* (Hrsg.), Beck'sches Steuerberater-Handbuch 1990 (*BStBHb.*), München 1990.
2 BGBl. I S. 2355.
3 Für Kapitalgesellschaften vgl. Abschn. F, für eG Abschn. G; zur künftigen Einbeziehung der Kapitalgesellschaften & Co. in den Anwendungsbereich dieser Vorschriften vgl. die GmbH & Co.-Richtlinie v. 8. 11. 1990, ABl. EG L 317/1990 S. 60 ff., sowie *Schellein*, WPg. 1990 S. 529 ff.; *Niessen*, WPg. 1991 S. 193 ff.; zur künftigen Rechnungslegung bei der Europäischen AG vgl. *Haller*, DB 1990 S. 1573 ff.; *Rödder*, WPg. 1991 S. 200 ff.; zur Europäischen Wirtschaftlichen Interessenvereinigung (EWIV) nach EWGVO v. 25. 7. 1985, ABl. EG L 199/1985 S. 1 vgl. *Baumbach/Duden/Hopt*, HGB, 28. Aufl., München 1989 Anh. nach § 160 HGB, Abschn. VII; *Autenrieth*, Die Europäische wirtschaftliche Interessenvereinigung, Köln 1990.
4 Aus steuerrechtlicher Sicht innerhalb eines GJ, vgl. BFH-Urteil v. 6. 12. 1983, BStBl. II 1984 S. 227; vgl. zu den Rechnungslegungsfristen auch *Blumers*, DB 1986 S. 2033 ff.; *Mundt* in Personengesellschaft und Bilanzierung, Düsseldorf 1990 S. 147 ff.; *Bundessteuerberaterkammer*, StB 1989 S. 33 ff.

auch nicht von einer GmbH & Co. KG[5]. Gegen die Erstellung eines GB, in dem die Lage des Unternehmens erörtert und der JA erläutert wird, bestehen keine Bedenken, er kann bei größeren Unternehmen empfehlenswert sein.

3   Der JA muß in **deutscher Sprache** und **Deutscher Mark** (§ 244 HGB)[6] aufgestellt werden, selbst wenn die zugrundeliegende Buchführung in einer anderen (lebenden) Sprache geführt wird, was zulässig ist (§ 239 Abs. 1 Satz 1 HGB)[7]. Je nach der Größe eines Unternehmens kann es im Interesse der Übersichtlichkeit des JA (§ 243 Abs. 2 HGB) sachgerecht sein, die in Deutscher Mark anzugebenden Beträge auf volle DM, TDM oder Mio. DM (üblicherweise mit einer Kommastelle) zu runden[8]. Der JA ist vom Kaufmann bzw. von allen persönlich haftenden Gesellschaftern unter Angabe des Datums zu unterzeichnen (§ 245 HGB)[9].

4   Der JA ist nach den **Grundsätzen ordnungsmäßiger Buchführung** (GoB) aufzustellen und muß **klar und übersichtlich** sein (§ 243 Abs. 1 und 2 HGB). Die GoB[10] bestimmen zB den Zeitpunkt der Bilanzierung (Gewinnrealisierung), die Bilanzierung schwebender Geschäfte, die Bilanzierung bei EV und Sicherungsübereignung[10a]. Sie finden überall dort Anwendung, wo verschiedene Methoden zur Auswahl stehen (zB Abschreibungsmethode, Berechnung der Herstellungskosten). Besonders erwähnt sind die GoB in den Vorschriften über Buchführungspflicht und Handelsbücher (§§ 238, 239 HGB), über die Inventurvereinfachungsverfahren (§ 241 HGB), über die Aufstellung des JA (§ 243 HGB) und über die Bewertungsvereinfachungsverfahren (§ 256 HGB). Soweit für Wertansätze ein Schätzungsrahmen besteht, der durch den Bilanzierenden auszufüllen ist, spricht das Gesetz nicht von GoB, sondern davon, daß der Wertansatz „im Rahmen" oder „nach **vernünftiger kaufmännischer Beurteilung**" gefunden werden müsse (vgl. § 253 Abs. 1 Satz 2, Abs. 3 Satz 3 und Abs. 4 HGB).

Über § 5 Abs. 1 EStG, der auf die handelsrechtlichen Grundsätze ordnungsmäßiger Buchführung verweist, finden die GoB auch Eingang in die steuerliche Gewinnermittlung von Vollkaufleuten und bestimmten anderen Gewerbetreibenden[11].

---

5   Vgl. zur künftigen Rechnungslegung der GmbH & Co. die Richtlinie v. 8. 11. 1990 (Fn. 3).
6   Zur künftigen Aufstellung bzw. Offenlegung des JA in ECU vgl. die Mittelstandsrichtlinie v. 8. 11. 1990, ABl. EG L 317/1990 S. 57 ff., sowie *Schellein*, WPg. 1990 S. 529 ff.
7   Vgl. auch *v. Treuberg*, BFuP 1986 S. 147; *Wöhe*, Bilanzierung und Bilanzpolitik, 7. Aufl., München 1987 S. 176.
8   Vgl. zur Praxis großer Unternehmen *TREUARBEIT* (Hrsg.), Jahres- und Konzernabschlüsse '88, Düsseldorf 1990 Tz. 3 ff.
9   Vgl. dazu *ADS*, § 245 HGB Tz. 9 ff.; *Erle*, WPg. 1987 S. 637 ff.
10   Vgl. *Leffson*, Die Grundsätze ordnungsmäßiger Buchführung, 7. Aufl., Düsseldorf 1987, mit umfangreichen Literaturnachweisen; *Kruse*, Grundsätze ordnungsmäßiger Buchführung, Rechtsnatur und Bestimmung, 3. Aufl., Köln 1978; ferner *ADS*, 4. Aufl., § 149 AktG 1965 Tz. 19 f. und Bd. 2 S. 702 ff. (Literaturhinweise); 5. Aufl., § 264 HGB Tz. 86; *Mellerowicz* in Großkom., § 149 AktG 1965 Anm. 2 ff.; *Kropff* in AktG-Kom., Vorbem. zu §§ 148 ff. AktG 1965 Anm. 16 ff. und § 149 AktG 1965 Anm. 4 ff.; *Moxter* in FS v. *Wysocki*, Düsseldorf 1985 S. 17 ff.; *Baetge*, DB 1986 Beil. 26; *Ballwieser*, 1. Erg.-Heft der ZfB 1987 S. 3 ff.; *Müller, W.* in Einzelabschluß und Konzernabschluß, Wiesbaden 1988 S. 3 ff.; *Brönner*, Die Bilanz nach Handels- und Steuerrecht, 9. Aufl., Stuttgart 1989; *Beisse*, BFuP 1990 S. 499 ff.
10a   Vgl. zu EV und Sicherungsübereignung jedoch Tz. 9.
11   Vgl. Handbuch der Unternehmensbesteuerung, Düsseldorf 1990 (*HdU*), B Rn. 345 ff.; *Schmidt, L.*, 9. Aufl., München 1990, § 5 Anm. 8 ff.; *Herrmann/Heuer/Raupach* (*HHR*), EStG und KStG (*Losebl., Stand: Dez. 1990*), § 5 EStG Anm. 28 ff.; *Kirchhoff/Söhn*, EStG (Losebl., Stand: Nov. 1990), § 5 A 71 ff.; *Littmann/Bitz/Meincke* (*Littmann*), EStG (Losebl., Stand: Sept. 1990), §§ 4, 5 Rn. 325 ff.; *Blümich*, EStG/KStG/GewStG (Losebl., Stand: Juli 1990), § 5 EStG Rn. 164 ff.; *Hartmann/Böttcher/Lademann/Söffing/Brockhoff*, EStG (Losebl., Stand: Juli 1990), §§ 4, 5 Anm. 74 ff.; *Nissen/Bordewin*, EStG (Losebl., Stand: Okt. 1990), §§ 4–5 Rz. 183 ff.; EStR 1990 Abschn. 29.

Die Frage, wie die **GoB** zu **ermitteln** sind, war in der Vergangenheit umstritten[12]. **5**
Nach der induktiven Methode sollte die Anschauung ordentlicher, ehrenwerter
Kaufleute festzustellen sein, wobei es nicht entscheidend darauf ankam, ob die
tatsächlichen Gepflogenheiten mit diesen Anschauungen übereinstimmten.
Nach der **deduktiven Methode,** die inzwischen als hM anzusehen ist[13], sind die
GoB aus den Zwecken der Rechnungslegung (zB Dokumentation, Gläubigerschutz)[14] abzuleiten, wobei als Entscheidungshilfen in Frage kommen: Gesetz[15],
Rechtsprechung des BGH (RG)[16], BFH[17], der Spruchstelle (§ 324 HGB), die
Fachgutachten und Stellungnahmen des IDW[18], gutachtliche Stellungnahmen
des DIHT und der Industrie- und Handelskammern, die gesicherten Erkenntnisse der Betriebswirtschaftslehre, die Fachliteratur[19] sowie die Bilanzierungspraxis ordentlicher Kaufleute. Auch die internationalen Rechnungslegungsgrundsätze (International Accounting Standards) des IASC[20] können Anhaltspunkte bieten, sind jedoch zumeist auf ausländische Rechtsnormen zugeschnitten.

Auch die Ermittlung der **vernünftigen kaufmännischen Beurteilung** kann Schwie- **6**
rigkeiten bereiten. Anders als bei der Ermittlung der GoB geht es jedoch nicht
um die Gewinnung von Grundsätzen oder Regeln, die logisch und nachvollziehbar aus gesetzlich vorgegebenen Zwecken und Zielen zu ermitteln wären, sondern um die Begrenzung oder Bezeichnung eines bestehenden Bewertungsspiel-
raumes, der sich aus den unterschiedlichen Beurteilungen vernünftig urteilender
Kaufleute ergeben kann. Eine vernünftige Beurteilung berücksichtigt sowohl
Chancen wie Risiken, bedenkt den Grundsatz der Vorsicht (§ 252 Abs. 1 Nr. 4
HGB), ist in sich schlüssig und willkürfrei, dh. aus den objektiven Gegebenheiten des Falles logisch ableitbar[21].

---

12 Zur historischen Entwicklung der Diskussion vgl. *Moxter,* ZGR 1980 S. 254 ff.
13 Vgl. statt vieler *Leffson* (Fn. 10), S. 29 ff., sowie *Schmidt, L.,* § 5 Anm. 13.
14 Vgl. *Baetge* in FS *Leffson,* Düsseldorf 1976 S. 11 ff.; *Wilsdorf,* Rechnungslegungszwecke der Handelsbilanz und Steuerbilanz nach Inkrafttreten des Bilanzrichtlinien-Gesetzes, Bern 1988.
15 Vgl. wegen der Bedeutung einschlägiger Strafvorschriften *Maul,* DB 1979 S. 1757 ff.; HdR,
   §§ 331–335 HGB Rn. 1 ff.
16 Vgl. *Münzinger,* Bilanzrechtsprechung der Zivil- und Strafgerichte, Wiesbaden 1987.
17 Vgl. *Döllerer* in Wirtschaftsprüfung heute: Entwicklung oder Reform?, Wiesbaden 1977 S. 185 ff.,
   sowie *Liebs,* AG 1978 S. 44 ff. Angesichts der zunehmenden Bedeutung der Entscheidungen des
   BFH für die Auslegung der GoB gab es in der Literatur eine Kontroverse um das Deduktionsver-
   ständnis des BFH. Vgl. dazu *Schneider, D.,* BB 1980 S. 1225 ff.; *ders.,* StuW 1983 S. 141 ff.; *Mellwig,*
   BB 1983 S. 1613 ff.; *Moxter,* StuW 1983 S. 300 ff.; *Beisse,* StuW 1984 S. 1 ff.; *Moxter,* Bilanzrechtsprechung, 2. Aufl., Tübingen 1985; *Crezelius,* ZGR 1987 S. 1 ff.
18 Vgl. *IDW* (Hrsg.), Die Fachgutachten und Stellungnahmen, Düsseldorf Stand 1990 (Sammlg. IDW
   FG/St); eine Übersicht der zZ geltenden FG und St. mit Angabe paralleler Fundstellen in WPg. und
   FN ist in Abschn. X abgedruckt.
19 Vgl. Fn. 1.
20 Vgl. zur Organisation, Zielsetzung und Arbeitsweise des International Accounting Standards
   Committee (IASC) und zur Anwendung der IASC-Stellungnahmen durch den Wirtschaftsprüfer:
   B Tz. 60 ff.; FG 1/1988, Abschn. C IV Anm. 2; *Havermann,* WPg. 1975 S. 6 ff. und WPg. 1978
   S. 365 ff., sowie Einführung des IASC zu den Stellungnahmen zu internationalen Rechnungsle-
   gungsgrundsätzen (revidierte Fassung), FN 1978 S. 68 ff. Zur neueren Entwicklung vgl. *Bolin,* WPg.
   1990 S. 482; zur Übersicht über die bisher vom IASC verabschiedeten Rechnungslegungsgrundsätze
   (IAS) und über andere internationale Richtlinien vgl. FN 1991; *IASC,* International Accounting
   Standards 1990, London 1990. Zur Anwendung der Grundsätze in der Praxis vgl. *Doupnik/Taylor,*
   DBW 1985 S. 621 ff.; vgl. dazu auch *IASC,* Survey of the Use and Application of the International
   Accounting Standards 1988, London 1988; zu international empfohlenen Leitsätzen vgl. auch
   OECD (Hrsg.), Die Publizitätspflicht multinationaler Unternehmen, Köln 1991.
21 Vgl. *ADS,* § 253 HGB Tz. 512 ff., 523 ff.; *Kropff* in AktG-Kom., § 156 AktG 1965 Anm. 34; *HuRB*
   S. 351 ff. Zur Auslegung dieses Begriffs im Zusammenhang mit § 253 Abs. 4 HGB vgl. *Selchert,*
   DStR 1986 S. 283 ff.; *Forster* in Bericht über die IDW-Fachtagung 1986, Düsseldorf 1986 S. 29 ff.
   (36); *Schulze zur Wiesch,* WPg. 1987 S. 149 ff.

7   Der Grundsatz der **Klarheit und Übersichtlichkeit** (§ 243 Abs. 2 HGB) bezieht
sich in erster Linie auf die äußere Gestaltung des JA[22]. Er hat besondere Bedeutung in den Fällen, in denen keine bestimmte Gliederung der Bilanz und der
GuV vorgeschrieben ist[23], sondern sie dem Kaufmann überlassen bleibt. Vgl. im
einzelnen dazu Tz. 408 ff.

II. Bilanzierungsgrundsätze

8   Durch das BiRiLiG ist eine Reihe von allgemeinen Bilanzierungsgrundsätzen
kodifiziert worden, die bisher schon weitgehend als GoB betrachtet und deshalb
als verbindlich angesehen wurden. Sie enthalten insoweit kein neues Recht.

1. Vollständigkeitsgebot (§ 246 Abs. 1 HGB)[24]

9   § 246 Abs. 1 Satz 1 HGB bestimmt, daß in der Bilanz **sämtliche** Vermögensgegenstände[25] und Schulden anzusetzen sind, ferner die Rechnungsabgrenzungsposten sowie in der GuV sämtliche Aufwendungen und Erträge, soweit gesetzlich nichts anderes bestimmt ist[26]. In den Sätzen 2 und 3[26a] wird hierzu ergänzt,
daß Vermögensgegenstände, die unter Eigentumsvorbehalt erworben oder an
Dritte für eigene oder fremde Verbindlichkeiten verpfändet oder in anderer
Weise als Sicherheit übertragen worden sind, in die Bilanz des Sicherungsgebers
(beim EV: des Erwerbers) aufzunehmen sind; in die Bilanz des Sicherungsneh-
mers sind sie nur aufzunehmen, wenn es sich um Bareinlagen handelt (vgl. zu
diesen Sachverhalten Tz. 37 f.; wegen Bilanzierungsverboten s. Tz. 48 ff.).

10 Aufgrund des Vollständigkeitsgebots in Satz 1 müssen bereits voll abgeschriebene, aber noch vorhandene Vermögensgegenstände mit einem **Merkposten**
erscheinen, wobei es bei Vorliegen mehrerer hierfür in Betracht kommender Vermögensgegenstände als ausreichend angesehen wird, wenn der betreffende
Bilanzposten mit DM 1,– ausgewiesen wird. Soweit lediglich ein Aktivierungs-
recht, aber keine Aktivierungspflicht besteht (zB für einen erworbenen
Geschäfts- oder Firmenwert, § 255 Abs. 4 HGB), braucht ein Merkposten nicht
angesetzt zu werden.

22 Vgl. dazu auch *BeBiKo.*, § 243 HGB Anm. 51 ff.; *HdR*, § 243 HGB Rn. 35 ff.
23 Gliederungsvorschriften oder Formblätter bestehen für AG, KGaA, GmbH, eG, dem PublG unterliegende Unternehmen sowie für Unternehmen, die in bestimmten Branchen tätig sind (Kreditinstitute, vgl. J, Versicherungen, vgl. K, Krankenhäuser, Verkehrsunternehmen, vgl. L Tz. 9, Wohnungsunternehmen). Zu den Verordnungen über Formblätter für bestimmte Wirtschaftszweige nach
§ 330 HGB vgl. *ADS*, § 330 HGB Tz. 10 ff.; *BeBiKo.*, § 330 Anm. 20 ff.
24 Vgl. *Leffson* (Fn. 10), S. 219 ff.; *ADS*, § 149 AktG 1965 Tz. 35 ff.; *Kropff* in AktG-Kom., § 149 AktG
1965 Anm. 44 ff.; *Freericks*, Bilanzierungsfähigkeit und Bilanzierungspflicht in Handels- und Steuerbilanz, Köln/Berlin/Bonn/München 1976; *Baetge*, WPg. 1987 S. 126 ff.
25 Der im Steuerrecht gebrauchte Begriff des Wirtschaftsguts entspricht dem handelsrechtlichen
Begriff des Vermögensgegenstandes, vgl. BFH v. 26. 10. 1987 – GrS –, BStBl. II 1988 S. 348, 352.
26 Zur Übersicht über die Einschränkungen des Vollständigkeitsgebotes vgl. *HdR*, § 246 HGB Rn. 18.
26a Eingefügt durch das Bankbilanzrichtlinien-Gesetz vom 30. 11. 1990, BGBl. I S. 2570; nach Art. 30
Abs. 1 EGHGB idF des BiRiLiG erstmals auf GJ anzuwenden, die nach dem 31. 12. 1992 beginnen; bis dahin jedoch als GoB zu beachten.

Bei **Einzelkaufleuten** sind nur die Vermögensgegenstände und Schulden auszu- **11** weisen, die dem Geschäft des Einzelkaufmanns gewidmet sind[27]. Dieser Grundsatz ist für das unter das PublG fallende Unternehmen eines Einzelkaufmanns in § 5 Abs. 4 PublG ausdrücklich festgestellt. Sind Einlagen eines Einzelkaufmanns durch private Schuldaufnahmen finanziert, so sollten diese Schulden zumindest insoweit in die Bilanz aufgenommen werden, als sie den Wert des sonstigen Vermögens des Einzelkaufmanns übersteigen. Für Zweifelsfälle gilt die – widerlegbare – Vermutung des § 344 Abs. 1 HGB, daß Rechtsgeschäfte eines Kaufmanns zum Betrieb seines Handelsgewerbes gehören.

Bei **Personenhandelsgesellschaften** (OHG, KG) sind nur diejenigen Vermögens- **12** gegenstände zu bilanzieren, die bei wirtschaftlicher Betrachtung Gesellschaftsvermögen sind, auch wenn sie nicht betrieblich genutzt werden[28]. Vermögensgegenstände, die einzelnen Gesellschaftern gehören, können daher nicht bilanziert werden, auch nicht bei betrieblicher Nutzung und auch dann nicht, wenn sie einkommensteuerlich notwendiges Betriebsvermögen sind[29]. Als Schulden sind nur solche Schulden zu passivieren, die Gesamthandsverbindlichkeiten darstellen[30], dh. im Namen der Gesellschaft begründet wurden.

Zur Frage, ob es hinsichtlich der **Zurechenbarkeit** von Vermögensgegenständen **13** und Schulden auf die tatsächlichen Kenntnisse des Kaufmanns ankommt oder auf die Kenntnis, die er bei Anwendung der Sorgfalt eines ordentlichen Kaufmanns hätte haben müssen, vgl. *Döllerer*, BB 1986 S. 97 ff. (zugleich Kritik des BFH-Urteils v. 23. 5. 1984, BStBl. II S. 723).

a) Inventar und Inventur

Grundlage der Aufnahme von Vermögensgegenständen und Schulden in die Bilanz **14** ist das **Inventar**. Jeder Kaufmann ist verpflichtet, nicht nur bei Beginn seines Handelsgewerbes seine Grundstücke, seine Forderungen und Schulden, den Betrag seines baren Geldes sowie seine sonstigen Vermögensgegenstände genau zu verzeichnen (Inventar) und dabei den Wert der einzelnen Vermögensgegenstände anzugeben, sondern zum Ende jedes GJ wiederum **Inventur**[31] zu machen und ein Inventar aufzustellen (§ 240 Abs. 1 und 2 HGB). Zur körperlichen Bestandsaufnahme im Rahmen der einzelnen Inventurverfahren vgl. St/HFA 1/1990.

Unter bestimmten Voraussetzungen sind Erleichterungen und Vereinfachungen **15** zulässig:

---

27 Zur handelsrechtlichen Abgrenzung von Betriebs- und Privatvermögen vgl. *HuRB* S. 335 ff./337; *BeBiKo.*, § 246 HGB Anm. 43 ff.
28 Vgl. St/HFA 1/1976 (in Überarbeitung); *BeBiKo.*, § 246 Anm. 51 ff.; aA *Schulze-Osterloh* in Personengesellschaft und Bilanzierung, Düsseldorf 1990 S. 129 ff. (134).
29 Zum steuerlichen Betriebsvermögen (Steuerbilanz der Gesellschaft, Ergänzungsbilanzen, Sonderbilanzen) vgl. *HdU*, C Rn. 349 ff.; *Schmidt, L.*, § 15 Anm. 65 ff.
30 Vgl. *HdJ*, Abt. III/8 (1988) Rn. 51.
31 Vgl. hierzu ua. *Heitmeier/Kunz/Schnur/Steinebach* in AWV-Ausschuß für wirtschaftliche Verwaltung (Hrsg.), Rationalisierung der Inventur, Wiesbaden 1976; Arbeitskreis *Ludewig* der Schmalenbach-Gesellschaft, Die Vorratsinventur, herkömmliche und moderne Systeme und Verfahren, Köln/Opladen 1967; *Mittelbach*, Inventur und Bewertung, Neuwied 1965; *HdJ*, Abt. II/5 (1986); *Schulze zur Wiesch*, Grundsätze ordnungsmäßiger Inventur, Düsseldorf 1961; *Spieth*, Die Grundsätze ordnungsmäßiger Buchführung und Inventur, Köln 1956; *Zinndorf*, Die permanente Inventur, Offenbach 1951; *Bäuerle*, BB 1986 S. 846 ff.; *BHdR*, A 210–230; *Meyer zu Lösebeck*, WPg. 1988 S. 153 ff. und 201 ff.; *Quick*, Grundsätze ordnungsmäßiger Inventurprüfung, Düsseldorf 1991 S. 15 ff. mwN; zur Inventur im Krankenhaus vgl. *Neubert/Schiller*, ZIR 1987 S. 160 ff.; wegen Aufnahmetechniken vgl. ferner *Harrmann*, DB 1978 S. 2377 ff.; wegen nur zweijähriger Inventur durch Wechsel der Aufnahmeverfahren vgl. *Janssen*, WPg. 1978 S. 296 ff.

- **Festwertverfahren** für Vermögensgegenstände des Sachanlagevermögens sowie für Roh-, Hilfs- und Betriebsstoffe, sofern sie regelmäßig ersetzt werden und ihr Gesamtwert für das Unternehmen von nachrangiger Bedeutung ist (§ 240 Abs. 3 Satz 1 iVm. § 256 Satz 2 HGB; vgl. Tz. 320 ff.)[32];
- **Gruppenbewertung** für gleichartige Vermögensgegenstände des Vorratsvermögens und für andere gleichartige oder annähernd gleichwertige bewegliche Vermögensgegenstände (§ 240 Abs. 4 iVm. § 256 Satz 2 HGB). Die Gruppenbewertung dient der Vereinfachung der Bewertungsarbeiten und ist unabhängig davon, ob der Bestand mengenmäßig durch Zählen, Wiegen, Messen oder ein geeignetes Schätzverfahren aufgenommen wird. Voraussetzung ist, daß ein gewogener Durchschnittswert sachgerecht ermittelt werden kann[33]. Dieser ist bei der Bewertung anzuwenden. Nach § 284 Abs. 2 Nr. 4 HGB sind im Anhang für jede Gruppe pauschal die Unterschiedsbeträge zu den Börsen- oder Marktpreisen anzugeben, wenn diese erheblich sind.
- **Stichprobeninventur** (§ 241 Abs. 1 HGB); vgl. hierzu St/HFA 1/1981 sowie Anm. zur alten Fassung von *Uhlig*, WPg. 1981 S. 461 ff.; ferner *Ausschuß für wirtschaftliche Verwaltung (AWV)*, Stichprobenverfahren zur Inventur buchmäßig geführter Vorräte im Lagerbereich, Eschborn 1978/79[34].
- **Verzicht auf körperliche Bestandsaufnahme**, wenn die Feststellung von Art, Menge und Wert der Vermögensgegenstände durch ein anderes, den GoB entsprechendes Verfahren gesichert ist, zB durch **permanente Inventur** (§ 241 Abs. 2 HGB)[35];
- **vor- oder nachverlegte Stichtagsinventur** (§ 241 Abs. 3 HGB)[36]; Voraussetzungen sind die Aufstellung eines besonderen Inventars und ein den GoB entsprechendes Fortschreibungs- oder Rückrechnungsverfahren.

---

32 Zu den Anwendungsvoraussetzungen vgl. auch *HdJ*, Abt. II/5 (1986) Rn. 77 ff.; *BeBiKo.*, § 240 Anm. 71 ff.; *HdR*, § 240 Rn. 51 ff.; kritisch zum Festwertverfahren *Funk* in FS *v. Wysocki*, Düsseldorf 1985 S. 73 ff.

33 Vgl. dazu im einzelnen *BoHdR*, § 240 HGB Rn. 33 ff.; *HuRB* S. 205 ff. und S. 216 ff.; *BHdR*, B 214 Rn. 217 ff.

34 Zu Fragestellungen aus dem Bereich der Stichprobeninventur vgl. ferner *AWV*, Sequentialtest für die Inventur mit Stichproben bei ordnungsmäßiger Lagerbuchführung, Eschborn 1985; *ders.*, Permanente Inventur mit Stichproben, Eschborn 1982; *Bauer/Heller*, WPg. 1981 S. 107 ff.; *Bellinger*, DSWR 1977 S. 3 ff.; *Broermann/Fischer-Winkelmann*, DB 1985 S. 1196 ff.; *Bruse*, WPg. 1985 S. 481 ff. u. S. 518 ff.; *Buchner*, ZfbF 1983 S. 478 ff.; *Bühler*, ZfbF 1984 S. 699 ff.; *Burkel*, DB 1985 S. 821 ff.; *Deindl*, StBp. 1977 S. 269 ff.; *ders.*, BB 1982 S. 1585 ff. u. S. 1641 ff.; *Frank/Schneeweis*, DB 1984 S. 2629 ff.; *Hömberg*, ZfbF 1985 S. 67 ff. u. S. 593 ff. sowie DB 1985 S. 2057 ff. u. S. 2112 ff.; *Köhle/Sturm*, WPg. 1980 S. 126 ff. u. WPg. 1983 S. 369 ff.; *Kunz*, WPg. 1981 S. 309 ff.; *Matt*, WPg. 1980 S. 192 ff.; *Nagels/Plüschke/Zimmermann*, WPg. 1980 S. 398 ff.; *Nagels/Zimmermann*, ZfbF 1982 S. 1055 ff.; *Pack/Wendt/Zimmermann*, DBW 1984 S. 263 ff.; *Pflaumer*, ZfbF 1981 S. 753 ff.; *Plüschke*, Anwendungen von Stichprobenverfahren bei der Stichtagsinventur und der permanenten Inventur, München 1982; *Schaich/Ungerer*, WPg. 1979 S. 653 ff.; *Scherrer/Obermeier*, Stichprobeninventur, Theoretische Grundlagen und praktische Anwendungen, München 1981, sowie in ZfB 1980 S. 500 ff.; *Schmitz*, WPg. 1982 S. 430 u. S. 569 ff.; *Sturm*, StBp. 1982 S. 138 ff.; *Uhlig*, WPg. 1982 S. 476 ff.; *de Vries*, DB 1981 S. 1245 ff.; *Weinrich/Steinecke*, WPg. 1979 S. 597 ff. u. WPg. 1980 S. 385 ff.; *Weiss/Zaich*, DB 1986 S. 1029 ff.; *Werners*, ZfbF 1985 S. 587 ff.; *Wittmann*, StBp. 1980 S. 25 ff.; *v. Wysocki/Schmidle*, WPg. 1979 S. 417 ff.; *v. Wysocki*, WPg. 1980 S. 28 ff. und ZfbF 1981 S. 333 ff., sowie in FS *Loitlsberger*, Berlin 1981 S. 273 ff.; *Zimmermann*, DBW 1980 S. 267 ff.; *Fandel/Dyckhoff/Müller*, DBW 1985 S. 278 ff.; *Drexel*, DBW 1985 S. 693; *ders.*, ZfB 1986 S. 509; *Weiss/Schmidt*, DB 1987 S. 2006 ff.; *Ibert*, WPg. 1986 S. 467 ff.; *Broermann*, Stichprobeninventuren, Frankfurt a.M. 1987; *Burkel*, BB 1987 S. 29 ff.; *Reinecke/Schmelter*, ZIR 1987 S. 41 ff.; *Bruse/Kunz/Nies/Riemer/Schmitz*, StBp. 1988 S. 101 ff. u. S. 129 ff.; *Korn*, DB 1988 S. 2210 ff.; *Angele*, Anerkannte mathematisch-statistische Methoden zur Stichprobeninventur: Entscheidungshilfen für die Praxis, München 1989; *Eckmann/Peters*, DB 1990 S. 1832 ff.

35 Vgl. hierzu St/HFA 1/1990, Abschn. C. III.; *HdR*, § 241 HGB Tz. 13 ff.

36 Vgl. St/HFA 1/1990, Abschn. C. II.; *BeBiKo.*, § 241 Anm. 50 ff.; *Karsten*, WPg. 1965 S. 277.

Wegen Besonderheiten der Inventur bei **automatisch gesteuerten Lagersystemen** vgl. *Stiegert*, WPg. 1972 S. 213 f.; *Betriebswirtschaftlicher Ausschuß des Verbandes der Chemischen Industrie e.V.*, WPg. 1972 S. 214 ff.; *Ausschuß für wirtschaftliche Verwaltung (AWV)*, Sequentialtest für die Inventur von nicht beweglichen Lagereinheiten in automatisch gesteuerten Lagersystemen, Eschborn 1980, sowie St/HFA 1/1990, Abschn. D. II.[37]. Wegen Einzelheiten der **systemgestützten Werkstattinventur** vgl. St/HFA 1/1990, Abschn. D. III.; ferner *Ausschuß für wirtschaftliche Verwaltung (AWV)*, Systemgestützte Werkstattinventur, Eschborn 1989; *Bruse/Riedliger*, DB 1987 S. 2001 ff. Wegen Besonderheiten der **Kombination von Inventurverfahren** vgl. St/HFA 1/1990, Abschn. D. I.; *HdJ*, Abt. II/5 (1986) Rn. 89 ff. **16**

Von den **Steuerbehörden** wird grundsätzlich eine **jährliche körperliche Aufnahme** aller Gegenstände des **beweglichen Anlagevermögens** für notwendig erachtet (vgl. EStR 1990 Abschn. 31). In das danach anzufertigende Bestandsverzeichnis müssen (bis auf die nachfolgenden Ausnahmen) **sämtliche** Gegenstände des beweglichen Anlagevermögens aufgenommen werden, auch soweit sie bereits voll abgeschrieben sind. Die genaue Bezeichnung des Gegenstandes und der Bilanzwert am Abschlußstichtag müssen aus ihm ersichtlich sein. **Geringwertige Anlagegüter** (§ 6 Abs. 2 EStG), die sofort voll abgeschrieben worden sind, brauchen nicht in das Bestandsverzeichnis aufgenommen zu werden, wenn ihre Anschaffungs- oder Herstellungskosten, vermindert um einen darin enthaltenen Vorsteuerbetrag (§ 9b Abs. 1 EStG), nicht mehr als DM 100,– betragen haben oder wenn sie über ein besonderes Konto verbucht oder bei ihrer Anschaffung oder Herstellung in einem besonderen Verzeichnis erfaßt worden sind (ein gesonderter Bilanzausweis ist nicht erforderlich)[38]. Gegenstände des beweglichen Anlagevermögens, die zulässigerweise mit dem **Festwert** angesetzt worden sind, brauchen ebenfalls nicht in das jährliche Bestandsverzeichnis aufgenommen zu werden[39]. Grundsätzlich brauchen Gegenstände, die eine **geschlossene Anlage** bilden (zB die einzelnen Teile eines Hochofens, einer Breitbandstraße sowie ihr Zubehör, die Überlandleitungen einschließlich der Masten usw. eines Elektrizitätswerks), nicht mit ihren einzelnen Teilen aufgenommen zu werden, sondern können als Gesamtanlage eingetragen werden, vorausgesetzt, daß eine einheitliche AfA auf die Gesamtanlage vorgenommen wird. Gegenstände der **gleichen Art**, die im gleichen Zeitraum angeschafft worden sind, die gleiche Nutzungsdauer und gleiche Anschaffungskosten haben und nach der gleichen Methode abgeschrieben werden, können unter Angabe der Stückzahl im Bestandsverzeichnis zusammengefaßt werden. **17**

Eine **jährliche körperliche Bestandsaufnahme** kann für steuerliche Zwecke **unterbleiben,** wenn ein fortlaufendes Bestandsverzeichnis geführt wird, in das jeder Zugang und jeder Abgang laufend eingetragen werden und das die Ermittlung der am Abschlußstichtag vorhandenen Gegenstände erlaubt. Das Bestandsverzeichnis, das auch in Form einer Anlagenkartei geführt werden kann, muß den Tag des Zugangs, die Höhe der Anschaffungs- oder Herstellungskosten, die Höhe des Bilanzwertes zum Abschlußstichtag und den Tag des Abgangs enthalten. Wegen weiterer Erleichterungen bei Führung einer Anlagenkartei sowie **18**

---

37 Vgl. ferner *Horchler*, WPg. 1977 S. 58 ff.; *Kraushaar/Müller*, WPg. 1979 S. 7 ff.; *Martienß*, ZfB 1980 S. 47 ff.; *Plüschke/Zimmermann*, WPg. 1981 S. 317 ff.; *BHdR*, A 220 Rz. 110 ff.
38 EStR 1990 Abschn. 31 Abs. 3 Satz 1.
39 EStR 1990 Abschn. 31 Abs. 3 Satz 2; vgl. auch Abs. 4.

über die Verwendung der Sachkonten der Geschäftsbuchhaltung als Bestandsverzeichnis vgl. EStR 1990 Abschn. 31 Abs. 5.

19 An die Bestandsaufnahme des **Vorratsvermögens** werden nach EStR 1990 Abschn. 30 grundsätzlich die gleichen Anforderungen wie nach dem HGB gestellt. Die Warenbestandsaufnahme muß die Gewähr der vollständigen Erfassung der Bestände und die Möglichkeit der Kontrolle bieten[40]. Die Bewertung muß nachgeprüft werden können. Unangemessene Anforderungen dürfen jedoch nicht gestellt werden. Der Bestand an Betriebsstoffen kann uU geschätzt werden[41].

20 Zu den Anforderungen an die **permanente Inventur** vgl. EStR 1990 Abschn. 30 Abs. 2[42], an die **vor- oder nachverlegte** (zeitverschobene) **Stichtagsinventur** Abs. 3. Auch bei permanenter Inventur ist in jedem WJ eine körperliche Aufnahme erforderlich[43]. Für besonders wertvolle Wirtschaftsgüter und für Bestände, bei denen durch Schwund, Verdunsten usw. unkontrollierbare Abgänge eintreten, die nicht annähernd zutreffend geschätzt werden können, sind die permanente Inventur und die vor- oder nachverlegte Inventur nicht zulässig (EStR 1990 Abschn. 30 Abs. 4).

b) Bilanzierbarkeit

21 In der Bilanz dürfen nur Vermögensgegenstände bilanziert werden, die **bilanzierbar** sind. Dies verstehe sich, wie die Begr. zum BiRiLiG betont, von selbst, so daß es keiner besonderen Vorschrift bedürfe[44]. Maßgebend sind die GoB. Ob Bilanzierbarkeit vorliegt, richtet sich nicht nach dem rechtlichen Eigentumsbegriff, sondern nach der **wirtschaftlichen Zugehörigkeit**[45].

22 **Schwebende, beiderseits noch nicht erfüllte Geschäfte**[46] sind nicht bilanzierungspflichtig, solange und soweit sich Anspruch und Verpflichtung ausgleichen. Vor-

---

40 Vgl. BFH v. 6. 12. 1955, BStBl. III 1956 S. 82.
41 Vgl. BFH v. 21. 5. 1957, BStBl. III S. 237.
42 Zu den Erfordernissen der permanenten Inventur bei Verwendung von EDV-Anlagen vgl. Vfg. OFD Hamburg v. 24. 4. 1970, Inf. S. 541.
43 Vgl. BFH v. 11. 11. 1966, BStBl. III 1967 S. 113; vgl. auch das rechtskräftige Urteil des FG Berlin v. 8. 1. 1970, EFG S. 344, das, abweichend vom vorstehenden Urteil, für die Beurteilung der Ordnungsmäßigkeit der Buchführung die Verwaltungsanweisungen zur permanenten Inventur (EStR 1990 Abschn. 30) für nicht verbindlich erklärt; maßgebend sei allein der Handelsbrauch.
44 Vgl. BT-Drs. 10/4268 S. 97.
45 Vgl. *ADS*, 4. Aufl., § 149 AktG 1965 Tz. 31 ff.; *Kropff* in AktG-Kom., § 149 AktG 1965 Anm. 52 ff.; *Mellerowicz* in Großkom., § 149 AktG 1965 Anm. 67 f.; *Hutzler*, WPg. 1970 S. 14 ff.; *Körner*, WPg. 1974 S. 509 ff.; *HdJ*, Abt. I/4 (1990) Rn. 71 ff.; sowie das zur Frage der Behandlung von Leasing-Verträgen angegebene Schrifttum (Voraufl., Bd. I S. 538 Fn. 40); vgl. hierzu auch *Baetge/Ballwieser*, DBW 1978 S. 3 ff.; *Kühnberger/Stachuletz*, DBW 1986 S. 356 ff.; *Moxter*, BB 1987 S. 1846 ff.; *Wichmann*, BB 1988 S. 192 ff.; *Moxter*, StuW 1989 S. 232 ff.; *HdR*, II Rn. 180 ff.; *Stobbe*, BB 1990 S. 518 ff.; *BeBiKo.*, § 246 Anm. 4 f. Zur Frage der steuerlichen Zurechnung vgl. § 39 AO 1977; BFH v. 27. 9. 1988, BStBl. II 1989 S. 414; *Schmidt, L.*, § 5 Anm. 19.
46 Vgl. *Bieg*, Schwebende Geschäfte in Handels- und Steuerbilanz, Frankfurt a. M./Bern 1977; *Friederich*, Grundsätze ordnungsmäßiger Bilanzierung für schwebende Geschäfte, Düsseldorf 1975, mit umfassendem Literaturnachweis; *Vellguth*, Grundsätze ordnungsmäßiger Bilanzierung für schwebende Geschäfte, Leipzig 1938; *Huppertz*, ZGR 1978 S. 98 ff.; *Schurig*, Schwebende Geschäfte bei Kreditinstituten, Bonn/Frankfurt a. M. 1981; *Crezelius* in FS *Döllerer*, Düsseldorf 1988 S. 81 ff.; *Woerner*, BB 1988 S. 769 ff.; *ders.* in Handelsbilanz und Steuerbilanz, Wiesbaden 1989 S. 33 ff.; *Nieskens*, FR 1989 S. 537 ff.; zur Angabepflicht nach § 285 Nr. 3 HGB vgl. *ADS*, § 285 HGB Tz. 33, 44 ff. (für Kapitalgesellschaften); vgl. ferner steuerlich *Bauer*, Schwebende Geschäfte im Steuerrecht, Diss. Erlangen/Nürnberg 1981; *Gerlt*, Die schwebenden Geschäfte im Bilanzsteuerrecht, Diss. Erlangen 1963; *Schmidt, L.*, § 5 Anm. 14b; *HdU*, B Rn. 509 ff.; *HHR*, § 5 EStG Anm. 49 f.; *Littmann*, §§ 4, 5 Rn. 889 f.; *Woerner*, FR 1984 S. 489 ff.; *ders.*, StbJb. 1984/85 S. 177 ff.; hinsichtlich älterer Literatur vgl. Voraufl., Bd. I S. 537 Fn. 37.

aussehbare Verluste sind im Rahmen der Bewertung der eigenen Leistungen oder durch die Bildung von Rückstellungen zu berücksichtigen (vgl. Tz. 81 ff.). Noch nicht verwirklichte Gewinne sind nach § 252 Abs. 1 Nr. 4 zweiter Halbsatz HGB grundsätzlich nicht aktivierbar[47]; die Gewinnrealisierung tritt idR erst ein, wenn unter Berücksichtigung der bürgerlich-rechtlichen Vorschriften die geschuldete Leistung an den Gläubiger bewirkt wurde, vgl. BFH v. 8. 12. 1982, BStBl. II 1983 S. 369; zum Streitstand vgl. BFH v. 2. 3. 1990, BStBl. II S. 733.

Miet- und Pachtverträge[48] sind als solche nicht zu bilanzieren. Aus diesen Verträgen resultierende Pacht- und Mietvorauszahlungen sind in die Bilanz einzustellen. Ist die Gesellschaft Vermieter, so ist für erhaltene Mietvorauszahlungen idR ein Ausweis unter den Rechnungsabgrenzungsposten geboten[49]. Die passivierten Vorauszahlungen sind in Höhe der im GJ auf sie entfallenden Mietanteils zu tilgen. Zur Bilanzierung des Erbbaurechts vgl. F Tz. 72.   **23**

Errichtete Bauwerke oder sonstige Anlagen kann der **Pächter** aktivieren und bis zum entschädigungsfreien Anfall an den Verpächter laufend abschreiben[50]; in wesentlichen Fällen ist eine Kennzeichnung des fremden Eigentums angebracht. Zur Behandlung von Ein- und Umbauten des Mieters oder Pächters in der StB vgl. Tz. 341. Erneuerungsverpflichtungen sowie Verpflichtungen zur Rückgabe des eisernen Bestandes iSd. Pachtrechts (§ 587 BGB) sind beim Pächter ggf. unter den Passiven zu berücksichtigen. Zur Bilanzierung der sog. Substanzerhaltungspflicht bei Pachtverträgen vgl. *HHR*, § 5 EStG Anm. 1455 ff., 1463, 1466; *Schmidt, L.,* § 5 Anm. 71.   **24**

Im übrigen und zur Bilanzierung bei der **Verpachtung von ganzen Betrieben** vgl. *ADS*, 4. Aufl., § 149 AktG 1965 Tz. 49; *Knoppe,* Betriebsverpachtung, Betriebsaufspaltung, Pachtverhältnisse gewerblicher Betriebe im Steuerrecht, 7. Aufl., Düsseldorf 1985; Länder-Erlaß v. 9. 5. 1967, BStBl. II S. 156 und Rdvfg. OFD Kiel v. 7. 12. 1988, DStR 1989 S. 470 (beide zur Substanzerhaltung); Vfg. OFD Hannover v. 11. 9. 1985, StEK § 5 EStG Rückst. Nr. 95; *Nolte,* DB 1967 S. 353; *Aschfalk,* FR 1968 S. 147 ff.; *Lichy,* ZfB 1968 S. 187 ff. Zur Frage der Genehmigung von Währungsklauseln vgl. BGH-Urteil v. 15. 2. 1967, WM 1967 S. 515.

Bei Vorliegen von **Leasingverträgen**[51] richtet sich die Bilanzierung danach, ob das wirtschaftliche Eigentum beim Leasingnehmer oder beim Leasinggeber liegt.   **25**

---

47 Vgl. *Vellguth* (Fn. 46), S. 31 ff.; *Leffson* (Fn. 10), S. 247 ff.; *Friederich* (Fn. 46), S. 47; *ADS*, 4. Aufl., § 149 AktG 1965 Tz. 67 ff., 5. Aufl., § 252 HGB Tz. 80 ff.; *Gelhausen*, Das Realisationsprinzip im Handels- und im Steuerbilanzrecht, Frankfurt a. M. 1985; *Biener/Berneke,* BiRiLiG Erl. zu § 246 HGB, S. 66 ff.; *Schmidt, L.,* § 5 Anm. 14 c, 61 b; einen Literaturüberblick gibt *HdR,* § 246 HGB Rn. 11; wegen langfristiger Fertigung vgl. Tz. 207, sowie *Paal,* Realisierung sog. Teilgewinne aus langfristigen auftragsbezogenen Leistungen im Jahresabschluß, Düsseldorf 1977; *Stein,* Rechenschaftslegung auftragsweiser langfristiger Fertigung bei Aktiengesellschaften, Göttingen 1978 S. 103 ff.; *Döll,* Bilanzierung langfristiger Fertigung, Frankfurt a. M. 1984.
48 Vgl. *ADS*, 4. Aufl., § 149 AktG 1965 Tz. 47 ff., 5. Aufl., § 266 HGB Tz. 47; *HdR,* II Rn. 219 ff.; zur Angabepflicht nach § 285 Nr. 3 HGB vgl. *ADS,* § 285 HGB Tz. 43 ff. (für Kapitalgesellschaften); *Mittelbach,* Gewerbliche Miet- und Pachtverträge in steuerlicher Sicht, 4. Aufl., Herne/Berlin 1979; *Knoppe,* Betriebsverpachtung, Betriebsaufspaltung, Pachtverhältnisse gewerblicher Betriebe im Steuerrecht, 7. Aufl., Düsseldorf 1985.
49 Vgl. *ADS,* § 266 HGB Tz. 65.
50 Vgl. hierzu auch *Kupsch,* BB 1981 S. 212 ff.; *Crezelius,* DB 1983 S. 2019 ff.; *HdR,* § 266 HGB Rn. 22 ff.; *BeBiKo.,* § 253 Anm. 366 f.
51 Zu den rechtlichen Grundlagen vgl. *Flume,* DB 1991 S. 265 ff. Wegen der äußerst umfangreichen älteren Literatur über Bilanzierungsfragen von Leasingverträgen vgl. Voraufl. Bd. I S. 538 Fn. 40; hierzu auch *St/HFA* 1/1989; *Forster* in FS *Döllerer,* Düsseldorf 1988 S. 147 ff.; *Tacke,* Leasing, Stuttgart 1989; *Bordewin,* NWB 1989, Fach 17 S. 975 ff.; *Leaseurope* (Europäische Vereinigung der

Das wirtschaftliche Eigentum liegt beim **Leasingnehmer,** wenn von vornherein ein Eigentumsübergang nach Ablauf der Mietzeit vereinbart ist (sog. Mietkauf-Verträge; Behandlung wie Ratenkauf-Verträge). Wirtschaftliches Eigentum des Leasingnehmers wird ferner angenommen werden können, wenn ihm der Leasinggegenstand steuerlich zugerechnet wird (vgl. Tz. 27 ff.).

Die meisten Leasingverträge sind derzeit jedoch so abgefaßt, daß die Frage der Zurechenbarkeit zum Leasingnehmer verneint werden kann oder doch sehr zweifelhaft ist. Es ist inzwischen allgemeine handelsrechtliche Übung, in allen Fällen, in denen nach den steuerlichen Erlassen das wirtschaftliche Eigentum des Leasingnehmers verneint wird, von einer Bilanzierung beim Leasingnehmer Abstand zu nehmen[52]; die entsprechenden Vermögensgegenstände verbleiben in der Bilanz des **Leasinggebers.** Auch das Gesetz geht offensichtlich davon aus, wenn es für den Anhang der Kapitalgesellschaften die Angabe von aus der Bilanz nicht ersichtlichen finanziellen Verpflichtungen fordert (§ 285 Nr. 3 HGB) und aus der Begr. erkennbar ist, daß darunter auch Verpflichtungen aus Leasing-Verträgen fallen können (siehe hierzu F Tz. 510).

26   **Grundsätze** für die Bilanzierung beim Leasinggeber enthält die St/HFA 1/1989[53]. Danach ist das Leasingvermögen idR dem Anlagevermögen zuzuordnen und dort gesondert auszuweisen[54]. Es ist mit den Anschaffungs- oder Herstellungskosten anzusetzen und planmäßig sowie ggf. außerplanmäßig abzuschreiben; sog. Vertragsbeschaffungskosten sind nicht aktivierbar. Die Stellungnahme enthält darüber hinaus weitere Maßgaben zur planmäßigen (Beginn, Methodenwahl) und außerplanmäßigen Abschreibung, zur ertragswirksamen Vereinnahmung von Leasingentgelten[55], zur Risikovorsorge und zur Behandlung von Erlösen aus dem Verkauf zukünftig fälliger Leasingraten an Dritte (Forfaitierung)[56]; wegen Einzelheiten vgl. dort.

27   **Steuerlich** ist die Bilanzierung von Leasing-Verträgen über bewegliche Wirtschaftsgüter im BdF-Schreiben v. 19. 4. 1971 (BStBl. I S. 264 ff.) und über unbewegliche Wirtschaftsgüter im BdF-Schreiben v. 21. 3. 1972 (BStBl. I S. 1844 f.) – sog. Leasing-Erlasse – geregelt[57]. Grundsätzlich gilt für alle Fälle des Finanzie-

---

Verbände von Leasinggesellschaften), 3. Aufl., Brüssel 1988; *Grewe*, WPg. 1990 S. 161 ff.; *BHdR*, B 710; *Stobbe*, BB 1990 S. 518. Einen Rechtsprechungsüberblick gibt *Runge*, DB 1990 S. 959 ff.; zur teilweise abweichenden internationalen Bilanzierung, insbesondere im anglo-amerikanischen Raum, vgl. ferner *Köhlertz*, Die Bilanzierung von Leasing, München 1989; *IASC*, IAS 17 (Accounting for Leases), in IFAC-Handbook, New York 1990 S. 7–165 ff.; *FASB*, FAS 13 (Accounting for Leases) u. FAS 26–29, in Accounting Standards – Original Pronouncements, Stamford 1986 S. 1145 ff. u. 1365 ff.; *ICAEW*, SSAP 21 (Accounting for leases and hire purchase contracts), in Statements of Standard Accounting Practice, London 1987 S. 287 ff.

52 Ebenso *BeBiKo.*, § 246 Anm. 26; *BoHdR*, § 246 HGB Rn. 53; *Grewe*, WPg. 1990 S. 161 ff.; teilweise kritisch *Stobbe*, BB 1990 S. 518 ff.

53 Vgl. mit Anmerkungen hierzu *Grewe*, WPg. 1990 S. 161 ff.; zur vorzeitigen Kündigung vgl. *Bähr/Weigell*, DB 1989 S. 1633 ff.

54 Vgl. hierzu auch *ADS*, § 265 HGB Tz. 69, § 266 HGB Tz. 42; *HdR*, § 266 HGB Rn. 34, 52.

55 Zur ertragswirksamen Abgrenzung von Leasingraten, auch beim Leasingnehmer, vgl. grundlegend *Forster* in FS *Döllerer*, Düsseldorf 1988 S. 147 ff.

56 Vgl. hierzu auch *Bink*, DB 1987 S. 1106 ff.; *Link*, DB 1988 S. 616 ff.; *Bink*, DB 1988 S. 618 ff.; *HdR*, II Rn. 307 ff.; *BHdR*, B 710 Rn. 105 ff.; *Grewe*, WPg. 1990 S. 161 ff.; kritisch zum Urteil des OLG Düsseldorf v. 24. 11. 1988, DB 1989 S. 377, das die Forfaitierung von Leasingforderungen gegenüber der Konkursmasse für unwirksam erklärt hat, *Bernstein*, DB 1989 S. 567.

57 Vgl. auch BFH-Urteil v. 26. 1. 1970, BStBl. II S. 264 ff.; dem folgend für Immobilien BFH-Urteil v. 30. 5. 1984, BStBl. II S. 825; BFH v. 8. 8. 1990, BStBl. II 1991 S. 70; vgl. zur Bewertung bei Zurechnung zum Leasing-Nehmer im übrigen auch BdF-Schreiben v. 19. 3. 1973, BStBl. S. 506 u. DB S. 798 (Höhe des Zinssatzes bei der Aufteilung der Leasing-Raten in einen Zins- und Kostenanteil sowie in einem Tilgungsanteil); BdF-Schreiben v. 13. 12. 1973, BB S. 1616 und DB S. 2485 f. (Aufteilung der Leasing-Raten in einen Zins- und Kostenanteil sowie in einen Tilgungsanteil); BdF-Schr. v. 12. 12.

rungs-Leasings (= während einer unkündbaren Grundmietzeit sind Raten in einer Höhe zu entrichten, die mindestens die Anschaffungs- oder Herstellungskosten sowie alle Nebenkosten des Leasinggebers decken) über **bewegliche Wirtschaftsgüter** folgendes Zurechnungsschema:

Grundmietzeit in vH der betriebsgewöhnlichen Nutzungsdauer	Zurechnung dem
< 40	Leasingnehmer
40–90	Leasinggeber
> 90	Leasingnehmer

Handelt es sich um Verträge mit **Kaufoption** oder **Mietverlängerungsoption**, so ist die Zurechnung bei einer Grundmietzeit von 40 vH bis 90 vH der betriebsgewöhnlichen Nutzungsdauer auch noch von der Höhe des Options-Kaufpreises bzw. der Anschlußmiete abhängig; für die Zurechnung gilt folgendes Schema: **28**

Kaufoption Restbuchwert bzw. niedrigerer gemeiner Wert im Zeitpunkt der Veräußerung	*Mietverlängerungsoption* Wertverzehr für den Zeitraum der Anschlußmiete	Zurechnung dem
≦ Kaufpreis	≧ Summe der Anschlußmieten	Leasinggeber
> Kaufpreis	> Summe der Anschlußmieten	Leasingnehmer

Der Restbuchwert wird unter Anwendung linearer AfA nach den amtlichen AfA-Tabellen ermittelt. Wertverzehr ist der Betrag, der sich auf Basis des Restbuchwertes bzw. des niedrigeren gemeinen Wertes und der Restnutzungsdauer lt. AfA-Tabelle ergibt.

Bei **Spezial-Leasing-**Verträgen, dh. Verträgen über Gegenstände, die speziell auf die Verhältnisse des Leasingnehmers zugeschnitten sind und später anderweitig nicht wirtschaftlich sinnvoll verwendet werden können, findet stets eine Zurechnung zum Leasingnehmer statt. **29**

Bei Leasing-Verträgen über **unbewegliche Wirtschaftsgüter** sind die Zurechnungskriterien für Gebäude sowie für Grund und Boden getrennt zu prüfen[58]. **30**

Der **Grund und Boden** ist sowohl im Falle des Finanzierungs-Leasings als auch des Spezial-Leasings grundsätzlich dem Leasinggeber zuzurechnen. Nur bei

---

1974, BB 1975 S. 23 und FR 1975 S. 64 (Anschaffungskosten beim Mobilien-Leasing – Steuerliche Behandlung der Nebenkosten). Zur einheitlichen Beurteilung der Zurechnungsfrage durch die zuständigen Finanzämter vgl. FM Nds. Erlaß v. 28. 2. 1974 (im Einvernehmen mit dem BMF und den obersten Finanzbehörden der anderen Länder), DB S. 557 und WPg. S. 251; vgl. auch *Kruschwitz*, ZfbF 1991 S. 99 ff.; *Stobbe*, BB 1990 S. 518; *HdU*, B Rn. 490 ff.; *Schmidt, L.*, § 5 Anm. 72 mwN.
58 Vgl. dazu *Gabele/Kroll*, DB 1991 S. 241 ff.

Vorliegen einer Kaufoption (nicht so bei der Mietverlängerungsoption) richtet sich die Zurechnung von Grund und Boden nach der Zurechnung des Gebäudes.

Für **Gebäude** gilt im Falle des Finanzierungs-Leasings grundsätzlich folgendes Zurechnungsschema:

Grundmietzeit in vH der betriebsgewöhnlichen Nutzungsdauer bzw. ggf. eines kürzeren Erbbaurechtszeitraumes	Zurechnung dem
< 40	Leasingnehmer
40–90	Leasinggeber
> 90	Leasingnehmer

Sofern die AfA für das Gebäude nach § 7 Abs. 4 Satz 1 Nr. 1 oder Abs. 5 Satz 1 Nr. 1 EStG bemessen wird, gilt als betriebsgewöhnliche Nutzungsdauer ein Zeitraum von 25 Jahren (vgl. BMF v. 9. 6. 1987, BStBl. I S. 440).

31 Bei Verträgen mit **Kauf- oder Mietverlängerungsoption** ist die Zurechnung im Falle einer Grundmietzeit von 40 vH bis 90 vH der betriebsgewöhnlichen Nutzungsdauer bzw. ggf. eines kürzeren Erbbaurechtszeitraumes auch noch von der Höhe des Options-Kaufpreises bzw. der Anschlußmiete abhängig; für die Zurechnung gilt folgendes Schema:

Kaufoption	*Mietverlängerungsoption*	
Gesamtbuchwert bzw. niedrigerer gemeiner Wert des Grundstücks im Zeitpunkt der Veräußerung	75 vH des üblicherweise für ein nach Art, Lage und Ausstattung vergleichbares Grundstück zu zahlenden Mietentgeltes	Zurechnung dem
≦ Gesamtkaufpreis	< Anschlußmiete	Leasinggeber
> Gesamtkaufpreis	≧ Anschlußmiete	Leasingnehmer

Bei der Ermittlung des Gesamtbuchwertes des Grundstücks ist der Restbuchwert des Gebäudes unter Anwendung der linearen AfA zu ermitteln.

32 Bei **Spezial-Leasing**-Verträgen (vgl. Tz. 29) ist das Gebäude stets dem Leasingnehmer zuzurechnen.

33 Soweit steuerlich kein Finanzierungs-Leasing vorliegt (zB bei sog. Non-pay-out- oder **Teilamortisationsverträgen,** bei denen die vereinbarten Leasing-Raten regelmäßig nur einen Teil der Anschaffungs- oder Herstellungskosten des Leasinggebers decken), ist die Frage, wem der Leasinggegenstand zuzurechnen ist, nach den allgemeinen Grundsätzen zu entscheiden; vgl. BdF-Schreiben v. 22. 12. 1975, DB 1976 S. 172 f., mit Entscheidungen; vgl. hierzu auch *Kaligin,* DStZ 1985 S. 235; *Meier, N.,* FR 1986 S. 137; *Schulz,* BB 1986 S. 2173; *Schmidt, L.,* § 5

Anm. 72b, jeweils mwN. In der Praxis dürften die Teilamortisationsverträge inzwischen sowohl beim Mobilien- als auch beim Immobilien-Leasing überwiegen. Von besonderer Bedeutung für die Zurechnung ist in diesen Fällen die Chancenverteilung hinsichtlich der Verwertung des Leasinggegenstandes nach Ablauf der Mietzeit; bei Andienungsrecht seitens des Leasinggebers ohne Kaufoption des Leasingnehmers oder bei Aufteilung eines Mehrerlöses aus der Verwertung durch den Leasinggeber im Verhältnis von (mind.) 25 % für den Leasinggeber und (höchstens) 75 % für den Leasingnehmer erfolgt Zurechnung beim Leasinggeber[59].

Eine Bilanzierung **noch nicht fälliger Mietforderungen** durch den Leasinggeber **34** sowie die in diesem Fall notwendige Berücksichtigung der seitens des Leasinggebers zu erbringenden Leistungen wird im BdF-Schr. v. 13. 5. 1980, BB 1980 S. 115, abgelehnt[60]. Wegen passiver Rechnungsabgrenzung bei Verkauf der Leasing-Forderungen vgl. BdF-Schr. v. 12. 11. 1979, DB S. 2350; dazu *IDW*, WPg. 1989 S. 625; *Bink*, DB 1987 S. 1106; *Link*, DB 1988 S. 616; gegen eine lineare Auflösung des Postens als alleiniger Methode[61] bestehen Bedenken. Gewerbesteuerrechtlich sind passivierte Verpflichtungen einer Nutzungsüberlassung von Mietgegenständen nach Verkauf der Mietforderungen an Kreditinstitute keine Dauerschulden, vgl. Erl. NW v. 13. 2. 1980, StEK GewStG, § 8 Ziff. 1 Nr. 37.

Zur bilanzrechtlichen Beurteilung eines Leasingvertrages mit **degressiven Lea- 35 singraten** vgl. BFH vom 12. 8. 1982, BStBl. II S. 696 ff., wo eine Linearisierung der Leasingraten und infolgedessen die Aktivierung der sich während der ersten Jahre der Grundmietzeit ergebenden Differenzbeträge zwischen Durchschnittsrate und vertraglich vereinbarten Leasingraten sowie der sog. Vormieten (Aufwendungen des Leasingnehmers vor Fertigstellung des Mietobjekts) verlangt wird[62]. Die Anwendbarkeit des Urteils ist jedoch durch BMF-Schreiben v. 10. 10. 1983, BStBl. I S. 431 auf den zugrundeliegenden Fall beschränkt worden.

Treuhandschaften[63] sind nach dem Grundsatz, daß die wirtschaftliche Zugehö- **36** rigkeit, nicht das juristische Eigentum entscheidet, grundsätzlich bei dem Treugeber und nicht bei dem Treuhänder zu bilanzieren[64]. Darüber hinaus sollten sie

---

59 Vgl. BdF-Schreiben v. 22. 12. 1975, DB 1976 S. 173. Zur Rückstellung bei Rückzahlungspflichten des Leasinggebers am Ende der Vertragslaufzeit vgl. BFH-Urt. v. 8. 10. 1987, BStBl. II 1988 S. 57 (ablehnend); für Rückstellungsbildung *Böcking*, ZfbF 1989 S. 491 ff.; *BeBiKo.*, § 249 Anm. 100 (S. 341); hierzu auch *Bordewin*, DB 1988 S. 413 f.; *ders.*, DB 1988 S. 1241; *Rohse*, DB 1988 S. 1239 ff.; *Knaus*, BB 1988 S. 666; *Moxter* in Rückstellungen in der Handels- und Steuerbilanz, Düsseldorf 1991 S. 3 ff.
60 So auch *Döllerer*, BB 1982 S. 777 ff. Vgl. demgegenüber mit neuen Denkanstößen *Forster* (Fn. 55), S. 152.
61 So *Groove*, DB 1984 S. 889 ff.; *Bink*, DB 1987 S. 1106.
62 Zur Kritik vgl. *Döllerer*, ZGR 1983 S. 407 ff.; *Hauber*, BB 1983 S. 740 ff.; *Mathiak*, StuW 1983 S. 69 ff.; *Meilicke*, DB 1983 S. 737 ff.; *Forster* (Fn. 55), S. 152 f.; *IDW*, WPg. 1989 S. 625; *Runge*, DB 1990 S. 959.
63 Vgl. wegen der verschiedenen Formen WPH Bd. II H; ferner *Mathews*, Rechenschaftslegung über Treuhandverhältnisse, Herne/Berlin 1978, mit ausführlichem Literaturverzeichnis; *ADS*, 4. Aufl., § 149 AktG 1965 Tz. 51 ff.; *Liebich/Mathews*, Treuhand und Treuhänder in Recht und Wirtschaft, 2. Aufl., Herne 1983; *HdR* II Rn. 324 ff.; ferner *Eden*, Treuhandschaft an Unternehmen und Unternehmensanteilen, 2. Aufl., Berlin ua. 1989.
64 Vgl. *ADS*, 4. Aufl., § 149 AktG 1965 Tz. 57 ff.; *Kropff* in AktG-Kom., § 149 AktG 1965 Anm. 55 ff.; *Mathews* (Fn. 63), S. 76 ff.; *Serick*, Eigentumsvorbehalt und Sicherungsübertragung, Bd. II, Heidelberg 1965 S. 103; *Kirsten/Matheja*, Treuhand und Treuhänder im Steuerrecht, 2. Aufl., Herne/Berlin 1978; *Lohmeyer*, StuW 1970 Sp. 243 ff.; *Rosenau*, DB 1966 Beil. 18; *Zilias*, WPg. 1967 S. 465; *Mathews*, BB 1987 S. 642 ff.; *ders.*, BB 1989 S. 455 ff.; steuerlich vgl. WPH Bd. II und *HdR* II Rn. 374 ff.; *Heidner*, DStR 1989 S. 305; die Kommentierungen zu § 39 AO sowie der Erlaß Senator für Finanzen Berlin v. 15. 7. 1987, DStR S. 663; wegen älterer Literatur vgl. auch WPH 1977 S. 578.

aber auch bei dem Treuhänder als Durchlaufposten (am besten in der Vorspalte als „Treuhandvermögen" und „Treuhandverpflichtungen") oder auf der Aktivseite „unter dem Strich" gesondert ausgewiesen werden[65]. Im Auftrag des Treugebers übernommene Verpflichtungen sind dann beim Treuhänder gesondert auszuweisen, wenn er die Verpflichtung Dritten gegenüber im eigenen Namen eingegangen ist; der ihm aus dem Treuhandvertrag zustehende Anspruch gegen den Treugeber auf Freistellung von der Verbindlichkeit oder auf Erstattung seiner Auslagen (§ 257 BGB) ist dann zu aktivieren[66]. Wegen der Behandlung von Treugut, das der Treuhänder von einem Dritten zu treuen Händen für den Treugeber erworben oder selbst hergestellt hat (Aktivierung des Herausgabeanspruchs an Stelle des Treugutes beim Treugeber), vgl. *ADS*, 4. Aufl., § 149 AktG 1965 Tz. 57.

37   Bei **Sicherungstreuhandschaften** (Sicherungsübereignung und Sicherungsabtretung) ist das Sicherungsgut beim wirtschaftlichen Eigentümer, idR dem Sicherungsgeber, zu bilanzieren; dies ist in § 246 Abs. 1 Satz 2 HGB nunmehr ausdrücklich vorgeschrieben (vgl. hierzu Tz. 9)[67]. Ein getrennter Ausweis in dessen Bilanz ist nicht erforderlich[68]. Besicherungen fremder Verbindlichkeiten sind unter der Bilanz des Sicherungsgebers zu vermerken (§ 251 HGB). Zu ihnen zählen beim Einzelkaufmann auch aus dem Betriebsvermögen stammende Sicherheiten, die für eigene private Schulden gewährt werden. Werden zur Sicherung allerdings Bareinlagen erbracht, sind sie beim Sicherungsnehmer zu bilanzieren (§ 246 Abs. 1 Satz 3 HGB), während der Sicherungsgeber entsprechende Rückforderungsansprüche auszuweisen hat.

38   Unter **Eigentumsvorbehalt** gelieferte Gegenstände sind grundsätzlich beim Erwerber zu bilanzieren; dies ist nunmehr ebenfalls ausdrücklich vorgeschrieben (§ 246 Abs. 1 Satz 2 HGB; vgl. Tz. 9); der Lieferant bilanziert die Gegenforderung. Unter EV gekaufte Sachen dürfen jedoch dann vom Erwerber nicht mehr ausgewiesen werden, wenn der EV geltend gemacht ist oder die Geltendmachung droht.

39   Über **Kommission** vgl. F Tz. 103.

40   Die Bilanzierung von **Wertpapieren** ist auch vor Erlangung des Eigentums oder Miteigentums (§§ 18 Abs. 3, 24 DepG) möglich[69]. Üblich ist die Bilanzierung bei Erteilung der Abrechnung durch die Bank.

41   Zur Bilanzierung bei den verschiedenen Formen des **Factoring** (Forderungsverkauf durch Abtretung iSd. §§ 433, 398 BGB) vgl. *Löhr*, WPg. 1975 S. 457 ff., sowie *Schindewolf* in Factoring-Handbuch, hrsg. von *Hagenmüller/Sommer*, 2. Aufl., Frankfurt a. M. 1987 S. 71 ff. mit weiteren Literaturhinweisen und *HdR*,

---

65 hM nach *Mathews*, BB 1987 S. 642 ff. mwN; gegen eine Bilanzierung *Baumbach/Hueck*, § 42 GmbHG Anm. 82; nach *BeBiKo.*, § 246 Anm. 10 f., ist die Erfassung von Treugut im Jahresabschluß des Treuhänders kein GoB.

66 Vgl. *ADS*, 4. Aufl., § 149 AktG 1965 Tz. 62; *Kropff* in AktG-Kom., § 149 AktG 1965 Anm. 59; *Mathews* (Fn. 63), S. 84 f.; ders., BB 1987 S. 642 ff. mit Angaben zur Rechtsprechung; *BoHdR*, § 246 HGB Rn. 42.

67 Zur steuerlichen Zurechnung vgl. § 39 Abs. 2 Nr. 1 AO.

68 Vgl. *ADS*, 4. Aufl., § 149 AktG 1965 Tz. 58; *Kropff* in AktG-Kom., § 149 AktG 1965 Anm. 54; ebenso *BeBiKo.*, § 246 Anm. 16; aA *Mathews* (Fn. 63), S. 91 ff., der Sicherungsübertragungen sogar für buchungspflichtig hält; wegen der Angaben über Sicherheiten für eigene Verbindlichkeiten nach § 285 Nr. 1b und Nr. 2 HGB (für Kapitalgesellschaften) vgl. *ADS*, § 285 HGB Tz. 13 ff.

69 Vgl. *ADS*, 4. Aufl., § 149 AktG 1965 Tz. 42.

II Rn. 389 ff.[70]. Beim **echten** Factoring (mit Übernahme des Ausfallrisikos durch den Forderungskäufer) scheiden die verkauften Forderungen mit der Abtretung aus dem Vermögen und der Bilanz des Forderungsverkäufers (Anschlußkunde, Zedent) aus[71], statt dessen entstehen Forderungen an den Forderungskäufer (Factor, Zessionar), die unter Beachtung der Abreden im einzelnen (Zinsregelung, Sperrbeträge) und unter Berücksichtigung etwaiger Veritätsrisiken der übertragenen Forderungen (evtl. pauschal; nach Forderungsausgleich durch den Factor als Rückstellung) zu bilanzieren sind. Verbleibt das Ausfallrisiko dagegen beim Forderungsverkäufer (**unechtes** Factoring)[72], so hat dieser die verkauften Forderungen unter Berücksichtigung des Ausfallrisikos zunächst weiterhin zu bilanzieren; nach Ausgleich durch den Factor sind Verbindlichkeiten aus Bürgschaften oder Gewährleistungsverträgen unter der Bilanz zu vermerken oder Rückstellungen zu bilden, falls mit Ausfällen der verkauften Forderungen zu rechnen ist[73].

Auch bei **Pensionsgeschäften**[74] richtet sich die Vermögenszuordnung nach dem wirtschaftlichen Eigentum. Für **Kreditinstitute** gelten die Bestimmungen des § 340b HGB (idF durch das Bankbilanzrichtlinie-Gesetz[75]). **Echte** Pensionsgeschäfte liegen nach Abs. 2 dieser Vorschrift vor, wenn der Pensionsnehmer verpflichtet ist, die betreffenden Vermögensgegenstände (zB Wertpapiere, Forderungen) zurückzuübertragen. Nach § 340b Abs. 4 HGB ist in diesen Fällen der Pensionsgeber weiterhin zur Aktivierung des Pensionsgutes verpflichtet. Gleichzeitig hat er die Zahlungsverpflichtungen für den Rückerwerb in Höhe des für die Übertragung erhaltenen Betrages zu passivieren[76]. Der Pensionsnehmer bilanziert den hingegebenen Geldbetrag als Forderung. Zur Angabe des Buchwertes der Pensionsgegenstände im Anhang des Pensionsgebers (sofern Kapitalgesellschaft; § 340b Abs. 4 Satz 4 HGB) vgl. F Tz. 504. Bei **unechten** Pensionsgeschäften ist der Pensionsnehmer nicht zur Rückgabe des Vermögensgegenstandes verpflichtet, aber er besitzt ein Andienungsrecht (§ 340b Abs. 3 HGB). In diesem Fall ist nach Abs. 5 Satz 1 der Vorschrift das Pensionsgut dem Pensions-

        42

---

70 Vgl. zu den rechtlichen Fragen auch *Bette*, Das Factoring-Geschäft, Stuttgart/Wiesbaden 1973; *Ehling*, Zivilrechtliche Probleme der vertraglichen Ausgestaltung des Inland-Factoring-Geschäfts in Deutschland, Berlin 1977; *Serick*, BB 1979 S. 845 ff.; BGH v. 15. 4. 1987, BB S. 1761 f. mit kritischen Anmerkungen von *Kapp*; *Bette*, DB 1987 Beil. 20 S. 26 f. Steuerlich vgl. *HHR*, § 5 EStG Rn. 2200.
71 Vgl. *ADS*, § 266 HGB Tz. 123; *BHdR*, B 215 Rn. 28.
72 Zur Unterscheidung zwischen echtem und unechtem Factoring vgl. auch BFH v. 10. 12. 1981, BStBl. II 1982 S. 200.
73 So auch *HdR*, II Rn. 421.
74 Vgl. hierzu *Ferber*, Pensionsgeschäfte der Kreditinstitute, Frankfurt a. M. 1969; *Schurig*, Schwebende Geschäfte bei Kreditinstituten, Frankfurt a. M. 1981; *Bieg* in Bankbilanzen und Bankaufsicht, München 1983 S. 294 ff.; *Jahn*, Pensionsgeschäfte und ihre Behandlung im handelsrechtlichen Abschluß von Kapitalgesellschaften, Frankfurt a. M. 1990; *von Treuberg/Scharpf*, DB 1991 S. 1233 ff.; zu Pensionsgeschäften mit eigenen Emissionen vgl. St/BFA 1/1966; zur Auflösung stiller Reserven durch Veräußerungsgeschäfte vgl. auch St/BFA 2/1982; *HFA*, FN 1983 S. 124 (allgemeine Gültigkeit der Grundsätze zur Gewinnrealisierung); *Forster/Gross* in FS *Scholz*, Düsseldorf 1985 S. 49 ff. (69); *Meyer-Sievers*, WPg. 1988 S. 291 ff.; zur Gewinnrealisierung bei Beherrschung vgl. *Seifried*, DB 1990 S. 1473 ff. und S. 1525 ff.; zu Wertpapierpensionsgeschäften vgl. *Häuselmann/Wiesenbart*, DB 1990 S. 2129 ff. Steuerlich vgl. *Stobbe*, BB 1990 S. 518; *HHR*, § 5 EStG Anm. 1315 ff.; *HdU*, B Rn. 34 ff.; zur bilanzsteuerrechtlichen Unterscheidung zwischen Wertpapierleihgeschäft und echtem Wertpapierpensionsgeschäft vgl. BMF-Rundschr. v. 3. 4. 1990, DB S. 863.
75 Die Bestimmungen sind erstmals auf GJ anzuwenden, die nach dem 31. 12. 1992 beginnen; zur Regelung der erstmaligen Anwendung vgl. Anlage I Nr. 3 der Richtlinien für die Aufstellung des Jahresabschlusses der Kreditinstitute, Bekanntmachung Nr. 1/68 des BAK v. 22. 7. 1968 (Beil. zum BAnz. 161) idF der Bekanntmachung v. 8. 2. 1988 (BAnz. 41, sowie Schr. des BAK v. 6. 8. 1971, CM 17.21).
76 Vgl. *BeBiKo.*, § 246 Anm. 22; Voraufl., Bd. I S. 288.

nehmer zuzurechnen[77], während der Pensionsgeber nach Satz 2 die Höhe seiner Verpflichtung im Fall der Rückübertragung unter der Bilanz bzw. im Anhang anzugeben hat[78]. Für drohende Verluste aus der Rücknahmepflicht ist ggf. nach § 249 Abs. 1 Satz 1 HGB eine Rückstellung zu bilden.

43   Die Bestimmungen in § 340b HGB gelten zwar formal nur für Kreditinstitute, bringen jedoch hinsichtlich der Behandlung von Pensionsgeschäften in der Bilanz GoB zum Ausdruck. Sie sind daher von **allen Kaufleuten** zu beachten, soweit diese an Pensionsgeschäften untereinander oder mit Kreditinstituten beteiligt sind[79]. **Steuerlich** ist nach der hM das Pensionsgut beim Pensionsnehmer auszuweisen; der GrS des BFH hat die Frage in seinem Beschluß v. 29. 11. 1982, BStBl. II 1983 S. 272, offengelassen. Eine Entscheidung der Finanzverwaltung steht – soweit ersichtlich – noch aus[80].

2. Verrechnungsverbot (§ 246 Abs. 2 HGB)[81]

44   § 246 Abs. 2 HGB verbietet generell die Verrechnung von Posten der Aktivseite mit Posten der Passivseite, von Aufwendungen mit Erträgen[82] sowie von Grundstücksrechten mit Grundstückslasten. Die Vorschrift entspricht inhaltlich den GoB. Bilanz und GuV sind als **Bruttorechnungen** gedacht. Durch Saldierung von Posten würde die Übersicht über die Vermögens- und die Ertragslage zumindest beeinträchtigt, wenn nicht sogar verlorengehen, und es würde der Grundsatz der Klarheit und Übersichtlichkeit (§ 243 Abs. 2 HGB) verletzt. Das Verrechnungsverbot tritt damit auch der Bilanzverschleierung entgegen[83].

45   Es bestehen jedoch einige **Einschränkungen des Verrechnungsverbotes.** Die wichtigste Ausnahme ergibt sich aus § 276 HGB, der kleinen und mittelgroßen Kapitalgesellschaften (§ 267 Abs. 1 und 2 HGB) gestattet, die Umsatzerlöse mit bestimmten anderen Erträgen und Aufwendungen zu einem **Posten „Rohergebnis"** zusammenzufassen (vgl. F Tz. 257). Es stellt sich daher die Frage, ob auch Einzelkaufleute, OHG und KG die gleiche Saldierungsmöglichkeit haben, ggf. beschränkt auf Unternehmen gleicher Größenordnung. Geht man davon aus, daß die Anforderungen, die das Gesetz an die JA dieser Unternehmen stellt, weitaus geringer sind als an die von Kapitalgesellschaften, und daß weiterhin keine Differenzierungen der Größe nach für die erstgenannten Gesellschaften erfolgen, so erscheint es vertretbar, Einzelkaufleuten, OHG und KG die gleichen Saldierungsrechte zuzugestehen wie kleinen und mittelgroßen Kapitalgesellschaften[84]. Allerdings dürfte dann bei OHG und KG jeder einzelne Gesell-

77 Vgl. *HdR*, II Rn. 194; *BeBiKo.*, § 246 Anm. 23; *Stobbe*, BB 1990 S. 518 ff. mwN (auch steuerlich).
78 Vgl. auch *BHdR*, B 431 Rn. 49 (Angaben nach § 285 Nr. 3 HGB für Rücknahmeverpflichtungen aus Wertpapierpensionsgeschäften).
79 Herrschende handelsrechtliche Auffassung nach *Stobbe*, BB 1990 S. 518 ff. (523); zur Zurechnungsfrage ebenso *BeBiKo.*, § 246 Anm. 22 mwN; aA *Baumbach/Hueck*, § 42 GmbHG Anm. 81 mwN; *Döllerer*, ZGR 1984 S. 630; *Schmidt, L.*, § 5 Anm. 31; zum Meinungsstreit vgl. auch *BoHdR*, § 246 HGB Rn. 47; zu Umgehungsmöglichkeiten *Kühnberger/Stachuletz*, DBW 1986 S. 356 ff.
80 Vgl. BMF-Schr. v. 12. 7. 1983, BStBl. I S. 392.
81 Vgl. hierzu *HuRB* S. 365 ff.; *Pößl*, DStR 1984 S. 428 ff. (zu wirtschaftlich ineinandergreifenden Vorgängen).
82 Vgl. hierzu *ADS*, § 275 Tz. 9 f.
83 Vgl. *Marker*, Bilanzfälschung und Bilanzverschleierung, Düsseldorf 1970; *Kollnig*, NB 1965 S. 188 ff.
84 Vgl. *BeBiKo.*, § 246 Anm. 86; teilw. abw. *HdR*, § 243 HGB Rn. 56.

schafter im Rahmen der Kontrollrechte nach den §§ 118 Abs. 1, 166 Abs. 1 HGB das Recht haben, eine ungekürzte GuV zu erhalten (analog zum Recht jedes Aktionärs, vgl. § 131 Abs. 1 Satz 3 AktG).

Auch bei **Forderungen** und **Verbindlichkeiten** können **Saldierungen** in Betracht **46** kommen. Sofern es sich um gleichartige Forderungen und Verbindlichkeiten zwischen denselben Personen handelt, sollte eine Verrechnung immer dann vorgenommen werden, wenn die Forderungen und Verbindlichkeiten sich aufrechenbar gegenüberstehen (§ 387 BGB)[85]. Eine Verrechnung wird auch dann als zulässig angesehen werden können, wenn die jeweiligen Zeitpunkte der Fälligkeit der Forderung und der Erfüllbarkeit der Verbindlichkeit nur unwesentlich voneinander abweichen, im übrigen die Voraussetzungen des § 387 BGB gegeben sind und durch die Verrechnung die Klarheit und Übersichtlichkeit des JA gefördert wird. Ungleichartige Forderungen und Verbindlichkeiten, auch langfristige Forderungen gegen kurzfristige Verpflichtungen unterliegen stets dem Verrechnungsverbot[86].

Weiterhin können **erhaltene Anzahlungen** auf Bestellungen offen von dem **47** Posten Vorräte **abgesetzt** werden[87]. Dies ergibt sich aus den zusätzlichen Vorschriften zur Bilanz der Kapitalgesellschaften (§ 268 Abs. 5 Satz 2 HGB). Es sind keine Gründe ersichtlich, die der Anwendung der Vorschrift auf die Bilanz von Einzelkaufleuten, OHG und KG entgegenstehen könnten[88].

3. Bilanzierungsverbote (§ 248 HGB)

In § 248 HGB bestimmt das Gesetz, welche Posten **nicht** in die Bilanz aufgenom- **48** men werden dürfen:

– Aufwendungen für die Gründung des Unternehmens und für die Beschaffung des Eigenkapitals (Abs. 1),
– immaterielle Vermögensgegenstände des Anlagevermögens, die nicht entgeltlich erworben wurden (Abs. 2).

Ausnahmen von diesen Bilanzierungsverboten enthält das DMBilG in § 31 Abs. 1; vgl. dazu F Tz. 61 ff.

Der Begriff **Gründungsaufwendungen** ist weit auszulegen. Es sind darunter nicht **49** nur die Gründungskosten ieS wie Personalkosten, Kosten der Anmeldung uä. zu verstehen, sondern auch alle Vorbereitungskosten, soweit sie nicht zur Schaffung von konkreten Wirtschaftsgütern geführt haben[89]. Das Bilanzierungsverbot

---

85 hM nach *BeBiKo.*, § 246 Anm. 81; für eine Saldierungspflicht bei Abrechnungs- und Kontokorrentverhältnissen *HdR*, § 246 HGB Rn. 22; siehe auch F Tz. 132.
86 Wegen weiterer Einzelheiten vgl. *ADS*, 4. Aufl., § 152 AktG 1965 Tz. 166 ff.; *Kropff* in AktG-Kom., § 152 AktG 1965 Anm. 82 ff.; *Mellerowicz* in Großkom., § 152 AktG 1965 Anm. 84; *Schäfer*, Grundsätze ordnungsmäßiger Bilanzierung, Düsseldorf 1977 S. 86 ff.; *Hüttemann*, Grundsätze ordnungsmäßiger Bilanzierung für Verbindlichkeiten, Düsseldorf 1970 S. 46 ff.; wegen weiterer Ausnahmen (zB nach den §§ 277 Abs. 1 und 2, 274 HGB) vgl. *ADS*, § 275 HGB Tz. 189; *Glade*, BiRiLiG Tz. 35 ff.; *HdR*, § 246 HGB Rn. 22 ff.
87 Vgl. *ADS*, § 268 HGB Tz. 112, § 266 HGB Tz. 98; einschränkend *HdR*, § 266 HGB Rn. 61.
88 Zum Einfluß der Rechnungslegungsvorschriften für Kapitalgesellschaften auf Personengesellschaften vgl. *Schellein*, WPg. 1988 S. 693 ff.
89 Vgl. auch *Bordewin*, DStZ 1986 S. 84; *BoHdR*, § 248 HGB Rn. 4; *Glade*, BiRiLiG, § 248 HGB Tz. 6.

bezieht sich auch auf die Erfassung von Gründungsaufwendungen als Rechnungsabgrenzungsposten [90].

50   Eine **Ausnahme** gilt für die sog. **Ingangsetzungsaufwendungen,** die sich im Gegensatz zu den Gründungsaufwendungen nicht auf die Schaffung der rechtlichen, sondern der wirtschaftlichen Voraussetzungen eines Unternehmens beziehen [91]. Für Kapitalgesellschaften ist die Aktivierbarkeit dieser Aufwendungen in § 269 HGB ausdrücklich geregelt (vgl. F Tz. 58 ff.). Die Begr. zu § 269 HGB betont, daß diese Ausnahme auf Kapitalgesellschaften beschränkt sein solle und eine Aktivierung von Ingangsetzungsaufwendungen in den Bilanzen anderer Unternehmen nicht mit dem Grundsatz der Vorsicht vereinbar sei [92]. Dem steht jedoch entgegen, daß die unter das PublG fallenden Einzelfirmen und Personenhandelsgesellschaften nach § 5 Abs. 1 Satz 2 PublG die Vorschrift des § 269 HGB sinngemäß anwenden dürfen. Es ist auch nicht einzusehen, warum die Aktivierung nicht mit dem Grundsatz der Vorsicht vereinbar sein soll [93]. Die Entnahmerechte der Einzelkaufleute sowie persönlich haftender Gesellschafter von Personenhandelsgesellschaften können unabhängig vom Gewinnausweis geregelt sein; allenfalls für die Gewinnbezugsrechte von Kommanditisten kann § 269 Satz 2 HGB von Bedeutung sein. Bei entsprechender Berücksichtigung dieser Bestimmung muß daher auch Einzelfirmen und Personenhandelsgesellschaften das Recht zugestanden werden, Ingangsetzungsaufwendungen (und ebenso die in § 269 HGB angesprochenen Erweiterungsaufwendungen) in der Bilanz anzusetzen [94]. Der Posten beinhaltet jedoch keinen Vermögensgegenstand, sondern stellt, wie § 269 Satz 1 erster Halbsatz HGB betont, eine Bilanzierungshilfe dar [95].

51   Das Bilanzierungsverbot der Aufwendungen für die **Beschaffung des Eigenkapitals** bezieht sich nicht nur auf unmittelbar für diesen Zweck entstandene Aufwendungen, sondern auch auf Zahlungen, die an Dritte geleistet werden, wie zB an Kapitalvermittlungsunternehmen. Das Verbot gilt auch für Kapitalgesellschaften, da die entsprechenden Aufwendungen nicht zu den Ingangsetzungsaufwendungen gehören.

52   Zu den **immateriellen Vermögensgegenständen** des Anlagevermögens [96] iSd. § 248 Abs. 2 HGB rechnen Konzessionen, gewerbliche Schutzrechte (Patente, Marken-, Urheber- und Verlagsrechte, Geschmacks- und Gebrauchsmuster sowie Warenzeichen) und ähnliche Rechte und Werte (zB Produktionsverfahren, EDV-Programme, Rezepte, Know-how) sowie Lizenzen an solchen Rechten und Werten (§ 266 Abs. 2 A I 1 HGB) [97]. Es besteht Aktivierungspflicht, jedoch ist

---

90 Vgl. *BHdR,* B 137 Rn. 8.

91 Vgl. zur Abgrenzung auch *Veit,* WPg. 1984 S. 65 ff.; *HdR,* § 248 HGB Rn. 14 f.

92 Vgl. BT-Drs. 10/4268 S. 106; zustimmend *Gross/Schruff* (Fn. 1), S. 79.

93 Vgl. auch *Selchert,* DB 1986 S. 982 f., der gleichwohl davon ausgeht, daß Einzelkaufleuten und Personenhandelsgesellschaften eine Aktivierung nicht gestattet sei.

94 Vgl. *ADS,* § 269 HGB Tz. 7 ff.; aA *HdR,* § 269 HGB Rn. 8.

95 In der Steuerbilanz sind Ingangsetzungskosten nicht aktivierungsfähig, vgl. *Schmidt, L.,* § 5 Anm. 31 mwN.

96 Vgl. im einzelnen *ADS,* § 266 HGB Tz. 31; *HuRB* S. 246 ff.; sowie *HdJ.* Abt. II/2 (1990).

97 Über Lizenzen vgl. *Höppner,* WPr. 1933 S. 76; über Verlagsrechte *Dahmann,* ZfhF 1930 S. 466/473; *Löffler,* BB 1959 S. 110; *Mutze,* WPg. 1959 S. 409 ff.; *Jahrmarkt,* DB 1980 S. 1412 f.; über erworbene Abonnementsverträge *Löffler/Faut,* BB 1973 S. 1299 ff.; über Filmrechte *Böttcher,* WPr. 1949 S. 73; *ders.,* WPr. 1953 S. 227; *Ott,* Bewertungsfragen in der Filmwirtschaft, Wiesbaden 1953; *Sewering,* BFuP 1953 S. 651; *Klinger,* NB 1954 S. 71; *Gercke,* Zur Bilanzierung von Filmvermögen, Emsdetten 1958; *Meyer,* WPg. 1973 S. 88 ff.; wegen Güterfernverkehrsgenehmigungen vgl. *Dziadkowski,* BB 1971 S. 473 ff. und BFH v. 10. 8. 1989, BStBl. II 1990 S. 15; über „software" *Maul,* DB 1972 Beil.

Voraussetzung für den Ansatz in der Bilanz, daß ein entgeltlicher Erwerb von Dritten vorliegt (Kauf, Tausch oder Einbringung)[98]. Der immaterielle Vermögensgegenstand als solcher muß unmittelbar Objekt des Erwerbsvorgangs gewesen sein[99].

Anmeldungskosten für eigene gewerbliche Schutzrechte stellen kein Entgelt für den Erwerb dar. Außerhalb des Arbeitsentgelts geleistete Erfindervergütungen an Arbeitnehmer für im Unternehmen genutzte Erfindungen oder Patente sind als Entgelt iSd. Gesetzes zu betrachten[100].

Die Aktivierung selbstgeschaffener, zur Veräußerung bestimmter immaterieller Vermögensgegenstände des **Umlaufvermögens** (zB EDV-Programme) ist in § 248 Abs. 2 HGB nicht angesprochen. Eine Aktivierung ist daher nach allgemeinen Grundsätzen (§ 246 Abs. 1 Satz 1 HGB) geboten; bei der Bewertung ist der Grundsatz der Vorsicht in besonderem Maße zu beachten. **53**

In der **Steuerbilanz** gilt ebenfalls das Aktivierungsverbot für selbstgeschaffene immaterielle Anlagewerte gem. § 5 Abs. 2 EStG[101], soweit nicht nach § 50 DMBilG eine Ausnahme zugelassen ist[102]. Ein entgeltlicher Erwerb liegt nur vor, wenn die Gegenleistung konkret auf den Vorgang des abgeleiteten Erwerbs des immateriellen Wirtschaftsguts als solchem bezogen ist[103]. IdS können nicht aktiviert werden: zB von der Schallplattenindustrie hergestellte Tonträger (vgl. BFH v. 28. 5. 1979, BStBl. II S. 734); selbstgeschaffene Patente (BFH v. 8. 11. 1979, BStBl. II 1980 S. 146); Aufwendungen für einen selbstgeschaffenen Nutzungsvorteil, zB Beiträge zum Ausbau einer öffentlichen Straße oder zum Bau einer städtischen Kläranlage (BFH v. 26. 2. 1980, BStBl. II S. 687; BFH v. 25. 8. 1982, BStBl. II 1983 S. 38); eine Kundenkartei, die im Rahmen einer Betriebsübernahme erworben worden ist, wenn dafür kein besonderes Entgelt vereinbart und als solches gezahlt ist (vgl. BFH v. 25. 11. 1981, BStBl. II 1982 S. 189); schwebende Arbeitsverträge mit im Unternehmen tätigen Arbeitnehmern (BFH v. 7. 11. 1985, BStBl. II 1986 S. 176); Pensionszusagen nach dem BetrAVG (BFH v. 14. 12. 1988, BStBl. II 1989 S. 323). Weitere Beispiele für die Verneinung eines entgeltlichen Erwerbs durch die Rechtsprechung gibt *Schmidt, L.,* § 5 Anm. 22h. Zu den immateriellen Wirtschaftsgütern gehören nicht nur Rechte, sondern auch Fabrikationsverfahren (vgl. auch BFH v. 1. 6. 1989, BStBl. II S. 830), Know- **54**

---

15 S. 1 ff.; *Sauer,* DStR 1988 S. 727 ff.; *ders.,* Bilanzierung von Software – Rechnungslegung für Anwendersoftware nach Handels- und Steuerrecht unter Berücksichtigung US-amerikanischer Rechnungslegung, Wiesbaden 1988; *Knepper* in FS *Döllerer,* Düsseldorf 1988 S. 299 ff.; über Auftragsbestände BFH v. 1. 2. 1989, BFH/NV S. 778; über immaterielle Wirtschaftsgüter insgesamt *Husemann,* Grundsätze ordnungsmäßiger Bilanzierung für Anlagegegenstände, 2. Aufl., Düsseldorf 1976, insbesondere S. 246–300; *Mutze,* Aktivierung und Bewertung für immaterielle Wirtschaftsgüter nach Handels- und Steuerrecht, Berlin 1960; *Moxter,* BB 1979 S. 1102 ff.; *Zeitler,* DStR 1988 S. 303 ff.; *Metze* in Erste Erfahrungen mit den neuen Rechnungslegungsvorschriften, Stuttgart 1990 S. 35 ff., sowie HdJ, Abt. II/2 (1990).

98 Vgl. *ADS,* § 153 AktG 1965 Tz. 116, § 266 HGB Tz. 30; *HdR,* § 248 HGB Rn. 25 ff.; *Döllerer,* BB 1965 S. 1405/1407; *Kropff,* DB 1966 S. 669/673, auch in AktG-Kom., § 153 AktG 1965 Anm. 43 ff.; zum Teil aA *Mutze,* WPg. 1965 S. 170; vgl. auch *Freericks,* FR 1969 S. 518 ff. mit ausführlichen Literaturhinweisen.

99 Vgl. vor allem *Döllerer,* BB 1969 S. 501 ff.; kritisch dazu *Moxter,* DB 1978 S. 1804 ff.

100 Vgl. *ADS,* § 248 HGB Tz. 17; *BeBiKo.,* § 247 Anm. 391; weitergehend HdJ, Abt. II/2 (1990) Rn. 63 mwN; dazu auch *Glade,* BiRiLiG, § 248 HGB Tz. 17.

101 Vgl. EStR 1990 Abschn. 31a Abs. 1 bis 3.

102 Vgl. dazu *Budde/Forster,* Nachtrag § 50 DMBilG Anm. 12 ff.

103 Vgl. BFH v. 26. 2. 1975, BStBl. II S. 445 mwN. Das Wirtschaftsgut kann auch erst durch den Abschluß des Rechtsgeschäfts entstehen, zB bei entgeltlich erworbenen Belieferungsrechten (EStR 1990 Abschn. 31a Abs. 2 Satz 3).

how, EDV-Programme (BFH v. 3. 7. 1987, BStBl. II S. 728 und S. 787; BFH v. 5. 2. 1988, BStBl. II S. 737; BFH v. 2. 9. 1988, BStBl. II 1989 S. 160)[104] oder besondere Vorteile, die durch einen verlorenen Zuschuß erworben worden sind[105]. Zur Behandlung eines Zuschusses für eine öffentliche Verkehrseinrichtung vgl. BFH v. 18. 9. 1975, BStBl. II S. 874; wegen Abfindung für die Nichtübernahme eines branchenfremden Warenlagers vgl. BFH v. 28. 8. 1974, BStBl. II 1975 S. 56; die für die Entlassung aus einem belastenden Vertrag gezahlte Entschädigung erhöht den Geschäftswert, ist aber mangels abgeleiteten Erwerbs nicht zu aktivieren, vgl. BFH v. 23. 6. 1981, BStBl. II 1982 S. 56. Zu weiteren Fragen vgl. EStR 1990 Abschn. 31a sowie *Schmidt, L.*, § 5 Anm. 20 ff. mwN (zB zu Einlage, Entnahme, verdeckter Gewinnausschüttung, verdeckter Einlage von immateriellen Wirtschaftsgütern).

4. Angabe von Haftungsverhältnissen (§ 251 HGB)

55   Haftungsverhältnisse des Unternehmens sind, soweit sie nicht durch entsprechende Rückstellungen und Verbindlichkeiten berücksichtigt werden müssen, unter der Bilanz auf der Passivseite zu **vermerken** (§ 251 Satz 1 HGB), dh. nachrichtlich außerhalb der Hauptspalte anzugeben. Als Haftungsverhältnisse kommen in Betracht[106]:

– Verbindlichkeiten aus der Begebung und Übertragung von Wechseln (Wechselobligo),
– Verbindlichkeiten aus Bürgschaften, Wechsel- und Scheckbürgschaften,
– Verbindlichkeiten aus Gewährleistungsverträgen,
– Haftungsverhältnisse aus der Bestellung von Sicherheiten für fremde Verbindlichkeiten.

Das **Scheckobligo** braucht nicht genannt zu werden[107].

56   Alle Haftungsverhältnisse dürfen zusammen **in einem Betrag** angegeben werden (§ 251 Satz 1 zweiter Halbsatz HGB); es genügt die Bezeichnung „Haftungsverhältnisse". Dies gilt nicht für Kapitalgesellschaften; sie haben die weitergehenden Bestimmungen in § 268 Abs. 7 HGB zu beachten, dh. **gesonderte Nennung** jeder der vier Gruppen von Haftungsverhältnissen einschließlich bestimmter zusätzlicher Angaben unter der Bilanz oder im Anhang (vgl. im einzelnen F Tz. 239 ff.). Kapitalgesellschaften müssen außerdem weitere **(sonstige) Haftungsverhältnisse** unter den sonstigen finanziellen Verpflichtungen (§ 285 Nr. 3 HGB) im Anhang angeben[108].

57   In das **Wechselobligo** sind alle Abschnitte einzubeziehen, aus denen die Gesellschaft als Ausstellerin (Art. 9 Abs. 1 WG) oder Indossantin (Art. 15 Abs. 1 WG)

104 Vgl. *Bormann*, WPg. 1991 S. 8.
105 aA auch hinsichtlich Abstandszahlungen *Kupsch*, WPg. 1977 S. 663 ff.
106 Vgl. im einzelnen *ADS*, § 251 HGB Tz. 15 ff.; *BeBiKo.*, § 251 Anm. 14 ff.; *Block*, WPg. 1968 S. 400 ff.; *Birck/Meyer*, Die Bankbilanz, 3. Aufl., Wiesbaden 1977 S. II/377 ff.; *HdJ*, Abt. III/9 (1984) Rn. 14; *Gerth*, BB 1981 S. 1611 ff.; *Kosfeld*, BB 1981 S. 1250 ff.; *ders.*, WPg. 1986 S. 613 ff.; *Kortmann*, DB 1987 S. 2577 ff.; *Fey*, Grundsätze ordnungsmäßiger Bilanzierung für Haftungsverhältnisse, Düsseldorf 1989 S. 68 ff.
107 *Strenger BeBiKo.*, § 251 Anm. 14 (Angabe unzulässig).
108 Vgl. BT-Drs. 10/4268 S. 110.

haftet[109]. In der Praxis wird für die Berechnung des angabepflichtigen Betrages regelmäßig von der Wechselsumme ausgegangen; Nebenkosten bleiben im allgemeinen außer Betracht. Für die Frage der Nennung ist nicht maßgebend, ob es sich um Akzeptanten von größerer oder geringerer Bonität handelt. Entscheidend ist vielmehr, ob ein wechselrechtliches Obligo besteht. Auch Akzepte öffentlicher Auftraggeber (zB Bundesbahn) sind daher hier zu nennen (ebenso HFA, WPg. 1951 S. 19). Die Frage der Bonität der Akzeptanten ist bei der Bemessung etwa erforderlicher Rückstellungen zu berücksichtigen.

Zu den **Bürgschaftsverbindlichkeiten** gehören **Bürgschaften** aller Art, auch Rück-   **58** bürgschaften, Ausfallbürgschaften sowie (wegen § 778 BGB) Kreditaufträge. Wegen der Einzelheiten bei Wechsel- und Scheckbürgschaften vgl. *ADS*, § 251 HGB Tz. 27, 36. Bei bürgschaftsähnlichen Rechtsverhältnissen handelt es sich idR um Verbindlichkeiten aus Gewährleistungsverträgen[110]. Zur Abgrenzung der Bürgschaft von einem Garantieversprechen (nur zwingend bei Kapitalgesellschaften) vgl. BGH v. 8. 3. 1967, WPg. 1967 S. 263 und WPH Bd. II. Die Schuldmitübernahme ist von der Bürgschaft nicht immer klar abgrenzbar. Dient sie primär der Absicherung des Gläubigers, so ist sie als Gewährleistung anzusprechen[111], bezweckt sie dagegen die Befreiung des Hauptschuldners, so ist sie wie eine Erfüllungsübernahme als eigene Schuld zu passivieren. Bürgschaften Dritter zugunsten des Unternehmens gehören nicht hierher. Wegen der Behandlung von Bürgschaften für Verpflichtungen, die aus dem Gewinn oder dem Liquidationsüberschuß zu tilgen sind, vgl. *ADS*, § 251 HGB Tz. 33[112].

Hat sich die Gesellschaft in **unbeschränkter Höhe** verpflichtet, gilt zur Bestim-   **59** mung der Risikohöhe hilfsweise der Betrag des Abschlußstichtages[113]. Haftet das Unternehmen gesamtschuldnerisch, so ist der volle Betrag anzusetzen; jedoch können Rückgriffsrechte vermerkt werden. Bei anteiliger Haftung ist nur der Anteil zu vermerken. Höchstbetragsbürgschaften sind grundsätzlich mit dem vollen Betrag anzugeben, wenn eine Inanspruchnahme in voller Höhe möglich ist[114].

Bei dem Begriff des **Gewährleistungsvertrags** iSv. § 251 HGB handelt es sich   **60** ebenso wie bei dem Begriff der Haftungsverhältnisse um einen bilanzrechtlichen Begriff. Die im Schrifttum und von der Rechtsprechung (vgl. RG Bd. 90 S. 416) in anderem Zusammenhang herausgestellten Begriffsmerkmale sind daher für die Vermerkpflicht nicht zwingend, aber idR auch im Bilanzrecht zutreffend.

Unter die Vermerkpflicht fallen vertraglich übernommene Gewährleistungen für   **61** fremde Leistungen und für eigene Leistungen. Als Gewährleistungen für **fremde Leistungen** kommen in Betracht bürgschaftsähnliche Rechtsverhältnisse, zB kumulative Schuldübernahme, Freistellungsverpflichtungen jeder Art und sonstige Gewährleistungen für Dritte wie zB Kurs- und Ausbietungsgarantien[115],

109 Vgl. *Krüger*. Die Berücksichtigung der Haftungsverhältnisse bei der Rechnungslegung der Aktiengesellschaft, Düsseldorf 1961 S. 50; zum Haftungsausschluß vgl. *ADS*, § 251 HGB Tz. 16.
110 Vgl. *ADS*, § 251 HGB Tz. 26, 37 ff.; *Kropff* in AktG-Kom., § 151 AktG 1965 Anm. 129.
111 Vgl. *ADS*, § 251 HGB Tz. 43; dem zustimmend *BoHdR*, § 251 HGB Rn. 11; *Mellerowicz* in Großkom., § 151 AktG 1965 Anm. 148; aA *Krüger* (Fn. 109), S. 49, sowie *Haegert*, WPg. 1965 S. 501.
112 Zu den Angabepflichten bei der AG nach § 160 Abs. 1 Nr. 6 AktG vgl. *ADS*, § 160 AktG Tz. 55 ff.; für andere Rechtsformen vgl. auch *Fey* (Fn. 106), S. 146 ff.
113 Vgl. *ADS*, § 251 HGB Tz. 30; für verbale Angaben *Fey* (Fn. 106), S. 170.
114 Vgl. *ADS*, § 251 HGB Tz. 34 mwN; so bereits *Kropff* in AktG-Kom., § 151 AktG 1965 Anm. 130; aA *BeBiKo.*, § 251 Anm. 23.
115 Vgl. *Birck/Meyer* (Fn. 106), S. II/396 u. II/412; aA *Herfurth*, WPg. 1977 S. 349 ff.

Patronatserklärungen (vgl. hierzu St/HFA 2/1976)[116]. **Nicht** zu den Gewährleistungsverpflichtungen zählen auf Dritte unter Hingabe von Vermögensgegenständen übertragene Verbindlichkeiten, da diese bei fehlender Zustimmung des Gläubigers weiterhin beim ursprünglichen Schuldner passiviert bleiben müssen[117]. Bei Gewährleistungen für **eigene Leistungen** kann es sich um unselbständige (anläßlich des Verkaufs gegebene Zusicherungen) oder um selbständige Garantiezusagen handeln. Sie sind nur insoweit vermerkpflichtig, als Zusagen bei dem Unternehmen normalerweise nicht zu erwarten sind; branchenübliche Gewährleistungen brauchen daher nicht einbezogen zu werden. Ist das Risiko nicht bezifferbar, so sind entsprechende Erläuterungen in einer Fußnote (oder bei Kapitalgesellschaften im Anhang) zu geben[118].

Für Gewährleistungen für fremde Leistungen ist grundsätzlich der jeweilige Stand der Hauptschuld am Abschlußstichtag maßgebend.

62   Als **Haftungsverhältnisse** aus der Bestellung von **Sicherheiten für fremde Verbindlichkeiten** kommen zB Grundpfandrechte, Sicherungsübereignungen, Verpfändungen beweglicher Sachen und Rechte in Betracht. Hierzu zählen grundsätzlich auch im Zusammenhang mit der Forfaitierung von Leasingraten sicherungsübereignete Leasinggegenstände[119]; solange in diesen Fällen jedoch entsprechende Beträge als Verbindlichkeiten oder RAP passiviert sind, erscheint eine zusätzliche Angabe überflüssig. Grundsätzlich ist der Betrag der gesicherten Verbindlichkeiten anzugeben[120].

63   Angaben über **Fehlbeträge bei Pensionsverpflichtungen** und ähnlichen Verpflichtungen sind nach Art. 28 Abs. 2 EGHGB nur für Kapitalgesellschaften vorgeschrieben (vgl. F Tz. 496 ff.). Sie brauchen von anderen Unternehmen nicht gemacht zu werden. Werden etwaige Fehlbeträge gleichwohl freiwillig angegeben, so dürfen sie **nicht** in den Betrag der Haftungsverhältnisse einbezogen, sondern müssen gesondert genannt werden.

64   Die Haftungsverhältnisse iSd. § 251 HGB sind auch dann anzugeben, wenn ihnen **gleichwertige Rückgriffsforderungen** gegenüberstehen (§ 251 Satz 2 HGB). Die Rückgriffsforderungen selbst können, brauchen jedoch nicht unter der Bilanz auf der Aktivseite vermerkt zu werden.

III. Vorschriften zu Sonderposten mit Rücklageanteil, Rückstellungen und Rechnungsabgrenzungsposten

65   Die für alle Kaufleute geltenden Vorschriften des HGB enthalten unter den Ansatzvorschriften für den JA spezielle Vorschriften zu Sonderposten mit Rücklageanteil, zu Rückstellungen und zu Rechnungsabgrenzungsposten.

---

116 Vgl. auch Bd. II und die dort angegebene Literatur sowie *HdJ*, Abt. III/9 (1984) Rn. 43 ff.
117 Vgl. *HFA*, Verlautbarung zur bilanziellen Behandlung der Übertragung von Verbindlichkeiten, FN 1989 S. 334; abw. *Küting/Pfuhl*, DB 1989, S. 1245 ff.
118 Vgl. *ADS*, § 251 HGB Tz. 74; teilw. abw. *BeBiKo.*, § 251 Anm. 11 (für Einzelkaufleute und Personenhandelsgesellschaften).
119 Vgl. *HFA*, FN 1989 S. 113; vgl. dazu auch *Schnoor*, DB 1988 S. 2421.
120 Vgl. *ADS*, § 251 HGB Tz. 63; zum Ansatz des Zeitwertes des Sicherungsgegenstandes bei Unterdeckung vgl. *Fey* (Fn. 106), S. 179 f.

1. Sonderposten mit Rücklageanteil (§ 247 Abs. 3 HGB)

Passivposten, die für Zwecke der Steuern vom Einkommen und vom Ertrag **66** zulässig sind, dürfen als „Sonderposten mit Rücklageanteil" in die Bilanz aufgenommen werden (§ 247 Abs. 3 HGB)[121]. Dieses **Ansatzrecht** besteht unabhängig davon, ob die Bildung in der HB Voraussetzung für die steuerrechtliche Anerkennung ist; Einschränkungen gelten insoweit nur für Kapitalgesellschaften (§ 273 Satz 1 HGB). Allerdings ist diese Anerkennungsvoraussetzung in § 5 Abs. 1 Satz 2 EStG nunmehr generell vorgeschrieben (sog. Grundsatz der umgekehrten Maßgeblichkeit, vgl. jedoch Tz. 69). Zur Fortführung von steuerfreien Rücklagen, die vor der Neufassung des § 5 Abs. 1 EStG ohne einen entsprechenden Passivposten in der HB gebildet worden sind, vgl. BMF v. 30. 4. 1990, BStBl. I S. 222.

Als Sonderposten mit Rücklageanteil kommen in erster Linie die sog. **steuer-** **67** **freien Rücklagen**[122] in Betracht, daneben aber auch – wie sich zweifelsfrei aus § 281 Abs. 1 Satz 1 HGB ergibt – **steuerrechtliche Abschreibungen,** die keinem echten Wertverlust oder keiner speziellen Risikolage Rechnung tragen sollen, sondern nur eine Steuerstundung bezwecken[123] (zu diesen vgl. Tz. 308 ff.). Auf steuerlichen Bewertungserleichterungen beruhende Verlustanteile an Personenhandelsgesellschaften sind nicht einzubeziehen, vgl. St/HFA 1/1991, Nr. 4. Auch Passivposten, die bei erfolgsneutraler Behandlung nicht rückzahlbarer Investitionszuschüsse und -zulagen entstehen, fallen **nicht** unter Sonderposten mit Rücklageanteil[124]. Die Sonderposten stellen regelmäßig Mischposten aus Eigen- und Fremdkapital dar[125].

Zu den **steuerlichen Rücklagen,** deren Bildung in der HB Voraussetzung für die **68** steuerrechtliche Anerkennung ist und die daher auch von Kapitalgesellschaften gebildet werden können, gehören insbesondere:

– Rücklage für Ersatzbeschaffung gem. EStR 1990 Abschn. 35[126],
– Rücklage gem. § 6b EStG[127],
– Rücklage gem. § 6d EStG (sog. Insolvenzrücklage)[128],

---

121 Vgl. hierzu *GEFIU,* Ausgewählte Probleme bei der Anwendung des Bilanzrichtlinien-Gesetzes, Bd. 2, Stuttgart 1987 S. 13 ff.; *Küting/Haeger,* BB 1988 S. 591 ff.; *Haeger,* DB 1989 S. 1145 ff.; *Weilbach,* BB 1989 S. 1788 ff.; *Tietze,* DB 1990 S. 593 ff.

122 Vgl. *Kobs,* Rückstellungen und Rücklagen in der Steuerbilanz und Vermögensaufstellung, 3. Aufl., Herne/Berlin 1977 S. 144 ff.; *Münch,* DB 1973 S. 833 ff. und 885 ff.; *Göbel,* DB 1973 S. 1361 ff.; *Ringwald,* BB 1984 S. 2235 ff.; *Kramer,* GmbHR 1988 S. 270 ff.; *Mundt* in Personengesellschaft und Bilanzierung, Düsseldorf 1990 S. 147 ff.

123 Die Auffassung von *Gross/Schruff* (Fn. 1), S. 109, Einzelkaufleute und Personenhandelsgesellschaften, die nicht unter das PublG fielen, könnten § 281 Abs. 1 HGB nicht entsprechend anwenden, erscheint zu eng. Diesen Gesellschaften ist es nicht verwehrt, steuerrechtliche Abschreibungen in Form von Wertberichtigungen auszuweisen, wie sogar zur Bilanzklarheit beitragen würde; vgl. auch StFA, FN 1989 S. 160 f.; *ADS,* § 281 HGB Tz. 7. Insofern wären auch formal die Voraussetzungen des § 247 Abs. 3 Satz 1 HGB gegeben. Im übrigen ist nicht einzusehen, warum für die nicht unter das PublG fallenden Einzelfirmen und Personenhandelsgesellschaften insoweit engere Vorschriften gelten sollen als für die unter das Gesetz fallenden Unternehmen.

124 Vgl. *ADS,* § 273 HGB Tz. 15; teilw. abw. *BeBiKo.,* § 247 Anm. 610; zum Ausweis eines gesonderten Passivpostens vgl. St/HFA 1/1984, Abschn. 2. d1.

125 Vgl. *ADS,* § 273 HGB Tz. 1.

126 Vgl. *HdU,* B Rn. 688 ff.; *Schmidt, L.,* § 5 Anm. 53 ff. mwN.

127 Vgl. *HdU,* B Rn. 1005 ff.; *Schmidt, L.,* § 6b Anm. 12.

128 Vgl. *Borggreve,* Inf. 1983 S. 413 ff.

- Rücklage gem. § 52 Abs. 8 Satz 3 EStG oder gem. § 31 Abs. 3 BerlinFG (Ausgleich wegen Änderung des Zinsfußes von Pensionsrückstellungen)[129],
- Rücklage für Kapitalanlagen in Entwicklungsländern (§§ 1, 2 und 4 EntwLStG)[130],
- Rücklage für Zuschüsse gem. EStR 1990 Abschn. 34 Abs. 5[131],
- Rücklage gem. § 3 ZonRFG v. 5. 8. 1971 (BGBl. I S. 1237)[132], vgl. Schreiben des BMF vom 27. 12. 1989, BStBl. I S. 518[133],
- Rücklagen gem. §§ 1 und 3 AuslInvG[134].

69   Eine Rücklage nach § 6b EStG ist gem. Abs. 3 der Vorschrift nur in **Höhe** des begünstigten Gewinns zulässig (vgl. zu den Übertragungsmöglichkeiten im einzelnen Tz. 288 f.). Bei Auflösung des Sonderpostens nach § 6b Abs. 3 Satz 5 EStG wird der (zu versteuernde) Gewinn für jedes volle WJ, in dem die Rücklage bestanden hat, zusätzlich um 6 vH des aufzulösenden Betrages erhöht (§ 6b Abs. 7 EStG)[135].

70   Als steuerfreie Rücklagen, die auch **ohne Bildung in der HB** steuerrechtlich anerkannt werden und die daher nur von Einzelkaufleuten und Personenhandelsgesellschaften gebildet werden dürfen, verbleiben nach Änderung des § 5 Abs. 1 Satz 2 EStG nur noch die Preissteigerungsrücklage (§ 74 EStDV)[136] und die Rücklage nach dem Gesetz über steuerliche Maßnahmen bei der Stillegung von Steinkohlenbergwerken (BGBl. I 1967 S. 403, zuletzt geändert durch Gesetz v. 30. 11. 1978, BGBl. I S. 1849)[137]. Unterbleibt in diesen Fällen die Bildung in der HB bei gleichzeitiger Inanspruchnahme der steuerlichen Vergünstigungen, so sind für die das Unternehmen in späterer Zeit belastenden Steuern (latente Steuern) in ausreichender Höhe Rückstellungen zu bilden[138] (Umkehrschluß aus § 247 Abs. 3 Satz 3 HGB; für Kapitalgesellschaften § 274 Abs. 1 Satz 1 HGB, vgl. F Tz. 215 f.).

71   Sonderposten mit Rücklageanteil müssen stets als solche unter dieser Bezeichnung in der Bilanz **ausgewiesen** werden (§ 247 Abs. 3 Satz 2 HGB)[139]. Kapitalgesellschaften haben weitergehende Ausweis- und Angabepflichten zu beachten (§§ 273 Satz 2, 281 Abs. 1 Satz 2 HGB, vgl. F Tz. 209 ff.). Die Sonderposten sind

---

129 Vgl. BMF-Schr. v. 23. 7. 1982, BetrAV S. 183, sowie BMF-Schr. v. 26. 4. 1983, BetrAV S. 155, ferner *HdU*, O Rn. 65.
130 Vgl. *Längsfeld*, DB 1979 S. 1101; *Söffing*, FR 1979 S. 265; *Zitzmann*, BB 1979 S. 724; *Husmann*, DStR 1979 S. 617; *Reuter*, DStR 1986 S. 171 ff.
131 Vgl. *HdU*, B Rn. 678 ff.; *Schmidt, L.*, § 6 Anm. 29.
132 Nach Art. 5 Nr. 1b Satz 5 StÄndG 1991, BGBl. I S. 1322/1331, darf diese Rücklage letztmals für das WJ gebildet werden, das nach dem 30. 12. 1994 endet. Zu Übergangsregelungen vgl. ebd. Eine dieser Regelung nachempfundene Rücklage wurde durch Art. 6, § 6 StÄndG 1991 eingeführt (Fördergebietsgesetz).
133 Vgl. *Wendt*, Inf. 1979 S. 202; BFH v. 2. 4. 1980, DB S. 1872 (Bemessung der Sonderabschreibungen gem. § 3 ZonRFG nach Anwendung von EStR 1990 Abschn. 35); *Zitzmann*, DB 1990 Beil. 3; *Spanke*, FR 1990 S. 179; zum Ermessen der Finanzbehörden im Rahmen des ZonRFG vgl. BFH-Urteile v. 21. 4. 1983, BStBl. II S. 529 und S. 532. Vgl. auch *HdU*, N RdNr. 123 ff.
134 Bildung von Rücklagen letztmals für vor dem 1. 1. 1990 endende WJ möglich, § 8 Abs. 4 AuslInvG.
135 In der Gliederung des vEK ist die erforderliche Anpassung durch Abzug beim EK 02 (KStR 1990 Abschn. 83 Abs. 1 Nr. 5) vorzunehmen. Zur Belastungswirkung des Gewinnzuschlages vgl. *Euler*, BB 1984 S. 1041; zu weiteren Einzelfragen *Schmidt, L.*, § 6b Anm. 12c.
136 Nur zulässig für WJ, die vor dem 1. 1. 1990 enden, § 51 Abs. 1 Nr. 2b EStG.
137 Vgl. *Uelner*, DStZ 1967 S. 229; *Rau*, DB 1967 S. 701; OFD Düsseldorf v. 24. 3. 1971, WPg. 1971 S. 252 f. sowie OFD Köln v. 18. 3. 1971, BB S. 1183 (vorzeitige Auflösung möglich, auch bei anderen Förderungsgesetzen sowie § 6b EStG).
138 Vgl. St/SABI 3/1988.
139 Vgl. zum Ausweis auch *ADS*, § 273 HGB Tz. 18 ff.; *BHdR*, B 232 Rn. 86 ff.; *HdR*, § 247 HGB Rn. 111.

nach Maßgabe der jeweiligen steuerrechtlichen Vorschriften **aufzulösen** (§ 247 Abs. 3 Satz 2 HGB)[140].

2. Rückstellungen (§ 249 HGB)

a) Allgemeines

Rückstellungen[141] dienen der Erfassung von dem Grunde und/oder der Höhe **72** nach ungewissen Verbindlichkeiten (sog. **Verpflichtungsrückstellungen** für Erfüllungsrückstände) und von drohenden Verlusten aus schwebenden Geschäften (sog. **Drohverlustrückstellungen**) sowie von bestimmten Aufwendungen (sog. **Aufwandsrückstellungen**). Die ungewissen Verbindlichkeiten müssen am Abschlußstichtag rechtlich entstanden oder wirtschaftlich bereits verursacht[142] sein. Genau bestimmbare Schulden sind als Verbindlichkeiten auszuweisen; ggf. ist nur der ungewisse Teil unter den Rückstellungen zu erfassen[143]. Rückstellungen dürfen nicht deshalb unterbleiben, weil ausreichende stille Reserven zur Deckung des Rückstellungsbedarfs vorhanden sind oder weil ggf. gleichwertige Rückgriffsrechte bestehen (Saldierungsverbot, § 246 Abs. 2 HGB; Ausnahme bei schwebenden Geschäften, vgl. Tz. 83)[144].

Das HGB nennt in § 249 Abs. 1 und 2 im einzelnen die Zwecke, für die Rückstel- **73** lungen zu bilden sind oder gebildet werden dürfen, nämlich:

obligatorisch (§ 249 Abs. 1 Satz 1 und 2 HGB)

- Rückstellungen für ungewisse Verbindlichkeiten (einschließlich Pensionsrückstellungen für sog. Neuzusagen),
- Rückstellungen für drohende Verluste aus schwebenden Geschäften,
- Rückstellungen für im GJ unterlassene Aufwendungen für Instandhaltung, die im folgenden GJ innerhalb von 3 Monaten nachgeholt werden,
- Rückstellungen für im GJ unterlassene Aufwendungen für Abraumbeseitigung, die im folgenden GJ nachgeholt werden,
- Rückstellungen für Gewährleistungen, die ohne rechtliche Verpflichtung erbracht werden;

fakultativ

- Rückstellungen für im GJ unterlassene Aufwendungen für Instandhaltung, die im folgenden GJ nach Ablauf von 3 Monaten, aber noch innerhalb des GJ nachgeholt werden (§ 249 Abs. 1 Satz 3 HGB),
- Rückstellungen für bestimmte, dem GJ oder einem früheren GJ zuzuordnende Aufwendungen (sog. Aufwandsrückstellungen, § 249 Abs. 2 HGB).

---

140 Vgl. *ADS*, § 273 HGB Tz. 25 f.
141 Vgl. *ADS*, Erl. zu § 249 HGB; *BeBiKo.*, Erl. zu § 249; *HdJ*, Abt. III/5 (1987); *BHdR*, B 233; *HdR*, Erl. zu § 249 HGB; *Eifler*, Grundsätze ordnungsmäßiger Bilanzierung für Rückstellungen, Düsseldorf 1976; *Moxter*, Bilanzrechtsprechung, 2. Aufl., Tübingen 1985 S. 47 ff.; *ders.*, BB 1989 S. 945 ff.; *Jonas*, DB 1986 S. 337 ff. u. 389 ff.; *Kraus*, Rückstellungen in der Handels- und Steuerbilanz, Bergisch-Gladbach 1987; *Baetge* (Hrsg.), Rückstellungen in der Handels- und Steuerbilanz, Düsseldorf 1991; *Ludewig*, DB 1988 S. 765 ff.; *Paus*, BB 1988 S. 1419 ff.; *Kupsch*, DB 1989 S. 53 ff.; *Küting/Kessler*, DStR 1989 S. 655 ff.; steuerlich *Kobs*, Rückstellungen und Rücklagen in Steuerbilanz und Vermögensaufstellung, 7. Aufl., Herne/Berlin 1977; *HdU*, B Rn. 413 ff.; *Schmidt, L.*, § 5 Anm. 38 ff.; EStR 1990 Abschn. 31c; vgl. auch BFH v. 25. 8. 1989, BStBl. II S. 893.
142 Zur Kritik der wirtschaftlichen Verursachung vgl. *Döllerer*, DStR 1979 S. 3 ff.; *Jonas* (Fn. 141), S. 342; vgl. dazu auch *Gail*, 2. Erg.-Heft der ZfB 1987 S. 51 ff.; *Eibelshäuser*, BB 1987 S. 860 ff.
143 Vgl. *ADS*, § 253 HGB Tz. 66.
144 Vgl. *Eifler* (Fn. 141), S. 58 ff.

Fakultativ sind auch **Pensionsrückstellungen** für sog. Altzusagen, für mittelbare Pensionsverpflichtungen sowie für ähnliche unmittelbare oder mittelbare Verpflichtungen (Art. 28 Abs. 1 EGHGB).

Für andere als die vorbezeichneten Zwecke dürfen Rückstellungen **nicht** gebildet werden (§ 249 Abs. 3 Satz 1 HGB).

74   Rückstellungen sind in **Höhe des Betrages** anzusetzen, der **nach vernünftiger kaufmännischer Beurteilung** notwendig ist (§ 253 Abs. 1 Satz 2 HGB). Dieser Grundsatz gilt (trotz des scheinbar entgegenstehenden Gesetzeswortlautes – „nur") sowohl für die Obergrenze als auch für die Untergrenze. Rückstellungen sind somit in Höhe des Betrages zu bilden, mit dem die Gesellschaft voraussichtlich in Anspruch genommen werden wird oder den sie zur Abdeckung des Risikos benötigt[145]. Die Rückstellungsbildung muß den tatsächlichen (objektiven) wirtschaftlichen Verhältnissen Rechnung tragen. Die vernünftige kaufmännische Beurteilung[146] schließt den **Grundsatz der Vorsicht** (§ 252 Abs. 1 Nr. 4 HGB) mit ein. Dieser gestattet jedoch nicht die Bildung von Rückstellungen ohne jede wirtschaftlich vertretbare Begründung oder mit offenbar unrichtigen und den tatsächlichen wirtschaftlichen Verhältnissen nicht entsprechenden Begründungen. Bei Rückstellungen, die erst nach längerer Zeit fällig werden, können Abzinsungen in Betracht kommen[147]. Erwartete Preis- und Kostensteigerungen sind bei der Bewertung grundsätzlich zu berücksichtigen[148].

75   Bei einer **größeren Anzahl** dem Grunde nach ungewisser Verbindlichkeiten kann die Wahrscheinlichkeit, nur aus einem Teil der Verbindlichkeiten in Anspruch genommen zu werden, berücksichtigt werden[149]. Schwierigkeiten bei der Bewertung, etwa wegen der Ungewöhnlichkeit des Risikos oder der Ungewißheit eines Prozeßausgangs, dürfen nicht zur Unterlassung notwendiger Rückstellungen führen[150].

76   Dem Rückstellungserfordernis kann je nach Lage des Einzelfalles durch Bildung von **Einzelrückstellungen, Sammelrückstellungen** oder durch **kombinierte Bildung** von Einzel- und Sammelrückstellungen Rechnung getragen werden[151]. Auch steuerlich sind Rückstellungen in pauschaler Form grundsätzlich zulässig; allgemeine Risiken, die dem Betrieb eines Unternehmens eigentümlich und deshalb generell mit ihm verbunden sind, dürfen jedoch nicht als Pauschalrückstellung berücksichtigt werden (BFH v. 26. 4. 1966, BFHE 86 S. 114 mwN; BFH v. 30. 6. 1983, BStBl. II 1984 S. 263; BFH v. 22. 11. 1988, BStBl. II 1989 S. 359).

---

145 Vgl. *ADS*, § 253 HGB Tz. 175; *Kropff* in AktG-Kom., § 156 AktG 1965 Anm. 34; zu grundsätzlichen Fragen der ordnungsgemäßen Bewertung vgl. auch *Eifler* (Fn. 141), S. 67 ff.; zu Vorschlägen hinsichtlich einer Berücksichtigung des Risikos mit Hilfe einer Wahrscheinlichkeitsverteilung bei der Rückstellungsbewertung vgl. *Albach*, StbJb. 1967/68 S. 305 ff.; *Baetge*, Möglichkeiten der Objektivierung des Jahreserfolges, Düsseldorf 1970 S. 137 ff.; *Drukarczyk* in FS *Leffson*, Düsseldorf 1976 S. 119 ff.; *Küting/Kessler*, DStR 1989 S. 693 ff.; *Naumann*, Die Bewertung von Rückstellungen in der Einzelbilanz nach Handels- und Ertragsteuerrecht, Düsseldorf 1989.
146 Vgl. Tz. 6.
147 Vgl. *ADS*, § 253 HGB Tz. 180; abw. *BeBiKo.*, § 253 Anm. 161; vgl. hierzu auch *Strobl* in FS *Döllerer*, Düsseldorf 1988 S. 615 ff.; *Clemm*, StbJb. 1987/88 S. 68 ff.; *Groh* in Handelsbilanz und Steuerbilanz, Wiesbaden 1989 S. 119 ff.; *Küting/Kessler*, DStR 1989 S. 723 ff.; *Hartung*, BB 1990 S. 313 ff.; hierzu steuerlich *Schroeder*, Abzinsung von Rückstellungen und Verbindlichkeiten in der Steuerbilanz, Bergisch Gladbach/Köln 1990; BFH v. 7. 7. 1983, BStBl. II S. 753 und v. 5. 2. 1987, BStBl. II S. 845; EStR 1990 Abschn. 38 Abs. 3.
148 Vgl. *ADS*, § 253 HGB Tz. 179; *Baumbach/Hueck*, § 42 GmbHG Anm. 333; aA *HdJ*, Abt. III/5 (1987) Rn. 98 ff.
149 Vgl. auch *Leffson* (Fn. 10), S. 480 ff.
150 Vgl. *ADS*, § 253 HGB Tz. 178.
151 Vgl. *ADS*, § 253 HGB Tz. 166 ff.; ferner *HdR*, § 249 HGB Rn. 119 f.

Die Rückstellungen sind **in jedem GJ** darauf zu untersuchen, ob und inwieweit **77**
sie für die im Gesetz genannten Zwecke noch zulässig sind. Eine **Auflösung**
kommt nur in Betracht, soweit der Grund für die Rückstellung entfallen ist
(§ 249 Abs. 3 Satz 2 HGB). Das ist der Fall, wenn die Rückstellung nicht oder
nicht in der bisherigen Höhe neu gebildet werden könnte; insoweit besteht dann
auch eine **Auflösungspflicht** (GoB). Die Bestimmungen über die Auflösung
gelten auch für Rückstellungen, die aufgrund eines Wahlrechtes gebildet wurden[152], dh. das Wahlrecht erstreckt sich nur auf die Bildung, nicht dagegen auch
auf die Beibehaltung oder Nichtbeibehaltung einer Rückstellung. Zur Nachhol-
pflicht in VJ unterlassener Dotierungen vgl. *ADS*, § 253 HGB Tz. 165. Steuerlich
vgl. EStR 1990 Abschn. 31c Abs. 14.

Steuerlich können Rückstellungen nur für – dem Grunde und/oder der Höhe **78**
nach – ungewisse Verbindlichkeiten, für drohende Verluste aus schwebenden
Geschäften sowie für selbständig bewertbare Betriebslasten (unterlassene
Instandhaltung, Abraum, Gewährleistung ohne rechtliche Verpflichtung) gebildet werden (vgl. dazu EStR 1990 Abschn. 31c); stets ist Voraussetzung, daß mit
einer Inanspruchnahme ernsthaft zu rechnen ist. Für eine am Abschlußstichtag
rechtlich noch nicht entstandene Verbindlichkeit kann eine Rückstellung dann
gebildet werden, wenn das künftige Entstehen der Verbindlichkeit wahrscheinlich[153] ist und die künftig zu leistenden Ausgaben wesentlich bereits im abgelaufenen oder in vorausgegangenen WJ wirtschaftlich verursacht sind[154]. Aufgrund
des Maßgeblichkeitsgrundsatzes ist, soweit steuerliche Sondervorschriften dem
nicht entgegenstehen (zB § 5 Abs. 3, 4 und 6, § 6a EStG), eine Rückstellung in
der StB zu passivieren, wenn für die HB eine Passivierungspflicht besteht.
Besteht handelsrechtlich ein Wahlrecht zur Bildung einer Rückstellung (vgl.
§ 249 Abs. 1 Satz 3 und Abs. 2 HGB), darf die Rückstellung steuerrechtlich nicht
gebildet werden[155]. Rückstellungen für nicht abziehbare Aufwendungen (§ 10
KStG) müssen auch in der StB gebildet werden (zB wegen § 29 KStG). Die entsprechenden Aufwendungen sind jedoch bei der Einkommensermittlung nicht
abziehbar.

Für nicht mehr benötigte Rückstellungen besteht ein **Auflösungszwang**[156], und **79**
zwar auch dann, wenn eine Rückstellung erfolgsneutral in einer Eröffnungsbilanz gebildet wurde[157] oder das Finanzamt jahrelang die Rückstellungsbildung
duldete, ohne eine bindende Zusage zu geben[158].

152 Vgl. Begr. zu § 249 Abs. 3 HGB, BT-Drs. 10/4268 S. 99; *ADS*. § 253 HGB Tz. 165; *BeBiKo.*, § 249
 Anm. 28 ff.
153 EStR 1990 Abschn. 31c Abs. 5. Vgl. auch BFH v. 19. 5. 1983, BStBl. II S. 670 sowie BFH v. 1. 8.
 1984, BStBl. II 1985 S. 44.
154 Vgl. dazu EStR 1990 Abschn. 31c Abs. 4.
155 Vgl. auch EStR 1990 Abschn. 31c Abs. 1 Satz 2 mwN; kritisch *Littmann*, §§ 4, 5 EStG Rn. 343;
 Kruse, StbJb. 1976/77 S. 113; *Esser*, StbJb. 1984/85 S. 151 ff. Vgl. auch *HdU*, B Rn. 318, 414 ff.;
 Schmidt, L., § 5 Anm. 12a.
156 Zur Auflösung von Rückstellungen in der Handels- und Steuerbilanz vgl. *Gail*. BB 1982 S. 217 ff.;
 EStR 1990 Abschn. 31c Abs. 14; *Schmidt, L.*, § 5 Anm. 44c.
157 Vgl. BFH v. 17. 1. 1973, BStBl. II S. 320.
158 BFH-Urteil v. 16. 3. 1967, BStBl. III S. 389.

b) Rückstellungen für ungewisse Verbindlichkeiten und für drohende Verluste aus schwebenden Geschäften

80   Wesensmerkmale der **Rückstellungen für ungewisse Verbindlichkeiten** sind einmal der Schuldcharakter, dh. das Vorliegen einer Verpflichtung gegenüber einem Dritten, und zum anderen die Ungewißheit über Bestehen, Entstehen und/oder Höhe der Verbindlichkeit. Ist nur ungewiß, wem gegenüber eine Verbindlichkeit besteht oder wann sie fällig wird, so führt dies nicht zu einer ungewissen Verbindlichkeit iSd. § 249 HGB[159]. Für den Begriff der Verbindlichkeit gilt die wirtschaftliche Betrachtungsweise[160].

81   **Rückstellungen für drohende Verluste aus schwebenden Geschäften**[161] sind in § 249 Abs. 1 Satz 1 HGB ausdrücklich genannt. Sie sind zu bilden, wenn eine gewisse, ggf. der Erfahrung entlehnte Wahrscheinlichkeit für den Eintritt eines Verlustes besteht. Der Verlust gilt dann nach dem Imparitätsprinzip als entstanden (§ 252 Abs. 1 Nr. 4 HGB)[162]. Die bloße Möglichkeit eines Verlusteintritts, für den jedoch keinerlei konkrete Anhaltspunkte vorliegen, genügt nicht. Bei der Schätzung der Höhe des Verlustes ist § 253 Abs. 1 Satz 2 HGB zu beachten, wonach der nach vernünftiger kaufmännischer Beurteilung notwendige Betrag anzusetzen ist. Zur Nichtigkeit eines JA wegen fehlender Drohverlustrückstellungen vgl. BGH-Urteil v. 1. 3. 1982[163].

82   Bei schwebenden **Beschaffungsgeschäften** sind Rückstellungen für bis zum Abschlußstichtag eingetretene Verluste zu bilden[164]. Bei Gegenständen des Umlaufvermögens oder sofort verbrauchten Gütern ist die Möglichkeit eines günstigeren Erwerbs am Abschlußstichtag maßgebend, bei Gegenständen des Anlagevermögens hingegen eine voraussichtlich dauernde Preissenkung. Weitere Einzelheiten vgl. bei *ADS*, § 253 HGB Tz. 212 ff.

83   Rückstellungen für drohende Verluste aus schwebenden **Absatzgeschäften** können sowohl auf Basis von Vollkosten als auch von variablen Kosten gebildet

---

159 Abw. *Jonas* (Fn. 141), S. 342.
160 Vgl. *ADS*, § 249 HGB Tz. 53 ff.; *Kropff* in AktG-Kom., § 152 AktG 1965 Anm. 50; *HdJ*, Abt. III/9 (1987) Rn. 17; ferner *Döllerer*, BB 1965 S. 1410; *Thiel*, ZfbF 1966 S. 544 ff.; *Weirich*, WPg. 1969 S. 225 ff.; *Körner*, WPg. 1984 S. 43 ff.; zu den Voraussetzungen für eine Rückstellungsbildung vgl. auch BGH v. 5. 6. 1987, DB 1989 S. 1863 ff.; *Kupsch*, DB 1989 S. 53 ff.
161 Vgl. hierzu ausführlich *Forster*, WPg. 1971 S. 393 ff., und das dort angegebene Schrifttum; ferner *ADS*, § 249 HGB Tz. 75 ff.; *Siepe* in Rückstellungen im der Handels- und Steuerbilanz, Düsseldorf 1991 S. 31 ff.; *Kropff* in AktG-Kom., § 152 AktG 1965 Anm. 70 ff.; *Eifler* (Fn. 141), S. 123 ff.; *Klein* in Bericht über die IDW-Fachtagung 1974, Düsseldorf 1975 S. 61 ff.; *Ludewig*, DB 1974 S. 101 ff. (drohende Verluste aus dem Auftragsbestand). Vgl. auch *Friederich*, Grundsätze ordnungsmäßiger Bilanzierung für schwebende Geschäfte, Düsseldorf 1975 S. 47 ff.; *Jonas*, DB 1986 S. 1733 ff.; *Slomma*, DB 1986 S. 2401; *Crezelius* in FS *Döllerer*, Düsseldorf 1975 S. 81 ff.; *Christiansen*, StbJb. 1989/90 S. 129 ff.; *Euler*, ZfbF 1990 S. 1036 ff.; zur Abgrenzung von Verbindlichkeits- und Verlustrückstellung vgl. *Groh*, BB 1988 S. 27 ff.; zu Rückstellungen bei Devisentermin-, Devisenoptions- und Swapgeschäften vgl. St/BFA 1/1975; St/BFA 2/1987; *BHdR*, B 233 Rz. 215 ff.; *Clemm/Nonnenmacher* in FS *Döllerer*, Düsseldorf 1988 S. 65 ff.; *Dreissig*, BB 1989 S. 322 ff.; *Häuselmann*, DB 1987 S. 1745 ff.; *Burkhardt*, Grundsätze ordnungsmäßiger Bilanzierung für Fremdwährungsgeschäfte, Düsseldorf 1988; *Windmöller* in Bankbilanzierung und Bankprüfung, Wiesbaden 1988 S. 101 ff.; *HdR*, II Rn. 628 ff.; zu Drohverlustrückstellungen im Baugewerbe vgl. *Wagner, A.*, Risiken im Jahresabschluß von Bauunternehmen, Düsseldorf 1991 S. 37 ff.
162 Vgl. *ADS*. § 253 HGB Tz. 209, § 252 HGB Tz. 75 f.; hierzu auch *HuRB* S. 394 ff.; *Fey*, Imparitätsprinzip und GoB-System im Bilanzrecht 1986, Berlin 1987 S. 23 ff.
163 BGHZ 83 S. 341 ff. (fehlende Rückstellung für drohende Verluste aus Termingeschäften).
164 Steuerlich vgl. *Schmidt, L.*, § 5 Anm. 45e mwN; BFH v. 16. 12. 1987, BStBl. II 1988 S. 338: grundsätzliche Zweifel an der Zulässigkeit von Verlustrückstellungen im Beschaffungsbereich.

werden[165]; das Wahlrecht, nur variable Kosten anzusetzen, erfährt dort eine Einschränkung, wo bei vernünftiger kaufmännischer Beurteilung davon auszugehen ist, daß die vorliegenden Aufträge die Annahme preisgünstigerer Aufträge verhindern[166]. Kalkulatorische Kosten sind bei der Rückstellungsbemessung nicht zu berücksichtigen, da sie nicht zu bilanziellen Verlusten führen[167]. Im übrigen ist bei der Schätzung der zurückzustellenden Beträge von den Erwartungen des Abschlußstichtages auszugehen. Positive und negative Erwartungen sind ggf. miteinander zu verrechnen[168].

Wegen Bemessung von Verlustrückstellungen bei **Dauerschuldverhältnissen** vgl.   **84**
ADS, § 253 HGB Tz. 225 ff. (idR Vollkosten)[169].

Steuerlich sind Rückstellungen für ungewisse Verbindlichkeiten[170] und dro-   **85**
hende Verluste aus schwebenden Geschäften[171] ebenfalls zu berücksichtigen.
Die Verbindlichkeiten können auf Vertrag (einschließlich Dauerschuldverhältnissen)[172], Vertragsangebot[173] oder Gesetz (einschließlich öffentlichem Recht) beruhen, werden jedoch nur insoweit berücksichtigt, als sie am Abschlußstichtag Belastungen darstellen, deren wirtschaftliche Ursachen in der Vergangenheit gelegt sind, dh. der Tatbestand, auf dem die Verpflichtung beruht, muß im wesentlichen erfüllt sein. Belastungen aus gesetzlichen Neuregelungen sind zu berücksichtigen, wenn am Abschlußstichtag das Entstehen des Gesetzes gesichert ist[174].

Bei **schwebenden Geschäften** ist eine Rückstellung nach der Rechtsprechung des   **86**
BFH nur dann zulässig und geboten, wenn „entweder in der Vergangenheit das Verhältnis von Leistung und Gegenleistung durch Erfüllungsrückstände gestört"[175] ist oder wenn aus dem Geschäft **insgesamt** ein Verlust droht[176].

Als Rückstellungen für ungewisse Verbindlichkeiten und für drohende Verluste   **87**
aus schwebenden Geschäften kommen insbesondere in Betracht (alphabetische Aufzählung):

---

165 Vgl. aus der umfangreichen Literatur ua. (für Wahlrecht) *ADS*, § 253 HGB Tz. 219; *Forster* (Fn. 161), S. 395; *BeBiKo.*, § 253 Anm. 169; *Klein* (Fn. 161), S. 62; *Kupsch*, DB 1975 S. 941 ff.; *Horn*, WPg. 1974 S. 317 ff.; hM nach *Kölner Kom.*, § 249 HGB Anm. 14; abw. (nur Vollkosten) *Eifler* (Fn. 141), S. 131 ff.; (nur variable Kosten) *Friederich* (Fn. 46), S. 66 ff.; offenbar auch *Kropff* in AktG-Kom., § 156 AktG 1965 Anm. 46; *Geese*, DB 1976 S. 1177 ff.; zu den Angabepflichten für Kapitalgesellschaften vgl. *ADS*, § 284 HGB Tz. 89 ff. Steuerlich grundsätzlich Vollkosten, vgl. EStR 1990 Abschn. 38 Abs. 1 Satz 4, Abs. 4 Satz 2; *Schmidt, L.*, § 5 Anm. 45 f. Das handelsrechtliche Bewertungswahlrecht, nur die variablen Kosten zu berücksichtigen, wird steuerlich in dem Sinne anerkannt, daß die in der Handelsbilanz getroffene Entscheidung für die steuerliche Gewinnermittlung bindend ist (vgl. OFD Düsseldorf v. 2. 10. 1985, WPg. S. 610).
166 Vgl. *Forster* (Fn. 161), S. 393; hM nach *BeBiKo.*, § 253 HGB Anm. 169.
167 Vgl. *ADS*, § 253 HGB Tz. 218; *Wichmann*, DB 1989 S. 1937 f.; aA *Jebens*, DB 1989 S. 133 ff.; vgl. hierzu auch *Küting/Kessler*, DStR 1989 S. 693 ff.
168 Vgl. *ADS*, § 253 HGB Tz. 222. Wegen weiterer Kompensationsmöglichkeiten vgl. *Klein* (Fn. 161), S. 67 ff.
169 Vgl. ferner *Sarx* in FS *v. Wysocki*, Düsseldorf 1985 S. 91 ff.; *Forster* in FS *Stimpel*, S. 759 ff.; *Müller, W.*, BFuP 1987 S. 322 ff.; *Rohse*, DStR 1987 S. 294 ff.; *ders.*, DStR 1988 S. 247 ff.; *Herzig*, ZfB 1988 S. 212 ff.; *Biener* in FS *Döllerer*, Düsseldorf 1988 S. 25 ff.
170 Zu den Voraussetzungen der Rückstellungsbildung vgl. EStR 1990 Abschn. 31c Abs. 2 bis 7.
171 Vgl. dazu EStR 1990 Abschn. 31c Abs. 9 bis 11.
172 Vgl. *Woerner*, StbJb. 1984/85 S. 177 ff.; *Rohse*, DStR 1985 S. 462 ff. Vgl. auch EStR 1990 Abschn. 31c Abs. 11 Nr. 3.
173 Vgl. BFH v. 16. 11. 1982, BStBl. II 1983 S. 361 (bindendes Vertragsangebot, wenn mit der Annahme sicher zu rechnen ist).
174 Vgl. BFH v. 19. 5. 1983, BStBl. II S. 670 und v. 24. 7. 1990, DB S. 2503.
175 EStR 1990 Abschn. 31c Abs. 9 ff.
176 Vgl. BFH v. 24. 8. 1983, BStBl. II 1984 S. 273, 276 mwN (Verpflichtung gegenüber einem Kunden, evtl. noch entstehende Kosten zu übernehmen).

88   *Abrechnungsverpflichtungen nach § 14 VOB/B*

Sind Bauleistungen am Abschlußstichtag bereits abgenommen (§ 641 BGB), aber noch nicht abgerechnet, so ist für die Abrechnungskosten eine Rückstellung zu bilden [177].

89   *Ausgleichsanspruch des Handelsvertreters*

Zum Umfang des Ausgleichsanspruchs vgl. § 89b HGB. Die Rückstellung für künftige Ausgleichsansprüche ist handelsrechtlich zulässig (vgl. BGH v. 11. 7. 1966, WPg, 1966 S. 643 f.) [178]. Zur **Bewertung** vgl. im einzelnen *ADS*, § 253 HGB Tz. 204.

90   **Steuerlich** ist eine Rückstellungsbildung vor Beendigung des Vertretervertrages unzulässig (vgl. EStR 1990 Abschn. 31c Abs. 4 Satz 5; ständige Rechtsprechung, vgl. zB BFH v. 14. 10. 1980, BStBl. II 1981 S. 97; das gleiche gilt für § 89b Abs. 3 HGB nF, vgl. BFH v. 20. 1. 1983, BStBl. II S. 375) [179].

91   *Ausstehende Rechnungen*

Liegen zum Zeitpunkt der Bilanzaufstellung noch keine Rechnungen für bis zum Abschlußstichtag empfangene Lieferungen oder Leistungen vor, sind Rückstellungen zu bilden, soweit die Höhe der Verpflichtungen nicht feststeht [180].

92   *Bergschäden*

Zur Haftung für Bergschäden vgl. die §§ 114 ff. BBergG (BGBl. I 1980 S. 1310) [181]. Eine Rückstellung kommt dort in Betracht, wo an der Erdoberfläche unmittelbar oder mittelbar durch den Bergbau Sachschäden entstehen, die von den Bergbauunternehmen ausgeglichen werden müssen. Es sind zu unterscheiden:

1. Rückstellungen für Bergschäden, die bereits entstanden sind, der Höhe nach aber noch nicht feststehen;
2. Rückstellungen für künftige Bergschäden, die bereits durch Abbauhandlungen verursacht, aber noch nicht entstanden oder erkannt sind.

Für beide Arten von Bergschäden sind nach den GoB angemessene Rückstellungen erforderlich [182]. Die Höhe der Rückstellung für entstandene Schäden ist mit den wahrscheinlichen Kosten ihrer Beseitigung zu bemessen; für Dauerschäden, die nicht beseitigt werden können (zB Versumpfungen), ist der Barwert der künf-

---

177 Vgl. HFA, FN 1985 S. 162; *ADS*, § 253 HGB Tz. 223; ferner *Döllerer*, DStR 1987 S. 67 ff.; *Mathiak*, StuW 1987 S. 51 ff. mit Hinweisen auf die Steuerrechtsprechung; EStR 1990 Abschn. 31c Abs. 3 Satz 2 und 3; BFH v. 25. 2. 1986, BStBl. II S. 788; *Winkler/Hackmann*, BB 1985 S. 1103.
178 Vgl. auch *Helpensteller*, DB 1977 S. 2385 ff.; *Lutz*, DB 1989 S. 2345 ff. und zu § 89b HGB aF ferner *Eifler* (Fn. 141), S. 108 ff.; aA *Jonas* (Fn. 141), S. 345 f., der auf die BGH-Entscheidung nicht eingeht; für handelsrechtliche Passivierungspflicht *BeBiKo.*, § 249 Anm. 100 (S. 335 ff.); *HdR*, § 249 HGB Rn. 40; *Küting/Kessler*, DStR 1989 S. 655 ff.; *Iwon*, DStZ 1990 S. 303 f. mwN zur Rechtsprechung; zu den Gesetzesänderungen nach dem Gesetz zur Durchführung der EG-Richtlinie zur Koordinierung des Rechts der Handelsvertreter v. 23. 10. 1989, BGBl. I S. 1910 ff., vgl. *Ankele*, DB 1989 S. 2211 ff.
179 Vgl. *Schmidt, L.*, § 5 Anm. 57 (Ausgleichsanspruch) mwN.
180 Vgl. *HdJ*, Abt. III/5 (1987) Rn. 220; *BeBiKo.*, § 249 Anm. 100 (S. 327).
181 Vgl. hierzu *Heinemann*, Der Bergschaden auf der Grundlage des preußischen Rechts, 2. Aufl., Berlin 1954; *Schulte*, NJW 1990 S. 2734 f.; ferner zum Bergschadenrecht nach dem RegE/BBergG *Schulte*, BB 1980 S. 76 ff.
182 *Vgl. hierzu grundlegend Roser*, Behandlung der Bergschäden in der Handels- und Steuerbilanz, Düsseldorf 1951; *van der Velde*, FR 1955 S. 296 ff.; aus dem Schrifttum ferner *Eifler* (Fn. 141), S. 170 f.; *Kulla*, DB 1977 S. 1281 ff.; *Bartke*, DB 1978 Beil. 4; zur Einbeziehungspflicht von Verwaltungskosten bei der Schadensermittlung und -beseitigung vgl. *Schülen*, WPg. 1983 S. 658 ff. (663).

tigen uU „ewigen" Belastungen (zB aus dem Betrieb von Pumpwerken) zurückzustellen. Rückstellungen für verursachte, aber noch nicht entstandene oder
erkannte Bergschäden werden nach Erfahrungswerten bemessen. Üblich ist ein
Ansatz mit dem 5-fachen durchschnittlichen Jahresaufwand für die Schadensbe-
seitigung in den letzten 10 Jahren [183].

Die steuerliche Behandlung folgt der handelsrechtlichen. Die Finanzverwaltung
hat die Bildung von Rückstellungen auch für noch nicht entstandene, jedoch
bereits verursachte Bergschäden zugelassen [184].

Berufsgenossenschaftsbeiträge 93

Eine Rückstellung ist für die zu leistenden Beiträge des abgelaufenen GJ zu bilden. Zu den Berufsgenossenschaftsbeiträgen [185] zählt auch die Umlage für das
Konkursausfallgeld nach dem Gesetz v. 17. 7. 1974 (BGBl. I S. 1481).

Betriebliche Berufsausbildung 94

Aufgrund des BBiG (BGBl. I 1969 S. 1112) sind die ausbildenden Unternehmen
ua. zu einer planmäßigen Ausbildung und angemessener Vergütung verpflichtet;
ferner besteht Kündigungsschutz des Auszubildenden. Im Schrifttum wird eine
Rückstellungsbildung für derartige Verpflichtungen unter dem Gesichtspunkt
der fehlenden Gleichwertigkeit von Leistung und Gegenleistung überwiegend
bejaht [186]. Für betrieblich veranlaßte Ausbildungskosten darf keine Rückstellung
gebildet werden, während für außerbetrieblich veranlaßte Kosten (sog. Überaus-
bildung) der Ansatz von Rückstellungen geboten ist [187]. Der BFH hat die Bildung einer Rückstellung wegen zu erwartender Ausbildungskosten im Rahmen
eines Berufsausbildungsverhältnisses abgelehnt, vgl. Urteil v. 25. 1. 1984, BStBl.
II S. 344 [188].

Bußgelder 95

Ist wegen Rechtsverstößen, die bis zum Abschlußstichtag begangen wurden, mit
der Verhängung von Bußgeldern zu rechnen (zB Sanktionen des Kartell- oder
Umweltrechts), so besteht hierfür eine Rückstellungspflicht [189].

Dekontaminierungskosten 96

Aufgrund öffentlich-rechtlicher Verpflichtungen (zB nach dem Atomgesetz) sind
sowohl für die Kosten der Stillegung und Beseitigung von Kernkraftwerken

---

183 Vgl. *ADS*, § 253 HGB Tz. 184.
184 Vgl. *HHR*, § 5 EStG Anm. 2200 mwN; FG Münster v. 28. 9. 1972, EFG 1973 S. 59 (rkr.); *Bordewin*,
   BB 1979 S. 156; *Emmerich*, DB 1978 S. 2133; BdF v. 18. 4. 1980, BStBl. I S. 230; die Rückstellung
   für Bergschäden ist gewerbesteuerrechtlich keine Dauerschuld, vgl. BFH v. 14. 11. 1968, BStBl. II
   1969 S. 266.
185 Steuerlich vgl. *Kulla*, StBp. 1976 S. 80 ff.; vgl. hierzu auch *Kropff* in AktG-Kom., § 152 AktG 1965
   Anm. 59; *BeBiKo.*, § 249 Anm. 100 (S. 328).
186 Vgl. hierzu *Thomas*, BB 1977 S. 85 ff.; *Geis*, DB 1978 S. 409 ff.; *Brezing*, DB 1978 S. 1303 f.; *ders.*,
   DB 1980 S. 896 f.; *Meilicke*, DB 1978 S. 2481 ff.; *Streim*, WPg. 1979 S. 493 ff.; FR 1980 S. 184 ff.;
   Lempenau, FR 1980 S. 182 ff.; *Söffing*, FR 1980 S. 183 f. (für handelsrechtl. Wahlrecht); HFA, FN
   1982 S. 125; ablehnend *Fischer*, DB 1980 S. 169 ff.; *Schreiber/Rupp*, BB 1981 S. 92 ff.; *Hartung*, BB
   1988 S. 2138 ff.
187 Vgl. *ADS*, § 249 HGB Tz. 100; *Schülen*, WPg. 1983 S. 658 ff. (662); *Müller, W.*, BFuP 1987 S. 322 ff.
188 Kritisch dazu *Lempenau*, FR 1984 S. 462 f.; *Nehm*, DB 1984 S. 2477 ff.; *Schmidt*, BB 1984
   S. 1482 ff.; *Streim*, FR 1984 S. 464 ff.; *Esser*, DB 1985 S. 1305 ff.; *Fey*, DB 1985 S. 713 ff.; *Herzig*,
   StbJb. 1985/86 S. 92 ff.; das Urteil bejahend *Bordewin*, FR 1984 S. 461 f.; *Brandenberg*, DB 1986
   S. 618 f.; vgl. auch *BeBiKo.*, § 249 Anm. 100 (S. 326 f.); *Schmidt, L.*, § 5 Anm. 57 (Ausbildungskosten).
189 Vgl. *HdR*, § 249 HGB Rn. 40; steuerlich für Zeiträume vor der Aufdeckung des Verstoßes unzulässig, vgl. FG München v. 4. 4. 1990, EFG S. 565 (Rev.).

(zeitanteilig) als auch für die Kosten der **Entsorgung** bestrahlter Brennelemente (zeitanteilig oder abbrandabhängig – unter Berücksichtigung des wiedergewinnbaren verwertbaren Materials) Rückstellungen zu bilden[190]. Die Rückstellungen werden auch steuerlich anerkannt[191]. Gehen die geplanten Maßnahmen über die rechtlichen Verpflichtungen hinaus, können Aufwandsrückstellungen iSd. § 249 Abs. 2 HGB in Betracht kommen[192].

97   *Deputatverpflichtungen*

Hierzu gehören auch Verpflichtungen zur Erbringung von ähnlichen wiederkehrenden Leistungen. Soweit es sich um Verpflichtungen im Rahmen von Pensionsverpflichtungen handelt, besteht für „Altzusagen" (vgl. Tz. 135 f.) ein Passivierungswahlrecht (Art. 28 Abs. 1 EGHGB)[193].

98   *Einkaufskontrakte*

Ist der Wiederbeschaffungswert bestellter, aber am Abschlußstichtag noch nicht gelieferter Ware gesunken, so ist die Differenz als Verlust aus schwebendem Geschäft auch dann zurückzustellen, wenn etwa bei Handelswaren gleichwohl noch eine Weiterveräußerung mit Gewinn möglich ist; von einer Rückstellung kann nur abgesehen werden, wenn bereits entsprechende Verkaufskontrakte vorliegen. Vgl. zu schwebenden Beschaffungsgeschäften im übrigen *ADS*, § 253 HGB Tz. 212 ff., sowie Tz. 82[194]. Steuerlich vgl. BFH v. 21. 10. 1981, BStBl. II 1982 S. 121 (Rückstellung bei Wahrscheinlichkeit des Eintritts von Verkaufsverlusten).

99   *Garantieverpflichtungen*

Garantierückstellungen, mit denen das Risiko künftiger Erlösschmälerungen durch kostenlose Nacharbeiten oder durch Ersatzlieferungen oder aus Minderung oder Schadensersatzleistungen wegen Nichterfüllung aufgrund gesetzlicher oder vertraglicher Gewährleistung erfaßt werden soll, können als Einzelrückstellung oder als Pauschalrückstellung gebildet werden[195]. Wegen der Rückstellung für Gewährleistungen, die ohne rechtliche Verpflichtung erbracht werden (§ 249 Abs. 1 Satz 2 Nr. 2 HGB), vgl. Tz. 157 f.

100   *Gruben- und Schachtversatz*

Die Rückstellungspflicht ergibt sich aufgrund öffentlich-rechtlicher Verpflichtungen zur Verfüllung (BBergG v. 13. 8. 1980, BGBl. I S. 1310 ff.)[196]. Die Rückstellung ist ratierlich nach Maßgabe des Abbaus der Bodenschätze zu bilden; diejenige für Schachtverfüllung ist über die voraussichtliche Nutzungsdauer der Schächte anzusammeln. Vgl. auch Stichwort Wiederherstellungsverpflichtungen (Tz. 130 f.).

---

190 Zur Bewertung vgl. *ADS*, § 253 HGB Tz. 184; *Reinhard*, Energiewirtschaftliche Tagesfragen 1982 S. 657 ff. u. S. 744 ff.; *Reinhard/Schmidt*, BFuP 1984 S. 120 ff.; vgl. hierzu auch *Reinhard* in Bericht über die IDW-Fachtagung 1988, Düsseldorf 1989 S. 351 ff.
191 Vgl. *Herzig*, DB 1990 S. 1341; hierzu auch *Herzig/Köster*, DB 1991 S. 53; *Eilers*, DStR 1991 S. 101; *Günkel*, StbJb. 1990/91 S. 97, 118.
192 Vgl. *HdJ*, Abt. III/5 (1987) Rn. 166.
193 Vgl. hierzu auch *ADS*, Art. 28 EGHGB Tz. 25, 54 (zur Angabepflicht von Fehlbeträgen für Kapitalgesellschaften).
194 Vgl. ferner *BeBiKo.*, § 249 Anm. 63 ff.; *Jebens*, DB 1989 S. 133 ff.; *Wichmann*, DB 1989 S. 1937.
195 Vgl. *ADS*, § 253 HGB Tz. 195 ff. Vgl. auch EStR 1990 Abschn. 31c auch Abschn. A 7; BFH v. 30. 6. 1983, BStBl. II 1984 S. 263; bei mehrjähriger Garantiefrist BFH v. 7. 10. 1982, BStBl. II 1983 S. 104; *Schmidt, L.*, § 5 Anm. 57 (Gewährleistung) mwN. Im übrigen vgl. Fn. 202.
196 Vgl. auch zur Bemessung *Bartke*, DB 1978 Beil. 4 S. 7 f.; *Emmerich*, DB 1978 S. 2133 ff.; *Bordewin*, BB 1979 S. 156 f.; teilw. abw. *Kulla*, DB 1977 S. 1281 ff.; *HdJ*, Abt. III/5 (1987) Rn. 192 f. Steuerlich vgl. BdF-Schreiben v. 18. 4. 1980, BStBl. I S. 230.

Haftungsrisiken

101

Rückstellungen kommen insbesondere in Betracht für drohende Inanspruchnahmen aus **Wechselobligo, Bürgschaften**[197], **Gewährleistungsverträgen**[198], **Dividenden- und ähnlichen Garantien** (vgl. auch Stichwort Verlustabdeckung, Tz. 127 f.), **Haftung für Verbindlichkeiten** und **anderen Haftungsverhältnissen**; solange eine Inanspruchnahme nicht droht, nur Vermerk unter der Bilanz (§ 251 HGB)[199]. Auch drohende Inanspruchnahmen aus verschuldensunabhängiger Produkthaftung sind durch Rückstellungen zu berücksichtigen[200]. Weiterhin kommen Rückstellungen aus Haftpflichtverbindlichkeiten, zB aus unerlaubter Handlung (§ 823 BGB), aus Kraftfahrzeug- oder Tierhaltung (Gefährdungshaftung) oder aus Drittschadensliquidation in Betracht. In allen Fällen kommen Einzel- und Pauschalrückstellungen in Frage[201].

Diese Rückstellungen werden auch **steuerlich** anerkannt[202]. Rückstellungen aus der gesetzlichen Haftpflicht einschließlich Gefährdungshaftung sowie aus der Drittschadensliquidation dürfen steuerlich jedoch grundsätzlich nur als Einzelrückstellungen gebildet werden[203]; nur soweit es sich um die Haftung gegenüber Auftraggebern handelt, ist die Zulässigkeit von Pauschalrückstellungen anerkannt (vgl. BFH v. 26. 4. 1966, BFHE 86 S. 114). Einer Rückstellung wegen drohender Schadensersatzverpflichtung ist ein etwaiger Versicherungsanspruch aus einer Haftpflichtversicherung gegenüberzustellen[204]. Daran ändert es nichts, wenn der Ersatzanspruch erst in dem Zeitpunkt entsteht, in welchem der Haftende den Schadensersatzanspruch entweder anerkennt oder zum Schadensersatz rechtskräftig verurteilt wird[205].

197 Vgl. *Eifler* (Fn. 141), S. 174 ff.
198 Vgl. *Eifler* (Fn. 141), S. 153 ff.; *Durchlaub,* BB 1979 S. 825 ff.
199 Vgl. *Krüger* (Fn. 109), S. 30 ff.; *Fey* (Fn. 106), S. 62 ff.; BFH v. 17. 1. 1963, BStBl. III S. 237 u. v. 12. 6. 1964, DB S. 1505 (betreffend Schadensersatz).
200 Vgl. *Popp,* DB 1976 S. 455 ff.; *Vogel,* DB 1977 S. 1475 ff.; *Küffner,* DStR 1978 S. 539 ff.; *Bordewin,* BB 1979 S. 413 ff.; *Christiansen,* StBp. 1980, S. 151 ff.; *Graf von Westphalen,* WM 1981 S. 1154 ff.; *Vollmer/Nick,* DB 1985 S. 53 ff.; *Scharpf,* DStR 1985 S. 171 ff. (zur BFH-Rspr.); *Herzig/Hötzel,* BB 1991 S. 99 ff. (auch steuerlich). In anderen Ländern (zB USA, England) spielt die Produkthaftung bereits eine bedeutende Rolle; zur Rechtslage in Deutschland vgl. ProdHaftG v. 15. 12. 1989, BGBl. I S. 2198 ff.; *Schmidt-Salzer* in Bericht über die IDW-Fachtagung 1988, Düsseldorf 1989 S. 143 ff.; *Frietsch,* DB 1990 S. 29 ff.; *v. Westphalen,* NJW 1990 S. 83 ff. jew. mwN; zur Bewertung bei Deckung durch Versicherungen vgl. *Liedmeier,* DB 1989 S. 2133 ff. Zur Haftung bei Dienstleistungen vgl. auch die in Vorbereitung befindliche EG-Richtlinie, BT-Drs. 12/180 v. 1. 3. 1991, die eine Beweislastumkehr bei Sicherheitsfehlern vorsieht.
201 Vgl. hierzu *ADS,* § 253 HGB Tz. 201; *Schmidt,* FR 1986 S. 293 f.
202 Vgl. zum **Wechselobligo:** BFH v. 19. 12. 1972, BStBl. III 1973 S. 218 (zur Bildung einer Pauschalrückstellung); BFH v. 27. 4. 1965, BStBl. III S. 409; dazu auch *Gottschalk,* BB 1970 S. 1298 (Bedeutung des Wertaufhellungsurteils); FM NW v. 13. 10. 1970, WPg. S. 651 f.; BFH v. 19. 1. 1967, BStBl. III S. 335 (keine Berücksichtigung von Konjunktur- und Geschäftsrisiko); BFH v. 18. 4. 1969, BStBl. II S. 576 f. (keine Rückstellung bei Prolongation), sowie BFH v. 1. 4. 1958, BStBl. III S. 291; vgl. auch *Geisler,* DB 1961 S. 1590.
Zu Bürgschaften: BFH v. 19. 1. 1967, DStR S. 354 und v. 9. 5. 1961, BStBl. III S. 336.
Zu Garantien und Haftpflicht: BFH v. 20. 11. 1962, BStBl. III 1963 S. 113 und v. 17. 1. 1963, BStBl. III S. 237; BFH v. 1. 4. 1958, BStBl. III S. 291; BFH v. 26. 3. 1968, BStBl. II S. 533 f.; vgl. auch *Gläßner,* StBp. 1982 S. 12 ff.; *Durchlaub,* BB 1979 S. 825 ff.; *Mittelbach,* FR 1980 S. 281 ff. (hinsichtlich Zweifelsfragen bei der Bewertung); *Jähnke,* StBp. 1963 S. 197 ff.; *Heubeck/Schröder,* StBp. 1963 S. 200 ff.; *Steuck,* DStR 1965 S. 22; *Féaux de la Croix,* BB 1962 S. 1117 (bei Lieferungen an Bundeswehr); *Heigl,* DB 1958 S. 875 (Baugewerbe und Industrieanlagen).
203 Vgl. Fn. 195.
204 Vgl. RFH v. 13. 7. 1933, RStBl. S. 1085; FG Nürnberg v. 1. 7. 1981, EFG 1982 S. 15; *Groh,* BB 1988 S. 27; *Kupsch,* DB 1989 S. 53, 59; kritisch *Hedmeier,* DB 1989 S. 2133 mwN. Vgl. auch *Schmidt, L.,* § 5 Anm. 57 (Haftpflichtverbindlichkeiten).
205 Vgl. BFH v. 14. 11. 1957, StRK EStG § 4 R. 219.

103   *Heimfall*

Soweit Heimfallverpflichtungen bestehen (ua. bei Elektrizitätswerken, Verkehrsunternehmen), ist ihnen in erster Linie durch eine entsprechende Bemessung der planmäßigen Abschreibungen Rechnung zu tragen. Eine Rückstellungspflicht besteht insoweit, als bei der Übergabe der Anlagen noch bestimmte Ausgaben erforderlich sind[206]. Vgl. im übrigen *Ortmaier*, Heimfallverpflichtung, Berlin 1942.

104   *Jahresabschluß- und Prüfungskosten*

Rückstellungen sind erforderlich, soweit die Erstellung, Prüfung und Veröffentlichung von Jahresabschlüssen und Lageberichten aufgrund öffentlich-rechtlicher oder privatrechtlicher (zB durch Gesellschaftsvertrag) Verpflichtung erfolgt (vgl. St/HFA 2/1973). Unter dem Aspekt der wirtschaftlichen Verursachung ist es dabei unmaßgeblich, ob die Jahresabschlußkosten Verbindlichkeiten gegenüber Dritten begründen[207] oder als interne Aufwendungen anfallen[208]. Die internen Aufwendungen sind insoweit einzubeziehen, als sie durch die Erfüllung der Verpflichtung bedingt sind (vgl. St/HFA 1/1973). Eine zwingende Beschränkung auf die internen Einzelkosten oder den an Dritte für die gleiche Leistung zu zahlenden Betrag besteht nicht. **Steuerlich** sind Rückstellungen für die gesetzliche Verpflichtung zur Aufstellung, Prüfung und Veröffentlichung von JA und Lagebericht ebenfalls zulässig[209]; das gleiche gilt für die Erstellung der Steuererklärung für die Betriebssteuern des abgelaufenen Jahres (EStR 1990 Abschn. 31c Abs. 3 Satz 6 und 7)[210]. Eine Rückstellung für Kosten der HV wird demgegenüber weiterhin abgelehnt[211].

105   *Jubiläumszahlungen, Treuegelder*

Werden den Mitarbeitern Jubiläumszahlungen aus Anlaß von Dienstjubiläen (zB 10, 25 und 40 Dienstjahre) zugesagt oder aufgrund einer betrieblichen Übung gezahlt, so muß hierin nicht zwingend eine Vergütung für früher geleistete Dienste gesehen werden. Gleichwohl geht die Literatur weitgehend von einer Rückstellungspflicht aus[212]. Eine Rückstellung ist im übrigen dann zu bil-

---

206 Vgl. *ADS*, § 253 HGB Tz. 331; kritisch zur erhöhten Abschreibung *HdJ*, Abt. III/5 (1987) Rn. 197 ff. Steuerlich vgl. *Littmann*, §§ 4, 5 Rn. 949; *Schmidt, L.*, § 5 Anm. 57 (Heimfallversicherung); *Armbrust*, DB 1979 S. 2045; zur Frage der gewerberechtlichen Dauerschuld vgl. *ders.*, DB 1982 S. 1022.

207 Vgl. insoweit *ADS*, § 253 HGB Tz. 203; *Kropff* in AktG-Kom., § 152 AktG 1965 Anm. 60 (abweichend hinsichtlich der Kosten der Aufstellung des JA, des GB und der HV); aus der umfangreichen Literatur vgl. ferner *Höchendorfer*, Grundsätze ordnungsmäßiger Bilanzierung von Rückstellungen für Jahresabschlußkosten, Frankfurt a.M. 1986; *Budde/Laberenz*, WPg. 1976 S. 97 ff. mit zahlreichen Nachweisen; *Bise*, DB 1975 S. 2341/2397 ff.; *Albach*, BB 1973 S. 557 ff.; *Bareis*, WPg. 1973 S. 285 ff.; *Weirich*, WPg. 1969 S. 225/227; aA *Mies*, WPg. 1969 S. 223 ff. und S. 340 ff. sowie offenbar *Nehm*, WPg. 1966 S. 3 (6).

208 Vgl. *Pfleger*, DB 1982 S. 1082 f.; *Rudolf*, DB 1982 S. 1740 ff.; *Schülen*, WPg. 1983 S. 658 ff.; aA *Jonas* (Fn. 141), S. 344 f., mit beachtlichen Gründen; zur Einbeziehungspflicht der Kosten für betriebliche Steuererklärungen vgl. *HdR*, § 249 HGB Rn. 142; *BeBiKo.*, § 249 Anm. 100 (S. 338).

209 Vgl. BFH-Urteile v. 20. 3. 1980, BStBl. II S. 297 ff. und v. 23. 7. 1980, BStBl. II 1981 S. 62; zum Urteil v. 20. 3. 1980 ferner *Döllerer*, DStZ S. 357 ff.; vgl. auch *Schmidt, L.*, § 5 Anm. 57 (Jahresabschluß) mwN.

210 Vgl. BFH-Urteil v. 23. 7. 1980, BStBl. II 1981 S. 63, sowie BFH v. 24. 11. 1983, BStBl. II 1984 S. 301 (Honorar eines Dritten oder betriebsinterne Einzelkosten); dazu BMF-Schr. v. 19. 11. 1982, DB S. 2490.

211 Vgl. EStR 1990 Abschn. 31c Abs. 3 Satz 7.

212 Vgl. *BeBiKo.*, § 249 Anm. 100 (S. 338 ff.); *Küting/Weber*, BB 1988 S. 2280 ff.; *Kölner Kom.*, § 249 HGB Anm. 10; *Herzig*, DB 1985 S. 1302; aA *ADS*, § 249 HGB Tz. 97; abw. auch im Hinblick auf das Steuerreformgesetz 1990 (§§ 5 Abs. 4, 52 Abs. 6 EStG) *HFA*, FN 1987 S. 405, der für Kapitalgesellschaften in wesentlichen Fällen Angaben im Anhang fordert; zur Auflösung (auch steuerlich)

den, wenn aus einem Arbeitsverhältnis in der Gesamtbetrachtung ein Verlust droht. Für künftige Zahlungen aus Anlaß eines Firmenjubiläums brauchen idR keine Rückstellungen gebildet zu werden, solange nicht ein entsprechender, bekanntgemachter Beschluß vorliegt[213].

Wegen der besonderen **steuerlichen** Voraussetzungen für die Bildung einer Rückstellung für Jubiläumszuwendungen vgl. § 5 Abs. 4 EStG. Vgl. auch EStR 1990 Abschn. 31c Abs. 4 Satz 6 und 7[214]. **106**

Latente Steuern **107**

Zu den Rückstellungen nach § 249 Abs. 1 Satz 1 HGB gehört auch die von Kapitalgesellschaften nach § 274 Abs. 1 Satz 1 HGB zur Steuerabgrenzung zu bildende Rückstellung (im einzelnen vgl. F Tz. 213 ff.).

Auch für Einzelkaufleute und Personenhandelsgesellschaften können Rückstellungen für latente Steuern in Betracht kommen (vgl. St/SABl 3/1988, Nr. 2)[215], allerdings nur für solche Steuern, für die das Unternehmen Steuerschuldner ist, wie die GewESt, dagegen nicht für die ESt des Inhabers oder der Gesellschafter[216]. **108**

Leasingverhältnisse **109**

Rückstellungen für drohende Verluste aus Leasinggeschäften sind dann zu bilden, wenn sich die noch zu erbringenden Leistungen und die dafür zu erhaltenden Gegenleistungen nicht gleichwertig gegenüberstehen. Beim **Leasingnehmer** ist dies idR der Fall, wenn die Leasingraten progressiv verlaufen und die noch zu erbringenden Leasingraten den Wert der Nutzungsüberlassung übersteigen[217]. Beim **Leasinggeber** sind Rückstellungen zu bilden, wenn die zukünftigen Aufwendungen aus einem Leasingvertrag (Abschreibungen, Zinsen, Verwaltungskosten) durch die zukünftig fälligen (degressiven) Leasingraten nicht gedeckt sind[218]. Der Leasinggeber hat ggf. auch Bonitäts- und Restwertrisiken zurückzustellen, soweit diese nicht in Form von außerplanmäßiger Abschreibung auf Leasinggegenstände oder Abschreibungen auf Forderungen berücksichtigt werden[219]. Vgl. auch Stichwort Mietverhältnisse, Tz. 111.

Leihemballagen **110**

Werden vom Lieferanten sowohl die Leihemballagen (Pfandgut, Säcke etc.) als auch **Pfandgeldforderungen** für unterwegs befindliches Leergut aktiviert, so müs-

---

ADS, § 249 HGB Tz. 242; *Becker,* DB 1987 S. 854 ff.; *Bode/Grabner,* DB 1988 S. 513, 2061 ff.; *Schmidt,* DB 1988 S. 1472; *Stuhrmann,* DB 1988 S. 1967 ff.; *Höfer/Reiners,* BB 1988 S. 2064 ff.; zur Bewertung (auch zur Abzinsung) vgl. *Höfer,* BB 1987 S. 997 ff.; *Günkel,* FR 1987 S. 213 ff.; *Hartung,* BB 1989 S. 736 ff., 1723 ff.; *Siegel,* BB 1989 S. 182 f.; *Küting/Kessler,* DStR 1989 S. 655 ff.; nach *Jonas,* DB 1986 S. 389, soll die Rückstellung nur im Rahmen der Aufwandsrückstellungen (§ 249 Abs. 2 HGB) gebildet werden können.

213 Vgl. *HdR,* § 249 HGB Rn. 40.
214 Vgl. auch *HdU,* B Rn. 450 ff.; *Schmidt, L.,* § 5 Anm. 43; *Brezing,* StbJb. 1987/88 S. 111.
215 Vgl. hierzu auch *Bordewin,* DStZ 1987 S. 443 ff.; *Karrenbrock,* Latente Steuern in Bilanz und Anhang, Düsseldorf 1991; zur rechtsmethodischen Problematik v. *Wysocki,* ZfbF 1987 S. 829 ff.
216 Nach überwiegender Meinung darf eine Rückstellung für latente GewSt den Steuerbilanzgewinn nicht mindern, vgl. *Schmidt, L.,* § 5 Anm. 57 (Latente Steuern) mwN.
217 Vgl. *Forster* in FS *Döllerer,* S. 147 ff.; hierzu auch *ADS,* § 253 HGB Tz. 225 ff.
218 Vgl. *St/HFA* 1/1989, Abschn. D.
219 Ebd. Abschn. E; zur Rückzahlungspflichten des Leasinggebers wegen einer Beteiligung des Leasingnehmers am Verwertungserlös vgl. *Bordewin,* DB 1988 S. 413 f.; *Knaus,* BB 1988 S. 666 ff.; *Rohse,* DB 1988 S. 1239 ff.; *Böcking,* ZfbF 1989 S. 491 ff.; *Moxter* in Rückstellungen in der Handels- und Steuerbilanz, Düsseldorf 1991 S. 3 ff. Nach dem BFH-Urt. v. 8. 10. 1987, BStBl. II 1988 S. 57, darf weder eine Rückstellung noch ein passiver RAP gebildet werden.

sen in Höhe der Pfandgeldforderungen Rückstellungen für die Rückzahlungsverpflichtungen gebildet werden[220]. Steht die Höhe der Verpflichtungen fest (zB bei Führung von Pfandkonten), so sind sie als Verbindlichkeiten auszuweisen[221].

111 *Mietverhältnisse*

Bei Mietverhältnissen droht nach der Rechtsprechung des BFH[222] ein Verlust dann, wenn – bezogen auf die restliche Mietzeit – der Anspruch auf Mietzins zusammen mit einem möglichen Veräußerungserlös die mit dem Gegenstand verbundenen Aufwendungen (Abschreibungen, Erhaltung, Finanzierung), jeweils abgezinst auf den Abschlußstichtag, nicht deckt. Vgl. auch Stichwort Leasingverhältnisse, Tz. 109.

112 *Patent- und Markenzeichenverletzungen*

In der HB sind auch Rückstellungen für mögliche, aber noch nicht bekannt gewordene Verletzungen zulässig, da die Gefahr einer unbewußten und unbeabsichtigten Verletzung in einer hochentwickelten Wirtschaft besonders groß ist[223]. **Steuerlich** dürfen Rückstellungen wegen Patent-, Urheber- und ähnlicher Schutzrechte erst gebildet werden, wenn der Rechtsinhaber Ansprüche geltend gemacht hat oder ernsthaft mit einer Inanspruchnahme zu rechnen ist, vgl. § 5 Abs. 3 EStG. Werden Ansprüche, mit deren Geltendmachung gerechnet worden ist, vom Berechtigten nicht erhoben, so besteht steuerlich Auflösungszwang in der Bilanz des dritten, auf die erstmalige Bildung der Rückstellung folgenden WJ (vgl. EStR 1990 Abschn. 31c Abs. 8)[224].

113 *Pensions-Sicherungs-Verein*

Rückstellungen kommen in Betracht für künftige Beiträge an den Pensions-Sicherungs-Verein (PSV), soweit sie auf Pensionsanwartschaften aus am Stichtag bereits eingetretenen Insolvenzfällen entfallen, da das Umlageverfahren des PSV nur die laufenden Rentenverpflichtungen abdeckt[225], die Verpflichtungen aus Anwartschaften aber wirtschaftlich (durch den Insolvenzeintritt) bereits verursacht sind[226]. Da es sich bei den Beiträgen an den PSV faktisch um Nebenleistungen zu den Pensionsverpflichtungen handelt, wird überwiegend die Auffassung vertreten, die dafür geltenden Grundsätze seien anzuwenden (ua. Passivierungswahlrecht, Art. 28 Abs. 1 Satz 2 EGHGB)[227]. Hiergegen sind mit beachtli-

---

220 Vgl. auch Schr. des BMF v. 31. 5. 1988, BB S. 1293.
221 Vgl. *ADS*, § 266 HGB Tz. 115; *HdJ*, Abt. III/5 (1987) Rn. 210. Nach dem rechtskräftigen Urteil des FG RhldPf. v. 14. 8. 1986, EFG 1987 S. 16 darf keine Rückstellung für die Kosten der Rückholung gebildet werden.
222 Vgl. Urteil v. 19. 7. 1983, BStBl. II 1984 S. 56; kritisch dazu *Paus*, DStZ 1984 S. 450 ff. Vgl. auch BFH v. 11. 2. 1988, BStBl. II S. 661, sowie *BeBiKo.*, § 249 Anm. 100 (S. 341 f.) mwN.
223 Vgl. hierzu *van Venrooy*, StuW 1991 S. 28 ff.; zur Bewertung im einzelnen *ADS*, § 253 HGB Tz. 202; wegen der handelsrechtlichen Bedeutung des § 5 Abs. 3 EStG (kein GoB) vgl. *HFA*, FN 1983 S. 219; *Schülen*, WPg. 1983 S. 658 ff.; steuerlich vgl. *Christiansen*, StBp. 1989 S. 12 ff.; *Eifler* (Fn. 141), S. 172 ff.
224 Vgl. *HdU*, B Rn. 438 ff.; *BeBiKo.*, § 249 Anm. 100 (S. 342 ff.); *Schmidt, L.*, § 5 Anm. 42.
225 Vgl. *Windel*, WPg. 1982 S. 640 ff.
226 Vgl. *Rev/Hünlich/Hirschmüller*, BB 1983 S. 673 ff.; *Wagner/Riesch*, DB 1983 S. 1501 ff.; *Herzig*, StbJb. 1985/86 S. 106 f.; aA *Christiansen/Riemer*, StBp. 1984 S. 169 ff., die die wirtschaftliche Verursachung im Umlagesystem des PSV sehen und daher eine Rückstellung ablehnen, sowie *Jonas* (Fn. 141), S. 391 ff.; steuerlich ablehnend *Schmidt, L.*, § 5 Anm. 57 (PSV) mwN; FG BaWü. v. 7. 7. 1988, EFG 1989 S. 118; FG Hamburg v. 24. 1. 1990, EFG 1990 S. 363; BMF-Schr. v. 13. 3. 1987, BStBl. I S. 365. Vgl. auch *HdU*, B Rn. 467 ff.; *BeBiKo.*, § 249 Anm. 249 f.; *Brezing*, StbJb. 1987/88 S. 111.
227 Vgl. *Dinter*, BetrAV 1983 S. 109 f.; *Schülen*, WPg. 1983 S. 658 ff. (663); zur kontroversen Diskussion vgl. auch *ADS*, Art. 28 EGHGB Tz. 25.

chen Gründen neuerdings Einwendungen erhoben worden[228], da es sich um einen Fall von § 249 Abs. 1 Satz 1 HGB handele und daraus Passivierungspflicht folge.

Zur **Berechnung** der Rückstellung ist von dem Verhältnis der jährlich vom Beitragsverpflichteten an den PSV zu meldenden Beitragsbemessungsgrundlage (= Teilwert der unverfallbaren Anwartschaften und laufenden Renten; § 10 BetrAVG) zu der Gesamtbeitragsbemessungsgrundlage aller PSV-Mitglieder für das betreffende Jahr auszugehen und nach Maßgabe dieses Verhältnisses der Anteil an dem Anwartschaftsbarwert der am Stichtag beim PSV registrierten Anwartschaften zu ermitteln[229]. Betragen zB, wie in 1990, diese Anwartschaften DM 2,5 Mrd. und die Gesamtbeitragsbemessungsgrundlage aller PSV-Mitglieder DM 242 Mrd., so errechnet sich bei einer Bemessungsgrundlage des Beitragsverpflichteten von beispielsweise DM 121 Mio. die Rückstellung wie folgt: **114**

$$\frac{\text{DM 121 Mio.}}{\text{DM 242 000 Mio.}} \times \text{DM 2500 Mio.} = \text{DM 1,25 Mio.}$$

Pensionsverpflichtungen (vgl. Tz. 134 ff.)   **115**

Provisionen   **116**

Provisionsverpflichtungen sind idR mit Ausführung des vermittelten Geschäftes passivierungspflichtig[230]. Dies gilt auch im Steuerrecht, vgl. BFH v. 22. 2. 1973, BStBl. II S. 481[231].

Prozeßrisiko   **117**

Eine Rückstellung ist zu bilden für in Aussicht stehende oder bereits schwebende Prozesse[232]. Ist die Gesellschaft Klägerin, so beschränkt sich die Rückstellung idR auf das Kostenrisiko; ebenso BFH-Urteil v. 27. 5. 1964, BStBl. III S. 478 (in Höhe der Kosten bis zu der am Abschlußstichtag angerufenen Instanz). Für Prozesse, die noch nicht anhängig sind, dürfen steuerlich Prozeßkosten nicht zurückgestellt werden, vgl. BFH v. 24. 6. 1970, BStBl. II S. 802[233].

Sozialplanverpflichtungen   **118**

Bei Stillegungen, Betriebseinschränkungen und anderen Betriebsänderungen sind nach den §§ 111, 112 BetrVerfG (BGBl. I 1972 S. 13) Sozialpläne aufzustellen, die idR Abfindungszahlungen an die ausscheidenden Arbeitnehmer vorsehen. Rückstellungen kommen auch vor Aufstellung derartiger Pläne in Betracht, wenn ernsthaft mit Stillegungen oder Betriebseinschränkungen und mit entsprechenden Abfindungszahlungen zu rechnen ist[234]. Sie sind spätestens zu bilden,

228 Vgl. *HdR*, § 249 HGB Rn. 40; *Bode/Grabner*, DB 1987 S. 593 ff.; *Brezing*, StbJb. 1987/88 S. 111 ff. (124); *Hartung*, BB 1987 S. 795; *Hannemann*, BB 1989 S. 1374 ff.; *Höfer/Reiners*, DB 1989 S. 589 ff.; *Stuhrmann*, BB 1989 S. 879 ff., sowie *Rohling*, DB 1989 S. 737 ff.
229 Vgl. zur Berechnung auch *ADS*, § 253 HGB Tz. 207; *Hannemann*, BB 1989 S. 1374 ff.
230 Vgl. *BeBiKo.*, § 249 Anm. 100 (S. 345); im einzelnen *HdJ*, Abt. III/5 (1987) Rn. 214 f.; *Jonas* (Fn. 141), S. 345.
231 Vgl. hierzu kritisch *Killinger*, BB 1981 S. 1925; *Körner*, WPg. 1984 S. 43; *HHR*, § 5 EStG Anm. 1545. Vgl. auch *BeBiKo.*, § 249 Anm. 100 (S. 345).
232 Vgl. *Eifler* (Fn. 141), S. 191 ff. mwN; zu Musterprozessen vgl. *ADS*, § 253 HGB Tz. 177.
233 Vgl. auch *BeBiKo.*, § 249 Anm. 100 (S. 345) und *Schmidt, L.*, § 5 Anm. 57 (Prozeßkosten) jeweils mwN.
234 Vgl. *ADS*, § 253 HGB Tz. 231; strenger *HdJ*, Abt. III/5 (1987) Rn. 225 (bei Beschluß); hierzu auch *Briese*, DB 1977 S. 313 ff. u. S. 365 ff.; *Zilias*, WPg. 1979 S. 573 ff.; *Scheidt*, DB 1987 S. 598 (Rückstellung nur für zusätzliche oder vorzeitige Verpflichtungen); *Hartung*, BB 1988 S. 1421 ff.; steuerlich Schr. des BdF v. 2. 5. 1977, BB S. 682 (mit Anm. von *Bordewin*); FG Düsseldorf v. 14. 12. 1988,

wenn entsprechende Beschlüsse seitens der zuständigen Organe des Unternehmens vorliegen und die Unterrichtung des Betriebsrats bevorsteht (vgl. dazu auch EStR 1990 Abschn. 31c Abs. 3 Satz 10 ff.)[235].

119 *Steuern und Abgaben, für die das Unternehmen Steuerschuldner ist*

Zurückzustellen sind die vom Unternehmen geschuldeten Beträge, die bis zum Ablauf des GJ wirtschaftlich oder rechtlich entstanden sind. Entscheidend ist die Entstehung der Steuerschuld, was nach Steuerrecht zu beurteilen ist; rechtskräftig veranlagte Steuern sind als sonstige Verbindlichkeiten auszuweisen[236]. Auch für Steuern, die erfahrungsgemäß aufgrund von Betriebsprüfungen nachzuzahlen sind, ist durch entsprechende Rückstellungen Vorsorge zu treffen[237] (Ausweis unter den sonstigen Rückstellungen[238]; steuerlich jedoch nicht anerkannt, vgl. BFH v. 13. 1. 1966, BStBl. III S. 189)[239]. Steuerliche Nebenleistungen nach § 3 Abs. 3 AO (zB Säumniszuschläge, Zinsen) sind nicht unter Steuerrückstellungen, sondern unter „sonstige Rückstellungen" zu erfassen[240]. Ist der nach steuerrechtlichen Vorschriften zu versteuernde Gewinn niedriger als das handelsrechtliche Ergebnis (zB durch Bildung einer Preissteigerungsrücklage nach § 74 EStDV oder bei Aktivierung eines Postens nach § 269 HGB), kommt ggf. die Bildung einer Rückstellung für die künftigen Mehrsteuern in Betracht (vgl. Stichwort Latente Steuern, Tz. 107 f.; im einzelnen F Tz. 213 ff.).

120 Bei der Berechnung der **Körperschaftsteuerrückstellung** ist entweder vom Gewinnverwendungsbeschluß oder, soweit er nicht vorliegt, vom Gewinnverwendungsvorschlag auszugehen (§ 278 Satz 1 HGB)[241]. Zur Berechnung der **Gewerbesteuerrückstellung**[242] nach der sog. ⁹⁄₁₀-Methode (EStR 1990 Abschn. 22 Abs. 2 Satz 2) vgl. BFH v. 12. 4. 1984, BStBl. II S. 554 (grundsätzlich zulässig); wegen exakter Berechnung der GewSt vgl. Veranlagungshandbuch des IDW; *Balmes*, DStR 1980 S. 607 ff.; *Jost*, DB 1985 S. 1864. Weicht das GJ vom Kalenderjahr (Erhebungszeitraum) ab, darf die GewSt voll den Gewinn des GJ mindern (Wahlrecht)[243].

121 *Tantiemen, Gratifikationen uä.*

Gewinnabhängige Vergütungen, die sich nach dem Ergebnis des letzten GJ bemessen, sind auch dann zurückzustellen, wenn sie erst im folgenden GJ zugesagt und ausgezahlt werden[244]; wenn eine Auszahlung erst nach Ablauf mehre-

---

EFG 1989 S. 223, rkr.; *Söffing*, FR 1978 S. 600 ff.; vgl. zur Quantifizierung von Sozialplanaufwendungen ferner *Haje*, DB 1980 S. 793 ff., sowie zur finanziellen Sicherung von Sozialplänen *Brede*, ZfbF 1977 S. 795 ff.
235 aA *Inhoffen/Müller-Dahl*, DB 1981 S. 1473 ff. u. 1525 ff., die eine Rückstellung (für drohende Verluste) nur dann für möglich halten, wenn die erwarteten Abfindungen und Ertragsausfälle aus der Stillegung udgl. die erwarteten Ausgabenminderungen übersteigen.
236 Wegen Steuern im JA vgl. auch *ADS*, § 266 HGB Tz. 194 ff., § 253 HGB Tz. 187 ff.; *BHdR*, B Rn. 338; *Mutze*, WPg. 1965 S. 535 ff.; wegen einer Rückstellung für hinterzogene Betriebssteuern vgl. *Horlemann*, BB 1989 S. 2005 ff.
237 Vgl. *ADS*, § 253 HGB Tz. 188 ff., § 266 HGB Tz. 198 (erwartete Risiken); strenger *HdR*, § 249 HGB Rn. 100 mwN (konkrete Anhaltspunkte im Einzelfall); ähnlich *BHdR*, B 233 Rn. 145.
238 Vgl. *ADS*, § 266 HGB Tz. 198; *BeBiKo.*, § 266 Anm. 201.
239 Ebenso OFD Münster v. 18. 4. 1986, BB S. 985; EStR 1990 Abschn. 22 Abs. 3 Satz 6.
240 Vgl. *BHdR*, B 233 Rn. 144.
241 Vgl. *ADS*, § 278 HGB Tz. 10 ff.
242 Vgl. hierzu auch *Schmithausen*, DB 1986 S. 1794; *BeBiKo.*, § 249 Anm. 100 (S. 333).
243 Vgl. *Gutachten des BFH v. 24. 1. 1961*, BStBl. III S. 185; EStR 1990 Abschn. 22 Abs. 1 Satz 2 bis 4.
244 Vgl. *ADS*, § 253 HGB Tz. 230, hierzu auch § 249 HGB Tz. 98; wegen der steuerlich grundsätzlich vorliegenden Anerkennung vgl. BFH v. 8. 2. 1962, BStBl. III S. 412; vgl. auch BFH v. 12. 3. 1964, BStBl. III S. 525, v. 3. 7. 1964, BStBl. III 1965 S. 83, v. 18. 3. 1965, BStBl. III S. 289, sowie v. 17. 2. 1971, BStBl. II S. 462, sowie *Grieger*, BB 1965 S. 660, und *Heubeck*, BB 1965 S. 660 (Gewinnbeteili-

rer Jahre unter der Voraussetzung weiterer Betriebszugehörigkeit vorgenommen werden soll, ist ein Abschlag für Fluktuation und für einen Zinsanteil zu machen, vgl. BFH v. 7.7. 1983, BStBl. II S. 753. Bei abweichendem GJ sind bereits erdiente Weihnachtsgratifikationen zurückzustellen, wenn ein Rechtsanspruch auf Zahlung besteht[245]. Wegen Jubiläumszahlungen und Treuegeldern vgl. Tz. 105 f.[246].

Umsatzboni und Rabatte   122

Zurückzustellen sind die Beträge, die Umsätze des abgelaufenen GJ betreffen. Voraussichtliche Skontoabzüge sind aktivisch bei den Forderungen abzusetzen[247].

Umweltschutz   123

Für bis zum Abschlußstichtag entstandene **Umweltschäden,** die aufgrund öffentlich-rechtlicher Verpflichtungen[248] (zB Abfallgesetz, Wasserhaushaltsgesetz, Umwelthaftungsgesetz, entsprechende landesrechtliche Vorschriften) beseitigt werden müssen, sind Rückstellungen zu bilden[249]. Auch für **Umweltabgaben** (zB Emissionsabgaben, Produktabgaben) ist eine Passivierung erforderlich, soweit sie dem abgelaufenen GJ zuzurechnen sind[250].

Ungewisse Risiken   124

Rückstellungen für ungewisse Risiken sind insoweit zulässig, als mit ihnen **nicht im einzelnen erfaßte Risiken** gedeckt werden[251]. Die Bildung derartiger Rückstellungen steht somit in einem engen Zusammenhang mit den Grundsätzen, nach denen die übrigen Rückstellungen gebildet worden sind. Der Ansatz willkürlich bemessener Beträge ist unzulässig.

gung von Arbeitnehmern); wegen Tantiemeerhöhung infolge Erhöhung des Gewinns durch Betriebsprüfung vgl. *Söffing,* StBp. 1964 S. 75. Zur Berechnung der gewinnabhängigen Tantiemen uä. vgl. *Schmithausen,* DB 1986 S. 1794; *Kenntemich,* WPg. 1971 S. 129 ff.; *Siebert,* WPg. 1972 S. 269 ff., sowie *Krawitz,* DB 1977 S. 1197 u. DB 1978 S. 1137 ff. (Einfluß der KSt-Reform). Weitere Nachweise bei *Schmidt, L.,* § 5 Anm. 57 (Gratifikation).
245 Vgl. *BeBiKo.,* § 249 Anm. 100 (S. 353); BFH v. 26.6. 1980, BStBl. II S. 506; BFH v. 24.7. 1964, BStBl. III S. 554; bei der Einheitsbewertung: BFH v. 16.6. 1972, BStBl. II S. 821; vgl. hierzu auch DB 1988 S. 2537 (Weihnachtsgelder an Gesellschafter-Geschäftsführer); *Leopold,* BB 1989 S. 2042 f. (Abzüge vom Weihnachtsgeld).
246 Vgl. BFH v. 19.7. 1960, BStBl. III S. 347, und v. 3.7. 1964, BStBl. III 1965 S. 83; *Christiansen,* StBp. 1986 S. 6 ff.; kritisch hierzu *Olbrich,* WPg. 1980 S. 294 f.; *Nehm,* DB 1984 S. 949 ff. u. S. 2069 f.; *Sünner,* AG 1984 S. 173 ff.; *Herzig,* StbJb. 1985/86 S. 79 ff.
247 Vgl. *Eifler* (Fn. 141), S. 166 ff. Steuerlich vgl. BFH v. 13.3. 1963, DB 1963 S. 750, sowie v. 15.5. 1963, BStBl. III S. 503; ferner *Schneider,* BB 1964 S. 755; *Uecker,* WPg. 1960 S. 29 ff. mwN; zum Skontoabzug bei der Vorratsbewertung vgl. BFH v. 30.3. 1989, BB S. 1730; *Beiser,* DStR 1991 S. 174.
248 Vgl. hierzu *Kamphausen/Kalvenbach/Wassermann,* DB 1987 Beil. 3 S. 3 ff.
249 Vgl. *BeBiKo.,* § 249 Anm. 100 (S. 349); *Friedrichs,* DB 1987 S. 2580 ff.; *Wassermann,* DB 1987 Beil. 3 S. 13 ff.; *Bäcker,* BB 1989 S. 2071 ff.; vgl. hierzu auch *Knopp,* BB 1990 S. 575 ff.; *Büge,* DB 1990 S. 2408 ff. (zum Dritten Gesetz zur Änderung des BImSchG v. 11.5. 1990, BGBl. I S. 870 ff.); *Jost,* DB 1990 S. 2381 ff.; *Landsberg/Lülling,* DB 1990 S. 2205 ff.; *Bäcker,* DStZ 1991 S. 31 ff.; *Günkel,* StbJb. 1990/91 S. 97; *Herzig/Köster,* DB 1991 S. 53 ff. (zum UmweltHG v. 10.12. 1990, BGBl. I S. 2634; hierzu auch *Hager,* NJW 1991 S. 134 ff.); *Eilers,* DStR 1991 S. 101; zu Anpassungsverpflichtungen (zB TA Luft v. 27.2. 1986, GMBl. S. 95, Ber. S. 202 BImSchV) vgl. *ADS,* § 249 HGB Tz. 194 (keine Rückstellung vor Ablauf der Fristen); aA *HdR,* § 249 HGB Rn. 40 (Rückstellungspflicht, soweit nicht Herstellungskostenaktivierung); steuerlich ablehnend BMF-Schr. v. 27.9. 1988, DB 1988 S. 2279; *Bäcker,* BB 1990 S. 2225; *Herzig,* DB 1990 S. 1341 ff. (1351); vgl. auch *Schmidt, L.,* § 5 Anm. 57 (Umweltschäden).
250 Vgl. hierzu auch *Friedrichs,* DB 1987 S. 2580 ff. (2586).
251 Vgl. hierzu kritisch *Kropff* in AktG-Kom., § 152 AktG 1965 Anm. 52; zum Ausweis ungewisser Steuerrisiken bei Kapitalgesellschaften vgl. F Tz. 214.

125   *Urlaubsverpflichtungen*

Rückstellungen sind zu bilden, soweit am Abschlußstichtag noch ein **Anspruch auf Urlaub oder Barabgeltung** besteht oder das Unternehmen unbeschadet der rechtlichen Regelung beabsichtigt, den rückständigen Urlaub zu gewähren oder abzugelten [252]. Die steuerliche Anerkennung der Rückstellung ist durch das BdF-Schreiben v. 22. 6. 1976 (DB S. 1260) klargestellt [253]. Bei abweichendem WJ ist die Rückstellung zeitanteilig zu bemessen [254].

126   *Verdienstsicherung für ältere Arbeitnehmer*

Wird älteren Arbeitnehmern tarif- oder einzelvertraglich unter sozialen Gesichtspunkten eine höhere Vergütung zugesichert, als es den Merkmalen ihrer Tätigkeit entspricht, so kann hierin eine zusätzliche Vergütung für früher geleistete Tätigkeiten liegen, namentlich wenn die höhere Entlohnung [255] an die Dauer der bisherigen Zugehörigkeit zum Unternehmnen geknüpft ist. Unter diesem Gesichtspunkt, aber auch nach den Grundsätzen für Verluste aus (noch) schwebenden Verträgen [256], kann eine Rückstellung für den Betrag der Mehrentlohnung in Betracht kommen [257]. **Steuerrechtlich** rechtfertigt eine tarifvertragliche Verdienstsicherung auch im Umsetzungsfall regelmäßig keine Rückstellung wegen drohender Verluste (EStR 1990 Abschn. 31c Abs. 11 Nr. 3 Satz 2). Eine Rückstellung ist jedoch „ausnahmsweise dann statthaft, wenn das Arbeitsverhältnis den Betrieb in einem ungewöhnlichen Maße belastet, weil der Arbeitnehmer keinen oder keinen nennenswerten Erfolgsbeitrag mehr erbringt" (BFH v. 25. 2. 1986, BStBl. II S. 465).

127   *Verlustabdeckung und Ausgleichszahlungen*

Hierunter fallen drohende Verpflichtungen zur Verlustabdeckung bei Vorliegen von **Beherrschungs- und Gewinnabführungsverträgen** nach § 302 Abs. 1 AktG oder bei Pacht- und anderen Überlassungsverträgen nach § 302 Abs. 2 AktG oder entsprechende Verträge zwischen Unternehmen anderer Rechtsform. Die Rückstellung braucht sich grundsätzlich nur auf ein Jahr zu erstrecken; bei nachhaltiger Ertragslosigkeit ist jedoch der Barwert der voraussichtlichen Zahlungen zurückzustellen [258]. **Steuerlich** dürfen Organträger keine Rückstellung bil-

---

252 Vgl. wegen Einzelheiten *Kücken*, DB 1978 S. 1467 ff. u. S. 1516 ff.; zur Bewertung vgl. *Wunsch*, DB 1982 S. 980 ff.; *Döring/Kantenwein*, WPg. 1986 S. 128 f.; *Olbrich*, WPg. 1985 S. 174 ff.; *Pingel*, BB 1985 S. 1768 ff.; *Brezing*, StbJb. 1987/88 S. 111 ff. (120 ff.); *Hartung*, BB 1987 S. 1502 f. (vergütete Abwesenheit nach dem Stichtag); *Christiansen*, StBp. 1989 S. 221 ff.; wegen Bildungsurlaub, Überstunden, Lohnfortzahlung im Krankheitsfall vgl. *BeBiKo.*, § 249 Anm. 100.
253 Vgl. ferner BdF-Schr. v. 19. 1. 1977, FR S. 142 (Bewertungsmaßstäbe).
254 Vgl. BFH v. 26. 6. 1980, BStBl. II S. 506; *Brezing*, StbJb. 1987/88 S. 120 ff.; aA *Armbrust*, DB 1976 S. 502 ff. und DB 1979 S. 707 ff.; *Krapp*, FR 1977 S. 219 ff. und FR 1980 S. 429 ff.; *HdR*, § 249 HGB Rn. 146 (Wahlrecht).
255 Eine höhere Entlohnung kann auch in bezahlter Altersfreizeit zu sehen sein; vgl. hierzu *Förschle/Kropp*, DB 1985 S. 2569 ff.; *BeBiKo.*, § 249 Anm. 100 (S. 325 f.) mwN (auch zur Altersteilzeitarbeit); Altersteilzeitgesetz v. 20. 12. 1988, BGBl. I S. 2348 ff.
256 Vgl. hierzu *Herzig*, StbJb. 1985/86 S. 89 ff. (98 ff.).
257 Vgl. *HdJ*, Abt. III/5 (1987) Rn. 243; *Schülen*, WPg. 1983 S. 658 ff. (Passivierungspflicht für Barwert der künftigen Mehrleistungen bei Beschluß über andersartigen Arbeitnehmereinsatz); *Bordewin*, BB 1982 S. 1710 f. (bei Versetzung des Arbeitnehmers); *Sünner*, AG 1984 S. 173 ff., der auf weitere Formen der Verdienstsicherung eingeht.
258 Vgl. *ADS*, § 253 HGB Tz. 232 ff.; im einzelnen *Forster* in FS *Stimpel*, Berlin/New York 1985 S. 759 ff.; teilw. abw. *Kropff* in AktG-Kom., § 152 AktG 1965 Anm. 62; *BeBiKo.*, § 249 Anm. 100 (S. 350; Beschränkung auf GJ-Verlust); *Kropff* in FS *Döllerer*, Düsseldorf 1988 S. 349 ff.; vgl. auch *Kort*, Der Abschluß von Beherrschungs- und Gewinnabführungsverträgen im GmbH-Recht, Köln 1986; *Müller, H.-P.* in FS *Goerdeler*, Düsseldorf 1987 S. 375 ff.; *Sünner*, AG 1989 S. 414 ff.

den, vgl. BFH v. 26. 1. 1977, BStBl. II S. 441 (§§ 14 ff. KStG durchbrechen den Maßgeblichkeitsgrundsatz)[259].

Weiterhin kommen Rückstellungen für Verpflichtungen zur **Ausgleichszahlung** (Dividendengarantie) nach § 304 Abs. 2 AktG insoweit in Betracht, als die Belastung durch die Ausgleichszahlung die Vorteile des Vertrages übersteigt[260]. Steuerlich vgl. § 16 KStG, KStR 1990 Abschn. 63. **128**

Vorruhestandsverpflichtungen **129**

Zur bilanziellen Berücksichtigung von Leistungsverpflichtungen aus Vorruhestandsregelungen gemäß Gesetz zur Erleichterung des Übergangs vom Arbeitsleben in den Ruhestand (Vorruhestandsgesetz) v. 13. 4. 1984 (BGBl. I S. 601 ff.) vgl. die Verlautbarung des HFA, WPg. 1984 S. 331 f. Danach haben solche Leistungsverpflichtungen **Abfindungscharakter** und sind daher passivierungspflichtig[261]. Zu erwartende Zuschüsse der Bundesanstalt für Arbeit sind zu berücksichtigen[262]. Demgegenüber stellt das BMF-Schreiben v. 16. 10. 1984 (BStBl. I S. 518) auf den pensionsähnlichen Charakter der Vorruhestandsverpflichtungen und damit auf eine Anwendung der Grundsätze des § 6a EStG ab. Für nach dem 31. 12. 1986 gegebene Zusagen besteht auch steuerlich Passivierungspflicht (BMF-Schr. v. 25. 7. 1988, DB S. 2128)[263]. Zuschüsse der Bundesanstalt für Arbeit dürfen steuerlich nicht berücksichtigt werden.

Wiederherstellungsverpflichtungen und ähnliche Verpflichtungen **130**

Hierzu gehören Verpflichtungen zur Wiederherstellung des ursprünglichen Zustands gepachteter Anlagen[264], Wiederauffüllungsverpflichtungen, Rekultivierungsverpflichtungen[265] uä. Rückstellungen sind insoweit zu bilden, als es sich um Verpflichtungen gegenüber Dritten handelt[266]. Vgl. auch Tz. 123.

Die Verpflichtungen können auf Vertrag und/oder auf öffentlichem Recht beruhen; vgl. BFH vom 16. 9. 1970, BStBl. II 1971 S. 85 (Auffüllung einer Kiesgrube)[267]; BdF-Schreiben v. 20. 5. 1980, BB S. 871 (Verfüllungskosten und Feldesräumung der Erdöl- und Erdgasgewinnungsunternehmen); BdF-Schreiben **131**

259 KStR 1990 Abschn. 58 Abs. 2.
260 Vgl. hierzu auch *Beller*, Die Ausgleichszahlung im Jahresabschluß, Frankfurt a.M. 1989; *Scharpf*, DB 1990 S. 296 ff. (variable Ausgleichszahlungen).
261 Vgl. *ADS*, § 249 HGB Tz. 93 f., sowie zur kontroversen Diskussion ebd., Art. 28 EGHGB Tz. 24; vgl. auch *Förschle/Kropp*, DB 1984 Beil. 23 S. 1 ff.; *Gäbelein*, DB 1984 Beil. 27 S. 5 ff.; *Lätsch*, DB 1984 Beil. 27 S. 7 ff.; *Schülen*, WPg. 1985 S. 269 ff.; *Herzig*, StbJb. 1985/86 S. 103 ff.; *Jonas*, DB 1986 S. 393; *Döllerer*, BB 1987 Beil. 12; aA *Schmidt*, DB 1985 S. 773 ff. Zur Bewertung vgl. *Neuburger*, BB 1985 S. 767 ff.; *HdR*, § 249 HGB Rn. 215; hierzu auch *Schulte*, BB 1986 S. 911 ff.; *Göbel*, BB 1986 S. 1606 ff. (Baugewerbe).
262 Vgl. HFA, WPg. 1984 S. 331 f.; abw. *ADS*, § 253 HGB Tz. 206 (Wahlrecht); aA *Baumbach/Hueck*, § 42 GmbHG Anm. 73 (Aktivierung).
263 Vgl. *Schmidt, L.*, § 5 Anm. 57 (Vorruhestandsgeld) mwN.
264 Vgl. *Armbrust*, DB 1979 S. 2045 ff. u. S. 2096 ff.; *BeBiKo.*, § 249 Anm. 100 (S. 330 f.).
265 Zur Bewertungsproblematik mit Rekultivierungsverpflichtungen vgl. *Burger*, StBp. 1981 S. 27 ff.; *Pfleger*, DB 1981 S. 1686 ff.; *Wassermann/Teufel*, DB 1983 S. 2004 ff.; zur Wiederaufforstung vgl. *Schindler*, StBp. 1988 S. 205 ff.; zur Rekultivierung von Mülldeponien vgl. *Schindler*, BB 1985 S. 239 ff.
266 Zu weiteren Verpflichtungen (Abbruch, Abraumbeseitigung, Entfernung) vgl. *ADS*, § 253 HGB Tz. 208; *BeBiKo.*, § 249 Anm. 100 (S. 330 f.).
267 Zur Bemessung: BFH v. 16. 9. 1970, BStBl. II 1971 S. 85, künftige Kippgebühren sind nicht zu berücksichtigen; BFH v. 19. 2. 1975, BStBl. II S. 480 (nach den Verhältnissen des Abschlußstichtages); *Tautorus*, WPg. 1977 S. 319 (wegen Berücksichtigung von Kostensteigerungen); vgl. auch EStR 1990 Abschn. 38 Abs. 2; *Schmidt, L.*, § 5 Anm. 57 (Rekultivierung).

v. 18. 4. 1980, DB S. 808 (Gruben- und Schachtversatz der Bergbauunternehmen) [268].

132 Zuschüsse

Rückstellungen kommen für **bedingt rückzahlbare** Zuschüsse dann in Betracht, wenn die Rückzahlung nicht an den Gewinn der Gesellschaft geknüpft ist, sondern an einen Erlös bzw. Erfolg aus dem geförderten Vorhaben, wie bei bestimmten Zuwendungen des BMFT; Rückstellungen sind in diesen Fällen dann erforderlich, wenn mit dem Eintritt der Bedingungen, an die die Rückzahlungsverpflichtung geknüpft ist, gerechnet werden muß (vgl. St/HFA 1/1984) [269]. Zur steuerlichen Beurteilung bei sog. Erstinnovationszuwendungen vgl. einerseits BdF-Schreiben v. 19. 12. 1978, BB 1979 S. 84 (Passivierung der Rückzahlungsverpflichtung erst nach Eintritt der Bedingung) [270], andererseits BFH v. 11. 4. 1990, HFR 1990 S. 547 (Rückstellung im Einzelfall bereits vor Bedingungseintritt möglich). Rückstellungen kommen ferner für **Ertragszuschüsse und Baukostenzuschüsse** bei Versorgungsunternehmen in Betracht, die dann zeitanteilig zu vereinnahmen sind [271]; vgl. steuerlich BFH v. 23. 2. 1977, BStBl. II S. 302, sowie BFH v. 6. 10. 1953, BStBl. III S. 315 (zur Zeitdauer der Vereinnahmung) [272].

133 Zuweisungen an Unterstützungskassen

Eine Rückstellung nach § 4d Abs. 2 EStG kommt auch in den Fällen in Betracht, in denen das Trägerunternehmen „innerhalb eines Monats nach Aufstellung oder Feststellung der HB" die Zuwendungen an die Unterstützungskasse vornimmt (vgl. EStR 1990 Abschn. 27a Abs. 12).

c) Pensionsrückstellungen

aa) Handelsrechtlich

134 Seit Inkrafttreten des BiRiLiG [273] ist bei Pensionsverpflichtungen [274] zwischen **Alt- und Neuzusagen** zu unterscheiden. Für Altzusagen gilt das bisherige Passi-

---

268 Vgl. auch Stichwort Gruben- und Schachtversatz.
269 Vgl. hierzu im einzelnen *Uhlig*, Grundsätze ordnungsmäßiger Bilanzierung für Zuschüsse, Düsseldorf 1989 S. 367 ff.; vgl. ferner *ADS*, § 255 HGB Tz. 74; *HdJ*, Abt. III/5 (1987) Rn. 184; *Groh*, DB 1988 S. 2417 ff.; *Jansen*, Die Bilanzierung von Zuwendungen an Industrieunternehmen im handelsrechtlichen Jahresabschluß, München 1988.
270 Zustimmend *Bordewin*, BB 1979 S. 1544 ff.; ablehnend *Börnstein*, DB 1979 S. 1624 ff.
271 Vgl. *ADS*, § 255 HGB Tz. 75 f.
272 Vgl. auch das steuerliche Wahlrecht (sofortige Erfolgsrealisierung oder Kürzung der Anschaffungs- bzw. Herstellungskosten) in EStR 1990 Abschn. 34 Abs. 3, Tz. 217; ferner *Schmidt, L.*, § 5 Anm. 57 (Zuschüsse) mwN.
273 Zu den Auswirkungen des BiRiLiG auf die betriebliche Altersversorgung vgl. *Kämpfer*, Die Bank 1985 S. 576 ff.; *Lutz*, Blick durch die Wirtschaft v. 27. 2. 1986 S. 4; *Höfer/Lemitz*, BB 1986 S. 426 ff.; *Ahrend/Förster/Rößler*, DB 1986 Beil. 10; *Dinter*, AG 1986 S. 218 ff.
274 Vgl. hierzu *Ahrend*, WPg. 1986 S. 577 ff.; *Heubeck*, WPg. 1986 S. 317 ff., S. 356 ff.; *Schulte*, BB 1986 S. 2371 ff.; *HdJ*, Abt. III/7 (1986); *Hartung*, Verpflichtungen im Personalbereich in Handels- und Steuerbilanz sowie in der Vermögensaufstellung, Heidelberg 1987; *Heubeck*, Die Prüfung von Pensionsrückstellungen, Düsseldorf 1987; *ders.*, BFuP 1987 S. 332 ff.; *Hieber*, WPg. 1987 S. 531 ff.; *Schulte*, AG 1987 S. 201 ff.; *Sieker*, BB 1987 S. 1851 ff.; *Höfer*, WPg. 1988 S. 549 ff.; *Stuhrmann*, BB 1988 S. 98 ff.; vgl. zu Pensionen von Gesellschafter-Geschäftsführern *Ahrend/Förster/Rößler*, NWB 1989 Fach 17a S. 989 ff.; *Engelhardt*, BB 1990 S. 882 ff.; *Kottke*, BB 1990 S. 592 ff.; zur ablösenden Betriebsvereinbarung *Höfer/Kisters-Kölkes/Küpper*, DB 1987 S. 1585 ff.; zu Waisenrenten-Anwartschaften *Pieger/Rhiel*, BB 1986 S. 2312 f.; zu weiteren Einzelheiten bei Rückstellungen im Personalbereich vgl. *v. Wysocki* in Bericht über die IDW-Fachtagung 1988, Düsseldorf 1989 S. 103 ff.; *Hartung*, WPg. 1989 S. 390 ff. (Lohnfortzahlung im Todesfall); *Gail*, DB 1990 S. 745 ff. (Erstattungspflicht nach § 128 AFG); *Wendland*, Inf. 1990 S. 340 ff. (Mutterschutz); *Sünner*, AG 1984 S. 173 ff. (Schwerbehinderte).

vierungswahlrecht fort (Art. 28 Abs. 1 Satz 1 EGHGB), für Neuzusagen besteht nach § 249 Abs. 1 Satz 1 HGB uneingeschränkte Passivierungspflicht; vgl. St/ HFA 2/1988[275]. Die Passivierungspflicht besteht für **unmittelbare Zusagen,** aus denen das Unternehmen rechtlich oder faktisch verpflichtet ist. Dies gilt auch für Anwartschaften, wenn mit dem Eintritt des Versorgungsfalls zu rechnen ist. Ein Passivierungswahlrecht besteht für alle **mittelbaren** Verpflichtungen aus Pensionszusagen sowie für **ähnliche** unmittelbare oder mittelbare Verpflichtungen (Art. 28 Abs. 1 Satz 2 EGHGB).

Eine **Altzusage** liegt vor, wenn ein Pensionsberechtigter (Pensionär oder Anwärter) seinen Rechtsanspruch vor dem 1. 1. 1987 erworben hat oder sich ein vor diesem Zeitpunkt erworbener Rechtsanspruch nach dem 31. 12. 1986 erhöht (Art. 28 Abs. 1 Satz 1 EGHGB)[276]. Wodurch der Rechtsanspruch erworben wurde, ob durch eine Einzel- oder eine Kollektivzusage des Unternehmens, ist gleichgültig. Es muß durch die Zusage immer eine Direktbeziehung zwischen Unternehmen und Pensionsberechtigten entstanden sein. Ist diese vor dem 1.1. 1987 entstanden, so wird der Charakter einer Altzusage auch durch spätere Änderungen der Gestaltungsform nicht geändert, auch nicht dadurch, daß eine Einzelzusage an die Stelle einer Kollektivzusage tritt. Ist eine nur mittelbare Verpflichtung des Unternehmens (zB nach den Regelungen einer Unterstützungskasse, die solche Zusagen ohne Rechtsanspruch erteilt) nach dem 31. 12. 1986 in eine unmittelbare Zusage des Unternehmens umgewandelt worden, so liegt im Regelfall einer bestehenden Subsidiärhaftung nach St/HFA 2/1988, Nr. 2 ebenfalls eine Altzusage vor. In diesem Fall handelt es sich lediglich um einen Wechsel der Durchführungsform, der den arbeitsrechtlichen Verpflichtungsgehalt der Pensionszusage nicht berührt (vgl. im einzelnen St/HFA 2/1988, Nr. 2)[277]. — 135

Das Wahlrecht, für Altzusagen Pensionsrückstellungen zu bilden, stellt nach der Systematik des Gesetzes ein **Ansatzwahlrecht** dar. Darunter darf allerdings nicht verstanden werden, daß einmal passivierte Beträge nach Belieben aufgelöst werden dürfen. Dem steht schon § 249 Abs. 3 Satz 2 HGB entgegen. Für die Bewertung gebildeter Pensionsrückstellungen gilt daneben der Stetigkeitsgrundsatz (§ 252 Abs. 1 Nr. 6 HGB, vgl. Tz. 198 ff.), dh., die angewandte Bewertungsmethode ist grundsätzlich fortzuführen. Das würde bei wörtlicher Auslegung dazu führen, daß die Rückstellung während der Zeit der Anwartschaft jedes Jahr zu erhöhen ist. Im Hinblick auf die Zielsetzung des Art. 28 Abs. 1 EGHGB, es bezüglich der Altzusagen bei dem bis zum Inkrafttreten des BiRiLiG geltenden Rechtszustand zu belassen, muß es jedoch als zulässig angesehen werden, auf eine Erhöhung von Rückstellungen für Altzusagen zu verzichten; für den sich danach ergebenden Fehlbetrag besteht bei Kapitalgesellschaften Angabepflicht im Anhang (Art. 28 Abs. 2 EGHGB)[278]. — 136

Als **mittelbare Verpflichtungen** kommen namentlich Pensionen und Anwartschaften in Betracht, die über besondere Rechtsträger, insbesondere Unterstüt- — 137

275 Vgl. auch *ADS*, § 253 HGB Tz. 256 ff.; *BeBiKo.*, § 249 Anm. 151.
276 Vgl. zu Einzelheiten *ADS*, Art. 28 EGHGB Tz. 8 ff.; *HdR*, § 249 HGB Rn. 185 ff.
277 Vgl. *ADS*, Art. 28 EGHGB Tz. 32 ff.; *Ahrend/Förster/Rößler*, DB 1986 Beil. 10; nun auch *HdR*, § 249 HGB Rn. 187; *v. Wysocki*, BetrAV 1988 S. 237 ff. (241); aA *Höfer/Lemitz*, BB 1986 S. 576 ff.; *Förschle/Klein*, DB 1987 S. 341 ff. (347).
278 Vgl. hierzu *Schulte*, BB 1986 S. 1818 ff.

zungskassen gewährt werden[279]. Hier besteht aufgrund der Rechtsprechung[280] des BAG und des BVerfG die Verpflichtung für den Arbeitgeber, eine mit seiner Zustimmung errichtete Unterstützungskasse so zu dotieren, daß sie die in Aussicht gestellten Leistungen erbringen kann. Ein Widerruf von Unterstützungsleistungen ist nach der BAG-Entscheidung v. 10. 11. 1977[281] nur zulässig, wenn es die wirtschaftliche Lage des Unternehmens nicht zuläßt, der Unterstützungskasse die für die Fortführung der begonnenen Leistungen notwendigen Mittel zur Verfügung zu stellen oder selbst einzutreten. Soweit es sich dabei um nach § 1 Abs. 1 BetrAVG bereits unverfallbare Anwartschaften oder laufende Leistungen handelt, ist nach dem Urteil des BAG v. 5. 7. 1979[282] ein Widerruf nur dann sachlich gerechtfertigt, wenn beim Trägerunternehmen ein Sicherungsfall iSv. § 7 Abs. 1 Satz 2 oder 3 BetrAVG vorliegt.

138 Was unter **ähnlichen unmittelbaren** oder **mittelbaren Verpflichtungen** (Art. 28 Abs. 1 Satz 2 EGHGB) zu verstehen ist, lassen das Gesetz (und die Begründung) offen. Die Begriffe sind eng auszulegen, da es sich um Ausnahmetatbestände handelt[283]. Hier einzuordnen sind zugesagte Versorgungsleistungen des Unternehmens mit Bezug zu Leib und Leben des Berechtigten, die jedoch nicht als Pensionsverpflichtungen anzusehen sind. Wegen Verpflichtungen gegenüber dem PSV für übernommene, aber noch nicht umgelegte Anwartschaften auf Pensionen vgl. Tz. 113 f. Es könnte daran gedacht werden, auch Deputatverpflichtungen und Vorruhestandsverpflichtungen hierher zu rechnen[284]. Deputatverpflichtungen, bei denen es sich wirtschaftlich nur um eine spezielle Zahlungsform für Pensionen handelt, sollten jedoch wie Pensionsverpflichtungen behandelt werden. Wird ein Rechtsanspruch erst nach dem 31. 12. 1986 eingeräumt, so besteht Passivierungspflicht, in den anderen Fällen ein Passivierungswahlrecht. Ebenso sind Vorruhestandsverpflichtungen zu behandeln, sofern sie nicht entsprechend der Verlautbarung des HFA (WPg. 1984 S. 331 f.) als Abfindungen und daher als voll passivierungspflichtig behandelt werden (vgl. Tz. 129)[285].

139 Der für Pensionsverpflichtungen anzusetzende Betrag ist bei bereits laufenden Renten der nach versicherungsmathematischen Grundsätzen zu ermittelnde **Barwert** der noch zu erbringenden Leistungen (§ 253 Abs. 1 Satz 2 HGB; vgl. im einzelnen St/HFA 2/1988, Nr. 4)[286]. Eine jährliche Anpassung der Rückstellung für die laufenden Pensionen ist zulässig. Für die Ermittlung des Rückstellungs-

---

279 Vgl. *ADS*, Art. 28 EGHGB Tz. 12 ff.; St/HFA 2/1988; *BeBiKo.*, § 249 Anm. 164; *Ahrend/Förster/Rößler* (Fn. 277), S. 5; zur Bewertung *Heubeck/Engbroks*, DB 1987 S. 285 ff.; *Höfer*, BB 1987 S. 1143 ff.; *Richter*, BB 1987 S. 1432 ff.; zu Pensionskassen und Direktversicherungen vgl. *ADS*, Art. 28 EGHGB Tz. 14; St/HFA 2/1988, Nr. 2; *Cisch*, BB 1987 S. 300 ff.; zur rückgedeckten Gruppen-Unterstützungskasse *Paschke*, DB 1991 S. 873 ff.
280 Vgl. zB BAG v. 17. 5. 1973, BB S. 1308; BAG v. 5. 6. 1984, BB S. 2067; BVerfG v. 16. 2. 1987, DB S. 1260.
281 BB 1978 S. 762; vgl. hierzu auch BAG v. 22. 4. 1988, DB S. 2311 f.; BAG v. 24. 1. 1989, DB S. 1291; BAG v. 18. 4. 1989, DB S. 1876 ff.; BVerfG v. 14. 1. 1987, DB S. 638 ff.
282 BB 1979 S. 1605.
283 Vgl. *ADS*, Art. 28 EGHGB Tz. 22, die den Begriff der „ähnlichen Verpflichtungen" als „im wesentlichen sinnentleert" bezeichnen (Tz. 20).
284 Vgl. zu Vorruhestandsverpflichtungen auch *HdJ*, Abt. III/7 (1986) Rn. 94 ff.; *BeBiKo.*, § 249 Anm. 162 f.; zu den Deputatverpflichtungen *ADS*, Art. 28 EGHGB Tz. 25.
285 Vgl. zu Überbrückungsgeldern und Kosten der Pensionsverwaltung *HdR*, § 249 HGB Rn. 215; *Schülen*, WPg. 1983 S. 658 ff. (662).
286 Zur Bewertung vgl. *Heubeck*, WPg. 1986 S. 317 ff., 356 ff.; *Richter*, BB 1986 S. 2162 ff.; *Luik*, WPg. 1987 S. 733 ff.; *Neuburger*, BB 1988 S. 173 ff.; *Richter*, BB 1988 S. 242 ff.; zu den Auswirkungen des Rentenreformgesetzes v. 18. 12. 1989, BGBl. I S. 2261 ff., vgl. *Heubeck*, BB 1990 S. 818 ff. (neue flexible Altersgrenze).

betrages für Anwartschaften können sowohl das normale Teilwertverfahren, das (steuerlich nunmehr allein anerkannte) eingeschränkte **Teilwertverfahren,** als auch das **Gegenwartswertverfahren** zugrunde gelegt werden[287]. Auch das Barwertverfahren kann angewandt werden, sofern nicht der Berechtigte noch zu einer Gegenleistung in Form einer künftigen Tätigkeit verpflichtet ist[288]. Gegen die Anwendung versicherungsmathematischer Näherungsverfahren bestehen keine Bedenken, sofern sie nicht zu einer Überdotierung der Rückstellung führen. Der der Berechnung der Rückstellungen zugrunde zu legende Zinssatz wird im allgemeinen 3 vH nicht unterschreiten dürfen. Als Untergrenze für die Bewertung ist der eingeschränkte Teilwert nach § 6a EStG mit einem Rechnungszinsfuß von 6 vH anzusehen[289]. Nach dem Vorsichtsprinzip (§ 252 Abs. 1 Nr. 4 HGB) kann ein höherer Wertansatz als mit dem versicherungsmathematisch berechneten Betrag notwendig sein (zB hohe Einzelzusagen an wenige Personen). Die angewandten Bewertungsmethoden sind grundsätzlich beizubehalten (§ 252 Abs. 1 Nr. 6 HGB).

Werden Pensionsrückstellungen gebildet, so sind sie ungekürzt auszuweisen. Sie **140** dürfen nicht mit ggf. bestehenden Rückdeckungsversicherungen[290] saldiert werden (§ 246 Abs. 2 HGB). Eine **Auflösung,** auch aufgrund des Passivierungswahlrechts gebildeter Pensionsrückstellungen, ist nur zulässig, wenn der Grund für die Rückstellungen entfallen ist (§ 249 Abs. 3 Satz 2 HGB).

bb) Steuerrechtlich[291]

Die steuerrechtliche Behandlung hat durch das BiRiLiG keine grundsätzliche **141** Änderung erfahren; soweit es sich um handelsrechtlich passivierungspflichtige Pensionsrückstellungen (Neuzusagen) handelt, besteht nunmehr auch steuerrechtlich wegen des Maßgeblichkeitsprinzips im Rahmen des § 6a EStG eine Passivierungspflicht[292].

Soweit Rückstellungen für Pensionsverpflichtungen gebildet werden, sind sie **142** nach § 6a EStG zu bemessen. Ihre **steuerliche Anerkennung** setzt die Rechtsverbindlichkeit der Verpflichtung voraus. Diese kann zB auf Einzelvertrag, Gesamtzusage (Pensionsordnung), Betriebsvereinbarung oder Tarifvertrag beruhen (EStR 1990 Abschn. 41 Abs. 2 Satz 2). Ob eine rechtsverbindliche Verpflichtung vorliegt, ist im Zweifel nach arbeitsrechtlichen Grundsätzen zu beurteilen (EStR 1990 Abschn. 41 Abs. 1 Satz 4, Abs. 2 Satz 4 und 6).

---

287 Vgl. *ADS*, § 253 HGB Tz. 277 ff.; zur Bewertung von Versorgungsverpflichtungen, auch nach englischem (SSAP 24) und amerikanischem (FAS 87) Recht, vgl. *Klein*, BetrAV 1990 S. 130 ff.
288 Vgl. *ADS*, § 253 HGB Tz. 280. Das Barwertverfahren offenbar uneingeschränkt bejahend *Kropff* in AktG-Kom., § 156 AktG 1965 Anm. 43.
289 Vgl. Begr. zu § 253 HGB, BT-Drs. 10/4268 S. 100; ebenso St/HFA 2/1988, Nr. 4 (höherer Zinssatz nur bei trendbedingten Wertänderungen zulässig); *ADS*, § 253 HGB Tz. 264 ff.; vgl. hierzu auch *Böhm*, Der Einfluß von Zinsänderungen auf die Höhe der Pensionsrückstellungen, Frankfurt a. M. 1985.
290 Vgl. hierzu *Kremer*, DB 1988 Beil. 19 S. 6 f.; *Wichmann*, BB 1989 S. 1228 ff.
291 Vgl. *Heubeck/Höhne/Paulsdorff/Rau/Weiner*, Kommentar zum Betriebsrentengesetz, Bd. II, Heidelberg 1977; *Höfer*, Gesetze zur Verbesserung der betrieblichen Altersversorgung, Kommentar, Bd. II, 2. Aufl., München 1984; *Ahrend/Förster/Rößler*, Steuerrecht der betrieblichen Altersversorgung, Loseblattwerk, Köln 1985; *HdU*, O Rn. 32 ff.; *Schmidt, L.*, § 6a; *BeBiKo.*, § 249 Anm. 151 ff.; *HdJ*, Abt. III/7 (1986).
292 EStR 1990 Abschn. 41 Abs. 1 Satz 2. Vgl. auch *Schneeloch*, WPg. 1985 S. 574; aA offenbar *Ahrend/Förster/Rößler* (Fn. 277), S. 10.

143 Die **Pensionszusage** darf Vorbehalte, daß die Pensionsanwartschaft oder die Pensionsleistung gemindert oder entzogen werden darf, nur im Hinblick auf solche Tatbestände enthalten, bei deren Vorliegen nach allgemeinen Rechtsgrundsätzen eine Minderung oder ein Entzug zulässig ist (EStR 1990 Abschn. 41 Abs. 2 bis 6). Haftungsbeschränkungen für den Fall der Übertragung oder Aufgabe eines Einzelunternehmens beim Ausscheiden von persönlich haftenden Gesellschaftern oder Kommanditisten von Personenhandelsgesellschaften können steuerschädlich sein [293]. Für die Pensionszusage ist Schriftform erforderlich (§ 6a Abs. 1 Nr. 3 EStG). Dabei genügt bei Gesamtzusagen eine schriftliche Bekanntmachung in geeigneter Form, zB durch ein Protokoll über den Aushang im Betrieb. Für Pensionsverpflichtungen, die auf betrieblicher Übung oder auf dem Grundsatz der Gleichbehandlung beruhen, kann wegen der fehlenden Schriftform keine Rückstellung gebildet werden (wegen weiterer Einzelheiten vgl. EStR 1990 Abschn. 41 Abs. 7; *HdU*, O Rn. 47 f.). Das gilt nach dem BMF-Schr. v. 26. 11. 1990, BetrAV 1990 S. 266, auch für die Anwartschaften auf Witwerrente.

144 Pensionsverpflichtungen dürfen höchstens mit dem **Teilwert** angesetzt werden (§ 6a Abs. 3 EStG). Der Teilwert einer Pensionsanwartschaft ist gleich dem Barwert der künftigen Pensionsleistungen am Schluß des WJ abzüglich des sich auf denselben Zeitpunkt ergebenden Barwertes betragsmäßig gleichbleibender Jahresbeträge bis zum voraussichtlichen Eintritt des Versorgungsfalles; die Jahresbeträge sind so zu ermitteln, daß ihr Barwert zu Beginn des Dienstverhältnisses gleich dem Barwert der Pensionsverpflichtung zum gleichen Zeitpunkt ist. Wenn das Dienstverhältnis bereits vor Vollendung des 30. Lebensjahres begonnen hat, gilt es als zu Anfang des WJ begonnen, bis zu dessen Mitte der Pensionsberechtigte das 30. Lebensjahr vollendet (EStR 1990 Abschn. 41 Abs. 12 Satz 1). Spezielle Berechnungsvorschriften für den Teilwert gelten dann, wenn ein Unternehmen Pensionsverpflichtungen unter gleichzeitiger Übernahme von Vermögenswerten übernimmt (EStR 1990 Abschn. 41 Abs. 15). Nach Beendigung des Dienstverhältnisses unter Aufrechterhaltung der Pensionsanwartschaft sowie nach Eintritt des Versorgungsfalles gilt als Teilwert einer Pensionsverpflichtung der Barwert der künftigen Pensionsleistungen am Bewertungsstichtag.

145 Eine Pensionsrückstellung für **Anwartschaften** darf erstmalig für das Jahr gebildet werden, in dem die Pensionszusage erteilt wird, frühestens jedoch für das WJ, bis zu dessen Mitte der Pensionsberechtigte das 30. Lebensjahr vollendet (§ 6a Abs. 2 Nr. 1 EStG). Sogenannte Vorschaltzeiten sind zu beachten [294]. Bei Eintritt des Versorgungsfalles kann eine Pensionsrückstellung ohne Berücksichtigung eines Mindestalters gebildet werden (§ 6a Abs. 2 Nr. 2 EStG).

146 Der **Rechnungszinsfuß** zur Ermittlung der Pensionsrückstellungen beträgt für WJ, die nach dem 31. 12. 1981 enden, 6 vH (§ 6a Abs. 3 EStG). Eine Sonderregelung gilt nur für Betriebsstätten in Berlin-West; dort beträgt der Rechnungszinsfuß für WJ, die nach dem 31. 12. 1989 enden, 5 vH, davor 4 vH (§ 13a BerlinFG). Die Sonderregelung für Berlin ist mit Wirkung für WJ, die nach dem 30. 6. 1991 enden, aufgehoben worden [295].

---

293 Vgl. Erlaß FM Nds. v. 17. 3. 1980, BB S. 504; EStR 1990 Abschn. 41 Abs. 6 Satz 1.
294 Vgl. Schreiben des BdF v. 7. 8. 1978, BStBl. I S. 340.
295 Vgl. dazu Art. 4 Nr. 17 iVm. Nr. 26 Buchst. b StÄndG 1991, BGBl. S. 1322. Zu Übergangsregelungen vgl. Art. 4 Nr. 26 Buchst. b StÄndG 1991.

Für die Bildung der Pensionsrückstellung sind die **Verhältnisse am Abschluß-** 14 **stichtag** maßgebend. Werden Änderungen der Bemessungsgrundlagen erst nach dem Abschlußstichtag wirksam, so sind sie zu berücksichtigen, wenn sie am Abschlußstichtag bereits feststehen (wegen Einzelheiten vgl. EStR 1990 Abschn. 41 Abs. 19). Die Feststellung der Pensionsberechtigten und der Höhe ihrer Pensionsansprüche kann im Rahmen der vorverlegten Stichtagsinventur auch auf einen Tag innerhalb von 3 Monaten vor oder 2 Monaten nach dem Abschlußstichtag vorgenommen werden. Dabei müssen jedoch bestimmte Bedingungen erfüllt sein (EStR 1990 Abschn. 41 Abs. 20).

Ist in den Pensionszusagen die volle oder teilweise **Anrechnung** der **Sozialversi-** 148 **cherungsrente** auf die betriebliche Rente oder eine Begrenzung der Gesamtversorgung aus betrieblicher Rente und Sozialversicherungsrente vorgesehen, so ist das BMF-Schreiben v. 23. 4. 1985, BStBl. I S. 185, mit dem dort genannten Näherungsverfahren zu beachten (EStR 1990 Abschn. 41 Abs. 16). Es darf letztmals zum Ende des letzten vor dem 1. 1. 1992 endenden WJ angewendet werden. Änderungen des Rechts der gesetzlichen Rentenversicherung – insbesondere durch das Rentenreformgesetz 1992 vom 18. 12. 1989 – haben eine Anpassung dieses Näherungsverfahrens erforderlich gemacht. Die Neuregelungen sind in dem BMF-Schr. v. 10. 12. 1990, BStBl. I S. 868, zusammengefaßt. Sie können erstmals zum Ende des WJ angewendet werden, das nach dem 17. 12. 1989 endet. Sie sind spätestens in dem WJ anzuwenden, das nach dem 31. 12. 1991 endet.

Eine Pensionsrückstellung darf in einem WJ höchstens um den Unterschied zwi- 149 schen dem Teilwert der Pensionsverpflichtung am Schluß des WJ und am Schluß des vorangegangenen WJ **erhöht** werden. Ausnahmeregelungen mit einem Wahlrecht für eine Drittelung bestehen für das Jahr, in dem mit der Bildung der Pensionsrückstellung frühestens begonnen werden darf und bei einer Erhöhung des Barwertes der künftigen Pensionsleistungen um mehr als 25 vH (§ 6a Abs. 4 EStG). Führt der Steuerpflichtige in einem WJ der Rückstellung den zulässigen Höchstbetrag nicht zu, so gilt das **Nachholverbot**. Ausnahmsweise dürfen durch Nichtzuführung entstandene Fehlbeträge in dem WJ nachgeholt werden, in dem das Dienstverhältnis unter Aufrechterhaltung der Anwartschaft endet oder in dem der Versorgungsfall eintritt (EStR 1990 Abschn. 41 Abs. 22).

Pensionsrückstellungen können steuerlich nur anerkannt werden, wenn sie auch 150 in der HB gebildet worden sind. Dabei können die steuerlichen Zuführungen eines WJ diejenigen in der HB überschreiten, soweit in der StB keine höhere Rückstellung ausgewiesen wird als in der HB (EStR 1990 Abschn. 41 Abs. 22). **Auflösungen** oder Teilauflösungen sind nur insoweit zulässig, als sich die Höhe der Pensionsverpflichtung gemindert hat. Auflösungen aus anderen Gründen sind demnach steuerlich nicht zulässig (EStR 1990 Abschn. 41 Abs. 24).

Nach dem **Eintritt des Versorgungsfalles** ist die Pensionsrückstellung in jedem 151 WJ um den Unterschied der versicherungsmathematischen Barwerte am Schluß des WJ und am Schluß des vorangegangenen WJ zu mindern. Die laufenden Pensionszahlungen sind dabei als Betriebsausgaben abzusetzen. Ist eine Pensionsrückstellung während der Anwartschaftszeit nur unzureichend gebildet worden, so darf sie nach Eintritt des Versorgungsfalles erst gemindert werden, wenn der Barwert der künftigen Pensionsleistungen die bis dahin gebildete Rückstellung unterschreitet. Bei der Herabsetzung einer Pensionsleistung oder dem Übergang auf eine Hinterbliebenenrente darf eine Auflösung nur bis zum Barwert der herabgesetzten Leistung bzw. dem Barwert der Hinterbliebenenrente erfolgen (EStR 1990 Abschn. 41 Abs. 25).

152 Besonderheiten bestehen bei Pensionsrückstellungen für beherrschende **Gesellschafter-Geschäftsführer** von Kapitalgesellschaften (EStR 1990 Abschn. 41 Abs. 10). Maßgebend für die Berechnung der Pensionsrückstellungen ist die vertraglich vorgesehene Altersgrenze, mindestens jedoch eine solche von 65 Jahren (wegen Ausnahmen vgl. KStR 1990 Abschn. 36 Abs. 1)[296]. Pensionszusagen an Gesellschafter-Geschäftsführer einer Personenhandelsgesellschaft sind nach den BFH-Urteilen v. 16. 2. 1967, BStBl. III S. 222, v. 21. 12. 1972, BStBl. II 1973 S. 298 und v. 8. 1. 1975, BStBl. II S. 437 als Gewinnverteilungsabreden zwischen den Gesellschaftern anzusehen, die den Gewinn der Gesellschaft nicht beeinflussen und dementsprechend auch nicht zur Rückstellungsbildung berechtigen (EStR 1990 Abschn. 41 Abs. 8)[297]. Beim Wechsel vom Arbeitnehmer zum Mitunternehmer ist EStR 1990 Abschn. 41 Abs. 9 zu beachten.

153 Wird bei einem **Handelsvertreter** vorgesehen, daß der Ausgleichsanspruch nach § 89b HGB anzurechnen ist, so darf die Pensionsrückstellung nur für den Restanspruch gebildet werden[298] (EStR 1990 Abschn. 41 Abs. 18).

Besteht eine **Rückdeckungsversicherung,** so sind der Versicherungsanspruch und die Pensionsverpflichtung getrennt zu bilanzieren (wegen Einzelheiten vgl. EStR 1990 Abschn. 41 Abs. 26).

d) Rückstellungen für im Geschäftsjahr unterlassene Aufwendungen für Instandhaltung

154 Für im GJ unterlassene Aufwendungen für Instandhaltung[299] besteht teils eine **Rückstellungspflicht** (sofern sie im folgenden GJ innerhalb von 3 Monaten nachgeholt werden, § 249 Abs. 1 Satz 2 Nr. 1 HGB), teils ein **Rückstellungswahlrecht** (sofern sie innerhalb der darauffolgenden 9 Monate nachgeholt werden, § 249 Abs. 1 Satz 3 HGB). In der StB sind passivierungspflichtige Rückstellungen ebenfalls anzusetzen[300].

155 Die Bildung der Rückstellungen ist an folgende **Voraussetzungen** geknüpft:

– Es muß ein **unterlassener Aufwand** vorliegen. Typische Fälle sind offensichtliche Schäden oder nicht eingehaltene Wartungspläne[301]. Die Verursachung einer später nach weiterem Gebrauch notwendig werdenden Reparatur genügt nicht;
– der Aufwand muß grundsätzlich **im GJ,** für das bilanziert wird, unterlassen worden sein, eine Nachholung für in früheren GJ unterlassenen Aufwand ist

---

296 Vgl. auch *Schmidt, L.,* § 6a Anm. 7.
297 Vgl. auch *Schmidt, L.,* § 6a Anm. 8.
298 Vgl. koord. Ländererlaß FM NW v. 28. 2. 1967, BStBl. II S. 91.
299 Vgl. hierzu auch *ADS,* § 249 HGB Tz. 111 ff.; *Brezing,* FR 1984 S. 349 ff.; *Dziadkowski/Runge,* WPg. 1984 S. 544 ff.; *Anders,* BB 1984 S. 1270 f.; *Siegel,* WPg. 1985 S. 14 ff.; *Kußmaul,* DStR 1987 S. 675 ff.; zur Bauinstandhaltung vgl. St/WFA 1/1990.
300 Vgl. dazu EStR 1990 Abschn. 31c Abs. 12; aA *Wilhelm,* StuW 1990 S. 64 f.; vgl. auch *Schmidt, L.,* § 5 Anm. 57 (Unterlassene Instandhaltung).
301 Vgl. *ADS,* § 253 HGB Tz. 238 ff.; *HdJ,* Abt. III/6 (1987) Rn. 14 f.

aber zulässig bzw. geboten, wenn die Unterlassung auch das vergangene GJ betrifft[302];

– die Arbeiten müssen **innerhalb von 3 Monaten** (§ 249 Abs. 1 Satz 2 Nr. 1 HGB) oder im **folgenden GJ** (Satz 3) vollständig nachgeholt werden[303]. Erscheint die Nachholung innerhalb des folgenden GJ bei vernünftiger kaufmännischer Beurteilung ausgeschlossen, so kommt insoweit eine Rückstellungsbildung nach der hier erörterten Vorschrift nicht in Betracht.

Im VJ zulässigerweise gebildete Rückstellungen, die im folgenden GJ nicht in Anspruch genommen wurden, sind aufzulösen, soweit sie nicht nach § 249 Abs. 2 HGB fortgeführt werden können[304].

Zur **Bewertung** vgl. *ADS,* § 253 HGB Tz. 244 f.

e) Rückstellungen für im Geschäftsjahr unterlassene Aufwendungen für Abraumbeseitigung

Es besteht auch ohne Vorliegen einer öffentlich-rechtlichen Verpflichtung Rückstellungspflicht, soweit die unterlassenen Aufwendungen im folgenden GJ nachgeholt werden (§ 249 Abs. 1 Satz 2 Nr. 1 HGB)[305]. Hinsichtlich der Voraussetzungen gelten die Ausführungen zu den im GJ unterlassenen Aufwendungen für Instandhaltungen sinngemäß[306]. Hat eine Abraumbeseitigung aufgrund einer öffentlich-rechtlichen Verpflichtung zu erfolgen, so fällt dieser Sachverhalt unter die Pflicht zum Ansatz von Rückstellungen für ungewisse Verbindlichkeiten gem. § 249 Abs. 1 Satz 1 HGB[307].   **156**

f) Rückstellungen für ohne rechtliche Verpflichtung zu erbringende Gewährleistungen

Nach § 249 Abs. 1 Satz 2 Nr. 2 HGB besteht Rückstellungspflicht. Unter diese Vorschrift fallen nur Rückstellungen für solche Gewährleistungen, die eindeutig **ohne rechtliche Verpflichtung** erbracht werden. Ist dagegen – wie in der Praxis häufig – unklar, ob eine Gewährleistungspflicht besteht, und werden deshalb „Kulanzleistungen" erbracht, um präjudizierende Urteile oder um Streitigkeiten im Interesse der Geschäftsbeziehungen zu vermeiden, so handelt es sich in Wirklichkeit um Rückstellungen für ungewisse Schulden[308].   **157**

Steuerlich sind Rückstellungen für Kulanzleistungen nur zulässig, wenn eine „sittliche Verpflichtung vorliegt, der sich der Kaufmann aus geschäftlichen Erwägungen nicht entziehen kann" (EStR 1990 Abschn. 31c Abs. 13)[309]. Rück-   **158**

---

302 Vgl. *ADS,* § 249 HGB Tz. 117 f., § 253 HGB Tz. 242; im Ergebnis ebenso (für Rückstellung nach Satz 3) *HdR,* § 249 HGB Rn. 61; aA *BeBiKo.,* § 249 Anm. 106.
303 Vgl. *ADS,* § 249 HGB Tz. 239, 242.
304 Gegen eine Fortführung *HdJ,* Abt. III/6 (1987) Rn. 41 ff.; *BeBiKo.,* § 249 Anm. 106 mwN.
305 Steuerrechtlich vgl. EStR 1990 Abschn. 31c Abs. 12. Vgl. auch BFH v. 26. 6. 1951, BStBl. III S. 211; BFH v. 20. 4. 1961, HFR 1962 S. 159; aus dem Schrifttum vgl. *Heberer,* StBp. 1963 S. 292 und StBp. 1965 S. 126 ff.; *Distelrath,* StBp. 1964 S. 207 ff.
306 Vgl. zur Durchbrechung der Begrenzung auf das folgende GJ und zur Bewertung *ADS,* § 249 HGB Tz. 122 ff., § 253 HGB Tz. 246 f.; vgl. hierzu auch *Krämer,* BFuP 1987 S. 348 ff.
307 Vgl. *ADS,* § 249 HGB Tz. 122; *BeBiKo.,* § 249 Anm. 111 ff.; steuerlich EStR 1990 Abschn. 31c Abs. 12 Satz 7.
308 Vgl. zur Konkurrenz mit Rückstellungen für ungewisse Verbindlichkeiten wegen sog. faktischer Verpflichtungen *ADS,* § 249 HGB Tz. 125; wegen Einschränkungen auf Gewährleistungen für eigene Lieferungen und Leistungen, die dem Bilanzierenden angelastet werden können, *BeBiKo.,* § 249 Anm. 13; weniger weitgehend *ADS,* § 249 HGB Tz. 126 ff.
309 Zur Bemessung des Rückstellungsbetrages vgl. BFH v. 13. 12. 1972, BStBl. II 1973 S. 217.

stellungen für künftige Reparaturen, die aus Kulanzgründen unter Selbstkosten ausgeführt, aber nicht wie die üblichen Garantieleistungen als Ausfluß eines Kaufvertrages übernommen werden, sind dagegen nicht anerkannt[310].

g) Aufwandsrückstellungen (§ 249 Abs. 2 HGB)

159 Rückstellungen der in § 249 Abs. 2 HGB bezeichneten Art („ihrer Eigenart nach genau umschriebene, dem GJ oder einem früheren GJ zuzuordnende Aufwendungen, die am Abschlußstichtag wahrscheinlich oder sicher, aber hinsichtlich ihrer Höhe oder des Zeitpunkts ihres Eintritts unbestimmt sind")[311] waren im Bilanzrecht bisher schon im Rahmen der Rückstellungen für unterlassene Instandhaltung und Abraumbeseitigung zulässig. Demgegenüber räumt § 249 Abs. 2 HGB für alle **Aufwandsrückstellungen,** die die Kriterien des Gesetzes erfüllen, ein **Passivierungswahlrecht** ein. Die Vorschrift soll es den bilanzierenden Unternehmen ermöglichen, Vorsorge für konkrete künftige Aufwendungen, die dem GJ oder einem früheren zuzuordnen sind, zu treffen, sofern sie sich diesen Aufwendungen nicht entziehen können, wenn sie ihren Geschäftsbetrieb unverändert fortführen wollen; außerdem sollten deutschen Kaufleuten im Interesse der Harmonisierung nicht Rückstellungsmöglichkeiten untersagt werden, die in anderen Mitgliedstaaten der EG zulässig und üblich sind[312].

160 Das Gesetz knüpft die Zulässigkeit einer Aufwandsrückstellung an vier **Voraussetzungen**[313]:
- die Aufwendungen müssen ihrer Eigenart nach genau umschrieben werden können (Aufwandsumschreibung),
- die Aufwendungen müssen bereits abgelaufenen GJ zuzurechnen sein (Aufwandsverursachung),
- die Aufwendungen müssen wahrscheinlich oder sicher zu Ausgaben führen (Aufwandserwartung),
- die Höhe der Ausgaben oder der Zeitpunkt ihres Eintritts müssen unbestimmt sein (Aufwandsunsicherheit).

161 Die **ersten beiden Bedingungen** sollen sicherstellen, daß nur für konkrete, nach Art und Höhe nachvollziehbare und genau zu bezeichnende Aufwendungen Rückstellungen gebildet werden, die unter betriebswirtschaftlichen Gesichtspunkten bereits verursacht sind[314]. Allgemeine Vorsorgen für die Zukunft sind

310 BFH v. 6. 4. 1965, BStBl. III S. 383; vgl. auch BFH v. 4. 12. 1963, HFR 1964 S. 196; wegen Ausgleichsleistung eines Händlers an Werkstätten für Mehrkosten des Wartungsdienstes vgl. BFH v. 2. 12. 1965, BStBl. III 1966 S. 144 (abgelehnt); aus dem Schrifttum vgl. *Nolte*, FR 1960 S. 231; *Stumpe*, FR 1961 S. 238; *Müller*, FR 1966 S. 7.
311 Vgl. hierzu *ADS*, § 249 HGB Tz. 129 ff.; *Streim*, BB 1985 S. 1575 ff.; *Selchert*, DB 1985 S. 1541 ff. u. S. 2314 f.; *Siegel*, WPg. 1985 S. 414 ff.; *ders.*, DB 1985 S. 2313 f.; *Forster* in Bericht über die IDW-Fachtagung 1986, Düsseldorf 1986 S. 29 ff. (33 ff.); *Kupsch*, 1. Erg.-Heft der ZfB 1987 S. 67 ff.; *Siegel*, BFuP 1987 S. 301 ff.; *Borstell*, Aufwandsrückstellungen nach neuem Bilanzrecht, Köln 1988; *Eder*, Aufwandsrückstellungen nach § 249 Abs. 2 HGB, Bergisch Gladbach/Köln 1988; *Kinzius*, Aufwandsrückstellungen im Handelsrecht, Münster 1988; *Scheffler* in Bericht über die IDW-Fachtagung 1988, Düsseldorf 1989 S. 175 ff.; *Groh*, DB 1989 S. 1586 ff.; *Sigle* in Erste Erfahrungen mit den neuen Rechnungslegungsvorschriften, Stuttgart 1990 S. 23 ff.; *Lederle* in Rückstellungen in der Handels- und Steuerbilanz, Düsseldorf 1991 S. 57 ff.; *Dörner*, WPg. 1991 S. 225 ff.
312 Vgl. *Begr.*, BT-Drs. 10/4268 S. 99.
313 Vgl. *ADS*, § 249 HGB Tz. 155 ff. u. 220 ff., § 253 HGB Tz. 248; hierzu auch *Forster* (Fn. 311), S. 29 ff. (34); *Ordelheide/Hartle*, GmbHR 1986 S. 9 ff. (16); *Havermann*, BFuP 1986 S. 121.
314 Vgl. dazu auch *Selchert* (Fn. 311), S. 1542 ff.; *Ordelheide/Hartle* (Fn. 313), S. 16 f.; *Maul*, BB 1986 S. 631 ff.; *Siegel*, BB 1986 S. 841 ff.; *Coenenberg*, BB 1986 S. 910 f.

daher ausgeschlossen, Rückstellungen für das allgemeine **Unternehmerrisiko** also **nicht** zulässig[315]. Dem Grund nach können alle unterlassenen **Instandhaltungen** und Abraumbeseitigungen, die wahrscheinlich oder sicher erst nach Ablauf der in § 249 Abs. 1 HGB vorgesehenen Fristen nachgeholt werden, in Betracht kommen[316], ferner alle **Großreparaturen, Entsorgungsmaßnahmen** und **Sicherheitsinspektionen,** die in mehrjährigen Intervallen erfolgen (zB bei Fluggesellschaften[317], der chemischen Industrie, der Glasindustrie, bei Kernkraftwerksbetreibern), aber auch regelmäßig wiederkehrende Reparaturen wie Überholungen des Maschinenparks, die Renovierung von Wohnungen udgl.[318].

Auch **Aufwendungen für Mitarbeiter** des Unternehmens können hierher gehören, soweit es sich nicht um ungewisse Verbindlichkeiten (Erfüllungsrückstände) oder drohende Verluste aus schwebenden Geschäften handelt. Beispiele hierfür sind **Jubiläumsgelder**[319], nachzuholende **Aus- und Fortbildungsmaßnahmen, Vorsorgeuntersuchungen** ua., vgl. dazu *ADS,* § 249 HGB Tz. 209 ff. (insbesondere Jubiläumszahlungen). Ebenso können später wahrscheinlich zu leistende **Abfindungen** und **Entlassungsentschädigungen,** über die noch keine Vereinbarungen getroffen sind, die Voraussetzungen des § 249 Abs. 2 HGB erfüllen (vgl. zu Abfindungen an Arbeitnehmer, für die nach Einführung des Binnenmarktes keine Arbeitsplätze mehr vorhanden sind Vfg. OFD Düsseldorf v. 15. 11. 1989, DStR 1990 S. 148). **162**

Ob auch Forschungs- und Entwicklungsvorhaben, die in der Vergangenheit betriebswirtschaftlich notwendig gewesen wären, aber erst später nachgeholt werden können, zu einer Aufwandsrückstellung führen können, hängt davon ab, ob man das Merkmal der Aufwandsverursachung in der Vergangenheit als erfüllt ansieht[320]. Gleiches gilt für zB aus finanziellen Gründen verschobene, aber notwendig gewesene oder übliche Reklamemaßnahmen und Werbefeldzüge, die in absehbarer Zeit nachgeholt werden sollen[321]. **163**

Der Vorschlag, auf dem Wege über Aufwandsrückstellungen den Mehraufwand für gestiegene, erst in der Zukunft zu Ausgaben führende **Wiederbeschaffungsko- 164**

---

315 Wie Fn. 312. Ebenso *Kölner Kom.,* § 249 HGB Anm. 29.
316 Vgl. *ADS,* § 249 HGB Tz. 181 f.; aA *BeBiKo.,* § 249 Anm. 106 mwN.
317 Steuerlich wird eine Rückstellung für die zukünftige Überholung von Flugzeugen nicht anerkannt, vgl. BFH v. 19. 5. 1987, BStBl. II S. 848; vgl. auch *Offerhaus,* StBp. 1987 S. 212; O.V. in HFR 1987 S. 565; *Mathiak,* StuW 1988 S. 83; *Schmidt, L.,* § 5 Anm. 57 (Instandhaltung) mwN.
318 Vgl. zu weiteren Fällen *ADS,* § 253 HGB Tz. 252 (zB rückständige Fortbildungsmaßnahmen); im einzelnen auch § 249 HGB Tz. 174 ff., 185 ff. (zB Beseitigung von Katastrophenschäden, Umweltschutzmaßnahmen vor Ablauf vorgeschriebener Fristen, künftige Erfolgs- oder Gewinnbeteiligungen von Arbeitnehmern), sowie *Lederle* in Rückstellungen in der Handels- und Steuerbilanz, Düsseldorf 1991 S. 57 ff.; *HdJ,* Abt. III/6 (1987) Rn. 84 ff. (zB freiwillige Sozialleistungen, Umstrukturierungsmaßnahmen); *BHdR,* B 233 Rn. 294 (zB Selbstversicherung); *Trappmann,* DB 1988 S. 1961 ff. (Softwareerneuerung); *HdR,* § 249 HGB Rn. 89 (freiwillige Jahresabschlußprüfung, Abbruch- und Enttrümmerungskosten etc.); zur Bauinstandhaltung vgl. St/WFA 1/1990.
319 An der in der Vorauflage vertretenen Auffassung, daß es sich insoweit um Rückstellungen nach § 249 Abs. 1 Satz 1 HGB handelt, wird nicht mehr festgehalten; vgl. zum Meinungsstand *ADS,* § 249 HGB Tz. 96 f. und Tz. 210 ff.
320 Vgl. *Ordelheide/Hartle* (Fn. 313), S. 17; ablehnend *BeBiKo.,* § 249 Anm. 306, 323; *HdR,* § 249 HGB Rn. 91; für Rückstellungsmöglichkeit in bestimmten Fällen *ADS,* § 249 HGB Tz. 217; *GEFIU,* Ausgewählte Probleme bei der Anwendung des Bilanzrichtlinien-Gesetzes, Bd. 2, Stuttgart 1987 S. 23; *Busse von Colbe,* WPg. 1987 S. 117 ff. (122).
321 Vgl. *ADS,* § 249 HGB Tz. 218 f., § 253 HGB Tz. 252 (in Ausnahmefällen Rückstellung zulässig); *BHdR,* B 233 Rz. 293; aA *BeBiKo.,* § 249 Anm. 306, 323 mwN.

sten zu verrechnen[322], ist zwar eine betriebswirtschaftlich bestechende Lösung eines alten Problems. Sie läßt sich möglicherweise sogar mit dem Wortlaut der Vorschrift vereinbaren. Es muß jedoch bezweifelt werden, ob diese Anwendung der Vorschrift in der Absicht der Väter der 4. EG-Richtlinie und der des BiRiLiG liegen würde. In der 4. EG-Richtlinie hätten dann die Bestimmungen in Art. 33 wohl anders ausfallen können, und der hierzulande bestehende Widerstand gegen jede Abweichung vom Prinzip „Mark ist gleich Mark" dürfte hinreichend bekannt sein[323]. Er hat nicht zuletzt in der Protokollerklärung der Bundesregierung zu Art. 33 einen deutlichen Niederschlag gefunden[324]. Preissteigerungen scheiden demnach – unbeschadet ihrer Berücksichtigung bei der Bewertung einschlägiger Rückstellungen – als selbständiger Rückstellungsgrund aus.

165   Die übrigen obengenannten **Bedingungen** entsprechen mehr oder weniger den üblichen Rückstellungsvoraussetzungen oder bedürfen keiner näheren Erläuterung[325]. Immer müssen alle vier obengenannten Bedingungen erfüllt sein, dh. es genügt nicht, daß die Aufwendungen ihrer Eigenart nach genau umschrieben werden können.

166   Bei der **Bemessung der Höhe** von Aufwandsrückstellungen sind sämtliche Werte zwischen Null und dem nach vernünftiger kaufmännischer Beurteilung notwendigen Betrag zulässig. Dies gilt auch für Zuführungen in Folgejahren; eine Bindung durch das Stetigkeitsgebot (§ 252 Abs. 1 Nr. 6 HGB) besteht nicht[326]. In VJ unterlassene Rückstellungen dürfen grundsätzlich nachgeholt werden[327]. Eine **Auflösung** ist nach § 249 Abs. 3 Satz 2 HGB nur dann zulässig, soweit der Grund für die Rückstellungsbildung entfallen ist; insoweit besteht dann Auflösungspflicht.

167   **Kapitalgesellschaften** müssen die Aufwandsrückstellungen im Anhang erläutern, wenn sie einen nicht unerheblichen Umfang haben (§ 285 Nr. 12 HGB, vgl. F Tz. 493 ff.).

Steuerrechtlich gilt, daß Aufwandsrückstellungen nicht anerkannt werden[328].

---

322 Nach *Maul* (Fn. 314), S. 635, soll dies künftig einer der beiden Hauptanwendungsfälle der Aufwandsrückstellungen sein. *Maul* stützt sich hinsichtlich der Zulässigkeit auf eine Bemerkung von *Biener* zu Art. 20 der 4. EG-Richtlinie (AG-KGaA-GmbH-Konzerne, Köln 1979 S. 72); ebenso *Biener/Berneke*, BiRiLiG, Erl. zu § 249 HGB S. 81. Ablehnend mit ausführlichen Begründungen *Siegel* (Fn. 314), S. 841 ff. (843) und *Coenenberg* (Fn. 314), S. 910 f.; ablehnend auch *ADS*, § 253 HGB Tz. 255, § 249 HGB Tz. 204; *HdJ*, Abt. III/6 (1987) Rn. 32; *Forster* (Fn. 311), S. 35; nicht so streng *BHdR*, B 233 Rn. 257.

323 Ähnliche Überlegungen bei *Siegel* und *Coenenberg* (Fn. 314); zum Nominalwertprinzip vgl. auch *Leffson* (Fn. 10), S. 458 ff.

324 Die Erklärung lautet: „Die deutsche Delegation erklärt, daß die Bundesregierung Bewertungsmethoden zur Berücksichtigung inflationärer Entwicklungen, wie sie Artikel 33 der Richtlinie als Ausnahme vom Grundsatz der Anschaffungsbewertung in Artikel 32 der Richtlinie zuläßt, aus währungs- und wirtschaftspolitischen Gründen ablehnt. Sie wird deshalb solche Bewertungsmethoden für die Bundesrepublik Deutschland nicht zulassen." Anlage zum Ratsdokument R 1961/78 (ES 93) v. 18. 7. 1978.

325 Ausführlicher dazu *ADS*, § 249 HGB Tz. 223 ff.; *Ordelheide/Hartle* (Fn. 313), S. 16 f.

326 Vgl. *ADS*, § 249 HGB Tz. 144 ff., § 253 HGB Tz. 237; aA betreffend Zuführungen zur Rückstellung für Bauinstandhaltung St/WFA 1/1990; *BeBiKo.*, § 249 Anm. 310; *HdR*, § 249 HGB Rn. 73.

327 Vgl. *ADS*, § 249 HGB Tz. 147 ff., § 253 HGB Tz. 249; *HdJ*, Abt. III/6 (1987) Rn. 57; aA für bewußt unterlassene Rückstellungen *BeBiKo.*, § 249 Anm. 311.

328 Vgl. EStR 1990 Abschn. 31c Abs. 2 Satz 4 (wegen Ausnahmen vgl. Abs. 12).

3. Rechnungsabgrenzungsposten (§ 250 HGB)

Nach § 250 HGB **sind** als RAP auszuweisen (Aktivierungs- bzw. Passivierungs-**pflicht**)   **168**

– auf der **Aktivseite** Ausgaben vor dem Abschlußstichtag, soweit sie Aufwand für eine bestimmte Zeit nach diesem Tag darstellen (§ 250 Abs. 1 Satz 1 HGB),
– auf der **Passivseite** Einnahmen vor dem Abschlußstichtag, soweit sie Ertrag für eine bestimmte Zeit nach diesem Tag darstellen (§ 250 Abs. 2 HGB).

Zulässig ist nur der Ausweis **transitorischer Posten ieS** [329]. Transitorische Posten im weiteren Sinn (zB Reklamefeldzug) dürfen nicht bilanziert werden. Antizipative Aktiva und Passiva (Erträge und Aufwendungen des abgelaufenen GJ, die erst später zu Einnahmen und Ausgaben führen) sind, soweit sie den Charakter echter Forderungen oder ähnlicher Ansprüche bzw. Verpflichtungen haben, die noch nicht fällig sind, als sonstige Vermögensgegenstände bzw. als Verbindlichkeiten oder Rückstellungen zu bilanzieren [330].   **169**

Die Aktivierung bzw. Passivierung als RAP setzt grundsätzlich einen **Zahlungsvorgang** vor dem Abschlußstichtag voraus. Hierzu zählen bare (Kasse) und unbare (Bank, Postscheck) Zahlungsvorgänge sowie die Hergabe und Entgegennahme von Wechseln. Den Zahlungsvorgängen stehen solche Einbuchungen von Forderungen und Verbindlichkeiten gleich, die bei vertragsgemäßer Abwicklung des Geschäfts durch vor dem Ende der Abschlußperiode liegende Zahlungsvorgänge erloschen wären [331].   **170**

Die Ausgabe muß Aufwand, die Einnahme Ertrag für eine **bestimmte Zeit** nach dem Abschlußstichtag darstellen. Das Merkmal des bestimmten Zeitraumes muß sich unmittelbar aus dem Sachverhalt ergeben. Anfang und Ende des Zeitraumes müssen eindeutig festliegen, dh. kalendermäßig bestimmt sein; es genügt nicht, wenn das Ende des Zeitraumes durch ein künftiges, terminlich noch ungewisses Ereignis bestimmt wird [332]. Rechnungsabgrenzungen können über mehrere GJ hinwegreichen. Im allgemeinen werden den RAP gegenseitige Verträge zugrunde liegen, bei denen Leistung und Gegenleistung ihrer Natur nach zeitbezogen sind, zeitlich aber auseinanderfallen [333].   **171**

Zu den **transitorischen Abgrenzungsposten** gehören zB Vorauszahlungen von Miete, Pacht, Versicherungsprämien, Beiträgen, Zinsen, Honoraren, Gebühren, Lagerkosten sowie von bestimmten Provisionen und Zuschüssen (vgl. wegen Einzelheiten und weiterer Beispiele *ADS*, § 250 HGB Tz. 53, 117). Auch Werbeaufwendungen können bei Vorliegen der gesetzlichen Voraussetzungen abgegrenzt werden, zB bei Vorauszahlungen für eine regelmäßig wiederkehrende   **172**

---

329 Vgl. *ADS*, § 250 HGB Tz. 6; *HdJ*, Abt. II/8 (1988) Rn. 8 f.; *HuRB* S. 46 ff. u. 153 ff.; vgl. hierzu auch *Fuchs*, Die transitorische Rechnungsabgrenzungsposten, Köln 1987.
330 Zu den Angabepflichten im Anhang im Hinblick auf antizipative Abgrenzungsposten nach § 268 Abs. 4 Satz 2, Abs. 5 Satz 3 HGB vgl. im einzelnen F Tz. 488 (Aktivseite) und F Tz. 507 (Passivseite).
331 Vgl. *ADS*, § 250 HGB Tz. 25.
332 Vgl. *ADS*, § 250 HGB Tz. 36; *Kropff* in AktG-Kom., § 152 AktG 1965 Anm. 92 und 102; *Mellerowicz* in Großkom., § 152 AktG 1965 Anm. 88; vgl. vor allem im Hinblick auf die BFH-Rechtsprechung (vgl. dazu Tz. 180) auch *Federmann*, BB 1984 S. 246 ff.; zur Zulässigkeit von Schätzungen *HdJ*, Abt. II/8 (1988) Rn. 24; *Baumbach/Hueck*, § 42 GmbHG Anm. 151; nach *HdR*, § 250 HGB Rn. 46, zZ keine hM vorhanden; nach *BeBiKo.*, § 250 Anm. 21, hM für enge Auslegung; nach *Kölner Kom.*, § 250 HGB Anm. 8, hM für weite Auslegung.
333 Vgl. *Döllerer*, BB 1965 S. 1405, 1408.

Werbemaßnahme (zB Erscheinen von Anzeigen) oder für Miete von Werbeflächen für einen bestimmten Zeitraum. Vorauszahlungen auf Kataloge, die im nächsten Jahr geliefert werden, sind Anzahlungen[334]. Besondere Abgrenzungsfragen können sich bei **Leasingverträgen** ergeben, vgl. hierzu St/HFA 1/1989 (betr. den Leasinggeber) sowie *ADS*, § 250 HGB Tz. 119 ff.[335].

173   Für die obengenannten RAP besteht grundsätzlich Bilanzierungspflicht. Bei geringen sowie bei regelmäßig wiederkehrenden bedeutungslosen Beträgen (zB Kfz-Steuern) kann jedoch unter dem Gesichtspunkt der **Wesentlichkeit** auf Bilanzierung verzichtet werden[336].

174   Als RAP **können** ausgewiesen werden (Aktivierungs**wahlrecht**):

- als Aufwand berücksichtigte Zölle und Verbrauchsteuern, soweit sie auf am Abschlußstichtag auszuweisende Vermögensgegenstände des Vorratsvermögens entfallen (§ 250 Abs. 1 Satz 2 Nr. 1 HGB),
- als Aufwand berücksichtigte USt auf am Abschlußstichtag auszuweisende oder von den Vorräten offen abgesetzte Anzahlungen (§ 250 Abs. 1 Satz 2 Nr. 2 HGB),
- ein Disagio bzw. Rückzahlungsagio (§ 250 Abs. 3 HGB).

175   Mit der ausdrücklichen Erwähnung der obengenannten **Zölle, Verbrauchsteuern und USt** wird die handelsrechtliche Vorschrift an die Bestimmungen in § 5 Abs. 5 Satz 2 EStG angepaßt mit dem Unterschied, daß steuerrechtlich Aktivierungspflicht[337], handelsrechtlich dagegen ein Aktivierungswahlrecht besteht. Handelsrechtliche Aktivierbarkeit besteht parallel im Rahmen der Anschaffungs- oder Herstellungskosten[338]; sie wird durch § 250 Abs. 1 Satz 2 HGB nicht in Frage gestellt[339].

176   Ein (Auszahlungs-)**Disagio** oder (Rückzahlungs-)**Agio** liegt vor, wenn der Rückzahlungsbetrag einer Verbindlichkeit höher als der Ausgabebetrag, dh. der dem Unternehmen zugeflossene Betrag ist. Der Unterschiedsbetrag **darf** (Aktivierungswahlrecht)[340] unter die RAP aufgenommen werden[341]. Welcher Art die Verbindlichkeit ist, ist ohne Bedeutung; die Vorschrift gilt also nicht nur für Anleihen. Das Wahlrecht kann nur im Ausgabejahr, auch mit einem Teilbetrag, in Anspruch genommen werden.

Zur abweichenden Bilanzierung von **Zero-Bonds** vgl. St/HFA 1/1986[342].

---

334 Vgl. *ADS*, § 250 HGB Tz. 54; zur Abgrenzung von den Anzahlungen vgl. Tz. 14 f.; aA *Döllerer*, BB 1965 S. 1408.
335 Vgl. hierzu mit Abgrenzungsüberlegungen im weiteren Sinne *Forster* in FS *Döllerer*, Düsseldorf 1988 S. 147 ff.
336 Vgl. *ADS*, § 250 HGB Tz. 44; *Kropff* in AktG-Kom., § 152 AktG 1965 Anm. 106; für jährlich wiederkehrende Beträge weitergehend *ders.*, NB 1966 S. 59.
337 Vgl. dazu *Schmidt, L.*, § 5 Anm. 29; *BeBiKo.*, § 250 Anm. 70.
338 Vgl. *Peiner*, WPg. 1976 S. 69 ff.; hinsichtlich der USt auf erhaltene Anzahlungen St/HFA 1/1985; ferner aa. *Forster*, AG 1980 S. 19 f.; hinsichtlich der Branntweinsteuer Herstellungskostencharakter bejahend BFH v. 5. 5. 1983, BStBl. II S. 559.
339 Vgl. *ADS*, § 250 HGB Tz. 61; keinen Anwendungsbereich für § 250 Abs. 1 Satz 2 Nr. 1 und 2 HGB sehen wegen der angenommenen Pflicht zur Einbeziehung in die Anschaffungs- oder Herstellungskosten bzw. zur Anwendung des Nettoverfahrens *Baumbach/Hueck*, § 42 GmbHG Anm. 156 f.; *HdR*, § 250 HGB Rn. 67; *Wirtz*, DStR 1986 S. 749 f.; *Dziadkowski*, DStR 1989 S. 292 ff.; differenzierend für Zölle und Verbrauchsteuern *Erle*, BB 1988 S. 1082 ff.
340 aA für wesentliche Fälle *HdJ*, Abt. III/8 (1988) Rn. 269 (Aktivierungspflicht); vgl. hierzu auch *Veit*, BB 1989 S. 524 ff.
341 Steuerlich vgl. *Schmidt, L.*, § 6 Anm. 90, und BMF v. 5. 3. 1987, BStBl. I S. 394.
342 Vgl. hierzu auch *ADS*, § 253 HGB Tz. 81 ff.; *HdR*, § 253 HGB Rn. 41 u. § 268 HGB Rn. 118 ff.

Bei Aktivierung ist der Betrag durch planmäßige jährliche **Abschreibungen,** die **177** auf die gesamte Laufzeit[343] verteilt werden können, zu tilgen (§ 250 Abs. 3 Satz 2 HGB). Die planmäßige Abschreibung muß mindestens jährlich den Betrag vorsehen, der sich bei einer Verteilung des Disagios entsprechend der vereinbarten Kapitalinanspruchnahme[344] ergibt; Tilgungsmaßstab ist dabei das Verhältnis der auf die einzelnen Jahre entfallenden Zinsen zu den Gesamtzinsen. Höhere planmäßige oder freiwillige außerplanmäßige Abschreibungen[345] sind zulässig. Eine außerplanmäßige Abschreibung kann notwendig werden, wenn die Verbindlichkeit oder Anleihe vorzeitig zurückgezahlt wird oder sich das Zinsniveau wesentlich ermäßigt. Wegen der besonderen Ausweis- und Angabepflichten von Kapitalgesellschaften nach den §§ 268 Abs. 6, 277 Abs. 3 Satz 1 HGB vgl. F Tz. 133.

Bei **Realkreditinstituten** sind hinsichtlich der Abgrenzung die §§ 25, 45 HBG und **178** 23 SchBG zu beachten[346].

Die **steuerlichen** Vorschriften über die Bilanzierung von Rechnungsabgrenzungs- **179** posten (§ 5 Abs. 5 EStG) stimmen mit denen des HGB grundsätzlich überein. Auch in der StB kommen grundsätzlich nur transitorische Posten in Betracht (EStR 1990 Abschn. 31b Abs. 1); antizipative RAP dürfen nur in den Fällen des § 5 Abs. 5 Satz 2 EStG ausgewiesen werden[347]. Nach ständiger Rechtsprechung des BFH setzt der aktive RAP grundsätzlich voraus, daß einer Vorleistung des Kaufmanns eine noch nicht erbrachte zeitbezogene[348] Gegenleistung des Vertragspartners[349] gegenübersteht. Dabei ist auf das einzelne Vertragsverhältnis abzustellen; allerdings ist die Bildung von RAP nicht auf Fälle des gegenseitigen Vertrages iSd. §§ 320 ff. BGB beschränkt[350].

Voraussetzung für die Bildung eines RAP ist ebenso wie in der HB, daß die vor **180** dem Abschlußstichtag angefallenen Ausgaben oder Einnahmen Aufwand oder Ertrag für eine **bestimmte Zeit** nach dem Abschlußstichtag darstellen, vgl. dazu EStR 1990 Abschn. 31b Abs. 2. Ob die Bildung eines RAP auch dann zulässig und geboten ist, wenn das Ende des Zeitraumes kalendermäßig nicht bestimmt ist, erscheint zweifelhaft[351]. Die Rechtsprechung[352] des BFH läßt es genügen, daß die Zahlung rechnerisch einem Mindestzeitraum zuzuordnen ist (vgl. BFH v. 11. 7. 1980, BStBl. II S. 659); folgerichtig sieht es der BFH als ausreichend an, wenn die Dauer der Verpflichtung berechenbar ist (vgl. BFH v. 5. 4. 1984, BStBl.

---

343 Vgl. zum Begriff *Küffner*, DStR 1986 S. 555 f.
344 Vgl. *ADS*, § 250 HGB Tz. 90 ff. (zu verschiedenen Darlehensformen).
345 Vgl. *ADS*, § 250 HGB Tz. 99; *BeBiKo.*, § 250 Anm. 77; aA *Baetge/Ballwieser*, BFuP 1977 S. 199 (212); *Kölner Kom.*, § 250 HGB Anm. 21; *Baumbach/Hueck*, § 42 GmbHG Anm. 154; abw. *HdJ*, Abt. III/8 (1988) Rn. 272 (Rückstellung bei gesunkenem Zinsniveau).
346 Vgl. auch *Birck/Meyer* (Fn. 106), S. II/335 ff.; *Hesberg*, DLK 1986 S. 522 ff.; Schr. des BAK v. 7. 3. 1989, CM 23.03 d.
347 Vgl. EStR 1990 Abschn. 31b Abs. 3.
348 Kein pass. RAP: BFH v. 7. 3. 1973, BStBl. II S. 565 (sog. bauspartechn. Abgrenzung); BFH v. 11. 7. 1973, BStBl. II S. 840 (Ertragswertentschädigung); BFH v. 13. 6. 1986, BStBl. II S. 841 (Entschädigung für Verzicht auf Rechtsanspruch); BFH v. 8. 10. 1987, BStBl. II 1988 S. 57 (Verpflichtung des Leasinggebers gegenüber einem Leasingnehmer). Akt. RAP: BFH v. 19. 1. 1978, BStBl. II S. 262 (Verwaltungsgebühr für Kredit, Bearbeitungsgebühr für Bankbürgschaft).
349 Kein akt. RAP: BFH v. 4. 3. 1976, BStBl. II 1977 S. 380 (Provision).
350 Vgl. EStR 1990 Abschn. 31b Abs. 1 Satz 3. Vgl. auch BFH v. 22. 7. 1982, BStBl. II S. 655 (gesetzliche Abfindung zwecks Stillegung). Die gegenseitigen Verpflichtungen können ihre Grundlage auch im öffentlichen Recht haben, BFH v. 5. 4. 1984, BStBl. II S. 552 (Ertragszuschüsse).
351 Zur Kritik vgl. *Schmidt, L.*, § 5 Anm. 25, 50b mwN; *HdU*, B Rn. 454 ff.; vgl. auch *BeBiKo.*, § 250 Anm. 21 ff.
352 Vgl. hierzu auch *Rose*, StbJb. 1983/84 S. 141 ff.

II S. 552). Zeitlich unbefristete, dh. immerwährende Leistungen sind wie zeitlich begrenzte Leistungen zu behandeln (vgl. BFH v. 24. 3. 1982, BStBl. II S. 643 – dazu: Nichtanwendungserlaß BMF v. 12. 10. 1982, BStBl. I S. 810). Zur passivischen Abgrenzung von Kreditgebühren bei Teilzahlungsgeschäften (nach der Zinsstaffelmethode)[353] und zur Bildung einer Rückstellung für Verwaltungskosten (unzulässig) vgl. BFH v. 17. 7. 1974, BStBl. II S. 684; zur Übernahme einer Baulast vgl. BFH v. 3. 5. 1983, BStBl. II S. 572 (Rechnungsabgrenzung mangels Zeitbezogenheit der Leistung unzulässig).

181 Steuerlich gilt grundsätzlich kein Wahlrecht, sondern ein **Aktivierungs- bzw. Passivierungsgebot.** Zur Abgrenzung regelmäßig wiederkehrender, der Höhe nach bedeutungsloser Posten vgl. *Döllerer,* BB 1969 S. 1446 (Wahlrecht); ebenso: Nds. FG v. 2. 2. 1981, EFG 1981 S. 552 rkr. (wiederkehrende Betriebs- und Kfz-Versicherungen).

182 Das **Disagio** ist steuerlich zu aktivieren und während der Laufzeit der Verbindlichkeit abzuschreiben (EStR 1990 Abschn. 37 Abs. 3)[354]. Im Falle einer Umschuldung ist das alte Disagio durch eine außerplanmäßige Abschreibung zu tilgen, soweit es nicht bei wirtschaftlicher Betrachtung als zusätzliche Gegenleistung für das neue oder veränderte Darlehen anzusehen ist, vgl. BFH v. 13. 3. 1974, BStBl. II S. 359; bei Betriebsaufgabe ist das Disagio gewinnmindernd aufzulösen, vgl. FG Hamburg v. 29. 6. 1988, EFG 1989 S. 224. Zur Abgrenzung des Darlehensdamnums (Disagio) bei Kreditinstituten vgl. BdF-Schreiben v. 24. 11. 1977, BB 1977 S. 1745.

183 **Abschlußkosten für Versicherungsverträge** bei VU dürfen handelsrechtlich gemäß § 56 Abs. 2 VAG nicht aktiviert werden. Dieses Aktivierungsverbot gilt nach § 5 Abs. 1 EStG iVm. § 8 Abs. 1 KStG auch für das Steuerrecht[355].

IV. Bewertungsvorschriften (§§ 252 bis 256 HGB)

184 Die Bewertungsvorschriften der §§ 252 bis 256 HGB gelten im Grundsatz für alle Kaufleute, doch haben Kapitalgesellschaften einige wenige Einschränkungen zu beachten (§ 279 HGB, vgl. F Tz. 33) und ebenso einige zusätzliche Vorschriften anzuwenden (§§ 280 bis 282 HGB, vgl. F Tz. 35 ff. und F Tz. 59).

1. Allgemeine Bewertungsgrundsätze (§ 252 HGB)

185 Die in § 252 HGB kodifizierten allgemeinen Bewertungsgrundsätze gehen auf entsprechende Bestimmungen in Art. 31 der 4. EG-Richtlinie zurück. Bis auf den Grundsatz der Bewertungsstetigkeit (Nr. 6) handelt es sich um bisher schon allgemein anerkannte GoB[356].

---

353 Vgl. BFH v. 31. 5. 1967, BStBl. III S. 607; wegen vereinfachter pauschaler Berechnungsmethode vgl. Erlaß OFD Berlin, StEK § 5 EStG Abschn. Bilanz Nr. 27.
354 *Vgl. auch Schmidt, L.,* § 5 Anm. 31 (Disagio).
355 Ebenso *HHR,* § 5 EStG Anm. 1524.
356 So auch RegBegr. zu § 259 HGB-E, BT-Drs. 10/317 S. 87; vgl. hierzu auch *Forster* in Bericht über die IDW-Fachtagung 1986, Düsseldorf 1986 S. 29 ff.; *Müller, W.* in FS *Goerdeler,* Düsseldorf 1987 S. 397 ff.; *HdR,* II Rn. 68 ff.

a) Grundsatz der Bilanzidentität (§ 252 Abs. 1 Nr. 1 HGB)

Bilanzidentität (auch als formelle Bilanzkontinuität bezeichnet) bedeutet, daß **186** die Wertansätze in der Eröffnungsbilanz des GJ mit denen der Schlußbilanz des vorhergehenden GJ übereinstimmen müssen[357]. Wird – was in der Praxis die Regel ist – eine Eröffnungsbilanz nicht aufgestellt, so treten an ihre Stelle die Eröffnungsbuchungen (= Vorträge) des neuen GJ.

Steuerrechtlich soll § 4 Abs. 1 EStG die Bilanzidentität sicherstellen[358].

b) Grundsatz der Unternehmensfortführung (§ 252 Abs. 1 Nr. 2 HGB)

Im **Regelfall** ist bei der Bewertung von der Fortführung der Unternehmenstätig- **187** keit auszugehen (sog. Going Concern-Prinzip)[359]. Diese Annahme hat Bedeutung insbesondere für die Bewertung des Anlagevermögens sowie für die Bemessung von Rückstellungen. So sind für die Gegenstände des Anlagevermögens keine Einzelveräußerungswerte oder niedrigeren Zeitwerte anzusetzen, sondern es ist wie in § 253 Abs. 2 HGB bestimmt zu bewerten. Bei der Bemessung der Rückstellungen sind alle Verpflichtungen und Risiken, die mit einer Einstellung der Unternehmenstätigkeit verbunden sein würden (zB Sozialpläne, Abwicklungskosten), unberücksichtigt zu lassen.

Stehen der Annahme der Unternehmensfortführung jedoch tatsächliche oder **188** rechtliche Gegebenheiten[360] **entgegen**, so muß die Bewertung an diesen ausgerichtet werden. Im Fall der stillen Abwicklung sind daher für die zur Veräußerung vorgesehenen Vermögensgegenstände die voraussichtlichen Nettoveräußerungserlöse anzusetzen; für voraussichtlich nicht gedeckte Abwicklungskosten sind Rückstellungen zu bilden. Auch bei einer bevorstehenden Stillegung einzelner Werke oder Betriebsteile ist die Bewertung auf diesen Fall auszurichten[361]. Für den Fall der Auflösung der Gesellschaft mit anschließender Abwicklung/ Liquidation (§ 264 Abs. 1 AktG, § 66 Abs. 1 GmbHG) vgl. die speziellen Bewertungsbestimmungen in § 270 Abs. 2 AktG, § 71 Abs. 2 GmbHG[362]. Zur steuerlichen Bewertung von Sachwerten im Rahmen der Schlußverteilung oder während des Abwicklungszeitraumes vgl. BFH v. 14. 12. 1965, BStBl. III 1966 S. 152.

c) Grundsatz der Einzelbewertung (§ 252 Abs. 1 Nr. 3 HGB)

Für die Bewertung im JA gilt der Grundsatz der Einzelbewertung, dh. jeder Ver- **189** mögens- und Schuldposten ist bei der Aufstellung der Bilanz wertmäßig einzeln zu berücksichtigen[363]. Wertminderungen können also nicht mit Wertsteigerun-

---

357 Zu Ausnahmen vgl. *ADS*, § 252 HGB Tz. 14 ff.; *Niehus/Scholz* in *Meyer-Landrut/Miller/Niehus*, §§ 238–335 HGB Rn. 145.
358 Vgl. *HdU*, B RdNr. 272 ff.; *Schmidt, L.*, § 4 Anm. 138b.
359 Vgl. hierzu insbesondere *UEC-Kommission für Buchprüfung*, Die Beachtung des Grundsatzes der Fortführung des Unternehmens (going-concern-basis), UEC-Empfehlung Nr. 4, FN 1978 S. 289 ff.; *Baetge*, WPg. 1980 S. 651 ff.; *Baetge/Huß/Niehaus*, WPg. 1986 S. 605 ff.; *Platzer*, Jahresabschluß und Insolvenzgefahr, Wien 1982 S. 141 ff.; *Leffson* (Fn. 10), S. 187 f.; *ders.*, WPg. 1984 S. 604 ff.; *Janssen*, WPg. 1988 S. 341 ff.; *Moxter*, WPg. 1980 S. 342 ff.; *Luik* in FS *v. Wysocki*, Düsseldorf 1985 S. 61 ff.; *Farr*, Insolvenzprophylaxe durch Wirtschaftsprüfung, Frankfurt a.M./Bern/ New York 1986 S. 163 ff.; *Sarx*, 1. Erg.-Heft der ZfB 1987 S. 25 ff.; *HuRB* S. 185 ff.
360 Vgl. im einzelnen *ADS*, § 252 HGB Tz. 23 ff.; *HdR*, § 252 HGB Rn. 37 f.
361 Vgl. *ADS*, § 252 HGB Tz. 31; *Luik* (Fn. 359), S. 68 f.
362 Für analoge Anwendung auf Unternehmen anderer Rechtsform *BeBiKo.*, § 252 Anm. 19.
363 Vgl. zum Grundsatz der Einzelbewertung *ADS*, § 252 HGB Tz. 48 ff.; *Kruschwitz*, DB 1973 S. 1905 ff.; ferner *Körner*, WPg. 1976 S. 430 ff. (insbesondere zur Frage der Bewertungseinheit). Steuerlich vgl. EStR 1990 Abschn. 36 Abs. 3; *HdU*, B Rn. 618 ff.; *Schmidt, L.*, § 6 Anm. 10.

gen bei anderen Gegenständen kompensiert werden. Der Grundsatz erfordert, die Risiken eines jeden Vermögensgegenstandes für sich zu beurteilen und die Bewertung nach den individuellen Gegebenheiten auszurichten. Das kann dazu führen, daß ansonsten gleiche Vermögensgegenstände im Hinblick auf besondere Eigenarten, Ausstattungen sowie Nutzungs- und Verwendungsmöglichkeiten unterschiedlich zu bewerten sind. Aus dem Grundsatz der Einzelbewertung läßt sich dagegen nicht folgern, daß gleiche Vermögensgegenstände bei gleicher Sachlage **willkürlich** verschieden bewertet werden dürfen. Dem steht (auch im Zeitablauf gesehen) der Grundsatz der Bewertungsstetigkeit entgegen (§ 252 Abs. 1 Nr. 6 HGB).

190   **Ausnahmen**[364] gelten für die Gruppenbewertung (vgl. Tz. 324) und die Festbewertung (vgl. Tz. 320 ff.). Wegen der Frage eines zwar nicht tatsächlichen, aber wirtschaftlichen Identitätsnachweises, insbesondere bei Wertpapieren, vgl. *ADS*, § 252 HGB Tz. 45, § 256 HGB Tz. 7 ff., § 255 HGB Tz. 121 ff.

191   Zum Grundsatz der **Bewertung nach den Verhältnissen des Abschlußstichtages**, der ebenfalls in § 252 Abs. 1 Nr. 3 HGB festgelegt wird, vgl. *ADS*, § 252 HGB Tz. 33 ff.

d) Grundsatz der Vorsicht (§ 252 Abs. 1 Nr. 4 HGB)

192   Für die Bewertung gilt das Prinzip der Vorsicht[365]. Namentlich sind alle **Verluste**, die bis zum Abschlußstichtag entstanden sind, sowie alle **vorhersehbaren Risiken** zu berücksichtigen. Risiken und Chancen sind vorsichtig abzuschätzen. Faktoren, die zu einer niedrigeren Bewertung führen, ist ggf. ein größeres Gewicht beizulegen; die Schätzung darf aber andererseits nicht unbegründet sein oder nur auf subjektiven Vorstellungen des Bilanzierenden beruhen. Im Zweifel ist die vernünftige kaufmännische Beurteilung (vgl. Tz. 6) maßgebend.

193   Das Vorsichtsprinzip hat seinen Niederschlag in einer Reihe von Vorschriften und Bilanzierungsgrundsätzen gefunden. So ist eine höhere Bewertung als zu den Anschaffungs- oder Herstellungskosten ausgeschlossen (sog. **Anschaffungswertprinzip**, § 253 Abs. 1 HGB); die in der DM-Eröffnungsbilanz zum 1. 7. 1990 angesetzten Werte gelten als Anschaffungs- oder Herstellungskosten (§ 7 Abs. 1 Satz 5 DMBilG). In engerem Zusammenhang hiermit steht das **Realisationsprinzip**, wonach Gewinne nur zu berücksichtigen sind, wenn sie am Abschlußstichtag realisiert sind (§ 252 Abs. 1 Nr. 4 zweiter Halbsatz HGB). Realisierung setzt den Abschluß eines Verkaufsaktes oder eines ähnlichen Vorganges voraus[366]. (Wegen anteiliger Gewinnrealisierung bei langfristiger Fertigung vgl. Tz. 207.) Ferner sind ein Ausfluß des Vorsichtsprinzips vor allem

---

364 Eine ausführliche Übersicht über die verschiedenen Formen der Abweichungen vom und der Durchbrechung des Grundsatzes der Einzelbewertung (§ 252 Abs. 2 HGB) gibt *Faller*. Zur Problematik der Zulässigkeit des Abweichens vom Grundsatz der Einzelerfassung und Einzelbewertung im aktienrechtlichen Jahresabschluß, Pfaffenweiler 1985, sowie *ders.*, BB 1985 S. 2017 ff. mwN; vgl. hierzu auch *ADS*, § 252 HGB Tz. 59 f., § 253 HGB Tz. 92 ff., 260, 489.
365 Vgl. hierzu auch *Leffson* (Fn. 10), S. 465 ff.; *HuRB* S. 403 ff.
366 Vgl. *Leffson* (Fn. 10), S. 247 ff.; hierzu auch *Schneider* in FS *Leffson*, Düsseldorf 1976 S. 101 ff. (*Realisation erst bei Einnahmezufluß*), sowie (grundsätzlich) *Gelhausen*. Das Realisationsprinzip im Handels- und im Steuerbilanzrecht, Frankfurt a.M. ua. 1985; *Moxter*, BB 1984 S. 1780 ff.; *Lüders*, Der Zeitpunkt der Gewinnrealisierung im Handels- und Steuerbilanzrecht, Köln 1987; *Koch*, ZfbF 1987 S. 419 ff.; *Woerner*, BB 1988 S. 769 ff.; *Euler*, Grundsätze ordnungsmäßiger Gewinnrealisierung, Düsseldorf 1989; *Nieskens*, FR 1989 S. 537 ff.; *Wacker*, BB 1990 S. 239 ff.

– das **Imparitätsprinzip,** wonach unrealisierte Verluste auszuweisen sind[367] (vgl. § 253 Abs. 2 Satz 3 zweiter Halbsatz, Abs. 3 Satz 1 und 2 HGB),
– die **Bilanzierungsverbote** (§ 248 HGB),
– die **Ansatzwahlrechte** (zB für Aufwandsrückstellungen, § 249 Abs. 2 HGB; für den Geschäfts- oder Firmenwert, § 255 Abs. 4 HGB),
– die **Bewertungswahlrechte,** die wiederum in
   – Abwertungswahlrechte (zB § 253 Abs. 3 Satz 3 HGB),
   – Beibehaltungswahlrechte (zB § 253 Abs. 5 HGB) und
   – Methodenwahlrechte (zB § 253 Abs. 2 Satz 2 HGB)
   unterteilt werden können.

Die **Bildung stiller Reserven**[368] ist insbesondere durch Abschreibungen möglich, die im Rahmen von § 253 Abs. 4 HGB erfolgen (vgl. im einzelnen Tz. 303 ff.; nicht zulässig für Kapitalgesellschaften). Unzulässig sind dagegen die willkürliche Bildung stiller Reserven sowie folgende Formen der Bildung stiller Reserven: Weglassen von Aktiven aus der Bilanz, Behandlung von Anlagezugängen als Aufwand, Buchung des Abgangs beim Anlagevermögen zu Verkaufserlösen an Stelle von (niedrigeren) Restbuchwerten, Einsetzen fiktiver Kreditoren (vgl. bereits RGZ Bd. 131 S. 197), Einsetzen fiktiver Rückstellungen, falsche Periodenabgrenzung. **194**

Maßgebend für die Bemessung der Wertansätze ist der Abschlußstichtag (§ 252 Abs. 1 Nr. 3 HGB)[369]. Verlustbringende Ereignisse, die erst nach dem Abschlußstichtag, aber vor Aufstellung der Bilanz bekanntgeworden sind, müssen in der Bilanz berücksichtigt werden, wenn sie vor dem Abschlußstichtag verursacht wurden **(Wertaufhellungsprinzip).** Erst nach dem Abschlußstichtag eintretende wertmindernde Ereignisse können bei den Gegenständen des Umlaufvermögens im Rahmen des § 253 Abs. 3 Satz 3 HGB berücksichtigt werden, ferner durch Abschreibungen im Rahmen von § 253 Abs. 4 HGB. Wegen vor dem Abschlußstichtag eingetretener Vorgänge, die sich erst allmählich im neuen GJ auswirken, vgl. *ADS,* § 252 HGB Tz. 36. **195**

Steuerlich haben die Finanzverwaltung und die höchstrichterliche Rspr. die Berücksichtigung verlustbringender Ereignisse, die nach dem Abschlußstichtag eingetreten sind, grundsätzlich abgelehnt. Eine Bewertung mit einem unter dem Börsen- oder Marktpreis des Abschlußstichtages liegenden Teilwert kommt jedoch für Waren, deren Preis stark schwankt, zB Importwaren, ausnahmsweise in dem Fall in Betracht, daß die Stichtagspreise auf ungewöhnlichen Umständen beruhen. In diesen Fällen muß anhand der Preisentwicklung der letzten 4 bis 6 Wochen vor und nach dem Abschlußstichtag geprüft werden, ob am Abschlußstichtag eine Herabsetzung der Preise wegen allgemeiner Preisrückgänge sicher voraussehbar war[370]. Wegen der Verpflichtung zur Berücksichtigung der bis zur Bilanzerstellung erlangten besseren Erkenntnis vgl. BFH v. 27. 4. 1965, BStBl. III S. 409; dazu klarstellend zum Unterschied zwischen wert- **196**

---

367 Vgl. hierzu *Weilbach,* BB 1985 S. 1503 ff.; *HuRB* S. 394 ff.; *Fey,* Imparitätsprinzip und GoB-System im Bilanzrecht 1986, Berlin 1987; *Euler,* ZfbF 1991 S. 191 ff.
368 Vgl. hierzu *Forster,* BB 1983 S. 32 ff.; *Ludewig,* ZfB 1987 S. 426 ff.; *Pelka,* FR 1987 S. 321 ff.; *Schulze zur Wiesch,* WPg. 1987 S. 149 ff. (Einzelkaufleute und Personenhandelsgesellschaften); *Müller-Wiegand,* BB 1988 S. 1921 ff. (Kapitalgesellschaften); *Kropff* in Rechnungslegung, Finanzen, Steuern und Prüfung in den neunziger Jahren, Düsseldorf 1990 S. 65 ff.
369 Vgl. *ADS,* § 252 HGB Tz. 75 ff.; *Kammann,* Stichtagsprinzip und zukunftsorientierte Bewertung, Köln 1988.
370 Vgl. RFH v. 28. 6. 1933, RStBl. 1934 S. 253.

aufhellenden und wertbeeinflussenden Tatsachen BFH v. 4. 4. 1973, BStBl. II S. 485[371].

e) Grundsatz der Periodenabgrenzung (§ 252 Abs. 1 Nr. 5 HGB)

197   Dieser Grundsatz besagt Selbstverständliches: Aufwendungen und Erträge des GJ sind unabhängig von den Zeitpunkten der entsprechenden Zahlungen im JA zu berücksichtigen[372]. Maßgebend für die Zurechnung ist das Verursachungsprinzip. Es besteht ein enger Zusammenhang mit der Bilanzierbarkeit (vgl. Tz. 21 ff.) sowie dem Realisations- und dem Imparitätsprinzip (vgl. Grundsatz der Vorsicht, Tz. 193 ff.).

f) Grundsatz der Bewertungsstetigkeit (§ 252 Abs. 1 Nr. 6 HGB)

198   Der Grundsatz der Bewertungsstetigkeit[373] verlangt bei der Bewertung der im JA ausgewiesenen Vermögensgegenstände und Schulden die **Beibehaltung** der auf den vorhergehenden JA angewandten Bewertungsmethoden. Die Vorschrift ist von besonderer Bedeutung für Kapitalgesellschaften, deren JA ein den tatsächlichen Verhältnissen entsprechendes Bild der Vermögens-, Finanz- und Ertragslage zu vermitteln hat (§ 264 Abs. 2 HGB). Sie soll die Vergleichbarkeit aufeinanderfolgender JA sicherstellen und verhindern, daß die Ertragslage durch Änderungen der Bewertungsmethoden nach der einen oder anderen Seite hin beeinflußt wird. Der Grundsatz der Bewertungsstetigkeit engt die Auswahl unter mehreren an sich möglichen Bewertungsmethoden auf eine ein, nämlich ceteris paribus auf die des Vorjahres.

199   Unter dem Begriff **„Bewertungsmethode"** iSd. § 252 Abs. 1 Nr. 6 HGB sind bestimmte, in ihrem Ablauf definierte Verfahren der Wertfindung zu verstehen, die den GoB entsprechen (vgl. im einzelnen St/SABI 2/1988); der Begriff schließt auch die Abschreibungsmethoden ein. Das Gebot der Bewertungsstetigkeit greift dann ein, wenn es nebeneinander mehrere gesetzlich zulässige Verfahren gibt oder wenn bei der Bewertung Schätzungsspielräume eingeräumt sind. In beiden Fällen soll der Kaufmann grundsätzlich an die im vorhergehenden JA angewandten Methoden gebunden sein. Auch die planmäßige Inanspruchnahme steuerrechtlicher Abschreibungen (§ 254 HGB, vgl. Tz. 308 ff.) unterliegt grundsätzlich dem Stetigkeitsgebot, doch betont schon die Begründung, daß der Stetigkeitsgrundsatz den Kaufmann nicht daran hindert, „steuerrechtliche Bewertungswahlrechte, zB Sonderabschreibungen, von Jahr zu Jahr unterschiedlich auszuüben"[374]. Dies gilt auch für Abschreibungen nach § 253 Abs. 4 HGB

---

371 Vgl. auch EStR 1990 Abschn. 29 Abs. 2 Nr. 1 Satz 4 und 5; *Schmidt, L.*, § 6 Anm. 13.
372 Vgl. *ADS*, § 252 HGB Tz. 90 ff. (auch zu Ausnahmen); *Moxter* in FS *Döllerer*, Düsseldorf 1988 S. 447 ff.
373 Vgl. *Leffson* (Fn. 10), S. 432 ff.; *Forster*, BB 1983 S. 35 ff., sowie (ausführlich) *ders.* in FS *v. Wysocki*, Düsseldorf 1985, S. 29 ff.; *Göllert/Ringling*, DB 1983 S. 949 ff.; *Selchert*, DB 1984 S. 1889 ff.; *Pfleger*, DB 1983 S. 1609 ff. und DB 1984 S. 785 ff.; *Wohlgemuth* in FS *v. Wysocki*, Düsseldorf 1985 S. 45 ff.; *Eckes*, BB 1985 S. 1435 ff.; *Hafner*, WPg. 1985 S. 593 ff.; *Förschle/Kropp*, ZfB 1986 S. 873 ff.; *Pfleger*, DB 1986 S. 1133 ff.; *Forster*, BFuP 1987 S. 76 f.; *Kupsch*, DB 1987 S. 1101 ff., 1157 ff.; *Müller*, BB 1987 S. 1629 ff.; *Schneeloch*, WPg. 1987 S. 405 ff.; *Wiedmann*, BFuP 1987 S. 37 ff.; *Claussen/Korth*, DB 1988 S. 921 ff.; *Kammers*, Der Grundsatz der Bewertungsstetigkeit gem. § 252 Abs. 1 Nr. 6 HGB, Stuttgart 1988; *Leffson*, WPg. 1988 S. 441 ff.; *Müller, J.*, Das Stetigkeitsprinzip im neuen Bilanzrecht, Frankfurt a.M. 1988; *Sahner/Kammers*, BB 1988 S. 1077 ff.; steuerlich vgl. auch *Schmidt, L.*, § 6 Anm. 16.
374 Begr. zu § 252 HGB, BT-Drs. 10/4268 S. 100; ausführlich dazu unter Berücksichtigung des Steuerreformgesetzes 1990 (BGBl. I 1989 S. 2408 ff.) *Schneeloch*, WPg. 1990 S. 221 ff. (227 ff.).

(St/SABI 2/1988)[375]. Zwingende Abweichungen von im VJ-Abschluß angewandten Bewertungsmethoden, die sich aus den speziellen Bewertungsvorschriften (§§ 253 bis 256 HGB) ergeben (zB außerplanmäßige Abschreibungen abnutzbarer Anlagegegenstände, niedrigere Bewertung von Vermögensgegenständen des Umlaufvermögens wegen gesunkener Börsen- oder Marktpreise), berühren das Stetigkeitsprinzip nicht. In diesen Fällen liegen daher auch keine Ausnahmefälle iSd. § 252 Abs. 2 HGB vor.

Der Grundsatz steht auch in Konkurrenz zu den anderen allgemeinen Bewertungsgrundsätzen, insbesondere zum Grundsatz der **Vorsicht**; diesem gebührt in Zweifelsfällen der Vorrang.

200 Der Grundsatz der Bewertungsstetigkeit erstreckt sich, wie der Einleitungssatz von § 252 Abs. 1 HGB deutlich macht, auf **alle** in einem JA zu bewertenden Vermögensgegenstände und Schulden, also nicht nur auf die im VJ vorhanden gewesenen, sondern auch auf die im GJ **neu entstandenen oder zugegangenen**. Auch diese sind nach den gleichen Methoden zu bewerten, die auf den vorhergehenden JA angewandt wurden. Art- und funktionsgleiche Bewertungsobjekte können somit nicht **willkürlich** nach unterschiedlichen Methoden bewertet werden. Eine Einschränkung des Grundsatzes der Einzelbewertung (§ 252 Abs. 1 Nr. 3 HGB; vgl. Tz. 189 ff.) liegt darin nicht[376].

201 Zweifelhaft ist, ob das Stetigkeitsgebot auch in Fällen zu beachten ist, in denen auf Bewertungsmethoden aus **mehr als ein Jahr zurückliegenden** JA zurückgegriffen werden müßte. Der Wortlaut der Vorschrift gebietet dies nicht, doch entspricht es ihrem Sinn, auch zwischenzeitlich nicht relevant gewesene Bewertungsmethoden fortzuführen, soweit nicht geänderte Verhältnisse (= begründeter Ausnahmefall) für eine andere Bewertungsmethode sprechen.

202 **Ansatzwahlrechte** (zB nach §§ 247 Abs. 3, 249 Abs. 1 Satz 3 und Abs. 2, 250 Abs. 1 Satz 2 und Abs. 3, 269 HGB, Art. 28 Abs. 1 EGHGB) werden vom Stetigkeitsgrundsatz nicht erfaßt[377]. § 252 Abs. 1 Satz 1 HGB spricht nur von der Bewertung, nicht von der Bilanzierung. Gleichwohl erscheint es insbesondere bei Kapitalgesellschaften wünschenswert, daß auch in bezug auf Ansatzwahlrechte stetig verfahren wird. Für einmal ausgeübte Ansatzwahlrechte gilt dagegen das Stetigkeitsgebot hinsichtlich der Bewertung der aktivierten oder passivierten Posten.

203 Der Begriff der **begründeten Ausnahmefälle**, in denen vom Grundsatz der Bewertungsstetigkeit abgewichen werden darf (§ 252 Abs. 2 HGB), darf weder zu weit noch zu eng ausgelegt werden. Das mit dem Grundsatz der Bewertungsstetigkeit verfolgte Ziel der Sicherung der Vergleichbarkeit aufeinanderfolgender JA verbietet einerseits einen sachlich unbegründeten Wechsel. Auf der anderen Seite soll den Kaufleuten auch nicht verwehrt sein, sich in der Bewertungspolitik (als Teil der Bilanzpolitik) veränderten Verhältnissen anzupassen und mit der Wahl der entsprechenden Bewertungsmethoden dem Ziel eines sachlich zutreffenden, klaren und übersichtlichen Jahresabschlusses (§ 243 Abs. 1 und 2 HGB) nahezukommen. Bei Kapitalgesellschaften kommt hinzu, daß auch die Generalnorm

375 Vgl. *ADS*, § 252 HGB Tz. 99; *BoHdR*, § 252 HGB Rn. 68.
376 Vgl. St/SABI 2/1988, Nr. 4; *ADS*, § 252 HGB Tz. 101; *HdR*, § 252 HGB Rn. 117 f.
377 Vgl. St/SABI 2/1988, Nr. 3; *Forster*, BB 1983 S. 36; *ders.* in FS v. *Wysocki*, Düsseldorf 1985 S. 38 f.; zustimmend *Pfleger*, DB 1984 S. 785 Fn. 2; *Eckes*, BB 1985 S. 1439 f.; aA *Göllert/Ringling*, DB 1983 S. 949 Fn. 6; *Müller, J.*, BB 1987 S. 1629 ff.

des § 264 Abs. 2 HGB zu Änderungen von Bewertungsmethoden Veranlassung geben kann.

204　Unter Berücksichtigung dieser Gesichtspunkte können **Unterbrechungen** der Bewertungsstetigkeit zB in folgenden Fällen in Betracht kommen (vgl. im einzelnen St/SABI 2/1988, Nr. 5)[378]: Änderung von Gesetzen oder der handels- und steuerrechtlichen Rechtsprechung; Anpassung an die Ergebnisse einer steuerlichen Betriebsprüfung; Wahrnehmung von oder Verzicht auf steuerliche Bewertungswahlrechte; Wahrnehmung von oder Verzicht auf Abschreibungen iSv. § 253 Abs. 4 HGB (für Kapitalgesellschaften nicht zulässig, § 279 Abs. 1 Satz 1 HGB); Bewahrung ansonsten vom Verfall bedrohter steuerlicher Verlustvorträge[379]; Einleitung von Sanierungsmaßnahmen; Einbeziehung in oder Entlassung aus einem Konzernverbund; wesentliche Veränderungen in der Gesellschafterstruktur; Wechsel des Managements[380]; grundlegend andere Einschätzung der Unternehmensentwicklung; mengenmäßig erhebliche Bestandsveränderungen, sofern die bisher angewandten Bewertungsmethoden für die Bewertung des neuen Bestandes unangemessen sind; Übergang oder Verzicht auf die Anwendung von Bewertungsvereinfachungsverfahren (§ 256 HGB); technische Umwälzung von Relevanz für das Unternehmen; Produktionsumstellungen und Aufnahme neuer Produkte; wesentliche Veränderungen des Beschäftigungsgrades; Änderungen im Rechnungswesen[381]. In den meisten dieser Fälle bleibt es den Unternehmen überlassen, von der Möglichkeit einer Unterbrechung der Bewertungsstetigkeit Gebrauch zu machen.

Jeder Fall einer Unterbrechung der Bewertungsstetigkeit führt bei Kapitalgesellschaften zu einer Angabepflicht nach § 284 Abs. 2 Nr. 3 HGB im Anhang (vgl. F Tz. 465 ff.).

205　Unternehmen in den **neuen Bundesländern** sind nach § 6 Abs. 2 DMBilG grundsätzlich an die in der Eröffnungsbilanz angewandten Ansatz- und Bewertungsmethoden gebunden. Ausnahmen vom Grundsatz der Stetigkeit kommen bei zwingenden Abweichungen oder in begründeten Fällen iSd. § 252 Abs. 2 HGB in Betracht. Außerdem dürfen Unternehmen von einem in der Eröffnungsbilanz eingeräumten Wahlrecht in einem nachfolgenden Abschluß einmal abweichen, **ohne** daß ein **begründeter** Ausnahmefall gegeben sein muß. Vgl. im einzelnen *Budde/Forster*, § 6 DMBilG Anm. 39 ff.

g) Abweichungen von den allgemeinen Bewertungsgrundsätzen (§ 252 Abs. 2 HGB)

206　Das Gesetz gestattet durch § 252 Abs. 2 HGB, in begründeten Ausnahmefällen von den allgemeinen, in Abs. 1 aufgeführten Bewertungsgrundsätzen abzuweichen. Solche Abweichungen sind vor allem bei den Nr. 3, 4 und 6 denkbar. Die

---

378　Vgl. auch *ADS*, § 252 HGB Tz. 107; *Forster*, BB 1983 S. 35; *ders.* in FS *v. Wysocki*, Düsseldorf 1985 S. 41; *Eckes*, BB 1985 S. 1443; *Pfleger*, DB 1986 S. 1133 ff.; zu Konjunkturänderungen *BoHdR*, § 252 HGB Rn. 69; zum Wechsel von Abschreibungsverfahren bei geändertem Nutzungsverlauf *BHdR*, B 161 Rz. 64; zur Vermeidung einer Verlustanzeige nach §§ 49 Abs. 3 GmbHG, 92 Abs. 1 AktG *BeBiKo.*, § 252 Anm. 62 (ablehnend) mwN.

379　Bisher umstritten: aA *Baumbach/Hueck*, § 42 GmbHG Anm. 259 mwN; nach der Änderung des § 10d Abs. 2 Satz 1 EStG durch das Steuerreformgesetz 1990 wegen unbegrenzten Verlustvortrages künftig gegenstandslos (erstmals im VZ 1990 für nicht ausgeglichene Verluste des VZ 1985 anwendbar); ebenso *BeBiKo.*, § 252 Anm. 62.

380　aA *BHdR*, B 161 Rz. 66; kritisch *HdR*, § 252 HGB Rn. 127.

381　Vgl. *HdR*, § 252 HGB Rn. 127.

in Betracht kommenden Abweichungen bei den Nr. 3 und 6 sind oben bei den jeweiligen Grundsätzen erörtert.

Hinsichtlich der Nr. 4 kommt ein Abweichen insbesondere hinsichtlich des **207** zweiten Halbsatzes (Berücksichtigung von Gewinnen erst, wenn sie realisiert sind) bei **langfristiger Fertigung** in Betracht. Erstreckt sich ein Auftrag über mehrere GJ hinweg (zB langfristige Bauaufträge oder Aufträge über die Errichtung schlüsselfertiger Fabriken), so kann es im Interesse der Klarheit der JA – bei Kapitalgesellschaften der Generalnorm des § 264 Abs. 2 HGB – begründet sein, in vorsichtiger Weise eine Teilgewinnrealisierung auf Basis einer (auch internen) Teilauftragsabrechnung vorzunehmen[382]. Zu den Voraussetzungen im einzelnen vgl. *ADS*, § 252 HGB Tz. 85.

2. Anschaffungs- und Herstellungskosten, Abschreibungen und Beibehaltungswahlrecht (§§ 253 bis 255 Abs. 1 bis 3 HGB)

a) Allgemeines

Für die Bewertung der Vermögensgegenstände gilt der **Grundsatz der Bestimmt-** **208** **heit des Wertansatzes,** dh. die einzelnen Vermögensgegenstände sind mit einem einer bestimmten Bewertungsmethode folgenden Wert in der Bilanz anzusetzen[383]. Abweichungen von diesem Grundsatz sind nur insoweit zulässig, als das Gesetz selbst eine abweichende Bewertung gestattet (zB Abschreibungen nach § 253 Abs. 4 HGB). Es gilt der **Grundsatz der Methodenfreiheit,** dh. zur Ermittlung von Wertansätzen kann jede den GoB entsprechende Bewertungs- oder Abschreibungsmethode gewählt werden, soweit sie im Einzelfall nicht gegen das Gebot der Klarheit und Übersichtlichkeit des JA (§ 243 Abs. 2 HGB) verstößt bzw. – bei Kapitalgesellschaften – gegen die Generalnorm des § 264 Abs. 2 HGB.

Zur Ermittlung der Anschaffungs- oder Herstellungskosten gibt es, sofern sie **209** nicht individuell ermittelt werden, folgende **Verfahren:** die Durchschnittsmethode, die Verbrauchsfolgeverfahren nach § 256 Satz 1 HGB (Lifo-, Fifo- und ähnliche Verfahren, vgl. Tz. 315 ff.), die Gruppenbewertung (vgl. Tz. 324), die Festbewertung (vgl. Tz. 320 ff.) und die retrograde Ermittlung durch Abzug der Bruttospanne[384]. Am weitesten verbreitet ist die **Durchschnittsmethode.** Der

---

382 Vgl. *ADS*, § 252 HGB Tz. 83 ff. (Bewertungswahlrecht); ebenso *BeBiKo.*, § 255 Anm. 460; aA *Baumbach/Hueck*, § 42 GmbHG Anm. 252 (Angaben im Anhang vorzuziehen); vgl. ferner *Paal*, Realisierung aus langfristigen auftragsbezogenen Leistungen im Jahresabschluß, Düsseldorf 1977; *Stein*, Rechenschaftslegung auftragsweiser langfristiger Fertigung bei Aktiengesellschaften, Göttingen 1978 S. 103 ff.; *Leffson* (Fn. 10), S. 278 ff.; *Backhaus*, ZfbF 1980 S. 347 ff.; *Krause/Schmidt*, DB 1972 S. 689 ff.; *Kücken*, DB 1974 S. 1969 ff.; *Clemm* in Gewinnrealisierung im Steuerrecht, Köln 1981 S. 117 ff.; für strenge Beibehaltung des Realisationsprinzips *Fülling*, Grundsätze ordnungsmäßiger Bilanzierung für Vorräte, Düsseldorf 1976 S. 206 ff.; *Schindelbeck*, Bilanzierung und Prüfung bei langfristiger Fertigung, Frankfurt a.M. ua. 1987; *Woerner*, BB 1987 S. 769; *Euler*, Grundsätze ordnungsmäßiger Gewinnrealisierung, Düsseldorf 1989 S. 67 ff.; *Freidank*, DB 1989 S. 1197 ff.; *Selchert*, DB 1990 S. 797 ff.; *Stewing*, BB 1990 S. 100 ff.; *Zieger*, Gewinnrealisierung bei langfristiger Fertigung: ein richtlinienkonformer Ansatz, Wiesbaden 1990; BFH v. 5. 5. 1976, BStBl. II S. 541; vgl. auch *Schmidt, L.*, § 5 Anm. 31 (Langfristige Fertigung) mwN.
383 Vgl. *ADS*, § 252 HGB Tz. 115 f.
384 Vgl. *ADS*, § 255 HGB Tz. 119 ff.

Durchschnittspreis kann aus Anfangsbestand und Zugängen laufend, monatlich oder jährlich ermittelt werden; mit diesem Preis werden Abgänge und Endbestand bewertet.

210 Für alle Vermögensgegenstände bilden die (ggf. fortgeführten) Anschaffungs- oder Herstellungskosten die Obergrenze („höchstens", § 253 Abs. 1 Satz 1 HGB). Eine darüber hinausgehende Bewertung – auch auf der Basis von Wiederbeschaffungswerten [385] – ist **unzulässig** (Anschaffungswertprinzip). Die Anschaffungs- oder Herstellungskosten sind jeweils um Abschreibungen insoweit zu vermindern, als sie geboten oder zugelassen sind (§ 253 Abs. 1 Satz 1 HGB). Bei Unternehmen in den **neuen Bundesländern** gelten die in der Eröffnungsbilanz angesetzten Werte nach § 7 Abs. 1 Satz 5 DMBilG in den Folgebilanzen als Anschaffungs- oder Herstellungskosten, soweit Berichtigungen nach § 36 DMBilG nicht vorzunehmen sind. Die Werte aus der Eröffnungsbilanz bilden also die Obergrenze der Bewertung und die Grundlage für vorzunehmende Abschreibungen. Vgl. im einzelnen *Budde/Forster,* § 7 DMBilG Anm. 45 ff. Dies gilt auch steuerlich, vgl. *Budde/Forster,* § 50 DMBilG Anm. 7, 16.

b) Anschaffungskosten (§ 255 Abs. 1 HGB)

211 Das Bilanzrecht enthält in § 255 Abs. 1 HGB eine formelle **Definition** der Anschaffungskosten. Danach sind Anschaffungskosten die Aufwendungen, die im Rahmen des Erwerbs anfallen, einschließlich der Nebenkosten und der nachträglichen Anschaffungskosten, abzüglich Anschaffungspreisminderungen. Bei Gegenständen des Anlagevermögens sind den Anschaffungskosten noch diejenigen Aufwendungen hinzuzurechnen, die durch das Versetzen in einen **betriebsbereiten** Zustand [386] anfallen, soweit die Aufwendungen dem Vermögensgegenstand **einzeln** zugerechnet werden können. Einzeln zurechenbar bedeutet, daß nur solche Kosten hinzugerechnet werden dürfen, die direkt auf das Versetzen in einen betriebsbereiten Zustand zurückgehen; Gemeinkosten erfüllen diese Voraussetzung definitionsgemäß idR nicht, ebensowenig der Probebetrieb ganzer Werkseinheiten (zB Kraftwerke) [387]. Steuerlich vgl. EStR 1990 Abschn. 32a [388].

212 Zu den Anschaffungskosten gehören als **Nebenkosten** [389] zB Provisionen, Courtagen, Kommissionskosten, Eingangsfrachten, Transportkosten, Speditionskosten, Vermittlungs-, Makler- und Gutachtergebühren, Wiegegelder, Montage-, Fundamentierungs-, Inspektions- und Abnahmekosten, Rollgelder, Transportversicherungsprämien, Verzollungskosten, Lagergelder, Anfuhr- und Abladekosten, Steuern und Abgaben (im Zusammenhang mit dem Erwerb, zB die aktivierungspflichtigen Einfuhrzölle, für die das Wahlrecht nach § 250 Abs. 1 Satz 2 Nr. 1 HGB nicht gilt), Notariats-, Gerichts- und Registerkosten. Auch Grunderwerb-

385 Die Bundesregierung hat bei Verabschiedung der 4. EG-Richtlinie zu Protokoll gegeben, daß sie die in Art. 33 zugelassenen Bewertungsmethoden aus währungs- und wirtschaftspolitischen Gründen ablehnt und deshalb solche Bewertungsmethoden für die Bundesrepublik Deutschland nicht zulassen wird.
386 Vgl. zum Begriff auch *HuRB* S. 78 ff.
387 Vgl. *ADS,* § 255 HGB Tz. 28, 40; aA *BoHdR,* § 255 HGB Rn. 24 (auch Schlüsselung zulässig).
388 Vgl. allg. *HdU,* B Rn. 630 ff.; *Schmidt, L.,* § 6 Anm. 23; *HHR,* § 6 EStG Anm. 274 ff.; *Blümich,* § 6 EStG Anm. 61 ff.
389 Vgl. *ADS,* § 255 HGB Tz. 35 ff.; steuerlich vgl. *HdU,* B Rn. 651 ff.; *Schmidt, L.,* § 6 Anm. 25; nach BFH v. 13. 4. 1988, BStBl. II S. 892, muß bei einem Gasvorrat eine Zahlung für die Lieferbereitschaft des Lieferanten zu den Anschaffungskosten des Beziehers gerechnet werden.

steuer, Anlieger- und Erschließungsbeiträge sowie Abfindungen für die Auflösung von Mietverträgen oder Grunddienstbarkeiten bei erworbenen Grundstücken zählen hierzu. Abbruchkosten sind Anschaffungskosten, wenn der Erwerb mit Abbruchabsicht geschehen ist [390]. Mit dem Erwerb verbundene Reparaturarbeiten und Prozeßkosten zählen zu den Nebenkosten, wenn der Kaufpreis entsprechend niedriger bemessen ist [391]. Eine **Pauschalierung** von direkt zuzurechnenden Anschaffungskosten ist aus Vereinfachungsgründen zulässig, zB bei Eingangsfrachten, Verpackungskosten, Transportversicherungen [392]. Als Anschaffungsnebenkosten kommen auch Aufwendungen für den Erwerb ausgeübter Kaufoptionen in Betracht. Wegen Einzelheiten vgl. *ADS*, § 255 HGB Tz. 83.

Fremdkapitalzinsen sind nur insoweit als Anschaffungsnebenkosten aktivierbar **213** (Wahlrecht) [393], als die Kredite dazu dienen, die Herstellung zu beschaffender Neuanlagen mit längerer Bauzeit durch Anzahlungen oder Vorauszahlungen zu finanzieren [394]. Es muß ein enger Zusammenhang zwischen den Fremdfinanzierungskosten und den Investitionen bestehen und die Amortisation durch die künftige Ertragskraft der Anlagen erwartet werden können. Auch steuerlich sind Fremdkapitalzinsen unter den gleichen Voraussetzungen (vgl. EStR 1990 Abschn. 33 Abs. 7) aktivierbar. In anderen Fällen ist eine Aktivierung der Finanzierungskosten des Kaufpreises **nicht** zulässig [395].

Zu den Anschaffungskosten der einzelnen Vermögensgegenstände rechnet **214** grundsätzlich auch eine umsatzsteuerrechtlich **nicht abziehbare Vorsteuer** (§ 15 Abs. 2 UStG) [396]. In der HB kann aber auch der **steuerrechtlichen Behandlung** (§ 9b Abs. 1 Satz 2 EStG) gefolgt werden: bei Vorsteuerbeträgen, die umsatzsteuerrechtlich zT abziehbar und zT nicht abziehbar sind, braucht der nicht abziehbare Teil nicht den Anschaffungs- oder Herstellungskosten zugerechnet zu werden, wenn er 25 vH des Vorsteuerbetrags und DM 500,– nicht übersteigt oder wenn die zum Ausschluß von Vorsteuerabzug führenden Umsätze nicht mehr als 3 vH des Gesamtumsatzes betragen; diese Vereinfachungsregelung findet keine Anwendung auf Vermögensgegenstände, bei denen der Vorsteuerabzug umsatzsteuerrechtlich insgesamt nicht zulässig ist [397]. Soweit eine spätere Berichtigung nach § 15a UStG zur Nichtabzugsfähigkeit von Vorsteuern führt, wird nach den Grundsätzen der St/HFA 1/1985 idR aus Vereinfachungsgründen von einer Nachaktivierung abgesehen werden können.

Zur bilanzmäßigen Behandlung der Umsatzsteuerkürzungen nach § 2 BerlinFG vgl. Erlaß FM NRW v. 5. 12. 1969, WPg. 1970 S. 85 (Minderung der Anschaffungs- oder Herstellungskosten – kein Wahlrecht gem. EStR 1990 Abschn. 34).

390 Steuerlich vgl. EStR 1990 Abschn. 33a Abs. 5; *Schmidt, L.*, § 6 Anm. 44 (Gebäudeabbruch).
391 Vgl. *ADS*, § 255 HGB Tz. 35 ff.
392 Vgl. hierzu die Grundsätze, die vom *AWV* beim Rationalisierungskuratorium der Deutschen Wirtschaft ausgearbeitet sind (DB 1960 S. 213); *HdJ*, Abt. I/9 (1988) Rn. 24.
393 Vgl. *ADS*, § 255 HGB Tz. 91; aA (Aktivierungspflicht) *HdR*, § 255 HGB Rn. 43 f., sowie *HdJ*, Abt. I/9 (1988) Rn. 31.
394 Vgl. *ADS*, § 255 HGB Tz. 88 ff.; *Tubbesing*, WPg. 1964 S. 178; *Mellerowicz* in Großkom., § 153 AktG 1965 Anm. 40; *Kropff* in AktG-Kom., § 153 AktG 1965 Anm. 15 f.; aA *Fasold*, DB 1980 S. 12 ff.; *Kupsch* in StbJb. 1989/90 S. 93 ff. (113), der zwischen Erstattung von Finanzierungskosten des Veräußerers (Anschaffungskosten) und Kosten des Erwerbers zur Geldbeschaffung (keine Anschaffungskosten) unterscheidet; ähnlich auch *BeBiKo.*, § 255 Anm. 501 (tatsächliche Weiterberechnung durch Veräußerer entscheidend); zur Vertragsgestaltung vgl. *Prinz*, BB 1985 S. 1975 ff.
395 Vgl. wegen Stundungszinsen oder Wechseldiskont und -spesen BFH v. 27. 8. 1953, BB 1954 S. 830, und v. 24. 5. 1968, BStBl. II S. 574.
396 Vgl. St/HFA 1/1985, Abschn. C; *ADS*, § 255 HGB Tz. 33.
397 Wegen weiterer Einzelheiten vgl. EStR 1990 Abschn. 86.

215   Vom Anschaffungspreis sind alle **Anschaffungspreisminderungen** abzuziehen (§ 255 Abs. 1 Satz 3 HGB), wie zB in Anspruch genommene Skonti[398], Rabatte, zurückgewährte Entgelte und Nachlässe aller Art, auch Boni[399]. Die Abzugsbeträge können ggf. pauschaliert werden.

Im Falle längerfristiger **zinsloser** Lieferantenkredite und bei Teilzahlungsgeschäften ist der Kaufpreis auf den Barwert im Zeitpunkt des Zugangs abzuzinsen[400].

216   **Subventionen und Zuschüsse** (= Zahlungen ohne unmittelbaren wirtschaftlichen Zusammenhang mit einer Gegenleistung des Zuschußempfängers) sind entweder von den Anschaffungs- oder Herstellungskosten abzusetzen oder durch Bildung eines Passivpostens zu neutralisieren[401]. Eine sofortige erfolgswirksame Vereinnahmung kann nur in Ausnahmefällen als sachgerecht angesehen werden (zB bei Sanierungen, Prämiencharakter der Zuwendung, außerplanmäßiger Abschreibung des bezuschußten Vermögensgegenstandes)[402]. Bei bedingt rückzahlbaren Zuschüssen ist zu beachten, daß sie unter bestimmten Voraussetzungen (zB Gewinnerzielung des Unternehmens, Erfolg des geförderten Projekts[403]) Passivierungspflichten auslösen, vgl. Tz. 132. Zu weiteren Einzelheiten vgl. St/HFA 1/1984; wegen Zuwendungen von Gesellschaftern vgl. *ADS*, § 255 HGB Tz. 69, 73.

217   **Steuerrechtlich** besteht nach EStR 1990 Abschn. 34 Abs. 3 ein Wahlrecht, Zuschüsse entweder sofort erfolgswirksam zu vereinnahmen oder sie von den Anschaffungs- oder Herstellungskosten abzusetzen[404]. Zulagen nach dem InvZulG oder nach § 19 BerlinFG werden steuerfrei sofort vereinnahmt, die Anschaffungs- oder Herstellungskosten also nicht gekürzt, vgl. EStR 1990 Abschn. 34 Abs. 6[405].

218   Bei **Zuschüssen,** die bei späteren Zahlungen **verrechnet** werden sollen (zB Bauzuschüsse von Mietern, die auf die Miete angerechnet werden[406], Zuschüsse zur Beschaffung von Werkzeugen und Formen, die bei künftigen Bestellungen verrechnet werden), handelt es sich um Verpflichtungen der Gesellschaft, die zu passivieren sind (erhaltene Anzahlungen, Rückstellungen). Steuerlich sind Mieterzuschüsse grundsätzlich sofort zu vereinnahmen. Auf Antrag können sie im

---

398 Vgl. steuerlich EStR 1990 Abschn. 32a Abs. 3 Satz 2 sowie BFH v. 27. 2. 1991, BStBl. II S. 456; vgl. auch *Beiser,* DStR 1991 S. 174.
399 aA hinsichtlich des Abzugs von Boni *Fülling,* Grundsätze ordnungsmäßiger Bilanzierung für Vorräte, Düsseldorf 1976 S. 90 f.; *HdR,* § 255 HGB Rn. 60.
400 Vgl. *ADS,* § 255 HGB Tz. 92 f.; *HdR,* § 255 HGB Tz. 73 ff.
401 Vgl. St/HFA 1/1984 sowie zur urspr. Fassung die Erl. von *Tjaden,* WPg. 1985 S. 33 ff.; ferner *ADS,* § 255 HGB Tz. 69 ff.; *BeBiKo.,* § 255 Anm. 117 f.; aA *Kölner Kom.,* § 255 HGB Anm. 22 (Passivierung unzulässig); aA auch *Groh,* DB 1988 S. 2417 ff.; *Jansen* (Fn. 269); *Rüttinger,* BB 1989 S. 2160 ff.; *Uhlig* (Fn. 269); *Tertel,* DStR 1990 S. 17 ff., 71 ff.; *Kupsch* in StbJb. 1989/90, S. 93 ff. (103 ff.); *Nordmeyer* in Bilanzanalyse und Bilanzpolitik, Düsseldorf 1989 S. 215 ff. (222 ff.); zum Teil aA *Ewertowski,* BB 1984 S. 1015 ff.; *Kupsch,* WPg. 1984 S. 369 ff.; *Bauer,* BB 1985 S. 161 ff.
402 aA *BeBiKo.,* § 255 Anm. 115 (generelles Wahlrecht zur Vereinnahmung); ebenso OLG Saarbrücken v. 21. 9. 1988, FN 1989 S. 31; *HdR,* § 255 HGB Rn. 67 (Wahlrecht zur Vereinnahmung steuerfreier Zulagen).
403 Steuerlich vgl. BFH v. 11. 4. 1990, DB S. 1642, dazu Anm. DStR S. 484.
404 Nach BFH v. 14. 7. 1988, BStBl. II 1989 S. 189, mindern nicht rückzahlbare Zuschüsse nach § 10 KHG grundsätzlich die Anschaffungs- und Herstellungskosten. Nach Meinung des FG Saarl. v. 19. 3. 1991, DStZEild. S. 126 (nicht rkr.), hat EStR 1990 Abschn. 34 Abs. 3 keine Rechtsgrundlage.
405 Vgl. auch *HdU,* B Rn. 677 ff.; *Schmidt, L.,* § 6 Anm. 29.
406 Vgl. *ADS,* § 255 HGB Tz. 75; BFH v. 8. 10. 1970, BStBl. II 1971 S. 51; vgl. auch BFH v. 31. 1. 1973, BStBl. II S. 305: Keine Rückstellung für künftige Preisabschläge.

Falle der Anrechnung auf die Miete für bestimmte Zeit als RAP[407] und im Falle der Anrechnung auf die Miete für unbestimmte Zeit als zinsloses Darlehen passiviert werden[408]. Die Passivposten sind jeweils in Höhe der Anrechnung auf die Mietzahlung aufzulösen. Die AfA ist in beiden Fällen von den ungekürzten Herstellungskosten vorzunehmen[409].

Nachträgliche Aufwendungen (Kaufpreiserhöhung, Anschaffungsnebenkosten)   **219** gehören nach § 255 Abs. 1 Satz 2 HGB zu den Anschaffungskosten[410], nachträgliche Anschaffungskostenminderungen stellen im Jahr des Erwerbs Minderungen der Zugänge, später Abgänge dar[411].

Die Anschaffungskosten beim Kauf auf **Rentenbasis** entsprechen grundsätzlich   **220** dem Barwert der Rente, der nach versicherungsmathematischen Grundsätzen gemäß den vertraglichen Bedingungen (Zinssatz, Lebenserwartung) zu ermitteln ist, und sind im folgenden unabhängig von der Entwicklung der Rentenverpflichtung[412]. Ebensowenig führen **Wertsicherungsklauseln** später zu einer Änderung der Anschaffungskosten[413].

Anschaffungskosten in **Fremdwährung** sind bei Barkäufen und Anzahlungen mit   **221** dem tatsächlich aufgewandten DM-Betrag umzurechnen; bei Zielkäufen werden die Anschaffungskosten grundsätzlich durch die Umrechnung der Verbindlichkeiten zum Briefkurs im Zeitpunkt der Erstverbuchung (Zugang/Rechnungserhalt) bestimmt[414].

Eine **Aufteilung** der Anschaffungskosten ist notwendig, wenn für den Erwerb   **222** mehrerer Gegenstände ein Gesamtkaufpreis erbracht wird. Grundsätzlicher Aufteilungsmaßstab ist der Zeitwert der erworbenen Gegenstände. Zur Frage der Aufteilung beim Kauf ganzer Betriebe vgl. *ADS,* § 255 HGB Tz. 115 ff.[415]. **Steuerlich** gilt die Divisionsmethode (Aufteilung nach dem Verhältnis der Teilwerte), vgl. BFH v. 19. 12. 1972, BStBl. II 1973 S. 295; BFH v. 15. 2. 1989, BStBl. II S. 574, sowie *Schmidt, L.,* § 6 Anm. 31a mwN. Dies gilt im Zweifel auch für gezahlte Überpreise, vgl. BFH v. 16. 12. 1981, BStBl. II 1982 S. 320. Eine willkürliche Aufteilung der Anschaffungskosten, insbesondere eine nicht den tatsächli-

---

407 Vgl. *HHR,* § 5 EStG Anm. 1269.
408 Vgl. *HHR,* ebenda; EStR 1990 Abschn. 34 Abs. 2 iVm. Abschn. 163 Abs. 2; ebenso ist der verlorene Mieterzuschuß zu behandeln, vgl. BFH v. 28. 10. 1980, BStBl. II 1981 S. 161.
409 Vgl. EStR 1990 Abschn. 34 Abs. 2 iVm. Abschn. 163 Abs. 2.
410 Umfang strittig; vgl. dazu *ADS,* § 255 HGB Tz. 49 f., sowie *BeBiKo.,* § 255 Anm. 22, 112.
411 Vgl. *ADS,* § 253 HGB Tz. 382, § 268 HGB Tz. 57; *HdR,* § 268 HGB Rn. 67; *BeBiKo.,* § 268 Anm. 57; für Abschreibungen *Fülling* (Fn. 399), S. 98. Steuerlich vgl. EStR 1990 Abschn. 32a Abs. 1 Satz 5; *HdU,* B Rn. 665 ff., 674 ff.
412 Vgl. *ADS,* § 255 HGB Tz. 65; *Husemann,* Grundsätze ordnungsmäßiger Bilanzierung für Anlagegegenstände, 2. Aufl., Düsseldorf 1976 S. 89. Steuerlich vgl. EStR 1990 Abschn. 32a Abs. 2 Satz 2; vgl. auch BFH v. 20. 1. 1971, BStBl. II S. 302 (versicherungsmathematische Grundsätze; vgl. auch StEK EStG § 7 Nr. 153); BFH v. 5. 2. 1969, BStBl. II S. 334; *Scheiterle,* BB 1967 S. 246; aA *Hermstädt,* BB 1966 S. 733 ff., aber ggf. Änderung der Anschaffungskosten annimmt.
413 Vgl. *ADS,* § 255 HGB Tz. 66; *Müller,* FR 1968 S. 115 ff.; RdVfg. OFD Düsseldorf v. 10. 4. 1969, DB S. 859; so auch FM Hes. Erlaß v. 16. 12. 1959, BB 1960 S. 37; Sen. f. Fin. Bremen Erlaß v. 5. 2. 1962; Zustimmung des BdF, Inf. 1962 S. 153; *HdU,* B Rn. 672; *Schmidt, L.,* § 6 Anm. 34 (Rente und Wertsicherungsklausel); *Reichel,* BB 1983 S. 1072 ff.; dagegen für eine nachträgliche Erhöhung VG Berlin v. 25. 6. 1964, EFG 1965 S. 56.
414 Vgl. HFA, Geänderter Entwurf einer Verlautbarung zur Währungsumrechnung im Jahres- und Konzernabschluß, WPg. 1986 S. 664 ff.; *ADS,* § 255 HGB Tz. 63; abw. *HdR,* II Rn. 458 (Zeitpunkt der Lieferung); aA *Surmann/Tietje,* DB 1979 S. 124 ff. (Tag der Zahlung). Steuerlich vgl. EStR 1990 Abschn. 32a Abs. 2 Satz 4: Maßgebend ist der Wechselkurs im Anschaffungszeitpunkt (BFH v. 16. 12. 1977, BStBl. II 1978 S. 233).
415 Vgl. hierzu auch *Heinze/Roolf,* DB 1976 S. 214 ff.; *HdJ,* Abt. II/1 (1990) Rn. 196; zur Angabepflicht der angewandten Methode bei Kapitalgesellschaften vgl. *ADS,* § 255 HGB Tz. 118.

chen Werten entsprechende Aufteilung der Anschaffungskosten auf verschiedene Vermögensgegenstände kann ebenso wie die Aufteilung eines Betrages auf mehrere Rechnungen den Tatbestand der Steuerhinterziehung erfüllen[416].

223 Zu Anschaffungskosten bei **Zwangsversteigerungen** vgl. *ADS*, § 255 HGB Tz. 84; steuerlich vgl. EStR 1990 Abschn. 32a Abs. 1 Satz 3. Bei **unentgeltlichem Erwerb** von Gegenständen ist eine Aktivierung höchstens zum Zeitwert zulässig. Es handelt sich hierbei um ein Aktivierungswahlrecht[417]. Steuerlich gilt für unentgeltlichen Erwerb § 7 EStDV. Zur verdeckten Einlage einer wesentlichen Beteiligung iSv. § 17 EStG vgl. BFH v. 27. 8. 1988, BStBl. II 1989 S. 271[418].

224 Wegen der Anschaffungskosten von **Sacheinlagen und Sachübernahmen** vgl. mit teilweise unterschiedlichen Auffassungen *ADS*, § 255 HGB Tz. 109 ff.; *Kropff* in AktG-Kom., § 153 AktG 1965 Anm. 29 und § 150 AktG 1965 Anm. 13 f.; *Mutze*, AG 1970 S. 324 ff.; *Frey*, BB 1969 S. 1489 ff.; *Döllerer*, WPg. 1969 S. 333 ff.; *Schulze zur Wiesche*, GmbHR 1988 S. 31 ff.; BFH v. 4. 10. 1966, BStBl. III S. 690, und BFH v. 13. 9. 1967, BStBl. II 1968 S. 20. Zur Beurteilung des Firmenwertes als Sacheinlage vgl. Beschluß LG Köln v. 26. 2. 1959, AG 1960 S. 23.

225 Auch **überhöhte** Anschaffungskosten können grundsätzlich aktiviert werden[419]. Es kann dann jedoch eine außerplanmäßige Abschreibung gemäß § 253 Abs. 2 Satz 3 HGB oder eine niedrigere Bewertung nach § 253 Abs. 3 Satz 1 und 2 HGB erforderlich sein. In der StB kommt in diesem Fall eine Abschreibung auf den Teilwert in Betracht[420]. Beruhen die überhöhten Anschaffungskosten auf gesellschaftsrechtlichen Gründen, so kann die Differenz zwischen den angemessenen Anschaffungskosten und dem gezahlten Preis steuerlich zu verdeckten Gewinnausschüttungen führen[421].

226 Bei **Tauschgeschäften** können die Anschaffungskosten handelsrechtlich grundsätzlich nach 3 Methoden bestimmt werden (Wahlrecht)[422]: Bei der „Buchwertfortführung" wird der eingetauschte Vermögensgegenstand mit dem Buchwert des hingegebenen Gegenstandes angesetzt; bei der „Gewinnrealisierung" mit dem (höheren) Zeitwert des hingegebenen Gegenstandes, höchstens aber mit dem vorsichtig geschätzten Zeitwert des eingetauschten Gegenstandes; bei der „ergebnisneutralen Behandlung" mit dem Buchwert des hingegebenen Gegenstandes zuzüglich Ertragsteuerbelastung. Ein Ansatz von Zwischenwerten ist unzulässig (Methodenbestimmtheit). Im übrigen ist eine Gewinnrealisierung

---

416 Vgl. hierzu *Bilsdorfer*, DB 1986 S. 923 f.; *Pfleger*, DB 1986 S. 925 f.; *Meilicke*, DB 1986 S. 2045 ff.
417 Vgl. *ADS*, § 255 HGB Tz. 95 f.; *Forster* in Bericht über die IDW-Fachtagung 1966, Düsseldorf 1966 S. 23; *Kropff* in AktG-Kom., § 153 AktG 1965 Anm. 18; ähnlich *Ellenberger*, der zwar eine Aktivierungspflicht annimmt, aber die Aktivierung eines Merkpostens von DM 1,– als ausreichend ansieht, WPg. 1971 S. 237 und S. 276; aA *HdR*, § 255 HGB Rn. 104; *Döllerer*, BB 1966 S. 1405; *Husemann* (Fn. 412), S. 109; *Fülling* (Fn. 399), S. 93 ff.; *Knobbe-Keuk*, StuW 1978 S. 226 ff.
418 Vgl. dazu *Döllerer*, DStR 1989 S. 331 (337); *Felix*, DStZ 1989 S. 206; *Wassermeyer*, DStR 1990 S. 158 (163); *Groh*, FR 1990 S. 528 (531); *Schmidt*, FR 1989 S. 112.
419 Vgl. *ADS*, § 255 HGB Tz. 32; sowie für Bezüge von Konzernunternehmen Tz. 79 (insoweit Zeitwert als Obergrenze); ablehnend zum letztgenannten *HdJ*, Abt. I/9 (1988) Rn. 12.
420 Vgl. *Fritsch*, WPg. 1954 S. 107.
421 Vgl. dazu BFH v. 13. 3. 1985, BFH/NV 1986 S. 116; *Dötsch/Eversberg/Jost/Witt*, Die Körperschaftsteuer, Stuttgart, KStG Anh. 3 zu § 8 (Abschreibungen).
422 *Vgl. dazu im einzelnen ADS, § 255 HGB Tz. 102 ff.; Kropff* in AktG-Kom., § 153 AktG 1965 Anm. 20 ff.; *HdR*, § 255 HGB Rn. 83; *BoHdR*, § 255 HGB Rn. 12 ff.; *BeBiKo.*, § 255 Anm. 141 f.; abw. *Husemann* (Fn. 412), S. 104 f. (grundsätzlich Zeitwert des hingegebenen Gegenstandes); *Schäfer* (Fn. 86), S. 56 f. (grundsätzlich Anschaffungswert des hingegebenen Gegenstandes). Zur Methodenangabe im Anhang von Kapitalgesellschaften vgl. *ADS*, § 255 HGB Tz. 107.

dann bedenklich, wenn der Tauschvorgang überwiegend aus bilanzpolitischen Gründen erfolgt[423].

Steuerlich wird der Tausch dem Kauf grundsätzlich gleichgestellt; bei Erwerb von Wirtschaftsgütern im Tauschwege bemessen sich die Anschaffungskosten nach dem gemeinen Wert der hingegebenen Gegenstände (vgl. EStR 1990 Abschn. 32a Abs. 2 Satz 3)[424]. Grundlegend: BFH-Gutachten v. 16. 2. 1958, BStBl. III 1959 S. 30, nach dem allerdings beim Tausch von art-, wert- oder funktionsgleichen Anteilen an Kapitalgesellschaften ausnahmsweise keine Gewinnrealisierung eintritt[425]. Zum Tausch bei verzögerter Gegenleistung vgl. BFH vom 14. 12. 1982, BStBl. II 1983 S. 303 (Gewinnrealisierung mit der wirtschaftlichen Vertragserfüllung durch den Veräußerer). Wegen des Tausches von Anteilsrechten im Falle der Verschmelzung vgl. § 16 UmwStG, im Falle der Einbringung in eine Kapitalgesellschaft vgl. §§ 20 ff. UmwStG.   **227**

Im Falle der **Verschmelzung** von AG und/oder KGaA[426] nach den aktienrechtlichen Vorschriften (§§ 339–354) sowie der Vermögensübertragung einer AG auf einen VVaG (§ 360 AktG) gelten die in der Schlußbilanz der übertragenden Gesellschaft anzusetzenden Werte (§ 345 Abs. 3 Satz 2 AktG) als Anschaffungskosten für die von der aufnehmenden Gesellschaft übernommenen Vermögensgegenstände und Schuldposten (§ 348 Abs. 1 AktG); wegen Einzelheiten vgl. ua. *ADS*, § 348 AktG Tz. 4 ff.; *Frey*, BB 1969 S. 1489 ff. Bei Übertragungen nach den Vorschriften des handelsrechtlichen **Umwandlungsgesetzes** v. 6. 11. 1969 (das für AG nach der Änderung durch das Verschmelzungsrichtliniegesetz v. 25. 10. 1982, BGBl. I S. 1425, nur noch in eingeschränktem Umfang[427] Anwendung findet) ist dagegen zur Zeit eine derartige bewertungsrechtliche Bindung noch nicht gegeben[428]; hier kann zB zur Vermeidung eines rein buchmäßigen Verlustes aus der Verschmelzung von Mutter- und Tochtergesellschaft eine entsprechende Neubewertung vorgenommen werden, soweit dadurch die Zeitwerte nicht überschritten werden. Wegen der maßgeblichen Werte bei formwechselnden Umwandlungen (§§ 362 ff. AktG) vgl. *ADS*, 4. Aufl., § 153 AktG 1965 Tz. 60.   **228**

423 Vgl. *ADS*, § 255 HGB Tz. 105.
424 Vgl. BFH v. 11. 10. 1960, BStBl. III S. 492, v. 8. 7. 1964, BStBl. III S. 561, v. 14. 6. 1967, BStBl. III S. 574, v. 25. 1. 1984, BStBl. II S. 422. Zum Tausch von immateriellen Werten vgl. BFH v. 27. 5. 1970, BStBl. II S. 743 II., das im übrigen die Rechtsprechung zur Gewinnverwirklichung beim Tausch zusammenfaßt, sowie die anerkennenden Urteile des BFH v. 18. 12. 1970, BStBl. II 1971 S. 237 ff. und v. 13. 7. 1971, BStBl. II S. 731 ff.; BFH v. 9. 10. 1974, BStBl. II 1975 S. 258 (zum Tausch von Güterfernverkehrskonzessionen); *HdU*, B Rn. 699 ff.; *Schmidt, L.*, § 6 Anm. 32.
425 Zum grenzüberschreitenden Tausch von Anteilen an Kapitalgesellschaften innerhalb der EG vgl. *Wassermeyer*, DB 1990 S. 855; zur Fusionsrichtlinie der EG vgl. *Krebs*, BB 1990 S. 1945; *Saß*, DB 1990 S. 2340; *Knobbe-Keuk*, DB 1991 S. 298; *Thömmes*, IWB Fach 5, EG Gruppe 2 S. 137 und S. 149.
426 Vgl. hierzu *Heckschen*, Verschmelzung von Kapitalgesellschaften, Stuttgart 1989.
427 Umwandlung auf AG, KGaA und GmbH als aufnehmende Gesellschaft sind nicht mehr zulässig; vgl. *Priester*, NJW 1983 S. 1459 ff.; vgl. auch *Hoffmann-Becking*, ZGR 1988 Sonderheft 7 S. 105 ff. (insbesondere zu einzelnen Stichtagen).
428 Vgl. zum rechtsformübergreifenden Diskussionsentwurf des BMJ eines Gesetzes zur Bereinigung des Umwandlungsrechts v. 3. 8. 1988, BAnz. 1988 Nr. 214a (15. 11. 1988), *Lutter*, ZGR 1990 S. 392 ff.; *Schmidt*, ZGR 1990 S. 580 ff.; kritisch zur dort generell vorgesehenen Buchwertverknüpfung *HFA*, FN 1989 S. 189 ff.; zur Bewertung vgl. *Weber*, StBp. 1989 S. 173 ff., 196 ff., 224 ff.; vgl. hierzu auch *Schedlbauer*, DB 1989 S. 2109 ff.; *Herzig/Ott*, DB 1989 S. 2033 ff.; zum Vorschlag einer 10. EG-Richtlinie über die grenzüberschreitende Verschmelzung von Aktiengesellschaften, ABl. EG 1985 C 23/1985 S. 11, vgl. *Däubler*, DB 1988 S. 1850 ff.; ferner Vorschlag für eine Verordnung des Rates über das Statut der Europäischen Aktiengesellschaft v. 25. 8. 1989, ABl. EG C 263/1989 S. 41.

229   Die Anschaffungskosten der **Roh-, Hilfs- und Betriebsstoffe** sowie der **Waren** [429] erfassen alle Ausgaben bis zum Fabriklager einschließlich der Anschaffungsnebenkosten. Materialgemeinkosten, auch wenn sie unmittelbar den Materialbezügen zugerechnet werden können, sind als Anschaffungsnebenkosten nicht aktivierbar [430]. Treten bei länger lagernden Waren durch die Lagerung Wertsteigerungen ein (zB Holz, Wein), ist die Aktivierung von Betriebs- und Verwaltungskosten zulässig, wenn die Kosten voraussichtlich durch die künftigen Verkaufserlöse gedeckt sind [431].

c) Herstellungskosten (§ 255 Abs. 2 und 3 HGB) [432]

230   § 255 Abs. 2 HGB definiert die Herstellungskosten (Satz 1) und zählt die in sie einrechenbaren Kosten und Aufwendungen abschließend auf. Die einzelnen Teile der Herstellungskosten sind teils aktivierungspflichtig (Satz 2), teils besteht für sie ein Einbeziehungswahlrecht (Satz 3 bis 5). Herstellungskosten sind diejenigen Aufwendungen, die durch den **Verbrauch** von Gütern und die **Inanspruchnahme** von Diensten für die Herstellung eines Vermögensgegenstandes, seine Erweiterung oder für eine über seinen ursprünglichen Zustand hinausgehende wesentliche Verbesserung entstehen. Zu Herstellungskosten sind in erster Linie **unfertige** und **fertige Erzeugnisse** zu bewerten, aber auch **selbsterstellte Vermögensgegenstände des Anlagevermögens** sowie **Überholungen, Reparaturen** udgl., soweit diese zu einer über den ursprünglichen Zustand hinausgehenden wesentlichen Verbesserung führen.

231   Herstellungskosten iSd. Bilanzrechts sind immer nur tatsächlich angefallene **(pagatorische) Aufwendungen,** nicht dagegen rein kalkulatorische Kosten (Zusatzkosten). Sie sind idR anhand der Kostenrechnung [433] und der Betriebsabrechnung zu ermitteln und können insoweit kalkulatorischer Natur sein [434]. Wo die Ermittlung der Herstellungskosten in anderer Weise (zB durch einfache Divisionskalkulation) nicht möglich ist, gehört eine entsprechend ausgebaute innerbetriebliche Abrechnung zu den Buchführungspflichten nach § 238 Abs. 1 HGB.

232   Die Herstellungskosten setzen sich nach § 255 Abs. 2 Satz 2 HGB aus den **Materialkosten,** den **Fertigungskosten** und den **Sonderkosten der Fertigung** zusammen. Angemessene Teile der notwendigen Material- und Fertigungsgemeinkosten sowie der Abschreibungen auf die Fertigungsanlagen dürfen eingerechnet werden, ebenso Kosten der allgemeinen Verwaltung einschließlich sozialer Aufwendungen und der Aufwendungen für eine betriebliche Altersversorgung (§ 255 Abs. 2 Satz 3 und 4 HGB); für die zuvor genannten Kosten und Aufwendungen

---

429 Zur retrograden Ermittlung der Anschaffungskosten durch Abzug der Bruttospanne vgl. *ADS*, § 255 HGB Tz. 124 f.; steuerlich EStR 1990 Abschn. 32a Abs. 3 Satz 3.

430 Vgl. *ADS*, § 255 HGB Tz. 26.

431 Vgl. *ADS*, § 255 HGB Tz. 43; *van der Velde*, DB 1964 S. 526 ff. (529).

432 Vgl. hierzu *ADS*, § 255 HGB Tz. 126 ff.; *BeBiKo.*, § 255 Anm. 330 ff.; *Selchert*, BB 1986 S. 2298 ff.; *Moxter*, BB 1988 S. 937 ff.; *Seeger* in StbJb. 1987/88 S. 91 ff.; *Küting*, BB 1989 S. 587 ff.; *Schneeloch*, DB 1989 S. 285 ff.; *Schulze-Osterloh*, StuW 1989 S. 242 ff.; *HdJ*, Abt. I/10 (1990); *Nordmeyer* in Erste Erfahrungen mit den neuen Rechnungslegungsvorschriften, Stuttgart 1990 S. 29 ff.; zu Benutzungs- und Bereitstellungsgebühren vgl. *Pensel/Hild*, DB 1989 S. 2348 ff.; zur Herstellung von Rechten *Wichmann*, BB 1986 S. 28 ff.

433 Zur Bedeutung der Kostenrechnung für die Bestimmung der Wertuntergrenze der Herstellungskosten vgl. *Knop/Küting/Weber*, DB 1985 S. 2517 ff.; hierzu auch *Baetge/Uhlig*, WiSt. 1985 S. 274 ff.

434 Zur Diskussion um die Einrechnung kalkulatorischer oder bilanzieller Abschreibungen vgl. ADS, § 255 HGB Tz. 216 (grundsätzlich kalkulatorische Abschreibungen, soweit niedriger als Bilanzabschreibungen); ähnlich *BeBiKo.*, § 255 Anm. 428 (Wahlrecht); *HdR*, § 255 HGB Rn. 257 ff. (grundsätzlich planmäßige Bilanzabschreibungen); *Kölner Kom.*, § 255 HGB Anm. 79 (grundsätzlich kalkulatorische Abschreibungen).

besteht jedoch keine Aktivierungspflicht (Satz 3: „dürfen ... eingerechnet werden"; Satz 4: „brauchen nicht eingerechnet zu werden").

Fremdkapitalzinsen gehören nicht zu den Herstellungskosten (§ 255 Abs. 3 Satz 1   **233** HGB). Sie dürfen jedoch im Rahmen der Herstellungskosten angesetzt werden (Wahlrecht), soweit es sich um Zinsen für Fremdkapital handelt, das zur Finanzierung der Herstellung eines Vermögensgegenstandes verwendet wird[435]; es ist selbstverständlich, daß der Ansatz auf den Zeitraum der Herstellung begrenzt ist (§ 255 Abs. 3 Satz 2 HGB).

Vertriebskosten dürfen nicht in die Herstellungskosten einbezogen werden (§ 255   **234** Abs. 2 Satz 6 HGB). Das gilt auch für die sog. Sondereinzelkosten des Vertriebs (vgl. Tz. 247).

Im einzelnen ergibt sich danach folgendes **Schema** für die Berechnung der Her-   **235** stellungskosten:

Herstellungskosten gemäß § 255 Abs. 2 und 3 HGB	Aktivierungspflicht	Aktivierungswahlrecht	Aktivierungsverbot
1. Materialkosten			
Fertigungsmaterial	x		
Materialgemeinkosten		x	
2. Fertigungskosten			
Fertigungslöhne	x		
Fertigungsgemeinkosten einschl. Abschreibungen auf Fertigungsanlagen		x	
Anteilige Entwicklungs-, Konstruktions- und Versuchskosten		x	
Sondereinzelkosten der Fertigung	x		
Sondergemeinkosten der Fertigung		x	
Zinsen für Fremdkapital, das zur Finanzierung der Herstellung eines Vermögensgegenstandes verwendet wird		x	
3. Verwaltungskosten			
Kosten der allgemeinen Verwaltung		x	
Aufwendungen für soziale Einrichtungen und freiwillige soziale Leistungen		x	
Aufwendungen für betriebliche Altersversorgung		x	
4. Herstellungskosten Summe Ziff. 1 bis 3			
5. Fremdkapitalverzinsung, soweit nicht unter Ziff. 2 fallend			x
6. Vertriebskosten			x

---

435 Vgl. *ADS*, § 255 HGB Tz. 233 ff.; *HFA*, WPg. 1974 S. 324 f.; *Selchert*, DB 1985 S. 2413 ff.

236   Material- und Fertigungsgemeinkosten sind nur insoweit einzubeziehen, als sie **angemessen** und **notwendig**, dh. ihrer Höhe und der Sache nach gerechtfertigt sind. Das sind die bei **normaler Beschäftigungslage** anfallenden Kosten, soweit sie den Kriterien **wirtschaftlicher Geschäftsführung** genügen[436]. Wegen offenbarer Unterbeschäftigung nicht gedeckte Gemeinkosten können ebensowenig wie unwirtschaftliche Kosten Grundlage der Zurechnung sein. Erst von den nach diesen Grundsätzen ermittelten Material- oder Fertigungsgemeinkosten können dann angemessene Teile in die Herstellungskosten eingerechnet werden. **Angemessen** bedeutet hier, daß nur derjenige Teil der Gemeinkosten einem bestimmten Produkt zugerechnet werden kann, der bei ordnungsgemäßer Kostenverrechnung auf das Produkt entfällt. Die Zurechnung muß also vernünftigen, betriebswirtschaftlichen Kriterien entsprechen. Eine willkürliche, nur nach der „Verträglichkeit" ausgerichtete Zurechnung ist dadurch ausgeschlossen, doch kann es Fälle geben, in denen die Erlösfähigkeit eine Rolle auch bei der Zurechnung von Gemeinkosten spielt (zB bei Kuppelprodukten)[437].

237   In ähnlicher Weise ist die Einbeziehung von Abschreibungen auf Gegenstände des Anlagevermögens (**= Wertverzehr des Anlagevermögens**) eingeschränkt. Die Abschreibungen müssen durch die **Fertigung veranlaßt** sein. Abschreibungen auf technisch nicht notwendige Reserveanlagen, auf nicht benutzte Anlagen sowie überhöhte Abschreibungen können daher bei der Berechnung der Herstellungskosten nicht eingerechnet werden. Auch außerplanmäßige Abschreibungen (§ 253 Abs. 2 Satz 3 HGB), Abschreibungen im Rahmen vernünftiger kaufmännischer Beurteilung (§ 253 Abs. 4 HGB) und steuerrechtliche Abschreibungen (§ 254 HGB) erfüllen das Kriterium der Verursachung durch die Fertigung nicht. Von den nach diesen Grundsätzen festgestellten Abschreibungen dürfen angemessene Teile berücksichtigt werden, dh. auch hier ist grundsätzlich auf eine Normalauslastung abzustellen. Werden Anlagen jedoch ausnahmsweise im Mehrschichtbetrieb genutzt oder in anderer Weise stärker als bei einer Normalauslastung, so vermindert dies die einem einzelnen Produkt zurechenbaren Kosten.

238   Zu Sonderfragen der Ermittlung der Herstellungskosten bei **verschiedenen Kalkulationsmethoden** vgl. *ADS,* § 255 HGB Tz. 272 ff.[438]

239   **Materialkosten** sind alle unmittelbar für den Herstellungsgegenstand erfaßbaren Rohstoffe, ferner die im Betrieb selbst gefertigten Halb- und Teilerzeugnisse, wiederverwendete Abfälle, fremdbezogene Leistungen, Teile und Handelswaren usw. Hilfsstoffe (vgl. unten bei Fertigungsgemeinkosten) haben mit den Roh-/ Werkstoffen gemeinsam, daß sie für die Leistung verbraucht werden, zB Säuren, Katalysatoren. Anderweitig verwertbare Abfälle sind als Kostengutschriften zu

---

436   Vgl. *ADS,* § 255 HGB Tz. 193 ff.; *HdR* § 255 HGB Rn. 231 ff.; aA *BHdR,* B 214 Rn. 294 ff.; zur Bestimmung der Leerkosten vgl. *Küting,* BB 1988 S. 937 ff. (70 vH der Durchschnittsauslastung als Eliminierungsgrenze).

437   Vgl. *Forster* in Bericht über die IDW-Fachtagung 1986, Düsseldorf 1986 S. 29 ff.; *ADS,* § 255 HGB Tz. 190, 279 f. Zu den Herstellungskosten bei Kuppelproduktion vgl. auch *Wurl,* WPg. 1975 S. 101 ff.

438   Zur Ermittlung der Herstellungskosten aus der Teilkostenrechnung vgl. *Möllers,* BFuP 1973 S. 142 ff. Zur Bewertung mit den Herstellungskosten der Deckungsbeitragsrechnung vgl. *Layer,* DB 1970 S. 988 ff.; *ders.,* ZfbF 1969 S. 131 ff. Zur Verwendbarkeit von Plankosten vgl. *Wohlgemuth,* ZfbF 1970 S. 387 ff.; *ders.,* Die Planherstellkosten als Bewertungsmaßstab der Halb- und Fertigfabrikate, Berlin 1969; *Buchner/Adam/Bruns,* ZfB 1974 S. 71 ff. (unzulässig); *Freidank,* DB 1983 S. 1375 ff. u. S. 1454 ff. Vgl. auch *Neth,* Die Berechnung der Herstellungskosten als bilanzpolitisches Mittel, Düsseldorf 1971.

berücksichtigen. Die Ermittlung des Werkstoffverbrauchs setzt eine ordnungsgemäße Aufzeichnung und Überwachung voraus. Grundsätzlich ist für die Bewertung der verwendeten Werkstoffe von den Anschaffungs- oder Herstellungskosten auszugehen (vgl. hierzu *ADS, § 255 HGB* Tz. 173 f.)[439].

Fertigungslöhne sind alle bei der Fertigung des herzustellenden Gegenstandes erfaßbaren und direkt zurechenbaren Produktions-, Werkstatt- und Verarbeitungslöhne[440]. Hierzu rechnen nicht nur die eigentlichen Arbeitslöhne, sondern auch die Aufwendungen für Werkmeister, Lohnbuchhalter, Techniker, Zeichner, soweit sie sich auf die einzelnen Erzeugnisse aufteilen lassen. Eine restlose Trennung von Fertigungslöhnen (sog. produktive Löhne) und Hilfslöhnen, die unter die Fertigungsgemeinkosten fallen, ist nicht möglich; jedoch ist auch hier die rechnerische Trennung zwischen Fertigungslöhnen und Hilfslöhnen nach einheitlichen Gesichtspunkten stetig durchzuführen.   **240**

Aktivierungspflichtige **Sondereinzelkosten der Fertigung** sind zB Aufwendungen für Modelle, Schablonen, Spezialwerkzeuge, Gebühren für Fertigungslizenzen sowie auftrags- oder objektgebundene Aufwendungen für Planung, Entwicklung, Konstruktion und Versuche. Zu Einzelheiten vgl. *ADS, § 255 HGB* Tz. 177 ff. Für **Sondergemeinkosten der Fertigung** besteht ein Einbeziehungswahlrecht.   **241**

Die **Fertigungsgemeinkosten** können negativ dahin umschrieben werden, daß darunter alle Kosten für die Leistung fallen, die nicht direkt als Kosten für Werkstoffe und Fertigungslöhne oder als Sonderkosten verrechnet werden können und auch nicht als Verwaltungs- oder Vertriebskosten zu betrachten sind. Dabei ist insbesondere die Abgrenzung zwischen Fertigungsgemeinkosten und Verwaltungskosten schwierig.   **242**

Zu den Fertigungsgemeinkosten können zB gehören die Kosten für Energie, Brennstoffe, Hilfsstoffe (dh. Stoffe, die nach ihrer Art und Bedeutung weder Werkstoffe noch Betriebsstoffe sind, insbesondere solche, die sich als Werkstoffe mengenmäßig nicht ansetzen lassen wie zB Säuren, Rostschutz), Betriebsstoffe, laufende Instandhaltung (Reparaturen) von Betriebsbauten, Betriebseinrichtungen, Maschinen, Vorrichtungen, Werkzeugen usw., Anlageabschreibungen auf Fertigungsanlagen (kalkulatorische Abschreibungen, jedoch nur bis zur Höhe planmäßiger bilanzieller Abschreibungen)[441], sonstige Kosten wie Sachversicherungsprämien, Post- und Fernsprechgebühren, Reiseauslagen usw., soweit auf den Bereich der Fertigung anrechenbar, Übernahmepersonal des Auftraggebers, Meister, Lohnbüro, Arbeitsvorbereitung[442], Werkstattkonstrukteure usw., Hilfslöhne für Lagerbetrieb, Förderwesen, Kraftanlagen, Reinigung der Anlagen, Kontrolle der Fertigung, Pförtner, Wach- und Sicherheitsdienst usw. Wegen Einzelheiten zu Entwicklungs-, Versuchs-, Konstruktions- und Forschungskosten vgl. *ADS, § 255 HGB* Tz. 179.   **243**

---

439   Zur Abgrenzung der Materialgemeinkosten von Kosten für die allgemeine Verwaltung und von Anschaffungsnebenkosten vgl. *ADS, § 255 HGB* Tz. 206; *HdR, § 255 HGB* Rn. 246, 272 f.
440   Zur Diskussion um den Einzelkostencharakter von Zeit- und Prämienlöhnen vgl. *BeBiKo.*, § 255 Anm. 346; zu Lohnnebenkosten vgl. *ADS, § 255 HGB* Tz. 175; abw. *Schmeisser/Steinle*, DB 1987 S. 2317 ff.; *Küting*, BB 1989 S. 587 ff.
441   Vgl. Fn. 434.
442   Vgl. hierzu auch *HdR, § 255 HGB* Rn. 250 ff.

244 Ein Einbeziehungswahlrecht besteht nach § 255 Abs. 2 Satz 4 HGB auch für die Kosten der allgemeinen Verwaltung und Aufwendungen für soziale Einrichtungen des Betriebs, freiwillige soziale Leistungen und für betriebliche Altersversorgung. Zu den **allgemeinen Verwaltungskosten** zählen nicht die Kosten für die Verwaltung des Material- und Fertigungsbereiches. **Aufwendungen für soziale Betriebseinrichtungen** entstehen vor allem für Kantinen sowie für Einrichtungen zur Freizeitgestaltung und medizinischen Versorgung. Als **freiwillige soziale Leistungen** sind insbesondere Zuwendungen anläßlich von Jubiläen, Feiertagen oder Betriebsausflügen sowie freiwillige Beihilfen anzusehen. **Aufwendungen für betriebliche Altersversorgung** sind hauptsächlich Zuführungen zu Pensionsrückstellungen sowie Aufwendungen im Zusammenhang mit Unterstützungskassen und Direktversicherungen. Zu weiteren Einzelheiten vgl. *ADS*, § 255 HGB Tz. 223 ff.

245 Zu den Herstellungskosten gehören **nicht:** außerordentliche (betriebsfremde) und periodenfremde Aufwendungen, Aufwendungen für Risikorückstellungen, gewinnabhängige Aufwendungen (KSt, GewESt, Tantieme)[443], ferner Vertriebskosten und Delkredere. **Dagegen** sind nicht gewinnabhängige Steuern, wie GewKSt, Grund- und Vermögensteuer usw., anteilig (für Vermögensgegenstände des Fertigungsbereichs) zu den Fertigungsgemeinkosten zu rechnen. Für angefallene Verbrauchsteuern (zB Mineralölsteuer, Biersteuer, USt auf erhaltene Anzahlungen) gelten die Aktivierungswahlrechte des § 250 Abs. 1 Satz 2 Nr. 1 und 2 HGB. Im Fall der Aktivierung können sie unter den Herstellungskosten oder als aktive RAP ausgewiesen werden[444].

246 **Eigenkapitalzinsen** dürfen nicht aktiviert werden, mit Ausnahme der bei langfristiger Fertigung zulässigen Aktivierung anteiliger Gewinne (vgl. Tz. 207). **Fremdkapitalzinsen** sind im Rahmen von § 255 Abs. 3 Satz 2 HGB aktivierbar[445].

247 Die **Vertriebskosten** dürfen **nicht** in die Herstellungskosten eingerechnet werden. Zu den Vertriebskosten gehören Kosten für Werbung und Vertriebsgemeinkosten (insbesondere Gehälter, Löhne und andere Kosten der Verkaufs- und Versandabteilung). Auch die Aktivierung von Sondereinzelkosten des Vertriebs (zB vorausbezahlte Provisionen) ist unzulässig[446].

Exkurs: Herstellungskosten in der StB[447]

248 Die Fertigungsgemeinkosten gehören ebenso wie der Materialverbrauch und die Fertigungslöhne stets zu den **aktivierungspflichtigen** Aufwendungen. Auch die

443 aA für vertraglich vereinbarte Erfolgsbeteiligungen von Arbeitnehmern des Fertigungsbereichs *HdR*, § 255 HGB Rn. 264 ff.
444 Vgl. *ADS*, § 255 HGB Tz. 181 f.; St/HFA 1/1985; aA *HdR*, § 255 HGB Rn. 189 f. (Aktivierungspflicht). Für die Branntweinsteuer Herstellungskostencharakter bejahend BFH v. 5. 5. 1983, BStBl. II S. 559.
445 Vgl. auch *Selchert*, DB 1985 S. 2413 ff.; zum alten Recht *HFA*, Die Aktivierung von Fremdkapitalzinsen als Teil der Herstellungskosten, WPg. 1974 S. 324 f.; *van der Velde*, DB 1975 S. 661 ff.; *Rudolph*, DB 1975 S. 1565 ff.; aA *Fülling* (Fn. 399), S. 100 f., 137; zur Angabepflicht bei Kapitalgesellschaften vgl. *ADS*, § 284 HGB Tz. 166.
446 Vgl. *ADS*, § 255 HGB Tz. 247; *HdR*, § 255 HGB Rn. 281; *Kölner Kom.*, § 255 HGB Anm. 86 f.; teilw. abw. *BeBiKo.*, § 255 Anm. 449 f.; *Weber*, DB 1987 S. 393 ff.; *Förschle*, 1. Erg.-Heft der ZfB 1987 S. 95 ff.; zu Kosten der Auftragserlangung vgl. *ADS*, § 255 HGB Tz. 249; *HdR*, § 255 HGB Rn. 185.
447 Vgl. dazu EStR 1990 Abschn. 33; *HdU*, B Rn. 722 ff.; *Schmidt, L.*, § 6 Anm. 40 ff.; *HHR*, § 6 EStG Anm. 454 ff.; *Blümich*, § 6 EStG Anm. 497 ff.; BFH v. 4. 7. 1990 – GrS –, BStBl. II S. 830: der Herstellungskostenbegriff des Handelsrechts ist auch für das Steuerrecht maßgeblich.

auf den Fertigungsbereich entfallenden Verwaltungskosten gehören zu den aktivierungspflichtigen Fertigungsgemeinkosten (EStR 1990 Abschn. 33 Abs. 2). Zur Berücksichtigung des Wertverzehrs des Anlagevermögens, insbesondere bei erhöhten Absetzungen, Sonderabschreibungen und Teilwertabschreibungen vgl. EStR 1990 Abschn. 33 Abs. 4. Zur Frage der Aktivierungspflicht für Fixkosten vgl. *Conradi*, BB 1979 S. 978 ff. Aufwendungen für die betriebliche Altersversorgung und andere freiwillige soziale Aufwendungen brauchen nicht in die Herstellungskosten einbezogen zu werden (vgl. EStR 1990 Abschn. 33 Abs. 5). Kosten ungenutzter Kapazität gehören nicht zu den Herstellungskosten, es sei denn, daß sich die Schwankung der Kapazität aus der Art der Produktion (zB bei einer Zuckerfabrik) ergibt (vgl. EStR 1990 Abschn. 33 Abs. 8 Satz 1 und 2). Zur Ermittlung der Herstellungskosten bei Kuppelproduktion vgl. BFH v. 1. 10. 1975, BStBl. II 1976 S. 202.

Sonderkosten, zB Entwicklungs- und Entwurfskosten, Lizenzgebühren usw., **können** zu den Herstellungskosten gehören, soweit sie zur Fertigstellung im einzelnen aufgewendet werden müssen (EStR 1990 Abschn. 33 Abs. 3). Bei derart fertigungsbezogenen Vorbereitungsmaßnahmen spielt es keine Rolle, ob mit dem nach außen erkennbaren Herstellungsvorgang selbst begonnen ist (zB Planungskosten[448], Schaffung eines Abraumvorrats[449]). Als nicht fertigungsbezogen müssen solche Vorarbeiten angesehen werden, deren bezwecktes Ergebnis noch nicht mit einem konkreten Erzeugnis so in Zusammenhang steht, daß es als dessen unmittelbare Vor- oder Zwischenstufe[450] anzusehen ist. Deshalb gehören Forschungs- und Entwicklungskosten grundsätzlich[451] **nicht** zu den Herstellungskosten; einer Aktivierung der Aufwendungen als immaterielles Wirtschaftsgut steht ggf. § 5 Abs. 2 EStG entgegen.   **249**

Bei der Abgrenzung von Herstellungskosten und Vertriebskosten ist davon auszugehen, daß die Verpackung grundsätzlich nicht mehr zu den Herstellungskosten rechnet; dies gilt nicht, wenn und soweit die Warenumschließung aufgrund der Eigenart des Produkts erforderlich ist, um es absatzfähig zu machen[452].   **250**

Die ESt und VSt gehören steuerlich nicht zu den abzugsfähigen Betriebsausgaben und damit auch nicht zu den Fertigungsgemeinkosten (vgl. EStR 1990 Abschn. 33 Abs. 6 Satz 1).   **251**

Hinsichtlich der GewESt besteht ein Wahlrecht[453]. Dagegen zählt die GewKSt, soweit sie auf das der Fertigung dienende Gewerbekapital entfällt, zu den Herstellungskosten (EStR 1990 Abschn. 33 Abs. 6 Satz 3). Wegen Zöllen und Verbrauchsteuern vgl. EStR 1990 Abschn. 33 Abs. 6 Satz 5.   **252**

Fremdkapitalzinsen (Finanzierungskosten) gehören grundsätzlich nicht zu den Herstellungskosten (EStR 1990 Abschn. 33 Abs. 7). Erstreckt sich die Herstellung jedoch über einen längeren Zeitraum und wird nachweislich in unmittelba-   **253**

---

448   *Vgl. BFH* v. 11. 3. 1976, BStBl. II S. 614 (für Gebäude).
449   Vgl. BFH v. 23. 11. 1978, BStBl. II 1979 S. 143 (Beginn der Herstellung).
450   Wegen sog. Redaktionskosten vgl. BFH v. 18. 6. 1975, BStBl. II S. 809 (Druckvorlagen sind nicht halbfertige Zeitschriften); dazu der Nichtanwendungserlaß des BdF v. 26. 11. 1975, BStBl. I S. 1080.
451   Vgl. *Hottmann*, StBp. 1982 S. 286 (2 %-Regelung für unwesentliche Verbesserungen und laufende Überwachung der Produktion durch die Forschungsabteilung).
452   Vgl. BFH v. 3. 3. 1978, BStBl. II S. 412 und 413 (Bier, Milch, Seifenpulver; es wird zwischen der Innen- und Außenverpackung unterschieden); BFH v. 2. 2. 1990, BStBl. II S. 593 (Einmalkanülen) mwN; vgl. auch *Schmidt, L.*, § 6 Anm. 42c, ee und Anm. 44 (Verpackungskosten).
453   Vgl. EStR 1990 Abschn. 33 Abs. 6 Satz 2.

rem Zusammenhang mit der Herstellung ein Kredit aufgenommen, so können die Zinsen in die Herstellungskosten einbezogen werden. Voraussetzung hierfür ist, daß in der HB entsprechend verfahren wird.

254 Wegen Einzelheiten zu den Herstellungskosten eines Gebäudes vgl. Tz. 339 ff.

d) Abschreibungen[454] auf Vermögensgegenstände des Anlagevermögens nach § 253 Abs. 2 HGB

255 Die Vermögensgegenstände des Anlagevermögens sind grundsätzlich zu den Anschaffungs- oder Herstellungskosten zu bewerten (§ 253 Abs. 1 Satz 1 HGB). Bei Vermögensgegenständen, deren Nutzung zeitlich begrenzt ist (abnutzbare Vermögensgegenstände des Anlagevermögens), sind die Anschaffungs- oder Herstellungskosten um **planmäßige Abschreibungen** zu vermindern (§ 253 Abs. 2 Satz 1 HGB). Ist Vermögensgegenständen des Anlagevermögens ein niedrigerer Wert beizulegen, so **können**[455] **außerplanmäßige Abschreibungen** vorgenommen werden; sie **müssen** vorgenommen werden, wenn es sich um eine voraussichtlich dauernde Wertminderung handelt (§ 253 Abs. 2 Satz 3 HGB).

256 **Planmäßige Abschreibungen** sind bei allen Gegenständen des Anlagevermögens zu verrechnen, deren Nutzung zeitlich begrenzt ist. Der Plan muß die Anschaffungs- oder Herstellungskosten auf die GJ verteilen, in denen der Gegenstand voraussichtlich genutzt werden kann (§ 253 Abs. 2 Satz 2 HGB).

257 Zu den Gegenständen, deren **Nutzung zeitlich begrenzt** ist, rechnen in erster Linie alle Verschleißanlagen, wie Maschinen und maschinelle Anlagen, die Betriebs- und Geschäftsausstattung, ferner Gebäude und andere Baulichkeiten, Grundstücke mit auszubeutenden Bodenschätzen sowie die immateriellen Anlagewerte (Konzessionen[456], gewerbliche Schutzrechte und ähnliche Rechte und Werte sowie Lizenzen an solchen Rechten und Werten, Geschäfts- oder Firmenwert).

258 Als **Abschreibungsmethoden** kommen in erster Linie die **lineare** und die **degressive** Abschreibungsmethode, ferner die Abschreibung nach der **Inanspruchnahme** und verschiedene Mischformen in Betracht. Vgl. zu Einzelheiten *ADS*, § 253 HGB Tz. 338 ff. Die **progressive** Abschreibungsmethode ist nur in Ausnahmefällen anzuwenden (besonders langlebige Anlagen, die erst allmählich in die Nutzung hineinwachsen).

259 Eine bestimmte Form ist für die **degressive Abschreibungsmethode**[457] nicht vorgeschrieben. Üblich ist die geometrisch-degressive Abschreibungsmethode, bei der

---

454 Vgl. *Grossmann*, Die Abschreibung vom Standpunkt der Unternehmung, Berlin 1925; *Ruchti*, Die Bedeutung der Abschreibung für den Betrieb, Berlin 1942; *ders.*, Die Abschreibung, Stuttgart 1953; *Hardach/Hax*, ZfhF 1958 S. 530; *Buchner*, WPg. 1959 S. 126 u. S. 237; *Engelmann*, WPg. 1959 S. 354; *Schwarz*, WPg. 1960 S. 61; *Brönner jr.*, WPg. 1962 S. 7; *Albach*, Die degressive Abschreibung, Wiesbaden 1967; *Dietz*, Die Normierung der Abschreibung in Handels- und Steuerbilanz, Opladen 1971; *Schneider*, Abschreibungsverfahren und GoB, WPg. 1974 S. 365 ff.; *ders.*, Das Problem der risikobedingten Anlagenabschreibung, WPg. 1974 S. 402 ff.; *Buchner*, Statistische Methoden zur Bestimmung einer verschleißbedingten Abschreibung, ZfB 1975 S. 237 ff.; *Bechtel*, Das Konzept der ertragsproportionalen Abschreibung, WPg. 1975 S. 632 ff.; *Kromschröder*, Die Bedeutung des Risikos für die Gestaltung der Abschreibung, WPg. 1977 S. 415 ff.; *Moxter*, Über dynamische Abschreibungen, WPg. 1978 S. 478 ff.; *HuRB* S. 29 ff.; *Schneeloch*, WPg. 1988 S. 661 ff.
455 Bei Kapitalgesellschaften ist dieses Wahlrecht nur zulässig für Finanzanlagen, vgl. § 279 Abs. 1 Satz 2 HGB.
456 Vgl. hierzu auch *Diers*, DB 1987 S. 1064 f.
457 Vgl. *Albach*, Die degressive Abschreibung, Wiesbaden 1967.

stets der gleiche Abschreibungssatz auf den Buchwert zu Beginn des Jahres bezogen wird. Eine andere Form der degressiven Abschreibung ist die digitale Abschreibung (Abschreibung mit jährlich in gleicher Höhe fallenden Abschreibungsbeträgen, arithmetische Degression). Die Degression der Abschreibung läßt sich ggf. dadurch mildern, daß der Ausgangswert, auf den der (verringerte) Abschreibungssatz zu beziehen ist, um einen festen Betrag erhöht wird. Auch eine Kombination zwischen linearer und degressiver Abschreibungsmethode ist zulässig. An die steuerliche Zulässigkeit und die steuerlichen Höchstsätze (vgl. Tz. 273) ist die degressive Abschreibungsmethode in der HB grundsätzlich nicht gebunden[458].

Die Wahl der **Abschreibungsmethode** muß den **GoB** entsprechen (§ 243 Abs. 1   **260** HGB)[459]. Abschreibungsverlauf und Nutzungsverlauf sollen insoweit übereinstimmen, als nicht das Risiko einer technischen Überalterung sowie höherer Reparaturaufwendungen bei zunehmendem Alter zu berücksichtigen sind[460]. Alle diese Faktoren lassen sich im Einzelfall naturgemäß nur schwer abschätzen und für die künftigen Jahre vorherbestimmen. Daher können jeweils mehrere Abschreibungsmethoden nebeneinander zulässig sein[461]. **Nicht** zulässig wäre die Wahl einer Methode, bei der sich der Nutzungsverlauf aller Voraussicht nach konträr zum Abschreibungsverlauf entwickeln wird[462]. Bei beweglichen Anlagegütern ist idR sowohl die lineare als auch die degressive Abschreibungsmethode anwendbar.

Bei der Schätzung der (betriebsindividuellen) **Nutzungsdauer** sind sowohl techni-   **261** sche als auch wirtschaftliche Entwertungsfaktoren zu berücksichtigen[463]. Insbesondere in Branchen, in denen die Produktionsverfahren laufend technischen Änderungen unterliegen oder in denen das Aufkommen neuer Produkte die Umstellung oder den Abbruch vorhandener Anlagen fordert, ist die wirtschaftliche Nutzungsdauer oft kürzer zu veranschlagen als die technische. Zu Anlagen, die aus Teilen mit unterschiedlichen Nutzungsdauern zusammengesetzt sind, vgl. *ADS*, § 253 HGB Tz. 335.

Die Abschreibung soll den Werteverzehr erfassen, den der Abschreibungsgegen-   **262** stand während der Nutzungsdauer erleidet. Grundsätzlich ist daher ein **Restwert** zu berücksichtigen[464]. Da die Schätzung des Restwertes jedoch schwierig ist und die Ausbau-, Abbruch- oder Veräußerungskosten den Restwert häufig ganz oder zum überwiegenden Teil aufzehren, wird überwiegend von einer Berücksichtigung des Restwertes abgesehen. Eine andere Handhabung ist nur erforderlich, wenn der Restwert im Vergleich zu den Anschaffungs- oder Herstellungskosten von erheblicher Bedeutung ist und nicht durch die Ausbau-, Abbruch- oder Veräußerungskosten aufgezehrt wird; steuerlich vgl. Tz. 277.

---

458 Vgl. *Forster*, WPg. 1965 S. 590; einschränkend auf Ausnahmefälle *Kropff* in AktG-Kom., § 154 AktG 1965 Anm. 14; ähnlich *HdJ*, Abt. II/1 (1990) Rn. 218; *ADS*, § 253 HGB Tz. 348, verlangen bei wesentlichem Übersteigen der steuerlichen Höchstsätze eine besondere Begründung.
459 Vgl. hierzu mit grundsätzlichen Überlegungen *Schneider*, WPg. 1974 S. 365 ff.
460 Vgl. *ADS*, § 253 HGB Tz. 339; *Kropff*, WPg. 1966 S. 375.
461 Vgl. *ADS*, § 253 HGB Tz. 341; *Kropff*, WPg. 1964 S. 567; *Forster*, WPg. 1965 S. 590; *Döllerer*, BB 1965 S. 1412; *Arbeitskreis Chemie*, 2. Erg.-Heft der ZfB 1966 S. 42.
462 Vgl. *Forster* (Fn. 417), S. 27.
463 Vgl. hierzu *Schneider*, Die wirtschaftliche Nutzungsdauer von Anlagegütern, Köln/Opladen 1961; *Moxter* in FS *Hax*, Köln/Opladen 1966, S. 75 ff.; *Jaensch*, ZfbF 1970 S. 255 ff.; *Dahmen*, Die wirtschaftliche Nutzungsdauer von Anlagen unter Berücksichtigung von Instandhaltungsmaßnahmen, Meisenheim am Glan 1975; *Kistner/Luhmer/Stepan*, ZfbF 1989 S. 388 ff.; *Drexl*, ZfbF 1990 S. 50 ff.; zur Nutzungsdauer von Wohngebäuden vgl. St/WFA 1/1981; zur Abschreibungsbemessung bei Leasinggegenständen vgl. St/HFA 1/1989; *Scheiterle*, DB 1990 S. 2182.
464 Vgl. *ADS*, § 253 HGB Tz. 368 f.

263   **Anlagenzugänge** sind grundsätzlich zeitanteilig abzuschreiben; Rundungen auf volle Monate, die Anwendung der steuerlichen Halbjahresabschreibungen und andere sachgerechte Vereinfachungsformen sind zulässig. Vermögensgegenstände, die vor Ablauf der planmäßigen Nutzungsdauer **veräußert** werden, sind im GJ der Veräußerung bis zu diesem Zeitpunkt noch anteilig planmäßig abzuschreiben. Aus Vereinfachungsgründen wird hiervon abgesehen werden können, wenn es sich um Veräußerungen in den ersten Monaten des GJ handelt und die Beträge vergleichsweise gering sind. Relativ unbedeutende Restbuchwerte können in die Schlußabschreibung einbezogen werden [465].

264   Der Grundsatz der **Planmäßigkeit der Abschreibung** sowie der Grundsatz der Bewertungsstetigkeit erfordern, daß die einmal gewählte Methode nicht in jedem folgenden Jahr gewechselt wird [466] und ferner art- und funktionsgleiche Vermögensgegenstände nach derselben Methode abgeschrieben werden (vgl. St/SABI 2/1987). Ein sachlich begründeter **Wechsel** zwischen verschiedenen Abschreibungsmethoden ist jedoch zulässig (§ 252 Abs. 2 HGB [467]). Der Wechsel kann auch schon in der Methode enthalten sein (zB Übergang von der degressiven zur linearen Abschreibungsmethode in dem Jahr, in dem der lineare Abschreibungsbetrag den degressiven übersteigt). Stellt sich heraus, daß die Nutzungsdauer ursprünglich zu lang geschätzt war, **muß** eine **Korrektur** erfolgen. In wesentlichen Fällen kann bei Vorliegen eines niedrigeren Wertes am Abschlußstichtag eine außerplanmäßige Abschreibung nach § 253 Abs. 2 Satz 3 zweiter Halbsatz HGB in Betracht kommen; andernfalls genügt die Verteilung des Buchwertes auf die verkürzte restliche Nutzungsdauer [468]. War die Nutzungsdauer ursprünglich zu kurz geschätzt worden, ist eine Neuschätzung nur dann geboten, wenn andernfalls bei Fortführung des bisherigen Abschreibungsplanes der Grundsatz der Klarheit des JA (§ 243 Abs. 2 HGB; bei Kapitalgesellschaften: die Generalnorm des § 264 Abs. 2 HGB) beeinträchtigt würde. In diesem Fall ist der sich ergebende restliche Buchwert grundsätzlich auf die neu geschätzte Restnutzungsdauer zu verteilen. Ein vorübergehendes Aussetzen der Abschreibung ist unzulässig, weil damit der im Begriff der planmäßigen Abschreibung enthaltene Grundsatz der **Regelmäßigkeit** durchbrochen wird [469]. Zur Zulässigkeit von **Zuschreibungen** vgl. *ADS*, § 253 HGB Tz. 543 ff.; *Brehmer*, WPg. 1969 S. 284 ff.

265   **Außerplanmäßige Abschreibungen** nach § 253 Abs. 2 Satz 3 HGB kommen sowohl bei Vermögensgegenständen des Anlagevermögens, deren Nutzung zeitlich begrenzt ist, als auch bei anderen Vermögensgegenständen des Anlagevermögens in Betracht. Zu der zweiten Kategorie von Vermögensgegenständen des Anlagevermögens rechnen in erster Linie Grundstücke (soweit nicht betrieblich ausgebeutet), Anlagen im Bau und Anzahlungen auf Anlagen sowie die Vermögensgegenstände des Finanzanlagevermögens (Beteiligungen, Wertpapiere, Ausleihungen). Mit außerplanmäßigen Abschreibungen wird **vorübergehenden** [470]

---

465 Vgl. *ADS*, § 253 HGB Tz. 394; *HdJ*, Abt. II/1 (1990) Rn. 234.
466 Vgl. *Forster*, WPg. 1966 S. 555 f.
467 Vgl. zur Angabepflicht bei Kapitalgesellschaften *ADS*, § 253 HGB Tz. 342; zur Dividendenausschüttung als hinreichender Begründung *ADS*, § 253 HGB Tz. 387; *HdJ*, Abt. II/1 (1990) Rn. 221.
468 Vgl. *Arbeitskreis Chemie*, 2. Erg.-Heft der ZfB 1966 S. 42, und *ADS*, § 253 HGB Tz. 376 ff.; ähnlich *Kropff* in AktG-Kom., § 154 AktG 1965 Anm. 21.
469 Vgl. *ADS*, § 253 HGB Tz. 371; *HdJ*, Abt. II/1 (1990) Rn. 211.
470 Wegen der für Kapitalgesellschaften bestehenden Einschränkungen vgl. § 279 Abs. 1 Satz 2 HGB; zum Ansatz von Zwischenwerten vgl. *BHdR*, B 165 Rn. 26; *HdJ*, Abt. II/1 (1990) Rn. 257.

(Abschreibungswahlrecht) oder **dauernden** (Abschreibungspflicht) Wertminderungen Rechnung getragen.

Beispiele einer nur **vorübergehenden Wertminderung** sind: zeitweiliger Rückgang von Börsenkursen; Anlauf- oder zeitweilige Verluste von Beteiligungsgesellschaften; lediglich durch die Abschreibungsmethode bedingte zeitweilige Unterschiede zwischen Buchwert und Zeitwert. Bei einer **voraussichtlich dauernden Wertminderung** ist bei allen Vermögensgegenständen des Anlagevermögens eine Abschreibung auf den niedrigeren Wert, der zum Abschlußstichtag beizulegen ist, zwingend geboten (§ 253 Abs. 2 Satz 3 zweiter Halbsatz HGB)[471]. Bestehen die Gründe, die zu einer außerplanmäßigen Abschreibung geführt haben, zu einem späteren Abschlußstichtag nicht mehr fort, so braucht die außerplanmäßige Abschreibung nicht rückgängig gemacht zu werden (§ 253 Abs. 5 HGB – **Beibehaltungswahlrecht**)[472].   **26(**

Abschreibungen können sowohl in **direkter** Form (durch Absetzung) als auch in **indirekter** Form (als Wertberichtigung) vorgenommen werden[473]. Bei Kapitalgesellschaften und dem PublG unterliegenden Gesellschaften ist, wie sich aus § 268 Abs. 2 HGB ergibt, lediglich die direkte Form zulässig; hier können allerdings Abschreibungen nach § 254 HGB mit dem Unterschiedsbetrag zur normalen Abschreibung in den Sonderposten mit Rücklageanteil einbezogen werden (§ 281 Abs. 1 Satz 1 HGB).   **26`**

Exkurs: Abschreibungen in der StB[474]

In der **Steuerbilanz** ist bei der Abschreibung zu unterscheiden zwischen der Absetzung für Abnutzung (AfA) bei abnutzbaren Anlagegegenständen (§ 7 EStG), den erhöhten Absetzungen, den Sonderabschreibungen und der steuerlichen Abschreibung bei Herabgehen auf den niedrigeren Teilwert. Erhöhte Absetzungen (vgl. Tz. 284) treten an die Stelle der AfA; dagegen können Sonderabschreibungen (vgl. Tz. 283 u. Tz. 285) neben der AfA in Anspruch genommen werden. Zur AfA rechnen auch die Absetzungen für Substanzverringerung (§ 7 Abs. 6 EStG) sowie die Absetzungen für außergewöhnliche technische oder wirtschaftliche Abnutzung (AfaA – § 7 Abs. 1 Satz 5 EStG). Praktisch dürfte der Unterschied zwischen AfaA und der sog. Teilwertabschreibung häufig nicht sehr groß sein, da eine außergewöhnliche technische oder wirtschaftliche Abnutzung idR den Teilwert mindert. Allerdings ist die AfaA bei degressiver Absetzung unzulässig (§ 7 Abs. 2 Satz 4 EStG), so daß nur die Teilwertabschreibung in Betracht kommt. Eine reine Wertminderung, die die Nutzung eines Wirtschaftsgutes nicht berührt, berechtigt nicht zur AfaA; die AfaA setzt außergewöhnliche Umstände voraus, die im Jahr ihrer Geltendmachung die wirtschaftliche Nutzbarkeit sinken lassen[475]. Wegen der Bewertung zum Teilwert vgl. Tz. 279. Wegen der verschiedenen Möglichkeiten steuerlicher Abschreibungen vgl. die **Übersicht**[476] auf S. 80 f.   **268**

---

471 Vgl. wegen gesunkener Wiederbeschaffungskosten auch *Reichel*, DB 1979 S. 1901 ff.; zur Wertbestimmung vgl. auch *ADS*, § 253 HGB Tz. 406 ff.; *BeBiKo.*, § 253 Anm. 286 ff.; *HdR*, § 253 HGB Rn. 148 ff.; *HdJ*, Abt. I/11 (1990) Rn. 14 ff.
472 Das Beibehaltungswahlrecht besteht grundsätzlich nicht für Kapitalgesellschaften, § 280 Abs. 1 HGB; vgl. F Tz. 35 ff.
473 Vgl. *ADS*, § 253 HGB Tz. 5, 307; hM nach *BeBiKo.*, § 253 Anm. 202 (konform mit § 243 Abs. 1 und 2 HGB); aA *Glade*, BiRiLiG, § 253 HGB Tz. 11; kritisch *HdJ*, Abt. II/1 (1990) Rn. 136.
474 Die Ausführungen in diesem Exkurs umfassen auch die sog. steuerrechtlichen Abschreibungen iSd. § 254 HGB. Vgl. zu den Absetzungen für Abnutzung (AfA) *HdU*, B Rn. 1035 ff.
475 Vgl. BFH v. 8. 7. 1980, BStBl. II S. 437. Vgl. auch *HdU*, B Rn. 1140 ff.; *Schmidt, L.*, § 7 Anm. 9.
476 Entnommen aus *HdU*, S. 240 f.

Rechtsgrundlage	Geltungsbereich	Absetzungsmethode	
§ 7 Abs. 1 Satz 1 EStG	alle abnutzbaren Wirtschafts-güter außer Gebäuden	linear	Verteilung auf die betriebsge-wöhnliche Nutzungsdauer
§ 7 Abs. 2 EStG	bewegliche Wirtschaftsgüter des Anlagevermögens ein-schließlich Betriebsvorrich-tungen	degressiv	gleichbleibender vH-Satz vom Buchwert
§ 7 Abs. 4 EStG Satz 1 Nr. 1	Wirtschaftsgebäude (Bauge-nehmigung nach dem 31. 3. 1985)	linear	gleichbleibender Satz von 4 vH[a)]
Satz 1 Nr. 2	Übrige Gebäude a) nach dem 31. 12. 1924 fertiggestellt	linear	gleichbleibender Satz von 2 vH[a)]
	b) vor dem 1. 1. 1925 fertiggestellt	linear	gleichbleibender Satz von 2,5 vH[a)]
§ 7 Abs. 4 EStG Satz 2 (§ 11c EStDV)	Gebäude mit einer Nutzungs-dauer von weniger als 25 Jah-ren, 40 Jahren bzw. 50 Jahren	linear	Verteilung auf tatsächliche Nutzungsdauer
§ 7 Abs. 5 EStG	im Inland belegene (neue) Gebäude, Eigentumswohnun-gen und im Teileigentum ste-hende Räume[c)]	degressiv	fallende vH-Sätze Wirtschaftsgebäude 10/5/2,5 übrige Gebäude 5/2,5/1,25
§§ 7b, 7d EStG, § 82g EStDV, § 14 BerlinFG	verschiedene Wirtschaftsgüter (vgl. Tz. 284)	erhöhte Absetzungen (statt Normal-AfA)	
§ 7g EStG, §§ 81, 82d, 82f EStDV, § 3 ZonenRFG	verschiedene Wirtschaftsgüter (vgl. Tz. 283)	Sonderabschreibungen (neben linearer AfA)	

206

Abschreibungsmöglichkeiten

	Fortführung der AfA	
bei nachträglichen Anschaffungs- oder Herstellungskosten	*nach Teilwertabschreibung*	*nach Absetzung für außergewöhnliche Abnutzung*
Verteilung des um die nachträglichen Anschaffungs- oder Herstellungskosten erhöhten Buchwertes auf die Restnutzungsdauer (EStR 1990 Abschn. 43 Abs. 4 und Abschn. 44 Abs. 11 Satz 1 und 2)	Verteilung des Teilwertes auf die Restnutzungsdauer[e]	Verteilung des Restbuchwertes auf die Restnutzungsdauer
Anwendung des für die Restnutzungsdauer maßgeblichen vH-Satzes auf den erhöhten Buch- oder Restwert (EStR 1990 Abschn. 43 Abs. 4 und Abschn. 44 Abs. 11 Satz 1 und 2)	Anwendung des (unverändert) maßgebenden vH-Satzes auf den Teilwert, falls Restnutzungsdauer nicht verkürzt	entfällt (AfaA ist nach § 7 Abs. 2 Satz 4 EStG unzulässig)
Anwendung des gleichbleibenden AfA-Satzes von 4 vH oder 2,5 vH bzw. 2 vH auf die erhöhten Anschaffungskosten oder Herstellungskosten (EStR 1990 Abschn. 43 Abs. 4 und Abschn. 44 Abs. 11 Satz 4)[b]	Anwendung des gleichbleibenden AfA-Satzes von 4 vH oder 2,5 vH bzw. 2 vH auf die gekürzten Anschaffungskosten oder Herstellungskosten (§ 11c Abs. 2 Satz 2 EStDV)	wie nebenstehend (§ 11c Abs. 2 Satz 1 EStDV)
Verteilung des um die nachträglichen Herstellungskosten erhöhten Buchwertes auf die Restnutzungsdauer oder Anwendung des (unverändert) maßgebenden vH-Satzes auf den erhöhten Buchwert (EStR 1990 Abschn. 43 Abs. 4 und Abschn. 44 Abs. 11 Satz 1 bis 3)	Anwendung des bisherigen AfA-Satzes auf die gekürzten Anschaffungskosten oder Herstellungskosten (§ 11c Abs. 2 Satz 2 EStDV)	wie nebenstehend (§ 11c Abs. 2 Satz 1 EStDV)
Anwendung des maßgebenden vH-Satzes auf die erhöhten Anschaffungs- oder Herstellungskosten (EStR 1990 Abschn. 43 Abs. 4 und Abschn. 44 Abs. 11 Satz 4)[d]	Anwendung des maßgebenden vH-Satzes auf die gekürzten Herstellungskosten (§ 11c Abs. 2 Satz 2 EStDV)	wie nebenstehend (§ 11c Abs. 2 Satz 1 EStDV, EStR 1990 Abschn. 44 Abs. 14 Satz 2)
Im Begünstigungszeitraum: Anwendung des gleichbleibenden AfA-Satzes auf die erhöhten Anschaffungs- oder Herstellungskosten (EStR 1990 Abschn. 45 Abs. 3), soweit keine Sonderregelungen anzuwenden sind (§ 7a Abs. 1 EStG)		

a) Die Anwendung niedrigerer Sätze ist ausgeschlossen.
b) Wird auf diese Weise die volle Absetzung innerhalb der tatsächlichen Nutzungsdauer nicht erreicht, so kann die AfA vom Zeitpunkt der Beendigung der nachträglichen Herstellungsarbeiten an nach der Restnutzungsdauer des Gebäudes bemessen werden (EStR 1990 Abschn. 44 Abs. 11 Satz 5).
c) In Erwerbsfällen muß die Anschaffung vor dem Ende des Jahres der Fertigstellung erfolgt sein.
d) Im Jahr der Veräußerung nur zeitanteilig; vgl. BFH v. 18. 8. 1977, BStBl. II S. 835.
e) Vgl. *HHR*, § 7 EStG Anm. 27; *Blümich*, § 7 EStG Anm. 181.

269 In der StB dürfen grundsätzlich keine höheren Absetzungen als in der HB vorgenommen werden; die Absetzungen sind nach der gleichen Nutzungsdauer wie in der HB zu berechnen, sofern die Nutzungsdauer steuerlich nicht zu beanstanden ist. Vgl. zur Maßgeblichkeit der HB für die StB nach § 5 Abs. 1 EStG bei AfA nach § 7 Abs. 4 und 5 EStG Erl. FM Saarl. v. 22. 1. 1991, DStR S. 217, bei AfA nach § 7 Abs. 2 BFH v. 24. 1. 1990, BStBl. II S. 681.

270 Die AfA bemißt sich nach der betriebsgewöhnlichen Nutzungsdauer (§ 7 Abs. 1 Satz 2 EStG), bei Gebäuden nach der fiktiven Nutzungsdauer von 25 Jahren bei Wirtschaftsgebäuden und von 40 bzw. 50 Jahren bei den übrigen Gebäuden oder nach der kürzeren tatsächlichen Nutzungsdauer (§ 7 Abs. 4 EStG). **Betriebsgewöhnlich** iSv. § 7 Abs. 1 EStG bedeutet betriebsindividuell. Daher können die vom BdF herausgegebenen AfA-Tabellen nur einen Anhaltspunkt für die betriebsgewöhnliche Nutzungsdauer geben; zur Anwendung der amtlichen AfA-Tabellen im ehemaligen Gebiet der DDR und Berlin (Ost) vgl. BMF-Schr. v. 24. 10. 1990, BStBl. I S. 725. Die Frage der Abschreibungsmethode wird durch die AfA-Tabellen nicht berührt. Eine erhöhte AfA infolge erhöhter technischer Abnutzung bei Übergang von der Einschicht- zur Mehrschichtarbeit ist zulässig, soweit dadurch die Nutzungsdauer einer Anlage (die normalerweise einschichtig genutzt wird) verkürzt wird. Sie ist in den og. AfA-Tabellen für den linearen Satz bei ganzjährig doppelschichtiger Benutzung mit einem um 25 vH, bei dreifacher Schicht mit einem um 50 vH höheren Satz angegeben. Außergewöhnliche Einwirkungen von Chemikalien, Nässe usw. können außerdem berücksichtigt werden. Die **tatsächliche** Nutzungsdauer von Gebäuden (§ 7 Abs. 4 Satz 2 EStG) ist der Zeitraum, in dem ein Gebäude voraussichtlich seiner Zweckbestimmung entsprechend genutzt werden kann (§ 11c Abs. 1 EStDV). Wegen Einzelheiten der Gebäudeabsetzungen vgl. Tz. 353.

271 Eine einheitliche AfA für einen Bestand von Wirtschaftsgütern mit unterschiedlicher betriebsgewöhnlicher Nutzungsdauer (Sammelabschreibung) ist nicht zulässig. Ebenso sind verschieden bemessene AfA für einzelne Teile eines einheitlichen Wirtschaftsgutes nicht möglich, vgl. Beschluß des GrS des BFH v. 26. 11. 1973, BStBl. II 1974 S. 132, zur gesonderten Abschreibung von Gebäudeteilen, die nicht Betriebsvorrichtungen sind; EStR 1990 Abschn. 42 Abs. 7 und 8; zur Abgrenzung in Fällen von sog. „geschlossenen Fertigungsanlagen" vgl. *Rohse/Stich*, StBp. 1972 S. 181. Für den Fall, daß zwischen einem Gebäude und einer Betriebsvorrichtung eine so enge Verbindung besteht, daß bei Beseitigung der Betriebsvorrichtung das Gebäude auch nicht teilweise erhalten werden kann, ist die kürzere Nutzungsdauer der Betriebsvorrichtung maßgebend, vgl. *Theis* zu BdF v. 3. 11. 1959 u. FM BaWü. v. 20. 11. 1959, FR 1960 S. 51 f.; Vfg. OFD-Düsseldorf v. 17. 3. 1960, WPg. 1960 S. 215.

272 Nach § 7 Abs. 1 EStG ist für die Wirtschaftsgüter des Anlagevermögens die **lineare** Abschreibung vorgesehen, wobei Absetzungen für außergewöhnliche *technische* oder wirtschaftliche Abnutzung zulässig sind. Bewegliche Wirtschaftsgüter des Anlagevermögens (einschl. Betriebsvorrichtungen) können statt dessen entweder nach der auf das betreffende Jahr entfallenden **Leistung** (die nachzuweisen ist, § 7 Abs. 1 Satz 4 EStG)[477] oder **degressiv** abgeschrieben werden (§ 7 Abs. 2 Satz 1 EStG).

Degressive Absetzungen für Abnutzung sind in der Form der Buchwertabschreibung (§ 7 Abs. 2 Satz 2 EStG) zulässig. Der AfA-Satz des Erstjahres ist auf das Dreifache des linearen Satzes, höchstens jedoch 30 vH der Anschaffungs- oder Herstellungskosten begrenzt. Andere Verfahren der degressiven Absetzung (zB digitale AfA) sind seit 1. 1. 1985 unzulässig[478]. Wird degressiv abgeschrieben, dann sind Absetzungen für außergewöhnliche technische oder wirtschaftliche Abnutzung nicht zulässig (§ 7 Abs. 2 Satz 4 EStG). Über die degressiv abgeschriebenen Wirtschaftsgüter sind Aufzeichnungen zu führen, aus denen der Tag der Anschaffung oder Herstellung, die Anschaffungs- oder Herstellungskosten, die voraussichtliche Nutzungsdauer und die Höhe der jährlichen AfA ersichtlich sind (§ 7 Abs. 2 Satz 3 iVm. § 7a Abs. 8 EStG). Bei zulässigem späterem Übergang von der degressiven zur linearen AfA bemißt diese sich nach dem noch vorhandenen Restwert und der Restnutzungsdauer. Ein späterer Übergang von der linearen zur degressiven AfA ist nicht zulässig (§ 7 Abs. 3 EStG). Ein Übergang von der degressiven zur linearen AfA wird in Erwägung zu ziehen sein, wenn der Satz der degressiven AfA unter den der linearen sinkt.

273

Immaterielle Wirtschaftsgüter können nach EStR 1990 Abschn. 42 Abs. 2 Satz 1 nicht degressiv abgeschrieben werden, da zu den beweglichen Wirtschaftsgütern nur Sachen (§ 90 BGB) zählen (BFH v. 6. 8. 1964, BStBl. III S. 575)[479]. Auch Teile eines **Gebäudes,** die selbständig abschreibbar sind, zählen nicht zu den beweglichen Wirtschaftsgütern, falls es sich bewertungsrechtlich nicht um Betriebsvorrichtungen handelt (vgl. EStR 1990 Abschn. 42 Abs. 3).

274

Bei Betrieben, die einen Verbrauch der **Substanz** mit sich bringen (Bergbauunternehmen, Steinbrüche), sind sowohl die lineare AfA als auch Absetzungen für die Substanzverringerung zulässig (§ 7 Abs. 6 EStG; vgl. *Blümich*, § 7 EStG Anm. 621 ff.).

275

Die AfA nach § 7 EStG **beginnt** im Fall der Anschaffung mit der Lieferung und im Fall der Herstellung mit der Fertigstellung (§ 9a EStDV); auf die Ingebrauchnahme kommt es nicht an[480]. Im **Anschaffungsjahr** ist bei den degressiven wie bei der linearen AfA nur eine anteilige Absetzung möglich. Aus Vereinfachungsgründen ist es jedoch nicht zu beanstanden, wenn für die in der ersten Jahreshälfte angeschafften beweglichen Wirtschaftsgüter der volle, für die in der zweiten Jahreshälfte angeschafften der halbe Jahresbetrag der AfA angesetzt wird (vgl. EStR 1990 Abschn. 44 Abs. 2 Satz 2). Zur Anwendung der Vereinfachungsregelung bei Rumpf-WJ vgl. EStR 1990 Abschn. 44 Abs. 2 Satz 3 und 4 sowie DB 1971 S. 215 f.

276

Die AfA ist nach dem Beschluß des GrS des BFH v. 7. 12. 1967, BStBl. II 1968 S. 268, grundsätzlich so zu bemessen, daß nach Ablauf der betriebsgewöhnlichen Nutzungsdauer die Anschaffungs- oder Herstellungskosten bis auf einen Erinnerungswert von DM 1,– voll abgesetzt sind. Eine Abschreibung bei den

277

---

477 Vgl. EStR 1990 Abschn. 44 Abs. 5; ein Wechsel zwischen Leistungs-AfA und linearer AfA ist, sofern nicht völlig willkürlich, zulässig, vgl. *Schmidt, L.*, § 7 Anm. 8.
478 Vgl. dazu *Dankmeyer/Klöckner*, DB 1985 S. 197.
479 aA mit beachtlicher Begründung *Heigl*, BB 1965 S. 665 ff.; *Nolte*, DB 1964 S. 1604 f.
480 Vgl. *HHR*, § 7 EStG Anm. 160 mwN (str.).

beweglichen Anlagegütern nur bis auf den **Altmaterial- bzw. Schrottwert** ist dann vorzunehmen, wenn dieser – wie das im allgemeinen bei Gegenständen von großem Gewicht oder aus wertvollem Material der Fall ist – im Vergleich zu den Anschaffungs- oder Herstellungskosten erheblich ist[481].

278 Eine **unterbliebene** oder zu niedrige AfA/AfS ist grundsätzlich durch Verteilung des (überhöhten) Restbuchwertes auf die Restnutzungsdauer „nachzuholen" (EStR 1990 Abschn. 44 Abs. 10)[482]. Dagegen darf eine unterlassene AfA nach § 7 Abs. 4 Satz 1 EStG (Gebäudeabschreibung) nicht dadurch nachgeholt werden, daß ein höherer als der gesetzlich vorgeschriebene Vomhundertsatz angesetzt wird, vgl. BFH v. 3. 7. 1984, BStBl. II S. 709 (keine Restbuchwertverteilung).

279 Für die Anlagenbewertung in der StB ist neben der AfA der **Teilwert**[483] bedeutsam. Teilwert ist der Betrag, den ein Erwerber des ganzen Betriebes bei dessen Fortführung für das einzelne Wirtschaftsgut im Rahmen des Gesamtkaufpreises ansetzen würde (§ 6 Abs. 1 Nr. 1 Satz 3 EStG). An Stelle der Anschaffungs- oder Herstellungskosten abzüglich AfA kann der niedrigere Teilwert oder auch ein Zwischenwert gewählt werden. Allerdings muß wegen § 5 Abs. 1 EStG das Niederstwertgebot des § 253 Abs. 2 HGB beachtet werden; im Falle einer dauernden Wertminderung muß der niedrigere Wert angesetzt werden. In der Praxis ist das Herabgehen auf den Teilwert stark eingeschränkt; Rechtsprechung und Verwaltung haben Grenzwerte und Vermutungen aufgestellt. Höchstgrenze für den Teilwert ist der Wiederbeschaffungswert, unterste Grenze der Einzelveräußerungswert[484]. Im Zeitpunkt der Beschaffung besteht die Vermutung, daß der Teilwert gleich den tatsächlichen Anschaffungs- oder Herstellungskosten ist. In einem späteren Zeitpunkt wird vermutet, daß bei abnutzbaren Anlagegütern (zB Maschinen) der Teilwert den wertberichtigten (§ 7 EStG) Anschaffungs- oder Herstellungskosten und bei nicht abnutzbaren Anlagegütern (zB Beteiligungen) der Teilwert den ursprünglichen Beschaffungskosten entspricht. Diese Vermutungen muß die Gesellschaft durch den Nachweis besonderer Umstände widerlegen[485].

280 Bei der Inanspruchnahme von **erhöhten Absetzungen und Sonderabschreibungen** ist die Rahmenvorschrift des § 7a EStG zu beachten[486]. § 7a EStG regelt ua. die Behandlung von nachträglichen Anschaffungs- und Herstellungskosten im Begünstigungszeitraum (Abs. 1) sowie die Sonderabschreibungen und erhöhten Absetzungen für Anzahlungen und Teilherstellungskosten (Abs. 2). Nach § 7a Abs. 3 EStG ist bei erhöhten Absetzungen mindestens die Normal-AfA (§ 7 Abs. 1 oder 4 EStG) abzusetzen. Bei der Inanspruchnahme von Sonderabschrei-

481 Vgl. BFH v. 22. 7. 1971, BStBl. II S. 800. Wegen der Nichtberücksichtigung des Schrottwertes bei Sonderabschreibungen vgl. FM Nds. Erlaß v. 17. 10. 1968, DB S. 1926 f.; aA *HHR*, § 7 EStG Anm. 155.
482 Vgl. *Schmidt, L.*, § 7 Anm. 6f.
483 Vgl. *HHR*, § 6 EStG Anm. vor 554 mit Literaturangabe; ferner *Littmann*, § 6 Anm. 162 ff.; *Blümich*, § 6 EStG Anm. 601 ff.; *Schmidt, L.*, § 6 Anm. 50 ff.; *HdU*, B Rn. 778 ff.; EStR 1990 Abschn. 36 Abs. 1 und 2 für Vorratsvermögen.
484 Vgl. *Schmidt, L.*, § 6 Anm. 53.
485 Zu den Teilwertvermutungen und deren Widerlegung vgl. allg. *Schmidt, L.*, § 6 Anm. 56 ff. sowie 62; *HdU*, B Rn. 785 ff.; für Beteiligungen BFH v. 27. 7. 1988, BStBl. II 1989 S. 274; *Dötsch/Buyer*, DB 1991 S. 10.
486 Vgl. dazu *HdU*, B Rn. 1230 ff.

bungen ist nur noch lineare AfA zulässig (§ 7a Abs. 4 EStG)[487]. Das in § 7a Abs. 5 EStG enthaltene Kumulationsverbot für Sonderabschreibungen und erhöhte Absetzungen schließt nicht die gleichzeitige Inanspruchnahme anderer Vergünstigungen (zB Investitionszulage) aus. Ist ein Wirtschaftsgut mehreren Beteiligten zuzurechnen, so dürfen erhöhte Absetzungen und Sonderabschreibungen grundsätzlich nur einheitlich vorgenommen werden; sind die Voraussetzungen nur bei einzelnen Beteiligten erfüllt, so dürfen die erhöhten Absetzungen und Sonderabschreibungen anteilig vorgenommen werden, jedoch nur einheitlich (§ 7a Abs. 7 EStG); wegen der bestehenden Aufzeichnungspflichten vgl. § 7a Abs. 8 EStG.

Geringwertige Anlagegüter, die einer selbständigen Nutzung fähig sind, können **281** im Jahr der Anschaffung, Herstellung oder Einlage (§ 6 Abs. 1 Nr. 5 oder 6 EStG) voll abgeschrieben werden, wenn die Anschaffungs- oder Herstellungskosten, vermindert um einen darin enthaltenen Vorsteuerbetrag (§ 9b Abs. 1 EStG), für das einzelne Wirtschaftsgut DM 800,– nicht übersteigen (§ 6 Abs. 2 Satz 1 EStG)[488]. Für die Frage, ob die Grenze von DM 800,– überschritten ist oder nicht, ist demnach stets vom Warenpreis ohne jegliche Vorsteuer auszugehen; ob der Vorsteuerbetrag umsatzsteuerrechtlich abziehbar ist oder nicht, spielt hierbei keine Rolle (vgl. EStR 1990 Abschn. 86 Abs. 5). Vom Lieferanten gewährte Skonti und Rabatte mindern ebenfalls die Anschaffungskosten; wie die Skonti und Rabatte vom Erwerber des Anlagegutes buchmäßig behandelt werden, ist dabei ohne Bedeutung[489]. Ein gesonderter Ausweis in der Bilanz ist nicht erforderlich. Über Inventarisierung vgl. Tz. 17. Die Bewertungsfreiheit darf nach Auffassung der Finanzverwaltung nur in Anspruch genommen werden, wenn die Inanspruchnahme keinen Mißbrauch darstellt; ein Mißbrauch liegt nicht vor, wenn die im **betriebsnotwendigen Umfang** beschafften Anlagegüter zunächst als Vorrat auf Lager genommen werden[490]. Ebensowenig kann die Bewertungsfreiheit versagt werden, wenn es sich um die Neueinrichtung eines Betriebes handelt.

Für die Beurteilung der **selbständigen Nutzungsfähigkeit** kommt es nach § 6 **282** Abs. 2 Satz 2 und 3 EStG darauf an, daß das Anlagegut nicht Teil eines einheitlichen Ganzen (Maschine, Produktionsanlage usw.) ist. Wirtschaftsgüter, die nach ihrer betrieblichen Zweckbestimmung nur zusammen mit anderen Wirtschaftsgütern des Anlagevermögens genutzt werden können, gelten dann als **nicht** selbständig nutzungsfähig, wenn die in den Nutzungszusammenhang eingefügten Wirtschaftsgüter technisch aufeinander abgestimmt sind. Wirtschaftliche Zusammengehörigkeit (Einheit) reicht nicht aus. Im übrigen spielt es keine Rolle, ob das Wirtschaftsgut aus dem bisherigen Nutzungszusammenhang gelöst und in einen anderen Nutzungszusammenhang eingefügt werden kann. Bei sog. Spinnkannen sowie Euro-Flachpaletten[491] wird die selbständige Nutzungsfähigkeit anerkannt[492].

---

487 Zur Verrechnung degressiver Abschreibungen bei der Ermittlung des Sonderpostens mit Rücklageanteil (§ 281 Abs. 1 HGB) bei Inanspruchnahme von Sonderabschreibungen, vgl., auch unter Beachtung des BFH-Urteils v. 24. 1. 1990, BStBl. II S. 681, zutreffend *BHdR,* B 232 Rn. 68.
488 Vgl. dazu *HdU,* B Rn. 946 ff.; *Schmidt, L.,* § 6 Anm. 105 ff.
489 Vgl. Vfg. der OFD Hamburg v. 31. 1. 1956, DB S. 147; RdVfg. OFD Münster v. 16. 7. 1956, DStZEild. S. 436; zur Kürzung der Anschaffungskosten um Skonti vgl. Tz. 215.
490 Vgl. StEK § 6 Abs. 2 EStG Nr. 27.
491 Vgl. BFH v. 9. 12. 1977, BStBl. II 1978 S. 322; BFH v. 25. 8. 1989, BStBl. II 1990 S. 82.
492 Weitere Beispiele vgl. in EStR 1990 Abschn. 40 Abs. 2, sowie bei *Schmidt, L.,* § 6 Anm. 110.

283 An **Sonderabschreibungen** sind ua. zulässig [493]:

Begünstigte Anlagegüter und Maßnahmen	Rechts-grund-lage	Abschreibungs-zeitraum	Abschrei-bungen in vH der Anschaf-fungs- oder Herstel-lungskosten	Besonderheiten
1. Fabrikgebäude, Lagerhäuser und landwirt-schaftliche Betriebsgebäude	§ 7e EStG	Jahr der Herstel-lung und Folge-jahr	je bis zu 10 vH	persönliche Steuerver-günstigung für Vertrie-bene und NS-Ver-folgte
2. Anlagegüter privater Krankenhäuser	§ 7f EStG	Jahr der Anschaf-fung oder Herstel-lung und folgende vier Jahre		Begünstigung von Anzahlungen und Teilherstellungskosten
a) bewegliche			bis zu insgesamt 50 vH	
b) unbewegliche			bis zu insgesamt 30 vH	
3. Förderung kleinerer und mittlerer Betriebe	§ 7g EStG	wie zu 2.	bis zu insgesamt 20 vH neben der AfA nach § 7 Abs. 1 oder 2 EStG	EW BetrV max. TDM 240 GewK max. TDM 500
neue bewegliche Anlagegüter				Verbleibensfrist 1 Jahr in einer inländischen Betriebsstätte
4. bestimmte Anlagegüter im Kohlen- und Erzbergbau	§ 81 EStDV	wie zu 2.		wie zu 2. Sonderregelung für Vorabraum im Braun-kohlen- und Erzberg-bau
a) bewegliche			wie zu 2a	
b) unbewegliche			wie zu 2b	

---

493 Entnommen aus *HdU*. S. 282.

Begünstigte Anlagegüter und Maßnahmen	Rechts-grund-lage	Abschreibungs-zeitraum	Abschrei-bungen in vH der Anschaf-fungs- oder Herstell-ungskosten	Besonderheiten
5. abnutzbare Anlagen, die der Forschung und Entwicklung dienen	§ 82d EStDV	wie zu 2.		wie zu 2. Nur für Wirtschafts-güter, die in der Zeit vom 19. 5. 1983 bis zum 31. 12. 1989 angeschafft oder hergestellt worden sind
a) bewegliche			bis zu 40 vH	
b) unbewegliche			bis zu 15 vH / 10 vH	Verbleibensfrist 3 Jahre in einer inlän-dischen Betriebsstätte
6. a) Inländische Handels-schiffe, Schiffe, die der Seefische-rei dienen	§ 82f EStDV	wie zu 2.	bis zu insgesamt 40 vH	wie zu 2. Bei Anschaffung: nur im Fall des Erwerbs in ungebrauchtem Zustand vom Herstel-ler. Handelsschiffe und Schiffe der Seefi-scherei dürfen inner-halb eines Zeitraumes von acht Jahren, Luft-fahrzeuge innerhalb eines Zeitraumes von sechs Jahren nach ihrer Anschaffung oder Herstellung nicht veräußert werden. Anwendungszeitraum bis 1. 1. 1995
b) Inländische Luftfahrzeuge			bis zu insgesamt 30 vH	
7. Investitionen im Zonenrand-gebiet [494]	§ 3 Zonen RFG	wie zu 2.		Die beweglichen Anlagegüter müssen mindestens drei Jahre in einer im Zonen-randgebiet belegenen Betriebsstätte des Steuerpflichtigen verbleiben.
a) bewegliche Anlagegüter			bis zu insgesamt 50 vH	
b) unbewegliche Anlagegüter			bis zu insgesamt 50 vH	

[494] Nach Art. 5 Nr. 1a StÄndG 1991, BGBl. I S. 1322, können diese Sonderabschreibungen letztmals für ein nach dem 30. 12. 1994 endendes WJ vorgenommen werden. Dasselbe Gesetz gewährt den 5 neuen Bundesländern und dem Land Berlin in Art. 6 Sonderabschreibungen und Abzugsbeträge, vgl. Fn. 495a.

284   An **erhöhten Absetzungen** sind ua. zulässig[495]:

Begünstigte Anlagegüter und Maßnahmen	Rechtsgrundlage	Abschreibungszeitraum	Abschreibungen in vH der Anschaffungs- oder Herstellungskosten	Besonderheiten
1. Baumaßnahmen an (bestehenden) Gebäuden zur Schaffung neuer Mietwohnungen	§ 7c EStG	Jahr der Fertigstellung und folgende vier Jahre	jeweils bis zu 20 vH	Keine Inanspruchnahme öffentlicher Mittel; Nutzung zu fremden Wohnzwekken; Bemessungsgrundlage: max. DM 60 000,–; Anwendungszeitraum 2. 10. 1989 bis 1. 1. 1993
2. bewegliche und unbewegliche Wirtschaftsgüter, die dem Umweltschutz dienen (Bescheinigungsverfahren)	§ 7d EStG	Jahr der Anschaffung oder Herstellung und folgende Wirtschaftsjahre	erstes Jahr bis zu 60 vH und folgende Jahre jeweils bis zu 10 vH	Absetzungen auf Anzahlungen und Teilherstellungskosten möglich; auch Nachholung nicht in Anspruch genommener erhöhter Absetzungen möglich; Anwendungszeitraum 31. 12. 1974 bis 1. 1. 1991
3. Gebäude in Sanierungsgebieten und städtebaulichen Entwicklungsbereichen	§ 7h EStG (Nachfolgeregelung zu § 82g EStDV)	Jahr der Herstellung und folgende neun Jahre	jeweils bis zu 10 vH	Bemessungsgrundlage: Herstellungskosten für Modernisierungs- und Instandhaltungsmaßnahmen; unbefristet
4. Gebäude, die ein Baudenkmal sind	§ 7i EStG (Nachfolgeregelung zu § 82i EStDV)	Jahr der Herstellung und folgende neun Jahre	jeweils bis zu 10 vH	AfA nur von den erforderlichen Herstellungskosten zur sinnvollen Nutzung. Nachweis der Erforderlichkeit: unbefristet
5. Wohnungen mit Sozialbindung (Bescheinigungsverfahren)	§ 7k EStG	Jahr der Fertigstellung und folgende vier Jahre folgende fünf Jahre danach jährlich	jeweils bis zu 10 vH jeweils bis zu 7 vH 3 ⅓ vH des Restwerts	Bemessungsgrundlage: Anschaffungsoder Herstellungskosten. Keine Inanspruchnahme öffentlicher Mittel, Nutzung zu fremden Wohnzwecken; Anwendungszeitraum 28. 2. 1989 bis 1. 1. 1996

---

495 Entnommen aus *HdU*, S. 281.

Begünstigte Anlagegüter und Maßnahmen	Rechtsgrundlage	Abschreibungszeitraum	Abschreibungen in vH der Anschaffungs- oder Herstellungskosten	Besonderheiten
6. bestimmte Anlagen und Einrichtungen bei Gebäuden	§ 82a EStDV	Jahr der Herstellung und folgende neun Jahre	jährlich bis zu 10 vH	nicht anwendbar bei gleichzeitiger Gewährung einer Investitionszulage; Anwendungszeitraum bis 31. 12. 1991
7. bewegliche Anlagegüter und bestimmte Gebäude, die zum Anlagevermögen einer in Berlin (West) gelegenen Betriebsstätte gehören	§ 14 Berlin FG*	Jahr der Anschaffung oder Herstellung und folgende vier Jahre	bis zu insgesamt 75 vH	Sonderregelung für nachträgliche Herstellungskosten. Die beweglichen Anlagegüter müssen mindestens drei Jahre nach ihrer Anschaffung oder Herstellung in einer in Berlin (West) gelegenen Betriebsstätte verbleiben
8. Schutzräume nach dem Schutzbaugesetz	§ 7, § 12 Abs. 3 und § 40 Schutzbaugesetz	Jahr der Fertigstellung und folgende elf Jahre	jährlich bis zu 10 vH	Bemessungsgrundlage: die um etwaige Zuschüsse verminderten (begrenzten) Herstellungskosten

* Zum Anwendungszeitraum vgl. Art. 4 Nr. 26 Buchst. c StÄndG 1991, BGBl. I S. 1322/1330.

285   An **Sonderabschreibungen** für bestimmte im Kalenderjahr **1990** auf dem Gebiet der fünf **neuen Bundesländer** angeschafften oder hergestellten Wirtschaftsgüter sind zulässig [495a]:

Begünstigte Anlagegüter und Maßnahmen	Rechts-grundlage	Abschrei-bungs-zeitraum	Abschreibun-gen in vH der Bemessungs-grundlage	Besonder-heiten
Abnutzbare Gegenstände des Anlagevermögens (im 1. Halbj. 1990: Grundmittel), die im Kj. 1990 ange-schafft oder herge-stellt wurden und die a) der Entwicklung und Einführung von Verfahren und Erzeugnis-sen auf hohem wirtschaftlich-technischen Niveau dienen, b) zu höheren Lie-ferungen und Leistungen für den Export führen,	§ 3 Abs. 1 StÄndG* iVm. § 7 DB zum StÄndG** iVm. § 58 Abs. 1 EStG	Für im 1. Halbj. 1990 angeschaffte oder herge-stellte Wirt-schaftsgüter: Jahr der Anschaffung oder Herstel-lung und folgende zwei Jahre.	Im 1. Halbj. 1990 bis zu 25 vH der Anschaffungs- oder Herstel-lungskosten, im 2. Halbj. 1990 bis zu 25 vH, im 2. Jahr bis zu 30 vH, im 3. Jahr bis zu 20 vH des in der DM-Eröff-nungsbilanz oder dem Anla-geverzeichnis zum 1. 7. 1990 angesetzten Wertes (§ 7 Abs. 1 Satz 5 DMBilG).	Diese Sonder-AfA gilt nur für Gegenstände, die in dem in Art. 3 des Eini-gungsvertra-ges*** genann-ten Gebiet angeschafft oder hergestellt worden sind.
c) der Schaffung neuer Arbeits-plätze in beste-henden Betrie-ben oder Unter-nehmen dienen oder d) zur Realisierung von Umwelt-schutzmaßnah-men angeschafft oder hergestellt wurden.		Für im 2. Halbj. 1990 angeschaffte oder herge-stellte Wirt-schaftsgüter: anteilig das 2. Halbj. 1990 und folgende zwei Jahre (§ 4 Abs. 2 und 3 DB StAnpG).	Im 2. Halbj. 1990 anteilig bis zu 25 vH, im 2. Jahr bis zu 30 vH, im 3. Jahr bis zu 20 vH des Wer-tes wie oben.	

   * Vom 6. März 1990, GBl. I (DDR) Nr. 17 S. 136.
  ** Vom 16. März 1990, GBl. I (DDR) Nr. 21 S. 195.
*** Vom 31. August 1990, BGBl. II S. 889.

[495a] *Wegen Sonderabschreibungen* und Abzugsbeträgen im Fördergebiet (Länder Berlin, Branden-burg, Mecklenburg-Vorpommern, Sachsen, Sachsen-Anhalt und Thüringen), die grundsätzlich für Wirtschaftsgüter gelten, die nach dem 31. 12. 1990 angeschafft oder hergestellt werden, vgl. Art. 6 StÄndG 1991, BGBl. S. 1322 (Fördergebietsgesetz).

Nach Ablauf des Begünstigungszeitraumes bemessen sich die AfA für Gebäude, **286** selbständige Gebäudeteile sowie Eigentumswohnungen und Teileigentum nach dem Restwert und dem nach § 7 Abs. 4 EStG unter Berücksichtigung der Restnutzungsdauer maßgebenden Vomhundertsatz; bei anderen Wirtschaftsgütern ist der Restwert auf die Restnutzungsdauer zu verteilen (vgl. § 7a Abs. 9 EStG).

Stille Rücklagen können steuerlich unter gewissen Voraussetzungen bei einer **287** Veräußerung oder einem sonstigen Ausscheiden von Wirtschaftsgütern aus dem Betriebsvermögen auf andere Wirtschaftsgüter **übertragen** werden.

Nach **§ 6b EStG**[496] kann bei der Veräußerung bestimmter Güter des Anlagever- **288** mögens der begünstigte Gewinn (vgl. § 6b Abs. 2 EStG) voll oder teilweise auf bestimmte, im WJ der Veräußerung oder im vorangegangenen WJ angeschaffte oder hergestellte Wirtschaftsgüter übertragen werden. Der Anschaffung oder Herstellung von Gebäuden oder Schiffen steht ihre Erweiterung, ihr Ausbau oder ihr Umbau gleich. Der Abzug ist in diesem Fall nur von dem Aufwand für die Erweiterung, den Ausbau oder den Umbau der Gebäude oder Schiffe zulässig.

Im einzelnen ergeben sich ab 1. 1. 1990 folgende Übertragungsmöglichkeiten: **289**

auf von	Grund und Boden	Aufwuchs auf und Anlagen in Grund und Boden	Gebäude	Abnutzb. bewegl. Anlage- vermögen	Anteile an einer KapGes.*
Grund und Boden	100 vH	100 vH	100 vH	100 vH	–
Aufwuchs auf und Anlagen in Grund u. Boden	–	100 vH	100 vH	100 vH	–
Gebäude	–	–	100 vH	100 vH	
Abnutzb. bewegl. Anlagevermögen mit einer betriebsg. Nutzungsd. von mind. 25 Jahren				50 vH	
Schiffe	–	–	–	50 vH	
Anteile an einer KapGes.	–	–	50/100* vH	50/100* vH	100* vH
Lebendes Inventar	–	–	–	50 vH	

* Soweit es sich um Kapitalgesellschaftsanteile handelt, die von Unternehmensbeteiligungsgesellschaften iSd. § 6b Abs. 1 Nr. 5 EStG angeschafft bzw. veräußert werden.

Weitere Voraussetzung ist, daß die veräußerten Wirtschaftsgüter mindestens **290** 6 Jahre ununterbrochen zum Anlagevermögen einer inländischen Betriebsstätte

---

496 Vgl. dazu *HdU*, B Rn. 970 ff.; EStR 1990 Abschn. 41a–c; vgl. zum frühestmöglichen Zeitpunkt der Ersatzbeschaffung BFH v. 14. 11. 1990, BStBl. II 1991 S. 222; zur Zwangsauflösung bis zur Höhe der voraussichtlich entstehenden Herstellungskosten BGH v. 25. 9. 1990, FR 1991 S. 168.

gehört haben und der Veräußerungsgewinn bei der Ermittlung des im Inland steuerpflichtigen Gewinns nicht außer Ansatz bleibt und der Abzug in der Buchführung verfolgt werden kann. Der nach Vornahme des Abzugs verbleibende Betrag gilt als Anschaffungs- oder Herstellungskosten des Wirtschaftsgutes (§ 6b Abs. 6 EStG).

291 Eine Übertragung stiller Rücklagen auf **Ersatzwirtschaftsgüter** ist nach EStR 1990 Abschn. 35[497] zulässig, wenn ein Wirtschaftsgut im Laufe eines WJ infolge höherer Gewalt (zB Brand, Diebstahl) oder infolge oder zur Vermeidung eines behördlichen Eingriffs (zB drohende Enteignung, Inanspruchnahme für Verteidigungszwecke) gegen Entschädigung aus dem Betriebsvermögen ausscheidet und im Laufe desselben WJ ein Ersatzwirtschaftsgut angeschafft oder hergestellt wird. Voraussetzung ist, daß ein entsprechender Posten in der HB gebildet wurde, BMF v. 30. 4. 1990, BStBl. I S. 222. Zum Begriff „höhere Gewalt" vgl. BFH v. 18. 9. 1987, BStBl. II 1988 S. 330; zu den Voraussetzungen eines die Bildung einer Rücklage für Ersatzbeschaffung rechtfertigenden behördlichen Eingriffs vgl. BFH v. 8. 10. 1975, BStBl. II 1976 S. 186; BFH v. 15. 5. 1975, BStBl. II S. 692 (betreffend Material- und Konstruktionsschäden); BFH v. 21. 2. 1978, BStBl. II S. 428 (betreffend vereinbartes Wiederverkaufsrecht einer Gemeinde); BFH v. 14. 11. 1990, BStBl. II 1991 S. 222 (betreffend Bebauungsplan); *Söffing,* FR 1980 S. 66 (betreffend gesetzlichen Zwang – § 71c Abs. 1 AktG). Wird das Ersatzwirtschaftsgut nicht im Laufe desselben WJ angeschafft, so kann vorübergehend eine steuerfreie Rücklage für Ersatzbeschaffung gebildet werden (EStR 1990 Abschn. 35 Abs. 7); vgl. dazu Tz. 68.

292 Weitere steuerliche Möglichkeiten zur Übertragung stiller Reserven bestehen nach dem Gesetz über steuerliche Maßnahmen bei der **Stillegung von Steinkohlenbergwerken** v. 11. 4. 1967 (zuletzt geändert durch Gesetz v. 30. 11. 1978, BGBl. I S. 1849).

e) Abschreibungen auf Vermögensgegenstände des Umlaufvermögens nach § 253 Abs. 3 HGB

293 Die Vermögensgegenstände des Umlaufvermögens sind mit den Anschaffungs- oder Herstellungskosten anzusetzen (§ 253 Abs. 1 Satz 1 HGB), vermindert um die in Abs. 3 der gleichen Vorschrift bestimmten Abschreibungen. Abschreibungen sind danach vorzunehmen (Abschreibungs**pflicht**), um Vermögensgegenstände mit einem niedrigeren Wert anzusetzen,

– der sich aus einem Börsen- oder Marktpreis des Abschlußstichtages ergibt (Satz 1), oder

– der ihnen, soweit ein Börsen- oder Marktpreis nicht festzustellen ist, am Abschlußstichtag beizulegen ist (Satz 2).

294 Außerdem dürfen Abschreibungen vorgenommen werden (Abschreibungs**wahlrecht**),

– soweit diese nach vernünftiger kaufmännischer Beurteilung notwendig sind, um zu verhindern, daß in der nächsten Zukunft der Wertansatz dieser Vermögensgegenstände aufgrund von Wertschwankungen geändert werden muß (Satz 3).

---

497 Vgl. dazu *HdU,* B Rn. 688 ff.; *Schmidt, L.,* § 5 Anm. 53 ff.; zum Verhältnis zu § 6b EStG vgl. BFH v. 14. 11. 1990, BStBl. II 1991 S. 222, 224.

Wegen der weiteren Abschreibungsmöglichkeiten nach § 253 Abs. 4 und § 254 HGB vgl. Tz. 303 ff. und Tz. 308 ff.

Das in den Bestimmungen des § 253 Abs. 3 Satz 1 und 2 HGB zum Ausdruck **295** kommende **Niederstwertprinzip** führt zur Berücksichtigung unrealisierter Verluste bei der Bewertung. Für den vom Börsen- oder Marktpreis abzuleitenden Wert oder den den Vermögensgegenständen beizulegenden Wert kann der Beschaffungs- oder Absatzmarkt maßgeblich sein. Es gelten nachfolgende **Grundsätze**[498].

Der **Beschaffungsmarkt** ist maßgeblich für Roh-, Hilfs- und Betriebsstoffe sowie **296** für unfertige und fertige Erzeugnisse, soweit auch Fremdbezug möglich wäre. Der **Absatzmarkt** ist grundsätzlich maßgeblich für unfertige und fertige Erzeugnisse sowie für Überbestände an Roh-, Hilfs- und Betriebsstoffen[499]. Sowohl Beschaffungs- als auch Absatzmarkt sind maßgeblich für Handelswaren[500] (doppelte Maßgeblichkeit).

Bei einer Bewertung vom Beschaffungsmarkt her sind die **Wiederbeschaffungs-** **297** **kosten** anzusetzen. Die üblicherweise anfallenden Anschaffungsnebenkosten sind hinzuzurechnen und evtl. Anschaffungskostenminderungen abzuziehen. Der Bewertung vom Absatzmarkt her liegt der Grundsatz der **verlustfreien Bewertung** zugrunde[501]. Noch anfallende Aufwendungen sind vom vorsichtig geschätzten Verkaufserlös abzusetzen.

Als **Börsenpreis** gilt der an einer Börse amtlich oder im Freiverkehr festgestellte **298** Preis, soweit Umsätze stattgefunden haben; **Marktpreis** ist derjenige Preis, der an einem Handelsplatz für Waren einer bestimmten Gattung von durchschnittlicher Art und Güte zu einem bestimmten Zeitpunkt im Durchschnitt gewährt wurde[502]. Zufallskurse, die am Abschlußstichtag unter dem allgemeinen Kursniveau liegen, sind zu berücksichtigen, höhere Zufallskurse nicht (Berücksichtigung von Durchschnittskursen)[503]. Gleiches gilt für sog. Spotmarktpreise (zB für Mineralöl), soweit davon ausgegangen werden kann, daß sich am Spotmarkt der gesamte laufende Bedarf decken ließe.

Bei dem **Wert, der Vermögensgegenständen am Abschlußstichtag beizulegen ist,** **299** handelt es sich um den Wiederbeschaffungs- oder Reproduktionskostenwert, wenn für die Bewertung der Beschaffungsmarkt maßgeblich ist, und um den Verkaufswert abzüglich der noch anfallenden Aufwendungen, wenn sich die Bewertung nach dem Absatzmarkt richtet. Ist die doppelte Maßgeblichkeit zu beachten, ist der niedrigere der beiden Werte anzusetzen. Bei den Wiederbe-

498 Vgl. *ADS*, § 253 HGB Tz. 443 ff. mit näherer Erläuterung; *BoHdR*, § 253 HGB Rn. 164; *HdR*, § 253 HGB Rn. 166 ff.; ebenso *Kropff* in AktG-Kom., § 155 AktG 1965 Anm. 41 ff.; zT aA *Leffson*, WPg. 1967 S. 57 ff.; *Fülling* (Fn. 399), S. 213, 219 ff.; *Koch*, WPg. 1957 S. 1 ff., 31 ff., 60 ff.; *Schulte*, WPg. 1979 S. 505 ff.; *Fey* (Fn. 367), S. 23 ff.; *BHdR*, B 161 Rn. 124 ff.; *Baumbach/Hueck*, § 42 GmbHG Anm. 312 (mit dem Vorschlag einer generell absatzmarktorientierten Bewertung); vgl. auch *Mellerowicz* in Großkom., § 155 AktG 1965 Anm. 24 und Anm. 32 f.; *Kölner Kom.*, § 253 HGB Anm. 83 ff.
499 Zur Bewertung von Rohstoffüberbeständen vgl. auch *Olbrich*, WPg. 1973 S. 401.
500 aA zur Maßgeblichkeit des Beschaffungsmarktes für Handelswaren *BeBiKo.*, § 253 Anm. 519.
501 Vgl. *ADS*, § 253 HGB Tz. 449; *Koch*, WPg. 1957 S. 33; *Leffson* (Fn. 10), S. 423 ff.; *ders.*, WPg. 1967 S. 58 f.; *Fülling* (Fn. 399), S. 213 ff.
502 Wegen Einzelheiten vgl. *ADS*, § 253 HGB Tz. 458 ff.; *HdJ*, Abt. I/11 (1990) Rn. 5 ff.; *Kropff* in AktG-Kom., § 155 AktG 1965 Anm. 37 ff.; *Kölner Kom.*, § 253 HGB Anm. 87 f.; *Mellerowicz* in Großkom., § 155 AktG 1965 Anm. 25 ff.
503 Vgl. *ADS*, § 253 HGB Tz. 467 f.; *Kölner Kom.*, § 253 HGB Anm. 88; *Kropff* in AktG-Kom., § 155 AktG 1965 Anm. 37.

schaffungskosten sind in angemessenem Umfang Nebenkosten zu berücksichtigen (§ 255 Abs. 1 HGB). Die Wiederbeschaffungskosten sind nur bei verwendbaren Materialien anzusetzen; erforderliche Absetzungen für einen schlechten Zustand und die eingeschränkte Verwendbarkeit sind ggf. bei einzelnen Vermögensgegenständen oder pauschal für ganze Lagerpositionen vorzunehmen (Gängigkeitsabschreibung)[504]. Liegt der Bewertung der voraussichtliche Verkaufserlös zugrunde, so ist dieser zur verlustfreien Bewertung um Erlösschmälerungen, Verpackungskosten, Ausgangsfrachten und sonstige Vertriebskosten, noch anfallende Verwaltungskosten und Kapitaldienstkosten zu kürzen (retrograde Bewertung)[505]. Bei unfertigen Erzeugnissen sind auch die noch entstehenden Produktionskosten zu berücksichtigen[506]. Der Abschlag eines fiktiven Gewinnes ist im Rahmen der verlustfreien Bewertung erforderlich noch möglich. Da ein solcher Abschlag aber für steuerliche Zwecke im Rahmen der Teilwertermittlung als zulässig angesehen wird (vgl. Tz. 381), ist auch handelsrechtlich eine entsprechend niedrigere Bewertung über § 254 Satz 1 HGB möglich (Wahlrecht)[507].

300   Obwohl unfertige und fertige Erzeugnisse grundsätzlich nach den Verhältnissen des Absatzmarktes zu bewerten sind, ist es zulässig, auch **gesunkene Reproduktionskosten** zu berücksichtigen. Die Ermittlung der Herstellungskosten muß dann auf der Grundlage der Preise und Kosten des Abschlußstichtages vorgenommen werden, und zwar gilt dies für alle Kostenarten[508].

301   Für den Ansatz des **im Hinblick auf künftige Wertschwankungen ermäßigten Wertes** besteht nach § 253 Abs. 3 Satz 3 HGB ein Wahlrecht. Die Anschaffungs- oder Herstellungskosten oder der Niederstwert dürfen unterschritten werden, soweit der niedrigere Wertansatz bei vernünftiger kaufmännischer Beurteilung notwendig ist, um zu verhindern, daß in der nächsten Zukunft der Wertansatz dieser Vermögensgegenstände aufgrund von Wertschwankungen geändert werden muß. Das Abschreibungswahlrecht besteht für alle Vermögensgegenstände des Umlaufvermögens. Bei den Wertschwankungen kann es sich um laufende Preisbewegungen (wie bei Weltmarktrohstoffen und Börsenkursen) oder um einen erwarteten einmaligen Preisrückgang (zB wegen Strukturverschiebungen, technischen Neuerungen) handeln. Als nächste Zukunft wird ein Zeitraum von zwei Jahren angesehen[509].

302   Die vernünftige kaufmännische Beurteilung gebietet es, daß für die **Schätzung** der in der nächsten Zukunft ggf. erforderlich werdenden Abschreibungen nur objektive, in den tatsächlichen Verhältnissen begründete und sich unmittelbar

---

504 Vgl. *ADS*, § 253 HGB Tz. 473 ff.; *Hild*, DB 1972 S. 881 ff.; *Emmerich*, DB 1980 S. 2297 ff.; *Christiansen*, StBp. 1983 S. 28 ff.; *Schneider, J. H.*, StBp. 1988 S. 272 ff. (auch steuerlich).
505 Vgl. *ADS*, § 253 HGB Tz. 480 ff.; *Kropff* in AktG-Kom., § 155 AktG 1965 Anm. 42.
506 Zur Bewertung mit Vollkosten oder Teilkosten vgl. *ADS*, § 253 HGB Tz. 483 f. (eingeschränktes Wahlrecht); *HdJ*, Abt. I/11 (1990) Rn. 26 f. (grundsätzlich Teilkosten); *HdR*, § 253 HGB Rn. 169; *BeBiKo.*, § 253 Anm. 524 (Vollkosten); zu Angaben im Anhang von Kapitalgesellschaften vgl. *ADS*, § 253 HGB Tz. 484.
507 Vgl. *ADS*, § 253 HGB Tz. 482.
508 Vgl. *ADS*, § 253 HGB Tz. 448, 477; *Forster* (Fn. 417), S. 24. Vgl. auch *Mellerowicz* in Großkom., § 155 AktG 1965 Anm. 31; *Kruschwitz*, DB 1976 S. 1069 ff., insbesondere zur Ausweisproblematik negativer Werte.
509 Vgl. *ADS*, § 253 HGB Tz. 511 mit weiteren Literaturangaben; ebenso *Kropff* in AktG-Kom., § 155 AktG 1965 Anm. 55; aA *Fülling* (Fn. 399), S. 218, der den Zeitraum bis zum nächsten Abschlußstichtag begrenzt.

auf das Bewertungsobjekt beziehende Anhaltspunkte herangezogen werden [510]. Es kommt nicht darauf an, ob die Vermögensgegenstände im nächsten GJ veräußert werden. Werden Vermögensgegenstände voraussichtlich ohne Ersatzbeschaffung veräußert (zB Wertpapiere und Forderungen), ist die Abwertung auf den Veräußerungsverlust beschränkt. Bei Ersatzbeschaffung (zB Gegenstände des Vorratsvermögens) ist der Abschlag auf die Höhe des Bestandes am Abschlußstichtag begrenzt. Die erwarteten Wertminderungen brauchen sich nur auf artgleiche, nicht auf körperlich identische Vermögensgegenstände zu beziehen [511].

Wegen Bewertung des Vorratsvermögens in der StB vgl. Tz. 379 ff.

f) Abschreibungen „im Rahmen vernünftiger kaufmännischer Beurteilung" nach § 253 Abs. 4 HGB

303 Über die in § 253 Abs. 2 und 3 HGB bereits vorgesehenen fakultativen Abschreibungen hinaus gestattet das Gesetz in § 253 Abs. 4 HGB Abschreibungen „außerdem im Rahmen vernünftiger kaufmännischer Beurteilung" auf alle Vermögensgegenstände des Anlage- und des Umlaufvermögens. Die Vorschrift gilt für alle Einzelkaufleute und Personenhandelsgesellschaften, auch soweit sie unter das PublG fallen, sowie für eG. Kapitalgesellschaften können dagegen von § 253 Abs. 4 HGB keinen Gebrauch machen (§ 279 Abs. 1 Satz 1 HGB). Die Vorschrift soll „die Bildung stiller Rücklagen im bisherigen Umfang" ermöglichen; ein Verbot der stillen Rücklagen hätte das bisherige Recht für alle Kaufleute verschärft, wofür kein Anlaß gesehen wurde [512]. Die Vorsorge gegen eine willkürliche Anwendung der Vorschrift liege darin, daß ihre Anwendung von der vernünftigen kaufmännischen Beurteilung abhängig gemacht werde [513].

304 **Allgemein anerkannte Grundsätze** zu § 253 Abs. 4 HGB, an denen sich die vernünftige kaufmännische Beurteilung [514] ausrichten könnte, liegen in operationaler, generell anwendbarer Form (bisher) nicht vor. Der Gläubigerschutzgedanke ist wenig hilfreich, da bei den hier in Rede stehenden Unternehmen (Einzelkaufleute, OHG, KG einschließlich GmbH & Co. KG) die Entnahmerechte der Eigentümer losgelöst vom Gewinnausweis geregelt sein können [515]. Aus dem gleichen Grund spielt auch der Gesichtspunkt der Stärkung der Lebens- und Widerstandsfähigkeit der Unternehmen, der bisweilen [516] zur Begründung stiller Rücklagen herangezogen wird, nur ausnahmsweise eine Rolle. Ebensowenig läßt sich ein Indiz aus der Forderung ableiten, daß den Gesellschaftern mindestens soviel an Gewinn verbleiben müsse, wie sie aufgrund der StB an Steuern zu entrichten hätten [517]. Zudem ist zu bedenken, daß in den meisten Risiken, die

---

510 Vgl. *ADS*, § 253 HGB Tz. 512 f.
511 Vgl. *ADS*, § 253 HGB Tz. 520 ff.; *BeBiKo.*, § 253 Anm. 623; *BoHdR*, § 253 HGB Rn. 177; im wesentlichen ebenso *Kropff* in AktG-Kom., § 155 AktG 1965 Anm. 57; aA *Saage*, NB 1966 S. 71, 78; *HuRB* S. 428 ff.; *HdR*, § 253 HGB Rn. 185; *Kölner Kom.*, § 253 HGB Anm. 107; zur Angabepflicht von Kapitalgesellschaften vgl. § 277 Abs. 3 Satz 1 HGB.
512 Vgl. Begr. zu § 253 Abs. 4 HGB, BT-Drs. 10/4268 S. 101.
513 Vgl. ebd., S. 100; vgl. hierzu auch (teilw. kritisch) *ADS*, § 253 HGB Tz. 523 ff.; *Forster* in FS *Krümmel*, Berlin 1988 S. 107 ff.; *Selchert*, DStR 1986 S. 283 ff.; *HdR*, § 243 HGB Rn. 28 ff.; *Großfeld*, WPg. 1987 S. 698 ff.; *Schöne*, StBp. 1989 S. 169 ff.; *Schneeloch*, DStR 1988 S. 759 ff.; *Arbeitskreis* „Steuern und Revision" im BDVB, BB 1989 S. 2220 ff.; *Mundt* in Personengesellschaft und Bilanzierung, Düsseldorf 1990 S. 147 ff. (164 f.).
514 Zum Begriff vgl. Tz. 6.
515 So auch *Selchert*, DStR 1986 S. 283 ff. (286).
516 Vgl. etwa *Moxter*, BFuP 1986 S. 170.
517 So *Göllert/Ringling*, Bilanzrichtlinien-Gesetz, Heidelberg 1986 S. 15.

das Unternehmen oder einzelne Vermögensgegenstände betreffen können, bereits in ausreichendem Maße durch Anwendung der sonstigen Bewertungsvorschriften und -wahlrechte Rechnung getragen werden kann.

305   Andererseits erfordert die vernünftige kaufmännische Beurteilung **Willkürfreiheit;** als willkürfrei sind Abschreibungen nur dann anzusehen, wenn sie begründbar (Anhaltspunkte in den tatsächlichen Verhältnissen), nachvollziehbar und im Verhältnis zu den angestrebten Zielen angemessen sind[518]. Einschränkungen können sich ferner durch den Gesellschaftsvertrag und Treuepflichten der Gesellschafter ergeben[519].

306   Abschreibungen nach § 253 Abs. 4 HGB lassen sich weniger mit Risiken einzelner Vermögensgegenstände begründen (zB mangelnde Rentabilität oder Verwertbarkeit), sondern sie werden in erster Linie aus dem **allgemeinen Unternehmensrisiko** (zB Vorsorge für künftige Investitionen, Steuer- oder Abfindungszahlungen, für Substanzerhaltung, zur Glättung des Gewinnausweises oder zur Berücksichtigung von Länderrisiken)[520] herzuleiten sein. Sofern dies als Dauerrisiko anzusehen ist, werden Abschreibungen nach § 253 Abs. 4 HGB vor allem auf solche Vermögensgegenstände in Betracht kommen, die dem Unternehmen langfristig oder auf Dauer dienen, wie zB Grundstücke, Gebäude und Beteiligungen. Abschreibungen auf andere Vermögensgegenstände würden sich dagegen relativ kurzfristig wieder auflösen und damit den angestrebten Zweck verfehlen[521]. Bei abnutzbaren Anlagegegenständen können auch verkürzte Nutzungsdauern zugrunde gelegt werden. Zulässig sind auch gleichmäßige pauschale Verrechnungen mit sämtlichen Vermögensgegenständen (Ausnahme: liquide Mittel), einzelnen Bilanzposten oder Gruppen von Vermögensgegenständen[522].

Eine (spätere) Auflösung der stillen Rücklagen ist zulässig. Bei wesentlicher Verzerrung der Ertragslage können **zusätzliche Angaben** (zB Fußnoten) erforderlich sein, wenn der JA andernfalls zu einer Irreführung oder Täuschung führen würde[523].

307   Die **Risiken,** die in der stillen Auflösung stiller Rücklagen sowohl für das Unternehmen selbst als auch für Gläubiger liegen, sind bekannt[524]. Die vernünftige kaufmännische Beurteilung wird sie zu bedenken haben. Dritte, denen Jahresabschlüsse von Unternehmen vorgelegt werden, die § 253 Abs. 4 HGB anwenden dürfen, sollten insbesondere bei der Analyse der Ertragslage die Möglichkeit stiller Auflösung früher gebildeter stiller Reserven bedenken. Diese Mahnung gilt auch für Gesellschafter, die nicht unmittelbar an der Geschäftsführung beteiligt sind. Wegen **unzulässiger Formen** stiller Rücklagen vgl. Tz. 194.

---

518 Vgl. *ADS*, § 253 HGB Tz. 531.
519 Vgl. *ADS*, § 253 HGB Tz. 527, 533.
520 Vgl. *ADS*, § 253 HGB Tz. 529 f.; *BeBiKo.*, § 253 Anm. 657; *Schulze zur Wiesch*, WPg. 1987 S. 149 ff.
521 So auch *Selchert* (Fn. 515), S. 287 f.
522 Vgl. *ADS*, § 253 HGB Tz. 534 ff.; *HdJ*, Abt. II/1 (1990) Rn. 266.
523 Vgl. *ADS*, § 253 HGB Tz. 540; aA (keine Verpflichtung für Nicht-Kapitalgesellschaften) *HdJ*, Abt. II/1 (1990) Rn. 268.
524 Vgl. *Leffson* (Fn. 10), S. 84 ff.

g) Steuerrechtliche Abschreibungen (§ 254 HGB)

Das Steuerrecht erlaubt in einer Reihe von Fällen Abschreibungen auf Ver- **308** mögensgegenstände des Anlage- und des Umlaufvermögens über die handelsrechtlich gebotenen hinaus (erhöhte Absetzungen, Sonderabschreibungen, Abzüge)[525]. IdR wird damit eine Steuerstundung bezweckt. Die Berücksichtigung in der StB ist nach § 5 Abs. 1 Satz 2 EStG daran geknüpft, daß eine entsprechende Abschreibung auch in der HB erfolgt (sog. umgekehrte Maßgeblichkeit)[526].

Wegen steuerrechtlich zulässiger Sonderabschreibungen, erhöhter Absetzungen **309** und Abzüge auf Vermögensgegenstände des Anlagevermögens vgl. Tz. 283 ff. Im Rahmen der Vermögensgegenstände des Umlaufvermögens sind derzeit steuerrechtliche Abschreibungen in Form des sog. Importwarenabschlages zulässig (§ 80 EStDV); vgl. Tz. 384.

Kapitalgesellschaften, die steuerrechtliche Abschreibungen vorgenommen **310** haben, müssen darüber im **Anhang** berichten (§§ 281 Abs. 2 Satz 1, 285 Nr. 5 HGB)[527]; vgl. hierzu F Tz. 545 ff.

h) Beibehaltungswahlrecht (§ 253 Abs. 5 HGB)

Das sog. Beibehaltungswahlrecht, dh. das Recht, einen aufgrund von Abschrei- **311** bungen niedrigeren Wertansatz auch dann in späteren Bilanzen fortführen zu können, wenn die Gründe für die Abschreibungen nicht mehr fortbestehen[528], gilt nach § 253 Abs. 5 HGB für alle
- außerplanmäßigen Abschreibungen auf die Vermögensgegenstände des Anlagevermögens (§ 253 Abs. 2 Satz 3 HGB),
- Abschreibungen auf Vermögensgegenstände des Umlaufvermögens (§ 253 Abs. 3 HGB),
- Abschreibungen, die im Rahmen vernünftiger kaufmännischer Beurteilung vorgenommen werden (§ 253 Abs. 4 HGB),
sowie iVm. § 254 Satz 2 HGB für die
- steuerrechtlichen Abschreibungen (§ 254 Satz 1 HGB).

Vom Beibehaltungswahlrecht können **nur** Einzelkaufleute, Personenhandelsge- **312** sellschaften (OHG, KG) sowie eG Gebrauch machen. Für Kapitalgesellschaften gilt dagegen grundsätzlich das Wertaufholungsgebot (§ 280 Abs. 1 HGB), das jedoch Ausnahmen kennt (Abs. 2). Im einzelnen vgl. dazu F Tz. 35 ff.

§ 253 Abs. 5 HGB erlaubt ausdrücklich die Beibehaltung des vollen niedrigeren **313** Wertansatzes. Mit der Entscheidung für die Beibehaltung des niedrigeren Wertansatzes geht das Recht, eine Wertaufholung in künftigen JA vorzunehmen, nicht verloren; es kann auch später noch ausgeübt werden[529]. Wurde die Wertaufholung jedoch vorgenommen, so kann nicht ohne einen der im Gesetz genannten Abschreibungsgründe auf den niedrigeren Wertansatz zurückgegangen werden; das Beibehaltungswahlrecht erlischt durch Wertaufholung. Wegen

---

525 Vgl. *ADS*, § 254 HGB Tz. 13 ff.; *Kramer*, GmbHR 1988 S. 270 ff.
526 Vgl. dazu *HdU*, B Rn. 322 ff.; *Schmidt, L.*, § 5 Anm. 12.
527 Vgl. hierzu *Haeger*, WPg. 1989 S. 441 ff.
528 Vgl. *ADS*, § 253 HGB Tz. 543 ff.; *Kropff* in AktG-Kom., § 155 AktG 1965 Anm. 59.
529 Vgl. *BeBiKo.*, § 253 Anm. 667; *HdR*, § 253 HGB Rn. 204; aA (Wertaufholungsrecht grundsätzlich verloren), *ADS*, § 253 HGB Tz. 553; *Schneeloch*, WPg. 1990 S. 221 ff. (224).

nur teilweiser Rückgängigmachung der vorgenommenen Abschreibungen trotz Wegfalls des früheren Abschreibungsgrundes, dh. Wahl eines Zwischenwertes zwischen dem höchstzulässigen und dem niedrigeren Wertansatz, vgl. *ADS*, § 253 HGB Tz. 560; *Kropff* in AktG-Kom., § 155 AktG 1965 Anm. 60.

314 Wertaufholungen in der HB wirken grundsätzlich auch für die StB gewinnerhöhend[530].

3. Bewertungsvereinfachungsverfahren (§ 256 HGB)

315 § 256 HGB sichert in Satz 1 die allgemeine handelsrechtliche Zulässigkeit der sog. Verbrauchsfolgeverfahren (Lifo, Fifo und ähnliche Verfahren) und stellt in Satz 2 klar, daß die im Rahmen der Inventurvorschriften geregelten Verfahren der Festbewertung (§ 240 Abs. 3 HGB) und Gruppenbewertung (§ 240 Abs. 4 HGB) auch auf den JA anwendbar sind.

316 Nach § 256 Satz 1 HGB kann, soweit es den GoB entspricht, für den Wertansatz gleichartiger Vermögensgegenstände des Vorratsvermögens[531] unterstellt werden, daß die zuerst oder daß die zuletzt angeschafften oder hergestellten Vermögensgegenstände zuerst oder in einer sonstigen bestimmten Folge verbraucht oder veräußert worden sind[532]. Größere Bedeutung haben diese Verfahren in der Praxis noch nicht erlangt, weil sie steuerlich bisher grundsätzlich nur anerkannt wurden, wenn die tatsächliche Verbrauchsfolge damit übereinstimmte oder das Verfahren durch steuerliche Sonderregelungen (§ 74a EStDV) zugelassen war; dies dürfte sich mit der nunmehr vollzogenen Anerkennung des Lifo-Verfahrens (vgl. unter Tz. 318) insoweit allerdings ändern.

317 Bei Anwendung der Verbrauchsfolgeverfahren muß geprüft werden, ob das Niederstwertprinzip (§ 253 Abs. 3 Satz 1 und 2 HGB) beachtet ist. Die Verbrauchsfolge kann, bis auf seltene Ausnahmen (zB verderbliche Waren), unterstellt werden, braucht also grundsätzlich nicht mit der tatsächlichen Folge übereinzustimmen[533]. Voraussetzung für die Anwendung des Perioden-Lifo-Verfahrens ist, daß die Bestände zwischen den Stichtagen nicht regelmäßig geräumt werden und – für alle Verfahren – daß die Vermögensgegenstände gleichartig sind. Gleichartigkeit liegt vor, wenn Zugehörigkeit zur gleichen Warengattung oder Funktionsgleichheit gegeben ist; ob daneben auch annähernde Preisgleichheit erforderlich ist[534], muß vor dem Hintergrund der steuerlichen Anerkennung des

530 Vgl. dazu *Schmidt, L.*, § 5 Anm. 12c.
531 Für eine entsprechende Anwendung auf andere Vermögensgegenstände des Umlaufvermögens (zB Wertpapiere) *ADS*, § 256 HGB Tz. 24; *BeBiKo.*, § 256 Anm. 11; aA *HdR*, § 256 HGB Rn. 25.
532 Ausführlich hierzu *Forster/Weirich*, WPg. 1966 S. 481 ff.; *ADS*, § 256 HGB Tz. 27 ff.; *v. Ahsen*, Sammelbewertung des Vorratsvermögens, Wiesbaden 1970, mit umfassendem Literaturverzeichnis; zum Lifo-Verfahren vgl. *Kronenwett/Maisenbacher*, FR 1987 S. 187 ff.; *Freidank*, BB 1988 S. 1995 ff.; *Bäuerle*, BB 1989 S. 2435 f.; *Jungkunz/Köbrich*, DB 1989 S. 2285 ff.; *Mayer-Wegelin*, DB 1989 S. 937 ff.; *Schulz/Fischer*, WPg. 1989 S. 489 ff.; *Bäuerle*, BB 1990 S. 1732 f.; *Herzig* (Hrsg.), Vorratsbewertung nach der Lifo-Methode ab 1990, Köln 1990; *Müller-Gatermann*, FR 1991 S. 8 f.; vgl. ferner *König*, WPg. 1966 S. 397; *Mellerowicz* in Großkom., § 155 AktG 1965 Anm. 48 ff.; *Kropff* in AktG-Kom., § 155 AktG 1965 Anm. 26 ff.; *Fülling* (Fn. 399), S. 156 ff.
533 Vgl. *ADS*, § 256 HGB Tz. 15 ff. mwN; *Mellerowicz* in Großkom., § 155 AktG 1965 Anm. 40 ff.; *Kölner Kom.*, § 256 HGB Anm. 15 f.; *Kropff* in AktG-Kom., § 155 AktG 1965 Anm. 29; aA *Fülling* (Fn. 399), S. 178 ff.
534 So *ADS*, § 256 HGB Tz. 22; *Kropff* in AktG-Kom., § 155 AktG 1965 Anm. 28; *Fülling* (Fn. 399), S. 187 ff.; aA *BeBiKo.*, § 256 Anm. 25; *Schulz/Fischer*, WPg. 1989 S. 525 ff.; *GEFIU*, DB 1990 S. 1977 ff.

Lifo-Verfahrens und dessen praktischer Anwendung neu überdacht werden[534a]. Die Zulässigkeit des **Hifo** (highest in – first out) – Verfahrens ist umstritten[535]. Wegen Einzelheiten zu diesen Verfahren vgl. *ADS*, § 256 HGB Tz. 27 ff.

Mit der Einfügung von Nr. 2a in § 6 Abs. 1 EStG durch das Steuerreformgesetz **318** 1990 ist für WJ, die nach dem 31. 12. 1989 enden, die **Lifo-Methode** auch **steuerlich** anerkannt[536]. Voraussetzung für die Anwendung dieser Methode ist, daß der Gewinn nach § 5 EStG ermittelt und die Verbrauchs- oder Veräußerungsfolge auch für den Wertansatz in der HB (§ 256 HGB) unterstellt wird; dabei bestimmt die in der HB gewählte Methode den steuerlichen Ansatz (§ 5 Abs. 1 Satz 2 EStG). Die Inanspruchnahme der Lifo-Methode ist steuerlich für sämtliche Wirtschaftsgüter des Vorratsvermögens zulässig; eine analoge Anwendung auf andere Wirtschaftsgüter des Umlaufvermögens kommt jedoch steuerlich nicht in Betracht. Vgl. zu den Voraussetzungen und zum Anwendungsbereich im einzelnen EStR 1990 Abschn. 36a Abs. 1 und 2. Für die Anwendung der Lifo-Methode können gleichartige Wirtschaftsgüter zu Gruppen zusammengefaßt werden; hierzu und zum Begriff der Gleichartigkeit vgl. EStR 1990 Abschn. 36a Abs. 3[537]. Sämtliche handelsrechtlich zulässigen Varianten der Lifo-Methode sind auch steuerlich anzuerkennen (vgl. im einzelnen EStR 1990 Abschn. 36a Abs. 4). Die Inanspruchnahme eines Importwarenabschlags nach § 80 EStDV (vgl. Tz. 384) schließt die Anwendung der Lifo-Methode aus. Zur Frage des Wechsels auf eine andere Bewertungsmethode, der Abschreibung auf den niedrigeren Teilwert und der erstmaligen Anwendung der Lifo-Methode vgl. EStR 1990 Abschn. 36a Abs. 5 bis 7.

Da § 6 Abs. 1 Nr. 2a EStG nur auf die Lifo-Methode abstellt, sind andere Ver- **319** brauchsfolgeverfahren steuerlich – nach wie vor – nicht zugelassen; eine Bewertung nach der tatsächlichen Verbrauchsfolge wird dadurch aber nicht in Frage gestellt.

Wegen **Festbewertung** bei der Inventur vgl. Tz. 15. Die Anwendung auf den JA **320** ist wie dort auf Vermögensgegenstände des Sachanlagevermögens sowie Roh-, Hilfs- und Betriebsstoffe beschränkt, die regelmäßig ersetzt werden und wertmäßig von nachrangiger Bedeutung für das Unternehmen sind. Unter diesen Voraussetzungen kommt ein Festwert[538] in erster Linie für Teile der Geschäfts- und Betriebsausstattung sowie für maschinelle Anlagen in Betracht wie zB für Werkzeuge[539], Stanzen, Modelle, Formen, Hotelgeschirr und -bettwäsche, Schreib- und Rechenmaschinen, Laboratoriumseinrichtungen, Meß- und Prüfgeräte, Signal- und Gleisanlagen, Gerüst- und Schalungsteile.

534a Vgl. hierzu *Hörtig/Puderbach*, DB 1991 S. 977 ff./980.
535 Bejahend *Forster*, WPg. 1965 S. 585, 593, sowie *ADS*, § 256 HGB Tz. 64, mit weiteren Literaturhinweisen; *BeBiKo.*, § 256 Anm. 19; *Mellerowicz* in Großkom., § 155 AktG 1965 Anm. 52; *Buchner/Adam*, ZfB 1972 S. 179 ff.; *HdR*, § 256 HGB Rn. 58; *BoHdR*, § 256 HGB Rn. 21 ff.; verneinend *Kropff*, WPg. 1966 S. 369, 377, *ders.* in AktG-Kom., § 155 AktG 1965 Anm. 32; *Albach*, NB 1966 S. 178, 185; *v. Ahsen* (Fn. 532), S. 306 ff.
536 Damit wollte der Gesetzgeber in erster Linie das Problem der Scheingewinnbesteuerung mildern. Vgl. *HdU*, B Rn. 811 ff.; *Schmidt, L.*, § 6 Anm. 85. Vgl. auch *Herzig* (Hrsg.), Vorratsbewertung nach der Lifo-Methode ab 1990, Köln 1990; *Herzig/Gasper*, DB 1991 S. 557; *Brezing*, StbJb. 1990/91 S. 51.
537 Vgl. auch BMF-Schr. v. 28. 3. 1990, BStBl. I S. 148 bzgl. der Gleichwertigkeit verschiedener Weinsorten.
538 Zum Wesen des Festwerts aus steuerlicher Sicht vgl. BFH v. 23. 3. 1972, BStBl. II S. 683; *HdU*, B Rn. 832 ff.; *Schmidt, L.*, § 6 Anm. 69; *HHR*, § 6 EStG Anm. 124 ff.; *Blümich*, § 6 EStG Anm. 38 ff.; *Littmann*, § 6 Anm. 229 ff.; *Römer*, BB 1981 S. 588 ff.; *Bäcker*, DStZ 1989 S. 400 ff.; *Harrmann*, BB 1991 S. 303 ff.
539 Vgl. hierzu *Roolf*, WPg. 1974 S. 209 ff., 214 f.; *Breidenbach*, WPg. 1975 S. 109 ff.

321 Orientierungsgröße für die Festbewertung sind die um Abschreibungen gekürzten Anschaffungs- oder Herstellungskosten[540]. Der Festwert kann solange beibehalten werden, wie die in ihm zusammengefaßten Gütermengen ihrer Zahl oder ihrem Maß oder Gewicht nach nur geringe Veränderungen aufweisen. Werden aufgrund einer körperlichen Aufnahme Mehrmengen festgestellt, braucht der Festwert nicht geändert zu werden, wenn der ermittelte Wert den bisherigen Festwert nicht um mehr als 10 vH übersteigt (so auch die steuerliche Regelung der EStR 1990 Abschn. 31 Abs. 4 für Gegenstände des beweglichen Anlagevermögens und EStR 1990 Abschn. 36 Abs. 5 für Roh-, Hilfs- und Betriebsstoffe). Bei Mindermengen sind immer Anpassungen erforderlich.

322 Die Messung der Festwertgröße erfolgt in der Praxis häufig über **Schlüsselgrößen** (Belegschaftsstärke, Länge des Gleisnetzes usw.). Zu beachten ist, daß diese sich durch Rationalisierung ua. ändern können[541], ggf. sind daher Kontrollrechnungen in Betracht zu ziehen (zB Gegenüberstellung von Jahreszugängen und dem rechnerischen Abschreibungsbetrag[542]). Die **Erhöhung** des Festwertes erfolgt durch Aufstockung (vgl. EStR 1990 Abschn. 31 Abs. 4 Satz 3). Güter, die starken Wertschwankungen unterliegen, eignen sich nicht für Festbewertung. Abnutzbare Anlagegüter müssen etwa gleiche Nutzungsdauer haben und sich auf die einzelnen Anschaffungsjahre ungefähr gleichmäßig verteilen, weil sonst die gesetzlichen Voraussetzungen (geringe Veränderung der Größe, des Wertes und der Zusammensetzung des Bestandes) nicht erfüllt sind.

323 Der Festwert soll idR alle 3 Jahre durch eine **körperliche Bestandsaufnahme** überprüft werden (§ 240 Abs. 3 Satz 2 HGB; vgl. hierzu auch St/HFA 1/1990). Es geht dabei vor allem darum, den mengenmäßigen Bestand festzustellen. Auch **steuerlich** gilt im Regelfall die Dreijahresfrist für die Bestandsaufnahme, die an jedem dem Hauptfeststellungszeitpunkt für die Feststellung des EW des Betriebsvermögens vorangehenden Abschlußstichtag (zB am 31. 12. 1991), spätestens aber an jedem fünften Abschlußstichtag vorzunehmen ist (vgl. EStR 1990 Abschn. 31 Abs. 4 Satz 1). Wegen weiterer Einzelheiten vgl. *Schlottmann*, Festwertverfahren für Sachanlagen, Köln 1970.

324 Wegen **Gruppenbewertung** bei der Inventur vgl. Tz. 15. Die Gruppenbewertung kommt für gleichartige Vermögensgegenstände des Vorratsvermögens in Betracht sowie für andere bewegliche Vermögensgegenstände, wenn sie annähernd gleichwertig sind. Die zu einer Gruppe zusammengefaßten Vermögensgegenstände sind mit dem gewogenen Durchschnittswert anzusetzen. Wegen Einzelheiten des Verfahrens vgl. *BeBiKo.*, § 240 HGB Anm. 40 ff.[543]. Steuerlich ist die Gruppenbewertung ebenfalls anerkannt (vgl. EStR 1990 Abschn. 36 Abs. 4)[544].

---

540 Vgl. zB *BeBiKo.*, § 240 Anm. 97; FM NW v. 12. 12. 1961, BStBl. II S. 194, wonach bei einem Festwert für Gerüst- und Schalungsteile 40 vH der Anschaffungskosten bzw. der niedrigeren Wiederbeschaffungskosten anzusetzen sind. Zur Auswirkung von Abschreibungsänderungen auf die Höhe der Festwerte vgl. *Federmann*, DB 1983 S. 293 ff.

541 Vgl. *Sauer*, StBp. 1964 S. 259.

542 Vgl. *Hax*, Die Substanzerhaltung der Betriebe, Köln/Opladen 1957 S. 198.

543 Zu Angaben im Anhang von Kapitalgesellschaften nach § 284 Abs. 2 Nr. 3 und 4 HGB vgl. *ADS*, § 284 HGB Tz. 151 ff., 160 ff.

544 Vgl. dazu *HdU*, B Rn. 842 ff.

4. Bewertung bestimmter Vermögensgegenstände

a) Immaterielle Vermögensgegenstände

Als immaterielle Vermögensgegenstände des Anlagevermögens werden im Glie- **325**
derungsschema für die Bilanz der Kapitalgesellschaften (§ 266 HGB) Konzessionen, gewerbliche Schutzrechte und ähnliche Rechte und Werte sowie Lizenzen
an solchen Rechten und Werten einschließlich der Anzahlungen hierauf einerseits und andererseits der Geschäfts- oder Firmenwert bezeichnet.

Für immaterielle Vermögensgegenstände, die bei Unternehmen in den **neuen
Bundesländern** nach § 31 DMBilG angesetzt worden sind, gelten besondere
Bestimmungen, vgl. F Tz. 63.

aa) Konzessionen, gewerbliche Schutzrechte und ähnliche Rechte und Werte

Für **entgeltlich erworbene** immaterielle Vermögensgegenstände besteht grund- **326**
sätzlich Ansatzpflicht (§ 246 Abs. 1 HGB)[545]. IdR unterliegen sie einer laufenden Wertminderung. Sie sind daher planmäßig **abzuschreiben** (§ 253 Abs. 2
Satz 1 und 2 HGB). Die Nutzungsdauer ist vorsichtig anzusetzen, da derartige
Werte schwer schätzbar sind und sich schnell verflüchtigen können[546]; ggf. sollten für die ersten Jahre höhere Abschreibungen vorgenommen werden. Außerplanmäßige Abschreibungen nach § 253 Abs. 2 Satz 3 HGB sind vorzunehmen,
wenn eine voraussichtlich dauernde Wertminderung vorliegt[547] (zB wegen neuer
Erfindungen, die ein Patent wertlos machen). Auch Abschreibungen im Rahmen
vernünftiger kaufmännischer Beurteilung (§ 253 Abs. 4 HGB) können angebracht sein, da Konzessionen, Schutzrechte udgl. mit besonderen Entwertungsri-
siken verbunden sein können.

Zuschreibungen sind grundsätzlich zulässig[548], doch sollte wegen des Gebots
der vorsichtigen Bewertung (§ 252 Abs. 1 Nr. 4 HGB) nur in Ausnahmefällen
(zB bei Angleichung an die StB) davon Gebrauch gemacht werden.

Steuerlich ist zwischen abnutzbaren und nicht abnutzbaren immateriellen Wirt- **327**
schaftsgütern zu unterscheiden. Die Bewertung der abnutzbaren immateriellen
Wirtschaftsgüter (zB Patente) richtet sich nach § 6 Abs. 1 Nr. 1 iVm. § 7 EStG.
Nach EStR 1990 Abschn. 42 Abs. 1 Nr. 2 kommt nur die lineare Absetzung in
Betracht. Zur Absetzung für sog. firmenwertähnliche Wirtschaftsgüter vgl. BMF
v. 20. 11. 1986, BStBl. I S. 532[549].

bb) Geschäfts- oder Firmenwert (§ 255 Abs. 4 HGB)

Das Gesetz regelt die Bewertung eines (derivativen) Geschäfts- oder Firmenwer- **328**
tes in § 255 Abs. 4 HGB. Es handelt sich – entgegen der insoweit irreführenden

545 Vgl. *BeBiKo.*, § 247 Anm. 389; *Havermann*, BFuP 1986 S. 115 f.
546 Vgl. im einzelnen *HdJ*, Abt. II/2 (1990) Rn. 102 ff.; zur Berücksichtigung der Kontingenterhöhun-
    gen und -abschaffung bei Güterfernverkehrskonzessionen bis zum 1. 1. 1993 vgl. (auch steuerlich)
    Buciek, BB 1987 S. 1979 ff.; *Diers*, DB 1987 S. 1064 f.; *Niehues*, BB 1987 S. 1429 ff., *ders.*, BB 1988
    S. 33 f.; *Horlemann*, DB 1989 S. 993 f.; *ders.*, DB 1989 S. 2136 ff.; *Küting/Weller*, BB 1989
    S. 1302 ff.; *Dziadkowski/Richter*, DB 1990 S. 237 ff.
547 Vgl. *ADS*, § 253 HGB Tz. 429 ff.; *Kropff* in Großkom., § 153 AktG 1965 Anm. 53; ferner *Reuleaux*,
    Immaterielle Wirtschaftsgüter, Wiesbaden 1981 S. 91 ff.; *HdJ*, Abt. II/2 (1990) Rn. 117.
548 Zur Zulässigkeit von Zuschreibungen bei Kapitalgesellschaften (§ 280 Abs. 2 HGB) nach Aufhe-
    bung des § 6 Abs. 1 Nr. 1 Satz 4 EStG vgl. *HdJ*, Abt. II/2 (1990) Rn. 117.
549 Vgl. auch *HdU*, B Rn. 1085; *Schmidt, L.*, § 6 Anm. 76c mwN.

Einordnung der Vorschrift unter die Bewertungsvorschriften des Dritten Titels – um ein **Aktivierungswahlrecht**[550]. Angesetzt werden darf der Unterschiedsbetrag, um den die für die Übernahme eines Unternehmens bewirkte Gegenleistung den Wert der einzelnen Vermögensgegenstände des Unternehmens abzüglich der Schulden im Zeitpunkt der Übernahme übersteigt. Zur Ermittlung vgl. *ADS*, § 255 HGB Tz. 306 ff. Eine Teilaktivierung ist zulässig.

329   Zur Tilgung des Postens sind **Abschreibungen**[551] vorzunehmen. Hierfür stehen zwei Methoden zur Verfügung:

– pauschale Abschreibung, beginnend spätestens in dem auf die Aktivierung folgenden GJ mit mindestens je einem Viertel des Ausgangsbetrages jährlich (§ 255 Abs. 4 Satz 2 HGB), oder

– **planmäßige Verteilung** auf die GJ, in denen der Geschäfts- oder Firmenwert voraussichtlich genutzt wird (§ 255 Abs. 4 Satz 3 HGB).

330   Die an zweiter Stelle genannte Methode soll es Unternehmen ermöglichen, in der HB möglichst gleichlautend mit der StB (§ 7 Abs. 1 Satz 3 EStG) abzuschreiben[552]. Ist allerdings vorherzusehen, daß der Geschäfts- oder Firmenwert nur eine kürzere Zeit als 15 Jahre genutzt werden kann, so muß handelsrechtlich entsprechend der kürzeren Nutzungsdauer abgeschrieben werden; eine längere Nutzungsdauer wird sachlich kaum zu begründen sein. Ggf. müssen auch außerplanmäßige Abschreibungen erfolgen[553].

331   Machen Kapitalgesellschaften von der planmäßigen Abschreibung Gebrauch, so haben sie im Anhang die Angaben nach § 285 Nr. 13 HGB zu machen; davon unabhängig sind nach § 284 Abs. 2 Nr. 1 HGB die Methoden der Bilanzierung und Bewertung anzugeben; vgl. hierzu F Tz. 444 f.

332   In der **StB** ist ein originärer Geschäftswert ebenfalls nicht aktivierbar; das gilt auch für die Verbesserung des eigenen Geschäftswertes durch den Erwerb eines Unternehmens zwecks sofortiger Stillegung[554] oder der Anteile an einem Konkurrenzunternehmen zwecks Liquidation[555]. Für den entgeltlich erworbenen (derivativen) Geschäftswert besteht dagegen Aktivierungspflicht in Höhe der Anschaffungskosten[556]. Ein Geschäftswert kann nur mit der Übernahme eines Unternehmens im ganzen oder eines mit einer gewissen Selbständigkeit ausgestatteten Teilbetriebes erworben werden[557].

333   Auf den Geschäfts- oder Firmenwert sind Absetzungen für Abnutzung (AfA) vorzunehmen, und zwar linear auf der Grundlage einer Nutzungsdauer von 15

550 Vgl. *ADS*, § 255 HGB Tz. 297; *HdJ*, Abt. II/9 (1990) Rn. 10 ff.; *Küppers*, DB 1986 S. 1633 ff.; *Richter*, StuW 1988 S. 149 ff.; *Zeitler*, DStR 1988 S. 303 ff.; *Veit*, DB 1989 S. 1093 ff. Zur Frage, ob der Posten einen Vermögensgegenstand repräsentiert oder lediglich als Bilanzierungshilfe (ohne Ausschüttungssperre) anzusehen ist, vgl. *Förschle/Kropp*, WPg. 1986 S. 155 f.; *Kudert*, Bilanzierungshilfen und sonstige Bilanzposten im Handelsrecht, Bergisch Gladbach/Köln 1990, S. 82 ff. mwN.
551 Vgl. hierzu im einzelnen *ADS*, § 255 HGB Tz. 314 ff.; *Breidenbach*, DB 1987 S. 2161 ff.; *Wagner/Schomaker*, DB 1987 S. 1365 ff.
552 Vgl. Begr. zu § 255 Abs. 4 HGB, BT-Drs. 10/4268 S. 101; *Borggreve*, Inf. 1986 S. 145 ff.
553 Vgl. *ADS*, § 255 HGB Tz. 325; aA *Söffing* in FS *Döllerer*, Düsseldorf 1988 S. 593 ff. (607). Zur Zulässigkeit von Zuschreibungen (ablehnend) *BHdR*, B 211 Rn. 105 f.; *Baumbach/Hueck*, § 42 GmbHG Anm. 105.
554 Vgl. BFH v. 25. 1. 1979, BStBl. II S. 369.
555 Vgl. BFH v. 31. 3. 1976, BStBl. II S. 475.
556 Vgl. dazu *Schmidt, L.*, § 5 Anm. 23 mwN.
557 Vgl. BFH v. 28. 3. 1966, BStBl. III S. 456; BFH v. 17. 3. 1977, BStBl. II S. 595.

Jahren (= 6⅔ vH jährlich, § 7 Abs. 1 Satz 3 EStG)[558]. Abschreibungen auf einen aktivierten Geschäftswert können außerdem auch durch Ansatz des niedrigeren Teilwertes[559] vorgenommen werden; der Erwerb muß sich als Fehlmaßnahme erwiesen haben oder die Rentabilität des erworbenen Unternehmens muß nachhaltig gesunken sein (vgl. BFH v. 13. 4. 1983, BStBl. II S. 667).

b) Grundstücke und Gebäude

Grundstücke und grundstücksgleiche Rechte (zB Erbbaurecht, Bergwerkseigentum, Dauernutzungsrecht) sind mit den Anschaffungskosten, Gebäude mit den Anschaffungs- oder Herstellungskosten nach Abzug angemessener Abschreibungen (vgl. Tz. 211 ff. und 255 ff.) anzusetzen[560]. Kosten für besondere Herrichtung des Grundstücks wie Planierung, Entwässerung, Parzellierung, Melioration zählen zu den Anschaffungs- oder Herstellungskosten.   **334**

Bei Erwerb in der Zwangsversteigerung als Hypothekengläubiger deckt sich der Anschaffungspreis nicht ohne weiteres mit dem Höchstgebot, da diesem Betrag ein begrenzter Forderungsausfall hinzugerechnet werden kann[561]. Das Grundstück darf jedoch keinesfalls über dem Verkehrswert bewertet werden[562].

Abschreibungen sind bei unbebauten Grundstücken im allgemeinen nicht erforderlich. Wertminderung durch Verschlechterung der Lage, Hochwasser, Erdbeben usw. ist durch außerplanmäßige Abschreibungen zu berücksichtigen. Bei betrieblich ausgebeuteten Grundstücken (Steinbrüche, Kohlenfelder, Kiesgruben usw.) sind Abschreibungen entsprechend der Substanzverminderung vorzunehmen[563].   **335**

Zur Abschreibung auf Wohngebäude in der HB von **Wohnungsunternehmen** vgl. St/WFA 1/1981[564].

Bei Baulichkeiten, die **auf fremdem Grund und Boden** errichtet sind[565], ist zu unterscheiden zwischen Baulichkeiten, die nach §§ 93, 94 und 946 BGB in das Eigentum des Grundstückseigentümers übergehen, und solchen, an denen infolge nur vorübergehender Verbindung der Berechtigte das Eigentum behält   **336**

558 Vgl. dazu *HdU*, B Rn. 1080 ff.; *Schmidt, L.*, § 6 Anm. 74; BMF v. 20. 11. 1986, BStBl. I S. 532.
559 Vgl. *HHR*, § 6 EStG Anm. 875 ff.; *Schmidt, L.*, § 6 Anm. 60; *Wagner/Schomaker*, DB 1987 S. 1365; *Zeitler*, DStR 1988 S. 303; zur Ermittlung des Teilwertes vgl. BFH v. 8. 12. 1976, BStBl. II 1977 S. 491; BFH v. 20. 4. 1977, BStBl. II S. 607 mwN; zur Teilwertabschreibung nach dem Ertragswert *Wagner*, WPg. 1980 S. 477 ff.
560 Vgl. hierzu *Glanegger*, DB 1987 S. 2115 ff., 2173 ff.; *Wichmann*, DB 1988 S. 192 ff.; *Vogels*, Grundstücks- und Gebäudebewertung, 3. Aufl., Wiesbaden und Berlin 1989; zu Nutzungsrechten an Grundstücken vgl. *Kussmaul*, StuW 1988 S. 46 ff.; zur Gebäudeabschreibung *Fugger*, DB 1987 S. 2473; zur Grunderwerbsteuer *Meyer-Scharenberg*, DStR 1988 S. 671 f.; *Wollny*, BB 1988 S. 1572 ff.
561 Kritisch hierzu *HdJ*, Abt. I/9 (1988) Rn. 82; *HdR*, § 255 HGB Rn. 114. Steuerlich vgl. EStR 1990 Abschn. 32a Abs. 1 Satz 3.
562 Vgl. *ADS*, § 255 HGB Tz. 84; *Kropff* in AktG-Kom., § 153 AktG 1965 Anm. 25; *Mellerowicz* in Großkom., § 153 AktG 1965 Anm. 31. Zum Verkehrswert vgl. VO über Grundsätze für die Ermittlung des Verkehrswertes von Grundstücken v. 15. 8. 1972, BGBl. I S. 1417 ff. (zum Bundesbaugesetz v. 23. 6. 1960, BGBl. I S. 341) und *Jung*, BB 1961 S. 587; *Just/Brückner*, NJW 1961 S. 1854; zu Grundstücksverkehrswerten in den neuen Bundesländern vgl. *Budde/Forster*, § 9 DMBilG Anm. 11 ff.
563 Für Wahlrecht zwischen Leistungsabschreibung und linearer Abschreibung bei Ausbeutungsrechten *BeBiKo.*, § 253 Anm. 331.
564 Zur Bewertung von nicht verkauften Eigentumswohnungen und Eigenheimen sowie von unbebauten Grundstücken in den Jahresabschlüssen von Wohnungsunternehmen (Umlaufvermögen) vgl. St/WFA 1/1975.
565 Vgl. hierzu auch *ADS*, § 266 HGB Tz. 44 ff.; *Stephan*, DB 1987 S. 297 ff.

(§ 95 BGB)[566]. Im ersten Fall müssen die Abschreibungen bei Ablauf des Vertrages mindestens bis auf den Betrag vorgenommen worden sein, den der Berechtigte vom Grundstückseigentümer mangels anderweitiger vertraglicher Abmachungen nach § 951 BGB als Vergütung für den durch die Verbindung eingetretenen Rechtsverlust verlangen kann (vgl. §§ 812 ff. BGB). Bleibt das Eigentum des Berechtigten dagegen erhalten (zweiter Fall) und ist eine Übernahme durch den Grundstückseigentümer nicht vorgesehen, so sind die Baulichkeiten bis zum Ablauf des Vertrages auf ihren Abbruchwert abzuschreiben. Bei Bestehen einer Verpflichtung zur Wiederherstellung des früheren Zustandes ist ggf. Bildung einer Rückstellung erforderlich.

337   **Abbruchkosten** können bei einem gekauften Grundstück als Anschaffungsnebenkosten angesehen werden, wenn das Grundstück in der Absicht erworben wurde, die alten abbruchreifen Baulichkeiten abzureißen und neue dafür zu errichten[567]. Der aktivierte Betrag ist um die Erlöse für Abbruchmaterialien zu kürzen. Unerwartet hohe Abbruchkosten sind auf einen angemessenen Betrag zu kürzen. Stellt sich erst nach dem Kauf heraus, daß Neubau oder Umbau notwendig ist, dürfen Abbruchkosten nicht aktiviert werden.

Reparaturkosten rechnen insoweit zu den zu aktivierenden Aufwendungen, als sie bei Erwerb des Grundstücks beim Anschaffungspreis berücksichtigt wurden. Aufwendungen zur Beseitigung nachträglich erkannter Mängel sind nicht aktivierbar[568].

338   **Bewertung in der StB**[569]. Der **Grund und Boden**[570] gehört zu den nicht abnutzbaren Wirtschaftsgütern; er ist mit den Anschaffungskosten anzusetzen. Etwaige Wertminderungen können durch Herabgehen auf den Teilwert berücksichtigt werden[571]. Abgrenzungsschwierigkeiten gibt es zwischen den Anschaffungskosten für Grund und Boden und den Herstellungskosten eines darauf errichteten Gebäudes. Die Rechtsprechung[572] geht grundsätzlich von Anschaffungskosten für Grund und Boden aus, wenn es sich um durch Hoheitsakt festgesetzte Aufwendungen handelt, die der erstmaligen Erschließung des Grund und Bodens dienen[573]. Beziehen sich die Aufwendungen ausschließlich auf die erstmalige Nutzbarmachung eines Gebäudes, so stellen sie nach der Rechtsprechung grundsätzlich Herstellungs- bzw. Anschaffungskosten des Gebäudes dar[574]. Frei-

566 Vgl. auch *Kupsch*, BB 1981 S. 212 ff., sowie *Crezelius*, DB 1983 S. 2019 ff.
567 Vgl. *ADS*, § 255 HGB Tz. 37 mwN; *Kropff* in AktG-Kom., § 153 AktG 1965 Anm. 36 f.; *Husemann* (Fn. 412), S. 194 ff.; aA *Rose/Telkamp*, DB 1977 S. 1916 ff. und 1965 ff., die weder eine Zurechnung zum Grund und Boden noch zu den Herstellungskosten des (neuen) Gebäudes für möglich halten; abw. auch *HdR*, § 253 HGB Rn. 21.
568 Vgl. *ADS*, § 255 HGB Tz. 38; ähnlich *Escher*, Der Umfang der Aktivierungspflicht bei den Ausgaben für das Sachanlagevermögen in Handels- und Steuerbilanz, 2. Aufl., Düsseldorf 1962 S. 56.
569 Vgl. EStR 1990 Abschn. 32 Abs. 2.
570 Vgl. *Schmidt, L.*, § 6 Anm. 79.
571 Vgl. *Schmidt, L.*, § 6 Anm. 62 (Betriebsgrundstück).
572 Vgl. BFH v. 4. 11. 1986, BStBl. II 1987 S. 333 mwN; kritisch *Schmidt, L.*, § 6 Anm. 34 (Erschließungskosten) mwN.
573 Zu Tendenzen in der Rechtsprechung bzgl. der durch öffentliches Recht festgesetzten Aufwendungen, die sich auf Verbesserungen öffentlicher Einrichtungen bei bereits erschlossenem Grund und Boden beziehen, vgl. BFH v. 4. 11. 1986, BStBl. II 1987 S. 333, sowie v. 13. 9. 1984, BStBl. II 1985 S. 49; sofort abziehbare Betriebsausgaben; vgl. aber neuerdings wieder OFD Münster v. 1. 2. 1990, DB 1990 S. 2240.
574 BFH v. 14. 3. 1989, BFH/NV S. 633 (Anschlußkosten an Stromversorgung); BFH v. 24. 11. 1967, BStBl. II 1968 S. 178 (Kanalanschlußgebühr).

willige Zuschüsse und Kostenbeiträge sind keine Anschaffungskosten[575]. Hiervon zu unterscheiden sind selbständig zu aktivierende Wirtschaftsgüter, die im Zusammenhang mit dem Grund und Boden angeschafft oder hergestellt werden, wie zB bei Grünanlagen, Straßen-, Wege- und Parkplatzbefestigungen und Umzäunungen[576], sowie auch Abraumvorräte[577] oder zeitlich befristete Nutzungsrechte für Grund und Boden (wie zB Nießbrauch, Erbbaurecht[578], Grunddienstbarkeiten), die als immaterielle Wirtschaftsgüter gem. § 7 Abs. 1 EStG abzuschreiben sind[579]. Auf die Anschaffungskosten für ein durch eine Grunddienstbarkeit gesichertes dauerndes Wegerecht darf allerdings keine AfA vorgenommen werden[580].

Gebäude[581] sind mit Anschaffungs- oder Herstellungskosten (vgl. dazu   **339** Tz. 211 ff.), vermindert um die AfA, anzusetzen. Auf den niedrigeren Teilwert kann herabgegangen werden[582]. Die AfA bemißt sich bei Gebäuden und Gebäudeteilen nach § 7 Abs. 4, 5 und 5a EStG (vgl. die Übersicht auf S. 80 f.)[583] und den tatsächlichen oder fiktiven Anschaffungs- oder Herstellungskosten (ohne Grund und Boden)[584]. Jedes Gebäude ist hinsichtlich der AfA grundsätzlich als eine alle Bestandteile umfassende Einheit anzusehen (Beschluß des GrS des BFH v. 26. 11. 1973, BStBl. II 1974 S. 132). Danach ist eine gesonderte AfA für solche Gebäudeteile, die in einem einheitlichen Nutzungszusammenhang mit dem Gebäude stehen (zB Heizungs-[585], Fahrstuhl- sowie Be- und Entlüftungsanlagen und Beleuchtungseinrichtungen[586]), nicht zulässig[587].

Selbständige Gebäudeteile, die nicht in einem einheitlichen Nutzungs- und   **340** Funktionszusammenhang mit dem Gebäude stehen, sind gesondert abzuschreiben. Gebäudeteile idS[588] sind: Betriebsvorrichtungen[589], Einbauten für vorüber-

---

575 Vgl. BFH v. 24. 10. 1979, BStBl. II 1980 S. 187 (Abstandszahlung); BFH v. 26. 2. 1980, BStBl. II S. 687 (Kostenbeitrag eines Fuhrunternehmers für den betriebsgerechten Ausbau einer Straße); BFH v. 12. 4. 1984, BStBl. II S. 489 (freiwillige Zuschüsse eines Gewerbetreibenden für Fußgängerzone); BFH v. 25. 8. 1982, BStBl. II 1983 S. 38 (Zuschuß zum Bau einer städtischen Kläranlage).
576 Vgl. EStR 1990 Abschn. 33a Abs. 3 Nr. 3.
577 Vgl. BFH v. 23. 11. 1978, BStBl. II 1979 S. 143.
578 Vgl. F Tz. 72.
579 Vgl. Beschluß des GrS des BFH v. 2. 3. 1970, BStBl. II S. 382; BFH-Urteil vom 26. 3. 1974, BStBl. II 1975 S. 6 (nicht entgegenstehend). Im übrigen vgl. HHR, § 7 EStG Anm. 600.
580 BFH v. 7. 10. 1960, BStBl. II S. 491; zur Bilanzierung dinglicher Rechtsverhältnisse vgl. auch Döllerer, BB 1984 S. 2034; Mathiak in FS Döllerer, Düsseldorf 1988 S. 397 ff. Vgl. auch HdU, B Rn. 1174 ff.
581 Zur Frage, ob es sich bei einem Bauwerk um ein Gebäude handelt, vgl. EStR 1990 Abschn. 42 Abs. 7.
582 Vgl. Schmidt, L., § 6 Anm. 62 (Betriebsgebäude).
583 Zur degressiven AfA für Gebäude nach § 7 Abs. 5 EStG vgl. auch Anlage 4 zu Abschn. 44 Abs. 6 EStR 1990.
584 Vgl. zur Gebäude-AfA HdU, B Rn. 1165 ff.; Schmidt, L., § 7 Anm. 12 ff.
585 Ebenso Lufterhitzer, die zu einer Heizungsanlage gehören, vgl. BFH-Urteil v. 20. 3. 1975, BStBl. II S. 689.
586 Vgl. BFH-Urteil v. 5. 3. 1974, BStBl. II S. 353.
587 Vgl. dazu Schmidt, L., § 6 Anm. 71b.
588 Vgl. EStR 1990 Abschn. 13b Abs. 1.
589 Betriebsvorrichtungen sind Vorrichtungen aller Art, die zu einem Betriebsvermögen gehören und die nicht der Nutzung des Gebäudes, sondern den besonderen Zwecken eines Betriebes dienen, zB Lastenaufzüge, Hebebühnen, Transportbänder; vgl. Ländererlaß v. 31. 3. 1967, BStBl. II S. 122; EStR 1990 Abschn. 42 Abs. 3 sowie BFH v. 18. 3. 1987, BStBl. II S. 551 (vollautomatisches Hochregallager als Betriebsvorrichtung).

gehende Zwecke[590], Ladeneinbauten und Schaufensteranlagen[591] sowie Mietereinbauten[592].

341   **Betriebsvorrichtungen** gelten stets als bewegliche Wirtschaftsgüter[593] und sind nach § 7 Abs. 1 oder 2 EStG abzuschreiben. Zu den Einbauten für vorübergehende Zwecke rechnen ua. auch die vom Vermieter oder Verpächter zur Erfüllung besonderer Bedürfnisse des Mieters oder Pächters eingefügten Anlagen, deren Nutzungszeit nicht länger als die Laufzeit des Vertragsverhältnisses ist. Zur bilanzsteuerrechtlichen Behandlung von **Mieterein- und -umbauten**[594] hat die Finanzverwaltung mit BdF-Schr. v. 15. 1. 1976, BStBl. I S. 66, Stellung genommen, vgl. hierzu die Übersicht auf S. 108 f.[595]. Aufwendungen des Mieters oder Pächters können danach als bewegliches Anlagegut (Scheinbestandteile, Betriebsvorrichtungen) oder als unbewegliches Anlagegut (sonstige Mieterein- oder -umbauten) zu behandeln sein. Es kann sich aber auch um Aufwendungen handeln, die nicht zu einem materiellen Wirtschaftsgut geführt haben; sie dürfen gemäß § 5 Abs. 2 EStG nicht aktiviert werden.

342   **Gebäude auf fremdem Grund und Boden** sind nach Ansicht der Finanzverwaltung ertragsteuerrechtlich im betrieblichen Bereich wie Gebäude zu behandeln und damit nach § 7 Abs. 4, 5 und 5a EStG abzuschreiben[596]. Nach der Rechtsprechung des BFH sind diese Gebäude dagegen wie andere materielle Wirtschaftsgüter zu behandeln[597].

343   Zu den **Anschaffungskosten** eines Gebäudes vgl. *HdU*, B Rn. 1175 ff., zu den **Herstellungskosten** eines Gebäudes vgl. EStR 1990 Abschn. 33a Abs. 1 und 2 mwN zur Rechtsprechung[598]. Der für den Anschluß an das Hochspannungsnetz gezahlte verlorene Zuschuß zählt grundsätzlich zu den Herstellungskosten eines Fabrikgebäudes[599]; er ist jedoch als selbständiges immaterielles Wirtschaftsgut zu behandeln, wenn der Zuschuß nicht im Zusammenhang mit der Errichtung eines Gebäudes steht[600]. Für Nachweise der nicht zu den Herstellungskosten gehörigen Aufwendungen vgl. EStR 1990 Abschn. 33a Abs. 3. Nicht zu den Herstellungskosten gehören verlorene Vorauszahlungen[601].

344   Nach dem Beschluß des GrS des BFH v. 2. 3. 1970, BStBl. II S. 382, stellen **Abstandszahlungen,** die der Erwerber eines bebauten Grundstücks kurz nach dem Erwerb an den **Pächter** für die Räumung dieses Grundstücks vor Ablauf der vertraglich festgelegten Pachtzeit leistet, keine Anschaffungskosten des Grundstücks, sondern Anschaffungskosten für ein selbständig bewertbares (immaterielles) Wirtschaftsgut dar, das zu aktivieren und auf den Zeitraum zwi-

---

590 EStR 1990 Abschn. 42 Abs. 4.
591 Im Beschluß des GrS des BFH v. 26. 11. 1973, BStBl. II 1974 S. 132, ausdrücklich offengelassen; so aber BFH-Urteil v. 20. 2. 1975, BStBl. II S. 531, und EStR 1990 Abschn. 13b Abs. 1.
592 EStR 1990 Abschn. 42 Abs. 6. Vgl. zu diesen Fragen auch *Schmidt, L.*, § 5 Anm. 18c.
593 EStR 1990 Abschn. 42 Abs. 3 Satz 2.
594 Vgl. BFH v. 26. 2. 1975, BStBl. II S. 443; kritisch *Crezelius*, DB 1983 S. 2019; *HHR*, § 5 EStG Anm. 1256 mwN.
595 Vgl. *Schmidt, L.*, § 5 Anm. 31 (Mieterein- und -umbauten).
596 Vgl. BMF v. 3. 5. 1985, BStBl. I S. 188.
597 Vgl. BFH v. 31. 10. 1978, BStBl. II 1979 S. 393 und S. 401; v. 11. 12. 1987, BStBl. II 1988 S. 493; vgl. dazu auch *Schmidt, L.*, § 5 Anm. 31 (Bauten auf fremdem Grund und Boden).
598 Vgl. auch die Ausführungen des BFH v. 4. 7. 1990 – GrS –, BStBl. II S. 830, 833; HdU, B Rn. 1183 ff.; *HHR*, § 6 EStG Anm. 636 ff.
599 Vgl. BFH v. 24. 9. 1975, BStBl. II S. 518.
600 Vgl. BFH v. 26. 6. 1969, BStBl. II 1970 S. 35.
601 Vgl. BFH v. 4. 7. 1990 – GrS –, BStBl. II S. 830.

schen dem tatsächlichen Räumungstermin und dem ursprünglich vereinbarten Ablauf des Pachtverhältnisses gleichmäßig zu verteilen (abzuschreiben) ist. Abweichend von diesem Beschluß gelangt der BFH in seinem Urteil v. 29. 7. 1970, BStBl. II S. 810, für den Fall, daß der Erwerber eines Grundstücks an Mieter oder Pächter des Grundstücks Entschädigungen für vorzeitige Räumung zahlt, um anschließend ein Gebäude zu errichten, zu dem Ergebnis, daß die Entschädigungszahlungen zwar keine Anschaffungskosten des Grund und Bodens, aber wegen des engen wirtschaftlichen Zusammenhangs mit der Errichtung des Gebäudes auch keine Anschaffungskosten für ein selbständig bewertbares immaterielles Wirtschaftsgut, sondern Herstellungskosten des Gebäudes darstellen[602].

Abbruchkosten von Gebäuden[603], die bereits längere Zeit dem Betrieb dienten, **345** sind sofort abzugsfähiger Betriebsaufwand; dies gilt auch dann, wenn der Abbruch zum Zwecke des anschließenden Neubaus erfolgt. Der Buchwert des abgebrochenen Gebäudes wird im Wege der Absetzung für außergewöhnliche Abnutzung nach § 7 Abs. 1 Satz 5 EStG abgeschrieben.

Wird **kurze Zeit nach dem Erwerb** ein technisch oder wirtschaftlich noch nicht **346** verbrauchtes Gebäude abgebrochen, so ist nach dem Beschluß des GrS des BFH v. 12. 6. 1978, BStBl. II S. 620[604], zu unterscheiden, ob das Gebäude in der Absicht erworben wurde, es abzubrechen oder nicht. Der Buchwert ist sofort absetzbar, wenn bei Erwerb eine Abbruchabsicht nicht bestand; die Abbruchkosten sind Betriebsausgaben. Dies gilt auch dann, wenn der Abbruch zum Zwecke eines Neubaus durchgeführt wird. Wurde das Gebäude dagegen in Abbruchabsicht erworben, so kommt eine sofortige Absetzung nicht in Betracht; diente der Abbruch dem Bau eines neuen Gebäudes, so sind die Abbruchkosten und der Buchwert Herstellungskosten[605]. Stand dagegen der Abbruch des Gebäudes nicht im Zusammenhang mit der Herstellung eines neuen Wirtschaftsgutes, so sind die Abbruchkosten und der Buchwert des abgebrochenen Gebäudes nachträgliche Anschaffungskosten für den Boden. Zur Feststellung der Abbruchabsicht kommt es auf die tatsächlichen Verhältnisse an; wird innerhalb eines Zeitraums von 3 Jahren nach Erwerb mit dem Abbruch begonnen[606], spricht dies dafür, daß in Abbruchabsicht[607] erworben worden ist.

Wird ein im Zeitpunkt des Erwerbs **objektiv wertloses Gebäude** erworben, so ent- **347** fallen die Anschaffungskosten und die Abbruchkosten voll auf den Grund und Boden[608]. Die Aktivierung eines Teils dieser Kosten beim Gebäude und die Abschreibung des Restbuchwertes beim Abbruch sind in diesem Falle nicht zulässig.

Bei **Aufwendungen im Anschluß an den Erwerb** eines Gebäudes entstehen fol- **348** gende Fragen:

---

602 Zum Ganzen vgl. kritisch *Kupsch*, WPg. 1977 S. 663, 669.
603 Vgl. EStR 1990 Abschn. 33a Abs. 5; *Schmidt, L.*, § 6 Anm. 44 (Gebäudeabbruch); zu Einzelheiten *HHR*, § 6 EStG Anm. 670 ff.
604 Vgl. bei Gebäudeerwerb in Abbruchabsicht zur Herstellung mehrerer Wirtschaftsgüter auch BFH v. 15. 11. 1978, BStBl. II 1979 S. 299.
605 Vgl. auch *Heibel*, BB 1983 S. 540 ff.; kritisch *Körner*, BB 1984 S. 1205 ff.; *Littmann*, FR 1978 S. 589 ff.; *Ring*, DStZ 1981 S. 123 ff.; *Karrenbauer*, BB 1985 S. 2288 ff.
606 Zum Beginn der Dreijahresfrist vgl. BFH v. 6. 2. 1979, BStBl. II S. 509.
607 Zur AfA der Zwischenzeit (Zwischennutzung) in diesen Fällen (keine Verkürzung der Nutzungsdauer) vgl. Fn. 619.
608 Vgl. BFH v. 15. 2. 1989, BStBl. II S. 604 mwN.

Ertragsteuerliche Behandlung der Mietereinbauten und Mieterumbauten

Baumaßnahmen, die der Mieter eines Gebäudes oder Gebäude-

1. Instandhaltung	2. (alle) andere(n) Baumaßnahmen,	
	Scheinbestandteile[a] gem. § 95 BGB; Einbau von Sachen zu einem vorübergehenden Zweck.	Betriebsvorrichtungen; Einbau von Vorrichtungen aller Art, die den besonderen Zwecken des Betriebes dienen, (vgl. Fn. 578).
Aufwendungen sind	Aufwendungen sind Herstellungskosten für	Aufwendungen gelten als Herstellungskosten für
Erhaltungsaufwand[b]	bewegliches Anlagegut des Mieters[c]	

---

a) Bauwerke auf fremdem Grund, die in Ausübung eines obligatorischen Nutzungsrechts errichtet sind (§ 95 Abs. 1 Satz 1 BGB), gelten als Gebäude iSv. § 7 Abs. 4 und 5 EStG; vgl. BMF-Schreiben vom 3. 5. 1985, BStBl. I S. 188.

b) Vgl. BFH v. 21. 2. 1978, BStBl. II S. 345.

c) Der BdF unterstellt wirtschaftliches Eigentum des Mieters an den von ihm geschaffenen Betriebsvorrichtungen.

d) Dabei ist es unerheblich, ob die Aufwendungen, hätte sie der Eigentümer getragen, nach dem Beschluß des GrS des BFH v. 26. 11. 1973, BStBl. II 1974 S. 132, nicht zur Entstehung selbständiger *Gebäudeteile* geführt hätten; danach Aktivierung auch, wenn kein selbständiger Gebäudeteil geschaffen worden ist.

e) Vgl. BFH v. 26. 2. 1975, BStBl. II S. 443 (bedenklich, weil es auf das wirtschaftliche Eigentum nicht ankommt).

nach dem BdF-Schreiben v. 15. 1. 1976 (BStBl. I 1976 S. 66)

teiles auf seine Rechnung vornehmen läßt, können betreffen:

diese können bestehen in der Schaffung von:

> sonstigen Mietereinbauten und Mieterumbauten, dh. alle Einbauten und Umbauten, die nicht als Scheinbestandteile oder Betriebsvorrichtungen zu qualifizieren sind.

Aufwendungen
gelten als
Herstellungskosten
für

unbewegliches materielles Anlagegut des Mieters unter der Voraussetzung, daß		*immaterielles Anlagegut,*
entweder der Mieter wirtschaftlicher Eigentümer der Einbauten oder Umbauten[d] ist; das ist idR der Fall, wenn a) die umgebauten Sachen während der voraussichtlichen Mietdauer technisch oder wirtschaftlich verbraucht werden oder b) der Mieter bei Beendigung des Mietvertrages vom Eigentümer mindestens Erstattung des gemeinen Werts der Einbauten oder Umbauten verlangen kann.	*oder* die Einbauten oder Umbauten unmittelbar den besonderen betrieblichen Zwecken des Mieters dienen und mit dem Gebäude nicht in einem einheitlichen Nutzungs- und Funktionszusammenhang stehen[e].	wenn die nebenstehenden Voraussetzungen für die Annahme des wirtschaftlichen Eigentums fehlen oder die Einbauten/Umbauten zB nicht in einer sachlichen Beziehung zum Betrieb des Mieters stehen; die Aufwendungen dürfen wegen § 5 Abs. 2 EStG nicht aktiviert werden.

– Abgrenzung zwischen Herstellungs- und Erhaltungsaufwand (vgl. dazu Tz. 349),
– Behandlung anschaffungsnaher Aufwendungen (vgl. dazu Tz. 350),
– Behandlung von Erhaltungsaufwand im Zusammenhang mit Herstellungsaufwand (vgl. dazu Tz. 351).

349 **Herstellungsaufwand** liegt vor, wenn durch die Aufwendungen das Gebäude in seiner Substanz vermehrt, in seinem Wesen verändert oder, von den üblichen Modernisierungen abgesehen, über seinen Zustand hinaus erheblich verbessert wird (vgl. EStR 1990 Abschn. 43 Abs. 4 iVm. Abschn. 157 Abs. 3). Darunter fallen regelmäßig Umbauten[609]. Generalüberholungen können aktivierungspflichtig sein, wenn die Aufwendungen im Verhältnis zum Buchwert des Wirtschaftsgutes ungewöhnlich hoch sind und durch die Aufwendungen ein neues Wirtschaftsgut geschaffen bzw. das alte in seiner Substanz oder Wesensart geändert worden ist[610]. Zum **Erhaltungsaufwand** gehören die durch die gewöhnliche Nutzung des Gebäudes verursachten Aufwendungen, insbesondere die Erneuerung von bereits vorhandenen Teilen (vgl. EStR 1990 Abschn. 157 Abs. 1 Satz 1 und 2). Wegen weiterer Beispiele zu BFH-Entscheidungen für Erhaltungsaufwand vgl. *HdU*, B Rn. 1186; *Schmidt, L.*, § 21 Anm. 14c.

350 Zum Herstellungsaufwand gehört auch der **anschaffungsnahe Aufwand**, vgl. BFH v. 22. 8. 1966 – GrS –, BStBl. III S. 672[611]. Anschaffungsnahe Aufwendungen liegen bei Aufwendungen vor, die im Verhältnis zum Kaufpreis hoch sind[612] und durch die Aufwendungen im Vergleich zu dem Zustand des Gebäudes im Anschaffungszeitpunkt das Wesen des Gebäudes verändert, der Nutzungswert erheblich erhöht oder die Nutzungsdauer erheblich verlängert wird[613]. Die Aufwendungen müssen grundsätzlich innerhalb von drei Jahren nach Kaufvertragsabschluß getätigt worden sein[614].

351 Fallen in engem räumlichen und zeitlichen **Zusammenhang mit Herstellungsaufwand** auch solche Aufwendungen an, die sonst als Erhaltungsaufwand angesehen werden, so gehören auch diese zum Herstellungsaufwand (vgl. EStR 1990 Abschn. 157 Abs. 4)[615]. Ein zeitlicher Zusammenhang alleine genügt nicht. So wird zB wegen fehlenden räumlichen Zusammenhangs der Erhaltungsaufwand für eine Dachreparatur nicht deshalb zu Herstellungsaufwand, weil gleichzeitig für einen Umbau des Erdgeschosses Herstellungsaufwand angefallen ist[616].

352 Ist für ein bestehendes Gebäude **nachträglicher Herstellungsaufwand** angefallen, so ist dieser nach EStR 1990 Abschn. 43 Abs. 4 den Anschaffungs- oder Herstellungskosten des Gebäudes hinzuzurechnen; die weitere AfA ist einheitlich für das gesamte Gebäude nach dem sich danach ergebenden Betrag und dem für das Gebäude maßgebenden Vomhundertsatz zu bemessen, was faktisch zu einer

---

609 Vgl. BFH v. 19. 8. 1986, BFH/NV 1987 S. 147.
610 Vgl. die Nachweise bei *Schmidt, L.*, § 6 Anm. 43b, sowie BFH v. 21. 6. 1990, BFH/NV 1991 S. 154.
611 Vgl. BFH v. 11. 8. 1989, BStBl. II 1990 S. 53; wegen Einzelheiten vgl. *Littmann*, § 6 Rn. 144 ff., § 21 Rn. 254 ff.; *Blümich*, § 6 EStG Anm. 587 ff.; *Schmidt, L.*, § 6 Anm. 30, mit kritischer Stellungnahme in Anm. 30c; *HdU*, B Rn. 1177 f.; EStR 1990 Abschn. 157 Abs. 5, sowie die Rechtsprechungsübersicht in der Beilage Nr. 6, DB 1990 (Anschaffungsnaher Herstellungsaufwand).
612 Vgl. *Schmidt, L.*, § 6 Anm. 30b, aa mwN: Prüfungspflicht bei 20 vH der Anschaffungskosten.
613 Vgl. BFH v. 22. 8. 1966 – GrS –, BStBl. III S. 672.
614 Vgl. EStR 1990 Abschn. 43 Abs. 4 iVm. Abschn. 157 Abs. 5 Satz 7; *Schmidt, L.*, § 6 Anm. 30b, bb; BFH v. 23. 6. 1988, BFH/NV 1989 S. 165.
615 Kritisch dazu *Oswald*, DStR 1974 S. 599.
616 Vgl. EStR 1990 Abschn. 157 Abs. 4 Satz 3.

Verlängerung der Abschreibungsdauer über die gesetzliche Nutzungsdauer des § 7 Abs. 4 EStG führt[617]. Ebenso ist bei Aufstockung eines Gebäudes zu verfahren[618]. Zur Fortführung der AfA bei nachträglichen Herstellungskosten und nach einer Teilwertabschreibung vgl. die Übersicht auf S. 80 f.

Besonderheiten im Zusammenhang mit der AfA: Wegen einer Verkürzung der Nutzungsdauer und ihrer Auswirkungen auf die AfA vgl. DB 1970 S. 133; zur AfA bei abschnittsweisem Aufbau vgl. DB 1970 S. 564; zur AfA in Rumpf-WJ vgl. DB 1987 S. 252; zum Verhältnis der AfA nach § 7 Abs. 5 EStG zur Abschreibung in der HB vgl. Erlaß FM Nds. v. 14. 1. 1991, DB 1991 S. 307 (Maßgeblichkeit der HB auch für Anwendung des § 7 Abs. 5 EStG). Zur Bemessung der AfA bei Gebäuden, die dem Einzelhandel dienen, vgl. Erlaß FM Nds. v. 18. 7. 1966, DB 1966 S. 1253. Eine Verkürzung der Nutzungsdauer wegen beabsichtigten Abbruches ist unzulässig[619].   **353**

c) Maschinen und maschinelle Anlagen, Betriebs- und Geschäftsausstattung

Die Bewertung erfolgt regelmäßig zu den Anschaffungskosten, dh. Kaufpreis zzgl. Nebenkosten wie Bezugskosten, Kosten der Aufstellung (zB für Fundament, Montage), der Prüfung und Abnahme, auch einer evtl. erforderlichen Konzessionserteilung, soweit die Kosten dem jeweiligen Vermögensgegenstand einzeln zugeordnet werden können (vgl. Tz. 211 ff.); Anschaffungspreisminderungen sind abzuziehen. Soweit die Gegenstände selbst erstellt worden sind, sind die Herstellungskosten (vgl. Tz. 230 ff.) anzusetzen. Abschreibungen sind entsprechend den in Tz. 255 ff. erläuterten Grundsätzen vorzunehmen[620].   **354**

In der **StB** erfolgt Bewertung der Maschinen und maschinellen Anlagen sowie der Betriebs- und Geschäftsausstattung nach § 6 Abs. 1 iVm. § 7 EStG. Wegen Bemessung der AfA einschließlich der Sonderabschreibungen und erhöhten Absetzungen vgl. Tz. 268 ff.   **355**

Zur Aktivierung von Ersatzteilen und Reparaturen vgl. *Schmidt, L.,* § 6 Anm. 43a aE und Anm. 69h.

d) Beteiligungen

Bei der Bewertung von Beteiligungen[621] ist von den Anschaffungskosten auszugehen, dh. bei Erwerb von Dritten vom Kaufpreis zzgl. der angefallenen Nebenkosten wie Notariatskosten, Provisionen, Spesen, ggf. abzüglich miterworbener Gewinnansprüche.   **356**

Bei **Neugründung** umfassen die Anschaffungskosten den Betrag der Einlage zzgl. der Nebenkosten. Falls bei Beteiligungen an **Personenhandelsgesellschaften** (zB als Komplementär ohne Einlage) keine Anschaffungskosten vorliegen, empfiehlt sich der Ansatz eines Merkpostens, der auch im Falle von Abschreibungen bestehen zu lassen ist; zu den erforderlichen Angaben im Anhang der Kapitalge-

---

617 Vgl. *Schmidt, L.,* § 7 Anm. 6d.
618 Vgl. BFH v. 20. 2. 1975, BStBl. II S. 412.
619 Vgl. BFH v. 15. 12. 1981, BStBl. II 1982 S. 385; ablehnend *Schürer-Waldheim,* StuW 1983 S. 217.
620 Vgl. hierzu *ADS,* § 253 HGB Tz. 26 ff.
621 Vgl. hierzu *Dirrigl,* Die Bewertung von Beteiligungen an Kapitalgesellschaften, Hamburg 1988; *Schellein* in Personengesellschaft und Bilanzierung, Düsseldorf 1990 S. 193 ff.; *Schulze-Osterloh,* ebd., S. 129 ff. (138 ff.); *Mellwig,* BB 1990 S. 1162 ff.; zur Beteiligung an Arbeitsgemeinschaften vgl. *Dill,* DB 1987 S. 752 ff.

sellschaften vgl. St/HFA 1/1991, Nr. 1 (Angaben zur persönlichen Haftung nach § 285 Nr. 3 HGB). Wegen der Anschaffungskosten bei **Sacheinlagen** in Personenhandelsgesellschaften vgl. St/HFA 1/1991, Nr. 2; zu Sacheinlagen in Kapitalgesellschaften vgl. *ADS*, § 255 HGB Tz. 110 ff.[622]. **Zuschüsse und Nachschüsse** können nur aktiviert werden, wenn sie zu einer dauernden Wertsteigerung der Beteiligungsgesellschaft führen[623].

357 Die Aktivierung **nicht ausgeschütteter Gewinne** von rechtlich selbständigen Beteiligungsgesellschaften ist nicht zulässig, da keine Gewinnrealisierung vorliegt[624].

Unter bestimmten Voraussetzungen kann jedoch der zur Ausschüttung vorgesehene Gewinn einer Tochtergesellschaft, an der eine Mehrheitsbeteiligung besteht, zeitgleich vereinnahmt werden; vgl. hierzu F Tz. 328.

358 Gewinnanteile von **Kapitalanlagegesellschaften,** die nach § 1 Abs. 2 KAGG nur in den Rechtsformen der AG oder GmbH betrieben werden dürfen, sind wie Gewinne aus Beteiligungen an anderen Kapitalgesellschaften erst bei Vorliegen des Ausschüttungsbeschlusses zu aktivieren.

359 Anders als bei juristischen Personen steht der anteilige **Gewinn bei Personenhandelsgesellschaften** den Gesellschaftern idR unmittelbar zu, ist übertragbar und somit wegen seiner Verkehrsfähigkeit ein Vermögensgegenstand. Gewinnanteile von Personenhandelsgesellschaften sind daher mit Ablauf des GJ der Personenhandelsgesellschaft grundsätzlich in der verfügbaren Höhe als Forderung bilanzierungspflichtig[625]. Sind die Gewinnanteile allerdings durch Gesetz, Gesellschaftsvertrag oder Gesellschafterbeschluß der Verfügungsgewalt der einzelnen Gesellschafter entzogen, entsteht nach neuerer Auffassung zum Abschlußstichtag der Personenhandelsgesellschaft noch kein bilanzierbarer Anspruch; vgl. wegen Einzelheiten St/HFA 1/1991, Nr. 3, sowie Anmerkungen hierzu von *Herrmann*, WPg. 1991 (in Vorbereitung). Bei Wiedereinlage eines verfügbaren Gewinnanteils ist die Forderung als Zugang auf Beteiligungen umzubuchen.

360 **Kapitalrückzahlungen** und **Liquidationsraten** sind als Abgang auszuweisen; ggf. kommt Ausweis von anteiligen Buchgewinnen in Betracht (zB wenn die Beteiligung früher abgeschrieben wurde). Ausschüttungen auf Kuxe können als Kapitalrückzahlung anzusehen sein; sie sind dann als Abgang zu erfassen.

361 Der Verkauf von **Bezugsrechten** führt zu einer Minderung des Beteiligungsansatzes, die nach der Gesamtwertmethode wie folgt zu ermitteln ist[626]:

---

622 Ferner *BeBiKo.*, § 255 Anm. 143 ff.; *HdJ*, Abt. II/3 (1987) Rn. 119 ff.

623 Weitergehend *Weber*, Grundsätze ordnungsmäßiger Bilanzierung für Beteiligungen, Düsseldorf 1980 S. 320; *HdR*, § 253 HGB Rn. 30 mwN (grundsätzlich Anschaffungskosten, ggf. außerplanmäßige Abschreibung); ähnlich (Unterscheidung von nachträglichen Anschaffungskosten und Werterhaltungsaufwand bei Beteiligungen) *ADS*, § 255 HGB Tz. 51; *Kölner Kom.*, § 255 HGB Anm. 39; hierzu auch *Kupsch*, StbJb. 1989/90 S. 93 ff. (124 ff.); *Hoffmann*, BB 1988 Beil. 2 S. 8 ff.; zu verdeckten Einlagen ferner *Fichtelmann*, GmbHR 1988 S. 72 ff.; *BeBiKo.*, § 255 Anm. 162 ff.

624 aA zum alten Recht *Busse von Colbe*, ZfbF 1972 S. 145/150 ff. (für Zulässigkeit der Equity-Methode).

625 Vgl. St/HFA 1/1991, Nr. 3 (auch wegen weiterer Einzelheiten); ferner *Roser*, DB 1977 S. 2241 ff.; *Geßler*, WPg. 1978 S. 93 ff.; *Schulze-Osterloh*, WPg. 1979 S. 629 ff.; zur (handelsrechtlichen) Bilanzierung von Beteiligungen an Personenhandelsgesellschaften vgl. auch BFH-Urteil v. 23. 7. 1975, BStBl. II 1976 S. 73 ff.; WPg. 1976 S. 109 f., hierzu Anm. *Forster*, AG 1976 S. 77; sowie *Döllerer*, WPg. 1977 S. 81/82 ff.; *Weber* (Fn. 623), S. 110 ff.; *Knobbe-Keuk*, AG 1979 S. 303 f; *Saur/Althaus*, WPg. 1971 S. 1 ff.; *Knipping/Klein*, DB 1988 S. 1964 ff.; *Nieskens*, WPg. 1988 S. 493 ff.; *Schön*, StuW 1988 S. 253 ff.; *Schellein* (Fn. 621), S. 193 ff.; *Wrede*, FR 1990 S. 293 ff.

626 Vgl. hierzu *ADS*, 4. Aufl., § 153 AktG 1965 Tz. 97 ff.; *HdJ*, Abt. II/3 (1987) Rn. 110 ff.; ferner *Mellwig*, DB 1986 S. 1417 ff.; *Wohlgemuth*, AG 1973 S. 296 ff.; *Börnstein*, DStR 1962/63 S. 162; *Luik*,

$$\text{Wertminderung} = \frac{\text{Kurswert des Bezugsrechts}}{\text{Kurswert der Altaktien}} \times \text{Buchwert der Altaktien}$$

Im Falle einer Ausübung des Bezugsrechts sind die neuen Aktien mit dem Ausgabebetrag zzgl. des von den Altanteilen abzuschlagenden Bezugsrechts zu aktivieren[627].

Für die Bewertung von **Gratisaktien** s. § 220 AktG. Danach sind die Anschaffungskosten der alten Aktien nach dem Verhältnis der Nennbeträge auf die alten und neuen Aktien zu verteilen. Für die Kapitalerhöhung aus Gesellschaftsmitteln bei einer GmbH enthält § 17 KapErhG (BGBl. I 1959 S. 789) die gleiche Regelung[628]. Zur Bewertung von Anteilen an Kapitalgesellschaften im Falle der **Realteilung** vgl. *IDW*, DB 1986 S. 991 f.   **362**

Die **Abschreibung** von Beteiligungen richtet sich nach § 253 Abs. 2 Satz 3 HGB. **363** Außerplanmäßige Abschreibungen sind zulässig, wenn der Beteiligung am Abschlußstichtag ein Wert beizulegen ist, der unter den Anschaffungskosten oder dem letzten Bilanzansatz liegt. Eine voraussichtliche dauernde Wertminderung macht eine entsprechende Abschreibung erforderlich (§ 253 Abs. 2 Satz 3 zweiter Halbsatz HGB). Danach sind Abschreibungen zB notwendig, wenn Verluste eingetreten sind, mit deren Ausgleich in absehbarer Zeit nicht zu rechnen ist. Grundsätzlich gilt, daß Abschreibungen immer dann erforderlich sind, wenn der **innere Wert** der Beteiligung entsprechend **gesunken** ist[629].

Der Börsenkurs ist dabei nur ein bedingt tauglicher Maßstab (zB wegen unternehmensspezifischer Kooperationsvorteile aus der Beteiligung); der innere Wert wird deshalb idR als **Ertragswert** ermittelt, dh. durch Diskontierung des nachhaltig zu erwartenden mittelbaren und unmittelbaren Ertrags (ggf. einschließlich der Veräußerungserlöse für nicht betriebsnotwendige Vermögensteile) mit einem ggf. um einen Risikozuschlag und einen Geldentwertungsabschlag modifizierten Basiszins (landesüblicher Zinssatz). Im einzelnen vgl. WPH Bd. II A Tz. 41 ff.

Wegen Änderung der Rechtslage in bezug auf **Verluste bei Personenhandelsge-** **364** **sellschaften,** die auf steuerlichen Bewertungserleichterungen beruhen, vgl. St/ HFA 1/1991, Nr. 4 und 6 (keine Beteiligungsabschreibungen nach § 254 HGB wegen fehlender umgekehrter Maßgeblichkeit, ggf. aber Rückstellungen für latente Steuern). Drohen aus Beteiligungen an Personenhandelsgesellschaften (zusätzliche) Leistungspflichten – auch aus Verlustzuweisungen –, so ist dies zunächst bei der Bewertung der Anteile, bei darüber hinausgehenden Risiken durch die Bildung von Rückstellungen, zu berücksichtigen. Dies kann auch dann erforderlich sein, wenn der innere Wert nicht (nachhaltig) gesunken ist, die Leistungspflichten etwaigen Gewinnen jedoch zeitlich vorgelagert sind.

Bestehen die Gründe für eine außerplanmäßige Abschreibung nicht mehr, so **365** besteht für Kapitalgesellschaften grundsätzlich **Zuschreibungspflicht** nach § 280 Abs. 1 HGB, soweit nicht Abs. 2 in Anspruch genommen werden kann (nur für Beteiligungen an Kapitalgesellschaften, bei Beteiligungen an Personenhandels-

---

WPg. 1959 S. 113; *ders.,* StBp. 1962 S. 301; *ders.,* BB 1967 S. 994 ff.; *Meilicke,* BB 1961 S. 1281; *Rau,* DB 1964 Beilage 22 S. 28 ff.; *Roth,* StuW 1961 S. 214; *Uelner,* DB 1964 S. 273; *Baier,* StBp. 1962 S. 178.
627 aA *Kölner Kom.,* § 255 HGB Anm. 41 (kein Ansatz des Bezugsrechtswerts).
628 Steuerlich vgl. § 3 KapErhStG, BStBl. I 1967 S. 977.
629 Vgl. zur Wertfindung auch *ADS,* § 253 HGB Tz. 419; St/HFA 2/1983; *BeBiKo.,* § 253 Anm. 401 ff.; *BHdR,* B 213 Rn. 140 ff.

gesellschaften keine umgekehrte Maßgeblichkeit). Für andere Unternehmen gilt das Beibehaltungswahlrecht des § 253 Abs. 5 HGB.

366 Noch **nicht voll eingezahlte Anteile** an Kapital- oder Personenhandelsgesellschaften sind mit den geleisteten Beträgen zzgl. ggf. eingeforderter Beträge zu aktivieren[630]. Sie können jedoch auch mit dem darüber hinausgehenden Zeichnungsbetrag oder bedungenen Betrag angesetzt werden; in diesem Fall ist der Unterschiedsbetrag zwischen den geleisteten und den aktivierten Beträgen als Einzahlungsverpflichtung unter „sonstige Verbindlichkeiten" zu passivieren (vgl. für Beteiligungen an Personenhandelsgesellschaften St/HFA 1/1991, Nr. 2; dort auch zur Angabe nicht passivierter Resteinzahlungsverpflichtungen nach § 285 Nr. 3 HGB bei Kapitalgesellschaften).

Zur Bewertung von Beteiligungen bei **Versicherungsunternehmen** vgl. *Richter*, WPg. 1969 S. 6 ff., sowie K Tz. 128 ff.

367 Für **Auslandsbeteiligungen** gelten die angeführten Grundsätze bei besonderer Betonung des Vorsichtsprinzips entsprechend. Eine Abwertung von Auslandsbeteiligungen ist auch im Fall von DM-Aufwertungen dann erforderlich, wenn damit auch der (in DM umgerechnete) innere Wert der Beteiligung (Ertragswert) nachhaltig unter den Buchwert gesunken ist[631]. Als weitere Abschreibungsgründe kommen Beschränkungen des Zahlungstransfers und besondere wirtschaftliche, politische oder soziale Risiken (zB drohende Enteignungen) in Betracht, soweit sie nicht bereits die Anschaffungskosten gemindert haben.

368 In der **StB** erfolgt die Bewertung von **Beteiligungen an Kapitalgesellschaften**[632] zu den Anschaffungskosten; bei Sacheinlagen gilt als Anschaffungskosten der neuen Anteile der gemeine Wert der hingegebenen Wirtschaftsgüter, vgl. BFH vom 25. 1. 1984, BStBl. II S. 422[633], im Anschluß an das sog. Tauschgutachten. Forderungsverzichte und Zuschüsse des Gesellschafters (verdeckte Einlagen) gelten als „zusätzliche Anschaffungskosten", die zu aktivieren sind[634], und zwar bei Übertragung von Wirtschaftsgütern idR in Höhe des gemeinen Wertes des übertragenen Wirtschaftsgutes[635]. Strittig ist die Frage, in welcher Höhe sich die Anschaffungskosten bei Verzicht auf eine nicht voll werthaltige Forderung erhöhen[636]. Statt der Anschaffungskosten kann der niedrigere Teilwert[637] angesetzt werden (§ 6 Abs. 1 Nr. 2 EStG); für zusätzliche Anschaffungskosten gilt die sog. Teilwertvermutung (vgl. Tz. 279) nicht ohne weiteres[638]. Wegen der Teilwertvermutung bei Kapitalerhöhung vgl. BFH v. 27. 7. 1988, BStBl. II 1989 S. 274; zur Teilwertabschreibung auf Auslandsbeteiligung vgl. BFH v. 14. 3. 1989, BStBl. II

630 aA *HdR*, § 253 HGB Rn. 29; *Nieskens*, WPg. 1988 S. 493 ff. (nur Bruttoausweis).
631 Vgl. hierzu auch *ADS*, § 255 HGB Tz. 419; *Schulze zur Wiesche*, FR 1987 S. 385 ff., 609 ff.; *Müller-Dott* in StBJb. 1988/89 S. 163 ff.; *Piltz*, StBp. 1989 S. 133 ff.
632 Vgl. *HHR*, § 6 EStG Anm. 790 ff.; *Blümich*, § 6 EStG Anm. 1112 ff.; *Littmann*, § 6 Anm. 249 ff.; *Schmidt, L.*, § 5 Anm. 31 (Beteiligungen); *HdU*, B Rn. 1411 ff.
633 Vgl. dazu *Döllerer*, DB 1986 S. 1857, 1863.
634 Vgl. BFH v. 9. 3. 1977, BStBl. II S. 515; BFH v. 10. 9. 1989, BStBl. II 1990 S. 86; *Groh*, DB 1988 S. 514 (zur Überlassung von Nutzungsrechten).
635 Vgl. BFH v. 26. 10. 1987, BStBl. II 1988 S. 348, 355 mwN.
636 Vgl. *Wassermeyer*, DB 1990 S. 2288 und GmbHR 1991 S. 68; Hes. FG v. 7. 12. 1989, EFG 1991 S. 351 (Rev.); dazu OFD Düsseldorf v. 8. 10. 1990, DB S. 2298.
637 Vgl. Nachweise bei *Schmidt, L.*, § 6 Anm. 62 (Beteiligungen an Kapitalgesellschaften im Anlagevermögen).
638 Vgl. BFH v. 9. 3. 1977, BStBl. II S. 515.

S. 599[639]. Ausschüttungen aus dem EK 04 mindern den Buchwert der Beteiligung, vgl. BFH v. 7. 11. 1990, BStBl. II 1991, S. 177.

Werden Anteile an einer Kapitalgesellschaft während des WJ der Kapitalgesellschaft entgeltlich erworben, sind sie auch dann mit dem Kaufpreis zu aktivieren, wenn darin der Gewinn des laufenden Jahres abgegolten wird; eine Abspaltung des „Gewinnbezugsrechtes" ist nicht zulässig, auch wenn die Vertragsparteien ausdrücklich ein Entgelt für den noch nicht festgestellten Gewinn des laufenden (oder evtl. auch früheren) WJ vereinbart und damit die zwischen Veräußerer und Erwerber evtl. gem. § 101 BGB bestehende schuldrechtliche Ausgleichspflicht für den anteiligen laufenden Gewinn ausgeschlossen haben[640]. Bei späterer Ausschüttung der „gekauften" Gewinnanteile kommt evtl. eine ausschüttungsbedingte Teilwertabschreibung in Betracht[641]. Gesondert zu aktivieren ist aber ein miterworbener, durch Gewinnverwendungsbeschluß für frühere Jahre bereits entstandener Gewinnanspruch[642]. Wegen der zeitlichen Zuordnung von Veräußerungen, die im Schnittpunkt der Kalenderjahre (zum Jahreswechsel) erfolgen, vgl. BFH v. 2. 5. 1974, BStBl. II S. 707. **369**

Zur Frage, ob bei **Zukauf von Aktien** die Neuzugänge und der Altbestand eine einheitliche Beteiligung bilden, vgl. BFH v. 14. 3. 1973, BStBl. II S. 397.

Für **Gratisanteile**, die aus einer Kapitalerhöhung aus Gesellschaftsmitteln gemäß §§ 207 ff. AktG oder gemäß KapErhG stammen, gilt für die Anschaffungskosten steuerlich (vgl. §§ 3 und 7 KapErhStG) die gleiche Regelung wie im Handelsrecht. Für Gratisanteile, die nicht aufgrund der genannten Bestimmungen begeben werden (zB Gratisanteile von ausländischen Beteiligungsgesellschaften), gelten nach dem BFH-Urteil v. 21. 1. 1966, BStBl. III S. 220 ff., das durch das nicht veröffentlichte Urteil v. 9. 6. 1971 (I R 171/69) bestätigt worden ist, praktisch die gleichen Grundsätze; der bisherige Bilanzansatz für den Altbesitz umfaßt danach auch die hinzugekommenen Gratisanteile. Die Finanzverwaltung wendet die Rechtsprechung an mit der Maßgabe, daß bei Kapitalerhöhungen, die unter Verstoß gegen handelsrechtliche Vorschriften oder tatsächlich im Wege einer Doppelmaßnahme (Ausschüttung von Gewinn unter gleichzeitiger Wiedereinlage) erfolgen, die Fiktion der Doppelmaßnahme, wie sie im BFH-Urteil v. 17. 9. 1957, BStBl. III S. 401, aufgestellt wurde, angewendet werden soll (koord. Erlaß FM NW v. 5. 9. 1974, v. 12. 3. 1975 sowie v. 26. 1. 1978 in Praktiker-Handbuch 1990, Außensteuerrecht, Düsseldorf 1990 S. 739 ff.)[643]. **370**

Die Ermittlung des Buchwertes von **Bezugsrechten** ist nach dem grundlegenden BFH-Urteil v. 6. 12. 1968, BStBl. II 1969 S. 105, nach der sog. Gesamtwertmethode vorzunehmen, vgl. dazu Tz. 361[644]. **371**

Der **Tausch** von Aktien führt grundsätzlich zur Gewinnrealisierung. Diese wird nur im Rahmen der §§ 16 und 20 UmwStG 1977 oder auch dann vermieden, **372**

---

639 Vgl. dazu *Müller-Dott* in StbJb. 1988/89 S. 163; *Kaufmann*, RIW 1989 S. 806; *Wassermeyer*, FR 1989 S. 518; *Manke*, DStZ 1990 S. 4; vgl. auch § 26 Abs. 8 KStG und § 8 Nr. 10 GewStG.
640 Vgl. BFH v. 21. 5. 1986, BStBl. II S. 794 und S. 815; dazu *Mathiak*, StuW 1987 S. 57.
641 Vgl. BFH v. 21. 5. 1986, BStBl. II S. 794. Vgl. auch § 50c EStG, § 8 Nr. 10 GewStG u. § 26 Abs. 8 KStG.
642 Vgl. *Schmidt*, FR 1986 S. 466.
643 Zur „Stockdividende" vgl. *Loos*, RIW 1991 S. 124.
644 Vgl. auch *Schmidt, L.*, § 6 Anm. 34 (Optionen) mwN.

wenn die getauschten Anteile wert-, art- und funktionsgleich sind und daher wirtschaftlich als identisch angesehen werden[645].

373 Bei Vorliegen eines **Gewinnabführungsvertrages** ist eine Teilwertabschreibung dann möglich, wenn der innere Wert der Organgesellschaft trotz der Verlustübernahme durch den Organträger gesunken ist[646]. Zur Frage der Anwendung von § 8 Nr. 10 GewStG auf Teilwertabschreibungen bei gewerbesteuerlicher Organschaft vgl. Erl. NW v. 14. 3. 1989, FR S. 347[647].

374 Der **Teilwert** einer Beteiligung an einer Kapitalgesellschaft entspricht grundsätzlich den Wiederbeschaffungskosten. Ist die Beteiligung zum Verkauf an der Börse bestimmt oder erscheint der Erwerb einer gleichhohen Beteiligung an der Börse möglich, so entspricht der Börsenkurs den Wiederbeschaffungskosten. Wurde für die Beteiligung ein Paketzuschlag entrichtet, so richten sich die Wiederbeschaffungskosten grundsätzlich nicht nach dem Börsenkurs[648]. Die Tatsache der Beherrschungsmöglichkeit, der Ausschaltung der Konkurrenz, des Ausgleichs von ungünstigen mit werterhöhenden Tatsachen ist bei der Bewertung jedoch zu berücksichtigen. Bei anderen Anteilen beeinflußt der Ertrag den Teilwert. Eine Teilwertabschreibung ist geboten, wenn durch Verluste eine nachhaltige Wertminderung eintritt oder sich das Beteiligungsengagement als Fehlmaßnahme erweist (vgl. dazu BFH-Urteil v. 30. 11. 1978, BStBl. II 1979 S. 108)[649]. Da sich der Teilwert nach den künftigen Ertragsaussichten richtet, rechtfertigen Anlaufverluste noch keine Teilwertabschreibung[650].

375 Zur Bewertung der Stammanteile an einer rechtsfähigen betrieblichen Unterstützungskasse vgl. BFH v. 14. 1. 1971, BStBl. II S. 180. Der Teilwert entspricht idR den Anschaffungskosten.

Gesellschafterdarlehen werden nur in besonders gelagerten Ausnahmefällen als **verdecktes Stammkapital angesehen**[651].

376 Der Wertansatz für die Beteiligung an einer **Personenhandelsgesellschaft,** die als **Mitunternehmerschaft** (§ 15 Abs. 3 Nr. 1 und 2 EStG) zu qualifizieren ist, wird steuerlich durch die gesonderte und einheitliche Gewinnfeststellung (§ 180 Abs. 1 Nr. 2a AO) geprägt. Deshalb kommt dem Bilanzansatz für die steuerliche Gewinnermittlung keine eigenständige Bedeutung zu[652]. Auf den Beteiligungs-

645 Vgl. Tauschgutachten des BFH v. 16. 12. 1958, BStBl. III 1959 S. 30; BFH v. 2. 11. 1965, BStBl. III 1966 S. 127; *Rau,* DB 1967 S. 794 f.; *Widmann,* StbJb. 1985/86 S. 113, 117 f. (für Tausch mit Ausgleichszahlung).
646 Vgl. KStR 1990 Abschn. 60. Vgl. auch *Dötsch/Buyer.* DB 1991 S. 10.
647 Vgl. dazu i. Erg. zustimmend *Dötsch/Buyer,* DB 1991 S. 10, 14; kritisch *Goutier,* DB 1989 S. 144; *Pöllath/Wenzel,* DB 1989 S. 797; *Kausemann,* DB 1989 S. 2450; *Pauka,* DB 1988 S. 2224.
648 Vgl. BFH v. 7. 11. 1990, BStBl. II 1991 S. 342.
649 Zur Frage der Teilwertabschreibung trotz Mittelzuführung an die Tochtergesellschaft vgl. auch *Reuter,* BB 1982 S. 25 ff.
650 Vgl. BFH v. 27. 7. 1988, BStBl. II 1989 S. 274; zu weiteren Teilwertvermutungen vgl. *Schmidt, L.,* § 6 Anm. 62 (Beteiligungen an Kapitalgesellschaften im Anlagevermögen); *HdU,* B Rn. 1434 ff.
651 Vgl. BFH v. 10. 12. 1975, BStBl. II 1976 S. 226; zu der steuerlichen Problematik (Einschränkung der steuerlichen Anerkennung der Fremdfinanzierung einer Kapitalgesellschaft durch ihre Gesellschafter, Entwurf eines § 8a KStG) vgl. BMF v. 16. 3. 1987, BStBl. I S. 373, sowie ausführlich *Dötsch/Eversberg/Jost/Witt,* Die Körperschaftsteuer (Losebl., Stand: Okt. 1990), Anh. 4 zu § 8 KStG mwN; vgl. auch *Schmidt, L.,* § 5 Anm. 57 (Verdecktes Stammkapital); *Westerfelhaus,* DB 1990 S. 2035.
652 Vgl. BFH v. 6. 11. 1985, BStBl. II 1986 S. 333; vgl. dazu *Hoffmann,* BB 1988 Beil. 2; zur Bewertung von Beteiligungen an bestimmten ausländischen Personengesellschaften vgl. BFH v. 13. 9. 1989, BStBl. II 1990 S. 58.

ansatz kann keine gewinnmindernde Teilwertabschreibung vorgenommen werden [653].

Zum Meinungsstand bei betrieblich veranlaßter Beteiligung eines Gewerbetreibenden an einer **vermögensverwaltenden Personengesellschaft** vgl. *Schmidt, L.*, § 15 Anm. 45a mwN.   377

e) Vorräte

Vorräte sind zu den **Anschaffungs- oder Herstellungskosten** zu bewerten (vgl. Tz. 211 ff. und 230 ff.), ggf. vermindert um notwendige oder fakultative **Abschreibungen** (vgl. Tz. 293 ff.).   378

Steuerrechtlich sind Wirtschaftsgüter des Vorratsvermögens [654] mit den Anschaffungs- und Herstellungskosten oder mit dem niedrigeren Teilwert [655] anzusetzen (§ 6 Abs. 1 Nr. 2 EStG). Zu den Anschaffungskosten gehören auch die Nebenkosten; zur Behandlung von Reisekosten im Warenbeschaffungsbereich vgl. BFH v. 24. 2. 1972, BStBl. II S. 422. Die Minderung der Anschaffungskosten bei Inanspruchnahme von Skonti tritt erst bei Bezahlung ein, so daß die gelieferte, aber noch nicht bezahlte Ware mit dem Bruttoeinkaufspreis zu bewerten ist (EStR 1990 Abschn. 32a Abs. 3 Satz 2) [656]. Zur Ermittlung der Herstellungskosten bei Erzeugnissen vgl. Tz. 248 ff.   379

Sind die Anschaffungs- oder Herstellungskosten wegen Schwankungen der Einstandspreise im Laufe des WJ im einzelnen nicht mehr feststellbar, so ist der Wert dieser Wirtschaftsgüter im Schätzungsweg zu ermitteln. Als zweckentsprechendes Schätzungsverfahren wird die **Durchschnittsbewertung** nach dem gewogenen Mittel der im Laufe des WJ erworbenen und ggf. zu Beginn des WJ vorhandenen Wirtschaftsgüter angesehen (vgl. EStR 1990 Abschn. 36 Abs. 3 Satz 2 und 3). Zur steuerrechtlichen Zulässigkeit der **Lifo-Methode** vgl. Tz. 318 und der **Gruppenbewertung** vgl. Tz. 324. Roh-, Hilfs- und Betriebsstoffe können mit einem **Festwert** angesetzt werden (vgl. Tz. 320 ff.).   380

Für den **Teilwert** von Roh-, Hilfs- und Betriebsstoffen sowie für den Teilwert von Waren und Erzeugnissen gelten widerlegbare Vermutungen (Wiederbeschaffungskosten, Reproduktionskosten). Bei Roh-, Hilfs- und Betriebsstoffen sowie Waren ist Ausgangspunkt für die Ermittlung der Wiederbeschaffungskosten der Markt- oder Börsenpreis; ein Zufallskurs ist jedoch nicht maßgeblich [657].   381

Bei **Erzeugnissen** kann der niedrigere Teilwert [658] statt der Herstellungskosten (einschließlich der Fertigungsgemeinkosten) nur dann angesetzt werden, wenn nachgewiesen wird, daß der Käufer des Betriebes weniger bezahlen würde als den üblichen Aufwand für die Herstellung der Erzeugnisse [659]. Als unverkäuflich gekennzeichnete **Muster** sind mit den Herstellungskosten zu aktivieren, wenn   382

---

653 Vgl. BFH v. 6. 11. 1985, BStBl. II 1986 S. 333; BFH v. 20. 6. 1985, BStBl. II S. 654; BFH v. 22. 1. 1981, BStBl. II S. 427; vgl. auch *Reiss*, StuW 1986 S. 232; *Döllerer*, DStZ 1980 S. 259, 263.
654 Dazu gehören auch Kataloge, Werbemuster usw., vgl. BFH v. 9. 6. 1964, StRK EStG § 5 R. 447 (Kataloge für mehrere Jahre); BFH v. 30. 1. 1980, BStBl. II S. 327; BFH v. 2. 12. 1987, BStBl. II 1988 S. 502 (Schriftmetalle einer Druckerei).
655 Vgl. dazu EStR 1990 Abschn. 36 Abs. 1 und 2.
656 Vgl. dazu BFH v. 27. 2. 1991, BStBl. II S. 456.
657 Vgl. EStR 1990 Abschn. 36 Abs. 2 Satz 9.
658 Zur Teilwertermittlung bei unfertigen Erzeugnissen vgl. *Erhard*, StBp. 1975 S. 28.
659 Vgl. das Gutachten des RFH v. 4. 2. 1939, RStBl. S. 321; RFH-Urteil v. 11. 1. 1939, RStBl. S. 323.

nicht besondere Umstände vorliegen[660]. Liegt der Börsen- oder Marktpreis bei selbst hergestellten Halbfabrikaten unter den Herstellungskosten, so wird der niedrigere Preis so lange nicht als Teilwert angesehen, wie die eigene Herstellung keine Fehlmaßnahme ist. Zum Teilwert bei behördlicher Absatzregelung vgl. BFH vom 19. 11. 1963, BStBl. III 1964 S. 358.

383   **Wertminderungen** von Waren (zB wegen langer Lagerdauer, Unmodernwerdens etc.) rechtfertigen eine Teilwertabschreibung, wenn die voraussichtlich erzielbaren Verkaufserlöse die Selbstkosten zzgl. des durchschnittlichen Unternehmergewinns nicht erreichen[661]. Dabei ist im Normalfall[662] Voraussetzung für die Teilwertabschreibung, daß die Wertminderung in Preisherabsetzungen ihren Ausdruck finden und darüber repräsentative Aufzeichnungen[663] vorhanden sind[664].

384   Für bestimmte Importgüter können gemäß § 80 EStDV Bewertungsabschläge vorgenommen werden **(Importwarenabschlag)**[665]; vgl. hierzu EStR 1990 Abschn. 233a. Der Abschlag beträgt für vor dem 1. 1. 1990 endende WJ bis zu 20 vH, für das erste nach dem 31. 12. 1989 endende WJ bis zu 15 vH und für die darauffolgenden WJ bis zu 10 vH (vgl. § 51 Abs. 1 Nr. 2 Buchst. m EStG). Der Abschlag kann nur bei den durch § 80 Abs. 3 EStDV besonders bezeichneten Wirtschaftsgütern vorgenommen werden. Der Wertansatz eines nach § 80 EStDV angesetzten Wirtschaftsgutes darf den Wertansatz in der HB nicht unterschreiten (EStR 1990 Abschn. 233a Abs. 8).

385   Für vertretbare Wirtschaftsgüter des Vorratsvermögens, die einen Börsen- oder Marktpreis haben, konnte nach § 74 EStDV für vor dem 1. 1. 1990 (vgl. § 51 Abs. 1 Nr. 2 Buchst. b EStG) endende WJ eine den steuerlichen Gewinn mindernde **Rücklage für Preissteigerungen** gebildet werden[666] (vgl. hierzu EStR 1990 Abschn. 228); sie ist spätestens bis zum Ende des auf die Bildung folgenden sechsten WJ gewinnerhöhend aufzulösen (§ 74 Abs. 5 EStDV). Die Vornahme eines Importwarenabschlages schließt die Bildung einer Rücklage für Preissteigerungen aus (EStR 1990 Abschn. 228 Abs. 4). Das Maßgeblichkeitsprinzip gilt für die Rücklage für Preissteigerung nicht (vgl. EStR 1990 Abschn. 228 Abs. 5).

386   Zur steuerlichen Bewertung von NE-Metallbeständen vgl. BFH-Gutachten v. 26. 8. 1960, BStBl. III 1961 S. 31; vgl. auch BMF v. 2. 6. 1989, BStBl. I S. 179.

---

660 Vgl. BFH v. 30. 1. 1980, BStBl. II S. 327 (Ärztemuster der pharmazeutischen Industrie, keine Teilwertabschreibung); kritisch *Kupsch*, DB 1983 S. 509 ff.; *Euler* in *Raupach* (Hrsg.), Werte und Wertermittlung im Steuerrecht, Köln 1984 S. 155/166.
661 Vgl. BFH v. 27. 10. 1983, BStBl. II 1984 S. 35 mwN.
662 Vgl. BFH v. 13. 10. 1976, BStBl. II 1977 S. 540 (hier: Ausnahme bei Juwelier- und Goldschmiedegeschäft); BFH v. 27. 10. 1983, BStBl. II 1984 S. 35; kritisch *Kallweit/Sisterhenn*, DB 1985 S. 2209 ff.
663 Vgl. BFH v. 6. 11. 1975, BStBl. II 1977 S. 377; *Groh*, DB 1985 S. 1245 ff.
664 Vgl. ferner *Schmidt, L.*, § 6 Anm. 62 (Handelsware).
665 Der Importwarenabschlag kommt nur in Betracht, wenn das Wirtschaftsgut in der Bilanz des Stpfl. auszuweisen und ausgewiesen ist, vgl. dazu BFH v. 9. 2. 1972, BStBl. II S. 563, betr. nicht durch Konnossement repräsentierte Ware; der BFH läßt offen, ob schwimmende oder rollende Ware vom Zeitpunkt des Gefahrenüberganges auf den Käufer in dessen Bilanz ausgewiesen werden darf; *vgl. auch BFH v. 14. 7. 1966, BStBl. III 1967 S. 20*; zum Versendungskauf mit Übergabe an die Transportperson beim vergleichbaren Fall der Preissteigerungsrücklage vgl. BFH v. 3. 8. 1988, BStBl. II 1989 S. 21; dazu kritisch *Freidank*, BB 1988 S. 1995.
666 Bei vorverlegter Stichtagsinventur unzulässig; vgl. Schreiben des BdF v. 13. 6. 1975, DStR S. 624 (Nr. 57).

f) Anzahlungen

Bei geleisteten Anzahlungen handelt es sich um Vorleistungen auf im übrigen **387** noch schwebende Geschäfte. Sie sind grundsätzlich in Höhe des Anzahlungsbetrages anzusetzen; mit der Anzahlung geleistete USt ist nur insoweit aktivierbar, als nicht eine Verrechnung als Vorsteuer erfolgt. Bewertung wie bei Forderungen[667]; das gilt auch für die Einbeziehung des allgemeinen Kreditrisikos in die Pauschalwertberichtigung. Bei Anzahlungen auf Anlagen kommen ggf. steuerrechtliche Abschreibungen in Betracht (§ 254 HGB).

Steuerlich sind Anzahlungen zu aktivieren, und zwar ohne Rücksicht auf die **388** Aktivierbarkeit der angezahlten Lieferung oder Leistung, vgl. BFH v. 4. 8. 1976, BStBl. II S. 675 mwN. Soweit Anzahlungen der USt unterliegen (§ 13 Abs. 1 Nr. 1a Satz 4 und Nr. 1b UStG), ist im Hinblick auf den Vorsteuerabzug (§ 15 Abs. 1 UStG) der Nettoausweis geboten. Nicht abziehbare Vorsteuerbeträge (§ 15 Abs. 2 UStG) sind jedoch in jedem Fall als Anzahlungen zu erfassen.

g) Forderungen

Die Bewertung von Forderungen[668] richtet sich je nachdem, ob es sich um lang- **389** fristige, zum Anlagevermögen (vgl. Tz. 414) gehörende Forderungen oder um solche des Umlaufvermögens handelt, formal nach verschiedenen Vorschriften (§ 253 Abs. 2 Satz 3 oder Abs. 3 HGB). Materiell besteht jedoch kein wesentlicher Unterschied.

Forderungen sind grundsätzlich mit ihrem Nominalbetrag anzusetzen[669]. Zwei- **390** felhafte Forderungen sind mit ihrem wahrscheinlichen Wert anzusetzen, uneinbringliche abzuschreiben (§ 253 Abs. 2 Satz 3 und Abs. 3 Satz 2 HGB). Unverzinsliche oder niedrig verzinsliche Forderungen sind mit dem Barwert (Abzinsung mit fristadäquatem Marktzins, zB landesüblicher Zinsfuß für Papiere mit entsprechender Laufzeit) anzusetzen[670], soweit nicht wegen Geringfügigkeit oder kurzer Restlaufzeiten[671] darauf verzichtet werden kann. Bei Forderungen, die zum Umlaufvermögen gehören, können Wertschwankungen der nächsten 2 Jahre (zB bei voraussichtlich rückläufiger Konjunktur) berücksichtigt werden (§ 253 Abs. 3 Satz 3 HGB, vgl. Tz. 301 f.), bei Forderungen des Anlagevermögens können auch vorübergehende Wertminderungen (zB bei Valutaforderungen) durch Abschreibungen berücksichtigt werden (§ 253 Abs. 2 Satz 3 erster Halbsatz HGB). Bestehende Bürgschaften, Garantien, Delkredereversicherun-

---

667 Zur Einbeziehung von Fremdkapitalzinsen vgl. *ADS*, § 255 HGB Tz. 89 ff.

668 Vgl. *ADS*, § 253 HGB Tz. 487 ff.; *HdJ*, Abt. II/6 (1986) Rn. 102 ff.; *Herrmann* in Rechnungslegung, Finanzen, Steuern und Prüfung in den neunziger Jahren, Düsseldorf 1989 S. 30 ff.; *Kropff* in AktG-Kom., § 155 AktG 1965 Anm. 48 ff.; *Mellerowicz* in Großkom., § 155 AktG 1965 Anm. 63; *Schäfer* (Fn. 86), S. 45 ff.; *Heinlein*, Inf. 1980 S. 361 ff.; *Herfurth*, WPg. 1979 S. 525 ff.; ferner *Ludewig* in FS *Leffson*, Düsseldorf 1976 S. 137 ff.

669 Vgl. *ADS*, 4. Aufl., § 155 AktG 1965 Tz. 15 mit weiteren Literaturhinweisen; ferner *BeBiKo.*, § 255 Anm. 252 ff.; *Mellerowicz* in Großkom., § 155 AktG 1965 Anm. 63; *Schäfer* (Fn. 86), S. 44.

670 Vgl. *ADS*, § 253 HGB Tz. 488; *BeBiKo.*, § 253 Anm. 256 f.; hierzu auch *Böcking*, Bilanzrechtstheorie und Verzinslichkeit, Wiesbaden 1988; im Gegensatz zum Steuerrecht, vgl. BFH v. 30. 11. 1988, BStBl. II 1990 S. 117, sowie Übergangserlaß des BMF v. 17. 1. 1990, BStBl. I S. 71 (Für Darlehensforderungen gegenüber Betriebsangehörigen, ist der Ansatz des Barwertes auch bei unverzinslichen und niedrigverzinslichen Darlehen an Betriebsangehörige weiterhin zulässig; vgl. HFA, FN 1990 S. 101; hierzu auch *Slomma*, DB 1989 S. 1106 f.

671 Vgl. zu vorgeschlagenen Grenzen *ADS*, § 253 HGB Tz. 488 (ein Jahr); *HdR*, § 253 HGB Rn. 175 (drei Monate); *HdJ*, Abt. II/6 (1986) Rn. 121 (Einzelfallentscheidung nach Maßgabe der Generalnorm).

gen udgl. sind bei der Beurteilung der Werthaltigkeit von Forderungen zu berücksichtigen[672]. Zur Bildung von **Pauschalwertberichtigungen** vgl. *ADS*, § 253 HGB Tz. 489.

391 Bei Lieferungen mit **Rückgaberecht**[673] ist eine Gewinnrealisation noch nicht möglich; die Bewertung darf daher höchstens zu den Anschaffungs- oder Herstellungskosten der gelieferten Waren abzüglich voraussichtlich anfallender Rücknahmekosten und abzüglich Wertminderungen infolge Beschädigungen zurückzunehmender Waren erfolgen. Aus praktischen Gründen wird man es bei Versandhandelsunternehmen auch als zulässig ansehen können, die Forderungen zum Nennbetrag auszuweisen, wenn in Höhe des Unterschieds zwischen Nennbetrag und dem an sich zu aktivierenden Betrag zzgl. der Rücknahmekosten und evtl. Wertminderungen wegen Beschädigung eine Rückstellung gebildet wird. Soweit es sich um wesentliche Beträge handelt, wird in diesem Fall auch ein Vermerk bei dem Bilanzposten Forderungen („davon DM ... mit Rückgaberecht") im Interesse der Bilanzklarheit geboten sein. Vorstehendes gilt grundsätzlich auch für Unternehmen mit statistisch zuverlässig ermittelbarer Rückgabequote, da eine Gewinnrealisation auch hier erst mit Wegfall des Rückgaberechts eintritt[674].

392 **Währungsforderungen** sollen nach einer im geänderten Entwurf vorliegenden Verlautbarung des HFA[675] zu dem Kurs umgerechnet werden, der zum Zeitpunkt der Erstverbuchung maßgeblich war, es sei denn, daß sich ein niedrigerer Stichtagskurs ergibt[676]. Kursgewinne dürften dann erst bei Eingang der Forderungen vereinnahmt werden. Bei Währungsforderungen ist zusätzlich zum Bonitätsrisiko des Schuldners auch das Valutarisiko (nachteilige Änderung des Wechselkurses) zu berücksichtigen. Gleichen sich Ansprüche und Verpflichtungen derselben Währung hinsichtlich ihres Betrages und der Fälligkeitsfristen aus **(geschlossene Position),** so können diese Beträge als Einheit bewertet werden (vgl. HFA, WPg. 1986 S. 664 ff.)[677]. Das sog. **Länderrisiko**[678] besteht ggf. sowohl bei Währungs- als auch bei DM-Forderungen. Zur Berücksichtigung von Terminkursen vgl. mit unterschiedlichen Auffassungen *Schnicker*, WPg. 1978 S. 325 ff., und *Wentz*, WPg. 1979 S. 252 ff.[679]. Bei längerfristigen Währungsfor-

---

672 Vgl. *ADS*, § 253 HGB Tz. 490; aA zur Delkredereversicherung (mit Übersicht über den Meinungsstand) *BeBiKo.*, § 253 Anm. 590.

673 Vgl. *ADS*, § 277 HGB Tz. 28; aA *HdJ*. Abt. II/6 (1986) Rn. 143; vgl. auch *Hild*, WPg. 1972 S. 117 ff.; ausführlich *Piltz*, BB 1985 S. 1368 ff., mit umfangreichen Literaturnachweisen.

674 Vgl. *ADS*, § 252 HGB Tz. 81, die für Kapitalgesellschaften in wesentlichen Fällen Angaben nach § 284 Abs. 2 Nr. 1 HGB fordern (§ 277 HGB Tz. 28).

675 Zur Währungsumrechnung im Jahres- und Konzernabschluß, WPg. 1986 S. 664 ff.

676 So auch *Kropff* in AktG-Kom., § 155 AktG 1965 Anm. 50; *Schäfer* (Fn. 86), S. 105 ff.; *Tubbesing*, ZfbF 1981 S. 804 ff.; *Groh*, DB 1986 S. 869 ff.; nicht so streng für kurzfristige Forderungen *ADS*, § 253 HGB Tz. 86 (grundsätzlich Bewertung zum Stichtagskurs zulässig); ebenso *BeBiKo.*, § 255 Anm. 258; vgl. auch *Bezold*, DB 1987 S. 2213 ff.; *Gmelin*, WPg. 1987 S. 597 ff.; *Burckhardt*, GoB für Fremdwährungsgeschäfte, Düsseldorf 1988 S. 80 ff.; *Langenbucher*, Die Umrechnung von Fremdwährungsgeschäften, Stuttgart 1988 S. 39 ff.; *Pomrehn*, DB 1990 S. 1102 f.; zu Angaben von Kapitalgesellschaften vgl. § 284 Abs. 2 Nr. 2 HGB.

677 Vgl. auch *ADS*, § 253 HGB Tz. 92 ff.; *BeBiKo.*, § 253 Anm. 77 ff.; zur Kurssicherung vgl. auch *Windmöller* in Bericht über die IDW-Fachtagung 1988, Düsseldorf 1989 S. 89 ff.; *Burckhardt*, WPg. 1989 S. 495 ff.; *Priess*, Devisentermingeschäfte und Jahresabschlußzwecke, Frankfurt a. M. 1988.

678 Zur bilanzrechtlichen Beurteilung von Länderrisiken vgl. *Scholz*, Börsenzeitung 1984 S. 7, sowie *steuerlich Urteil* des hess. FG v. 16. 9. 1983, BB 1984 S. 36 (Teilwertabschreibung auf Polenkredit). Zur Bewertung vgl. *Schobert*, StBp. 1986 S. 73 ff.; *Baxmann*, ZfB 1990 S. 497 ff.; hierzu auch *Meyer*, Die Beurteilung von Länderrisiken der internationalen Unternehmung, Berlin 1987.

679 Ablehnend zur Anwendung des Devisenterminkurses bei offenen Positionen *ADS*, § 253 HGB Tz. 87; *HdR*, II Rn. 434.

derungen ist ggf. Abzinsung auf Basis des höheren ausländischen Zinsniveaus erforderlich[680].

Die Bewertung in der **StB**[681] erfolgt nach § 6 Abs. 1 Nr. 2 EStG nach den Grund- **393** sätzen über die Bewertung des Umlaufvermögens; demnach sind Forderungen mit dem Anschaffungswert (= Nominalwert) zu bewerten[682]. Die handels- und steuerrechtliche Bilanzierung entsprechen sich weitgehend[683]. Eine Abschreibung auf den niedrigeren Teilwert kann nur mit den besonderen Verhältnissen, vor allem mit der derzeitigen Wirtschaftslage des Schuldners, begründet werden; im übrigen dürfen Mahnkosten, Kosten der gerichtlichen Verfolgung und Zwangsvollstreckung ebenso berücksichtigt werden wie innerbetriebliche Verluste (Zinsen und Bearbeitungsaufwendungen) sowie etwaige Skontoabzüge (vgl. BFH v. 19. 1. 1967, BStBl. III S. 336). Ob eine Forderung zweifelhaft ist, entscheidet der Bilanzierende nach seinem Ermessen; er darf dabei die Grenze der Schätzung eines sorgfältigen Kaufmanns nicht überschreiten[684]. Die tatsächlichen Forderungsausfälle der Vergangenheit bieten einen wesentlichen Anhaltspunkt für zu erwartende Forderungsausfälle[685]. Die Debitoren müssen nach gleichmäßigen Gesichtspunkten bewertet werden[686]. Zur Berücksichtigung von sog. wertaufhellenden Tatsachen vgl. BdF-Schr. v. 29. 4. 1974, DStR S. 347; *Mittelbach*, Inf. 1978 S. 73 ff. (Bewertung nach der retrospektiven Methode). Die Aufhellungstheorie ist nunmehr auch bei pauschal ermittelten Wertberichtigungen zu beachten. Delkredereversicherungen sind bei der Bewertung von Forderungen zu berücksichtigen[687].

h) Wertpapiere

Grundlage der Bewertung sind die Anschaffungskosten einschließlich Nebenko- **394** sten[688]. Die bis zum Abschlußstichtag aufgelaufenen Stückzinsen aus festverzinslichen Wertpapieren sind als sonstige Vermögensgegenstände zu aktivieren (Vollständigkeitsgebot, § 246 Abs. 1 Satz 1 HGB). Zur Bewertung von **Zero-Bonds** im Jahresabschluß des Erwerbers vgl. St/HFA 1/1986[689].

Abschreibungen sind je nachdem, ob es sich um Wertpapiere des Anlage- oder **395** des Umlaufvermögens handelt, nach § 253 Abs. 2 Satz 3 oder Abs. 3 HGB vorzunehmen. Für Wertpapiere des Umlaufvermögens gilt das strenge Niederstwertprinzip, bei Wertpapieren des Anlagevermögens brauchen bei nur vorübergehender Wertminderung keine Abschreibungen vorgenommen zu werden (gemildertes Niederstwertprinzip), während bei voraussichtlich dauernder Wertminderung grundsätzlich die Pflicht zur Abschreibung besteht[690]. Vergleichswert ist

---

680 Im Ergebnis ähnlich *Wentz*, WPg. 1979 S. 252 ff., der eine Korrektur des Kassakurses um die Zinssatzdifferenz zwischen den betrachteten Währungen vorschlägt.
681 Vgl. dazu *Schmidt, L.*, § 6 Anm. 86 f. mwN.
682 Vgl. ua. BFH v. 23. 11. 1967, BStBl. II 1968 S. 176.
683 Vgl. *Storn*, WPg. 1975 S. 131.
684 Vgl. BFH v. 22. 11. 1988, BStBl. II 1989 S. 359, 362 (zur Pauschalwertberichtigung).
685 Vgl. BFH v. 9. 5. 1961, BStBl. III S. 336.
686 Wegen Einzelheiten vgl. *HHR*, § 6 EStG Anm. 917 ff.
687 So auch *Kulla*, DStR 1980 S. 612 ff.; *Knüppe*, DB 1985 S. 2361 ff.; *Rohse*, StBp. 1985 S. 193 ff.; *Schmidt, L.*, § 6 Anm. 87c; aA *Jebens*, DB 1975 S. 1043 ff.; *Ludewig* (Fn. 668), S. 145 f.; *Lemm*, DStR 1979 S. 423 ff.; *Graf von Westphalen*, BB 1982 S. 711 ff. (bei Auslandsforderungen).
688 Vgl. zu Bewertungsvereinfachungsverfahren mit teilw. unterschiedlichen Ansichten *ADS*, § 255 HGB Tz. 121, § 256 HGB Tz. 24; *HdJ*, Abt. II/3 (1987) Rn. 133 f.; *HdR*, § 256 HGB Rn. 25. Steuerlich vgl. *Schmidt, L.*, § 6 Anm. 86b.
689 Steuerlich vgl. BMF v. 5. 3. 1987, BStBl. I S. 394, sowie *Bordewin*, WPg. 1986 S. 263.
690 Vgl. zu Ausnahmen bei festverzinslichen Wertpapieren *ADS*, § 253 HGB Tz. 426.

grundsätzlich der Börsenkurs des Abschlußstichtags, der um Verkaufsspesen zu kürzen ist[691]. Ist eine alsbaldige Veräußerung jedoch nicht beabsichtigt, so können neben dem Börsenkurs die Anschaffungsnebenkosten berücksichtigt werden[692]. Eine niedrigere Bewertung zur Berücksichtigung künftiger Kursschwankungen ist für Wertpapiere des Umlaufvermögens im Rahmen von § 253 Abs. 3 Satz 3 HGB zulässig (vgl. Tz. 301 f.)[693]. Bei gestiegenen Kursen kann der Wert höchstens bis zu den Anschaffungskosten heraufgesetzt werden; der niedrigere Wertansatz kann auch beibehalten werden (§ 253 Abs. 5 HGB; sog. Beibehaltungswahlrecht, zur Geltung für Kapitalgesellschaften nach § 280 HGB vgl. F Tz. 35 ff.). In der **StB** erfolgt Bewertung nach den allgemeinen Grundsätzen für das Umlaufvermögen gem. § 6 Abs. 1 Nr. 2 EStG[694].

i) Wechsel

396 Die Bewertung erfolgt wie bei Forderungen; ggf. ist die Zahlungsfähigkeit auch der übrigen Wechselverpflichteten (Indossanten und Bürgen) zu berücksichtigen. Wechsel sind mit dem Barwert anzusetzen; Ansprüche auf Erstattung von Diskont und Spesen sind als Forderungen zu aktivieren. Zur **steuerlichen** Bewertung von Wechselforderungen vgl. BFH v. 31. 10. 1963, HFR 1964 S. 114 (Besitzwechsel sind wie die ihnen zugrundeliegenden Forderungen zu bewerten).

j) Kassenbestand, Guthaben bei Kreditinstituten

397 Die Bewertung von **Kassenbeständen** erfolgt zum Nennwert, bei ausländischen Sorten in laufender Rechnung zum Tageskurs des Abschlußstichtages[695]. Muß mit Abwertung der ausländischen Währung gerechnet werden, kann niedrigere Bewertung nach § 253 Abs. 3 Satz 3 HGB in Betracht kommen[696]. **Guthaben bei Kreditinstituten** sind nach den für Forderungen geltenden Grundsätzen zu bewerten.

k) Sonstige Vermögensgegenstände

398 Die Bewertung richtet sich nach der Art des Vermögensgegenstandes. Auszugehen ist von den **Anschaffungskosten,** ggf. vermindert um Abschreibungen nach § 253 Abs. 3 HGB. Bei der Bewertung von (Rückgriffs-)Forderungen aus Bürgschaftsübernahmen und Treuhandverhältnissen sowie aufgrund anderer Haftungsverhältnisse sind die zugrundeliegenden Vertragsverhältnisse zu berücksichtigen. Schadensersatzforderungen erstrecken sich grundsätzlich auf Naturalrestitution (§ 249 BGB). Erfolgt bei unverzinslichen oder niedrig verzinslichen Darlehen ein Ausgleich in anderer Form, kann bei unbedeutenden Darlehen auf Abzinsung verzichtet werden. Zur Bewertung von **Optionsrechten** im JA des

---

691 Zu Wertpapieren mit Sonderausstattung vgl. St/BFA 2/1971; zu Wertpapieren mit geschlossenem Abnehmerkreis vgl. St/VFA 1/1983, WPg. 1984 S. 113 f.
692 Vgl. *ADS*, § 253 HGB Tz. 455 f.; teilw. abw. *Kropff* in AktG-Kom., § 155 AktG 1965 Anm. 47 (keine Absetzung der Verkaufsspesen).
693 Vgl. *ADS*, § 253 HGB Tz. 520; zu Abschreibungen nach §§ 253 Abs. 4 und 254 Satz 1 HGB vgl. auch *HdJ*, Abt. II/7 (1986) Rn. 31.
694 *Vgl. auch Schmidt, L.* § 6 Anm. 62 (Wertpapiere).
695 *Nach dem geänderten Entwurf einer Stellungnahme des HFA zur Währungsumrechnung im Jahres- und Konzernabschluß soll künftig grundsätzlich auch bei ausländischen Sorten das Anschaffungswertprinzip gelten; vgl. WPg. 1986 S. 664 ff.; zustimmend Groh, DB 1986 S. 869 ff. (870).*
696 Vgl. *ADS*, § 253 HGB Tz. 501; *Mellerowicz* in Großkom., § 155 AktG 1965 Anm. 65.

Erwerbers vgl. St/BFA 2/1987[697]. Personenhandelsgesellschaften dürfen Ansprüche auf Anrechnung von KSt auf Gewinnausschüttungen von Kapitalgesellschaften nicht ansetzen (vgl. St/HFA 2/1977).

Steuerlich[698] sind nicht nur Erstattungsansprüche für überzahlte Steuern[699], rechtliche Ansprüche auf Umsatzboni[700], Schadensersatzansprüche[701] usw., sondern auch wirtschaftlich bereits verursachte künftige Ansprüche zu aktivieren; damit sind aufgrund langjähriger Übung der Höhe nach feststehende Umsatzprämien auch dann aktivierungspflichtig, wenn kein Rechtsanspruch besteht[702]. Wegen der Bewertung von Rückdeckungsansprüchen aus Lebensversicherungen vgl. EStR 1990 Abschn. 41 Abs. 26; aA *Güldenagel*, WPg. 1981 S. 384 ff., und *Wichmann*, BB 1989 S. 1228 (Rückkaufswert). Ein Anspruch auf Substanzerhaltung ist beim Verpächter mit dem Teilwert zu bilanzieren.   **399**

5. Bewertung von Rückstellungen (§ 253 Abs. 1 Satz 2 HGB)

Vgl. hierzu Tz. 74 f.   **400**

6. Bewertung von Verbindlichkeiten (§ 253 Abs. 1 Satz 2 HGB)

Verbindlichkeiten sind zu ihrem Rückzahlungsbetrag (= Erfüllungsbetrag), Rentenverpflichtungen, für die eine Gegenleistung nicht mehr zu erwarten ist, zu ihrem Barwert anzusetzen (§ 253 Abs. 1 Satz 2 HGB)[703].   **401**

Der **Rückzahlungsbetrag** ist idR identisch mit dem Betrag, zu dem die Verbindlichkeit eingegangen wurde (Ausgabebetrag). Ein höherer Rückzahlungsbetrag kann aus einem Auszahlungsdisagio oder einem Rückzahlungsagio resultieren, ein niedrigerer Rückzahlungsbetrag (selten!) aus einem Rückzahlungsdisagio. Auszahlungsdisagio und Rückzahlungsagio dürfen (Wahlrecht) **aktivisch abgegrenzt** werden (§ 250 Abs. 3 HGB; vgl. Tz. 176)[704]. Ein Rückzahlungsdisagio ist nach GoB zu passivieren (Rechnungsabgrenzungsposten, § 250 Abs. 2 HGB) und anteilsmäßig während der Laufzeit der Verbindlichkeit zu vereinnahmen[705].

Die **Abzinsung** unverzinslicher oder niedrig verzinslicher Verbindlichkeiten ist grundsätzlich nicht zulässig[706]. Zur Bilanzierung von Verbindlichkeiten mit steigender Verzinsung vgl. *Scholz*, WPg. 1973 S. 53 ff.; *Scheiterle*, WPg. 1983   **402**

---

697 Vgl. hierzu auch *Häuselmann*, DB 1987 S. 1745 ff.; *Dreissig*, BB 1989 S. 1511 ff.; *Häuselmann/Wiesenbart*, DB 1990 S. 641 ff.; *Niemeyer*, BB 1990 S. 1022 ff. (teilw. auch steuerlich); zur Bewertung von Devisenoptionen *Schäfer, K.*, WiSt. 1991 S. 122 ff.
698 Vgl. auch *Schmidt, L.*, § 5 Anm. 31.
699 Vgl. BFH v. 28. 4. 1964, DB S. 1011.
700 BFH v. 25. 9. 1956, BStBl. III S. 349.
701 BFH v. 11. 10. 1973, BStBl. II 1974 S. 90; BFH v. 26. 4. 1989, BB S. 1729.
702 Vgl. BFH v. 9. 2. 1978, BStBl. II S. 370; zu einem Gegenbeispiel ferner BFH v. 6. 12. 1978, BStBl. II 1979 S. 262 (keine Aktivierung eines Anspruchs auf verbilligten Nachbezug von Rohstoffen).
703 Unter betriebswirtschaftlichen Gesichtspunkten sehr ausführlich und grundsätzlich zur Fremdkapitalbewertung *Moxter*, WPg. 1984 S. 397 ff.
704 Steuerlich vgl. EStR 1990 Abschn. 37 Abs. 3.
705 Vgl. *ADS*, § 250 HGB Tz. 104, § 253 HGB Tz. 76; *Kropff* in AktG-Kom., § 156 AktG 1965 Anm. 26.
706 Vgl. *ADS*, § 253 HGB Tz. 79; *Kropff* in AktG-Kom., § 156 AktG 1965 Anm. 17 (mit Ausnahmen); *Hüttemann* (Fn. 86), S. 79; vgl. hierzu auch *Döllerer*, BB 1987 Beil. 10 S. 10; *Strobl* in FS *Döllerer*, Düsseldorf 1988 S. 615 ff.; *Clemm*, StbJb. 1987/88 S. 67 ff.; zu unterverzinslichen Optionsanleihen vgl. *Koch/Vogel*, BB 1986 Beil. 10; *Busse von Colbe* in Bilanzierung von Optionsanleihen im Handelsrecht, Heidelberg 1987 S. 47 ff.; *Kropff*, ZGR 1987 S. 283 ff.

S. 558 ff., und *Kalveram*, WPg. 1990 S. 535 ff. **Zero-Bonds** sind nur mit dem Betrag zu passivieren, der am Bilanzstichtag geschuldet wird, dh. dem Ausgabebetrag zzgl. der aufgrund einer kapitalabhängigen Effektivzinsberechnung ermittelten Zinsschuld, die bis zum Abschlußstichtag entstanden ist [707].

403   Auch **Währungsverbindlichkeiten** (Valutaschulden) sind grundsätzlich mit dem Rückzahlungsbetrag anzusetzen; dabei ist idR der am Abschlußstichtag geltende Briefkurs zugrunde zu legen [708]. Langfristige Valutaschulden [709] sind ggf. zum höheren Einstandswert zu bilanzieren, da andernfalls nicht realisierte Gewinne vereinnahmt würden [710]. Eine erfolgsneutrale Kompensation von Kursverlusten bei Forderungen und Kursgewinnen bei Verbindlichkeiten (und umgekehrt) ist unter bestimmten Voraussetzungen zulässig; vgl. dazu *ADS*, § 253 HGB Tz. 92 ff., sowie den geänderten Entwurf einer Verlautbarung des HFA zur Währungsumrechnung, WPg. 1986 S. 664 [711].

404   **Rentenverpflichtungen,** für die das Unternehmen noch eine gleichwertige Gegenleistung zu erwarten hat, sind nach den Grundsätzen für schwebende Geschäfte zu behandeln, dh. nicht zu passivieren. Dieser Grundsatz ist in der Bestimmung des § 253 Abs. 1 Satz 2 HGB („für die eine Gegenleistung nicht mehr zu erwarten ist") verdeutlicht worden. Andere Rentenverpflichtungen sind mit dem Barwert anzusetzen. Der Barwert ist unter Berücksichtigung von Zinseszinsen nach mathematischen Grundsätzen zu ermitteln. Der Zinssatz darf im allgemeinen 3 vH nicht unterschreiten [712]; die Obergrenze sollte sich an den Zinssätzen für langfristig aufgenommenes Kapital ausrichten [713]. Bei Rentenschulden iSv. § 1199 BGB ist der Barwert mit der Ablösungssumme identisch [714].

405   Wegen Auswirkungen indexbezogener **Wertsicherungsklauseln** auf die Passivierung langfristiger Verbindlichkeiten vgl. *Lindeiner-Wildau*, DB 1977 S. 132 ff., sowie *ADS*, § 253 HGB Tz. 113 ff. **Sachleistungsverbindlichkeiten** sind mit den Beschaffungskosten zum Zeitpunkt der Entstehung oder mit den höheren Stichtagspreisen zu bewerten.

406   In der **StB** sind Verbindlichkeiten nach § 6 Abs. 1 Nr. 3 iVm. Nr. 2 EStG zu den Anschaffungskosten oder dem höheren Teilwert zu bewerten [715]. Als Anschaf-

707 Vgl. *Meyer, H.* in Bankaufsicht, Bankbilanz und Bankprüfung, Düsseldorf 1985 S. 149; *Forster,* ZfbF 1985 S. 750 f.; *Ulmer/Ihrig,* ZIP 1985 S. 1169 ff.; St/HFA 1/1986; *Bordewin,* WPg. 1986 S. 263 ff.; *Böcking,* ZfbF 1986 S. 930 ff.; *Kussmaul,* BB 1987 S. 1562 ff.; vgl. hierzu auch *Zehner,* Zero-Bonds in Emissionsrecht, Steuerrecht und Bilanzrecht, München 1987; *Baxmann,* WPg. 1990 S. 288 ff.; *Siegel,* WPg. 1990 S. 449 ff.; kritisch zur Nettobilanzierung *Clemm* in StbJb. 1987/88 S. 67 ff. (83); *Schwarze,* Ausweis und Bewertung neuer Finanzierungsinstrumente in der Bankbilanz, Berlin 1989 S. 37 ff.
708 aA *Kölner Kom.*, § 253 HGB Anm. 56 (auch Mittelkurs zulässig).
709 Nach dem geänderten Entwurf einer Verlautbarung des HFA zur Währungsumrechnung (WPg. 1986 S. 664) soll dies künftig für alle Valutaschulden gelten; zustimmend *Groh,* DB 1986 S. 869 ff. (870); abw. unter Praktikabilitätsgesichtspunkten *ADS,* § 253 HGB Tz. 86; *BeBiKo.,* § 253 Anm. 75 (für kurzfristige Verbindlichkeiten weiterhin Stichtagskurse zulässig).
710 Vgl. *ADS,* § 253 HGB Tz. 87, sowie bei freien Wechselkursen (Floating) auch *Kropff* in AktG-Kom., § 156 AktG 1965 Anm. 13. Steuerlich vgl. EStR 1990 Abschn. 37 Abs. 2.
711 Vgl. ferner *Strunz,* BFuP 1978 S. 262 ff. (zur Gewinnrealisierung aus langfristigen Dollarverbindlichkeiten); *Hüttemann* (Fn. 86), S. 134 ff., hält die erfolgsneutrale Behandlung für zwingend; ähnlich offenbar auch *Kropff* in AktG-Kom., § 156 AktG 1965 Anm. 14, sowie *Tubbesing,* ZfB 1981 S. 804 ff.; vgl. hierzu auch *Burckhardt,* WPg. 1989 S. 495; *Hartung,* BB 1990 S. 1665 ff.
712 Vgl. *ADS, § 253 HGB* Tz. 154; aA *HdJ,* Abt. III/8 (1988) Rn. 309 (etwa 5 vH).
713 Vgl. *ADS,* § 253 HGB Tz. 154.
714 Vgl. *ADS,* § 253 HGB Tz. 152; *BoHdR,* § 253 HGB Rn. 42; hierzu auch *Hüttemann* (Fn. 86), S. 118 f.
715 Vgl. *HdU,* B Rn. 851 ff.; *Schmidt, L.,* § 6 Anm. 90 f.

fungskosten einer Verbindlichkeit gilt der Nennwert, dh. der Rückzahlungsbetrag (vgl. EStR 1990 Abschn. 37). Betriebliche Leibrentenverpflichtungen sind mit dem Barwert anzusetzen; dabei ist im Regelfall als Rechnungszinsfuß 5,5 vH zugrunde zu legen[716]. Wird die Leibrentenverpflichtung als Gegenleistung für die Hingabe eines bestimmten Geldbetrages begründet, entspricht der Barwert der Rentenverpflichtung grundsätzlich dem Geldbetrag[717].

7. Übergangsvorschriften

Für die erstmalige Anwendung des neuen Bilanzrechts (zwingend für das nach   **407** dem 31. 12. 1986 beginnende GJ) enthielt Art. 24 EGHGB verschiedene Übergangsvorschriften, die insofern noch von Bedeutung sind, als nach altem Recht zulässige niedrigere Wertansätze beibehalten werden konnten und weiterhin fortgeführt werden.

Die Übergangsvorschriften sind ausführlich in der Vorauflage dargestellt; wegen Einzelheiten vgl. dort Bd. II S. 128 ff.

V. Gliederungsvorschriften

1. Allgemeines

Während für den JA der Kapitalgesellschaften ausführliche Gliederungsvor-   **408** schriften bestehen (§§ 265 ff. HGB, vgl. F Tz. 9 ff., 40 ff. und 242 ff.), die im Grundsatz auch von den unter das PublG fallenden Gesellschaften und den Genossenschaften zu befolgen sind (§ 5 Abs. 1 PublG, vgl. H Tz. 31 ff.; § 336 Abs. 2 HGB, vgl. G Tz. 5 ff.), sind alle anderen Kaufleute an keine bestimmte Gliederung gebunden, soweit sie nicht den Vorschriften des KWG unterliegen. § 247 Abs. 1 HGB bestimmt lediglich, daß in der Bilanz das Anlage- und Umlaufvermögen, das Eigenkapital und die Schulden sowie die RAP auszuweisen und **hinreichend aufzugliedern** sind. Außerdem gilt, daß

- Saldierungen zwischen Aktivposten und Passivposten sowie zwischen Aufwendungen und Erträgen unzulässig sind (§ 246 Abs. 2 HGB),
- beim Anlagevermögen nur die Gegenstände auszuweisen sind, die bestimmt sind, dauernd dem Geschäftsbetrieb zu dienen (§ 247 Abs. 2 HGB),
- Sonderposten mit Rücklageanteil gesondert auszuweisen sind (§ 247 Abs. 3 Satz 2 HGB),
- der JA den GoB (vgl. Tz. 4 f.) zu entsprechen hat und klar und übersichtlich sein muß (§ 243 Abs. 1 und 2 HGB).

Der **Grundsatz der Klarheit und Übersichtlichkeit** gebietet, daß   **409**

- die Bezeichnung der einzelnen Posten klar und verständlich sein muß (gesetzliche Begriffsinhalte sind bindend),
- jeder Posten mit dem dazugehörigen, in Ziffern ausgedrückten Betrag eine eigene Zeile erhält,

---

716 Vgl. BFH v. 20. 11. 1969, BStBl. II 1970 S. 309.
717 Vgl. BFH v. 31. 1. 1980, BStBl. II S. 491.

– die Posten in sinnvoller Weise aufeinander folgen und untereinandergesetzt werden.

410 Es entspricht ferner den GoB, in aufeinanderfolgenden Jahren die **Form der Darstellung beizubehalten**[718].

411 Es ist üblich, die **Bilanz in Kontoform** mit den Vermögensposten auf der linken und den Passivposten auf der rechten Seite aufzustellen. Eine Bilanz in Staffelform ist in Deutschland für Kapitalgesellschaften, eG und dem PublG unterliegende Unternehmen nicht zugelassen, was indes ihre Verwendung durch andere Kaufleute nicht grundsätzlich ausschließt. Für die **GuV** kann die **Kontoform oder Staffelform** gewählt werden (Kapitalgesellschaften: nur Staffelform).

412 Die Angabe von **Vergleichszahlen** des VJ ist nicht vorgeschrieben, aber zweckmäßig. Falls zu einzelnen Posten zusätzliche Angaben gemacht werden sollen, können diese in **Fußnoten** untergebracht werden. Derartige Angaben können nach dem Grundsatz der Klarheit notwendig sein, damit sich ein sachverständiger Dritter in angemessener Zeit einen Überblick über die Unternehmenslage verschaffen kann; die Erstellung eines Anhangs iSd. §§ 284 ff. HGB ist nicht erforderlich. Wohl aber kann ein **Erläuterungsteil** zweckmäßig sein, der nicht den strengen Bestimmungen für den Anhang von Kapitalgesellschaften entsprechen muß[719].

2. Gliederung der Bilanz

413 Anhaltspunkte für eine **hinreichende Aufgliederung der Bilanz** lassen sich aus den Gliederungsvorschriften für die kleine Kapitalgesellschaft gewinnen (§ 266 Abs. 1 Satz 3 HGB)[720].

Die Bilanz einer **Einzelfirma** könnte in etwa wie folgt aussehen:

Aktivseite	Passivseite
A. Anlagevermögen	**A. Eigenkapital**
1. Immaterielle Vermögensgegen-	Stand 1. 1. 19…
stände	Einlagen/Entnahmen
2. Sachanlagen	Bilanzergebnis
3. Finanzanlagen	Stand 31. 12. 19…
B. Umlaufvermögen	**B. Rückstellungen**
1. Vorräte	**C. Verbindlichkeiten**
2. Forderungen und sonstige Ver-	1. Warenschulden
mögensgegenstände	2. Wechselschulden
3. Wertpapiere	3. Bankschulden
4. Flüssige Mittel	4. Sonstige Verbindlichkeiten
einschl. Bankguthaben	
C. Rechnungsabgrenzungsposten	**D. Rechnungsabgrenzungsposten**

---

718 Vgl. *Leffson* (Fn. 10), S. 433; *Bundessteuerberaterkammer*, StB 1988 S. 46 ff.; *BeBiKo.*, § 243 Anm. 65; *HdR*, § 243 HGB Rn. 43.

719 Vgl. *Schellein*, WPg. 1988 S. 693 ff.; *Bundessteuerberaterkammer*, StB 1988 S. 46 ff.; strenger *Leffson* in FS *Goerdeler*, Düsseldorf 1986 S. 315 ff. (323).

720 Vgl. *BeBiKo.*, § 243 Anm. 56; strenger *HdR*, § 243 HGB Rn. 49; *Baumbach/Duden/Hopt*, 28. Aufl., § 247 HGB Abschn. 1 B; *Bundessteuerberaterkammer*, StB 1988 S. 46 ff. (grundsätzlich Schema für große Kapitalgesellschaften).

Posten, unter denen keine Beträge auszuweisen sind, entfallen. **Weitere Aufgliederungen** können je nach absoluter oder relativer Bedeutung der ausgewiesenen Beträge in Betracht kommen.

Das **Anlagevermögen** umfaßt alle Gegenstände, die dazu bestimmt sind, dauernd **414** dem Geschäftsbetrieb zu dienen (§ 247 Abs. 2 HGB). Ein sog. **Anlagenspiegel** könnte entweder in der für Kapitalgesellschaften vorgesehenen Form (§ 268 Abs. 2 HGB, vgl. F Tz. 42 ff.) aufgestellt werden oder in der relativ einfachen, aber sehr übersichtlichen Form der direkten Nettomethode nach § 152 Abs. 1 Satz 2 AktG 1965[721]. Das **Sachanlagevermögen** könnte nach Grundstücken und Gebäuden, Maschinen sowie der sonstigen Betriebs- und Geschäftsausstattung untergliedert werden, die **Vorräte** nach Roh-, Hilfs- und Betriebsstoffen, nach unfertigen Erzeugnissen sowie nach fertigen Erzeugnissen, Waren. Bei den **Verbindlichkeiten** könnte eine Trennung nach langfristigen und nach anderen Verbindlichkeiten in Betracht kommen. Wesentliche **erhaltene Anzahlungen** könnten gesondert gezeigt oder von den Vorräten offen abgesetzt werden. Je größer ein Unternehmen ist, desto stärker wird das Bedürfnis nach und die Notwendigkeit zu einer weitergehenden Aufgliederung sein, bis die Größenmerkmale des PublG erreicht sind und die Gliederungsvorschriften für Kapitalgesellschaften verbindlich werden (§ 5 Abs. 1 Satz 2 PublG)[722].

Außerhalb der Hauptspalte der Bilanz sind auf der Passivseite die in § 251 HGB **415** aufgeführten **Haftungsverhältnisse** (vgl. Tz. 55 ff.) zu vermerken; die Angabe von Rückgriffsforderungen in einem parallelen Vermerk auf der Aktivseite ist zulässig, aber nicht nötig.

Die gleichen Gliederungsgrundsätze gelten für die Bilanzen von **Personenhan-** **416** **delsgesellschaften (OHG, KG)**. Diese haben darüber hinaus für einen den GoB entsprechenden, klaren und übersichtlichen Ausweis der **Kapitalanteile** und der sonstigen **Gesellschafterkonten** Sorge zu tragen[723], wie er in der St/HFA 1/1976 (zZ in Überarbeitung) beschrieben ist. Insbesondere gilt danach:

- das bilanzmäßige Eigenkapital muß vom Fremdkapital unterschieden werden können (II Nr. 1);
- Gesellschafterkonten, die im Falle eines Konkurses als Konkursforderung geltend gemacht werden können, dürfen nicht als Eigenkapital ausgewiesen werden (II Nr. 2)[724];
- die Kapitalanteile persönlich haftender Gesellschafter können zu einem Posten zusammengefaßt werden;
- positive und negative Kapitalanteile dürfen saldiert werden (II Nr. 3);
- gleiches gilt für die Kapitalanteile beschränkt haftender Gesellschafter (II Nr. 4);

---

721 Vgl. hierzu *ADS*, § 268 HGB Tz. 38 ff., sowie zur alten aktienrechtlichen Form 4. Aufl., § 152 AktG 1965 Tz. 8 ff.; ferner *Mundt* in Personengesellschaft und Bilanzierung, Düsseldorf 1990 S. 147 ff. (152); *Bundessteuerberaterkammer*, StB 1988 S. 46 ff. (für entsprechende Anwendung des § 268 Abs. 2 HGB).
722 Im einzelnen vgl. H Tz. 31 ff.
723 Vgl. hierzu *Schopp*, BB 1987 S. 581 ff.; *Bundessteuerberaterkammer*, StB 1989 S. 364 ff.; *Schulze-Osterloh* in Personengesellschaft und Bilanzierung, Düsseldorf 1990 S. 129 ff. (135 ff.); ausführlich *BeBiKo.*, § 247 Anm. 153 ff.; *HdR*, § 247 HGB Rn. 92 ff.
724 Vgl. hierzu BGH v. 21. 3. 1988, WM S. 750 ff.; *Schellein*, WPg. 1988 S. 693 ff. (698).

- ausstehende eingeforderte Pflichteinlagen von Gesellschaftern sind als solche auf der Aktivseite auszuweisen oder auf der Passivseite offen von den Kapitalanteilen abzusetzen (II Nr. 5)[725];
- wesentliche Forderungen und Verbindlichkeiten an und gegenüber Gesellschafter(n) sind als solche auszuweisen oder durch Vermerk kenntlich zu machen (II Nr. 6);
- negative Kapitalanteile und Verlustvorträge dürfen nicht als Forderungen an Gesellschafter ausgewiesen werden (II Nr. 6);
- Anteile an einer persönlich haftenden Kapitalgesellschaft (zB bei einer KG Geschäftsanteile an der Komplementär-GmbH) sind als solche unter Angabe des Nennbetrages kenntlich zu machen (I Nr. 2);
- persönliche Steuerschulden eines Gesellschafters sind nicht als Schulden der Gesellschaft auszuweisen (I Nr. 3).

417   Unternehmen in vorgenannten Rechtsformen in den **neuen Bundesländern** müssen nach dem Grundsatz der Klarheit und Übersichtlichkeit in der Eröffnungsbilanz angesetzte zusätzliche Bilanzposten ggf. auch in den folgenden GJ gesondert ausweisen (zB Sonderverlustkonto aus Rückstellungsbildung nach § 17 Abs. 4 DMBilG oder Kapitalentwertungskonto nach § 28 Abs. 2 DMBilG; vgl. zu den Sonderposten im einzelnen F Tz. 61 ff., 115 ff., 141 ff. und 233 f. sowie zur Einordnung in das Bilanzschema *Budde/Forster*, § 5 DMBilG Anm. 37; wegen verschiedener Einzelfragen vgl. *HFA*, WPg. 1991 S. 335 ff.).

3. Gliederung der Gewinn- und Verlustrechnung

418   Ebensowenig wie für die Bilanz enthält das Gesetz für diejenigen Kaufleute, die nur die Vorschriften der §§ 238 bis 256 HGB zu beachten haben (insbesondere Einzelkaufleute und Personenhandelsgesellschaften, die nicht dem PublG unterliegen), spezielle Vorschriften über die Gliederung der GuV. (Wegen der Gliederung der GuV für **Kapitalgesellschaften** vgl. F Tz. 242 ff., für dem PublG unterliegende Unternehmen H Tz. 42 ff., eG G Tz. 15, Kreditinstitute J Tz. 57 ff., VU K Tz. 56, 294 ff., und Wirtschaftsbetriebe der öffentlichen Hand L Tz. 8, 15). Ein bestimmter Rahmen ist allerdings durch die **allgemeinen Vorschriften** vorgegeben. Die GuV muß

- sich als eine Gegenüberstellung von Aufwendungen und Erträgen darstellen (§ 242 Abs. 2 HGB),
- den GoB entsprechen (§ 243 Abs. 1 HGB),
- klar und übersichtlich sein (§ 243 Abs. 2 HGB),
- alle Aufwendungen und alle Erträge enthalten (§ 246 Abs. 1 Satz 1 HGB),
- Aufwendungen und Erträge unsaldiert ausweisen (§ 246 Abs. 2 HGB).

Freiheit besteht dagegen hinsichtlich der **Form der GuV** und der Gliederung. Sie kann sowohl in Kontoform als auch in Staffelform aufgestellt werden und nach dem Gesamtkostenverfahren oder dem Umsatzkostenverfahren (vgl. F Tz. 271 ff.) gegliedert sein[726]. Es kann ihr das alte aktienrechtliche Gliederungsschema (§ 157 Abs. 1 AktG 1965) oder eines der Gliederungsschemata des § 275 HGB oder ein auf die Besonderheiten des aufstellenden Unternehmens abgestelltes Gliederungsschema zugrundegelegt werden.

---

725 Ausführlich *Bundessteuerberaterkammer*, StB 1989 S. 364 ff.; kritisch *Schulze-Osterloh* (Fn. 723), S. 137 f.
726 Vgl. ausführlich *Schulze-Osterloh*, ZHR 1986 S. 403 ff.; *Förschle/Kropp*, DB 1989 S. 1037 ff.

Eine **Mindestgliederung** von Aufwendungen und Erträgen ist erforderlich, da die **419** GuV sonst gegen das Erfordernis der Klarheit und der Übersichtlichkeit verstoßen würde. Eine GuV, die auf der einen Seite alle Aufwendungen in einer Summe und auf der anderen Seite alle Erträge in einer Summe ausweist, entspricht nicht den GoB[727]. In der Praxis war nach altem Recht häufig eine Gliederung in Anlehnung an das aktienrechtliche Schema (§ 157 Abs. 1 AktG 1965) anzutreffen, dh. eine Gliederung nach dem Gesamtkostenverfahren unter Herausstellung insbesondere der außerordentlichen Erträge[728]. Eine solche Gliederung entspricht auch nach geltendem Recht in jeder Weise den Anforderungen, die an eine ordnungsgemäße GuV zu stellen sind. Für Unternehmen, die ihren JA Dritten vorzulegen haben (zB Kreditinstitute, § 18 KWG), kann es sich empfehlen, die GuV an eine der Gliederungen des § 275 HGB anzulehnen (vgl. F Tz. 242 ff.)[729]. Dadurch lassen sich Rückfragen, Mißverständnisse, weitere Aufgliederungswünsche sowie Diskussionen darüber, ob die GuV den GoB entspricht, vermeiden. Dies gilt erst recht, wenn zu erwarten steht, daß das Unternehmen in absehbarer Zeit in eine Größenordnung hineinwächst, die die Beachtung der Vorschriften des PublG erfordert (vgl. hierzu H Tz. 42 ff.).

Die **Vergütung** für die Führung der Geschäfte der Gesellschaft kann nach den **420** jeweiligen Bestimmungen des Gesellschaftsvertrages unter den Personalaufwendungen verrechnet (Leistungsentgelt) oder im Rahmen der Gewinnverteilung berücksichtigt werden[730]. Entsprechendes gilt für die **Verzinsung** von Konten der Gesellschafter.

VI. Handelsbilanz und Steuerbilanz

Aus der HB wird die StB, die **keine** selbständige Bilanz ist, abgeleitet[731]. In ihr **421** wird das Vermögen angesetzt, das nach den handelsrechtlichen GoB auszuweisen ist (§ 5 Abs. 1 Satz 1 EStG)[732]. Nach dem Grundsatz der Einzelbewertung, der sowohl für das Handelsrecht (§ 252 Abs. 1 Nr. 3 HGB) als auch für das Steuerrecht gilt[733], ist jeder einzelne ordnungsgemäße Ansatz in der HB grundsätzlich auch für die StB maßgebend, soweit nicht das Steuerrecht besondere Bewertungsvorschriften enthält[734] (Grundsatz der Maßgeblichkeit[735] der HB für die StB).

727 So auch *HdJ*, Abt. IV/1 (1987) Rn. 67; *Bundessteuerberaterkammer*, StB 1988 S. 46 ff.; *Baumbach/Duden/Hopt*, 28. Aufl., § 247 HGB Abschn. 1c.
728 Vgl. auch *BeBiKo.*, § 247 Anm. 662 (nach GoB sind außerordentliche, teilw. auch periodenfremde und sonstige betriebliche Erfolgsbeiträge gesondert auszuweisen bzw. aufzugliedern); *HdJ*, Abt. IV/1 (1987) Rn. 67; *Mundt* (Fn. 721), S. 151.
729 Vgl. *Forster*, ZfbF 1985 S. 742 ff.; *Bundessteuerberaterkammer*, StB 1988 S. 46 ff. (grundsätzlich wie große Kapitalgesellschaften); vgl. hierzu auch *HdR*, § 243 HGB Rn. 55 ff.
730 Vgl. *Schulze-Osterloh* (Fn. 723), S. 135 f.; *Groh*, DB 1988 S. 514 ff.; zusätzliche Angaben zu derartigen Gesellschaftervergütungen fordern St/HFA 1/1976 (in Überarbeitung); *Schellein*, WPg. 1988 S. 693 ff. (697 f.); *BeBiKo.*, § 247 Anm. 681.
731 Zu Ergänzungsbilanzen und Sonderbilanzen bei Mitunternehmerschaften iSv. § 15 EStG vgl. *HdU*, C Rn. 363 ff. mwN.
732 Zum Anwendungsbereich des § 5 EStG vgl. EStR 1990 Abschn. 28.
733 Vgl. dazu *HdU*, B Rn. 618 ff.; *Schmidt, L.*, § 6 Anm. 10.
734 Außerdem bestimmen sich Zurechnungsfragen nach dem Steuerrecht (§ 39 AO); vgl. dazu *Stobbe*, BB 1990 S. 518.
735 Vgl. *HHR*, § 6 EStG Anm. 47; *Blümich*, § 6 EStG Anm. 5 ff.; *Littmann*, §§ 4, 5 Rn. 72; *HdU*, B RdNr. 316 ff.; *Schmidt, L.*, § 5 Anm. 9, 12.

422 Der **Maßgeblichkeitsgrundsatz** gilt ausschließlich für **richtige,** nicht jedoch für fehlerhafte Ansätze der Handelsbilanzen. Bei Bilanzänderung wirkt sich der Maßgeblichkeitsgrundsatz insofern aus, als eine bei Zustimmung des FA zulässige Bilanzänderung nur dann vorgenommen werden kann, wenn sie auch in der HB vorgenommen wird.

423 Der BFH legt den Maßgeblichkeitsgrundsatz in st. Rspr. eng aus[736]; er räumt dem Grundsatz der Gleichmäßigkeit[737] der Besteuerung Vorrang vor dem Maßgeblichkeitsgrundsatz ein. Für die Frage des **Bilanzansatzes** bedeutet das vor allem, daß die handelsrechtlichen Aktivierungsverbote und Passivierungsgebote auch steuerlich zu beachten sind; Aktivierungs- und Passivierungswahlrechte sind dagegen steuerlich unbeachtlich. Nach dem Beschluß des GrS des BFH v. 3. 2. 1969, BStBl. II S. 291, gilt folgendes: Ein handelsrechtliches Aktivierungswahlrecht bedeutet steuerlich Aktivierungsgebot, ein handelsrechtliches Passivierungswahlrecht bedeutet steuerlich Passivierungsverbot.

424 Für die Frage der **Bewertung** ist davon auszugehen, daß dem Maßgeblichkeitsprinzip des § 5 EStG nur eine begrenzte Bedeutung zukommen kann, weil das Steuerrecht mit den §§ 6 bis 7k EStG über ein eigenes Bewertungssystem verfügt, das die Anwendung der §§ 252 bis 256 HGB weitgehend ausschließt (§ 5 Abs. 6 EStG), und das dem Steuerpflichtigen nur in bestimmten Fällen ein Wahlrecht einräumt. Für die Bemessung der Anschaffungs- und Herstellungskosten liegt die Bedeutung des Maßgeblichkeitsprinzips darin, daß steuerlich der Ansatz in der HB bei den Aktiven nicht unterschritten und bei den Passiven nicht überschritten wird. Nach der neuen Bestimmung des § 5 Abs. 1 Satz 2 EStG sind steuerrechtliche Wahlrechte bei der Gewinnermittlung in Übereinstimmung mit der Handelsbilanz auszuüben, sog. umgekehrte Maßgeblichkeit[738]. Das gilt sowohl für die Bewertungswahlrechte als auch für die Geltendmachung degressiver Abschreibungen[739], für die Bildung steuerfreier Rücklagen (vgl. Tz. 68 ff.) sowie für die Bemessung von Rückstellungen[740]. Nach dem durch das Gesetz vom 22. 12. 1989 neugefaßten § 6 Abs. 1 Nr. 1 Satz 4 EStG[741] kann bei Wirtschaftsgütern, die bereits am Schluß des vorausgegangenen WJ zum Anlagevermögen gehört haben, in den folgenden WJ der Teilwert auch dann angesetzt werden, wenn er den letzten Bilanzansatz übersteigt; es dürfen jedoch höchstens die Anschaffungs- oder Herstellungskosten oder der nach § 6 Abs. 1 Nr. 5 oder 6 EStG an deren Stelle tretende Wert, vermindert um die AfA nach § 7 EStG, angesetzt werden. Insoweit besteht der für Wirtschaftsgüter des Anlagevermögens früher noch geltende Grundsatz des Wertzusammenhangs nicht mehr (wegen der Auswirkungen auf das Wertaufholungsgebot/Beibehaltungswahlrecht nach § 280 HGB für Kapitalgesellschaften vgl. F Tz. 35 ff.). Trotz erheblicher Einschränkungen des Maßgeblichkeitsprinzips hängt die StB in starkem

---

736 Vgl. BFH v. 23. 11. 1983, BStBl. II 1984 S. 277.

737 Vgl. BFH-Beschluß – GrS – vom 3. 2. 1969, BStBl. II S. 291.

738 Diese Bestimmung ist erstmals für das WJ anzuwenden, das nach dem 31. 12. 1989 endet (§ 52 Abs. 5b EStG); vgl. dazu *ADS.,* § 279 HGB Tz. 25 ff.; *BeBiKo.,* § 243 Anm. 121 f.; *Schmidt, L.,* § 5 Anm. 12d; *Lause/Sievers,* BB 1990 S. 24; *Schneeloch,* DStR 1990 S. 51 ff. und 96 ff.; *Stobbe,* DStR 1991 S. 53 ff. und 162 ff. Zur Maßgeblichkeit bezüglich der AfA-Methode vgl. BFH v. 24. 1. 1990, BStBl. II S. 681.

739 *Zum Maßgeblichkeitsgrundsatz bei der Gebäude-AfA nach § 7 Abs. 4 und 5 EStG vgl. FM Saar,* DStR 1991 S. 217.

740 *Bordewin.* BB 1985 S. 516 (Einbeziehung der fixen Kosten).

741 Diese Bestimmung ist erstmals für das WJ anzuwenden, das nach dem 31. 12. 1989 endet (§ 52 Abs. 7 Satz 1 EStG).

Maße von der HB ab, so daß bei deren Aufstellung die steuerlichen Auswirkungen bedacht werden müssen.

VII. Bilanzänderung und Bilanzberichtigung

Bilanzänderungen können nur in gewissem Umfang im Rahmen der Vorschriften des Handels- und Steuerrechts durchgeführt werden. Das Bilanzsteuerrecht unterscheidet zwischen Bilanzänderung und Bilanzberichtigung. Im Handelsrecht spricht man allgemein nur von einer Bilanzänderung. **425**

Handelsrechtlich[742] kommen Änderungen nichtiger, fehlerhafter, aber auch gesetzlich zulässiger JA in Frage. Sie müssen grundsätzlich von denselben Organen beschlossen werden, die den ursprünglichen Abschluß festgestellt haben[743]. Wegen der Möglichkeit, statt dessen Fehler in neuer Rechnung zu berichtigen, vgl. *ADS*, § 252 HGB Tz. 17. Eine Änderung **nichtiger** JA[744] kommt insbesondere in Betracht, wenn die Nichtigkeit gerichtlich festgestellt ist. Allerdings dürfte es idR genügen, die zur Nichtigkeit führenden Tatbestände im nächsten noch nicht festgestellten JA zu berichtigen. **Fehlerhafte** JA sind solche, deren Mängel nicht so schwerwiegend sind, daß sie die Nichtigkeit zur Folge haben. Auch diese JA können im allgemeinen handelsrechtlich geändert werden. Im Zweifel ist es jedoch ausreichend und vorzuziehen, den Fehler in laufender Rechnung zu korrigieren. Entsprechendes kommt auch in der Vorschrift des § 278 Satz 2 HGB zum Ausdruck, nach der ein JA nicht geändert zu werden braucht, wenn der Beschluß über die Verwendung des Ergebnisses vom Vorschlag abweicht. **426**

In gewissem Umfang kann auch eine Änderung **gesetzlich zulässiger** JA erfolgen, wenn die Bilanzänderung aus wirtschaftlichen, insbesondere steuerlichen Gründen angebracht erscheint (zB Bekanntwerden erheblicher Verluste nach Feststellung des JA), nicht willkürlich ist und nicht den Grundsätzen von Treu und Glauben widerspricht[745]. In Betracht kommt auch eine Änderung des JA aus anderen Gründen, zB Einstellung von Beträgen in Kapital- oder Gewinnrücklagen, die Entnahme von Beträgen aus den genannten Rücklagen oder die Änderung der Beteiligung von Gesellschaftern einer Personengesellschaft am Gesellschaftsvermögen[746]. Es bedarf in jedem Falle einer Abwägung des Interesses der Gesellschaft an der Änderung des JA mit dem Interesse der Öffentlich- **427**

---

742 Vgl. *ADS*, § 172 AktG Tz. 18 ff.; *BeBiKo.*, § 253 Anm. 701 ff.; *Kropff* in AktG-Kom., § 172 AktG 1965 Anm. 27 ff.; *Pochmann*, Grenzen zwischen Bilanzänderung und Bilanzberichtigung, Düsseldorf 1964; ferner *Adler*, WPg. 1949 S. 109; *Hoffmann*, BB 1956 S. 569; *Braunbehrens*, AG 1956 S. 53; *Nolte*, DB 1963 Beil. Nr. 12; *Pochmann*, DB 1963 S. 1369; *Ullrich*, WPg. 1963 S. 623; *Hundertmark/Herms*, BB 1973 S. 1051 ff.; *Weirich*, WPg. 1976 S. 625 ff.; *Rose/Telkamp*, BB 1977 S. 1713 ff.; *Meilicke*, StbJb. 1979/80 S. 447 ff.; *Ludewig*, DB 1986 S. 133 f.; *Schoor*, StBp. 1990 S. 14 ff.
743 Vgl. *BeBiKo.*, § 253 Anm. 708.
744 § 256 AktG; zur Nichtigkeit von GmbH-JA vgl. *Geßler* in FS *Goerdeler*, Düsseldorf 1987 S. 127 ff.
745 Vgl. *Adler*, WPg. 1949 S. 109; *Ludewig*, DB 1986 S. 133 f.; ferner *ADS*, § 172 AktG Tz. 24 ff.; *Kropff* in AktG-Kom., § 172 AktG 1965 Anm. 30 f.; *Weirich*, WPg. 1976 S. 628; *Pochmann*, DB 1963 S. 1369; *Ullrich*, WPg. 1963 S. 623; aA *Nolte*, DB 1963 Beil. 12; *Brönner* in Großkom., § 175 AktG 1965 Anm. 9 (auch für fehlerhafte Jahresabschlüsse); *Kölner Kom.*, 1. Aufl., § 175 AktG 1965 Anm. 17 (nur nach Anfechtung); zur Zulässigkeit von Bilanzberichtigungen aufgrund von Steuerklauseln zur Vermeidung verdeckter Gewinnausschüttung vgl. (bejahend) *Hundertmark/Herms*, BB 1973 S. 1051 ff.
746 Vgl. BFH v. 11. 2. 1988, BStBl. II S. 825.

keit an der Bestandskraft des JA. Aufgrund des geänderten JA können bei der AG von der HV zusätzliche Gewinnausschüttungen beschlossen werden, während andererseits aufgrund eines Gewinnverwendungsbeschlusses bereits an die Aktionäre verteilte Gewinne wegen der dadurch entstandenen Gläubigerrechte grundsätzlich nicht mehr zurückgefordert werden können [747].

Wegen **Durchführung** und **Auswirkungen** der Änderung festgestellter JA vgl. im einzelnen *ADS*, § 172 AktG Tz. 33 ff.

428   Bei Unternehmen in den **neuen Bundesländern** sind wesentliche Über- und Unterbewertungen sowie zu Unrecht geschehene oder unterlassene Ansätze von Vermögensgegenständen, Schulden und Sonderposten der Eröffnungsbilanz ggf. in den Folgebilanzen nach § 36 Abs. 1 und 2 DMBilG ergebnisneutral zu korrigieren. Dies gilt nach Abs. 3 Satz 1 auch für die nachträgliche abweichende Ausübung von für die Eröffnungsbilanz eingeräumten Wahlrechten (zB §§ 10 Abs. 2, 11 Abs. 1 Satz 4 DMBilG). Die Eröffnungsbilanz gilt ohne förmliche Änderung mit Vornahme der genannten Korrekturen als geändert (§ 36 Abs. 4 Satz 1 DMBilG). Die Vorschrift ist letztmals auf Jahresabschlüsse für GJ anzuwenden, die im Jahre 1994 enden (§ 36 Abs. 4 Satz 2 DMBilG). § 36 DMBilG ist auch **steuerrechtlich** wirksam (§ 50 Abs. 3 DMBilG). Vgl. im einzelnen *Budde/Forster* zu §§ 36, 50 DMBilG sowie St/HFA 3/1990.

429   Im **Steuerrecht**[748] unterscheidet man die **Bilanzberichtigung,** die bei Verstößen gegen zwingende handelsrechtliche und steuerrechtliche Vorschriften oder gegen die GoB (Grundsatz der Maßgeblichkeit der HB für die StB, vgl. Tz. 421 ff.) in Betracht kommt (§ 4 Abs. 2 Satz 1 EStG), und die **Bilanzänderung** iengS (nachträgliche Änderung einer nach Handels- und Steuerrecht zulässigen Bilanzgestaltung; nach Einreichung beim FA nur möglich mit Zustimmung des FA[749] oder der Rechtsmittelbehörde, § 4 Abs. 2 Satz 2 EStG). Zuständig ist auch hier das für die Aufstellung der Bilanz zuständige Organ. Eine Bilanzberichtigung kommt nur dann in Betracht, wenn der Bilanzierende die am Abschlußstichtag gegebenen objektiven Verhältnisse bei Aufstellung der Bilanz nicht erkennen konnte; sie ist deshalb unzulässig, wenn erst spätere neue Erkenntnisse ergeben, daß der Bilanzansatz objektiv unzutreffend ist[750]. Eine Bilanzberichtigung eröffnet deshalb auch nicht die Möglichkeit einer nachträglichen Sachverhaltsgestaltung[751]. Die Bilanzberichtigung erfolgt „bis zur Fehlerquelle" zurück; praktisch wird hierbei die Anfangsbilanz des am weitesten zurückliegen-

---

747 Vgl. BGHZ 23 S. 150; *Pochmann*, DB 1963 S. 1370; *ADS*, § 172 AktG Tz. 34; *BeBiKo.*, § 253 Anm. 718.
748 Vgl. EStR 1990 Abschn. 15; *Blümich*, § 4 EStG Anm. 353 ff.; *Littmann*, §§ 4, 5 Rn. 325 ff. und § 6 Rn. 450; *HdU*, B Rn. 278 ff.; *Schmidt, L.*, § 4 Anm. 135 ff. Einen Überblick zur BFH-Rechtsprechung gibt *Ritzrow*, StBp. 1990 S. 219 ff. und S. 249 ff.
749 Vgl. EStR 1990 Abschn. 15 Abs. 3. Der Antrag muß vor Bestandskraft der Veranlagung beim FA gestellt werden (BFH v. 19. 5. 1987, BStBl. II S. 848, sowie BFH v. 25. 4. 1990, BStBl. II S. 905). Die Zustimmung des FA liegt im pflichtgemäßen Ermessen der Behörde. Vgl. dazu *BeBiKo.*, § 253 Anm. 721, und BFH v. 9. 8. 1988, BStBl. II 1990 S. 195; kritisch *Wiezcoreck*, DStR 1991 S. 1. Eine Zustimmung ist nicht erforderlich, wenn die steuerliche Gewinnermittlung nicht beeinflußt wird, vgl. BFH-Urteil v. 22. 11. 1972, BStBl. II 1973 S. 195.
750 Vgl. BFH v. 11. 10. 1960, BStBl. III 1961 S. 3; BFH v. 14. 8. 1975, BStBl. II 1976 S. 88 ff.; BFH v. 23. 5. 1984, BStBl. II S. 723; aA *Sauer*, StBp. 1977 S. 173 (175); im übrigen vgl. *Flume*, DB 1981 S. 2505 ff. (2507) mit eingehender Kritik an der Rechtsprechung sowie *Gassner*, DStZ 1985 S. 204.
751 Vgl. BFH v. 9. 4. 1981, BStBl. II S. 620. Eine vorgenommene Entnahme kann nicht im Wege der Bilanzberichtigung wieder eingebucht werden (BFH v. 18. 4. 1973, BStBl. II S. 700).

den, noch nicht rechtskräftig veranlagten WJ entsprechend berichtigt[752]. Nach Bestandskraft der Veranlagung ist eine Bilanzberichtigung nur im Rahmen der Vorschriften der §§ 164 Abs. 2, 172, 173 ff. AO zulässig oder wenn die Bilanzberichtigung sich auf die Höhe der veranlagten Steuer nicht auswirken würde[753]. So führt der GrS des BFH in seinem Beschluß v. 29. 11. 1965, BStBl. III 1966 S. 142 aus, daß die Berichtigung eines unrichtigen Bilanzansatzes in einer Anfangsbilanz dann nicht zulässig ist, wenn diese Bilanz als Schlußbilanz der Veranlagung eines früheren Jahres zugrunde gelegen hat, die nach den Vorschriften der AO nicht mehr berichtigt werden kann (Grundsatz des Bilanzenzusammenhangs), oder wenn der sich bei einer Berichtigung dieser Veranlagung ergebende höhere Steueranspruch wegen Verjährung erloschen wäre[754]. Soweit eine Bilanzberichtigung nicht möglich ist, ist der falsche Bilanzansatz grundsätzlich in der Schlußbilanz des ersten Jahres, dessen Veranlagung geändert werden kann, erfolgswirksam richtigzustellen[755].

Nach dem Urteil des BFH v. 29. 1. 1952, BStBl. III S. 57, hat das FA dem Antrag   **430** auf Bilanzänderung im allgemeinen zuzustimmen, wenn sich die Grundlagen, aufgrund derer ein Bewertungswahlrecht ausgeübt worden ist, wesentlich verändert haben. Ergeben sich zB im Steuerermittlungsverfahren Erhöhungen des steuerpflichtigen Gewinnes, so dürfen im Wege der Bilanzänderung beantragte Teilwertabschreibungen bei anderen Wirtschaftsgütern oder andere steuerlich zulässige Maßnahmen, durch die der Gewinn wieder gekürzt werden soll, im allgemeinen nicht versagt werden (EStR 1990 Abschn. 15 Abs. 3 Satz 7).

Die Bilanzänderung muß auch in der HB vorgenommen werden, soweit dies der   **431** Grundsatz der Maßgeblichkeit erfordert[756]. Wegen zeitgerechter Bildung von Rückstellungen für aufgrund einer Betriebsprüfung festgestellte Mehrsteuern vgl. jedoch BFH v. 19. 12. 1961, BStBl. III 1962 S. 64, und EStR 1990 Abschn. 22 Abs. 3.

Wegen wichtiger BFH-Urteile zum Problemkreis Bilanzzusammenhang, -berich-   **432** tigung und -änderung vgl. *HdU,* B Rn. 278 ff.

---

752 Zum Zeitpunkt der Bilanzberichtigung vgl. BFH v. 8. 12. 1988, BStBl. II 1989 S. 407; BFH v. 16. 5. 1990, DStR S. 708. Auch bei einer Personengesellschaft ist eine fehlerhafte Gewinnverteilung in der ersten noch abänderbaren Schlußbilanz erfolgswirksam richtigzustellen, vgl. BFH v. 11. 2. 1988, BStBl. II S. 825, und EStR 1990 Abschn. 15 Abs. 1 Satz 8.
753 EStR 1990 Abschn. 15 Abs. 1 Satz 3; BFH v. 27. 3. 1962, BStBl. III S. 273.
754 EStR 1990 Abschn. 15 Abs. 1 Satz 4. Vgl. auch BFH v. 27. 3. 1962, BStBl. III S. 273, dessen Grundsätzen der GrS ausdrücklich beitrat, sowie BFH v. 13. 1. 1977, BStBl. II S. 472. Eine Bilanzberichtigung in der ersten noch offenen Schlußbilanz ist auch dann nicht geboten, wenn sich der Fehler – wie zB bei zu hoher oder zu niedriger AfA – von selbst aufhebt, vgl. BFH v. 11. 12. 1987, BStBl. II 1988 S. 335.
755 Dieser Grundsatz gilt auch für den Fall, daß ein Einzelunternehmen zu Buchwerten in eine Personengesellschaft eingebracht wurde, vgl. BFH v. 8. 12. 1988, BStBl. II 1989 S. 407, und EStR 1990 Abschn. 15 Abs. 1 Satz 6.
756 Vgl. *BeBiKo.,* § 253 Anm. 720.

Abschnitt F

Erläuterungen zu den für Kapitalgesellschaften geltenden ergänzenden Vorschriften zum Jahresabschluß und zum Lagebericht sowie zum Abhängigkeitsbericht

I. Allgemeines

1. Allgemeine Vorschriften für den Jahresabschluß

Kapitalgesellschaften haben bei der Aufstellung des JA **zusätzlich** zu den für alle   1
Kaufleute geltenden Vorschriften (§§ 242 bis 256 HGB, vgl. E) die **ergänzenden
Bestimmungen** der §§ 264 bis 289 HGB zu beachten. Diese Vorschriften gelten
für alle Kapitalgesellschaften (AG, KGaA, GmbH)[1], zT abgestuft nach der
Größe (§ 267 HGB, vgl. Tz. 27 ff.). AG und KGaA haben darüber hinaus noch
einige ergänzende Vorschriften des AktG zu beachten (§§ 58, 150, 152, 158, 160
und – nur KGaA – § 286 AktG), GmbH die §§ 29 und 42 GmbHG.

Der JA von Kapitalgesellschaften besteht aus drei Teilen, der **Bilanz,** der **GuV**   2
und dem **Anhang.** Alle drei Teile bilden eine Einheit (§ 264 Abs. 1 Satz 1 HGB),
dh. überall dort, wo das Gesetz im Rahmen von Vorschriften für Kapitalgesellschaften von einem JA spricht, sind nicht nur Bilanz und GuV, sondern auch der
Anhang gemeint. Neben dem JA ist außerdem ein LB (§ 289 HGB) aufzustellen
(§ 264 Abs. 1 Satz 1 HGB; vgl. dazu Tz. 639 ff.).

JA und Lagebericht sind innerhalb der ersten 3 Monate nach Ablauf des GJ **auf-**   3
zustellen (§ 264 Abs. 1 Satz 2 HGB). Für kleine Kapitalgesellschaften verlängert
sich diese Frist auf bis zu 6 Monate; Voraussetzung dafür ist, daß die spätere
Aufstellung „einen ordnungsgemäßen Geschäftsgang entspricht" (§ 264 Abs. 1
Satz 3 HGB). Bei Nichtbefolgung der Aufstellungspflicht kann das Registergericht ein **Zwangsgeld** festsetzen (§ 335 Satz 1 Nr. 1 HGB). Die Nichtbeachtung
der Vorschriften über Form und Inhalt des JA, die Bewertung, die Gliederung,
die in der Bilanz oder im Anhang zu machenden Angaben sowie über den Inhalt
des LB stellt eine **Ordnungswidrigkeit** dar und kann mit einer Geldbuße bis zu
DM 50 000 geahndet werden (§ 334 HGB). Wegen der **Feststellung** des JA vgl.
für die AG §§ 172, 173 AktG, für die KGaA § 286 Abs. 1 AktG, für die GmbH
§ 42a Abs. 2 GmbHG. Ist der JA aufgrund gesetzlicher Vorschriften zu prüfen,
so ist eine Feststellung erst nach erfolgter Prüfung möglich (§ 316 Abs. 1 HGB).

Der JA ist in **deutscher Sprache** und **Deutscher Mark**[2] aufzustellen (§ 244 HGB).   4
Die Pflicht zur Verwendung der deutschen Sprache gilt auch für den Anhang, da

---

1 Vgl. zur künftigen Einbeziehung von Kapitalgesellschaften & Co. in den Anwendungsbereich dieser
  Vorschriften die GmbH & Co.-Richtlinie, ABl. EG L 317/1990 S. 60 ff. (bis Ende 1992 in deutsches
  Recht umzusetzen), sowie *Schellein*, WPg. 1990 S. 529 ff.; *Hahn*, GmbHR 1990 S. R 49 f.; zur Europäischen AG vgl. *Haller*, DB 1990 S. 1573 ff.; *Rödder*, WPg. 1991 S. 200 ff.
2 Zur zukünftigen Rechnungslegung in ECU vgl. die Mittelstandsrichtlinie v. 8. 11. 1990, ABl. EG L
  317/1990 S. 57 ff. (bis Ende 1992 in deutsches Recht umzusetzen), sowie *Schellein*, WPg. 1990
  S. 529 ff.

er Teil des JA ist. Für den LB fehlt es an einer ausdrücklichen diesbezüglichen Bestimmung, aber es kann für ihn als Teil der nicht nur an die Gesellschafter, sondern auch an die Öffentlichkeit (§ 325 Abs. 1 und 2 HGB) gerichteten Rechnungslegung nichts anderes gelten. Wegen Rundung von Betragsangaben vgl. E Tz. 3. Der aufgestellte JA ist von allen Vorstandsmitgliedern bzw. Geschäftsführern zu **unterzeichnen** (§ 245 Satz 1 HGB)[3].

JA und LB mittelgroßer und großer Kapitalgesellschaften unterliegen der **Pflichtprüfung** durch einen Abschluß-Prüfer (§§ 316 bis 324 HGB). Über das Ergebnis der Prüfung hat der Prüfer schriftlich zu berichten und einen Bestätigungsvermerk abzugeben (vgl. hierzu O). Für kleine Kapitalgesellschaften ist dagegen eine Jahresabschlußprüfung nicht vorgeschrieben (vgl. Tz. 32).

2. Allgemeine Bilanzierungsgrundsätze

a) Zur Generalnorm des § 264 Abs. 2 HGB

5 Die Vorschriften des HGB über den JA der Kapitalgesellschaften enthalten in § 264 Abs. 2 Satz 1 HGB eine **Generalnorm,** der der JA entsprechen soll[4]:

„Der Jahresabschluß der Kapitalgesellschaft hat unter Beachtung der Grundsätze ordnungsmäßiger Buchführung ein den tatsächlichen Verhältnissen entsprechendes Bild der Vermögens-, Finanz- und Ertragslage der Kapitalgesellschaft zu vermitteln."

Die auf Art. 2 Abs. 3 und 4 der 4. EG-Richtlinie zurückgehende Fassung der Generalnorm bringt, wie in der RegBegr. betont ist[5], „trotz der anspruchsvolleren Formulierung" für die Praxis keine grundsätzlichen Änderungen. Inhalt und Umfang des JA sind in erster Linie aus den Einzelvorschriften herzuleiten[6]. Die Generalnorm ist nur heranzuziehen, wenn Zweifel bei Auslegung und Anwendung entstehen oder Lücken zu schließen sind. Aus der Generalnorm können auch nicht ganz allgemein zusätzliche Anforderungen (zB bei Schätzungen oder der Ausübung von Wahlrechten) abgeleitet werden[7].

6 Zu den **Grundsätzen ordnungsmäßiger Buchführung** (GoB) vgl. E Tz. 4 ff. Wenn die GoB im Rahmen der Generalnorm ausdrücklich erwähnt werden, bedeutet dies, daß die Vermittlung des geforderten Bildes nur im Kontext mit den GoB verlangt wird, dh. unter den (einschränkenden) Bedingungen der allgemeinen Bilanzierungs- und Bewertungsgrundsätze, insbesondere des Anschaffungswertprinzips, des Imparitätsprinzips und des Vorsichtsprinzips. Zeitwerte, die über den Anschaffungs- oder Herstellungskosten liegen, haben bei der Bilanzierung außer Betracht zu bleiben; lediglich in Zeiten erheblicher Preissteigerungen und

---

3 Vgl. *ADS,* § 245 HGB Tz. 12; *Baumbach/Hueck,* § 41 GmbHG Anm. 47; *Goerdeler/Müller* in *Hachenburg.* Gesetz betreffend die Gesellschaften mit beschränkter Haftung, Großkommentar, 7. Aufl., Bd. 2, Berlin/New York 1979, § 41 GmbHG Rn. 21; vgl. hierzu auch *Erle.* WPg. 1987 S. 637 ff.
4 Vgl. hierzu *ADS,* § 264 HGB Tz. 52 ff.; *BeBiKo.,* § 264 Anm. 35 ff.; *HdR.* § 264 HGB Rn. 9 ff.; *Forster,* BFuP 1987 S. 72 f.; *Leffson,* DBW 1987 S. 3 ff.; *ders.* in FS *Goerdeler,* Düsseldorf 1987 S. 315 ff.; *Ludewig,* AG 1987 S. 12 ff.; *Schildbach,* BFuP 1987 S. 1 ff.; *Richter,* BB 1988 S. 2212 ff.; *Beisse* in FS *Döllerer,* Düsseldorf 1988 S. 25 ff.; *Clemm,* WPg. 1989 S. 357 ff.
5 Vgl. BT-Drs. 10/317 S. 76.
6 Ebd.; im gleichen Sinne hatten sich bereits Rat und Kommission bei Verabschiedung der 4. EG-Richtlinie in einer Protokoll-Erklärung zu Art. 2 Abs. 4 geäußert.
7 Ebd.; ebenso *ADS,* § 264 HGB Tz. 106 f.; aA *HdR.* § 264 HGB Rn. 36.

Geldwertänderungen können ausnahmsweise ergänzende Angaben nach § 264 Abs. 2 Satz 2 HGB in Betracht kommen, vgl. Tz. 632 ff.

Die **Vermögenslage** iSd. Vorschrift wird in erster Linie durch die Bilanz vermit- 7
telt, die **Ertragslage** durch die GuV, jeweils unter Einschluß der entsprechenden Angaben im Anhang (vgl. Tz. 443 ff.). Unter **Finanzlage** kann die Gesamtheit aller Aspekte verstanden werden, die sich auf die Finanzierung einer Gesellschaft beziehen, wie Finanzstruktur, Deckungsverhältnisse, Fristigkeiten, Finanzierungsspielräume, Investitionsvorhaben, schwebende Bestellungen und Kreditlinien. Wie die Aufzählung erkennen läßt, lassen sich wichtige Teilaspekte aus dem JA, in erster Linie aus der Bilanz, und verschiedenen Angaben des Anhangs ableiten. Diese sind gemeint, wenn § 264 Abs. 2 Satz 1 HGB von der Vermittlung eines den tatsächlichen Verhältnissen entsprechenden Bildes der Finanzlage spricht[8]. Eine (nicht obligatorische) Kapitalflußrechnung[9] (vgl. Tz. 438) kann zur Darstellung der Finanzlage beitragen.

b) Sonstige allgemeine Bilanzierungsgrundsätze

Die allgemeinen Bilanzierungsgrundsätze der §§ 242 ff. HGB gelten grundsätz- 8
lich auch für Kapitalgesellschaften. Sie werden in den §§ 264 ff. HGB zT durch **spezielle Vorschriften** ersetzt oder verschärft.

In Betracht kommen insbesondere:
- Pflicht zur Aufstellung, §§ 242 Abs. 1 und 2, 264 Abs. 1 Satz 1 HGB,
- Aufstellungsgrundsätze, §§ 243 Abs. 1 und 2, 264 Abs. 1 Satz 2 und 3 sowie Abs. 2 HGB,
- Sprache, Währungseinheit, § 244 HGB,
- Unterzeichnung, § 245 HGB,
- Vollständigkeit, Verrechnungsverbot, § 246 HGB,
- Inhalt der Bilanz, § 247 Abs. 2 und 3 HGB,
- Bilanzierungsverbote, § 248 HGB.

Zum Inhalt dieser Vorschriften, soweit er für alle Kaufleute gilt, vgl. E Tz. 2 ff., insbesondere Tz. 8 ff.

3. Allgemeine Grundsätze für die Gliederung von Bilanz und Gewinn- und Verlustrechnung (§ 265 HGB)

Das HGB enthält für die Bilanz und die GuV der Kapitalgesellschaften 9
bestimmte Gliederungsschemata[10] (§§ 266, 275 HGB; vgl. dazu im einzelnen Tz. 40 ff. und Tz. 243 ff.). Ihnen vorangestellt sind allgemeine Grundsätze, die sowohl für die Bilanz als auch für die GuV gelten (§ 265 HGB).

---

8 Vgl. im einzelnen St/SABI 3/1986.
9 Vgl. auch St/HFA 1/1978; *Dellmann/Kalinski*, DBW 1986 S. 174 ff.; *Bartram*, DB 1989 S. 2389 ff.; *Ossadnik*, BB 1990 S. 813 ff.
10 Vgl. zu Formblättern für bestimmte Geschäftszweige *ADS*, § 330 HGB Tz. 10 ff.; zu staatlich getragenen Forschungseinrichtungen vgl. *Schulze*, DB 1987 S. 1849 ff.; zu Vereinen *Lutter*, BB 1988 S. 489 ff.; zur Bilanz von Unternehmen in den neuen Bundesländern *Budde/Forster*, § 5 DMBilG Anm. 37.

a) Darstellungsstetigkeit (§ 265 Abs. 1 HGB)

10   Die Form der Darstellung, insbesondere die Gliederung aufeinanderfolgender Bilanzen und GuV ist beizubehalten, es sei denn, daß besondere Umstände (zB Änderung der Konzernzugehörigkeit, Änderung des Leistungsprogramms, Beeinträchtigung der Klarheit und Übersichtlichkeit) Abweichungen erforderlich machen (§ 265 Abs. 1 Satz 1 HGB). Ein **willkürlicher** Wechsel zwischen verschiedenen Darstellungsformen ist somit unzulässig (zB Gliederung der GuV nach Gesamtkosten- oder nach Umsatzkostenverfahren; Gliederung des JA beim Vorliegen mehrerer Geschäftszweige, die die Beachtung verschiedener Gliederungsvorschriften bedingen; zusammengefaßter oder weiter untergliederter Ausweis von Posten der Bilanz und der GuV). Ein für Dauer beabsichtigter Übergang von einer Darstellungsform zu einer anderen ist nicht ausgeschlossen. Abweichungen sind in allen Fällen von Bedeutung im Anhang anzugeben und zu begründen[11] (§ 265 Abs. 1 Satz 2 HGB; vgl. Tz. 472 ff. und Tz. 530).

b) Angabe von Vorjahresbeträgen (§ 265 Abs. 2 HGB)

11   Zu jedem Posten der Bilanz und der GuV ist der entsprechende VJ-Betrag anzugeben (§ 265 Abs. 2 Satz 1 HGB). Da diese Bestimmung den Zweck hat, eine Analyse der JA zu erleichtern, dürfte es ausreichend sein, die VJ-Beträge auf- oder abgerundet anzugeben[12]. Vorgeschrieben ist die Angabe zu jedem „Posten". Darunter fallen auch „davon"-Vermerke, die im Gliederungsschema selbst vorgeschrieben sind (zB § 266 Abs. 3 C 1 und 8 HGB). Für diese Posten sind die VJ-Beträge auch dann anzugeben, wenn sie statt in Bilanz und GuV im Anhang ausgewiesen werden. An anderen Stellen des Gesetzes vorgeschriebene Angaben, Vermerke udgl. (zB § 268 Abs. 2 Satz 3 und Abs. 5 Satz 1 HGB) unterliegen dagegen nicht der Pflicht zur Angabe von VJ-Beträgen[13]. Vgl. hierzu auch St/HFA 5/1988.

12   Bei gegenüber dem VJ abweichender Gliederung, durch die Beträge nicht mehr vergleichbar sind, kann der VJ-Betrag entweder beibehalten oder, was vorzuziehen ist, angepaßt werden; in beiden Fällen sind entsprechende Angaben und Erläuterungen im Anhang vorgeschrieben (§ 265 Abs. 2 Satz 2 und 3 HGB; vgl. Tz. 475 ff.). Wegen Einzelheiten der Anpassung vgl. *ADS*, § 265 HGB Tz. 38 ff.

13   Postenveränderungen aufgrund von geänderten Ansatz- oder Bewertungsmethoden, Rechtsformwechseln, Umstrukturierungen oder Fusionen berühren die Vergleichbarkeit iSd. § 265 Abs. 2 HGB nicht (vgl. St/HFA 5/1988, auch zur Vergleichbarkeit bei Rumpf-VJ)[14]. Allerdings machen Änderungen von Ansatz- und Bewertungsmethoden Angaben im Anhang nach §§ 284 Abs. 2 Nr. 3 erforderlich.

---

11 Vgl. *ADS*, § 265 HGB Tz. 26 f.; *BHdR*, B 141 Rn. 49; *Lätsch*, in StBKR 1988 S. 271 ff.
12 Vgl. in bezug auf Pfennigbeträge *BAV* in VerBAV 1971 S. 4 und 33. Wegen weitergehender Rundungen vgl. *ADS*, § 265 HGB Tz. 33. Vgl. zur Praxis großer Unternehmen auch TREUARBEIT (Hrsg.), Jahres- und Konzernabschlüsse '88, Düsseldorf 1990 Tz. 15 ff.
13 Teilw. abw. *HdR*, § 265 HGB Rn. 26 (keine Angabepflicht bei Einzelposten mit Verlagerungswahlrecht).
14 aA *BoHdR*, § 265 HGB Rn. 4 (hinsichtlich geänderter Ansatz- und Bewertungsmethoden); *HdJ*, Abt. II/1 (1990) Rn. 71 (auch hinsichtlich Strukturänderungen).

c) Vermerk der Mitzugehörigkeit zu anderen Posten der Bilanz (§ 265 Abs. 3 HGB)

Für den Fall, daß ein Vermögensgegenstand oder eine Schuld unter mehrere **14** Posten der Bilanz fällt, ist die Mitzugehörigkeit zu anderen Posten bei dem Posten, unter dem der Ausweis erfolgt, zu vermerken, wenn dies zur Aufstellung eines klaren und übersichtlichen JA erforderlich ist (§ 265 Abs. 3 Satz 1 HGB). In unwesentlichen Fällen ist daher kein Vermerk notwendig. Statt des Vermerks ist auch eine entsprechende Angabe im Anhang möglich. Wie die Erfahrung zeigt, besteht eine Notwendigkeit, Angaben iSd. Vorschrift zu machen, sehr selten.

Liegt ein Fall der Mitzugehörigkeit zu verschiedenen Posten der Bilanz vor, so **15** steht es der Gesellschaft in dem durch § 264 Abs. 2 Satz 1 HGB gezogenen Rahmen grundsätzlich frei, wo sie den Ausweis vornimmt. Allerdings sollte idR den Posten, die im Zusammenhang mit **Unternehmensverbindungen** stehen, der **Vorrang** eingeräumt werden. **Eigene Anteile** müssen immer, unabhängig von ihrer Zweckbestimmung, unter dem dafür vorgesehenen Posten im Umlaufvermögen (§ 266 Abs. 2 B III 2 HGB) ausgewiesen werden (§ 265 Abs. 3 Satz 2 HGB).

d) Gliederung bei Vorliegen mehrerer Geschäftszweige, für die unterschiedliche Gliederungsvorschriften gelten (§ 265 Abs. 4 HGB)

Ist eine Kapitalgesellschaft in **mehreren Geschäftszweigen** tätig, für die unter- **16** schiedliche Gliederungsvorschriften bestehen (zB §§ 266, 275 HGB einerseits und Formblätter nach § 330 HGB für Bausparkassen, Hypotheken- oder Schiffspfandbriefbanken, andere Kreditinstitute (vgl. J Tz. 50 ff.), Krankenhäuser, Verkehrs-, Versicherungs- oder Wohnungsunternehmen (vgl. L Tz. 9 bzw. für VU K Tz. 56, 69) andererseits), so ist unter Beachtung des Grundsatzes der Klarheit und Übersichtlichkeit eine Grundgliederung zu wählen, die um Besonderheiten zu ergänzen ist. Zusätzlich ist vorgeschrieben (§ 265 Abs. 4 Satz 2 HGB), daß die Ergänzung im Anhang anzugeben und zu begründen ist (vgl. Tz. 478).

e) Untergliederung von Posten und Hinzufügung neuer Posten (§ 265 Abs. 5 HGB)

Das Gesetz verlangt in § 266 Abs. 1 Satz 2 HGB (für die Bilanz) und in § 275 **17** Abs. 1 Satz 2 HGB (für die GuV), daß die in den jeweiligen Gliederungsschemata bezeichneten Posten gesondert und in der vorgeschriebenen (angegebenen) Reihenfolge ausgewiesen werden. Dies schließt, wie § 265 Abs. 5 Satz 1 HGB zeigt, **Untergliederungen** nicht aus, soweit dabei die vorgeschriebene Gliederung und das Gebot der Klarheit und Übersichtlichkeit (§ 243 Abs. 2 HGB) beachtet werden. Unter Untergliederung ist in erster Linie die Aufgliederung eines im Gesetz vorgesehenen Postens nach einzelnen Bestandteilen zu verstehen. Eine Untergliederung kann aber auch durch „davon"-Vermerke erfolgen[15], wie sie zB in § 275 Abs. 2 Nr. 6b, 9, 10, 11 und 13 HGB vorgeschrieben sind. Eine Zusammenfassung gesetzlich vorgesehener Posten ist nur unter der in § 265 Abs. 7 Nr. 1 HGB bezeichneten Voraussetzung zulässig (vgl. Tz. 22 f.).

---

15 Vgl. *ADS*. § 265 HGB Tz. 62; abw. *Kölner Kom.*, § 265 HGB Anm. 18.

18   **Neue Posten** dürfen zu den Gliederungsschemata der §§ 266, 275 HGB hinzugefügt werden, wenn ihr Inhalt nicht von einem vorgeschriebenen Posten gedeckt wird (§ 265 Abs. 5 Satz 2 HGB). Die Voraussetzung dafür wird im allgemeinen nur im Bereich der Sachanlagen gegeben sein (zB Schiffe, Flugzeuge, Eisenbahnen, Rohstoffvorkommen, Leasingvermögen, Bergwerksschächte und Grubenbaue, Energieversorgungsanlagen)[16]. Im Bereich der Finanzanlagen, der Forderungen, der Rückstellungen und der Verbindlichkeiten decken die „sonstigen" Posten den Inhalt anderer Posten weitgehend ab; ggf. kann im Rahmen des § 265 Abs. 6 HGB Abhilfe geschaffen werden. In Betracht kommen aber auch neue Posten für Genossenschafts- oder GmbH-Anteile oder besondere Schuldposten[17]. Unter Beachtung der Generalnorm des § 264 Abs. 2 Satz 1 HGB kann in wesentlichen Fällen die **Pflicht** bestehen, neue Posten hinzuzufügen (zB als Eigenkapital anzusehendes Genußscheinkapital). Zu gesetzlich **vorgeschriebenen Erweiterungen** der Gliederungsschemata vgl. *ADS*, § 265 HGB Tz. 66.

f) Änderung der Gliederung und der Bezeichnung von Posten (§ 265 Abs. 6 HGB)

19   Eine Änderung der Gliederung und Bezeichnung der in den §§ 266, 275 HGB mit arabischen Zahlen versehenen Posten des JA kommt insoweit in Betracht, als dies wegen Besonderheiten einer Gesellschaft zur Aufstellung eines klaren und übersichtlichen JA erforderlich ist (§ 265 Abs. 6 HGB). Die Vorschrift ist insoweit, als es sich um eine **Änderung der Gliederung** (hinsichtlich der Reihenfolge) handelt, im Interesse der Vergleichbarkeit des JA zwischen mehreren Kapitalgesellschaften eng auszulegen. Es müssen bei der Gesellschaft **Besonderheiten** vorliegen, die eine Anwendung der grundsätzlich auf die Gegebenheiten von Industrie- und Handelsunternehmen abgestellten Gliederungsschemata als unzweckmäßig erscheinen lassen; eine neue Gliederung hat insoweit Platz zu greifen, als dies durch das Erfordernis der Klarheit und Übersichtlichkeit des JA geboten ist. So ist zB bei Leasinggesellschaften der gesonderte Ausweis des Vermietvermögens erforderlich und die Gliederung der GuV hierauf abzustellen (vgl. St/HFA 1/1989). Ferner kann es bei Holdinggesellschaften notwendig sein, in der GuV die Aufwendungen und Erträge aus dem Finanzbereich den Umsatzerlösen voranzustellen[18]. Es genügt für eine Anwendung des § 265 Abs. 6 HGB indes nicht, daß eine andere Gliederung gleichwertig gegenüber einer Gliederung nach den gesetzlichen Gliederungsschemata ist; die andere Gliederung ist nur dann zulässig, wenn sie im konkreten Fall, gemessen am Grundsatz der Klarheit und Übersichtlichkeit (§ 243 Abs. 2 HGB), „besser" als eine Gliederung nach den gesetzlichen Vorschriften ist.

20   Eine Änderung der **Bezeichnung von Posten** dürfte immer dann in Betracht kommen, wenn die neue Bezeichnung den Posteninhalt konkreter umfaßt. Die Anpassung muß vorgenommen werden, wenn eine gesetzliche Bezeichnung irreführend wäre.[19] Liegen zB Anzahlungen auf Anlagen im Bau nicht vor, so ist die Postenbezeichnung von § 266 Abs. 2 A II 4 HGB in „Anlagen im Bau" zu

---

16 Vgl. *ADS*, § 265 HGB Tz. 69; zum Ausweis des Programmvermögens von Rundfunkanstalten vgl. *Forster*, *WPg. 1988 S. 321 ff.*; zu den Sonderposten nach dem DMBilG vgl. *Budde/Forster*, § 5 DMBilG Anm. 37.
17 Vgl. *ADS*, § 265 HGB Tz. 69.
18 Vgl. *ADS*, § 265 HGB Tz. 72.
19 Vgl. *ADS*, § 265 HGB Tz. 74.

ändern. Ebenso ist die Bezeichnung des Postens „Schecks, Kassenbestand, Bundesbank- und Postgiroguthaben" (§ 266 Abs. 2 B IV HGB) an seinen tatsächlichen Inhalt anzupassen. Die Gliederungsschemata für Bilanz und GuV enthalten noch weitere Posten dieser Art[20]. Von den gesetzlichen Begriffen abweichende Bezeichnungen, die nicht zu einer zutreffenden Bestimmung des Posteninhalts führen, sind unzulässig.

Weder die **Buchstaben** noch die römischen und arabischen **Zahlen**, mit denen die   **21** Posten der Bilanz und der GuV in den §§ 266, 275 HGB versehen sind, sind als Teil der Bezeichnung der Posten iSd. Vorschrift aufzufassen. Sie können daher, soweit dies nicht die Klarheit und Übersichtlichkeit beeinträchtigt, im konkreten Fall entfallen. Gruppenbezeichnungen mit Zwischensummen können auch durch Fett- oder Halbfettdruck hervorgehoben werden. Soll es grundsätzlich bei Buchstaben sowie römischen und arabischen Zahlen verbleiben, so sind diese der tatsächlichen Reihenfolge der Posten anzupassen.

g) Zusammenfassung von Posten (§ 265 Abs. 7 HGB)

§ 265 Abs. 7 HGB läßt in zwei Fällen den zusammengefaßten Ausweis von mit   **22** arabischen Zahlen versehenen Posten der Bilanz und der GuV zu, nämlich wenn

(Nr. 1) die Posten einen für die Vermittlung des in § 264 Abs. 2 HGB geforderten Bildes **nicht erheblichen Betrag** enthalten, oder
(Nr. 2) wenn dadurch die **Klarheit der Darstellung** vergrößert wird.

Auch im ersten Ausnahmefall (Nr. 1) kommt nicht schlechthin die Zusammen-   **23** fassung von Posten, unter denen unerhebliche Beträge ausgewiesen werden, in Betracht. So wäre es zB unzulässig, eigene Anteile mit sonstigen Wertpapieren zusammenzufassen. Gleiches gilt für die verschiedenen Formen der Gewinnrücklagen, die stets als solche auszuweisen sind, sofern nicht von der zweiten Alternative Gebrauch gemacht wird. Vgl. wegen weiterer gesondert auszuweisender Einzelposten *ADS*, § 265 HGB Tz. 86.

Die zweite Alternative (Nr. 2) erlaubt es, zB in der **Bilanz** sämtliche mit arabi-   **24** schen Zahlen versehenen Posten entfallen zu lassen, wenn die dadurch wegfallenden Posten (einschließlich der VJ-Beträge, vgl. Tz. 11) im Anhang gesondert angegeben werden. Auch die Restlaufzeitvermerke für Forderungen und Verbindlichkeiten können in den Anhang verlagert werden (ggf. auch unabhängig davon, ob die zugehörigen Posten in der Bilanz zusammengefaßt werden, vgl. St/SABI 3/1986). Das Erfordernis der größeren Klarheit dürfte bei Großunternehmen idR vorliegen[21], da eine Bilanz, die nur die mit römischen Zahlen versehenen Posten ausweist, in Anbetracht der Höhe der auszuweisenden Beträge wesentlich übersichtlicher sein kann[22]. Eine solche Handhabung setzt auf der anderen Seite eine sinnvolle und klare Gliederung des Anhangs voraus (vgl. Tz. 426 ff.).

Für die **GuV** sind Zusammenfassungen, die sich auf die zweite Alternative stüt-   **25** zen, nur in begrenztem Umfang möglich, zB beim Gesamtkostenverfahren die Posten nach § 275 Abs. 2 Nr. 5a und 5b HGB, desgleichen Nr. 6a und 6b, des-

---

20 Vgl. *ADS*, § 265 HGB Tz. 73; dort auch zu Ergänzungen (Tz. 75), Kurzbezeichnungen (Tz. 77 ff.) und engeren Bezeichnungen (Tz. 82).
21 aA *Kölner Kom.*, § 265 HGB Anm. 22.
22 Vgl. ausführlich *Emmerich*, WPg. 1986 S. 698 ff. mwN.

gleichen Nr. 7a und 7b. Auch die Posten Nr. 15 und 16 kommen für eine Zusammenfassung (unter Nr. 17) in Betracht. Weitere zulässige Zusammenfassungen in der Praxis großer Unternehmen betreffen das „Beteiligungsergebnis" (Posten Nr. 9 und einschlägige Sonderposten gem. § 277 Abs. 3 Satz 2 HGB), das „Zinsergebnis" (Posten Nr. 10, 11 und 13) und das „Finanzergebnis" (vorstehende Einzelposten, zT unter Einbeziehung von Nr. 12)[23].

h) Leerposten (§ 265 Abs. 8 HGB)

26 Leerposten brauchen nicht ausgewiesen zu werden, es sei denn, daß im VJ ein Betrag unter dem Posten ausgewiesen wurde[24]; dann ist für den Posten der VJ-Betrag anzugeben (§ 265 Abs. 8 HGB); bei unwesentlichen VJ-Beträgen der mit arabischen Zahlen versehenen Posten kommt allerdings auch eine nachträgliche Zusammenfassung in Betracht[25].

4. Größenklassen (§ 267 HGB)

27 Das Gesetz sieht in § 267 HGB drei Größenklassen vor, die für die Anwendung der Vorschriften über den JA von Bedeutung sind[26]:

	Bilanzsumme Mio. DM	Umsatzerlöse Mio. DM	Beschäftigte im Jahres-durchschnitt
– kleine Kapitalgesellschaften (Abs. 1)	$\leq 3,9$	≤ 8	≤ 50
– mittelgroße Kapitalgesellschaften (Abs. 2)	> 3,9 bis 15,5	> 8 bis 32	51–250
– große Kapitalgesellschaften (Abs. 3)	> 15,5	> 32	> 250

28 Auszugehen ist von der Bilanzsumme und den Umsatzerlösen, wie sie in einem ordnungsgemäß aufgestellten JA ausgewiesen sind. Von der **Bilanzsumme** ist ein auf der Aktivseite ausgewiesener Fehlbetrag iSd. § 268 Abs. 3 HGB abzusetzen (§ 276 Abs. 1 Nr. 1 HGB). Andere Absetzungen, wie sie das PublG in § 1 Abs. 2 bezüglich unter den Rückstellungen oder Verbindlichkeiten ausgewiesener geschuldeter Verbrauchsteuern und Monopolabgaben vorsieht, sind dagegen nicht zulässig. Maßgebend für die **Umsatzerlöse** ist der in der GuV für die letzten 12 Monate vor dem Abschlußstichtag unter dem Posten Nr. 1 ausgewiesene Betrag. Auch hier sind die nach dem PublG möglichen Absetzungen der in den Umsatzerlösen enthaltenen Verbrauchsteuern oder Monopolabgaben nicht zulässig. Für die Ermittlung der Zahl der **Beschäftigten**[27] gilt § 267 Abs. 5 HGB: Durchschnitt aus den Zahlen zum 31. 3., 30. 6., 30. 9. und 31. 12.; Arbeitnehmer,

---

23 Vgl. TREUARBEIT (Fn. 12), Tz. 173 ff.
24 Weiter einschränkend *HdR*, § 265 HGB Rn. 9.
25 Vgl. *ADS*, § 265 HGB Tz. 91.
26 Zur künftigen Anhebung der Schwellenwerte (Bilanzsumme und Umsatz) für kleine und mittlere Kapitalgesellschaften aufgrund der Mittelstandsrichtlinie v. 8. 11. 1990 vgl. ABl. EG L 317/1990 S. 57 ff., sowie *Schellein*, WPg. 1990 S. 529 ff.; *Niessen*, WPg. 1991 S. 193 ff.
27 Vgl. hierzu ausführlich *Geitzhaus/Delp*, BB 1987 S. 367 ff.

die im Ausland beschäftigt sind, sind einzurechnen, in der Berufsausbildung stehende nicht mitzuzählen.

Die Einordnung in die ersten beiden Größenklassen ist davon abhängig, daß an **29** zwei aufeinanderfolgenden Abschlußstichtagen mindestens zwei der drei Merkmale nicht überschritten werden (§ 267 Abs. 4 Satz 1 HGB). Für den Fall einer Verschmelzung, Umwandlung oder Neugründung siehe § 267 Abs. 4 Satz 2 HGB[28].

Eine Kapitalgesellschaft, deren **Aktien** oder andere von ihr ausgegebenen **Wert- 30 papiere** an einer **Börse** in einem Mitgliedsstaat der EWG

– zum amtlichen Handel zugelassen sind oder für die die Zulassung zum amtlichen Handel beantragt ist
oder
– zum geregelten Markt zugelassen sind oder für die die Zulassung zum geregelten Markt beantragt ist[29]
oder
– die in den geregelten Freiverkehr einbezogen sind,

gilt stets als **große** Kapitalgesellschaft (§ 267 Abs. 3 Satz 2 HGB).

Unternehmen, an denen **Gebietskörperschaften** beteiligt sind, müssen grundsätz- **31** lich ebenfalls die Vorschriften für große Kapitalgesellschaften anwenden, soweit nicht weitergehende gesetzliche Vorschriften gelten oder andere gesetzliche Vorschriften entgegenstehen[30].

In folgenden Vorschriften sind **Erleichterungen** oder **Alternativen** für kleine oder **32** auch mittelgroße Kapitalgesellschaften vorgesehen[31]:

	kleine Kapital- gesellschaft	mittelgroße Kapital- gesellschaft
1. § 264 Abs. 1 Satz 3 HGB (längere Aufstellungsfrist)	×	–
2. § 266 Abs. 1 Satz 3 HGB (verkürzte Bilanz)	×	–
3. § 276 HGB (verkürzte GuV)	×	×
4. § 285 Nr. 2 HGB* (Restlaufzeit und Sicherheiten für jeden Posten der Verbindlichkeiten)	×	–

28 Vgl. im einzelnen *ADS*, § 267 HGB Tz. 14 ff.; *BeBiKo.*, § 267 Anm. 21 ff.
29 Vgl. *Börsenzulassungsgesetz* v. 16. 12. 1986, BGBl. I S. 2478 ff.
30 Vgl. für Beteiligungen des Bundes § 65 Abs. 1 Nr. 4 BHO; entsprechend für Beteiligungen der Länder die §§ 65 der jeweiligen LHO, soweit sie an das BiRiLiG angepaßt wurden (andernfalls noch Verweis auf aktienrechtliche Vorschriften); vgl. hierzu *Patzig*. Haushaltsrecht des Bundes und der Länder, Bd. II, Baden-Baden ab 1982, C/65/2 f. (1991); zu den Fundstellen der einzelnen LHO vgl. L Tz. 1 sowie *Schlegelberger/Friedrich*, Das Recht der Gegenwart, 21. Aufl., München 1990 S. 580; zu ähnlichen Vorschriften der GO für Beteiligungen von Kommunen vgl. ebd., S. 490 ff., sowie *ADS*, § 276 HGB Tz. 4.
31 Vgl. im einzelnen *Weirich/Zimmermann*, AG 1986 S. 265 ff.; *Gelhausen*, AG 1986 S. 67 ff.; zu weiteren künftigen Erleichterungen vgl. die Mittelstandsrichtlinie v. 8. 11. 1990, ABl. EG L 317/1990 S. 57 ff., sowie *Schellein*, WPg. 1990 S. 529 ff.

5. § 285 Nr. 3 HGB* (sonstige finanzielle Verpflichtungen)	×	—
6. § 285 Nr. 4 HGB* (Aufgliederung der Umsatzerlöse)	×	—
7. § 285 Nr. 5 HGB* (Einfluß steuerrechtlicher Maßnahmen)	×	—
8. § 285 Nr. 7 HGB* (Zahl der Beschäftigten)	×	—
9. § 285 Nr. 8a HGB* (Materialaufwand)	×	—
10. § 285 Nr. 9a HGB* (Bezüge der Organe)	×	—
11. § 285 Nr. 9b HGB* (Bezüge früherer Mitglieder von Organen)	×	—
12. § 285 Nr. 12 HGB* (Aufgliederung der sonstigen Rückstellungen)	×	—
13. § 316 Abs. 1 Satz 1 HGB (Prüfungsbericht)	×	—
14. § 319 Abs. 1 Satz 2 HGB (Auswahl der Abschlußprüfer)	—	×
15. §§ 326, 327 HGB (Erleichterung bei der Offenlegung)	×	×

* Jeweils iVm. § 288 HGB

Wegen größenabhängiger Befreiungen für den Konzernabschluß gelten andere Größenmerkmale (§ 293 HGB, vgl. M Tz. 111 ff.).

II. Die Bilanz

1. Bewertungsvorschriften

a) Übersicht

33   Die **grundsätzlichen Bewertungsbestimmungen** sind in den §§ 252 bis 256 HGB getroffen (vgl. E Tz. 184 ff.). Sie gelten bis auf wenige Ausnahmen auch für Kapitalgesellschaften. Die wichtigsten **Ausnahmen** sind
- Verbot von Abschreibungen iSd. § 253 Abs. 4 HGB, dh. von Abschreibungen, die ausschließlich im Rahmen vernünftiger kaufmännischer Beurteilung erfolgen (§ 279 Abs. 1 Satz 1 HGB);
- Beschränkung der Abschreibungen beim Anlagevermögen wegen einer voraussichtlich nur vorübergehenden Wertminderung (§ 253 Abs. 2 Satz 3 HGB) auf Vermögensgegenstände, die Finanzlagen sind (§ 279 Abs. 1 Satz 2 HGB);
- Beschränkung der steuerrechtlichen Abschreibungen (§ 254 HGB) auf solche, bei denen ihre Anerkennung bei der steuerrechtlichen Gewinnermittlung davon abhängig ist, daß sie sich aus der HB ergeben (§ 279 Abs. 2 HGB; wegen der sog. umgekehrten Maßgeblichkeit nach § 5 Abs. 1 Satz 2 EStG ist

diese Einschränkung für Abschlußstichtage nach dem 31. 12. 1989 allerdings ohne praktische Bedeutung, vgl. dazu E Tz. 424[32]);
– Beschränkungen der Beibehaltungswahlrechte (§§ 253 Abs. 5, 254 Satz 2 HGB) durch Vorschriften über eine Wertaufholung (§ 280 HGB); siehe hierzu den nächsten Abschnitt.

Zusätzliche Bewertungsvorschriften für Kapitalgesellschaften enthält das Gesetz im übrigen nur hinsichtlich der Abschreibung des Postens Aufwendungen für die Ingangsetzung und Erweiterung des Geschäftsbetriebs (§ 282 HGB) und des Ansatzes des Eigenkapitals (§ 283 HGB).   **34**

b) Wertaufholungsgebot (§ 280 HGB)

Während Kaufleute, die nur den Vorschriften der §§ 242 bis 263 HGB unterliegen, einen einmal zulässigerweise gewählten niedrigeren Wertansatz in der Folge auch dann fortführen können, wenn die Gründe für den niedrigeren Wertansatz nicht mehr bestehen (§§ 253 Abs. 5, 254 Satz 2 HGB; sog. Beibehaltungswahlrecht), gilt für Kapitalgesellschaften eine andere Regelung: Nach § 280 Abs. 1 Satz 1 HGB macht der **Wegfall der Gründe**, die zu einer Abschreibung nach   **35**
– § 253 Abs. 2 Satz 3 HGB (außerplanmäßige Abschreibungen auf Vermögensgegenstände des Anlagevermögens) oder
– § 253 Abs. 3 HGB (niedrigere Bewertung von Vermögensgegenständen des Umlaufvermögens) oder
– § 254 Satz 1 HGB (steuerrechtliche Abschreibungen)

geführt haben (auch teilweise), grundsätzlich eine **Zuschreibung** (Wertaufholung) erforderlich[33]. Andere Gründe als die vorstehend aufgeführten führen nicht zu einer Wertaufholung iSv. § 280 HGB, schließen aber eine (freiwillige) Zuschreibung unter Beachtung des Stetigkeitsgebots[34] (§ 252 Abs. 1 Nr. 6 HGB) nicht aus (zB wenn die vorangegangene Abschreibung nicht zwingend war).

Abschreibungen, die zwischenzeitlich vorzunehmen gewesen wären, sind zu berücksichtigen. Die Wertaufholung darf danach zu keinem höheren Betrag führen, als er sich ergeben hätte, wenn die obengenannten Abschreibungen nicht vorgenommen worden wären. Zur **Berechnung** (mit Beispielen) vgl. *ADS*, § 286 HGB Tz. 31 ff. Wegen der Möglichkeit, **Rücklagen** in Höhe des Eigenkapitalanteils von Wertaufholungen zu dotieren, vgl. Tz. 195 f.   **36**

Von dem Gebot der Wertaufholung gibt es eine wichtige **Ausnahme:** Die Zuschreibung kann insoweit unterbleiben (Wahlrecht), als der niedrigere Wertansatz bei der steuerrechtlichen Gewinnermittlung[35] beibehalten werden kann und Voraussetzung dafür ist, daß er auch in der HB beibehalten wird (§ 280 Abs. 2 HGB; Steuerneutralität des Wertaufholungsgebots). Soweit eine niedrigere Bewertung nach § 253 Abs. 2 Satz 3 oder Abs. 3 HGB auch in der StB erfolgt ist, gewährt § 280 Abs. 2 HGB ein **Beibehaltungswahlrecht.** Dies gilt nach Wegfall des steuerrechtlichen Wertaufholungsverbots (Prinzip des strengen   **37**

32 Vgl. auch *BeBiKo.*, § 279 Anm. 7; *HdR*. § 279 HGB Rn. 17 ff.
33 Gegen analoge Anwendung auf Verbindlichkeiten *ADS*, § 280 HGB Tz. 13; aA *BoHdR*. § 253 HGB Rn. 24.
34 Vgl. hierzu *Schneeloch*, WPg. 1990 S. 221 ff.
35 Vgl. hierzu *ADS*, § 280 HGB Tz. 47 f. (keine Anwendung der Ausnahmeregelung bei Befreiung von der Ertragsteuerpflicht).

Wertzusammenhangs; § 6 Abs. 1 Nr. 1 Satz 4 EStG aF) nunmehr auch für das abnutzbare Anlagevermögen[36]. Das Wahlrecht nach § 280 Abs. 2 HGB kann für jeden Vermögensgegenstand einzeln ausgeübt werden; wird es ausgeübt, können Zuschreibungen auch in den Folgejahren nachgeholt werden. Zwar gilt auch insoweit das Stetigkeitsgebot in sachlicher und zeitlicher Hinsicht, doch ist eine Durchbrechung in Wahrnehmung steuerrechtlicher Wahlrechte hinreichend begründet[37].

38   Praktisch bedeutet dies, daß das Wertaufholungsgebot nur insoweit **obligatorisch** ist, als (außerplanmäßige) Abschreibungen nach § 253 Abs. 2 Satz 3 oder Abs. 3 HGB nur in der HB vorgenommen wurden, bei der steuerrechtlichen Gewinnermittlung aber außer Betracht geblieben sind. Das Wertaufholungsgebot ist ferner zwingend, wenn die Gründe einer nur steuerrechtlich zulässigen Abschreibung nach § 254 HGB weggefallen sind.

39   Wird von Zuschreibungen im Hinblick auf § 280 Abs. 2 HGB abgesehen, so ist im Anhang der Betrag der unterlassenen Zuschreibungen anzugeben und hinreichend zu begründen (§ 280 Abs. 3 HGB, vgl. Tz. 558)[38]. Außerdem sind die unterlassenen Zuschreibungen bei den Angaben zur Ergebnisbeeinflussung durch steuerrechtliche Sachverhalte (§ 285 Nr. 5 HGB zu berücksichtigen, vgl. Tz. 545 ff.)[39].

2. Gliederungsvorschriften

40   § 266 HGB bestimmt, wie die Bilanz zu gliedern ist. Die **Kontoform** ist danach für alle Kapitalgesellschaften verbindlich (Abs. 1 Satz 1). Die in Abs. 2 (Aktivseite) und Abs. 3 (Passivseite) bezeichneten Posten sind **gesondert** und in der **vorgeschriebenen Reihenfolge** auszuweisen (Abs. 1 Satz 2). Kleine Kapitalgesellschaften (§ 267 Abs. 1 HGB) können die Bilanz in **verkürzter Form** aufstellen; dabei können alle mit arabischen Zahlen bezeichneten Posten entfallen, dh. es kann auf den Ausweis von bis zu 39 Posten verzichtet werden (Abs. 1 Satz 3). Wegen der Untergliederung von Posten, Aufnahme neuer Posten, Änderung von Gliederung und Bezeichnung, Zusammenfassung und Weglassen von Posten nach § 265 Abs. 5 bis 8 HGB vgl. Tz. 17 ff.

41   Die **Vorschriften zu einzelnen Posten** der Bilanz und zu Bilanzvermerken (§ 268 HGB), zu bestimmten, nicht im Gliederungsschema aufgeführten Sonderposten (§§ 269, 273 und 274 HGB), zu den besonderen Posten nach dem DMBilG für Unternehmen in den neuen Bundesländern (§§ 7 Abs. 6, 16 Abs. 3, 17 Abs. 4, 24 Abs. 1 und 5, 25 Abs. 1 und 4, 26 Abs. 3 und 4, 27 Abs. 2, 28, 31 Abs. 1 DMBilG) sowie zu den Bestimmungen der §§ 270 bis 272 HGB werden bis auf den sog. Anlagenspiegel (§ 268 Abs. 2 HGB) im Zusammenhang mit den Erläuterungen des Gliederungsschemas behandelt (vgl. Tz. 52 ff.).

---

36 Vgl. *BeBiKo.*, § 280 Anm. 22 f.; *HdR*, Nachtrag Rn. 15, 23; *Haeger*. DB 1990 S. 541 ff. Zur Maßgeblichkeit von HB und StB bei der Wertaufholung vgl. *Müller-Dott*, BB 1990 S. 2075 ff.; zur sog. umgekehrten Maßgeblichkeit ferner E Tz. 308 u. 421 ff.
37 Vgl. *ADS*, § 280 HGB Tz. 71; *HdR*, § 280 HGB Rn. 63.
38 Vgl. *Haeger*, BB 1989 S. 386 ff.; zu Voraussetzungen in der Buchhaltung vgl. *Fluri*, BB 1988 S. 1146 ff.
39 Vgl. auch *Haeger*, WPg. 1989 S. 441 ff. u. S. 608 ff.

3. Anlagenspiegel (§ 268 Abs. 2 HGB)

In der Bilanz oder im Anhang (Ausweiswahlrecht) ist die Entwicklung der einzelnen Posten des Anlagevermögens und – falls der Posten bilanziert wird – des Postens „Aufwendungen für die Ingangsetzung und Erweiterung des Geschäftsbetriebs" darzustellen (§ 268 Abs. 2 HGB). Werden im Anlagevermögen Posten nach § 31 Abs. 1 Satz 1 Nr. 1 und 2 DMBilG ausgewiesen [40], so ist auch ihre Entwicklung anzugeben. Dies geschieht üblicherweise in einem sog. **Anlagenspiegel** [41]. Er kann in die Bilanz aufgenommen werden, doch dürften es die Bestimmungen über die im Anlagenspiegel aufzuführenden Beträge häufig nahelegen, die geforderten Angaben im **Anhang** oder als Anlage zur Bilanz zu machen [42].   **42**

Für **jeden einzelnen Posten des Anlagevermögens** sind aufzuführen (§ 268 Abs. 2 Satz 2 HGB) [43]:   **43**

– die gesamten Anschaffungs- oder Herstellungskosten der am Beginn des GJ vorhandenen Vermögensgegenstände,
– die Zugänge des GJ,
– die Abgänge des GJ,
– die Umbuchungen während des GJ,
– die Zuschreibungen des GJ,
– die Abschreibungen in ihrer gesamten Höhe, dh. die bisher aufgelaufenen Abschreibungen für die am Abschlußstichtag vorhandenen Vermögensgegenstände.

Es erscheint sinnvoll, neben diesen Angaben auch die Abschreibungen des GJ (besondere Angabepflicht nach § 268 Abs. 2 Satz 3 HGB) in den Anlagenspiegel aufzunehmen (vgl. dazu Tz. 51). Der Anlagenspiegel ist, wie sich aus dem an erster und dem an letzter Stelle genannten Posten ergibt, eine **Bruttodarstellung** der Anlagenwerte. Sie zeigt die Gesamtsumme des im Anlagevermögen investierten Kapitals. Rechnerisch führt eine zutreffende Aufführung der in § 268 Abs. 2 Satz 2 HGB geforderten Angaben im Saldo zu dem Bilanzwert des jeweiligen Postens.

Hinsichtlich der Angabe der **gesamten Anschaffungs- und Herstellungskosten** ist zu beachten, daß **alle** am Beginn des GJ vorhandenen Vermögensgegenstände in die Angabe einzubeziehen sind, auch wenn sie bereits voll abgeschrieben sind. Wegen Ansatz von Buchwerten oder geschätzter Anschaffungs- oder Herstellungskosten bei der erstmaligen Anwendung des neuen Rechts vgl. Vorauflage, Bd. II S. 149 f.   **44**

Die **Zugänge** des GJ sind vollständig mit ihren Anschaffungs- oder Herstellungskosten aufzuführen, soweit nicht ein Ansatzwahlrecht (zB Aufwendungen für die Ingangsetzung und Erweiterung des Geschäftsbetriebs, § 269 HGB) oder ein Bewertungswahlrecht (zB Einbeziehung von Gemeinkosten und Abschreibungen in die Herstellungskosten, § 255 Abs. 2 Satz 3 und 4 HGB) vorliegt. Eine   **45**

---

40 Vgl. Tz. 61 ff. sowie *Budde/Forster*, § 31 DMBilG Anm. 7 ff. (zum Ansatzwahlrecht) und Anm. 59 (zum Ausweis).
41 Zur künftigen Aufhebung der Darstellungspflicht für kleine Kapitalgesellschaften aufgrund der Mittelstandsrichtlinie v. 8. 11. 1990 vgl. *Schellein*, WPg. 1990 S. 529 ff. (533).
42 Zur Praxis großer Unternehmen vgl. TREUARBEIT (Fn. 12), Tz. 45 ff. (Beispiele S. 334 ff.).
43 Vgl. auch *Küting/Haeger/Zündorf*, BB 1985 S. 1948 ff.; *Scholtissek*, Inf. 1985 S. 121 ff.; *Böttges/Papendorf*, Der Anlagenspiegel im Jahresabschluß, Bonn 1988; für kleine Kapitalgesellschaften gilt die Erleichterung des § 266 Abs. 1 Satz 3 HGB entsprechend (vgl. Tz. 32).

Kürzung um die auf das GJ entfallenden Abschreibungen ist nicht statthaft. Die Zugänge sind auch dann aufzuführen, wenn die angeschafften Vermögensgegenstände im Jahr des Zugangs voll abgeschrieben werden (zB geringwertige Anlagegüter)[44]; es bestehen keine Bedenken dagegen, sie regelmäßig bereits im Zugangsjahr als Abgang zu behandeln[45]. Bei Anschaffungen bis zu DM 100,– sieht die kaufmännische Praxis aus Vereinfachungsgründen zulässigerweise von einer Aktivierung ab[46]. Ein ungekürzter Ausweis der Zugänge ist auch notwendig, wenn aufgrund steuerrechtlicher Vorschriften stille oder offene Rücklagen auf Neuanschaffungen übertragen werden (zB gemäß EStR 1990 Abschn. 35 und § 6b EStG). Die Übertragung der stillen Rücklage erfolgt dann in Form einer steuerrechtlichen Abschreibung nach § 254 Satz 1 HGB[47]. Nachträgliche Anschaffungs- oder Herstellungskosten für bereits aktivierte Vermögensgegenstände sind im Jahr ihres Anfalls als Zugänge, bei späterer Nachholung (zB aufgrund steuerlicher Außenprüfung) jedoch als Zuschreibungen zu behandeln[48]. Zur Berücksichtigung von Festwerten im Anlagenspiegel vgl. *ADS*, § 268 HGB Tz. 76. Hinsichtlich der Anschaffungskosten vgl. E Tz. 211 ff., hinsichtlich der Bemessung der Herstellungskosten E Tz. 230 ff.

46   Die **Abgänge** sind nicht mit Restbuchwerten aufzuführen, sondern mit den Anschaffungs- oder Herstellungskosten, mit denen sie ursprünglich als Zugang aufgeführt worden sind. Bei Vermögensgegenständen, die aufgrund der Übergangsvorschrift in Art. 24 Abs. 6 Satz 1 EGHGB zu Buchwerten (= fiktive Anschaffungs- oder Herstellungskosten) in die Bruttodarstellung übernommen worden sind, sind diese Werte als Abgänge aufzuführen.

47   **Umbuchungen** stellen Ausweisänderungen dar. Sie kommen bei Anwendung des gesetzlichen Gliederungsschemas praktisch vor allem vom Posten „Geleistete Anzahlungen und Anlagen im Bau" auf andere Posten des Anlagevermögens vor. Umgliederungen vom Anlagevermögen in das Umlaufvermögen und umgekehrt sind im ersten Fall als Abgang und im zweiten als Zugang zu behandeln. Ein Ausweis als Umbuchung ist ebenfalls zulässig[49].

48   **Zuschreibungen** sind Aufhebungen von in früheren Jahren vorgenommenen Abschreibungen auf Posten des Anlagevermögens (Reaktivierungen), insbesondere im Zusammenhang mit dem Wertaufholungsgebot (§ 280 Abs. 1 HGB)[50]. Sie sind im nächsten JA mit den aufgelaufenen Abschreibungen zu verrechnen. Zuschreibungen können auch im Zusammenhang mit einer Anpassung von Bilanzwerten an die Werte der StB in Betracht kommen, ferner bei Sanierungsfällen udgl.

---

44   Vgl. ebenso bereits St/NA 2/1966, WPg. 1966 S. 328 (zwischenzeitlich aus anderem Grund aufgehoben).
45   So die Begr. zu § 268 HGB, BT-Drs. 10/4268 S. 105; *ADS*, § 268 HGB Tz. 75 (auch Fortführung über durchschnittliche Nutzungsdauer zulässig); ähnlich *BeBiKo.*, § 268 Anm. 54 (in wesentlichen Fällen andere Abgangsfiktion); für Behandlung als Abgang im folgenden GJ *Küting/Haeger/Zündorf*, BB 1985 S. 1948 ff. (1955); *HdR*, § 268 HGB Rn. 110.
46   Wie Fn. 44 sowie die damit übereinstimmende steuerliche Regelung in EStR 1990 Abschn. 31 Abs. 3; vgl. auch *ADS*, § 253 HGB Tz. 365.
47   Vgl. *ADS*, § 268 HGB Tz. 49; *BHdR*, B 212 Rn. 76.
48   Teilw. abw. *Biener/Berneke*, BiRiLiG, Erl. zu § 268 HGB S. 172.
49   Vgl. *ADS*, § 268 HGB Tz. 50 (Wahlrecht mit Erläuterung in Bilanz oder Anhang); aA *HdJ*, Abt. II/1 (1990) Rn. 118.
50   Wegen Zuschreibungen zur Rückgängigmachung planmäßiger Abschreibungen vgl. *ADS*, § 253 HGB Tz. 385, 559.

Nachaktivierungen (erstmalige Aktivierung von in früheren Jahren angefallenen, aber nicht als Zugang aufgeführten Werten) lassen sich im System des
Anlagenspiegels des § 268 Abs. 2 HGB am einfachsten durch Einbeziehung (der
Bruttowerte) in die Zugangsspalte erfassen [51]; die Differenz zwischen Bruttowert
und zu aktivierendem Nettowert erhöht den Betrag der insgesamt aufgelaufenen
Abschreibungen. Werden jedoch nachträgliche Anschaffungskosten bei bereits
aktivierten Vermögensgegenständen in die Zuschreibungsspalte mit einbezogen
(vgl. Tz. 45), so müssen die entsprechenden Werte im nächsten JA als Teil der
gesamten Anschaffungs- oder Herstellungskosten aufgeführt werden (keine Verrechnung mit den kumulierten Abschreibungen).

In der StB sind Zuschreibungen zur Rückgängigmachung von Teilwertabschrei-   **49**
bungen (nach Wegfall der Voraussetzungen), erhöhten Absetzungen, steuerrechtlichen Sonderabschreibungen, Abschreibungen auf geringwertige Anlagegüter und von Abzügen nach § 6b Abs. 1 oder 3 Satz 2 EStG nunmehr sowohl
bei abnutzbaren (Wegfall des Wertaufholungsverbots, vgl. Tz. 37) als auch bei
nicht abnutzbaren Anlagegegenständen zulässig. Insoweit gilt, daß eine Rückgängigmachung in der HB auch eine entsprechende Zuschreibung in der StB zur
Folge hat.

Die **Abschreibungen** sind **in ihrer gesamten Höhe** aufzuführen, dh. es sind die im   **50**
gerade abgelaufenen GJ sowie die in früheren GJ vorgenommenen Abschrei-
bungen zusammen in einem Betrag zu nennen, und zwar je Posten für alle am
Abschlußstichtag vorhandenen Vermögensgegenstände des Anlagevermögens.
Der Betrag des VJ ist somit um die für das abgelaufene GJ vorgenommenen
Abschreibungen zu erhöhen; aufgelaufene Abschreibungen auf Abgänge sind
dagegen abzusetzen.

Außer den vorstehend erläuterten Angaben sind nach § 268 Abs. 2 Satz 3 HGB   **51**
die **Abschreibungen des GJ** [52] entweder in der Bilanz bei jedem Posten des Anlagevermögens und einem ggf. nach § 269 HGB ausgewiesenen Posten zu vermerken oder in entsprechender Aufgliederung im Anhang anzugeben (Ausweiswahlrecht). Dieses Wahlrecht kann unabhängig davon ausgeübt werden, ob die anderen Angaben zur Entwicklung des Anlagevermögens in der Bilanz oder im
Anhang gemacht werden. Es erscheint allerdings sinnvoll, diese Angaben in den
Anlagenspiegel aufzunehmen. Dies kann nachrichtlich in Form einer besonderen Spalte (im Anschluß an die kumulierten Abschreibungen oder die Restbuchwerte) oder in Form eines sog. Abschreibungsspiegels [53] erfolgen.

Wegen weiterer **Angabepflichten** zu den auf Posten des Anlagevermögens vorgenommenen Abschreibungen vgl. Tz. 455 und 556 f.

---

51 Vgl. *ADS*, § 268 HGB Tz. 54; aA *BeBiKo.*, § 268 Anm. 46.
52 hM: Abschreibungen laut GuV (einschließlich Abschreibungen auf Abgänge), vgl. *ADS*, § 268 HGB
   Tz. 66 (für Erläuterung bei Einbeziehung in den Anlagenspiegel); *BHdR*, B 212 Rn. 101; aA
   BeBiKo., § 268 Anm. 16 (auch Abschreibungen auf Stichtagsbestand mit Erläuterung zulässig).
53 Vgl. zur freiwilligen Aufstellung eines sog. Abschreibungsspiegels *ADS*, § 268 HGB Tz. 64; zur Häufigkeit in der Praxis vgl. auch TREUARBEIT (Fn. 12), Tz. 49 (Beispiele S. 343, 347).

4. Die einzelnen Posten der Bilanz

52 Im folgenden sind die einzelnen Posten der Bilanz in der Reihenfolge des gesetzlichen Gliederungsschemas (§ 266 Abs. 2 und 3 HGB) erläutert. Posten, die durch andere Vorschriften des Gesetzes bestimmt werden, sind als Sonderposten an der Stelle eingeschoben, die ausdrücklich vorgeschrieben ist oder sinnvoll erscheint. Entsprechendes gilt für Sonderposten des DMBilG, die in den Folgebilanzen fortzuführen sind.

AKTIVA

Sonderposten: Ausstehende Einlagen auf das gezeichnete Kapital; davon eingefordert (§ 272 Abs. 1 Satz 2 HGB)

53 Ausstehende Einlagen auf das gezeichnete Kapital sind rechtlich Forderungen der Gesellschaft an ihre Gesellschafter; unerheblich ist es, ob die Einlagen eingefordert sind oder nicht. Sie sind grundsätzlich als erster Posten der Aktivseite vor dem Anlagevermögen gesondert auszuweisen (Bruttomethode).

Bereits **eingeforderte Einlagen** sind zu vermerken (§ 272 Abs. 1 Satz 2 zweiter Halbsatz HGB). Noch nicht eingeforderte Einlagen können aber auch vom gezeichneten Kapital offen abgesetzt werden (§ 272 Abs. 1 Satz 3 erster Halbsatz HGB). In diesem Fall sind bereits eingeforderte, aber noch nicht eingezahlte Beträge nicht hier, sondern unter den Forderungen, dh. innerhalb der Gruppe B II des gesetzlichen Gliederungsschemas unter entsprechender Bezeichnung (zB „Eingeforderte, noch ausstehende Kapitaleinlagen") gesondert auszuweisen (Nettomethode).

54 Wirtschaftlich stellen die ausstehenden Einlagen vor ihrer Einforderung einen Korrekturposten zum ausgewiesenen Posten „Gezeichnetes Kapital" dar. Ausstehende Einlagen sind stets entsprechend ihrem wirklichen Wert, also unter Berücksichtigung der Zahlungsfähigkeit der Gesellschafter bzw. der Ersatzverpflichteten (§ 65 AktG, §§ 22, 24 GmbHG) zu bilanzieren; für den Fall des § 65 Abs. 3 AktG, § 23 GmbHG (Anteilsverkauf bei nicht zu erlangender Zahlung) kommt es auf den Veräußerungswert der Anteile an. Eventuellen Wertminderungen ist durch aktivische Absetzung Rechnung zu tragen, die gesondert auszuweisen ist, da sonst ein unzutreffender Eindruck von der Höhe der geleisteten Kapitaleinlagen vermittelt wird[54].

55 **Nebenleistungsansprüche** gegenüber Anteilseignern (zB §§ 55, 61 AktG, § 3 Abs. 2 GmbHG), Nachschüsse (§ 42 Abs. 2 GmbHG) und Zuzahlungen gehören nicht hierher[55]; zum Ausweis ausstehenden **Aufgelds** unter den Forderungen bei rückwirkender Kapitalerhöhung nach § 235 AktG vgl. *ADS*, § 272 HGB Tz. 51. Ausstehende Einlagen auf **Vorratsaktien** (§ 56 AktG) sind ebenfalls hier auszuweisen. Wegen der Behandlung ausstehender Einlagen auf im Zuge einer Kapitalerhöhung ausgestellte **Zeichnungsscheine** (§ 185 AktG) vgl. *ADS*, § 272 HGB Tz. 42 (keine Bilanzierung vor Eintragung)[56].

---

54 Vgl. im einzelnen *ADS*, § 272 HGB Tz. 48 f.; teilw. abw. *HdR*, § 272 HGB Rn. 48 (Abwertung nicht eingeforderter Einlagen nicht möglich).
55 Zum gesonderten Ausweis einlageersetzender Forderungen (§§ 9 Abs. 1, 11 Abs. 2, 31 GmbHG) vgl. *Baumbach/Hueck*, § 42 GmbHG Anm. 93.
56 aA *Novotny*, DB 1979 S. 557 ff.

Bisher volkseigene Unternehmen in den **neuen Bundesländern** haben als „Ausstehende Einlagen" den Fehlbetrag auszuweisen, um den das Eigenkapital (abzüglich der Sonderrücklagen nach § 17 Abs. 4 Satz 3, § 24 Abs. 5 Satz 3 und der vorläufigen Gewinnrücklagen nach § 31 Abs. 1 Satz 2 DMBilG) das gezeichnete Kapital in der Eröffnungsbilanz unterschritten hat (§ 26 Abs. 3 Satz 1 DMBilG). Ein Fehlbetrag zwischen der gesetzlich geforderten Mindesteinzahlung und dem Eigenkapital (ohne Sonderrücklagen) gilt als eingefordert. Nach § 272 Abs. 1 Satz 2 und 3 HGB ist der eingeforderte Betrag als „davon"-Vermerk zu den ausstehenden Einlagen oder als Sonderposten unter den Forderungen auszuweisen. Vgl. im einzelnen *Budde/Forster*, § 26 DMBilG Anm. 27 ff. Zu Besonderheiten bei der nachträglichen **Änderung von Werten** nach § 36 DMBilG vgl. *Budde/Forster*, § 36 DMBilG Anm. 43 f. An Stelle der ausstehenden Einlagen kann unter den Voraussetzungen des § 26 Abs. 4 Satz 1 iVm. § 28 DMBilG ein **Kapitalentwertungskonto** nach den aktiven RAP ausgewiesen werden (Wahlrecht), vgl. dazu Tz. 141 f.

Steuerlich[57] gehören die Ansprüche einer Kapitalgesellschaft auf Einzahlung der ausstehenden Einlagen grundsätzlich zum Betriebsvermögen der Gesellschaft[58], ohne daß es auf die Einforderung ankommt[59] (vgl. auch VStR 1989 Abschn. 11 Abs. 1 mit den daraus folgenden Auswirkungen auf VSt und GewKSt). Die Nichteinforderung stellt keine vGA dar, auch wenn die Gesellschaft zur Befriedigung ihres Kapitalbedarfs Darlehen aufnimmt[60].

Sonderposten: Aufwendungen für die Ingangsetzung und Erweiterung des Geschäftsbetriebs (§ 269 HGB)

Der Posten stellt eine **Bilanzierungshilfe** dar[61] und ist in der Bilanz unter der in der Überschrift genannten Bezeichnung vor dem Anlagevermögen auszuweisen (§ 269 Satz 1 HGB). Während seines Bestehens sind Gewinnausschüttungen nur insoweit möglich, als nach der Ausschüttung die jederzeit auflösbaren Gewinnrücklagen unter Berücksichtigung von Ergebnisvorträgen mindestens den Betrag der aktivierten Bilanzierungshilfe aufweisen müssen (§ 269 Satz 2 HGB). Im Anhang ist der Posten zu erläutern (vgl. Tz. 485), seine Entwicklung ist im Anlagenspiegel (vgl. Tz. 42 ff.) darzustellen (§ 268 Abs. 2 Satz 1 HGB). Die Postenbezeichnung ist dem tatsächlichen Inhalt des Postens anzupassen, dh. ggf. ist auf Ingangsetzung oder auf Erweiterung abzustellen (§ 265 Abs. 6 HGB).

Aktiviert werden dürfen die Aufwendungen für die Ingangsetzung und Erweiterung des Geschäftsbetriebs[62]. Hierzu gehören alle Aufwendungen für den Auf-

56

57

58

59

---

57 Vgl. auch *BeBiKo.*, § 272 Anm. 16 ff.
58 RFH-Gutachten v. 13. 4. 1928, RStBl. S. 171.
59 Vgl. dazu jedoch auch BFH v. 18. 7. 1975, BStBl. II 1976 S. 5; *Rid*, Inf. 1976 S. 35; BFH v. 19. 12. 1979, BStBl. II 1980 S. 483; BFH v. 8. 2. 1979, BStBl. II 1980 S. 485.
60 Vgl. auch BFH v. 29. 5. 1968, BStBl. II 1969 S. 11; BFH v. 24. 9. 1974, BStBl. II 1975 S. 230 zur Frage der vGA bei Umwandlung von Vorzugsaktien (Mehrstimmrechtsaktien) in Stammaktien; ferner BFH v. 14. 8. 1985, BStBl. II 1986 S. 86 (zur Nichtverzinsung ausstehender und noch nicht eingeforderter Einlagen – keine vGA).
61 Vgl. hierzu auch *Commandeur*, Die Bilanzierung der Aufwendungen für die Ingangsetzung und Erweiterung des Geschäftsbetriebs, Berlin 1986; *Selchert*, DB 1986 S. 977 ff.; *Ettinger*, Die Bilanzierungshilfe für die Ingangsetzung und Erweiterung des Geschäftsbetriebs, München 1988.
62 Zu Unrecht einschränkend *HdR*, § 269 HGB Rn. 42 (Aktivierung nur zur Vermeidung eines Verlustausweises); zur Anwendbarkeit für Nicht-Kapitalgesellschaften vgl. *ADS*, § 269 HGB Tz. 7.

bau der Innen- und Außenorganisation und der Ingangsetzung[63] bzw. der wesentlichen Erweiterung[64] des Geschäftsbetriebs, soweit sie sonst nicht bilanzierbar sind, dh. nicht als immaterielle Vermögensgegenstände, Sachanlagen[65] oder RAP aktiviert werden können. Da es sich um ein Aktivierungswahlrecht handelt, besteht kein Zwang zur Aktivierung und damit zum Ausweis als Zugang. Eine nur teilweise Aktivierung ist zulässig, eine Nachholung in den Folgejahren dagegen nicht. Nach GoB ist Voraussetzung einer Aktivierung, daß die künftigen Erträge die Abschreibungen auf die aktivierten Beträge voraussichtlich decken werden[66]; andernfalls erscheint eine Aktivierung nur insoweit zulässig, als der Posten durch frei verfügbare Rücklagen gedeckt ist. Aktivierte Aufwendungen sind ab dem auf die Aktivierung folgenden Jahr zu mindestens einem Viertel durch **Abschreibungen** zu tilgen (§ 282 HGB)[67]; höhere Abschreibungen oder ein früherer Beginn der Abschreibung sind zulässig, unter dem Gesichtspunkt der Vorsicht (§ 252 Abs. 1 Nr. 4 HGB) sogar erwünscht. Bei Fehlmaßnahmen ist eine außerplanmäßige Abschreibung notwendig[68]. Für Aufwendungen für die Gründung und Beschaffung des Eigenkapitals besteht ein Aktivierungsverbot (§ 248 Abs. 1 HGB).

60   **Steuerlich** sind nach den BFH-Urteilen v. 28. 1. 1954 (BStBl. III S. 109) und v. 14. 6. 1955 (BStBl. III S. 221) vorbereitende Betriebsausgaben (Organisationsaufwendungen) regelmäßig als Aufwand des laufenden Jahres zu behandeln (Aktivierungsverbot)[69]; eine Aktivierung kommt nur in Betracht, wenn ihnen ein aktivierungsfähiges Wirtschaftsgut gegenübersteht. Die Abschreibungen des Postens in der HB sind demnach keine Betriebsausgaben[70].

Sonderposten: Gegenposten zu einer vorläufigen Gewinnrücklage (§ 31 DMBilG)

61   Unternehmen in den **neuen Bundesländern** (außer Geldinstituten und Außenhandelsbetrieben) durften in der Eröffnungsbilanz nach § 31 Abs. 1 Satz 1 DMBilG als Gegenposten zu einer vorläufigen Gewinnrücklage folgende Bilanzierungshilfen aktivieren[71]:

- Nr. 1: nicht entgeltlich erworbene immaterielle Vermögensgegenstände des Anlagevermögens und ein originärer Geschäfts- oder Firmenwert;
- Nr. 2: bestimmte Aufwendungen für die Ingangsetzung und Erweiterung des Geschäftsbetriebs;
- Nr. 3: bestimmte Zuschüsse, Beihilfen und andere Vermögensvorteile, die ohne Rückzahlungsverpflichtung von Dritten gewährt werden.

---

63 Vgl. hierzu *ADS*, § 269 HGB Tz. 13 f.; *Kropff* in AktG-Kom., § 153 AktG 1965 Anm. 60; *HdJ*, Abt. II/9 (1990) Rn. 123 f.; *Veit*, WPg. 1984 S. 65 f.
64 Ausführlich dazu *Selchert*, DB 1986 S. 977 ff.
65 aA *Schöne*, GmbHR 1985 S. 386.
66 Ebenso *HdJ*, Abt. II/9 (1990) Rn. 121 mwN; nicht so streng *ADS*, § 269 HGB Tz. 20; *Kölner Kom.*, § 269 HGB Anm. 5; aA *Biener/Berneke*, BiRiLiG, Erl. zu § 269 HGB S. 181.
67 Zum Abschreibungsbeginn vgl. *ADS*, § 282 HGB Tz. 4 ff.; teilw. abw. *BeBiKo.*, § 282 Anm. 4.
68 Vgl. *ADS*, § 282 HGB Tz. 15.
69 Vgl. auch BdF-Schr. v. 27. 4. 1970, BB 1970 S. 652, in dem die Aktivierung von Anlaufkosten gemäß § 153 Abs. 4 AktG 1965 ausschließlich als eine aktienrechtliche Bilanzierungshilfe angesehen und steuerlich eine Aktivierung abgelehnt wird.
70 Vgl. *HdR*, § 269 HGB Rn. 60; vgl. auch *Schmidt, L.*, § 5 Anm. 31 (Ingangsetzungskosten) mwN.
71 Vgl. hierzu auch *Forster*, WPg. 1990 S. 665 ff. (672).

Nach § 31 Abs. 8 DMBilG sind die aktivierten Beträge unter entsprechender   62
Bezeichnung (jeweils) **gesondert auszuweisen**[72].

Die Behandlung der Aktivposten in den Folgeperioden wird ebenfalls durch   63
§ 31 DMBilG geregelt. Die **selbst erstellten immateriellen Vermögensgegenstände**
sind nach Abs. 2 entweder planmäßig innerhalb der durchschnittlichen Restnutzungsdauer der entgeltlich erworbenen immateriellen Vermögensgegenstände
oder bei fehlender Vergleichbarkeit pauschal in jedem folgenden Geschäftsjahr
zu mindestens einem Viertel abzuschreiben. Die Aufwendungen für **Ingangsetzung und Erweiterung des Geschäftsbetriebs** sind nach Abs. 3 in jedem folgenden
Geschäftsjahr zu mindestens einem Viertel pauschal abzuschreiben. Treten während des Bestehens von Aktivposten nach § 31 Abs. 1 Nr. 1 oder 2 DMBilG Verluste auf, so sind die Abschreibungen (Abs. 2 und 3) nach Abs. 6 Satz 2 dieser
Vorschrift mit der vorläufigen Gewinnrücklage zu verrechnen; dabei empfiehlt
sich eine unmittelbare Verrechnung[73]. Die aktivierten **Zuschüsse, Beihilfen oder
sonstigen Vermögensvorteile** sind nach Abs. 4 in den Folgejahren bei Eintritt
ihrer Bilanzierbarkeit erfolgsneutral umzubuchen oder bei nachträglichem Wegfall des Anspruchs unmittelbar mit den Rücklagen zu verrechnen[74].

Bis zur Tilgung der Aktivposten nach § 31 Abs. 1 Satz 1 Nr. 1 oder 2 DMBilG   64
dürfen **Gewinnausschüttungen** nur vorgenommen werden, soweit die jederzeit
auflösbaren Gewinnrücklagen (zuzüglich Gewinnvortrag, abzüglich Verlustvortrag) den aktivierten Beträgen mindestens entsprechen (Abs. 6 Satz 1); vgl. im
einzelnen *Budde/Forster*, § 31 DMBilG Anm. 53 ff.

Zur Behandlung im **Steuerrecht** vgl. § 50 Abs. 2 Satz 2 DMBilG sowie *Budde/
Forster*, Nachtrag zu § 50 DMBilG Anm. 12 ff.

A. Anlagevermögen

A I. Immaterielle Vermögensgegenstände

A I 1. Konzessionen, gewerbliche Schutzrechte und ähnliche Rechte und Werte sowie Lizenzen an solchen Rechten und Werten

Es gelten hinsichtlich Inhalt und Bewertung die Ausführungen unter E
Tz. 325 ff.[75]. Die Bezeichnung des Postens ist an seinen tatsächlichen Inhalt
anzupassen (§ 265 Abs. 6 HGB).

A I 2. Geschäfts- oder Firmenwert

Aktivierbar (Wahlrecht) ist nur ein **derivativer,** dh. erworbener Geschäfts- oder   65
Firmenwert (§ 255 Abs. 4 HGB). Im einzelnen vgl. hierzu E Tz. 328 ff. Wegen
Angabe im Anhang (§ 285 Nr. 13 HGB) bei planmäßiger Abschreibung nach
§ 255 Abs. 4 Satz 3 HGB vgl. Tz. 486.

---

72 Vgl. hierzu auch *Budde/Forster*, § 31 DMBilG Anm. 59 (Posten nach Nr. 1 und 3 im Anlagevermögen, Posten nach Nr. 3 im Umlaufvermögen); *v. Wysocki*, Die DM-Eröffnungsbilanz von Unternehmen in der DDR, Stuttgart 1990 S. 49 (für gesonderten Ausweis der Posten nach Nr. 1 bis 3 vor bzw.
im Anlagevermögen der Eröffnungsbilanz).
73 Vgl. hierzu *Budde/Forster*, § 31 DMBilG Anm. 43.
74 Vgl. ebd., Anm. 46 ff.
75 Zu Optionsrechten vgl. auch St/BFA 2/1987; zu Transfer-Entschädigungszahlungen vgl. *IDW*, FN
1988 S. 111 f.; zu Buchverlagsrechten vgl. *Mezger*, BB 1989 S. 401 ff.; zum Programmvermögen von
Rundfunkanstalten vgl. *Forster*, WPg. 1988 S. 321 ff., zu Filmrechten vgl. *Wriedt/Witten*, DB 1991
S. 1292 ff.; zu entgeltlich erworbenen dinglichen Rechten vgl. *ADS*, § 266 HGB Tz. 43.

66   Als Geschäfts- oder Firmenwert ist bei **AG** und **KGaA** auch ein sog. **Verschmelzungsmehrwert** auszuweisen (§ 348 Abs. 2 Satz 2 AktG), soweit er aktiviert wird (Wahlrecht)[76]. Er entsteht bei einer Verschmelzung von AG (durch Aufnahme oder Neubildung, § 339 AktG) oder von KGaA miteinander oder mit AG (§ 354 AktG), wenn der Gesamtnennbetrag oder der höhere Gesamtausgabebetrag der für die Veräußerung des Vermögens der übertragenden Gesellschaft gewährten Aktien zzgl. barer Zuzahlungen die Summe der in der Schlußbilanz angesetzten Werte der einzelnen Vermögensgegenstände abzüglich der Schulden, an die die übernehmende Gesellschaft gebunden ist (§ 348 Abs. 1 AktG)[77], übersteigt (Verschmelzungsverlust). Voraussetzung ist, daß das Grundkapital der übernehmenden Gesellschaft zur Durchführung der Verschmelzung erhöht worden ist (§ 348 Abs. 2 Satz 1 AktG). Für die pauschale oder planmäßige Abschreibung des aus einem Verschmelzungsmehrwert hervorgegangenen Geschäfts- oder Firmenwerts gelten die Bestimmungen des § 255 Abs. 4 Satz 2 und 3 HGB (vgl. E Tz. 329 ff.)[78], desgleichen sind Angaben nach § 285 Nr. 13 HGB zu machen.

67   Ein Verschmelzungsmehrwert kann auch bei einer Verschmelzung von **GmbH** (als aufnehmende oder neu zu bildende Gesellschaft) gebildet werden (§ 27 Abs. 2 Satz 1 KapErhG). Es gelten für die Bildung des Postens die gleichen Regeln wie bei der AG, doch fehlt es (Redaktionsversehen?) an ausdrücklichen Bestimmungen über die Bezeichnung des Postens; außerdem ist die Abschreibung **abweichend** von § 255 Abs. 4 HGB dahingehend geregelt, daß der Posten in nicht mehr als 5 Jahren zu tilgen ist (§ 27 Abs. 2 Satz 2 KapErhG).

A I 3. Geleistete Anzahlungen

68   Wegen des Begriffs der Anzahlungen vgl. E Tz. 387. An dieser Stelle der Bilanz sind nur solche geleisteten Anzahlungen auszuweisen, die mit dem Erwerb immaterieller Vermögensgegenstände des Anlagevermögens im Zusammenhang stehen.

A II. Sachanlagen

A II 1. Grundstücke, grundstücksgleiche Rechte und Bauten einschließlich der Bauten auf fremden Grundstücken

69   Der Posten umfaßt praktisch das **Grundvermögen** der Gesellschaft einschließlich der **Bauten,** soweit es dazu bestimmt ist, dauernd dem Geschäftsbetrieb der Gesellschaft zu dienen. Die nach § 151 Abs. 1 AktG 1965 vorgeschrieben gewesene Aufteilung in 4 Posten kann freiwillig als Untergliederung (§ 265 Abs. 5 HGB; vgl. Tz. 17) fortgeführt werden. Die Postenbezeichnung ist ggf. dem tatsächlichen Posteninhalt anzupassen (§ 265 Abs. 6 HGB).

70   **Grundstücke** sind alle bebauten und unbebauten Grundstücke der Gesellschaft, die ihr gehören oder die in ihrem wirtschaftlichen Eigentum stehen (zB Grundstücke, bei denen die Auflassung zugunsten der Gesellschaft bereits erfolgt ist,

---

76 Vgl. hierzu ausführlich *ADS*, § 348 AktG Tz. 9 ff. (Zusammenfassung mit anderem Geschäfts- oder Firmenwert zulässig, Tz. 19; aA *BHdR* B 211 Rn. 58.
77 *Vgl. im einzelnen ADS*, § 348 AktG Tz. 4 ff.; *HdJ*. Abt. II/9 (1990) Rn. 103 (insbes. zu Anschaffungsnebenkosten und Wertaufholungen); zum Diskussionsentwurf eines Gesetzes zur Bereinigung des Umwandlungsrechts vgl. *IDW*, WPg. 1989 S. 340 ff.; zur Anwendung des § 255 Abs. 4 HGB bei Verschmelzungen mit GmbH vgl. *ADS*, § 348 AktG Tz. 26.
78 Vgl. zu außerplanmäßigen Abschreibungen *ADS*. § 348 AktG Tz. 17; *HdJ*. Abt. II/9 (1990) Rn. 106.

ihr die Nutzung schon zusteht und die Eintragung des Eigentumsübergangs in naher Zukunft zu erwarten ist[79]).

Gebäude sind zusammmen mit den Grundstücken auszuweisen. Zu ihnen rechnen **71** auch – unbeschadet einer gesonderten Aktivierung – Einrichtungen, die wirtschaftlich als Teil des Gebäudes anzusehen sind, weil sie seiner Nutzung dienen, wie zB Heizungs-, Beleuchtungs- und Lüftungsanlagen, Installationen, Rolltreppen[80]. **Nicht** dazu rechnen Maschinen, maschinelle Anlagen und Betriebsvorrichtungen, die mit der Produktion im Zusammenhang stehen (zB Förderanlagen, Hochregalläger, Silos, Tanks, Öfen); diese sind, auch wenn sie rechtlich Bestandteil des Grundstücks sind, unter A II 2 auszuweisen. Abgrenzung[81] oft schwierig; Zweckbestimmung für den Ausweis entscheidend.

Bei dem unter A II 1 auszuweisenden **Erbbaurecht** gilt das aufgrund dieses **72** Rechts errichtete Bauwerk als wesentlicher Bestandteil des Erbbaurechts (§ 12 Abs. 1 ErbbVO) und ist Eigentum des Erbbauberechtigten. Eine Einmalzahlung des Erbbauberechtigten stellt Anschaffungskosten des Erbbaurechts dar und gehört deshalb zu A II 1[82]. Zu weiteren grundstücksgleichen Rechten vgl. *ADS*, § 266 HGB Tz. 43 und *BeBiKo.*, § 247 Anm. 457 ff. **Steuerlich** sieht der BFH[83] im Erbbaurecht eine „verdinglichte Miete". Als Anschaffungskosten sind (nur) die bei der Erbbaurechtsbestellung entstandenen einmaligen Aufwendungen anzusetzen[84], eine Einmalzahlung ist abzugrenzen.

Weiterhin sind unter A II 1 **Bauten** auszuweisen, die nicht unmittelbar der Pro- **73** duktion dienen, zB Kanalbauten, Flußregulierungen, Wasserbauten, Brücken, Parkplätze, Straßen[85]; ein gesonderter Ausweis ist möglich. Auch Schachtanlagen und Bauten unter Tage können hierunter ausgewiesen werden; ein gesonderter Ausweis ist jedoch vorzuziehen.

Ferner sind hier auszuweisen Grundstücke, auf denen ein Pächter Baulichkeiten **74** errichtet hat, sowie Grundstücke, auf denen von Dritten aufgrund eines **Erbbaurechts** Gebäude errichtet worden sind. Der Grundstückseigentümer kann weder den künftigen Übergang des vom Erbbauberechtigten errichteten Bauwerks im Fall des § 12 Abs. 3 ErbbVO (Erlöschen) noch den künftigen Heimfall[86] (§ 2 Nr. 4 ErbbVO) aktivieren; erst nach Ablauf des Erbbaurechts bzw. nach Eintritt des Heimfalls kommt eine Aktivierung gemäß § 7 Abs. 2 EStDV in Betracht. In Fällen, in denen wesentliche Teile des Grundvermögens von Dritten bebaut sind, können nähere Angaben im Anhang erforderlich sein[87].

---

79 Vgl. *ADS*, § 266 HGB Tz. 38 ff.
80 Vgl. *ADS*, § 266 HGB Tz. 35; *Kropff* in AktG-Kom., § 151 AktG 1965 Anm. 16; *Mellerowicz* in Großkom., § 151 AktG 1965 Anm. 21.
81 Zur steuerlichen Abgrenzung von Gebäuden und Betriebsvorrichtungen vgl. EStR 1990 Abschn. 42 Abs. 3; BFH v. 14. 8. 1958, BStBl. III S. 400; BFH v. 7. 10. 1983, BStBl. II 1984 S. 262. Vgl. auch *ADS*, § 252 HGB Tz. 48 ff., § 266 HGB Tz. 35, 51; *BeBiKo.*, § 247 Anm. 461, § 253 Anm. 352 ff.; *HdR*, § 247 HGB Anm. 47.
82 aA, offensichtlich auch handelsrechtlich, *Mathiak* in FS *Döllerer*, Düsseldorf 1988 S. 397 ff. (405): Ausweis als RAP; vgl. im einzelnen zu Nutzungsrechten *Fabri*, Grundsätze ordnungsgemäßer Bilanzierung entgeltlicher Nutzungsverhältnisse, Bergisch Gladbach/Köln 1986; *Kußmaul*, BB 1987 S. 2053 ff.; *Meyer-Scharenberg*, BB 1987 S. 874 ff.; *Heidemann*, Inf. 1990 S. 409 ff.
83 Vgl. BFH v. 8. 12. 1988, BStBl. II 1989 S. 407; BFH v. 17. 4. 1985, BStBl. II S. 617; vgl. auch *Schmidt, L.*, § 5 Anm. 31 (Erbbaurecht) mwN.
84 Vgl. dazu *BeBiKo.*, § 255 Anm. 325 mwN.
85 Vgl. *ADS*, § 266 HGB Tz. 46; hierzu auch *HdR*, § 266 HGB Rn. 21 (Ausweis unter A II 2).
86 Vgl. BFH v. 7. 6. 1972, BStBl. II S. 851.
87 Vgl. *ADS*, 4. Aufl., § 151 AktG 1965 Tz. 63; *Mellerowicz* in Großkom., § 151 AktG 1965 Anm. 18;

75   Die **Bergwerksgerechtigkeit** (Bergwerkseigentum nach § 9 BBergG) und andere Abbaugerechtigkeiten sind grundstücksgleiche Rechte. Trennung von verritzten und unverritzten Feldern ist nicht erforderlich.

Betrieblich **ausgebeutete Grundstücke**, zB Steinbrüche, Kohlenfelder, sollten bei größerer Bedeutung im Interesse der Bilanzklarheit gesondert ausgewiesen werden.

Als **Bauten auf fremden Grundstücken** sind Wohn-, Geschäfts-, Fabrik- und andere Bauten auszuweisen, die aufgrund eines obligatorischen Vertrages errichtet wurden; ob sie wesentlicher Bestandteil des Grundstücks werden oder nicht, ist unerheblich[88]. **Steuerlich** gelten sie als materielle Wirtschaftsgüter, die nach den für Gebäude geltenden Vorschriften (zB § 6b Abs. 1 EStG, § 7 Abs. 4 und 5 EStG) zu behandeln sind[89].

Wegen der **Bewertung** von Grundstücken und Gebäuden vgl. E Tz. 334 ff.

76   Unternehmen in den **neuen Bundesländern** durften nach § 9 Abs. 3 Satz 1 DMBilG **unentgeltlich** auf mindestens 10 Jahre unentziehbar eingeräumte **grundstücksgleiche Rechte** in der Eröffnungsbilanz ansetzen, wenn der zugehörige Grund und Boden als Anlagevermögen anzusehen war. Nach Satz 2 der Vorschrift war der Betrag in der Bilanz oder im Anhang **gesondert** anzugeben; eine Notwendigkeit, den Betrag auch in den Folgebilanzen gesondert auszuweisen, ist nicht erkennbar[90]. Der Ansatz des Postens mußte zum Barwert der üblichen Nutzungsentschädigung erfolgen (Anschaffungskosten nach § 7 Abs. 1 Satz 5 DMBilG). Wertabschläge für Rekultivierungs- und Entsorgungsverpflichtungen konnten in der Eröffnungsbilanz aktivisch oder in Form von Rückstellungen vorgenommen werden (§ 9 Abs. 2 Satz 3 DMBilG). In den Folgejahren sind die unentgeltlich eingeräumten Rechte nach den allgemeinen Bestimmungen **abzuschreiben** (§ 253 Abs. 2 HGB). Vgl. im einzelnen *Budde/Forster*, § 9 DMBilG Anm. 43 ff. **Steuerlich** ist eine Aktivierung nicht zulässig, vgl. § 50 Abs. 2 Satz 2 DMBilG sowie *Budde/Forster*, § 50 DMBilG Anm. 19. Das handelsrechtlich zugelassene Wahlrecht zur Bildung von Rückstellungen anstelle der Berücksichtigung von Wertabschlägen wurde für die steuerliche Eröffnungsbilanz nicht anerkannt, vgl. § 50 Abs. 2 Satz 6 DMBilG sowie *Budde/Forster*, Nachtrag zu § 50 DMBilG Anm. 15.

A II 2. Technische Anlagen und Maschinen
A II 3. Andere Anlagen, Betriebs- und Geschäftsausstattung

77   Dazu gehören (Nr. 2): Vermögensgegenstände, die unmittelbar dem betrieblichen Produktionsprozeß dienen (einschließlich Betriebsvorrichtungen und Anlagen von Hilfsbetrieben[91]), zB Eisenbahn- und Hafenanlagen, Kühltürme, Ziegelei- und Hochöfen, Gießereien, Silos, Tanks, Spezialersatzteile und -werkzeuge, Kraft- und Arbeitsmaschinen, Apparate der chemischen Industrie, produktionsbezogene Transportanlagen, Krane, Umspannwerke, Kokereien, Arbeitsbühnen, Rohrbrücken und Rohrleitungen, Krafterzeugungs- und -verteilungsanlagen,

---

Husemann, Grundsätze ordnungsmäßiger Bilanzierung für Anlagegegenstände, 2. Aufl., Düsseldorf 1976 S. 65.
[88] Vgl. hierzu *ADS*, § 266 HGB Tz. 47; *HdJ*, Abt. II/1 (1990) Rn. 75.
[89] Vgl. BMF-Schr. vom 3. 5. 1985, BStBl. I S. 188; davon abweichend BFH v. 31. 10. 1978, BStBl. II 1979 S. 507, sowie BFH v. 10. 8. 1984, BStBl. II S. 805.
[90] Vgl. *Fey*, WPg. 1991 S. 253 ff.
[91] Vgl. *BHdR*, B 212 Rn. 31.

Gasometer, Lagerbehälter sowie alle Fundamente, Stützen usw.; (Nr. 3): Werkstätten- und Büroeinrichtungen einschließlich Fernsprech- und Rohrpostanlagen, Arbeitsgeräte und allgemein verwendbare Werkzeuge[92], Transportbehälter, Verteilungsanlagen usw., Modelle, Muster, Kraftwagen, Fahrzeuge aller Art, Einbauten in fremde Grundstücke (sofern sie nicht der Grundstücksnutzung dienen).

Für die Zurechnung zu den Posten Nr. 2 und Nr. 3 ist es nicht entscheidend, ob **78** die einzelnen Gegenstände rechtlich Bestandteil oder Zubehör von Grundstükken oder Gebäuden sind, oder ob sie abnutzbar sind oder nicht. Heizung, Beleuchtung, Fahrstuhl, die der Benutzung der Gebäude dienen, sind unter „Gebäude" (A II 1) auszuweisen. Sind Maschinen durch Einbau auf gepachtetem Grundstück rechtlich fremdes Eigentum geworden, so können bei erheblicher Bedeutung ein gesonderter Ausweis[93] oder entsprechende Angaben im Anhang in Betracht kommen.

Gegenstände, die zur **Ergänzung** des Anlagevermögens bestimmt sind (Ersatz- **79** teillager, Grundausstattung an Reparaturmaterial usw.), sollten dem Anlageposten hinzugerechnet werden, zu dessen Instandhaltung sie bestimmt sind. In der Praxis werden sie teilweise wegen der Lagerkontrolle unter den Vorräten erfaßt. Dies ist grundsätzlich nur dann zulässig, wenn eine Zuordnung zu aufwendig oder wegen fehlender Zweckbestimmung unmöglich ist[94].

Die **Bewertung** erfolgt regelmäßig zu den Anschaffungskosten, dh. Kaufpreis **80** zzgl. Bezugskosten, Kosten der Aufstellung (Fundament, Montage), der Prüfung und Abnahme, auch einer evtl. erforderlichen Konzessionserteilung, soweit die Kosten dem jeweiligen Vermögensgegenstand einzeln zugeordnet werden können (vgl. E Tz. 211 ff.). Soweit die Gegenstände selbst erstellt worden sind, sind die Herstellungskosten (vgl. E Tz. 230 ff.) anzusetzen. Abschreibungen sind entsprechend den in E Tz. 255 ff. erläuterten Grundsätzen vorzunehmen.

A II 4. Geleistete Anzahlungen und Anlagen im Bau

Ein getrennter Ausweis von Anzahlungen auf Sachanlagen und Anlagen im Bau **81** ist als Untergliederung möglich (§ 265 Abs. 5 HGB). Langfristige Mietvorauszahlungen gehören nicht zu den Anzahlungen auf Anlagen; sie sind unter den Rechnungsabgrenzungsposten (§ 250 Abs. 1 Satz 1 HGB) auszuweisen, während langfristige **Kautionen** unter den Finanzanlagen (A III 6) zu erfassen sind[95]. Anzahlungen auf nicht aktivierbare Sachverhalte gehören unter B II 4. Im übrigen vgl. E Tz. 387.

Bei den Angaben nach § 268 Abs. 2 HGB im **Anlagenspiegel** zu den Anzahlun- **82** gen auf Anlagen und Anlagen im Bau sind hinsichtlich der Zugänge grundsätzlich zwei Methoden denkbar. Entweder können alle Zugänge, die über dieses Konto im Laufe des GJ verbucht wurden, als Zugänge ausgewiesen werden, oder nur diejenigen, die zum Abschlußstichtag noch nicht den einzelnen Posten

---

92 Vgl. hierzu *ADS*, § 266 HGB Tz. 53; *Roolf*, WPg. 1974 S. 209 ff.; *Breidenbach*, WPg. 1975 S. 73 ff.; zur Abgrenzung und zur Bewertung von Formen, Modellen, Vorrichtungen und Werkzeugen vgl. ferner *Müller, H.*, DB 1977 S. 2109 ff.
93 Vgl. *ADS*, § 266 HGB Tz. 37.
94 Vgl. *ADS*, § 266 HGB Tz. 53; *HdR*, § 266 HGB Rn. 25; aA *Kölner Kom.*, § 266 HGB Anm. 41; *Disselkamp* in StbJb. 1988/89 S. 148 ff. (generell Ausweis unter Vorräten).
95 Vgl. *ADS*, § 266 HGB Tz. 65.

des Sachanlagevermögens zugeordnet werden können. Im ersten Fall enthalten die Umbuchungen sämtliche Umsetzungen auf die anderen Anlageposten, im zweiten Fall nur diejenigen, die Zugänge früherer Jahre betreffen. Sachgerecht ist nur die zweite Methode[96].

A III. Finanzanlagen

A III 1. Anteile an verbundenen Unternehmen
A III 2. Ausleihungen an verbundene Unternehmen

83　Wegen des Begriffs der verbundenen Unternehmen[97] iSd. Vorschrift siehe § 271 Abs. 2 HGB. **Verbundene Unternehmen** sind danach solche Unternehmen, die als Mutter- oder Tochterunternehmen (§ 290 HGB) in den KA eines MU nach den Vorschriften über die Vollkonsolidierung einzubeziehen sind, das als oberstes Mutterunternehmen den am weitestgehenden Konzernabschluß aufzustellen hat, auch wenn die Aufstellung unterbleibt, oder das einen befreienden KA nach § 291 HGB oder nach einer nach § 292 HGB erlassenen Rechtsverordnung aufstellt oder aufstellen könnte; nach §§ 295, 296 HGB nicht einbezogene Tochterunternehmen sind ebenfalls verbundene Unternehmen. Der Kreis der verbundenen Unternehmen ist somit im HGB anders (im Grundsatz enger) abgegrenzt als in §§ 15 ff. AktG. Vgl. hierzu im einzelnen Abschn. R; wegen des Kreises der einzubeziehenden Unternehmen vgl. im einzelnen die Ausführungen zum KA unter M Tz. 14 ff.

84　Der Wortlaut des § 271 Abs. 2 HGB wirft verschiedene Auslegungsprobleme auf. Dabei geht es insbesondere um die Frage, welche Bedeutung die Verweise auf die Pflicht zur Aufstellung eines KA und auf die Möglichkeit zur Befreiung durch übergeordnete KA haben. Nach Sinn und Zweck der Vorschrift und vor dem Hintergrund der 7. EG-Richtlinie (Art. 41) kann es in Zweifelsfällen indes weder auf die konkrete Konzernrechnungslegungspflicht des oberen MU noch auf die befreiende Wirkung eines übergeordneten KA ankommen[98]. Entscheidend ist danach letztlich nur, ob ein Mutter-/Tochterverhältnis iSd. § 290 HGB besteht[99]. Mehrere Tochterunternehmen, gleich welcher Stufe, sind auch im Verhältnis untereinander verbunden.

85　Während MU aus der Aufstellung des KA über die Kenntnis verfügen, welche Unternehmen als verbundene anzusehen sind, liegen Tochterunternehmen auf den unteren Konzernebenen nicht ebenso selbstverständlich Informationen hierüber vor. Je größer der Kreis der in Betracht kommenden verbundenen Unternehmen ist, desto weniger werden die einzelnen Tochterunternehmen in der Lage sein, selbst alle verbundenen Unternehmen als solche zu bestimmen. Das oberste MU wird daher zweckmäßigerweise eine **Liste aller verbundenen Unternehmen** aufstellen und den betroffenen Unternehmen zur Verfügung stellen; notfalls kann bei prüfungspflichtigen Kapitalgesellschaften der APr. die Muttergesellschaft(en) um entsprechende Aufklärungen und Nachweise bitten (§ 320 Abs. 2 Satz 3 HGB).

---

[96] Vgl. *ADS*, § 268 HGB Tz. 58, 77.
[97] Vgl. im einzelnen *ADS*, § 271 HGB Tz. 30 ff.; *BeBiKo.*, § 271 Anm. 33 ff.; *HdR*, § 271 HGB Rn. 71 ff.; *Kropff*, DB 1986 S. 364 ff.; *Ulmer* in FS *Goerdeler*, Düsseldorf 1987 S. 623 ff.; *Hoffmann*, BB 1987 S. 2192 (zu ausländisch beherrschten Konzernen).
[98] Vgl. zu Einzelfällen das in Fn. 97 genannte Schrifttum sowie R Tz. 12 ff.
[99] Vgl. auch die Abgrenzungsempfehlung bei *Kropff*, DB 1986 S. 366 ff.

Liegen verbundene Unternehmen vor und stehen der Gesellschaft **Anteile** an **86** einem verbundenen Unternehmen zu, so sind diese bei Daueranlageabsicht (§ 247 Abs. 2 HGB) unabhängig von der Höhe und der Art der Anteile unter A III 1 auszuweisen; nur vorübergehend gehaltene Anteile gehören zu B III 1. Bei Anteilen an einem herrschenden oder mit Mehrheit beteiligten Unternehmen wird vielfach die Daueranlageabsicht fehlen (siehe § 71d Satz 2 iVm. § 71 AktG; zur Bildung einer Rücklage vgl. § 272 Abs. 4 Satz 4 HGB)[100]. Der Ausweis unter A III 1 geht immer dem Ausweis unter A III 3 (Beteiligungen) vor; eines Vermerks der Mitzugehörigkeit (§ 265 Abs. 3 Satz 1 HGB) bedarf es – auch in Ansehung der Angabepflichten im Anhang nach § 285 Nr. 11 HGB[101] – nicht.

Die Anteile können, müssen aber nicht in **Wertpapieren** verkörpert sein. Es kommen in Betracht: Aktien, Kuxe[102], GmbH-Anteile, Einlagen als persönlich haftender Gesellschafter, Kommanditeinlagen, Beteiligungen als stiller Gesellschafter[103], Bohranteile, Genossenschaftsanteile[104], je nach Ausgestaltung auch Genußscheinkapital.

Ausleihungen an verbundene Unternehmen sind hier (A III 2, mit Vorrang vor **87** A III 4) auszuweisen, soweit Zugehörigkeit zum Anlagevermögen vorliegt (§ 247 Abs. 2 HGB); maßgebend ist hierfür grundsätzlich weder die restliche Laufzeit noch die Gesamtlaufzeit, sondern die Daueranlageabsicht. Die Gesamtlaufzeit kann aber eine Orientierung für die Zurechnung zu den Finanzanlagen geben; überwiegend wird eine Gesamtlaufzeit von 1 Jahr als ausreichend angesehen[105]; für kürzere Ausleihungen Ausweis unter B II 2. Ausleihungen einer GmbH an Gesellschafter, die verbundene Unternehmen sind, sind nach § 42 Abs. 3 GmbHG idR gesondert auszuweisen oder im Anhang anzugeben. Andernfalls ist die Mitzugehörigkeit zu vermerken.

Unter Ausleihungen sind idR nur Finanz- und Kapitalforderungen zu verstehen, nicht jedoch Forderungen aus Lieferungen und Leistungen, auch wenn diese längerfristig sind. Im übrigen vgl. auch Tz. 112.

Für die **Bewertung** gelten die allgemeinen Grundsätze, dh. grundsätzlich Bewer- **88** tung zu den Anschaffungskosten, soweit nicht Abschreibungen nach § 253 Abs. 2 Satz 3 HGB vorzunehmen sind oder in Betracht kommen; vgl. im einzelnen E Tz. 211 ff. Ausleihungen sind wie Forderungen zu bewerten (vgl. E Tz. 389 ff.).

A III 3. Beteiligungen
A III 4. Ausleihungen an Unternehmen, mit denen ein Beteiligungsverhältnis besteht

Was Beteiligungen sind, ist in § 271 Abs. 1 Satz 1 HGB definiert: Beteiligun- **89** gen sind Anteile an anderen Unternehmen, die bestimmt sind **(Beteiligungsab-**

---

100 Vgl. im einzelnen *ADS*, § 266 HGB Tz. 74 ff.
101 Vgl. hierzu *Gschrei*, BB 1990 S. 1587 ff. mwN.
102 Bergrechtliche Gewerkschaften sind grundsätzlich seit dem 2. 1. 1986 aufgelöst, §§ 163, 164 BBergG idF v. 13. 8. 1980, BGBl. I S. 1310, 1354; zur Fortführung nach § 163 Abs. 4 BBergG bis zum 1. 1. 1994 vgl. BBergG idF v. 20. 12. 1988, BGBl. I S. 2450.
103 Vgl. auch *Westerfelhaus*, DB 1988 S. 1173 ff. (1178); ausführlich *Hense*, Die Behandlung der stillen Gesellschaft im handelsrechtlichen Jahresabschluß, Düsseldorf 1990 S. 314 ff.; zu Angaben im Anhang vgl. *Felix*, BB 1987 S. 1495 f.
104 Vgl. *ADS*, § 266 HGB Tz. 72.
105 Vgl. *ADS*, § 266 HGB Tz. 77; *HdR*, § 266 HGB Rn. 51; *BHdR*, B 213 Rz. 168; aA *BoHdR*, § 266 HGB Rz. 63 (5 Jahre, entsprechend § 285 Nr. 1a HGB).

sicht [106]), dem eigenen Geschäftsbetrieb durch Herstellung einer dauernden Verbindung zu jenen Unternehmen zu dienen [107]. Im Zweifel liegt eine Beteiligung an einer **Kapitalgesellschaft** bei einem Anteilsbesitz von mehr als 20 vH vor; dabei sind die Zurechnungsbestimmungen des § 16 Abs. 2 und 4 AktG anzuwenden, dh. Anteile, die einem abhängigen Unternehmen gehören, sind dem herrschenden Unternehmen zuzurechnen (§ 271 Abs. 1 Satz 3 und 4 HGB). Die gesetzliche Vermutung kann widerlegt werden, da die Beteiligungsabsicht entscheidend ist. Auch unterhalb von 20 vH kann Beteiligungsbesitz gegeben sein, wenn die Voraussetzungen von Satz 1 vorliegen. Unerheblich ist, ob die Anteile in Wertpapieren verbrieft sind oder nicht (§ 271 Abs. 1 Satz 2 HGB). Zu den Beteiligungen können Aktien, Anteile an einer GmbH sowie Kuxe [108] gehören, ferner Kapitaleinlagen als persönlich haftender Gesellschafter, Kommanditeinlagen, Beteiligungen als stiller Gesellschafter, Bohranteile, je nach Ausgestaltung auch Genußscheinkapital (idR aber Ausweis unter A III 5) sowie sog. beteiligungsähnliche Darlehen.

90   Bei **Personenhandelsgesellschaften** (OHG, KG) liegt für die Gesellschafter stets eine Beteiligung an der Gesellschaft vor, auf die Höhe der Beteiligungsquote kommt es nicht an [109]. Ausnahmen sind möglich (zB Kommanditanteile an einer Publikums-KG) [110]. **GmbH-Anteile** sind idR wegen der Personenbezogenheit unter Beteiligungen zu erfassen. **Genossenschaftsanteile** verkörpern, wie § 271 Abs. 1 Satz 5 HGB klarstellt, keine Beteiligung (Ausweis unter A III 6 mit angepaßter Bezeichnung oder als Sonderposten nach § 265 Abs. 5, ggf. auch B II 4 [111]). Bei Vorliegen einer Gesamthands- oder Bruchteilsgemeinschaft erfolgt bei Einstufung der Gemeinschaft als Unternehmung und dauernder Verbindung ein Ausweis unter Beteiligungen [112]. Ansprüche aus Betriebs-, Vertriebs-, Gewinn- und ähnlichen Interessengemeinschaften wie Patentverwertungsgemeinschaften sowie aus Betriebspacht- und -überlassungsverträgen sind im Rahmen der Forderungen und sonstigen Vermögensgegenstände (B II) zu erfassen, **nicht** unter Beteiligungen. Dies gilt auch für Gewinnansprüche aus Beteiligungen [113]. Zum Ausweis von Beteiligungszugängen, die schwebend

---

106 Vgl. hierzu OLG Frankfurt a. M. v. 15. 4. 1986, BB S. 1129; BGH v. 9. 2. 1987, AG 1987 S. 344 ff.
107 Vgl. *ADS*, § 271 HGB Tz. 14; *Bieg*, DB 1985 Beil. 24 S. 10 ff.; zum alten Recht vgl. *Kropff* in AktG-Kom., § 152 AktG 1965 Anm. 17 ff., für den das subjektive Merkmal der „Absicht" jedoch nachrangig ist (Anm. 18); ähnlich *Weber*, Grundsätze ordnungsmäßiger Bilanzierung für Beteiligungen, Düsseldorf 1980 S. 7 ff.; vgl. ferner *Hofbauer*, BB 1976 S. 1343 ff. Wegen der Frage, wann bei Kreditinstituten Beteiligungen vorliegen, vgl. St/BFA 1/1977, *Saage*, DB 1978 S. 309 ff. und 357 ff.; *Schimann*, WPg. 1978 S. 393 ff.; *Wittgen/Eilenberger*, DBW 1978 S. 489 ff.; *Schulze-Osterloh*, ZHR 1979 S. 227 ff.
108 Vgl. Fn. 102.
109 Vgl. St/HFA 1/1991, Nr. 1 (auch zu Angaben im Anhang bei unbeschränkter persönlicher Haftung); teilw. abw. *Döllerer*, WPg. 1977 S. 82, der ua. darauf abstellt, ob der Gesellschafter aufgrund der Höhe seiner Beteiligung einen nicht unbedeutenden Einfluß auf die Geschäftsführung ausüben kann und will. Zur Bilanzierung von Beteiligungen an Personenhandelsgesellschaften vgl. ferner *Knobbe-Keuk*, AG 1979 S. 293 ff., sowie *Schulze-Osterloh*, WPg. 1979 S. 629 ff.; *Hoffmann*, BB 1988 Beil. 2; *Knipping/Klein*, DB 1988 S. 664 ff.; *Nieskens*, WPg. 1988 S. 493 ff.; *Mellwig*, BB 1990 S. 1162 ff.; *Wrede*, FR 1990 S. 293 ff.; steuerlich vgl. *Hoffmann*, BB 1991 S. 448 ff. Wegen Überlegungen zur Frage der Bilanzierung von Beteiligungen an Partenreedereien vgl. *Kaune*, WPg. 1980 S. 544 ff.
110 Vgl. *ADS*, § 271 HGB Tz. 19; *HdJ*, Abt. II/3 (1987) Rn. 25.
111 aA *HdR*, § 271 HGB Rn. 65 (Ausweis unter A III 5 oder B II 3); ebenso *Kölner Kom.*, § 266 HGB Anm. 63.
112 Vgl. hierzu *ADS*, § 266 HGB Tz. 81; *Mellerowicz* in Großkom., § 151 AktG 1965 Anm. 34.
113 Vgl. für Beteiligungen an Personenhandelsgesellschaften St/HFA 1/1991, Nr. 3 (Forderungen); *HdR*, § 266 HGB Rn. 43.

unwirksam waren, vgl. BGH-Urteil v. 31. 10. 1978, WPg. 1979 S. 158 ff. (Ausweis unter Beteiligungen, evtl. als besonderer Unterposten)[114].

Liegt eine Beteiligung vor, so ist stets zu prüfen, ob nicht auch der Tatbestand **91** eines **verbundenen Unternehmens** iSv. § 271 Abs. 2 HGB vorliegt (vgl. hierzu Tz. 83 ff.). Ist dies der Fall, so geht der Ausweis unter A III 1 und 2 vor. Wegen des Begriffs der **Ausleihungen** vgl. Tz. 86. Ausleihungen iSd. Postens A III 4 können sich sowohl an Unternehmen richten, an denen die Gesellschaft beteiligt ist, als auch an solche, die eine Beteiligung an der ausweisenden Gesellschaft halten. Zur **Bewertung** von Beteiligungen vgl. E Tz. 356 ff. Ausleihungen sind wie Forderungen zu bewerten (vgl. E Tz. 389 ff.).

A III 5. Wertpapiere des Anlagevermögens

Wertpapiere des Anlagevermögens sind Wertpapiere, die, ohne Beteiligung zu **92** sein oder ohne zu Anteilen an verbundenen Unternehmen zu gehören, bestimmt sind, dauernd oder langfristig dem Geschäftsbetrieb der Gesellschaft als Kapitalanlage zu dienen (§ 247 Abs. 2 HGB).

Im einzelnen kommen in Betracht: **93**

1. Wertpapiere mit **Gewinnbeteiligungsansprüchen** (zB Aktien, bei denen trotz Dauerbesitz die Beteiligungsabsicht fehlt; Kuxe[115], Anteile an Investment- oder offenen Immobilienfonds, Gewinnschuldverschreibungen). Auch **Genuß-scheine** sind hier auszuweisen, wenn sie entgeltlich erworben wurden[116].
2. **Festverzinsliche** Wertpapiere (Obligationen, Pfandbriefe, öffentliche Anleihen, Zero-Bonds; vgl. auch *Beckmann*, BB 1991 S. 938 ff.).

Auch zum Börsenhandel zugelassene **Schuldbuchforderungen** können hier ausge- **94** wiesen werden.

Eigene Anteile sind nach § 265 Abs. 3 Satz 2 HGB stets unter B III 2, dh. im Umlaufvermögen auszuweisen. Wegen Ausweis von **Zins- und Dividendenforde-rungen** aus Wertpapieren sowie wegen **Stückzinsen** unter B II 4 vgl. Tz. 122.

Die **Bewertung** richtet sich nach den allgemeinen Grundsätzen, dh. Ansatz zu den Anschaffungskosten, ggf. vermindert um Abschreibungen nach § 253 Abs. 2 Satz 3 HGB; vgl. E Tz. 265 ff.

A III 6. Sonstige Ausleihungen

Zu den sonstigen Ausleihungen gehören alle Ausleihungen, die nicht zu den **95** Ausleihungen an verbundene Unternehmen (A III 2) oder an Unternehmen, mit denen ein Beteiligungsverhältnis besteht (A III 4), gehören, sofern Zugehörigkeit zum Anlagevermögen vorliegt (§ 247 Abs. 2 HGB)[117]. Maßgebend ist grundsätzlich weder die restliche Laufzeit noch die Gesamtlaufzeit, sondern die Daueranlageabsicht. Zur Orientierung an der Gesamtlaufzeit vgl. Tz. 87. Für kürzere Ausleihungen kommt ein Ausweis unter B II 4 in Betracht.

---

114 Vgl. hierzu auch *Goerdeler/Müller*, WPg. 1980 S. 313 ff., sowie die vorangegangenen Urteile des LG Düsseldorf v. 8. 4. 1976, AG S. 162 ff. (Ausweis im Umlaufvermögen), mit Anm. von *Forster*, AG 1976 S. 164 f., und des OLG Düsseldorf v. 22. 3. 1977, AG S. 195 ff., mit Anm. von *Timm*, AG S. 199 f.
115 Vgl. Fn. 102.
116 Vgl. *ADS*, § 266 HGB Tz. 85.
117 Vgl. hierzu auch *Herrmann*, BB 1990 S. 1450 ff.

96　Enthalten die Ausleihungen bei einer **KGaA** unter § 89 AktG fallende Kredite, die die Gesellschaft persönlich haftenden Gesellschaftern, deren Ehegatten oder minderjährigen Kindern oder Dritten, die für Rechnung dieser Personen handeln, gewährt hat, so muß dies vermerkt werden. Der Vermerk muß nach § 286 Abs. 2 Satz 4 AktG folgenden Wortlaut haben: „davon an persönlich haftende Gesellschafter und deren Angehörige DM...". Ggf. ist der Wortlaut dem Personenkreis, der Kredit erhalten hat, anzupassen (§ 265 Abs. 6 HGB).

97　Ausleihungen an **Gesellschafter einer GmbH** sind idR entweder als solche in der Bilanz auszuweisen oder im Anhang anzugeben (§ 42 Abs. 3 erster Halbsatz GmbHG). Erfolgt kein Sonderausweis, so muß bei dem Posten Ausleihungen darauf, daß es sich um Ausleihungen an Gesellschafter handelt, hingewiesen werden (§ 42 Abs. 3 zweiter Halbsatz GmbHG); in diesem Fall erscheint trotz des insoweit nicht eindeutigen Wortlautes der Vorschrift eine Angabe im Anhang entbehrlich.

98　Unter **A III 6** sind hauptsächlich langfristige Darlehen zu erfassen, gleichgültig, ob eine besondere Sicherung (zB Grundpfandrecht) besteht oder nicht. Forderungen aus einem Waren- oder Leistungsgeschäft gehören nur dann hierher, wenn dieses Geschäft mit einem Finanzgeschäft gekoppelt ist, so daß tatsächlich eine Ausleihung vereinbart ist. Werden Waren- oder Leistungsforderungen im Wege der Novation in ein Darlehen mit entsprechender Laufzeit umgewandelt (vgl. hierzu § 305 BGB), erfolgt der Ausweis von diesem Zeitpunkt an unter A III 6. Eingefrorene Warenforderungen gehören nicht zu den Ausleihungen. Langfristige Forderungen (Ausleihungen) aus Krediten, die unter §§ 89, 115 AktG fallen, sind hier auszuweisen; hierzu sind Angaben im Anhang erforderlich (§ 285 Nr. 9c HGB).

99　Zu den sonstigen Ausleihungen zählen auch langfristig gebundene Miet- oder Pachtkautionen, während langfristige Mietvorauszahlungen als RAP (§ 250 Abs. 1 Satz 1 HGB) auszuweisen sind[118]. Anteile an **Genossenschaften** und an **GmbH**, die nicht zu den Beteiligungen gehören, sollten unter Anpassung der Postenbezeichnung hier ausgewiesen werden[119]. Geleistete **Anzahlungen** auf Finanzanlagen können in einem besonderen Posten im Anschluß an die sonstigen Ausleihungen oder unter B II 4 gezeigt werden[120].

100　Deckt ein Unternehmen systematisch seine Pensionsverpflichtungen durch entsprechende Versicherungsverträge ab, so werden gegen einen Ausweis der **Rückdeckungsansprüche aus Lebensversicherungen**[121] unter Finanzanlagen keine Einwendungen zu erheben sein, wenn dieser getrennt von den Ausleihungen erfolgt.

Ausleihungen sind wie Forderungen zu **bewerten** (vgl. E Tz. 389 ff.).

---

118 Vgl. *ADS*, § 266 HGB Tz. 65; *HdR*, § 266 HGB Rn. 54; teilw. abw. *BeBiKo.*, § 266 Anm. 82.
119 aA hinsichtlich der Genossenschaftsanteile *HdR*, § 271 HGB Rn. 65 (Ausweis unter A III 5).
120 Vgl. *ADS*, § 266 HGB Tz. 93.
121 Zur Ansatz- und Bewertungsproblematik von Rückdeckungsansprüchen aus Lebensversicherungen vgl. *Güldenagel*, WPg. 1981 S. 394 ff., sowie *Wichmann*, DB 1984 S. 837 ff., der sich speziell mit den Konsequenzen aus der Verknüpfung von Rückdeckungsansprüchen und Pensionszusagen auseinandersetzt.

B. Umlaufvermögen

B I. Vorräte

B I 1. Roh-, Hilfs- und Betriebsstoffe
B I 2. Unfertige Erzeugnisse, unfertige Leistungen
B I 3. Fertige Erzeugnisse und Waren
B I 4. Geleistete Anzahlungen

Der **Gliederung der Vorräte** liegen die Bedürfnisse eines Fertigungsbetriebes   **101**
zugrunde. Die Abgrenzung ist fließend, insbesondere bei Betrieben, die ihre
Erzeugnisse in verschiedenem Fertigungszustand verkaufen oder teils herstellen
und teils kaufen, zB bei der Stahl- und Kohlegewinnung und -verarbeitung.
Erzeugnisse, die teilweise weiterverarbeitet, teilweise veräußert werden, sind entsprechend ihrer Verwendung auf die einzelnen Bilanzposten aufzuteilen. Zweckmäßig ist ein gesonderter Ausweis mit der in dem betreffenden Geschäftszweig
gebräuchlichen Bezeichnung. Bestehen keine Anhaltspunkte für eine sachgerechte Aufteilung, so ist in Verbindung mit Angaben im Anhang eine Zusammenfassung der Posten B I 2 und B I 3 (zB unter der Bezeichnung „Unfertige
und fertige Erzeugnisse") zulässig [122].

Roh-, Hilfs- und Betriebsstoffe sind fremdbezogene Stoffe, die noch unverarbei-   **102**
tet oder nicht verbraucht sind. **Unfertige Leistungen** liegen in erster Linie bei
Dienstleistungsunternehmen vor; sind Leistungen für einen feststehenden
Abnehmer fertiggestellt, so sind sie als Forderungen auszuweisen. Zu den **ferti-**
gen Erzeugnissen gehören Vorräte erst dann, wenn sie versandfertig sind. Die
Waren umfassen Handelsartikel und Zubehör zu den Fertigerzeugnissen. Filmvermögen bei Filmverleihunternehmen kann entweder unter den fertigen
Erzeugnissen oder als Sonderposten zwischen dem Anlage- und Umlaufvermögen ausgewiesen werden; zum Ausweis von Programmvermögen bei Rundfunkanstalten vgl. *Forster*, WPg. 1988 S. 321 ff. Bei der Gesellschaft bestellte, zur
Ablieferung bereitstehende Erzeugnisse und Waren sind idR noch als Vorratsvermögen und nicht als Forderungen zu bilanzieren. Von der Gesellschaft
gekaufte, aber noch nicht angelieferte unbezahlte Waren bleiben regelmäßig
außer Betracht, jedoch können **auf dem Wege befindliche Waren** im Augenblick
des Gefahrenübergangs (§§ 446, 447 BGB) beim Käufer unter entsprechender
Passivierung der Zahlungsverpflichtungen aktiviert werden [123].

Eigentumsvorbehalte Dritter sind bei der Bilanzierung erst dann zu berücksichti-   **103**
gen, wenn sie vom rechtlichen Eigentümer geltend gemacht werden. **In Kommiss-**
sion gegebene Erzeugnisse oder Waren sind unter Vorräten, nicht als Forderungen auszuweisen. **In Kommission genommene Gegenstände** sind nicht zu aktivieren. Zur Behandlung des Kommissionsgeschäftes in bilanzsteuerlicher und
umsatzsteuerlicher Sicht vgl. *Hoffmann*, StBp. 1983 S. 221. **In Montage befindli-**
che Lieferungen können regelmäßig vor Fakturierung nicht als Forderungen ausgewiesen werden. Bei **Veredelungsarbeiten** ist der Gesamtwert unter Vorräten

---

122 Vgl. *ADS*, § 266 HGB Tz. 99; abw. hinsichtlich der Bezeichnung *BHdR*, B 214 Rn. 66; zur Bilanzierung bei Brauereien vgl. *Wirtz*, WT 1937 S. 176 (zulässige Zusammenfassung der unfertigen und
fertigen Erzeugnisse).
123 Der BFH (v. 3. 8. 1988, BStBl. II 1989 S. 21) stellt bei schwimmender Ware auf die Erlangung des
unmittelbaren oder mittelbaren Besitzes ab (im Zusammenhang mit der Preissteigerungsrücklage);
ebenso *BeBiKo.*, § 247 Anm. 272 (Zeitpunkt des Erhalts der Konnossemente maßgeblich); vgl.
auch *Woerner*, BB 1988 S. 769 (775).

auszuweisen, wenn der Verarbeiter wirtschaftlicher Eigentümer ist; die aus der Materiallieferung entstandenen Verpflichtungen sind dann zu passivieren. Liegt dagegen kein wirtschaftliches Eigentum vor, kommt der Ausweis unter B I 2 nur für die Veredelungsleistungen in Betracht. Zum Ausweis von **Bauleistungen** auf eigenen oder fremden Grundstücken vgl. *ADS*, § 266 HGB Tz. 108; *BeBiKo.*, § 266 Anm. 96 f.

104 **Leihemballagen** gehören grundsätzlich zur Betriebs- und Geschäftsausstattung. Haben die Abnehmer ein Wahlrecht zwischen Erwerb und Rückgabe, ist der Ausweis unter Vorräten zulässig. Bei Berechnung und Ausweis als Forderung ist bei möglichem Einzelnachweis eine Verbindlichkeit, ansonsten eine Rückstellung in Höhe des Pfandgeldes zu bilden[124]. Geleistete **Anzahlungen** sind insoweit hier (unter B I 4) auszuweisen, als sie der Beschaffung von Roh-, Hilfs- und Betriebsstoffen und von Waren dienen (einschließlich Dienstleistungen im Zusammenhang mit der Beschaffung). Andere Anzahlungen gehören je nach Charakter zu A I 3, A II 4 und B II 4.

105 Vorräte sind zu den Anschaffungs- oder Herstellungskosten zu **bewerten** (vgl. E Tz. 211 ff. und 230 ff.), ggf. vermindert um notwendige oder fakultative Abschreibungen (vgl. E Tz. 293 ff.): Anzahlungen sind in Höhe des hingegebenen Betrages anzusetzen, soweit nicht auf einen niedrigeren beizulegenden Wert abzuschreiben ist (§ 253 Abs. 3 HGB; zB bei drohendem Verlust aus dem noch schwebenden Geschäft wegen zwischenzeitlich gesunkener Börsen- oder Marktpreise). Zur Zulässigkeit steuerrechtlicher Abschreibungen auf Anzahlungen vgl. *ADS*, § 281 HGB Tz. 30.

Sonderposten: Erhaltene Anzahlungen auf Bestellungen (§ 268 Abs. 5 Satz 2 HGB)

106 Erhaltene Anzahlungen auf Bestellungen sind als **Verbindlichkeiten** grundsätzlich unter dem dafür vorgesehenen Posten C 3 auf der Passivseite der Bilanz auszuweisen. Das Gesetz läßt es in § 268 Abs. 5 Satz 2 HGB aber auch zu, „Anzahlungen auf Vorräte" **offen** von dem Posten „Vorräte", dh. von der Summe der Posten B I 1 bis 4 **abzusetzen**. Der Vorschrift liegt der Gedanke zugrunde, daß Anzahlungen, die für die Beschaffung von Rohstoffen geleistet oder die entsprechend dem Baufortschritt gezahlt sind, direkt von dem entsprechenden Aktivposten abgesetzt werden können (Wahlrecht)[125], um die Bilanzrelationen entsprechend korrigiert auszuweisen. Diese Art des Ausweises kann uU für die Zuordnung in eine der Größenklassen des § 267 HGB von Bedeutung sein (kleine, mittelgroße und große Kapitalgesellschaften).

107 Voraussetzung für diese Art des Ausweises ist, daß es sich um „**Anzahlungen auf Vorräte"** handelt. Bei enger Betrachtungsweise könnte als weitere Voraussetzung für die Absetzung gefordert werden, daß die erhaltenen Anzahlungen bereits eine entsprechende Verwendung gefunden haben, dh. zur Beschaffung von Rohstoffen, zur Finanzierung der entsprechenden Fertigung oder zu Anzahlungen an Unterauftragnehmer oä. verwendet worden sind[126]. Eine solche Auslegung läßt sich indes weder aus dem Wortlaut des Gesetzes noch aus der 4. EG-Richt-

---

124 Vgl. *ADS*, § 266 HGB Tz. 115; zust. *Mellerowicz* in Großkom., § 151 AktG 1965 Anm. 49; *Kropff* in AktG-Kom., § 151 AktG 1965 Anm. 48.
125 Vgl. zur Praxis großer Unternehmen TREUARBEIT (Fn. 12), Tz. 65 ff.
126 So zB *HdR*, § 266 HGB Rn. 61; *BHdR*, B 214 Rn. 30 ff.; *HdJ*, Abt. III/8 (1988) Rn. 103.

linie (Art. 9 Passiva C 3) ableiten[127] und würde in der Mehrzahl der Fälle auch daran scheitern, daß sich die Verwendung der zugeflossenen Mittel nicht exakt feststellen läßt. Daher werden idR **alle** Anzahlungen auf Vorräte offen von der Gesamtsumme der Vorräte abgesetzt werden können. Eine Absetzung wird nur dann nicht in Betracht kommen, wenn andernfalls ein unzutreffendes Bild von der Finanzlage der Gesellschaft vermittelt und dadurch gegen § 264 Abs. 2 Satz 1 HGB verstoßen würde, dh. in Fällen, in denen erhebliche Anzahlungen geleistet wurden, die zugeflossenen Mittel jedoch noch nicht verwendet worden sind, vielleicht sogar vertragsgemäß bis dahin auf besonderen Bankkonten verwahrt werden. Eine Absetzung ist ferner insoweit nicht zulässig, als sie zu einem Negativbetrag führen würde; die Absetzung ist daher auf den Betrag beschränkt, der insgesamt für die Posten B I 1 bis 4 ausgewiesen wird.

Zur Berücksichtigung der **USt** vgl. St/HFA 1/1985; *ADS*, § 266 HGB Tz. 210 ff. **108** Zur Bewertung vgl. *ADS*, § 253 HGB Tz. 140 ff.; *Christiansen*, StBp. 1990 S. 183 ff.; zu Angaben im Anhang nach § 285 Nr. 1 HGB vgl. *ADS*, § 285 HGB Tz. 8.

B II. Forderungen und sonstige Vermögensgegenstände

B II 1. Forderungen aus Lieferungen und Leistungen

Zu diesen **Forderungen** gehören die Ansprüche aus gegenseitigen Verträgen (bei **109** Leistungen: aus Dienst- und Werkverträgen), die von dem bilanzierenden Unternehmen im Rahmen seiner üblichen Umsatztätigkeit erfüllt sind, von dem Schuldner aber noch nicht (auch wenn sie durch Wechsel unterlegt sind). Rabatte, Umsatzprämien, Preisnachlässe sind abzuziehen, für Provisionen sind Rückstellungen oder Verbindlichkeiten zu passivieren. Richten sich die Forderungen gegen **verbundene Unternehmen** oder gegen Unternehmen, mit denen ein Beteiligungsverhältnis besteht, so geht der Ausweis unter B II 2 oder 3 vor; ggf. kann dort Vermerk der Mitzugehörigkeit in Betracht kommen (§ 265 Abs. 3 Satz 1 HGB).

Fallen bei einer **KGaA** hier auszuweisende Forderungen unter § 89 AktG und **110** richten sich die Forderungen gegen einen persönlich haftenden Gesellschafter oder andere in § 286 Abs. 2 Satz 4 AktG bezeichnete Personen, so muß ein „davon"-Vermerk erfolgen; vgl. Tz. 96. Richten sich bei einer **GmbH** die Forderungen an einen Gesellschafter und erfolgt kein Sonderausweis und keine Angabe im Anhang, so muß der Betrag dieser Forderungen vermerkt werden (§ 42 Abs. 3 zweiter Halbsatz GmbHG, vgl. auch Tz. 97).

Zur Ermittlung der Forderungen aus Lieferungen und Leistungen bei **Versor-** **111** **gungsunternehmen** vgl. J Tz. 19 sowie *Schlüter*, WPg. 1972 S. 573 ff. Zur Bilanzierung bei **Factoring** vgl. E Tz. 41. Wegen des Ausweises von Forderungen aus Bauten von **Bauunternehmen** vgl. *ADS*, § 266 HGB Tz. 108, 118, 127 und *Rahlfs*, DB 1969 S. 2144[128]. Eine Saldierung von Forderungen mit Verbindlichkeiten ist unzulässig (§ 246 Abs. 2 HGB).

---

127 Im Ergebnis ebenso *ADS*, § 266 HGB Tz. 98; *BeBiKo.*, § 266 Anm. 225; *Biener/Berneke*, BiRiLiG, Erl. zu § 266 HGB S. 147.
128 Vgl. zum Ausweis fertiger, noch nicht abgerechneter Leistungen auch *HdR*, § 266 HGB Rn. 71 (gesonderter Posten im Vorratsvermögen, bei Gewinnrealisation Ausweis als Forderung); *BoHdR*, § 266 HGB Rn. 92 (vor Abnahme Ausweis unter fertigen Erzeugnissen mit angepaßter Bezeichnung).

112 Der Betrag von Forderungen mit einer **Restlaufzeit** von mehr als einem Jahr ist zu vermerken (§ 268 Abs. 4 Satz 1 HGB); unter bestimmten Voraussetzungen (Zusammenfassung von Posten, die dann im Anhang aufgegliedert werden, § 265 Abs. 7 Nr. 2 HGB) kann die Angabe statt in der Bilanz im Anhang gemacht werden (vgl. dazu Tz. 24 und 221)[129]. Die Restlaufzeit ist die Zeit zwischen dem Abschlußstichtag und dem voraussichtlichen Eingang der Forderung; der tatsächlich erwartete Eingang ist maßgeblich, wenn er später als der vertragliche Zahlungstermin liegt. Bei Ratenzahlung gehören die innerhalb eines Jahres eingehenden Raten nicht in den Vermerk. Langfristig gestundete Forderungen aus Lieferungen und Leistungen sind nur im Fall einer Novation unter den Ausleihungen im Anlagevermögen auszuweisen[130].

Wegen der **Bewertung** vgl. E Tz. 389 ff.

B II 2. Forderungen gegen verbundene Unternehmen
B II 3. Forderungen gegen Unternehmen, mit denen ein Beteiligungsverhältnis besteht

113 Wegen der Begriffe verbundene Unternehmen und Beteiligungen vgl. Tz. 83 f. und 89. Als Forderungen gegen Unternehmen, mit denen ein Beteiligungsverhältnis besteht, kommen nicht nur Forderungen einer Gesellschaft gegen ein Unternehmen in Betracht, an dem es beteiligt ist, sondern auch Forderungen einer Gesellschaft gegen ein an ihr beteiligtes Unternehmen.

Auszuweisen sind unter B II 2 oder 3 grundsätzlich **alle** Forderungen gegenüber den genannten Unternehmen[131], gleich aus welchem Grunde sie entstanden sind (auch kurzfristige Darlehen, realisierte Gewinnansprüche), soweit sie nicht zu den an diese Unternehmen gewährten Ausleihungen gehören (A III 2 oder 4). Soweit es sich um Forderungen aus Lieferungen und Leistungen handelt, kann ein Vermerk der Mitzugehörigkeit zum Posten B II 1 in Betracht kommen (§ 265 Abs. 3 Satz 1 HGB); der Vermerk kann statt in der Bilanz auch im Anhang gemacht werden.

114 Sind Unternehmen, mit denen ein Beteiligungsverhältnis besteht, **zugleich verbundene Unternehmen,** so geht der Ausweis unter B II 2 vor. Zum Ausweis von **Anzahlungen** an verbundene Unternehmen und Beteiligungsunternehmen vgl. *ADS,* § 266 HGB Tz. 130 (freiwilliger Sonderausweis empfohlen).

115 Nach § 25 Abs. 3 Satz 1 DMBilG hatten Mutterunternehmen in den **neuen Bundesländern** als Gläubiger einer **Ausgleichsverbindlichkeit** nach Abs. 1 der genannten Vorschrift in der Eröffnungsbilanz eine entsprechende Forderung zu aktivieren; Ausweis unter B II 2. Nach Abs. 4 Satz 2 sind die erhaltenen Tilgungsbeträge in den Folgejahren mit der Forderung zu verrechnen. Auf die Verzinsung der Ausgleichsverbindlichkeit ist § 24 Abs. 2 Satz 3 DMBilG entsprechend anzuwenden.

116 Der Betrag von Forderungen mit einer **Restlaufzeit** von mehr als einem Jahr ist zu vermerken (§ 268 Abs. 4 Satz 1 HGB). Wegen der Ermittlung der Restlaufzeit vgl. Tz. 112.

---

129 Vgl. St/SABI 3/1986.
130 aA *BHdR,* B 215 Rn. 27 (bei Stundung über branchenübliches Maß hinaus Ausweis unter B II 4).
131 Ebenso *ADS,* § 266 HGB Tz. 124, 129 (bei Vermerk der Mitzugehörigkeit auch anderer Ausweis zulässig); im Ergebnis ebenso *BeBiKo.,* § 266 Anm. 119.

Sonderposten: Ausgleichsforderungen (§ 24 DMBilG)

Ehemalige volkseigene Unternehmen in den **neuen Bundesländern** (außer Geld-institute, Außenhandelsbetriebe und VU) haben nach § 24 Abs. 1 DMBilG eine verzinsliche Forderung gegen die Unternehmen erhalten, denen ihre Anteils-rechte gehören, wenn sonst bei Aufstellung ihrer Eröffnungsbilanz ein nicht durch Eigenkapital gedeckter Fehlbetrag entstanden wäre und dieser nicht durch die Ausnutzung von Bewertungswahlrechten auszugleichen war; vgl. hierzu *Forster*, WPg. 1990 S. 665 (669 f.). Die Ausgleichsforderungen sind so zu verzinsen, daß eine Abwertung wegen Minderverzinsung nicht erforderlich wird (§ 24 Abs. 2 Satz 3 DMBilG). Bei wesentlichen **Änderungen** der Eröffnungsbi-lanzwerte nach § 36 DMBilG sind die Ausgleichsforderungen grundsätzlich zu berichtigen (§ 24 Abs. 2 Satz 2 DMBilG); zu Ausnahmen vgl. *Budde/Forster*, § 36 DMBilG Anm. 43 f.   **117**

Je nach der getroffenen Vereinbarung über Fälligkeit und Rückzahlung kann ein Ausweis unter den Finanzanlagen oder im Umlaufvermögen vorgenommen wer-den[132]. Zweckmäßig ist ein Sonderausweis (Vorspalte) unter den Ausleihungen an bzw. Forderungen gegenüber verbundenen Unternehmen. Nach § 268 Abs. 4 HGB ist bei Ausweis im Umlaufvermögen der Betrag mit einer **Restlaufzeit** von mehr als 1 Jahr zu vermerken. Zu weiteren Einzelheiten der Ausgleichsforderun-gen vgl. *Budde/Forster*, Erl. zu § 24 DMBilG.   **118**

Sonderposten: Eingeforderte, noch ausstehende Kapitaleinlagen (§ 272 Abs. 1 Satz 3 HGB)

Für den Ausweis ausstehender Kapitaleinlagen sieht § 272 Abs. 1 HGB zwei Möglichkeiten vor (vgl. Tz. 148). Werden **nicht eingeforderte** ausstehende Kapi-taleinlagen vom Posten „Gezeichnetes Kapital" offen abgesetzt, so sind etwaige bereits **eingeforderte**, aber noch nicht eingezahlte Beträge nicht als Sonderposten an erster Stelle der Aktivseite der Bilanz auszuweisen, sondern gesondert unter den Forderungen (§ 272 Abs. 1 Satz 3 zweiter Halbsatz HGB). An welcher Stelle der Forderungen der Posten aufzuführen ist, läßt das Gesetz offen. Nahe liegt eine Einordnung vor den sonstigen Vermögensgegenständen (B II 4). Richtet sich die Forderung jedoch gegen ein **verbundenes Unternehmen** oder ein Unter-nehmen, mit dem ein Beteiligungsverhältnis besteht, so hat der Ausweis im Rah-men des Postens B II 2 oder B II 3 zu erfolgen, und zwar wegen des geforderten gesonderten Ausweises als Untergruppe oder „davon"-Vermerk.   **119**

Sonderposten: Einzahlungsverpflichtungen persönlich haftender Gesellschafter (§ 286 Abs. 2 AktG)

Übersteigt bei einer **KGaA** der auf den Kapitalanteil eines persönlich haftenden Gesellschafters entfallende Verlust dessen Kapitalanteil und besteht insoweit eine Zahlungsverpflichtung des Gesellschafters, so ist der übersteigende Betrag unter den Forderungen gesondert als „Einzahlungsverpflichtungen persönlich haftender Gesellschafter" auszuweisen (§ 286 Abs. 2 Satz 3 erster Halbsatz AktG). Wegen des Ausweises für den Fall, daß keine Zahlungsverpflichtung besteht, vgl. Tz. 146.   **120**

---

132 Vgl. auch *Küting/Weber*, Der Übergang auf die DM-Bilanzierung, Stuttgart 1990 S. 173.

Sonderposten: Eingeforderte Nachschüsse (§ 42 Abs. 2 GmbHG)

121 Von den Gesellschaftern eingeforderte, aber noch nicht erbrachte Nachschüsse sind unter der Voraussetzung, daß die Einziehung bereits beschlossen ist und den Gesellschaftern ein Recht, sich durch Verweisung auf den Geschäftsanteil von der Zahlung zu befreien, nicht zusteht, zu aktivieren (§ 42 Abs. 2 Satz 1 GmbHG)[133]. Der nachzuschießende Betrag ist unter den Forderungen gesondert unter der Bezeichnung „Eingeforderte Nachschüsse" auszuweisen, soweit mit der Zahlung gerechnet werden kann (§ 42 Abs. 2 Satz 2 GmbHG). Gleichzeitig ist ein dem Aktivposten entsprechender Betrag in dem Posten „Kapitalrücklage" gesondert auszuweisen (vgl. Tz. 173).

B II 4. Sonstige Vermögensgegenstände

122 Hierunter sind alle **nicht an anderer Stelle auszuweisenden Vermögensgegenstände des Umlaufvermögens** zu erfassen, zB Darlehen (soweit sie nicht unter A III 2, 4 oder 6, B II 2 oder 3 fallen), Gehaltsvorschüsse (auch soweit unter § 89 AktG fallend), Kostenvorschüsse (soweit nicht Anzahlungen), Kautionen, Steuererstattungsansprüche, debitorische Kreditoren, Anzahlungen auf nicht aktivierbare Sachverhalte, Optionsrechte[134], Ansprüche auf Investitionszulagen[135], Schadensersatzansprüche, Rückgriffsforderungen aus Bürgschaftsübernahmen und Treuhandverhältnissen, Genossenschaftsanteile ohne Anlagecharakter, Rückdeckungsansprüche aus Lebensversicherungen, soweit nicht unter Finanzanlagen ausgewiesen (vgl. Tz. 100). Auch Forderungen auf Lieferung vertretbarer Sachen sowie GmbH-Anteile, wenn keine Beteiligungs- und Daueranlageabsicht besteht, gehören hierher; ebenso Stückzinsen, die bis zum Abschlußstichtag aufgelaufen sind. **Nicht** zu den sonstigen Vermögensgegenständen gehören Bausparguthaben (Ausweis unter B IV, wenn nicht A III 6)[136] und langfristig gestundete Forderungen aus Lieferungen und Leistungen (Ausweis bei Novation unter den Ausleihungen)[137].

123 Soweit unter den sonstigen Vermögensgegenständen Forderungen enthalten sind, sind drei **Vermerkpflichten** zu beachten:

– nach § 268 Abs. 4 Satz 1 HGB ist der Betrag von Forderungen mit einer **Restlaufzeit** von mehr als einem Jahr zu vermerken;
– bei einer **KGaA** sind unter § 89 AktG fallende Forderungen gegen einen persönlich haftenden Gesellschafter oder andere in § 286 Abs. 2 Satz 4 AktG bezeichnete Personen zu vermerken, vgl. hierzu Tz. 96;
– bei einer **GmbH** sind Forderungen an Gesellschafter, die nicht gesondert, sondern unter einem anderen Posten ausgewiesen werden, zu vermerken (§ 42 Abs. 3 zweiter Halbsatz GmbHG, vgl. auch Tz. 97).

Soweit unter den sonstigen Vermögensgegenständen Posten ausgewiesen werden, die erst nach dem Abschlußstichtag rechtlich entstehen (zB abgegrenzte Zins- oder Dividendenansprüche), müssen Beträge, die einen größeren Umfang haben, im Anhang erläutert werden (§ 268 Abs. 4 Satz 2 HGB, vgl. Tz. 488).

---

133 Vgl. im einzelnen *ADS*, § 42 GmbHG Tz. 13 ff.; zur Bewertung ebd., Tz. 20.
134 Vgl. *St/BFA 2/1987*; zu Aktienoptionen v. *Treuberg/Scharpf*, DB 1991 S. 661 ff. mwN.
135 Vgl. St/HFA 1/1984 (auch zum Zeitpunkt der Aktivierung).
136 Vgl. *ADS*, § 266 HGB Tz. 153; aA *Baumbach/Hueck*, § 42 GmbHG Anm. 145, 150; *BeBiKo.*, § 266 Anm. 157; *HdR*, § 266 HGB Rn. 80.
137 Vgl. *ADS*, § 266 HGB Tz. 122; aA *HdR*, § 247 HGB Rn. 88.

Wegen der **Bewertung** von sonstigen Vermögensgegenständen vgl. E Tz. 398 f.

B III. Wertpapiere

B III 1. Anteile an verbundenen Unternehmen

Wegen des Begriffs der verbundenen Unternehmen vgl. Tz. 83 f. Hier sind **124** grundsätzlich nur solche verbrieften Anteile auszuweisen, die nicht nach § 247 Abs. 2 HGB zum Anlagevermögen gehören [138].

B III 2. Eigene Anteile

Eigene Anteile sind stets unter B III 2 auszuweisen; ein Ausweis unter anderen **125** Posten ist unzulässig (§ 265 Abs. 3 Satz 2 HGB). Sie müssen auch dann hier ausgewiesen werden, wenn der Erwerb schuldrechtlich nichtig war (für **Aktien:** §§ 56, 71 Abs. 1 und 2 AktG; für **GmbH-Anteile:** § 33 GmbHG), da das dingliche Erwerbsgeschäft rechtswirksam ist (§§ 56 Abs. 2 Satz 2, 71 Abs. 4 Satz 1 AktG; § 33 Abs. 2 Satz 3 GmbHG; Ausnahme: Nichtigkeit des dinglichen Erwerbs nicht voll geleisteter GmbH-Einlagen, § 33 Abs. 1 iVm. Abs. 2 Satz 3 zweiter Halbsatz GmbHG [139]).

Nicht hier auszuweisen sind dagegen durch Dritte für Rechnung der Gesell- **126** schaft **verbotswidrig** erworbene eigene Anteile (§§ 56 Abs. 2, 71d AktG) sowie durch Dritte für Rechnung der Gesellschaft übernommene Vorratsaktien, soweit deren Übernahme durch die Gesellschaft verbotswidrig wäre; in diesen Fällen ist das schuldrechtliche Geschäft zwischen dem Dritten und der Gesellschaft nach § 71a Abs. 2 AktG nichtig. Ebenfalls nicht auszuweisen sind Aktien, die der Gesellschaft zum Zwecke der Einziehung gem. § 237 Abs. 3 Nr. 1 AktG unentgeltlich zur Verfügung gestellt sind.

Bei der **Bewertung** ist wie bei anderen Wertpapieren des Umlaufvermögens das **127** Niederstwertprinzip (§ 253 Abs. 3 Satz 1 und 2 HGB) zu beachten; auf eine hiernach erforderliche Abwertung kann auch unter Hinweis auf eine zu bildende oder bereits vorhandene Rücklage für eigene Anteile gem. § 272 Abs. 4 HGB nicht verzichtet werden. Eine Bewertung unter den Anschaffungskosten und dem ggf. niedrigeren Börsenkurs oder beizulegenden Wert am Abschlußstichtag kann erforderlich sein, wenn eigene Aktien den Arbeitnehmern mit Kursabschlag angeboten werden sollen [140].

Zu den erforderlichen Angaben im Anhang von AG vgl. § 160 Abs. 1 Nr. 2 AktG.

B III 3. Sonstige Wertpapiere

Hierunter sind alle Wertpapiere auszuweisen, die nicht zu einem anderen Posten **128** gehören und jederzeit veräußerbar sind [141]. Auch abgetrennte Zins- und Dividendenscheine sind hier (oder unter B II 4) zu erfassen.

---

138 Vgl. *ADS*, § 266 HGB Tz. 138 f. (grundsätzlich Aktien, ggf. auch Anteile an herrschender oder mit Mehrheit beteiligter GmbH); abw. *HdR*, § 266 HGB Rn. 82 (auch unverbriefte Anteile).

139 Zur Aktivierung hieraus entstehender Ansprüche vgl. *Baumbach/Hueck*, § 42 GmbHG Anm. 148; *HdR*, § 266 HGB Rn. 87.

140 Vgl. *Kropff* in AktG-Kom., § 151 AktG 1965 Anm. 66; vgl. zur Bewertung ausführlich *Christoffel*, BB 1989 S. 2307 ff. Zur Bilanzierung eigener GmbH-Anteile vgl. *Brandenburg*, DB 1974 S. 2317.

141 Vgl. zur Abgrenzung insbesondere *Kropff* in AktG-Kom., § 151 AktG 1965 Anm. 61; zu Ausweis und Angabe im Anhang bei schwer veräußerbaren Wertpapieren vgl. *ADS*, § 266 HGB Tz. 88; *HdJ*, Abt. II/7 (1986) Rn. 27 (Ausweis schwer veräußerbarer Wertpapiere unter B II 4 vorziehend).

129   **Wechsel** sind zwar ebenfalls Wertpapiere, doch sollten sie wegen ihrer besonderen Ausgestaltung und ihres regelmäßigen Zusammenhangs mit Liefer- und Leistungsforderungen entweder gesondert (zB zwischen B II 1 und B II 2) oder unter B II 1 (ggf. mit „davon"-Vermerk) ausgewiesen werden. Auch kann ein Ausweis unter B II 2 oder B II 3 in Betracht kommen. Bei Schatzwechseln des Bundes, der Länder und der Bundesbahn überwiegt dagegen der Wertpapiercharakter.

Wechsel, bei denen die bilanzierende Gesellschaft sich zur Freistellung des einreichenden Akzeptanten von der Wechseleinlösung verpflichtet hat, können, solange die Voraussetzungen für die Freistellung gegeben sind, nicht als solche ausgewiesen werden.

B IV. Schecks, Kassenbestand, Bundesbank- und Postgiroguthaben, Guthaben bei Kreditinstituten

130   Zum **Kassenbestand** gehören die Bestände der Haupt- und Nebenkassen einschließlich Wertmarken (zB Brief-, Steuer-, Beitragsmarken) und nicht verbrauchte Francotypwerte[142]. Zins- und Dividendenscheine sind als Wertpapiere (B III 3), Vorschüsse sind als Forderungen auszuweisen.

131   Als **Guthaben bei Kreditinstituten** sind Forderungen an inländische Kreditinstitute oder gleichartige ausländische Institute aus dem Kreditverkehr, und zwar sowohl täglich fällige Gelder als auch Festgelder einschließlich gutgeschriebener Zinsen auszuweisen. Guthaben aus Bausparverträgen bei Bausparkassen gehören ebenfalls hierher[143]. Ein gesonderter Ausweis von **Festgeldern** oder Hinweis im Anhang ist nur notwendig, wenn nicht damit zu rechnen ist, daß das Kreditinstitut das Festgeld gegen entsprechende Zinsberechnung freigibt. Wird ein zugunsten Dritter gesperrtes Guthaben unter B IV ausgewiesen, muß ein Vermerk oder ein gesonderter Ausweis vorgenommen oder eine Erläuterung im Anhang gegeben werden. Bei ausländischen Banken gesperrte Guthaben und Ansprüche an Kreditinstitute aus Konsortialgeschäften gehören **nicht** unter B IV, sondern unter B II 4 oder einen Sonderposten nach § 265 Abs. 5 Satz 2 HGB.

132   Eingeräumte, aber **nicht in Anspruch genommene Kredite** bilden keine Guthaben bei Kreditinstituten. Gleichartige Guthaben und Verbindlichkeiten gegenüber demselben Kreditinstitut sind bei gleicher Fälligkeit zu saldieren; im übrigen ist eine Saldierung unzulässig (§ 246 Abs. 2 HGB).

Werden Guthaben bei einem Kreditinstitut unterhalten, das verbundenes Unternehmen ist oder mit dem ein Beteiligungsverhältnis besteht, so ist ein Vermerk der Mitzugehörigkeit zu den entsprechenden Forderungen erforderlich (§ 265 Abs. 3 Satz 1 HGB).

C. Rechnungsabgrenzungsposten

133   Die Bestimmungen über die aktiven RAP sind in § 250 Abs. 1 und 3 HGB getroffen. Siehe hierzu E Tz. 168 ff. Soweit der Posten **Agio-Beträge** enthält, müssen

---

142   aA hinsichtlich Wertmarken und Freistemplerkarten *HdJ*, Abt. II/7 (1986) Rn. 48 (sonstige Vermögensgegenstände).
143   Vgl. *ADS*, § 266 HGB Tz. 153; aA *HdR*, § 266 HGB Rn. 80; *BHdR*, B 217 Rn. 45.

diese gesondert ausgewiesen (zB durch Untergliederung, „davon"-Vermerk[144]) oder im Anhang angegeben werden (§ 268 Abs. 6 HGB).

Sonderposten: Abgrenzungsposten wegen voraussichtlicher Steuerentlastung nachfolgender Geschäftsjahre (§ 274 Abs. 2 HGB)

Unter den den Voraussetzungen des § 274 Abs. 2 HGB darf (Wahlrecht) als **Bilanzierungshilfe** auf der Aktivseite der Bilanz ein Abgrenzungsposten in Höhe der voraussichtlichen Steuerentlastung nachfolgender GJ gebildet werden (vgl. im einzelnen St/SABI 3/1988, auch zur Zulässigkeit für Nicht-Kapitalgesellschaften)[145]. Der Posten ist unter entsprechender Bezeichnung gesondert auszuweisen und im Anhang (vgl. Tz. 491 f.) zu erläutern (§ 274 Abs. 2 Satz 2 HGB). Eine genaue Stelle der Aktivseite, an der der Posten aufzuführen ist, bestimmt das Gesetz nicht. Da es sich um einen „Abgrenzungsposten" handelt, liegt es nahe, ihn als eigenen Posten hinter den Rechnungsabgrenzungsposten einzuordnen[146]. **134**

Voraussetzungen für die Aktivierung des Postens sind, daß **135**

– der nach den steuerrechtlichen Vorschriften zu versteuernde Gewinn des GJ und früherer GJ höher als das handelsrechtliche Ergebnis (vor Steuern) ist, und

– der darauf zurückzuführende höhere Steueraufwand sich voraussichtlich in späteren GJ ausgleicht (wegen der nach § 239 HGB hierzu erforderlichen Aufzeichnungen vgl. St/SABI 3/1988).

In Betracht kommen danach grundsätzlich nur **Unterschiede,** die auf Bewertungsmaßnahmen in der HB zurückgehen und zu einem höheren Aufwand führen als steuerrechtlich anerkannt, zB höhere Abschreibungen oder Nichtaktivierung (§ 255 Abs. 4 HGB) von Vermögensgegenständen des Anlagevermögens, niedrigere Bewertung von Posten des Umlaufvermögens (insbesondere aufgrund der Anwendung von §§ 253 Abs. 3 Satz 3, 255 Abs. 2 HGB), Bildung steuerrechtlich nicht anerkannter Rückstellungen (insbesondere nach § 249 Abs. 2 HGB). **136**

Durch die Art der Berechnung des Postens ergibt sich zwangsläufig, daß steuerliche Mehr- und Minderaufwendungen **zu saldieren** sind, dh. daß im Grundsatz entweder nur ein aktiver oder ein passiver Abgrenzungsposten in Höhe des Abgrenzungsspitzenbetrages in Betracht kommt (Ausnahme: frühere Fälligkeit eines passiven Abgrenzungspostens[147], vgl. Tz. 216). Zur Zulässigkeit einer freiwilligen Untergliederung oder eines nicht saldierten Ausweises vgl. *ADS*, § 274 HGB Tz. 22. **137**

---

144 aA *HdR*, § 268 HGB Rn. 170 (nur Untergliederung zulässig).
145 Zur Bilanzierung aktivisch oder passivisch vorgenommener Steuerabgrenzungen vgl. *Hennig*, Bilanzierung latenter Steuern, Bochum 1982; *Hille*, Latente Steuern im Einzel- und Konzernabschluß, Frankfurt a. M./Bern 1982; *Klemm*, WPg. 1984 S. 267 ff.; *Siegel*, BB 1984 S. 1909 ff.; *ders.*, BB 1985 S. 495 ff.; *Ellerich*, BB 1985 S. 26 ff.; *Harms/Küting*, BB 1985 S. 94 ff.; *Hetzel*, BB 1985 S. 1173; *Bareis*, BB 1985 S. 1235 ff.; *Schedlbauer*, DB 1985 S. 2469 f.; *Havermann*, BFuP 1986 S. 122 ff.; *Kugel/Müller*, WPg. 1986 S. 210 ff.; *Weyand*, DB 1986 S. 1185 ff.; *Forster* in Bericht über die IDW-Fachtagung 1986, Düsseldorf 1986 S. 29 ff. (37 f.); *Schneeloch*, WPg. 1986 S. 517 ff.; *Bordewin*, DStZ 1987 S. 443 ff.; *Müller*, WPg. 1987 S. 245 ff.; *Runge*, BB 1987 S. 27 ff.; *Siegel*, 1. Erg.-Heft der ZfB 1987 S. 137 ff.; *v. Wysocki*, ZfbF 1987 S. 829 ff.; *Kupsch/Eder*, WPg. 1988 S. 521 ff.; *Rau/Schmidt*, BB 1988 S. 170 ff.; *Runge*, BB 1988 S. 440 ff.; *Siegel*, ZfbF 1988 S. 77 ff.; *Baetge/Kirsch* in Bilanzanalyse und Bilanzpolitik, Düsseldorf 1989 S. 331 ff. (342 ff.); *Lochner*, BB 1989 S. 2289 ff.; *Karrenbrock*, Latente Steuern in Bilanz und Anhang, Düsseldorf 1991.
146 Vgl. zu weiteren Ausweismöglichkeiten *ADS*, § 274 HGB Tz. 50; teilw. abw. *HdR*, § 274 HGB Rn. 52.
147 Vgl. *Forster*, BFuP 1987 S. 83 f.; zu Berichtspflichten in diesem Fall vgl. St/SABI 3/1988, Nr. 4; aA *HdR*, § 274 HGB Rn. 6.

138   Die Höhe des Postens sollte mit der gebotenen **Vorsicht** (§ 252 Abs. 1 Nr. 4 HGB) ermittelt werden, da es nur im Falle entsprechend hoher künftiger Gewinne zu einer Steuerentlastung kommt. Eine **Abzinsung** der voraussichtlichen Steuerentlastung auf den Abschlußstichtag wird in § 274 Abs. 2 HGB nicht verlangt, doch ergibt sich die Notwendigkeit dazu in Fällen von Bedeutung (Höhe, Dauer bis zum Eintritt der Steuerentlastung) aus den GoB, die eine analoge Anwendung von § 253 Abs. 3 Satz 2 HGB nahelegen[148].

Der Posten kann, wie sich aus Satz 1 der Vorschrift ergibt, auch wegen eines Steueraufwandes gebildet werden, der **früheren GJ** zuzurechnen ist. In diesem Fall liegt praktisch eine Nachholung einer früher unterlassenen oder wegen Unsicherheit des späteren Ausgleichs nicht möglich gewesenen Steuerabgrenzung vor.

139   Ist der Posten gebildet, so ist die **Begrenzung der Gewinnausschüttung** zu beachten (§ 274 Abs. 2 Satz 3 HGB). Der Posten ist um entsprechende Beträge aufzulösen, sobald die Steuerentlastung eintritt oder mit ihr voraussichtlich nicht mehr zu rechnen ist (§ 274 Abs. 2 Satz 4 HGB). Die Vorschrift über die Stetigkeit der Bewertung (§ 252 Abs. 1 Nr. 6 HGB) ist auf den Posten (Bilanzierungshilfe) nicht anwendbar, er kann daher auch vor Eintritt der in § 274 Abs. 2 HGB genannten Fälle jederzeit ganz oder teilweise aufgelöst werden.

140   Die **Bildung** des Postens führt in der **GuV** zu einer entsprechenden **Entlastung des Steueraufwandes** (Kürzung des Postens „Steuern vom Einkommen und vom Ertrag", und zwar auch insoweit, als mit der Bildung bereits in VJ verrechnete Steuern abgegrenzt werden)[149]. Bei **Auflösung** kommt je nach dem Auflösungsgrund ein unterschiedlicher Ausweis in Betracht[150]:

- Wegen eingetretener Steuerentlastung: Ausweis unter dem Posten „Steuern vom Einkommen und vom Ertrag";
- wegen voraussichtlich nicht mehr eintretender Verrechnungsmöglichkeit: Ausweis unter dem Posten „Sonstige betriebliche Aufwendungen";
- wegen vollständiger oder teilweiser vorzeitiger Auflösung: Ausweis unter dem Posten „Sonstige betriebliche Aufwendungen".

In der **StB** ist eine Aktivierung des Postens nicht zulässig[151].

Sonderposten: Kapitalentwertungskonto (§§ 26 Abs. 4, 28 Abs. 2 DMBilG)

141   In der Eröffnungsbilanz von Unternehmen in den **neuen Bundesländern** konnte nach den Voraussetzungen der §§ 26 Abs. 4 Satz 1, 28 DMBilG ein Kapitalentwertungskonto ausgewiesen werden. Nach § 28 Abs. 2 Satz 4 DMBilG ist das Unternehmen verpflichtet, das Kapitalentwertungskonto innerhalb von 5 GJ nach dem Stichtag der Eröffnungsbilanz auszugleichen. Satz 5 verlangt die Verwendung der Jahresüberschüsse sowie der Werterhöhungen nach § 36 DMBilG zur **Tilgung** des Kapitalentwertungskontos. Während des Bestehens des Postens sind die genannten Mittel nach § 28 Abs. 2 Satz 6 DMBilG ausschließlich für die Tilgung zu verwenden. Vgl. im einzelnen *Budde/Forster*, § 28 DMBilG Anm. 35 ff.

---

148 Wie hier *Knief*, DB 1987 S. 697; unklar *Reiners*, DB 1988 S. 1909 ff.; aA *ADS*, § 274 HGB Tz. 33; *BeBiKo.*, § 274 Anm. 17.
149 Vgl. *ADS*, § 274 HGB Tz. 54, § 275 HGB Tz. 190; aA *BoHdR*, § 274 HGB Rz. 37 (außerordentliche Posten).
150 Vgl. *St/SABI* 3/1988, Nr. 7.
151 Vgl. *Bareis*, BB 1985 S. 1235; *Stollenwerk*, DB 1987 S. 1053; *Bordewin*, DStZ 1987 S. 443.

Die Folgen einer nicht fristgemäßen Tilgung ergeben sich aus § 30 DMBilG.   **142**
Abs. 1 dieser Vorschrift verpflichtet das für Kapitalmaßnahmen zuständige
Organ (im allgemeinen die Gesellschafterversammlung), ein nicht getilgtes
Kapitalentwertungskonto nach Ablauf der Frist **aufzulösen**, insbesondere durch
Ermäßigung des gezeichneten Kapitals[152]. Wegen weiterer Einzelheiten vgl.
Budde/Forster, Erl. zu § 30 DMBilG.

Zur **steuerlichen** Wirkung vgl. § 50 Abs. 4 DMBilG sowie *Budde/Forster*, § 50
DMBilG Anm. 47 f.

Sonderposten: Beteiligungsentwertungskonto (§ 24 Abs. 5 DMBilG)

MU in den **neuen Bundesländern**, die Schuldner von Ausgleichsforderungen   **143**
gegenüber bisher volkseigenen (Tochter-)Unternehmen waren, hatten nach § 24
Abs. 5 Satz 1 DMBilG auf der Aktivseite der Eröffnungsbilanz in Höhe der Verbindlichkeit ein Beteiligungsentwertungskonto einzustellen[153]. Nach Satz 2 der
genannten Vorschrift ist der Posten in den Folgejahren jeweils in Höhe der geleisteten Tilgungen ergebniswirksam **abzuschreiben**. Die durch die Aktivierung des
Beteiligungsentwertungskontos entstandenen **Sonderrücklagen** dürfen nach § 24
Abs. 5 Satz 3 DMBilG nur zum Ausgleich von Verlusten verwendet werden. Vgl.
im einzelnen *Budde/Forster*, § 24 DMBilG Anm. 46 ff., zur **steuerlichen** Wirkung
Budde/Forster, § 50 DMBilG Anm. 13, 15.

Ändert sich die Höhe der Verbindlichkeit aufgrund von nachträglichen Wertänderungen bei der Tochtergesellschaft, so sind die Beträge des Beteiligungsentwertungskontos (nach § 36 Abs. 1 Satz 2 oder Abs. 2 Satz 2 DMBilG) und der
Sonderrücklage entsprechend anzupassen.

Sonderposten: Sonderverlustkonto aus Rückstellungsbildung (§ 17 Abs. 4 DMBilG)

Unter den Voraussetzungen des § 17 Abs. 4 Satz 1 DMBilG war in der Eröff-   **144**
nungsbilanz von Unternehmen in den **neuen Bundesländern** ein Sonderverlustkonto aus Rückstellungsbildung gesondert auf der Aktivseite auszuweisen. Nach
Satz 2 dieser Vorschrift ist der Posten in den Folgejahren jeweils in Höhe der
Aufwendungen (zutreffender: Ausgaben), die mit der Erfüllung der passivierten
Verpflichtungen verbunden sind, ergebniswirksam **abzuschreiben**. Die durch die
Aktivierung des Sonderverlustkontos entstandenen **Sonderrücklagen** dürfen
nach Satz 3 nur zum Ausgleich von Verlusten verwendet werden. Vgl. im einzel-
nen *Budde/Forster*, § 17 DMBilG Anm. 53 ff. (auch zur Auflösung nicht benö-
tigter Rückstellungen, zur Erfassung der Abschreibungen in der GuV und zu
Angaben im Anhang nach § 277 Abs. 4 Satz 3 HGB). **Steuerlich** vgl. § 50 Abs. 1
DMBilG sowie *Budde/Forster*, § 50 DMBilG Anm. 14 f.

Werden nach § 36 DMBilG Rückstellungsbeträge nachträglich geändert, so
wirkt sich die Änderung bei Unternehmen iSv. § 24 Abs. 1 Satz 1 DMBilG entsprechend auf die Höhe des Sonderverlustkontos (und der Sonderrücklage) oder
der Ausgleichsforderung aus. Bei gleichzeitigem Vorhandensein dieser Posten
sind die Ausgleichsforderung und das Sonderverlustkonto auf dieselbe Weise

---

152 Bei Verstoß gegen diese Bestimmungen droht die Auflösung der Kapitalgesellschaft nach § 57
     Abs. 3 DMBilG.
153 Für einen Ausweis unter den Finanzanlagen nach den Beteiligungen *Küting/Weber*, Der Übergang
     auf die DM-Bilanzierung, Stuttgart 1990 S. 172.

wie in der Eröffnungsbilanz erneut zu berechnen. Bei Unternehmen, die nicht unter § 24 Abs. 1 Satz 1 DMBilG fallen, wirkt sich eine Änderung entsprechend auf die Höhe des Sonderverlustkontos bzw. einen nicht durch Eigenkapital gedeckten Fehlbetrag aus.

Sonderposten: Nicht durch Eigenkapital gedeckter Fehlbetrag (§ 268 Abs. 3 HGB)

145 Im Gliederungsschema sind negative Ergebnisse grundsätzlich als Abzugsposten innerhalb des Postens Eigenkapital auszuweisen. Ist das (buchmäßige) Eigenkapital indes durch Verluste aufgebraucht, so **muß** ein Überschuß der Passivposten über die Aktivposten nach § 268 Abs. 3 HGB am Schluß der Bilanz auf der Aktivseite gesondert unter der Bezeichnung „Nicht durch Eigenkapital gedeckter Fehlbetrag" ausgewiesen werden[154]. Wegen des Ausweises des Eigenkapitals in diesem Fall vgl. Tz. 207.

Sonderposten: Nicht durch Vermögenseinlagen gedeckter Verlustanteil persönlich haftender Gesellschafter (§ 286 Abs. 2 AktG)

146 Übersteigt bei einer **KGaA** der auf den Kapitalanteil eines persönlich haftenden Gesellschafters entfallende Verlust dessen Kapitalanteil und besteht insoweit **keine** Zahlungsverpflichtung des Gesellschafters, so ist der übersteigende Betrag als „Nicht durch Vermögenseinlagen gedeckter Verlustanteil persönlich haftender Gesellschafter" zu bezeichnen und am Schluß der Bilanz auf der Aktivseite auszuweisen (§ 286 Abs. 2 Satz 3 zweiter Halbsatz AktG). Eine Saldierung positiver und negativer Kapitalkonten mehrerer persönlich haftender Gesellschafter ist unzulässig[155]. Wegen des Ausweises im Falle einer **Zahlungsverpflichtung** vgl. Tz. 120.

PASSIVA

A. Eigenkapital

A I. Gezeichnetes Kapital

147 Das gezeichnete Kapital ist in der Bilanz zum **Nennbetrag** anzusetzen (§ 283 HGB).

§ 272 Abs. 1 Satz 1 HGB definiert das gezeichnete Kapital als das Kapital, auf das die Haftung der Gesellschafter für die Verbindlichkeiten der Gesellschaft gegenüber den Gläubigern beschränkt ist. Bei der AG und der KGaA ist dies das **Grundkapital** (§ 152 Abs. 1 Satz 1 AktG), bei der GmbH das **Stammkapital** (§ 42 Abs. 1 GmbHG). Maßgebend ist grundsätzlich der im HR eingetragene Betrag; Ausnahmen bei der AG: Ausgabe von Bezugsaktien bei bedingter Kapitalerhöhung, § 200 AktG; Rückbeziehung einer vereinfachten Kapitalherabsetzung ohne oder mit gleichzeitiger Kapitalerhöhung, §§ 234, 235 AktG; Kapital-

---

154 Vgl. hierzu ausführlich *Herrmann*, ZGR 1989 S. 273 ff., insbes. zur Berichterstattung; für Angabepflichten nach § 284 Abs. 2 Nr. 1 HGB zur going-concern-Prämisse *HdJ*, Abt. III/1 (1990) Rn. 216; zur buchmäßigen und konkursrechtlichen Überschuldung vgl. auch BGH v. 3. 2. 1987, DB S. 1106 f.; *BHdR*, B 231 Rz. 168, sowie §§ 92 Abs. 2 Satz 2 AktG, 64 Abs. 1 GmbHG; zur Reform des Insolvenzrechts vgl. *Klar*, DB 1990 S. 2077 ff.; *Vonnemann*, BB 1991 S. 867 ff.
155 Vgl. *BeBiKo.*, § 272 Anm. 133.

herabsetzung durch Einziehung von Aktien aufgrund der Satzung, §§ 237, 238 AktG; vgl. *ADS*, § 272 HGB Tz. 19, 32 f., 35.

Soweit das gezeichnete Kapital noch aussteht, sind die **ausstehenden Einlagen** **148** auf der Aktivseite vor dem Anlagevermögen gesondert auszuweisen; die davon eingeforderten Einlagen sind zu vermerken (**Bruttoausweis** nach § 272 Abs. 1 Satz 2 HGB; vgl. Tz. 53). Nicht eingeforderte ausstehende Einlagen können aber auch von dem Posten „Gezeichnetes Kapital" offen abgesetzt werden. Der Posten erhält dann folgende Gliederung und Bezeichnung (**Nettoausweis** nach § 272 Abs. 1 Satz 3 HGB):

A I. Eingefordertes Kapital
    1. Gezeichnetes Kapital   ....
    2. abzüglich nicht eingeforderte ausstehende
       Einlagen   ....

Wegen des gesonderten Ausweises **eingeforderter,** aber noch nicht eingezahlter Beträge in diesem Fall vgl. Tz. 119.

Sind bei einer AG **verschiedene Aktiengattungen** ausgegeben (§ 11 AktG), so sind **149** nach § 152 Abs. 1 Satz 2 AktG die Gesamtnennbeträge jeder Aktiengattung gesondert anzugeben. Verschiedene Aktiengattungen liegen vor, wenn die ausgegebenen Aktien verschiedene Rechte gewähren (wegen Einzelheiten der Aktiengattungen vgl. *ADS*, § 152 AktG Tz. 27 ff.)[156]. Bestehen Mehrstimmrechtsaktien nach § 12 Abs. 2 Satz 2 AktG, so sind beim gezeichneten Kapital die Gesamtstimmenzahl der Mehrstimmrechtsaktien und die der übrigen Aktien zu vermerken (§ 152 Abs. 1 Satz 4 AktG). Dies gilt auch dann, wenn nach der Satzung ein erhöhtes Stimmrecht nur in Sonderfällen vorgesehen ist; im Vermerk muß auf diesen Tatbestand unter Angabe des entsprechenden Paragraphen der Satzung hingewiesen werden (zB „in den Fällen des §... der Satzung"). Ferner ist bedingtes Kapital mit dem Nennbetrag zu vermerken, soweit die Aktien noch nicht begeben sind (§ 152 Abs. 1 Satz 3 AktG); wegen der weitergehenden Angabepflicht im **Anhang** nach § 160 Abs. 1 Nr. 3 AktG vgl. Tz. 623. Genehmigtes Kapital ist lediglich im Anhang anzugeben (§ 160 Abs. 1 Nr. 4 AktG, vgl. Tz. 624)[157]. Zur Bilanzierung eigenkapitalähnlicher Posten vgl. *ADS*, § 152 AktG Tz. 37, sowie *Fleck*, GmbHR 1989 S. 313 f.; *Lutter*, ZIP 1989 S. 477 ff.

Das **Grundkapital** von AG darf nur nach den Vorschriften über die Kapitalher- **150** absetzung **ermäßigt** werden (§§ 222 bis 240 AktG). Vor Auflösung der Gesellschaft darf nach § 58 Abs. 5 AktG an die Aktionäre nur der Bilanzgewinn verteilt werden. § 57 AktG verbietet im Interesse des Gläubigerschutzes eine Rückgewähr von Einlagen; auch jede versteckte Form der Rückgewähr ist verboten. Nach § 57 AktG verbotene Rechtsgeschäfte sind nichtig (§ 134 BGB)[158]. Für die GmbH gilt nach § 30 Abs. 1 GmbHG, daß das zur Erhaltung des Stammkapitals

---

[156] Für eine entsprechende Anwendung auf unterschiedliche Gattungen von Geschäftsanteilen an GmbH *BHdR*, B 231 Rn. 50; ggf. zwingend nach Gesellschaftsvertrag, vgl. *HdJ*, Abt. III/1 (1990) Rn. 27.
[157] Vgl. wegen Einzelheiten zu den Angaben im Anhang *ADS*, § 160 AktG Tz. 41 ff.
[158] Vgl. *Barz* in Großkom., § 57 AktG 1965 Anm. 10; *Hefermehl* in AktG-Kom., § 57 AktG Anm. 71 ff.; *Kölner Kom.*, § 57 AktG Anm. 62 f.; aA *Joost*, ZHR 1985 S. 419; zur verdeckten Einlagenrückgewähr vgl. auch *Holtermann*, BB 1988 S. 1538 ff.

erforderliche Vermögen der Gesellschaft nicht an die Gesellschafter ausgezahlt werden darf[159].

151   Der **Mindestnennbetrag** des **Grundkapitals** einer AG beträgt DM 100 000,- (§ 7 AktG). Der Mindestnennbetrag der einzelnen Aktie beträgt DM 50,- (§ 8 AktG). Das **Stammkapital** einer GmbH muß mindestens DM 50 000,-, die Stammeinlage jedes Gesellschafters mindestens DM 500,- betragen (§ 5 Abs. 1 GmbHG).

152   Im Falle der **Kapitalherabsetzung** ist das Grundkapital einer AG erst mit Eintragung des Beschlusses herabgesetzt. Lediglich bei vereinfachter Kapitalherabsetzung können nach § 234 Abs. 1 AktG im JA für das letzte vor der Beschlußfassung über die Kapitalherabsetzung abgelaufene GJ Grundkapital und Rücklagen in der Höhe ausgewiesen werden, wie sie nach der Kapitalherabsetzung bestehen sollen[160] (dabei sind die Fristen des § 234 Abs. 3 AktG zu beachten). Das gleiche gilt für den Fall einer vereinfachten Kapitalherabsetzung bei gleichzeitiger Kapitalerhöhung (§ 235 Abs. 1 AktG). Wegen der Herabsetzung des Stammkapitals bei der GmbH nach § 58 GmbHG vgl. *ADS*, § 272 HGB Tz. 31; *Hachenburg*, GmbHG, 7. Aufl., Bd. III, Erl. zu § 58 GmbHG, sowie *HdJ*, Abt. III/1 (1990) Rn. 173 ff. (auch zu Ersatzlösungen der Praxis)[161].

153   **Kapitalerhöhungen**[162] **gegen Einlagen** können nicht vor dem Zeitpunkt bilanziert werden, in dem die Durchführung der Kapitalerhöhung eingetragen ist (§§ 189 AktG, 54 Abs. 3 GmbHG)[163]; dies gilt auch für das genehmigte Kapital (§ 203 Abs. 1 iVm. § 189 AktG). Erfolgt die Kapitalerhöhung durch Ausgabe von Bezugsaktien (bedingtes Kapital), so entscheidet der Zeitpunkt der jeweiligen Ausgabe an den Berechtigten über den Ausweis als gezeichnetes Kapital (§ 200 AktG); zum Vermerk des bedingten Kapitals nach § 152 Abs. 1 Satz 3 AktG vgl. Tz. 149.

154   Eine **Kapitalerhöhung aus Gesellschaftsmitteln**[164] (für AG: §§ 207 bis 220 AktG; für GmbH: Gesetz über die Kapitalerhöhung aus Gesellschaftsmitteln, Kap-

---

159 Vgl. zur Wirksamkeit der Rechtsgeschäfte in diesen Fällen *HdJ*, Abt. III/1 (1990) Rn. 93.

160 Vgl. zu den Voraussetzungen einer vereinfachten Kapitalherabsetzung auch OLG Frankfurt a. M. v. 10. 5. 1988, DB 1989 S. 471 f.

161 Zur Kapitalherabsetzung bei Vorhandensein eigener Geschäftsanteile der GmbH vgl. *Felix*, GmbHR 1989 S. 286 f.

162 Steuerlich vgl. über Kapitalerhöhung gegen Einlagen *Ringling*, StBp. 1966 S. 176 ff.; *Groh*, DB 1966 S. 1819; vgl. aber für die Bewertung nach § 103 BewG, BFH v. 2. 10. 1981, BStBl. II 1982 S. 13; dazu *Sauer* in StRK-Anm. BewG 1965 § 103 R. 16.

163 Vgl. auch zum Ausweis vor Eintragung geleisteter Einlagen, *ADS*, § 272 HGB Tz. 14, 16; teilw. weitergehend (Ausweis nicht geleisteter Einlagen vor Eintragung) *Novotny*, DB 1979 S. 557 ff.

164 Vgl. *ADS*, § 272 HGB Tz. 23 ff.; *Kölner Kom.*, Erl. zu §§ 207–220 AktG; *Wiedemann* in Großkom., §§ 207–220 AktG 1965; bezüglich der Ausstattung der neuen Aktien *Eckardt*, BB 1967 S. 99 ff.; zur Verbindung einer Kapitalerhöhung aus Gesellschaftsmitteln mit einer Kapitalerhöhung gegen Bareinlagen vgl. *Börner*, DB 1988 S. 1254 ff. Zum Gesetz über die Kapitalerhöhung aus Gesellschaftsmitteln und über die Gewinn- und Verlustrechnung vom 23. 12. 1959 (BGBl. I S. 789), dessen Vorschriften insoweit im wesentlichen unverändert in §§ 207–220 AktG 1965 übernommen worden sind, vgl. außerdem *Geßler*, BB 1960 S. 6; *Mutze*, WPg. 1960 S. 97; *Veith*, DB 1960 S. 109; *Zintzen*, GmbHR 1960 S. 2; *Wilhelmi*, NJW 1960 S. 169; *Kropff*, Das Wertpapier 1960 S. 205; *Steinberg*, Die Kapitalerhöhung aus Gesellschaftsmitteln im Handels- und Steuerrecht, Heidelberg/Berlin 1960; *Wilhelmi/Friedrich*, Kleine Aktienrechtsreform, zugl. Nachtrag zu *Godin/Wilhelmi*, Aktiengesetz, Berlin 1960; *Zintzen/Halft*, Kommentar zu den Gesetzen über die Kapitalerhöhung aus Gesellschaftsmitteln, Köln 1960; *Brönner*, Kapitalerhöhung aus Gesellschaftsmitteln, 2. Aufl., Stuttgart 1961. Zu den umwandelbaren Rücklagen *Forster/Müller*, AG 1960 S. 55 und 83; zu Vorstands- und Aufsichtsratstantiemen *Boesebeck*, DB 1960 S. 139; zur Behandlung von Vorzugsaktien *Boesebeck*, DB 1960 S. 404; zur Verwendung von Gewinn der Kapitalerhöhung *Geßler*, DB 1960 S. 866; zur Bilanz, die zugrunde zu legen ist, St/HFA 1/1960; zur technischen Durchführung *Stein*, WM 1960 S. 242; zur Zweckbestimmung freier Rücklagen *Burchard*, BB 1961 S. 1186.

ErhG [165]) gilt mit der Eintragung des Beschlusses als durchgeführt (§ 211 Abs. 1 AktG; § 8 Abs. 1 KapErhG). Erst von diesem Zeitpunkt an darf das erhöhte Kapital in der Bilanz ausgewiesen werden.

Umwandelbar sind nur Kapital- und Gewinnrücklagen einschließlich der Zuführungen laut Gewinnverwendungsbeschluß (§ 207 Abs. 1 AktG/§ 1 Abs. 1 KapErhG), soweit nicht in der der Umwandlung zugrunde gelegten Bilanz ein Verlust einschließlich eines Verlustvortrages ausgewiesen wird (§ 208 Abs. 2 Satz 1 AktG/§ 2 Abs. 2 KapErhG). Die Beträge der Entnahmen aus den Rücklagen sind im JA der AG nach § 152 Abs. 2 Nr. 2 und Abs. 3 Nr. 3 AktG gesondert anzugeben. Eine Rücklage für eigene Anteile kann wie auch eine Sonderrücklage nach § 218 Abs. 2 AktG nicht umgewandelt werden; gleiches gilt für Sonderrücklagen, die nach dem DMBilG gebildet sind. Umwandelbar ist dagegen Nachschußkapital nach § 42 Abs. 2 Satz 3 GmbHG. Die Kapitalrücklage und die gesetzliche Rücklage können nach § 208 Abs. 1 Satz 2 AktG nur insoweit umgewandelt werden, als sie zusammen den zehnten oder den in der Satzung bestimmten höheren Teil des Grundkapitals übersteigen [166]. Sind Gewinnrücklagen für einen bestimmten Zweck bestimmt, so dürfen sie nur umgewandelt werden, soweit dies mit ihrer Zweckbestimmung vereinbar ist (§ 208 Abs. 2 Satz 2 AktG/§ 2 Abs. 3 KapErhG). Sonderposten mit Rücklageanteil sind keine Kapital- oder Gewinnrücklagen iSd. gesetzlichen Vorschriften und daher nicht umwandelbar.   **155**

Dem Beschluß über eine Kapitalerhöhung aus Gesellschaftsmitteln ist eine geprüfte und mit dem uneingeschränkten BestV versehene **Bilanz** zugrunde zu legen (§ 209 AktG/§§ 3 und 4 KapErhG), in der die umzuwandelnden Rücklagen als Kapital- oder Gewinnrücklagen gekennzeichnet sein müssen (§ 208 Abs. 1 Satz 1 AktG/§ 2 Abs. 1 KapErhG). Der Abschlußstichtag darf bei einer **AG** höchstens acht Monate vor der Anmeldung des Beschlusses zur Eintragung in das Handelsregister liegen (§ 209 Abs. 1 und 2 AktG), bei einer **GmbH** sieben Monate (§§ 3 Abs. 1, 4 Abs. 1 KapErhG). Wird der Beschluß über die Kapitalerhöhung in derselben HV gefaßt, die den festgestellten JA entgegennimmt oder diesen feststellt (§ 175 Abs. 1 und 3 AktG), so können bei der AG die gemäß § 58 Abs. 1 oder 2 AktG in freie Rücklagen eingestellten Beträge umgewandelt werden und darüber hinaus nach § 208 Abs. 1 Satz 1 AktG auch die Zuweisungen weiterer Beträge aufgrund des Gewinnverwendungsbeschlusses nach § 58 Abs. 3 AktG [167]. Wegen GmbH vgl. § 2 Abs. 1 KapErhG.   **156**

Nach dem Gesetz über **steuerrechtliche Maßnahmen** bei Erhöhung des Nennkapitals aus Gesellschaftsmitteln gehört der Erwerb neuer Anteilsrechte aus der Erhöhung des Nennkapitals durch Umwandlung von Rücklagen bei den Anteilseignern nicht zu den steuerlichen Einkünften (§ 1 KapErhStG). Kapitalverkehrsteuer (Gesellschaftsteuer) fällt nicht an (§ 7 Abs. 3 Nr. 2 KVStG). Bei der das Nennkapital erhöhenden Gesellschaft gelten die verwendbaren Eigenkapitalanteile iSv. § 30 Abs. 2 Nr. 3 und 4 KStG in dieser Reihenfolge als vor den übrigen Kapitalanteilen umgewandelt (§ 41 Abs. 3 KStG); sie scheiden aus dem verwendbaren Eigenkapital aus und werden übriges Eigenkapital. Gilt danach   **157**

---

165 IdF des BiRiLiG.
166 Zum Verhältnis dieser Umwandlungsbeschränkung zu § 150 Abs. 4 Satz 1 Nr. 3 AktG vgl. *HdJ*, Abt. III/1 (1990) Rn. 127.
167 Vgl. *ADS*, § 272 HGB Tz. 25.

eine Rücklage als verwendet, die aus dem Gewinn eines vor dem 1. 1. 1977 abgelaufenen WJ gebildet worden ist (sog. **Altrücklagen**) und setzt die Kapitalgesellschaft das Nennkapital innerhalb von 5 Jahren (sog. Sperrfrist) wieder herab, so ist die Rückzahlung einer von der Kapitalgesellschaft zu übernehmenden Pauschalsteuer von 30 vH zu unterwerfen (§ 5 KapErhStG). Gelten für die Kapitalerhöhung Rücklagen als verwendet, die aus dem Gewinn oder den Einlagen eines nach dem 31. 12. 1976 abgelaufenen WJ gebildet worden sind (sog. **Neurücklagen**), so gehören die Teilbeträge (§ 30 Abs. 1 Nr. 1 und 2, Abs. 2 Nr. 1 und 2 KStG) weiterhin zum verwendbaren Eigenkapital (§ 29 Abs. 3, § 47 Abs. 1 Nr. 2 KStG). Bei einer Rückzahlung von Nennkapital gelten sie als zuerst verwendet (§ 41 Abs. 2 KStG)[168].

158　　Die **Sanierung** einer Gesellschaft kann durch Kapitalherabsetzung (im allgemeinen mit anschließender Kapitalerhöhung), Sanierungszuschüsse und/oder Forderungserlaß erfolgen[169]. Bei der Sanierung der AG durch **Kapitalherabsetzung** bestehen folgende Möglichkeiten[170]:

a) Herabsetzung des Nennbetrages der einzelnen Aktie (untere Grenze handelsrechtlicher Mindestnennbetrag der Aktien (§ 8 AktG); außerdem ist die Mindestkapitalgrenze zu beachten (§ 7 AktG), bei gleichzeitiger Beschlußfassung über eine Kapitalerhöhung vgl. jedoch § 228 AktG);

b) Zusammenlegung der Aktien (nach § 222 Abs. 4 Satz 1 Nr. 2 AktG nur zulässig, soweit der Mindestnennbetrag nicht eingehalten werden kann);

c) Kauf eigener Aktien unter dem Nennbetrag und deren Einziehung (§ 237 AktG).

Die Aufstellung besonderer Sanierungsbilanzen außerhalb des JA ist nicht vorgeschrieben.

159　　Nach dem Realisationsprinzip (§ 252 Abs. 1 Nr. 4 zweiter Halbsatz HGB) ist eine **Berücksichtigung des Sanierungsgewinns** erst dann möglich, wenn die Sanierungsmaßnahme rechtswirksam geworden ist. Werden (rechtswirksam gewordene) Sanierungsmaßnahmen entsprechend dem in § 234 AktG zum Ausdruck kommenden Grundgedanken in noch nicht verabschiedeten, früheren JA berücksichtigt, dh. zurückbezogen, so muß der JA nach § 243 Abs. 2 HGB einen entsprechenden Hinweis enthalten (zB „unter Berücksichtigung der zwischenzeitlichen Sanierungsmaßnahmen") und es müssen entsprechende Erläuterungen in Fußnoten oder im Anhang gegeben werden. In der GuV der AG müssen die Sanierungsgewinne aufgrund von Kapitalherabsetzungen nach § 240 Satz 1 AktG gesondert ausgewiesen werden[171]; Forderungserlasse und Sanierungszuschüsse sind als ao. Erträge auszuweisen.

160　　Der **Sanierungsgewinn** ist **steuerfrei**. Soweit die Sanierung durch Kapitalzusammenlegung oder durch Kapitalherabsetzung herbeigeführt wird, sind die entsprechenden Buchgewinne deshalb steuerfrei, weil sie nicht unter den Begriff

---

168 Vgl. zu der dabei auftretenden Problematik *Dötsch/Eversberg/Jost/Witt.* Die Körperschaftsteuer, § 41 Anm. 19 ff.
169 Vgl. hierzu Bd. II F Tz. 369 ff. sowie *Gross.* Sanierung durch Fortführungsgesellschaften, 2. Aufl., Köln 1988 S. 280 ff.; *Braun* in Rechnungslegung, Finanzen, Steuern und Prüfung in den neunziger Jahren, Düsseldorf 1990 S. 95 ff.; zum Forderungsverzicht vgl. *Hoffmann,* BB 1991 S. 773.
170 Vgl. hierzu *ADS,* § 272 HGB Tz. 29 ff.
171 Vgl. Tz. 388 sowie *ADS,* § 158 AktG Tz. 23 f., die entsprechend § 158 Abs. 1 Satz 2 AktG auch die Angabe im Anhang für zulässig halten; wegen weiterer Erläuterungen im Anhang vgl. § 240 Satz 3 AktG.

der steuerpflichtigen Einkünfte fallen. Soweit es sich um eine Sanierung durch Forderungserlaß handelt, ergibt sich die Steuerfreiheit aus § 3 Nr. 66 EStG. Voraussetzung für die Steuerfreiheit bei einer Sanierung durch Forderungserlaß ist, daß der Zweck des Schuldenerlasses die Sanierung des Schuldners ist; dabei muß der Schulderlaß objektiv geeignet sein, das Unternehmen vor dem Zusammenbruch zu retten und wieder ertragsfähig zu machen[172]. Sanierungsgewinne sind weder mit einem laufenden Verlust noch mit einem Verlustvortrag zu verrechnen.

Verzichten die Gläubiger unter der Voraussetzung, daß das Unternehmen bei **161** besserem Geschäftsgang in späteren Jahren einen Teil seines Gewinns den Gläubigern zur Verfügung stellt, und gibt das Unternehmen **Besserungsscheine** aus, so können weder die ursprünglichen Schulden noch die Besserungsscheine passiviert werden. Werden später Gewinne erzielt, so sind die aus dem Gewinn zu tilgenden Verpflichtungen als Verbindlichkeiten im JA zu berücksichtigen; sie mindern also erst im Jahr der Gewinnerzielung den Jahresüberschuß (vgl. hierzu und zu Angaben im **Anhang** St/HFA 1/1984, Nr. 3a, sowie § 160 Abs. 1 Nr. 6 AktG)[173]. Zahlungen aufgrund der Besserungsscheine sind wegen der Steuerfreiheit der Sanierungsgewinne jedoch nicht als Betriebsausgaben abzugsfähig[174], vgl. hierzu § 3c EStG.

Sonderposten: Kapitaleinlagen der persönlich haftenden Gesellschafter (§ 286 Abs. 2 Satz 1 AktG)

Nach § 286 Abs. 2 Satz 1 AktG sind bei der **KGaA** die Kapitalanteile der persön- **162** lich haftenden Gesellschafter nach dem Posten „Gezeichnetes Kapital" gesondert auszuweisen. Auf den Kapitalanteil eines persönlich haftenden Gesellschafters entfallende Verluste sind von seinem Kapitalanteil abzuschreiben (§ 286 Abs. 2 Satz 2 AktG). Für den Fall, daß die Verluste den Kapitalanteil übersteigen, hängt die bilanzielle Behandlung des überschießenden Betrags davon ab, ob eine entsprechende Zahlungsverpflichtung besteht. Ist dies der Fall, so muß der entsprechende Betrag unter der Bezeichnung „Einzahlungsverpflichtungen persönlich haftender Gesellschafter" unter den Forderungen (B II) gesondert ausgewiesen werden (vgl. Tz. 120); andernfalls ist der Betrag am Schluß der Bilanz auf der Aktivseite als „Nicht durch Vermögenseinlagen gedeckter Verlustanteil persönlich haftender Gesellschafter" auszuweisen (§ 286 Abs. 2 Satz 3 AktG).

Sonderposten: Genußscheinkapital

Je nach Ausgestaltung der von der Gesellschaft gewährten Genußrechte (§ 221 **163** AktG) kann eingezahltem Genußscheinkapital Eigenkapitalcharakter zukom-

---

172 Vgl. Vfg. OFD Hannover v. 27. 5. 1982, StEK EStG § 3 Nr. 281. Die Vfg. faßt weitgehend die bisherige Rspr. zusammen; bedenklich ist nicht nur Tz. 4, sondern auch die Ablehnung eines steuerfreien Sanierungsgewinns, wenn ein Fortbestehen des Unternehmens erst durch die (zusätzliche) Zuführung neuen Eigenkapitals ermöglicht wird. Aus der neueren Rspr. vgl. BFH v. 22. 11. 1983. BStBl. II 1984 S. 472 (Sanierungsbedürftigkeit); BFH v. 22. 1. 1985, BStBl. II S. 501; BFH v. 7. 2. 1985, BStBl. II S. 504 (Sanierungseignung). Vgl. auch *Schmidt, L.,* § 3 (Sanierungsgewinn) mwN.
173 Grundsätzlich für Angabe nach § 285 Nr. 3 HGB *ADS,* § 285 HGB Tz. 51; ähnlich *Fey,* GoB für Haftungsverhältnisse, Düsseldorf 1989 S. 146 ff.; teilw. abw. *Schruff* in FS *Leffson,* Düsseldorf 1976 S. 153 ff.; *HdJ,* Abt. III/8 (1988) Rn. 58; zur Berechnung von Ausschüttungen auf Besserungsscheine vgl. *Schedlbauer,* DB 1987 S. 997 ff.
174 Vgl. *HHR,* § 3 EStG Anm. 474; *Eppler,* DB 1991, S. 195 (bei Wiederaufleben der Forderung).

men[175]. In diesen Fällen ist ein Ausweis nach dem Posten „Gezeichnetes Kapital", nach dem Posten „Gewinnrücklagen" oder als letzter Posten des Eigenkapitals erforderlich, soweit es sich nicht um Sanierungsmaßnahmen handelt[176]. Im Anhang der AG sind Angaben nach § 160 Abs. 1 Nr. 6 AktG zu machen.

Sonderposten: Kapital stiller Gesellschafter

164 Wegen der verschiedenen Ausweisformen für Einlagen stiller Gesellschafter vgl. *Hense,* Die stille Gesellschaft im handelsrechtlichen Jahresabschluß, Düsseldorf 1990 S. 257 ff.; ferner *ADS,* § 266 HGB Tz. 179[177].

A II. Kapitalrücklage

165 Bestimmte **Zuzahlungen** von Gesellschaftern und Beträge, die bei der Ausgabe von Anteilen iwS erzielt wurden, sind in eine besondere Rücklage, die sog. Kapitalrücklage, einzustellen. Damit soll die Einstellung von Beträgen, die der Gesellschaft **von Kapitalgebern** zufließen, von Einstellungen getrennt werden, die aus dem von der Gesellschaft erzielten Gewinn vorgenommen werden. Daher die Bezeichnung Kapitalrücklage einerseits und Gewinnrücklage andererseits.

166 Als **Kapitalrücklage** sind nach § 272 Abs. 2 HGB auszuweisen:

1. der Betrag, der bei der Ausgabe von Anteilen einschließlich von Bezugsanteilen über den Nennbetrag hinaus erzielt wird;
2. der Betrag, der bei der Ausgabe von Schuldverschreibungen für Wandlungsrechte und Optionsrechte zum Erwerb von Anteilen erzielt wird;
3. der Betrag von Zuzahlungen, die Gesellschafter gegen Gewährung eines Vorzugs für ihre Anteile leisten;
4. der Betrag von anderen Zuzahlungen, die Gesellschafter in das Eigenkapital leisten.

167 Nach dem Wortlaut der Vorschrift könnte angenommen werden, daß es sich bei der vorstehenden Aufzählung um Zuweisungsgründe handelt und daß die einzelnen Beträge zu **der** Kapitalrücklage zusammengefaßt auszuweisen sind. Eine solche Auslegung würde indes nicht berücksichtigen, daß die Begründung zu Nr. 1 ausdrücklich von einem **gesonderten Ausweis** des Agios spricht und in diesem Zusammenhang auf die 4. EG-Richtlinie verweist[178], nach deren Art. 9 Passiva A II das Agio gesondert auszuweisen ist. Für AG kommt hinzu, daß § 150 AktG anders als das HGB nicht von der Kapitalrücklage, sondern von den Kapitalrücklagen (Plural) spricht und unterschiedliche Bestimmungen für die Beträge nach § 272 Abs. 2 Nr. 1 bis 3 HGB (Teile des gesetzlichen Reservefonds) und für die nach Nr. 4 trifft. Für GmbH ist auf § 42 Abs. 2 Satz 3 GmbHG hin-

---

175 Vgl. *Claussen* in FS *Werner,* Berlin/New York 1984 S. 81 ff. mwN; vgl. auch *Vollmer,* ZGR 1983 S. 445 ff.; *Ziebe,* BB 1984 S. 2210 ff.; *ders.,* BB 1988 S. 225 ff.; *Hirte,* ZIP 1988 S. 477 ff.
176 Vgl. *ADS,* § 266 HGB Tz. 189; *HdJ,* Abt. III/1 (1990) Rn. 242 (bei Mischformen auch Sonderposten vor Rückstellungen); vgl. hierzu auch (teilw. auch steuerlich) *Knobbe-Keuk,* BB 1987 S. 341 ff.; *Emde,* BB 1988 S. 1214 ff.; *Lutter* in FS *Döllerer,* Düsseldorf 1988 S. 383 ff.
177 Vgl. auch *Kölner Kom.,* § 266 HGB Anm. 149 (für Sonderausweis innerhalb des Eigenkapitals); *Westerfelhaus,* DB 1988 S. 1173 ff. (stille Einlage grundsätzlich vor Rückstellungen); *HdR,* § 272 HGB Rn. 29 (Ausweis nach Eigenkapital); KFA, FN 1984 S. 8 f. (Sonderposten nach Rücklagen); zur Einstufung als Teilgewinnabführungsvertrag vgl. *HdJ,* Abt. III/1 (1990) Rn. 228; zu Angaben im Anhang *Felix,* BB 1987 S. 1495 f.
178 Vgl. Begr. zu § 272 HGB, BT-Drs. 10/4268 S. 106.

zuweisen; nach dieser Vorschrift sind Nachschüsse der Gesellschafter in dem Posten „Kapitalrücklage" gesondert auszuweisen. Andererseits wird in § 152 Abs. 2 und 3 AktG ausdrücklich zwischen **dem** Posten „Kapitalrücklage" und **den einzelnen** Posten der Gewinnrücklagen unterschieden. Gleichwohl sollten, soweit Beträge nach den Nr. 1 bis 4 vorliegen, zumindest die Beträge nach Nr. 1 bis 3 einerseits und Nr. 4 andererseits als **Untergliederung** zu dem Posten A II ausgewiesen oder im Anhang angegeben werden[179]; bei GmbH ferner etwaige Nachschüsse (vgl. dazu auch Tz. 173).

Bei **AG** sind im Zusammenhang mit **Kapitalherabsetzungen** ferner folgende **168** Beträge in den Posten „Kapitalrücklage" einzustellen:

– Beträge, die aus einer Kapitalherabsetzung gewonnen werden, soweit die in § 231 Abs. 1 Satz 1 AktG bezeichnete Begrenzung eingehalten wird[180];
– Beträge bei zu hoch angenommenen Verlusten nach vorangegangener vereinfachter Kapitalherabsetzung (§ 232 AktG);
– aus einer Kapitalherabsetzung durch Einziehung von Aktien gewonnene Beträge, wenn die Aktien der Gesellschaft unentgeltlich zur Verfügung gestellt wurden oder sie zu Lasten des Bilanzgewinns oder einer Gewinnrücklage eingezogen werden (§ 237 Abs. 5 AktG).

Die vorstehend genannten Beträge können mit den Kapitalrücklagen nach § 272 Abs. 2 Nr. 1 bis 3 HGB zusammengefaßt werden. Auf sie sind, weil Zweck, Sinnzusammenhang und Entstehungsgeschichte dies gebieten, die Bestimmungen in § 150 AktG hinsichtlich der Kapitalrücklage sinngemäß anzuwenden[181]. Wegen einer **Sonderrücklage** nach § 218 Satz 2 AktG vgl. *ADS*, § 272 HGB Tz. 66.

Bei § 272 Abs. 2 Nr. 1 HGB handelt es sich um ein vereinbartes (nicht freiwillig **169** gezahltes) **Agio bei der Ausgabe von Anteilen.** Die Ausgabekosten dürfen nicht abgesetzt werden; das gilt auch für das Agio, das bei mittelbarem Bezugsrecht anfällt[182]. Wegen der Berechnung des Agios bei Sacheinlagen, Verschmelzung[183] und Vorratsaktien vgl. *ADS*, § 272 HGB Tz. 74 ff.

Die Bestimmungen in § 272 Abs. 2 Nr. 2 HGB regeln implizit, daß neben einem **170** über den Rückzahlungsbetrag hinausgehenden **Aufgeld** auch in der Einräumung eines unter dem Kapitalmarktzins liegenden **Zinssatzes** eine Gegenleistung für die Einräumung von Wandlungsrechten und Optionsrechten zum Erwerb von Anteilen zu sehen ist[184]. Im übrigen fallen unter die in der Vorschrift erwähnten Schuldverschreibungen insbesondere die in § 221 AktG geregelten Wandelschuldverschreibungen und Gewinnschuldverschreibungen. Zur Ausgabe von Anleihen durch eine Tochtergesellschaft vgl. *ADS*, § 272 HGB Tz. 103 f.

Unter die Beträge nach § 272 Abs. 2 Nr. 3 HGB fallen Zuzahlungen zur Erlangung gesellschaftsrechtlicher **Vorzugsrechte** (zB nach §§ 11 AktG, 29 Abs. 3 GmbHG). **171**

179 Vgl. *ADS*, § 272 HGB Tz. 64; aA (keine Pflicht) *BoHdR*, § 272 HGB Rn. 33 und *HdR*, § 272 HGB Tz. 60.
180 Zur Berechnung vgl. *ADS*, § 231 AktG Tz. 14 ff.
181 Vgl. *ADS*, § 150 AktG Tz. 41 f.; *Haller*, DB 1987 S. 645 ff.; *Ebeling*, WPg. 1988 S. 502 ff.
182 Vgl. *ADS*, § 272 HGB Tz. 75 ff.
183 Vgl. hierzu auch *ADS*, § 348 AktG Tz. 21 f.; teilw. abw. *Kremer*, DB 1989 S. 492 ff.
184 Vgl. Begr. zu § 272 HGB, BT-Drs. 10/4268 S. 106; vgl. hierzu auch *Busse von Colbe/Großfeld/Martens/Kley/Schlede*, Bilanzierung von Optionsanleihen im Handelsrecht, Heidelberg 1987; *Kropff*, ZGR 1987 S. 285 ff.; *Clemm* in StBJb. 1987/88 S. 67 ff. (84 ff.); *Loos*, BB 1988 S. 369 ff.; zum Aktivierungswahlrecht für ein Disagio in diesen Fällen vgl. *ADS*, § 272 HGB Tz. 101.

172   Beträge nach § 272 Abs. 2 Nr. 4 HGB sind Zuzahlungen von Gesellschaftern, die **ohne** eine Gegenleistung der Gesellschaft geleistet werden und die nach dem Willen des Leistenden zu einer Erhöhung des Rücklagekapitals führen sollen. Verdeckte Einlagen (zB die kostenlose Übertragung von Vermögenswerten auf die Gesellschaft) oder auch verlorene Zuschüsse sollen nur dann zu einer Einstellung in die Kapitalrücklage nach § 272 Abs. 2 Nr. 4 HGB führen, wenn ein in diese Richtung zielender Wille des leistenden Gesellschafters erkennbar ist[185]. Es empfiehlt sich daher, daß der leistende Gesellschafter ggf. seine diesbezüglichen Absichten eindeutig gegenüber der Gesellschaft zum Ausdruck bringt. In Zweifelsfällen sollte dem Ausweis unter Nr. 4 der Vorzug gegeben werden[186].

173   **Nachschüsse** von Gesellschaftern einer GmbH, die auf einem in § 42 Abs. 2 GmbHG erwähnten Beschluß beruhen, sind stets gesondert unter den Kapitalrücklagen auszuweisen (§ 42 Abs. 2 Satz 3 GmbHG, vgl. auch Tz. 121); sie fallen **nicht** unter § 272 Abs. 2 Nr. 4 HGB[187]. Sachgerecht erscheint die Bezeichnung „Nachschußkapital".

174   Die Kapitalrücklage unterliegt bei **AG** hinsichtlich ihrer **Verwendung und Auflösung** insoweit **Beschränkungen**, als es sich um Beträge nach § 272 Abs. 2 Nr. 1 bis 3 HGB handelt. Vgl. hierzu im einzelnen § 150 Abs. 3 und 4 AktG sowie *Ebeling*, WPg. 1988 S. 502 ff.

Abgesehen von dieser zuvor genannten Beschränkung unterliegen Kapitalrücklagen weder bei der AG noch bei der GmbH hinsichtlich ihrer Verwendung einschränkenden gesetzlichen Bestimmungen. Über sie kann daher **frei verfügt** werden, dh. sie können sowohl zur Kapitalerhöhung aus Gesellschaftsmitteln, zur Verlustdeckung als auch zur Gewinnausschüttung herangezogen werden. Werden sie zB zur Erhöhung eines Bilanzgewinns entnommen und werden gleichzeitig aus dem Bilanzgewinn Gewinnrücklagen dotiert, so können auf diesem Wege Kapitalrücklagen in Gewinnrücklagen umgewandelt werden. Die praktische Bedeutung einer solchen Umwandlung ist indes gering.

175   **Einstellungen** in die Kapitalrücklage und deren **Auflösung** sind bereits bei der Aufstellung der Bilanz vorzunehmen (§ 270 Abs. 1 Satz 1 HGB). **AG** haben die jährlichen Einstellungen und Entnahmen in und aus der Kapitalrücklage entweder in der Bilanz oder im Anhang **anzugeben** (§ 152 Abs. 2 AktG). Wird der Angabe in der Bilanz der Vorzug gegeben, so sollte der Posten wie folgt gegliedert werden:

Kapitalrücklage

     Stand 1.1.

     Einstellungen

     Entnahmen

---

185 Vgl. Begr. zu § 272 HGB, BT-Drs. 10/4268 S. 106; vgl. hierzu auch *Döllerer*, BB 1986 S. 1857 ff.; ausführlich *Küting/Kessler*, BB 1989 S. 25 ff.; zu verdeckten Einlagen vgl. auch *Schneeloch*, BB 1987 S. 481 ff.; *Groh*, BB 1990 S. 379 ff.; *Schedlbauer*, DB 1990 S. 997 ff.; *Ulmer*, ZHR 1990 S. 128 ff.

186 aA *Küting/Kessler*, BB 1989 S. 25 ff. (30, bei fehlender Weisung des Gesellschafters Vereinnahmung).

187 Vgl. *ADS*, § 42 GmbHG Tz. 25; aA hinsichtlich geleisteter Nachschüsse *HdR*, § 272 HGB Rn. 106 (Ausweis unter Posten Nr. 4); zur Verwendung von Nachschußkapital vgl. auch *BeBiKo.*, § 272 HGB Anm. 78.

Wird entsprechend der hier vertretenen Auffassung der Posten Kapitalrücklage **176**
nach den einzelnen Zuweisungsgründen unterteilt, so dürfte es sich aus Gründen der Klarheit und Übersichtlichkeit der Bilanz empfehlen, die entsprechenden Angaben im **Anhang** und nicht in der Bilanz zu machen. Im Hinblick auf
den Wortlaut der Vorschrift erscheint es aber auch ausreichend, die Einstellungen und Entnahmen während des Geschäftsjahres jeweils zusammengefaßt in
einem Betrag für alle Kapitalrücklagen anzugeben. Eine Entnahme aus der
Kapitalrücklage (Differenzierung nicht notwendig) ergibt sich im übrigen auch
aus der GuV (§ 158 Abs. 1 Nr. 2 AktG).

A III. Gewinnrücklagen

Die Gewinnrücklagen sind in der in § 266 Abs. 3 A III 1 bis 4 HGB aufgeführten **177**
Gliederung auszuweisen. Gemeinsam ist ihnen, daß sie nur Beträge enthalten
dürfen, die im GJ oder einem früheren GJ **aus dem Ergebnis** gebildet worden
sind (§ 272 Abs. 3 HGB). „Ergebnis" ist nicht gleichbedeutend mit „Gewinn".
Zwar können die Rücklagen nach A III 1 und 3 bis 4 nur aus Ergebnisüber-
schüssen und nicht zu Lasten eines Verlustes gebildet werden, doch gilt dies
nicht für die Rücklage für eigene Anteile (A III 2), die bei Vorliegen der entsprechenden Voraussetzungen unabhängig vom Vorliegen eines Gewinnes zu bilden
ist (§ 272 Abs. 4 HGB).

Eine Sonderheit sind die **Sonderrücklagen** nach den §§ 7 Abs. 6, 17 Abs. 4, 24 **178**
Abs. 5 DMBilG und die vorläufigen Gewinnrücklagen nach § 31 Abs. 1
DMBilG. Sie rechnen ebenfalls zu den Gewinnrücklagen, stellen materiell aber
Vorgriffe auf künftige Thesaurierungen dar. Auch eine im Rahmen der Kapital-
neufestsetzung nach § 27 Abs. 2 DMBilG gebildete Rücklage zählt zu den
Gewinnrücklagen (gesetzliche Rücklage bei AG und KGaA, Sonderrücklage bei
GmbH).

Soweit die Bilanz unter Berücksichtigung der vollständigen oder teilweisen **Ver- 179
wendung des Jahresergebnisses** aufgestellt wird (§ 268 Abs. 1 Satz 1 HGB)[188], sind
Entnahmen aus Gewinnrücklagen sowie Einstellungen in Gewinnrücklagen, die
nach Gesetz, Gesellschaftsvertrag oder Satzung vorzunehmen oder aufgrund solcher Vorschriften beschlossen worden sind, bereits bei Aufstellung der Bilanz zu
berücksichtigen (§ 270 Abs. 2 HGB).

AG haben ergänzend die Bestimmungen in § 152 Abs. 3 AktG zu beachten. **180**
Danach sind in der **Bilanz** oder im **Anhang** zu den einzelnen Posten der Gewinnrücklagen jeweils gesondert anzugeben:

1. die Beträge, die die HV aus dem Bilanzgewinn des VJ eingestellt hat;
2. die Beträge, die aus dem Jahresüberschuß des GJ eingestellt werden;
3. die Beträge, die für das GJ entnommen werden.

Ferner sind Entnahmen und Einstellungen, die zu Lasten des Ergebnisses gehen,
in der **GuV** oder im **Anhang** in der in § 158 Abs. 1 AktG vorgesehenen Gliederung aufzuführen[189] (vgl. Tz. 373).

Seit der Einführung des **steuerlichen Anrechnungsverfahrens** im Rahmen der **181**
KSt-Reform 1977 stellt sich die Frage, ob bei den Gewinnrücklagen zu vermer-

---

188 Vgl. hierzu auch *Knop*, DB 1986 S. 549 ff.
189 Nach *Baumbach/Hueck*, § 42 GmbHG Anm. 178, auch für GmbH notwendig.

ken ist, inwieweit ihre spätere Verwendung für Gewinnausschüttungen zu einer Steuererstattung oder -nachbelastung führt oder steuerlich neutral ist. Der HFA geht davon aus, daß derartige Vermerke oder Erläuterungen im Anhang die sonst entstehende Beeinträchtigung des Einblicks in die Vermögens- und Ertragslage verhindern können und im Interesse der Anteilseigner liegen, die Beeinträchtigung jedoch nach geltendem Recht „nicht hinreichend zu vermeiden" ist[190]. Zusätzliche Angaben nach § 264 Abs. 2 Satz 2 HGB können demnach nicht generell gefordert werden[191], sind aber wünschenswert.

A III 1. Gesetzliche Rücklage

182 Für **AG** ist die Bildung einer gesetzlichen Rücklage in § 150 Abs. 1 AktG ausdrücklich vorgeschrieben, während für **GmbH** keine entsprechenden Vorschriften bestehen. In sie ist solange der zwanzigste Teil (5 vH) des um einen Verlustvortrag aus dem VJ geminderten Jahresüberschusses einzustellen, bis die gesetzliche Rücklage und die Kapitalrücklagen nach § 272 Abs. 2 Nr. 1 bis 3 HGB zusammen den zehnten oder den in der Satzung bestimmten höheren Teil des Grundkapitals erreichen (§ 150 Abs. 2 AktG).

183 Ein Gewinnvortrag bleibt bei der **Berechnung der Zuführung** nach § 150 Abs. 2 AktG außer Betracht. Im JA bereits zu berücksichtigende Verbindlichkeiten, die an den Gewinn anknüpfen (zB aus dem Gewinn zu zahlende Beträge für Besserungsscheine, Vorstands- und AR-Tantiemen) und den Jahresüberschuß bereits gemindert haben, sind dem Jahresüberschuß nicht wieder hinzuzurechnen[192]. Unter Grundkapital ist das in der Bilanz ausgewiesene gezeichnete Kapital zu verstehen (§ 272 Abs. 1 HGB), auch soweit dieses noch aussteht[193]; bedingtes Kapital ist dagegen nicht zu berücksichtigen. Die Satzung kann nicht bestimmen, daß ein höherer Betrag als 5 vH des Jahresüberschusses in die gesetzliche Rücklage einzustellen ist; auch darf anläßlich der Bilanzfeststellung ein höherer Betrag nicht eingestellt werden. Lediglich die HV kann im Beschluß über die Verwendung des Bilanzgewinns nach § 58 Abs. 3 Satz 1 AktG weitere Beträge in die gesetzliche Rücklage einstellen (vgl. aber § 254 Abs. 1 AktG).

184 Bei **Gewinn- und Teilgewinnabführungsverträgen** mindert der abzuführende Gewinn den Jahresüberschuß oder läßt einen solchen überhaupt nicht entstehen, so daß nach der Regelung des § 150 Abs. 2 AktG nur ein geringer oder gar kein Betrag in die gesetzliche Rücklage einzustellen wäre. § 300 AktG bringt daher im Interesse des Gläubigerschutzes sowie des Schutzes der Gesellschaft Sondervorschriften für die Fälle des Bestehens eines GAV (§ 291 Abs. 1 Satz 2 AktG), eines Geschäftsführungsvertrages (der als GAV gilt, § 291 Abs. 1 Satz 2 AktG), eines Teil-GAV (§ 292 Abs. 1 Nr. 2 AktG) sowie eines Beherrschungsvertrages (§ 291 Abs. 2 AktG)[194].

190 Vgl. St/HFA 2/1977.
191 Ähnlich *Kölner Kom.*, § 272 HGB Anm. 48 (Erläuterung in wesentlichen Fällen); vgl. hierzu auch
    Meilicke, BB 1991 S. 241 (für AG).
192 aA hinsichtlich Besserungsscheinen unter Vorschlag analoger Behandlung zu § 300 AktG *Casper*,
    WPg. 1983 S. 146 ff.
193 Vgl. *ADS*, § 150 AktG Tz. 30.
194 Wegen eines Geschäftsführungsvertrages aA *Kölner Kom.*, § 300 AktG Anm. 6; wegen Sonderrege-
    lungen für einzelne Unternehmen der Energieversorgung § 22 Abs. 1 Satz 3 bis 5 EG/AktG 1965
    sowie hierzu *ADS*, 4. Aufl., § 150 AktG 1965 Tz. 72.

Bei **Teil-GAV** ist die Zuweisung zur gesetzlichen Rücklage auf Basis des Betrages zu errechnen, der ohne den Vertrag maßgbend wäre (§ 300 Nr. 2 AktG). **185**

Bei GAV ist die Dotierung der Zuführung zur gesetzlichen Rücklage grundsätzlich so zu bemessen, daß die gesetzliche Rücklage (unter Hinzurechnung einer Kapitalrücklage[195] aus dem ohne die Gewinnabführung entstehenden, um einen Verlustvortrag aus dem VJ geminderten Jahresüberschuß innerhalb der ersten 5 Jahre nach Vertragsabschluß gleichmäßig auf die gesetzliche oder satzungsmäßige Höhe aufgefüllt wird (§ 300 Nr. 1 AktG). Zu den hiermit verbundenen Berechnungsproblemen und weiteren Einzelheiten (Fristablauf, Kapitalerhöhung) vgl. *ADS*, § 272 HGB Tz. 131 f. Die jährliche Zuführung muß jedoch mindestens den Betrag erreichen, der ohne Bestehen eines Gewinnabführungsvertrages der gesetzlichen Rücklage nach § 150 Abs. 2 AktG zuzuweisen wäre (5 vH des fiktiven, um einen Verlustvortrag geminderten Jahresüberschusses)[196].

Wegen der Dotierung der gesetzlichen Rücklage bei **Beherrschungsverträgen**, die ohne einen GAV oder mit einem Teil-GAV abgeschlossen sind, vgl. § 300 Nr. 3 AktG[197].

Nach § 324 Abs. 1 AktG sind die Vorschriften über die Bildung einer gesetzlichen Rücklage, ihre Verwendung und über die Einstellung von Beträgen in die gesetzliche Rücklage nicht auf **eingegliederte Gesellschaften** anzuwenden; wegen Einzelheiten vgl. *ADS*, § 150 AktG Tz. 71.

Entnahmen aus der gesetzlichen Rücklage sind nur in folgenden Fällen statthaft (wegen der Beschränkungen bei Vorliegen eines Beherrschungs- oder GAV vgl. Tz. 202): **186**

a) Der den **zehnten** oder den in der Satzung bestimmten höheren Teil des Grundkapitals **übersteigende Betrag** der zu einem Betrag zusammengefaßten gesetzlichen Rücklage und der Kapitalrücklagen nach § 272 Abs. 2 Nr. 1 bis 3 HGB (gesetzlicher Reservefonds) kann verwandt werden:

   aa) zum Ausgleich eines Jahresfehlbetrages (Posten Abs. 2 Nr. 20/Abs. 3 Nr. 19 der GuV nach § 275 HGB), soweit er nicht durch einen Gewinnvortrag aus dem VJ gedeckt ist (§ 150 Abs. 4 Nr. 1 AktG),

   bb) zum Ausgleich eines Verlustvortrags aus dem VJ, soweit er nicht durch einen Jahresüberschuß gedeckt ist (§ 150 Abs. 4 Nr. 2 AktG),

   cc) zur Kapitalerhöhung aus Gesellschaftsmitteln (§ 150 Abs. 4 Nr. 3 AktG). Eine Entnahme nach aa) oder bb) ist jedoch dann ausgeschlossen, wenn gleichzeitig Gewinnrücklagen zur Gewinnausschüttung aufgelöst werden (§ 150 Abs. 4 Satz 2 AktG).

b) Soweit die gesetzliche Rücklage und die Kapitalrücklagen nach § 272 Abs. 2 Nr. 1 bis 3 HGB zusammen **nicht** den zehnten oder den in der Satzung

---

195 Der Gesetzeswortlaut erscheint unvollständig und ist wohl wie folgt zu lesen: „unter Hinzurechnung von Kapitalrücklagen nach § 272 Abs. 2 Nr. 1 bis 3 HGB". Siehe hierzu die insoweit vorbildliche Formulierung in § 150 Abs. 2 AktG. Die Unvollständigkeit dürfte darauf zurückzuführen sein, daß die Vorschrift des § 272 Abs. 2 Nr. 4 HGB relativ spät in den Gesetzentwurf eingefügt wurde und eine Anpassung der Regelung in § 300 AktG unterblieben ist. Für diese Auffassung spricht auch der (nicht angepaßte) Text der Begründung zu § 300 AktG, vgl. BT-Drs. 10/4268 S. 128.

196 Zum Vergleich der obligatorischen Rücklagenbildung einer gewinnabführenden zu einer selbständigen AG vgl. *Veit*, DB 1974 S. 1245 ff.

197 Vgl. hierzu *ADS*, § 272 HGB Tz. 134 ff.; *Kölner Kom.*, § 300 AktG Anm. 17 ff.; teilw. abw. (Dotierung bei Beherrschungsvertrag ohne Gewinnabführung auch, wenn kein ausreichender Jahresüberschuß vorliegt) *Geßler* in AktG-Kom., § 300 AktG 1965 Anm. 21 ff.; ähnlich offenbar auch *Würdinger* in Großkom., § 300 AktG 1965 Anm. 3.

bestimmten höheren Teil des Grundkapitals **übersteigen**, können sie nur für die in a) aa) und bb) genannten Zwecke verwandt werden, wenn zuvor sämtliche sonstigen Gewinnrücklagen (außer der Rücklage für eigene Anteile) aufgelöst worden sind (§ 150 Abs. 3 Nr. 1 und 2 AktG).

187   Soweit in den zuvor geschilderten Fällen Entnahmen zulässig sind, steht es der Gesellschaft frei, ob sie die Beträge

– ausschließlich zu Lasten der gesetzlichen Rücklage,
– ausschließlich zu Lasten der Kapitalrücklagen nach § 272 Abs. 2 Nr. 1 bis 3 HGB oder
– nach von der Gesellschaft selbst zu bestimmenden Anteilen teils zu Lasten der Kapitalrücklagen, teils zu Lasten der gesetzlichen Rücklage

entnehmen will [198]. Die gesetzliche Rücklage und die Kapitalrücklagen nach § 272 Abs. 2 Nr. 1 bis 3 HGB bilden insoweit eine Einheit.

188   Bei **GmbH** ist eine gesetzliche Rücklage nicht vorgesehen. Es können jedoch vergleichbare Rücklagen, die nur zum Ausgleich von Verlusten verwendet werden dürfen, aufgrund der Bestimmungen in § 47 DMBG 1949 oder § 27 Abs. 2 Satz 3 DMBilG bestehen, deren Ausweis an dieser Stelle in Betracht kommt (bei AG und KGaA in den neuen Bundesländern ggf. Pflicht nach § 27 Abs. 2 Satz 3 DMBilG).

Sonderposten: Sonderrücklagen nach den Vorschriften des DMBilG

189   Nach dem DMBilG kommen Sonderrücklagen nach folgenden Vorschriften in Betracht:

– § 7 Abs. 6 Satz 2,
– § 17 Abs. 4 Satz 3,
– § 24 Abs. 5 Satz 3,
– § 27 Abs. 2 Satz 3 (nur GmbH).

Die ersten 3 der genannten Rücklagen sind nach den jeweiligen Vorschriften innerhalb der Gewinnrücklagen auszuweisen, was wohl iS eines gesonderten Ausweises für jede dieser Rücklagen zu verstehen ist oder zumindest eine Aufgliederung im Anhang erforderlich macht. Die Sonderrücklage nach § 27 Abs. 2 Satz 3 DMBilG steht bei GmbH an Stelle der gesetzlichen Rücklage. Alle genannten Sonderrücklagen dürfen nur zum Ausgleich von Verlusten verwendet werden [198a]; hinsichtlich der Sonderrücklage nach § 7 Abs. 6 DMBilG gilt dies nur solange, bis der zugrunde liegende Anspruch erfüllt ist. Soweit Berichtigungen nach § 36 DMBilG erfolgen und davon die Sonderrücklagen berührt werden, sind Änderungen unmittelbar in der Bilanz vorzunehmen; die GuV wird hiervon nicht berührt.

A III 2. Rücklage für eigene Anteile [199]

190   Werden auf der Aktivseite eigene Anteile oder Anteile eines herrschenden oder eines mit Mehrheit beteiligten Unternehmens ausgewiesen, so ist **in gleicher**

---

198   *ADS*, § 150 AktG Tz. 72, halten eine vorrangige Auflösung der gesetzlichen Rücklage für sinnvoll.
198a   Vgl. hierzu HFA, WPg. 1991 S. 335 ff.
199   Vgl. zur Vorgängervorschrift (§ 150a AktG 1965) *Zilias/Lanfermann*, WPg. 1980 S. 61 ff. und S. 89 ff.; zum geltenden Recht *Haller*, DB 1987 S. 645 ff.

Höhe eine „Rücklage für eigene Anteile" (RfA) als zweiter Posten unter den Gewinnrücklagen auszuweisen (§ 272 Abs. 4 HGB). Zur **Zulässigkeit des Erwerbs** eigener Anteile vgl. §§ 71 ff. AktG und § 33 GmbHG. Die Postenbezeichnung ist gesetzlich festgelegt; sie ist ggf. nach § 265 Abs. 6 HGB an den Posteninhalt anzupassen (zB „Rücklage für Anteile eines herrschenden Unternehmens")[200]. Eine Untergliederung, Klarstellung im Anhang oder ein entsprechender Klammerzusatz hinter der gesetzlichen Bezeichnung sind ebenfalls möglich[201].

Einstellungen und Entnahmen in und aus RfA sind bereits bei der Aufstellung **191** des JA vorzunehmen (§ 272 Abs. 4 Satz 3 HGB). Maßgebend für die **Einstellung** ist der Betrag, der nach § 253 Abs. 1 Satz 1 HGB auf der Aktivseite der Bilanz anzusetzen ist. Dies sind die Anschaffungskosten oder ein nach § 253 Abs. 2 oder 3 HGB angesetzter niedrigerer Wert. Die RfA kann entweder zu Lasten des Ergebnisses, eines vorhandenen Gewinnvortrages oder vorhandener, frei verfügbarer Gewinnrücklagen sowie der Kapitalrücklage, soweit sie nach § 272 Abs. 2 Nr. 4 HGB dotiert wurde, gebildet werden[202] (§ 272 Abs. 4 Satz 3 HGB). Reicht das Ergebnis zur ordnungsmäßigen Dotierung der RfA nicht aus und bestehen auch keine ausreichenden frei verfügbaren Gewinnrücklagen, so ist der RfA nach Wortlaut und Sinn der Bestimmung sowie der Ansehung der andernfalls nach § 256 Abs. 1 Nr. 4 AktG drohenden Nichtigkeit des JA gleichwohl der volle, in § 272 Abs. 4 Satz 1 HGB vorgesehene Betrag zuzuführen[203], auch wenn dies zum Ausweis oder zur Erhöhung eines Bilanzverlustes führt.

Die RfA ist insoweit voll oder teilweise **aufzulösen**, als der Bilanzwert der in **192** Betracht kommenden Anteile sich durch Ausgabe, Veräußerung, Einziehung oder Abschreibung[204] ermäßigt. Die Fortführung eines höheren Rücklagebetrages, für die der Wortlaut der Vorschrift sprechen könnte („...darf nur aufgelöst werden"), ist im Hinblick auf § 264 Abs. 2 HGB und die Nichtigkeitsbestimmung in § 256 Abs. 1 Nr. 4 AktG nicht möglich. Wertaufholungen führen zur erneuten Dotierung der Rücklage.

AG müssen im **Anhang** nach § 160 Abs. 1 Nr. 2 AktG Angaben über eigene Aktien machen.

A III 3. Satzungsmäßige Rücklagen

Sehen Gesellschaftsvertrag oder Satzung zwingend die Bildung bestimmter, in **193** ihrer Verwendung ggf. beschränkter Rücklagen vor, so sind diese Rücklagen innerhalb der Gewinnrücklagen an dieser Stelle auszuweisen. Satzungsmäßige Rücklagen sind nach § 272 Abs. 3 Satz 2 HGB sowohl für **AG** (vgl. § 158 Abs. 1

---

200 Vgl. *Kölner Kom.*, § 272 HGB Anm. 62.
201 Vgl. auch *ADS*, § 272 HGB Tz. 160 (Untergliederung oder Erläuterung im Anhang); ebenso *BeBiKo.*, § 272 Anm. 121; *BoHdR*, § 272 HGB Rz. 52 (gesonderter Ausweis).
202 Vgl. *ADS*, § 272 HGB Tz. 146; mit Einschränkungen zust. *Kölner Kom.*, § 272 HGB Anm. 63; weitergehend für GmbH *HdR*, § 272 HGB Rn. 120; aA hinsichtlich der Kapitalrücklage (ohne Differenzierung nach den Zuweisungsgründen) *Biener/Berneke*, BiRiLiG, Erl. zu § 272 HGB S. 198.
203 Vgl. *ADS*, § 272 HGB Tz. 150 ff.; *BHdR*, B 231 Rn. 113; aA *Zilias/Lanfermann*, WPg. 1980 S. 92, die insoweit eine Verlagerung der Verpflichtung zur Rücklagendotierung auf die Folgejahre annehmen.
204 Abschreibungen kommen bei eigenen Anteilen nur nach § 253 Abs. 3 HGB in Betracht. Da die RfA jedoch auch für Anteile eines mit Mehrheit beteiligten Unternehmens zu bilden ist und diese Anteile im Finanzanlagevermögen ausgewiesen sein können, sind – insoweit über den Wortlaut nach § 272 Abs. 4 Satz 2 HGB hinausgehend – auch Abschreibungen nach § 253 Abs. 2 Satz 3 HGB in Betracht zu ziehen.

Nr. 3c und 4c AktG) als auch für **GmbH** zulässig[205]. Keine satzungsmäßigen Rücklagen iSd. Vorschrift sind bei AG Einstellungen nach § 58 Abs. 1 Satz 1, Abs. 2 Satz 2 und Abs. 3 AktG; diese Einstellungen sind in die „Anderen Gewinnrücklagen" (A III 4) vorzunehmen[206].

Sonderposten: Vorläufige Gewinnrücklage (§ 31 DMBilG)

194 Wurden nach § 31 Abs. 1 Satz 2 DMBilG in der Eröffnungsbilanz von Unternehmen in den **neuen Bundesländern** Gewinnrücklagen gebildet, so müssen sie nach Abs. 8 dieser Vorschrift gesondert ausgewiesen und nach Abs. 1 Satz 2 bis zur Tilgung der korrespondierenden Aktivposten (vgl. dazu Tz. 61 ff.) als **„vorläufige"** bezeichnet werden. Ergeben sich während des Bestehens einer vorläufigen Gewinnrücklage **Verluste**, so sind diese nach § 31 Abs. 6 Satz 2 DMBilG in Höhe der Jahresabschreibungen auf die Aktivposten (Abs. 1 Satz 1 Nr. 1 und 2, Abs. 2 und 3) mit der Rücklage zu verrechnen. Werden die Werte der Aktivposten aufgrund von § 36 DMBilG herabgesetzt, so ist nach § 31 Abs. 6 Satz 3 DMBilG die vorläufige Gewinnrücklage entsprechend zu korrigieren[207]. Entfällt in den GJ nach Aufstellung der Eröffnungsbilanz ein Anspruch, der nach § 31 Abs. 1 Nr. 3 DMBilG aktiviert wurde, so ist der Betrag unmittelbar mit der vorläufigen Gewinnrücklage zu verrechnen. Umbuchungen und Verrechnungen sind im Anhang zu erläutern[208], AG haben die Ausweis- und Angabepflichten zur Entwicklung der Gewinnrücklagen nach § 152 Abs. 3 Nr. 3 AktG (Beträge, die für das GJ entnommen werden) und § 158 Abs. 1 Satz 1 Nr. 3 und 4 AktG (Entnahmen und Einstellungen) zu beachten. Vgl. wegen weiterer Einzelheiten *Budde/Forster*, Erl. zu § 31 DMBilG.

A III 4. Andere Gewinnrücklagen

195 Als andere Gewinnrücklagen sind alle bei Aufstellung der Bilanz oder im Rahmen der Gewinnverteilung gebildeten Gewinnrücklagen auszuweisen, die zu keiner anderen unter A III aufgeführten Gewinnrücklage gehören. Diese Rücklagen können sämtlich **in einem Betrag** ausgewiesen werden, soweit nicht eine anderweitige Beschlußfassung vorliegt.

Hier auszuweisen sind auch solche Rücklagen, die aufgrund der Wahlrechte nach § 58 Abs. 2a AktG oder § 29 Abs. 4 GmbHG gebildet worden sind. Dabei handelt es sich um den **Eigenkapitalanteil von Wertaufholungen** bei Vermögensgegenständen des Anlage- und Umlaufvermögens und von bei der steuerrechtlichen Gewinnermittlung gebildeten Passivposten, die nach § 273 Satz 1 HGB nicht in Sonderposten mit Rücklageanteil ausgewiesen werden dürfen (zB Preissteigerungsrücklage[209]). Zur Bildung dieser Rücklage in Verlustjahren und zur Nachholung vgl. *ADS*, § 58 AktG Tz. 97 ff. Bei der Bemessung des Eigenkapitalanteils sind sowohl im GJ rechtlich entstandene als auch latente Steuerbelastungen (vgl. Tz. 215 f.) zu berücksichtigen. Kommt es nicht zu einer Passivie-

---

205 Vgl. zur Zulässigkeit satzungsmäßiger Zwangsrücklagen im Rahmen des Gewinnverwendungsbeschlusses *ADS*, § 58 AktG Tz. 139 ff.; *Müller, H.-P.*, WPg. 1969 S. 245 ff.; *Werner*, AG 1990 S. 1 ff. (13).
206 Teilw. abw. *Haller*, DB 1987 S. 645 ff. (hinsichtlich § 58 Abs. 2 Satz 2 AktG).
207 Vgl. hierzu *Budde/Forster*, § 31 DMBilG Anm. 44.
208 Vgl. *Budde/Forster*, § 31 DMBilG Anm. 62.
209 Vgl. zur derzeitigen Rechtslage (Neubildung nach EStR 1990 Abschn. 228 Abs. 1 Satz 1 ab 1. 1. 1990 nicht mehr zulässig) E Tz. 70 und F Tz. 210.

rung latenter Steuern – etwa aufgrund der Saldierung zwischen aktivischen und passivischen Steuerabgrenzungen (vgl. Tz. 137), die wegen Nichtaktivierung der aktivischen Abgrenzung nicht bilanzwirksam wird –, so wird der volle Betrag der Wertaufholung als Eigenkapital angesehen werden können[210]. Eine Auflösung bei Wegfall des Grundes ist nicht vorgesehen[211].

Soweit sich die Dotierung der Gewinnrücklagen auf die Bestimmungen in § 58 **196** Abs. 2a AktG/§ 29 Abs. 4 GmbHG stützt, ist ein **gesonderter Ausweis** in der Bilanz oder eine Angabe im Anhang in den genannten Vorschriften vorgeschrieben. Auch ein „davon"-Vermerk ist zulässig. Ob die Pflicht zum gesonderten Ausweis oder zur Angabe im Anhang sich nur auf das Jahr der Dotierung bezieht oder auch für spätere Jahre fortgelten soll, läßt sich aus dem Wortlaut der Vorschriften nicht eindeutig herleiten. Dem Sinn der Vorschriften dürfte jedoch hinreichend entsprochen sein, wenn im Jahr der Einstellung der entsprechende Einstellungsgrund entweder in der Bilanz oder im Anhang genannt wird[212].

Die **Einstellungen in andere Gewinnrücklagen** dürfen, soweit dem nicht satzungs- **197** mäßige Bestimmungen entgegenstehen, bereits bei Aufstellung der Bilanz gemacht werden (§ 268 Abs. 1 Satz 1 HGB)[213].

a) Bei **AG** können andere Gewinnrücklagen **bei Feststellung** der Bilanz von der **198** Verwaltung in den Grenzen des § 58 Abs. 2 AktG oder – falls dies die Satzung vorsieht[214] – von der den JA feststellenden HV (§ 173 AktG) gebildet werden (§ 58 Abs. 1 AktG). Im Beschluß über die **Verwendung des Bilanzgewinns** kann die HV weitere Beträge in Gewinnrücklagen (gesetzliche Rücklage, andere Gewinnrücklagen) einstellen (§ 58 Abs. 3 AktG). Die anderen Gewinnrücklagen können zweckgebunden sein (zB Erneuerungsrücklage, Substanzerhaltungsrücklage[215], Dividendenergänzungsrücklage, Rücklage für Konzernzwischengewinne); eine entsprechende Gliederung nach der Zweckbestimmung ist zulässig.

Gemäß § 58 Abs. 2 Satz 1 AktG kann die Verwaltung nach freiem Ermessen **199** bis zur **Hälfte des Jahresüberschusses** in andere Gewinnrücklagen einstellen. Nach § 58 Abs. 2 Satz 2 AktG kann die Satzung die Verwaltung zur Einstellung eines größeren Teils als der Hälfte des Jahresüberschusses ermächtigen. Unter einem größeren Teil als der Hälfte kann auch der gesamte Jahresüberschuß verstanden werden; vgl. BGH v. 1. 3. 1971, WPg. S. 193 ff. Die Verwaltung kann von einer Ermächtigung nach § 58 Abs. 2 Satz 2 AktG **keinen Gebrauch** mehr machen, wenn die anderen Gewinnrücklagen die Hälfte des Grundkapitals übersteigen oder soweit sie nach der Einstellung die Hälfte übersteigen würden (§ 58 Abs. 2 Satz 3 AktG).

---

210 Vgl. *Forster* in Bericht über die IDW-Fachtagung 1986, Düsseldorf 1986, S. 41; zur Berechnung im einzelnen *ADS*, § 58 AktG Tz. 92 ff.; teilw. abw. *Nickol*, BB 1987 S. 1772 ff.; *BeBiKo.*, § 280 Anm. 40 ff.
211 Vgl. *ADS*, § 272 HGB Tz. 128; *BeBiKo.*, § 272 HGB Anm. 99; *Haller*, DB 1987 S. 645 ff.; aA *Kölner Kom.*, § 272 HGB Anm. 57.
212 aA *Kölner Kom.*, § 272 HGB Anm. 54, 60.
213 Zur Bilanzaufstellung unter Berücksichtigung der Ergebnisverwendung vgl. *Knop*, DB 1986 S. 549 ff.
214 Vgl. zu Satzungsregelungen ausführlich *Müller*, WPg. 1969 S. 245 ff.
215 Vgl. zur Substanzerhaltung durch Rücklagenbildung St/HFA 2/1975; hierzu *Niehus*, WPg. 1974 S. 649 ff. und WPg. 1975 S. 593 ff.

Der **Jahresüberschuß** ist bei allen Zuweisungen zu freien Rücklagen vorweg um die in die gesetzliche Rücklage einzustellenden Beträge sowie um einen Verlustvortrag zu kürzen (§ 58 Abs. 1 Satz 3 und Abs. 2 Satz 4 AktG); eine Kürzung um die Beträge, die in eine RfA eingestellt worden sind, ist nicht vorgeschrieben. Erst aus dem dann verbleibenden Betrag ist die Hälfte (§ 58 Abs. 1 Satz 2 und Abs. 2 Satz 1 AktG) bzw. ein höherer Teil (§ 58 Abs. 2 Satz 2 AktG) zu errechnen.

200   Ein **im Rahmen des Gewinnverwendungsbeschlusses** gefaßter Beschluß der HV über die Dotierung von Gewinnrücklagen führt gemäß § 174 Abs. 3 AktG nicht zur Änderung des festgestellten JA; die Rücklagenzuführung ist aber in der Bilanz des folgenden Jahres anzugeben (§ 152 Abs. 3 Nr. 1 AktG). Ein infolge der Einstellung entstehender **zusätzlicher Aufwand** (vor allem KSt aus der Herstellung der Tarifbelastung) erscheint nicht in der GuV; ein **zusätzlicher Ertrag** aus der Rückgängigmachung der Ausschüttungsbelastung bei unbelastetem Eigenkapital teilt das Schicksal des entsprechenden Teils des Bilanzgewinns und ist in der Folgebilanz dementsprechend unter den anderen Gewinnrücklagen oder als Gewinnvortrag auszuweisen[216]. Ausschüttungsbedingte KSt-Minderungen sind dagegen entweder im Folgejahr mit dem Steueraufwand zu verrechnen oder als Gewinnvortrag auszuweisen[217].

201   Über die **Auflösung** anderer Gewinnrücklagen entscheidet grundsätzlich das für die Bilanzfeststellung zuständige Organ. Zur Frage, ob die Verwaltung auch über die von der HV zu bestimmten Zwecken gebildeten anderen Gewinnrücklagen nach freiem Ermessen im Rahmen ihrer Verantwortlichkeit nach §§ 93, 116 AktG verfügen kann, vgl. *ADS*, § 58 AktG Tz. 120; strenger *Kropff* in AktG-Kom., § 151 AktG 1965 Anm. 117.

202   **Besonderheiten** gelten bei Vorliegen von **Unternehmensverträgen.** Nach § 301 AktG darf als Gewinn höchstens der ohne die Gewinnabführung sonst entstehende Jahresüberschuß, vermindert um einen Verlustvortrag sowie um den in die gesetzliche Rücklage einzustellenden Betrag, abgeführt werden. Andere Gewinnrücklagen dürfen nur insoweit abgeführt werden, als sie während der Dauer des Vertrages gebildet wurden (§ 301 Satz 2 AktG). Dadurch ist die Auflösung und Abführung vorvertraglicher anderer Gewinnrücklagen ausgeschlossen[218]. Zu weiteren Einzelheiten der Rücklagenbildung im **Konzern** vgl. *ADS,* § 58 AktG Tz. 76 ff., sowie *Werner,* AG 1990 S. 1 ff. (9 ff.).

203   b) Bei einer **GmbH** hängt die Bildung der Gewinnrücklage weitgehend von entsprechenden Satzungsbestimmungen ab[219]. Der gemäß § 29 Abs. 1 GmbHG grundsätzlich den Gesellschaftern einer GmbH zustehende Gewinnanspruch besteht nur insoweit, wie durch den Gesellschaftsvertrag oder den jährlich zu fassenden Gewinnverwendungsbeschluß (§ 29 Abs. 2 GmbHG) eine Entscheidung darüber getroffen wurde, in welcher Höhe Beträge aus dem Jah-

---

216 Vgl. hierzu St/HFA 2/1977; dagegen mit beachtlichen Gründen *BHdR*, B 338 Rn. 32.
217 Vgl. *ADS*, § 278 HGB Tz. 29 ff.; teilw. abw. *BHdR*, B 338 Rn. 31 ff.; hierzu auch *Siegel*, DB 1990 S. 1980 f.
218 Vgl. hierzu *ADS*, § 174 AktG Tz. 5; *Müller, H.-P.* in FS *Goerdeler*, Düsseldorf 1987 S. 375 ff.; steuerlich BMF-Schr. v. 11. 10. 1990, DB S. 2142.
219 Zu § 29 GmbHG vgl. *ADS*, § 42a GmbHG Tz. 31; *Goerdeler* in FS *Werner*, Berlin/New York 1984 S. 153 ff.; *Geßler*, BB 1986 S. 227 ff.; *Maulbetsch*, DB 1986 S. 953 ff.; *Renkl*, DB 1986 S. 1108 ff.; ferner *Hommelhoff*, ZGR 1986 S. 418 ff.; *Hommelhoff/Priester*, ZGR 1986 S. 463 ff. (497 ff.); *Liebs*, DB 1986 S. 2421 ff.

resüberschuß in die Gewinnrücklage eingestellt werden oder zur Ausschüttung an die Gesellschafter (§ 29 Abs. 3 GmbHG) gelangen sollen. Die Bilanz kann dabei bereits unter Berücksichtigung der Ergebnisverwendung aufgestellt werden (vgl. § 29 Abs. 2 iVm. Abs. 1 Satz 2 GmbHG sowie §§ 268 Abs. 1 Satz 1 und 270 Abs. 2 HGB)[220].

Aufgrund der Übergangsregelung des Art. 12 § 7 des Gesetzes zur Änderung **204** des GmbHG (ÄndG/GmbHG)[221] kommen für bereits vor dem Inkrafttreten des BiRiLiG eingetragene GmbH die Gewinnverteilungsregelungen des § 29 GmbHG und insbesondere die gegenüber dem alten Recht vereinfachte Möglichkeit einer Rücklagendotierung nur dann zur Anwendung, wenn der bisherige Gesellschaftsvertrag entsprechend geändert wurde. Soweit solche **Altgesellschaften** es bei ihren bisherigen satzungsmäßigen Gewinnverteilungsregelungen belassen (dies ist auch dann der Fall, wenn die Satzung keine entsprechende Regelung vorsieht und insoweit § 29 GmbHG aF anwendbar war und ist), sind diese Regelungen nach wie vor maßgeblich. Anläßlich einer jeden Satzungsänderung sind diese Altgesellschaften nach § 7 Abs. 2 ÄndG/ GmbHG jedoch verpflichtet, über ihre bisherigen Gewinnverwendungsregelungen in der Satzung ebenfalls entsprechend dem neuen § 29 GmbHG zu beschließen, anderenfalls wird eine Eintragung der Satzungsänderung nicht vorgenommen (sog. Registersperre)[222]. Eine Ausnahme von dieser Registersperre besteht aber dann, wenn bereits die alte Satzung Möglichkeiten der Rücklagenbildung durch Gesellschafterbeschluß vorsieht.

Sonderposten: Nachrangiges Kapital (§ 16 Abs. 3 Satz 2 DMBilG)

Nach § 16 Abs. 3 Satz 2 DMBilG konnte ein Unternehmen in den **neuen Bundes-** **205** **ländern** sog. **nachrangige Verbindlichkeiten**, die nur insoweit zu tilgen sind, als die Erfüllung aus dem Jahresüberschuß oder im Falle der Auflösung, Zahlungsunfähigkeit oder Überschuldung nach Befriedigung der anderen Gläubiger möglich ist, unter bestimmten Voraussetzungen als „nachrangiges Kapital" ausweisen. Zu den Voraussetzungen vgl. im einzelnen *Budde/Forster*, § 16 DMBilG Anm. 44. Der Ausweis ist ggf. auch in den Folgeabschlüssen fortzuführen; eine Einordnung nach den Gewinnrücklagen erscheint sinnvoll.

A IV. Gewinnvortrag/Verlustvortrag

A V. Jahresüberschuß/Jahresfehlbetrag

oder

A IV. Bilanzgewinn/Bilanzverlust

Je nachdem, ob die Bilanz **vor** oder **nach** der vollständigen oder teilweisen **Ver-** **206** **wendung des Jahresüberschusses** aufgestellt wird, dh. vor oder nach Dotierung von bzw. vor oder nach Entnahmen aus Gewinnrücklagen, sind die obenbezeichneten Posten in der einen oder anderen Form auszuweisen (§ 268 Abs. 1 Satz 2 erster Halbsatz HGB). Im zweiten Fall ist ein etwaiger Ergebnisvortrag aus dem VJ in den Posten IV. (Bilanzgewinn/Bilanzverlust) einzubeziehen und

---

220 Abw. *Renkl* (Fn. 219); zur Berechnung des KSt-Aufwands vgl. *Sender*, BB 1990 S. 1799 ff.
221 IdF durch das BiRiLiG, BGBl. I 1985 S. 2355.
222 Vgl. dazu *Gustavus*, ZIP 1986 S. 219, sowie die Literaturangaben unter Fn. 219.

(als Untergliederung oder „davon"-Vermerk) anzugeben, sofern er nicht im Anhang genannt wird (§ 268 Abs. 1 Satz 2 zweiter Halbsatz HGB).

207 Soweit aufgrund eines Jahresfehlbetrages, eines Verlustvortrages bzw. eines Bilanzverlustes das **Eigenkapital**, dh. die Summe der Posten A I bis IV, **negativ** würde, ist der überschießende Betrag am Schluß der Bilanz auf der Aktivseite gesondert unter der Bezeichnung „**Nicht durch Eigenkapital gedeckter Fehlbetrag**" auszuweisen (§ 268 Abs. 3 HGB). Das Gesetz läßt die Frage offen, welche Beträge in einem solchen Fall auf der Passivseite auszuweisen und wie die Posten Nr. IV und/oder V zu bezeichnen sind: Würde zB der volle Bilanzverlust auf der Passivseite gezeigt, so würde dies zu einem negativen Eigenkapital führen mit der Folge, daß – wegen der Bestimmungen in § 268 Abs. 3 HGB – die Bilanzsummen nicht übereinstimmen würden. Der negative Betrag des Eigenkapitals darf somit in diesem Fall **nicht in die Hauptspalte** der Passivseite aufgenommen werden, sondern muß in der Vorspalte verbleiben; gleichwohl ist eine gewisse Verwirrung des Bilanzlesers nicht ausgeschlossen, da er den gleichen Posten („Nicht durch Eigenkapital gedeckter Fehlbetrag") dann sowohl auf der Aktiv- als auch auf der Passivseite vorfindet[223]. **Vorzuziehen** ist es daher, den Posten, der zu einem negativen Eigenkapital führt, nur insoweit betragsmäßig auszuweisen, als er die übrigen Posten des Eigenkapitals nicht übersteigt, und die Bezeichnung des Postens mit folgendem Zusatz zu versehen: „..., soweit durch Eigenkapital gedeckt; vgl. im übrigen Posten Nr....der Aktivseite"[224]. Wegen der Posten „Gewinnvortrag/Verlustvortrag" und „Jahresüberschuß/Jahresfehlbetrag" vgl. Tz. 371 ff., wegen des Postens „Bilanzgewinn/Bilanzverlust" Tz. 389.

Sonderposten: Ertrag aufgrund höherer Bewertung gemäß dem Ergebnis der Sonderprüfung/gemäß gerichtlicher Entscheidung (§ 261 Abs. 1 Satz 6 und Abs. 2 Satz 2 AktG)

208 Wegen des Inhalts des Postens vgl. die Erl. zum entsprechenden Posten der GuV (Tz. 390). Das Gesetz läßt die Frage, an welcher Stelle des Gliederungsschemas der Passivseite der Bilanz der Posten auszuweisen ist, offen. Da es sich inhaltlich um einen vom Jahresergebnis abgespalteten Betrag handelt, erscheint ein Ausweis innerhalb des Eigenkapitals hinter dem Posten „Jahresüberschuß/Jahresfehlbetrag" bzw. „Bilanzgewinn/Bilanzverlust" sachgerecht.

Sonderposten: Sonderposten mit Rücklageanteil (§ 273 HGB)

209 Zu dem Sonderposten mit Rücklageanteil iSd. § 247 Abs. 3 HGB vgl. E Tz. 66 ff. Soweit er gebildet wird, ist er gesondert auf der Passivseite vor den Rückstellungen auszuweisen (§ 273 Satz 2 erster Halbsatz HGB). Die Vorschriften, nach denen der Posten gebildet ist, sind anzugeben („Sonderposten mit Rücklageanteil nach..." oder als Klammerzusatz); es reicht aber auch aus, die in Betracht kommenden Vorschriften im Anhang zu nennen (§ 273 Satz 2 zweiter Halbsatz

---

223 In der *RegBegr.* zu der entsprechenden Vorschrift des § 239 Abs. 4 Nr. 1 findet sich die Bemerkung, daß der Ausweis eines negativen Betrages auf der Passivseite durch die in der Vorschrift enthaltene Bestimmung vermieden werden soll; vgl. BT-Drs. 10/317 S. 78.
224 Vgl. im einzelnen *ADS.* § 268 HGB Tz. 27 f.; abw. *HdJ*, Abt. III/1 (1990) Rn. 213 mwN (negativer Betrag in der Vorspalte).

HGB). Eine Aufgliederung des Postens ist nicht erforderlich, es genügt die Angabe aller in den Posten eingestellten Beträge in einer Summe[225].

Zu beachten ist, daß **Kapitalgesellschaften** Sonderposten mit Rücklageanteil nur **210** insoweit bilden dürfen, als Voraussetzung für ihre steuerrechtliche Anerkennung ist, daß sie auch in der HB gebildet werden (§ 273 Satz 1 HGB). Dies ist nach § 5 Abs. 1 Satz 2 EStG grundsätzlich der Fall. Ausnahmen müssen in Spezialvorschriften ausdrücklich genannt sein. Danach sind derzeit insbesondere die sog. **Preissteigerungsrücklage** (§ 74 EStDV) und die Rücklage nach dem Gesetz über steuerliche Maßnahmen bei der **Stillegung von Steinkohlenbergwerken** von einer Bilanzierung ausgeschlossen, weil sie nur in der StB gebildet zu werden brauchen[226]. In der HB kann in einem solchen Fall eine Rückstellung für eine Steuerabgrenzung in Betracht kommen (§ 274 Abs. 1 HGB); vgl. hierzu Tz. 215 f.

In den Sonderposten mit Rücklageanteil **dürfen** (Wahlrecht) neben den unver- **211** steuerten Rücklagen auch **steuerrechtliche Abschreibungen** (§ 254 HGB) insoweit einbezogen werden, als die ansonsten zulässigen Abschreibungen (§ 253 iVm. § 279 HGB) übersteigen (§ 281 Abs. 1 HGB). Diese Beträge werden vom Gesetz als „**Wertberichtigungen**" bezeichnet. Sie bilden einen Teil des Sonderpostens mit Rücklageanteil[227]. Ein gesonderter Ausweis ist zwar wünschenswert, aber nicht erforderlich; es sind in gleicher Weise wie bei den übrigen Beträgen die steuerrechtlichen Vorschriften anzugeben, nach denen die Wertberichtigungen gebildet worden sind (Bilanz oder Anhang, § 281 Abs. 1 Satz 2 HGB). Die **Auflösung** der Wertberichtigungen richtet sich grundsätzlich nach steuerrechtlichen Vorschriften, daneben auch nach den Bestimmungen in § 281 Abs. 1 Satz 3 HGB (Auflösung bei Ausscheiden der Vermögensgegenstände oder bei Vornahme entsprechender handelsrechtlicher Abschreibungen). Eine freiwillige Auflösung ist zulässig.

Wegen **Entnahmen und Einstellungen** in den Sonderposten mit Rücklageanteil (einschließlich der Beträge, die das Gesetz als „Wertberichtigungen" bezeichnet) vgl. Tz. 294 f. und 323.

B. Rückstellungen

B 1. Rückstellungen für Pensionen und ähnliche Verpflichtungen

Hier sind alle Rückstellungen auszuweisen, die für **laufende Pensionen** und für **212** **Anwartschaften** auf eine Pension oder für ähnliche Verpflichtungen gebildet sind. **Ähnliche Verpflichtungen** iSd. Postens sind insbesondere Verpflichtungen gegenüber einer rechtlich selbständigen, betrieblichen Unterstützungseinrichtung aufgrund von Zusagen oder entsprechend der Rechtsprechung des BAG, aber auch andere Verpflichtungen, soweit sie zu Bezügen führen, die den Ruhestand ermöglichen sollen. Wegen Rückstellungen für Vorruhestandsverpflichtungen vgl. E Tz. 129. Wegen Verpflichtungen gegenüber dem PSV vgl. E Tz. 113. Rückstellungen für Sozialplanverpflichtungen gehören **nicht** hierher,

---

225 Vgl. *ADS*, § 273 HGB Tz. 19 mwN, § 281 HGB Tz. 55 (Untergliederung in unversteuerte Rücklagen und steuerrechtliche Wertberichtigungen empfehlenswert); *BeBiKo.*, § 273 Anm. 8; zu einzelnen Ausweisformen vgl. *HdR*, § 273 HGB Rn. 29.
226 Vgl. hierzu auch E Tz. 70; auch steuerlich ist eine Neubildung der Preissteigerungsrücklage nach dem 1. 1. 1990 nicht mehr zulässig; Auflösung bereits früher gebildeter steuerfreier Rücklagen spätestens bis zum Ende des auf die Bildung folgenden sechsten WJ.
227 Vgl. dazu auch *Müller, E.*, DB 1984 S. 197 ff. u. S. 254 ff.

soweit in ihnen nicht Ruhestandsgelder zu sehen sind (vgl. E Tz. 118). Rückstellungen für Deputatverpflichtungen (vgl. E Tz. 97) können je nach Ausgestaltung der Verpflichtungen zu den den Pensionsverpflichtungen ähnlichen Verpflichtungen gehören.

Wegen der **Bewertung** der hier angesprochenen Verpflichtungen vgl. im einzelnen E Tz. 72 ff.; wegen des Ausweises von **Fehlbeträgen** für nicht passivierte Verpflichtungen im Anhang vgl. Tz. 496 ff.

B 2. Steuerrückstellungen

213   Der Posten umfaßt **alle Rückstellungen für Steuerschulden** der Gesellschaft, nicht nur die für Ertragsteuern, sondern auch für alle anderen Steuerarten, soweit sie nicht der Höhe und dem Grunde nach feststehen und daher als Verbindlichkeiten auszuweisen sind (C 8, mit „davon"-Vermerk der Steuerverbindlichkeiten). Soweit nur Teilbeträge ungewiß sind, sollten nur diese als Rückstellungen ausgewiesen werden und im übrigen der Ausweis unter den Verbindlichkeiten erfolgen.

214   Wegen der **Bemessung** der Rückstellungen vgl. E Tz. 119 f. Rückstellungen wegen eines schwer abzuschätzenden allgemeinen Steuerrisikos (zB Risiko aus der Betriebsprüfung) sollten nicht hier (B 2), sondern unter den sonstigen Rückstellungen (B 3) ausgewiesen werden.

215   Eine Rückstellung für eine **Steuerabgrenzung**[228] nach § 274 Abs. 1 HGB (sog. Latente Steuern) ist in den Posten B 2 einzubeziehen und als Untergliederung oder „davon"-Vermerk anzugeben, soweit nicht eine entsprechende Angabe im Anhang erfolgt (§ 274 Abs. 1 HGB). Zulässig ist auch ein Ausweis als Sonderposten vor oder nach den Steuerrückstellungen (vgl. hierzu St/SABI 3/1988, Nr. 6).

Die Bildung dieser Rückstellung ist immer dann **obligatorisch**, wenn

- der nach steuerrechtlichen Vorschriften zu versteuernde Gewinn des GJ und früherer GJ niedriger ist als das handelsrechtliche Ergebnis (vor Steuern), und
- der darauf zurückzuführende niedrigere Steueraufwand voraussichtlich in späteren GJ durch einen entsprechend höheren Steueraufwand ausgeglichen wird.

216   In Betracht kommen in erster Linie **steuerliche Bewertungserleichterungen**, die unabhängig von einer entsprechenden Bilanzierung in der HB ausgeübt und daher in der HB von Kapitalgesellschaften nicht berücksichtigt werden können, wie zB die Preissteigerungsrücklage (§ 74 EStDV) und die Rücklage nach dem Gesetz über steuerliche Maßnahmen bei der Stillegung von Steinkohlenbergwerken[229], ferner (nur) steuerliche **Verlustzurechnungen** aus Beteiligungen an Personenhandelsgesellschaften. Die Inanspruchnahme solcher Bewertungserleichterungen und Verlustzurechnungen führt indes nicht zwangsläufig zu einer entsprechenden Rückstellung. Zu prüfen ist vielmehr, ob insgesamt tatsächlich ein zu niedriger Steueraufwand des Geschäftsjahres vorliegt; aufgrund von nur in der HB wirksamen Bewertungsmaßnahmen kann sich **per Saldo** sogar ein zu

---

228 Wegen Literaturangaben vgl. Fn. 145.
229 Vgl. zu den sog. steuerfreien Rücklagen E Tz. 70; eine Neubildung der Preissteigerungsrücklage ist nach dem 1. 1. 1990 auch steuerlich nicht mehr zulässig; Auflösung bereits gebildeter Preissteigerungsrücklagen spätestens bis zum Ende des sechsten auf die Bildung folgenden WJ.

hoher Steueraufwand, bezogen auf das handelsrechtliche Ergebnis (vor Steuern), ergeben. Wenn allerdings der künftige, höhere Steueraufwand **zeitlich früher** anfällt als der niedrigere Steueraufwand, so kann nach dem Grundsatz der **Vorsicht** (§ 252 Abs. 1 Nr. 4 HGB) eine Rückstellung gebildet werden[230]; unterbleibt sie, müssen Angaben nach §§ 264 Abs. 2 Satz 2 und 285 Nr. 3 HGB gemacht werden (vgl. St/SABI 3/1988, Nr. 4)[231]; zur Ermittlung des anzuwendenden Steuersatzes vgl. *ADS*, § 274 HGB Tz. 23 ff., sowie *Runge*, BB 1988 S. 440 ff.

Die Rückstellung ist **aufzulösen**, sobald die höhere Steuerbelastung eintritt oder mit ihr voraussichtlich nicht mehr zu rechnen ist (§ 274 Abs. 1 Satz 2 HGB).

Die Bildung der Rückstellung führt in der **GuV** zu einem entsprechenden, unter   **217** dem Posten „Steuern vom Einkommen und Ertrag" auszuweisenden Aufwand. Wird die Rückstellung bestimmungsgemäß verbraucht, mindert dies den Steueraufwand entsprechend. Wird die Rückstellung aufgelöst, weil mit einer Steuerbelastung nicht mehr zu rechnen ist, so ist der Ausweis unter den „Sonstigen betrieblichen Erträgen" vorzunehmen (vgl. hierzu St/SABI 3/1988, Nr. 7).

B 3. Sonstige Rückstellungen

Unter die sonstigen Rückstellungen fallen alle Rückstellungen, soweit sie nicht   **218** als Rückstellungen für Pensionen und ähnliche Verpflichtungen (B 1) oder als Steuerrückstellungen (B 2) gesondert auszuweisen sind. Dazu gehören neben Rückstellungen für ungewisse Verbindlichkeiten und für drohende Verluste aus schwebenden Geschäften auch die Rückstellungen für unterlassene Instandhaltung und Abraumbeseitigung sowie für Gewährleistungen ohne rechtliche Verpflichtung (§ 249 Abs. 1 Satz 2 und 3 HGB), ferner die sog. Aufwandsrückstellungen (vgl. E Tz. 159 ff.). Im übrigen vgl. wegen der verschiedenen **Rückstellungsarten** E Tz. 72 ff., wegen der **Bewertung** („nur in Höhe des Betrages, der nach vernünftiger kaufmännischer Beurteilung notwendig ist", § 253 Abs. 1 Satz 2 HGB) E Tz. 74 f., wegen der Angabe von Rückstellungen, die einen nicht unerheblichen Umfang haben, im **Anhang** Tz. 493 ff.

C. Verbindlichkeiten

Als Verbindlichkeiten[232] sind die am Abschlußstichtag der Höhe und Fälligkeit   **219** nach feststehenden Verpflichtungen der Gesellschaft auszuweisen. Nicht jede zivilrechtliche Schuld ist indes passivierungspflichtig. Es muß jeweils eine Vermögensbelastung der Gesellschaft und damit nach den GoB eine **bilanzrechtliche Schuld** vorliegen, die passiviert werden muß[233]. Ohne Zustimmung des Gläubigers unter Hingabe von Vermögensgegenständen auf Dritte übertragene Verbindlichkeiten sind weiterhin beim ursprünglichen Schuldner zu passivieren[234]. Die Bildung von stillen Reserven durch Einsetzen fiktiver Kreditoren ist unzulässig.

---

230 aA *HdR*, § 274 HGB Rn. 6 (Saldierung unabhängig von der Fälligkeit); vgl. dazu auch *Weyand*, DB 1986 S. 1189 Fn. 82.

231 Ebenso *HdJ*, Abt. 1/13 (1987) Rn. 46.

232 Vgl. hierzu ausführlich *Hüttemann*, Grundsätze ordnungsmäßiger Bilanzierung für Verbindlichkeiten, Düsseldorf 1970 S. 6 ff.; *HdJ*, Abt. III/8 (1988).

233 Vgl. hierüber auch die Ausführungen zum Vollständigkeitsgebot unter E Tz. 9 sowie *HdR*, II Rn. 162 ff.

234 aA *Küting/Pfuhl*, DB 1989 S. 1245 ff.; hiergegen HFA, WPg. 1989 S. 626 f.

220   Zur Bilanzierungspflicht bei **schwebenden Rechtsverhältnissen** vgl. E Tz. 22. Verbindlichkeiten, die aus dem Gewinn oder Liquidationsüberschuß der Gesellschaft zu erfüllen sind, zB Besserungsscheine, sind – sofern der Tatbestand, an den sie anknüpfen, verwirklicht ist – bereits bei Aufstellung der Bilanz zu Lasten des Ergebnisses als Verbindlichkeit auszuweisen[235]; für AG besteht hinsichtlich nicht passivierter Beträge Angabepflicht im Anhang nach § 160 Abs. 1 Nr. 6 AktG (vgl. Tz. 626 f.; wegen Angaben nach § 285 Nr. 3 HGB vgl. *ADS*, § 285 HGB Tz. 51). Zahlungsverpflichtungen aufgrund von Gewinnabführungs- und Teil-GAV sowie Gewinngemeinschaften sind ebenfalls bereits in der Bilanz zu berücksichtigen, so daß der Jahresüberschuß um diese Beträge gekürzt ausgewiesen wird. Gleiches gilt für den Gewinnanteil des persönlich haftenden Gesellschafters einer KGaA (vgl. *ADS*, 4. Aufl., § 151 AktG 1965 Tz. 270) sowie für (Zins-)Zahlungen auf Gewinnschuldverschreibungen.

Wegen der **Bewertung** von Verbindlichkeiten vgl. E Tz. 401 ff.

221   Bei allen Posten der Verbindlichkeiten sind jeweils die Beträge zu vermerken, die eine **Restlaufzeit** bis zu einem Jahr haben (§ 268 Abs. 5 Satz 1 HGB). Eine alternative Angabe im Anhang ist im Gesetz nicht vorgesehen, doch bietet schon der Wortlaut des § 265 Abs. 7 Nr. 2 HGB für den Fall, daß die Bilanz durch eine zu große Zahl von „davon"-Vermerken unübersichtlich würde, einen Ausweg: Nach dieser Vorschrift kann der Ausweis des Gesamtbetrages aller Verbindlichkeiten in der Bilanz genügen, doch sind dann alle Einzelposten mit den zugehörigen Vermerken im Anhang zu nennen. Diese Art der Darstellung kann sich auch empfehlen, wenn im Anhang gemäß § 285 Nr. 1 und 2 HGB in größerem Umfang über Verbindlichkeiten mit einer Restlaufzeit von mehr als 5 Jahren zu berichten ist (vgl. Tz. 503 ff.). Da aber eine tabellarische Darstellung sämtlicher Vermerke in einem Verbindlichkeitenspiegel im Anhang die Klarheit des JA fördert, ist dies auch zulässig, wenn in der Bilanz keine Zusammenfassung der Einzelposten vorgenommen wird[236].

222   Werden bei einer **GmbH** Verbindlichkeiten gegenüber Gesellschaftern nicht unter einem Sonderposten ausgewiesen, so muß der Betrag dieser Verbindlichkeiten vermerkt, dh. durch einen „davon"-Vermerk kenntlich gemacht werden (§ 42 Abs. 3 zweiter Halbsatz GmbHG, vgl. auch Tz. 97).

C 1. Anleihen
davon konvertibel

223   Anleihen der Gesellschaft sind langfristige Darlehen unter Inanspruchnahme des **öffentlichen Kapitalmarktes**, idR durch Ausgabe von Teilschuldverschreibungen. Auf die Rechtsform kommt es nicht an. **Wandelschuldverschreibungen** (§ 221 AktG) und **Optionsschuldverschreibungen** sind als konvertible Anleihen durch einen „davon"-Vermerk oder als Untergliederung anzugeben[237]. Eine gesonderte Angabe empfiehlt sich auch für nicht zum Eigenkapital zählende

---

235 Vgl. ua. *ADS*, § 285 HGB Tz. 51; *Hüttemann* (Fn. 232), S. 36 f.; *Priester*, DB 1977 S. 2429 ff. (2434); *Heibel*, BB 1981 S. 2042 ff.; *Siegel*, FR 1981 S. 134 ff.; teilw. aA *Schruff* in FS *Leffson*, Düsseldorf 1976 S. 153 ff., der bei einer Leistungspflicht nach Maßgabe künftiger Gewinne oder bei Konkurs sofortige Passivierungspflicht annimmt.
236 Vgl. St/SABI 3/1986, Nr. 4; wegen Angabepflichten über bestehende Sicherheiten vgl. ebd.
237 Vgl. hierzu und zum gesonderten Ausweis von Gewinnschuldverschreibungen *HdJ*, Abt. III/8 (1988) Rn. 89; *HdR*, § 266 HGB Rn. 132 f.

passivierungspflichtige Genußrechte [238] (für AG sind Angaben nach § 160 Abs. 1 Nr. 6 AktG notwendig). Dagegen sind **Schuldscheindarlehen** unter den Verbindlichkeiten gegenüber Kreditinstituten (C 2) oder den sonstigen Verbindlichkeiten (C 8) auszuweisen, da sie **nicht** am öffentlichen Kapitalmarkt aufgenommen sind [239].

Für die **Bewertung** ist der Rückzahlungsbetrag maßgebend (§ 253 Abs. 1 Satz 2 HGB). Eine nur in besonderen Fällen wirksame Aufgeldverpflichtung (Verzug, vorzeitige Kündigung) braucht nur bei voraussichtlichem Eintritt dieser Fälle passiviert zu werden [240]. Bei dauernder Verminderung des Umlaufs durch **Rückkauf** fälliger Stücke sind die Rückzahlungsbeträge vom Anleihebetrag abzusetzen und vor der Einlösung unter den sonstigen Verbindlichkeiten auszuweisen; nicht endgültig aus dem Verkehr gezogene Anleihen sind bei Beibehaltung des passivierten Anleihebetrages unter den Wertpapieren des Anlage- oder Umlaufvermögens zu aktivieren [241]. AG müssen nach § 160 Abs. 1 Nr. 5 AktG Angaben im **Anhang** machen. **224**

C 2. Verbindlichkeiten gegenüber Kreditinstituten

Hierunter sind alle Bankverbindlichkeiten (einschließlich der Verbindlichkeiten gegenüber Bausparkassen) auszuweisen; wegen Fristigkeitsangaben vgl. Tz. 221. **225**

C 3. Erhaltene Anzahlungen auf Bestellungen

Statt des Ausweises erhaltener Anzahlungen unter diesem Posten ist nach § 268 Abs. 5 Satz 2 HGB auch eine offene Absetzung von dem Posten „Vorräte" zulässig. Siehe im einzelnen Tz. 106 ff. **226**

C 4. Verbindlichkeiten aus Lieferungen und Leistungen

Vgl. hierzu die Ausführungen zum entsprechenden Forderungsposten (Tz. 109 ff.). Hier zu zeigende Verbindlichkeiten brauchen allerdings nicht in unmittelbarem Zusammenhang mit dem betrieblichen Leistungsprozeß zu stehen. Bestehen die Verbindlichkeiten gegenüber **verbundenen Unternehmen** oder Unternehmen, mit denen ein Beteiligungsverhältnis besteht, sollte der Ausweis unter den dafür vorgesehenen Posten Nr. C 6 und 7 erfolgen; andernfalls ist bei Bedeutung ein Vermerk der Mitzugehörigkeit in der Bilanz oder im Anhang notwendig (§ 265 Abs. 3 Satz 1 HGB). **227**

C 5. Verbindlichkeiten aus der Annahme gezogener Wechsel und der Ausstellung eigener Wechsel [242]

Hierher gehören auch **Gefälligkeitsakzepte** [243], denn auch das Gefälligkeitsakzept begründet eine echte Verbindlichkeit. Hat die Gesellschaft einen aufgrund **228**

---

238 Vgl. auch zur Qualifizierung als Eigen- oder Fremdkapital *ADS*, § 266 HGB Tz. 180 ff.; *Knoppe*, BB 1966 S. 281.
239 Vgl. *ADS*, § 266 HGB Tz. 206; *Kölner Kom.*, § 266 HGB Anm. 163; *Kropff* in AktG-Kom., § 151 AktG 1965 Anm. 99; *Mellerowicz* in Großkom., § 151 AktG 1965 Anm. 119.
240 Vgl. *ADS*, § 253 HGB Tz. 136; *Mellerowicz* in Großkom., § 156 AktG 1965 Anm. 5.
241 Vgl. BFH v. 23. 7. 1975, BStBl. II 1976 S. 40.
242 Vgl. *Welland*, Grundsätze ordnungsmäßiger Bilanzierung für Wechsel, Schecks und Akzepte, Leipzig 1936; *Hüttemann* (Fn. 232), S. 112 ff.
243 Vgl. *ADS*, § 266 HGB Tz. 215; *Mellerowicz* in Großkom., § 151 AktG 1965 Anm. 123; *Kölner Kom.*, § 266 HGB Anm. 181.

einer Verbindlichkeit auf sie gezogenen Wechsel noch nicht akzeptiert, so wird die Schuld als solche und nicht als Wechselverpflichtung ausgewiesen. **Kautionswechsel**, die abredegemäß nur in den Verkehr gebracht werden dürfen, wenn die Gesellschaft ihren Verpflichtungen nicht nachkommt, brauchen nicht als solche passiviert zu werden, wenn mit einer wechselmäßigen Inanspruchnahme in keiner Weise zu rechnen ist[244]. Ein Vermerk über die für den Kautionswechsel ursächliche Garantie nach § 251 Satz 1 iVm. § 268 Abs. 7 HGB ist nur geboten, soweit ein Risiko über die passivierte eigene Verbindlichkeit hinaus besteht. Sind Kautionswechsel für Verpflichtungen Dritter hinterlegt, so sind sie nach § 251 Satz 1 HGB zu vermerken. Für Regreßverpflichtungen aus Wechseln **(Wechselobligo)** genügt Vermerk nach § 251 Satz 1 HGB, es sei denn, daß Inanspruchnahme droht (dann besteht Passivierungspflicht nach § 249 Abs. 1 Nr. 1 HGB unter den Rückstellungen). Die Verbindlichkeit aus dem Schuldverhältnis darf nicht neben der Wechselverbindlichkeit noch einmal passiviert werden.

229   Werden Akzepte und Solawechsel, die an **verbundene Unternehmen** oder an Unternehmen, mit denen ein Beteiligungsverhältnis besteht, weitergegeben sind, hier unter C 5 und nicht unter Verbindlichkeiten gegenüber diesen Unternehmen (Posten Nr. C 6 und C 7) ausgewiesen, so muß die Mitzugehörigkeit in der Bilanz oder im Anhang vermerkt werden, soweit dies von Bedeutung ist (§ 265 Abs. 3 Satz 1 HGB). Der Ausweis bzw. der Vermerk der Mitzugehörigkeit entfällt jedoch, wenn das empfangende Unternehmen das Akzept oder den Wechsel an einen Dritten weitergegeben hat[245]. Feststellungen in dieser Richtung können schwierig sein und erfordern ggf. entsprechende organisatorische Vorkehrungen[246].

230   Wechselverbindlichkeiten sind stets mit dem Betrag in der Bilanz aufzuführen, der der **Wechselsumme** entspricht. Bei längerer Laufzeit kann ggf. eine Abgrenzung des Diskontbetrages nach § 250 Abs. 3 HGB in Betracht kommen (steuerlich zwingend, vgl. BFH v. 31. 7. 1967, BStBl. II 1968 S. 7 ff.). Werden ausnahmsweise Zinsen zusätzlich zur Wechselsumme gezahlt, sind vorausbezahlte Zinsen nach § 250 Abs. 1 Satz 1 HGB aktiv abzugrenzen, noch nicht gezahlte auf das GJ entfallende Zinsen unter C 8 zu passivieren[247].

231   Wegen durch Wechsel unterlegter **Exportfinanzierungskredite** vgl. *ADS*, § 266 HGB Tz. 218; kritisch *HdJ*, Abt. III/8 (1988) Rn. 121. Zur gewerbesteuerlichen Behandlung vgl. Erlaß FM NRW v. 28. 1. 1960, DStZEild. 1960 S. 100; BdF v. 8. 2. 1977, StEK GewSt § 8 Ziff. 1 R. 36; GewStR Abschn. 47 Abs. 7 Nr. 1.

C 6. Verbindlichkeiten gegenüber verbundenen Unternehmen

C 7. Verbindlichkeiten gegenüber Unternehmen, mit denen ein Beteiligungsverhältnis besteht

232   Auf die Ausführungen zu den entsprechenden Forderungsposten wird verwiesen (Tz. 113 ff.). Wegen der Begriffe „Verbundene Unternehmen" und „Beteiligungen" vgl. Tz. 83 f. und Tz. 89. Ist ein Unternehmen, mit dem ein Beteiligungsver-

---

244 Vgl. *ADS*, § 266 HGB Tz. 216, § 251 HGB Tz. 22; *Kropff* in AktG-Kom., § 151 AktG 1965 Anm. 102; zu Solawechseln im Zusammenhang mit Garantieverpflichtungen vgl. *Glade*, DB 1958 S. 874 und *Heigl*, DB 1958 S. 875.
245 Vgl. *ADS*, § 266 HGB Tz. 217; *Kropff* in AktG-Kom., § 151 AktG 1965 Anm. 103.
246 Vgl. *ADS*, § 266 HGB Tz. 214; *HdR*, § 266 HGB Rn. 141.
247 Vgl. *ADS*, § 253 HGB Tz. 145.

hältnis besteht, zugleich ein verbundenes Unternehmen, so geht der Ausweis unter C 6 vor.

MU, die Schuldner einer Ausgleichsforderung nach § 24 Abs. 1 DMBilG gegen- **233** über einem (bisher volkseigenen) Unternehmen in den **neuen Bundesländern** sind, hatten in ihrer Eröffnungsbilanz eine entsprechende Verbindlichkeit zu passivieren und nach § 11 Abs. 1 Satz 2 DMBilG unter den Verbindlichkeiten gegenüber verbundenen Unternehmen gesondert auszuweisen. Entsprechendes gilt für Verpflichtungen zur **Einzahlung von Eigenkapital.** Soweit diese Verpflichtungen nicht getilgt sind, sollten sie wegen Besonderheiten der Posten (mögliche Korrekturen nach § 36 DMBilG) auch in den Folgejahren gesondert ausgewiesen werden. Vgl. im einzelnen *Budde/Forster,* § 11 DMBilG Anm. 25 ff. Mit einer Verbindlichkeit aus Ausgleichsforderungen korrespondiert auf der Aktivseite ein **Beteiligungsentwertungskonto**; vgl. dazu Tz. 143 und wegen Einzelheiten *Budde/Forster,* § 24 DMBilG Anm. 46 ff.

Sonderposten: Ausgleichsverbindlichkeiten (§ 25 Abs. 1 DMBilG)

Bisher volkseigene Unternehmen in den **neuen Bundesländern** hatten bei Vorlie- **234** gen der Voraussetzungen des § 25 Abs. 1 DMBilG in ihrer Eröffnungsbilanz eine verzinsliche Ausgleichsverbindlichkeit gegenüber ihrem Anteilseigner zu passivieren. Die Verbindlichkeit war nach der genannten Vorschrift **gesondert auszuweisen.** Da es sich bei dem Gläubiger (Anteilseigner) regelmäßig um das Mutterunternehmen handelt, empfiehlt sich ein Sonderausweis in der Vorspalte beim Posten C 6, vgl. *Budde/Forster,* § 25 DMBilG Anm. 24. Möglich erscheinen auch ein „davon"-Vermerk oder Angabe im Anhang. Der Sonderausweis ist wegen Besonderheiten des Postens (mögliche Korrekturen nach § 36 DMBilG) grundsätzlich auch in den Folgejahren beizubehalten. Bei Wechsel der Anteilsverhältnisse ist unter Beibehaltung des Vorspaltenausweises oder „davon"-Vermerks Umgliederung nach C 8 vorzunehmen.

C 8. Sonstige Verbindlichkeiten
davon aus Steuern
davon im Rahmen der sozialen Sicherheit

Dieser Posten ist ein **Sammelposten** für alle Verbindlichkeiten, die nicht unter **235** die anderen Posten fallen. Hierzu gehören zB noch nicht ausbezahlte Löhne und Gehälter, Verbindlichkeiten aus einbehaltenen sozialen Beiträgen, Steuerschulden der Gesellschaft (soweit nicht als Rückstellungen zu berücksichtigen), einbehaltene und abzuführende Steuern (Lohnsteuer, Kapitalertragsteuer), als Fremdkapital anzusetzende Einlagen stiller Gesellschafter[248], Verpflichtungen aus Besserungsscheinen bei Eintritt der Bedingung, noch nicht eingelöste Zins- und Dividendenscheine, Provisionsverpflichtungen[249] udgl. Zur Bilanzierung des erhaltenen **Optionspreises** beim Verkäufer einer Option vgl. St/BFA 2/1987; zu **antizipativen Posten** vgl. *ADS,* § 250 HGB Tz. 6 f.

Im Gliederungsschema sind zwei „davon"-Vermerke vorgesehen, nämlich **236**
davon aus Steuern
davon im Rahmen der sozialen Sicherheit.

---

248 Vgl. *ADS,* § 266 HGB Tz. 221; *Kölner Kom.,* § 266 HGB Anm. 186.
249 Vgl. *ADS,* § 266 HGB Tz. 221; aA *BeBiKo.,* § 266 Anm. 228; *HdJ,* Abt. III/8 (1988) Rn. 110 (Ausweis unter Posten Nr. C 4).

Der „davon"-Vermerk **aus Steuern** umfaßt alle von der Gesellschaft geschuldeten Steuern, soweit sie hier und nicht unter den Steuerrückstellungen auszuweisen sind. Dem Sinn der Vorschrift (Sonderausweis der Verpflichtungen gegenüber dem Fiskus) dürfte es entsprechen, auch einbehaltene Steuerabzugsbeträge (LSt) in den Posten mit einzubeziehen, obwohl die Gesellschaft selbst nicht Steuerschuldner ist; ggf. kann auf die Art der Behandlung im Anhang hingewiesen werden.

237 Sehr unbestimmt ist, welche Verbindlichkeiten das Gesetz als **im Rahmen der sozialen Sicherheit** liegend ansieht. Es handelt sich hierbei um die soziale Sicherheit Dritter, insbesondere der Arbeitnehmer der Gesellschaft, für die die Gesellschaft Sozialversicherungsbeiträge zu entrichten bzw. einbehaltene Beträge abzuführen hat. In Betracht kommen nach dieser Auslegung die Arbeitgeber- und einbehaltenen Arbeitnehmeranteile zur Sozialversicherung, zu Ersatzkassen und Zusatzversorgungseinrichtungen, ferner Verbindlichkeiten aufgrund von Vereinbarungen über vermögenswirksame Leistungen, einbehaltene Beiträge für Gewerkschaften, Berufsverbände udgl. Auch Verbindlichkeiten aus einem Sozialplan werden in den „davon"-Vermerk mit einzubeziehen sein. Ebenso fallen Beiträge zum PSV unter die Angabepflicht, wie auch Verpflichtungen aufgrund von Pensionszusagen und ähnlichen Verpflichtungen, wenn sie dem Grund und der Höhe nach definitiv feststehen und dementsprechend unter C 8 ausgewiesen sind. Auch Zusagen an eine rechtlich selbständige Unterstützungseinrichtung der Gesellschaft sind ebenso wie Verpflichtungen aus Abfindungen und Vorruhestandsregelungen als im Rahmen der sozialen Sicherheit liegend anzusehen und daher ggf. in den Vermerk einzubeziehen[250].

D. Rechnungsabgrenzungsposten

238 Die Bestimmungen über die passiven RAP sind in § 250 Abs. 2 HGB getroffen. Siehe hierzu E Tz. 168 ff. In Betracht kommen nur Einnahmen vor dem Abschlußstichtag, soweit sie Ertrag für eine bestimmte Zeit nach diesem Tag darstellen.

Unter der Bilanz zu vermerkende Haftungsverhältnisse (§ 268 Abs. 7 HGB)

239 Unter der Bilanz sind nach § 251 HGB unbeschadet bestehender Rückgriffsforderungen bestimmte nicht passivierte Haftungsverhältnisse zu vermerken. Diese Haftungsverhältnisse sind von Kapitalgesellschaften aufgrund der Bestimmungen in § 268 Abs. 7 HGB entweder unter der Bilanz oder im Anhang **gesondert nach vier Gruppen** wie folgt anzugeben, soweit nicht bereits eine Passivierung erfolgt ist:

1. Verbindlichkeiten aus der Begebung und Übertragung von Wechseln;
2. Verbindlichkeiten aus Bürgschaften, Wechsel- und Scheckbürgschaften;
3. Verbindlichkeiten aus Gewährleistungsverträgen;
4. Haftung aus der Bestellung von Sicherheiten für fremde Verbindlichkeiten.

---

250 Vgl. im einzelnen *ADS*, § 266 HGB Tz. 222; *BeBiKo.*, § 266 Anm. 252.

Für jeden einzelnen dieser Posten sind außerdem evtl. bestehende **Pfandrechte 240 und sonstige Sicherheiten** anzugeben. Bestehen für dieselbe Verbindlichkeit zwei Haftungsverhältnisse, so kommt der Ausweis nur an einer Stelle in Betracht, ggf. ist die Mitzugehörigkeit zur anderen Gruppe zu vermerken. Bestehende **Rückgriffsforderungen** brauchen nicht auf der Aktivseite vermerkt zu werden. Bestehen solche Verpflichtungen gegenüber **verbundenen Unternehmen,** so sind sie gesondert anzugeben (§ 268 Abs. 7 zweiter Halbsatz HGB).

Sonstige Haftungsverhältnisse sind unter den sonstigen finanziellen Verpflich- **241** tungen nach § 285 Nr. 3 HGB, Haftungsverhältnisse zugunsten von **Organmitgliedern** nach § 285 Nr. 9c HGB im Anhang anzugeben[251].

Im einzelnen vgl. zu den verschiedenen Haftungsverhältnissen – auch zu solchen, deren Höhe nicht zu beziffern ist – E Tz. 55 ff.

III. Die Gewinn- und Verlustrechnung[252]

1. Allgemeines

Die GuV der Kapitalgesellschaften ist in erster Linie in § 275 HGB geregelt. Sie **242** ist stets in **Staffelform** nach dem **Gesamtkostenverfahren** oder dem **Umsatzkostenverfahren** aufzustellen (§ 275 Abs. 1 Satz 1 HGB). Zum Vergleich beider Verfahren siehe Tz. 271 ff.

a) Verbindlichkeit der Gliederungsschemata

Die Pflicht zur Anwendung eines der beiden Gliederungsschemata des § 275 **243** HGB gilt für alle **Kapitalgesellschaften,** die nicht zur Anwendung besonderer Formblätter (§ 330 HGB) für die GuV verpflichtet sind. Für kleine und mittelgroße Kapitalgesellschaften (§ 267 Abs. 1 und 2 HGB) bestehen Erleichterungen hinsichtlich der Darstellungsform (§ 276 HGB, vgl. im einzelnen Tz. 257 ff.).

Für den Fall, daß **mehrere Geschäftszweige** bestehen und dies die Gliederung **244** nach verschiedenen Vorschriften bedingt, ist die Gliederung nach einer dieser Vorschriften vorzunehmen und nach den anderen Vorschriften zu ergänzen (§ 265 Abs. 4 Satz 1 HGB). Wegen Angaben im Anhang vgl. Tz. 478.

Untergliederungen von Posten sind zulässig, soweit sie im Rahmen der vorge- **245** schriebenen Gliederung erfolgen (§ 265 Abs. 5 Satz 1 HGB). Untergliederung bedeutet die Aufgliederung eines im Gliederungsschema aufgeführten Postens in einzelne Teilkomponenten. Eine Untergliederung liegt aber auch vor, wenn ein Teil des Posteninhaltes durch einen „davon"-Vermerk angegeben wird.

---

251 Vgl. BT-Drucks. 10/4268 S. 110; zum Ausweis und zur Zulässigkeit von Haftungsverhältnissen für Anteilseigner vgl. *Fey,* GoB für Haftungsverhältnisse, Düsseldorf 1989 S. 223 ff. mwN.
252 Literatur: *Biener,* Bilanzrichtlinie-Gesetz – Gliederungsvorschriften, StBKR 1985 S. 143 ff. und 158 ff.; *Schmiedel,* Die Aufstellung der Gewinn- und Verlustrechnung und der Ergebnisverwendungsrechnung, in: *Lück* (Hrsg.), Rechnungslegung nach neuem Bilanzrecht, Berlin 1985 S. 197 ff.; *Gross/Schruff,* Der Jahresabschluß nach neuem Recht, Düsseldorf 1986 S. 137 ff. und 178 ff.; *Hohmeier/Krehl,* Die Erfolgsrechnung im Übergang zum neuen Bilanzrecht, DSWR 1986 S. 59 ff.; *Rosenbach,* Bewertungs- und Gliederungsvorschriften für Kapitalgesellschaften, BFuP 1986 S. 129 ff. (insbesondere S. 142 ff.); *Göllert/Ringling,* Bilanzrichtlinien-Gesetz, Heidelberg 1986 S. 23 ff.; *Bohl,* WPg. 1986 S. 29 ff. (insbesondere S. 34 ff.); *Baetge/Fischer,* ZfB Erg.-Heft 1/1987 S. 175 ff.; *Chmielewicz,* DBW 1987 S. 165 ff.; *Lachnit,* BFuP 1987 S. 33 ff.; *Otto,* BB 1988 S. 1703 ff.; *HdJ,* Abt. IV/1 (1987); zur Publizität vgl. *Weilbach,* BB 1990 S. 1095 ff.

246 Die **Einfügung neuer Posten** – neben den gesetzlich vorgesehenen Ergänzungen (zB nach § 277 Abs. 2 Satz 1 u. 2, § 281 Abs. 2 Satz 2 HGB) – ist zulässig, wenn ihr Inhalt nicht von einem vorgeschriebenen Posten gedeckt wird (§ 265 Abs. 5 Satz 2 HGB). Nimmt man die Vorschrift wörtlich, so erscheint die Einfügung neuer Posten in das Gliederungsschema der GuV praktisch ausgeschlossen, da sich selbst namentlich nicht genannte Erträge und Aufwendungen stets unter die sonstigen betrieblichen oder außerbetrieblichen Erträge bzw. die sonstigen betrieblichen oder ao. Aufwendungen einordnen lassen. Die damit verbundene Einengung der Gestaltungsmöglichkeiten der GuV ist Absicht. Der Gesetzgeber glaubte, das mit der Festlegung von Gliederungsschemata verfolgte Ziel der Vergleichbarkeit nur dann mit Sicherheit zu erreichen, „wenn die Unternehmen verpflichtet werden, die Schemata einzuhalten"[253].

247 Eine andere Betrachtungsweise gilt nur gegenüber der Einfügung neuer Posten für **Zwischensummen**[254], die – bezeichnet oder unbezeichnet – das Ergebnis mehrerer Einzelposten in sinnvoller Weise zusammenfassen. Für eine nach § 275 Abs. 2 HGB gegliederte GuV kommen zB (teilweise in Anlehnung an die bisherige aktienrechtliche Gliederung) als zusätzliche Zwischenposten in Betracht:

– Gesamtleistung = Posten Nr. 1 bis 4
– Rohergebnis = Posten Nr. 1 bis 5
– Finanzergebnis = Posten Nr. 9 bis 13

Die Zulässigkeit eines Zwischenpostens **„Rohergebnis"** ergibt sich für kleine und mittelgroße Kapitalgesellschaften bereits aus den Bestimmungen des § 276 HGB.

248 Aus den gleichen Gründen wie zuvor erwähnt ist es auch nicht gestattet, ohne zwingenden Grund die **Reihenfolge der Posten** zu ändern; denn § 275 Abs. 1 Satz 2 HGB schreibt ausdrücklich einen Ausweis „in der angegebenen Reihenfolge" vor. Wenn allerdings „wegen Besonderheiten der Kapitalgesellschaft" eine andere Gliederung der GuV zur Aufstellung eines klaren und übersichtlichen JA erforderlich ist, muß die Gliederung geändert werden (§ 265 Abs. 6 HGB). Dies kann zB bei Speditionsunternehmen, Holdinggesellschaften und Leasingfirmen der Fall sein[255].

249 Unter den Voraussetzungen des § 265 Abs. 7 HGB sind **Zusammenfassungen von Posten,** die im Gliederungsschema der GuV aufgeführt sind, zulässig. Dies gilt zum einen dann (Nr. 1), wenn die Posten einen Betrag enthalten, der für die Vermittlung eines den tatsächlichen Verhältnissen entsprechenden Bildes iSd. § 264 Abs. 2 HGB **nicht erheblich** ist. Zusammengefaßt werden können danach sowohl Posten, die jeder für sich einen unerheblichen Betrag ausweisen, als auch Posten, von denen dies nur für den einen der beiden Posten gilt, sofern der zweite Posten Sammelcharakter trägt. ZB: Es liegen nur unerhebliche „Andere aktivierte Eigenleistungen" (Abs. 2 Nr. 3) vor, jedoch erhebliche „Sonstige betriebliche Erträge" (Abs. 2 Nr. 4); eine Zusammenfassung beider Posten erscheint möglich, die Bezeichnung des Postens Nr. 4 kann in diesem Fall wohl

253 Vgl. RegBegr. zu § 238 HGB-E, BT-Drs. 10/317 S. 77.
254 Vgl. zur Bildung und Aussagefähigkeit von Zwischensummen *Braun*, BB 1988 S. 730; *Otto*, BB 1988 Beil. 8 S. 19 ff.
255 Vgl. *ADS*, § 265 HGB Tz. 71 ff., mit weiteren Bsp.

unverändert beibehalten werden. Unter den gleichen Voraussetzungen ist auch eine Zusammenfassung der Posten Abs. 2 Nr. 2, 3 und 4 denkbar.

Nicht dagegen kommt eine Zusammenfassung der Posten Abs. 2 Nr. 1 und 2 **250** oder gar Nr. 1 bis 4 in Betracht; dadurch wären die Umsatzerlöse nicht mehr als solche erkennbar, was einen schweren Verstoß gegen die Generalnorm (§ 264 Abs. 2 Satz 1 HGB) darstellen würde[256]. Aus dieser folgt auch, daß grundsätzlich nur Posten zusammengefaßt werden können, die **Erträge oder Aufwendungen ähnlichen Charakters** beinhalten (zB bei einer Gliederung nach Abs. 2: 5a und b; 9 und 10; 10 und 11; 18 und 19). Zusammenfassungen von Erträgen und Aufwendungen sind dagegen grundsätzlich unzulässig, sie würden gegen das **Verrechnungsverbot** (§ 246 Abs. 2 HGB) verstoßen.

Weiterhin sind **Zusammenfassungen von Posten** gestattet, wenn dadurch die **Klar-** **251** **heit der Darstellung vergrößert** wird (§ 265 Abs. 7 Nr. 2 HGB). Auf die Höhe des Betrages kommt es nicht an, es können auch erhebliche Beträge sowie Aufwendungen und Erträge zusammengefaßt werden. Ob angesichts der geringen Zahl von Posten diese Vorschrift indes in größerem Umfange auf die GuV anwendbar ist, erscheint zweifelhaft. Denkbar wäre, daß eine Gesellschaft die Posten nach Abs. 2 Nr. 9 bis 11 in der GuV zu einem Posten „Finanzerträge" zusammenfaßt und die einzelnen Posten im Anhang entsprechend der gesetzlichen Gliederung aufführt (vgl. hierzu Tz. 25). Keinen Bedenken begegnet es auch, die Untergliederungen bei den Posten Abs. 2 Nr. 5, 6 und 7 wegzulassen und sie statt dessen im Anhang darzustellen[257]. Immer ist es bei Zusammenfassungen der hier in Rede stehenden Art notwendig, die durch die Zusammenfassung untergegangenen Einzelposten im **Anhang** aufzuführen (§ 265 Abs. 7 Nr. 2 zweiter Halbsatz HGB; vgl. hierzu Tz. 479).

Ein Posten, für den kein Betrag auszuweisen ist **(Leerposten)**, braucht nicht auf- **252** geführt zu werden, es sei denn, daß im VJ ein Betrag unter dem gleichen Posten auszuweisen war (§ 265 Abs. 8 HGB).

Eine **Kurzbezeichnung** von Posten der GuV ist bei Berücksichtigung von § 243 **253** Abs. 2 HGB grundsätzlich zulässig. Eine Kurzbezeichnung darf indes keinen Zweifel über die Zugehörigkeit des Postens zu einem bestimmten Posten des gesetzlichen Gliederungsschemas aufkommen lassen und kann nur dann erwogen werden, wenn eine längere gesetzliche Bezeichnung ersetzt werden soll[258]. **Weglassen von Teilen der gesetzlichen Bezeichnung** kann in Betracht kommen, wenn die gesetzliche Bezeichnung auf mehrere Ertrags- oder Aufwandsarten hinweist und nur ein Teil von ihnen angefallen ist. Liegen zB hinsichtlich des Postens Abs. 2 Nr. 10 nur Erträge aus anderen Wertpapieren des Finanzanlage-vermögens vor, nicht dagegen aus Ausleihungen, so ist dies auch in der Posten-bezeichnung zum Ausdruck zu bringen (§ 265 Abs. 6 HGB).

Werden die die GuV betreffenden Gliederungsgrundsätze (§ 265 Abs. 2, 4 oder 6 **254** HGB) und Gliederungsvorschriften (§§ 275, 277 HGB) nicht beachtet, so liegt eine **Ordnungswidrigkeit** vor, die mit einer **Geldbuße** geahndet werden kann (§ 334 Abs. 1 Nr. 1c HGB). Wegen Strafvorschriften bei unrichtiger Wiedergabe oder Verschleierung der Verhältnisse der Gesellschaft vgl. § 331 Nr. 1 HGB,

---

256 Vgl. *HdJ*, Abt. IV/1 (1987) Rn. 80 ff.
257 Zur Praxis ausgewählter großer Kapitalgesellschaften vgl. TREUARBEIT (Hrsg.), Jahres- und Konzernabschlüsse '88, Düsseldorf 1990 Tz. 173 ff.
258 Vgl. im einzelnen *ADS*, § 265 HGB Tz. 77 ff.

wegen Sanktionen bei wesentlichen Verstößen gegen das Gebot klarer und übersichtlicher Gliederungen vgl. auch § 265 Abs. 4 AktG (Nichtigkeit).

b) Grundsatz der Darstellungsstetigkeit

255 Die Gliederung des vorangegangenen Geschäftsjahres ist beizubehalten **(Grundsatz der Darstellungsstetigkeit)**, soweit nicht in Ausnahmefällen wegen besonderer
Umstände Abweichungen erforderlich sind (§ 265 Abs. 1 Satz 1 HGB). Besondere
Umstände iS dieser Vorschrift können nur im Vergleich zum Vorjahr grundlegend
veränderte rechtliche oder tatsächliche Verhältnisse sein. Die Vorschrift erschwert
im Interesse der Vergleichbarkeit insbesondere den Wechsel zwischen den beiden
für die GuV zugelassenen Ausweisverfahren (Gesamtkosten- und Umsatzkostenverfahren). Ein einmaliger Wechsel zwischen diesen Verfahren ist jedoch nicht
generell ausgeschlossen; es muß sich jedoch um einen **Ausnahmefall** handeln und
es müssen besondere Gründe vorliegen (zB Börseneinführung; Aufnahme in einen
Konzern, Änderung der Kostenrechnung). Nach § 265 Abs. 1 Satz 1 HGB besitzen
auch einmal getroffene Entscheidungen in den Ausweisfragen der Abs. 2 bis 8
grundsätzlich Bindungswirkung für künftige Jahresabschlüsse[259], soweit nicht
sachliche Gründe eine Änderung verlangen. Ob die Vorschrift auch dazu zwingt,
einmal eingeführte Untergliederungen stetig beizubehalten, erscheint fraglich;
eine solche Auslegung könnte sich praktisch gegen Untergliederungen in einzelnen Jahren auswirken. Auch hinsichtlich der Möglichkeit von Zusammenfassungen von Posten gemäß § 265 Abs. 7 HGB kann der Stetigkeitsgrundsatz nicht gelten; sowohl die erstmalige Anwendung als auch die Rückkehr zu einer Vollgliede-
rung würden erschwert oder gar unmöglich gemacht. Unterbrechungen des Stetigkeitsgrundsatzes sind im **Anhang** anzugeben und zu begründen (§ 265 Abs. 1 Satz 2
HGB; vgl. hierzu Tz. 472 ff.).

256 Das Stetigkeitsgebot gilt auch in bezug auf den Inhalt der Posten. Dies folgt aus
der Bestimmung, daß zu jedem Posten der entsprechende **Betrag des VJ** anzugeben ist und nicht vergleichbare Beträge im Anhang anzugeben und zu erläutern
sind (§ 265 Abs. 2 Satz 1 und 2 HGB). Wegen der Frage, ob auch zu
„davon"-Vermerken Vorjahresbeträge anzugeben sind, vgl. Tz. 11. Einmalige
Umgliederungen zwischen verschiedenen Posten sind jedoch nicht ausgeschlossen. In einem solchen Fall erscheint es im Interesse der Vergleichbarkeit wünschenswert, die **VJ-Zahlen anzupassen**; vgl. zu Anwendungsfällen im einzelnen
ADS, § 265 HGB Tz. 39. Auch hierüber ist im Anhang zu berichten (§ 265 Abs. 2
Satz 3 HGB; vgl. hierzu Tz. 475).

c) Erleichterungen für kleine und mittelgroße Kapitalgesellschaften

257 Für kleine und mittelgroße Kapitalgesellschaften (§ 267 Abs. 1 und 2 HGB) gilt
die Erleichterung, daß sie anstelle der Posten nach § 275 Abs. 2 Nr. 1 bis 5 oder
Abs. 3 Nr. 1 bis 3 und 6 HGB nur einen Posten **„Rohergebnis"** auszuweisen
brauchen (§ 276 HGB)[260]. Praktisch bedeutet dies, daß bei Anwendung des
Gesamtkostenverfahrens die Umsatzerlöse, Bestandsveränderungen, aktivierten
Eigenleistungen und sonstigen betrieblichen Erträge mit den Materialaufwendungen saldiert werden dürfen; bei Anwendung des Umsatzkostenverfahrens

---

259 Vgl. *ADS*, § 265 HGB Tz. 18.
260 Wegen Einschränkungen für Unternehmen, an denen Bund, Länder oder Gemeinden beteiligt
sind, vgl. *ADS*, § 276 HGB Tz. 4; zur GuV der Eigenbetriebe vgl. L Tz. 23.

werden die Umsatzerlöse und sonstigen betrieblichen Erträge mit den Herstellungskosten der verkauften Produkte saldiert. Der Posten „Rohergebnis" hat somit je nachdem, ob das Gesamtkosten- oder das Umsatzkostenverfahren angewendet wird, einen unterschiedlichen Inhalt[261].

In der GuV sind als **Erträge** nur noch die verschiedenen Finanzerträge sowie die **258** außerordentlichen Erträge **gesondert auszuweisen.** Es liegt auf der Hand, daß eine nach diesen Grundsätzen aufgestellte GuV das in § 264 Abs. 2 HGB geforderte, den tatsächlichen Verhältnissen entsprechende Bild der Ertragslage nur noch eingeschränkt zu vermitteln vermag. Das Gesetz nimmt dies bewußt in Kauf, eine korrigierende Berichterstattung im Anhang nach § 264 Abs. 2 Satz 2 HGB kann daher nicht gefordert werden (vgl. Tz. 635).

In vielen Fällen werden trotz der Bestimmungen des § 276 HGB zumindest die **259** **Umsatzerlöse** entsprechend den Bestimmungen in § 277 Abs. 1 HGB zu ermitteln sein, um feststellen zu können, ob zusammen mit einem der beiden anderen Grenzwerte die in § 267 Abs. 2 HGB für mittelgroße Gesellschaften gezogenen Grenzen überschritten werden.

Für AG und KGaA gilt, daß sie auf Verlangen eines jeden **Aktionärs** den JA auf **260** der HV in der Form vorlegen müssen, die er ohne Anwendung des § 276 HGB hätte (§ 131 Abs. 1 Satz 3 AktG). **Gesellschafter einer GmbH** können im Rahmen der Feststellung des JA sowie im Rahmen des § 51a Abs. 1 GmbHG entsprechende Informationen verlangen. Zum Anspruch der Arbeitnehmervertreter auf die Vorlage einer ungekürzten GuV (zweifelhaft) vgl. *ADS*, § 276 HGB Tz. 6; davon abw. *Kölner Kom.*, §§ 275–277 HGB, 158 AktG Anm. 161.

d) Erträge und Aufwendungen aus Gewinngemeinschaften, Gewinnabführungs- und Teilgewinnabführungsverträgen sowie aus Verlustübernahme

Erträge und Aufwendungen der genannten Art sind in den Gliederungsschemata des § 275 Abs. 2 und 3 HGB nicht aufgeführt, doch schreibt § 277 Abs. 3 **261** Satz 2 HGB ihren **gesonderten Ausweis** unter entsprechender Bezeichnung vor. Sie sollten wie folgt in die gesetzlichen Gliederungsschemata eingeordnet werden[262]:

	Gesamtkosten- verfahren (§ 275 Abs. 2)	Umsatzkosten- verfahren (§ 275 Abs. 3)
– Erträge aus Gewinngemeinschaften, GAV und Teil-GAV	vor oder hinter Posten Nr. 9	vor oder hinter Posten Nr. 8
– Aufwendungen aus Verlustüber- nahme	vor oder hinter Posten Nr. 13	vor oder hinter Posten Nr. 12
– Erträge aus Verlustübernahme	vor Posten Nr. 20	vor Posten Nr. 19
– aufgrund von Gewinngemeinschaf- ten, GAV und Teil-GAV	vor Posten Nr. 20	vor Posten Nr. 19

---

261 Vgl. *Gross/Schruff* (Fn. 252), S. 190.
262 Nach der RegBegr. zu § 253 HGB-E soll die Einordnung dem pflichtmäßigen Ermessen überlassen bleiben; vgl. BT-Drs. 10/317 S. 85; vgl. zur nachstehenden Tabelle *ADS*, § 277 HGB Tz. 65.

262 An Stelle des gesonderten Ausweises können auch „davon"-Vermerke oder Untergliederungen bei den Posten vorgenommen werden, unter denen die Aufwendungen und Erträge ohne die Vorschrift des § 277 Abs. 3 Satz 2 HGB auszuweisen wären.

263 Für die genannte Zuordnung ist die Überlegung bestimmend, daß die Erträge aus Gewinngemeinschaften, GAV und Teil-GAV sowie die Aufwendungen aus Verlustübernahme parallel zu den Erträgen und Aufwendungen, die bei einer **Obergesellschaft** im Zusammenhang mit Beteiligungen entstehen, behandelt werden und ebenso wie diese in das Ergebnis der gewöhnlichen Geschäftstätigkeit (Posten Abs. 2 Nr. 14/Abs. 3 Nr. 13) einfließen sollten.

264 Die Erträge aus Verlustübernahme und die aufgrund einer Gewinngemeinschaft, eines GAV oder Teil-GAV abgeführten Gewinne betreffen dagegen regelmäßig das Gesamtergebnis einer **Untergesellschaft,** weshalb es richtig erscheint, diese Posten unmittelbar vor dem Jahresergebnis einzuordnen [263]. Sollte im Einzelfall eine Gewinngemeinschaft sich nur auf einzelne Teilbereiche eines Unternehmens beziehen und sollten unabhängig vom Gesamtergebnis Gewinne abzuführen sein, so wäre ein Ausweis des Postens hinter dem Posten Abs. 2 Nr. 9/Abs. 3 Nr. 8 (Beteiligungserträge) vorzuziehen.

265 AG und KGaA haben ferner die Bestimmungen in § 158 Abs. 2 AktG zu beachten. Danach ist ein vertraglich zu leistender **Ausgleich für außenstehende Aktionäre** (§ 304 Abs. 1 AktG) bei der Muttergesellschaft von den entsprechenden Erträgen abzusetzen bzw. unter den Aufwendungen aus Verlustübernahme auszuweisen. Die Absetzung anderer Beträge ist ausdrücklich untersagt. Vgl. zu weiteren Einzelheiten *ADS,* § 277 HGB Tz. 67 ff.

e) Außerordentliche und periodenfremde Posten

266 Durch das BiRiLiG wurden die Posten „außerordentliche Erträge" und „außerordentliche Aufwendungen" wieder als gesonderte Ausweisposten (wie im AktG 1937) eingeführt [264]. Inhaltsmäßig sind sie durch § 277 Abs. 4 Satz 1 HGB bestimmt. Danach umfassen sie Erträge und Aufwendungen, die **außerhalb der gewöhnlichen Geschäftstätigkeit** der Gesellschaft anfallen. Wann Erträge und Aufwendungen als außerhalb der gewöhnlichen Geschäftstätigkeit angefallen anzusehen sind, lassen das Gesetz und die Begründung offen. Art. 29 der 4. EG-Richtlinie verlangt den gesonderten Ausweis der außerhalb der „normalen" Geschäftstätigkeit angefallenen Erträge und Aufwendungen. Die Begriffe „gewöhnlich" und „normal" können daher als weitgehend identisch angesehen werden.

267 Orientiert man sich an der Zielsetzung des Gesetzes, ein den tatsächlichen Verhältnissen entsprechendes Bild der Ertragslage zu vermitteln (§ 264 Abs. 2 Satz 1 HGB), so wird zu bedenken sein, daß viele der Aufwendungen und Erträge, die bei rein betriebswirtschaftlicher Betrachtung zu den ao. gerechnet werden kön-

---

263 *Im Ergebnis ebenso HdJ.* Abt. IV/1 (1987) Rn. 111 ff.; *BHdR.* B 336 Rn. 78; aA *Gross/Schruff* (Fn. 252), S. 197.
264 Vgl. hierzu *Bohl.* WPg. 1986 S. 29 ff.; *HuRB* S. 68 ff.; *Leffson,* WPg. 1986 S. 433; *Niehus,* DB 1986 S. 1293; *Ballwieser,* WPg. 1987 S. 57 ff.; *Baetge/Fischer,* 1. Erg.-Heft der ZfB 1987 S. 175 ff.; *Federmann,* BB 1987 S. 1071 ff.

nen, in der Wirklichkeit des Geschäftsbetriebes als **gewöhnlich** angesehen werden müssen. Das gilt idR für Buchgewinne und Buchverluste aus dem Abgang von Vermögensgegenständen des Anlagevermögens, für Erträge aus der Auflösung nicht mehr benötigter Rückstellungen, für Erträge aus Zuschreibungen. Auch der RegE ging davon aus, daß Erträge und Aufwendungen dieser Art zu den **sonstigen betrieblichen Erträgen** und **sonstigen betrieblichen Aufwendungen** gehören und nicht zu den ao. Posten[265]. Sie fallen regelmäßig an und stellen daher keine außerordentliche Beeinflussung des Geschäftsergebnisses dar.

Um zu den **ao.** Erträgen und Aufwendungen gerechnet zu werden, muß es sich **268** folglich um Erträge und Aufwendungen handeln, die nicht im normalen Geschäftsgang angefallen sind, wozu sicherlich gehört, daß sie **seltener, dh. nicht ständig wiederkehrender Natur, ungewöhnlicher Art und von einiger Bedeutung**[266] sind. Dazu können gehören: Buchgewinne und Buchverluste bei der Veräußerung von bedeutenden Beteiligungen, Betrieben oder Teilbetrieben; Sozialplankosten oder außerplanmäßige Abschreibungen bei der Stillegung von Betrieben oder der Aufgabe von Produktgruppen; außergewöhnliche Schadensersatzzahlungen, die einmaliger Art sind; Sanierungsgewinne; außerplanmäßige Abschreibungen bei Katastrophen; einmalige Umstrukturierungszuschüsse der öffentlichen Hand[267].

Ao. Erträge und Aufwendungen können, müssen aber nicht zugleich **perioden-** **269** **fremde** sein. Wie sich aus der gesonderten Angabepflicht für periodenfremde Erträge und Aufwendungen im Anhang ergibt (§ 277 Abs. 4 Satz 3 HGB), rechnet das Gesetz auch mit periodenfremden Erträgen und Aufwendungen, die nicht zugleich außerordentlicher Natur iSd. genannten Vorschriften sind[268]. Es sind somit zu unterscheiden (jeweils für Erträge und Aufwendungen getrennt):

1. Außerordentliche Posten
   a) nicht periodenfremd
   b) periodenfremd
2. Periodenfremde Posten, soweit nicht zu 1b gehörend.

Nur die unter die erste Ziffer fallenden Posten sind in der GuV gesondert auszuweisen, während die nur periodenfremden Posten in die jeweils in Betracht kommenden Ertrags- oder Aufwandsposten einzubeziehen sind.

Alle ao. und periodenfremden Posten sind hinsichtlich ihres Betrages und **270** ihrer Art im **Anhang** zu erläutern, soweit sie für die Beurteilung der Ertragslage nicht von untergeordneter Bedeutung sind (§ 277 Abs. 4 Satz 2 und 3 HGB; vgl. hierzu Tz. 562 ff.). Zum Umfang der Erläuterungen vgl. *ADS,* § 277 HGB Tz. 85, 88.

---

265 Vgl. § 253 Abs. 4 Satz 2 HGB-E, BT-Drs. 10/317 S. 11; die Vorschrift ist nur deshalb nicht in das Gesetz übernommen worden, „weil die Vierte Richtlinie diese Angabe nicht verlangt" (Begr. zu § 275 HGB, BT-Drs. 10/4268 S. 108); aA *Leffson,* GoB, 7. Aufl., S. 333 ff.; einschränkend *BeBiKo.,* § 275 Tz. 222 f. (für den Abgang bedeutender Gegenstände des Anlagevermögens).
266 Ebenso *BHdR,* B 320 Rn. 14; aA zum Kriterium der Wesentlichkeit *BeBiKo.,* § 275 Anm. 220; *Biener/Berneke,* BiRiLiG, Erl. zu § 277 HGB S. 232.
267 Vgl. im einzelnen *HdJ,* Abt. IV/1 (1987) Rn. 385, 390; *ADS,* § 277 HGB Tz. 80.
268 Vgl. RegBegr. zu § 256 HGB-E, BT-Drs. 10/317 S. 86.

f) Gemeinsamkeiten und Unterschiede zwischen dem Gesamtkosten- und dem Umsatzkostenverfahren

271 § 275 HGB gestattet die Gliederung nach zwei unterschiedlichen Prinzipien, dem Gesamtkosten- und dem Umsatzkostenverfahren. Bei der Gliederung nach dem **Gesamtkostenverfahren** werden die gesamten im GJ angefallenen Erträge und Aufwendungen nach Arten gegliedert angegeben. Der Ausweis der Posten ist somit **periodenbestimmt** und unabhängig davon, in welcher Beziehung sie zu den Umsatzerlösen des GJ stehen. Das macht es notwendig, die Bestandsveränderungen und die anderen aktivierten Eigenleistungen als solche auszuweisen. Diese Posten zusammen mit den Umsatzerlösen ergeben mit gewissen Einschränkungen[269] die **Gesamtleistung** des Unternehmens im GJ, weshalb eine nach Abs. 2 aufgestellte GuV auch als Produktionskostenrechnung und das Gliederungsprinzip als **Produktionskostenverfahren** bezeichnet werden kann. Es bestehen keine Bedenken dagegen, die „Gesamtleistung" als Zwischensumme in das gesetzliche Gliederungsschema einzufügen (vgl. Tz. 247).

272 Demgegenüber ist das **Umsatzkostenverfahren**[270], wie schon der Name besagt, auf eine Darstellung des Umsatzes und der zu ihm in unmittelbarer Beziehung stehende Kosten ausgerichtet. Diese Kosten – Herstellungskosten der zur Erzielung der Umsatzerlöse erbrachten Leistungen – werden in der GuV unabhängig davon ausgewiesen, ob sie in dem GJ, über das berichtet wird, angefallen sind oder in früheren GJ. Andererseits erscheinen Kosten des GJ, die in am Jahresende noch unverkauft, dh. in den Beständen aktivierte Produkte eingegangen sind, **nicht** in der GuV[271]. Der Ausweis der Kosten ist insoweit nicht perioden-, sondern **umsatzbestimmt**.

273 Diese **Unterschiede im Ausweis** zwischen GKV und UKV beziehen sich allerdings nur auf einen Teil der auszuweisenden Posten. Andere Aufwendungen, die nicht in direkter Relation zum Umsatz stehen, wie die allgemeinen Verwaltungskosten, oder die teils perioden-, teils umsatzabhängig sind, wie die Vertriebskosten, werden beim UKV als solche, dh. als Bereichskosten ausgewiesen. Alle übrigen Aufwendungen und Erträge werden nach Arten getrennt ausgewiesen. Das führt dazu, daß die Posten Nr. 1, 4 und 8 bis 20 des GKV von ihrer Bezeichnung her identisch sind mit denen der Nr. 1 und 6 bis 19 des UKV, ohne daß jedoch in diesem Fall der Inhalt der Posten der gleiche ist.

274 Beim Erwägen, welches der beiden Verfahren im Einzelfall den **Vorzug** verdient[272], kommt es nicht nur auf die jeweilige Produktionspalette und Struktur eines Unternehmens an, sondern auch auf die Art der betrieblichen Kostenerfassung und -verrechnung. Die Anwendung des UKV setzt grundsätzlich voraus, daß die Kosten nach den Bereichen Herstellung, allgemeine Verwaltung, Vertrieb und sonstigen betrieblichen Bereichen aufgeschlüsselt werden können. Wo

---

269 Vgl. *ADS*, § 275 HGB Tz. 21, 24.
270 Vgl. hierzu St/SABI 1/1987; *Chmielewicz*, DBW 1987 S. 165 ff.; *Dörner*, WPg. 1987 S. 154 ff.; *Gatzen*, WPg. 1987 S. 461 ff.; *Glade*, BFuP 1987 S. 16 ff.; *Fischer/Ringling*, BB 1988 S. 442 ff.; *Freidank*, DB 1988 S. 1609 ff.; *Otto*, BB 1988 Beil. 8; *Baetge/Fischer*, BFuP 1988 S. 1 ff.
271 Nach *Bohl*, WPg. 1986 S. 36, ist das UKV für Betriebe mit langfristiger Fertigung daher wenig praktikabel.
272 Vgl. zur Gegenüberstellung der beiden Verfahren *Harrmann*, BB 1986 S. 1813 ff.; *Feldt/Olbrich/Wiemeler*, DB 1987 S. 2320 ff.; *Forster*, BFuP 1987 S. 88; *HdJ*, Abt. IV/1 (1987) Rn. 120 ff.; *Ehrt* in Einzel- und Konzernabschluß, Bd. 1, Wiesbaden 1988 S. 47 ff.; *Chmielewicz*, DBW 1990 S. 27 ff. Zur Praxis großer Kapitalgesellschaften vgl. TREUARBEIT (Fn. 257), Tz. 163 ff., 202 ff.

eine ausgebaute Kostenstellen- und Kostenträgerrechnung vorliegt, sollten die Voraussetzungen dafür stets gegeben sein. Es kann im Einzelfall aber auch eine relativ einfach gehaltene Betriebsabrechnung genügen. Die Entscheidung über das anzuwendende Gliederungsschema wird nur betriebsindividuell getroffen werden können. Bei Einproduktunternehmen kann die Umsatzkostenrechnung einen gewissen Einblick in die Kalkulationsstruktur des Unternehmens geben. Ferner kann von Bedeutung sein, ob der JA der Gesellschaft in einen KA einzubeziehen ist und für welche Form der Gliederung sich das MU entschieden hat oder (bei ausländischen MU) an welche Form der Gliederung es gebunden ist. Schließlich ist darauf hinzuweisen, daß bei Anwendung des UKV sowohl der Materialaufwand als auch der Personalaufwand in der in Abs. 2 Nr. 5 und 6 vorgeschriebenen Form im Anhang anzugeben sind (§ 285 Nr. 8 HGB; vgl. hierzu Tz. 541 ff.).

g) Ausweis erfolgswirksamer Tilgungen aktiver Sonderposten nach dem DMBilG

Bei der Aufstellung von Jahresabschlüssen in den **neuen Bundesländern** stellt sich die Frage, wie Abschreibungen auf Sonderposten nach dem DMBilG (Sonderposten nach § 31 Abs. 1 Satz 1 Nr. 1 und 2 DMBilG, Sonderverlustkonto aus Rückstellungsbildung gem. § 17 Abs. 4 DMBilG, Beteiligungsentwertungskonto gem. § 24 Abs. 5 DMBilG) in der GuV auszuweisen sind.   **275**

Bei Anwendung des **Gesamtkostenverfahrens** (§ 275 Abs. 2 HGB) sind Tilgungen der Posten nach § 31 Abs. 1 Satz 1 Nr. 1 und 2 DMBilG mit unter dem Posten Nr. 7a (Abschreibungen) auszuweisen. Für den Ausweis der Tilgungen des Sonderverlustkontos kommen in Betracht:

– gesonderter Ausweis,
– Einbeziehung in die jeweiligen Primäraufwendungen[273],
– Einbeziehung in die sonstigen betrieblichen Aufwendungen.

Tilgungen des Beteiligungsentwertungskontos können auf folgende Weise in der GuV erfaßt werden:

– gesonderter Ausweis,
– Einbeziehung in die sonstigen betrieblichen Aufwendungen.

Bei Anwendung des **Umsatzkostenverfahrens** (§ 275 Abs. 3 HGB) können die Abschreibungs- und Tilgungsbeträge entweder in einem gesonderten Posten oder unter den sonstigen betrieblichen Aufwendungen (Posten Nr. 7) ausgewiesen werden. Soweit die Aktivposten im Zusammenhang mit dem Fertigungsbereich stehen, kommt auch ein Ausweis unter Posten Nr. 2 (Herstellungskosten der zur Erzielung der Umsatzerlöse erbrachten Leistungen) in Betracht.   **276**

2. Inhalt der einzelnen Posten bei Gliederung nach dem Gesamtkostenverfahren (§ 275 Abs. 2 HGB)

Nr. 1 Umsatzerlöse

Als Umsatzerlöse sind nach § 277 Abs. 1 HGB die Erlöse aus dem Verkauf und der Vermietung oder Verpachtung der für die gewöhnliche Geschäftstätigkeit   **277**

---

273 Vgl. *Budde/Forster.* § 17 DMBilG Anm. 61.

der Gesellschaft typischen Erzeugnisse, Waren und Dienstleistungen auszuweisen. Erlösschmälerungen und die Umsatzsteuer sind abzusetzen, dh. es sind nur die **Nettoerlöse** [274] auszuweisen.

278 Mit den Begriffen der **gewöhnlichen Geschäftstätigkeit** und der in ihrem Rahmen erbrachten **typischen Erzeugnisse, Waren und Dienstleistungen** soll zum Ausdruck gebracht werden, daß nicht alle Erträge der Gesellschaft, die der USt unterliegen, unter den Posten Nr. 1 fallen, sondern nur die aus der engeren Geschäftstätigkeit, die praktisch durch den Geschäftszweig bestimmt wird. Trotz des unterschiedlichen Wortlautes in § 277 Abs. 1 HGB kann somit auf die schon zu § 158 Abs. 1 AktG 1965 entwickelten Auslegungsgrundsätze zurückgegriffen werden [275]. Unter Nr. 1 fallen daher die Erlöse, die die eigentliche Betriebsleistung der Gesellschaft betreffen, während Erträge aus nicht betriebstypischen Nebengeschäften, wie etwa Kantinenerlöse oder Weiterberechnungen für die Inanspruchnahme von Verwaltungseinrichtungen der Gesellschaft, unter den sonstigen betrieblichen Erträgen (Nr. 4) zu erfassen sind [276]. Ebenfalls nicht zu den Umsatzerlösen, sondern zu den sonstigen betrieblichen Erträgen zählen Subventionen, soweit sie nicht als Anschaffungskostenminderungen zu behandeln sind. Erträge aus der typischen Tätigkeit von Holdinggesellschaften fallen unter die Finanzerträge (vgl. dazu und zur Abrenzung in weiteren Einzelfällen *ADS*, § 275 HGB Tz. 5 ff.).

279 Nach diesen Grundsätzen **sind** in den Posten Nr. 1 **einzubeziehen:** Erlöse aus dem Verkauf von Erzeugnissen und Handelswaren, branchenübliche Verkäufe von nicht mehr benötigten Roh-, Hilfs- und Betriebsstoffen, Erlöse aus dem Verkauf von Schrott, Abfallprodukten, Kuppelprodukten und Zwischenerzeugnissen, Erlöse aus betriebstypischen Dienstleistungen, Versicherungsentschädigungen, für bereits verkaufte Waren, Vereinnahmung passivierter Ertragszuschüsse bei Energieversorgungsunternehmen, Entgelte für den Abschluß von Vermittlungs- und Kommissionsgeschäften [277], Erträge aus Bau-Arbeitsgemeinschaften, für die die Gesellschaft eigene Leistungen erbringt, wobei die Einbeziehung in der Postenbezeichnung besonders zu vermerken ist (in Betracht kommt auch die Einbeziehung anteiliger Umsatzerlöse und Aufwendungen der Arbeitsgemeinschaft bei gleichzeitiger Kenntlichmachung) [278].

280 Je nach Branche und dem Absatz- oder Fertigungsprogramm des Unternehmens können unter Nr. 1 **oder** Nr. 4 auszuweisen sein: Miet- und Pachteinnahmen (bei Brauereien, Leasing- und Grundstücksverwaltungsgesellschaften grundsätzlich Nr. 1; bei anderen Unternehmen grundsätzlich Nr. 4), auch soweit erhebliche Erträge aus Werkswohnungen vorliegen [279]; Patent- und Lizenzeinnahmen; Erlöse aus anderen Dienstleistungen.

281 Die Umsatzerlöse sind grundsätzlich in **Höhe der Rechnungsbeträge** auszuweisen, also einschließlich Verpackungs- und Versandkosten. Die USt ist abzusetzen (§ 277 Abs. 1 HGB); auch der Ausweis der Bruttoerlöse unter offener Abset-

274 Vgl. St/HFA 1/1985.
275 Vgl. RegBegr. zu § 255 HGB-E, BT-Drs. 10/317 S. 86.
276 Ebenso für diese Nebengeschäfte *ADS*, § 277 HGB Tz. 18; abw. *HdR*, § 277 HGB Rn. 33.
277 Vgl. zur Behandlung der Vermittlungs- und Kommissionsgeschäfte *Forster*, NB 1961 S. 129 f.
278 Vgl. *ADS*, § 277 HGB Tz. 24; gegen die anteilige Einbeziehung *BeBiKo.*, § 275 Anm. 58; für anteilige Einbeziehung *BHdR*, B 331 Rn. 19; für Wahlrecht *Niehus/Scholz* in *Meyer-Landrut/Miller/Niehus*, §§ 238–335 HGB Rn. 774.
279 Vgl. *ADS*, § 277 HGB Tz. 12; aA *HdR*, § 277 HGB Rn. 32.

zung der USt ist als weitergehende Gliederung nach § 265 Abs. 5 HGB zulässig[280].

Nach Art. 28 der 4. EG-Richtlinie sind außer der USt auch **andere** unmittelbar auf den Umsatz bezogene **Steuern** von den Umsatzerlösen abzusetzen. Diese Formulierung ist nicht in das HGB übernommen worden, offensichtlich deshalb, weil im Gebiet der Bundesrepublik die USt die einzige direkt an den Umsatz anknüpfende Steuer ist. Verbrauchsteuern wie die Mineralölsteuer, Tabaksteuer, Salzsteuer, Biersteuer, Sektsteuer sind daher wegen des Saldierungsverbots nach § 246 Abs. 2 HGB **nicht** von den Umsatzerlösen **abzusetzen**[281]. Auch in § 1 Abs. 2 Satz 3 PublG geht der Gesetzgeber davon aus, daß in den Umsatzerlösen Verbrauchsteuern und Monopolabgaben ggf. enthalten sind. Alle diese Steuern bilden daher einen Teil der Umsatzerlöse. Die Verbrauchsteuern dürfen grundsätzlich auch nicht offen von den Umsatzerlösen abgesetzt werden. Eine Ausnahme bildet die **Mineralölsteuer,** bei der diese Vorgehensweise als GoB anzusehen ist[282]; in gleicher Weise wird bezüglich der **Tabaksteuer** verfahren werden können. Für das prinzipielle Verbot gilt folgende Begründung: Nach § 265 Abs. 5 Satz 1 HGB ist eine weitere Untergliederung zwar statthaft, doch würde es sich im vorliegenden Fall um eine Absetzung handeln, die die im übrigen vorgeschriebene Gliederung beeinträchtigt. Betroffen, dh. verkürzt würde der Posten „Ergebnis der gewöhnlichen Geschäftstätigkeit", bei einer Gliederung nach den UKV auch der Posten „Bruttoergebnis vom Umsatz". Schließlich würde auch der Bestimmung in § 275 Abs. 1 Satz 2 HGB, daß die in Abs. 2 oder 3 bezeichneten Posten „in der angegebenen Reihenfolge" gesondert auszuweisen sind, nicht mehr entsprochen.   **282**

Die **Berlinvergünstigung** nach § 1 BerlinFG (Berliner Unternehmer) ist als Subvention grundsätzlich den sonstigen betrieblichen Erträgen (Nr. 4) zuzurechnen. Der Kürzungsanspruch bei der USt auf Lieferungen an westdeutsche Unternehmer kann jedoch wie bisher auch bei den Umsatzerlösen erfaßt werden[283]. Zum Ausweis der **Ausgleichsabgabe** nach dem Dritten **Verstromungsgesetz** (idF v. 17. 11. 1980, BGBl. I S. 2137) bei Weiterbelastung vgl. St/HFA 1/1975 (Bruttoausweis, ggf. offene Absetzung der Ausgleichsabgabe von den Umsatzerlösen). Wegen Ermittlung der Umsatzerlöse bei **Versorgungsunternehmen** mit rollierenden Jahresabrechnungsverfahren vgl. J Tz. 19 sowie *Schlüter,* WPg. 1972 S. 573 ff. Bei **Speditionsunternehmen** sind bei wirtschaftlicher Betrachtungsweise die weiterberechneten Fremdleistungen bei den Umsatzerlösen auszuweisen, während vorgelegte Auslagen in der GuV nicht erfaßt werden[284].   **283**

Die Umsatzerlöse sind um **Erlösschmälerungen** zu kürzen (§ 277 Abs. 1 HGB). Im einzelnen gehören dazu Skonti, Umsatzvergütungen, Mengenrabatte, Treueprämien und andere Sondernachlässe sowie zurückgewährte Entgelte, jedoch **nicht** an Dritte gewährte Provisionen (Ausweis unter dem Posten Nr. 8). Es ist dabei ohne Bedeutung, ob die Begrenzungen des Rabattgesetzes eingehalten   **284**

---

280 Vgl. *ADS.* § 277 HGB Tz. 37.
281 Mißverständlich insoweit *Gross/Schruff* (Fn. 252), S. 186.
282 Vgl. *ADS,* § 275 HGB Tz. 204; aA *BeBiKo.,* § 275 Anm. 66 f. (offenes Absetzen Pflicht bei sämtlichen Verbrauchsteuern und Monopolabgaben); *BoHdR.,* § 277 HGB Rn. 8 ff. (Wahlrecht bei Wesentlichkeit); *Baumbach/Hueck,* § 42 GmbHG Anm. 347 (offenes Absetzen ausnahmslos unzulässig).
283 Vgl. St/HFA 1/1985 idF 1990, Abschn. A III; im Anschluß an die frühere Fassung der Stellungnahme noch ausschließlich für den Ausweis bei den Umsatzerlösen *ADS.* § 277 HGB Tz. 21.
284 Vgl. *ADS,* § 277 HGB Tz. 17; *BeBiKo.,* § 275 Anm. 55.

wurden. Auch Abzinsungen minderverzinslicher oder unverzinslicher langfristiger Waren- und Leistungsforderungen sind hier einzubeziehen[285]. Unter die zurückgewährten Entgelte fallen Rückwaren sowie alle Gutschriften an Abnehmer für Gewichtsmängel, Preisdifferenzen sowie für Fracht und Verpackungskosten bis zur Höhe des ursprünglichen Rechnungsbetrages. Es sind nicht nur die bereits gewährten Preisnachlässe und zurückgewährten Entgelte abzusetzen, sondern auch Zuweisungen zu entsprechenden Rückstellungen. Grundsätzlich können Preisnachlässe und zurückgewährte Entgelte nur insoweit von dem Posten Nr. 1 abgesetzt werden, als die entsprechenden Erlöse in diesem Posten enthalten sind[286]. Es sollten aber keine Bedenken dagegen bestehen, bei unzureichender Rückstellungsbildung auch VJ-Umsätze betreffende Abzüge unter dem Posten Nr. 1 zu verrechnen, wenn in jedem Geschäftsjahr in der gleichen Weise verfahren wird und es sich nicht um außergewöhnliche oder einmalige Umsatzkorrekturen handelt[287].

285 **Nicht** von den unter Nr. 1 auszuweisenden Umsätzen dürfen wegen § 246 Abs. 2 HGB Ausgangsfrachten, Vertreterprovisionen, Versicherungen und andere Vertriebskosten abgesetzt werden (Ausweis unter Nr. 8). Ebenfalls unter die sonstigen betrieblichen Aufwendungen fallen idR Abschreibungen auf uneinbringliche Forderungen und Vertragsstrafen mit Schadensersatzcharakter. Zur Aufgliederung der Umsatzerlöse im **Anhang** (§ 285 Nr. 4 HGB) vgl. im einzelnen Tz. 534 ff.

Nr. 2 Erhöhung oder Verminderung des Bestands an fertigen und unfertigen Erzeugnissen

286 Der Posten ergibt sich im Prinzip als **Differenz** zwischen den Werten, die in der zum Ende des GJ aufgestellten Bilanz und in der VJ-Bilanz für **unfertige und fertige Erzeugnisse** ausgewiesen sind. Eine Aufteilung nach der Veränderung der unfertigen und der fertigen Erzeugnisse erübrigt sich, auch wenn gegenläufige Bestandsveränderungen der beiden Erzeugnisarten zu verzeichnen sind. Ob die Bestandsveränderung auf Änderungen der Menge oder des Wertes (Zu- und Abschreibungen) beruht, ist im Regelfall unbeachtlich (§ 277 Abs. 2 erster Halbsatz HGB).

287 Liegen jedoch **Abschreibungen** vor, die das bei der Gesellschaft sonst **übliche Maß übersteigen,** so dürfen diese Abschreibungen nicht einbezogen werden (§ 277 Abs. 2 zweiter Halbsatz HGB); sie sind unter dem Posten Nr. 7b auszuweisen. Als Abschreibungen, die unproblematisch sein sollten, werden idR die auf dem Niederstwertprinzip beruhenden Abschreibungen (§ 253 Abs. 3 Satz 1 und 2 HGB) angesehen werden können. Ausnahmen hiervon, die als **unüblich** anzusehen sind, können Niederstwertabschreibungen im Zusammenhang mit

285 Vgl. *ADS*, § 277 HGB Tz. 35; *BeBiKo.*, § 275 Anm. 65.
286 Vgl. *Geßler*, WM Sonderbeil. 1/1960 S. 27; *Döllerer*, BB 1960 S. 108 f.; *Kropff*, Das Wertpapier 1960 S. 261; *Wilhelmi/Friedrich*, Kleine Aktienrechtsreform, zugleich Nachtrag zu *Godin/Wilhelmi*, Aktiengesetz, Berlin 1960, § 19 Anm. 11; *Godin/Wilhelmi*, § 157 AktG 1965 Anm. 3.
287 Vgl. *Arbeitskreis IDW*, WPg. 1960 S. 546; *ADS*, § 277 HGB Tz. 34 mwN; die Absetzung in jedem Fall bejahend *HdJ*, Abt. IV/1 (1987) Rn. 185; *Arbeitskreis Chemie*, WPg. 1960 S. 491 ff. (493); *Schönnenbeck*, NB 1961 S. 56 f.; grundsätzlich auch *Mellerowicz* in Großkom., § 158 AktG 1965 Anm. 10; nur Verrechnung von geringfügigen Spitzenbeträgen zulassend *Kropff* in AktG-Kom., § 157 AktG 1965 Anm. 47; ablehnend, für Ausweis aller periodenfremden Erfolgsbestandteile unter sonstigen Erträgen/sonstigen Aufwendungen *Schnicker*, WPg. 1977 S. 236 ff.; ablehnend auch *BeBiKo.*, § 275 HGB Anm. 63.

Sanierungen, Betriebsstillegungen, Katastrophen oä. sein. Abschreibungen gemäß § 253 Abs. 3 Satz 3 HGB (Abschreibungen zur Berücksichtigung künftiger Wertschwankungen) können je nachdem, ob sie häufiger vorkommen oder nicht, zu den sonst üblichen Abschreibungen oder zu den unter Nr. 7b fallenden gehören; sie sind in beiden Fällen im Hinblick auf die Bestimmung in § 277 Abs. 3 Satz 1 HGB im Anhang zu vermerken, es sei denn, sie werden gesondert ausgewiesen. Steuerrechtliche Abschreibungen (§ 254 HGB) können, wenn sie regelmäßig vorkommen, ebenfalls zu den sonst üblichen Abschreibungen gehören. Liegen die Voraussetzungen dafür nicht vor, so sind sie unter dem Posten Nr. 7b auszuweisen. Weiterhin kommen als sonst nicht übliche Abschreibungen solche in Betracht, die mit einem Übergang auf geänderte Bewertungsmethoden im Zusammenhang stehen (Erläuterungspflicht nach § 284 Abs. 2 Nr. 3 HGB) und betragsmäßig so bedeutend sind, daß sie aus dem Rahmen des sonst Üblichen fallen[288]. Wegen zusätzlicher Angaben oder Änderung der Postenbezeichnung vgl. *ADS*, § 277 HGB Tz. 47.

Selbsterzeugte Roh-, Hilfs- und Betriebsstoffe sind bilanztechnisch unfertige   **288** Erzeugnisse, deren Bestandsveränderungen unter erweiterter Postenbezeichnung grundsätzlich hier auszuweisen sind; falls sie in der Bilanz jedoch wegen der Schwierigkeit ihrer Erfassung zusammen mit den bezogenen Roh-, Hilfs- und Betriebsstoffen ausgewiesen werden, muß die Bestandsveränderung unter dem Posten Nr. 5a verrechnet werden[289].

Auch die **Bestandsveränderungen noch nicht abgerechneter Leistungen** wie in   **289** Arbeit befindlicher Aufträge oder für Dritte errichteter unfertiger Bauten auf fremdem Grund und Boden fällt unter den Posten Nr. 2, auch wenn hierfür in der Bilanz besondere Posten ausgewiesen werden; es erscheint zweckmäßig, dies in der Bezeichnung des Postens Nr. 2 zum Ausdruck zu bringen[290]. Dagegen gehört die **Bestandsveränderung der Handelswaren,** auch wenn diese üblicherweise in der Bilanz zusammen mit den fertigen Erzeugnissen ausgewiesen werden, **nicht** unter diesen Posten[291]. Bestandserhöhungen betreffen nicht die GuV, sondern unmittelbar die Vorratskonten; der Verbrauch an Handelswaren dagegen ist unter dem Posten Nr. 5a oder ggf. unter Nr. 7b auszuweisen.

Nr. 3 Andere aktivierte Eigenleistungen

Der Posten resultiert aus der Aktivierung von im Anlagevermögen aktivierten   **290** Eigenleistungen des Unternehmens, für die die Aufwendungen unter den verschiedenen Aufwandsposten der GuV ausgewiesen sind. Die Aufwendungen dürfen also nicht um die aktivierten Beträge gekürzt, sondern müssen vollständig ausgewiesen werden. Den wesentlichen Inhalt des Postens bilden **selbsterstellte Anlagen, aktivierte Großreparaturen** sowie nach § 269 HGB aktivierte **Aufwendungen für die Ingangsetzung und Erweiterung des Geschäftsbetriebs.** Direkt

---

288 Vgl. im einzelnen zur Abgrenzung der unüblichen Abschreibungen *ADS*, § 275 HGB Tz. 132 ff., § 277 HGB Tz. 43 ff.; teilw. abw. *BeBiKo.*, § 275 Anm. 145 ff.; *Bohl*, WPg. 1986 S. 35, und *Glade*, BiRiLiG, § 275 HGB Tz. 175, rechnen nur die Wertschwankungsabschreibungen zu den unüblichen.

289 Vgl. *Arbeitskreis IDW*, WPg. 1960 S. 549; im einzelnen siehe *ADS*, § 275 HGB Tz. 66 f.; teilw. abw. *Kropff* in AktG-Kom., § 157 AktG 1965 Anm. 51; aA (grundsätzlich für Ausweis unter Nr. 3) *HdR*, § 275 HGB Rn. 34, 371.

290 Vgl. *ADS*, § 275 HGB Tz. 57; *Kropff* in AktG-Kom., § 157 AktG 1965 Anm. 52; für gesonderten Ausweis *Baumbach/Hueck*, § 42 GmbHG Anm. 349.

291 Vgl. *ADS*, § 275 HGB Tz. 55; *Mellerowicz* in Großkom., § 157 AktG 1965 Anm. 38.

auf den betreffenden Anlagekonten aktivierte Fremdbezüge (Netto-Methode) sind **nicht** unter Nr. 3 zu erfassen, da ihnen in der GuV keine entsprechenden Aufwendungen gegenüberstehen[292]. Auch Eigenleistungen, die nicht aktiviert worden sind, gehören nicht unter den Posten Nr. 3, wie die Beseitigung von Bergschäden, für die eine Bergschadenrückstellung besteht, oder nicht aktivierbare eigene Reparaturen. Ebensowenig können hier selbsterzeugte Roh-, Hilfs- und Betriebsstoffe ausgewiesen werden[293].

291   Werden Aufwendungen früherer Perioden, etwa im Anschluß an eine steuerliche Betriebsprüfung, aktiviert, so sollten derartige **periodenfremde Beträge** unter dem Posten Nr. 4 oder in ao. Fällen unter Nr. 15 erfaßt werden[294]. Zur Behandlung der Nachaktivierungen im Anlagenspiegel vgl. Tz. 45.

Nr. 4 Sonstige betriebliche Erträge

292   Der Posten Nr. 4 ist ein **Sammelposten** für alle nicht unter andere Ertragsposten fallenden Erträge, und zwar insbesondere:

- Erlöse aus nicht betriebstypischen Nebenumsätzen (zB nicht zu Nr. 1 zählende Mieten, Pachten, Patent- und Lizenzgebühren, Magazinverkäufe, Erträge aus Sozialeinrichtungen wie Kantinen oder Erholungsheimen),
- Erträge aus der Auflösung nicht mehr benötigter Rückstellungen (mit Ausnahme der Steuerrückstellungen, vgl. Erl. zu Nr. 18),
- Ausgleichsposten bei der Inanspruchnahme von solchen Rückstellungen, die über sonstige betriebliche Aufwendungen gebildet worden sind[295],
- Erträge aus Zuschreibungen und aus Wertaufholungen (§ 280 Abs. 1 HGB), soweit nicht unter Posten Nr. 2, 5a oder 15 fallend[296],
- Zahlungseingänge auf in früheren Jahren ausgebuchte Forderungen,
- Schuldnachlässe, soweit nicht ao. (dann Nr. 15, zB Sanierung),
- Buchgewinne aus dem Abgang von Gegenständen des Anlagevermögens, soweit nicht unter Nr. 1 zu berücksichtigen (zB Mobilien-Leasing),
- Buchgewinne aus dem Verkauf von Wertpapieren des Umlaufvermögens oder von Bezugsrechten dieser Wertpapiere,
- Kursgewinne aus Währungen,
- Kostenerstattungen sowie Rückvergütungen und Gutschriften für frühere Jahre[297],
- Erträge aus Schadensersatzleistungen und Versicherungsentschädigungen (soweit nicht für verkaufte Erzeugnisse),
- Erträge aus Subventionen, soweit nicht Anschaffungskostenminderungen[298],
- Erträge aus Ausgleichsansprüchen nach § 311 Abs. 2 AktG, soweit nicht ein Ausweis unter Nr. 15 notwendig ist,
- Erträge aus Heraufsetzungen von Festwerten des Sachanlagevermögens,

---

292 Vgl. *ADS*, § 275 HGB Tz. 63 (Netto-Methode für Fremdbezüge nur anwendbar bei unwesentlichem Anteil der Eigenleistungen am Gesamtprojekt); ebenso *BeBiKo.*, § 275 Anm. 81.

293 Vgl. *Arbeitskreis IDW*, WPg. 1960 S. 549; *ADS*, § 275 HGB Tz. 66 f.; *Eßer*, AG Sonderbeilage I/61 S. 1 ff. (5); aA *Arbeitskreis Chemie*, WPg. 1960 S. 493 und 2. Erg.-Heft der ZfB 1966 S. 19, sowie *Mellerowicz* in Großkom., § 157 AktG 1965 Anm. 39; *HdR*, § 275 HGB Rn. 34, 37.

294 Vgl. *ADS*, § 275 HGB Tz. 60; aA *Biener/Berneke*, BiRiLiG, Erl. zu § 275 HGB S. 210.

295 Vgl. *ADS*, § 275 HGB Tz. 71, 78 f.

296 Für Ausweis von Zuschreibungen und Buchgewinnen aus dem Abgang von Finanzanlagen und Wertpapieren des Umlaufvermögens unter Posten Nr. 9 *Oebel*, WPg. 1988 S. 126; ähnlich *Kölner Kom.*, §§ 275–277 HGB, 158 AktG Anm. 39.

297 Vgl. *ADS*, § 275 HGB Tz. 71; aA *BHdR*, B 331 Rn. 97.

298 Vgl. St/HFA I/1984; zu den Berlin-Vergünstigungen vgl. St/HFA I/1985, Abschn. A III.

– Gestionsgebühren von Tochtergesellschaften (soweit nicht leistungsbezogen)[299],
– Erträge aus an Organgesellschaften weiterbelasteten Steuern, soweit nicht gesondert ausgewiesen (vgl. Nr. 9a).

Soweit die Erträge ao., dh. außerhalb der gewöhnlichen Geschäftstätigkeit der **293** Gesellschaft angefallen sind, müssen sie als ao. Erträge (Posten Nr. 15) ausgewiesen werden (§ 277 Abs. 4 Satz 1 HGB); vgl. hierzu Tz. 352. In den sonstigen betrieblichen Erträgen enthaltene **periodenfremde** Beträge sind nach § 277 Abs. 4 Satz 3 HGB im Anhang anzugeben.

Ferner sind unter Nr. 4 auszuweisen **Erträge** aus der **Auflösung von Sonderposten** **294** **mit Rücklageanteil.** Der Ausweis muß gesondert, dh. als Unterposten oder „davon"-Vermerk erfolgen, es sei denn, daß eine entsprechende Angabe im Anhang erfolgt (§ 281 Abs. 2 Satz 2 HGB). Die Auflösungsbeträge sind brutto zu erfassen; anfallende Ertragsteuern sind unter Nr. 18 einzustellen. Im Unterschied zu Entnahmen aus offenen Rücklagen erhöhen die Auflösungen von Sonderposten mit Rücklageanteil den Jahresüberschuß (oder vermindern den Jahresfehlbetrag), was bei AG insbesondere im Hinblick auf die Vorschriften über die Einstellungen in die gesetzliche Rücklage nach § 150 Abs. 2 Nr. 1 AktG, über die Verwendung des Jahresüberschusses gemäß § 58 AktG sowie über die Gewinnbeteiligung der Vorstandsmitglieder (§ 86 Abs. 2 AktG) von Bedeutung ist.

Eine **Auflösung,** die unter dem Posten Nr. 4 auszuweisen ist, liegt auch dann vor, **295** wenn **Sonderposten mit Rücklageanteil** (zB nach § 6b EStG) zu **steuerrechtlichen Abschreibungen** auf der Aktivseite der Bilanz verwandt werden. Es ist nicht zulässig, ohne Berührung der GuV lediglich eine Umbuchung in der Bilanz vorzunehmen. Wird die steuerrechtliche Abschreibung dagegen in der Form durchgeführt, daß der Ausweis unter dem Sonderposten mit Rücklageanteil beibehalten wird (siehe hierzu § 281 Abs. 1 Satz 1 HGB), so bedarf es keiner Auflösung der 6b-Rücklage; der Ausweis unter Nr. 4 entfällt in diesem Fall zunächst. Auflösungen des Sonderpostens in späteren Perioden nach den steuerlichen Vorschriften oder nach Maßgabe der Abschreibungen des zugehörigen Vermögensgegenstandes (§ 281 Abs. 1 Satz 3 HGB) sind dann jedoch unter Nr. 4 auszuweisen[300].

Nr. 5 Materialaufwand

Nr. 5a Aufwendungen für Roh-, Hilfs- und Betriebsstoffe und für bezogene Waren

Ob alle Aufwendungen für Roh-, Hilfs- und Betriebsstoffe in den Posten Nr. 5a **296** einzubeziehen sind oder nur der auf den Fertigungsbereich entfallende Stoffverbrauch, war nach altem Recht umstritten. Nach geltendem Recht sind beide Methoden als zulässig anzusehen. Daher können Aufwendungen für Roh-, Hilfs- und Betriebsstoffe der Bereiche Verwaltung oder Vertrieb entweder hier oder unter den sonstigen betrieblichen Aufwendungen (Nr. 8) ausgewiesen werden[301]. Die Art des Ausweises ist gem. § 265 Abs. 1 Satz 1 HGB beizubehalten.

---

299 Vgl. *ADS.* § 275 HGB Tz. 71; *Mellerowicz* in Großkom., § 157 AktG 1965 Anm. 56.
300 Vgl. *ADS.* § 275 HGB Tz. 80 und § 281 HGB Tz. 36 f.; hierzu auch *BHdR.* B 232 Rn. 106 ff.
301 Vgl. *ADS.* § 275 HGB Tz. 83 f.; abw. *BeBiKo.,* § 275 Anm. 117 (nur bei Wesentlichkeit Ausweis

Zu den ergänzenden Vorschriften für Kapitalgesellschaften

297 Unter Nr. 5a **kann** somit der **gesamte Materialverbrauch** des Unternehmens ausgewiesen werden, insbesondere also alle Fertigungsstoffe, Labormaterial, Brenn- und Heizungsstoffe, Reinigungsmaterial, Reparaturstoffe, Baumaterial (soweit ein Gegenposten unter Nr. 3 eingestellt ist), Reserveteile und Werkgeräte, Versand- und Büromaterial sowie die Einstandswerte verkaufter Handelswaren. Energieaufwendungen sind als bezogene Leistungen unter Nr. 5b auszuweisen [302].

298 Beschaffungen von Gegenständen für **Festwertposten des Sachanlagevermögens** können sowohl hier wie auch im Posten Nr. 8 erfaßt werden [303]; Erhöhungen von Festwertposten sind in diesem Fall unter Nr. 4, Verminderungen unter Nr. 7a auszuweisen [304]. Bei Festwerten für Roh-, Hilfs- und Betriebsstoffe sind Ersatzbeschaffungen und Veränderungen der Höhe unter Nr. 5a zu erfassen.

299 Die Aufwendungen sind zu den **Einstandswerten der verbrauchten Materialien**, jedoch ohne USt (Vorsteuer), die mit der Steuerschuld verrechnet werden kann, auszuweisen; zum Ausweis nicht abzugsfähiger Vorsteuern (§ 15 Abs. 2 UStG) in diesem Posten und zur Behandlung der Berlin-Vergünstigung nach § 2 BerlinFG (Westdeutsche Unternehmer) vgl. St/HFA 1/1985. Der Ausweis unter dem Posten Nr. 5a umfaßt aber nicht nur die Einstandswerte der verbrauchten Materialien oder verkauften Handelswaren, sondern im Regelfall auch die sich aus Schwund, Qualitätsverlusten, rückläufigen Marktpreisen und anderen Ursachen ergebenden **Inventur- und Bewertungsdifferenzen**. Anders als beim Posten Nr. 2 ist nicht eigens vorgeschrieben, daß Abschreibungen, die über die in der Gesellschaft sonst üblichen Abschreibungen hinausgehen, nicht in den Posten Nr. 5a einbezogen werden dürfen. Gleichwohl ist im Hinblick auf die Bezeichnung des Postens Nr. 7b davon auszugehen, daß **nicht übliche Abschreibungen** nicht unter Nr. 5a, sondern unter Nr. 7b auszuweisen sind (zur Abgrenzung der nicht üblichen Abschreibungen vgl. die Erläuterungen zu Nr. 7b).

Nr. 5b Aufwendungen für bezogene Leistungen

300 Außer dem Verbrauch an Roh-, Hilfs- und Betriebsstoffen sowie dem Einsatz bezogener Waren sind unter dem Posten Nr. 5 „Materialaufwand" als Untergliederung auch die Aufwendungen für bezogene Leistungen auszuweisen. Hierher gehören daher nicht Fremdleistungen schlechthin, sondern solche Aufwendungen für von Dritten bezogene Leistungen, die bei betriebswirtschaftlicher Betrachtungsweise dem **Materialaufwand** zuzuordnen sind [305]. Eine gewisse Großzügigkeit bei der Abgrenzung erscheint vertretbar.

301 Nach dieser Maßgabe sind unter dem Posten Nr. 5b als Aufwendungen für bezogene Leistungen im wesentlichen **einzubeziehen** die Aufwendungen für von Dritten durchgeführte Lohnbe- und -verarbeitung von Fertigungsstoffen und

---

unter Nr. 8); *BoHdR*, § 275 HGB Rn. 90 (bei Wesentlichkeit oder bei Ausweis eines Rohertrages als Zwischenergebnis Ausweis unter Nr. 8).
302 Vgl. *ADS*, § 275 HGB Tz. 85, 97.
303 Vgl. *ADS*, § 275 HGB Tz. 87; aA (nur Ausweis unter sonstigen Aufwendungen zulässig) *Kropff* in AktG-Kom., § 157 AktG 1965 Anm. 61.
304 Vgl. *ADS*, § 275 HGB Tz. 87; ebenso für Erhöhungen *BeBiKo.*, § 240 Anm. 102, aber bei Minderungen für Ausweis unter Nr. 8 (Anm. 104).
305 Vgl. *ADS*, § 275 HGB Tz. 93 ff.; *BoHdR*, § 275 HGB Rn. 93 ff.; für engere Auslegung *Biener/Berneke*, BiRiLiG, Erl. zu § 275 HGB S. 211; *Schmeisser/Steinle*, DB 1986 S. 2609 ff.; für weitere Auslegung *Westermann*, BB 1986 S. 1120 ff.; *HdJ*. Abt. IV/1 (1987) Rn. 240; *Doberenz*, BB 1987 S. 2190 ff.; *Oebel*, WPg. 1988 S. 125 ff.

Erzeugnissen, wie zB die Kosten für das Umschmelzen von Metallen, für Stanzarbeiten, für Entgraten von Preßteilen, für Lackierung eigener Erzeugnisse, für Härten von Fertigungsteilen, für die Gummierung von Laufrädern[306]. Ebenfalls unter Nr. 5b fallen Aufwendungen für bezogene Energie[307].

Dagegen gehören **nicht** hierher (sondern unter Nr. 8) die Aufwendungen für solche bezogenen Leistungen Dritter, die nicht dem Materialaufwand zuzurechnen sind, wie zB Mieten, Beratungsgebühren, Werbekosten, Reisespesen, Sachversicherungsprämien, Porti, Telefongebühren, Sachverständigenhonorare. **Fremdreparaturen** sind unter Nr. 5b auszuweisen, wenn der Materialanteil an den Reparaturkosten den Lohnanteil überwiegt (sonst unter Nr. 8)[308]. Mietaufwendungen, die als Umsatzerlöse weiterberechnet werden, können unter Nr. 5b einbezogen werden. Ob Aufwendungen für **Lizenzen** als dem Roh-, Hilfs- und Betriebsstoffverbrauch gleichzusetzende Fremdleistungen anzusehen sind, kann nur im Einzelfall beurteilt werden; grundsätzlich sollten sie unter Posten Nr. 8 ausgewiesen werden. | 302

Nr. 6 Personalaufwand

Nr. 6a Löhne und Gehälter

Hier sind sämtliche Löhne und Gehälter (Bruttobeträge) sowie alle sonstigen | 303 **Vergütungen für im Abschlußjahr geleistete Arbeiten** der Belegschaftsmitglieder (Arbeiter, Angestellte einschließlich der Mitglieder des Vorstands/der Geschäftsführung), soweit sie nicht im Rahmen der Gewinnverwendung gewährt werden, auszuweisen, ebenso auch Nachzahlungen für VJ, soweit hierfür nicht Rückstellungen bestehen[309]. Handelt es sich um wesentliche **periodenfremde** Beträge, so sind sie nach § 277 Abs. 4 Satz 3 HGB im Anhang zu erläutern.

Unerheblich ist,

a) in welcher **Form** und unter welcher **Bezeichnung** sie gewährt werden, zB Sachbezüge wie Deputate, mietfreie Dienstwohnungen[310] und Nebenbezüge wie allgemeine Aufwands- und Trennungsentschädigungen, Gratifikationen, Provisionen an angestellte Reisende, Hausstands- und Kinderzulagen, Löhne für Feiertage und Urlaub, Weihnachtsgelder, Zahlungen aufgrund des Lohnfortzahlungsgesetzes, Zahlungen nach dem Vermögensbildungsgesetz, Wohnungsentschädigungen, Entgelte für Überstunden, Erfindervergütungen (soweit nicht aktiviert), Erfolgsbeteiligungen, Sonderzulagen für Schwerstarbeit, Erziehungsbeihilfen usw.; Provisionen selbständiger Vertreter gehören unter Nr. 8. Im allgemeinen werden sich die Nebenbezüge, die unter Nr. 6a einzubeziehen sind, mit den Beträgen decken, die lohnsteuerpflichtig sind. Auch von der Gesellschaft übernommene Lohn- und Kirchensteuern gehören unter Nr. 6a (zB pauschalierte Lohnsteuer)[311];

306 So bereits zu § 132 AktG 1937 *ADS*, 3. Aufl., Erg.-Bd. § 132 Tz. 119; *Arbeitskreis IDW*, WPg. 1960 S. 545 ff. (549); *Geßler*, WM Sonderbeil. 1/1960 S. 28; *Kropff*, Das Wertpapier 1960 S. 262; *Wilhelmi/Friedrich* (Fn. 286), § 19 Anm. 15; *Oesterlink*, RWP Aktiengesetz II Bl/62 S. 19.
307 Vgl. *ADS*, § 275 HGB Tz. 97; aA *HdR*, § 275 HGB Rn. 53 (für Ausweis unter Nr. 5a).
308 Vgl. *ADS*, § 275 HGB Tz. 96.
309 Vgl. zum Ausweis der Personalaufwendungen auch *Peter*, DB 1972 S. 1450 ff.
310 Gegen die Doppelerfassung von Aufwendungen für Dienstwagen (verschiedene Aufwandsarten und Personalaufwand) *Wichmann*, BB 1989 S. 1792 ff.
311 Vgl. *ADS*, § 275 HGB Tz. 104, 200; *Wichmann*, BB 1987 S. 648 f.; aA *BHdR*, B 338 Rn. 61.

b) wie die bezahlten Arbeitsentgelte in der **Kalkulation** verrechnet werden (Einzel- oder Gemeinkostenlöhne und -gehälter);

c) in welcher **Kostenstelle** die Arbeit verrechnet wurde (Haupt-, Neben- oder Hilfsbetriebe, Vertrieb, Verwaltung);

d) welchen **Zwecken** die Arbeit gedient hat, zB Produktion von Waren zum Verkauf oder von Anlagen, Reparaturarbeiten für Fremde usw.; soweit Löhne und Gehälter im Anlagevermögen aktiviert werden, gehört der Gegenwert unter den Posten Nr. 3; für weiterberechnete Löhne und Gehälter kommen idR die sonstigen betrieblichen Erträge (Nr. 4), je nach der Art des zugrunde liegenden Geschäftszweiges aber auch die Umsatzerlöse (Nr. 1) in Betracht; eine Absetzung in der Vorspalte ist nicht zulässig;

e) ob die **Beträge** schon **bezahlt** oder erst Rückstellungen bzw. Verbindlichkeiten für sie angesetzt worden sind (§ 252 Abs. 1 Nr. 5 HGB).

304 **Vorschüsse** auf künftige Löhne und Gehälter sind **keine** Aufwendungen, sondern, soweit am Abschlußstichtag noch nicht verrechnet, als Forderungen zu bilanzieren. Rückstellungen für **nach dem Abschlußstichtag anfallende** Lohnaufwendungen (zB für Garantiearbeiten) sollten bei ihrer Bildung **nicht** über Nr. 6a verrechnet werden, sondern über Nr. 8[312]. Im GJ des Anfalls werden die tatsächlich entstandenen Löhne dann unter Nr. 6a ausgewiesen, wobei die früher gebildete Rückstellung in Höhe des Verbrauchs über sonstige betriebliche Erträge (Nr. 4) aufzulösen ist. Wurde die Rückstellung dagegen über den Personalaufwand gebildet, so wird die GuV nur in Höhe der ggf. auftretenden Differenzen zwischen dem Rückstellungsbetrag und der tatsächlichen Inanspruchnahme berührt.

305 **Nicht** zu den Löhnen und Gehältern gehören Rückerstattungen barer **Auslagen** einschließlich ggf. pauschalierter Spesen für Reisen, Verpflegung und Übernachtung sowie Umzüge (Ausweis unter Nr. 8). Löhne und Gehälter für Arbeitskräfte fremder Firmen **(Personalleasing)** sind unter Nr. 5b oder Nr. 8 auszuweisen, auch wenn die Entgelte von der Gesellschaft errechnet und ausgezahlt werden[313].

306 Bei **Abfindungen** vorzeitig ausscheidender Belegschaftsmitglieder und Organmitglieder wird häufig eine Nachzahlung von Lohn oder Gehalt für bereits geleistete Dienste vorliegen. Außerdem liegt der Grund für Abfindungszahlungen letztlich im Dienstverhältnis. Daher sind Abfindungen generell als Löhne und Gehälter auszuweisen[314]. Dies gilt auch für derartige Verpflichtungen aus Sozialplänen. Haben solche Zahlungen einen erheblichen Umfang, so gehören die entstehenden Aufwendungen unter den Posten Nr. 16. Wesentliche **periodenfremde** Beträge müssen nach § 277 Abs. 4 Satz 3 HGB im Anhang erläutert werden. Leistungen aufgrund einer Vorruhestandsregelung können je nach ihrer Klassifizierung als Abfindungs- oder als Altersversorgungsverpflichtungen (vgl. E Tz. 129) hier oder unter Nr. 6b auszuweisen sein[315].

---

312 Diese Vorgehensweise wird auch vorgezogen bei *ADS*, § 275 HGB Tz. 106.
313 Wegen der Behandlung derartiger Aufwendungen im Bergbau unter Nr. 6a vgl. *ADS*, § 275 HGB Tz. 100.
314 Vgl. *Kropff* in AktG-Kom., § 157 AktG 1965 Anm. 110; *ADS*, § 275 HGB Tz. 109 f.; aA *BeBiKo.*, § 275 Anm. 131; einen Überblick über verschiedene Ausweisvorschläge gibt *Kölner Kom.*, §§ 275–277 HGB, 158 AktG Anm. 52.
315 Vgl. *ADS*, § 275 HGB Tz. 120; für Ausweis unter Nr. 8 *BeBiKo.*, § 275 Anm. 131, 135.

Auch **freiwillig** von der Gesellschaft **übernommene Beiträge** der Belegschaftsmitglieder an gesetzliche soziale Versicherungen gehören unter Nr. 6a[316]. Das gleiche gilt für Jubiläumszahlungen. Von der Gesellschaft für Belegschaftsmitglieder geleistete Versicherungsprämien für Altersversorgung fallen unter Nr. 6b, wenn der Anspruch aus dem Versicherungsvertrag den Arbeitnehmern direkt zusteht; werden solche **Direktversicherungen** im Wege der Umwandlung bisheriger Lohn- und Gehaltsteile abgeschlossen, dürfte allerdings ein Ausweis unter Nr. 6a zulässig sein[317]. Ob Beiträge der Gesellschaft zu Lebensversicherungen, die zur Befreiung von der Pflichtversicherung abgeschlossen wurden, hier oder unter Nr. 6b auszuweisen sind, kann zweifelhaft sein; im Hinblick auf den Ersatzcharakter werden Einwendungen gegen den Ausweis unter Nr. 6b in Höhe der gesetzlichen Verpflichtung nicht zu erheben sein. **307**

AR-Bezüge (feste Bezüge wie auch Gewinnbeteiligungen) fallen nicht unter Nr. 6a, sondern unter Nr. 8. Die Mitglieder des AR stehen in keinem Dienst- oder Anstellungsverhältnis zur Gesellschaft. Wegen Vergütungen an persönlich haftende Gesellschafter bei der KGaA vgl. *ADS*, § 275 HGB Tz. 103. **308**

Nr. 6b Soziale Abgaben und Aufwendungen für Altersversorgung und für Unterstützung

Unter den **sozialen Abgaben**[318] sind lediglich die **gesetzlichen**[319] Pflichtabgaben, soweit sie von der Gesellschaft zu tragen sind (Arbeitgeberanteile), auszuweisen. Es fallen hierunter die Beiträge an die Sozialversicherung (Rentenversicherung der Angestellten und Arbeiter, Knappschaft, Kranken- und Arbeitslosenversicherung) sowie an die Berufsgenossenschaft (einschließlich der alten Rentenlast der Bergbauberufsgenossenschaft und der Umlage für Konkursausfallgeld). Auch die laufenden Beiträge zur Insolvenzsicherung von betrieblichen Versorgungszusagen an den PSV sollten grundsätzlich unter Nr. 6b ausgewiesen werden. Sie zählen aber nicht zu den sozialen Abgaben, sondern zu den Aufwendungen für Altersversorgung und sind dementsprechend in die gesonderte Angabe einzubeziehen[320]. Gegen die Einbeziehung von Firmenbeiträgen zur sog. befreienden Lebensversicherung werden keine Einwendungen zu erheben sein[321]; vgl. hierzu Erl. zu Nr. 6a. **309**

Nicht hier auszuweisen sind von der Gesellschaft **freiwillig übernommene Beiträge** der Arbeitnehmer zu gesetzlichen Sozialeinrichtungen sowie die im Krankheitsfall an Betriebsangehörige weitergezahlten Bezüge oder Zuschüsse (grundsätzlich Ausweis unter Nr. 6a, bei freiwilligen Zahlungen allerdings als Aufwendungen für Unterstützung unter Nr. 6b). Zahlungen an die Ausgleichskasse für **310**

---

316 aA *BeBiKo.*, § 275 Anm. 133 (freiwillige Sozialleistungen unter Nr. 8).
317 aA *Knapp*, WPg. 1978 S. 301 f., die Ausweis unter den Aufwendungen für Altersversorgung für zwingend ansieht; vgl. im einzelnen zur Direktversicherung *Cisch*, BB 1987 S. 300 ff.; *Pophal*, DB 1987 S. 834 ff.; zu Sammelversicherungsverträgen *Metz*, DB 1987 S. 1267 ff.
318 Zu den sozialen Abgaben vgl. eingehend *Wünsche*, Soziale Abgaben im Rechnungswesen, München 1985.
319 aA *HdR*, § 275 HGB Rn. 59 (grundsätzlich auch vertragliche und freiwillige Sozialaufwendungen unter Nr. 6b auszuweisen).
320 Vgl. *ADS*, § 275 HGB Tz. 119; aA *HdJ*, Abt. IV/1 (1987) Rn. 263.
321 Ebenso *ADS*, § 275 HGB Tz. 117; *Mellerowicz* in Großkom., § 157 AktG 1965 Anm. 59; *Kropff* in AktG-Kom., § 157 AktG 1965 Anm. 114.

nicht beschäftigte Schwerbeschädigte gehören zu den sonstigen betrieblichen Aufwendungen[322].

311   Als **Aufwendungen für Altersversorgung** kommen folgende Aufwendungen für tätige und nicht mehr tätige Betriebsangehörige (einschließlich der Mitglieder des Geschäftsführungsorgans) in Betracht:

a) **Pensionszahlungen** (soweit nicht zu Lasten von Pensionsrückstellungen geleistet);

b) **Zuführungen zu Pensionsrückstellungen** einschließlich Deputatrückstellungen; der **Zinsanteil** für bereits angesammelte Rückstellungen kann hier einbezogen oder unter Nr. 13 ausgewiesen werden[323]; wegen des relativ hohen Zinsanteils, der großen Bedeutung von Pensionsrückstellungen im Bilanzbild vieler Gesellschaften und im Interesse eines aussagefähigen Ausweises des Betriebsergebnisses erscheint der Ausweis unter Nr. 13 als der sinnvollere;

c) **Zuweisungen an Unterstützungs- und Pensionskassen** sowie Prämienzahlungen für die künftige Altersversorgung der Mitarbeiter, wenn diese einen unmittelbaren Anspruch erwerben (vgl. auch Erl. zu Nr. 6a); dagegen sind nicht zu aktivierende Nettoprämien zum Zwecke der Rückdeckung der Gesellschaft in Nr. 8 zu erfassen;

d) **Beiträge an den PSV.**

312   Leistungen aufgrund einer **Vorruhestandsregelung** können je nachdem, ob sie als Altersversorgungs- oder Abfindungsverpflichtungen angesehen werden (vgl. E Tz. 129), hier oder unter Nr. 6a ausgewiesen werden.

313   Die gesamten Aufwendungen für die Altersversorgung sind durch einen „davon"-Vermerk, eine Untergliederung des Postens oder nach § 265 Abs. 7 Nr. 2 HGB im Anhang **besonders anzugeben.**

314   Die **Aufwendungen für Unterstützung** betreffen ausschließlich Unterstützungen für tätige und nicht mehr tätige **Betriebsangehörige** (einschließlich der Mitglieder des Geschäftsführungsorgans) und deren Hinterbliebene, soweit sie nicht für Leistungen der Empfänger erbracht werden[324]. Dagegen sind Spenden und Unterstützungen, die nicht an den vorgenannten Personenkreis geleistet werden, unter den sonstigen betrieblichen Aufwendungen (Nr. 8) auszuweisen[325]. Im einzelnen kommen für einen Ausweis in Betracht: Krankheits- und Unfallunterstützungen (mit Ausnahme der Zahlungen aufgrund des Lohnfortzahlungsgesetzes), Erholungsbeihilfen, Unterstützungszahlungen an Invaliden, Rentner und Hinterbliebene, Notstandsbeihilfen an Beschäftigte, Aufwendungen für Verunglückte, Familienfürsorge, Heirats- und Geburtsbeihilfen, Zuweisungen für diese oder ähnliche Zwecke an Sozialkassen und Unterstützungseinrichtungen sowie Betriebssportvereine[326]. Dagegen sind **nicht** hier auszuweisen: Fahrtkostenzuschüsse, Zuschüsse für Erholungsheime, Ausbildungs- und Fortbildungskosten, Zuschüsse für Wohnungswirtschaft uä.

---

322 Vgl. *ADS*, § 275 HGB Tz. 116; aA *Arbeitskreis Chemie*, WPg. 1960 S. 491 ff. (495), und 2. Erg.-Heft ZfB 1966 S. 24; *Kropff* in AktG-Kom., § 157 AktG 1965 Anm. 114; für Ausweiswahlrecht (Nr. 6b oder Nr. 8) *BeBiKo.*, § 275 Anm. 133.
323 Ebenso *ADS*, § 275 HGB Tz. 121; *BeBiKo.*, § 275 Anm. 138, der bei getrenntem Ausweis Angaben im Anhang für notwendig hält.
324 Vgl. *ADS*, § 275 HGB Tz. 122.
325 *BeBiKo.*, § 275 Anm. 136, fordert für Ausnahmefälle den Ausweis unter Nr. 16.
326 Ebenso *HdR*, § 275 HGB Tz. 60; *HdJ*, Abt. IV/1 (1987) Rn. 265.

Nr. 7a Abschreibungen auf immaterielle Vermögensgegenstände des Anlagevermögens und Sachanlagen sowie auf aktivierte Aufwendungen für die Ingangsetzung und Erweiterung des Geschäftsbetriebs

Unter diesem Posten sind **grundsätzlich alle Abschreibungen** zu den in § 266 **315** Abs. 2 A I und II HGB im einzelnen aufgeführten Bilanzposten einschließlich neuer Posten nach § 265 Abs. 5 Satz 2 HGB sowie zu den Ingangsetzungs- und Erweiterungsaufwendungen und zum Verschmelzungsmehrwert[327] zu erfassen, soweit sie nicht aufgrund der Bestimmungen in § 281 Abs. 1 Satz 1 HGB in den Sonderposten mit Rücklageanteil eingestellt werden (nur zulässig für steuerrechtliche Mehrabschreibungen iSd. § 254 Satz 1 HGB; Ausweis unter Posten Nr. 8). Auch die Abschreibungen auf Leasingvermögen beim Leasinggeber und Herabsetzungen von Festwertposten des Sachanlagevermögens sowie ggf. die Abschreibungen auf nach § 31 Abs. 1 Satz 1 Nr. 1 und 2 DMBilG gebildete Posten gehören unter Nr. 7a.

Der ausgewiesene Betrag muß mit den in der **Bilanz** oder im **Anhang vermerkten** **316** Abschreibungen des GJ übereinstimmen[328]. Eine **Aufgliederung** des Betrages nach den einzelnen Posten der immateriellen Vermögensgegenstände und der Sachanlagen ist nicht erforderlich; dafür ist die Bilanz oder der Anhang vorgesehen (§ 268 Abs. 2 Satz 3 HGB; vgl. im einzelnen Tz. 51). **Steuerrechtliche** Abschreibungen (§ 254 HGB) können, brauchen aber nicht gesondert angegeben zu werden; werden sie nicht angegeben und sind sie auch nicht aus der Bilanz ersichtlich, so müssen sie im Anhang aufgeführt und begründet werden (§ 281 Abs. 2 Satz 1 HGB). Wegen (notwendiger) Begründung im Anhang vgl. Tz. 556 f.; ggf. ist auch darüber zu berichten, inwieweit steuerrechtliche Abschreibungen das Jahresergebnis beeinflußt haben (§ 285 Nr. 5 HGB, vgl. im einzelnen Tz. 545 ff.).

Auch **außerplanmäßige** Abschreibungen nach § 253 Abs. 2 Satz 3 HGB sind als **317** Untergliederung oder als „davon"-Vermerk gesondert auszuweisen oder im Anhang anzugeben (§ 277 Abs. 3 Satz 1 HGB). In seltenen Fällen kann ein Ausweis unter den ao. Aufwendungen (Posten Nr. 16) notwendig sein (zB umfangreiche Abschreibungen bei Stillegungen von Betriebsteilen oder Fehlinvestitionen)[329]. Eine Aufteilung der außerplanmäßigen Abschreibungen nach den einzelnen Posten des Anlagevermögens ist nicht erforderlich.

Buchverluste aus dem Abgang von Gegenständen des Anlagevermögens werden **318** üblicherweise nicht als außerplanmäßige Abschreibungen behandelt[330], sondern entweder in die sonstigen betrieblichen Aufwendungen (Nr. 8) miteinbezogen oder, sofern die Voraussetzungen dafür vorliegen, als außerordentliche Aufwendungen (Nr. 16) erfaßt.

---

327 Vgl. *ADS*, § 275 HGB Tz. 124; ebenso *HdJ*, Abt. II/1 (1990) Rn. 345, Abt. II/9 (1990) Rn. 106 f.
328 Vgl. dazu im einzelnen *Otto*, BB 1988 S. 1703 ff.
329 Vgl. *HdR*, § 275 HGB Rn. 63.
330 aA *Biener/Berneke*, BiRiLiG, Erl. zu § 275 HGB S. 212 f., die einen Ausweis unter Nr. 7a und 12 für erwägenswert halten.

Nr. 7b Abschreibungen auf Vermögensgegenstände des Umlaufvermögens, soweit diese die in der Gesellschaft üblichen Abschreibungen überschreiten

319 Abschreibungen auf Gegenstände des Umlaufvermögens sind nur insoweit unter Nr. 7b auszuweisen, als sie die in der Gesellschaft üblichen Abschreibungen **übersteigen.** Die **üblichen Abschreibungen** sind dagegen je nachdem, auf welche Bilanzposten sie entfallen, in die Posten Nr. 2 (unfertige und fertige Erzeugnisse), Nr. 5a (Roh-, Hilfs- und Betriebsstoffe) und Nr. 8 (Forderungen und sonstige Vermögensgegenstände) einzubeziehen. Abschreibungen auf Wertpapiere des Umlaufvermögens gehören iS einer klaren Trennung von Betriebs- und Finanzbereich stets in den Posten Nr. 12[331].

320 Zur Frage, wann Abschreibungen die in der Gesellschaft üblichen Abschreibungen überschreiten, vgl. die Ausführungen zu dem Posten Nr. 2 (Tz. 287)[332]. **Soweit steuerrechtliche Abschreibungen** (§ 254 HGB) und **Abschreibungen für künftige Wertschwankungen** nach § 253 Abs. 3 Satz 3 HGB in die nicht üblichen Abschreibungen einbezogen werden, sind sie gesondert unter dem Posten Nr. 7b auszuweisen oder durch „davon"-Vermerke zu zeigen; sie können statt dessen aber auch im Anhang angegeben werden (§§ 277 Abs. 3 Satz 1, 281 Abs. 2 Satz 1 HGB). Außer den zuvor genannten Abschreibungen werden nur wegen ihrer Höhe und ihrer Seltenheit aus dem Rahmen fallende Abschreibungen auf Vermögensgegenstände des Umlaufvermögens unter Nr. 7b auszuweisen sein.

321 Bis auf wenige Ausnahmen (zB Sanierungen, Enteignungen) ist eine Umgliederung der genannten Aufwendungen in den Posten Nr. 16 **(ao. Aufwendungen)** nicht notwendig, da ihr außergewöhnlicher Charakter durch die Bezeichnung dieser gesondert ausgewiesenen Posten zu ersehen ist und die Existenz des Postens sonst überflüssig wäre[333]. Bemerkenswert erscheint in diesem Zusammenhang, daß es in der nach dem Umsatzkostenverfahren aufgestellten GuV einen dem Posten Nr. 7b entsprechenden Posten nicht gibt.

Nr. 8 Sonstige betriebliche Aufwendungen

322 Der Posten ist ein **Sammelposten.** Er umfaßt **alle übrigen Aufwendungen,** die nicht in einen der anderen im Gliederungsschema vorgesehenen Aufwandsposten eingestellt werden müssen. In Betracht kommen[334]: bei der Gesellschaft übliche Abschreibungen auf Forderungen in eigener und fremder Währung sowie auf sonstige Vermögensgegenstände (unübliche gehören zu Nr. 7b), Buchverluste aus dem Abgang von Gegenständen des Anlage- und des Umlaufvermögens außer Vorräten[335] (soweit nicht zu Posten Nr. 16 gehörend), Reklameaufwendungen, Ausgangsfrachten, Reisespesen, Provisionen, Fremdreparaturen (soweit nicht unter Nr. 5b zu erfassen), Büromaterial, Reparatur- und Versandmaterial (soweit nicht unter Nr. 5a ausgewiesen), Mieten und Pachten, Erbbauzinsen, Hausverwaltungskosten, Rechtsschutzkosten, Prüfungskosten, Konzessionsabgaben bei Versorgungsbetrieben[336], Lizenzgebühren (vgl. Erl. zu Posten

---

331 Str.; ebenso *BoHdR*, § 275 HGB Rn. 113; nicht so streng *ADS*, § 275 HGB Tz. 169; *BHdR*, B 336 Rn. 66; aA *HdR*, § 275 HGB Rn. 68, 82 f.
332 Vgl. dazu im einzelnen auch *ADS*, § 275 HGB Tz. 132 ff.; *HuRB* S. 298 ff.
333 Ebenso ADS, *§ 275 HGB Tz. 138; ähnlich HdR*, *§ 275 HGB Rn. 67; BeBiKo.*, *§ 275 Anm. 150.*
334 Vgl. im einzelnen *ADS*, § 275 HGB Tz. 141 f.; teilw. abw. *Westermann*, BB 1986 S. 1120 ff.
335 Teilw. abw. (für Ausweis der Buchverluste aus dem Abgang von Finanzanlagen und Wertpapieren des Umlaufvermögens unter Nr. 12) *Oebel*, WPg. 1988 S. 125 ff.
336 aA (für den Ausweis unter Nr. 5b) *HdJ*, Abt. IV/1 (1987) Rn. 303.

Nr. 5b), Gründungskosten, Beiträge an Berufsvertretungen und Verbände, Verluste aus Syndikats- oder Verbandsabrechnungen, Transport- und Lagerungskosten, Post-, Telefon- und Fernschreibkosten, Prämien an Versicherungen, Gebühren und Spenden, Ausbildungs-, Bewirtungs- und Betreuungskosten, Kosten des AR (einschließlich Tantiemen) und der Haupt-/Gesellschafterversammlungen sowie die Kosten des Drucks des JA und der Offenlegung, Gerichts-, Notar- und Gutachterkosten, Umlagen von Obergesellschaften, Wartungskosten, Leasingraten, Steuerberatungskosten, Aufwendungen für Fachliteratur, Zuschüsse zu Kantinen, Erholungs- und Sportanlagen, Schutzkleidung, Schwerbeschädigtenausgleichsabgabe, Kosten des Zahlungsverkehrs, Abwertungsverluste bei Währungsverbindlichkeiten, Vorfrachten zu Außenlägern, Verluste aus Schadensfällen, Zugänge zu Anlagen, für die in der Bilanz ein Festwert angesetzt ist (vgl. aber Nr. 5a), Aufwendungen aus Haftungsverhältnissen (zB Bürgschaften, Wechsel- und Scheckobligo), Verluste aus Arbeitsgemeinschaften, die nach § 311 Abs. 2 AktG eingeräumten Rechtsansprüche zum Zwecke des Nachteilsausgleichs, Leistungen an Preisausgleichskassen, Ausgleichsabgabe nach dem Dritten Verstromungsgesetz (falls nicht offen von den Umsatzerlösen abgesetzt) und die Zuführung zu solchen Rückstellungen, bei deren Bildung noch nicht feststeht, welche Aufwandsart die Rückstellung endgültig betrifft (zB Garantierückstellungen). Auch die Zuführungen zu sog. Aufwandsrückstellungen (§ 249 Abs. 2 HGB) sind regelmäßig unter Nr. 8 auszuweisen. Eine Einbeziehung der **sonstigen Steuern** in den Posten Nr. 8 ist nach § 265 Abs. 7 Nr. 2 HGB nur dann zulässig, wenn die zusammengefaßten Posten im Anhang aufgegliedert werden[337].

Ferner sind unter Nr. 8 auszuweisen **Einstellungen** in den **Sonderposten mit Rücklageanteil,** auch soweit es sich um in den Sonderposten einbezogene steuerrechtliche Abschreibungen handelt (§ 281 Abs. 1 Satz 1 HGB). Der Ausweis muß gesondert, dh. als Unterposten oder „davon"-Vermerk erfolgen, es sei denn, daß eine entsprechende Angabe im Anhang erfolgt (§ 281 Abs. 2 Satz 2 HGB). **323**

Sind wesentliche Beträge bei den sonstigen betrieblichen Aufwendungen **anderen GJ zuzurechnen,** so werden Erläuterungen im Anhang nach § 277 Abs. 4 Satz 3 HGB notwendig. **324**

Nr. 9 Erträge aus Beteiligungen
davon aus verbundenen Unternehmen

Unter Erträge aus Beteiligungen (§ 271 Abs. 1 HGB) fallen die **laufenden Erträge** aus Beteiligungen wie Dividenden von Kapitalgesellschaften einschließlich Abschlagszahlungen auf den Bilanzgewinn, Gewinnanteile von Personenhandelsgesellschaften[338], Zinsen auf beteiligungsähnliche Darlehen (soweit in der Bilanz als Beteiligungen behandelt, idR aber unter Nr. 10 auszuweisen), Erträge aus Beherrschungsverträgen nach § 291 Abs. 1 AktG, soweit nicht gleichzeitig die volle oder teilweise Gewinnabführung vorgesehen ist (dann Sonderausweis, vgl. Nr. 9a). Zur Abgrenzung der Beteiligungen im einzelnen vgl. Tz. 89 und *ADS,* § 266 HGB Tz. 80 ff., § 271 HGB Tz. 4 ff. Erträge aus Beteiligungen, die **verbundene Unternehmen** (§ 271 Abs. 2 HGB) sind, müssen als Untergliederung **325**

---

337 Vgl. HFA, FN 1989 S. 336; nicht so streng *Biener/Berneke,* BiRiLiG, Erl. zu § 275 HGB S. 213 f.
338 Vgl. hierzu E Tz. 359 und St/HFA 1/1991, Nr. 3.

oder als „davon"-Vermerk angegeben werden. Zu den verbundenen Unternehmen iSd. Vorschrift vgl. Tz. 83 f.

326 Auszuweisen sind stets die **Bruttoerträge**[339]; einbehaltene KapErtrSt darf nicht abgesetzt werden. Sie ist als Forderung zu bilanzieren. Zu den Erträgen gehören bei Kapitalgesellschaften auch die Anrechnungsbeträge der KSt nach § 36 Abs. 2 Nr. 3 EStG (vgl. St/HFA 2/1977); auch ein Sonderausweis ist möglich. In verdeckter Form empfangene Erträge von Beteiligungsgesellschaften (zB aus Kostenumlagen, Verrechnungspreisen) sind aus Praktikabilitätsgründen nur in Ausnahmefällen hier auszuweisen[340].

327 **Nicht** unter Nr. 9 gehören **Buchgewinne** aus der Veräußerung von Beteiligungen[341]; sie sind unter Nr. 4 oder, falls die entsprechenden Voraussetzungen vorliegen, unter den ao. Erträgen (Nr. 15) auszuweisen. Erträge aus **GAV und Teil-GAV** sowie Gewinngemeinschaften gehören unter den Posten Nr. 9a (gesonderter Ausweis nach § 277 Abs. 3 Satz 2 HGB). Eine Saldierung mit etwaigen Verlusten aus anderen Beteiligungen ist nach § 246 Abs. 2 HGB unzulässig. Verluste aus Beteiligungen führen ggf. zu Abschreibungen auf Beteiligungen, die unter Nr. 12 auszuweisen sind; von der Muttergesellschaft freiwillig übernommene Verluste sowie Verlustübernahmen von Tochtergesellschaften, die Personenhandelsgesellschaften sind, fallen (ggf. unter Verzicht auf Abschreibungen, vgl. E Tz. 364) ebenso wie Verlustübernahmen aufgrund von Unternehmensverträgen unter die Aufwendungen aus Verlustübernahme (Nr. 12a)[342]. **Buchverluste** aus dem Verkauf einer Beteiligung gehören zu Nr. 8, ggf. auch zu Nr. 16. **Zuschreibungen** (Wertaufholungen) zu Beteiligungen sind nicht hier, sondern als „Sonstige betriebliche Erträge" (Nr. 4) auszuweisen[343].

328 **Erträge** aus der **Beteiligung an Kapitalgesellschaften** dürfen grundsätzlich erst **vereinnahmt** werden, wenn der Rechtsanspruch bis zum Abschlußstichtag entstanden ist. Bei Mehrheitsbeteiligungen ist eine Aktivierung der Ansprüche auf Beteiligungserträge bei der Muttergesellschaft aber schon zulässig (Wahlrecht)[344], wenn das GJ der Tochtergesellschaft nicht nach dem Abschlußstichtag der Muttergesellschaft endet, die Bilanz der Tochtergesellschaft vor Abschluß der Prüfung bei der Muttergesellschaft festgestellt wird und ein entsprechender Vorschlag für die Gewinnverwendung vorliegt (vgl. BGH-Urteil v. 3. 11. 1975, WPg. 1976 S. 80 f.)[345]. Zum Zeitpunkt der Vereinnahmung von Erträgen aus der Beteiligung an **Personenhandelsgesellschaften** vgl. E Tz. 359.

---

339 Ebenso für Personengesellschaften *Mundt* in Personengesellschaft und Bilanzierung, Düsseldorf 1990 S. 147 ff. (157 ff.), mit einem Überblick über den Meinungsstreit.
340 Vgl. *ADS*, § 275 HGB Tz. 147; aA *HdR*, § 275 HGB Rn. 78.
341 aA *Biener/Berneke*, BiRiLiG, Erl. zu § 275 HGB S. 214.
342 Vgl. hinsichtlich freiwilliger Verlustübernahmen und Verlustübernahmen von Personenhandelsgesellschaften *ADS*, § 277 HGB Tz. 62.
343 aA *Kölner Kom.*, §§ 275–278 HGB, 158 AktG Anm. 81 (Erfassung im Finanzergebnis).
344 Vgl. *Forster*, AG 1976 S. 42; *Pasdika*, AG 1977 S. 159 ff.; steuerlich vgl. aber BFH v. 8. 3. 1989, BStBl. II S. 714 (Aktivierungspflicht); kritisch dazu *Meilicke*, FR 1990 S. 9.
345 Vgl. hierzu auch *Weber/Willich*, WPg. 1976 S. 329 f.; *Schulze-Osterloh*, ZGR 1977 S. 104 ff.; ebenso bereits früher *ADS*, 4. Aufl., § 151 AktG 1965 Tz. 173; *Kropff* in AktG-Kom., § 151 AktG 1965 Anm. 74; *Mellerowicz* in Großkom., § 151 AktG 1965 Anm. 73; in Ausnahmefällen Pflicht, vgl. *ADS*, § 275 HGB Tz. 152. Wegen Folgerungen bei Minderheitsbeteiligungen vgl. BFH-Urteil v. 2. 4. 1980, BStBl. II S. 702 (Vereinnahmung auch bei zwei Obergesellschaften mit jeweils 25 vH der Anteile); *Volkeri/Schneider*, BB 1979 S. 964 ff. Zur Behandlung steuerlicher Anrechnungsbeträge vgl. ferner *Reuter*, BB 1978 S. 83 f.; *Palitzsch*, BB 1979 S. 1391 ff. (phasengleiche Vereinnahmung).

Nr. 9a Erträge aus Gewinngemeinschaften, Gewinnabführungs- und Teilgewinnabführungsverträgen

Die Bezeichnung des Postens, dessen gesonderter Ausweis in § 277 Abs. 3 Satz 2   **329** HGB vorgeschrieben, dessen Einordnung in das gesetzliche Gliederungsschema aber nicht näher bestimmt ist[346] (vgl. hierzu Tz. 261), entspricht den §§ 291 Abs. 1, 292 Abs. 1 Nr. 1 und 2 AktG. Unter diesem Posten sind mithin die Erträge aus folgenden **Vertragsverhältnissen** aufzuführen:

a) Gewinngemeinschaften (Interessengemeinschaftsverträge),

b) GAV einschließlich solcher Verträge, nach denen die Gesellschaft ihr Unternehmen für Rechnung eines anderen Unternehmens zu führen hat,

c) Teil-GAV.

Zu den Teil-GAV zählen regelmäßig auch Verträge über stille **Beteiligungen.**   **330** Daher sind Gewinnanteile aus stillen Gesellschaften grundsätzlich unter Nr. 9a auszuweisen[347]. Dagegen gehören Erträge aus **Beherrschungsverträgen** (§ 291 Abs. 1 Satz 1 AktG) **nicht** unter diesen Posten, es sei denn, daß gleichzeitig einer der im Posten Nr. 9a bezeichneten Verträge abgeschlossen ist; die Erträge aus reinen Beherrschungsverträgen sind grundsätzlich unter Posten Nr. 9 auszuweisen. Ebenfalls nicht hier auszuweisen sind Erträge aus **Arbeitsgemeinschaften** (vgl. Erl. zu Nr. 1, Tz. 279).

Unter Posten Nr. 9a fallen Erträge aus den vorbezeichneten Verträgen auch   **331** dann, wenn die Gesellschaft oder das andere Unternehmen nicht in der **Rechtsform** der AG oder KGaA geführt werden. **Verlustübernahmen** aus den vorbezeichneten Verträgen erscheinen bei der Obergesellschaft unter Nr. 12a und bei der Untergesellschaft unter Nr. 19a (Aufwendungen bzw. Erträge aus Verlustübernahme). **Saldierungen** zwischen Erträgen und Aufwendungen sind nach der ausdrücklichen Vorschrift des § 277 Abs. 3 Satz 2 HGB unzulässig. Eine weitere Untergliederung (zB nach den einzelnen Vertragsarten) ist nicht erforderlich.

Bei Abschluß von Beherrschungs- oder GAV mit einer AG muß außenstehenden   **332** Aktionären eine **Dividendengarantie** eingeräumt werden (§ 304 Abs. 1 AktG). Ist danach die Obergesellschaft selbst zur Zahlung der Dividende an die außenstehenden Gesellschafter der Untergesellschaft verpflichtet **(Rentengarantie),** so sind gemäß § 158 Abs. 2 AktG diese Ausgleichszahlungen um die von der Tochtergesellschaft vereinnahmten Erträge zu kürzen, höchstens jedoch in Höhe der aus dem jeweiligen Vertragsverhältnis resultierenden Erträge. Übersteigen die aufgrund der Dividendengarantie zu zahlenden Beträge die vereinnahmten Erträge, so ist – wie auch im Falle einer Verlustübernahme – der die Gesellschaft belastende Betrag unter Posten Nr. 12a auszuweisen.

Ist die Untergesellschaft unmittelbar zu Zahlungen der garantierten Dividende   **333** an ihre Minderheitsgesellschafter verpflichtet, muß also die Muttergesellschaft die Tochtergesellschaft so stellen, daß diese aufgrund ihres Ergebnisses die zugesagte Dividende zahlen kann **(Rentabilitätsgarantie),** so weist die Obergesellschaft unter Nr. 9a den um die Ausgleichszahlung verminderten Gewinn bzw. unter Nr. 12a den von ihr getragenen Gesamtaufwand (Ausgleichszahlung

---

346 Zu anderen Plazierungsvorschlägen vgl. *Kölner Kom.*, §§ 275–277 HGB, 158 AktG Anm. 84.

347 Vgl. *ADS*, § 277 HGB Tz. 58; *BeBiKo.*, § 277 Anm. 10; dazu auch *Westerfelhaus*, DB 1988 S. 1173 ff.; ausführlich und teilw. aA *Hense*, Die stille Gesellschaft im handelsrechtlichen Jahresabschluß, Düsseldorf 1990 S. 384 ff.

und Verlustausgleich) aus. Die Tochtergesellschaft muß die Aufwendungen für Ausgleichszahlungen, soweit sie nicht durch die Muttergesellschaft übernommen wurden, als Sonderposten nach Nr. 14 oder unter Nr. 16 ausweisen [348].

334 § 158 Abs. 2 Satz 2 AktG bestimmt für AG und KGaA ausdrücklich, daß von den Erträgen aus (Teil-)GAV andere als die an außenstehende Gesellschafter zu leistenden Beträge nicht abgesetzt werden dürfen.

Unter Nr. 9a sollten beim Organträger auch die an die Organgesellschaft **weiterbelasteten Steuern** ausgewiesen werden (vgl. Tz. 362) [349].

Zum Vermerk der Erträge aus verbundenen Unternehmen vgl. *ADS*, § 277 HGB Tz. 73.

Nr. 10 Erträge aus anderen Wertpapieren und Ausleihungen des Finanzanlagevermögens
davon aus verbundenen Unternehmen

335 Unter dem Posten Nr. 10 sind die Erträge aus allen **nicht zu Beteiligungen** gehörenden Posten des **Finanzanlagevermögens** (§ 266 Abs. 2 A III Nr. 2, 4 bis 6 HGB) auszuweisen. Auch Erträge aus Anteilen an verbundenen Unternehmen sind hier auszuweisen, soweit es sich nicht um Beteiligungen handelt (zB Erträge aus Anteilen am MU oder von anderen Tochterunternehmen des MU). Auch die Erträge aus der periodisch erfolgenden Aufzinsung abgezinster langfristiger Ausleihungen sollten hier ausgewiesen werden [350]. Hierzu zählen auch Erträge aus den regelmäßig erfolgenden Zuschreibungen auf die Zinsforderungen der Inhaber von Zero-Bonds des Anlagevermögens [351]. Erträge aus Anteilen an GmbH, die nicht verbundene oder Beteiligungsunternehmen sind und im Finanzanlagevermögen ausgewiesen werden, gehören ebenfalls unter Nr. 10 [352].

336 Erträge, die aus **verbundenen Unternehmen** (§ 271 Abs. 2 HGB) stammen, sind als Unterposten oder als „davon"-Vermerk anzugeben. Zu den verbundenen Unternehmen iSd. Vorschrift vgl. Tz. 83 f.

Erträge aus **Wertpapieren des Umlaufvermögens** gehören unter Nr. 11. Gleiches gilt für Erträge aus im Umlaufvermögen ausgewiesenen Anteilen an verbundenen Unternehmen. Erträge aus dem Verkauf von **Bezugsrechten** fallen unter Nr. 4 [353].

337 Die Beträge sind **brutto** auszuweisen. Saldierungen mit Aufwendungen sind unzulässig (§ 246 Abs. 2 HGB). Einbehaltene Kapitalertragsteuer und Anrechnungsbeträge nach § 36 Abs. 2 Nr. 3 EStG sind hier, Buchgewinne aus Veräußerung oder Zuschreibung nach § 280 HGB dagegen unter Nr. 4 [354] oder, falls die Voraussetzungen dafür vorliegen, unter Nr. 15 auszuweisen.

348 Vgl. *ADS*, § 277 HGB Tz. 69.
349 aA hinsichtlich weiterbelasteter GewESt *Bullinger*, DB 1988 S. 717 (gesonderter Ausweis unter Nr. 18 oder als Sonderposten hinter Nr. 18).
350 Im Ergebnis ebenso *Arbeitskreis Chemie*, 2. Erg.-Heft der ZfB 1966 S. 21; *BeBiKo.*, § 275 Anm. 187; *HdR*, § 275 HGB Rn. 80 (auch Ausweis unter Nr. 4 zulässig).
351 Vgl. *ADS*, § 275 HGB Tz. 155.
352 Vgl. *ADS*, § 275 HGB Tz. 154; abw. (Ausweis unter Nr. 4, auch für Genossenschaftsanteile) *BeBiKo.*, § 275 Anm. 187.
353 Vgl. *ADS*, § 275 HGB Tz. 155; kritisch dazu *HdJ*, Abt. IV/1 (1987) Rn. 338; *BHdR*, B 336 Rn. 44.
354 aA *Biener/Berneke*, BiRiLiG, Erl. zu § 275 HGB S. 214; *Oebel*, WPg. 1988 S. 125 ff.

Nr. 11 Sonstige Zinsen und ähnliche Erträge
davon aus verbundenen Unternehmen

Hierunter fallen alle Zinsen und ähnliche Erträge, die nicht bereits unter Nr. 10 **338**
oder ggf. Nr. 9 bzw. Nr. 9a auszuweisen sind. Zinsen und ähnliche Erträge, die
von **verbundenen Unternehmen** (§ 271 Abs. 2 HGB) stammen, sind als Unterposten oder als „davon"-Vermerk anzugeben. Zu den verbundenen Unternehmen
iSd. Vorschrift vgl. Tz. 83 f.

Als **Ertragszinsen** kommen in Betracht:

a) Zinsen aus Guthaben, Termingeldern und anderen Einlagen bei Kreditinstituten;
b) Zinsen und Dividenden auf Wertpapiere des Umlaufvermögens einschließlich der einbehaltenen KapErtrSt und der Anrechnungsbeträge nach § 36
   Abs. 2 Nr. 3 EStG;
c) Zinsen aus Forderungen (einschließlich Verzugszinsen, Wechseldiskont[355])
   und aus sonstigen Vermögensgegenständen, insbesondere aus unter diesem
   Posten ausgewiesenen Darlehen, Schuldscheinen udgl.;
d) Aufzinsungsbeträge für unverzinsliche und niedrig verzinsliche Forderungen
   des Umlaufvermögens (einschließlich der Zinsforderungen für Zero-Bonds
   im Umlaufvermögen).

Als Anschaffungs- oder Herstellungskosten **aktivierte Fremdkapitalzinsen** gehö- **339**
ren **nicht** hierher, sondern unter Posten Nr. 2 (soweit sie Vorräte betreffen) oder
Posten Nr. 3. **Lieferantenskonti** sind Anschaffungskostenminderungen und gem.
§ 255 Abs. 1 Satz 3 HGB abzusetzen.

Die Zinserträge dürfen nicht mit den Zinsaufwendungen saldiert werden (§ 246 **340**
Abs. 2 HGB). Das **Saldierungsverbot** erstreckt sich auch auf Zinsaufwendungen
und Zinserträge ein und desselben Bankkontos sowie auf Zinsaufwendungen
und Zinserträge, die zur gleichen Zeit, aber auf verschiedenen Bankkonten angefallen sind[356]. Eine Saldierung liegt nicht vor, wenn bei der Einräumung eines
Kredites die Bank den Kredit auf einem besonderen Konto belastet und den
Gegenwert auf ein laufendes Konto überträgt. Das Saldierungsverbot gilt auch
für **Diskonterträge und -aufwendungen**; von der Bank abgerechnete Diskontauf-
wendungen für weitergegebene Kundenwechsel sind dagegen mit den entsprechenden Diskonterträgen zu verrechnen[357]. Zu Zinsen für durchlaufende Kredite bei Konzernobergesellschaften vgl. *ADS*, § 275 HGB Tz. 159.

Als den Zinsen **ähnliche Erträge** kommen in Betracht Erträge aus einem Agio, **341**
Disagio oder Damnum, Kreditprovisionen, Erträge für Kreditgarantien, Teilzah-
lungszuschläge uä. Dagegen gehören **nicht** hierher zB vereinnahmte Kreditbear-
beitungsgebühren, Spesen, Mahnkosten uä. Auch Erlöse aus dem Verkauf von
Bezugsrechten gehören nicht hierher, sie fallen unter Nr. 4. Ebenfalls nicht unter
Nr. 11 zu erfassen sind nicht in Anspruch genommene **Kundenskonti** (Ausweis
unter den Umsatzerlösen)[358]. **Zinszuschüsse** der öffentlichen Hand gehören zu

---

355 Vgl. *ADS*, § 275 HGB Tz. 161.
356 Vgl. *Arbeitskreis IDW*, WPg. 1960 S. 545 ff. (549); im einzelnen *ADS*, § 275 HGB Tz. 162 ff.; *Kropff*
    in AktG-Kom., § 157 AktG 1965 Anm. 87; zustimmend *Mellerowicz* in Großkom., § 157 AktG 1965
    Anm. 51.
357 Vgl. *ADS*, § 275 HGB Tz. 161; *Kropff* in AktG-Kom., § 157 AktG 1965 Anm. 87; ebenso *Arbeits-
    kreis Chemie*, 2. Erg.-Heft der ZfB 1966 S. 21.
358 aA *BeBiKo.*, § 275 Anm. 192 (Wahlrecht).

Nr. 4 oder Nr. 15, wenn sie nicht von den betreffenden Zinsaufwendungen abgesetzt werden (vgl. St/HFA 1/1984).

Nr. 12 Abschreibungen auf Finanzanlagen und auf Wertpapiere des Umlaufvermögens

342   Unter dem Posten Nr. 12 sind sämtliche Abschreibungen auf die unter den Finanzanlagen (§ 266 Abs. 2 A III HGB) und den Wertpapieren des Umlaufvermögens (§ 266 Abs. 2 B III HGB) ausgewiesenen Posten auszuweisen, gleichgültig, ob sie üblich sind oder nicht und aus welchem Grunde sie erfolgen. Auch bei der Gesellschaft **nicht übliche** Abschreibungen[359] oder ao. Abschreibungen sind hier und nicht unter Nr. 7b oder 16 auszuweisen. **Steuerrechtliche** Abschreibungen (§ 254 HGB) können, brauchen hier aber nicht gesondert angegeben zu werden; werden sie hier nicht angegeben und sind sie auch nicht aus der Bilanz ersichtlich, so müssen sie im Anhang getrennt nach Anlage- und Umlaufvermögen aufgeführt werden (§ 281 Abs. 2 Satz 1 HGB); vgl. im einzelnen Tz. 556 f. Auch **außerplanmäßige** Abschreibungen auf Finanzanlagen nach § 253 Abs. 2 Satz 3 und niedrigere Bewertungen nach Abs. 3 Satz 3 HGB für künftige Wertschwankungen bei Wertpapieren des Umlaufvermögens sind als Unterposten oder als „davon"-Vermerk gesondert auszuweisen oder im Anhang anzugeben (§ 277 Abs. 3 Satz 1 HGB); sie sind ferner nach Abschreibungen auf Posten des Finanzanlagevermögens einerseits und Wertpapiere des Umlaufvermögens andererseits aufzuteilen.

343   **Buchverluste** aus dem Abgang von Finanzanlagen und Wertpapieren des Umlaufvermögens sind **nicht** hier, sondern unter Nr. 8 auszuweisen[360]. **Abzinsungsbeträge** auf langfristige Ausleihungen, die bereits im Zeitpunkt des Zugangs abzuzinsen waren, sind unter den sonstigen betrieblichen Aufwendungen (Nr. 8) zu erfassen, da andernfalls in der Bilanz der volle Zugang ausgewiesen werden müßte[361]. Werden Abzinsungen erst in der Folgezeit vorgenommen, so sind sie als Abschreibungen nach § 253 Abs. 2 Satz 3 oder Abs. 3 HGB hier auszuweisen.

Nr. 12a Aufwendungen aus Verlustübernahme

344   Wegen der Einordnung des nach § 277 Abs. 3 Satz 2 HGB gesondert auszuweisenden Postens in das gesetzliche Gliederungsschema vgl. Tz. 261. Hier sind insbesondere die nach **§ 302 AktG** von der Gesellschaft zu übernehmenden Verluste auszuweisen; unter diesen Posten fallen ferner Verluste, die die Gesellschaft aufgrund entsprechender **Verträge** mit Unternehmen anderer Rechtsform oder freiwillig[362] übernommen hat. Als Aufwendungen aus Verlustübernahme gilt nach oder entsprechend § 158 Abs. 2 AktG ggf. auch ein vertraglich zu leistender Ausgleich für außenstehende Gesellschafter (vgl. Tz. 332).

345   Soweit wegen drohender Verlustübernahmen **Rückstellungen** zu bilden sind[363] (vgl. E Tz. 127 f.), ist der hierfür erforderliche Aufwand unter Posten Nr. 8 (son-

359 Im Ergebnis auch für Ausweis unter Nr. 12 *ADS*, § 275 HGB Tz. 169; abw. *HdR*, § 275 HGB Rn. 82 (Ausweis unter Nr. 7b, aber unter Nr. 12 auch zulässig).
360 Ebenso *ADS*, § 275 HGB Tz. 170; aA *Biener/Berneke*, BiRiLiG, Erl. zu § 275 HGB S. 215; *Oebel*. WPg. 1988 S. 125 ff.
361 Vgl. im einzelnen *ADS*, § 275 HGB Tz. 171; aA *Kölner Kom.*, §§ 275–277 HGB, 158 AktG Anm. 96.
362 Vgl. *ADS*, § 277 HGB Tz. 62.
363 Vgl. hierzu *Forster* in FS *Stimpel*, S. 759 ff.; *Kropff* in FS *Döllerer*, S. 349 ff.

stige betriebliche Aufwendungen) einzubeziehen, da unter Nr. 12a nur tatsächlich getragene Verluste ausgewiesen werden sollten[364]. Im Folgejahr ist dann der
tatsächliche Verlust – bei Einstellung eines Ausgleichspostens in Höhe des VJ-
Aufwandes in die sonstigen betrieblichen Erträge (Nr. 4) – unter Posten Nr. 12a
auszuweisen.

Nr. 13 Zinsen und ähnliche Aufwendungen davon an verbundene Unternehmen

Zinsaufwendungen und Zinserträge dürfen nicht miteinander verrechnet werden   **346**
(vgl. Erl. zu Posten Nr. 11). Zinsen und ähnliche Aufwendungen, die **verbundenen Unternehmen** (§ 271 Abs. 2 HGB) zufließen, sind als Unterposten oder
„davon"-Vermerke anzugeben. Zu den verbundenen Unternehmen iSd. Vorschrift vgl. Tz. 83 f.

Als hier auszuweisende **Zinsaufwendungen** und ähnliche Aufwendungen kom-   **347**
men in Betracht:

a) Zinsen für geschuldete Kredite, gleich welcher Art (zB Bankkredite, Hypotheken, Schuldverschreibungen, Darlehen, Lieferantenkredite, Verzugszinsen
   für verspätete Zahlung[365]);
b) Diskontbeträge für Wechsel und Schecks;
c) Kreditprovisionen, Überziehungsprovisionen, Verwaltungskostenbeiträge,
   Kreditbereitstellungsgebühren, Bürgschaftsprovisionen; auch Umsatzprovi-
   sionen für Banken werden vielfach als „ähnliche Aufwendungen" betrachtet,
   obwohl es sich um Kosten des Zahlungsverkehrs handelt (Nr. 8);
d) Abschreibungen auf aktiviertes Agio, Disagio oder Damnum; bei sofortiger Aufwandsverrechnung des Agios, Disagios oder Damnums ist ein Ausweis hier oder
   unter den sonstigen betrieblichen Aufwendungen (Nr. 8) vorzunehmen[366];
e) Frachtstundungsgebühren;
f) Zinsanteile bei Zuführungen zu den Pensionsrückstellungen (vgl. Erl. zu
   Nr. 6b).

Nicht zu den zinsähnlichen Aufwendungen gehören Bankspesen, Einlösungs-   **348**
provisionen für Schuldverschreibungen, Vermittlungsprovisionen für die
Beschaffung von Krediten sowie andere mit der Überwachung des Kredites in
Zusammenhang stehende Kosten[367]. Von Kunden abgesetzte **Skonti** stellen
Preisnachlässe iSd. § 255 Abs. 1 Satz 3 HGB dar und mindern die entsprechenden Erträge. Nicht ausgenutzte Lieferantenskonti sind zu aktivieren oder unter
Nr. 5 bzw. Nr. 8 zu erfassen[368]. **Zinszuschüsse** der öffentlichen Hand können mit
den hier auszuweisenden Zinsen verrechnet werden, wenn ihre Vereinnahmung
periodengerecht erfolgt (vgl. St/HFA 1/1984). Im übrigen vgl. wegen der Frage,
wann eine unzulässige Verrechnung mit Zinserträgen vorliegt, die Erl. zum
Posten Nr. 11.

---

364 Nicht so streng *ADS*, § 277 HGB Tz. 72; aA *BeBiKo.*, § 277 Anm. 18 (Ausweis als Aufwendungen
    aus Verlustübernahme und Erläuterung im Anhang).
365 Abw. hinsichtlich der Verzugszinsen *HdJ*, Abt. IV/1 (1987) Rn. 365 (Ausweis unter Nr. 8 sachge-
    rechter).
366 Vgl. *ADS*, § 275 HGB Tz. 174 (bei Wesentlichkeit Angaben nach § 277 Abs. 4 Satz 3 HGB).
367 Teilw. abw., namentlich für Vermittlungsprovisionen, *Kropff* in AktG-Kom., § 157 AktG 1965
    Anm. 128.
368 Vgl. *ADS*, § 275 HGB Tz. 176; aA *BeBiKo.*, § 275 Anm. 209 (Wahlrecht).

349   Fremdkapitalzinsen sind hier auch dann auszuweisen, wenn sie nach § 255 Abs. 3 Satz 2 HGB als Herstellungskosten aktiviert werden. Sie sind nach § 284 Abs. 2 Nr. 5 HGB im Anhang anzugeben. Zum Ausweis von Aufwendungen für die **Abzinsung** von un- oder niedrigverzinslichen Aktiva vgl. die Erl. zu Nr. 8 und Nr. 12 [369].

Nr. 14 Ergebnis der gewöhnlichen Geschäftstätigkeit

350   Der Posten stellt eine **Zwischensumme** aus den unter den Posten Nr. 1 bis 13 ausgewiesenen Erträgen und Aufwendungen dar. Er grenzt zugleich den Bereich der gewöhnlichen Geschäftstätigkeit gegenüber dem ao. Bereich und dem Steueraufwand ab. Nach § 285 Nr. 6 HGB ist im **Anhang** anzugeben, in welchem Umfang die **Steuern** vom Einkommen und vom Ertrag sich auf das **gewöhnliche und das ao.** Ergebnis beziehen [370].

351   Das Ergebnis aus der gewöhnlichen Geschäftstätigkeit kann **positiv** oder **negativ** sein. Daher ist nach dem Grundsatz der Klarheit (§ 243 Abs. 2 HGB) zumindest durch ein Vorzeichen zum Ausdruck zu bringen, ob es sich um einen Gewinn oder einen Verlust handelt. Besser ist eine alternative Bezeichnung. Ausgehend vom Posten Nr. 20 bietet es sich an, im Falle eines positiven Ergebnisses den Posten als

    „Überschuß aus der gewöhnlichen Geschäftstätigkeit"

und im umgekehrten Fall als

    „Fehlbetrag aus der gewöhnlichen Geschäftstätigkeit"

zu bezeichnen. Gleichen sich Erträge und Aufwendungen der Posten gegenseitig ausnahmsweise auf den Pfennig genau aus, kann es bei der gesetzlichen Bezeichnung bleiben. Wegen weiterer nicht im gesetzlichen Gliederungsschema vorgesehener **Zwischenposten** vgl. Tz. 247.

Nr. 15 Außerordentliche Erträge

352   Als ao. Erträge sind Erträge auszuweisen, die **außerhalb der gewöhnlichen Geschäftstätigkeit** der Gesellschaft (§ 277 Abs. 4 Satz 1 HGB) anfallen. Dies sind Erträge aus ungewöhnlichen, seltenen und wesentlichen Vorfällen [371]. Siehe hierzu Tz. 266 ff. und 562 ff. Wenn die ao. Beträge nicht von untergeordneter Bedeutung für die Beurteilung der Ertragslage sind, müssen sie nach § 277 Abs. 4 Satz 2 HGB im **Anhang** erläutert werden.

353   Im Hinblick darauf, daß dieser Posten mit dem Posten Nr. 16 im Posten Nr. 17 zusammengefaßt wird, kann er (ebenso wie der Posten Nr. 16) in der Vorspalte ausgewiesen werden.

Nr. 16 Außerordentliche Aufwendungen

354   Die Erläuterungen zum Posten Nr. 15 gelten entsprechend.

---

369 Vgl. im einzelnen *ADS*, § 275 HGB Tz. 176; *HdR*. § 275 HGB Rn. 85.
370 Nach *ADS*, § 275 HGB Tz. 178, ist wegen der grundsätzlich anderen Regelung in der 4. EG-Richtlinie auch ein Ausweis der Steuern auf das Ergebnis der gewöhnlichen Geschäftstätigkeit vor Nr. 14 zulässig.
371 Vgl. *ADS*, § 277 HGB Tz. 76 ff.

Nr. 17 Außerordentliches Ergebnis

Positiver oder negativer **Saldoposten** aus Nr. 15 und 16. Hinsichtlich der Kennt- **355**
lichmachung des Vorzeichens und einer Anpassung der Postenbezeichnung gelten die zum Posten Nr. 14 angestellten Überlegungen auch hier. Möglich
erscheinen Bezeichnungen wie „Überschuß bzw. Fehlbetrag aus den außerordentlichen Posten".

Werden die ao. Erträge und Aufwendungen gem. § 265 Abs. 7 Nr. 1 oder 2 HGB **356**
zusammengefaßt hier ausgewiesen, so müssen sie im **Anhang** gesondert angegeben werden, wenn die Zusammenfassung eine Vergrößerung der Darstellungs-
klarheit (§ 265 Abs. 7 Nr. 2 HGB) zum Zweck hatte. Zu Nr. 17 sind wie zu Nr. 14
die Angaben zur Belastung mit **Steuern** vom Einkommen und vom Ertrag im
Anhang zu machen (§ 285 Nr. 6 HGB).

Nr. 18 Steuern vom Einkommen und vom Ertrag

Im einzelnen gehören hierher: **357**

a) Steuern vom **Einkommen**: KSt (einschließlich aller Arten von Ergänzungs-
abgaben) vor Berücksichtigung etwaiger Anrechnungsbeträge und vor Abzug
etwaiger KapErtrSt
b) Steuern vom **Ertrag**: GewESt.

Unter Nr. 18 fallen ferner auch die in **ausländischen** Staaten gezahlten Steuern,
die den in Deutschland erhobenen Steuern vom Einkommen und vom Ertrag
entsprechen (vgl. Anlage 10 zu Abschn. 212a EStR 1990, die allerdings in dieser
Hinsicht nicht vollständig ist).

Der Steueraufwand der Gesellschaft ist auf der Grundlage des **Beschlusses** über **358**
die Verwendung des Ergebnisses zu berechnen; liegt ein solcher Beschluß zum
Zeitpunkt der Feststellung noch nicht vor (wie regelmäßig bei der AG der Fall),
so ist vom Gewinnverteilungs**vorschlag** auszugehen (§ 278 Satz 1 HGB)[372].

Der Posten Nr. 18 umfaßt **sämtliche** das Einkommen und den Ertrag betreffende **359**
Steueraufwendungen und -erträge. Die hier auszuweisenden Aufwendungen und
Erträge umfassen demnach sowohl laufende Zahlungen und Zuführungen zu
bzw. Auflösungen von Rückstellungen als auch Aufwendungen für zurückliegende GJ, für die keine ausreichenden Rückstellungen gebildet worden waren,
sowie Steuererstattungen für frühere Jahre (ggf. auch solche aufgrund eines Verlustrücktrages, vgl. hierzu St/HFA 2/1977[373]); bei größeren **periodenfremden**
Beträgen, zB aufgrund von Betriebsprüfungen sind nach § 277 Abs. 4 Satz 3
HGB entsprechende Erläuterungen im Anhang, evtl. auch Untergliederungen
oder „davon"-Vermerke bei Nr. 18[374] erforderlich. Ergibt sich in Ausnahmefällen ein **positiver („Haben"-)Saldo**, so ist dies nach dem Grundsatz der Klarheit
(§ 243 Abs. 2 HGB) kenntlich zu machen. Wegen der Bildung von Rückstellungen für allgemeine Risiken, zu denen wegen der oft vorliegenden Ungewißheit
auch solche steuerlicher Art gehören können, vgl. E Tz. 124.

---

372 Vgl. zur Beziehung zwischen § 278 HGB und § 58 Abs. 2 AktG *Siegel*, DB 1990 S. 1980 f.
373 Vgl. auch *ADS*, § 275 HGB Tz. 188 f.; *BHdR*, B 338 Rn. 84 ff.; *Wichmann*, BB 1987 S. 648 f., ausführlich *HdR*, § 275 HGB Rn. 91 ff.; aA *Glade*, BiRiLiG, § 275 HGB Tz. 73, 349.
374 Vgl. *BoHdR*, § 275 HGB Rn. 212; *BeBiKo.*, § 275 Anm. 254; enger *BHdR*, B 338 Rn. 87 (nur
Anhang).

360 Unter dem Posten Nr. 18 sind grundsätzlich auch Aufwendungen und Erträge aus der Bildung, Inanspruchnahme oder Auflösung von **Steuerabgrenzungsposten** nach § 274 HGB zu erfassen[375]. Lediglich Auflösungen aufgrund des Aktivierungswahlrechts nach § 274 Abs. 2 HGB und wegen geänderter Erwartungen hinsichtlich künftiger Be- oder Entlastungen sind **nicht** hier, sondern unter Nr. 4 bzw. Nr. 8 auszuweisen (vgl. St/SABI 3/1988). **Steuerstrafen und Säumniszuschläge** sind **keine** unter Nr. 18 fallenden Steuern[376], sondern entweder sonstige betriebliche Aufwendungen (Nr. 8) oder den Zinsen ähnliche Aufwendungen (Nr. 13)[377]; ggf. auch ao. (Nr. 16).

361 Ausweispflichtig sind alle Steuern, für die das Unternehmen wirtschaftlich Steuerschuldner[378] ist. Der **KSt-Aufwand** einer Gesellschaft, die an anderen KSt-pflichtigen Gesellschaften beteiligt ist, bestimmt sich vor Berücksichtigung von Anrechnungsbeträgen. Anrechnungsfähige KSt (§ 36 Abs. 2 Nr. 3 EStG), die auf die Dividende einer inländischen Beteiligungsgesellschaft entfällt (§ 20 Abs. 1 Nr. 3 EStG), ist unter den Beteiligungserträgen oder gesondert auszuweisen (vgl. St/HFA 2/1977, Nr. 3). Nicht anrechnungsfähige **KapErtrSt** (zB auf ausländische Schachteldividenden) ist als Steueraufwand auszuweisen (vgl. – auch zur anrechenbaren KapErtrSt – BHdR, B 338 Rz. 18).

362 Bei steuerlichen **Organschaftsverhältnissen** ist die Absicht des Gesetzgebers zu berücksichtigen, daß unter Nr. 14 das Ergebnis der gewöhnlichen Geschäftstätigkeit vor Abzug von Steuern fallen soll. Weiterbelastete Steuern sollten daher vom **Organträger** als Unterposten der Erträge aus GAV (Nr. 9a) ausgewiesen werden[379]. Als zulässig anzusehen sind auch die Einstellung in einen gesonderten Posten (vor Nr. 14) oder der Ausweis unter Nr. 4[380]. Die **Organgesellschaft** muß dagegen die ihr weiterbelasteten Steuern gesondert unter Nr. 18 ausweisen[381], da dies dem wirtschaftlichen Sachverhalt entspricht[382]. Wird von einer Weiterbelastung abgesehen, so bedarf es einer Erläuterung im **Anhang**, sofern andernfalls ein falsches Bild von der Ertragslage der Gesellschaft vermittelt wird.

363 KSt-Minderungen (zusätzlicher Ertrag) aufgrund eines **vom Gewinnverwendungsvorschlag abweichenden Gewinnverwendungsbeschlusses** (entsprechend § 174 Abs. 2 Nr. 5 AktG) können entweder im Folgejahr erfolgswirksam unter Nr. 18 erfaßt werden (Auflösung einer im nachhinein überhöhten Steuerrückstellung) oder erfolgsneutral als Gewinnvortrag behandelt werden. Zusätzlicher Steueraufwand aus KSt-Erhöhungen berührt die GuV nicht. Er ist im Folgejahr erfolgsneutral aus dem Bilanzgewinn zu decken und bei AG im Beschluß über

---

375 Vgl. *ADS*, § 275 HGB Tz. 190.
376 Vgl. *ADS*, § 275 HGB Tz. 186; *BHdR*, B 338 Rn. 2.
377 Vgl. *ADS*, § 275 HGB Tz. 186 u. 200 (für Steuerstrafen auch Ausweis unter Nr. 19); *BeBiKo.*, § 275 Anm. 249.
378 Zur Steuerschuldnerschaft (§ 43 AO) bei den verschiedenen Steuerarten vgl. die Übersicht bei *ADS*, 4. Aufl., § 158 AktG 1965 Tz. 35; 5. Aufl., § 275 HGB Tz. 184.
379 Vgl. im einzelnen *ADS*, § 275 HGB Tz. 191 ff.; ausführlich auch *HdR*, § 278 HGB Rn. 13 (aA hinsichtlich des Ausweises unter Nr. 4 beim Organträger); *Bullinger*, DB 1988 S. 717 f. (aA hinsichtlich der Gewerbesteuerumlage beim Organträger: gesonderter Ausweis unter Nr. 18 oder im Sonderposten hinter Nr. 18).
380 *Zum Ausweis bei fehlender Ergebnisausschlußvereinbarung vgl. ADS, § 275 HGB Tz. 195; teilw. abw. BeBiKo., § 275 Anm. 257 f.*
381 Ähnlich *Bullinger*, DB 1988 S. 717 f.; abw. *BeBiKo.*, § 275 Anm. 257 (auch Ausweis unter Nr. 19a oder Nr. 19b zulässig, falls ein GAV besteht).
382 Vgl. auch *BHdR*, B 338 Rn. 97.

die Ergebnisverwendung anzugeben (§ 174 Abs. 2 Nr. 5 AktG). Möglich ist auch die Änderung des JA (§ 278 Satz 2 HGB), vgl. hierzu St/HFA 2/1977[383].

Zur **Berechnung** der KSt und GewESt mit Hilfe von **„Belastungsfaktoren"** vgl.   **364** *HdU*, Abschn. G und H. Zur Angabepflicht im Anhang über die Belastung des ordentlichen und des ao. Ergebnisses durch die Steuern vom Einkommen und Ertrag (§ 285 Nr. 6 HGB) vgl. Tz. 559 ff.

Nr. 19 Sonstige Steuern

Hierunter fallen alle **nicht unter Nr. 18 auszuweisenden Steuern**, die von der   **365** Gesellschaft direkt getragen und als Aufwand verrechnet werden (sofern sie nicht nach § 265 Abs. 7 HGB mit dem Posten Nr. 8 zusammengefaßt wurden, vgl. HFA, FN 1989 S. 336)[384], wie zB:

Ausfuhrzölle, Biersteuer, Branntweinsteuer, Erbschaftsteuer, Gesellschaftsteuer (KVStG aufgehoben durch Finanzmarktförderungsgesetz v. 22. 2. 1990, BGBl. I S. 266, mit Wirkung ab 1. 1. 1992; zu Ausnahmen vgl. Art. 4 Abs. 3 und 4 des ÄndG), Getränkesteuer, GewKSt, Grundsteuer, Hundesteuer, Jagdsteuer, Kaffeesteuer, Kraftfahrzeugsteuer, Leuchtmittelsteuer, Mineralölsteuer (falls nicht offen von den Umsatzerlösen abgesetzt), Rennwett- und Lotteriesteuer, Salzsteuer, Schenkungsteuer, Sektsteuer, Tabaksteuer (falls nicht offen von den Umsatzerlösen abgesetzt), Teesteuer, VSt, Versicherungsteuer (soweit nicht bei der entsprechenden Aufwandsart erfaßt)[385], Vorsteuern, die weder abzugsfähig noch aktivierbar sind, Wechselsteuer (WStG aufgehoben mit Wirkung ab 1. 1. 1992, vgl. – auch zu Ausnahmen – oben bei Gesellschaftsteuer), Zuckersteuer und entsprechende ausländische Steuern.

Die **USt** ist unter diesem Posten nur auszuweisen, soweit bei Organschaftsver-   **366** hältnissen eine Weiterbelastung der von der Obergesellschaft zu tragenden USt an das Organ unterblieben ist (dort Ausweis der nicht weiterbelasteten USt unter Nr. 4)[386]. Nicht abziehbare Vorsteuern sind wie die zugrunde liegende Lieferung oder Leistung zu behandeln. In allen übrigen Fällen ist die USt, auch soweit sie auf Anzahlungen zu entrichten ist[387], als durchlaufender Posten zu behandeln und berührt die GuV nicht. Ein offenes Absetzen der USt von den Bruttobeträgen unter Nr. 1 und Nr. 4 ist zulässig.

Soweit Steuern als **Anschaffungsnebenkosten** zu betrachten sind (zB Eingangs-   **367** zölle, GrESt, Gesellschaftsteuer) und als solche aktiviert werden, gehören sie **nicht** zum Posten Nr. 19. Die **Berlin-Vergünstigung** gemäß § 1 BerlinFG (Kür-

---

383 Vgl. zu KSt-Erhöhungen und -Minderungen auch *ADS*, § 174 AktG Tz. 27, § 275 HGB Tz. 196, § 278 HGB Tz. 30 ff.; aA hinsichtlich der Behandlung des Ertrages als Gewinnvortrag *BHdR*, B 338 Rn. 31 ff.; differenzierter hinsichtlich des zusätzlichen Aufwands bei der GmbH ebd., Rz. 36 ff.; hierzu auch *Wimmer*, DB 1982 S. 1177 ff.; *Siegel*, DB 1990 S. 1989 f.; *Sender*, BB 1990 S. 2799 ff.

384 Vgl. zur Diskussion *ADS*, § 275 HGB Tz. 197 ff.; *Biener/Berneke*, BiRiLiG, Erl. zu § 275 HGB S. 214, 216 (für Ausweis der Kostensteuern unter Nr. 8); *Oebel*, WPg. 1988 S. 125 ff., die den Posten Nr. 19 als „inhaltsleeren Absicherungsposten" bezeichnet; *Horn*, BB 1988 S. 2348 (beide Möglichkeiten zulässig); *BeBiKo.*, § 275 Anm. 66, hält ein offenes Absetzen von den Umsatzerlösen für geboten.

385 Vgl. auch für ähnliche Fälle *ADS*, § 275 HGB Tz. 201.

386 Vgl. St/HFA 1/1985.

387 Zur Behandlung der USt auf Anzahlungen gegenüber dem anderslautenden BFH-Urteil vom 26. 6. 1979, BStBl. II S. 625 ff.; vgl. BMF-Schr. v. 24. 3. 1980, BStBl. I S. 18, und § 5 Abs. 4 Satz 2 EStG; aus der umfangreichen Diskussion vgl. ferner ua. *Forster*, AG 1980 S. 19 f.; *Schneider*, BB 1980 S. 273 ff.; *Siegel*, BB 1980 S. 589 ff.

zung der USt um 2–10 vH) darf nicht mit den unter Nr. 19 ausgewiesenen Steuern verrechnet werden (Ausweis unter Nr. 4 oder unter Nr. 1); die Absetzung von der USt-Schuld ist eine reine Verrechnungsmaßnahme (vgl. St/HFA 1/1985, Abschn. A III). **Steuerstrafen** sind unter Nr. 8 oder Nr. 16 zu erfassen, vgl. Tz. 360. Die **Ausgleichsabgabe nach dem Dritten Verstromungsgesetz** ist keine Steuer und deshalb **nicht** hier, sondern unter den sonstigen betrieblichen Aufwendungen (Nr. 8) auszuweisen. Von der Gesellschaft für Mitarbeiter übernommene **pauschalierte LSt** und darin enthaltene KiSt sind wirtschaftlich als Arbeitsentgelte zu betrachten und daher unter Nr. 6a auszuweisen [388].

Nr. 19a Erträge aus Verlustübernahme

368   Wegen der Einordnung des Postens in das gesetzliche Gliederungsschema vgl. Tz. 261. Hierher gehören in erster Linie der Gesellschaft gemäß § 302 AktG vergütete Beträge [389]. Nach dieser Vorschrift besteht bei **Beherrschungs- und Gewinnabführungsverträgen** die Verpflichtung, Jahresfehlbeträge auszugleichen (Abs. 1); gleiches gilt bei Betriebspacht- und Betriebsüberlassungsverträgen zwischen einem herrschenden Unternehmen und einer abhängigen Gesellschaft insoweit, als die vereinbarte Gegenleistung das angemessene Entgelt nicht erreicht und daraus ein Jahresfehlbetrag resultiert (Abs. 2).

369   Im Hinblick darauf, daß die Postenbezeichnung nicht auf eine gesetzliche Verlustübernahme beschränkt ist, sind unter dem Posten Nr. 19a ferner auch **freiwillige** oder auf anderen **Verträgen** als nach § 302 AktG beruhende Verlustübernahmen auszuweisen [390]. **Ertragszuschüsse**, die unabhängig von einem Verlust gewährt werden, sind demgegenüber unter dem Posten Nr. 4 auszuweisen.

Nr. 19b Aufgrund einer Gewinngemeinschaft, eines Gewinnabführungs- oder eines Teilgewinnabführungsvertrags abgeführte Gewinne

370   Wegen der Einordnung des Postens in das gesetzliche Gliederungsschema vgl. Tz. 261. Hier sind nach § 277 Abs. 3 Satz 2 HGB die aufgrund der genannten Verträge an Dritte abgeführte Gewinne einzustellen. Auf die Erläuterungen zum entsprechenden Ertragsposten Nr. 9a sei verwiesen.

Nr. 20 Jahresüberschuß/Jahresfehlbetrag

371   Der Posten weist den im GJ neu erzielten **Gewinn** oder neu eingetretenen **Verlust vor Rücklagenbewegungen** aus. Der hier ausgewiesene Betrag stellt bei AG die Ausgangsgrundlage für das Gewinnverwendungsrecht der Verwaltung einerseits und der HV andererseits (§ 58 AktG) sowie für die Gewinnbeteiligung der Vorstandsmitglieder (§ 86 Abs. 2 AktG) dar; auch andere Bestimmungen knüpfen an diesen Posten an (zB §§ 150 Abs. 2, 300 AktG). Wegen der Gewinnverteilung bei der GmbH vgl. § 29 GmbHG [391].

---

388 Vgl. *ADS*, § 275 HGB Tz. 200; *HdJ*, Abt. IV/1 (1987) Rn. 401; aA *BHdR*, B 338 Rn. 61; *BeBiKo.*, § 275 Anm. 248.
389 Vgl. zur entsprechenden Anwendung bei der GmbH *ADS*, § 277 HGB Tz. 60.
390 Vgl. *ADS*, § 277 HGB Tz. 62; *HdR*, § 277 HGB Rn. 106; *BHdR*, B 336 Rn. 95; zu unterjährigen Verlustübernahmen vgl. *Priester*, ZIP 1989 S. 1301 ff.
391 Vgl. im einzelnen *Geßler*, BB 1986 S. 227 ff.; *Hommelhoff*, ZGR 1986 S. 418 ff.; *Liebs*, DB 1986 S. 2421 ff.; *Ehlke*, DB 1987 S. 671 ff.; *Heidenhain*, GmbHR 1987 S. 283 ff.; *Renkl*, GmbHR 1989 S. 66 ff., jew. mwN.

Mit dem Posten Nr. 20 endet das gesetzliche Gliederungsschema des § 275   **372**
Abs. 2 HGB. Das Gesetz geht indes davon aus, daß der JA einer AG oder KGaA
regelmäßig unter Berücksichtigung einer vollständigen oder teilweisen **Verwendung des Jahresergebnisses** aufgestellt wird. Auch bei der GmbH besteht diese
Möglichkeit (vgl. § 268 Abs. 1 Satz 1 HGB und § 29 Abs. 1 Satz 2 GmbHG).
§ 275 Abs. 4 HGB bestimmt daher, daß Veränderungen der Kapital- und
Gewinnrücklagen erst nach dem Posten „Jahresüberschuß/Jahresfehlbetrag"
ausgewiesen werden dürfen.

Für **AG** und **KGaA** ist die insoweit in Betracht kommende **weitere Gliederung** durch   **373**
§ 158 Abs. 1 Satz 1 AktG verbindlich vorgeschrieben. Die dort aufgeführten Posten
sind im folgenden erläutert. Sie sollten aus Gründen der Klarheit (§ 243 Abs. 2 HGB)
von **GmbH** (insbesondere von großen) entsprechend angewandt werden[392]. Angaben zur Ergebnisverwendung sind ohnehin nach § 325 Abs. 1 HGB offenzulegen. In
beiden Fällen ist es aber zulässig, die weiteren Posten statt in der GuV im **Anhang**
anzugeben (§ 158 Abs. 1 Satz 2 AktG; vgl. Tz. 566).

Alle folgenden Posten-Nummern sind gesetzlich nicht vorgesehen, doch entspre-   **374**
chen die Postenbezeichnungen den jeweiligen gesetzlichen Bestimmungen.

Nr. 21 Gewinnvortrag/Verlustvortrag aus dem Vorjahr

Schloß der VJ-Abschluß mit einem Bilanzverlust ab, so ist dieser als **Verlustvor-**   **375**
trag aus dem VJ unter dem Posten Nr. 21 auszuweisen, auch wenn zwischenzeitlich Gesellschafterzuschüsse zur Verlustabdeckung gewährt wurden. Ergab sich
dagegen aus dem Gewinnverteilungsbeschluß über das Ergebnis des VJ ein
Gewinnvortrag, so ist dieser in der GuV des neuen GJ ebenfalls unter Nr. 21 einzustellen. Ein zusätzlicher Aufwand (Steuererhöhung) aufgrund eines **vom
Gewinnverwendungsvorschlag abweichenden Gewinnverwendungsbeschlusses** (§ 174
Abs. 2 Nr. 5 AktG) berührt die GuV nicht (§ 278 Satz 2 HGB). Ein zusätzlicher
Ertrag (Steuerminderung) ist dagegen entweder erfolgsneutral hier auszuweisen
oder im Folgejahr unter Nr. 18 zu erfassen (vgl. Tz. 363).

Nr. 22 Entnahmen aus der Kapitalrücklage

Hier sind bei **AG** die Entnahmen aus der Kapitalrücklage zum Ausgleich eines   **376**
Jahresfehlbetrages oder Verlustvortrages nach den Vorschriften des § 150 Abs. 3
und Abs. 4 Nr. 1 und 2 AktG auszuweisen. Außerdem sind hier Entnahmen auszuweisen, die bei einer vereinfachten Kapitalherabsetzung nach § 229 Abs. 2
AktG zum Ausgleich von Wertminderungen oder der Deckung sonstiger Verluste dienen[393]. Dagegen sind Entnahmen zur Kapitalerhöhung aus Gesellschaftsmitteln gemäß § 150 Abs. 4 Nr. 3 AktG **nicht** in der GuV darzustellen[394]. Auch
bei **GmbH** gehören ergebniswirksame Entnahmen aus der Kapitalrücklage unter
diesen Posten[395]. Nach § 270 Abs. 1 Satz 1 HGB sind die Entnahmen aus der
Kapitalrücklage bereits bei der Aufstellung des JA vorzunehmen.

---

392 Vgl. *ADS*, § 268 HGB Tz. 14; *HdJ*, Abt. IV/1 (1987) Rn. 520; *BHdR*, B 231 Rn. 132; keine Pflicht:
    Knop, DB 1986 S. 549 ff.; nach GoB erforderlich: *HdR*, § 275 HGB Rn. 153.
393 Vgl. *ADS*, § 158 AktG Tz. 9; vgl. dort auch zu Angaben im Anhang entsprechend § 240 Satz 3
    AktG.
394 Vgl. *ADS*, § 158 AktG Tz. 10; vgl. dort auch zu Angaben im Anhang nach § 152 Abs. 2 Nr. 2 AktG.
395 Zur Rückzahlung von Nachschußkapital nach § 30 Abs. 2 GmbHG vgl. *BHdR*, B 231 Rn. 93 f.,
    146.

Nr. 23a Entnahmen aus der gesetzlichen Rücklage

377   Die Erläuterungen zum Posten Nr. 22 gelten entsprechend.

Nr. 23b Entnahmen aus der Rücklage für eigene Anteile

378   Soweit Auflösungen dieser Rücklage in Betracht kommen (bei Veräußerung oder Einziehung der eigenen Aktien sowie bei Ansatz eines niedrigeren Wertes auf der Aktivseite, § 272 Abs. 4 Satz 2 HGB), sind sie hier auszuweisen [396].

Nr. 23c Entnahmen aus satzungsmäßigen Rücklagen

379   Soweit von der Gesellschaft satzungsmäßige Rücklagen gebildet sind (insbesondere bei GmbH), sind Auflösungen, die nach den Satzungsvorschriften ergebniswirksam sein sollen, unter diesem Posten auszuweisen. Sollen die satzungsmäßigen Rücklagen dagegen dazu dienen, unter bestimmten Voraussetzungen in Grund- bzw. Stammkapital umgewandelt zu werden, so wird bei einem entsprechenden Gesellschafterbeschluß nur eine Umbuchung in der Bilanz vorgenommen [397]. Eine direkte Umbuchung in die gesetzliche Rücklage ist unzulässig.

Nr. 23d Entnahmen aus anderen Gewinnrücklagen

380   Es gelten die gleichen Grundsätze wie für die Entnahmen aus den zuvor aufgeführten Rücklagen; dementsprechend sind unter Nr. 23d alle **Entnahmen aus freien Rücklagen** aufzuführen mit Ausnahme derjenigen Vorgänge, die lediglich eine Verschiebung zwischen zwei Bilanzposten darstellen (zB Umwandlung von Rücklagen in Nennkapital bei einer Kapitalerhöhung aus Gesellschaftsmitteln oder Übertragung auf die Rücklage für eigene Aktien). **Nicht** zulässig ist es, Rücklagen, die für bestimmte Zwecke vorgesehen wurden, direkt in Anspruch zu nehmen, ohne sie über die GuV aufzulösen; unzulässig ist auch, die Aufwendungen offen von den Entnahmen unter Nr. 23d abzusetzen.

Nr. 23e   Entnahmen aus Sonderrücklagen nach §§ 7 Abs. 6, 17 Abs. 4 und/oder 24 Abs. 5 DMBilG

381   Die vorstehend genannten Rücklagen können zur Deckung von Verlusten, dh. bis zur Höhe eines sich andernfalls ergebenden Bilanzverlustes, aufgelöst werden. Der Auflösungsbetrag ist dann hier gesondert auszuweisen. Bei Heranziehung verschiedener der og. Rücklagen bestehen gegen eine Zusammenfassung keine Bedenken, wenn die Rücklagenveränderung an anderer Stelle (Bilanz, Anhang) dargestellt wird.

Nr. 24 Ertrag aus der Kapitalherabsetzung

382   Nach § 240 Satz 1 AktG sind bei AG und KGaA Buchgewinne, die bei einer Kapitalherabsetzung anfallen (§§ 222 Abs. 4, 237 AktG), gesondert als „Ertrag aus der Kapitalherabsetzung" hinter den Entnahmen aus Gewinnrücklagen auszuweisen. Vgl. im übrigen *ADS*, § 158 AktG Tz. 23 f.

---

396 Für eine Auflösung der Rücklage für eigene Anteile ohne Berührung der GuV im Falle der Einziehung bei der Kapitalherabsetzung der AG nach § 237 AktG *BHdR*, B 231 Rn. 77, 156.
397 Vgl. im einzelnen *ADS*, § 158 AktG Tz. 14.

Nr. 25a Einstellungen in die gesetzliche Rücklage

Hier sind hauptsächlich die Einstellungen aufgrund der obligatorischen Bestimmungen des § 150 Abs. 2 AktG auszuweisen, ferner Einstellungen im Zusammenhang mit der vereinfachten Kapitalherabsetzung (§ 231 Satz 1 AktG)[398].   **383**

Einstellungen in die gesetzliche Rücklage gemäß § 58 Abs. 3 AktG aufgrund eines Gewinnverwendungsbeschlusses der HV sind **nicht** in der GuV auszuweisen; sie sind in der Bilanz oder im Anhang des Folgejahres gesondert zu vermerken (§ 152 Abs. 3 Nr. 1 AktG) und im Beschluß der HV über die Gewinnverwendung (§ 174 Abs. 2 Nr. 3 AktG) aufzuführen.   **384**

Nr. 25b Einstellungen in die Rücklage für eigene Anteile

Die Einstellungen nach § 272 Abs. 4 HGB können aus dem Jahresüberschuß, aus einem Gewinnvortrag, aus frei verfügbaren Gewinnrücklagen oder zu Lasten eines Bilanzverlustes vorgenommen werden. Sie sind grundsätzlich über den Posten Nr. 25b zu führen; lediglich soweit eine frei verfügbare Gewinnrücklage herangezogen wird (§ 272 Abs. 4 Satz 3 HGB), erscheint in Ausnahmefällen eine Umbuchung in der Bilanz ausreichend[399].   **385**

Nr. 25c Einstellungen in satzungsmäßige Rücklagen

Soweit die Satzung Einstellungen in eine solche Rücklage vorschreibt, sind sie hier auszuweisen. Stellt die HV im Beschluß über die Verwendung des Bilanzgewinns Beträge in diese Rücklage ein (§ 58 Abs. 3 AktG), so geschieht dies durch direkte Umbuchung vom Bilanzgewinn auf die Rücklage; die GuV wird in diesem Fall **nicht** berührt[400].   **386**

Nr. 25d Einstellungen in andere Gewinnrücklagen

Hier sind insbesondere diejenigen Einstellungen auszuweisen, die bei Aufstellung oder Feststellung des JA im Rahmen und unter Beachtung gesetzlicher Vorschriften (§ 58 Abs. 1, 2 und 2a AktG, § 270 Abs. 2 HGB) den anderen Gewinnrücklagen zugewiesen werden. Zu Einstellungen durch die HV vgl. *ADS*, § 158 AktG Tz. 17.   **387**

Nr. 26 Einstellungen in die Kapitalrücklage nach den Vorschriften über die vereinfachte Kapitalherabsetzung

Die vereinfachte Kapitalherabsetzung kann dazu dienen, Beträge in die Kapitalrücklage einzustellen (§ 229 Abs. 1 AktG); außerdem sind ggf. im Anschluß an eine vereinfachte Kapitalherabsetzung weitere Einstellungen in die Kapitalrücklage erforderlich (§ 232 AktG). § 240 Satz 2 AktG bestimmt, daß diese Einstellungen unter der genannten Bezeichnung gesondert auszuweisen sind[401]. Zur Erläuterungspflicht im **Anhang** vgl. Tz. 568.   **388**

---

398 Vgl. *ADS*, § 158 AktG Tz. 18.
399 Vgl. im einzelnen *ADS*, § 158 AktG Tz. 19, § 268 HGB Tz. 22; dazu auch *BoHdR*, § 158 AktG Tz. 12.
400 Vgl. *ADS*, § 158 AktG Tz. 20; *Kölner Kom.*, §§ 275–277 HGB, § 158 AktG Anm. 135.
401 Vgl. *ADS*, § 158 AktG Tz. 25 f.

Nr. 27 Bilanzgewinn/Bilanzverlust

389 Der hierunter ausgewiesene Betrag muß mit dem Betrag des gleichlautenden Postens der Bilanz (§ 268 Abs. 1 Satz 2 HGB) übereinstimmen. Er ist die Grundlage für den Gewinnverwendungsvorschlag nach § 170 Abs. 2 AktG und für die Beschlußfassung der HV nach § 174 AktG.

Nr. 28 Ertrag aufgrund höherer Bewertung gemäß dem Ergebnis der Sonderprüfung/gemäß gerichtlicher Entscheidung

390 Es handelt sich um die Summe der Unterschiedsbeträge, die sich aus einer Erhöhung von Aktivposten und einer Herabsetzung von Passivposten aufgrund des Ergebnisses einer Sonderprüfung nach §§ 258 ff. AktG wegen unzulässiger Unterbewertung oder einer gerichtlichen Entscheidung über die Feststellungen der Sonderprüfer gemäß § 260 AktG ergeben. Der Posten ist nach § 261 Abs. 1 Satz 6 oder Abs. 2 Satz 2 AktG gesondert unter der dort verlangten Bezeichnung auszuweisen; er darf nicht mit anderen Posten zusammengefaßt werden. Der auszuweisende Betrag ist, sofern auch zwischenzeitliche Bewertungsänderungen zu berücksichtigen sind, nicht identisch mit der Summe der Beträge, die bei der Sonderprüfung oder durch das Gericht festgestellt wurden [402].

3. Inhalt der einzelnen Posten bei Gliederung nach dem Umsatzkostenverfahren (§ 275 Abs. 3 HGB) [403]

Nr. 1 Umsatzerlöse

391 Der Posten stimmt inhaltlich mit dem Posten Nr. 1 des GKV überein (§ 277 Abs. 1 HGB). Vgl. Tz. 277 ff.

Nr. 2 Herstellungskosten der zur Erzielung der Umsatzerlöse erbrachten Leistungen

392 Entsprechend dem Charakter und der Zielsetzung der Umsatzkostenrechnung soll dieser Posten die Herstellungskosten der verkauften Produkte und in Rechnung gestellten Leistungen nachweisen, gleichgültig, ob sie im letzten oder in früheren GJ angefallen sind. Für die Zwecke der Bestandsbewertung sind die Herstellungskosten in § 255 Abs. 2 HGB definiert. Während dort **Kosten der allgemeinen Verwaltung** grundsätzlich als in die Herstellungskosten einrechenbar bezeichnet sind (Satz 4), ist im Gliederungsschema des § 275 Abs. 3 HGB für die allgemeinen Verwaltungskosten ein eigener Posten (Nr. 5) vorgesehen. Dennoch ist davon auszugehen, daß grundsätzlich die Verwaltungskosten, die **dem Herstellungsbereich zurechenbar** sind, zu den Herstellungskosten iSd. Postens Nr. 2 gehören, und zwar unabhängig von der Handhabung bei der Bilanzbewertung,

---

402 Wegen weiterer Einzelheiten siehe *ADS*, § 275 HGB Tz. 207 ff. und § 261 AktG Tz. 5 ff.
403 Zum UKV vgl. *Forster* in Bericht über die IDW-Fachtagung 1986, Düsseldorf 1986 S. 29 ff. (39); *Harrmann*, BB 1986 S. 1813 ff.; *Selchert*, DB 1986 S. 2397 ff.; *Baetge/Fischer*, 1. Erg.-Heft der ZfB 1987 S. 17 ff.; *Chmielewicz*, DBW 1987 S. 87 ff.; *Dörner*, WPg. 1987 S. 154 ff.; *Forster*, BFuP 1987 S. 88 f.; *Gatzen*, WPg. 1987 S. 461 ff.; *Glade*, BFuP 1987 S. 16 ff.; *Reige*, WPg. 1987 S. 498 ff.; St/ SABI 1/1987; *Baetge/Fischer*, BFuP 1988 S. 1 ff.; *Fischer/Ringling*, BB 1988 S. 442 ff.; *Freidank*, DB 1988 S. 1609 ff.; *Otto*, DB 1988, Beil. 8; *ders.*, BB 1988 S. 1703 ff.; *Chmielewicz*, DBW 1990 S. 27 ff.; *Lederle*, in Erste Erfahrungen mit den neuen Rechnungslegungsvorschriften, Düsseldorf 1990 S. 53 ff.

und daß unter dem Posten Nr. 5 nur diejenigen allgemeinen Verwaltungskosten auszuweisen sind, die nicht zum Bereich der Herstellung gehören. Die praktische Durchführung dieses Grundsatzes hängt allerdings davon ab, daß eine entsprechende Aufgliederung der Verwaltungskosten nach in die Herstellungskosten einrechenbaren und nicht einrechenbaren vorliegt. Fehlt es daran – etwa, weil ein Unternehmen generell davon absieht, die allgemeinen Verwaltungskosten in die Herstellungskosten einzubeziehen –, so ist es zulässig, die allgemeinen Verwaltungskosten in vollem Umfang unter dem Posten Nr. 5 auszuweisen[404]. **Vertriebskosten** sind **nicht** hier, sondern unter Nr. 4 zu erfassen.

Darüber hinaus (und insoweit **abweichend** von den Begrenzungen des § 255 **393** Abs. 2 HGB) sind unter dem Posten Nr. 2 aber auch **alle diejenigen Kosten** für verkaufte Produkte auszuweisen, die im **weiteren Sinne dem Herstellungsbereich zuzurechnen** sind und die nicht unter die Vertriebskosten oder die allgemeinen Verwaltungskosten fallen[405]. Hierzu gehören zB die Kosten der Forschung und Produktentwicklung, Gewährleistungskosten, Kosten der Produkthaftpflicht udgl. Besitzen die Aufwendungen für Forschung und Entwicklung wesentlichen Umfang, so sollten sie gem. § 265 Abs. 5 HGB gesondert gezeigt werden. Auch **Gemeinkosten,** die in der Bilanz **nicht aktivierbar** wären, weil sie nicht notwendig oder nicht angemessen waren, und Abschreibungen auf nicht voll genutzte Anlagen können in den Posten Nr. 2 einbezogen werden[406]; zur Berücksichtigung der Abschreibungen vgl. im einzelnen St/SABI 1/1987. Die enge Abgrenzung der Herstellungskosten in § 255 Abs. 2 HGB erklärt sich aus dem Zweck dieser Vorschrift, unter dem Gesichtspunkt der Vorsicht die Aktivierbarkeit der Herstellungskosten nach oben zu begrenzen. Für die GuV sind derartige Beschränkungen nicht erforderlich[407]. Sie hat **alle** Aufwendungen nachzuweisen, unbeschadet dessen, ob sie notwendig oder angemessen waren. Letzten Endes müssen alle Aufwendungen **(Selbstkosten)** der Gesellschaft, soweit nicht ein Ausweis unter den Posten Nr. 11, 12, 15, 17 oder 18 zwingend ist, auf die Bereiche Herstellung, Vertrieb und allgemeine Verwaltung verteilt werden. Der Posten Nr. 7 „Sonstige betriebliche Aufwendungen", der in Art. 25 der 4. EG-Richtlinie nicht vorgesehen ist, tritt dahinter zurück (vgl. auch Tz. 404).

Als **Herstellungskosten iSd. Postens Nr. 2** sind demnach auszuweisen die Her- **394** stellungskosten für:

– im GJ verkaufte, zu Beginn des Jahres vorhandene fertige Erzeugnisse und fertige Leistungen, bewertet mit den Bilanzwerten des letzten JA[408],
– im GJ verkaufte, zu Beginn des Jahres vorhandene und in der Zwischenzeit fertiggestellte unfertige Erzeugnisse und unfertige Leistungen, bewertet mit den Bilanzwerten des letzten JA zuzüglich der im laufenden Jahr angefallenen Herstellungskosten im weiteren Sinne,
– im GJ produzierte und verkaufte Erzeugnisse und erbrachte Leistungen, bewertet mit den Herstellungskosten im weiteren Sinne.

---

404 Vgl. St/SABI 1/1987; aA *Chmielewicz,* DBW 1987 S. 87 ff.
405 Vgl. St/SABI 1/1987; *ADS,* § 275 HGB Tz. 216; nun auch *BeBiKo.,* § 275 Anm. 271 f.; aA *Glade,* BFuP 1987 S. 16 ff.; *Reige,* WPg. 1987 S. 498 ff.; *BoHdR,* § 275 HGB Rn. 134 (auch Ansatz von Teilherstellungskosten zulässig).
406 Vgl. *Forster* in Bericht über die IDW-Fachtagung 1986, Düsseldorf 1986 S. 29 ff.; *BeBiKo.,* § 275 Anm. 277.
407 Vgl. St/SABI 1/1987; *ADS,* § 275 HGB Tz. 217 ff.; *BHdR,* B 361 Rn. 12 f.; aA *Selchert,* DB 1986 S. 2397 ff. (für Übereinstimmung des Herstellungskostenumfangs in Bilanz und GuV).
408 Vgl. St/SABI 1/1987; *ADS,* § 275 HGB Tz. 222.

395 Bei einer Bewertung der Bestände auf Basis von **Vollkosten** (vgl. E Tz. 230 ff.) führt dies zum Ausweis der vollen Herstellungskosten der verkauften Produkte und Leistungen unter dem Posten Nr. 2, während die entsprechenden Kosten für noch nicht verkaufte Produkte und Leistungen in der Bilanz aktiviert werden. Eine Bewertung auf Basis von Vollkosten ist jedoch, wie die Begr. zu § 275 HGB zutreffend feststellt [409], bisher nicht üblich. Daraus ergibt sich die Frage, ob **nicht aktivierte Herstellungskosten** von Bestandserhöhungen des GJ als sonstige betriebliche Aufwendungen (Nr. 7) auszuweisen sind oder – mehr entsprechend der angelsächsischen Praxis –, unabhängig davon, wie von den in § 255 Abs. 2 HGB gebotenen Möglichkeiten der Bestimmung der zu aktivierenden Herstellungskosten Gebrauch gemacht wird, in den Posten Nr. 2 einbezogen werden können. Beide Ausweisformen sind zulässig; der Ausweis unter Nr. 2 ist jedoch vorzuziehen [410]. In diesem Zusammenhang ist im **Anhang** anzugeben, wie die unter Nr. 2 ausgewiesenen Herstellungskosten ermittelt sind, insbesondere ob in den sonstigen betrieblichen Aufwendungen (Nr. 7) nicht aktivierte Teile der Herstellungskosten enthalten sind (§ 284 Abs. 2 Nr. 1 HGB). Bei außergewöhnlich hohen Bestandsveränderungen können zusätzliche Angaben im Anhang nach § 264 Abs. 2 Satz 2 HGB erforderlich werden.

396 Werden **Aufwandszinsen** und **betriebliche Steuern** in die Berechnung der Herstellungskosten einbezogen, so stellt sich auch hier die Frage, ob sie als Herstellungskosten der verkauften Erzeugnisse ausgewiesen oder den entsprechenden Aufwandsposten (Nr. 12 und 18) zugerechnet werden sollen. Geht man davon aus, daß auch die nach dem UKV gegliederte GuV in bezug auf die Posten Nr. 8 ff. den Ausweis von Ertrags- und Aufwandsposten vorschreibt, so sollten die hier in Rede stehenden Aufwendungen im Jahr des Anfalls unter den dafür vorgesehenen Posten ausgewiesen werden. Es muß aber auch als zulässig angesehen werden, betriebliche Steuern und Zinsen, die den Herstellungskosten zugerechnet werden können, in den Posten Nr. 2 mit einzubeziehen (entsprechendes gilt für den Vertriebs- und Verwaltungsbereich) [411]; diese Auffassung kann sich darauf stützen, daß Art. 25 der 4. EG-Richtlinie einen Ausweis unter den „Sonstigen Steuern" nur vorsieht, „soweit nicht unter den obigen Posten enthalten". Konsequent wäre es in diesem Fall, die Bezeichnung des Postens Nr. 18 im Hinblick auf § 265 Abs. 6 HGB in dieser Form zu ergänzen. Außerdem sind nach § 284 Abs. 2 Nr. 1 HGB Angaben im **Anhang** erforderlich. In allen genannten Abgrenzungsfällen ist die einmal gewählte **Zuordnung** nach § 265 Abs. 1 Satz 1 HGB **beizubehalten** [412].

397 Wird das UKV von reinen **Handelsbetrieben** angewandt, dann ist im Hinblick auf § 265 Abs. 6 HGB die Bezeichnung des Postens entsprechend anzupassen (zB „Anschaffungskosten der verkauften Waren").

---

409 Vgl. BT-Drs. 10/4268 S. 108.
410 Vgl. *ADS*, § 275 HGB Tz. 223; im Ergebnis ebenso *BeBiKo.*, § 275 Anm. 276; aA (für Ausweis unter Nr. 7) *Baetge/Fischer*, 1. Erg.-Heft der ZfB 1987 S. 17 ff.; *Dörner*, WPg. 1987 S. 154 ff.
411 Vgl. *St/SABI* 1/1987; *ADS*, § 275 HGB Tz. 231 ff.; ebenso *HdJ*, Abt. IV/1 (1987) Rn. 476, das daneben auch den doppelten Ausweis unter Nr. 12, 18 einerseits und Nr. 2 andererseits bei Bildung eines entsprechenden Gegenpostens unter Nr. 6 für zulässig hält; aA (nur Nr. 12, 18) *HdR*, § 275 HGB Rn. 109, 116 ff., 133; *Chmielewicz*, DBW 1990 S. 27 ff. (36).
412 Vgl. *ADS*, § 275 HGB Tz. 224, 243.

Nr. 3 Bruttoergebnis vom Umsatz

Dieser Posten ergibt sich als **Saldogröße** aus den Posten Nr. 1 und 2. Ein Soll-   **398**
saldo sollte nach § 243 Abs. 2 HGB durch ein entsprechendes Vorzeichen oder
eine geänderte Postenbezeichnung erkennbar sein.

Nr. 4 Vertriebskosten

Die Vertriebskosten rechnen nicht zu den Herstellungskosten (§ 255 Abs. 2   **399**
Satz 6 HGB) und müssen daher unter diesem Posten sämtlich in der Periode verrechnet werden, in der sie anfallen. Grundlage der Ermittlung der Vertriebskosten ist ebenso wie bei der der Herstellungskosten und der allgemeinen Verwaltungskosten eine entsprechend ausgebaute Kostenrechnung. Sie muß die direkt
und die indirekt zurechenbaren Vertriebskosten nachweisen. Zu den **Vertriebskosten**[413] rechnen alle Aufwendungen der Verkaufsabteilungen, Werbeabteilun-
gen, Marketingabteilungen, des Vertreternetzes, der verschiedenen Formen der
Absatzförderung usf.

Als **Vertriebseinzelkosten**[414], die direkt einzelnen Produkten zuzurechnen sind,   **400**
kommen insbesondere Verpackungs-[415] und Transportkosten sowie Provisionen
in Betracht; USt sind direkt von den Umsatzerlösen (Nr. 1) abzusetzen (§ 277
Abs. 1 HGB), Verbrauchsteuern und Monopolabgaben im Regelfall unter den
sonstigen Steuern (Nr. 18) auszuweisen. Zu den **Vertriebsgemeinkosten** rechnen
die Personalkosten der genannten Abteilungen, die Kosten der Marktforschung,
Werbung und Absatzförderung, der Kundenschulung, kostenlose Warenproben
und Muster, Messe- und Ausstellungskosten, Präsentationen, Reisekosten,
Kosten der Auslieferungs- und Verteilungsläger, des Fuhrparks, die anteiligen
Abschreibungen und Materialkosten sowie ein angemessener Anteil der Verwaltungskosten (ua. Energiekosten, Telefon, Porti, Mieten, Versicherungen). Zinsaufwendungen sind **nicht** zu berücksichtigen, sie sind unter Nr. 12 auszuweisen.
Wird der Vertrieb von einer eigens dazu bestimmten Tochtergesellschaft wahrgenommen, so sind die der Tochtergesellschaft dafür gewährten Entgelte ebenfalls
hier auszuweisen[416]; ein etwa darüber hinaus noch zu übernehmender Verlust
muß im Hinblick auf § 277 Abs. 3 Satz 2 HGB unter Nr. 12a gesondert ausgewiesen werden (vgl. Tz. 261), doch ist, soweit er Vertriebskosten-Charakter trägt, ein
Sonderausweis unter Nr. 4 möglich. Wegen des Ausweises der **Kostensteuern** vgl.
Tz. 396.

Nr. 5 Allgemeine Verwaltungskosten

Zu Nr. 5 gehören alle allgemeinen Verwaltungskosten, soweit sie nicht in die   **401**
Herstellungskosten (Posten Nr. 2) eingerechnet sind oder anteilig bei den Vertriebskosten ausgewiesen werden[417]. Auch die Ermittlung dieses Postens setzt
eine entsprechende innerbetriebliche Kostenrechnung voraus. Zu den **allgemeinen Verwaltungskosten** sind zu rechnen[418] die Kosten der Geschäftsführung und

---

413 Zu Abgrenzungsschwierigkeiten bei den Vertriebskosten vgl. auch *Bohl*, WPg. 1986 S. 36.
414 Vgl. *Pümpin/Krause* in HWA, Stuttgart 1974 Sp. 45 ff.
415 Vgl. zu Verpackungs- und Auftragserlangungskosten *HdJ*, Abt. IV/1 (1987) Rn. 481, 491 (in
    bestimmten Fällen auch Ausweis unter Nr. 2).
416 Vgl. *ADS*, § 275 HGB Tz. 236; *BeBiKo.*, § 275 Anm. 286; aA *Kölner Kom.*, §§ 275–277 HGB, 158
    AktG Anm. 151.
417 Vgl. *St/SABI* 1/1987.
418 Vgl. im einzelnen *ADS*, § 275 HGB Tz. 238.

anderer Unternehmensorgane, des Rechnungswesens und eines Rechenzentrums, der Personalverwaltung, der Finanzabteilung, der Stabsabteilungen wie Rechtsabteilung, Steuerabteilung, Revisionsabteilung uä., jeweils soweit nicht anteilig zu den Herstellungskosten oder Vertriebskosten gerechnet. Außerdem können hierher die Kosten für Sozial- und Schulungseinrichtungen des Unternehmens gehören.

402 Schwierigkeiten kann die **Abgrenzung** zum Posten Nr. 7 **sonstige betriebliche Aufwendungen** bereiten, wenn diesem die gleichen Aufwendungen zugerechnet werden sollen, die der entsprechende Posten Nr. 8 im Gliederungsschema des GKV aufweist; denn dieser enthält auch Aufwendungen, die beim UKV ohne weiteres den allgemeinen Verwaltungskosten zuzurechnen sind (zB Reisespesen, Büromaterial, Rechtsschutzkosten). Da der Posten Nr. 7 indes als Sammelposten für alle nicht unter anderen Posten auszuweisenden betrieblichen Aufwendungen anzusehen ist und da bereits die Herstellungskosten (Nr. 2) und Vertriebskosten (Nr. 4) Aufwendungen enthalten, die beim Gesamtkostenverfahren nur unter Nr. 8 ausgewiesen werden können, ist in Zweifelsfällen dem Ausweis unter Nr. 5 der Vorzug zu geben [419]. Zum Ausweis der **Kostensteuern** vgl. Tz. 396.

Nr. 6 Sonstige betriebliche Erträge

403 Der Posten stimmt inhaltlich weitgehend mit dem Posten Nr. 4 des GKV überein (vgl. Tz. 292 ff.). Soweit **Eigenleistungen** der Gesellschaft im Anlagevermögen aktiviert und die entsprechenden Aufwendungen nicht direkt den Anlagekonten belastet, sondern unter Aufwandsposten der GuV ausgewiesen sind, ist ein entsprechender Gegenposten unter Nr. 6 einzustellen. Die direkte Umbuchung ohne Berührung der GuV ist vorzuziehen [420]. Auch **Fremdkapitalzinsen** und **betriebliche Steuern**, die in die Herstellungskosten eines aktivierten Vermögensgegenstandes eingerechnet wurden, führen ggf. zu einem Gegenposten unter Nr. 6 [421], wenn sie nicht unter Nr. 12 bzw. Nr. 18 abgesetzt werden. Wegen des gesonderten Ausweises von **Erträgen** aus der Auflösung von **Sonderposten mit Rücklageanteil** vgl. Tz. 294 f.

Nr. 7 Sonstige betriebliche Aufwendungen

404 Es handelt sich, wie bereits zum entsprechenden Posten des GKV (§ 275 Abs. 2 Nr. 8 HGB) ausgeführt (vgl. Tz. 322 ff.), um einen **Sammelposten** für alle nicht unter anderen Posten der GuV auszuweisenden Aufwendungen. Der hier auszuweisende Aufwand wird jedoch wesentlich niedriger ausfallen als der des Postens Nr. 8; denn der ganz überwiegende Teil der im Gliederungsschema des GKV als sonstige betriebliche Aufwendungen betrachteten Aufwendungen wird den Herstellungskosten (Nr. 2), den Vertriebskosten (Nr. 4) und den allgemeinen Verwaltungskosten (Nr. 5) zuzurechnen sein und daher dort und nicht unter Nr. 7 ausgewiesen werden. Die Begr. zu § 275 HGB vermutet sogar, daß bei einer Bilanzierung von Vorräten und Eigenleistungen mit Vollkosten keine entsprechenden, unter dem Posten Nr. 7 auszuweisenden Aufwendungen verbleiben und daß dies der Grund ist, warum ein dem Posten Nr. 7 entsprechender

---

419 Vgl. St/SABI 1/1987.
420 Vgl. *ADS*, § 275 HGB Tz. 241; aA *HdR*, § 275 HGB Rn. 114 (Ausweis unter Nr. 6 unzulässig); nicht so streng ablehnend *BeBiKo.*, § 275 Anm. 300.
421 Vgl. St/SABI 1/1987; *ADS*, § 275 HGB Tz. 243; aA *BeBiKo.*, § 275 Anm. 308 f.

Posten in Art. 25 der 4. EG-Richtlinie fehlt[422]. Wegen nicht aktivierter Teile der Herstellungskosten noch nicht veräußerter Produkte vgl. Tz. 395.

Soweit **Nebenleistungen** des Unternehmens nicht unter dem Posten Nr. 1, son- **405** dern als sonstige betriebliche Erträge (Nr. 6) ausgewiesen werden, fällt der ent- sprechende Aufwand (Material-, Personal- und sonstiger Aufwand) unter Nr. 7 (zB die Aufwendungen für einen Kasinobetrieb, für Magazinverkäufe, für ver- mietete Anlagen, Wohnungen udgl.). Hier können auch Aufwendungen ausge- wiesen werden, die mehreren Unternehmensbereichen zuzurechnen, aber schwer aufzuteilen sind.

Auch **Einstellungen in den Sonderposten mit Rücklageanteil** sind hier auszuwei- **406** sen. Der Ausweis muß gesondert, dh. als Unterposten oder „davon"-Vermerk erfolgen, es sei denn, daß eine entsprechende Angabe im Anhang erfolgt (§ 281 Abs. 2 Satz 2 HGB). **Periodenfremde Aufwendungen** sind den einzelnen Funk- tionsbereichen zuzuordnen[423] und nach § 277 Abs. 4 Satz 3 HGB anzugeben.

Nr. 8 bis 19 Alle übrigen GuV-Posten des Umsatzkostenverfahrens

Alle übrigen Ertrags- und Aufwandsposten des UKV stimmen im Grundsatz mit **407** den entsprechenden **Ertrags- und Aufwandsposten des GKV** überein. Dies gilt auch für die verschiedenen nicht im gesetzlichen Gliederungsschema vorgesehe- nen Sonderposten. Im einzelnen vgl. Tz. 261 ff. Zu beachten ist, daß die Nume- rierung nicht übereinstimmt; die entsprechenden Nummern des Gesamtkosten- verfahrens lauten jeweils um die Zahl Eins höher (zB Abs. 3 Nr. 8 = Abs. 2 Nr. 9).

Ein **Unterschied** zum Gliederungsschema nach § 275 Abs. 2 HGB besteht darin, **408** daß unter dem Posten Nr. 11 beim UKV auch die in der Gesellschaft **unüblichen Abschreibungen** auf Vermögensgegenstände des Umlaufvermögens ausgewiesen werden, während sie beim GKV gesondert gezeigt werden müssen (vgl. die Erl. zu Nr. 7b, Tz. 319 ff.). Werden **Zinsen und Kostensteuern** den Posten Nr. 2, 4 oder 5 zugerechnet, so sind sie von den Posten Nr. 12 bzw. 18 abzusetzen, wenn kein Gegenposten unter Nr. 6 gebildet wird. Zum Ausweis der **Rücklagenverän- derungen** vgl. die Erl. zum Gesamtkostenverfahren (Tz. 376 ff.).

IV. Der Anhang[424]

1. Allgemeines

Alle Kapitalgesellschaften haben den JA um einen Anhang zu erweitern, der mit **409** der Bilanz und der GuV eine Einheit bildet (sog. **erweiterter Jahresabschluß,**

---

422 Vgl. BT-Drs. 10/4268 S. 108.
423 Vgl. St/SABI 1/1987; abw. (für Wahlrecht eines Sammelausweises unter Nr. 7) *ADS,* § 275 HGB Tz. 246.
424 Literatur: *Semler,* ZfbF-Sonderheft 10/1980 S. 177 ff.; *Forster,* DB 1982 S. 1577 ff. u. 1631 ff.; *Scholtissek,* Inf. 1984 S. 97 ff.; *Göllert/Ringling,* BBK 1985, Fach 15 S. 705 ff.; *Lück/Müller/Schön- brunn,* Der Anhang nach neuem Recht – Checkliste der Erläuterungs- und Angabepflichten, in Rechnungslegung nach neuem Bilanzrecht, Berlin 1985 S. 365 ff.; *Selcherт/Karsten,* BB 1985 S. 1829 ff.; *Emmerich,* WPg. 1986 S. 698 ff.; *Hoffmann,* BB 1986 S. 1050 ff. (Grund- satz der Wesentlichkeit); *Janz/Schülen,* WPg. 1986 S. 57 ff.; *Krawitz,* Buchhaltung & Bilanz 1986 S. 167 ff.; *Russ,* Der Anhang als dritter Teil des Jahresabschlusses, 2. Aufl., Bergisch Gladbach/

§ 264 Abs. 1 Satz 1 HGB). Für kleine und mittelgroße Kapitalgesellschaften (§ 267 Abs. 1 und 2 HGB) bestehen Erleichterungen sowohl für die Aufstellung (§ 288 HGB) als auch für die Offenlegung (§§ 326, 327 HGB). Die **Mittelstands-richtlinie**[425] sieht neben einer Anhebung der Größenkriterien des § 267 HGB um ca. 25 vH weitere Erleichterungen für kleine Kapitalgesellschaften vor (verkürzter Anhang). Zum Anhang der geplanten **Europäischen AG** nach dem Statut-Entwurf der EG-Kommission vgl. *Haller,* DB 1990 S. 1573 ff. (1578). Zu evtl. Auswirkungen des **DMBilG** auf die Anhänge der der DM-Eröffnungsbilanz folgenden JA s. Tz. 448, Tz. 457, Tz. 466 f., Tz. 477, Tz. 480, Tz. 510, Tz. 512.

410 Der **Inhalt** des Anhangs bestimmt sich in erster Linie nach den §§ 284 bis 288 HGB; doch enthalten die übrigen Vorschriften über den JA (§§ 264 ff. HGB) eine Fülle weiterer Bestimmungen[426], denen zT wahlweise durch Angaben in der Bilanz/GuV oder im Anhang entsprochen werden kann[427]. AG und KGaA haben darüber hinaus noch die Bestimmungen der §§ 58 Abs. 2a, 152 Abs. 2 und 3, 158 Abs. 1, 160, 240 Satz 3, 261 Abs. 1 Satz 3 und 4 AktG[428], GmbH die der §§ 29 Abs. 4 und 42 Abs. 3 GmbHG zu beachten.

411 Inhalt und Umfang des Anhangs bestimmen sich ferner danach, daß Bilanz, GuV und Anhang **zusammen** unter Beachtung der GoB „ein den tatsächlichen Verhältnissen entsprechendes Bild der Vermögens-, Finanz- und Ertragslage der Kapitalgesellschaft zu vermitteln" haben (§ 264 Abs. 2 Satz 1 HGB). Falls dies wegen „besonderer Umstände" nicht der Fall sein sollte, so sind im Anhang **zusätzliche Angaben** zu machen (§ 264 Abs. 2 Satz 2 HGB); diese nicht nach anderen Vorschriften zu machenden Angaben müssen so vollständig sein, daß das in § 264 Abs. 2 Satz 1 HGB geforderte Bild vermittelt wird (vgl. Tz. 5 ff. u. 632 ff.).

412 Der Anhang dient dem Verständnis und der Ergänzung von Bilanz und GuV. Er bringt Angaben, Aufgliederungen, Begründungen, Darstellungen und Erörterungen zur Bilanz und GuV oder zu einzelnen ihrer Posten, zu ihrem Inhalt, zu den angewandten Bewertungs- und Abschreibungsmethoden sowie zu Unterbrechungen der Darstellungs- und Bewertungsstetigkeit. Er enthält darüber hinaus Informationen über wichtige finanzielle Daten, die keinen Niederschlag in der Bilanz gefunden haben sowie über eine Reihe anderer Tatbestände[429].

Köln 1986 mwN; *Schnappauf,* WPg. 1986 S. 555 ff. (Fragebogen); *Schulte,* BB 1986 S. 1468 ff.; *Baumann* in Rechnungslegung und Prüfung nach neuem Recht, Düsseldorf 1987 S. 91 ff. (Geschäftsbericht nach BiRiLiG); *Döbel,* BB 1987 S. 512 ff.; *Kaldenbach,* Der Anhang im Jahresabschluß – Gliederungsvorschläge, Beispiele und Musterformulierungen, Checkliste –, Bonn 1987; *Küffner,* StbKR 1987 S. 171 ff.; *ders.,* DStR 1987 Beil. zu Heft 17 S. 1 ff.; *Schülen,* WPg. 1987 S. 223 ff.; *Selchert,* Der Anhang als Instrument der Informationspolitik, Stuttgart 1987; *Betge,* WISU 1988 S. 26 ff.; *Budde/Förschle,* DB 1988 S. 1457 ff.; *HdJ,* Abt. IV/4 (1988); *Klein,* ZfB-Erg.-Heft 1/1988 S. 191 ff.; *Küffner,* Der Anhang zum Jahresabschluß, München 1988; *Küntzel,* Anhang und Lagebericht, Baiersbrunn 1988; *Niehus,* WPg. 1988 S. 93 ff. (freiwillige Angaben); *ders.* in Handelsbilanz und Steuerbilanz, Wiesbaden 1989 (Anhang in internationaler Betrachtung); *Schöne,* Anhang und Lagebericht nach dem BiRiLiG – Inhalt – Mustertexte, 2. Aufl., Bielefeld 1989; *Bruns* in Erste Erfahrungen mit dem neuen Rechnungslegungsvorschriften, Stuttgart 1990 S. 57 ff. Wegen weiterer Literatur zum GB s. Tz. 639 Fn. 1 und Kommentarliteratur zum JA s. E Tz. 1 Fn. 1. Zum Anhang der DM-Eröffnungsbilanz vgl. *Gewehr,* WPg. 1990 S. 505 ff.; *Lauer,* BB 1990 Beil. 38 S. 8 ff. (GmbH).

425 ABl. EG L 317/1990 S. 57 ff.; die Mittelstandsrichtlinie ist bis Ende 1992 in deutsches Recht umzusetzen. Vgl. hierzu auch *Schellein,* WPg. 1990 S. 529 ff.; *Niessen,* WPg. 1991 S. 193 ff.
426 S. die tabellarische Übersicht Tz. 442.
427 Vgl. Tz. 522 ff. u. Tz. 565 f.
428 Zu den Angabepflichten nach AktG s. Tz. 614 ff.
429 Vgl. *Forster,* DB 1982 S. 1577 ff. (1578).

Obwohl das Gesetz Anhang und LB (LB, vgl. Tz. 639 ff.) als **selbständige**[430] **413** Instrumente der Rechnungslegung ausgestaltet und dabei den Anhang dem JA zugeordnet hat (§ 264 Abs. 1 Satz 1 HGB), können Anhang, LB und darüber hinausgehende freiwillige Angaben der Gesellschaft sowie Bilanz und GuV auch nach neuem Recht in einem einheitlichen Druckstück, dem **Geschäftsbericht (GB)**[431], zusammengefaßt werden. Es ist nicht verboten, im Anhang zusätzliche, nicht in den gesetzlichen Vorschriften vorgesehene **freiwillige Angaben** und Erläuterungen zu machen[432]. Der Anhang ist mit der Bilanz und der GuV sichtbar so zu verbinden, daß seine Zugehörigkeit zum JA unmißverständlich zu erkennen ist[433]. Dabei ist der Anhang zugleich vom LB abzugrenzen (wichtig im Hinblick auf unterschiedliche Prüfungsanforderungen). Zu beachten sind ferner die weitgehenden Offenlegungspflichten für große Kapitalgesellschaften (§ 267 Abs. 3 HGB), die eine Bekanntmachung von Anhang und LB im BAnz. verlangen (§ 325 Abs. 2 HGB); dies kann es zweckmäßig erscheinen lassen, Anhang und LB von den übrigen Angaben des GB zu trennen. Dem kann durch eine entsprechende **Gliederung des GB** Rechnung getragen werden, zB[434]:

I. Bericht des Aufsichtsrats
II. Bericht des Vorstands
   1. Allgemeiner Teil
     a) Darlegungen zur allgemeinen wirtschaftlichen Entwicklung der Volkswirtschaft und/oder der Branche
     b) Darstellung des Unternehmens
     – zu a) und b) jeweils unter Einschluß von Bildern, Tabellen, Graphiken udgl. –
   2. Lagebericht iSd. § 289 HGB
   3. Anhang iSd. §§ 284–288 HGB
   4. Gewinnverwendungsvorschlag
   Anlagen: Bilanz und GuV

Die Mitglieder des **Geschäftsführungsorgans** (Vorstand, Geschäftsführung) und **414** eines **AR** müssen grundsätzlich im Anhang aufgeführt werden (§ 285 Nr. 10 HGB). Werden sie – wie in der Praxis üblich – gesondert vor dem allgemeinen Teil genannt, so ist darauf zu achten, daß sie bei der Veröffentlichung im BAnz. mit aufgeführt werden. Im übrigen würde sich bei Einhaltung der obigen Gliederung die Offenlegung nicht auf den Allgemeinen Teil II 1. beziehen.

Eine besondere **Unterzeichnung** des Anhangs durch die Mitglieder des **415** Geschäftsführungsorgans ist nicht erforderlich. Nach § 245 HGB ist der JA unter Angabe des Datums zu unterzeichnen. Da Bilanz, GuV und Anhang eine Einheit bilden (§ 264 Abs. 1 Satz 1 HGB), gilt die Unterzeichnung auch für den Anhang.

---

430 Zum Verhältnis zwischen Anhang und LB s. Tz. 653. Vgl. auch *Kropff*, BFuP 1980 S. 514 f.; *Reittinger*, Die Prüfung des Lageberichts nach Aktienrecht und nach den Vorschriften der 4. EG-Richtlinie, Frankfurt a.M./Bern 1983 S. 56 ff.; *GEFIU*, DB 1986 S. 2553 ff. (2556); *Russ* (Fn. 1), S. 65 ff.; *ADS*, § 289 HGB Tz. 12 ff.
431 Der GB wird als solcher im Gesetz nicht mehr erwähnt; gleichwohl wird der Ausdruck für dieses Druckstück in der Praxis weiter verwandt. Vgl. auch *Baumann* (Fn. 1), S. 91 ff.; *ADS*, § 284 HGB Tz. 4 u. 36. Zur Gestaltung des Druckberichts für VU vgl. *BAV*, FN 1989 S. 172 f.
432 Dies war in § 272 HGB-E noch so vorgesehen; zu den freiwilligen Abschlußerläuterungen vgl. Tz. 436 ff.
433 So *Biener/Berneke*, BiRiLiG, Erl. vor § 284 HGB S. 247.
434 Vgl. auch *Forster*, DB 1982 S. 1631 ff. (1633); *ADS*, § 289 HGB Tz. 40 mwN.

416 § 298 Abs. 3 Satz 1 HGB gestattet, den Anhang des MU mit dessen Konzernanhang (§§ 313 f. HGB) **zusammenzufassen.** Dabei muß ersichtlich sein, welche Aussagen sich auf das MU, auf den Konzern oder auf beide beziehen[435]; im übrigen vgl. M Tz. 656.

417 Kommt der Vorstand/die Geschäftsführung der Verpflichtung zur Aufstellung des Anhangs nicht nach, so kann das Gericht auf Antrag dazu Berechtigter ein **Zwangsgeld** gegen die Mitglieder des Geschäftsführungsorgans festsetzen (§ 335 HGB). Unvollständige Angaben im Anhang stellen eine **Ordnungswidrigkeit** dar und können mit einer **Geldbuße** geahndet werden (§ 334 HGB); unrichtige Wiedergaben oder Verschleierungen der Verhältnisse der Gesellschaften im Anhang können bestraft werden (§ 331 Nr. 1 HGB). Zu Sanktionen vgl. auch *ADS,* § 284 HGB Tz. 42 f.; *BeBiKo.,* § 284 HGB Anm. 195.

2. Grundsätze der Berichterstattung[436]

418 Die Ausführungen im Anhang müssen der **Generalnorm** des § 264 Abs. 2 Satz 1 HGB entsprechen, dh. zusammen mit Bilanz und GuV „ein den tatsächlichen Verhältnissen entsprechendes Bild der Vermögens-, Finanz- und Ertragslage der Kapitalgesellschaft (zu) vermitteln"; vgl. dazu auch Tz. 5 ff. u. Tz. 411.

419 Bei der Bestimmung der Grundsätze der Berichterstattung ist davon auszugehen, daß der Anhang (als gleichwertiger Bestandteil des JA)[437] nicht nur ein **Mittel der Rechenschaftslegung** des Geschäftsführungsorgans gegenüber den Aktionären/Gesellschaftern ist, sondern daß er sich in gleicher Weise an die **Öffentlichkeit,** insbesondere an die **Gläubiger** der Gesellschaft sowie an bestehende und potentielle **Geschäftspartner** der Gesellschaft richtet[438]. Auch für den **AR** ist der Anhang ein wichtiges Informationsmittel für die von ihm zu treffende Entscheidung, ob er den JA billigen soll. Die Berichterstattung im Anhang kann also nicht deshalb unterbleiben oder eingeschränkt werden, weil die entsprechenden Sachverhalte den Gesellschaftern bereits uneingeschränkt bekannt sind oder weil diese darauf verzichten.

420 Die Ausführungen im Anhang müssen **wahr, klar** und **übersichtlich**[439] sein und so **vollständig,** daß das in § 264 Abs. 2 Satz 1 HGB geforderte Bild vermittelt wird. Auch für den Anhang gilt § 243 Abs. 2 HGB, da er Teil des JA ist[440]. Der Grundsatz der Vollständigkeit wird durch den Grundsatz der **Wesentlichkeit**[441] (materiality) eingeschränkt. Zur Aufrechterhaltung der Vollständigkeit werden in der Praxis häufig Kontrollisten verwandt (vgl. dazu Tz. 442).

421 Auf **Verständlichkeit** ist gerade im Hinblick auf die vom Gesetz geschützten Informationsinteressen Dritter Wert zu legen. Eine Bezugnahme auf Paragra-

---

435 Ebenso *BoHdR,* § 284 HGB Rn. 20; vgl. auch *ADS,* § 298 HGB Tz. 233 ff.
436 Vgl. dazu *ADS,* § 284 HGB Tz. 16 ff.; *BeBiKo.,* § 284 Anm. 10 ff.; *HdR,* §§ 284–288 HGB Rn. 1 ff.; *HdJ,* Abt. IV/4 (1988) Rn. 36 ff.; *BHdR,* B 410; *BoHdR,* § 284 HGB Rn. 7 ff.
437 Zu den Aufgaben des Anhangs vgl. ua. *Selchert/Karsten,* BB 1985 S. 1889 f.; *Russ* (Fn. 424), S. 19 ff.; *ADS,* § 284 HGB Tz. 6 ff. (insb. 12 f.); *BeBiKo.,* § 284 HGB Anm. 6.
438 Dies ergibt sich aus der Zielsetzung der 4. EG-Richtlinie auf dem Gebiete des Gesellschaftsrechts; 4. EG-Richtlinie v. 25. 7. 1978, ABl. EG L 222/1978 S. 11.
439 Vgl. dazu zB *HuRB* S. 264 ff.; im übrigen vgl. E Tz. 7 u. F Tz. 426 f.
440 Vgl. *Forster,* DB 1982 S. 1631 ff. (1632); *Selchert/Karsten,* BB 1985 S. 1889.
441 Vgl. dazu *Hoffmann,* BB 1986 S. 1050 ff.; *Russ* (Fn. 424), S. 83 ff.; *HdR,* §§ 284–288 HGB Rn. 5; *ADS,* § 284 HGB Tz. 23 f.; *HdJ,* Abt. IV/4 (1988) Rn. 26; *BeBiKo.,* § 284 Anm. 13.

phen ist nicht ausgeschlossen, darf jedoch nicht dazu führen, daß die entsprechenden Darlegungen nur unter Heranziehung der jeweiligen gesetzlichen Vorschrift verständlich sind. Unzulässig wäre zB eine Berichterstattung über die Bezüge des Geschäftsführungsorgans und die diesem gewährten Kredite wie folgt: „Die nach § 285 Nr. 9a, 9b und 9c HGB anzugebenden Beträge lauten X DM, Y DM und Z DM".

Verweise auf die Angaben in **VJ** entbinden nicht von der Angabepflicht. Hat   **422** eine Gesellschaft jedoch einmal in einem früheren Anhang zu einem bestimmten Punkt besonders ausführlich und über die gesetzlichen Verpflichtungen hinausgehend berichtet, so ist ein Hinweis darauf nicht ausgeschlossen; für das laufende Jahr muß gleichwohl im gesetzlich vorgesehenen Umfang berichtet werden[442].

Pflichtangaben, die das HGB ausdrücklich für den Anhang (als Bestandteil des   **423** JA) verlangt (zB Arbeitnehmerzahl nach § 285 Nr. 7 HGB), dürfen **nicht** ersatzlos **in den LB verlagert** werden, denn Anhang und LB stehen in einem sich ergänzenden und nicht in einem sich ersetzenden Verhältnis; im Hinblick auf freiwillige Angaben (zB Kapitalflußrechnung, vgl. Tz. 438) besteht allerdings die freie Wahl, ob diese im Anhang oder im LB plaziert werden[443]. Ferner ist es nicht zulässig, Pflichtangaben des Anhangs als freiwillige Angaben im LB darzustellen; zur Wahrung eines evtl. gegebenen sachlichen Zusammenhangs kann allerdings in den Anhang an entsprechender Stelle ein **Hinweis auf weitere Angaben im LB** aufgenommen werden[444].

Während für Bilanz und GuV zu jedem Posten der entsprechende **VJ-Betrag**   **424** anzugeben ist (§ 265 Abs. 2 Satz 1 HGB), besteht diese Angabepflicht für den Anhang im allgemeinen nicht[445]. Werden jedoch bei Inanspruchnahme von § 265 Abs. 7 Nr. 2 HGB die zusammengefaßten Posten im Anhang ausgewiesen, so sind entsprechende Vorjahresbeträge anzugeben[446].

Fehlanzeigen sind nicht erforderlich. Hat eine Gesellschaft zB keine nicht aus   **425** der Bilanz ersichtlichen sonstigen finanziellen Verpflichtungen (§ 285 Nr. 3 HGB), so bedarf es keines Hinweises darauf. Schweigen im Anhang bedeutet immer, daß entsprechende angabepflichtige Sachverhalte nicht vorliegen.

Im Gegensatz zu Bilanz und GuV ist der Anhang nicht an ein vorgegebenes   **426** Gliederungsschema gebunden[447]. Für die äußere Gestaltung des Anhangs, seinen Aufbau und Umfang besteht vielmehr grundsätzlich **Gestaltungsfreiheit**[448]. Die Ausführungen im Anhang müssen klar und übersichtlich **gegliedert** sein. Die Fülle der zu bringenden Informationen verlangt eine gewisse **Strukturierung**[449]. Für die Darstellung der in §§ 284, 285 HGB geforderten Einzelangaben im Anhang ist es nicht erforderlich, die Reihenfolge der Nummern dieser Vorschrif-

---

442 Vgl. auch *Scholtissek*, Inf. 1984 S. 97 ff. (98); *ADS*, § 284 HGB Tz. 22 u. § 285 HGB Tz. 2.
443 So *GEFIU*, DB 1986 S. 2553 ff. (2556, These 8); vgl. ferner *Biener/Berneke*, BiRiLiG, Erl. vor § 284 HGB S. 247; *ADS*, § 284 HGB Tz. 37. Zur Gestaltung des Druckberichts von VU vgl. *BAV*, FN 1989 S. 172 f.
444 Vgl. *BAV*, FN 1989 S. 172.
445 Ebenso *Coenenberg*, DB 1986 S. 1581 ff. (1582).
446 Ebenso *ADS*, § 284 HGB Tz. 20; *HdJ*, Abt. IV/4 (1988) Rn. 53.
447 Ebenso *Coenenberg*, DB 1986 S. 1581 ff. (1582).
448 So *Scholtissek*, Inf. 1984 S. 97 ff. (99); vgl. auch *ADS*, § 284 HGB Tz. 28.
449 So *Forster*, DB 1982 S. 1631 ff. (1632); vgl. dazu auch *Russ* (Fn. 424), S. 229 ff.; *Selchert/Karsten*, BB 1985 S. 1889 ff. (1890).

ten – entsprechend dem Aufbau der Kontroll-Liste in Tz. 442 – einzuhalten; es ist vielmehr zweckmäßig, die gebotenen Informationen im **sachlichen Zusammenhang** mit anderen Angaben zu den entsprechenden Posten der Bilanz und GuV zu machen[450]. Die Gliederung des Anhangs sollte daher überschaubar sowie sach- und zweckbezogen sein. In der Bilanz und der GuV sollte durch fortlaufende Numerierung in Form von **Fußnoten** oder in einer **Hinweisspalte** auf die in gleicher Weise gekennzeichneten Abschnitte des Anhangs verwiesen werden; dadurch wird nicht nur das Auffinden der zugehörigen Angaben im Anhang erleichtert, sondern es wird auch erkennbar, ob der Anhang Angaben zu einem bestimmten Posten der Bilanz oder der GuV enthält. Dies ist um so wichtiger, je mehr Ausweiswahlrechte (vgl. Tz. 522 ff. u. Tz. 565 f.) zugunsten des Anhangs ausgeübt werden. Zusammengehörige Sachverhalte sind entsprechend darzustellen. So könnte der Anhang zB in folgende Abschnitte **gegliedert** werden[451]:

I. Erläuterungen der Bilanz und der GuV
1. Bilanz $\Big\}$ jeweils in der Reihenfolge der Posten
2. GuV
II. Sonstige Angaben
III. Aufsichtsrat und Vorstand/Geschäftsführung

427 Die Erläuterungen der **Bilanz** und der **GuV** haben sich außer nach der Generalnorm (§ 264 Abs. 2 HGB) in erster Linie nach den Bestimmungen des § 284 HGB zu richten. Nach allgemeinen Angaben zu den Bilanzierungs- und Bewertungsmethoden, zu etwaigen Stetigkeitsunterbrechungen und zu Abweichungen gegenüber dem VJ sollten die einzelnen Posten der Bilanz und der GuV in der **Reihenfolge der Gliederung** (vgl. §§ 266, 275 HGB) erläutert werden[452]. In die Erläuterung der Bilanz können etwaige Angaben gem. § 285 Nr. 1, 2, 3, 12 und 13 HGB einbezogen werden, in die Erläuterung der GuV die Angaben gem. § 285 Nr. 4, 5, 6 und 8 HGB. Unter die sonstigen Angaben fielen dann die Angaben gem. § 285 Nr. 7, 9, 11 und 14 HGB.

428 Die Angaben zu **AR** und **Vorstand/Geschäftsführung** (§ 285 Nr. 10 HGB) können auch an anderer Stelle des GB (zB an erster Stelle, vgl. Tz. 596) gebracht werden. Auch ist eine Einbeziehung in die sonstigen Angaben nicht ausgeschlossen.

429 Während für Bilanz und GuV hinsichtlich der Gliederung ein **Stetigkeitsgebot** gilt (§ 265 Abs. 1 HGB), ist die berichtende Gesellschaft bei der Gliederung des Anhangs grundsätzlich frei und nicht an das VJ gebunden[453]. Praktisch empfiehlt es sich jedoch, eine einmal gewählte Gliederung, soweit sie sich als zweckmäßig erwiesen hat, auch in der Folgezeit **beizubehalten**[454].

---

450 Vgl. *ADS*. § 284 HGB Tz. 28 u. § 285 HGB Tz. 3.
451 Vgl. dazu *ADS*. § 284 HGB Tz. 29 mwN. Zum Aufbau des Anhangs in der Praxis vgl. *Weber*. DB 1988 S. 1 ff. (4). Speziell für staatlich getragene Forschungseinrichtungen vgl. *Schulze*. DB 1987 S. 1849 ff. (1851).
452 So auch die Praxis großer Kapitalgesellschaften, vgl. TREUARBEIT (Hrsg.), Jahres- und Konzernabschlüsse '88, Düsseldorf 1990 Tz. 214.
453 Ebenso *Biener/Berneke*, BiRiLiG, Erl. zu § 284 HGB S. 247; *Coenenberg*, DB 1986 S. 1581 ff. (1582); *Schülen*. WPg. 1987 S. 223 ff. (224); für eine Übernahme des Stetigkeitsgebots auch für den Anhang: *HdJ*. Abt. IV/4 (1988) Rn. 45; *BoHdR*. § 284 HGB Rn. 15; *BeBiKo*.. § 284 Anm. 26; *Budde/Förschle*, DB 1988 S. 1457 ff. (1462); *Emmerich*, WPg. 1986 S. 698 ff. (699); *Scholtissek*. Inf. 1984 S. 97 ff. (99).
454 Ebenso *Russ* (Fn. 424), S. 233; *ADS*. § 265 HGB Tz. 15, § 284 HGB Tz. 28; strenger in bezug auf die formelle Stetigkeit auch des Anhangs *BeBiKo*.. § 284 Anm. 28.

Für eine große Zahl von Angaben läßt das Gesetz sowohl die Angabe in der **430** Bilanz/GuV als auch im Anhang zu[455] (sog. **Wahlpflichtangaben**; vgl. im einzelnen Tz. 522 ff. u. Tz. 565 f.)[456]. Die Entscheidung darüber wird im wesentlichen mibestimmt durch das Gebot der Klarheit und Übersichtlichkeit; auch hier gilt der Grundsatz, daß die Ausweiswahlrechte stetig auszuüben sind[457]. Soweit ein solches Angabewahlrecht nicht ausdrücklich eingeräumt ist, müssen Angaben, die für die Bilanz oder die GuV vorgesehen sind, grundsätzlich dort und nicht im Anhang gemacht werden; gegen eine Angabe an beiden Stellen bestehen keine Bedenken. Dasselbe gilt im Verhältnis zum LB (vgl. Tz. 639 ff.).

Fraglich ist, ob Angaben, die nach den §§ 284 Abs. 2, 285 HGB nur für den **431** Anhang vorgeschrieben sind, **statt dessen auch in der Bilanz oder GuV** gemacht werden dürfen. Geht man davon aus, daß der Anhang der Erläuterung von Bilanz und GuV dient und daher jede unmittelbare Form der Unterrichtung einer nur in einem besonderen Schriftstück zu findenden vorzuziehen ist, so sollten Bedenken gegen ein solches Verfahren nicht bestehen[458]. Voraussetzung ist allerdings, daß die Übersichtlichkeit des JA dadurch nicht beeinträchtigt wird. **Vermerke bei einzelnen Posten** der Bilanz oder der GuV können daher nur ausnahmsweise[459] und nur dann in Betracht kommen, wenn es sich um ganz kurze Angaben handelt. Gegen **Fußnoten** bestehen dagegen keine Bedenken, wenn der mitzuteilende Sachverhalt vollständig, klar und übersichtlich wiedergegeben wird[460]. In Fällen dieser Art empfiehlt es sich außerdem, im Anhang generell darauf hinzuweisen, daß ein Teil der Angaben in Form von Fußnoten zum JA erfolgt[461].

Der Anhang ist in **deutscher Sprache** abzufassen (§ 264 Abs. 1 Satz 1 iVm. § 244 **432** HGB). Dies schließt Übersetzungen in andere Sprachen nicht aus, sie sind unter dem Gesichtspunkt des gemeinsamen Marktes der EG-Länder sogar erwünscht. Bedeutende Gesellschaften mit überregionaler Verbreitung legen bereits heute Übersetzungen ihres GB vor. Zu beachten ist in Fällen dieser Art indes, daß sich ein etwaiger BestV (§ 322 HGB) nur auf die deutsche Fassung bezieht.

Die gesetzlichen Vorschriften unterscheiden **verschiedene Formen** der Angabe[462]: **433**

Angabe = 1. Oberbegriff für alle Arten der Anforderung an eine Berichterstattung im Anhang
2. verbaler oder zahlenmäßiger Hinweis auf Tatsachen, Daten, Namen udgl.

Aufgliederung = zahlenmäßige Segmentierung einer Größe
Ausweis = zahlenmäßige Nennung von Beträgen
Begründung = verbale Offenlegung der Motive oder Ursachen

---

455 Aufgrund derselben Publizität dieser Informationen sind die Ausweiswahlrechte grundsätzlich als wirkungsneutral anzusehen; vgl. *Coenenberg*, DB 1986 S. 1581 ff. (1582).
456 Zum Informationsabfluß aus Bilanz/GuV in den Anhang vgl. *Russ* (Fn. 424), S. 62 ff.
457 Vgl. *Janz/Schülen*, WPg. 1986 S. 57 ff. (58); ferner *ADS*, § 284 HGB Tz. 28.
458 Für Zulässigkeit *Selchert* (Fn. 424), S. 21 f.; ablehnend *Schülen*, WPg. 1987 S. 223 ff. (225).
459 Ebenso *HdJ*, Abt. IV/4 (1988) Rn. 61.
460 Vgl. *Forster*, DB 1982 S. 1631 ff. (1632); *Biener/Berneke*, BiRiLiG, Erl. vor § 284 HGB S. 247; gegen Angaben in Fußnoten *ADS*, § 284 HGB Tz. 27; *BeBiKo.*, § 284 Anm. 31; *Kölner Kom.*, §§ 284–288 HGB, 160 AktG Anm. 22.
461 *HdJ*, Abt. IV/4 (1988) Rn. 62, läßt Fußnoten nur bei einem derartigen allgemeinen Hinweis zu.
462 Vgl. hierzu *Selchert/Karsten*, BB 1985 S. 1889 ff. (1890); ferner *ADS*, § 284 HGB Tz. 25; *BeBiKo.*, § 284 Anm. 36; *HdJ*, Abt. IV/4 (1988) Rn. 30 f.

Darstellung = verbale und/oder zahlenmäßige Angabe, verbunden mit einer Aufgliederung, Erläuterung oder Begründung

Erläuterung = verbale und/oder zahlenmäßige Kommentierung über Inhalt, Zustandekommen, Verursachung oder Charakter von Beträgen und Posten.

434   Zwischen den einzelnen Begriffen sind Überschneidungen denkbar. Im Zweifel ist der Inhalt der jeweiligen Bestimmung aus dem Gebot der Vermittlung eines den tatsächlichen Verhältnissen entsprechenden Bildes (§ 264 Abs. 2 Satz 1 HGB) abzuleiten.

435   An verschiedenen Stellen verlangt das Gesetz nur Angaben, wenn es sich um „erhebliche Beträge" handelt, sie „von Bedeutung" sind, „erhebliche Unterschiede" bestehen oder Beträge „einen nicht unerheblichen Umfang" haben[463]. Es muß sich also um für den jeweiligen Sachverhalt relevante Beträge handeln, so daß sich allgemeine Kriterien, wann ein Betrag erheblich oder nicht unerheblich oder von Bedeutung ist, nur schwer nennen lassen. Entscheidend ist die Zielsetzung der jeweiligen Vorschrift und die Bedeutung, die die Angabe oder Nichtangabe für die Adressaten des JA haben kann. Auch die in § 264 Abs. 2 HGB niedergelegte Generalnorm kann in Zweifelsfällen heranzuziehen sein.

3. Allgemeine und freiwillige Abschlußerläuterungen[464]

436   Der JA ist aufgrund von Einzelvorschriften und der Generalnorm des § 264 Abs. 2 HGB zu erläutern. Im Einzelfall kann es allerdings fraglich sein, ob Angaben zum **Pflichtinhalt** des Anhangs gehören oder ob es sich um **freiwillige Angaben** handelt. Dies kann insofern von Bedeutung sein, als für freiwillige Angaben grundsätzlich keine Offenlegungspflicht besteht. Werden sie indes in das als Anhang bezeichnete Schriftstück aufgenommen und nicht in einen gesonderten Teil des GB (vgl. Tz. 413), so bilden sie zusammen mit den Pflichtangaben den Anhang und unterliegen insoweit im Falle des § 316 Abs. 1 HGB auch der Prüfung durch den APr. sowie der Offenlegungspflicht gem. § 325 HGB. Eine sinngemäße Anwendung der Erleichterungen, wie sie in §§ 326 Satz 3, 327 Nr. 2 HGB für die Offenlegung des Anhangs vorgesehen sind, dürfte nur für eindeutig freiwillige Angaben und nur für den dort genannten Kreis von Gesellschaften (kleine und mittelgroße Kapitalgesellschaften) in Betracht kommen.

437   Als **allgemeine Abschlußerläuterungen** kommen (weitgehend auf freiwilliger Basis) in erster Linie Angaben über die Zusammensetzung der einzelnen Posten der Bilanz und der GuV in Betracht sowie Darlegungen und Darstellungen, die die Auswirkungen derartiger Veränderungen auf das Ergebnis des Geschäftsjahres aufzeigen (zur Form der Berichterstattung vgl. St/HFA 2/1975; danach soll mit Hilfe einer **Nebenrechnung** zumindest ermittelt werden, welcher Teil des Jah-

---

463 Vgl. dazu Fn. 441 zu Tz. 420.
464 Vgl. dazu *Forster,* ZfbF-Sonderheft 10/1980 S. 57 ff. u. ZGR-Sonderheft 2/1980 S. 57 ff.; *ders.,* DB 1982 S. 1577 ff. u. S. 1631 ff.; *Selchert/Karsten,* BB 1985 S. 1889 ff. (1890); *Niehus,* WPg. 1988 S. 93 ff.; *ADS,* § 284 HGB Tz. 10 u. 31 ff.; *HdJ,* Abt. IV/4 (1988) Rn. 21 ff.; *BeBiKo.,* § 284 Anm. 20 u. 80 ff.; *HdR,* §§ 284–288 HGB Rn. 4.

resergebnisses im Interesse der Substanzerhaltung der Gesellschaft nicht ausgeschüttet werden sollte[465]).

Zu den freiwilligen Abschlußerläuterungen sind auch eine **Kapitalflußrechnung**   **438** und ähnliche, auf eine Darstellung von **Mittelzufluß** und **Mittelverwendung** zielende Aufstellungen und Erläuterungen zu rechnen (zum Aufbau und zur Ausgestaltung von Kapitalflußrechnungen[466] vgl. St/HFA 1/1978). Die Vorlage einer Kapitalflußrechnung entspricht schon der Praxis namhafter deutscher Großunternehmen[467]. Mit ihrer Hilfe soll insbesondere die finanzielle Lage und Entwicklung der Gesellschaft dargestellt werden. Da die Vermittlung eines den tatsächlichen Verhältnissen entsprechenden Bildes der **Finanzlage** zu den ausdrücklich im Gesetz genannten Aufgaben des (um den Anhang erweiterten) JA gehört (§ 264 Abs. 2 Satz 1 HGB), ist eine entsprechende Berichterstattung obligatorisch. Allerdings ist hierfür keine bestimmte Form vorgeschrieben, so daß verbale Ausführungen ausreichend sein können. Zur Darstellung der Finanzlage iSv. § 264 Abs. 2 HGB vgl. St/SABI 3/1986[468]. Wegen zusätzlicher Angaben iSv. § 264 Abs. 2 Satz 2 HGB vgl. Tz. 632 ff.

Ähnliches gilt für **Prognoserechnungen**[469], in denen Aussagen über die künftige   **439** Entwicklung der Gesellschaft enthalten sind. Beziehen sie sich auf die allgemeine Entwicklung der Kapitalgesellschaft, so bilden sie nach § 289 Abs. 2 Nr. 2 HGB einen Teil des LB (vgl. Tz. 665 ff.). Haben sie dagegen die Entwicklung der Finanzlage oder der Ertragslage zum Gegenstand, so können sie sachlich zum

---

465 Vgl. *Niehus*, WPg. 1975 S. 593 ff. u. WPg. 1974 S. 649 ff. Zum Problem der Preissteigerungen in der Rechnungslegung vgl. außerdem *Havermann*, WPg. 1974 S. 423 ff. u. 445 ff.; *Hübener*, Rechnungslegung bei sinkendem Geldwert, Köln ua. 1978 mwN.; *Claussen*, DB 1979 S. 2141 ff.; *Koch*, ZfB 1984 S. 824 ff. Zur Unternehmenserhaltung und Gewinnverwendungspolitik der GmbH vgl. *Schöne*, GmbHR 1990 S. 20 ff.

466 Vgl. hierzu einführend *v. Wysocki*, WPg. 1971 S. 617 ff. u. WPg. 1976 S. 14 ff.; *Jacobs/Greif*, WPg. 1974 S. 19 ff.; *Jonas*, DB 1976 S. 2361 ff.; *Coenenberg/Schmitz*, ZfB 1978 S. 507 ff.; *Tubbesing*, ZfB 1978 S. 528 ff.; *Kloock*, BFuP 1979 S. 469 ff.; *HWRev*. Sp. 712 ff.; *Chmielewicz*, DBW 1989 S. 251 ff.; *HdJ*, Abt. IV/6 (1990) mwN. Vgl. außerdem den Internationalen Rechnungslegungsgrundsatz des IASC Nr. 7 (IAS 7), FN 1977 S. 313 ff.; Vorschlag der *Kommission Rechnungswesen im Verband der Hochschullehrer für Betriebswirtschaft e.V.*, DBW 1979 Heft 1a S. 30 ff.; ferner *Busse von Colbe*, ZfB Erg.-Heft 1/1966 S. 82 ff.; *ders.*, in HWR Sp. 891 ff.; *Lachnit*, Zeitraumbilanzen, Berlin 1972 mwN; *Kurras*, DB 1976 S. 2073 ff. u. 2121 ff.; *Weber*, DB 1979 S. 609 ff.; *Reichmann/Lange*, ZfB 1980 S. 518 ff.; *Boemle*, Die Unternehmung 1981 S. 18 ff.; *Schoppen*, Darstellung der Finanzlage mit Hilfe der Kapitalflußrechnung, Düsseldorf 1982; *Gebhardt*, WPg. 1984 S. 481 ff.; *Jonas*, Die Finanzbewegungsrechnung, Freiburg i. Br. 1984; *Käfer*, Kapitalflußrechnungen, 2. Aufl., Stuttgart 1984; *Serfling*, Die Kapitalflußrechnung, Herne/Berlin 1984; *Weber/Tiedau*, DB 1984 S. 465 ff. u. 518 ff.; *Chmielewicz/Caspari*, DBW 1985 S. 156 ff.; *Weilenmann*, Kapitalflußrechnung in der Praxis, Zürich 1985; *Dellmann/Kalinski*, DBW 1986 S. 174 ff.; *Dellmann*, DBW 1987 S. 471 ff.; *Häusler/Holzer*, DB 1988 S. 1405 ff.; *dies.*, WPg. 1989 S. 217 ff.; *Dellmann* in Bilanzanalyse nach neuem Recht, Landsberg 1989 S. 109 ff.; *Harrmann*, BB 1989 S. 248 ff. (Kapitalflußrechnung und Personal-Computer); *Röhrenbacher/Fleischer*, Von der Bilanz zur Kapitalflußrechnung, Wien 1989; *Schmidt* in Bilanzanalyse nach neuem Recht, Landsberg 1989 S. 91 ff.; *Holzer/Jung*, WPg. 1990 S. 821 ff.; *Probst*, Bilanz & Buchhaltung 1990 S. 221 ff.

467 Vgl. TREUARBEIT (Fn. 452), Tz. 216.

468 Vgl. dazu außerdem *Dellmann/Kalinski*, DBW 1986 S. 174 ff.; *Kalinski*, Die Rechnungslegung zur Finanzlage der Unternehmung, Kiel 1986; *Reintges* in FS *Zimmerer*, Frankfurt a. M. 1986 S. 287 ff.; *HuRB* S. 168 ff.; *Dellmann*, DBW 1987 S. 471 ff.; *Bartram*, DB 1989 S. 2389 ff.; *Ossadnik*, BB 1990 S. 813 ff. Im übrigen vgl. das Schrifttum zur Kapitalflußrechnung Fn. 466 zu Tz. 438.

469 Zu Prognoserechnungen, -publizität und -prüfung vgl. ua. *Busse von Colbe* in FS *Käfer*, Stuttgart 1968 S. 91 ff.; *Bretzke*, WPg. 1974 S. 292 ff.; *Pfeiffer*, WPg. 1974 S. 159 ff. u. 186 ff.; *Wanik* in Bericht über die IDW-Fachtagung 1974, Düsseldorf 1975 S. 45 ff.; *Bechtel/Köster/Steenken* in FS *Leffson*, Düsseldorf 1976 S. 205 ff.; *Wasser*, Bestimmungsfaktoren freiwilliger Prognosepublizität, Düsseldorf 1976; *Hagest/Kellinghusen*, WPg. 1977 S. 405 ff.; *Bretzke*, WPg. 1979 S. 337 ff.; *Rückle* in FS *Loitlsberger*, Berlin 1981 S. 431 ff.; *ders.*, DB 1984 S. 57 ff.; *HWRev*. Sp. 1108 ff. mwN; *Sorg*, ZfbF 1984 S. 1028 ff.; *Steiner/Kölsch*, DBW 1987 S. 749 ff. mwN; *Kamp*, Leitlinien zur Prognosepublizität im Lagebericht – Die voraussichtliche Entwicklung der Kapitalgesellschaft gem. § 289 Abs. 2 Nr. 2 HGB, Diss. Kiel 1988 mwN; *Schloen*, DB 1988 S. 1661 ff.; *Sorg*, WPg. 1988 S. 381 ff.

Anhang gerechnet werden. Je spezieller sie sind, desto mehr werden sie über eine Abschlußerläuterung hinausgehen und dann den freiwilligen Angaben zuzurechnen sein.

440 Viele Unternehmen verwenden in ihren Abschlußerläuterungen **Tabellen, Statistiken, Graphiken** uä., die insbesondere der Darstellung von Zusammenhängen und Mehrjahresentwicklungen dienen. Auch hier kann die Zugehörigkeit zu den Pflichtangaben oder zu den freiwilligen Angaben zweifelhaft sein. Würde ohne sie das in § 264 Abs. 2 HGB verlangte Bild nicht vermittelt, so gehören sie zu den Pflichtangaben. Sind sie als freiwillige Angaben zu werten, so unterliegen sie dann der Prüfung und Offenlegung, wenn sie in das von der Gesellschaft als Anhang bezeichnete Schriftstück aufgenommen sind (vgl. Tz. 413).

441 Manche Gesellschaften nehmen in ihren GB **Glossare** bilanztechnischer und betriebswirtschaftlicher Fachausdrücke auf. Dadurch soll dem fachlich nicht speziell vorgebildeten Leser das Verständnis erleichtert werden. Dieser Teil des GB ist **nicht** dem Anhang zuzurechnen und sollte daher auch erkennbar von ihm abgegrenzt werden.

4. Tabellarische Übersicht über die gesetzlichen Vorschriften, die Angaben im Anhang vorschreiben

442 Im folgenden sind die gesetzlichen Vorschriften, die bei der Aufstellung des Anhangs zu beachten sind, in aufsteigender Reihenfolge zusammengestellt. Die Aufstellung enthält sowohl die Angaben, die für den Anhang vorgeschrieben sind (Pflichtangaben), als auch die wahlweise im Anhang oder in Bilanz/GuV zu machenden Angaben (Wahlpflichtangaben); sie kann als **Kontroll-Liste**[470] verwandt werden.

Vorschrift	Gegenstand der Angabe	Erörterung unter Textziffer
HGB		
§ 264 Abs. 2 Satz 2	Zusätzliche Angaben zur Vermittlung des in § 264 Abs. 2 Satz 1 geforderten Bildes	632 ff.
§ 265 Abs. 1 Satz 2	Abweichungen beim Aufbau und bei der Gliederung der Bilanz und der GuV	472 ff. u. 530
§ 265 Abs. 2 Satz 2 und 3	Nicht vergleichbare oder angepaßte VJ-Beträge	475 ff. u. 531
§ 265 Abs. 3 Satz 1	Vermerk der Mitzugehörigkeit zu anderen Posten der Bilanz	14 f.

---

470 Wegen Checklisten vgl. auch *Schnappauf*, WPg. 1986 S. 555 ff.; *Döbel*, BB 1987 S. 512 ff. (513 ff.); *ADS*, § 284 HGB Tz. 45 ff.; *BHdR*, Anlage zu B 410; *BoHdR*, Einf. G Rn. 205; *HdJ*, Abt. IV/4 (1988) S. 20 f. (unterteilt nach Pflichtangaben und Wahlpflichtangaben); *Selchert/Karsten*, BB 1985 S. 1889 ff. (1890 ff.); *Janz/Schülen*, WPg. 1986 S. 57 ff. (59 ff.).

Vorschrift	Gegenstand der Angabe	Erörterung unter Textziffer
§ 265 Abs. 4 Satz 2	Gliederung nach verschiedenen Gliederungsvorschriften (bei mehreren Geschäftszweigen)	478
§ 265 Abs. 7 Nr. 2	Angabe von Posten, die im JA zwecks größerer Klarheit der Darstellung zusammengefaßt sind	479 f. u. 533
§ 268 Abs. 1 Satz 2 zweiter Halbsatz	Angabe eines Ergebnisvortrages aus dem Vorjahr, wenn die Bilanz unter Berücksichtigung der teilweisen Verwendung des Jahresergebnisses aufgestellt wird	206
§ 268 Abs. 2 Satz 1	Anlagenspiegel	42 ff.
§ 268 Abs. 2 Satz 3	Abschreibungen des GJ auf Anlagevermögen und Ingangsetzungs-/Erweiterungsaufwendungen	51
§ 268 Abs. 4 Satz 2	Antizipative Abgrenzungsposten unter den sonstigen Vermögensgegenständen	488
§ 268 Abs. 5 Satz 3	Antizipative Abgrenzungsposten unter den Verbindlichkeiten	507
§ 268 Abs. 6	Disagio/Rückzahlungsagio	133
§ 268 Abs. 7	Haftungsverhältnisse	239 ff.
§ 269 Satz 1 zweiter Halbsatz	Ingangsetzungs-/Erweiterungsaufwendungen	485
§ 273 Satz 2 zweiter Halbsatz	Vorschriften, nach denen der Sonderposten mit Rücklageanteil gebildet worden ist	209 ff.
§ 274 Abs. 1 Satz 1	Passive Steuerabgrenzungsposten	215 ff.
§ 274 Abs. 2 Satz 2	Aktive Steuerabgrenzungsposten	491 ff.
§ 277 Abs. 3 Satz 1	Außerplanmäßige Abschreibungen nach § 253 Abs. 2 Satz 3 und Abschreibungen nach Abs. 3 Satz 3	565
§ 277 Abs. 4 Satz 2	Außerordentliche Erträge und Aufwendungen	562 ff.
§ 277 Abs. 4 Satz 3	Periodenfremde Erträge und Aufwendungen	562 ff.
§ 280 Abs. 3	Aus steuerrechtlichen Gründen unterlassene Zuschreibungen	558
§ 281 Abs. 1 Satz 2	Angabe der steuerrechtlichen Vorschriften, wenn steuerrechtliche Abschreibungen in den Sonderposten mit Rücklageanteil einbezogen sind	211
§ 281 Abs. 2 Satz 1	Steuerrechtliche Abschreibungen des GJ	556 ff.

Vorschrift	Gegenstand der Angabe	Erörterung unter Textziffer
§ 281 Abs. 2 Satz 2	Erträge aus der Auflösung von und Einstellungen in Sonderposten mit Rücklageanteil	294 f. u. 323
§ 284 Abs. 2 Nr. 1	Bilanzierungs- und Bewertungsmethoden	444ff. u. 526f.
§ 284 Abs. 2 Nr. 2	Grundlagen für die Umrechnung in Deutsche Mark (Währungsumrechnung)	463 f. u. 528
§ 284 Abs. 2 Nr. 3	Abweichungen von Bilanzierungs- und Bewertungsmethoden	465 ff. u. 529
§ 284 Abs. 2 Nr. 4	Unterschiedsbeträge bei Anwendung von Bewertungsvereinfachungsverfahren	481 ff.
§ 284 Abs. 2 Nr. 5	Einbeziehung von Fremdkapitalzinsen in die Herstellungskosten	489 f.
§ 285 Nr. 1 und 2	Restlaufzeiten und Sicherheiten der Verbindlichkeiten	501 ff.
§ 285 Nr. 3	Nicht aus der Bilanz ersichtliche sonstige finanzielle Verpflichtungen	508 ff.
§ 285 Nr. 4	Aufgliederung der Umsatzerlöse	534 ff.
§ 285 Nr. 5	Beeinflussung des Jahresergebnisses durch steuerrechtliche Bewertungsmaßnahmen	545 ff.
§ 285 Nr. 6	Aufteilung der Ertragsteuerbelastung nach ordentlichem und nach außerordentlichem Ergebnis	559 ff.
§ 285 Nr. 7	Zahl der beschäftigten Arbeitnehmer	570 ff.
§ 285 Nr. 8	Material- und Personalaufwand bei Anwendung des Umsatzkostenverfahrens	541 ff.
§ 285 Nr. 9a	Bezüge von Organmitgliedern	574 ff.
§ 285 Nr. 9b	Bezüge früherer Organmitglieder und Pensionsverpflichtungen für diesen Personenkreis	585 ff.
§ 285 Nr. 9c	Vorschüsse, Kredite, Haftungsverhältnisse zugunsten von Organmitgliedern	589 ff.
§ 285 Nr. 10	Namen der Organmitglieder	596 f.
§ 285 Nr. 11	Unternehmen, an denen ein Anteilsbesitz von 20 vH oder mehr besteht	598 ff.
§ 285 Nr. 12	Sonstige Rückstellungen	493 ff.

Vorschrift	Gegenstand der Angabe	Erörterung unter Textziffer
§ 285 Nr. 13	Gründe für die planmäßige Abschreibung eines Geschäfts- oder Firmenwertes	486
§ 285 Nr. 14	Mutterunternehmen der Gesellschaft	608 ff.
§ 291 Abs. 2 Nr. 3	Ausländisches Mutterunternehmen bei (befreiender) Einbeziehung in dessen Konzernabschluß	612 f.
§ 327 Nr. 1 Satz 2	Ergänzende Nennung bestimmter Bilanzposten, sofern eine mittelgroße Kapitalgesellschaft nur eine verkürzte Bilanz offenlegt	522
EGHGB		
Art. 28 Abs. 2	Nicht passivierte Pensionsverpflichtungen und ähnliche Verpflichtungen (Fehlbetrag)	496 ff.
AktG		
§ 58 Abs. 2a Satz 2	Einstellung des Eigenkapitalanteils von Wertaufholungen ua. in andere Gewinnrücklagen	195 f.
§ 152 Abs. 2	Veränderung der Kapitalrücklage	175 f.
§ 152 Abs. 3	Veränderung der Gewinnrücklagen	180
§ 158 Abs. 1 Satz 2	Ergebnisvortrag aus dem VJ, Entnahmen und Einstellungen aus Rücklagen, Bilanzergebnis	375 ff.
§ 160 Abs. 1 Nr. 1	Vorratsaktien	616 ff.
§ 160 Abs. 1 Nr. 2	Eigene Aktien	619 ff.
§ 160 Abs. 1 Nr. 3	Aktiengattungen	622 f.
§ 160 Abs. 1 Nr. 4	Genehmigtes Kapital	624
§ 160 Abs. 1 Nr. 5	Wandelschuldverschreibungen und vergleichbare Wertpapiere	625
§ 160 Abs. 1 Nr. 6	Genußrechte, Rechte aus Besserungsscheinen und ähnliche Rechte	626 f.
§ 160 Abs. 1 Nr. 7	Wechselseitige Beteiligungen	628
§ 160 Abs. 1 Nr. 8	Nach § 20 Abs. 1 oder 4 AktG mitgeteilte Beteiligungen	629
§ 240 Satz 3	Verwendung von Beträgen bei vereinfachter Kapitalherabsetzung	568
§ 261 Abs. 1 Satz 3 und 4	Weitere Behandlung durch Sonderprüfung festgestellter unzulässiger Unterbewertung	630 f.

Vorschrift	Gegenstand der Angabe	Erörterung unter Textziffer
GmbHG		
§ 29 Abs. 4 Satz 2	Einstellung des Eigenkapitalanteils von Wertaufholungen ua. in andere Gewinnrücklagen	195 f.
§ 42 Abs. 3 erster Halbsatz	Ausleihungen, Forderungen und Verbindlichkeiten gegenüber Gesellschaftern	97, 110, 123, 222

5. Erläuterung der Bilanz

443 Die Erläuterungen zur Bilanz umfassen verschiedene Sachverhalte. Sie haben den Zweck, zusammen mit der Bilanz ein den tatsächlichen Verhältnissen entsprechendes Bild der **Vermögens- und Finanzlage** zu vermitteln (§ 264 Abs. 2 HGB).

a) Angabe der Bilanzierungs- und Bewertungsmethoden (§ 284 Abs. 2 Nr. 1 HGB)[471]

444 Das HGB verlangt, daß im Anhang die „auf die Posten der Bilanz ... angewandten Bilanzierungs- und Bewertungsmethoden angegeben werden" (§ 284 Abs. 2 Nr. 1 HGB). Das entspricht der Unterscheidung zwischen Bilanzierungsmethoden einerseits und Bewertungsmethoden andererseits. Die Bilanzierungsmethoden umfassen diejenigen Entscheidungen, die den Ansatz in der Bilanz und GuV zum Gegenstand haben. Die Abschreibungsmethoden werden nicht eigens erwähnt, da sie – wie die Überschrift des Vierten Abschnitts vor § 279 HGB zeigt – den Bewertungsmethoden zugerechnet werden[472]. Auf eine Bestimmung des Umfangs der Berichterstattung konnte der Gesetzgeber verzichten, da das dahingehende Erfordernis generell in § 264 Abs. 2 HGB beschrieben ist.

445 AG haben bei den Angaben über die Bilanzierungs- und Bewertungsmethoden zu beachten, daß der Vorstand die Auskunft über diese in der HV nur verweigern darf, wenn die Angabe der Methoden im Anhang ausreicht, um ein den Forderungen der Generalnorm des § 264 Abs. 2 HGB entsprechendes Bild zu vermitteln; dies gilt allerdings dann nicht, wenn die HV den JA feststellt (§ 131 Abs. 3 Nr. 4 AktG).

aa) Angabe von Bilanzierungsmethoden[473]

446 Zunächst ist festzuhalten, daß nicht sämtliche Bilanzierungsmethoden schlechthin anzugeben sind, sondern nur solche, für die **Alternativen** bestehen oder die nur in **Sonderfällen** zur Anwendung kommen und deshalb einer ausdrücklichen Erwähnung bedürfen. Eine andere Auslegung würde darauf hinauslaufen, daß der Anhang insoweit weite Teile des Gesetzes wörtlich wiederzugeben hätte.

---

471 Vgl. dazu St/SABl 1/1987; *Selchert*, ZfB-Erg.-Heft 1/1987 S. 203 ff.; zur empirischen Analyse der Berichterstattung deutscher AG vgl. *Ostheim*, DBW 1986 S. 225 ff.; TREUARBEIT (Fn. 452), Tz. 103 ff.; vgl. ferner *Wanik* in Bericht über die IDW-Fachtagung 1966, Düsseldorf 1966 S. 45 ff.
472 Vgl. auch Begr., BT-Drs. 10/4268 S. 110; St/SABl 2/1987, Nr. 2.
473 Zu den Bilanzierungsgrundsätzen vgl. E Tz. 8 ff. u. F Tz. 5 ff.

Zu den Bilanzierungsmethoden iSd. Vorschrift ist auch die Art zu rechnen, in   **447** der die Bilanz aufgestellt ist, dh. vor oder nach vollständiger/teilweiser **Verwendung des Jahresergebnisses** (§ 268 Abs. 1 HGB). Auch wenn ein sachkundiger Leser diese Art der Bilanzierung aus einzelnen Posten erkennen kann, so erscheint doch ein entsprechender Hinweis angebracht.

In Betracht kommen weiterhin **Aktivierungs- und Passivierungswahlrechte**   **448** (Ansatzwahlrechte)[474]. In der Praxis brauchen die entsprechenden Erläuterungen nicht in einem eigenen Abschnitt des Anhangs gemacht zu werden, sondern können, was sogar vorzuziehen ist, mit den Erläuterungen der einzelnen Bilanzposten verbunden werden. Im einzelnen können Angabepflichten im Zusammenhang mit folgenden Sachverhalten entstehen:

- Ansatz von Aufwendungen für die Ingangsetzung und Erweiterung des Geschäftsbetriebs (§ 269 HGB);
- Ansatz eines derivativen Geschäfts- oder Firmenwertes (§ 255 Abs. 4 HGB);
- Ansatz eines aktiven Steuerabgrenzungspostens (§ 274 Abs. 2 HGB);
- Einbeziehung von Zöllen, Verbrauchsteuern und USt in einen aktiven RAP (§ 250 Abs. 1 Satz 2 Nr. 1 u. 2 HGB);
- Einbeziehung eines Disagios in einen aktiven RAP (§ 250 Abs. 3 HGB);
- Bildung von Rückstellungen für unterlassene Aufwendungen für Instandhaltung, die in der Zeit zwischen 4 und 12 Monaten nach Ablauf des GJ nachgeholt werden (§ 249 Abs. 1 Satz 3 HGB);
- Bildung sog. Aufwandsrückstellungen (§ 249 Abs. 2 HGB)[475];
- unterlassene Bildung von Pensionsrückstellungen (§ 249 Abs. 1 Satz 1 HGB iVm. Art. 28 Abs. 1 Satz 1 EGHGB);
- unterlassene Bildung von Rückstellungen für mittelbare Pensionsverpflichtungen und ähnliche Verpflichtungen (§ 249 Abs. 1 Satz 1 HGB iVm. Art. 28 Abs. 1 Satz 2 EGHGB);
- Sonderposten mit Rücklageanteil (§ 247 Abs. 3 iVm. § 273 HGB).

Für Unternehmen in den **neuen Bundesländern** können sich weitere Angabepflichten im Zusammenhang mit einschlägigen Ansatzwahlrechten des DMBilG ergeben, zB:

- Ansatz nicht entgeltlich erworbener immaterieller Vermögensgegenstände des Anlagevermögens: Geschäfts- oder Firmenwert, bestimmte Aufwendungen für die Ingangsetzung und Erweiterung des Geschäftsbetriebes, bestimmte Zuschüsse, Beihilfen und andere Vermögensvorteile (§ 31 Abs. 1 Satz 1 Nr. 1–3 DMBilG)
- Ansatz unentgeltlich eingeräumter grundstücksgleicher Rechte (§ 9 Abs. 3 DMBilG)

Aus den Angaben soll erkennbar werden, daß und ggf. aus welchen Gründen von   **449** den Wahlrechten Gebrauch bzw. nicht Gebrauch gemacht wurde. In Fällen, in denen es sich um relativ unwesentliche Beträge handelt, kann entsprechend dem Grundsatz der **Wesentlichkeit**[476] (materiality) auf Angaben verzichtet werden.

---

474 Im *Kölner Kom.*, §§ 284–288 HGB, 160 AktG Anm. 34, wird die Auffassung vertreten, daß Bilanzierungsmethoden darüber hinaus auch die Festlegung und den Ausweis eines Postens in der Bilanz umfassen.

475 Zur Berichterstattung über Rückstellungen für Bauinstandhaltung von Wohngebäuden vgl. St/WFA 1/1990, insb. Nr. 2 u. 4; bei Nichtausübung des Ansatzwahlrechts kann es sich bei wesentlichem Instandhaltungsbedarf empfehlen, darauf im Anhang hinzuweisen.

476 Vgl. dazu Fn. 441 unter Tz. 420.

450   Wegen der Angabe von **Fehlbeträgen bei Pensionsverpflichtungen** und ähnlichen Verpflichtungen vgl. Tz. 496 ff. und wegen der Angabe von **Rückdeckungsversicherungen** vgl. *Wichmann*, BB 1989 S. 1228 ff. (1234).

451   Wird von bisher angewandten Bilanzierungsmethoden **abgewichen,** so ist dies anzugeben und zu begründen; auch ist der Einfluß der Abweichung auf die Vermögens-, Finanz- und Ertragslage gesondert darzustellen (§ 284 Abs. 2 Nr. 3 HGB). Vgl. hierzu Tz. 465 ff.

bb) Angabe von Bewertungsmethoden [477]

452   Die Angaben dienen in erster Linie dazu, die Vermittlung eines den tatsächlichen Verhältnissen entsprechenden Bildes der Vermögens-, Finanz- und Ertragslage (§ 264 Abs. 2 Satz 1 HGB) zu sichern. Sie müssen daher für alle wesentlichen Bilanzposten gemacht werden. Um bei den einzelnen Posten Wiederholungen zu vermeiden, kann es sich empfehlen, einen besonderen Abschnitt „Angewandte Bewertungsmethoden" in den Anhang aufzunehmen und in diesem die einzelnen Bewertungsmethoden zu schildern, ggf. unter Hinweis auf die jeweils betroffenen Bilanzposten. In diesem Rahmen kann auch der Verpflichtung nachgekommen werden, **Abweichungen** von bisher angewandten Bewertungsmethoden anzugeben, zu begründen und deren Einfluß auf die Vermögens-, Finanz- und Ertragslage gesondert darzustellen (§ 284 Abs. 2 Nr. 3 HGB). Vgl. zum Begriff der **Bewertungsmethode** St/SABI 2/1987, Nr. 2 und *ADS*, § 284 HGB Tz. 63.

453   Zum **Anlagevermögen** beziehen sich die Angaben auf die Ermittlungsmethoden der Anschaffungs- oder Herstellungskosten sowie die angewandten Abschreibungsmethoden. Eine besondere Darstellung der in § 255 Abs. 1 HGB geregelten **Anschaffungskosten** wird sich idR erübrigen; Erläuterungen können in Betracht kommen zur Abgrenzung der Einzelkosten sowie bei Zuwendungen und Zuschüssen (vgl. St/HFA 1/1984).

454   Im Rahmen der Erläuterung der **Herstellungskosten** geht es in erster Linie darum, deutlich zu machen, ob und in welchem Umfang von den Einbeziehungsrechten des § 255 Abs. 2 Satz 3 und 4, Abs. 3 HGB Gebrauch gemacht wurde und welche Bestandteile als Einzelkosten und welche als Gemeinkosten behandelt wurden. Hierzu kann ggf. der Hinweis auf die steuerliche Regelung (EStR 1990 Abschn. 33) genügen [478]. Bei Unterbeschäftigung ist ggf. darzulegen, wie die **notwendigen** Fertigungsgemeinkosten von den Leerkosten abgegrenzt wurden. Werden Fremdkapitalzinsen als Teil der Herstellungskosten angesetzt (§ 255 Abs. 3 HGB), so muß dies in jedem Falle angegeben werden (§ 284 Abs. 2 Nr. 5 HGB; vgl. Tz. 489 f.). Wird die GuV nach dem Umsatzkostenverfahren aufgestellt, so ist es von Bedeutung, nach welcher Methode die Herstellungskosten der Umsätze (§ 275 Abs. 3 Nr. 2 HGB) errechnet wurden; dies gilt insbesondere dann, wenn sie sich von den Herstellungskosten der in der Bilanz aktivierten Vermögensgegenstände unterscheiden [479].

455   Als anzugebende **Abschreibungsmethoden** kommen in Betracht (vgl. E Tz. 258 ff.): lineare, degressive (geometrisch und arithmetisch, ggf. mit planmä-

---

477 Zu den Bewertungsvorschriften vgl. E Tz. 184 ff. u. F Tz. 33 ff.
478 Vgl. *ADS*, § 284 HGB Tz. 69.
479 Vgl. *Biener/Berneke*, BiRiLiG, Erl. zu § 284 HGB S. 251; ferner St/SABI 1/1987, Abschn. III. 1.

ßigem Übergang auf die lineare) und progressive Abschreibungen sowie die Abschreibung nach der Inanspruchnahme oder – bei Gewinnungsbetrieben – nach der Ausbeute. Bei Zugrundelegung der jeweiligen steuerlichen Höchstsätze oder der Anwendung von Vereinfachungsregelungen kann hierauf Bezug genommen werden. In der Sofortabschreibung sog. **geringwertiger Anlagegüter** ist keine steuerrechtliche Abschreibung iSv. § 254 HGB zu sehen, sondern eine vereinfachende planmäßige handelsrechtliche Abschreibungsmethode; entsprechend ist zu berichten. Über die Inanspruchnahme **steuerrechtlicher Abschreibungen** nach § 254 Satz 1 iVm. § 279 Abs. 2 HGB ist zu berichten, ggf. unter Hinweis darauf, ob bestimmte steuerrechtliche Abschreibungen planmäßig vorgenommen werden.

Mußten aufgrund des **Wertaufholungsgebots** in VJ vorgenommene außerplanmä-   **456**
ßige oder steuerrechtliche Abschreibungen rückgängig gemacht werden (§ 280 Abs. 1 HGB; vgl. Tz. 35 ff.), so ist hierauf hinzuweisen[480]; konnten Zuschreibungen wegen der Bestimmungen in § 280 Abs. 2 HGB unterbleiben, so ist der Betrag der unterbliebenen Zuschreibungen anzugeben und es sind die in Betracht kommenden steuerrechtlichen Vorschriften zu nennen (§ 280 Abs. 3 HGB; vgl. Tz. 558).

Ist ein **Geschäfts- oder Firmenwert** (§ 255 Abs. 4 HGB; vgl. E Tz. 328 ff.) entgelt-   **457**
lich erworben worden, so sind die Grundsätze der bilanziellen Behandlung anzugeben: Aktivierung oder Nichtaktivierung; Methode der Abschreibung; im Fall der Abschreibung gem. § 255 Abs. 4 Satz 3 HGB auch die Gründe für die planmäßige Abschreibung (§ 285 Nr. 13 HGB; vgl. Tz. 486), dh. die Gesichtspunkte, die der Schätzung der Nutzungsdauer zugrunde liegen sowie die Nutzungsdauer selbst. Diese Gesichtspunkte gewinnen insbesondere dann an Bedeutung, wenn sie über die steuerrechtliche Regelung (Nutzungsdauer 15 Jahre, § 7 Abs. 1 Satz 3 EStG) hinausgehen. Ist ein Geschäfts- oder Firmenwert nach § 31 Abs. 1 Satz 1 Nr. 1 DMBilG aktiviert worden, so ist in ähnlicher Weise zu berichten.

Bei den **Vorräten** sind die angewandten Bewertungsmethoden erkennbar zu   **458**
machen. Für Roh-, Hilfs- und Betriebsstoffe ist zB anzugeben, ob sie nach dem effektiven Einstandswert, dem (gewogenen) Durchschnittswert, dem Lifo-, Fifo-, Festwert- oder Gruppenbewertungsverfahren bewertet sind; die Angabepflicht nach § 284 Abs. 2 Nr. 4 HGB bleibt hiervon unberührt (vgl. Tz. 481 ff.). Für die Erläuterung der Herstellungskosten bei unfertigen und fertigen Erzeugnissen gelten die Ausführungen zum Anlagevermögen (vgl. Tz. 454) entsprechend. Muß bei der Bewertung das Niederstwertprinzip (§ 253 Abs. 3 Satz 1 und 2 HGB) angewendet werden, ist dies anzugeben[481], ggf. mit Hinweisen auf die Art der Errechnung des niedrigeren Wertes. Werden Abschreibungen wegen künftiger Wertschwankungen vorgenommen (§ 253 Abs. 3 Satz 3 HGB), so ist darüber zu berichten; hierbei ist zu beachten, daß nach § 277 Abs. 3 Satz 1 HGB die Beträge dieser Abschreibungen zu nennen sind (vgl. Tz. 565). Werden Gegenstände des Vorratsvermögens aufgrund steuerrechtlicher Vorschriften mit einem niedrige-

---

480 Ebenso *Kölner Kom.*, §§ 284–288 HGB, 160 AktG Anm. 45; *ADS*, § 280 HGB Tz. 40 (anders § 284 HGB Tz. 140); *HdJ*, Abt. IV/4 (1988) Rn. 81; *Russ* (Fn. 424), S. 120 f.; aA im Falle gesetzlich gebotener Zuschreibungen *BeBiKo.*, § 284 Anm. 110 u. 118; *BoHdR*, § 284 HGB Rn. 51. Nach *HdR*, §§ 284–288 HGB Rn. 88, betrifft diese Angabepflicht „in erster Linie" die Ausübung von Wahlrechten.
481 Ebenso *ADS*, § 284 HGB Tz. 84; *HdJ*, Abt. IV/4 (1988) Rn. 88; *BoHdR*, § 284 HGB Rn. 53.

ren Wert angesetzt (zB Importwarenabschlag nach § 80 EStDV), so ist auch darüber zu berichten. Wie beim Anlagevermögen gilt auch beim Umlaufvermögen das sog. Wertaufholungsgebot (§ 280 Abs. 1 HGB) mit den bereits dargestellten Berichtspflichten (vgl. Tz. 456).

459   Sind **Forderungen** nicht zum Nominalwert angesetzt, so sind die Gründe für die niedrigere Bewertung anzugeben. Bei **Valutaforderungen** und Forderungen, die ursprünglich auf fremde Währung lauteten, sind außerdem die Grundlagen für die Umrechnung in Deutsche Mark anzugeben (§ 284 Abs. 2 Nr. 2 HGB; vgl. Tz. 463 f.). Das Wertaufholungsgebot und die damit verbundenen Berichtspflichten (§ 280 Abs. 3 HGB) gelten auch für Forderungen (vgl. Tz. 456).

460   Die Bildung von **RAP** (§ 250 HGB; vgl. E Tz. 168 ff.) unterliegt nicht der Bewertung nach § 253 HGB, so daß für diesbezügliche Angaben kein Raum ist; im Falle eines **Disagios** (§ 250 Abs. 3 HGB; vgl. E Tz. 176) sind die Grundsätze seiner Ermittlung und Tilgung anzugeben, soweit darüber nicht bereits bei den Bilanzierungsmethoden (vgl. Tz. 448) berichtet worden ist[482].

461   Für die **Passivseite** kommen hinsichtlich der Bewertungsmethoden Angaben vor allem für Sonderposten mit Rücklageanteil, für die Rückstellungen für Pensionen und ähnliche Verpflichtungen, für andere Rückstellungen sowie Valutaverpflichtungen in Betracht. Zu den **Sonderposten mit Rücklageanteil** sind, soweit dies nicht bereits in der Bilanz erfolgt ist, die Vorschriften anzugeben, nach denen sie gebildet sind (§§ 273 Satz 2 zweiter Halbsatz, 281 Abs. 1 Satz 2 HGB)[483]. Bei den **Pensionsrückstellungen** sind die versicherungsmathematischen Grundlagen der Berechnung (Rechnungszinsfuß, verwendete Sterbetafel) sowie die Berechnungsmethode (Teilwertmethode, Gegenwartswertmethode) anzugeben, ggf. ist auf die Anwendung steuerlicher Vorschriften hinzuweisen[484], zB ob von der sog. Drittelungsmethode (§ 6a Abs. 4 EStG) Gebrauch gemacht wird. Soweit Fehlbeträge bestehen, ist der Betrag nicht in der Bilanz ausgewiesenen Rückstellungen anzugeben (Art. 28 Abs. 2 EGHGB; vgl. Tz. 496 ff.). Für die **Steuerrückstellungen** und die **sonstigen Rückstellungen** – ggf. einzeln erläutert, wenn sie einen nicht unerheblichen Umfang haben und in der Bilanz nicht gesondert ausgewiesen sind (§ 285 Nr. 12 HGB; vgl. Tz. 493 ff.) – kommen Angaben über die Grundlagen[485] der Ermittlung in Betracht (zB bei Rückstellungen für drohende Verluste aus schwebenden Geschäften ist anzugeben, ob die Berechnung auf der Basis der Voll- oder Teilkosten erfolgt ist). Bei **Valutaverpflichtungen** und Verpflichtungen, die ursprünglich auf fremde Währung lauteten, sind die Grundlagen für die Umrechnung in DM zu nennen (§ 284 Abs. 2 Nr. 2 HGB; vgl. Tz. 463 ff.). Zur Bewertung von **Haftungsverhältnissen** vgl. E Tz. 57 ff.

462   Finden für **ein und denselben Bilanzposten verschiedene Bewertungsmethoden** Anwendung, so sind, sofern dies zur Vermittlung eines entsprechenden Bildes iSd. § 264 Abs. 2 HGB erforderlich ist, weitere Angaben zu machen, die erkennen lassen, auf welchen Teil des Bilanzpostens sich die Bewertungsmethoden jeweils beziehen.

---

482 Vgl. *ADS*, § 284 HGB Tz. 88; teilw. aA *HdJ*. Abt. IV/4 (1988) Rn. 94; *BeBiKo.*, § 284 Anm. 120 (keine Berichterstattungspflicht).
483 Im einzelnen vgl. *ADS*, § 284 HGB Tz. 91.
484 Vgl. St/HFA 2/1988, Nr. 6.
485 Vgl. *ADS*, § 284 HGB Tz. 96; *HdJ*, Abt. IV/4 (1988) Rn. 91; *BeBiKo.*, § 284 HGB Anm. 130; *BoHdR*, § 284 HGB Rn. 58; teilw. aA *HdR*, §§ 284–288 HGB Rn. 102.

b) Angabe der Grundlagen für die Umrechnung in Deutsche Mark (§ 284 Abs. 2 Nr. 2 HGB)[486]

Enthält der JA Posten, denen Beträge zugrunde liegen, die auf fremde Währung lauten oder ursprünglich auf fremde Währung lauteten, so sind die Grundlagen für die Umrechnung in DM anzugeben (§ 284 Abs. 2 Nr. 2 HGB). Betroffen hiervon sind in erster Linie Valutaforderungen und -verbindlichkeiten, Rückstellungen für Fremdwährungsschulden udgl., aber auch Vermögenswerte, die auf Valutabasis erworben (importiert) wurden, wie Maschinen, Ausstattungen, Flugzeuge, aber auch Beteiligungen im Ausland und ausländische Wertpapiere, ferner die Werte von Niederlassungen im Ausland und ggf. in fremder Währung zu begleichende Verpflichtungen aus Haftungsverhältnissen sowie sonstige finanzielle Verpflichtungen.   **463**

Die Vorschrift gibt zwar keinen Hinweis zu Art und Umfang der Angaben, es läßt sich jedoch erkennen, daß damit die **verbale Beschreibung** der Umrechnungsmethode(n) verlangt wird[487]. Bei Valutaforderungen und -verbindlichkeiten wird idR die Angabe genügen, daß die Bewertung zB nach Maßgabe des Wechselkurses zum Entstehungstag der Forderung oder Verbindlichkeit erfolgt ist, soweit nicht ein gesunkener bzw. gestiegener Wechselkurs eine Abwertung der Forderung (Niederstwertprinzip) oder eine Höherbewertung der Verpflichtung erforderlich gemacht hat. Bei anderen Vermögensposten werden die Grundsätze der Bewertung (zB Umrechnung zum Kurs des Anschaffungstages, Berücksichtigung oder Nichtberücksichtigung späterer Wechselkursänderungen) anzugeben sein. Jedoch brauchen die Grundsätze nicht differenziert nach Bilanzposten dargestellt zu werden. Die Gesellschaft kann sich vielmehr darauf beschränken, die **Grundlagen** der Währungsumrechnung anzugeben. In die Erläuterungen werden die Umrechnungsgrundsätze für Erlöse und Aufwandsposten zweckmäßigerweise mit einbezogen. Wegen gesonderter Angaben zu **Abweichungen** in der Währungsumrechnung vgl. *ADS*, § 284 HGB Tz. 103.   **464**

c) Angabe der Abweichungen von Bilanzierungs- und Bewertungsmethoden (§ 284 Abs. 2 Nr. 3 HGB)[488]

Das HGB geht davon aus, daß stetig bilanziert wird. Das **Stetigkeitsgebot** (vgl. E Tz. 198 ff.) wird für die Bewertungsmethoden sowie für die Gliederung der Bilanz und der GuV ausdrücklich erwähnt (§§ 252 Abs. 1 Nr. 6, 265 Abs. 1 HGB). Um die Vergleichbarkeit aufeinanderfolgender JA herzustellen, verlangt § 284 Abs. 2 Nr. 3 HGB folgende Angaben: **465**

---

486 Vgl. dazu *v. Wysocki*, ZfB Erg.-Heft 1/1987 S. 221 ff. Zur Währungsumrechnung im allgemeinen vgl. HFA, Geänderter Entwurf einer Verlautbarung zur Währungsumrechnung im Jahres- und Konzernabschluß, WPg. 1986 S. 664 ff.; ferner *Langel* in StbJb. 1979/80 S. 259 ff.; *Tubbesing*, ZfbF 1981 S. 804 ff.; *HWRev.* Sp. 1629 ff.; *Groh*, DB 1986 S. 869 ff.; *BHdR*, C 310; *Bezold*, DB 1987 S. 2213 ff.; *Gmelin*, WPg. 1987 S. 597 ff.; ders., in Rechnungslegung und Prüfung nach neuem Recht, Düsseldorf 1987 S. 147 ff.; *Burkhardt*, Grundsätze ordnungsmäßiger Bilanzierung für Fremdwährungsgeschäfte, Düsseldorf 1988 mwN; *Hanisch*, ZIP 1988 S. 341 ff.; *Langenbucher*, Die Umrechnung von Fremdwährungsgeschäften – Eine Untersuchung nach handels- und steuerrechtlichen Grundsätzen, Stuttgart 1988 mwN; *Hartung*, RIW 1989 S. 879 ff.; ders., BB 1990 S. 1665 ff.; *HdR*, II Rn. 423 ff.
487 So *ADS*, § 284 HGB Tz. 100.
488 Vgl. dazu St/SABI 2/1987, insb. Nr. 6 u. 7. Vgl. auch *Damm/Halbinger/Kellinghusen*, ZfbF 1977 S. 367 ff.; *Förschle/Kropp*, ZfB 1986 S. 873 ff. (886 ff.); *Kupsch*, DB 1987 S. 1157 ff. (1160 f.); *Selchert*, ZfB Erg.-Heft 1/1987 S. 203 ff.

- die Angabe und Begründung bei Abweichungen von den **Bilanzierungsmethoden,**
- die Angabe und Begründung bei Abweichungen von den **Bewertungsmethoden,**
- die gesonderte Darstellung des **Einflusses** dieser Abweichungen auf die Vermögens-, Finanz- und Ertragslage der Gesellschaft.

466   **Abweichungen von Bilanzierungsmethoden** sind nur im Rahmen der gesetzlichen Ansatzwahlrechte zulässig. Da für die Ausübung dieser Wahlrechte das Stetigkeitsgebot des § 252 Abs. 1 Nr. 6 HGB nicht gilt, können die Wahlrechte im Rahmen vernünftiger kaufmännischer Beurteilung (Willkürgrenze) frei ausgeübt werden. Bei der zulässigen Abweichung von Bilanzierungsmethoden kommt es demnach auf das Vorliegen von sachlich rechtfertigenden Gründen nur in geringem Maße an[489]. Die Berichtspflicht umfaßt hier alle erforderlichen Angaben über die geänderte Ausübung eines Ansatzwahlrechts (zB die erstmalige Bildung einer Rückstellung für Großreparaturen iSd. § 249 Abs. 2 HGB); bei der erstmaligen Bilanzierung eines Postens muß eine Begründung nur dann erfolgen, wenn dieser Posten im VJ nicht bilanziert wurde, obwohl der gleiche Sachverhalt vorlag[490]. Bei Unternehmen in den **neuen Bundesländern** liegt eine Abweichung von Bilanzierungsmethoden mit entsprechender Angabepflicht auch dann vor, wenn ein für die Eröffnungsbilanz eingeräumtes Ansatzwahlrecht gem. § 36 Abs. 3 Satz 1 DMBilG nachträglich abweichend ausgeübt wird (vgl. hierzu *Budde/Forster,* § 36 DMBilG Anm. 27 f.). Dagegen besteht keine Angabepflicht, wenn einmalige, auf die Eröffnungsbilanz beschränkte Ansatzwahlrechte (zB Ansatz unentgeltlich eingeräumter grundstücksgleicher Rechte gem. § 9 Abs. 3 DMBilG oder Ansatz bestimmter Posten gem. § 31 Abs. 1 Satz 1 Nr. 1 bis 3 DMBilG) in den Folgeabschlüssen nicht mehr zur Anwendung kommen.

467   Größere Bedeutung kommt der Berichterstattung über **Abweichungen von Bewertungsmethoden** zu. Zu berichten ist hier nicht nur über ein Abweichen von den in VJ wahrgenommenen Bewertungswahlrechten (zB bei der Ermittlung der Herstellungskosten durch Änderung der einbezogenen Kostenarten), sondern auch ein Abweichen von den allgemeinen, in § 252 Abs. 1 HGB geregelten Bewertungsgrundsätzen; im einzelnen vgl. *ADS,* § 284 HGB Tz. 119 ff. In den **neuen Bundesländern** gehören hierzu auch Abweichungen von den auf die Eröffnungsbilanz angewandten Bewertungsmethoden gem. § 6 Abs. 2 DMBilG (vgl. hierzu E Tz. 205 sowie *Budde/Forster,* § 6 DMBilG Anm. 42 f.) oder § 36 Abs. 3 Satz 1 DMBilG (nachträgliche abweichende Ausübung von Bewertungswahlrechten; vgl. hierzu *Budde/Forster,* § 36 DMBilG Anm. 27 f.). Im Hinblick darauf, daß bei bestimmten Bewertungsmaßnahmen **besondere Angabepflichten** bestehen können (zB nach §§ 277 Abs. 3, 280 Abs. 3, 281 Abs. 2 und 285 Nr. 5 HGB), ist davon auszugehen, daß sich die Berichtspflicht nach § 284 Abs. 2 Nr. 3 HGB hier auf die Erläuterung abweichender Ausübung von Wahlrechten beschränkt[491]. Keine Abweichung der Bewertungsmethode liegt vor, wenn sich eine **notwendige Änderung der Bewertung** unmittelbar aus dem Gesetz ergibt, wie zB bei zwingenden Abschreibungen im Anlage- oder Umlaufvermögen (§ 253 Abs. 2 Satz 1, Abs. 3 Satz 1 und 2 HGB) oder bei Zuschreibungen aufgrund des

---

Wertaufholungsgebots (§ 280 Abs. 1 HGB); in diesen Fällen besteht daher auch keine Berichtspflicht gem. § 284 Abs. 2 Nr. 3 HGB[492].

Auf die **Größenordnung** der Abweichung stellt das Gesetz nicht ab. Die Angabe- **468** pflicht besteht demnach grundsätzlich für **jede** Abweichung von Bilanzierungs- und Bewertungsmethoden. Aus dem Grundsatz der **Wesentlichkeit**[493] (materiality) von Angaben wird gleichwohl abgeleitet werden dürfen, daß völlig nebensächliche Abweichungen unerörtert bleiben können. Dabei wird auch berücksichtigt werden können, ob die Methoden, von denen abgewichen wird, zuvor im Rahmen der Erläuterung gem. § 284 Abs. 2 Nr. 1 HGB angegeben worden sind oder anzugeben gewesen wären.

Die Berichterstattung nach § 284 Abs. 2 Nr. 3 erster Halbsatz HGB hat durch **469** Angabe und Begründung zu erfolgen. Die **Angabe** umfaßt hier den jeweiligen Posten der Bilanz bzw. der GuV und die Beschreibung der Abweichungen gegenüber den Methoden des VJ. **Begründung** ist die Darlegung der Überlegungen und Argumente, die zur abweichenden Methode geführt haben[494]. Die Gesellschaft muß also bei Abweichungen von Bewertungsmethoden dartun, daß ein Ausnahmefall iSd. § 252 Abs. 2 HGB (vgl. E Tz. 203 f.) vorgelegen hat, der sie berechtigte, von der bisher angewandten Methode abzuweichen.

Darüber hinaus ist der **Einfluß** dieser Abweichungen auf die Vermögens-, **470** Finanz- und Ertragslage gesondert darzustellen (§ 284 Abs. 2 Nr. 3 zweiter Halbsatz HGB). Ein Einfluß auf die **Vermögenslage** ist gegeben, wenn aufgrund der Anwendung einer anderen Methode die Vermögensgegenstände/Schulden höher oder niedriger ausgewiesen werden. Die **Finanzlage** wird beeinflußt, wenn die Methodenänderung Auswirkungen auf finanzwirksame Vorgänge in naher Zukunft hat (zB Steuer- und Dividendenzahlungen)[495]. In erster Linie werden aber Auswirkungen auf die **Ertragslage** in Betracht kommen. Dabei ist nur über den **Saldo** der jeweiligen Abweichungen für jede der 3 Lagen zu berichten[496].

Angaben zum Einfluß der Abweichungen können teils **verbaler** Natur sein, teils **471** auch aus **Zahlenangaben** bestehen. Obwohl die Angabe eines Unterschiedsbetrages aus Bewertungsänderungen nicht (mehr) ausdrücklich verlangt wird, bedeutet dies, wie auch der Ausdruck „darzustellen" im Gesetz erkennen läßt, nicht unbedingt, daß jede zahlenmäßige Angabe entfallen kann[497]. Es hängt von der Auswirkung der Abweichung ab, ob verbale Angaben genügen (zB: „haben sich nur unwesentlich ausgewirkt"; „haben sich gegenseitig aufgehoben") oder ob direkt oder indirekt Beträge zu nennen sind (zB: „haben zu einem um x Mio. DM höheren Ergebnis geführt"; „haben den entstandenen Verlust halbiert")[498]. Nach der St/SABI 2/1987, Nr. 7, wird ohne die Angabe zumindest der absoluten oder relativen **Größenordnung** der zusammengefaßten Auswirkungen aller

---

492 Vgl. St/SABI 2/1987, Nr. 2; *ADS*, § 284 HGB Tz. 127 u. 140; *BoHdR*, § 284 HGB Rn. 49.
493 Vgl. dazu Fn. 441 zu Tz. 420 sowie *ADS*, § 284 HGB Tz. 108.
494 So St/SABI 2/1987, Nr. 6.
495 Vgl. *ADS*, § 284 HGB Tz. 154; *Biener/Berneke*, BiRiLiG, Erl. zu § 284 HGB S. 255.
496 Vgl. *ADS*, § 284 HGB Tz. 158; *BeBiKo.*, § 284 Anm. 170; *HdJ*, Abt. IV/4 (1988) Rn. 112; aA *Schulte*, BB 1986 S. 1468 ff. (1472); *Schülen*, WPg. 1987 S. 223 ff. (228).
497 Für eine Zahlenangabe, zumindest Verhältnis- oder Prozentzahlen, *ADS*, § 284 HGB Tz. 110 u. 157; ferner *BHdR*, B 420 Rn. 60; *Biener/Berneke*, BiRiLiG, Erl. 4 zu § 284 HGB S. 255; (verbale Angaben ausreichend) *BeBiKo.*, § 284 Anm. 170; *HdR*, §§ 284–288 HGB Rn. 116; *Glade*, BiRiLiG, § 284 HGB Tz. 33.
498 Für das, was als wesentlich anzusehen ist, bieten die bisher für AG geltenden Grundsätze (vgl. § 160 Abs. 2 Satz 5 AktG 1965) einen Anhaltspunkt.

Methodenänderungen der Umfang des Einflusses auf die Vermögens-, Finanz- und Ertragslage nicht genügend erkennbar.

d) Angabe der Abweichungen beim Aufbau und bei der Gliederung der Bilanz (§ 265 Abs. 1 Satz 2 HGB)

472 § 265 Abs. 1 Satz 1 HGB schreibt für die Form der Darstellung und die Gliederung der Bilanz **Stetigkeit** vor („ist beizubehalten"). **Abweichungen** sind nur in Ausnahmefällen wegen besonderer Umstände erlaubt (vgl. Tz. 10). In diesen Fällen ist auf die Abweichung im Anhang hinzuweisen und es sind die Gründe zu nennen, die zu der Abweichung geführt haben (§ 265 Abs. 1 Satz 2 HGB).

473 Eine Unterbrechung der Stetigkeit wird immer **erlaubt** sein, wenn durch die neue Form der Darstellung oder der Gliederung der Generalnorm (§ 264 Abs. 2 HGB) besser entsprochen wird. Gleiches gilt für eine weitere Untergliederung von Posten (§ 265 Abs. 5 Satz 1 HGB). Allerdings wird umgekehrt die Rückkehr zu einer weniger aussagefähigen Form der Darstellung oder zu einem Verzicht auf Untergliederungen durch das Stetigkeitsgebot erschwert. Es müssen besondere Gründe dies erforderlich machen. In Betracht könnte zB kommen, daß eine bisher an der Börse notierte AG in ein anderes Unternehmen eingegliedert wird.

474 Das Stetigkeitsgebot gilt auch für die Fälle, in denen eine Gesellschaft von den Möglichkeiten der **Postenzusammenfassung** gem. § 265 Abs. 7 HGB (vgl. Tz. 22 ff.) Gebrauch macht.

e) Angaben zu nicht vergleichbaren oder angepaßten Vorjahresbeträgen (§ 265 Abs. 2 Satz 2 und 3 HGB)[499]

475 Sind VJ-Beträge nicht mit denen des laufenden Jahres vergleichbar, weil Umgliederungen vorgenommen worden sind, oder sind im Hinblick hierauf die Vergleichszahlen ebenfalls angepaßt worden, so ist dies im Anhang „anzugeben und zu erläutern" (§ 265 Abs. 2 Satz 2 und 3 HGB; vgl. Tz. 12 f.). **Erläutern** ist im vorstehenden Zusammenhang dahin zu verstehen, daß nicht allein die Tatsache der nicht vergleichbaren Gliederung oder der Anpassung der VJ-Zahlen zu erwähnen ist, sondern daß die Gründe für die Umgliederung zu nennen sind.

476 Die Vorschrift kann vom Wortlaut her auch dahin verstanden werden, daß eine trotz Beibehaltung der bisherigen Gliederung fehlende Vergleichbarkeit der einzelnen Posten des JA im Anhang zu erläutern ist. Ob dies tatsächlich in der Absicht des Gesetzgebers liegt, erscheint – so wünschenswert eine solche Erläuterungspflicht auch wäre – zweifelhaft[500]. Die Vorschrift stellt auf Anpassungsfälle an das VJ ab[501]. Schließlich ist nicht anzunehmen, daß eine allgemeine Erläuterungspflicht in bezug auf eine Vergleichbarkeit des JA mit dem VJ-Abschluß im Rahmen einer Vorschrift, die mit „Allgemeine Grundsätze für die Gliederung" überschrieben ist, untergebracht worden wäre.

477 Soweit **in den neuen Bundesländern** aufgrund von Berichtigungen nach § 36 DMBilG Posten der Bilanz und/oder GuV nicht mit denen des VJ vergleichbar

---

499 Vgl. dazu St/HFA 5/1988, Nr. 4.
500 Die Vorschrift geht auf Art. 4 Abs. 4 Satz 3 der 4. EG-Richtlinie zurück. Vgl. Begr. zu § 265 HGB, BT-Drs. 10/4268 S. 103.
501 In diesem Sinne ist die Vorschrift auch in der RegBegr. zu § 238 Abs. 2 Nr. 1 HGB-E erläutert worden; vgl. BT-Drs. 10/317 S. 77.

sind, ist dies anzugeben und zu erläutern; für eine Anpassung der VJ-Beträge ist kein Raum[502].

f) Angaben zur Gliederung nach verschiedenen Gliederungsvorschriften (§ 265 Abs. 4 Satz 2 HGB)

478 Sind im Falle mehrerer Geschäftszweige verschiedene Gliederungsvorschriften zu beachten, so muß die Bilanz nach der für einen Geschäftszweig vorgeschriebenen Gliederung aufgestellt und nach der für die anderen Geschäftszweige vorgeschriebenen Gliederung ergänzt werden (§ 265 Abs. 4 Satz 1 HGB; vgl. Tz. 16). In diesem Fall ist auf die Ergänzung im Anhang hinzuweisen und sie ist „zu begründen" (§ 265 Abs. 4 Satz 2 HGB), dh. es sind die Gliederungsvorschriften zu nennen, die zu beachten sind und es ist anzugeben, nach welcher Vorschrift die Gliederung im Grundsatz erfolgt ist.

g) Angabe der Posten, die im Hinblick auf § 265 Abs. 7 Nr. 2 HGB in der Bilanz zusammengefaßt sind

479 Werden Posten der Bilanz zulässigerweise zusammengefaßt (Wahlrecht), damit „dadurch die Klarheit der Darstellung vergrößert wird" (§ 265 Abs. 7 Nr. 2 HGB), so sind die zusammengefaßten Posten im Anhang **gesondert** auszuweisen. Zur Zulässigkeit eines solchen verkürzten Bilanzschemas im Hinblick auf die Vergrößerung der Klarheit der Darstellung vgl. *Coenenberg*, DB 1986 S. 1581 ff. (1582). Im übrigen vgl. Tz. 24.

480 Wird in der **DM-Eröffnungsbilanz** auf der Aktivseite ein Posten „**Kapitalentwertungskonto**" gem. § 28 DMBilG ausgewiesen, so kann dieser Posten in späteren JA ggf. mit dem Posten „Nicht durch Eigenkapital gedeckter Fehlbetrag" (§ 268 Abs. 3 HGB) zusammengefaßt werden, wenn dies im Anhang entsprechend dargestellt wird (§ 265 Abs. 7 Nr. 2 HGB)[503].

h) Angabe der Unterschiedsbeträge bei Anwendung von Bewertungsvereinfachungsverfahren (§ 284 Abs. 2 Nr. 4 HGB)

481 Die Vorschrift verlangt die Aufdeckung von Bewertungsreserven, die durch die Anwendung von **Bewertungsvereinfachungsverfahren** iSd. §§ 240 Abs. 4, 256 Satz 1 HGB (Gruppenbewertung; Lifo-, Fifo- und ähnliche Verfahren) entstehen können. Die Angabepflicht besteht nur dann, wenn der **Unterschied** gegenüber einer Bewertung auf der Grundlage des letzten vor dem Abschlußstichtag bekannten Börsen- oder Marktpreises **erheblich** ist. Ist kein Börsen- oder Marktpreis feststellbar, so entfällt die Angabepflicht.

482 Zur Feststellung eines Unterschiedsbetrages ist somit zunächst eine **Vergleichsbewertung** vorzunehmen. Dabei ist von demselben Mengengerüst auszugehen, das der Bilanzbewertung zugrunde liegt. Um eine diffizile Neuberechnung auf Basis der tatsächlichen Anschaffungskosten zu vermeiden, bestimmt das Gesetz aus Vereinfachungsgründen, daß die Bewertung auf der Grundlage des zuletzt bekannten Börsen- oder Marktpreises vorzunehmen ist. Der so ermittelte Wert kann, namentlich bei vorangegangenen Preissteigerungen, über dem Wert lie-

---

502 aA *Budde/Forster*, § 36 DMBilG Anm. 40.
503 Vgl. *Budde/Forster*, § 28 DMBilG Anm. 28.

gen, der unter Berücksichtigung des Anschaffungswertprinzips höchstens angesetzt werden könnte. Entsprechende, vorsichtig bemessene **Abschläge** müssen
daher zulässig sein[504], desgleichen die üblichen Abschreibungen wegen eingeschränkter Verwendbarkeit udgl. Da die Unterschiedsbeträge „pauschal" anzugeben sind, werden keine allzu großen Anforderungen an die Genauigkeit der
Rechnung zu stellen sein.

483   Die Unterschiedsbeträge sind für die jeweilige **Gruppe** zu ermitteln. Das Gesetz
greift damit den in § 240 Abs. 4 HGB verwandten Ausdruck auf[505]. Von der
Gruppe ist nach dem Wortlaut des § 284 Abs. 2 Nr. 4 HGB auch für die Frage
auszugehen, ob der **Unterschiedsbetrag erheblich** ist. Es ist daher bei der Bestimmung der Wesentlichkeit auf die jeweilige Gruppe, ihre absolute und relative
Bedeutung sowie die Höhe des Unterschiedsbetrages und dessen Verhältnis zum
Wert der Gruppe abzustellen[506].

484   Fraglich ist, was unter einer **pauschalen Angabe** von Unterschieds**beträgen** zu
verstehen ist. Unter Berücksichtigung der Aufgabenstellung des Anhangs wird
dies dahin auszulegen sein, daß es nicht auf Pfennigbeträge ankommt, sondern
daß **Auf- und Abrundungen** gestattet sein sollen (zB auf TDM oder Mio. DM, bei
kleineren Beträgen jeweils mit einer Ziffer hinter dem Komma). Wenn ein
Bilanzposten **mehrere Gruppen** umfaßt, die vereinfachend iSd. Vorschrift bewertet sind, wird es idR genügen, einen Unterschiedsbetrag für diesen Bilanzposten
anzugeben[507].

i) Angaben zum Posten „Aufwendungen für die Ingangsetzung und Erweiterung des Geschäftsbetriebs" (§ 269 Satz 1 zweiter Halbsatz HGB)

485   Wird dieser Posten in der Bilanz ausgewiesen (vgl. Tz. 58 ff.), so ist er im
Anhang zu erläutern. Dabei wird anzugeben sein, ob bei seiner Bildung § 248
Abs. 1 HGB (Verbot der Aktivierung der Gründungskosten) beachtet und ob die
Bestimmungen über die Abschreibung (§ 282 HGB) eingehalten sind. Im Fall
gleichzeitiger Gewinnausschüttung ist außerdem darzulegen, daß auch nach der
Gewinnausschüttung die Deckungsgebote des § 269 Satz 2 HGB beachtet
sind[508].

j) Angabe der Gründe für die planmäßige Abschreibung eines Geschäfts- oder Firmenwerts (§ 285 Nr. 13 HGB)[509]

486   Wird ein aktivierter Geschäfts- oder Firmenwert (vgl. Tz. 65) nicht innerhalb der
nächsten 4 Jahre abgeschrieben (§ 255 Abs. 4 Satz 2 HGB), sondern wird die
Abschreibung auf Grund der Bestimmung in § 255 Abs. 4 Satz 3 HGB planmäßig auf einen längeren Zeitraum verteilt, so sind die Gründe dafür im Anhang
anzugeben. Insbesondere sind die voraussichtliche Nutzungsdauer und die
Abschreibungsmethode zu nennen[510]. Besondere Angaben zu den Abschreibun-

---

504 Ebenso *ADS*, § 284 HGB Tz. 162; *Kölner Kom.*, §§ 284–288 HGB, 160 AktG Anm. 59; aA *HdR*,
   §§ 284–288 HGB Rn. 133; *BoHdR*, § 284 HGB Rz. 95.
505 Ebenso *ADS*, § 284 HGB Tz. 161; aA *BoHdR*, § 284 HGB Rn. 91.
506 Vgl. *ADS*, § 284 HGB Tz. 165; *BeBiKo.*, § 284 Anm. 182.
507 Vgl. *ADS*, § 284 HGB Tz. 161.
508 aA *HdJ*, Abt. IV/4 (1988) Rn. 172; *HdR*, §§ 284–288 HGB Rn. 53.
509 Vgl. dazu *Borggreve*, Inf. 1983 S. 145 ff.; *Wagner/Schomaker*, DB 1986 S. 1365 ff.; *Breidenbach*,
   DB 1987 S. 2161 ff.; *ders.*, DB 1989 S. 136 ff.
510 Vgl. *BeBiKo.*, § 284 Anm. 235; ferner *ADS*, § 285 HGB Tz. 252.

gen eines nach § 31 Abs. 1 Satz 1 Nr. 1 DMBilG aktivierten Geschäfts- oder Firmenwertes sind nicht verlangt.

Die Vorschrift ist auch anzuwenden, wenn ein – als Geschäfts- oder Firmenwert   **487** auszuweisender – **Verschmelzungsmehrwert** (vgl. Tz. 66 f.) über einen längeren Zeitraum als 4 Jahre abgeschrieben wird (§ 348 Abs. 2 Satz 2 zweiter Halbsatz AktG).

k) Angaben zu antizipativen Abgrenzungsposten unter den sonstigen Vermögensgegenständen (§ 268 Abs. 4 Satz 2 HGB)

Werden unter den „Sonstigen Vermögensgegenständen" Beträge für Vermögens-   **488** gegenstände ausgewiesen, die erst **nach** dem Abschlußstichtag rechtlich entstehen (sog. antizipative Abgrenzungsposten), so müssen Beträge, die einen **größeren Umfang**[511] haben, im Anhang erläutert werden (§ 268 Abs. 4 Satz 2 HGB). In Betracht kommen zB anteilige Stückzinsen, Erstattungsansprüche, Rückdeckungsansprüche aus Lebensversicherungen udgl. (im einzelnen vgl. Tz. 122). Es genügt, die Art dieser Posten anzugeben; betragsmäßige Angaben kommen nur ausnahmsweise in Betracht[512].

l) Angaben zur Einbeziehung von Fremdkapitalzinsen in die Herstellungskosten (§ 284 Abs. 2 Nr. 5 HGB)

Fremdkapitalzinsen gehören nicht zu den Herstellungskosten (§ 255 Abs. 3   **489** Satz 1 HGB). Eine Ausnahme gilt nur für den Fall einer direkt zurechenbaren **Auftragsfinanzierung** (§ 255 Abs. 3 Satz 2 HGB; vgl. Tz. 233). Wurde von der Aktivierungsmöglichkeit Gebrauch gemacht, so müssen Angaben darüber im Anhang gemacht werden (§ 284 Abs. 2 Nr. 5 HGB). Verbale Ausführungen genügen, betragsmäßige Angaben werden nur in außergewöhnlichen Fällen in Betracht kommen.

Die Angabe kann bei der Offenlegung des Anhangs durch eine kleine Kapitalge-   **490** sellschaft (§ 267 Abs. 1 HGB) nicht entfallen, da es sich um eine Spezialangabe zu den angewandten **Bewertungsmethoden** handelt[513]. Wird die Angabe gem. § 284 Abs. 2 Nr. 5 HGB in die Angaben zu den Bewertungsmethoden einbezogen, so ist deutlich zu machen, bei welchen Bilanzposten Fremdkapitalzinsen mitaktiviert wurden[514].

m) Angaben zu einem aktiven Steuerabgrenzungsposten (§ 274 Abs. 2 Satz 2 HGB)[515]

Wird ein solcher Posten in der Bilanz ausgewiesen (vgl. Tz. 134 ff.), so ist er im   **491** Anhang zu erläutern (§ 274 Abs. 2 Satz 2 HGB). Anzugeben sind die Grundsätze, nach denen er ermittelt wurde und ggf. auch die voraussichtliche Abwicklung des Postens. Wird gleichzeitig Gewinn ausgeschüttet, ist außerdem darzule-

---

511 *HdR.* §§ 284–288 HGB Rn. 156: Als Richtschnur kann die 10 vH-Regel dienen.
512 aA *HdJ,* Abt. IV/4 (1988) Rn. 139 (stets quantitative Angaben).
513 aA *Gross/Schruff.* Der Jahresabschluß nach neuem Recht, Düsseldorf 1986 S. 218, die annehmen, die Angabe betreffe die GuV und könne gem. § 326 Satz 3 HGB entfallen.
514 Vgl. *ADS.* § 284 HGB Tz. 166.
515 Vgl. dazu St/SABI 3/1988.

gen, daß auch nach der Gewinnausschüttung die Deckungsgebote des § 274 Abs. 2 Satz 3 HGB beachtet sind[516].

492   Keine Erläuterungspflicht besteht für den Fall, daß der Ausweis eines aktiven Steuerabgrenzungspostens zwar möglich wäre, aufgrund des Ansatzwahlrechts jedoch unterblieben ist; in Fällen von besonderer Bedeutung können allenfalls Angaben im Rahmen der Erläuterung zu den angewandten Bilanzierungsmethoden in Betracht kommen (§ 284 Abs. 2 Nr. 1 HGB; vgl. Tz. 448).

n) Angaben zu „Sonstigen Rückstellungen" (§ 285 Nr. 12 HGB)[517]

493   Die zu den „Sonstigen Rückstellungen" (Posten B 3 der Passivseite) zu machenden Angaben sind für kleine Kapitalgesellschaften (§ 267 Abs. 1 HGB) nicht obligatorisch (§ 288 Satz 1 HGB)[518]; mittelgroße Kapitalgesellschaften (§ 267 Abs. 2 HGB) können sie bei der Offenlegung weglassen (§ 327 Nr. 2 HGB).

494   Soweit der Posten „Sonstige Rückstellungen" in der Bilanz nicht weiter untergliedert wird, verlangt § 285 Nr. 12 HGB, daß die in dem Posten „Sonstige Rückstellungen" nicht gesondert ausgewiesenen Rückstellungen im Anhang erläutert werden, wenn sie einen nicht unerheblichen Umfang haben. In bezug auf den **„nicht unerheblichen Umfang"** (als Ausprägung des Wesentlichkeitsgrundsatzes) ist nicht allein auf das Verhältnis der einzelnen Rückstellungen zu dem Posten „Sonstige Rückstellungen" abzustellen, sondern auch auf die Größenordnung im Gesamtbild der Bilanz (unter besonderer Berücksichtigung des Umfangs des Eigenkapitals und des Jahresergebnisses)[519]. Ferner ist die Generalnorm des § 264 Abs. 2 HGB zu beachten.

495   Der Begriff der **Erläuterung** geht über die reine Darstellung eines Sachverhalts hinaus und verlangt weitergehende Erklärungen über den wesentlichen Inhalt des Rückstellungspostens. Zu erläutern sind ggf. die Art oder die Bestimmung (Zweck) der Rückstellung, die Gründe, die zur Bildung geführt haben, sowie die Größenordnung innerhalb des Postens „Sonstige Rückstellungen". Die Erläuterung erfolgt regelmäßig durch **verbale** Darstellungen; eine betragsmäßige Aufgliederung wird zwar nicht verlangt, doch wird es erforderlich sein, die größten Posten der sonstigen Rückstellungen anzugeben[520].

---

516   aA *HdJ*, Abt. IV/4 (1988) Rn. 141.
517   Vgl. dazu *Forster*, DB 1982 S. 1577 ff. (1580). Die Angabepflicht kann zB auch bei sich aus Optionsgeschäften abzeichnenden Verlusten in Betracht kommen; vgl. *Niemeyer*, BB 1990 S. 1022 ff. (1027 f.), der hier für eine Angabe des Rückstellungsbetrages plädiert.
518   Doch kann jeder Aktionär verlangen, daß ihm in der HV der JA in der Form vorgelegt wird, die er ohne Anwendung des § 288 Satz 1 HGB hätte (§ 131 Abs. 1 Satz 3 AktG); zu Auskunftsrechten für Gesellschafter der GmbH vgl. Tz. 260.
519   Ebenso *ADS*, § 285 HGB Tz. 247; auf den Betrag innerhalb der Rückstellungen, das Verhältnis zur Bilanzsumme und zum Eigenkapital abstellend *HdR*, §§ 284–288 HGB Rn. 289; auf den Gesamtbetrag der sonstigen Rückstellungen und die Belastung des Jahresergebnisses durch die Rückstellungszuführung abstellend *BeBiKo*., § 285 Anm. 231; für Eigenkapital oder Bilanzsumme als Maßstab *HdJ*, Abt. IV/4 (1988) Rn. 197; für Bilanzsumme als Maßstab *Glade*, BiRiLiG, § 285 HGB Tz. 115; aA *Kölner Kom*., §§ 284–288 HGB, 160 AktG Anm. 133, der auf einzelne in diesem Posten enthaltene Rückstellungen abstellt.
520   Vgl. *Forster*, DB 1982 S. 1577 ff. (1580); *ADS*, § 285 HGB Tz. 249; *HdR*, §§ 284–288 HGB Rn. 286.

o) Angaben zu nicht passivierten Pensionsverpflichtungen und ähnlichen Verpflichtungen – Fehlbetrag (Art. 28 Abs. 2 EGHGB) [521]

Für Pensionsverpflichtungen (einschließlich Anwartschaften), die auf einer **496** unmittelbaren, vor dem 1. 1. 1987 erteilten Zusage beruhen (Altzusagen), sowie für mittelbare Pensionsverpflichtungen und ähnliche unmittelbare und mittelbare Verpflichtungen braucht eine Rückstellung nicht gebildet zu werden (Passivierungswahlrecht gem. Art. 28 Abs. 1 EGHGB; vgl. E Tz. 134 ff.). Damit der Umfang der nicht passivierten Verpflichtungen gleichwohl erkennbar wird, ist der „**Fehlbetrag**" im Anhang zu nennen (Art. 28 Abs. 2 EGHGB). Der Fehlbetrag ist gesondert anzugeben; er darf nicht in den Gesamtbetrag der sonstigen finanziellen Verpflichtungen (§ 285 Nr. 3 HGB) einbezogen werden [522].

Werden bereits Pensionsrückstellungen in der Bilanz ausgewiesen, so ist der **497** Fehlbetrag für die auf einer **unmittelbaren** Pensionszusage beruhenden Zusage nach der gleichen Methode zu berechnen, nach der die Rückstellungen (zulässigerweise) bemessen worden sind [523]. Weist die Bilanz keine derartigen Rückstellungen auf, so gelten für die Berechnung des Fehlbetrages die gleichen Wahlrechte wie für die Bildung der Rückstellung selbst (vgl. E Tz. 139); die angewandte Methode (§ 284 Abs. 2 Nr. 1 HGB) ist in diesem Fall bei der Nennung des Fehlbetrages anzugeben [524].

Fehlbeträge, die mit **mittelbaren** Pensionszusagen und ähnlichen unmittelbaren **498** oder mittelbaren Verpflichtungen im Zusammenhang stehen (der häufigste Fall dürften Unterstützungskassen sein), sind nach den gleichen Grundsätzen zu ermitteln wie Fehlbeträge für Direktzusagen [525]. Es besteht jedoch keine Bindung an die für unmittelbare Pensionszusagen angegebene Bewertungsmethode. Der Fehlbetrag kann daher auch nach anderen zulässigen Methoden ermittelt werden, die dann ggf. zusammen mit dem Fehlbetrag zu nennen sind. Führt eine Methode zu einem niedrigeren Betrag als bei einer Berechnung entsprechend den Grundsätzen des § 6a EStG, so kann die Methode nicht als zulässig angesehen werden [526].

Reicht das Vermögen einer **Unterstützungskasse** zur Deckung der künftigen Zahlungen **499** nicht voll aus, so hat uU das Trägerunternehmen dafür einzustehen (Subsidiärhaftung). Fehlt es bei diesem an einer Rückstellung dafür, so ist der Fehlbetrag anzugeben [527]. Er entspricht dem Unterschied zwischen dem nach einer

---

521 Vgl. dazu St/HFA 2/1988, Nr. 6; *Schulte*, BB 1984 S. 2099 ff. u. BB 1986 S. 1881 ff.; *ADS*, Art. 28 EGHGB Tz. 42 ff., vgl. ferner St/SABI 3/1986, Nr. 8; *Ahrend*, WPg. 1986 S. 577 ff. (584 f.); *Ahrend/Förster/Rößler*, DB 1986 Beil. 10; *Höfer/Lemitz*, BB 1986 S. 426 ff.; *HdJ*, Abt. III/7 (1986) Rn. 89 mwN; *Deutsche Treuhand Gesellschaft* (Hrsg.), Betriebliche Altersversorgung und Jahresabschluß, Düsseldorf 1987; *Förschle/Klein*, DB 1987 S. 341 ff. (348); *Luik*, WPg. 1987 S. 733 ff. (743 f.); *Höfer*, WPg. 1988 S. 549 ff. (zur St/HFA 2/1988); *Schulte*, BB 1989 S. 659 ff. Im übrigen vgl. E Tz. 134 ff.

522 So St/SABI 3/1986, Nr. 8.

523 Ebenso St/HFA 2/1988, Nr. 6; *Kölner Kom.*, §§ 284–288 HGB, 160 AktG Anm. 48; aA *Höfer/Lemitz*, BB 1986 S. 426 ff. (431), die „Mehrbeträge, die sich aus bestimmten Bewertungsmethoden für Pensionsrückstellungen ergeben, für aufrechenbar halten".

524 Ebenso St/HFA 2/1988, Nr. 6; *BeBiKo.*, § 284 Anm. 128.

525 aA *Muscheid*, BB 1986 S. 355 ff. (361), der es für ausreichend hält, im Anhang auf das Bestehen einer Unterstützungskasse hinzuweisen und anzugeben, inwieweit das steuerlich zulässige Kassenvermögen vorhanden ist.

526 Ebenso *Höfer/Lemitz*, BB 1986 S. 426 ff. (431), unter Hinweis auf die Begr., in der insoweit von einer Untergrenze gesprochen wird; vgl. Begr. zu § 253 HGB, BT-Drs. 10/4268 S. 100. Vgl. auch *ADS*, Art. 28 EGHGB Tz. 47; aA für Altzusagen *BeBiKo.*, § 249 Anm. 198.

527 Vgl. St/HFA 2/1988, Nr. 6.

handelsrechtlich zulässigen Bewertungsmethode ermittelten Betrag der Verpflichtungen zuzüglich etwaiger noch bestehender anderer Verbindlichkeiten abzüglich des Wertes des vorhandenen Vermögens. Dieses ist auf der Basis von Zeitwerten zu ermitteln, dh. bei einem aus Wertpapieren bestehenden Vermögen sind die Stichtagskurse zugrundezulegen; für eine Begrenzung nach oben auf die Anschaffungswerte [528] besteht keine Notwendigkeit [529]. Eine Saldierung eines etwaigen Vermögensüberschusses der Unterstützungskasse mit nicht bilanzierten Beträgen bei unmittelbaren Versorgungsverpflichtungen ist aufgrund des Verrechnungsverbots (§ 246 Abs. 2 HGB) nicht zulässig [530].

500   Ob auch Fehlbeträge für **Vorruhestandsleistungen** in die Angabepflicht mit einzubeziehen sind, hängt von der grundsätzlichen bilanziellen Behandlung ab (vgl. E Tz. 129). Zur Berichterstattung über Rückstellungen für Vorruhestandsverpflichtungen vgl. auch *Schulte*, BB 1986 S. 911 ff. Zu Fragen der **Direktversicherung** vgl. auch *Cisch*, BB 1987 S. 300 ff.

p) Angaben zu den Restlaufzeiten und Sicherheiten der Verbindlichkeiten (§ 285 Nr. 1 und 2 HGB) [531]

501   Die Bestimmungen in § 285 Nr. 1 und 2 HGB fordern mehrere Angaben zu den in der Bilanz ausgewiesenen Verbindlichkeiten, und zwar

– zu dem **Gesamtbetrag** des Postens C der Passivseite des Bilanzschemas (§ 285 Nr. 1 HGB) und

– zu jedem **einzelnen** in der Bilanz ausgewiesenen Posten der Verbindlichkeiten (§ 266 Abs. 3 Buchst. C Nr. 1 bis 8 HGB), soweit die entsprechenden Angaben nicht bereits in der Bilanz erfolgen (§ 285 Nr. 2 HGB).

502   Die Angaben nach Nr. 2 brauchen von kleinen Kapitalgesellschaften (§ 267 Abs. 1 HGB) nicht gemacht zu werden (§ 288 Satz 1 HGB) [532] und können von mittelgroßen Kapitalgesellschaften (§ 267 Abs. 2 HGB) bei der Offenlegung weggelassen werden (§ 327 Nr. 2 HGB).

In den Gesamtbetrag und in die Angaben zu den Einzelposten sind Rückstellungen und Rechnungsabgrenzungsposten **nicht** einzubeziehen.

503   Anzugeben ist der Gesamtbetrag der Verbindlichkeiten bzw. der einzelnen Posten mit einer **Restlaufzeit von mehr als 5 Jahren** (§ 285 Nr. 1a bzw. 2 HGB). Der Betrag der Verbindlichkeiten mit einer **Restlaufzeit bis zu 1 Jahr** muß nach § 268 Abs. 5 Satz 1 HGB bei jedem Posten direkt in der Bilanz vermerkt werden (vgl. Tz. 221). Maßgeblich ist der Zeitraum zwischen dem Abschlußstichtag und dem vereinbarten oder gesetzlich festgelegten Fälligkeitstermin. Verbindlichkeiten, die innerhalb der nächsten 5 Jahre fällig werden, brauchen nicht angegeben zu werden. Bei Verbindlichkeiten, die regelmäßig in **Teilbeträgen** (Raten) zu tilgen sind, sind die Beträge anzugeben, die nach Ablauf von 5 Jahren fällig werden. Bestehen zugunsten des Schuldners **Prolongationsabreden** und ist beabsichtigt, davon Gebrauch zu machen, so kann die sich daraus ergebende neue Fälligkeit berücksichtigt werden. Ebenso ist eine beabsichtigte **vorzeitige Rückzahlung**

528 So *Lutz*, Blick durch die Wirtschaft v. 27. 2. 1986 S. 4; *Höfer/Lemitz*, BB 1986 S. 426 ff. (429).
529 *Zur Bewertung von Versorgungsverpflichtungen aus Unterstützungskassenzusagen vgl. im einzelnen Höfer*, BB 1987 S. 1143 ff.; *Richter*, BB 1987 S. 1432 ff.
530 So *HdJ*, Abt. IV/4 (1988) Rn. 50; aA *Ahrend*, WPg. 1986 S. 577 ff. (584).
531 Vgl. dazu St/SABI 3/1986, insb. Nr. 4.
532 Vgl. für AG aber Fn. 518 zu Tz. 493.

zu beachten, weil sonst der gesetzlich geforderte Angabebetrag zu hoch ermittelt wird.

Ferner sind der Gesamtbetrag der **gesicherten** Verbindlichkeiten bzw. der einzelnen Posten der Verbindlichkeiten sowie **Art und Form** der Sicherheiten anzugeben (§ 285 Nr. 1b HGB). Maßgebend für die Angabe der jeweiligen Beträge ist der in der Bilanz ausgewiesene Wert, nicht der höhere Betrag der Sicherung; Dritten eingeräumte Sicherheiten, denen gegenüber am Abschlußstichtag keine Verbindlichkeiten bestehen, sind daher nicht angabepflichtig[533]. Sicherheiten für **fremde** Verbindlichkeiten sind nicht hier anzugeben, sondern unter der Bilanz zu vermerken (§ 251 Satz 1 HGB; vgl. E Tz. 62). In Betracht kommen insb. Grundpfandrechte (Hypotheken, Grund- und Rentenschulden), Pfandrechte an Forderungen und sonstigen Rechten (zB Wertpapiere) sowie an Schiffen oder Luftfahrzeugen, Sicherungsübereignungen und -abtretungen, EV, Nießbrauch an beweglichen Sachen und Rechten sowie bei echten Pensionsgeschäften – analog § 340b Abs. 4 Satz 4 HGB – der (Buch-)Wert der in Pension gegebenen Vermögensgegenstände. Die Angabepflicht erstreckt sich auch auf **branchenübliche Pfandrechte** und EV. Es dürfte beim EV aber genügen, in allgemeiner Form zu berichten (zB: „Es bestehen die üblichen EV aus der Lieferung von Roh-, Hilfs- und Betriebsstoffen sowie von Halbfabrikaten und Waren"). Eine Einschränkung der Angabepflicht kommt nur insoweit in Betracht, als es sich um **gesetzliche Pfandrechte** handelt (zB Pfandrecht des Werkunternehmers), denen in der Praxis allerdings idR keine große Bedeutung zukommt[534]. Zahlenmäßige Angaben über den Umfang der jeweiligen Sicherheiten sind nicht gefordert. Bestehen für einen Posten **mehrere** Arten und Formen der Sicherheiten, ist eine entsprechende Darstellung erforderlich (zB: „Ein wesentlicher Teil der Verbindlichkeiten gegenüber Kreditinstituten ist durch Zessionen, im übrigen durch Grundpfandrechte gesichert").

§ 285 Nr. 2 HGB verlangt neben der Angabe des Gesamtbetrags die **Aufgliederung** der Beträge von Verbindlichkeiten mit einer Restlaufzeit von mehr als 5 Jahren und der gesicherten Verbindlichkeiten **für jeden Posten** der Verbindlichkeiten, wie sie sich aus der Gliederung des § 266 Abs. 3 Buchst. C Nr. 1 bis 8 HGB ergeben. Werden einzelne Verbindlichkeiten weiter untergliedert oder neue Posten hinzugefügt (§ 265 Abs. 5 Satz 1 oder 2 HGB), so bezieht sich die Angabepflicht auch darauf[535].

Im Hinblick auf die gespaltenen Angabepflichten (teils in der Bilanz, teils im Anhang) stellt sich die Frage, ob nicht auch eine beiden Angabeverpflichtungen Rechnung tragende Darstellung im Anhang möglich ist, etwa derart, daß für jeden Posten der Verbindlichkeiten außer dem Bilanzbetrag die in § 268 Abs. 5 Satz 1 und § 285 Nr. 1 und 2 HGB geforderten Angaben (Fälligkeiten sowie Art und Form der Sicherheiten) tabellenmäßig in einem sog. **Verbindlichkeitenspiegel**[536] (als Teil des Anhangs) angeführt werden. Da dadurch die Klarheit der Darstellung zweifellos gefördert wird und insoweit die Voraussetzungen des

504

505

506

---

533 Vgl. *ADS*, § 285 HGB Tz. 20.
534 Vgl. *ADS*, § 285 HGB Tz. 17.
535 So *ADS*, § 285 HGB Tz. 27; einschränkend *BeBiKo.*, § 285 Anm. 17, die bei einer freiwilligen Erweiterung nach § 265 Abs. 5 Satz 1 HGB eine Angabepflicht nach § 285 Nr. 2 HGB verneinen und nur bei § 265 Abs. 5 Satz 2 HGB bejahen.
536 Vgl. hierzu zB *Hoffmann*, BB 1983 Beil. 1 S. 1 ff. (10); *Göllert*, BB 1984 S. 1850; *Russ* (Fn. 424), S. 194 ff.; *ADS*, § 285 HGB S. 14.

§ 265 Abs. 7 Nr. 2 HGB vorliegen, ergeben sich gegen eine solche Darstellung keine Bedenken[537].

q) Angaben zu antizipativen Abgrenzungsposten unter den Verbindlichkeiten (§ 268 Abs. 5 Satz 3 HGB)

507   Sind unter den in der Bilanz ausgewiesenen Verbindlichkeiten solche enthalten, die erst **nach** dem Abschlußstichtag rechtlich entstehen (sog. antizipative Abgrenzungsposten) und haben sie einen **größeren Umfang**[538], so müssen sie im Anhang erläutert werden (§ 268 Abs. 5 Satz 3 HGB). In Betracht kommen hier in erster Linie Verpflichtungen aus Miet- und Pachtverträgen, die einen vor dem Abschlußstichtag liegenden Zeitraum mitumfassen, aber erst **im neuen GJ fällig** werden. Häufig werden solche Verpflichtungen unter den Rückstellungen als Verpflichtungen aus schwebenden Verträgen erfaßt, so daß Angaben nach § 268 Abs. 5 Satz 3 HGB nur ausnahmsweise in Betracht kommen werden.

r) Angaben zu sonstigen finanziellen Verpflichtungen (§ 285 Nr. 3 HGB)[539]

508   Mittelgroße und große Kapitalgesellschaften (§ 267 Abs. 2 und 3 HGB) haben die sonstigen finanziellen Verpflichtungen, die nicht in der Bilanz ausgewiesen, vermerkt oder unter ihr angegeben sind, mit ihrem Gesamtbetrag zu nennen, wenn diese Angabe für die Beurteilung der Finanzlage von Bedeutung ist (§ 285 Nr. 3 HGB). Für kleine Kapitalgesellschaften (§ 267 Abs. 1 HGB) ist die Vorschrift nicht obligatorisch (§ 288 Satz 1 HGB)[540].

509   Die Angabe bietet neben den Vermerken und Angaben über die Fälligkeit von Forderungen und Verbindlichkeiten (§§ 268 Abs. 4 Satz 1 und Abs. 5 Satz 1, 285 Nr. 1 und 2 HGB) wichtige Hinweise für die **Beurteilung der Finanzlage** (vgl. auch Tz. 7), die aus Bilanz und GuV allein nicht abgeleitet werden kann. Die Vorschrift muß daher auch vor dem Hintergrund beurteilt werden, daß die Angabe zusammen mit den bereits genannten Angaben in gewisser Weise eine Finanzübersicht (Finanzplan) ersetzt, die eigentlich erforderlich wäre, um das in § 264 Abs. 2 Satz 1 HGB geforderte, den tatsächlichen Verhältnissen entsprechende Bild der Finanzlage der Gesellschaft zu vermitteln.

510   In Betracht kommen für die Angabe gem. § 285 Nr. 3 HGB in erster Linie Verpflichtungen aus **schwebenden Rechtsgeschäften**, die noch keinen Niederschlag in der Bilanz gefunden haben, aber künftig zu einer wesentlichen Belastung der Finanzlage führen können. Zu nennen sind hier insb. schwebende Verpflichtungen im Zusammenhang mit begonnenen Investitionsvorhaben (sog. Bestellobligo), mehrjährige Verpflichtungen aus Miet- und Leasingverträgen (insb. solchen, die aus sale-and-lease-back-Verträgen entstanden sind), Verpflichtungen aus notwendig werdenden Umweltschutzmaßnahmen und anderen öffentlich-

537 So St/SABI 3/1986, Nr. 4; ferner *ADS*, § 285 HGB Tz. 26; *BeBiKo.*, § 285 Anm. 18.
538 Vgl. Tz. 420 Fn. 441.
539 Vgl. Dazu St/SABI 3/1986, insb. Nr. 7; ferner *Hoffmann*, BB 1986 S. 1050 ff. (1052); *Russ* (Fn. 424), S. 200 ff.; *BHdR*, B 431 (1987); *Kortmann*, DB 1987 S. 2577 ff.; *Selchert*, DB 1987 S. 545 ff.; zu einzelnen *Kortmann*, Die Berichterstattung über die sonstigen finanziellen Verpflichtungen iSv. § 285 Nr. 3 HGB in den Jahres- bzw. Konzernabschlüssen von Kapitalgesellschaften, Hamburg 1989 mwN; *Hauschildt/Kortmann*, WPg. 1990 S. 420 ff.; *Siebourg* in Erste Erfahrungen mit den neuen Rechnungslegungsvorschriften, Stuttgart 1990 S. 63 ff.
540 Vgl. für AG aber Fn. 518 zu Tz. 493.

rechtlichen Rechtsverhältnissen (Auflagen) udgl.[541]. Ferner sind ggf. zu erwähnen vertragliche Verpflichtungen zur Übernahme von Beteiligungen oder zur Verlustabdeckung bei Beteiligungsgesellschaften, zur Einräumung von Krediten gegenüber Dritten oder zur Abführung von Liquiditätsüberschüssen an Dritte, mit denen der Verkehr nicht zu rechnen braucht. Auch Entlassungsentschädigungen, Abfindungen udgl. im Zusammenhang mit anstehenden Stillegungen können in Betracht kommen, desgleichen auch Verpflichtungen aus nicht an anderer Stelle (§§ 251, 268 Abs. 7 HGB) zu nennenden **Haftungsverhältnissen**[542].

Wegen der Angabe von Verbindlichkeiten, die **aus dem Gewinn zu tilgen** sind, vgl. Tz. 626 f. (Angabepflicht für AG gem. § 160 Abs. 1 Nr. 6 AktG) sowie *ADS*, § 285 HGB Tz. 51; danach sind entsprechende Verbindlichkeiten grundsätzlich hier zu erfassen und Angaben nur dann entbehrlich, wenn mit einiger Sicherheit kein Gewinn zu erwarten ist. In den **neuen Bundesländern** fallen unter die Angabepflicht auch nachrangige Verbindlichkeiten nach § 16 Abs. 3 DMBilG, soweit sie nicht als „Nachrangiges Kapital" passiviert worden sind (vgl. hierzu Tz. 205).

511   Unter die Angabepflicht können auch **gesellschaftsrechtliche Verpflichtungen** fallen. Finanzielle Verpflichtungen können sich zB bei **nicht vollbezahlten** Aktien, Geschäftsanteilen oder Genossenschaftsanteilen ergeben; vgl. im einzelnen *ADS*, § 285 HGB Tz. 60 ff. Bei Beteiligungen an Personenhandelsgesellschaften[543] ist das Bestehen einer **unbeschränkten persönlichen Haftung** nach § 285 Nr. 3 HGB im Anhang anzugeben[544]; dies gilt auch bei einer Beteiligung ohne Einlage sowie in Fällen der Nachhaftung eines Gesellschafters nach Ausscheiden aus der Gesellschaft oder nach Auflösung der Gesellschaft (St/HFA 1/1991, Nr. 1).

512   In Betracht kommen neben rechtlich verfestigten Verpflichtungen auch andere **wirtschaftliche Verpflichtungen** (zu künftigen Aufwendungen) aus tatsächlichen Umständen, denen sich das Unternehmen nicht entziehen kann und die für das Unternehmen eine zukünftige finanzielle Last bedeuten (zB zwangsläufige Folgeinvestitionen, unabwendbare Großreparaturen)[545]. Bei **Wohnungsunternehmen** sind Ausgaben nach dem Abschlußstichtag für bereits begonnene oder unmittelbar bevorstehende **Instandhaltungsmaßnahmen**, die für die Finanzlage des Unternehmens von Bedeutung sind, in den Gesamtbetrag gem. § 285 Nr. 3 HGB einzubeziehen, soweit sie nicht bereits als Rückstellung für Bauinstandhaltung erfaßt sind. Dabei ist auf einen überschaubaren Prognosezeitraum (zB fünf Jahre) abzustellen; in Fällen von Bedeutung ist eine gesonderte Angabe wünschenswert (vgl. St/WFA 1/1990, Nr. 5). Die vorstehenden Überlegungen gelten entsprechend für künftige **Rekultivierungs- und Entsorgungsverpflichtungen** sowie für finanzielle Belastungen aus **unterlassenen Instandhaltungen und Großreparaturen** zur Erhaltung bei Unternehmen in den **neuen Bundesländern**. Diese

---

541 Die genannten Beispiele waren im RegE ausdrücklich aufgeführt; die Aufzählung wurde nicht in das Gesetz übernommen, um dem Mißverständnis zu begegnen, „daß die genannten Verpflichtungen in jedem Fall angegeben werden müssen" und „nicht angeführte Verpflichtungen regelmäßig auch nicht angegeben zu werden brauchen" (vgl. Begr. in BT-Drs. 10/4268 S. 110). Vgl. auch St/SABI 3/1986, Nr. 7; *ADS*, § 285 HGB Tz. 43 ff.; *BeBiKo*, § 285 Anm. 40 ff. (mit einem ABC der möglichen sonstigen finanziellen Verpflichtungen in Anm. 68); *BHdR*, B 431 Rn. 45 ff.
542 So Begr., BT-Drs. 10/4268 S. 110; im einzelnen *Fey*. Grundsätze ordnungsmäßiger Bilanzierung für Haftungsverhältnisse, Düsseldorf 1989 S. 128 ff.
543 Vgl. dazu ua. *Mellwig*. BB 1990 S. 1162 ff.; im übrigen vgl. E Tz. 356 ff.
544 aA *Hoffmann*, BB 1986 S. 288 ff. (290).
545 Vgl. *ADS*, § 285 HGB Tz. 34 u. 56 ff.; ferner *Biener/Berneke*. BiRiLiG, Erl. zu § 285 HGB S. 259.

sind dann in die Angabe nach § 285 Nr. 3 HGB einzubeziehen, wenn sie gem. §§ 9 Abs. 2 Satz 3, 10 Abs. 2 Satz 2 oder Abs. 2 Satz 2 DMBilG wertmindernd bei den betreffenden Vermögensgegenständen berücksichtigt worden sind.

513   Von Bedeutung für die Beurteilung von Investitionsvorhaben udgl. kann sein, ob und wie die Finanzierung sichergestellt ist. Hinweise auf vorhandene Liquiditätsreserven, beabsichtigte Veräußerungen, Kreditlinien, cash-flow-Überschüsse, die beabsichtigte Begebung von Anleihen udgl. können in diesem Zusammenhang in Betracht kommen. Die Angabepflicht nach § 285 Nr. 3 HGB kann sich auch im Falle eines Optionsgeschäftes ergeben, allerdings nur für den Optionsverpflichteten, nicht für den Optionsberechtigten[546]. Zur Rückdeckungsversicherung im Anhang vgl. *Wichmann*, BB 1989 S. 1228 ff. (1234).

514   Ferner muß es sich immer um die **eigene Verpflichtung** der Gesellschaft handeln und nicht die eines Dritten zugunsten der Gesellschaft (zB Großaktionär hat für eine Schuld der Gesellschaft sein Warenlager verpfändet)[547]. Umgekehrt können Verpflichtungen, die aus der Haftung oder Mithaftung für **fremde Verbindlichkeiten** erwachsen können, unter die Angabepflicht des § 285 Nr. 3 HGB fallen, wenn das Haftungsverhältnis nicht bereits in der Bilanz ausgewiesen oder unter der Bilanz vermerkt ist. Wegen der Haftung des Vermögensübernehmers, Patronatserklärungen, Vertragsstrafen und Treuhandschaften vgl. *ADS*, § 285 HGB Tz. 66 ff.

515   **Nicht** unter die Angabepflicht nach § 285 Nr. 3 HGB fallen dagegen Sicherheiten für **eigene** Verbindlichkeiten[548], da sie bereits nach Nr. 2 anzugeben sind. Ebenfalls nicht darunter fallen allgemeine **gesetzliche Haftungen**, wie zB die Haftung aus Kraftfahrzeug- oder Tierhaltung sowie das gesetzliche Pfandrecht des Vermieters, Verpächters, Lagerhalters, Spediteurs oder Frachtführers[549]. Sind bei schwebenden Verträgen drohende Verluste bereits durch die Bildung einer **Rückstellung** berücksichtigt, so ist der entsprechende Teilbetrag der Verpflichtung von dem Betrag abzusetzen, der ggf. im Anhang anzugeben ist[550]. **Fehlbeträge** gem. Art. 28 Abs. 2 EGHGB sind gesondert zu nennen (vgl. Tz. 496 ff.); sie dürfen nicht in den nach Nr. 3 anzugebenden Gesamtbetrag einbezogen werden[551]. Insgesamt gesehen kann die Angabepflicht nach § 285 Nr. 3 HGB als Auffangtatbestand bezeichnet werden[552]; sie soll nicht zu einer Mehrfachberücksichtigung von Verpflichtungen führen.

516   Für die Frage, ob finanzielle Verpflichtungen für die Beurteilung der Finanzlage von **Bedeutung** sind (Grundsatz der Wesentlichkeit), kommt es nicht auf den jeweiligen Einzelbetrag, sondern grundsätzlich auf den Gesamtbetrag an[553]. Zu berücksichtigen ist, daß die Fälligkeiten der Verpflichtungen sich über einen längeren Zeitraum erstrecken können; dies kann dazu führen, daß ein an sich

---

546 Vgl. dazu *Niemeyer*, BB 1990 S. 1022 ff. (1026 f.); *ders.*, Bilanzierung und Ausweis von Optionsgeschäften nach Handelsrecht und Steuerrecht, Frankfurt a. M. ua. 1990.
547 Vgl. *ADS*, § 285 HGB Tz. 40.
548 aA *Gross/Schruff* (Fn. 513), S. 220.
549 Vgl. *ADS*, § 285 HGB Tz. 39.
550 Vgl. *ADS*, § 285 HGB Tz. 85.
551 Ebenso St/SABI 3/1986, Nr. 8; *ADS*, § 285 HGB Tz. 28 u. Art. 28 EGHGB Tz. 43.
552 Vgl. auch *ADS*, § 285 HGB Tz. 37: „Angabe nach Nr. 3 als schwächstes Publizitätsmittel".
553 Ebenso *ADS*, § 285 HGB Tz. 77; *BHdR*, B 431 Rn. 16; *Selchert*, DB 1987 S. 545 ff. (548); aA *BeBiKo.*, § 285 Anm. 24 (Wesentlichkeit jeder einzelnen Verpflichtung).

bedeutender Gesamtbetrag, auf die Zukunft verteilt, für die Beurteilung der Finanzlage soweit an Bedeutung verliert, daß die Angabe unterbleiben kann[554].

Die Angabe nach § 285 Nr. 3 HGB wird lediglich als **Gesamtbetrag** verlangt.   **517** Eine Aufgliederung etwa nach Art der einzelnen Verpflichtungen oder nach Fristigkeiten (Restlaufzeiten) ist nicht erforderlich; freiwillige Angaben hierzu können jedoch eine deutliche Verbesserung des Einblicks in die Finanzlage bewirken[555]. Die Angabe ist grundsätzlich durch **Zahlenangaben** zu machen. Eine **Saldierung** bestehender Verpflichtungen mit eigenen, gleichwertigen Gegen-/Regreßansprüchen ist nur zulässig, soweit das Unternehmen die Verpflichtungen wirtschaftlich nicht zu tragen hat[556]. Eine **Fehlanzeige** bei Nichtvorliegen sonstiger finanzieller Verpflichtungen ist nicht erforderlich.

Maßgebend für die **Bewertung der finanziellen Verpflichtungen** sind die Verhält-   **518** nisse am **Abschlußstichtag.** Bei der Ermittlung des Gesamtbetrags sind feststehende Zahlungsverpflichtungen mit dem zu zahlenden Betrag **(Erfüllungsbetrag)** anzusetzen; von diesem Betrag abzuziehen sind Teilbeträge, die die Gesellschaft wirtschaftlich nicht leisten muß (zB Investitionszulage bzw. -zuschüsse, Versicherungsentschädigungen)[557]. Wegen der Berücksichtigung von **Preissteigerungen** vgl. *ADS*, § 285 HGB Tz. 83.

Soweit Angaben nur über finanzielle Verpflichtungen aus **Dauerschuldverhält-**   **519** **nissen** zu machen sind, genügt im Grunde die Angabe der jährlich zu zahlenden Beträge und der Dauer der Verpflichtung; die Angabe des Gesamtbetrags ist dann nicht erforderlich[558]. Verpflichtungen aus Dauerschuldverhältnissen oder anderen Verträgen, die erst in späteren Perioden fällig werden, können mit dem **abgezinsten** Rückzahlungsbetrag angesetzt werden[559]. Bestehen die Verpflichtungen in **fremder Währung**, so sind sie mit dem Briefkurs des Abschlußstichtags umzurechnen[560] (zur Währungsumrechnung vgl. im einzelnen Tz. 463 f.).

Soweit die anzugebenden Verpflichtungen **gegenüber verbundenen Unternehmen**   **520** (§ 271 Abs. 2 HGB; vgl. Tz. 83 f.) bestehen (zB Verlustübernahmepflichten), sind sie **gesondert** anzugeben (§ 285 Nr. 3 zweiter Halbsatz HGB). „Davon"-Vermerke erscheinen ausreichend und zweckmäßig. Werden die anzugebenden Verpflichtungen **aufgegliedert**, genügt eine Gesamtangabe[561]. Eine Fehlanzeige bei Nichtvorliegen solcher Verpflichtungen ist nicht erforderlich[562]. Soweit sonstige finanzielle Verpflichtungen gegenüber GmbH-Gesellschaftern bestehen, bedarf es eines entsprechenden Vermerkes nicht[563].

---

554 Ebenso St/SABI 3/1986, Nr. 7; *ADS*, § 285 HGB Tz. 77.
555 Vgl. *ADS*, § 285 HGB Tz. 30 u. 81.
556 So *ADS*, § 285 HGB Tz. 30 u. 81.
557 Vgl. *ADS*, § 285 HGB Tz. 82.
558 Ebenso St/SABI 3/1986, Nr. 7; ferner *ADS*, § 285 HGB Tz. 84; *Hoffmann*, BB 1986 S. 1050 ff. (1053); aA *BHdR*, B 431 Rn. 24.
559 So *ADS*, § 285 HGB Tz. 82; aA *BeBiKo.*, § 285 Anm. 30; *BHdR*, B 431 Rz. 25; *HdR*, §§ 284–288 HGB Rn. 166; *Glade*, BiRiLiG, § 285 HGB Tz. 31 (Betrag ist in voller Höhe zu erfassen).
560 So *BeBiKo.*, § 285 Anm. 32.
561 aA *BeBiKo.*, § 285 Anm. 36.
562 Ebenso *ADS*, § 285 HGB Tz. 75; *HdR*, §§ 284–288 HGB Rn. 165.
563 aA *BeBiKo.*, § 285 Anm. 37.

s) Sonstige Angaben zu Einzelposten der Bilanz

521 Daß das Gesetz keine allgemeine Erläuterungspflicht der Posten des JA enthält, bedeutet nicht, daß sämtliche Angaben dieser Art, wenn sie nicht ausdrücklich in einzelnen Vorschriften verlangt werden (zB § 285 Nr. 12 HGB), unterbleiben können. Die in § 264 Abs. 2 Satz 1 HGB aufgestellte Forderung, daß Bilanz, GuV und Anhang ein den tatsächlichen Verhältnissen entsprechendes Bild der Vermögens-, Finanz- und Ertragslage zu vermitteln haben, machen **ergänzende Angaben** zu einzelnen Posten überall dort erforderlich, wo ohne diese das geforderte Bild nicht vermittelt wird (§ 264 Abs. 2 Satz 2 HGB; vgl. Tz. 632 ff.).

t) Angaben, die alternativ in der Bilanz oder im Anhang gemacht werden können

522 Das Gesetz enthält eine Reihe von Vorschriften, die **wahlweise** eine Angabe in der Bilanz selbst oder im Anhang zulassen. Die Vorschriften sind, soweit sie die **Bilanz** betreffen, im folgenden aufgeführt:

- § 265 Abs. 3 Satz 1 HGB: Vermerk der Mitzugehörigkeit zu anderen Posten der Bilanz, wenn zur Aufstellung eines klaren und übersichtlichen JA erforderlich; vgl. Tz. 14;
- § 268 Abs. 1 Satz 2 zweiter Halbsatz HGB: Angabe eines Gewinn- oder Verlustvortrages aus dem VJ, wenn die Bilanz unter Berücksichtigung der teilweisen Verwendung des Jahresergebnisses aufgestellt wird; vgl. Tz. 206;
- § 268 Abs. 2 Satz 1 HGB: Entwicklung des Anlagevermögens (sog. Anlagenspiegel); vgl. Tz. 42 ff.;
- § 268 Abs. 2 Satz 3 HGB: Vermerk der Abschreibungen des GJ auf Posten des Anlagevermögens und auf den Posten „Aufwendungen für die Ingangsetzung und Erweiterung des Geschäftsbetriebs"; vgl. Tz. 51;
- § 268 Abs. 6 HGB: Angabe des in einem aktiven RAP ausgewiesenen Disagios/Rückzahlungsagios; vgl. Tz. 133;
- § 268 Abs. 7 HGB: Angabe der in § 251 bezeichneten Haftungsverhältnisse; vgl. Tz. 239 ff.;
- § 273 Satz 2 zweiter Halbsatz HGB: Angabe der Vorschriften, nach denen der Sonderposten mit Rücklageanteil gebildet worden ist; vgl. Tz. 209 ff.;
- § 274 Abs. 1 Satz 1 HGB: Angabe einer zur Steuerabgrenzung gebildeten Rückstellung; vgl. Tz. 215 ff.;
- § 281 Abs. 1 Satz 2 HGB: Angabe der steuerrechtlichen Vorschriften, wenn steuerrechtliche Abschreibungen (Wertberichtigungen) in den Sonderposten mit Rücklageanteil einbezogen sind; vgl. Tz. 211;
- § 281 Abs. 2 Satz 1 HGB: Betrag der allein nach steuerrechtlichen Vorschriften vorgenommenen Abschreibungen, getrennt nach Anlage- und Umlaufvermögen; vgl. Tz. 556 ff.;
- § 285 Nr. 2 HGB: Angabe von Restlaufzeiten und Sicherheiten für jeden Posten der Verbindlichkeiten; vgl. Tz. 501 ff.;
- § 327 Nr. 1 Satz 2 HGB: Angabe bestimmter Bilanzposten, sofern eine mittelgroße Kapitalgesellschaft (§ 267 Abs. 2 HGB) von der Möglichkeit Gebrauch macht, die Bilanz nur in der für kleine Kapitalgesellschaften vorgeschriebenen Form (§ 266 Abs. 1 Satz 3 HGB) zum HR einzureichen.

523 Nur für **AG** und **KGaA** bestehen folgende alternative Angabeverpflichtungen zu Posten der Bilanz:

- § 58 Abs. 2a Satz 2 AktG: Angabe der Einstellung des Eigenkapitalanteils von Wertaufholungen ua. in andere Gewinnrücklagen; vgl. Tz. 195 f.;
- § 152 Abs. 2 AktG: Angaben zu dem Posten Kapitalrücklage; vgl. Tz. 175 f.;
- § 152 Abs. 3 AktG: Angaben zu den einzelnen Posten der Gewinnrücklagen; vgl. Tz. 180;
- § 160 Abs. 1 Nr. 3 AktG: Angaben zu verschiedenen Aktiengattungen; vgl. Tz. 622 f.

Nur für **GmbH** bestehen folgende alternative Angabeverpflichtungen: **524**

- § 29 Abs. 4 Satz 2 GmbHG: Angabe der Einstellung des Eigenkapitalanteils von Wertaufholungen ua. in andere Gewinnrücklagen; vgl. Tz. 195 f.;
- § 42 Abs. 3 erster Halbsatz GmbHG: Angabe von Ausleihungen, Forderungen und Verbindlichkeiten gegenüber Gesellschaftern; vgl. Tz. 97, 110, 123 u. 222.

6. Erläuterung der Gewinn- und Verlustrechnung

Die Erläuterungen zur GuV umfassen verschiedene Sachverhalte. Sie haben den   **525** Zweck, zusammen mit der GuV ein den tatsächlichen Verhältnissen entsprechendes Bild der **Ertragslage**[564] zu vermitteln (§ 264 Abs. 2 HGB). Allerdings brauchen kleine Kapitalgesellschaften (§ 267 Abs. 1 HGB) die die GuV betreffenden Angaben nicht offenzulegen (§ 326 Satz 3 HGB), da auch von der Pflicht befreit sind, die GuV zum HR einzureichen. Es empfiehlt sich für diese Gesellschaften daher, die entsprechenden Erläuterungen geschlossen in **einem Abschnitt** des Anhangs zu machen, um sie für den Zweck der Einreichung ohne Schwierigkeiten abtrennen zu können. Gleiches gilt für mittelgroße Kapitalgesellschaften (§ 267 Abs. 2 HGB) hinsichtlich der Angaben zu § 285 Nr. 5 und 8a HGB, da diese bei der Offenlegung ebenfalls entfallen können (§ 327 Nr. 2 HGB).

a) Angabe der Bilanzierungs- und Bewertungsmethoden (§ 284 Abs. 2 Nr. 1 HGB)

Nach § 284 Abs. 2 Nr. 1 HGB sind „die auf die Posten...der GuV angewandten   **526** Bilanzierungs- und Bewertungsmethoden" anzugeben. In Betracht kommen hier zB Hinweise darauf, nach welchen Methoden die Abschreibungen berechnet sind (linear, degressiv usw.) sowie die Art der Bewertung des Materialverbrauchs, ferner zur Art der Berechnung der Steuern, soweit diese vom Beschluß über die Gewinnverwendung abhängen (§ 278 Satz 1 HGB).

In Betracht kommen aber auch Angaben über die gewählte **Form der GuV**   **527** (Gesamtkosten- oder UKV, § 275 Abs. 2 und 3 HGB). Die Besonderheiten des UKV können im Hinblick auf § 264 Abs. 2 HGB Angaben zu den angewandten Bilanzierungsmethoden nach § 284 Abs. 2 Nr. 1 HGB bedingen; diese Angaben sollen zwecks Verständlichkeit der GuV erkennen lassen, wie die wichtigsten Ausweiswahlrechte ausgeübt worden sind[565].

---

564 Vgl. dazu zB *HuRB* S. 155 ff.
565 Vgl. St/SABI 1/1987, Abschn. IV. Nr. 2.

b) Angabe der Grundlagen für die Umrechnung in Deutsche Mark (§ 284 Abs. 2 Nr. 2 HGB)

528   Angaben nach § 284 Abs. 2 Nr. 2 HGB können nicht nur für Posten der Bilanz in Betracht kommen, sondern auch für Posten der GuV. Wird bei Exportgeschäften nicht in DM, sondern in anderen Währungen fakturiert oder werden Roh-, Hilfs- und Betriebsstoffe importiert und mit Valuta bezahlt, so enthält die GuV Posten, die ursprünglich auf fremde Währung lauteten. Im allgemeinen wird der Angabepflicht damit Genüge getan sein, daß die **Grundsätze**, nach denen Währungsumrechnungen behandelt werden, angegeben werden. Vgl. im einzelnen Tz. 463 f.

c) Angabe der Abweichungen von Bilanzierungs- und Bewertungsmethoden (§ 284 Abs. 2 Nr. 3 HGB)

529   Die Angaben nach § 284 Abs. 2 Nr. 3 HGB betreffen nicht nur die Bilanz, sondern auch die GuV. Hier ist insb. der Einfluß von Abweichungen der Bilanzierungs- und Bewertungsmethoden auf die **Ertragslage** anzugeben. Vgl. im einzelnen Tz. 465 ff.

d) Angabe der Abweichungen beim Aufbau und bei der Gliederung der GuV (§ 265 Abs. 1 Satz 2 HGB)

530   Wird zB das Verfahren, nach welchem die GuV aufgestellt wird (GKV oder UKV), **geändert**, so ist hierauf unter Angabe der Gründe einzugehen. Im übrigen vgl. Tz. 472 ff.

e) Angaben zu nicht vergleichbaren oder angepaßten Vorjahresbeträgen (§ 265 Abs. 2 Satz 2 und 3 HGB)

531   Angaben werden vornehmlich in Betracht kommen, wenn vom GKV auf das UKV übergegangen wird oder umgekehrt. Wünschenswert ist in diesem Fall die Anpassung der VJ-Beträge (§ 265 Abs. 2 Satz 3 HGB). Dies setzt voraus, daß die VJ-GuV nach dem neu gewählten Verfahren neu aufgestellt wird. Ist das nicht durchführbar, so ist auch die Beifügung von Vergleichszahlen nicht möglich. Hierauf sollte in einer Fußnote zur GuV hingewiesen und gleichzeitig darauf verwiesen werden, daß die VJ-GuV in den Anhang aufgenommen wurde. Damit dürfte der Intention des Gesetzes entsprochen sein. Im übrigen vgl. Tz. 475 ff.

f) Angaben zur Gliederung nach verschiedenen Gliederungsvorschriften (§ 265 Abs. 4 Satz 2 HGB)

532   Vgl. Tz. 478.

g) Angabe der Posten, die im Hinblick auf § 265 Abs. 7 Nr. 2 HGB in der GuV zusammengefaßt sind

533   Werden Posten der GuV zulässigerweise zusammengefaßt (Wahlrecht), damit „dadurch die Klarheit der Darstellung vergrößert wird" (§ 265 Abs. 7 Nr. 2 HGB), so sind die zusammengefaßten Posten im Anhang **gesondert** auszuweisen. Vgl. hierzu Tz. 479 f.

h) Aufgliederung der Umsatzerlöse (§ 285 Nr. 4 HGB)[566]

534 Für kleine und mittelgroße Kapitalgesellschaften (§ 267 Abs. 1 und 2 HGB) ist die Aufgliederung der Umsatzerlöse nicht obligatorisch (§ 288 HGB)[567]. Wegen der Schutzklausel gem. § 286 Abs. 2 HGB für große Kapitalgesellschaften (§ 267 Abs. 3 HGB) vgl. Tz. 636 ff.

535 Große Kapitalgesellschaften müssen ihre Umsatzerlöse nach **Tätigkeitsbereichen** und **geographisch bestimmten Märkten** aufgliedern, soweit sich die Tätigkeitsbereiche und Märkte untereinander erheblich unterscheiden, und zwar unter Berücksichtigung der Organisation des Verkaufs (§ 285 Nr. 4 HGB)[568]. Dabei ist von den Erzeugnissen oder Dienstleistungen auszugehen, die im Rahmen der **gewöhnlichen Geschäftstätigkeit** anfallen, denn nur diese sind unter den Umsatzerlösen[569] auszuweisen (§ 277 Abs. 1 HGB). Erlöse, die zB im Zusammenhang mit Anlageveräußerungen anfallen (sonstige betriebliche Erträge, Posten Nr. 4 bzw. Nr. 6 der GuV-Gliederungsschemata) oder die zu den außerordentlichen Erträgen rechnen (§ 277 Abs. 4 Satz 1 HGB), werden somit von der Aufgliederungspflicht nicht erfaßt.

536 Eine Pflicht zur Aufgliederung besteht, soweit sich die **Tätigkeitsbereiche** untereinander **erheblich unterscheiden**. Soweit die Produkte sich nur durch die Größe oder die Art der Ausführung unterscheiden oder soweit es sich um verwandte Produktgruppen handelt (zB Hörfunkgeräte und Fernsehgeräte; weiße und braune Ware), besteht keine Pflicht zur Aufgliederung. Hat eine Gesellschaft dagegen deutlich voneinander abgegrenzte Bereiche in organisatorischer, sachlicher, funktionaler oder örtlicher Hinsicht (zB: Produktion, Dienstleistung, Handel; Pkw und Lkw; Raumfahrt und Flugzeugfertigung; Metallhandel und Nichtmetallhandel; verschiedene Sparten eines Leasingunternehmens; chemische Produkte und Kohleförderung; Energieaktivitäten und energiefremde Aktivitäten), so sind die Umsatzerlöse in entsprechender Untergliederung im Anhang anzugeben[570]. Die Angabepflicht besteht auch dann, wenn zB aus verschiedenen Produktsparten annähernd gleich hohe Umsatzerlöse erzielt werden[571].

537 Häufig wird die Aufgliederung nach Produktgruppen mit der nach **geographisch bestimmten Märkten** verbunden. Auch für diese sind Angaben nur erforderlich, soweit sich die Märkte untereinander **erheblich unterscheiden** und die Gesellschaft mit nennenswerten Umsätzen auf verschiedenen Märkten präsent ist. Das **Bundesgebiet** kann idR als ein einheitlicher, geographisch bestimmter Markt angesehen werden[572]. Darüber hinaus wird in einfach gelagerten Fällen nach

566 Vgl. dazu *Niethammer*, WPg. 1986 S. 436; *Selchert*, BB 1986 S. 560 ff. Zu den Ergebnissen einer BAnz.-Stichprobe bzgl. dieser Angabepflicht vgl. *Reige*, BB 1989 S. 1648 ff. (1653 ff.) u. BB 1990 S. 664 ff. (666 f.). Zur Segment-Berichterstattung und -Publizität vgl. *Haase*, Segment-Bilanzen, Wiesbaden 1974; *ders.*, BFuP 1979 S. 455 f.; *ders.*, DBW 1986 S. 642 ff.; *Westphal*, DB 1981 S. 1421 ff.; *Baumann* in FS *Goerdeler* (Fn. 424), S. 1 ff.; Internationaler Rechnungslegungsgrundsatz des *IASC* Nr. 14 (IAS 14), FN 1981 S. 226 ff.; zur Praxis großer Kapitalgesellschaften vgl. TREUARBEIT (Fn. 452), Tz. 173 ff.
567 Vgl. für AG aber Fn. 518 zu Tz. 493; entsprechendes gilt für mittelgroße AG.
568 Zur Berücksichtigung der Organisation des Verkaufs vgl. *Forster*, DB 1982 S. 1631 ff.; *HdJ*, Abt. IV/4 (1988) Rn. 166.
569 Der Begriff „Umsatzerlöse" knüpft an den in der GuV verwendeten Terminus an (§ 275 Abs. 2 Nr. 1, Abs. 3 Nr. 1, § 277 Abs. 1 HGB). Vgl. hierzu auch *ADS*, § 285 HGB Tz. 90.
570 Vgl. auch *Selchert*, BB 1986 S. 560 ff.; *ADS*, § 285 HGB Tz. 92.
571 So *ADS*, § 285 HGB Tz. 95; aA *Selchert*, BB 1986 S. 560 ff. (561).
572 Ebenso *ADS*, § 285 HGB Tz. 96; *HdJ*, Abt. IV/4 (1988) Rn. 166; weitergehend *BeBiKo.*, § 285 Anm. 77 (Angabe von regionalen Umsätzen kann nicht generell ausgeschlossen werden). Vgl. auch *HdR*, §§ 284–288 HGB Rn. 176.

Inland und **Ausland** unterschieden werden können. Mit zunehmender Bedeutung des Exportgeschäfts und den daraus resultierenden höheren Risiken werden weitere Aufgliederungen in Betracht kommen, soweit die Bedingungen auf den jeweiligen Märkten erhebliche Unterschiede aufweisen. Solche Märkte können zB sein: Europa, Nordamerika, Südamerika, Afrika, Nahost, Fernost, Australien, Japan, Osteuropa, EG-Länder, europäische Nicht-EG-Länder uä. Die Gliederung ist so zu wählen, daß die für die Gesellschaft jeweils relevanten Märkte sichtbar werden, soweit auf ihnen unterschiedliche Bedingungen bestehen.

538   Beide Unterteilungen – die nach Produktgruppen und die nach geographisch bestimmten Märkten – lassen sich miteinander **kombinieren**, doch wird dem Gesetz bereits entsprochen, wenn die Aufgliederungen je für sich erfolgen[573]. Liegen erhebliche Unterschiede nur in **einem** der beiden Bereiche vor, so beschränkt sich die Pflicht zur Aufgliederung auf diesen Bereich. Der im Gesetz enthaltene Hinweis der Berücksichtigung der **Verkaufsorganisation** deutet auf eine absatz- oder produktorientierte Aufgliederung hin; im einzelnen vgl. *ADS*, § 285 HGB Tz. 93 u. 97 f.

539   Die Umsatzaufgliederung kann sowohl durch Angabe **absoluter Zahlen** als auch durch **Prozentzahlen** erfolgen[574]. Gegen **Auf- und Abrundungen** auf TDM oder Mio. DM bestehen, abhängig von der Höhe der anzugebenden Beträge, keine Bedenken[575]. Oft werden (auf freiwilliger Basis) die DM-Angaben noch um die zugehörigen **Mengenangaben** ergänzt (Stück, Tonnen, MWh. udgl.). Bei der Aufgliederung der Umsatzerlöse ist ferner der **Stetigkeitsgrundsatz** zu beachten, dh. die nach sachgerechten Kriterien erfolgte Aufgliederung darf in den Folgeperioden im Hinblick auf das nach § 264 Abs. 2 Satz 1 HGB zu vermittelnde Bild der Ertragslage nicht ohne vernünftigen Grund geändert werden[576].

540   Für alle Angaben nach § 285 Nr. 4 HGB gilt die **Schutzklausel** (§ 286 Abs. 2 HGB). Danach kann die Aufgliederung des Umsatzes insoweit unterbleiben, als sie nach vernünftiger kaufmännischer Beurteilung geeignet ist, der Gesellschaft oder einem anderen Unternehmen, von dem sie mindestens 20 vH der Anteile besitzt, einen erheblichen Nachteil[577] zuzufügen. Als Nachteil dürften in erster Linie befürchtete Absatzeinbußen in Betracht kommen, ferner Maßnahmen von Konkurrenten, die ohne die Offenlegung nicht erfolgen würden. Zur Berechnung des Anteilsbesitzes vgl. die Bestimmungen in § 285 Nr. 11 zweiter Halbsatz HGB (hierzu Tz. 598 ff.). Auf die Inanspruchnahme der Schutzklausel braucht **nicht** hingewiesen zu werden. Zur Schutzklausel im öffentlichen Interesse (§ 286 Abs. 1 HGB) vgl. Tz. 636 ff.

i) Angabe des Material- und des Personalaufwandes bei Anwendung des Umsatzkostenverfahrens (§ 285 Nr. 8 HGB)[578]

541   Im Fall der Gliederung der GuV nach dem UKV (§ 275 Abs. 3 HGB; vgl. Tz. 391 ff.) sind die Kostenarten als solche nur noch für einige wenige Fälle aus-

---

573 Ebenso *HdJ*, Abt. IV/4 (1988) Rn. 167; *ADS*, § 285 HGB Tz. 100; vgl. auch *Niethammer*, WPg. 1986 S. 436.
574 Vgl. *Forster*, DB 1982 S. 1631 ff.; *ADS*, § 285 HGB Tz. 99.
575 Ebenso *Selchert*, BB 1986 S. 560 ff. (563).
576 Vgl. *ADS*, § 285 HGB Tz. 89; *BeBiKo.*, § 285 Anm. 70; *Selchert*, BB 1986 S. 560 ff. (561 f.).
577 Vgl. dazu *HuRB* S. 141 ff.; *Hoffmann*, BB 1986 S. 1050 ff. (1053 f.).
578 Vgl. dazu St/SABI 1/1987, Abschn. IV.

gewiesen (zB Nr. 11, 12 und 17). Der Materialaufwand und der Personalaufwand des GJ sind nicht mehr erkennbar, da die entsprechenden Aufwendungen in verschiedenen anderen Posten enthalten sein können (zB Nr. 2, 4, 5 und 15). Beide Aufwandsarten sind daher in der Aufgliederung, wie sie für die nach dem GKV (§ 275 Abs. 2 HGB) gegliederte GuV vorgeschrieben ist, im Anhang **betragsmäßig** anzugeben, dh. wie folgt:

§ 285 Nr. 8a HGB: **Materialaufwand**
   a) Aufwendungen für Roh,- Hilfs- und Betriebsstoffe und für bezogene Waren
   b) Aufwendungen für bezogene Leistungen

§ 285 Nr. 8b HGB: **Personalaufwand**
   a) Löhne und Gehälter
   b) soziale Abgaben und Aufwendungen für Altersversorgung und für Unterstützung, davon für Altersversorgung

Die Posten sind betragsmäßig mit denen identisch, die in einer nach dem GKV gegliederten GuV unter den Posten Nr. 5 und 6 auszuweisen wären, dh. die angegebenen Beträge weichen von den Beträgen ab, die in den verschiedenen Posten der nach dem UKV gegliederten GuV verrechnet sind[579]. Die Angabe von **VJ-Beträgen** ist hier zwar nicht vorgeschrieben (vgl. Tz. 11), sollte aber im Hinblick auf eine aussagekräftige Berichterstattung auf freiwilliger Basis erfolgen[580].   **542**

Im Hinblick auf den „davon"-Vermerk kann der **Personalaufwand** auch in dreifacher Untergliederung (Löhne und Gehälter; soziale Abgaben und Aufwendungen für Unterstützung; Aufwendungen für Altersversorgung) aufgeführt werden. Im übrigen vgl. Tz. 303 ff.   **543**

Für kleine Kapitalgesellschaften (§ 267 Abs. 1 HGB) ist die Angabe nur hinsichtlich des Personalaufwandes obligatorisch (§ 288 Satz 1 HGB)[581], mittelgroße Kapitalgesellschaften (§ 267 Abs. 2 HGB) können die Angabe des Materialaufwandes bei der Offenlegung weglassen (§ 327 Nr. 2 HGB). Wegen weiterer Angaben im Anhang zum UKV vgl. Tz. 527.   **544**

   j) Angabe über die Beeinflussung des Jahresergebnisses durch die Vornahme oder Beibehaltung steuerrechtlicher Abschreibungen und die Bildung von Sonderposten mit Rücklageanteil sowie Angaben über daraus resultierende künftige Belastungen (§ 285 Nr. 5 HGB)[582]

Die Angaben nach dieser Vorschrift brauchen von kleinen Kapitalgesellschaften (§ 267 Abs. 1 HGB) nicht gemacht zu werden (§ 288 Satz 1 HGB)[583]. Mittelgroße Kapitalgesellschaften (§ 267 Abs. 2 HGB) können die Angaben bei der Offenlegung weglassen (§ 327 Nr. 2 HGB).   **545**

Aufgrund des **Maßgeblichkeitsprinzips** der HB für die StB und seiner Umkehrung (§ 5 Abs. 1 EStG) wird der JA durch die Inanspruchnahme steuerlicher   **546**

---

579 Vgl. hierzu die Begr., BT-Drs. 10/4268 S. 110; St/SABI 1/1987, Abschn. IV. 1 (es handelt sich um den Materialaufwand iSd. GKV); *ADS,* § 285 HGB Tz. 157.
580 So *ADS,* § 285 HGB Tz. 159.
581 Vgl. für AG aber Fn. 518 zu Tz. 493.
582 Vgl. dazu *Haeger,* WPg. 1989 S. 441 ff. u. 608 ff.
583 Vgl. für AG aber Fn. 518 zu Tz. 493.

Erleichterungen beeinflußt. Sinn der Vorschrift des § 285 Nr. 5 HGB ist, diese JA mit Abschlüssen von Unternehmen aus anderen Ländern, in denen die umgekehrte Maßgeblichkeit nicht gilt, vergleichbar zu machen [584].

547 Im Hinblick auf die in § 285 Nr. 5 HGB geforderten Angaben sind die in früheren Jahren und im GJ angefallenen
- steuerrechtlichen Abschreibungen (§ 254 HGB); vgl. E Tz. 308 ff.;
- unterlassenen Zuschreibungen (§ 280 Abs. 2 HGB); vgl. Tz. 37 ff. und 558;
- Einstellungen in Sonderposten mit Rücklageanteil [585] (§ 273 HGB); vgl. Tz. 323

daraufhin zu untersuchen, wie sie sich auf das Jahresergebnis ausgewirkt haben. Im Anhang ist also in geeigneter Weise festzustellen, wie hoch das Jahresergebnis gewesen wäre, wenn die **steuerlich begründeten Bewertungsmaßnahmen** unterblieben wären. Einzubeziehen sind hierbei nur die oben genannten Posten, **nicht** dagegen **Unterschiede** zwischen HB und StB; diese sind ggf. im Rahmen der Steuerabgrenzung (§ 274 HGB) zu erörtern [586].

548 Die Pflicht zur Angabe nach § 285 Nr. 5 HGB besteht für **jeden JA,** wenn die Voraussetzungen vorliegen [587]. Fraglich ist, ob die Angabepflicht auch dann besteht, wenn das Jahresergebnis nur um einen unwesentlichen Betrag erhöht oder gemindert wurde. In diesem Fall dürfte regelmäßig keine „Beeinflussung" vorliegen; diese setzt vielmehr voraus, daß die Beträge nicht unwesentlich sind [588].

549 Ausgangsgröße für die Erläuterung des Ausmaßes der Beeinflussung ist das **Jahresergebnis,** wie es in der GuV ausgewiesen ist (§ 275 Abs. 2 Nr. 20 bzw. Abs. 3 Nr. 19 HGB), und zwar unabhängig davon, ob der JA zu einem positiven, negativen oder genau ausgeglichenen Ergebnis führt [589]. Die Beeinflussung des Jahresergebnisses ist anhand einer **Gesamtbetrachtung** aller Abweichungen zu beurteilen. Hierbei sind nicht nur die im **GJ** vorgenommenen steuerlichen Bewertungsmaßnahmen zu berücksichtigen, sondern auch die sich aus in **VJ** vorgenommenen Maßnahmen ergebenden Folgewirkungen, die auch gegenläufige Effekte entfalten können (zB bei Anwendung steuerrechtlicher Abschreibungsvergünstigungen) [590]. Anzugeben ist stets der „**Nettosaldo**" [591], dh. der Betrag, der sich nach Berücksichtigung aller Plus- und Minusbeträge (einschließlich der Steuerersparnisse und -aufwendungen) ergibt. Der Wortlaut des § 285 Nr. 5 HGB stellt nur auf die **Bildung** von Sonderposten mit Rücklageanteil ab; eine aussagekräftige Darstellung wird jedoch nach hM [592] nur dann erreicht, wenn auch die **Auflösung** der im GJ und in vorangegangenen GJ gebildeten Sonderposten berücksichtigt wird.

---

584 Vgl. Begr. RegE, BT-Drs. 10/317 S. 94 zu § 272 HGB-E.
585 Vgl. dazu auch *Haeger*, DB 1987 S. 445 ff. (448), 493 ff. u. 549 ff.; *ders.*, DB 1989 S. 1145 ff.; *Küting*, BFuP 1988 S. 109 ff. (120 f.); *Weilbach*, BB 1989 S. 1788 ff. (1790); *Tietze*, DB 1990 S. 593 ff.
586 Vgl. Tz. 134 ff. (aktiv) und Tz. 215 ff. (passiv).
587 Vgl. *ADS*, § 285 HGB Tz. 106.
588 Vgl. *ADS*, § 285 HGB Tz. 110; aA *BeBiKo.*, § 285 Anm. 99, der Angaben über die Auswirkungen in jedem Fall fordert.
589 Vgl. *ADS*, § 285 HGB Tz. 107.
590 Vgl. *ADS*, § 285 HGB Tz. 108 u. 114.
591 Ebenso *Russ* (Fn. 424), S. 134.
592 Vgl. *ADS*, § 285 HGB Tz. 118; *BeBiKo.*, § 285 Anm. 87; *Budde/Förschle*, DB 1988 S. 1457 ff. (1464); *Glade*, BiRiLiG, § 285 HGB Tz. 45; *HdJ*, Abt. IV/4 (1988) Rn. 171; inzwischen auch *HdR*, §§ 284–288 HGB Rn. 204.

Die Berechnung wird in vielen Fällen eine eigene und fortlaufende buchhalterische oder statistische **Erfassung** der genannten Aufwendungen und der „Steuerersparnisse" sowie die laufende Ermittlung der andernfalls angefallenen „normalen" Abschreibungen notwendig machen (Vergleichsrechnung). Nur wenn diese Beträge sorgfältig erfaßt sind, wird es möglich sein, das „Ausmaß" abzuschätzen und im Anhang zu nennen, in dem das jeweilige Jahresergebnis durch die vorstehenden Sachverhalte beeinflußt worden ist. Das bereinigte Jahresergebnis stellt dann die Bemessungsgrundlage für die Steuerberechnung dar; welcher **Steuersatz** für diese Berechnung anzuwenden ist, bleibt eine Frage des Einzelfalles[593]. **550**

Soweit in der Zeit **vor der erstmaligen Anwendung des BiRiLiG** steuerrechtliche Abschreibungen vorgenommen, Zuschreibungen unterlassen oder Sonderposten mit Rücklageanteil gebildet wurden, stellt sich die Frage, ob diese Sachverhalte bei den Angaben nach § 285 Nr. 5 HGB mit zu berücksichtigen sind. Die Beibehaltung niedrigerer Wertansätze aufgrund der Übergangsbestimmungen (Art. 24 Abs. 1 und 2 EGHGB) ist als solche nicht berichterstattungspflichtig, da diese Vorschrift in § 285 Nr. 5 HGB nicht aufgeführt ist. In den **Folgejahren** können sich aus den früheren Bewertungsmaßnahmen jedoch durchaus Auswirkungen iSd. Vorschrift ergeben. Da die Übergangsbestimmungen keine erleichternden Bestimmungen enthalten, ist die Frage der Einbeziehung somit dem Grundsatz nach zu bejahen[594]. Im Hinblick auf die im Einzelfall möglicherweise auftretenden Ermittlungsschwierigkeiten und unverhältnismäßige Kosten oder Verzögerungen erscheint es in analoger Anwendung der Bestimmungen in Art. 24 Abs. 6 Satz 1 EGHGB aber vertretbar, Beträge ggf. **grob zu schätzen oder zu vernachlässigen,** zumal genaue betragsmäßige Angaben nicht gefordert sind. Es ist dann allerdings bei den Angaben nach § 285 Abs. 5 HGB auf die nur geschätzte oder ganz unterbliebene Einbeziehung früherer Jahre deutlich hinzuweisen, und es sind die Gründe für diese Handhabung zu nennen. **551**

Zur Angabe des „Ausmaßes" genügt grundsätzlich die **verbale Beschreibung** des sich aus den Steuervergünstigungen ergebenden Effektes. Auch wenn keine exakte Betragsangabe gefordert ist, muß dennoch deutlich werden, **in welchem Umfang** das Jahresergebnis beeinflußt wurde[595]. Die Angabe könnte zB lauten: **552**

„Aufgrund steuerrechtlicher Abschreibungen und des Saldos aus Einstellungen und Auflösungen von Sonderposten mit Rücklageanteil und der daraus resultierenden Beeinflussung unseres Steueraufwandes liegt der ausgewiesene Jahresgewinn um etwa ein Fünftel unter dem Betrag, der sonst auszuweisen gewesen wäre".

Oder:

„Die in früheren Jahren vorgenommenen steuerrechtlichen Abschreibungen wirken sich im vorliegenden Abschluß in erheblich niedrigeren laufenden Abschreibungen aus; dies hat zu einem entsprechend höheren Steueraufwand geführt; der verbleibende Saldo hat das Jahresergebnis fast verdoppelt."

---

593 Vgl. *ADS*, § 285 HGB Tz. 109.
594 Vgl. *ADS*, § 285 HGB Tz. 119 f.; aA *Emmerich*, WPg. 1986 S. 698 ff. (709), der davon ausgeht, daß die Angabepflicht nur die unter der Herrschaft des neuen Rechts getroffenen Maßnahmen erfaßt.
595 Vgl. *ADS*, § 285 HGB Tz. 105; *HdR*, §§ 284–288 HGB Rn. 189; *BeBiKo.*, § 285 Anm. 90; *Biener/ Berneke*, BiRiLiG, Erl. zu § 285 HGB S. 260; aA *Kölner Kom.*, §§ 284–288 HGB, 160 AktG Anm. 88 (prozentuale Angaben werden verlangt, verbale Angaben reichen dagegen nicht aus). Zur Praxis großer Unternehmen vgl. TREUARBEIT (Fn. 452), Tz. 231 ff.

553 Anzugeben ist weiterhin das **Ausmaß erheblicher künftiger Belastungen** aus den genannten Bewertungsmaßnahmen[596]. Mit „Belastungen" können nicht solche künftiger Ergebnisse gemeint sein, da diese durch die Art der in § 285 Nr. 5 HGB angesprochenen Bewertung eher positiv beeinflußt werden[597]. In Betracht kommen dagegen Belastungen finanzieller Art durch aufgeschobene Schulden. Steuerrechtliche Abschreibungen und Einstellungen in Sonderposten mit Rücklageanteil sind idR mit einem sog. tax-credit, dh. einer Steuerverschiebung auf spätere GJ, identisch. Auch wenn dieser Kredit praktisch zinslos und in der Ergebnisrechnung durch den (höheren) handelsrechtlichen Aufwand neutralisiert ist, so besteht doch eine aus dem JA nicht ersichtliche, gegen „stille Reserven" aufgerechnete Schuld; ihre Fälligkeit ist aufgeschoben, und sie ist im übrigen nur zu zahlen, wenn die Auflösung der stillen Reserven zu entsprechenden steuerrechtlichen Gewinnen führt.

554 Für die **Ermittlung der Belastung** ist von den zunächst ersparten Steuern auszugehen. Änderungen des Steuerbelastungssatzes werden nur zu berücksichtigen sein, wenn sie sicher zu erwarten und von einiger Bedeutung sind. Eine **Abzinsung** ist bei längerfristig laufenden tax-credits zulässig. Einzubeziehen in die Rechnung sind auch die aus Vorjahren stammenden Beträge, nachdem sie aktualisiert sind.

555 Eine betragsmäßige Angabe ist auch hier nicht verlangt. Vielmehr soll das „Ausmaß erheblicher künftiger Belastungen" angegeben werden (Grundsatz der Wesentlichkeit)[598]. Was in diesem Kontext **erheblich** ist, kann sich nach verschiedenen Kriterien bestimmen. Der absolute Betrag allein wird nur ausnahmsweise bestimmend sein. Als Bezugsgrößen kommen in Betracht: die eigenen Mittel, die Rückstellungen und Verbindlichkeiten sowie der Umfang der ggf. zur Verfügung stehenden flüssigen Mittel. Das Jahresergebnis selbst wird nicht heranzuziehen sein, da es zum Zeitpunkt der Fälligkeit regelmäßig positiv beeinflußt wird[599].

k) Angabe zu steuerrechtlichen Abschreibungen des Geschäftsjahres (§ 281 Abs. 2 Satz 1 HGB)

556 Die Vorschrift verlangt in erster Linie eine hinreichende Begründung der im GJ **allein nach steuerrechtlichen Vorschriften** vorgenommenen Abschreibungen (§ 254 HGB). Dazu dürfte es genügen, die entsprechenden Vorschriften einzeln anzugeben. Gleichzeitig sind die **Beträge** dieser Abschreibungen aufzuführen, und zwar **getrennt** nach Anlage- und Umlaufvermögen; von der Angabe der Beträge kann nur abgesehen werden, wenn sie sich bereits aus der Bilanz oder der GuV ergeben (§ 281 Abs. 2 Satz 1 HGB). Überdeckt eine steuerrechtliche Abschreibung eine (notwendige) handelsrechtliche Abschreibung, so ist nur der Unterschiedsbetrag angabepflichtig; zur Berechnung ist von jener handelsrechtlichen Abschreibungsmethode auszugehen, die von der Gesellschaft im Rahmen der Angaben zu § 284 Abs. 2 Nr. 1 HGB als angewandte Methode angegeben ist.

557 Sind steuerrechtliche Abschreibungen aufgrund der Bestimmungen in § 281 Abs. 1 HGB in Form der Bildung von **Sonderposten mit Rücklageanteil** vorge-

596 Vgl. dazu *Haeger*, WPg. 1989 S. 608 ff.
597 aA *Kölner Kom.*, §§ 284–288 HGB, 160 AktG Anm. 95.
598 Vgl. Fn. 441 zu Tz. 420.
599 Ebenso *ADS*, § 285 HGB Tz. 127; aA *HdR*, §§ 284–288 HGB Rn. 209.

nommen worden, so sind die Einstellungen entsprechend den jeweiligen steuerrechtlichen Vorschriften auf Anlage- und Umlaufvermögen aufzuteilen.

l) Angaben zum Betrag der aus steuerrechtlichen Gründen unterlassenen Zuschreibungen (§ 280 Abs. 3 HGB) [600]

Nach § 280 Abs. 2 HGB können an sich erforderliche Zuschreibungen (aufgrund des Wertaufholungsgebots) unter den dort genannten Voraussetzungen unterbleiben (vgl. Tz. 37 ff.). In diesem Fall ist der Betrag der unterlassenen Zuschreibungen im Anhang anzugeben und hinreichend zu begründen (§ 280 Abs. 3 HGB). Die **Betragsangabe** kann alle aus steuerrechtlichen Gründen unterlassenen Zuschreibungen des GJ umfassen; es ist weder eine Aufteilung nach Anlage- und Umlaufvermögen noch nach den einzelnen Bilanzposten notwendig. Maßgebend für die Angabepflicht ist die Ausübung des Beibehaltungswahlrechts für das **im GJ neu entstandene** Zuschreibungspotential und nicht der Umfang der im GJ insgesamt möglichen Zuschreibungen [601]. Zur **Begründung** dürfte es ausreichen, die steuerrechtlichen Vorschriften anzugeben, auf denen die Beibehaltung der niedrigeren Wertansätze beruht.

558

m) Angaben darüber, wie die Ertragsteuern das ordentliche und das außerordentliche Ergebnis belasten (§ 285 Nr. 6 HGB) [602]

Das Gliederungsschema für die GuV enthält sowohl für das GKV als auch für das Umsatzkostenverfahren (§ 275 Abs. 2 und 3 HGB) die Posten **„Ergebnis der gewöhnlichen Geschäftstätigkeit"** (Nr. 14 bzw. 13) und **„Außerordentliches Ergebnis"** (Nr. 17 bzw. 16). Die in § 285 Nr. 6 HGB verlangten Angaben beziehen sich auf diese beiden Posten; sie haben demnach auch nur dann zu erfolgen, wenn einerseits in der GuV ein außerordentliches Ergebnis ausgewiesen wird und andererseits ein Ertragsteueraufwand entstanden ist [603].

559

Anzugeben ist der „Umfang", mit dem die Steuern vom Einkommen und Ertrag (Posten Nr. 18 bzw. 17) die bezeichneten Ergebnisse belasten. Es sind somit keine genauen Betragsangaben erforderlich, wohl aber größenordnungsmäßige Angaben; diese können auch **verbal** gegeben werden [604] (zB: „Der ausgewiesene Steueraufwand entfällt mit knapp einem Fünftel auf das ao. Ergebnis") [605]. Zu den Ertragsteuern gehören die KSt, die KapErtrSt und die GewESt (vgl. Tz. 357). Eine Differenzierung des Steueraufwands nach Steuerarten ist nicht erforderlich [606].

560

Hat das (negative) ao. Ergebnis zu einer **Minderung des Steueraufwandes** geführt, dh. ist das ao. Ergebnis nicht mit Ertragsteuern belastet, so ist zum Ausdruck zu

561

600 Vgl. dazu *Haeger*, BB 1989 S. 386 ff.; vgl. ferner *Fluri*, BB 1988 S. 1146 ff.; *Mayer-Wegelin*, DB 1988. S. 509 ff.; *Küting*. DStR 1989 S. 227 ff.; *Haeger*, DB 1990 S. 541 ff.; *Müller-Dott*, BB 1990 S. 2075 ff.
601 Vgl. *ADS*, § 280 HGB Tz. 78; *Glade*, BiRiLiG, § 280 HGB Tz. 28; *HdJ*, Abt. IV/4 (1988) Rn. 151; *HdR*, § 280 HGB Rn. 85; *Haeger*, BB 1989 S. 386 ff. (387 f.); aA *BeBiKo.*, § 280 Anm. 34.
602 Vgl. dazu *Harms/Küting*, BB 1983 S. 1257 ff.
603 Vgl. *ADS*, § 285 HGB Tz. 140; teilw. aA *BeBiKo.*, § 285 Anm. 120.
604 Vgl. auch *ADS*, § 285 HGB Tz. 132 f.; *BeBiKo.*, § 285 Anm. 134; *Biener/Berneke*, BiRiLiG, Erl. 4 zu § 285 HGB S. 260; *HdR*, § 284–288 HGB Rn. 223; strenger *BoHdR*, § 285 HGB Rn. 98 (verbale Erläuterung reicht idR nicht aus).
605 Nach *Russ* (Fn. 424), S. 189, wird dieser Angabepflicht keine große Bedeutung zukommen, da das ao. Ergebnis idR nur einen Bruchteil des ordentlichen Ergebnisses ausmacht.
606 Vgl. *ADS*, § 285 HGB Tz. 134.

bringen, daß der ausgewiesene Steueraufwand nur das Ergebnis der gewöhnlichen Geschäftstätigkeit belastet. Angaben darüber, in welchem Umfang ein negatives ao. Ergebnis die Steuern auf das Ergebnis der gewöhnlichen Geschäftstätigkeit **entlastet** hat, dh. wie hoch die „Steuerersparnis" aufgrund des negativen außerordentlichen Ergebnisses ist, fordert das Gesetz nicht[607]. Gleiches gilt für den umgekehrten Fall. Wegen Problemen bei Verlustrücktrag, Verlustvortrag sowie Gewinn- oder Teilgewinnabführungsverträgen vgl. *ADS*, § 285 HGB Tz. 140 ff.

n) Angaben zu außerordentlichen und zu periodenfremden Erträgen und Aufwendungen (§ 277 Abs. 4 Satz 2 und 3 HGB)

562   Die Vorschrift bezieht sich auf die im Gliederungsschema der GuV (§ 275 Abs. 2 und 3 HGB) unter den Posten Abs. 2 Nr. 15 und 16 (GKV) oder Abs. 3 Nr. 14 und 15 (UKV) ausgewiesenen **außerordentlichen** Erträge und Aufwendungen (§ 277 Abs. 4 Satz 2 HGB)[608] sowie auf solche in anderen Posten der GuV enthaltenen Erträge und Aufwendungen, die einem anderen GJ zuzurechnen, dh. **periodenfremd** sind (§ 277 Abs. 4 Satz 3 HGB). Eine Erläuterungspflicht besteht nur, soweit die jeweiligen Erträge und Aufwendungen, je für sich betrachtet, für die Beurteilung der Ertragslage „nicht von untergeordneter Bedeutung sind".

563   Als **periodenfremde** Erträge und Aufwendungen können zB in Betracht kommen:
  – Eingänge auf in VJ abgeschriebene Forderungen;
  – Zuschreibungen im Anlage- und im Umlaufvermögen, soweit damit eine ursprünglich zu hoch angenommene Abschreibung korrigiert wird (Zuschreibungen, die aufgrund von im GJ eingetretenen Wertsteigerungen notwendig werden, sind nicht periodenfremd);
  – Kostenerstattungen sowie Rückvergütungen und Gutschriften für frühere GJ;
  – Steuererstattungen aufgrund eines Verlustrücktrages (§ 10d EStG) oder aus anderen Gründen;
  – Steuernachzahlungen für Vorjahre, die nicht durch Rückstellungen gedeckt waren;
  – außerplanmäßige Abschreibungen, mit denen in früheren Jahren eingetretenen, aber nicht erkannten Verlusten und Risiken Rechnung getragen wird;
  – Nachzahlungen an Mitarbeiter für VJ.

Ein Teil der aufgeführten Erträge und Aufwendungen kann schon wegen Einbeziehung in die außerordentlichen Posten erläuterungspflichtig sein.

564   Die für eine Erläuterung in Betracht kommenden Erträge und Aufwendungen sind „hinsichtlich ihres Betrages und ihrer Art" zu erläutern, dh. es sind Angaben über die **Höhe** (abgerundet) und den **Charakter** des Postens zu machen. Da nur solche Posten zu erläutern sind, die für die Beurteilung der Ertragslage von einiger Bedeutung sind, wird sich die Aufzählung auf wesentliche Posten beschränken können. Es muß jeweils erkennbar sein, ob es sich um Erträge oder Aufwendungen handelt und ob die Posten Teil der außerordentlichen Posten sind oder in der GuV als lediglich periodenfremde behandelt wurden, dh. unter anderen Posten als den ao. ausgewiesen sind.

---

607 Ebenso *ADS*, § 285 HGB Tz. 139; aA *BoHdR*, § 285 HGB Rn. 97.
608 Zum Begriff des Außerordentlichen vgl. ua. *Heuser/Seitz*, GmbHR 1979 S. 152 ff.; *HuRB* S. 68 ff.; *Leffson*, WPg. 1986 S. 433 ff. Im übrigen vgl. Tz. 266 ff.

o) Angaben, die alternativ in der GuV oder im Anhang gemacht werden können

In folgenden Fällen können Angaben **wahlweise** in der GuV oder im Anhang gemacht werden:

- § 277 Abs. 3 Satz 1 HGB: Außerplanmäßige Abschreibungen auf Posten des Anlagevermögens iSv. § 253 Abs. 2 Satz 3 HGB und auf Posten des Umlaufvermögens iSv. § 253 Abs. 3 Satz 3 HGB (vgl. E Tz. 265 f. u. Tz. 294 ff.); es genügt, die Posten im Anhang als solche aufzuführen und die darauf entfallenden Beträge, getrennt nach Anlage- und Umlaufvermögen ("jeweils gesondert") anzugeben;
- § 281 Abs. 2 Satz 1 HGB: Betrag der allein nach steuerrechtlichen Vorschriften vorgenommenen Abschreibungen, getrennt nach Anlage- und Umlaufvermögen; vgl. Tz. 316 u. Tz. 556 ff.;
- § 281 Abs. 2 Satz 2 HGB: Erträge aus der Auflösung von Sonderposten mit Rücklageanteil und Einstellungen in solche Posten, soweit nicht gesondert unter den sonstigen betrieblichen Erträgen oder sonstigen betrieblichen Aufwendungen ausgewiesen; vgl. Tz. 294 f. u. 323.

565

Für **AG** und **KGaA** besteht darüber hinaus folgende alternative Angabeverpflichtung:

- § 158 Abs. 1 Satz 2 AktG: Angaben über einen Ergebnisvortrag aus dem Vorjahr, die Entnahmen aus der Kapitalrücklage, die Entnahmen aus und Einstellungen in Gewinnrücklagen sowie den sich danach ergebenden Bilanzgewinn / Bilanzverlust; vgl. Tz. 375 f.

566

p) Sonstige Angaben zu Einzelposten der GuV

Vgl. Tz. 521.

567

q) Angaben, die nur von AG und KGaA zu machen sind (§ 240 Satz 3 AktG)

Die im Rahmen einer vereinfachten Kapitalherabsetzung oder aus der Auflösung von Gewinnrücklagen gewonnenen Beträge (vgl. Tz. 377 ff.) sind nach § 240 Satz 3 AktG im Anhang dahingehend zu erläutern, ob und in welcher Höhe sie

1. zum Ausgleich von Wertminderungen (Abschreibungen),
2. zur Deckung von sonstigen Verlusten oder
3. zur Einstellung in die Kapitalrücklage

verwandt worden sind.

568

7. Angaben zu bestimmten anderen Sachverhalten

§ 285 HGB verlangt außer Angaben zur Bilanz und GuV auch Angaben zu bestimmten anderen Sachverhalten. Sie sind im folgenden aufgeführt.

569

a) Angaben zur Zahl der beschäftigten Arbeitnehmer (§ 285 Nr. 7 HGB) [609]

570   Die Vorschrift verpflichtet nur mittelgroße und große Kapitalgesellschaften (§ 267 Abs. 2 und 3 HGB); für kleine Kapitalgesellschaften (§ 267 Abs. 1 HGB) ist sie nicht obligatorisch (§ 288 Satz 1 HGB) [610].

571   Verlangt wird die Angabe der **durchschnittlichen Zahl** der während des GJ beschäftigten Arbeitnehmer, getrennt nach Gruppen. Nähere Angaben dazu, wie die durchschnittliche Zahl der Arbeitnehmer zu berechnen ist, gibt das Gesetz nicht. Es liegt nahe, nicht auf den Berechnungsmodus zurückzugreifen, wie er in § 1 Abs. 2 Satz 5 PublG beschrieben ist, sondern auf den in § 267 Abs. 5 HGB bestimmten (vgl. dazu auch Tz. 28): Summe der am Ende eines jeden Quartals beschäftigten Arbeitnehmer geteilt durch vier [611]. Entspricht die so ermittelte Durchschnittszahl nicht den **tatsächlichen Verhältnissen** der Gesellschaft (zB bei stark schwankendem Personalstand aufgrund von Saisongeschäft), so kommen ergänzende Angaben nach § 264 Abs. 2 Satz 2 HGB in Betracht [612].

572   Zu erfassen sind **alle** Arbeitnehmer der Gesellschaft, gleichgültig, ob sie im In- oder Ausland tätig sind, mit Ausnahme [613] der zu ihrer Berufsausbildung Beschäftigten (§ 267 Abs. 5 HGB). Mitglieder des Vorstands/der Geschäftsführung rechnen nicht zu den Arbeitnehmern iSd. Vorschrift; leitende Angestellte iSv. § 5 Abs. 3 BetrVG zählen dagegen dazu [614]. Ebenso Teilzeitkräfte, die voll zu zählen sind [615]; bei einer größeren Anzahl teilzeitbeschäftigter Personen sollte hierauf hingewiesen werden. Nicht einzubeziehen sind Personen, die der Gesellschaft von anderen Unternehmen zeitweilig zur Verfügung gestellt werden; bei Arbeitnehmerüberlassung in größerem Umfang können zusätzliche Angaben gem. § 264 Abs. 2 Satz 2 HGB geboten sein [616].

573   Die Abgrenzung der **Gruppen** ist im Gesetz nicht ausdrücklich geregelt. In Frage kommen dürfte in erster Linie eine Gliederung nach gewerblichen Arbeitnehmern und Angestellten. Auch weitere Untergliederungen (zB nach Funktionsbereichen, Produktion, Vertrieb, Verwaltung, Forschung und Entwicklung; nach Branchen bzw. Sparten; nach Berufsgruppen; nach Betriebsstätten bzw. Werken; Inland – Ausland; tariflich – außertariflich; Facharbeiter – angelernte Arbeiter – ungelernte Arbeiter; Vollbeschäftigte – Teilzeitbeschäftigte; männlich – weiblich) können je nach Einzelfall – auch in **Kombination** untereinander – in Betracht kommen [617].

---

609 Vgl. dazu *Lehwald*, BB 1981 S. 2107 ff.; *BHdR*, B 432 mwN; *Geitzhaus/Delp*, BB 1987 S. 367 ff.; ferner *Russ* (Fn. 424), S. 225 ff.
610 Vgl. für AG aber Fn. 518 zu Tz. 493.
611 Ebenso *ADS*, § 285 HGB Tz. 147; weitergehend *BeBiKo.*, § 285 Anm. 142, und *HdR*, §§ 284–288 HGB Rn. 225, die als weitere Methode auch die Summe der Monatszahlen und die Teilung durch 12 gem. § 1 Abs. 2 Satz 5 PublG für zulässig halten. Zur Ermittlung der durchschnittlichen Zahl der Arbeitnehmer vgl. auch die Übersicht bei *Gross/Schruff* (Fn. 513), S. 224.
612 So *ADS*, § 285 HGB Tz. 148.
613 So auch Begr., BT-Drs. 10/4268 S. 110. Vgl. ferner *ADS*, § 285 HGB Tz. 149; *HdR*, §§ 284–288 HGB Rn. 224; *BeBiKo.*, § 285 HGB Anm. 144; aA *Biener/Berneke*, BiRiLiG, Erl. 5 zu § 285 HGB S. 261; *BoHdR*, § 285 HGB Rn. 103.
614 Ebenso *ADS*, § 285 HGB Tz. 151; *BoHdR*, § 285 HGB Rn. 102; *Biener/Berneke*, BiRiLiG, Erl. 5 zu § 285 HGB S. 261.
615 Ebenso *ADS*, § 285 HGB Tz. 151; aA *HdR*, §§ 284–288 HGB Rn. 226 f. (für eine der Arbeitnehmerleistung entsprechende anteilige Berücksichtigung); *BHdR*, B 432 Rz. 22 (für eine Umrechnung auf Vollzeitbeschäftigte).
616 Vgl. *ADS*, § 285 HGB Tz. 152; *HdR*, §§ 284–288 HGB Rn. 229.
617 Vgl. auch *ADS*, § 285 HGB Tz. 153; *Biener/Berneke*, BiRiLiG, Erl. 5 zu § 285 HGB S. 261; enger

b) Angaben zu den Bezügen von Vorstand/Geschäftsführung, Aufsichtsrat und Beirat (§ 285 Nr. 9a HGB) [618]

Die Vorschrift verpflichtet nur mittelgroße und große Kapitalgesellschaften 574 (§ 267 Abs. 2 und 3 HGB). Für kleine Kapitalgesellschaften (§ 267 Abs. 1 HGB) ist sie nicht obligatorisch (§ 288 Satz 1 HGB) [619].

Anzugeben sind nach § 285 Nr. 9a HGB, jeweils **getrennt,** die Gesamtbezüge von 575 Vorstand/Geschäftsführung, AR, eines Beirats oder einer ähnlichen Einrichtung (zB eines Gesellschafterausschusses; zur Abgrenzung der Personengruppen vgl. *ADS*, § 285 HGB Tz. 164 ff.). Dabei sind nur solche Bezüge zu erfassen, die ein Mitglied eines der genannten Organe oder Gremien in seiner Eigenschaft als Mitglied des Organs oder Gremiums erhält, und zwar während bzw. für die Zeit der Zugehörigkeit zu dem Organ oder Gremium [620]. Die **Gesamtbezüge** umfassen Gehälter, Gewinnbeteiligungen, Aufwandsentschädigungen, Versicherungsentgelte, Provisionen und Nebenleistungen jeder Art. Wegen Erfindervergütungen vgl. *ADS*, § 285 HGB Tz. 181.

Nicht angabepflichtig sind nur solche Beträge, die in keinem Zusammenhang mit 576 der Eigenschaft des Empfängers als Vorstand, Geschäftsführer, AR usw. stehen, zB Kaufpreiszahlungen, Darlehen, Miete, soweit sie nicht verdecktes Entgelt sind. Bezüge des AR, die für klar außerhalb der eigentlichen Aufsichtsratstätigkeit liegende Dienste gezahlt werden (zB für Rechtsgutachten, technische Beratung), sind nicht angabepflichtig [621]. Zu beachten ist bei AG jedoch § 114 AktG, wonach solche Verträge der Zustimmung des AR bedürfen. Bei Mitgliedern des Vorstands/der Geschäftsführung werden regelmäßig kraft Dienstvertrag alle Leistungen im Rahmen der Vorstands-/Geschäftsführungstätigkeit liegen.

Zu den **Gesamtbezügen der Mitglieder des Vorstands/der Geschäftsführung** gehö- 577 ren neben vertraglich festgelegten Gehältern und Gewinnbeteiligungen freiwillig gewährte Zahlungen wie Tantiemen oder Gewinnbeteiligungen für einzelne Geschäfte [622], Sondervergütungen (zB Einräumung von Bezugsrechten, Konsortialbeteiligungen, Options- oder Verkaufsrechten), Ersparnisse aufgrund zinslos gewährter Kredite [623], Verkauf von Vermögenswerten der Gesellschaft unter Zeitwert. Hierunter fallen ferner Beträge, die die Gesellschaft für auf den Namen im Dienst befindlicher Mitglieder des Vorstands/der Geschäftsführung lautende Lebens- und Pensionsversicherungen zahlt, sofern dem Mitglied nach den vertraglichen Abmachungen mit der Gesellschaft der Anspruch aus dem Versicherungsvertrag zusteht. **Nicht** zu den Bezügen rechnen dagegen Prämien, die die Gesellschaft zur Deckung ihrer Pensionsverpflichtungen für auf ihren Namen lautende Versicherungsverträge zahlt, oder Zuweisungen an Pensionsrückstellungen für noch im Amt befindliche Mitglieder des Vorstands/der Geschäftsführung; ein Hinweis auf das Bestehen von Pensionsberechtigungen

---

Kölner Kom., §§ 284–288 HGB, 160 AktG Anm. 103 (für Gruppenunterteilung, die Rückschlüsse auf Personalpolitik und Zusammensetzung der Personalaufwendungen ermöglicht).

618 Vgl. dazu *Russ* (Fn. 424), S. 222 ff.; *BHdR*, B 433.
619 Vgl. für AG aber Fn. 518 zu Tz. 493. Nach der Mittelstandsrichtlinie (Fn. 425) soll diese Angabepflicht künftig ganz entfallen, wenn sich anhand dieser Angaben der Status eines bestimmten Mitgliedes dieser Organe feststellen läßt.
620 Vgl. *ADS*, § 285 HGB Tz. 171.
621 Vgl. *ADS*, § 285 HGB Tz. 179, aA *Mellerowicz* in Großkom., § 160 AktG 1965 Anm. 37.
622 Vgl. *ADS*, § 285 HGB Tz. 180; *Mellerowicz* in Großkom., § 160 AktG 1965 Anm. 37.
623 Vgl. *ADS*, § 285 HGB Tz. 187; zum Bezugscharakter des Zinsvorteils auch *Risse*, BB 1969 S. 419.

ist dann angebracht, wenn nach Lage der Dinge nicht mit einer Pensionszusage durch das Unternehmen zu rechnen ist (wegen der insoweit anderen Regelung für frühere Mitglieder des Vorstands/der Geschäftsführung vgl. Tz. 586 ff.). Werden Bezüge, auf die Rechtsansprüche bestehen, nicht gezahlt, sondern zur Aufstockung bestehender oder Gewährung neuer Pensionsansprüche jeder Art verwandt, so ist insoweit Berichtspflicht gegeben (gleichwohl fallen die entsprechenden Pensionszahlungen später unter die Angabepflicht nach § 285 Nr. 9b HGB). Die Berichtspflicht gilt für alle Umwandlungen nicht ausgezahlter Bezüge (§ 285 Nr. 9a Satz 2 HGB).

578   Soweit für Mitglieder des Vorstands/der Geschäftsführung gesetzliche **Arbeitgeberanteile zur Sozialversicherung** entrichtet werden, gehören diese Zahlungen nicht zu den angabepflichtigen Bezügen; gleiches gilt in gewissem Umfang auch für Zahlungen für sog. befreiende Lebensversicherungen (vgl. St/HFA 1/1969). Prämien für Unfallversicherungen sind dann nicht den angabepflichtigen Bezügen zuzurechnen, wenn Begünstigte der Versicherungsverträge nicht die Mitglieder des Vorstands/der Geschäftsführung sind, sondern die Versicherungssumme zunächst der Gesellschaft zusteht.

579   Außer den angeführten Leistungen rechnen zu den angabepflichtigen Bezügen auch Jubiläumszuwendungen, übermäßige Reisespesen (wenn die liquidierten Beträge sich nicht im Rahmen des Angemessenen halten), ferner **Naturalbezüge** durch Zurverfügungstellung einer Wohnung, von Personal, Kraftwagen, Strom, Kohle uä. Lieferungen. Beim Fehlen anderer Anhaltspunkte ist bei den Naturalbezügen der als einkommensteuerpflichtig (lohnsteuerpflichtig) behandelte Betrag anzugeben [624]. Naturalleistungen, welche die gewöhnlichen Lebensführungsaufwendungen des Empfängers übersteigen (zB Dienstwohnung zu ausgesprochen repräsentativen Zwecken), sind nur insoweit angabepflichtig, wie sie zu Ersparnissen beim Empfänger führen.

580   Anzugeben sind die Bezüge **für** das GJ **zuzüglich** der im GJ gewährten Bezüge, die bisher in keinem Anhang ausgewiesen worden sind (§ 285 Nr. 9a Satz 3 HGB). Grundsätzlich sind also die Tantiemen für das Berichtsjahr schon im Anhang des betreffenden Geschäftsjahres anzugeben. Beschließt die HV/Gesellschafterversammlung eine vom Vorschlag des Vorstands/der Geschäftsführung abweichende Gewinnverteilung, muß die Korrektur der Tantieme im nächsten Anhang erfolgen. Eine gesonderte Angabe des Differenzbetrages ist nicht erforderlich [625].

581   Werden der Gesellschaft die Bezüge ganz oder zT von **Dritten** erstattet, so berührt dies die Angabepflicht nicht. Bezüge des Vorstands/der Geschäftsführung, die nicht von der Gesellschaft, sondern von **verbundenen Unternehmen** mit Sitz im In- oder Ausland für die Tätigkeit für die berichtende Gesellschaft oder für eine Tätigkeit als gesetzlicher Vertreter oder Angestellter des verbundenen Unternehmens gewährt werden, sind nicht angabepflichtig. Vgl. hierzu, auch wegen weiterer Fallgestaltungen, *ADS*, § 285 HGB Tz. 176.

---

624 Vgl. *ADS*, § 285 HGB Tz. 180; *Kropff* in AktG-Kom., § 160 AktG 1965 Anm. 90, empfiehlt Schätzung, wobei „Vorteile von geringem Wert nicht kleinlich nachzurechnen (sind)".
625 Ebenso *ADS*., § 285 HGB Tz. 189; aA *Mellerowicz* in Großkom., § 160 AktG 1965 Anm. 38, u. *Kropff* in AktG-Kom., § 160 AktG 1965 Anm. 93.

Bezüge eines in den Vorstand/die Geschäftsführung **delegierten AR-Mitgliedes**   582
(§ 105 Abs. 2 AktG) sind als Vorstandsbezüge auszuweisen.

Weiterhin sind die **Gesamtbezüge des AR,** eines **Beirats** oder einer **ähnlichen Ein-**   583
richtung gesondert für jedes Gremium aufzuführen. Der Umfang der Berichtspflicht für die Gesamtbezüge des AR deckt sich mit derjenigen für den Vor-
stand/die Geschäftsführung, so daß insoweit die vorstehenden Ausführungen
sinngemäß gelten. Die den AR-Mitgliedern erstattete **USt** ist als durchlaufender
Posten zu behandeln und rechnet daher nicht zu den angabepflichtigen Bezügen
nach § 285 Nr. 9a HGB; dies gilt auch dann, wenn die Gesellschaft die Vorsteuer nicht absetzen kann (vgl. St/HFA 1/1985). Wegen Ersatzmitgliedern oder
Ehrenmitgliedern des AR vgl. *ADS*, § 285 HGB Tz. 172 f.

Die Bezüge müssen in vollem Umfang **zahlenmäßig** dargestellt werden. Werden   584
nur Teile der Bezüge beziffert und zusätzliche Darlegungen gemacht, aus denen
die Gesamtbezüge des einzelnen Organs errechnet werden können, so genügt
das nicht.

c) Angaben zu den Bezügen früherer Mitglieder von Vorstand/Geschäftsführung, Aufsichtsrat und Beirat sowie zu Pensionsverpflichtungen für diesen Personenkreis (§ 285 Nr. 9b HGB)

Die Vorschrift verpflichtet nur mittelgroße und große Kapitalgesellschaften   585
(§ 267 Abs. 2 und 3 HGB). Für kleine Kapitalgesellschaften (§ 267 Abs. 1 HGB)
ist sie nicht obligatorisch (§ 288 Satz 1 HGB)[626].

Anzugeben sind nach § 285 Nr. 9b HGB Abfindungen, Ruhegehälter, Hinter-   586
bliebenenbezüge und Leistungen verwandter Art. Werden solche Versorgungsleistungen von selbständigen Pensionskassen oder VU erbracht, besteht dann
keine Angabepflicht, wenn der Zahlungsempfänger unmittelbar berechtigt ist[627].
Hinsichtlich des Personenkreises umfaßt die Angabepflicht neben den früheren
Mitgliedern des Vorstands/der Geschäftsführung auch die früheren Mitglieder
eines AR, Beirats oder einer ähnlichen Einrichtung und deren Hinterbliebene.
Zur Angabepflicht im Falle der Übernahme eines Betriebes (zB durch Umwandlung) vgl. *ADS*, § 285 HGB Tz. 192.

Aus der Verweisung in § 285 Nr. 9b Satz 2 HGB auf Nr. 9a Satz 2 und 3 ergibt   587
sich, daß Bezüge, die nicht ausgezahlt, sondern in Ansprüche anderer Art **umge-**
wandelt oder zur Erhöhung anderer Ansprüche verwendet werden, ebenfalls
angabepflichtig sind; das gleiche gilt für weitere (andere GJ betreffende)
Bezüge, die im GJ gewährt wurden, bisher aber in **keinem JA angegeben** wurden.

Ferner ist anzugeben der Betrag der **Rückstellungen für laufende Pensionen und**   588
Anwartschaften, die für frühere Mitglieder der genannten Personengruppen
gebildet oder nach Art. 28 Abs. 2 EGHGB anzugeben sind. Die Angaben haben
jeweils **gesondert** für den Vorstand/die Geschäftsführung, einen AR, einen Beirat oder eine ähnliche Einrichtung zu erfolgen[628].

---

626 Vgl. für AG aber Fn. 518 zu Tz. 493. Nach der Mittelstandsrichtlinie (Fn. 425) soll die Angabepflicht künftig ganz entfallen, wenn sich anhand dieser Angaben der Status eines bestimmten Mitgliedes dieser Organe feststellen läßt.
627 So *ADS*, § 285 HGB Tz. 191.
628 Ebenso *ADS*, § 285 HGB Tz. 190, und *BeBiKo.*, § 285 Anm. 185; aA *HdR*, §§ 284–288 HGB
Rn. 255; *BHdR*, B 433 Rn. 32 (Zusammenfassung zulässig).

d) Angaben zu Vorschüssen, Krediten, Haftungsverhältnissen, die zugunsten von Mitgliedern von Vorstand/Geschäftsführung, Aufsichtsrat und Beirat gewährt wurden (§ 285 Nr. 9c HGB)

589 Die Vorschrift ist von allen Kapitalgesellschaften zu beachten; kleine Kapitalgesellschaften (§ 267 Abs. 1 HGB) sind anders als in den Fällen der Buchst. a und b von der Beachtung der Vorschrift **nicht** freigestellt.

590 Anzugeben sind – auch hier jeweils **getrennt** für Vorstand/Geschäftsführung, AR, Beirat und ähnliche Einrichtungen – die an die Mitglieder dieser Institutionen gewährten **Vorschüsse und Kredite.** Wie aus der zusätzlichen Bestimmung, die im GJ zurückgezahlten Beträge ebenfalls anzugeben, zu folgern ist, sind nicht nur die Salden zum Stichtag des JA mitzuteilen, sondern auch die Veränderungen während des GJ; eingeschlossen in die Angabepflicht sind also auch die **während** des GJ gewährten und zurückgezahlten Vorschüsse und Kredite[629]. Ferner ist es für die Angabepflicht ohne Bedeutung, daß bereits in VJ Angaben gemacht wurden. Kredite, die längere Zeit laufen, sind also in jedem Anhang erneut mit den geforderten Angaben aufzuführen. Es dürfte somit zweckmäßig sein, die Kreditentwicklung nach der Formel „Anfangsbestand + Neugewährungen − Rückzahlungen = Endbestand" darzustellen. Gegenstand der Angabe sind die **Nominalbeträge** der Vorschüsse und Kredite, evtl. vorgenommene Abwertungen bleiben hier unberücksichtigt[630].

591 Als gewährte **Vorschüsse** kommen solche auf spätere Ansprüche wie Tantiemeansprüche, Gehaltsansprüche udgl. in Betracht, nicht dagegen die üblichen Reisekosten- und Auslagenvorschüsse. Zu den **Krediten** gehören alle Arten von Darlehensgewährung, Waren- oder Wechselkredite, Abzahlungs- und Kontokorrentkredite, die der Gesellschaft gegenüber einem Organmitglied zustehen. Auf die Genehmigungspflicht von Krediten (§§ 89, 115 AktG) kommt es nicht an; es sind auch Kredite an Vorstandsmitglieder anzugeben, die ein Monatsgehalt nicht übersteigen. Dagegen besteht keine Angabepflicht für Kredite an Angehörige (Ehegatten, minderjährige Kinder und andere) der Mitglieder der obengenannten Personengruppen, auch nicht für solche an Prokuristen und zum gesamten Geschäftsbetrieb ermächtigte Handlungsbevollmächtigte sowie für Kredite gem. § 89 Abs. 4 AktG, wohl aber für Kredite an Dritte, die für Rechnung der in der Vorschrift genannten Personengruppen handeln.

592 Die Angabepflicht bezieht sich auch auf die vereinbarten **Zinssätze** und **wesentliche andere Bedingungen,** wie zB Laufzeit, Sicherheiten, Rückzahlungsvereinbarungen udgl. Da die Kredite nicht einzeln aufzuführen sind, sondern zusammengefaßt für jede Personengruppe angegeben werden können, dürfte es ggf. ausreichend sein, die typischen Bedingungen aufzuführen und die Spannen für die Zinssätze und Laufzeiten zu nennen (zB: „zwischen 0 und 6 vH und Laufzeiten von sechs Monaten bis 5 Jahre"). Je ungewöhnlicher die Bedingungen sind, desto genauer sind sie zu beschreiben.

593 Sind **Haftungsverhältnisse** zugunsten der Mitglieder von Vorstand/Geschäftsführung, AR, Beirat oder ähnlichen Einrichtungen eingegangen worden (zB Bürgschaften, Gestellung von Sicherheiten, Patronatserklärungen, Pfandher-

---

629 Vgl. *ADS.*, § 285 HGB Tz. 201; *BeBiKo.*, § 285 Anm. 190; *HdR.* §§ 284–288 HGB Rn. 258; *BHdR.* B 433 Rn. 42; *Russ.* (Fn. 424), S. 223.
630 Vgl. *ADS.*, § 285 HGB Tz. 203; *BeBiKo.*, § 285 Anm. 190.

gabe), so sind auch sie anzugeben. Betragsmäßige Angabe ist nicht erforderlich[631].

Das Gesetz spricht unter Buchst. c von „Personen" und nicht wie unter den anderen Buchstaben von **„Personengruppen"**. Gleichwohl ist davon auszugehen, daß die Angaben sich nicht auf die einzelnen Mitglieder der oben genannten Institutionen zu beziehen brauchen, sondern nur auf die jeweilige Personengruppe. Ferner läßt das Gesetz offen, ob sich die Angabepflicht allein auf die tätigen Mitglieder der Organe oder auch auf ehemalige Mitglieder bezieht. Nach der zugrunde liegenden Richtlinienbestimmung dürften jedoch nur die an **tätige** Mitglieder gewährten Kredite uä. anzugeben sein[632]. Kredite an einen **Arbeitnehmervertreter** im AR, die er nicht in seiner Eigenschaft als Mitglied des AR, sondern als Arbeitnehmer erhalten hat, fallen nicht unter die Angabepflicht[633].

594

Fehlanzeigen zu den in Buchst. c geforderten Angaben sind nicht erforderlich (vgl. Tz. 425). Wegen Besonderheiten bei der **KGaA** vgl. *ADS*, § 285 HGB Tz. 209 f.

595

e) Angabe der Mitglieder von Vorstand/Geschäftsführung und Aufsichtsrat (§ 285 Nr. 10 HGB)[634]

Anzugeben sind alle Mitglieder des Vorstands/der Geschäftsführung und eines AR, auch wenn sie im GJ oder später ausgeschieden sind, mit Familiennamen und mindestens einem ausgeschriebenen Vornamen. Nach Ablauf des GJ berufene Organmitglieder müssen nicht angegeben werden; die freiwillige Angabe ist aber bereits vielfach üblich[635]. Stellvertretende Vorstands-/Geschäftsführungsmitglieder sind (unter entsprechender Kennzeichnung[636]) ebenfalls anzugeben. Der Vorsitzende des AR und seine Stellvertreter sind als solche zu bezeichnen, desgleichen ein etwaiger Vorsitzender des Vorstands/der Geschäftsführung (keine Angabepflicht für deren Stellvertreter). Ist statt einem AR ein mit entsprechenden Aufgaben ausgestatteter **Beirat** (Verwaltungsrat, Gesellschafterausschuß) eingerichtet, so gilt die Angabepflicht entsprechend (auf die Bezeichnung des Überwachungsorgans kommt es nicht an)[637].

596

Wegen der **Plazierung** der Angaben nach § 285 Nr. 10 HGB vgl. Tz. 428.

597

f) Angaben zu Unternehmen, an denen ein Anteilsbesitz von 20 vH oder mehr besteht (§ 285 Nr. 11 HGB)[638]

Der Kreis der Unternehmen, zu denen Angaben zu machen sind, umfaßt alle Unternehmen, an denen die Gesellschaft oder eine für ihre Rechnung han-

598

---

631 Vgl. *ADS*, § 285 HGB Tz. 208; wohl auch *HdR*, §§ 284–288 HGB Rn. 259; *Glade*, BiRiLiG, § 285 HGB Tz. 98; *BeBiKo.*, § 285 Anm. 193; aA *Kölner Kom.*, §§ 284–288 HGB, 160 AktG Anm. 120; *BoHdR*, § 285 HGB Rn. 136; vgl. im einzelnen hierzu *Fey* (Fn. 542), S. 149 ff.
632 Vgl. *ADS*, § 285 HGB Tz. 202; *BeBiKo.*, § 285 Anm. 190; *Glade*, BiRiLiG, § 285 HGB Tz. 95.
633 Vgl. *HdR*, §§ 284–288 HGB Rn. 257; ferner *BeBiKo.*, § 285 HGB Anm. 190.
634 Vgl. dazu *BHdR*, B 434 Rz. 1 ff.
635 Vgl. *ADS*, § 285 HGB Tz. 214 (Angabe zwingend); aA *HdJ*, Abt. IV/4 (1988) Rn. 217; *Glade*, BiRiLiG, § 285 HGB Tz. 103; *BeBiKo.*, § 285 Anm. 200 (Hinweis auf Stellvertretung ist zulässig, aber nicht notwendig).
636 So *ADS*, § 285 HGB Tz. 213; zum Berichtszeitraum vgl. *BHdR*, B 434 Rz. 10 ff.
637 Ebenso *ADS*, § 285 HGB Tz. 212; *BHdR*, B 434 Rn. 3; *Glade*, BiRiLiG, § 285 HGB Tz. 103; *HdJ*, Abt. IV/4 (1988) Rn. 217; aA *BeBiKo.*, § 285 Anm. 200 (keine Angabepflicht für Mitglieder eines Beirats oder einer ähnlichen Einrichtung).
638 Vgl. dazu *Veit*, DB 1833; *Russ* (Fn. 424), S. 210 ff.; *BHdR*, B 435; *Klein/Sahner*, ZfB Erg.-Heft 1/1987 S. 235 ff.; *Felix*, BB 1987 S. 1495 ff.; *Gschrei*, BB 1990 S. 1587 ff.; *ders.*, Beteiligungen im Jahresabschluß und Konzernabschluß, Heidelberg 1990.

delnde Person 20 vH oder mehr der Anteile besitzt. Es kommt, wie der Vergleich mit den Bestimmungen in § 271 Abs. 1 HGB zeigt, nicht darauf an, ob eine Beteiligung vorliegt (diese wird erst bei Überschreitung der 20 vH-Grenze angenommen, sie kann aber auch schon bei weniger als 20 vH gegeben sein); maßgebend ist allein ein **Anteilsbesitz von 20 vH oder mehr.** Die Berechnung des Anteilsbesitzes richtet sich nach § 16 Abs. 2 AktG[639] (insb. Absetzung eigener Anteile vom Nennkapital). Auch die Zurechnungsregeln des § 16 Abs. 4 AktG[640] sind anzuwenden, dh. auch ein **mittelbarer Anteilsbesitz** ist für die Berechnung der Höhe des Anteilsbesitzes zu berücksichtigen.

599 Die Angabepflicht bezieht sich auf Anteile an **Unternehmen aller Art,** dh. auch an Nicht-Kapitalgesellschaften, Unternehmen ausländischen Rechts, Kommandit- und Genossenschaftseinlagen (auch wenn die Mitgliedschaft an einer eG gem. § 271 Abs. 1 Satz 4 HGB nicht als Beteiligung gilt) sowie Anteile an wirtschaftlich tätigen BGB-Gesellschaften (zB Arbeitsgemeinschaften)[641]. Fraglich ist, ob das Innehaben von stillen Gesellschaftsrechten (§§ 230 ff. HGB) und Genußrechten (vgl. Tz. 626) unter diese Angabepflicht fallen. Steht dem Gesellschafter keine vermögensrechtliche Beteiligung am Kapital des Unternehmens zu, so entfällt die Angabepflicht[642]. An einer Stiftung, selbst wenn sie ein Unternehmen betreibt, gibt es keine Beteiligung; sie ist juristische Person ohne Kapitalanteile[643].

600 Der Umfang des Beteiligungsverhältnisses bestimmt sich nach den Verhältnissen zum **Stichtag** des JA der Gesellschaft, die Angaben gem. § 285 Nr. 11 HGB in ihren Anhang aufzunehmen hat. Der Inhalt der Berichterstattung setzt sich aus folgenden **Einzelangaben** über das beteiligte Unternehmen zusammen (wegen Einzelheiten hierzu vgl. *ADS,* § 285 HGB Tz. 233 ff.):

– Name und Sitz (entsprechend HR-Eintragung),
– Höhe des Anteils am Kapital (in vH),
– Eigenkapital und Ergebnis[644] des letzten Geschäftsjahres, für das ein JA vorliegt (wegen Ausnahmen vgl. Tz. 604).

601 Soweit es sich um **ausländische** Unternehmen handelt, können die in Betracht kommenden Betragsangaben in Landeswährung erfolgen; eine gleichzeitige Angabe in DM kann hilfreich sein.

602 **Weitere Angaben** sind zulässig; so wird es naheliegen, diejenigen Unternehmen besonders zu bezeichnen, zu denen ein **Beteiligungsverhältnis** iSv. § 271 Abs. 1 HGB besteht oder die **verbundene Unternehmen** iSv. § 271 Abs. 2 HGB sind und im Hinblick hierauf in einen Konzernabschluß einbezogen werden.

---

639 Vgl. *ADS,* § 285 HGB Tz. 226 und § 16 AktG Tz. 16 f.; *Geßler* in AktG-Kom., § 16 AktG 1965 Anm. 25 ff.
640 Vgl. *ADS,* § 285 HGB Tz. 227 und § 16 AktG Tz. 22 ff.; *Geßler* in AktG-Kom., § 16 AktG 1965 Anm. 42 ff.
641 Vgl. *BHdR,* B 435 Rz. 5; *HdJ,* Abt. IV/4 (1988) Rn. 219; *BeBiKo.,* § 285 Anm. 206; *ADS,* § 285 HGB Tz. 230.
642 So *ADS,* § 285 HGB Tz. 231; ferner *BeBiKo.,* § 285 Anm. 206; *Biener/Berneke,* BiRiLiG, S. 261 Fn. 8; *Kölner Kom.,* §§ 284–288 HGB, 160 AktG Anm. 124; speziell dazu *Felix,* BB 1987 S. 1495 ff.; aA *Klein/Sahner,* ZfB Erg.-Heft 1/1987 S. 235 ff. (238); *BoHdR,* § 285 HGB Rn. 148.
643 So *ADS,* § 285 HGB Tz. 231; aA *BHdR,* B 435 Rn. 5.
644 Bei Ergebnisabführungsverträgen grundsätzlich Null, vgl. *ADS,* § 285 HGB Tz. 241; *BHdR,* B 435 Rn. 38 ff.

Für alle Angaben nach § 285 Nr. 11 HGB gilt die **Schutzklausel** (§ 286 Abs. 3   **603**
HGB). Nach Satz 1 können die Angaben über andere Unternehmen insoweit
unterbleiben, als sie

1. für die Darstellung der Vermögens-, Finanz- und Ertragslage der Gesellschaft
   nach § 264 Abs. 2 HGB von untergeordneter Bedeutung sind oder
2. nach vernünftiger kaufmännischer Beurteilung geeignet sind, der Gesellschaft
   selbst oder dem andernfalls anzugebenden Unternehmen einen erheblichen
   Nachteil[645] zuzufügen.

Wird von Angaben aufgrund des unter 2. genannten Grundes abgesehen, so ist
auf die **Anwendung** dieser Ausnahmeregelung im Anhang **hinzuweisen** (§ 286
Abs. 3 Satz 3 HGB).

Ferner kann die **Angabe des Eigenkapitals und des Jahresergebnisses unterblei-**   **604**
ben, wenn das Unternehmen, über das zu berichten ist, seinen JA nicht offenzulegen hat und die berichtende Gesellschaft weniger als die Hälfte der Anteile
besitzt (§ 286 Abs. 3 Satz 2 HGB)[646]. Einschränkungen der Offenlegungspflicht
(zB nach §§ 326, 327 HGB, § 9 Abs. 2 PublG) befreien nicht von der Angabepflicht, jedoch kann bei Personenhandelsgesellschaften, die unter das PublG fallen und bei der Offenlegung das Jahresergebnis in einen Posten „Eigenkapital"
einbeziehen (§ 9 Abs. 3 PublG), die Angabe des Jahresergebnisses entfallen[647].

Die Angaben nach § 285 Nr. 11 HGB können statt im Anhang auch in einer   **605**
gesonderten „**Aufstellung des Anteilsbesitzes**" (§ 287 HGB) gemacht werden, die
(nur) zum HR einzureichen ist. Für kleine und mittelgroße Kapitalgesellschaften
(§ 267 Abs. 1 und 2 HGB) ist diese Möglichkeit nur dann von Interesse, wenn sie
ihren JA einschließlich Anhang nicht nur zum HR einreichen (§ 325 Abs. 1
HGB), sondern auch in anderer Weise bekanntmachen, einreichen oder Personen zugänglich machen und dabei die Angaben nach § 285 Nr. 11 HGB nicht
offenlegen wollen. Große Kapitalgesellschaften (§ 267 Abs. 3 HGB) ersparen
sich bei Anwendung der Bestimmungen des § 287 HGB die Offenlegung des
Anteilsbesitzes im BAnz. (§ 325 Abs. 2 Satz 2 HGB).

Wird im Anhang nicht nach § 285 Nr. 11 HGB berichtet, sondern eine Aufstel-   **606**
lung nach § 287 HGB angefertigt, so ist diese zusammen mit den anderen Unterlagen über den JA zum HR einzureichen; im Anhang ist gleichzeitig auf die Aufstellung und den Ort ihrer Hinterlegung (zB: „X-Stadt, Amtsgericht Reg.Nr.
HRB . . .") **hinzuweisen** (§ 325 Abs. 1 iVm. § 287 Satz 3 HGB).

Keine Bedenken bestehen dagegen, daß große Kapitalgesellschaften (§ 267   **607**
Abs. 3 HGB) in ihrem dem GB beigefügten Anhang gem. § 285 Nr. 11 HGB
berichten, für die Bekanntmachung im BAnz. oder in anderen Blättern dagegen
auf diese Angaben verzichten und statt dessen eine Aufstellung gem. § 287 HGB
zum HR einreichen und hierauf in der vorgeschriebenen Form im Anhang hinweisen. Der Gesellschaft bleibt es auch unbenommen, neben einer gesonderten
zum HR eingereichten Aufstellung des Anteilsbesitzes im Anhang **zusätzlich** auf
die **wesentlichen Beteiligungsgesellschaften** hinzuweisen; auch in diesem Fall

---

645 Vgl. hierzu *HuRB* S. 141 ff.; *Hoffmann*, BB 1986 S. 1050 ff. (1053 f.); *BHdR*, B 435 Rn. 61 ff. (mit
     Beispielen).
646 Zur Angabe von Beteiligungserträgen aus Personengesellschaften vgl. *Knipping/Klein*, DB 1988
     S. 1964 ff. (1966).
647 Ebenso *ADS*, § 285 HGB Tz. 223 u. § 286 HGB Tz. 47; weitergehend *HdR*, §§ 284–288 HGB
     Rn. 281 f.; aA *BeBiKo.*, § 286 Anm. 10.

F

sind die in § 287 Satz 3 HGB verlangten Angaben zu beachten und es ist ferner deutlich zu machen, daß es sich hier nur um einen Auszug aus der Aufstellung des Anteilsbesitzes handelt[648].

g) Angaben zu Mutterunternehmen der Gesellschaft (§ 285 Nr. 14 HGB)[649]

608   Gehört eine Kapitalgesellschaft zu einem Konzern, in dem sie Tochterunternehmen iSv. § 290 HGB ist, so hat sie im Anhang bestimmte Angaben in bezug auf das/die Mutterunternehmen (MU; zum Begriff vgl. M Tz. 16 ff.) zu machen. Die geforderten Angaben betreffen:

– das MU, das den Konzernabschluß für den **größten** Kreis von (Konzern-) Unternehmen aufstellt; dieses Unternehmen wird idR mit der Konzernspitze identisch sein;

– das MU, das den Konzernabschluß für den **kleinsten** Kreis von (Konzern-) Unternehmen aufstellt; dieses wird vielfach das Unternehmen sein, welches eine unmittelbare Beteiligung an der zur Berichterstattung verpflichteten Gesellschaft hält.

609   Als MU iSd. Vorschrift kommen nicht nur inländische Unternehmen in Betracht, sondern auch ausländische, gleichgültig, ob innerhalb oder außerhalb der EG ansässig. Ist an der berichtenden Gesellschaft unmittelbar nur ein Unternehmen beteiligt, das in keinem weiteren Konzernverbund steht, so sind größtes und kleinstes MU deckungsgleich; in diesem Fall ist nur ein MU anzugeben[650].

610   Die Angabepflicht ist darauf abgestellt, daß das/die MU einen **KA** auch tatsächlich aufstellen (müssen). Unterbleibt die Aufstellung, weil sie aufgrund der Rechtsform, von Einbeziehungsverboten und -wahlrechten (§§ 295, 296 HGB) oder wegen der Größe des Konzerns (§ 293 HGB) nicht vorgeschrieben ist oder weil zulässigerweise von den Befreiungsmöglichkeiten des § 291 HGB bzw. aufgrund von Rechtsverordnungen gem. § 292 HGB Gebrauch gemacht wird, verlagern sich die Angaben auf das jeweils unter- oder übergeordnete MU, das einen KA aufstellt. Wird ein KA nicht aufgestellt, obwohl er nach deutschem oder EG-Recht aufzustellen wäre, ist das MU gleichwohl anzugeben[651]. Angabepflicht besteht ferner auch dann, wenn das Tochterunternehmen im Hinblick auf §§ 295, 296 HGB nicht in den Konzernabschluß einbezogen wurde[652].

611   Anzugeben sind jeweils **Name und Sitz** der MU, ferner, soweit die MU zur Offenlegung der von ihnen aufgestellten KA verpflichtet sind, der **Ort**, wo diese erhältlich sind (zB: „X-Stadt, Amtsgericht Reg.Nr. HRB . . .“; bei ausländischen Unternehmen ggf. die Behörde, wo der KA einsehbar ist, zB die SEC).

h) Angaben zu einem ausländischen Mutterunternehmen, wenn dessen Konzernabschluß befreiende Wirkung haben soll (§ 291 Abs. 2 Nr. 3 HGB)

612   Ist eine Kapitalgesellschaft zur Aufstellung eines KA verpflichtet, macht sie aber von der Befreiungsmöglichkeit des § 291 Abs. 2 HGB Gebrauch, weil sie in den KA und Konzern-LB eines MU mit Sitz in einem Mitgliedstaat der EG ein-

---

648 So *ADS*, § 285 HGB Tz. 221.
649 Vgl. dazu *BHdR*, B 436.
650 Vgl. *ADS*, § 285 HGB Tz. 261; vgl. ferner *BeBiKo.*, § 285 Anm. 246.
651 Zust. *BHdR*, B 436 Rz. 23; *BeBiKo.*, § 285 Anm. 244; *BoHdR*, § 285 HGB Rn. 177.
652 Ebenso *ADS*, § 285 HGB Tz. 260.

bezogen ist, so hat sie im Anhang folgende Angaben zu machen (§ 291 Abs. 2 Nr. 3 HGB):

a) Name und Sitz des MU, das den befreienden KA und Konzern-LB aufstellt, und

b) einen Hinweis auf die Befreiung.

Nicht gefordert ist eine Angabe analog § 285 Nr. 14 HGB, dh. eine Angabe des **613** **Ortes,** wo der befreiende Konzernabschluß und Konzern-LB erhältlich sind. Gleichwohl erscheint eine solche Angabe wünschenswert.

8. Zusätzliche Angaben, die von AG und KGaA zu machen sind

AG und KGaA haben für den Anhang außer den Vorschriften des HGB zusätz- **614** lich noch verschiedene Vorschriften des AktG zu beachten[653]. Auf sie ist, soweit sie die Bilanz oder die GuV betreffen, in den entsprechenden Abschnitten hinge- wiesen[654]. Im folgenden wird daher nur auf die sich aus den §§ 160 und 261 AktG ergebenden Vorschriften zum Anhang eingegangen.

Die Angaben nach § 160 AktG hängen nicht vom pflichtmäßigen Ermessen des **615** Vorstands ab; es kommt nicht darauf an, ob die Berichterstattung zum Verständ- nis des JA geboten ist. Die Angaben sind in jedem Jahr zu machen, in dem ent- sprechende Berichtstatbestände vorliegen. Fehlt es daran, braucht nicht berich- tet zu werden; es ist dann auch keine Fehlanzeige erforderlich[655]. Von der Schutzklausel kann nur insoweit Gebrauch gemacht werden, als es für das Wohl der BRD oder eines ihrer Länder erforderlich ist (§ 160 Abs. 2 AktG); vgl. Tz. 637 f.

Hinsichtlich möglicher Angaben nach § 261 AktG s. unten Tz. 630 f.

a) Angaben zu Vorratsaktien (§ 160 Abs. 1 Nr. 1 AktG)

Die Berichterstattungspflicht entspricht den Bestimmungen des § 56 AktG und **616** erstreckt sich auf folgende Fälle:

- Aktienübernahme für Rechnung der Gesellschaft,
- Aktienübernahme für Rechnung eines von der Gesellschaft abhängigen Unternehmens,
- Aktienübernahme für Rechnung eines im Mehrheitsbesitz der Gesellschaft stehenden Unternehmens,
- Aktienübernahme durch ein abhängiges Unternehmen,
- Aktienübernahme durch ein im Mehrheitsbesitz stehendes Unternehmen.

Anzugeben sind **Zahl und Gesamtnennbetrag** der Vorratsaktien unter Kenntlich- **617** machung der verschiedenen Übernahmefälle, wobei die im GJ geschaffenen (Zugang) besonders kenntlich zu machen sind. Nicht erforderlich ist idR die namentliche Angabe des Übernehmers[656]. Angaben über den Anlaß der Aktien-

653 Vgl. mit einem Gesamtüberblick *HdJ*, Abt. IV/4 (1988) Rn. 236.
654 Vgl. Tz. 52 ff. u. Tz. 277 ff.
655 Vgl. *ADS*, § 160 AktG Tz. 7.
656 Vgl. *ADS*, § 160 AktG Tz. 20; *HdR*, §§ 284–288 HGB Rn. 314; *Kropff* in AktG-Kom., § 160 AktG

ausgabe sowie über Inhalt und Zweck der getroffenen Übernahmevereinbarungen verlangt das Gesetz nicht [657], sie können aber zweckmäßig sein.

618   Berichterstattungspflichtig ist auch die **Verwertung** unter Angabe der Verwendung und der bilanzmäßigen Behandlung des Erlöses (§ 160 Abs. 1 Nr. 1 zweiter Halbsatz AktG). Verwertung ist auch die von der Gesellschaft verlangte Übernahme für eigene Rechnung des Zeichners. Auch über sonstige anderweitige Verwertung durch Verkauf, Umtausch, bei Verschmelzungen usw. ist zu berichten.

b) Angaben zu eigenen Aktien (§ 160 Abs. 1 Nr. 2 AktG)

619   Die Berichterstattungspflicht entspricht den Bestimmungen der §§ 71 ff. AktG [658]. Zu berichten ist über den **Bestand** an eigenen Aktien, die

- die Gesellschaft selbst,
- ein von der Gesellschaft abhängiges Unternehmen,
- ein in Mehrheitsbesitz der Gesellschaft stehendes Unternehmen oder
- ein Dritter für Rechnung der Gesellschaft, eines von ihr abhängigen oder eines in ihrem Mehrheitsbesitz stehenden Unternehmens

erworben oder als Pfand genommen hat; dabei sind die Zahl und der Nennbetrag dieser Aktien sowie deren Anteil am Grundkapital, für erworbene Aktien ferner der Erwerbszeitpunkt (Angabe von Jahr und Monat dürfte genügen) und die Gründe für den Erwerb anzugeben (§ 160 Abs. 1 Nr. 2 Satz 1 AktG).

620   Bei **Erwerb oder Veräußerung** solcher Aktien **im GJ** ist auch hierüber unter Angabe von Zahl, Nennbetrag und Anteil am Grundkapital sowie des Erwerbs- oder Veräußerungspreises und über die Verwendung des Erlöses zu berichten (§ 160 Abs. 1 Nr. 2 Satz 2 AktG). Handelt es sich, etwa bei einer Bank, um sehr umfangreiche Käufe und Verkäufe eigener Aktien, so ist es nicht notwendig, die Geschäfte einzeln mit allen wichtigen Angaben aufzuführen; es genügt eine zusammenfassende Berichterstattung [659].

621   Nicht berichterstattungspflichtig ist der Erwerb in Ausführung einer Einkaufskommission [660], der nach § 71 Abs. 1 Nr. 4 AktG nur durch Kreditinstitute zulässig ist. Zwischen den durch die Gesellschaft selbst erworbenen Aktien und den übrigen Fällen ist eine Trennung und innerhalb dieser Gruppe eine übersichtliche Auflistung vorzunehmen. Auch die Inpfandnahme ist besonders anzugeben. Sowohl die vorschriftsmäßig als auch die vorschriftswidrig erworbenen Aktien sind aufzuführen. Die Erwerbsgründe sind so darzulegen, daß erkennbar wird, ob der Erwerb insoweit zulässig war oder nicht (vgl. § 71 AktG). Es ist also zB anzugeben, daß die Aktien zu dem Zweck erworben worden sind, sie den Arbeitnehmern anzubieten.

1965 Anm. 61; aA *Mellerowicz* in Großkom., § 160 AktG 1965 Anm. 24, der die genaue Bezeichnung des Übernehmers für die Beurteilung der Verhältnisse der Gesellschaft für erforderlich hält.

657 aA offenbar *Kropff* in AktG-Kom. § 160 AktG 1965 Anm. 61; hinsichtlich Angaben über den Anlaß nunmehr auch *ADS.* § 160 AktG Tz. 20.

658 Während § 56 AktG den ursprünglichen Erwerb von Aktien betrifft, gehen die §§ 71 ff. AktG von einem abgeleiteten Erwerb aus.

659 OLG Frankfurt, Beschl. v. 22. 7. 1983, BB S. 1646.

660 Vgl. *ADS.* § 160 AktG Tz. 39.

c) Angaben zu verschiedenen Aktiengattungen (§ 160 Abs. 1 Nr. 3 AktG)

Die Gesamtnennbeträge der Aktien jeder Gattung sind nach § 152 Abs. 1 Satz 2   **622**
AktG bereits in der Bilanz beim Grundkapital zu vermerken. Die Angaben darüber können im Anhang wiederholt werden; zusätzlich sind hier **Zahl** und **Nennbetrag** der Aktien jeder **Gattung** anzugeben. Die Angabepflicht entfällt, soweit sich auch diese Angaben bereits aus der Bilanz ergeben (§ 160 Abs. 1 Nr. 3 AktG). Umgekehrt erscheint auch eine einheitliche Angabe von Zahl, Nennbetrag und Gesamtnennbetrag nur im Anhang zulässig [661].

Weitere Angaben kommen in Betracht, wenn im GJ Aktien aufgrund einer   **623**
bedingten Kapitalerhöhung oder eines genehmigten Kapitals gezeichnet wurden. Für jeden dieser Fälle sind die Zahl der gezeichneten Aktien und ihr Nennbetrag, getrennt nach Aktien jeder Gattung, anzugeben. Die Angaben müssen erkennen lassen, ob sich die Ausgabe im Rahmen der satzungsmäßigen Ermächtigung hält [662].

d) Angaben zu einem genehmigten Kapital (§ 160 Abs. 1 Nr. 4 AktG)

Im Anhang ist der Nennbetrag des genehmigten Kapitals (§§ 202 ff. AktG),   **624**
soweit von der Ermächtigung noch kein Gebrauch gemacht worden ist, anzugeben, ferner der Inhalt des Ermächtigungsbeschlusses mit den Bedingungen der Aktienausgabe [663]. Ist die Aktienausgabe im GJ erfolgt, so ist darüber bereits unter Nr. 3 zu berichten (vgl. dazu Tz. 623).

e) Angaben zu Wandelschuldverschreibungen und vergleichbaren Wertpapieren (§ 160 Abs. 1 Nr. 5 AktG)

Bestehen Wandelschuldverschreibungen (§ 221 AktG) oder vergleichbare Wert-   **625**
papiere (Optionsanleihen, Gewinnschuldverschreibungen), so sind die **Zahl** dieser Wertpapiere sowie die **Rechte**, die sie verbriefen, für jede Gattung getrennt anzugeben. Wegen der Angabepflicht bei besonderen Gestaltungen vgl. *ADS*, § 160 AktG Tz. 53.

f) Angaben zu Genußrechten, Rechten aus Besserungsscheinen und ähnlichen Rechten (§ 160 Abs. 1 Nr. 6 AktG) [664]

Das Genußrecht ist kein Aktionärsrecht, sondern gewährt primär Gläubiger-   **626**
rechte am Reingewinn und/oder am Liquidationserlös. Es ist meistens in einer Urkunde verbrieft (Genußschein). Besserungsscheine sind schriftlich verbriefte

661 Vgl. *ADS*, § 160 AktG Tz. 42; *BeBiKo.*, § 284 Anm. 74.
662 Vgl. *Kropff* in AktG-Kom., § 160 AktG 1965 Anm. 71; *Mellerowicz* in Großkom., § 160 AktG 1965, Anm. 29.
663 Vgl. *ADS*, § 160 AktG Tz. 51; *Kölner Kom.*, §§ 284–288 HGB, 160 AktG Anm. 156.
664 Vgl. *ADS*, § 160 AktG Tz. 55 ff.; *HdJ*, Abt. III/1 (1990) Rn. 235 ff. mwN; ferner *Gottlieb*, Der Genußschein im deutschen Recht, Berlin 1931; *Ernst*, Der Genußschein im deutschen und schweizerischen Aktienrecht, Zürich 1963; *ders.*, AG 1967 S. 75 ff.; *Knoppe*, BB 1966 S. 281 ff.; *Caspar*, WPg. 1983 S. 146 ff.; *Vollmer*, ZGR 1983 S. 445 ff. mwN; *Claussen* in FS *Werner*, Berlin/New York 1984 S. 81 ff.; *Ziebe*, BB 1984 S. 2210 ff.; *Schick*, BB 1985 S. 2137 ff.; *Claussen/Kischewski/ Reichmann/Wien*, DBW 1986 S. 640; *Meilicke*, BB 1987 S. 1609 ff.; *Pougin*, Genußrechte, Stuttgart 1987; *Hirtz*, ZIP 1988 S. 477 ff.; *Lutter* in FS *Döllerer*, Düsseldorf 1988 S. 383 ff.; *Ziebe*, BB 1988 S. 225 ff.; *Claussen*, DBW 1989 S. 97 ff.; *Fichtelmann*, BB 1989 S. 1461 ff.; *Killinger*, BB 1989 S. 2376 ff.; *Meilicke*, BB 1989 S. 465 ff.; *Oettmeier*, Ausgestaltung von Genußrechten und Genußscheinen, Diss. Bayreuth 1989 mwN; *Rid-Niebler*, Genußrechte als Instrument der Eigenkapitalbeschaffung über den organisierten Kapitalmarkt für die GmbH, Köln 1989; *Hammen*, BB 1990 S. 1917 ff.

Schuldversprechen mit dem Inhalt, Gläubigern, die auf ihre Forderungen gegenüber dem Schuldner verzichtet haben, die erlassenen Schulden aus dem zukünftigen Gewinn oder Liquidationserlös zurückzuzahlen. Als ähnliche Rechte iSd. Vorschrift sind alle diejenigen Rechte anzusehen, die einen obligatorischen Anspruch auf Tilgung aus dem Gewinn geben[665]. Die Verpflichtungen aus diesen Rechten werden erst dann passiviert, wenn die Bedingungen für ihre Bedienung eingetreten sind (vgl. hierzu Tz. 220; hinsichtlich der Genußrechte vgl. dagegen auch Tz. 163). Über das Bestehen von Genußrechten, Rechten aus Besserungsscheinen und ähnlichen Rechten (auch soweit sie nicht verbrieft sind) ist laufend zu berichten. Außer über die im GJ neu entstandenen Rechte sind Angaben über Art und Zahl der jeweiligen Rechte zu machen. Anzugeben sind Inhalt, Ausgestaltung, Nennbetrag, Tilgung und Änderung der Bedingungen dieser Rechte.

627   Getrennte Erläuterung für die einzelnen Verpflichtungen ist erforderlich. Bei Tilgungen und Auslosungen ist die Gegenleistung der Gesellschaft anzugeben. Zu erläutern sind auch Rechte Dritter, die in der Bilanz passiviert sind.

g) Angaben zu wechselseitigen Beteiligungen (§ 160 Abs. 1 Nr. 7 AktG)

628   Zum Begriff der wechselseitig beteiligten Unternehmen vgl. § 19 AktG; sie sind dann gegeben, wenn zwei Unternehmen mit Sitz im Inland in der Rechtsform der Kapitalgesellschaft dadurch verbunden sind, daß jedem Unternehmen mehr als der vierte Teil der Anteile des anderen Unternehmens gehört. Grundlage für die Kenntnis der Beteiligungen an der Gesellschaft sind insb. die Mitteilungspflichten nach § 20 AktG. Zu berichten ist in jedem Anhang, solange die wechselseitige Beteiligung fortbesteht, über das Bestehen der wechselseitigen Beteiligung unter Angabe des Unternehmens. Angaben über die Höhe der Beteiligung, über Änderungen im Berichtsjahr oder über die Ausübungen eines Bezugs- oder Wandelrechts werden vom Gesetz nicht gefordert[666]. Bei Überschneidung der Berichtspflicht nach § 160 Abs. 1 Nr. 7 AktG mit der Berichtspflicht nach Nr. 8 ist zusammenfassende Darstellung möglich.

h) Angabe der Beteiligungen, die der Gesellschaft nach § 20 Abs. 1 oder 4 AktG mitgeteilt worden sind (§ 160 Abs. 1 Nr. 8 AktG)

629   Die Angaben nach § 160 Abs. 1 Nr. 8 AktG betreffen Beteiligungen an der Gesellschaft mit mehr als einem Viertel des Aktienkapitals. Bei jeder Beteiligung ist zu berichten, wem sie gehört und ob sie eine Mehrheitsbeteiligung iSv. § 16 Abs. 1 AktG ist. Angabepflicht besteht nur, wenn der Gesellschaft das Bestehen der Beteiligung mitgeteilt ist; das gilt auch dann, wenn das Bestehen der Beteiligung aus anderen Quellen bekannt ist (zB Angabe nach § 285 Nr. 11 HGB im JA des MU)[667], es sei denn, daß sich die Angabepflicht bereits aus § 160 Abs. 1 Nr. 7 AktG ergibt[668]. Die Angaben sind jährlich zu machen, solange die Beteiligungen in der mitteilungspflichtigen Höhe bestehen und Negativmitteilungen

665 Vgl. *ADS*, § 160 AktG Tz. 57; *Kropff* in AktG-Kom., § 160 AktG 1965 Anm. 75.
666 Vgl. *ADS*, § 160 AktG Tz. 64; *Kropff* in AktG-Kom., § 160 AktG 1965 Anm. 66; inzwischen auch *Kölner Kom.*, §§ 284–288 HGB, 160 AktG Anm. 165; teilw. aA *Baumbach/Hueck*, Aktiengesetz, § 160 AktG 1965 Rn. 14.
667 So *ADS*, § 160 AktG Tz. 69; *HdR*, §§ 284–288 HGB Rn. 344; *Kropff* in AktG-Kom., § 160 AktG 1965 Anm. 118; aA *BoHdR*, § 160 AktG Rn. 29.
668 Zur Angabepflicht bei Gründung vgl. *Priester*, AG 1974 S. 212 ff.

(§ 20 Abs. 5 AktG) nicht vorliegen. Ob die Angabepflicht noch besteht, wenn bekannt ist, daß eine Beteiligung in der mitteilungspflichtigen Höhe nicht mehr besteht, eine formelle Mitteilung darüber aber noch nicht vorliegt, ist zweifelhaft. Zweckmäßig erscheint eine Angabe, die diesen Sachverhalt erkennen läßt.

i) Angaben nach einer Sonderprüfung wegen unzulässiger Unterbewertung (§ 261 Abs. 1 Satz 3 und 4 AktG)[669]

Das Ergebnis einer Sonderprüfung, das zur Feststellung einer nicht unwesentlichen Unterbewertung führt, wird der Vorstand nicht nur nach § 259 Abs. 5 AktG in den Gesellschaftsblättern bekanntzumachen haben, sondern er wird hierüber mindestens durch einen entsprechenden Hinweis auch im Anhang oder LB zu berichten haben. Dies entspricht seiner allgemeinen Berichterstattungspflicht. **630**

Darüber hinaus besteht eine spezielle Angabepflicht in den Fällen, in denen aufgrund veränderter Verhältnisse im nächsten JA (zulässigerweise) andere als die von den Sonderprüfern festgestellten Werte oder Beträge anzusetzen sind. Es sind dann im Anhang die **Gründe** dafür anzugeben, und es ist in einer Sonderrechnung die **Entwicklung** der Werte darzustellen (§ 261 Abs. 1 Satz 3 AktG). Sind die (unterbewertet gewesenen) Gegenstände nicht mehr vorhanden, so ist darüber und über die Verwendung des Ertrags aus dem Abgang zu berichten (§ 261 Abs. 1 Satz 4 AktG). **631**

9. Zusätzliche Angaben zur Vermittlung des in § 264 Abs. 2 Satz 1 HGB geforderten Bildes[670]

Nach § 264 Abs. 2 Satz 2 HGB „sind im Anhang zusätzliche Angaben zu machen", wenn aufgrund „besonderer Umstände" sonst ein den tatsächlichen Verhältnissen entsprechendes Bild iSd. Satzes 1 nicht vermittelt wird. Es handelt sich somit um eine **Auffangvorschrift**[671]. Sie kommt dann zum Zuge, wenn die Beachtung der in den Einzelvorschriften getroffenen Bestimmungen für sich allein nicht ausreicht[672] und ohne zusätzliche Angaben ein zu günstiges oder ein zu ungünstiges Bild gezeichnet würde[673]. Allerdings müssen **„besondere Umstände"** vorliegen. Dies wird dahin verstanden werden können, daß nur **632**

---

669 Vgl. dazu *ADS*, § 261 AktG Tz. 11 ff.; ferner *Frey*, WPg. 1966 S. 633 ff.; *Voß* in FS *Münstermann*, Wiesbaden 1969 S. 441 ff.; *Kirchhoff*, Die Sonderprüfung wegen unzulässiger Unterbewertung nach §§ 258 ff. AktG, Diss. München 1971; *Kruse*, Die Sonderprüfung wegen unzulässiger Unterbewertung, Diss. Berlin 1972; *Schimmelbusch*, WPg. 1972 S. 141 ff.; *Claussen* in FS *Barz*, Berlin/New York 1974 S. 317 ff.; *Krag/Hullermann*, DB 1980 S. 457 ff.; *Kupsch*, WPg. 1989 S. 517 ff.

670 Vgl. dazu *ADS*, § 264 HGB Tz. 111 ff.; *BeBiKo*., § 264 Anm. 48 ff.; *HdJ*, Abt. IV/4 (1988) Rn. 122 ff.; *BHdR*, B 410 Rn. 34 ff.; ferner *Niehus*, DB 1979 S. 221 ff.; *Claussen* in FS *Goerdeler*, Düsseldorf 1987 S. 79 ff.; *HuRB* S. 94 ff. und S. 192 ff.; *Leffson* in FS *Goerdeler*, Düsseldorf 1987 S. 315 ff.; *Ludewig*, AG 1987 S. 12 ff.; *Schildbach*, BFuP 1987 S. 1 ff.; *Budde/Förschle* in Einzelabschluß und Konzernabschluß, Wiesbaden 1988 S. 27 ff.; *Commandeur* in Abschlußprüfung nach neuem Recht, Stuttgart 1988 S. 129 ff.; *Richter*, BB 1988 S. 2212 ff.; *Clemm*, WPg. 1989 S. 357 ff.; zur Darstellung und Korrektur der Finanzlage ferner St/SABI 3/1986, Nr. 9. Im übrigen vgl. Tz. 5 ff.

671 Vgl. *Niehus*, WPg. 1986 S. 119, der auch von einem „Überlaufbecken" spricht.

672 Bei Verabschiedung der 4. EG-Richtlinie haben der Rat und die Kommission im Protokoll erklärt, „daß es normalerweise ausreicht, die Richtlinie anzuwenden, damit das gewünschte den tatsächlichen Verhältnissen entsprechende Bild entsteht."

673 Vgl. *ADS*, § 264 HGB Tz. 115 ff.; *BeBiKo*., § 264 Anm. 48 ff.

Sachverhalte von außergewöhnlicher Bedeutung und einmaliger Art, für die sonst keine Erläuterungspflicht besteht, zu zusätzlichen Angaben zwingen[674].

633   So könnte zB daran gedacht werden, Angaben zu fordern, wenn in Zeiten erheblicher Preissteigerungen und Geldwertänderungen das ausgewiesene Ergebnis aufgrund des Nominalwertprinzips ein völlig unzutreffendes Bild von der Ertragslage vermittelt (vgl. hierzu Tz. 6). Ein Anwendungsfall mit ähnlichem Hintergrund kann auch gegeben sein, wenn ein wesentlicher Teil des Gewinnes eines inländischen Unternehmens aus einer ausländischen Betriebsstätte stammt und wegen höherer Inflationsraten in dem betreffenden Land erhebliche Scheingewinne enthält[675].

634   Zu erläutern sind ggf. auch ungewöhnliche, rein bilanzpolitische Maßnahmen, wie zB Sale-and-lease-back-Geschäfte bei angespannter wirtschaftlicher Lage[676]. Nach St/HFA 1/1989, Abschn. D. 6., können ferner die Gestaltung und Vereinnahmung von Leasingentgelten im Falle wesentlicher Anlaufverluste oder Auslaufgewinne – insbesondere aufgrund von Veränderungen im Geschäftsumfang – beim Leasinggeber zusätzliche Angaben gem. § 264 Abs. 2 Satz 2 HGB erfordern. Eine Angabepflicht kann nach St/HFA 1/1984, Abschn. 3. a, außerdem in Betracht kommen, wenn gewährte Zuwendungen ausdrücklich aus künftigen Gewinnen des Unternehmens zurückzuzahlen und danach die Rückzahlungsverpflichtungen nicht zu passivieren sind. Weitere Anwendungsfälle sind bei langfristiger Fertigung denkbar[677]. Zweifel an der Fortführung des Unternehmens führen dagegen nicht zu einer Angabepflicht gem. § 264 Abs. 2 Satz 2 HGB[678].

635   **Keine Angaben** nach der hier in Rede stehenden Vorschrift kommen in Betracht, wenn das Gesetz bestimmte **Erleichterungen** gestattet (zB Saldierung von Umsatzerlösen, sonstigen betrieblichen Erträgen und Materialaufwand, § 276 HGB; Verzicht auf Angaben im Anhang, §§ 286 Abs. 2 und 3, 288 HGB), auch wenn dies zu Einschränkungen bei der Vermittlung eines den tatsächlichen Verhältnissen entsprechenden Bildes führt. Eine andere Auffassung würde dazu führen, daß vor jeder Inanspruchnahme einer Erleichterung die mögliche Berichterstattungspflicht nach § 264 Abs. 2 Satz 2 HGB sondiert werden müßte, was in vielen Fällen praktisch die Inanspruchnahme der Erleichterung ausschließen würde[679].

10. Schutzklausel[680]

636   In bestimmten Fällen besteht die Pflicht oder das Recht, Angaben im Anhang zu unterlassen (§ 286 HGB; sog. Schutzklausel).

---

674 In der RegBegr. wird die Vorschrift des § 264 Abs. 2 HGB (im Entwurf § 237 Abs. 2) dahingehend interpretiert, daß sie „Lücken zu schließen" habe; vgl. BT-Drs. 10/317 S. 76; in diesem Sinne auch *Janz/Schülen*, WPg. 1986 S. 57 ff. (58).

675 Vgl. *Biener*, BFuP 1979 S. 5; zustimmend *ADS*, § 264 HGB Tz. 119, und *BeBiKo.*, § 264 Anm. 50.

676 Vgl. *ADS*, § 264 HGB Tz. 117; *BHdR*, B 420 Rn. 66.

677 Vgl. dazu im einzelnen *ADS*, § 264 HGB Tz. 122 mwN.

678 Vgl. *ADS*, § 264 HGB Tz. 118; aA *BeBiKo.*, § 264 Anm. 50; *Ordelheide/Hartle*, GmbHR 1986 S. 12 f.; *Sarx*, ZfB Erg.-Heft 1/1987 S. 39; wohl auch *Schulze-Osterloh*, ZHR 1986 S. 563.

679 Gleichwohl geht die St/HFA 1/1991, Nr. 1, davon aus, daß bei Inanspruchnahme der Erleichterung des § 288 Satz 1 HGB eine Angabe über das Bestehen einer unbeschränkten persönlichen Haftung nach § 264 Abs. 2 Satz 2 HGB erforderlich sein kann.

680 Vgl. dazu *ADS*, § 286 HGB Tz. 9 ff.; *BeBiKo.*, § 264 Anm. 2 ff.; *BHdR*, B 437; ferner *Neflin*, AG 1963 S. 12 ff.; *Morgner*, BB 1965 S. 1173 ff.; *Tiefenbacher*, BB 1965 S. 1175; *Ertner*, WPg. 1968 S. 509 ff.; *HuRB* S. 461 ff. (Wohl der Bundesrepublik Deutschland); *HuRB* S. 141 ff. (Erhebliche Nachteile.)

Die Berichterstattung hat insoweit zu **unterbleiben** (Schutzklausel im öffentlichen Interesse), als es für das Wohl der BRD oder eines ihrer Länder erforderlich ist (§ 286 Abs. 1 HGB, § 160 Abs. 2 AktG). Wann dies der Fall ist, hat der Vorstand/die Geschäftsführung nach pflichtgemäßem Ermessen zu entscheiden. In Betracht kommen in erster Linie Angaben, die mit Aufträgen der Bundeswehr im Zusammenhang stehen. Aber auch andere im öffentlichen Interesse übernommene Aufträge (zB Forschungsaufträge, Entwicklungsaufträge, Aufträge, die die Verwaltung oder Beschaffung bestimmter Vermögenswerte zum Gegenstand haben) können unter die Pflicht zur Geheimhaltung fallen mit der Folge, daß über sie nicht berichtet werden darf. Bei Anwendung der Schutzklausel darf kein diesbezüglicher Hinweis in den Anhang aufgenommen werden, um den Zweck der Schutzklausel nicht zu gefährden[681].   **637**

Von der Schutzklausel darf weiterhin unter bestimmten Voraussetzungen bei den Angaben zu § 285 Nr. 4 und 11 HGB Gebrauch gemacht werden (§ 286 Abs. 2 und 3 HGB; Schutzklausel im Interesse der Gesellschaft oder bestimmter anderer Unternehmen). Siehe hierzu Tz. 534 ff. und Tz. 598 ff.   **638**

V. Der Lagebericht[682]

1. Allgemeines

Kapitalgesellschaften haben nach § 264 Abs. 1 Satz 1 HGB zusammen mit dem (um den Anhang erweiterten) JA einen **LB** (LB) aufzustellen. Hierbei bestehen –   **639**

---

681 hM vgl. *ADS*, § 286 HGB Tz. 17; *BeBiKo..*, § 286 HGB Anm. 4; *HdJ*, Abt. IV/4 (1988) Rn. 58; *BoHdR*, § 286 HGB Rz. 8; *HdR*, §§ 284–288 HGB Rn. 301; *Kölner Kom.* §§ 284–288 HGB, 160 AktG Anm. 175; aA *HURB* S. 461 ff. (468).

682 Literatur: *Ertner*, Der Geschäftsbericht als Instrument erweiterter aktienrechtlicher Rechnungslegung, Berlin 1968; *Risse*, BB 1969 S. 419 ff.; *Bretzke*, WPg. 1974 S. 292 ff. (Prognosen); *Pfeiffer*, WPg. 1974 S. 159 ff. u. S. 186 ff. (Prognosen); *Pensel*, DB 1975 S. 1325 ff.; *Unseld*, Theoretische Überlegungen zur Erweiterung der Aussagefähigkeit des Lageberichts im Rahmen der Geschäftsberichterstattung, Diss. München 1976; *Sprenger*, Grundsätze gewissenhafter und getreuer Rechenschaft im Geschäftsbericht, Wiesbaden 1976; *Bühner*, ZfbF 1978 S. 168 ff. (empirische Untersuchung); *Kellinghusen/Irrgang*, DB 1978 S. 2277 ff.; *Bauchowitz*, Die Lageberichtspublizität der Deutschen Aktiengesellschaft – Eine empirische Untersuchung zum Stand der Berichterstattung gem. § 160 Abs. 1 AktG, Frankfurt a.M. 1979; *Bretzke*, WPg. 1979 S. 337 ff. (Prognosen); *Tichy*, Der Inhalt des Lageberichts nach § 160 I AktG – eine theoretische und empirische Untersuchung –, Diss. Hohenheim 1979; *Clemm/Reittinger*, BFuP 1980 S. 493 ff. (Prüfung); *Damm*, Kommunikationsmedium Geschäftsbericht – Eine empirische Untersuchung über die Kommunikationsfunktion des Geschäftsberichtes deutscher Aktiengesellschaften, Frankfurt a.M. ua. 1980; *Semler*, ZfbF-Sonderheft 10/1980 S. 177 ff. (S. 198 ff.); *Kropff*, BFuP 1980 S. 514 ff.; *Forster*, DB 1982 S. 1577 ff. u. 1631 ff. (1632 f.); *Reittinger*, Die Prüfung des Lageberichts nach den Vorschriften der 4. EG-Richtlinie, Frankfurt a.M./Bern 1983 mwN; *HWRev.* Sp. 887 ff. mwN; *Herber*, StbKR 1984 S. 295 ff. (GmbH); *Lätsch*, StbKR 1984 S. 275 ff. (GmbH); *Scholtissek*, Inf. 1984 S. 390 ff.; *Maul*, WPg. 1984 S. 187 ff. (4. EG-Richtlinie), *Sahner/Kammers*, DB 1984 S. 2309 ff.; *Münker* in Rechnungslegung nach neuem Bilanzrecht, Berlin 1985 S. 311 (ff.); *BHdR*, B 50; *Emmerich/Künnemann*, WPg. 1986 S. 145 ff.; *Gross/Schruff*, Der Jahresabschluß nach neuem Recht, Düsseldorf 1986 S. 235 ff.; *HdJ*, Abt. IV/3 (1986) mwN; *Ludewig*, WPg. 1986 S. 377 ff. (Bestätigungsvermerk im Hinblick auf den LB); *Witten*, Die Lageberichterstellung der GmbH, Hamburg 1986; *Baumann* in Rechnungslegung und Prüfung nach neuem Recht, Düsseldorf 1987 S. 91 ff. (GB nach BiRiLiG); *Dornig*, Stbg. 1987 S. 252 ff. (Prüfung); *Lätsch*, StbKR 1987 S. 271 ff.; *Meyer*, Geschäftsbericht und Jahresabschluß der Kapitalgesellschaft, Stuttgart 1987; *Sieben* in FS Goerdeler*, Düsseldorf 1987 S. 581 ff.; *Krawitz*, WPg. 1988 S. 225 ff. (Prüfung); *Küntzel*, Anhang und Lagebericht, Baiersbronn 1988; *Räuber*, BB 1988 S. 1285 ff.; *Schloen*, DB 1988 S. 1661 ff. (Unternehmenspotential); *Schöne*, Anhang und Lagebericht nach dem BiRiLiG: Gliederung – Inhalt – Mustertexte, 2. Aufl. Bielefeld 1989; *Sorg*, WPg. 1988 S. 381 ff. (voraussichtliche Entwicklung der Kapitalgesellschaft); *Stobbe*, BB 1988 S. 303 ff.; *Baetge/Fischer/Paskert*, Der Lagebericht – Aufstellung, Prüfung und Offenlegung, Stuttgart 1989 mwN; *Clemm* in Bilanzanalyse und Bilanzpoli-

im Unterschied zum Anhang (§ 288 HGB) – keine größenabhängigen Erleichterungen[683]. Nach der sog. Mittelstandsrichtlinie[684] entfällt jedoch künftig für kleine Kapitalgesellschaften die Verpflichtung zur Aufstellung eines LB. Zur Aufstellungspflicht und -frist vgl. Tz. 2 f. sowie *ADS*, § 289 HGB Tz. 53 ff.

640 Der **Inhalt** des LB wird in erster Linie durch § 289 HGB bestimmt[685]. Danach sind zumindest der **Geschäftsverlauf** und die **Lage der Gesellschaft** so darzustellen, daß ein den tatsächlichen Verhältnissen entsprechendes Bild vermittelt wird (Abs. 1). Außerdem soll der LB auch eingehen auf Vorgänge von besonderer Bedeutung nach Schluß des GJ, auf die voraussichtliche Entwicklung der Gesellschaft und auf den Bereich Forschung und Entwicklung (Abs. 2).

641 LB, Anhang, darüber hinausgehende freiwillige Angaben sowie Bilanz und GuV der Gesellschaft können auch nach neuem Recht in einem einheitlichen Druckstück, dem **Geschäftsbericht** (GB), zusammengefaßt werden (vgl. Tz. 413)[686]. Wegen der weitgehenden Offenlegungspflichten für große Kapitalgesellschaften (§ 267 Abs. 3 HGB), die eine Bekanntmachung des LB im BAnz. verlangen (§ 325 Abs. 2 HGB), kann es sich empfehlen, freiwillige, über die gesetzlichen Angabepflichten hinausgehende Erläuterungen und Darstellungen deutlich vom LB im gesetzlichen Sinne abzugrenzen[687]; dies gilt insb. für Bilder, Tabellen, Graphiken udgl., aber auch für einen in den GB einbezogenen Sozialbericht oder eine als Sozialbilanz bezeichnete Berichterstattung. Umgekehrt ist es erforderlich, die zum LB gehörenden Angaben in einem besonders bezeichneten Abschnitt – abgesetzt von den Angaben des Anhangs und den freiwilligen Angaben – zu machen[688]. Das Gesetz sagt nichts über die Plazierung des LB. Sinnvoll ist eine Plazierung hinter Bilanz, GuV und Anhang; bei AG war es bisher auch üblich, den LB an den Anfang der Berichterstattung zu stellen. Beides ist zulässig[689].

642 **Kleine** Kapitalgesellschaften (§ 267 Abs. 1 HGB) brauchen den LB nicht offenzulegen, dh. nicht zum HR einzureichen (§ 326 Satz 1 HGB). Der LB ist bei einer **AG** und **KGaA** jedoch in den Geschäftsräumen der Gesellschaft zur Einsicht der Aktionäre auszulegen, und auf Verlangen ist jedem Aktionär eine Abschrift zu erteilen (§ 175 Abs. 2 AktG). Ferner muß der LB, zusammen mit dem JA und dem Bericht des AR, der HV vorgelegt werden (§ 120 Abs. 3 Satz 2 AktG). Bei einer **GmbH** ist der LB zusammen mit dem JA unverzüglich nach Aufstellung den Gesellschaftern vorzulegen (§ 42a Abs. 1 Satz 1 GmbHG). Zur Unterrichtung des Wirtschaftsausschusses vgl. *Martens*, DB 1989 S. 1229 ff. (1230) u. *Gutzmann*, DB 1990 S. 1083 ff. (1084).

---

tik, Düsseldorf 1989 S. 53 ff. (Prüfung); *v. Wysocki* in Bilanzanalyse nach neuem Recht, Landsberg 1989 S. 257 ff. (Aussagefähigkeit des LB); *Berndt* in Erste Erfahrungen mit den neuen Rechnungslegungsvorschriften, Stuttgart 1990 S. 67 ff.; *Friedrich*, BB 1990 S. 741 ff. (in wettbewerbsrechtlicher Sicht); *Gschrei*, WiSt. 1990 S. 145 ff.; *Krawitz* in Rechnungslegung, Finanzen, Steuern und Prüfung in den neunziger Jahren, Düsseldorf 1990 S. 1 ff.; *Schildbach/Beermann/Feldhoff*, BB 1990 S. 2297 ff. (Publizitätspraxis der GmbH); *Werner*, ZfbF 1990 S. 1014 ff. (empirische Entscheidungsforschung). Wegen weiterer Kommentarliteratur zum JA und LB s. E Tz. 1 Fn. 1.

683 Vgl. *ADS*, § 289 HGB Tz. 60 mwN.
684 ABl. EG L 317/1990 S. 57; bis zum 31. 12. 1992 in deutsches Recht umzusetzen.
685 Zum Inhalt des LB der Europäischen AG nach dem Statut-Entwurf der EG-Kommission vgl. *Haller*, DB 1990 S. 1573 ff. (1578).
686 Vgl. auch *Kropff*, BFuP 1980 S. 514 ff. (515, 521); *GEFIU*, DB 1986 S. 2553 ff. (2556, These 3); *Biener/Berneke*, BiRiLiG, Erl. 1 zu § 289 HGB S. 276; *ADS*, § 289 HGB Tz. 16 u. 40; *BeBiKo.*, § 289 Anm. 5; ferner *Baumann* (Fn. 682).
687 Vgl. *Forster*, DB 1982 S. 1631 ff. (1633).
688 Ebenso *ADS*, § 289 HGB Tz. 17 u. 40; *HdJ*, Abt. IV/3 (1986) Rn. 22; *Biener/Berneke*, BiRiLiG, Erl. 1 zu § 289 HGB (LB muß als solcher erkennbar sein).
689 So *BeBiKo.*, § 289 Anm. 5.

Eine besondere **Unterzeichnung** des LB ist nicht vorgesehen. In der Praxis wird die Unterzeichnung des JA (§ 245 HGB, vgl. Tz. 4) auch die übrigen Ausführungen im GB und damit auch die des LB abdecken. **643**

§ 315 Abs. 3 iVm. § 298 Abs. 3 HGB gestattet es, den LB des MU mit dem Konzern-LB **zusammenzufassen.** Dabei muß ersichtlich sein, welche Aussagen bzw. Angaben sich auf das MU, auf den Konzern oder auf beide beziehen; im übrigen vgl. M Tz. 738. **644**

Wegen **Zwangsgeld** in Fällen, in denen die Aufstellung eines LB unterbleibt, sowie wegen **Geldbußen** bei unvollständigen oder unrichtigen Angaben vgl. Tz. 417[690]. **645**

2. Grundsätze der Berichterstattung

Anders als in § 160 Abs. 4 AktG 1965 (Verpflichtung zur gewissenhaften und getreuen Rechenschaft) enthalten die Vorschriften über den LB keine ausdrückliche Bestimmung dieser Art. Maßgebend ist vielmehr die **Generalnorm** des § 289 Abs. 1 HGB („daß ein den tatsächlichen Verhältnissen entsprechendes Bild vermittelt wird"), die praktisch gleichwertige Anforderungen an die Lageberichterstattung stellt[691]. **646**

Bei der Bestimmung der Grundsätze der Berichterstattung[692] ist davon auszugehen, daß der LB[693] – ebenso wie der JA (vgl. auch Tz. 419) – nicht nur ein **Mittel der Rechenschaftslegung** des Geschäftsführungsorgans gegenüber den Aktionären/Gesellschaftern ist, sondern daß er sich – sieht man einmal von der Ausnahmevorschrift für kleine Kapitalgesellschaften (§ 267 Abs. 1 HGB) in § 326 Satz 1 HGB ab – in gleicher Weise an die **Öffentlichkeit,** insb. an die **Gläubiger** der Gesellschaft sowie an bestehende und potentielle **Geschäftspartner** der Gesellschaft richtet. Die Berichterstattung im LB kann also nicht deshalb unterbleiben oder eingeschränkt werden, weil die entsprechenden Sachverhalte den Gesellschaftern bereits uneingeschränkt bekannt sind oder weil diese darauf verzichten. **647**

Verweise auf Ausführungen in **VJ** entbinden nicht von der Angabepflicht. Hat eine Gesellschaft jedoch einmal in einem früheren LB zu einem bestimmten Punkt (zB dem Bereich Forschung und Entwicklung) besonders ausführlich und über die gesetzlichen Verpflichtungen hinausgehend berichtet, so ist ein Hinweis darauf nicht ausgeschlossen; für das laufende Jahr muß gleichwohl im gesetzlich vorgesehenen Umfang berichtet werden. **648**

Für die äußere Gestaltung des LB, seinen Aufbau und Umfang besteht grundsätzlich **Gestaltungsfreiheit**[694]. Die Ausführungen im LB müssen jedoch **wahr,** **649**

---

690 Zu Sanktionen vgl. auch *ADS,* § 289 HGB Tz. 66; *BeBiKo.,* § 289 Anm. 50.
691 Vgl. auch *Kropff,* BFuP 1980 S. 514 ff. (517 f.); *Sahner/Kammers,* DB 1984 S. 2309 ff. (2311); *Biener/Berneke,* BiRiLiG, Erl. 2 zu § 289 HGB S. 276; *BeBiKo.,* § 289 HGB Tz. 32; *BeBiKo.,* § 289 Anm. 3 u. 6; *HdR,* §§ 284–288 HGB Rn. 15; zu § 160 Abs. 4 Satz 1 AktG 1965 ferner *Sprenger* (Fn. 682).
692 Zur Gewinnung von Grundsätzen ordnungsmäßiger Lageberichterstattung vgl. zB *Tichy* (Fn. 682), S. 27 ff.; *Reittinger* (Fn. 682), S. 35 ff.; *Baetge/Fischer/Paskert* (Fn. 682), S. 6 ff.
693 Zu Funktion und Zweck des LB vgl. *ADS,* § 289 HGB Tz. 19 ff.; *BeBiKo.,* § 289 Anm. 3.
694 Vgl. *ADS,* § 289 HGB Tz. 33; *Biener/Berneke,* BiRiLiG, Erl. 1 zu § 289 HGB S. 276; *Scholtissek,* Inf. 1984 S. 390 ff. (392).

klar und so **vollständig** [695] sein, daß das in § 289 Abs. 1 HGB geforderte Bild vermittelt wird. Auf **Verständlichkeit** ist gerade im Hinblick auf die vom Gesetz geschützten Informationsinteressen Dritter Wert zu legen. Der LB sollte unter den Gesichtspunkten der Klarheit und Übersichtlichkeit (vgl. § 243 Abs. 2 HGB) [696] **strukturiert** sein; die Ausführungen können zB wie folgt **gegliedert** werden (vgl. auch Tz. 413):

a) Geschäftsverlauf und Lage der Gesellschaft
   - Produktion und Beschaffung
   - Absatzentwicklung und Auftragslage (soweit nicht im Anhang angegeben)
   - Forschung und Entwicklung
   - Ertragslage (soweit nicht im Anhang erörtert)
   - Vorgänge von besonderer Bedeutung nach Schluß des Geschäftsjahres
   - voraussichtliche weitere Entwicklung
b) Soziale Verhältnisse und Leistungen (Sozialbericht).

650   Auch für den LB gilt das Gebot, die **Form der Darstellung beizubehalten,** soweit nicht in Ausnahmefällen wegen besonderer Umstände Abweichungen erforderlich sind [697] (vgl. § 265 Abs. 1 HGB und Tz. 10). Abweichungen von den Berichterstattungsgrundsätzen des Vorjahres sind offenzulegen [698]. Nicht erforderlich ist es dagegen, daß **VJ-Zahlen** (vgl. § 265 Abs. 2 HGB) im LB genannt werden; ebenso sind **Fehlanzeigen** über regelmäßig vorgesehene, im Einzelfall aber nicht erscheinende Berichtsteile nicht erforderlich [699].

651   Der Lagebericht ist in **deutscher Sprache** abzufassen, Auswirkungen von Währungsumrechnungen auf die Lage der Gesellschaft sollten in **DM** zum Ausdruck gebracht werden [700] (vgl. § 244 HGB).

652   Das Gesetz enthält für den LB keine **Schutzklausel,** wie sie in § 286 HGB für den Anhang geregelt ist (vgl. Tz. 636 ff.). Dennoch müssen Angaben unterbleiben, wenn durch sie das Wohl der BRD oder eines ihrer Länder [701] gefährdet wäre; die Schutzklausel ist auch ohne ausdrückliche gesetzliche Verweisung zu beachten [702]. Darüber hinaus wird auch für den Fall der Zufügung eines erheblichen Nachteils [703] für die Gesellschaft oder ein Unternehmen, an dem sie beteiligt ist, die Angabe unterlassen werden dürfen; idR wird es aber auch nicht erforderlich sein, zur Lagedarstellung vertrauliche Informationen zu veröffentlichen [704].

695 Zum Verhältnis des Vollständigkeitsgrundsatzes und des Wesentlichkeitsgrundsatzes vgl. *ADS*, § 289 HGB Tz. 44; *BeBiKo.,* § 289 Anm. 7.
696 Vgl. *ADS*, § 289 HGB Tz. 34; *Biener/Berneke*, BiRiLiG, Erl. 2 zu § 289 HGB S. 276; vgl. auch *HuRB* S. 264 ff.
697 Vgl. *ADS*, § 289 HGB Tz. 36; *BeBiKo.,* § 289 Anm. 10; *HdR*, § 289 HGB Rn. 27; *HdJ*, Abt. IV/3 (1986) Rn. 21.
698 Vgl. *BeBiKo.,* § 289 Anm. 10; *HdR*, § 289 HGB Rn. 27.
699 Vgl. *ADS*, § 289 HGB Tz. 37 u. 39; *BeBiKo.,* § 289 Anm. 11.
700 Vgl. *ADS*, § 289 HGB Tz. 35; *BeBiKo.,* § 289 Anm. 5; *HdJ*, Abt. IV/3 (1986) Rn. 19.
701 Vgl. dazu *HuRB* S. 461 ff.
702 Ebenso *ADS*, § 289 HGB Tz. 59.
703 Vgl. dazu *HuRB* S. 141 ff.
704 Vgl. *ADS*, § 289 HGB Tz. 59; ferner *HdR*, § 289 HGB Rn. 28; *BeBiKo.,* § 289 Anm. 12 u. 43.

3. Geschäftsverlauf und Lage der Gesellschaft
(§ 289 Abs. 1 HGB)

Im allgemeinen Teil des LB sind Angaben vor allem über solche Vorgänge zu **653** machen, die nicht unmittelbar den JA betreffen – diese gehören in den Anhang – oder über die nicht nach § 289 Abs. 2 HGB zu berichten ist, die aber für die wirtschaftliche Gesamtbeurteilung der Gesellschaft, insb. für die Vermittlung eines den tatsächlichen Verhältnissen entsprechenden Bildes von Geschäftsverlauf und Lage, wichtig sind. Die Darstellung im LB geht somit **über den JA hinaus** und soll Kenntnisse vermitteln, die sich nicht ohne weiteres aus dem JA ableiten lassen[705]. Soweit korrigierende Angaben im JA erforderlich sein sollten, sind sie gem. § 264 Abs. 2 Satz 2 HGB (vgl. Tz. 632 ff.) im Anhang zu machen[706]. Der LB kann auch nicht dazu dienen, eine allgemeine Erläuterung der Posten der Bilanz und der GuV zu geben, die wegen der in das HGB nicht übernommenen allgemeinen Erläuterungspflicht weggefallen ist[707].

Die Darlegungen über den Geschäftsverlauf und zur Lage der Gesellschaft sind **654** idR nur schwer trennbar. Es ist daher zweckmäßig, im Rahmen einer **gemeinsamen Darstellung** mit der Beschreibung des Geschäftsverlaufs die Lage der Gesellschaft zu verdeutlichen; die in § 289 Abs. 2 HGB genannten Berichtsgegenstände können hier ebenfalls miteinbezogen werden[708].

Bei der Darstellung des **Geschäftsverlaufs** handelt es sich um einen **vergangenheitsorientierten,** zeitraumbezogenen Bericht. Die Berichterstattung über die **Lage der** **655** **Gesellschaft** hat eine sachliche und eine zeitliche Dimension[709]. In sachlicher Hinsicht hat die Lagedarstellung ein **Gesamtbild der Gesellschaft** zu vermitteln. Bei der zeitlichen Dimension geht es um die Frage, ob die Lage der Gesellschaft zeitpunktbezogen und gegenwartsorientiert oder zukunftsorientiert mit Prognosecharakter zu erfolgen hat. Die Berichterstattung hat hierbei alles das darzustellen, was für die Einschätzung und Beurteilung der Gesellschaft von Bedeutung ist; dabei sind sowohl in der Vergangenheit begründete und sich erst zukünftig auswirkende Ereignisse einzubeziehen als auch erst zukünftig erwartete Geschehensabläufe[710].

In Betracht kommen zB[711] Ausführungen über die Rahmenbedingungen für die **656** unternehmerische Tätigkeit sowie die Marktstellung und die Struktur der Gesellschaft[712], ferner über Auftragseingang, Produktion und Beschäftigungsgrad, über den mengen- und wertmäßigen Umsatz (diese Angaben können auch mit den im Anhang nach § 285 Nr. 4 HGB zu machenden Angaben verbunden werden), über die Entwicklung von Kosten und Erlösen, über die Entwicklung einzelner Sparten[713] sowie über Rentabilität, Liquidität und Finanzierung. Wegen einer **Kapitalflußrechnung** vgl. Tz. 438.

---

705 Vgl. *ADS*, § 289 HGB Tz. 29.
706 So *ADS*, § 289 HGB Tz. 30; aA *HdJ*. Abt. IV/3 (1986) Rn. 4.
707 Ebenso *ADS*, § 289 HGB Tz. 30; aA *BeBiKo.*, § 289 Anm. 3 u. 47.
708 Vgl. *ADS*, § 289 HGB Tz. 71.
709 Vgl. dazu *ADS*, § 289 HGB Tz. 85 ff.; anders *BeBiKo.*, § 289 HGB Anm. 16 (Vermögens-, Finanz- und Ertragslage).
710 So *ADS*, § 289 HGB Tz. 90.
711 Einen Überblick über die einzelnen Themen des LB geben ua. *Kropff*, BFuP 1980 S. 514 ff. (523 ff.); *Biener/Berneke*, BiRiLiG, Erl. 2 zu § 289 HGB S. 276; *ADS*, § 289 HGB Tz. 72 ff.; *BHdR*, B 510 Rz. 41 ff.; *BeBiKo.*, § 289 Anm. 17 ff.
712 Vgl. hierzu die empirische Untersuchung von *Bühner*, ZfbF 1978 S. 168 ff.
713 Vgl. *Kropff*, BFuP 1980 S. 514 ff. (528 f.). Zur Segment-Berichterstattung vgl. im übrigen Fn. 566 zu Tz. 534.

657   Zu berichten ist ferner über **bedeutsame Vorgänge während des GJ**, wie zB Abschluß wichtiger Verträge, Erweiterung oder Einschränkung des Betriebs, Angliederung von Unternehmen, Gründung von Filialen, Ausgang wichtiger Prozesse, Ereignisse bei Beteiligungen und Tochterunternehmen im In- und Ausland, Tarifabschlüsse, Arbeitskämpfe, Unglücksfälle, schwebende Geschäfte[714], besondere Verluste usw.[715]. Bei Unternehmen in den **neuen Bundesländern** ist ggf. auch eine Berichterstattung über Sanierungsmaßnahmen (vgl. auch § 19 Abs. 2 DMBilG) und über Rückübereignungsverfahren (vgl. auch § 19 Abs. 3 Nr. 5 DMBilG) erforderlich.

658   Für **multinational tätige Unternehmen** enthalten die Richtlinien der OECD[716] weitergehende Anforderungen, deren freiwillige Beachtung erwartet wird.

659   Der in § 289 Abs. 1 HGB verwendete Ausdruck **„zumindest"** soll deutlich machen, daß der LB auch für weitere Informationen offensteht[717]; außer Darstellungen zum Geschäftsverlauf und zur Lage der Gesellschaft können auch Ausführungen zu **anderen Sachgebieten** aufgenommen werden, die dann – wenn nicht deutlich vom LB abgegrenzt – den gleichen Offenlegungsverpflichtungen unterliegen wie der LB selbst (vgl. Tz. 641).

660   Bei größeren Gesellschaften wird häufig ein sog. **Sozialbericht** erstattet[718]. Die Frage, ob ein solcher Bericht pflichtmäßig oder freiwillig in den LB aufzunehmen ist, wird im Schrifttum unterschiedlich beantwortet[719]. In diesem Bericht können zB die Leistungen des Betriebes, die in dem Posten „Soziale Abgaben und Aufwendungen für Altersversorgung und für Unterstützung" der GuV nur teilweise ausgewiesen sind, erörtert werden. Angaben kommen ferner in Betracht zu Zahl und Alterszusammensetzung der Betriebsangehörigen, Tarifverträgen, Veränderungen der Entlohnung und Arbeitszeit, Rationalisierung der Arbeit, Urlaubsregelung, Aus- und Fortbildung, Lohnverhältnissen der Betriebsangehörigen, Werkswohnungen, Siedlungen, Erholungsheimen, Werksverpflegung, betrieblicher Gesundheitsfürsorge, Betriebsunfällen und Unfallschutz, Weihnachts- und Abschlußgratifikationen, Jubiläumsgeldern, Sonderzuwendungen und Gewinnbeteiligung der Betriebsangehörigen einschließlich der Ausgabe

---

714   Vgl. *Friederich*, Grundsätze ordnungsmäßiger Bilanzierung für schwebende Geschäfte, Düsseldorf 1975 S. 105; im übrigen vgl. L Tz. 22 u. F Tz. 510.

715   Vgl. im einzelnen *ADS*, § 289 HGB Tz. 84; *BeBiKo.*, § 289 Anm. 23; *Biener/Berneke*, BiRiLiG, Erl. 2 zu § 289 HGB S. 276.

716   Veröffentlicht in BMWi.-Tagesnachrichten Nr. 7251 u. 7252 v. 13. u. 14. 7. 1976; abgedruckt auch bei *Großfeld/Hübner*, ZGR 1978 S. 156 ff. und *ADS*, § 289 HGB Tz. 133.

717   So Begr. zum RegE, BT-Drs. 10/317 S. 94. Vgl. auch *Forster*, DB 1982 S. 1631 ff. (1633); *Sahner/ Kammers*, DB 1984 S. 2309 ff. (2311); *Scholtissek*, Inf. 1984 S. 390 ff. (392); *Biener/Berneke*, BiRiLiG, Erl. 1 zu § 289 HGB S. 276; *ADS*, § 289 HGB Tz. 92 ff.; *BeBiKo.*, § 289 Anm. 4; *Kölner Kom.*, § 289 HGB Anm. 32.

718   Vgl. hierzu ua. *ADS*, § 289 HGB Tz. 82; *BeBiKo.*, § 289 HGB Anm. 22; vgl. ferner bereits *Rogowsky*, ZfB 1955 S. 634 ff.; *Potthoff*, DB 1956 S. 1018; *Haberkorn*, Der Sozialbericht, Aufgaben, Voraussetzungen und Gestaltungsmöglichkeiten, Essen 1964; *Kropff*, BFuP 1980 S. 514 ff. (526 f.).

719   Für freiwillige Angabe: *Kropff*, BFuP 1980 S. 514 ff. (526 f.); *ADS*, § 289 HGB Tz. 82; *HdR*, §§ 284–288 HGB Rn. 40; *Kölner Kom.*, § 289 HGB Anm. 32. Für Verpflichtung: *Mellerowicz* in Großkom., § 160 AktG 1965 Anm. 6; *Kellinghusen/Irrgang*, DB 1978 S. 2277 ff. (2280); *BeBiKo.*, § 289 Anm. 22; *HdJ*, Abt. IV/3 (1986) Rn. 45 (notwendiger Bestandteil des LB). Nach *BoHdR*, § 289 HGB Rn. 15, besteht eine Verpflichtung nur insoweit, als derartige Angaben für die Gesamtbeurteilung wesentlich sind.

von Belegschaftsaktien, Zuweisungen an Pensions-, Wohlfahrts- und Unterstützungskassen[720].

Einige Gesellschaften haben versuchsweise die herkömmliche Sozialberichterstattung auf eine **gesellschaftsbezogene Berichterstattung**[721] in Form von Wertschöpfungsrechnungen oder Sozialbilanzen erweitert und erörtern neben den Beziehungen des Unternehmens zu seinen Mitarbeitern und deren Beziehungsfeldern (Inneres Beziehungsfeld) auch die Beziehungen zur weiteren gesellschaftlichen und physischen Umwelt (zB zu Abnehmern, Lieferanten, Gemeinde, Staat – Äußeres Beziehungsfeld). Eine derartige, auf freiwilliger Basis erfolgende Berichterstattung ist grundsätzlich zu begrüßen, sofern sie in verständlicher Form erfolgt und um Objektivität bemüht ist. Umfangreiche Darstellungen dieser Art, die den Rahmen des LB oder GB sprengen würden, sollten allerdings gesondert veröffentlicht werden[722]. **661**

4. Angaben nach § 289 Abs. 2 HGB

Für alle in § 289 Abs. 2 HGB genannten Berichtsgegenstände gilt, daß auf sie eingegangen werden „soll". Gleichwohl ist davon auszugehen, daß die Berichterstattung nach Abs. 2 nicht in das Belieben der Gesellschaft gestellt ist. Eine Berichterstattungspflicht besteht (bereits) nach § 289 Abs. 1 HGB immer dann, wenn die nach Abs. 2 anzugebenden Sachverhalte bei vernünftiger kaufmännischer Beurteilung wichtige Informationen für die Berichtsempfänger darstellen[723]. Ist dies nicht der Fall, können Angaben unterbleiben. Das „soll" ist also weder mit „muß" noch mit „kann, aber muß nicht" identisch[724]. Fehlanzeigen sind nicht erforderlich (vgl. Tz. 425). **662**

---

720 Zu den Vorstellungen von Mitgliedern der Unternehmensrechtskommission über die zu machenden Angaben vgl. den Bericht der Unternehmensrechtskommission, Köln 1980 S. 948.
721 Vgl. hierzu auch *Dierkes*, Die Sozialbilanz, Frankfurt a. M./New York 1974; *v. Wysocki* in Bericht über die IDW-Fachtagung 1974, Düsseldorf 1975 S. 201 ff. (Sozialbilanz); *ders.*, Sozialbilanzen – Inhalt und Formen gesellschaftsbezogener Berichterstattung, Stuttgart/New York 1981; *Brockhoff*, Zur externen gesellschaftsbezogenen Berichterstattung deutscher Unternehmen, Köln 1975; *Löcherbach*, BFuP 1976 S. 53 ff.; *Mintrop*, Gesellschaftsbezogene Rechnungslegung: Dokumentation „Sozialer Verantwortung" der Unternehmung, Zürich 1976; *Wedel*, DB 1976 S. 205 ff.; *Pieroth* (Hrsg.), Sozialbilanzen in der Bundesrepublik Deutschland, Wien/Düsseldorf 1978 mwN; *Beyer/Schlossarek*, DB 1980 S. 1129 ff. u. 1177 ff.; *Fischer-Winkelmann*, Gesellschaftsorientierte Unternehmensrechnung, München 1980; *Reichmann/Lange*, ZfB 1980 S. 518 ff.; *dies.*, DB 1981 S. 949 ff.; *Wiedenmayer*, ZfB 1981 S. 202 ff.; *Chmielewicz*, DBW 1983 S. 152 ff.; *Dierkes*, ZfB 1984 S. 1210 ff.; *Dyllick*, DBW 1986 S. 373 ff. mwN; *HdJ*, Abt. IV/7 (1986) mwN (Wertschöpfungsrechnung); *Knief*, DB 1987 S. 949 ff. (Wertschöpfungsrechnung); *Wielinski*, DSWR 1987 S. 233 ff.; ferner mit Empfehlungen zur aktuellen Gestaltung *Arbeitskreis „Sozialbilanz-Praxis"*, DB 1978 S. 1141 ff.; zur Kritik von gewerkschaftlicher Seite vgl. *Küller*, WSI-Mitteilungen 1977 S. 34 ff. sowie *Dreyer*, ZfbF 1981 S. 297 ff.
722 Vgl. *Kropff*, BFuP 1980 S. 514 ff. (527).
723 Zum Zusammenwirken von § 289 Abs. 1 u. Abs. 2 HGB vgl. *Maul*, WPg. 1984 S. 187 ff.; *GEFIU*, DB 1986 S. 2553 ff. (2556, These 4); *Baetge/Fischer/Paskert* (Fn. 682), S. 28 ff.
724 Vgl. *ADS*, § 289 HGB Tz. 103 ff. Im Ergebnis ebenso *BeBiKo.*, § 289 Anm. 26; *HdR*, §§ 284–288 HGB Rn. 30; *Stobbe*, BB 1988 S. 303 ff. (311); *Baetge/Fischer/Paskert* (Fn. 682), S. 36; *Ludewig*, WPg. 1986 S. 377 ff. (378, 380); *Sieben* (Fn. 682), S. 586; *Sorg*, WPg. 1988 S. 381 ff. (383); für ein Berichterstattungswahlrecht *Maul*, WPg. 1984 S. 187 ff. (190); ähnlich *Emmerich/Künnemann*, WPg. 1986 S. 145 ff. (146).

a) Angaben zu Vorgängen von besonderer Bedeutung nach Schluß des Geschäftsjahres (§ 289 Abs. 2 Nr. 1 HGB) [725]

663   Zu berichten ist über **Vorgänge** von besonderer Bedeutung, dh. über tatsächlich eingetretene Ereignisse und Entwicklungen positiver wie negativer Art. Hier kommen zB in Betracht: Erwerb oder Verkauf von Grundstücken oder Beteiligungen, Verträge von außergewöhnlicher Bedeutung, Eintritt eines wesentlichen Verlustes, Ergebnisse von Sanierungsbemühungen, Stillegung, Kurzarbeit, aber auch Streiks, Störungen in der Rohstoffbelieferung, Aus- oder Einfuhrsperren und wesentliche Paritätsveränderungen von Währungen. Je negativer sich nach dem Abschlußstichtag eingetretene Ereignisse für die Gesellschaft auswirken können, desto schärfere Anforderungen sind an die Berichterstattungspflicht zu stellen. Angabepflichtig sind ferner nach dem Stichtag eintretende Vorgänge, die bei einer AG unter die in § 160 Abs. 1 AktG aufgeführten Einzelangaben fallen, wenn sie von besonderer Bedeutung sind (zB die Mitteilung über das Bestehen einer Beteiligung an der Gesellschaft) [726]. Diese Tatbestände können – soweit sie wesentlich sind – für die Beschlußfassung über die Gewinnverwendung oder über andere, etwa erforderlich werdende Maßnahmen bedeutsam sein [727].

664   Die Berichterstattung bezieht sich nur auf Vorgänge von **besonderer Bedeutung**, dh. wesentliche Vorgänge, die geeignet sind, die Lage der Gesellschaft erheblich zu beeinflussen [728]. Berichtpflichtig sind ferner nur Vorgänge, die **nach dem Schluß des GJ** eingetreten sind. Der Berichtszeitraum erstreckt sich vom Beginn des neuen Geschäftsjahres bis zur Aufstellung des JA und LB, bei besonders wichtigen Vorgängen bis zur Feststellung des JA [729]. Größere Verluste, die nach dem Abschlußstichtag eingetreten sind oder später drohen, sind anzugeben, wenn sie nach der Größe und Eigenart des Betriebes wesentlich sind. Wird ein vor dem Abschlußstichtag eingetretener Verlust bis zur Bilanzaufstellung bekannt, ist eine unmittelbare Berücksichtigung in der Bilanz erforderlich (Wertaufhellungsprinzip; § 252 Abs. 1 Nr. 4 HGB).

b) Angaben zur voraussichtlichen Entwicklung der Gesellschaft (§ 289 Abs. 2 Nr. 2 HGB) [730]

665   Sinn und Zweck der Angaben nach Abs. 2 Nr. 2 ist es, durch eine zukunftsorientierte Darstellung eine Grundlage zur Beurteilung der Lage der Gesellschaft zu geben [731]. Die Berichterstattung hat **Prognosecharakter,** dh. es kann nicht – wie

---

725 Dieser Berichtsteil wird von einigen Autoren als „Nachtragsbericht" bezeichnet, vgl. zB *Ertner* (Fn. 682), S. 37 f.; *Clemm/Reittinger*, BFuP 1980 S. 493 ff. (506); *Reittinger* (Fn. 682), S. 29 ff.; *Emmerich/Künnemann*, WPg. 1986 S. 145 ff. (146); *HdJ*, Abt. IV/3 (1986) Rn. 35, 48; *HdR*, §§ 284–288 HGB Rn. 53.
726 Vgl. *Kropff* in AktG-Kom., § 160 AktG 1965 Anm. 22, der den Einzelangaben stets besondere Bedeutung beimißt; vgl. auch *BHdR*, B 510 Rn. 64.
727 Vgl. *ADS*, § 289 HGB Tz. 109; *BeBiKo.*, § 289 HGB Anm. 32; *BoHdR*, § 289 HGB Rz. 19; *Mellerowicz* in Großkom., § 160 AktG 1965 Anm. 7.
728 Vgl. mit Beispielen *ADS*, § 289 HGB Tz. 111.
729 Vgl. *ADS*, § 289 HGB Tz. 112; weitergehend *BeBiKo.*, § 289 Anm. 32; *HdR*, § 289 HGB Tz. 58; *HdJ*, Abt. IV/3 (1986) Rn. 48; *Stobbe*, BB 1988 S. 303 (307); ferner zum AktG 1965 *Mellerowicz* in Großkom., § 160 AktG 1965 Anm. 7; *Kropff* in AktG-Kom., § 160 AktG 1965 Anm. 23.
730 Dieser Berichtsteil wird von einigen Autoren „Prognosebericht" genannt: vgl. zB *BeBiKo.*, § 289 Anm. 35; *HdR*, § 289 HGB Rn. 59; *HdJ*, Abt. IV/3 (1986) Rn. 35 u. 54; *Stobbe*, BB 1988 S. 303 ff. (307). Vgl. im übrigen *Kamp*, Leitlinien zur Prognosepublizität im Lagebericht – Die voraussichtliche Entwicklung der Kapitalgesellschaft gem. § 289 Abs. 2 Nr. 2 HGB, Diss. Kiel 1988 mwN; *Schloen*, DB 1988 S. 1661 ff.; *Sorg*, WPg. 1988 S. 381 ff.; ferner *Kropff*, BFuP 1980 S. 514 ff. (531 f.); *Reittinger* (Fn. 682), S. 31 ff.; *Sahner/Kammers*, DB 1984 S. 2309 ff. (2312 f.).
731 Vgl. *Emmerich* in Bericht über die IDW-Fachtagung 1985, Düsseldorf 1985 S. 217 ff. (223).

bei Abs. 2 Nr. 1 – über definitiv eingetretene Ereignisse und Vorgänge berichtet werden[732]. Die Anforderungen an die gesetzlich geforderten Prognoseaussagen dürfen nicht zu hoch angesetzt werden[733]. Die Prognosen müssen vorsichtig sein, damit nicht falsche Erwartungen entstehen[734]. Die Erläuterungen werden vor allem in **verbalen** Angaben bestehen; dabei sollte die voraussichtliche Entwicklung für einen überschaubaren Zeitraum (hM: etwa 2 Jahre)[735] dargestellt werden. Wegen Prognoserechnungen vgl. *ADS*, § 289 HGB Tz. 117, sowie hier Tz. 439.

666 Der Vorstand/die Geschäftsführung hat seine/ihre nach pflichtgemäßem Ermessen vorgenommene Einschätzung der künftigen Entwicklung der Gesellschaft darzulegen. Sie wird sich zB auf die für das nächste GJ erwartete Ertragsentwicklung erstrecken, ferner auf die generellen Zukunftsaussichten und auf besondere Entwicklungen, die der Branche oder der Gesellschaft drohen oder neue Chancen bieten. Es kommen sowohl **positive** als auch **negative Aspekte** in Betracht.

667 Über Sachverhalte, die sich noch in einer nicht abgeschlossenen Entwicklung befinden (zB laufende Verhandlungen über Großgeschäfte, über Fusionen, Beteiligungsan- oder -verkäufe), braucht **nicht** berichtet zu werden, es sei denn, daß bereits öffentliche Diskussionen darüber stattfinden und eine Stellungnahme der Gesellschaft erwartet werden darf. Auch über Geschäfts- und Betriebsgeheimnisse ist nicht zu berichten, desgleichen über Sachverhalte, deren Offenlegung der Gesellschaft oder einem anderen Unternehmen Schaden zufügen würde[736]; vgl. hierzu auch Tz. 637. Wird auf diese Weise über negative Zukunftsaspekte nicht berichtet, so sind zur Wahrung eines ausgeglichenen Bildes positive Aspekte entsprechend abzuschwächen; denn auch für die Berichterstattung über die voraussichtliche Entwicklung gilt, daß sie ein den tatsächlichen Verhältnissen entsprechendes Bild zu vermitteln hat (vgl. § 289 Abs. 1 HGB).

c) Angaben zu dem Bereich Forschung und Entwicklung (§ 289 Abs. 2 Nr. 3 HGB)[737]

668 Zum **Begriff** der Forschung und der Entwicklung vgl. *ADS*, § 289 HGB Tz. 127. Die Vorschrift wendet sich naturgemäß besonders an solche Gesellschaften, die in größerem Umfang eigene Forschung und Entwicklung betreiben[738]. In Betracht kommen daher vornehmlich Gesellschaften aus den Wirtschaftszwei-

---

732 Vgl. *ADS*, § 289 HGB Tz. 116.

733 Vgl. *Forster*, DB 1982 S. 1631 ff. (1633).

734 So *Biener/Berneke*, BiRiLiG, Erl. 3b zu § 289 HGB S. 277.

735 Vgl. *Wanik* in Bericht über die IDW-Fachtagung 1974, Düsseldorf 1975 S. 45 ff. (55); ferner *ADS*, § 289 HGB Tz. 124 mwN; *BeBiKo.*, § 289 Anm. 35; *HdJ*, Abt. IV/3 (1986) Rn. 53; *HdR*, § 289 HGB Rn. 62; *BoHdR*, § 289 HGB Rn. 25.

736 Im Ergebnis ebenso *Scholtissek*, Inf. 1984 S. 390 ff. (392); zur Problematik im Falle einer Unternehmenskrise vgl. *Kropff*, BFuP 1980 S. 514 ff. (522); *Clemm/Reittinger*, BFuP 1980 S. 493 ff. (500); *Reittinger* (Fn. 682), S. 45 f.; *ADS*, § 289 HGB Tz. 107; *BeBiKo.*, § 289 Anm. 36.

737 Dieser Berichtsteil wird zT als „Forschungsbericht" bezeichnet; vgl. zB *HdR*, § 289 HGB Rn. 67. Vgl. ferner *ADS*, § 289 HGB Tz. 125 ff.; *BHdR*, B 510 Rn. 78 ff.; *Kropff*, BFuP 1980 S. 514 ff. (525); *Brockhoff*, WPg. 1982 S. 237 ff., *ders.*, ZfB 1986 S. 525 ff.; *ders*, ZfB 1987 S. 81 ff.; *Dellmann*, WPg. 1982 S. 557 ff. u. 587 ff.; *IIR-Arbeitskreis Bätz ua.*, ZIR 1985 S. 101 ff.; *Fischer*, ZfB 1987 S. 77 ff.; *Popp*, DBW 1988 S. 735 ff. Zum LB staatlich getragener Forschungseinrichtungen vgl. *Schulze*, DB 1987 S. 1849 ff. (1851 f.).

738 Vgl. *Forster*, DB 1982 S. 1631 ff. (1633); *Kropff*, BFuP 1980 S. 514 ff. (525); *Emmerich/Künnemann*, WPg. 1986 S. 145 ff. (151); *BeBiKo.*, § 289 Anm. 40.

gen Chemie, Luft- und Raumfahrt, Gen-Technik, Elektronik, Automobilindu-
strie, Anlagenbau ua., jedoch ist nicht die Zugehörigkeit oder Nichtzugehörig-
keit zu einem dieser Wirtschaftszweige ausschlaggebend, sondern der Stellenwert, den die eigene Forschung und Entwicklung für die berichtende Gesellschaft hat. Betreibt eine Gesellschaft **keine** Forschung und Entwicklung, wird
dies aber nach der Zugehörigkeit zu einer bestimmten Branche oder nach der
Art der Produkte erwartet, werden hierüber Ausführungen im Rahmen der Lagedarstellung nach § 289 Abs. 1 HGB erforderlich werden[739]. Wird keine For-
schungs- und Entwicklungstätigkeit betrieben und ist diese auch **nicht branchenüblich,** so kann eine Berichterstattung entfallen[740]. Forschungs- und Entwick-
lungstätigkeiten, die die Gesellschaft im Auftrag von Dritten vornimmt, fallen
nicht unter die Angabe nach Nr. 3[741].

669 **Art und Umfang der Berichterstattung** überläßt das Gesetz den einzelnen Gesellschaften. Es können zB die Bereiche genannt werden, in denen geforscht und
entwickelt wird, es kann der Gesamtaufwand[742] des GJ genannt werden, die
Zahl der Mitarbeiter, die für Forschung und Entwicklung arbeiten, die aufzu-
weisenden Erfolge (zB Zahl der in- und ausländischen Patentanmeldungen), die
Investitionen, die für die nähere Zukunft in diesem Bereich beabsichtigt sind,
sowie der Einsatz öffentlicher Mittel zur Forschungsförderung und ähnliches
mehr.

670 Auch hier gilt, daß über Geschäfts- und Betriebsgeheimnisse nicht zu berichten
ist und daß aus Konkurrenzgründen eine detaillierte Berichterstattung (zB über
konkrete Forschungsergebnisse oder Entwicklungsvorhaben) nicht erwartet
werden darf[743]. Die Berichterstattung muß im übrigen unterbleiben, soweit
es das Wohl der BRD oder eines ihrer Länder erfordert. Vgl. im einzelnen
Tz. 637.

5. Nur für AG und KGaA: Aufnahme der Schlußerklärung aus dem sog. Abhängigkeitsbericht[744] in den Lagebericht (§ 312 Abs. 3 Satz 3 AktG)

671 Der Vorstand einer abhängigen AG hat nach § 312 AktG unter bestimmten Voraussetzungen einen Bericht über Beziehungen zu verbundenen Unternehmen
(sog. Abhängigkeitsbericht) zu erstatten. Am Schluß dieses Berichts hat der Vorstand eine besondere, in § 312 Abs. 3 AktG im einzelnen bestimmte Erklärung
abzugeben (sog. Schlußerklärung). Nach Satz 3 ist die Schlußerklärung auch in
den LB aufzunehmen; sie bildet daher einen **notwendigen Bestandteil** des LB.
Fehlt sie, obwohl die gesetzlichen Voraussetzungen für die Aufstellung des

---

739 Vgl. auch *ADS*, § 289 HGB Tz. 125; *BeBiKo.*, § 289 Anm. 40; aA *Kölner Kom.*, § 289 HGB Anm. 27.
740 So *BeBiKo.*, § 289 Anm. 40.
741 So *ADS*, § 289 HGB Tz. 129; *BeBiKo.*, § 289 Anm. 41.
742 Eine betragsmäßige Aufgliederung der Aufwendungen wird nicht verlangt, vgl. *ADS*, § 289 HGB
       Tz. 130; aA *Biener/Berneke*, BiRiLiG, Erl. 3c zu § 289 HGB S. 277.
743 Im Ergebnis ebenso *Kropff*, BFuP 1980 S. 514 ff. (522, 525); *Maul*, WPg. 1984 S. 187 ff. (192); *Sah-
       ner/Kammers*, DB 1984 S. 2309 ff. (2311 f.); *Biener/Berneke*, BiRiLiG, Erl. 3c zu § 289 HGB
       S. 277; *ADS*, § 289 HGB Tz. 130; *BeBiKo.*, § 289 Anm. 28 u. 43. Das Bestehen einer impliziten
       Schutzklausel verneinend *Reittinger* (Fn. 682), S. 44 f.
744 Vgl. hierzu HFA, Entwurf einer Verlautbarung: Zur Aufstellung und Prüfung des Berichts über
       Beziehungen zu verbundenen Unternehmen (Abhängigkeitsbericht nach § 312 AktG), WPg. 1990
       S. 602 ff.

Abhängigkeitsberichts vorliegen, dann ist der LB unvollständig und entspricht damit nicht dem Gesetz. Der BestV muß dann gem. § 322 Abs. 3 Satz 1 HGB eingeschränkt werden[745]. Das gleiche gilt, wenn zwar der Abhängigkeitsbericht erstellt ist, aber die Schlußerklärung im LB nicht wiedergegeben ist.

VI. Aufstellung und Prüfung des Abhängigkeitsberichts

1. Allgemeines

In den §§ 311 bis 318 AktG hat der Gesetzgeber Regelungen getroffen für solche **672** Abhängigkeitsverhältnisse (§ 17 AktG), die nicht aufgrund eines Beherrschungsvertrages (§ 291 AktG) oder einer Eingliederung (§§ 319 ff. AktG) zustande gekommen sind, sondern auf anderen rechtlichen oder tatsächlichen Umständen beruhen (sog. faktischer Konzern).

Diese Regelungen sollen im Interesse der schutzwürdigen Belange insbesondere der Minderheitsaktionäre und der Gläubiger der abhängigen Gesellschaft eine nachhaltige Benachteiligung durch einen fremdbestimmten Unternehmerwillen ausschließen.

Während beim Bestehen eines Beherrschungsvertrags das herrschende Unter- **673** nehmen berechtigt ist, der abhängigen Gesellschaft Weisungen – und zwar auch nachteilige Weisungen – zu erteilen (§ 308 AktG), wollte der Gesetzgeber beim Fehlen eines Beherrschungsvertrages eine nachteilige Einflußnahme nicht ohne weiteres zulassen. Das Gesetz hat jedoch auch in diesem Falle nicht jede Einflußnahme auf die abhängige Gesellschaft verboten oder für rechtswidrig erklärt[746]. Es hat lediglich die Folgen bestimmt, die eintreten, wenn das herrschende Unternehmen die abhängige Gesellschaft zu nachteiligen Rechtsgeschäften oder Maßnahmen veranlaßt. Das herrschende Unternehmen muß dann nämlich die **Nachteile ausgleichen.** § 311 Abs. 1 AktG bestimmt deshalb, daß das herrschende Unternehmen seinen Einfluß nicht dazu benutzen darf, eine abhängige AG oder KGaA zur Vornahme nachteiliger Rechtsgeschäfte oder Maßnahmen zu veranlassen, „es sei denn, daß die Nachteile ausgeglichen werden". Aus dieser Bestimmung ist zu schließen, daß eine nachteilige Beeinflussung nur dann zulässig sein kann, wenn sich der Nachteil ex ante in ausreichend engen Grenzen quantifizieren und damit auch ausgleichen läßt[747]. Erfolgt dieser Ausgleich nicht schon während des GJ, in dem der Nachteil entstanden ist, dann sieht § 311 Abs. 2 AktG folgende Ausgleichsregelung vor:

Spätestens am Ende des GJ muß bestimmt werden, wann und durch welche Vor- **674** teile der Nachteil ausgeglichen werden soll. Auf die zum Ausgleich bestimmten Vorteile ist der abhängigen Gesellschaft ein **Rechtsanspruch** zu gewähren. Mit dieser Regelung soll erreicht werden, daß die nicht tatsächlich ausgeglichenen Nachteile innerhalb eines Jahres erfaßt und für diesen Zeitraum durch Gewäh-

---

745 Vgl. FG 3/1988, Abschn. C. III. Anm. 2, sowie HFA, Entwurf einer Verlautbarung (Fn. 744), Abschn. II. 3; ferner *Forster.* WPg. 1965 S. 389 ff. (397); *Goerdeler,* WPg. 1966 S. 113 ff. (126).
746 Vgl. *Geßler,* DB 1965 S. 1729.
747 Vgl. *ADS,* § 311 AktG Tz. 59; *Dierdorf,* Herrschaft und Abhängigkeit einer Aktiengesellschaft auf schuldvertraglicher und tatsächlicher Grundlage, Köln 1978 S. 256 ff.

rung eines Rechtsanspruches ausgeglichen werden. Die periodische Betrachtungsweise zwingt also dazu, entstandene Nachteile auch dann innerhalb eines Jahres auszugleichen, wenn ein ihnen entsprechender, noch ungewisser Vorteil erst in späteren GJ eintreten sollte[748]. Erfolgt der vorgesehene Ausgleich nicht bis zum Ende des GJ, entstehen automatisch Schadensersatzansprüche aus § 317 AktG[749]. Ein durchsetzbarer Rechtsanspruch auf Nachteilsausgleich besteht dagegen – wenn er nicht ausdrücklich vereinbart wird, § 311 Abs. 2 Satz 2 AktG – weder vor Ende des GJ noch danach. Um das Entstehen eines Schadensersatzanspruchs zu vermeiden, kann das abhängige mit dem herrschenden Unternehmen einen Nachteilsausgleichsvertrag schließen[750].

675 Ein Eckpfeiler in dem zum Schutz von Minderheitsaktionären und Gläubigern abhängiger Gesellschaften geschaffenen Gesetzgebungswerk ist die vorgeschriebene Prüfung des Abhängigkeitsberichts durch den APr. Bei der Beratung der Neuregelung sind von Anfang an Bedenken laut geworden, ob bei der Vielfalt der möglichen Beziehungen in allen Fällen ausreichende Beurteilungsmaßstäbe für die Angemessenheit zur Verfügung stehen, um eine objektive Prüfung überhaupt zu ermöglichen.

676 Trotz der berechtigten Bedenken und bestehender Beurteilungsprobleme – insbesondere im Bereich von getroffenen oder unterlassenen Maßnahmen[751] – kann nach den vorliegenden Erfahrungen[752] wohl festgestellt werden, daß sich die gesetzliche Regelung im großen und ganzen insbesondere durch ihre präventive Wirkung durchaus **in der Praxis bewährt.** Diese Wirkung ist ua. auch darin zu sehen, daß die gesetzlichen Bestimmungen und die mit den Beurteilungsschwierigkeiten zwangsläufig verbundenen Risiken einen Druck ausüben, die Berichtspflicht durch Abschluß eines Unternehmensvertrages oder durch andere gesellschaftsrechtliche Maßnahmen zu beenden oder von vornherein gar nicht entstehen zu lassen. Die Anzahl der Fälle, in denen ein Abhängigkeitsbericht zu erstatten ist, wird sich damit in relativ engen Grenzen halten; eine Entwicklung, die mit den Absichten und Zielen des Gesetzgebers durchaus im Einklang stehen dürfte.

2. Verpflichtung zur Aufstellung

a) Voraussetzungen

677 Der Feststellung, welche Rechtsgeschäfte und Maßnahmen zu Nachteilen für die abhängige Gesellschaft geführt haben, sowie der Durchsetzung des Nachteilsausgleichs dient ua. die Berichtspflicht des § 312 Abs. 1 AktG. Hiernach hat der Vorstand einer abhängigen Gesellschaft in den ersten 3 Monaten des GJ einen „Bericht über die Beziehungen der Gesellschaft zu verbundenen Unternehmen" aufzustellen. Im RegE war dieser Bericht als **„Abhängigkeitsbericht"**

748 Vgl. *Möhring*, NJW 1967 S. 9; vgl. auch *ADS*, § 311 AktG Tz. 66.
749 Über das Verhältnis von § 311 zu § 317 vgl. *Kellmann*, BB 1969 S. 1509 ff.
750 Hierzu *Lutter/Happ*, Formular-Kommentar, Handels- und Wirtschaftsrecht II, 21. Aufl., Köln ua. 1982, Form. 2.204.
751 Vgl. auch *Möschel*, ZRP 1973 S. 162.
752 Vgl. *Küting*, ZfB 1975 S. 473; *Walther*, ZGR 1974 S. 208.

bezeichnet[753], und dieser Ausdruck hat sich auch in der Praxis weitgehend durchgesetzt.

Nach § 312 Abs. 1 AktG hat eine AG einen Abhängigkeitsbericht nur aufzustellen, wenn sie „abhängig" ist. Voraussetzung für die Erstellung ist also ein **Abhängigkeitsverhältnis** iSd. § 17 AktG. Der Abhängigkeitsbegriff des § 17 Abs. 1 AktG ist uneingeschränkt auch im Rahmen der §§ 311 ff. AktG anzuwenden[754]. Danach ist eine Gesellschaft abhängig, wenn ein anderes Unternehmen, das sog. herrschende Unternehmen, unmittelbar oder mittelbar einen beherrschenden Einfluß ausüben kann[755]. Zu beachten ist, daß nach der Rspr. des BGH[756] entgegen dem Wortlaut des Gesetzes auch eine Abhängigkeit von mehreren anderen Unternehmen vorliegen kann, da sonst der vom Gesetzgeber gewollte Schutz der abhängigen Gesellschaft gegen einen fremdbestimmten Unternehmerwillen in diesen Fällen nicht erreicht würde. **678**

Der Vorstand einer AG muß sich daher zunächst darüber klarwerden, ob seine Gesellschaft als abhängig zu betrachten ist oder nicht. Hierbei kommt der – widerlegbaren – Abhängigkeitsvermutung (§ 17 Abs. 2 AktG) besondere Bedeutung zu[757]. Das Ergebnis seiner Überlegungen ist vom APr. unter Berücksichtigung der rechtlichen und tatsächlichen Umstände zu prüfen[758]. **679**

Auch Gesellschaften, die zu 100% im Besitz herrschender Unternehmen sind, haben den Abhängigkeitsbericht aufzustellen. In diesem Falle fehlt es zwar an einem Schutzbedürfnis außenstehender Aktionäre, das Gesetz läßt jedoch – wohl im Hinblick auf den Gläubigerschutz – einen Verzicht auf die Erstellung des Abhängigkeitsberichts nicht zu. Der Bericht ist daher auch bei 100%iger Beteiligung in dem gesetzlich vorgeschriebenen Umfang zu erstatten[759]. **680**

Ebenso ist es ohne Bedeutung, ob das Abhängigkeitsverhältnis durch ein Konzernverhältnis überlagert ist; auch abhängige Konzernunternehmen unterliegen der Berichterstattungspflicht, sofern kein Unternehmensvertrag (§ 291 AktG) besteht und keine Eingliederung vorliegt. **681**

Die Pflicht trifft nach dem Wortlaut nur den Vorstand einer abhängigen AG („Gesellschaft"); für Unternehmen anderer Rechtsform gilt die Vorschrift dagegen grundsätzlich nicht. Zweifelhaft könnte sein, ob auch eine **KGaA** einen Abhängigkeitsbericht zu erstatten hat, da in § 312 AktG nur vom „Vorstand" die Rede ist und die Pflicht zur Erstellung eines Abhängigkeitsberichtes sich auch aus der Vorschrift des § 283 AktG nicht ergibt, in der alle sonstigen Vorschriften, die für den persönlich haftenden Gesellschafter einer KGaA sinngemäß gelten, aufgeführt sind. Die Anwendbarkeit des § 312 AktG auch auf die KGaA läßt sich jedoch aus dem engen Zusammenhang zwischen den §§ 311 bis 318 AktG entnehmen[760]. Diese Vorschriften bilden ihrem Sinnzusammenhang nach eine **682**

---

753 Zum Grund der Formulierungsänderung vgl. Ausschußber. bei *Kropff*, AktG, Düsseldorf 1965 S. 412.
754 Vgl. *ADS*, § 311 AktG Tz. 3; *Kropff* in AktG-Kom., § 311 AktG 1965 Anm. 86.
755 Vgl. hierzu R Tz. 58 ff.
756 BGHZ 62 S. 193 = WPg. 1974 S. 193 *(Seitz)*; vgl. auch *ADS*, § 17 AktG Tz. 40 ff.
757 Vgl. hierzu R Tz. 19 sowie *ADS*, § 17 AktG Tz. 95 ff.
758 Entwurf einer Verlautbarung des HFA/IDW: Zur Aufstellung und Prüfung des Berichts über Beziehungen zu verbundenen Unternehmen (Abhängigkeitsbericht nach § 312 AktG), WPg. 1990 S. 602, Abschn. III. 3.
759 Unstr., vgl. *Koppensteiner* in Kölner Kom., § 312 Anm. 6.
760 So *Geßler*, NB 1966 S. 198; *Koppensteiner* in Kölner Kom., § 312 Anm. 7 mwN.

Einheit, so daß die KGaA, die ausdrücklich im § 311 AktG genannt wird, auch in den §§ 312 ff. AktG gemeint ist. Dies ergibt sich auch aus den Strafvorschriften der §§ 407 und 408 AktG, nach denen die persönlich haftenden Gesellschafter einer KGaA vom Registergericht durch Ordnungsstrafen zur Befolgung des § 312 Abs. 1 AktG angehalten werden können. Die Verpflichtung der persönlich haftenden Gesellschafter einer KGaA zur Aufstellung eines Abhängigkeitsberichts läßt sich schließlich auch aus § 26 iVm. § 23 Abs. 2 EG/AktG herleiten.

683   Der Abhängigkeitsbericht betrifft nur die Beziehungen der Gesellschaft zu verbundenen Unternehmen. Die Frage, ob die Obergesellschaft als **„Unternehmen"** iSd. § 312 AktG anzusehen ist, beantwortet sich nach dem allgemeinen Unternehmensbegriff, der dem AktG zugrunde liegt und auch in zahlreichen anderen Fällen eine Rolle spielt[761]. Geht der beherrschende Einfluß nicht von einem „Unternehmen" aus, ist somit eine Berichtspflicht nicht gegeben[762]. Weitere Voraussetzung für die Berichtspflicht ist, daß das abhängige Unternehmen seinen Sitz im Inland hat. Dagegen sind Rechtsform und Sitz des herrschenden Unternehmens ohne Bedeutung[763].

684   Besteht ein **Beherrschungsvertrag,** so entfällt die Anwendbarkeit der §§ 311 ff. AktG und damit auch die Verpflichtung zur Erstellung eines Abhängigkeitsberichts nach § 312 Abs. 1 AktG. Das gleiche gilt, wenn die abhängige Gesellschaft nach §§ 319 ff. AktG in eine andere AG **eingegliedert** ist (§ 323 Abs. 1 Satz 3 AktG). Wenn ein **GAV** zwischen der abhängigen Gesellschaft und dem herrschenden Unternehmen abgeschlossen ist, bleibt zwar § 311 AktG anwendbar; es entfällt gem. § 316 AktG jedoch die Berichtspflicht des § 312 AktG. Die Aufstellung des Berichts kann in diesen drei Fällen unterbleiben, weil die außenstehenden Aktionäre durch die Vorschriften über Ausgleichszahlung und Abfindung ausreichend gesichert sind. Durch den Abschluß eines Beherrschungs- oder GAV oder durch Eingliederung kann eine abhängige Gesellschaft daher einen Abhängigkeitsbericht vermeiden.

685   Liegen die Voraussetzungen für die Aufstellung eines Abhängigkeitsberichts vor, so ist dieser auch dann zu erstatten, wenn in dem betreffenden GJ keine berichtspflichtigen Rechtsgeschäfte und/oder Maßnahmen vorgenommen wurden. Dieser sog. **Negativbericht** beschränkt sich auf die Feststellung, daß keiner der in § 312 Abs. 1 AktG genannten Tatbestände vorliegt[764].

b) Sonderfragen bei mehrstufig abhängigen Unternehmen

686   Besonderheiten ergeben sich in den Fällen sog. **mehrstufiger Abhängigkeit.** Hierher gehören diejenigen Fälle, in denen eine AG mit einem Unternehmen unmittelbar und mit anderen Unternehmen nur mittelbar, zB über § 16 Abs. 4 AktG, verbunden ist. Diese Fälle sind meist bei größeren Konzernen anzutreffen, wenn die Muttergesellschaft (A) eine abhängige Tochter (B) besitzt und diese wiederum eine eigene Tochtergesellschaft (C). Dann haben grundsätzlich sowohl

---

761 Vgl. hierzu R Tz. 41 ff.; *ADS*, § 15 AktG Tz. 1 ff. mwN.
762 Vgl. hierzu *Kellmann*, BB 1969 S. 1509 ff.
763 Vgl. Entw. St/HFA, WPg. 1990 S. 602, Abschn. I. 2; *Kropff* in AktG-Kom., Vorb. §§ 311–318 AktG 1965 Anm. 42 ff.; wegen der Qualifizierung von Gebietskörperschaften als Unternehmen vgl. *ADS*, § 15 AktG Tz. 12, sowie § 312 AktG Tz. 36.
764 Vgl. Entw. St/HFA, WPg. 1990 S. 602, Abschn. I. 16; *Koppensteiner* in Kölner Kom. § 312 Anm. 10 mwN.

die Tochter B als auch deren Tochter C einen Abhängigkeitsbericht zu erstellen, wenn sie nach ihrer Rechtsform dazu verpflichtet sind. Im Abhängigkeitsbericht der Gesellschaft C sind dann zwei Gesellschaften als herrschende Unternehmen aufzuführen, nämlich A als mittelbar herrschendes und B als unmittelbar herrschendes Unternehmen.

Bei mehrstufiger Abhängigkeit kann die Verpflichtung zur Erstellung eines **687** Abhängigkeitsberichts zweifelhaft sein, wenn ein **Beherrschungs- oder GAV** abgeschlossen worden ist. Besteht nur zwischen der Obergesellschaft A und ihrer Tochtergesellschaft B ein Beherrschungs- oder GAV, nicht dagegen zwischen B und deren Tochter C, dann braucht zwar B nach §§ 312, 316 AktG keinen Abhängigkeitsbericht zu erstatten. Wohl aber muß C einen Abhängigkeitsbericht erstatten; denn C hat selbst keinen Beherrschungs- oder GAV geschlossen, und der zwischen A und B geschlossene Vertrag befreit C nicht von der Verpflichtung zur Aufstellung des Berichts, da seine Schutzmechanismen nicht zugunsten von C wirken. Im Abhängigkeitsbericht von C sind die Gesellschaften A und B als herrschende Unternehmen anzusehen, die aufgrund des Beherrschungs- und GAV als wirtschaftliche Einheit mit einheitlicher Willensbildung zu betrachten sind[765]. Ist ein Beherrschungs- oder GAV direkt zwischen A und C abgeschlossen, wird C von der Pflicht zur Berichterstattung frei, dies gilt auch für ihre Rechtsbeziehungen zu B, obgleich in diesem Verhältnis kein Unternehmensvertrag besteht; hier ist davon auszugehen, daß A seine vertragliche Leitungsmacht auch mittelbar über B ausüben kann[766]. Die Berichtspflicht von B bleibt in diesem Fall unberührt.

Besteht nur zwischen B und C ein Beherrschungs- oder GAV, nicht dagegen zwischen A und B oder A und C, dann muß die Gesellschaft B einen Abhängigkeitsbericht erstellen. Dagegen spricht vieles dafür, daß C von der Pflicht zur Erstattung eines Abhängigkeitsberichts befreit ist, da sie durch den Anspruch auf Verlustübernahme gegen B gesichert ist[767]. Dem hiergegen geäußerten Bedenken, die Bonität von B könnte durch A sanktionslos ausgehöhlt werden[768], kann dadurch begegnet werden, daß A gegenüber C für die Erfüllung der Vertragspflicht der B einzustehen verspricht. Hinzu kommt im Fall, daß B eine AG oder KGaA ist, daß B in ihrem Abhängigkeitsbericht gegenüber A es ggf. als unterlassene Maßnahme aufzuführen hätte, wenn sie nachteilige Rechtsgeschäfte zwischen A und C hätte verhindern müssen, jedoch nicht verhindert hat; auch hierdurch wäre C mittelbar geschützt.

c) Sonderfragen bei Änderung der rechtlichen Verhältnisse während des Geschäftsjahres

Grundsätzlich sind die rechtlichen Verhältnisse am **Abschlußstichtag** der abhängigen Gesellschaft maßgebend. Berichterstattungspflicht ist somit auch dann gegeben, wenn die Voraussetzungen – Abhängigkeitsverhältnis oder Rechtsform – erst im Laufe des GJ eingetreten sind, und zwar für alle Rechtsgeschäfte und Maßnahmen nach dem Zeitpunkt des Eintritts dieser Voraussetzungen. Wird

---

765 Vgl. *Koppensteiner* in Kölner Kom., § 312 Anm. 8.
766 Vgl. *ADS*, § 311 AktG Tz. 14; *Geßler* in AktG-Kom. § 311 AktG 1965 Anm. 189.
767 Str.; vgl. *ADS*, § 311 AktG Tz. 15; *Koppensteiner* in Kölner Kom., vor § 311 Anm. 35 mwN; *Krieger* in MünchHdb. AG, § 69 Anm. 57.
768 Vgl. *Emmerich/Sonnenschein*, Konzernrecht, S. 327 mwN.

das Abhängigkeitsverhältnis erst im Laufe des GJ begründet, kann es im Einzelfall unklar sein, wann dieser Zeitpunkt anzunehmen ist.

690 Zweifelhaft könnte demgegenüber sein, ob die Berichterstattungspflicht entfällt, wenn die Voraussetzungen im Laufe des GJ **weggefallen** sind. Nach dem Wortlaut von § 312 Abs. 1 AktG könnte davon auszugehen sein, daß in diesem Fall im neuen GJ kein Bericht mehr aufzustellen ist; denn verpflichtet ist nur „der Vorstand einer abhängigen Gesellschaft". Etwaige Ansprüche aus § 311 AktG bleiben dabei von dem Wegfall der Berichtspflicht unberührt; ist das Abhängigkeitsverhältnis entfallen, können sie nunmehr von dem Vorstand ohne Rücksichtnahme auf ein herrschendes Unternehmen verfolgt werden. Unter Hinweis darauf, daß nach Beendigung der Abhängigkeit die Durchsetzung von Ansprüchen aus § 311 AktG nicht gewährleistet sei und daher der Schutzzweck des § 312 AktG die Berichterstattung erfordere, wird im neueren Schrifttum die Erstattung des Abhängigkeitsberichts auch für den Fall gefordert, wenn die Voraussetzungen im vergangenen GJ auch nur zeitweise vorgelegen haben und zum Stichtag nicht mehr bestehen [769]. Aufzuführen sind jedoch nur Rechtsgeschäfte und Maßnahmen bis zum Wegfall der Voraussetzungen.

691 Dagegen entfällt die Berichterstattungspflicht für das gesamte GJ, wenn bis zu seinem Ende ein **Beherrschungs- oder GAV abgeschlossen** oder die Eingliederung in die herrschende Gesellschaft beschlossen worden ist [770] und sich die Verlustübernahmeverpflichtung auf das gesamte Geschäftsjahr bezieht. Erforderlich ist, daß die Maßnahme bis zum Stichtag – durch Eintragung in das Handelsregister – rechtswirksam geworden ist. Durch die Schutzmechanismen des Vertragskonzerns werden Gläubiger ausreichend geschützt. Fraglich kann dann lediglich sein, wie für die außenstehenden Aktionäre ein Ausgleich für die Zeit vor Inkrafttreten des Unternehmensvertrages herbeigeführt werden kann. Als praktische Lösung ist dazu vorgeschlagen worden, die den Aktionären zu gewährende angemessene Abfindung (§§ 304 ff. AktG) unter Berücksichtigung eines etwaigen Ausgleichs gem. § 311 Abs. 2 AktG zu ermitteln [771].

692 **Endet ein Unternehmensvertrag** ausnahmsweise (vgl. §§ 296 f. AktG) während des GJ der abhängigen Gesellschaft, ist für die verbleibende Zeit ein Abhängigkeitsbericht aufzustellen.

3. Umfang der Berichtspflicht

a) Kreis der einzubeziehenden Unternehmen

693 Steht fest, daß ein Abhängigkeitsbericht zu erstatten ist, dann stellt sich die Frage, welche Anforderungen an den Inhalt des Berichts zu stellen sind. Das Gesetz verlangt die Angabe aller Rechtsgeschäfte und Maßnahmen, die „mit dem **herrschenden** Unternehmen oder einem **mit ihm verbundenen** Unternehmen" vorgenommen wurden. Es sind also die angabepflichtigen Beziehungen zu dem herrschenden Unternehmen offenzulegen und zu den Gesellschaften, die mit dem herrschenden Unternehmen verbunden sind.

---

769 Vgl. *ADS*, § 312 AktG Tz. 24; *Koppensteiner* in Kölner Kom., § 312 Anm. 19; *Kropff* in AktG-Kom., § 312 AktG 1965 Anm. 17.

770 Vgl. Entw. St/HFA, WPg. 1990 S. 602, Abschn. I. 12; *Koppensteiner* in Kölner Kom., § 312 Anm. 13; *Kropff* in AktG-Kom., § 312 AktG 1965 Anm. 20.

771 Vgl. *Goerdeler*, WPg. 1966 S. 113 (123 f.); vgl. auch *Koppensteiner* in Kölner Kom., § 312 Anm. 13.

Wenn nur ein herrschendes Unternehmen vorhanden ist, sind nur die mit dieser **694** Gesellschaft oder auf ihre Veranlassung oder in ihrem Interesse abgeschlossenen Rechtsgeschäfte und eventuelle Maßnahmen auf ihre Veranlassung oder in ihrem Interesse aufzuführen. Angabepflichtig sind ferner die Rechtsgeschäfte und Maßnahmen **mit den verbundenen Unternehmen der Obergesellschaft** bzw. auf ihre Veranlassung oder in ihrem Interesse. Der Begriff der verbundenen Unternehmen ist für den Bereich des Aktienkonzernrechts in § 15 AktG definiert (vgl. R Tz. 39 ff.); die für das Bilanzrecht geltende Definition des § 271 Abs. 2 HGB (dazu Tz. 83 f. sowie R Tz. 4 ff.) ist hier nicht anwendbar. Zu den verbundenen Unternehmen gehören in erster Linie alle von dem herrschenden Unternehmen abhängigen oder in gemeinsamem Mehrheitsbesitz stehenden Gesellschaften ohne Rücksicht darauf, welche Rechtsform sie haben und ob sich ihr Sitz im Inland oder im Ausland befindet. Dazu gehören aber auch alle Unternehmen, die mit dem herrschenden Unternehmen wechselseitig beteiligt sind (ohne Rücksicht auf die Höhe der Beteiligung) oder mit ihm einen Unternehmensvertrag geschlossen haben. Ergänzend ist die Vorschrift des § 16 Abs. 4 AktG zu beachten, so daß auch mehrstufige Unternehmensverbindungen relevant sind. Wenn die Verbindung am Ende des GJ nicht mehr besteht, so gilt trotzdem die Angabepflicht für den Zeitraum, in dem die Unternehmensverbindung bestanden hat.

Besteht ein Abhängigkeitsverhältnis zu einer Gruppe von **mehreren herrschenden** **695** **Gesellschaften,** so sind die Beziehungen zu allen herrschenden Gesellschaften in dem Abhängigkeitsbericht zu erfassen, auch wenn diese Gesellschaften iSd. aktienrechtlichen Vorschriften untereinander nicht verbunden sind[772]. Auch bei einer **mehrstufigen Abhängigkeit** besitzt die abhängige Gesellschaft mehrere herrschende Unternehmen, so daß sie Rechtsgeschäfte mit mehreren herrschenden Unternehmen in den Abhängigkeitsbericht aufzunehmen hat. Das ihr direkt übergeordnete Unternehmen kann nämlich unmittelbar einen beherrschenden Einfluß und die weiteren übergeordneten Unternehmen können mittelbar einen beherrschenden Einfluß ausüben. Die Gesellschaft ist also von einem Unternehmen unmittelbar, von einem (oder mehreren) anderen Unternehmen mittelbar abhängig.

Ferner sind auch alle **Geschäfte mit den verbundenen Unternehmen aller Oberge-** **696** **sellschaften** anzugeben. Aufzuführen sind also alle Rechtsgeschäfte und Maßnahmen mit den verbundenen Unternehmen des unmittelbar und des mittelbar herrschenden Unternehmens. Die verbundenen Unternehmen des unmittelbar herrschenden Unternehmens werden zwar meistens auch mit dem mittelbar herrschenden Unternehmen verbunden sein, doch muß dies nicht der Fall sein. Ist zB eine Gesellschaft wechselseitig beteiligt mit dem unmittelbar herrschenden Unternehmen, dann ist sie nur mit diesem verbunden, nicht dagegen mit dem mittelbar herrschenden Unternehmen.

Besitzt die abhängige Gesellschaft ihrerseits **Tochtergesellschaften,** sind die **697** Geschäfte mit diesen Tochtergesellschaften ebenfalls in den Abhängigkeitsbericht einzubeziehen[773]. Denn die Tochtergesellschaften sind in aller Regel über die abhängige Gesellschaft auch mit dem herrschenden Unternehmen verbun-

772 Vgl. *Lutter.* NJW 1973 S. 113.
773 Vgl. *Koppensteiner* in Kölner Kom., § 312 Anm. 42; *Krieger* in MünchHdb. AG, § 69 Anm. 74.

den. Dies gilt zumindest im Falle des schon erwähnten § 16 Abs. 4 AktG, wenn die Anteile an der Tochtergesellschaft dem herrschenden Unternehmen zuzurechnen sind. Dann sind die Tochtergesellschaften der abhängigen Gesellschaft auch mit dem herrschenden Unternehmen verbunden. Wie bereits erwähnt, spielt dieser Fall eine besondere Rolle, wenn zwischen der abhängigen Gesellschaft und ihrer Tochtergesellschaft ein Unternehmensvertrag abgeschlossen worden ist. Denn dann hat zwar die Tochtergesellschaft selbst einen Abhängigkeitsbericht nicht zu erstatten. Im Bericht der abhängigen Gesellschaft sind jedoch auch die Geschäfte mit ihrer Tochtergesellschaft aufzuführen. Besteht die Unternehmensverbindung nur zu der abhängigen Gesellschaft, aber nicht zum herrschenden Unternehmen, muß über die Beziehungen zu diesem Unternehmen grundsätzlich nicht berichtet werden[774].

b) Berichtspflichtige Rechtsgeschäfte

698   Ist der Kreis der in die Angabepflicht einzubeziehenden Unternehmen geklärt, dann stellt sich die weitere Frage, welche rechtlichen oder tatsächlichen Beziehungen zu diesem Unternehmen in dem Bericht anzugeben sind. Das Gesetz nennt zwar den Abhängigkeitsbericht einen „Bericht über die Beziehungen der Gesellschaft zu verbundenen Unternehmen", doch ist mit dieser Formulierung nicht gemeint, daß über sämtliche Beziehungen der Gesellschaften zu berichten sei. Vielmehr ist damit nur der aufzustellende Bericht namentlich gekennzeichnet, ohne daß über seinen Inhalt etwas ausgesagt wäre.

699   Welche Beziehungen in dem Bericht wiederzugeben sind, ergibt sich aus § 312 Abs. 1 Satz 2 AktG. Hiernach sind „alle Rechtsgeschäfte, welche die Gesellschaft mit dem herrschenden Unternehmen oder einem mit ihm verbundenen Unternehmen" oder „auf Veranlassung oder im Interesse dieser Unternehmen" vorgenommen hat, sowie „alle anderen Maßnahmen, die sie auf Veranlassung oder im Interesse dieser Unternehmen" getroffen oder unterlassen hat, aufzuführen. Es lassen sich also drei Gruppen unterscheiden:

1. die Rechtsgeschäfte der Gesellschaft mit dem herrschenden oder einem mit ihm verbundenen Unternehmen, wobei es auf Veranlassung oder Interesse nicht ankommt;
2. die Rechtsgeschäfte der Gesellschaft mit Dritten auf Veranlassung oder im Interesse dieser verbundenen Unternehmen;
3. die vorgenommenen oder unterlassenen Maßnahmen der Gesellschaft auf Veranlassung oder im Interesse dieser verbundenen Unternehmen.

Bei dieser Einteilung erhebt sich die Frage, was unter Rechtsgeschäft und was unter Maßnahme iSd. § 312 AktG zu verstehen ist. Das Gesetz definiert beide Begriffe nicht.

700   Für den **Begriff des „Rechtsgeschäfts"** ist zunächst von der allgemeinen bürgerlich-rechtlichen Definition auszugehen, derzufolge als Rechtsgeschäft jeder Tatbestand bezeichnet wird, der eine Willenserklärung enthält und auf den Eintritt eines rechtlichen Erfolges gerichtet ist. Legt man diese Begriffsbestimmung zugrunde, dann fallen praktisch alle Willenserklärungen und alle Arten von Rechtsgeschäften, einseitige und mehrseitige, schuldrechtliche und sachenrechtliche, darunter.

---

774 Vgl. *Kropff* in AktG-Kom., § 312 AktG 1965 Anm. 56.

Fraglich ist, ob der Begriff des Rechtsgeschäfts im Hinblick auf Sinn und Zweck **701**
des Abhängigkeitsberichts einschränkend dahin ausgelegt werden muß, daß er
die Bewirkung einer Leistung oder die Verpflichtung hierzu voraussetzt[775]. Dies
wird jedoch zu verneinen sein, so daß auch dann ein berichtspflichtiges Rechtsgeschäft vorliegt, wenn sich die Gesellschaft – ohne Gegenleistung – zu einem
Unterlassen verpflichtet[776]. Auch eine Einschränkung auf gegenseitige Rechtsgeschäfte ist weder geboten noch zulässig. Schließlich werden auch einseitige
Gestaltungserklärungen wie etwa Kündigungen erfaßt[777]. Dies erscheint im Hinblick darauf sachgerecht, daß bei allen diesen Rechtsgeschäften die Zielrichtung
(„mit") feststeht und daher – anders als bei Maßnahmen – die oft schwierige
Subsumtion der Begriffe „Veranlassung" und „Interesse" unterbleiben kann.

Auf **Veranlassung** eines anderen Unternehmens ist ein Rechtsgeschäft (oder eine **702**
Maßnahme) vorgenommen worden, wenn von diesem der Anstoß dazu gegeben
worden ist. Der Begriff der Veranlassung umfaßt also nicht nur Weisungen, die
nach § 308 AktG allerdings nur bei Bestehen eines Beherrschungsvertrags
befolgt werden müssen und daher für den Abhängigkeitsbericht keine Rolle
spielen, sondern auch nachdrücklich vorgebrachte Empfehlungen, Ratschläge
und sonstige Anregungen, soweit erkennbar wird, daß der Urheber eine
bestimmte Verhaltensweise der abhängigen Gesellschaft anstrebt. Jede Art der
Einwirkung des herrschenden oder eines mit ihm verbundenen Unternehmens
auf die abhängige Gesellschaft kann unter dieser Voraussetzung als Veranlassung angesehen werden. Sie braucht nicht von der Geschäftsleitung dieses
Unternehmens auszugehen, sondern kann auch durch eine nachgeordnete Stelle
bewirkt werden. Einschlägig sind auch generelle Handlungsvorgaben (zB Kon-
zernrichtlinien)[778].

Die Veranlassung durch das herrschende oder mit ihm verbundene Unterneh- **703**
men muß auch kausal für die Vornahme des Rechtsgeschäfts oder der Maßnahme gewesen sein. Ging der Anstoß zu einem Geschäft oder einer Maßnahme
nicht nur von dem anderen Unternehmen aus, sondern ist die Gesellschaft auch
von sich aus schon auf diesen Gedanken gekommen, dann liegt eine Veranlassung vor, wenn das Rechtsgeschäft oder die Maßnahme überwiegend durch
fremde Einwirkung zustande kam[779]. Dagegen ist für eine „Veranlassung" nach
dem Wortlaut des Gesetzes nicht erforderlich, daß eine etwaige Nachteiligkeit
des Rechtsgeschäftes oder der Maßnahme dem herrschenden Unternehmen
bekannt war oder bekannt sein mußte[780].

Auch soweit Rechtsgeschäfte und Maßnahmen auf **Beschlüssen der HV oder des** **704**
AR beruhen, kann grundsätzlich eine Veranlassung iSd. § 312 Abs. 1 AktG anzunehmen sein, wenn die Beschlußfassung durch das herrschende oder ein mit
ihm verbundenes Unternehmen veranlaßt wurde[781]. Daß es sich um ein eigenes
Organ der Gesellschaft handelt, ist unerheblich.

---

775 So *Kropff* in AktG-Kom., § 312 AktG 1965 Anm. 47.
776 Vgl. *ADS*, § 312 AktG Tz. 41; *Koppensteiner* in Kölner Kom., § 312 Anm. 33.
777 Vgl. *Koppensteiner* in Kölner Kom., § 312 Anm. 34 mwN.
778 Vgl. *Krieger* in MünchHdb. AG, § 69 Anm. 61.
779 Vgl. Entw. St/HFA, WPg. 1990 S. 602, Abschn. II. 8.
780 Vgl. hierzu *Godin/Wilhelmi*, AktG, 4. Aufl., Berlin 1971, § 311 AktG 1965 Anm. 3; *Werner*, AG
    1967 S. 122 (125).
781 Vgl. *Koppensteiner* in Kölner Kom., § 311 Anm. 14 ff.; mit Differenzierung nach Beschlußgegen-
    ständen, sowie § 312 Anm. 40; aA *Kropff* in AktG-Kom., § 312 AktG 1965 Anm. 63.

705 Im **Interesse** eines anderen Unternehmens ist das Rechtsgeschäft vorgenommen, wenn es zu seinem Nutzen oder mit Rücksicht auf seine Belange vorgenommen wurde und diesem Unternehmen Vorteile bringt. Im Gegensatz zu den veranlaßten Rechtsgeschäften geht die Initiative hier von der abhängigen Gesellschaft selbst aus. Dabei kommt es auch auf die subjektive Vorstellung des Handelnden an, so daß über Geschäfte, die nur objektiv im Interesse verbundener Unternehmen liegen, nicht berichtet werden muß [782]. Liegt ein Rechtsgeschäft sowohl im eigenen Interesse als auch im Interesse des anderen Unternehmens, dann besteht eine Berichtspflicht, wenn das Geschäft überwiegend deshalb vorgenommen oder unterlassen worden ist, um dem anderen Unternehmen Vorteile zu bringen.

706 Es genügt, daß ein Rechtsgeschäft **entweder** „auf Veranlassung" **oder** „im Interesse" vorgenommen wurde. Ist zB ein Rechtsgeschäft nicht auf Veranlassung eines verbundenen Unternehmens vorgenommen worden, so bleibt dennoch stets zu prüfen, ob es nicht ausschließlich oder überwiegend im Interesse eines der verbundenen Unternehmen lag oder umgekehrt.

707 Die Angabepflicht bei den Rechtsgeschäften umfaßt nach dem Wortlaut des Gesetzes die jeweilige Leistung und Gegenleistung eines Geschäfts. Welche Angaben im einzelnen über die Leistung und Gegenleistung zu machen sind, ergibt sich daraus nicht. Da die Berichterstattung aber die Bildung eines Urteils über die Angemessenheit der gegenseitigen Leistungen ermöglichen soll, werden in der Regel Angaben, und zwar Zahlenangaben über Menge und Preis, ggf. auch über Kosten, notwendig sein [783]. Im Hinblick auf etwaige Zinsansprüche können auch Fristen und Zahlungsbedingungen von Bedeutung sein.

708 Bei den gegenseitigen Verträgen wird überwiegend die Auffassung vertreten, daß als Rechtsgeschäfte **nur die Verpflichtungs-,** nicht aber die **Erfüllungsgeschäfte** zu betrachten sind [784]. Dies folgt aus der Zielrichtung des § 312 AktG, die dahin geht, einen Mißbrauch der Beherrschung durch bewußte Benachteiligung zu verhindern; der beabsichtigte Mißbrauch setzt jedoch einen bewußten Willensakt voraus, der nur bei den Verpflichtungs- oder Kausalgeschäften besteht, nicht dagegen bei den bloßen Erfüllungsgeschäften, da diese in Erfüllung einer bestehenden rechtlichen Verpflichtung vorgenommen werden [785]. Auch ergäben sich aus der „doppelten" Prüfung Probleme für die Bestimmung des Zeitpunkts der Angemessenheit; Vorrang muß der Zeitpunkt der rechtswirksamen Verpflichtung haben. Die Einhaltung der Vertragskonditionen bei Erfüllung sowie die ggf. erforderliche Bemühung des Unternehmens um eine Konditionenanpassung ist dagegen als (unterlassene) Maßnahme zu qualifizieren. Bei Rahmenverträgen, die selbst noch keine Leistungspflicht begründen, ist über spätere Ausführungsgeschäfte selbstverständlich zu berichten. Dagegen besteht – außer unter dem Gesichtspunkt unterlassener Maßnahmen – grundsätzlich keine Berichtspflicht während des Laufs von Dauerschuldverhältnissen [786] oder über die Erfüllung von Sukzessivlieferungsverträgen mit festliegenden Konditionen.

782 Vgl. Entw. St/HFA, WPg. 1990 S. 602, Abschn. II. 9; *Kropff* in AktG-Kom., § 312 AktG 1965 Anm. 62; aA *Koppensteiner* in Kölner Kom., § 312 Anm. 38.
783 Vgl. Entw. St/HFA, WPg. 1990 S. 602, Abschn. II. 10.
784 Vgl. *Koppensteiner* in Kölner Kom., § 312 Anm. 49; *Kropff* in AktG-Kom., § 312 AktG 1965 Anm. 67; *Würdinger* in Großkom., § 312 AktG 1965 Anm. 3.
785 So zutreffend *van Venrooy*, DB 1980 S. 385 (387 f.).
786 Wegen Ausnahmen bei erstmaliger Aufstellung eines Abhängigkeitsberichts vgl. Entw. St/HFA, WPg. 1990 S. 602, Abschn. II. 5.

Bei der Aufstellung des Abhängigkeitsberichts wird sich der Vorstand oft vor die **709** Frage gestellt sehen, wieweit die Rechtsgeschäfte in Gruppen zusammengefaßt werden können. Das Gesetz verbietet eine **gruppenweise Zusammenfassung** der Rechtsgeschäfte nicht. § 312 AktG verlangt lediglich, daß alle Rechtsgeschäfte und alle Maßnahmen aufgeführt werden, schreibt jedoch nicht die äußere Form der Berichterstattung vor. Die Begründung zum Regierungsentwurf erwähnt sogar selbst eine zusammenfassende Berichterstattung der Rechtsgeschäfte. Eine Zusammenfassung wird man daher für zulässig halten können, falls es sich um gleichartige Rechtsgeschäfte oder Maßnahmen handelt, die zu gleichen Bedingungen abgewickelt wurden [787]. Voraussetzung dabei muß jedoch stets bleiben, daß Vorteile und Nachteile ersichtlich bleiben. Die gruppenweise Zusammenfassung ist also nur zulässig, soweit auch eine weitere Aufteilung der Geschäfte keine anderen Erkenntnisse liefern würde [788]. Über sogenannte Bagatellfälle kann stets zusammenfassend berichtet werden, eine völlige Herausnahme aus der Berichterstattung ist jedoch nicht zulässig.

c) Berichtspflichtige Maßnahmen

Im Gegensatz zum Begriff des Rechtsgeschäfts ist der Rechtsordnung ein ein- **710** heitlicher Begriff der **„Maßnahme"** nicht bekannt. Bei der Auslegung des Begriffs „Maßnahme" ist daher von dem Sinn und Zweck des Abhängigkeitsberichts auszugehen. Der Begriff der „Maßnahme" ist dabei entsprechend dem Wortlaut von § 312 Abs. 1 AktG als Oberbegriff anzusehen, der sowohl den Begriff „Rechtsgeschäfte" als auch den Begriff „andere Maßnahmen" („Maßnahme" ieS) beinhaltet.

Die Unterscheidung zwischen den Rechtsgeschäften einerseits und den anderen **711** Maßnahmen andererseits ist für den Abhängigkeitsbericht deshalb von Bedeutung, weil von ihr der Umfang der Berichtspflicht und die Beurteilungsgrundlage abhängen.

So hat der Vorstand bei Rechtsgeschäften zu erklären, ob die abhängige Gesellschaft für ihre Leistung eine angemessene Gegenleistung erhalten hat; bei getroffenen oder unterlassenen Maßnahmen ist der Beurteilungsmaßstab, ob eine Benachteiligung der abhängigen Gesellschaft eingetreten ist. Ein Unterschied ist hierbei insbesondere bei der Prüfung durch den Abschlußprüfer gegeben, der nach § 313 Abs. 1 Satz 2 Nr. 2 und 3 AktG bei Rechtsgeschäften zu prüfen hat, ob „die Leistung der Gesellschaft nicht unangemessen hoch war", bei Maßnahmen dagegen nur, ob „keine Umstände für eine wesentlich andere Beurteilung als die durch den Vorstand sprechen".

Bei den Maßnahmen hat das Gesetz außerdem ausdrücklich ausgesprochen, daß **712** nicht nur über deren Vornahme, sondern auch über deren **Unterlassen** zu berichten ist. Über unterlassene Rechtsgeschäfte dürfte aber ebenfalls zu berichten sein, weil nach der Intention des Gesetzes der weitere Begriff der unterlassenen Maßnahmen auch unterlassene Rechtsgeschäfte mit umfaßt [789]. Die Berichts-

---

787 Vgl. *Koppensteiner* in Kölner Kom., § 312 Anm. 54; s. auch *Würdinger* in Aktienrecht und das Recht der verbundenen Unternehmen, 4. Aufl., Heidelberg 1981, § 72 IV 1.
788 Vgl. Entw. St/HFA, WPg. 1990 S. 602, Abschn. II. 10.
789 Vgl. *Kropff* in AktG-Kom., § 312 AktG 1965 Anm. 49; weitergehend *Koppensteiner* in Kölner Kom., § 312 Anm. 35, der allein in den Begriffen „auf Veranlassung" und „im Interesse" eine Einschränkung der Berichtspflicht sieht.

pflicht über eine unterlassene Maßnahme setzt voraus, daß die abhängige Gesellschaft sonst die Maßnahme vorgenommen hätte, auf Veranlassung oder im Interesse des anderen Unternehmens aber davon abgesehen hat.

713   Während für die Angabepflicht von Rechtsgeschäften entscheidend ist, mit wem sie abgeschlossen worden sind, kommt es bei den Maßnahmen darauf an, daß sie auf Veranlassung oder im Interesse anderer Unternehmen vorgenommen wurden. Bei der Beurteilung der Rechtsgeschäfte ist auf Leistung und Gegenleistung abzustellen sowie darauf, ob die Leistung nicht unangemessen hoch war. Bei den Maßnahmen hingegen sind die Gründe anzugeben und die Vor- und Nachteile, die der Gesellschaft entstanden sind.

Für die Auslegung der Begriffe „auf Veranlassung" und „im Interesse" gelten die bereits bei der Besprechung der Rechtsgeschäfte dargestellten Grundsätze entsprechend (vgl. Tz. 702 ff.).

714   Nach dem Regierungsentwurf zu § 312 AktG ist der **Begriff der Maßnahme umfassend.** Unter ihn würde also jede Handlung der Gesellschaft fallen, die mit Wirkung gegenüber Dritten oder gegenüber der Gesellschaft selbst vorgenommen wird. Das Gesetz geht jedoch davon aus, daß es sich um solche Maßnahmen handeln muß, die für die Gesellschaft einen Vor- oder Nachteil haben können. Es kommen daher nur Tatbestände in Betracht, die sich für die Gesellschaft und damit auch für ihre Aktionäre und für ihre Gläubiger wirtschaftlich günstig oder ungünstig auswirken können[790]. Als Maßnahme wird man andererseits alle Handlungen ansehen müssen, die unmittelbar oder mittelbar auf die Vermögens- und Ertragslage der Gesellschaft irgendwie Einfluß haben können. Denn nur bei einer so umfassenden Auslegung ist der Schutz der Aktionäre und Gläubiger gewährleistet und damit der Sinn und Zweck des Abhängigkeitsberichts erreicht. Dieser umfassende Begriff der Maßnahme ist allerdings abzugrenzen von dem Begriff des Rechtsgeschäfts[791]. Keine Maßnahmen ieS sind daher die Geschäfte der Gesellschaft, die bürgerlich-rechtlich als Rechtsgeschäfte zu betrachten sind.

715   Zu den berichtpflichtigen Maßnahmen gehören vor allem Maßnahmen, welche die Produktion, den Vertrieb, die Finanzierung, die Organisation, den Personalsektor oder die Investitionen der Gesellschaft betreffen (vgl. Entw. St/HFA, WPg. 1990 S. 602, Abschn. II. 6).

716   In der Praxis bereitet die vollständige Erfassung aller berichtpflichtigen Maßnahmen besondere Schwierigkeiten. Rechtsgeschäfte mit verbundenen Unternehmen finden ihren Niederschlag im Kontokorrent, soweit sie buchungspflichtig geworden sind. Noch nicht gebuchte Verpflichtungsgeschäfte werden sich im allgemeinen über eine systematische Registrierung abgeschlossener Verträge relativ leicht erfassen lassen. Auf Veranlassung oder im Interesse verbundener Unternehmen erfolgte Maßnahmen dagegen werden im allgemeinen an keiner Stelle gesondert registriert. Dies gilt erst recht für unterlassene Maßnahmen. Um seiner gesetzlichen Berichtpflicht nachkommen zu können, wird daher der Vorstand einer abhängigen Gesellschaft besondere **organisatorische Vorkehrungen** treffen müssen, damit eine zentrale Erfassung an einer verantwortlichen Stelle der Verwaltung erfolgt, die auch die für eine Beurteilung erforderlichen Unterlagen bereithält.

---

790 AllgM, vgl. Entw. St/HFA, WPg. 1990 S. 602, Abschn. II. 6.
791 Vgl. dazu oben Tz. 701 f.

d) Beurteilung und Schlußerklärung

Der **Vorstand** der abhängigen Gesellschaft hat eine **Beurteilung** aller berichts- 717
pflichtigen Rechtsgeschäfte und Maßnahmen durchzuführen. Bei den Rechtsgeschäften hat er die Angemessenheit von Leistung und Gegenleistung zu beurteilen; bei den Maßnahmen unterliegt seiner Beurteilung, ob ein Nachteil für die
abhängige Gesellschaft eingetreten ist. Bei Maßnahmen schreibt das Gesetz in
§ 312 Abs. 1 AktG ausdrücklich vor, daß im Bericht nicht nur die Gründe, sondern auch die Vor- und Nachteile der Maßnahme anzugeben sind. Bei der Beurteilung sind die Umstände zugrundezulegen, die dem Vorstand in dem Zeitpunkt bekannt waren (oder sein mußten), in dem das Rechtsgeschäft vorgenommen oder die Maßnahme getroffen oder unterlassen wurde (§ 312 Abs. 3 Satz 1
AktG).

Der Bericht hat den Grundsätzen einer gewissenhaften und getreuen Rechen- 718
schaft zu entsprechen (§ 312 Abs. 2 AktG). Hierdurch muß der Bericht, der
schriftlich zu erstatten ist, klar und übersichtlich, vollständig und wahr sein. Er
muß den Adressaten (AR und Prüfer) erlauben, sich aufgrund der Angaben ein
eigenes Urteil zu bilden.

Da der Abhängigkeitsbericht ua. der Durchführung des vorgeschriebenen Aus- 719
gleichs der Nachteile durch Vorteile dient, ist im Abhängigkeitsbericht anzugeben, wie der Ausgleich während des GJ tatsächlich erfolgt ist oder auf welche
Weise der Gesellschaft ein Rechtsanspruch gewährt worden ist. Zur Ermittlung
des Ausgleichs ist es notwendig, bei jedem Geschäft und jeder Maßnahme den
Vor- und Nachteil vermögensmäßig zu beziffern und sodann die gesamten Vor-
und Nachteile gegenüberzustellen. Der sich dann ergebende Saldo unterliegt der
Ausgleichspflicht.

Am Schluß des Berichts hat der **Vorstand zu erklären,** ob die Gesellschaft nach 720
den Umständen, die bei der Vornahme des Rechtsgeschäfts oder der Maßnahme
bekannt waren, bei jedem Rechtsgeschäft eine angemessene Gegenleistung
erhielt und dadurch, daß die Maßnahme getroffen oder unterlassen wurde, nicht
benachteiligt wurde. Sollte die Gesellschaft benachteiligt worden sein, so hat der
Vorstand außerdem zu erklären, ob die Nachteile ausgeglichen worden sind.
Der Wortlaut der Schlußerklärung hängt davon ab, ob berichtspflichtige Rechtsgeschäfte oder Maßnahmen überhaupt vorlagen, ob sie zu Nachteilen geführt
haben und ob diese ggf. ausgeglichen worden sind.[792] Lagen berichtspflichtige
Maßnahmen nicht vor, beschränkt sich die Schlußerklärung auf die Angemessenheit der angabepflichtigen Rechtsgeschäfte. Zur Vermeidung von Mißverständnissen empfiehlt es sich in diesem Fall jedoch, im GB auch zum Ausdruck
zu bringen, daß sonstige Maßnahmen nicht vorgelegen haben.

Diese sog. Schlußerklärung ist nach § 312 Abs. 3 Satz 3 AktG auch in den LB 721
(§ 289 HGB) aufzunehmen und unterliegt insoweit der Prüfung des APr. auf
Vollständigkeit des LB. Fehlt die Schlußerklärung trotz gegebener Pflicht zur
Aufstellung des Abhängigkeitsberichts, ist der BestV zum JA einzuschränken[793].

Das abschließende Ergebnis des Abhängigkeitsberichtes unterliegt damit der 722
gleichen Publizität wie der LB. Der Abhängigkeitsbericht selbst kann dagegen

---

792 Für den Wortlaut in den einzelnen Fällen vgl. *ADS,* § 312 AktG Tz. 90 ff.
793 Vgl. Entw. St/HFA, WPg. 1990 S. 602, Abschn. III. 3; *ADS,* § 289 HGB Tz. 132; vgl. auch Tz. 671.

von den Aktionären nicht eingesehen werden; er ist vielmehr dem APr. und dem AR zur Prüfung vorzulegen.

4. Betriebswirtschaftliche Beurteilungsmaßstäbe

723   Um seine Beurteilung vornehmen zu können, muß der Vorstand der abhängigen Gesellschaft wissen, an welchen Maßstäben die Angemessenheit von Leistung und Gegenleistung zu messen ist und nach welchen Kriterien sich die Ermittlung von Vor- und Nachteilen bestimmt. Ebenso müssen Abschlußprüfer und AR für ihre Prüfung dieser Beurteilung von anerkannten Maßstäben ausgehen. Das Gesetz selbst gibt zu dieser mit einer vielfältigen Problematik[794] verbundenen Frage keine Regelung. Interessante Anhaltspunkte für die anzuwendenden Grundsätze können dagegen aus übernationalen Entwicklungen entnommen werden, auch wenn sie vorwiegend von steuerlichen Überlegungen ausgehen. Besonders hinzuweisen ist hierzu auf den OECD-Report über die Bestimmung von Verrechnungspreisen in multinationalen Unternehmen[795]. Die gleiche Problematik wird aus deutscher steuerlicher Sicht in den „Grundsätzen für die Prüfung der Einkunftsabgrenzung bei international verbundenen Unternehmen (Verwaltungsgrundsätze)"[796] aus 1983 behandelt. Auch steuerrechtliche Beurteilungskriterien zur verdeckten Gewinnausschüttung[797] können Anhaltspunkte für die Feststellung eines Nachteils ergeben.

724   Um die Angemessenheit von Verrechnungspreisen zu beurteilen, werden insbesondere drei Methoden angewendet: Die Preisvergleichsmethode, die Absatzpreismethode und die Kostenaufschlagsmethode[798].

a) Die Preisvergleichsmethode

725   Als Maßstab für die Angemessenheit von Leistung und Gegenleistung ist in erster Linie der Marktpreis anzusehen. Für die Beurteilung der Frage, ob ein Nachteil iSd. §§ 311, 312 AktG vorliegt, ist dabei von dem fiktiven Vorgehen einer unabhängigen Gesellschaft bei der Preisfestsetzung für das gleiche Geschäft auszugehen[799].

726   Liegen eindeutig fixierte **Marktpreise** für den Zeitpunkt des Vertragsabschlusses vor – wie zB Börsenwerte –, bietet die Beurteilung im Regelfall keine besonderen Schwierigkeiten. Zu untersuchen ist lediglich noch, ob auch die übrigen Konditionen des Geschäftes marktüblichen Bedingungen entsprechen. Dies gilt

---

794 Vgl. *Meier* in Bericht über die IDW-Fachtagung 1966, Düsseldorf 1966 S. 83 ff.; *Pöppl*, Aktienrechtlicher Minderheitenschutz durch den „Abhängigkeitsbericht", Stuttgart 1972; *Richardt*, Der aktienrechtliche Abhängigkeitsbericht unter ökonomischen Aspekten, Wiesbaden 1974; *Uecker*, Der Vorteils-Nachteils-Ausgleich beim Abhängigkeitsbericht, Düsseldorf 1972; *Brezing*, AG 1975 S. 225.

795 Vgl. Report of the OECD-Committee on Fiscal Affairs: „Transfer Pricing and Multinational Enterprises", Paris 1979; vgl. auch OECD-Bericht: Verrechnungspreise und multinationale Unternehmen, Köln 1987.

796 Vgl. BdF-Schr. v. 23. 2. 1983, BStBl. I S. 218–233; das Schrifttum zu Verrechnungspreisen ist zusammengestellt bei *Becker/Grazé*, DB 1985 Beil. 15.

797 Vgl. zB *Döllerer*, Verdeckte Gewinnausschüttungen, 2. Aufl., Heidelberg 1990; *Lange*, Verdeckte Gewinnausschüttungen, 5. Aufl., Herne/Berlin 1987.

798 Ausführlich hierzu *Klein/Nohl/Zschiegner/Klein*, Konzernrechnungslegung und Konzernverrechnungspreise, Stuttgart 1983, Teil C.

799 Vgl. Entw. St/HFA, WPg. 1990 S. 602, Abschn. II. 11.

im allgemeinen auch, wenn die abhängige Gesellschaft selbst oder verbundene Unternehmen gleiche Geschäfte mit fremden Dritten abgeschlossen haben. Schwieriger wird die Beurteilung bereits dann, wenn zB bei Warengeschäften nur Vergleichspreise verschiedener Hersteller herangezogen werden können. Voraussetzungen für die Anwendung der Vergleichspreise sind außer der Vergleichbarkeit der Lieferungen Vergleichbarkeit der Marktbedingungen und der Handelsstufe. Auch wenn diese Voraussetzungen gegeben sind, wird es nicht möglich sein, immer den jeweils günstigsten Vergleichspreis als Maßstab zugrunde zu legen, sondern es muß eine sorgfältige Beurteilung der gesamten Umstände der Geschäftsbeziehung vorgenommen werden, wobei außer Qualitätsunterschieden auch abweichende Lieferungs- und Zahlungsbedingungen eine ausschlaggebende Rolle spielen können. Bei Bezug von Gütern oder Dienstleistungen ist außerdem die Zuverlässigkeit bezüglich gleichbleibender Qualität und Einhaltung von Lieferterminen zu beachten. Von besonderer Bedeutung sind weiterhin die Liefermengen; zwischen verbundenen Unternehmen werden nicht selten Mengenabschlüsse getätigt, wie sie in vergleichbarer Größenordnung am Markt sonst nicht anzutreffen sind. Bei der Beurteilung vereinbarter Mengenrabatte sind in diesen Fällen Gesichtspunkte der Kostenrechnung mit heranzuziehen, wobei eine nicht unbeträchtliche Bandbreite für den Rahmen des Angemessenen zugebilligt werden muß.

Noch schwieriger ist die Beurteilung, wenn auf der Absatzseite vergleichbare **Konkurrenzpreise unterboten** werden. Zu beachten ist zunächst, daß ein Nachteil iSd. Gesetzes nicht gleichbedeutend mit Verlust sein muß. Würde die Gesellschaft zB bei Geschäften mit anderen Unternehmen einen höheren Gewinn erzielt haben, so liegt in der Beziehung mit dem verbundenen Unternehmen ein Nachteil, obwohl kein Verlust eingetreten ist. Umgekehrt braucht in einem Verlustgeschäft kein Nachteil zu liegen; dann nämlich nicht, wenn auch bei einem Abschluß mit einem fremden Unternehmen der gleiche oder sogar ein höherer Verlust entstanden wäre. Ob ein derartiger Fall vorliegt, wird sich uU entscheidend von der Kapazitätsauslastung der abhängigen Gesellschaft her bestimmen, wobei auch die Problematik einer langfristigen Sicherung des Absatzes von Bedeutung sein kann. Eine besondere Rolle werden diese Gesichtspunkte vielfach bei der Differenzierung von Exportpreisen nach verschiedenen Ländern spielen.   727

Außer dem Marktpreis müssen uU auch noch **andere Faktoren** bei der Beurteilung der Angemessenheit berücksichtigt werden, die sich aus einer Konzernzugehörigkeit der Gesellschaft ergeben können. Zwar kann die Tatsache der Zugehörigkeit zum Konzern als solche nicht als Vor- oder Nachteil angesehen werden; denn dafür wäre erforderlich, daß der Vorteil quantifizierbar ist. Hat aber die Zugehörigkeit zum Konzern zB zur Folge, daß die abhängige Gesellschaft konzernübliche Rabatte erhält, die sie als unabhängiges Unternehmen nicht erhalten würde, dann ist diese Tatsache bei der Beurteilung der Angemessenheit zu berücksichtigen. Entsprechende Überlegungen wie bei Warengeschäften sind bei einem Fremdvergleich von Leistungen anzustellen. Bei Kreditgewährungen spielen zB Laufzeit, Sicherheiten und uU Wechselkursrisiken eine besondere Rolle.   728

Alle vorstehenden Überlegungen gehen von der Annahme aus, daß gleiche Güter oder Dienste am freien Markt auch zwischen unabhängigen Unternehmen   729 gehandelt werden und daß darüber die erforderlichen Preisinformationen beschafft werden können. Dies ist jedoch keineswegs immer der Fall. UU kann es allerdings möglich sein, auf die Preise in etwa vergleichbarer Güter oder Dienste auszuweichen, wobei unter sorgfältiger Beachtung aller Faktoren eine entsprechende Preisanpassung vorgenommen werden muß.

b) Die Absatzpreismethode

730 Häufig werden zwischen verbundenen Unternehmen jedoch auch Güter und Dienste ausgetauscht, für die vergleichbare Marktpreise überhaupt nicht zu ermitteln sind. Dies kann insbesondere bei Konzernunternehmen mit aufeinander abgestimmten Fertigungs- und Absatzprogrammen der Fall sein, die sich untereinander mit **Teilen und Halbfabrikaten** beliefern und die vielfältige Beratungs- und sonstige Dienstleistungen in Anspruch nehmen. In derartigen Fällen kann die Anwendung der Absatzpreismethode **(Wiederverkaufspreismethode)** in Betracht kommen. Diese Methode geht von dem Preis aus, der in der Endstufe einem unabhängigen Dritten in Rechnung gestellt wird und mit dem die Ware oder Dienstleistung somit den Kreis der durch Abhängigkeit verbundenen Unternehmen verläßt. Insofern legt auch diese Methode Marktpreise zugrunde. Um einen angemessenen Verrechnungspreis für die Zwischenlieferung im Unternehmensverbund zu ermitteln, muß von diesem Endverkaufspreis jedoch noch eine angemessene Rohspanne abgesetzt werden. Wenn diese Spanne nicht aus einem Fremdvergleich gewonnen werden kann, sind zu deren Bestimmung ebenso wie bei der Kostenaufschlagsmethode die Werte der Kostenrechnung heranzuziehen. Die Methode ist um so schwieriger anwendbar, je mehr Stufen einer Lieferkette innerhalb eines Unternehmensverbundes durchlaufen werden und insbesondere je größer der Umfang einer Weiterverarbeitung auf nachfolgenden Stufen ist.

c) Die Kostenaufschlagsmethode

731 Liegen vergleichbare Marktpreise nicht vor und ist auch die Anwendung der Absatzpreismethode nicht praktikabel, so kann als Maßstab für die Beurteilung der Angemessenheit nur der **Selbstkostenpreis zzgl. eines angemessenen Gewinnzuschlages,** der an der Branchenrendite zu orientieren ist[800], herangezogen werden. Dies bedeutet jedoch, daß die gesamte Problematik der Kostenrechnung[801] und der umstrittenen Frage eines angemessenen Gewinnes zum Zuge kommt. Hier sei nur auf die weitgehend unterschiedlichen Auffassungen hinsichtlich des Kostencharakters verschiedener Aufwandsarten (zB gewinnabhängige Aufwendungen, Eigenkapitalzinsen), hinsichtlich des Wertansatzes (Anschaffungs- oder Tageswerte) und der Art der Berücksichtigung des Beschäftigungsgrades hingewiesen. Diese Divergenzen werden dazu zwingen, den angemessenen Preis nicht an einem fest bestimmten Punkt, sondern innerhalb einer häufig nicht unbeträchtlichen Spanne anzunehmen. Nicht gefolgt werden kann dagegen der Forderung von *Uecker*[802], daß in jedem Fall der Mittelwert einer vorhandenen Bandbreite anzusetzen sei[803].

---

800 Vgl. *Brezing,* AG 1975 S. 225 (228).
801 Vgl. WPH 1985/86 Bd. I S. 1464 ff. sowie *Meier,* Kostenprüfung, Köln/Opladen 1959; außerdem *Becker,* Offene Fragen bei der Kostenaufschlagsmethode, in IWB Fach 3 Gruppe 1 S. 589.
802 AaO (Fn. 794), S. 131.
803 Wie hier *Kropff* in AktG-Kom., § 311 AktG 1965 Anm. 180; *Brezing,* AG 1975 S. 225 (228).

Die Bedeutung der Kostenrechnung als Beurteilungsmaßstab für die Angemes- **732**
senheit erschöpft sich jedoch nicht nur in den Fällen vollständig fehlender
Marktpreise. Heranzuziehen ist sie vielmehr zB auch für die Anpassung
zunächst nicht vergleichbarer Marktpreise sowie für die Beurteilung von Men-
genrabatten und Preisabschlägen wegen Kosteneinsparungen, wie zB durch
Wegfall von Marketingkosten und Provisionen, die bei Lieferungen an fremde
Unternehmen entstehen würden.

Von besonderer Bedeutung ist die Kostenrechnung weiterhin, wenn wegen man- **733**
gelnder Beschäftigung keine Vollkostendeckung einschließlich Gewinnzuschlag
erzielt werden kann. UU kann sogar eine gewisse Unterschreitung vergleichbarer Marktpreise gerechtfertigt sein, um eine höhere Auslastung von Kapazitäten
zu erreichen. Hierbei sind Gesichtspunkte der Teilkostenrechnung zur Bestimmung der Preisuntergrenze, die noch im Rahmen der Angemessenheit liegt, zu
berücksichtigen. Ein zeitweiliger Verzicht auf Fixkostendeckung oder ein Ansatz
nur eines geringeren Deckungsbeitrages bei zusätzlichen Geschäften ist auch bei
nicht abhängigen Gesellschaften nicht ungewöhnlich, so daß der Forderung von
Brezing[804], daß in einer längeren Periode stets Vollkostendeckung einschließlich
Kapitalrendite erzielt werden müsse, nur bedingt gefolgt werden kann[805].

Umgekehrt kann bei bereits erreichter voller Kapazitätsauslastung auch der Fall **734**
eintreten, daß auf bestimmte Lieferungen zugunsten anderer verbundener
Unternehmen verzichtet wird. Ein Nachteil für die abhängige Gesellschaft wird
mit einer derartigen Lieferabsprache dann nicht verbunden sein, wenn die erhaltene Vergütung mindestens so hoch ist wie der Gewinn, der bei eigener Lieferung unter Beachtung der entstehenden progressiven Kosten zu erzielen gewesen wäre. In späteren Jahren wird jeweils sorgfältig zu prüfen sein, ob die Lieferabsprache weiterhin wegen voller Kapazitätsauslastung gerechtfertigt ist.

d) Besondere Problemfälle

Bei verbundenen Unternehmen und in besonderem Maße bei multinationalen **735**
Konzernen sind nicht selten Rechtsgeschäfte und Maßnahmen anzutreffen,
deren Beurteilung mit außergewöhnlichen Problemen verbunden ist. Die Angemessenheit von Rechtsgeschäften, für die vergleichbare Marktpreise nicht vorliegen, wird im allgemeinen noch anhand der Kostenrechnung ausreichend
beurteilt werden können. Handelt es sich jedoch nicht um Geschäfte, deren
Erfüllung Zug um Zug erfolgt, sondern um **langfristige Sukzessiv-Lieferverträge**
mit festgelegten Mengen und Preisen, tritt für die Beurteilung ein weiterer, uU
sehr bedeutender Unsicherheitsfaktor hinzu. Ganz problematisch ist eine Beurteilung langfristiger Verträge, wenn auch die Mengen von einer zukünftigen Entwicklung abhängig sind, wie dies zB bei Lizenzverträgen mit festgelegter Stück-
lizenz der Fall ist. Ebenso problematisch ist eine Beurteilung der Angemessenheit
langfristiger Marktabsprachen. Aus dem Wortlaut der gem. § 312 Abs. 3 AktG
abzugebenden Schlußerklärung des Vorstandes sowie aus der Bestimmung über
die Prüfung von Rechtsgeschäften durch den APr. im § 313 Abs. 1 Nr. 2 AktG
ergibt sich, daß für die Beurteilung die Umstände im Zeitpunkt der Vornahme
des Geschäftes maßgebend sein sollen. Daß für die Prüfung von Maßnahmen

---

804 AG 1975 S. 225 (228).
805 Vgl. auch *Richardt* (Fn. 794), S. 74.

eine gleichlautende Formulierung im § 313 Abs. 1 Nr. 3 AktG fehlt, dürfte nach dem aus der Schlußerklärung des Vorstandes ersichtlichen Willen des Gesetzgebers materiell ohne Bedeutung sein.

736   *Kellmann*[806] weist zutreffend darauf hin, daß sich durch diese Beurteilung nach den Umständen im Zeitpunkt des Abschlusses des Verpflichtungsgeschäftes ein Unterschied zwischen einem berichts- und ausgleichspflichtigen Nachteil und einem effektiv entstandenen Schaden ergeben kann. So ist es bei einem langfristigen Geschäft durchaus möglich, daß nach den Umständen im Zeitpunkt des Verpflichtungsgeschäftes ein Ausgleich von Leistung und Gegenleistung vorgelegen hat, durch eine spätere ungünstige Entwicklung jedoch für das abhängige Unternehmen ein tatsächlicher Schaden entstanden ist. Im umgekehrten Fall fragt sich, ob der durch eine spätere, nicht vorhersehbare Entwicklung entstandene tatsächliche Vorteil zum Ausgleich des bei der Beurteilung nach den Umständen im Zeitpunkt des Vertragsabschlusses bestehenden Nachteils herangezogen werden kann.

737   Eine zuverlässige Beurteilung derartiger langfristiger Geschäfte ist nur bei nachträglicher Betrachtung möglich. Nach dem eindeutigen Wortlaut des Gesetzes, das im Ergebnis auch der abhängigen Gesellschaft das allgemeine geschäftliche Risiko aus langfristigen Dispositionen belassen will, wird jedoch der Ansicht von *Kellmann,* daß eine nachträgliche Beurteilung aufgrund der effektiv eingetretenen Nachteile zulässig und sogar zwingend sei, weil die Begriffe „Nachteil" im § 311 AktG und „Schaden" im § 317 AktG identisch sein müßten, und die abschließende Beurteilung nach den Umständen im Zeitpunkt des Abschlusses des Verpflichtungsgeschäftes unlösbare Probleme stellt, bei dem geltenden Rechtszustand nicht gefolgt werden können. Es muß vielmehr bei einer nach bestem Wissen und Gewissen erstellten **Prognose nach den Umständen im Zeitpunkt der Vornahme des Geschäftes** verbleiben[807]. Dabei kommt es nicht auf die Vorstellungen und Kenntnisse an, die der Vorstand zum maßgeblichen Zeitpunkt tatsächlich hatte, sondern auf diejenigen, die er bei sorgfältiger Klärung der Umstände hätte haben können; irrtümliche Fehleinschätzungen können somit einen Nachteil nicht ausschließen. Allerdings führt die irrtümliche Beurteilung als nachteilig bei objektiver Ausgeglichenheit nicht zu einer Berichtspflicht. Um den Schwierigkeiten einer ex-ante-Prognose zu begegnen, erscheint es möglich, daß das herrschende Unternehmen sich von vornherein verpflichtet, etwaige nachteilige Folgen jeweils am Ende eines Geschäftsjahres ex-post zu quantifizieren und auszugleichen[808].

738   Besondere Probleme können auch bei umfassenden **Beratungsverträgen** auftreten, nach denen Beratungsleistungen erbracht werden, für die es keine vergleichbaren Maßstäbe gibt. In die Beurteilung ist dabei auch die Qualität der Beratung einzubeziehen. Werden Leistungen wie zB für Forschung und Entwicklung und für Verwaltungstätigkeiten in Form einer **Konzernumlage** verrechnet, so hat die Verrechnung auf der Basis tatsächlich anfallender Kosten, uU einschl. kalkula-

---

806 BB 1969 S. 1509.
807 Vgl. *ADS,* § 311 AktG Tz. 42; *Koppensteiner* in Kölner Kom., § 311 Anm. 23.
808 Vgl. *ADS,* § 311 AktG Tz. 69; vgl. auch *Koppensteiner* in Kölner Kom., § 311 Anm. 86 ff.

torischer Zinsen, zu erfolgen. Belastet werden können nur Leistungen, die tatsächlich im Interesse des abhängigen Unternehmens erbracht worden sind[809].

Nach herrschender Auffassung können Vorteile, die sich unmittelbar und automatisch aus einem Konzernverbund ergeben (sog. Konzernreflexe), nicht zum Ausgleich von Nachteilen herangezogen werden, wobei die Abgrenzung zwischen **Konzernreflexen** und ausgleichsfähigem Vorteil fraglich sein kann[810]. Diese Abgrenzung kann zB bei Beratungsleistungen im Einkaufssektor eine beachtliche Rolle spielen. **739**

5. Prüfung

a) Gegenstand der Prüfung

Der Vorstand der abhängigen AG hat den von ihm erstellten Abhängigkeitsbericht gleichzeitig mit dem JA und dem GB dem Abschlußprüfer der Gesellschaft vorzulegen (§ 313 Abs. 1 Satz 1 AktG). Der APr. ist also kraft Gesetzes auch für die Prüfung des Abhängigkeitsberichts zuständig, ohne daß es einer gesonderten Beauftragung durch die Gesellschaft bedarf. Ein Sonderproblem ergibt sich daraus, daß nach § 316 Abs. 1 Satz 1 HGB die JA kleiner AG nicht mehr prüfungspflichtig sind[811]. Hierdurch entfällt für solche Gesellschaften auch die Prüfung des Abhängigkeitsberichts, die jedoch als einzig neutrale Prüfung von besonderer Bedeutung für den Minderheitenschutz ist. Wie der klare Wortlaut des durch das BiRiLiG geänderten § 313 Abs. 1 Satz 1 AktG zeigt, nimmt der Gesetzgeber diese Lücke jedoch in Kauf, wenn auch eine sachliche Rechtfertigung hierfür nicht ersichtlich ist[812]. Da die Einschränkung der Prüfungspflicht ausschließlich darauf zurückzuführen ist, daß kleine AG keinen Abschlußprüfer haben müssen, bleibt es bei der Einbeziehung des Abhängigkeitsberichts in die Prüfungspflicht, wenn die Satzung einer kleinen AG die Prüfung des JA vorschreibt. Bei freiwilliger Abschlußprüfung ist deren Erstreckung auf den Abhängigkeitsbericht jedoch nicht obligatorisch, wenn auch durchaus denkbar. Zum Ausgleich für die entfallene Pflichtprüfung wird von *Kropff*[813] ein Recht der Aktionäre zur Einsicht in den Abhängigkeitsbericht und ein erweitertes Auskunftsrecht befürwortet. **740**

Die Prüfung des Abhängigkeitsberichts erstreckt sich darauf, ob **741**

„1. die tatsächlichen Angaben des Berichts richtig sind,
2. bei den im Bericht aufgeführten Rechtsgeschäften nach den Umständen, die im Zeitpunkt ihrer Vornahme bekannt waren, die Leistung der Gesellschaft nicht unangemessen hoch war; soweit sie dies war, ob die Nachteile ausgeglichen worden sind,
3. bei den im Bericht aufgeführten Maßnahmen keine Umstände für eine wesentlich andere Beurteilung als die durch den Vorstand sprechen."

809 Zur Problematik der Konzernumlagen vgl. *Koppensteiner* in Kölner Kom., § 311 Anm. 41; *Wiedemann/Strohn*, AG 1979 S. 113.
810 Vgl. *ADS*, § 311 AktG Tz. 62.
811 Vgl. *Gelhausen*, AG 1986 S. 67; *Weirich/Zimmermann*, AG 1986 S. 265 (274).
812 Hierzu ausführlich *Kropff*, ZGR 1988 S. 558 (563 ff.).
813 Vgl. *Kropff*, ZGR 1988 S. 558 (570 ff.); *ADS*, § 313 AktG Tz. 46 ff.

742 Aus dieser Aufzählung ergibt sich, daß die **Vollständigkeit** des Abhängigkeitsberichtes **nicht Gegenstand der Prüfung** durch den APr. ist[814]. Dies trägt dem insoweit für ein sicheres Urteil insbesondere in bezug auf (unterlassene) Maßnahmen nicht ausreichenden Prüfungsmöglichkeiten Rechnung. Insbesondere auf die Vollständigkeit der Angaben zu achten hat dagegen aufgrund seiner Kenntnis der Vorgänge der Aufsichtsrat bei seiner anschließenden Prüfung. Der Abschlußprüfer braucht also nicht ausdrücklich zu prüfen, ob der Bericht sämtliche angabepflichtigen Rechtsgeschäfte und Maßnahmen enthält. Stellt er jedoch bei seiner Prüfung nach § 313 Abs. 1 AktG oder im Rahmen seiner Abschlußprüfung fest, daß der Abhängigkeitsbericht unvollständig ist, so muß er auch hierüber berichten. Ihn trifft also keine Prüfungspflicht, sondern ggf. eine Berichtspflicht. Allerdings wird der APr. auch Verdachtsmomenten, die sich bei seinen Arbeiten ergeben, nachgehen müssen. Außerdem hat er im Rahmen der Prüfung, ob die Angaben im Abhängigkeitsbericht zutreffend sind, auch darauf zu achten, ob bei den angegebenen Rechtsgeschäften und Maßnahmen eine vollständige Darstellung der wesentlichen Geschäftsbedingungen gegeben wurde.

743 Während die Prüfung nach § 313 Abs. 1 Satz 2 Nr. 1 AktG sich nur auf die richtige Wiedergabe der im Bericht enthaltenen Fakten erstreckt, sind nach § 313 Abs. 1 Satz 2 Nr. 2 und 3 AktG auch die vom Vorstand getroffenen **Wertungen** zu prüfen. Dabei ist es nicht Aufgabe des Prüfers, Kritik an der Geschäftsführung der Gesellschaft zu üben. Er hat sich darauf zu beschränken, festzustellen, ob die Leistung der Gesellschaft bei vernünftiger kaufmännischer Überlegung nicht unangemessen hoch erscheint; mit dieser negativen Formulierung wird dem Prüfer ein Beurteilungsspielraum eingeräumt[815]. Weicht der Prüfer in seiner Beurteilung nur geringfügig von der Beurteilung des Vorstandes ab, so braucht er darüber nicht zu berichten. Nur wenn er wesentliche Beanstandungen zu erheben hat, ist er zur Berichterstattung verpflichtet.

744 Bei der Prüfung der Maßnahmen hat der APr. nur zu prüfen, ob ihm bekannte Umstände für eine wesentlich andere Beurteilung als die durch den Vorstand sprechen. Der Prüfer soll also kein Urteil darüber abgeben, ob die Maßnahme zweckmäßig und mit den Pflichten eines ordentlichen und gewissenhaften Geschäftsleiters vereinbar war[816]. Er soll nicht sein Ermessen an die Stelle des kaufmännischen Ermessens des Vorstands setzen. Vielmehr soll er prüfen, ob die angegebenen Gründe die Maßnahme vertretbar erscheinen lassen oder ob die ihm bekannten Umstände zu einer wesentlich anderen Beurteilung führen.

745 Hat die abhängige Gesellschaft durch Rechtsgeschäfte oder Maßnahmen einen Nachteil erlitten, so erstreckt sich die Prüfung auch darauf, ob dieser Nachteil im GJ tatsächlich oder durch Gewährung eines Rechtsanspruchs auf entsprechende Vorteile ausgeglichen worden ist.

746 Wird vom Vorstand ein **Abhängigkeitsbericht** nicht aufgestellt, so muß der Abschlußprüfer prüfen, ob die **Voraussetzungen für die Erstellung** eines Berichts vorliegen oder nicht. Diese Pflicht ergibt sich zwar nicht aus § 313 AktG, sie leitet sich aber aus den allgemeinen Vorschriften über die Prüfung des JA und des

---

814 Vgl. *ADS*, § 313 AktG Tz. 46 ff.; *Kropff* in AktG-Kom., § 313 Anm. 24.
815 Vgl. Begr. RegE zu § 313 AktG, bei *Kropff*, AktG, Düsseldorf 1965 S. 414; *ADS*, § 313 AktG Tz. 42; *Koppensteiner* in Kölner Kom., § 313 Anm. 12.
816 Vgl. Begr. RegE zu § 313 AktG bei *Kropff*, AktG, Düsseldorf 1965 S. 413; *ADS*, § 313 AktG Tz. 31.

Anhangs her. Denn bei der Prüfung des Anhangs hat der Prüfer darauf zu achten, ob die nach § 160 Abs. 1 Nr. 8 AktG erforderlichen Angaben über das Bestehen von nach § 20 AktG mitgeteilten Beteiligungen gemacht worden sind. Insbesondere muß der Prüfer auch feststellen, ob der **Lagebericht** die Schlußerklärung des Vorstands nach § 312 Abs. 3 Satz 3 AktG enthält, die in den Lagebericht aufzunehmen ist (vgl. Tz. 721). Zwar schreibt § 317 Abs. 1 Satz 2 HGB die Prüfung der Vollständigkeit des LB nicht ausdrücklich vor. Es entspricht jedoch allgemeiner Auffassung[817], daß die inhaltliche Prüfung der Angaben des LB auch die Prüfung der Vollständigkeit der vorgeschriebenen Angaben voraussetzt. Dabei ist der APr. nicht dazu verpflichtet, Nachforschungen darüber anzustellen, ob Umstände vorliegen, welche eine Abhängigkeit begründen können, wenn ihm dafür keine besonderen Umstände bekannt sind[818].

Schwierigkeiten wird die Prüfung insbesondere bereiten, wenn nicht ein Abhängigkeitsverhältnis aufgrund einer Mehrheitsbeteiligung eines Unternehmens gegeben ist, sondern über eine etwaige Abhängigkeit zu einer Gruppe von mehreren Unternehmen zu entscheiden ist. Der BGH hat dies in seinem Urteil v. 4. 3. 1974[819] nicht verkannt, jedoch ausdrücklich eine gewisse Rechtsunsicherheit in Kauf genommen, um dem Schutzzweck des Gesetzes den Vorrang geben zu können. Sind Vorstand und APr. in der Frage, ob ein Abhängigkeitsbericht zu erstatten ist, nicht einer Meinung, so ist eine Anrufung des Landgerichts im Verfahren gem. § 324 HGB möglich, da es bei dieser Frage auch um den Pflichtinhalt des Lageberichts geht[820]. Dagegen kann die Spruchstelle nicht bei Meinungsverschiedenheiten angerufen werden, die sich ausschließlich auf den Inhalt des Abhängigkeitsberichts und die Beurteilung von Rechtsgeschäften oder Maßnahmen beziehen. **747**

Kommt der Vorstand einer Gesellschaft der ihm nach § 312 AktG obliegenden Pflicht zur Aufstellung des Abhängigkeitsberichts nicht nach, hat der APr. wegen der Unvollständigkeit des Lageberichts den **BestV zum JA einzuschränken**[821]. Dabei paßt der Wortlaut einer Einschränkung wegen Unvollständigkeit nicht nahtlos in den Zusammenhang von Satz 3 der Kernfassung des § 322 Abs. 1 HGB, der sich nur auf den Einklang von LB und JA bezieht. Gleichwohl sollten keine Bedenken bestehen, für die Einschränkung folgenden Wortlaut zu verwenden: „Der Lagebericht steht im Einklang mit dem Jahresabschluß mit der Einschränkung, daß er die nach § 312 Abs. 3 Satz 3 AktG vorgeschriebene Schlußerklärung nicht enthält." **748**

Außerdem kann der Vorstand vom Registergericht durch Festsetzung von Zwangsgeld (§ 407 Abs. 1 AktG) zur Aufstellung des Abhängigkeitsberichts und zu seiner Vorlage an den APr. angehalten werden. Nach einem Beschluß des Amtsgerichts Bremen[822] kann allerdings das Registergericht die Aufstellung **749**

---

817 Vgl. *HdR*, § 322 HGB Anm. 39 f.; *Koppensteiner* in Kölner Kom., § 313 Anm. 7; wohl ebenso *BeBiKo.*, § 317 HGB Anm. 18.
818 Vgl. *Würdinger* in Großkom., § 313 AktG 1965 Anm. 3.
819 BGHZ 62, 193 = WPg. 1974 S. 245 *(Seitz)*.
820 Vgl. *ADS*, § 324 HGB Tz. 31; *Krieger* in MünchHdb. AG, § 69 Anm. 76; *Kropff* in AktG-Kom., § 313 AktG 1965 Anm. 6; aA *Koppensteiner* in Kölner Kom., § 313 Anm. 8, der jedoch in Anm. 7 die Bedeutung für den LB und damit für den BestV zum JA hervorhebt.
821 Vgl. Entw. St/HFA, WPg. 1990 S. 602, Abschn. III. 3; *ADS*, § 289 HGB Tz. 132; *BeBiKo.*, § 322 HGB Anm. 56.
822 DB 1976 S. 1760; aA *Koppensteiner* in Kölner Kom., § 312 Anm. 23; *Krieger* in MünchHdb. AG, § 69 Anm. 76.

eines Abhängigkeitsberichts nicht mehr für ein GJ verlangen, dessen Rechnungslegung abgeschlossen und nicht angefochten ist. Ein trotz Verstoß gegen die Berichtspflicht ergangener Entlastungsbeschluß kann als gesetzwidrig angesehen werden und deshalb eine Anfechtungsklage nach § 243 Abs. 1 AktG auslösen[823].

b) Prüfungsdurchführung

750 Bei der Prüfung ist von den im Bericht aufgeführten Rechtsgeschäften und Maßnahmen auszugehen (retrograde Prüfungsmethode). Die Prüfung der Richtigkeit der tatsächlichen Angaben des Berichts ist eine **objektive Tatsachenermittlung,** die im allgemeinen ohne besondere Schwierigkeiten durchgeführt werden kann.

751 Bei der Prüfung der Angemessenheit ist dagegen eine **subjektive Beurteilung** erforderlich, die – wie bereits dargelegt[824] – mangels ausreichender Beurteilungsmaßstäbe sehr problematisch sein kann. Für die Durchführung der Prüfung und die Beurteilung ist das pflichtgemäße Ermessen des APr. maßgebend. Soweit möglich, sind für die Beurteilung vergleichbare Marktpreise heranzuziehen. Soweit Ergebnisse der Kostenrechnung für die Beurteilung von Bedeutung sind, ist eine Überprüfung ihrer Zuverlässigkeit vorzunehmen.

752 Bei umfangreichen Geschäftsbeziehungen wird eine lückenlose Prüfung nicht erforderlich sein[825]. Umfang und Auswahl der **Stichproben** sind von der Art und der Bedeutung der Rechtsgeschäfte und Maßnahmen abhängig. Bei gleichartigen Geschäften sind die Grundsätze der Preisermittlung festzustellen und zu beurteilen; ihre Einhaltung ist durch Stichproben zu prüfen.

753 Da die Abschlußprüfung nach dem Ende des GJ im allgemeinen unter Zeitdruck durchgeführt werden muß, wird idR eine Prüfung der bisher erfolgten Rechtsgeschäfte und Maßnahmen im Rahmen einer **Zwischenprüfung** bereits im Laufe des GJ erforderlich sein. Voraussetzung ist, daß ein Mindestmaß an **Prüfungsbereitschaft** bei der abhängigen Gesellschaft, zB durch laufende Registrierung der berichtspflichtigen Vorgänge, gegeben ist. UU empfiehlt es sich auch für den Vorstand der abhängigen Gesellschaft, vor der Vornahme eines Rechtsgeschäftes oder einer Maßnahme die Beurteilung des APr. einzuholen.

754 Für die Prüfung des Abhängigkeitsberichts hat der Prüfer gem. § 313 Abs. 1 Satz 3 und 4 AktG die gleichen **Auskunftsrechte** wie bei der Prüfung des JA. Er kann insbesondere vom Vorstand, aber auch von einem Konzernunternehmen, von dem herrschenden Unternehmen oder einem abhängigen Unternehmen Auskünfte verlangen.

755 Im Rahmen des Auskunftsrechtes kann der APr. insbesondere auch Auskünfte über den Kreis der mit dem herrschenden Unternehmen verbundenen Unternehmen verlangen. Bei einem multinationalen Unternehmensverbund kann die Durchsetzung des Auskunftsrechts insbesondere gegenüber herrschenden Unternehmen mit Sitz im **Ausland** allerdings auf Schwierigkeiten stoßen, ua. weil der Auskunftserteilung nationale Vorschriften entgegenstehen können, wenngleich das Auskunftsrecht des § 313 Abs. 1 Satz 4 AktG ebenso wie das des § 320 Abs. 2

---

823 Vgl. BGH v. 4. 3. 1974, BGHZ 62, 193 = WPg. 1974 S. 245 *(Seitz)*.
824 Vgl. Tz. 675.
825 Vgl. *ADS*, § 313 AktG Tz. 45; Entw. St/HFA, WPg. 1990 S. 602, Abschn. III. 7.

Satz 3 HGB auch gegenüber Unternehmen mit Sitz im Ausland besteht[826], auch wenn eine effektive Durchsetzung insoweit nicht möglich ist. Wird in einem derartigen Fall von der ausländischen Muttergesellschaft die Bestätigung verweigert, daß es sich bei bestimmten Unternehmen um verbundene Unternehmen handelt, so sollten die Beziehungen zu diesem Unternehmen im Abhängigkeitsbericht im Zweifel als Beziehungen zu verbundenen Unternehmen behandelt werden. Da der hierdurch erreichte Schutz uU über den gesetzlich vorgeschriebenen hinausgeht, dürfte in diesem Fall die bei Außerachtlassen der Beziehung gebotene Einschränkung des BestV[827] nicht erforderlich sein. Im übrigen wird die Ansicht vertreten, daß der Vorstand einer abhängigen Gesellschaft einer nachteiligen Veranlassung des ausländischen Unternehmens nur folgen darf, wenn das ausländische Unternehmen sich ihm gegenüber bereit erklärt, die vom APr. für notwendig erachteten Aufklärungen und Nachweise sowohl für das ausländische herrschende Unternehmen selbst, als auch für andere ausländische Konzernunternehmen zu erbringen[828].

Da eine unmittelbare Prüfung der Vollständigkeit des Berichts nicht vorzunehmen ist, entfällt die Einholung einer gesonderten Vollständigkeitserklärung. **756**

c) Prüfungsbericht und Bestätigungsvermerk[829]

Über das Ergebnis der Prüfung ist gemäß § 313 Abs. 2 AktG schriftlich zu berichten. Der PrB ist von dem APr. zu unterzeichnen und dem Vorstand vorzulegen. **757**

In dem **Bericht** sind Prüfungsdurchführung und Beurteilung zu erläutern und die Ergebnisse der Prüfung zu begründen. Es ist auch zu berichten, ob der Vorstand in Erfüllung seiner Auskunftspflicht die erforderlichen Auskünfte erteilt und Nachweise vorgelegt hat. Die Angaben im Abhängigkeitsbericht des Vorstandes sind nicht nochmals im einzelnen zu wiederholen, es empfiehlt sich vielmehr, den Abhängigkeitsbericht als Anlage beizufügen. Im allgemeinen wird der PrB kurz gehalten werden können, wenn keine wesentlich vom Vorstand abweichende Beurteilung erfolgt.

Sind nach dem abschließenden Ergebnis der Prüfung keine Einwendungen zu erheben, so hat der APr. dies durch folgendes **Testat** zu bestätigen: **758**

„Nach meiner (unserer) pflichtmäßigen Prüfung und Beurteilung bestätige ich (bestätigen wir), daß

1. die tatsächlichen Angaben des Berichts richtig sind,
2. bei den im Bericht aufgeführten Rechtsgeschäften die Leistung der Gesellschaft nicht unangemessen hoch war oder Nachteile ausgeglichen worden sind,
3. bei den im Bericht aufgeführten Maßnahmen keine Umstände für eine wesentlich andere Beurteilung als die durch den Vorstand sprechen."

Führt der Bericht kein Rechtsgeschäft auf, so ist Nr. 2, führt er keine Maßnahme auf, so ist Nr. 3 des Bestätigungsvermerks fortzulassen. Lagen im Geschäftsjahr

826 Vgl. *ADS*, § 320 HGB Tz. 26; *Koppensteiner* in Kölner Kom., § 313 Anm. 10.
827 Vgl. *ADS*, § 313 AktG Tz. 57; *Koppensteiner* in Kölner Kom., § 313 Anm. 10.
828 Vgl. *Kropff* in AktG-Kom., Vorbem. §§ 311 bis 318 AktG 1965 Anm. 44; krit. *Koppensteiner* in Kölner Kom., § 313 Anm. 10.
829 Vgl. hierzu Abschn. O.

weder Rechtsgeschäfte noch Maßnahmen vor und hat demgemäß der Vorstand nur einen sog. Negativbericht erstattet, beschränkt sich das Testat auf Nr. 1.

Hat der APr. bei keinem im Bericht aufgeführten Rechtsgeschäft festgestellt, daß die Leistung der Gesellschaft unangemessen hoch war, so ist Nr. 2 des Vermerks auf diese Bestätigung zu beschränken (§ 313 Abs. 2 Satz 3 AktG).

759 Sind Einwendungen zu erheben oder hat der APr. festgestellt, daß der Abhängigkeitsbericht unvollständig ist, so hat er den BestV einzuschränken oder zu versagen (§ 313 Abs. 4 Satz 1 AktG); hierfür gelten die allgemeinen Grundsätze des FG 3/1988 entsprechend. Bei einer **Einschränkung** muß das Testat neben dem im übrigen positiven Befund Inhalt und Umfang der Einschränkung für die Öffentlichkeit klar erkennen lassen. Eine **Versagung** des BestV wird insbesondere dann in Betracht kommen, wenn die Einwendungen so zahlreich oder umfangreich sind, daß eine klare Darstellung in der Form einer Einschränkung nicht gegeben werden kann.

760 In Fällen, in denen die Beurteilung insbesondere von Maßnahmen auf besondere Schwierigkeiten gestoßen ist, ein Grund für eine Einschränkung jedoch nicht vorliegt, wird sich ein erläuternder Zusatz zum BestV empfehlen[830].

761 Hat der Vorstand selbst erklärt, daß die Gesellschaft durch bestimmte Rechtsgeschäfte oder Maßnahmen benachteiligt worden ist, ohne daß die Nachteile ausgeglichen worden sind, so ist dies in dem Vermerk anzugeben und der Vermerk auf die übrigen Rechtsgeschäfte oder Maßnahmen zu beschränken (§ 313 Abs. 4 Satz 2 AktG).

762 Nach § 313 Abs. 5 AktG hat der APr. den BestV mit Angabe von Ort und Tag zu unterzeichnen. Der BestV ist auch in den PrB aufzunehmen.

d) Prüfung durch den Aufsichtsrat

763 Nach der Prüfung durch den APr. hat der Vorstand den Abhängigkeitsbericht zusammen mit dem PrB dem **AR** der Gesellschaft vorzulegen. Der AR hat den Abhängigkeitsbericht selbständig zu prüfen und in seinem Bericht an die HV über das Ergebnis der Prüfung zu berichten (§ 314 AktG). Die Prüfung durch den AR soll umfassend sein[831].

764 Insbesondere hat der AR anders als der APr. auch die **Vollständigkeit** der Angaben im Abhängigkeitsbericht zu prüfen. Er haftet daher gem. § 318 Abs. 2 AktG auch bei Verletzung seiner Prüfungspflicht hinsichtlich der Vollständigkeit der Angabe nachteiliger Rechtsgeschäfte oder Maßnahmen[832]. Der AR hat in seinem Bericht ferner zu dem Ergebnis der Prüfung des Abhängigkeitsberichts durch die APr. Stellung zu nehmen und den BestV in seinen Bericht aufzunehmen oder die Versagung des Vermerks mitzuteilen. Am Schluß des Berichts hat der AR zu erklären, ob nach dem abschließenden Ergebnis seiner Prüfung Einwendungen gegen die Schlußerklärung des Vorstands zu erheben sind. Der APr. hat auf Verlangen an der Verhandlung des AR über den Abhängigkeitsbericht teilzunehmen (§ 314 Abs. 4 AktG).

---

830 Vgl. Entw. St/HFA, WPg. 1990 S. 602, Abschn. III. 10; generell gegen Zusätze *Kropff* in AktG-Kom., § 313 AktG 1965 Anm. 49.
831 Vgl. Begr. RegE zu § 314 AktG bei *Kropff*, AktG S. 416.
832 Vgl. *Henn* in Handbuch des Aktienrechts, 4. Aufl., Heidelberg 1990, § 9 Abschn. 4 zu Fn. 174; *Krieger* in MünchHdb. AG, § 69 Anm. 88.

e) Sonderprüfung gemäß § 315 AktG

Zum weiteren Schutz der Rechte von Minderheitsaktionären hat der Gesetzge-   **765**
ber für bestimmte Fälle eine spezielle Sonderprüfung der geschäftlichen Beziehungen einer abhängigen Gesellschaft zu verbundenen Unternehmen vorgesehen. Für die Bestellung von Sonderprüfern durch das Gericht ist der Antrag
eines Aktionärs ausreichend. Der Antrag kann gem. § 315 AktG allerdings nur
gestellt werden, wenn

1. der APr. den BestV zum Abhängigkeitsbericht eingeschränkt oder versagt hat,
   oder

2. der AR erklärt hat, daß Einwendungen gegen die Erklärung des Vorstands am
   Schluß des Abhängigkeitsberichts zu erheben sind, oder

3. der Vorstand selbst erklärt hat, daß die Gesellschaft durch bestimmte Rechtsgeschäfte oder Maßnahmen benachteiligt worden ist, ohne daß die Nachteile
   ausgeglichen worden sind.

Die Sonderprüfung nach § 315 AktG ist eine **umfassende Prüfung** aller geschäft-   **766**
lichen Beziehungen des abhängigen Unternehmens mit dem herrschenden
Unternehmen und mit allen mit diesem verbundenen Unternehmen, sofern die
Bestellung durch das Gericht die Prüfung nicht auf bestimmte Geschäfte
beschränkt. Im Rahmen der Sonderprüfung ist damit auch die Vollständigkeit
des Abhängigkeitsberichts zu prüfen. Für die Auswahl der Sonderprüfer gilt
§ 143 AktG, idR werden WP oder vBP zu wählen sein[833]. Der Bericht über die
Sonderprüfung ist zum Handelsregister der Gesellschaft einzureichen (§ 145
Abs. 4 Satz 3 AktG), wo er von jedermann eingesehen werden kann.

---

833 Vgl. *Krieger* in MünchHdb. AG, § 69 Anm. 89.

Abschnitt G

Erläuterungen zu den für eingetragene Genossenschaften geltenden ergänzenden Vorschriften zum Jahresabschluß und zum Lagebericht

Nach dem Bilanzrichtlinien-Gesetz v. 19. 12. 1985 [1] sind für den JA der eingetragenen Genossenschaften (eG) die Vorschriften des Dritten Buchs des HGB maßgebend, in erster Linie die allgemeinen von allen Kaufleuten [2] zu beachtenden Vorschriften (§§ 242 bis 256 HGB) und zusätzlich die „Ergänzenden Vorschriften für eingetragene Genossenschaften" (§§ 336 bis 339 HGB). Wegen Buchführungspflicht des Vorstands, Beschränkung der Anfechtung des JA und Vorstandspflichten bei Verlust vgl. § 33 GenG [3]. **1**

I. Pflicht zur Aufstellung eines Jahresabschlusses und eines Lageberichts

Die Pflicht zur Aufstellung eines JA [4] ergibt sich aus § 242 HGB. Danach ist für den Schluß eines jeden GJ ein **JA,** bestehend aus Bilanz (Abs. 1) und GuV (Abs. 2) aufzustellen. § 336 Abs. 1 Satz 1 HGB bestimmt ergänzend, daß der JA um einen **Anhang** zu erweitern ist, der mit der Bilanz und der GuV eine **Einheit** bildet, und daß ein LB aufzustellen ist. JA und Lagebericht sind grundsätzlich in den ersten **5 Monaten** des GJ für das vergangene GJ aufzustellen (§ 336 Abs. 1 Satz 2 HGB) [5]. Nach der Aufstellung sind JA und LB unverzüglich dem AR und mit dessen Bemerkungen (§ 38 Abs. 1 Satz 3 zweiter Halbsatz GenG) der GV vorzulegen (§ 33 Abs. 1 Satz 2 GenG). **2**

Die **Feststellung** des JA obliegt der GV, die dieserhalb in den ersten 6 Monaten des neuen GJ stattzufinden hat (§ 48 Abs. 1 GenG). Bei der Feststellung ist die GV an die für die Aufstellung des JA geltenden Vorschriften gebunden (§ 48 Abs. 2 Satz 1 GenG). Wegen der Pflicht zur **Prüfung** des JA vgl. §§ 53 ff. GenG, wegen **Offenlegung** von JA, LB und Bericht des AR und der dabei bestehenden größenabhängigen Erleichterungen vgl. § 339 HGB. **3**

---

1 BGBl. I S. 2355.
2 Nach § 17 Abs. 2 GenG gelten Genossenschaften vorbehaltlich abweichender Vorschriften als Kaufleute iSd. HGB.
3 Gesetz betr. die Erwerbs- und Wirtschaftsgenossenschaften v. 1. 5. 1889.
4 Vgl. hierzu *Ohlmeyer/Bergmann,* Das genossenschaftliche Bilanzrecht, Wiesbaden 1986; *Baetge/ Wagner* in Rechnungslegung und Prüfung nach neuem Recht, Düsseldorf 1987 S. 107 ff.; *Großfeld/ Reemann* in FS *Goerdeler,* Düsseldorf 1987 S. 149 ff.; zu den JA-Mustern und Erläuterungen der Verbände für verschiedene Geschäftszweige vgl. *Schaffland* in *Lang/Weidmüller,* Genossenschaftsgesetz, 32. Aufl., Berlin/New York 1988 (*Lang/Weidmüller*), Anh. § 33 GenG: § 264 HGB Rn. 5.
5 Zur Drei-Monatsfrist für Kreditgenossenschaften und gemeinnützige Wohnungsbaugenossenschaften mit Spareinrichtung vgl. § 26 Abs. 1 KWG.

II. Jahresabschluß

1. Anwendung der §§ 242 ff. HGB

4 Auf den nach § 242 HGB aufzustellenden JA finden uneingeschränkt die Bestimmungen der §§ 242 bis 256 HGB Anwendung. Lediglich die Zeit, innerhalb der der JA aufzustellen ist, ist abweichend von § 243 Abs. 3 HGB grundsätzlich mit fünf Monaten nach Ende des GJ bestimmt (§ 336 Abs. 1 Satz 2 HGB); ferner ist § 247 Abs. 1 HGB ohne praktische Bedeutung. Die übrigen Vorschriften, insbesondere die **Aufstellungsgrundsätze** (§ 243 Abs. 1 und 2 HGB), die **Ansatzvorschriften** (§§ 246 bis 251 HGB) und die **Bewertungsvorschriften** (§§ 252 bis 256 HGB) sind auf den JA der eG vollinhaltlich anzuwenden. Auf die Erläuterung dieser Vorschriften in Abschn. E wird verwiesen.

2. Ergänzende Vorschriften für die Bilanz und die Gewinn- und Verlustrechnung

a) Anwendung der für Kapitalgesellschaften geltenden Vorschriften

5 Zusätzlich zu den Vorschriften, die für alle Kaufleute gelten, haben eG bei der Aufstellung des JA grundsätzlich die meisten der **ergänzenden Vorschriften,** die das HGB für Kapitalgesellschaften vorsieht, entsprechend anzuwenden (§ 336 Abs. 2 Satz 1 HGB)[6]. Dabei handelt es sich im einzelnen um folgende:

Vorschriften des HGB	erläutert unter Textziffer
§ 264 Abs. 2 Generalnorm	F 5 ff.
§ 265 Allgemeine Grundsätze für die Gliederung	F 10 ff. u. 244 ff.
§ 266 Gliederung der Bilanz	F 40 ff.
§ 267 Umschreibung der Größenklassen	F 27 ff.
§ 268 Vorschriften zu einzelnen Posten der Bilanz. Bilanzvermerke	F 41 ff.
§ 269 Aufwendungen für die Ingangsetzung und Erweiterung des Geschäftsbetriebs	F 58 ff.
§ 270 Bildung bestimmter Posten	F 179
§ 271 Beteiligungen. Verbundene Unternehmen	F 83 ff.
§ 272 Eigenkapital	F 147 ff.
§ 273 Sonderposten mit Rücklageanteil	F 209 ff.
§ 274 Steuerabgrenzung	F 134 ff. u. 215 ff.
§ 275 Gliederung der GuV	F 242 ff.
§ 276 Größenabhängige Erleichterungen	F 257 ff.
§ 277 Vorschriften zu einzelnen Posten der GuV – Abs. 3 Satz 1 der Vorschrift braucht nicht angewendet zu werden –	F 261 ff.
§ 278 Steuern	F 357 ff.

---

6 Zu Besonderheiten bei Kreditgenossenschaften vgl. § 25a KWG.

Vorschriften des HGB	erläutert unter Textziffer
§ 281 Berücksichtigung steuerrechtlicher Vorschriften – Abs. 2 Satz 1 braucht nicht angewendet zu werden –	F 211
§ 282 Abschreibung der Aufwendungen für die Ingangsetzung und Erweiterung des Geschäftsbetriebs	F 59
§ 283 Wertansatz des Eigenkapitals	F 147

Auch die §§ 279, 280 HGB können angewendet werden, doch besteht dazu keine Pflicht (§ 336 Abs. 2 Satz 1 zweiter Halbsatz HGB):

Hat eine eG ihren JA nach bestimmten **Formblättern** zu gliedern oder sonstige   **6**
Vorschriften zu beachten, die durch den Geschäftszweig bedingt sind (insbes.
bei Wohnungsbau- und Kreditgenossenschaften)[7], so bleiben diese Vorschriften
unberührt (§ 336 Abs. 2 Satz 2 HGB).

Von besonderer Bedeutung ist, daß die **Erleichterungen,** die das Gesetz für   **7**
kleine und **mittelgroße** Gesellschaften einräumt, in gleicher Weise für kleine und
mittelgroße eG gelten. Ob eine eG eine kleine oder mittelgroße eG ist, bestimmt
sich nach § 267 Abs. 1 und 2 HGB (vgl. F Tz. 27 ff.). Zu den Erleichterungen vgl.
die Übersicht in F Tz. 32.

Grundsätzlich kann festgestellt werden, daß der JA der eG der äußeren **Form**   **8**
nach dem JA einer **Kapitalgesellschaft** entspricht. Abweichungen bestehen dagegen insofern, als

– die **Bewertung** sich uneingeschränkt nach den für **alle Kaufleute** geltenden
  Vorschriften richtet, dh. die einschränkenden Bestimmungen des § 279 HGB
  keine Anwendung finden; von Bedeutung ist dies besonders für die Abschreibungen nach § 253 Abs. 4 HGB, die allein in den Rahmen vernünftiger kaufmännischer Beurteilung gestellt sind (vgl. E Tz. 303 ff.);
– für alle Wertansätze das sog. **Beibehaltungswahlrecht** gilt (§§ 253 Abs. 5, 254
  Satz 2 HGB), dh. das Gebot der Wertaufholung (§ 280 HGB) entfällt.

Trotz dieser Besonderheiten besteht die Forderung in § 264 Abs. 2 HGB, daß   **9**
auch der JA einer eG unter Beachtung der GoB **ein den tatsächlichen Verhältnissen entsprechendes Bild** der Vermögens-, Finanz- und Ertragslage der eG zu vermitteln hat und daß ggf. zusätzlich Angaben im Anhang zu machen sind. Die
letzte Forderung kann zB bedeuten, daß für den Fall erheblicher Abschreibungen nach § 253 Abs. 4 HGB auf die daraus folgenden Beeinträchtigungen der
Vermögens- und Ertragslage hinzuweisen ist[8]. Auch für den Fall, daß wesentliche Wertaufholungen unterbleiben, können entsprechende Angabepflichten bestehen.

---

7 Vgl. hierzu *ADS*, § 330 HGB Tz. 11 ff.; *BeBiKo.*, § 330 Anm. 20; *BoHdR*, § 336 HGB Rn. 33 f.;
  Lang/Weidmüller, Anh. § 33 GenG: § 330 HGB.
8 Vgl. hierzu *Baetge/Wagner* (Fn. 4), S. 107 ff. (für generelle Angabepflicht); *Großfeld/Reemann*
  (Fn. 4), S. 149 ff. (idR keine Angaben); gegen Angabepflicht *BeBiKo.*, § 336 Anm. 18, 20; *Lang/
  Weidmüller*, Anh. § 33 GenG: § 264 HGB Rn. 4.

b) Ergänzende Vorschriften zur Bilanz (§ 337 HGB)

10   § 337 HGB trifft für die Bilanz der eG besondere Vorschriften in bezug auf den Ausweis der Geschäftsguthaben sowie der Rücklagen.

aa) Geschäftsguthaben

11   Anstelle des ersten Postens der Passivseite nach § 266 Abs. 3 HGB „I. Gezeichnetes Kapital" ist bei eG der Betrag der Geschäftsguthaben der Genossen unter der Bezeichnung „Geschäftsguthaben" auszuweisen. Es setzt sich aus den eingezahlten Beträgen auf die Geschäftsanteile zusammen, ggf. zuzüglich gutgeschriebener Zinsen und Gewinne und abzüglich zu verrechnender Verlustanteile. Dabei ist der Betrag der Geschäftsguthaben der mit Ablauf des GJ ausgeschiedenen Genossen gesondert anzugeben („davon"-Vermerk oder Untergliederung)[9].

12   Für **rückständige fällige Einzahlungen** auf Geschäftsanteile bestehen zwei Bilanzierungsmöglichkeiten:

– die rückständigen fälligen Einzahlungen können **als Geschäftsguthaben** ausgewiesen werden; in diesem Fall ist der entsprechende Betrag auf der Aktivseite unter der Bezeichnung „Rückständige fällige Einzahlungen auf Geschäftsanteile" mit dem Nennwert auszuweisen (§ 337 Abs. 1 Satz 3 und 5 HGB);
– werden die rückständigen fälligen Einzahlungen **nicht als Geschäftsguthaben** ausgewiesen, so ist der Betrag bei dem Posten „Geschäftsguthaben" mit dem Nennwert zu vermerken (§ 337 Abs. 1 Satz 4 und 5 HGB).

Zum Ausweis bei **Abwertungen** vgl. *ADS*, § 272 HGB Tz. 48; *BeBiKo.*, § 337 Anm. 8.

bb) Rücklagen

13   Im Gliederungsschema des § 266 Abs. 3 A III HGB werden die Gewinnrücklagen in bestimmter Gliederung aufgeführt. In der Jahresbilanz einer eG ist die Postengruppe nicht als „Gewinnrücklagen" zu bezeichnen, sondern als **„Ergebnisrücklagen"** und wie folgt aufzugliedern (§ 337 Abs. 2 HGB)[10]:

1. Gesetzliche Rücklage (§ 7 Nr. 2 GenG)
2. Andere Ergebnisrücklagen

Zur Kapitalrücklage für **„Beitrittsgelder"** vgl. *BeBiKo.*, § 337 Anm. 2.

14   Bei den Ergebnisrücklagen sind die **Veränderungen** dieser Rücklagen wie folgt aufzuführen (§ 337 Abs. 3 HGB)[11]:

1. die Beträge, welche die GV aus dem Bilanzgewinn des VJ eingestellt hat;
2. die Beträge, die aus dem Jahresüberschuß des GJ eingestellt werden;
3. die Beträge, die für das GJ entnommen werden.

Außerdem müssen bei den Ergebnisrücklagen das Bestehen einer Ergebnisrücklage nach § 73 Abs. 3 GenG **(Beteiligungsfonds)** sowie die Beträge **vermerkt** werden, die aus dieser Ergebnisrücklage an ausgeschiedene Genossen auszuzahlen sind (§ 337 Abs. 2 zweiter Halbsatz HGB).

---

9 Wegen Einzelheiten vgl. *BoHdR*, § 337 HGB Rn. 6 ff.
10 Zur Ergebnisverwendung bei der Genossenschaft vgl. auch *Ankele*, NWB 1990, Fach 18 S. 3049 ff.; *BeBiKo.*, Vor § 339 Anm. 45 ff. (unter § 336 HGB Anm. 28 ff. auch steuerlich zur genossenschaftlichen Rückvergütung); zur verdeckten Gewinnausschüttung *Herzig*, BB 1990 S. 603 ff.
11 Zur Zulässigkeit der Angaben im Anhang und zu weiteren Angaben vgl. *BeBiKo.*, § 337 Anm. 21 f.

c) Ergänzende Vorschriften zur GuV

Das HGB trifft zur GuV der eG keine ergänzenden Vorschriften. § 275 HGB ist **15** daher grundsätzlich vollinhaltlich für die **Gliederung der GuV** anzuwenden[12]. Der eG steht es frei, die GuV entweder nach dem GKV oder dem UKV zu gliedern. Kleine und mittelgroße eG können von den Erleichterungen nach § 276 HGB Gebrauch machen. Außerdem braucht § 277 Abs. 3 Satz 1 HGB nicht angewandt zu werden, dh. außerplanmäßige Abschreibungen auf Vermögensgegenstände des Anlagevermögens und niedrigere Bewertungen im Umlaufvermögen nach § 253 Abs. 3 Satz 3 HGB müssen nicht gesondert ausgewiesen oder im Anhang angegeben werden.

3. Ergänzende Vorschriften für den Anhang

Wie bei Kapitalgesellschaften, so hat auch bei einer eG der Vorstand den JA um **16** einen Anhang zu erweitern, der mit der Bilanz und der GuV eine Einheit bildet (§ 336 Abs. 1 Satz 1 HGB). Für den Anhang gelten folgende Vorschriften des HGB entsprechend:

Vorschriften des HGB	erläutert unter Textziffer
§ 284 Erläuterung der Bilanz und der GuV	F 444 ff. u. 526 f.
§ 285 Nr. 1 bis 4, 7 bis 14 Sonstige Pflichtangaben	F 501 ff.
§ 286 Unterlassen von Angaben	F 636 ff.
§ 287 Aufstellung des Anteilsbesitzes	F 605 ff.
§ 288 Größenabhängige Erleichterungen	F 409 ff.

Darüber hinaus sind die aus den §§ 265 bis 283 HGB sich ergebenden zusätzlichen Bestimmungen zu beachten, die zu Angaben im **Anhang** verpflichten oder **17** wahlweise Angaben für die Bilanz, die GuV oder den Anhang vorschreiben. Angaben über **Fehlbeträge bei Pensionsrückstellungen** brauchen nach Art. 28 Abs. 2 EGHGB nicht gemacht zu werden[13].

§ 338 HGB ergänzt die genannten Vorschriften um eine Reihe **speziell von eG zu** **18** **machender Angaben:**

- die Zahl der im Laufe des GJ eingetretenen oder ausgeschiedenen Genossen,
- die Zahl der am Schluß des GJ der Genossenschaft angehörenden (verbleibenden) Genossen,
- der Gesamtbetrag, um welchen in diesem Jahr die Geschäftsguthaben sowie die Haftsummen der (verbleibenden) Genossen sich vermehrt oder vermindert haben,
- der Betrag der Haftsummen, für welche am JA alle Genossen zusammen aufzukommen haben (§§ 119 ff. GenG),
- Name und Anschrift des zuständigen Prüfungsverbandes, dem die eG angehört.

---

12 Zu Abweichungen vgl. auch die Formblätter für die Gliederung des JA von Kreditinstituten, BGBl. I 1987 S. 2169 ff., und von Wohnungsunternehmen, BGBl. I 1987 S. 770 ff.
13 Vgl. *ADS*, Art. 28 EGHGB Tz. 44; *BeBiKo.*, § 338 Anm. 4.

19 Außerdem modifiziert § 338 Abs. 2 und 3 HGB die **Angabepflichten** nach § 285
Nr. 9 und 10 HGB wie folgt:

– anstelle der in § 285 Nr. 9 HGB vorgeschriebenen Angaben über die an Mitglieder von Organen geleisteten Bezüge, Vorschüsse und Kredite sind lediglich die **Forderungen** anzugeben, die der Genossenschaft gegen Mitglieder des
Vorstands oder AR zustehen [14]. Diese Beträge können für jedes Organ in einer
Summe zusammengefaßt werden (§ 338 Abs. 3 HGB);
– für die Angabepflicht der **Mitglieder der Organe** gilt, daß alle Mitglieder des
Vorstands und des AR, auch wenn sie im GJ oder später ausgeschieden sind,
mit dem Familiennamen und mindestens einem ausgeschriebenen Vornamen
anzugeben sind; ein etwaiger Vorsitzender des AR ist als solcher zu bezeichnen (§ 338 Abs. 2 Nr. 2 HGB).

III. Lagebericht

20 Neben dem JA hat der Vorstand einer eG einen LB aufzustellen (§ 336 Abs. 1
HGB). Auf diesen LB ist § 289 HGB entsprechend anzuwenden [15]. Auf die
Erläuterungen in Abschn. F Tz. 639 ff. wird verwiesen.

---

14 Vgl. im einzelnen *BoHdR*, § 338 HGB Rn. 15.
15 Zu Einzelheiten für Wohnungsbaugenossenschaften vgl. *Lang/Weidmüller*, Anh. § 33 GenG: § 337
HGB Rn. 21.

Abschnitt H

Erläuterungen zu den Vorschriften zum Jahresabschluß und zum Lagebericht nach dem Publizitätsgesetz

I. Allgemeines

Nach dem „Gesetz über die Rechnungslegung von bestimmten Unternehmen und Konzernen" v. 15. 8. 1969 (BGBl. I S. 1189) idF durch das BiRiLiG, sog. Publizitätsgesetz (PublG)[1], sind auch andere Unternehmen als Kapitalgesellschaften zur öffentlichen Rechenschaftslegung verpflichtet, wenn sie bestimmte, in § 1 PublG festgelegte Größenmerkmale erreichen. Die Rechnungslegungspflicht umfaßt grundsätzlich **1**

– die **Aufstellung eines JA** nach den im PublG genannten Gliederungs- und Bewertungsbestimmungen,
– die Erweiterung des JA um einen **Anhang** und die Aufstellung eines **LB,**
– die **Einreichung** des JA **zum HR** und
– seine **Veröffentlichung** im BAnz. (§§ 5 und 9 PublG).

Erleichterungen bestehen für Personenhandelsgesellschaften und Einzelkaufleute, die Anhang und Lagebericht nicht aufzustellen brauchen und die anstelle der GuV eine Anlage zur Bilanz veröffentlichen können, die bestimmte Daten enthalten muß. **2**

JA und Lagebericht unterliegen der **Pflichtprüfung** durch **WP** § 6 PublG). Die Prüfungsvorschriften entsprechen in allen wesentlichen Punkten denen der §§ 316 bis 324 HGB. Über das Ergebnis der Prüfung hat der Prüfer schriftlich zu berichten und einen BestV abzugeben (wegen weiterer Einzelheiten vgl. O Tz. 269 ff. und Tz. 508 ff.). **3**

Die Bestimmungen des PublG wenden sich im Grundsatz an solche **Unternehmen**, für die **nicht bereits spezielle Vorschriften** über die Rechnungslegung und Publizität in anderen Gesetzen bestehen. Durch das BiRiLiG sind auch alle GmbH in die allgemeinen Rechnungslegungs- und Prüfungspflichten einbezogen worden und werden daraufhin nicht mehr vom PublG erfaßt. **4**

II. Voraussetzungen der Rechnungslegungspflicht

1. Rechtsformen

Unter die Vorschriften des PublG über den JA fallen nach § 3 Abs. 1 Unternehmen in der **Rechtsform** **5**

– der Personenhandelsgesellschaft (OHG, KG),
– des Einzelkaufmanns,

---

1 Vgl. wegen Gesetzesmaterialien *Biener*, Gesetz über die Rechnungslegung von bestimmten Unternehmen und Konzernen (PublG) mit RegBegr. uä. (Textsammlung), Düsseldorf 1973.

- der bergrechtlichen Gewerkschaft[2],
- des Vereins, dessen Zweck auf einen wirtschaftlichen Geschäftsbetrieb gerichtet ist (§ 22 BGB)[3],
- der rechtsfähigen Stiftung des bürgerlichen Rechts (§§ 80 ff. BGB), wenn sie ein Gewerbe betreibt,
- der Körperschaft, Stiftung oder Anstalt des öffentlichen Rechts, die Kaufmann nach § 1 HGB sind oder als Kaufmann im HR eingetragen sind.

Sparkassen, die einem Sparkassen- und Giroverband angehören, sind, sofern sie die Größenmerkmale des § 1 PublG erreichen, nur zur Anwendung des § 9 Abs. 1 PublG (Offenlegung) verpflichtet.

6   Das Gesetz führt in § 3 Abs. 2 ferner eine Reihe von Unternehmen auf, die **keinen JA nach den Vorschriften des PublG** zu erstellen brauchen. Dazu gehören insbesondere alle **Genossenschaften** und **VVaG**, ferner die sog. **Eigenbetriebe, Verwertungsgesellschaften** sowie bestimmte **Versicherungsunternehmen**; vgl. im einzelnen § 3 Abs. 2 PublG[4].

7   Unternehmen, die sich in **Abwicklung** (= Liquidation[5]) befinden, brauchen gleichfalls nicht nach den Vorschriften des PublG Rechnung zu legen (§ 3 Abs. 3 PublG). Wann ein Unternehmen als in Abwicklung befindlich anzusehen ist, bestimmt sich nach den für die einzelne Rechtsform geltenden Vorschriften. Im allgemeinen ist Voraussetzung für die Abwicklung eine Auflösung (vgl. § 145 HGB, §§ 41 ff. BGB). Bei einer OHG oder KG muß die Auflösung außer im Konkursfall zur Eintragung in das HR angemeldet werden (§ 143 HGB). Eine „stille" Abwicklung, dh. Abwicklung ohne vorangegangene Auflösung, entbindet diese Unternehmen nicht von der Verpflichtung, nach den Vorschriften des PublG Rechnung zu legen.

8   Soweit keine gesetzlichen Bestimmungen über den Beginn des Stadiums der Abwicklung bestehen, wird eine von den Rechnungslegungsvorschriften des PublG befreiende Abwicklung nur dann angenommen werden können, wenn **Tatbestände** vorliegen, die bei anderen Rechtsformen das **Abwicklungsstadium eröffnen.** Hier kommen zB in Frage: Ablauf der in der Satzung, einem Statut oder im Gesellschaftsvertrag bestimmten Zeit; Beschluß der Gesellschafter, die laufenden Geschäfte einzustellen und die Gesellschaft abzuwickeln; gerichtliches Urteil; Antragstellung auf einen Liquidationsvergleich; Eröffnung des Konkursverfahrens; Eintritt von Tatbeständen, die nach dem Gesellschaftsvertrag die Auflösung der Gesellschaft zur Folge haben sollen. Im Zweifel kommt es darauf an, ob das Unternehmen nach den Grundsätzen geführt wird, die für Abwickler (Liquidatoren) gelten. Vgl. hierzu § 268 Abs. 1 AktG: Beendigung der laufenden Geschäfte, Einziehung der Forderungen, Umsetzung des übrigen Vermögens in Geld, Befriedigung der Gläubiger, Eingehen neuer Geschäfte nur insoweit, als dies die Abwicklung erfordert.

---

2 Bergrechtliche Gewerkschaften sind grundsätzlich mit Ablauf des 1. 1. 1986 aufgelöst und abzuwickeln (vgl. §§ 163, 164 BBergG idF v. 13. 8. 1980, BGBl. I S. 1310/1354); zur Fristverlängerung auf den 1. 1. 1994 nach § 163 Abs. 4 BBergG vgl. BGBl. I 1988 S. 2450. Aufgelöste Unternehmen haben nicht mehr die Verpflichtung, nach den Vorschriften des ersten Abschnitts des PublG Rechnung zu legen, soweit es ihren JA betrifft (§ 3 Abs. 3 PublG).
3 Zur Rechnungslegung bei Vereinen vgl. auch *Lutter*, BB 1988 S. 489 ff.
4 Vgl. zu weiteren Einzelheiten *BoHdR*, § 3 PublG Rn. 12 ff.
5 Ältere Gesetze wie das GmbHG und das HGB sprechen nicht von Abwicklung, sondern von Liquidation.

2. Beginn und Ende der Rechnungslegungspflicht sowie Größenmerkmale

Die Verpflichtung, nach den Bestimmungen des PublG Rechnung zu legen,   **9** beginnt, sobald an drei aufeinanderfolgenden Abschlußstichtagen jeweils mindestens 2 der 3 nachstehenden **Merkmale** zutreffen (§ 1 Abs. 1 PublG):

- Bilanzsumme mehr als DM 125 Mio.,
- Umsatzerlöse in den letzten 12 Monaten vor dem Bilanzstichtag mehr als DM 250 Mio.,
- durchschnittlicher Beschäftigtenstand in den letzten 12 Monaten vor dem Bilanzstichtag mehr als 5000 Arbeitnehmer.

Zu den einzelnen Kriterien vgl. Tz. 15 ff.

Es ist dann der **dritte** der aufeinanderfolgenden JA unter Beachtung der Bestim-   **10** mungen des PublG aufzustellen (§ 2 Abs. 1 Satz 1 PublG). Eine freiwillige Anwendung des PublG auf ein früheres GJ ist zulässig. Wegen der Verpflichtung, bereits bei **erstmaligem Vorliegen** von 2 der 3 Voraussetzungen und ggf. auch an weiteren Abschlußstichtagen Erklärungen an das Handelsregister abzugeben, vgl. § 2 Abs. 2 PublG. Das Gericht kann das Vorliegen der Voraussetzungen überprüfen lassen (§ 2 Abs. 3 PublG).

Bei **Übergang des Vermögens** eines anderen Unternehmens durch Verschmel-   **11** zung, Umwandlung oder in anderer Weise kann eine Verpflichtung zur Rechnungslegung nach den Vorschriften des PublG auch dann gegeben sein, wenn die obengenannten Größenmerkmale an den beiden vorangegangenen Abschlußstichtagen nicht gegeben waren (siehe im einzelnen hierzu § 2 Abs. 2 Satz 2 PublG).

Die Verpflichtung zur Rechnungslegung **endet** außer in Fällen der Abwicklung,   **12** wenn an 3 aufeinanderfolgenden Abschlußstichtagen nicht mindestens 2 der obengenannten drei Merkmale zutrafen (§ 2 Abs. 1 Satz 3 PublG). Praktisch bedeutet dies, daß Unternehmen, die von der Rechnungslegungspflicht des PublG einmal erfaßt sind, noch zumindest an 2 weiteren Abschlußstichtagen nach den Vorschriften dieses Gesetzes Rechnung zu legen haben, auch wenn an diesen beiden Stichtagen nur noch eines oder keines der obengenannten Merkmale mehr zutrifft.

Für Kreditinstitute und VU gelten anstelle der obengenannten Größenmerkmale   **13** besondere Größenkriterien. Für **Kreditinstitute** ist das Bilanzvolumen in den Jahresbilanzen für 3 aufeinanderfolgende Abschlußstichtage maßgeblich (vgl. zur weitergehenden Anwendung des PublG § 25a Abs. 1 Satz 1 KWG). Die Voraussetzung ist erfüllt, wenn die Bilanzsumme zuzüglich der den Kreditnehmern abgerechneten eigenen Ziehungen im Umlauf, der Indossamentsverbindlichkeiten aus weitergegebenen Wechseln und der Verbindlichkeiten aus Bürgschaften, Wechsel- und Scheckbürgschaften sowie aus Gewährleistungsverträgen DM 300 Mio. übersteigt (§ 1 Abs. 3 PublG).

VU fallen unter das PublG, wenn die Einnahmen aus Versicherungsprämien   **14** jeweils in den 12 Monaten vor 3 aufeinanderfolgenden Abschlußstichtagen DM 100 Mio. übersteigen (§ 1 Abs. 4 PublG; vgl. zur Anwendung der Rechnungslegungsvorschriften für große Kapitalgesellschaften § 55 Abs. 3 VAG).

Zu den einzelnen **Größenmerkmalen** ergeben sich noch folgende Bemerkungen:

a) Bilanzsumme

15   Die Bilanzsumme[6] ist nach § 1 Abs. 2 Satz 1 erster Halbsatz PublG aus „einer gemäß § 5 Abs. 2 aufgestellten Jahresbilanz" abzuleiten. Dieser Verweis war nur bis zur Änderung des PublG durch das BiRiLiG zutreffend. Richtig müßte nunmehr auf § 5 Abs. 1 PublG verwiesen sein, da jetzt dieser Absatz die Vorschriften nennt, nach denen die Jahresbilanz aufzustellen ist[7]. Bilanziert ein Unternehmen in seiner Bilanz nach anderen Grundsätzen als den in § 5 Abs. 1 PublG festgelegten, so müssen ggf. zur Überprüfung des Vorliegens des Größenmerkmals Bilanzsumme weitere, den Bestimmungen des § 5 Abs. 1 PublG entsprechende Bilanzen aufgestellt werden[8].

16   Die Notwendigkeit, solche **„Probebilanzen"** aufzustellen, ergibt sich allerdings nur dann, wenn im übrigen jeweils mindestens eines der beiden anderen obengenannten Größenmerkmale vorliegt (§ 1 Abs. 2 Satz 2 PublG). Die Probebilanzen sind ihrem Wesen nach **Korrekturbilanzen** zu den von den Vorschriften des PublG abweichenden Bilanzen des Unternehmens. In sie sind alle diejenigen Wertansätze unverändert zu übernehmen, die nicht gegen die Bestimmungen des § 5 Abs. 1 PublG verstoßen. Korrekturen kommen mithin nur insoweit in Betracht, als dies notwendig ist, um die Bewertung oder den Ausweis mit § 5 Abs. 1 PublG in Übereinstimmung zu bringen. Soweit dabei Höherbewertungen von Aktiva und Niedrigerbewertungen von Passiva notwendig sind, ist auf der Aktivseite der niedrigste zulässige Wertansatz zu wählen, auf der Passivseite der höchste, da das PublG weitergehende Korrekturen nicht verlangt. Für eine Neuausübung von Bewertungs- und Abschreibungswahlrechten ist im übrigen in der Probebilanz kein Platz[9]. Wird dies angestrebt, so müssen bereits festgestellte oder in anderer Art verabschiedete JA formell geändert bzw. der laufende JA anders aufgestellt werden.

17   Die **Bilanzsumme** einer im übrigen den Vorschriften des § 5 Abs. 1 PublG entsprechenden Bilanz ist um bestimmte Beträge **zu verringern.** Als solche sind in § 1 Abs. 2 Satz 1 zweiter Halbsatz PublG die unter den Rückstellungen oder Verbindlichkeiten ausgewiesenen Beträge für vom Unternehmen geschuldete **Verbrauchsteuern**[10] **oder Monolopabgaben** aufgeführt. Zu den Verbrauchsteuern und Monopolabgaben gehören insbesondere die folgenden: Mineralölsteuer, Biersteuer, Salzsteuer, Branntweinsteuer, Getränkesteuer, Kaffeesteuer, Leuchtmittelsteuer, Sektsteuer, Tabaksteuer, Teesteuer und Zuckersteuer.

18   In der Bilanz können erhaltene Anzahlungen auf Bestellungen von den Vorräten abgesetzt werden (§ 268 Abs. 5 Satz 2 HGB iVm. § 5 Abs. 1 Satz 2 PublG). Maßgebend ist dann die sich danach ergebende Bilanzsumme. Bei Ausweis unter den

---

6 Vgl. hierzu (kritisch) *Scherrer*, DB 1973 S. 90 ff.

7 Vgl. *HdR*, § 1 PublG Rn. 3 („redaktionelles Versehen").

8 Vgl. *Biener*, WPg. 1972 S. 1; *Forster*, WPg. 1972 S. 469 f.; *Wirtz*, ZfB 1973 S. 507 f.

9 Vgl. *Forster*, WPg. 1972 S. 470; zustimmend *Wirtz*, ZfB 1973 S. 507 f.; aA *Biener*, GmbHR 1975 S. 6, der – unter Aufgabe der in WPg. 1972 S. 2 vertretenen Auffassung – die Neuausübung von Bewertungs- und Abschreibungswahlrechten grundsätzlich für zulässig hält, wenn das Wahlrecht im Rahmen der Rechnungslegungspflicht nach dem PublG in gleicher Weise ausgeübt werden soll; aA auch *BoHdR*, § 1 PublG Rn. 20; *HdR*, § 1 PublG Rn. 4, das neben gültigen Handelsbilanzen aufgestellte Probebilanzen nur als Mittel zur Feststellung des Schwellenwertes betrachtet.

10 Zur Abgrenzung zwischen Verbrauch- und Verkehrsteuern vgl. *Söhn*, StuW 1975 S. 1, sowie *Tipke/Lang*, Steuerrecht, 13. Aufl., Köln 1991, § 14 A.1. und C.1.

Verbindlichkeiten ist eine Korrektur der Bilanzsumme im Gesetz nicht vorgesehen.

Für die Ermittlung der Bilanzsumme ist ferner von Bedeutung, daß **steuerrechtli-** **19**
che Abschreibungen nach § 254 HGB entweder von den entsprechenden Aktivwerten abgesetzt oder in den Sonderposten mit Rücklageanteil eingestellt werden können (§ 281 Abs. 1 Satz 1 HGB). Die zweite Möglichkeit „verlängert" die Bilanzsumme. Wie zum bisherigen Recht angenommen[11], dürfen solche Wertberichtigungen für die Zwecke der Berechnung der maßgeblichen Bilanzsumme abgezogen werden. Auch soweit in der Bilanz gegenseitige **Aufrechnungen** unterblieben sind, die nach den Vorschriften für den JA der Kapitalgesellschaft idR durchzuführen sind, wird eine Korrektur in Betracht kommen (zB bei Einbuchung von Kreditzusagen nach der sog. englischen Methode, bei welcher der zugesagte Kredit gleichzeitig als Bankguthaben und als Verpflichtung gegenüber einem Kreditinstitut ausgewiesen wird). Sinngemäß würden andere nicht vorgenommene Aufrechnungen zu behandeln sein. Unzulässige Saldierungen (§ 246 Abs. 2 HGB) sind andererseits rückgängig zu machen.

Dagegen wird es **nicht** als **zulässig** angesehen werden können, erhaltene **Anzah-** **20**
lungen auf Bestellungen, die unter den Verbindlichkeiten aufgeführt sind, im Hinblick auf das Wahlrecht des § 268 Abs. 5 Satz 2 HGB (offene Absetzung von den Vorräten) als Abzugsposten zu behandeln. Anders als zB bei steuerrechtlichen Abschreibungen, die unter dem Sonderposten mit Rücklageanteil ausgewiesen sind, handelt es sich bei erhaltenen Anzahlungen nicht um Korrekturposten, sondern um echte Verbindlichkeiten. Näher läge daher der Gedanke, erhaltene Anzahlungen, die von Vorräten abgesetzt sind, der Bilanzsumme hinzuzurechnen.

Ebensowenig können **ausstehende Einlagen,** die eingefordert sind, sowie **eigene** **21**
Anteile bei der Berechnung der Bilanzsumme abgesetzt werden. Dies gilt im Gegensatz zur Ermittlung der Schwellenwerte nach § 267 HGB auch für einen **nicht durch Eigenkapital gedeckten Fehlbetrag nach § 268 Abs. 3 HGB**[12].

Das **Privatvermögen** eines Einzelkaufmanns oder der Gesellschafter einer Perso- **22**
nenhandelsgesellschaft, das nach § 5 Abs. 4 PublG nicht in die Bilanz aufgenommen werden darf, ist, falls dies doch geschehen ist, abzusetzen.

b) Umsatzerlöse

Was als Umsatzerlös anzusehen ist, bestimmt sich nach § 277 Abs. 1 HGB (§ 1 **23**
Abs. 2 Satz 3 PublG). Vgl. hierzu die Ausführungen in Abschn. F Tz. 277 ff. Es fallen also nicht alle Erträge eines Unternehmens hierunter, sondern nur die nach den genannten Bestimmungen als „Umsatzerlöse" auszuweisenden.

Von den Umsatzerlösen sind **abzusetzen** „die in den Umsatzerlösen enthaltenen **24**
Verbrauchsteuern oder Monopolabgaben". Voraussetzung für den Abzug ist somit, daß der als Umsatzerlös ausgewiesene Betrag diese Abzugsposten noch enthält und die entsprechenden Steuern und Abgaben nicht als durchlaufende Posten behandelt wurden, die die GuV nicht berührt haben. Verbrauchsteuern und Monopolabgaben, die auf noch nicht verkaufte Bestände entfallen, können

---

11 Vgl. *Biener,* WPg. 1972 S. 2; *Forster,* WPg. 1972 S. 470.
12 Vgl. *Glade,* BiRiLiG, § 1 PublG Tz. 5; *BoHdR,* § 1 PublG Rn. 22 mwN zum alten Recht.

nicht abgesetzt werden, und zwar gleichgültig, ob sie aktiviert oder sofort als Aufwand verrechnet wurden. Umgekehrt sind in der Folgezeit beim Verkauf dieser Bestände entsprechende Beträge von den Umsatzerlösen abzusetzen. Zu den Posten, die von den Umsatzerlösen abzusetzen sind, gehört auch die **Umsatzsteuer,** falls sie in den Umsatzerlösen noch enthalten ist [13].

25 Umsatzerlöse in **fremder Währung** sind nach dem amtlichen Kurs in DM umzurechnen (§ 1 Abs. 2 Satz 4 PublG). Diese Bestimmung bedeutet bei wörtlicher Auslegung, daß ggf. sämtliche Valuta-Exporterlöse unabhängig von der tatsächlichen (häufig vereinfachten) buchhalterischen Behandlung neu umzurechnen sind, wobei wohl davon ausgegangen werden müßte, daß nicht der amtliche Kurs des Abschlußstichtages in Betracht kommt, sondern derjenige zum jeweiligen Zeitpunkt einer ordnungsgemäßen Erfassung der Forderungen aus diesen Exportgeschäften. Es erscheint jedoch fraglich, ob eine so weitgehende, die tatsächliche Handhabung völlig außer acht lassende Regelung beabsichtigt ist. Wenn die buchhalterische Behandlung der Umsatzerlöse in fremde Währung den GoB entsprach, so ist eine erneute Umrechnung überflüssig [14], da hier eine ins Gewicht fallende andere Umrechnung als zu den amtlichen Kursen in Deutsche Mark nicht zu befürchten sein dürfte.

26 Maßgeblich sind die Umsatzerlöse aus den 12 Monaten vor dem Abschlußstichtag (§ 1 Abs. 1 Nr. 2 PublG). Das ist in allen Fällen eines **Rumpf-GJ** von Bedeutung: Es sind dann soviel Monate des vorangegangenen GJ hinzuzuzählen, als das Rumpf-GJ weniger als ein Kalenderjahr hat. Diese Regel gilt auch dann, wenn dadurch bestimmte Umsätze sich an zwei Abschlußstichtagen auswirken [15].

c) Zahl der Beschäftigten

27 Die Voraussetzung einer durchschnittlichen Beschäftigung von mehr als 5000 Arbeitnehmern in den zwölf Monaten vor dem Abschlußstichtag ist erfüllt, wenn „der zwölfte Teil der Summe aus den Zahlen der am Ende eines jeden Monats beschäftigten Arbeitnehmer einschließlich der zu ihrer Berufsausbildung Beschäftigten sowie der im Ausland beschäftigten Arbeitnehmer" mehr als 5000 ergibt (§ 1 Abs. 2 Satz 5 PublG). Die **Arbeitnehmereigenschaft** ist nach den Grundsätzen zu beurteilen, die sich aus dem Arbeitsrecht ergeben [16]. Bei juristischen Personen sind die Mitglieder der Geschäftsführung, die zugleich Organstellung haben, also nicht mitzählen, ebenso nicht die Gesellschafter einer Personenhandelsgesellschaft, soweit sie zur Geschäftsführung berechtigt sind, sowie der Einzelkaufmann.

28 Fraglich ist, ob **Teilzeitbeschäftigte** voll oder nur „anteilig" zu zählen sind. Geht man davon aus, daß das Gesetz mit der Zahl der Beschäftigten an den Umfang der Beziehungen anknüpfen wollte, die zwischen einem Unternehmen und den

---

13 Zur Begründung vgl. *Biener*, WPg. 1972 S. 3.
14 Vgl. *HdR*, § 1 PublG Rn. 5.
15 zB sind bei einer Verlegung des GJ vom 31. 12. auf den 30. 9. eines Jahres die Umsätze der Monate Oktober bis Dezember des letzten, auf den 31. 12. abschließenden GJ sowohl für dieses GJ, als auch für das folgende Rumpf-GJ mitzuzählen.
16 Vgl. *Biener*, WPg. 1972 S. 3; hierzu auch *Geitzhaus/Delp*. BB 1987 S. 367 ff.

Arbeitnehmern bestehen, so liegt es nahe, auch Teilzeitbeschäftigte voll zu zählen[17].

Wegen der Ermittlung von Beschäftigtenzahlen bei Vorliegen von **Rumpf-GJ** gelten die Ausführungen zu den Umsatzerlösen entsprechend (vgl. Tz. 26).

III. Jahresabschluß

1. Anwendung der §§ 242 ff. HGB

§ 5 Abs. 1 Satz 1 PublG geht davon aus, daß die unter das PublG fallenden **29** Unternehmen einen JA nach § 242 HGB aufzustellen haben. Auf diesen JA finden – unbeschadet der Vorschriften, die durch die Rechtsform oder den Geschäftszweig bestimmt sind – uneingeschränkt die Bestimmungen der §§ 242 bis 256 HGB Anwendung. Lediglich die Zeit, innerhalb der der JA aufzustellen ist, ist abweichend von § 243 Abs. 3 HGB mit drei Monaten nach Ende des Geschäftsjahres bestimmt (§ 5 Abs. 1 Satz 1 HGB); ferner ist § 247 Abs. 1 HGB wegen der Anwendungspflicht des § 266 HGB (§ 5 Abs. 1 Satz 2 PublG) ohne praktische Bedeutung. Die übrigen Vorschriften, insbesondere die **Aufstellungsgrundsätze** (§ 243 Abs. 1 und 2 HGB), die **Ansatzvorschriften** (§§ 246 bis 251 HGB) und die **Bewertungsvorschriften** (§§ 252 bis 256 HGB) sind auf den JA nach PublG vollinhaltlich anzuwenden; auf die Erläuterungen dieser Vorschriften in Abschn. E wird verwiesen. Als geschäftszweigbedingte Besonderheiten bei der Bewertung (§ 5 Abs. 1 Satz 3 PublG) kommen ferner zB § 26a Abs. 1 KWG, § 56 Abs. 3 VAG in Betracht.

Hat ein Einzelkaufmann **mehrere Handelsgeschäfte**, die nicht unter der gleichen **30** Firma betrieben werden, so gelten sie für die Zwecke des PublG als ein Unternehmen (§ 1 Abs. 5 PublG). Die Abschlüsse dieser Firmen sind daher zu **einem** JA zusammenzufassen[18]; als Forderungen und Verbindlichkeiten zwischen den einzelnen Handelsgeschäften gebuchte Beträge sind zu saldieren und im übrigen müssen Gewinne aus gegenseitigen Lieferungen und Leistungen vollständig eliminiert werden. Dagegen sind mehrere Personenhandelsgesellschaften auch dann, wenn an ihnen jeweils die gleichen Gesellschafter zu gleichen Anteilen beteiligt sind, nicht als ein Unternehmen anzusehen[19].

2. Ergänzende Vorschriften für die Bilanz und die Gewinn- und Verlustrechnung

a) Anwendung der für Kapitalgesellschaften geltenden Vorschriften

Zusätzlich zu den Vorschriften, die für alle Kaufleute gelten, haben die unter **31** das PublG fallenden Unternehmen bei der Aufstellung des JA die meisten der **ergänzenden Vorschriften,** die das HGB für Kapitalgesellschaften vorsieht, sinngemäß anzuwenden. Dabei handelt es sich im einzelnen um:

---

17 Ebenso *HdR*, § 1 PublG Rn. 7; *Biener*, WPg. 1972 S. 3.
18 Vgl. auch *Biener*, WPg. 1972 S. 9 f.
19 So auch *Plagemann*, BB 1986 S. 1122; *BoHdR*, § 1 PublG Rn. 29.

Vorschriften des HGB	erläutert unter Textziffer
§ 265 Allgemeine Grundsätze für die Gliederung	F 10 ff. u. 244 ff.
§ 266 Gliederung der Bilanz	F 40 ff.
§ 268 Vorschriften zu einzelnen Posten der Bilanz. Bilanzvermerke	F 41 ff.
§ 269 Aufwendungen für die Ingangsetzung und Erweiterung des Geschäftsbetriebs [20]	F 58 ff.
§ 270 Bildung bestimmter Posten	F 179
§ 271 Beteiligungen. Verbundene Unternehmen	F 83 ff.
§ 272 Eigenkapital	F 147 ff.
§ 273 Sonderposten mit Rücklageanteil [21]	F 209 ff.
§ 274 Steuerabgrenzung	F 134 ff. u. 215 ff.
§ 275 Gliederung der GuV	F 242 ff.
§ 277 Vorschriften zu einzelnen Posten der GuV	F 261 ff.
§ 278 Steuern	F 357 ff.
§ 281 Berücksichtigung steuerrechtlicher Vorschriften	F 211
§ 282 Abschreibung der Aufwendungen für die Ingangsetzung und Erweiterung des Geschäftsbetriebs	F 59

Soweit eine sinngemäße Anwendung Fragen aufwirft oder nach Vorschriften des PublG ergänzende oder erleichternde Bestimmungen in Betracht kommen, sind diese unten näher behandelt.

32   Vergleicht man die vorstehende Übersicht mit dem vollständigen Katalog der von Kapitalgesellschaften zu beachtenden Vorschriften, so ergibt sich, daß der JA der unter das PublG fallenden Unternehmen nur in 3 Punkten vom JA der Kapitalgesellschaften **abweicht:**

– die **Generalnorm** des § 264 Abs. 2 HGB braucht nicht beachtet zu werden [22]; es genügt, wenn der JA den Bestimmungen in § 243 Abs. 1 und 2 HGB entspricht, dh. er ist nach den GoB aufzustellen und muß klar und übersichtlich sein;

– die **Bewertung** richtet sich uneingeschränkt nach den für **alle Kaufleute** geltenden Vorschriften, dh. die einschränkenden Bestimmungen des § 279 HGB finden keine Anwendung; von Bedeutung ist dies besonders für die Abschreibungen nach § 253 Abs. 4 HGB [23], die allein in den Rahmen vernünftiger kaufmännischer Beurteilung gestellt sind (vgl. E Tz. 303 ff.);

– für alle Wertansätze gilt das sog. **Beibehaltungswahlrecht** (§§ 253 Abs. 5, 254 Satz 2 HGB), dh. das Gebot der Wertaufholung (§ 280 HGB) entfällt.

Der **äußeren Form** nach entspricht der JA nach dem PublG somit voll dem JA einer Kapitalgesellschaft, während **inhaltlich** an ihn keine anderen Anforderungen gestellt werden als an die JA von Personenhandelsgesellschaften und Einzelkaufleuten.

---

20 Zur Entnahmesperre für Kommanditisten vgl. *ADS*, § 269 HGB Tz. 7; *BeBiKo.*, § 269 Anm. 21; zum VVaG vgl. § 36a VAG.
21 Kritisch hierzu *BeBiKo.*, § 279 HGB Anm. 2.
22 Vgl. *ADS*, § 264 HGB Tz. 8 ff.; zweifelnd *HdR*, § 264 HGB Rn. 2.
23 Zu Angaben im Anhang oder Vermerken im JA vgl. auch FG/IDW 3/1988, Abschn. C I Anm. 8.

b) Allgemeine Grundsätze für die Gliederung (§ 265 HGB)

Nach § 5 Abs. 1 Satz 2 PublG ist § 265 HGB sinngemäß anzuwenden. Abs. 2 die- **33**
ser Vorschrift verlangt, daß für jeden Posten der Bilanz und der GuV der entsprechende **Betrag des vorhergehenden GJ** anzugeben ist und daß ggf. im
Anhang Angaben und Erläuterungen zu machen sind, wenn die Beträge nicht
vergleichbar sind. Unternehmen, die erstmals einen JA nach den Vorschriften
des PublG aufstellen, sind daher grundsätzlich **nicht** verpflichtet, den vorhergehenden, noch nicht nach den Vorschriften des PublG aufgestellten JA neu zu
gliedern. Es ist aber, wie Satz 3 der Vorschrift erkennen läßt, auch eine Anpassung der VJ-Zahlen möglich; da dieser JA noch nicht veröffentlicht war, braucht
auf die Anpassung auch nicht besonders hingewiesen zu werden.

c) Gliederung der Bilanz (§ 266 HGB)

§ 5 Abs. 1 Satz 2 PublG schreibt die grundsätzliche Anwendung des Gliede- **34**
rungsschemas nach § 266 HGB (einschließlich der Vermerke nach § 268 HGB)
vor. Nach § 5 Abs. 3 PublG iVm. § 330 HGB sind die **Formblattvorschriften** für
bestimmte Geschäftszweige zu beachten[24].

Das **Gliederungsschema** des § 266 HGB enthält in Abs. 3 auf der Passivseite spe- **35**
zielle Vorschriften über den Ausweis des Kapitals, der Kapitalrücklagen, der
Gewinnrücklagen sowie der Ergebnisvorträge und des Jahresergebnisses.

Wegen der **Darstellung des Eigenkapitals** bei Personenhandelsgesellschaften vgl. **36**
E Tz. 416. Kapitalrücklagen und Gewinnrücklagen werden idR als solche bei
Personenhandelsgesellschaften und Einzelkaufleuten nicht vorkommen. Ist dies
doch der Fall, so sind sie in einer Gliederung aufzuführen, die der gesetzlichen
möglichst nahe kommt.

Für den Ausweis eines **Ergebnisvortrages** und des **Jahresergebnisses** sind die **37**
gesetzlichen Vorschriften zu beachten. An die Stelle der beiden genannten
Posten kann ggf. der Posten Bilanzgewinn/Bilanzverlust treten (§ 268 Abs. 1
HGB).

§ 9 Abs. 3 PublG bestimmt ferner, daß in der Bilanz von **Personenhandelsgesell-** **38**
schaften bei der Offenlegung die Kapitalanteile der Gesellschafter, Rücklagen,
ein Gewinnvortrag und ein Gewinn unter Abzug der nicht durch Vermögenseinlagen gedeckten Verlustanteile von Gesellschaftern, eines Verlustvortrages und
eines Verlustes in einem Posten „Eigenkapital" ausgewiesen werden dürfen.
Daher sollten keine Bedenken dagegen bestehen, in der Bilanz eines **Einzelkauf-**
manns ebenfalls sämtliche Kapitalposten zu einem Posten Eigenkapital zusammenzufassen, weil hier eventuellen unterschiedlichen Bezeichnungen für die einzelnen Teile des Eigenkapitals faktisch keinerlei Bedeutung zukommt[25].

Ist das **Eigenkapital** von Personenhandelsgesellschaften und Einzelkaufleuten **39**
insgesamt **negativ**, so entfällt der Ausweis auf der Passivseite. Statt dessen ist in
sinngemäßer Anwendung von § 268 Abs. 3 HGB am Schluß der Bilanz auf der
Aktivseite ein Posten „Fehlbetrag" auszuweisen.

---

24 Vgl. hierzu *ADS*, § 330 HGB Tz. 10 ff.
25 Ebenso *Glade*, BiRiLiG, § 9 PublG Tz. 3; *BeBiKo.*, § 270 HGB Anm. 31; hierzu auch *HuRB*
   S. 113 ff. (124).

40 **Andere Unternehmen** haben bei der Gliederung des Kapitals das Eigenkapital entsprechend den jeweiligen Vorschriften (Gesetz, Satzung udgl.) zu gliedern und auszuweisen.

d) Eigenkapital (§ 272 HGB)

41 Die Bestimmungen des § 272 HGB können in den meisten Fällen nur sinngemäß bei der jeweiligen Rechtsform angewandt werden[26]. Vgl. hierzu die Erläuterungen im vorhergehenden Abschnitt.

e) Gliederung der GuV (§ 275 HGB)

42 Grundsätzlich haben die unter das PublG fallenden Unternehmen ihre GuV nach den in § 275 HGB getroffenen Bestimmungen zu gliedern, vgl. § 5 Abs. 1 Satz 2 PublG; zu beachten sind nach § 5 Abs. 3 PublG iVm. § 330 HGB geschäftszweigbedingte **Formblattvorschriften**. Abweichend von dem genannten Grundsatz bestimmt § 5 Abs. 5 Satz 1 PublG jedoch, daß **Personenhandelsgesellschaften** und **Einzelkaufleute** die GuV nach den für ihr Unternehmen geltenden Bestimmungen aufstellen können.

43 Welche **Bestimmungen** damit gemeint sind, ist unklar, da solche Bestimmungen, soweit sie nicht nach § 5 Abs. 1 Satz 3 PublG ohnehin verbindlich sind, für Einzelkaufleute nicht bestehen und auch Personenhandelsgesellschaften in aller Regel keine diesbezüglichen Bestimmungen im Gesellschaftsvertrag aufzuweisen haben dürften. Die Vorschrift kann auch nicht dahin umgedeutet werden, daß die GuV den Anforderungen entsprechen müsse, die unter dem Gesichtspunkt der öffentlichen Rechnungslegung an sie zu stellen sei. Denn einmal stellt § 5 Satz 1 PublG ausdrücklich nicht hierauf ab, sondern auf die (bisher) geltenden Bestimmungen, dh. vor Überschreiten der Schwellenwerte des § 1 PublG; zum anderen können Personenhandelsgesellschaften und Einzelkaufleute unter den Voraussetzungen des § 9 Abs. 2 PublG hinsichtlich der GuV auf eine Einreichung zum HR und Bekanntmachung ganz verzichten. Man wird daher davon ausgehen können, daß – abgesehen von eventuellen gesellschaftsvertraglichen oder geschäftszweigbedingten Bestimmungen – in erster Linie die GoB (§ 243 Abs. 1 HGB) zu beachten sind[27].

44 Hierbei wird man sich von folgenden **Grundsätzen** leiten lassen können (vgl. auch E Tz. 418 ff.):

1. Das Gesetz fordert in § 5 Abs. 1 iVm. § 242 Abs. 2 HGB auch von Personenhandelsgesellschaften und Einzelkaufleuten die Aufstellung einer GuV, dh. einer Rechnung, die nicht nur das Ergebnis wiedergibt, sondern die auch Aufschluß über das **Zustandekommen des Jahresergebnisses** gibt. Eine GuV, bei der auf der einen Seite lediglich der Saldo aller Aufwendungen und Erträge und auf der anderen Seite das Jahresergebnis ausgewiesen werden, erfüllt diesen Anspruch nicht; vielmehr ist nach dem Grundsatz der Klarheit (§ 243 Abs. 2 HGB) eine „ausreichende Gliederung" erforderlich[28].

---

26 Vgl. im einzelnen *HuRB* S. 113 ff.
27 Vgl. Ausschußbericht zu BT-Drs. V/4416 S. 3; *Biener* (Fn. 1), S. 44; ebenso *ders.*, WPg. 1972 S. 9; im Ergebnis ähnlich *Glade*, BiRiLiG, § 5 PublG Tz. 11; *BeBiKo.*, § 275 Anm. 317.
28 Vgl. St/HFA 1/1976, Abschn. IV. Nr. 1 (in Überarbeitung).

2. Um das Zustandekommen des Jahresergebnisses ersichtlich zu machen, müssen grundsätzlich **ordentliches und außerordentliches Ergebnis** getrennt werden. Dazu gehört, daß zumindest die ao. Erträge kenntlich gemacht werden [29]. Auf den Ausweis der ao. Aufwendungen hatte zB das AktG 1965 wegen der damit verbundenen Ausweisschwierigkeiten in einer primär nach Aufwandsarten ausgerichteten Gliederung verzichtet; an eine GuV, die den GoB entsprechen soll, werden weitergehende Anforderungen nicht zu stellen sein.

Bei der Größenordnung der hier in Rede stehenden Unternehmen wird eine **Aufgliederung** [30] **des ordentlichen Ergebnisses** entweder nach wichtigen Aufwands- und Ertragsarten oder nach Betriebsergebnis, Finanzergebnis und Steuern erfolgen müssen. Auch soweit Ergebnisse von Dritten übernommen worden sind (Gewinnübernahmen und Gewinngemeinschaften), werden diese Ergebnisse gesondert darzustellen sein [31].

3. Für den Fall, daß nicht die GuV, sondern lediglich eine **Anlage zur Bilanz** zum HR eingereicht und bekanntgemacht werden soll, verlangt § 5 Abs. 5 Satz 3 PublG insbesondere die Angabe der Umsatzerlöse iSd. § 277 Abs. 1 HGB, der Erträge aus Beteiligungen, der Löhne und Gehälter einschließlich sozialer Abgaben und Aufwendungen für Altersversorgung und Unterstützung. Eine nach Aufwands- und Ertragsarten gegliederte GuV wird diese Posten daher ebenfalls aufzuführen haben [32].

4. Das Bilanzrecht des HGB schreibt lediglich für Kapitalgesellschaften vor, daß die GuV in Staffelform aufzustellen ist (§ 275 Abs. 1 HGB). Eine GuV für Personenhandelsgesellschaften und Einzelkaufleute ist hieran nicht gebunden. Sie kann daher sowohl in der **Konto-** als auch in der **Staffelform** aufgestellt werden [33].

Geschriebene (zB im Gesellschaftsvertrag) oder ungeschriebene Forderungen, die seitens der Gesellschafter an **Form und Gliederung der GuV** gestellt werden, sind zu erfüllen, soweit sie nicht mit dem Rechnungslegungszweck der GuV und den GoB im Widerspruch stehen (siehe oben Punkt 1). Die vor Erreichen der Publizitätsgrenze bei den einzelnen Unternehmen übliche Form und Gliederung vermag Hinweise zu geben, doch ist zu berücksichtigen, daß die Gesellschafter oder der Einzelkaufmann im Hinblick auf eine vorgesehene Veröffentlichung ihre bisherigen Auffassungen ändern können.

6. Soweit bei Personenhandelsgesellschaften die gesetzliche Regelung über die „Verzinsung" der Kapitalkonten (§ 121 Abs. 1 HGB) zum Zuge kommt oder der Gesellschaftsvertrag eine „Verzinsung" der Eigenkapitalkonten vorschreibt, handelt es sich bei den „Zinsen" nicht um Aufwendungen, sondern um Gewinnbestandteile, die einer besonderen Gewinnverteilungsabrede unterliegen. Andererseits sind Aufwendungen und Erträge aus Rechtsbeziehungen zwischen der Gesellschaft und ihren Gesellschaftern (zB Zinsen auf Gesellschafterdarlehen, Tätigkeitsvergütungen geschäftsführender Gesell-

---

29 Zweifelnd *HdR*, § 5 PublG Rn. 21.
30 Vgl. hierzu die Vorschläge bei *Forster*, WPg. 1972 S. 473 f.
31 Eine Pflicht zum gesonderten Ausweis besteht nach *BoHdR*, § 5 PublG Rz. 30.
32 Einschränkend *HdR*, § 5 PublG Rn. 22 (Personalaufwand nur bei Anwendung des GKV auszuweisen).
33 Ebenso *Biener*, WPg. 1972 S. 9.

schafter) grundsätzlich bei der Ermittlung des Jahresergebnisses zu berücksichtigen[34].

45   Wenden **Personenhandelsgesellschaften** und **Einzelkaufleute** für die Gliederung
der GuV § 275 HGB an, so brauchen die **Steuern**, die sie als Steuerschuldner zu
entrichten haben, nicht gesondert ausgewiesen zu werden, sondern können in
die sonstigen (betrieblichen) Aufwendungen einbezogen werden (§ 5 Abs. 5
Satz 2 PublG).

46   Wegen der Möglichkeit für Personenhandelsgesellschaften und Kaufleute, die
GuV nicht offenzulegen und statt dessen in einer **Anlage zur Bilanz** bestimmte
Angaben zu machen (§ 5 Abs. 5 Satz 3 PublG), vgl. Tz. 57 ff.

3. Aufstellung eines Anhangs

47   Nach § 5 Abs. 2 PublG haben die unter das PublG fallenden Unternehmen mit
Ausnahme der Personenhandelsgesellschaften und Einzelkaufleute ihren JA um
einen sog. **Anhang** zu erweitern. Für den Anhang gelten folgende Vorschriften
des HGB sinngemäß:

Vorschriften des HGB	erläutert unter Textziffer
§ 284 Erläuterung der Bilanz und der GuV	F 444 ff. u. 526 f.
§ 285 Nr. 1 bis 5, 7 bis 13 Sonstige Pflichtangaben	F 501 ff.
§ 286 Unterlassen von Angaben	F 636 ff.
§ 287 Aufstellung des Anteilsbesitzes	F 605 ff.

Darüber hinaus enthalten die §§ 265 bis 282 HGB zusätzliche Bestimmungen,
die zu Angaben im Anhang **verpflichten** oder **wahlweise** Angaben für die Bilanz,
die GuV oder den Anhang vorschreiben. Für Unternehmen, die nach § 5 Abs. 2
PublG einen Anhang aufzustellen haben, bereitet die sinngemäße Anwendung
aller dieser Vorschriften keine erkennbaren Schwierigkeiten; sie haben ggf. die
gleichen Wahlrechte wie Kapitalgesellschaften.

48   Anders verhält es sich in bezug auf **Personenhandelsgesellschaften** und **Einzelkaufleute**. Sie sind zur Aufstellung eines Anhangs **nicht** verpflichtet und können
daher grundsätzlich auch nicht durch sinngemäß anzuwendende Vorschriften,
die Angaben (ausschließlich) für den Anhang vorschreiben (zB § 277 Abs. 4
Satz 2 HGB), zu zusätzlichen Angaben verpflichtet sein. Ob sich aus den GoB
ein anderes Ergebnis herleiten läßt[35], erscheint fraglich.

Soweit die Angaben **wahlweise** für die Bilanz oder den Anhang zugelassen sind,
müssen die Angaben dort, wo ein Anhang nicht zu erstellen ist, in der Bilanz
gemacht werden.

49   **Fehlbeträge** nach Art. 28 Abs. 2 EGHGB brauchen nicht angegeben zu werden,
da sich diese Vorschrift nur auf Kapitalgesellschaften bezieht[36].

---

34 Vgl. St/HFA 1/1976 (in Überarbeitung); zum Vermerk bei abweichendem Vorgehen *HdR*, § 5
   PublG Rn. 14. Steuerlich vgl. § 15 Abs. 1 Nr. 2 EStG; dazu *Schmidt, L.*, § 15 Anm. 90 ff., 95.
35 So *HdR*, § 5 PublG Rn. 23.
36 Vgl. *ADS*, Art. 28 EGHGB Tz. 44; abw. *BoHdR* § 5 PublG Rn. 19.

4. Nichtaufnahme des Privatvermögens bei Einzelkaufleuten und Personenhandelsgesellschaften in den Jahresabschluß (§ 5 Abs. 4 PublG)

Das Privatvermögen (einschließlich der privaten Schulden) sowie die auf das   **50**
Privatvermögen entfallenden Aufwendungen und Erträge dürfen nicht in einen
nach den Vorschriften des PublG aufzustellenden JA aufgenommen werden (§ 5
Abs. 4 PublG). In der Begründung heißt es hierzu, dies geschehe „zur Wahrung
der Privatsphäre des Einzelkaufmanns und der Gesellschafter der Personenhandelsgesellschaften"[37].

Schwierigkeiten in der Abgrenzung sind in erster Linie bei **Einzelkaufleuten**   **51**
denkbar. Zum **Privatvermögen** rechnet alles, was nicht dem Handelsgeschäft des
Kaufmanns gewidmet ist. Das Steuerrecht unterscheidet zwischen notwendigem
und gewillkürtem Betriebsvermögen sowie notwendigem Privatvermögen. Im
Zweifel kann diese Unterscheidung auch für die Bilanzierung nach § 5 PublG
von Bedeutung sein; bei Gegenständen, die sowohl Privat- als auch Betriebsvermögen sein können (zB Wertpapiere, Reservegrundstücke), kommt es dann auf
den Willen des Kaufmanns an, welchem Vermögensbereich sie zuzurechnen
sind[38]. Eine willkürliche Änderung der Zurechnung ist unzulässig.

Besondere Bedeutung kommt der Abgrenzung der **Privatschulden** zu. Schulden   **52**
aus dem Kauf von zum Privatvermögen gehörenden Gegenständen sind unbeschadet dessen, daß das Vermögen der Handelsgesellschaften für ihre Erfüllung
mithaftet, nicht in die Jahresbilanz aufzunehmen[39]. Persönliche **Steuerschulden**
für ESt, VSt udgl. werden üblicherweise nicht unter den betrieblich begründeten
Verpflichtungen bilanziert, wohl aber Gewerbesteuerschulden, MWSt udgl. Der
Grund liegt darin, daß für die zuerst genannten Steuern das Unternehmen nicht
Steuerschuldner ist und außerdem die Höhe der Steuern wesentlich von außerhalb des Handelsgeschäfts liegenden Faktoren bestimmt wird. Da diese Verpflichtungen jedoch in aller Regel aus dem Vermögen des Handelsgeschäfts
erfüllt werden, würde es gleichwohl den durch das PublG verfolgten Zielen entsprechen, auch derartige Verpflichtungen, soweit sie auf das Handelsgeschäft
entfallen, in den nach § 5 Abs. 1 PublG aufzustellenden JA aufzunehmen[40].
Überwiegend wird hierzu die Auffassung vertreten[41], dies würde einen Verstoß
gegen § 5 Abs. 4 PublG darstellen. Ob der Wortlaut dieser Vorschrift tatsächlich
die Aufnahme der auf das Handelsgeschäft entfallenden persönlichen Steuern
ausschließt, erscheint fraglich; eher könnte man das Gegenteil aus der Vorschrift entnehmen. Berücksichtigt man weiter außer der oben angestellten Über-

37 Vgl. BT-Drs. V/3197 S. 20; *Biener* (Fn. 1), S. 43. Ob sich im übrigen aus § 5 Abs. 4 PublG ableiten
   läßt, der Einzelkaufmann sei außerhalb des Rahmens des PublG verpflichtet, in seiner Handelsbilanz auch sein Privatvermögen zu bilanzieren, erscheint zweifelhaft (bejahend *Maul*, DB 1974
   S. 697 f.; vgl. dagegen *Brüggemann* in Großkom. HGB, 3. Aufl., Berlin 1967, § 38 Anm. 13; ferner
   Westerfelhaus, DB 1974 S. 1694; *Leffson*, GoB, 7. Aufl., S. 220).
38 Vgl. *Biener*, WPg. 1972 S. 10, der auch darauf hinweist, daß die engeren Voraussetzungen, die der
   BFH für die Zurechnung zum gewillkürten Betriebsvermögen aufgestellt hat, hier nicht unbedingt
   gegeben sein müssen; vgl. auch *ders.*, GmbHR 1975 S. 7.
39 Bei Kreditinstituten haben nach den Vorschriften der Bankaufsichtsbehörden die Inhaber eine
   Erklärung darüber abzugeben, ob die privaten Schulden das private Vermögen übersteigen (vgl.
   auch § 10 KWG).
40 Vgl. *HdR*, § 5 PublG Rn. 19; hierzu auch *Goerdeler* in FS *Kaufmann*, Köln 1972 S. 176 f.
41 So zB *Goerdeler*, der statt dessen den Vorschlag macht, zumindest beim Ausweis des Eigenkapitals
   gemäß § 9 Abs. 4 Nr. 2 PublG die für die Steuerzahlungen der Gesellschafter bestimmten „Darle-
   henskonten" nicht in den Posten „Eigenkapital" einzubeziehen; vgl. *Goerdeler* (Fn. 40), S. 182.

legung die Ratio der Bestimmung („Schutz der Privatsphäre"[42]) sowie die Möglichkeiten, die Gewinnverwendung in dem einzureichenden und bekanntzumachenden JA bereits zu berücksichtigen (vgl. § 9 Abs. 3 PublG), so sollten bei **Einzelkaufleuten** keine Bedenken bestehen, auch die Passivierung der auf das Handelsgeschäft entfallenden persönlichen Steuerschulden zuzulassen[43]; zur Ermittlung der auf das Handelsgeschäft entfallenden Steuern vgl. die Vorschläge von *Forster*, WPg. 1972 S. 470 f. Wird so verfahren, so ist auf diese Handhabung in einer Fußnote zur Bilanz hinzuweisen.

53 Besonders problematisch sind **„private" Kreditaufnahmen**, die der Kaufmann zu **Einlagen** in das Handelsgeschäft benutzt. Durch die Nichtbilanzierung als Verbindlichkeit und den Ausweis als Eigenkapital wird die Vermögens- und Ertragslage uU zu günstig dargestellt, was insbesondere im Hinblick auf das öffentliche Interesse an einer zutreffenden Publizität bedenklich erscheint. IdR werden derartige Kredite nicht Privatschulden, sondern **Betriebsschulden** sein und daher in die Jahresbilanz als solche aufgenommen werden müssen.

54 Auch der von einem **stillen Gesellschafter** gegebene Kapitalanteil ist nicht in das Privatvermögen des Kaufmanns gegeben, sondern dem Handelsgeschäft zuzurechnen[44].

55 Bei **Personenhandelsgesellschaften** treten derartige Zurechnungsfragen in geringerem Maße auf, da hier das in der Gesellschaft gebundene Vermögen idR allen Gesellschaftern zur gesamten Hand gehört (§§ 718 f. BGB) und insoweit eine klare Abgrenzung vom Privatvermögen der einzelnen Gesellschafter besteht. Ggf. ist die Zurechnung nach den Grundsätzen über die wirtschaftliche Zugehörigkeit zu entscheiden[45]; wegen Einzelheiten vgl. St/HFA 1/1976 (in Überarbeitung), insbesondere Abschnitt I sowie die Erläuterung und Begründung hierzu.

56 Die persönlichen **Steuern** der Gesellschafter stellen keine Gesamthandsverbindlichkeiten dar und können deshalb auch insoweit nicht bilanziert werden, als sie sich aus der Beteiligung an der Personenhandelsgesellschaft ergeben haben. Es ist jedoch wünschenswert, diejenigen Eigenkapitalanteile, die diesen Steuerschulden der Gesellschafter entsprechen und für die ein Entnahmerecht besteht, in der Bilanz kenntlich zu machen[46]. Wegen Besonderheiten der GmbH u. Co. KG, insbesondere der Behandlung des Vermögens der Komplementär-GmbH, vgl. *Biener*, GmbHR 1975 S. 5 ff. (9 ff.)[47].

5. Anlage zur Bilanz
bei Einzelkaufleuten und Personenhandelsgesellschaften
(§ 5 Abs. 5 Satz 3 PublG)

57 Das Gesetz räumt Personenhandelsgesellschaften und Einzelkaufleuten die Möglichkeit ein, an Stelle der GuV eine sog. **Anlage zur Bilanz** zum HR einzurei-

---

42 Vgl. Begr. PublG, BT-Drs. V/3197 S. 20; *Biener* (Fn. 1), S. 43.
43 Vgl. *HdR*, § 5 PublG Rn. 19; hierzu auch *Woltmann*, DStR 1979 S. 14 ff.
44 Vgl. zur Bilanzierung der stillen Gesellschaft im übrigen *Schulze-Osterloh*, WPg. 1974 S. 393 ff.; *Hense*, Die stille Gesellschaft im handelsrechtlichen Jahresabschluß, Düsseldorf 1990.
45 Vgl. hierzu *Biener*, GmbHR 1975 S. 5 ff. (7 f.).
46 Vgl. St/HFA 1/1976, Abschn. I. Nr. 3 (in Überarbeitung); strenger *BoHdR*, § 5 PublG Rn. 52; auch Fn. 41; ferner *Biener*, GmbHR 1975 S. 32.
47 Vgl. auch *HuRB* S. 113 ff. (131 ff.); GmbH & Co.-Richtlinie, ABl. EG L 317/1990 S. 60.

chen und bekanntzumachen (§ 5 Abs. 5 Satz 3 sowie § 9 Abs. 2 PublG)[48]. Die Angaben dieser Anlage beziehen sich einmal auf einzelne Posten, die in einer nach § 275 Abs. 2 HGB aufgestellten GuV gesondert auszuweisen wären (§ 5 Abs. 1 Satz 3 Nr. 1 bis 3 HGB), zum zweiten auf Erläuterungen zu den Bewertungs- und Abschreibungsmethoden einschließlich wesentlicher Änderungen (Nr. 4) sowie auf die Zahl der Beschäftigten (Nr. 5).

Was als **Umsatzerlöse** (Nr. 1) anzugeben ist, bestimmt sich nach § 277 Abs. 1 **58** HGB. Eine Aufgliederung der Umsatzerlöse insbesondere nach den Grundsätzen, wie sie § 285 Nr. 4 HGB für den Anhang von Kapitalgesellschaften verlangt, ist nicht gefordert.

Bei **Kreditinstituten** ist als Umsatzerlöse alles das anzusehen, was als Gegenwert **59** für die von dem Kreditinstitut erbrachten banktypischen Leistungen am Markt erlöst wird. Auch Erlöse aus nicht banktypischen Geschäften, zB aus Warenumsatz, sind dann einzubeziehen, wenn sie aus einem von der Bank betriebenen Geschäftszweig stammen. Alle diese Leistungen sind mit den Posten identisch, die nach dem Formblatt für Kreditinstitute in der Rechtsform der Personenhandelsgesellschaft und der Einzelfirma als Erträge Nr. 1 bis 4 erscheinen (ausgenommen die Beteiligungserträge gemäß Nr. 2c)[49].

Als Erträge aus **Beteiligungen** (Nr. 2) sind in erster Linie die Erträge gemäß § 275 **60** Abs. 2 Nr. 9 bzw. Abs. 3 Nr. 8 HGB auszuweisen. Soweit die Erträge für die in der Bilanz ausgewiesenen Beteiligungen in Form von Erträgen aus **GAV** udgl. anfallen, werden sie mit in die Angabe einzubeziehen sein[50]. Die Absetzung von Beteiligungsverlusten ist unzulässig (§ 246 Abs. 2 HGB). Die Angabe kann in einer Summe erfolgen.

Der Betrag der Löhne, Gehälter, sozialen Abgaben sowie Aufwendungen für **61** Altersversorgung und Unterstützung (Nr. 3) entspricht den **Personalaufwendungen** nach § 275 Abs. 2 Nr. 6 HGB.

Unter den Angaben nach Nr. 4 sind für die wichtigen, den Inhalt der Jahresbilanz **62** lanz bestimmenden Posten die angewandten **Bewertungs- und Abschreibungsmethoden** zu nennen[51]. Die Angaben müssen so vollständig und klar sein, daß ein verständiger Bilanzleser sich ein Bild machen kann. Ggf. genügen Fußnoten in der Jahresbilanz (zB bei Vorräten: zu Herstellungskosten oder niedrigerem zu erwartenden Erlös), auf die in der Anlage verwiesen werden kann. Im übrigen müssen die Angaben **jedes** Jahr erfolgen, Verweise auf Angaben in einem frühe-

---

48 Vgl. hierzu unter Auswertung der 1972 veröffentlichten Anhänge *Wirtz*, ZfB 1973 S. 507 ff.; sowie unter Auswertung der für das GJ 1977 veröffentlichten Anhänge *Castan*, DB 1980 S. 409 ff. u. 461 ff.
49 Wegen der bisher überwiegend hiervon abweichenden Praxis der betroffenen Kreditinstitute, die unter der Geltung des bisherigen Rechts Umsatzerlöse iSd. § 158 Abs. 1 und 2 AktG 1965 als „nicht vorhanden" angaben, vgl. *Wirtz*, ZfB 1973 S. 509, und *Castan*, DB 1980 S. 410.
50 Ebenso *HdR*, § 5 PublG Rn. 26. In der Literatur wird ferner die Ansicht vertreten, daß zu den Beteiligungserträgen nach Buchst. b) auch die Erträge aus Anteilen einer herrschenden oder mit Mehrheit beteiligten Kapitalgesellschaft gehören, vgl. *Castan*, DB 1980 S. 410 f.; eine Einbeziehung erscheint möglich, ist wegen des Ruhens der Rechte bei Aktien (vgl. §§ 71b iVm. 71d Satz 4 AktG) allerdings auf GmbH-Anteile beschränkt.
51 Dem Wortlaut der Vorschrift nach gilt diese Verpflichtung auch für Kreditinstitute. Der damalige BdJ hat jedoch bei den Beratungen des Gesetzes erklärt, daß Kreditinstitute, die nach den für ihren Geschäftszweig geltenden Sondervorschriften bestimmten Angaben im GB befreit seien, diese Angaben „selbstverständlich" auch nicht im Anhang zur Jahresbilanz zu machen brauchten (vgl. Protokoll der 243. Sitzung des 5. Deutschen Bundestages am 26. 6. 1969, S. 13527 [C]); *Biener* (Fn. 1), S. 68 f.; aA *Wirtz*, ZfB 1973 S. 524.

ren Anhang entsprechen nicht dem Gesetz. Wesentliche **Änderungen** von Bewertungs- und Abschreibungsmethoden sind anzugeben. Die Verpflichtung entspricht in etwa der des § 284 Abs. 2 Nr. 1 und 3 HGB[52]; Einzelheiten der Änderungen brauchen nicht genannt zu werden. Zweifelhaft ist, ob die Angabe wesentlicher Änderungen von Bewertungs- und Abschreibungsmethoden für den ersten publizitätspflichtigen JA unterbleiben kann[53].

63   Als **Zahl der Beschäftigten** (Nr. 5) sind die Zahlen anzugeben, die für das Größenmerkmal nach § 1 Abs. 1 Nr. 3 PublG ermittelt worden sind, dh. die durchschnittliche Beschäftigtenzahl[54]. Für ihre Ermittlung gilt § 1 Abs. 2 Satz 5 PublG. Handelt es sich um Rumpf-GJ, so ist wegen der Beziehung zu den angegebenen Personalaufwendungen die Zahl der Beschäftigten als Durchschnittszahl des Rumpfgeschäftsjahres zu ermitteln.

IV. Lagebericht

64   Nach § 5 Abs. 2 PublG haben die unter das PublG fallenden Unternehmen mit Ausnahme der Personenhandelsgesellschaften und Einzelkaufleute auch einen Lagebericht aufzustellen. Für den LB gilt § 289 HGB sinngemäß, dh. der Lagebericht ist entsprechend der für Kapitalgesellschaften geltenden Vorschriften aufzustellen[55]. Auf die Erläuterungen in Abschn. F Tz. 639 ff. wird verwiesen.

---

52 Zu den Unterschieden vgl. *BeBiKo.*, § 275 HGB Anm. 319.
53 Bejahend *HdR*, § 5 PublG Rn. 27; *Wirtz*, ZfB 1973 S. 522 f., nach dessen Feststellungen entsprechende Angaben in den ersten veröffentlichten Anhängen (1972) in keinem Fall gemacht wurden; vgl. hierzu auch Art. 24 Abs. 5 Satz 1 EGHGB.
54 Ebenso *Glade*, BiRiLiG, § 5 PublG Tz. 25; *BoHdR*, § 5 PublG Rn. 41; aA *BeBiKo.*, § 275 Anm. 319. In der Praxis werden demgegenüber in beträchtlichem Umfang jedoch auch Stichtagszahlen angegeben; vgl. *Castan*, DB 1980 S. 461.
55 Zur eingeschränkten Geltung des § 289 Abs. 1 HGB vgl. *HdR*, § 5 PublG Rn. 16; aA *BoHdR*, § 5 PublG Rn. 55.

Abschnitt J

Erläuterungen zu den für Kreditinstitute geltenden ergänzenden Vorschriften zur Rechnungslegung und Prüfung

I. Rechnungslegungsvorschriften

1. Vorbemerkung [1]

Für die Rechnungslegung der Kreditinstitute gelten grundsätzlich die allgemei- **1** nen Vorschriften des HGB. Daneben bestehen aufgrund der branchenbedingten Besonderheiten der Geld- und Kreditwirtschaft und spezifischer Anforderungen der mit der **Bankenaufsicht** befaßten Instanzen (BAK, DBB) zahlreiche Sonder-regelungen. Ferner sind die jeweiligen von der Rechtsform abhängigen Vor-schriften zu beachten. Da die **Sonderregelungen** auf mehrere Gesetze, Verord-nungen und Richtlinien (Anordnungen) verteilt sind, ist eine vollständige Über-sicht über die anzuwendenden Vorschriften zumindest teilweise erschwert.

Eine größere Übersichtlichkeit ist im Zuge der Anpassung der nationalen **2** Rechtsvorschriften an die **Bankbilanz-RL** zu erwarten, deren Vorschriften grund-sätzlich erstmals auf das nach dem 31. 12. 1992 beginnende GJ anzuwenden sind. Da die Bankbilanz-RL bis April 1991 erst teilweise in deutsches Recht transformiert wurde, können die für die Rechnungslegung in künftigen Jahren maßgeblichen Bestimmungen derzeit nicht vollständig dargestellt werden. Die Auswirkungen dieser RL werden deshalb nur im Überblick behandelt; Einzel-heiten der neuen Vorschriften bleiben ausgeklammert. Die Erläuterungen geben grundsätzlich den Stand der Rechnungslegung wider, wie er durch das BiRiLiG erreicht wurde.

2. Auswirkungen der EG-Richtlinien [2]

a) Systematik

Die **Anpassung** der für die Rechnungslegung der Kreditinstitute maßgeblichen **3** Vorschriften an die einschlägigen RL der EG wird aufgrund nationaler Wahl-rechte in den RL (Art. 1 Abs. 2 der 4. EG-RL und Art. 40 Abs. 1 der 7. EG-RL) [3]

---

1 Vgl. zu Übersichtdarstellungen: *Biener*, Die Rechnungslegung der Kreditinstitute, Köln 1989; *Gerke/Philipp*, Bankbilanzen Frankfurt 1983; *Hagenmüller/Jacob*, Der Bankbetrieb, Band III, 5. Aufl., Wiesbaden 1988; *Köllhofer* in *Obst/Hintner*, Geld-, Bank- und Börsenwesen, 38. Aufl., Stuttgart 1988 S. 706 ff.; *Süchting* in HdR, 2. Aufl., Stuttgart 1981, Sp. 109 ff.

2 Vgl. zB *Bauer, W.-D.*, WM 1987 S. 861 ff.; *Biener* in Verband öffentlicher Banken, Perspektiven für den Europäischen Bankenmarkt, Bonn 1989. S. 281 ff.; IDW/BFA, WPg. 1987 S. 525 ff.; *Krumnow*, DBW 1987 S. 554 ff.; *Mayer/Maiß*, EG-Bankbilanzrichtlinie, Düsseldorf 1987; *Rixen*, Die Bank 1987 S. 76 ff.; *Schimann*, DB 1987 S. 1497 ff.; *Windmöller* in Verband öffentlicher Banken, S. 525 ff.

3 4. RL des Rates aufgrund v. Art. 54 Abs. 3 Buchst. g) des Vertrages über den JA von Gesellschaften bestimmter Rechtsformen v. 25. 7. 1978 (78/660/EWG), Abl.EG L 222/1978; Siebente RL des Rates aufgrund v. Art. 54 Absatz 3 Buchst. g) des Vertrages über den konsolidierten Abschluß v. 13. 6. 1983 (83/349/EWG), Abl.EG L 193/1983, S. 1.

in zwei Schritten vorgenommen. Im ersten Schritt, bei der Umsetzung der 4. und der 7. EG-RL, wurden die Kreditinstitute von der Anwendung eines größeren Teils der durch das BiRiLiG in das HGB eingefügten Vorschriften ausgenommen. Die Befreiung der Kreditinstitute erfolgte vor allem durch Ausnahmevorschriften im KWG (§§ 25a, 25b, 26a KWG) und in der Formblatt-VO. Deshalb blieb auch nach Inkrafttreten des BiRiLiG der durch verschiedene Sonderregelungen für Kreditinstitute gekennzeichnete Rechtszustand für den Einzel- und den KA weitgehend erhalten.

4   Den zweiten Schritt stellt die **Transformation** der **Bankbilanz-RL**[4] in nationale Rechts- und Verwaltungsvorschriften dar. Zur Umsetzung dient vor allem das **BaBiRiLiG**[5]. Die Vorschriften des BaBiRiLiG über den JA, den LB und deren Prüfung sowie über die Pflicht zur Offenlegung sind erstmals auf das nach dem **31. 12. 1992** beginnende GJ anzuwenden. Neben dem BaBiRiLiG ist eine neue **Formblatt-VO** (VO über die Rechnungslegung der Kreditinstitute) vorgesehen, in der die übrigen Rechnungslegungsvorschriften für Kreditinstitute zusammengefaßt werden.

b) Bankbilanzrichtlinie

5   Die **Bankbilanz-RL** enthält die von der 4. und der 7. EG-RL abweichenden Rechnungslegungsvorschriften, die aufgrund der **branchenspezifisch bedingten Besonderheiten** der Kreditinstitute erforderlich sind. Sie ist kein eigenständiges Regelungswerk, sondern bildet zusammen mit der 4. EG-RL und der 7. EG-RL eine **Einheit.** Im Gegensatz zu den beiden gesellschaftsrechtlichen RL, deren Adressaten allein Kapitalgesellschaften sind, gilt die Bankbilanz-RL mit Ausnahme für Einzelbankiers – für **alle Kreditinstitute,** unabhängig von deren Rechtsform oder Größe. Aufgrund ihrer Zweckbestimmung enthält sie die von den für Kapitalgesellschaften allgemein gültigen Rechnungslegungsregeln abweichenden Vorschriften vor allem zu folgenden **Sachverhalten:**
– **Gliederung** der Bilanz und der GuV
– **Inhalt** einzelner Posten der Bilanz sowie der GuV
– **Bewertung**
– **Anh., KA,** Offenlegung und Prüfung.

6   Für die Gliederung der Bilanz und der GuV gibt es auch künftig ein von den allgemeinen Vorschriften abweichendes **Gliederungsschema.** Die Besonderheiten von Spezialkreditinstituten (Hypothekenbanken, öffentlich-rechtliche Kreditanstalten usw.) können durch **spezifische Formblätter** – wie bisher nach deutschem Recht üblich – berücksichtigt werden.

7   Eine **Aufgliederung** der Aktivposten in Anlage- und Umlaufvermögen unterbleibt. Bei der **Fristengliederung** der Aktiva und Passiva ist, in Übereinstimmung mit der 4. EG-RL und abweichend vom derzeitigen deutschen Recht, eine Aufgliederung der Bilanzposten nach **Restlaufzeiten** vorzunehmen.

---

4 RL des Rates über den JA und den konsolidierten Abschluß v. Banken und anderen Finanzinstituten (Bankbilanz-RL) v. 8. 12. 1986 (86/635/EWG), Abl.EG L 372/1986 S. 1.
5 Ges. zur Durchführung der RL des Rates der EG über den JA und den konsolidierten Abschluß von Banken und anderen Finanzinstituten (Bankbilanzrichtlinie-Gesetz = BaBiRiLiG) v. 30. 11. 1990, BGBl. I S. 2570.

Zur **Bewertung** enthält die Bankbilanz-RL nur wenige Regeln, die an die Stelle 8
der allgemeinen Bewertungsvorschriften treten. Von besonderer Bedeutung sind
vor allem Vorschriften zur Bildung stiller Reserven und zur Währungsumrechnung.

Die Bankbilanz-RL erlaubt unverändert die Bildung **stiller Reserven,** indem sie 9
den Kreditinstituten die Möglichkeit einräumt, Forderungen an Kreditinstitute
und an Kunden sowie bestimmte Wertpapierbestände mit einem niedrigeren
Wert anzusetzen, als er sich bei Anwendung der allgemeinen Bewertungsvorschriften der 4. EG-RL ergibt. Voraussetzung für einen solchen niedrigeren
Wertansatz ist, daß dies aus Gründen der Vorsicht in Anbetracht der besonderen
bankgeschäftlichen Risiken erforderlich ist. Die aufgrund dieser Bewertung sich
ergebende stille Risikovorsorge darf allerdings **4%** der Bemessungsgrundlage
(Gesamtbetrag der Forderungen und bestimmter Wertpapiere) nicht übersteigen.

Neben der stillen Risikovorsorge sieht die Bankbilanz-RL einen „**Fonds für all-** 10
gemeine Bankrisiken" vor, der aus Vorsichtsgründen wegen der besonderen
bankgeschäftlichen Risiken dotiert werden kann. Der Fonds ist betragsmäßig
nicht begrenzt; er ist in der Bilanz gesondert und offen auszuweisen.

Für die **Währungsumrechnung** der auf ausländische Währung lautenden Vermö- 11
genswerte und Verbindlichkeiten fordert die Bankbilanz-RL grundsätzlich die
Umrechnung nach der Stichtagsmethode, dh. zum Kassakurs am Bilanzstichtag.
Aufgrund von Mitgliedstaatenwahlrechten kann für noch nicht abgewickelte
Termingeschäfte auch der Terminkurs und für bestimmte Anlagewerte auch der
historische Anschaffungskurs angesetzt werden.

c) Bankbilanzrichtlinie-Gesetz

Schwerpunktmäßig erfolgt die **Umsetzung** der Bankbilanz-RL vor allem durch 12
das BaBiRiLiG. Ein Teil der Vorschriften, insb. zu den Formblättern und zu einzelnen Posten der Bilanz und der GuV sowie zum Anh., wird durch eine neue
Formblatt-VO angepaßt. Diese war bis Ende April 1991 noch nicht erlassen. Das
BaBiRiLiG ändert als sog. **Artikelgesetz** lediglich bestehende Gesetze. Durch
Art. 1 BaBiRiLiG wird ein **neuer Vierter Abschnitt** in das **Dritte Buch** des **HGB**
eingefügt („Ergänzende Vorschriften für Kreditinstitute", §§ 340 bis 340o HGB),
der die wesentlichsten materiellen Vorschriften, die ergänzend für die Rechnungslegung der Kreditinstitute zu beachten sind, enthält. Durch die weiteren
Art. werden insb. die derzeit noch in verschiedenen Gesetzen enthaltenen Vorschriften zur Rechnungslegung der Kreditinstitute aufgehoben sowie die Fristen
für die Anwendung der neuen Bestimmungen festgelegt.

Nach der Anpassung der einschlägigen Vorschriften der Bankbilanz-RL an die 13
nationalen Rechtsvorschriften werden die Bestimmungen für die Rechnungslegung der Kreditinstitute ausschließlich im HGB und in einer neuen Formblatt-VO enthalten sein. Dabei gilt folgende **Systematik:**

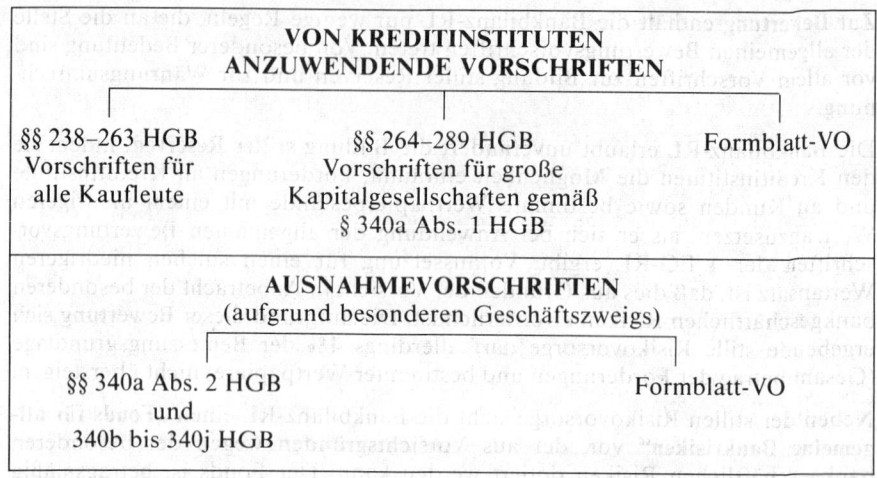

14   Die Vorschriften der §§ 238–263 HGB sind von den Kreditinstituten aufgrund ihrer Kaufmannseigenschaft anzuwenden. Gleichzeitig müssen nach § 340a Abs. 1 HGB grundsätzlich die für große Kapitalgesellschaften geltenden Vorschriften des HGB angewandt werden[6]. Soweit diese aufgrund der branchenbedingten Besonderheiten der Kreditinstitute nicht anwendbar sind (vgl. § 340a Abs. 2 Satz 1 HGB) oder soweit an die Stelle der allgemeinen Vorschriften oder der Vorschriften für große Kapitalgesellschaften (vgl. § 340a Abs. 2 Satz 2 HGB) spezifische Bestimmungen treten, regelt das HGB (§§ 340b bis 340j HGB) oder die neue Formblatt-VO dieses.

3. Definition und Abgrenzung der Kreditinstitute und Sparkassen

15   Der Kreis der als Kreditinstitute geltenden Unternehmen wird durch § 1 Abs. 1 Satz 1 KWG festgelegt. Danach sind **Kreditinstitute** „Unternehmen, die Bankgeschäfte betreiben, wenn der Umfang dieser Geschäfte einen in kaufmännischer Weise eingerichteten Geschäftsbetrieb erfordert". Was als **Bankgeschäft** gilt, ist in § 1 Abs. 1 Satz 2 Nr. 1 bis 9 KWG katalogmäßig geregelt. Die wichtigsten der dort abschließend aufgezählten Bankgeschäfte sind insb. das **Einlagenschäft** sowie das **Kredit- und Diskontgeschäft.**

16   **Keine Bankgeschäfte** iSv. § 1 Abs. 1 Satz 2 KWG sind das **Leasing-** und das **Factoringgeschäft.** Der BdF kann allerdings durch RVO weitere Geschäfte als Bankgeschäfte bezeichnen, wenn die Aufsichtszwecke des KWG dies erfordern (§ 1 Abs. 1 Satz 3 KWG).

17   Der Begriff des Kreditinstituts im KWG gilt rechtsformunabhängig für alle privatrechtlichen und öffentlich-rechtlichen Kreditinstitute.

18   **Keine Kreditinstitute** iSd. KWG sind gem. § 2 Abs. 1 Nr. 1 bis 8 KWG:

– die DBB

---

6 Dies ergibt sich aufgrund von Art. 1 Abs. 1 der Bankbilanz-RL.

- die Deutsche Bundespost
- die KfW
- die Sozialversicherungsträger und die Bundesanstalt für Arbeit
- private und öffentlich-rechtliche Versorgungsunternehmen
- Unternehmen, die aufgrund des WGG als gemeinnützige Wohnungsunternehmen anerkannt sind
- Unternehmen, die aufgrund des WGG als Organe der staatlichen Wohnungspolitik anerkannt sind und nicht überwiegend Bankgeschäfte betreiben
- Unternehmen des Pfandleihgewerbes, soweit sie dieses durch Hingabe von Darlehen gegen Faustpfand betreiben.

Für die Rechnungslegung dieser Einrichtungen/Unternehmen gelten zumeist **19** **Regelungen in Spezialgesetzen**[7], die nicht Gegenstand dieser Darstellung sind.

Die in anderen Zusammenhängen an Stelle des Begriffs „Kreditinstitute" **20** gebräuchlichen Bezeichnungen „Bank", „Bankier", „Geldinstitut" usw. sind teilweise enger, zum Teil aber auch weiter definiert. Sie werden im folgenden nicht verwendet.

Die Definition des Begriffs **Sparkasse** ist jeweils in den Sparkassengesetzen der **21** Länder enthalten. Es sind grundsätzlich öffentlich-rechtliche und freie Sparkassen zu unterscheiden. **Öffentlich-rechtliche Sparkassen** bestehen zumeist in der Rechtsform der Anstalt des öffentlichen Rechts. **Freie Sparkassen** werden in anderen Rechtsformen zB in der Rechtsform eines Vereins betrieben.

4. Anzuwendende Vorschriften

a) HGB, PublG, KWG

Seit dem Inkrafttreten des **BiRiLiG** am 1. 1. 1986 und bis zur Anwendung der **22** Vorschriften des BaBiRiLiG ab 1. 1. 1993 besteht für die Rechnungslegung der Kreditinstitute folgendes **Vorschriften-System:**

Zunächst gelten für alle Kreditinstitute **rechtsformunabhängig** die allgemeinen **23** Vorschriften in den §§ 238 bis 263 HGB (Erster Abschn. Vorschriften für alle Kaufleute). Die Anwendung sonstiger Rechnungslegungsvorschriften auf Kreditinstitute ist davon abhängig, ob es sich um

- Kapitalgesellschaften (AG, KGaA, GmbH)
- Genossenschaften
- Kreditinstitute in sonstigen Rechtsformen oder
- Sparkassen

handelt.

Kreditinstitute in der Rechtsform der **Kapitalgesellschaft** müssen zusätzlich die **24** ergänzenden Vorschriften in den §§ 264–335 HGB beachten. **Genossenschaften** sind zur Anwendung der §§ 336–339 HGB verpflichtet. Daneben sind die rechtsformspezifischen Vorschriften des AktG, des GmbHG usw. maßgeblich.

---

7 ZB § 26 Gesetz über die DBB.

25 Handelt es sich um Kreditinstitute in **sonstigen Rechtsformen** (Personenhandelsgesellschaften, Einzelkaufleute, juristische Personen des öffentlichen Rechts mit
Ausnahme der öffentlich-rechtlichen Sparkassen sowie inländische Zweigstellen
von Unternehmen mit Sitz in einem anderen Staat), sind für die Rechnungslegung gem. § 25a Abs. 1 Satz 1 KWG unabhängig von der Größe des Kreditinstituts die Vorschriften des Ersten Abschn. des PublG maßgeblich. Damit gelten
für die Aufstellung von JA und LB dieser Kreditinstitute grundsätzlich ebenfalls
die ergänzenden Vorschriften für Kapitalgesellschaften (§§ 264–289 HGB), da
das PublG (§ 5 Abs. 1 PublG) im allgemeinen auf diese Vorschriften verweist.

26 Der Erste Abschn. des PublG gilt auch für die sog. **freien Sparkassen** (vgl. § 25a
Abs. 1 Satz 1 KWG). Die Vorschriften zur Rechnungslegung der **öffentlich-rechtlichen Sparkassen** sind dagegen in Erlassen der obersten Sparkassenaufsichtsbehörden der Länder geregelt[8]. Diese verweisen idR bei den Bestimmungen über
die Bewertung auf die für Kreditinstitute in der Rechtsform der Kapitalgesellschaft geltenden Bewertungsvorschriften (§§ 279 bis 283 HGB iVm. § 25a Abs. 2
und § 26a Abs. 1 und 2 KWG). Nicht vorgesehen ist in den Erlassen die Anwendung der für Kreditinstitute in der Rechtsform der Kapitalgesellschaft vorgeschriebenen Regelungen der §§ 264 bis 278 HGB. Allerdings beachten die
öffentlich-rechtlichen Sparkassen diese Vorschriften ebenfalls. Auch für den
Anh. und den LB verweisen die Erlasse auf die entsprechenden Vorschriften des
HGB (§ 5 Abs. 2 PublG iVm. § 25a Abs. 2 KWG und § 26a Abs. 2 KWG).

27 Grundsätzlich gelten somit für alle Kreditinstitute, **rechtsform- und größenunabhängig,** die durch das BiRiLiG in das HGB eingefügten Rechnungslegungsvorschriften für alle Kaufleute (§§ 238–263 HGB) sowie die ergänzenden Vorschriften für Kapitalgesellschaften (§§ 264–289 HGB).

28 Allerdings hat der deutsche Gesetzgeber aufgrund eines Mitgliedstaatenwahl-
rechts[9] die Kreditinstitute von der Anwendung eines Teils der Vorschriften des
BiRiLiG ausgenommen mit der Folge, daß die bisherigen Gliederungs- und
Bewertungsvorschriften weitgehend unverändert fortgelten. **§ 25a Abs. 2 Satz 1
KWG** bestimmt zu diesem Zwecke, daß an Stelle einzelner Vorschriften des
HGB, insb. zur Gliederung der Bilanz und der GuV, Sonderregelungen treten.
§ 25a Abs. 2 Satz 2 KWG zählt diejenigen HGB-Vorschriften auf, die nicht anzuwenden sind. Zu einer vollständigen Übersicht über die Anwendung/Nichtan-
wendung der §§ 246 bis 283 HGB auf Kreditinstitute vgl. *Birck/Meyer*[10], S. V/6
bis S. V/17.

29 Das **KWG**[11] enthält im Unterabschnitt 5a. des Zweiten Abschn. neben § 25a
KWG, weitere, die allgemeinen Bestimmungen des HGB ergänzende Vorschrif-

---

8 Die Fundstellen von Veröffentlichungen der obersten Sparkassenaufsichtsbehörden sind zusammengestellt in: *Reischauer/Kleinhans*, Kreditwesengesetz, Losebl., Berlin Kza 422.
9 Art. 1 Abs. 2 der 4. RL.
10 *Birck/Meyer*, Die Bankbilanz, 3. Aufl., Wiesbaden 1976/1989.
11 Gesetz über das Kreditwesen v. 10. 7. 1961 (BGBl. I S. 881), in der Neufassung v. 11. 7. 1985
(BGBl. I S. 1471) zuletzt geändert durch Art. 4 des Gesetzes zu dem Vertrag v. 18. 5. 1990 über die
Schaffung einer Währungs-, Wirtschafts- und Sozialunion zwischen der BRD und der DDR v. 25. 6.
1990 (BGBl. II S. 518); soweit im folgenden §§ des KWG zitiert werden, handelt es sich um diesen
Stand; diese Fassung berücksichtigt noch nicht das BaBiRiLiG; **Kommentare zum KWG:** *Bähre/
Schneider*, KWG-Kommentar, 3. Aufl., München 1886; *Reischauer/Kleinhans*, Fn. 8; /*Szagunn/
Wohlschieß*, Gesetz über das Kreditwesen, 5. Aufl., Stuttgart/Berlin/Köln 1990; **Textsammlung zum
KWG:** *Consbruch/Möller/Bähre/Schneider*, KWG mit verwandten und zugehörigen Vorschriften,
München (im folgenden zitiert: CM).

ten über die Rechnungslegung der Kreditinstitute. Im einzelnen werden dadurch geregelt[12]:

- **Konzern**abschluß (§ 25b KWG)
- **Vorlage** des **JA** und des **PrB** (§ 26 KWG)
- **Bewertung** (§ 26a KWG)
- **Bewertungsverstöße** (§ 26b KWG).

Die früher in **§ 26 Abs. 5 KWG** enthaltene Ermächtigung des BdF zum Erlaß **30** einer RVO über die Bildung von **Sammelwertberichtigungen** wurde durch das Steuerreformgesetz 1990 ersatzlos aufgehoben[13]. Der Gesetzgeber hat nach Auffassung des BAK durch die Streichung dieser Ermächtigungsvorschrift „zum Ausdruck gebracht, daß er das Institut der Sammelwertberichtigung nicht mehr als geeignetes Mittel der Risikovorsorge für latente Risiken ansieht"[14]. Das BAK hat deshalb seine „Anordnung über die Bildung von Sammelwertberichtigungen bei Kreditinstituten"[15] vom 17. 9. 1974 mit der Anordnung vom 18. 8. 1988[16] aufgehoben. Für die latenten Kreditrisiken sind zukünftig **Pauschalwertberichtigungen** nach handelsrechtlichen Grundsätzen zu bilden[17].

b) Vorschriften in sonstigen Einzelgesetzen

Hypothekenbankgesetz[18]

§ 24 HBG sieht für den Fall, daß eine Hypothekenbank[19] von dem Recht des **31** erweiterten Geschäftsbetriebs[20] nach § 46 Abs. 1 HBG Gebrauch macht, vor, daß diese ihren JA nach den Vorschriften aufzustellen hat, die für ihre nicht zum Betrieb einer Hypothekenbank gehörenden Geschäftszweige gelten. Der JA ist allerdings um die zum Betrieb der Hypothekenbank gehörenden Geschäfte zu ergänzen.

Nach **§ 25 HBG** dürfen Hypotheken in der Bilanz mit dem Nennbetrag ange- **32** setzt werden, auch wenn der Auszahlungsbetrag geringer ist. Diese seit 1. 7. 1988 gültige Fassung des § 25 HBG, die unverändert den **Ansatz** der **Hypotheken** mit dem **Nennwert** zuläßt, geht auf das Ges. zur Änderung des HBG und anderer Vorschriften für Hypothekenbanken v. 8. 6. 1988[21] zurück. Bis zu diesem Zeitpunkt richtete sich die erfolgswirksame Verrechnung des **Hypothekendamnums** und des **Pfandbriefdisagios** nach § 25 HBG aF bzw. § 26 HBG aF. Danach wurden „die Disagien und Damnen im Laufe von fünf Jahren mit je einem Fünftel

---

12 Die Vorschriften des KWG zum Eigenkapital (§§ 10, 10a), zur Liquidität (§§ 11, 12), zum Kreditgeschäft (§§ 13 bis 20), zur Prüfung des JA (§§ 27 bis 29) und zur Depotprüfung (§ 30) werden in Abschnitt III. behandelt.
13 Art. 23 Nr. 3 Steuerreformgesetz 1990 v. 25. 7. 1988, BGBl. I S. 1093.
14 Schr. des BAK v. 18. 8. 1988 an die Spitzenverbände der Kreditinstitute, CM 18.05.
15 BAnz. 180/1974; Rechtsgrundlage für den Erlaß durch das BAK sind § 6 Abs. 1 iVm. § 26 KWG sowie § 40 Abs. 2 HGB aF.
16 Anordnung zur Aufhebung der Anordnungen über die Bildung von Sammelwertberichtigungen bei Kreditinstituten, BAnz. Nr. 159.
17 St. BFA 1/1990.
18 Vgl. Neufassung des HBG v. 19. 12. 1990 (BGBl. I S. 2898); diese Neufassung berücksichtigt bereits die Änderungen durch Art. 9 des BaBiRiLiG; Literatur: *Fleischmann/Bellinger/Kerl*, Hypothekenbankgesetz, Kom., 3. Aufl., München 1979; *Goedecke/Kerl*, Die deutschen Hypothekenbanken, 3. Aufl., Frankfurt/Main 1990.
19 § 1 HBG: „Hypothekenbanken und privatrechtliche Kreditinstitute..."
20 Das Recht zum erweiterten Geschäftsbetrieb hat nur noch Bedeutung für 3 sog. gemischte Hypothekenbanken: Bayerische Hypotheken- und Wechselbank AG, München, Bayerische Vereinsbank AG, München, und Norddeutsche Hypotheken- und Wechselbank AG, Hamburg.
21 BGBl. I S. 710.

als Erfolg verrechnet und als Ausgleich für die zu schnelle Ertragsvereinnahmung ½% des Betrags der valutierenden Hypothekendarlehen abgegrenzt"[22]. Diese Abgrenzungsvorschriften sind seit 1. 7. 1988 ersatzlos entfallen. Allerdings enthält § 45 HBG[23] eine **Übergangsvorschrift**, so daß die Abgrenzung bei Geschäften, die vor dem 1. 7. 1988 abgeschlossen wurden, weiterhin nach § 25 HBG aF vorgenommen werden kann.

33   **§ 28 HBG** fordert von Hypothekenbanken zusätzliche aus den Besonderheiten des Hypothekenbankgeschäfts resultierende Angaben im Anh. zum JA.

Gesetz über Schiffspfandbriefbanken (Schiffsbankgesetz)[24]

34   Das SchBG enthält Vorschriften in **§ 23 SchBG** zum Ansatz der durch Schiffshypotheken gesicherten **Darlehensforderungen** mit dem **Nennwert**; daneben trifft § 23 SchBG Regelungen zur erfolgswirksamen **Verrechnung** des Schiffshypothekendamnums und des Schiffspfandbriefdisagios und **§ 26 SchBG** fordert zusätzliche Angaben im **Anh. zum JA.**

Gesetz über Bausparkassen[25]

35   Für die Rechnungslegung der Bausparkassen, die gem. § 1 BSpG als Kreditinstitute gelten, sind grundsätzlich alle für die Rechnungslegung der Kreditinstitute vorgeschobenen handelsrechtlichen Bestimmungen anzuwenden. Das BSpG enthält mit Ausnahme von § 18 Abs. 3 keine eigenständigen Vorschriften zur Rechnungslegung. § 18 Abs. 3 BSpG schreibt den Kreditinstituten, die das Bauspargeschäft durch **rechtlich unselbständige Einrichtungen**[26] betreiben, vor, daß sie für die Bausparkasse einen **gesonderten JA** aufzustellen haben.

Gesetz über Kapitalanlagegesellschaften[27]

36   Für den JA der Kapitalanlagegesellschaften gelten im allgemeinen die für Kreditinstitute[28] vorgeschriebenen Rechnungslegungsvorschriften. Das KAGG enthält lediglich Bestimmungen zur Rechnungslegung der **Sondervermögen jeder Art. § 24a KAGG** schreibt für jedes Sondervermögen die Erstattung eines Rechenschaftsberichtes und eines Halbjahresberichtes und deren Mindestinhalt vor. Aus **§ 25d KAGG** ergeben sich für Beteiligungs-Sondervermögen besondere Vorschriften über die Bewertung der stillen Beteiligungen und **§ 34 KAGG** enthält Sonderregelungen für den Inhalt des Rechenschaftsberichts der Grundstücks-Sondervermögen.

---

22 *Birck/Meyer*, S. V 414.
23 § 45 HBG wurde durch das Gesetz zur Änderung des HBG und anderer Vorschriften für Hypothekenbanken v. 8. 6. 1988 in das HBG eingefügt.
24 Vgl. Schiffsbankgesetz idF der Bek. v. 8. 5. 1963 (BGBl. I S. 302), zuletzt geändert durch Art. 2 des Ersten Rechtsbereinigungsgesetzes v. 24. 4. 1986 (BGBl. I S. 560).
25 Gesetz über Bausparkassen v. 16. 1. 1972 (BGBl. I S. 2097), zuletzt geändert durch Art. 2 des 14. ÄndG zum VAG v. 29. 3. 1983 (BGBl. I S. 377).
26 Die Kreditinstitute gelten insoweit als Bausparkassen.
27 KAGG idF v. 14. 1. 1970 (BGBl. I S. 127), zuletzt geändert durch Art. 1 des Gesetzes zur Verbesserung der Rahmenbedingungen der Finanzmärkte v. 22. 2. 1990 (BGBl. I S. 266).
28 Kapitalanlagegesellschaften sind gem. § 2 Abs. 1 KAGG Kreditinstitute.

c) Formblatt-Verordnung [29]

Die Formblatt-VO [30] enthält die besonderen **Formblätter** für die Jahresab- **37**
schlüsse der Kreditinstitute sowie **sonstige** von den Bestimmungen des HGB
abweichende **Rechnungslegungs-Vorschriften.** Die VO wurde vom BdJ im Einvernehmen mit dem BdF und dem BWM erlassen; Rechtsgrundlagen für den
Erlaß der VO sind die §§ 330, 336 Abs. 3 HGB, §§ 25a Abs. 3, 26a Abs. 3 und 52a
KWG.

In § 1 Abs. 1 bis 4 der Formblatt-VO sind für die verschiedenen Kreditinstituts- **38**
gruppen insgesamt acht **Muster** für die **Gliederung** der **Bilanz** und der **GuV** vorgeschrieben. Nach § 1 Abs. 5 der Formblatt-VO kann die GuV entweder in **Kontoform** oder in **Staffelform** aufgestellt werden, § 1 Abs. 6 bezeichnet diejenigen
Vorschriften des HGB, die aufgrund des besonderen Geschäftszweigs der Kreditinstitute nicht anzuwenden sind.

Daneben trifft die Formblatt-VO Sonderregelungen **39**

- zur **Darstellung** der Entwicklung der **Sachanlagen,** der **immateriellen Anlagen**
  und der **Beteiligungen** im Anh. (Anlagenspiegel),
- zum Ausweis der **Wertberichtigungen,**
- zum Ausweis der wie **Anlagevermögen** bewerteten **Wertpapiere,**
- zur **Verrechnung** bestimmter Erträge und Aufwendungen aus dem Kredit- und
  Wertpapiergeschäft.

d) Bilanzierungsrichtlinien

Von der in § 26 Abs. 4 KWG enthaltenen Möglichkeit zum Erlaß einer RVO zur **40**
Erläuterung des **Inhalts** der einzelnen Posten der Bilanz und der GuV hat der
hierzu ermächtigte BdJ bisher keinen Gebrauch gemacht. Deshalb gelten die
vom BAK in Form von Allgemeinverfügungen [31] erlassenen „Richtlinien für die
Aufstellung des Jahresabschlusses der Kreditinstitute" (Bilanzierungsrichtlinien)
weiter. Rechtsgrundlage für den Erlaß dieser Bilanzierungsrichtlinien durch das
BAK ist § 6 Abs. 1 iVm. § 26 Abs. 1 KWG. Bei den Bilanzierungsrichtlinien wird
ebenso wie bei den Formblattmustern nach Kreditinstitutsgruppen unterschieden.
Die Bek. Nr. 1/68 des BAK v. 22. 7. 1968 idF der Bek. v. 8. 2. 1988 (BAnz.
Nr. 41) v. 8. 2. 1988 sieht dementsprechend **gesonderte** Bilanzierungsrichtlinien
vor für Kreditinstitute in der Rechtsform der

- Kapitalgesellschaft (AG, KGaA, GmbH)
- eG, ausgenommen genossenschaftliche Zentralbanken
- Einzelfirma, OHG, KG

---

29 VO über Formblätter für die Gliederung des JA von Kreditinstituten v. 14. 9. 1987, BGBl. I S. 2170.
30 Die VO berücksichtigt insb. die durch das BiRiLiG eingetretenen Veränderungen. Bis zum Inkrafttreten des BiRiLiG ergab sich die Ermächtigung zum Erlaß von RVO, in denen die Formblätter
   vorgeschrieben wurden, aus verschiedenen Einzelgesetzen (§ 161 AktG, § 278 Abs. 3 AktG, § 33g
   GenG, § 24 HBG, § 22 SchBG sowie aus dem Gesetz über Formblätter für die Gliederung des Jahresabschlusses v. 11. 12. 1935, RGBl. I S. 1432). Die aufgrund dieser Ermächtigungsvorschriften
   erlassenen VO wurden durch die Zweite VO zur Änderung der VO über Formblätter für die Gliederung des Jahresabschlusses von Kreditinstituten und zur Aufhebung und Änderung von Formblattvorschriften für Hypothekenbanken, Schiffspfandbriefbanken und Bausparkassen v. 13. 9. 1987,
   BGBl. I S. 2150 geändert bzw. aufgehoben.
31 Vgl. zum Rechtscharakter der Bilanzierungsrichtlinien *Birck/Meyer.* S. II 86.

sowie für

– Zentralbanken in der Rechtsform der eG
– Zentralkassen in der Rechtsform der AG.

41 Mit Bek. Nr. 2/69 v. 28. 2. 1969 idF der Bek. v. 8. 2. 1988 (BAnz. 41) hat das BAK Bilanzierungsrichtlinien für Hypothekenbanken und Schiffspfandbriefbanken erlassen. Für private und öffentlich-rechtliche Bausparkassen gelten die mit Bek. v. 8. 2. 1988 (BAnz. Nr. 41) neu gefaßten Bilanzierungsrichtlinien.

42 Die Bilanzierungsrichtlinien für Sparkassen, öffentlich-rechtliche Kreditanstalten und öffentlich-rechtliche Grundkreditanstalten sind in verschiedenen VO und Erlassen der Staatsaufsichtsbehörden der Länder enthalten.

43 Zweck der Bilanzierungsrichtlinien ist es, den Inhalt der einzelnen Posten des JA im Interesse der Klarheit und einheitlichen Anwendung zu erläutern. Sie enthalten **keine Regelungen** zur **Bewertung,** sondern befassen sich ausschließlich mit Fragen der **Gliederung**[32]. Dadurch soll sichergestellt werden, daß das BAK „einheitliche Unterlagen zur Beurteilung der von den Kreditinstituten durchgeführten Bankgeschäfte"[33] erhält.

44 Die Bilanzierungsrichtlinien sind grundsätzlich gegliedert in:

   I. **Allgemeine** Richtlinien
  II. Richtlinien zu den einzelnen **Bilanzposten**
 III. Richtlinien zu den einzelnen **Posten** der **GuV.**

Die allgemeinen Richtlinien enthalten **Begriffsbestimmungen** (Definitionen der Begriffe Kreditinstitute und Wertpapiere) sowie Vorschriften zur **Fristengliederung,** zu **Pensionsgeschäften, Sicherheiten, Kompensationen, Gemeinschaftsgeschäften** und zur **GuV.**

Daneben enthalten die Richtlinien **Ausweis- und Zuordnungsvorschriften** zu verschiedenen **Bilanzposten** sowie zu einzelnen Posten der **GuV.**

e) Schreiben des BAK

45 Außer in den Bilanzierungsrichtlinien hat das **BAK** in zahlreichen **Schreiben**[34] zu Fragen der Bilanzierung Stellung genommen. Diese Schreiben – im Einzelfall auch als Verlautbarung oder Stellungnahme bezeichnet – sind im Einzelfall nicht rechtsverbindlich; nach Meinung von *Birck/Meyer* widerspiegeln sie jedoch im allgemeinen Grundsätze ordnungsmäßiger Bankbilanzierung[35]. Die meisten dieser Schreiben sind in CM unter den Ordnungsnummern 4., 8. und 17. bzw. in *Birck/Meyer,* S. VIII 177 ff. abgedruckt.

f) Stellungnahmen des BFA

46 Der BFA hat in mehreren Stellungnahmen seine Auffassung zu spezifischen Fragen der Bankbilanzierung dokumentiert. Derzeit sind für die Bilanzierung folgende Stellungnahmen zu beachten (die Quellen s. Abschn. X II. 4.).

---

32 *Birck/Meyer,* S. II 87.
33 § 26 Abs. 4 KWG.
34 Adressaten dieser Schreiben sind zumeist die Spitzenverbände der Kreditinstitute oder das IDW.
35 *Birck/Meyer,* S. II 89.

BFA 2/1960   Bewertung von **Sortenbeständen**
BFA 1/1966   **Pensionsgeschäfte** mit eigenen Emissionen
BFA 1/1969   Fragen zu den **Bilanzierungsrichtlinien** und den **Richtlinien** für den Inhalt der **Prüfungsberichte** zu den JA der Kreditinstitute
BFA 1/1971   **Bilanzmäßige Behandlung** der Differenz aus der Aufrechnung zurückgekaufter und dem Treuhänder zur Verwahrung übergebenen eigenen **Schuldverschreibungen**
BFA 2/1971   **Bewertung** von **Wertpapieren** bei Kreditinstituten in Sonderfällen
BFA 1/1974   **Bewertung** von **zweifelhaften Forderungen** aus der Finanzierung von zum Verkauf bestimmten Bauten **(Baukrediten)** in den JA der Kreditinstitute
BFA 1/1975   **Bilanzierung** und **Prüfung** der **Devisengeschäfte** der Kreditinstitute
BFA 2/1976   **Bilanzierung** von Vergütungen an Vermittler oder Händler im **Ratenkreditgeschäft**
BFA 1/1977   Zu den **Kriterien** für das Vorliegen einer **Beteiligung** im JA von Kreditinstituten
BFA 2/1977   Form und Inhalt des zu veröffentlichenden JA inländischer **Zweigstellen ausländischer Kreditinstitute**
BFA 3/1977   Zum Ausweis von **Zinsen** auf **notleidende Forderungen** in der GuV
BFA 1/1981   Anforderungen an den **Nachweis** von **Forderungen** und **Verbindlichkeiten** bei Kreditinstituten durch externe Abstimmung
BFA 2/1982   Auflösung **stiller Reserven** durch Veräußerungsgeschäfte
BFA 1/1987   Zur **Prüfung** von **Fazilitäten**
BFA 2/1987   Zur **bilanziellen Behandlung** von **Optionsgeschäften**
BFA 1/1990   Zur **Bildung** von **Pauschalwertberichtigungen** für das latente Kreditrisiko im JA von Kreditinstituten.

II. Jahresabschluß

1. Allgemeines

Der JA von Kreditinstituten besteht gem. § 264 Abs. 1 HGB aus **Bilanz, GuV**   **47** und **Anh.**; daneben ist ein **LB** aufzustellen. Sparkassen und Kreditgenossenschaften müssen den JA überdies in einer **Anlage** erläutern (§ 26 Abs. 1 KWG). Die für die **Gliederung** von Bilanz und GuV der Kreditinstitute vorgeschriebenen Formblätter weichen in erheblichem Maße von der für Nichtbanken vorgeschriebenen Gliederung der Bilanz (§ 266 Abs. 2 HGB) und der GuV (§ 275 Abs. 2 HGB) ab. Für die **Bewertung** gelten im allgemeinen die Vorschriften des HGB; gesondert geregelt ist teilweise die Bildung stiller Reserven durch Vorschriften im KWG. Die Bestimmungen des HGB zum **Anh.** und zum **LB** sind von den Kreditinstituten derzeit nicht in vollem Umfang anzuwenden.

Die **Sonderbehandlung** der Kreditinstitute ist im wesentlichen auf die Eigenarten   **48** des Bankgeschäftes zurückzuführen. Insbesondere die branchentypische Dominanz nomineller Forderungs- und Anteilsrechte sowie die überragende Bedeutung des Fremdkapitals erfordern spezifische Ausweis- und Gliederungsvorschriften, zum Teil auch Bewertungsvorschriften, für Kreditinstitute[36].

---

36 Vgl. *Gerke/Philipp*, S. 47 und *Obst/Hintner*, S. 761.

2. Aufstellung und Vorlage

49   Der JA ist nach § 26 Abs. 1 KWG in den **ersten 3 Monaten** des GJ aufzustellen. Zum Zwecke der Beaufsichtigung der Kreditinstitute ist bereits der **aufgestellte JA** dem BAK und der DBB unverzüglich nach der Aufstellung einzureichen. BAK und DBB erhalten später auch den geprüften und festgestellten JA und den LB[37]. Die Anlage nach § 26 Abs. 1 Satz 1 Halbsatz 2 KWG ist von den **Kreditgenossenschaften**[38] (ohne Zentralkassen) sowie von den **Sparkassen**[39] ebenfalls einzureichen.

3. Formblätter

50   Aufgrund der Ermächtigungen in den §§ 330, 336 Abs. 3 HGB, §§ 25a Abs. 3, 26a Abs. 3 und 52a KWG wurden durch die Formblatt-VO[40] insgesamt **acht bankenspezifische Fomblätter** für die Gliederung der Bilanz und der GuV der einzelnen Kreditinstitutsgruppen vorgeschrieben:

FORMBLATT	KREDITINSTITUT
Muster 1	Kapitalgesellschaften (AG, KGaA, GmbH)
Muster 2	Eingetragene Genossenschaften
Muster 3	Einzelkaufmann, OHG, KG
Muster 4	Genossenschaftliche Zentralbanken in der Rechtsform der eG
Muster 5	Genossenschaftliche Zentralbanken in der Rechtsform der AG
Muster 6	Bausparkassen
Muster 7	Hypothekenbanken
Muster 8	Schiffspfandbriefbanken

51   Die Formblätter können im Hinblick auf die besonderen Geschäftsschwerpunkte der Kreditinstitute in **zwei Hauptgruppen** eingeteilt werden: Die **Formblätter 1 bis 5** gelten für Kreditinstitute mit **Universalbankgeschäft,** die übrigen **Formblätter** sind von den als Spezialbank geltenden **Realkreditinstituten** (Formblätter 7 und 8) sowie von den privaten und öffentlich-rechtlichen **Bausparkassen** (Formblatt 6) anzuwenden. Die für Universalbanken vorgeschriebenen

---

37 Einzelheiten zur Vorlage der Unterlagen nach § 26 Abs. 1 bis 3 KWG enthält § 12 der VO über die Anzeigen und die Vorlage von Unterlagen nach dem KWG (Anzeigenverordnung) v. 20. 8. 1985, BGBl. I S. 1716.

38 Vgl. Bek. Nr. 1/68 des BAK betreffend RL für die Aufstellung des JA der Kreditinstitute und das Muster für die Anlage zur Jahresbilanz der Kreditinstitute in der Rechtsform der eG, ausgenommen Zentralkassen v. 22. 7. 1968, idF der Bek. v. 8. 2. 1988 (BAnz. 41) und das Muster 2a für Kreditinstitute in der Rechtsform der eG, CM 16. 01 S. 36 ff.

39 Rechtsgrundlage für die Erstellung der Anlage zum JA sind die von den Sparkassenaufsichtsbehörden der Länder erlassenen Anordnungen.

40 § 1 Abs. 1 bis 4 Formblatt-VO; die Formblätter sind abgedruckt in C M unter der Ordnungsnummer 15.

Formblätter tragen darüber hinaus den unterschiedlichen **Rechtsformen** der Kreditinstitute Rechnung.

Keine Formblätter hat der BdJ bisher für **Sparkassen, öffentlich-rechtliche** 52 **Anstalten und Grundkreditanstalten** erlassen[41]. Für **öffentlich-rechtliche Sparkassen** sind die Formblätter von den Sparkassenaufsichtsbehörden der Länder oder von den Sparkassen und Giroverbänden aufgrund von VO, Erl. oder Rundschreiben vorgeschrieben[42]. Die nicht öffentlich-rechtlichen **(freien)** Sparkassen wenden die für öffentlich-rechtliche Sparkassen vorgesehenen Formblätter im allgemeinen analog an[43]. Für **öffentlich-rechtliche Kreditanstalten** und **Grundkreditanstalten** sind von den jeweiligen Staatsaufsichtsbehörden des Bundes oder der Länder Formblätter aufgrund von Verwaltungsanordnungen, Runderlassen usw. vorgeschrieben[44].

4. Gliederungsprinzipien

a) Bilanz

Sämtliche Formblätter sind im allgemeinen auf gleichen **Ausweisgrundsätzen** 53 aufgebaut. Charakteristisch für Bankbilanzen sind insb.[45] folgende **Gliederungsprinzipien:**

- Tiefe **Gliederungsintensität**
- **Keine Trennung** in Anlage- und Umlaufvermögen
- **Liquiditäts**gliederung.

Tiefe Gliederungsintensität

Bankbilanzen unterscheiden sich von den Bilanzen von Nichtbanken formal 54 durch ihre tiefe Gliederungsintensität. Formal wird dies vor allem durch eine Vielzahl von **Unter- und Ausgliederungspositionen** zu den Hauptpositionen erreicht. Während beispielsweise das Bilanzschema des § 266 Abs. 2 HGB für Kapitalgesellschaften 49 Haupt-, Unter- und Ausgliederungsposten vorsieht, umfaßt das Formblatt 1 für Kreditinstitute in der Rechtsform der Kapitalgesellschaft annähernd doppelt so viele Positionen.

Keine Trennung in Anlage- und Umlaufvermögen

In allen Formblättern fehlt auf der Aktivseite die Trennung in Anlage- und 55 Umlaufvermögen. Für Zwecke der Bewertung müssen die Vermögensgegenstände allerdings diesen Vermögenskategorien zugeordnet werden. Anhand der Bilanz können jedoch zwischen dem Ausweis und der Bewertung der einzelnen

---

41 Die Ermächtigungsgrundlage zum Erlaß von Formblättern ist in § 52a KWG enthalten.
42 Ein Arbeitskreis der Länder hat für die Gliederung des JA der Sparkassen ein Musterformblatt erarbeitet, das in CM 15.09 als Muster 9 abgedruckt ist.
43 Der BdJ hat für freie Sparkassen keine besonderen Formblätter erlassen.
44 Von der VO-Ermächtigung in § 52a KWG zum Erlaß von Formblättern für öffentlich-rechtliche Kreditanstalten und Grundkreditanstalten hat der BdJ bisher keinen Gebrauch gemacht. Der Verband öffentlicher Banken hat für die beiden Kreditinstitutsgruppen Muster-Formblätter entwickelt, die in CM unter 15.10 (Muster 10, Öffentlich-rechtliche Kreditanstalten) und unter 15.11 (Muster 11, Öffentlich-rechtliche Grundkreditanstalten) abgedruckt sind.
45 Vgl. zum Einfluß sonstiger Gliederungsprinzipien (zB Risiko- und Ertragsaspekte) *Birck/Meyer*, S. II 34 ff.; *Gerke/Philipp*, S. 55 f.

Vermögensgegenstände „kaum aufschlußgebende Beziehungen"[46] hergestellt werden, da in einzelnen Bilanzposten nicht nur Vermögensgegenstände des Anlagevermögens enthalten sein können, sondern daneben auch solche, die dem Umlaufvermögen zuzurechnen sind (zB Grundstücke und Gebäude, Anleihen und Schuldverschreibungen, Wertpapiere). Auch in den Fällen, in denen Wertpapiere wie Anlagevermögen bewertet werden und dies gem. § 3 Abs. 4 der Formblatt-VO durch einen Vermerk zum Bilanzposten zum Ausdruck gebracht wird, ist der Gesamtumfang der Wertpapiere, die dem Anlagevermögen zugeordnet sind, nicht aus der Bilanz erkennbar[47].

Liquiditätsgliederung

56 Dem Bilanzgliederungsschema für Nichtbanken liegt das Kriterium der voraussichtlichen Bindungsdauer der Vermögensgegenstände bzw. der Fälligkeit der Verbindlichkeiten zugrunde[48]. Demgegenüber sind die Vermögens- und Schuldposten in den Bilanzen der Kreditinstitute grundsätzlich nach dem Kriterium der Liquidität gegliedert. Dabei werden die Aktivposten nach sinkendem Liquiditätsgrad gegliedert (dh. der Möglichkeit ihrer Flüssigmachung), während die Passivposten nach abnehmender Dringlichkeit ihrer Rückzahlung angeordnet werden. Diese Gliederung wird bei den Formblättern für Realkreditinstitute (Muster 7 und 8) durchbrochen, weil dort die banktypische Geschäftstätigkeit die Gliederung vorrangig bestimmt.

b) GuV

57 Für die Gestaltung und den Aufbau der GuV sind insb.[49] folgende **Kriterien** maßgeblich:

- Konto- oder Staffelform
- Gliederung nach Aufwands- und Ertragsarten
- Bruttoprinzip/Saldierungsmöglichkeiten.

Konto- oder Staffelform

58 Mit Ausnahme der Sparkassen[50] können alle Kreditinstitute gem. § 1 Abs. 5 Formblatt-VO für die GuV zwischen der Kontoform oder der Staffelform wählen.

Gliederung nach Aufwands- und Ertragsarten

59 Die Posten der GuV der Kreditinstitute werden grundsätzlich nach **Arten** gegliedert. Aufwendungen und Erträge werden in Kreditinstituten vor allem verursacht durch[51]:

- Geschäfte des Kreditinstituts
- notwendige innerbetriebliche Tätigkeiten
- Belastungen des Kreditinstituts mit Steuern und ähnlichen Abgaben
- Eigenkapitalvorgänge, welche die Erfolgsrechnung berühren.

---

46 *Birck/Meyer*, S. II 39.
47 Vgl. *Birck/Meyer*, S. II 39 und S. II 201 ff.
48 ADS, § 266 Tz. 9.
49 Vgl. ausführlich zu den Gliederungskriterien der GuV *Birck/Meyer*, S. IV 6 ff.
50 Diese dürfen aufgrund der einschlägigen Vorschriften nur die Kontoform anwenden.
51 *Birck/Meyer*, S. IV 9.

Die für die GuV vorgeschriebenen Formblätter folgen grundsätzlich dieser Differenzierung. Dabei werden die **Erträge** im allgemeinen nach Geschäftssparten untergliedert in

- **Zinserträge** aus Kredit- und Geldmarktgeschäften
- **Laufende Erträge** aus Wertpapieren und Beteiligungen und
- **Provisionen** und andere Erträge aus Dienstleistungsgeschäften.

Die **Aufwendungen** werden getrennt in

- **Zinsaufwendungen**
- Aufwendungen aus **Abschreibungen** (Wertberichtigungen) im **Kreditgeschäft**
- Aufwendungen aus **Abschreibungen** (Kursverlusten) im **Wertpapiergeschäft**
- **Provisionen** und ähnliche Aufwendungen aus Dienstleistungsgeschäften
- **Personal**aufwand
- **Sach**aufwand sowie Aufwand aus Abschreibungen auf Grundstücke, Gebäude und Betriebs- und Geschäftsausstattung.

Bruttoprinzip/Saldierungsmöglichkeiten

Nach dem Bruttoprinzip (Verrechnungsverbot gem. § 246 Abs. 2 HGB) sind in **60** der GuV grundsätzlich sämtliche Aufwendungen und Erträge gesondert, dh., unsaldiert auszuweisen. Abgesehen von den nach allgemeinen Regeln zulässigen Verrechnungen[52] erfährt das Bruttoprinzip im Zusammenhang mit der Bildung und Auflösung stiller Reserven bei Kreditinstituten eine bedeutsame Einschränkung. Gem. § 4 der Fomblatt-VO dürfen bestimmte Aufwendungen aus dem Kredit- und Wertpapiergeschäft mit bestimmten Erträgen aus dem Kredit- und Wertpapiergeschäft verrechnet werden. Dabei können die bezeichneten Erträge und Aufwendungen auch wechselseitig saldiert werden[53]. Diese Verrechnung wird allgemein als **Überkreuzkompensation** bezeichnet. Sie ist wegen der damit verbundenen Beeinträchtigung der Aussagekraft des JA von Kreditinstituten in der Literatur umstritten[54].

c) Besonderheiten für Realkreditinstitute

Die für die **Realkreditinstitute** erlassenen Formblätter weisen folgende **Besonder- 61 heiten** auf[55]:

- Gesonderter Ausweis von **Zinspositionen** auf der Aktiv- und der Passivseite
- Einfügung einer zusätzlichen Spalte auf der Aktivseite, die sämtliche zur Deckung dinglicher Rechte verwendeten Aktiva als Ausgliederungsposten enthält **(Deckungsspalte)**
- Ausgliederungsposten zur Spezifizierung der **langfristigen Mittelbeschaffung** (zB Aufgliederung der Begebenen Schuldverschreibungen nach Pfandbriefen, Kommunalschuldverschreibungen und sonstigen Schuldverschreibungen) sowie zur Kenntlichmachung des Fristenablaufs.

---

52 Vgl. *Birck/Meyer*, S. IV 38 f.
53 ZB dürfen die Erträge aus dem Eingang abgeschriebener Forderungen mit Abschreibungen auf Wertpapiere verrechnet werden.
54 Vgl. *Bieg*, S. 53 und die dort zitierte Literatur.
55 Vgl. *Birck/Meyer*, S. II 80.

5. Nicht anzuwendende Ausweisvorschriften des HGB

62 Von den **allgemeinen Ausweis- und Gliederungsvorschriften** des HGB zur Bilanz und zur GuV sind auf Kreditinstitute derzeit folgende Bestimmungen **nicht anzuwenden:**

§ 247 Abs. 1 HGB über den gesonderten **Ausweis** des **Anlage- und Umlaufvermögens** in der Bilanz[56]

§ 251 HGB zu den **Haftungsverhältnissen;** die einzelnen Formblätter enthalten jeweils die unter der Bilanz auszuweisenden Haftungsverhältnisse

§ 265 Abs. 5 HGB über eine weitere **Untergliederung** der Posten und die Hinzufügung neuer Posten; nach § 1 Formblatt-VO ist allerdings eine weitere Untergliederung zulässig

§ 265 Abs. 6 HGB über die **Änderung** der **Gliederung** und **Bezeichnung** von Posten der Bilanz und GuV

§ 265 Abs. 7 HGB zur **Zusammenfassung** von Posten der Bilanz und der GuV

§ 268 HGB mit Vorschriften zu einzelnen Posten der **Bilanz** und zu den **Bilanzvermerken**

§ 277 HGB mit Bestimmungen zu einzelnen Posten der **GuV.**

6. Bewertung[57]

a) Grundsätzliche Regelungen

63 Für die Bewertung der Aktiva und Passiva in den Bilanzen von Kreditinstituten gelten zunächst die allgemeinen handelsrechtlichen Bewertungsvorschriften in den §§ **252 bis 256 HGB.** Kreditinstitute in der Rechtsform der **Kapitalgesellschaft** sind daneben zur Anwendung der ergänzenden Bewertungsbestimmungen in den §§ **279, 281 bis 283 HGB** verpflichtet. § 280 HGB über die **Wertaufholung** ist derzeit von den Kreditinstituten nicht zu beachten (vgl. § 25a Abs. 2 KWG iVm. § 1 Abs. 6 Formblatt-VO). Die für Kapitalgesellschaften geltenden ergänzenden Bewertungsvorschriften (§§ 279–283 HGB) sind auch von Kreditinstituten in der Rechtsform der **eG** mit Ausnahme der §§ 279, 280, 281 Abs. 2 Satz 1 HGB anzuwenden (vgl. § 336 Abs. 2 HGB). Kreditinstitute in **anderen Rechtsformen** (mit Ausnahme der öffentlich-rechtlichen Sparkassen) müssen ebenfalls die §§ 281, 282 HGB beachten[58]. Für **öffentlich-rechtliche** Sparkassen sehen die Erlasse zur Rechnungslegung idR die sinngemäße Anwendung der §§ 279 bis 283 HGB iVm. § 25a Abs. 2 und § 26a Abs. 1 und 2 KWG vor.

Außer dem HGB enthält § 26a Abs. 1 KWG zum Zwecke der **Bildung stiller Reserven** eine bankspezifische **Bewertungsregel** für Kreditinstitute in der Rechtsform der Kapitalgesellschaft.

---

56 Vgl. hierzu Ausführungen unter Tz. 55.
57 Vgl. als Gesamtdarstellung zur Bewertung in Bankbilanzen *Birck/Meyer,* Teillieferung 5; zu Einzelproblemen *Bieg.*
58 § 279 HGB gilt für diese Kreditinstitute nicht aufgrund § 25a Abs. 1 KWG iVm. § 5 Abs. 1 PublG. Die Nichtanwendung von § 280 HGB ergibt sich aus § 25a Abs. 2 Satz 1 KWG.

b) Bewertung wie Anlagevermögen

Die Vermögensgegenstände der Kreditinstitute sind, trotz der in Bankbilanzen **64**
fehlenden Trennung in Anlage- und Umlaufvermögen, entweder wie Anlagevermögen (§ 253 Abs. 2 HGB) oder wie Umlaufvermögen (§ 253 Abs. 3 HGB) zu
bewerten. Vermögensgegenstände des **Anlagevermögens** sind bei Kreditinstitute
im wesentlichen[59]:

- Sachanlagen (Grundstücke und Gebäude, Betriebs- und Geschäftsausstat-
tung)
- Finanzanlagen (Beteiligungen und Wertpapiere)
- Immaterielle Anlagewerte (Konzessionen, Geschäftswert, usw.).

Zum **Umlaufvermögen** gehören bei Kreditinstituten vor allem – im Gegensatz zur
Bilanzgliederung für Nichtbanken gem. § 266 Abs. 2 HGB – sämtliche aus dem
Kredit- und Geldanlagegeschäft resultierenden Vermögenswerte (Forderungen an
Kunden und Kreditinstitute) **ohne Rücksicht** auf die vereinbarte **Laufzeit**[60]. Die
Grenze zwischen den zum Anlage- oder Umlaufvermögen gehörenden Vermö-
gensgegenständen ist allerdings nicht eindeutig. So können zB sowohl Wertpa-
piere als auch Grundstücke und Gebäude dem Umlaufvermögen zugeordnet
werden, zu Beteiligungen vgl. *Birck/Meyer*, S. V 85 f.

Im Zusammenhang mit der Zuordnung von **Wertpapieren** zum Anlagevermögen **65**
ist auf folgende **Besonderheit** hinzuweisen:

Soweit Kreditinstitute Wertpapiere des Anlagevermögens mit einem höheren
Wert ansetzen, als dies nach § 253 Abs. 3 HGB für Wertpapiere des Umlaufvermögens zulässig ist, muß dieses in der Bilanz durch den Zusatz: „darunter: wie
Anlagevermögen bewertet DM…" vermerkt werden (vgl. § 3 Abs. 4 Formblatt-
VO). Aus dieser Angabe kann allerdings nicht auf den Umfang der dem Anlagevermögen zugeordneten Wertpapiere geschlossen werden, da der Vermerk diejenigen Anlagewertpapiere nicht aufnimmt, die wie Umlaufvermögen bewertet
sind[61].

c) Stille Reserven[62]

Nach § 26a Abs. 1 KWG dürfen Kreditinstitute in der Rechtsform der Kapital- **66**
gesellschaft **stille Reserven** bilden, indem sie **Forderungen** und **Wertpapiere des
Umlaufvermögens** mit einem niedrigeren als dem nach § 253 Abs. 1, 3, § 279
Abs. 1 Satz 1 des HGB vorgeschriebenen oder zugelassenen Wert anzusetzen.
Voraussetzung hierfür ist, daß ein solcher niedrigerer Wertansatz „nach vernünftiger kaufmännischer Beruteilung zur Sicherung gegen die **besonderen Risiken**
des Geschäftszweigs der **Kreditinstitute** notwendig ist" (§ 26a Abs. 1 KWG). Die
„stille" Bildung und Auflösung dieser Reserven ist dadurch möglich, daß die
Aufwendungen/Erträge im Zusammenhang damit gem. § 4 Formblatt-VO mit
anderen Aufwendungen und Erträgen aus dem Kredit- und Wertpapiergeschäft
verrechnet werden dürfen. Außerdem sind die Kreditinstitute, die § 26a Abs. 1
KWG in Anspruch nehmen, von bestimmten Angaben im Anh. (§ 281 Abs. 1

59 Vgl. *Birck/Meyer*, S. V 61 f.
60 Vgl. *Birck/Meyer*, S. V 62.
61 Vgl. im übrigen zur Frage der Bewertung von Wertpapieren wie Anlagevermögen, *Birck/Meyer*, S. V
100 ff.; *Bieg*, S. 177 ff.; Schr. des BAK v. 15. 11. 1965, CM 17.02.
62 Vgl. aus der umfangreichen Literatur hierzu: *Bieg*, S. 198; *Birck/Meyer*, S. V 304 ff.; *Forster*, in FS
Krümmel, Berlin 1988 S. 107 ff.; *Köllhofer*, Die Bank 1986 S. 552 ff.

Satz 2, § 284 Abs. 2 HGB) sowie von der Verpflichtung zur Erläuterung in der HV befreit (§ 176 Abs. 1 Satz 3 AktG iVm. § 26a Abs. 2 Satz 3 KWG).

67 Kreditinstitute, die nicht Kapitalgesellschaften sind, dürfen keine stillen Reserven nach § 26a Abs. 1 KWG bilden. Für diese Institute ist jedoch § 253 Abs. 4 HGB, der Abschreibungen auf alle Vermögensgegenstände im Rahmen vernünftiger kaufmännischer Beurteilung zuläßt, anwendbar[63].

68 Die in der Literatur[64] zum Umfang der stillen Reserven bei Kreditinstituten geführte Diskussion dürfte durch die Vorschriften des BaBiRiLiG obsolet werden.

7. Anhang

69 Mit Ausnahme der Kreditinstitute in der Rechtsform der Personenhandelsgesellschaften und des Einzelkaufmanns müssen alle Kreditinstitute einen **Anh.** aufstellen[65]. Die **Verpflichtung** hierzu ergibt sich für die Kreditinstitute in den einzelnen Rechtsformen aus folgenden Bestimmungen:

KREDITINSTITUT	RECHTSGRUNDLAGE
Kapitalgesellschaften	„ 264 Abs. 1 Satz 1 HGB
Eingetragene Genossenschaften	§ 336 Abs. 1 Satz 1 HGB
Öffentlich-rechtliche Sparkassen	Anordnungen und Erlasse der obersten Sparkassenaufsichtsbehörden der Länder
Sonstige Rechtsformen/Zweigstellen von ausländischen Unternehmen	§ 25a Abs. 1 KWG iVm. § 5 Abs. 2 PublG

70 Allerdings sind bis zur Anwendung des BaBiRiLiG die Kreditinstitute nach § 25a Abs. 2 KWG iVm. § 1 Abs. 6 Formblatt-VO, § 26a Abs. 2 KWG ua. von folgenden wichtigen Angaben im Anh. befreit[66]:

§ 284 Abs. 2 Nr. 1 HGB: Angabe der angewandten **Bilanzierungs- und Bewertungsmethoden**

§ 284 Abs. 2 Nr. 2 HGB: Angaben zur **Währungsumrechnung**

§ 284 Abs. 2 Nr. 3 HGB: Angabe und Begründung, soweit von **Bilanzierungs-** und **Bewertungs**methoden **abgewichen** wird.

Andere Befreiungsvorschriften betreffen zB Informationen zur Gliederung der Bilanz und der GuV (§§ 265, 268, 277 HGB usw.) sowie die sonstigen Pflichtangaben in § 285 Nr. 1 bis 6, Nr. 8, Nr. 9c und Nr. 12 HGB.

---

63 Gegenüber § 26a Abs. 1 KWG fehlt bei § 253 Abs. 4 HGB die Voraussetzung, daß der niedrigere Wertansatz „zur Sicherung gegen die besonderen Risiken des Geschäftszweigs der Kreditinstitute notwendig ist". Daneben erlaubt § 253 Abs. 4 HGB Abschreibungen auf alle Posten des Anlage- und Umlaufvermögens; § 26a Abs. 1 KWG ist dagegen auf Forderungen und Wertpapiere des Umlaufvermögens begrenzt.

64 Vgl. *Birck/Meyer*, S. V 305 ff. und die dort zitierte Literatur.

65 Die Befreiung für Personenhandelsgesellschaften und Einzelkaufleute ergibt sich aus § 25a Abs. 1 Satz 1 KWG iVm. § 5 Abs. 2 Satz 1 PublG.

66 Zu einer Gesamtübersicht über alle Befreiungsvorschriften vgl. *Birck/Meyer*, S. IX 2.

Außer den im HGB für Kreditinstitute im Anh. vorgeschriebenen Angaben **71** (dabei kann es sich um Pflichtangaben im Anh. oder um Angaben handeln, die entweder im Anh. oder in der Bilanz bzw. GuV zu machen sind) sind die in anderen einschlägigen Gesetzen/VO enthaltenen Pflichtangaben für den Anh. zu berücksichtigen. Dabei ist vor allem hinzuweisen auf:

– das AktG (Angaben gem. § 160 Abs. 1 Nr. 1, 2, 4 bis 8)
– die Formblatt-VO (Nettodarstellung des Anlagespiegels im Anh. gem. § 3 Abs. 1)
– das GenG (Angaben gem. § 338 Abs. 1 und 2)
– das HBG (geschäftsspezifische Angaben gem. § 28)
– das SchBG (geschäftsspezifische Angaben gem. § 28).

8. Lagebericht

Vgl. zum LB die Ausführungen in Abschn. F Tz. 639 ff., da besondere, aus- **72** schließlich kreditinstitutspezifische Fragen nicht erkennbar sind.

Der LB von Kreditinstituten hat folgenden **Mindestinhalt:**   **73**

– Darstellung des Geschäftsverlaufs und der Lage des Kreditinstituts (§ 289 Abs. 1 HGB)
– Berichterstattung über Vorgänge von besonderer Bedeutung nach dem Schluß des Geschäftsjahres (§ 289 Abs. 2 Nr. 1 HGB)
– Hinweise auf die voraussichtliche Entwicklung des Kreditinstituts (§ 289 Abs. 2 Nr. 2 HGB).

9. Konzernabschluß

Die Konzernrechnungslegung der Kreditinstitute richtet sich grundsätzlich nach **74** den Vorschriften des HGB (§§ 290 bis 315 HGB). Diese sind nach Art. 23 Abs. 2 EGHGB erstmals für das nach dem 31. 12. 1989 beginnende GJ anzuwenden. Durch Art. 30 Abs. 2 EGHGB[67] wurde die vorgesehene Frist zur Anwendung der HGB-Vorschriften über den KA allerdings geändert. Danach müssen Kreditinstitute die Bestimmungen des HGB über den KA, den Konzern-LB, deren Prüfung und Offenlegung erstmals auf das nach dem 31. 12. 1992 beginnende GJ anwenden[68]. Für Kreditinstitute bedeutet dies, daß sie, soweit sie nicht freiwillig nach den neuen Vorschriften verfahren, den KA für GJ, die vor dem 1. 1. 1993 beginnen, nach den zum 31. 12. 1985 gültigen Vorschriften (AktG, PublG) erstellen (vgl. Art. 30 Abs. 4 EGHGB idF des BaBiRiLiG).

Für Kreditinstitute, die einen KA erstellen müssen, ist daneben noch § 25b **75** KWG einschlägig. Danach sind auch für den KA die Formblätter aufgrund der Fomblatt-VO anzuwenden, sowie zB Angaben über stille Reserven gem. § 26a KWG im KA nicht zu machen.

---

67 Art. 30 Abs. 2 EGHGB wurde durch Art. 12 BaBiRiLiG in das EGHGB eingefügt.
68 Durch die Hinausschiebung soll den Kreditinstituten eine zweimalige Umstellung der Rechnungslegung erspart werden.

III. Prüfungsvorschriften[69]

1. Jahresabschluß

a) Prüfungspflicht

76 § 27 Abs. 1 Satz 1 KWG schreibt für alle Kreditinstitute unabhängig von deren Rechtsform und Größe[70] eine **Pflichtprüfung** des JA einschließlich der Anlage (§ 26 Abs. 1 Satz 1 KWG) durch APr. vor[71]. Die Prüfung muß **vor der Feststellung** des JA und **spätestens** bis zum **Ablauf von 5 Monaten** nach Schluß des GJ vorgenommen werden (§ 27 Abs. 1 Satz 2 KWG).

77 Die **Prüfungspflicht** für inländische Kreditinstitute umfaßt auch deren **Filialen** (Zweigstellen) im Ausland, nicht jedoch die ausländischen Tochtergesellschaften. Das BAK hat allerdings mit inländischen Kreditinstituten, die allein oder mit anderen inländischen Kreditinstituten an ausländische Kreditinstitute mit mehr als 50% beteiligt sind, eine Vereinbarung getroffen, wonach diese dem BAK und der DBB freiwillig zusätzliche Informationen zur Geschäftslage ihrer Töchter zur Verfügung stellen[72]. Die Vereinbarung gilt derzeit nur für **Tochtergesellschaften** in **Luxemburg**[73].

b) Vorschriften für die Prüfungsdurchführung

78 Für die Prüfung des JA der Kreditinstitute sind grundsätzlich folgende gesetzliche Bestimmungen und sonstige Vorschriften zu beachten:

- §§ 316 bis 324 HGB
- §§ 28 und 29 KWG
- Prüfungsrichtlinien des BAK
- Schreiben des BAK.

79 Die Vorschriften des **HGB** über die Prüfung gelten für Kreditinstitute in der Rechtsform der Kapitalgesellschaft (AG, KGaA, GmbH), soweit es sich nicht um kleine Kapitalgesellschaften handelt (§ 267 Abs. 1 HGB), unmittelbar. Für Kreditinstitute, die nach § 25a Abs. 1 KWG dem PublG unterliegen (Einzelkaufmann, OHG, KG, kleine Kapitalgesellschaften, öffentlich-rechtliche Kreditinstitute) sind die §§ 316 ff. HGB sinngemäß anzuwenden (§ 6 Abs. 1 PublG).

---

69 Vgl. die in der Fn. 11 zu I angegebene Literatur und ferner *Esser*, ZIR 1980 S. 16; *Meyer*, WPg. 1961 S. 541; *Scholz*, WPg. 1961 S. 57; *Scholz*, WPg. 1970 S. 436; *Kümmel*, WPg. 1977 S. 9; *Sarx*, Stichwort: „Bausparkassen, Prüfung der", HWRev., Stuttgart 1983, Sp. 95–106; *Krumb*, Stichwort: „Depotprüfung", HWRev., Stuttgart 1983, Sp. 223–231; *Windmöller*, Stichwort: „Devisengeschäfte, Prüfung der", HWRev., Stuttgart 1983, Sp. 231–243; *Spieth/Schauss*, Stichwort: „Engagementprüfung", HWRev., Stuttgart 1983, Sp. 294–302; *Schidrich*, Stichwort: „Kapitalanlagegesellschaften, Prüfung der", HWRev., Stuttgart 1983, Sp. 697–701; *Scholz*, Stichwort: „Kreditinstitute, Prüfung der", HWRev., Stuttgart 1983, Sp. 863–872; *Büschgen*, Stichwort: „Kreditprüfung", HWRev., Stuttgart 1983, Sp. 863–872; *Geiger*, Stichwort: „Sparkassenprüfung", HWRev., Stuttgart 1983, Sp. 1433–1441.

70 Von der Prüfungspflicht nach § 27 Abs. 1 Satz 1 KWG ausgenommen sind Kreditinstitute in der Rechtsform der eG, deren Bilanzsumme DM 10 Mio. nicht übersteigt. Für diese Kreditinstitute gilt allerdings unverändert die Prüfungspflicht nach § 53 GenG.

71 Das BAK kann einzelne Kreditinstitute von der Verpflichtung zur Prüfung gem. § 31 Abs. 2 KWG befreien.

72 Vgl. CM 13.11 a), Vereinbarung über die Berichterstattung ausländischer Tochterbanken deutscher Kreditinstitute.

73 Vgl. Schr. des BAK v. 4. 12. 1978 und 24. 1. 1979, CM 13.11 b).

506

Kreditinstitute in der Rechtsform der eG müssen daneben die Bestimmungen des GenG beachten; weiterhin sind einzelne Vorschriften des HGB entsprechend anzuwenden (vgl. § 52 Abs. 2 GenG).

Neben den Vorschriften des HGB und den rechtsformabhängigen Einzelgesetzen (AktG, GmbHG usw.) sind **Sonderbestimmungen des KWG** über die Bestellung des Prüfers in besonderen Fällen (§ 27) sowie über besondere Pflichten des Prüfers (§ 29) zu beachten.   **80**

Die gesetzlichen Vorschriften über die Prüfung der Kreditinstitute werden durch **81** **Prüfungsrichtlinien des BAK** (RL für den Inhalt der PrB zu den Jahresabschlüssen der Kreditinstitute) ergänzt[74], deren vorrangiges Ziel die Standardisierung der PrB zum Zwecke der Beaufsichtigung der Kreditinstitute darstellt.

Die Prüfungsrichtlinien gelten grundsätzlich[75] für alle Kreditinstitute; für Hypothekenbanken ist ein Teil der Prüfungsrichtlinien nicht anzuwenden[76]. Für Bausparkassen hat das BAK mit Bek. v. 21. 5. 1984[77] zusätzliche Regelungen vorgeschrieben. Der BFA hat in seiner im Benehmen mit dem BAK abgegebenen St 1/1969[78] Hinweise zu einigen Zweifelsfragen bei der Auslegung der Prüfungsrichtlinien gegeben. Die Prüfungsrichtlinien gelten nicht automatisch; sie sind von den Kreditinstituten zum Gegenstand des Prüfungsauftrages zu machen. Berufsübliche Berichtspflichten des APr. bleiben von den Prüfungsrichtlinien unberührt.

Wie für die Bilanzierung, so sind auch für die Prüfung mehrere **Schreiben des** **82** **BAK** zu beachten, in denen das BAK den APr. bittet, weitere Gegenstände und Sachverhalte zu prüfen und im PrB darüber zu berichten. Auf wichtige Verlautbarungen wird im folgenden hingewiesen.

c) Abschlußprüfer

APr. iSd. § 319 Abs. 1 Satz 1 HGB können bei Kreditinstituten gem. **§ 27 Abs. 1** **83** **Satz 1 KWG** nur sein:

- WP/WPG (JA von Kreditinstituten mit Ausnahme von Kreditgenossenschaften und Sparkassen)
- Genossenschaftlicher Prüfungsverband (JA von Kreditgenossenschaften)
- Prüfungsstelle eines Sparkassen- und Giroverbandes (JA von Sparkassen).

Wahl und Bestellung des APr. richten sich grundsätzlich nach § 318 HGB. Bei Personenhandelsgesellschaften wählt idR die Gesellschafterversammlung den APr., bei Einzelkaufleuten bestimmt der Inhaber den Prüfer. Im Falle der Kreditgenossenschaften und Sparkassen bedarf es keiner besonderen Bestellung des APr.

---

74 Bek. Nr. 2/68 des BAK v. 20. 12. 1968 (BAnz. 3/1969). Die Prüfungsrichtlinien hat das BAK aufgrund von § 6 Abs. 1 iVm. §§ 26, 27 KWG bekanntgemacht. § 29 Abs. 3 KWG enthält darüber hinaus eine Ermächtigung an den BdF zum Erlaß einer RVO über den Inhalt der PrB; diese Prüfungsberichts-VO soll die bisherigen Prüfungsrichtlinien ablösen. Der BdF hat die Befugnis zum Erlaß einer derartigen RVO mit der II. VO zur Übertragung den Erlaß von RVO v. 28. 6. 1985 (BGBl. I S. 1255) auf das BAK übertragen. Da das BAK bisher keine neue VO erlassen hat, gelten die Prüfungsrichtlinien weiter; die Prüfungsrichtlinien sind in C M 13.01 abgedruckt.
75 Für Kreditgenossenschaften mit Bilanzsummen unter DM 10 Mio. hat der Deutsche Raiffeisenverband im Benehmen mit dem BAK ebenfalls Prüfungsrichtlinien aufgestellt, CM 13.03.
76 Vgl. Schr. des BAK v. 20. 12. 1968 und v. 13. 1. 1969, CM 13.04.
77 BAnz. 102/1984, CM 13.15.
78 CM 13.05.

Die Bestellung des APr. ist **unverzüglich** dem **BAK anzuzeigen**[79]. Dieses hat zur Gewährleistung einer qualifizierten Prüfung bei der Bestellung des APr. ein Interventionsrecht[80], dh. das BAK kann die Bestellung eines anderen Prüfers verlangen (§ 28 Abs. 1 Satz 2 KWG).

84 Daneben ist das **BAK** in den in § 28 Abs. 2 Nr. 1 bis 3 KWG genannten Fällen berechtigt, beim Registergericht die **Bestellung** eines **APr.** zu beantragen. Diese Sonderrechte hat das BAK bei der Bestellung des APr. bei Kreditinstituten, die einem genossenschaftlichen Prüfungsverband angeschlossen sind oder von der Prüfungsstelle eines Sparkassen- und Giroverbandes geprüft werden (§ 28 Abs. 3 KWG), nicht.

d) Prüfungsgegenstände

85 Gegenstand der Prüfung sind

– JA (§ 26 Abs. 1 KWG), dh. Bilanz, GuV und Anh.
– die Anlage[81] (§ 26 Abs. 1 Satz 1, 2. Hs. KWG)
– der LB und
– die Buchführung.

Vgl. hierzu die allgemeinen Ausführungen in Abschn. F Tz. 2.

e) Besondere Pflichten des Prüfers

86 Im Rahmen der Jahresabschlußprüfung von Kreditinstituten bestehen nach § 29 Abs. 1 KWG folgende **spezifische Prüfungspflichten**[82]:
– Prüfung der **wirtschaftlichen Verhältnisse**
– Prüfung der **Anzeigepflichten** bei
  – Gewährung von Krediten an Gesellschafter ua. (§ 10 Abs. 8 KWG)
  – Gewährung von Großkrediten (§§ 13 Abs. 1 und 2, 13a Abs. 4 KWG)
  – Gewährung von Krediten über eine Million DM (§ 14 Abs. 1 KWG)
  – Gewährung von Organkrediten (§§ 15 Abs. 4, 16 KWG)
  – den in § 24 KWG genannten personellen, finanziellen und organisatorischen Veränderungen[83]
  – der Meldung von Sammelaufstellungen nach §§ 10 Abs. 8 Satz 3, 13 Abs. 1 Satz 4, 13a Abs. 4 Satz 1 und 16 Satz 3 KWG
– Prüfung der **Begrenzung der Anlagen** eines Kreditinstituts in Grundstücken, Gebäuden usw. (§ 12 KWG)
– Prüfung der Einhaltung der Bestimmungen über die **Offenlegung der wirtschaftlichen Verhältnisse** der Kreditnehmer (§ 18 KWG).

---

79 Dies gilt gem. § 28 Abs. 3 KWG nicht für Kreditgenossenschaften und Sparkassen, die einem Verband angehören.
80 *Szagunn/Wohlschieß*, § 28 Anm. 1.
81 Anlagen nach dieser Vorschrift sind derzeit allein von den Kreditgenossenschaften und den Sparkassen zu erstellen.
82 Diese Prüfungspflichten sind auch bei der Prüfung von Kreditinstituten in der Rechtsform der eG, bei denen die Bilanzsumme DM 10 Mio. nicht übersteigt, zu beachten, vgl. § 29 Abs. 1 Satz 3 iVm. § 27 Abs. 1 Satz 4 KWG.
83 Die Prüfung der nach § 24 Abs. 3 KWG durch den Geschäftsleiter eines Kreditinstituts abzugebenden Anzeigen gehört nicht zu den besonderen Prüfungspflichten nach § 29 Abs. 1 KWG; vgl. Schr. des BAK v. 13. 9. 1976, CM 4.135.

Weitere spezifische **Prüfungspflichten** sind in **§ 29 Abs. 2 KWG** vorgeschrie-   **87** ben[84]. Danach sind die Prüfer zu **besonderen Mitteilungen** (Satz 1) sowie zur **Erteilung von Auskünften** im Zusammenhang mit der Prüfung (Satz 2) gegenüber dem BAK und der DBB verpflichtet.

Eine **besondere Mitteilungsverpflichtung** entsteht, wenn und soweit erkennbar   **88** wird, daß die wirtschaftliche Entwicklung des Kreditinstituts gefährdet oder beeinträchtigt sein kann oder wenn schwerwiegende Verstöße der Geschäftslei- ter gegen gesetzliche oder satzungsmäßige Bestimmungen bestehen. Die Vor- schrift des § 29 Abs. 2 Satz 1 KWG deckt sich weitgehend mit § 321 Abs. 2 HGB[85]. Die Unterrichtung von BAK und DBB durch den APr. hat unverzüglich zu erfolgen. Der APr. ist im Rahmen der Mitteilungspflicht von seiner Schweige- pflicht (§§ 43, 50 WPO und § 203 StGB) entbunden.

§ 29 Abs. 2 Satz 2 KWG verpflichtet den APr. zur **Erläuterung des PrB** und zur   **89** Mitteilung sonstiger bei der Prüfung bekannt gewordener Tatsachen an das BAK. Auskünfte muß der Prüfer allerdings nur auf Verlangen von BAK oder DBB erteilen. Das Verlangen der Bankaufsichtsbehörden ist zeitlich nicht begrenzt[86].

Zusätzliche Prüfungspflichten ergeben sich ferner aus mehreren **Schr. des BAK.**   **90** Danach hat der APr. ua. folgende Vorgänge/Sachverhalte gesondert zu prüfen und darüber zu berichten:

- Alle vom Kreditinstitut abgegebenen und hereingenommenen **Patronatserklä- rungen**[87]
- Ausgestaltung der **Innenrevision,** insb. ob diese den vom BAK gestellten Anforderungen entspricht[88]; vgl. hierzu auch St BFA 1/1982
- Umfang der **Zinsänderungsrisiken** sowie die Verfahren zur Erfassung der Zins- änderungsrisiken[89]
- Nicht aktivierte, **uneinbringliche Zinsen**[90] sowie **Zins- und Tilgungsrück- stände**[91]
- Führung von **Golddepots,** deren rechtliche Ausgestaltung, Risiken und Kun- denschutzvereinbarungen[92].

f) Prüfungsrichtlinien und Prüfungsbericht

Durch die Prüfungsrichtlinien werden **Aufbau, Gliederung** und **Inhalt** des PrB   **91** für Kreditinstitute[93] verbindlich festgelegt. Der PrB ist danach in folgende **Teile** zu gliedern:

---

84 Vgl. hierzu *Burkel,* Der Bankenprüfer und seine Warnverpflichtung. Die besonderen aus § 29 Abs. 2 KWG resultierenden Prüfungs- und Berichtsprobleme, Schwarzenbeck 1978; *Stannigel,* Die unver- zügliche Berichterstattungspflicht des Abschlußprüfers bei Kreditinstituten nach § 29 Abs. 2 KWG, WPg. 1977 S. 565; Schr. des BAK v. 3. 2. 1982, CM 13.13.
85 Vgl. hierzu Abschn. O Tz. 168 ff.
86 *Bähre/Schneider,* S. 359.
87 Schr. des BAK v. 16. 12. 1974 und v. 6. 8. 1979, CM 13.07., die Angabe aller hereingenommen Patronatserklärungen ist oft schwierig und deshalb nicht immer möglich.
88 Schr. des BAK v. 28. 5. 1976, CM 4.129; BFA 1/1982.
89 Schr. des BAK v. 23. 11. 1977, CM 11.22 und v. 24. 2. 1983, v. 12. 12. 1983, v. 19. 1. 1984, CM 11.28.
90 Schr. des BAK v. 10. 1. 1978, CM 13.10.
91 Schr. des BAK v. 2. 3. 1978, CM 13.10a.
92 Schr. des BAK v. 23. 9. 1982, CM 13.14.
93 Zum Inhalt des Prüfungsberichts der Kreditinstitute vgl. auch Abschn. O Tz. 546 ff. Die Prüfungs- richtlinien gelten nicht für den PrB bei der Prüfung von Sondervermögen der Kapitalanlagegesell- schaften, vgl. hierzu Abschn. O Tz. 591 ff.

- Allgemeiner Teil
- Besonderer Teil
- Anlagen.

92 Für den **Allgemeinen Teil** (Hauptbericht) schreiben die Prüfungsrichtlinien folgende **Abschnitte** vor:

    I. Darstellung der rechtlichen, wirtschaftlichen und organisatorischen Grundlagen

    II. Darstellung der geschäftlichen Entwickluung im Berichtszeitraum

    III. Darstellung der Vermögenslage

    IV. Darstellung der Liquiditätslage

    V. Darstellung der Ertragslage

    VI. Allgemeine Darstellung des Kreditgeschäfts und Beurteilung der Kreditengagements

    VII. Darstellung des Anzeigewesens

    VIII. Zusammenfassende Schlußbemerkung.

93 Entsprechend den Informationsinteressen des BAK und der DBB liegt das Schwergewicht bei der Berichterstattung auf den Ausführungen zur Vermögens-, Liquiditäts- und Ertragslage sowie zum Kreditgeschäft. Im Rahmen der Darstellung der **Vermögenslage** sind insb. die **Bewertungsgrundsätze** zu erläutern; dabei ist auch über Art und Umfang **stiller Reserven** zu berichten. Ferner werden die **Grundsätze I und Ia** (Eigenkapitalgrundsätze) zur Beurteilung der Angemessenheit des haftenden EK iSv. § 10 KWG berechnet und dargestellt.

Exkurs zu Grundsatz I[94] und Grundsatz Ia[95]

94 Die Regelungen des KWG über die **Eigenkapitalausstattung** sind von elementarer Bedeutung für Kreditinstitute, da das haftende EK für eine Reihe von Vorschriften (§§ 12, 13, 33, 35, 45) Bezugsgröße[96] ist. Bei dem **Begriff** des **haftenden EK** handelt es sich um einen terminus technicus des KWG. Die Definition knüpft grundsätzlich an die Bilanz an (§ 10 Abs. 2 KWG). Demgemäß ist für die Bemessung des haftenden EK, von wenigen Ausnahmen abgesehen, die letzte für den Schluß eines GJ festgestellte Bilanz maßgeblich (§ 10 Abs. 7 KWG). **Basiselemente** der Eigenkapitalausstattung der Kreditinstitute jeglicher Rechtsform sind das eingezahlte Kapital (Geschäfts-, Grund-, Stamm- oder Dotationskapital, Geschäftsguthaben) sowie die Rücklagen. Daneben können **Vermögenseinlagen stiller Gesellschafter** unter bestimmten Voraussetzungen als haftendes EK anerkannt werden (§ 10 Abs. 4 KWG). Ebenso wird **Genußrechtskapital** bis zu einer bestimmten Höhe als haftendes EK zugelassen (§ 10 Abs. 5 KWG). Bei Genossenschaften ist aufgrund der von den Genossen übernommenen Haftung neben den Geschäftsguthaben und den Rücklagen ein sog. **Haftsummenzuschlag** zu berücksichtigen[97]. Bei Kreditinstituten in der Rechtsform des Einzelkauf-

---

94 Bek. Nr. 1/69 des BAK v. 20. 1. 1969 (BAnz. 17), zuletzt geändert durch Bek. v. 15. 5. 1990 (BAnz. 92).
95 Vgl. ebd.
96 Vgl. *Bähre/Schneider*, S. 136.
97 Vgl. VO über die Festsetzung eines Zuschlags für die Berechnung des haftenden EK von Kreditinstituten in der Rechtsform der eG (Zuschlagsverordnung) v. 6. 12. 1963 (BGBl. I S. 87), zuletzt geändert durch VO v. 20. 12. 1984 (BGBl. I S. 1727), vgl. auch CM 2.05. Nach § 1 Abs. 3 der Zuschlagsverordnung wird der Haftsummenzuschlag ab 1995 auf 25% des ohne den Zuschlag vorhandenen haftenden EK begrenzt. Bis zu diesem Zeitpunkt gelten höhere Vomhundertsätze, die allerdings fortlaufend vermindert werden.

manns oder der Personenhandelsgesellschaft kann außerdem sog. **freies Vermögen** (Grundbesitz, Wertpapiere und andere Vermögensgegenstände, soweit sie
nicht in der Bilanz ausgewiesen sind), des Inhabers oder der persönlich haftenden Gesellschafter auf Antrag als haftendes EK anerkannt werden (§ 10 Abs. 6
KWG). Freies Vermögen kann im allgemeinen nur bis zur Höhe des in der
Bilanz ausgewiesenen haftenden EK berücksichtigt werden. Das Verfahren der
Anerkennung hat das BAK in einer gesonderten Mitteilung geregelt[98].

Die in § 10 Abs. 1 KWG geforderte angemessene Ausstattung der Kreditinstitute **95**
mit haftendem EK wird für den Regelfall anhand von „**Grundsätzen** über das
EK der Kreditinstitute" (Eigenkapitalgrundsätzen) beurteilt. Auf der Ermächtigungsgrundlage des § 10 Abs. 1 KWG hat das BAK zwei voneinander unabhängige Eigenkapitalgrundsätze erlassen, die mit Wirkung vom 1. 10. 1990 neu
gefaßt wurden[99]. Sind die in den Grundsätzen festgelegten Obergrenzen eingehalten, wird die Angemessenheit der Eigenkapitalausstattung angenommen. Die
Grundsätze binden das BAK und die Kreditinstitute; allerdings kann das BAK
im Rahmen seines pflichtgemäßen Ermessens in besonders gelagerten Einzelfällen Abweichungen von den in den Grundsätzen vorgesehenen Richtgrößen
zulassen bzw. vorschreiben.

Grundsatz I stellt eine Relation zwischen dem haftenden EK und bestimmten **96**
risikobehafteten Aktivkomponenten (Risikoaktiva) her. Aufgrund der vorgeschriebenen Relation dürfen die **Risikoaktiva**[100] das **18fache** (Obergrenze) des
haftenden EK nicht übersteigen.

Durch **Grundsatz Ia** werden hingegen die zu sog. **Risikopositionen** verdichteten **97**
Preisrisiken eines Kreditinstituts (insb. Devisenkurs- und Zinsänderungsrisiken)
begrenzt. Die Begrenzung der Preisrisiken erfolgt dabei dadurch, daß die Risikopositionen (offene Positionen) bestimmte **Vomhundertsätze** des haftenden EK
nicht übersteigen sollen[101].

Für einige Kreditinstitute enthalten **Spezialgesetze** besondere, neben dem KWG **98**
zu beachtende Vorschriften über die haftenden Eigenmittel:

- Hypothekenbanken (§ 2 Abs. 2, § 7 HBG)
- Schiffspfandbriefbanken (§ 2 Abs. 2, § 7 SchBG)
- Kapitalanlagegesellschaften (§ 2 Abs. 2 KAGG).

Im Zuge der Errichtung des EG-Binnenmarktes und der Harmonisierung der **99**
Rechnungslegungsvorschriften hat der Rat der EG eine RL über die Eigenmittel

---

98 Mitteilung Nr. 1/63 des BAK v. 29. 6. 1963, CM 4.26.
99 Vgl. Fn. 94.
100 Risikoaktiva gemäß Grundsatz I Abs. 1 sind: Beteiligungen, Kredite, Finanz-Swaps, Termingeschäfte und Optionsrechte über einen vertretbaren Geschäftsgegenstand.
101 Gemäß Grundsatz Ia Abs. 1 und Abs. 2 werden drei sog. Risikopositionen, also mit Preisrisiken
behaftete Positionen, unterschieden:
   – Risikopositionen aus Aktiv- und Passivpositionen in fremder Währung und in Edelmetallen
    (Risikoposition Nr. 1)
   – Risikopositionen aus Zinstermin- und Zinsoptionsgeschäften (Risikoposition Nr. 2)
   – Risikopositionen aus sonstigen Termin- und Optionsgeschäften (Risikoposition Nr. 3).
Die Risikopositionen sollen täglich bei Geschäftsschluß folgende Vomhundertsätze des haftenden
EK nicht übersteigen:
   – Risikoposition Nr. 1: 30 %
   – Risikoposition Nr. 2: 20 %
   – Risikoposition Nr. 3: 10 %.

von Kreditinstituten[102] erlassen, die bis spätestens 1. 1. 1993 (durch eine Änderung der Vorschriften des KWG zu den Eigenmitteln) in nationales Recht umzusetzen ist. Durch diese Richtlinie wird die Zusammensetzung des haftenden Eigenkapitals teilweise neu definiert; danach werden die Eigenmittel zukünftig in **Basiseigenmittel** und in **ergänzenden Eigenmittel** unterschieden.

Die RL über die Eigenmittel lehnt sich stark an die vom sog. **Baseler Ausschuß** für Bankenbestimmungen und -überwachung[103] veröffentlichte Verlautbarung über die „Internationale Konvergenz der Eigenkapitalbemessung und Eigenkapitalanforderungen"[104] an. Bei dieser handelt es sich nicht um unmittelbar geltendes Recht, sondern um eine Empfehlung, die sich an die international tätigen Banken richtet. Das BAK hat allerdings mit den betroffenen deutschen Kreditinstituten Vereinbarungen getroffen, wonach diese dem BAK und der DBB regelmäßig Meldungen gem. der Eigenkapital-Empfehlung einreichen[105].

100 Zur Beurteilung der angemessenen Ausstattung mit EK hat der Rat der EG neben der Eigenmittel-RL die „**RL über einen Solvabilitätskoeffizienten** für Kreditinstitute"[106] erlassen. Diese definiert insbesondere einen sog. **Solvabilitätskoeffizienten,** durch den die bilanziellen Aktiva und die außerbilanzmäßigen Geschäfte zu den Eigenmitteln in Beziehung gesetzt werden[107]. Der Solvabilitätskoeffizient muß ab 1. 1. 1993 ständig in Höhe von mindestens 8% gehalten werden. Die Transformation dieser RL in deutsches Recht, die ab 1. 1. 1993 anzuwenden ist, wird vor allem durch eine Novellierung des Eigenkapitalgrundsatzes I erfolgen.

101 Zur Beurteilung der **Liquiditätslage** sind eine Reihe von Einzelfeststellungen zu treffen (Verfügungsbeschränkungen, Verpfändungen, Refinanzierungsmöglichkeiten, Einhaltung des Mindestreservesolls usw.); daneben hat der APr. die **Grundsätze II und III** (Liquiditätsgrundsätze) zur Beurteilung der ausreichenden Zahlungsbereitschaft iSv. § 11 KWG zu berechnen.

Exkurs zu Grundsatz II und Grundsatz III, § 12 KWG

102 Die Gewährleistung einer **ausreichenden Liquidität** ist neben der Sicherung einer angemessenen Eigenkapitalausstattung von zentraler Bedeutung für die Kreditinstitute. Die Forderung nach einer ausreichenden Zahlungsbereitschaft bedeutet insb., „daß das Kreditinstitut in der Anlage seiner Mittel den nach kreditwirtschaftlichen Erfahrungsgrundsätzen zu erwartenden Abrufrisiken seiner Fremdgelder Rechnung tragen muß"[108]. Das Kreditinstitut muß dabei allerdings nicht den Maximalbelastungsfall („run") unterstellen.

---

102 RL des Rates über die Eigenmittel von Kreditinstituten v. 17. 4. 1989 (89/299/EWG), Abl. EG 124/1989 S. 16.
103 Der Ausschuß tagt bei der Bank für Internationalen Zahlungsausgleich in Basel. Er setzt sich zusammen aus Vertretern der Zentralbanken und Bankaufsichtsbehörden der sog. Zehnergruppenländer und Luxemburgs.
104 Abgedruckt in CM 23.03.
105 Vgl. hierzu Schr. des BAK v. 15. 7. 1988 und v. 5. 1. 1989, abgedruckt in CM 23.03.
106 RL des Rates über einen Solvabilitätskoeffizienten für Kreditinstitute v. 18. 12. 1989 (89/647/EWG), Abl. EG vom 30. 12. 1989 Nr. L 386/14.
107 Der Solvabilitätskoeffizient wird durch folgende Relation gebildet:

$$\text{Solvabilitätskoeffizient} = \frac{\text{Eigenmittel}}{\substack{\text{Summe der risikogewichteten Aktiva} \\ \text{und der außerbilanzmäßigen Geschäfte}}}$$

Im formalen Aufbau ist der Solvabilitätskoeffizient dem Grundsatz I vergleichbar.
108 *Bähre/Schneider,* S. 164.

Ob und wann eine ausreichende Zahlungsbereitschaft besteht, wird – analog zur   **103** Bestimmung der angemessenen Eigenkapitalausstattung – nicht im Gesetz, sondern durch die sog. **Grundsätze II und III** (Liquiditätsgrundsätze) des BAK[109] geregelt. Dabei wird die Liquidität nicht direkt (zB über die Festlegung des Umfangs und der Höhe der liquiden Mittel), sondern indirekt anhand von **Finanzierungsregeln** (-grundsätzen) gemessen. Ziel dieser Finanzierungsregeln ist es, „über die Beschränkung der Anlage fremder Gelder in nicht ohne weiteres liquidisierbaren Anlagen eine Mindestanlage dieser Gelder in liquiden Mitteln zu erreichen"[110].

Grundsatz II begrenzt den Umfang der **langfristigen Anlagen** auf das Volumen   **104** langfristig zur Verfügung stehender Finanzierungsmittel (insbes.: EK, langfristige Verbindlichkeiten, Spareinlagen, Schuldverschreibungen). Nach der Finanzierungsregel des **Grundsatz III** sind bestimmte nicht jederzeit liquidisierbare **kurz- und mittelfristige** Anlagen auf Teile der kurz- und mittelfristigen Finanzierungsmittel begrenzt. Grundsatz II und Grundsatz III sind dadurch miteinander verbunden, daß ein beim Grundsatz II sich ergebender Finanzierungsüberschuß bzw. -fehlbetrag im Grundsatz III berücksichtigt wird.

§ 12 KWG stellt neben den Grundsätzen II und III eine weitere spezifische   **105** Finanzierungsregel dar, wodurch die **Daueranlagen** (Grundstücke, Gebäude usw.) eines Kreditinstituts durch eigene Mittel finanziert sein müssen.

Für die Analyse der **Ertragslage** fordern die Prüfungsrichtlinien eine Aufgliede-   **106** rung der Aufwendungen und Erträge in ordentliche und ao. Erfolgsposten. Ferner sind Besonderheiten bei der Entwicklung einzelner GuV-Posten zu erläutern sowie Veränderungen bei den stillen Reserven anzugeben.

In der Praxis wird zur Beurteilung der Ertragslage idR eine **Staffelrechnung**[111]   **107** erstellt und ein Betriebsergebnis vor und nach Sonderposten ermittelt. Als Sonderposten werden dabei vor allem die aus den Bewertungsvorgängen im Kredit- und Wertpapiergeschäft resultierenden Aufwendungen und Erträge herausgestellt. Die Analyse des **Zinsüberschusses,** die von besonderer Bedeutung für die Ertragslage ist, wird überwiegend anhand von Zinsspannenrechnungen vorgenommen. Teilweise werden zur Untersuchung der Zusammensetzung des Zinsergebnisses auch sog. Zinsertragsbilanzen[112] herangezogen. Die Beurteilung der **Zinsänderungsrisiken** erfolgt zumeist auf der Grundlage von sog. Zinsbindungsbilanzen[113].

Umfangreiche Ausführungen sehen die Prüfungsrichtlinien zur allgemeinen   **108** Darstellung des **Kreditgeschäfts** und zur Beurteilung der einzelnen Engagements vor. Der BFA hat hierzu eine ausführliche Stellungnahme verfaßt[114].

Bei der **allgemeinen Darstellung** des **Kreditgeschäfts** ist vor allem auf folgende   **109** Sachverhalte einzugehen:

---

109 Vgl. Grundsätze über das EK und die Liquidität der Kreditinstitute, Bek. Nr. 1/69 des BAK v. 20. 1. 1969 (BAnz. 17), zuletzt geändert durch Bek. v. 15. 5. 1990 (BAnz. 92).
110 *Bieg.* S. 86. Die Grundsätze II und III sind als Finanzierungsregeln der sog. „Goldenen Bankregel" nachgebildet.
111 Vgl. hierzu zB das von der DBB in den Monatsberichten veröffentlichte Schema zur Analyse der GuV der Kreditinstitute.
112 Vgl. hierzu ebenfalls das Schema der DBB in den Monatsberichten.
113 Vgl. hierzu zB *Scholz,* Zinsänderungsrisiken, Kredit und Kapital 1979 S. 517 ff.
114 BFA 1/1978.

- Beurteilung der **Organisation** des Kreditgeschäfts
- Beurteilung des Kreditgeschäfts in **allgemeiner wirtschaftlicher Hinsicht**
- Beurteilung der **Risikolage** im Kreditgeschäft, insbesondere Stellungnahme zu der Frage, ob die für die erkennbaren Ausfallrisiken gebildeten **Wertberichtigungen** und **Rückstellungen** ausreichend sind
- Darstellung der **Struktur des Kreditgeschäfts** (Größenklassen, Branchen, Kreditarten usw.) sowie eine **Zuordnung** der geprüften Kredite zu **Risikogruppen**; für die Aufteilung der Kredite in Risikogruppen soll nach der St. BFA 1/1969 folgende Gliederung zugrunde gelegt werden:
  - Kredite ohne erkennbare Risiken
  - anmerkungsbedürftige Kredite
  - notleidende Kredite
  - uneinbringliche Kredite
- Errechnung der für **Großkredite** bestehenden Relationen gem. § 13 KWG
- Feststellung, ob § 18 KWG über die **Offenlegung der wirtschaftlichen Verhältnisse** der Kreditnehmer beachtet wurde.

110 Im **Besonderen Teil** des **PrB** sind zunächst die einzelnen Bilanzposten, Bilanzvermerke und die Posten der GuV unter Gegenüberstellung der VJ-Zahlen zu erläutern. Die geforderten Einzelangaben (ua. Geschäfte mit Vertragspartnern im Ausland, stille Reserven) sind aus Abschnitt B. I. der Prüfungsrichtlinien ersichtlich.

111 Der Besondere Teil des PrB enthält als weiteren Schwerpunkt der Berichterstattung die Darstellung der **bemerkenswerten Einzelengagements,** die alle einzeln zu besprechen sind. Als bemerkenswerte Kredite gelten alle **Großkredite** (§ 13 Abs. 1 KWG) sowie Kredite, die zwar keine Großkredite sind, die jedoch im Rahmen des gesamten Kreditgeschäfts eines Kreditinstituts von **relativ großer Bedeutung** sind oder bei denen **besondere Umstände** (zB besondere Sicherheiten) vorliegen. Bemerkenswerte Einzelengagements stellen auch solche Kredite dar, auf die in erheblichem Umfang **Einzelwertberichtigungen** zu bilden waren oder bei denen begründete **Ausfallgefahren** bestehen. Bei jedem einzeln besprochenen Engagement ist die Bonität zu beurteilen; die Sicherheiten sind nach ihrem Wert darzustellen. Zur Beurteilung der Bonität sind im allgemeinen die in der Betriebswirtschaftslehre entwickelten Verfahren zur Prüfung der Kreditwürdigkeit heranzuziehen[115]. Wegen Einzelheiten zu den Besprechungen vgl. Prüfungsrichtlinien B. II. b).

112 Nach einem Schr. des BAK[116] ist im Berichtsteil über das Kreditgeschäft auch der Umfang der von der Bank eingegangenen **Länderrisiken** und die Art ihrer Überwachung (Ratingsysteme, Kredithöchstgrenzen usw.) darzustellen.

113 Als **Anlagen** sind dem PrB der JA, die Anlage nach § 26 Abs. 1 KWG sowie eine **Vollständigkeitserklärung**[117] beizufügen. Soweit es sich bei den Kreditinstituten um Personengesellschaften handelt, müssen die Inhaber bzw. persönlich haften-

---

115 Vgl. hierzu zB *Büschgen,* in HWRev., Sp. 863 ff. und die dort zitierte Literatur.
116 Schr. des BAK an das IDW v. 18. 1. 1980, CM 13.12.
117 Für die JA-Prüfung bei Kreditinstituten hat das IDW folgende Muster von Vollständigkeitserklärungen herausgegeben:
   Muster B: anzuwenden für Kreditinstitute in der Rechtsform der Kapitalgesellschaft und öffentlich-rechtliche Kreditinstitute (50008-2/88)
   Muster BI: anzuwenden für Kreditinstitute in der Rechtsform des Einzelkaufmanns oder der Personengesellschaft (50009-2/88).

den Gesellschafter gem. einer Bek. des BAK[118] eine **Ergänzungserklärung** zur Vollständigkeitserklärung abgeben.

Aufgrund der Vorgaben durch die Prüfungsrichtlinien ist der **PrB** bei Kredit- **114** instituten somit in der Regel in 3 Teile gegliedert:

- Hauptbericht (Allgemeiner Teil)
- Berichtsanhang (Besonderer Teil)
- Anlagen.

Die Prüfungsrichtlinien gelten grundsätzlich für alle Kreditinstitute. Da sie jedoch einerseits Regelungen enthalten, die für einzelne Kreditinstitutsgruppen ohne Bedeutung sind und andererseits für bestimmte Kreditinstitutsgruppen spezifische Informationsanforderungen bestehen, hat das BAK für Hypothekenbanken und Bausparkassen besondere Bestimmungen erlassen[119].

2. Depotprüfung[120]

Nach § 30 Abs. 1 KWG sind bei denjenigen Kreditinstituten, die das **Effektenge-** **115** **schäft**[121] oder das **Depotgeschäft**[122] betreiben, einmal jährlich diese Geschäfte zu prüfen (Depotprüfung). Für die Durchführung der Depotprüfung gelten die vom **BAK** erlassenen Richtlinien für die Depotprüfung (Prüfungsrichtlinien)[123], denen eine **Anlage** „Hinweise über die materiellen Prüfungserfordernisse" (RichtlHinw) beigefügt ist. Neben den Prüfungsrichtlinien und den RichtlHinw sind zu beachten das **DepG**[124] sowie die Vorschriften des **HGB** über das **Kommissionsgeschäft** (§§ 383 ff.) und die Bestimmungen des **AktG** über die Mitteilungspflichten der Kreditinstitute (§ 128) und die Ausübung des Stimmrechts durch Kreditinstitute (§ 135).

Soweit das von den Kreditinstituten betriebene Depotgeschäft nur einen gerin- **116** gen Umfang hat, besteht die Möglichkeit der **Befreiung** von der **Depotprüfung** (§ 31 Abs. 2 KWG). Von der Depotprüfung befreit sind auch diejenigen Kredit-

---

118 Bek. Nr. 3/1968 v. 20. 12. 1968, BAnz. 3/1969, CM 13.02.
119 Vgl. für Hypothekenbanken: Schr. des BAK v. 20. 12. 1968, v. 13. 1. 1969 und v. 17. 5. 1977, CM 13.04, und für Bausparkassen: Bek. des BAK v. 21. 5. 1984 (BAnz. 1984 Nr. 102) sowie Schr. des BAK v. 21. 5. 1984, v. 11. 11. 1985 und v. 29. 11. 1985.
120 *Krumb,* Stichwort: „Depotprüfung", in HWRev., Stuttgart 1983 S. 223 ff.; *Pougin,* Rechtliche Grundlagen der Depotprüfung, WPg. 1964 S. 212; *Schneider,* Die neuen Depotprüfungsrichtlinien des BAK, AG 1971, S. 183; *Spieth/Krumb,* Die Depotprüfung, Stuttgart 1975. Zum Prüfungsergebnis vgl. O Tz. 836 ff.
121 Nach § 1 Abs. 1 Nr. 4 KWG besteht das Effektengeschäft in der Anschaffung und Veräußerung von Wertpapieren für andere.
122 Nach § 1 Abs. 1 Nr. 5 KWG besteht das Depotgeschäft in der Verwahrung und Verwaltung von Wertpapieren für andere.
123 Bek. über Art, Umfang und Zeitpunkt der Depotprüfung (Richtlinien für die Depotprüfung) v. 16. 12. 1970 (BAnz. 239); nach § 30 Abs. 2 KWG ist der BdF ermächtigt, durch RVO nähere Bestimmungen über Art, Umfang und Zeitpunkt der Depotprüfung zu erlassen; durch VO vom 28. 6. 1985 (BGBl. I S. 1255) hat der BdF diese Ermächtigung auf das BAK übertragen; dieses hat bisher allerdings noch keine neue VO erlassen, so daß die alten Prüfungsrichtlinien weiter gültig sind.
124 Gesetz über die Verwahrung und Anschaffung von Wertpapieren (Depotgesetz) v. 4. 2. 1937, zuletzt geändert durch das Gesetz zur Änderung des Gesetzes über die Verwahrung und Anschaffung von Wertpapieren sowie anderer wertpapierrechtlicher Vorschriften v. 17. 7. 1985 (BGBl. I S. 1507); **Kommentare:** *Heinsius/Horn/Than,* Depotgesetz, Berlin/New York 1975; *Opitz,* Depotgesetz, 2. Aufl., Berlin 1955.

institute, die das Effekten- und Depotgeschäft tatsächlich nicht betreiben, obwohl sie die Erlaubnis hierzu haben[125].

117 **Depotprüfer** können nur WP, WPG, Prüfungsstellen der Sparkassen- und Giroverbände sowie der genossenschaftlichen Prüfungsverbände sein. Die Depotprüfer werden idR vom **BAK bestellt.**

118 Zur Prüfungsdurchführung enthalten die Prüfungsrichtlinien Regelungen ua. zu folgenden Einzelfragen:

– Rechte und Pflichten der Depotprüfer (Nr. 6 Prüfungsrichtlinien)
– Prüfungszeitpunkt und -zeitraum (Nr. 7 Prüfungsrichtlinien)
– Gegenstand und Umfang der Depotprüfung (Nr. 8 Prüfungsrichtlinien)
– Prüfungsbericht (Nr. 9 Prüfungsrichtlinien)
– Feststellung von Mängeln (Nr. 10 Prüfungsrichtlinien).

119 Zur Durchführung der Depotprüfung hat der BFA eine „Anleitung für die Depotprüfung" mit Hinweisen und Fragen zu den einzelnen Prüfungsgebieten herausgegeben[126]. Das IDW hat eine **Vollständigkeitserklärung** zur Depotprüfung veröffentlicht[127].

120 Außer den in den Prüfungsrichtlinien vorgeschriebenen Prüfungsgegenständen ist im Rahmen der Depotprüfung das **Wertpapierhandelsgeschäft** der Kreditinstitute zu prüfen. Mit Schr. v. 30. 12. 1980[128] hat das BAK **organisatorische Anforderungen** formuliert, die von den Kreditinstituten einzuhalten sind. Über die Wirksamkeit dieser organisatorischen Vorkehrungen ist im Zuge der Depotprüfung in einem besonderen Abschnitt zu berichten[129].

121 Zur Durchführung von **Wertpapier-Tafelgeschäften** (vgl. Nr. 1 Abs. 3 der Prüfungsrichtlinien) hat das BAK in verschiedenen Schr. Stellung genommen[130].

3. Prüfungen nach § 44 KWG[131]

122 Zum Zwecke der Aufsicht über die Kreditinstitute räumt **§ 44 Abs. 1 Nr. 1 KWG** dem BAK ein **besonderes Prüfungsrecht** ein. Danach kann das BAK **jederzeit** und **ohne besonderen Anlaß** unvorhergesehene Prüfungen bei Kreditinstituten (Sonderprüfungen) vornehmen. Diese Sonderprüfungen stehen neben der Jahresabschluß- und der Depotprüfung (§§ 27, 30 KWG). Es handelt sich um Routineprüfungen, die Bestandteil normaler Aufsichtätigkeit sind[132]. Prüfungsgegenstand sind überwiegend bestimmte Geschäftsbereiche (zB Organisation des

125 Diese Kreditinstitute müssen dem BAK gegenüber eine sog. Negativverklärung jeweils am 1. April eines jeden Jahres abgeben (Nr. 2 der Prüfungsrichtlinien).
126 BFA, Anleitung für die Depotprüfung, 2. Aufl., Düsseldorf 1979.
127 Muster 500017-2/88.
128 CM 19.03 a); diese Verlautbarung gilt sinngemäß auch für Investmentgesellschaften, vgl. CM 19.03 e).
129 Schr. des BAK v. 30. 12. 1980, CM 19.03 b). Über die Einhaltung der Anforderungen an das Wertpapierhandelsgeschäft kann der Abschlußprüfer innerhalb seiner Berichterstattung über die Jahresabschlußprüfung ausnahmsweise dann berichten, wenn das Kreditinstitut das Effekten- und Depotgeschäft zwar betreibt somit nicht prüfungspflichtig ist, vgl. hierzu Schr. des BAK v. 25. 6. 1981, CM 19.03 c) und v. 4. 9. 1981, CM 19.03 d).
130 Schr. des BAK v. 21. 1. 1976, CM 20.02, v. 18. 2. 1976, FN S. 81, und v. 14. 9. 1976, FN S. 260.
131 Vgl. zB *Bödecker,* Prüfungen nach § 44 Abs. 1 Kreditwesengesetz, Verfahren und Kosten, Stuttgart ua. 1987.
132 *Bähre/Schneider,* S. 450.

Kreditgeschäftes) oder speziell abgegrenzte Einzelsachverhalte (zB Werthaltigkeit bestimmter Kreditforderungen).

Mit der Durchführung der Prüfung beauftragt das BAK idR WP, WPG, einen **123** genossenschaftlichen Prüfungsverband oder die Prüfungsstelle eines Sparkassen- und Giroverbandes[133]. Dabei ist es gesetzlich nicht zwingend, daß Sonderprüfungen bei Kreditgenossenschaften und Sparkassen nur von den zuständigen genossenschaftlichen Prüfungsverbänden bzw. Prüfungsstellen eines Sparkassen- und Giroverbandes vorgenommen werden.

Über die Prüfung ist nach berufsüblichen Grundsätzen und den Anforderungen **124** des BAK grundsätzlich ein PrB zu erstellen, der idR nur an das BAK eingereicht wird.

---

133 Das Recht des BAK zur Beauftragung anderer Personen und Einrichtungen mit der Sonderprüfung ergibt sich aus § 8 Abs. 1 KWG.

Abschnitt K

Erläuterungen zu den für Versicherungsunternehmen geltenden ergänzenden Vorschriften zur Rechnungslegung und Prüfung [1]

I. Einleitung

Versicherungsunternehmen [2] sind Unternehmen, die Versicherungsgeschäfte   **1** betreiben und nicht Träger der Sozialversicherung sind (§ 1 Abs. 1 VAG). **Versicherungsgeschäfte** werden in wirtschaftlicher Sicht als die „Deckung eines im einzelnen ungewissen, insgesamt geschätzten Mittelbedarfs auf der Grundlage des Risikoausgleichs im Kollektiv und in der Zeit" [3] definiert.

Für die Rechnungslegung und Prüfung der VU haben sich neben den grundsätz-   **2** lich geltenden allgemeinen Vorschriften ergänzende **branchenspezifische Normen** herausgebildet [4]. Dafür gibt es im wesentlichen zwei Gründe. Der besondere Charakter des Versicherungsgeschäfts erfordert Bilanz- und GuV-Posten besonderer Art, die den Jahresabschlüssen anderer Unternehmen fremd sind. So führen beispielsweise Rückversicherungsvorgänge zu besonderen Offenlegungspflichten. Gleichzeitig ist die Struktur der Aktivseite der Bilanz durch eine Dominanz der Kapitalanlagen über die sachlichen Produktionsmittel gekennzeichnet, während auf der Passivseite das versicherungstechnische Fremdkapital gegenüber den üblichen Formen der Fremdfinanzierung eine hervorragende Bedeutung hat [5].

Auch aus dem Umstand, daß die Publizität der VU **Instrument der Versicherungsaufsicht** ist, ergeben sich Einflüsse auf die Rechnungslegung und Prüfung der VU. Vor allem wegen der aus der Vorauszahlung der Prämien resultierenden Gläubigerstellung der VN wird von den VU nicht nur traditionell ein höheres Maß an Publizität erwartet [6], sondern auch dem Vorsichtsprinzip bei der Bewertung der Aktiva und Passiva besondere Beachtung geschenkt [7].

---

1 Die Vorschriften für die Rechnungslegung und Prüfung der VU können hier nur in ihren Grundzügen dargestellt werden. Es wird daher grundsätzlich zu dem gesamten Ausführungen auf die weiterführende Speziallitteratur verwiesen. Vgl. insb. die folgenden Aufsatzsammlungen: IDW, Rechnungslegung und Prüfung der Versicherungsunternehmen, Düsseldorf 1989; *Welzel/Mannewitz/Oos/Reuffurth*, Kompendium zur Rechnungslegung der Versicherungsunternehmen Bd. I Kommentar, 2. Aufl., Karlsruhe 1982. Weiter sei hingewiesen auf *Prölss/v. d. Thüsen/Ziegler*, Die versicherungstechnischen Rückstellungen im Steuerrecht, 3. Aufl., Karlsruhe 1973; *Farny*, Buchführung und Periodenrechnung im Versicherungsunternehmen, 3. Aufl., Wiesbaden 1989; *ders.*, Versicherungsbilanzen, Frankfurt/M. 1975; *Lorch*, Publizitätsorientierte Gestaltung der Rechnungslegungsvorschriften für Versicherungsunternehmen, Karlsruhe 1974.
2 Darstellungen des Versicherungswesens bzw. der VU in wirtschaftlicher und rechtlicher Sicht finden sich insb. in *Farny/Helten/Koch/Schmidt*, Handwörterbuch der Versicherung (HdV), Karlsruhe 1988; *Farny*, Versicherungsbetriebslehre, Karlsruhe 1989; *Gerathewohl*, Rückversicherung, Grundlagen und Praxis, Bd. I, Karlsruhe 1976, Bd. II Karlsruhe 1979; *Goldberg/Müller*, Versicherungsaufsichtsgesetz, Kommentar, Berlin/NewYork 1980; *Große/Müller-Lutz/Schmidt*, Versicherungsenzyklopädie, Bd. 1 bis 5, 3. Aufl. des Versicherungswissenschaftlichen Studienwerks, Wiesbaden 1984; *Schmidt/Frey/Prölss*, Versicherungsaufsichtsgesetz, Kommentar, 10. Aufl., München 1989.
3 *Farny*, Versicherungsbetriebslehre S. 13.
4 Zur Zulässigkeit branchenspezifischer Rechnungslegungsvorschriften für Versicherungsunternehmen s. *Lorch* S. 19 f.
5 Vgl. *Farny*, Buchführung S. 106 f.
6 Vgl. *Angerer* in IDW-Aufsatzsammlung A Tz. 4.
7 Vgl. *Farny*, Buchführung S. 107.

3   Die Rechnungslegungsvorschriften für VU wurden zuletzt 1987 durch das BiRi-LiG geändert. Ohne der umfassenden **Harmonisierung** durch die zZ als überarbeiteter Entwurf vorliegende EG-Versicherungsbilanz-RL[8] vorzugreifen, wurde die Rechnungslegung der VU durch einzelne Sonderregelungen im HGB[9] und eine Novellierung des VAG in den Geltungsbereich des neuen Bilanzrechts einbezogen. Damit wurde eine Abkopplung versicherungsbezogener Publizitätsnormen von der allgemeinen Rechnungslegung vermieden, ohne Präjudizien für die künftige Harmonisierung zu schaffen[10]. Im Zuge dieser Novellierung wurde auch die „Verordnung über die Rechnungslegung von Versicherungsunternehmen" (Externe VUReV) neugefaßt[11].

4   Die Verpflichtung der VU, ihre Jahresabschlüsse durch sachverständige Prüfer prüfen zu lassen, ergibt sich aus § 57 Abs. 1 VAG. Mit dem RdSchr. 3/82[12] hat die Aufsichtsbehörde im Jahr 1982 unbeschadet der gesetzlichen Regelungen nach HGB und VAG ergänzende branchenspezifische Prüfungs- und Berichtspflichten für die Abschlußprüfer von VU niedergelegt.

II. Einteilung der Versicherungsunternehmen

1. Grundlagen

5   Die Rechtsgrundlagen für Rechnungslegung und Prüfung der VU unterscheiden sich zT in Abhängigkeit von **Rechtsform und Größe** der Unternehmen. Auch für die Frage der Aufsichtspflicht sind neben der Art der betriebenen Versicherungsgeschäfte Rechtsform und Größe der VU von Bedeutung. Es soll daher ein knapper, nur auf ausgewählte Punkte beschränkter Überblick über die in Frage stehenden Unternehmensformen gegeben werden.

Grundsätzlich können nach § 7 Abs. 1 VAG Erstversicherungsgeschäfte durch AG, VVaG sowie Körperschaften und Anstalten des öR betrieben werden. Zudem sind Niederlassungen ausländischer VU auf dem deutschen Versicherungsmarkt tätig. Für RVU existieren keine Beschränkungen bei der Rechtsformwahl.

---

8 Geänderter Vorschlag für eine Richtlinie des Rates über den Jahresabschluß und den konsolidierten Abschluß von Versicherungsunternehmen vom 30. 10. 1989. KOM (89) 474 endg. – SYN 78, in: Abl. E6 C 30/1990 S. 51 ff. S. auch Tz. 434 ff.
9 S. §§ 294 Abs. 3, 308 Abs. 2 S. 2, 330 HGB.
10 Vgl. *Richter*, FS Concordia, Karlsruhe 1989, S. 189 f.; s. auch *Fricke*, Das Bilanzrichtlinien-Gesetz aus der Sicht der Versicherungswirtschaft, VW 1986 S. 100 ff.; *Laaß*, Die neuen Rechnungslegungsvorschriften für Versicherungsunternehmen, WPg. 1988 S. 353 ff.; *ders.*, Die neuen Rechnungslegungsvorschriften, Sonderdruck aus VW 1988 S. 1 ff.; *Richter*, Das Bilanzrichtlinien-Gesetz hat die Rechnungslegung der Assekuranz bisher nicht wesentlich verändert, Handelsblatt vom 10. 11. 1988 S. B 7; *ders.*, Anpassung der Rechnungslegung der Versicherungsunternehmen an das Bilanzrichtlinien-Gesetz in *Helten/Lorenz*, Mannheimer Vorträge zur Versicherungswissenschaft Bd. 40, Karlsruhe 1988; *Richter/Geib*, Auswirkungen des Bilanzrichtlinien-Gesetzes auf die Rechnungslegung von Versicherungsunternehmen, WPg. 1987 S. 181 ff.; *Welzel*, Zur externen Rechnungslegung von Versicherungsunternehmen nach dem Bilanzrichtlinien-Gesetz (BiRiLiG), VW 1987 S. 436 ff.; *Wiegand*, Neue Verordnung über die Rechnungslegung von Versicherungsunternehmen, ZfV 1987 S. 167 ff.
11 Verordnung über die Rechnungslegung der Versicherungsunternehmen vom 11. 7. 1973 idF der Dritten Änderungsverordnung vom 23. 12. 1986, BGBl. I 1987 S. 2.
12 RdSchr. 3/82 des BAV Durchführung der Prüfung des Rechnungsabschlusses und Inhalt des Prüfungsberichts, VerBAV 1982 S. 409 ff.

Träger der **Versicherungsaufsicht** sind neben dem BAV in Berlin, das eine dem BMF nachgeordnete selbständige Bundesoberbehörde ist, die Aufsichtsbehörden der Länder[1]. Aufsichtspflichtig iSd. VAG sind alle „Unternehmen, die den Betrieb von Versicherungsgeschäften zum Gegenstand haben und nicht Träger der Sozialversicherung sind (Versicherungsunternehmen)" (§ 1 Abs. 1 VAG)[2].

Auf Antrag können „kleinste" VVaG iSd. § 157a VAG von der laufenden Aufsicht befreit werden[3].

Beschränkt aufsichtspflichtig sind insb. – soweit nicht in der Rechtsform des VVaG tätig – reine RVU (§ 1 Abs. 2 VAG)[4], reine Transport-VU (§ 5 Abs. 6 VAG)[5], ö.-r. Zusatzversorgungseinrichtungen (§ 1 Abs. 2 VAG)[6] sowie klVVaG iSd. § 157 VAG.

Eine Aufzählung der Einrichtungen, die nicht der Versicherungsaufsicht unterliegen, enthält § 1 Abs. 3 VAG[7].

2. Versicherungs-Aktiengesellschaft [8]

Die rechtlichen Grundlagen der Versicherungs-AG entsprechen weitgehend denen der herkömmlichen AG. An die Stelle bestimmter aktienrechtlicher und handelsrechtlicher Vorschriften treten in einigen Bereichen **Regelungen des VAG** bzw. **Anordnungen der Aufsichtsbehörde.**   **6**

Auf die folgenden Sachverhalte sei besonders hingewiesen[9]:

– §§ 55 bis 56b VAG sowie die Externe VUReV enthalten Vorschriften zur Rechnungslegung der VU, die die generell anzuwendenden Regelungen der §§ 238 bis 289 HGB ganz oder teilweise ersetzen. Hinsichtlich des § 158 Abs. 1 S. 1 AktG existiert die Besonderheit, daß die dort enthaltene Regelung in die Formblätter II und III der Externen VUReV[10] aufgenommen wurde.   **7**
– Die nach § 57 Abs. 2 S. 1 VAG grundsätzlich anzuwendenden handelsrechtlichen Vorschriften über die Prüfung des JA (§§ 316 bis 324 HGB) werden durch §§ 57 bis 59 VAG ergänzt bzw. abgewandelt.
– § 88 VAG ersetzt als Konkursvorschrift § 92 Abs. 2 AktG.

Ergänzende Vorschriften für die Versicherungs-AG enthalten insb.[11]:   **8**

– § 5 Abs. 3 VAG: Die Satzung der Versicherungs-AG ist als Teil des Geschäftsplans von der Versicherungsaufsichtsbehörde zu genehmigen.
– § 9 VAG: Der Satzungsinhalt der Versicherungs-AG unterliegt bestimmten aufsichtsrechtlichen Mindestanforderungen.

---

1 Aufsichtszuständigkeiten von BAV und Landesaufsichtsbehörden bzw. die Übertragungsmöglichkeiten von Zuständigkeiten sind im BAG (insb. §§ 2 bis 5 BAG) geregelt.
2 Zum Begriff des Versicherungsgeschäfts in juristischer Hinsicht s. *Prölss*, VAG § 1 Tz. 5 ff.
3 Vgl. *Prölss*, VAG § 157a Tz. 1 f.
4 Vgl. *Prölss*, VAG § 1 Tz. 48 ff.
5 Vgl. *Prölss*, VAG § 1 Tz. 32 ff.
6 Vgl. *Prölss*, VAG § 1 Tz. 64a.
7 Vgl. hierzu *Farny*, Versicherungsbetriebslehre S. 100 ff., der auch auf Grenzfälle im Bereich der Aufsichtspflicht eingeht.
8 Vgl. *Farny*, Versicherungsbetriebslehre S. 143 ff.; *Hübner* in HdV S. 965 ff.; *Schmidt* in Versicherungsenzyklopädie Bd. 3 S. 491 ff.
9 Vgl. hierzu insb. *Farny*, Versicherungsbetriebslehre S. 143 ff.; *Prölss*, VAG Vorbemerkung vor § 15 Tz. 45.
10 S. Tz. 54 ff.
11 S. auch *Prölss*, VAG Vorbemerkung vor § 15 Tz. 45.

- § 8 Abs. 1 Nr. 1 VAG: Im Zusammenhang mit der Erteilung der Erlaubnis zum Geschäftsbetrieb hat das BAV bestimmte Anforderungen an die Vorstandsmitglieder der Versicherungs-AG entwickelt [12].
- § 83 Abs. 3 VAG: Die Aufsichtsbehörde kann in die HV bzw. in den AR einer Versicherungs-AG einen Vertreter mit Rederecht entsenden. Weiterhin hat das BAV das Recht, die Einberufung der HV bzw. des AR zu verlangen und bestimmte Verhandlungspunkte beraten oder beschließen zu lassen. Weigert sich das Unternehmen, kann die Aufsichtsbehörde die Einberufung selbst vornehmen.
- § 56a VAG: Soweit die VN einer Versicherungs-AG eine nicht auf einem Rechtsanspruch beruhende Überschußbeteiligung erhalten, steht den Aktionären eine Mindestdividende von 4% des Grundkapitals zu.

3. Versicherungsverein auf Gegenseitigkeit [13]

9   Der VVaG ist eine privatrechtliche Unternehmensform eigener Art für VU. § 15 VAG definiert den VVaG als einen Verein, der die Versicherung seiner Mitglieder nach dem Grundsatz der Gegenseitigkeit betreibt und dadurch rechtsfähig wird, daß ihm die Aufsichtsbehörde erlaubt, als VVaG Geschäfte zu betreiben. Der VVaG weist sowohl Merkmale einer Genossenschaft als auch eines Personalvereins, dh., einer Vereinigung von Personen zu wirtschaftlichen Zwecken, auf. Das Recht des VVaG ist daher durch Verweisungen auf das Recht anderer Unternehmensformen gekennzeichnet [14]. Die rechtlichen Grundlagen des „großen" VVaG sind insb. [15]:

- §§ 15 bis 52 VAG: Die Bestimmungen enthalten neben privatrechtlichen Regelungen zum Unternehmensrecht auch das speziell auf den VVaG bezogene Versicherungsaufsichtsrecht, also eine ö.-r. Komponente.
- Regelungen des AktG, auf die in den §§ 15 bis 52 VAG verwiesen wird.
- §§ 55 bis 59 VAG enthalten, wie bei der Versicherungs-AG, Bestimmungen zur Rechnungslegung und Prüfung des JA. Die Vorschriften enthalten Verweise auf entsprechende Regelungen des HGB.
- Vorschriften des GenG, insb. zum Konkurs (§§ 106 bis 117 GenG).
- Vorschriften des Vereinsrechts im BGB.
- Die Aufgaben, die der HV in der AG zukommen, nimmt bei VVaG die oberste Vertretung wahr (§§ 29, 36 VAG).

10   Nach § 21 Abs. 2 VAG kann der „große" VVaG neben dem Mitgliedergeschäft in begrenztem Umfang auch Nichtmitglieder „gegen feste Entgelte" versichern. Es handelt sich dann nicht mehr um einen „reinen", sondern sog. „gemischten" VVaG.

---

12 Zu den Eigenschaften, die einer Tätigkeit als AR-Mitglied einer Versicherungs-AG entgegenstehen, s. *Prölss*, VAG Vorbemerkung vor § 15 Tz. 15.
13 Vgl. *Brenzel*, Der Versicherungsverein auf Gegenseitigkeit, Unternehmensform und Rechtsstruktur im Wandel, Karlsruhe 1975; *Farny*, Versicherungsbetriebslehre S. 155 ff. mwH; *Großfeld*, Der Versicherungsverein auf Gegenseitigkeit im System der Unternehmensformen, Tübingen 1985; *Lorenz*, Versicherungsverein auf Gegenseitigkeit in HdV S. 1147 ff. mwH; *Schmidt* in Versicherungsenzyklopädie Bd. 3 S. 506 ff.
14 Vgl. *Schmidt* in Versicherungsenzyklopädie Bd. 3 S. 506 f.
15 Vgl. *Farny*, Versicherungsbetriebslehre S. 156; *Lorenz* in HdV S. 1148 ff.; *Prölss*, VAG Vorbemerkung vor § 15 Tz. 46.

Der nur das Mitgliedergeschäft betreibende **„reine"** VVaG ist weder Kaufmann, noch gilt er als Kaufmann, wird aber in mancher Hinsicht wie ein Kaufmann behandelt[16]. Gem. § 16 VAG gelten für ihn nämlich die Vorschriften des Ersten Buchs – außer den §§ 1 bis 7 –, des Ersten Abschnitts des Dritten Buchs und des Vierten Buchs des HGB.

Der **„gemischte"** VVaG, der außer Mitgliedern auch Nichtmitglieder zu festem Beitrag versichert, ist ohne Rücksicht auf den Umfang der Nichtmitgliederversicherung Kaufmann nach § 1 Abs. 2 Nr. 3 HGB[17].

4. Kleinere Versicherungsvereine auf Gegenseitigkeit iSd. § 53 VAG

Bei den klVVaG iSd. § 53 VAG handelt es sich um Vereine, „die bestimmungsge- **11** mäß einen sachlich, örtlich oder dem Personenkreise nach eng begrenzten Wirkungskreis haben" (§ 53 Abs. 1 S. 1 VAG). **Sondervorschriften** für die klVVaG enthalten die §§ 53 bis 53b VAG. § 53 VAG beschreibt insb. den Rahmen, in dem die Bestimmungen der §§ 15 bis 52 VAG, des BGB und des GenG auf die klVVaG anzuwenden sind[18].

Für die **Aufsicht** der klVVaG ist zunächst das BAV zuständig. Allerdings kann nach § 3 Abs. 1 BAG bei VU von „geringer wirtschaftlicher Bedeutung" die Zuständigkeit auch auf eine Landesaufsichtsbehörde übertragen werden[19]. **„Kleinste"** VVaG iSd. §§ 156a bis 157 VAG können gem. § 157a Abs. 1 VAG von der Aufsicht freigestellt werden[20].

KlVVaG iSd. § 53 VAG ist das **Nichtmitgliedergeschäft** untersagt (§ 53 Abs. 1 S. 2 VAG). Sie sind weder Kaufmann, noch gelten sie als Kaufmann.

5. Öffentlich-rechtliche Versicherungsunternehmen[21]

Ö.-r. VU werden in Form von **ö.-r. Körperschaften bzw. Anstalten** betrieben[22]. **12** Sie können weiterhin dahin unterschieden werden, ob sie als **Pflicht-/Monopol-VU** oder als sog. **Wettbewerbs-VU** tätig sind, wobei wiederum jeweils die ö.-r. Anstalten überwiegen[23]. Die Rechtsgrundlagen der ö.-r. VU sind sehr heterogen; die Unternehmensverfassung ergibt sich aus Landesgesetzen und der Satzung. Stark vereinfacht läßt sich sagen, daß die Rechtsgrundlage der Pflicht-/Monopol-VU häufiger ein Landesgesetz ist, während die Wettbewerbs-VU aufgrund von Satzungen arbeiten[24]. An die Stelle des AR tritt bei ö.-r. VU das entsprechende Überwachungsorgan (§ 3 VAG).

---

16 Vgl. *Prölss*, VAG § 16 Tz. 2.
17 Vgl. ebd. Tz. 1.
18 S. hierzu insb. *Prölss*, VAG § 53 Tz. 7 ff.
19 Vgl. *Prölss*, BAG § 3 Tz. 1 ff., Zusatz zu § 5.
20 Zu den Größenkriterien s. *Prölss*, VAG § 157a Tz. 1 ff.
21 Vgl. *Eichhorn*, Die Unternehmensziele in der öffentlich-rechtlichen Wettbewerbsversicherung, VW 1980 S. 408 ff.; *Farny*, Versicherungsbetriebslehre S. 172 ff. mwH; *Michaels/Rieger/Vogelsang* in HdV S. 1135 ff. mwH; *Schmidt* in Versicherungsenzyklopädie Bd. 3 S. 514 ff.
22 Zur Unterscheidung s. insb. *Schmidt* in Versicherungsenzyklopädie Bd. 3 S. 514 f.
23 Vgl. *Michaels/Rieger/Vogelsang* in HdV S. 1138 f.
24 Vgl. *Schmidt* in Versicherungsenzyklopädie Bd. 3 S. 516.

Ö.-r. VU unterliegen kraft ihrer Rechtsform neben der **Versicherungsaufsicht** auch der **allgemeinen Dienstaufsicht** (auch Rechtsaufsicht, Körperschaftsaufsicht und Staatsaufsicht genannt). Pflicht-/Monopol-VU sind nach § 1 Abs. 3 Nr. 4 VAG von der Anwendung des VAG ausgenommen; sie fallen in die Gesetzgebungszuständigkeit der Länder, die auch die Versicherungsaufsicht durchführen[25]. Ö.-r. Wettbewerbsversicherer, auf die das VAG anwendbar ist, unterliegen entsprechend ihrer regionalen Tätigkeitsbegrenzung grundsätzlich der Landesaufsicht. Soweit sie über die Grenzen eines Bundeslandes hinaus tätig sind, ist das BAV zuständig.

6. Niederlassungen ausländischer Versicherungsunternehmen

13 Bei den deutschen Niederlassungen ausländischer VU handelt es sich um Zweigniederlassungen iSd. §§ 13 u. 13b HGB, die am Wohnsitz des Hauptbevollmächtigten in das HR einzutragen sind[26]. Durch diese Eintragung werden die Niederlassungen Kaufmann iSd. HGB. Der Hauptbevollmächtigte repräsentiert rechtlich die deutsche Niederlassung, wobei er die Funktionen innehat, die bei deutschen VU vom Vorstand ausgeübt werden[27]. Die Rechtsgrundlagen für die deutschen Niederlassungen ausländischer VU finden sich insb. in den §§ 105 bis 111 VAG.

III. Rechnungslegung

1. Überblick über das Regelungssystem

14 Die zur Zeit geltenden Rechnungslegungsvorschriften für VU wurden zuletzt durch das **BiRiLiG** geändert[1]. Durch eine Novellierung des VAG, Sonderregelungen im HGB[2] sowie eine Neufassung der „Verordnung über die Rechnungslegung von Versicherungsunternehmen" (Externe VUReV) wurden die VU in den Geltungsbereich des BiRiLiG einbezogen. Zielsetzung war nicht die grundlegende Umgestaltung der Rechnungslegung, sondern eine Anpassung der Normen an das neue Bilanzrecht, so daß eine Abkopplung versicherungsbezogener Publizitätsregeln von der allgemeinen Rechnungslegung vermieden wurde. Eine weitergehende, grundsätzliche Überarbeitung der Rechnungslegungsvorschriften für VU wird bei der Umsetzung der EG-Versicherungsbilanz-RL in deutsches Recht erfolgen. Die Darstellung in diesem Abschnitt geht zunächst von den zur Zeit gültigen Rechnungslegungsvorschriften aus; der Entwurf zur EG-Versicherungsbilanz-RL wird in einem Unterabschnitt gesondert behandelt[3].

Die **wichtigsten Rechtsgrundlagen** für die Rechnungslegung der VU befinden sich im VAG, in den Rechnungslegungsvorschriften des HGB, im AktG, im PublG und insb. in der Externen VUReV.

---

25 Vgl. ebd. S. 516.
26 Vgl. *Prölss*, VAG § 106 Tz. 3.
27 Vgl. *Farny*, Versicherungsbetriebslehre S. 180.
1 Vgl. hierzu *Richter/Geib*, WPg. 1987 S. 181 ff.; *dies.* in KoRVU, Bd. I A Tz. 1 ff.; *Welzel*, VW 1987 S. 436 ff.; *Wiegand*, ZfV 1987 S. 167 ff.
2 Vgl. Tz. 3.
3 S. Tz. 434 ff.

Mit den §§ 55 ff. VAG als lex specialis zu den allgemeinen Rechnungslegungs- **15** vorschriften wird den besonderen Publizitätserfordernissen der Versicherungs- wirtschaft Rechnung getragen, indem für den Einzel- bzw. Konzernabschluß festgelegt wird, welche Regelungen des HGB und AktG vollständig, einge- schränkt oder wahlweise für VU gelten. Gleichzeitig finden sich Regelungen, inwieweit durch den Erlaß von Rechtsverordnungen allgemeine durch versiche- rungsspezifische Rechnungslegungsvorschriften ersetzt werden.

Kernvorschrift für den Einzelabschluß der VU ist § 55 VAG. § 55 VAG regelt, welche handelsrechtlichen und aktienrechtlichen Vorschriften – sofern nicht bereits unmittelbar anwendbar – gelten, und welche handelsrechtlichen Vor- schriften durch die Externe VUReV ersetzt werden bzw. hinsichtlich welcher handelsrechtlicher Vorschriften für VU ein Wahlrecht besteht.

§ 56 VAG enthält versicherungsspezifische Vorschriften zur Bewertung von Wertpapieren, von Aufwendungen für den Abschluß von Versicherungsverträ- gen und versicherungstechnischen Rückstellungen.

Nach § 55 Abs. 4 VAG ersetzt bzw. ergänzt die Externe VUReV insb. die han- **16** delsrechtlichen Vorschriften, die die Gliederungsvorschriften für die Bilanz und die GuV sowie Regelungen zum Inhalt von Anhang und LB zum Gegenstand haben. Dementsprechend enthält die **Externe VUReV** Gliederungsvorschriften für die Bilanz und die GuV der VU. Während für die GuV der LVU, P/StK sowie KVU einerseits und der SchVU sowie RVU andererseits unterschiedliche Formblätter existieren, ist für die Bilanz von VU nur ein einheitliches Gliede- rungsschema vorgesehen. Der Verordnungstext enthält neben Vorschriften zu Bilanz und GuV auch Regelungen bezüglich des Anhangs und LB der VU.

Mit den **Bilanzierungsrichtlinien für Versicherungsunternehmen (VUBR)**[4] hat das **17** BAV seine Rechtsauffassung zu Fragen der externen Rechnungslegung der VU veröffentlicht[5]. Den Richtlinien kommt für die Bilanzierungspraxis der Unter- nehmen hohe praktische Bedeutung zu.

VU sind aufgrund HGB bzw. PublG zur **Konzernrechnungslegung** verpflichtet[6]. **18** Dementsprechend mußten auch VU wie alle anderen Unternehmen für GJ, die nach dem 31. 12. 1989 beginnen, einen KA nach den handelsrechtlichen Vor- schriften aufstellen. Durch das Einfügen des § 56b in das VAG wurde gleichzei- tig den Besonderheiten der Versicherungswirtschaft bei der Aufstellung von KA und Konzern-LB Rechnung getragen. § 56b VAG regelt, welche Vorschriften des Einzelabschlusses entsprechend auf den KA anzuwenden sind. Außerdem trägt er den Besonderheiten der Versicherungswirtschaft durch die Aufnahme verlän- gerter Aufstellungsfristen für den KA und entsprechend verlängerter Vorlage- und Offenlegungsfristen Rechnung. Auch wurde die Frist für die Zwischenab- schlüsse der Tochterunternehmen erweitert. Weiterhin sieht § 56b VAG Sonder- regelungen im Zusammenhang mit dem Grundsatz der einheitlichen Bilanzie- rung, den Verzicht auf bestimmte Konsolidierungsmaßnahmen und Wahlrechte im Bereich der Anhangangaben vor. § 308 Abs. 2 S. 2 HGB sieht außerdem für VU Ausnahmen vom Grundsatz der einheitlichen Bewertung vor.

---

4 Bilanzierungsrichtlinien für Versicherungsunternehmen (VUBR) vom 30. 12. 1987, VerBAV 1987 Sonderheft 12, geändert durch die Erste Änderung vom 28. 2. 1991 der Bilanzierungsrichtlinien für Versicherungsunternehmen (VUBR), VerBAV 1991 S. 174 ff.
5 Zum rechtlichen Charakter der VUBR s. Tz. 74.
6 Vgl. im einzelnen Tz. 380 ff.

19 Im Unterschied zum Einzelabschluß hat der Gesetzgeber keine VO zur Konzernrechnungslegung der VU erlassen. Im Interesse einer einheitlichen Konzernrechnungslegung hat jedoch das BAV für die Konzern-GJ ab 1990 mit Datum vom 4. 2. 1991 die „**Richtlinien für die Konzernrechnungslegung der Konzerngeschäftsjahre ab 1990**"[7] **(Konzern-RR)** veröffentlicht. Die in dieser RL enthaltenen Empfehlungen werden bis zur Neuregelung der Konzernrechnungslegung durch die EG-Versicherungsbilanz-RL[8] von Bedeutung sein.

20 Die Zuständigkeiten für den Erlaß von Vorschriften zur externen Rechnungslegung der VU sind in **§ 330 HGB** und **§ 55 Abs. 5 VAG** geregelt[9]. § 330 HGB enthält die VO-Ermächtigung des BdJ, im Einvernehmen mit dem BdF und dem BMW Formblätter und andere Vorschriften über die externe Rechnungslegung zu erlassen. Da diese Ermächtigung zunächst unmittelbar nur für Versicherungskapitalgesellschaften gilt, wird in § 55 Abs. 5 S. 1 VAG die Anwendung des § 330 HGB auch auf VU, die nicht Kapitalgesellschaft sind – VVaG, ö.-r. VU – ausgedehnt. Von dieser Regelung sind klVVaG iSd. § 53 VAG, für die gem. § 55 Abs. 5 S. 3 VAG die Landesregierungen Vorschriften erlassen können, ausgenommen. Die Möglichkeit, die VO-Ermächtigung vom BdJ auf das BAV zu übertragen, besteht nur in bezug auf die Rechnungslegungsvorschriften für klVVaG iSd. § 53 VAG, die der Aufsicht des BAV unterliegen (§ 55 Abs. 5 S. 2 VAG).

21 Der Vollständigkeit halber sei darauf hingewiesen, daß die Ermächtigung, Vorschriften bezüglich der **internen Rechnungslegung**, dh., der Berichterstattung der VU gegenüber der Aufsichtsbehörde, zu erlassen, nach **§ 55a Abs. 1 VAG** beim BdF liegt. Der BdF hat von der in § 55a Abs. 1 S. 2 VAG eingeräumten Möglichkeit Gebrauch gemacht und die Ermächtigung zum Erlaß der entsprechenden VO auf das BAV übertragen[10]. Vorschriften für die interne Rechnungslegung der unter Landesaufsicht stehenden VU werden gem. § 55a Abs. 3 VAG durch die jeweilige Landesregierung erlassen.

2. Einzelabschluß

a) Gesetzliche Grundlagen

aa) Versicherungs-Aktiengesellschaften, Versicherungsvereine auf Gegenseitigkeit und öffentlich-rechtliche Versicherungsunternehmen

(1) Versicherungsaufsichtsgesetz

22 Den Vorschriften des VAG unterliegen alle Unternehmen, die nach § 1 Abs. 1 dieses Gesetzes aufsichtspflichtig sind[11]. Unternehmen, die Versicherungsge-

---

7 VerBAV 1991 S. 81. S. hierzu auch Tz. 388 u. 399.
8 Vgl. Tz. 474 ff.
9 S. hierzu *Angerer* in IDW-Aufsatzsammlung A Tz. 7; *Richter/Geib* in KoRVU, Bd. I A Tz. 41 ff.
10 Verordnung zur Übertragung der Zuständigkeit zum Erlaß von Rechtsverordnungen nach § 55a Abs. 1 des Versicherungsaufsichtsgesetzes auf das Bundesaufsichtsamt für das Versicherungswesen v. 10. 7. 1986, BGBl. I S. 1094.
   Verordnung über die Rechnungslegung von Versicherungsunternehmen gegenüber dem Bundesaufsichtsamt für das Versicherungswesen (Interne VUReV) v. 30. 1. 1987, BGBl. I S. 530, geändert durch die Erste Verordnung zur Änderung der Verordnung über die Rechnungslegung von Versicherungsunternehmen gegenüber dem Bundesaufsichtsamt für das Versicherungswesen v. 27. 2. 1991, BGBl. I S. 505.
11 Vgl. Tz. 5 zur vollen und eingeschränkten Aufsichtspflicht bzw. zu Freistellungen von der Aufsicht bei VU.

schäfte als Versicherungs-AG, VVaG[12] oder ö.-r. Körperschaften bzw. Anstalten betreiben, fallen in den Geltungsbereich des Gesetzes.

Für reine RVU – mit Ausnahme solcher in der Rechtsform des VVaG – und ö.-r. Zusatzversorgungseinrichtungen gelten die Vorschriften des VAG nach § 1 Abs. 2 des Gesetzes nur eingeschränkt. Von den in diesem Kapitel behandelten Regelungen gelten jedoch alle auch für reine Rückversicherer, während für die ö.-r. Zusatzversorgungseinrichtungen nur die in § 55 Abs. 1, 3 bis 5 S. 1 VAG enthaltenen Vorschriften maßgebend sind.

Gesetzliche Grundlagen für den Einzelabschluß der VU enthalten die §§ 55, 56 und 56a VAG. Neben diesen unmittelbar für den JA geltenden Vorschriften enthält das VAG eine Reihe von Bestimmungen, die, wie Eigenkapitalvorschriften, Kapitalanlagevorschriften oder Verpflichtungen zur Beitragsrückerstattung, eine mittelbare Wirkung auf die Rechnungslegung haben. Diese Normen werden im Zusammenhang mit der Abschlußprüfung aufgegriffen[13].

(a) § 55 VAG (Jahresabschluß und Lagebericht)

Fristen

§ 55 Abs. 1 und 2 VAG enthalten Fristenregelungen für die Aufstellung und die   **23** Vorlage des JA sowie LB bei Erst- bzw. RVU[14].

Nach § 55 Abs. 1 S. 1 VAG gilt für die Aufstellung des JA sowie des LB und   **24** deren Vorlage an die Abschlußprüfer eine allgemeine Frist von 4 Monaten des folgenden GJ. Die im § 264 Abs. 1 S. 2 HGB genannte Frist von 3 Monaten gilt für VU nicht. Die HV bzw. die Versammlung der obersten Vertretung des VVaG hat während der ersten 8 Monate des folgenden GJ stattzufinden (§ 175 Abs. 1 S. 2 AktG bzw. § 55 Abs. 6 VAG iVm. § 175 Abs. 1 S. 2 AktG). Die Frist für die Einreichung der Unterlagen beim BAnz. beträgt 9 Monate nach dem Abschlußstichtag (§ 325 Abs. 1 S. 1 iVm. Abs. 2 und 4 HGB)[15].

§ 55 Abs. 2 VAG enthält für VU, die ausschließlich oder überwiegend – gemes-   **25** sen an den Beiträgen – das Rückversicherungsgeschäft betreiben, abweichende Fristenregelungen. Die Frist für die Aufstellung des JA und LB sowie für die Vorlage beim APr beträgt nach § 55 Abs. 2 S. 1 VAG 10 Monate, sofern GJ und KJ übereinstimmen. HV oder oberste Vertretung müssen spätestens 14 Monate nach Ende des GJ zusammentreten (§ 55 Abs. 2 S. 1 u. 3 VAG). Die in § 325 Abs. 1 S. 1 iVm. Abs. 2 u. 4 HGB genannte Frist von 9 Monaten für die Einreichung der Unterlagen beim BAnz. ist für Unternehmen, die ganz oder überwiegend das Rückversicherungsgeschäft betreiben, von 9 auf 15 Monate ausgedehnt (§ 55 Abs. 2 S. 2). Haben diese VU jedoch ein vom KJ abweichendes GJ, gelten die allgemeinen Fristen des § 55 Abs. 1 VAG.

Die Einreichung des JA und des LB bei der Aufsichtsbehörde hat nach § 55   **26** Abs. 1 S. 2 VAG bis spätestens 1 Monat vor der HV oder der dieser entsprechenden Versammlung der obersten Vertretung zu erfolgen.

---

12 In diesem Kapitel wird von dem sog. „großen" VVaG (vgl. K Tz. 9 f.) ausgegangen. Zu den gesetzlichen Grundlagen für die Rechnungslegung der klVVaG iSd. § 53 VAG vgl. Tz. 51 ff.
13 S. Tz. 480 ff.
14 Vgl. hierzu *Geib/Axer*, Aufstellungsfristen für den Jahresabschluß und den Konzernabschluß von Versicherungsunternehmen nach neuem Recht, WPg. 1986 S. 267 ff.; *Prölss*, VAG § 55 Tz. 60 ff.
15 Zur Anwendung handelsrechtlicher Vorschriften auf die Rechnungslegung der VU s. Tz. 40 ff.

Anwendung von Vorschriften des HGB

27 § 55 VAG enthält insb. in den Abs. 1, 3 und 4 Bestimmungen zur **Anwendung handelsrechtlicher Vorschriften** für VU:

(1) Die in den §§ 238 bis 263 HGB kodifizierten Vorschriften für alle Kaufleute gelten für alle VU, auch für solche, die nicht Kaufmann [16] sind (§ 55 Abs. 1 S. 3 VAG).

(2) Für VU, die Kapitalgesellschaften sind, gelten, soweit Spezialvorschriften [17] nichts anderes regeln, die „Ergänzenden Vorschriften für Kapitalgesellschaften" der §§ 264 bis 289 HGB unmittelbar.

(3) Für VU, die keine Kapitalgesellschaften sind, also insb. VVaG und ö.-r. VU, sind die „Ergänzenden Vorschriften für Kapitalgesellschaften" über den JA und den LB (§§ 264 bis 289 HGB) entsprechend anzuwenden (§ 55 Abs. 3 S. 1 VAG), soweit nicht Spezialvorschriften [18] eine andere Regelung vorsehen.

(4) VU haben den JA und den LB grundsätzlich nach den für große Kapitalgesellschaften geltenden Vorschriften aufzustellen. Größenabhängige Erleichterungen sind für den Einzelabschluß von VU grundsätzlich nicht vorgesehen [19] (§ 55 Abs. 1 S. 1 und Abs. 3 S. 1 VAG).

28 Die wesentlichen **Ausnahmen von der unmittelbaren bzw. entsprechenden Anwendung handelsrechtlicher Vorschriften** auf die Rechnungslegung von VU ergeben sich aus **§ 55 Abs. 4 VAG:**

(5) § 55 Abs. 4 Hs. 1 VAG bestimmt die handelsrechtlichen Vorschriften, die für VU nicht gelten und an deren Stelle die Vorschriften der Externen VUReV treten.

Das sind in erster Linie die Gliederungsvorschriften sowie Regelungen zu einzelnen Posten der Bilanz und GuV. Weiterhin werden einige Bestimmungen für den Anhang und den LB, die den Besonderheiten bei VU nicht Rechnung tragen, zB die Angabe des Gesamtbetrages der Verbindlichkeiten mit einer Restlaufzeit von mehr als 5 Jahren und die Berichterstattung über den Bereich Forschung und Entwicklung, für nicht anzuwenden erklärt. Die Formulierung „An Stelle..." in § 55 Abs. 4 Hs. 1 VAG wird zu interpretieren sein als Möglichkeit, die von der Anwendung für VU ausgenommenen Vorschriften des HGB im Wege der RVO entweder durch gänzlich neue Vorschriften zu ersetzen oder – auf die Einzelregelung bezogen – ohne Ersatzregelung zu lassen, oder aber Regelungen aus als nicht anzuwenden erklärten Vorschriftenkomplexen wieder in Kraft zu setzen. Von der zuletzt genannten Möglichkeit hat der Verordnungsgeber hinsichtlich der Vorschriften des § 268 Abs. 1, 3, 4 S. 2, Abs. 5 S. 3 und Abs. 7 sowie des § 277 Abs. 4 S. 1 u. 2 HGB durch Verweis auf diese Vorschriften im Formblatt bzw. im VO-Text oder durch wörtliche Übernahme des Gesetzestextes in die VO Gebrauch gemacht.

(6) § 55 Abs. 4 Hs. 2 VAG räumt den VU das Wahlrecht ein, bestimmte Vorschriften des HGB nicht anzuwenden.

---

16 VU ohne Kaufmannseigenschaft sind insb. der „reine" VVaG (§ 16 VAG; vgl. Tz. 10) sowie ö.-r. VU (vgl. Tz. 12).
17 Dies sind insb. die Vorschriften des § 55 Abs. 1, 2 und 4, des § 56 Abs. 1 VAG sowie der Externen VUReV.
18 Vgl. die in Fn. 14 genannten Vorschriften sowie für VVaG § 36a VAG.
19 Wegen der in § 55 Abs. 5 S. 2 VAG genannten Ausnahmeregelung für klVVaG iSd. § 53 VAG vgl. Tz. 53.

Es handelt sich um folgende Vorschriften:

§ 265 Abs. 2 HGB
Angabe von VJ-Beträgen in der Bilanz und GuV[20];

§ 280 HGB
Wertaufholungsgebot;

§ 281 Abs. 1 S. 2 HGB
Angabe (in Bilanz oder Anhang) der steuerlichen Vorschriften, nach denen Wertberichtigungen als Sonderposten mit Rücklageanteil gebildet worden sind;

§ 281 Abs. 2 S. 1 HGB
Angabe (in Bilanz, GuV oder Anhang) und Begründung (im Anhang) des Betrages der im GJ allein nach steuerrechtlichen Vorschriften vorgenommenen Abschreibungen;

§ 281 Abs. 2 S. 2 HGB
Gesonderter Ausweis der Erträge aus der Auflösung und der Aufwendungen aus der Bildung von Sonderposten mit Rücklageanteil in der GuV oder ihre Angabe im Anhang (sofern es sich nicht um nach der Externen VUReV unter den Erträgen aus Kapitalanlagen auszuweisende „Erträge aus der Auflösung des Sonderpostens mit Rücklageanteil" bzw. um unter den Aufwendungen für Kapitalanlagen auszuweisende „Einstellungen in den Sonderposten mit Rücklageanteil" handelt);

§ 284 Abs. 2 Nr. 4 HGB
Pauschale Angabe der Unterschiedsbeträge (je Gruppe) bei der Anwendung der Gruppenbewertung oder sog. Veräußerungs-/Verbrauchsfolgeverfahren im Falle erheblicher Unterschiede gegenüber einer Bewertung zu Stichtagspreisen;

§ 285 Nr. 3 HGB
Angabe des Gesamtbetrags nicht in der Bilanz oder nach § 251 HGB angegebener sonstiger finanzieller Verpflichtungen, sofern für die Beurteilung der Finanzlage von Bedeutung; gesonderte Angabe solcher Verpflichtungen gegenüber verbundenen Unternehmen;

§ 285 Nr. 4 HGB
Aufgliederung der Umsatzerlöse nach Tätigkeitsbereichen sowie nach geographisch bestimmten Märkten unter bestimmten Voraussetzungen;

§ 285 Nr. 5 HGB
Angaben über das Ausmaß der Ergebnisbeeinflussung durch Inanspruchnahme steuerrechtlicher Vergünstigungen im GJ oder in VJ und über erhebliche künftig sich daraus ergebende Belastungen;

§ 285 Nr. 6 HGB
Angabe, in welchem Umfang die Steuern vom Einkommen und vom Ertrag das Ergebnis aus der gewöhnlichen Geschäftstätigkeit und das ao. Ergebnis belasten;

§ 285 Nr. 12 HGB
Erläuterung sonstiger Rückstellungen, die in der Bilanz nicht gesondert ausgewiesen werden und einen nicht unerheblichen Umfang haben[21].

---

20 Vgl. hierzu jedoch *Richter/Geib* in KoRVU, Bd. I A Tz. 108 ff.
21 Vgl. jedoch Tz. 43 u. 60.

Anwendung von Vorschriften des AktG

29 Nach § 55 Abs. 6 VAG haben VU, die nicht AG oder KGaA sind[22], die aktien-rechtlichen Vorschriften über die Kapital- und Gewinnrücklagen (§ 152 Abs. 2 und 3 AktG), die Genußrechte (§ 160 AktG), die Vorlage an und die Prüfung durch den AR, die Feststellung des JA, die Gewinnverwendung und die ordentliche HV (§§ 170 bis 176 AktG) entsprechend anzuwenden.

Verordnungsermächtigung[23]

30 § 55 Abs. 5 VAG dehnt die Anwendung des § 330 HGB, der unmittelbar zunächst nur für Versicherungskapitalgesellschaften gilt, auf VU aus, die nicht Kapitalgesellschaften sind – VVaG, ö.-r. VU –. Außerdem enthält Absatz 5 Sonderregelungen in bezug auf den Erlaß von RVO für klVVaG iSd. § 53 Abs. 1 S. 1 VAG.

Offenlegung[24]

31 Grundsätzlich hat ein VU die für große Kapitalgesellschaften geltenden Vorschriften über die Offenlegung (Einreichung zu einem Register, Bekanntmachung im BAnz.) unmittelbar bzw. entsprechend anzuwenden (§ 55 Abs. 3 VAG iVm. §§ 325, 328, 329 HGB). Allerdings haben die VU gem. § 55 Abs. 7 VAG, über die allgemeinen Offenlegungspflichten hinaus, jedem Versicherten auf Verlangen den JA und den GB zu übersenden. Eine weitere bedeutende Ausnahme von der grundsätzlichen Anwendung der für die großen Kapitalgesellschaften geltenden Vorschriften enthält § 55 Abs. 7 S. 2 VAG. Nach dieser Bestimmung brauchen VU – abweichend von § 325 Abs. 2 HGB – Anhang und LB nicht im BAnz. bekanntzumachen. Unterbleibt die Bekanntmachung des Anhangs oder des LB, besteht gegenüber jedem, also nicht nur gegenüber den Versicherten, die Verpflichtung, auf Verlangen JA und LB zuzusenden (§ 55 Abs. 7 S. 3 VAG).

(b) § 56 VAG (Besondere Bewertungsvorschriften)

Bewertung der Wertpapiere[25]

32 In den Formblättern für die Bilanzen der VU findet sich keine Unterscheidung zwischen Anlage- und Umlaufvermögen. Daher können die handelsrechtlichen Bewertungsvorschriften, die nach Vermögensgegenständen des Anlage- und Umlaufvermögens differenzieren, nicht ohne weiteres für die Bewertung von Vermögensgegenständen bei VU herangezogen werden.

33 Für Wertpapiere der VU wird in § 56 Abs. 1 VAG klargestellt, daß sie – unabhängig von der Frage, ob sie zum Anlage- oder Umlaufvermögen gehören – wie Umlaufvermögen zu bewerten sind. Nach dieser Bestimmung sind bei der Bewertung die Vorschriften des § 253 Abs. 1 S. 1 (Anschaffungskostenprinzip),

---

22 Ausgenommen sind klVVaG vgl. Tz. 52.
23 Vgl. hierzu Tz. 54.
24 Vgl. *Angerer* in IDW-Aufsatzsammlung A Tz. 31 ff.; *Richter/Geib* in KoRVU Bd. I A Tz. 178 ff.; *Prölss*, VAG § 55 Tz. 67 ff.
25 Vgl. insb. *v. Bargen* in HdV S. 1309 mwH; *Fricke* in IDW-Aufsatzsammlung D Tz. 65 ff.; *König* in KoRVU Bd. I B Tz. 149 ff.; *Prölss*, VAG § 56 Tz. 1 ff.; St/VFA 1/1983 (in Überarbeitung).

Abs. 3 (Niederstwertprinzip) und Abs. 5 (Beibehaltungswahlrecht) HGB anzuwenden. Außerdem müssen §§ 254, 279 Abs. 2 HGB (Abschreibungen auf den niedrigeren steuerlichen Wert unter Beachtung der umgekehrten Maßgeblichkeit), § 279 Abs. 1 S. 2 HGB (Nichtzulässigkeit sogenannter Ermessensabschreibungen iSv. § 253 Abs. 4 HGB) und § 256 HGB (Bewertungsvereinfachungsverfahren) beachtet werden.

Da es keinen einheitlichen Wertpapierbegriff gibt, ist dieser aus der Zwecksetzung der jeweiligen Gesetzesvorschrift abzuleiten[26]. Wertpapiere bei VU stellen Liquiditätsmittel zweiten Grades dar; sie „bedürfen der uneingeschränkten Fungibilität"[27]. Sie müssen wegen der Natur des Versicherungsgeschäfts rasch veräußert werden können. Wertpapiere iSd. § 56 Abs. 1 VAG sind daher nur solche, die leicht übertragbar sowie wegen der Beschränkungen der Einwendungen der Aussteller leicht veräußerlich sind[28]. Ist die Übertragung, wie bei Namensschuldverschreibungen, erschwert, handelt es sich nicht um Wertpapiere iSd. § 56 Abs. 1 VAG.

Die Bewertungsvorschrift des § 56 Abs. 1 VAG ist nur auf die unter Aktiva IV 8 „Wertpapiere und Anteile, soweit sie nicht zu anderen Posten gehören" ausgewiesenen Vermögensgegenstände anzuwenden. Für die übrigen Vermögensgegenstände gelten die allgemeinen handelsrechtlichen Bewertungsvorschriften (§§ 253 ff. HGB).

Aktivierungsverbot für Abschlußkosten[29]

Abschlußkosten lassen sich als die betrieblichen Aufwendungen definieren, die **34** unmittelbar und mittelbar durch den Abschluß von Versicherungsverträgen verursacht werden. Zu den unmittelbaren Aufwendungen werden vor allem die Abschlußprovisionen sowie die entsprechenden Bezüge des angestellten Außendienstes, die Aufwendungen für eine mögliche ärztliche Untersuchung sowie für die Anlage der Versicherungsakte gezählt. Mittelbare Aufwendungen sind ua. solche für Werbedrucksachen, Zeitungsanzeigen und sonstige Medienwerbung, die Schulung der Außendienstmitarbeiter und die Verwaltung der Außendienstorganisation[30].

Durch § 56 Abs. 2 VAG wird eine Aktivierung von Abschlußkosten im JA von VU untersagt. Zielsetzung dieser Vorschrift, die auch steuerrechtlich Geltung hat[31], ist es, die Aktivierung „von handelsrechtlichen non-valeurs in Höhe der Abschlußkosten"[32] zu verhindern.

26 Vgl. *Prölss*, VAG § 56 Tz. 4.
27 St/VFA 1/1983 (in Überarbeitung) Abschn. I; vgl.auch *Prölss*, VAG § 56 Tz. 4 ff.
28 Vgl. *Prölss*, VAG § 56 Tz. 4. Zu den in Frage kommenden Wertpapieren s. insb. St/VFA 1/1983 (in Überarbeitung) Abschn. I; *König* in KoRVU Bd. I B Tz. 149 ff. Zum Ausweis der Wertpapiere s. Tz. 133.
29 S. insb. *Eisold/Jäger* in IDW-Aufsatzsammlung C I Tz. 97 ff.; *Goldberg/Müller*, VAG § 56 Tz. 7 ff.; *Prölss*, VAG § 56 Tz. 22 ff.; *Welzel* in KoRVU Bd. I D Tz. 36 ff.; Behandlung von Lebensversicherungsverträgen nach dem Dritten Vermögensbildungsgesetz (Vermögensbildungsversicherungen) im Jahresabschluß, VerBAV 1972 S. 9; R 5/74 Abgrenzung der Abschlußkosten in der Lebensversicherung, VerBAV 1974 S. 206; R 3/85 Einschränkungen der Provisionszahlungen in der Lebensversicherung, VerBAV 1985 S. 344.
30 Vgl. *Welzel* in KoRVU Bd. I D Tz. 36 f.; s. auch *Prölss*, VAG § 56 Tz. 22.
31 Erl. FM NRW v. 3. 1. 1966, VerBAV S. 86; Erl. FM NRW v. 16. 5. 1966, VerBAV 1967 S. 97.
32 *Prölss*, VAG § 56 Tz. 23.

Bildung versicherungstechnischer Rückstellungen[33]

35   § 56 Abs. 3 und 4 VAG behandelt die Bildung versicherungstechnischer Rückstellungen. **Versicherungstechnische Rückstellungen** sind dem Versicherungsgeschäft eigentümliche Passivposten[34], die aus Gründen der Versicherungstechnik zu bilden sind. Ihrem betriebswirtschaftlichen Charakter nach haben diese Passiva nicht ausschließlich Rückstellungscharakter; vielmehr handelt es sich ua. auch um Rechnungsabgrenzungsposten oder Verbindlichkeiten[35].

36   **§ 56 Abs. 3 VAG** lautet: „Versicherungstechnische Rückstellungen dürfen auch insoweit gebildet werden, wie dies nach vernünftiger kaufmännischer Beurteilung notwendig ist, um die dauernde Erfüllbarkeit der Verpflichtungen aus den Versicherungen sicherzustellen." Die Zwecksetzung dieser Vorschrift besteht zunächst darin, klarzustellen, daß der Rückstellungsbegriff des § 249 HGB alle versicherungstechnischen Passiva umfaßt, auch solche, deren Einordnung unter dem allgemeinen handelsrechtlichen Rückstellungsbegriff möglicherweise zweifelhaft sein könnte[36]. Darüber hinaus hat § 56 Abs. 3 VAG für die Bewertung der versicherungstechnischen Rückstellungen Bedeutung. Durch die in Abs. 3 enthaltene Forderung, die dauernde Erfüllbarkeit der Verpflichtungen aus den Versicherungsverträgen sicherzustellen, gilt für die Bemessung der Höhe versicherungstechnischer Rückstellungen ein besonderes Vorsichtsprinzip[37]. Rechtssystematisch ist § 56 Abs. 3 VAG damit kein lex specialis zu den allgemeinen Vorschriften des HGB (§§ 249, 250, 252, 253), sondern gilt subsidiär zu diesen Regelungen. Dh., die Vorschrift wird immer dann wirksam, wenn aus versicherungstechnischen Gründen ein höherer Rückstellungsbetrag gebildet werden muß, als nach dem HGB[38].

37   **§ 56 Abs. 4 VAG** behandelt die Bildung von Schadenrückstellungen bei Mitversicherung[39], soweit inländische VU von einem ausländischen – führenden – VU Beteiligungsgeschäft erhalten.

(c) § 56a VAG (Überschußbeteiligung bei der Versicherungs-Aktiengesellschaft)[40]

38   § 56a gilt nur für die Versicherungs-AG; dh., er hat für ö.-r. VU und VVaG (s. hierzu § 38 VAG) keine Bedeutung. Nach § 58 Abs. 4 AktG haben die Aktionäre einer AG Anspruch auf den Bilanzgewinn. Gleichzeitig kommt es insb. im Lebens- und Krankenversicherungsgeschäft zu einer Überschußbeteiligung der VN. Um die daraus möglicherweise resultierenden Interessenkonflikte zwischen Aktionären und VN zu vermeiden, bestimmt § 56a VAG, daß Vorstand und AR der Versicherungs-AG die Beträge bestimmen, die für die Überschußbeteiligung

---

33 S. insb. *Herrmann/Heuer/Raupach*, Einkommensteuer- und Körperschaftsteuergesetz, Kommentar, 19. Aufl., Köln 1950 ff. § 20 KStG Tz. 22 ff.; *Perlet*, Rückstellungen für noch nicht abgewickelte Versicherungsfälle in Handels- und Steuerbilanz, Karlsruhe 1986 S. 32 ff.; *Sasse/Boetius* in *Prölss* ua. S. 25 ff.; *Prölss*, VAG § 56 Tz. 28 ff.; *Welzel* in HdV S. 685 ff.
34 Zu den einzelnen Rückstellungsarten s. Tz. 194 ff.
35 Vgl. *Farny*, Buchführung S. 129.
36 *Prölss*, VAG § 56 Tz. 28; *Welzel* in HdV S. 685.
37 Vgl. *Perlet* S. 33 f.; *Sasse/Boetius* in Prölss ua. S. 27 ff.; *Prölss*, VAG § 56 Tz. 30; *Welzel* in HdV S. 685.
38 Vgl. *HHR* § 20 KStG Tz. 24; *Perlet* S. 33; *Prölss*, VAG § 56 Tz. 32.
39 Mitversicherung liegt vor, wenn mehrere VU einvernehmlich an einem Risiko beteiligt sind. Jedes Unternehmen erhält entsprechend seiner Quote Beiträge und hat entsprechend zu leisten. Der sog. führende Versicherer übernimmt die Gestaltung des Vertrages mit dem VN und die Abrechnung mit den beteiligten VU.
40 S. hierzu *Goldberg/Müller*, VAG § 56a Tz. 1 ff.; *Prölss*, VAG § 56a Tz. 1 ff.

der VN zurückzustellen sind. Zugleich legt S. 2 fest, daß die Gewinnansprüche der Aktionäre mindestens 4% des Grundkapitals betragen müssen. In dem so definierten Rahmen sind damit Vorstand und AR für den Interessenausgleich zwischen Kunden und Aktionären zuständig.

§ 56a S. 3 VAG enthält eine Bilanzierungsvorschrift. Er bestimmt, daß die für **39** die Überschußbeteiligung der VN bestimmten Beträge in die Rückstellung für Beitragsrückerstattung[41] einzustellen sind.

(2) Handelsgesetzbuch

Die im **Ersten Abschnitt des Dritten Buchs des HGB (§§ 238 bis 263)** enthaltenen **40** Vorschriften zur Rechnungslegung gelten für alle VU, gleichgültig ob sie Kaufmann sind oder nicht (§ 55 Abs. 1 S. 3 VAG). Liegen Besonderheiten des Versicherungsbetriebes vor, werden die Regelungen entsprechend angewandt. Dies gilt vor allem für die Bewertung der Kapitalanlagen, da bei Versicherungsunternehmen nicht zwischen Anlage- und Umlaufvermögen unterschieden wird[42].

Die im **Ersten Unterabschnitt des Zweiten Abschnitts im Dritten Buch des HGB** **41** **(§§ 264 bis 289)** aufgeführten Bestimmungen gelten ebenfalls für die Aufstellung von JA und LB der VU (§ 55 Abs. 3 S. 1 VAG). Gleichwohl existieren eine Reihe von Spezialvorschriften (§§ 36a, 55 Abs. 1, 2 und 4 VAG sowie die Externe VUReV), die in den §§ 264 bis 289 HGB enthaltene Regelungen von der Anwendung durch VU ausnehmen bzw. versicherungsspezifische Wahlrechte einräumen. Außerdem muß beachtet werden, daß ein Teil der zunächst durch das VAG für nicht anwendbar erklärten Vorschriften des HGB nach der Externen VUReV wieder anwendungspflichtig ist.

Im folgenden Überblick sind die Paragraphen des Ersten Unterabschnitts im **42** Zweiten Abschnitt des HGB aufgeführt, für die im VAG **Sonderregelungen** getroffen sind. Soweit die Bestimmungen durch die Externe VUReV für VU wieder anwendungspflichtig sind, wird darauf hingewiesen. Für die übrigen in den §§ 264 bis 289 HGB enthaltenen Regelungen bzw. für die §§ 238 bis 263 HGB des Ersten Abschnitts des Dritten Buchs des HGB existieren keine versicherungsspezifischen Sondervorschriften.

Fundstelle	Stichwort	Anmerkung	
§ 264 HGB	Pflicht zur Aufstellung	Fristenregelung in Abs. 1 S. 2 gilt nicht für VU; § 55 Abs. 1 S. 1 und Abs. 2 VAG enthält abweichende Fristenregelungen.	**43**
§ 265 HGB	Allgemeine Grundsätze für die Gliederung	Abs. 6 und 7 gelten nicht für VU (§ 55 Abs. 4 VAG); hinsichtlich der Anwendung von Abs. 2 besteht ein Wahlrecht (§ 55 Abs. 4 VAG)[43]	

---

41 Zu diesem Passivposten s. Tz. 253 ff.
42 Vgl. Tz. 95.
43 Vgl. jedoch *Richter/Geib* in KoRVU Bd. I A Tz. 108.

Fundstelle	Stichwort	Anmerkung
§ 266 HGB	Gliederung der Bilanz	Gilt nicht für VU (§ 55 Abs. 4 VAG).
§ 268 HGB	Vorschriften zu einzelnen Posten der Bilanz	Gilt gem. § 55 Abs. 4 VAG nicht für VU.
		Abs. 1: S. 2 hat durch Anmerkung 7a) zum Formblatt I der Externen VUReV entsprechende Geltung.
		Abs. 3: Ausweis ist im Formblatt I ausdrücklich als Posten „XI. Nicht durch Eigenkapital gedeckter Fehlbetrag gemäß § 268 Abs. 3 HGB" vorgesehen.
		Abs. 4 S. 2 und Abs. 5 S. 3 gelten gem. § 8 Externe VUReV.
		Abs. 6 ist in § 11 Abs. 1 Nr. 7 Externe VUReV sinngemäß übernommen (s. auch Formblatt I Aktiva IX 1 Externe VUReV).
		Abs. 7 wurde wörtlich in § 11 Abs. 4 Externe VUReV übernommen. Jedoch mit der Ausnahme, daß VU den Vermerk zwingend nur im Anhang zu machen haben.
§ 269 HGB	Aufwendungen für die Ingangsetzung und Erweiterung des Geschäftsbetriebs	Nach § 36a S. 2 VAG nicht von VVaG anzuwenden.
§ 275 HGB	Gliederung der GuV	Gilt gem. § 55 Abs. 4 VAG nicht für VU.
§ 277 HGB	Vorschriften zu einzelnen Posten der GuV	Gilt gem. § 55 Abs. 4 VAG nicht für VU.
		Abs. 3 S. 1: Angabe ist nach Formblatt II 13. a), Formblatt III 14. a) Externe VUReV als „Davon-Vermerk" vorgesehen; alternativ Angabe im Anhang gem. Anmerkung 3) zum Formblatt II bzw. Anmerkung 4) zum Formblatt III Externe VUReV.
		Abs. 3 S. 2: Die Formblätter II bzw. III der Externen VUReV sehen den gesonderten Ausweis dieser Erträge und Aufwendungen vor.

Fundstelle	Stichwort	Anmerkung
		Abs. 4 S. 1 ist in § 7 Abs. 5 Externe VUReV wörtlich übernommen worden.
		Abs. 4 S. 2 ist in § 13 Nr. 8 Externe VUReV inhaltlich übernommen worden.
§ 280 HGB	Wertaufholungsgebot	Wahlrecht für VU nach § 55 Abs. 4 VAG.
§ 281 HGB	Berücksichtigung steuerrechtlicher Vorschriften	Hinsichtlich Abs. 1 S. 2 und Abs. 2 besteht ein Wahlrecht für VU nach § 55 Abs. 4 VAG.
		Das Wahlrecht hinsichtlich Abs. 2 S. 2 wird – soweit die Bewegung des Sonderpostens mit Rücklageanteil die Kapitalanlagen in Frage stellt – durch den gesonderten Ausweis der Erträge aus der Auflösung von und der Aufwendungen aus der Einstellung in Sonderposten mit Rücklageanteil in 4. f) bzw. 13. d) Formblatt II und 12. f) bzw. 14. d) Formblatt III Externe VUReV aufgehoben.
§ 282 HGB	Abschreibung der Aufwendungen für die Ingangsetzung und Erweiterung des Geschäftsbetriebs	Gilt nach § 36a VAG nicht für VVaG.
§ 284 HGB	Erläuterung der Bilanz und der GuV	Zu Abs. 2 Nr. 4 ist VU nach § 55 Abs. 4 VAG ein Wahlrecht eingeräumt.
§ 285 HGB	Sonstige Pflichtangaben	Nr. 1a) gilt gem. § 55 Abs. 4 VAG nicht für VU.
		Nr. 3 bis 6 und Nr. 12 brauchen von VU nicht angewandt zu werden (§ 55 Abs. 4 VAG).
		Das Wahlrecht zur Anwendung von § 285 Nr. 12 HGB wird durch § 12 Nr. 5 Externe VUReV praktisch aufgehoben.
§ 288 HGB	Größenabhängige Erleichterungen	Gilt nach § 55 Abs. 4 VAG nicht für VU.
§ 289 HGB	LB	Abs. 2 Nr. 3 gilt gem. § 55 Abs. 4 VAG nicht für VU.

(3) Aktiengesetz

44   Für VU in der Rechtsform der **AG** bzw. der **KGaA** gelten die Vorschriften über die Rechnungslegung und Prüfung im Fünften Teil des Ersten Buchs des AktG (§§ 150 bis 176) unmittelbar. Ferner ist § 58 AktG über die Verwendung des Jahresüberschusses zu beachten.

45   **Ö.-r. VU** sowie **VVaG** [44] haben nach § 55 Abs. 6 VAG die Bestimmungen in § 152 Abs. 2 und 3 AktG (Angaben über Einstellungen und Entnahmen in/aus Kapital- und Gewinnrücklagen), § 160 Abs. 1 Nr. 6 AktG (Angaben über Genußrechte) und §§ 170 bis 176 AktG (Prüfung des JA und des LB durch den AR, Feststellung des JA, Gewinnverwendung, ordentliche HV) entsprechend anzuwenden, soweit Spezialvorschriften des VAG (§ 55 Abs. 2 S. 1) sowie der Externen VUReV nichts anderes regeln. Ebenso gilt die Vorschrift des § 158 Abs. 1 AktG nach Formblatt II Nr. 27 ff. und Formblatt III Nr. 25 ff. Externe VUReV praktisch auch für ö.-r. VU sowie VVaG.

(4) Publizitätsgesetz [45]

46   Zur Einzelrechnungslegung nach dem PublG können nur solche VU verpflichtet sein, die nicht bereits nach dem VAG Rechnung zu legen haben (§ 3 Abs. 2 Nr. 3 PublG). Versicherungs-AG, VVaG und ö.-r. Wettbewerbsunternehmen sind dem VAG und dessen Rechnungslegungsvorschriften unterstellt. Ö.-r. Zwangs- und Monopolanstalten fallen zwar nicht in den Geltungsbereich des VAG (§ 1 Abs. 3 Nr. 4 VAG); sie bleiben jedoch auch vom Geltungsbereich des PublG ausgenommen, da ihnen die nach § 3 Abs. 1 Nr. 5 PublG erforderliche Kaufmannseigenschaft fehlt [46].

Damit besteht die Verpflichtung zur Einzelrechnungslegung nach dem PublG nur für die in § 1 Abs. 3 Nr. 1a bis 3 und 5 bzw. in § 156a Abs. 5 VAG genannten Unternehmen. Aufgrund der in § 1 Abs. 4 PublG genannten Größenmerkmale für VU (mehr als DM 100 Mio. Bruttoprämie in drei aufeinanderfolgenden Jahren) dürften die Rechnungslegungspflichten nach dem PublG auch für die dort genannten Einrichtungen nur eine geringe praktische Bedeutung haben.

bb) Niederlassungen ausländischer Versicherungsunternehmen [47]

47   Ausländische VU, die im Inland eine Niederlassung unterhalten, sind nach § 106 Abs. 2 S. 3 VAG bzw. § 110a Abs. 2 S. 2 iVm. § 106 Abs. 2 S. 3 VAG zur Rechnungslegung über die Geschäftstätigkeit dieser Niederlassung verpflichtet.

48   Da Niederlassungen ausländischer VU Kaufmann iSd. HGB sind [48], müssen sie die Rechnungslegungsvorschriften **des Ersten Abschnitts des Dritten Buchs des HGB (§§ 238 bis 263)** unmittelbar anwenden. Außerdem sieht § 106 Abs. 2 S. 4 VAG bzw. § 110a Abs. 2 S. 2 iVm. § 106 Abs. 2 S. 4 VAG die Anwendung der **§§ 55 und 55a VAG** mit der Maßgabe vor, daß auch die im Sitzland des ausländischen VU veröffentlichte Bilanz und GuV im BAnz. bekanntgemacht und zusammen mit Anhang und LB in deutscher Sprache jedem Versicherten auf

---

44 Zu den bestehenden Sonderregelungen für klVVaG iSd. § 53 VAG s. Tz. 51 f.
45 Vgl. *Prölss*, VAG § 55 Tz. 73 f.
46 Vgl. *Prölss*, VAG § 1 Tz. 30.
47 Vgl. *Richter/Geib* in KoRVU Bd. I A Tz. 61 ff.
48 Vgl. Tz. 13.

dessen Verlangen übersandt wird. Wegen der Geltung des § 55 Abs. 1 und Abs. 3 S. 1 VAG sind damit die Vorschriften über den JA der großen Kapitalgesellschaft und den LB (§§ 264 bis 289 HGB), über die Offenlegung (§§ 325 bis 329 HGB) sowie über die Straf- und Bußgeldvorschriften (§§ 331 bis 335 HGB) durch die Niederlassungen ausländischer VU entsprechend anzuwenden. Die VO-Ermächtigung über den Erlaß von RVO (§ 330 HGB) gilt nach § 55 Abs. 5 S. 1 VAG auch für Niederlassungen ausländischer VU[49].

Betrachtet man die **Entwicklung in der EG,** ist eine grundsätzliche Änderung der   **49** Rechnungslegungsvorschriften für ausländische VU absehbar. So sieht Artikel 3 der sog. Zweigniederlassungsrichtlinie vom 21. 12. 1989[50] vor, daß für Zweigniederlassungen, die dem Recht eines anderen EG-Mitgliedstaates unterliegen, lediglich eine Offenlegungspflicht für Rechnungsunterlagen des Gesamtunternehmens besteht, soweit diese im Einklang mit der 4., 7. und 8. EG-Richtlinie erstellt, geprüft und offengelegt worden sind. Nach Artikel 4 der Richtlinie kann der Mitgliedstaat der Zweigniederlassung darüber hinaus nur vorschreiben, daß die Unterlagen in einer anderen Amtssprache der Gemeinschaft offengelegt werden und die Übersetzung der Unterlagen beglaubigt wird.

Für Zweigniederlassungen von Unternehmen bestimmter Rechtsformen, die nicht dem Recht eines Mitgliedstaates unterliegen, besteht nach Artikel 9 eine Offenlegungspflicht für die Rechnungslegungsunterlagen des Gesamtunternehmens, die nach dem Recht des Staates, dem das Unternehmen unterliegt, erstellt, geprüft und offengelegt worden sind. Werden diese Unterlagen nicht gem. der 4. und 7. EG-Richtlinie oder in gleichwertiger Form erstellt, so können die Mitgliedstaaten die Erstellung und Offenlegung der Rechnungslegungsunterlagen, die sich auf die Tätigkeiten der Zweigniederlassungen beziehen, verlangen.

Nach Artikel 14 Abs. 2 der Zweigniederlassungsrichtlinie können die Mitglied-   **50** staaten bis zu einer späteren Koordinierung von der Anwendung der Artikel 3 und 9 auf Zweigniederlassungen absehen, die von Versicherungsgesellschaften errichtet werden. Dem Vernehmen nach werden die Regelungen für Zweigniederlassungen von VU Gegenstand einer gesonderten EG-Richtlinie sein.

cc) Kleinere Versicherungsvereine iSd. § 53 VAG[51]

KlVVaG iSd. § 53 VAG, die nicht gem. § 157a Abs. 1 VAG von der Aufsicht   **51** nach dem VAG freigestellt sind, haben, unabhängig von der Frage, ob sie unter Bundes- oder Landesaufsicht stehen, die Vorschriften des VAG zur Rechnungslegung zu beachten.

§ 55 VAG regelt auch für diese Unternehmen, welche handelsrechtlichen Vor-   **52** schriften entsprechend anzuwenden sind:

- Die Vorschriften für alle Kaufleute (§§ 238 bis 263 HGB) nach § 55 Abs. 1 S. 3 VAG.
- Die Vorschriften über den JA der Kapitalgesellschaft und den LB (§§ 264 bis 289 HGB) nach § 55 Abs. 3 S. 1 iVm. § 55 Abs. 4 VAG.

---

49 Vgl. § 20 Externe VUReV.
50 Elfte Richtlinie des Rates vom 21. 12. 1989 über die Offenlegung von Zweigniederlassungen, die in einem Mitgliedstaat von Gesellschaften bestimmter Rechtsformen errichtet wurden, die dem Recht eines anderen Staates unterliegen (89/666/EWG), in Abl.EG L 395/1989 S. 36 ff.
51 Vgl. *Angerer* in IDW-Aufsatzsammlung A Tz. 14 f.; *Richter/Geib* in KoRVU Bd. I A Tz. 38 ff. und 59 f.

– Die Strafgeld- und Bußgeldvorschriften (§§ 331 bis 335 HGB) nach § 55 Abs. 3 S. 1 VAG.

Keine Anwendung finden die Vorschriften des HGB zur Offenlegung, Veröffentlichung und Vervielfältigung (§§ 325 bis 329 HGB).

Von der Anwendung aktienrechtlicher Vorschriften sind klVVaG iSd. § 53 VAG ausgenommen (§ 55 Abs. 6 VAG).

53 Hinsichtlich der **VO-Ermächtigungen nach § 330 HGB** differenziert § 55 Abs. 5 VAG nach kleineren Vereinen, die der Landesaufsicht unterliegen, und solchen, die durch das BAV beaufsichtigt werden. Für kleinere Vereine, die der Aufsicht durch die Aufsichtsbehörden der Länder unterliegen, sind die Landesregierungen ermächtigt, im Benehmen mit dem BAV RVO nach § 330 HGB zu erlassen[52], die Landesregierung kann diese Befugnis durch RVO der Landesaufsichtsbehörde übertragen (§ 55 Abs. 5 S. 3 VAG). Im Falle der kleineren Vereine, die durch die Bundesaufsichtsbehörde beaufsichtigt werden, ist – analog zu den „großen Vereinen"[53] – der BdJ im Einvernehmen mit dem BdF und dem BfW ermächtigt, RVO iSd. § 330 HGB zu erlassen; diese Ermächtigung kann ganz oder teilweise auf das BAV übertragen werden (§ 55 Abs. 5 S. 2 VAG). Sowohl für die klVVaG unter Bundesaufsicht als auch die klVVaG unter Landesaufsicht ist § 330 HGB mit der Maßgabe anzuwenden, daß der Größe dieser VU angemessene Vereinfachungen eingeräumt werden dürfen (§ 55 Abs. 5 S. 2 VAG).

b) Verordnungen

aa) Verordnung über die Rechnungslegung von Versicherungsunternehmen (Externe VUReV)

(1) Grundlagen

54 Die Externe VUReV hat der BdJ im Einvernehmen mit dem BdF und dem BfW auf der Grundlage des **§ 330 HGB iVm. § 55 Abs. 4 VAG** erlassen. Mit der VO werden insb. die in § 55 Abs. 4 VAG für nicht anwendbar erklärten handelsrechtlichen Vorschriften durch versicherungsspezifische Regelungen ersetzt. Der Verordnungsgeber hat für die durch das BiRiLiG erforderliche Anpassung der Externen RechVUVO 1973 die Form einer Änderungsverordnung[54] gewählt. Die Vorschriften der neugefaßten Externen VUReV von 1987 waren – ebenso wie die durch das BiRiLiG neugefaßten Regelungen des HGB, AktG und VAG – erstmals auf die nach dem 31. 12. 1986 beginnenden GJ anzuwenden (§ 24 Abs. 3 Externe VUReV).

55 Der **Geltungsbereich** der Externen VUReV umfaßt alle VU, soweit es sich nicht um klVVaG handelt, die der Aufsicht durch die Länderaufsichtsbehörden unterliegen[55] oder die nach § 157a VAG von der laufenden Aufsicht freigestellt sind.

S. hierzu Tz. 70 f.

53 Vgl. Tz. 67 ff.

54 Dritte Verordnung zur Änderung der Verordnung über die Rechnungslegung von Versicherungsunternehmen vom 23. 12. 1986, VerBAV 1987 S. 98 ff. Eine nichtamtliche redaktionelle Neufassung der Verordnung über die Rechnungslegung von Versicherungsunternehmen unter Berücksichtigung der Änderungsverordnung vom 23. 12. 1986 (Externe VUReV) findet sich in der 9. Aufl. der Wirtschaftsgesetze sowie in KoRVU texte Rechnungslegung '87 der Versicherungsunternehmen S. 11 ff.

55 S. hierzu Tz. 70 ff.

Besonderheiten ergeben sich für solche **klVVaG, die der Bundesaufsicht unterliegen,** aber die in § 25 Externe VUReV genannten Größenmerkmale nicht überschreiten. Für diese Vereine hat das BAV auf der Grundlage der in § 25 Externe VUReV ausgesprochenen Ermächtigung die „Verordnung über die Rechnungslegung bestimmter kleinerer Versicherungsvereine auf Gegenseitigkeit iSd. § 53 des Versicherungsaufsichtsgesetzes" (bkVReV) vom 27. 1. 1988[56] erlassen. Durch diese Verordnung ergeben sich für die betroffenen klVVaG ihrer Größe entsprechend angemessene Vereinfachungen (§ 55 Abs. 5 S. 2 VAG).

Auch ausländische VU, die zum Betrieb des Direktversicherungsgeschäfts im Inland zugelassen sind, haben für das Geschäft der **Niederlassung** nach § 20 Externe VUReV die Formblätter für Bilanz und GuV sowie weitere Vorschriften der Externen VUReV anzuwenden. Nicht anzuwenden sind besondere Bestimmungen für RVU, LVU, die gleichzeitig das selbst abgeschlossene Unfallversicherungsgeschäft betreiben, und VVaG (§ 20 Externe VUReV).

(2) Bilanz und Gewinn- und Verlustrechnung[57]

Die Externe VUReV behandelt im **Ersten Abschnitt (§§ 1 bis 7)** die Grundsätze zur Aufstellung und Gliederung der Bilanz und GuV nach den anzuwendenden Formblättern sowie die damit zusammenhängenden Ausweisfragen. § 1 Abs. 1 Externe VUReV sieht ein Formblatt für die Bilanz **(Formblatt I)** und zwei unterschiedliche Formblätter für die GuV vor. Lebens- und Kranken-VU sowie P/StK haben die GuV nach **Formblatt II** und Schaden- und Unfall- sowie RVU nach **Formblatt III** zu erstellen. Da in einer Vielzahl von Anmerkungen zu den Formblättern Sonderregelungen für die Geschäftszweige bzw. für die Rechtsformen geregelt sind, existieren allerdings für die Bilanz und GuV faktisch je 5 geschäftszweigbezogene Formblätter[58].

56

Die in §§ 1 bis 7 Externe VUReV enthaltenen Regelungen betreffen neben der Anwendung der Formblätter in einzelnen Geschäftszweigen bzw. bei bestimmten Rechtsformen (§ 1 Externe VUReV) insb. den Ausweis des indirekten Geschäfts in der GuV der Lebens- und KrankenVU (§ 3 Externe VUReV) sowie in der GuV der SchVU (§ 4 Externe VUReV). § 4 Externe VUReV enthält darüber hinaus noch Bestimmungen zur Darstellung der Versicherungszweige und -arten in der GuV der Schaden- und UnfallVU. Entsprechende Regelungen für RVU sind in § 5 Externe VUReV vorgesehen. § 7 Externe VUReV behandelt Ausweisfragen insb. im Zusammenhang mit einzelnen Posten der Bilanz und der GuV.

(3) Anhang

Abschnitt 2 der **Externen VUReV (§§ 8 bis 16)** enthält Bestimmungen für die von VU ergänzend zu den nach HGB verlangten zu machenden branchenspezifischen Anhangangaben. Die Vorschriften werden ergänzt durch die Muster des Anhangs „Entwicklung der Kapitalanlagen im Geschäftsjahr" (Muster 8) und „Persönliche Aufwendungen" (Muster 9).

57

---

56 Abgedruckt in VerBAV Sonderheft 13 S. hierzu Tz. 67 ff.
57 Vgl. *Angerer* in IDW-Aufsatzsammlung A Tz. 39 ff.; *Richter/Geib* in KoRVU Bd. I A Tz. 76 ff.
58 Nichtamtliche Formblätter für Bilanz und GuV der Lebens-, Kranken-, Schaden- und Unfall- sowie RVU sind in KoRVU texte Rechnungslegung '87 der Versicherungsunternehmen S. 67 ff. abgedruckt.

58 § 10 Externe VUReV verlangt, in Ergänzung zu den Angaben nach § 284 Abs. 2 Nr. 1 und 3 HGB, die Methoden der Ermittlung der einzelnen versicherungstechnischen Rückstellungen – mit Ausnahme der Rückstellung für Beitragsrückerstattung – einschließlich der Veränderungen gegenüber dem VJ anzugeben.

59 Anhangangaben zur Aktivseite der Bilanz sind in § 11 Externe VUReV geregelt. Insb. ist die **Entwicklung der Kapitalanlagen nach Muster 8** darzulegen. Mit Muster 8 ist ein Ersatz für den „Anlagenspiegel", der in § 268 Abs. 2 HGB für Industrie- und Handelsunternehmen vorgeschrieben ist[59], geschaffen worden. Im Fall der VU ist die Entwicklung der Kapitalanlagen allerdings nach der sog. Nettomethode darzustellen. Dh., Ausgangspunkt sind nicht die Anschaffungs- oder Herstellungskosten, wie bei der Bruttomethode, sondern die Buchwerte der VJ-Bilanz.

60 Eingehende Erläuterungspflichten zur Bewegung – Anfangsbestand, Zuführungen, Entnahmen und Endbestand – bzw. zu den Bilanzwerten – Bruttobeträge und auf das in Rückdeckung gegebene Versicherungsgeschäft entfallende Beträge – der einzelnen versicherungstechnischen Rückstellungen sind in § 12 Nr. 1 bis 3 Externe VUReV vorgesehen. Die erforderlichen Angaben unterscheiden sich teilweise danach, ob es sich um ein Lebens-, Kranken-, Schaden- und Unfall- oder RVU handelt. Weitere Angabepflichten zur Passivseite der Bilanz existieren für die größeren Beträge in den „Sonstige Rückstellungen", „Sonstige Verbindlichkeiten" und „Rechnungsabgrenzungsposten".

61 Die §§ 13 und 14 Externe VUReV enthalten Bestimmungen betreffend die Anhangangaben für einzelne Posten der GuV. Die im Vergleich zur allgemeinen Rechnungslegung sehr umfangreichen Erläuterungspflichten sind nach den betriebenen Geschäftszweigen – LVU, P/StK, KVU, SchVU bzw. RVU – differenziert.

62 Die **persönlichen Aufwendungen**, die in der GuV in verschiedenen Posten verbucht sind, müssen in **Muster 9** zusammengestellt werden (§ 13 Nr. 3 Externe VUReV).

63 § 15 Externe VUReV enthält Sonderregelungen für VU, die die fondsgebundene Lebensversicherung betreiben; § 16 Externe VUReV verlangt spezielle Anhangangaben, soweit LVU auch das selbst abgeschlossene Unfallversicherungsgeschäft betreiben.

(4) Lagebericht

64 Die im 3. Abschnitt enthaltenen §§ 16a bis 18 Externe VUReV zum LB der VU werden durch die **Muster 1 bis 7** Externe VUReV ergänzt. Nach den Mustern 1 bis 7 müssen die Versicherungsbestände der LVU (Muster 1), Pensionskassen (Muster 2), Pensionskassen, sofern sie auch Sterbegeld- und Zusatzversicherungen haben (Muster 3), Sterbekassen (Muster 3), KVU (Muster 4), SchVU (Muster 5 und 1 Buchstabe C) und SchVU, sofern sie überwiegend die Tierversicherung oder die Schiffskaskoversicherung betreiben (Muster 6 oder 7), aufgegliedert werden (§ 16a Abs. 3 Externe VUReV).

---

59 § 55 Abs. 4 Hs. 1 VAG schließt die Anwendung des § 268 Abs. 2 HGB für VU aus.

Ferner haben VU im LB sämtliche betriebenen Versicherungszweige und -arten **65** aufzuführen sowie über ihr Auslandsgeschäft zu berichten (§ 16a Abs. 2 Nr. 1 und 2 Externe VUReV). Außerdem sind Angaben über den Geschäftsverlauf in den einzelnen betriebenen Versicherungszweigen des sG und des üG zu machen und der Einfluß der wesentlichen Gewinn- und Verlustquellen auf das Bilanzergebnis darzulegen (§ 16a Abs. 4 und 5 Externe VUReV). Nach § 16a Abs. 6 Externe VUReV ist zudem über die Ausgliederung von einzelnen Funktionen gem. § 5 Abs. 3 Nr. 4 VAG zu berichten. VVaG müssen, wenn ein Nachschuß erhoben wird, die Art der Ermittlung erläutern (§ 17 Abs. 2 Externe VUReV).

Der vierte Abschnitt der Externen VUReV (§§ 20 bis 22) behandelt die Rech- **66** nungslegung ausländischer VU[60], der fünfte Abschnitt (§ 23) Ordnungswidrigkeiten und der sechste Abschnitt (§§ 24 u. 25) Schlußvorschriften und Ermächtigungen für das BAV.

bb) Verordnung über die Rechnungslegung bestimmter kleinerer Versicherungsvereine auf Gegenseitigkeit iSd. § 53 des Versicherungsaufsichtsgesetzes (bkVReV)

Mit § 25 Externe VUReV hat der BdJ das BAV ermächtigt, für klVVaG, die der **67** Bundesaufsicht unterliegen und bestimmte Größenkriterien nicht überschreiten, im Wege der RVO der Größe der Vereine angemessene Vereinfachungen gegenüber bestimmten Anforderungen der Externen VUReV zu gestatten[61]. Die Bundesaufsichtsbehörde hat durch den Erlaß der bkVReV von dieser Ermächtigung Gebrauch gemacht.

Die bkVReV findet **Anwendung** auf (§ 1 Abs. 1 bkVReV) **68**

– PK, deren Brutto-Beiträge im vorausgegangenen GJ DM 3 Mio. und deren Bilanzsumme am Abschlußstichtag des vorausgegangenen GJ DM 30 Mio. nicht überstiegen haben,
– StK, deren Brutto-Beiträge im vorausgegangenen GJ DM 1 Mio. und deren Bilanzsumme am Abschlußstichtag des vorausgegangenen GJ DM 10 Mio. nicht überstiegen haben,
– Krankenversicherungsvereine, deren Brutto-Beiträge im vorausgegangenen GJ DM 1 Mio. nicht überstiegen haben und
– SchVU, deren Brutto-Beiträge im vorausgegangenen GJ DM 1 Mio. nicht überstiegen haben.

Für VVaG, die nach § 157a VAG von der laufenden Aufsicht freigestellt sind, gilt die VO nicht (§ 1 Abs. 2 bkVReV).

Die durch die bkVReV gegenüber der Externen VUReV eingeräumten **Erleichte-** **69** **rungen** betreffen die für die Bilanz sowie die GuV zu verwendenden Formblätter (§ 2 bkVReV) und bestimmte Angaben im Anhang (§ 3 bkVReV) und LB (§ 4 bkVReV)[62].

Die bkVReV enthält neben den Bestimmungen zur externen Rechnungslegung bestimmter klVVaG auch Vorschriften zur **internen Rechnungslegung,** dh., zur Berichterstattung gegenüber der Aufsichtsbehörde (§§ 5 bis 8 bkVReV)[63].

---

60 Vgl. Tz. 47 ff.
61 Vgl. auch § 55 Abs. 5 S. 2 VAG.
62 Vgl. auch § 25 Abs. 1 S. 1 Externe VUReV.
63 Zur internen Rechnungslegung vgl. Tz. 369 ff.

cc) Verordnungen für kleinere Versicherungsvereine unter Landesaufsicht

70 § 55 Abs. 5 S. 3 VAG ermächtigt die Landesregierungen für klVVaG iSd. § 53 VAG, die der Landesaufsicht unterliegen, im Benehmen mit dem BAV RVO nach § 330 HGB zu erlassen[64].

71 Die folgenden Verordnungen sind erlassen worden:

– Baden-Württemberg: Verordnung des Wirtschaftsministeriums über die Rechnungslegung von unter Landesaufsicht stehenden Versicherungsunternehmen v. 11. 1. 1990 (GVBl. BaWü. S. 44),
– Bayern: Verordnung über die Rechnungslegung von Versicherungsunternehmen (RechVuV) v. 25. 2. 1988 (GVBl. Bay. Nr. 6/1988 S. 89 f.),
– Berlin: Die Fachaufsicht über die Berliner öffentlich-rechtlichen Versicherungsanstalten ist vom BAV übernommen worden (vgl. Bek. des BAV v. 10. 5. 1952, VerBAV S. 17); es gelten daher die Vorschriften des BAV,
– Bremen: Verordnung über die Rechnungslegung von Versicherungsunternehmen, die der Aufsicht des Landes Bremen unterstehen (RechVO) v. 29. 11. 1988 (GBl. Br. Nr. 41/1988 S. 315 f.),
– Hamburg: Anordnung über die Rechnungslegung der Hamburger Feuerkasse v. 1. 2. 1988 nv.
  Die Fachaufsicht über die kleinen privaten Versicherungsunternehmen ist bei der Bundesaufsicht verblieben (vgl. GB/BAV 1952/53 S. 11); es gelten daher die Vorschriften des BAV,
– Hessen: Hessische Verordnung über die Rechnungslegung der Versicherungsunternehmen v. 2. 1. 1990 (GVBl. Hes. S. 3),
– Niedersachsen: Verordnung über die Rechnungslegung der unter Landesaufsicht stehenden Versicherungseinrichtungen (RechVE-VO) v. 18. 12. 1990 (GVBl. Nds. S. 486),
– Nordrhein-Westfalen: Verordnung über die Rechnungslegung von Versicherungsunternehmen v. 8. 9. 1988 (GVBl. NW Nr. 40/1988 S. 405 f.),
– Rheinland-Pfalz: Landesverordnung über die Rechnungslegung der unter Landesaufsicht stehenden privaten Versicherungsunternehmen v. 6. 12. 1988 (GVBl. Rhld.Pf. 1989 S. 2),
– Saarland: Verordnung über die Rechnungslegung der unter Landesaufsicht stehenden Versicherungsunternehmen (RechVO) v. 4. 7. 1988 (Abl. Saar v. 14. 7. 1988 S. 545 f.),
– Schleswig-Holstein: Landesverordnung über die Rechnungslegung der unter Landesaufsicht stehenden privaten Versicherungsunternehmen (RLegVUVO) v. 13. 2. 1989 (GBl. SchlH S. 17).

c) Bilanzierungsrichtlinien für Versicherungsunternehmen (VUBR)[65]

72 Um eine einheitliche Bilanzierung der VU zu gewährleisten, hat das BAV am 30. 12. 1987 die „Bilanzierungsrichtlinien für Versicherungsunternehmen (VUBR)" erlassen[66]. Es handelte sich um eine im Zusammenhang mit der

---

64 Die Befugnis kann von der Landesregierung durch RVO auf die Landesaufsichtsbehörde übertragen werden (§ 55 Abs. 5 letzter Hs. VAG).
65 Vgl. *Angerer* in IDW-Aufsatzsammlung A Tz. 16; *Richter/Geib* in KoRVU Bd. I A Tz. 12 ff.; *Prölss*, VAG § 55 Tz. 50 ff.
66 Vgl. Einführung der VUBR. Die VUBR wurden geändert durch die Erste Änderung vom 28. 2. 1991 der Bilanzierungsrichtlinien für Versicherungsunternehmen (VUBR), VerBAV 1991 S. 174 ff.

Novellierung der Rechnungslegungsvorschriften der VU durch das BiRiLiG erforderliche Neufassung der „Richtlinien für die Aufstellung des zu veröffentlichenden Rechnungsabschlusses von Versicherungsunternehmen RRVU" vom 2. 11. 1981 (Nr. VI 1 S. 1 VUBR). Die VUBR waren erstmals auf die Jahresabschlüsse und LB für GJ, die nach dem 31. 12. 1986 beginnen, anzuwenden (Nr. VI 1 S. 1 VUBR).

Der **Anwendungsbereich** der Richtlinien umfaßt alle VU einschließlich der **73** klVVaG iSv. § 53 Abs. 1 S. 1 VAG. Bestimmte klVVaG iSd. § 25 Abs. 1 Externe VUReV haben die Richtlinien anzuwenden, sofern die bkVReV nichts anderes bestimmt (Nr. VI 2 S. 1 VUBR).

Die VUBR haben für die Bilanzierungspraxis der VU eine hohe Bedeutung. Sie **74** stellen die **Rechtsauffassung des BAV** dar, wie – unter Berücksichtigung geschäftszweigbezogener Besonderheiten – einzelne Posten der Bilanz und GuV zu bilanzieren sind und welche Angaben im Anhang und LB zu machen sind. Soweit sich die VU bei der Erstellung von JA und LB an die Richtlinien halten, können sie davon ausgehen, daß ihre Bilanzierung nicht vom BAV beanstandet wird[67]. Der rechtliche Charakter der VUBR ist der einer allgemeinen Verwaltungsvorschrift des BAV zur Externen VUReV[68].

Auch die **Landesaufsichtsbehörden** haben für die unter ihrer Aufsicht stehenden VU Bilanzierungsrichtlinien erlassen; vgl. zB Nordrhein-Westfalen:

Bilanzierungsrichtlinien für die nach § 2 des Gesetzes über die Beaufsichtigung der Versicherungsunternehmen im Lande Nordrhein-Westfalen unter der Aufsicht der Kreisordnungsbehörden stehenden klVVaG iSd. § 53 des Versicherungsaufsichtsgesetzes (BilRiVers.), Runderlaß des Ministers für Wirtschaft, Mittelstand und Technologie NW v. 4. 8. 1989 (MBl. NW S. 1134).

Die Richtlinien sind zwischen den Landesbehörden abgestimmt und weichen nur in landesspezifischen Details voneinander ab.

d) Einzelne Posten des Jahresabschlusses

Im folgenden werden einzelne Posten aus Bilanz und GuV einschließlich der **75** entsprechenden Anhangangaben behandelt. Dabei wird **nicht das Prinzip der Vollständigkeit** verfolgt, es werden vielmehr **ausschließlich die wichtigsten versicherungsspezifischen Besonderheiten** der einzelnen Posten dargestellt. Zu den allgemeinen Rechnungslegungsvorschriften s. unter E und F. Zur vertieften Behandlung versicherungsbezogener Fragestellungen wird auf die weiterführende Spezialliteratur verwiesen[69].

aa) Bilanz

Die Erörterung der Bilanzposten folgt der **Bilanzgliederung nach Formblatt I** **76** **Externe VUReV.**

---

67 Vgl. Bilanzierungsrichtlinien für Versicherungsunternehmen (VUBR), VerBAV 1988 S. 102.
68 Vgl. Einführung der VUBR; *Angerer* in IDW-Aufsatzsammlung A Tz. 16.
69 Vgl. Tz. 1.

(1) Aktiva

I. Ausstehende Einlagen auf das gezeichnete Kapital

77 Bei VU werden hier neben den noch nicht geleisteten Einlagen bei der Versicherungs-AG, der Wechsel der Zeichner („Garanten") des Gründungsstocks[70] bei VVaG sowie bei VU, die nicht die Rechtsform des VVaG oder der AG haben[71], die ausstehenden Einlagen auf den dem Kapital entsprechenden Posten ausgewiesen (Nr. I A 1 Abs. 2 VUBR).

78 Im Unterschied zur allgemeinen Regelung ist es bei VU möglich, daß **voll und/oder teilweise eingezahlte Aktien** gleichzeitig ausgegeben sind (§ 182 Abs. 4 S. 2 AktG).

79 Werden die nicht eingeforderten ausstehenden Einlagen nach dem im § 272 Abs. 1 S. 3 HGB eingeräumten Wahlrecht von dem Posten „Gezeichnetes Kapital" offen abgesetzt, so ist der eingeforderte, aber noch nicht eingezahlte Betrag von Kapitalgesellschaften unter dem Aktivposten „VIII. Andere Forderungen und Vermögensgegenstände" vor dem Unterposten „Sonstige Forderungen und Vermögensgegenstände" als Unterposten „Eingeforderte Einlagen" und von VU anderer Rechtsform unter entsprechender Bezeichnung gesondert auszuweisen (Nr. I A 1 Abs. 3 VUBR).

II. Aufwendungen für die Ingangsetzung und Erweiterung des Geschäftsbetriebs

80 Während AG bereits nach altem Recht (§ 153 Abs. 4 AktG 1965) Aufwendungen für die Ingangsetzung des Geschäftsbetriebs aktivieren durften, gestattet § **269 HGB** darüber hinaus auch die Aktivierung von Aufwendungen für die Erweiterung des Geschäftsbetriebs.

81 **Aufwendungen für die Erweiterung** sind die im Zuge einer räumlichen und/oder sachlichen Erweiterung des Geschäftsbetriebs eines VU anfallenden Aufwendungen. Um dem Charakter der gelegentlichen – nicht ständigen – Bilanzierungshilfe hierbei gerecht zu werden, können Erweiterungen des Geschäftsbetriebs nur solche Maßnahmen sein, die innerhalb einer abgrenzbaren Zeitspanne vorgenommen werden und von wesentlicher Bedeutung sind. Der Begriff der Erweiterung ist daher eng auszulegen[72].

IdR wird zB eine sachliche Erweiterung nicht schon gegeben sein, wenn man in einzelnen Sparten neben dem direkten auch das indirekte Geschäft aufnimmt. Dagegen kann es sich zB bei der Aufnahme einer neuen Sparte oder der Geschäftstätigkeit im Ausland um eine Erweiterung iSd. § 269 HGB handeln.

Erweiterungsaufwendungen werden auch in den Fällen vorliegen, in denen in bedeutendem Umfange Aufwendungen für die Ausweitung des Versicherungsgeschäfts auf das Gebiet der **neuen Bundesländer** anfallen.

82 Ein Aktivierungswahlrecht im Zusammenhang mit sowohl räumlichen als auch sachlichen Erweiterungen dürfte insb. bestehen bei[73]

---

70 Vgl. *Prölss*, VAG § 22 Tz. 7 ff.
71 Dh., insb. bei ö.-r. VU.
72 Vgl. BeBiKo., § 269 Anm. 5; ADS, HGB § 269 Tz. 15.
73 Vgl. *Richter/Geib* in KoRVU Bd. I A Tz. 189 ff.; *Fricke* in IDW-Aufsatzsammlung D Tz. 7. Es wird in diesem Zusammenhang auch hingewiesen auf das Schreiben des GDV zur Aktivierung von Auf-

- Aufwendungen für Marktforschung,
- Aufwendungen für Gutachten,
- Aufwendungen für Anwerbung und Ausbildung von Personal,
- Aufwendungen zum Aufbau einer spezifischen Betriebsorganisation und
- Aufwendungen für Werbemaßnahmen (zB für eine neue Versicherungssparte).

Zu beachten ist, daß nur solche Beträge für die Einbeziehung in die Bilanzierungshilfe in Frage kommen, die weder als Vermögensgegenstände noch als RAP bilanzierungsfähig sind (§ 269 S. 1 HGB). **83**

Aufwendungen für den Abschluß von Versicherungsverträgen können wegen der Vorschrift des § 56 Abs. 2 VAG ebensowenig Bestandteil von Erweiterungsaufwendungen sein wie Aufwendungen für die Beschaffung von Eigenkapital zur Finanzierung der Erweiterung des Geschäftsbetriebs (§ 248 Abs. 1 HGB). **84**

Obwohl § 55 Abs. 3 VAG eine entsprechende Anwendung der Vorschriften des Ersten Unterabschnitts des Zweiten Abschnitts des Dritten Buchs des HGB auch für solche VU, die keine Kapitalgesellschaften sind, generell vorsieht, gilt für **große VVaG**[74] weiterhin die **Sonderregelung des § 36a VAG**; die Anwendung der §§ 269, 282 HGB ist nach § 36a S. 2 VAG ausdrücklich ausgenommen. Der Anwendungsbereich des § 36a VAG ist im Vergleich zu § 269 HGB enger insofern, als lediglich die „Errichtungs- und Einrichtungskosten" des ersten GJ unter bestimmten Voraussetzungen aktiviert werden dürfen; Aufwendungen der Erweiterung dürfen nicht aktiviert werden. Außerdem ist die Erlaubnis des BAV einzuholen. Die Bestimmung des § 36a VAG ist dagegen weiter insofern, als sie auch – im Unterschied zu § 248 Abs. 1 HGB – die Gestattung der Aktivierung von Aufwendungen für die Gründung und Kapitalbeschaffung (Errichtungskosten) zuläßt[75]. **85**

§ 36a VAG sieht eine Verteilung derartiger Aufwendungen auf längstens 5 Jahre (einschließlich des ersten GJ) vor. Die Abschreibungsdauer gem. § 282 HGB ist auf längstens 4 Jahre (im Anschluß an das Jahr der Aktivierung) festgelegt. Der hM folgend, erscheint es jedoch auch zulässig – entsprechend dem Wahlrecht in § 269 HGB nur einen Teil der Ingangsetzungs- und Erweiterungsaufwendungen zu aktivieren –, bereits im GJ der Aktivierung Abschreibungen gem. § 282 HGB anteilig zu verrechnen. Alternativ kommt auch ein Verzicht auf die Aktivierung eines Teilbetrags in Betracht[76]. **86**

Abschreibungen sind in der GuV unter den „Sonstigen Abschreibungen" auszuweisen; sie sind damit keine Funktionsbereichsaufwendungen iSv. Nr. II 0.4 VUBR. Nimmt ein VU die Bilanzierungshilfe nicht in Anspruch und verrechnet die Aufwendungen erfolgswirksam sofort im GJ, so sind diese Aufwendungen wie alle übrigen betrieblichen Aufwendungen auf Funktionsbereiche zu verteilen. **87**

---

wendungen zur Erweiterung des Geschäftsbetriebs von Versicherungsunternehmen gem. § 269 HGB, GDV Tagebuch-Nr. 15/91.
74 Zur Nichtzulässigkeit der Aktivierung von Errichtungs- Einrichtungskosten bzw. von Aufwendungen für die Ingangsetzung und Erweiterung des Geschäftsbetriebs bei klVVaG iSd. § 53 VAG vgl. *Richter/Geib* in KoRVU Bd. I A Tz. 195.
75 Vgl. *Richter/Geib*, WPg. 1987 S. 188 f.; s. hierzu auch *Prölss*, VAG § 36a Tz. 1 ff.
76 Vgl. *ADS*, HGB § 282 HGB Tz. 5.

88 Darüber hinaus ist auch die **Ausschüttungssperre** für im Zeitraum der Aktivierung entstehende Gewinne unterschiedlich ausgestaltet. Darf ein VVaG nach § 38 Abs. 3 VAG Überschüsse erst dann verteilen, wenn die aktivierten Errichtungs- und Einrichtungskosten vollständig abgeschrieben sind, so dürfen die übrigen VU Gewinne ausschütten, sofern nach Ausschüttung zumindest in Höhe der aktivierten Ingangsetzungs- und Erweiterungsaufwendungen jederzeit auflösbare Gewinnrücklagen zuzüglich eines Gewinnvortrags und abzüglich eines Verlustvortrags vorhanden sind (§ 269 S. 2 HGB)[77].

III. Immaterielle Vermögensgegenstände

89 Nach § 248 Abs. 2 HGB besteht ein **Aktivierungsverbot** für selbst erstellte immaterielle Vermögensgegenstände des Anlagevermögens. Da im Formblatt I der Externen VUReV nicht zwischen Anlage- und Umlaufvermögen unterschieden wird[78], ist in jedem Einzelfall zu prüfen, ob die selbst erstellten Vermögensgegenstände Anlagevermögen-Charakter haben, dh., ob sie gem. § 247 Abs. 2 HGB dazu bestimmt sind, dauernd dem Geschäftsbetrieb zu dienen.

Dies wird idR zu bejahen sein (zB Außenorganisation, Versicherungsbestand, Software), so daß hierfür ein Aktivierungsverbot gilt[79].

90 Bei VU sind gem. Formblatt I Externe VUReV unter diesem Posten der **Geschäfts- oder Firmenwert** sowie die **sonstigen immateriellen Vermögensgegenstände** auszuweisen (s. auch Nr. I A 3 VUBR).

91 Für VU stellt sich die Frage, ob ein **erworbener (Teil)Versicherungsbestand** als „Geschäfts- oder Firmenwert" auszuweisen oder den „Sonstigen immateriellen Vermögensgegenständen" zuzurechnen ist.

Der Begriff des „Geschäfts- oder Firmenwertes" ergibt sich aus der Vorschrift des § 255 Abs. 4 HGB als positiver Unterschiedsbetrag zwischen einem im Rahmen der Übernahme eines Unternehmens gezahlten Gesamtkaufpreis und den (Zeit-)Werten der einzelnen übernommenen (materiellen und immateriellen) Vermögensgegenstände abzüglich der Schulden. Der Geschäfts- oder Firmenwert stellt somit eine nach Abzug aller einzeln bewertbaren und verkehrsfähigen Vermögensgegenstände unter Berücksichtigung der Schulden verbleibende Restgröße dar, die als Vermögensgegenstand besonderer Art nicht selbständig bewertungs- und verkehrsfähig ist[80].

92 Bestandsübertragungen der Vergangenheit haben aber gerade gezeigt, daß (Teil) Versicherungsbestände gesondert bewertbare und verkehrsfähige Vermögenswerte sind. Ein erworbener Versicherungsbestand ist daher bei VU unter den „Sonstigen immateriellen Vermögensgegenständen" zu aktivieren und nicht als „Geschäfts- oder Firmenwert"[81]; es besteht Aktivierungspflicht[82].

---

77 Zum Verhältnis des Organisationsfonds (s. Tz. 181 ff.), zu den aktivierten Ingangsetzungs- und Erweiterungsaufwendungen bzw. den aktivierten Errichtungs- und Einrichtungskosten vgl. *Richter/Geib* in KoRVU Bd. I A Tz. 196.
78 S. hierzu Tz. 95.
79 Vgl. *Fricke* in IDW-Aufsatzsammlung D Tz. 12; *Richter/Geib* in KoRVU Bd. I A Tz. 197.
80 Vgl. BeBiKo., § 255 Anm. 511 ff.; *ADS*, HGB § 255 Tz. 296.
81 Vgl. auch Nr. I A 3.2 S. 1 Ziff. 1 VUBR.
82 Zur Frage, ob der im Rahmen eines Unternehmenskaufs erworbene Außendienst einen selbständig bewertbaren Vermögensgegenstand repräsentiert s. *Fricke* in IDW-Aufsatzsammlung D Tz. 14.

Neben dem Kaufpreis für den Erwerb eines Teil- oder Gesamt-Versicherungsbe- **93**
stands sind unter den sonstigen immateriellen Vermögensgegenständen **EDV-
Software** (sowohl Standard- als auch Individual-Software)[83], sofern entgeltlich
erworben, und **Anzahlungen** auf sonstige immaterielle Vermögensgegenstände[84]
zu aktivieren.

IV. Kapitalanlagen, soweit sie nicht zu Posten V gehören

Vorbemerkung

Die Kapitalanlagen[85] sind der mit Abstand bedeutendste Posten auf der Aktiv- **94**
seite der Bilanz eines VU. Sie dienen in erster Linie der **Sicherstellung der durch
die versicherungstechnischen Rückstellungen repräsentierten Verpflichtungen
gegenüber den VN.** Es ist daher das vorrangige Ziel der gesamten Kapitalanlage-
tätigkeit, „durch Art, Umfang und Qualität der Deckungsmittel die Erfüllbarkeit
der Versicherungsverträge sicherzustellen"[86]. Es bestehen detaillierte gesetzliche
und aufsichtsbehördliche Kapitalanlagevorschriften[87].

Das Bilanzschema des **Formblatts I Externe VUReV unterscheidet nicht zwischen** **95**
Anlage- und Umlaufvermögen. Dennoch ist nach hM auch bei VU zum Zweck
der Bewertung zwischen Anlage- und Umlaufvermögen zu unterscheiden[88]. Ausgenommen die nach § 56 Abs. 1 VAG zu bewertenden Wertpapiere[89], muß daher
bei den Vermögensgegenständen geprüft werden, ob sie wie Anlage- oder wie
Umlaufvermögen zu bewerten sind. Nach § 247 Abs. 2 HGB umfaßt das Anlagevermögen nur die Vermögensgegenstände, die am Abschlußtag dazu bestimmt
sind, dauernd dem Geschäftsbetrieb der Gesellschaft zu dienen.

1. Grundstücke, grundstücksgleiche Rechte und Bauten einschließlich der Bauten auf fremden Grundstücken

Unter diesem Posten werden die bebauten und unbebauten Grundstücke, **96**
Anteile an Grundstücksgesellschaften bürgerlichen Rechts, grundstücksgleiche
Rechte, Bauten auf fremden Grundstücken sowie Vorauszahlungen auf Grund-
stücke, Anzahlungen auf Bauten sowie Planungskosten ausgewiesen (Nr. I A 4.1
VUBR)[90].

Maßgeblich für den Zeitpunkt der erstmaligen Bilanzierung bzw. den Abgang **97**
eines Grundstücks oder grundstücksgleichen Rechts ist nach den allgemeinen
Grundsätzen das Vorliegen des wirtschaftlichen, nicht des rechtlichen Eigentums (Nr. I A 4.1 Abs. 1 VUBR)[91].

---

83 Vgl. hierzu insb. *Richter/Geib* in KoRVU Bd. I A Tz. 205 ff.
84 Vgl. *Fricke* in IDW-Aufsatzsammlung D Tz. 15.
85 Zum Begriff der Kapitalanlagen und Zweifelsfragen bei der Abgrenzung der Kapitalanlageposten von anderen Bilanzposten s. *König* in KoRVU Bd. I B Tz. 5 ff.
86 RdSchr. 2/75 Anlegung des Vermögens der Versicherungsunternehmungen (§§ 54 ff. VAG), Ver-BAV 1975 S. 102.
87 S. insb. §§ 54 bis 54d VAG, RdSchr. 2/75 des BAV S. 102 ff.
88 Vgl. zB *Angerer*, Zur Bewertung von Beteiligungen bei Versicherungsunternehmen, WPg. 1968 S. 449; *Fricke* in IDW-Aufsatzsammlung D Tz. 18; *Harmening*, Zum Begriff des Umlaufvermögens bei Lebensversicherungsunternehmen, WPg. 1961 S. 185; *Richter*, Zur Bewertung von Beteiligungen bei Versicherungsunternehmen, WPg. 1969 S. 6.
89 Vgl. Tz. 32 f.
90 Zu möglichen Zweifelsfragen s. *Fricke* in IDW-Aufsatzsammlung D Tz. 20 ff.; *König* in KoRVU Bd. I B Tz. 18 ff.
91 Vgl. *Fricke* in IDW-Aufsatzsammlung D Tz. 27; *König* in KoRVU Bd. I B Tz. 17 mwN.

98 Grundstücke sind bei VU regelmäßig **Gegenstände des Anlagevermögens.** Die handelsrechtliche Bewertung richtet sich demzufolge nach §§ 253, 254 und 279 HGB[92].

99 Während der Posten in der Bilanz zusammengefaßt ausgewiesen wird, ist er im **Muster 8 des Anhangs** – Entwicklung der Kapitalanlagen – in Grundstücke mit Geschäfts- und anderen Bauten, mit Wohnbauten, ohne Bauten bzw. mit unfertigen Bauten zu unterteilen.

2. Hypotheken-, Grundschuld- und Rentenschuldforderungen

100 Unter diesem Posten werden Forderungen erfaßt, für die dem bilanzierenden VU Pfandrechte an Grundstücken oder Schiffen bestellt worden sind, und bei denen die Befriedigung allein durch Verwertung des belasteten Objekts gewährleistet ist (Nr. I A 4.2 Abs. 1 VUBR). Soweit die Darlehen nur zusätzlich dinglich gesichert sind oder es sich um Tilgungsstreckungsdarlehen ohne dingliche Sicherung handelt, hat der Ausweis unter „Namensschuldverschreibungen, Schuldscheinforderungen und Darlehen" zu erfolgen (Nr. I A 4.2 Abs. 1 und 4 VUBR). Nach der wirtschaftlichen Betrachtungsweise sind die Pfandrechte auch vor ihrer Eintragung im Grundbuch bzw. im Schiffsregister hier auszuweisen, sofern die hierüber abgeschlossenen Verträge notariell beurkundet und die Darlehensbeträge an den Darlehensnehmer oder treuhänderisch an einen Notar des Darlehensnehmers ausgezahlt sind (Nr. I A 4.2 Abs. 2 S. 1 VUBR).

101 Hypotheken-, Grundschuld- und Rentenschuldforderungen sind entsprechend ihrer Langfristigkeit als **Finanzanlagen iSd. § 247 Abs. 2 HGB** zu qualifizieren und mit den Anschaffungskosten zu bewerten. Diese ergeben sich im Falle der Neuausleihung aus dem vereinbarten Rückzahlungsbetrag, nicht jedoch aus der Valutierung des Darlehens[93].

102 Ein eventueller Unterschiedsbetrag zwischen Auszahlungs- und Rückzahlungsbetrag – Abgeld bzw. Disagio bzw. Damnum – wird als **passiver RAP** ausgewiesen.

103 Im Falle eines passiven RAP (§ 250 Abs. 2 HGB) erfolgt der Ausweis unter Formblatt I Passiva X. Der Betrag ist über die Laufzeit des Darlehens als Zinsertrag zu vereinnahmen. Nach der derzeitigen Fassung der VUBR (Nr. I A 4.2 Abs. 3) darf das Disagio bis zur Höhe der Begebungskosten als Ertrag des GJ vereinnahmt werden. Diese Behandlung ist jedoch nicht mehr zulässig. Die bisherige Vorgehensweise beruhte auf einer analogen Anwendung des § 25 HGB aF[94].

104 Ist der Rückzahlungsbetrag niedriger als der hingegebene Betrag, so ist die Differenz als **aktiver RAP** (§ 250 Abs. 1 HGB) in Formblatt I Aktiva IX Nr. 2 auszuweisen.

105 Bei einer **voraussichtlichen dauernden Wertminderung,** zB wegen bestehender Ausfallrisiken, unzureichender Verzinslichkeit einzelner Forderungen oder des Konkursrisikos bei Fremdwährungsforderungen, besteht eine Pflicht, bei voraussichtlich vorübergehenden Wertminderungen ein Wahlrecht, die Forderung

---

92 Vgl. auch E Tz. 334 ff.
93 Vgl. zB BeBiKo., § 253 Anm. 407.
94 Vgl. auch *Fricke* in IDW-Aufsatzsammlung D Tz. 32; *König* in KoRVU Bd. I B Tz. 83 ff.

mit dem am Bilanzstichtag beizulegenden niedrigeren Wert anzusetzen (§§ 253 Abs. 2 S. 3, 279 Abs. 1 S. 2 HGB)[95].

Bei der Ermittlung von Pauschalwertberichtigungen zur Berücksichtigung des **106** allgemeinen Kreditrisikos sind normierte Pauschalwertberichtigungen, die nicht auf unternehmensindividuell ermittelten Ausfallsätzen beruhen, steuerlich nicht mehr anerkannt[96]. Voraussetzung ist nunmehr die Ermittlung der Pauschalwertberichtigung unter Berücksichtigung der in der Vergangenheit untenehmensindividuell gewonnenen Erfahrungen[97].

3. Namensschuldverschreibungen, Schuldscheinforderungen und Darlehen

Unter diesem Posten sind sämtliche Forderungen auszuweisen, bei denen die **107** **Kreditwürdigkeit des Schuldners** im Vordergrund steht. Ob und gegebenenfalls in welcher Weise die Forderung gesichert ist, ist gleichgültig (Nr. I A 4.3 Abs. 1 VUBR). Zu den Namensschuldverschreibungen werden insb. die Namenspfandbriefe, Namenskommunalobligationen, Namens-Landesbodenbriefe sowie Sparbriefe und Sparobligationen, soweit die letzteren aufgrund ihrer Fungibilität nicht den Wertpapieren zuzurechnen sind, gezählt (Nr. I A 4.3 Abs. 2 VUBR).

Ebenfalls hier auszuweisen sind Darlehen und Gehaltsvorschüsse an freie Mitarbeiter von mehr als 6 Monatsbezügen, soweit es sich nicht um Hypotheken-, Grundschuld- oder Rentenschuldforderungen handelt. Übersteigt das Darlehen bzw. der Gehaltsvorschuß keine 6 Monatsbezüge, hat der Ausweis unter Formblatt I Posten A VIII Nr. 7 zu erfolgen (Nr. I A 4.3 Abs. 3 S. 1 VUBR).

Tilgungsstreckungsdarlehen ohne dingliche Sicherung sind auch unter diesem Posten auszuweisen (Nr. I A 4.3 Abs. 3 S. 2 VUBR).

Namensschuldverschreibungen, Schuldscheinforderungen und Darlehen sind **108** entsprechend ihres langfristigen Charakters bilanzrechtlich als **Finanzanlagen** **iSv. § 247 Abs. 2 HGB** zu qualifizieren und gem. § 253 Abs. 1 HGB mit den Anschaffungskosten anzusetzen. Dies ist nach hA der vereinbarte Rückzahlungsbetrag. Eine Bilanzierung zum Nennwert kommt auch dann in Betracht, wenn ein Darlehen nicht im Rahmen einer Erstausleihung, sondern **im Wege** **einer Zession** erworben wurde[98]. Wegen der Behandlung eines etwaigen Disagios bzw. des in Nr. I A 4.3 Abs. 4 VUBR enthaltenen Hinweises auf die entsprechende Anwendung der Regelung nach I A 4.2 Abs. 3 VUBR wird auf den vorhergehenden Abschnitt verwiesen[99].

---

95 Ausführlich hierzu *König* in KoRVU Bd. I B Tz. 46 ff., Tz. 74 ff.
96 Vgl. Allgemeine Verwaltungsvorschrift zur Aufhebung der allgemeinen Verwaltungsvorschrift über die steuerliche Anerkennung von Sammelwertberichtigungen bei Kreditinstituten v. 4. 7. 1988, BAnz. 125 = BStBl. I S. 316; Steuerreformgesetz 1990 vom 25. 7. 1988 BGBl. I S. 1093/1139.
97 S. hierzu St/BFA 1/1990: Zur Bildung von Pauschalwertberichtigungen bei Kreditinstituten.
98 Wegen § 340e HGB und der entsprechenden Gesetzesmaterialien – insb. Bericht des Rechtsausschusses, BT-Drs. 11/6786, S. 8 – erscheint die Bilanzierung zum Nennwert sowohl von Schuldscheindarlehen im Rahmen einer Erstausleihung als auch von durch Zession erworbenen Darlehen in beiden Fällen als zulässig; § 340e HGB stellt zwar eine bankspezifische Vorschrift dar, die jedoch einen nicht bankspezifischen Sachverhalt regelt. Es sei in diesem Zusammenhang auch darauf hingewiesen, daß Art. 51 Abs. 1a) des Vorschlags zu einer EG-Versicherungsbilanz-Richtlinie – Stand v. 16. 4. 1991, vgl. Tz. 434 ff. – ein Mitgliedstaatenwahlrecht vorsieht, Schuldverschreibungen statt mit den Anschaffungskosten mit dem Rückzahlungsbetrag zu bilanzieren.
AA zur Bilanzierung von durch Zession erworbenen Schuldscheindarlehen und Namensschuldverschreibungen: Nichtveröffentlichtes Urteil des FG München v. 1. 12. 87, Az. VII 31/86 K, G, EW.
99 Vgl. Tz. 102 ff.

Ebenso wie bei Hypotheken-, Grundschuld- und Rentenschuldforderungen können auch bei diesem Posten die Grundsätze der §§ 253 Abs. 2 S. 3 und 279 Abs. 1 S. 2 HGB zur Anwendung kommen.

109   Vor allem in Zeiten steigender Zinsen werden einzelne VU von ihnen gehaltene Inhaberschuldverschreibungen in Namenspapiere umschreiben **(Vinkulierung)**. Inhaberschuldverschreibungen werden unter dem Posten Aktiva IV Nr. 8 „Wertpapiere und Anteile, soweit sie nicht zu anderen Posten gehören" ausgewiesen. Sie sind nach § 56 Abs. 1 VAG nach dem strengen Niederstwertprinzip zu bewerten, während Namensschuldverschreibungen mit dem Rückzahlungsbetrag anzusetzen sind. Fraglich ist, ob für bereits in den VJ nach § 56 Abs. 1 VAG abgeschriebene Inhaberpapiere nach der Umwandlung in Namenspapiere eine Neubewertung mit dem Rückzahlungsbetrag vorzunehmen ist. Nach hM ist der bisherige Buchwert fortzuführen[100].

In Muster 8 des Anhangs ist eine Erfassung der Umwandlung unter den „Umbuchungen" erforderlich[101].

110   In **Muster 8** des Anhangs „Entwicklung der Kapitalanlagen" ist der Posten „Namensschuldverschreibungen, Schuldscheinforderungen und Darlehen" zu untergliedern in Ausleihungen an

a) Bund, Länder und andere Körperschaften oder Anstalten des öffentlichen Rechts
b) privatrechtliche Unternehmen
c) sonstige.

4. Schuldbuchforderungen gegen den Bund und die Länder

111   Unter diesem Posten sind sämtliche bestätigten und unbestätigten Ausgleichsforderungen sowie Anleihen des Bundes, der Länder und der Gemeinden, die in das Schuldbuch eingetragen wurden, auszuweisen (Nr. I A 4.4 VUBR). Der Buchwert der Ausgleichsforderungen[102] ist in der Bilanz als Davon-Vermerk kenntlich zu machen.

112   Schuldbuchforderungen sind als langfristige Finanzanlagen iSd. § 247 Abs. 2 HGB grundsätzlich mit dem Nennwert abzüglich zwischenzeitlicher Tilgungen und Rückzahlungen durch die Deutsche Bundesbank zu bewerten. Wegen der Bewertung von in Schuldbuchforderungen umgeschriebenen Inhaberschuldverschreibungen wird auf die entsprechenden Ausführungen unter den Namensschuldverschreibungen – Tz. 109 – verwiesen. Die dort genannten Grundsätze gelten sinngemäß.

113   Im Anhang ist in Muster 8 „Entwicklung der Kapitalanlagen" der Bilanzposten in Ausgleichsposten und andere Schuldbuchforderungen zu untergliedern.

---

100 Vgl. St/VFA 1/1983 (in Überarbeitung) Abschn. II Nr. 8; *König* in KoRVU Bd. I B Tz. 69.
101 Eine Erfassung unter „Abgängen" und „Zugängen" kommt nicht in Betracht. Vgl. *Richter/Geib* in KoRVU Bd. I E Tz. 48.
102 Die Ausgleichsforderungen entstanden im Zusammenhang mit der Währungsumstellung im Jahr 1948.

5. Darlehen und Vorauszahlungen auf Versicherungsscheine

An dieser Stelle sind Darlehen und Vorauszahlungen auf Versicherungsscheine **114**
auszuweisen, soweit sie den Versicherungsnehmern aufgrund der Allgemeinen
Versicherungsbedingungen gewährt werden (Nr. I A 4.5 VUBR).

Darlehen und Vorauszahlungen auf Versicherungsscheine haben bei **115**
LebensVU[103], P/StK sowie in geringerem Umfang bei SchVU im Bereich der
Unfallversicherung mit Beitragsrückgewähr Bedeutung. Sobald der Versicherungsvertrag rückkaufsfähig ist, kann dem VN ein verzinsliches, grundsätzlich
zurückzahlbares Darlehen – auch als **Policendarlehen** bezeichnet – gewährt werden. **Vorauszahlungen** sind die nicht zurückzahlbare teilweise Leistung der Versicherungssumme vor Eintritt des Versicherungsfalles.

Handelt es sich nicht um längerfristige, verzinsliche Vorauszahlungen, sondern **116**
um unverzinsliche Abschlagszahlungen aus Kulanzgründen, ist der Ausweis
unter Aktiva VIII Nr. 7 „Sonstige Forderungen und Vermögensgegenstände"
vorzunehmen[104].

Policendarlehen und Vorauszahlungen sind mit dem Nominalbetrag zu bewer- **117**
ten. Tilgungen sind abzusetzen. Abschreibungen bzw. Einzelwertberichtigungen
kommen wegen der Sicherheit in Form des Rückkaufswertes bzw. der Rückge-
währsumme grundsätzlich nicht in Betracht.

Vorauszahlungen und Darlehen auf Versicherungsscheine, die Organmitgliedern **118**
gewährt werden, fallen **nicht unter die Offenlegungspflicht iSd. § 285 Nr. 9c
HGB,** soweit die Vorauszahlungen und Darlehen nach Maßgabe der AVB wie
fremden Dritten eingeräumt werden[105].

6. Anteile an verbundenen Unternehmen

Der **Begriff des verbundenen Unternehmens** ist für Zwecke der Rechnungslegung **119**
in § 271 Abs. 2 HGB definiert. Danach lassen sich folgende Begriffsmerkmale
erkennen[106]:

(1) Es handelt sich um Mutter- oder Tochterunternehmen.
(2) Die Unternehmen sind nach den Vorschriften über die Vollkonsolidierung
(§§ 300 ff. HGB) in den KA eines Mutterunternehmens einzubeziehen, das
als oberstes Mutterunternehmen den weitestgehenden KA nach den Vorschriften des HGB aufzustellen hat, auch wenn die Aufstellung unterbleibt,
oder das einen befreienden KA nach § 291 HGB oder nach einer nach § 292
HGB erlassenen RVO aufstellt oder aufstellen könnte.
(3) Nicht konsolidierte Tochterunternehmen, die nach § 295 oder § 296 HGB
nicht in den KA einbezogen werden, sind ebenfalls verbundene Unternehmen.

Der Begriff des verbundenen Unternehmens für Zwecke der Rechnungslegung **120**
ist nicht in allen Fällen identisch mit dem Begriff des § 15 AktG[107].

---

103 Vgl. § 5 Allgemeine Bedingungen für die kapitalbildende Lebensversicherung.
104 Vgl. *Fricke* in IDW-Aufsatzsammlung D Tz. 43.
105 Vgl. *Richter/Geib* in KoRVU Bd. I E Tz. 211 ff. mit ausführlicher Begründung sowie mwH.
106 Vgl. hierzu F Tz. 83 ff.; s. auch *Richter/Geib* in KoRVU Bd. I A Tz. 213 ff.
107 Zu dieser Problematik vgl. R Tz. 5 ff.; Versicherungsspezifische Aspekte behandeln: *Richter/Geib*
in KoRVU Bd. I A Tz. 219.

Die wortgemäße Anwendung der Definition der verbundenen Unternehmen in
§ 271 Abs. 2 HGB führt zu Zweifelsfragen und – gemessen an Sinn und Zweck
der Angaben im JA – **unbefriedigenden Ergebnissen** insb. bei solchen Verbund-
strukturen, die in der **Versicherungswirtschaft** eine praktische Bedeutung haben.

Fraglich ist insb., ob die Pflicht zur Aufstellung eines KA nach dem PublG
Unternehmensverbindungen iSv. § 271 Abs. 2 HGB begründet. Zu denken ist an
den Fall, daß an der **Spitze eines Konzerns ein VVaG** [108] steht, und eine in Mehrheitsbesitz und unter einheitlicher Leitung stehende Tochter-Kapitalgesellschaft
(mit Sitz im Inland) – zB eine AG – nach § 13 PublG zu konsolidieren ist.

Allein aufgrund der wörtlichen Interpretation des § 271 Abs. 2 HGB wären der
VVaG und die AG keine verbundenen Unternehmen, da der VVaG seinen KA
nicht nach HGB aufzustellen hat und auch eine befreiende Wirkung dieses KA
ausgeschlossen ist [109]. Nach der Argumentation von *ADS* kommt es in Auslegung des Zwecks von § 271 Abs. 2 HGB jedoch weder auf die konkrete Aufstellungspflicht nach HGB an noch auf eine Befreiung einer sonst nach § 290 HGB
verpflichteten Kapitalgesellschaft [110]; ausschlaggebend sind die in § 290 HGB
geregelten Beziehungen, dh., Unternehmen sind schon dann verbunden, wenn
ein „control"-Verhältnis nach § 290 Abs. 2 Nr. 1 oder Nr. 2 vorliegt [111]. Dies gilt
auch, wenn ein KA nach § 11 PublG nicht aufgestellt zu werden braucht. Dies
ist zB dann der Fall, wenn der VVaG zwar die Mehrheit der Stimmrechte (zB
51 %) besitzt, aber keine einheitliche Leitung vorliegt [112]. Der VVaG und die in
Mehrheitsbesitz stehende Kapitalgesellschaft sind dennoch verbundene Unternehmen iSv. § 271 Abs. 2 HGB. Dies gilt auch dann, wenn das Größenmerkmal
des § 11 Abs. 4 iVm. § 1 Abs. 4 PublG (gebuchte Brutto-Beiträge des Gesamtgeschäfts in den 12 Monaten vor dem Abschlußstichtag von DM 100 Mio.) an
3 aufeinanderfolgenden Abschlußstichtagen nicht überschritten war.

121   Informationsverluste gegenüber bisheriger Rechnungslegung können sich durch das
Nebeneinander verschiedener Begriffe für verbundene Unternehmen im HGB und
im AktG insb. daraus ergeben, daß Unternehmen eines **Gleichordnungskonzerns,** die
gem. § 15 AktG iVm. § 18 Abs. 2 AktG verbundene Unternehmen sind, nicht die Voraussetzungen des § 271 Abs. 2 HGB erfüllen und daher künftig nicht mehr verbunden sind im Sinne der Begriffsdefinition für die Rechnungslegung nach dem HGB.
Dies hat Bedeutung insb. für Konzernstrukturen bei **ö.-r. VU.** Ein Kompositversi-
cherer steht oft gleichrangig neben einem LVU; in einigen Fällen ist zugleich Personenidentität in den Leitungs- und Aufsichtsgremien gegeben. Wenn auch wegen
Wortlaut und Sinn des § 271 Abs. 2 HGB eine sinngemäße Anwendung der Vorschriften über verbundene Unternehmen nicht in Betracht kommt, so erscheint doch
eine freiwillige Offenlegung der Verbundbeziehungen (zB durch bloße Namensnennung des anderen Unternehmens bei den Davon-Vermerken) im Hinblick auf den
Sinn und Zweck von Vorschriften über verbundene Unternehmen, nämlich die
finanziellen Verflechtungen einander nahestehender Unternehmen offenzulegen,
wünschenswert. Dies würde allerdings den ausdrücklichen Hinweis erfordern, daß
es sich nicht um Unternehmensverbindungen iSv. § 271 Abs. 2 HGB handelt.

---

108 Die folgenden Ausführungen gelten für ein ö.-r. VU entsprechend.
109 Vgl. *ADS*, HGB § 271 Tz. 42 mwN hier in bezug auf den Fall einer Personengesellschaft, die eine
    Kapitalgesellschaft zu konsolidieren hat.
110 Vgl. hierzu insb. die Ausführungen in *ADS*, HGB § 271 Tz. 41 ff.
111 Vgl. *ADS*, HGB § 271 Tz. 67.
112 Vgl. ebd. Tz. 67.

Nach Nr. I A 4.6 S. 2 VUBR sind die **Anteile an einem herrschenden oder mit Mehrheit beteiligten Unternehmen** ebenfalls unter diesem Posten auszuweisen und durch Davon-Vermerk nachrichtlich anzugeben. Diese Auffassung[113] wird jedoch, soweit es sich um die Anteile an einer AG handelt, von der überwiegenden Literaturmeinung nicht geteilt[114]. Vielmehr wird einem Ausweis außerhalb der Kapitalanlagen unter Posten Aktiva VIII „Andere Forderungen und sonstige Vermögensgegenstände", entsprechend der Behandlung eigener Anteile, grundsätzlich der Vorzug gegeben.   **122**

Für die **Bewertung** der Anteile an verbundenen Unternehmen wird im Grundsatz auf die Ausführungen zur Bewertung von Beteiligungen verwiesen[115].   **123**

Im **Muster 8** des Anhangs „Entwicklung der Kapitalanlagen" ist der Posten in Anteile an verbundenen Unternehmen mit Sitz im Inland bzw. mit Sitz im Ausland zu unterscheiden.   **124**

7. Beteiligungen

Der **Begriff** der Beteiligung ist in § 271 Abs. 1 HGB definiert[116]. Liegt eine Beteiligung vor, muß geprüft werden, ob nicht auch der Tatbestand eines verbundenen Unternehmens iSv. § 271 Abs. 2 HGB vorliegt. In diesem Fall geht der Ausweis unter den „Anteilen an verbundenen Unternehmen" vor.   **125**

Nach Nr. I A 4.7 VUBR sind als Beteiligungen auszuweisen:

– Anteile an Kapitalgesellschaften
– Anteile an Personengesellschaften, insb. Partenreedereien
– Stille Beteiligungen
– Anteile an Grundstücksgesellschaften bürgerlichen Rechts, sofern sie als solche am Rechtsverkehr teilnehmen und ein gewisses eigenes wirtschaftliches Risiko tragen.

Der Ausweis unter Beteiligungen hängt davon ab, ob die Beteiligung dazu bestimmt ist, dauernd dem Geschäftsbetrieb zu dienen und ob eine Beteiligungsabsicht vorliegt. Merkmale, die auf eine **Beteiligungsabsicht** hindeuten, können bei Versicherungsunternehmen insb. sein: Branchenverwandtschaft (Versicherungsunternehmen, Grundstücks-, Vermögensverwaltungsgesellschaften uä.), unternehmerische Verbindungen (Rückversicherungsbeziehungen, Kooperation im Vertrieb uä.), personelle Verflechtungen im Vorstand oder Aufsichtsrat sowie Funktionsausgliederungsverträge[117].   **126**

Fraglich könnte sein, ob ein Ausweis unter „Beteiligungen" bereits **vor der Eintragung der Gründung oder der Kapitalerhöhung ins Handelsregister** statthaft ist. Da das beteiligte Unternehmen – unabhängig davon, ob die rechtlichen Erfordernisse erfüllt sind – eine Investition in eine Beteiligung getätigt hat, ist diese Investition auch als Beteiligung auszuweisen[118]. Dies ergibt sich auch unter Berücksichtigung des allgemeinen Bilanzierungsgrundsatzes für VU[119], nach   **127**

---

113 Zur Begründung s. *Laaß*, WPg. 1988 S. 358 f.
114 Vgl. *ADS*, HGB § 266 Tz. 75; *König* in KoRVU Bd. I B Tz. 106; *BeBiKo.*, HGB § 266 Anm. 73 ff.; *Richter/Geib* WPg. 1987 S. 192 f.; *Welzel*, VW 1987 S. 440.
115 Vgl. Tz. 130.
116 Vgl. hierzu zB *ADS*. HGB § 271 Tz. 4 ff. mwH.
117 Vgl. *Fricke* in IDW-Aufsatzsammlung D Tz. 53.
118 Vgl. *König* in KoRVU Bd. I B Tz. 129.
119 Vgl. zu diesem Grundsatz zB Nr. I A 3.1 S. 3, I A 3.2 letzter S., I A 4.1 Abs. I VUBR.

dem Vorleistungen unter dem Posten auszuweisen sind, unter dem der Vermögensgegenstand später ausgewiesen wird[120].

128   Beteiligungen werden grundsätzlich mit dem Einzahlungsbetrag aktiviert. **Noch nicht geleistete Anzahlungen** können sowohl nach der sog. Bruttomethode – Aktivierung des vollen Zeichnungsbetrages und Passivierung der bestehenden Einzahlungsverpflichtung – als auch der sog. Nettomethode – Bilanzierung der tatsächlich eingezahlten Beträge – bilanziert werden[121].

129   Bei **Beteiligungen an Partenreedereien**[122] richtet sich die Abschreibung nach § 253 Abs. 2 HGB. Dabei sind die Abschreibungen bzw. Verlustanteile auf den Buchwert der einzelnen Beteiligung beschränkt. Die Berücksichtigung von über den Beteiligungsbuchwert hinausgehenden Verlustanteilen durch einen entsprechend bezeichneten Sonderposten mit Rücklageanteil ist nicht mehr zulässig, da die nach §§ 273 und 281 HGB zur Bildung des Sonderpostens mit Rücklageanteil erforderliche umgekehrte Maßgeblichkeit nicht gegeben ist[123].

130   Beteiligungen sind entsprechend den Bewertungsvorschriften für das Anlagevermögen (§§ 253, 254 und 279 HGB) zu bewerten. Bei Erwerb von einem Dritten ergeben sich die **Anschaffungskosten**[124] aus Kaufpreis zuzüglich der anfallenden Nebenkosten (zB Notariatskosten, Spesen). Nicht Teil der Anschaffungskosten sind Aufwendungen, die der Vorbereitung der Entscheidung über den Erwerb dienen (zB Kosten eines Bewertungsgutachtens, Beratungskosten uä.).

131   Eine bei der Bilanzierung von Beteiligungen zu berücksichtigende Besonderheit stellt der **Organisationsfonds**[125] gem. § 5 Abs. 5 Nr. 3 VAG dar. Zahlungen für einen Organisationsfonds werden handelsrechtlich als zusätzliche Anschaffungskosten aktiviert[126].

132   Nach den Bewertungsgrundsätzen für das Anlagevermögen besteht nach § 253 Abs. 2 S. 3 iVm. § 279 Abs. 1 S. 2 HGB bei voraussichtlich dauernder Wertminderung eine Pflicht zur **Abschreibung** auf den niedrigeren beizulegenden Stichtagswert, bei voraussichtlich vorübergehender Wertminderung ein Abschreibungswahlrecht – gemildertes Niederstwertprinzip[127].

8. Wertpapiere und Anteile, soweit sie nicht zu anderen Posten gehören

133   Im bilanztechnischen Sinne werden unter Wertpapieren **bestimmte übertragbare Inhaber- und Orderpapiere** verstanden[128]. Nach den VUBR (Nr. I A 4.8) gehören hierzu insb.:

1. Festverzinsliche Wertpapiere einschließlich der sog. stückelosen Anleihen, die der Wertpapier-Sammelbank zur treuhänderischen Verwahrung anvertraut sind und an der Börse notiert werden oder für die eine Börsenzulassung vor-

---

120 AA *Fricke* in IDW-Aufsatzsammlung D Tz. 54.
121 S. in diesem Zusammenhang *ADS*, HGB § 285 Tz. 60; aA *Fricke* in IDW-Aufsatzsammlung D Tz. 62; s. auch: Anschaffungskosten junger GmbH-Anteile bei Einzahlung des Ausgabebetrages in Teilbeträgen – Bilanzierung der Einzahlungsverpflichtung, FM Niedersachsen, Erl. v. 30. 1. 1989, DB S. 355.
122 Zum Begriff s. *Fricke* in IDW-Aufsatzsammlung D Tz. 56.
123 Vgl. *BeBiKo.*, § 253 Anm. 406; so auch St/HFA 1/1991 Abschn. 4.
124 Ausführlich zB in *ADS*, HGB § 253 Tz. 54, HGB § 255 Tz. 10 ff.; *BeBiKo.*, § 255 Anm. 141 ff.
125 Zum Organisationsfonds s. Tz. 181.
126 Vgl. *Fricke* in IDW-Aufsatzsammlung D Tz. 55.
127 Vgl. hierzu zB *ADS*, HGB § 253 Tz. 406 ff.; *BeBiKo.*, § 253 Anm. 401 ff.
128 Vgl. *König* in KoRVU Bd. I B Tz. 149.

gesehen ist; hierunter sind auch die in einem gesonderten Depot zugunsten eines Dritten (einschließlich eines ausländischen Staates) gehaltenen oder hinterlegten Wertpapiere auszuweisen, auch wenn sie durch Verfügungsbeschränkungen nicht mehr uneingeschränkt fungibel sind;

2. Unverzinsliche Schatzanweisungen;
3. Aktien, auch wenn sie nicht börsennotiert sind;
4. Anteile an nicht verbundenen Kapitalgesellschaften, deren Nennbeträge insgesamt den fünften Teil des Nennkapitals nicht überschreiten, sofern sie nicht als Beteiligung auszuweisen sind;
5. Anteile an Grundstücks-, Wertpapier- und Beteiligungs-Sondervermögen;
6. Sparbriefe und Sparobligationen, soweit sie fungibel sind;
7. Genußrechtsanteile;
8. Anteile an eingetragenen Genossenschaften einschließlich der Gewinnzuschreibungen.

Nicht fungible Sparbriefe und Sparobligationen sind unter „Namensschuldverschreibungen, Schuldscheinforderungen und Darlehen" zu erfassen.

Ebenfalls unter „Wertpapiere und Anteile" auszuweisen sind Grundschuldverschreibungen und Optionsanleihen [129].

Bei **Wertpapierleihgeschäften,** dh. bei der Übertragung von Wertpapieren auf Zeit verbunden mit der Verpflichtung des Entleihers dem Verleiher gegenüber Wertpapiere gleicher Art, Menge und Güte zurückzuübereignen sowie für die Dauer der Überlassung ein Entgelt zu entrichten, wird ein Ausweis des Sachdarlehens unter „Wertpapiere und Anteile" für zulässig gehalten [130]. Werden Wertpapiere durch – echte oder unechte – **Pensionsgeschäfte** übertragen, so gelten die Grundsätze des § 340b HGB [131] für VU sinngemäß.

Soweit Wertpapiere zur Bedeckung versicherungstechnischer Rückstellungen aus dem sG oder in Rückdeckung übernommenen ausländischen Geschäft bei einer **Depotstelle** hinterlegt werden müssen und die Wertpapiere staatlichen oder privatrechtlichen Verfügungsbeschränkungen unterliegen, bleiben die Wertpapiere im Eigentum des VU. Auch der Charakter der Wertpapiere wird durch die Verfügungsbeschränkungen nicht geändert, da die Beschränkungen den VU auferlegt sind und nicht die Fungibilität der Wertpapiere selbst aufheben [132]. **134**

Wegen der Bewertung der Wertpapiere wird grundsätzlich auf die Ausführungen zu § 56 Abs. 1 VAG verwiesen [133]. Zweifelsfragen werden in der Spezialliteratur erörtert [134]. Die Bewertung von in Inhaberschuldverschreibungen bzw. Schuldbuchforderungen umgewandelten bzw. umgeschriebenen Inhaberschuldverschreibungen wird unter Tz. 109 behandelt. **135**

Bei der Darstellung in **Muster 8** des Anhangs „Entwicklung der Kapitalanlagen" sind die Wertpapiere und Anteile aufzuteilen in: **136**

---

129 Zu weiteren Zweifelsfragen vgl. *König* in KoRVU Bd. I B Tz. 149 ff.
130 S. in diesem Zusammenhang auch BMF-Schr. v. 3. 4. 1990 – DB S. 863.
131 S. hierzu auch E Tz. 42 f.
132 Vgl. *Fricke* in IDW-Aufsatzsammlung D Tz. 67.
133 S. Tz. 32 ff.
134 Vgl. *Fricke* in IDW-Aufsatzsammlung D Tz. 68 ff.; *König* in KoRVU Bd. I B Tz. 155 ff.

a) Festverzinsliche Wertpapiere
b) Aktien, Kuxe, Investmentzertifikate
c) Sonstige.

9. Festgelder, Termingelder und Sparguthaben bei Kreditinstituten

137 Unter diesem Posten werden die für eine bestimmte Zeit – auch für einen Tag – festgelegten Guthaben bei Kreditinstituten und sämtliche Sparguthaben ausgewiesen. Weiterhin sind an dieser Stelle die zugunsten ausländischer Regierungen als Kaution hinterlegten Geldbestände auszuweisen (Nr. I A 4.9 VUBR).

138 In der Frage, ob Tagesgelder als Teil der Termingelder mit dem Anlagecharakter dieses Postens in Einklang stehen, wird darauf hingewiesen, daß mit Tagesgeldern durchaus Anlagepolitik betrieben und ein bestimmter Ertrag erzielt werden kann[135].

139 Die Bewertung der Festgelder, Termingelder und Spareinlagen erfolgt zum Nennwert.

140 Bei der Darstellung des Postens in Muster 8 des Anhangs „Entwicklung der Kapitalanlagen" wird – abweichend von den übrigen Kapitalanlageposten – nur der Saldo aus den Zu- und Abgängen unter „Zugänge" oder „Abgänge" ausgewiesen.

10. Depotforderungen aus dem in Rückdeckung übernommenen und gegebenen Versicherungsgeschäft

141 Depots können **Bestandteil eines Rückversicherungsvertrages** sein. In diesem Fall zahlt der Erstversicherer dem Rückversicherer fällige Salden nicht oder nicht vollständig aus[136]. Der Rückversicherer kann seine versicherungstechnischen Rückstellungen nicht mit Kapitalanlagen bedecken; er stellt (Depot-)Forderungen gegen den Vorversicherer ein. Depotforderungen aus dem üG sind somit Forderungen an Vorversicherer in Höhe der von diesen als Sicherheit einbehaltenen Beträge (Nr. I A 4.10.1 VUBR). Depotforderungen werden auch als ein „Kapitalanlage-Surrogat"[137] bezeichnet.

142 Oft erfolgt die Depotstellung in Form eines **Bardepots.** In diesem Fall stellt der Rückversicherer dem Erstversicherer Geldmittel zur Verfügung. Beim **Wertpapierdepot** hinterlegt der Rückversicherer eigene Wertpapiere als Sicherheit bei einer Bank oder direkt beim Erstversicherer[138].

143 Im Bereich der **Lebensrückversicherung** ist nach den Bestimmungen des § 67 VAG der Erstversicherer verpflichtet, die Vermögenswerte für die Bedeckung der Deckungsrückstellung – den sog. Deckungsstock – selbst aufzubewahren, so daß in diesem Fall die Depotstellung gesetzlich vorgeschrieben ist. Das Lebens-VU weist damit seine Deckungsrückstellung – auch bei Rückversicherungsnahme – brutto aus[139].

---

135 Vgl. *Fricke* in IDW-Aufsatzsammlung D Tz. 71; *König* in KoRVU Bd. I B Tz. 170.
136 Vgl. zB *Kann* in HdV S. 125 f.; *Gerathewohl* Bd. I S. 885 ff.
137 *Fricke* in IDW-Aufsatzsammlung D Tz. 75.
138 Vgl. *Kann* in HdV S. 127 f.
139 Vgl. *Richter/Geib* WPg. 1987 S. 194. Nach Art. 5 des Vorschlags einer EG-Versicherungsbilanz-RL (s. Tz. 434 ff.) wird die Deckungsrückstellung netto – mit Vorspalte – ausgewiesen.

Wird in der Lebensrückversicherung, was üblich ist, ein Bardepot gestellt, weist das RVU auf der Passivseite seinen Anteil an der Deckungsrückstellung aus und aktiviert eine Depotforderung aus dem in Rückdeckung übernommenen Geschäft[140].

Depotforderungen aus dem abgegebenen Geschäft – passive Rückversicherung – treten dann auf, wenn in der Lebensrückversicherung Wertpapierdepots gestellt werden. Während bei der Stellung eines Bardepots die hierdurch entstandenen Verbindlichkeiten in Höhe des Anteils des Rückversicherers nachrichtlich bei der Deckungsrückstellung vermerkt werden, kommt dieser nachrichtliche Vermerk bei einem Wertpapierdepot nicht in Frage. Vielmehr hat der Erstversicherer die durch das Wertpapierdepot besicherte Forderung unter Depotforderungen aus dem in Rückdeckung gegebenen Versicherungsgeschäft zu aktivieren (Nr. I A 4.10.2 VUBR).

Eine Aufrechnung von Depotforderungen und -verbindlichkeiten gegenüber **144** demselben Unternehmen ist nicht zulässig (Nr. I 0.3 VUBR)[141].

Die Bewertung von Depotforderungen erfolgt zum Nennwert[142].   **145**

Ebenso wie bei dem Posten „Festgelder, Termingelder und Spareinlagen bei **146** Kreditinstituten" ist es bei den Depotforderungen herrschende Praxis, in **Muster 8** des Anhangs lediglich den Saldo aus Zu- und Abgängen anzugeben.

Bestimmungen für alle Posten der Kapitalanlagen

Nach § 7 Abs. 2 Externe VUReV sind Forderungen und Verbindlichkeiten **147** gegenüber verbundenen Unternehmen oder gegenüber Unternehmen, mit denen ein **Beteiligungsverhältnis** besteht, bei dem Posten oder Unterposten auszuweisen, zu dem sie ihrem Inhalt nach gehören, und durch einen Vermerk mit Angabe des entsprechenden Teilbetrags kenntlich zu machen. Liegt neben dem Beteiligungsverhältnis auch der Tatbestand eines verbundenen Unternehmens vor, hat der Charakter des verbundenen Unternehmens für die Vermerkpflicht Vorrang (Nr. I 0.4 Abs. 1 VUBR).

Bei der Darstellung der Kapitalanlagen nach Muster 8 „Entwicklung der Kapi- **148** talanlagen" im Anhang stellt sich im Zusammenhang mit der Umrechnung von in Fremdwährung geführten Kapitalanlagen die Frage, wo die aus der Umrechnung des Bilanzvortrags entstehenden **Währungskursdifferenzen** auszuweisen sind. Bei einer Einbeziehung dieser Differenzen in die Spalten „Zuschreibungen" und „Abschreibungen" ist der Betrag der reinen Zuschreibung vor Berücksichtigung der Währungskursdifferenzen nicht mehr ersichtlich. Notwendig ist daher, die Differenz in einer gesonderten Spalte auszuweisen bzw. sie als solche – bspw. durch entsprechende Vermerke in der Spalte „Abschreibungen" bzw. „Zuschreibungen" – kenntlich zu machen. Eine Einbeziehung der Währungskursdifferenzen in die Zu- bzw. Abgänge wird als nicht zulässig angesehen[143].

In den VUBR wird ausgeführt, für welche Posten der Kapitalanlagen Einzel- **149** wertberichtigungen bzw. Abschreibungen oder Pauschalwertberichtigungen in Betracht kommen.

---

140 Vgl. *Prölss*, VAG § 67 Tz. 2.
141 Vgl. auch *Eisold* in IDW-Aufsatzsammlung C V Tz. 59.
142 S. auch *Fricke* in IDW-Aufsatzsammlung D Tz. 79.
143 Vgl. *Richter/Geib* in KoRVU Bd. I E Tz. 91 f.; so auch *Fricke* in IDW-Aufsatzsammlung D Tz. 83;
    Fandré in IDW-Aufsatzsammlung E Tz. 46; aA *König* in KoRVU Bd. I B Tz. 222.

Danach kommen **Einzelwertberichtigungen bzw. Abschreibungen** insb. für folgende Posten in Betracht (Nr. I 0.1 Abs. 2 VUBR):

a) Grundstücke, grundstücksgleiche Rechte und Bauten einschließlich der Bauten auf fremden Grundstücken
b) Beteiligungen
c) Hypothekenforderungen

Nach Nr. I 0.1 Abs. 3 Nr. 1 VUBR können **Pauschalwertberichtigungen** für Kapitalanlagen gebildet werden, die Forderungen verkörpern. Dies trifft auf die folgenden Kapitalanlageposten zu[144]:

a) Hypotheken-, Grundschuld- und Rentenschuldforderungen
b) Namensschuldverschreibungen, Schuldscheinforderungen und Darlehen
c) Schuldbuchforderungen gegen den Bund und die Länder
d) Darlehen und Vorauszahlungen auf Versicherungsscheine
e) Festgelder, Termingelder und Sparguthaben bei Kreditinstituten
f) Depotforderungen aus dem in Rückdeckung übernommenen und gegebenen Versicherungsgeschäft.

V. Kapitalanlagen des Anlagestocks der fondsgebundenen Lebensversicherung

150 Bei der fondsgebundenen Lebensversicherung hängt die Höhe der Versicherungsleistungen insb. von der Wertentwicklung der in einem Fonds zusammengefaßten Vermögensanlagen ab. Unter diesem Posten werden die Kapitalanlagen – zB Wertpapiere, Grundbesitz, Investmentzertifikate – ausgewiesen, die zur Bedeckung der in Anteilseinheiten geführten Passiva der fondsgebundenen Lebensversicherung bestimmt sind.

151 Für die Bewertung der Aktiva gelten die oben dargestellten handelsrechtlichen Grundsätze und § 56 VAG[145].

152 Nach § 15 Externe VUReV sind im Anhang spezielle Erläuterungspflichten für die fondsgebundene Lebensversicherung zu beachten.

VI. Abrechnungsforderungen aus dem Rückversicherungsgeschäft

153 Abrechnungsforderungen bzw. Abrechnungsverbindlichkeiten (Posten Passiva VI) aus dem Rückversicherungsgeschäft entstehen aus dem **Kontokorrentverkehr mit Vor- und RVU sowie mit Rückversicherungsmaklern** im Zusammenhang mit aktiver und passiver Rückversicherung[146]. Der sog. liquide Saldo setzt sich aus Rückversicherungsbeiträgen, technischen Zinsen, Schadenzahlungen, Provisionen und Gewinnanteilen – technischer Saldo – sowie aus Einbehalt oder Veränderung von Depots zusammen[147].

154 Abweichend zu der Regelung bei Depotforderungen und -verbindlichkeiten[148] ist eine Verrechnung von Abrechnungsforderungen und -verbindlichkeiten gegenüber demselben Unternehmen zulässig, wenn die Voraussetzungen des § 387 BGB erfüllt sind (Nr. I 0.3 VUBR)[149].

---

144 Vgl. auch *Fricke* in IDW-Aufsatzsammlung D Tz. 84.
145 Vgl. *Fricke* in IDW-Aufsatzsammlung D Tz. 84; *Tröbliger* in KoRVU Bd. I G Tz. 3.
146 Vgl. *Farny*, Buchführung S. 123.
147 Vgl. *Eisold* in IDW-Aufsatzsammlung C V Tz. 60.
148 Vgl. Tz. 144.
149 Ausführlich bei *König* in KoRVU Bd. I C Tz. 24 ff.

Eine Besonderheit des Abrechnungsverkehrs ist das sog. **Clean-cut-Verfahren**[150]. **155**
Dabei werden dem Rückversicherer vom Vorversicherer die auf ihn entfallenden
Anteile an den versicherungstechnischen Rückstellungen nicht nur nachrichtlich
aufgegeben, sondern am Ende des Rückversicherungsjahres als Portefeuille-
und Schadenrückstellungs-Austritte belastet. Wesentlich ist jedoch, daß im
Regelfall der Vorversicherer bei Clean-cut-Abrechnungen den zahlungsmäßigen
Ausgleich des im Abrechnungssaldo enthaltenen Betrages für den Portefeuille-
und Schadenrückstellungs-Austritt erst bei Kündigung des Rückversicherungsvertrages verlangt. Bei einem weiterbestehenden Vertrag wird idR unmittelbar
auf die Abrechnung eine Portefeuille- und Schadenrückstellungs-Wiederein-
trittsabrechnung erfolgen, mit der der zuvor errechnete Abrechnungssaldo – von
Spitzen abgesehen – rückgängig gemacht wird. Dh., im Ergebnis wird der Porte-
feuille- und Schadenrückstellungs-Austritt nicht abgerechnet[151]. Dementsprechend wird in Nr. I 3.0 Abs. 2 VUBR klargestellt, daß bei Abrechnungen nach
dem Clean-cut-Verfahren die versicherungstechnischen Rückstellungen sowie
die Anteile der Rückversicherer an diesen Rückstellungen unter den versicherungstechnischen Rückstellungen auszuweisen sind. Der lediglich abrechnungs-
technisch erfolgte Portefeuillerückzug wird nicht gebucht.

Nur bei **tatsächlich gekündigten Rückversicherungsverträgen** umfassen die **156**
Abrechnungssalden auch die hierauf entfallenden versicherungstechnischen
Rückstellungen, dh., die Portefeuille- und Schadenrückstellungsaustrittsbeträge
(Nr. I A 6 Abs. 2 VUBR).

Abrechnungsforderungen und -verbindlichkeiten werden nach den allgemeinen **157**
handelsrechtlichen Grundsätzen bewertet. Pauschalwertberichtigungen zur
Erfassung des allgemeinen Kreditrisikos sind zulässig[152].

VII. Forderungen aus dem selbst abgeschlossenen Versicherungsgeschäft[153]

Zu den Forderungen und Verbindlichkeiten aus sG gehört nur das vom bilanzie- **158**
renden VU nach außenhin im eigenen Namen abgeschlossene Erstversiche-
rungsgeschäft. Es umfaßt (Nr. I A 7 VUBR):

- Das Alleingeschäft, dh., das von dem bilanzierenden VU allein gezeichnete
  Versicherungsgeschäft;
- das Führungseigengeschäft, dh., die Anteile des Versicherungsgeschäfts, die
  von dem bilanzierenden VU als führende Gesellschaft als eigene Anteile
  gezeichnet worden sind;
- das Beteiligungsgeschäft, dh., die Anteile des Versicherungsgeschäfts, die das
  bilanzierende VU im Wege der offenen Mitversicherung von anderen (führenden) VU erhalten hat.

Die Forderungen aus dem sG werden in Fomblatt I in Forderungen an Versiche- **159**
rungsnehmer, Mitglieds- und Trägerunternehmen[154] sowie an Versicherungsvertreter unterteilt (Posten Aktiva VII Nr. 1 bis 3).

---

150 Vgl. *Gerathewohl* Bd. I S. 869 ff.
151 Vgl. *Eisold* in IDW-Aufsatzsammlung C V Tz. 62; *König* in KoRVU Bd. I C Tz. 21 f.
152 Vgl. *König* in KoRVU Bd. I C Tz. 46 ff.
153 S. hierzu *Donandt/Richter* in IDW-Aufsatzsammlung C IV Tz. 261 ff.; *König* in KoRVU Bd. I C Tz. 28 ff.
154 Forderungen an Mitglieds- und Trägerunternehmen treten nur bei P/StK auf. Sie umfassen insb. Beitragsforderungen an diese Unternehmen sowie Forderungen auf Zuwendungen von den Mitglieds- und Trägerunternehmen (Nr. I A 7.2 VUBR).

160 Zu den **Forderungen an die VN – fällige Ansprüche** – gehören Beitragsforderungen aus uneingelösten Versicherungsscheinen, Nachträgen und Folgebeitragsrechnungen sowie sonstige Forderungen, zB aus Gebühren (Nr. I A 7.1.1 Abs. 1 VUBR). An dieser Stelle sind auch Forderungen auszuweisen, soweit sie aus abrechnungstechnischen Gründen den Versicherungsvertretern belastet worden sind (Nr. I A 7.1.1 Abs. 2 VUBR); dies gilt auch für Makler und andere VU[155].

Nicht unter diesem Aktiv-Posten aufzuführen sind Forderungen aus der Versicherungsvermittlung und dem Führungsfremdgeschäft; sie sind unter Posten Aktiva VIII Nr. 7 „Sonstige Forderungen und Vermögensgegenstände" auszuweisen. Zinsforderungen aus Darlehen und Vorauszahlungen auf Versicherungsscheine sind unter Posten Aktiva VIII Nr. 8 „Zins- und Mietforderungen" auszuweisen, und Forderungen aufgrund von Regressen, Provenues und Teilungsabkommen sind von Passiva III Nr. 3a) „Rückstellung für noch nicht abgewickelte Versicherungsfälle" abzusetzen (Nr. I A 7.1.1 Abs. 3 VUBR).

Forderungen an VN - noch nicht fällige Ansprüche – gibt es nur bei LVU sowie P/StK (Nr. I A 7.2 VUBR). Unter diesem Posten sind Versicherungsverträge zu erfassen, bei denen das gezillmerte Deckungskapital negativ ist bzw. das Mindestdeckungskapital höher als das gezillmerte Deckungskapital ist[156].

161 **Forderungen an Versicherungsvertreter** richten sich insb. an folgende Personenkreise (Nr. I A 7.3 Abs. 1 VUBR):

- Freie Versicherungsvertreter einschließlich der ausgeschiedenen,
- Versicherungsmakler,
- VU zB aufgrund eines Beteiligungsgeschäfts oder eines Agenturvertrags,
- Angestellte Vertreter einschließlich der ausgeschiedenen.

Im einzelnen umfassen die Forderungen an Vertreter (Nr. I A 7.3 Abs. 2 VUBR):

- Provisionsvorschüsse einschließlich der vorausgezahlten Provisionen auf Versicherungen mit technischem Beginn im Folgejahr,
- Provisionsrückforderungen und
- Ansprüche auf kassierte, aber noch nicht abgeführte Beträge.

Nicht unter den Forderungen aus dem sG an Versicherungsvertreter auszuweisen sind (Nr. I A 7.3 Abs. 3 VUBR):

- Forderungen bzw. Verbindlichkeiten aus der Versicherungsvermittlung und dem Führungsfremdgeschäft (Ausweis unter Posten A VIII Nr. 7 „Sonstige Forderungen und Vermögensgegenstände").
- Die VN betreffenden Belastungen für noch nicht eingelöste Versicherungsscheine, Nachträge und Folgebeitragsrechnungen sowie Belastungen aus zB Zinsen und Gebühren (Ausweis unter Posten A VII Nr. 1 „Forderungen aus dem selbst abgeschlossenen Versicherungsgeschäft an Versicherungsnehmer" bzw. Ausweis unter Posten A VIII Nr. 6 „Zins- und Mietforderungen").
- Darlehensforderungen an Versicherungsvertreter (Ausweis unter Posten A IV Nr. 2 „Hypotheken-, Grundschuld- und Rentenschuldforderungen", Posten A IV Nr. 3 „Namensschuldverschreibungen, Schuldscheinforderungen und Darlehen" oder Posten A VIII Nr. 7 „Sonstige Forderungen und Vermögensgegenstände").

---

155 Vgl. *König* in KoRVU Bd. I C Tz. 34.
156 Vgl. ausführlich *Tröbliger* in KoRVU Bd. I G Tz. 13 ff.

Die **Bewertung** der Forderungen aus dem sG erfolgt zum Nennwert. Sie sind **162** grundsätzlich einzeln zu bewerten (§ 252 Abs. 1 Nr. 3 HGB). Uneinbringliche Forderungen sind abzuschreiben. In der Bilanz werden spezielle Kreditrisiken durch direkte Abschreibungen berücksichtigt.

Pauschalwertberichtigungen[157] kommen für folgende Forderungen in Betracht (Nr. I 0.1 Abs. 3 Nr. 2 bis 4 VUBR):

– Forderungen aus dem sG an VN wegen des Zahlungsausfallrisikos beim VN,
– noch nicht fällige Ansprüche an VN,
– Forderungen aus dem sG an VN wegen des
  a) Zahlungsausfallrisikos hinsichtlich der Provisionsvorschüsse und Provisionsrückforderungen,
  b) Veruntreuungsrisikos hinsichtlich der kassierten, aber noch nicht abgeführten Beträge,
  c) Zahlungsausfallrisikos beim VN, sofern der Versicherungsvertreter mit den uneingelösten Versicherungsscheinen, Nachträgen und Folgebeitragsrechnungen belastet ist und die Forderungen unter den Forderungen an Versicherungsvertreter ausgewiesen wurden[158].

Gem. § 11 Abs. 1 Nr. 5 Externe VUReV sind auch für die Forderungen aus dem **163** sG gegenüber Vertretern die die verbundene Unternehmen betreffenden Beträge für jedes Unternehmen anzugeben.

VIII. Andere Forderungen und sonstige Vermögensgegenstände

Nach Formblatt I der Externen VUReV werden die „Anderen Forderungen und **164** sonstigen Vermögensgegenstände" in der Bilanz unterteilt in:

1. Betriebs- und Geschäftsausstattung
2. Schecks, Kassenbestand, Bundesbank- und Postgiroguthaben
3. Laufende Guthaben bei Kreditinstituten
4. Eigene Anteile
5. Forderungen an die ausländische Generaldirektion
6. Zins- und Mietforderungen
7. Sonstige Forderungen und Vermögensgegenstände

Bei den meisten dieser gesondert auszuweisenden Posten liegen keine versicherungsspezifischen Besonderheiten vor, so daß auf die Ausführungen im allgemeinen Teil verwiesen werden kann[159].

Zu 3.
Die laufenden Guthaben bei Kreditinstituten umfassen nur die ständig verfüg- **165** baren Guthaben. Festgelder, Termingelder und Sparguthaben sind innerhalb der Kapitalanlagen auszuweisen[160].

Nach Nr. I A 8.3 Abs. 1 VUBR sind hier die mit einem Sperrvermerk zugunsten Dritter versehenen laufenden Guthaben zu erfassen.

---

157 Ausführlich bei *Donandt/Richter* in IDW-Aufsatzsammlung C IV Tz. 274 ff.; *König* in KoRVU Bd. I C Tz. 56 ff.
158 Vgl. Anmerkung 3b und 6a zu Formblatt III der Externen VUReV.
159 S. hierzu insb. Abschn. E und F.
160 S. Tz. 137 ff.

Beträge der am Abschlußstichtag unterwegs befindlichen, noch nicht eingelösten **Schadenschecks** sowie der noch nicht ausgeführten Überweisungsaufträge sind entweder als sog. übergreifende Posten von den Bankguthaben abzusetzen (Nr. I A 8.3 Abs. 2 VUBR) oder unter

- den Verbindlichkeiten gegenüber VN
- den Anderen Verbindlichkeiten – sonstige –
- oder unter der Rückstellung für noch nicht abgewickelte Versicherungsfälle

auszuweisen.

Die Absetzung der Schadenschecks von den Guthaben bei Kreditinstituten hat den Nachteil, daß dies zum Ausweis von Verbindlichkeiten führen kann. Der Ausweis unter den sonstigen Verbindlichkeiten ist vorzuziehen[161].

Zu 5.

166 Dieser sowie der unter Passiva IX Nr. 5 „Verbindlichkeiten gegenüber der ausländischen Generaldirektion" eingefügte Bilanzposten ist ausschließlich für inländische Niederlassungen ausländischer VU vorgesehen. Zu erfassen ist der jeweilige Saldo des Verrechnungskontos aus dem Geschäftsverkehr mit dem Hauptsitz bzw. mit anderen ausländischen Niederlassungen der Generaldirektion. Über das Verrechnungskonto ist der Bilanzgewinn/Bilanzverlust der inländischen Niederlassung im jeweils folgenden GJ aufzulösen (Nr. I 8.5 Abs. 1 und 4 VUBR).

167 Soweit für das Geschäft der Niederlassung gesonderte Rückversicherungsverträge bestehen, sind die auf das in Rückdeckung gegebene Versicherungsgeschäft entfallenden Beträge bei den jeweils in Betracht kommenden und entsprechend bezeichneten Posten, Unterposten und Angaben zu berücksichtigen. In gleicher Weise sollte auch hinsichtlich der auszugleichenden Abrechnungssalden aus dem Rückversicherungsgeschäft verfahren werden, wenn die zugrundeliegenden Rückversicherungsverträge von der ausländischen Generaldirektion abgeschlossen worden sind.

168 Formblatt I regelt in Anm. 13), daß Beträge, die der inländischen Niederlassung „als Eigenkapital gewidmet sind und keine feste Kaution darstellen", nicht als „Verbindlichkeiten gegenüber der ausländischen Generaldirektion", sondern als Kapitalrücklage auszuweisen sind[162].

Zu 6.

169 Außer den üblichen rückständigen sowie erst im Folgejahr fälligen Zinsen und Mieten sind hierunter auch bei abgezinsten Sparbriefen, für die vertraglich bei Erwerb nur eine Forderung in Höhe des aufgewendeten Betrages entsteht, die jeweils gutgeschriebenen Zinsen auszuweisen (Nr. I A 8.6 VUBR).

Zu 7.

170 Unter diesem Posten sind alle Forderungen zu erfassen, die nicht unter anderen Bilanzposten auszuweisen sind.

---

161 Vgl. *Richter/Geib* in KoRVU Bd. I A Tz. 230.
162 Vgl. auch Nr. I A 8.5 Abs. 3 VUBR. Wegen der Bildung aus dem Ergebnis wäre eine Verpflichtung zum Ausweis unter den Gewinnrücklagen sachgerechter; vgl. § 272 Abs. 3 HGB.

Nach Nr. I A 8.7 VUBR sind hier insb. auszuweisen[163]:

1. Forderungen aus Dienstleistungsverträgen mit verbundenen und anderen Unternehmen:
   a) Forderungen aus der Versicherungsvermittlung;
   b) Forderungen aus dem Führungsfremdgeschäft an
      aa) VN und Versicherungsvertreter, soweit diese Forderungen nicht unter dem Posten Aktiva VII Nr. 3 „Forderungen aus dem selbst abgeschlossenen Versicherungsgeschäft an Versicherungsvertreter" ausgewiesen werden;
      bb) beteiligte VU für die im Wege der offenen Mitversicherung abgetretenen Anteile;
   c) Forderungen aus sonstigen Dienstleistungsverträgen;
2. Kredite an Vorstands- und AR-Mitglieder gem. §§ 89, 115 AktG, sofern sie nicht bei dem Posten Aktiva IV Nr. 2 „Hypotheken-, Grundschuld- und Rentenschuldforderungen" bzw. bei dem Posten Aktiva IV Nr. 3 „Namensschuldverschreibungen, Schuldscheinforderungen und Darlehen"[164] auszuweisen sind;
3. Darlehen und Gehaltsvorschüsse an Mitarbeiter (Arbeitnehmer, freie Versicherungsvertreter) bis zur Höhe von sechs Monatsbezügen, sofern sie nicht bei dem Posten Aktiva IV Nr. 2 „Hypotheken-, Grundschuld- und Rentenschuldforderungen" auszuweisen sind;
4. Ansprüche aus Lebensversicherungsverträgen zur Rückdeckung von Ruhegehaltsverpflichtungen;
5. vorausgezahlte Versicherungsleistungen;
6. geleistete Kautionen;
7. antizipative Posten gem. § 268 Abs. 4 S. 2 HGB, die – sofern sie einen größeren Umfang haben – im Anhang erläutert werden müssen;
8. Beträge, die von dem bilanzierenden VU einem VVaG als Gründungsstock zur Verfügung gestellt worden sind;
9. bei P/StK Forderungen an Mitglieds- und Trägerunternehmen, soweit sie nicht aus dem Versicherungsgeschäft herrühren.

Als „Sonstige Vermögensgegenstände" sind insb. Vorräte (zB Büromaterial   **171** usw.) zu erfassen.

IX. Rechnungsabgrenzungsposten

Nach Formblatt I der Externen VUReV ist dieser Posten in   **172**

1. Unterschiedsbetrag gem. § 250 Abs. 3 HGB und
2. Sonstige RAP zu unterteilen.

Der Unterposten 1 kann entfallen, sofern er im Anhang angegeben wird (Anm. 4 zu Formblatt I Externe VUReV).

Unter 2. sind insb. auszuweisen (Nr. I A 9.2 VUBR):   **173**

1. Agio auf Namensschuldverschreibungen und Schuldscheinforderungen,
2. vorausgezahlte Betriebsaufwendungen wie zB Versicherungsbeiträge und Kraftfahrzeugsteuer,
3. Baukostenzuschüsse für gemietete Geschäftsräume.

---

163 Ergänzend hierzu *Fricke* in IDW-Aufsatzsammlung D Tz. 102.
164 Offensichtlich gehen die VUBR (Nr. I A 8.7 Abs. 1 Ziff. 2) davon aus, daß bei nicht vorhandener hypothekarischer Besicherung nur ein Ausweis unter den sonstigen Forderungen in Frage kommt.

X. Voraussichtliche Steuerentlastung nachfolgender GJ gem. § 274 Abs. 2 HGB

XI. Nicht durch Eigenkapital gedeckter Fehlbetrag gem. § 268 Abs. 3 HGB

174   Für beide Posten gelten die allgemeinen Grundsätze[165].

(2) Passiva

I. Eigenkapital[166].

1. Gezeichnetes Kapital

175   Bei der Versicherungs-AG ist an dieser Stelle das Grundkapital auszuweisen (§ 152 Abs. 1 S. 1 AktG). Soweit das gezeichnete Kapital noch aussteht, sind die ausstehenden Einlagen auf der Aktivseite gesondert auszuweisen[167]. Wird von dem Wahlrecht nach § 272 Abs. 1 S. 3 HGB Gebrauch gemacht, die nicht einge-forderten ausstehenden Einlagen vom gezeichneten Kapital offen abzusetzen, tritt an die Stelle des Passivpostens „1. Gezeichnetes Kapital" nach Formblatt I Anm. 5b) bei Kapitalgesellschaften der Posten:

„1. Eingefordertes Kapital
       a) Gezeichnetes Kapital
       b) davon ab: nicht eingeforderte ausstehende Einlagen."

176   VU, die keine Kapitalgesellschaften sind, haben die entsprechenden Posten aus-zuweisen.

177   Versicherungs-AG haben ebenfalls die Angaben zum Grundkapital nach den all-gemeinen Vorschriften der §§ 152 Abs. 1 S. 2 bis 4 und 160 Abs. 1 Nr. 3 und 4 AktG zu machen[168].

178   Bei VVaG ist nach Anm. 5a) zu Formblatt I an Stelle des gezeichneten Kapitals der „Gründungsstock" nach § 22 VAG auszuweisen[169]. Bei VU, die weder Kapi-talgesellschaft noch VVaG sind, ist der dem gezeichneten Kapital entsprechende Posten auszuweisen; bei inländischen Niederlassungen ausländischer VU ist das gezeichnete Kapital durch den Posten „feste Kaution" zu ersetzen (Nr. I P 1.1 Abs. 1 VUBR)[170].

2. Kapitalrücklage

179   Zum Inhalt dieses Postens wird auf § 272 Abs. 2 HGB und §§ 229 ff. AktG sowie die Ausführungen im allgemeinen Teil dieses Buches hingewiesen[171]. Zuführun-gen und Entnahmen sind nach § 152 Abs. 2 AktG entweder hier oder im Anhang anzugeben. Das gilt auch für VU, die nicht die Rechtsform der AG haben (§ 55 Abs. 6 VAG).

---

165 S. F Tz. 134 ff.; F Tz. 145.
166 Vgl. hierzu *Farny*, Buchführung S. 126 ff.; *Fricke* in IDW-Aufsatzsammlung D Tz. 108 ff.; *Richter/ Geib* in KoRVU Bd. I A Tz. 231 ff.
167 Vgl. F Tz. 77 ff.
168 Vgl. F Tz. 149; F Tz. 622 ff.
169 Zum Gründungsstock s. *Farny*, Buchführung S. 126 f.; *Fricke* in IDW-Aufsatzsammlung D Tz. 109; *Prölss*, VAG § 22 Tz. 1 ff.
170 Vgl. auch Formblatt I Anmerkung 5a).
171 Vgl. F Tz. 165 ff.

Von inländischen Niederlassungen ausländischer VU sind hier die Beträge aus- **180**
zuweisen, die als Eigenkapital gewidmet sind (Nr. I P 1.2 Abs. 2 VUBR iVm.
Nr. I A 8.5 Abs. 3 VUBR).

Zur Kapitalrücklage gem. § 272 Abs. 2 Nr. 4 HGB zählt auch der **Organisations- 181
fonds**[172] gem. § 5 Abs. 5 Nr. 3 VAG (Nr. I P 1.2 Abs. 3 S. 1 VUBR). Er ist in der
Bilanz als Davon-Vermerk bei der Kapitalrücklage nachrichtlich zu vermerken.
Dieser Rücklage sind grundsätzlich die im GJ angefallenen „Organisationsaufwendungen" zu entnehmen; werden jedoch die Aufwendungen für die Ingangsetzung und Erweiterung des Geschäftsbetriebs – bei VVaG die Errichtungs-
und Einrichtungskosten des ersten GJ – aktiviert, so ist die Entnahme auf die
Abschreibung dieses Postens zu beschränken. Diese Vorschrift braucht nicht
angewandt zu werden, sofern die Organisationsaufwendungen aus dem Jahresüberschuß gedeckt werden können (Nr. I P 1.2 Abs. 3 S. 2 und 3 VUBR).

VU erhalten verschiedentlich zur Finanzierung der Aufwendungen für den Auf- **182**
bau der Verwaltung und der Außenorganisation Beträge von Nicht-Gesellschaftern, die in der Praxis ebenfalls als „Organisationsfonds" bezeichnet werden. In
wirtschaftlicher Sicht handelt es sich bei den Einzahlungen von Dritten in den
Organisationsfonds um den gleichen Sachverhalt wie bei den von Gesellschaftern geleisteten Einzahlungen. Zweckmäßig ist daher eine sinngemäße Anwendung des § 272 Abs. 2 Nr. 4 HGB für VU in der Weise, daß unter den Kapitalrücklagen alle von außen dem Eigenkapital zugeführten Beträge – zweckgebunden oder zur freien Verfügung des Unternehmens – ausgewiesen werden[173]. Der
durch Dritte in den Organisationsfonds eingezahlte Betrag sollte durch eine entsprechende Erweiterung des Davon-Vermerks kenntlich gemacht werden[174].

Ist eine Rückzahlung dieses von Nicht-Gesellschaftern eingezahlten „Organisa- **183**
tionsfonds" vereinbart, kommt der Ausweis unter Passiva VIII Nr. 4 „Sonstige
Rückstellungen" bzw. Passiva IX Nr. 6 „Sonstige Verbindlichkeiten" in
Betracht.

3. Gewinnrücklagen

Zum Inhalt dieses Postens wird auf § 272 Abs. 3 HGB verwiesen. Zuführungen **184**
und Entnahmen sind je Unterposten nach § 152 Abs. 3 AktG entweder hier oder
im Anhang anzugeben. Das gilt nach § 55 Abs. 6 VAG auch für VU, die nicht die
Rechtsform einer AG haben. Ausgenommen sind die kleineren Vereine.

Nach Formblatt I Externe VUReV werden unter den Gewinnrücklagen ausgewiesen:

a) Gesetzliche Rücklagen
b) Rücklage für eigene Anteile
c) Satzungsmäßige Rücklagen
d) Rücklage gem. § 58 Abs. 2a AktG
e) Andere Gewinnrücklagen.

---

172 Der Organisationsfonds enthält Mittel für den Aufbau der Verwaltung und des Vertreternetzes
    eines neu gegründeten VU. Vgl. insb. *Farny*, Buchführung S. 127; *Fricke* in IDW-Aufsatzsammlung
    D Tz. 116; *Prölss*, VAG § 5 Tz. 14 f.
173 Vgl. *Richter/Geib* in KoRVU Bd. I A Tz. 240.
174 Vgl. ebd. Tz. 240.

185 An die Stelle der „Gesetzlichen Rücklage" tritt bei ö.-r. VU die **„Sicherheitsrücklage"** und bei VVaG die **„Verlustrücklage gem. § 37 VAG"** [175].

Der Mindestbetrag der „Verlustrücklage nach § 37 VAG" ist durch die Satzung zu bestimmen, also nicht gesetzlich vorgeschrieben. VVaG können die Verlustrücklage außer „zur Deckung eines außergewöhnlichen Verlustes" (§ 37 VAG) auch dann teilweise auflösen, wenn diese zB infolge einer erheblich verringerten Mitgliederzahl und der damit einhergehenden Verminderung der Deckungsrückstellung und des Vermögens des Vereins „überdotiert" ist. Die Auflösung ist nur zulässig, wenn in der Satzung eine entsprechende Regelung vorgesehen ist. Diese Bestimmung muß auch den Höchstbetrag der Verlustrücklage sowie die Zustimmung der Aufsichtsbehörde vorsehen [176].

186 Unter der Rücklage gem. **§ 58 Abs. 2a AktG** sind die Beträge auszuweisen, die nach dieser Vorschrift im Falle von Wertaufholungen gem. § 280 HGB [177] als Eigenkapital den Rücklagen zugeführt werden können.

Da § 58 AktG für VVaG und ö.-r. VU keine unmittelbare Geltung hat und auch nicht entsprechend anzuwenden ist, muß die Grundlage für derartige Dotierungen in der Satzung geregelt werden (Nr. 1 P 1.3.4 Abs. 2 VUBR) [178]. Wenn auch eine ggf. gebildete Rücklage in diesem Fall eine „satzungsgemäße" Rücklage wäre, so dürfte es aus Gründen der Vergleichbarkeit gleichwohl zulässig sein, die Rücklage bei entsprechender Anpassung der Postenbezeichnung – zB „Rücklage, die der Rücklage gem. § 58 Abs. 2a AktG entspricht" – gesondert auszuweisen.

Der gesonderte Ausweis der Rücklage gem. § 58 Abs. 2a AktG kann entfallen, sofern dieser durch entsprechende Anhangangaben ersetzt wird [179]. Der Eigenkapitalanteil von Wertaufholungen ist dann unter „Andere Gewinnrücklagen" zu erfassen (Nr. I P 1.3.4 Abs. 1 VUBR).

4. Gewinnvortrag/Verlustvortrag

5. Jahresüberschuß/Jahresfehlbetrag

187 Wird die Bilanz gem. § 268 Abs. 1 S. 2 HGB – siehe auch Anm. 7a) zum Formblatt I Externe VUReV – unter Berücksichtigung der teilweisen Verwendung des Jahresergebnisses aufgestellt, so tritt an die Stelle der Posten Passiva I Nr. 4 „Gewinnvortrag/Verlustvortrag" und Passiva I Nr. 5 „Jahresüberschuß/Jahresfehlbetrag" der Posten Passiva I Nr. 4 „Bilanzgewinn/Bilanzverlust". Ein vorhandener Gewinn- oder Verlustvortrag ist in den Posten Passiva I Nr. 4 „Bilanzgewinn/Bilanzverlust" einzubeziehen und in der Bilanz oder im Anhang gesondert anzugeben (Nr. I P 1.5 Abs. 1 VUBR). Für P/StK bestehen Sonderregelungen (Nr. I P 1.5 Abs. 2 bis 4 VUBR).

188 Fraglich kann sein, ob der Ausweis eines „Bilanzgewinns" bzw. „Bilanzverlusts" in der Bilanz auch dann vorgenommen werden kann, wenn der JA der Gesellschaft vor – teilweiser – Verwendung des Jahresergebnisses aufgestellt wird. Zur

---

175 Anmerkung 6 zu Formblatt I Externe VUReV.
176 Vgl. VerBAV 1987 S. 18; s. auch *Prölss*, VAG § 37 Tz. 7 f.
177 Die Wertaufholung nach § 280 HGB ist gem. § 55 Abs. 4 VAG für VU ein Wahlrecht.
178 Vgl. *Richter/Geib* in KoRVU Bd. I A Tz. 258.
179 Formblatt I Anm. 4 Externe VUReV.

Wahrung der Vergleichbarkeit von VJ- und GJ-Bilanz und zur Verbesserung der Darstellungsstetigkeit scheint dies zulässig. Voraussetzung ist allerdings, daß die Entwicklung vom Jahresüberschuß bzw. -fehlbetrag zum Bilanzgewinn bzw. -verlust aus der GuV erkennbar ist, das VU also nicht von den Wahlrechten Gebrauch macht, diese Entwicklung im Anhang anzugeben[180] und diesen nicht im BAnz. zu veröffentlichen (§ 55 Abs. 7 S. 2 VAG). Auf diese Weise ist die Darstellungsstetigkeit auch für die Fälle gewährleistet, in denen in einem Jahr der JA vor und in dem anderen Jahr nach – teilweiser – Verwendung des Jahresergebnisses aufgestellt wird[181].

II. Sonderposten mit Rücklageanteil[182]

Der Sonderposten mit Rücklageanteil wird bei VU nach den allgemeinen Grundsätzen bilanziert. Besonderheiten bestehen hinsichtlich der Darstellung der Zuführungen und Auflösungen in der GuV[183].   **189**

Nach § 55 Abs. 4 Hs. 2 VAG besteht für Versicherungsunternehmen ein Wahlrecht für die Angaben gem. § 281 Abs. 1 S. 2 HGB – Angabe der steuerrechtlichen Vorschriften, nach denen die Sonderposten gebildet wurden –.   **190**

Genußrechtskapital[184]

In jüngster Zeit sind VU vermehrt dazu übergegangen, Genußscheine auszugeben. Damit stellt sich die Frage nach dem Ausweis von Genußrechtskapital. Je nach Ausstattung der von VU gewährten Genußrechte kann eingezahltem Genußrechtskapital Eigenkapital- oder Fremdkapitalcharakter zukommen. Für die Beurteilung, ob **Eigenkapitalcharakter** überwiegt, kann auf den § 53c Abs. 3 Nr. 3a und § 53c Abs. 3a VAG zurückgegriffen werden. Diese Vorschriften sehen vor, wann Genußrechtskapital im Rahmen der Solvabilitätsbestimmungen den Eigenmitteln eines VU zuzurechnen ist. Im Falle einer Zurechnung sehen die VUBR in Nr. I 0.7 vor, daß im Vorgriff auf eine Änderung der Externen VUReV ein neuer Posten Passiva III „Genußrechtskapital" einzufügen ist, ein Ausweis also unmittelbar hinter dem „Sonderposten mit Rücklageanteil" erfolgt; dabei ist der Betrag, der vor Ablauf von 2 Jahren fällig ist, als Davon-Vermerk anzugeben[185].   **191**

Überwiegt hingegen der **Fremdkapitalcharakter,** so ist der Ausweis des Genußrechtskapitals unter dem Posten Passiva IX 1 „Anleihen" – mit einem entsprechenden Davon-Vermerk – angebracht.

§ 160 Abs. 1 Nr. 6 AktG verlangt eine **Angabe über Genußrechte im Anhang,** die im übrigen unabhängig davon erforderlich ist, ob das Genußrechtskapital Eigenkapital- oder Fremdkapitalcharakter hat. Gem. § 55 Abs. 6 VAG gilt die Angabepflicht für alle VU, sofern sie nicht klVVaG sind.   **192**

---

180 Vgl. Formblatt II Anm. 10b) und Formblatt III Anm. 10 Externe VUReV.
181 Vgl. *Richter/Geib* in KoRVU Bd. I A Tz. 261.
182 Vgl. *Richter/Geib* in KoRVU Bd. I A Tz. 267 ff.
183 S. Tz. 357.
184 Vgl. *Fricke* in IDW-Aufsatzsammlung D Tz. 128 ff.; *Richter/Geib* in KoRVU Bd. I A Tz. 262 ff.
185 Eine entsprechende Änderung des Formblatts 100 der Internen VUReV wird im Rahmen der ersten Änderungs-VO zur Internen VUReV vorgenommen (s. Tz. 373). Die derart geänderte Interne VUReV ist erstmals für das GJ 1991 anzuwenden.

193 Nach Nr. II 17 Ziff. 5 VUBR und Nr. III 19 VUBR sind **Zinsen** auf Genußrechtskapital unabhängig vom Ausweis des Genußrechtskapitals in der Bilanz
unter den „Zinsen und ähnlichen Aufwendungen" (Formblatt II Nr. 19, Formblatt III Nr. 17 Externe VUReV) auszuweisen. Die Zinsen auf Genußrechtskapital sollten in diesem Fall durch einen Davon-Vermerk kenntlich gemacht werden[186].

III. Versicherungstechnische Rückstellungen

Vorbemerkung[187]

194 Die versicherungstechnischen Rückstellungen sind idR der mit Abstand größte
Passivposten in der Bilanz eines VU. Sie sind **von großer Bedeutung für die Ver-
mögens-, Finanz- und Ertragslage** des Unternehmens[188]. „**Versicherungstechnisch**" bedeutet, „daß diese Passiva unmittelbar mit dem Versicherungsgeschäft
verbunden und ihm eigentümlich sind[189]." Der Begriff Rückstellung ist zu eng;
es handelt sich ua. auch um passive Rechnungsabgrenzungsposten oder Verbindlichkeiten[190].

195 Die gesamten versicherungstechnischen Rückstellungen sind sowohl für das sG,
dh., für das **direkte Versicherungsgeschäft,** als auch für das üG, dh., für das **indirekte Versicherungsgeschäft,** auszuweisen. Eine Aufteilung der versicherungstechnischen Rückstellungen auf diese beiden Geschäftsbereiche ist jedoch nur
bei folgenden Rückstellungsarten vorzunehmen:

Rückstellungsarten	LVU	KVU	SchVU
Beitragsüberträge	nein	nein	ja
Deckungsrückstellung	ja	nein	ja
Rückstellung für noch nicht abge- wickelte Versicherungsfälle	nein	nein	ja

Die übrigen Rückstellungsarten (Rückstellung für noch nicht abgewickelte
Rückkäufe, Rückgewährbeträge und Austrittsvergütungen; Schwankungsrückstellung; Rückstellung für Beitragsrückerstattung; Sonstige versicherungstechnische Rückstellungen) sind dagegen stets nur für direktes und indirektes Geschäft
zusammengefaßt auszuweisen (Nr. I P 3.0 Abs. 1 VUBR).

196 Von den Brutto-Rückstellungen sind die auf das in Rückdeckung gegebene Versicherungsgeschäft entfallenden **Rückversicherungs-Anteile** offen in der Vorspalte abzusetzen. Bei den SchVU gilt dies auch, wenn der Rückversicherer für
seinen Anteil an der Renten-Deckungsrückstellung für das sG ein Wertpapierdepot[191] zugunsten des bilanzierenden VU gestellt hat. Im Falle der Brutto-Dek-
kungsrückstellung aus dem sG bei LVU erfolgt nur der Brutto-Ausweis (Nr. I P
3.0 Abs. 5 VUBR).

---

186 Vgl. *Richter/Geib* in KoRVU Bd. I A Tz. 266; *Fricke* in IDW-Aufsatzsammlung D Tz. 129.
187 Vgl. hierzu auch Tz. 35 f.
188 Vgl. *Angerer* in IDW-Aufsatzsammlung A Tz. 42.
189 *Farny*, Buchführung S. 129.
190 Vgl. *Angerer* in IDW-Aufsatzsammlung A Tz. 42.
191 S. hierzu Tz. 143.

1. Beitragsüberträge

Die Brutto-Beitragsüberträge sind ein **transitorischer passiver RAP**. Unter diesem Posten sind die im GJ gebuchten Beiträge oder Beitragsraten auszuweisen, soweit sie für den über den Bilanzstichtag hinausgehenden Versicherungszeitraum bestimmt und übertragungsfähig sind (Nr. I P 3.1 Abs. 1 VUBR). Bei den in der Bilanz von den Brutto-Beitragsüberträgen in der Vorspalte abzusetzenden Rückversicherungs-Anteilen handelt es sich um die im GJ gebuchten Rückversicherungs-Beiträge, soweit sie für den über den Abschlußstichtag hinausgehenden Versicherungszeitraum bestimmt und übertragungsfähig sind (Nr. I P 3.1 Abs. 7 VUBR).

Für die Brutto-Beitragsüberträge gilt somit die Begriffsbestimmung des § 250 Abs. 2 HGB bzw. des § 5 Abs. 4 Nr. 2 EStG, wonach als passive RAP nur auszuweisen sind „Einnahmen vor dem Abschlußstichtag..., soweit sie Ertrag für eine bestimmte Zeit nach diesem Tag darstellen".

197

Umgekehrt handelt es sich bei den **RV-Anteilen** an den Brutto-Beitragsüberträgen um einen – passivisch abgesetzten – aktiven RAP für „Ausgaben vor dem Abschlußstichtag..., soweit sie Aufwand für eine bestimmte Zeit nach diesem Tag darstellen" (§ 250 Abs. 1 S. 1 HGB bzw. § 5 Abs. 4 Nr. 1 EStG)[192].

198

Beitragsüberträge kommen im Rückversicherungsgeschäft nur für die proportionale Rückversicherung in Betracht, dh., für Quoten- und Summenexzedentenrückversicherung oder für Kombinationen aus diesen Vertragssparten. Bei nichtproportionalen Rückversicherungen (Schadenexzedenten- und Stop-loss-Verträge) ist das Versicherungsentgelt regelmäßig auf das betreffende GJ bezogen. Beitragsüberträge entfallen.

199

Besonderheiten ergeben sich beim Ausweis der Beitragsüberträge in der **Transportversicherung**. Hier sind sowohl im sG als auch im üG die Beitragsüberträge zusammen mit der Rückstellung für noch nicht abgewickelte Versicherungsfälle unaufgeteilt in einer Summe auszuweisen, sofern beide Rückstellungen nicht jeweils für das gesamte sG oder für das gesamte üG gesondert berechnet werden (§ 7 Abs. 4 Externe VUReV; Nr. I P 3.3.1 Abs. 4 VUBR)[193].

200

Maßstab für die **Ermittlung der Beitragsüberträge** ist die zeitbezogene Gewährung von Versicherungsschutz, dh., die Verteilung des Versicherungsschutzes auf das GJ und nachfolgende Rechnungslegungszeiträume. Dabei kann von einem im Regelfall gleichbleibenden Risikoverlauf während eines Versicherungszeitraums, also von einer im Zeitablauf gegebenen Proportionalität zwischen Gewährung von Versicherungsschutz und Beitrag, ausgegangen werden[194]. Es kommt daher grundsätzlich zu einer rein zeitanteiligen Abgrenzung.

201

Grundsätzlich sind die Brutto-Beitragsüberträge für das sG für jeden Versicherungsvertrag einzeln zu berechnen. Die Berechnung kann jedoch auch durch Näherungsverfahren vorgenommen werden, wenn anzunehmen ist, daß diese zu annähernd gleichen Ergebnissen wie die genauen Einzelberechnungen führen (Nr. I P 3.1 Abs. 2 VUBR). Ausgangspunkt für die Berechnung der Brutto-Bei-

202

---

192 Vgl. *Geib/Horbach* in KoRVU Bd. I J Tz. 33 f.
193 Vgl. auch *Geib/Horbach* in KoRVU Bd. I J Tz. 37, 165 ff.
194 In Ausnahmefällen (zB Bauleistungsversicherung) ist auch eine Berechnung der Beitragsüberträge entsprechend dem Risikoverlauf möglich. Vgl. hierzu ebd. Tz. 43.

tragsüberträge sind grundsätzlich die im GJ gebuchten Beiträge oder Beitragsraten, soweit sie für den Versicherungszeitraum nach dem Bilanzstichtag bestimmt sind (Nr. I P 3.1 Abs. 1 VUBR).

Bei Anwendung der Einzelberechnung (pro rata temporis-Methode) wird für jeden einzelnen Versicherungsvertrag der auf das Folgejahr bzw. die Folgejahre zu übertragende (noch nicht verdiente) Beitragsteil aufgrund der Zeitverhältisse genau nach Tagen oder Monaten berechnet. Mit zunehmender EDV-Unterstützung wird diese Methode in Form des $\frac{1}{360}$-Systems bzw. des $\frac{1}{720}$-Systems vermehrt angewandt, so daß die Beitragsüberträge tagegenau ermittelt werden können[195].

203   Bei Anwendung von Näherungsverfahren zur Ermittlung der Beitragsüberträge ist grundsätzlich nach dem Bruchteilsystem vorzugehen, wobei unterjährige Zahlungsweisen und unterjährige Verträge berücksichtigt werden müssen (Nr. I P 3.1 Abs. 3 VUBR).

204   Bei der Bruchteilmethode werden die Beitragseinnahmen je nach Fälligkeit auf bestimmte gleichgroße Zeitabschnitte (Monat oder Quartale) eines GJ aufgeteilt und die Beitragsüberträge in Bruchteilen dieser Beträge ermittelt, wobei die Höhe dieser Bruchteile von der Größe der Zeitabschnitte abhängt. Die gebräuchlichsten Näherungsverfahren sind die $\frac{1}{24}$-, $\frac{1}{12}$- und $\frac{1}{8}$-Methode[196].

205   Im Falle von Vz.- und -arten, in denen die Dauer der Versicherungsverträge überwiegend kurzfristig ist – zB in der Transportversicherung – können die Beitragsüberträge nach einer Pauschalmethode ermittelt werden (Nr. I P 3.1 S. 4 VUBR)[197].

Bei diesem Verfahren werden die gesamten Beitragseinnahmen eines GJ mit einem bestimmten Prozentsatz multipliziert, so daß das Ergebnis den Teil der gesamten Beitragseinnahmen angibt, der als Beitragsübertrag abgegrenzt wird[198].

206   Die **Brutto-Beitragsüberträge für das üG** sind grundsätzlich nach den Aufgaben der Vorversicherer zu ermitteln. Liegen keine oder nur unvollständige Aufgaben der Vorversicherer vor, so sind die Brutto-Beitragsüberträge unter Berücksichtigung der Beitragszahlungsperioden, der unterjährigen Zahlungsweisen und Verträge nach einer Bruchteilmethode oder näherungsweise nach der Pauschalmethode zu berechnen (Nr. I P 3.1 Abs. 6 S. 1 u. Abs. 5 iVm. Abs. 2 VUBR).

207   Die **Anteile der Rückversicherer** an den Brutto-Beitragsüberträgen ergeben sich unter Berücksichtigung der abgeschlossenen Rückversicherungsverträge grundsätzlich nach dem Verfahren, welches für die Berechnung der Brutto-Beitragsüberträge angewendet wird[199].

---

195 Beitragsüberträge werden in der Lebensversicherung idR durch EDV nach der pro rata temporis-Methode berechnet. Da die Beiträge in der Krankenversicherung entweder echte Monatsbeiträge sind oder es sich um Jahresbeiträge, die in gleichen Monatsraten fällig werden, handelt, sind Beitragsüberträge bei KrankenVU nur in bestimmten Sonderfällen – zB kurzfristige Versicherungen gegen Einmalprämie – zu bilden. Vgl. *Eisold/Jäger* in IDW-Aufsatzsammlung C I Tz. 88. Vgl. *Heubaum* in IDW-Aufsatzsammlung C III Tz. 54 f.

196 Vgl. *Baur*, Die Periodisierung von Beitragseinnahmen und Schadenausgaben im aktienrechtlichen Jahresabschluß von Schaden- und Unfallversicherungsunternehmen, Karlsruhe 1984 S. 78 ff.; *Geib/Horbach* in KoRVU Bd. I J Tz. 51.

197 Zum Ausweis der Beitragsüberträge in der Transportversicherung s. Tz. 200.

198 Vgl. zB *Baur*, S. 85; *Geib/Horbach* in KoRVU Bd. I J Tz. 56.

199 S. hierzu *Geib/Horbach* in KoRVU Bd. I J Tz. 61 ff.

Während die Notwendigkeit der Bildung von Beitragsüberträgen dem Grunde   **208**
nach nie streitig gewesen ist, sind hinsichtlich der **Bemessung der übertragsfähigen Beitragsteile** zahlreiche Zweifelsfragen aufgetreten, in deren Folge die
Finanzverwaltung in einem koordinierten Ländererlaß[200] die Grundsätze zur
Bemessung der Beitragsüberträge festgelegt hat. Hiernach sind die Beitragseinnahmen um „nicht übertragsfähige" Beitragsteile zu kürzen. Weder die Rechnungslegungsvorschriften für VU noch die Verlautbarungen des BAV sehen für
die Bemessung der Beitragsüberträge eine eigenständige Regelung vor, so daß
die VU auch für die HB den für die StB maßgeblichen Ländererlaß anwenden.

Bei Ermittlung der nicht übertragsfähigen Beitragsteile nach dem koordinierten   **209**
Ländererlaß des BdF von 1974 ist im sG vom Tarifbeitrag, – dh. dem Beitrag,
der keinen Ratenzuschlag enthält – bzw. von dem ihm entsprechenden Versicherungsentgelt auszugehen. Als nicht übertragungsfähige Einnahmeteile sind hiervon 85 % der Provisionen und sonstigen Bezüge der Vertreter zu kürzen. Aus der
sich danach ergebenden maßgeblichen Bemessungsgrundlage ist der Beitragsübertrag zeitanteilig zu ermitteln[201]. Der von den Brutto-Beitragsüberträgen für
das sG abzusetzende Anteil der Rückversicherer ist nach dem Erlaß entsprechend der für das üG getroffenen Regelung zu ermitteln. Die Bemessungsgrundlage für den Beitragsübertrag ergibt sich hier durch Abzug von 92,5 % der Rückversicherungs-Provision vom Rückversicherungs-Beitrag. Der Erstversicherer
hat also bei der Ermittlung des Anteils für das in Rückdeckung gegebene
Geschäft von den im GJ verrechneten Rückversicherungs-Beiträgen ebenfalls
92,5 % der erhaltenen Rückversicherungs-Provision als nicht übertragungsfähige
Teile zu kürzen[202].

Bei Erläuterung des Postens Beitragsüberträge im **Anhang** sind insb. § 284 Abs. 2   **210**
Nr. 1 HGB iVm. § 10 Abs. 2 Externe VUReV – Methoden der Ermittlung der
einzelnen versicherungstechnischen Rückstellungen hinsichtlich der Brutto-
Beträge und der auf das in Rückdeckung gegebene Versicherungsgeschäft entfallenden Beträge – und § 12 Nr. 3 Externe VUReV – Angaben der Bilanzwerte
der Beitragsüberträge mit Brutto-Beträgen und der auf das in Rückdeckung
gegebene Versicherungsgeschäft entfallenden Beträge für die getrennt ausgewiesenen Vz. des direkten und indirekten Geschäfts – zu beachten.

2. Deckungsrückstellung

Die Deckungsrückstellung[203] ist vor allem in den Bilanzen der LVU und KVU   **211**
ein sehr bedeutender Passivposten, während sie bei SchVU sowie RVU eine
untergeordnete Rolle spielt.

In der **Lebensversicherung** ist die Deckungsrückstellung die zum Bewertungszeit-   **212**
punkt bestimmte Differenz zwischen dem versicherungsmathematischen Barwert der versicherten Leistung und dem Barwert der zu diesem Stichtag noch
nicht verdienten Jahresprämien ohne Verwaltungskostenzuschläge[204]. Der Rech-

---

200 Vgl. Bemessung der Beitragsüberträge bei Versicherungsunternehmen, BdF vom 30. 4. 1974,
    VerBAV S. 118.
201 Ausführlich bei *Geib/Horbach* in KoRVU Bd. I J Tz. 65 ff.
202 S. hierzu ebd. Tz. 72 ff.
203 Im VAG wird auch der Begriff „Deckungsrücklage" und im VVG der Begriff „Prämienreserve"
    verwendet.
204 Vgl. *Farny*, Buchführung S. 131; s. auch *Tröbliger* in KoRVU Bd. I G Tz. 54 ff.

nungszinsfuß beträgt bei älteren Tarifen regelmäßig 3% und bei neu zugelassenen Tarifen 3,5%.

213 Von großer praktischer Bedeutung ist die gezillmerte Deckungsrückstellung in der Lebensversicherung. Ziel des Zillmerverfahrens ist die zeitliche Verteilung eines Teils der Abschlußkosten[205] über die Laufzeit des Lebensversicherungsvertrages. Bei dieser Methode wird zu Versicherungsbeginn ein Teil der Abschlußkosten des Versicherungsvertrages – idR 35‰ der Versicherungssumme – von der Deckungsrückstellung abgesetzt. Die ungezillmerte Deckungsrückstellung wird durch diese Kürzung negativ.

Dieser Negativbetrag wird in der Bilanz des VU unter Aktiva VII Nr. 1 „Forderungen aus dem selbst abgeschlossenen Versicherungsgeschäft an Versicherungsnehmer"[206] aktiviert, während auf der Passivseite die Deckungsrückstellung auf Null gesetzt wird. Im Laufe der Versicherungsdauer vermindert sich der Abzugsbetrag um die in den Prämien einkalkulierten Abschlußkostenzuschläge, so daß am Ende der Beitragszahlung die gezillmerte Deckungsrückstellung die Höhe der ungezillmerten erreicht.

Soweit keine Garantiewerte zu gewähren sind, bestehen bei Stornierung des Lebensversicherungsvertrags in der Anfangszeit keine Verpflichtungen gegenüber dem VN. Ein durch die Zillmerung entstandener negativer Wert der Dekkungsrückstellung ist dann mit Null anzusetzen (Nr. I P 3.2 Abs. 5 VUBR).

214 Soweit negative Deckungskapitalien in der Lebensversicherung nicht durch Zillmerung, sondern aus anderen Gründen entstehen, sind sie grundsätzlich auf Null zu setzen. Entsteht bei einer Versicherung negatives Deckungskapital sowohl aufgrund der Zillmerung als auch aus anderen Gründen, so ist anzunehmen, daß das negative Deckungskapital vorwiegend durch die Zillmerung entstanden ist. Deshalb ist der negative Betrag in diesen Fällen zu aktivieren, wenn Garantiewerte vorgesehen sind; bei Fehlen eines Garantiewertes ist der negative Betrag auf Null zu setzen (Nr. I P 3.2 Abs. 5 VUBR).

215 In der **Krankenversicherung** besteht die Deckungsrückstellung fast ausschließlich aus der sog. Alterungsrückstellung[207]. Dieser Passivposten trägt dem Umstand Rechnung, daß in der Krankenversicherung trotz des mit zunehmendem Alter steigenden Krankheitskosten-Risikos der Versicherungsbeitrag konstant bleibt, sofern nicht andere – altersunabhängige Gründe – eine Beitragsänderung erfordern[208]. Um einen konstanten Beitrag zu garantieren, werden in der Alterungsrückstellung während der Vertragslaufzeit zunächst Teile des zu Beginn des Vertrages im Verhältnis zum Risiko überhöhten Beitrags angesammelt, laufend verzinst und später zur Auffüllung der nicht mehr ausreichenden Beiträge wieder aufgelöst. Der Rechnungszinsfuß darf 3,5% nicht überschreiten; der Zinsfuß ist wie die übrigen Rechnungsgrundlagen von dem KVU in seinem Geschäftsplan festzulegen[209].

---

205 Abschlußkosten sind die bei Abschluß eines Versicherungsvertrages entstehenden Aufwendungen wie zB Abschlußprovisionen, Anlage der Versicherungsakte usw.
206 S. Tz. 160.
207 Vgl. *Seyfert* in KoRVU Bd. I H Tz. 45. Auf die sog. Sterbegeldrückstellung wird an dieser Stelle nicht eingegangen.
208 Vgl. *Heubaum* in IDW-Aufsatzsammlung C III Tz. 10 ff.
209 S. hierzu *Heubaum* in IDW-Aufsatzsammlung C III Tz. 25.

Nach Nr. I P 3.2 Abs. 3 VUBR ist bei LVU und KVU die Deckungsrückstellung **216** für das sG grundsätzlich für jeden Versicherungsvertrag einzeln zu berechnen. Allerdings kann die Berechnung durch ein Näherungsverfahren[210] vorgenommen werden, wenn anzunehmen ist, daß dieses Verfahren zu annähernd gleichen Ergebnissen wie eine genaue Einzelberechnung führt. In jedem Fall ist das Berechnungsverfahren gegenüber der Aufsichtsbehörde als Teil des Geschäftsplans festzulegen (s. auch §§ 11, 12 VAG iVm. § 79 VAG).

Bei **SchVU** beschränkt sich die Deckungsrückstellung für das sG auf Versicherungs- **217** geschäfte nach Art der Lebensversicherung. Dabei handelt es sich insb. um die Unfallversicherung mit Beitragsrückgewähr[211]. Für diese Versicherung wird eine sog. Beitrags-Deckungsrückstellung gebildet (Nr. I P 3.2 Abs. 1 Ziff. 1 VUBR). Für die Berechnung gelten dieselben Grundlagen wie bei den LVU und KVU.

Die von den SchVU für Renten-Versicherungsfälle gebildete Renten-Deckungs- **218** rückstellung ist unter Passiva III 3a) „Rückstellung für noch nicht abgewickelte Versicherungsfälle" auszuweisen[212].

Im **indirekten Geschäft** der Erstversicherer sowie bei **RVU** umfaßt die Deckungs- **219** rückstellung die Beitragsdeckungsrückstellung für das übernommene Schaden- und Unfall-Versicherungsgeschäft nach Art der Lebensversicherung und zum anderen die Deckungsrückstellung für in Rückdeckung übernommenes Lebens- und Krankenversicherungsgeschäft. Die Deckungsrückstellungen für das üG sind nach den Rechnungsgrundlagen, die sich aus den Rückversicherungsverträgen ergeben, zu berechnen. Dies gilt auch dann, wenn die Brutto-Deckungsrückstellungen aufgrund von vertraglichen Abmachungen oder gesetzlichen Bestimmungen bei den Vorversicherern verbleiben (Nr. I P 3.0 Abs. 4 VUBR).

Der **Anteil der Rückversicherer** bzw. Retrozessionäre an den Brutto-Deckungs- **220** rückstellungen wird auf Grundlage der Rückversicherungsverträge errechnet.

Hinsichtlich der Angabepflichten im **Anhang** gem. § 284 Abs. 2 Nr. 1 HGB iVm. **221** § 10 Abs. 2 Externe VUReV sowie gem. § 12 Nr. 3 Externe VUReV wird auf die entsprechenden Ausführungen bei den Angabepflichten zu den Beitragsüberträgen verwiesen[213].

3. Rückstellung für noch nicht abgewickelte Versicherungsfälle, Rückkäufe, Rückgewährbeträge und Austrittsvergütungen

Die Rückstellung für noch nicht abgewickelte Versicherungsfälle (kurz: Scha- **222** denrückstellung) ist vor allem in der Nicht-Lebensversicherung ein sehr bedeutender Passivposten.

Schaden- und Unfallversicherungsunternehmen

Bei SchVU ist die Brutto-Schadenrückstellung für die nach dem Bilanzstichtag **223** voraussichtlich entstehenden Auszahlungen zur Regelung der bis zum Bilanzstichtag eingetretenen oder verursachten, aber bis zu diesem Zeitpunkt noch

---

210 Vgl. hierzu für die Lebensversicherung *Eisold/Jäger* in IDW-Aufsatzsammlung C I Tz. 49; für die Krankenversicherung *Heubaum* in IDW-Aufsatzsammlung C III Tz. 43.
211 Vgl. auch *Geib/Horbach* in KoRVU Bd. I J Tz. 78 ff.
212 Vgl. Tz. 231.
213 Vgl. Tz. 210.

nicht abgewickelten Versicherungsfälle zu bilden (Nr. I P 3.3.1 Abs. 1 VUBR). Die Schadenrückstellungen sind damit **Rückstellungen für ungewisse Verbindlichkeiten iSd. § 249 Abs. 1 S. 1 HGB.** Sie dienen der Erfassung von dem Grunde und/oder der Höhe nach ungewissen Verbindlichkeiten gegenüber VN bzw. gegenüber geschädigten Dritten aus realisierten wirtschaftlichen Risiken (wirtschaftliche Schäden), die in Versicherungsverträgen von VU übernommen worden sind[214].

224   Grundsätzlich setzt sich die am Bilanzstichtag bilanzierte Schadenrückstellung des sG aus den folgenden **Teil-Schadenrückstellungen** zusammen (Nr. I P 3.3.1 Abs. 2 VUBR):

(1) Teil-Schadenrückstellung für am Bilanzstichtag bekannte Versicherungsfälle
(2) Teil-Schadenrückstellung für Renten-Versicherungsfälle (Renten-Deckungs-rückstellung)
(3) Teil-Schadenrückstellung für Spätschäden
(4) Teil-Schadenrückstellung für Schadenregulierungsaufwendungen.

225   Von der Summe dieser vier Teil-Schadenrückstellungen sind die Forderungen aus Regressen, Provenues und Teilungsabkommen aus bereits abgewickelten Versicherungsfällen abzusetzen[215], um die Brutto-Schadenrückstellung zu erhalten, wie sie in der Bilanz unter dem Posten Passiva III Nr. 3a) ausgewiesen wird. Forderungen aus Regressen, Provenues und Teilungsabkommen aus noch nicht abgewickelten Versicherungsfällen sind dagegen bereits im Rahmen der Bewertung der einzelnen Teil-Schadenrückstellungen als Abzugsposten zu berücksichtigen (Nr. I P 3.3.1 Abs. 3 S. 1 VUBR).

226   Als **Rückstellung für noch nicht abgewickelte Rückkäufe, Rückgewährbeträge und Austrittsvergütungen** ist die Rückstellung für Rückkäufe und Rückgewährbeträge in der SchVU nach Art der Lebensversicherung, insb. der Unfallversicherung mit Beitragsrückgewähr, auszuweisen. Hierunter sind Beträge zu verstehen, die dem VN aus den bis zum Bilanzstichtag vorzeitig gekündigten Verträgen (Rückkauf) oder abgelaufenen Verträgen (Rückgewähr) geschäftsplanmäßig zu vergüten sind, die aber zum Bilanzstichtag noch nicht ausgezahlt sind (Nr. I P 3.3.2 Abs. 1 VUBR). Austrittsvergütungen kommen nur bei P/StK vor[216].

227   Aus § 252 Abs. 1 Nr. 1 HGB ergibt sich für die Schadenrückstellung der **Grundsatz der Einzelbewertung.** Dort heißt es: „Die Vermögensgegenstände und Schulden sind zum Abschlußstichtag einzeln zu bewerten". Daß Schadenrückstellungen Schulden iSd. § 252 Abs. 1 Nr. 3 HGB sind, ergibt sich aus dem Charakter der Schadenrückstellung: Das VU hat gegenüber dem VN oder einem geschädigten Dritten eine Verbindlichkeit, die aus dem Versicherungsvertrag resultiert und für die, soweit Grund und/oder Höhe der Verpflichtung noch ungewiß sind, eine Rückstellung zu bilden ist. Dieses Prinzip der Einzelbewertung, wonach jeder noch nicht abgewickelte Versicherungsfall einzeln zu bewerten ist, ist ein GoB, der in Nr. I P 3.3.1 Abs. 3 Satz 1 VUBR ausdrücklich bestätigt wird (Nr. I P 3.3.1 Abs. 3, 5 und 6 VUBR)[217]. Die Schadenrückstellung ist wie alle

214 Der Eintritt des versicherten Ereignisses wird im Versicherungsvertragsrecht als Versicherungsfall bezeichnet. Vgl. *Prölss/Martin*, VVG-Kommentar, 24. Aufl., München 1988 § 1 VVG Anm. 3.
215 Vgl. hierzu *Perlet* S. 64 ff.
216 Vgl. Tz. 241.
217 Zur Anwendung von Gruppenbewertung oder Pauschalbewertung in begründeten Ausnahmefällen vgl. *Geib/Horbach* in KoRVU Bd. I J Tz. 111 ff.

Rückstellungen für ungewisse Verbindlichkeiten gem. § 253 Abs. 1 S. 2 HGB „nur in Höhe des Betrages anzusetzen, der nach vernünftiger kaufmännischer Beurteilung notwendig ist".

In § 56 Abs. 3 VAG wird darüber hinaus ein **besonderes Vorsichtsprinzip** verankert[218]. Diese Regelung verlangt, daß versicherungstechnische Rückstellungen auch insoweit gebildet werden, wie dies nach vernünftiger kaufmännischer Beurteilung notwendig ist, um die dauernde Erfüllbarkeit der Verpflichtungen aus den Versicherungen sicherzustellen.

Schadenrückstellungen unterscheiden sich von Schulden nur durch ihre Ungewißheit. Sie sind daher wie gewisse Verbindlichkeiten mit ihrem (geschätzten) Erfüllungsbetrag oder dem höheren beizulegenden Wert am Bilanzstichtag zu bewerten[219]. Jeder Schätzung haften von Natur aus gewisse Unsicherheitsmomente an. Die Schätzung darf daher nicht risikoneutral im Sinne einer Gleichgewichtung von Chancen und Risiken durchgeführt werden, sie hat vielmehr unter Beachtung des bilanzrechtlichen Vorsichtsprinzips zu erfolgen. Durch vorsichtige Bewertung soll das Risiko vermindert werden, daß als Folge von (zu niedrigen) Schätzungen ein zu hoher Gewinn ausgewiesen wird, der aufgrund von Ausschüttungen, Steuerzahlungen und anderen erfolgsabhängigen Ausgaben letztlich zu einer ungerechtfertigten Verminderung der Haftungssubstanz führen würde. Die Schätzung ist daher so vorzunehmen, daß mit hinreichender Wahrscheinlichkeit für den einzelnen Versicherungsfall die späteren Ausgaben die geschätzte Schadenrückstellung nicht überschreiten[220].

Die **Teil-Schadenrückstellung für noch nicht abgewickelte, aber bekannte Versicherungsfälle** ist für die bis zum Bilanzstichtag gemeldeten Versicherungsfälle zu bilden (Nr. I P 3.3.1 Abs. 3 VUBR).   **228**

Rückstellungen für Versicherungsfälle (auch Rentenversicherungsfälle), die bis zum Bilanzstichtag eingetreten oder verursacht, aber bis zu diesem Zeitpunkt noch nicht gemeldet und somit nicht abgewickelt sind, werden in der Teil-Schadenrückstellung für Spätschäden erfaßt. Sie ist auch als IBNR-Rückstellung (incurred but not reported) bekannt.   **229**

Die Teil-Schadenrückstellung für bekannte Versicherungsfälle wird grundsätzlich nach dem Prinzip der Einzelbewertung bewertet. Eine Gruppenbewertung bzw. Pauschalbewertung der Versicherungsfälle ist nur unter bestimmten Voraussetzungen zulässig (Nr. I P 3.3.1 Abs. 3 VUBR)[221].   **230**

Die **Teil-Schadenrückstellung für Renten-Versicherungsfälle** ist für jeden bis zum Bilanzstichtag eingetretenen und gemeldeten Renten-Versicherungsfall zu bilden, wenn eine Pflicht zur Rentenzahlung durch rechtskräftiges Urteil, Vergleich oder Anerkenntnis festgestellt worden ist. Die Teil-Schadenrückstellung ist einzeln in Höhe des Barwertes der künftigen Rentenverpflichtung unter Berücksichtigung der geschäftsplanmäßig festgelegten Rechnungsgrundlagen (Sterbetafel, Zinsfuß usw.) zu berechnen. Nicht abgehobene Renten sind in der Teil-Schadenrückstellung zu belassen (Nr. I P 3.3.1 Abs. 4 VUBR).   **231**

---

218 Vgl. auch Tz. 35 ff.
219 Vgl. *Groh,* Abzinsung von Verbindlichkeitsrückstellungen BB 1988 S. 1920; *Perlet* S. 70.
220 Vgl. *Geib/Horbach* in KoRVU Bd. I J Tz. 100 ff.
221 Vgl. *Donandt/Richter* in IDW-Aufsatzsammlung C IV Tz. 70 ff.

232 Innerhalb der **Teil-Schadenrückstellung für Spätschäden** wird zwischen der Rückstellung für bekannte Spätschäden und der Rückstellung für unbekannte Spätschäden differenziert. Bei den **bekannten Spätschäden** handelt es sich um Versicherungsfälle, die zwischen dem Bilanzstichtag und dem Zeitpunkt der inventurmäßigen Feststellung der einzelnen Versicherungsfälle bekanntgeworden sind. Bei den übrigen Spätschäden handelt es sich um sog. **unbekannte Spätschäden.** Die Rückstellungsbeträge für bekannte Spätschäden sind grundsätzlich einzeln zu bilden, während für die unbekannten Spätschäden entweder die Gruppenbewertung oder die Pauschalbewertung anzuwenden ist (Nr. I P 3.3.1 Abs. 5 S. 2 VUBR) [222].

Es empfiehlt sich, sowohl die Rückstellung für die bekannten als auch die für die unbekannten Spätschäden jeweils getrennt jahrgangsweise abzuwickeln. Einmal in der Spätschadenrückstellung berücksichtigte Versicherungsfälle sind in den Folgejahren in dieser Rückstellung zu belassen, auch wenn inzwischen aus dem unbekannten ein bekannter Versicherungsfall geworden ist. Es werden keine Umbuchungen zur Teil-Schadenrückstellung für bekannte Versicherungsfälle vorgenommen (Nr. I P 3.3.1 Abs. 5 S. 3 VUBR) [223].

233 Die **Teil-Schadenrückstellung für Schadenregulierungsaufwendungen** ist für alle nach dem Bilanzstichtag voraussichtlich anfallenden Anzahlungen dieser Art zu bilden (Nr. I P 3.3.1 Abs. 5 S. 3 VUBR) [224]. Zu den Schadenregulierungsaufwendungen gehören sowohl die einzelnen Versicherungsfällen direkt zurechenbaren als auch die diesen nur indirekt zurechenbaren Aufwendungen [225], unabhängig davon, ob diese Aufwendungen außerhalb oder innerhalb des bilanzierenden VU entstehen (Nr. II 5 Abs. 5 VUBR).

234 Die **Anteile der Rückversicherer** bzw. Retrozessionäre an der Brutto-Schadenrückstellung bestimmen sich nach den Rückversicherungsverträgen. Für das sG erfolgt die Ermittlung des Anteils des RVU auf Grundlage der eigenen Ermittlung der Brutto-Wertansätze. Für das üG erfolgt die Berechnung auf Grundlage der Aufgaben der Vorversicherer bzw. eigener Ermittlung der Brutto-Wertansätze (Nr. I P 3.0 Abs. 6 VUBR).

Rückversicherungsunternehmen [226]

235 Die Brutto-Schadenrückstellung für das üG ist grundsätzlich anhand der Aufgaben der Vorversicherer zu bilden (Nr. I P 3.0 Abs. 4 S. 3 VUBR). Auch wenn der Rückversicherer bzw. ein Schaden- und Unfallversicherer, der indirektes Geschäft betreibt, in vielen Fällen keine oder kaum Informationen über einzelne Versicherungsfälle des direkten Versicherungsgeschäfts hat, so gilt für ihn dennoch der Grundsatz der Einzelbewertung. Er gilt insoweit, als er für die Bewertung seiner Anteile an den Verpflichtungen des Erstversicherers zunächst dessen Aufgaben zugrunde legt [227].

---

222 Vgl. hierzu *Donandt/Richter* in IDW-Aufsatzsammlung C IV Tz. 76.
223 Möglich sind lediglich Umbuchungen zur Teil-Schadenrückstellung für Rentenversicherungsfälle. S. in diesem Zusammenhang auch die Posten 5 bis 7 der Nw. 240 der Internen VUReV sowie die Ziff. 7 der Nw. 24: Anm. zur Nw. 240.
224 Vgl. hierzu insb.: Ertragsteuerliche Behandlung der Schadenermittlungs- und Schadenbearbeitungskosten bei VU, BMF Schreiben v. 2. 2. 1973, DStZEild. S. 74 f.
225 Vgl. *Donandt/Richter* in IDW-Aufsatzsammlung C IV Tz. 78 ff.
226 Vgl. insb. *Eisold* in IDW-Aufsatzsammlung C V Tz. 39 ff.; *Geib/Horbach* in KoRVU Bd. I J Tz. 177 ff.; *Gerathewohl* Bd. I S. 687 ff.
227 Vgl. *Gerathewohl* Bd. I S. 689.

Ein Rückversicherer darf die Aufgaben der Vorversicherer jedoch nicht unge-   **236**
prüft übernehmen. Vielmehr muß er eigene Erkenntnisse über die Angemessenheit der Aufgaben der Vorversicherer in die Bewertung der Schadenrückstellung
einfließen lassen.

Bedeutendste Grundlage für die angemessene Bewertung der Schadenrückstellung ist daher für den Rückversicherer die sorgfältige Analyse der Abwicklungsergebnisse der Vergangenheit. Problematisch ist die Bewertung der Schadenrückstellung für einen Rückversicherer insb. dann, wenn er keine oder nur
unvollständige Aufgaben der Vorversicherer vorliegen hat. Er hat in diesen Fällen die Brutto-Schadenrückstellung selbst zu berechnen bzw. gewissenhaft zu
schätzen (Nr. I P 3.0 Abs. 4 S. 5 VUBR). Grundlage sind seine eigenen Kenntnisse des Marktes und des Vz. sowie seine statistischen Erfahrungen der Vergangenheit für den betreffenden Rückversicherungsvertrag.

Ergibt sich aus eigenen Erfahrungen hinsichtlich eines Rückversicherungsvertrages, daß die von den Vorversicherern aufgegebenen Rückstellungen aller Voraussicht nach nicht ausreichen werden, so hat der Rückversicherer die aufgegebenen Rückstellungen um seiner Erkenntnis nach angemessene Zuschläge zu
erhöhen (Nr. I P 3.0 Abs. 4 S. 4 VUBR).

Lebensversicherungsunternehmen

Die Rückstellung für noch nicht abgewickelte Versicherungsfälle enthält bei   **237**
LVU Versicherungsfälle, die bis zum Bilanzstichtag eingetreten (zB Todesfälle,
Abläufe, Leibrentenfälle), aber noch nicht oder nicht vollständig bezahlt sind.
Versicherungsfälle, die bis zum Bilanzstichtag eingetreten, aber erst nach dem
Zeitpunkt der Bestandsfeststellung gemeldet werden, sind in der Teil-Rückstel-
lung für Spätschäden zu erfassen (Nr. I P 3.3.1 Abs. 10 und 12 VUBR).

Die bis zum Bilanzstichtag eingetretenen und bis zum Zeitpunkt der Bestands-   **238**
feststellung gemeldeten, aber noch nicht bezahlten Versicherungsfälle sind einzeln zu berechnen (Nr. I P 3.3.1 Abs. 11 VUBR)[228]. Im Fall der Teil-Rückstellung für Spätschäden bemißt sich die Rückstellung nach den unter Risiko stehenden Summen. Hierunter ist je Versicherungsvertrag die zu erbringende Versicherungsleistung – gegebenenfalls deren Barwert – abzüglich der bestehenden
Deckungsrückstellung zu verstehen. Die Rückstellung für Schadenregulierungsaufwendungen wird regelmäßig in Höhe von 1% der Rückstellung für noch
nicht abgewickelte Versicherungsfälle gebildet[229]. Bei Berechnung der Dekkungsrückstellung ist ggf. der Beitragsübertrag zu berücksichtigen (Nr. I P 3.3.1
Abs. 12 VUBR).

Für die Anteile der Rückversicherer an der Brutto-Rückstellung gelten die allge-   **239**
meinen Grundsätze (Nr. I P 3.0 Abs. 5 bis 7 VUBR).

Die Rückstellung für noch nicht abgewickelte Rückkäufe enthält bei LVU alle   **240**
im GJ beantragten Rückkaufswerte, soweit diese bis zum Bilanzstichtag zwar
abgerechnet, aber noch nicht durch Zahlung ausgeglichen worden sind[230].

228 Vgl. *Tröbliger* in KoRVU Bd. I G Tz. 76 f.
229 Wegen der Teil-Rückstellung für Schadenregulierungsaufwendungen wird insb. auf den Erlaß des
     BMF v. 2. 2. 1973 verwiesen. S. Tz. 233. Vgl. auch *Eisold/Jäger* in IDW-Aufsatzsammlung C I
     Tz. 126.
230 Vgl. hierzu *Eisold/Jäger* in IDW-Aufsatzsammlung C I Tz. 121 ff.

241   Bei **P/StK** entsprechen die den Mitgliedern bei vorzeitiger Vertragsbeendigung geschäftsplanmäßig zu gewährenden sog. Austrittsvergütungen den Rückkaufswerten in anderen Geschäftszweigen (Nr. I P 3.3.2 Abs. 3 VUBR).

Krankenversicherungsunternehmen

242   Die Brutto-Schadenrückstellung der KVU umfaßt die noch nicht getätigten Auszahlungen für die bis zum Bilanzstichtag eingetretenen Versicherungsfälle insoweit, als die Inanspruchnahme des Arztes, der Apotheke, des Krankenhauses oder von ähnlichem vor dem Bilanzstichtag liegt oder Tagegeld für Tage vor dem Bilanzstichtag gewährt wird (Nr. I P 3.3.1 Abs. 15 VUBR)[231].

243   Die Berechnung ist anhand eines Näherungsverfahrens vorzunehmen. Hierbei ist von den in den ersten Monaten des nach dem Bilanzstichtag folgenden GJ erfolgten Zahlungen für Versicherungsfälle des Berichtsjahres auszugehen. Dieser Ausgangsbetrag ist um einen geschätzten Betrag zu erhöhen, dem das sich zumindest aus den letzten drei GJ ergebende durchschnittliche Verhältnis der Zahlungen für Versicherungsfälle – jeweils für das vorausgegangene GJ – zugrunde zu legen ist (Nr. I P 3.3.1 Abs. 16 VUBR)[232].

244   Die Rückstellung für Schadenregulierungsaufwendungen wird als Prozentsatz der insgesamt im GJ angefallenen Schadenregulierungsaufwendungen gebildet. Der Prozentsatz ergibt sich aus dem Verhältnis der Schadenrückstellung zu den gesamten Schadenleistungen des GJ[233].

245   Für die Anteile der Rückversicherer an der Brutto-Rückstellung gelten die allgemeinen Grundsätze (Nr. I P 3.6 Abs. 5 bis 7 VUBR).

246   **Alle VU** sind unabhängig von der Art des betriebenen Geschäfts dazu verpflichtet, im Anhang gem. § 284 Abs. 2 Nr. 1 und 3 HGB iVm. § 10 Externe VUReV sowie gem. § 12 Nr. 3 Externe VUReV Angaben zur Schadenrückstellung zu machen. Es kann an dieser Stelle auf die grundsätzlichen Ausführungen im Zusammenhang mit den Anhangangaben zu den Beitragsüberträgen verwiesen werden[234].

4. Schwankungsrückstellung[235]

247   Die Rückstellung zum Ausgleich der Schwankungen im jährlichen Schadenbedarf (Schwankungsrückstellung) wird nur **bei SchVU sowie RVU** gebildet. Sie

---

231 Ausführlich hierzu *Seyfert* in KoRVU Bd. I H Tz. 60 ff.
232 Ein Beispiel für das Schätzverfahren findet sich bei *Heubaum* in IDW-Aufsatzsammlung C III Tz. 60.
233 Vgl. ebd. Tz. 63.
234 Vgl. Tz. 210.
235 Vgl. *Bohrmann*, Wie groß muß die Schwankungsreserve sein?, ZfV 1974 S. 594 ff.; *Braeß*, Betriebswirtschaftliche Gedanken in *Braeß*, Betriebswirtschaftliche Gedanken zur Risikotheorie und Schwankungsrückstellung, Berlin 1965 S. 7 ff.; ders., Die „Schwankungsrückstellung" in betriebswirtschaftlicher und steuerlicher Sicht, ZVersWiss 1967 S. 1 ff.; *Karten*, Zur Begründung einer sachgerechten Schwankungsrückstellung in Kalwar, Sorgen, Vorsorgen, Versichern, Festschrift für Heinz Gerhardt zum 70. Geburtstag, Karlsruhe 1975 S. 215 ff.; *Knoll*, Die Schwankungsrückstellung und ihre betriebswirtschaftliche Funktion, ZVersWiss 1967 S. 19 ff.; *Nies*, Rückstellungen zur künftigen Schadendeckung im Versicherungsgeschäft, WPg. 1971 S. 653 ff.; ders., Die Rückstellung zum Ausgleich des schwankenden Jahresbedarfs (Schwankungsrückstellung), WPg. 1973 S. 337 ff.; ders., Zur Neuordnung der Rückstellung zum Ausgleich des schwankenden Jahresbedarfs, VW 1979 S. 156 ff.; *Uhrmann*, Die Schwankungsrückstellung in der Schaden- und Unfallversicherung, StBp. 1988 S. 188 ff.; *Weiße*, Schwankungsrückstellung und Großrisikenrückstellungen nach versicherungstechnischen Grundsätzen, WPg. 1974 S. 470 ff.

Zu Posten des Jahresabschlusses

dient dem Risikoausgleich in der Zeit, indem sie durch die Verrechnung von Unter- und Überschäden der einzelnen Perioden stärkere Ausschläge der Erfolge einzelner Jahre aufgrund schwankender Schadenbelastung verringert[236]. In Jahren mit geringer Schadenbelastung werden der Schwankungsrückstellung Beträge zugeführt (Unterschaden), die in Jahren mit hoher Schadenbelastung entnommen werden (Überschaden).

Grundlage für die Berechnung der Schwankungsrückstellung ist das RdSchr. 4/78 des BAV[237] (in Überarbeitung), das die Anwendung exakt definierter versicherungsmathematischer Methoden zur Ermittlung des Wertansatzes der Rückstellung vorsieht. **248**

Die Schwankungsrückstellung ist grundsätzlich für alle Vz. der Schaden- und Unfallversicherung zu bilden. Nicht anzuwenden ist die Anordnung auf das in Rückdeckung übernommene Lebens- und Krankenversicherungsgeschäft und das von Lebensversicherern betriebene Unfallversicherungsgeschäft. **249**

Vz. iSd. Anordnung ist jeder Vz. und jede Versicherungsart, für die gem. § 4 Interne VUReV eine gesonderte GuV aufzustellen ist oder – darüber hinaus – aufgestellt wird[238].

Nach dem RdSchr. 4/78 haben SchVU in den fraglichen Vz. eine Schwankungsrückstellung zu bilden, wenn

– die verdienten Beiträge im Durchschnitt der letzten drei GJ (incl. Bilanzjahr) DM 250 000,– übersteigen,
– die Standardabweichung der Schadenquoten des Beobachtungszeitraumes von der durchschnittlichen Schadenquote mindestens 5 Prozent-Punkte beträgt und
– die Summe aus Schaden- und Kostenquote mindestens einmal im Beobachtungszeitraum 100% überschreitet[239].

Für die recht komplexe Berechnung der jährlichen Zuführungen bzw. Entnahmen zu bzw. aus der Schwankungsrückstellung sind Berechnungsbeispiele bzw. Berechnungsschemata veröffentlicht bzw. den betroffenen VU zugänglich gemacht worden[240]. **250**

Da die Ermittlung der Schwankungsrückstellung nur **für den Selbstbehalt** erfolgt, sieht Formblatt I Externe VUReV – anders als bei den übrigen versicherungstechnischen Rückstellungen – keine Vorspalte für den Rückstellungsbetrag brutto und den Anteil für das in Rückdeckung gegebene Versicherungsgeschäft vor. **251**

Bei der Erläuterung der Schwankungsrückstellung im **Anhang** ist neben der Angabepflicht nach § 284 Abs. 2 Nr. 1 HGB iVm. § 10 Abs. 2 Externe VUReV (Angaben zu den Methoden der Ermittlung der Rückstellung) auch § 12 Nr. 1 Externe VUReV zu beachten. Die Regelung verlangt, daß SchVU sowie RVU die **252**

---

236 Vgl. *Farny*, Buchführung S. 133.
237 RdSchr. 4/78 v. 21.9. 1978 des BAV zur Bildung einer Rückstellung zum Ausgleich der Schwankungen im jährlichen Schadenbedarf – Schwankungsrückstellung – (in Überarbeitung), VerBAV S. 262 ff.
238 Zur Internen VUReV vgl. Tz. 369 ff.
239 Vgl. die Erläuterungen zu den Voraussetzungen bei *Geib/Horbach* in KoRVU Bd. I J Tz. 210 ff.
240 GDV Tagebuch-Nr. 214/78 (Zahlenbeispiel); GDV Anlage zu Tagebuch-Nr. 37/79 (Berechnungsschema); *Herrmann/Heuer/Raupach* § 20 KStG Tz. 208 (Zahlenbeispiel); *Hoth*, VW 1980 S. 83 (Formeln und Zahlenbeispiel). Zur vertieften Behandlung von Zweifelsfragen vgl. insb. *Geib/Horbach* in KoRVU Bd. I J Tz. 206 ff. (220).

Bewegung, dh. Anfangsbestand, Zuführungen, Entnahmen und Endbestand, jeweils unterteilt nach Vz. und -arten, der Schwankungsrückstellung anzugeben haben.

5. Rückstellung für Beitragsrückerstattung

253   Die Rückstellung für Beitragsrückerstattung enthält Beträge, die für eine spätere Ausschüttung an die VN bestimmt sind. Die Rückstellung ist in Vz., in denen die Gewinnbeteiligung der VN eine Rolle spielt, vor allem in der Lebensversicherung, von besonderer Bedeutung. Der Passivposten wird nach Formblatt I Externe VUReV in eine **erfolgsabhängige und eine erfolgsunabhängige Beitragsrückerstattung** unterteilt. SchVU sowie KVU müssen beide Rückstellungsarten getrennt ausweisen, während Lebensversicherer sie nach Anm. 12a) zu Formblatt I zusammenfassen können.

RVU weisen diesen Passivposten nicht aus[241]; vielmehr weisen Rückversicherer die bei ihnen vorkommende erfolgsunabhängige Beitragsrückerstattung[242] unter Passiva III 6 „Sonstige versicherungstechnische Rückstellungen" aus (Nr. I P 3.5 VUBR).

254   Im selbst abgeschlossenen **Lebensversicherungsgeschäft** gibt es nur eine Rückstellung für erfolgsabhängige Beitragsrückerstattung. In der Lebensversicherung müssen 90% des durch die vorsichtige Prämienkalkulation entstehenden Rohüberschusses den VN gutgebracht werden[243].

Dies geschieht neben der Einstellung in die Rückstellung für Beitragsrückerstattung auch durch die sog. Direktgutschrift, bei der ein Teil des Rohüberschusses den VN, ohne über die Rückstellung für Beitragsrückerstattung geführt zu werden, unmittelbar gutgeschrieben wird[244].

255   Die Rückstellung für Beitragsrückerstattung ist bei LVU nach Abrechnungsverbänden aufzugliedern, die bestimmte Versicherungsbestände bzw. Gruppen von Versicherungsbeständen zusammenfassen[245]. Für jeden Abrechnungsverband muß bestimmt werden, welcher Teilbetrag festgelegt ist, dh. einzelnen VN bereits für einen bestimmten Zeitpunkt zugesagt worden ist.

Für die Höhe der verfügbaren, also nicht festgelegten Rückstellung für Beitragsrückerstattung hat das BAV seit 1985 eine Begrenzung vorgeschrieben[246]. Danach darf am Ende des GJ dieser Passivposten abzüglich des Teils, der bereits bestimmten VN gutgeschrieben wurde, nicht größer sein als die Zuteilung des GJ und 50% der Zuteilung des VJ.

256   Im Anhang haben LVU anzugeben, welcher Anteil der Rückstellung für Beitragsrückerstattung bereits dem VN gutgeschrieben und damit für das VU festge-

---

241 Anm. 12b) Formblatt I Externe VUReV.
242 Auch wenn RVU an den erfolgsabhängigen Beitragsrückerstattungen ihrer Zedenten teilnehmen, wird diese Beteiligung aus Sicht des Rückversicherers zu einer erfolgsunabhängigen Beitragsrückerstattung.
243 S. hierzu Lebensversicherung Gesamtgeschäftsplan für die Überschußbeteiligung, VerBAV 1986 S. 399 ff.
244 Vgl. zB *Claus*, Direktgutschrift in der Lebensversicherung, VerBAV 1988 S. 259 ff.; *Eisold/Jäger* in IDW-Aufsatzsammlung C I Tz. 136 ff.
245 Beispiele für Abrechnungsverbände können sein: Einzel-Kapital-Lebensversicherungen, Vermögensbildungsversicherungen, Fondsgebundene Lebensversicherung, Gruppen-Kapital-Lebensversicherungen nach Sondertarifen, Rentenversicherungen usw.; vgl. *Eisold/Jäger* in IDW-Aufsatzsammlung C I Tz. 137.
246 Vgl. GB/BAV 1985 S. 57.

legt ist; daneben sind bei den einzelnen Abrechnungsverbänden ua. die Überschußanteilsätze aufzuführen (§ 12 Nr. 2a Externe VUReV).

KVU weisen im sG im Unterschied zu LVU sowohl eine Rückstellung für   **257**
erfolgsabhängige als auch für erfolgsunabhängige Beitragsrückerstattung aus[247].

In der Rückstellung für erfolgsunabhängige Beitragsrückerstattung sind – unab-   **258**
hängig davon, ob aus dem gesamten sG ein Überschuß erzielt wurde – die
geschäftsplanmäßig oder vertraglich festgelegten Beträge zurückzustellen, die
den VN unter Berücksichtigung des Schadenverlaufs der einzelnen Versicherungsverträge zufließen, soweit diese den VN am Bilanzstichtag noch nicht gutgeschrieben worden sind (Nr. I P 3.5.1 Abs. 3 VUBR).

Die Rückstellung für erfolgsabhängige Beitragsrückerstattung enthält wie in der   **259**
Lebensversicherung Beträge, die für die Überschußbeteiligung der VN zurückgestellt wurden[248]. Die Verwendung der Überschüsse wird durch Geschäftsplan,
Satzung oder durch die Beschlüsse der zuständigen Organe – Vorstand, AR, Mit-
gliedervertreter – festgelegt.

Im Anhang haben KVU für die erfolgsabhängige Beitragsrückerstattung die Art   **260**
der Verwendung und für die einzelnen Tarife die festgesetzten oder vorgesehenen Rückerstattungssätze anzugeben (§ 12 Nr. 2b Externe VUReV).

SchVU weisen im sG eine erfolgsabhängige und eine erfolgsunabhängige Bei-   **261**
tragsrückerstattung aus.

Als erfolgsunabhängige Beitragsrückerstattung sind – wie in der Krankenversi-   **262**
cherung – die vom Schadenverlauf oder Ergebnis eines einzelnen Versicherungsvertrages abhängigen Beitragsrückerstattungen auszuweisen, soweit diese den
VN am Bilanzstichtag noch nicht gutgeschrieben worden sind (Nr. I P 3.5.1
Abs. 1 VUBR). Hierzu gehören insb. Rückgewährbeträge, die den VN vertraglich zustehen, wenn ihre Versicherungsverträge im Versicherungsjahr schaden-
arm bzw. schadenfrei verlaufen[249].

Als Rückstellung für erfolgsabhängige Beitragsrückerstattung sind nach den   **263**
Richtlinien des BAV (Nr. I P 3.5.2 Abs. 2 VUBR) die vom Ergebnis eines Vz.,
einer Versicherungsart oder eines regionalen Teilbestandes eines Vz. oder einer
Versicherungsart des sG abhängigen Beitragsrückerstattungen auszuweisen,
soweit diese den VN am Bilanzstichtag noch nicht gutgeschrieben sind.

Nach der Rechtsgrundlage kann diese Rückstellung wie folgt aufgegliedert werden:

1. Rückstellung für die gesetzliche Beitragsrückerstattung in der Kraftfahrzeug-
   Haftpflichtversicherung aufgrund der Verordnung über die Tarife in der
   Kraftfahrzeug-Haftpflichtversicherung in der jeweils geltenden Fassung[250].

---

247 Ausführlich hierzu *Seyfert* in KoRVU Bd. I H Tz. 81 ff.
248 Vgl. *Heubaum* in IDW-Aufsatzsammlung C III Tz. 69; *Jäkel*, Die erfolgsabhängige Beitragsrücker-
    stattung der privaten Krankenversicherung, VW 1978 S. 235 ff.
249 Der Schadenfreiheitsrabatt in der Kraftfahrtversicherung setzt keine Rückstellungsbildung voraus.
    Zur Rückstellung für erfolgsunabhängige Beitragsrückerstattung vgl. auch *Donandt/Richter* in
    IDW-Aufsatzsammlung C IV Tz. 166 ff.
250 Verordnung über die Tarife in der Kraftfahrzeug-Haftpflichtversicherung vom 5. 12. 1984, VerBAV
    1985 S. 6 bis 43, zuletzt geändert durch die Dritte Verordnung zur Änderung der Verordnung über
    die Tarife in der Kraftfahrzeug-Haftpflichtversicherung vom 16. 7. 1990, VerBAV 1990 S. 440 ff.
    Vgl. auch *Geib/Horbach* in KoRVU Bd. I J Tz. 244 ff.

2. Rückstellung für die satzungsgemäße[251] Beitragsrückerstattung, soweit sie erfolgsabhängig im oben beschriebenen Sinne ist.

3. Rückstellung für Beitragsrückerstattung auf Grundlage des Geschäftsplans[252], soweit sie erfolgsabhängig im oben beschriebenen Sinne ist.

264   Nach § 12 Nr. 2c Externe VUReV haben die Schaden- und Unfallversicher die Rückerstattungssätze für die einzelnen Vz., jeweils aufgegliedert nach erfolgsabhängiger und erfolgsunabhängiger Beitragsrückerstattung, anzugeben. Die Sätze des vorausgegangenen GJ sind gegenüberzustellen.

265   Unabhängig vom betriebenen Vz. weisen **Erst-VU** im üG nur eine Rückstellung für erfolgsunabhängige Beitragsrückerstattung aus, da aus Sicht des rückversichernden Unternehmens auch eine Beteiligung an einer erfolgsabhängigen Beitragsrückerstattung bei ihm zu einer erfolgsunabhängigen Beitragsrückerstattung wird (Nr. I P 3.5 VUBR).

266   Ebenso gilt für alle Erst-VU, daß sowohl im Bereich der erfolgsabhängigen als auch erfolgsunabhängigen Beitragsrückerstattung die den VN gutgeschriebenen, aber noch nicht fälligen Beitragsrückerstattungen sowie die von den VN noch nicht abgehobenen Beitragsrückerstattungen unter dem Posten Passiva VII Nr. 1 „Verbindlichkeiten aus dem selbst abgeschlossenen Versicherungsgeschäft gegenüber Versicherungsnehmern" auszuweisen sind (Nr. I P 3.5.1 Abs. 2 und Abs. 3 S. 2 VUBR sowie Nr. I P 3.5.2 Abs. 2 und 3 VUBR).

267   Allen Erst-VU gemein ist auch die Vorschrift, neben einer Erläuterung der Rückstellung für Beitragsrückerstattung nach § 284 Abs. 2 Nr. 1 und 3 HGB iVm. § 10 Abs. 2 Externe VUReV die Bewegung, dh., Anfangsbestand, Zuführungen, Entnahmen und Endbestand der Brutto-Rückstellung für Beitragsrückerstattung anzugeben. Diese Angaben sind von KVU sowie von SchVU nach erfolgsabhängiger und erfolgsunabhängiger Beitragsrückerstattung zu untergliedern (§ 12 Abs. 2 S. 1 Externe VUReV).

6. Sonstige versicherungstechnische Rückstellungen

268   Unter den sonstigen versicherungstechnischen Rückstellungen weisen SchVU sowie RVU nach den Bilanzierungsrichtlinien des BAV (Nr. I P 3.6 Abs. 1 VUBR) insb. die folgenden Rückstellungen aus:

1. die Rückstellung für die erfolgsunabhängige Beitragsrückerstattung, soweit sie vorsorglich bei einem mehrjährigen Beobachtungszeitraum vor Ablauf dieses Zeitraums gebildet wird;

2. die Rückstellung für Beitragsnachverrechnungen aufgrund des § 9 FBUB und des § 8 AMBUB[253];

3. die Rückstellung für unverbrauchte Beiträge aus ruhenden Kraftfahrtversicherungen und Fahrzeug-Rechtsschutzversicherungen[254];

4. die Stornorückstellung zu den

     a) Forderungen an VN aus noch nicht eingelösten Versicherungsscheinen, Nachträgen und Folgebeitragsrechnungen,

---

251 Erfolgsabhängige satzungsmäßige Beitragsrückerstattung wird insb. von VVaG und von ö.-r. VU gewährt. Sie kann auch bei LVU oder KVU auftreten.
252 Zum Geschäftsplan s. *Prölss*, VAG § 5 Tz. 4 ff.
253 Vgl. *Donandt/Richter* in IDW-Aufsatzsammlung C IV Tz. 257.
254 Vgl. *Geib/Horbach* in KoRVU Bd. I J Tz. 319 ff.

b) Forderungen an Versicherungsvertreter aus
   aa) bereits kassierten, aber noch nicht an das bilanzierende VU abgeführten Beiträgen,
   bb) belasteten, aber noch nicht eingelösten Versicherungsscheinen, Nachträgen und Folgebeitragsrechnungen (s. in diesem Zusammenhang Nr. I A 7.1.1 Abs. 2 VUBR);
c) vom bilanzierenden VU bereits kassierten Beiträgen in Höhe der voraussichtlich zurückzugewährenden Beiträge wegen Fortfalls oder Verminderung des technischen Risikos (versicherten Interesses) gem. § 68 Abs. 1 bis 3 VVG;
5. die Rückstellung aufgrund der Verpflichtungen aus der Mitgliedschaft zur Solidarhilfe eV und Verkehrsopferhilfe eV;
6. Rückstellungen, die der Schwankungsrückstellung ähnlich sind:
   a) die Rückstellung für die Versicherung von Atomanlagen (Atomanlagenrückstellung),
   b) die Großrisikenrückstellung für die Produkthaftpflicht-Versicherung von Pharma-Risiken,
   c) sonstige nach aufsichtsbehördlichen Anordnungen gebildete Rückstellungen, die der Schwankungsrückstellung ähnlich sind;
7. die Rückstellung für drohende Verluste aus einem Vz., einer Versicherungsart oder einer Versicherungsunterart des sG oder aus einem Vz. des üG, sofern diese Kollektive eine gewisse Größenordnung erreichen;
8. die Rückstellung für die (erfolgsunabhängige) Beitragsrückerstattung bei RVU[255].

Zu 4.

Zu den Beitragsforderungen an die VN und zu den bereits kassierten Beiträgen **269** ist wegen Fortfalls oder Verminderung des technischen Risikos eine **Stornorückstellung** zu bilden[256]. Die Stornorückstellung ist damit klar von den aktivisch abgesetzten Pauschalwertberichtigungen zu den Beitragsforderungen an VN abzugrenzen. Während die Pauschalwertberichtigung dem allgemeinen Zahlungsausfallrisiko beim VN Rechnung trägt, berücksichtigt die Stornorückstellung den Fortfall oder die Verminderung des versicherungstechnischen Risikos zB aufgrund der Kündigung des VN wegen Risiko- oder Wagniswegfall (unaufklärbares Abhandenkommen einer versicherten Sache, Zerstörung einer versicherten Sache, Verkauf einer versicherten Sache, Geschäftsaufgabe, Haushaltsauflösung usw.)[257], aufgrund des Todes des VN oder aufgrund der Kündigung nach einem Versicherungsfall.

Zu 5.

Der Verein „**Solidarhilfe eV**", Hamburg, wurde am 12. 11. 1968 als freiwillige **270** Hilfsorganisation der deutschen Kraftfahrtversicherer gegründet. Er übernimmt als Gemeinschaftsaufgabe im Falle des Konkurses einer seiner Mitglieder die Verpflichtungen aus noch nicht abgewickelten Kraftfahrzeug-Haftpflichtschäden[258].

255 Vgl. Tz. 253.
256 Vgl. *Geib/Horbach* in KoRVU Bd. I J Tz. 302 ff.
257 Vgl. *Prölss/Martin.* § 68 VVG Anm. 1 ff.
258 Vgl. *Geib/Horbach* in KoRVU Bd. I J Tz. 312 f.

271 Nach der Satzung des Verbandes der Haftpflichtversicherer, Unfallversicherer, Autoversicherer und Rechtsschutzversicherer eV (kurz: HUK-Verband) sind alle VU, die ihm angehören, ohne Antrag Mitglieder des Vereins „**Verkehrsopferhilfe**". Diesem Verein ist nach § 1 der „Verordnung über den Entschädigungsfonds für Schäden aus Kraftfahrzeugunfällen" vom 14. 12. 1965 (BGBl. I S. 2093)[259] die Stellung des Entschädigungsfonds für Schäden aus Kraftfahrzeugunfällen nach den §§ 12 und 13 des Pflichtversicherungsgesetzes – „Gesetz über die Pflichtversicherung für Kraftfahrzeughalter" – vom 5. 4. 1965 (BGBl. I S. 213)[260] zugewiesen worden. Nach dem Pflichtversicherungsgesetz können Ersatzansprüche aus Personen- und Sachschäden gegen Halter, Eigentümer oder Fahrer eines Kraftfahrzeuges unter folgenden Voraussetzungen auch gegen den Verein „Verkehrsopferhilfe" geltend gemacht werden:

1. Wenn das Fahrzeug, durch dessen Gebrauch der Schaden verursacht worden ist, nicht ermittelt werden kann, auch wenn der Schaden vorsätzlich oder widerrechtlich herbeigeführt wurde,
2. wenn die gesetzlich erforderliche Haftpflichtversicherung aus irgendwelchen Gründen nicht besteht,
3. wenn ein Versicherer keine Deckung gewährt, weil der Schaden vorsätzlich oder widerrechtlich herbeigeführt wurde.

Zu 6.

272 Unter den Rückstellungen, die der Schwankungsrückstellung ähnlich sind, werden insb. die sog. „**Großrisikenrückstellungen**" verstanden, dh. die Rückstellung für die Versicherung von Atomanlagen (Atomanlagenrückstellung)[261] und die Großrisikenrückstellung für die Produkthaftpflicht-Versicherung von Pharma-Risiken[262]. Großrisiken sind „Risiken, deren mögliche Höchstschäden infolge einer Konzentration hoher Werte oder des Kumuls verschiedener Gefahren des gleichen Risikoobjekts mit großem Schadenmaximum (mpl = maximum possible loss) außergewöhnlich groß sind, während die Zahl der Risiken gering ist und vielfach die Schadenursache aus technologischen Gründen neuartig und/oder unbekannt ist[263]." Aufgrund des Charakters der Großrisiken und aufgrund der technischen Entwicklung ist eine statische absolute Begriffsdefinition nicht möglich: ein Risiko kann heute noch ein „Großrisiko" sein, morgen jedoch bereits ein „normales Risiko". So mußte bspw. aufgrund des Schreibens des BdF vom 10. 12. 1980[264] die Großrisikenrückstellung für die Versicherung von Großraumflugzeugen zum 31. 12. 1990 aufgelöst werden. Der Auflösungsbetrag war der Schwankungsrückstellung zuzuführen.

---

259 Änderungen der VO erfolgten durch Bekanntmachungen vom 23. 1. 1969, BAnz. Nr. 19, sowie 1. 6. 1979, BAnz. Nr. 111.
260 Zuletzt geändert durch das Erste Gesetz zur Änderung des Pflichtversicherungsgesetzes vom 22. 3. 1988, BGBl. I S. 358. Der § 12 des Pflichtversicherungsgesetzes wurde zuletzt durch das Gesetz über die Entschädigung für Opfer von Gewalttaten (OEG) vom 11. 5. 1976, BGBl. I S. 1181, geändert.
261 Vgl. RdSchr. 1/81 vom 17. 3. 1981 des BAV, VerBAV S. 122.
262 Vgl. RdSchr. 3/83 vom 6. 7. 1983 des BAV (in Überarbeitung), VerBAV S. 275. S. auch Schreiben des BdF vom 27. 12. 1984, BStBl. I 1985 S. 12.
263 *Ziegler* in *Prölss* ua. S. 77.
264 Vgl. VerBAV 1981 S. 79.

Zu 7.

Der handelsrechtliche Zwang zur Bildung von **Rückstellungen für drohende Verluste aus schwebenden Versicherungsgeschäften** ergibt sich aus § 249 Abs. 1 Satz 1 HGB[265]. Danach ist eine Rückstellung in der Höhe zu bilden, in der die Verpflichtungen aus dem schwebenden Versicherungsgeschäft den Wert des Gegenleistungsanspruchs übersteigen[266]. Da es sich bei dieser Größe nur um eine Schätzung handeln kann, sind die Bewertungsvorschriften in § 56 Abs. 3 VAG maßgebend, die besagen, daß die nach vernünftiger kaufmännischer Beurteilung notwendigen Beträge zurückzustellen sind, um die dauernde Erfüllbarkeit der Verpflichtungen aus den Versicherungsverträgen sicherzustellen. Die praktische Anwendung dieser Vorschrift bereitete VU gerade auch bei der Rückstellung für drohende Verluste aus Versicherungsgeschäften Probleme[267].

273

Grundsätzlich ist beim Versicherungsgeschäft von einer Ausgeglichenheit von Leistung und Gegenleistung auszugehen[268], da der Beitragskalkulation (Risikoprämienanteil[269]) das versicherungstechnische Äquivalenzprinzip zugrunde liegt – oder liegen sollte –[270], doch kann es in bestimmten Fällen durchaus zu drohenden Verlusten kommen, dh. zu Situationen, in denen die tatsächlichen Erfordernisse von dem bei der Beitragskalkulation erwarteten Bedarf abweichen:

274

a) Der Versicherer hat zunächst den Schaden- und Kostenbedarf richtig angesetzt. Im Laufe des Gültigkeitszeitraums des Beitrags ergibt sich jedoch eine tatsächliche Abweichung von den erwarteten Werten. Grund hierfür kann zB der unerwartete Anstieg der Schadenhäufigkeit oder des Durchschnittsschadens sein. Ebenso könnte auch die Kostenentwicklung durch eine unerwartete Lohnpolitik zu einer tendenziellen Abweichung führen.

b) Der Versicherer schätzt zwar die Kosten- und Schadenentwicklung richtig ein. Aus wettbewerblichen Gründen läßt sich aber der ausreichende Beitrag nicht realisieren.

c) Der Beitrag wurde von Anfang an in unwissentlicher Falscheinschätzung der späteren Entwicklung zu niedrig festgesetzt.

Wegen der bei der Ermittlung und Bewertung der Rückstellung für drohende Verluste aus dem Versicherungsgeschäft auftretenden Besonderheiten wird auf die einschlägige Literatur verwiesen[271].

KVU weisen unter den sonstigen versicherungstechnischen Rückstellungen insb. die Stornorückstellung sowie die Rückstellung für drohende Verluste aus schwebenden Versicherungsgeschäften aus (Nr. I P 3.6 Abs. 2 VUBR)[272].

275

---

265 S. E Tz. 81 ff.
266 Vgl. *BeBiKo.*, § 249 Anm. 55; *Karten*, Zu Inhalt und Abgrenzung der Rückstellung für drohende Verluste aus schwebenden Geschäften in Versicherungsbilanzen, VW 1973 S. 1425 ff.; *Kayser/Rettig*, Bewertung von Rückstellungen für drohende Verluste im Versicherungsgeschäft, VW 1985 S. 250 ff.; *Kühnberger*, Zur Bildung von Drohverlustrückstellungen bei Versicherungsunternehmen (1) und (2), VW 1990 S. 695 ff. und 890 ff.; *Nies*, Rückstellungen für drohende Verluste im Versicherungsgeschäft, Teil 1 und 2, WPg. 1972 S. 383 ff. und S. 446 ff.; *ders.*, Rückstellungen für drohende Verluste bei schwebenden Dauerschuldverhältnissen unter besonderer Berücksichtigung des Versicherungsgeschäfts, StBp. 1984 S. 130 ff.
267 Vgl. zB *Kayser/Rettig*. VW 1985 S. 250 ff.
268 Vgl. *Nies*, StBp. 1984 S. 131; *Ziegler* in *Prölss* ua. S. 90 f.
269 Vgl. hierzu *Karten* in Versicherungsenzyklopädie Bd. 2 S. 244 ff.
270 Vgl. ebd. S. 244 ff.
271 Vgl. insb. *Geib/Horbach* in KoRVU Bd. I J Tz. 268 ff.; *Ziegler* in *Prölss* ua. S. 94 ff. sowie die unter Tz. 273 angegebene Literatur.
272 Vgl. *Heubaum* in IDW-Aufsatzsammlung C III Tz. 76 ff.; *Seyfert* in KoRVU Bd. I H Tz. 110 ff.

276 Unabhängig vom betriebenen Vz. müssen alle VU zu den sonstigen versicherungstechnischen Rückstellungen **Anhangangaben** nach § 284 Abs. 2 Nr. 1 HGB iVm. § 10 Abs. 2 Externe VUReV sowie gem. § 12 Nr. 3 Externe VUReV machen.

IV. Versicherungstechnische Rückstellungen der fondsgebundenen Lebensversicherung, soweit sie durch den Anlagestock zu bedecken sind

277 Unter diesem Posten sind die in Anteilseinheiten geführten versicherungstechnischen Rückstellungen der fondsgebundenen Lebensversicherung auszuweisen (Nr. I P 4 VUBR). Es wird in diesem Zusammenhang auf die Erläuterungen zu dem Posten Aktiva V „Kapitalanlagen des Anlagestocks der fondsgebundenen Lebensversicherung" verwiesen [273].

V. Depotverbindlichkeiten aus dem in Rückdeckung gegebenen Versicherungsgeschäft, soweit sie nicht zu Posten III Nr. 2 Buchstabe a oder Posten IV Nr. 1 gehören

278 Unter diesem Posten werden die Verbindlichkeiten gegenüber Rückversicherern aus dem in Rückdeckung gegebenen Versicherungsgeschäft in Höhe der vom bilanzierenden VU als Sicherheit einbehaltenen Beträge ausgewiesen. Soweit diese Depotverbindlichkeiten jedoch die Deckungsrückstellung für das sG der LVU betreffen, sind sie bei den Posten Passiva III Nr. 2a) Deckungsrückstellung für das sG oder Passiva IV Nr. 1 Deckungsrückstellung der fondsgebundenen Lebensversicherung nachrichtlich zu vermerken (Nr. I P 5 VUBR). Auf die entsprechenden Erläuterungen zu den Depotforderungen wird hingewiesen [274].

VI. Abrechnungsverbindlichkeiten aus dem Rückversicherungsgeschäft

279 Es wird auf die Erläuterungen zu den Abrechnungsforderungen hingewiesen [275].

VII. Verbindlichkeiten aus dem selbst abgeschlossenen Versicherungsgeschäft

280 Dieser Passivposten wird nach Formblatt I Externe VUReV eingeteilt in Verbindlichkeiten gegenüber VN, Mitglieds- und Trägerunternehmen sowie Versicherungsvertretern.

Bei den Verbindlichkeiten gegenüber VN handelt es sich um im voraus empfangene Beiträge (einschließlich Beitragsdepots), die nach dem Bilanzstichtag fällig sind, sowie um sonstige Verbindlichkeiten gegenüber den VN, wie zB gutgeschriebene Überschußanteile und nicht abgehobene Beitragsrückerstattungen (Nr. I P 7.1 VUBR).

Im übrigen gelten die Ausführungen zu den Forderungen aus dem sG sinngemäß [276].

273 Vgl. Tz. 150.
274 Vgl. Tz. 141 ff.
275 Vgl. Tz. 153 ff.
276 Vgl. Tz. 158 ff.

VIII. Andere Rückstellungen

1. Rückstellungen für Pensionen und ähnliche Verpflichtungen

An dieser Stelle sind insb. die Rückstellungen für laufende Provisionen und für **281** Anwartschaften auf Pensionen auszuweisen[277].

Für die Bilanzierung und Bewertung des Postens gelten die allgemeinen Grundsätze[278].

2. Steuerrückstellungen

Für die Bilanzierung und Bewertung des Postens gelten die allgemeinen Grund- **282** sätze[279]. Wegen der Besonderheiten bei der Besteuerung von VU wird auf die einschlägige Literatur verwiesen[280].

3. Rückstellung für voraussichtliche Steuerbelastung nachfolgender Geschäftsjahre gemäß § 274 Abs. 1 HGB

Nach Anm. 4) zu Formblatt I Externe VUReV kann dieser Posten entfallen, **283** sofern er im Anhang angegeben wird. Der Betrag ist in diesem Fall in den Posten Passiva VIII Nr. 2 „Steuerrückstellungen" einzubeziehen (Nr. I P 8.3 VUBR).

Im übrigen gelten die allgemeinen Bilanzierungs- und Bewertungsvorschriften[281].

4. Sonstige Rückstellungen

Unter diesem Posten sind alle „anderen Rückstellungen" zu erfassen, die nicht **284** gesondert bilanziert werden. Als versicherungsspezifisch sind zu nennen (Nr. I P 8.4 VUBR)[282]:

– die Rückstellung für Gewinnbeteiligungen der Versicherungsvertreter;
– die Rückstellung für drohende Verluste aus dem allgemeinen Geschäft[283];
– die Rückstellung für Abschlußprovisionen (nur bei LVU)[284]; sofern die noch nicht verdienten Provisionsteile bevorschußt werden, kann diese Rückstellung mit den Provisionsvorschüssen (Posten Aktiva VII Nr. 3) verrechnet werden; eine Verrechnung mit den noch nicht fälligen Ansprüchen an VN (Posten Aktiva VII Nr. 1b) ist nicht zulässig.

---

277 Es sei darauf hingewiesen, daß nach einer Verlautbarung des BAV von 1968 (GB/BAV 1968 S. 33) auch für den Zeitraum des Passivierungswahlrechts für VU eine Passivierungspflicht für Pensionsrückstellungen bestand. S. in diesem Zusammenhang auch *Fricke* in IDW-Aufsatzsammlung D Tz. 138.
278 Vgl. E Tz. 134 ff.
279 Vgl. insb. F Tz. 213 ff.
280 Vgl. insb. *Fricke* in IDW-Aufsatzsammlung J; *Herrmann/Heuer/Raupach* §§ 20, 21 KStG; *Prölss* ua.
281 Vgl. F Tz. 215 ff.
282 *Fricke* in IDW-Aufsatzsammlung D Tz. 144 nennt als weitere ebenfalls in dem Posten vorkommende Rückstellungsarten die Rückstellungen für Provisionen und Versicherungsteuer auf Beitragsaußenstände, die Rückstellung für Währungsrisiken bzw. für noch nicht realisierte Währungsgewinne, die Rückstellung für noch nicht abgerechnete Aufwendungen für den Grundbesitz sowie die Rückstellung für Ausgleichsansprüche der Vertreter gem. § 89b HGB.
283 Zur Rückstellung für drohende Verluste aus dem Versicherungsgeschäft s. Tz. 273 ff.
284 *Eisold/Jäger* in IDW-Aufsatzsammlung C I Tz. 97 ff.

IX. Andere Verbindlichkeiten

285   Der Passivposten „Andere Verbindlichkeiten" beinhaltet folgende Unterposten:

1. Anleihen
2. Verbindlichkeiten aus Hypotheken, Grund- und Rentenschulden
3. Verbindlichkeiten aus der Annahme gezogener Wechsel und der Ausstellung eigener Wechsel
4. Verbindlichkeiten gegenüber Kreditinstituten
5. Verbindlichkeiten gegenüber der ausländischen Generaldirektion
6. Sonstige Verbindlichkeiten.

286   Wegen des Ausweises von Genußrechtskapital mit überwiegendem Fremdkapitalcharakter wird auf die entsprechenden Ausführungen – Tz. 191 ff. – verwiesen.

287   Beträge, die bei inländischen Niederlassungen ausländischer VU als Eigenkapital gewidmet sind und keine feste Kaution darstellen, sind nicht hier, sondern unter Passiva I Nr. 2 Kapitalrücklage auszuweisen [285]. Im übrigen gelten die Ausführungen zu den Forderungen an die ausländische Generaldirektion sinngemäß [286].

X. Rechnungsabgrenzungsposten

288   Unter diesem Posten sind insb. die auf die Laufzeit zu verteilenden Disagiobeträge von Hypotheken-, Grundschuld- und Rentenschuldforderungen und von Namensschuldverschreibungen, Schuldscheinforderungen und Darlehen einzustellen (Nr. I P 10 VUBR).

bb) Gewinn- und Verlustrechnung [287]

289   Es soll an dieser Stelle nur auf einige ausgewählte Aspekte der GuV der VU eingegangen werden. Für die eingehendere Beschäftigung mit der Erfolgsrechnung der VU wird auf die einschlägige Literatur verwiesen [288].

(1) Die versicherungstechnischen Posten in der Gewinn- und Verlustrechnung der Schaden- und Unfall- sowie Rückversicherungsunternehmen

(a) Vorbemerkung

290   Für die GuV der SchVU sowie der RVU ist eine durchgehende Staffelrechnung vorgesehen, die keine förmliche Trennung in ein versicherungstechnisches und ein nichtversicherungstechnisches Geschäft vornimmt. Gleichwohl grenzt sie durch die Reihenfolge der Posten und durch Bildung von Zwischensummen **versicherungstechnische Erträge und Aufwendungen** von **allgemeinen Erträgen und**

---

285 Anm. 13 zu Formblatt I Externe VUReV.
286 Vgl. Tz. 166 ff.
287 Hier wird von den nichtamtlichen Schemata II L (GuV Leben), II K (GuV Kranken), III Sch (GuV Schaden- und Unfall) und III R (GuV Rück) ausgegangen. Vgl. KoRVU texte Rechnungslegung '87 S. 63 ff.
288 Vgl. insb. *Donandt/Richter* in IDW-Aufsatzsammlung C IV Tz. 286 ff.; *Ellenbürger,* die versicherungstechnische Erfolgsrechnung, Eine Untersuchung zur Aussagefähigkeit der versicherungstechnischen Erfolgsrechnung im Jahresabschluß der Schaden- und Unfallversicherungsunternehmen, Bergisch Gladbach/Köln 1990; *Farny,* Buchführung S. 139 ff.; *Geib/Horbach* in KoRVU Bd. I J Tz. 334 ff.; *Heubaum* in IDW-Aufsatzsammlung C III Tz. 86 ff.; *Seyfert* in KoRVU, Bd. I H Tz. 141 ff.; *Tröbliger* in KoRVU Bd. I G Tz. 132 ff.; *Welzel* in KoRVU Bd. I D.

Aufwendungen deutlich ab. Damit kann auch bei der durchgehenden Staffelrechnung eine versicherungstechnische GuV und eine allgemeine Rechnung unterschieden werden. Der versicherungstechnische Teil der GuV – bis zur Zwischensumme 3 – stellt die sog. **„Spartenerfolgsrechnung"** dar[289].

SchVU haben für den versicherungstechnischen Teil der GuV, soweit bestimmte   **291** Größenkriterien erfüllt sind, für jeden Vz. des sG und für jeden Vz. des üG **gesonderte Rechnungen** aufzustellen (§ 4 Abs. 1 Externe VUReV)[290]. RVU haben gesonderte Rechnungen bis einschließlich Zwischensumme 3 aufzustellen für die Kraftfahrtversicherung, für die Luftfahrtversicherung und für die Vz. Lebensversicherung, allgemeine Unfallversicherung, allgemeine Haftpflichtversicherung, Transportversicherung und Feuerversicherung (§ 5 Abs. 1 Externe VUReV).

Die GuV der SchVU sowie der RVU enthält im Gegensatz zur handelsrechtli-   **292** chen Gliederung der GuV nach dem Gesamtkostenverfahren (§ 275 Abs. 2 HGB) weitgehend keine primären Aufwandsarten, also Aufwendungen in der Art, wie sie im Verkehr des VU mit seiner Umwelt entstehen. In etwa vergleichbar mit dem Umsatzkostenverfahren (§ 275 Abs. 3 HGB) erfolgt vielmehr – bis auf zB die Abschreibungen – ein **funktionsbereichsorientierter Ausweis** (Sekundärprinzip) (Nr. II 0.4 VUBR)[291]: zB Schadenregulierungsaufwendungen, Aufwendungen für den Versicherungsbetrieb, Aufwendungen für die Verwaltung von Kapitalanlagen, Aufwendungen für Dienstleistungen an Dritte.

Von besonderer Bedeutung ist der **Ausweis des in Rückdeckung gegebenen Versi-**   **293** **cherungsgeschäfts** in der GuV der SchVU sowie RVU. Die Rückversicherer sind nach den vertraglichen Vereinbarungen an den Erträgen und Aufwendungen des Erstversicherers beteiligt. Die im abgegebenen Versicherungsgeschäft anfallenden Aufwendungen und Erträge werden in der GuV sowohl nach dem Brutto- als auch nach dem Nettoprinzip behandelt[292]. Beiträge und Rückversicherungsbeiträge sowie Erträge aus Kapitalanlagen und Depotzinsen werden als gesonderte Posten der GuV ausgewiesen (Bruttoprinzip). Dagegen werden von den Aufwendungen für den Versicherungsbetrieb die erhaltenen Rückversicherungsprovisionen zwar insgesamt offen abgesetzt, in den Spartenerfolgsrechnungen jedoch alle Aufwendungen und Erträge saldiert mit den entsprechenden Beträgen der passiven Rückversicherung, dh. nur f.e.R. (netto), ausgewiesen[293].

(b) Posten der Gewinn- und Verlustrechnung

Verdiente Beiträge f.e.R.

Der Posten 1 „Verdiente Beiträge f.e.R." der GuV der SchVU sowie der RVU   **294** beinhaltet drei Unterpositionen: Die verdienten Netto-Beiträge werden im Wege der offenen Saldierung von „b) gebuchte Rückversicherungsbeiträge" und „c) Veränderung der Netto-Beitragsüberträge" mit „a) gebuchte Brutto-Beiträge" ermittelt.

---

289 Vgl. insb. *Ellenbürger*. S. 136 ff.
290 Zur Definition der Vz. vgl. Anlage 1 zu den VUBR iVm. Nr. II 0.1 VUBR. Es sei in diesem Zusammenhang die Neufassung der Anlage 1 zu den VUBR durch die Erste Änderung vom 28. 2. 1991 der Bilanzierungsrichtlinien für Versicherungsunternehmen (VUBR), VerBAV 1991 S. 174 ff., hingewiesen.
291 Vgl. hierzu *Farny*. Buchführung S. 107; *Welzel* in KoRVU Bd. I D Tz. 8 ff.
292 Vgl. *Farny*. Buchführung S. 110 ff.
293 Zur Begründung s. *Welzel* in KoRVU Bd. I D Tz. 7.

295 Unter den **gebuchten Beiträgen für das sG** sind alle im GJ fällig gewordenen laufenden und einmaligen Beiträge ohne Rücksicht darauf zu erfassen, ob sie ganz oder teilweise einem anderen GJ zuzurechnen sind. Werden die tariflichen Jahresbeiträge allerdings vereinbarungsgemäß in Raten gezahlt, sind nur die im GJ fällig gewordenen Raten einschließlich der Ratenzuschläge hier auszuweisen. Auch etwaige Nachschüsse von VVaG gehören in diesen Posten (Nr. II 1.1 Abs. 1 und 2 VUBR).

296 Als **gebuchte Beiträge aus dem üG** sind die von den Vorversicherern gutgeschriebenen Beiträge einschließlich eventueller Nebenleistungen der VN sowie die von einem Versicherungspool übernommenen Beiträge auszuweisen (Nr. II 1.1 Abs. 7 VUBR).

297 Die **Abschreibungen** von uneinbringlich gewordenen Beitragsforderungen an die VN aus den vorausgegangenen GJ und dem GJ sowie die Aufwendungen aus der Bildung und Erhöhung der Pauschalwertberichtigung zu den Beitragsforderungen an die VN sind von den gebuchten Brutto-Beiträgen abzusetzen (Nr. II 1.1 Abs. 5 S. 1 VUBR; Anm. 6a zu Schemata III Sch und III R). Eingänge aus in vorausgegangenen GJ abgeschriebenen bzw. stornierten Beitragsforderungen sowie die Erträge aus der Auflösung und Verminderung der genannten Pauschalwertberichtigungen sind den gebuchten Beiträgen hinzuzufügen (Nr. II 1.1 Abs. 5 S. 2 VUBR; Anm. 3 zu Schemata III Sch und III R).

298 Als **gebuchte Rückversicherungsbeiträge** sind die den Rückversicherern im Rahmen der Zession bzw. Retrozession gutgeschriebenen Rückversicherungsbeiträge einschließlich eventueller Nebenleistungen der VN auszuweisen. Ausgewiesen werden hier auch die an Versicherungspools abgegebenen Beiträge (Nr. II 1.2 Abs. 1 VUBR). Soweit eine proportionale Rückversicherung vorliegt, sind von den gebuchten Rückversicherungsbeiträgen auch Abschreibungen auf Beiträge, an denen der Rückversicherer teilnimmt, abzusetzen und Eingänge aus abgeschriebenen Beiträgen entsprechend wieder hinzuzusetzen [294].

299 Hinsichtlich der gebuchten Brutto-Beiträge und der gebuchten Rückversicherungsbeiträge sind gem. § 13 Nr. 1 Externe VUReV folgende **Anhangangaben** zu machen:

– Angabe der Brutto-Beiträge und der Rückversicherungsbeiträge, jeweils untergliedert nach sG und üG; den Beiträgen sind die entsprechenden Beträge des VJ gegenüberzustellen.

– Die in der GuV unter den Posten „gebuchte Brutto-Beiträge" und „gebuchte Rückversicherungsbeiträge" gesondert für einen Vz. oder eine Versicherungsart ausgewiesenen Beträge sind den entsprechenden Beträgen des VJ gegenüberzustellen.

– Für die in der Rechnung „sonstige Versicherungszweige des selbst abgeschlossenen und des in Rückdeckung übernommenen Versicherungsgeschäfts" ausgewiesenen Vz. und -arten sind die Beiträge für die „sonstigen Versicherungen des selbst abgeschlossenen Versicherungsgeschäfts" und die Beiträge für die „sonstigen Versicherungen des in Rückdeckung übernommenen Versicherungsgeschäfts" jeweils in einer Summe anzugeben und den Werten des VJ gegenüberzustellen.

---

294 Vgl. *Geib/Horbach* in KoRVU Bd. I J Tz. 345.

Unter der Veränderung der Netto-Beitragsüberträge ist der Unterschied zwi-   **300**
schen den Netto-Beitragsüberträgen am Ende des vorausgegangenen GJ und am
Ende des GJ auszuweisen (Nr. II 1.3 Abs. 1 VUBR).

Als Ergebnis der Posten 1a bis 1c der Schemata III Sch und III R erscheinen in
der Hauptspalte der GuV die verdienten Beiträge f.e.R.

Erträge aus der Verminderung versicherungstechnischer Netto-Rückstellungen

Unter diesem GuV-Posten sind die Erträge aus der Verminderung versicherungs-   **301**
technischer Brutto-Rückstellungen, die nicht abgewickelt werden, abzüglich der
Aufwendungen aus der Verminderung der Anteile der Rückversicherer an diesen Rückstellungen, auszuweisen (Nr. II 2 Abs. 1 Ziff. 1 VUBR; § 7 Abs. 6
Externe VUReV). SchVU sowie RVU haben in diesen GuV-Posten insb. die Verminderung der folgenden Rückstellungen zu erfassen (Nr. II 2 Abs. 2 VUBR):

– III Sch und III R Nr. 2a: die Deckungsrückstellungen aus dem sG und dem
  üG[295]
– III Sch und II R Nr. 2b:
  · die Stornorückstellung[296]
  · die Rückstellung für drohende Verluste aus dem Versicherungsgeschäft[297]

Technischer Zinsertrag f.e.R.

Mit dem technischen Zinsertrag erfolgt eine Umbuchung[298] eines Teils der   **302**
Kapitalanlageerträge vom nichtversicherungstechnischen in den versicherungstechnischen Teil der GuV der SchVU bzw. RVU. Grundsätzlich betreffen die
dergestalt transferierten Zinserträge die rechnungsmäßigen Zinsen auf solche
versicherungstechnischen Rückstellungen, die nach dem Geschäftsplan zu verzinsen sind. Es handelt sich insb. um die verschiedenen Deckungsrückstellungen
und die Rückstellung für gesetzliche Beitragsrückerstattung in der Kraftfahrzeug-Haftpflichtversicherung[299].

Die technischen Zinsen werden laut Nr. II 3 Abs. 2 und 3 VUBR wie folgt ermittelt: **303**

(1) Brutto-Deckungsrückstellung für das sG (zB Unfallversicherung mit Bei-
    tragsrückgewähr:
    – in Höhe der tatsächlich erzielten Erträge aus den Kapitalanlagen des für
      die Brutto-Deckungsrückstellung gebildeten Deckungsstocks abzüglich
      der unmittelbaren Aufwendungen für die vorgenannten Kapitalanlagen;
(2) Brutto-Deckungsrückstellung für das üG (zB Unfallversicherung mit Bei-
    tragsrückgewähr):
    – in Höhe der vom Vorversicherer erhaltenen (Depot-)Zinsen;
(3) Brutto-Deckungsrückstellung für das in Rückdeckung übernommene
    Lebens- und Kranken-Versicherungsgeschäft:
    – in Höhe der vom Vorversicherer erhaltenen Depotzinsen;
(4) Brutto-Renten-Deckungsrückstellung in der Unfall- und Haftpflichtversi-
    cherung:

---

295 Vgl. Tz. 211 ff.
296 Vgl. Tz. 269.
297 Vgl. Tz. 273 f.
298 Wegen des entsprechenden Abzugspostens s. Tz. 353.
299 Vgl. zum Ausweis und zur Ermittlung des technischen Zinsertrags *Ellenbürger* S. 73 ff.

     – in Höhe der Zinszuführungen; hilfsweise kann diese Zuführung mit 3,5 Prozent aus dem arithmetischen Mittel des Anfangs- und Endbestandes der Renten-Deckungsrückstellung ermittelt werden;

    (5) Brutto-Rückstellung für die gesetzliche Beitragsrückerstattung in der Kraftfahrzeug-Haftpflichtversicherung nach dem Stand vom Ende des vorausgegangenen GJ, soweit sie im GJ nicht durch Zahlungen verbraucht worden ist, sowie Verbindlichkeiten gegenüber den VN in Höhe der noch nicht abgehobenen gesetzlichen Beitragsrückerstattung in der Kraftfahrzeug-Haftpflichtversicherung nach dem Stand vom Ende des vorausgegangenen GJ, soweit sie im GJ nicht abgehoben worden sind:

     – in Höhe von 3,5% aus den genannten Passivposten.

304 Die abzuziehenden technischen Zinsen auf die Anteile der Rückversicherer an den versicherungstechnischen Brutto-Rückstellungen sind in Höhe der an die Rückversicherer gezahlten (Depot-)Zinsen anzusetzen.

Sonstige versicherungstechnische Erträge f.e.R.

305 Unter diesem Posten der versicherungstechnischen Erfolgsrechnung sind alle nicht unter anderen Posten aufzuführenden versicherungstechnischen Erträge f.e.R. auszuweisen (Nr. II 4 Abs. 1 S. 1 VUBR). Hierbei handelt es sich insb. um

    – Mahngebühren und Verzugszinsen der VN,
    – verjährte, nicht abgehobene gesetzliche Beitragsrückerstattungen in der Kraftfahrzeug-Haftpflichtversicherung, die der betreffenden Rückstellung für Beitragsrückerstattung wieder zuzuführen sind,
    – Erträge aus der Abwicklung der sonstigen versicherungstechnischen Rückstellungen (Nr. II 4 Abs. 1 S. 2 Ziff. 1 bis 3 VUBR).

Aufwendungen für Versicherungsfälle (einschließlich Schadenregulierungsaufwendungen) f.e.R.

306 Zu den Aufwendungen für Versicherungsfälle gehören grundsätzlich folgende Aufwendungen (Nr. II 5 Abs. 2 VUBR):

    · Versicherungsleistungen an die VN
    · Versicherungsleistungen an geschädigte Dritte in den Haftpflichtversicherungen
    · Aufwendungen für die Regulierung von Versicherungsfällen einschließlich der Aufwendungen zur Abwehr unbegründeter Ansprüche in den Haftpflichtversicherungen sowie entschädigungsgleiche Aufwendungen in der Rechtsschutzversicherung.

    Abzusetzen sind von diesen Aufwendungen Ersatzleistungen aufgrund von Regressen, Provenues und Teilungsabkommen.

307 Die in diesem GuV-Posten ausgewiesenen Aufwendungen für Versicherungsfälle f.e.R. setzen sich sowohl im sG als auch im üG wie folgt zusammen:

    · Aufwendungen für Versicherungsfälle des GJ f.e.R.
    · zuzüglich der Aufwendungen (Verluste) oder abzüglich der Erträge (Gewinne) aus der Abwicklung der aus dem VJ übernommenen Rückstellung für noch nicht abgewickelte Versicherungsfälle f.e.R.

308 Im sG errechnen sich die **Aufwendungen für GJ-Versicherungsfälle** als die Summe aus den Zahlungen im GJ für GJ-Versicherungsfälle (für: bekannte

Versicherungsfälle, Renten-Versicherungsfälle, Schadenregulierung, abzüglich erhaltene RPT-Zahlungen für GJ-Versicherungsfälle) und den Rückstellungen am Ende des GJ für GJ-Versicherungsfälle (Nr. II 5 Abs. 3 VUBR).

Das **Abwicklungsergebnis der aus dem VJ übernommenen Rückstellungen** für noch   309
nicht abgewickelte Versicherungsfälle errechnet sich grundsätzlich wie folgt (Nr. II 5 Abs. 4 VUBR):

Rückstellungen für noch nicht abgewickelte VJ-Versicherungsfälle zu Beginn
    des GJ
abzügl. Zahlungen im GJ für VJ-Versicherungsfälle
abzügl. Rückstellung für noch nicht abgewickelte VJ-Versicherungsfälle am
    Ende des GJ.

RPT-Forderungen und erhaltene RPT-Zahlungen aus bereits abgewickelten VJ-   310
Versicherungsfällen werden bei der Berechnung jeweils berücksichtigt.

Zu den **Schadenregulierungsaufwendungen** gehören sowohl diejenigen Aufwen-   311
dungen, die sich direkt einem bestimmten Versicherungsfall zuordnen lassen, als
auch die Aufwendungen, die nicht ohne weiteres einzelnen Versicherungsfällen
zuzuordnen sind. Schadenregulierungsaufwendungen können dabei sowohl
außerhalb als auch innerhalb des bilanzierenden VU entstehen (Nr. II 5 Abs. 5
VUBR).

Auch im **üG** errechnen sich die Aufwendungen für GJ-Versicherungsfälle als die   312
Summe aus den Zahlungen im GJ für GJ-Versicherungsfälle und den Rückstellungen am Ende des GJ für GJ-Versicherungsfälle (Nr. II 5 Abs. 7 VUBR).
Ebenso werden die Abwicklungsergebnisse der aus dem VJ übernommenen
Schadenrückstellungen des indirekten Versicherungsgeschäfts nach dem gleichen Grundschema wie im sG ermittelt (Nr. II 5 Abs. 8 VUBR). Sollte sich aus
den Aufgaben der Vorversicherer keine Aufteilung der Zahlungen für Versicherungsfälle und Rückstellungen für noch nicht abgewickelte Versicherungsfälle in
solche für VJ- und GJ-Schäden ergeben, so ist diese zu schätzen (Nr. II 5 Abs. 9
VUBR).

Durch die Zusammenfassung der Aufwendungen für GJ-Versicherungsfälle mit   313
dem **Abwicklungsergebnis** aus der VJ-Rückstellung zu den „Aufwendungen für
Versicherungsfälle" ergibt sich ein Schadenaufwand zu Lasten des GJ, der mit
den verdienten Netto-Beiträgen in Verhältnis gesetzt eine „rechnungsmäßige"
Schadenquote für die einzelnen Sparten ergibt. Diese weicht für das sG naturgemäß von den Schadenquoten ab, die im Anhang gem. § 13 Nr. 2 Externe VUReV
für das sG angabepflichtig sind. Hier sind die Brutto- und Nettoschadenquoten
für die GJ-Schäden anzugeben. Die sich zeigende Differenz der Schadenquoten
netto macht den Prozentsatz des Abwicklungsergebnisses ersichtlich. Der absolute Betrag des Abwicklungsergebnisses (Gewinn oder Verlust) läßt sich durch
Multiplikation mit den verdienten Beiträgen des sG errechnen[300].

Nach § 13 Nr. 2 Externe VUReV sind im **Anhang** neben den Schadenquoten   314
auch die Aufwendungen mit den Brutto-Beträgen und den Beträgen für das in
Rückdeckung gegebene Versicherungsgeschäft anzugeben, jeweils untergliedert
nach sG und üG. Die Vorjahresbeträge sind gegenüberzustellen.

---

300 Vgl. zB *Ellenbürger* S. 86 ff.

Aufwendungen für Rückkäufe und Rückgewährbeträge (einschließlich Regulierungsaufwendungen) f.e.R.

315 Dieser Aufwandsposten kommt bei SchVU zB in der Unfallversicherung mit Beitragsrückgewähr in Betracht[301]. Der unter diesem Posten auszuweisende Aufwand umfaßt neben den Zahlungen und Rückstellungen für Rückkäufe, Rückgewährbeträge und Austrittsvergütungen für das GJ auch das Abwicklungsergebnis der entsprechenden vorjährigen Rückstellung (Nr. II 6 Abs. 1 VUBR).

Aufwendungen für Beitragsrückerstattung f.e.R.

316 Die SchVU weisen hier sowohl im Bereich der erfolgsabhängigen als auch der erfolgsunabhängigen Beitragsrückerstattung grundsätzlich die Zuführungen zur Rückstellung für Beitragsrückerstattung[302] zuzüglich des Abwicklungsergebnisses der aus dem VJ übernommenen Rückstellungen aus (Nr. II 7.1 Abs. 1 u. 7.2 Abs. 1 VUBR).

RVU weisen die Aufwendungen für – erfolgsunabhängige – Beitragsrückerstattung nicht hier, sondern unter III R Nr. 10 „sonstige versicherungstechnische Aufwendungen f.e.R." aus (Nr. II 7 VUBR).

Aufwendungen aus der Erhöhung versicherungstechnischer Netto-Rückstellungen

317 Dieser Posten korrespondiert mit dem Posten „Erträge aus der Verminderung versicherungstechnischer Netto-Rückstellungen". Die dortigen Ausführungen sind entsprechend anzuwenden[303].

Aufwendungen für den Versicherungsbetrieb

318 SchVU sowie RVU weisen die versicherungsbetrieblichen Aufwendungen nicht nach dem Primärprinzip aus, sondern folgen dem Sekundärprinzip (funktionsbereichsorientierter Ausweis)[304].

Versicherungsbetriebliche Aufwendungen werden unter folgenden GuV-Posten ausgewiesen (vgl. auch Nr. II 0.4 VUBR):

· Aufwendungen für Versicherungsfälle (Schadenregulierungsaufwendungen)
  (III Sch Nr. 5, III R Nr. 5)
· Aufwendungen für Rückkäufe und Rückgewährbeträge (Regulierungsaufwendungen)
  (III Sch Nr. 6, III R Nr. 6)
· Aufwendungen für den Versicherungsbetrieb (insb. Provisionen und sonstige Bezüge der Vertreter, Aufwendungen für den Beitragseinzug und die Bestandsverwaltung und -pflege sowie die an die Vorversicherer gezahlten Rückversicherungsprovisionen und Gewinnbeteiligungen)
  (III Sch Nr. 9, III R Nr. 8)
· sonstige versicherungstechnische Aufwendungen (insb. die Aufwendungen für Schadenverhütung und -bekämpfung)
  (III Sch Nr. 10, III R Nr. 9)

---

301 Vgl. die Ausführungen im Zusammenhang mit der Rückstellung für noch nicht abgewickelte Rückkäufe, Rückgewährbeträge und Austrittsvergütungen Tz. 226.
302 Vgl. Tz. 261 ff.
303 Vgl. Tz. 301.
304 Vgl. auch Tz. 292.

· Aufwendungen für Kapitalanlagen (insb. die Bewirtschaftungskosten für Grundstücke sowie die Personal- und Sachaufwendungen für die Verwaltung der Kapitalanlagen)
(III Sch Nr. 14e), III R Nr. 13e)
· Aufwendungen für Altersversorgung und Unterstützung
(III Sch Nr. 15, III R Nr. 14)
· sonstige Abschreibungen (zB die Abschreibungen auf Betriebs- und Geschäftsausstattung und erworbene Software)
(III Sch Nr. 16, III R Nr. 15)
· sonstige Aufwendungen (insb. die Aufwendungen für Dienstleistungen für andere Unternehmen und die Aufwendungen, die das Unternehmen als Ganzes betreffen)
(III Sch Nr. 18b), III R Nr. 17b)
· außerordentliche Aufwendungen (zB im Zusammenhang mit der Durchführung von Betriebsaufspaltungen oder Sozialplanaufwendungen bei Schließung eines Teilbetriebs)
(III Sch Nr. 19b), III R Nr. 18b).

Wie sich aus dieser Übersicht ergibt, wird das funktionsbereichsorientierte Gliederungsprinzip teilweise durchbrochen. So werden die sonstigen Abschreibungen und Wertberichtigungen und die Aufwendungen für Altersversorgung und Unterstützung nach Kostenarten ausgewiesen. **319**

Die richtige Zuordnung der im VU anfallenden Aufwendungen stellt ein schwieriges Problem einer mehrstufigen **Kostenverteilung** dar. So sind im versicherungstechnischen Teil die Kostenarten zunächst den einzelnen Funktionsbereichen (Nr. II 0.4 VUBR), getrennt nach sG und üG, zuzuordnen. Außerdem muß eine Verteilung auf die Vz. bzw. -arten erfolgen[305]. **320**

Wegen der Behandlung des Rückversicherungsanteils an den Aufwendungen für den Versicherungsbetrieb wird auf Tz. 293 verwiesen[306]. **321**

Die persönlichen Aufwendungen – brutto – sind nach Muster 9 der Externen VUReV für GJ und VJ im Anhang anzugeben[307]. **322**

Sonstige versicherungstechnische Aufwendungen f.e.R.

In diesem Posten werden die versicherungstechnischen Aufwendungen ausgewiesen, die nicht unter den anderen Posten zu erfassen sind (Nr. II 10 Abs. 1 S. 1 VUBR). **323**

Hierzu zählen bspw. die Feuerschutzsteuer, die Aufwendungen aufgrund der Mitgliedschaften in den Vereinen Solidarhilfe eV und Verkehrsopferhilfe eV, die Zuführungen zur Rückstellung für unverbrauchte Beiträge aus ruhenden Kraftfahrtversicherungen und Fahrzeug-Rechtsschutzversicherungen sowie bei RVU die Beteiligung an den Aufwendungen des Vorversicherers für die Beitragsrückerstattung (s. hierzu Nr. II 10 Abs. 1 Ziff. 1 bis 7 VUBR).

305 Ausführlich hierzu *Geib/Horbach* in KoRVU Bd. I J Tz. 381 ff., *Welzel* in KoRVU Bd. I D Tz. 18 ff.; s. auch *Ellenbürger* S. 110 ff. u. S. 144 ff.
306 Zu den erhaltenen Rückversicherungsprovisionen s. auch Nr. II 9.2 VUBR.
307 Muster 9 kann als Auffangvorschrift für § 285 Nr. 8b) HGB (s. F Tz. 541 ff.) gesehen werden. Vgl. auch *Welzel* in KoRVU Bd. I D Tz. 72 ff.

Veränderung der Schwankungsrückstellung und ähnlicher Rückstellungen

324   Unter diesem GuV-Posten ist der sich sowohl für die Schwankungsrückstellung[308] als auch die dieser Rückstellung ähnlichen Rückstellungen[309] ergebende Unterschiedsbetrag zwischen den Bilanzwerten am Ende des vorausgegangenen GJ und am Ende des GJ auszuweisen.

(c) Anhangangaben zu einzelnen Versicherungszweigen

325   Gem. § 14 Abs. 2 Externe VUReV haben **SchVU** für jeden Vz. des sG und des üG, für den keine gesonderte Spartenerfolgsrechnung aufgestellt wird, „im Anhang folgende Daten anzugeben:

· die verdienten Brutto-Beiträge,
· die verdienten Rückversicherungsbeiträge,
· für das sG die Brutto- und Netto-Schadenquote für GJ-Schäden,
· für das üG die Aufwendungen für Versicherungsfälle f.e.R.,
· die Aufwendungen für den Versicherungsbetrieb, die um die Rückversicherungsprovisionen gekürzt worden sind, die das Unternehmen aus dem in Rückdeckung gegebenen Versicherungsgeschäft erhalten hat."

326   **Rückversicherer** haben gem. § 14 Abs. 3 Externe VUReV die in der GuV in der Rechnung „sonstige Versicherungszweige" ausgewiesenen vier nach ihren Brutto-Beiträgen größten Vz. und deren Rangfolge anzugeben. Sie haben für jeden dieser vier Vz. darüber hinaus zu berichten über die Entwicklung

· der Brutto-Beiträge
· der Aufwendungen für Versicherungsfälle des GJ f.e.R.
· des versicherungstechnischen Ergebnisses f.e.R.

Diese Angaben sind entsprechend für jeden der übrigen Vz., die in der Rechnung „sonstige Versicherungszweige" ausgewiesen sind, zu machen, „sofern der jeweilige Vz. nicht unbedeutend ist".

(2) Die versicherungstechnischen Posten in der Gewinn- und Verlustrechnung der Lebens- und Krankenversicherungsunternehmen

(a) Vorbemerkung

327   LVU und KVU kennen im Unterschied zur Erfolgsrechnung der SchVU sowie RVU **keine Spartenerfolgsrechnung**[310]. Unter dem versicherungstechnischen Teil der GuV werden im allgemeinen die Posten bis zur Zwischensumme 2 der Schemata II L bzw. II K verstanden[311].

Für den Ausweis der **betrieblichen Aufwendungen** gelten grundsätzlich die im Zusammenhang mit SchVU sowie RVU getroffenen Aussagen[312]. Einen wesent-

---

308 Vgl. Tz. 247 ff.
309 Vgl. Tz. 272.
310 Allerdings müssen LVU, die auch das selbst abgeschlossene Unfallversicherungsgeschäft betreiben, für das Unfallversicherungsgeschäft eine gesonderte GuV nach Formblatt Sch III bis zum Posten „Jahresüberschuß/Jahresfehlbetrag" einschließlich aufstellen (vgl. § 1 Abs. 3 Externe VUReV).
311 Vgl. *Farny*, Buchführung S. 142.
312 S. Tz. 292.

lichen Unterschied stellt insb. der von den übrigen Aufwendungen für den Versicherungsbetrieb getrennte Ausweis der Abschlußaufwendungen [313] dar.

Im übrigen stellen LVU und KVU ihre GuV brutto, dh. vor Abzug der Rückversicherungsanteile, auf.

(b) Posten der Gewinn- und Verlustrechnung

Verdiente Brutto-Beiträge

Die verdienten Brutto-Beiträge ergeben sich als Saldo der Unterposten   **328**
„gebuchte Brutto-Beiträge" und „Veränderung der Brutto-Beitragsüberträge".

Als **Beiträge für das sG** sind alle im GJ fällig gewordenen Beiträge auszuweisen.   **329**
Hierzu rechnen auch Einmalbeiträge und bei LVU sowie P/StK Nachzahlungen
für die Deckungsrückstellung. Werden die Beiträge vereinbarungsgemäß in
Raten gezahlt, sind hier nur die im GJ fällig gewordenen Raten auszuweisen,
und zwar einschließlich der Ratenzuschläge (Nr. III 1.1 Abs. 1 VUBR).

Wegen der **Abschreibungen** auf uneinbringliche Beitragsforderungen und der
Eingänge aus bereits abgeschriebenen Beitragsforderungen gelten die im Zusammenhang mit den SchVU und RVU gemachten Aussagen [314].

Hinsichtlich der gebuchten Brutto-Beiträge und der gebuchten Rückversiche-   **330**
rungsbeiträge sind gem. § 13 Nr. 1 Externe VUReV folgende Anhangangaben zu
machen:

– Angabe der Brutto-Beiträge und der Rückversicherungsbeiträge, jeweils untergliedert nach sG und üG; den Beiträgen sind die entsprechenden Beträge des
VJ gegenüberzustellen.

– LVU die Brutto-Beiträge des sG, untergliedert nach laufenden Beiträgen und
Einmalbeiträgen, auf Kapitalversicherungen, auf Renten- und Pensionsversicherungen sowie auf Gruppenversicherungen aufzuteilen.

– KVU haben die Brutto-Beiträge des sG, untergliedert nach laufenden Beiträgen und Einmalbeiträgen, auf die Krankheitskostenversicherungen, auf die
Krankentagegeldversicherungen, auf die selbständigen Krankenhaustagegeldversicherungen und auf die sonstigen selbständigen Teilversicherungen aufzuteilen.

Als Veränderung der Brutto-Beitragsüberträge ist der Unterschied zwischen den   **331**
Brutto-Beitragsüberträgen am Ende des vorausgegangenen GJ und am Ende des
GJ auszuweisen (Nr. III 1.2 Abs. 1 VUBR).

Beiträge aus der Brutto-Rückstellung für die erfolgsabhängige Beitragsrückerstattung

An dieser Stelle sind die von LVU und P/StK der Rückstellung für Beitragsrück-   **332**
erstattung, von KVU der Rückstellung für die erfolgsabhängige Beitragsrückerstattung entnommenen Beträge auszuweisen, die in entsprechender Höhe in die
Deckungsrückstellung eingehen (Nr. III 2 VUBR).

---

313 Vgl. Tz. 345 ff.
314 Vgl. Tz. 297.

Erträge aus der Verminderung versicherungstechnischer Brutto-Rückstellungen

333   Unter diesem Posten werden die Erträge aus der Verminderung der Brutto-Rückstellungen ausgewiesen, die nicht abgewickelt werden (Nr. III 3 Abs. 1 Ziff. 1 VUBR; § 7 Abs. 6 Externe VUReV). Dazu zählen die Brutto-Deckungsrückstellung[315] und die Stornorückstellung[316]. Weiterhin umfaßt der Posten die bei Aufnahme oder Erhöhung des in Rückdeckung übernommenen Lebensversicherungsgeschäfts zu übernehmenden Brutto-Deckungsrückstellungen (Nr. III 3 Abs. 1 Ziff. 2 VUBR).

Erträge aus Kapitalanlagen

334   Erträge aus und Aufwendungen für Kapitalanlagen werden bei den LVU und KVU – im Unterschied zu den SchVU und RVU – in den versicherungstechnischen Teil der GuV einbezogen. Damit wird dem Umstand Rechnung getragen, daß im Bereich der Lebens- und Krankenversicherung der Kapitalanlageerfolg des Unternehmens explizit bei der Kalkulation der Beiträge berücksichtigt wird[317].

Vergleiche hierzu die Ausführungen unter den nichtversicherungstechnischen GuV-Posten (Tz. 352 ff.).

Erträge aus dem in Rückdeckung gegebenen Versicherungsgeschäft

335   Unter diesem Posten werden die Anteile der RVU an den Aufwendungen für Versicherungsfälle, Rückkäufe, Rückgewährbeträge und Austrittsvergütungen ausgewiesen (Nr. III 5.1 VUBR). Damit wird in der GuV der LVU und KVU dem Bruttoprinzip gefolgt; im Bereich der SchVU sowie RVU wird der Anteil der RVU unmittelbar von den entsprechenden Aufwendungen abgesetzt – Nettoprinzip.

Die sonstigen Vergütungen betreffen insb. die Beteiligung der Rückversicherer an der Erhöhung der Brutto-Deckungsrückstellung und der Brutto-Beitragsüberträge, die vom Erstversicherer erhaltenen Rückversicherungsprovisionen, Gewinnbeteiligungen sowie – bei KVU – die Beteiligung der Rückversicherer an der erfolgsunabhängigen Beitragsrückerstattung (Nr. III 5.2 VUBR).

Sonstige versicherungstechnische Brutto-Erträge

336   Unter diesem Posten werden versicherungstechnische Erträge ausgewiesen, deren Ausweis nicht unter einem anderen Posten vorgesehen ist. Hierzu zählen neben Mahngebühren und Verzugszinsen (Nr. III 6 Ziff. 3 VUBR) bei Lebensversicherungen die Erträge aus

a) der Erhöhung der unter den Forderungen aus dem selbst abgeschlossenen Versicherungsgeschäft an VN – noch nicht fällige Ansprüche[318] – aktivierten Forderungen und

b) der Auflösung und Verminderung der Pauschalwertberichtigung zu den unter a) genannten Ansprüchen.

---

315 Vgl. Tz. 211 ff.
316 Vgl. Tz. 269.
317 Vgl. die betriebswirtschaftliche Würdigung dieses Sachverhalts bei *Ellenbürger* S. 33 ff.
318 Vgl. Tz. 160.

Brutto-Aufwendungen für Versicherungsfälle

Unter diesem Posten sind die Brutto-Aufwendungen für Versicherungsfälle des 337
GJ abzüglich der Erträge oder zuzüglich der Aufwendungen aus der Abwicklung
der Rückstellung für noch nicht abgewickelte Versicherungsfälle des vorausgegangenen GJ auszuweisen (Nr. III 7 Abs. 1 VUBR)[319]. Brutto-Aufwendungen
für Versicherungsfälle des GJ beinhalten die für die im GJ eingetretenen Versicherungsfälle erfolgten Zahlungen sowie die Zuführungen zur Rückstellung für
im GJ eingetretene, aber noch nicht abgewickelte Versicherungsfälle des GJ
(Nr. III 7 Abs. 2 VUBR).

Erträge aus Regressen und Teilungsabkommen für Versicherungsfälle des GJ sind
abzusetzen (Nr. III 7 Abs. 3 VUBR), Regulierungsaufwendungen sind in die Aufwendungen für Versicherungsfälle einzubeziehen (Nr. III 7 Abs. 4 VUBR).

Nach § 13 Nr. 2 Externe VUReV sind die Aufwendungen für Versicherungsfälle 338
nach den Brutto-Beträgen und mit den auf das in Rückdeckung gegebene Versicherungsgeschäft entfallenden Beträgen, jeweils untergliedert nach sG und üG,
anzugeben; den Beträgen sind die entsprechenden Beträge des vorausgegangenen GJ gegenüberzustellen.

Außerdem haben LVU die anzugebenden Beträge für das sG auf Kapitalversicherungen, auf Renten- und Pensionsversicherungen sowie auf Gruppenversicherungen aufzuteilen. KVU haben für das sG die Aufwendungen für Versicherungsfälle zu untergliedern in „Aufwendungen für Geschäftsjahresschäden" und
„Ergebnis aus der Abwicklung der Rückstellung für noch nicht abgewickelte
Versicherungsfälle des Vorjahres". Die Aufwendungen für GJ-Schäden sind darüber hinaus aufzuteilen in gezahlte Beträge und in zurückgestellte Beträge. Diesen sind jeweils die entsprechenden Beträge des vorausgegangenen GJ gegenüberzustellen.

**Brutto-Aufwendungen für Rückkäufe, Rückgewährbeträge und Austrittsvergütun-
gen (nicht bei Krankenversicherungsunternehmen)**

Hierunter weisen LVU und P/StK die Brutto-Aufwendungen für Rückkäufe, 339
Rückgewährbeträge und Austrittsvergütungen aus, dh. solche Beträge, die den
VN und Versicherten bei vorzeitiger Auflösung von Versicherungsverträgen ver-
gütet werden, abzüglich der Erträge oder zuzüglich der Aufwendungen aus der
Abwicklung der Rückstellung für noch nicht abgewickelte Rückkäufe, Rückge-
währbeträge und Austrittsvergütungen des vorausgegangenen GJ (Nr. III 8
Abs. 1 VUBR).

**Brutto-Aufwendungen für die erfolgsunabhängige Beitragsrückerstattung (nur bei
Krankenversicherungsunternehmen)**

Hierunter sind die Zuführungen zur Rückstellung für die geschäftsplanmäßig 340
oder vertraglich festgelegte erfolgsunabhängige Beitragsrückerstattung[320] abzüglich der Erträge oder zuzüglich der Aufwendungen aus der Abwicklung der
Rückstellung für die erfolgsunabhängige Beitragsrückerstattung des vorausgegangenen GJ auszuweisen (Nr. III 9.1 VUBR).

---

319 Zur Abwicklung der Rückstellung für Versicherungsfälle s. auch Tz. 309 u. 313.
320 Zur Rückstellung für erfolgsunabhängige Beitragsrückerstattung s. Tz. 253 ff.

Brutto-Aufwendungen für die erfolgsabhängige Beitragsrückerstattung

341 Unter diesem Posten sind die Zuführungen zur Rückstellung für die erfolgsabhängige Beitragsrückerstattung[321] auszuweisen (Nr. III 9.2 VUBR).

Aufwendungen aus der Erhöhung versicherungstechnischer Brutto-Rückstellungen

342 Die Ausführungen zu den entsprechenden Ertragsposten gelten sinngemäß[322].

Rechnungsmäßig gedeckte Abschlußkosten (nur bei Lebensversicherungsunternehmen)

343 Rechnungsmäßig gedeckte Abschlußkosten fallen in der Lebensversicherung im Zusammenhang mit dem **Zillmerverfahren**[323] an. Die durch die Zillmerung der Deckungsrückstellung gedeckten Aufwendungen für den Abschluß von Versicherungsverträgen im sG sind unter diesem Posten einzustellen (Nr. III 11 Ziff. 1 VUBR). Sie sind im Jahr ihres Ausweises erfolgsneutral, da die Zuführung zur Deckungsrückstellung um den entsprechenden Betrag niedriger ist[324].

344 Zu den hier ausgewiesenen Aufwendungen gehören auch Abschlußkosten, die durch die Aktivierung von Forderungen gegen die VN[325], durch Abschlußkostenzuschläge bei Versicherungen gegen Einmalbeitrag sowie – bei neueren Tarifen – durch laufende Amortisationszuschläge gedeckt sind (Nr. III 11 Ziff. 2 bis 4 VUBR).

Brutto-Aufwendungen für den Versicherungsbetrieb

345 Die Brutto-Aufwendungen für den Versicherungsbetrieb werden in den Schemata II L bzw. II K in Abschlußaufwendungen und sonstige Aufwendungen unterteilt.

346 Die **Abschlußaufwendungen** umfassen sämtliche Aufwendungen, die im sG für den Abschluß von Versicherungsverträgen entstanden sind, soweit sie bei LVU nicht zu den „rechnungsmäßig gedeckten Abschlußaufwendungen" gehören. Zu diesen Aufwendungen gehören auch die Aufwendungen für die Ausgleichsansprüche der freien Versicherungsvertreter und die ärztlichen Untersuchungen im Zusammenhang mit dem Abschluß von Versicherungsverträgen (Nr. III 12.1 Abs. 1 VUBR).

Abschlußprovisionen für Versicherungsverträge mit technischem Beginn im Folgejahr sind erfolgsneutral zu behandeln. Nicht verdiente und zurückgeforderte Abschlußprovisionen sind von den vorgenannten Aufwendungen abzusetzen (Nr. III 12.1 Abs. 2 VUBR).

347 Nach den Bilanzierungsrichtlinien des BAV (Nr. III 12.2 Abs. 1 VUBR) umfassen die „**sonstigen Aufwendungen**" für das sG Aufwendungen für den bzw. die

– Beitragseinzug einschließlich der Mahn-, Gerichts- und Anwaltskosten für im Mahnverfahren befindliche Versicherungsverträge,
– Bestandsverwaltung und -pflege,

---

321 S. Tz. 253 ff.
322 S. Tz. 333.
323 Vgl. Tz. 213 f.
324 Vgl. *Eisold/Jäger* in IDW-Aufsatzsammlung C I Tz. 97 ff.; *Farny*, Buchführung S. 156.
325 S. Tz. 160.

- Bearbeitung der Beitragsrückerstattung,
- Bearbeitung der passiven Rückversicherung.

Die „sonstigen Aufwendungen" für das üG umfassen die (Nr. III 12.2 Abs. 2 VUBR)

- an die Vorversicherer gezahlten Rückversicherungsprovisionen einschließlich der anteilig erstatteten rechnungsmäßig gedeckten Abschlußaufwendungen; als Rückversicherungsprovisionen sind auch die den Vorversicherern anteilig erstatteten Originalkosten auszuweisen;
- an die Vorversicherer gezahlten Gewinnbeteiligungen;
- Aufwendungen für die Bearbeitung der aktiven Rückversicherung;
- Aufwendungen für die Bearbeitung der Retrozession.

Aufwendungen für Kapitalanlagen

Vergleiche hierzu die entsprechenden Ausführungen unter den nichtversicherungstechnischen GuV-Posten[326]. **348**

Gebuchte Rückversicherungsbeiträge

Während die gebuchten Rückversicherungsbeiträge bei SchVU sowie RVU in Posten 1 mit den gebuchten Brutto-Beiträgen offen saldiert werden[327], werden sie von LVU und KVU unter diesem Posten ausgewiesen (Nr. III 14 Abs. 1 VUBR). **349**

Sonstige versicherungstechnische Brutto-Aufwendungen und Aufwendungen für das in Rückdeckung gegebene Versicherungsgeschäft

Dieser Posten dient der Aufnahme der sonstigen versicherungstechnischen Aufwendungen für das Brutto-Versicherungsgeschäft und derjenigen für das in Rückdeckung gegebene Versicherungsgeschäft, deren Ausweis nicht bei einem anderen Posten vorgesehen ist (Nr. III 15 Abs. 1 VUBR). **350**

Zu den wichtigsten Posten gehören bei LVU

- die Zinsen auf angesammelte Überschußanteile;
- die Aufwendungen aus der Verminderung der unter den Forderungen aus dem sG an VN noch nicht fälligen Ansprüche – aktivierten Forderungen[328];
- die Aufwendungen aus der Bildung und Erhöhung der Pauschalwertberichtigung zu den oben genannten Forderungen;
- die Direktgutschriften von Überschußanteilen, soweit diese nicht der Deckungsrückstellung zugeführt werden.

Sowohl bei LVU und KVU werden unter diesen Posten die Aufwendungen für Gesundheitsfürsorge erfaßt (Nr. III 15 Abs. 2 VUBR).

Zu den sonstigen versicherungstechnischen Aufwendungen für das in Rückdeckung gegebene Versicherungsgeschäft gehören insb. (Nr. III 15 Abs. 3 VUBR): die Aufwendungen aus der Verminderung der Anteile der Rückversicherer an der Brutto-Deckungsrückstellung sowie an den Brutto-Beitragsübertragen und der Depotzinsaufwand für gestellte Sicherheiten. **351**

326 S. Tz. 358 ff.
327 S. Tz. 294 ff.
328 S. Tz. 160.

(3) Die nichtversicherungstechnischen Posten

An dieser Stelle wird nur auf die nichtversicherungstechnischen Posten der Erfolgsrechnung eingegangen, bei denen versicherungsspezifische Besonderheiten gegenüber der allgemeinen Rechnungslegung gelten.

Erträge aus Kapitalanlagen

352 An dieser Stelle werden die gesamten Erträge aus Kapitalanlagen in sechs verschiedenen Unterposten vereinnahmt:

a) Erträge aus Grundstücken, grundstücksgleichen Rechten und Bauten einschließlich der Bauten auf fremden Grundstücken
davon aus eigener Nutzung
davon aus verbundenen Unternehmen

b) Erträge aus Beteiligungen
davon aus verbundenen Unternehmen

c) Erträge aus Gewinngemeinschaften, Gewinnabführungs- und Teilgewinnabführungsverträgen

d) Zinsen und ähnliche Erträge
davon aus verbundenen Unternehmen

e) Erträge aus dem Abgang von Kapitalanlagen und aus Zuschreibungen

f) Erträge aus der Auflösung des Sonderpostens mit Rücklageanteil.

353 Als siebter Unterposten wird bei den SchVU sowie bei den RVU in einer Vorspalte der technische Zins abgezogen (Nr. II 12.7 VUBR)[329].

Zu a)

354 Der Unterposten umfaßt neben den Mieterträgen aus Fremdvermietung auch die **kalkulatorische Eigenmiete** des vom VU selbst genutzten Grundbesitzes (Nr. II 12.1 S. 1 VUBR). Die kalkulatorische Miete wird erfolgsmäßig durch die Verrechnung in gleicher Höhe als Raummietaufwand innerhalb der betrieblichen Aufwendungen neutralisiert. Nach II 0.4 Abs. 1 iVm. II 0.4 Abs. 2 Ziff. 1 VUBR wird sie dabei den verschiedenen Funktionsbereichen zugeordnet.

Die kalkulatorische Miete für eigengenutzten Grundbesitz hat sich grundsätzlich an der jeweiligen ortsüblichen Miete zu orientieren (Nr. II 12.1 S. 2 VUBR).

Zu d)

355 An dieser Stelle sind alle laufenden Erträge aus Kapitalanlagen auszuweisen, soweit sie nicht in den Unterposten a), b) oder c) zu erfassen sind (Nr. II 12.4 Abs. 1 S. 1 VUBR).

Ebenfalls hier zu erfassen sind die erhaltenen **Depotzinsen** sowie die **Bereitstellungszinsen** für bereits zugesagte, aber noch nicht valutierte Hypothekendarlehen sowie Erträge aus Anteilen, die keine Beteiligungen darstellen (Nr. II 12.4 Abs. 1 S. 2 und 3 VUBR). Außerdem werden an dieser Stelle die **Erträge aus der Auflösung von Disagiobeträgen** aus Hypotheken und Darlehen ausgewiesen (Nr. II 12.4 Abs. 2 VUBR).

---

329 S. hierzu auch Tz. 302.

Zu e)

Dieser Posten nimmt die bei der Veräußerung von Kapitalanlagen und bei der 356
Einlösung von Wertpapieren entstandenen Gewinne auf sowie die einmaligen
Erträge aus der zulässigen Höherbewertung von Kapitalanlagen (buchmäßige
Gewinne), die insb. bei der Auflösung und Verminderung von Einzel- und Pau-
schalwertberichtigungen und der Rückgängigmachung von Abschreibungen ent-
stehen (Nr. II 12.5 S. 1 VUBR).

Für die Wertaufholungen gem. § 280 HGB besteht für VU aufgrund von § 55
Abs. 4 Hs. 2 VAG ein Unternehmenswahlrecht.

Zu f)

Um den Reinertrag aus den Kapitalanlagen direkt ermitteln zu können, sind hier 357
nur die Erträge aus der Auflösung des Sonderpostens mit Rücklageanteil auszuweisen, die die Kapitalanlagen betreffen. Die entsprechenden Erträge, die nicht
die Kapitalanlagen betreffen, sind unter den sonstigen Erträgen ausgewiesen
(Nr. II 12.6 VUBR).

Aufwendungen für Kapitalanlagen

Die Aufwendungen für Kapitalanlagen gliedern sich in fünf Unterposten (Nr. II 358
14 VUBR):

a) Abschreibungen
b) Aufwendungen aus Verlustübernahme
c) Verluste aus dem Abgang von Kapitalanlagen
d) Einstellungen in den Sonderposten mit Rücklageanteil
e) Aufwendungen für die Verwaltung der Kapitalanlagen und sonstige Aufwendungen

Zu a)

Unter diesem Posten sind die gesamten Abschreibungen auf Kapitalanlagen 359
nach §§ 253 und 254 iVm. § 279 HGB auszuweisen (vgl. im einzelnen Nr. II 14.1
Abs. 1 VUBR).

Zu d)

Die Ausführungen zu dem entsprechenden Ertragsposten gelten sinngemäß[330]. 360
Aufwendungen aus der Auflösung, die nicht Kapitalanlagen betreffen, sind
unter sonstigen Aufwendungen zu erfassen.

Zu e)

An dieser Stelle sind alle für die Verwaltung der Kapitalanlagen angefallenen 361
Personal- und Sachaufwendungen auszuweisen (Nr. II 14.5 Abs. 1 S. 1 VUBR).
Es handelt sich um einen Teil der gesamten versicherungsbetrieblichen Aufwen-
dungen[331].

Zu den sonstigen Aufwendungen für Kapitalanlagen gehören insb. (Nr. II 14.5
Abs. 2 VUBR):

---

330 S. Tz. 357.
331 Vgl. *Donandt/Richter* in IDW-Aufsatzsammlung C IV Tz. 333.

- Aufwendungen für Grundstücke, grundstücksgleiche Rechte und Bauten einschließlich der Bauten auf fremden Grundstücken, wie zB Betriebskosten, Instandhaltungskosten, Mietausfallrisiken, Abgaben und Versicherungsbeiträge,
- Depotgebühren,
- Vergütungen an den Treuhänder für den Deckungsstock,
- Verluste aus Anteilen an Personengesellschaften (einschließlich Partenreedereien)[332].

Sonstige Erträge

362   Dieser Posten dient der Aufnahme der Erträge des allgemeinen Teils der GuV, deren Ausweis nicht bei einem anderen Posten vorgesehen ist.

Diese Erträge betreffen insb. Erträge, dh. erhaltene Vergütungen für **Dienstleistungen,** die für verbundene und andere Unternehmen erbracht worden sind (Nr. II 13 Abs. 1 Ziff. 1 VUBR).

Neben **Währungskursgewinnen** werden auch Erträge aus der Auflösung von „anderen Rückstellungen" wie zB der Pensionsrückstellung und der Rückstellung für drohende Verluste aus dem allgemeinen Geschäft an dieser Stelle erfaßt (Nr. II 13 Abs. 1 Ziff. 2 und 3 VUBR).

Die übrigen Erträge umfassen vor allem (Nr. II 13 Ziff. 4 VUBR):

- Erträge aus der Veräußerung von Teilen der Betriebs- und Geschäftsausstattung,
- erhaltene Kontokorrentzinsen aus dem Abrechnungsverkehr mit Rückversicherern und anderen,
- sonstige Zinsen und ähnliche Erträge, sofern sie nicht aus Kapitalanlagen herrühren,
- Erträge aufgrund von Eingängen aus in vorausgegangenen GJ abgeschriebenen Forderungen (ohne solche aus abgeschriebenen bzw. stornierten Beitragsforderungen, die unter den gebuchten Brutto-Beiträgen auszuweisen sind),
- Erträge aus der Auflösung oder Verminderung von Pauschalwertberichtigungen zu Forderungen an Versicherungsvertreter, Abrechnungsforderungen aus dem Rückversicherungsgeschäft und sonstigen Forderungen.

Aufwendungen für Altersversorgung und Unterstützung

363   An dieser Stelle wird ein Teil der betrieblichen Aufwendungen ausgewiesen. Der Posten erfaßt „sämtliche Aufwendungen für Altersversorgung und Unterstützung sowohl für die Arbeitnehmer als auch für die freien Versicherungsvertreter einschließlich der sogenannten Provisionsrenten" (Nr. II 15 Abs. 1 VUBR):

Insb. folgende Aufwendungen kommen in Betracht (Nr. II 15 Abs. 2 VUBR):

- Beiträge für Direktversicherungen,
- Beitragszuschüsse für Lebensversicherungen,
- Beiträge an P/StK,
- Beiträge zur Insolvenzsicherung (Pensions-Sicherungs-Verein),
- Aufwendungen für Vorruhestandsleistungen,
- Beihilfen in Krankheits-, Heirats-, Geburts-, Todesfällen uä.

---

332 Ein Ausweis unter diesem Posten dürfte nur nach vollständiger Abschreibung des Beteiligungsbuchwerts in Betracht kommen. Vgl. St/HFA 1/1991 Abschn. 4.

Sonstige Abschreibungen

An dieser Stelle werden alle Abschreibungen ausgewiesen, die auf Vermögens-   **364** gegenstände außerhalb der Kapitalanlagen und der Forderungen an VN vorzunehmen sind[333]. Dabei sind gesondert auszuweisen:

1. Abschreibungen auf immaterielle Vermögensgegenstände sowie auf aktivierte Aufwendungen für die Ingangsetzung und Erweiterung des Geschäftsbetriebs;
2. Sonstige Abschreibungen (s. hierzu Nr. II 16.2 Abs. 1 VUBR), soweit sie nicht von den Brutto-Beiträgen zu kürzen sind oder zu den Abschreibungen auf Kapitalanlagen gehören.

Zinsen und ähnliche Aufwendungen

Unter diesem Posten sind insb. auszuweisen (Nr. II 17 VUBR):   **365**

– Kontokorrentzinsaufwand aus dem Abrechnungsverkehr mit Rückversicherern und anderen,
– Schuldzinsen für Darlehen wie zB Zinsen für Hypotheken auf dem eigenen Grundbesitz,
– Schuldzinsen für sonstige Verbindlichkeiten wie zB für Vertreterkautionen und Beitragsdepots,
– Depotzinsen an die Rückversicherer,
– Zinsen auf das Genußrechtskapital.

Sonstige Aufwendungen

Dieser Posten dient der Aufnahme der Aufwendungen des allgemeinen Teils der   **366** GuV, deren Ausweis nicht bei einem anderen Posten vorgesehen ist.

Nach dem Formblatt für SchVU bzw. RVU ist hier zunächst die **Sonderzuweisung zur Rückstellung für Beitragsrückerstattung** auszuweisen (Nr. II 18.1 VUBR).

Die übrigen Aufwendungen – bzw. die sonstigen Aufwendungen bei LVU und KVU – enthalten insb. (Nr. II 18.2 Abs. 1 VUBR):

– Aufwendungen für **Dienstleistungen,** die für verbundene und andere Unternehmen erbracht worden sind;
– **Währungskursverluste;**
– Aufwendungen, die das **Unternehmen als Ganzes** betreffen;
– restliche Aufwendungen wie zB Verluste bei der Veräußerung von Teilen der Betriebs- und Geschäftsausstattung.

Exkurs:

cc) Währungsumrechnung

Es existieren keine allgemeinen gesetzlichen Regelungen zur Währungsumrech-   **367** nung[334]. Ebenso ist die nationale wie internationale Diskussion über die Grund-

---

333 Vgl. *Farny,* Buchführung S. 161.
334 Bei der Regelung in § 340h HGB – nach Art. 39 EG-Bankbilanz-RL – handelt es sich um eine bankenspezifische Regelung (vgl. hierzu J Tz. 11).

lagen der Währungsumrechnung noch nicht abgeschlossen[335]. Dementsprechend enthält die zZ in der Diskussion befindliche EG-Versicherungsbilanz-RL keine Bestimmungen zur Währungsumrechnung.

368   Die Grundlagen der Währungsumrechnung sind nach § 284 Abs. 2 Nr. 2 HGB im Anhang anzugeben[336]. Dabei sind zumindest die angewandten Umrechnungskurse – wie historischer Kurs, Stichtagskurs – offenzulegen. Weiterhin sollten Angaben erfolgen, ob die Grundsätze der kongruenten Deckung beachtet werden, ob die kongruierenden Aktiva und Passiva als Einheit bewertet werden, ob die einzelnen Währungen jeweils gesondert betrachtet werden oder eine Saldierung von Über- und Unterdeckungen über alle Währungen erfolgt, und ob gegebenenfalls eine Rückstellung für nicht realisierte Währungsgewinne gebildet wird.

3. Interne Rechnungslegung gegenüber der Aufsichtsbehörde

369   Mit der „Internen" Rechnungslegung wird die Berichterstattung der VU gegenüber dem BAV bezeichnet.

370   Nach § 55a Abs. 1 VAG haben VU der Aufsichtsbehörde einen internen Bericht einzureichen, der aus einer für Aufsichtszwecke tiefer gegliederten Bilanz und GuV sowie besonderen Nachweisen und Erläuterungen besteht. In der Bilanzierungspraxis der Unternehmen sind eine Reihe dieser für das Aufsichtsamt erstellten Unterlagen Grundlage für die Arbeiten am externen JA.

371   Für VU, die der Bundesaufsicht unterliegen, aber nicht zu den klVVaG iSd. bkVReV[337] gehören, hat das BAV am 30. 1. 1987 die „Verordnung über die Rechnungslegung von Versicherungsunternehmen gegenüber dem Bundesaufsichtsamt für das Versicherungswesen **(Interne VUReV)**" erlassen[338]. Diese Interne VUReV schreibt im einzelnen vor, welche Angaben im Bericht an das BAV zu machen und bis zu welchem Zeitpunkt sie einzureichen sind.

372   Der sog. „Interne Bericht" setzt sich zusammen aus:

(1) Bilanz (alle VU: Formblatt 100);
(2) GuV (LVU und KVU sowie P/StK: Formblatt 200; SchVU sowie RVU: Formblatt 300);
(3) Formgebundenen Erläuterungen (§§ 8 bis 16 Interne VUReV);
(4) Formlosen Erläuterungen (§§ 17 bis 20 Interne VUReV);
(5) Sonstigen Rechnungslegungsunterlagen (§§ 21 bis 24 Interne VUReV).

373   Im Zuge der Umsetzung der Zweiten EG-Koordinierungsrichtlinie für die Schadenversicherung vom 22. 6. 1988, der sog. Dienstleistungsrichtlinie, ist das deutsche Aufsichtsrecht dahingehend geändert worden, daß als **Großrisikengeschäft** klassifiziertes Versicherungsgeschäft nur noch einer eingeschränkten materiellen

---

335 Vgl. insb. *Biener/Berneke*, BiRiLiG, Erl. zu § 284 HGB S. 251 ff.; Erl. zu § 313 HBG S. 382 f.; HFA, Geänderter Entwurf einer Verlautbarung zur Währungsumrechnung im Jahres- und Konzernabschluß, FN 1986 S. 443.
336 Vgl. hierzu *Richter/Geib* in KoRVU Bd. I E Tz. 57 mwN.
337 Vgl. Tz. 67 ff.
338 Die Interne VUReV wurde geändert durch die Erste Verordnung zur Änderung der Verordnung über die Rechnungslegung von Versicherungsunternehmen gegenüber dem Bundesaufsichtsamt für das Versicherungswesen v. 27. 2. 1991, BGBl. I S. 505. Eine Darstellung der Internen VUReV und insb. der Änderungen gegenüber der vormals gültigen Internen RechVUVO 1974 findet sich bei *Laaß*, VW 1988 S. 126 ff.

Staatsaufsicht unterliegt. Aus diesem Grunde hat das BAV eine Änderungsverordnung zur Internen VUReV veröffentlicht (s. Fn. 338), die – neben einer Reihe anderer Änderungen – vor allem eine gesonderte Kontrolle des Großrisikengeschäfts vorsieht, um eine Subventionierung dieses Geschäfts durch das nach wie vor unverändert beaufsichtigte Massenversicherungsgeschäft zu verhindern.

KlVVaG iSd. bkVReV[339] haben dem BAV nach den §§ 5 bis 8 bkVReV einen   **374** „Internen Bericht" zu erstatten.

Für VU, die unter **Landesaufsicht** stehen, können die Landesregierungen nach   **375** § 55a Abs. 3 VAG eine Verordnung zur internen Berichterstattung dieser Unternehmen gegenüber der Landesaufsichtsbehörde erlassen. Dies ist in Baden-Württemberg, Bayern, Berlin, Bremen, Hamburg, Hessen, Niedersachsen, Nordrhein-Westfalen, Rheinland-Pfalz, Saarland und Schleswig-Holstein durch die unter Tz. 71 genannten Verordnungen geschehen.

4. Konzernabschluß

a) Konzernverbindungen in der Versicherungswirtschaft

In der Versicherungswirtschaft gibt es eine Vielzahl von Unternehmensverbin-   **376** dungen, die einen Konzern begründen[340]. Dies ist in erster Linie in der aufsichtsrechtlich geforderten **Spartentrennung** begründet. Das BAV erteilt die Erlaubnis zum Geschäftsbetrieb nur dann, wenn die Grundsätze der Spartentrennung eingehalten werden. Nach § 8 Abs. 1a VAG schließt der Betrieb der Lebensversicherung den Betrieb anderer Versicherungssparten aus. Darüber hinaus erteilt die Aufsichtsbehörde die Erlaubnis zum Betrieb der Krankenversicherung nicht iVm. der Erlaubnis zum Betrieb von anderen Versicherungssparten[341]. Um unter möglichst optimaler Ausnutzung der vorhandenen Ressourcen, insb. des Vertriebssystems, eine umfangreiche Produktpalette anbieten zu können, sind die VU daher gezwungen, bestimmte Geschäfte über selbständige Tochtergesellschaften zu betreiben. Diese Form der Interessenbündelung beinhaltet keinen Verstoß gegen den Grundsatz der Spartentrennung.

Weitere Gründe für Konzernverbindungen in der Versicherungswirtschaft liegen   **377** in der **Internationalisierung** des Geschäfts sowie in der Tendenz zum **Allfinanzangebot** durch die Versicherer. Um international operierenden VU eine internationale Absicherung ihrer Risiken anbieten zu können, haben sich die großen Versicherungsgesellschaften zunehmend im Ausland engagiert. Dies geschah ua. durch den Erwerb von Kapitalanteilen an bereits eingeführten Gesellschaften bzw. die Gründung von Tochtergesellschaften. Auch die Erweiterung des Angebots um bspw. Bankprodukte erfordert die Gründung oder den Erwerb von Anteilen an Tochtergesellschaften, da § 7 Abs. 2 S. 1 VAG den Betrieb von versicherungsfremden Geschäften durch ein VU nicht zuläßt[342].

Neben diese aus dem Versicherungsgeschäft herrührenden Gründe für die beste-   **378** henden Konzernstrukturen sind jedoch andere in der Unternehmensorganisation begründete Überlegungen getreten. So bietet es sich im Einzelfall an,

---

339 Vgl. Tz. 68 f.
340 Vgl. insb. *Farny*, Versicherungsbetriebslehre S. 202 ff.
341 Das Spartentrennungsgebot im Bereich der Rechtsschutz- und Kreditversicherung ist zum 1. 7. 1990 grundsätzlich aufgehoben worden.
342 Vgl. auch *Prölss*, VAG § 7 Tz. 3 f.

bestimmte Verwaltungs- und/oder Dienstleistungsfunktionen durch Ausgliederung auf rechtlich selbständige Unternehmen zu **zentralisieren.** Dies gilt auch für bestimmte Vertriebswege.

379   Nicht zuletzt muß in diesem Zusammenhang auch angeführt werden, daß die zentrale Leitung bestehender Versicherungskonzerne vermehrt durch sog. **Holdinggesellschaften** wahrgenommen wird. Die Holding ist idR ein Nicht-VU in der Rechtsform der AG, die neben den Beteiligungen an den VU auch zugleich versicherungsfremde Aktivitäten, wie Finanzdienstleistungen, steuern kann[343].

b) Gesetzliche Grundlagen[344]

aa) Verpflichtung zum Konzernabschluß

380   Die Aufstellungspflicht zum KA und Konzern-LB kann sich für VU aufgrund der §§ 290 bis 293 HGB bzw. aufgrund § 11 PublG ergeben.

381   Die gesetzlichen Vertreter einer Kapitalgesellschaft, hier also einer **Versicherungs-AG,** sind stets dann zur Aufstellung eines KA und eines Konzern-LB verpflichtet, wenn die von der Kapitalgesellschaft (Muttergesellschaft) als Beteiligungen gehaltenen Unternehmen (Tochterunternehmen) unter der einheitlichen Leitung der Muttergesellschaft stehen, oder wenn der Muttergesellschaft über bestimmte Rechte die Kontrolle der Tochterunternehmen möglich ist (§ 290 Abs. 1 und 2 HGB). Es gelten die allgemeinen handelsrechtlichen Grundsätze, so daß auf die entsprechenden Ausführungen verwiesen werden kann (M Tz. 16 ff.). § 293 HGB beinhaltet bestimmte größenabhängige Befreiungen.

382   Für VU knüpfen diese an die Brutto-Beiträge an. Die Pflicht zur Erstellung eines KA und eines Konzern-LB entfällt, wenn die Brutto-Beiträge entweder als Summe der Gesamt-Beiträge aller einzubeziehenden Unternehmen DM 43,2 Mio. oder konsolidiert DM 36,0 Mio. nicht übersteigen. Diese Voraussetzungen müssen sowohl für das GJ als auch für das VJ gegeben sein (§ 293 Abs. 3 HGB).

383   Für **VVaG** bzw. **ö.-r. VU** als Nicht-Kapitalgesellschaften gelten die Vorschriften des HGB nicht unmittelbar. Statt dessen finden bei Überschreiten bestimmter Größenkriterien die Konzernrechnungslegungsvorschriften des PublG Anwendung. Gem. § 11 iVm. § 13 PublG sind die gesetzlichen Vertreter dieser Unternehmen zur Aufstellung eines KA und eines Konzern-LB verpflichtet, wenn die zum Konzern gehörenden Unternehmen unter einheitlicher Leitung stehen und wenn die Brutto-Beiträge aus dem Versicherungsgeschäft an 3 aufeinanderfolgenden Konzernabschlußstichtagen DM 100 Mio. übersteigen, jeweils bezogen auf einen Zeitraum von 12 Monaten (§ 11 Abs. 4 iVm. § 1 Abs. 4 PublG).

Die Pflicht zur Konzernrechnungslegung nach dem PublG ist allein vom Vorliegen der einheitlichen Leitung abängig; das „Control-Prinzip" des HGB (§ 290 Abs. 2) ist dem PublG unbekannt.

bb) Auf den Konzernabschluß und -lagebericht anzuwendende Regelungen

384   Für **Versicherungs-AG** gelten die §§ 290 bis 315 HGB über den KA und den Konzern-LB unmittelbar. **VVaG** und **ö.-r. VU** haben nach § 13 Abs. 2 PublG die §§ 294 bis 315 HGB zum KA und Konzern-LB entsprechend anzuwenden.

---

343 Vgl. *Farny.* Versicherungsbetriebslehre S. 223.
344 Wegen der allgemeinen, nichtversicherungsspezifischen Regelungen s. M Tz. 14 ff.

Durch das BiRiLiG wurden erstmals versicherungsspezifische Konzernrechnungslegungsvorschriften in das VAG – § 56b VAG – aufgenommen, die neben die Vorschriften des HGB und ggf. des PublG treten. § **56b VAG** regelt allerdings die Konzernrechnungslegungspflicht der VU nicht eigenständig[345], er beinhaltet vielmehr versicherungsspezifische Einzelregelungen[346].   **385**

Neben diesen Sondervorschriften des VAG finden sich auch im HGB selbst – § **293 Abs. 3:** Größenmerkmale, § **298 Abs. 1:** Anwendung der für den Geschäftszweig geltenden Vorschriften, § **308 Abs. 2 S. 2:** Beibehaltung bestimmter Wertansätze – Sonderregelungen für die Konzernrechnungslegung der VU.   **386**

Die in § 56b VAG enthaltenen Regelungen sollen in einem kurzen Überblick dargestellt werden[347]:

- § **56b Abs. 1 VAG** bestimmt, daß auf VU, die einen KA und Konzern-LB aufzustellen haben, § 55 Abs. 4 VAG und § 56 VAG entsprechend anzuwenden sind[348].   **387**

Die Verordnungsermächtigung an den BdJ in § 330 HGB beinhaltet auch die Möglichkeit zum Erlaß von Formblättern und anderen Vorschriften für den KA und den Konzern-LB. Von dieser Möglichkeit wurde jedoch kein Gebrauch gemacht. Daher hat das BAV die Konzern-RR[349] veröffentlicht; die darin enthaltenen Empfehlungen dienen dem allgemeinen Interesse einer einheitlichen Konzernrechnungslegung der VU.   **388**

§ 56b Abs. 1 VAG ist im Zusammenhang mit der Bestimmung des § 298 Abs. 1 HGB zu sehen, für den KA grundsätzlich die für den Einzelabschluß maßgeblichen handelsrechtlichen Vorschriften sowie die für die Rechtsform und den Geschäftszweig der in den KA einbezogenen Unternehmen geltenden Vorschriften anzuwenden[350]. Durch § 56b Abs. 1 VAG wird die in § 298 Abs. 1 HGB enthaltene Regelung insoweit ergänzt, als dort sichergestellt wird, daß die branchenspezifischen Regelungen der Externen VUReV den allgemeinen Normen des HGB (§§ 242 ff. HGB) – soweit in §§ 55 Abs. 4 1. Hs., 56 VAG genannt – vorgehen[351].   **389**

Die Vorschriften der Externen VUReV für den Einzelabschluß sind auf den KA anzuwenden, soweit sie keine über die allgemeinen handelsrechtlichen Grundsätze hinausgehenden einzelabschlußspezifischen Vorschriften darstellen[352].   **390**

Des weiteren sind durch § 56b Abs. 1 VAG auch für den KA die Wahlrechte hinsichtlich der Anwendung einzelner HGB-Vorschriften nach § 55 Abs. 4 2. Hs. VAG sowie die Bewertungsvorschriften des § 56 VAG entsprechend anzuwenden.   **391**

---

345 Vgl. *Prölss*, VAG § 56b Tz. 2.
346 Vgl. *Richter/v. Treuberg* in IDW-Aufsatzsammlung H Tz. 6.
347 Vgl. *Angerer* in IDW-Aufsatzsammlung A Tz. 18; *Prölss*, VAG § 56b Tz. 7.
348 Zum Inhalt der Vorschriften s. Tz. 28 und 32 ff.
349 Vgl. Tz. 399.
350 Vgl. hierzu auch M Tz. 195 ff.
351 Ausführlich hierzu *Geib/König*, WPg. 1987 S. 663 ff.
352 Vgl. ebd. S. 663.

392 – Abweichend von der für die Erstellung des KA und des Konzern-LB bestehenden allgemeinen Frist von 5 Monaten (§ 290 Abs. 1 HGB; § 13 Abs. 1 PublG) räumt **§ 56b Abs. 1 S. 2 VAG** eine Fristverlängerung ein, die an die Aufstellungsfristen für die einzubeziehenden JA anknüpft. Für die Aufstellung des KA besteht eine Frist von 2 Monaten nach dem zuletzt aufgestellten Einzelabschluß, aber begrenzt auf höchstens 12 Monate nach dem KA-Stichtag[353].

393 – Abweichend von der in § 299 Abs. 2 S. 2 HGB genannten Frist, kann nach **§ 56b Abs. 1 S. 3 VAG** der JA eines Unternehmens, das in den KA einbezogen wird, auch dann noch zugrunde gelegt werden, wenn der Abschlußstichtag nicht mehr als 6 Monate vor dem Stichtag des KA liegt. Diese Vorschrift ermöglicht, daß in einem zum 31. 12. zu erstellenden KA ein zum 30. 6. bilanzierendes RVU bzw. in einem von einem RVU zum 30. 6. zu erstellenden KA auf den 31. 12. des VJ erstellte JA einzubeziehender Unternehmen ohne Erstellung eines Zwischenabschlusses konsolidiert werden können.

394 – **§ 56b Abs. 2 VAG** enthält eine von § 337 Abs. 2 AktG abweichende Regelung, weil es wegen der längeren Aufstellungsfristen für den KA nicht immer – bei Einbeziehung von Rückversicherern – möglich sein wird, den KA bereits derjenigen HV vorzulegen, die den Einzelabschluß des Mutterunternehmens für das betreffende GJ entgegennimmt oder festzustellen hat. Ebenso regelt § 56b Abs. 3 VAG die Fristen für die Offenlegung des KA und des Konzern-LB abweichend von § 325 Abs. 3 HGB und § 15 Abs. 1 PublG, weil die dort vorgeschriebenen Fristen für VU nicht ausreichend sind.

395 – Die Vorschriften über die Schuldenkonsolidierung (§ 303 HGB), die Behandlung der Zwischenergebnisse (§ 304 HGB) und die Aufwands- und Ertragskonsolidierung (§ 305 HGB) brauchen nach **§ 56b Abs. 4 S. 1 VAG** auf den Versicherungs-KA nicht angewendet zu werden, wenn die zugrunde liegenden Geschäfte zu marktüblichen Bedingungen abgeschlossen und die Erträge versicherungstechnischen Rückstellungen zugeführt worden sind. Diese Vorschrift ist jedoch nur in Ausnahmefällen anwendbar. Dies betrifft in erster Linie Fälle, in denen aus der konzerninternen Veräußerung von Kapitalanlagen erzielte Gewinne im Einzelabschluß eines Lebensversicherers für die Überschußbeteiligung der VN verwendet wurden. Die durch die Überschußbeteiligung berührten Posten des Einzelabschlusses können in diesen Fällen unverändert in den KA übernommen werden[354].

Diese Befreiung von Konsolidierungsmaßnahmen gilt nicht für Rückversicherungsgeschäfte (**§ 56b Abs. 4 S. 2 VAG**).

396 – Abweichend von dem Grundsatz des § 300 Abs. 2 HGB sieht **§ 56b Abs. 5 VAG** vor, daß versicherungstechnische Rückstellungen im KA nicht gebildet zu werden brauchen, wenn diese nach dem für das Tochterunternehmen maßgeblichen Recht nicht gebildet werden. Die Anwendung dieser Vorschrift ist im Konzernanhang anzugeben und zu erläutern.

Für die inländischen Tochterunternehmen von Versicherungskonzernen ist diese Vorschrift ohne Bedeutung. Sie ermöglicht es jedoch, daß für die auslän-

---

353 Wegen Zweifelsfragen zur Fristenregelung s. *Geib/Axer*. WPg. 1986 S. 267 ff.
354 Vgl. *Angerer* in IDW-Aufsatzsammlung A Tz. 18; *Richter/Geib*, WPg. 1987 S. 186; *Richter/v. Treuberg* in IDW-Aufsatzsammlung H Tz. 74 ff.

dischen Tochterunternehmen hinsichtlich des Bilanzansatzes versicherungstechnischer Rückstellungen das jeweilige Landesrecht und nicht das Recht des Mutterunternehmens maßgeblich ist. Soweit also das jeweilige nationale Recht die Bildung einer derartigen Rückstellung nicht kennt – zB bei der Schwankungsrückstellung – braucht diese im KA nicht nachgeholt zu werden[355].

– § 56b Abs. 6 VAG sieht vor, daß die Angaben gem. § 314 Abs. 1 bis 3 HGB im **397** Konzernanhang von VU nicht gemacht zu werden brauchen[356].

Ist das Mutterunternehmen nicht VU, sondern ausschließlich „reine" **Holdingge-** **398** **sellschaft,** so ist es fraglich, ob die besonderen Vorschriften des § 56b VAG auf den KA dieser Holdinggesellschaft ebenfalls anzuwenden sind. Ausgehend von der Gesetzessystematik finden Vorschriften des VAG auf ein Nicht-Versicherungsunternehmen nicht Anwendung. Stellt man jedoch auf den Sinn der Vorschrift ab – Berücksichtigung der versicherungsspezifischen Besonderheiten für die Konzernrechnungslegung –, so ist zu differenzieren. Die Vorschrift des § 56b VAG ist auf sog. „reine" Versicherungskonzerne, dh. solche Konzerne, die ausschließlich oder überwiegend das Versicherungsgeschäft betreiben, auch dann anzuwenden, wenn das Mutterunternehmen nicht VU ist. Handelt es sich jedoch um einen „Mischkonzern", dh., die im Konzern zusammengeschlossenen Unternehmen sind überwiegend nicht im Versicherungsgeschäft tätig, so kommen die versicherungsspezifischen Vorschriften des § 56b VAG für den KA eines solchen Konzerns nicht zur Anwendung[357].

c) Richtlinien für die Konzernrechnungslegung

Das BAV hat am 4. 2. 1991 „Richtlinien für die Konzernrechnungslegung der **399** Konzerngeschäftsjahre ab 1990"[358] (Konzern-RR) veröffentlicht. Mit den in diesen RL enthaltenen Empfehlungen wird dem allgemeinen Interesse an einer einheitlichen Konzernrechnungslegung der VU Rechnung getragen[359]. Die Konzern-RR beziehen sich wiederholt auf Bestimmungen der bereits im Jahre 1988 veröffentlichten Konzernrechnungslegungs-RL für die Jahre 1987 bis 1989[360]. Insb. werden die dort abgedruckten Formblätter K I und K II für anwendbar erklärt.

Die Konzern-RR werden bis zu einer Neuregelung durch die EG-Versicherungs- **400** bilanz-RL[361] für die KA der VU von Bedeutung sein.

Bei den nachfolgenden Ausführungen zum KA wird deshalb auch auf die jeweils relevanten Abschnitte der Konzern-RR eingegangen.

Die Richtlinien beinhalten in erster Linie eine Empfehlung zur Gliederung der Konzernbilanz und -GUV und zu bestimmten Anhangangaben sowie Hinweise zum Konsolidierungskreis.

---

355 Vgl. *Richter/v. Treuberg* in IDW-Aufsatzsammlung H Tz. 47 ff.
356 Vgl. auch *Angerer* in IDW-Aufsatzsammlung A Tz. 18.
357 Vgl. *Geib/Axer,* WPg. 1986 S. 269 ff.; *Richter/v. Treuberg* in IDW-Aufsatzsammlung H Tz. 12.
358 VerBAV 1991 S. 81.
359 Zur rechtlichen Qualität der Konzern-RR vgl. die entsprechenden Ausführungen zu den VUBR (Tz. 74).
360 VerBAV 1988 S. 102 ff.
361 S. Tz. 474 ff.

401 Das BAV hat mit dem Muster K I ein spezielles Gliederungsschema für die **Konzernbilanz** vorgesehen, das auf Formblatt I der Externen VUReV aufbaut und als Grundlage für die Konzernrechnungslegung nach neuem Recht angesehen werden kann.

Da in die Konzernabschlüsse von VU regelmäßig sowohl SchVU, LVU, KVU als auch RVU einbezogen werden, umfaßt das Muster K I sämtliche versicherungsspezifischen Posten sowie die Spezialposten eines KA, zB den passiven Unterschiedsbetrag aus der Kapitalkonsolidierung und den Ausgleichsposten für Anteile der anderen Gesellschafter.

402 Die versicherungstechnischen Rückstellungen gehen netto in die Konzernbilanz ein, der Rückversicherungsanteil wird jedoch offen in einer Vorspalte von den Brutto-Beträgen abgesetzt. Ausnahme ist die Schwankungsrückstellung, die stets nur f.e.R. ermittelt wird, und die Deckungsrückstellung des selbst abgeschlossenen Lebensversicherungsgeschäfts, die stets brutto ausgewiesen wird. In Muster K I wird weder zwischen sG und üG differenziert, noch das sG nach seiner Art unterteilt in Lebens-, Kranken- oder Schaden- und Unfallversicherung. Die Richtlinie sieht diesbezüglich für die Beitragsüberträge, die Deckungsrückstellung, die Rückstellung für noch nicht abgewickelte Versicherungsfälle und die Rückstellung für Beitragsrückerstattung Angaben im Anhang vor.

403 Das in den Richtlinien für die Konzernrechnungslegung für die **Konzern-GuV** vorgesehene Muster K II faßt die Formblätter II und III der Externen VUReV kompromißhaft zusammen. Es beinhaltet neben den versicherungsspezifischen Posten konzernspezifische Posten, zB „anderen Gesellschaftern zustehender Gewinn" bzw. „auf andere Gesellschafter entfallender Verlust" oder „Erträge aus Beteiligungen von assoziierten Unternehmen" bzw. „Aufwendungen aus Verlustübernahme von assoziierten Unternehmen".

Auch in Muster K II wird weder zwischen sG und üG noch nach Art des Versicherungsgeschäfts (Lebens-, Kranken-, Schaden- und Unfall-Versicherungsgeschäft) unterschieden. Die Richtlinien sehen für die wesentlichen GuV-Posten zusätzliche Angaben im Anhang vor. Im einzelnen sollen diese Angaben erfolgen für die gebuchten Brutto-Beiträge, die gebuchten Rückversicherungsbeiträge, die gebuchten Netto-Beiträge, die Netto-Aufwendungen für Versicherungsfälle und die Netto-Aufwendungen für den Versicherungsbetrieb.

d) Einzelfragen

aa) Konsolidierungskreis

404 Nach § 295 Abs. 1 HGB liegt ein Einbeziehungsverbot in den KA des Mutterunternehmens dann vor, wenn die Tätigkeit eines Tochterunternehmens sich von der Tätigkeit der anderen einbezogenen Unternehmen derart unterscheidet, daß eine Einbeziehung kein den tatsächlichen Verhältnissen entsprechendes Bild der Vermögens-, Finanz- und Ertragslage des Konzerns liefern würde. In Abs. 2 wird klargestellt, daß es sich hierbei um eine restriktiv zu handhabende Vorschrift handelt, die nicht allein deshalb zur Anwendung kommen darf, weil die in den KA einbezogenen Unternehmen teils Industrie-, teils Handels- und teils Dienstleistungsunternehmen sind oder weil diese Unternehmen unterschiedliche Erzeugnisse herstellen, mit unterschiedlichen Erzeugnissen Handel treiben oder Dienstleistungen unterschiedlichster Art erbringen. Auf „reine" Versicherungskonzerne übertragen bedeutet dies zunächst, daß in den KA die Unternehmen nicht einbezogen werden dürfen, die ein versicherungsfremdes Geschäft betreiben, das nicht eine Hilfstätigkeit für das Geschäft der einbezogenen VU darstellt[362].

Nicht zulässig ist der Verzicht auf die Einbeziehung eines Personenversicherungsunternehmens in einen Versicherungs-KA unter Hinweis auf die unterschiedliche Geschäftstätigkeit und die damit verbundene Einschränkung der Aussagefähigkeit des KA. Sämtliche VU sind in den Versicherungs-KA einzubeziehen. Auf die unterschiedliche Geschäftstätigkeit und die – dadurch bedingt – erforderlichen zusätzlichen Informationen ist gem. § 297 Abs. 2 S. 3 HGB ggf. im Anhang einzugehen[363]. **405**

Ebenfalls liegt kein Anwendungsfall des Konsolidierungsverbots aufgrund von unterschiedlicher Tätigkeit vor, wenn ein Tochterunternehmen eine Tätigkeit ausübt, die aus dem VU ausgegliedert wurde bzw. die auch durch das VU selbst ausgeübt werden könnte. Dies gilt zB für Vertriebsgesellschaften oder EDV-Entwicklungsgesellschaften, aber auch für Vermögensverwaltungsgesellschaften. Erst durch die Einbeziehung dieser Gesellschaften wird die wirtschaftliche Einheit Versicherungskonzern zutreffend dargestellt[364]. **406**

Soweit es sich nicht um einen „reinen" Versicherungskonzern, sondern um einen Mischkonzern handelt, dh. die im Konzern zusammengeschlossenen Unternehmen sind überwiegend nicht VU, gelten für die Abgrenzung des Konsolidierungskreises die allgemeinen Grundsätze[365]. Soweit in einem solchen Konzern das Versicherungsgeschäft bedeutsam ist, wird eine Konsolidierung zu erfolgen haben. Ggf. sind zusätzliche Angaben im Anhang erforderlich, um einen getreuen Einblick in die Vermögens-, Finanz- und Ertragslage des Konzerns zu erhalten (§ 297 Abs. 2 S. 3 HGB). **407**

Von zunehmender Bedeutung dürften sog. „Finanzdienstleistungskonzerne" sein. Hier wird im Regelfall eine Einbeziehung sowohl des VU als auch der Kreditinstitute in den Konsolidierungskreis zu erfolgen haben. **408**

bb) Einheitliche Bewertung

Neben der in § 56b Abs. 5 VAG enthaltenen versicherungsspezifischen Ausnahme vom Grundsatz der einheitlichen Bilanzierung[366] kommen durch die Anwendung des § 56b Abs. 1 S. 1 iVm. § 56 VAG sowie des § 308 Abs. 2 S. 2 HGB auch besondere Bewertungsvorschriften für den KA der VU zum Zuge. **409**

Gem. **§ 56b Abs. 1 S. 1 VAG** ist auf den KA eines VU **§ 56 VAG** entsprechend anzuwenden. Das bedeutet, daß die auf den Einzelabschluß des Versicherungsmutterunternehmens anzuwendenden besonderen Bewertungsvorschriften entsprechend dem Konzept der einheitlichen Bewertung nach dem Recht des Mutterunternehmens auch für den KA anzuwenden sind. **410**

---

362 Vgl. *Richter/v. Treuberg* in IDW-Aufsatzsammlung H Tz. 15.
363 Vgl. Konzern-RR Tz. 3.2; *Richter/v. Treuberg* in IDW-Aufsatzsammlung H Tz. 15; *Prölss*, VAG § 56b Tz. 26.
364 Vgl. *Richter/v. Treuberg* in IDW-Aufsatzsammlung H Tz. 15.
365 S. M Tz. 146 ff.
366 S. Tz. 396.

411 Demzufolge sind die Vorschriften des § 56 Abs. 2 bis 4 VAG, die sich auf die Abschlußkosten sowie die versicherungstechnischen Rückstellungen beziehen, vorbehaltlich des § 308 Abs. 2 S. 2 HGB auch auf den Versicherungs-KA anzuwenden.

412 Ebenfalls auf den KA eines VU anzuwenden ist aufgrund des Verweises in § 56b Abs. 1 S. 1 VAG die Bewertungsvorschrift des § 56 Abs. 1 VAG. Entsprechend § 56 Abs. 1 VAG sind die Wertpapiere von VU nach dem strengen Niederstwertprinzip zu bewerten.

In konsequenter Anwendung des Grundsatzes der einheitlichen Bewertung bedeutete dies, daß im KA eines VU alle Wertpapiere nach dem strengen Niederstwertprinzip zu bewerten sind, auch soweit sie von in den KA einbezogenen Nicht-VU gehalten werden. Diese weite Auslegung wird jedoch einhellig abgelehnt[367]. § 56 Abs. 1 VAG stellt eine besondere Bewertungsvorschrift für die von VU gehaltenen Wertpapiere dar[368]. Wertpapiere von in den KA einbezogenen Unternehmen anderer Geschäftszweige sind nach den allgemeinen Grundsätzen zu bewerten.

413 Gem. **§ 308 Abs. 2 S. 2 HGB** dürfen Wertansätze, die auf der Anwendung von für Kreditinstitute oder VU wegen der Besonderheiten des Geschäftszweiges geltenden Vorschriften beruhen, im KA beibehalten werden. Auf die Anwendung dieser Ausnahme ist im Konzernanhang hinzuweisen.

Diese Regelung hat in erster Linie für die in den KA einbezogenen ausländischen Versicherungs-Tochterunternehmen Bedeutung[369].

Soweit in den Einzelabschlüssen dieser Tochterunternehmen Wertansätze enthalten sind, die auf der Anwendung von versicherungsspezifischen Vorschriften beruhen, dürfen diese Wertansätze in Durchbrechung des Grundsatzes der einheitlichen Bewertung unverändert in den KA übernommen werden. Dabei ist jedoch zu beachten, daß von der Vorschrift des § 308 Abs. 2 S. 2 HGB nur solche Wertansätze erfaßt sind, die tatsächlich aufgrund von Besonderheiten des Geschäftszweiges nur für VU gelten, während allgemeingültige Vorschriften, die auch für VU – etwa durch eine Verweisung oder explizite Aufnahme in die entsprechenden gesetzlichen Vorschriften – gelten, nicht unverändert übernommen werden dürfen[370].

414 Von Bedeutung ist § 308 Abs. 2 S. 2 HGB darüber hinaus in den Fällen, in denen ein VU in einen KA einbezogen wird, der durch ein Mutterunternehmen erstellt wird, das selbst nicht VU ist. Durch § 308 Abs. 2 S. 2 HGB ist in diesem Fall sichergestellt, daß die in den Einzelabschlüssen der inländischen Versicherungs-Tochterunternehmen enthaltenen versicherungstechnischen Posten (zB nach dem strengen Niederstwertprinzip bewertete Wertpapiere) unverändert aus den Einzelabschlüssen in den KA übernommen werden können[371].

---

367 Vgl. *Geib/König*, WPg. 1987 S. 667; *Richter/v. Treuberg* in IDW-Aufsatzsammlung H Tz. 51 ff.
368 Vgl. Tz. 32 f.
369 Vgl. *Richter/v. Treuberg* in IDW-Aufsatzsammlung H Tz. 56 f.
370 Vgl. *ADS*, HGB § 308 Tz. 38; *Geib/König*, WPg. 1987 S. 667; *Richter/v. Treuberg* in IDW-Aufsatzsammlung H Tz. 57; *Prölss*, VAG § 56b Tz. 53.
371 Vgl. *Richter/v. Treuberg* in IDW-Aufsatzsammlung H Tz. 58.

cc) Kapitalkonsolidierung

Bei der Kapitalkonsolidierung nach § 301 HGB können für VU spezifische Problemstellungen auftreten[372].   **415**

Bei der Gründung eines VU verlangt das BAV die Stellung eines sog. **Organisa-**   **416** **tionsfonds**[373].

Bei dem Organisationsfonds handelt es sich um „andere Zuzahlungen" gem. § 272 Abs. 2 Nr. 4 HGB und damit um eine Kapitalrücklage. Der Posten ist in die Erstkonsolidierung einzubeziehen. Soweit in den Folgeperioden bei dem Tochterunternehmen Verluste entstehen, die im Einzelabschluß durch eine Entnahme aus dem Organisationsfonds „ausgeglichen" werden, hat im KA eine Verrechnung mit den Konzerngewinnrücklagen zu erfolgen bzw. für den Anteil der konzernfremden Gesellschafter eine Verrechnung im Ausgleichsposten für Anteile in Fremdbesitz. Die Entnahme aus dem Organisationsfonds ist im KA rückgängig zu machen; die Kapitalkonsolidierung ist durch den Vorgang nicht berührt[374].

Zweifelsfragen können sich auch bei der Berücksichtigung der **ausstehenden Ein-**   **417** **lagen** der einbezogenen Tochterunternehmen in die Kapitalkonsolidierung ergeben.

Sofern es sich um eingeforderte ausstehende Einlagen handelt, haben diese Beträge vorrangig Forderungscharakter; sie sind in die Schuldenkonsolidierung einzubeziehen, soweit sie Verbindlichkeiten einbezogener Konzernunternehmen darstellen. Noch nicht eingeforderte ausstehende Einlagen haben überwiegend den Charakter eines Korrekturpostens zum Eigenkapital. Soweit diese Beträge von einem in den Konzern einbezogenen Unternehmen geschuldet werden, sollten sie mit dem gezeichneten Kapital verrechnet werden. Aus Sicht des Konzerns bedeuten die ausstehenden Einlagen hier keine zusätzliche „Liquiditätsreserve"[375].

Bestehen die Ansprüche aus ausstehenden Einlagen jedoch gegenüber nicht zum Konzern gehörenden Unternehmen, so stellen diese Beträge auch aus Konzernsicht eine Liquiditätsreserve dar, die im KA auszuweisen ist. Diesen Ausweis sieht das Muster K 1 der Konzernrechnungslegungs-RL des BAV vor. Es erscheint jedoch auch zulässig, die ausstehenden Einlagen, auch soweit sie auf die Anteile der anderen Gesellschafter entfallen, unmittelbar mit dem Eigenkapital des Tochterunternehmens zu verrechnen[376].

§ 301 HGB hat – unabhängig davon, ob die Buchwertmethode oder die Neube-   **418** wertungsmethode angewandt wird – eine Aufdeckung der stillen Reserven und Lasten des Tochterunternehmens im Zeitpunkt der Erstkonsolidierung zur Folge. Sofern es sich bei dem zu konsolidierenden Tochterunternehmen um ein **LVU** handelt, fragt sich, ob zu berücksichtigen ist, daß die bei einer Veräußerung der entsprechenden Vermögensgegenstände realisierten stillen Reserven im Rahmen der Überschußzuweisung überwiegend der **Rückstellung für Beitragsrückerstattung** zugeführt werden.

---

372 Zu den allgemeinen Regelungen s. M Tz. 320 ff.
373 Zum Organisationsfonds s. Tz. 181.
374 Vgl. *Richter/v. Treuberg* in IDW-Aufsatzsammlung H Tz. 61.
375 Vgl. ebd. H Tz. 62.
376 Vgl. *Weber/Zündorf*, in: Küting/Weber, HdRKo. § 301 HGB Tz. 51 mwN.

Die Gewinnbeteiligung der VN richtet sich ausschließlich nach dem handelsrechtlichen Ergebnis des Tochterunternehmens, so daß aus der Sicht des Konzerns die bestehenden Verpflichtungen zutreffend dargestellt sind, wenn die
Rückstellung für Beitragsrückerstattung unverändert aus dem Einzelabschluß
übernommen wird [377]. In Betracht kommt allenfalls die Bildung eines Ausgleichspostens zu dem ansonsten zu hoch ausgewiesenen Konzerneigenkapital
bzw. entsprechende Angaben im Konzernanhang.

dd) Schuldenkonsolidierung

419 Im Rahmen der Schuldenkonsolidierung können insb. bei der Behandlung der
versicherungstechnischen Rückstellungen branchentypische Probleme auftreten [378].

420 Innerhalb der versicherungstechnischen Rückstellungen sind die **konzernintern-
nen Rückversicherungsbeziehungen** zu eliminieren. Gem. Formblatt K I der Konzernrechnungslegungs-RL werden die versicherungstechnischen Rückstellungen
in der Bilanz netto ausgewiesen. Formal geschieht dies, indem von den Brutto-
Rückstellungen in einer Vorspalte die Anteile für das in Rückdeckung gegebene
Versicherungsgeschäft offen abgesetzt werden.

Im Ergebnis können die netto ausgewiesenen versicherungstechnischen Rückstellungen durch eine Addition in die Konzernbilanz übernommen werden; die
summarische Erfassung der in den Vorspalten ausgewiesenen Brutto-Beträge
bzw. der Rückversicherungsanteile würde jedoch aus der Sicht der Einheitstheorie zu einer unzulässigen Aufblähung von Bilanzzahlen führen. Demzufolge sind
die vom Vorversicherer an konsolidierte Unternehmen abgegebenen Rückversicherungsanteile mit den beim Rückversicherer aus dem übernommenen
Geschäft passivierten entsprechenden Rückstellungen zu saldieren und die
Rückstellungen des Erstversicherers ungekürzt um konzerninterne Rückversicherung anzusetzen.

421 Folgt man auch im KA der **Differenzierung zwischen sG und üG** [379], so wird mit
der Konsolidierung eine Umgliederung verbunden sein. Die Retrozession des in
konzerninterner Rückversicherung übernommenen Versicherungsgeschäfts ist
Rückversicherungsabgabe aus dem sG, soweit nicht bereits aus Konzernsicht üG
vorliegt.

422 Das Erfordernis einer weiteren Umgliederung ergibt sich im Zusammenhang mit
der **Rückstellung für Beitragsrückerstattung.** Die Beitragsrückerstattung im üG
ist stets erfolgsunabhängig. Betrifft sie jedoch Geschäft, das beim Erstversicherer in Abhängigkeit vom Erfolg erfaßt wird, so muß der Retrozessionsanteil der
erfolgsunabhängigen Rückstellung für Beitragsrückerstattung in den Rückanteil
der erfolgsabhängigen Rückstellung für Beitragsrückerstattung umgegliedert
werden. Man stellt auch insoweit innerhalb des Konzerns auf das Geschäft des
Erstversicherers ab [380].

---

377 Vgl. *Richter/v. Treuberg* in IDW-Aufsatzsammlung H Tz. 63.
378 Vgl. ebd. Tz. 85 ff.
379 Die Konzern-RR sehen in Muster K 1 keine Differenzierung der versicherungstechnischen Rück-
     stellungen nach sG und üG vor; allerdings sind entsprechende Anhangangaben vorgesehen.
380 Vgl. *Richter/v. Treuberg* in IDW-Aufsatzsammlung H Tz. 99.

Wegen der Behandlung der möglicherweise bei der Schuldenkonsolidierung auf- **423**
tretenden Konsolidierungsdifferenzen wird auf die weiterführende Literatur verwiesen[381].

ee) Aufwands- und Ertragskonsolidierung

In der GuV müssen die versicherungstechnischen Posten – soweit sie nicht als **424**
Netto-Beträge summarisch übernommen werden können – um die **konzerninternen Rückversicherungsbeziehungen** bereinigt werden.

Bei Posten, die in die Konzern-GuV als Brutto-Beträge unter offener Absetzung
der Rück-Beträge eingehen, dh. in erster Linie bei den Beiträgen und den Aufwendungen für den Versicherungsbetrieb, muß eine Verrechnung konzerninterner Rückversicherungsbeziehungen stattfinden. Zum Zweck der Unterscheidung
nach sG und üG muß gleichzeitig eine entsprechende Umgliederung vorgenommen werden. Nach den Konzern-RR muß eine solche Differenzierung im
Anhang für folgende Posten vorgenommen werden:

– gebuchte Brutto-Beiträge,
– gebuchte Rückversicherungs-Beiträge,
– gebuchte Netto-Beiträge,
– Aufwendungen für Versicherungsfälle (netto),
– Aufwendungen für den Versicherungsbetrieb (netto).

In Muster K II der Konzern-RR werden ebenso wie im Einzelabschluß die **Auf-** **425**
wendungen für Beitragsrückerstattung f.e.R. unterteilt in erfolgsabhängig und
erfolgsunabhängig. Auch hier kann eine sachgerechte Zuordnung nur vorgenommen werden, wenn die Unterposten auf der Basis Brutto/Rück verrechnet
werden und die retrozedierten Beträge gem. dem beim Erstversicherer vorliegenden Sachverhalt ggf. den erfolgsabhängigen Rückversicherungsabgaben zugeordnet werden.

Insb. bei den **Erträgen aus der Verminderung/Aufwendungen aus der Erhöhung** **426**
versicherungstechnischer Netto-Rückstellungen, sonstigen versicherungstechni-
schen Erträgen f.e.R./sonstigen versicherungstechnischen Aufwendungen f.e.R.
hängt der Ausweis in der GuV von der Entwicklung der entsprechenden Bilanzposten ab. Bei der Veränderung der in Frage stehenden versicherungstechnischen Rückstellungen wird auf die Netto-Beträge abgestellt. Da sich diese bei
den einbezogenen Konzernunternehmen durchaus gegenläufig entwickeln können, führt die summarische Übernahme der entsprechenden Netto-Aufwendungen und Netto-Erträge aus Sicht der Einheitstheorie zu einer Aufbauschung der
Konzern-GuV. Diese Aufwendungen und Erträge sollten in Abhängigkeit von
der Entwicklung der versicherungstechnischen Rückstellungen in der Konzernbilanz verrechnet werden[382].

Wegen Einzelfragen der Aufwands- und Ertragskonsolidierung wird auf die wei- **427**
terführende Literatur verwiesen[383].

---

381 Vgl. ebd. Tz. 100 ff.
382 Vgl. *Richter/v. Treuberg* in IDW-Aufsatzsammlung H Tz. 121.
383 S. hierzu ebd. Tz. 123 ff.

ff) Konzernanhang und Konzern-Lagebericht

428   Für den Inhalt des **Konzernanhangs** sind grundsätzlich die §§ 313 und 314 HGB maßgebend. Für Versicherungskonzerne ist zusätzlich § 56b VAG zu beachten. Durch den Verweis in § 56b Abs. 1 S. 1 VAG auf § 55 Abs. 4 VAG kommen die für den Anhang des Einzelabschlusses erlassenen geschäftszweigspezifischen Vorschriften der Externen VUReV grundsätzlich entsprechend zur Anwendung. In § 56b Abs. 6 VAG wird Versicherungskonzernen bezüglich der Angaben nach § 314 Abs. 1 Nr. 1 bis 3 und 5 HGB ein Wahlrecht eingeräumt.

429   Die Externe VUReV enthält in den §§ 8 bis 16 Vorschriften zum Anhang. Darin sind sowohl Regelungen, die unmittelbar mit analogen Vorschriften des HGB korrespondieren, als auch Regelungen, die speziell die Informationsbedürfnisse hinsichtlich des Einzelabschlusses von VU betreffen, enthalten. Auf den Konzernanhang können jedoch nur die Vorschriften entsprechend angewandt werden, die allein aus geschäftszweigbedingten Gründen an die Stelle der handelsrechtlichen Rechnungslegungsvorschriften getreten sind[384]. Eine Darstellung der Kapitalanlagen nach Muster 8 Externe VUReV ist eine speziell für den Einzelabschluß ergangene Vorschrift, die nicht zwingend auf den KA zu übertragen ist[385]. Einer freiwilligen Darstellung der „Entwicklung der Kapitalanlagen" gem. Muster 8 steht jedoch nichts entgegen. Da die zZ in Diskussion befindliche EG-Versicherungsbilanz-RL zur Harmonisierung der JA und der KA von VU nach dem derzeitigen Stand vergleichbare Informationen auch auf konsolidierter Basis vorsieht, empfiehlt sich zumindest, auf eine solche Darstellung vorbereitet zu sein.

Eine Darstellung der Entwicklung der Kapitalanlagen auf Konzernebene bedingt, daß Anlagebewegungen zwischen den konsolidierten Gesellschaften rückgängig gemacht werden. Erfolgten die Transaktionen zu Buchwerten, so sind allein die Zu- und Abgänge zu verrechnen, entstanden aus diesen Transaktionen jedoch Zwischenergebnisse, so müssen diese bei den Zugängen entsprechend korrigiert und ggf. die Abschreibungen angepaßt werden.

430   Auch die Angabe der persönlichen Aufwendungen gem. Muster 9 der Externen VUReV ist eine spezifische Vorschrift für den Einzelabschluß. Für den KA ist dieses Muster nicht anzuwenden[386].

431   Eine tabellarische Übersicht der Angabepflichten für den Konzernanhang von VU wurde bereits veröffentlicht[387].

432   Der Inhalt des **Konzern-LB** wird, der Regelung für den Einzelabschluß entsprechend, in § 315 HGB festgelegt.

Die Angaben zum Bereich Forschung und Entwicklung entfallen nach § 55 Abs. 4 VAG im LB der VU und sind durch entsprechende Anwendung dieser Vorschrift auch im Konzern-LB von VU – § 56b Abs. 1 VAG – entbehrlich[388].

---

384   Vgl. *Geib/König*, WPg. 1987 S. 664 ff.; *Richter/v. Treuberg* in IDW-Aufsatzsammlung H Tz. 144; *Prölss*, VAG § 56b Tz. 37; *Richter/v. Treuberg* in IDW-Aufsatzsammlung H Tz. 145 geben einen Überblick über die in Frage kommenden Vorschriften.
385   Vgl. *Richter/v. Treuberg* in IDW-Aufsatzsammlung H Tz. 106.
386   Vgl. ebd. Tz. 147.
387   Vgl. ebd. Tz. 187.
388   Vgl. *Geib/König*, WPg. 1987 S. 668.

Für den LB zum Einzelabschluß treten gem. § 55 Abs. 4 VAG neben die HGB-Vorschriften die ergänzenden Regelungen der §§ 16a, 17 und 18 Externe VUReV, die den geschäftszweigbedingten Besonderheiten Rechnung tragen sollen. Diese ergänzenden Informationen sind nicht auf den Konzern-LB übertragbar. Der Konzern-LB ist im Handelsrecht eigenständig und ohne Verweis auf den LB des Einzelabschlusses geregelt[389].

Das BAV fordert in den Konzern-RR demzufolge auch nur die Angaben nach § 315 HGB. Zusätzliche Angaben sind nicht vorgesehen.

Es ist zu beachten, daß der Konzernanhang und -LB zwingend nach § 56b **433** Abs. 3 VAG im **BAnz.** zu veröffentlichen ist, während insoweit für die Veröffentlichung von Anhang und LB zum Einzelabschluß ein Wahlrecht besteht (§ 55 Abs. 7 VAG).

5. EG-Versicherungsbilanz-Richtlinie[390]

a) Verfahrensstand

Die EG-Kommission hat im Januar 1987 dem Ministerrat einen RL-Vorschlag **434** vorgelegt, der am 18. 5. 1987 als „Vorschlag für eine Richtlinie des Rates über den Jahresabschluß und den konsolidierten Abschluß von Versicherungsunternehmen" im Abl. der EG veröffentlicht worden ist[391]. Dieser Vorschlag ist nach Stellungnahmen der zuständigen Ausschüsse und des Europäischen Parlaments von der EG-Kommission überarbeitet und im Oktober 1989 als geänderter Vorschlag dem Ministerrat vorgelegt worden[392]. Zwischenzeitlich hat die EG-Kommission auf der Grundlage der Beratungsergebnisse im Ministerrat den geänderten Vorschlag vom Oktober 1989 überarbeitet und die überarbeitete Fassung erneut dem Ministerrat zugeleitet. Diese letzte, nicht veröffentlichte Neufassung der RL v. 16. 4. 1991 ist Grundlage der folgenden Ausführungen.

Mit der Annahme der RL durch den Ministerrat kann im ersten Halbjahr 1992 **435** gerechnet werden. Ausgehend von einer voraussichtlich dreijährigen Umsetzungsfrist ist mit einer erstmaligen Anwendung der dann in deutsches Recht transformierten RL frühestens für das GJ 1995 zu rechnen.

---

389 Vgl. ebd. S. 668.
390 Zu den Vorarbeiten am vorliegenden EG-Versicherungsbilanz-RL-Entwurf s. *Allen,* The draft of proposals for harmonisation of the annual accounts of insurance companies, Journal UEC 1979 S. 512 ff.; *Kohlstruck,* Der Entwurf einer Richtlinie zur Harmonisierung der Rechnungslegungsvorschriften für Versicherungsunternehmen, WPg. 1979 S. 549 ff.; *Laaß,* Die Gliederung des Jahresabschlusses für EG-Versicherungsunternehmen nach dem VU-Sonderrichtlinien-Entwurf vom 20. 6. 1979, WPg. 1981 S. 409 ff.; *Welzel/Oos,* Zur Problematik der Bewertung von Kapitalanlagen – nach dem Vorschlag für einen Richtlinienentwurf über den Jahresabschluß von Versicherungsunternehmen vom 20. 6. 1979, WPg. 1981 S. 463 ff.; *Richter,* Auswirkungen des künftigen EG-Rechts auf die Rechnungslegung in der Versicherungswirtschaft in *Göppel/Henn,* Geld, Banken und Versicherungen, Bd. II, Königstein i. Ts. 1981 S. 880 ff.
   Den vorliegenden Entwurf kommentieren: *Horbach,* Der EG-Versicherungsbilanzrichtlinien-Entwurf. Grundfragen der Gestaltung der externen Rechnungslegung von Versicherungsunternehmen, Bergisch Gladbach/Köln 1988; *Konrath,* Weichenstellung für eine Europäische Rechnungslegung von Versicherungsunternehmen, VW 1987 S. 1494 ff.; *Welzel,* Commercial Considerations on the Presentation of Results in Accordance with the Proposal for a Community Directive on the Accounts of Insurance Undertakings, The Geneva Papers on Risk and Insurance 1988 S. 273 ff.; *Welzel,* Versicherungsbilanzen im Umbruch, ZVersWiss 1988 S. 573 ff.
391 Vorschlag für eine Richtlinie des Rates über den Jahresabschluß und den konsolidierten Abschluß von Versicherungsunternehmen vom 21. 1. 1987, KOM (86) 764 endg., Abl.EG C 131 vom 18. 5. 1987 S. 1 ff.
392 Geänderter Vorschlag für eine Richtlinie des Rates über den Jahresabschluß und den konsolidierten Abschluß von Versicherungsunternehmen vom 30. 10. 1989, KOM (89) 474 endg. – SYN 78, Abl.EG C 30 vom 8. 2. 1990 S. 51 ff.

b) Verhältnis von 4. und 7. EG-Richtlinie zur EG-Versicherungsbilanz-Richtlinie

436   Art. 1 Abs. 2 der 4. EG-RL sah die Möglichkeit einer generellen Bereichsausnahme für Banken und Versicherungen vor. Demgegenüber erlaubte Art. 40 der 7. EG-RL nur Abweichungen bezüglich der Gliederung des konsolidierten Abschlusses, der Art der Bewertung und der Anhangangaben. Der deutsche Gesetzgeber hat bei der Transformation der beiden EG-RL sinnvollerweise von den gegebenen Möglichkeiten, VU auszuklammern, nur sehr eingeschränkt Gebrauch gemacht[393].

437   Grund für die Aufnahme der erwähnten Ausnahmevorschriften in die 4. und 7. EG-RL war die Tatsache, daß eine uneingeschränkte Anwendung der RL auf VU nicht möglich ist. Die Eigenart dieser Unternehmen machte eine Reihe von Sondervorschriften für die Rechnungslegung notwendig. Leitlinie für die Harmonisierung der Rechnungslegungsvorschriften für VU durch die EG-Versicherungsbilanz-RL ist somit, in diese RL noch solche von der 4. bzw. 7. EG-RL abweichende Vorschriften aufzunehmen, die durch die Besonderheiten des Geschäftszweiges dieser Unternehmen bedingt sind[394]. Die EG-Versicherungsbilanz-RL ist somit keine eigenständige, sondern lediglich eine die 4. und 7. EG-RL ergänzende RL[395].

c) Wesentliche Bestimmungen des EG-Versicherungsbilanz-Richtlinien-Entwurfs[396]

aa) Geltungsbereich

438   Während die 4. EG-RL nur Kapitalgesellschaften betrifft und die Anwendung der 7. EG-RL von den Mitgliedstaaten wahlweise auf Mutterunternehmen dieser Rechtsform beschränkt werden kann, wobei jeweils von der Unternehmensgröße abhängige Erleichterungen zugelassen werden dürfen, ist der RL-Vorschlag für VU grundsätzlich auf alle VU, ungeachtet ihrer Rechtsform und Größe, anzuwenden[397].

439   Die EG-Versicherungsbilanz-RL findet für alle VU Anwendung, die unter die 1. Koordinierungs-RL Schaden[398] sowie die 1. Koordinierungs-RL Leben[399] fallen. Zum Anwendungbereich gehören damit **Versicherungs-AG, ö.-r. VU, VVaG** und **Lloyd's**. Wegen der besonderen Struktur von Lloyd's sind für die Anwendung der RL jedoch Anpassungen zulässig[400].

440   Ausdrücklich ausgenommen sind insb. **klVVaG** iSd. Art. 3 der 1. Koordinierungs-RL Schaden, Einrichtungen gem. Art. 4 Buchstaben a, b, c und e der 1. Koordinierungs-RL Schaden, soweit deren Tätigkeit nicht ausschließlich oder

---

393   Vgl. auch Tz. 3, 388 f. u. 399 f.
394   Vgl. in diesem Zusammenhang die Begründung des EG-Versicherungsbilanz-RL-Entwurfs.
395   S. hierzu auch Art. 1 und 59 des EG-Versicherungsbilanz-RL-Entwurfs.
396   Grundlage der Ausführungen ist der geänderte Vorschlag der EG-Kommission vom 30. 10. 1989 in der nichtveröffentlichten Fassung vom 16. 4. 1991.
397   Vgl. insb. Art. 2, 2a und 3 EG-Versicherungsbilanz-RL-Entwurf.
398   Erste Richtlinie des Rates zur Koordinierung der Rechts- und Verwaltungsvorschriften betreffend die Aufnahme und Ausübung der Tätigkeit der Direktversicherung (mit Ausnahme der Lebensversicherung) vom 24. 7. 1973 Abl.EG L 228 vom 16. 8. 1973 S. 3 f.
399   Erste Richtlinie des Rates zur Koordinierung der Rechts- und Verwaltungsvorschriften über die Aufnahme und Ausübung der Tätigkeit der Direktversicherung (Lebensversicherung) vom 5. 3. 1979, Abl.EG L 63 vom 13. 3. 1979 S. 1 ff.
400   Art. 3 EG-Versicherungsbilanz-RL-Entwurf.

hauptsächlich im Versicherungsgeschäft liegt, sowie Einrichtungen gem. Art. 2 Abs. 2 und 3 und Art. 3 der 1. Koordinierungs-RL Leben[401].

Eine besondere Rechnungslegungspflicht für **NL ausländischer VU** ist in der RL nicht vorgesehen. **441**

Nach Art. 14 Abs. 2 der 11. gesellschaftsrechtlichen EG-RL über die Offenlegung von Zweigniederlassungen[402] sind die Vorschriften dieser RL für von VU errichtete Zweigniederlassungen bis zu einer späteren Koordinierung nicht anzuwenden. Dem Vernehmen nach werden die Regelungen für NL von VU Gegenstand einer gesonderten EG-RL sein. Dabei wird erwartet, daß entsprechend der in der 11. gesellschaftsrechtlichen EG-RL zum Ausdruck kommenden „Binnenmarkt"-Philosophie, zukünftig für VU mit Sitz in einem EG-Mitgliedstaat eine besondere externe Rechnungslegung über das Niederlassungsgeschäft in einem anderen Mitgliedstaat entfällt[403].

Nach Art. 2a des EG-Versicherungsbilanz-RL-Entwurfs sind auf **KVU**, „die überwiegend oder ausschließlich das Krankenversicherungsgeschäft nach Art der Lebensversicherung betreiben", die für LVU geltenden Vorschriften der RL entsprechend anzuwenden. **442**

bb) Bilanz

(1) Gliederungsprinzipien

Die Gliederungsstruktur der Bilanz nach dem RL-Vorschlag stellt keine einschneidenden Veränderungen gegenüber dem jetzt gültigen Formblatt I der Externen VUReV dar. **443**

Für die Gliederung der Bilanz sieht der Vorschlag für alle VU ein einheitliches Schema vor; abweichend von der 4. EG-RL ist nur die Kontoform bzw. die horizontale Gliederung zulässig[404].

Vergleichbar mit dem geltenden deutschen Recht finden sich auf der **Aktivseite** der Bilanz im Anschluß an die ausstehenden Einlagen auf das gezeichnete Kapital die immateriellen Vermögensgegenstände. Allerdings werden die Aufwendungen für die Errichtung und Erweiterung des Unternehmens nicht als ein separater Posten ausgewiesen, sondern unter den immateriellen Vermögensgegenständen erfaßt (Art. 5 Aktiva Posten A. und Posten B. EG-Versicherungsbilanz-RL-Entwurf). **444**

Ebenfalls wie im geltenden deutschen Recht werden die Aktiva nicht in Anlage- und Umlaufvermögen unterschieden, statt dessen ist der Posten Kapitalanlagen eingefügt worden (Art. 5 Aktiva Posten C. EG-Versicherungsbilanz-RL-Entwurf). Unterschiede ergeben sich allerdings innerhalb der Gliederung der Kapitalanlagen. So werden alle Kapitalanlagen in verbundenen Unternehmen und **445**

401 Art. 2 EG-Versicherungsbilanz-RL-Entwurf.
402 Elfte Richtlinie des Rates über die Offenlegung von Zweigniederlassungen, die in einem Mitgliedstaat von Gesellschaften bestimmter Rechtsformen errichtet wurden, die dem Recht eines anderen Staates unterliegen (89/666/EWG) vom 21. 12. 1989, Abl.EG L 395 vom 30. 12. 1989 S. 36 ff.
403 Vgl. in diesem Zusammenhang auch die Richtlinie des Rates über die Pflichten der in einem Mitgliedstaat eingerichteten Zweigniederlassungen von Kreditinstituten und Finanzinstituten mit Sitz außerhalb dieses Mitgliedstaates zur Offenlegung von Jahresabschlußunterlagen (89/117/EWG) vom 13. 2. 1989 in Abl.EG L 44 v. 16. 2. 1989 S. 40 ff.
404 Art. 5 EG-Versicherungsbilanz-RL-Entwurf.

die Beteiligungen in einem Unterposten zusammengefaßt ausgewiesen (Art. 5 Aktiva Posten C.II. EG-Versicherungsbilanz-RL-Entwurf).

446 Abweichend von der geltenden deutschen Regelung werden die **versicherungstechnischen Rückstellungen** nicht nach sG und nach üG unterschieden (Art. 5 Passiva Posten C. EG-Versicherungsbilanz-RL-Entwurf). Im übrigen sieht die RL vor, daß in der Vorspalte jeweils der Brutto-Betrag sowie der auf die abgegebene Rückversicherung entfallende Betrag und in der Hauptspalte die jeweiligen Netto-Beträge der versicherungstechnischen Rückstellungen ausgewiesen werden. Eine Angabe der Anteile verbundener Unternehmen und von Unternehmen, mit denen ein Beteiligungsverhältnis besteht, an den versicherungstechnischen Rückstellungen ist nicht erforderlich[405].

(2) Vorschriften zu einzelnen Bilanzposten

Kapitalanlagenspiegel (Art. 8 EG-Versicherungsbilanz-RL-Entwurf)

447 Abweichend von dem letzten veröffentlichten Vorschlag der RL[406] sieht die letzte nicht veröffentlichte Version der EG-Kommission die Netto-Methode bei der Darstellung des **Kapitalanlagenspiegels** vor. Im einzelnen sollen auf die Aktivposten B. „Immaterielle Aktiva", C.I. „Grundstücke und Bauten" sowie C.II. „Kapitalanlagen in verbundenen Unternehmen und Beteiligungen" Art. 15 Abs. 3 der 4. EG-RL angewandt werden. Die Bewegungen dieser Posten müssen ausgehend von dem zu Jahresbeginn in der Bilanz eingesetzten Wert angegeben werden (Netto-Methode).

Abgegrenzte Abschlußkosten (Art. 15 EG-Versicherungsbilanz-RL-Entwurf)

448 Der RL-Vorschlag sieht vor, daß unter dem aktiven RAP (Aktiva Posten G.II.) **abgegrenzte Abschlußkosten** gesondert auszuweisen sind. Allerdings ist es den Mitgliedstaaten freigestellt, die Abgrenzung derartiger Beträge zu untersagen. Bei entsprechender Ausübung des Wahlrechts durch den deutschen Gesetzgeber kann das geltende Abschlußkostenaktivierungsverbot des § 56 Abs. 2 VAG[407] aufrechterhalten bleiben.

449 Die Mitgliedstaaten können statt der Aktivierungspflicht im Falle der Nicht-Lebensversicherung den Abzug der Abschlußkosten von den Beitragsüberträgen und im Falle der Lebensversicherung deren Verrechnung nach einer versicherungsmathematischen Methode mit der Deckungsrückstellung zulassen. Soweit dieses Verfahren angewandt wird, sind die in Abzug gebrachten Beträge im Anhang anzugeben.

450 Zusammenfassend ist festzustellen, daß, bei entsprechender Ausübung der Wahlrechte durch den deutschen Gesetzgeber, sich die Bilanzierungspraxis der deutschen VU nicht ändern wird. Dh., die sofortige erfolgswirksame Verrechnung der Abschlußkosten im Bereich der SchVU sowie das Zillmerverfahren der LVU[408] wären jeweils weiterhin zulässig.

---

405 Vgl. auch *Welzel*, ZVersWiss 1988 S. 601 ff.
406 S. hierzu ebd. S. 604 ff.
407 S. Tz. 34.
408 Vgl. Tz. 213.

Nachrangige Verbindlichkeiten (Art. 18 EG-Versicherungsbilanz-RL-Entwurf)

Abweichend von der 4. EG-RL ist der Ansatz **nachrangiger Verbindlichkeiten**   **451** vorgesehen. Unter diesem Posten werden verbriefte und unverbriefte Verbindlichkeiten ausgewiesen, die aufgrund des Vertrages im Falle der Liquidation oder des Konkurses allen anderen Verbindlichkeiten nachgeordnet sind. Diese Bestimmung orientiert sich damit am Vorbild des Art. 21 der EG-Bankbilanz-RL vom 8. 12. 1986[409]. Unter diesem Posten wären auch die möglicherweise von einem VU emittierten **Genußscheine** auszuweisen, soweit deren Eigenkapitalcharakter überwiegt[410].

cc) Gewinn- und Verlustrechnung

Für die Gliederung der GuV wird in Abweichung von der 4. EG-RL nur die   **452** **Staffelform** – vertikale Gliederung – zugelassen, was der aktuellen deutschen Praxis entspricht (Art. 28 u. 29 EG-Versicherungsbilanz-RL-Entwurf).

Art. 29 des EG-Versicherungsbilanz-RL-Entwurfs sieht **versicherungstechnische**   **453** **Rechnungen** sowohl für das Lebens- als auch das Nicht-Lebensversicherungsgeschäft vor, während es eine für beide genannten Geschäftszweige einheitliche nichtversicherungstechnische Rechnung geben wird.

Vergleichbar mit dem aktuellen deutschen System werden auf Aufwendungen   **454** und Erträge aus dem **Kapitalanlagegeschäft** für das Lebensgeschäft im versicherungstechnischen Teil und für das Nicht-Lebensgeschäft im nichtversicherungstechnischen Teil der GuV ausgewiesen. Über einen zugeordneten Zins – Lebensgeschäft – bzw. den technischen Zinsertrag – Nicht-Lebensgeschäft – kann dabei jeweils ein Zinstransfer zwischen versicherungstechnischer und nichtversicherungstechnischer Rechnung vorgenommen werden. Die Mitgliedstaaten können Art und Höhe der Übertragung von technischen Zinsen vorschreiben (Art. 38 Abs. 3 S. 1 EG-Versicherungsbilanz-RL-Entwurf).

Im Lebensgeschäft wie auch im Nicht-Lebensgeschäft wird in der versicherungstechnischen Rechnung kein Unterschied zwischen dem **sG und dem üG** gemacht (Art. 28 EG-Versicherungsbilanz-RL-Entwurf)[411]. Eine weitere Änderung gegenüber der aktuellen deutschen Rechtslage ergibt sich aus dem Wegfall der **Spartenrechnungen** in der versicherungstechnischen GuV der Nicht-Lebens VU. Vorgesehen ist eine vergleichsweise eingeschränkte Spartenpublizität im Anhang[412].

Im Hinblick auf den Ausweis der **passiven Rückversicherung** sieht die EG-Versi-   **456** cherungsbilanz-RL grundsätzlich den Brutto-Ausweis vor, dh. der Anteil des RVU wird grundsätzlich gesondert angegeben. Dies gilt sowohl im Bereich der Lebens- als auch der Nicht-Lebens VU, insb. bei den Beiträgen, den Schadenzahlungen, der Veränderung der Schadenrückstellung sowie den Aufwendungen für den Versicherungsbetrieb.

Die **Betriebsaufwendungen** werden grundsätzlich funktional ausgewiesen. Das   **457** bedeutet, daß nach der RL auch die Aufwendungen für Altersversorgung und

---

409 Richtlinie des Rates vom 8. 12. 1986 über den Jahresabschluß und den konsolidierten Abschluß von Banken und anderen Finanzinstituten (86/635/EWG), Abl.EG 6372 vom 31. 12. 1986 S. 1 ff.
410 Vgl. *Horbach* S. 62.
411 Vgl. auch *Welzel*, ZVersWiss 1988 S. 606 ff.
412 Vgl. hierzu Tz. 469.

die Abschreibungen im versicherungstechnischen Teil der GuV erfaßt werden, soweit eine entsprechende Verursachung gegeben ist. Innerhalb der Aufwendungen für den Versicherungsbetrieb werden die Nettoaufwendungen für den Versicherungsbetrieb durch die offene Saldierung von Abschlußkosten und Verwaltungskosten mit Rückversicherungsprovisionen und Gewinnbeteiligungen sowie der Veränderung der abgegrenzten Abschlußkosten – im Falle der Aktivierung von Abschlußkosten – ermittelt.

458   Analog der Regelung in der 4. EG-RL werden zukünftig auch die VU im nichtversicherungstechnischen Teil der GuV ein sog. **Ertragsteuersplitting** in Steuern auf das ao. Ergebnis sowie Steuern auf das Ergebnis aus normaler Geschäftstätigkeit vornehmen müssen (Art. 29 III nichtversicherungstechnische Rechnung, Posten 14 u. 15 EG-Versicherungsbilanz-RL-Entwurf).

dd) Bewertungsregeln

Bewertung der Kapitalanlagen (Art. 41 ff. EG-Versicherungsbilanz-RL-Entwurf)

459   Wie in der 4. EG-RL bildet auch in der EG-Versicherungsbilanz-RL das Anschaffungswertprinzip die Grundregel bei der **Bewertung der Kapitalanlagen.** Allerdings können die Mitgliedstaaten eine Bewertung zum Zeitwert verlangen oder zulassen. Werden in der Bilanz Zeitwerte ausgewiesen, so sind im Anhang die dem Anschaffungswertprinzip entsprechenden Werte anzugeben[413]. Abweichend von der 4. EG-RL ist allerdings auch bei der Bilanzierung zu Anschaffungskosten im Anhang die Angabe der Zeitwerte erforderlich.

460   Für die **Ermittlung der Zeitwerte** bei Grundstücken und Gebäuden enthält die RL eine weitere Bestimmung: Der Zeitwert dieser Aktiva ist mindestens alle 5 Jahre im Wege einer allgemein anerkannten oder einer von der Versicherungsaufsichtsbehörde anerkannten Methode festzustellen.

461   Der RL-Entwurf sieht ein Mitgliedstaatenwahlrecht für das strenge Niederstwertprinzip für **Wertpapiere** entsprechend § 56 Abs. 1 VAG vor. Ein Beibehaltungswahlrecht für den niedrigeren Wertansatz ist allerdings nicht vorgesehen, so daß Art. 39 Abs. 1 Buchst. d 4. EG-RL (Wertaufholungsgebot) anzuwenden ist. Nach derzeitiger Beurteilung kann das Beibehaltungswahlrecht dennoch handelsrechtlich ausgeübt werden, weil es nach steuerlichen Vorschriften besteht (§ 6 Abs. 1 Ziff. 2 S. 3 EStG) und es sich wegen des umgekehrten Maßgeblichkeitsprinzips (§ 5 Abs. 1 S. 2 EStG) auch in der Handelsbilanz (§ 280 Abs. 2 HGB) auswirkt.

Bewertung der versicherungstechnischen Rückstellungen (Art. 52 ff. EG-Versicherungs-RL)

462   Die Generalklausel des Art. 52 bestimmt: „Die versicherungstechnischen Rückstellungen müssen jederzeit gewährleisten, daß das Versicherungsunternehmen alle seine aus Versicherungsverträgen resultierenden Verpflichtungen im Rahmen dessen, was bei vernünftiger Betrachtungsweise vorhersehbar ist, erfüllen kann."

---

413 S. hierzu auch Tz. 473.

Die Ermittlung der **Beitragsüberträge** nach der EG-Versicherungsbilanz-RL ent-   463
spricht grundsätzlich der jetzigen deutschen Praxis. Auch die Ermittlung der
nicht übertragsfähigen Beitragsteile – sog. Kostenabzug – nach dem Erlaß des
BdF v. 30. 4. 1974[414] dürfte weiterhin zulässig sein.

Hinsichtlich der Bewertung der **Rückstellung für noch nicht abgewickelte Versi-**   464
cherungsfälle sieht Art. 56 der RL vor, daß Mitgliedstaaten bei Versicherungsfällen mit einer besonders langen Abwicklungsdauer eine Abzinsung zulassen können. Dabei muß der Grundsatz der Vorsicht beachtet werden. Im übrigen ist das
Verfahren im Anhang unter Berücksichtigung seines Einflusses auf die Vermö-
gens-, Finanz- und Ertragslage darzustellen.

Das insb. in der **Transportversicherung** angewandte sogenannte Zeichnungsjahr-   465
system – sog. Nullstellung; Beitragsüberträge und Schadenrückstellung werden
unaufgeteilt in einer Summe ausgewiesen – sowie die zeitversetzte Erfassung
insb. des Rückversicherungsgeschäfts sind – bei nicht ausreichender Schätzmög-
lichkeit für die Beiträge und Schadenaufwendungen – zugelassen. Hinsichtlich
der zeitversetzten Bilanzierung ist eine zeitliche Verschiebung von bis zu einem
Jahr erlaubt.

Hinsichtlich der **Rückstellung für drohende Verluste aus dem Versicherungsge-**   466
schäft enthält die EG-Versicherungsbilanz-RL die Bestimmung, daß sie „allen
über die entsprechenden Beitragsüberträge und etwaigen Beitragsforderungen
... hinausgehenden Ansprüchen aus Versicherungsfällen und Aufwendungen
aus laufenden Versicherungsfällen Rechnung zu tragen" hat[415].

Die **Schwankungsrückstellung** kann von den VU auf Grundlage von Rechts- oder   467
Verwaltungsvorschriften gebildet werden.

ee) Anhang

Neben den an zahlreichen Stellen des Kommissionsvorschlags enthaltenen Hinwei-   468
sen bezüglich zusätzlicher Angaben und Erläuterungen im Anhang enthält Art. 58
der EG-Versicherungsbilanz-RL Bestimmungen zum Inhalt des Anhangs. Art. 58
übernimmt weitgehend die Anforderungen des Art. 43 der 4. EG-RL.

Allerdings müssen abweichend von den Regelungen der 4. EG-RL im **direkten**   469
Nicht-Lebensgeschäft für bestimmte Vz. und für das gesamte sG die gebuchten
und verdienten Brutto-Beiträge, die Bruttoaufwendungen für Versicherungsfälle,
die Bruttobetriebskosten sowie der Rückversicherungssaldo, dh. das Ergebnis
des abgegebenen Geschäfts, angegeben werden. Die entsprechenden Beträge für
das gesamte üG sind ab einem Anteil von 10 % am Gesamtgeschäft auszuweisen.

In der **Lebensversicherung** sind die Brutto-Beiträge nach Einzelbeiträgen und   470
Beiträgen im Rahmen von Gruppenverträgen bzw. laufenden Beiträgen und Einmalbeiträgen bzw. Beiträgen im Rahmen von Verträgen ohne Gewinnbeteiligung, Beiträgen im Rahmen von Verträgen mit Gewinnbeteiligung und Beiträgen für fondsgebundene Versicherungen zu untergliedern. Für das üG gilt eine
dem Nicht-Lebensgeschäft entsprechende Regelung.

---

414 Vgl. Tz. 208 f.
415 Diese Regelung lehnt sich offenbar an die zB im Vereinigten Königreich vorherrschende Sicht-
    weise der Rückstellung für drohende Verluste aus dem Versicherungsgeschäft als Ergänzung der
    Beitragsüberträge an.

471 **Unabhängig vom betriebenen Geschäft** sind die Brutto-Beiträge des sG nach dem EG-Mitgliedstaat, in dem das Unternehmen seinen Sitz hat, den übrigen EG-Mitgliedsstaaten sowie den sog. Drittländern zu untergliedern. Auf die Angabe kann verzichtet werden, wenn die jeweils eingenommenen Beiträge 5% des Gesamtgeschäfts nicht übersteigen.

472 Nach der RL haben die VU die **Provisionen** für das „selbst abgeschlossene und während des Geschäftsjahres verbuchte Versicherungsgeschäft" anzugeben. Ausweispflichtig sind Provisionen jeder Art, insb. Abschluß-, Verlängerungs-, Inkasso- und Bestandspflegeprovisionen.

473 Auf die Verpflichtung, im Anhang den **Zeitwert der nach dem Anschaffungswertprinzip bewerteten Kapitalanlagen** anzugeben, wurde bereits hingewiesen[416].

ff) Konsolidierter Abschluß

474 Die EG-Versicherungsbilanz-RL enthält in Art. 59 u. 60 Bestimmungen zur **Konzernrechnungslegung.** Im wesentlichen werden die Versicherungskonzerne in vollem Umfang der 7. EG-RL unterstellt; allerdings sind Anpassungen an die auch für den Einzelabschluß von VU geltenden Gliederungs- und Bewertungsabweichungen sowie dessen Postendefinitionen vorgesehen. Die Konzernrechnungslegungspflicht ist rechtsform- und größenunabhängig gegeben.

475 Art. 60 Abs. 5 enthält eine § 56b Abs. 4 VAG – hier: **Verzicht auf Zwischengewinneliminierung** – vergleichbare Regelung, in dem er den Mitgliedstaaten gestattet, Abweichungen von Art. 26 Abs. 1 Buchstabe c) der 7. EG-RL zuzulassen, „wenn das Geschäft zu normalen Marktbedingungen geschlossen wurde, und dadurch Rechtsansprüche zugunsten der Versicherungsnehmer begründet wurden."

476 Abs. 6 des Art. 60 verlängert die Frist für den Verzicht auf die **Aufstellung von Zwischenabschlüssen** auf 6 Monate. Diese Regelung entspricht § 56b Abs. 1 S. 3 VAG.

477 Art. 29 der 7. EG-RL – **einheitliche Bewertung im KA** – wird für Versicherungskonzerne nach der derzeitigen Fassung keine Anwendung finden, soweit es sich um Gegenstände des Passivvermögens handelt, „deren Bewertung durch die in die Konsolidierung einbezogenen Unternehmen auf der Anwendung von versicherungsspezifischen Vorschriften beruht, und solche Gegenstände des Aktivvermögens, deren Wertänderungen darüber hinaus Rechte von Versicherungsnehmern beeinflussen oder begründen."

478 In dem zZ vorliegenden RL-Entwurf findet sich allerdings keine § 56b Abs. 5 VAG entsprechende Regelung, die es VU erlaubt, auf die Bilanzierung versicherungstechnischer Rückstellungen im KA zu verzichten, wenn diese nach dem für das Tochterunternehmen maßgeblichen Recht nicht gebildet werden.

---

416 Vgl. Tz. 459. Nach dem am 19. Juni 1991 vom Ministerrat der EG verabschiedeten gemeinsamen Standpunkt zur EG-Versicherungsbilanz-RL soll die Verpflichtung, bei einer Bewertung der Kapitalanlagen zu Anschaffungskosten im Anhang die entsprechenden Zeitwerte anzugeben, für Grundstücke und Bauten ab dem GJ 1999 und für die übrigen Kapitalanlagen ab dem GJ 1997 für die deutschen VU gelten.

gg) Offenlegung

Der JA – Bilanz, GuV, Anhang –, der LB sowie der BestV des APr. sind nach   **479** einzelstaatlichen Vorschriften offenzulegen. Wird nach dem Mitgliedstaaten-wahlrecht auf die Offenlegung verzichtet, so muß dieser am Sitz der Gesellschaft zur Einsichtnahme für jedermann bereitgehalten bzw. auf Verlangen zugesandt werden.

Die Möglichkeit der VU, unter bestimmten Voraussetzungen auf eine Bekannt-machung von Anhang und LB im BAnz. zu verzichten[417], wird vermutlich nach der Umsetzung der EG-Versicherungsbilanz-RL nicht beibehalten werden kön-nen. Art. 61 enthält lediglich die Bestimmung, daß auf eine Offenlegung des LB verzichtet werden kann. In diesem Fall muß das VU den LB an seinem Sitz zur Einsichtnahme für jedermann bereithalten. Weiterhin muß eine vollständige oder teilweise Ausfertigung des LB auf Antrag erhältlich sein, wobei das dafür berechnete Entgelt die Verwaltungskosten nicht übersteigen darf.

IV. Prüfung

1. Jahresabschlußprüfung

a) Rechtsgrundlagen

aa) Vorschriften des VAG

(1) Einzelabschluß

Versicherungsspezifische Sonderregelungen für die JA-Prüfung der VU finden   **480** sich insb. in den §§ 57 bis 64 VAG sowie in den §§ 137[1] und 138[2] VAG.

Nach § 57 Abs. 1 VAG ist der JA eines VU unter Einbeziehung der Buchführung   **481** und des LB durch einen APr. zu prüfen. Dies gilt für alle VU, ausgenommen kleinere Vereine[3] und ö.-r. VU, die unter Landesaufsicht stehen und deren JA nach landesrechtlichen Vorschriften geprüft wird[4].

§ 57 Abs. 1 VAG ist lex specialis zu § 316 Abs. 1 HGB. Die übrigen Vorschriften des HGB über die Prüfung – §§ 316 Abs. 2 bis 324 – sind nach § 57 Abs. 2 VAG entsprechend anzuwenden.

Abweichend von den allgemeinen Regelungen[5] bestehen jedoch die folgenden **Besonderheiten:**

– Der **APr.** wird nach § 58 Abs. 1 VAG – abweichend von § 318 HGB – durch   **482** den AR bestimmt[6]. Der APr. ist der Aufsichtsbehörde gem. § 58 Abs. 2 S. 1 VAG unverzüglich anzuzeigen. Bei Bedenken kann das BAV verlangen, daß innerhalb einer angemessenen Frist ein anderer APr. bestellt wird. Der Prü-fungsauftrag kann dem APr. erteilt werden, wenn das BAV nicht binnen eines

---

417 Vgl. Tz. 31.
1 Vgl. *Prölss*, VAG § 137.
2 Vgl. *Prölss*, VAG § 138.
3 § 64 VAG.
4 § 60 VAG.
5 S. hierzu insb. Abschn. D.
6 Zur Begründung vgl. *Angerer* in IDW-Aufsatzsammlung A Tz. 24.

Monats nach Eingang der Anzeige die Bestimmung eines anderen APr. verlangt[7]. Unterbleibt das oder hat die Aufsichtsbehörde auch gegen den neuen APr. Bedenken, so muß sie nach § 58 Abs. 2 S. 3 VAG den APr. selbst bestimmen.

ISd. § 318 Abs. 1 S. 4 HGB schreibt auch § 58 Abs. 2 VAG vor, daß der Vorstand unverzüglich, nachdem der APr. bestimmt ist, diesem den Prüfungsauftrag zu erteilen hat.

483   – Die **Aufsichtsbehörde** ist nach § 57 Abs. 2 S. 2 VAG ermächtigt festzulegen, wie die Prüfung durchzuführen und wie darüber zu berichten ist[8]. Außerdem kann das BAV im Einzelfall aus besonderem Anlaß die Ausdehnung der Abschlußprüfung auf den internen Bericht an die Aufsichtsbehörde verlangen (§ 57 Abs. 2 S. 2 VAG). Die Pflicht des Apr. gem. § 321 Abs. 2 HGB[9] besteht nach § 57 Abs. 2 S. 3 VAG auch gegenüber der Aufsichtsbehörde.

484   – Der **PrB** ist vom Vorstand unverzüglich nach der HV oder der dieser entsprechenden Versammlung der obersten Vertretung dem BAV vorzulegen. Etwaige Bemerkungen des Vorstands und des AR sind beizufügen (§ 59 S. 1 VAG). Die Aufsichtsbehörde hat die Möglichkeit, den Bericht mit dem APr. zu erörtern und ggf. Ergänzungen der Prüfung und des Berichts zu verlangen (§ 59 S. 2 VAG).

485   Die Regelungen der §§ 57 bis 59 VAG gelten nicht für **klVVaG iSd. § 53 VAG**; für die Prüfung dieser VU kann die Aufsichtsbehörde gesonderte Vorschriften erlassen (§ 64 VAG). Im Rahmen der durch das BAV erlassenen bkVReV[10] ist für kleinere Vereine, die der Aufsicht des BAV unterliegen, eine Prüfung des Geschäftsbetriebs und der Vermögenslage vorgesehen (§ 9 bkVReV). Dies ist keine Vorbehaltsaufgabe für WP und braucht, sofern das BAV nichts anderes verlangt, nur alle drei Jahre durchgeführt zu werden. Eine solche Prüfung entfällt, wenn eine Abschlußprüfung nach § 64 VAG durchgeführt wird.

486   Für klVVaG iSd. § 53 VAG, die als wirtschaftlich große nicht unter die bkVReV fallen[11], besteht keine Prüfungspflicht[12]. Hier handelt es sich oft um größere PK, bei denen freiwillige Prüfungen, etwa aufgrund der Satzung, durchgeführt werden können[13].

487   Für die **unter Landesaufsicht stehenden klVVaG iSd. § 53 VAG**[14] sind in den entsprechenden Landesverordnungen zur Rechnungslegung[15] Prüfungsvorschriften enthalten.

488   Für **„kleinste" Versicherungsvereine**, die nach § 157a VAG von der Aufsicht freigestellt sind, existieren keine Prüfungsvorschriften.

489   Die Vorschriften der §§ 57 bis 59 VAG gelten nicht für **nach Landesrecht errichtete und der Landesaufsicht unterliegende ö.-r. VU,** für die landesrechtliche Vor-

---

7 Vgl. Prüferanzeigen gem. § 58 Abs. 2 VAG, VerBAV 1978 S. 190.
8 Vgl. Tz. 493 ff.
9 Vgl. O Tz. 168 ff.
10 Vgl. Tz. 67 ff.
11 Zu den Größenkriterien vgl. Tz. 68.
12 Vgl. auch *Angerer* in IDW-Aufsatzsammlung A Tz. 27.
13 Vgl. *Heubaum/Jäger* in IDW-Aufsatzsammlung G Tz. 9.
14 Vgl. Tz. 70 f.
15 Vgl. Tz. 71.

schriften zur Prüfung ihrer JA bestehen (§ 60 VAG). Prüfungspflichten können sich aus den LHO oder anderen landesrechtlichen Vorschriften ergeben. Darüber hinaus enthalten auch die bereits angesprochenen VO der Länder[16] Prüfungsvorschriften. Die für die ö.-r. VU zuständigen Behörden können außerdem verlangen, daß sich die Prüfung auch auf die Ordnungsmäßigkeit der Geschäftsführung nach Maßgabe des § 53 HGrG erstreckt[17].

Für die **unter Bundesaufsicht stehenden ö.-r. VU** gelten die §§ 57 bis 59 VAG **490** unmittelbar[18].

Niederlassungen ausländischer VU unterliegen den Vorschriften des VAG über **491** die Abschlußprüfung nur, wenn das BAV dies bestimmt (§ 110 Abs. 1 S. 1 VAG bzw. § 110a Abs. 2 S. 2 iVm. § 110 Abs. 1 S. 1 VAG). Eine solche Anordnung ergeht allerdings nur im Einzelfall; viele Niederlassungen ausländischer VU lassen ihren Abschluß freiwillig prüfen[19].

(2) Konzernabschluß

Die **Prüfungspflicht** für den KA und Konzern-LB einer Versicherungskapitalge- **492** sellschaft ergibt sich aus § 316 Abs. 2 HGB. Die Pflicht zur Prüfung des KA und des Konzern-LB eines VU, das keine Kapitalgesellschaft ist, ergibt sich dagegen aus § 14 Abs. 1 S. 1 PublG.

Nach § 56b Abs. 1 S. 2 VAG hat der Vorstand eines Mutterunternehmens den KA und den Konzern-LB dem APr. des KA vorzulegen. Gem. § 318 HGB iVm. § 58 VAG wird der APr. des KA bei VU vom AR des Mutterunternehmens gewählt.

bb) Rundschreiben 3/82 des Bundesaufsichtsamts für das Versicherungswesen

Auf der Grundlage des § 57 Abs. 3 VAG aF (entspricht jetzt § 57 Abs. 2 VAG) **493** hat das BAV das RdSchr. 3/82 „Durchführung der Prüfung des Rechnungsabschlusses und Inhalt des Prüfungsberichtes"[20] (R 3/82) erlassen. Hierin wird erläutert, welche Grundsätze bei der Durchführung von und der Berichterstattung über Abschlußprüfungen bei VU zu beachten sind. In dem RdSchr. fordert das Aufsichtsamt die angesprochenen Unternehmen auf, die darin niedergelegten Grundsätze zum **Gegenstand des Prüfungsauftrags** an den APr. zu machen[21]; im Ergebnis ist das RdSchr. damit für den APr. bindend. Seine Regelungen sind sowohl für die Prüfung des JA als auch für den PrB bei VU von entscheidender Bedeutung.

Das RdSchr. 3/82 ist vom APr. unbeschadet der allgemeinen gesetzlichen Vor- **494** schriften sowie der berufsüblichen Prüfungs- und Berichtspflichten – zB aufgrund der FG 1, 2 und 3/1988 des IDW – zu beachten.

Das RdSchr. 3/82 enthält in erster Linie Hinweise zu den folgenden Bereichen:

– Verlangt wird eine Darstellung der wesentlichen **vertraglichen Beziehungen** **495** (Funktionsausgliederungsvereinbarungen und Verträge ähnlicher Art, Unter-

---

16 Vgl. Tz. 481.
17 Vgl. hierzu L Tz. 34 ff.
18 Vgl. *Prölss*, VAG § 60 Tz. 3.
19 Vgl. *Angerer* in IDW-Aufsatzsammlung A Tz. 26.
20 VerBAV 1982 S. 409 ff.
21 RdSchr. 3/82 Tz. 4.

nehmensverträge gem. §§ 291 und 292 AktG) mit verbundenen Unternehmen sowie deren finanzielle Auswirkungen auf die Vermögens-, Finanz- und Ertragslage des VU.

496   – Über die vertragliche Ausgestaltung sowie den Geschäftsverlauf der aktiven und passiven **Rückversicherungsbeziehungen** ist zu berichten.

497   – Ferner sind die Ergebnisse von **EDV-Systemprüfungen,** die der APr. durchgeführt hat, darzustellen. Der APr. hat auch dazu Stellung zu nehmen, ob eine für den außenstehenden sachverständigen Dritten verständliche Verfahrensdokumentation vorliegt und die im geprüften VU angewandten Verfahren ausreichende Kontrollmaßnahmen enthalten.

498   – Hinsichtlich der **Kapitalanlagen** ist festzustellen, ob die gesetzlichen, satzungsmäßigen und aufsichtsbehördlichen Bestimmungen und Grundsätze über die Vermögensanlage eingehalten worden sind. Art und Umfang der Vermögenswerte des gebundenen Vermögens sind anzugeben und den zu bedeckenden versicherungstechnischen Passiva gegenüberzustellen.

499   – Innerhalb von Unternehmensverbindungen ist die **Kostenverteilung** auf die einzelnen Unternehmen, innerhalb des zu prüfenden VU die Verteilung auf die einzelnen Funktionsbereiche und die einzelnen Vz./-arten darzustellen; es ist anzugeben, ob die aufsichtsbehördlichen Verlautbarungen zur Kostenverteilung beachtet worden sind.

500   – Über die **Ertragslage** ist zu berichten. Bei Sch-/UnfallVU sind in den wichtigsten Vz. die Brutto-, Rück- und Nettoergebnisse darzustellen. Dabei ist jeweils auch – wie im allgemeinen – nichtversicherungstechnischen – Bereich – auf die wesentlichen Ertrags- und Aufwandsfaktoren einzugehen. Bei LVU und KVU sollte auf die wesentlichen ergebnisbestimmenden Ertrags- und Aufwandsposten eingegangen werden. Es soll ferner über die **Liquidität** und **Solvabilität** des geprüften Unternehmens berichtet werden.

501   – Im Rahmen der Erläuterungen der **Forderungen** aus dem sG sowie der Forderungen aus dem Rückversicherungsgeschäft sind Angaben über die Bonität sowie vorgenommene Abschreibungen zu machen.

502   – Bei den **versicherungstechnischen Rückstellungen** sind jeweils die Ermittlungs- und Bewertungsmethoden und die gegenüber dem vorausgegangenen GJ eingetretenen Veränderungen darzustellen. Zu Angemessenheit der Rückstellungen ist unter Berücksichtigung der entsprechenden aufsichtsbehördlichen und sonstigen Anordnungen und Verlautbarungen Stellung zu nehmen. Ein besonderes Schwergewicht wird auf die Berichterstattung über die Prüfung der **Rückstellung für noch nicht abgewickelte Versicherungsfälle bei SchVU** gelegt.

503   – Im Zusammenhang mit den sonstigen Erträgen bzw. Aufwendungen ist insb. über die Aufwendungen für erbrachte **Dienstleistungen** und die diesen gegenüberstehenden Erträge zu berichten.

504   Die im RdSchr. enthaltenen Grundsätze gelten mit bestimmten Ausnahmen auch für **RVU.**

505   Da das RdSchr. 3/82 nur anzuwenden ist, wenn eine Prüfung nach § 57 VAG vorgenommen wird, gilt das RdSchr. nicht für die Prüfung von **klVVaG** iSd. **§ 53 VAG.** Für die kleineren Vereine, die eine bestimmte Größenordnung nicht über-

steigen, der Bundesaufsicht unterliegen und nach der bkVReV Rechnung zu legen haben, hat das BAV besondere „Richtlinien für die Prüfung des Geschäftsbetriebes und der Vermögensanlage bestimmter kleinerer Versicherungsvereine auf Gegenseitigkeit iSd. § 53 VAG (bkVPR)"[22] erlassen.

Bei den rechtlich klVVaG iSd. § 53 VAG, für die als wirtschaftlich große weder   **506** die bkVPR noch das R 3/82 gelten, ist bei einer möglichen freiwilligen Prüfung entsprechend § 57 VAG das RdSchr. 3/82 anzuwenden[23]. Wurde der Prüfungsauftrag eingeschränkt, liegt keine Prüfung iSd. § 57 VAG vor. Der APr. kann in diesem Fall nicht den üblichen BestV, sondern nur eine Bescheinigung erteilen[24].

b) Prüfungstechnik

aa) Stellungnahmen des Versicherungsfachausschusses

Der VFA des IDW veröffentlicht im Rahmen seiner Facharbeit in unregelmäßi-   **507** ger Reihenfolge Stellungnahmen zu Fragen der Rechnungslegung und Prüfung der VU. Der APr. eines VU hat bei seiner Arbeit sorgfältig zu prüfen, ob die Grundsätze der Stellungnahmen in dem von ihm zu bearbeitenden Fall anzuwenden sind[25]. Wegen der zu beachtenden Stellungnahmen des VFA vgl. Abschnitt X.

Im übrigen wird in den „Fachnachrichten" des IDW regelmäßig über die Facharbeit des VFA berichtet und dabei ggf. auch auf nicht veröffentlichte Stellungnahmen gegenüber dem BAV hingewiesen.

bb) Prüfungsmethode[26]

Stark vereinfachend läßt sich der **Prüfungsprozeß** gedanklich in vier Schritte ein-   **508** teilen. Ausgangspunkt ist die Einschätzung des Risikos, daß in dem zu prüfenden JA wesentliche Fehler auftreten. In einem nächsten Schritt muß dann berücksichtigt werden, mit welcher Zuverlässigkeit das interne Kontrollsystem mögliche Fehler identifiziert. Dazu müssen die internen Kontrollen auf ihre Wirksamkeit hin untersucht werden. Auf dem Ergebnis dieser Prüfungen aufbauend, werden ergebnisorientierte Prüfungshandlungen durchgeführt. Ihre Zielsetzung besteht darin, die noch verbleibenden Fehlermöglichkeiten zu lokalisieren. Die ergebnisorientierten Prüfungen lassen sich in analytische Prüfungshandlungen und in ergebnisorientierte Einzelfallprüfungen unterscheiden. Analytische Prüfungshandlungen sind im wesentlichen Plausibilitätsprüfungen, während Einzelfallprüfungen auf Stichproben beruhen. Die Intensität der einzelnen Prüfungsschritte wird jeweils vom Ergebnis der vorangegangenen Prüfungen bestimmt.

VU bearbeiten durch den **Einsatz von EDV-Systemen** in erheblichem Umfang   **509** **Massenvorgänge.**

---

22 Zuletzt geändert mit Datum v. 11. 1. 1988, vgl. VerBAV S. 73. Die geänderten RL sind in VerBAV Sonderheft 13 abgedruckt.
23 Vgl. *Heubaum/Jäger* in IDW-Aufsatzsammlung G Tz. 9; FN 1983 S. 251; GB/BAV 1983 S. 49; VerBAV 1979 S. 105 f.
24 Vgl. FG/IDW 3/1988 Abschn. G II.
25 S. in diesem Zusammenhang auch O Tz. 25 ff.
26 Auf die Ausführungen unter P Tz. 17 ff. wird hingewiesen.

Aus diesem Grund spielen neben EDV-Systemprüfungen unter dem Einsatz von Prüfsoftware auch die Analyse von Prüffeldern anhand von Kennzahlensystemen eine wichtige Rolle. Durch Plausibilitätsprüfungen anhand von Kennzahlensystemen können bspw. im Rahmen von Zeitvergleichen Schwerpunkte der Einzelfallprüfungen lokalisiert werden.

Aus dem Umstand, daß VU in hohem Maße Massenvorgänge bearbeiten, erwächst für den APr. weiterhin die Notwendigkeit, in besonderem Umfang mit der internen Revision zusammenzuarbeiten. Aus dieser Zusammenarbeit können sich ebenfalls wichtige Hinweise für die Prüfungstätigkeiten ergeben.

cc) EDV-Systemprüfung/Prüfung des internen Kontrollsystems

510   Da VU in erheblichem Umfang EDV-Anlagen zur Bearbeitung von Massenvorgängen einsetzen, ist neben konventionellen Prüfungshandlungen wie Abstimmprüfung, Übertragungsprüfung, rechnerische Prüfung und Belegprüfung die **Prüfung des EDV-Systems** ein bedeutender Schwerpunkt bei der Prüfung eines VU. Die EDV-Systemprüfung sollte vor allem im Rahmen der Vorprüfung ein besonderes Gewicht haben.

Der Einsatz von EDV-Anlagen bedingt, daß durch die in den Programmen vorgeschriebenen Verarbeitungsregeln gleiche Geschäftsvorfälle immer gleich behandelt werden. Das hat zur Folge, daß die Vorgabe mangelhafter Verarbeitungsregeln sich auf alle nach dieser Regel verarbeiteten Geschäftsvorfälle negativ auswirkt. Deshalb ist es notwendig, in das gesamte EDV-System hinreichend viele innere Kontrollen einzubauen. Haben demnach die Programmtests ergeben, daß das Programm alle möglichen Geschäftsvorfälle erfaßt und richtig verarbeitet, arbeitet die EDV-Anlage einschließlich Betriebssystem einwandfrei und ist außerdem die Richtigkeit der Eingabedaten gewährleistet, so können die Ergebnisse nicht falsch sein. Die EDV-Systemprüfung hat nun in erster Linie die Prüfung der verschiedenen internen Kontrollen zum Inhalt. Sie ist damit eine Verfahrensprüfung. Nicht die korrekte Verarbeitung eines einzelnen Geschäftsvorfalles wird geprüft, sondern die organisatorisch gesicherte Zuverlässigkeit des gesamten Systems. Das geschieht in der Weise, daß die Prüfung unter Beachtung der gegenseitigen Abhängigkeit die Teilbereiche Datenerfassung, Dateneingabe, Datenverarbeitung (Programmierung) und Datenausgabe erfaßt. Die EDV-Abteilung selbst und die EDV-Dokumentation sind in die Prüfung einzubeziehen [27].

511   Wie bereits dargestellt kommt der **Untersuchung des internen Kontrollsystems** insb. Bedeutung im Hinblick auf die Festsetzung der Prüfungsschwerpunkte zu. Die Prüfung des internen Kontrollsystems soll dem Prüfer Aufschluß über den Stand der Organisation und die tatsächliche Wirksamkeit des internen Kontrollsystems liefern. Bei Aufdecken von Schwachstellen werden weitergehende Prüfungshandlungen erforderlich. Der Untersuchung des internen Kontrollsystems wird in Zukunft eine weiter wachsende Bedeutung zukommen.

512   Unter der Voraussetzung, daß eine EDV-Verarbeitung erfolgt, kommen bspw. die folgenden Gebiete für eine Systemprüfung und/oder die Prüfung des internen Kontrollsystems in Frage:

---

27 Vgl. *Westenhoff*, Prüfung der Deckungsrückstellung bei Lebensversicherungsunternehmen, ZIR 1983 S. 195.

- Inkasso;
- Bestandsführung;
- Deckungsrückstellung bei LVU;
- Schadenrückstellungen bei SchVU;
- Vermögensverwaltung;
- Vertreterabrechnungen.

dd) Prüfung der nichtversicherungstechnischen Posten

Die Prüfung der Posten des JA, für die sich keine versicherungsspezifischen Besonderheiten ergeben, wird an anderer Stelle ausführlich behandelt[28].

Die **Kapitalanlagen** stellen die vermögensmäßige Bedeckung der versicherungs-   513
technischen Passiva dar. Es bestehen daher strenge Beleihungs-, Bewertungs-
und Anlagevorschriften, deren Einhaltung unter dem Aspekt der Sicherheit,
Risikomischung und der Liquidität geprüft werden müssen[29].

Nach den obligatorischen Prüfungen der Bewegungen des Bestandes an Kapi-   514
talanlagen und ihrer Erträge und Aufwendungen hinsichtlich richtiger Gliederung und Bewertung sollte sich der APr. davon überzeugen, ob die erforderlichen Genehmigungen eingeholt, die Anzeigen an die Aufsichtsbehörde erstattet
und die Höchstgrenzen für die Anlagen und Anlagegruppen eingehalten worden
sind.

Die richtige Zuordnung der Kapitalanlagen zum Deckungsstock, zum übrigen   515
gebundenen und zum freien Vermögen unter Beachtung der Anlagevorschriften
ist ebenfalls zu prüfen[30].

Nach § 54 Abs. 1 VAG ist bei den Kapitalanlagen eine angemessene Mischung
und Streuung zu wahren. Vom Prüfer ist zu beanstanden, wenn mehr als 50%
des Vermögens auf eine Anlageart entfallen.

Ferner hat der Prüfer die Einhaltung der Kapitalausstattungsvorschriften – **Solvabilität** –[31] zu prüfen.

ee) Prüfung der versicherungstechnischen Rückstellungen

(1) Beitragsüberträge

Zunächst ist zu klären, ob die Beitragsüberträge für jeden Versicherungsvertrag   516
einzeln (pro rata temporis) oder durch Näherungsverfahren (Bruchteilsystem
oder durch Pauschalsätze) errechnet worden sind.

Werden die Beitragsüberträge **je Vertrag** einzeln aus den Bestandsbeiträgen   517
errechnet, so ist der Versicherungsbestand einer eingehenden Prüfung zu unterziehen. Wichtig ist, daß er vollständig erfaßt und nach Vz., Zahlungsweisen und
Fälligkeiten gegliedert ist.

Erfolgt die Berechnung der Beitragsüberträge nach dem **Bruchteilsystem** (zB   518
Achtel-, Zwölftel- oder Vierundzwanzigstel-System), so ist zu prüfen, ob die in
den einzelnen Monaten gebuchten Beiträge der Berechnung richtig zugrunde

---

28 S. hierzu P Tz. 260 ff.
29 Vgl. ausführlich bei *v. Treuberg* in IDW-Aufsatzsammlung F Tz. 4 ff.
30 Vgl. *Prölss*, VAG § 54a Tz. 1 ff.
31 § 53c VAG iVm. RdSchr. 2/88, VerBAV S. 135 ff., u. RdSchr. 3/88 des BAV, VerBAV S. 195 ff.

gelegt worden sind. Zu prüfen ist auch, ob unterjährige Zahlungsweisen und unterjährige Verträge berücksichtigt wurden.

519   Werden die Beitragsüberträge, insb. bei Versicherungsverträgen mit kurzer Laufzeit, **pauschal** ermittelt, so sind die als Bemessungsgrundlage erfaßten gebuchten Beiträge und die angewendeten Pauschalsätze zu prüfen. Es müssen für jeden Vz. das Verhältnis der Beitragsüberträge zu den Beiträgen ermittelt und diese Kennzahlen kritisch mit den entsprechenden Daten der Vorjahre verglichen werden. Soweit sich daraus größere Abweichungen erkennen lassen, sind die Ursachen hierfür zu klären.

520   Die Prüfung der Beitragsüberträge schließt zwangsläufig den **GuV-Posten Beiträge** ein. In der GuV ist der Unterschied zwischen den Beitragsüberträgen am Ende des vorausgegangenen GJ und am Ende des GJ als Veränderung der Beitragsüberträge auszuweisen.

521   Es ist zu prüfen, ob bei der Berechnung der Beitragsüberträge vom Beitrag abzüglich Ratenzuschlag und Nebenleistungen ausgegangen worden ist, und ob die jeweils abgesetzten, nicht übertragungsfähigen Beitragsteile entsprechend den hierzu ergangenen aufsichtsbehördlichen Verlautbarungen und Steuererlassen ermittelt worden sind.

522   Bei **LVU** werden die Beitragsüberträge iVm. der Deckungsrückstellung geprüft, weil bei der Berechnung der Beitragsüberträge der technische Versicherungsbestand, der auch Grundlage für die Deckungsrückstellung ist, zugrunde gelegt wird. Die Abstimmung des Vertragsbestandes mit dem Beitragsübertragsbestand kann aus zeitlichen Gründen oft nicht für den gesamten Bestand erfolgen. In diesem Fall sollten Teilbestände zugrunde gelegt werden und anhand des Prüfungsplans sichergestellt werden, daß im Laufe mehrerer Prüfungen die Abstimmung für alle Teilbestände erfolgt. Sodann sind in Stichproben Einzelwerte nachzurechnen. Dabei sollten Stichproben aus allen Tarifen gezogen werden. Bei der Nachrechnung sind die technischen Geschäftspläne zugrunde zu legen. Als Plausibilitätsprüfung bietet es sich zB an, einen Quotienten aus der Summe der Beitragsüberträge und dem Beitrags-Soll zu bilden. Die erhaltenen Werte können dann mit den entsprechenden Vorjahreswerten verglichen werden. Sofern sich die versicherungstechnischen Voraussetzungen nicht geändert haben, weichen – bei hinreichend großen Beständen – die Quotienten in den verschiedenen Jahren nur unwesentlich voneinander ab. Bei Abweichungen von mehreren Prozent-Punkten sind die Gründe dafür zu suchen.

(2) Rückstellung für noch nicht abgewickelte Versicherungsfälle

(a) Schaden- und Unfallversicherungsunternehmen

523   Da die ausreichende Bemessung der Schadenrückstellung eine **erhebliche Bedeutung** für die Sicherstellung der dauernden Erfüllbarkeit der Verpflichtungen aus den Versicherungsverträgen hat, ist der Prüfung dieser Rückstellung ein besonderer Wert beizumessen. Diese Bedeutung zeigt sich auch in der Berichterstattung gem. BAV-RdSchr. 3/82.

Der VFA hat einen umfangreichen **„Leitfaden zur Prüfung der Rückstellungen für noch nicht abgewickelte Versicherungsfälle der Schaden- und Unfall- sowie Rückversicherungsunternehmen"** aufgestellt, der die Planung und Durchführung der Prüfung der Schadenrückstellung erleichtern soll (abgedruckt in: FN 1989 S. 57 ff. und IDW-Aufsatzsammlung S. 196 ff.).

Zu Beginn der Prüfung muß sich der APr. zweckmäßigerweise einen Überblick **524** von den **Grundsätzen der Erfassung und Bewertung der Schadenrückstellung** sowie von der Funktionsfähigkeit des internen Kontrollsystems verschaffen. Das Organisationssystem des Unternehmens muß die Sicherheit bieten, sämtliche Versicherungsfälle zwangsläufig und zeitlich richtig zu erfassen. Bei Führung der sog. Schadenreservelisten und bei Abwicklung der Schäden durch EDV muß eine für den außenstehenden sachverständigen Dritten verständliche Verfahrensdokumentation vorliegen.

Ein wesentliches Element der Plausibilitätsprüfungen im Zusammenhang mit **525** ergebnisorientierten Analysen bei der Prüfung der Schadenrückstellung können **PC-gestützte Verfahren** zur Abschätzung der Rückstellung sein. Anhand von statistischen Programmen werden dabei aus den Zahlungsreihen der Vergangenheit Zukunftswerte prognostiziert, die ein Beurteilungskriterium für die Rückstellungsbildung und damit für weitere Prüfungshandlungen sein können.

Die Ergebnisse dieser Auswertungen dürfen nicht unkritisch übernommen werden. Bei der Herleitung der Prognosewerte beschreitet jedes der Verfahren einen anderen Weg. Gemeinsam ist allen die Unterstellung, daß die vergangenheitsbezogenen Eingabedaten in bestimmter Weise ein stagnierendes oder trendbezogenes Verhalten zeigen. Demzufolge ist es für die sinnvolle Anwendung jedes der Prognosemodelle erforderlich, die Haltbarkeit der Modellannahmen anhand der Beobachtungsdaten zu überprüfen. Darüber hinaus ist die Frage, ob ein erkennbarer Trend sich auch in der Zukunft fortsetzen wird, kritisch zu prüfen.

Im Rahmen der **Einzelfallprüfung** ist zu berücksichtigen, daß sich die Schaden- **526** rückstellung idR einer exakten Einzelberechnung entzieht. Jeder einzelne Schaden wird geschätzt. Dabei ist jedoch weder der günstigste noch der ungünstigste, sondern der wahrscheinliche Verlauf zugrunde zu legen. Durch eingehende Prüfung der einzelnen Schadenakten hat sich der Prüfer davon zu überzeugen, ob die Rückstellungen nach vernünftigen kaufmännischen Grundsätzen gebildet wurden. Dabei ist insb. zu berücksichtigen, ob Rückstellungsveränderungen durch Zahlungen und Neuschätzungen ordnungsmäßig berücksichtigt worden sind.

Ein besonderes Augenmerk wird der APr. darauf richten, ob die in dem geprüf- **527** ten GJ angefallenen, jedoch erst in den Folgejahren dem VU gemeldeten Versicherungsfälle (sog. Spätschäden) durch eine ausreichende **Spätschaden-Rückstellung** – auch IBNR-Rückstellung (incurred but not reported) genannt – berücksichtigt worden sind. Es ist darauf zu achten, daß die zur Bemessung der Spätschaden-Rückstellung angewandten Schätzmethoden die Erfahrungen der Vergangenheit (zB Spätschadenanzahl in vH der im GJ gemeldeten GJ-Schäden und durchschnittlicher Spätschadenaufwand in vH des durchschnittlichen Gesamtaufwands des GJ als Durchschnitt mehrer VJ) angemessen berücksichtigen.

Wird die Schadenrückstellung nicht nach den Grundsätzen der Einzelbewer- **528** tung, sondern im Wege der Gruppenbewertung oder nach pauschalen Schätzmethoden ermittelt, so muß der APr. sich davon überzeugen, daß die hierfür notwendigen Voraussetzungen bei dem VU gegeben sind[32].

529   Eine weitere sehr wesentliche Besonderheit im Rahmen der analyseorientierten Prüfung der Schadenrückstellungen ist der **Einsatz von vergleichenden Kennzahlen** sowie die jahrgangsweise Abwicklung der VJ- und der Ursprungsschadenrückstellungen **(Ablaufstatistik)**; außerdem erlangen Verprobungsmethoden eine zunehmende Bedeutung. Wichtige Kennzahlen sind zB Abwicklungsgeschwindigkeit sowie – jeweils ursprünglich und bereinigt – Schadenquote, durchschnittlicher Schadenaufwand, Durchschnittsbetrag der zurückgestellten Schäden und Verhältnis der Schadenrückstellungen zu Schadenzahlungen bzw. zu den Beitragseinnahmen. Den Abwicklungsergebnissen aus der Schadenrückstellung als entscheidendem Anhaltspunkt für die Angemessenheit der VJ-Rückstellungen ist dabei besondere Bedeutung beizumessen.

Sowohl bei außergewöhnlichen Abwicklungsgewinnen als auch bei Abwicklungsverlusten in einzelnen Jahrgängen und Sparten wird der APr. den Ursachen nachzugehen sowie festzustellen haben, ob das VU hinsichtlich der Rückstellungsbemessung entsprechende Konsequenzen gezogen hat.

530   In derartigen Fällen empfiehlt es sich, die aus dem VJ übernommene Schadenrückstellung nach einzelnen Teilbereichen (einzelbewertete und gruppenbewertete Schäden, Renten, Spätschäden, wiederauflebende Schäden, Schadenregulierungsaufwendungen) sowie die von den Schadenrückstellungen abzusetzenden Forderungen aus Regressen, Provenues und Teilungsabkommen zu untersuchen.

531   Außerdem sollten in die Untersuchung der Angemessenheit der am Ende des zu prüfenden GJ gestellten Schadenrückstellung die Schadendaten für die VJ- und GJ-Schäden einbezogen sowie die Abwicklung der Teilschadenrückstellung für Spätschäden nach Anfalljahren berücksichtigt werden. Ergeben sich hierbei in Teilbereichen auffällige Abweichungen vom tatsächlichen Bedarf, so sind bei den nach einem Gruppenbewertungsverfahren und pauschal ermittelten Teilschadenrückstellungen die diesen Methoden zugrunde liegenden Faktoren zu überprüfen und erforderlichenfalls zu korrigieren. Bei der im Wege der Einzelbewertung ermittelten Teilschadenrückstellung sind insb. die Einzelrückstellungen (zB Schadenaktenprüfung) in einem wesentlich größeren Umfang als zuvor zu prüfen. Dabei ist zu beachten, daß nicht in jedem Fall der höchstmögliche, sondern der bei sorgfältiger Beurteilung wahrscheinliche Schaden zugrunde zu legen ist und die Forderungen aus Regressen, Provenues und Teilungsabkommen in angemessener Weise zu berücksichtigen sind. Die den Schadensachbearbeitern gegebenen Anweisungen zur Dotierung der Schadenrückstellung verdienen zusätzliche Aufmerksamkeit.

532   Zur Verarbeitung von Massendaten im Rahmen der Prüfung der Schadenrückstellung wird der APr. oftmals mit **Selektions-Software** arbeiten.

533   Die Prüfung der Rückstellungen muß sowohl für das Gesamtgeschäft als auch für den Selbstbehalt nach Abzug der Anteile der Rückversicherer erfolgen. Die Prüfung der in der Schadenrückstellung enthaltenen **Rückstellung für Schadenregulierungsaufwendungen** erstreckt sich insb. darauf, ob die in den einschlägigen Erlassen vorgesehenen Verfahren eingehalten und die zugrunde gelegten Daten ordnungsgemäß ermittelt worden sind.

---

32 Vgl. hierzu Nr. I P 3.3.1 Abs. 3 VUBR.

Die **Renten-Deckungsrückstellung** ist daraufhin zu prüfen, ob die Berechnung in **534** Übereinstimmung mit dem Geschäftsplan erfolgte. Es ist darauf zu achten, daß im GJ verrentete Schäden bei der Abwicklung der VJ-Rückstellungen berücksichtigt werden und daß die verrenteten Schäden bei der Stellung der Schadenrückstellungen nicht erneut erfaßt werden. Da für die Gegenwerte dieser Rückstellungen ein Sondervermögen (Deckungsstock) gebildet werden muß, ist zu gewährleisten, daß diese Versicherungsfälle rechtzeitig aus der Schadenrückstellung in die Renten-Deckungsrückstellung überführt werden.

(b) Lebensversicherungsunternehmen

Im Gegensatz zu SchVU ist hier für einen großen Teil der noch nicht abgewik- **535** kelten Versicherungsfälle die Höhe der ausstehenden Versicherungsleistung genau bekannt[33]; es sei denn, es handelt sich um grundsätzliche Zweifel an der Leistungspflicht des VU oder um die pauschale Spätschadenrückstellung. Zudem werden die meisten Versicherungsfälle aus der Schadenrückstellung im folgenden GJ sehr schnell abgewickelt.

Die **Prüfungsschwerpunkte** können sich daher neben der exakten Ermittlung der Versicherungsleistung im Einzelfall auf die Feststellung beschränken, daß für die in der Rückstellung für noch nicht abgewickelte Versicherungsfälle erfaßten Fälle keine Deckungsrückstellungen oder Beitragsüberträge bilanziert sind (technische Bestandsabgrenzung).

Da die in der **Spätschadenrückstellung** erfaßten nicht abgewickelten Versicherungsfälle erst nach dem Bestandsfeststellungstermin bekannt geworden sind, konnte für sie eine Bestandskorrektur nicht mehr vorgenommen werden. Aus diesem Grunde werden für sie noch Beitragsüberträge und Deckungsrückstellungen ausgewiesen, die zur Ermittlung der Rückstellungshöhe von der Versicherungsleistung abgezogen werden müssen.

Es ist darauf zu achten, daß für noch nicht abgewickelte Fälle im Bereich der **Berufsunfähigkeitszusatzversicherung** – sofern sie einen wesentlichen Umfang angenommen haben – ebenfalls eine Rückstellung gebildet wird. Zu erfassen sind alle Fälle aus dem Bilanzjahr oder früher, die bis zum Zeitpunkt der Bestandsfeststellung – Schadenrückstellung – bzw. der Bilanzaufstellung – Spätschadenrückstellung – gemeldet worden sind und bei denen die Berufsunfähigkeit

– bereits anerkannt wurde, die bestandsmäßige Verarbeitung mit Wirkung für das Bilanzjahr aber nicht mehr durchgeführt werden konnte
– noch nicht anerkannt wurde.

Im letzten Fall sind in die Ermittlung der Rückstellungshöhe die aus den Beobachtungen der Vergangenheit gewonnenen Wahrscheinlichkeiten der Anerkennung der Berufsunfähigkeit und des Eintritts von Reaktivierungen einzubeziehen.

Bei der **Ermittlung des Abwicklungsergebnisses** ist zu beachten, daß sich bei der Spätschadenrückstellung unechte Abwicklungsgewinne und -verluste ergeben können. Unechte Verluste entstehen bei Todes- und Heiratsfällen (außer bei Tod zu Termfix- und Aussteuerversicherungen) dadurch, daß die Rückstellung

---

33 S. auch Tz. 237 ff.

in Höhe der Versicherungsleistung abzüglich Beitragsübertrag und Deckungsrückstellung gestellt wird, bei der Abwicklung die Zahlung aber in Höhe der Versicherungsleistung aus der Rückstellung genommen wird. Unechte Gewinne entstehen bei Tod zu Termfix- und Aussteuerversicherungen und bei Berufsunfähigkeitszusatzversicherungen. Hier wird im Bilanzjahr die Differenz zwischen der Aktiven-Deckungsrückstellung, die noch im Deckungsrückstellungsbestand ausgewiesen wird, und der Deckungsrückstellung im Todesfall bzw. bei Berufsunfähigkeit in die Spätschadenrückstellung eingestellt. Im Folgejahr wird diese Differenz nicht von der Spätschadenrückstellung in die Deckungsrückstellung umgebucht, sondern in der Spätschadenrückstellung aufgelöst (automatischer Gewinn) und in die Deckungsrückstellung als Aufwand über den entsprechenden GuV-Posten eingestellt.

(c) Krankenversicherungsunternehmen

536 Die Schadenrückstellung bei KVU wird grundsätzlich nicht im Wege der Einzelbewertung, sondern anhand eines Näherungsverfahrens ermittelt [34]. Dabei ist, ausgehend von den in den ersten Monaten des Folgejahres für das GJ gezahlten Versicherungsleistungen, auf den erwarteten Gesamtbedarf hochzurechnen. Hierbei werden die durchschnittlichen Erfahrungswerte aus mindestens 3 vorhergehenden GJ zugrunde gelegt. Der APr. hat sich zunächst von der ordnungsgemäßen Ermittlung der Basiswerte zu überzeugen. Gleichzeitig ist aber auch darauf zu achten, ob aufgrund erkennbarer Trends oder sonstiger außergewöhnlicher Einflüsse die routinemäßige Anwendung der oben beschriebenen Durchschnittsmethode eine angemessene Dotierung der Schadenrückstellung gewährleistet.

(d) Alle Versicherungsunternehmen

537 In der GuV werden die Schadenleistungen für das GJ abzüglich der Erträge bzw. zuzüglich der Aufwendungen aus der Abwicklung der VJ-Schadenrückstellungen als Aufwendungen für Versicherungsfälle ausgewiesen. Bei den Feststellungen der Schadenleistungen ist auf eine richtige Erfassung und Abgrenzung der Versicherungsleistungen von den Aufwendungen für die Schadenregulierung zu achten. Diese Abgrenzung hat Bedeutung für die Berechnung der Rückstellung für Schadenregulierungsaufwendungen und für die Abrechnung mit dem Rückversicherer, der sich idR nur an den Versicherungsleistungen im engeren Sinne und bestimmten Teilen der Schadenregulierungsaufwendungen beteiligt. Es ist zu prüfen, ob bei Ermittlung der Versicherungsleistungen die getroffenen Vereinbarungen sowie die Versicherungsbedingungen beachtet worden sind.

(3) Deckungsrückstellung [35]

538 Bei **LVU** und **KVU** ist die Deckungsrückstellung im allgemeinen der Höhe nach der **gewichtigste Bilanzposten**. Seine Bedeutung hinsichtlich der Erfüllbarkeit der tariflichen Leistungsverpflichtung gegenüber den VN unterstreicht § 65 Abs. 2 VAG mit der Vorschrift, daß der verantwortliche mathematische Sachverständige unter der Bilanz die Richtigkeit der Berechnung ausdrücklich bestätigen muß. Das BAV-RdSchr. 3/82 stellt klar, daß die Deckungsrückstellung vom

---

34 S. auch Tz. 242 ff.
35 Vgl. insb. *Minz/Richter* in HdV S. 585 ff.; *Westenhoff* S. 193 ff.

APr. zu prüfen ist: „Hinsichtlich der Deckungsrückstellung sind die Vollständigkeit der Bestandserfassung, die richtige Anwendung der am Bilanzstichtag geltenden Geschäftspläne sowie die mathematische Berechnung zu überprüfen. Fehlen den APr. teilweise die hierfür erforderlichen Kenntnisse, so haben sie einen auf diesem Gebiet Fachkundigen zur Prüfung hinzuzuziehen." Soweit eine Aktivierung von negativen Deckungsrückstellungen unter „Forderungen an Versicherungsnehmer – noch nicht fällige Ansprüche" erfolgt, wird dieses Aktivum im Zusammenhang mit der Deckungsrückstellung geprüft. Ebenso empfiehlt es sich, den GuV-Posten „Beiträge aus der Brutto-Rückstellung für Beitragsrückerstattung" mitzuprüfen, da dieser Posten die für Beitragsrückerstattung verwendeten Beträge repräsentiert, die zur Erhöhung der Versicherungssumme verwendet und am Ende des GJ der Deckungsrückstellung zugewiesen werden.

Der technische JA-Bestand, also das Inventar aller am Bilanzstichtag im Bestand **539** befindlichen Versicherungsverträge, ist Grundlage für die Ermittlung der Deckungsrückstellung. Der APr. muß daher zunächst die Vollständigkeit des Inventars und die korrekte Stichtagsabgrenzung prüfen.

Weitere Prüfungshandlungen im Rahmen der Deckungsrückstellung beziehen **540** sich auf die Ordnungsmäßigkeit der Bestandsführung, da die im Versicherungsbestand gespeicherten technischen Daten Grundlage für die mathematische Einzelberechnung sind. Dieser Berechnungsvorgang bildet den dritten Prüfungsschwerpunkt.

Die Vollständigkeit und Stichtagsabgrenzung des JA-Bestandes wird durch **541** EDV-Systemprüfungen, durch Abstimm- oder Vergleichsprüfungen sowie durch Kombination dieser Verfahren kontrolliert. Wesentlicher Teil der Abstimmhandlungen ist der Vergleich von JA-Bestand und **Inkassobestand** – sofern dieser noch getrennt geführt wird –, da dieser wegen seiner direkten Verbindung zum VN ein „lebender" Bestand ist, der sich weitgehend selbst kontrolliert und somit eine unbemerkte mehrjährige Fehlerakkumulation weitgehend ausschließt. Bei der Prüfung der Ordnungsmäßigkeit der Bestandsführung sind die gleichen Prüfungsmethoden anzuwenden, wie bei der Prüfung der Vollständigkeit und der Stichtagsabgrenzung des Bestandes.

Ein Hauptaugenmerk der EDV-Systemprüfung gilt in diesem Zusammenhang der Funktionsfähigkeit des **internen Kontrollsystems.** Es wird dabei untersucht, inwieweit das Bestandsführungssystem durch interne Plausibilitäten und Prüfroutinen die Richtigkeit der technischen Daten im Bestand gewährleistet. Einzelprüfungen werden insoweit durchgeführt, als man für bestimmte Verträge die technischen Daten vollständig überprüft. Sinnvollerweise werden dabei Verträge herangezogen, bei denen im GJ bestimmte Vertragsänderungen vorgenommen wurden. Im Fall von aktionsmäßigen Bestandsänderungen können Plausibilitätskontrollen anhand der Verarbeitungsprotokolle oder Statistiken vorgenommen werden. Auch im Zusammenhang mit der Prüfung der mathematischen Berechnung der Deckungsrückstellung werden als umfassendste und sicherste Verfahren EDV-Systemprüfungen durchgeführt. Im Rahmen der langfristigen Prüfungsplanung können in einem mehrjährigen Zyklus jeder Tarif oder jede sonstige Berechnungseinheit durch umfangreiche Stichproben geprüft werden. Die rechnerische Höhe der Deckungsrückstellung und ihre Veränderung gegenüber dem VJ wird außerdem mit Hilfe von Plausibilitäten und langjährigen Kennzahlen global verifiziert.

...stellung für Beitragsrückerstattung

Die Arbeit des APr. konzentriert sich hinsichtlich der Verwendung der Rückstellung für Beitragsrückerstattung – soweit es die Entnahmen des GJ betrifft – auf die Prüfung des Verwendungszeitpunktes, die grundsätzliche Überschußberechtigung einzelner VN sowie die im Einzelfall exakte Höhe der entsprechenden Zuteilung. Dabei ist es unerheblich, ob die Entnahmen tatsächlich ausgezahlt, im Rahmen der Verbindlichkeiten verzinslich angesammelt oder als Beiträge in die Deckungsrückstellung geflossen sind. Bei den nicht ausgezahlten Verwendungsbeträgen, die also in verbindlich dem einzelnen VN zugeordneter Form im Unternehmen verbleiben, ergeben sich zu prüfende Querverbindungen zB zur Deckungsrückstellung (bei LVU und KVU) oder zu den Verbindlichkeiten gegenüber VN aus gutgeschriebenen bzw. nicht abgehobenen Überschußanteilen (LVU).

543 Hinsichtlich der Zuweisung zur Rückstellung für Beitragsrückerstattung sind die entsprechenden Satzungs- und Geschäftsplanbestimmungen bzw. die vertraglichen Vereinbarungen mit der vorgenommenen Bilanzierung abzustimmen.

(5) Schwankungsrückstellung[36]

544 Ziel der Prüfung der Schwankungsrückstellung sowie der sog. Großrisikenrückstellungen ist die Feststellung, daß die Berechnung der Rückstellung nach den Anordnungen des BAV[37] bzw. den steuerlichen Erlassen erfolgte. Hält ein Unternehmen über die nach der Anordnung zu bildende Schwankungsrückstellung hinaus eine zusätzliche Risikovorsorge für angebracht, insb. weil der Sollbetrag der Schwankungsrückstellung noch nicht erreicht ist, so kann der entsprechende Betrag nicht unter dem Posten Schwankungsrückstellung ausgewiesen werden. Er ist unter dem Eigenkapital auszuweisen, wobei er als gesonderter Unterposten mit der Bezeichnung Schwankungsrücklage ausgewiesen werden kann[38].

Als Prüfungsfelder lassen sich die Voraussetzungen der Rückstellungsbildung, die eingehenden Basisdaten des Beobachtungszeitraums, die Berechnung der Rückstellung sowie deren Ausweis im JA unterscheiden.

(6) Rückstellung für drohende Verluste aus Versicherungsgeschäften

545 Die Prüfung dieses Passivpostens ist naturgemäß mit einigen Schwierigkeiten verbunden. Die Feststellung, ob in bestimmten Vz. eine Rückstellungsbildung in Frage kommt, ist vom Prüfer aufgrund der Rechnung der abgelaufenen Perioden durch eine Analyse der Ergebnisse hinsichtlich ihrer Zukunftswirkung zu treffen – zB mit Hilfe der Kennzahlenanalyse –. Einmalige und zufällige Schadenereignisse können nicht Anlaß für die Bildung einer Rückstellung für drohende Verluste aus dem Versicherungsgeschäft sein.

Sowohl bei der Beurteilung, ob eine Rückstellung zu bilden ist, als auch bei der Frage nach der Höhe der Rückstellung, steht der Prüfer vor der Aufgabe, die von der Unternehmensleitung ermittelten Zahlen über die künftige Entwicklung zu beurteilen. Besondere Hilfsmittel dürften vor allem die statistischen Unterlagen der VU sein, die auch Grundlage für die Kalkulation der Beiträge sind.

36 Vgl. insb. *Donandt/Richter* in IDW-Aufsatzsammlung C IV Tz. 152 ff.
37 Vgl. hierzu Tz. 247 ff.
38 Vgl. Verstärkungen der Schwankungsrückstellung, VerBAV 1987 S. 78.

(7) Besonderheiten für in Rückdeckung übernommenes bzw. in Rückdeckung gegebenes Versicherungsgeschäft

Die Prüfung der versicherungstechnischen Rückstellungen – insb. Schadenrück-   546
stellung, Beitragsüberträge, Deckungsrückstellung und Rückstellung für Beitragsrückerstattung – im Bereich des in Rückdeckung übernommenen Versicherungsgeschäfts erfolgt grundsätzlich nach den **Aufgaben** der Vorversicherer.

Mit Hilfe von **Ablaufstatistiken** kann sich der Prüfer im Bereich der Schaden-   547
rückstellung über den bisherigen Verlauf des Rückversicherungsgeschäfts informieren. Bei Abwicklungsverlusten muß sichergestellt werden, daß angemessene Zuschläge auf die Rückstellungsaufgaben der Vorversicherer vorgenommen werden. Der APr. muß sich weiterhin vergewissern, daß die Aufgaben anteilige Spätschadenrückstellungen enthalten. Bei fehlenden Aufgaben der Vorversicherer ist die Angemessenheit der geschätzten Rückstellungen zu prüfen.

Besondere Bedeutung bei der Prüfung international tätiger Rückversicherer hat   548
das System der **Währungsumrechnung**. Dabei muß der Prüfer insb. feststellen, welche Währungsrisiken bestehen und welche Vorkehrungen getroffen wurden, um Währungsrisiken zu vermeiden. Ist Bilanzstichtag eines Rückversicherers der 30. 6. und wird das versicherungstechnische Geschäft kalenderjahrgleich erfaßt, muß der APr. kontrollieren, ob besondere Risiken zwischen dem 1. 1. und dem Bilanzstichtag in der Rechnungslegung angemessen berücksichtigt sind.

Hinsichtlich des in **Rückdeckung gegebenen Versicherungsgeschäfts** hat der APr.   549
zu prüfen, ob die Berechnung der auf die Rückversicherer bzw. Retrozessionäre entfallenden Anteile an den versicherungstechnischen Rückstellungen entsprechend den Rückversicherungs- bzw. Retrozessionsverträgen erfolgte.

c) Prüfungsbericht und Bestätigungsvermerk

Es kann an dieser Stelle nur sehr verkürzt auf den PrB und den BestV bei VU   550
eingegangen werden; dazu wird auf O Tz. 598 ff. und die weiterführende Literatur verwiesen[39].

Die Berichterstattung über die Prüfung des JA und des LB richtet sich nach § 321 HGB: Der APr. hat über das Ergebnis der Prüfung schriftlich zu berichten; im PrB sind die Posten des JA aufzugliedern und zu erläutern. Insb. sind auch nachteilige Veränderungen der Vermögens-, Finanz- und Ertragslage gegenüber dem VJ und Verluste, die das Jahresergebnis nicht unwesentlich beeinflußt haben, aufzuführen und zu erläutern.

Auf die speziellen Anforderungen des BAV – RdSchr. 3/82 – an den PrB wurde bereits hingewiesen[40].

---

39 Vgl. *Biermann*, Ausgewählte Fragen der Abschlußprüfung von Schaden- und Unfall- sowie Rückversicherungsunternehmen aus Sicht der Aufsichtsbehörde, WPg. 1981 S. 234 ff.; *ders.*, Neue Richtlinien der Aufsichtsbehörde für die Abschlußprüfung von Versicherungsunternehmen, WPg. 1983 S. 237 ff.; *Fricke*, Die Darstellung der Vermögens- und Ertragslage im Bericht über die Abschlußprüfung bei Versicherungsunternehmen, WPg. 1984 S. 537 ff.; *Heubaum/Jäger* in IDW-Aufsatzsammlung G; s. auch *Hesberg*, Zielbezüge und Effizienz der Abschlußprüfung von Versicherungsunternehmen, ZfbF 1984 S. 1053 ff.; *Selchert*, Der Prüfungsbericht über Versicherungsunternehmen – Zu den Anforderungen des Bundesaufsichtsamts, ZfbF 1984 S. 385 ff. sowie die in O Tz. 598 ff. angegebene Literatur.
40 S. Tz. 493 ff.

551 Über das Ergebnis einer bei ö.-r. VU angeordneten Prüfung nach § 53 HGrG[41] ist imPrB zu berichten.

552 Sind nach dem abschließenden Ergebnis der Prüfung keine Einwände zu erheben, muß der APr. dies durch einen im Wortlaut gesetzlich vorgeschriebenen Vermerk bestätigen (§ 322 Abs. 1 HGB). Bei Vorliegen bestimmter Voraussetzungen ist der BestV zu ergänzen, einzuschränken oder zu versagen (§ 322 Abs. 2 bis 4 HGB).

553 Sind bei der Prüfung ö.-r. VU die wirtschaftlichen Verhältnisse in die Abschlußprüfung einzubeziehen, wird der BestV um die Feststellung ergänzt, „daß im übrigen auch die wirtschaftlichen Verhältnisse des Betriebes wesentliche Beanstandungen nicht ergeben haben."

d) Konzernabschlußprüfung und Prüfungsbericht[42]

554 Die Prüfung der Konzernrechnungslegung bei Versicherungskonzernen beinhaltet neben der Einhaltung der §§ 290 bis 315 HGB auch die Frage, inwieweit geschäftszweigspezifische Vorschriften – vor allem § 56b VAG – beachtet wurden. Dabei lassen sich folgende Schwerpunkte identifizieren:

– Die vollständige Einbeziehung aller zum Konsolidierungskreis gehörenden Tochterunternehmen (§§ 290, 294, 295, 296 HGB, § 11 PublG ff.),
– die Einhaltung der gesetzlichen Aufstellungsfristen und die Beachtung der Vorschriften zum Stichtag (§§ 290, 299 HGB, § 56b Abs. 1 VAG),
– die vollständige Erfassung aller Vermögensgegenstände, Schulden und RAP sowie der Erträge und Aufwendungen der in den KA einbezogenen Unternehmen (§ 300 Abs. 2 HGB, § 56b Abs. 5 VAG),
– die vollständige und richtige Kapitalkonsolidierung (§§ 301, 302 HGB),
– die vollständige und richtige Schuldenkonsolidierung (§ 303 HGB, § 56b Abs. 4 VAG),
– die vollständige und richtige Aufwands- und Ertragskonsolidierung (§ 305 HGB, § 56b Abs. 4 VAG),
– die vollständige und richtige Eliminierung von Zwischenergebnissen (§ 304 HGB, § 56b Abs. 4 VAG),
– die vollständige und richtige Ermittlung der latenten Steuern (§ 306 HGB),
– die Zulässigkeit eventuell in Anspruch genommener Ausnahmeregelungen und die Vollständigkeit und Richtigkeit der hiermit verbundenen Anhangangaben,
– die generelle Vollständigkeit und Richtigkeit der Angaben im Anhang,
– die Angaben im LB.

Für die Prüfung der einbezogenen JA gelten die allgemeinen Vorschriften[43].

555 Inhalt und Aufbau des PrB bei Versicherungskonzernen unterscheiden sich nicht grundsätzlich von der Berichterstattung bei anderen Konzernen[44].

556 Bei Versicherungskonzernen hat der Vorstand eine Ausfertigung des PrB dem BAV vorzulegen (§ 59 VAG).

---

41 S. hierzu O Tz. 694 ff.
42 Vgl. insb. *Richter/v. Treuberg* in IDW-Aufsatzsammlung H Tz. 156 ff.
43 S. P Tz. 758 ff.
44 S. O Tz. 220 ff.

2. Versicherungsspezifische Sonderprüfungen

Der Vollständigkeit halber sei an dieser Stelle auf Vorschriften hingewiesen,   **557**
nach denen der WP neben der JA- und KA-Prüfung bei VU prüfend tätig werden kann:

- Prüfung der Internen Rechnungslegung gegenüber dem BAV (§ 57 Abs. 2 VAG);
- Prüfung des Geschäftsbetriebs und der Vermögenslage nicht eintragungspflichtiger VVaG (§ 157 Abs. 2 VAG);
- Gründungsprüfung bei Umwandlung eines VVaG in eine AG (§ 385g AktG);
- Prüfung der Eröffnungsbilanz und des Erläuterungsberichts sowie des JA und des LB bei Abwicklung eines großen VVaG (§ 47 Abs. 3 S. 2 VAG);
- Prüfung der Vermögensübertragung einer AG auf einen VVaG (§ 360 Abs. 2 S. 1 iVm. § 340b Abs. 1 AktG);
- Prüfung der Vermögensübertragung eines großen VVaG auf eine AG (§ 44b Abs. 2 VAG iVm. § 340b Abs. 1 AktG);
- Prüfung der Vermögensübertragung eines VVaG auf ein ö.-r. VU (§ 44c Abs. 3 VAG iVm. § 44b Abs. 2 VAG und § 340b Abs. 1 AktG).

Abschnitt L

Erläuterungen zu den für Wirtschaftsbetriebe der öffentlichen Hand geltenden ergänzenden Vorschriften zur Rechnungslegung und Prüfung

Vorbemerkung

Der nachfolgende Beitrag versteht sich als Exkurs zu den vorangegangenen Aus- **1** führungen zur Rechnungslegung und Prüfung nach Handelsrecht. Er geht daher nur auf Besonderheiten ein, die auf diesen Gebieten bei den Wirtschaftsbetrieben der öffentlichen Hand zu beachten sind. Diese Besonderheiten beruhen im wesentlichen auf Vorschriften des öffentlichen Rechts des Bundes und der Länder. Dabei weisen die Ländervorschriften für den kommunalen Bereich zwar grundlegende Gemeinsamkeiten auf, sie weichen im Detail jedoch gelegentlich voneinander ab. Im Interesse einer übersichtlichen Darstellung wird auf ihre umfassende Darstellung verzichtet. Es wird vielmehr insoweit auf die Gesetze und die weiterführende kommentierende Literatur verwiesen. Wichtige Bestimmungen enthalten die folgenden Gesetze und Verordnungen:

1. Bundesebene

Gesetz über die Grundsätze des Haushaltsrechts des Bundes und der Länder (Haushaltsgrundsätzegesetz – HGrG) v. 19. 8. 1969, BGBl. I S. 1273, geändert durch Gesetz vom 21. 12. 1974, BGBl. I S. 3656.

Bundeshaushaltsordnung (BHO) v. 19. 8. 1969, BGBl. I S. 1284, idF der Änderungsgesetze v. 23. 12. 1971, BGBl. I S. 2133, v. 14. 7. 1980, BGBl. I S. 955, v. 11. 6. 1985, BGBl. I S. 1445, v. 19. 12. 1985, BGBl. I S. 2355, und v. 6. 8. 1986, BGBl. I S. 1275.

2. Länder- und Kommunalebene

Baden-Württemberg

Landeshaushaltsordnung (LHO) v. 19. 10. 1971, GBl. S. 428, idF der Änderungsgesetze v. 7. 6. 1982, GBl. S. 150, und v. 18. 10. 1982, GBl. S. 461, sowie der Änderungsverordnung v. 19. 3. 1985, GBl. S. 71 und des Änderungsgesetzes v. 19. 10. 1987, GBl. S. 445.

Gemeindeordnung (GO) idF der Bek. v. 3. 10. 1983, GBl. S. 577, berichtigt S. 720, zuletzt geändert durch Gesetz v. 18. 2. 1991, GBl. S. 85.

Eigenbetriebsgesetz (EigBG) v. 19. 6. 1987, GBl. S. 284.

Gemeindeprüfungsordnung (GemPrO) v. 25. 1. 1984, GBl. S. 107, zuletzt geändert durch Verordnung v. 5. 10. 1989, GBl. S. 482.

Bayern

Bayerische Haushaltsordnung (BayHO) v. 8. 12. 1971, GVBl. S. 433, idF der Änderungsgesetze v. 24. 7. 1974, GVBl. S. 371, v. 12. 7. 1979, GVBl. S. 183, v. 6. 8. 1981, GVBl. S. 301, v. 21. 7. 1983, GVBl. 508, v. 4. 4. 1985, GVBl. S. 79, und v. 30. 7. 1987, GVBl. S. 221.

Gemeindeordnung (GO) idF der Bek. v. 11. 9. 1989, GVBl. S. 585, geändert durch Gesetz v. 10. 8. 1990, GVBl. S. 268.

Eigenbetriebsverordnung (EigVO) v. 29. 5. 1987, GVBl. S. 195.

Kommunalwirtschaftliche Prüfungsverordnung (KommPrV) v. 3. 11. 1981, GVBl. S. 492, zuletzt geändert durch Verordnung v. 29. 5. 1987, GVBl. S. 195.

Berlin

Verfassung von Berlin (Verf.) v. 1. 9. 1950, VOBl. I S. 433, zuletzt geändert durch Gesetz v. 17. 12. 1988, GVBl. S. 2324.

Landeshaushaltsordnung (LHO) v. 5. 10. 1978, GVBl. S. 1961, zuletzt geändert durch Gesetz v. 21. 9. 1990, GVBl. S. 2074.

Eigenbetriebsgesetz (EigBG) v. 22. 12. 1988, GVBl. 1989 S. 117.

Bremen

Landeshaushaltsordnung (LHO) v. 25. 5. 1971, GBl. S. 143, idF der Änderungsgesetze v. 15. 12. 1971, GBl. S. 261, v. 24. 6. 1975, GBl. S. 298, v. 9. 4. 1979, GBl. S. 113, v. 7. 2. 1983, GBl. S. 15, v. 10. 11. 1986, GBl. S. 269, v. 8. 9. 1987, GBl. S. 235, und v. 7. 2. 1989, GBl. S. 74.

Bremisches Rahmengesetz für Eigenbetriebe der Stadtgemeinden (BremREBG) v. 14. 12. 1990, GBl. S. 519.

Hamburg

Landeshaushaltsordnung (LHO) v. 23. 12. 1971, GVBl. S. 261, ber. am 18. 1. 1972, GVBl. S. 10, idF der Änderungsgesetze v. 8. 3. 1982, GVBl. S. 53, v. 22. 12. 1983, GVBl. S. 343 und v. 1. 6. 1986, GVBl. S. 174.

Hessen

Hessische Landeshaushaltsordnung (LHO) v. 8. 10. 1970, GVBl. S. 645, idF der Änderungsgesetze v. 4. 9. 1974, GVBl. I S. 361, v. 18. 6. 1986, GVBl. I S. 157, und v. 25. 9. 1987, GVBl. I S. 174.

Hessische Gemeindeordnung (HGO) idF der Bek. v. 1. 4. 1981, GVBl. I S. 66, zuletzt geändert durch Gesetz v. 25. 5. 1990, GVBl. S. 173.

Eigenbetriebsgesetz (EigBG) v. 9. 6. 1989. GBl. I S. 154.

Verordnung zur Bestimmung der Formblätter für den Jahresabschluß der Eigenbetriebe v. 9. 6. 1989, GVBl. S. 162.

Niedersachsen

Niedersächsische Landeshaushaltsordnung (LHO) v. 7. 4. 1972, GVBl. S. 181, idF des Änderungsgesetzes v. 30. 5. 1974, GVBl. S. 289.

Niedersächsische Gemeindeordnung (NGO) idF der Bek. v. 22. 6. 1982, GVBl. S. 229, sowie der Änderungsgesetze v. 20. 12. 1984, GVBl. S. 283, v. 10. 5. 1986, GVBl. S. 140, v. 13. 10. 1986, GVBl. S. 323, v. 26. 11. 1987, GVBl. S. 214, v. 19. 9. 1989, GVBl. S. 345 und v. 27. 3. 1990 GVBl. S. 115.

Eigenbetriebsverordnung (EigVO) v. 15. 8. 1989, GVBl. S. 318, ber. 11. 1. 1990, GVBl. S. 30.

Formblätter: RdErl. v. 15. 8. 1989, MBl. S. 972.

Verordnung über die Prüfung des Jahresabschlusses der Eigenbetriebe und anderer prüfungspflichtiger Einrichtungen v. 14. 7. 1987, GVBl. S. 125.

Nordrhein-Westfalen

Landeshaushaltsordnung (LHO) v. 14. 12. 1971, GVBl. S. 397, ber. am 28. 1. 1972, GVBl. S. 14, idF des Änderungsgesetzes v. 6. 10. 1987, GVBl. S. 342.

Gemeindeordnung idF der Bek. v. 13. 8. 1984, GVBl. S. 475, zuletzt geändert durch Gesetz v. 30. 4. 1991, GVBl. S. 222.

Eigenbetriebsverordnung (EigVO) v. 1. 6. 1988, GVBl. S. 324.

Verordnung über die Durchführung der Jahresabschlußprüfung bei Eigenbetrieben und prüfungspflichtigen Einrichtungen v. 9. 3. 1981, GVBl. S. 147, geändert durch Verordnung v. 28. 8. 1989, GVBl. S. 465.

Rheinland-Pfalz

Landeshaushaltsordnung (LHO) v. 20. 12. 1971, GVBl. 1972 S. 2.

Gemeindeordnung (GO) v. 14. 12. 1973, GVBl. S. 419, zuletzt geändert durch Gesetz v. 8. 4. 1991, GVBl. S. 110.

Eigenbetriebsverordnung (EigVO) v. 18. 9. 1975, GVBl. S. 381, zuletzt geändert durch VO v. 22. 7. 1991, GVBl. S. 321.

Landesverordnung über die Prüfung kommunaler Einrichtungen v. 14. 12. 1973, GVBl. S. 419, zuletzt geändert durch Gesetz v. 22. 7. 1991, GVBl. S. 331.

Saarland

Kommunalselbstverwaltungsgesetz (KSVG) v. 15. 1. 1964, ABl. S. 123, idF der Bek. v. 18. 4. 1989, ABl. S. 557.

Eigenbetriebsverordnung (EigVO) v. 1. 6. 1987, ABl. S. 761.

Verordnung über die Prüfung des Jahresabschlusses der Eigenbetriebe und der Einrichtungen mit Sonderrechnung v. 27. 10. 1989, ABl. S. 1545.

Sachsen

Verordnung des Staatsministeriums des Innern über die Haushaltswirtschaft der Gemeinden (Gemeindehaushaltsverordnung – GemHVO) v. 8. 1. 1991 (Sächsisches GVBl. v. 28. 1. 1991 Nr. 1).

Sachsen-Anhalt

Beschluß der Landesregierung über Regelungen zur vorläufigen Haushaltsführung 1991 v. 11. 12. 1990, MBl. des Landes Sachsen-Anhalt (LSA) Nr. 2/1991 S. 11.

Schleswig-Holstein

Landeshaushaltsordnung (LHO) v. 22. 4. 1971, GVBl. S. 162.

Gemeindeordnung (GO) idF der Bek. v. 11. 11. 1977, GVBl. S. 410, idF der Änderungsgesetze v. 15. 2. 1978, GVBl. S. 28, v. 22. 12. 1982, GVBl. S. 308, v. 14. 5. 1985, GVBl. S. 123, und v. 16. 12. 1986, GVBl. 1987 S. 2, v. 2. 4. 1990, GVBl. S. 159, v. 29. 10. 1990, GVBl. S. 529 und v. 24. 4. 1991, GVBl. S. 255.

Eigenbetriebsverordnung (EigVO) v. 29. 12. 1986, GVBl. 1987 S. 11.

Gesetz über die überörtliche Prüfung kommunaler Körperschaften und die Jahresabschlußprüfung kommunaler Wirtschaftsbetriebe (Kommunalprüfungsgesetz – KPG) v. 25. 7. 1977, GVBl. S. 186, geändert durch Gesetz v. 21. 3. 1989, GVBl. S. 44, ber. S. 54.

Thüringen

Thüringer Landeshaushaltsordnung (LHO) v. 8. 2. 1991, GVBl. Thüringen v. 8. 2. 1991, Nr. 2 S. 3.

I. Begriff, Rechtsformen

2   Ein Wirtschaftsbetrieb der öffentlichen Hand ist gegeben, wenn das Eigenkapital zu mehr als 50 vH bei der öffentlichen Hand (Bund, Land, Kreis oder Gemeinde) liegt. Wirtschaftsbetriebe der öffentlichen Hand werden in der Rechtsform der

– Kapitalgesellschaften,

– des Eigenbetriebes der Gemeinden und Gemeindeverbände,

sowie

– der juristischen Personen des öffentlichen Rechtes betrieben, deren rechtliche Grundlagen kaufmännische Rechnungslegung und Jahresabschlußprüfung vorsehen, die idR mit denen für Kapitalgesellschaften und Eigenbetriebe weitgehend übereinstimmen.

3   Auch die Deutsche Bundesbahn und die Deutsche Bundespost mit ihren drei Unternehmungen (Postdienst, Postbank und TELEKOM) gehören hierzu, ebenso in öffentlicher Hand befindliche Kreditinstitute, Versicherungen, Sparkassen und Krankenhäuser. Deren Besonderheiten werden hier aber nicht behandelt, da die für sie geltenden Vorschriften über Rechnungslegung und Prüfung branchenspezifisch geregelt sind und – zum Teil – an anderer Stelle kommentiert werden. Vgl. Abschnitt J und K. Die Rechnungslegung und Prüfung der Deutschen Bundesbahn und der Deutschen Bundespost sind im Bundesbahngesetz vom 13. 12. 1951 bzw. im Poststrukturgesetz vom 8. 7. 1989 geregelt.

4   Begrifflich nicht unter Wirtschaftsbetriebe sind kommunale Einrichtungen zu subsumieren, die hoheitlichen Aufgaben dienen, aber nach den Bestimmungen des Eigenbetriebsrechtes verwaltet werden. Auch die Rechnungslegung und Prüfung dieser Einrichtungen (zB Abwasser- und Abfallbeseitigungseinrichtungen) richten sich dann nach den Vorschriften für Eigenbetriebe [1].

---

1 Vgl. §§ 85 und 86 GO RhldPf.

Die hier nun betrachteten Wirtschaftsbetriebe der öffentlichen Hand in der **5**
Rechtsform der Kapitalgesellschaften sind idR AGs oder GmbHs. Ihr Unternehmensgegenstand ist am häufigsten die Energie- und Verkehrswirtschaft mit den
damit verbundenen Nebenbetrieben. Man unterscheidet Eigengesellschaften –
die Anteile gehören nur einer Körperschaft des öffentlichen Rechts – und ge-
mischtwirtschaftliche Gesellschaften – Beteiligung auch privater Anteilseigner.

Wirtschaftsbetriebe der öffentlichen Hand in der Rechtsform des Eigenbetriebes **6**
sind Sondervermögen ohne eigene Rechtspersönlichkeit, die getrennt vom Haushalt der Körperschaft des öffentlichen Rechtes geführt und abgerechnet werden.
Typische Beispiele: Die städtischen Betriebe (Stadtwerke), die sich vornehmlich
mit der Energie- und Wasserversorgung und dem öffentlichen Personennahverkehr befassen.

II. Rechnungslegung

Die Rechnungslegung der Wirtschaftsbetriebe der öffentlichen Hand richtet sich **7**
im wesentlichen nach den Vorschriften des Handels- und Gesellschaftsrechts.
Die hier erläuterten Besonderheiten in der Rechnungslegung dieser Unternehmungen sind bei den Bundes- und Landesbetrieben vornehmlich in Haushalts-
ordnungen des Bundes und der Länder und für die kommunalen Betriebe und
Einrichtungen in den Gemeindeordnungen und eigenbetriebsrechtlichen Vorschriften zu finden (s. unter I).

1. Wirtschaftsbetriebe der öffentlichen Hand
in privater Rechtsform

Für den Einzelabschluß und den KA dieser Unternehmen gelten die Vorschrif- **8**
ten des Dritten Buchs des HGB für große Kapitalgesellschaften (§ 65 BHO, § 65
LHO NW, § 89 GO NW).

Als branchenspezifische Besonderheit ist die Verordnung über die Gliederung **9**
des JA von Verkehrsunternehmen vom 27. 2. 1968 zu nennen: BGBl. I S. 193,
geändert durch Verordnung vom 13. 7. 1988, BGBl. I S. 1057. Danach haben
AG, KGaG und GmbH, die Eisenbahnen des öffentlichen Verkehrs oder die
Beförderung von Personen mit Straßenbahnen, O-Bussen oder Kraftfahrzeugen
im Linienverkehr und die Beförderung von Gütern für andere mit Kraftfahrzeugen betreiben, in der Bilanzgliederung dem Posten § 266 Abs. 2 Aktivseite A. II.
Nr. 1 HGB den Vermerk anzufügen:

– „davon
    a) Geschäfts-, Betriebs- und andere Bauten
    b) Bahnkörper und Bauten des Schienenweges"

und an die Stelle des Postens § 266 Abs. 2 Aktivseite A. II. Nr. 2 HGB die folgenden Posten Nr. 2 bis 4 auszuweisen:

2. Gleisanlagen, Streckenausrüstung und Sicherungsanlagen
3. Fahrzeuge für Personen- und Güterverkehr
4. Maschinen und maschinelle Anlagen, die nicht zu Nr. 2 oder 3 gehören.

Wahlweise können der Vermerk und die vorgeschriebenen Posten auch im Anhang gesondert ausgewiesen werden.

10 Diese Vorschrift gilt zwar allgemein, also unabhängig von der Eigentümerschaft der Gesellschaften, die Unternehmungen des öffentlichen Verkehrs befinden sich aber überwiegend in öffentlicher Hand.

2. Eigenbetriebe

11 Für Eigenbetriebe gilt das Eigenbetriebsrecht des jeweiligen Landes, das Eigenbetriebsgesetz bzw. die Eigenbetriebsverordnung.

12 Im Grundschema sind Rechnungs- und Rechenschaftslegung in den Ländern übereinstimmend geregelt. Das Rechnungswesen besteht aus Wirtschaftsplan, Erfolgsplan, Vermögensplan, Stellenübersicht, Buchführung und Kostenrechnung. Außerdem ist die Berichterstattung an die jeweiligen aufsichtsführenden Stellen detailliert vorgegeben.

13 Grundsätzlich ist als Buchführungssystem die kaufmännische doppelte Buchführung vorgesehen. In einigen Ländern ist noch eine entsprechende Verwaltungsbuchführung (Kameralbuchführung) zulässig, wenn aus ihr ein JA nach den kaufmännischen Regeln abgeleitet werden kann. Das setzt dann entsprechende Überleitungsrechnungen voraus. In der Praxis wird eine solche Verwaltungsbuchführung im wesentlichen nur noch bei kleineren Betrieben anzutreffen sein.

14 Die Vorschriften des Dritten Buches des HGB über Buchführung, Inventar und Aufbewahrung finden durchgehend Anwendung. Der JA besteht aus Bilanz, GuV und Anhang. Dabei finden die allgemeinen Vorschriften, die Ansatzvorschriften, die Vorschriften über die Bilanz und die GuV, die Bewertungsvorschriften und die Vorschriften über den Anhang des Dritten Buches des HGB für den JA der großen Kapitalgesellschaften Anwendung, soweit sich aus den eigenbetriebsrechtlichen Vorschriften nichts anderes ergibt.

15 Alle Länder sehen zwingend für die Bilanz und die GuV Formblätter vor, die durch Formblätter für den Anlagennachweis und die Erfolgsübersicht ergänzt werden. Die Formblätter für die Bilanz und für die GuV folgen im wesentlichen der Gliederung nach § 266 HGB bzw. § 275 HGB.

16 Da die ganz überwiegende Mehrheit der betroffenen Eigenbetriebe Versorgungs- und Verkehrsbetriebe sind, sind die Formblätter – insbesondere bei den Posten der Sachanlagen – auf die speziellen Verhältnisse dieser Branchen ausgerichtet.

17 Bei Betrieben mit anderen Gegenständen ist die Gliederung abweichend zu gestalten. Sie muß aber gleichwertig bleiben.

18 Die Formblätter enthalten – anders als die Gliederungen nach § 266 HGB und § 275 HGB – bereits Posten, die aufgrund besonderer Vorschriften des HGB ausgewiesen werden müssen; wie

– im Bilanzformblatt auf der Passivseite unter B. **Sonderposten mit Rücklagenanteil** (§ 273 HGB),

– im Formblatt für die GuV die im § 277 Abs. 3 Satz 2 HGB (Erträge aus Gewinngemeinschaften, Gewinnabführungs- und Teilgewinnabführungsverträgen) und im § 281 Abs. 2 Satz 2 und 3 HGB (Bewegungen des Sonderpostens mit Rücklageanteil, die die GuV berühren) vorgesehenen Angaben.

Besonderes Gewicht hat im Bilanzformblatt auf der Aktivseite die Fußnote zu   **19** den Forderungen aus Lieferungen und Leistungen, nach der diese unter **Abgrenzung der Verbrauchsablesung** auf den Bilanzstichtag zu ermitteln sind. Energie- und Wasserversorgungsunternehmen können die verkauften Energie- und Wassermengen nicht insgesamt am Bilanzstichtag exakt messen. Das gilt insbesondere für die große Anzahl der Tarifabnehmer. Die Unternehmen müssen deshalb auf Schätzverfahren zurückgreifen, die besonders problembehaftet sind, wenn die Verbrauchsablesungen für diese Gruppe sich kontinuierlich über das ganze Jahr erstrecken (rollierende Jahresverbrauchsablesung). Zum Abgrenzungsverfahren selbst, zu den Fragen der Rechnungslegung und Prüfung hat daher der KFA die St. 1/1983 herausgegeben.

Auf der Passivseite des Bilanzformblattes wird ein sonst nicht allgemein üblicher   **20** Posten aufgeführt: C. **Empfangene Ertragszuschüsse.** Dies ist eine Besonderheit bei kommunalen Wirtschaftsbetrieben, die Bauzuschüsse aufgrund allgemeiner Lieferbedingungen erheben können, Zuschüsse, die der Empfänger von Versorgungsleistungen für den Anschluß an das Versorgungsnetz zu zahlen hat. Diese Beträge können passiviert und jährlich mit einem Zwanzigstel als Ertrag vereinnahmt werden; die Auflösungsbeträge werden als Umsatzerlöse in der GuV ausgewiesen. Wahlweise kann der Eigenbetrieb derartige Ertragszuschüsse auch von den Anschaffungs- oder Herstellungskosten der bezuschußten Anlagen absetzen.

Kapitalzuschüsse der öffentlichen Hand, die die Gemeinde für den Eigenbetrieb   **21** erhalten hat, sind dem Eigenkapital zuzuführen, soweit die den Zuschuß bewilligende Stelle nichts Gegenteiliges bestimmt hat. Im übrigen finden auf die Bilanzierung der Zuschüsse die allgemeinen Grundsätze ordnungsmäßiger Buchführung Anwendung[2].

Der **Anlagennachweis,** ein schon seit Jahrzehnten übliches Instrument der Rech-   **22** nungslegung der Eigenbetriebe, zeigt im Detail die Entwicklung des Anlagevermögens des Versorgungs- und Verkehrsbetriebs. Er erfüllt damit die Funktionen des in § 268 Abs. 2 HGB verlangten „Anlagenspiegels", wobei hier weitergehend nicht nur die Posten des Anlagevermögens lt. Bilanzformblatt, sondern noch untergliedert nach den jeweiligen Betriebszweigen (Stromversorgung, Gasversorgung, Wasserversorgung, Verkehrsbetriebe und gemeinsame Anlagen) dargestellt werden.

Das Formblatt für die **Gewinn- und Verlustrechnung** ist als Staffelform gestaltet,   **23** und zwar nach dem **GKV.** Hier ist darauf hinzuweisen, daß § 275 Abs. 4 HGB nicht anwendbar ist. Als letzter Posten der GuV wird bei den Eigenbetrieben nur der Jahresgewinn bzw. der Jahresverlust ausgewiesen, da über diese Beträge zunächst die zuständige Vertretung der Gebietskörperschaft entscheiden muß. Die anschließende Verwendung des Jahresergebnisses bzw. seine Behandlung wird nachrichtlich angegeben[3].

---

2 Vgl. hierzu § 22 EigVO NW.
3 Vgl. hierzu § 26 EigVO NW.

24 Wenn der Eigenbetrieb mehrere Betriebszweige hat, wird die GuV durch die **Erfolgsübersicht** ergänzt. Hierin werden nach Art eines Betriebsabrechnungsbogens Aufwendungen und Erträge auf die verschiedenen Betriebszweige aufgeteilt. Das Betriebsergebnis wird damit nach Sparten aufgegliedert. Nach Verrechnung – nun nicht mehr nach Betriebszweigen getrennt – der Posten Finanzerträge, ao. Ergebnis und Steuern vom Einkommen und vom Ertrag, wird für das Gesamtunternehmen das Unternehmensergebnis ausgewiesen, das mit dem Ergebnis der GuV identisch ist.

25 Abweichend von den anzuwendenden handelsrechtlichen Vorschriften über den **Anhang** (§ 285 HGB) gelten für die Eigenbetriebe einige redaktionelle Besonderheiten. So sind entsprechend § 285 Nr. 9 HGB die Bezüge für die Mitglieder der Werkleitung und für sonstige, für den Eigenbetrieb in leitender Funktion tätige Personen einerseits sowie für die Mitglieder des Werksausschusses andererseits gesondert anzugeben [4]. Die Namensnennung nach § 285 Nr. 10 HGB betrifft bei den Eigenbetrieben die Mitglieder der Werkleitung und des Werksausschusses. Bei den sonstigen in leitender Funktion für den Eigenbetrieb tätige Personen kann es sich hier zB um Mitglieder der Stadtverwaltung (Bürgermeister/Stadtdirektor oder Kämmerer) handeln, die leitende Funktionen im Eigenbetrieb übernehmen. Hier ist eine Angabe der Bezüge nur erforderlich, wenn der Eigenbetrieb diesen Personen Beträge direkt vergütet. In Verwaltungskostenbeiträgen enthaltene Abgeltungen sind nicht zu erfassen, wenn sie nicht zu Einnahmen bei den Personen selbst führen.

26 § 285 Nr. 8 und § 286 Abs. 2 und 3 HGB finden wegen fehlender Relevanz bei den Eigenbetrieben keine Anwendung.

27 Ebenso wie Kapitalgesellschaften haben auch Eigenbetriebe einen **Lagebericht** zu erstellen, dessen Grundtenor § 289 Abs. 1 HGB entspricht, aber über die nach § 289 Abs. 2 Nr. 1 bis 3 HGB vorgesehenen noch weitere Angaben verlangt über:

– die dem Eigenbetrieb gehörenden Grundstücke,
– die grundstücksgleichen Rechte,
– die wichtigsten Anlagen (Bestand, Leistungsfähigkeit und Ausnutzungsgrad), sowie
– die in Gang gesetzten und geplanten Bauvorhaben.
– Ferner ist die Entwicklung des Eigenkapitals und der Rückstellungen, jeweils unter Angabe von Anfangsbestand, Zugängen und Entnahmen, darzustellen.
– Die Umsatzerlöse sind mittels einer Mengen- und Tarifstatistik des Berichtsjahrs im Vergleich mit dem VJ zu zeigen, und schließlich ist
– der Personalaufwand mittels einer Statistik über die zahlenmäßige Entwicklung der Belegschaft und der Angabe der Gesamtsummen der Löhne, Gehälter, Vergütungen, sozialen Abgaben, Aufwendungen für Altersversorgung und Unterstützung einschließlich der Beihilfen und der sonstigen sozialen Aufwendungen für das WJ darzustellen.

28 JA, LB und **Erfolgsübersicht** sind bis zum Ablauf von 3 Monaten nach Ende des WJ **aufzustellen.** Die Satzung kann eine andere Frist von nicht mehr als 6 Monaten bestimmen.

---

4 Vgl. hierzu § 24 Abs. 1 EigVO NW.

Der Rat der Gemeinde stellt den JA und den LB idR innerhalb eines Jahres 29
nach Ende des WJ fest. Zugleich beschließt er dann über die **Verwendung des
Jahresgewinns oder die Behandlung des Jahresverlustes.**

Eine weitere Besonderheit der eigenbetrieblichen Rechnungslegung betrifft 30
Art. 28 EG/HGB idF des BiRiLiG **(Behandlung von Pensionsverpflichtungen).**
Die Vorschrift ist mit der Maßgabe anzuwenden, daß in den Fällen des Abs. 1
eine Rückstellung nicht gebildet zu werden braucht, wenn der Pensionsberechtigte seinen Rechtsanspruch vor dem 1. 1. 1988 erworben hat oder sich ein vor
diesem Zeitpunkt erworbener Rechtsanspruch nach dem 31. 12. 1987 erhöht.
Die entsprechende Anwendung des Artikel 28 entfällt, wenn der Eigenbetrieb
das Deckungskapital für das Versorgungsverhältnis schon bisher durch eine
Rückstellung ausgewiesen hat.

Fehlbeträge für laufende Pensionen, Anwartschaften auf Pensionen und ähnli- 31
che Verpflichtungen sind im Anhang in einem Betrag anzugeben[5].

III. Prüfung

Allgemein gilt für die hier relevanten Wirtschaftsbetriebe der öffentlichen Hand, 32
daß ihr JA und LB gemäß den Vorschriften des Dritten Buches des HGB für
große Kapitalgesellschaften zu prüfen ist[6]. APr. sind WP und WPG. Bei Eigenbetrieben können auch öffentlich-rechtliche Prüfungseinrichtungen APr. sein,
sofern sie die Prüfung durch einen WP oder eine WPG vornehmen lassen[7].

Die Prüfungsvorschriften für die Wirtschaftsbetriebe der öffentlichen Hand 33
sehen indes weitere Prüfungen im Rahmen der Jahresabschlußprüfung vor.

1. Wirtschaftsbetriebe der öffentlichen Hand
in privater Rechtsform

Gehören einer Gebietskörperschaft oder mehreren Gebietskörperschaften die 34
Mehrheit der Anteile eines Unternehmens in einer Rechtsform des privaten
Rechts (in der Praxis handelt es sich idR um Kapitalgesellschaften) kann von
dem Unternehmen verlangt werden, daß es im Rahmen der Abschlußprüfung
auch die Ordnungsmäßigkeit der Geschäftsführung prüfen läßt und die APr.
beauftragt, in ihrem Bericht auch darzustellen

a) die Entwicklung der Vermögens- und Ertragslage sowie die Liquidität und
   Rentabilität der Gesellschaft,
b) verlustbringende Geschäfte und die Ursachen der Verluste, wenn diese
   Geschäfte und die Ursachen für die Vermögens- und Ertragslage von Bedeutung waren,
c) die Ursachen eines in der GuV ausgewiesenen Jahresfehlbetrages[8].

---

5 Vgl. hierzu § 28 EigVO Saar.
6 Vgl. hierzu § 65 BHO, § 65 LHO NW, § 89 GO NW.
7 Vgl. hierzu § 115 GO BaWü.; § 103a GO NW.
8 § 53 Abs. 1 HGrG.

35   Ziel dieses erweiterten Prüfungsumfanges ist die Deckung des Informationsbedarfs der für die Wirtschaftsbetriebe der öffentlichen Hand zuständigen Aufsichtsgremien, letztendlich auch der interessierten Öffentlichkeit. Entscheidend ist hier auch die Frage nach der wirtschaftlichen Führung solcher Unternehmungen, die vielfach öffentlichen Zwecken dienend nicht immer nach der üblichen Rentabiliätsformel beurteilt werden können.

36   Bestellt werden die APr. bei den Gesellschaften des Privatrechtes nach den für die Rechtsform geltenden Vorschriften.

2. Eigenbetriebe

37   Die für die Bundes- und Landesunternehmen gültige Vorschrift des § 53 Abs. 1 HGrG ist – da ihre unmittelbare Geltung für die Eigenbetriebe umstritten ist – in die eigenbetriebsrechtlichen Vorschriften übernommen worden. BaWü. macht insoweit eine Ausnahme, als die Prüfung der Ordnungsmäßigkeit der Geschäftsführung nach § 53 Abs. 1 HGrG im Einzelfall eines ausdrücklichen Auftrages bedarf.

38   Auswahl und Bestellung der APr. der kommunalen Eigenbetriebe sind in einzelnen Ländern unterschiedlich geregelt. IdR werden sie durch die Gemeindevertretungen vorgeschlagen. Der Prüfungsauftrag wird in Bayern, Hessen, Rheinland-Pfalz und im Saarland von der Gemeinde erteilt[9], während in den anderen Ländern Auftraggeber die Gemeinde- oder Kommunalprüfungsämter bei den Bezirksregierungen oder die Landesrechnungshöfe sind[10].

3. Die wirtschaftlichen Verhältnisse und die Ordnungsmäßigkeit der Geschäftsführung

39   Der Teil der Jahresabschlußprüfung bei den Wirtschaftsbetrieben der öffentlichen Hand, der sich nach den Regeln des HGB vollzieht, weist keine Besonderheiten gegenüber den Jahresabschlußprüfungen bei Unternehmen der Privatwirtschaft aus. Die Besonderheiten liegen in der Prüfung der **Ordnungsmäßigkeit der Geschäftsführung** und der bedeutsamen **wirtschaftlichen Verhältnisse.** Hierzu gibt es Spezialliteratur[11], auch detaillierte Anweisungen der zuständigen Aufsichtsbehörden[12], die Bestandteile der Vertragsbedingungen für den Prüfungsauftrag sind.

---

9 Vgl. § 86 Abs. 4 GO RhldPf., § 27 Abs. EigBG Hes.
10 Vgl. § 103a Abs. 2 GO NW, § 11 Kommunalprüfungsgesetz SchlH.
11 Forster, Die durch § 53 des HGrG erweiterte Abschlußprüfung von privaten Unternehmen, WPg. 1975 S. 393; Bolsenkötter, Die Prüfung der wirtschaftlichen Verhältnisse, HdJ, Heft VI/7; Bolsenkötter, Die Prüfung der Ordnungsmäßigkeit der Geschäftsführung, HdJ Heft VI/8; Potthoff, Prüfung der Ordnungsmäßigkeit der Geschäftsführung, Stuttgart/Berlin/Köln/Mainz 1982; Zeiß, Das Eigenbetriebsrecht der gemeindlichen Betriebe, 3. Aufl. Stuttgart 1984.
12 Grundsätze für die Prüfung von Unternehmen nach § 53 HGrG, Anlage zur Vorl. VV Nr. 2 zu § 68 BHO, MBl. BMWF 1987 S. 263 = FN 1988 S. 192; Richtlinien für die Abschlußprüfung bei Eigenbetrieben des Landes Berlin, RdVfg. Nr. 2/1986 des RH Bln.; Anwendungshinweise zu den Grundsätzen für die Prüfung von Unternehmen nach § 53 HGrG v. 16. 2. 1976 der Freien und Hansestadt Hamburg, Behörde für Vermögen und öffentliche Unternehmen.

Der KFA hat für die Prüfung der Ordnungsmäßigkeit der Geschäftsführung und **40**
der wirtschaftlichen Verhältnisse bei kommunalen Eigenbetrieben einen Fragenkatalog mit 124 Einzelfragen zur Prüfung der Sachverhalte

I.   Ordnungsmäßigkeit der Geschäftsführungsorganisation
II. Ordnungsmäßigkeit des Geschäftsführungsinstrumentariums
III. Ordnungsmäßigkeit der Geschäftsführungstätigkeit
IV. Bilanzaufbau, Vermögenslage, Finanzlage, Liquidität
V.   Ertragslage

herausgegeben (St/KFA 1/1989), der die Materie umfassend behandelt. Dabei
ist zu berücksichtigen, daß die einzelnen Prüfungsfragen nicht insgesamt in
jeder Jahresabschlußprüfung beantwortet werden können; die umfangreiche
Materie erfordert eine entsprechende Prüfungsplanung mit Schwerpunktbildun-
gen über einige Jahre hinweg, wobei aus der aktuellen Situation sich anbietende
Prüfungsgegenstände eine entsprechende Priorität beanspruchen.

Der KFA-Fragenkatalog ist in erster Linie auf die Verhältnisse von Versor- **41**
gungs- und Verkehrsbetrieben zugeschnitten. Die grundlegenden Fragestellungen sind aber auch auf Betriebe anderer Branchen anwendbar. Er wird vielfach
als Bestandteil der Prüfungsaufträge (zB zwischen GPA und WP/WPG) vereinbart.

Die Prüfungsgegenstände Ordnungsmäßigkeit der Geschäftsführung und Beur- **42**
teilung wirtschaftlich bedeutsamer Sachverhalte setzen beim APr. entsprechende
Kenntnisse der jeweiligen Geschäftszweige voraus. Er muß eingehend mit der
Materie vertraut sein, um die Fragen sachgerecht beantworten zu können, wobei
auch die Wechselbeziehungen zu den Gebietskörperschaften von Bedeutung
sind, also häufig auch öffentliches Recht mit in die Beurteilung zu überprüfen-
der Sachverhalte einzubeziehen ist.

Beim Prüfungsgegenstand Ordnungsmäßigkeit der Geschäftsführung ist zu **43**
beachten, daß nicht die Geschäftsführung im umfassenden Sinne einschließlich
der Geschäftspolitik und der Zweckmäßigkeit der unternehmenspolitischen Entscheidungen geprüft werden soll; die Betonung dieser Prüfung liegt auf dem
Begriff Ordnungsmäßigkeit, der in den oben erwähnten Materialien zu diesem
Prüfungsgegenstand im einzelnen definiert ist.

Probleme enthält der Prüfungsgegenstand wirtschaftliche Verhältnisse, weil die **44**
Wirtschaftsbetriebe der öffentlichen Hand öffentliche Zwecke verfolgen, die
nicht immer mit dem allgemeinen Rentabilitätsmaßstab beurteilt werden können, der ausdrücklich hinter dem öffentlichen Zweck zurücktreten kann. Beispiel: die dauernd defizitären Unternehmen des öffentlichen Personennahverkehrs.

Bei diesen Prüfungen der wirtschaftlichen Führung der Unternehmen geht es **45**
um die Frage, ob das **Wirtschaftlichkeitsprinzip** in seinen beiden Ausprägungen
eingehalten wird. Bei Wirtschaftsbetrieben der öffentlichen Hand, die in Konkurrenz mit anderen – auch privatwirtschaftlichen – Unternehmen stehen, spielt
auch die Rentabilität des Unternehmens eine Rolle. Hier wird also zu fragen
sein, ob mit dem gegebenem Aufwand ein möglichst hoher Erfolg erzielt wird.
Bei den chronisch defizitären Verkehrsbetrieben zB kann die Wirtschaftlich-
keitsmaxime nur lauten, daß der vorgegebene öffentliche Zweck, nämlich der

öffentliche Personennahverkehr, mit dem geringstmöglichen Aufwand erreicht wird.

46 Das Problem liegt in diesen Fällen in der Bewertung des Outputs solcher Unternehmen, der Bewertung des öffentlichen Nutzens, der nicht alleine aus den Daten einer kaufmännischen GuV ableitbar ist. Die Quantifizierung dieses öffentlichen Nutzens kann auch noch an unterschiedlichen Orten unterschiedlich ausgeprägt sein, wobei politische Meinungsunterschiede ausschlaggebend sein können. Es vermischen sich betriebswirtschaftliche und gemeinwirtschaftliche Betrachtungsweise, wobei der letzteren die exakte Quantifizierbarkeit fehlt.

47 Es gibt Versuche, dieses Problem wenigstens teilweise zu lösen, indem der Begriff des **Kostendeckungsgrades** (genauer: Aufwanddeckungsgrades) bei den öffentlichen Personennahverkehrsbetrieben eingeführt wurde, der aussagt, in welchem Maße die Aufwendungen durch die Erträge der Betriebe gedeckt sind. Der Deutsche Städtetag und der Verband öffentlicher Verkehrsbetriebe (VÖV) haben in einer Verlautbarung die Auffassung vertreten, daß bei Unternehmen des öffentlichen Personennahverkehrs mit Schienen- und Busverkehr in Großstädten eine Kostendeckung von 60%, in kleineren und mittleren Städten mit Omnibusbetrieb von 70% und im ländlichen Raum mit Omnibusbetrieb und Linienstruktur von 80% als Untergrenze vertretbar sei. Die fehlenden Kostendeckungsbeiträge repräsentieren somit die gemeinwirtschaftlichen Leistungen, die aus Mitteln der öffentlichen Hand aufgebracht werden müssen. Damit wird erkennbar, daß diese Maßstäbe nur grobe Anhaltswerte sein können. Sie geben mehr einen Zielerreichungsgrad für die Finanzierung des öffentlichen Personennahverkehrs aus öffentlichen Haushalten ab, die mit Defizitabdeckungen eintreten müssen als etwa Maßstab für die Wirtschaftlichkeit des Unternehmens zu sein. Diese wird nur durch eingehende Analyse wichtiger, für die Ertrags- und Aufwandsentwicklung entscheidender Sachverhalte zu beurteilen sein.

48 Auf diesem Prüfungsgebiet wird somit von dem APr. ein Urteil über die Wirtschaftlichkeit der betrieblichen Leistungserstellung und -verwertung erwartet. Der Auftraggeber kann allerdings keine umfassende Organisationsuntersuchung durch die Jahresabschlußprüfung erwarten. Wohl muß der APr. auf erkennbare Mängel hinweisen, die ggf. durch weitergehende Untersuchungen näher analysiert werden müssen. In diesem Zusammenhang wird erwartet, daß der Abschlußprüfer **Entscheidungshilfen** gibt. Der KFA hat hierzu die St/1/1984: Entscheidungshilfen im Rahmen der Jahresabschlußprüfung bei kommunalen Wirtschaftsbetrieben herausgegeben.

49 Zu dem Prüfungsgegenstand wirtschaftlich bedeutsamer Sachverhalte sollen noch kurz zwei Punkte angesprochen werden. Der eine betrifft die **Eigenkapitalausstattung** kommunaler Eigenbetriebe und der andere die Qualifizierung des **Jahresgewinnes von Versorgungsunternehmen.**

50 Kommunale Eigenbetriebe sind Sondervermögen der Gemeinde und somit nicht konkursfähig. Deshalb liegt es nahe anzunehmen, daß dort die Qualität der Eigenkapitalausstattung nicht die Bedeutung wie etwa bei Unternehmungen der Privatwirtschaft hat. Nun sehen aber die entsprechenden eigenbetrieblichen Vorschriften vor, daß auch ein Eigenbetrieb mit einem angemessenen Eigenkapital ausgestattet sein soll. Hier besteht gewissermaßen die Pufferfunktion des Eigenkapitals in Beziehung zum kommunalen Haushalt. Der kommunale Eigenbetrieb soll sich weitgehend unabhängig von den kommunalen Finanzen im Haushalt entwickeln können, wobei durch eine sachgerechte Unternehmenspolitik auch genügend Erträge bereitgestellt werden sollen, um über angemessene **Rücklagenbildung** technischen Fortschritt und Wachstum mitfinanzieren zu können. Der KFA hat sich mit diesem Gegenstand eingehend beschäftigt (vgl. St/ KFA 1/1976 Angemessenheit der Eigenkapitalausstattung und Bestätigungsvermerk bei Wirtschaftsbetrieben der öffentlichen Hand).

Bei der Beurteilung der **Ertragslage der Versorgungsbetriebe** ist auf eine Besonderheit in dieser Branche hinzuweisen. Energie- und Wasserversorgungsunternehmen zahlen für die Benutzung der öffentlichen Wege und für das ausschließliche Recht der Versorgung in dem Gebiet der Gebietskörperschaft **Konzessionsabgaben.** Diese Konzessionsabgabenzahlungen sind an bestimmte Rentabilitätsvoraussetzungen gebunden, die das Preisrecht (Konzessionsabgabenanordnung v. 4. 3. 1941) und das Steuerrecht (Abschn. 32 KStR) fordern. **51**

Erst wenn ein bestimmter Mindesthandelsbilanzgewinn von dem Unternehmen erwirtschaftet ist, kann das Unternehmen die vereinbarten Konzessionsabgaben abführen. Reicht der Rohüberschuß vor Mindesthandelsbilanzgewinn, Ertragsteuern und Soll-Konzessionsabgabe nicht zur Deckung der vollen Konzessionsabgabe aus, wird diese entsprechend gekürzt. Die gekürzten Beträge müssen unter bestimmten Voraussetzungen innerhalb der nächsten fünf Jahre nachgeholt werden. Es kann sich also im zwischenbetrieblichen Vergleich ergeben, daß zwei etwa gleich große Unternehmen mehr oder weniger gleich hohe Gewinne ausweisen, das eine Unternehmen die volle Konzessionsabgabe abführt, während das andere Unternehmen mit einer gekürzten oder auch ohne Konzessionsabgabe abschließt. Hier kann das Jahresergebnis nur iVm. der von ihm abhängigen Konzessionsabgabe Beurteilungsmaßstab der wirtschaftlichen Verhältnisse sein. **52**

4. Prüfungsergebnis
(Prüfungsbericht und Bestätigungsvermerk)[13]

Hier gelten über die einschlägigen §§ 321 und 322 HGB hinaus für die Wirtschaftsbetriebe der öffentlichen Hand einige Besonderheiten. **53**

Für Kapitalgesellschaften, an denen Bund und Länder beteiligt sind, sind bei Prüfungen nach § 53 HGrG die in Fn. 12 zitierten Grundsätze des BdF für die Berichterstattung zu beachten. **54**

Für kommunale Eigenbetriebe haben einzelne Länder[14] Richtlinien über die Gliederung und den Inhalt der Prüfungsberichte erlassen. Auch der KFA hat Richtlinien für den Bericht über die Jahresabschlußprüfung bei kommunalen Wirtschaftsbetrieben (St/KFA 1/1979) vorgelegt, die im Falle, daß keine ande- **55**

---

13 Hierzu vgl. auch Abschn. O Tz. 694 ff.
14 Vgl. Richtlinien für die Erstellung des Prüfungsberichtes, Anlage zu Allgemeinen Vertragsbedingungen für die Jahresabschlußprüfung kommunaler Wirtschaftsbetriebe, Bekanntmachung des MdI SchlH v. 23. 3. 1989 Abl. S. 97.

ren Richtlinien für den Prüfungsauftrag gelten, zweckmäßigerweise der Berichterstattung zugrunde gelegt werden [15].

56 IdR wird im PrB ein Nachweis der Feststellungen zur Ordnungsmäßigkeit der Geschäftsführung und zu den wirtschaftlichen Verhältnissen nach Art eines Findexes aufgenommen, dh., daß zu den einzelnen Gegenständen entsprechende Hinweise auf die Stellen im PrB gegeben werden, wo nähere Ausführungen zu finden sind.

57 Für den BestV gilt für die Prüfungen der in der Rechtsform der Kapitalgesellschaften geführten Wirtschaftsbetriebe der öffentlichen Hand § 322 HGB. Feststellungen zu den Prüfungsgegenständen des § 53 HGrG werden in abschließenden Bemerkungen oder Schlußbemerkungen im PrB gebracht.

58 Bei den kommunalen Eigenbetrieben ist die Handhabung in den einzelnen Ländern unterschiedlich. Grundsätzlich entspricht der BestV der Kernfassung des § 322 HGB. In den Ländern Bay., Nds., Saar und SchlH enthält er auch noch eine Aussage über das Ergebnis der Prüfung der wirtschaftlichen Verhältnisse.

5. Öffentliche Prüfungseinrichtungen

59 Bei der Prüfung der Wirtschaftsbetriebe der öffentlichen Hand ist noch das Nebeneinander der vorstehend erläuterten Jahresabschlußprüfungen und den Prüfungen durch öffentliche Prüfungseinrichtungen von Bedeutung. Bei diesen handelt es sich auf Bundes- und Länderebene um Rechnungshöfe und im Umkreis von Prüfungen kommunaler Wirtschaftsbetriebe – nach Ländern unterschiedlich – ebenfalls um Landesrechnungshöfe, überörtliche Gemeinde- oder Kommunalprüfungsämter, Rechnungsprüfungsämter der Kreise und Städte.

60 Die Prüfungsfelder der Jahresabschlußprüfung und der örtlichen und überörtlichen Prüfung können sich überschneiden. Um die Gefahr von Doppelprüfungen oder prüfungsfreien Räumen zu vermeiden, empfiehlt es sich daher, rechtzeitig eine entsprechende Abstimmung zwischen dem Jahresabschlußprüfer und der öffentlichen Prüfungseinrichtung über die jeweiligen Prüfungsaufträge und -gegenstände vorzunehmen. Zum Verhältnis der Jahresabschlußprüfung zur örtlichen und überörtlichen Prüfung bei Kommunalen Wirtschaftsbetrieben ohne eigene Rechtspersönlichkeit hat der KFA eingehend Stellung genommen (St/ KFA 1/1981).

---

15 Vgl. Allgemeine Vertragsbedingungen für die Jahresabschlußprüfung von Eigenbetrieben und anderen prüfungspflichtigen Einrichtungen, Anlage 1. RdErl. des MdI Nds. v. 14. 11. 1988 MBl. S. 1051.

Abschnitt M

Erläuterungen zur Rechnungslegung und Prüfung im Konzern nach dem Handelsgesetzbuch

I. Leitgedanken der Konzernrechnungslegung

1. Aufgaben des Konzernabschlusses[1]

Die Aufgaben des Konzernabschlusses (KA) sind weitgehend die gleichen wie **1** die des Einzelabschlusses, so daß auf die entsprechenden Ausführungen verwiesen werden kann[2]. An die Stelle des einzelnen rechtlich selbständigen Unternehmens tritt die größere wirtschaftliche Einheit des Konzerns, die für Zwecke des KA wie ein rechtlich einheitliches Gebilde behandelt wird (§ 297 Abs. 3 S. 1 HGB)[3]. Aufgabe des KA ist es daher, ein den tatsächlichen Verhältnissen entsprechendes Bild der **Vermögens-, Finanz- und Ertragslage** des Konzerns zu geben, wobei die Aussagen der Konzernbilanz und KonzernGuV, ähnlich wie beim Einzelabschluß, durch den Konzernanhang und KonzernLB ergänzt und erläutert werden.

Da die einzelnen konsolidierten Unternehmen unbeschadet der wirtschaftlichen **2** Einheit des Konzerns rechtlich selbständig bleiben, sind sie auch weiterhin zur Aufstellung eines eigenen JA nach den für sie geltenden Vorschriften verpflichtet[4]. Der KA ersetzt nicht die Einzelabschlüsse, auch nicht den des Mutterunternehmens (MU); er tritt vielmehr als besonderer Abschluß der größeren wirtschaftlichen Einheit des Konzerns selbständig neben die Einzelabschlüsse der rechtlich selbständigen Unternehmen.

Der KA unterscheidet sich vom Einzelabschluß jedoch dadurch, daß er **keine** **3** **Grundlage für die Gewinnverteilung** bildet. Auch die Gesellschafter des MU haben keine Gewinnansprüche an den Konzern, sondern ausschließlich an das MU. Der KA bedarf daher auch keiner Feststellung durch Vorstand und AR oder die HV bzw. die Gesellschafterversammlung, wie sie in §§ 172, 173, 286 Abs. 1 AktG sowie § 46 GmbHG für den Einzelabschluß der AG, KGaA und GmbH geregelt ist. Für den KA genügt die Vorlage an den AR, soweit vorhanden (§ 337 Abs. 1 AktG, § 42 a Abs. 1, 4 GmbHG) und die HV/Gesellschafterversammlung (§ 337 Abs. 2 AktG, 42 a Abs. 1, 4 GmbHG). Dem steht nicht entgegen, daß das Konzernergebnis für die Beurteilung der Angemessenheit der Gewinnausschüttungen, insbesondere der des MU, berücksichtigt wird, zB zur

---

1 Der KA umfaßt nach der Legaldefinition in § 297 Abs. 1 HGB die Konzernbilanz, die Konzern-GuV und den Konzernanhang. Im folgenden umfaßt jedoch aus Vereinfachungsgründen der Begriff „Konzernabschluß" idR auch den Konzern-LB, sofern sich nicht aus dem Zusammenhang etwas anderes ergibt.

2 Vgl. F Tz. 1 ff. Zur Bedeutung des KA für die Konzernleitung, für Aktionäre, Gläubiger und sonstige Interessenten, vgl. *ADS*. Vorbem. zu §§ 290–315 Tz. 13 ff. sowie *Klein* in HdRKo. Teil II S. 413 ff.

3 Vgl. im einzelnen Tz. 6 ff.

4 Abweichend von § 325 Abs. 1 AktG 1965 sowie § 16 PublG 1969 sind nunmehr auch die Befreiungen von der Einreichung und Bekanntmachung des JA bei Eingliederung bzw. Anteilsvereinigung in einer Hand entfallen.

Vermeidung der Ausschüttung aus der Sicht des Konzerns unrealisierter Gewinne[5].

4   Auch die **Stellung der Gläubiger** der einzelnen konsolidierten Unternehmen wird durch den KA **nicht berührt.** Ihre Ansprüche richten sich ausschließlich an das Konzernunternehmen, demgegenüber die Forderung besteht, es sei denn, daß andere Konzernunternehmen Haftungsverhältnisse eingegangen sind[6].

5   Der KA ist ferner **keine Grundlage für die Besteuerung,** die grundsätzlich an die einzelnen rechtlich selbständigen Unternehmen anknüpft. Das Steuerrecht ignoriert, von einigen Ausnahmen abgesehen, die wirtschaftliche Einheit des Konzerns. Auch die Ansprüche des Fiskus richten sich daher, wie die der Anteilseigner und Gläubiger, nicht an den Konzern, sondern an die einzelnen Konzernunternehmen.

2. Einheitstheorie

6   Den Gründen, die den Gesetzgeber zum Erlaß der Konzernrechnungslegungsvorschriften veranlaßt haben[7], kann ein KA nicht gerecht werden, in dem unter Verzicht auf die Ausschaltung der Ergebnisse innerkonzernlicher Beziehungen die einzelnen Posten der Bilanz und GuV nur additiv zusammengefaßt sind. Die seitens des Gesetzgebers vom KA erwarteten Aussagen sind vielmehr nur dann möglich, wenn unter Verzicht auf alle Doppelerfassungen und unter Ausschaltung aller Erfolge, die nicht durch Lieferungen und Leistungen an Konzernfremde entstanden sind, die Vermögens-, Finanz- und Ertragslage des Konzerns als wirtschaftlicher Einheit gezeigt wird (Einheitstheorie § 297 Abs. 3 S. 1 HGB). Das Wesen der Einheitstheorie besteht darin, daß sie den Konzern als eine in sich geschlossene **wirtschaftliche Einheit** ansieht, in der die einzelnen Unternehmen unbeschadet ihrer rechtlichen Selbständigkeit wirtschaftlich die Stellung unselbständiger Betriebsabteilungen einnehmen.

7   Die Konzernrechnungslegungsvorschriften des HGB bauen in Übereinstimmung mit der im Schrifttum nahezu einhellig vertretenen Auffassung[8] und der auch im internationalen Bereich vorherrschenden Praxis[9] auf einer so verstandenen Einheitstheorie auf[10]. Daraus folgt, daß bei Zweifelsfragen eine sachgerechte Lösung grundsätzlich im Rahmen der Einheitstheorie gefunden werden muß.

---

5 Zum AktG 1965 vgl. Begr. RegE, *Kropff,* Aktiengesetz, Textausgabe mit Begr., Düsseldorf 1965, S. 436.
6 Vgl. zB zur Frage der Patronatserklärungen St/HFA 2/1976, WPg. S. 528 ff.
7 Vgl. Begr. AktG 1965, *Kropff,* Textausgabe S. 437, 443; vgl. ebenso Präambel zur 7. EG-RL abgedruckt bei *Biener/Schatzmann,* Konzernrechnungslegung, Düsseldorf 1983 S. 1 ff.
8 Vgl. *Schuhmann,* Der Konzernabschluß, Wiesbaden 1962, S. 35 sowie *Wentland,* Die Konzernbilanz als Bilanz der wirtschaftlichen Einheit Konzern, Frankfurt/Bern/Las Vegas 1979 sowie die dort angegebene Literatur; vgl. auch *Havermann,* Der Konzernabschluß nach neuem Recht – ein Fortschritt? in *Havermann,* Bilanz- und Konzernrecht, FS für Goerdeler, Düsseldorf 1987, S. 173 ff.
9 Vgl. *Havermann* in Bericht über den Sechsten Kongreß der UEC in Kopenhagen 1969, Düsseldorf 1970, S. 313; vgl. IASC, International Accounting Standard (IAS) 27: Consolidated Financial Statements and Accounting for Investments in Subsidiaries in International Accounting Standards 1990, hrsg. v. IASC, London 1989.
10 Vgl. BR-Drs. 163/85, S. 32; Zur Interessentheorie, die neben der Einheitstheorie als theoretische Grundlage des Konzernabschlusses bekannt geworden ist, vgl. *Bores,* Konsolidierte Erfolgsbilanzen und andere Bilanzierungsmethoden für Konzerne und Kontrollgesellschaften, Leipzig 1935, S. 47 ff., 130 ff.; *Dreger,* Der Konzernabschluß, Wiesbaden 1969, S. 41 ff. sowie *ADS,* Vorbem. zu §§ 290–315 Tz. 19 ff.

Der Einheitstheorie als Gesamtkonzeption der Konzernrechnungslegungsvor- **8** schriften steht nicht entgegen, daß das Gesetz bei der Behandlung einiger Einzelfragen nicht immer bzw. nicht in vollem Umfang der Einheitstheorie gefolgt ist (zB Quotenkonsolidierung). Diese Abweichungen sind keine bewußte Abkehr von der Einheitstheorie, sondern im wesentlichen das Ergebnis politischer Kompromisse, soweit nicht einer einfachen Lösung bewußt der Vorzug vor einer konsequenten Durchführung einer theoretischen sachgerechten Konzeption gegeben worden ist.

3. Grundsätze der Konsolidierung

Aus der Einheitstheorie folgt, daß die aus der Zusammenfassung der Einzelab- **9** schlüsse resultierenden Doppelerfassungen zu eliminieren sind. Dies betrifft Beteiligungsverhältnisse, Kredit- und Haftungsverhältnisse sowie Lieferungen und Leistungen zwischen den einbezogenen Unternehmen.

Der aus der Addition der Einzelabschlüsse gewonnene Summenabschluß ist des- **10** halb durch folgende **Konsolidierungsmaßnahmen** zum KA umzuformen:
- Beteiligungen an einbezogenen Unternehmen sind mit dem darauf entfallenden Eigenkapital zu verrechnen (Kapitalkonsolidierung).
- Forderungen und Verbindlichkeiten zwischen den einbezogenen Unternehmen sind aufzurechnen (Schuldenkonsolidierung).
- Aufwendungen und Erträge aus Geschäften zwischen einbezogenen Unternehmen sind aufzurechnen (Aufwands- und Ertragskonsolidierung).
- Aus Konzernsicht nicht realisierte Gewinne und Verluste sind aus den Beständen zu eliminieren (Zwischenerfolgseliminierung).

Die Konsolidierungsmethoden sind im einzelnen gesetzlich geregelt, wobei **11** allerdings zahlreiche Wahlrechte und Ermessensspielräume gewährt worden sind. Die Ausübung der Wahlrechte und Ermessensspielräume unterliegt dem Grundsatz der **Stetigkeit der Konsolidierungsmethoden** (§ 297 Abs. 3 S. 2 HGB). Daraus folgt, daß in den Folgejahren auf denselben Sachverhalt die Konsolidierungsmethoden unverändert anzuwenden sind (zeitliche Stetigkeit). Darüber hinaus ergibt sich aus dem Grundsatz der Stetigkeit und der Verpflichtung, ein den tatsächlichen Verhältnissen entsprechendes Bild der Vermögens-, Finanz- und Ertragslage zu vermitteln (§ 297 Abs. 2 S. 2 HGB), daß auf gleichartige Sachverhalte dieselben Konsolidierungsmaßnahmen anzuwenden sind (sachliche Stetigkeit)[11]. Vollkonsolidierung (§ 301 HGB), Kapitalkonsolidierung bei Interessenzusammenführung (§ 302 HGB), Quotenkonsolidierung (§ 310 HGB) und Equity-Konsolidierung (§§ 311, 312 HGB) gehen von unterschiedlichen Sachverhalten aus, so daß sich insoweit die Frage der sachlichen Stetigkeit nicht stellt. Fraglich ist jedoch, ob zB Buchwertmethode und Neubewertungsmethode im Rahmen von § 301 HGB oder die Buchwert- und Kapitalanteilsmethode im Rahmen von § 312 HGB nebeneinander bei verschiedenen Unternehmen angewendet werden dürfen. Eine ähnliche Frage stellt sich, wenn bei mehreren Unternehmen gleichzeitig die Voraussetzungen zur Anwendung der Quotenkonsolidierung (§ 310 HGB) und Equity-Methode (§§ 311, 312 HGB) erfüllt sind. Im

---

11 Zum Grundsatz der Stetigkeit der Bewertungsmethoden vgl. E Tz. 198 ff.

allgemeinen wird man davon ausgehen müssen, daß Wahlrechte dieser Art nur einheitlich für alle konsolidierten Unternehmen ausgeübt werden können. Es ist jedoch von Fall zu Fall zu prüfen, ob es sich bei der Konsolidierung unterschiedlicher Unternehmen wirklich um gleichartige Sachverhalte handelt. Entscheidend muß letztlich bleiben, welche Konsolidierungsmethode im Einzelfall den besseren Einblick in die Vermögens-, Finanz- und Ertragslage des Konzerns gibt (§ 297 Abs. 2 HGB). Eine willkürliche Ausübung der Wahlrechte und Ermessensspielräume ist unzulässig.

12   In Ausnahmefällen sind auch **Abweichungen vom Gebot der Stetigkeit** der Konsolidierungsmethoden zugelassen (§ 297 Abs. 3 S. 3 HGB). Sie sind allerdings im **Konzernanhang** anzugeben und zu begründen. Außerdem ist ihr Einfluß auf die Vermögens-, Finanz- und Ertragslage des Konzerns anzugeben [12].

4. Beschränkung auf Kapitalgesellschaften

13   Die gesetzlichen Vorschriften über die Aufstellung, den Inhalt, die Prüfung und Veröffentlichung des Konzernabschlusses und Konzernlageberichts sind im wesentlichen in den §§ 290 ff. HGB zusammengefaßt. Sie sind jedoch generell nur dann anzuwenden, wenn an der Spitze eines Konzerns/Teilkonzerns eine AG/KGaA oder GmbH steht. Die weitergehende Regelung der 7. EG-RL (Art. 4, Mitgliedstaatenwahlrecht) auch Konzerne, an deren Spitze keine Kapitalgesellschaft steht, zur Konzernrechnungslegung zu verpflichten, wenn ein Tochterunternehmen die Rechtsform einer Kapitalgesellschaft hat, wurde nicht in das HGB übernommen. Dieser Gedanke bleibt jedoch in § 28 EGAktG erhalten, wonach auch eine **bergrechtliche Gewerkschaft** als Spitze eines Konzerns/Teilkonzerns zur Konzernrechnungslegung verpflichtet ist, wenn ein zu konsolidierendes Tochterunternehmen die Rechtsform einer Kapitalgesellschaft hat [13]. In allen übrigen Fällen kommt es auf die Rechtsform des Tochterunternehmens nicht an. Konzerne, an deren Spitze eine Einzelfirma oder eine Personengesellschaft steht, sind nach den Vorschriften des HGB nicht zur Aufstellung eines Konzernabschlusses verpflichtet [14]. Eine ggf. nach dem PublG bestehende Verpflichtung bleibt davon unberührt [15].

II. Pflicht zur Aufstellung eines Konzernabschlusses und Konzernlageberichts

1. Grundsatz

14   Die Voraussetzungen für die Verpflichtung zur Aufstellung eines KA und Konzern-LB sind in § 290 Abs. 1 und 2 HGB zusammengefaßt. Beiden Absätzen liegen unterschiedliche Konzeptionen zugrunde [16]. Die Regelung des AktG 1965, die an den Begriff der einheitlichen Leitung anknüpft, daraus den Konzernbe-

---

12 Vgl. Tz. 699.
13 Zur zeitlichen Begrenzung dieser Regelung vgl. Tz. 21.
14 Zur besonderen Problematik der GmbH & Co. KG als MU vgl. Tz. 23 ff.
15 Vgl. dazu im einzelnen N Tz. 6 ff.
16 Vgl. dazu auch *Niessen*, WPg. 1983 S. 653 f.

griff ableitet (§ 18 AktG) und in einem weiteren Schritt daraus Konsequenzen für die Konzernrechnungslegung zieht (§ 329 Abs. 1 AktG), hat ihren Niederschlag in § 290 Abs. 1 HGB gefunden (Konzept „einheitliche Leitung")[17]. Unabhängig davon, verlangt § 290 Abs. 2 HGB die Aufstellung eines KA und Konzern-LB, wenn bestimmte in den Nr. 1–3 im einzelnen aufgezählte Voraussetzungen erfüllt sind. Unverkennbar wird hier das in der angelsächsischen Rechnungslegung vorherrschende „Control"-Konzept angesprochen[18]. Ihm liegt keine eigenständige Konzerndefinition zugrunde.

Die theoretischen Ansatzpunkte beider Systeme sind unterschiedlich. Das Konzept „einheitliche Leitung" ist theoretisch überzeugender und in seiner Handhabung flexibler. Für das „Control"-Konzept sprechen die eindeutiger bestimmbaren Abgrenzungskriterien und die damit verbundene, zwar starre, aber leichtere praktische Anwendung. Im Endergebnis stimmen beide Konzepte weitgehend überein. Divergenzen ergeben sich eher in Randbereichen[19].   **15**

2. Konzept „einheitliche Leitung" (§ 290 Abs. 1 HGB)

a) Einheitliche Leitung durch das Mutterunternehmen

Grundvoraussetzung für die Verpflichtung zur Aufstellung eines Konzernabschlusses und Konzernlageberichts nach § 290 Abs. 1 HGB ist das Vorhandensein einer **Mutter-/Tochterbeziehung,** die durch die **einheitliche Leitung** begründet wird. Stehen in einem Konzern die Unternehmen unter der einheitlichen Leitung eines Mutterunternehmens, so hat dieses, sofern die übrigen Voraussetzungen erfüllt sind, einen Konzernabschluß und einen Konzernlagebericht aufzustellen.   **16**

Das entscheidende Tatbestandsmerkmal des Konzerns, die einheitliche Leitung, ist in §§ 18, 329 Abs. 1 AktG 1965 und § 290 Abs. 1 HGB übereinstimmend enthalten. Es ist auch nicht ersichtlich, daß der Gesetzgeber dem Begriff „einheitliche Leitung" in § 290 Abs. 1 HGB einen anderen Inhalt geben wollte als im AktG 1965[20].   **17**

Demnach ist die Verpflichtung zur Konzernrechnungslegung gemäß § 290 Abs. 1 HGB mit der aus § 329 Abs. 1 AktG 1965 identisch, soweit sich nicht aus den folgenden Abschnitten und § 290 Abs. 2 HGB etwas anderes ergibt[21, 22].   **18**

Zweifel könnten allenfalls daran bestehen, ob dies auch für ein MU in der Rechtsform der GmbH gilt, da das GmbH-Gesetz eine § 18 AktG entsprechende Vorschrift nicht kennt. Die Begründung zum RegE[23] hält eine gesonderte   **19**

---

17 Die Konzernrechnungslegungspflicht nach § 28 EGAktG, der künftig alleine für die bergrechtliche Gewerkschaft anwendbar ist, vgl. Fn. 26 sowie nach § 11 PublG knüpft weiterhin nur an das Konzept der einheitlichen Leitung an.
18 Vgl. IASC, IAS 27, aaO (Fn 9), Tz. 6, 10.
19 Zu den Problemen, die sich aus dem Nebeneinander beider Konzepte ergeben, vgl. Tz. 60 ff.; vgl. dazu auch *Havermann* in Bericht über die IDW-Fachtagung 1986; *ADS* § 290 Tz. 84 ff.
20 So auch *Kropff,* DB 1986 S. 364; *ADS* § 290 Tz. 13 ff.; *Siebourg* in HdRKo. § 290 Tz. 17; *Sarx/Kemper* in BeBiKo. § 290 Tz. 20.
21 Zu § 290 Abs. 2 HGB vgl. Tz. 33 ff. und zur Frage der einheitlichen Leitung auf nachgeordneten Ebenen des Konzerns insbesondere Tz. 31 f.
22 Wegen weiterer Fragen zur einheitlichen Leitung und zum Konzernbegriff kann auf die Erläuterungen zum AktG verwiesen werden; *ADS* § 290 Tz. 11 sowie Erl. zu § 18 AktG.
23 Vgl. BR-Drs. 163/85, S. 52.

Beschreibung des Konzernbegriffs auch im GmbH-Gesetz jedoch nicht für erforderlich. Im übrigen sind die reinen Definitionsnormen der §§ 15 bis 19 AktG 1965 nach überwiegender Auffassung auch bisher bereits für die GmbH anwendbar[24].

b) Rechtsform des Mutterunternehmens

20 MU sind, auch wenn die übrigen Voraussetzungen erfüllt sind, nur dann zur Aufstellung eines KA und Konzern-LB verpflichtet, wenn sie die Rechtsform der **AG/KGaA** oder **GmbH** haben. Auf die **Rechtsform der Tochterunternehmen** kommt es dann nicht mehr an.

21 Konzerne, an deren Spitze eine **Bergrechtliche Gewerkschaft** steht, sind nach § 28 EGAktG[25] zur Konzernrechnungslegung verpflichtet, wenn ein Tochterunternehmen, das in den KA einzubeziehen wäre, die Rechtsform einer Kapitalgesellschaft hat[26].

22 Steht an der Konzernspitze eine **Einzelfirma** oder **Personenhandelsgesellschaft,** so kann sich eine Konzernrechnungslegungspflicht aus § 11 PublG ergeben, wenn die dort genannten Größenmerkmale überschritten wurden[27].

23 Fraglich ist, ob die **GmbH & Co. KG** nach den Vorschriften des HGB zur Konzernrechnungslegung verpflichtet ist. Wegen der Gleichstellung der GmbH mit der AG für die Konzernrechnungslegungspflicht und der vom AktG/EGAktG 1965 abweichenden Konsolidierungsvoraussetzungen gewinnt diese Frage im HGB eine besondere Bedeutung[28].

24 Grundsätzlich ist die GmbH & Co. KG als Personenhandelsgesellschaft nicht zur Konzernrechnungslegung nach dem HGB verpflichtet[29]. Voraussetzung dafür ist allerdings, daß die GmbH & Co. KG als das Unternehmen anzusehen ist, das an der Spitze des Konzerns steht (Mutterunternehmen). Dient die GmbH ausschließlich der Haftungsbeschränkung und nimmt sie nicht selbst am wirtschaftlichen Geschäftsverkehr teil, so ist dies stets der Fall, weil die Komplementär-GmbH idF kein rechtlich selbständiges Unternehmen darstellt[30] und die GmbH & Co. KG insoweit nur als ein einheitliches Unternehmen in der Rechtsform einer Personenhandelsgesellschaft anzusehen ist.

---

24 Vgl. *Lutter,* ZIP 1985 S. 1426; *Busse von Colbe/Chmielewicz,* DBW 1986 S. 289 hier 327, halten zumindest künftig die §§ 17, 18 AktG auch für die GmbH für anwendbar. Ebenso SABl 1/1988, WPg. 1988 S. 340; *Odenwald* in HdRB, C 200 Tz. 37 ff.; *Siebourg* in HdRKo. § 290 Tz. 29 ff. Demgegenüber wird auch die Auffassung vertreten, daß die Vermutungskette der §§ 17, 18 AktG in § 290 Abs. 1 HGB nicht anwendbar sind; *Sarx/Kemper* in BeBiKo. § 290 Tz. 23.

25 § 28 EGAktG gilt nur noch für die Konzernrechnungslegungspflicht der bergrechtlichen Gewerkschaft. Wie § 11 Abs. 1 u. 3 PublG stellt auch § 28 Abs. 1, 2 EGAktG für die Konzernrechnungslegungspflicht weiterhin nur auf das Konzept der einheitlichen Leitung ab.

26 Nach erneuter Verlängerung ihrer Auflösungsfrist (vgl. Art. 2 des Gesetzes zur Änderung des Gesetzes über den Sozialplan im Konkurs- und Vergleichsverfahren und des BBergG vom 20. 12. 1988, BGBl. I S. 2450) ist die Auflösung aller bergrechtlichen Gewerkschaften nunmehr bis spätestens zum 31. 12. 1993 vorgesehen.

27 Vgl. im einzelnen N Tz. 17 ff.

28 Vgl. *Havermann,* BFuP 1985 Meinungsspiegel S. 144; *Tillmann,* DB 1986 S. 1319; *Hommelhoff,* WPg. 1984 S. 639.

29 Vgl. aber Tz. 25 f.

30 Vgl. *Raiser,* Recht der Kapitalgesellschaften, Aktiengesellschaft, Gesellschaft mit beschränkter Haftung, Kapitalgesellschaft & Co., München 1983, S. 288; *Zöllner,* ZGR 1976, S. 11 f.; Bericht über die Verhandlungen der Unternehmensrechtskommission, Köln 1980, Rz. 820 ff.; *Plagemann,* BB 1986 S. 1122, 1128.

Zweifel kommen jedoch bereits dann auf, wenn die Geschäftsführer der KG bei   25
der GmbH angestellt sind und über die GmbH – mit oder ohne ausdrücklicher
Regelung im Gesellschaftsvertrag – die einheitliche Leitung der KG ausüben.
Hat die GmbH darüber hinaus noch einen eigenen Geschäftsbetrieb und nimmt
auch als solche am allgemeinen wirtschaftlichen Geschäftsverkehr teil, so liegen
zwei rechtlich selbständige Unternehmen vor, und es verstärkt sich der Eindruck, daß an der Spitze des Konzerns nicht die GmbH & Co. KG, sondern die
GmbH steht. Ist der Sachverhalt im Einzelfall so zu würdigen, so kann die Komplementär-GmbH grundsätzlich unter die Konzernrechnungslegungspflicht
nach § 290 HGB fallen, wenn entweder die GmbH die einheitliche Leitung über
die GmbH & Co. KG ausübt (§ 290 Abs. 1 HGB) oder die GmbH eine der Voraussetzungen des § 290 Abs. 2 Nr. 1–3 HGB[31] erfüllt[32].

Die kontrovers geführte Diskussion[33] zur Frage der Konzernrechnungslegungs-   26
pflicht der GmbH & Co. KG hat durch die Verabschiedung der sog. GmbH &
Co. KG-Richtlinie[34] durch den EG Ministerrat viel von ihrer praktischen
Bedeutung verloren. Die Richtlinie sieht grundsätzlich die Einbeziehung von
Personengesellschaften in den Anwendungsbereich der 4. und 7. EG-RL dann
vor, wenn alle unbeschränkt haftenden Gesellschafter einer Personengesellschaft Kapitalgesellschaften sind. Dadurch wird künftig auch die GmbH & Co.
KG als MU konzernrechnungslegungspflichtig sein, sofern die übrigen Voraussetzungen erfüllt sind. Die Richtlinie muß spätestens bis zum 1. 1. 1993 in nationales Recht transformiert sein und spätestens für GJ ab 1995 angewendet werden[35].

Sind die übrigen Voraussetzungen erfüllt, so ist auch eine **Muttergesellschaft in**   27
Abwicklung zur Konzernrechnungslegung verpflichtet[36].

c) Sitz des Mutterunternehmens

Zur Aufstellung eines KA und Konzern-LB sind nur MU mit **Sitz im Inland** ver-   28
pflichtet (§ 290 Abs. 1 HGB). Dabei ist unter Inland der Geltungsbereich des
Grundgesetzes zu verstehen; dh. die Konzernrechnungslegungsvorschriften gelten ceteris paribus auch für MU in den sog. neuen Bundesländern[37].

d) Beteiligung des Mutterunternehmens

Voraussetzung für die Konzernrechnungslegungspflicht ist außerdem das Vor-   29
handensein einer **Beteiligung** iSd. § 271 Abs. 1 HGB[38], die dem MU an dem oder
den anderen unter einheitlicher Leitung stehenden Unternehmen gehört. Diese
weitere Voraussetzung, die im AktG 1965[39] nicht enthalten war, mußte aus

---

31 Vgl. *Havermann*, BFuP 1985 Meinungsspiegel S. 146; *Tillmann*, DB 1986 S. 1319; vgl. auch Tz. 43.
32 Auf eine kapitalmäßige Beteiligung der GmbH an der GmbH & Co. KG kommt es weder in § 290
   Abs. 1 HGB noch in § 290 Abs. 2 HGB an E Tz. 356; F Tz. 90 sowie im folg. Tz. 43; aA zu § 290
   Abs. 1 HGB; *Tillmann*, DB 1986, S. 1321.
33 Vgl. dazu vor allem *ADS* § 290 Tz. 126 ff.
34 Richtlinie des Rates vom 8. 11. 1990 zur Änderung der Richtlinien 78/660/EWG und 83/349/EWG
   über den Jahresabschluß bzw. den konsolidierten Abschluß hinsichtlich ihres Anwendungsberei-
   ches, Abl. EG L 317/60 v. 16. 11. 1990.
35 Art. 3 der GmbH & Co. KG-Richtlinie; zur sog. Mittelstandsrichtlinie vgl. Tz. 111, Fn. 179.
36 Vgl. *ADS* § 290 Tz. 141 ff.; *Siebourg* in HdRKo. § 290 Tz. 8; aA wohl *Bohl* in HdR § 71 GmbHG
   Tz. 33 ff.
37 Vgl. im einzelnen *v. Wysocki*, DB 1991 S. 453 ff.
38 Zum Begriff Beteiligung vgl. im einzelnen F Tz. 89 f.
39 Ebenso ist diese Voraussetzung nicht in § 28 EGAktG u. § 11 PublG vorhanden.

Art. 1 Abs. 2 7. EG-RL übernommen werden. Ihre praktische Bedeutung ist gering, da die Einbeziehung eines Unternehmens in den KA, an dem andere Konzernunternehmen überhaupt nicht beteiligt sind, praktisch eher eine Ausnahme ist[40].

30   Die Beteiligung muß dem MU „**gehören**"; dh. sie muß ihm unbeschadet rechtlicher Eigentumsverhältnisse wirtschaftlich zuzurechnen sein. Diese Formulierung wurde aus dem AktG 1965 unverändert übernommen[41]. Als Beteiligungen, die einem MU „gehören", gelten auch Beteiligungen, die einem von dem MU abhängigen Unternehmen gehören (§ 290 Abs. 1 HGB iVm. § 271 Abs. 1 S. 4 HGB und § 16 Abs. 4 AktG). Für die Errechnung der Beteiligungshöhe ist § 16 Abs. 2 AktG anzuwenden (§ 271 Abs. 1 S. 4 HGB)[42].

e) Teilkonzernabschlüsse

31   Fraglich ist, ob in einem **mehrstufigen Konzern** die einheitliche Leitung außer von der Konzernspitze auch von nachgeordneten Tochterunternehmen mit der Folge ausgeübt werden kann, daß diese Tochterunternehmen gleichzeitig als MU zu qualifizieren sind, die zur Rechnungslegung für den von ihnen geleiteten Teilbereich des Konzerns verpflichtet sind[43]. Damit entstünde eine § 290 Abs. 2 HGB vergleichbare Situation[44].

32   In der Literatur werden dazu unterschiedliche Auffassungen vertreten[45]. Für die Praxis der Teilkonzernrechnungslegung sind die Auffassungsunterschiede jedoch wenig bedeutsam, da bei einer Konzernrechnungslegung nach dem Konzept einheitliche Leitung in den praktisch bedeutsamen Fällen idR gleichzeitig die Voraussetzungen für die Aufstellung von (Teil-)KA nach § 290 Abs. 2 HGB zutreffen[46]. Es ist jedoch festzustellen, daß in Ausnahmefällen (zB Konzernrechnungslegungspflicht alleine aus § 290 Abs. 1 HGB wegen nachhaltiger HV-Präsenzmehrheit der Stimmen) diese Frage auch praktische Relevanz erlangen kann[47].

3. „Control"-Konzept

a) Grundsatz

33   Eine **Kapitalgesellschaft**[48] **mit Sitz im Inland**[49] **(Mutterunternehmen)** ist grundsätzlich[50] zur Aufstellung eines KA und Konzern-LB verpflichtet, wenn sie im Verhältnis zu einem anderen Unternehmen eine Rechtsposition innehat, die in § 290 Abs. 2 Nr. 1–3 HGB angesprochen wird. Ist dies der Fall, so wird das andere Unternehmen dadurch ein **Tochterunternehmen** iSv. § 290 Abs. 2 HGB.

---

40 Vgl. *ADS* § 290 Tz. 26 ff. sowie *Siebourg* in HdRKo. § 290 Tz. 55 ff.
41 Vgl. im einzelnen R Tz. 81.
42 Vgl. im einzelnen R Tz. 73 ff.
43 Vgl. dazu auch *Havermann*, IDW-Fachtagung 1986, S. 43/44 f.; *Maas/Schruff*, WPg. 1986, S. 203.
44 Vgl. dazu Tz. 54 ff.
45 Vgl. insbes. R Tz. 361 ff.; *ADS* § 290 Tz. 79 ff.; *Sarx/Kemper* in BeBiKo. § 290 Tz. 25; *Odenwald* in BHdR, C 200 Tz. 78; *Siebourg* in HdRKo. § 291 Tz. 7.
46 Vgl. Tz. 60 ff.
47 Vgl. ebenda.
48 Vgl. im einzelnen Tz. 20 ff.
49 Vgl. im einzelnen Tz. 28.
50 Wegen der möglichen Ausnahmen bei mehrstufigen Konzernen, vgl. Tz. 78 ff.

Dabei ist die Voraussetzung für die Konzernrechnungslegung bereits dann erfüllt, wenn einer der drei erwähnten Sachverhalte (alternativ) gegeben ist [51]. Ob das MU von diesen Rechten auch tatsächlich Gebrauch macht, ist – anders als beim Konzept der einheitlichen Leitung, das stets ein tatsächliches Handeln voraussetzt [52] – irrelevant. Es genügt, daß solche Rechte bestehen. Insoweit ist nach den HGB-Vorschriften auch eine Kapitalgesellschaft, die sich ausschließlich auf die **Vermögensverwaltung** beschränkt, der aber zB die Mehrheit der Stimmrechte an einem Tochterunternehmen zusteht, zur Aufstellung eines KA verpflichtet [53, 54].

34 Im Schrifttum ist umstritten, ob sich das Mutterunternehmen seiner Rechtspositionen durch vertragliche Vereinbarungen, zB durch einen **Entherrschungs- oder Stimmbindungsvertrag** begeben kann, so daß ein Mutter-Tochter-Verhältnis nicht mehr besteht und die Konsolidierung entfällt, oder ob lediglich ein Sachverhalt geschaffen wird, der unter § 296 Abs. 1 Nr. 1 HGB zu subsumieren ist und zu einem Konsolidierungswahlrecht führt. Bleibt das Mutter-Tochter-Verhältnis bestehen, so bleibt das Tochterunternehmen ein verbundenes Unternehmen iSv. § 271 Abs. 2 HGB mit allen sich daraus ergebenden Konsequenzen zB für den Bilanzierungsausweis und die Angabepflichten im Anhang. Wird das Mutter-Tochter-Verhältnis dagegen negiert, so scheidet das fragliche Unternehmen nicht nur aus der Konsolidierungspflicht, sondern auch aus dem Kreis der verbundenen Unternehmen aus [55].

35 Da das Gesetz in § 290 Abs. 2 HGB nicht von Anteilen, sondern von Rechten spricht, verwendet es auch nicht, wie zB in Abs. 1, den Begriff „gehören", sondern **„zustehen"** [56]. Der materielle Inhalt dürfte als Ausdruck für eine wirtschaftliche Zugehörigkeit/Zurechnung identisch sein [57, 58].

36 Aus der Anwendung des formalrechtlichen „Control"-Konzepts, aber auch insbesondere wegen des Wortlauts der Hinzurechnungs- und Kürzungsvorschriften

51 Im deutschen Gesetzestext fehlt – offenbar versehentlich – zwischen Nr. 1 und 2 ein „oder" wie ein Vergleich mit Art. 1 7. EG-RL zeigt.
52 Vgl. R 163 ff.
53 Da Unternehmen, deren Gewerbebetrieb sich auf die Vermögensverwaltung beschränkt, keine einheitliche Leitung ausüben (vgl. N Tz. 8), sind diese Unternehmen nach AktG 1965 nicht zur Aufstellung eines KA verpflichtet. Einzelkaufleute, Personenhandelsgesellschaften und bergrechtliche Gewerkschaften, die ausschließlich Vermögensverwaltung betreiben, brauchen deshalb auch künftig keinen KA aufzustellen, da die §§ 11 PublG, 28 EGAktG weiterhin die Konzernrechnungslegungspflicht nur an das Konzept der einheitlichen Leitung knüpfen (vgl. klarstellend auch § 11 Abs. 5 S. 2 PublG).
54 Der Auffassung von *Biener* (DB 1988 Beilage 19 S. 4), der für diese Fälle das Konsolidierungsverbot wegen unterschiedlicher Tätigkeiten (jetzt § 295 HGB) anwenden will, kann nicht gefolgt werden, weil die Einbeziehung des(r) (gewerblichen) Tochterunternehmen mit der Vermittlung eines den tatsächlichen Verhältnissen entsprechenden Bildes der Vermögens-, Finanz- und Ertragslage des Konzerns vereinbar ist (§ 295 Abs. 1 S. 1 1. Hs. HGB).
55 Ein Mutter-Tochter-Verhältnis bejahend vgl. zB R Tz. 386; *ADS* § 290 Tz. 32 ff., 41 ff. sowie *Sarx/Kemper* in BeBiKo. § 290 Tz. 46 mwH. Ebenso *Ulmer*, Begriffsvielfalt im Recht der verbundenen Unternehmen in FS Goerdeler, S. 641; verneinend WPH 1985/86, Bd. III S. 300, 329; ebenso *Siebourg* in HdRKo. § 290 Tz. 73 ff.; *Odenwald* in HdRB, C 200 Tz. 56 f.; *Biener/Berneke*, Bilanzrichtlinien-Gesetz, Düsseldorf 1986, S. 287; offenlassend SABI 1/1988, Zur Aufstellungspflicht für einen Konzernabschluß und zur Abgrenzung des Konsolidierungskreises, WPg. 1988, S. 341; *Maas/Schruff*, WPg. 1986 S. 203.
56 So im übrigen auch bereits § 16 AktG 1965.
57 Vgl. auch § 16 Abs. 1 AktG; R Tz. 82; gl. Auffassung auch *Siebourg* in HdRKo. § 290 Tz. 77 ff.
58 Zur Bedeutung von Treuhandverhältnissen in diesem Zusammenhang vgl. R Tz. 383.

des Abs. 3[59], wird auch die Auffassung vertreten, daß der Begriff „zustehen" lediglich auf die formalrechtliche Inhaberschaft abstellt[60].

37   Welcher der beiden Auffassungen der Vorzug gegeben wird, ist für die Praxis unbedeutend, da auch bei formalrechtlicher Auslegung des Begriffs „zustehen" in Abs. 2 durch die Hinzurechnungs- und Kürzungsvorschriften in Abs. 3 im Ergebnis auch hier eine wirtschaftliche Zurechnung bzw. Zuordnung der Rechte erreicht wird.

b) Mehrheit der Stimmrechte

38   Steht einer Kapitalgesellschaft mit Sitz im Inland (MU) die **Mehrheit der Stimm- rechte** der Gesellschafter an einem anderen Unternehmen zu, so ist es grundsätz- lich[61] zur Aufstellung eines KA und Konzern-LB verpflichtet. Auf die Höhe der Kapitalbeteiligung kommt es dabei nicht an. Wird zB die Stimmenmehrheit nur über Mehrstimmrechtsaktien erreicht, so ist die Voraussetzung des § 290 Abs. 2 Nr. 1 HGB voll erfüllt. Die Vorschrift stellt auf die Möglichkeit der Einfluß- nahme auf die Leitung des Tochterunternehmens mit Hilfe der Stimmenmehr- heit in den entsprechenden Gremien ab. Diese Möglichkeit muß rechtlich gesi- chert sein und darf sich nicht auf rein faktische Verhältnisse stützen. Auch eine nachhaltige HV-Präsenzmehrheit erfüllt nicht die Voraussetzung des § 290 Abs. 2 Nr. 1 HGB. Das Gesetz spricht eindeutig von der Mehrheit der Stimmen „der Gesellschafter" und nicht von den Stimmen der „anwesenden Gesellschaf- ter"[62].

39   Die Mehrheit der Stimmrechte schließt normalerweise auch die Beherrschungs- möglichkeit ein. Sie wird jedoch von § 290 Abs. 2 Nr. 1 HGB nicht verlangt. Man wird daher davon ausgehen müssen, daß die Voraussetzungen für die Anwendung von § 290 Abs. 2 Nr. 1 HGB auch dann erfüllt sind, wenn zB ein MU an einem Tochterunternehmen nur mit 51% (einfache Mehrheit) beteiligt ist und Satzung oder Gesellschaftsvertrag gleichzeitig für wesentliche Beschlüsse eine Mehrheit von 75% (qualifizierte Mehrheit) verlangen[63].

40   „Welcher Teil der Stimmrechte einem Unternehmen zusteht, bestimmt sich" in diesem Zusammenhang „nach dem Verhältnis der Zahl der Stimmrechte, die es aus den ihm gehörenden Anteilen ausüben kann, zur Gesamtzahl aller Stimm- rechte. Von der Gesamtzahl aller Stimmrechte sind die Stimmrechte aus eigenen Anteilen **abzuziehen,** die dem Tochterunternehmen selbst, einem seiner Tochter- unternehmen oder einer anderen Person für Rechnung dieser Unternehmen gehören" (§ 290 Abs. 4 HGB). Die Vorschrift entspricht praktisch § 16 Abs. 3 iVm. Abs. 2 S. 3 AktG, so daß auf die Erläuterungen dazu verwiesen werden kann[64]. Im Gegensatz zur aktienrechtlichen Regelung sind jedoch von der Gesamtzahl aller Stimmrechte nicht nur die Stimmrechte aus eigenen Anteilen,

59 Vgl. Tz. 47 ff.
60 Vgl. *ADS* § 290 Tz. 32 f.; etwas unklar *Sarx/Kemper* in BeBiKo. § 290 Tz. 37 bzw. 70.
61 Wegen möglicher Ausnahmen bei mehrstufigen Konzernen vgl. Tz. 78 ff.
62 Ob die Annahme der RegBegr. zutrifft, daß die HV-Präsenzmehrheit in Deutschland keine wesentli- che Bedeutung hat, mag dahingestellt sein, vgl. BR-Drs. 163/85 S. 49.
63 Ebenso *ADS* § 290 Tz. 38 ff.; *Sarx/Kemper* in BeBiKo. § 290 Tz. 45; aA *Siebourg* in HdRKo., § 290 Tz. 70. Nicht eindeutig Empfehlungen des Arbeitskreises „Externe Unternehmensrechnung" der Schmalenbach-Gesellschaft – Deutsche Gesellschaft für Betriebswirtschaft eV, Aufstellung von Konzernabschlüssen, ZfbF Sonderheft 21 v. 1987, 2. Aufl. S. 23 und 30; *v. Wysocki,* WPg. 1987 S. 278 und 281.
64 Vgl. R Tz. 105.

die dem (abhängigen Unternehmen)/Tochterunternehmen selbst oder einem anderen für dessen Rechnung gehören, abzuziehen, sondern darüber hinaus auch die Stimmrechte aus Anteilen, die „einem seiner Tochterunternehmen bzw. einer anderen Person für Rechnung dieser Unternehmen gehören"[65].

c) Recht zur Besetzung der Mehrheit der Leitungsorgane

Steht einer Kapitalgesellschaft mit Sitz im Inland das Recht zu, **„die Mehrheit**   **41**
der Mitglieder des Verwaltungs-, Leitungs- oder Aufsichtsorgans zu bestellen oder abzuberufen", und ist „sie **gleichzeitig Gesellschafter**", so hat sie grundsätzlich[66] einen KA und Konzern-LB aufzustellen (§ 290 Abs. 2 Nr. 2 HGB). Angesprochen sind hiermit sämtliche Vorstandsmitglieder, Geschäftsführer, geschäftsführende Gesellschafter, Aufsichtsräte, Verwaltungsräte, Beiräte und Personen, die ähnliche Management- und Aufsichts-/Kontrollaufgaben im deutschen dualistischen System wahrnehmen.

IdR ist das Recht zur Bestellung oder Abberufung von Personen in diese Organe   **42**
mit der Mehrheit der Stimmrechte der Gesellschafter verbunden. Unabhängig davon kann einem Unternehmen ein Besetzungsrecht für die Mehrheit der Mitglieder der Gesellschaftsorgane aufgrund von Entsendungsrechten oder von Vereinbarungen mit anderen Gesellschaftern zustehen[67]. Bedeutung haben solche Entsendungsrechte insbesondere für GmbH's und Personenhandelsgesellschaften, da bei der AG zwingend der AR den Vorstand bestellt und Entsendungsrechte höchstens für ein Drittel der AR-Mitglieder eingeräumt werden können (§ 101 Abs. 2 S. 4 AktG)[68].

Die Vorschrift stellt nicht auf eine Kapitalbeteiligung, sondern auf die Gesell-   **43**
schafterstellung ab. „Sie ist deshalb auch auf Gesellschaften mit beschränkter Haftung anzuwenden, die Komplementäre von Personenhandelsgesellschaften sind, ohne eine Kapitaleinlage geleistet zu haben"[69, 70]. Die Bezugnahme auf die Gesellschafterstellung schließt jedoch Entsendungsrechte Dritter (zB Kreditinstitute) als Voraussetzung für das Entstehen eines Mutter-Tochter-Verhältnisses aus. Die Möglichkeit zur Berufung von Personen in und zur Abberufung aus solchen Organen muß **rechtlich gesichert** sein und darf sich nicht auf rein faktische Verhältnisse (zB Präsenzmehrheit, faktische Abhängigkeit) stützen. Die in der 7. RL vorgesehene Möglichkeit[71], daß ein Mutter-Tochter-Verhältnis auch dann entsteht, wenn allein durch die Ausübung der Stimmrechte eines Gesellschafters[72] die Mehrheit der Mitglieder des Verwaltungs-, Leitungs- oder Aufsichtsorgans des Tochterunternehmens, die während des GJ sowie des vorhergehenden GJ bis zur Erstellung des KA im Amt sind, bestellt worden sind, ist nicht in das HGB übernommen worden.

---

65 Im Gegensatz dazu vgl. die Regelung des § 16 Abs. 3 iVm. Abs. 2 S. 3 AktG (vgl. R Tz. 78; 100 ff.).
66 Wegen möglicher Ausnahmen bei mehrstufigen Konzernen vgl. Tz. 78 ff.
67 Vgl. zum AktG 1965 zB *Rittner*, DB 1976 S. 1513/1515.
68 Vgl. *Kropff*, DB 1986 S. 364.
69 *Biener/Schatzmann*, S. 6.
70 Die Anwendung des § 290 Abs. 2 Nr. 2 HGB auf die GmbH & Co. KG ist indessen nicht völlig zweifelsfrei; vgl. *Ulmer*, Meinungsspiegel, BFuP 1985 S. 149; *Tillmann*, DB 1986 S. 1321; vgl. im übrigen Tz. 23 ff.
71 Art. 1 Abs. 1 d aa (Mitgliedstaatenwahlrecht). Diese Regelung gehört jedoch zu den Vorschriften, die im Jahre 1995 auf Vorschlag der Kommission vom Rat überprüft und ggf. geändert werden (Art. 50 Abs. 1).
72 Nicht die Mehrheit der Stimmrechte der Gesellschafter wie im § 290 Abs. 2 Nr. 1 HGB, sondern die Präsenzmehrheit.

d) Beherrschender Einfluß aufgrund Beherrschungsvertrag oder Satzungsbestimmung

44   Eine inländische Kapitalgesellschaft ist grundsätzlich[73] zur Konzernrechnungslegung verpflichtet, wenn ihr aufgrund eines **Beherrschungsvertrags**[74] oder einer **Satzungsbestimmung** das Recht zusteht, beherrschenden Einfluß auf ein anderes Unternehmen auszuüben (§ 290 Abs. 2 Nr. 3 HGB).

45   Satzungsbestimmungen begründen nur dann ein Mutter-Tochter-Verhältnis, wenn sie in ihrer Gesamtheit eine Beherrschung eines Unternehmens gestatten. Dies ist jedenfalls dann der Fall, wenn die Satzung die entscheidenden Kriterien eines Beherrschungsvertrages enthält. Praktische Bedeutung dürfte die **Beherrschung durch Satzungsbestimmungen** in erster Linie für die GmbH haben, da bei der AG die Möglichkeiten einer Einflußnahme über die Satzung durch § 23 Abs. 5 AktG begrenzt sind[75]. Im übrigen ist davon auszugehen, daß § 290 Abs. 2 Nr. 3 HGB nicht zwischen Satzungen und Gesellschaftsverträgen differenziert.

46   Für beide Fälle – Beherrschungsvertrag und Satzung – wird – im Gegensatz zu den vorhergehenden Nr. 1 und 2 – nach dem Wortlaut des Gesetzes eine Gesellschafterstellung nicht vorausgesetzt[76]. Sie ergibt sich jedoch für beide Fälle aus den Gesamtzusammenhängen.

e) Zurechnung von Rechten (Mittelbare Tochterunternehmen)

47   Die Rechte, die einem MU nach § 290 Abs. 2 HGB zustehen, sind um **Hinzurechnungen** und **Abzüge** zu korrigieren (§ 290 Abs. 3 HGB).

48   Als Rechte, die einem MU zustehen, gelten auch (§ 290 Abs. 3 S. 1 HGB)
– Rechte, die einem Tochterunternehmen zustehen,
– Rechte, die für Rechnung des MU handelnden Personen zustehen,
– Rechte, die für Rechnung des Tochterunternehmens handelnden Personen zustehen.

49   Diese **Hinzurechnungen** entsprechen inhaltlich der sog. Mittlerfunktion des Abhängigkeitsverhältnisses (§ 16 Abs. 4 AktG). Auf die Ausführungen dazu kann verwiesen werden[77].

50   Der Wortlaut von § 290 Abs. 2 HGB stellt nur auf unmittelbare Mutter-Tochter-Beziehungen ab und enthält keinen Hinweis darauf[78], daß auch mittelbare Tochterunternehmen in den KA einzubeziehen sind. Durch die Hinzurechnungen in § 290 Abs. 3 S. 1 HGB wird erreicht, daß auch Unternehmen, an denen der Muttergesellschaft Rechte nur kraft Zurechnung zustehen, Tochterunternehmen sind. Durch die Zurechnung der dem MU nur mittelbar zustehenden Rechte werden in **mehrstufigen Konzernen** die Rechte eines Tochterunternehmens an seinem Tochterunternehmen den MU auf jeder höheren Stufe zuge-

---

73 Wegen möglicher Ausnahmen bei mehrstufigen Konzernen vgl. Tz. 78 ff.
74 Zu den Anforderungen, die ein solcher Beherrschungsvertrag zu erfüllen hat, vgl. R Tz. 247 ff. sowie *ADS* § 290 Tz. 61 ff. mwN.
75 *Würdinger* in Großkom. Anm. 7 zu § 17.
76 Vgl. dazu auch *ADS* § 290 Tz. 48, 68.
77 Vgl. R Tz. 86 ff.
78 Anders zB § 17 Abs. 1 AktG, der ausdrücklich von einer unmittelbaren und mittelbaren Beherrschung und Abhängigkeit spricht.

rechnet, so daß als Tochterunternehmen eines MU alle mittelbaren Tochterunternehmen gelten[79].

Den MU sind weiterhin solche Rechte zuzurechnen, über die es selbst oder ein **51** Tochterunternehmen aufgrund einer **Vereinbarung** mit anderen Gesellschaftern dieses Unternehmens verfügen kann (§ 290 Abs. 3 S. 2 HGB). Anwendungsfälle dieser Vorschrift sind Stimmrechtsbindungsverträge, Stimmrechtsüberlassungsverträge, Poolverträge, Konsortial- und ähnliche Verträge, die einem Gesellschafter **alleine** die Ausübung der (Stimm-)Rechte ermöglichen[80]. Ist ein Unternehmen mit einem anderen in der Weise verbunden, daß es über dessen Stimmen verfügen kann, so sind sie seinen eigenen Stimmen iSv. § 290 Abs. 2 HGB hinzuzurechnen[81]. Dabei ist es durchaus möglich, daß erst durch diese Hinzurechnungen ein Mutter-Tochter-Verhältnis iSv. § 290 Abs. 2 Nr. 1 HGB und damit die Verpflichtung zur Konzernrechnungslegung entsteht. Diese Hinzurechnung geht eindeutig über § 16 AktG hinaus[82]. Sie mußte jedoch zwingend aus Art. 1 Abs. 1 d bb der 7. EG-RL in deutsches Recht übernommen werden.

Von den Rechten, die dem MU unmittelbar oder kraft Zurechnung zustehen, **52** sind **abzuziehen** (§ 290 Abs. 3 S. 3 HGB):
- Rechte, die mit Anteilen verbunden sind, die von dem MU oder von Tochterunternehmen für Rechnung einer anderen Person gehalten werden,
- Rechte, die mit Anteilen verbunden sind, die als Sicherheit gehalten werden, sofern diese Rechte nach Weisung des Sicherungsgebers oder, wenn ein Kreditinstitut die Anteile als Sicherheit für ein Darlehen hält, im Interesse des Sicherungsgebers ausgeübt werden.

Diese Abzüge entsprechen fast spiegelbildlich den Hinzurechnungen nach **53** Satz 1 und 2. Sie unterstreichen die in diesem Zusammenhang anzuwendende wirtschaftliche Betrachtungsweise[83].

f) Teilkonzernabschlüsse (Stufenkonzept)

§ 290 Abs. 2 HGB verpflichtet grundsätzlich[84] jedes MU zur Aufstellung eines **54** KA und Konzern-LB, sofern die dort im einzelnen genannten Voraussetzungen erfüllt sind. Das hat zur Folge, daß in mehrstufigen Konzernen jedes **Tochterunternehmen,** das **gleichzeitig** im Verhältnis zu nachgeordneten Unternehmen **MU** ist, für den ihm nachgeordneten Teil des Konzerns einen Teil-KA und Teilkonzern-LB aufstellen muß[85, 86]. Diese Stufenkonzeption, die die Aufstellung von Teil-KA neben einem Gesamt-KA verlangt, entspricht weitgehend internationa-

---

79 Vgl. auch Begr. RegE BR-Drs. 163/85 S. 49.
80 Etwas unklar Voraufl. Bd. II S. 303; so auch *Hoffmann-Becking/Rellermeyer,* Gemeinschaftsunternehmen in FS Goerdeler, S. 208; *ADS* § 290 Tz. 156 f.
81 Den Bedenken von *Kropff,* der die Anwendung dieser Vorschrift auf die Bestimmung der Stimmrechtsmehrheit für fraglich hält, kann nicht gefolgt werden (*Kropff,* DB 1986 S. 368).
82 Vgl. dazu R Tz. 99.
83 Vgl. dazu im einzelnen *ADS* § 290 Tz. 155–164 sowie *Siebourg* in HdRKo. § 290 Tz. 93–112 mwN.
84 Wegen der Befreiungsmöglichkeiten vgl. Tz. 78 ff.
85 Die Teil-KA und Teilkonzern-LB sind zu prüfen (§ 316 Abs. 2 HGB) und müssen veröffentlicht werden (§ 325 Abs. 3 HGB).
86 Hat die Obergesellschaft/das oberste MU mehrere Tochterunternehmen, die ihrerseits ähnlich gestaffelte Tochterunternehmen haben, so können sich bei schematischer Darstellung der aus § 290 Abs. 2 HGB abgeleiteten Pflichten tannenbaumähnliche Gebilde ergeben. Daher wird die Verpflichtung zur Aufstellung von Teil-KA in diesem Zusammenhang häufig als „Tannenbaumprinzip" bezeichnet.

ler Praxis[87] und wird insbesondere mit den schutzwürdigen Interessen von Minderheitsgesellschaftern[88], Gläubigern und sonstigen Adressaten begründet.

55 Der deutsche Gesetzgeber hat durch eine Ausnutzung der **Befreiungsmöglichkeiten** die Folge der Anwendung des Stufenkonzepts, das aus Art. 1 Abs. 1 7. EG-RL übernommen werden mußte, erheblich abgeschwächt[89].

56 Selbst wenn diese Befreiungsvorschriften nicht Platz greifen, tritt die Verpflichtung zur Teilkonzernrechnungslegung nur dann ein, wenn das jeweilige Tochterunternehmen, das gleichzeitig MU ist, die in § 290 Abs. 2 HGB gestellten Voraussetzungen des Sitzes und der Rechtsform voll erfüllt. Stufenunternehmen mit Sitz im Ausland (auch innerhalb der EG) brauchen nach deutschem Recht für den ihnen nachgeordneten Bereich des Konzerns keinen Teilkonzernabschluß aufzustellen. Allerdings kann die Verpflichtung zur Teilkonzernrechnungslegung auf einer „niedrigeren" Stufe des Konzerns wieder aufleben, wenn über das Ausland Beteiligungen an inländischen Unternehmen gehalten werden, die ihrerseits an anderen Tochterunternehmen im In- und Ausland beteiligt sind.

57 Ist ein Tochterunternehmen mit Sitz im Inland, das gleichzeitig MU ist, keine Kapitalgesellschaft, so treffen für dieses Unternehmen die Verpflichtungen aus § 290 Abs. 2 HGB nicht zu[90].

58 Auch hier kann indessen die Verpflichtung zur Teilkonzernrechnungslegung wieder aufleben, wenn eines der diesem Unternehmen nachgeordneten Unternehmen die Voraussetzungen des § 290 Abs. 2 HGB erfüllt. Die Verpflichtung zur Teilkonzernrechnungslegung kann in solchen Fällen eine oder mehrere Stufen überspringen.

59 Durch den Einbau der Regeln über die Teilkonzernrechnungslegung in die Vorschriften für die Gesamtkonzernrechnungslegung wird noch deutlicher als im AktG 1965[91], daß Teil-KA und Teilkonzern-LB aufzustellen sind wie ein Gesamt-KA und ein Gesamtkonzern-LB (Fiktion eines Gesamt-KA). Aus dem Abschluß kann man nicht erkennen, ob es sich um einen Gesamt- oder einen Teil-KA handelt. Teil-KA und Teilkonzern-LB sind daher auch als solche zu bezeichnen, damit die Leser nicht in die Irre geführt werden[92].

4. Ineinandergreifen des Konzepts „einheitliche Leitung" und des „Control"-Konzepts

60 Fraglich kann sein, welche Konsequenzen sich aus dem Nebeneinander des Konzepts **„einheitliche Leitung"** und des **„Control"-Konzepts** in § 290 HGB für die Konzernrechnungslegung ergeben. Dazu ist folgendes festzustellen:

---

87 Vgl. IASC, IAS 27, (Fn 9) Tz. 8, 27.
88 Von der Aufstellungspflicht ergänzender Stufenabschlüsse wird deshalb in IAS 27 bei 100% Anteilsbesitz abgesehen.
89 Vgl. Tz. 78 ff.
90 Eine ggfs. nach § 11 Abs. 3 PublG bzw. § 28 Abs. 2 EGAktG bestehende Verpflichtung zur Aufstellung eines Teil-KA und Teilkonzern-LB bleibt unberührt.
91 Vgl. WPH 1985/86 Bd. I S. 725 f. Vgl. hierzu auch *Scholz*, Zur Aussagefähigkeit von Teilkonzernabschlüssen, Bern ua. 1984.
92 Vgl. auch St/NA/2/1967, WPg. S. 488/490, die zum AktG 1965 ergangen ist, und insoweit auch hier zutrifft. Die besondere Kennzeichnung wird auch nach *ADS* § 290 Tz. 78 für zulässig gehalten, obwohl sie der Systematik der Konzernrechnungslegungsvorschriften des HGB eher widerspreche.

Kernstück der Verpflichtung zur Konzernrechnungslegung ist das angelsächsische „Control"-Konzept des § 290 Abs. 2 HGB. Es muß von den Mitgliedstaaten der EG zwingend angewendet werden.

Daneben wurde es Deutschland für eine befristete Zeit[93] gestattet[94], in Ausübung eines nationalen Wahlrechts an dem Konzept der „einheitlichen Leitung" festzuhalten (Art. 1 Abs. 2 b 7. EG-RL)[95].

Dies ist jedoch nur insoweit möglich, als sich aus § 290 Abs. 1 HGB keine Verstöße gegen das „Control"-Konzept (§ 290 Abs. 2 HGB) ergeben. Das als zwingende Mindestregelung anzusehende „Control"-Konzept[96] kann allenfalls durch das Konzept der „einheitlichen Leitung" ergänzt werden.   **61**

In der überwiegenden Zahl der Fälle führen beide Konzepte zu den gleichen Ergebnissen. Die Konsolidierungspflicht allein aus § 290 Abs. 1 oder Abs. 2 betrifft lediglich Randbereiche[97].   **62**

In Einzelfällen kann es aufgrund der unterschiedlichen Kriterien zur Begründung der Konsolidierungspflicht dazu kommen, daß ein Unternehmen sowohl Tochterunternehmen des einen MU (zB aufgrund Stimmenmehrheit) als auch gleichzeitig Tochterunternehmen eines anderen konzernfremden MU (zB aufgrund einheitlicher Leitung) ist[98].   **63**

(1) Faktischer Konzern / Vertragskonzern

Die unterschiedlichen Konzepte haben praktische Bedeutung nur für den faktischen Konzern[99]. Besteht ein **Beherrschungsvertrag** (§ 291 Abs. 1 AktG), so sind die dadurch verbundenen Unternehmen nach § 290 Abs. 1 und Abs. 2 HGB Mutter- und Tochterunternehmen (Vertragskonzern). Das Institut der **Eingliederung,** das gemäß § 18 Abs. 1 S. 2 AktG stets einen Vertragskonzern begründet, wird zwar in § 290 Abs. 2 HGB nicht expressis verbis erwähnt, tatsächlich jedoch durch § 290 Abs. 2 Nr. 1 abgedeckt, da die Eingliederung voraussetzt, daß sich sämtliche Anteile und damit auch sämtliche Stimmrechte in der Hand der Hauptgesellschaft befinden (§ 319 Abs. 1 AktG)[100].   **64**

(2) Konzernrechnungslegungspflicht bei Mehrheitsbeteiligungen

Sofern die Mehrheitsbeteiligung auf einer Stimmenmehrheit beruht, besteht trotz **Widerlegung der Konzernvermutung** (§ 17 Abs. 2 iVm. § 18 Abs. 1 S. 3 AktG) die Konzernrechnungslegungspflicht nach § 290 Abs. 2 Nr. 1 HGB[101]. Mehrheitsbeteiligungen sind insoweit grundsätzlich konsolidierungspflichtig[102].   **65**

---

93 „Bis zu einer späteren Koordinierung", Art. 1 Abs. 2 b 7. EG-RL.
94 Ein ähnliches Wahlrecht wurde Frankreich in Art. 1 Abs. 2a 7. EG-RL eingeräumt.
95 Soweit bekannt ist, hat nur Deutschland von diesem Wahlrecht Gebrauch gemacht.
96 So auch *Biener/Schatzmann*, S. 5 f.; zur Entwicklung von „Control"-Konzept/einheitliche Leitung vgl. WPH 1985/86, Bd. II, S. 306 f.
97 *Biener/Schatzmann*, S. 5.
98 Vgl. dazu auch *ADS* § 290 Tz. 90 ff. sowie *Siebourg* in HdRKo. § 290 Tz. 35, 88.
99 Zur Erläuterung vgl. R Tz. 160 ff. sowie *ADS* Vorb. zu §§ 15–18 AktG Tz. 17 ff.
100 §§ 295, 296 HGB bleiben unberührt.
101 So auch *Biener/Schatzmann*, S. 6.
102 §§ 295, 296 HGB bleiben unberührt.

(3) Konzernrechnungslegungspflicht bei Minderheitsbeteiligungen

66   Eine Konzernrechnungslegungspflicht bei Minderheitsbeteiligungen ist grundsätzlich[103] nach § 290 Abs. 1 HGB geboten, wenn das MU die **einheitliche Leitung** ausübt (zB bei einer nachhaltigen HV-Präsenzmehrheit der Stimmen).

67   Darüber hinaus kann eine Konzernrechnungslegungspflicht jedoch auch dann
bestehen, wenn nach § 290 Abs. 2 Nr. 2 HGB dem MU das Recht zusteht, die
Mehrheit der **Mitglieder des Verwaltungs-, Leitungs- oder Aufsichtsorgans** zu
bestellen oder **abzurufen** und es gleichzeitig Gesellschafter ist[104].

68   Wird in den Fällen der Minderheitsbeteiligung eine Konzernrechnungslegungspflicht nach § 290 Abs. 1 oder 2 HGB begründet, besteht damit eine Mutter-
Tochter-Beziehung, und als weitere Folge daraus grundsätzlich[105] eine Verpflichtung zur Einbeziehung in den KA (§ 294 Abs. 1 HGB)[106].

5. Gemeinschaftsunternehmen

69   Der Begriff **Gemeinschaftsunternehmen** ist weder im AktG 1965 noch im HGB
enthalten. Folgt man § 310 Abs. 1 HGB, dann lassen sich Gemeinschaftsunternehmen definieren als Unternehmen, die von einem in den KA einbezogenen
Mutter- oder Tochterunternehmen gemeinsam mit einem oder mehreren nicht in
den KA einbezogenen Unternehmen geführt werden. IdS wird der Begriff
Gemeinschaftsunternehmen auch in der RegBegr. und im Bericht des Rechtsausschusses zu § 310 HGB verwendet[107]. Die Vorschrift des § 310 HGB begründet keine originäre Verpflichtung zur Aufstellung eines KA, sondern kann nur
als besondere Konsolidierungstechnik in Verbindung mit einem nach §§ 290
HGB, 28 EGAktG oder 11 PublG aufzustellenden KA verstanden werden.

70   Die **gemeinsame Führung** ist als neutraler konsolidierungstechnischer Begriff zu
verstehen, der offen läßt, welche Rechtsposition das Gemeinschaftsunternehmen im Verhältnis zu den gemeinsam führenden Unternehmen einnimmt. Die
rechtliche Qualifikation eines Gemeinschaftsunternehmens kann zB die eines
Beteiligungsunternehmens (§ 271 Abs. 1 HGB) oder eines assoziierten Unternehmens sein (§ 311 Abs. 1 HGB). In beiden Fällen ist das Gemeinschaftsunternehmen kein Tochterunternehmen iSv. § 290 HGB[108] (im folgenden Gemeinschaftsunternehmen ieS genannt). Sie kann aber auch die eines unter der **gemeinschaftlichen einheitlichen Leitung** mehrerer Mutterunternehmen stehenden Unternehmens sein, was in der Literatur und Rechtssprechung zum AktG 1965 teilweise
für möglich gehalten wird[109]. In diesem Fall ist das Gemeinschaftsunternehmen
Konzernunternehmen (§ 18 Abs. 1 AktG) und **Tochterunternehmen** iSv. § 290
HGB[110] (im folgenden Gemeinschaftsunternehmen iwS genannt).

---

103 Vgl. im einzelnen Tz. 16 ff.
104 Vgl. im einzelnen Tz. 41 ff.
105 §§ 295, 296 HGB bleiben unberührt.
106 Nach AktG 1965 sind Minderheitsbeteiligungen nur für den Sonderfall, daß die Einbeziehung zu
     einer anderen Beurteilung der Vermögens- und Ertragslage des Konzerns führt, konsolidierungs-
     pflichtig (§ 329 Abs. 2 S. 4 AktG).
107 Vgl. BR-Drs. 163/85 S. 41, BT-Drs. 10/4268 S. 116 sowie *Biener/Schatzmann*, S. 50.
108 So auch RegBegr. BR-Drs. 163/85, S. 41.
109 Vgl. im einzelnen R Tz. 178 ff., 471 ff.
110 Vgl. Bericht des Rechtsausschusses zum § 310 HGB, BT-Drs. 10/4268 S. 116.

Aus den unterschiedlichen Sachverhalten ergeben sich unterschiedliche Rechts-folgen. Liegt wie bei Gemeinschaftsunternehmen iwS ein Mutter-Tochter-Verhältnis vor, so ist eine **Vollkonsolidierung** mit Ausweis eines Ausgleichspostens für andere Gesellschafter (§§ 301, 307 HGB) unerläßlich [111]. Dabei ist zu beachten, daß im Gegensatz zum AktG 1965 (§ 329 Abs. 2 S. 4 AktG) grundsätzlich eine Konsolidierungspflicht besteht [112]. In diesem Fall haben die Unternehmen kein Wahlrecht, entweder die Vollkonsolidierung oder die Quotenkonsolidierung anzuwenden [113]. „Die anteilmäßige Konsolidierung ist nicht zulässig, wenn die Voraussetzungen für die Vollkonsolidierung gegeben sind, zB, wenn eine einheitliche Leitung nach § 329 Abs. 1 AktG [114] vorliegt" [115]. Dies gilt auch für 50 : 50 Beteiligungen [116, 117]. **71**

Liegt ein Mutter/Tochterverhältnis nicht vor (Gemeinschaftsunternehmen ieS), so haben die Unternehmen die Wahl, ob sie die Quotenkonsolidierung (§ 310 HGB) [118] oder die Equity-Methode (§§ 311, 312 HGB) anwenden wollen [119]. **72**

Das gilt auch für 50 : 50 Beteiligungen. Allerdings setzt die Anwendung der **Quotenkonsolidierung** voraus, daß es sich um ein echtes Gemeinschaftsunternehmen ieS handelt. Ist der Tatbestand des § 310 Abs. 1 voll erfüllt, dann dürfen die Unternehmen die Quotenkonsolidierung anwenden [120]. Die Unternehmen dürfen jedoch auch auf die Anwendung der Quotenkonsolidierung verzichten, müssen dann jedoch, wenn die Voraussetzungen des § 311 Abs. 1 HGB erfüllt sind, die **Equity-Methode** anwenden [121]. **73**

Sind bei Unternehmen, die zwar die Voraussetzung von § 311 Abs. 1 HGB erfüllt (assoziierte Unternehmen), nicht jedoch die des § 310 Abs. 1 HGB, so handelt es sich nicht um ein Gemeinschaftsunternehmen. In diesem Falle muß die Equity-Konsolidierung (§ 312 HGB) als einzig zulässige Methode angewendet werden. Beteiligungsunternehmen (§ 271 Abs. 1 HGB), die weder Gemeinschafts- noch assoziierte Unternehmen sind, werden nicht konsolidiert. Sie sind mit den nach **74**

---

111 AA *Harms/Knischewski*, DB 1985, S. 1753; *Schindler*, BB 1987, S. 158 ff.; *Zündorf*, Quotenkonsolidierung versus Equity-Methode, Schriften zur Bilanz- und Steuerlehre Bd. 1, hrsg. *Küting/Wöhe*, Stuttgart 1987; *Siebourg* in HdRKo. § 290 Tz. 40; *Budde/Suhrbier* in BeBiKo. § 310 Tz. 5 ff.
112 §§ 295, 296 HGB bleiben unberührt.
113 Vgl. *Havermann*, IDW-Fachtagung 1986 S. 47 ff.; *Maas/Schruff*, WPg. 1986 S. 244; ebenso *ADS* § 290 Tz. 102–125 mwH; *Hoffmann-Becking/Rellermeyer* (FS *Goerdeler* S. 199/216) erkennen zwar die Möglichkeit gemeinschaftlich einheitlicher Leitung an, wollen jedoch für diesen Fall ein Wahlrecht zwischen Voll- und Quotenkonsolidierung zulassen.
114 Jetzt § 290 Abs. 1 HGB.
115 RegBegr. zu § 291 HGB-EK (jetzt § 310 HGB) (BR-Drs. 163/85 S. 41) und im Grundsatz auch Bericht des Rechtsausschusses zu § 310 HGB (BT-Drs. 10/4268, S. 116) ferner *Biener/Schatzmann*, S. 50.
116 Für diesen Sonderfall ist nach Auffassung des Rechtsausschusses (BT-Drs. 10/4268, S. 116) allerdings die Quotenkonsolidierung der Vollkonsolidierung vorzuziehen. Zur Begründung dafür wird darauf hingewiesen, daß bei einer Vollkonsolidierung der KA „nur unnötig aufgebläht wird", was „zu einer Fehlbeurteilung führen kann". Dieses Argument ist wenig überzeugend, da die kritisierten Erscheinungsformen bei allen Vollkonsolidierungen eintreten, wenn der Konzernanteil nur wenig höher als 50 vH ist. Das kommt in der Praxis häufig vor.
117 Einige deutsche Unternehmen haben bereits in der Vergangenheit ihre fünfzigprozentigen Beteiligungen, insbesondere im Ausland, unter Anwendung der Quotenkonsolidierung in den KA einbezogen, so *Busse von Colbe/Ordelheide*, Konzernabschlüsse, 5. Auflage, Wiesbaden 1984, S. 128. Nicht klar erkennbar ist dabei jedoch, ob es sich dabei um freiwillige Welt- oder Gruppenabschlüsse oder um aktienrechtliche Pflichtabschlüsse handelt.
118 § 310 begründet jedoch keine originäre Konzernrechnungslegungspflicht.
119 Vgl. RegBegr. zu § 291 HGB-EK BR-Drs. 163/85, S. 41 (jetzt § 310 HGB sowie Bericht des Rechtsausschusses zu § 310 HGB (BT-Drs. 10/4268, S. 116), ferner *Biener/Schatzmann*, S. 50.
120 Vgl. dazu im einzelnen Tz. 521 ff.
121 Vgl. dazu im einzelnen Tz. 431 ff.

§ 308 HGB vorgeschriebenen oder zulässigen Werten in die Konzernbilanz zu übernehmen.

6. Gleichordnungskonzern

75   Eine Verpflichtung zur Aufstellung eines KA und Konzern-LB für den **Gleichordnungskonzern** [122] kann dann bestehen, wenn eine Kapitalgesellschaft mit Sitz im Inland andere Unternehmen einheitlich leitet, ohne daß diese von ihm abhängig sind (§ 290 Abs. 1 HGB). Eine Verpflichtung zur Konzernrechnungslegung im Gleichordnungskonzern nach § 290 Abs. 2 HGB ist ausgeschlossen, da § 290 Abs. 2 HGB auf Unterordnungsverhältnisse abstellt [123].

76   Eine aus § 290 Abs. 1 HGB hergeleitete Verpflichtung zur Konzernrechnungslegung für den **Gleichordnungskonzern** deckt sich mit der zum § 329 Abs. 1 AktG 1965, § 28 Abs. 1 EGAktG und zu § 11 Abs. 1 PublG vertretenen Auffassung [124]. Dies ist auch deswegen berechtigt, weil ein MU an der Spitze des Konzerns, das nicht gleichzeitig Tochterunternehmen ist, mit der in § 329 Abs. 1 AktG 1965 erwähnten Obergesellschaft gleichzusetzen ist. Der Grad der Wahrscheinlichkeit, daß es tatsächlich zur Konzernrechnungslegung für den Gleichordnungskonzern kommt, ist nach § 290 Abs. 1 HGB sogar höher als nach § 329 Abs. 1 AktG 1965, da die einschränkende Voraussetzung des § 329 Abs. 2 S. 4 AktG 1965 im HGB nicht enthalten ist.

77   Gleichwohl wird die Frage der Aufstellung von KA und Konzern-LB im **Gleichordnungskonzern** eher Anlaß für interessante theoretische Erörterungen sein, als praktische Bedeutung haben [125, 126, 127].

7. Befreiende Konzernabschlüsse und Konzernlageberichte

a) Grundsatz

78   Befreiende KA sind Abschlüsse, die von einem MU aufgestellt werden, wodurch ein ihm nachgeordnetes Tochterunternehmen, das gleichzeitig MU ist, von der Verpflichtung freigestellt wird, für seinen Teilbereich des Konzerns einen Teil-KA und Teilkonzern-LB aufzustellen. Befreiende KA können von der Konzernspitze **(Gesamt-KA)** oder von einem Unternehmen aufgestellt werden, das in der Konzernhierarchie zwischen dem zur Teilkonzernrechnungslegung ver-

---

122 Zum Begriff vgl. R 175 ff.
123 Die 7. EG-RL nimmt daher auch die Regelung der Konzernrechnungslegung für den Gleichordnungskonzern vollständig aus Art. 1 heraus und schafft dafür eine eigene Rechtsgrundlage in Art. 12. Dabei mußte notwendigerweise – im Rahmen der 7. EG-RL eigentlich systemwidrig – auf das Kriterium der einheitlichen Leitung zurückgegriffen werden.
124 Vgl. *ADS* § 290 Tz. 96 f.; wohl auch *Siebourg* in HdRKo. § 290 Tz. 119; aA *Sarx/Kemper* in BeBiKo. § 290 Tz. 13 f. mwN.
125 Die in Art. 12 7. EG-RL enthaltene Regelung geht über eine ggf. aus § 290 Abs. 1 HGB herzuleitende Verpflichtung hinaus, da Art. 12 für den Gleichordnungskonzernabschluß nicht unbedingt das Bestehen einer Obergesellschaft voraussetzt und damit auch den klassischen Fall der Gleichordnung durch personelle Verflechtung erfaßt.
126 Die vom Ausschuß gegebene Begründung, daß insoweit keine Erfahrungen bestehen, vermag allerdings kaum zu überzeugen, vgl. BT-Drs. 10/4268 S. 113.
127 Der Frage, ob ggf. nach § 290 Abs. 1 HGB eine Verpflichtung zur Aufstellung von Stufen-Gleichordnungs-KA besteht, braucht daher auch nicht näher nachgegangen zu werden.

pflichteten Unternehmen und der Konzernspitze steht **(Teilkonzernabschluß auf höherer Ebene)**[128]. Sie können von einem Unternehmen im **Inland,** in der **EG** oder im **Nicht-EG-Ausland** aufgestellt werden. Materiell weichen die Befreiungs-vorschriften des HGB vom AktG 1965 insofern ab, als sie nicht nur von Teil-KA befreien, die **anstatt** eines Gesamt-KA hätten aufgestellt werden müssen[129], son-dern auch von solchen Teil-KA, die nach dem Stufenkonzept[130] **neben** dem Gesamt-KA hätten aufgestellt werden müssen.

Gesetzestechnisch sind die Befreiungsvorschriften in den §§ 291, 292 HGB ent- **79** halten. Dabei regelt § 291 HGB die befreienden KA für MU mit Sitz im Inland und der EG. § 292 HGB enthält eine Ermächtigung zum Erlaß einer Rechtsver-ordnung, in der die Anforderungen enthalten sind, die an Unternehmen mit Sitz außerhalb der EG zu stellen sind, die einen befreienden KA aufstellen wollen.

b) Mutterunternehmen mit Sitz im Inland/innerhalb der EG

aa) Befreiender Abschluß eines Mutterunternehmens

Ein **MU,** das zugleich Tochterunternehmen eines MU **mit Sitz in der EG** ist, **80** braucht unter bestimmten Voraussetzungen[131] einen Teil-KA und Teilkon-zern-LB nicht aufzustellen, wenn ein Abschluß und LB seines MU (befreiendes MU), die bestimmte Anforderungen erfüllen müssen[132], in Deutschland veröf-fentlicht werden (§ 291 Abs. 1 S. 1 HGB). Das befreiende MU kann seinen Sitz im Inland oder einem anderen Mitgliedstaat der EG haben. Es braucht nicht an der Spitze des Konzerns zu stehen. So kann zB ein Teilunterordnungskonzern in Deutschland, der zu einem US-Konzern gehört, von der Verpflichtung zur Auf-stellung eines Teil-KA und Teilkonzern-LB befreit werden, wenn ein Tochterun-ternehmen des Konzerns mit Sitz in Frankreich, das im Verhältnis zu dem deut-schen Konzernteil MU ist, einen Teil-KA in Deutschland veröffentlicht, der den Anforderungen von § 291 HGB genügt.

Das befreiende Unternehmen kann jede beliebige Rechtsform haben, sofern es **81** als Kapitalgesellschaft mit Sitz in einem Mitgliedsland der EG zur Aufstellung eines KA unter Einbeziehung des zu befreienden MU und seiner Tochterunter-nehmen verpflichtet wäre (§ 291 Abs. 1 S. 2 HGB). Die nicht ganz leicht zu ver-stehende Einschränkung soll als eine **Umschreibung des Unternehmensbegriffs**[133] verstanden werden und klarstellen, daß **Privatpersonen, Bund, Länder und Gemeinden** keine befreienden MU sein können[134]. Es kommt ferner nicht darauf an, ob das befreiende MU groß oder klein ist und ob der befreiende Abschluß freiwillig oder außerhalb des HGB liegender rechtlicher Verpflichtungen (zB PublG) aufgestellt wird. Entscheidend für die Befreiung ist allein, daß die Anforderungen des § 291 HGB erfüllt werden.

---

128 MU iSv. § 291 Abs. 1 S. 1 HGB, damit wird die zum AktG 1965 vertretene Kommentarauffassung (*ADS*, 4. Aufl. § 330 Tz. 19, 34) rechtlich untermauert.
129 § 330 Abs. 1 S. 3, Abs. 2 S. 2 AktG 1965.
130 Vgl. im einzelnen Tz. 54 ff.
131 Vgl. die folg. Ausführungen.
132 Vgl. Tz. 81 ff. sowie *ADS* § 271 Tz. 7 ff. mwN.
133 Zum Unternehmensbegriff im Dritten Buch des HGB vgl. R Tz. 344 ff.
134 Vgl. Bericht des Rechtsausschusses zu § 291 (BT-Drs. 10/4268 S. 113).

bb) Konsolidierungskreis

82   Der **Konsolidierungskreis** muß das befreiende MU, das zu befreiende MU und seine Tochterunternehmen umfassen (§ 291 Abs. 2 Nr. 1 HGB). Es ist den Konzernen freigestellt, wie groß sie den Kreis ziehen wollen[135]. Stellt die Konzernspitze den befreienden Abschluß und LB auf[136], so ist bei entsprechendem Verhalten der Minderheitsgesellschafter[137] die Verpflichtung zur Aufstellung von Stufenabschlüssen[138] praktisch aufgehoben.

83   Das **Konsolidierungsverbot** (§ 295 HGB) und die **Konsolidierungswahlrechte** (§ 296 HGB) gelten auch **für den befreienden KA** (§ 291 Abs. 2 Nr. 1 HGB). Grundsätzlich wird man davon ausgehen müssen, daß ein Konsolidierungsverbot (§ 295 HGB)[139], das für einen kleineren Konsolidierungskreis gilt, auch für einen größeren Konsolidierungskreis noch besteht. Allerdings kann das Konsolidierungsverbot je nach Sachlage in eine Konsolidierungspflicht (§ 294 Abs. 1 HGB) umschlagen. Dies ist zB dann der Fall, wenn der Konsolidierungskreis für den befreienden KA gegenüber dem Teil-KA so stark erweitert wird, daß das Tochterunternehmen, das nach § 295 Abs. 1 HGB in dem kleineren Kreis nicht konsolidiert werden darf, so sehr an Bedeutung verliert, daß durch seine Einbeziehung die Vermittlung eines den tatsächlichen Verhältnissen entsprechenden Bildes der Vermögens-, Finanz- und Ertragslage des Konzerns nicht mehr beeinträchtigt wird.

84   Ob sich für die Anwendung der **Konsolidierungswahlrechte** (§ 296 HGB)[140] unterschiedliche Gesichtspunkte **in verschieden großen Konsolidierungskreisen** ergeben, kommt auf den Einzelfall an. Im allgemeinen wird man davon ausgehen können, daß die in § 296 Abs. 1 Nr. 1–3 HGB angesprochenen Sachverhalte für alle Konsolidierungskreise gelten. Für den Fall des § 296 Abs. 1 Nr. 3 HGB ist jedoch auch eine andere Beurteilung für einen größeren Konsolidierungskreis vorstellbar, wenn an eine innerkonzernliche Veräußerung der Anteile von einem Unternehmen des kleineren Konsolidierungskreises an ein Unternehmen des größeren Konsolidierungskreises gedacht ist. Änderungen in der Betrachtungsweise können sich auch für die Anwendung von § 296 Abs. 2 HGB ergeben[141], da ein Tochterunternehmen, das für die Vermittlung eines den tatsächlichen Verhältnissen entsprechenden Bildes der Vermögens-, Finanz- und Ertragslage des Konzerns in einem kleineren Konsolidierungskreis sehr wohl von Bedeutung ist, in einem größeren Kreis durchaus von untergeordneter Bedeutung sein kann.

85   Generell gilt, daß alle **Konsolidierungswahlrechte** (ggf. auch das Konsolidierungsverbot) bei der Aufstellung eines befreienden Konzernabschlusses **neu ausgeübt** werden können und ggf. auch müssen. Diese Auffassung steht mit dem Wortlaut des § 291 Abs. 2 Nr. 1 HGB im Einklang. Sie ergibt sich insbesondere aus der zwingenden Befreiungsvorschrift des Art. 7 der 7. EG-Richtlinie, die im wesentlichen wörtlich in § 291 Abs. 2 HGB übernommen wurde. Es kommt also

---

135 Vgl. Tz. 78.
136 Vgl. Tz. 80 sowie Tz. 104.
137 Vgl. Tz. 99 ff.
138 Vgl. Tz. 54 ff.
139 Vgl. im einzelnen Tz. 153 ff.
140 Vgl. im einzelnen Tz. 165 ff.
141 Vgl. im einzelnen Tz. 178 ff.

nicht darauf an, ob das befreite Unternehmen in einem von ihm zu erstellenden Teilkonzernabschluß die Wahlrechte in gleicher Weise ausgeübt hätte[142, 143].

Da das **PublG** unverändert am Kriterium der **einheitlichen Leitung** als Primär- **86** voraussetzung für die Abgrenzung des Konsolidierungskreises festhält[144], können sich für die Abgrenzung des Konsolidierungskreises Probleme dann ergeben, wenn ein nach § 11 Abs. 1 PublG aufgestellter Gesamt-KA oder ein nach § 11 Abs. 3 PublG aufgestellter Teil-KA **befreiende Wirkung** iSv. § 291 HGB haben soll[145]. Eine befreiende Wirkung kann nur dann erzielt werden, wenn die Voraussetzungen des § 291 Abs. 2 HGB voll erfüllt sind. Ein KA, zB in dem, unbeschadet der §§ 295/296 HGB, eine Mehrheitsbeteiligung iSv. § 291 Abs. 2 Nr. 1 HGB nicht konsolidiert ist, weil die Konzernvermutung nach § 18 Abs. 1 S. 3 AktG widerlegt ist[146], ist kein befreiender Abschluß iSv. § 291 HGB. Dasselbe gilt, wenn für die Abgrenzung des Konsolidierungskreises für einen nach PublG aufgestellten KA die erweiterte Zurechnungsvorschrift[147] des § 290 Abs. 3 S. 2 HGB, die Auswirkung für die Bestimmung der Mehrheitsbeteiligung gemäß § 290 Abs. 2 Nr. 1 HGB und damit für das Mutter-/Tochterverhältnis hat, nicht beachtet ist. Enthält ein KA nach PublG Unternehmen, die nur nach § 290 Abs. 1 HGB Tochterunternehmen sein können (zB einheitliche Leitung durch Hauptversammlungspräsenzmehrheit)[148], so kann dieser Abschluß, sofern die übrigen Voraussetzungen erfüllt sind, befreiende Wirkung haben, da die entscheidende Voraussetzung, Übereinstimmung mit der 7. EG-RL idF des Mitgliedstaates[149], in dem das befreiende Unternehmen seinen Sitz hat, sowohl im Falle des § 11 Abs. 1 als auch des Abs. 3 PublG stets erfüllt ist.

Soll ein von einer **Bergrechtlichen Gewerkschaft** aufgestellter KA befreiende **87** Wirkung iSv. § 291 HGB haben, so ergeben sich für die **Abgrenzung des Konsolidierungskreises** die gleichen Probleme wie für den Abschluß nach PublG, da auch § 28 EGAktG an die einheitliche Leitung (§ 18 AktG) anknüpft[150].

Wird ein befreiender KA von einem **MU mit Sitz in einem anderen Mitgliedstaat** **88** **der EG** aufgestellt, so ergeben sich in der Regel für die **Abgrenzung des Konsolidierungskreises** keine Probleme, da der Konsolidierungskreis abgegrenzt sein darf, wie es der Fassung der 7. EG-RL in dem jeweiligen Mitgliedstaat der EG entspricht[151]. Dies gilt auch dann, wenn der KA ausnahmsweise Unternehmen einschließt, die in Deutschland nicht konsolidiert werden dürfen[152] oder aber,

142 Vgl. im einzelnen Tz. 153 ff. sowie 165 ff. Ebenso *Siebourg* in HdRKo. § 291 Tz. 19, der jedoch eine generelle Neuausübung der Konsolidierungswahlrechte bzw. des Konsolidierungsverbots auf Ebene des befreienden Mutterunternehmens wohl nicht anerkennt (vgl. § 291 Tz. 18 ff.).
143 Ebenso *Odenwald* in BHdR C 200 Tz. 88; nach dem Wortlaut des § 291 Abs. 2 Nr. 1 HGB könnte auch die Auffassung vertreten werden, daß das Konsolidierungsverbot und die Konsolidierungswahlrechte im befreienden KA in gleicher Weise ausgeübt werden müssen, so zB *Pankow/Kofahl/Kemper* in BeBiKo. § 291 Tz. 15 ff.; *Biener/Berneke*, S. 297; *Albrecht* in BoHdR, § 291 Tz. 13.
144 Vgl. im einzelnen N Tz. 6 ff.
145 Vgl. dazu im einzelnen N Tz. 49 ff. sowie *Havermann* in IDW-Fachtagung 1986, S. 43/46.
146 Vgl. im einzelnen Tz. 55 ff.
147 Vgl. im einzelnen Tz. 47 ff.
148 Vgl. im einzelnen Tz. 66.
149 Vgl. Tz. 88 ff.
150 Eine befreiende Wirkung kann ein solcher Abschluß deshalb nur haben, wenn er sämtliche Voraussetzungen des § 291 HGB erfüllt.
151 Vgl. dazu auch Tz. 89 ff.
152 Ein solcher Fall könnte bei einem in Frankreich aufgestellten KA wegen der Inanspruchnahme des Mitgliedstaatenwahlrechts gemäß Art. 1 Abs. 2 a 7. EG-RL entstehen, obgleich ein Unterschied zu dem von Deutschland in Anspruch genommenen Art. 1 Abs. 2 b nicht erkennbar ist. Ebenso *Siebourg* in HdRKo. § 291 Tz. 22, der hier den Fall eines befreienden ausländischen Gleichordnungskonzerns anspricht.

wenn der KA Tochterunternehmen eines deutschen Teilkonzerns nicht mit einbezieht, weil sie nicht gleichzeitig Tochterunternehmen nach dem Recht des ausländischen MU sind[153].

cc) Inhalt

89   Der befreiende KA und Konzern-LB müssen dem **Recht** entsprechen, das für
das den **befreienden KA und LB** erstellende MU maßgeblich ist. Es muß jedoch
mit den **Anforderungen** der 7. EG-RL übereinstimmen (§ 291 Abs. 2 Nr. 2 1. Hs.
HGB).

90   Ist das befreiende MU eine Kapitalgesellschaft mit Sitz im Inland, so ist diese
Voraussetzung automatisch erfüllt. Dasselbe gilt für den Abschluß einer Kapitalgesellschaft mit Sitz in einem Mitgliedstaat der EG[154], wobei allerdings der
Abschluß wegen einer von Deutschland abweichenden Ausübung von Mitgliedstaatenwahlrechten der 4. und 7. EG-RL einen anderen materiellen Inhalt haben
und auch anders gegliedert sein kann. So kann zB der befreiende Abschluß für
einen deutschen Teilkonzern, der zu einem holländischen Konzern gehört, auf
Basis Wiederbeschaffungskosten (Art. 33 Abs. 1 a 4. EG-RL) aufgestellt sein.
Die Bilanz könnte in Staffelform (Art. 10 4. EG-RL) und die GuV in Kontoform
(Art. 24/26 4. EG-RL) aufgestellt sein. Die Zwischenergebniseliminierung
könnte auf die Höhe der Beteiligungsquoten beschränkt (Art. 26 Abs. 1 c Satz 2
7. EG-RL) oder die Anwendung der Quotenkonsolidierung für Gemeinschaftsunternehmen ausgeschlossen sein (Art. 32 Abs. 1 7. EG-RL).

91   Fraglich kann sein, ob ein befreiender Abschluß für einen deutschen Teilkon-
zern auch dann vorliegt, wenn dieser Abschluß zwar deutschem Recht (HGB/
AktG/GmbHG) entspricht, nicht aber dem des Landes, in dem das befreiende
MU seinen Sitz hat.

92   Ein praktisches Bedürfnis für eine solche Lösung könnte sich zB dann ergeben,
wenn eine britische Nicht-Kapitalgesellschaft das Schwergewicht ihrer wirtschaftlichen Tätigkeit in Deutschland hat oder ein US-Konzern seine Beteiligungen an deutschen Unternehmen in einer Nicht-Kapitalgesellschaft in Großbritannien zusammengefaßt hat. In beiden Fällen könnte ein Interesse daran bestehen, ggf. eine ganze Reihe von Teil-KA in Deutschland durch Aufstellung eines
Abschlusses in Großbritannien zu vermeiden. Dabei könnte es wesentlich einfacher und kostengünstiger sein, den relativ unbedeutenden britischen Bereich auf
die in Deutschland vorgeschriebene Rechnungslegung umzustellen, als umgekehrt. Ein solcher in Großbritannien nach deutschem Recht aufgestellter
Abschluß ist nach dem Wortlaut von § 291 Abs. 2 Nr. 2 HGB kein befreiender
Abschluß, da er nicht britischem Recht entspricht. Dieses Ergebnis ist jedoch
unbefriedigend. Die Bezugnahme auf das Recht des Mitgliedstaates, in dem das
befreiende MU seinen Sitz hat, kann nur als **Diskriminierungsverbot**[155] innerhalb
der EG angesehen werden. Das ist schon deswegen erforderlich, weil Abweichungen der nationalen Rechte innerhalb der EG nur durch unterschiedliche

153 Ein solcher Fall könnte bei einem zB in Großbritannien aufgestellten KA bezüglich der Einbezie-
     hung von Tochterunternehmen eines deutschen Teilkonzerns entstehen, die lediglich Tochterunter-
     nehmen nach § 290 Abs. 1 HGB sind; glA *Siebourg* in HdRKo. § 291 Tz. 818; *Pankow/Kofahl/
     Kemper* in BeBiKo. § 291 Tz. 17; aA *Biener/Berneke*, BiRiLiG 1986 S. 297.
154 Vgl. dazu die Aufzählung der Rechtsformen in Art. 4 Abs. 1 7. EG-RL.
155 Vgl. dazu auch Art. 8 Abs. 2 7. EG-RL sowie *Biener/Schatzmann*, S. 18.

Ausübung nationaler Wahlrechte bedingt sein dürfen, die sich wiederum in den durch Art. 54 Abs. 3 g EWGV gezogenen Grenzen der Gleichwertigkeit bewegen müssen. Keineswegs darf durch die Bezugnahme auf das für das befreiende MU geltende Recht eine weitergehende Harmonisierung und für den Leser des befreienden Abschlusses im Mitgliedstaat des befreiten Unternehmens erleichterte Lesbarkeit und weitergehende Vergleichbarkeit vermindert werden. Es ist daher davon auszugehen, daß auch ein Abschluß, der in einem anderen EG-Mitgliedstaat[156] nach deutschen, durch die 7. EG-RL bestimmten Konzernbilanzierungsvorschriften aufgestellt worden ist, befreiende Wirkung iSv. § 291 HGB hat[157].

Fraglich könnte ebenso sein, ob ein Abschluß auch dann noch befreiende Wirkung hat, wenn er Unternehmen enthält, die zwar in Deutschland, nicht aber in dem Mitgliedstaat der EG, in dem der befreiende Abschluß aufgestellt werden soll, Tochterunternehmen sind[158]. Ein solcher Fall könnte eintreten, wenn zB eine Vorkonsolidierung für den deutschen Bereich, in der solche Unternehmen enthalten sind, aus praktischen Gründen insoweit unverändert zu einem befreienden Abschluß aus einem anderen EG-Mitgliedstaat einbezogen werden soll. Nach dem Wortlaut des Gesetzes ist ein solcher Abschluß nicht von § 291 Abs. 2 Nr. 2 des Gesetzes gedeckt, da er nicht dem Recht des Landes entspricht, das den befreienden Abschluß aufstellt. Da die materielle Abweichung nur aus einem Bereich kommen kann, der in Deutschland Bestandteil der Richtlinie ist, sollten gegen die Befreiungswirkung ebenso keine Bedenken entstehen[159]. **93**

Stellt eine Nicht-Kapitalgesellschaft mit Sitz im Inland oder der EG einen KA und Konzern-LB auf, dann hat er nur dann befreiende Wirkung, wenn er die Voraussetzungen des § 291 HGB erfüllt. Ist ein solcher Abschluß nach PublG (§ 11 Abs. 1, 3) aufgestellt worden, so müssen zur Erzielung einer Befreiungswirkung neben der Einhaltung der allgemeinen Konsolidierungsregeln der 7. EG-RL (§ 13 Abs. 2 PublG) folgende **Voraussetzungen** erfüllt sein (§ 13 Abs. 3 S. 3 PublG): **94**

– Abschreibungen dürfen nur in dem bei Kapitalgesellschaften üblichen Umfang vorgenommen werden (§ 253 Abs. 1–3 HGB). Die weitergehende Möglichkeit des § 254 Abs. 4 HGB („im Rahmen vernünftiger kaufmännischer Beurteilung") darf nicht angewendet werden (§ 279 Abs. 1 S. 1 HGB).

– Die fakultative außerplanmäßige Abschreibung auf Vermögensgegenstände des Anlagevermögens (§ 253 Abs. 2 S. 3 HGB) darf nur auf Finanzanlagen angewendet werden (§ 279 Abs. 1 S. 2 HGB).

– Das Wertaufholungsgebot (§ 280 HGB) muß beachtet werden,

– Über das Ausmaß, in dem das Jahresergebnis des Konzerns durch steuerliche Maßnahmen beeinflußt wurde, ist im Konzernanhang zu berichten (§ 314 Abs. 1 Nr. 5 HGB).

– Über die Gesamtbezüge und Ruhegehälter der Mitglieder des Geschäftsführungsorgans, eines AR oder einer ähnlichen Einrichtung des MU sowie die

---

156 Dasselbe gilt auch, wenn ceteris paribus ein Nicht-EG-Land einen solchen Abschluß aufstellt, wenn auch das Diskriminierungsverbot insoweit nicht notwendigerweise gilt.
157 Kritisch hierzu *Pankow/Kofahl/Kemper* in BeBiKo. § 291 Tz. 21 ff.; *Siebourg* in HdRKo. § 291 Tz. 26 hält die hier vorgeschlagene Regelung zwar für zweckmäßig, aber nicht durch den Gesetzeswortlaut zugelassen.
158 ZB Tochterunternehmen iSv. § 290 Abs. 1 HGB, vgl. Tz. 56 ff.
159 Vgl. auch Tz. 89 ff.; ebenso *Siebourg* in HdRKo. § 291 Tz. 21.

gewährten Vorschüsse und Kredite an diesem Personenkreis muß nach Maßgabe von § 314 Abs. 1 Nr. 6 HGB im Konzernanhang berichtet werden.
- Die Konzern-GuV muß in der für Kapitalgesellschaften vorgeschriebenen Form (§ 298 Abs. 1 HGB) aufgestellt und veröffentlicht werden. Steuern dürfen nicht unter den sonstigen Aufwendungen ausgewiesen werden (§ 5 Abs. 5 PublG).

95 Auch ein von einer Bergrechtlichen Gewerkschaft aufgestellter KA und Konzern-LB hat nur dann befreiende Wirkung, wenn er die Voraussetzungen des § 291 HGB erfüllt.

dd) Prüfung

96 Der befreiende KA und Konzern-LB müssen nach dem jeweiligen Recht, dem das befreiende MU unterliegt, von einem in Übereinstimmung mit den Vorschriften der 8. EG-RL **in der EG zugelassenen Abschlußprüfer** geprüft worden sein (§ 291 Abs. 2 Nr. 2 HGB) [160].

ee) Anhang

97 Werden ein befreiender KA und Konzern-LB aufgestellt, so hat das befreite Unternehmen im Anhang zu seinem JA (§§ 284 ff. HGB) **folgende Angaben** zu machen (§ 291 Abs. 2 Nr. 3 HGB):
- Name und Sitz des MU, das den befreienden KA und Konzern-LB aufstellt,
- einen Hinweis auf die Befreiung von der Verpflichtung, einen KA und einen Konzern-LB aufzustellen [161].

Mit diesen Angaben sollen die Adressaten des JA des befreiten Unternehmens über die Befreiung informiert werden.

ff) Offenlegung

98 Der befreiende KA und Konzern-LB einschließlich des BestV oder des Vermerks über seine Versagung müssen im **Bundesanzeiger** (§ 325 Abs. 3 HGB) in deutscher Sprache **bekannt gemacht** werden. Der befreiende Abschluß und LB unterliegt somit derselben Publizität wie ein andernfalls von dem befreiten Unternehmen aufzustellender Teil-KA und Teilkonzern-LB. Von dem Mitgliedstaatenwahlrecht der Übersetzung in die deutsche Sprache (Art. 7 Abs. 2 b bb S. 2) hat der Gesetzgeber Gebrauch gemacht, „weil die Offenlegung in einer fremden Sprache die Kenntnisnahme vom Inhalt des befreienden Konzernabschlusses und Konzernlageberichts in einer Weise erschweren würde, die den Interessenten nicht zuzumuten ist" [162].

Auf die Beglaubigung der Übersetzung, die als Mitgliedstaatenwahlrecht ebenfalls hätte verlangt werden können, wurde dagegen verzichtet [163]. Eine Umrechnung ausländischer Währungen in DM ist ebenfalls nicht erforderlich.

---

160 Wegen weiterer Einzelheiten vgl. Tz. 745 ff.
161 Die St/NA/3/1968 fordert die gleichen Angaben bereits zum AktG 1965, WPg. 1968, S. 133.
162 Vgl. RegBegr. zu § 297 HGB (jetzt § 271 HGB) BR-Drs. 163/85 S. 44.
163 Vgl. ebenda.

Die Offenlegung zum Zweck der Befreiung obliegt dem befreiten Unternehmen[164]. Sie muß **vor Ablauf des neunten Monats** nach dem Stichtag des zu befreienden Unternehmens erfolgen (§ 291 Abs. 1 S. 1 iVm. § 325 Abs. 3 HGB). Die Offenlegung kann aus der Natur der Sache heraus nicht früher geschehen, als der befreiende Abschluß und LB des MU aufgestellt, geprüft, verabschiedet und zur Veröffentlichung freigegeben ist. Dafür mögen in den Mitgliedstaaten der EG unterschiedliche Fristen gelten[165]. Auf jeden Fall wird dies – unter Annahme desselben Bilanzstichtages für alle Konzernunternehmen – erst einige Monate nach dem Bilanzstichtag des zu befreienden Unternehmens und möglicherweise erst nach dessen eigener HV sein. Da andererseits die ordnungsmäßige Veröffentlichung des befreienden Abschlusses und LB Voraussetzung für eine wirksame Befreiung sein soll, hat dies zur Folge, daß über die Frage, ob das zu befreiende Unternehmen nicht doch einen Teil-KA und Teilkonzern-LB aufstellen muß, endgültig erst Monate nach dem Bilanzstichtag entschieden werden kann.

gg) Minderheitsvotum

Die Unternehmen haben es weitgehend selbst in der Hand, durch Erfüllung der   **99** unter Tz. 80 ff. genannten Bedingungen die Voraussetzungen für eine Befreiung zu schaffen. Sie wird trotzdem nicht erreicht, wenn ein bestimmter Prozentsatz von Minderheitsaktionären/-gesellschaftern, die an dem zu befreienden MU beteiligt sind, die Aufstellung eines KA und Konzern-LB beantragen bzw. einer Befreiung nicht zustimmen (§ 291 Abs. 3 HGB)[166]. Durch das den Minderheiten zugestandene Recht, die Aufstellung ergänzender KA verlangen zu können, soll ihnen die Möglichkeit gegeben werden, zusätzliche Informationen über den Teilbereich des Konzerns zu erhalten, an dem sie beteiligt sind[167, 168].

Gehören[169] dem **MU,** das einen befreienden KA und Konzern-LB erstellen will,   **100** **weniger als neunzig vH** der Anteile an dem zu befreienden Unternehmen, so müssen die anderen Gesellschafter, sofern sie einen KA und Konzern-LB wünschen, diesen spätestens 6 Monate vor Ablauf des Konzern-GJ **beantragen** (§ 291 Abs. 3 S. 1 HGB).

Hat das zu befreiende MU die Rechtsform einer **AG/KGaA,** so kann die Befreiung nicht erreicht werden, wenn mindestens **10 vH** der Aktionäre die Aufstellung eines Teil-KA und Teilkonzern-LB verlangen. Die Befreiung erscheint in diesem Fall auch praktisch erreichbar, da Passivität der Aktionäre in diesem Fall als Zustimmung zur Befreiung gilt. Ist das zu befreiende MU eine **GmbH,** so müssen ceteris paribus **20 vH** der Gesellschafter die Aufstellung eines Teil-KA und Teilkonzern-LB verlangen. Wegen der engeren Verbindung zwischen Gesellschaft und Gesellschafter ist das Zustimmungserfordernis hier geringer angesetzt.   **101**

---

164 Vgl. auch *Biener/Schatzmann,* S. 17.
165 Die 7. EG-RL enthält dafür keine Anforderungen.
166 Diese Bestimmung ist trotz Verweises in § 11 Abs. 6 PublG auf § 291 HGB auf befreiende publizitätsgesetzliche KA nicht anwendbar (sinngemäße Anwendung), vgl. auch BR-Drs. 163/85, S. 44.
167 Vgl. dazu Tz. 54 ff.
168 Einem weitergehenden Antrag, „die Befreiung zu versagen, wenn die Arbeitnehmervertretungen die Aufstellung eines KA und eines Konzern-LB beantragen", wurde mehrheitlich vom Rechtsausschuß nicht entsprochen, vgl. BT-Drs. 10/4268 S. 113.
169 Zur Frage des Gehörens vgl. Tz. 29 f.; 47 ff.

102 Gehören dem **MU,** das einen befreienden KA und Konzern-LB erstellen will, **mindestens neunzig vom Hundert** der Anteile an dem zu befreienden Unternehmen, bedarf die Befreiung der **Zustimmung** sämtlicher **anderer Gesellschafter** (§ 291 Abs. 3 S. 2 HGB)[170]. Nach der hier vertretenen Auffassung ist es mit dem Wortlaut des Gesetzes nicht vereinbar, daß eine Zustimmung durch die **Mehrheit** der anderen Gesellschafter ausreicht. Die Einzelzustimmung eines jeden Gesellschafters kann somit auch nicht durch einen Sonderbeschluß nach § 138 AktG erreicht werden[171]. Da in diesem Fall das Schweigen der Anteilseigner eine Ablehnung der Befreiung bedeutet, muß das Unternehmen von sich aus initiativ werden, wenn es die Zustimmung erreichen will. Dies dürfte bei Gesellschaften mbH idR keine besonderen Schwierigkeiten bereiten, bei börsennotierten AG dagegen praktisch unmöglich sein. Fraglich ist ferner, ob auch für diesen Fall die Sechsmonatsfrist (§ 291 Abs. 3 S. 1 HGB) gilt, bzw. welcher Stichtag alternativ in Frage kommt. Der Wortlaut „zustimmt" läßt auch eine nachträgliche Genehmigung der Nichterstellung und damit Befreiung zB auf der HV des zu befreienden MU zu. Allerdings könnte auch dann die Befreiung nur erreicht werden, wenn die Minderheitsaktionäre vollständig anwesend sind und zustimmen. Es muß daher bezweifelt werden, daß die Befreiungsmöglichkeit des § 291 HGB für Publikumsgesellschaften, an denen andere Aktionäre mit nicht mehr als zehn Prozent beteiligt sind, eine praktische Bedeutung erlangt. Es wird jedoch die Auffassung vertreten, daß in Einzelfällen auf die Zustimmung jedes einzelnen Gesellschafters dann verzichtet werden kann, wenn nicht alle Gesellschafter erreichbar sind oder wenn sie ihre Rechte nicht ausüben können oder wollen. Hat das MU in diesen Fällen alles Zumutbare unternommen, zB durch öffentlichen Aufruf, so kann nach dieser Auffassung die **Zustimmung unterstellt** werden[172].

103 Die Koppelung des Minderheitsvotums und damit der Befreiungsmöglichkeit an die Beteiligungsquote führt dazu, daß kleinere Minderheiten insoweit einen größeren Schutz erhalten, als größere Minderheiten. Dies kann in Einzelfällen zu unbefriedigenden Ergebnissen führen[173].

c) Mutterunternehmen mit Sitz außerhalb der EG

104 Für **MU,** die einen befreienden KA und Konzern-LB erstellen wollen und ihren **Sitz außerhalb der EG** haben, ist der BdJ ermächtigt, im Einvernehmen mit dem BdF und dem BfW eine entsprechende **Rechtsverordnung** zu erlassen (§ 292 Abs. 1 S. 1 HGB). Sie bedarf nicht der Zustimmung des Bundesrats, dem Bundestag ist jedoch ein Mitspracherecht eingeräumt (§ 292 Abs. 4 HGB). Die Inanspruchnahme der Befreiungsregelung für MU mit Sitz außerhalb der EG kann in der Rechtsverordnung davon abhängig gemacht werden, daß entsprechende Erleichterungen auch deutschen Unternehmen mit Tochtergesellschaften in diesen Staaten eingeräumt werden[174].

---

170 Ebenso *Albrecht* in BoHdR, § 291 Tz. 19.
171 So aber *Biener/Berneke,* BiRiLiG, S. 297 f.; ebenso *Siebourg* in HdRKo. § 291 Tz. 37; *Pankow/ Kofahl/Kemper* in BeBiKo. § 291 Tz. 47.
172 So zB *v. Wysocki,* WPg. 1987, S. 280, SABI 1/88, WPg. 1988, S. 342.
173 Vgl. im einzelnen *Stobbe,* BB 1985 S. 1509. Zur Kritik an dieser Regelung vgl. auch *Gerigk,* DB 1986 S. 1375 ff.
174 Im Bericht des Rechtsausschusses zu § 292 HGB heißt es, daß die Befreiung davon abhängig gemacht werden soll, daß Gegenseitigkeit besteht. „Grundsätzlich sind Erleichterungen für Unternehmen mit Sitz in einem Staat, der nicht Mitglied der Europäischen Wirtschaftsgemeinschaft ist,

Da auch die §§ 28 Abs. 3 EGAktG und 13 Abs. 4 PublG auf § 292 HGB Bezug **105** nehmen, ist praktisch für alle MU mit Sitz außerhalb der EG von der gleichen Sachlage auszugehen.

Grundsätzlich sollen die Befreiungsvorschriften darauf abstellen, daß auch MU, **106** die ihren Sitz außerhalb der EG haben, zu den gleichen Bedingungen einen befreienden KA und Konzern-LB aufstellen können, wie Unternehmen mit Sitz innerhalb der EG, dh. § 291 HGB kann grundsätzlich auch von diesen Unternehmen angewendet werden (§ 292 Abs. 1 S. 1 HGB).

Da das befreiende MU seinen Sitz nicht in einem EG-Mitgliedstaat hat, stellt **107** sich aber die Frage, ob das befreiende MU beliebig zwischen den Rechten der EG-Mitgliedstaaten wählen kann, um eine ihm günstig erscheinende Transformation der 7. EG-RL anzuwenden. Das ist nicht möglich. Es muß sich immer um das Recht eines Mitgliedstaates handeln, in dem ein zu befreiendes MU seinen Sitz hat (§ 292 Abs. 1 S. 2 HGB). So kann zB ein MU mit Sitz in den USA einen befreienden KA und Konzern-LB für den Konzernteil in Deutschland nur dann nach Luxemburger Recht aufstellen, wenn es dort ein Tochterunternehmen hat, das andernfalls zur Teilkonzernrechnungslegung verpflichtet wäre. Diese Regelung soll verhindern, daß sich MU aus Nicht-EG-Mitgliedstaaten jeweils das EG-Mitgliedstaatenrecht auswählen, das die geringsten Anforderungen an die Konzernrechnungslegung aufweist[175].

Die Rechtsverordnung soll jedoch insoweit über die Anwendung von § 291 **108** HGB hinausgehen, als auch eine Konzernrechnungslegung befreiende Wirkung haben soll, die einem nach EG-Mitgliedstaatenrecht aufgestellten KA und Konzern-LB **gleichwertig** ist. Damit wird offenbar eine Lösung angestrebt, die § 330 Abs. 2 S. 2 AktG 1965 vergleichbar ist[176]. Dabei bestehen für die gleichwertigen EG-Mitgliedstaatenrechte die gleichen Einschränkungen wie für die unmittelbare Anwendung von § 291 HGB durch das befreiende MU. Was in diesem Zusammenhang unter „gleichwertig" zu verstehen ist, soll im einzelnen in der Rechtsverordnung geregelt werden. Außerdem kann die Rechtsverordnung zusätzlich Angaben und Erläuterungen zum KA vorschreiben, um die „Gleichwertigkeit" herzustellen (§ 292 Abs. 3 HGB).

Die befreiende Wirkung eines KA und Konzern-LB eines MU mit Sitz außer- **109** halb der EG tritt grundsätzlich nur dann ein, wenn der KA von einem **Abschluß-prüfer** geprüft worden ist, der in Übereinstimmung mit den Vorschriften der 8. EG-RL zugelassen ist. Andere APr. sollen nur dann befugt sein, mit befreiender Wirkung zu prüfen, wenn sie eine den Anforderungen der 8. EG-RL gleichwertige Befähigung haben und den Abschluß prüfen, wie in § 316 ff. HGB vorgesehen (§ 292 Abs. 2 HGB)[177].

Solange eine Rechtsverordnung nach § 292 HGB noch nicht erlassen ist, muß **110** davon ausgegangen werden, daß die Aufstellung von KA und Konzern-LB mit befreiender Wirkung für Teil-KA und Teilkonzern-LB nach den Vorschriften des HGB von MU mit Sitz außerhalb der EG nicht aufgestellt werden können.

---

nur gerechtfertigt, wenn solche Erleichterungen auch deutschen Unternehmen und Tochtergesellschaften in diesen Staaten eingeräumt werden" (BT-Drs. 10/4268, S. 113).
175 Vgl. RegBegr. zu § 298 HGB (jetzt 292 HGB) (BT-Drs. 10/4268, S. 113).
176 Im Gegensatz zu § 330 Abs. 2 S. 2 AktG 1965, der auf die Aufstellung eines Konzern-GB verzichtet, sieht § 292 HGB jedoch die Aufstellung eines Konzernanhangs und Konzern-LB vor.
177 § 292 Abs. 2 HGB fordert bei wörtlicher Auslegung keine Prüfung des Konzern-LB.

Dies gilt auch für die Befreiung inländischer Teil-KA, die nach § 11 Abs. 3 PublG aufgestellt werden müssen sowie für die Befreiung einer Bergrechtlichen Gewerkschaft von der Verpflichtung zur Aufstellung eines Teil-KA gemäß § 28 Abs. 2 EGAktG, da beide Gesetze auf § 292 HGB verweisen (§ 28 Abs. 3 S. 2 EGAktG, § 13 Abs. 3 S. 3 PublG)[178]. Es ist jedoch zu erwarten, daß der BdJ eine Rechtsverordnung insoweit noch rechtzeitig erläßt, daß MU mit Sitz außerhalb der EG die Aufstellung von KA und Konzern-LB mit befreiender Wirkung für KA per 31. 12. 1990 ermöglicht wird. Zur Zeit liegt vom BdJ mit Datum vom 14. 12. 1990 der Entwurf einer Verordnung über befreiende Konzernabschlüsse (KonBefrV) vor, der jedoch inhaltlich im wesentlichen die Texte der §§ 291, 292 HGB wiedergibt und lediglich für eine Übergangszeit von 2 Jahren gelten soll[178a].

8. Größenabhängige Befreiungen

a) Grundsatz

111　Für die Konzerne, die bestimmte **Größenmerkmale** nicht überschreiten, sehen die HGB-Vorschriften eine Befreiung von der Konzernrechnungslegung vor[179]. Die Befreiung gilt, sofern die im einzelnen dafür erforderlichen Voraussetzungen erfüllt sind, für alle andernfalls zur Konzernrechnungslegung verpflichteten MU in der Rechtsform der AG, KGaA, GmbH (§ 293 Abs. 1 HGB) sowie Bergrechtlichen Gewerkschaft (§ 28 Abs. 3 EGAktG iVm. § 293 Abs. 1 HGB). Für MU, die **Kreditinstitute** oder **VU** sind, gelten Sondervorschriften (§ 293 Abs. 2 u. 3 HGB), die jedoch den allgemeinen Vorschriften nachgebildet sind[180]. Die Konzernrechnungslegungspflichten für Nicht-Kapitalgesellschaften nach § 11 Abs. 1 PublG bleiben unberührt.

112　Ein MU ist grundsätzlich[181] von der Verpflichtung zur Aufstellung eines KA und Konzern-LB befreit, wenn an **zwei**[182] aufeinanderfolgenden Abschlußstichtagen mindestens zwei der drei folgenden Merkmale erfüllt sind, wobei als Bezugsgrundlage entweder die summierten JA des MU und der Tochterunternehmen des Konsolidierungskreises (Bruttomethode) oder aber auch ein konsolidierter Abschluß dieser Unternehmen (Nettomethode) gewählt werden kann (§ 293 Abs. 1 HGB)[183].

178　Wegen der besonderen Voraussetzungen für die Befreiung von Abschlüssen nach dem PublG vgl. N Tz. 43 ff.

178a　Der Entwurf der Rechtsverordnung enthält keine inhaltlichen Hinweise zum Begriff der „Gleichwertigkeit"; die Begrenzung auf eine Übergangszeit von 2 Jahren ist deshalb vorgesehen, um eine harmonisierte Lösung im Rahmen der EG nicht zu präjudizieren.

179　Nach Verabschiedung der sog. EG-Mittelstandsrichtlinie (Richtlinie des Rates zur Änderung der Richtlinie 78/660/EWG über den Jahresabschluß und der Richtlinie 83/349/EWG über den konsolidierten Abschluß hinsichtlich der Ausnahme für kleinere und mittlere Gesellschaften sowie der Offenlegung von Abschlüssen in ECU, Abl.EG L 317/57 v. 16. 11. 1990 werden die Größenmerkmale künftig angehoben werden. Die Mitgliedstaaten der EG müssen die RL spätestens bis zum 1. 1. 1993 in nationales Recht transformieren haben, wobei die transformierten Vorschriften spätestens für GJ ab 1995 anzuwenden sind (Art. 10 der RL).

180　Vgl. Tz. 128; zur Bedeutung der EG-Bankenrichtlinie in diesem Zusammenhang vgl. Tz. 131 ff.

181　Vgl. aber die Ausnahme von der Befreiungsmöglichkeit für börsennotierte Unternehmen (§ 293 Abs. 5 HGB), Tz. 137.

182　§ 11 PublG stellt im Gegensatz dazu auf *drei* aufeinanderfolgende Abschlußstichtage ab; vgl. Abschnitt N, Tz. 17 ff.

183　Im § 11 PublG ist ausschließlich die Nettomethode vorgesehen.

Bruttomethode (§ 293 Abs. 1 Nr. 1 HGB) 113

(a) Die **Bilanzsummen** in den Bilanzen des MU und der Tochterunternehmen, die in den KA einzubeziehen wären, übersteigen insgesamt nach Abzug von in den Bilanzen auf der Aktivseite ausgewiesenen Fehlbeträgen nicht sechsundvierzig Millionen achthunderttausend Deutsche Mark.

(b) Die **Umsatzerlöse** des MU und der Tochterunternehmen, die in den KA einzubeziehen wären, übersteigen in den zwölf Monaten vor dem Abschlußstichtag insgesamt nicht sechsundneunzig Millionen Deutsche Mark.

(c) Das MU und die Tochterunternehmen, die in den KA einzubeziehen wären, haben in den zwölf Monaten vor dem Abschlußstichtag im Jahresdurchschnitt nicht mehr als fünfhundert **Arbeitnehmer** beschäftigt.

Nettomethode (§ 293 Abs. 1 Nr. 2 HGB) 114

(a) Die **Bilanzsumme** übersteigt nach Abzug eines auf der Aktivseite ausgewiesenen Fehlbetrags nicht neununddreißig Millionen Deutsche Mark.

(b) Die **Umsatzerlöse** in den zwölf Monaten vor dem Abschlußstichtag übersteigen nicht achtzig Millionen Deutsche Mark.

(c) Das MU und die in den KA einbezogenen Tochterunternehmen haben in den zwölf Monaten vor dem Abschlußstichtag im Jahresdurchschnitt nicht mehr als fünfhundert **Arbeitnehmer** beschäftigt.

Die Grenzwerte für Bilanzsumme und Umsatzerlöse bei der Bruttomethode liegen 115 um 20% über denen der Nettomethode[184]. Die Differenz ist als Ausgleich für die Verminderung beider Größenmerkmale durch Konsolidierungsvorgänge (zB Kapitalkonsolidierung, Schuldenkonsolidierung, Zwischenergebniskonsolidierung, Konsolidierung von Innenumsatzerlösen) gedacht. Es ist den Mutterunternehmen freigestellt, welcher Methode sie sich bedienen. Das Wahlrecht kann auch von Jahr zu Jahr unterschiedlich[185], jedoch an einem Stichtag nur einheitlich für den gesamten **Konsolidierungskreis** angewendet werden. Die Anwendung der Bruttomethode erspart den MU eine Probekonsolidierung, wie sie nach dem PublG erforderlich ist[186].

Maßgebend für die Feststellung, ob die Größenmerkmale erreicht sind, ist bei 116 Anwendung der Bruttomethode der Abschlußstichtag des MU (§ 293 Abs. 1 Nr. 1 HGB); bei Anwendung der Nettomethode ist der KA-Stichtag maßgeblich (§ 293 Abs. 1 Nr. 2 HGB), der nicht immer mit dem Abschlußstichtag des MU identisch zu sein braucht[187, 188].

---

184 Die Größenmerkmale der Nettomethode für Bilanzsumme und Umsatzerlöse entsprechen – in Ausübung des Mitgliedstaatenwahlrechts des Art. 6 Abs. 5 der 7. EG-RL – dem zweieinhalbfachen der Größenmerkmale für mittelgroße Kapitalgesellschaften nach § 267 Abs. 2 HGB. Diese Regelung ist bis zum Jahre 2000 befristet. Art. 6 der 7. EG-RL gehört zu den Vorschriften, die nach Art. 50 der 7. EG-RL im Jahre 1995 auf Vorschlag der Kommission vom Rat geprüft und ggf. geändert werden müssen.
185 Das Stetigkeitsgebot des § 297 Abs. 3 S. 2 HGB trifft nicht zu, da es sich bei der Befreiung nach § 293 HGB nicht um eine Konsolidierungsmethode handelt.
186 Vgl. N Tz. 17 ff.
187 Vgl. im einzelnen Tz. 138 ff.
188 Einer § 11 Abs. 2 S. 2 PublG entsprechenden Regelung wegen fehlender Kaufmannseigenschaft des MU bedarf es im HGB nicht, da Kapitalgesellschaften ebenso wie die Bergrechtliche Gewerkschaft stets die Kaufmannseigenschaft erfüllen.

b) Abgrenzung des Konsolidierungskreises

117 Die Abgrenzung des Konsolidierungskreises (§§ 294–296 HGB)[189] kann im Zusammenhang mit § 293 HGB unmittelbar einen Einfluß auf die Befreiung oder Nicht-Befreiung von der Konzernrechnungslegung haben. Dabei kommt es darauf an, ob für die **Ermittlung der Größenmerkmale** alle oder nur die andernfalls tatsächlichen konsolidierten Tochterunternehmen maßgebend sind. Diese Frage ist für die Bruttomethode (§ 293 Abs. 1 Nr. 1 HGB) vom Text des Gesetzes nicht eindeutig beantwortet. Auch für die Nettomethode (§ 293 Abs. 1 Nr. 2 HGB), ist nicht völlig klar, welche Bedeutung dem Konsolidierungsverbot (§ 295 HGB) sowie den Konsolidierungswahlrechten (§ 296 HGB) in diesem Zusammenhang zukommt. Nach Sinn und Zweck der Vorschrift können die Größenmerkmale sich jedoch nur auf einen KA beziehen, der aufgestellt würde, wenn die Voraussetzungen für eine Befreiung nach § 293 HGB nicht gegeben sind.

118 Das heißt, daß für die Ermittlung der Größenmerkmale Konzernbilanzsumme und Außenumsatzerlöse, Tochterunternehmen, für die ein Konsolidierungsverbot (§ 295 HGB) besteht, nicht berücksichtigt werden dürfen und daß Tochterunternehmen, für die ein Konsolidierungswahlrecht (§ 296 HGB) besteht, berücksichtigt werden dürfen, aber nicht berücksichtigt zu werden brauchen. Insoweit haben die MU einen Gestaltungsspielraum bei der Anwendung von § 293 HGB.

119 Diese Auslegung wird insbesondere von dem Wortlaut bestätigt, den das Gesetz für das dritte Größenmerkmal nach der Nettomethode (Anzahl der beschäftigten Arbeitnehmer, § 293 Abs. 1 Nr. 2c HGB) verwendet: „Das Mutterunternehmen und die in den Konzernabschluß einbezogenen Tochterunternehmen". Da das Gesetz mit der Einführung der Bruttomethode lediglich eine Arbeitsvereinfachung, aber keine über den Schätzrahmen von 20% hinausgehenden materiellen Differenzierungen schaffen wollte[190], ist davon auszugehen, daß auch für die Abgrenzung des Konsolidierungskreises im Zusammenhang mit § 293 HGB kein Unterschied zwischen der Brutto- und Nettomethode besteht.

c) Größenmerkmale

aa) Bilanzsumme

120 Für die Ermittlung der **„Bilanzsummen"** nach der **Bruttomethode** (§ 293 Abs. 1 Nr. 1a HGB) sind die Bilanzsummen des Mutter- und der Tochterunternehmen, die in den KA einbezogen werden sollen (§§ 294–296 HGB) zu addieren. Wird in den Einzelbilanzen auf der Aktivseite ein „Nicht durch Eigenkapital gedeckter Fehlbetrag" (§ 268 Abs. 3 HGB) ausgewiesen, so ist die Summe dieser Beträge abzuziehen. In den Einzelbilanzen enthaltene Rückstellungen und Verbindlichkeiten für Verbrauchsteuern und Monopolabgaben dürfen hier – anders als nach § 1 Abs. 2 S. 1 PublG – nicht von der Bilanzsumme abgezogen werden[191].

---

189 Vgl. im einzelnen Tz. 146 ff.
190 In der Begründung zum RegE von § 299 HGB (jetzt § 293 HGB) heißt es dazu: „... damit die Unternehmen nicht genötigt werden, einen Konzernabschluß aufzustellen, nur um feststellen zu können, ob sie zur Konzernrechnungslegung verpflichtet sind", vgl. BR-Drs. 163/85, S. 45.
191 Vgl. im einzelnen N Tz. 26.

Für die Ermittlung der Konzernbilanzsumme nach der **Nettomethode** (§ 293   **121**
Abs. 1 Nr. 2a HGB) ist grundsätzlich die Aufstellung einer Probekonzernbilanz
nach den Vorschriften des HGB erforderlich. Kapital- und Schuldenkonsolidierung sind vorzunehmen. Zwischenergebnisse sind, soweit erforderlich, zu eliminieren. Soweit bei der Gestaltung der Konzernbilanz Wahlrechte bestehen (zB
Konsolidierung von Drittschuldverhältnissen, Eliminierung von Zwischenergebnissen, Bilanzierungs- und Bewertungswahlrechte etc.), können sie auch dann in
Anspruch genommen werden, wenn dadurch die Konzernbilanzsumme unter
die kritische Grenze sinken sollte.

Wie bei der Bruttomethode ist auch bei der Nettomethode ein etwaiger ausge-   **122**
wiesener Fehlbetrag auf der Aktivseite von der Konzernbilanzsumme zu kürzen
(§ 293 Abs. 1 Nr. 2a HGB). Rückstellungen und Verbindlichkeiten für Verbrauchsteuern und Monopolabgaben dürfen auch hier nicht abgezogen werden.

Die Aufstellung einer Probebilanz ist nicht erforderlich, wenn die Befreiung   **123**
bereits durch die Merkmale des § 293 Abs. 1 Nr. 2b und c HGB begründet wird.
Trifft nur eines der Merkmale nach § 293 Abs. 1 Nr. 2b oder c HGB zu, wird
auch in diesen Fällen auf die Aufstellung einer vollständigen Konzern-Probebilanz verzichtet werden können, wenn bereits überschlägige Rechnungen ergeben, daß die Konzernbilanzsumme von DM 39 Mio keinesfalls überschritten
wird.

bb) Umsatzerlöse

Die „Umsatzerlöse" nach der **Bruttomethode** (§ 293 Abs. 1 Nr. 1b HGB) werden   **124**
durch Addition der in den Einzel-GuV ausgewiesenen Umsatzerlöse (§ 275
Abs. 2 Nr. 1, Abs. 3 Nr. 1 HGB) ermittelt. In den Umsatzerlösen enthaltene Verbrauchsteuern und Monopolabgaben dürfen – anders als in § 1 Abs. 2 S. 3
PublG – nicht abgesetzt werden [192].

Bei Anwendung der **Nettomethode** (§ 293 Abs. 1 Nr. 2b HGB) treten an die Stelle   **125**
der summierten Umsatzerlöse aus den Einzel-GuV die **Außenumsatzerlöse** des
Konzerns. Darin enthaltene Verbrauchsteuern und Monopolabgaben dürfen
nicht abgesetzt werden. Umsatzerlöse aus dem Lieferungs- und Leistungsverkehr mit nicht in den KA einbezogenen Tochterunternehmen gelten als Außenumsatzerlöse. Im übrigen gilt für die Abgrenzung des Begriffs „Umsatzerlöse" –
und damit auch der Außenumsatzerlöse – § 277 Abs. 1 HGB. Dabei ist allerdings zu beachten, daß bei Zusammenfassungen von Unternehmen mit stark
heterogener wirtschaftlicher Tätigkeit in einem KA die Umsatzerlöse gegebenenfalls abweichend vom Ausweis in den Einzelabschlüssen ausgewiesen werden
müssen [193].

Wird das Größenmerkmal „Anzahl der Beschäftigten" nicht überschritten, so   **126**
wird es – sofern nicht überschlägige Rechnungen bereits eindeutige Ergebnisse
liefern – im Interesse eines möglichst geringen Aufwands in der Regel zweckmäßig sein, zunächst das Merkmal „Außenumsatzerlöse" zu prüfen, ehe eine Konzern-Probebilanz aufgestellt wird.

---

192 Vgl. ebenda, Tz. 26.
193 Vgl. zum AktG 1965, *ADS*, 4. Aufl., § 332 Tz. 112; vgl. auch Tz. 565.

cc) Anzahl der Arbeitnehmer

127   Die Ermittlung der Anzahl der Arbeitnehmer ist bei der **Brutto-** und bei der **Nettomethode in gleicher Weise** vorzunehmen[194]. Abgestellt wird ausschließlich auf die Zahl der Arbeitnehmer, die bei Unternehmen des Konsolidierungskreises beschäftigt sind. Der Sitz der Unternehmen des Konsolidierungskreises hat für die Befreiung keine Bedeutung[195].

Für die Ermittlung der durchschnittlichen Zahl der Arbeitnehmer ist § 267 Abs. 5 HGB anzuwenden (§ 293 Abs. 1 S. 2 HGB)[196].

d) Besonderheiten bei Kreditinstituten und Versicherungsunternehmen

128   Auch für **Kreditinstitute** und VU gibt es eine Brutto- und eine Nettomethode für die **Ermittlung der Größenmerkmale.** Bei der Festlegung der Größenmerkmale für Kreditinstitute wird auf die Definition in § 11 Abs. 4 S. 1 PublG iVm. § 1 Abs. 3 PublG zurückgegriffen. Das Kriterium für Versicherungsunternehmen wird in Anlehnung an § 11 Abs. 4 S. 1 PublG iVm. § 1 Abs. 4 PublG festgelegt[197].

129   Ein **Kreditinstitut** ist bei Anwendung der Bruttomethode von der Pflicht, einen eigenen KA und Konzern-LB aufzustellen, befreit, wenn „am Abschlußstichtag seines Jahresabschlusses und am vorhergehenden Abschlußstichtag die Bilanzsummen in seiner Bilanz und in den Bilanzen der Tochterunternehmen, die in den KA einzubeziehen wären, zuzüglich der den Kreditnehmern abgerechneten eigenen Ziehungen im Umlauf, der Indossamentsverbindlichkeiten aus weitergegebenen Wechseln und der Verbindlichkeiten aus Bürgschaften, Wechsel- und Scheckbürgschaften sowie aus Gewährleistungsverträgen aller Unternehmen insgesamt nicht einhundertzweiunddreißig Millionen Deutsche Mark übersteigen" (§ 293 Abs. 2 Nr. 1 HGB).

130   Für die Anwendung der Nettomethode gilt wiederum als Ausgangsgröße die Konzernbilanzsumme zuzüglich der übrigen Posten, die auch für die Bruttomethode den Bilanzsummen hinzuzurechnen sind. Die kritische Grenze liegt hier bei Überschreitung von DM 110 Mio (§ 293 Abs. 2 Nr. 2 HGB).

131   Nach Verabschiedung der **EG-Bankbilanzrichtlinie**[198] ist jedoch zu beachten, daß künftig grundsätzlich **alle Kreditinstitute,** die MU sind, unabhängig von ihrer Größe und Rechtsform zur Konzernrechnungslegung verpflichtet sind. Nach Art. 43 der EG-Bankbilanzrichtlinie, der in § 340i Abs. 2 HGB[198a] umgesetzt ist, findet § 293 HGB auf Kreditinstitute als MU keine Anwendung mehr. Eine **größenabhängige Befreiung** für Kreditinstitute von der Konzernrechnungslegung ist damit für GJ, die nach dem 31. 12. 1992 beginnen, **nicht mehr möglich.**

132   Ein VU ist bei Anwendung der Bruttomethode von der Pflicht, einen eigenen KA und Konzern-LB aufzustellen, befreit, wenn „die Bruttobeiträge aus seinem gesamten Versicherungsgeschäft und dem der Tochterunternehmen, die in den Konzernabschluß einzubeziehen wären, jeweils in den zwölf Monaten vor dem

---

194 Vgl. Tz. 119.
195 Vgl. im Gegensatz dazu § 11 Abs. 1 Nr. 3 PublG, N Tz. 31.
196 Vgl. F Tz. 28.
197 Vgl. RegBegr. zu § 299 HGB (jetzt § 293 HGB), BR-Drs. 163/85, S. 45.
198 Richtlinie des Rates vom 8. 12. 1986 über den Jahresabschluß und den konsolidierten Abschluß von Banken und anderen Kreditinstituten 86/635 EWG, Abl.EG L 372.
198a Bankbilanzrichtlinie-Gesetz v. 30. 11. 1990 (BGBl. I S. 2570).

Abschlußstichtag und dem vorhergehenden Abschlußstichtag nicht dreiundvierzig Millionen zweihunderttausend Deutsche Mark übersteigen" (§ 293 Abs. 3 Nr. 1 HGB) „Bruttobeiträge aus dem gesamten Versicherungsgeschäft sind die Beiträge aus dem Erst- und Rückversicherungsgeschäft einschließlich der in Rückdeckung gegebenen Anteile" (§ 293 Abs. 3 S. 2 HGB).

Für die Anwendung der Nettomethode gelten wiederum die Bruttobeiträge aus der Konzern-GuV (§ 293 Abs. 3 Nr. 2 HGB). Die Definition der Bruttobeiträge ist identisch mit der für die Bruttomethode. Die kritische Grenze liegt hier bei DM 36 Mio. **133**

Im Gegensatz zum PublG[199] fehlt es in § 293 HGB an einer Regelung für den Fall, daß ein Konzern nur **teilweise** aus **Kreditinstituten/VU** besteht. In einem solchen Fall sollte auch für die Ermittlung der Größenmerkmale im Rahmen von § 293 HGB § 11 Abs. 4 PublG analog angewendet werden[200]. **134**

e) Beginn und Dauer der Befreiung

Die Befreiung von der Konzernrechnungslegungspflicht tritt erstmals für den zweiten[201] der aufeinanderfolgenden Abschlußstichtage ein, an dem mindestens zwei der drei Merkmale des § 293 Abs. 1 HGB oder die Merkmale des § 293 Abs. 2 u. 3 HGB zutreffen (§ 293 Abs. 1, 2 u. 3 jeweils Nr. 1 u. 2 S. 1 HGB). Dabei braucht es sich nicht an jedem Abschlußstichtag um die gleichen Merkmale zu handeln. Die Befreiung entfällt erst dann wieder, wenn für zwei aufeinanderfolgende Abschlußstichtage mindestens **zwei der drei Größenmerkmale** überschritten werden. Ein KA braucht demnach erst für den zweiten der aufeinanderfolgenden Abschlußstichtage aufgestellt zu werden, an dem die genannten Größenmerkmale nicht mehr vorliegen (§ 293 Abs. 4 HGB)[202]. **135**

Unabhängig davon hat ein MU nur so lange einen KA und einen Konzern-LB aufzustellen, wie ein Mutter-/Tochterverhältnis vorliegt (§ 290 HGB). Besteht ein solches Verhältnis am maßgeblichen Abschlußstichtag nicht mehr, so entfällt damit automatisch die Verpflichtung zur Konzernrechnungslegung, ohne daß eine weitere Frist einzuhalten ist. **136**

f) Börsennotierte Unternehmen

Ein MU ist – auch wenn die **Größenmerkmale** nicht überschritten werden – **nicht** von der Konzernrechnungslegung **befreit,** „wenn am Abschlußstichtag Aktien oder andere von dem MU oder einem in den KA des MU einbezogenen Tochterunternehmen ausgegebene Wertpapiere an einer Börse in einem Mitgliedstaat der EWG zum amtlichen Handel zugelassen oder in den geregelten Freiverkehr einbezogen sind oder die Zulassung zum amtlichen Handel beantragt ist" (§ 293 Abs. 5 HGB). Sind Aktien zB einer konsolidierten Tochtergesellschaft in einem Nicht-EG-Land (zB Schweiz, Österreich) zum amtlichen Handel zugelassen, so berührt das die Befreiung nicht. Dasselbe gilt, wenn Aktien eines nicht konsolidierten Tochterunternehmens (§§ 295, 296 HGB) zum amtlichen Handel in einem Mitgliedstaat der EG zugelassen sind. **137**

---

199 § 11 Abs. 4 PublG.
200 Vgl. dazu im einzelnen auch *ADS* § 293 Tz. 43 ff.
201 Vgl. im Gegensatz dazu § 11 PublG N Tz. 36 ff.
202 Einer Meldepflicht iSv. § 12 Abs. 2 PublG bedarf es nicht.

9. Abschlußstichtag, Konzerngeschäftsjahr, Geschäftsjahr der einbezogenen Unternehmen

138 Bei der Wahl des **Abschlußstichtags** und des **Konzern-GJ** ist das MU weitgehend frei. Der KA kann auf den Stichtag des Jahresabschlusses des **MU** aufgestellt werden (§ 299 Abs. 1 1. Hs. HGB). **Konzern-GJ** und GJ des MU decken sich in diesem Fall. Für eine solche Vorgehensweise sprechen viele praktische Gründe.

139 Der KA kann aber auch auf einen anderen Stichtag aufgestellt werden, wenn an diesem Stichtag die JA der **bedeutendsten** oder der **Mehrzahl** der in den KA **einbezogenen Unternehmen** aufgestellt werden (§ 299 Abs. 1 1. Hs. HGB)[203]. Die Abweichung vom Abschlußstichtag des MU ist im Konzernanhang anzugeben und zu begründen (§ 299 Abs. 1 2. Hs. HGB).

140 Ein vom Abschlußstichtag des MU abweichender Konzernabschlußstichtag kann insbesondere bei Tochterunternehmen mit stark abweichenden Geschäftszweigen oder Saisonunternehmen zweckmäßig sein.

141 Für die Umstellung des Konzern-GJ gilt § 240 Abs. 2 S. 2 HGB, wonach die Dauer des GJ zwölf Monate nicht überschreiten darf. Der Wechsel des Konzern-GJ hat daher stets ein Rumpf-GJ zur Folge. Obwohl die Konzernrechnungslegungsvorschriften des HGB nicht explizit auf die Vorschrift des § 240 Abs. 2 S. 2 HGB verweisen, besteht kein Anlaß, insoweit von einer gegenüber dem AktG 1965[204] abweichenden Regelung auszugehen. Die Befristung des GJ auf höchstens zwölf Monate, ist vielmehr als Grundsatz ordnungsmäßiger Buchführung anzusehen und gilt deshalb auch für das Konzern-GJ (§ 297 Abs. 2 S. 2 HGB). Dem steht nicht entgegen, daß durch den Verzicht auf die Aufstellung von Zwischenabschlüssen in bestimmten Fällen (§ 299 Abs. 2 S. 2 HGB) dennoch das Konzern-GJ tatsächlich einen größeren Zeitraum beinhalten kann, da diese Vorschrift insoweit als lex specialis zu verstehen ist.

142 Die **JA der in den KA einbezogenen Unternehmen** sollen auf den Stichtag des **KA** aufgestellt werden (§ 299 Abs. 2 S. 1 HGB), dh. die konsolidierten Unternehmen sind in der Wahl ihres Abschlußstichtages grundsätzlich frei. Liegt der Bilanzstichtag eines konsolidierten Unternehmens **mehr als drei Monate** vor dem KA-Stichtag, so muß dieses Unternehmen auf den Konzernbilanzstichtag einen **Zwischenabschluß** aufstellen (§ 299 Abs. 2 S. 2 HGB)[205]. Ist der Konzernabschlußstichtag zB der 31. 12., so brauchen die einbezogenen Unternehmen, deren GJ zwischen dem 30. 9. und 31. 12. endet, keinen Zwischenabschluß aufzustellen. Grundlage für die Konsolidierung ist dann ihr normaler JA. Liegt der Abschluß eines einbezogenen Tochterunternehmens nach dem Stichtag des KA, so ist stets ein Zwischenabschluß aufzustellen[206]. Weicht der Stichtag eines konsolidierten Tochterunternehmens vom Konzernbilanzstichtag ab und wird in Übereinstimmung mit § 299 Abs. 2 S. 2 HGB kein Zwischenabschluß aufgestellt, so sind Vor-

203 Inhaltlich entspricht diese Regelung § 329 Abs. 1 S. 2 AktG 1965.
204 Vgl. §§ 331 Abs. 4, 332 Abs. 3 iVm. 149 Abs. 2 AktG 1965 iVm. § 39 Abs. 2 HGB (aF).
205 Zur Kritik an dieser Regelung vgl. *Maas/Schruff*, WPg. 1985 S. 1 ff.; *Harms/Küting*, BB 1985 S. 432 ff.
206 Die Logik, die im Zeitalter der elektronischen Datenverarbeitung in einer solchen Regelung liegt, ist nicht erkennbar. Zur Aufstellung eines Zwischenabschlusses vgl. statt vieler *ADS* § 299 Tz. 23 ff. sowie *Siebourg* in HdRKo. § 299 Tz. 22 ff. mwN.

gänge von besonderer Bedeutung für die Vermögens-, Finanz- und Ertragslage eines in den KA einbezogenen Unternehmens, die zwischen dem Abschlußstichtag dieses Unternehmens und dem KA-Stichtag eingetreten sind, entweder in der Konzernbilanz bzw. Konzern-GuV zu berücksichtigen oder aber im Konzernanhang anzugeben (§ 299 Abs. 3 HGB)[207, 208].

10. Fristen

Die gesetzlichen Vertreter des MU haben den KA und Konzern-LB in den ersten **fünf Monaten** nach dem Stichtag des KA **aufzustellen** (§ 290 Abs. 1 HGB). Obgleich eine gleichlautende Vorschrift in § 290 Abs. 2 HGB nicht enthalten ist, muß davon ausgegangen werden, daß die Frist des § 290 Abs. 1 HGB auch für diesen Fall gilt. Da der KA grundsätzlich auf festgestellten und geprüften Einzelabschlüssen aufbauen muß[209], ist diese Frist kurz. Eine Verlängerung ist auch durch Satzung nicht möglich.   **143**

Die weiteren Fristen für die **Prüfung** des KA und die **Vorlage an einen AR** – soweit vorhanden – werden von dem Termin der Haupt-/Gesellschafterversammlung bestimmt, der der KA vorzulegen ist. Dabei sind für MU in der Rechtsform der **AG/KGaA**[210] zwei Fälle zu unterscheiden: **144**

(1) Ist der KA auf den Stichtag des JA des MU aufgestellt, so sind der KA und der Konzern-LB der HV vorzulegen, die diesen JA entgegennimmt oder feststellt (§ 337 Abs. 2 S. 1 AktG). Diese Regelung hat zur Folge, daß auch der KA in den ersten acht Monaten des GJ der HV vorgelegt werden muß (§ 175 Abs. 1 S. 2 AktG). Die Einberufungsfrist mit Hinterlegungs- oder Anmeldefrist beträgt idR etwa sechs Wochen (§ 123 AktG). Mit Beginn dieser Frist ist der KA bereits zur Einsichtnahme auszulegen. Demnach stehen für die Prüfung des KA durch den Abschlußprüfer (§ 317 HGB) und die Vorlage an den AR (§ 337 Abs. 1 AktG) ebenfalls rd. sechs Wochen zur Verfügung. Einer Prüfung des KA durch den AR bedarf es nicht.

(2) Weicht der Stichtag des KA vom Stichtag des JA des MU ab, so sind der KA und der Konzern-LB der HV vorzulegen, die den nächsten auf den Stichtag des KA folgenden JA entgegennimmt oder festzustellen hat (§ 337 Abs. 2 S. 2 AktG). Diese Vorschrift ist eine Ersatzvorschrift, die immer nur zu einer Verlängerung der durch § 337 Abs. 2 S. 1 AktG gesetzten Gesamtheit führen kann. Die Fristen zur Aufstellung des KA (§ 290 Abs. 1 HGB), der Einberufung der HV und damit der Auslegung des KA zur Einsicht für die Aktionäre bleiben unberührt.

---

207 Der Rechtsausschuß, der einen Antrag, an der Regelung des AktG 1965 festzuhalten und bei abweichenden Stichtagen stets einen Zwischenabschluß zu verlangen, mehrheitlich abgelehnt hat, begründet dies ua. mit der durch die Neufassung des BestV (§ 322 HGB) geschaffenen Möglichkeiten, „die es dem Abschlußprüfer erlauben, auf Unsicherheiten, die sich aus dem Fehlen eines Zwischenabschlusses ergeben, durch Ergänzung des Bestätigungsvermerks in geeigneter Form hinzuweisen" (BT-Drs. 10/4268, S. 115).

208 Vgl. im einzelnen Tz. 542 ff. sowie *ADS* § 299 Tz. 75 ff. mwN.

209 Wegen der Frage, ob noch nicht endgültig festgestellte JA in den KA einbezogen werden können, vgl. *ADS* § 290 Tz. 173; zur Einbeziehung assoziierter Unternehmen nach der Equity-Methode vgl. Tz. 480 ff.

210 Zur KGaA vgl. §§ 278 Abs. 3, 283 Nr. 9 u. 11 AktG.

145 Auch für MU in der Rechtsform der **GmbH** werden die Fristen für die Prüfung und die Vorlage an einen AR – soweit vorhanden – durch den Termin der Gesellschafterversammlung bestimmt (§ 42a Abs. 1 u. 4 GmbHG). Da die Gesellschafter grundsätzlich[211] spätestens bis zum Ablauf der ersten acht Monate über die Feststellung des JA und über die Gewinnverwendung zu beschließen haben (§ 42a Abs. 2 GmbHG), ergibt sich eine ähnliche Regelung wie bei der AG/KGaA. Eine dem § 337 Abs. 2 S. 2 AktG entsprechende Vorschrift für abweichende Stichtage ist im GmbHG jedoch explizit nicht vorgesehen.

III. Abgrenzung des Konsolidierungskreises

1. Grundsatz

146 **Grundvoraussetzung** für die Einbeziehung in den KA ist das Bestehen eines **Mutter-Tochter-Verhältnisses.** Wann ein solches Verhältnis besteht, ergibt sich aus § 290 HGB[212].

147 Grundsätzlich müssen alle **Tochterunternehmen** in den KA einbezogen werden. Jedoch dürfen neben dem MU auch nur Tochterunternehmen einbezogen werden, dh. ein **Tatbestand des § 290 HGB** muß erfüllt sein. Unternehmen, die diese Voraussetzungen nicht erfüllen, dürfen nicht in den KA einbezogen werden. **Ausnahmen** sind dann nur noch durch das **Konsolidierungsverbot** (§ 295 HGB) und die **Konsolidierungswahlrechte** (§ 296 HGB) möglich[213].

148 Als **Tochterunternehmen** des den KA erstellenden MU gelten nicht nur die jeweils **unmittelbaren,** sondern auch die **mittelbaren** Tochterunternehmen (§ 290 Abs. 1 HGB iVm. § 271 Abs. 1 HGB iVm. § 16 Abs. 4 AktG; § 290 Abs. 2 u. 3 S. 1 HGB). Sie müssen jedoch unmittelbar oder mittelbar Tochterunternehmen des den (Teil-)KA erstellenden MU sein. Ein Unternehmen ist nicht bereits deshalb Tochterunternehmen des den (Teil-)KA erstellenden MU, weil es Tochterunternehmen eines diesem übergeordneten oder gleichgeordneten MU ist.

149 Die §§ 294–296 HGB schließen unmittelbar an § 290 HGB an und gelten sowohl für die Konzernrechnungslegungspflicht nach dem Konzept „einheitlicher Leitung" (§ 290 Abs. 1 HGB), als auch nach dem „Control"-Konzept (§ 290 Abs. 2 HGB). Einigermaßen[214] nahtlos geht jedoch nur das „Control"-Konzept in die Abgrenzung des Konsolidierungskreises über, was insoweit verständlich ist, als die Grundideen für beide Regelungen dem angelsächsischen Recht entnommen sind. Zwischen dem Konzept „einheitliche Leitung" und den Konsolidierungswahlrechten (insbesondere § 296 Abs. 1 Nr. 1, Nr. 3 HGB) gibt es konzeptionelle

---

211 Für die kleine GmbH (§ 267 Abs. 1 HGB) ist eine Frist von elf Monaten vorgesehen (§ 42a Abs. 2 GmbHG).
212 Vgl. dazu im einzelnen Tz. 14 ff.
213 Zur Frage der Berichterstattung, wenn im Grenzfall durch Anwendung des Konsolidierungsverbots oder Ausübung von Konsolidierungswahlrechten die Aufstellung eines KA entfällt; vgl. Tz. 667 ff.
214 Auch im Rahmen des § 290 Abs. 2 HGB ist das Wahlrecht des § 296 Abs. 1 Nr. 2 HGB logisch nicht erklärbar. Es handelt sich hierbei wohl eher um ein pragmatisches Zugeständnis.

Widersprüche, da nach diesem Konzept in beiden Fällen Konsolidierungsverbote bestehen müßten[215].

Gleichwohl bietet das Gesetz keinen Anhaltspunkt dafür, daß für das Konzept **150** „einheitliche Leitung" und das „Control"-Konzept insoweit unterschiedliche Merkmale für die Abgrenzung des Konsolidierungskreises gelten sollen.

Das Konsolidierungsverbot des § 295 HGB und die Konsolidierungswahlrechte **151** des § 296 Abs. 1 Nr. 1–3 HGB gelten für jedes einzelne Tochterunternehmen. Es muß jedoch von Jahr zu Jahr erneut geprüft werden, ob die Voraussetzungen für das Konsolidierungsverbot oder die Inanspruchnahme der Wahlrechte noch gegeben sind.

2. Konsolidierungspflicht

Das MU hat in den KA grundsätzlich **alle mittel- und unmittelbaren Tochterun- 152 ternehmen** – unabhängig von ihrem Sitz **(Weltabschluß)** – einzubeziehen (§ 294 Abs. 1 HGB). Dies gilt auch für die Konzernrechnungslegung nach dem PublG[216] sowie dem EGAktG[217], „damit sich der Konsolidierungskreis ... nicht von dem der Konzerne der AG, KGaA und GmbH unterscheidet"[218].

3. Konsolidierungsverbot

a) Unterschiedliche Tätigkeiten

Tochterunternehmen dürfen dann nicht konsolidiert werden, wenn sich ihre **153 Tätigkeit** von der der übrigen einbezogenen Unternehmen derart **unterscheidet,** daß durch die Einbeziehung die **Vermittlung eines den tatsächlichen Verhältnissen entsprechenden Bildes der Vermögens-, Finanz- und Ertragslage des Konzerns nicht erreicht** werden kann (§ 295 Abs. 1 1. Hs HGB).

Fraglich ist, wann die Einbeziehung eines Unternehmens mit anderer Tätigkeit **154** mit der Verpflichtung ein den tatsächlichen Verhältnissen entsprechendes Bild der Vermögens-, Finanz- und Ertragslage des Konzerns zu vermitteln, unvereinbar ist[219].

Ob die Einbeziehung von Unternehmen mit unterschiedlicher wirtschaftlicher **155** Betätigung überhaupt den Aussagewert des KA beeinträchtigen kann oder ob es nicht gerade dem Wesen des KA entspricht, Unternehmen mit unterschiedlicher wirtschaftlicher Tätigkeit im KA zusammenzufassen, ist umstritten[220]. Die neuere Literatur zu dieser Frage läßt eher eine Tendenz zur Einbeziehung von

---

215 Allerdings sieht auch das IASC für diese beiden Fälle keine Konsolidierungswahlrechte, sondern Konsolidierungsverbote vor (vgl. IASC, IAS 27, aaO (Fn. 9), Tz. 11, 29).
216 Vgl. § 13 Abs. 2 PublG iVm. § 294 Abs. 1 HGB.
217 Vgl. § 28 Abs. 1 EGAktG iVm. § 294 Abs. 1 HGB.
218 Vgl. RegBegr. zu § 278 HGB (jetzt § 294 HGB) BR-Drs. 163/85, S. 37 f.; vgl. im einzelnen dazu auch N Tz. 63 ff.
219 Der Rechtsausschuß konnte einer Anregung, diese Vorschrift näher zu konkretisieren, nicht folgen, „weil die Vorschrift der Siebten Richtlinie entspricht und jede Abweichung als Einschränkung des Richtlinientextes gewertet werden könnte", vgl. BT-Drs. 10/4268, S. 114.
220 Zur Diskussion vgl. *Sahner/Kammers,* DB 1983 S. 2210 und die dortigen Literaturangaben.

Unternehmen mit abweichendem Geschäftszweig erkennen[221]. Die Aussagefähigkeit des KA wird jedenfalls nicht schon dadurch beeinträchtigt, daß die wirtschaftliche Betätigung der einzelnen Konzernglieder unterschiedlich ist[222].

156 Ob in einem Konzern unterschiedliche Tätigkeiten innerhalb einer rechtlichen Einheit oder von verschiedenen rechtlich selbständigen Tochtergesellschaften ausgeübt werden, wird häufig von reinen Zweckmäßigkeitsüberlegungen oder auch historischen Entwicklungen und manchmal auch durch Zufälligkeiten bestimmt. Auf keinen Fall aber kommt darin ein unterschiedlicher Integrationsgrad zum Ausdruck. Für den Abschluß eines rechtlich selbständigen Unternehmens sind solche Diversifikationen (mehrere Geschäftszweige) ausdrücklich geregelt (§ 265 Abs. 4 HGB). Eine entsprechende Regelung ist auch für den KA, der seiner Natur nach dazu bestimmt ist, Vermögen und Ertrag der konsolidierten Unternehmen, unabhängig von ihrer wirtschaftlichen Betätigung zusammenzufassen, ausdrücklich vorgesehen (§ 298 Abs. 1 iVm. § 265 Abs. 4 HGB). Besonderheiten, die durch die Zusammenfassung von Unternehmen mit unterschiedlicher wirtschaftlicher Tätigkeit bedingt sind, können idR in der Gliederung des Abschlusses durch Einfügung zusätzlicher Posten oder Aufgliederungen in Vorspalten berücksichtigt und im Konzernanhang durch zusätzliche Erläuterungen ergänzt werden.

157 Auch die 7. EG-RL geht davon aus, daß unterschiedliche wirtschaftliche Tätigkeiten innerhalb eines Konzerns grundsätzlich kein Hinderungsgrund für eine Konsolidierung sind. In einem ungewöhnlichen Verfahren[223] wird daher Art. 14 Abs. 1 (§ 295 Abs. 1 1. Hs. HGB) durch einen weiteren Absatz 2 kommentiert, der – wörtlich – in § 295 Abs. 2 HGB transformiert worden ist. Danach ist das Konsolidierungsverbot „nicht allein deshalb anzuwenden, weil die in den Konzernabschluß einbezogenen Unternehmen teils Industrie-, teils Handels- und teils Dienstleistungsunternehmen sind oder weil diese Unternehmen unterschiedliche Erzeugnisse herstellen, mit unterschiedlichen Erzeugnissen Handel treiben oder Dienstleistungen unterschiedlicher Art erbringen."

158 Offen bleibt gleichwohl die Frage, wann ein Anwendungsfall von § 295 Abs. 1 u. 2 HGB vorliegt. Es wird die Auffassung vertreten, daß die Vollkonsolidierung von Industriebeteiligungen im Abschluß eines Banken- und Versicherungskonzerns stets unter diese Vorschrift subsumiert werden kann. Begründungen werden dafür jedoch ebenso wenig gegeben wie von den Verfassern der Richtlinie, die anscheinend ähnliche Ideen hatten[224]. Da auch der Ausschluß eines Unter-

---

221 Vgl. *Sahner/Kammers*, ebenda; *Busse von Colbe/Ordelheide*, aaO, S. 76; zur Kritik am Konsolidierungsverbot bei unterschiedlichen Tätigkeiten und zum internationalen Stand vgl. insbes. *Niehus*, DB 1988 S. 869 ff. Auch IAS 27, aaO (Fn 9), sieht die Konsolidierung von Tochterunternehmen mit unterschiedlicher Tätigkeit vor (Tz. 12); das gleiche gilt für FAS 94, Consolidation of all majorityowned subsidiaries (Tz. 9, 14) Stamford, October 1987.
222 Vgl. St/NA 2/1967, WPg. S. 489; *Busse von Colbe*, AG 1966, S. 269/272 f.; *Rätsch*, WPg. 1961 S. 629/630; Bundesverband des privaten Bankgewerbes, Denkschrift zur Reform des Aktienrechts, Köln 1958, S. 54; mit gewissen Einschränkungen für Banken und Versicherungen; *Semler jr.* in Bericht über die IDW-Fachtagung 1959 S. 49/75; *Bores*, Konsolidierte Erfolgsbilanzen und andere Bilanzierungsmethoden für Konzerne und Kontrollgesellschaften, Leipzig 1935 S. 8 und *Wietzke*, Der konsolidierte Jahresabschluß und seine besonderen Probleme in der deutschen und angloamerikanischen Bilanzierungspraxis, Berlin 1962, S. 36 f. mit Hinweisen auf die Praxis in USA und Großbritannien.
223 Vgl. *Biener/Schatzmann*, S. 27.
224 Vgl. *Biener*, DB 1983, Beilage Nr. 19 S. 4, ähnlich auch die Begr. des Rechtsausschusses (BT-Drs. 10/4268, S. 114). Der Auffassung von *Biener/Schatzmann*, S. 27 und der Begründung zum

nehmens von der Konsolidierung den Einblick in die Vermögens-, Finanz- und Ertragslage des Konzerns beeinträchtigt, ist die Vorschrift daher eng auszulegen. Ihre Anwendung muß auf Ausnahmefälle beschränkt werden[225]. Diese Auffassung wird auch durch die internationale Entwicklung gestützt, wo in zunehmendem Maße ein Einbeziehungsverbot bzw. Einbeziehungswahlrecht für diese Fälle für überflüssig und irreführend gehalten wird[226].

Ein Anwendungsfall des Konsolidierungsverbots kann zB dann vorliegen, wenn **159** zu einem Konzern eine rechtlich selbständige gemeinnützige Unterstützungskasse oder ähnliche Einrichtung gehört und durch deren Einbeziehung die Vermögenslage des Konzerns zu günstig ausgewiesen würde. Dagegen wird man davon ausgehen müssen, daß die Konsolidierung von Lebens- und Sachversicherungen grundsätzlich nicht unter § 295 Abs. 1 HGB fällt[227]. Als möglicher Anwendungsfall wird auch ein Unternehmen, über das ein **Konkursverfahren** eröffnet worden ist, angesehen[228].

Sollten sich in Einzelfällen Konkurrenzen zwischen der Anwendung des Konso- **160** lidierungsverbots (§ 295 HGB) und der Konsolidierungswahlrechte (§ 296 HGB) ergeben, so hat die Anwendung des Konsolidierungsverbots Vorrang[229].

b) Angaben im Konzernanhang/Offenlegung

Wird ein Tochterunternehmen unter Berufung auf § 295 Abs. 1 und 2 HGB nicht **161** in den KA einbezogen, so ist die **Nichteinbeziehung im Konzernanhang anzugeben und zu begründen** (§ 295 Abs. 3 S. 1 HGB). Dabei sollte nicht nur auf die Tatsache der Nichteinbeziehung hingewiesen, sondern begründet werden, warum und in welchen Posten des KA bei einer Einbeziehung der Einblick in die Vermögens-, Finanz- und Ertragslage des Konzerns beeinträchtigt würde.

Wird der Einzel- oder (Teil-)KA eines nach § 295 HGB von der Konsolidierung **162** ausgeschlossenen Unternehmens in Deutschland nicht offengelegt, so ist er gemeinsam mit dem KA **zum HR einzureichen** (§ 295 Abs. 3 S. 2 HGB). Das gilt sowohl für die Abschlüsse ausländischer Tochterunternehmen als auch für die inländischer Tochterunternehmen, deren Abschlüsse nicht offenlegungspflichtig sind. Eine Bekanntmachung dieser Abschlüsse gemeinsam mit dem KA ist nicht erforderlich.

Biener/Schatzmann[230] glauben darüber hinaus unter Berufung auf „einen allge- **163** meinen Grundsatz, der in Art. 5 Abs. 2 und in Art. 35 Abs. 1 dieser Richtlinie[231] und in Art. 45 Abs. 1 der Bilanzrichtlinie[232] seinen Niederschlag gefunden hat", daß die Offenlegung unterbleiben kann, „soweit sie geeignet ist, dem Mutter-

Regierungsentwurf (BR-Drs. 163/85, S. 38), daß nach AktG 1965 in solchen Fällen die einheitliche Leitung zu verneinen ist, kann nicht gefolgt werden.
225 So auch *von Wysocki/Wohlgemuth*, S. 84; ebenso *Sahner/Kammers* in HdRKo. § 295 Tz. 7 ff.; *Budde/Seif* in BeBiKo. § 295 Tz. 5 ff.; *Odenwald* in HdRB C 210 Tz. 30 ff.
226 Vgl. dazu im einzelnen *Niehus*, DB S. 869 ff. und die dort angegebene Literatur, vgl. im übrigen auch § 340j HGB.
227 So zum AktG 1965, *ADS*, 4. Aufl. § 329 Tz. 85/86; vgl. dazu im einzelnen K Tz. 376 ff.; *Finke*, Bedeutung, Aufstellung und Aussage des Konzernabschlusses der Versicherungsaktiengesellschaften, Berlin 1971; ebenso wohl *Sahner/Kammers* in HdRKo. § 295 Tz. 14.
228 Vgl. zB *Bohl* in HdRKW § 71 GmbHG Tz. 34; SABI 1/88 in WPg. 1988, S. 342.
229 Vgl. dazu im einzelnen *ADS* § 295 Tz. 30.
230 AaO, S. 28.
231 Gemeint ist die 7. EG-RL.
232 Gemeint ist die 4. EG-RL.

oder Tochterunternehmen einen erheblichen Nachteil zuzufügen." Das Gesetz bietet für diese Auffassung keine Stütze[233].

c) Anwendung der Equity-Methode

164   Ist ein Tochterunternehmen nach § 295 HGB von der Vollkonsolidierung ausgeschlossen, so kann gleichwohl eine Einbeziehung nach der **Equity-Methode** in Frage kommen, sofern die Voraussetzungen dafür gegeben sind (§ 295 Abs. 1 S. 1 2. Hs. HGB). Dies ist bei Tochterunternehmen iSv. § 290 Abs. 1 HGB (einheitliche Leitung) und § 290 Abs. 2 Nr. 3 HGB (Beherrschungsvertrag) stets der Fall, da die tatsächliche oder unwiderlegbar fingierte Ausübung der Beherrschungsmacht (einheitliche Leitung) die Ausübung eines maßgeblichen Einflusses einschließt. Bei Tochterunternehmen iSv. § 290 Abs. 2 Nr. 1 und 2 HGB muß von Fall zu Fall geprüft werden, ob die Voraussetzungen für eine Equity-Konsolidierung vorliegen[234]. In diesen Fällen ist nach dem Wortlaut des Gesetzes trotz Bestehens eines Mutter/Tochter-Verhältnisses die Widerlegung eines maßgeblichen Einflusses möglich, da § 290 Abs. 2 HGB auf die Möglichkeit der Beherrschung, § 311 Abs. 1 HGB dagegen auf die tatsächliche Ausübung eines maßgeblichen Einflusses abstellt[235]. Dieses Ergebnis ist unbefriedigend, da die Voraussetzungen für eine umfassende Beziehung zwischen zwei Unternehmen die weniger umfassende mit einschließen sollte, es ergibt sich jedoch aus der vom Gesetz vorgegebenen Systematik. Dasselbe gilt für das Verhältnis von umfassender Konsolidierung (Vollkonsolidierung) zu weniger umfassender Konsolidierung (Equity-Methode). Eine Einbeziehungspflicht nach der Equity-Methode in Fällen des § 295 Abs. 1 S. 1 1. Hs. HGB ist im übrigen der Sache nach gerechtfertigt, da dadurch das tatsächliche Bild von der Vermögens-, Finanz- und Ertragslage des Konzerns nicht iSv. § 295 Abs. 1 HGB beeinträchtigt wird.

4. Konsolidierungswahlrechte

a) Beschränkungen in der Ausübung der Rechte

165   „Ein Tochterunternehmen braucht in den KA nicht einbezogen zu werden, wenn **erhebliche** und **andauernde Beschränkungen** die **Ausübung** der **Rechte** des Mutterunternehmens in bezug **auf das Vermögen** oder die **Geschäftsführung** dieses Unternehmens **nachhaltig beeinträchtigen**" (§ 296 Abs. 1 Nr. 1 HGB).

166   Die Nichteinbeziehung von Tochterunternehmen, bei denen trotz Mehrheitsbeteiligung die Ausübung beherrschenden Einflusses nachhaltig beeinträchtigt ist, entspricht internationaler Praxis[236]. Sie deckt sich weitgehend mit der Vorgehensweise nach dem Konzept einheitliche Leitung des AktG 1965. Vielfach wäre in solchen Fällen die einheitliche Leitung zu verneinen, was allerdings ein Konsolidierungsverbot und kein Konsolidierungswahlrecht zur Folge hätte[237].

---

233 Ebenso *Budde/Seif* in BeBiKo. § 295 Tz. 22 mwN; aA *Sahner/Kammers* in HdRKo. § 295 Tz. 18, die den schutzwürdigen Belangen nicht offenlegungspflichtiger Unternehmen den Vorrang einräumen.
234 Vgl. im einzelnen Tz. 435 ff.
235 Vgl. auch Tz. 437 ff.
236 Vgl. auch IASC, IAS 27, aaO, Tz. 10, 11, 29 sowie FASB, FAS 95, Tz. 13.
237 Ein Konsolidierungsverbot erscheint auch nach dem „Control"-Konzept logischer, da die Beherr-

§ 296 Abs. 1 Nr. 1 HGB stellt auf die Beschränkung in der Ausübung der Rechte **167** ab. Die Beschränkungen können **rechtlicher** und/oder **tatsächlicher** Natur sein. Das Fehlen einer tatsächlichen Einflußnahme reicht bei bestehender Beherrschungsmöglichkeit für die Inanspruchnahme des Einbeziehungswahlrechts nicht aus.

Die Beschränkungen der Rechte kann sich auf das Vermögen oder die **168** Geschäftsführung des Unternehmens beziehen. Dabei muß sich die Beschränkung auf das ganze Vermögen oder zumindest seiner wesentlichen Teile erstrecken. Verfügungsbeschränkungen über einzelne Vermögensgegenstände wie zB Sicherungsübereignungen genügen nicht. Beschränkungen, die allen Geschäftsführungen in einer bestimmten Branche oder Region auferlegt sind (zB Umweltschutzauflagen, kartellrechtliche Beschränkungen), fallen nicht unter § 296 Abs. 1 Nr. 1 HGB.

Beschränkungen der Geschäftsführungsrechte oder/und der Vermögensrechte **169** können **tatsächlicher** Natur sein (zB politische, wirtschaftspolitische Verhältnisse); sie können aber auch auf **gesellschaftsrechtlicher oder vertraglicher** Grundlage beruhen. Tatsächliche und rechtliche Beschränkungen liegen zB vor, wenn über ein Tochterunternehmen das Konkursverfahren eröffnet worden ist. Die Eröffnung eines Vergleichsverfahrens ist dagegen keine hinreichende Beschränkung.

Tatsächliche Beschränkungen der Vermögensrechte können im Inland insbesondere bei gemeinnützigen betrieblichen Einrichtungen, wie zB Unterstützungskassen vorkommen. Nach Aufhebung der Gemeinnützigkeit für Wohnungsunternehmen in der Rechtsform der Kapitalgesellschaft sind Wohnungsunternehmen ab 1. 1. 1990 nicht mehr unter dieses Konsolidierungswahlrecht zu subsumieren[238]. Sind gleichzeitig die Voraussetzungen auch des Konsolidierungsverbotes nach § 295 HGB gegeben, so hat aus dem Sinn und Zweck beider Vorschriften das Konsolidierungsverbot Vorrang[239]. **170**

Wesentliche Bedeutung kommt dem Konsolidierungswahlrecht bei der Einbeziehung ausländischer Tochterunternehmen zu, wenn aufgrund politischer Verhältnisse die Geschäftsführungs- und/oder Vermögensrechte des MU durch den ausländischen Staat beeinträchtigt werden. Als Beschränkung der Ausübung von Rechten kommen hier insbesondere ein Verbot der Besetzung von Organen mit Repräsentanten des MU oder sonstiger Einflußnahmen sowie eine drohende oder tatsächliche Verstaatlichung oder staatliche Zwangsverwaltungen in Betracht. Ob die Beschränkung im Transfer von Gewinnen und der Konvertierbarkeit von Währungen für sich allein bereits ein ausreichender Grund für die Inanspruchnahme des Wahlrechts ist, hängt davon ab, ob die Beschränkungen erheblich und andauernd sind und die Rechte des MU erheblich beeinträchtigen[240]. **171**

---

schungsmöglichkeit, die hinter diesem Konzept steht, in den hier angesprochen Fällen wohl nicht mehr gegeben sein dürfte.
238 Art. 21 § 1 iVm. Art. 29 des Steuerreformgesetzes 1990, BGBl. I 1988 S. 1093, 1136, 1140.
239 *ADS* § 296 Tz. 30.
240 Da das Konsolidierungswahlrecht des § 296 Abs. 1 Nr. 1 HGB bereits bei Beschränkungen in bezug auf die Ausübung der *Vermögensrechte* in Anspruch genommen werden kann, kann diese Vorschrift auch Sachverhalte erfassen, bei denen die Ausübung einheitlicher Leitung bisher bejaht wurde; (zur Kritik vgl. auch IDW, WPg. 1985 S. 191; WPg. 1984 S. 511).

172   Wie weit vertragliche Beschränkungen der Ausübung der Rechte des MU etwa in Form eines Entherrschungsvertrages hierher oder nach § 290 HGB gehören, wird im Schrifttum nicht einhellig beantwortet[241].

173   Der Gefahr einer Aushöhlung des Konsolidierungskreises wirken die Voraussetzungen einer „erheblichen und andauernden Beschränkung" sowie einer „nachhaltigen Beeinträchtigung" entgegen. Diese Kriterien machen deutlich, daß ein **strenger Maßstab** bei Inanspruchnahme des Konsolidierungswahlrechts angewendet werden muß. Geringfügige oder nur vorübergehende Beschränkungen der Verfügungsgewalt über ein Tochterunternehmen können keinesfalls das Konsolidierungswahlrecht begründen.

b) Unverhältnismäßig hohe Kosten oder Verzögerungen

174   Tochterunternehmen brauchen nicht in den KA einbezogen zu werden, wenn „die für die Aufstellung des KA erforderlichen Angaben nicht ohne **unverhältnismäßig hohe Kosten oder Verzögerungen** zu erhalten sind" (§ 296 Abs. 1 Nr. 2 HGB).

175   Die Vorschrift, die dem englischen Recht entnommen ist, führt Wirtschaftlichkeitsüberlegungen in die Rechnungslegung ein und stellt damit auf das Verhältnis von Grenzkosten und Grenznutzen des KA ab. Sie krankt daran, daß die unbestimmten Rechtsbegriffe „unverhältnismäßig hohe Kosten" und „unverhältnismäßige Verzögerungen" wegen ihrer mangelnden Quantifizierbarkeit praktisch kaum ausfüllbar sind[242]. Sie sollte daher als eine **Ausnahmevorschrift** angesehen werden, die nur in extremen Fällen oder für einen befristeten Zeitraum anwendbar ist. Die Weltabschlüsse großer deutscher Konzerne, die in den meisten Fällen nicht unerheblich früher als vom Gesetz vorgesehen[243] vorgelegt werden, beweisen, daß auch die Konsolidierung einer größeren Zahl ausländischer Tochterunternehmen bei entsprechender Organisation und Vorbereitung die Vorlage eines KA wenige Monate nach dem Konzernbilanzstichtag gestattet. Zeitliche Verzögerungen, die Anlaß für den Ausschluß eines Unternehmens von der Konsolidierung sind, können daher für den Regelfall nur außergewöhnliche Ereignisse oder Katastrophenfälle sein (zB Zusammenbruch der Datenverarbeitung, Streik, Vernichtung von Unterlagen oder Anlagen durch Naturkatastrophen, politische Behinderungen)[244]. Daneben ist eine Inanspruchnahme des Wahlrechts möglich, wenn ein nicht unbedeutendes Tochterunternehmen erst im Laufe des Konzern-GJ erworben worden ist und bis zu dessen Ende eine Umstellung seines Rechnungswesens als vorbereitende Maßnahme für die Einbeziehung in den KA auch bei normalem Geschäftsablauf nicht möglich war[245]. Eine unverhältnismäßige Verzögerung liegt jedoch so lange nicht vor, wie die HV, auf der der KA vorgelegt werden muß[246], nur von einem früher zulässigen

---

241 Vgl. dazu Tz. 34.
242 Zur Kritik vgl. auch IDW, WPg. 1985, S. 191; *Sahner/Kammers*, DB 1983, S. 2212; auch das IASC hat in seinem Rechnungslegungsgrundsatz Nr. 27 diese Vorschrift nicht übernommen. Vgl. IAS 27, aaO. (Fn. 9).
243 Vgl. § 175 AktG.
244 Vgl. auch *von Wysocki/Wohlgemuth*, S. 88, die darauf hinweisen, daß Mängel im innerkonzernlichen Informationssystem die Nichteinbeziehung eines Tochterunternehmens in den KA nicht rechtfertigen.
245 So auch *Biener/Schatzmann*, S. 26.
246 Vgl. § 175 AktG.

auf einen später zulässigen Termin innerhalb der vom Gesetz dafür vorgesehenen Frist verschoben werden muß[247].

Wann die Kosten für die Einbeziehung eines Unternehmens in den KA „unverhältnismäßig hoch" sind, läßt sich quantitativ nicht erfassen, da es „Normalkosten" für die Einbeziehung eines Unternehmens nicht gibt. So weichen zB die Kosten für die Konsolidierung von Tochterunternehmen in den Hochinflationsländern ganz erheblich von denen der Konsolidierung eines durchschnittlichen deutschen Unternehmens ab, ohne daß daraus abgeleitet werden könnte, daß für die Einbeziehung von Tochterunternehmen aus Hochinflationsländern generell ein Wahlrecht besteht. Auch hier wird man sich auf Ausnahmefälle beschränken müssen, in denen die Kosten für ein gegebenes Unternehmen in einem unverhältnismäßigen Ausmaß von denen für die Konsolidierung eines vergleichbaren Unternehmens in vergleichbarer Lage abweichen[248]. Als Dauerzustand dürfte dies kaum möglich sein.

c) Beabsichtigte Weiterveräußerung

„Ein Tochterunternehmen braucht in den KA nicht einbezogen zu werden, wenn die Anteile des Tochterunternehmens ausschließlich zum Zwecke ihrer **Weiterveräußerung** gehalten werden" (§ 296 Abs. 1 Nr. 3 HGB)[249]. Das Wahlrecht wird in erster Linie von Kreditinstituten und anderen professionellen Anlegern anzuwenden sein, die aus unterschiedlichen Gründen Beteiligungen an Industrie- und ggfs. auch anderen Unternehmen von vornherein mit der Weiterveräußerungsabsicht erwerben. Bei Industrieunternehmen wird dies im allgemeinen nicht der Fall sein. Die Weiterveräußerungsabsicht zeigt sich im allgemeinen darin, daß ein solches Unternehmen seiner Struktur nach nicht in den Konzern paßt, dh. daß es keine wirtschaftlichen Gründe für eine Integration gibt und daß das MU auch keine Anstrengungen für eine Integration macht. Die Entscheidung darüber, ob diese Voraussetzungen gegeben sind, wird nicht immer leicht sein. Gleichwohl ergibt sich aus dem Wortlaut dieser Vorschrift als Voraussetzung für die Nicht-Konsolidierung nicht, daß die Veräußerung intensiv betrieben werden muß[250]. **176**

Das Wahlrecht ist nicht zeitlich befristet[251]. Es ist jedoch – wie auch bei den übrigen Fällen – an jedem Konzernbilanzstichtag erneut zu prüfen, ob die Voraussetzungen für das Konsolidierungswahlrecht noch gegeben sind[252]. **177**

---

247 ZB Verschiebung von Mitte Juni als dem für das MU üblichen Termin auf Mitte August.
248 *Biener/Schatzmann*, S. 26 scheinen dagegen als Kriterium eher einen Vergleich der Kosten für die Konsolidierung eines spezifischen Tochterunternehmens mit den Kosten für den gesamten KA anzustreben, was zu einem geregelten Wahlrecht für Tochterunternehmen in bestimmten Ländern führen könnte. Auch der Auffassung des Rechtsausschusses (BT-Drs. 10/4268, S. 114), daß bei Anwendung des AktG 1965 in diesen Fällen „das Bestehen einer einheitlichen Leitung ... meist verneint" wird, kann nicht gefolgt werden.
249 IAS 27, (Fn 9), Tz. 29 sieht für diese Fälle – konsequenterweise – ein Konsolidierungsverbot vor; ebenso FAS 95, aaO (Fn 237), Tz. 13.
250 Diese Voraussetzung wollen *Biener/Schatzmann*, S. 26 stellen.
251 *Von Wysocki/Wohlgemuth* wollen die Anwendung des Wahlrechts auf drei Jahre nach Erwerb des Unternehmens beschränken, S. 88.
252 Insoweit ist die Situation vergleichbar mit dem Ausweis von Beteiligungen (Beteiligungsabsicht) oder Zuordnung von Wertpapieren zum Anlage- oder Umlaufvermögen (Absicht der Daueranlage).

d) Tochterunternehmen von geringer Bedeutung

178   Von der Einbeziehung grundsätzlich konsolidierungspflichtiger Tochterunternehmen kann abgesehen werden, „wenn es für die Verpflichtung ein den tatsächlichen Verhältnissen entsprechendes Bild der Vermögens-, Finanz- und
Ertragslage des Konzerns zu vermitteln, **von untergeordneter Bedeutung** ist"
(§ 296 Abs. 2 S. 1 HGB)[253].

Die Frage, wann ein Tochterunternehmen idS von geringer Bedeutung ist, läßt
sich nicht durch starre Verhältniszahlen beantworten. Auch der Ausweis nicht
nennenswerter Aufwendungen und Erträge ist für sich allein noch kein sicheres
Kriterium für eine geringe Bedeutung (zB Grundstücksgesellschaft mit großem
Vermögen und geringen Aufwendungen und Erträgen).

179   Die Bedeutung des einzelnen Tochterunternehmens für die Darstellung der Ver-
mögens-, Finanz- und Ertragslage des Konzerns kann nur im Zusammenhang
mit der gesamten wirtschaftlichen Tätigkeit des Konzerns bewertet werden.
Wesentliche Gesichtspunkte, die für eine Einbeziehung sprechen können, sind
zB die Übertragung unternehmenstypischer Funktionen auf selbständige Tochtergesellschaften (zB Grundstücksgesellschaften, Finanzierungsgesellschaften),
die strukturelle Belastung des Konzernergebnisses mit Verlusten (zB Entwick-
lungs- und Forschungsgesellschaft) oder die Möglichkeit, bei Ausklammerung
aus dem Konsolidierungskreis die Eliminierung von Zwischenergebnissen in
nennenswertem Umfang zu vermeiden.

180   In Einzelfällen könnten unter diese Vorschrift zB soziale Hilfsgesellschaften,
sofern sie nicht unter das Konsolidierungsverbot des § 295 HGB fallen, zu subsumieren sein[254].

181   Ist in einem Konzern für **mehrere** Tochterunternehmen zweifelhaft, ob sie im
vorgenannten Sinn von geringer Bedeutung sind, so ist die Frage nicht für jedes
einzelne Unternehmen isoliert, sondern nur für alle fraglichen Unternehmen
gemeinsam zu beantworten. Auch wenn ein einzelnes Tochterunternehmen bei
isolierter Betrachtung von untergeordneter Bedeutung ist, kann eine Vielzahl
solcher Unternehmen in ihrer Gesamtheit durchaus nicht von untergeordneter
Bedeutung für die Aussagefähigkeit des KA sein (§ 296 Abs. 2 S. 2 HGB).

e) Angaben im Konzernanhang

182   Die Inanspruchnahme jedes der in § 296 HGB aufgeführten **Einbeziehungswahl-
rechte** erfordert neben den Angaben nach § 313 Abs. 2 Nr. 1 HGB[255] zusätzlich
eine **Begründung im Konzernanhang** (§ 296 Abs. 3 HGB). Eine Beifügung der entsprechenden Einzelabschlüsse zum KA – entsprechend der Vorschrift des § 295
Abs. 3 S. 2 HGB – ist jedoch nicht erforderlich.

f) Anwendung der Equity-Methode

183   Fraglich ist, ob in den Fällen, in denen eine Vollkonsolidierung in Ausübung
von Konsolidierungswahlrechten (§ 296 HGB) nicht erforderlich ist, gleichwohl

---

253 Kritisch zu dieser Regelung vgl. *Sahner/Kammers*, aaO, S. 2209 f.; *Busse von Colbe/Ordelheide*,
   S. 87.
254 Sie können auch unter das Konsolidierungswahlrecht des § 296 Abs. 1 Nr. 1 HGB fallen.
255 Vgl. im einzelnen Tz. 660 ff.

eine Einbeziehung in den KA nach der **Equity-Methode** erfolgen muß. Im Falle eines Verbots für die Vollkonsolidierung (§ 295 HGB) ist die Anwendung der Equity-Methode grundsätzlich vorgesehen (§ 295 Abs. 1 S. 1 2. Hs. HGB)[256]. In § 296 HGB fehlt es an einer entsprechenden Vorschrift. Daraus könnte gefolgert werden, daß eine Anwendung der Equity-Methode auf Tochterunternehmen, die in Ausübung eines Konsolidierungswahlrechts nicht in den KA einbezogen werden, nicht in Frage kommt. Für eine solche Auffassung könnte weiter sprechen, daß Tochterunternehmen durch eine Nicht-Konsolidierung nicht zu assoziierten Unternehmen werden und daher die Equity-Methode nicht angewendet werden darf. Diese Grundsatzfrage ist jedoch im Zusammenhang mit dem Konsolidierungsverbot bereits im Sinne einer Anwendbarkeit der Equity-Methode entschieden (§ 295 Abs. 1 S. 1 2. Hs. HGB)[257]. Man wird daher davon ausgehen müssen, daß die Anwendung der Equity-Konsolidierung, die vom Gesetz für Tochterunternehmen, für die ein Konsolidierungsverbot gilt, explizit nicht ausgeschlossen ist, erst recht für solche Tochterunternehmen anwendbar ist, die in Ausübung eines Konsolidierungswahlrechts nicht in den KA einbezogen werden. Dies bedeutet nicht, daß automatisch alle gem. § 296 HGB nicht konsolidierten Tochterunternehmen unter Anwendung der Equity-Methode in den Konzernabschluß einbezogen werden müssen. Wegen der unterschiedlichen Voraussetzungen für die Qualifizierung von Unternehmen als Tochterunternehmen oder assoziierte Unternehmen[258] muß vielmehr von Fall zu Fall geprüft werden, ob die Voraussetzungen für die Anwendung der Equity-Methode vorliegen. Auf die Ausführungen zum Konsolidierungsverbot, die hier sinngemäß gelten, kann insoweit verwiesen werden[259].

Wird **tatsächlich** ein maßgeblicher Einfluß **ausgeübt,** dann muß die Equity-Methode angewendet werden. Es kommt dann nicht mehr darauf an, aus welchen der in § 296 HGB genannten Gründe, das Tochterunternehmen nicht in den KA einbezogen worden ist. Für diese Unternehmen bedeutet das Konsolidierungswahlrecht des § 296 HGB letztlich eine Wahl zwischen einer freiwilligen Vollkonsolidierung oder einer ansonsten erforderlichen Einbeziehung nach der Equity-Methode. Wird kein maßgeblicher Einfluß ausgeübt, was insbesondere in den Fällen des § 290 Abs. 2 Nr. 1 u. 2 HGB möglich ist, so ist die Equity-Methode – auch freiwillig – nicht anwendbar. In diesen Fällen bedeutet die Ausübung des Konsolidierungswahlrechts gem. § 296 HGB das endgültige Ausscheiden des Tochterunternehmens aus dem Konsolidierungskreis. **184**

Eine Sonderstellung nehmen diejenigen Tochterunternehmen ein, die unter § 296 Abs. 2 S. 1 HGB fallen. Auf diese Tochterunternehmen braucht die Equity-Methode nicht angewendet zu werden, auch wenn ein maßgeblicher Einfluß tatsächlich ausgeübt wird, da das Gesetz für die Anwendung der Equity-Konsolidierung in diesen Fällen ebenfalls ein Wahlrecht vorsieht (§ 311 Abs. 2 HGB). Gegen eine freiwillige Einbeziehung dieser Unternehmen nach der Equity-Methode bestehen keine Bedenken. **185**

---

256 Vgl. im einzelnen Tz. 164.
257 Vgl. im einzelnen Tz. 164.
258 Möglichkeit des beherrschenden Einflusses/tatsächliche Ausübung eines maßgeblichen Einflusses, vgl. im einzelnen Tz. 437 ff.
259 Vgl. Tz. 153 ff.

g) Stetigkeit der Abgrenzung

186   Die verschiedenen Wahlrechte, die das Gesetz dem MU für die **Abgrenzung des Konsolidierungskreises** einräumt, lassen die Frage aufkommen, ob die Gesellschaft diese Rechte von Jahr zu Jahr neu ausüben kann oder ob sie an die einmal getroffene Wahl auch in den folgenden Jahren gebunden ist.

187   Die Aussagefähigkeit des KA – insbesondere bei einem Zeitvergleich – hängt entscheidend von der Beibehaltung des einmal gewählten Konsolidierungskreises ab. Deshalb sind Änderungen in der Ausübung der Konsolidierungswahlrechte, die nicht durch veränderte Verhältnisse bedingt sind, grundsätzlich nicht zulässig[260].

188   Generell mißt das HGB dem **Grundsatz der Stetigkeit** eine große Bedeutung zu. Die angewandten Bewertungsmethoden sollen beibehalten werden (§ 298 Abs. 1 iVm. § 252 Abs. 1 Nr. 6 HGB). Dasselbe gilt für die angewandten Konsolidierungsmethoden (§ 297 Abs. 2 S. 2 HGB). Beide Vorschriften betreffen expressis verbis nicht die Abgrenzung des Konsolidierungskreises. Sie unterstützen jedoch die Auslegung des § 297 Abs. 2 S. 2 HGB, im Interesse des Einblicks in die Vermögens-, Finanz- und Ertragslage des Konzerns in der Ausübung der Konsolidierungswahlrechte Kontinuität zu wahren.

189   Hat sich die **Zusammensetzung** des Konsolidierungskreises gegenüber dem Vorjahr wesentlich **geändert** (zB Zugang, Abgang konsolidierungspflichtiger Unternehmen), so sind – unbeschadet der Angaben nach §§ 296 Abs. 3, 313 Abs. 2 Nr. 1 S. 2 HGB – weitere Angaben im KA aufzunehmen, um die Vergleichbarkeit der KA herzustellen (§ 294 Abs. 2 S. 1 HGB). Diese Angaben werden zweckmäßigerweise im Konzernanhang gemacht. Sie müssen so detailliert sein, daß trotz eines veränderten Konsolidierungskreises ein Vergleich mit den für die Aussage des KA wesentlichen Posten möglich ist. Dies ist im allgemeinen ohne Zahlenangaben (absolute Zahlen oder Prozentzahlen über Abweichungen) zu den im Bilanzgliederungsschema (§ 266 HGB) mit römischen Zahlen bezeichneten Postengruppen sowie zu den Konzernaußenumsatzerlösen, den betrieblichen Aufwendungen und Erträgen, dem Finanzergebnis, außerordentlichen Ergebnis, den Steuern und dem Konzernjahresergebnis nicht möglich. Welche Bedeutung das Gesetz diesen Angaben und ihrer Ausführlichkeit beimißt, wird auch daraus deutlich, daß diese Berichterstattung nur dann unterbleiben kann, wenn die Vorjahreszahlen dem neuen Konsolidierungskreis entsprechend angepaßt werden, so daß ein uneingeschränkter Vergleich möglich wird (§ 294 Abs. 2 S. 2 HGB). Eine Berichterstattung oder Anpassung der Vorjahreszahlen ist jedoch nicht bei jeder Änderung des Konsolidierungskreises erforderlich, sondern nur dann, wenn sie für die Aussagefähigkeit der Vermögens-, Finanz- und Ertragslage des Konzerns wesentlich ist.

---

260 So auch *von Wysocki/Wohlgemuth*, S. 37.

IV. Konzernbilanz

1. Inhalt der Konzernbilanz

a) Zusammenfassung der Einzelbilanzen

Die Konzernbilanz wird durch Zusammenfassung der Einzelbilanzen aller in   **190**
den KA einbezogenen Unternehmen erstellt (§ 300 Abs. 1 Satz 1 HGB). Eine
eigenständige Konzernbuchführung, aus der die Konzernbilanz unmittelbar und
regelmäßig abgeleitet werden kann, ist grundsätzlich nicht erforderlich. Allerdings erfordern die anzuwendenden Konsolidierungsmethoden und die damit
verbundenen, je nach Sachlage mehr oder weniger umfangreichen Umbewertungen und deren Fortschreibung erhebliche Nebenrechnungen, die als Teile einer
speziellen Konzernbuchführung angesehen werden können[261].

b) Grundsatz zur Vollkonsolidierung

Der **Einheitstheorie**[262] folgend schreibt das Gesetz für die Einbeziehung von   **191**
Tochterunternehmen grundsätzlich die sog. Voll- oder Bruttokonsolidierung mit
Minderheitenausweis vor. Die Vermögensgegenstände, Schulden, RAP, Sonderposten und zulässigen Bilanzierungshilfen aus der Handelsbilanz für Konsolidierungszwecke (HB II) der einbezogenen Unternehmen werden unabhängig
von der Beteiligungsquote des Mutterunternehmens mit ihrem vollen Betrag in
die Konzernbilanz aufgenommen (§ 300 Abs. 2 HGB).

Für Anteile an einbezogenen Unternehmen, die nicht dem MU oder anderen   **192**
konsolidierten Tochterunternehmen (§ 290 Abs. 3 HGB) gehören, ist in Höhe
ihres Anteils am Eigenkapital ein Ausgleichsposten unter entsprechender
Bezeichnung innerhalb des Eigenkapitals in der Konzernbilanz auszuweisen
(§ 307 Abs. 1 HGB)[263].

Abweichend hiervon hat der Gesetzgeber in § 310 HGB die beteiligungspropor-   **193**
tionale Übernahme der Bilanzposten von sog. Gemeinschaftsunternehmen zugelassen („Quotenkonsolidierung")[264]. Ähnliches gilt für die Anwendung der sog.
Equity-Methode (§ 312 HGB) für die Bewertung von Beteiligungen an assoziierten Unternehmen (§ 311 Abs. 1 HGB), die ihrem Wesen nach ebenfalls eine
Quotenkonsolidierung ist[265].

2. Gliederung

a) Grundsatz

Für die Konzernbilanz gilt zunächst die Generalnorm des § 297 Abs. 2 HGB.   **194**
Danach ist der KA klar und übersichtlich aufzustellen. Er hat unter Beachtung
der GoB ein den tatsächlichen Verhältnissen entsprechendes Bild der Vermö-

---

261 Vgl. Tz. 278 ff.
262 Vgl. Tz. 6 ff.
263 Vgl. Tz. 374 ff.
264 Vgl. Tz. 521 ff.
265 Vgl. Tz. 435 ff.

gens-, Finanz- und Ertragslage des Konzerns zu vermitteln[266]. Führen besondere Umstände dazu, daß der Konzernabschluß ein den tatsächlichen Verhältnissen entsprechendes Bild nicht vermittelt, so sind zusätzliche Angaben im Konzernanhang[267] zu machen.

195 Das HGB enthält keine eigenständigen Vorschriften für die Gliederung der Konzernbilanz. Statt dessen verweist § 298 Abs. 1 HGB auf das **Gliederungsschema für große Kapitalgesellschaften** (§ 266 Abs. 2 und 3 HGB). Außerdem enthält § 298 Abs. 1 HGB weitere Verweise auf ergänzende Gliederungsvorschriften für die Einzelbilanz (insbesondere §§ 265, 266 HGB), die für die Konzernbilanz entsprechend anzuwenden sind.

Die Vorschriften über den KA enthalten darüber hinaus ausdrückliche **Vereinfachungen** gegenüber der Einzelbilanz sowie Erweiterungen der Gliederung um gesondert auszuweisende konsolidierungstechnische Posten.

b) Entsprechende Anwendung von Gliederungsvorschriften für die Einzelbilanz

aa) Anzuwendende Vorschriften

196 Im einzelnen sind folgende Vorschriften des HGB, die die Bilanzgliederung der Kapitalgesellschaft nach § 266 Abs. 2 u. 3 HGB ergänzen, für die Konzernbilanz entsprechend anzuwenden (§ 298 Abs. 1 HGB):
- Saldierungsverbot (§ 246 Abs. 2)
- Stetigkeit der **Gliederung** (§ 265 Abs. 1)
- Angabe der Vorjahresbeträge (§ 265 Abs. 2)
- Vermerk der **Mitzugehörigkeit** zu anderen Posten (§ 265 Abs. 3 Satz 1)
- Erweiterung der Gliederung bei mehreren Geschäftszweigen (§ 265 Abs. 4)
- freiwillig weitergehende Untergliederung (§ 265 Abs. 5)
- freiwillige Einfügung neuer Posten, wenn ihr Inhalt nicht von einem vorgeschriebenen Posten gedeckt wird (§ 265 Abs. 5 Satz 2)
- Abweichungen vom Gliederungsschema, wenn dies zur Klarheit und Übersichtlichkeit erforderlich ist (§ 265 Abs. 6)
- Zusammenfassung bestimmter Posten bei unwesentlichen Beträgen (§ 265 Abs. 7 Nr. 1)
- Zusammenfassung von Posten zur Vergrößerung der Klarheit bei Aufgliederung im Konzernanhang (§ 265 Abs. 7 Nr. 2)
- Kein Ausweis von Leerposten, sofern auch im VJ kein Betrag ausgewiesen wurde (§ 265 Abs. 8)
- Darstellung der horizontalen Entwicklung des **Anlagevermögens** (§ 268 Abs. 2)[268]
- Vermerk des Betrages der Forderungen mit einer Restlaufzeit von mehr als einem Jahr (§ 268 Abs. 4)
- Vermerk des Betrages der Verbindlichkeiten mit einer Restlaufzeit von bis zu einem Jahr (§ 268 Abs. 5)
- gesonderter Ausweis der erhaltenen Anzahlungen, soweit nicht offen von dem Posten „Vorräte" abgesetzt (§ 268 Abs. 5 Satz 2)
- gesonderter Ausweis eines aktivierten Disagio, sofern nicht Angabe im Anhang erfolgt (§ 268 Abs. 6)

266 Vgl. zur Generalnorm Abschnitt F.
267 Vgl. Tz. 736.
268 Vgl. hierzu Tz. 203 ff.

- Vermerk der **Haftungsverhältnisse** unter der Bilanz[269] (§ 251 iVm. § 268 Abs. 7)
- Ausweis der ausstehenden Einlagen auf das gezeichnete Kapital und Sonderausweis der eingeforderten ausstehenden Einlagen auf das gezeichnete Kapital (§ 272 Abs. 1)
- gesonderter Ausweis der **Sonderposten mit Rücklageanteil** unter Angabe der Vorschriften, nach denen sie gebildet worden sind[270] (§ 273)
- Gesonderter Ausweis eines Postens „Nicht durch Eigenkapital gedeckter Fehlbetrag" (§ 268 Abs. 3)
- Sofern das MU eine AG ist:
  Gesonderter Ausweis der Gesamtnennbeträge jeder Aktiengattung, Vermerk des bedingten Kapitals, Gesamtstimmenzahl von Mehrstimmrechtsaktien und der übrigen Aktien (§ 298 Abs. 1 HGB iVm. § 152 Abs. 1 AktG)
- Sofern das MU eine GmbH ist:
  Gesonderter Ausweis von „Eingeforderten Nachschüssen" unter den Forderungen sowie gesonderter Ausweis des dem Aktivum entsprechenden Betrages unter den „Kapitalrücklagen" (§ 298 Abs. 1 HGB iVm. § 42 Abs. 2 GmbHG)[271].

Durch Verweis in § 298 Abs. 1 HGB gelten die Definitionen der Posten des Gliederungsschemas der Einzelbilanz auch für die Konzernbilanz[272].

Für den KA von Kreditinstituten und VU sind die durch Rechtsverordnung **197**
erlassenen besonderen Gliederungsvorschriften **(Formblätter)** zu beachten (§ 25b KWG, §§ 56b Abs. 1 Satz 1 VAG jeweils iVm. § 330 HGB)[273]. Nach der Transformation der Bankbilanz-RL der EG in deutsches Recht (§§ 340a–340o HGB) werden gegenwärtig neue Formblattvorschriften für Kreditinstitute erarbeitet.

Auf den KA sind auch die für die **Rechtsform** der in den KA einbezogenen **198**
Unternehmen mit Sitz im Geltungsbereich des HGB geltenden Vorschriften anzuwenden, soweit die Eigenart des KA keine Abweichungen bedingt oder in den Vorschriften des HGB über den KA nicht etwas anderes bestimmt ist (§ 298 Abs. 1 HGB). Die Anwendung von Vorschriften, die nur für eine bestimmte Rechtsform gelten, auf einen KA, in dem Unternehmen verschiedener Rechtsformen zusammengefaßt werden, wirft jedoch einige Probleme auf, die eine generelle Anwendung **rechtsformspezifischer Vorschriften** im KA zweifelhaft erscheinen lassen[274].

So ist eine AG zB verpflichtet, die Einstellungen und Entnahmen bei den einzel- **199**
nen Rücklagen in der Bilanz oder im Anhang darzustellen (sog. Rücklagenspiegel gem. § 152 Abs. 2 und 3 AktG). Für die GmbH besteht eine solche Verpflichtung nicht.

Obwohl der Wortlaut der Vorschrift nicht auf die **Rechtsform des MU** abstellt, **200**
wäre es vertretbar, im KA, der von einer AG aufgestellt wird, unbeschadet der

---

269 Vgl. im einzelnen Tz. 505 ff.
270 Zu den Voraussetzungen für die Bildung von Sonderposten mit Rücklageanteil vgl. F Tz. 210.
271 Zu den Besonderheiten in den Fällen, daß das MU nicht die Rechtsform einer Kapitalgesellschaft hat, vgl. Tz. 94 sowie N, Tz. 69 ff.
272 ZB die Definition des Anlagevermögens (§ 247 Abs. 2), der Beteiligung (§ 271 Abs. 1), des gezeichneten Kapitals (§ 272 Abs. 1) der Kapital- und der Gewinnrücklagen (§ 272 Abs. 2 u. 3) und der Rücklage für eigene Aktien (§ 272 Abs. 4).
273 Vgl. hierzu *ADS* § 330 Tz. 10 ff. sowie BAV, Richtlinien für die Konzern-RL der Konzern-GJ ab 1990 vom 4. 2. 1991, VerBAV 2/1991; im einzelnen vgl. K Tz. 399 ff.
274 Vgl. *Havermann*, IDW-Fachtagung 1986, S. 43/48.

Rechtsform einbezogener Tochterunternehmen den Ausweis der Rücklagenbewegungen zu verlangen[275]. Allerdings setzte dies voraus, daß auch die Tochterunternehmen anderer Rechtsform im Einzelabschluß für Zwecke des KA die Rücklagenbewegung ausweisen. Unbefriedigend bliebe bei dieser Interpretation des Verweises in § 298 Abs. 1 HGB, daß der KA, der von einer GmbH aufgestellt wird, keinen Rücklagenspiegel enthielte, auch wenn Tochterunternehmen in der Rechtsform der AG einbezogen sind. Zu völlig irreführender Darstellung und damit zu einem Verstoß gegen die Generalnorm des § 297 Abs. 2 HGB führte der Rücklagenspiegel dann, wenn er nur die Rücklagenbewegungen derjenigen Unternehmen enthielte, die die Rechtsform der AG haben.

201   Man wird daher den Schluß ziehen müssen, das trotz des Verweises in § 298 Abs. 1 HGB die rechtsformspezifischen Jahresabschlußvorschriften **nicht automatisch auf den KA** durchschlagen können. Es wird vielmehr im Einzelfall jeder rechtsformspezifischen Vorschrift zu prüfen sein, ob sie auch auf den KA anwendbar ist und nicht die Eigenart des KA eine Abweichung bedingt (§ 298 Abs. 1 HGB).

202   In Hinblick darauf, daß der KA nicht Grundlage der Gewinnverwendung ist und die Rücklagenbewegungen der Tochterunternehmen – soweit sie auf Anteile anderer Gesellschafter entfallen – nicht im Rücklagenspiegel der Konzernbilanz enthalten wären, kann der Ausweis der Rücklagenbewegungen im KA nicht die gleiche Aussage enthalten wie in einem Einzelabschluß. Deshalb erscheint es sachgerecht, wegen der Eigenart des KA in Übereinstimmung mit § 298 Abs. 1 HGB auf die **Darstellung der Rücklagenbewegung** im KA zu **verzichten**[276].

bb) Anlagespiegel im Konzernabschluß

203   Auch für den KA verlangt das HGB (§ 298 Abs. 1 iVm. § 268 Abs. 2 HGB) die horizontale Darstellung der Entwicklung des Anlagevermögens (Anlagespiegel). Der Anlagespiegel kann entweder in die Bilanz oder den Konzernanhang aufgenommen werden. Er hat die Entwicklung ausgehend von den ursprünglichen Anschaffungs- oder Herstellungskosten darzustellen (Bruttomethode)[277].

204   Für den Anlagespiegel im KA können **Besonderheiten** auftreten, die sich teilweise daraus ergeben, daß für die Zuordnung zu den Spalten des Anlagespiegels aus der Sicht des Konzerns als einheitliches Unternehmen (§ 297 Abs. 3 HGB) eine andere Beurteilung als bei der Zuordnung im Einzelabschluß erforderlich ist[278]. Werden zB Vermögensgegenstände des Anlagevermögens zwischen einbezogenen Unternehmen veräußert, so ist eine Saldierung der jeweiligen Beträge in der Spalte „Abgänge" und der Spalte „Zugänge" erforderlich. Wird ein Vermögensgegenstand innerhalb des Anlagevermögens nach der konzerninternen Übertragung unter einem anderen Posten ausgewiesen als bisher bei dem liefernden Unternehmen (zB Verkauf einer Maschine, die beim Empfänger Bestandteil einer im Bau befindlichen Anlage wird), so liegt aus Konzernsicht

---

275 Eine Freistellung vom Ausweis des Rücklagenspiegels in der Konzernbilanz, wie im AktG 1965 aufgrund einer Verweislücke in § 331 Abs. 4, besteht insoweit nicht mehr.
276 Vgl. *Havermann*, IDW-Fachtagung 1986 S. 49. Im Ergebnis ebenso *ADS* § 298 Tz. 202; *Budde/ Lust*, BeBiKo. § 298 Tz. 44. Die gleichen Argumente führen zum Verzicht auf die Darstellung der Ergebnisverwendungsrechnung in der Konzern-GuV; vgl. Tz. 560 ff.
277 Wegen Einzelheiten zum Anlagespiegel vgl. F Tz. 42 ff.
278 Vgl. hierzu im einzelnen *ADS* § 298 Tz. 124 ff.

eine Umbuchung vor. Entsteht beim Verkauf ein nicht eliminierungspflichtiger Zwischengewinn (§ 304 HGB), so ist die Werterhöhung im Anlagespiegel als Zuschreibung auszuweisen. Die Spalten „Zugänge" und „Abgänge" sind um die entsprechenden Beträge aus den Einzelbilanzen zu vermindern.

205 Weitere Probleme für den Anlagespiegel im KA ergeben sich bei der Anwendung der **Equity-Methode** für die Bewertung von Beteiligungen an assoziierten Unternehmen[279]. Nach der Equity-Methode ist der Wertansatz der Beteiligung in jedem Jahr um die anteiligen Eigenkapitalveränderungen des assoziierten Unternehmens zu erhöhen bzw. zu vermindern (§ 312 Abs. 4 HGB). Diese Wertänderungen sind den betreffenden Spalten des Anlagespiegels zuzuordnen. Dabei ist zwischen Veränderungen des anteiligen Eigenkapitals, die mit einer mengenmäßigen Änderung der gehaltenen Anteile verbunden sind und solchen, die auf den anteiligen Jahreserfolg und Ausschüttungen zurückzuführen sind, zu unterscheiden.

206 Quantitative Änderungen des Anteilsbesitzes führen zum Ausweis in der Spalte „Zugänge" bzw. „Abgänge".

207 Demgegenüber ist in der Übernahme des anteiligen Jahresüberschusses eine wertmäßige Erhöhung der Beteiligung zu sehen, die deshalb nach hM[280] als Zuschreibung[281] auszuweisen ist. Bei der Anwendung der Equity-Methode kann für den Ausweis unter Zuschreibungen grundsätzlich nicht vorausgesetzt werden, daß vorher Abschreibungen erfolgt sind[282]. Ebensowenig kann die Zuschreibung durch die Anschaffungskosten begrenzt werden, da die Equity-Methode im Gegensatz zum Anschaffungswertprinzip, das die deutsche Rechnungslegung grundsätzlich beherrscht, darauf angelegt ist, daß der Beteiligungsbuchwert nicht die Anschaffungskosten der Anteile sondern den jeweiligen Anteil am bilanziellen Eigenkapital des assoziierten Unternehmens – unabhängig von den ursprünglichen Anschaffungskosten – widerspiegelt[283].

208 Anteilige Jahresfehlbeträge führen ebenso zur Minderung des Beteiligungsbuchwertes wie Gewinnausschüttungen des assoziierten Unternehmens[284], da sie das anteilige bilanzielle Eigenkapital des assoziierten Unternehmens vermindern[285]. Sie sind als wertmäßige Änderungen des Buchwertes der Beteiligung in der Spalte „Abschreibungen" auszuweisen.

209 Während im Anlagespiegel die Abschreibungen kumuliert auszuweisen sind, sind nach der Vorstellung des Gesetzgebers[286] als „Zuschreibungen" nur die Beträge des Geschäftsjahres ausgewiesen (§ 268 Abs. 2 HGB). Damit sich zu jedem Bilanzstichtag der Buchwert aus der horizontalen Darstellung rechnerisch

---

279 Zur Anwendung der Equity-Methode vgl. Tz. 431 ff.
280 Vgl. *Havermann,* WPg. 1975 S. 235; *Küting/Zündorf.* HdRKo. § 312 Tz. 103 ff.; *ADS* § 298 Tz. 151; *Budde/Raff* in BeBiKo. § 312 Tz. 73. Unter der Voraussetzung entsprechender Erläuterung im Konzernanhang wird jedoch von den genannten Kommentaren der Ausweis als „Zugang" nicht ausgeschlossen.
281 Auch der thesaurierte Gewinnanteil läßt sich nicht als Zugang im Sinne nachträglicher Anschaffungskosten auffassen. Vgl. *Havermann,* WPg. 1975 S. 240. AA *Busse von Colbe,* ZfbF 1972, S. 150 ff., der im Fall des beherrschenden Einflusses die thesaurierten Beträge als nachträgliche Anschaffungskosten der Beteiligung durch Einnahmeverzicht ansieht.
282 Vgl. dagegen St/HFA/3/1976, WPg. S. 593. Ferner *Küting/Zündorf,* BB 1986 Beil. 7, S. 12.
283 Vgl. *Havermann,* WPg. 1975 S. 241.
284 Vgl. Tz. 466 ff.
285 Vgl. *Havermann,* WPg. 1975 S. 235.
286 Vgl. Bericht des Rechtsausschusses zu § 268 Abs. 2 HGB, BT-Drs. 10/4268, S. 10.

ableiten läßt, müssen die Zuschreibungen des Geschäftsjahres im Anlagespiegel des folgenden Bilanzstichtages mit den kumulierten Abschreibungen verrechnet werden [287]. Diese Verrechnung kann zum Ausweis negativer kumulierter Abschreibungen führen, wenn die Gewinnthesaurierungen bei assoziierten Unternehmen die kumulierten anteiligen Jahresfehlbeträge und Ausschüttungen übersteigen.

210 Darin zeigt sich, daß der Anlagespiegel nach der gesetzlichen Regelung ohne Berücksichtigung der Besonderheiten der Equity-Methode konzipiert worden ist. Für die Darstellung der **Equity-Methode im Anlagespiegel** erscheinen die folgenden Ausweisformen besser geeignet:

211 (1) Der Anlagespiegel wird um eine Spalte „kumulierte Zuschreibungen" erweitert [288]. In dieser Spalte werden sämtliche anteiligen Jahresüberschüsse des assoziierten Unternehmens, die nach dem Erwerb der Beteiligung erwirtschaftet worden sind, ausgewiesen. Sämtliche anteiligen Jahresfehlbeträge, Dividendenausschüttungen und Abschreibungen auf den aktiven Unterschiedsbetrag werden kumuliert unter den Abschreibungen ausgewiesen (Bruttomethode). Der Nachteil dieser Methode besteht darin, daß durch die Kumulierungen der Anlagespiegel zahlenmäßig sehr aufgebläht wird [289], zumal die betriebsgewöhnliche Nutzungsdauer von Beteiligungen theoretisch unbegrenzt ist.

212 (2) Die Nachteile der Bruttomethode vermeidet die Nettomethode dadurch, daß unter den Abschreibungen nur der im GJ angefallene Betrag (Dividenden, anteiliger Jahresfehlbetrag, Abschreibung des Unterschiedsbetrages) ausgewiesen wird und ebenso unter den Zuschreibungen nur der anteilige Jahresüberschuß des GJ. In der Spalte der Anschaffungskosten wird dann der jeweilige Wertansatz des vorhergehenden Stichtages ausgewiesen. Ergänzend dazu ist der Betrag bei Erstkonsolidierung, der andernfalls als ursprüngliche Anschaffungskosten anzusetzen wäre, in der Bilanz zu vermerken oder im Anhang anzugeben. Diese Methode ist dann nur noch insoweit nicht vom Wortlaut des Gesetzes gedeckt, als die kumulierten Abschreibungen nicht aus dem Anlagespiegel ersichtlich sind. Dies erscheint jedoch vertretbar, zumal der Sinn der Angabe von kumulierten Abschreibungen, insbesondere bei Fehlen kumulierter Zuschreibungen, fraglich ist.

213 In jedem Falle sollten die Begriffe „Zuschreibungen" und „Abschreibungen" durch „anteilige Eigenkapitalmehrungen" und „anteilige Eigenkapitalminderungen" oder ähnliche Begriffe, die den Sachverhalt besser treffen als Zu- und Abschreibungen, ersetzt werden. Dies könnte durch Einfügung zusätzlicher Spalten im Anlagespiegel oder auch durch eine besondere Kennzeichnung dieser Posten in der Zu- oder Abschreibungsspalte und zusätzliche Erläuterungen in der Bilanz oder im Anhang geschehen.

---

287 Vgl. F Tz. 48.
288 Vgl. *Küting/Haeger/Zündorf*, BB 1985 S. 1953.
289 Vgl. hierzu sowie zu weiteren Darstellungsmöglichkeiten *Busse von Colbe*, Die Equity-Methode zur Bewertung von Beteiligungen im Konzernabschluß in *Gaugler ua.*, Zukunftsaspekte der anwendungsorientierten Betriebswirtschaftslehre, FS Grochla, Stuttgart 1986, S. 249–262; *Küting/Zündorf*, BB 1986 Beil. 7, S. 12. Vgl. ferner *Zündorf*, Der Anlagespiegel im Konzernabschluß, Stuttgart 1990, S. 58 ff.

c) Gesetzlich vorgeschriebene Abweichungen gegenüber der Einzelbilanz

(1) Im Gegensatz zur Einzelbilanz brauchen die **Vorräte der Konzernbilanz** nicht **214** in die Unterposten Roh-, Hilfs- und Betriebsstoffe; unfertige Erzeugnisse, unfertige Leistungen; fertige Erzeugnisse, Waren aufgegliedert zu werden, sondern können – wie nach dem AktG 1965 – in einem einzigen Posten ausgewiesen werden (§ 298 Abs. 2 HGB). Die Zusammenfassung ist jedoch **nur dann** gestattet, wenn die Aufgliederung wegen besonderer Umstände mit einem unverhältnismäßigen Aufwand verbunden wäre. Werden zB Halbfabrikate sowohl innerhalb des Konzerns weiterverarbeitet als auch an Dritte verkauft, so sind die Halbfabrikate grundsätzlich in unfertige Erzeugnisse und Fertigerzeugnisse aufzuteilen. Sofern die Zweckbestimmung noch nicht feststeht, könnte die Zuordnung nach der im abgelaufenen GJ dominierenden Verwendung erfolgen[290]. Erst wenn die dafür erforderlichen Informationen nicht ohne unverhältnismäßigen Aufwand zu erhalten sind, ist die Zusammenfassung der Vorräte zu einem Posten zulässig[291]. Die Tendenz zu einer eher restriktiven Auslegung der Erleichterung durch Zusammenfassung wird auch damit begründet, daß viele Unternehmen bei Aufstellung der Einzelbilanz mit den gleichen Problemen konfrontiert sind und sie offenbar lösen.

In der Standardgliederung für große Kapitalgesellschaften sind auch die Anzahlungen auf das Umlaufvermögen den Vorräten zugeordnet (§ 266 Abs. 2 B. I. 4 HGB). Für sie dürfte eine Zusammenfassung mit den übrigen Vorräten im allgemeinen jedoch nicht in Frage kommen, da kaum anzunehmen ist, daß ihr gesonderter Ausweis mit einem unverhältnismäßig hohen Aufwand verbunden ist.

(2) Ein **Unterschiedsbetrag** (Restposten) aus der Kapitalkonsolidierung ist in der **215** Konzernbilanz als **Geschäfts- oder Firmenwert** bzw. als **Unterschiedsbetrag aus der Kapitalkonsolidierung** gesondert auszuweisen (§ 301 Abs. 3 HGB). Der passive Posten kann entweder als gesonderter Posten zwischen dem Eigenkapital und den Rückstellungen ausgewiesen oder je nach seinem Charakter den Rücklagen und Rückstellungen zugeordnet und dort gesondert ausgewiesen werden[292].

(3) Für Anteile an einbezogenen Tochterunternehmen, die nicht dem MU oder **216** anderen konsolidierten Tochterunternehmen gehören, ist in der Konzernbilanz ein „**Ausgleichsposten für die Anteile der anderen Gesellschafter** in Höhe ihres Anteils am Eigenkapital" auszuweisen (§ 307 Abs. 1 Satz 1 HGB). Der Posten umfaßt die Anteile konzernfremder Gesellschafter am gesamten Eigenkapital (§ 266 Abs. 3 A I–V HGB) des jeweiligen Tochterunternehmens. Ein gesonderter Vermerk der auf Gewinn und Verlust entfallenden Beträge wird für die Konzernbilanz nicht verlangt. Er ist auch sachlich nicht erforderlich, da diese Beträge in der Konzern-GuV gezeigt werden müssen (§ 307 Abs. 2 HGB). Im Gegensatz zum AktG 1965 sind die Unternehmen nicht frei, an welcher Stelle der Passivseite sie den Posten ausweisen wollen. Das HGB verlangt den **Ausweis** innerhalb der Gruppe Eigenkapital (§ 307 Abs. 1 Satz 1 HGB) und macht damit

---

290 Vgl. Protokollerklärung des Rates und der Kommission Nr. 11 zu Art. 17 der 7. EG-RL.
291 Zum Informationswert des gegliederten Ausweises der Vorräte vgl. *Müller*, Aufstellungsmöglichkeiten konsolidierter Bilanzen internationaler Unternehmungen, Düsseldorf 1974, S. 166.
292 Vgl. St/SABI/2/1988, WPg. 1988 S. 624; im einzelnen vgl. hierzu Tz. 346. Wegen der notwendigen Erläuterungen im Konzernanhang vgl. Tz. 480 ff.

klar, daß dieser Posten materiell Eigenkapital des Konzerns ist[293]. Da der Posten Anteile aus allen Eigenkapitalposten umfassen kann, wird er zweckmäßigerweise als Posten VI. oder zwischen den Posten III. und IV. ausgewiesen.

Nach dem Wortlaut des § 307 Abs. 1 HGB ist der Ausgleichsposten „für nicht dem Mutterunternehmen gehörende Anteile an einem einbezogenen Tochterunternehmen zu bilden." Diese Formulierung bedeutet indessen nicht, daß Anteile, die einem anderen konsolidierten Tochterunternehmen gehören, auch in den Ausgleichsposten einzubeziehen sind[294]. Diese Anteile und das entsprechende konsolidierungspflichtige Kapital sind vielmehr der Kapitalkonsolidierung zu unterwerfen[295]. Sie müssen als konzerninterne Kapitalverflechtung eliminiert werden, um zur Darstellung des Konzerns als einheitliches Unternehmen (§ 297 Abs. 3 HGB) Doppelerfassungen auszuschließen.

217 (4) Anteile an dem MU, die einem konsoliderten Tochterunternehmen gehören (sog. **Rückbeteiligung**)[296], dürfen nicht in die Kapitalkonsolidierung einbezogen werden. Sie sind aus der Sicht des Konzerns „eigene Anteile" und als solche in die Konzernbilanz, Posten B. II. 2. des Umlaufvermögens (§ 266 Abs. 2 HGB), zu übernehmen (§ 301 Abs. 4 HGB).

218 (5) Wird von einem konsolidierten Unternehmen eine **Beteiligung an einem assoziierten Unternehmen** gehalten, so ist diese Beteiligung in der Konzernbilanz unter einem **besonderen Posten** mit entsprechender Bezeichnung (zB „Beteiligungen an assoziierten Unternehmen") **auszuweisen** (§ 311 Abs. 1 HGB). Dieser Posten wird zweckmäßigerweise in die Standardgliederung (§ 266 Abs. 2 und 3 HGB) im Finanzanlagevermögen nach dem Posten A.III.3. eingefügt. Der Sonderausweis ist nicht erforderlich, „wenn die Beteiligung für die Vermittlung eines den tatsächlichen Verhältnissen entsprechenden Bildes der Vermögens-, Finanz- und Ertragslage des Konzerns von untergeordneter Bedeutung ist" (§ 311 Abs. 2 HGB).

219 (6) Werden **Beteiligungen an assoziierten Unternehmen** nach der Equity-Methode bewertet und ergibt sich aus der Kapitalaufrechnung[297] ein **aktiver Unterschiedsbetrag**, so ist dieser bei Anwendung der Kapitalanteilsmethode[298] entweder als **gesonderter Posten** oder, wenn er unter dem Posten **„Geschäfts- oder Firmenwert"** ausgewiesen wird, im **Konzernanhang** anzugeben (§ 312 Abs. 1 Satz 3 HGB). Ein aktiver Unterschiedsbetrag ist bei Anwendung der Buchwertmethode[299] entweder als Vermerk unter den Beteiligungen an assoziierten Unternehmen oder im Konzernanhang anzugeben.

d) Systembedingte Abweichungen

220 Für die Konzernbilanz gilt das Gliederungsschema des § 266 Abs. 2 und 3 HGB nur soweit, wie die Eigenart der Konzernbilanz nicht Abweichungen bedingt (§ 298 Abs. 1 HGB). Neben den gesetzlich vorgeschriebenen Abweichungen und

293 Abgesehen von den – idR relativ geringfügigen – Ergebnisanteilen, die zur Ausschüttung bestimmt sind.
294 Zur Berechnung des Postens vgl. Tz. 374 ff.
295 Zum Ausweis von Anteilen, die von nicht konsolidierten Tochterunternehmen gehalten werden vgl. *ADS* § 307, Tz. 11.
296 Vgl. Tz. 400 ff.
297 Vgl. Tz. 448 ff., 462.
298 Vgl. hierzu Tz. 461 ff.
299 Vgl. hierzu Tz. 448 ff.

Vereinfachungen sind insbesondere **Umgliederungen** von Posten der Einzelbilanzen in der Konzernbilanz erforderlich, um die Sachverhalte im KA so auszuweisen, als ob der Konzern auch rechtlich eine Einheit wäre (§ 297 Abs. 3 HGB). Hierzu sind als Beispiele zu nennen:

(1) Ein Konzernunternehmen hat bei einem anderen Konzernunternehmen eine   **221** Maschine zur eigenen Verwendung bestellt. Am Stichtag des KA ist die Maschine von dem herstellenden Unternehmen noch nicht fertiggestellt und wird deshalb in der Bilanz dieses Unternehmens unter „unfertige Erzeugnisse" (B.I.2.) ausgewiesen. Aus Konzernsicht handelt es sich um eine Anlage im Bau, die im Anlagevermögen in der Konzernbilanz unter A.III.4. auszuweisen ist.

(2) Liegen – bei sonst ähnlichen Bedingungen wie im vorgenannten Fall – am   **222** Bilanzstichtag keine Bestellungen anderer Konzernunternehmen vor, sondern sind Erzeugnisse auf Vorrat gearbeitet und folglich in der Bilanz des herstellenden Unternehmens als fertige Erzeugnisse ausgewiesen worden, so wird man zwei Fälle unterscheiden müssen:

a) Die Gegenstände werden ausschließlich von Konzernunternehmen zur Verwendung in deren Anlagevermögen abgenommen. Hier ist wie im Fall (1) zu verfahren.

b) Die Gegenstände werden von Konzernunternehmen zur Verwendung in deren Anlagevermögen und von Dritten abgenommen. Soweit keine genaueren Maßstäbe vorliegen, sollte auf die überwiegende Art der Verwendung abgestellt werden [300].

(3) Hat ein in die Konsolidierung einbezogenes Tochterunternehmen im Einzel-   **223** abschluß eine Rücklage für Anteile an dem MU gebildet, das den KA aufstellt (§ 272 Abs. 4 Satz 4 HGB), so ist diese Rücklage in der Konzernbilanz umzugliedern, da es sich aus Konzernsicht um eine „Rücklage für eigene Anteile" handelt [301, 302, 303].

Eine Umgliederung der Rücklage für Anteile an einem herrschenden oder mit Mehrheit beteiligten Unternehmen entfällt dagegen, wenn dieses MU selbst Tochterunternehmen eines konsolidierten MU ist. In diesem Falle wird die Rücklage in die Kapitalkonsolidierung einbezogen [304].

3. Bilanzansatz

a) Grundsatz

Das HGB unterscheidet auch für den KA zwischen Ansatz- und Bewertungsvor-   **224** schriften [305]. Die Frage, welche Vermögensgegenstände, Schulden, RAP, Bilanzierungshilfen und Sonderposten in die Konzernbilanz aufzunehmen sind, auf-

---

300 Vgl. Praktische Probleme im neuen Aktienrecht, hrsg. von dem Deutschen Institut für Betriebswirtschaft und dem Institut für Interne Revision iVm. der Zeitschrift „Interne Revision", Berlin 1967, S. 104.
301 Vgl. *Zilias/Lanfermann*, WPg. 1980 S. 89/95.
302 Zur Behandlung der Anteile in der Konzernbilanz vgl. Tz. 400 ff.
303 Zur Frage der Nachholung einer im Einzelabschluß nicht gebildeten Rücklage im KA vgl. Tz. 234 ff.
304 Vgl. dazu Tz. 402 ff.
305 Vgl. *Havermann*, BFuP 1986 S. 114 f.

genommen werden können oder nicht aufgenommen werden dürfen (**Ansatzvorschriften**) ist in § 300 HGB geregelt; die Frage der **Bewertung** der tatsächlich in die Konzernbilanz aufgenommenen Vermögensgegenstände und Schulden wird in § 308 HGB beantwortet[306].

225 Für den Ansatz in der Konzernbilanz ist ebenso wie für die Bewertung das **Maßgeblichkeitsprinzip** des § 331 Abs. 1 Nr. 1 AktG 1965, wonach der Ansatz bzw. Nicht-Ansatz von Vermögensgegenständen und Schulden in der Konzernbilanz sich nach deren Behandlung in den zugrundeliegenden Einzelbilanzen richtet, **aufgehoben.** In die Konzernbilanz sind sämtliche Vermögensgegenstände, Schulden, RAP, Bilanzierungshilfen und Sonderposten der konsolidierten Tochterunternehmen aufzunehmen (§ 300 Abs. 1 HGB). Dies gilt unabhängig davon, ob sie tatsächlich bei den entsprechenden Tochtergesellschaften bilanziert sind (§ 300 Abs. 2 Satz 1 HGB)[307]. Der Grundsatz der Vollständigkeit (§ 246 Abs. 1 HGB) gilt aufgrund der expliziten Vorschrift des § 300 Abs. 2 HGB auch für die Konzernbilanz.

226 Voraussetzung für die Aufnahme in die Konzernbilanz ist allerdings, daß diese Posten „nach dem Recht des Mutterunternehmens bilanzierungsfähig sind und die Eigenart des Konzernabschlusses keine Abweichung bedingt" (§ 300 Abs. 1 HGB)[308]. Nach dem Recht des MU zulässige Bilanzierungswahlrechte bleiben unberührt (§ 300 Abs. 2 Satz 2 HGB). Insoweit gehen die speziellen Wahlrechte dem Vollständigkeitsgebot vor.

b) Notwendige Anpassungen

227 Ansatzpflichten, -verbote und -wahlrechte für die Konzernbilanz richten sich grundsätzlich nach den Vorschriften, die für das MU gelten, das den KA aufstellt (§ 300 Abs. 1 Satz 2 HGB). Hat das MU die Rechtsform einer Kapitalgesellschaft, so sind die Ansatzvorschriften der §§ 246–251, 269, 273 und 274 HGB anzuwenden. Zu den Ansatzvorschriften gehört auch das Wahlrecht für den Ansatz eines Geschäfts- oder Firmenwertes (§ 255 Abs. 4 HGB), obwohl die Vorschrift gesetzestechnisch den Bewertungsvorschriften zugeordnet ist[309]. Diese Ansatzvorschriften sind auch dann anzuwenden, wenn das MU nicht die Rechtsform einer Kapitalgesellschaft hat, der KA aber befreiende Wirkung iSd. § 291 HGB erhalten soll (§ 291 Abs. 2 Nr. 2 HGB)[310].

228 Sofern die Einzelabschlüsse der einbezogenen Tochterunternehmen diesen Ansatzvorschriften nicht entsprechen, sind sie vor der Konsolidierung durch Aufstellung einer sog. Handelsbilanz II[311] anzupassen. Für **inländische Tochterunternehmen,** die nicht in der Rechtsform einer Kapitalgesellschaft geführt werden, ergibt sich die Notwendigkeit zur **Aufstellung einer Handelsbilanz II** zB dann, wenn latente Steuern nicht gem. § 274 HGB abgegrenzt worden sind, weil diese Verpflichtung nur für Kapitalgesellschaften gilt. Notwendig werden Anpassungen vor allem bei Einzelabschlüssen einbezogener Tochterunterneh-

---

306 Vgl. Tz. 239 ff.
307 Zu den dadurch entstehenden bilanzpolitischen Möglichkeiten vgl. die Ausführungen Tz. 239 ff., die sinngemäß gelten.
308 Im Gegensatz zu den Bewertungsvorschriften (§ 308 Abs. 2 Satz 4 HGB) ist für die Ansatzvorschriften ein Abweichen von dem für das MU geltenden Recht im Gesetz nicht zugelassen.
309 Vgl. *Havermann,* BFuP 1986 S. 116 f.
310 Zu den Anforderungen an einen befreienden Abschluß nach § 11 PublG vgl. N, Tz. 43 ff.
311 Vgl. im einzelnen Tz. 271 ff.

men mit Sitz im Ausland, soweit die landesrechtlichen Jahresabschlüsse nicht mit den deutschen Ansatzpflichten und -verboten übereinstimmen.

Hat ein **ausländisches Tochterunternehmen** zB in Übereinstimmung mit seinem nationalen Recht Aufwendungen für die Gründung des Unternehmens und für die Beschaffung des Eigenkapitals oder selbst erstellte immaterielle Vermögensgegenstände des Anlagevermögens aktiviert, so dürfen diese Posten nicht in eine deutsche Konzernbilanz übernommen werden (§ 300 iVm. § 248 HGB).   **229**

Andererseits verlangt § 300 Abs. 2 Satz 1 HGB die Aufnahme von Vermögensgegenständen, Schulden und RAP[312], deren Bilanzierung nach dem für das MU geltende Recht geboten ist, auch dann, wenn sie in den zu konsolidierenden Einzelabschlüssen nicht enthalten sind. Hat zB ein zu konsolidierendes ausländisches Tochterunternehmen einen immateriellen Vermögensgegenstand erworben und in Übereinstimmung mit seinem nationalen Recht nicht aktiviert, so muß dieser Gegenstand in die Konzernbilanz aufgenommen werden. Dasselbe gilt, wenn RAP nicht aktiviert bzw. passiviert worden sind (§ 298 Abs. 1 iVm. § 250 HGB).   **230**

Fraglich ist, ob das **Vollständigkeitsgebot** (§§ 300 Abs. 2 Satz 1, 298 Abs. 1 iVm. 246 Abs. 1 HGB) iVm. der gesetzlich fixierten Einheitstheorie (§ 297 Abs. 3 HGB) soweit geht, daß auch andere Posten, die unter bestimmten Voraussetzungen in Einzelabschlüssen einbezogener Unternehmen zu bilden gewesen wären, tatsächlich aber nicht gebildet worden sind, für den KA nachgeholt werden müssen. Ein solcher Fall könnte zB eintreten, wenn ein konsolidiertes Tochterunternehmen, dem Anteile an der Mutter-Kapitalgesellschaft gehören, das den KA aufstellt, in seiner Einzelbilanz zulässigerweise keine **Rücklage für Anteile an einem herrschenden oder mit Mehrheit beteiligten Unternehmen** (§ 272 Abs. 4 HGB) gebildet hat, zB weil es keine Kapitalgesellschaft ist oder seinen Sitz im Ausland hat[313]. Für eine Nachholung der Rücklagenbildung in der Konzernbilanz könnte neben dem Vollständigkeitsgebot (§ 300 Abs. 2 Satz 1 HGB) auch § 298 Abs. 1 sprechen, der auf § 272 Abs. 4 HGB verweist. Allerdings erscheint, unabhängig von der Frage unterschiedlicher Pflichten für Unternehmen verschiedener Rechtsformen, im vorliegenden Fall eine Nachholung der Rücklagenbildung in der Konzernbilanz wenig sinnvoll. Da die Konzernbilanz keine Grundlage für Gewinnausschüttungen ist, kann auch über die Konzernbilanz das Ziel der Rücklagenbildung, eine Ausschüttungssperre im Interesse der Substanzerhaltung als Äquivalent für die erworbenen eigenen Anteile[314], nicht erreicht werden[315].   **231**

Eine Ergänzung der Konzernbilanz um Posten, die in keiner einbezogenen Einzelbilanz enthalten sind, kann auch die Folge von Konsolidierungsvorgängen sein. So muß in der Konzernbilanz ein Abgrenzungsposten für latente Steuern   **232**

---

312 Bilanzierungshilfen werden in diesem Zusammenhang im Gegensatz zu § 300 Abs. 1 HGB nicht erwähnt, da für sie stets Bilanzierungswahlrechte bestehen.
313 Eine im Ansatz unterschiedliche, im Ergebnis jedoch gleich gelagerte Problematik taucht dann auf, wenn in der Einzelbilanz einer einbezogenen inländischen AG trotz des Erwerbs eigener Aktien eine entsprechende Rücklage nicht gebildet wird, da freie Mittel nicht zur Verfügung stehen, was nach *Zilias/Lanfermann* (WPg. 1980 S. 92) zulässig ist. AA F Tz. 191.
314 Vgl. *Zilias/Lanfermann*, WPg. 1980 S. 89/94.
315 Zur Frage des Ausweises einer gebildeten Rücklage im KA vgl. Tz. 400 ff.

auf erfolgswirksame Konsolidierungsmaßnahmen (§ 306 HGB)[316] angesetzt werden[317].

c) Systembedingte Anpassungen

233   Soweit die einbezogenen Unternehmen ihren *Sitz* im *Inland* haben, müssen sie unabhängig von ihrer Rechtsform bereits bei Aufstellung ihres handelsrechtlichen Jahresabschlusses die Ansatzpflichten und -verbote, die für Kapitalgesellschaften und für alle übrigen Kaufleute gemeinsam gelten (§§ 246–251 HGB), beachten. Insoweit ergibt sich aus dem HGB selbst keine Notwendigkeit, Änderungen der Einzelabschlüsse bezüglich des Bilanz*ansatzes* vorzunehmen. Dies gilt jedoch nicht, wenn einzelne Sachverhalte bei Anwendung der Einheitstheorie (§ 297 Abs. 3 HGB) für den KA anders zu beurteilen sind als für den Einzelabschluß[318]. Ist zB in der Einzelbilanz eines einbezogenen Unternehmens ein von einem anderen einbezogenen Unternehmen entgeltlich erworbenes Patent aktiviert worden, so liegt aus Konzernsicht (Einheitstheorie) ein **selbsthergestelltes** Patent vor, dessen Aktivierung nach § 248 Abs. 2 HGB unzulässig ist[319]. Das aktivierte Patent ist daher im Jahr des Erwerbs in der Handelsbilanz II zu eliminieren; die in Folgejahren in der Handelsbilanz I verrechneten Abschreibungen sind in der Handelsbilanz II ebenfalls erfolgswirksam zu korrigieren[320].

d) Freiwillige Anpassungen

234   Bestehen für Vermögensgegenstände, Schulden, Bilanzierungshilfen und Sonderposten **Ansatzwahlrechte**, so leben sie, unabhängig davon, wie sie im Einzelabschluß eines konsolidierten Unternehmens ausgeübt worden sind, wieder auf (§ 300 Abs. 2 Satz 2 HGB). So darf zB eine in der Einzelbilanz eines konsolidierten Unternehmens gebildete Rückstellung für unterlassene Reparaturen (§ 249 Abs. 1 Satz 3 HGB) aus anderen bilanzpolitischen Zielsetzungen in der Handelsbilanz II wieder aufgelöst werden. Ein in der Einzelbilanz aktivierungsfähiges, aber nicht aktiviertes Disagio (§ 250 Abs. 3 HGB) darf in der Handelsbilanz II nachaktiviert werden.

235   Voraussetzung ist in allen Fällen, daß das Wahlrecht nach dem Recht des MU besteht. Auf die Behandlung des Vorgangs nach den Vorschriften, die für das Tochterunternehmen gelten, kommt es nicht an. Läßt zB ein Mitgliedstaat der EG in seinem nationalen Recht die Aktivierung von „Aufwendungen für die Errichtung und Erweiterung des Unternehmens" nicht zu, wozu es nach Art. 34 Abs. 1a der 4. EG-Richtlinie berechtigt ist, so können gleichwohl diese Aufwendungen, sofern sie bei einem einbezogenen Tochterunternehmen angefallen sind, in einem nach § 290 HGB aufgestellten Konzernabschluß aktiviert werden

---

316   Im Gegensatz zur Einzelbilanz, in der für den Aktivposten „latente Steuern" ein Ansatzwahlrecht besteht (§ 274 Abs. 2 HGB), besteht für die Konzernbilanz eine Ansatzpflicht (§ 306 HGB).
317   Vgl. Tz. 610 ff.
318   § 300 Abs. 1 Satz 2 HGB: „und die Eigenart des Konzernabschlusses keine Abweichungen bedingt".
319   Vgl. *ADS* § 300 Tz. 16.
320   Vgl. *Havermann*, Die Handelsbilanz II, in *Knobbe-Keuk ua.*, Handels- und Steuerrecht, FS für Georg Döllerer, Düsseldorf 1988, S. 185–203. Zur Frage des Zusammenhangs von Handelsbilanz I und II, die bei systembedingten Abweichungen entsteht, vgl. Tz. 271 ff.

(§ 269 HGB). Da die Konzernbilanz keine Gewinnverteilungsbilanz ist, läuft die mit der Aktivierung gekoppelte Ausschüttungssperre ins Leere[321].

Eine einheitliche Ausübung von Ansatzwahlrechten bei anderen gleich gelager-   **236**
ten Sachverhalten ist nach hM[322] nicht erforderlich. An den KA werden insoweit keine strengeren Anforderungen gestellt als an den Einzelabschluß[323]. Demgegenüber ließe Art. 31 Abs. 1 b der 4. EG-RL auch die Anwendung des Stetigkeitsgebotes auf Ansatzwahlrechte zu, da in Abschnitt 7 „Bewertungsregeln" offenbar nicht zwischen Ansatz- und Bewertungsvorschriften differenziert wird.

Allerdings erscheint bei gleichen Sachverhalten eine einheitliche Ausübung von Ansatzwahlrechten sinnvoll. Das Wiederaufleben der Bilanzansatzwahlrechte im KA ermöglicht eine Vereinheitlichung in der Ausübung von Ansatzwahlrechten in der Konzernbilanz, die häufig von Konzernen aus Gründen der Vergleichbarkeit und innerkonzernlichen Kontrolle freiwillig angestrebt wird, ohne Konflikte mit den bilanzpolitischen Zielsetzungen der Einzelabschlüsse zu verursachen. Darüber hinaus bietet die Neuausübung von Ansatzwahlrechten bei den Einzelabschlüssen von Tochterunternehmen **mit Sitz innerhalb der EG** die Möglichkeit, einige der in den EG-Ländern unterschiedlich ausgeübten nationalen Wahlrechte der 4. EG-RL, die in einigen Staaten zT als Ansatzpflichten oder -verbote transformiert worden sind, für den Konzernabschluß im Sinne einer einheitlichen Bilanzierung zu überbrücken.

e) Erstmalige Anwendung von § 300 HGB

Wird ein Tochterunternehmen erstmals einbezogen, so können die Anpassungen an   **237**
die Bilanzansatzvorschriften, die für das MU gelten, erhebliche Beträge ergeben. Würden diese Anpassungen insgesamt im Konzernerfolg wirksam, wäre durch die außergewöhnlichen Ergebniseinflüsse die Vergleichbarkeit mit anderen Abrechnungsperioden gestört. Die **Anpassungsmaßnahmen,** die sich auf **Vorperioden** beziehen, sollten daher das Konzernjahresergebnis nicht berühren[324]. Dabei ist es unerheblich, ob diese Beträge in der Handelsbilanz II erfolgswirksam oder erfolgsneutral behandelt werden. Die erstmalige Anwendung bezieht sich auf den Stichtag, der für die Erstkonsolidierung gewählt wird (§ 301 Abs. 2 HGB)[325]. Wird als **Stichtag der Erstkonsolidierung** der Stichtag der Konzernbilanz (zB der 31. 12.) gewählt, so wird das gesamte Jahresergebnis der Handelsbilanz II in die Kapitalkonsolidierung einbezogen[326]. In der Konzern-GuV ist das ggf. einbezogene Ergebnis der Handelsbilanz II zu neutralisieren[327]. Besondere Maßnahmen zur Neutralisierung von Anpassungen an die einheitlichen Bilanzierungsgrundsätze sind nicht erforderlich.

---

321 Vgl. auch die ähnlich gelagerte Problematik bei der Rücklage für die Anteile eines herrschenden oder mit Mehrheit beteiligten Unternehmens, Tz. 231.
322 Vgl. *ADS* § 300 Tz. 20 mwN.
323 Vgl. zum Einzelabschluß E Tz. 202.
324 Die gleiche Frage stellt sich bei der Anpassung an die einheitliche Bewertung, vgl. Tz. 253. Vergleichbare Probleme ergeben sich auch bei der Schuldenkonsolidierung und Zwischenergebniseliminierung erstmals einbezogener Tochterunternehmen. Die erfolgsneutrale Behandlung der auf Vorperioden entfallenden Beträge dürfte als Grundsatz ordnungsmäßiger Konsolidierung gelten, vgl. *Busse von Colbe/Ordelheide,* Konzernabschlüsse, S. 268; *ADS* Art. 27 EGHGB Tz. 95 f.; ferner Tz. 317 ff.
325 Vgl. hierzu Tz. 359 ff.
326 Vgl. Tz. 331.
327 Vgl. hierzu *ADS* § 305 Tz. 97 f.

238 Wird dagegen die Erstkonsolidierung auf den **Beginn des Konzern-GJ** vorgenommen, so muß sich die erstmalige Anwendung der einheitlichen Bilanzansatzvorschriften ebenfalls auf diesen Stichtag beziehen. Die vorperiodischen Sachverhalte werden damit ebenfalls im Eigenkapital erfaßt, das der Erstkonsolidierung zugrunde liegt. Die Fortschreibung dieser Anpassungen zum 31. 12. erfolgt dann nach den allgemeinen Grundsätzen. Anpassungen, die Geschäftsvorfälle des Berichtsjahres betreffen, werden im Jahreserfolg der Handelsbilanz II und im Konzernerfolg wirksam.

4. Bewertung

a) Grundsatz

239 Die Bewertungsvorschriften für den KA sind in § 308 HGB zusammengefaßt. Danach ist die Bewertung der Vermögensgegenstände und Schulden in der Konzernbilanz vollständig **gelöst** von den zugrundeliegenden Einzelbilanzen. Die **Konzernbilanz** ist als Bilanz eines einheitlichen Unternehmens anzusehen, für die eine **eigenständige Bilanzpolitik** ohne Präjudizien aus den Einzelabschlüssen verfolgt werden kann. Alle Vermögensgegenstände und Schulden können im Rahmen der gesetzlich zulässigen Spielräume neu bewertet werden, sämtliche Bewertungswahlrechte[328] leben wieder auf. So kann zB die Bilanzpolitik bei einem einbezogenen Unternehmen darauf ausgerichtet sein, ein möglichst ungünstiges Ergebnis darzustellen. Für die Einbeziehung in den KA können die gleichen Vermögensgegenstände und Schulden so bewertet werden, daß im Rahmen der gesetzlichen Möglichkeiten ein möglichst günstiges Ergebnis erreicht wird. Das im KA nach HGB ausgewiesene Ergebnis kann sich daher auch mehr oder weniger weit von der Summe der Einzelergebnisse der konsolidierten Unternehmen entfernen.

Allerdings sind die Unternehmen bei der Bewertung in der Konzernbilanz nicht völlig frei, sondern müssen folgende Einschränkungen beachten:

240 (1) Gesetzlicher Maßstab für die Bewertung von Vermögensgegenständen und Schulden in der Konzernbilanz sind grundsätzlich die auf die Bilanz des MU **anwendbaren Bewertungsmethoden** (§ 308 Abs. 1 Satz 1 HGB).

Wird der KA von einer deutschen Kapitalgesellschaft aufgestellt, so sind die im Rahmen der für Kapitalgesellschaften geltenden Vorschriften (§§ 252–256, §§ 279–283 HGB) zulässigen Methoden anzuwenden. Das gleiche gilt für den von einem Unternehmen anderer Rechtsform mit Sitz im Inland[329] aufgestellten KA, der befreiende Wirkung nach § 291 Abs. 2 HGB erhalten soll[330]. Die in Art. 29 Abs. 2 der 7. EG-Richtlinie als Mitgliedstaatenwahlrecht enthaltene Möglichkeit, Bewertungsvorschriften anderer EG-Länder für den KA zuzulassen, ist nicht übernommen worden. Eine Bewertung mit Wiederbeschaffungskosten, die in der 4. EG-RL zugelassen (Art. 33) und von einigen Mitgliedländern in nationales Recht transformiert worden ist, ist daher unzulässig. Abweichungen von den Bewertungsmethoden, die nach den Vorschriften für das MU

---

328 Dies gilt ebenso für die Ansatzwahlrechte. Vgl. Tz. 234 ff.
329 Zu den Anforderungen an die Bewertung bei befreienden KA ausländischer Mutterunternehmen sowie freiwillig von Nicht-Kapitalgesellschaften aufgestellten KA vgl. Tz. 94 f.
330 Zum KA nach dem PublG vgl. N Tz. 82.

anwendbar sind, werden in Ausnahmefällen unter entsprechender Angabe- und Begründungspflicht (§ 308 Abs. 2 Satz 4 HGB) sowie generell in Fällen von untergeordneter Bedeutung (§ 308 Abs. 2 Satz 3 HGB) zugelassen.

(2) Die Vermögensgegenstände und Schulden sind in der Konzernbilanz „**einheitlich**" (nach den auf den JA des MU anwendbaren Bewertungsmethoden) zu bewerten (§ 308 Abs. 1 S. 1 HGB). Das heißt keineswegs, daß die zahlreichen Bewertungswahlrechte der §§ 252–256, 279–283 HGB in der Konzernbilanz für jeden Vermögensgegenstand und jede Schuld immer in die gleiche Richtung ausgeübt werden müssen. Einheitlich idS bedeutet zunächst, daß der Rahmen der für das MU anwendbaren Bewertungsmethoden (Kapitalgesellschaften) eingehalten werden muß. Innerhalb dieses Rahmens dürfen gleiche Sachverhalte grundsätzlich nicht nach unterschiedlichen Methoden oder unter Verwendung unterschiedlicher Rechengrößen (zB Nutzungsdauer) bewertet werden. Andererseits stellt das Gesetz an den KA keine strengeren Anforderungen als an den Einzelabschluß. Vermögensgegenstände und Schulden können daher unterschiedlich bewertet werden, soweit dies auch im Einzelabschluß möglich wäre[331].   **241**

Gleiche Sachverhalte sind in diesem Zusammenhang art- und funktionsgleiche Vermögensgegenstände und Schulden, die den gleichen wertbestimmenden Faktoren unterliegen. Allerdings sind für die Prüfung der Gleichheit von Sachverhalten strenge Maßstäbe anzulegen, damit es nicht zu einer Nivellierung in der Bewertung von verschiedenen bewertungsrelevanten Umständen kommt.

Werden auf den KA **Bewertungsmethoden** angewandt, die zwar nach den Bewertungsvorschriften des HGB für Kapitalgesellschaften zulässig sind, jedoch von denen abweichen, die das MU auf seinen JA tatsächlich anwendet, so sind diese Abweichungen im Konzernanhang anzugeben und zu begründen (§ 308 Abs. 1 Satz 3 HGB)[332].

(3) Die auf den KA angewandten Bewertungsmethoden unterliegen dem **Grundsatz der Stetigkeit** (§ 298 Abs. 1 iVm. § 252 Abs. 1 Nr. 6 HGB). Allerdings darf auch davon „in begründeten Ausnahmefällen" **abgewichen** werden (§ 298 Abs. 1 iVm. § 252 Abs. 2).   **242**

b) Notwendige Bewertungsanpassungen

Eine Änderung der Wertansätze des Einzelabschlusses einbezogener Unternehmen wird *notwendig*, wenn und soweit diese Werte nicht mit den Bewertungs-   **243**

---

331 Der Bericht des Rechtsausschusses zu § 308 HGB, BT-Drs. 10/4268, S. 116, führt dazu aus: „Die Absicht des Regierungsentwurfs, den Mutterunternehmen alle Bewertungsmöglichkeiten des deutschen Rechts für den Konzernabschluß unabhängig von deren Anwendung in den Jahresabschlüssen des Mutterunternehmens und der Tochterunternehmen einzuräumen, kommt nunmehr klarer zum Ausdruck. Es bleibt allerdings dabei, daß im Konzernabschluß einheitlich zu bewerten ist, so daß Bewertungswahlrechte nebeneinander nur ausgeübt werden können, soweit diese Möglichkeit auch für den Jahresabschluß einer einzelnen Kapitalgesellschaft besteht." Vgl. auch St/HFA/ 3/1988, WPg. S. 483; *Harms/Küting,* BB 1984 S. 110; *von Wysocki/Wohlgemuth,* S. 31; *ADS* § 308 Tz. 10 ff.
332 Vgl. hierzu auch *Wohlgemuth,* Der Grundsatz der Einheitlichkeit der Bewertung in *Gross* (Hrsg.), Der Wirtschaftsprüfer im Schnittpunkt nationaler und internationaler Entwicklungen, FS für *von Wysocki,* Düsseldorf 1985, S. 46–60.

methoden vereinbar sind, die für den KA einheitlich anzuwenden sind[333]. Von der Notwendigkeit der Bewertungsanpassung[334] sind insbesondere betroffen:

- Jahresabschlüsse deutscher Unternehmen, die nicht in der Rechtsform der Kapitalgesellschaft geführt werden und bei denen stille Reserven gem. § 253 Abs. 4 HGB gebildet wurden.
- Jahresabschlüsse ausländischer Unternehmen, mit **Sitz innerhalb der EG,** soweit aufgrund unterschiedlicher Ausübung nationaler Wahlrechte der 4. EG-RL die Wertansätze nicht mit den deutschen Bewertungsvorschriften vereinbar sind[335] (zB Bewertung zu höheren Wiederbeschaffungskosten in den Niederlanden gemäß Art. 33 der 4. EG-RL).
- JA ausländischer Unternehmen mit **Sitz außerhalb der EG,** die in erheblichem Umfang Verstöße gegen deutsche Bewertungsvorschriften enthalten können.

244   Notwendig ist eine Bewertungsanpassung auch dann, wenn in dem JA eines ausländischen Tochterunternehmens Beteiligungen nach der Equity-Methode oder einer anderen Methode, die mit dem Anschaffungspreisprinzip unvereinbar ist, bewertet sind. Dies gilt auch für solche Beteiligungen, die im KA gem. §§ 311, 312 HGB als Beteiligungen an assoziierten Unternehmen nach der Equity-Methode bilanziert werden. Diese Notwendigkeit ergibt sich bereits bei formaler Anwendung der deutschen Bewertungsvorschriften für den JA von Tochterunternehmen. Sie läßt sich weiterhin damit begründen, daß für die Kapitalkonsolidierung nach der Buchwertmethode das anteilige konsolidierungspflichtige Eigenkapital nach einheitlichen Maßstäben ermittelt werden muß. Die Anwendung der Equity-Methode beeinflußt das Eigenkapital des beteiligten Unternehmens.

c) Ausnahmen von der Anpassungspflicht

245   Wertansätze, die auf Spezialvorschriften für **Kreditinstitute** (zB § 26a KWG) oder **VU** (§ 55 Abs. 4 VAG) beruhen und mit den Bewertungsvorschriften des HGB für Kapitalgesellschaften nicht vereinbar sind, dürfen beibehalten werden, auch wenn das MU selbst nicht unter eine der Spezialvorschriften fällt. Wird von dieser Ausnahme Gebrauch gemacht, so ist im Konzernanhang auf die Inanspruchnahme *hinzuweisen* (§ 308 Abs. 2 Satz 2 HGB). Dieses Wahlrecht, das aufgrund von Art. 40 Abs. 1 der 7. EG-RL gewährt wird, ist befristet bis zum Ablauf der Transformationsfrist der Bilanzrichtlinie für Kreditinstitute[336] und Versicherungen[337].

246   Materiell geht es dabei primär um das Recht zur Beibehaltung von versicherungstechnischen **Rückstellungen** und der besonderen **stillen Reserven** bei Banken in der Konzernbilanz[338]. Stille Reserven iSv. § 26 a KWG können jedoch in

---

333 Vgl. dazu sowie zu den möglichen Abweichungen Tz. 239 ff.
334 Zu den Fragen des Zusammenhangs von Handelsbilanz I und II, die in diesen Fällen auftreten, vgl. Tz. 271 ff.
335 Vgl. *Funk,* Die Bilanzierung nach neuem Recht aus der Sicht eines international tätigen Unternehmens in *Funk ua., Das neue Bilanzrecht – Ein Kompromiß divergierender Interessen?,* hrsgg. v. *Baetge,* Düsseldorf 1985, S. 145–175, hier S. 166.
336 Die EG-RL über den Jahresabschluß von Kreditinstituten vom 8. 12. 1986 (Bankbilanzrichtlinie), Abl.EG 1986, L 372 1986 S. 1 ff., ist mit Gesetz vom 5. 9. 1990 in deutsches Recht transformiert worden.
337 Ein geänderter Vorschlag für eine Richtlinie über den Jahresabschluß von Versicherungsunternehmen (Abl.EG 1990 C 30/1990 S. 51) wird im Ministerrat beraten; vgl. hierzu K Tz. 434.
338 Vgl. Begr. RegE § 289 HGB-EK BR-Drs. 163/85, S. 41.

der Konzernbilanz, etwa zum Ausgleich von Verlusten bei anderen konsolidierten Unternehmen, auch aufgelöst werden, ohne daß ihre Fortführung in den Einzelabschlüssen davon berührt wird.

Auch nach Transformation der Bankbilanz-RL bestehen – in eingeschränktem Maß (§ 340f HGB) – Möglichkeiten zur Bildung stiller Reserven. Das Wahlrecht des § 308 Abs. 2 S. 2 HGB, diese Wertansätze im KA beizubehalten, ist bisher vom deutschen Gesetzgeber nicht eingeschränkt worden.

Abweichende Wertansätze, die allein aufgrund **steuerrechtlicher Vorschriften** (§ 5 Abs. 1 Satz 2 EStG 1990) auch im handelsrechtlichen JA anzusetzen sind, damit sie bei der steuerlichen Gewinnermittlung anerkannt werden („umgekehrte Maßgeblichkeit"), dürfen im KA ebenfalls beibehalten werden. Dies gilt auch für ausländische Tochterunternehmen [339], wenngleich der Grundsatz der umgekehrten Maßgeblichkeit in ausländischen Steuergesetzen nur selten verankert ist.   **247**

Dasselbe gilt auch für die nach steuerrechtlichen Vorschriften vorgenommenen **Wertberichtigungen,** die auf der Passivseite als Sonderposten mit Rücklageanteil nach § 281 Abs. 1 HGB ausgewiesen werden (§ 308 Abs. 3 S. 1 HGB). Auch in diesen Fällen ist eine freiwillige Auflösung des Sonderpostens in der Handelsbilanz II möglich, ohne daß sich daraus Rückwirkungen auf den JA oder gar auf Steuerzahlungen ergeben. Im Konzernanhang ist die Anwendung dieser Ausnahmevorschrift anzugeben und unter Angabe von Beträgen zu begründen [340].   **248**

Dem allgemeinen Grundsatz der **Wesentlichkeit** entsprechend kann auf die Anpassung der nach abweichenden Methoden ermittelten Wertansätze verzichtet werden, wenn die Auswirkungen der Anpassung im Hinblick auf die in § 297 Abs. 2 HGB geforderte Vermittlung eines den tatsächlichen Verhältnissen entsprechenden Bildes nur von untergeordneter Bedeutung wären (§ 308 Abs. 2 S. 3 HGB). Für diese Fälle wird folgerichtig keine Angabe im Konzernanhang verlangt.   **249**

Darüber hinaus kann in nicht abschließend bestimmten **Ausnahmefällen** auf die sonst notwendige Bewertungsanpassung verzichtet werden (§ 308 Abs. 2 S. 4 HGB). Allerdings ist eine **restriktive** Handhabung dieser Ausnahmeregelung geboten [341], da der Informationsverlust des KA bei abweichender Bewertung auch durch die mit der Inanspruchnahme verbundene Verpflichtung zur Angabe [342] und Begründung der Abweichung nur in Einzelfällen ausgeglichen werden kann [343]. Mit dieser Ausnahmeregelung soll in besonderen Fällen die Praktikabilität der Konsolidierung gewährleistet werden [344], da der Verzicht auf die Einbeziehung eines Tochterunternehmens eine stärkere Gefährdung des Informationswertes (§ 297 Abs. 2 S. 1 HGB) bedeuten würde als eine Einbeziehung mit abweichender Bewertung und gleichzeitiger Erläuterung. Ein denkbarer Anwendungsfall wäre zB die erstmalige Einbeziehung eines Tochterunter-   **250**

---

339 Vgl. *Busse von Colbe/Chmielewicz*, DBW 1986 S. 334.
340 Vgl. im einzelnen Tz. 705.
341 Vgl. *Biener*, DB 1983 Beilage Nr. 19, S. 8; St/HFA/3/1988, WPg. S. 484; *ADS* § 308 Tz. 45.
342 Eine Quantifizierung der Bewertungsabweichung wird in diesen Ausnahmefällen vom Gesetz nicht verlangt. Allerdings ist der Einfluß von Bewertungsabweichungen auf die Vermögens-, Finanz- und Ertragslage gem. § 313 Abs. 1 Nr. 3 HGB im Konzernanhang gesondert darzustellen; vgl. im einzelnen Tz. 705.
343 So auch *Wohlgemuth* in FS v. *Wysocki* S. 59.
344 Vgl. *Biener*, DB 1983, Beilage Nr. 19 S. 8.

nehmens, für das gleichzeitig nach § 296 Abs. 1 Nr. 2 HGB die Nichteinbeziehung zulässig wäre, weil die Bewertungsanpassung zu unverhältnismäßigen Verzögerungen führen würde.

d) Freiwillige Bewertungsanpassungen

251 Durch die Aufhebung des Maßgeblichkeitsprinzips im HGB[345] sind einer freiwilligen und vollständig **einheitlichen Bewertung** im KA keine Grenzen mehr gesetzt. Voraussetzung dafür ist eine einheitliche Ausübung aller Bewertungswahlrechte für alle Vermögensgegenstände, Verbindlichkeiten und Rechnungsabgrenzungsposten sowie eine einheitliche Ausübung der Ansatzwahlrechte[346].

252 Die Vergleichbarkeit der Ergebnisse aller Konzernunternehmen ist für die Konzernsteuerung eine unverzichtbare Voraussetzung[347]. Es liegt deshalb auch im Interesse der Konzernleitung, die Bewertung der für die Vergleichbarkeit wesentlichen Sachverhalte zu vereinheitlichen (zB einheitliche Errechnung der Herstellungskosten im Rahmen des § 255 Abs. 2 HGB, einheitliche Abschreibungsmethoden und ggfs. einheitliche Abschreibungssätze für gleichartige Anlagegegenstände unter vergleichbaren Abnutzungsbedingungen). Vielfach geben die MU detaillierte Richtlinien in zT umfangreichen konzerninternen Bilanzierungshandbüchern den Tochterunternehmen vor, um im Rahmen der gesetzlichen Möglichkeiten eine weitgehende Vereinheitlichung der Bewertung zu erreichen. Die Vereinheitlichung der Bewertung in der Konzernbilanz liegt jedoch nicht zuletzt im Interesse der externen Adressaten.

e) Erstmalige Anwendung der einheitlichen Bewertung

253 Wird ein Tochterunternehmen **erstmals** in den Konsolidierungskreis **einbezogen,** so ist die Bewertungsanpassung in der Handelsbilanz II auf den Stichtag der Erstkonsolidierung (§ 301 Abs. 2 HGB) erstmals vorzunehmen. Die Anpassungsbeträge aus der erstmaligen Anwendung der einheitlichen Bewertung gehen in das konsolidierungspflichtige Kapital ein und beeinträchtigen somit nicht die Vergleichbarkeit des Konzernerfolges mit anderen Perioden[348].

5. Währungsumrechnung

a) Grundsatz

254 Die Konsolidierung ausländischer Einzelabschlüsse setzt die vorherige Umrechnung der Fremdwährungsbeträge in DM voraus, da der nach deutschen Vorschriften zu erstellende KA in DM aufzustellen ist (§ 298 Abs. 1 iVm. § 244 HGB).

255 Das Gesetz enthält **keine Vorschriften** darüber, nach welchen Grundsätzen in fremder Währung erstellte Abschlüsse umzurechnen sind; es verlangt lediglich die Angabe der gewählten Methode im Konzernanhang (§ 313 Abs. 1 Nr. 2 HGB).

---

345 Vgl. Tz. 239 ff.
346 Vgl. Tz. 234 ff.
347 Vgl. *Müller,* DB 1985, S. 241 ff.
348 Vgl. dazu im einzelnen auch die Ausführungen Tz. 317 ff., die hier sinngemäß gelten.

Auch gibt es weder in Deutschland[349] noch in der internationalen Praxis in allen Punkten übereinstimmende Regeln für die Umrechnung von Währungen.

Im Rahmen der Diskussion über die „richtige" **Umrechnungsmethode** sind insbesondere zwei Probleme zu lösen: **256**

- welche Umrechnungsmethode wird dem Ziel des KA, einen möglichst sicheren Einblick in die Vermögens- und Ertragslage des Konzerns zu gewähren, am besten gerecht;
- wie sind bei der Währungsumrechnung auftretende Differenzen im KA zu behandeln.

Diese Probleme sind jedoch wegen ihres engen inneren Zusammenhangs nicht unabhängig voneinander lösbar, sondern lassen sich auf die Grundfrage reduzieren, welchen Charakter bzw. welche Funktion die Währungsumrechnung im Rahmen der Konzernrechnungslegung hat[350]. Dabei lassen sich in der Literatur grundsätzlich zwei Richtungen unterscheiden: **257**

Die Vertreter der einen Richtung sehen in der Währungsumrechnung nichts anderes als eine rein formale **Transformation** in eine einheitliche Maßgröße mit dem Ziel, die Posten der einzelnen JA gleichnamig zu machen[351]. Zu diesem Zweck werden sämtliche Posten mit einem einheitlichen Stichtagskurs umgerechnet. Der Vorteil dieses als **Stichtagsmethode** oder „closing-rate"-Methode bezeichneten Umrechnungsverfahrens, das sowohl in Deutschland als auch in anderen Ländern (zB Großbritannien, Niederlande, USA) Anwendung findet, ist neben seiner einfachen Handhabung insbesondere die Tatsache, daß die Struktur des Einzelabschlusses von der Umrechnung unberührt bleibt. **258**

Die Befürworter der anderen Richtung versuchen, durch die Wahl differenzierter Umrechnungskurse eine einheitliche **Bewertung** im Konzernabschluß zu gewährleisten. Zu diesem Zweck wurden in der Vergangenheit eine Reihe von Umrechnungsmethoden entwickelt, bei denen **differenzierte Umrechnungskurse** angewendet werden. **259**

b) Umrechnungsmethoden

Lange Zeit galt in den USA[352] – und ihnen folgend, in vielen anderen Ländern – der Grundsatz, das Anlagevermögen, langfristige Forderungen und Verbindlichkeiten sowie das bilanzielle Eigenkapital mit den Kursen der Anschaffung oder Entstehung **(historische Kurse)** umzurechnen, Vorräte, flüssige Mittel, kurzfristige Forderungen und Verbindlichkeiten mit dem Kurs am jeweiligen Bilanzstichtag **(aktuelle Kurse)** und Aufwendungen (mit Ausnahme der Abschreibungen = historische Kurse) und Erträge mit dem **Durchschnittskurs** des Monats, in dem sie entstanden sind. Die Wahl dieser nach der Fristigkeit der Bilanzposten **260**

---

349 Vgl. zur Praxis in Deutschland zB *Zillessen*, DBW 1982 S. 533 ff.; *Schmalenbach-Gesellschaft – Deutsche Gesellschaft für Betriebswirtschaft eV*, AK Externe Unternehmensrechnung, ZfbF Sonderheft 21/1987, 2. Aufl. 1989, S. 207; *Treuarbeit* (Hrsg.), Jahres- und Konzernabschlüsse 89, Düsseldorf 1990, S. 179.
350 Vgl. AKW des IDW, S. 46 ff.
351 Vgl. *Rose*, WPg. 1963 S. 501/503; *v. Wysocki*, ZfbF 1971 S. 682 ff. und WPg. 1973 S. 26 ff.; Financial Accounting Standards Board (FASB), Statement of Financial Accounting Standards, No. 52 „Foreign Currency Translation", Stamford December 1981; Accounting Standards Committee of the Institute of Chartered Accountants in England and Wales (ASC), Accounting for foreign currency translation (SSAP 20), 1983.
352 Vgl. AICPA, Accounting Research Bulletin Nr. 43 (1953), Ch. 12, Tz. 12 ff.

differenzierenden Umrechnungsmethode – auch als **„current- non current"-Methode** bezeichnet – dürfte sich daraus erklären, daß seinerzeit die Wechselkurse nur in verhältnismäßig engen Grenzen schwankten und man davon ausgehen konnte, daß sich die Wechselkursschwankungen für langfristige Bilanzposten auf die Dauer wieder ausglichen[353].

261   Mit der Änderung der Währungsverhältnisse, insbesondere mit dem Trend zu nachhaltigen Veränderungen der Wechselkursrelationen, ging man zur **„monetary – non monetary"-Methode** über, bei der alle monetären Werte (zB Forderungen, Verbindlichkeiten, liquide Mittel) mit dem **Kurs am Bilanzstichtag** und alle nicht monetären Werte (zB Anlagevermögen, Vorräte, bilanzielles Eigenkapital) mit **historischen Kursen** umgerechnet werden[354]. Diese Methode unterscheidet sich von der „current – non current"-Methode vor allem dadurch, daß die langfristigen Forderungen und Verbindlichkeiten nicht mit historischen Kursen, sondern mit dem Kurs am Bilanzstichtag, und daß die Vorräte nicht mit dem Kurs am Bilanzstichtag, sondern mit historischen Kursen umgerechnet werden. Durch die Umrechnung der langfristigen Forderungen und Verbindlichkeiten mit dem Kurs am Bilanzstichtag wird berücksichtigt, daß diese Werte an sich wie alle Forderungen und Verbindlichkeiten und auch die flüssigen Mittel mit dem **Kurs am Fälligkeitstag** umgerechnet werden sollten. Da dieser Kurs idR nicht bekannt ist, ist eine Umrechnung mit dem **Stichtagskurs** sinnvoll. Die Umrechnung der Sachgegenstände, insbesondere auch der Vorräte, mit dem **historischen Kurs** ist hauptsächlich in dem Fall der Abwertung von Auslandswährungen begründet[355]. Die Abwertung der Auslandswährungen ist idR mit allgemeinen Preissteigerungen in den betreffenden Ländern verbunden, so daß die Anlagegegenstände und auch die Vorräte nicht mit dem niedrigeren Kurs am Bilanzstichtag umgerechnet zu werden brauchen, sondern vielmehr der historische Kurs beibehalten werden kann.

262   Seit Beginn der 70er Jahre wurde bei der Umrechnung mit differenzierten Kursen der Kursdifferenzierung nach dem Zeitbezug der Bilanzposten (**„temporal-principle"-Methode**) der Vorzug gegeben[356]. Der Grundgedanke dieser Methode besteht in der Fiktion, daß die ausländischen Tochtergesellschaften von vornherein alle Vermögens- und Schuldposten in der Währung der Obergesellschaft bilanzieren. Entsprechend werden die mit historischen Anschaffungswerten angesetzten Sachgegenstände mit **historischem Kurs,** die mit niedrigerem beizulegendem Wert angesetzten Sachgegenstände und gegenwarts- oder zukunftsbezogene Werte (Forderungen, Verbindlichkeiten und liquide Mittel) mit dem **Kurs**

353 Vgl. auch *Busse von Colbe/Ordelheide*, S. 326.
354 Vgl. National Association of Accountants, Management Accounting Problems in Foreign Operations, Research Report No. 36, 1960, 2nd printing 1971; Accounting Principles Board of the AICPA: Proposed APB Opinion: Translating Foreign Operations (Exposure Draft v. 20. 12. 1971); *Dreger*, Der Konzernabschluß, Wiesbaden 1969, S. 269; *Busse von Colbe/Ordelheide*, S. 327.
355 Vgl. *Busse von Colbe/Ordelheide*, S. 327 und die dort zitierte Literatur.
356 Vgl. *Lorenzen*, Reporting Foreign Operations of US-Companies in US-$, AICPA Research Study No. 12, New York 1972; *Busse von Colbe*, The Finnish Journal of Business Economics 1972, S. 328; FASB, Statement of Financial Accounting Standards No. 8; Accounting for the Translation of Foreign Currency Transactions and Foreign Currency Financial Statements, Stamford October 1975; Schmalenbach-Gesellschaft – Deutsche Gesellschaft für Betriebswirtschaft eV, AK Weltabschlüsse, ZfbF Sonderheft 9/1979 Tz. 70 ff.; ebenso AK Externe Unternehmensrechnung, S. 51 ff.; AKW des IDW, S. 74 ff., die zwar mehrere Methoden für zulässig halten, offenbar jedoch der Umrechnung nach dem Zeitbezug (ohne Durchführung des sog. Niederstwerttests) den Vorzug geben; *Busse von Colbe/Ordelheide*, S. 316 f. Zur Kritik an dieser Methode vgl. auch *Schulze*, ZfbF 1976, S. 414/427 ff.

am Bilanzstichtag umgerechnet. Im Unterschied zur „monetary – non monetary"-Methode wird jedoch bei den Sachgegenständen (Sachanlagen, immateriellen Anlagegegenständen, Beteiligungen, Vorräten) der sog. **Niederstwerttest** durchgeführt, um sicherzustellen, daß von den DM-Wiederbeschaffungskosten (Fremdwährungs-Marktwert × Stichtagskurs) und DM-Anschaffungskosten (Fremdwährungsanschaffungskosten × historischer Kurs) der jeweils niedrigere Wert angesetzt wird. Bei Anwendung dieser Methode wird im KA das Anschaffungs- und Niederstwertprinzip auf der Basis der Landeswährung des Mutterunternehmens beachtet. Inwieweit auch das Imparitätsprinzip beachtet wird, hängt von der Behandlung der Umrechnungsdifferenzen im Konzernabschluß ab[357].

In den USA war die vom Financial Accounting Standards Board für Geschäftsjahre beginnend ab 1. 1. 1976 verbindlich erklärte **„temporal-principle"-Methode**[358] von Anfang an heftig umstritten. Dabei wurde insbesondere kritisiert, daß dieses Verfahren zu einer „volatility of reported earnings and abnormality of financial results and relationships" führe[359]. Aufgrund dieser Kritik hat der FASB im Dezember 1981 beschlossen, für GJ beginnend ab 15. 12. 1982 eine Umrechnung nach der **Stichtagsmethode** für verbindlich zu erklären[360]. Die Umrechnung nach der Stichtagsmethode setzt allerdings voraus, daß der ausländische Abschluß in der „funktionalen Währung"[361] des ausländischen Tochterunternehmens aufgestellt ist. Als **funktionale Währung** gilt bei einem Unternehmen, dessen Geschäftstätigkeit relativ unabhängig von dem MU ist, die Währung des Landes, innerhalb dessen das Tochterunternehmen überwiegend tätig ist. Normalerweise ist dies die Währung, in der das Unternehmen hauptsächlich seine Einnahmen erzielt und Ausgaben tätigt. Ist dagegen die Geschäftstätigkeit des Tochterunternehmens als unmittelbarer oder integraler Bestandteil der Geschäftstätigkeit des MU anzusehen, so gilt als funktionale Währung die des Sitzlandes des MU[362], die nicht unbedingt mit der Berichtswährung des KA übereinstimmen muß (zB bei regionaler Divisionalisierung)[363].

Ist der Abschluß nicht in der funktionalen Währung des Tochterunternehmens **263** aufgestellt, so ist er zunächst in die funktionale Währung umzu**bewerten,** wobei das gleiche Ergebnis erzielt werden soll, wie es sich ergeben hätte, wenn die Bücher des Unternehmens von vornherein in der funktionalen Währung geführt worden wären. Für diese Umbewertung sind differenzierte Kurse nach dem „temporal principle" im einzelnen festgelegt. Weitgehende Übereinstimmung mit dem FASB Statement No. 52 weisen der entsprechende britische Grundsatz[364] und der Internationale Rechnungslegungsgrundsatz Nr. 21 des IASC[365] auf[366].

---

357 Vgl. im einzelnen *Busse von Colbe/Ordelheide,* S. 342 ff.
358 Vgl. FASB, Statement No. 8, aaO (Fn. 356) § 35.
359 Vgl. FASB Status Report No. 105, Set. 2, 1980.
360 Vgl. FASB Statement No. 52, (Fn. 351).
361 Vgl. FASB, Statement No. 52, Anhang A.
362 Vgl. zur Erläuterung der Grundsätze des FASB No. 52 *Csik/Schneck,* WPg. 1983 S. 293 ff., 329 ff.; *v. Wysocki/Wohlgemuth,* S. 182 ff.
363 Vgl. im einzelnen *Müller,* Die Währungsumrechnung im Rahmen der internationalen Konzernrechnungslegung, Frankfurt a. M. ua. 1985, S. 170 ff.
364 Vgl. ASC, SSAP 20, aaO (Fn. 351).
365 Vgl. IASC, IAS 21: Accounting for the Effects of Changes in Foreign Exchange Rates, (Fn. 9).
366 Vgl. *von Wysocki/Wohlgemuth,* S. 188. Vgl. zur Kritik an der funktionalen Währungsumrechnung *Mansch,* ZfbF 1983 S. 436–446; *Busse von Colbe* in *Bergner* (Hrsg.), Planung und Rechnungswesen in der Betriebswirtschaftslehre, Berlin 1981, S. 311–329; *ders.,* in FS für *von Wysocki,* S. 143 ff.

264 In Deutschland hat sich für die Währungsumrechnung bisher keine einheitliche Praxis herausgebildet. In den vergangenen Jahren war bei Anwendung differenzierter Kurse eine Tendenz zur Umrechnung nach der **Zeitbezugsmethode** (temporal principle) erkennbar, die ebenso wie die Umrechnung mit dem Stichtagskurs zulässig ist[367]. Ob aufgrund der internationalen Entwicklung, die starke Präferenzen für die Umrechnung mit dem **Stichtagskurs** nach dem Konzept der funktionalen Währungsumrechnung zeigt[368], in Deutschland eine Tendenz zur Umrechnung nach der Stichtagskursmethode besteht, ist gegenwärtig nicht erkennbar[369]. Bei auch weiterhin gegebener grundsätzlicher Freiheit der Methodenwahl ist es gleichwohl erforderlich, die Grundsätze der Methodenbestimmtheit, Methodeneinheitlichkeit und Methodenstetigkeit zu beachten[370, 371].

265 Häufig liegen zu einem bestimmten Zeitpunkt mehrere Kurse nebeneinander vor. Bestehen zB neben dem offiziellen Wechselkurs noch freie oder „Schwarzmarktkurse", so sollte die Umrechnung sich an dem Kurs orientieren, zu dem der Finanzverkehr mit dem betreffenden Tochterunternehmen normalerweise oder überwiegend abgewickelt wird. Auf die theoretisch richtige Unterscheidung zwischen Geld- und Briefkurs kann im allgemeinen verzichtet werden.

c) Behandlung der Umrechnungsdifferenzen

266 Die bei der Umrechnung mit differenzierten Kursen entstehenden Umrechnungsdifferenzen werden in der Praxis der Konzernrechnungslegung unterschiedlich behandelt. Grundsätzlich sollte sich die Behandlung der Umrechnungsdifferenzen nach ihrem **Charakter** richten, der ua. von der jeweils angewandten Umrechnungsmethode abhängt.

267 Werden im Rahmen der Stichtagskursmethode die Posten der **GuV** mit **Durchschnittskursen** umgerechnet, so ergibt sich eine Differenz zum Jahresergebnis, das idR mit dem Stichtagskurs umgerechnet wird, um den transferierbaren Gewinn sichtbar zu machen. Dieser Differenzbetrag wird in die sonstigen betrieblichen Aufwendungen bzw. Erträge einbezogen oder gesondert ausgewiesen[372] und somit erfolgsneutral behandelt. Eigenkapitalveränderungen, die auf Kursveränderungen von Stichtag zu Stichtag beruhen, sind im Rahmen der

---

367 Vgl. HFA, geänderter Entwurf einer Verlautbarung „Zur Währungsumrechnung im Jahres- und Konzernabschluß", WPg. S. 664 ff.
368 Vgl. *von Wysocki/Wohlgemuth*, S. 188.
369 Die Pflicht zur Einbeziehung ausländischer Tochterunternehmen besteht erstmals für KA zum 31. 12. 1990. Erste Erhebungen zeigen allerdings eine mehrheitliche Anwendung der Stichtagskursmethode. Vgl. zB Schmalenbach-Gesellschaft, AK Externe Unternehmensrechnung, S. 207; Treuarbeit (Hrsg.), Jahres- und Konzernabschlüsse '89, S. 180.
370 Vgl. Verlautbarung AKW 1/1977, Abschn. III.
371 Gegenwärtig wird die Frage der Währungsumrechnung mit dem Ziel der Einengung der Methodenvielfalt und der Vereinheitlichung in zahlreichen nationalen und internationalen Gremien, die sich mit Fragen der Rechnungslegung befassen (EG, OECD, UNO), diskutiert. Die OECD hat im Jahre 1984 Richtlinien zur Währungsumrechnung verabschiedet. Vgl. OECD, Foreign Currency Translation, Report of the Working Group on Accounting Standards, Paris 1985. Das IDW hat zu diesem Thema einen AK eingesetzt, der zu dem geänderten Entwurf einer Verlautbarung des HFA geführt hat. Vgl. WPg. 1986 S. 664 ff.
372 Vgl. IDW, geänderter Entwurf einer HFA-Stellungnahme, WPg. 1986 S. 666. Diese Behandlung von Differenzen aus der Umrechnung der GuV wird zT auch als „erfolg**swirksam**" bezeichnet, vgl. *Langenbucher* in HdRKo. S. 469. Demgegenüber wird hier der eindeutigen Definition des AK „Externe Unternehmensrechnung" der Schmalenbach-Gesellschaft – Deutsche Gesellschaft für Betriebswirtschaft eV gefolgt, vgl. hierzu ZfbF Sonderheft 21/1987, 2. Aufl., S. 61.

Eigenkapitalentwicklung gesondert auszuweisen oder im Konzernanhang anzugeben[373]; sie berühren nicht die Posten der Gewinn- und Verlustrechnung.

Bei Verwendung historischer Kurse in der GuV (zB für die Abschreibungen) **268** wird das Jahresergebnis idR als Saldo der umgerechneten Aufwands- und Ertragsposten ermittelt, so daß ein Unterschied gegenüber dem zum Stichtagskurs umgerechneten Jahresergebnis entsteht. Dieser kann ebenfalls im Rahmen der Ergebnisverwendungsrechnung aus dem Bilanzgewinn/-verlust durch entsprechende Rücklagenbewegungen eliminiert werden. Allerdings wird es auch als zulässig angesehen, den Unterschied zwischen dem Ergebnis als Saldo der umgerechneten Aufwendungen und Erträge und dem zum Stichtagskurs umgerechneten Jahresergebnis in die sonstigen betrieblichen Aufwendungen und Erträge einzustellen[374] und somit erfolgsneutral zu behandeln.

Die bei Umrechnung mit differenzierten Kursen **in der Bilanz** entstehende **269** **Umrechnungsdifferenz** hat Eigenkapitalcharakter. Änderungen dieser Differenz gegenüber dem VJ sollten grundsätzlich erfolgswirksam behandelt werden[375]. Dabei kann eine Gewinnerhöhung auch durch Bildung einer Rückstellung für Währungsrisiken neutralisiert werden, die bei späteren Minderungen in Anspruch genommen wird. Die erfolgswirksame Behandlung der Veränderung von Umrechnungsdifferenzen kann aus dem Bilanzgewinn/-verlust auch durch Einstellung in bzw. Entnahme aus anderen Gewinnrücklagen eliminiert werden. Darüber hinaus wird es im Hinblick darauf, daß die Änderungen der bilanziellen Umrechnungsdifferenz nicht als realisierte Erfolgsbeiträge angesehen werden können, für zulässig gehalten, sie erfolgsneutral in den Rücklagen zu verrechnen[376].

Solange zur Währungsumrechnung keine einheitliche Auffassung besteht, **270** erscheint es unerläßlich, bei Einbeziehung ausländischer Tochterunternehmen in die Konsolidierung die Umrechnungsmodalitäten im Konzernanhang ausführlich zu erläutern (§ 313 Abs. 1 Nr. 2 HGB)[377, 378].

6. Überleitung von der Einzelbilanz zur Konzernbilanz

a) Einführung einer Handelsbilanz II

Die Aufstellung einer **Handelsbilanz II** ist – abgesehen von der notwendigen **271** Anpassung der Gliederung – unerläßliche Voraussetzung für die Aufstellung eines KA nach HGB in den Fällen, in denen Ansätze und Werte von Vermögensgegenständen, Schulden, RAP, Bilanzierungshilfen und Sonderposten aus den Bilanzen von Tochterunternehmen im KA anders angesetzt oder bewertet wer-

---

373 Vgl. IDW, geänderter Entwurf einer HFA-Stellungnahme, WPg. 1986, S. 666. Vgl. ebenso für USA FASB, FAS 52, (Fn. 351) § 13; für Großbritannien ASC, SSAP 20, (Fn. 351) Ziff. 53, wo die Verrechnung mit einem Sonderposten des Eigenkapitals bzw. den Rücklagen vorgesehen ist.
374 Vgl. IDW, geänderter Entwurf einer HFA-Stellungnahme, WPg. 1986 S. 667; *ADS*, § 298 Tz. 58.
375 Vgl. *Busse von Colbe/Ordelheide*, Konzernabschlüsse, S. 352 ff.; IDW, geänderter Entwurf einer HFA-Stellungnahme, WPg. 1986 S. 666.
376 Vgl. *ADS* § 298 Tz. 56; der AKW, S. 77 ff., präferierte diese erfolgsneutrale Behandlung.
377 Zum notwendigen Inhalt der Erläuterungen im Konzernanhang vgl. Tz. 698.
378 Eine Offenlegung der angewandten Umrechnungsmethoden sieht auch der Internationale Rechnungslegungsgrundsatz Nr. 1: Die Offenlegung von angewandten Methoden der Rechnungslegung (FN 1975 S. 84, Tz. 13) vor.

den sollen als in den Einzelabschlüssen (Handelsbilanz I)[379]. Dabei kommt es nicht darauf an, ob das betreffende Tochterunternehmen seinen Sitz im Inland, innerhalb der EG oder im übrigen Ausland hat und ob die Änderung gesetzlich erforderlich ist oder freiwillig vorgenommen wird.

b) Form und Inhalt der Handelsbilanz II

272 Korrekturen in der **Handelsbilanz II** gegenüber der Handelsbilanz I kommen grundsätzlich in folgenden Bereichen vor:

- Gliederung (§ 298 Abs. 1 iVm. § 266 HGB)
- Bilanzansatz (§ 300 HGB)
- Bewertung (§ 308 HGB)
- Währungsumrechnung.

273 Anpassungen der **Gliederung** lassen sich für den Inlandsbereich weitgehend dadurch vermeiden, daß alle inländischen Tochterunternehmen bereits in ihrer Einzelbilanz das Gliederungsschema anwenden, das für den KA gilt. Im allgemeinen wird es sich dabei um das Schema für große und mittelgroße Kapitalgesellschaften (§ 266 HGB) handeln, das um Besonderheiten des MU oder anderer konsolidierter Unternehmen zu ergänzen ist. Tochterunternehmen mit Sitz im Ausland müssen ihre Handelsbilanz I nach Landesrecht gliedern, so daß hier ggf. größere Umstellungen nach Konzernbilanzrichtlinien erforderlich sind[380].

274 Grundsätzlich ist das **Mengengerüst** aus der Handelsbilanz I in die Handelsbilanz II zu übernehmen. Allerdings sind auch hier bereits Korrekturen erforderlich, soweit die Bilanzansatzvorschriften nach Landesrecht nicht mit § 300 HGB vereinbar sind. Dies trifft zB dann zu, wenn in der Handelsbilanz I in Übereinstimmung mit dem betreffenden Landesrecht ein selbst erstelltes Patent aktiviert worden ist oder wenn eine passivierte Rückstellung nicht mit deutschem Recht vereinbar ist. Andererseits sind ggf. Aktiv- und Passivposten in die Handelsbilanz II aufzunehmen, die nach § 300 HGB bilanzierungsfähig oder bilanzierungspflichtig sind, jedoch in der Handelsbilanz I nicht enthalten sind. Dies könnte zB gelten für die Aktivierung von Aufwendungen für die Ingangsetzung und Erweiterung des Geschäftsbetriebes (§ 269 HGB) oder den Ansatz eines derivativen Firmenwerts (§ 255 Abs. 4 HGB), wenn dies aufgrund der Sachlage und des deutschen Bilanzrechts möglich ist, nicht jedoch nach ausländischem Recht. In solchen Fällen kann sich auch bei der Einbeziehung inländischer Tochterunternehmen die Notwendigkeit zu einer Korrektur im Bereich des Bilanzansatzes ergeben. Ist zB das MU eine Personenhandelsgesellschaft, die einen KA nach § 11 PublG aufstellt, und hat eine einbezogene Kapitalgesellschaft in ihrer Handelsbilanz I Aufwendungen für die Ingangsetzung und Erweiterung des Geschäfts aktiviert (§ 269 HGB), so muß diese Aktivierung in der Handelsbilanz II rückgängig gemacht werden[381]. Bei der Überleitung der Handelsbilanz I in die Handelsbilanz II können sich darüber hinaus Änderungen sowohl für inländische als auch ausländische Tochterunternehmen immer dann

379 Vgl. im einzelnen *Havermann* in FS Döllerer, S. 185 ff.
380 Vgl. *Busse von Colbe/Ordelheide*, Konzernabschlüsse, S. 46 f.
381 Voraussetzung dafür ist allerdings die vertretene Auffassung, daß eine Aktivierung von Aufwendungen für die Ingangsetzung und Erweiterung des Geschäftsbetriebes bei Personenhandelsgesellschaften nicht zulässig ist, vgl. dazu *Havermann*, BFuP 1986 S. 117.

ergeben, wenn Ansatzwahlrechte im KA anders ausgeübt werden sollen als in der Handelsbilanz I[382].

Für die Überleitung der Bewertung in der Handelsbilanz I zur Handelsbilanz II **275** können sich die gleichen Fallgruppen ergeben. Maßstab für die **Bewertung von Aktiva und Passiva in der Handelsbilanz II** sind die auf den JA des MU anwendbaren Bewertungsmethoden (§ 308 Abs. 1 S. 1 HGB) bzw. ihre Umsetzung – insbesondere für den Bereich der Wahlrechte – in die spezifische Konzernbilanzrichtlinie. Schließen zB, was im Ausland teilweise zulässig ist, Abschreibungen auf bebaute Grundstücke auch Abschreibungen auf Grund und Boden ein, so ist die Abschreibung insoweit in der Handelsbilanz II rückgängig zu machen. Dasselbe gilt, wenn ein inländisches Tochterunternehmen fakultative außerplanmäßige Abschreibungen (§ 253 Abs. 2 Satz 3 1. Hs. HGB) auf Sachanlagen vorgenommen hat und das MU eine Kapitalgesellschaft ist (§ 298 Abs. 1 HGB iVm. § 279 Abs. 1 HGB). Andererseits kann es notwendig sein, daß ein Firmenwert in der Handelsbilanz I eines Tochterunternehmens mit Sitz in den USA in der Handelsbilanz II schneller abgeschrieben werden muß, um den Anforderungen von § 298 Abs. 1 iVm. § 255 Abs. 4 HGB zu genügen. Neben diesen notwendigen Korrekturen können sich zahlreiche Umbewertungen aus der von den Einzelabschlüssen (Handelsbilanz I) abweichenden Ausübung von Bewertungswahlrechten ergeben[383]. Zu den notwendigen Anpassungsmaßnahmen in der Handelsbilanz II rechnet bei Tochterunternehmen mit Sitz im Ausland auch die Währungsumrechnung.

Durch diese Änderungen entfernt sich die Handelsbilanz II mehr oder weniger **276** weit von der Handelsbilanz I. Sie ist, als statistische Bilanz, die Bilanz, die der Konsolidierung zugrunde gelegt wird. Damit ist ihre Bedeutung erschöpft. Sie ist keine Grundlage für Gewinnausschüttungen des betreffenden Tochterunternehmens, für die Besteuerung oder für die Haftung gegenüber Dritten. Sie bedarf keiner Feststellung oder Billigung eines Leitungsorgans und wird nicht offengelegt.

c) Ergebnisauswirkung in der Handelsbilanz II

Veränderungen in der Handelsbilanz II gegenüber der Handelsbilanz I sind idR, **277** von bloßen Umgliederungen abgesehen, **erfolgswirksam**. Die Differenz zwischen der Summe der Handelsbilanz I-Ergebnisse und der Handelsbilanz II-Ergebnisse bedeutet eine nachträgliche Korrektur der in den Handelsbilanzen I ausgewiesenen Ergebnisse. Sie ist ein Konglomerat aus notwendigen Ansatz- und Bewertungskorrekturen wegen Unvereinbarkeit mit §§ 300, 308 HGB, Veränderungen des Werts der im Konzern verwandten Währungen untereinander und bilanzpolitischer Maßnahmen. Die Differenz der Veränderungen gegenüber dem vergleichbaren Betrag des Vorjahres wird voll erfolgswirksam und geht in das Jahresergebnis der Handelsbilanz II ein. Gleichzeitig muß aufgrund dieses veränderten Ergebnisses eine erneute Steuerabgrenzung (§ 298 Abs. 1 iVm. § 274 HGB) vorgenommen werden, die ebenfalls erfolgswirksam ist. Die Auswirkungen der Anpassungsmaßnahmen werden bei der **erstmaligen Einbeziehung** eines

---

382 Vgl. im einzelnen Tz. 234 ff.
383 Vgl. im einzelnen Tz. 239 ff.

Tochterunternehmens im konsolidierungspflichtigen Eigenkapital erfaßt und beeinträchtigen somit nicht die Vergleichbarkeit mit anderen Perioden[384].

d) Fortschreibung der Handelsbilanz II

278 Abweichungen im Ansatz und der Bewertung von Aktiva und Passiva zwischen Handelsbilanz I und **Handelsbilanz II** müssen regelmäßig verfolgt werden, da sie häufig zu Ergebnisbeeinflussungen über eine Reihe von Jahren führen. So führen zB Änderungen bei der Bewertung von Sachanlagegegenständen, deren Nutzung zeitlich begrenzt ist, zu Differenzen zwischen der Höhe der Abschreibungen in Handelsbilanz I und Handelsbilanz II für den Rest der Nutzungsdauer. Dies ist stets der Fall, wenn zB ein Tochterunternehmen mit Sitz im Ausland Sachanlagen zu Wiederbeschaffungskosten bewertet. Änderungen bei der Bewertung der Vorräte haben Ergebnisauswirkung nicht nur im Jahr ihrer Vornahme, sondern auch im Jahr der Veräußerung. Die Summe der Unterschiede zwischen Handelsbilanz I und Handelsbilanz II nach Berücksichtigung latenter Steuern ist für jeden Stichtag den entsprechenden Korrekturen des Vorjahres gegenüberzustellen. Die Veränderungen des Unterschiedsbetrags werden erfolgswirksam und gehen in das Jahresergebnis des Konzerns ein.

279 Die Anpassungen in der Handelsbilanz II können statistisch erfaßt und als Nebenrechnung von Jahr zu Jahr weitergeführt werden. Sie können jedoch in Abhängigkeit von der Anzahl und vom Sitz der Tochterunternehmen sowie der Konzernbilanzpolitik sehr bald ein Ausmaß erreichen, das die Einrichtung einer besonderen „Konzernbuchführung" zweckmäßig erscheinen läßt[385], in der die von den Handelsbilanzen I abweichenden Posten zusammengefaßt und nach den Richtlinien des MU bilanziert werden. Die Überleitung der Handelsbilanz I zur Handelsbilanz II muß jederzeit nachvollziehbar sein. Sie ist notwendiger Gegenstand der Prüfung des KA (§ 317 Abs. 2 HGB).

e) Handelsbilanz II und Konsolidierungsmaßnahmen

280 Mit **Erstellung der Handelsbilanz II** wird, systematisch gesehen, der Bereich der Aufbereitung der Einzelabschlüsse verlassen. Es schließen sich daran die Konsolidierungsmaßnahmen an, die teils erfolgsneutral, teils erfolgswirksam sind. Hierzu gehören die Eliminierung der Zwischenergebnisse und die Schuldenkonsolidierung. Erfolgswirksam werden aber auch die Kapitalkonsolidierung mit der Zuordnung von aktiven und passiven Unterschiedsbeträgen aus der Konsolidierung (§ 301 HGB) und deren Abschreibung bzw. Auflösung in Folgejahren[386], die Anwendung der Equity-Methode, die zu ähnlichen Konsequenzen führt[387], die auf den KA beschränkte Ergebnisübernahme bei Anwendung der Equity-Methode[388] und die erfolgswirksame Quotenkonsolidierung[389]. Daher hat es auch der Gesetzgeber für notwendig gehalten, für diejenigen erfolgswirksamen Maßnahmen, deren Auswirkungen sich voraussichtlich wieder umkehren, eine erneute Abgrenzung der **latenten Steuern** im Konzernabschluß vorzuschrei-

---

384 Vgl. Tz. 237 ff.
385 Vgl. *Havermann* FS Döllerer, S. 197.
386 Vgl. Tz. 330 ff., 354 ff.
387 Vgl. Tz. 448 ff.
388 Vgl. Tz. 487 f.
389 Vgl. Tz. 521 ff.

ben (§ 306 HGB)[390]. Besonders umfangreich sind die Konsolidierungsvorgänge und auch das Ausmaß der Ergebniswirksamkeit bei Anwendung der Neubewertungsmethode (§ 301 Abs. 1 Nr. 2 HGB) im Rahmen der Vollkonsolidierung[391] und der Kapitalanteilsmethode (§ 312 Abs. 1 Nr. 2 HGB) bei Anwendung der Equity-Methode[392]. Auch diese Anpassungen gehören nicht in den Bereich Handelsbilanz II, sondern dienen der Ermittlung des konsolidierungspflichtigen Kapitals und sind Konsolidierungsmaßnahmen. Anderenfalls würden einheitliche Vorgänge, wie zB die Zuordnung stiller Reserven auf einzelne Vermögensgegenstände im Rahmen der Neubewertungsmethode, die theoretisch auch im Rahmen einer Handelsbilanz II möglich wäre, und die Aktivierung eines Firmenwerts bei der Neubewertungsmethode, die nicht im Rahmen der Handelsbilanz II, sondern nur in der Konzernbilanz möglich ist, auseinandergerissen.

Die Unterscheidung zwischen Handelsbilanz II und Konsolidierungsmaßnahmen ist nicht nur ein organisatorisches Problem, das unterschiedlich gelöst werden könnte, sondern hat auch rechtliche und praktische Bedeutung. Aus der Gegenüberstellung von § 274 HGB und § 306 HGB muß gefolgert werden, daß § 274 auch für die Abgrenzung latenter Steuern in der Handelsbilanz II gilt (§ 298 Abs. 1 HGB), wogegen die Anwendung von § 306 auf die Ergebnisauswirkung von Konsolidierungsmaßnahmen beschränkt ist. Die Ergebnisse aus der Anwendung beider Vorschriften können unterschiedlich sein, da § 274 Abs. 2 für einen Aktivposten latenter Steuern ein Aktivierungswahlrecht gestattet, § 306 dagegen für den gleichgelagerten Sachverhalt aus seinem Anwendungsbereich eine Aktivierungspflicht vorschreibt. Praktisch wiederholen sich bei den Konsolidierungsmaßnahmen mit Ausnahme der Währungsumrechnung weitgehend gleichartige Vorgänge aus dem Bereich Handelsbilanz II (Erfolgswirksame Maßnahmen, Ausweis von Ergebnisunterschieden, Steuerabgrenzung, Fortentwicklung der Anpassungen). Auf die entsprechenden Auswirkungen kann daher verwiesen werden[393].   **281**

7. Eliminierung von Zwischenergebnissen

a) Grundsatz

Aus der Sicht der Einheitstheorie (§ 297 Abs. 2 Satz 1 HGB) sind Gewinne, die aus Lieferungen und Leistungen zwischen den Unternehmen des Konsolidierungskreises entstehen (**Zwischengewinne**), solange unrealisiert, bis die Lieferung oder Leistung ohne oder nach Be- oder Verarbeitung den Kreis der in die Konsolidierung einbezogenen Unternehmen verlassen hat. Dasselbe gilt sinngemäß für Verluste aus Lieferungen und Leistungen zwischen den einbezogenen Unternehmen (**Zwischenverluste**). Das **Realisationsprinzip** gilt auch für den Konzernabschluß (§ 304 Abs. 1 HGB) mit der Maßgabe, daß Gewinne und Verluste nicht dann realisiert werden, wenn die Lieferung oder Leistung die rechtlich selbständige Einheit des einzelnen Unternehmens verläßt, sondern die größere wirtschaftliche Einheit des Konzerns. Bis dahin **müssen** Ergebnisse aus konzernin-   **282**

---

390 Vgl. Tz. 610 ff.
391 Vgl. Tz. 354 ff.
392 Vgl. Tz. 461 f.
393 Vgl. Tz. 271 ff.

ternen Lieferungen und Leistungen im KA **erfolgsneutral** bleiben. IdR folgt der Zwischengewinn-/Zwischenverlusteliminierung zu einem späteren Zeitpunkt die Zwischengewinn-/Zwischenverlustrealisierung.

283 Die Eliminierung von Zwischenergebnissen (§ 304 Abs. 1 HGB) ist ein konsolidierungstechnischer Vorgang, bei dem die **Konzernanschaffungs-/Konzernherstellungskosten** den in der Handelsbilanz II für Konzernbestände angesetzten Werten gegenübergestellt werden. Sie berührt daher auch nicht die Einzelbilanzen der konsolidierten Unternehmen. Dem steht nicht entgegen, daß die Verrechnungspreise für Lieferungen und Leistungen zwischen den Unternehmen des Konsolidierungskreises so festgesetzt werden, daß eliminierungspflichtige Beträge nicht entstehen. In der Regel wird dies durch die Bewertung zu Konzernanschaffungs-/Konzernherstellungskosten erreicht [394, 395].

284 Grundsätzlich gebietet die Zwischen**gewinn**eliminierung, daß der betreffende Vermögensgegenstand in der Konzernbilanz mit einem niedrigeren Wert angesetzt wird als in der Handelsbilanz II des Empfängers der Lieferung oder Leistung. Dementsprechend liegen die Werte in der Konzernbilanz nach der Eliminierung von Zwischen**verlusten** über den Werten, mit denen die betreffenden Konzernbestände in der Handelsbilanz angesetzt worden sind [396].

285 Für die **Technik der Eliminierung** von Zwischenergebnissen genügt eine Gegenüberstellung der in der Handelsbilanz II angesetzten Werte mit den Konzernanschaffungs-/Konzernherstellungskosten. Überschreitet der in der Handelsbilanz II angesetzte Wert die höchstmöglichen Konzernanschaffungs-/Konzernherstellungskosten, so muß die Differenz (Zwischengewinn) eliminiert werden. Überschreitet der Wertansatz der Handelsbilanz II diese Höchstgrenze nicht, so wird der Wert aus der Handelsbilanz II in die Konzernbilanz übernommen.

286 Liegt der Wertansatz in der Handelsbilanz II unterhalb der Konzernanschaffungs-/Konzernherstellungskosten, so ist dieser höhere Wert anzusetzen, sofern nicht ein niedrigerer beizulegender Wert (§ 253 Abs. 2, 3 HGB) anzusetzen ist.

287 Die Zwischenergebnisse sind **in voller Höhe** aus den betreffenden Konzernbeständen zu eliminieren. Das Mitgliedstaatenwahlrecht des Art. 26 Abs. 1 c) Satz 2 der 7. EG-RL, wonach die Verpflichtung zur Eliminierung von Zwischenergebnissen auf den Anteil beschränkt werden kann, der der Beteiligung des Konzerns [397] entspricht, ist nicht in das HGB transformiert worden. Auch zur Verrechnung im Eigenkapital kommt die quotale Aufteilung der eliminierten Beträge in einen Konzernanteil und einen Anteil anderer Gesellschafter [398] nicht in Betracht [399]. Bemessungsgrundlage des Ausgleichspostens für die Anteile

394 Wegen möglicher Abweichungen vgl. Tz. 303 ff.
395 Ob sich daraus Konsequenzen für die Besteuerung (vgl. zB BdF-Schr. v. 23. 2. 1983, BStBl. I 1983, S. 218–233) oder den aktienrechtlichen Minderheitenschutz im faktischen Konzern (§§ 311–313 AktG) ergeben, ist eine Frage des Einzelfalls, die für die Konzernrechnungslegung keine Bedeutung hat.
396 Wegen weiterer Einzelheiten vgl. Tz. 299 ff.
397 Art. 26 Abs. 1 c) Satz 2 der 7. EG-RL spricht hier, wie auch an anderen Stellen, fälschlicherweise nur von Anteilen, die dem MU gehören, und nicht, wie es zutreffend heißen müßte, von „Anteilen einbezogener Unternehmen".
398 Vgl. *Busse von Colbe*, WPg. 1978 S. 658; AK Weltabschlüsse der Schmalenbach-Gesellschaft – Deutsche Gesellschaft für Betriebswirtschaft eV, Tz. 281 f.; *Ordelheide*, BHdR, C 402 Tz. 61; *Bruns*, BHdR, C 450 Tz. 45.
399 Vgl. *ADS* § 304 Tz. 118. AA *Busse von Colbe*, ZfbF 1985 S. 767. Die Aufteilung wäre auch kaum praktikabel, vgl. *Weber/Zündorf*, HdRKo. § 307 Tz. 11.

anderer Gesellschafter ist nach § 307 Abs. 1 HGB deren Anteil am bilanziellen Eigenkapital[400] lt. Handelsbilanz II des Tochterunternehmens[401].

b) Konzernanschaffungs- und Konzernherstellungskosten

Das Gesetz enthält weder den Begriff des Zwischengewinns noch den des Zwischenverlustes. § 304 Abs. 1 HGB enthält statt dessen eine Bewertungsvorschrift für Vermögensgegenstände, die aus Lieferungen oder Leistungen anderer einbezogener Unternehmen stammen. Konzernbestände sind „in der Konzernbilanz mit einem Betrag anzusetzen, zu dem sie in der auf den Stichtag des Konzernabschlusses aufgestellten Jahresbilanz dieses Unternehmens angesetzt werden könnten, wenn die in den KA einbezogenen Unternehmen auch rechtlich ein einziges Unternehmen bilden würden." Aus der Sicht der Einheitstheorie sind Konzernbestände entweder Handelswaren oder – idR – unfertige und fertige Erzeugnisse sowie unfertige Leistungen und selbsterstellte Anlagegegenstände. Vermögensgegenstände sind in der Einzelbilanz höchstens mit den Anschaffungs- oder Herstellungskosten anzusetzen (§ 253 Abs. 1 Satz 1 HGB). Übertragen auf das „Unternehmen Konzern" bedeutet dies, daß der Betrag, mit dem Konzernbestände in der Bilanz dieses Unternehmens angesetzt werden können (§ 304 Abs. 1 HGB), in der Regel durch die Konzernanschaffungs- oder Konzernherstellungskosten bestimmt wird[402].   **288**

Zu den **Konzernanschaffungskosten** gehören neben den ursprünglichen Anschaffungskosten des liefernden Unternehmens, das den Vermögensgegenstand von Dritten erworben hat (§ 255 Abs. 1 HGB), alle angefallenen direkt zurechenbaren Aufwendungen, die im Zusammenhang mit der Weiterveräußerung entstanden sind. Sind die konzerninternen Transaktionskosten auf Leistungen eines einbezogenen Unternehmens zurückzuführen (zB Transport), so sind diese Kosten um evtl. Zwischenergebnisse zu bereinigen[403].   **289**

Grundlage für die Ermittlung der **Konzernherstellungskosten** sind die Herstellungskosten des liefernden Unternehmens gem. § 255 Abs. 2 und 3 HGB. Diesen „Einzelherstellungskosten" sind solche Kosten hinzuzurechnen, die aus der Sicht eines rechtlich selbständigen Unternehmens nicht aktivierungsfähig sind, aus der Sicht des Konzerns jedoch den Charakter aktivierbarer Herstellungskosten erhalten. Dies gilt zB für die bei der Lieferung entstandenen Transportkosten, die unter der Fiktion der rechtlichen Einheit (§ 297 Abs. 3 Satz 1 HGB) als innerbetriebliche Transportkosten anzusehen sind[404].   **290**

Andererseits dürfen bestimmte im Einzelabschluß aktivierungsfähige Kosten im Konzernabschluß nicht aktiviert werden (zB an einbezogene Unternehmen gezahlte Lizenzen für von diesen selbst entwickelte Patente). Vertriebsgemeinkosten dürfen in keinem Fall aktiviert werden. Die im Einzelabschluß aktivierungs-   **291**

---

400 Im Sinne des § 266 Abs. 3 A. HGB; vgl. im einzelnen Tz. 374 ff.
401 Das Gesetz folgt in diesem Punkt der Einheitstheorie nicht konsequent, läßt jedoch keine andere Handhabung zu.
402 Ist jedoch in der Handelsbilanz II nach § 253 Abs. 2, 3 oder § 254 HGB ein niedrigerer Wertansatz zwingend oder freiwillig angesetzt worden, so ist dieser auch in der Konzernbilanz anzusetzen. Vgl. hierzu auch Tz. 309, 312.
403 Wegen möglicher Befreiungen von der Verpflichtung zur Eliminierung von Zwischenergebnissen in derartigen Fällen vgl. Tz. 303 ff.
404 Zu den weiteren Hinzurechnungen (Verpackungsmaterial, Transportversicherung etc.) vgl. bereits *von Wysocki*, WPg. 1966 S. 281/289; *Havermann* in IDW-Fachtagung 1966 S. 75/80; *Dreger*, S. 187.

fähigen, aus Konzernsicht nicht aktivierbaren Kosten werden bei der **Abwertung auf die Konzernherstellungskosten** ebenso eliminiert wie ein Zwischengewinn.

292   Der Begriff der „Zwischengewinneliminierung" wird daher dem Sachverhalt nicht vollkommen gerecht. Zutreffender wäre die Bezeichnung „Abwertung auf die niedrigeren Konzernherstellungskosten"[405]. In der Praxis hat sich jedoch der Begriff der Zwischengewinneliminierung durchgesetzt.

293   Bei dieser Betrachtung führt der Ansatz der höchstmöglichen Konzernherstellungskosten gegenüber einem niedrigeren Konzern-Verrechnungspreis nicht nur zur Eliminierung von Zwischenverlusten, sondern auch zur Aktivierung von Aufwendungen, die im Einzelabschluß nicht aktivierungsfähig, aus Konzernsicht jedoch aktivierbare Kosten sind. Daher wäre es systematisch richtig, von einer **„Aufwertung auf die höheren Konzernherstellungskosten"** anstatt von einer Eliminierung von Zwischenverlusten zu sprechen[406].

294   Vielfach wird die Eliminierung oder zusätzliche Aktivierung von Kosten, die aus Konzernsicht ihren Charakter verändern, keine praktische Bedeutung haben, wenn im Fall von Zwischengewinnen nicht die Untergrenze bzw. im Fall von Zwischenverlusten nicht die Obergrenze der Konzernherstellungskosten angesetzt werden soll.

295   Die zulässige **Bandbreite** bei der Bestimmung der Konzernherstellungskosten sowie die Ausnahmeregelung des § 304 Abs. 2 HGB lassen die Relevanz der zusätzlichen Eliminierung bzw. Aktivierung solcher Bestandteile der Konzernherstellungskosten als gering erscheinen[407].

296   Mit der Bezugnahme auf den Betrag, zu dem die betreffenden Vermögensgegenstände im Jahresabschluß eines rechtlich einheitlichen Unternehmens angesetzt werden könnten (§ 304 Abs. 1 HGB), wird die aus der Einzelbilanz bekannte Bandbreite bei der Ermittlung der Herstellungskosten (§ 255 Abs. 2 u. 3 HGB)[408] auch für die Konzernbilanz übernommen.

297   Die **Obergrenze** der Konzernherstellungskosten wird demnach bestimmt durch die höchstmöglichen Herstellungskosten des liefernden Unternehmens (unabhängig davon, ob sie in der Einzelbilanz bzw. Handelsbilanz II tatsächlich angesetzt worden sind) zuzüglich der Kosten, die nicht im Rahmen der Einzelherstellungskosten, wohl aber als Konzernherstellungskosten aktiviert werden dürfen, abzüglich der Kosten, die wohl im Rahmen der Einzelherstellungskosten, nicht aber als Konzernherstellungskosten aktivierungsfähig sind.

298   Die **Untergrenze** der Konzernherstellungskosten wird bestimmt durch die niedrigstmöglichen Herstellungskosten des liefernden Unternehmens (unabhängig davon, ob sie in dessen Einzelbilanz bzw. Handelsbilanz II angesetzt worden sind), zuzüglich direkt zurechenbarer Kosten, die nicht im Rahmen der Einzelherstellungskosten, wohl aber als Konzernherstellungskosten aktiviert werden müssen, abzüglich der Kosten, die im Rahmen der Einzelherstellungskosten, nicht aber als Konzernherstellungskosten aktiviert werden dürfen. Aufgrund des

---

405 Vgl. *Havermann*, in IDW-Fachtagung 1966, S. 75, 80.
406 So auch *Jöris* in IDW-Fachtagung 1985 S. 232.
407 Die grundsätzliche Verpflichtung zur Eliminierung von Zwischenergebnissen dürfte in den meisten Fällen, in denen Bestandteile der Konzernherstellungskosten davon betroffen wären, durch § 304 Abs. 3 HGB oder § 304 Abs. 2 HGB aufgehoben sein. Vgl. im einzelnen Tz. 303 ff.
408 Vgl. im einzelnen E Tz. 230 ff.

Ineinandergreifens von Bewertungswahlrecht im Rahmen der Herstellungskosten und Zwischenerfolgseliminierung sind Zwischengewinne nur eliminierungspflichtig, soweit der Wert laut Handelsbilanz II die höchstmöglichen Konzernherstellungskosten überschreitet. Zwischenverluste sind nur eliminierungspflichtig, soweit die niedrigstmöglichen Konzernherstellungskosten den Wert lt. Handelsbilanz II übersteigen. Die Differenz zwischen höchstmöglichen und niedrigstmöglichen Konzernherstellungskosten kann, aber braucht in beiden Fällen der Erfolgseliminierung nicht eliminiert zu werden[409]. Es ist daher gerechtfertigt, im Rahmen der Zwischengewinneliminierung nach § 304 HGB von eliminierungspflichtigen und eliminierungsfähigen Ergebnisanteilen zu sprechen[410]. Die Ausübung der Wahlrechte bei der Abgrenzung der Konzernherstellungskosten unterliegt jedoch dem Gebot **einheitlicher Bewertung** (§ 308 Abs. 1 Satz 1 HGB)[411]. Somit wird es als unzulässig angesehen, die Konzernherstellungskosten auf der Basis von Vollkosten festzulegen, wenn identische Produkte im Bestand des liefernden Unternehmens zu Teilkosten bewertet sind[412].

c) Pflichteliminierung von Zwischenergebnissen

Das Gesetz knüpft die Verpflichtung zur Eliminierung von Zwischenergebnissen gem. § 304 Abs. 1 HGB an folgende **Voraussetzungen:**

(1) Es muß sich um **Gegenstände** (Sachen, Rechte) handeln. Eine Zwischenergebniseliminierung ist für Leistungen, die sich nur in Aufwendungen und Erträgen niederschlagen (zB Aufnahme eines Kredites durch ein Konzernunternehmen zu einem Zinssatz von 8% und Weitergabe an ein anderes Unternehmen zu 12%) nicht relevant. Da sich Aufwendungen und Erträge in solchen Fällen bei sachgerechter Bilanzierung in gleicher Höhe gegenüberstehen, sind sie im Rahmen der Konsolidierungsvorgänge in der GuV gegeneinander aufzurechnen. Mehr- oder Mindergewinne aufgrund von Zinserträgen und Zinsaufwendungen gleichen sich dadurch aus[413]. **299**

(2) Die Gegenstände müssen am Stichtag des KA bei einem in den KA einbezogenen Unternehmen vorhanden sein; dh. sie müssen bei den jeweiligen Unternehmen ordnungsgemäß aufgenommen und **bilanziert** sein. **300**

(3) Die Gegenstände müssen ganz oder teilweise Lieferungen oder Leistungen anderer in den Konzernabschluß einbezogener Unternehmen darstellen. Die Eliminierungspflicht tritt also nicht bei Lieferungen von Tochterunternehmen schlechthin ein, sondern nur dann, wenn das **liefernde** Unternehmen in den KA **einbezogen** wird. Nach §§ 295, 296 HGB nicht einbezogene Tochterunternehmen werden wie Fremdunternehmen[414] behandelt. **301**

Diese Einengung kann insbesondere bei der Aufstellung von Teilkonzernabschlüssen und bei starkem Lieferungs- und Leistungsverkehr mit nicht einbe-

---

409 So auch *Jöris*, in IDW-Fachtagung 1985 S. 234, Fn. 6.
410 So auch *Harms/Küting*, BB 1983 S. 1893.
411 Vgl. *ADS* § 304 Tz. 34 ff.
412 Vgl. *v. Wysocki/Wohlgemuth*, S. 142; *Klein* in BHdR C 430 Tz. 84; *H. Weber* in HdRKo. § 304 Tz. 38, 63.
413 Werden im Rahmen der Möglichkeiten des § 255 Abs. 3 HGB Fremdkapitalzinsen in die Herstellungskosten der Bestände einbezogen, unterliegen sie ebenfalls der Verpflichtung zur Eliminierung von Zwischenergebnissen.
414 Bei Lieferungen von assoziierten Unternehmen sind bei Anwendung der Equity-Methode Zwischenergebnisse gem. § 312 Abs. 5 Satz 3 HGB zu eliminieren. Vgl. hierzu Tz. 470 ff.

zogenen Tochterunternehmen dazu führen, daß erhebliche Beträge nicht eliminiert werden.

Zwischenergebnisse sind auch bei solchen Gegenständen zu eliminieren, die nur **teilweise** Lieferungen anderer einbezogener Unternehmen darstellen, zB unfertige Erzeugnisse, für die Rohstoffe verwendet wurden, die zT von einbezogenen, zT von nicht einbezogenen Unternehmen geliefert worden sind.

302 (4) Vermögensgegenstände, die nur mittelbar aus Lieferungen einbezogener Konzernunternehmen stammen, unmittelbar jedoch von Fremdunternehmen bezogen worden sind, unterliegen nach der Einheitstheorie nicht der Pflicht zur Eliminierung von Zwischenergebnissen, soweit keine mißbräuchlichen Handhabungen vorliegen[415].

d) Ausnahmen von der Eliminierungspflicht

303 Auf die Eliminierung von Zwischenergebnissen kann verzichtet werden, wenn

- die Lieferung oder Leistung zu üblichen Marktbedingungen vorgenommen worden ist
und
- die Ermittlung der Konzernanschaffungs-/Konzernherstellungskosten (bei abnutzbaren Gegenständen des AV: gekürzt um planmäßige Abschreibungen) einen unverhältnismäßigen Aufwand erfordern würde (§ 304 Abs. 2 Satz 1 HGB).

304 Beide **Voraussetzungen** müssen **gleichzeitig** erfüllt sein, wenn das Wahlrecht in Anspruch genommen werden soll (§ 304 Abs. 2 Satz 2 HGB). Seine Anwendung ist im Konzernanhang anzugeben und, wenn der Einfluß auf die Vermögens-, Finanz- und Ertragslage des Konzerns wesentlich ist, zu erläutern (§ 304 Abs. 2 S. 2 HGB). Da der weitaus überwiegende Teil der Zwischenergebnisse aus Lieferungen und Leistungen entsteht, die zu „üblichen Marktbedingungen" ausgeführt werden, und angesichts des unbestimmten Rechtsbegriffs „unverhältnismäßig hoher Aufwand" muß davon ausgegangen werden, daß unter Berufung auf § 304 Abs. 2 HGB die Zwischenerfolgseliminierung in einem bestimmten Umfang unterbleiben kann[416].

305 Die Vorschrift, die als Mitgliedstaatenwahlrecht in der 7. EG-RL enthalten ist (Art. 26 Abs. 2), ist daher auch auf erhebliche Kritik gestoßen[417]. Eine sachgerechte Anwendung dieser Vorschrift müßte dazu führen, in den Fällen auf Feinheiten der Zwischengewinneliminierung zu verzichten, bei denen zusätzlicher Aufwand und zusätzlicher Erkenntniswert in keinem vertretbaren Verhältnis stehen[418]. Dies gilt zB weitgehend für

---

415 Vgl. *ADS* § 304 Tz. 53 ff. Eine andere Beurteilung gilt jedoch bei Lieferungen von sog. assoziierten Unternehmen, die nach der Equity-Methode einbezogen werden. Vgl. hierzu Tz. 470 ff.
416 So befürchtet zB *Jöris*, in IDW-Fachtagung 1985 S. 235, daß „mit dieser Vorschrift der Verzicht auf eine Zwischenerfolgseliminierung eher zur Regel, als zur Ausnahme wird". AA *Biener/Schatzmann*, S. 43, die erwarten, daß durch diese Vorschrift „der Verzicht auf die Eliminierung eingeschränkt wird".
417 *Busse von Colbe*, ZGR 1977 S. 673; *Schruff*, Einflüsse der 7. EG-Richtlinie, S. 269 f.; IDW/WPK, WPg. 1985 S. 537, 545.
418 In diese Richtung zielt wohl auch der Vorschlag von *Jöris*, in IDW-Fachtagung 1985 S. 235, „Zwischenerfolge durch annähernde Schätzverfahren zu ermitteln, als auf eine Eliminierung vollständig zu verzichten"; vgl. dazu auch *Busse von Colbe*, ZfbF 1985 S. 775.

- die Korrektur der Einzelherstellungskosten um Kostenbestandteile, die aus Konzernsicht ihren Charakter verändern[419],
- die Eliminierung von Zwischenergebnissen aus Herstellungskosten, die Bestandteil der Konzernanschaffungskosten sind[420],
- die Zwischenerfolgseliminierung aus Teilen von Vermögensgegenständen, die von einbezogenen Unternehmen geliefert worden sind[421],
- die getrennte Erfassung von Vermögensgegenständen, die von Unternehmen des Konsolidierungskreises und von Dritten geliefert werden und sich körperlich nicht unterscheiden[422].

Im allgemeinen dürfte jedoch in solchen Fällen der Verzicht auf die Zwischenergebniseliminierung „für die Vermittlung eines den tatsächlichen Verhältnissen entsprechenden Bildes der Vermögens-, Ertrags- und Finanzlage des Konzerns nur von untergeordneter Bedeutung" sein, so daß die gesetzliche Grundlage dafür bereits durch die allgemeine Wesentlichkeits-Ausnahme (§ 304 Abs. 3 HGB) gegeben ist.   **306**

Bei beiden Ausnahmen von der Eliminierungspflicht (§ 304 Abs. 2 und 3 HGB) handelt es sich um Wahlrechte, so daß eine freiwillige Zwischenergebniseliminierung – ganz oder teilweise – durch Nichtausübung der Wahlrechte möglich ist.   **307**

Zwischenergebnisse aus konzerninternen **Lieferungen in das abnutzbare Anlagevermögen** eines einbezogenen Unternehmens erfüllen im allgemeinen nicht die Voraussetzungen für einen Verzicht auf die Eliminierung, da sie in den meisten Fällen erhebliche Beträge darstellen und die Fortschreibung der anzusetzenden Konzernanschaffungs-/-herstellungskosten sowie die damit verbundene ratierliche Auflösung der Zwischenergebnisse nicht zu einem unverhältnismäßigen Arbeitsaufwand[423] führt.   **308**

Die Zwischengewinneliminierung **entfällt,** soweit Vermögensgegenstände, die ganz oder teilweise auf Lieferungen oder Leistungen anderer einbezogener Unternehmen zurückzuführen sind, in der Bilanz des Empfängers nicht mit dem Konzern-Verrechnungspreis, sondern – rechtlich zwingend oder zulässig – mit einem Wert angesetzt sind, der unter den höchstmöglichen Konzernanschaffungs-/-herstellungskosten liegt. Dabei ist es unbedeutend, ob dieser Wert bereits aus dem Einzelabschluß in die Handelsbilanz II übernommen oder erstmals in der Handelsbilanz II gem. § 308 HGB angesetzt worden ist. In diesen Fällen ist ein ggf. aufgrund des Konzern-Verrechnungspreises entstandener Zwischengewinn bereits durch die **Abschreibungen** auf den **niedrigeren Wert** nach § 253 Abs. 2 Satz 3 oder Abs. 3 HGB erfolgswirksam ausgeschaltet worden.   **309**

Die Verpflichtung zur Eliminierung von Zwischengewinnen lebt wieder auf, wenn nach Wegfall des Abschreibungsgrundes eine **Wertaufholung** (§ 280 HGB) vorgenommen wird. In Höhe der Differenz zwischen den fortgeführten, dh. um planmäßige Abschreibungen verringerten Konzernanschaffungs- oder -herstel-   **310**

---

419 Vgl. Tz. 294 ff.
420 Vgl. Tz. 289.
421 „teilweise" iSv. § 304 Abs. 1 HGB.
422 Vgl. dazu *ADS* § 304 Tz. 63 ff.
423 Die für die Anlagenbuchhaltung entwickelten EDV-Systeme sind heute ohne Schwierigkeiten in der Lage, die Fortschreibung der Anlagegüter zu Konzernanschaffungs- oder -herstellungskosten zusätzlich automatisch vorzunehmen.

lungskosten und dem höheren Buchwert nach Zuschreibung ergibt sich ein Zwischengewinn, der grundsätzlich eliminierungspflichtig ist.

311 **Zwischenverluste** sind aus den gleichen Gründen nicht mehr zu eliminieren, wenn die Vermögensgegenstände aus konzerninternen Lieferungen oder Leistungen in der Einzelbilanz und/oder Handelsbilanz II mit einem **niedrigeren Wert** als den Konzernanschaffungs-/-herstellungskosten angesetzt worden sind, dieser Wert aber in der Konzernbilanz nach § 304 Abs. 1 HGB beibehalten werden kann, weil zB der Vermögensgegenstand zwischen dem Zeitpunkt der Lieferung und dem Bilanzstichtag einen Wertverfall erlitten hat, der einen niedrigeren Wertansatz erforderlich werden läßt.

312 Dies gilt auch dann, wenn der niedrigere Wertansatz Voraussetzung für die Inanspruchnahme steuerlicher Vergünstigungen ist (umgekehrte Maßgeblichkeit §§ 254, 279 Abs. 2 HGB). Die Verpflichtung zur Zwischenverlusteliminierung in solchen Fällen würde bedeuten, daß **steuerliche Sonderabschreibungen** im Konzernabschluß ganz oder teilweise wieder rückgängig gemacht werden müssen. § 308 Abs. 3 HGB läßt jedoch ausdrücklich eine unveränderte Übernahme solcher niedrigeren Wertansätze aus der Einzelbilanz in die Konzernbilanz zu[424]. Ebenso ist eine Zwischenverlusteliminierung auch dann nicht erforderlich, wenn Konzernbestände aus steuerlichen Gründen nicht abgewertet worden sind, sondern statt dessen auf der Passivseite ein Sonderposten (§ 308 Abs. 3 Satz 2 HGB) gebildet worden ist.

313 Die Zwischenverlusteliminierung würde im Ergebnis die Bildung des Sonderpostens rückgängig machen. Aus den gleichen Gründen entfällt die Zwischenverlusteliminierung auch dann, wenn in der Einzelbilanz und/oder Handelsbilanz II der niedrigere Wert aus bilanzpolitischen Überlegungen in Übereinstimmung mit § 253 Abs. 2 u. 3 HGB angesetzt worden ist.

e) Zwischenergebniseliminierung bei abnutzbaren Anlagegegenständen

314 Sofern innerhalb des Konsolidierungskreises abnutzbare Anlagegegenstände mit eliminierungspflichtigen Zwischenergebnissen geliefert worden sind, ist zu beachten, daß die darauf vorgenommenen Abschreibungen, die in der Einzel-GuV ausgewiesen werden, aus der Sicht des Konzerns zu hoch (Zwischengewinn) bzw. zu niedrig (Zwischenverlust) sind. Im KA dürfen Abschreibungen nur von den Konzernherstellungs- oder -anschaffungskosten vorgenommen werden. Bei der Zwischenergebniseliminierung sind die jährlichen **Abschreibungen** aus der Einzel-GuV insoweit zu **korrigieren**. Diese Korrekturen sind jährlich so lange durchzuführen, bis der Vermögensgegenstand voll abgeschrieben ist. Auf die Nutzungsdauer des Gegenstandes bezogen, realisieren sich so die Zwischenergebnisse[425].

f) Neutralisierung von Zwischengewinnen im Einzelabschluß infolge steuerrechtlicher Vorschriften

315 Bei Lieferungen von Anlagegegenständen innerhalb des Konsolidierungskreises kann es vorkommen, daß das liefernde Unternehmen einen dabei entstandenen

---

424 Zu den erforderlichen Angaben und Begründungen im Konzernanhang vgl. Tz. 690 ff.
425 Vgl. das ausführliche Beispiel bei *ADS* § 304 Tz. 83.

Gewinn, der eliminierungspflichtig ist, in Ausnutzung steuerlicher Bestimmungen ganz oder teilweise durch Übertragung auf einen anderen Anlagegegenstand oder durch Bildung eines Sonderpostens mit Rücklageanteil neutralisiert (§ 6 b EStG; Abschn. 35 EStR). Fraglich ist, ob in einem solchen Fall auf die Eliminierung von Zwischengewinnen verzichtet werden kann, da durch das Nebeneinander von Zwischengewinneliminierung und Sonderabschreibung bzw. Rücklagenbildung das Konzernergebnis doppelt belastet wird. Eine einheitliche Auffassung dazu besteht nicht. Auch ist die Doppelbelastung des Konzernergebnisses keineswegs zwangsläufig, da die aus der Einzelbilanz eines einbezogenen Unternehmens übernommene **Sonderabschreibung** bzw. **Rücklagenbildung** in der Handelsbilanz II **rückgängig** gemacht werden kann (§ 308 Abs. 3 HGB). Das Konzernergebnis wird danach zutreffend dargestellt[426].

Wird die Sonderabschreibung bzw. Rücklagenbildung im Konzernabschluß **beibehalten** und gleichzeitig auf eine Zwischengewinneliminierung verzichtet, so wird der Vorgang ergebnismäßig so dargestellt wie in dem Abschluß eines einheitlichen Unternehmens (Einheitstheorie, § 297 Abs. 3 HGB). Normalerweise bedeutet der Verzicht auf die Zwischengewinneliminierung stets einen Vorstoß gegen die Einheitstheorie. Dies gilt für die hier diskutierten Fälle jedoch nur dann, wenn anstelle einer Sonderabschreibung ein Sonderposten mit Rücklageanteil gebildet wird und betrifft auch lediglich den Ausweis in der Konzernbilanz. Wird jedoch eine Sonderabschreibung aktivisch abgesetzt, so führt der **Verzicht** auf die Zwischengewinneliminierung zu einem zutreffenden Einblick sowohl in die Vermögens- und Finanzlage als auch in die Ertragslage des Konzerns. Der Verzicht auf die Zwischengewinneliminierung sollte daher in diesen Fällen zulässig sein[427]. In Fällen von Bedeutung ist der Sachverhalt im Konzernanhang zu erläutern.   **316**

g) Erstmalige Eliminierung von Zwischenergebnissen

Die erstmalige Eliminierung von Zwischenergebnissen vermindert/erhöht in voller Höhe den Jahresüberschuß des Konzerns, während in späteren Jahren nur noch die Differenzbeträge gegenüber dem VJ erfolgswirksam werden[428]. Dies hätte zur Folge, daß das Jahresergebnis des Konzerns bei erstmaliger Aufstellung des Konzernabschlusses durch erstmalige Eliminierung von Zwischengewinnen in der Regel stärker belastet würde als in den Folgejahren. Derselbe Effekt ergäbe sich bei einer starken Ausdehnung des Konsolidierungskreises auf bisher nicht konsolidierte Konzernunternehmen. Diese Auswirkungen der erstmaligen Eliminierung von Zwischenergebnissen können jedoch vermieden werden. Ist erstmals ein KA aufzustellen, so kann zB der Betrag der Zwischenergebnisse zum Ende des Vorjahres statistisch ermittelt werden. Dieser Betrag wird dann im ersten KA erfolgsneutral mit dem Ergebnisvortrag oder den Gewinnrücklagen des Konzerns verrechnet. Im Konzernjahresergebnis werden dann nur noch die Veränderungen gegenüber dem Stand am Ende des VJ wirksam.   **317**

Allerdings wird es auch für zulässig gehalten, auf die Eliminierung von **Zwischenergebnissen,** die **vor dem Zeitpunkt der Erstkonsolidierung** entstanden sind,   **318**

---

426 Vgl. *ADS* § 304 Tz. 133 f., die in Fällen von Bedeutung diesen Weg empfehlen.
427 So im Ergebnis auch AK „Externe Unternehmensrechnung" der Schmalenbach-Gesellschaft –
  Deutsche Gesellschaft für Betriebswirtschaft e. V., S. 102 f.
428 Vgl. Tz. 631 ff.

ganz zu verzichten[429]. Dies läßt sich daraus erklären, daß das Gesetz insbesondere in der Vorschrift über die Kapitalkonsolidierung den Beginn der Konzernzugehörigkeit mit dem Zeitpunkt der Erstkonsolidierung gleichsetzt. Für Konzerne, die bereits längere Zeit existieren, jedoch zB aufgrund ihrer Größe nicht zur Konzernrechnungslegung verpflichtet waren (§ 293 HGB), ergibt sich insoweit ein erheblicher bilanzpolitischer Spielraum.

319 In den Fällen, in denen ein Unternehmen erstmals als Tochterunternehmen einbezogen wird, erscheint es hingegen sachgerecht, Vermögensgegenstände, die in früheren Abrechnungsperioden geliefert worden sind, nicht als Konzernbestände (§ 304 Abs. 1 HGB) anzusehen und folglich auf die Eliminierung der ggf. darin enthaltenen Zwischenergebnisse zu verzichten.

8. Kapitalkonsolidierung

a) Grundsatz

320 Werden Aktiva und Passiva der in den KA einbezogenen Unternehmen additiv zusammengefaßt, so kommt es im KA insoweit zu Doppelerfassungen von Vermögensgegenständen, als die Posten „Beteiligungen" der MU und die hinter ihnen stehenden Posten in den Bilanzen der Tochterunternehmen nur zwei verschiedene Erscheinungsformen derselben Sache sind. Der Beseitigung dieser Doppelerfassungen dient die **Kapitalkonsolidierung.**

321 § 300 Abs. 1 Satz 2 HGB definiert die vorherrschende Form der **Kapitalkonsolidierung** wie folgt: „An die Stelle der dem Mutterunternehmen gehörenden Anteile an dem einbezogenen Tochterunternehmen treten die Vermögensgegenstände, Schulden, Rechnungsabgrenzungsposten, Bilanzierungshilfen und Sonderposten der Tochterunternehmen, soweit sie nach dem Recht des Mutterunternehmens bilanzierungsfähig sind und die Eigenart des Konzernabschlusses keine Abweichungen bedingt . . .". Ergänzend dazu heißt es in § 307 Abs. 1 Satz 1 HGB: „in der Konzernbilanz ist für nicht dem MU gehörende Anteile an in den KA einbezogenen Unternehmen ein Ausgleichsposten in Höhe ihres Anteils am Eigenkapital unter entsprechender Bezeichnung innerhalb des Eigenkapitals gesondert auszuweisen". Aus beiden Vorschriften ergibt sich, daß die Vollkonsolidierung mit Minderheitenausweis anzuwenden ist. Als allein zulässige Form der Vollkonsolidierung[430] schreibt § 301 HGB die sog. echte angelsächsische Methode (purchase-Methode) mit den beiden Varianten der **Buchwertmethode** und der **Neubewertungsmethode** vor.

322 Die echte angelsächsische Methode unterscheidet zwischen Erst- und Folgekonsolidierungen. Die Aufrechnung des Beteiligungsbuchwertes erfolgt grundsätzlich zu jedem Stichtag mit dem Betrag des anteiligen Eigenkapitals, das sich im Zeitpunkt der erstmaligen Einbeziehung (bzw. des Erwerbs) ergibt (Erstkonsolidierung). Spätere Gewinnthesaurierungen des Tochterunternehmens haben keinen Einfluß auf einen Unterschiedsbetrag aus der **Kapitalkonsolidierung,** da alle Rücklagenbewegungen in der Bilanz des Tochterunternehmens (Handelsbilanz II) anteilig bei den Gewinnrücklagen des Konzerns und dem Ausgleichsposten für Anteile anderer Gesellschaften berücksichtigt werden.

---

429 Ähnlich *ADS* § 304 Tz. 139 ff.
430 Vgl. aber die Methode der Interessenzusammenführung nach § 302 HGB.

Ein Unterschiedsbetrag aus der Erstkonsolidierung wird entsprechend seinem   **323**
materiellen Inhalt in der Konzernbilanz Aktiva und Passiva zugeordnet und in
den Folgekonsolidierungen nach den allgemeinen Bewertungs- und Abschrei-
bungsregeln erfolgswirksam abgeschrieben oder aufgelöst[431].

Ob und in welcher Höhe ein Unterschiedsbetrag aus der Erstkonsolidierung ent-   **324**
steht und wie dieser ggf. zu behandeln ist, hängt von der Methode zur Ermittlung des anteiligen Eigenkapitals und dessen Höhe ab. § 301 Abs. 1 HGB läßt
die Ermittlung des Eigenkapitals sowohl auf der Basis der Buchwerte in der
Handelsbilanz II des Tochterunternehmens (sog. **Buchwertmethode**) als auch auf
der Basis der Zeitwerte der Vermögensgegenstände und Schulden (sog. **Neubewertungsmethode**) zu. Beide Methoden führen nur bei hundertprozentigen Beteiligungen zu gleichen Ergebnissen.

b) Konsolidierungspflichtige Anteile

In die **Kapitalkonsolidierung** sind die dem MU gehörenden Anteile an jedem   **325**
einzelnen Tochterunternehmen einzubeziehen. Als Anteile, die dem MU gehören, gelten auch Anteile, die anderen einbezogenen Unternehmen gehören. Der
Wortlaut des § 301 Abs. 1 HGB erfaßt zwar nicht die von einbezogenen Tochterunternehmen gehaltenen Anteile an anderen einbezogenen Unternehmen.
Gleichwohl ist nach der Einheitstheorie (§ 297 Abs. 3 HGB) die Einbeziehung
auch solcher Anteile in die Kapitalkonsolidierung erforderlich[432]. Sofern das
Tochterunternehmen abhängig iSd. § 17 AktG ist, werden die von ihm gehaltenen Anteile dem MU nach § 271 Abs. 1 Satz 4 HGB iVm. § 16 Abs. 4 AktG zugerechnet. In den Fällen, in denen das Tochterunternehmen nicht abhängig ist,
werden die von diesem gehaltenen Anteile analog § 290 Abs. 3 HGB dem MU
zum Zweck der Kapitalkonsolidierung zugerechnet[433]. Im Ergebnis unterliegen
damit sämtliche Anteile an einbezogenen Tochterunternehmen, die einem vollkonsolidierten Unternehmen gehören, der Konsolidierungspflicht. Ausgenommen davon sind lediglich Anteile an dem MU, das den KA aufstellt, die ihm
selbst (eigene Anteile) oder einem einbezogenen Tochterunternehmen (sog.
Rückbeteiligung) gehören. Diese Anteile werden nicht konsolidiert, da sie zu
einer Verminderung des Kapitals des MU führen würden. Sie sind statt dessen
in der Konzernbilanz als eigene Anteile im Umlaufvermögen gesondert auszuweisen (§ 301 Abs. 4 HGB).

Ebenfalls vom Gesetz nicht ausdrücklich geregelt ist die Frage, ob **Anteile** an   **326**
einbezogenen Tochterunternehmen, die einem nach § 310 HGB im Wege der
Quotenkonsolidierung einbezogenen Gemeinschaftsunternehmen gehören, in die
Konsolidierung einbezogen werden müssen. Würden diese Anteile nicht konsolidiert, so käme es in der Konzernbilanz zum Ausweis von Anteilen an einbezogenen Tochterunternehmen (in Höhe der Quote, mit der das Gemeinschaftsunternehmen einbezogen wird) und zur Einbeziehung des auf diese Anteile entfallenden Eigenkapitals des Tochterunternehmens in den Ausgleichsposten für
Anteile anderer Gesellschafter. Die Konsolidierung dieser Anteile wird daher

---

431 Vgl. jedoch die Sonderregelung in § 309 Abs. 1 Satz 3 HGB.
432 Vgl. *ADS* § 301 Tz. 14.
433 Vgl. *ADS* § 301 Tz. 17.

für notwendig gehalten, um eine der Einheitstheorie entsprechende Darstellung des Eigenkapitals in der Konzernbilanz zu gewährleisten[434].

327 Anteile idS sind, unabhängig davon, unter welchen Posten sie in der Einzelbilanz[435] ausgewiesen werden, alle kapitalmäßigen Beteiligungen mit Einlagen bei Tochterunternehmen. Darunter fallen auch Einlagen bei Personengesellschaften, für die unbeschadet der Frage, ob Einlagen bei Personengesellschaften formalrechtlich als Anteile zu bezeichnen sind, eine Konsolidierungspflicht besteht, sofern die übrigen Voraussetzungen erfüllt sind. Zu den Anteilen iSv. § 301 HGB gehören somit grundsätzlich (§ 266 HGB):

– Anteile an verbundenen Unternehmen (A III 5)
– Anteile an verbundenen Unternehmen (B III 1)
– eigene Anteile (B III 2)

328 Aufzurechnen ist der **Buchwert** der konsolidierungspflichtigen Anteile nach den Wertverhältnissen im Zeitpunkt der Erstkonsolidierung. Wird die Erstkonsolidierung auf den Stichtag des Erwerbs vorgenommen, so entspricht der Wertansatz idR den Anschaffungskosten der Anteile. Sind dagegen nach Erwerb, aber vor dem Zeitpunkt der Erstkonsolidierung Abschreibungen auf die Beteiligung vorgenommen worden, so darf der niedrigere Wertansatz beibehalten werden, wenn diese den konzerneinheitlich anzuwendenden Bewertungsmethoden entsprechen. Waren die Abschreibungen wegen voraussichtlich dauernder Wertminderung zwingend, so ist der niedrigere Wertansatz der Erstkonsolidierung zugrundezulegen[436].

329 Aus steuerlichen Gründen vorgenommene Sonderabschreibungen auf konsolidierungspflichtige Anteile (vor dem Zeitpunkt der Erstkonsolidierung) sollten zweckmäßig in den Sonderposten mit Rücklageanteil ausgewiesen werden. Sie beeinflussen dann nicht die Kapitalkonsolidierung[437].

c) **Erstkonsolidierung**

aa) **Buchwertmethode**

1) Konsolidierungspflichtiges Kapital

330 Zur Durchführung der Erstkonsolidierung nach der Buchwertmethode wird der Wertansatz der konsolidierungspflichtigen Anteile mit dem auf sie entfallenden Eigenkapital des Tochterunternehmens verrechnet, das dem Buchwert der in den KA aufzunehmenden Vermögensgegenstände, Schulden, Rechnungsabgrenzungsposten, Bilanzierungshilfen und Sonderposten entspricht (§ 301 Abs. 1 Nr. 1 HGB). Dies ist das Eigenkapital der Handelsbilanz I, sofern die Voraussetzungen der §§ 300, 308 HGB hier bereits erfüllt sind, oder das Eigenkapital der Handelsbilanz II.

331 Das **konsolidierungspflichtige Kapital** umfaßt grundsätzlich sämtliche Posten des **bilanziellen Eigenkapitals** (§ 266 Abs. 3 A. HGB) einschließlich des Ergebnisvor-

---

434 Vgl. *Weber/Zündorf* in HdRKo. § 301 Tz. 24; *ADS*. § 301 Tz. 19; *Budde/Förschle* in BeBiKo. § 301 Tz. 21.
435 Vgl. hierzu F Tz. 89.
436 Vgl. *ADS* § 301 Tz. 34; aA *Weber/Zündorf* in HdRKo. § 301 Tz. 37.
437 Vgl. *ADS* § 301 Tz. 35.

trags und des Jahresergebnisses[438, 439], soweit es anderen einbezogenen Unternehmen zusteht. Bei Personengesellschaften sind als Kapital in diesem Zusammenhang die **Einlagen** anzusehen, die die Beteiligung der Gesellschafter am Vermögen des Unternehmens zum Ausdruck bringen sollen.

Nicht zum konsolidierungspflichtigen Kapital zählen gem. § 301 Abs. 1 Nr. 1 HGB die **Sonderposten mit Rücklageanteil**, die, obgleich sie betriebswirtschaftlich zT Eigenkapitalcharakter haben, gem. § 300 Abs. 1 Satz 2 HGB in die Konzernbilanz zu übernehmen sind. **332**

2) Behandlung aktiver Unterschiedsbeträge

Bei der Erstkonsolidierung werden sich in den meisten Fällen die Werte der aufzurechnenden Anteile und des anteiligen Eigenkapitals nicht in gleicher Höhe gegenüberstehen. Übersteigt der Buchwert der Anteile (im Zeitpunkt der Erstkonsolidierung = Anschaffungskosten) den Wert des anteiligen Eigenkapitals des Tochterunternehmens, ergibt sich ein aktiver Unterschiedsbetrag, dessen Ursachen zu analysieren und der danach den betreffenden Posten in der Konzernbilanz zuzuschreiben (Aktiva) bzw. mit ihnen zu verrechnen (Passiva) ist (§ 301 Abs. 1 Satz 3 HGB)[440]. **333**

Ein aktiver Unterschiedsbetrag kann folgende **Ursachen** haben: **334**

– Differenzen zwischen den Buchwerten und Zeitwerten der Vermögensgegenstände und Schulden („stille Reserven"), soweit sie im Kaufpreis der Beteiligung abgegolten worden sind;
– Gegenwert nicht bilanzierter immaterieller Vermögensgegenstände, soweit im Kaufpreis abgegolten;
– Geschäfts- oder Firmenwert des Tochterunternehmens, der im Kaufpreis abgegolten worden ist.

Für die Ursachenanalyse sind die Buchwerte der Vermögensgegenstände und Schulden den Zeitwerten gegenüberzustellen, um die **stillen Reserven** zu berechnen. Nach welchen Regeln die Zeitwerte zu ermitteln sind, läßt das Gesetz offen. Es handelt sich dabei jedoch um kein anderes Zurechnungsproblem als zB beim Erwerb einer Einzelfirma durch ein anderes Unternehmen[441]. Auch in diesem Fall muß die Differenz zwischen dem bilanziellen Eigenkapital der Einzelfirma und dem dafür gezahlten Kaufpreis den einzelnen Vermögensgegenständen und Schulden zugeordnet werden. Dabei ist zu beachten, daß der Unterschiedsbetrag ein **Saldo aus stillen Reserven und stillen Lasten** sein kann, so daß ggfs. die Wertansätze von Aktiva und Passiva im Rahmen der Erstkonsolidierung zu verändern sind[442]. **335**

Im allgemeinen sind für die Zuordnung Wiederbeschaffungswerte anzusetzen. Für Vermögensgegenstände, die veräußert oder verschrottet werden sollen, sind Liquidationswerte anzusetzen[443]. **336**

---

438 Inhaltliche Übereinstimmung mit der zum AktG 1965 für die Erstkonsolidierung vertretenen Auffassung (vgl. Vorauflage Bd I, S. 755).
439 Zur Behandlung der Rücklage für eigene Anteile (§ 272 Abs. 4 HGB) vgl. Tz. 400 ff.
440 Zur Behandlung eines verbleibenden Restbetrages vgl. Tz. 347 ff.
441 Vgl. hierzu *ADS* § 255 Tz. 115.
442 Vgl. St/SABI/2/1988, WPg. S. 622; *ADS* § 301 Tz. 90.
443 Vgl. hierzu auch AICPA, APB Opinion No. 16, § 88; bei *Jung*. US-amerikanische und deutsche

337 Sind im Kaufpreis der Anteile auch nicht aktivierbare Vermögensgegenstände des Tochterunternehmens abgegolten worden (zB selbst entwickelte Patente), so liegt aus der Perspektive des Konzerns ein entgeltlicher Erwerb vor, so daß aus selbst erstellten erworbene immaterielle Anlagegegenstände entstanden sind, die nicht nur aktivierungsfähig, sondern auch aktivierungspflichtig sind[444].

338 Hat ein MU eine **Beteiligung von weniger als 100 %** an einem Tochterunternehmen erworben, so können die stillen Reserven, die bei den einzelnen Vermögensgegenständen und Schulden festgestellt worden sind, ihnen nicht zu 100 %, sondern nur in der Höhe zugerechnet werden, die dem Beteiligungsprozentsatz des MU entspricht. Auch wenn der Kaufpreis für die Beteiligung nicht unter Substanzwertgesichtspunkten festgelegt worden ist, muß davon ausgegangen werden, daß das Mutterunternehmen nur diejenigen stillen Reserven bezahlt hat, die seinem Anteil an dem Unternehmen entsprechen. Nur in diesem Umfang werden vorhandene stille Reserven bei der Kapitalkonsolidierung nach der Buchwertmethode aufgedeckt[445]. Werden konsolidierungspflichtige Anteile sowohl vom MU als auch von anderen einbezogenen Unternehmen gehalten, so ergibt sich die beteiligungsproportionale **Höchstgrenze** aus der Beteiligung aller einbezogenen Unternehmen, wobei die Quote additiv aus den direkten und indirekten Anteilen zu ermitteln ist. Stille Reserven, die auf Anteile anderer Gesellschafter (§ 307 HGB) entfallen, werden nicht aufgedeckt. Sie erhöhen – im Gegensatz zur Neubewertungsmethode – weder den Kapitalanteil der anderen Gesellschafter noch dürfen sie den in die Konzernbilanz zu übernehmenden Aktiva und Passiva zugerechnet werden[446].

339 Soweit ein aktiver Unterschiedsbetrag die Summe der (anteiligen) feststellbaren stillen Reserven übersteigt, ist demnach ein verbleibender Restbetrag als Geschäfts- oder Firmenwert zu behandeln (§ 301 Abs. 3 Satz 1 HGB)[447].

340 Ist der aktive Unterschiedsbetrag geringer als die Summe der (anteiligen) stillen Reserven, muß die Verteilung auf die einzelnen Posten nach einem adäquaten Schlüssel vorgenommen werden.

341 Das Gesetz schreibt keine besondere **Methode** vor. Insbesondere im Hinblick auf eine möglichst objektive Zuordnung erscheint von den im Schrifttum vorgeschlagenen Verfahren[448] die proportionale Zuordnung des Unterschiedsbetrags besonders geeignet. Bei ihrer Anwendung werden stille Reserven in jedem Posten in Höhe der Quote aufgedeckt, die sich aus dem Verhältnis des Unterschiedsbetrags zur Summe der feststellbaren stillen Reserven ergibt.

342 Bei der Feststellung der stillen Reserven und der Zuordnung des Unterschiedsbetrages sind grundsätzlich auch die steuerlichen Auswirkungen zu berücksichtigen. Ein Vermögensgegenstand hat aus der Sicht des Erwerbers im Vergleich zu

---

Rechnungslegung, S. 301 ff. sowie *Küting/Zündorf*, BB 1985 S. 1305; *Ordelheide*, DB 1986 S. 493 ff.

444 Vgl. St/SABI/2/1988, WPg. S. 623; *ADS* § 301 Tz. 77 ff.; ebenso *Weber/Zündorf* in HdRKo. § 301 Tz. 79; *Budde/Förschle* in BeBiKo. § 301 Tz. 58; *Ordelheide*, DB 1986, S. 493 ff. sowie *von Wysocki/Wohlgemuth*, S. 114.
445 Vgl. *Biener/Berneke*, S. 333; St/SABI/2/1988, WPg. 1988 S. 623.
446 Vgl. dazu auch *Wentland*, S. 205; *Küting/Zündorf*, BB 1985 S. 1169, 1302 ff.; *Ordelheide*, WPg. 1984 S. 273; *Busse von Colbe*, ZfbF 1985 S. 771; aA v. *Wysocki/Wohlgemuth*, S. 121.
447 Vgl. im einzelnen Tz. 347 ff.
448 Vgl. *ADS* § 255 Tz. 115; *Busse von Colbe*, ZfbF 1985 S. 772; *Schruff*, aaO, S. 212; *Küting/Zündorf*, BB 1985 S. 1305 ff.; *Ordelheide*, WPg. 1984 S. 272.

dem Marktpreis einen geringeren Wert, wenn die Anschaffungskosten insgesamt oder teilweise nicht steuerlich geltend gemacht werden können[449]. Da allerdings die Zuordnung des Unterschiedsbetrages nach § 301 Abs. 1 Satz 3 HGB bis zur vollen Höhe des Zeitwertes vorzunehmen ist, wenn der Unterschiedsbetrag eine entsprechende Höhe hat, muß in Höhe der Steuerlast auf nichtabziehbaren, zusätzlichen künftigen Abschreibungen eine Rückstellung für **latente Steuern** gebildet werden[450], sofern bei der Erstkonsolidierung stille Reserven im abnutzbaren Anlagevermögen oder Umlaufvermögen aufgedeckt werden[451].

Die Analyse und Zuordnung des aktiven Unterschiedsbetrages aus der Konsoli-   **343** dierung ist im Rahmen der Erstkonsolidierung erfolgsneutral. Sie wird jedoch in den Folgekonsolidierungen erfolgswirksam. Daher ist eine willkürliche Zuordnung, zB zum abnutzbaren oder zum nicht abnutzbaren Anlagevermögen, unzulässig. Die Zuordnung kann auch nicht allein deswegen unterbleiben, weil sie schwierig ist[452].

3) Behandlung passiver Unterschiedsbeträge

Ein passiver Unterschiedsbetrag entsteht bei der Erstkonsolidierung dann, wenn   **344** der Buchwert der Beteiligung[453] geringer ist als das anteilige Eigenkapital der Handelsbilanz II[454] des Tochterunternehmens. Der passive Unterschiedsbetrag ist zu analysieren, nach seinen Ursachen den betreffenden Posten der Konzernbilanz zuzuordnen und bei diesen zu verbuchen.

Ein passiver Unterschiedsbetrag kann folgende **Ursachen** haben[455]:   **345**

– Überbewertung von Aktiva oder Unterbewertung von Passiva
– im Kaufpreis berücksichtigte Verlusterwartungen
– günstiges Gelegenheitsgeschäft.

Aktiva des Tochterunternehmens können zB in bezug auf den Kaufpreis der   **346** Beteiligung überbewertet sein, weil sie nach Übernahme durch das MU anderweitig verwendet oder stillgelegt werden sollen oder weil das Mutterunternehmen eine vorsichtigere Bilanzpolitik verfolgt (zB kürzere Festlegung von betriebsgewöhnlicher Nutzungsdauer oder Restnutzungsdauer). Soweit diese Faktoren zu einer Reduzierung des Kaufpreises geführt haben, hat der Unterschiedsbetrag **Wertberichtigungscharakter.** Die Wertberichtigungen sind den entsprechenden Bilanzposten zuzuordnen. Passiva können unterbewertet sein,

---

449 Vgl. hierzu auch WP-Handbuch 1985/86 Bd. I, S. 1150 ff.; ferner zur US-amerikanischen Regelung *AICPA*, APB Opinion No. 16: Business Combinations, 1970, § 88; *Jung*, US-amerikanische und deutsche Rechnungslegung, Düsseldorf 1979, S. 301 ff.; *FASB*, Statement on Financial Accounting Standards No. 96: Accounting for Income Taxes, Stamford December 1987, § 10i, § 23.
450 Vgl. *Lanfermann* in FS Goerdeler, S. 300; Schmalenbach-Gesellschaft – Deutsche Gesellschaft für Betriebswirtschaft eV, AK „Externe Unternehmensrechnung", ZfbF Sonderheft 21/1987, 2. Aufl., S. 118; *ADS*, § 301 Tz. 92 f.; *Weber/Zündorf* in HdRKo., § 301 Tz. 96, befürworten diese Lösung; ablehnend dagegen *Budde/Förschle* in BeBiKo. § 301 Tz. 66.
451 Vgl. hierzu im einzelnen *ADS* Art. 27 EGHGB Tz. 53 mit Beispiel.
452 Vgl. dazu auch die gegenüber Art. 19 Abs. 1 a 7. EG-RL („soweit wie möglich") strengere Formulierung von § 301 Abs. 1 Satz 3 HGB.
453 Im Zeitpunkt des Erwerbs mit den Anschaffungskosten identisch.
454 Die Übernahme des Eigenkapitals aus der Handelsbilanz II wird die Regel sein; entspricht die Handelsbilanz I bereits §§ 300, 308 HGB, so kann auch eine Verrechnung mit dem darin ausgewiesenen Kapital in Frage kommen.
455 Vgl. *Havermann*, Methoden der Bilanzierung von Beteiligungen (einschließlich der „Equity"-Methode), in: IDW (Hrsg.) Rechnungslegung und Prüfung in internationaler Sicht, Düsseldorf 1978, S. 405–436, hier S. 434.

wenn Rückstellungen für im einzelnen zu bezeichnende Gründe nicht oder nicht in ausreichender Höhe gebildet worden sind. Das gilt auch dann, wenn nicht passivierte Pensionsrückstellungen zu einer Reduzierung des Kaufpreises geführt haben[456]. Der Unterschiedsbetrag hat insoweit **Rückstellungscharakter** und ist unter den entsprechenden Posten in der Bilanz (§ 266 Abs. 3 B. HGB) auszuweisen. Ist der Kaufpreis aufgrund einer nachhaltig zu erwartenden schlechten Ertragslage unter das konsolidierungspflichtige Kapital gesenkt worden, so hat der passive Unterschiedsbetrag insoweit den Charakter eines Zuschusses zur Aufbesserung zukünftiger Ertragslagen bzw. den **Charakter** eines **negativen Geschäftswertes** (badwill). Er ist auf der Passivseite der Konzernbilanz gesondert als „Unterschiedsbetrag aus der Kapitalkonsolidierung" auszuweisen (§ 301 Abs. 3 Satz 1 HGB). Besteht die Ursache eines passiven Unterschiedsbetrags darin, daß aufgrund glücklicher Umstände der Kaufpreis niedriger als das anteilige bilanzielle Eigenkapital war (lucky buy), so hat der Unterschiedsbetrag **Rücklagencharakter.** Er ist auf der Passivseite der Konzernbilanz ebenfalls als „Unterschiedsbetrag aus der Kapitalkonsolidierung" auszuweisen (§ 301 Abs. 3 Satz 1 HGB).

4) Ausweis verbleibender Unterschiedsbeträge

347   Ein nach Zuordnung stiller Reserven verbleibender **aktiver Unterschiedsbetrag** ist in der Konzernbilanz als **Geschäfts- oder Firmenwert** (§ 266 Abs. 2 A. I. 2.) auszuweisen (§ 301 Abs. 3 Satz 1 HGB). Er gehört damit zum immateriellen Anlagevermögen und muß somit auch in den Anlagespiegel (§ 268 Abs. 2 HGB) aufgenommen werden. Sind aus der Konsolidierung mehrerer Tochterunternehmen mehrere aktive Restbeträge entstanden, so dürfen sie zu einem Posten zusammengefaßt werden. Sie dürfen auch mit den aus den Einzelbilanzen in die Konzernbilanz zu übernehmenden Geschäfts- oder Firmenwerten zusammengefaßt werden, so daß in der Konzernbilanz als Geschäfts- oder Firmenwert nur ein einziger Posten ausgewiesen wird. Der Posten und seine wesentlichen Veränderungen gegenüber dem Vorjahr müssen im Anhang erläutert werden (§ 301 Abs. 3 S. 2 HGB). Da die wesentlichen Veränderungen bereits aus dem Anlagespiegel abzulesen sind, wird sich die Erläuterungspflicht für den Geschäfts- oder Firmenwert im allgemeinen auf die Zuordnung wesentlicher Beträge, insbesondere bei den Zugängen, sowie die Abschreibungspolitik beschränken können.

348   Ein verbleibender **passiver Restbetrag** aus der Kapitalkonsolidierung muß in der Konzernbilanz gesondert als „Unterschiedsbetrag aus der Kapitalkonsolidierung" ausgewiesen werden (§ 301 Abs. 3 Satz 1 HGB). Da das Gesetz keinen Ausweis an einer bestimmten Stelle vorschreibt, kommt es für den tatsächlichen Ausweis auf den Charakter iSv. § 297 Abs. 2 HGB an.

349   Hat der Unterschiedsbetrag den Charakter eines Zuschusses zur Aufbesserung der zukünftigen Ertragslage (§ 309 Abs. 2 Nr. 1 HGB), so sollte er gesondert unter den Rückstellungen ausgewiesen werden. Eine Einbeziehung in die sonstigen Rückstellungen (§ 266 Abs. 3 B 3. HGB) ist nicht zulässig. Ist der Unterschiedsbetrag dagegen eher das Ergebnis eines günstigen Gelegenheitskaufs (lucky buy), so hat er den Charakter einer Kapitalrücklage und sollte gesondert unter den Rücklagen ausgewiesen werden. Da in beiden Fällen der Charakter

---

456 Vgl. St/HFA/3/1977, WPg. S. 464.

des Unterschiedsbetrags bereits durch die Zuordnung zu den Rückstellungen oder Rücklagen zum Ausdruck kommt, kann sich die vorgeschriebene Erläuterung (§ 301 Abs. 3 Satz 2 HGB) im wesentlichen auf die Veränderungen gegenüber dem Vorjahr[457] und ggf. die Zuordnung zu wesentlichen Tochterunternehmen beschränken. Das Gesetz gestattet auch den Ausweis des Unterschiedsbetrags in einem Posten, der dann, sofern er sowohl Elemente des badwill als auch des lucky buy enthält, gesondert zwischen Rücklagen und Rückstellungen ausgewiesen werden sollte. In diesem Fall müssen die Erläuterungen auch Hinweise auf den materiellen Inhalt des Postens (badwill/lucky buy) enthalten.

Der Geschäfts- oder Firmenwert aus der Erstkonsolidierung darf auch mit dem **350** (ggf. addierten) passiven Unterschiedsbetrag iSv. § 301 Abs. 3 S. 1 HGB saldiert ausgewiesen werden. Der Saldo ist dann je nach Sachlage gesondert auf der Aktiv- oder Passivseite auszuweisen. Allerdings müssen in diesem Fall die entsaldierten (ggf. addierten) Aktiv- und Passivbeträge im Anhang angegeben werden (§ 301 Abs. 3 Satz 3 HGB). Die Berichterstattungspflicht nach § 301 Abs. 3 S. 2 HGB gilt auch für diesen Fall. Die Möglichkeiten der Zusammenfassung und Saldierung beziehen sich nur auf den Ausweis. Wegen der unterschiedlichen Regelung der erfolgswirksamen Abschreibung des Geschäfts- oder Firmenwertes (§ 309 Abs. 1 HGB) und der Restriktionen bzgl. der Auflösung eines passiven Unterschiedsbetrags (§ 309 Abs. 2 HGB) sowie der notwendigen Einzelbewertung jedes Geschäftswertes ist eine getrennte Fortschreibung der zusammengefaßten und ggf. saldierten Beträge erforderlich[458].

Der Geschäfts- oder Firmenwert darf auch **offen von den Rücklagen** im Konzern- **351** abschluß **abgesetzt** werden (§ 309 Abs. 1 S. 3 HGB)[459]. Hierbei handelt es sich nicht nur um eine Ausweisalternative, sondern um eine Vorschrift von materieller Bedeutung[460]. Die offene Absetzung ist erfolgsneutral im Jahre der Absetzung und vermeidet die erfolgswirksame Abschreibung des Firmenwertes in den Folgejahren[461]. Die offene Absetzung braucht nur in dem Jahr in der Konzernbilanz gezeigt zu werden, in dem sie vorgenommen wird[462]. In den Folgejahren werden die um die Absetzung verminderten Rücklagen weitergeführt.

Das Gesetz läßt offen, welche Rücklagenposten zur Verrechnung heranzuziehen **352** sind. Für eine Begrenzung der Verrechnungsmöglichkeiten auf die **Kapitalrücklagen**[463] finden sich im Gesetz keine Anhaltspunkte. Da die offene Absetzung an die Stelle erhöhter Abschreibungen in den Folgejahren tritt, die wiederum zum Ausweis geringerer Gewinnrücklagen im KA führen, kommt der Sache nach eher eine Absetzung von den **Gewinnrücklagen** in Frage[464]. Auch die Beschränkungen der Verwendung von Kapitalrücklagen im JA der AG/KGaA (§ 150 AktG) sprechen für eine Absetzung von den Gewinnrücklagen[465].

457 Eine Darstellung der Rücklagenbewegungen, wie sie § 152 Abs. 2 AktG vorschreibt, wird für den KA nicht verlangt. Vgl. Tz. 199 ff.
458 Vgl. hierzu Tz. 362 ff.
459 So auch IASC, JAS 22: Accounting for Businness Combination, Tz. 19, aaO (Fn. 9).
460 Vgl. auch Tz. 366.
461 Zur Kritik vgl. *Ordelheide*, WPg. 1984 S. 244; *Niehus*, WPg. 1984 S. 323 f.; *Schruff*, S. 243, 254; *Dahm/Zündorf*, BB 1985 S. 2577, befürwortend, *Müller*, DB 1985 S. 243.
462 So auch die RegBegr. zu § 290 HGB-EK (jetzt § 309 HGB) BR-Drs. 163/85, S. 41.
463 So zB *Ordelheide*, WPg. 1984 S. 244; *Busse von Colbe*, ZfbF 1985 S. 773.
464 Im Ergebnis ebenso *Weber/Zündorf* in HdRKo. § 309 Tz. 27.
465 Sofern Teile der Kapitalrücklage frei verfügbar sind, wird die Verrechnung mit diesem Teilbetrag für zulässig gehalten. Vgl. St/SABI/2/1988.

353 Das Gesetz verlangt zwar nicht ausdrücklich, daß die verschiedenen Methoden einheitlich für alle Unterschiedsbeträge angewendet werden müssen. Es ist aber den Unternehmen nicht freigestellt, von Fall zu Fall die erfolgswirksame Aktivierung und Abschreibung (mit oder ohne Saldierung von Geschäftswerten und passiven Unterschiedsbeträgen) oder die erfolgsneutrale Absetzung von den Rücklagen gleichzeitig nebeneinander anzuwenden. Aus dem Grundsatz der Stetigkeit der Konsolidierungsmethoden sowie aus der Generalnorm (§ 297 Abs. 2 S. 2 HGB) folgt, daß gleichartige Sachverhalte nach denselben Methoden zu behandeln sind[466]. Es ist jedoch von Fall zu Fall zu prüfen, ob es sich bei der Konsolidierung verschiedener Unternehmen um gleichartige Sachverhalte handelt. In Ausnahmefällen sind auch Abweichungen vom Grundsatz der Stetigkeit zugelassen (§ 297 Abs. 3 S. 3 HGB).

bb) Neubewertungsmethode

1) Neubewertung des konsolidierungspflichtigen Kapitals

354 Zur Durchführung der Erstkonsolidierung nach der Neubewertungsmethode wird der Wert der konsolidierungspflichtigen Anteile mit dem auf sie entfallenden Eigenkapital des Tochterunternehmens verrechnet, das dem Wert der in den Konzernabschluß aufzunehmenden Vermögensgegenstände[467], Schulden, Rechnungsabgrenzungsposten, Bilanzierungshilfen und Sonderposten entspricht, der diesen beizulegen ist (§ 301 Abs. 1 Nr. 2 HGB). Im Gegensatz zur Buchwertmethode, bei der stille Reserven, sofern ein aktiver Unterschiedsbetrag in entsprechender Höhe vorhanden ist, nur in einer dem direkten und indirekten Anteilsbesitz des Mutterunternehmens[468] entsprechenden Höhe aufzudecken sind, werden bei der Neubewertungsmethode – durch die Neubewertung – alle stillen Reserven in voller Höhe aufgedeckt. Das **konsolidierungspflichtige Kapital** erhöht sich jedoch nur um den Anteil der stillen Reserven, die dem Konzern aufgrund seiner Beteiligung zustehen. Die übrigen stillen Reserven werden den Anteilen anderer Gesellschafter (§ 307 HGB) zugerechnet, die im Gegensatz zur Buchwertmethode ebenfalls an der Auflösung stiller Reserven partizipieren. Die Neubewertung umfaßt nicht einen ggf. vorhandenen Geschäfts- oder Firmenwert, da das Bilanzierungsverbot für den originären Firmenwert (§ 255 Abs. 4 HGB) auch für die Handelsbilanz II gilt. Ein Geschäfts- oder Firmenwert kann jedoch bei der Durchführung der Kapitalkonsolidierung aufgedeckt werden.

355 Die Neubewertung wird entweder vor der Konsolidierung in der Handelsbilanz II oder simultan innerhalb der Konsolidierung durchgeführt, so daß die Zeitwerte[469] anschließend vollständig in die Konzernbilanz übernommen werden.

356 Das anteilige Eigenkapital nach der Neubewertung darf nicht mit einem Betrag angesetzt werden, der die Anschaffungskosten des MU für die Anteile überschreitet (§ 301 Abs. 1 Satz 4 HGB). Demnach kann ein passiver Unterschieds-

---

466 Vgl. Tz. 11; ferner *ADS* § 297 Tz. 49.
467 Nicht bilanzierungsfähige Vermögensgegenstände müssen unberücksichtigt bleiben. Vgl. *Biener*, DB 1983, Beilage 19 S. 9. Demgegenüber sind nach der US-amerikanischen Regelung der „purchase method" auch die selbsterstellten Anlagewerte zu berücksichtigen; vgl. AICPA, APB Opinion No. 16: Business Combinations, 1970, §§ 86 ff. Ebenso IASC, IAS 22, (Fn. 9), Tz. 19 ff. Vgl. hierzu auch *Ordelheide*, WPg. 1984 S. 240, 272; *ders.*, DB 1986 S. 495.
468 Vgl. Tz. 338.
469 Zur Ermittlung der Zeitwerte vgl. die Ausführungen Tz. 335 f., die auch hier gelten.

betrag aus der Erstkonsolidierung nach der Neubewertungsmethode nur entstehen, wenn vor dem Stichtag der Erstkonsolidierung Abschreibungen auf den Buchwert der Beteiligung vorgenommen worden sind. Mit dieser **Begrenzung** soll eine über die Anschaffungskosten der Anteile hinausgehende Neubewertung des entsprechenden Reinvermögens ausgeschlossen werden.

Allerdings verliert die Neubewertungsmethode dadurch erheblich an praktischer Bedeutung und auch wohl von ihrem eigentlichen Sinn. Fraglich ist, ob die Neubewertungsmethode auch so angewendet werden kann, daß die Buchwerte des Tochterunternehmens nicht auf die Zeitwerte, sondern auf einen Zwischenwert aufgestockt werden, damit die Anschaffungskosten der Beteiligung nicht überschritten werden. Nach dem Wortlaut[470] von § 301 Abs. 1 Nr. 2 HGB scheint dies nicht möglich zu sein. Allerdings ist dieses Verfahren bereits in der Vergangenheit beim Erwerb etwa von Einzelunternehmen in Deutschland[471] und offenbar auch im internationalen Bereich[472] angewendet worden. Da es wohl zu Unterbewertungen, keinesfalls aber zu Überbewertungen führt, sollten gegen seine Anwendung keine Bedenken bestehen.

357

2) Behandlung entstehender Unterschiedsbeträge

Sind die Anschaffungskosten der Beteiligung höher als das anteilige **konsolidierungspflichtige Kapital,** so ist der Unterschiedsbetrag als Geschäfts- oder Firmenwert zu qualifizieren (§ 301 Abs. 3 Satz 1 HGB), da die stillen Reserven, soweit vorhanden oder zulässig, bereits bei der Neubewertung aufgelöst worden sind. Für die Behandlung des Geschäfts- oder Firmenwerts gelten die Ausführungen zum Ausweis verbleibender Unterschiedsbeträge entsprechend[473].

358

cc) Stichtag der Erstkonsolidierung

Grundsätzlich ist die Erstkonsolidierung auf den **Stichtag des Erwerbs** des Tochterunternehmens durchzuführen; dh. für die Kapitalkonsolidierung ist der Wert der Beteiligung, der am Erwerbsstichtag mit den Anschaffungskosten identisch ist, mit dem nach § 301 Abs. 1 Satz 2 Nr. 1 oder Nr. 2 HGB ermittelten Wert des Eigenkapitals des Tochterunternehmens am gleichen Stichtag zu verrechnen. Nur dadurch ist eine klare Trennung von erworbenen Ergebnissen und solchen, die in das Konzernergebnis eingehen, möglich. Je weiter sich die tatsächliche Erstkonsolidierung vom Erwerbsstichtag entfernt, desto mehr ergeben sich Verschiebungen zwischen Kapitalkonsolidierung und Konzernerfolg. Die Erstkonsolidierung auf den Erwerbsstichtag setzt, sofern der Erwerbsstichtag nicht mit Beginn oder Ende des Konzerngeschäftsjahres übereinstimmt, die Aufstellung eines Zwischenabschlusses oder zumindest so umfangreicher Nebenrechnungen, die einem Zwischenabschluß fast gleichkommen, voraus.

359

Das Gesetz läßt daher aus Praktikabilitätsgründen eine Verschiebung der Erstkonsolidierung auf den **Stichtag der erstmaligen Einbeziehung** des Tochterunter-

360

---

470 Das Eigenkapital ist anzusetzen ... mit dem Betrag, der dem Wert ... „beizulegen ist".
471 Vgl. *ADS* § 255 Tz. 115.
472 Vgl. IASC, IAS 22, (Fn. 9), Tz. 55; AICPA, APB Opinion No. 16, §§ 87 f. Der Ausweis eines passivischen Unterschiedsbetrags wird durch Reduzierung der langfristigen Anlagegüter (ausgenommen Finanzanlagen) vermieden. Nur ein nach Reduzierung des Anlagevermögens auf Null verbleibender Restbetrag wird als „deferred credit" passiviert.
473 Vgl. Tz. 347 ff.

nehmens in den KA zu (§ 301 Abs. 2 Satz 1 HGB). Die Unternehmen haben insoweit ein Wahlrecht, wann sie die Erstkonsolidierung durchführen wollen. IdR wird die erstmalige Einbeziehung in den KA am ersten Konzernbilanzstichtag nach Erwerb des Tochterunternehmens geschehen. Der Wortlaut läßt jedoch auch jeden anderen späteren Konzernbilanzstichtag zu, wenn das Tochterunternehmen in Ausübung eines Konsolidierungswahlrechts (§ 296 HGB) oder wegen eines Konsolidierungsverbots (§ 295 HGB) bis dahin nicht konsolidiert worden ist. Als Zeitpunkt der erstmaligen Einbeziehung ist in diesen Fällen grundsätzlich der Beginn des Konzerngeschäftsjahrers anzusehen[474]. Allerdings wird aus Vereinfachungsgründen auch die Erstkonsolidierung zum Stichtag der Konzernbilanz für zulässig gehalten[475].

Ist ein Tochterunternehmen nicht an einem bestimmten Stichtag erworben worden, sondern ist die Beteiligung (zB über die Börse) nach und nach erworben worden, so müßte theoretisch nach jedem zusätzlichen Erwerb von Anteilen eine Erstkonsolidierung durchgeführt werden. Für diesen Sukzessiverwerb gestattet das Gesetz aus Vereinfachungsgründen, die Erstkonsolidierung auf den **Stichtag** durchzuführen, zu dem das Unternehmen **Tochterunternehmen geworden** ist (§ 301 Abs. 2 Satz 1 HGB), zB bei Erreichen der Mehrheit der Stimmrechte (§ 290 Abs. 2 Nr. 1 HGB). Dieser Stichtag ist eine Parallele zum Stichtag des Erwerbs. Auch in diesem Falle ist daher eine Verschiebung der Erstkonsolidierung auf den Stichtag der erstmaligen Einbeziehung des Tochterunternehmens in den KA zulässig.

361   Im Anhang ist anzugeben, welcher der möglichen Zeitpunkte für die Erstkonsolidierung gewählt worden ist (§ 301 Abs. 2 Satz 2 HGB).

d) Folgekonsolidierungen

aa) Fortschreibung der Zurechnungen zu Vermögensgegenständen und Schulden

362   Soweit bei der Erstkonsolidierung **stille Reserven** aufgedeckt und verschiedenen Aktiva zugerechnet worden sind, müssen bei den Folgekonsolidierungen die Abschreibungen auf Vermögensgegenstände, deren Nutzung zeitlich begrenzt ist, von den höheren, in der Konzernbilanz ausgewiesenen Werten vorgenommen werden. Dabei ist auch für den zugerechneten Betrag die Restnutzungsdauer und die Abschreibungsmethode anzuwenden, die in der Handelsbilanz II für den betreffenden Vermögensgegenstand angewandt wird. Mit der endgültigen Abschreibung des Vermögensgegenstandes ist dann auch die in der Erstkonsolidierung aufgedeckte und zugeordnete stille Reserve aufgelöst. In gleicher Weise ist auch die im Rahmen der Zuordnung gebildete Rückstellung für latente Steuern[476] aufzulösen.

363   Die Abschreibung auf die zugerechnete Differenz ist – jedenfalls bei Anwendung der Buchwertmethode – nicht in der Handelsbilanz II enthalten[477]. Diese Abschreibungen werden nur im Konzernabschluß erfolgswirksam und belasten

---

474 Vgl. *ADS* § 301 Tz. 123.
475 Vgl. *ADS* § 301 Tz. 124, wo auf die Notwendigkeit hingewiesen wird, eine Doppelerfassung des Jahresergebnisses des Tochterunternehmens zu vermeiden.
476 Vgl. hierzu Tz. 342.
477 Abweichungen zwischen der Handelsbilanz I und der Handelsbilanz II aufgrund der Anpassung an einheitliche Bilanzierungs- und Bewertungsvorschriften werden bereits in der Handelsbilanz II fortgeschrieben.

zusätzlich das Konzernergebnis. Soweit **stille Reserven** nicht beim abnutzbaren Anlagevermögen aufgedeckt worden sind, ist im Zeitpunkt des Abgangs ein ggf. im Einzelabschluß entstandener Buchgewinn um den Betrag aufgedeckter stiller Reserven aus der Erstkonsolidierung zu kürzen. Ein entstandener Buchverlust ist um die ggf. noch in der Konzernbilanz ausgewiesene stille Reserve zu erhöhen. Sind stille Reserven in den Vorräten bei der Erstkonsolidierung aufgedeckt worden, so vermindern sie bei Veräußerung an Dritte den Gewinn aus dem Einzelabschluß bzw. erhöhen einen Verlust. Soweit ein aktiver Unterschiedsbetrag mit den Rückstellungen oder Verbindlichkeiten zur Neutralisierung darin enthaltener stiller Reserven verrechnet worden ist, müssen spätere Realisierungen in der Handelsbilanz II (zB Erträge aus der Auflösung von Rückstellungen) im KA neutralisiert werden. Sind in der Konzernbilanz durch Zuordnung eines passiven Unterschiedsbetrages aus der Erstkonsolidierung zusätzliche Rückstellungen für Einzelrisiken gebildet worden, so müssen sie in dem KA aufgelöst werden, sobald die Inanspruchnahme aus dem Rückstellungsgrund eintritt.

Die Fortschreibungen der Unterschiedsbeträge aus der Erstkonsolidierung sind **364** sowohl bei Anwendung der Buchwertmethode als auch bei Anwendung der Neubewertungsmethode erforderlich. Während sie jedoch bei der Buchwertmethode Bestandteile der Konsolidierungsbuchungen sind, die, sofern es sich nicht nur um wenige Einzelfälle handelt, in **Nebenrechnungen**[478] entwickelt werden müssen, sind sie bei der Neubewertungsmethode auch in der Handelsbilanz II möglich.

bb) Abschreibung des Geschäfts- oder Firmenwerts

Ein Geschäfts- oder Firmenwert, der im Rahmen der Erstkonsolidierung in die **365** Konzernbilanz aufgenommen worden ist, ist unabhängig davon, ob er durch Anwendung der Buchwertmethode oder der Neubewertungsmethode entstanden ist, in jedem folgenden GJ zu mindestens einem Viertel durch Abschreibungen zu tilgen (§ 309 Abs. 1 Satz 1 HGB). Die Abschreibung kann aber auch planmäßig auf die GJ verteilt werden, in denen der Geschäfts- oder Firmenwert voraussichtlich genutzt werden kann (§ 309 Abs. 1 Satz 2 HGB). Die Vorschrift stimmt insoweit mit der Regelung für die Einzelbilanz (§ 255 Abs. 4 HGB) überein. Auf die Erläuterungen dazu kann verwiesen werden[479].

Neben dieser erfolgswirksamen Abschreibung darf der Geschäfts- oder Firmen- **366** wert in der Konzernbilanz erfolgsneutral offen mit den Rücklagen verrechnet werden (§ 309 Abs. 1 S. 3 HGB)[480]. § 309 enthält keinen Hinweis darauf, daß die Verrechnung mit den Rücklagen auf den ersten Folgeabschluß beschränkt ist. Ob der Grundsatz der Stetigkeit (§ 298 Abs. 1 iVm. § 252 Abs. 1 Nr. 6, § 297 Abs. 3 Satz 2 HGB) auf diesen Sachverhalt anzuwenden ist, erscheint zweifelhaft. Selbst wenn man dies bejaht, so ist eine Abweichung von der Stetigkeit zulässig (§ 298 Abs. 1 iVm. § 252 Abs. 2, § 297 Abs. 3 S. 3 HGB), ggf. mit der Folge der Berichterstattungs- und Begründungspflicht. Es erscheint daher zulässig den Restbetrag eines teilweise bereits erfolgswirksam abgeschriebenen Geschäfts- oder Firmenwertes (§ 309 Abs. 1 Satz 1 u. 2 HGB) in einem späteren

---

478 Diese Nebenrechnungen können ggf. den Charakter einer Konzernbuchführung annehmen bzw. die Einrichtung einer Konzernbuchführung notwendig werden lassen. Vgl. Tz. 279.
479 Vgl. E Tz. 328 ff.
480 Zum Ausweis vgl. Tz. 351 f.

KA erfolgsneutral mit den Rücklagen zu verrechnen (§ 309 Abs. 1 S. 3 HGB). Voraussetzung ist lediglich, daß der Geschäfts- oder Firmenwert offen von den Rücklagen abgesetzt wird und ggf. auch, daß der Vorgang begründet wird (§ 297 Abs. 3 S. 4 HGB). Dagegen dürfte es nicht zulässig sein, den Unterschiedsbetrag über mehrere Perioden erfolgsneutral zu verteilen, auch wenn dies planmäßig und offen geschieht[481].

cc) Auflösung passiver Unterschiedsbeträge

367   Ein passiver Unterschiedsbetrag entsteht idR[482] nur bei der Erstkonsolidierung nach der Buchwertmethode (§ 301 Abs. 1 Nr. 1 HGB). Diesen Unterschiedsbeträgen stellt das Gesetz die beim Übergang auf die neuen Vorschriften vorhandenen passiven Konsolidierungsausgleichsposten aus der Kapitalkonsolidierung gemäß § 331 Abs. 1 Nr. 1 und 3 AktG 1965 gleich (Art. 27 Abs. 1 EGHGB).

368   Grundsätzlich ist der passive Unterschiedsbetrag aus der Erstkonsolidierung in den Folgejahren unverändert fortzuführen. Die **ergebniswirksame Auflösung** ist nur unter folgenden **Voraussetzungen** zulässig (§ 309 Abs. 2 HGB):

- Eine zum Zeitpunkt des Erwerbs der Anteile oder der erstmaligen Konsolidierung erwartete ungünstige Entwicklung der Ertragslage des Tochterunternehmens oder erwartete Aufwendungen des MU für das Tochterunternehmen sind eingetreten.
- Am Abschlußstichtag steht fest, daß der Unterschiedsbetrag einem realisierten Gewinn entspricht.

369   Ist im Kaufpreis der Beteiligung ein Abschlag vorgenommen worden, der ungünstige Ergebniserwartungen antizipiert, die sich im Zeitpunkt der Erstkonsolidierung noch nicht im bilanziellen Eigenkapital des Tochterunternehmens niedergeschlagen haben, so hat der passive Unterschiedsbetrag aus der Sicht des Konzerns den Charakter einer Rückstellung[483]. Wird das Eigenkapital des Tochterunternehmens in den Folgejahren durch die erwarteten negativen Entwicklungen oder Aufwendungen verringert, sind insoweit die Voraussetzungen für die Auflösung des Passivpostens erfüllt (§ 309 Abs. 2 Nr. 1 HGB). Durch die erfolgswirksame Auflösung wird in der Konzern-GuV der Verlust des Tochterunternehmens kompensiert. Für eine zutreffende Darstellung der Vermögens-, Finanz- und Ertragslage ist die **Auflösung** des passiven Unterschiedsbetrages in diesem Fall **erforderlich**[484], obwohl die Formulierung des § 309 Abs. 2 HGB „... darf ... nur aufgelöst werden, wenn ..." zunächst auf ein Wahlrecht hindeuten könnte.

370   Schwieriger ist die Frage der Auflösung für die unter § 309 Abs. 2 Nr. 2 HGB einzuordnenden Fälle zu beantworten. Steht zum Zeitpunkt einer Folgekonsolidierung fest, daß Abschläge, die auf den Kaufpreis etwa wegen zu erwartender Sanierungszuschüsse durch das MU wegen Forderungsausfällen oder sonst zu erwartender schlechter Ertragslage nicht erforderlich waren, ohne daß der Kauf-

---

481 Vgl. St/SABI/2/1988. Ebenso *Weber/Zündorf* in HdRKo. § 309 Tz. 26; aA *Budde/Förschle* in BeBiKo. § 309 Tz. 21 ff.
482 Zu dem Sonderfall eines passiven Unterschiedsbetrages bei Anwendung der Neubewertungsmethode vgl. Tz. 356.
483 Vgl. Tz. 346.
484 So auch *Ordelheide*, WPg. 1984 S. 244; *Busse von Colbe*, ZfbF 1985 S. 773. Ebenso St/SABI/2/1988.

preis nachträglich aufgebessert werden muß, so wird aus dem Unterschiedsbetrag, der ursprünglich den Charakter eines „badwill" hatte, nachträglich ein Unterschiedsbetrag für einen „lucky buy". Da in diesem Fall endgültig feststeht, daß der Zweck, für den der Posten gebildet worden ist, entfallen ist, darf der Unterschiedsbetrag insoweit erfolgswirksam aufgelöst werden. Ähnlich liegt der Sachverhalt, wenn ein Unterschiedsbetrag mit Wertberichtigungscharakter[485] sich nachträglich als überflüssig erweist. Ein Zwang zur erfolgswirksamen Auflösung besteht in diesem Fall nicht, da der gesamte Vorgang die Konzern-GuV nicht berührt hat und eine Beeinträchtigung der Interessen von Anteilseignern schon deswegen nicht eintreten kann, da der Posten in keiner Einzel-GuV enthalten und der Konzernabschluß keine Grundlage für einen Gewinnverteilungsbeschluß ist. Der Unterschiedsbetrag kann daher insoweit unter der dafür vorgeschriebenen Bezeichnung und der ebenfalls notwendigen Erläuterung im Anhang in der Gruppe Eigenkapital (§ 266 Abs. 3 A. HGB) in der Konzernbilanz bestehen bleiben. Aus den gleichen Gründen sollen auch gegen eine Umgliederung – ohne Berührung der Konzern-GuV – in die Rücklagen des Konzerns unter entsprechender Erläuterung im Anhang keine Bedenken bestehen[486]. Allerdings ist dann eine Eingruppierung in die **Kapitalrücklagen** (§ 266 Abs. 3 A. II. HGB) erforderlich, da es sich insoweit nicht um im Konzern erwirtschaftete und thesaurierte, sondern um beim Erwerb der Beteiligung gekaufte Gewinne handelt.

In den seltenen Fällen eines echten „lucky buy" steht erst nach Veräußerung der Beteiligung endgültig fest, ob der passive Unterschiedsbetrag realisiert worden ist[487]. Für die Beibehaltung des Unterschiedsbetrages oder seine Umgliederung in Kapitalrücklagen gelten die vorstehenden Ausführungen sinngemäß. **371**

Obgleich Art. 27 Abs. 1 Satz 2 EGHGB einen bei der erstmaligen Anwendung von § 301 HGB vorhandenen passiven Konsolidierungsausgleichsposten einem bei der Erstkonsolidierung entstehenden passiven Unterschiedsbetrag (§ 309 Abs. 2 HGB) gleichstellt, ist der materielle Inhalt beider Posten unterschiedlich. In aller Regel sind die gemäß § 331 Abs. 1 Nr. 1 und 3 AktG 1965 entstandenen passiven Ausgleichsposten durch Gewinnthesaurierungen der Tochterunternehmen entstanden. Diese Beträge würden, wäre die nach § 301 HGB anzuwendende Methode von Anbeginn an angewendet worden, grundsätzlich als **Gewinnrücklagen**[488] im KA ausgewiesen. Im Gegensatz zu den bei der Erstkonsolidierung entstehenden passiven Unterschiedsbeträgen werden sie in der Einzelbilanz des Tochterunternehmens gebildet (§ 58 AktG; § 29 GmbHG) und dürfen jederzeit aufgelöst werden. Ihrem materiellen Inhalt entsprechend sollten sie im KA nicht als Unterschiedsbetrag aus der Erstkonsolidierung (§ 309 Abs. 2 HGB), sondern als Gewinnrücklage (§ 266 Abs. 3 III. 4. HGB) ausgewiesen werden. Mit derselben Begründung ist es auch als zulässig anzusehen, den passiven Unterschiedsbetrag, soweit er auf Gewinnthesaurierung nach Erwerb zurückzuführen ist, erfolgsneutral in die Gewinnrücklagen **umzugliedern**[489]. **372**

---

485 Vgl. Tz. 346.
486 So anscheinend auch *Niehus*, WPg. 1984 S. 324 ff.
487 Vgl. ebenso St/SABI/2/1988.
488 Vgl. Tz. 373.
489 Vgl. ebenso *Budde/Förschle* in BeBiKo. § 309 Tz. 56.

dd) Rücklagenveränderungen bei einbezogenen Tochterunternehmen

373 Wesentliches Merkmal der Kapitalkonsolidierung ist neben der **Unterscheidung von Erst- und Folgekonsolidierung** die systematische **Trennung von Kapital- und Gewinnrücklagen.** Kapitalrücklagen sind erworbene Rücklagen. Sie gehen in die Konsolidierung ein. Gewinnrücklagen beinhalten im Konzern erwirtschaftete und thesaurierte Gewinne. Sie dürfen nicht in den Konsolidierungsausgleichsposten eingehen, sondern müssen in der Konzernbilanz als andere Gewinnrücklagen (§ 266 Abs. 3 A. III. 4. HGB) ausgewiesen werden[490], soweit sie nicht anderen Gesellschaftern (§ 307 Abs. 2 HGB) zustehen[491]. In der Konzernbilanz werden sie zusammen mit den Gewinnrücklagen des MU ausgewiesen.

e) Ausgleichsposten für Anteile anderer Gesellschafter

374 Bei der Vollkonsolidierung sind die Vermögensgegenstände, Schulden, RAP, Bilanzierungshilfen und Sonderposten aus dem Jahresabschluß des Tochterunternehmens in voller Höhe, dh. unabhängig von dem Beteiligungsprozentsatz des MU und anderer einbezogener Unternehmen in die Konzernbilanz zu übernehmen (§ 300 Abs. 1 Satz 2 HGB). Für nicht dem MU gehörende Anteile[492] an einbezogenen Unternehmen ist in der Konzernbilanz ein Ausgleichsposten in Höhe des Anteils anderer Gesellschafter am Eigenkapital unter entsprechender Bezeichnung gesondert auszuweisen (§ 307 Abs. 1 Satz 1 HGB). Der Ausgleichsposten ist in der Gliederung der Konzernbilanz **innerhalb des Eigenkapitals auszuweisen.** Der Anteil am Ergebnis braucht nur in der Konzern-GuV gesondert ausgewiesen zu werden (§ 307 Abs. 2 HGB).

375 Der Ausgleichsposten umfaßt grundsätzlich den auf andere Gesellschafter entfallenden **Teil** des **gesamten bilanziellen Eigenkapitals** auf der Basis der Bilanz, die der Konsolidierung zugrunde gelegt wird. Rechnerisch ergibt sich der Betrag durch Multiplikation der Beteiligungsquote der anderen Gesellschafter mit dem Endbestand des Eigenkapitals iSd. § 266 Abs. 3 A. HGB. Gegebenenfalls sind abweichende Gewinnvertretungsabreden zu berücksichtigen. Hält das Tochterunternehmen Anteile an dem MU, das den KA aufstellt (Rückbeteiligung), und hat das Tochterunternehmen dafür eine Rücklage gebildet (§ 272 Abs. 4 HGB), so ist der auf andere Gesellschafter entfallende Teilbetrag der Rücklage ebenfalls dem **Ausgleichsposten** zuzuordnen[493], während der auf andere einbezogene Unternehmen entfallende Teilbetrag auch in der Konzernbilanz als **Rücklage für eigene Anteile** auszuweisen ist[494]. In diesem Fall ist jedoch die Differenz zwischen den Posten „Eigene Anteile" und „Rücklage für eigene Anteile" im Konzernanhang zu erläutern.

376 Die Bemessungsgrundlage des Ausgleichspostens wird durch die bei der Erstkonsolidierung gewählte Methode beeinflußt:

– Bei Anwendung der **Buchwertmethode** (§ 301 Abs. 1 Nr. 1 HGB) ist die Grundlage für die Berechnung des Ausgleichspostens – wie nach dem AktG 1965 – das bilanzielle Eigenkapital des Tochterunternehmens am jeweiligen Bilanz-

---

490 Vgl. *ADS* § 301 Tz. 199.
491 Vgl. dazu 374 ff.
492 Anteile, die anderen einbezogenen Tochterunternehmen gehören, gelten als Anteile des MU. Vgl. Tz. 325.
493 Vgl. zur Begründung *Zilias/Lanfermann*, WPg. 1980 S. 89/95.
494 Er gehört somit nicht zum konsolidierungspflichtigen Kapital. Vgl. hierzu Tz. 404 ff.

stichtag, wie es sich aus der Handelsbilanz II ergibt. Die bei der Erstkonsolidierung aufgedeckten stillen Reserven in den Bilanzposten des Tochterunternehmens bleiben für die Anteile anderer Gesellschafter ohne Bedeutung.

- Die **Neubewertungsmethode** führt dagegen zur vollständigen[495] Aufdeckung derjenigen stillen Reserven, die in der Einzelbilanz des konsolidierten Tochterunternehmens enthalten sind. Die aufgedeckten stillen Reserven sind den anderen Gesellschaftern entsprechend ihrer Beteiligungsquote am Eigenkapital des einbezogenen Tochterunternehmens zuzurechnen (§ 307 Abs. 1 Satz 2 HGB). Sie erhöhen insoweit den Ausgleichsposten. In den Folgekonsolidierungen werden die aufgelösten stillen Reserven nach den allgemeinen Regeln[496] erfolgswirksam abgeschrieben. Dadurch vermindert sich anteilig auch der Ausgleichsposten. Ein ggf. im Rahmen der Erstkonsolidierung zu aktivierender Firmenwert[497] berührt den Ausgleichsposten nicht, da er nicht in der Handelsbilanz II, sondern nur in der Konzernbilanz aktiviert wird.

In den Ausgleichsposten für andere Gesellschafter gehen nicht nur die bei Erstkonsolidierung auf diese Gesellschafter entfallenden Eigenkapitalanteile ein, sondern auch die bei den Folgekonsolidierungen auf diesen Kreis entfallenden Rücklagenzuführungen und Ergebnisanteile. In diesem Posten werden daher Kapital- und Gewinnrücklagen vermischt. **377**

Entsteht bei der Konsolidierung neben den idR passiven Ausgleichsposten ausnahmsweise auch ein **aktiver Posten**[498], so bestehen gegen eine Saldierung aktiver und passiver Posten grundsätzlich keine Bedenken, wenn die Posten im Konzernanhang aufgegliedert werden. Zu beachten ist jedoch, daß auch in diesem Fall bei Anwendung der Neubewertungsmethode der saldierte Posten ggf. um Abschreibungen auf in der Einzelbilanz des einbezogenen Unternehmens aufgelöste stille Reserven fortgeschrieben werden muß. **378**

Halten Tochterunternehmen, die nicht in den KA einbezogen werden, Anteile an einbezogenen Unternehmen, so ist insoweit eine Kapitalkonsolidierung nicht möglich. Eine Einbeziehung dieser Kapitalanteile in den „Ausgleichsposten für Anteile anderer Gesellschafter" (§ 307 Abs. 1 HGB) gibt den Sachverhalt nicht zutreffend wieder, da es sich um Anteile handelt, die indirekt dem Mutterunternehmen gehören. Sie sollten gesondert zB unter der Bezeichnung „Ausgleichsposten für Anteile nicht konsolidierter Tochterunternehmen" ausgewiesen werden[499]. **379**

f) Veränderungen im Buchwert der konsolidierungspflichtigen Anteile

aa) Zugänge und Abgänge

Wird durch den **Erwerb weiterer Anteile** an einem bereits früher einbezogenen Tochterunternehmen der Buchwert der konsolidierungspflichtigen Anteile erhöht, so ist für die zusätzlichen Anteile grundsätzlich eine Erstkonsolidierung gem. § 301 HGB vorzunehmen. Dabei wiederholen sich alle Konsolidierungs- **380**

---

495 Die Aufdeckung stiller Reserven darf jedoch nicht dazu führen, daß das anteilige Eigenkapital die Anschaffungskosten der Beteiligung übersteigt (§ 301 Abs. 1 Satz 4 HGB). Vgl. hierzu Tz. 356.
496 Vgl. Tz. 362 ff.
497 Vgl. Tz. 358.
498 Dieser Fall kann zB eintreten, wenn in der Einzelbilanz einer KG negative Kapitalkonten anderer Gesellschafter (Kommanditisten) enthalten sind.
499 Vgl. hierzu *ADS* § 307 Tz. 11.

vorgänge, die für jede Erstkonsolidierung gelten. Gleichzeitig werden neue Voraussetzungen für Folgekonsolidierungen geschaffen[500]. Dies ist deswegen erforderlich, weil das Verhältnis zwischen Anschaffungskosten und anteiligem Eigenkapital für jeden zusätzlichen Anteilserwerb unterschiedlich sein kann. Je weiter die Erwerbsstichtage auseinanderliegen, desto mehr wird sich auch das Kapital durch in der Zwischenzeit erwirtschaftete Ergebnisse und, sofern verschiedene GJ betroffen sind, durch Rücklagenbewegungen verändern. Nach dem Wortlaut des § 301 Abs. 2 Satz 1 HGB ist die Erstkonsolidierung neuerworbener Anteile auf der Grundlage der Wertverhältnisse des jeweiligen Erwerbstages erforderlich. Gleichwohl sollten keine Bedenken bestehen, Zukäufe weiterer Anteile innerhalb eines Konzern-GJ zusammenzufassen und in analoger Anwendung des § 301 Abs. 2 Satz 1 HGB[501] die Erstkonsolidierung für diese Anteile auf der Grundlage der Wertverhältnisse zum Zeitpunkt der erstmaligen Einbeziehung dieser Anteile in die Kapitalkonsolidierung vorzunehmen.

381   Werden die **Anteile** an einem einbezogenen Unternehmen **an Dritte verkauft,** das Unternehmen jedoch weiterhin einbezogen, so ist grundsätzlich auf den Stichtag des Übergangs oder aus Vereinfachungsgründen auf den ersten folgenden Bilanzstichtag[502] eine Anpassung unter Berücksichtigung des Abgangs durchzuführen. Dabei bleibt die Konsolidierung für die noch vorhandenen Anteile unverändert[503]. In der Konzernbilanz noch aktivierte stille Reserven sowie ein **Geschäfts- oder Firmenwert** aus der Erstkonsolidierung sind, soweit sie auf verkaufte Anteile entfallen, um entsprechende Abgänge zu vermindern. Ist bei dem Verkauf der Anteile bei dem beteiligten Unternehmen ein Gewinn entstanden, so sind diese Abgänge in der Konzern-GuV dagegen zu verrechnen. Ein beim Verkauf der Anteile entstehender Verlust erhöht sich in der Konzern-GuV um die anteiligen Abgänge. Bei der Neubewertungsmethode bleiben die in einzelnen Vermögens- und Schuldposten ausgewiesenen stillen Reserven unberührt, da sie unabhängig von der Beteiligungsquote aufgedeckt worden sind. Insoweit muß nur der Anteil anderer Gesellschafter (§ 307 HGB) entsprechend korrigiert werden.

382   Ein noch vorhandener Geschäfts- oder Firmenwert ist jedoch um den auf verkaufte Anteile entfallenden Teilbetrag zu reduzieren. Waren zum Zeitpunkt des Verkaufs die bei der Erstkonsolidierung entstandenen aktiven Konsolidierungsunterschiede bereits voll abgeschrieben, so sind die Erträge oder Verluste aus der Veräußerung der Anteile unverändert aus den Einzelabschlüssen in die Konzern-GuV zu übernehmen. Sie schlagen sich dadurch im Jahresüberschuß des Konzerns – bei der Neubewertungsmethode anteilig auch im **Ergebnisanteil anderer Gesellschafter** (§ 307 HGB) – und in den Gewinnrücklagen des Konzerns nieder. Es handelt sich aus Konzernsicht um die Auflösung stiller Reserven. Ergab sich bei der Erstkonsolidierung ein passiver Unterschiedsbetrag, so gelten die vorstehenden Ausführungen sinngemäß.

---

500 Vgl. Tz. 362 ff.
501 Vgl. dazu Tz. 360.
502 § 301 Abs. 2 HGB regelt nur die Konsolidierung bei Zugängen. Daraus ergibt sich jedoch die hier aufgezeigte Lösung für den Fall des Abgangs, vgl. auch *ADS* § 301 Tz. 188 ff. mit Beispiel.
503 Der Sachverhalt unterscheidet sich grundsätzlich von dem des Ausscheidens eines Unternehmens aus dem Konsolidierungskreis. Vgl. dazu *Ordelheide*, BB 1986 S. 766 ff. Zu den Konsolidierungsmaßnahmen im Fall des Ausscheidens vgl. Tz. 416 ff.

Mit der Veräußerung der Anteile verändert sich das Verhältnis von Konzernan- **383**
teilen und Anteilen anderer Gesellschafter. Daher müssen die im Verkaufszeit-
punkt auf die verkauften Anteile entfallenden Rücklagen, die nach der erstmaligen Einbeziehung bei den Tochterunternehmen aus thesaurierten Gewinnen
gebildet worden sind und bisher in den Gewinnrücklagen des Konzerns ausgewiesen wurden, erfolgswirksam behandelt werden[504]. Nach der Veräußerung
wird der auf diese Anteile entfallende Teil des Eigenkapitals auf der Grundlage
der Handelsbilanz II in den **Ausgleichsposten für Anteile anderer Gesellschafter**
(§ 307 HGB) einbezogen.

bb) Abschreibungen und Zuschreibungen

Abschreibungen auf konsolidierungspflichtige Anteile können im Einzelabschluß **384**
aus bilanzpolitischen Gründen vorgenommen werden (zB Abschreibungswahlrecht gemäß § 253 Abs. 2 Satz 3, § 279 Abs. 1 HGB). Abschreibungen können
jedoch auch zwingend erforderlich sein, um die Beteiligung bei dauerhafter
Wertminderung mit dem beizulegenden Wert anzusetzen.

Beteiligungsabschreibungen vermindern nur das Ergebnis des Unternehmens, **385**
das die Beteiligung hält, und nicht auch des Unternehmens, an dem die Beteiligung besteht. Aus der Sicht eines einheitlichen Unternehmens handelt es sich im
Fall einer bilanzpolitisch begründeten Abschreibung um die Bildung von stillen
Reserven zu Lasten des Ergebnisses. Allerdings können die stillen Reserven im
KA nicht durch Abschreibung auf eine Beteiligung gebildet werden, da diese im
KA nicht enthalten ist. Sie sind vielmehr im Rahmen der Grenzen der Bewertungsvorschriften bei den Vermögensgegenständen und Schulden zu bilden, die
materiell die Beteiligung verkörpern und in der Konzernbilanz anstatt des
abstrakten Postens „Beteiligungen" ausgewiesen werden. Um dieses Ergebnis zu
erreichen, muß bei der Konsolidierung die Abschreibung auf die Beteiligung
rückgängig gemacht werden[505]. Gleichzeitig sind zu Lasten des Konzernjahres-
überschusses/-fehlbetrages außerplanmäßige Abschreibungen auf diejenigen
Vermögensgegenstände vorzunehmen, die durch die Beteiligung repräsentiert
werden. Hierfür bieten sich in erster Linie die bei der Erstkonsolidierung aufgedeckten stillen Reserven und ggf. ein Geschäfts- oder Firmenwert (aktiver
Unterschiedsbetrag aus der Erstkonsolidierung) an. Sind diese Beträge bereits
abgeschrieben oder ist ein aktiver Unterschiedsbetrag bei der Erstkonsolidierung nicht entstanden, so sind weitere Abschreibungen auf die entsprechenden
Vermögensgegenstände vorzunehmen[506]. Ggf. kann auch die Bildung von Rückstellungen in Frage kommen. In der Konzern-GuV werden die Aufwendungen
unter den dafür vorgesehenen Posten ausgewiesen (zB § 275 Abs. 2 HGB:
Abschreibungen auf immaterielle Vermögensgegenstände des Anlagevermögens
und Sachanlagen, Nr. 7 a; Materialeinsatz, Nr. 5 a; Sonstige betriebliche Aufwendungen, Nr. 8). Die stille Reserve wird wie im Einzelabschluß automatisch

504 Vgl. *Schindler*, Kapitalkonsolidierung, S. 167 f.; *ADS* § 301 Tz. 192; aA *Weber/Zündorf*, BB 1989 S. 1852, 1863, die die Veräußerung als reinen Kapitalvorgang erfolgsneutral behandeln wollen.
505 So auch *ADS* § 301 Tz. 195; AK „Externe Unternehmensrechnung der Schmalenbach-Gesellschaft – Deutsche Gesellschaft für Betriebswirtschaft eV S. 107 f.
506 Vgl. ebenso *Weber/Zündorf*, BB 1989 S. 1864.

durch Verbrauch, Verkauf oder durch Disposition aufgelöst. Sie wird voll im Jahreserfolg des Konzerns wirksam.

386 Ist die Abschreibung wegen eines eingetretenen Wertverzehrs bei Vermögensgegenständen des Tochterunternehmens und/oder negativer Ertragsentwicklung zwingend erforderlich (zB § 253 Abs. 2 Satz 3, 2. Halbs. HGB), so gelten die gleichen Grundsätze, auch wenn es sich in solchen Fällen nicht mehr um die Bildung stiller Reserven, sondern um voraussichtlich echte Wertminderungen handelt. Dies kann auch zur Folge haben, daß entsprechende Wertkorrekturen bereits bei den Tochterunternehmen vorgenommen worden sind oder andere dort eingetretene Verluste in den KA übernommen werden müssen. Dadurch entsteht der Eindruck, daß derselbe Verlust im KA doppelt erfaßt wird. Solche „Doppelerfassungen" ergeben sich indessen auch in der Bilanz eines einheitlichen Unternehmens, wenn Verluste eintreten, Vermögensgegenstände wegen Wertverlustes abgeschrieben werden müssen und gleichzeitig noch ein aktiver **Geschäfts- oder Firmenwert** aus der Übernahme eines Einzelunternehmens oder ein Verschmelzungsmehrwert (§ 348 Abs. 2 AktG) aus einer Fusion abgeschrieben werden muß[507].

387 Wird im Einzelabschluß eines einbezogenen Tochterunternehmens eine frühere Beteiligungsabschreibung durch **Wertaufholung** zulässigerweise rückgängig gemacht, so handelt es sich dabei um die Rückgängigmachung der früheren Maßnahmen. Im Prinzip sind daher die gleichen Konsolidierungsvorgänge in umgekehrter Richtung vorzunehmen. Auch hier ist die **Zuschreibung** aus dem Einzelabschluß bei der Konsolidierung zu stornieren. Sie wäre im KA auch gar nicht möglich, da bei der früheren Abschreibung ebenso verfahren wurde. Gleichzeitig sind im KA erfolgswirksame Zuschreibungen bei den einzelnen Vermögensgegenständen vorzunehmen, die in der vorhergehenden Abrechnungsperiode abgeschrieben worden sind. Dabei kann die Wertaufholung auch die aktiven Unterschiedsbeträge aus der Erstkonsolidierung einschließlich eines Geschäfts- oder Firmenwertes betreffen, so daß im Grenzfall die Ausgangssituation aus der Erstkonsolidierung wieder hergestellt wird. Dabei muß jedoch beachtet werden, daß bei Anlagegegenständen, die einem Wertverzehr unterliegen, die Höchstgrenze für die Zuschreibung durch die Ausgangswerte abzüglich der Normalabschreibung bestimmt wird. Vorräte können verkauft, Rückstellungen aufgelöst worden sein. Nicht mehr zurechenbare Zuschreibungen sollten als ao. Erträge in die Konzern-GuV eingehen.

g) Veränderungen des konsolidierungspflichtigen Kapitals

388 **Konsolidierungspflichtiges Kapital** iSd. § 301 HGB ist das Kapital, das der Erstkonsolidierung zugrunde liegt[508]. Wird das Kapital des Tochterunternehmens gegen Einlagen erhöht, so stehen sich idR die Aufstockung des Beteiligungsbuchwerts und die Erhöhung des anteiligen konsolidierungspflichtigen Kapitals

---

507 So auch *Busse von Colbe/Ordelheide*, S. 249.
508 Veränderungen des Kapitals von Tochterunternehmen, die dieses konsolidierungspflichtige Kapital nicht berühren, zB spätere Gewinnthesaurierungen, Entnahmen aus während der Konzernzugehörigkeit gebildeten Rücklagen, berühren die Kapitalkonsolidierung nicht.

in gleicher Höhe gegenüber[509], so daß sich insoweit kein Unterschiedsbetrag ergibt[510].

Bei einer **Kapitalerhöhung aus Gesellschaftsmitteln** wird der Buchwert der Beteiligung nicht verändert. Wird die Kapitalerhöhung aus Rücklagen durchgeführt, die bereits bei der Erstkonsolidierung vorhanden waren, so handelt es sich insoweit nur um eine Umschichtung innerhalb des konsolidierungspflichtigen **Kapitals**. Kapitalerhöhungen aus Gewinnrücklagen, die nach der Erstkonsolidierung entstanden sind, berühren die Kapitalkonsolidierung nicht. Sie führen jedoch dazu, daß das Grundkapital konsolidierter Tochterunternehmen in der Konzernbilanz weiterhin als Gewinnrücklagen ausgewiesen wird. Wegen der unterschiedlichen Rechtsnatur beider Kapitalkategorien, insbesondere auch im Hinblick auf die Verfügbarkeit für Ausschüttungen, ist in wesentlichen Fällen dieser Art ein Hinweis darauf, daß bestimmte Gewinnrücklagen nicht für eine Ausschüttung zur Verfügung stehen, im Konzernanhang oder als Fußnote[511] erforderlich. **389**

Werden **Rücklagen von Tochterunternehmen,** die bereits zum Zeitpunkt der Erstkonsolidierung vorhanden waren, zur Deckung von Verlusten bei diesen Unternehmen **aufgelöst,** so bleibt die Erstkonsolidierung unberührt, wenn gleichzeitig der Beteiligungsbuchwert entsprechend abgeschrieben wird. Da sich Rücklagenauflösung und Abschreibung in gleicher Höhe gegenüberstehen, ist es sinnvoll, in der Konzern-GuV die Abschreibung aus der GuV des MU unmittelbar mit der Entnahme aus der Rücklage beim Tochterunternehmen zu saldieren. Aus der Sicht eines einheitlichen Unternehmens handelt es sich bei beiden Vorgängen nur um konzerninterne Verrechnungen, von denen der Konzernabschluß frei bleiben muß. Der Verlust des Tochterunternehmens wird damit voll im Konzernerfolg wirksam. Die gleichen Überlegungen gelten für den Fall der Kapitalherabsetzung zum Zweck des Verlustausgleichs beim Tochterunternehmen, wenn gleichzeitig eine Abschreibung in gleicher Höhe auf die Anteile in der Bilanz des Unternehmens vorgenommen wird. **390**

Unterbleibt eine Abschreibung auf den Beteiligungsbuchwert in der Bilanz des MU, so ist die Rücklagenentnahme bzw. Kapitalherabsetzung zu stornieren, weil die eingetretene Eigenkapitalminderung des Tochterunternehmens aus Konzernsicht stets als Verlustbeitrag der Konzern-GuV darzustellen ist und ebenso wie erwirtschaftete thesaurierte Gewinne in den Gewinnrücklagen des Konzerns und dem Ausgleichsposten für Anteile anderer Gesellschafter zu verrechnen ist. Die Verluste werden deshalb in der Konzern-GuV vollständig wirksam. **391**

Ist aus der Erstkonsolidierung ein Geschäfts- oder Firmenwert noch nicht vollständig abgeschrieben, so ist er durch eine außerplanmäßige Abschreibung zu vermindern, da sich die bei Erwerb des Tochterunternehmens bezahlten Ge- **392**

---

509 Eine Abweichung kann jedoch bei einer Kapitalerhöhung gegen Sacheinlagen entstehen, deren bisheriger Buchwert unter dem Ausgabekurs der neuen Anteile liegt, sofern der Buchwert als Anschaffungspreis der neuen Anteile bilanziert wird. Vgl. hierzu *Weber*, GoB für Beteiligungen, aaO, S. 214. Zur Eliminierung von Zwischengewinnen bei Sacheinlagen vgl. *ADS* § 301 Tz. 186.
510 Aktivierungspflichtige Anschaffungsnebenkosten, die einen aktiven Unterschiedsbetrag verursachen können, sollten nach einhelliger Auffassung im KA als sonstige betriebliche Aufwendungen ausgebucht werden. Vgl. hierzu zB *ADS* § 301 Tz. 185.
511 ZB bei Gewinnrücklagen in der Konzernbilanz: „davon Grundkapital von konsolidierten Tochterunternehmen DM...".

759

winnerwartungen nicht realisieren. Die „doppelte" Aufwandsverrechnung ist aus Konzernsicht durch eine doppelte Wertminderung gerechtfertigt[512]. Ist ein Geschäfts- oder Firmenwert aus der Erstkonsolidierung bereits abgeschrieben, sind keine weiteren Maßnahmen erforderlich.

393 Werden aufgelöste Kapitalrücklagen nicht zur Verlustdeckung, sondern zur Ausschüttung verwendet, so handelt es sich dabei wirtschaftlich um eine Kapitalrückzahlung und aus der Sicht des Konzerns um eine interne Kapitalverlagerung (soweit es nicht Anteile anderer Gesellschafter betrifft). Die Auflösung sollte daher, insbesondere wenn bei der Konsolidierung im ersten Jahr nach der Erstkonsolidierung erworbene Gewinne des Tochterunternehmens an das Mutterunternehmen ausgeschüttet werden, zu einer Abschreibung auf den Beteiligungsbuchwert in gleicher Höhe führen. Im JA des MU stehen sich dann Beteiligungsertrag und Abschreibung in gleicher Höhe gegenüber und werden in der Konsolidierung verrechnet, so daß der gesamte Vorgang zutreffend erfolgsneutral bleibt. Eine Änderung der Erstkonsolidierung ist dann nicht erforderlich. Dies gilt entsprechend für den Fall der Ausschüttung eines erworbenen Gewinnvortrags.

h) Ausstehende Einlagen

394 Die Konsolidierung der ausstehenden Einlagen auf das gezeichnete Kapital ist im Gesetz nicht im einzelnen geregelt und muß daher nach allgemeinen Konsolidierungsgrundsätzen vorgenommen werden. Dabei erschwert die **Doppelnatur** der ausstehenden Einlagen, die teils Forderungscharakter haben, teils – bei wirtschaftlicher Betrachtungsweise – den Charakter von Korrekturposten auf das gezeichnete Kapital, eindeutige Lösungen. Im einzelnen sind folgende Fälle zu unterscheiden:

aa) Ausstehende Einlagen des Mutterunternehmens

395 Soweit einbezogene Tochterunternehmen zur Einzahlung verpflichtet sind, wird die **Einzahlungsverpflichtung** spätestens zum Zeitpunkt der Einforderung bei diesen als Verbindlichkeit passiviert sein. Die ausstehenden Einlagen bzw. die entsprechende Forderung[513] sowie die Verbindlichkeit sind der Einheitstheorie entsprechend (§ 297 Abs. 3 HGB) in diesem Fall im Rahmen der Schuldenkonsolidierung (§ 303 Abs. 1 HGB) wegzulassen. Die nicht voll eingezahlten Anteile werden in die Konzernbilanz als eigene Anteile übernommen, Zahl und Nennbetrag sind im Konzernanhang anzugeben (§ 314 Abs. 1 Nr. 7 HGB). Zulässig erscheint auch eine Saldierung der Einzahlungsverpflichtung des Tochterunternehmens mit den bei ihm ausgewiesenen Anteilen an dem MU. Da bei dieser Lösung in der Konzernbilanz als „ausstehende Einlage" der noch nicht eingezahlte Betrag des gezeichneten Kapitals ausgewiesen wird, ist durch einen Vermerk oder eine Angabe im Konzernanhang klarzustellen, daß es sich dabei gleichzeitig um eine Forderung an ein einbezogenes Unternehmen handelt.

396 Ist die ausstehende Einlage **nicht eingefordert** und folglich bei dem verpflichteten Tochterunternehmen nicht passiviert, so kann diese – mit entsprechendem

---

512 Vgl. hierzu Tz. 384 ff.
513 Zu den Möglichkeiten des Ausweises ausstehender Einlagen im JA nach § 272 Abs. 1 HGB vgl. F Tz. 53.

Vermerk – unverändert in die Konzernbilanz übernommen werden. Außerdem ist auch die offene Saldierung mit dem gezeichneten Kapital des MU zulässig (§ 298 iVm. § 272 Abs. 1 Satz 3 HGB)[514].

Ausstehende Einlagen, zu deren Einzahlung Dritte oder nicht konsolidierte Tochterunternehmen verpflichtet sind, müssen unabhängig von ihrer Einforderung stets unverändert in die Konzernbilanz übernommen werden. **397**

bb) Ausstehende Einlagen der Tochterunternehmen

Eingeforderte ausstehende Einlagen eines Tochterunternehmens, aus denen ein anderes einbezogenes Unternehmen zur Zahlung verpflichtet ist, sind im Rahmen der Schuldenkonsolidierung (§ 303 Abs. 1 HGB) wegzulassen. Sind die ausstehenden Einlagen **nicht eingefordert,** so sind sie ihrem Charakter entsprechend als **Korrekturposten** zum gezeichneten Kapital mit dem konsolidierungspflichtigen Kapital des Tochterunternehmens zu verrechnen[515]. **398**

Ausstehende Einlagen, die **eingefordert** und zu deren Einzahlung Dritte verpflichtet sind, werden je nach ihrer Behandlung im Einzelabschluß (§ 272 Abs. 1 Satz 2 u. 3 HGB) entweder als „eingeforderte ausstehende Einlagen" oder unter den Forderungen mit entsprechender Bezeichnung **gesondert ausgewiesen.** Das Ausweiswahlrecht sollte jedoch für alle Tochterunternehmen einheitlich ausgeübt werden. Bei nicht eingeforderten ausstehenden Einlagen überwiegt der Charakter als Korrekturposten, so daß eine Saldierung der ausstehenden Einlagen mit dem gezeichneten Kapital des Tochterunternehmens als die zweckmäßigste Form der Behandlung in der Konzernbilanz anzusehen ist[516]. Gegen die Verrechnung nicht eingeforderter ausstehender Einlagen, aus denen andere Gesellschafter des Tochterunternehmens (bedingt) verpflichtet sind, spricht jedoch die Einheitstheorie (§ 297 Abs. 3 Satz 1 HGB). Danach sind Anteilseigner des Mutterunternehmens und andere Gesellschafter der Tochterunternehmen gleichermaßen Eigenkapitalgeber des Konzerns. Für die nicht eingeforderten ausstehenden Einlagen auf Anteile anderer Gesellschafter sollte deshalb dieselbe Behandlung gewählt werden, wie für die nicht eingeforderten Einlagen des MU[517]. Werden die nicht eingeforderten ausstehenden Einlagen auf Anteile, die im Besitz Dritter sind, als solche in die Konzernbilanz übernommen[518], so muß aus der Postenbezeichnung oder aus dem Konzernanhang ersichtlich sein, daß es sich nicht um ausstehende Einlagen des MU handelt. **399**

j) Eigene Anteile und Rückbeteiligung

Auch eigene Anteile haben grundsätzlich eine Doppelnatur und können sowohl kurzfristig realisierbare **Vermögenswerte** als auch – bei Absicht als Daueranlage und wirtschaftlicher Betrachtung – **Korrekturposten** zum gezeichneten Kapital sein. Allerdings wird hier idR stärker als bei den ausstehenden Einlagen der Vermögenscharakter im Vordergrund stehen. **400**

---

514 Vgl. dazu im einzelnen F Tz. 53.
515 Vgl. zu dieser Möglichkeit im Einzelabschluß des Tochterunternehmens auch § 272 Abs. 1 Satz 3 HGB, ebd.
516 Vgl. hierzu bereits *Heine,* WPg. 1967 S. 146.
517 Vgl. hierzu *ADS* § 301 Tz. 247 ff.
518 *Busse von Colbe/Ordelheide,* S. 158 f. halten die Übernahme in die Konzernbilanz in diesen Fällen für geboten, weil die nicht eingeforderten ausstehenden Einlagen nach ihrer Ansicht den Charakter einer Liquiditätsreserve haben. Üblicherweise werden jedoch Liquiditätsreserven (zB Kreditzusagen, bedingte Forderungen) nicht bilanziert.

401   Eigene Anteile des Mutterunternehmens sowie Anteile an dem MU, die von anderen einbezogenen Unternehmen gehalten werden (**„Rückbeteiligung"**), sind in der Konzernbilanz als eigene Anteile im Umlaufvermögen (B. III. 2.) gesondert auszuweisen (§ 301 Abs. 4 Satz 2 HGB). Eine Verrechnung mit dem gezeichneten Kapital des MU ist aufgrund der eindeutigen Vorschrift ausgeschlossen.

402   Dabei ist in diesem Zusammenhang, wie sich aus dem Sinn der Vorschrift – ungekürzter Ausweis des haftenden Kapitals des Unternehmens, das an der Spitze des Konzerns steht – und der Entwicklung der Vorschrift[519] eindeutig ergibt, nur das MU zu verstehen, das den KA aufstellt. Gehören Tochterunternehmen Anteile an MU, die gleichzeitig Tochterunternehmen sind, so bestehen gegen die Konsolidierung dieser Anteile im Rahmen der Konsolidierung gegenseitiger Beteiligungen[520] keine Bedenken.

403   Eine **Zusammenfassung der** von dem MU gehaltenen **eigenen Anteile** mit den Anteilen am MU, die von Tochterunternehmen gehalten werden, in einem Posten (§ 266 Abs. 2 B. III. 2. HGB) ist zulässig. Beiden Gruppen ist – im Gegensatz zu den eigenen Anteilen der übrigen einbezogenen Unternehmen – gemeinsam, daß ihnen ein Teil des in der Konzernbilanz ausgewiesenen gezeichneten Kapitals gegenübersteht.

404   Eine gem. § 272 Abs. 4 HGB bei dem **MU** gebildete **Rücklage für eigene Anteile** ist unverändert in die Konzernbilanz zu übernehmen. Haben übrige einbezogene Unternehmen für von ihnen gehaltene Anteile an dem Mutterunternehmen (§ 266 Abs. 2 A. III. 1. HGB) Rücklagen gem. § 272 Abs. 4 Satz 4 HGB gebildet, so sind auch diese wie die entsprechenden Anteile – ggf. unter Anpassung der Postenbezeichnung – in die Konzernbilanz zu übernehmen. Sind an übrigen einbezogenen Unternehmen, die Anteile an dem MU halten, andere Gesellschafter beteiligt, so steht ihnen die bei diesen Unternehmen gebildete Rücklage für Anteile an dem MU anteilig zu. Die Rücklage ist daher in Höhe der Minderheitsbeteiligung in den Ausgleichsposten für Anteile anderer Gesellschafter umzusetzen. Ist die dadurch entstehende Differenz zwischen den eigenen Anteilen und der Rücklage für eigene Anteile an dem MU in der Konzernbilanz wesentlich, so sollten die Ursachen im Konzernanhang erläutert werden[521].

405   Eigene Aktien der **übrigen einbezogenen Unternehmen** können je nachdem, welche Eigenschaft überwiegt, als solche in die Konzernbilanz übernommen (Vermögensgegenstand) oder mit dem konsolidierungspflichtigen Kapital des jeweiligen Tochterunternehmens saldiert (Korrekturposten zum Kapital) werden. Für eine Saldierung bietet sich bei Kapitalgesellschaften in erster Linie die Rücklage für eigene Anteile gem. § 272 Abs. 4 HGB an. Beide Posten stehen sich idR in gleicher Höhe gegenüber. Werden die eigenen Anteile der übrigen einbezogenen Unternehmen in die Konzernbilanz übernommen, so ist auch die entsprechende Rücklage zu übernehmen[522]. Diese ist dann nicht Bestandteil des konsolidierungspflichtigen Kapitals. Bei Übernahme eigener Anteile von Tochterunterneh-

519 Im geänderten Vorschlag einer 7. EG-RL vom 12. 12. 1978 (Dok. KOM 78/703 endg.) heißt es in Art. 12 Abs. 1 b) Satz 1: „Abweichend von Abs. 1 Buchst. a) werden die Anteile abhängiger und in die Konsolidierung einbezogener Konzernunternehmen am Kapital des beherrschenden Konzernunternehmens nicht konsolidiert."
520 Vgl. Tz. 407 ff.
521 Vgl. *Zilias/Lanfermann*, WPg. 1980 S. 95.
522 Dabei ist ggf. der auf andere Gesellschafter entfallende Teilbetrag im Ausgleichsposten auszuweisen.

men in den KA besteht zwischen diesen Anteilen und dem ebenfalls in der Konzernbilanz ausgewiesenen gezeichneten Kapital des MU, anders als bei den eigenen Anteilen des MU und den Anteilen der übrigen einbezogenen Unternehmen an dem MU, keine Beziehung. Im Interesse der Bilanzklarheit sollten daher die eigenen Anteile der übrigen einbezogenen Unternehmen in der Konzernbilanz gesondert ausgewiesen werden[523].

406 Eigene Anteile bei den übrigen einbezogenen Unternehmen führen im Rahmen der Kapitalkonsolidierung zu **Restbeträgen** insoweit, als die Untergesellschaft am eigenen konsolidierungspflichtigen Kapital beteiligt ist. Diese Beträge sind – wenn keine konzernfremden Gesellschafter beteiligt sind – bei der Erstkonsolidierung in das konsolidierungspflichtige Kapital einzubeziehen und wirken sich insofern auf den Unterschiedsbetrag aus der Erstkonsolidierung aus. Bei einer Beteiligung anderer Gesellschafter ist ein Restbetrag nach dem Verhältnis der Beteiligung des Konzerns und der konzernfremden Anteilseigner anteilig dem konsolidierungspflichtigen Kapital und dem **Ausgleichsposten für Anteile anderer Gesellschafter** zuzuordnen.

k) Gegenseitige Beteiligungen

407 Gegenseitige Beteiligungen liegen dann vor, wenn zwei Tochterunternehmen direkt oder indirekt aneinander beteiligt sind, wobei es auf die Höhe der Beteiligung nicht ankommt. Nach dem Grundsatz des § 301 Abs. 1 HGB ist für jedes der beiden einzubeziehenden und gegenseitig beteiligten Unternehmen eine uneingeschränkte Kapitalkonsolidierung durchzuführen. Lediglich eine Aufrechnung mit dem Kapital des MU, das den KA aufstellt (Rückbeteiligung), muß unterbleiben[524].

408 Die Konsolidierung bereitet keine besonderen Schwierigkeiten, sofern sämtliche Anteile der gegenseitig beteiligten Unternehmen einbezogenen Unternehmen gehören. Die **Erstkonsolidierung** läßt sich in solchen Fällen in der Weise durchführen, daß die Summe aller Beteiligungsbuchwerte von der Summe des konsolidierungspflichtigen Kapitals abgezogen wird. Ein Unterschiedsbetrag läßt sich dann allerdings nicht den betr. Bilanzposten zuordnen, sondern ist als Geschäfts- oder Firmenwert bzw. als Rücklage (§ 301 Abs. 3 HGB) anzusehen.

409 Sind an den einbezogenen Tochterunternehmen, die Anteile an anderen einbezogenen Tochterunternehmen halten, Dritte beteiligt, so stellen die Anteile an den anderen einbezogenen Unternehmen zugleich **indirekte Anteile der anderen Gesellschafter** an dem Vermögen und dem Gewinn dieser anderen einbezogenen Unternehmen dar. Gleiches gilt auch für den Fall der gegenseitigen Beteiligungen, allerdings mit dem Unterschied, daß die indirekten Anteile an dem anderen einbezogenen Unternehmen wiederum indirekte Anteile an dem Unternehmen beinhalten, an dem die anderen Gesellschafter direkt beteiligt sind. Daraus ergeben sich gleichzeitig wieder indirekte Ansprüche an das andere einbezogene Unternehmen. Die direkten und indirekten Fremd- und Konzernanteile am Kapital sowie am Gewinn lassen mit Hilfe simultaner Gleichungen[525] oder auch anderer Rechenverfahren[526] darstellen und ermitteln[527].

523 So auch *Busse von Colbe/Ordelheide*, S. 154, 157; *ADS* § 301 Tz. 213.
524 Vgl. im einzelnen *ADS* § 301 Tz. 11 ff., 250 ff.; *Busse von Colbe/Ordelheide*, S. 155 ff.
525 Vgl. *Lanfermann/Stolberg*, WPg. 1970 S. 353 ff.
526 Vgl. *Kloock/Sabel*. WPg. 1969 S. 190/197 ff.; *Busse von Colbe/Ordelheide*, S. 139 ff.

410   Auch bei Rückbeteiligungen an dem MU, das an der Spitze des Konzerns steht, können unter Ausweis der Rückbeteiligung als eigene Anteile im KA die effektiven Konzern- und Fremdanteile am Kapital und Gewinn dargestellt werden, wobei der Kapitalanteil der Anteilseigner des Mutterunternehmens so gegliedert wird, daß das haftende Eigenkapital des MU gesondert ausgewiesen wird[528].

l) Kapitalkonsolidierung in mehrstufigen Konzernen

aa) Grundsatz

411   Während in einstufigen Konzernen die Konsolidierung aller Tochterunternehmen gleichzeitig durchgeführt werden kann (Kernkonsolidierung), müssen in mehrstufigen Konzernen – sofern nicht vereinfachte Verfahren angewandt werden – die einzelnen Unternehmen nacheinander konsolidiert werden. Dabei wird das im Konzernaufbau am weitesten von den obersten MU entfernte Tochterunternehmen mit dem über ihm stehenden MU, dieses wiederum mit dem über ihm stehenden MU usw. bis zum obersten MU konsolidiert (**Kettenkonsolidierung**).

412   Häufig überspringen Beteiligungsverhältnisse innerhalb eines Konzerns eine Stufe. In solchen Fällen ist die unmittelbare Beteiligung einer höheren Konzernstufe, die noch über der nächsthöheren Stufe steht, bei der Konsolidierung mit der nächsthöheren Stufe zunächst wie ein Fremdanteil zu behandeln und erst bei der Konsolidierung mit der Stufe, die diese Beteiligung hält, nach den allgemeinen Regeln zu konsolidieren.

bb) Behandlung der Unterschiedsbeträge aus der Erstkonsolidierung und des Ausgleichspostens anderer Gesellschafter bei Beteiligung Dritter

413   Bei der **Kapitalkonsolidierung in mehrstufigen Konzernen** können die Unterschiedsbeträge aus der Konsolidierung von Vorstufen unabhängig davon, ob sie auf der Aktiv- oder Passivseite stehen, als Korrektur des konsolidierungspflichtigen Kapitals in die weitere Konsolidierung übernommen werden, so daß im Ergebnis die indirekten Anteile des Konzerns und der anderen Gesellschafter zutreffend berücksichtigt sind[529]. Werden Unterschiedsbeträge dagegen bereits auf der Ebene des Teilkonzernabschlusses der Vorstufe zugeordnet, so können die Zuordnungsbeträge und ein verbleibender Geschäftswert bei Anwendung der Buchwertmethode nicht unverändert in die nächste Stufe übernommen werden[530], weil sonst die indirekten Fremdanteile unzutreffend behandelt würden. Der Anteil anderer Gesellschafter am Kapital eines einbezogenen Tochterunternehmens ist daher immer dann, wenn dieses Tochterunternehmen seinerseits andere einbezogene Unternehmen beherrscht (insofern also MU ist), unter Berücksichtigung der indirekten Fremdanteile zu errechnen[531].

414   Zu dem gleichen Ergebnis wie eine stufenweise Konsolidierung führt auch die sog. **„Konsolidierung in einem Schritt"**. Das Prinzip dieser Konsolidierung besteht darin, zunächst die direkten und die indirekten Anteile des Konzerns

---

527 Vgl. dazu die ausführliche Darstellung bei *Busse von Colbe/Ordelheide*, S. 139 ff.
528 Vgl. *Lanfermann/Stolberg*, WPg. 1970 S. 353 ff.
529 Vgl. *ADS* § 301 Tz. 221 ff.
530 Vgl. *ADS* § 301 Tz. 225 ff. mit Beispiel.
531 Vgl. hierzu im einzelnen *ADS* § 307 Tz. 41 ff.

und der anderen Gesellschafter am konsolidierungspflichtigen Kapital formelmäßig unter Umgehung von Vor- und Zwischenkonsolidierung zu errechnen und dann in einem Schritt die Konsolidierung durchzuführen[532]. Mittels geeigneter mathematischer Verfahren läßt sich auch in Konzernstrukturen die Kapitalkonsolidierung unter Vermeidung der stufenweisen Konsolidierung durchführen[533].

cc) Ausschaltung einer Konzernstufe

Halten Tochterunternehmen außerhalb des Konsolidierungskreises Anteile an anderen einbezogenen Unternehmen, so wird die Einbeziehung der letztgenannten in die Konsolidierung nicht dadurch ausgeschlossen, daß ihre Anteile von einem Unternehmen gehalten werden, das selbst nicht konsolidiert wird. Das gilt selbst dann, wenn das von der Konsolidierung ausgeschlossene Tochterunternehmen alle Anteile eines zu konsolidierenden Unternehmens hält[534]. In diesem Fall kann lediglich die Kapitalkonsolidierung auf einer bestimmten Stufe des Konzerns nicht durchgeführt werden, so daß es insoweit zu einer Aufblähung von Aktiva und Passiva in der Konzernbilanz kommt[535]. Im übrigen wird die Kapitalkonsolidierung nach den allgemeinen Grundsätzen durchgeführt.

415

m) Konsolidierungsmaßnahmen bei Ausscheiden aus dem Konsolidierungskreis

Das Gesetz regelt nicht explizit, wie das Ausscheiden eines Tochterunternehmens aus dem Konsolidierungskreis im KA darzustellen ist. Aus der Einheitstheorie (§ 297 Abs. 3 Satz 1 HGB) folgt jedoch, daß die mit dem Ausscheiden verbundenen Abgänge von Vermögens- und Schuldposten des Tochterunternehmens so darzustellen sind wie im Jahresabschluß eines einheitlichen Unternehmens. Dies gilt auch für den Ausweis eines **Veräußerungsgewinns bzw. -verlustes**[536]. Aus diesen Gründen ist das einfache Weglassen des Tochterunternehmens nicht zulässig.

416

Sowohl für die Darstellung im **Anlagespiegel des Konzerns** als auch für die Ermittlung des Veräußerungserfolges sind die Abgänge mit den Konzernwerten anzusetzen, die ggf. noch fortgeschriebene Zuordnungsbeträge aus der Erstkonsolidierung enthalten[537].

417

Ein **Geschäfts- oder Firmenwert,** der im Rahmen der Erstkonsolidierung erfolgsneutral mit Rücklagen verrechnet worden ist[538], muß bei Ausscheiden des betr. Tochterunternehmens aus dem Konsolidierungskreis grundsätzlich erfolgswirksam werden[539]. Entsprechendes gilt für einen noch nicht aufgelösten passiven Unterschiedsbetrag aus der Erstkonsolidierung[540].

418

---

532 Vgl. im einzelnen *Forster/Havermann*, WPg. 1969 S. 1/4 ff.; ferner *ADS* § 301 Tz. 234 ff., § 307 Tz. 45.

533 Vgl. dazu auch *Haase*, DB 1969 S. 713 ff.; *Busse von Colbe/Ordelheide*, S. 139 ff.; *Kloock/Sabel*, WPg. 1969, S. 190/197 ff.; *Lanfermann/Stolberg*, WPg. 1970 S. 353 ff.

534 Die Anteile werden dem übergeordneten MU zugerechnet, vgl. hierzu *ADS* § 301 Tz. 14 ff.

535 Vgl. *ADS* § 301 Tz. 257; *Busse von Colbe/Ordelheide*, S. 81.

536 Vgl. AK „Externe Unternehmensrechnung" der Schmalenbach-Gesellschaft – Deutsche Gesellschaft für Betriebswirtschaft eV, S. 82 f.

537 Vgl. hierzu im einzelnen *ADS* § 301 Tz. 260 ff.

538 Vgl. hierzu Tz. 351.

539 Vgl. *Ordelheide*, WPg. 1987, S. 311 ff.; AK „Externe Unternehmensrechnung" der Schmalenbach-Gesellschaft – Deutsche Gesellschaft für Betriebswirtschaft eV, S. 83; *Budde/Förschle* in BeBiKo. § 301 Tz. 201; aA *Weber/Zündorf* in HdRKo. § 301 Tz. 269.

540 Vgl. zu den Konsolidierungsmaßnahmen im einzelnen *ADS* § 301 Tz. 262 ff.

n) Kapitalkonsolidierung im Gleichordnungskonzern

419 Wird für einen **Gleichordnungskonzern** ein KA aufgestellt, so sind das gezeichnete Kapital, die Kapital- und die Gewinnrücklagen der in den KA einbezogenen gleichgeordneten Unternehmen additiv in die Konzernbilanz zu übernehmen und – nach der jährlichen Ergänzung um den Gewinnvortrag/Verlustvor-
trag sowie der Jahresüberschüsse und Jahresfehlbeträge der einbezogenen
Unternehmen – als Eigenkapital des Konzerns auszuweisen. Wegen der ungewöhnlichen Sachlage ist in jedem Fall eine Erläuterung im Konzernanhang
erforderlich.

o) Kapitalkonsolidierung bei Interessenzusammenführung
aa) Grundsatz

420 Beteiligungen an anderen Unternehmen werden überwiegend gegen Barzahlung
erworben. Der Erwerber kauft die Beteiligung, die bisherigen Anteilseigner
scheiden aus. Gelegentlich besteht die Gegenleistung für den Erwerb einer
Beteiligung auch darin, daß das erwerbende Unternehmen eigene Aktien und
ggf. auch Aktien eines anderen Tochterunternehmens hingibt. Für das erwerbende Unternehmen handelt es sich dabei, soweit nicht Aktien aus dem eigenen
Bestand zur Verfügung stehen, um eine Kapitalerhöhung gegen Sacheinlagen;
für den Veräußerer stellt sich dieser Vorgang als ein Aktientausch dar. Erwerber
und Veräußerer sind nach Durchführung dieser Transaktion gemeinsam an beiden Unternehmen beteiligt. Sie haben „ihre Interessen gepoolt". Daher wird
diese Methode des Beteiligungserwerbs im Gegensatz zum Barkauf (purchase
method) in den angelsächsischen Ländern **„pooling-of-interests-method"**
genannt. In Großbritannien wird dafür auch die Bezeichnung „merger accounting" verwendet. Wirtschaftlich handelt es sich bei dieser Form des Beteiligungserwerbs um eine Fusion. Sie kommt der aktienrechtlichen Verschmelzung durch
Aufnahme[541] (§§ 340 ff. AktG) sehr nahe, allerdings mit dem wesentlichen
Unterschied, daß das neuerworbene Tochterunternehmen rechtlich selbständig
bleibt. Die Verschmelzung findet nicht im Einzelabschluß, sondern nur im Konzernabschluß statt.

421 Die „pooling-of-interests"-Methode ist in Kontinentaleuropa bisher nicht angewendet worden, da die nationalen Vorschriften diese nicht gestatteten. Praktische Erfahrungen bestehen daher insoweit nicht. Auch in den Ursprungsländern, USA und Großbritannien, gehört die „pooling-of-interests"-Methode eher
zu den Ausnahmeerscheinungen, deren praktische Bedeutung rückläufig sein
soll[542]. Dies mag auch damit zusammenhängen, daß die Anwendung des „pooling-of-interests" von einer Reihe einschränkender Voraussetzungen abhängig
gemacht wird[543].

422 Die „pooling-of-interests"-Methode hat als Unternehmenswahlrecht unter der
Bezeichnung **„Interessenzusammenführungsmethode"** Eingang in das HGB
gefunden (§ 302). Auch hier ist die Anwendung dieser Methode an restriktive

---

541 Vgl. *ADS* § 152 AktG Tz. 21 ff.; § 348 AktG Tz. 9 ff. mit weiteren Hinweisen.
542 So *Busse von Colbe/Ordelheide*, S. 112, 120.
543 Vgl. insb. die restriktive Regelung des AICPA, APB Opinion No. 16, §§ 45–48; ferner IASC, IAS
    22: Accounting for Business Combinations, (Fn. 9) Tz. 29 f.; ICAEW, SSAP No. 23: Accounting
    for Acquisitions and Mergers, Tz. 11, Accountancy May 1985 S. 129 ff.

Voraussetzungen gebunden, die indessen weniger weit gehen als zB APB Opinion No. 16[544].

Über die Anwendung der **Kapitalkonsolidierung bei Interessenzusammenführung** muß im Konzernanhang berichtet werden (§ 302 Abs. 3 HGB)[545]. $\quad$ **423**

bb) Voraussetzungen

Im einzelnen macht § 302 Abs. 1 HGB die Anwendung der **Interessenzusammenführungsmethode** von folgenden Voraussetzungen abhängig:

(1) Dem MU müssen mindestens 90% des Nennbetrages oder, falls ein Nennbetrag nicht vorhanden ist, des rechnerischen Wertes der Anteile des Tochterunternehmens gehören. Hat das Tochterunternehmen eigene Anteile, so sind für die Berechnung der 90%-Grenze die eigenen Anteile vom Gesamtbetrag des gezeichneten Kapitals abzuziehen (§ 302 Abs. 1 Nr. 1 HGB). Das Gesetz enthält keinen Hinweis darauf, daß die Anwendung der Interessenzusammenführungsmethode auf Kapitalgesellschaften beschränkt ist. Die Formulierung „falls ein Nennbetrag nicht vorhanden ist" läßt, auch wenn sie möglicherweise auf die Bergrechtliche Gewerkschaft abstellt, die Anwendung der Interessenzusammenführungsmethode auch bei Personenhandelsgesellschaften zu, sofern die Gesellschaft als solche trotz des Gesellschafterwechsels bestehen bleibt und die übrigen Voraussetzungen erfüllt sind. $\quad$ **424**

(2) Gegenleistung für die nach (1) zu erwerbenden Anteile sind Anteile des erwerbenden Unternehmens (Tausch). IdR wird dafür eine Kapitalerhöhung bei dem erwerbenden Unternehmen durchgeführt. Darauf deutet auch die Formulierung des Gesetzes hin: „Die Anteile sind aufgrund einer Vereinbarung erworben worden, die die Ausgabe von Anteilen ... vorsieht" (§ 302 Abs. 1 Nr. 2 HGB). Anstatt von Anteilen des MU kann die Gegenleistung auch in Anteilen eines anderen in den KA einbezogenen Unternehmens, zB eines anderen Tochterunternehmens, bestehen. IdR wird auch dieses Tochterunternehmen eine Kapitalerhöhung durchführen müssen. Dies kann dazu führen, daß sich an dem zu erwerbenden Unternehmen mehrere in den KA einbezogene Unternehmen beteiligen, so daß die Beteiligung aufgespalten wird und die bisherigen Anteilseigner des zu erwerbenden Unternehmens nicht nur an dem MU, sondern an verschiedenen in den KA einbezogenen Unternehmen beteiligt sind. Wie dies im einzelnen zu geschehen hat, ist eine Frage der Vereinbarungen der Beteiligten untereinander und der Bewertung der verschiedenen Anteile. Der Grundgedanke des „pooling-of-interests" läßt ein solches Vorgehen durchaus zu. Kapitalerhöhungen sind insoweit nicht erforderlich, als bei den übernehmenden Unternehmen eigene Anteile vorhanden sind. Das Gesetz spricht diese Möglichkeit nicht an. Es kommt jedoch ausschließlich darauf an, daß die Gegenleistung in Anteilen erbracht wird, und nicht darauf, ob diese Anteile bereits vorhanden sind oder durch eine Kapitalerhöhung neu geschaffen werden müssen. $\quad$ **425**

(3) Eine vorgesehene Barzahlung als Spitzenausgleich darf 10% des Nennbetrags der Anteile oder, falls ein Nennbetrag nicht vorhanden ist, des rechne- $\quad$ **426**

---

544 Wegen weiterer Einzelheiten vgl. auch *Niehus*, WPg. 1983 S. 437 ff.; *Busse von Colbe/Ordelheide*, S. 111 f.; *von Wysocki/Wohlgemuth*, S. 124 ff.; *ADS* § 302 Tz. 11 ff.
545 Vgl. im einzelnen Tz. 681 f.

rischen Werts der hingegebenen Anteile nicht übersteigen (§ 302 Abs. 1 Nr. 3 HGB). Dabei ist Bemessungsgrundlage für die 10%-Grenze nicht der Nominalwert der Anteile, sondern der tatsächliche Wert der Anteile. Diese Einschränkung unterstreicht, daß das eigentliche Ziel der Interessenzusammenführung im Tausch von Anteilen zu sehen ist. Wegen der ggf. entstehenden Bewertungsschwierigkeiten soll, eher im Sinne eines Spitzenausgleichs, der hier mit 10% begrenzt wird, eine Barzahlung zulässig sein.

cc) Konsolidierung

427 Die konsolidierungstechnischen Besonderheiten der Methode der **Interessenzusammenführung** beschränken sich auf die erstmalige Kapitalkonsolidierung, wobei die Buchwerte zugrunde zu legen sind, die sich im Zeitpunkt der Erstkonsolidierung ergeben. Insoweit entspricht diese Methode der Buchwertmethode gem. § 301 Abs. 1 Nr. 1 HGB. Abweichungen ergeben sich jedoch im Hinblick auf die Behandlung von Unterschiedsbeträgen. Im übrigen gelten sämtliche Konsolidierungsvoraussetzungen (§§ 300, 308 HGB) sowie die Schuldenkonsolidierung, Aufwands- und Ertragskonsolidierung und die Eliminierung von Zwischenergebnissen gleichermaßen. Auch die Vorschriften für die Ermittlung und den Ausweis von Anteilen anderer Gesellschafter (§ 307 HGB) sind unverändert anzuwenden.

428 Die **Kapitalkonsolidierung bei Interessenzusammenführung** beschränkt sich auf das **gezeichnete Kapital** (§ 266 Abs. 3 A. I. HGB)[546] des Tochterunternehmens. Alle übrigen Eigenkapitalposten (§ 266 Abs. 3 A. II.–V. HGB) bleiben von der Kapitalkonsolidierung unberührt. Sie werden wie sämtliche anderen Posten der Bilanz unverändert in die Konzernbilanz übernommen, sofern sich nicht aus anderen Konsolidierungsvorgängen andere Werte ergeben. Entsteht aus der Aufrechnung vom Beteiligungsbuchwert des MU und dem gezeichneten Kapital des Tochterunternehmens ein **aktiver Unterschiedsbetrag,** so ist dieser mit den Rücklagen im KA zu verrechnen. Ein passiver Unterschiedsbetrag ist den **Rücklagen** im KA hinzuzurechnen (§ 302 Abs. 2 HGB). Die Kapitalkonsolidierung bleibt somit stets erfolgsneutral.

429 Theoretisch muß auch die **Kapitalkonsolidierung bei Interessenzusammenführung** wie jede Erstkonsolidierung auf den **Stichtag** des Erwerbs[547] des Tochterunternehmens durchgeführt werden. Wegen der Erfolgsneutralität wird das gleiche Ergebnis jedoch auch dann erzielt, wenn die Konsolidierung zum Stichtag erstmaliger Einbeziehung des Unternehmens in den KA durchgeführt wird, es sei denn, daß sich der Beteiligungsbuchwert oder das gezeichnete Kapital zwischen Erwerbsstichtag und dem Stichtag für die erstmalige Einbeziehung in den KA verändert hätte. Auch die Folgekonsolidierungen bleiben erfolgsneutral. Solange sich der Beteiligungsbuchwert und das konsolidierungspflichtige Kapital nicht verändern, bleibt auch das Ergebnis der Erstkonsolidierung unverändert. Eine Unterscheidung zwischen Erst- und Folgekonsolidierungen hat für die Interessenzusammenführung somit keine praktische Bedeutung.

---

546 Bei AG: Grundkapital; bei GmbH: Stammkapital; bzw. vergleichbares Kapital bei anderen Rechtsformen (§ 302 Abs. 1 HGB).
547 Vgl. im einzelnen Tz. 359 ff.

Die **Kapital- und Gewinnrücklagen** werden aus dem Einzelabschluß des Tochter- **430** unternehmens in den KA übernommen. Sofern noch andere Gesellschafter an dem Tochterunternehmen beteiligt sind, muß der auf ihre Anteile entfallende Betrag der Rücklagen ebenso wie der Teil des Nennkapitals in den Ausgleichsposten eingestellt werden. Durch die Übernahme der – ggf. um einen aktiven Konsolidierungsunterschied gekürzten – Gewinnrücklagen in die Konzernbilanz ist im Gegensatz zur Kapitalkonsolidierung gem. § 301 HGB nicht mehr erkennbar, welche Rücklagen aus der Zeit vor erstmaliger Einbeziehung stammen und welche Rücklagen durch Gewinnthesaurierungen nach der Erstkonsolidierung entstanden sind. Vielmehr führt diese Vorgehensweise zu einer Darstellung, als ob das Tochterunternehmen von seiner Gründung an zum Konzern gehört hätte. Nach der Grundidee des „Pooling" sind Rücklagen nicht erworben worden, sondern so zu behandeln, als hätte das Tochterunternehmen seine erwirtschafteten Rücklagen in das MU eingebracht. Das Gesetz läßt offen, mit welchen Rücklagen ein aktiver Unterschiedsbetrag aus der Erstkonsolidierung zu verrechnen ist bzw. welchen Rücklagen ein passiver Unterschiedsbetrag hinzuzurechnen ist. Eine Zuordnungspräferenz zu einer der beiden Rücklagengruppen ist aus der Systematik heraus nicht erkennbar[548].

9. Equity-Methode

a) Grundsatz

Nach dem Grundkonzept der Equity-Methode[549] wird der **Wertansatz der Betei-** **431** **ligung,** ausgehend von den Anschaffungskosten, in den Folgejahren entsprechend der Entwicklung des anteiligen bilanziellen Eigenkapitals des **assoziierten Unternehmens** fortgeschrieben[550]. Anteilige Jahresüberschüsse werden in dem Jahr ihrer Entstehung in die Konzern-GuV als Beteiligungserträge übernommen und gleichzeitig dem Buchwert der Beteiligung zugeschrieben. Anteilige Jahresfehlbeträge des Tochterunternehmens führen zu einer entsprechenden Abschreibung des Beteiligungsbuchwertes. Die Ausschüttung von Dividenden führt zu einer – erfolgsneutralen – Minderung des Wertansatzes, da die Dividende auf bereits im Jahr der Gewinnentstehung erfolgswirksam vereinnahmte anteilige Jahresüberschüsse eine erfolgsneutrale Vermögensumschichtung bedeutet[551]. Die Equity-Methode zur Bewertung von Beteiligungen ist der sog. Spiegelbildmethode bei der Bewertung von Beteiligungen an Personengesellschaften[552] ähnlich. Sie ist grundsätzlich im Einzel- und KA anwendbar. In Deutschland

---

548 In den Ursprungsländern der „pooling-of-interests"-Methode besteht anscheinend eine Tendenz, den aktiven Unterschiedsbetrag zunächst mit den Kapitalrücklagen zu verrechnen und nur einen übersteigenden Betrag mit den Gewinnrücklagen zu verrechnen. Der passive Unterschiedsbetrag ist stets den Kapitalrücklagen zuzurechnen bzw. als nicht verfügbare Rücklage aus der Kapitalkonsolidierung auszuweisen. Vgl. *Niehus,* WPg. 1983 S. 441; ferner *ADS* § 302 Tz. 57; *Budde/Förschle* in BeBiKo. § 302 Tz. 41.

549 Zur Darstellung der Grundkonzeption der Equity-Methode vgl. *Busse von Colbe,* ZfbF 1972 S. 145 ff.; *Havermann,* WPg. 1975 S. 233 ff.; *Hartmann/Schuffenhauer,* DB 1975 S. 701 ff.; *Weber,* GoB für Beteiligungen, Düsseldorf 1980, S. 88 ff.

550 Vgl. *Schäfer,* Bilanzierung von Beteiligungen an assoziierten Unternehmen nach der Equity-Methode, Thun/Frankfurt a. M. 1982, S. 17 f.

551 Vgl. *Havermann,* WPg. 1975 S. 235.

552 Vgl. St/HFA 3/1976. Nach § 279 Abs. 2 HGB ist die Spiegelbildmethode im JA von Kapitalgesellschaften nicht mehr anwendbar; vgl. St/HFA 1/1991.

darf die Equity-Methode jedoch nur im KA angewendet werden, so daß insoweit Einzel- und KA auseinanderfallen[553].

432 Im KA geht die **Bedeutung der Equity-Methode** über eine reine Beteiligungsbewertung hinaus. Mit der gesonderten Ermittlung und Abschreibung/Auflösung von aktiven und passiven Unterschiedsbeträgen aus der erstmaligen Kapitalaufrechnung, der möglichen Bewertungsanpassung der Bilanzposten des assoziierten Unternehmens in der Konzernbilanz sowie der grundsätzlich vorgeschriebenen Eliminierung von Zwischenerfolgen enthält sie die wesentlichen Elemente einer Vollkonsolidierung[554], deren Auswirkungen allerdings, wie bei der Quotenkonsolidierung (§ 310 HGB), auf den Anteil beschränkt ist, der dem MU gehört. Insoweit ist auch die Konsolidierung nach der Equity-Methode eine Quotenkonsolidierung. Im Gegensatz zur Brutto-Quotenkonsolidierung (§ 310 HGB) werden jedoch nicht die anteiligen Vermögensgegenstände und Schulden, Aufwendungen und Erträge gesondert ausgewiesen, sondern als Netto-Betrag der diese repräsentierende anteilige Beteiligungswert.

433 Vorausgesetzt, die Anschaffungskosten der Beteiligung entsprechen genau dem anteiligen bilanziellen Eigenkapital des assoziierten Unternehmens im Erwerbszeitpunkt, führt die Equity-Methode stets zum Ausweis der Beteiligung in Höhe des anteiligen bilanziellen Eigenkapitals des assoziierten Unternehmens. In den meisten Fällen werden sich jedoch die Anschaffungskosten der Beteiligung und das anteilige bilanzielle Eigenkapital des assoziierten Unternehmens nicht in gleicher Höhe gegenüberstehen. Bei der erstmaligen Anwendung der Equity-Methode im KA ist daher eine **Kapitalaufrechnung** zur Ermittlung des Unterschiedsbetrages vorzunehmen (§ 312 Abs. 1 HGB). Je nachdem, ob der Unterschiedsbetrag aktiv oder passiv ist[555], wird er in den Folgejahren fortgeschrieben oder aufgelöst, so daß der Wertansatz der Beteiligung sich tendenziell dem Wert des anteiligen bilanziellen Eigenkapitals des assoziierten Unternehmens nähert. Die Technik der Kapitalkonsolidierung bei Anwendung der Equity-Methode entspricht im Prinzip in allen wesentlichen Punkten derjenigen bei Vollkonsolidierung gem. § 301 HGB. Auch hier läßt das Gesetz zwei Varianten zu, die **Buchwertmethode** (§ 312 Abs. 1 Nr. 1 HGB) und die **Kapitalanteilsmethode** (§ 312 Abs. 2 Nr. 2 HGB). Beide Methoden unterscheiden sich zwar durch die Bewertung des anteiligen bilanziellen Eigenkapitals und die Behandlung des Unterschiedsbetrags, führen jedoch zu praktisch gleichen Ergebnissen.

434 Für die Höhe des Konzernergebnisses – nach Abzug der auf andere Gesellschafter entfallenden Gewinne/Verluste – macht es keinen Unterschied, ob ein Beteiligungsunternehmen als Tochterunternehmen (§ 290 HGB) oder assoziiertes Unternehmen (§ 311 HGB) eingestuft und demzufolge nach der Methode der Vollkonsolidierung oder nach der Equity-Methode in den Konzernabschluß einbezogen wird. Daher wird die Equity-Methode auch als „kleine" oder „einzeilige" Konsolidierung bezeichnet[556].

---

553 Die 4. EG-RL sieht in Art. 59 für die Equity-Methode im Einzelabschluß ein Mitgliedstaatenwahlrecht vor, von dem jedoch im HGB kein Gebrauch gemacht worden ist.
554 Vgl. Tz. 9 ff.
555 Vgl. *Havermann*, WPg. 1975 S. 237.
556 Vgl. ebd. S. 237. Vgl. hierzu auch *Kirsch*, Die Equity-Methode im Konzernabschluß, Düsseldorf 1990.

b) Assoziierte Unternehmen

aa) Voraussetzungen

Grundvoraussetzung für die Einbeziehung eines Unternehmens in den KA nach **435**
der Equity-Methode ist, daß es sich dabei um ein assoziiertes Unternehmen
(§ 311 HGB) handelt. Ist diese Voraussetzung nicht erfüllt, so ist auch eine freiwillige Einbeziehung nach der Equity-Methode nicht möglich. Die Beteiligung
muß dann mit ihrem Buchwert, idR den Anschaffungskosten, in den Konzernabschluß übernommen werden.

Der **Begriff „assoziiertes Unternehmen"** beschreibt eine Unternehmensverbin- **436**
dung[557], die durch folgende Merkmale gekennzeichnet ist (§ 311 Abs. 1 HGB):

– Ein in den KA einbezogenes Unternehmen besitzt eine Beteiligung[558] (§ 271
  Abs. 1 HGB) an einem anderen Unternehmen.
– Dieses andere Unternehmen wird nicht im Wege der Voll-[559] oder Quotenkon-
  solidierung[560] in den KA einbezogen.
– Das einbezogene beteiligte Unternehmen übt tatsächlich einen maßgeblichen
  Einfluß auf die Geschäfts- und Finanzpolitik des anderen Unternehmens aus.

bb) Maßgeblicher Einfluß

Der Begriff „maßgeblicher Einfluß"[561], das entscheidende Tatbestandsmerkmal **437**
für assoziierte Unternehmen, entzieht sich einer exakten Definition und kann
nur umschrieben werden. Dafür werden in internationalen Richtlinien[562], die
diesen Begriff bereits seit längerer Zeit verwenden, und im Schrifttum[563] folgende rechtlichen und wirtschaftlichen **Kriterien** genannt:

– Stimmrechtsausübungen in der HV/Gesellschafterversammlung, die unter der
  Mehrheitsgrenze liegen,
– Vertretung in Aufsichts-/Leitungsorganen ohne die Möglichkeit, diese Gremien zu kontrollieren,
– erhebliche Liefer- und Leistungsverflechtungen,
– erhebliche finanzielle Beziehungen,
– erhebliche technologische Beziehungen.

Diese Mittel können bei entsprechender Ausgestaltung einen maßgeblichen Ein- **438**
fluß begründen. Sie können auch die Grundlage für die Ausübung einer einheitlichen Leitung sein. Die Ausübung eines maßgeblichen Einflusses und die Ausübung eines beherrschenden Einflusses (einheitliche Leitung) unterscheiden
sich nur graduell in Umfang und Intensität, wobei es für den maßgeblichen Einfluß typisch ist, daß die Einflußmöglichkeiten unter der 50%-Grenze oder unterhalb der Möglichkeiten einer vollständigen Beherrschung bleiben. Der maßgeb-

557 Assoziierte Unternehmen iSd. § 311 HGB sind nicht „verbundene Unternehmen" iSd. § 271 Abs. 2
    HGB, § 15 AktG.
558 Zum Begriff der Beteiligung vgl. F Tz. 89 ff.
559 Wegen Einbeziehungswahlrechten bei Tochterunternehmen vgl. Tz. 164 ff.
560 Vgl. Tz. 521 ff.
561 Im angelsächsischen Sprachgebrauch „significant influence".
562 Vgl. AICPA, APB Opinion No. 18; ICAEW, SSAP No. 1; IASC, IAS 28: Accounting for Invest-
    ments in Associates, (Vgl. Fn. 9).
563 Vgl. *Havermann*, WPg. 1975 S. 238; *Schäfer*, S. 211 ff.

liche Einfluß ist im Vergleich zu der einheitlichen Leitung stets eine schwächere Form der Einflußnahme[564].

439 Entscheidend ist nach § 311 Abs. 1 HGB, daß der maßgebliche Einfluß **tatsächlich ausgeübt** wird. Die Möglichkeit allein, einen solchen Einfluß auszuüben, genügt nicht. Diese Feststellung ist auch deswegen bedeutsam, weil § 311 HGB damit im Gegensatz zur internationalen Praxis steht, die allein die Möglichkeit der Ausübung eines maßgeblichen Einflusses als Voraussetzung für die Anwendung der Equity-Methode verlangt[565]. § 311 HGB steht damit auch in einem systematischen Gegensatz zu § 290 Abs. 2 HGB, der für die Qualifikation eines Unternehmens als Tochterunternehmen nicht auf die tatsächliche einheitliche Leitung, sondern auf die Möglichkeit abstellt, einen beherrschenden Einfluß auszuüben[566].

440 Da das Kriterium des maßgeblichen Einflusses einer abstrakten Definition kaum zugänglich ist, sieht das Gesetz eine **objektivierte Vermutung** für die Annahme eines maßgeblichen Einflusses vor. Danach wird bei einem Stimmrechtsanteil von 20% und mehr widerlegbar vermutet, daß das beteiligte Unternehmen einen maßgeblichen Einfluß ausübt (§ 311 Abs. 1 Satz 2 HGB). Für die Berechnung des Stimmrechtsanteils sind den Stimmrechten des beteiligten Unternehmens auch die Rechte hinzuzurechnen, die einem Tochterunternehmen gehören[567].

41 Die tatsächliche Ausübung eines maßgeblichen Einflusses ist auch bei einem Stimmrechtsanteil von weniger als 20% der Stimmrechte nicht ausgeschlossen. Ein assoziiertes Unternehmen liegt jedoch in diesem Fall nur dann vor, wenn nachgewiesen wird, daß tatsächlich ein maßgeblicher Einfluß ausgeübt wird.

442 Besteht aufgrund eines Stimmrechtsanteils von 20% und mehr zwar die Möglichkeit, einen maßgeblichen Einfluß auszuüben, wird diese jedoch nicht tatsächlich genutzt, so ist damit die **Assoziierungsvermutung widerlegt**[568]. Sie kann insbesondere durch den Umstand widerlegt werden, daß die notwendigen Angaben für die Anwendung der Equity-Methode nicht zu erhalten sind[569]. Die Beweislast liegt bei dem MU, das den KA aufstellt.

cc) Bereiche des maßgeblichen Einflusses

443 Die Einflußnahme muß sich auf die **Geschäfts- und Finanzpolitik** richten (§ 311 Abs. 1 HGB). Mit dem Begriff der Geschäftspolitik wird zwar grundsätzlich

---

564 Vgl. *Havermann,* in: Rechnungslegung und Prüfung in internationaler Sicht, Düsseldorf 1978, S. 405–436, hier S. 421; *Bühner/Hille,* WPg. 1980 S. 261 ff.

565 ZB AICPA, APB Opinion No. 18, Tz. 17: „... whose investment in voting stock gives it the ability to exercise significant influence ... Ability to exercise that influence may be indicated in several ways, such as ...". Ähnlich ICAEW, SSAP No. 1; nach IASC, IAS 28, Tz. 2 wird vorausgesetzt, daß der Anteilseigner die Macht hat, an den geschäfts- undf finanzpolitischen Entscheidungen teilzunehmen.

566 Vgl. im einzelnen Tz. 38 ff.

567 Die Zurechnung der von Tochterunternehmen gehaltenen Stimmrechte ist nach Art. 33 Abs. 1 Satz 3 iVm. Art. 2 der 7. EG-RL zwingend vorgeschrieben. Daß in § 311 Abs. 1 HGB ein entsprechender Verweis nicht enthalten ist, ist offenbar ein redaktionelles Versehen.

568 Vgl. dazu auch die Anmerkungen zur Widerlegung der Konzernvermutung (§ 18 Abs. 1 Satz 3 AktG 1965), die hier sinngemäß gelten können, *ADS,* 4. Aufl., § 329 Tz. 33 ff.

569 Vgl. Protokollerklärung Abs. 20 zu Art. 33 Abs. 1 u. 2, die vom Rat und der Kommission abgegeben worden ist, abgedruckt bei *Biener/Schatzmann,* S. 52. Der Ansicht, daß die Vermutung als widerlegt angesehen werden kann, wenn die Einflußmöglichkeit nicht wenigstens zu einer Vertretung im Vorstand oder AR führt, kann nicht gefolgt werden; so aber *Biener/Schatzmann,* S. 55 f.

jeder Entscheidungsbereich eines Unternehmens erfaßt, doch ist davon auszugehen, daß es für die Annahme einer Assoziierung nicht erforderlich ist, daß sich
der Einfluß auf sämtliche Bereiche erstreckt. Erstreckt sich der Einfluß nur auf
einzelne Bereiche der Geschäftspolitik, so sind als weitere Kriterien die Bedeutung dieser Entscheidungsbereiche innerhalb der gesamten Geschäftspolitik
sowie die Intensität und Regelmäßigkeit der Einflußnahme heranzuziehen. Da
die Finanzpolitik explizit als Gegenstand der Einflußnahme vom Gesetz
erwähnt wird, könnte der Eindruck entstehen, daß in diesem Bereich die Einflußnahme besonders spürbar sein muß oder daß die gesetzliche Vermutung
widerlegt ist, wenn eine Einflußnahme in diesem Bereich nicht nachweisbar ist.
Die Finanzpolitik ist jedoch integraler Bestandteil der gesamten Geschäftspolitik. Es ist daher davon auszugehen, daß mit den Worten „Geschäfts- und
Finanzpolitik" ein zusammenhängender Einflußbereich umschrieben werden
soll, in dem weder die Geschäfts- noch die Finanzpolitik besondere Priorität hat.

dd) Intensität und Dauer des maßgeblichen Einflusses

Die Intensität der Einflußnahme muß über die Ausübung normaler Aktionärs-   **444**
rechte (zB Kontroll- und Vetorechte der HV) hinausgehen[570]. Im Gegensatz zum
Beherrschungsverhältnis wird jedoch die Möglichkeit der uneingeschränkten
Durchsetzung der eigenen Interessen des beteiligten Unternehmens für ein
Assoziierungsverhältnis nicht vorausgesetzt. So ist grundsätzlich die Ausübung
eines maßgeblichen Einflusses nicht durch die Tatsache ausgeschlossen, daß
einem anderen, nicht zum Konzern gehörenden Unternehmen die Stimmrechtsmehrheit zusteht[571].

Die einmalige oder gelegentliche Einflußnahme in Einzelentscheidungen   **445**
begründet kein Assoziierungsverhältnis. Zwar wird eine bestimmte Dauer der
Einflußnahme nicht verlangt, doch wird sich idR aus der mittel- oder langfristigen Ausrichtung der Geschäftspolitik ergeben, daß sich die Einflußnahme über
mehrere Jahre erstreckt. Andererseits ist die Befristung der Einflußnahme allein
zumindest bis zum Eintritt der Befristung kein hinreichender Tatbestand zur
Widerlegung der Assoziierungsvermutung[572].

c) Anwendungsbereich der Equity-Methode

Die Anwendung der Equity-Methode kommt für folgende **Beteiligungen** in   **446**
Betracht:

- Beteiligungen, die zwischen 20,0% und 50,0% der Stimmrechte gewähren,
  sofern nicht die Assoziierungsvermutung (§ 311 Abs. 1 Satz 2 HGB) widerlegt
  ist.
- Beteiligungen, die weniger als 20,0% der Stimmrechte gewähren, sofern die
  Ausübung eines maßgeblichen Einflusses nachgewiesen ist.
- Beteiligungen an Tochterunternehmen (§ 290 HGB), die nicht in den Konsoli-

---

570 Vgl. *Havermann*, in Rechnungslegung und Prüfung in internationaler Sicht, S. 421; *Schäfer*, Bilan-
     zierung von Beteiligungen an assoziierten Unternehmen nach der Equity-Methode, S. 215; *Biener*,
     DB 1983 Beilage 19 S. 12; *Küting/Köthner/Zündorf* in HdRKo. § 311 Tz. 26 ff.
571 So auch *Schäfer*, Bilanzierung von Beteiligungen an assoziierten Unternehmen nach der Equity-
     Methode, S. 208.
572 Vgl. ebd. S. 208.

dierungskreis einbezogen werden dürfen (§ 295 HGB)[573] oder nicht einbezogen zu werden brauchen (§ 296 HGB)[574].
- Beteiligungen an Gemeinschaftsunternehmen, sofern sie nicht nach der Methode der Quotenkonsolidierung (§ 310 HGB) einbezogen werden.

447   Liegt ein Assoziierungsverhältnis vor, so braucht die Equity-Methode gleichwohl nicht angewendet zu werden, wenn die Beteiligung für die Vermittlung eines den tatsächlichen Verhältnissen entsprechenden Bildes der Vermögens-, Finanz- und Ertragslage des Konzerns von untergeordneter Bedeutung ist (§ 311 Abs. 2 HGB).

d) Konsolidierung bei Anwendung der Equity-Methode

aa) Buchwertmethode

1) Erstkonsolidierung

448   Bei Anwendung der Buchwertmethode wird die Beteiligung an einem assoziierten Unternehmen mit ihrem Buchwert, der zum Zeitpunkt der erstmaligen Anwendung in aller Regel mit den Anschaffungskosten übereinstimmt, in die Konzernbilanz übernommen (§ 312 Abs. 1 Nr. 1 HGB). Die Beteiligung ist gesondert unter der Bezeichnung „Beteiligungen an assoziierten Unternehmen" auszuweisen (§ 311 Abs. 1 S. 1 HGB).

449   Auch bei Anwendung der Equity-Methode muß zwischen **Erst- und Folgekonsolidierung** unterschieden werden. Die Erstkonsolidierung ist wie bei der Vollkonsolidierung (§ 301 Abs. 1 Nr. 1 HGB) erfolgsneutral; die Folgekonsolidierungen lösen prinzipiell erfolgswirksame Vorgänge aus. Die konsolidierungstechnischen Überlegungen folgen in allen wesentlichen Punkten der Kapitalkonsolidierung bei Anwendung der Buchwertmethode im Rahmen der Vollkonsolidierung[575]. Anders als bei der Vollkonsolidierung wird jedoch nach Durchführung der Erstkonsolidierung bei Anwendung der Equity-Methode ein aktiver oder passiver Unterschiedsbetrag nicht in der Konzernbilanz ausgewiesen, sondern der Beteiligungsbuchwert wird unverändert aus der Einzelbilanz in die Konzernbilanz übernommen[576]. Die Differenz zwischen Beteiligungsbuchwert und konsolidierungspflichtigem Kapital wird durch Zusatzangaben offengelegt.

450   Übersteigt der Buchwert der Beteiligung das anteilige bilanzielle Eigenkapital, so ergibt sich ein **aktiver Unterschiedsbetrag,** der in der Konzernbilanz beim Posten „Beteiligungen an assoziierten Unternehmen" zu vermerken ist (zB „davon Unterschiedsbetrag aus der Kapitalaufrechnung" oder „Unterschiedsbetrag gem. § 312 Abs. 1 S. 1 HGB"). Statt des Vermerks in der Konzernbilanz ist auch eine Fußnote unter der Bilanz, eine Aufgliederung in der Vorspalte[577] oder eine Angabe im Anhang (§ 312 Abs. 1 Satz 2 HGB) möglich.

451   Eine entsprechende Vermerk- bzw. Angabepflicht besteht, wenn bei der Erstkonsolidierung das anteilige Eigenkapital des assoziierten Unternehmens den

---

573 Vgl. im einzelnen Tz. 153 ff.
574 Vgl. im einzelnen Tz. 165 ff.
575 Vgl. im einzelnen Tz. 320 ff.
576 Insoweit hat der Begriff der Kapitalkonsolidierung im Rahmen der Equity-Methode einen anderen Inhalt als bei der Vollkonsolidierung.
577 Schwierigkeiten können sich bei dieser Art der Offenlegung daraus ergeben, daß die Beteiligung in den Anlagespiegel einbezogen werden muß; vgl. Tz. 203 ff.

Buchwert der Beteiligung übersteigt und dadurch ein **passiver Unterschiedsbetrag** entsteht. Allerdings ist eine Angabe in der Bilanz selbst, die etwa „dazu Unterschiedsbetrag aus der Kapitalaufrechnung" oder „dazu Unterschiedsbetrag gem. § 312 Abs. 1 Satz 2 HGB" lauten könnte, wenig sinnvoll, da dieser Betrag selbst nicht in der Konzernbilanz enthalten ist[578]. Es handelt sich insoweit nur um eine statistische Angabe, die Aufschluß über das Verhältnis von Buchwert der Beteiligung und anteiligem Eigenkapital geben soll. Die Kapitalaufrechnung ist für jedes assoziierte Unternehmen gesondert vorzunehmen. Mehrere aktive und passive Unterschiedsbeträge dürfen zu je einem aktiven und passiven Unterschiedsbetrag zusammengefaßt werden. Der Aussagewert dieser Angaben ist sehr begrenzt, da bei aktiven Unterschiedsbeträgen nicht zwischen abschreibungspflichtigen und nicht abschreibungsfähigen Bestandteilen differenziert wird, so daß kein Aufschluß über die Belastung der Konzernertragslage durch zusätzliche Abschreibungen in den Folgejahren gegeben würde. Hinzu kommt, daß nach dem Wortlaut des Gesetzes (§ 312 Abs. 1 S. 2 HGB)[579] die Offenlegung nur bei erstmaliger Anwendung der Equity-Methode im KA und nicht auch in den Folgejahren erforderlich ist. Es sollten daher auch keine Bedenken gegen einen saldierten Ausweis aktiver und passiver Unterschiedsbeträge bestehen. Allerdings sollten Offenlegung und Erläuterungen in diesem Fall im Konzernanhang erfolgen.

Die Höhe des aktiven oder passiven Unterschiedsbetrages hängt von dem Beteiligungsbuchwert und von der Höhe des anteiligen Eigenkapitals ab, das auch bei Anwendung der Buchwertmethode nicht unbedingt auf den in der Handelsbilanz I des assoziierten Unternehmens ausgewiesenen Betrag festgelegt ist. Wendet das assoziierte Unternehmen in seinem JA **Bewertungsmethoden** an, die von den im KA verwendeten abweichen, so können abweichend bewertete Vermögensgegenstände und Schulden für die Anwendung der Equity-Methode an die im KA angewendeten Bewertungsmethoden angepaßt werden (§ 312 Abs. 5 Satz 1 HGB). Praktisch bedeutet dies, daß § 308 Abs. 2 Satz 1 HGB auch bei der Equity-Methode für die Ermittlung des anteiligen Eigenkapitals und der Jahresergebnisse wahlweise angewendet werden kann[580]. Werden solche **Bewertungsanpassungen in der Handelsbilanz II** vorgenommen, so schlagen die Bewertungsanpassungen automatisch auf die Höhe des aktiven oder passiven Unterschiedsbetrages durch. Trotz des Wahlrechts geht das Gesetz offenbar davon aus, daß die Anpassung an die Bewertungsmethoden des KA der Normalfall ist. Für den Ausnahmefall der Nichtanpassung ist daher eine Berichterstattung im Konzernanhang vorgeschrieben (§ 312 Abs. 5 Satz 2 HGB). Diese Einschränkung ist notwendig, weil trotz des maßgeblichen Einflusses nicht absolut sicher gestellt ist, daß das Beteiligungsunternehmen von dem assoziierten Unternehmen die für eine Bewertungsanpassung erforderlichen Informationen bekommt. **452**

Fraglich ist, ob neben der Anpassung der Bewertungsmethoden auch eine Anpassung der **Bilanzansatz**methoden bei Anwendung der Equity-Methode möglich ist, wie sie § 300 Abs. 3 HGB für die Vollkonsolidierung vorschreibt **453**

---

578 *Biener,* DB 1983 Beilage 19 S. 13, hält in diesem Fall einen Vermerk unter dem Bilanzposten für ausgeschlossen. Die dort angeführten Argumente treffen den Sachverhalt jedoch nicht.
579 Vgl. dazu auch den eindeutigen Wortlaut für den gleich gelagerten Sachverhalt bei Anwendung der Kapitalanteilsmethode in § 312 Abs. 1 Satz 3, 2. Hs. HGB sowie Art. 33 Abs. 2 der 7. EG-RL.
580 Vgl. im einzelnen Tz. 239 ff.

oder zuläßt[581]. Das Gesetz spricht in § 312 Abs. 5 HGB ausdrücklich nur von Bewertungsmethoden und läßt die Frage des Bilanzansatzes offen. Zweck der vorgesehenen Bewertungsanpassung ist die Ermittlung des Eigenkapitals nach einheitlichem Maßstab. Da jedoch die Vereinheitlichung der Ansatzmethoden ebenso Auswirkungen auf die Höhe des anteiligen Eigenkapitals hat wie die Anpassung der Bewertungsmethoden, sollte auch eine Anpassung der von dem assoziierten Unternehmen tatsächlich angewendeten Bilanzansatzmethoden an die im KA verwendeten zulässig sein. Eine Erläuterung im Konzernanhang sollte auch in diesem Fall gegeben werden, wenn die Anpassungen des Bilanzansatzes im JA des assoziierten Unternehmens nicht vorgenommen worden sind. Diese Gleichbehandlung entspricht auch der in § 313 Abs. 1 Nr. 3 HGB bei Abweichungen von Bilanzierungs- und Bewertungsmethoden im KA gleichermaßen vorgeschriebenen Angabe- und Begründungspflicht.

454   Hat das assoziierte Unternehmen seinen Sitz im Ausland, so sind das Eigenkapital und das Jahresergebnis in DM umzurechnen. Hierzu stehen die zur Umrechnung von Abschlüssen vollkonsolidierter Unternehmen anwendbaren Methoden zur Verfügung[582].

455   Aktive und passive Konsolidierungsunterschiede sind wie bei der Vollkonsolidierung zu analysieren und den entsprechenden Aktiva und Passiva zuzuordnen[583]. Allerdings sind diese Zuordnungen – ebenso wie ihre Fortführungen in den Folgekonsolidierungen – nur statistisch in Form von Nebenrechnungen möglich, da die Aktiva und Passiva selbst in der Konzernbilanz nicht enthalten sind[584]. Soweit eine Zuordnung nicht möglich ist, wird der verbleibende **aktive Unterschiedsbetrag** nach § 309 Abs. 1 HGB **abgeschrieben.** Er kann auch offen mit den Rücklagen verrechnet werden. Der Wertansatz der Beteiligung wird in diesem Fall bereits im Zeitpunkt der Verrechnung reduziert.

456   Die Nebenrechnungen erfordern detaillierte Informationen über die Einzelheiten der Wertansätze in der Bilanz des assoziierten Unternehmens, die im Fall von Minderheitsbeteiligungen häufig nicht verfügbar sein werden[585]. Verweigert das assoziierte Unternehmen die zur Anwendung der Equity-Methode notwendigen Auskünfte, so ist die Vermutung eines maßgeblichen Einflusses (§ 311 Abs. 1 Satz 2 HGB) als widerlegt anzusehen[586].

457   Die Anwendung der Buchwertmethode bei der Konsolidierung von Beteiligungen an assoziierten Unternehmen ist im **Konzernanhang** anzugeben (§ 312 Abs. 1 S. 4 HGB).

2) Folgekonsolidierungen

458   Die Zuordnung eines **aktiven Unterschiedsbetrages** zu den entsprechenden Vermögensposten des assoziierten Unternehmens dient dazu, die **Abschreibung** des Unterschiedsbetrages in den Folgejahren an die Behandlung der betr. Posten im

581 Vgl. im einzelnen Tz. 224 ff.
582 Vgl. Tz. 260 ff. Zu den Auswirkungen unterschiedlicher Umrechnungsmethoden bei der Equity-Methode vgl. *Pellens,* DB 1990 S. 697, 747 ff.
583 Vgl. im einzelnen Tz. 333 ff.
584 Vgl. *Havermann,* WPg. 1975 S. 236 f.; aA *Harms/Küting,* BB 1982 S. 2159, die die Konsolidierungsunterschiede auf die entsprechenden Gliederungsposten in der Konzernbilanz verteilen.
585 Vgl. *Havermann,* in: Rechnungslegung und Prüfung in internationaler Sicht, S. 435.
586 Vgl. auch Begr. RegE zum gleichlautenden § 292 RegE HGB, BR-Drs. 163/85, S. 42.

JA des assoziierten Unternehmens zu binden. Soweit diese Posten in den Folgejahren fortgeführt, abgeschrieben oder aufgelöst werden, ist der Unterschiedsbetrag im KA fortzuführen, abzuschreiben oder aufzulösen (§ 312 Abs. 2 Satz 2 HGB). Ein nicht verteilter Restbetrag ist pauschal über die vier folgenden Jahre oder ggf. über die voraussichtliche längere Nutzungsdauer abzuschreiben, sofern er nicht unmittelbar mit den Rücklagen des Konzerns verrechnet worden ist (§ 312 Abs. 2 Satz 3 iVm. § 309 Abs. 1 HGB). Auch ein passiver Unterschiedsbetrag ist sinngemäß wie bei der Vollkonsolidierung zu behandeln[587].

Insoweit entspricht die Behandlung eines Unterschiedsbetrages aus der Equity-Konsolidierung der Vorgehensweise bei der Vollkonsolidierung. Im Gegensatz zur Vollkonsolidierung kann jedoch ein **passiver Unterschiedsbetrag aus der** Equity-Methode (hier: Buchwertmethode) nicht in der Konzernbilanz angesetzt werden, weil nicht das **anteilige Eigenkapital** aktiviert wird, sondern die niedrigeren Anschaffungskosten der Beteiligung. Auch die Auflösungsbeträge werden deshalb in einer Nebenrechnung ermittelt[588]. Da das Ergebnis der Nebenrechnung in den Posten Beteiligungen eingeht, wird die **Auflösung** der passiven Unterschiedsbeträge gleichwohl erfolgswirksam; anteilig übernommene Jahresfehlbeträge oder erwartete Aufwendungen werden dadurch kompensiert[589]. Die **Auflösung** eines passiven Unterschiedsbetrages aus der Erstkonsolidierung im Rahmen der Equity-Methode kann zu einer Zuschreibung der Beteiligung über die Anschaffungskosten hinaus führen[590]; ein zwangsläufiges und systemimmanentes Ergebnis der Equity-Methode, die als zwingende Bewertungsmethode nach § 312 HGB dem sonst geltenden Anschaffungskostenprinzip vorgeht. **459**

Die Abschreibungen der aktiven und die Auflösung der passiven Konsolidierungsunterschiede führen tendenziell[591] dazu, daß danach der Wertansatz der Beteiligung dem Betrag des bilanziellen Eigenkapitals des assoziierten Unternehmens entspricht, da alle Ergebnisübernahmen nach der Erstkonsolidierung sowie die Gewinnausschüttungen des assoziierten Unternehmens nach der Erstkonsolidierung automatisch den Beteiligungsbuchwert verändern[592]. **460**

bb) Kapitalanteilsmethode

1) Erstkonsolidierung

Nach der sog. Kapitalanteilsmethode wird die Beteiligung an einem assoziierten Unternehmen nicht mit dem Buchwert (im Erwerbszeitpunkt: = Anschaffungskosten), sondern mit dem Wert des auf die Anteile entfallenden **Eigenkapitals des assoziierten Unternehmens** angesetzt (§ 312 Abs. 1 Nr. 2 HGB). Dabei ist das Eigenkapital mit dem Betrag anzusetzen, der sich ergibt, wenn die Vermögensgegenstände, Schulden, RAP, Bilanzierungshilfen und Sonderposten des assoziierten Unternehmens mit dem Wert angesetzt werden, der ihnen in dem für die Kapitalaufrechnung maßgeblichen Zeitpunkt beizulegen ist (§ 312 Abs. 1 Satz 3 **461**

587 Dh., entsprechend der Behandlung der Bezugsposten im Einzelabschluß des assoziierten Unternehmens fortzuführen oder aufzulösen. Vgl. im einzelnen Tz. 344 ff.
588 Vgl. *Havermann*, in Rechnungslegung und Prüfung in internationaler Sicht, S. 435.
589 Vgl. *Küting/Zündorf* in HdRKo. § 312 Tz. 89.
590 Vgl. hierzu *Schäfer*, Bilanzierung von Beteiligungen an assoziierten Unternehmen nach der Equity-Methode, S. 267 ff.
591 Eine Ausnahme bilden zB Sonderabschreibungen auf Beteiligungsbuchwert, die nicht in gleicher Höhe zu einer Eigenkapitalminderung beim assoziierten Unternehmen führen.
592 Vgl. Tz. 464 ff.

HGB). Zur Ermittlung des anteiligen Eigenkapitals sind somit zunächst – wie bei der Neubewertungsmethode bei Vollkonsolidierung[593] – sämtliche Aktiva und Passiva des assoziierten Unternehmens mit ihren Zeitwerten anzusetzen. Das sich daraus ergebende anteilige Eigenkapital, das nunmehr auch die stillen Reserven enthält, bestimmt den in der Konzernbilanz auszuweisenden Wert der Beteiligung. Allerdings darf nach der Neubewertung das anteilige Eigenkapital die Anschaffungskosten der Beteiligung nicht überschreiten (§ 312 Abs. 1 Satz 3 HGB). Bei der Aufrechnung des Buchwertes der Beteiligung mit dem anteiligen Eigenkapital des assoziierten Unternehmens kann aufgrund dieser Beschränkung ein passiver Unterschiedsbetrag nur dann entstehen, wenn vor der erstmaligen Anwendung der Equity-Methode eine außerplanmäßige Abschreibung auf die Beteiligung vorgenommen worden ist.

462 Übersteigen dagegen die Anschaffungskosten der Beteiligung den Betrag des anteiligen Eigenkapitals, so ist ein entstehender aktiver Unterschiedsbetrag zusätzlich zu dem Betrag des anteiligen Eigenkapitals in der Konzernbilanz zu aktivieren. Er hat den Charakter eines (anteiligen) **Geschäfts- oder Firmenwerts** und sollte auch als solcher in der Konzernbilanz (§ 266 Abs. 2 A. I. 2. HGB) ausgewiesen werden.

463 Folgt man dieser Methode, so wird die Beteiligung – um den im Buchwert der Beteiligung enthaltenen anteiligen Firmenwert – niedriger ausgewiesen als bei der Buchwertmethode. Materiell bleibt es auch in diesem Falle bei der unveränderten Übernahme des Buchwerts der Beteiligung in die Konzernbilanz zum Zeitpunkt der Erstkonsolidierung. Der Gesamtbetrag wird lediglich in einem Teil als Beteiligung und einem zweiten Teil als Firmenwert ausgewiesen. Es sollten daher keine Bedenken dagegen bestehen, auch bei Anwendung der **Kapitalanteilsmethode** den Buchwert der Beteiligung wie bei der Buchwertmethode in voller Höhe in die Konzernbilanz zu übernehmen, wenn der darin enthaltene Firmenwert gesondert gekennzeichnet wird, zB „davon Firmenwert DM ...". Statt des davon-Vermerks ist auch eine Aufgliederung in der Vorspalte oder ein Vermerk unter der Bilanz möglich. In diesem Fall unterscheiden sich Buchwertmethode und Kapitalanteilsmethode nur durch den unterschiedlichen materiellen Inhalt des Vermerks. Bei der Buchwertmethode enthält der Vermerk den anteiligen Firmenwert zuzüglich der anteiligen stillen Reserven[594], bei der Kapitalanteilsmethode dagegen nur den anteiligen Firmenwert. Das Gesetz läßt darüber hinaus auch eine Angabe des anteiligen Firmenwerts im Anhang zu und beschränkt die Angabepflicht auf die erstmalige Anwendung der Kapitalanteilsmethode im Konzernabschluß (§ 312 Abs. 1 Satz 3 HGB). Außerdem ist die erfolgsneutrale Verrechnung mit den Rücklagen nach Maßgabe des § 309 Abs. 1 Satz 3 HGB[595] zulässig.

2) Folgekonsolidierungen

464 Unabhängig von seinem Ausweis ist der Teil des Beteiligungsbuchwertes, der bei Erstkonsolidierung Firmenwertcharakter hat, nach den Regeln des § 309 Abs. 1 HGB abzuschreiben, sofern er nicht mit den Rücklagen verrechnet worden ist. Soweit durch die Neubewertung des Eigenkapitals stille Reserven im

---

593 Vgl. Tz. 354 ff.
594 Vgl. im einzelnen Tz. 448 ff.
595 Vgl. Tz. 366.

assoziierten Unternehmen aufgedeckt worden sind, muß der bei den Folgekonsolidierungen zu übernehmende anteilige Jahreserfolg um zusätzliche Abschreibungen korrigiert werden, da sich die Neubewertung in der Handelsbilanz I des assoziierten Unternehmens selbst nicht ausgewirkt hat. Dadurch ist die Auswirkung auf das Konzernergebnis nicht nur mit dem bei der Buchwertmethode identisch, sondern – unter Berücksichtigung der anteilsmäßigen Übernahme – auch mit dem bei Vollkonsolidierung[596].

Die Anwendung der **Kapitalanteilsmethode** (§ 312 Abs. 1 S. 1 Nr. 2 HGB) bei der **465** Konsolidierung von Beteiligungen an assoziierten Unternehmen und nicht vollkonsolidierten Tochterunternehmen[597] ist im Anhang anzugeben (§ 312 Abs. 1 Satz 4 HGB).

e) Übernahme von anteiligen Ergebnissen bei Anwendung der Equity-Methode

aa) Ermittlung des Beteiligungsergebnisses

Der bei der Erstkonsolidierung in der Konzernbilanz ausgewiesene Wert der **466** Beteiligung an einem assoziierten Unternehmen verändert sich bei den Folgekonsolidierungen – unabhängig von ggf. auf Konsolidierungsunterschiede vorzunehmenden Abschreibungen – um anteilige Gewinne, Verluste und Gewinnausschüttungen. Dabei kommt es nicht darauf an, ob der Wert nach der Buchwert- oder Kapitalanteilsmethode ermittelt worden ist, und auch nicht darauf, ob anteilige Gewinne des assoziierten Unternehmens ausgeschüttet oder thesauriert werden sollen[598].

Anteilige **Gewinne** erhöhen erfolgswirksam den Wert der Beteiligung im Jahr **467** ihrer Entstehung, anteilige **Verluste** vermindern, ebenfalls erfolgswirksam, im Jahr ihrer Entstehung den Wert der Beteiligung. **Ausgeschüttete Ergebnisse** werden als Aktivtausch erfolgsneutral vom Beteiligungswert abgezogen. Der Gesetzestext (§ 312 Abs. 4 HGB) spricht indessen nicht von anteiligen Ergebnissen und Ergebnisübernahmen, sondern – zur Vermeidung von Mißverständnissen[599] – von Eigenkapitalveränderungen. Dabei ist Eigenkapital die Summe der in § 266 Abs. 3 A. HGB zusammengefaßten Posten I. bis V. Nur wenn sich der Gesamtbetrag dieser Posten gegenüber dem Vorjahr erhöht, ist auch der Beteiligungswert – anteilig – zu erhöhen. Eigenkapitalminderungen sind entsprechend zu berücksichtigen. Daraus wird auch deutlich, daß Umbuchungen innerhalb des Eigenkapitals, zB bei Kapitalerhöhung aus Gesellschaftsmitteln, den Beteiligungswert nicht berühren. Andererseits wird klargestellt, daß auch Entnahmen aus den Rücklagen zur Verlustabdeckung oder zur Ausschüttung den Wert der Beteiligung automatisch vermindern[600, 601].

Die Beteiligungsergebnisse werden jedoch idR nicht unverändert aus der Han- **468** delsbilanz I des assoziierten Unternehmens in den KA übernommen. Sie können je nach Sachlage verschiedenen **Korrekturen** unterliegen, die zweckmäßiger-

---

596 Die entsprechenden Ausführungen zur Vollkonsolidierung (vgl. Tz. 333 ff. und Tz. 358) sowie zur Buchwertmethode im Rahmen der Equity-Methode gelten daher hier sinngemäß.
597 Vgl. Tz. 183 ff.
598 Vgl. *Havermann*, WPg. 1975 S. 234 ff.
599 So *Biener/Schatzmann*, S. 54.
600 Zum Ausweis der Ergebnisübernahme in der Konzern-GuV und zur Behandlung der Ertragsteuern des assoziierten Unternehmens vgl. Tz. 598 ff.
601 Zum Ausweis der Veränderungen des Beteiligungswerts im Anlagespiegel vgl. Tz. 203 ff.

weise in einer Handelsbilanz II[602] oder einer ihrer im Ergebnis entsprechenden Ergebnisfortschreibung vorgenommen werden. Im einzelnen können sich Ergebniskorrekturen ergeben aus:

– Anpassungen an einheitliche Bilanzierungs- und Bewertungsmethoden,
– der Eliminierung von Zwischenergebnissen,
– der Abschreibung von aktiven oder Auflösung von passiven Unterschiedsbeträgen.

bb) Anpassungen an einheitliche Bilanzierungs- und Bewertungsmethoden

469 Wendet das assoziierte Unternehmen in seinem JA vom Konzernabschluß abweichende Bewertungsmethoden an, so können abweichend bewertete Vermögensgegenstände und Schulden für die Erstkonsolidierung angepaßt werden. Sie müssen in diesem Fall auch für die Ermittlung des anteiligen Ergebnisses im Rahmen der Folgekonsolidierungen nach den auf den KA angewendeten Bewertungsmethoden angepaßt werden (§ 312 Abs. 5 Satz 1 HGB). Dasselbe sollte, obgleich im Gesetz nicht erwähnt, auch für die Anpassung der Bilanzansatzmethoden gelten[603]. Korrekturen in beiden Bereichen wirken sich unmittelbar auf die Höhe des zu übernehmenden Ergebnisses aus.

cc) Eliminierung von Zwischenergebnissen

470 Vermögensgegenstände, die in den KA zu übernehmen sind und die ganz oder teilweise auf **Lieferungen** oder **Leistungen assoziierter Unternehmen** beruhen, sind in der Konzernbilanz so anzusetzen, als wenn Lieferer und Empfänger auch rechtlich ein einziges Unternehmen bilden würden (§ 312 Abs. 3 iVm. § 304 Abs. 1 HGB)[604]. Bestände aus Lieferungen und Leistungen von Unternehmen des Konsolidierungskreises **an assoziierte Unternehmen** unterliegen bei entsprechender Anwendung des § 304 Abs. 1 HGB **nicht** der Zwischenergebniseliminierungspflicht, da diese Bestände, jedenfalls nicht als solche, nicht in den KA übernommen werden[605]. Die Beschränkung auf sog. up-stream-Lieferungen resultiert aus der Formulierung des § 304 Abs. 1 HGB als Bewertungsvorschrift für Vermögensgegenstände, die in der Konzernbilanz angesetzt sind. Dem steht nicht entgegen, daß der zu eliminierende Betrag des Zwischenergebnisses formell nicht bei dem Wertansatz der gelieferten Vermögensgegenstände verrechnet wird, sondern im Wertansatz der Beteiligung an assoziierten Unternehmen[606]. Die jeweilige Veränderung des Betrages eliminierter Zwischenergebnisse gegenüber dem Stand am Ende des Vorjahres ist als Korrektur des übernommenen Jahreserfolgs des assoziierten Unternehmens zu behandeln.

471 Für die Praxis der Eliminierung von Zwischenergebnissen aus den zu übernehmenden anteiligen Jahreserfolgen assoziierter Unternehmen ist eine Reihe von Vereinfachungen und Ausnahmen zugelassen:

---

602 Vgl. im einzelnen Tz. 452 sowie Tz. 271 ff.
603 Vgl. Tz. 453.
604 Vgl. im einzelnen Tz. 299 ff.
605 Vgl. *Havermann*, WPg. 1987 S. 319; *Sahner/Häger*, BB 1988 S. 1783; *Küting/Zündorf* in HdRKo. § 312 Tz. 199 ff.; aA *Haase*, BB 1989 S. 1702; *Budde/Raff* in BeBiKo. § 312 Tz. 103.
606 Vgl. *Zündorf*, Quotenkonsolidierung versus Equity-Methode, Stuttgart 1987, S. 174; *Sahner/Häger*, BB 1988 S. 1783; zur Kritik vgl. *Fricke*, S. 323 ff.

- An die Stelle der allgemeinen Verpflichtung zur Eliminierung von Zwischenergebnissen treten auch im Zusammenhang mit der Equity-Methode die Wahlrechte des § 304 Abs. 2 (übliche Marktbedingungen und unverhältnismäßig hoher Aufwand) und Abs. 3 HGB (materiality) [607].
- Eine Pflicht zur Eliminierung von Zwischenergebnissen besteht nur, „soweit die für die Beurteilung maßgeblichen Sachverhalte bekannt oder zugänglich sind" (§ 312 Abs. 5 S. 3 HGB). Diese Einschränkung soll offenbar den Besonderheiten der Assoziierungsverhältnisse Rechnung tragen, da eine zuverlässige Zwischenerfolgseliminierung nur möglich ist, wenn die Kalkulationsunterlagen des liefernden Unternehmens bei Aufstellung des KA bekannt sind [608]. Der Verzicht auf eine Zwischenergebniseliminierung aus diesem Grunde ist daher nicht möglich, wenn **Tochterunternehmen,** die nicht in die Vollkonsolidierung einbezogen werden, im Konzernabschluß nach der Equity-Methode bewertet werden [609].

Sind die Informationen über die Anschaffungs- oder Herstellungskosten des **472** assoziierten Unternehmens nicht zugänglich, kann die Equity-Methode auch ohne Eliminierung der Zwischenergebnisse durchgeführt werden. Die Assoziierungsvermutung (§ 311 Abs. 1 Satz 2 HGB) kann damit nicht widerlegt werden.

Die Eliminierung der Zwischenergebnisse darf auf den Teil beschränkt werden, **473** der der Beteiligungsquote entspricht (§ 312 Abs. 5 Satz 4 HGB). Die beteiligungsproportionale Eliminierung der Zwischenergebnisse wird im Rahmen der Equity-Methode – im Gegensatz zur Vollkonsolidierung – für sachgerecht gehalten [610], soweit es sich um assoziierte Unternehmen und nicht um Tochterunternehmen handelt, die ausnahmsweise unter die Anwendung der Equity-Methode fallen. Durch die quotale Eliminierung werden insbesondere bei hohen Fremdanteilen Verzerrungen des Konzernergebnisses vermieden. Da diese Gefahr nicht besteht, wenn Tochterunternehmen nach der Equity-Methode einbezogen werden [611], und die quotale Eliminierung von Zwischenergebnissen der Einheitstheorie widerspricht, deren Geltung bei der Equity-Methode allerdings in Frage gestellt ist, sollten Zwischenergebnisse, soweit sie aus Geschäften mit Tochterunternehmen resultieren, vollständig eliminiert werden, um dem Ergebnis einer Vollkonsolidierung möglichst nahe zu kommen.

dd) Abschreibungen und Auflösungen von Unterschiedsbeträgen

Unterschiedsbeträge, die bei der Erstkonsolidierung im Rahmen der **Equity-** **474** **Methode** entstehen, werden bei den Folgekonsolidierungen je nach Sachlage erfolgswirksam abgeschrieben bzw. aufgelöst. Sie sind mit den ebenfalls erfolgswirksamen Ergebnisübernahmen zu verrechnen und in der Konzern-Gewinn-

---

607 Vgl. im einzelnen S. 365 f.
608 APB Opinion No. 18, Tz. 19 kennt eine Freistellung von der Verpflichtung zur Zwischenergebniseliminierung aus diesem Grund nicht. Sinnvoller wäre es gewesen, in solchen Fällen einen maßgeblichen Einfluß zu verneinen und damit auch die Anwendbarkeit der Equity-Methode; so auch *Biener/Schatzmann.* S. 54.
609 Vgl. Tz. 183 ff.
610 Vgl. *Harms/Küting.* BB 1982 S. 2160; *Schäfer,* Bilanzierung von Beteiligungen an assoziierten Unternehmen nach der Equity-Methode, S. 298; *Fricke,* Rechnungslegung für Beteiligungen nach der Anschaffungskostenmethode und nach der Equity-Methode, Bochum 1983, S. 270; *Busse von Colbe,* ZfbF 1985 S. 778.
611 Die vollständige Eliminierung würde insoweit Übereinstimmung mit der Vollkonsolidierung erreichen.

und Verlustrechnung zweckmäßig unter dem Ergebnis aus assoziierten Unternehmen **auszuweisen**[612]. Wird bei Anwendung der Kapitalanteilsmethode ein aktiver Unterschiedsbetrag unter dem Posten Geschäfts- oder Firmenwert ausgewiesen, so ist im Konzernanhang anzugeben, unter welchem Posten die darauf vorgenommenen Abschreibungen in der Konzern-GuV ausgewiesen sind.

f) Negativer Wert der Beteiligung

475 Muß das Beteiligungsunternehmen über eine Reihe von Jahren Verluste des assoziierten Unternehmens übernehmen, so kann dies zur Folge haben, daß der Beteiligungsbuchwert auf Null absinkt. Es stellt sich dann die Frage, ob auch bei weiteren Verlusten des assoziierten Unternehmens unverändert die Equity-Methode anzuwenden ist, was zu negativen Beteiligungsbuchwerten führen würde. Im Gesetz ist dieser Fall nicht geregelt, wenngleich die konsequente Anwendung von § 312 Abs. 4 HGB zu diesem Ergebnis führen kann.

476 In der internationalen Praxis[613] wird bei Erreichen der Null-Grenze überwiegend die Anwendung der **Equity-Methode ausgesetzt.** Die Beteiligung wird mit einem Erinnerungsposten fortgeführt. Weitere Verluste beim assoziierten Unternehmen werden statistisch erfaßt. Werden nach Unterschreiten der Null-Grenze wieder Gewinne durch das assoziierte Unternehmen erzielt, so sind sie zunächst mit den statistisch erfaßten Verlusten aufzurechnen. Erst nach vollständiger Kompensation der statistisch vorgetragenen Verlustanteile wird die Equity-Methode durch Zuschreibungen zum Beteiligungsbuchwert wieder fortgeführt. Im Ergebnis bedeutet dies einen Übergang der Equity-Methode auf die Anschaffungskostenmethode, sobald der Beteiligungsbuchwert unter Null sinkt, und wiederum einen Übergang von der Anschaffungskostenmethode zur Equity-Methode, wenn die Null-Grenze wieder überschritten wird[614, 615].

477 Verpflichtet sich das Beteiligungsunternehmen gegenüber dem assoziierten Unternehmen zur **Übernahme** weiterer **Verluste** oder ähnlicher finanzieller Hilfsmaßnahmen auch nach Erreichen der Null-Grenze des Beteiligungsbuchwertes, so sind dafür nach den allgemeinen Grundsätzen beim Beteiligungsunternehmen **Rückstellungen oder Verbindlichkeiten** zu passivieren[616], die gem. § 300 Abs. 1 HGB in die Konzernbilanz zu übernehmen sind.

g) Außerplanmäßige Abschreibungen auf eine Beteiligung

478 Wie andere Detailfragen der Equity-Methode ist eine außerplanmäßige Abschreibung im KA auf Beteiligungen, die nach der Equity-Methode bewertet werden, in § 312 HGB offengelassen. Der Vornahme außerplanmäßiger Abschreibungen steht die Anwendung der Equity-Methode nicht entgegen[617]. In Betracht kommen sowohl fakultative als auch obligatorische Abschreibungen (§ 298 Abs. 1 iVm. §§ 279 Abs. 1 und 253 Abs. 1 HGB).

---

612 Vgl. *Havermann*, WPg. 1987 S. 317; *Harms*, BB 1987 S. 935, 939; *Küting/Zündorf* in HdRKo. § 312 Tz. 114; ebenso IASC, IAS 28, (Fn. 9) Tz. 14.
613 Vgl. IASC, IAS 28 (Fn. 9) Tz. 19; ferner AICPA, APB Opinion No. 18, § 19i.
614 Vgl. *Havermann* in Rechnungslegung und Prüfung in internationaler Sicht, S. 425; *Fricke*, S. 242.
615 In den USA (vgl. AICPA, APB Opinion Nr. 18, § 19i) kann ausnahmsweise die Equity-Methode fortgesetzt werden und ein negativer Beteiligungswert als Rechnungsabgrenzungsposten passiviert werden, wenn in Kürze mit einer Gewinnerzielung zu rechnen ist. Diese Praxis ist jedoch mit § 250 HGB nicht vereinbar.
616 So auch *Biener/Schatzmann*, S. 55.
617 So im Ergebnis auch AICPA, APB Opinion No. 18, Tz. 19h; IASC, IAS 28, (Fn. 9) Tz. 20; vgl. ferner *Havermann*, WPg. 1975 S. 234.

Materiell bedeutet die außerplanmäßige Abschreibung eine nachträgliche Korrektur der ursprünglichen Anschaffungskosten. Die Fortschreibungen des Beteiligungswertes in der Konzernbilanz aufgrund von anteiligen Jahresergebnissen und Dividendenausschüttungen werden nach einer außerplanmäßigen Abschreibung auf einem niedrigeren Niveau weitergeführt. Wird die außerplanmäßige Abschreibung in einem späteren Jahr rückgängig gemacht, so wird dadurch der ursprüngliche Zustand wiederhergestellt. **479**

h) Abweichender Bilanzstichtag des assoziierten Unternehmens

Für die Anwendung der Equity-Methode ist der jeweils letzte JA des assoziierten Unternehmens zugrundezulegen (§ 312 Abs. 6 Satz 1 HGB). Anders als bei der Vollkonsolidierung[618] ist demnach in keinem Fall ein Zwischenabschluß aufzustellen. Im Extremfall kann der Bilanzstichtag des assoziierten Unternehmens zwölf Monate vor dem Stichtag des KA liegen[619]. Diese offenbar als Vereinfachungsregel gedachte Vorschrift soll der Tatsache Rechnung tragen, daß der Einfluß des Beteiligungsunternehmens auf die Umstellung des GJ des assoziierten Unternehmens begrenzt ist[620]. Dies gilt insbesondere dann, wenn das betreffende Unternehmen assoziiertes Unternehmen im Verhältnis zu mehreren Beteiligungsgesellschaften mit möglicherweise unterschiedlichen Bilanzstichtagen ist[621]. **480**

Bei übereinstimmendem GJ ist der „letzte JA" iSv. § 312 Abs. 6 S. 1 HGB grundsätzlich der auf den Konzernbilanzstichtag aufgestellte JA des assoziierten Unternehmens. In vielen Fällen wird ein solcher Abschluß noch nicht im Rechtssinne „festgestellt" sein. Einer solchen Feststellung bedarf es auch nicht, weil das Erfordernis der Feststellung nicht in das Gesetz aufgenommen worden ist. Ist das assoziierte Unternehmen prüfungspflichtig, so ist fraglich, ob der Anwendung der Equity-Methode ein geprüfter JA zugrunde zu legen ist. Jedenfalls darf der zugrundegelegte JA nicht ein Entwurf sein, sondern es muß sich dabei um die Fassung handeln, die mit hinreichender Wahrscheinlichkeit von den zuständigen Organen festgestellt wird[622]. Ggf. muß auf den Abschluß des Vorjahres zurückgegriffen werden. **481**

Fraglich kann sein, ob der Equity-Methode auch ein freiwillig auf den KA-Stichtag aufgestellter und geprüfter **Zwischenabschluß** eines assoziierten Unternehmens zugrunde gelegt werden kann. Ein solcher Abschluß ist kein Jahresabschluß. Der Wortlaut des § 312 Abs. 6 Satz 1 HGB spricht demnach dagegen. Solange jedoch ein auf den Stichtag des KA aufgestellter Zwischenabschluß ein zutreffenderes Bild von der Vermögens-, Finanz- und Ertragslage des Konzerns (§ 264 Abs. 2 HGB) gibt als der letzte JA (§ 312 Abs. 6 Satz 1 HGB), sollten gegen seine Verwendung keine Bedenken bestehen. Allerdings ist dann, wenn einmal ein Zwischenabschluß verwendet worden ist, auch in Folgejahren die Equity-Methode auf der Basis von Zwischenabschlüssen anzuwenden. **482**

---

618 Vgl. Tz. 523 ff.
619 Vgl. *Maas/Schruff*, WPg. 1985 S. 6.
620 Vgl. *Müller*, DB 1980 S. 268.
621 Vgl. *Schäfer*, S. 347 f.
622 Vgl. ebenso *Küting/Zündorf* in HdRKo. § 312 Tz. 183; aA *Budde/Raff* in BeBiKo. § 312 Tz. 118, die den Abschluß der Prüfung voraussetzen.

483 Wird die Equity-Methode nicht auf ein assoziiertes Unternehmen, sondern auf ein nicht im Wege der Vollkonsolidierung einbezogenes **Tochterunternehmen**[623] angewendet, so sollte für diesen Fall nach der allgemeinen Regel des § 299 Abs. 2 HGB[624] ggf. ein Zwischenabschluß erstellt werden. Hier haben es die MU in der Hand, für die Vorlage eines Abschlusses auf den Konzernbilanzstichtag, eines zeitnahen Abschlusses[625] oder Zwischenabschlusses zu sorgen, so daß die Erleichterungen wegen der begrenzten Möglichkeit zur Einflußnahme auf assoziierte Unternehmen hier entfallen können.

j) Konzernabschluß des assoziierten Unternehmens als Grundlage für die Equity-Methode

484 Stellt das assoziierte Unternehmen einen KA auf, so ist von diesem und nicht vom JA des assoziierten Unternehmens auszugehen (§ 312 Abs. 6 Satz 2 HGB). Diese Regelung ist die Konsequenz daraus, daß sich der maßgebliche Einfluß des beteiligten Unternehmens nicht nur auf das assoziierte Unternehmen selbst, sondern auch auf dessen Tochterunternehmen erstreckt.

485 Allerdings verursacht die Anwendung der Equity-Methode auf der Grundlage des KA zusätzliche Schwierigkeiten bei der Erst- und bei den Folgekonsolidierungen. Die Zuordnung eines aktiven Unterschiedsbetrags bei der Buchwertmethode sowie die Neubewertung bei der Kapitalanteilsmethode verlangen, die stillen Reserven nicht nur in der Bilanz des assoziierten Unternehmens, sondern auch die in den Werten der Konzernbilanz enthaltenen stillen Reserven der einbezogenen Tochterunternehmen zu ermitteln und in den Folgejahren weiterzuverfolgen.

486 Bei der Ermittlung des anteiligen Eigenkapitals anhand der Konzernbilanz des assoziierten Unternehmens ist zu berücksichtigen, daß der Ausgleichsposten für Anteile anderer Gesellschafter, obwohl zum Eigenkapital gehörend[626], nicht in die Bemessungsgrundlage des Investors einzubeziehen ist[627]. Dementsprechend sind auch bei der Übernahme des anteiligen Konzernergebnisses Gewinne und Verluste anderer Gesellschafter abzusetzen.

k) Abweichungen zwischen dem Wert der Beteiligung im Einzel- und Konzernabschluß

487 Da die Equity-Methode in Deutschland ausschließlich im KA angewendet wird und die Beteiligungen an assoziierten Unternehmen in den Einzelabschlüssen, die der Konsolidierung zugrunde gelegt werden, nach dem Anschaffungskostenprinzip bewertet sind, ergeben sich in der Konsolidierung Differenzbeträge in Höhe der Abweichung zwischen dem Buchwert im Einzelabschluß und dem Equity-Wert nach dem Stand am Ende des VJ.

488 In jeder Konzernbilanz muß daher erneut der Wertansatz für die Beteiligung auf den Stand am Ende des VJ gebracht werden, ehe die Veränderungen des laufen-

---

623 Vgl. Tz. 183 ff.
624 Vgl. Tz. 529 ff.
625 Nicht mehr als 3 Monate vor dem Stichtag des KA.
626 Vgl. § 307 HGB.
627 Vgl. *Fricke*, S. 116 ff.; aA *Küting/Zündorf* in HdRKo. § 312 Tz. 22. Zu weiteren Abgrenzungen des anteiligen Eigenkapitals im Fall der Ermittlung aus dem KA des assoziierten Unternehmens vgl. *Fricke*, S. 116 ff.

den Jahres vorgenommen werden können. Als Gegenposten sind die **Gewinn-rücklagen** in der Konzernbilanz entsprechend zu korrigieren. Ist bei der Erstkonsolidierung kein Ausgleichsposten entstanden, so beinhaltet dieser Korrekturposten den Saldo aus Gewinn- und Verlustanteilen sowie Ausschüttungen (Eigenkapitalveränderungen) nach dem Erwerb der Beteiligung. Der Ausweis des Gegenpostens unter den Gewinnrücklagen ist daher sachlich gerechtfertigt. Ein gesonderter Ausweis ist nicht erforderlich [628].

l) Methodenwechsel

aa) Erwerb oder erstmalige Einbeziehung eines assoziierten Unternehmens

Der Wertansatz für die Beteiligung (§ 312 Abs. 1 Satz 1 Nr. 1 u. 2 HGB) und die **489** Unterschiedsbeträge (§ 312 Abs. 1 Satz 2 u. 3 HGB) werden auf der Grundlage der Wertansätze zum **Stichtag** des Erwerbs der Anteile oder der erstmaligen Einbeziehung des assoziierten Unternehmens in den KA oder beim Erwerb der Anteile zu verschiedenen Zeitpunkten zu dem Zeitpunkt, zu dem das Unternehmen assoziiertes Unternehmen geworden ist, ermittelt. Der gewählte Zeitpunkt ist im Konzernanhang anzugeben (§ 312 Abs. 3 HGB). Die Regelung entspricht vollinhaltlich derjenigen für den Stichtag der Erstkonsolidierung bei Vollkonsolidierung (§ 301 Abs. 2 HGB). Die Ausführungen dazu [629] gelten daher sinngemäß für die Fälle, in denen ein Unternehmen als assoziiertes Unternehmen erworben und zum nächstmöglichen Zeitpunkt in den KA einbezogen wird. Ist ein Unternehmen zwar als assoziiertes Unternehmen erworben worden, aber in Ausübung des Konsolidierungswahlrechts (§ 311 Abs. 2 HGB) erst zu einem späteren Zeitpunkt in den KA einbezogen worden, so sollte das anteilige Eigenkapital bei Erstkonsolidierung mit dem Wert angesetzt werden, als wenn die Equity-Methode vom Erwerbsstichtag an angewendet worden wäre [630]. Praktisch bedeutet dies, daß trotz Nichteinbeziehung in den KA die Equity-Methode vom Erwerb des assoziierten Unternehmens an statistisch angewendet werden muß oder daß auf den Stichtag der erstmaligen Einbeziehung das anteilige Eigenkapital des assoziierten Unternehmens [631] ermittelt werden muß.

Eine Beteiligung, die bisher nach der Anschaffungskostenmethode zu bilanzieren war, kann sich zB aufgrund einer Erhöhung der Beteiligungsquote für die Anwendung der Equity-Methode qualifizieren. Für die dann erstmals erforderliche Kapitalkonsolidierung sind grundsätzlich zwei Möglichkeiten zugelassen (§ 312 Abs. 3 HGB):

(1) Für die erstmalige Anwendung werden die Wertverhältnisse zugrundegelegt, **490** die im Zeitpunkt des Erwerbs der Anteile bestanden. Das bedeutet, die Beteiligung ist so auszuweisen, als ob die Equity-Methode vom Zeitpunkt des ersten Anteilserwerbs angewendet worden wäre (**retroaktive Anpassung**) [632]. Ist eine Beteiligung zB in zwei Tranchen im Abstand von zehn Jahren erworben worden, so ist rückwirkend die Kapitalkonsolidierung für den ersten Teilbetrag zu den Werten des Erwerbstages vorzunehmen, ein Unterschiedsbetrag entweder abzu-

---

628 AA *Harms/Küting*, BB 1982 S. 2155, die einen Sonderausweis verlangen.
629 Vgl. im einzelnen Tz. 359 ff.
630 Dieses Problem entsteht nur deshalb, weil in Deutschland die Equity-Methode im Einzelabschluß nicht angewendet werden darf.
631 Vgl. unten Tz. 490 f.
632 Nach den Richtlinien des AICPA, APB Opinion No. 18, § 19 m, ist grundsätzlich die retroaktive Anpassung vorgeschrieben.

schreiben oder aufzulösen und mit den anteiligen Jahresergebnissen der nachfolgenden Jahre zu verrechnen. Für den Erwerbszeitpunkt der zweiten Tranche (hier = Zeitpunkt der erstmaligen Anwendung) ist entsprechend zu verfahren[633]. Soweit die nach der Equity-Methode erforderlichen Fortschreibungen des Beteiligungswertes die Jahre vor erstmaliger Anwendung betreffen, werden sie im Wertansatz der Beteiligung im Zeitpunkt erstmaliger Anwendung berücksichtigt. Im Jahr des Übergangs ergibt sich dadurch in Höhe der Differenz zum bisherigen Buchwert eine Änderung des Eigenkapitals im KA. Dabei ist es sachgerecht, diese Differenz, die idR positiv ist, unmittelbar den Gewinnrücklagen[634] zuzuführen, ohne das Konzernergebnis zu berühren, weil die Beteiligung im Übergangszeitpunkt so dargestellt werden soll, als wäre sie von Anfang an nach der Equity-Methode bewertet worden. Diese Methode kann insbesondere bei einem lange Zeit zurückliegenden Beteiligungserwerb oder bei einem Sukzessiverwerb aufwendig sein.

491   (2) Die ebenfalls zugelassene **Stichtagsanpassung** (§ 312 Abs. 3 S. 1 HGB) vermeidet diese Arbeiten. Sie unterstellt für den Wertansatz der Beteiligung und der Unterschiedsbeträge, daß das assoziierte Unternehmen am Stichtag seiner erstmaligen Einbeziehung in den KA erworben worden ist und geht daher von dem an diesem Stichtag vorhandenen Beteiligungswert und anteiligen Eigenkapital aus.

492   Im **Konzernanhang** ist anzugeben, welche Methode angewendet worden ist (§ 312 Abs. 3 Satz 2 HGB).

bb) Übergang von der Equity-Methode zur Anschaffungskostenmethode

493   Durch den Verkauf von Anteilen oder andere Umstände kann der Fall eintreten, daß die Ausübung eines maßgeblichen Einflusses für die Zukunft ausgeschlossen ist. Eine bisher nach der Equity-Methode bewertete Beteiligung ist dann nach der Ans·haffungskosten-Methode zu bilanzieren. Das Gesetz regelt die dazu erforderliche Umstellung der Bewertung nicht explizit.

494   Es muß jedoch davon ausgegangen werden, daß in einem solchen Fall die Beteiligung auch im KA mit den Anschaffungskosten ausgewiesen werden muß. Liegt der bisher in der Konzernbilanz ausgewiesene Wert über den Anschaffungskosten in der Einzelbilanz, so müssen Beteiligungsbuchwert und Gewinnrücklagen um den Differenzbetrag vermindert werden[635] bzw. die bisher im KA vorgenommenen Anpassungen[636] müssen unterbleiben. Materiell handelt es sich dabei um eine Änderung des Konsolidierungskreises, die im Konzernanhang zu erläutern ist[637]. Liegt der Beteiligungswert in der Einzelbilanz über dem in der Konzernbilanz, so ist im Prinzip eine Aufstockung im KA bei gleichzeitiger Erhöhung der Gewinnrücklagen geboten. Zuvor sollte jedoch geprüft werden, ob nicht auch in der Einzelbilanz ein niedrigerer Wert angesetzt werden kann oder muß (§ 253 Abs. 2 HGB), der dann gem. § 308 HGB auch in den KA aufgenommen wird.

---

633 Wegen ausführlicher Beispiele vgl. *Bühner/Hille*, WPg. 1980 S. 265 f.; *Schäfer*, S. 332 ff.
634 Vgl. Tz. 372.
635 So auch *Schäfer*, S. 329.
636 Vgl. Tz. 487 f.
637 APB Opinion No. 18, Tz. 19 l) geht demgegenüber davon aus, daß der Equity-Wert am Übergangsstichtag praktisch eingefroren und in Zukunft als Anschaffungskosten betrachtet wird. Eine Verminderung ist nur insoweit erforderlich, als in den VJ thesaurierte Gewinne, die in den Beteiligungswert eingegangen sind, ausgeschüttet werden.

10. Schuldenkonsolidierung

a) Grundsatz

Unter Schuldenkonsolidierung versteht man die **Aufrechnung der Forderungen**   **495**
und Verbindlichkeiten zwischen den in die Konsolidierung einbezogenen Unternehmen. Ihre sachliche Berechtigung findet die Schuldenkonsolidierung in der Einheitstheorie; gesetzliche Grundlage ist § 303 Abs. 1 HGB: „Ausleihungen und andere Forderungen, Rückstellungen und Verbindlichkeiten zwischen den in den KA einbezogenen Unternehmen sowie entsprechend Rechnungsabgrenzungsposten sind wegzulassen."

Die **Begriffe „Forderungen und Verbindlichkeiten"** sind nicht in dem engen   **496**
bilanztechnischen Sinne des § 266 HGB zu verstehen, sondern weit auszulegen, so daß auch ausstehende **Einlagen, Anzahlungen, Wechselforderungen, Guthaben bei Kreditinstituten, sonstige Vermögensgegenstände** sowie **Eventualverbindlichkeiten** grundsätzlich konsolidierungspflichtig sind.

Für die Notwendigkeit der Schuldenkonsolidierung kommt es grundsätzlich   **497**
nicht darauf an, ob sich im Einzelfall Forderungen und Verbindlichkeiten in gleicher Höhe oder überhaupt gegenüberstehen. So stehen zB idR konzerninternen Rückstellungen keine Forderungen gegenüber[638]. Allerdings muß aus dem System heraus eine Aufrechnung prinzipiell möglich sein. Diese Voraussetzung ist nicht gegeben, wenn ein assoziiertes Unternehmen (§ 311 Abs. 3 HGB) nach der Equity-Methode (§ 312 Abs. 3 HGB) in den Konzernabschluß einbezogen wird. In diesem Falle entfällt auch die Konsolidierung der Haftungsverhältnisse. Im Prinzip möglich ist dagegen die Schuldenkonsolidierung bei Anwendung der Quotenkonsolidierung[639].

Dem allgemeinen Grundsatz der Wesentlichkeit entsprechend darf auf die   **498**
Schuldenkonsolidierung in den Fällen **verzichtet** werden, in denen dies keine Auswirkungen auf die geforderte Vermittlung eines den tatsächlichen Verhältnissen entsprechenden Bildes hat (§ 303 Abs. 2 HGB).

b) Rückstellungen

In den Einzelbilanzen (ggf. Handelsbilanz II) freiwillig oder zwingend ange-   **499**
setzte Rückstellungen werden grundsätzlich in die Konzernbilanz übernommen (§ 300 Abs. 2 HGB). Eine **Konsolidierungspflicht** besteht jedoch für Rückstellungen, die zur Abdeckung von Verpflichtungen gegenüber anderen einbezogenen Unternehmen gebildet worden sind[640]. Aus der Sicht des Konzerns bedeuten diese Rückstellungen eine Verbindlichkeit gegenüber sich selbst. Sie müssen auch dann „weggelassen" (§ 303 Abs. 1 HGB) werden, wenn ihnen keine Forderungen bei konsolidierten Konzernunternehmen gegenüberstehen.

Ein **Weglassen innerkonzernlicher Rückstellungen** ist jedoch insoweit nicht mög-   **500**
lich, als diese aus der Sicht des Konzerns einen anderen Charakter bekommen und daher aus anderen Gründen als denen, die ursprünglich zu ihrer Bildung

---

638 Vgl. unten b).
639 Vgl. Tz. 521 f.
640 Vgl. *Baumbach/Hueck*, § 331, Anm. 16; *Busse von Colbe/Ordelheide*, S. 174 f.; *Dreger*, S. 160; *Heine*, WPg. 1967 S. 113/116; *Wohlgemuth*, Schuldenkonsolidierung, in HdJ, Abt. V/4 Tz. 30.

geführt haben, beibehalten werden müssen. So kann zB eine **Rückstellung für Gewährleistungen** aus der Sicht des Konzerns den Charakter einer Rückstellung für unterlassene Reparaturen oder einer Wertberichtigung annehmen[641].

501   Die Beibehaltung einer Rückstellung kann auch dann notwendig sein, wenn die Rückstellung nur formell durch Geschäftsbeziehungen mit einem konsolidierten Unternehmen bedingt ist, materiell jedoch gegenüber den Dritten besteht. So ist zB das Weglassen einer Rückstellung für Verluste aus schwebenden Geschäften mit einem konsolidierten Unternehmen dann nicht zulässig, wenn das zur Lieferung verpflichtete Unternehmen (zB eine Konzerneinkaufsgesellschaft) seinerseits zu den gleichen Bedingungen einem konzernfremden Unternehmen verpflichtet ist und in seiner Bilanz das schwebende Geschäft (praktisch als eine Art durchlaufenden Posten) nicht bilanziert hat[642]. Ein ähnlicher Sachverhalt kann dann gegeben sein, wenn eine Garantierückstellung nur formell gegenüber einem konsolidierten Unternehmen, materiell aber gegenüber einem Dritten besteht[643].

c) Rechnungsabgrenzungsposten

502   Soweit der Bildung von RAP konzerninterne Schuldverhältnisse (zB Verrechnung von Zinsen, Mieten, Pachten) zugrunde liegen, besteht für sie eine Konsolidierungspflicht nach § 303 Abs. 1 HGB. Dabei ist unerheblich, daß der Ausgleich von Anspruch und Verpflichtung nicht in Geld, sondern durch eine andere Leistung erfolgt. Schwierigkeiten können sich bei der **Konsolidierung des Disagios** ergeben. Werden innerhalb des Konsolidierungskreises Darlehen (Anleihen, Hypotheken) mit einem Disagio gewährt, so ist der Schuldner verpflichtet, die Verbindlichkeit mit ihrem Rückzahlungsbetrag zu passivieren (§ 253 Abs. 1 Satz 2 HGB), während ihm freigestellt ist, das Disagio im Jahr der Entstehung der Verbindlichkeit voll als Aufwand zu behandeln oder zu aktivieren und abzuschreiben. Der Gläubiger wird im allgemeinen seine Forderung ebenfalls mit dem Rückzahlungsbetrag ansetzen, ist dann jedoch verpflichtet, das Disagio passiv abzugrenzen und ratierlich aufzulösen. Infolge der Passivierungspflicht des Disagios beim Gläubiger und des Aktivierungswahlrechts beim Schuldner sowie der ggf. unterschiedlichen Auflösung werden sich häufig aktives und passives Disagio nicht in gleicher Höhe gegenüberstehen. Durch das „Weglassen" beider Posten entsteht dann ein aktiver oder passiver Überhang, der im Zuge der erfolgswirksamen Schuldenkonsolidierung zu verrechnen ist.

503   Dasselbe gilt, wenn der Gläubiger statt der Aktivierung des Rückzahlungsbetrages bei gleichzeitiger Passivierung eines Disagios die Forderung nur mit dem Ausgabebetrag aktiviert und den jährlichen Anteil aus der Differenz zwischen Ausgabe- und Rückzahlungskurs durch Aufstockung der Forderung vereinnahmt[644].

---

641 Vgl. *Semler jr.* IDW-Fachtagung, 1959 S. 49/76; St/NA 2/1967, WPg. S. 488/489; AK Chemie, ZfB 2. Ergänzungsheft, 1967, S. 25/26; *Busse von Colbe/Ordelheide*, S. 174 f.
642 Vgl. *Heine*, WPg. 1967 S. 116 f.
643 Vgl. *Busse von Colbe/Ordelheide*, S. 175; AK „Externe Unternehmensrechnung" der *Schmalenbach-Gesellschaft – Deutsche Gesellschaft für Betriebswirtschaft e. V.* S. 89.
644 So zB die Handhabung bei Zero-Bonds. Vgl. St/HFA 1/1986; *Bordewin*, WPg. 1986 S. 263 f.

Nach den gleichen Grundsätzen ist sinngemäß zu verfahren, wenn vertraglich   **504**
bei Fälligkeit des Darlehens die Zahlung eines **Aufgeldes (Agio)** vorgesehen
ist [645].

d) Eventualverbindlichkeiten und Haftungsverhältnisse

Die **Eventualverbindlichkeiten** und **Haftungsverhältnisse**, die nach § 251 iVm.   **505**
§ 268 Abs. 7 HGB unter der Einzelbilanz zu vermerken sind, müssen auch unter
der Konzernbilanz **vermerkt** werden (§ 298 Abs. 1 HGB). Das setzt voraus, daß
auch die in die Konsolidierung einbezogenen Unternehmen, die nicht die
Rechtsform einer Kapitalgesellschaft haben, ihre Haftungsverhältnisse in entsprechender Aufgliederung (§ 268 Abs. 7 HGB) dem MU mitteilen.

Die **Haftungsverhältnisse** der konsolidierten Konzernunternehmen dürfen   **506**
jedoch nicht generell additiv in den KA übernommen werden, sondern unterliegen grundsätzlich wie alle anderen Posten des JA der Konsolidierungspflicht.
Die Verpflichtung ergibt sich für die Eventualverbindlichkeiten – wie für andere
Verbindlichkeiten – aus § 303 Abs. 1 HGB und für alle anderen Haftungsverhältnisse – sowie für die Eventualverbindlichkeiten ergänzend – aus § 297 Abs. 3
HGB. Danach ist im KA die Vermögens-, Finanz- und Ertragslage der einbezogenen Unternehmen so darzustellen, als ob diese insgesamt ein (rechtlich) einheitliches Unternehmen wären. Daher müssen alle Vermerke unter der Bilanz
entfallen, die aus dem Rechtsverkehr der konsolidierten Unternehmen untereinander entstanden sind.

Im einzelnen sind in materieller Übereinstimmung mit der Sach- und Rechtslage nach dem AktG 1965 Konsolidierungen in folgenden Bereichen vorzunehmen [646]:

Der Vermerk des **Wechselobligos** (§ 251 Abs. 1 HGB) muß insoweit entfallen, als   **507**
sich Wechsel, die von einem einbezogenen Unternehmen ausgestellt oder indos-
siert worden sind, in der Hand eines anderen konsolidierten Unternehmens
befinden. Dasselbe gilt, wenn bei einem einbezogenen Unternehmen die Wechsel als Wechselverbindlichkeiten auszuweisen sind. Dabei ist unerheblich, ob in
der Indossantenkette auch konzernfremde Dritte sind [647, 648].

Bürgschaften und **Gewährleistungsverträge** (§ 251 Abs. 1 HGB) von konsolidier-   **508**
ten Unternehmen gegenüber anderen einbezogenen Unternehmen dürfen in der
Konzernbilanz nicht vermerkt werden, weil diese Verpflichtungen aus der Sicht
des Konzerns eine Verpflichtung gegenüber sich selbst bedeuten. Dies gilt unabhängig davon, ob die Bürgschaft (bzw. der Gewährleistungsvertrag) für Verbindlichkeiten eines ebenfalls in den KA einbezogenen Unternehmens geleistet worden ist.

Leisten einbezogene Unternehmen Bürgschaften für die Verbindlichkeiten ande-   **509**
rer einbezogener Unternehmen gegenüber konzernfremden Dritten, so muß im
Konzernabschluß der Vermerk der Bürgschaft unterbleiben, da die ihr zugrunde

---

645 Vgl. *ADS* § 250 Tz. 87 ff., § 253 Tz. 131.
646 Vgl. insbesondere *Haegert*, WPg. 1965 S. 501 ff.
647 Zu den Schwierigkeiten der Erfassung vgl. *ADS* § 266 Tz. 217; *Heine*, WPg. 1967, S. 113/117; *Brei-
tenstein*, WPg. 1968, S. 361 ff.
648 Zur Angabepflicht des Wechselobligos gegenüber nicht konsolidierten Tochterunternehmen im
Anhang (§ 314 Abs. 1 Nr. 2, 2. Hs. HGB) vgl. Tz. 724.

liegende Hauptschuld bereits unter den Passiven des Konzerns ausgewiesen wird und darüber hinaus für den Konzern keine Verbindlichkeit besteht. Wird ceteris paribus ein Gewährleistungsvertrag geschlossen oder eine **Patronatserklärung** abgegeben, so hängt die Behandlung im Konzernabschluß davon ab, inwieweit das Garantieversprechen eine über den Rahmen der Hauptschuld wesentlich hinausgehende wirtschaftliche Belastung für den Konzern bedeutet. Liegt eine solche Belastung vor, ist der Vermerk nach den allgemeinen Grundsätzen in die Konzernbilanz zu übernehmen – unabhängig davon, daß es sich aus der Sicht des Konzerns um Garantien für eigene Verbindlichkeiten handelt [649]. Ist diese Voraussetzung nicht erfüllt, muß der Vermerk entfallen.

510 Auch Vermerke aus der **Bestellung von Sicherheiten** für fremde Verbindlichkeiten (§§ 251 Abs. 1, 268 Abs. 7 HGB) wie Sicherungsübertragungen, Bestellung von Pfandrechten an beweglichen Sachen, Bestellung von Grundpfandrechten uä. dürfen nicht in die Konzernbilanz übernommen werden, wenn die Begünstigten aus diesen Haftungsverhältnissen ebenfalls in den KA einbezogene Unternehmen sind. Ob die gesicherte Verbindlichkeit von einem konsolidierten Konzernunternehmen oder einem Dritten geschuldet wird, ist dann unerheblich. Aus der Sicht der **Einheitstheorie** bestellt der Konzern sich in allen diesen Fällen selbst eine Sicherheit. Haften konsolidierte Unternehmen Dritten aus der Bestellung von Sicherheiten für Verbindlichkeiten anderer Dritter, so handelt es sich aus der Sicht des Konzerns um eine Haftung für eine fremde Verbindlichkeit. Die Haftung ist folglich als Bilanzvermerk in die Konzernbilanz zu übernehmen (§ 251 iVm. § 298 Abs. 1 HGB). Ist der Dritte ein nicht konsolidiertes Tochterunternehmen, so ist dies im Konzernanhang anzugeben (§ 314 Abs. 1 Nr. 2, 2. Hs. HGB), sofern dies nicht bereits freiwillig im Rahmen des Bilanzvermerks (zB „davon gegenüber nicht konsolidierten Tochterunternehmen") geschehen ist. Haften konsolidierte Unternehmen Dritten aus der Bestellung von Sicherheiten für Verbindlichkeiten anderer konsolidierter Tochterunternehmen, so ist ein Vermerk unter der Bilanz nach § 251 iVm. § 298 Abs. 1 HGB nicht erforderlich, da in diesem Falle die Verbindlichkeit als solche in der Konzernbilanz enthalten ist. Allerdings muß dann die Besicherung der Verbindlichkeit im Konzernanhang angegeben werden (§ 314 Abs. 1 Nr. 1, 2. Hs. HGB) [650].

511 Haften mehrere einbezogene Unternehmen nebeneinander für die Verbindlichkeit eines anderen einbezogenen Unternehmens und liegt insoweit eine „Übersicherung" der Verbindlichkeit vor, so ist der Vermerk nur in der Höhe anzugeben, in der der Konzern höchstens haftet.

e) Drittschuldverhältnisse

512 Drittschuldverhältnisse (Fremdschuldverhältnisse) liegen dann vor, wenn konzernfremde Dritte gegenüber verschiedenen Unternehmen des Konsolidierungskreises gleichzeitig Forderungen und Verbindlichkeiten haben. Als Drittunternehmen gelten auch die nach §§ 295, 296 HGB nicht einbezogenen Unternehmen; unbeschadet dessen liegen aus der Sicht des Konzerns als wirtschaftlicher Einheit (§ 297 Abs. 3 HGB) Forderungen und Verbindlichkeiten gegenüber dem-

---

649 Vgl. auch *Busse von Colbe/Ordelheide*, S. 177 f.; *ADS* § 303 Tz. 22.
650 Vgl. im einzelnen Tz. 706 ff.

selben Dritten vor. Es entspricht daher der Einheitstheorie, die verrechenbaren Drittschuldverhältnisse mit in die Schuldenkonsolidierung einzubeziehen[651].

Das HGB verlangt jedoch nur eine Konsolidierung von Forderungen und Ver- **513** bindlichkeiten „zwischen den in den KA einbezogenen Unternehmen". Zu einer Konsolidierung von Drittschuldverhältnissen besteht demnach keine Verpflichtung. Gegen eine **freiwillige Konsolidierung** von Drittschuldverhältnissen bestehen dagegen keine Bedenken, soweit dabei die Grenzen, die § 246 Abs. 2 HGB einer Saldierung von Forderungen und Verbindlichkeiten in der Einzelbilanz setzt[652], nicht überschritten werden[653].

f) Erfolgswirksame Schuldenkonsolidierung

Im Normalfall der Schuldenkonsolidierung stehen sich Forderungen und Ver- **514** bindlichkeiten in gleicher Höhe gegenüber. Das „Weglassen" (§ 303 Abs. 1 HGB) ist erfolgsneutral und konsolidierungstechnisch unproblematisch. Nicht selten jedoch weichen konsolidierungspflichtige Forderungen und Verbindlichkeiten voneinander ab, wobei in aller Regel der Wertansatz der Forderungen unter dem der Verbindlichkeiten liegt. Die Gründe dafür können zB darin liegen, daß der Gläubiger Ausleihungen mit einem niedrigeren Wertansatz gem. § 253 Abs. 2 HGB angesetzt oder unverzinsliche Darlehen auf den Barwert abgezinst hat, während die entsprechenden Verbindlichkeiten beim Schuldner zum Rückzahlungsbetrag passiviert sind.

Im Falle des konzernintern mit **Disagio** gewährten Darlehens übersteigt der **515** Buchwert der Verbindlichkeit den der Forderung dann, wenn der Gläubiger bei Hingabe des Darlehens das Disagio nicht passiv abgrenzt, sondern das Darlehen mit dem Auszahlungsbetrag bilanziert und den Buchwert direkt über die Laufzeit verteilt aufstockt, während der Schuldner das Disagio sofort als Aufwand behandelt (§ 250 Abs. 3 HGB)[654].

Weiterhin können Forderungen an einbezogene Unternehmen, die zum Umlauf- **516** vermögen des Gläubigers zählen, nach dem Niederstwertprinzip oder aufgrund der Ausübung der Bewertungswahlrechte nach § 253 Abs. 3 Satz 1 und 3 HGB abgewertet sein. **Konzerninternen Rückstellungen** werden nur in Ausnahmefällen Forderungen anderer einbezogener Unternehmen gegenüberstehen.

Der Umkehrfall, daß konzerninterne Forderungen die entsprechenden Verbind- **517** lichkeiten übersteigen, dürfte nur ausnahmsweise eintreten, da der Schuldner stets den Rückzahlungsbetrag der Schuld bilanziert und für den Gläubiger die Anschaffungskosten der Forderung die Obergrenze der Bewertung bilden (Ausnahme: Obligationen eines einbezogenen Unternehmens, die ein anderes einbezogenes Unternehmen zu einem Überparikurs erworben hat).

Unabhängig davon, ob und in welcher Höhe ein Gegenposten vorhanden ist, **518** sind Forderungen und Verbindlichkeiten nach § 303 Abs. 1 HGB „wegzulas-

651 Vgl. *Dreger*, S. 159; *Kronstein*, in Kölner Kom. § 331 Anm. 55; *Busse von Colbe/Ordelheide*, S. 175 f.; einschränkend *Barz*, in Großkom. § 331 Anm. 37, der eine Einbeziehung von Drittschuldverhältnissen in die Schuldenkonsolidierung nur dann für zulässig hält, wenn auch zivilrechtlich – zB aufgrund von Konzernverrechnungsklauseln – eine Aufrechnungsmöglichkeit gegeben ist.
652 Vgl. § 387 BGB.
653 *Busse von Colbe/Ordelheide*, S. 175 f.; *ADS*, § 303 Tz. 30; aA *Heine*, WPg. 1967 S. 146/149; *Fasold*, NB 1967 Nr. 4, S. 28/34 und offenbar auch *Baumbach/Hueck*, S. 331 Anm. 17.
654 Zum konzerninternen Disagio vgl. Tz. 502 f.

sen"; dies hat grundsätzlich ein „Ausbuchen" der aktiven und passiven Restbeträge zur Folge. Die Restbeträge werden dadurch ergebniswirksam, wobei je nachdem, ob es sich um eine erstmalige oder wiederholte Verrechnung des Restbetrages handelt, zwischen einer Beeinflussung des **Jahresergebnisses** einerseits und des **Ergebnisvortrages** oder der **Gewinnrücklagen** des Konzerns andererseits zu unterscheiden ist[655].

519   Nicht um Restbeträge idS handelt es sich bei Differenzen zwischen konzerninternen Forderungen und Verbindlichkeiten, die sich aus buchungstechnischen Unebenheiten ergeben (zB zeitliche Buchungsunterschiede). Diese Beträge sind nicht erfolgswirksam zu verrechnen, sondern bei der Konsolidierung zu korrigieren. Zweckmäßigerweise sollten solche Differenzen bereits bei Aufstellung der Einzelbilanzen festgestellt und berichtigt werden.

g) Erstmalige Schuldenkonsolidierung

520   Bei der erstmaligen erfolgswirksamen Schuldenkonsolidierung kann das Jahresergebnis des Konzerns in außergewöhnlichem Umfang beeinflußt werden. Dadurch könnte die Vergleichbarkeit mit anderen Abschlüssen beeinträchtigt werden. Daher kann der Unterschiedsbetrag aus der Schuldenkonsolidierung nach dem Stand zu Beginn des Konzern-GJ erfolgsneutral in die **Gewinnrücklagen** eingestellt oder mit diesen offen verrechnet werden. Dieser Betrag ist nicht Bestandteil des Jahresergebnisses[656]. Erfolgswirksam wird dann nur die auf das Konzern-GJ entfallende Veränderung des Unterschiedsbetrages.

11. Quotenkonsolidierung

a) Grundsatz

521   **Gemeinschaftsunternehmen**[657] dürfen in den KA entsprechend den Anteilen am Kapital einbezogen werden, die dem MU gehören (§ 310 Abs. 1 HGB). Als Anteile, die einem Unternehmen gehören, gelten auch Anteile, die einem von ihm abhängigen Unternehmen gehören (§ 290 Abs. 1 HGB iVm. § 271 Abs. 1 Satz 4 HGB und § 16 Abs. 4 AktG). Für die Feststellung, welcher Prozentsatz der Anteile an einem Unternehmen dem MU gehört, ist § 16 Abs. 2 AktG anzuwenden (§ 271 Abs. 1 Satz 4 HGB)[658]. Das Gesetz enthält den **Begriff Quotenkonsolidierung** nicht, sondern verwendet statt dessen den Begriff anteilmäßige Konsolidierung. In der Praxis hat sich der Begriff Quotenkonsolidierung (proportional consolidation) jedoch seit langem durchgesetzt. § 310 HGB gestattet für die Einbeziehung von Gemeinschaftsunternehmen die Anwendung einer bestimmten Konsolidierungstechnik: Aktiva und Passiva, Aufwendungen und Erträge werden in der Höhe in den Konzernabschluß einbezogen, die dem Beteiligungsprozentsatz des MU entspricht. Die Quotenkonsolidierung ist der Ausdruck einer formalrechtlichen Betrachtungsweise, in deren Mittelpunkt der

---

655 Vgl. Tz. 639 ff., 647 ff.

656 Wegen weiterer Einzelheiten sowie anderer Möglichkeiten vgl. die Erläuterungen Tz. 317 ff., die sinngemäß gelten.

657 Zum Begriff Gemeinschaftsunternehmen und zum Anwendungsbereich der Quotenkonsolidierung vgl. im einzelnen Tz. 69 ff.

658 Vgl. hierzu auch Tz. 325; vgl. ferner *Sigle* in HdRKo. § 310 Tz. 39; *Budde/Suhrbier* in BeBiKo. § 310 Tz. 55.

Begriff „gehören" steht, und die mit der Vorstellung vom Konzern als einer wirtschaftlichen Einheit nicht vereinbar ist. Insoweit widersprechen sich Quotenkonsolidierung (§ 310 HGB) und Einheitstheorie (§ 297 Abs. 3 HGB). Gleichwohl wird verschiedentlich die Quotenkonsolidierung der andernfalls anzuwendenden Equity-Methode vorgezogen[659].

b) Konsolidierungstechnik

Grundsätzlich ist für die Quotenkonsolidierung die gleiche Konsolidierungstechnik anzuwenden wie bei der Vollkonsolidierung. Jedoch sind Aktiva und Passiva, Aufwendungen und Erträge nur in Höhe des Anteils des MU in den KA zu übernehmen. Sie werden dort unter den entsprechenden Posten mit den übrigen aus den Einzelabschlüssen übernommenen Aktiva und Passiva, Aufwendungen und Erträgen zusammengefaßt. Damit entfällt gleichzeitig – als Wesensmerkmal der Quotenkonsolidierung – der Ausgleichsposten für Anteile anderer Gesellschafter (§ 307 HGB). Auch die Kapitalkonsolidierung bei Interessenzusammenführung (§ 302 HGB) ist nicht anwendbar. Im übrigen sind die §§ 297 bis 309 HGB entsprechend anzuwenden:

                                                             522

- Für die zu übernehmenden Aktiva und Passiva des Gemeinschaftsunternehmens gelten die Grundsätze der Anwendung **einheitlicher Bilanzierungsvorschriften** (§ 300 HGB)[660] und **einheitlicher Bewertungsmethoden** (§ 308 HGB)[661].
- Der Beteiligungsbuchwert ist wie bei der Vollkonsolidierung (§ 301 HGB) mit dem konsolidierungspflichtigen Kapital aufzurechnen. Ein Unterschiedsbetrag wird wie bei der Vollkonsolidierung behandelt. Bei Anwendung der Buchwertmethode[662] ergibt sich kein Unterschied zur Vollkonsolidierung; bei Anwendung der Neubewertungsmethode[663] werden die auf andere Gesellschafter entfallenden Anteile an stillen Reserven und stillen Lasten nicht in den KA übernommen. Der Ausgleichsposten für Anteile anderer Gesellschafter sowie die entsprechenden Anteile an Aktiva und Passiva entfallen.
- Forderungen und Verbindlichkeiten zwischen den in den KA einbezogenen Unternehmen sind in Höhe der Anteile des MU an dem Gemeinschaftsunternehmen wegzulassen (§ 303 HGB). Ist ein Mutterunternehmen zB mit 30% an einem Gemeinschaftsunternehmen beteiligt, so bleiben 70% einer Forderung gegenüber dem Gemeinschaftsunternehmen unkonsolidiert. Sie gelten als Forderungen gegenüber Dritten. Werden andere Gemeinschaftsunternehmen in den KA einbezogen, an denen das MU mit unterschiedlich hohen Prozentsätzen beteiligt ist, so ist eine Konsolidierung von Forderungen und Verbindlichkeiten zwischen den Gemeinschaftsunternehmen nur in Höhe des geringsten Beteiligungsprozentsatzes möglich. Diese Grundsätze gelten auch für die Konsolidierung von Haftungsverhältnissen iSv. § 251 HGB[664].
- Zwischenerfolge sind nur in Höhe der dem MU gehörenden Anteile am Kapital des Gemeinschaftsunternehmens zu eliminieren[665].

---

659 Vgl. IASC, IAS 31: Financial Reporting of Interests in Joint Ventures.
660 Vgl. Tz. 224 ff.
661 Vgl. Tz. 239 ff.
662 Vgl. Tz. 330 ff.
663 Vgl. Tz. 354 ff.
664 Vgl. Tz. 505 ff.
665 Insoweit besteht Übereinstimmung mit der Equity-Methode, vgl. Tz. 466 ff.

– Innenumsatzerlöse sowie Aufwendungen und Erträge zwischen dem MU und dem Gemeinschaftsunternehmen sind nur in Höhe der Beteiligungsquote zu eliminieren. Für Lieferungen und Leistungen zwischen Gemeinschaftsunternehmen gelten die Ausführungen zur Schuldenkonsolidierung sinngemäß.

V. Rechnungslegung bei unterschiedlichen Stichtagen

1. Grundsatz

523 Die in den KA einbezogenen Unternehmen sollen grundsätzlich den gleichen Jahresabschlußstichtag wie der KA haben (§ 299 Abs. 2 S. 1 HGB)[666].

524 Weicht der Jahresabschlußstichtag eines einbezogenen Unternehmens vom Stichtag des KA ab und liegt der Abschlußstichtag dieses Unternehmens um mehr als drei Monate vor dem KA-Stichtag, so ist zum Stichtag des Konzernabschlusses ein **Zwischenabschluß** aufzustellen (§ 299 Abs. 2 S. 2 HGB). Seine Aufgabe besteht darin, einen Abrechnungszeitraum zu schaffen, der abweichend vom normalen GJ des Unternehmens Grundlage für die Aufstellung des KA ist[667]. Für die rechtlichen Beziehungen der Gesellschaft zu ihren Gesellschaftern sowie für Zwecke der Besteuerung hat er keine Bedeutung[668]. Eine Billigung durch den Aufsichtsrat ist im Gegensatz zu § 331 Abs. 3 S. 3 AktG 1965 nicht vorgesehen[669]. Insbesondere bildet der Zwischenabschluß keine Grundlage für die Gewinnverteilung und unterscheidet sich insoweit wesentlich von dem JA.

525 Trotz abweichender Stichtage kann auf die **Aufstellung eines Zwischenabschlusses verzichtet** werden, wenn der Bilanzstichtag des einbezogenen Unternehmens nicht mehr als drei Monate (bei VU 6 Monate, § 56 b Abs. 1 S. 3 VAG) vor dem Stichtag des Konzernabschlusses liegt (§ 299 Abs. 2 S. 2 HGB). Auch in diesem Falle geht in der Regel ein Zeitraum von zwölf Monaten in die Konzernrechnungslegung ein, allerdings mit einer Phasenverschiebung bis zu drei Monaten.

526 **Vorgänge von besonderer Bedeutung,** die zwischen dem (abweichenden) Abschlußstichtag des konsolidierten Unternehmens und dem Konzernbilanzstichtag eingetreten sind, sind im KA zu berücksichtigen oder im Konzernanhang anzugeben (§ 299 Abs. 3 HGB). Dadurch soll die Informationslücke geschlossen werden, die durch die Konsolidierung von Jahresabschlüssen mit unterschiedlichem Zeitbezug entsteht, und Mißbräuche ausgeschlossen oder zumindest erkennbar gemacht werden[670]. Diese Regelung kann jedoch dazu führen, daß der KA von bestimmten Tochterunternehmen Geschäftsvorfälle aus einem Zeitraum enthält, der zwölf Monate übersteigt, und daß ein einheitlich definiertes Konzern-GJ nicht mehr für alle konsolidierten Unternehmen gegeben ist[671].

---

666 Zum Stichtag des KA vgl. Tz. 138 ff.
667 Vgl. auch HFA 4/1988, Konzernrechnungslegung bei unterschiedlichen Stichtagen.
668 Insoweit besteht keine Änderung gegenüber dem AktG 1965, vgl. hierzu Begr. AktG 1965, *Kropff*, Textausgabe, S. 445.
669 Vgl. dazu im einzelnen *Mock*, DB 1987 S. 2553 ff.
670 Vgl. BT-Drs. 10/4268, S. 115; *Biener/Schatzmann*, S. 44.
671 Vgl. *Maas/Schruff*, WPg. 1985 S. 1 u. 3; *Trützschler* in HdRKo. § 299 Tz. 29.

Der Verzicht auf die Aufstellung von Zwischenabschlüssen, der angelsächsischer Praxis entspricht[672], und insbesondere mit Kosten- und Zeitersparnisgründen[673] begründet wird, wird im deutschen Schrifttum überwiegend abgelehnt[674].   **527**

Bei abweichendem Abschlußstichtag des **assoziierten Unternehmens** wird die Aufstellung eines Zwischenabschlusses ebensowenig verlangt wie Anhangangaben über Vorgänge von besonderer Bedeutung während des Zeitraumes zwischen den abweichenden Abschlußstichtagen[675]. Bei der anteilmäßigen Konsolidierung von **Gemeinschaftsunternehmen** nach § 310 HGB[676] ist § 299 HGB jedoch uneingeschränkt anzuwenden (§ 310 Abs. 2 HGB).   **528**

2. Zwischenabschlüsse

a) Anzuwendende Vorschriften

Die Konzernrechnungslegungsvorschriften enthalten **keine** besonderen Vorschriften für die Aufstellung eines Zwischenabschlusses. In den **Prüfungsvorschriften** (§ 317 Abs. 2 S. 1 HGB) heißt es jedoch, daß die Konzernabschlußprüfer die im KA zusammengefaßten JA darauf zu prüfen haben, „ob sie den Grundsätzen ordnungsmäßiger Buchführung entsprechen und ob die für die Übernahme in den KA maßgeblichen Vorschriften beachtet sind". Der Verweis auf die Grundsätze ordnungsmäßiger Buchführung als dem für alle Unternehmen unabhängig von Sitz und Rechtsform geltenden gemeinsamen Nenner iVm. dem Verweis auf die für den KA maßgeblichen Vorschriften kann nur so verstanden werden, daß Zwischenabschlüsse keine Abschlüsse minderer Qualität sein dürfen. Ihre Aufstellung und namentlich die dabei angewendeten Bilanzierungs- und Bewertungsmethoden richten sich wie bei allen anderen konsolidierten Unternehmen nach dem Recht des MU (§§ 300, 308 HGB), dh. es gelten die allgemeinen Grundsätze für die Aufstellung einer Handelsbilanz II[677]. Zwar spricht § 317 Abs. 2 S. 1 HGB nicht allgemein von Abschlüssen, sondern einengend von JA, jedoch darf man dieser Differenzierung in diesem Zusammenhang keine Bedeutung beimessen. In der Regierungsbegründung heißt es nämlich, daß der Konzernabschlußprüfer nur dann die Verantwortung für die Ordnungsmäßigkeit des KA übernehmen kann, wenn die ihm zugrunde liegenden Abschlüsse geprüft sind[678]. Dieser Grundsatz gilt sowohl für Jahres- als auch für Zwischenabschlüsse.   **529**

b) Statistische Entwicklung

Der Zwischenabschluß muß wie jeder JA ordnungsgemäß aus den Büchern und sonstigen Unterlagen des Unternehmens entwickelt werden. Eine Durchführung der Abschlußbuchungen ist nicht erforderlich. Allerdings muß die statistische   **530**

---

672 Vgl. *Rätsch,* BFuP 1981 S. 578 f. Vgl. IASC, IAS 27, (Fn 9) Tz. 15, 31.
673 Ob diese Gründe tatsächlich zutreffen, braucht an dieser Stelle nicht geprüft zu werden, vgl. hierzu *Niehus,* DB 1984 S. 1792; *von Wysocki / Wohlgemuth,* S. 38 f.; *Maas/Schruff,* WPg. 1985 S. 1 ff.; *Harms/Küting,* BB 1985 S. 432 ff.
674 Vgl. ebenda sowie *ADS* § 299 Tz. 27 mwN.
675 Vgl. HFA 4/1988, WPg. 1988; im einzelnen vgl. Tz. 480.
676 Vgl. Tz. 521.
677 Vgl. hierzu Tz. 224 ff., 239 ff., 271 ff.
678 Vgl. BR-Drs. 163/85 S. 46.

Ableitung so vollständig sein, daß ein Sachverständiger jederzeit die Entwicklung des Zwischenabschlusses aus den Büchern und sonstigen Unterlagen vornehmen kann. Die statistischen Ableitungen sind Bücher iSd. HGB und wie diese aufzubewahren.

c) Inventur

531 Grundsätzlich gelten auch für den Zwischenabschluß die allgemeinen Regeln für den Nachweis von Vermögensgegenständen und Schulden im JA. Im Hinblick darauf, daß der Zwischenabschluß keine Grundlage für die Gewinnverteilung und Besteuerung ist, erscheint auch die Anwendung vereinfachter Verfahren vertretbar, so lange die Darstellung der Vermögens-, Finanz- und Ertragslage des Konzerns dadurch nicht beeinträchtigt wird. Dies gilt insbesondere dann, wenn der Stichtag des Konzernabschlusses nur wenige Monate nach dem Stichtag des JA liegt. In diesen Fällen wird im allgemeinen eine globale Weiterentwicklung der auf den Jahresabschlußstichtag im einzelnen festgestellten Vermögensgegenstände und Schulden auf den Stichtag des Zwischenabschlusses genügen[679].

d) Ergebnis von Zwischenabschlüssen im Konzernabschluß

532 Aus einem Zwischenabschluß in den KA übernommene Ergebnisse sind mit zahlreichen Unsicherheiten behaftet. Sie können bis zum Ende des jeweiligen individuellen GJ egalisiert oder umgekehrt sein. Es ist daher zweifelhaft, ob aus Zwischenabschlüssen übernommene Gewinne jemals für Gewinnausschüttungen zur Verfügung stehen werden. Diese Eigenschaften haben positive Ergebnisse aus Zwischenabschlüssen jedoch mit zahlreichen anderen im KA ausgewiesenen Ergebnissen gemeinsam[680]. Für eine besondere Offenlegung von Ergebnissen aus Zwischenabschlüssen besteht daher keine Notwendigkeit[681].

e) Ausweis von Ertragsteuern und anderen ergebnisabhängigen Aufwendungen

533 Fraglich ist, wie im Zwischenabschluß ergebnisabhängige Aufwendungen zu errechnen sind, wobei insbesondere die **Ertragsteuern** bedeutsam sind. Bei der Ermittlung der im Zwischenabschluß auszuweisenden Ertragsteuern sind **zwei** Bereiche zu unterscheiden:

– die Berechnung der Steueraufwendungen nach Maßgabe eines **nach steuerrechtlichen Vorschriften** ermittelten Ergebnisses
– die Berechnung der **latenten Steuern** nach Maßgabe des § 274 HGB.

534 Probleme bei der Ermittlung der Steueraufwendungen nach Maßgabe eines nach steuerrechtlichen Vorschriften ermittelten Ergebnisses entstehen im Zwischenabschluß dadurch, daß Bemessungsgrundlage für die Ertragsteuern das (nach steuerrechtlichen Vorschriften ermittelte) Ergebnis des GJ des Einzelunternehmens ist, der Zwischenabschluß auf den Stichtag des Konzernabschlusses dagegen regelmäßig Teile aus zwei Einzelgeschäftsjahren zu einer neuen Einheit zusammenfaßt.

---

679 Vgl. statt vieler *ADS* § 299 Tz. 32, 34 ff.
680 Vgl. im einzelnen Tz. 629 ff.
681 An der gegenteiligen zum AktG 1965 vertretenen Auffassung (vgl. WPH 1985/86 Bd. I, S. 772) wird im Hinblick auf die veränderte Rechtslage (insbes. §§ 300, 308 HGB) nicht mehr festgehalten; ebenso *ADS* § 299 Tz. 46.

Grundsätzlich sind folgende Lösungsmöglichkeiten denkbar[682]:

Für den Zwischenabschluß wird eine fiktive Veranlagung durchgeführt, wobei   **535**
unterstellt wird, daß das im Zwischenabschluß ausgewiesene Ergebnis, welches
sich aus einem Teilergebnis des letzten und einem Teilergebnis des neuen Einzel-GJ zusammensetzt, tatsächlich der Besteuerung unterliegt. Bei Aufstellung
des KA wird nämlich im allgemeinen nicht bekannt sein, welches Ergebnis das
Einzelunternehmen in der zweiten Teilperiode seines neuen GJ erzielen wird.
Diese Lösung hat zwar den Vorzug, daß das in den KA zu übernehmende Ergebnis und der Steueraufwand einander entsprechen, kann aber dazu führen, daß
im KA Steuern ausgewiesen werden, die nie gezahlt zu werden brauchen oder
umgekehrt[683]. Ein Ausweis von Steueraufwendungen, die keine tatsächlichen
Steuerzahlungen begründen, ist durch die Einführung des Instituts der latenten
Steuern jedoch ohnehin möglich[684].

Die zweite Möglichkeit besteht darin, als Steueraufwand für das Konzern-GJ   **536**
den in den anteiligen Einzel-GJ tatsächlich angefallenen Steueraufwand –
soweit bereits bekannt – zu übernehmen. Danach wird für den ersten Teil des
Konzern-GJ, der mit dem letzten Teil des bereits abgeschlossenen Einzel-GJ
identisch ist, der Differenzbetrag aus dem für das abgelaufene Einzel-GJ veranlagten Ertragsteueraufwand und dem im VJ (für die zweite Teilperiode) schon
berücksichtigten Aufwand übernommen. Bei erstmaliger Konsolidierung kann
der Ertragsteueraufwand entsprechend dem Verhältnis der Bruttoergebnisse
(Ergebnis vor Ertragsteuern) der beiden Teilperioden aufgeteilt werden. Für den
zweiten Teil des Konzern-GJ, der mit dem ersten Teil des Einzel-GJ übereinstimmt, verbleibt aber keine andere Möglichkeit, als den Ertragsteueraufwand
nach Maßgabe des in diesem Zeitraum erwirtschafteten Ergebnisses zu berechnen, da die effektive Ertragsteuerbelastung bei Aufstellung des Konzernabschlusses in aller Regel noch nicht feststehen wird. Dabei muß in Kauf genommen werden, daß sich der Steueraufwand ggf. im zweiten Teil des Einzel-GJ vermindert oder ausgleicht.

Wegen der mit beiden Verfahren verbundenen Nachteile erscheint es vertretbar,   **537**
vereinfachend wie folgt vorzugehen: Zu vergleichen sind die tatsächlichen, dh.
aufgrund einer bereits durchgeführten Veranlagung feststehenden Steueraufwendungen für die erste Periode des Zwischenabschlusses zuzüglich der Vorauszahlungen für die zweite Periode und der Betrag, der sich aufgrund einer fiktiven Veranlagung für diesen Zeitraum errechnet. Übersteigen die tatsächlichen
die fiktiv ermittelten Ertragsteuern, so sind die tatsächlichen Ertragsteuern anzusetzen. Im Umkehrfall entspricht es dem Grundsatz der Vorsicht, die Differenz
zwischen den höheren fiktiven und den im gleichen Zeitraum vorausbezahlten
Ertragsteuern im Zwischenabschluß abzugrenzen[685].

Unklar bleibt im Hinblick auf die unterschiedliche **KSt-Belastung**, welches **Ver-**   **538**
hältnis der ausgeschütteten zu den einbehaltenen Gewinnen für den im Zwischenabschluß ausgewiesenen Gewinn anzunehmen ist. Da dieses am Stichtag des KA

---

682 Vgl. *Kohlstruck*, DB 1966 S. 949 ff.; *Haase/Lanfermann*, WPg. 1970 S. 209/213 ff.; *Busse von Colbe/Ordelheide*, S. 52 ff.; *ADS* § 299 Tz. 47 ff.; *Budde/Lust*, BeBiKo. § 299 Tz. 14 ff.
683 Vgl. dazu die Beispiele bei *Kohlstruck*, DB 1966 S. 949 ff.; kritisch zu dieser Methode vgl. *Budde/Lust*, BeBiKo. § 299 Tz. 16.
684 Vgl. *Havermann*, BFuP 1986 S. 122, 127.
685 Vgl. *ADS*, 4. Aufl., § 331 Tz. 233; kritisch dazu *Budde/Lust*, BeBiKo. § 299 Tz. 16.

nicht bekannt ist, erscheint es sinnvoll, die bereits aus der ersten Teilperiode des Zwischenabschlusses rechtlich wirksamen Rücklagendotierungen auch für die Errechnung des Steueraufwands als solche zu behandeln und bezüglich der in der zweiten Teilperiode des Zwischenabschlusses erzielten Gewinne vereinfachend zu unterstellen, daß das Thesaurierungs-/Ausschüttungsverhältnis der ersten Teilperiode beibehalten wird, sofern keine Erkenntnisse vorliegen, die eine andere Aufteilung begründen. Wegen des Wegfalls der Vollausschüttungshypothese (§ 278 HGB) braucht eine Vollausschüttung der in der zweiten Teilperiode erzielten Gewinne nicht mehr automatisch unterstellt zu werden. Auch für die Abgrenzung anderer ergebnisabhängiger Aufwendungen sollte unterstellt werden, daß das Ergebnis des Zwischenabschlusses dem Ergebnis eines offiziellen GJ gleichzusetzen ist[686].

539   Neben die Ermittlung der Steueraufwendungen nach Maßgabe **eines nach steuerrechtlichen Vorschriften** ermittelten Ergebnisses tritt auch im Zwischenabschluß die **Berechnung** etwaiger **latenter Steuern.** Insoweit nehmen die Ergebnisse aus Zwischenabschlüssen jedoch keine Sonderstellung ein, so daß auf die allgemeinen Grundsätze zur Abgrenzung latenter Steuern verwiesen werden kann[687].

f) Gewinnverwendung im Einzelabschluß und Zwischenabschluß

540   Da ein im Zwischenabschluß ausgewiesener Gewinn als solcher nicht der Verwendung unterliegt, kann fraglich sein, wie sich die Gewinnverwendung im letzten Jahresabschluß auf den Zwischenabschluß auswirkt. Im einzelnen geht es dabei um Rücklagendotierungen aus dem Jahresüberschuß und aus dem Bilanzgewinn und Ausschüttungen aus dem Bilanzgewinn sowie den Gewinnvortrag[688]. In der Literatur werden dazu verschiedene Vorschläge gemacht[689], die aber ihre Vor- und Nachteile haben. Im Hinblick darauf, daß der KA keine Gewinnverwendungsgrundlage ist, und aus Vereinfachungsgründen sollten keine Bedenken bestehen, wenn die tatsächliche Gewinnverwendung des letzten GJ in den Zwischenabschluß unverändert übernommen wird[690]. Alles, was darüber hinaus geht, sind ohnehin Fiktionen. Die Übernahme der tatsächlichen Gewinnverwendung zeigt auf jeden Fall die richtige Eigenkapitalveränderung. In Kauf genommen wird dabei, daß dies mit einer zeitlichen Verzögerung – phasenverschoben – geschieht. Dies hat der Gesetzgeber jedoch auch bei Anwendung der Equity-Methode (§ 312 Abs. 6 S. 1 HGB) aus Vereinfachungsgründen zugelassen[691].

g) Prüfung des Zwischenabschlusses

541   Zwischenabschlüsse, die zwecks Einbeziehung des Tochterunternehmens in den KA aufgestellt werden, müssen geprüft werden (§ 317 Abs. 2 S. 1 HGB). Auch in diesem Zusammenhang ist wiederum festzustellen, daß der Gesetzestext von Jahresabschlüssen und nicht allgemein von Abschlüssen spricht. Aus dem

---

686 Vgl. *Budde/Lust*, BeBiKo. § 299 Tz. 15.
687 Vgl. Tz. 134 ff. u. 215 sowie die dort angegebene Literatur.
688 Durch die Aufgabe der Fiktion der Vollausschüttung mit Inkrafttreten des HGB (§ 278 HGB) hat der zusätzliche Aufwand seine Bedeutung verloren.
689 Vgl. *ADS* § 299 Tz. 38 ff.; Zur Auswirkung bei Ergebnisübernahmeverträgen vgl. ebenda Tz. 44.
690 Ebenso *Budde/Lust*, BeBiKo. § 299 Tz. 18 ff.
691 Vgl. Tz. 480 ff.

Gesamtzusammenhang ergibt sich jedoch, daß dieser Einengung keine Bedeutung beizumessen ist [692].

3. Verzicht auf Zwischenabschlüsse

a) Zu berücksichtigende/anzugebende Vorgänge

Wird bei einem vom Konzernabschlußstichtag **abweichenden Stichtag** eines einbezogenen Unternehmens auf die Aufstellung eines Zwischenabschlusses verzichtet, so „sind **Vorgänge von besonderer Bedeutung** für die Vermögens-, Finanz- und Ertragslage eines in den KA einbezogenen Unternehmens, die zwischen dem Abschlußstichtag dieses Unternehmens und dem Abschlußstichtag des KA eingetreten sind, in der Konzernbilanz und der Konzern-GuV zu berücksichtigen oder im Konzernanhang anzugeben" (§ 299 Abs. 3 HGB) [693]. **542**

Die im KA zu berücksichtigenden und anzugebenden Vorgänge sind **zeitlich** und **sachlich** begrenzt. Zeitlich sind nur die Vorgänge zu berücksichtigen/anzugeben, die zwischen dem Abschlußstichtag des einbezogenen Unternehmens und dem KA-Stichtag eingetreten sind. Dabei kann es sich immer nur um einen Zeitraum von drei Monaten handeln. Die sachliche Begrenzung ergibt sich daraus, daß nur die Vorgänge zu berücksichtigen/anzugeben sind, die von „besonderer Bedeutung für die Vermögens-, Finanz- und Ertragslage eines in den KA einbezogenen Unternehmens" sind (§ 299 Abs. 3 HGB). Demnach kommt es nicht darauf an, ob die Vorgänge für die Aussagefähigkeit des KA von besonderer Bedeutung sind, sondern ob sie für die Darstellung der Vermögens-, Finanz- und Ertragslage irgendeines konsolidierten Unternehmens von besonderer Bedeutung sind [694]. Dabei wird die Wesentlichkeit, um die es hier geht, nicht von einzelnen, sondern von der Summe aller Geschäftsvorfälle bestimmt, die für die Frage der Berücksichtigung/Angabe entscheidend sein können. **543**

Die Frage, **wann** Vorgänge von besonderer Bedeutung sind, läßt sich nicht allgemein beantworten. Ebenso wie bei vergleichbaren Regelungen (zB Konsolidierungswahlrecht des § 296 Abs. 2 HGB) wollte der Gesetzgeber offensichtlich eine flexible Regelung schaffen, die für eine Beurteilung nach starren Verhältniszahlen keinen Raum läßt. Insoweit muß die Frage der besonderen Bedeutung eines Vorganges für ein konsolidiertes Unternehmen jeweils im Einzelfall entschieden werden. Insbesondere muß sichergestellt sein, daß ein wesentlicher Informationsverlust, der durch die Nichtaufstellung eines Zwischenabschlusses entstehen kann, ausgeschlossen ist [695]. **544**

Dabei ist zu berücksichtigen, daß bei stetigem in etwa gleichbleibendem Lieferungs- und Leistungsverkehr zwischen Unternehmen mit abweichenden Abschlußstichtagen im Zeitablauf das Geschäftsvolumen der in den KA eingeflossenen, aber aus der Sicht einer einheitlichen Konzernabrechnungsperiode **545**

---

692 Vgl. Tz. 523 ff.; *ADS* § 299 Tz. 57.
693 Während diese Regelung für die Einbeziehung von Gemeinschaftsunternehmen entsprechend anwendbar ist (§ 310 Abs. 2 HGB), besteht keine derartige Verpflichtung bei der Einbeziehung assoziierter Unternehmen, bei denen die Abweichung der Stichtage bis zu zwölf Monaten betragen kann (§ 312 Abs. 6 HGB), vgl. auch Tz. 480 ff.
694 Ebenso vgl. HFA 4/1988.
695 Vgl. auch BR-Drs. 163/85, S. 37; *Biener/Schatzmann*, S. 44.

eigentlich dem Vorjahr zuzurechnenden Geschäftsvorfälle, und der aus dieser Sicht dem Konzern-GJ eigentlich zuzurechnenden, aber im KA nicht berücksichtigten Geschäftsvorfälle, im wesentlichen gleich hoch ist. In diesen Fällen wird daher grundsätzlich kein wesentlicher Informationsverlust entstehen, der im KA eine Berücksichtigung oder Angabepflicht begründet. Man wird die Vorgänge von besonderer Bedeutung dagegen eher im außerordentlichen Bereich suchen müssen, zB Zu-/Abgang wesentlicher Beteiligungen, Bekanntwerden neuer Tatsachen, die zu außerplanmäßigen Abschreibungen, Wertberichtigungen oder zur Bildung von Rückstellungen führen, wesentliche Darlehenstilgungen oder Eingehen neuer Verbindlichkeiten. Wesentliche Vorgänge können auch bei Saisonunternehmen entstehen, wenn sich die Hauptgeschäftätigkeit auf den fraglichen Dreimonatszeitraum konzentriert und deutlich vom Vorjahr abweicht. Entstehen bei der Konsolidierung erhebliche Unterschiedsbeträge, so können sich hieraus bereits Hinweise auf das Vorliegen von Vorgängen von besonderer Bedeutung ergeben [696].

b) Art der Berücksichtigung/Angabe

546 Vorgänge von besonderer Bedeutung können **entweder** in der **Konzernbilanz** und **Konzern-GuV** berücksichtigt **oder** aber im **Konzernanhang** angegeben werden. Die Auswahl des Informationsweges liegt im Ermessen des rechnungslegenden MU. Beide Möglichkeiten sind zwar vom Wortlaut her alternativ zu verstehen, dennoch können auch bei Berücksichtigung der Vorgänge in der Konzernbilanz und Konzern-GuV zusätzliche Erläuterungen im Konzernanhang erforderlich sein [697].

aa) Berücksichtigung in Konzernbilanz und Konzern-Gewinn- und Verlustrechnung

Die Phasenverschiebung zwischen dem Einzel-GJ des konsolidierten Unternehmens und dem Konzern-GJ wirkt sich in **zwei Bereichen** aus:

547 (1) Der Lieferungs- oder Leistungsverkehr **mit Dritten** ist nicht in einer, wie bei Aufstellung eines Zwischenabschlusses üblichen Art und Weise, in Konzernbilanz und Konzern-GuV enthalten.

548 (2) Aufgrund des unterschiedlichen Zeitbezugs des in den KA eingehenden Zahlenmaterials werden **konzerninterne Vorgänge** zwischen dem (abweichenden) Abschlußstichtag des einbezogenen Tochterunternehmens und dem KA-Stichtag im KA nur „einseitig" erfaßt.

549 Wird zB zwischen dem (abweichenden) Abschlußstichtag eines einbezogenen Tochterunternehmens und dem KA-Stichtag eine konzerninterne Verbindlichkeit (Darlehen oder Waren) des einbezogenen Tochterunternehmens beglichen, so ist bei Summation der Einzelabschlüsse im KA die konzerninterne Verbindlichkeit dennoch enthalten, die korrespondierende Forderung hingegen ist nicht mehr enthalten. Andererseits wird auch die Vermögensseite (zB Zahlungsmittel oder Waren) im KA entsprechend zu hoch ausgewiesen.

---

696 Ebenso vgl. HFA 4/1988, WPg. 1988.
697 Vgl. ebd. S. 683.

Beeinträchtigungen der Ertragslage ergeben sich insbesondere, wenn zwischen **550** den abweichenden Abschlußstichtagen einbezogener Unternehmen Waren mit Zwischengewinn/-verlust innerhalb dieses Konsolidierungskreises veräußert werden. Hierbei wären aus Konzernsicht **Zwischenergebnisse zu eliminieren,** die vom Warenbestand gar nicht im KA vorhanden sind. Aufgrund der nur einseitigen Erfassung konzerninterner Vorgänge müssen ggf. Konsolidierungsmaßnahmen unterbleiben, die anderenfalls erforderlich wären (zB Eliminierung von Zwischenergebnissen), oder es entstehen bei Durchführung von Konsolidierungsmaßnahmen systemwidrige Restposten (zB **Schuldenkonsolidierung, Konsolidierung der Innenumsatzerlöse)** [698].

Eine sachgerechte „Berücksichtigung" in Konzernbilanz und Konzern-GuV **551** bedeutet demnach, daß die „Vorgänge von besonderer Bedeutung" in der Handelsbilanz II des betreffenden Unternehmens **nachgebucht** werden. Je umfangreicher diese Nachbuchungen sind, desto mehr nähert sich die Handelsbilanz II einem Zwischenabschluß [699]. Da die nachgebuchten Vorgänge wegen der Phasenverschiebung im nächsten JA des Tochterunternehmens enthalten sind, müssen sie, wie die Anpassungen der Handelsbilanz I an die Handelsbilanz II, im Zeitablauf verfolgt werden [700], da sonst die Gefahr besteht, daß wesentliche Vorgänge in zwei aufeinanderfolgenden KA enthalten sind. Die so korrigierte Handelsbilanz II liegt dann der Konsolidierung zugrunde. Ob über **gezielte Einzelkorrekturen** hinaus auch **pauschale Korrekturbuchungen** und die Bildung von Ausgleichsposten zulässig [701] sind, ist im Einzelfall zu entscheiden. Werden dabei Posten unterschiedlichen Charakters zusammengefaßt, so ist zumindest eine **Erläuterung** im **Konzernanhang** erforderlich. Welcher Art und wie umfangreich die Korrekturen im Einzelfall sein müssen, läßt sich generell nicht sagen. In jedem Fall muß ein mißbräuchlicher Verzicht auf das Fehlen eines Zwischenabschlusses ausgeschlossen sein. Der Bericht des Rechtsausschusses geht davon aus, daß der Abschlußprüfer andernfalls auf Unsicherheiten, die sich aus dem Fehlen eines Zwischenabschlusses ergeben, durch **Ergänzung seines Bestätigungsvermerks** hinweist [702].

bb) Angabe im Konzernanhang

Werden **Vorgänge von besonderer Bedeutung** nicht in der Konzernbilanz bzw. **552** Konzern-GuV berücksichtigt, müssen sie im **Konzernanhang** angegeben werden. Auch dazu ist eine **vollständige Durchsicht** aller Geschäftsvorfälle in dem nicht erfaßten Zeitraum erforderlich [703].

Die Angaben im Anhang müssen der „Berücksichtigung" in Bilanz und GuV **553** gleichwertig sein. Dies ist nur dann der Fall, wenn Zahlenangaben gemacht werden, die es dem Leser erlauben, die wesentlichen Korrekturen, die aufgrund des fehlenden Zwischenabschlusses im Konzernabschluß unterblieben sind, gedanklich nachzuvollziehen. Rein verbale Angaben können diese Voraussetzungen nicht erfüllen [704] Wohl aber können **zusätzliche Erläuterungen** zu Zahlenangaben

698 Zu weiteren Beispielen vgl. *ADS* § 299 Tz. 93 ff.
699 Vgl. *Maas/Schruff,* WPg. 1985 S. 113.
700 Vgl. Tz. 271 ff.
701 So *Harms/Küting,* BB 1985 S. 433/435 ff.
702 Vgl. BT-Drs. 10/4268 S. 115.
703 Vgl. *Niehus,* DB 1984 S. 1792.
704 Vgl. *Maas/Schruff,* WPg. 1985 S. 3; *Harms/Küting,* DB 1984 S. 435; *ADS* § 299 Tz. 108.

notwendig sein, die ihre Einordnung in und Auswirkung auf Konzernbilanz und Konzern-GuV erkennbar machen[705].

VI. Konzern-Gewinn- und Verlustrechnung

1. Grundsatz

554   Auch für die Konsolidierung der GuV bildet die **Einheitstheorie** (§ 297 Abs. 3 HGB) die theoretische Grundlage. Danach dürfen in der Konzern-GuV grundsätzlich nur Aufwendungen und Erträge aus dem Geschäftsverkehr mit Dritten ausgewiesen werden. Aufwendungen und Erträge, die aus Geschäften zwischen den einbezogenen Unternehmen entstanden sind, müssen gegeneinander aufgerechnet oder so umgegliedert werden, wie sie aus der Sicht eines einheitlichen Unternehmens auszuweisen sind **(Aufwands- und Ertragskonsolidierung).** Mehr noch als bei der Konzernbilanz muß die Einheitstheorie bei der Konzern-GuV zu einer sachgerechten Lösung von Konsolidierungsfragen herangezogen werden, weil das Gesetz nur die wesentlichen Konsolidierungsgrundsätze umschreibt und auf die Regelung konsolidierungstechnischer Einzelfragen verzichtet.

555   Das HGB schreibt als einzig zulässige Form für die Konzern-GuV die vollkonsolidierte Form mit ungekürzter **Gliederung** vor. Allerdings wird für diese ungekürzte Gliederung in Staffelform sowohl das Gesamtkostenverfahren (§ 275 Abs. 2 HGB) als auch das Umsatzkostenverfahren (§ 275 Abs. 3 HGB) zugelassen.

556   Gesetzliche Grundlage für die Konzern-GuV nach HGB ist § 305 HGB. Außerdem sind § 307 Abs. 2 HGB (Ausweis des auf andere Gesellschafter entfallenden Gewinns und Verlustes) und § 306 HGB (Steuerabgrenzung) zu beachten. Weitere Hinweise auf allgemeine, die GuV betreffende Vorschriften, die auf die Konzern-GuV entsprechend anzuwenden sind, enthält § 298 Abs. 1 HGB.

557   Aufwendungen und Erträge aus Lieferungen und Leistungen zwischen den in den Konzernabschluß einbezogenen Unternehmen brauchen nach dem Gesamt- und nach dem Umsatzkostenverfahren nicht konsolidiert zu werden, „wenn die wegzulassenden Beträge für die Vermittlung eines den tatsächlichen Verhältnissen entsprechenden Bildes der Vermögens-, Finanz- und Ertragslage des Konzerns nur von untergeordneter Bedeutung sind" (§ 305 Abs. 2 HGB).

2. Entsprechende Anwendung der Vorschriften über die Einzel-Gewinn- und Verlustrechnung

558   Grundsätzlich gelten für die **Gliederung** der Konzern-GuV die Schemata nach § 275 Abs. 2 und 3 HGB, sofern die Eigenart des KA keine Abweichungen bedingt oder ausdrücklich etwas anderes vorgeschrieben ist (§ 298 Abs. 1 HGB). Außerdem gilt auch für die Konzern-GuV die Ermächtigung des § 330 HGB zum Erlaß von Formblattvorschriften.

---

705 Zu einer eventuellen Ergänzung des BestV des Abschlußprüfers in diesem Zusammenhang gilt auch für diesen Teil der Alternative die Auffassung des Rechtsausschusses (vgl. BT-Drs. 10/4268 S. 115).

Im einzelnen sind folgende Vorschriften des HGB, die die GuV einer Kapitalgesellschaft nach § 275 Abs. 2 u. 3 HGB ergänzen, für die Konzern-GuV entsprechend anzuwenden:

- Vollständigkeitsgebot (§ 298 Abs. 1 iVm. § 246 Abs. 1)
- Saldierungsverbot (§ 298 Abs. 1 iVm. § 246 Abs. 2)
- Stetigkeit der Gliederung (§ 298 Abs. 1 iVm. § 265 Abs. 1)
- Angabe der Vorjahresbeträge (§ 298 Abs. 1 iVm. § 265 Abs. 2)
- Erweiterung der Gliederung bei mehreren Geschäftszweigen (§ 298 Abs. 1 iVm. § 265 Abs. 4)
- freiwillig weitergehende Untergliederung (§ 298 Abs. 1 iVm. § 265 Abs. 5 Satz 1)
- freiwillige Einfügung neuer Posten, wenn ihr Inhalt nicht von einem vorgeschriebenen Posten gedeckt wird (§ 298 Abs. 1 iVm. § 265 Abs. 5 Satz 2)
- Abweichungen vom Gliederungsschema, wenn dies zur Klarheit und Übersichtlichkeit erforderlich ist (§ 298 Abs. 1 iVm. § 265 Abs. 6)
- Zusammenfassung bestimmter Posten bei unwesentlichen Beträgen (§ 298 Abs. 1 iVm. § 265 Abs. 7 Nr. 1)
- Zusammenfassung von Posten zur Vergrößerung der Klarheit bei Aufgliederung im Konzernanhang (§ 298 Abs. 1 iVm. § 265 Abs. 7 Nr. 2)
- Kein Ausweis von Leerposten, sofern auch im VJ kein Betrag ausgewiesen wurde (§ 298 Abs. 1 iVm. § 265 Abs. 8)
- Sonderausweis von Einstellungen in Sonderposten mit Rücklageanteil und von Erträgen aus der Auflösung von Sonderposten mit Rücklageanteil in den Posten sonstige betriebliche Aufwendungen (§ 275 Abs. 2 Nr. 8, Abs. 3 Nr. 7) oder sonstige betriebliche Erträge (§ 275 Abs. 2 Nr. 4, Abs. 3 Nr. 6) (§ 298 Abs. 1 iVm. § 281 Abs. 2 Satz 2)
- Sonderausweis allein nach steuerlichen Vorschriften vorgenommener Abschreibungen, getrennt nach Anlage- und Umlaufvermögen, soweit sich der Betrag nicht aus der Bilanz oder aus dem Anhang ergibt[706] (§ 298 Abs. 1 iVm. § 281 Abs. 2 Satz 1)
- Definition der Umsatzerlöse (§ 298 Abs. 1 iVm. § 277 Abs. 1); für die Abgrenzung von den sonstigen betrieblichen Erträgen (§ 275 Abs. 2 Nr. 4, Abs. 3 Nr. 6) in Konzernen mit heterogener wirtschaftlicher Tätigkeit ist entscheidend, wie die Erträge aus der Sicht eines einheitlichen Unternehmens gliederungsmäßig einzuordnen wären (§ 297 Abs. 3 Satz 1)
- Definition der Bestandsveränderung (§ 298 Abs. 1 iVm. § 277 Abs. 2)
- Definition der außerordentlichen Erträge und außerordentlichen Aufwendungen (§ 298 Abs. 1 iVm. § 277 Abs. 3). Dabei wird der Begriff „gewöhnliche Geschäftstätigkeit" nicht vom MU, sondern von der Tätigkeit des Konzerns bestimmt (§ 297 Abs. 3 Satz 1)[707]
- Verpflichtung zum jeweils gesonderten Ausweis von außerplanmäßigen Abschreibungen gem. § 253 Abs. 2 Satz 3 sowie § 253 Abs. 3 Satz 3 (§ 298 Abs. 1 iVm. § 277 Abs. 3 Satz 1)
- Verpflichtung zum jeweils gesonderten Ausweis von Erträgen und Aufwendungen aus Verlustübernahme und aufgrund einer Gewinngemeinschaft,

---

706 Vgl. im einzelnen F Tz. 556 f.
707 Vgl. im einzelnen F Tz. 266 ff., 278.

eines GAV oder Teil-GAV erhaltenen oder abgeführten Gewinne unter entsprechender Bezeichnung (§ 298 Abs. 1 iVm. § 277 Abs. 3)[708]

– Verpflichtung, vom Ertrag aus einem GAV oder Teil-GAV einen vertraglich zu leistenden Ausgleich für außenstehende Gesellschafter abzutreten bzw. einen übersteigenden Betrag unter den Aufwendungen aus der Verlustübernahme auszuweisen (§ 298 Abs. 1 HGB iVm. § 158 Abs. 2 AktG). Die Vorschrift gilt expressis verbis nur für die AG; bei Verträgen gleichen wirtschaftlichen Inhalts mit einer GmbH oder zwischen Gesellschaften mbH sollte entsprechend verfahren werden. Ihre praktische Bedeutung ist ohnehin gering, da sie nur dann gilt, wenn Unternehmen, die ihre Ergebnisse an Unternehmen des Konsolidierungskreises abführen, nicht in den KA einbezogen werden[709]

– Berechnung der Ertragsteuern auf der Grundlage eines Ergebnisverwendungsbeschlusses oder eines Vorschlags dazu (§ 298 Abs. 1 iVm. § 278). Die Anwendung dieser Vorschrift auf den KA, der keine Grundlage für die Ergebnisverwendung ist, kann nur bedeuten, daß die Steuern insoweit unverändert aus den Einzelabschlüssen in die Konzern-GuV zu übernehmen sind

– Ausweis eines Ertrags aus Kapitalherabsetzung und Einstellung in die Kapitalrücklage nach den Vorschriften über die vereinfachte Kapitalherabsetzung (§ 240 AktG). Auf beide Sachverhalte verweist § 298 Abs. 1 („die für die Rechtsform geltenden Vorschriften"). Nach der hier vertretenen Auffassung (Tz. 560) ist jedoch eine Darstellung der Rücklagenbewegung in der Konzern-GuV nicht erforderlich. Im übrigen entfallen diese Posten teilweise aufgrund einer durch die Sache gebotenen Konsolidierungstechnik im Rahmen der Kapitalkonsolidierung[710]

– Gesonderter Ausweis des Ertrags aufgrund höherer Bewertung gem. dem Ergebnis der Sonderprüfung und des Ertrags aufgrund höherer Bewertung gem. gerichtlicher Entscheidung (§ 298 Abs. 1 HGB iVm. § 261 AktG). Da die Sonderprüfung nur die Einzel- und nicht die Konzernbilanz betrifft, ist auch ein Sonderausweis in der Konzern-GuV nicht sinnvoll. Darüber hinaus ist fraglich, ob die Aufwertung wegen der ggf. abweichenden Bewertung in der Handelsbilanz II[711] überhaupt Einfluß auf die Bewertung in der Konzernbilanz hat.

560　Wird der KA von einer AG/KGaA erstellt oder ist ein Tochterunternehmen dieser Rechtsform einbezogen, so ist fraglich, ob in der Konzern-GuV bzw. im Konzern-Anhang die **Gewinnverwendungsrechnung** (§ 158 Abs. 1 AktG) darzustellen ist. Für GmbH besteht diese Verpflichtung nicht. § 298 Abs. 1 HGB verlangt zwar grundsätzlich eine entsprechende Anwendung „der für die Rechtsform und den Geschäftszweig der in den Konzernabschluß einbezogenen Unternehmen mit Sitz im Geltungsbereich dieses Gesetzes geltenden Vorschriften", jedoch gilt dies nur, soweit die Eigenart des KA keine Abweichungen bedingt. Dies bedeutet auf jeden Fall, daß rechtsformspezifische Regelungen auf einen KA, der Unternehmen unterschiedlicher Rechtsform umfaßt, nicht ohne weiteres übertragen werden können[712]. Hinzu kommt, daß der KA keine Grundlage für die Gewinnverwendung ist. Die Ergebnisverwendungsrechnung kann daher immer

---

708 Zur Einfügung in die Normalgliederung vgl. F Tz. 261.
709 Bei Konsolidierung beider Unternehmen sind diese Beträge als anderen Gesellschaftern zustehende Gewinne auszuweisen, vgl. im einzelnen Tz. 607 ff.
710 Vgl. Tz. 388 ff.
711 Vgl. Tz. 239 ff.
712 Vgl. hierzu Tz. 198 ff.

nur fiktiven Charakter haben[713], zumal die dort ausgewiesenen Beträge nicht notwendigerweise für Ausschüttungen zur Verfügung stehen[714]. Die Ergebnisverwendungsrechnung ist daher eher geeignet, die Adressaten des KA zu verwirren statt ihnen ein zutreffendes Bild von der Gewinnverwendungspolitik im Konzern zu geben. In Übereinstimmung mit § 298 Abs. 1 HGB erscheint es daher wegen der Eigenart des KA sinnvoll, auf eine Ergebnisverwendungsrechnung zu verzichten[715].

Dies gilt nicht nur für die GuV selbst, sondern auch für den Alternativausweis **561** im Anhang (§ 158 Abs. 2 AktG).

Nach dem Posten **Jahresüberschuß/-fehlbetrag** ist dann nur noch der auf andere **562** Gesellschafter entfallende Verlust und der diesen zustehende Gewinn (§ 307 Abs. 2 HGB) gesondert auszuweisen[716].

Soll gleichwohl die Überleitung vom **Jahresüberschuß** zum Konzernbilanzergeb- **563** nis lückenlos in der GuV oder im Anhang gezeigt werden, so ist Voraussetzung dafür, daß von den in den KA einbezogenen Unternehmen, unabhängig von ihrer Rechtsform, entsprechend aufbereitete Daten zur Verfügung stehen. Eine Beschränkung, etwa auf die in den KA einbezogenen AG, ist unzulässig (§ 297 Abs. 2 HGB).

Die Erleichterung für kleine und mittelgroße Kapitalgesellschaften, Posten der **564** GuV zu einem Posten „Rohergebnis" zusammenfassen zu dürfen (§ 276 HGB), gelten nicht für die Konzern-GuV.

3. Systembedingte Abweichungen von der Gliederung der Einzel-Gewinn- und Verlustrechnung

Abweichungen von der **Gliederung** der GuV nach § 275 Abs. 2 HGB, die durch **565** die Eigenart der Konzern-GuV bedingt sind (§ 298 Abs. 1 HGB), sind insbesondere jene Umgliederungen, die sich daraus ergeben, daß bestimmte Sachverhalte, denen in der Einzel-GuV ein Posten zugewiesen ist, aus der Sicht des Konzerns als einheitlichem Unternehmen **(Einheitstheorie)** ein anderer Inhalt beizulegen ist. Im Prinzip können systembedingte Abweichungen sowohl beim GKV als auch beim UKV erforderlich sein. Im folgenden werden dazu einige Beispiele gegeben:

– Werden zwischen den Unternehmen des Konsolidierungskreises Gegenstände des Anlagevermögens veräußert, so sind die dabei entstehenden Gewinne oder Verluste, wenn sie nicht eliminiert werden[717], aus der Sicht des Konzerns als Zuschreibungen bzw. außerplanmäßige Abschreibungen darzustellen. Die Posten der Einzel-GuV sind in der Konzern-GuV entsprechend umzugliedern[718].

– Bei der **Abgrenzung der Umsatzerlöse** gegenüber den sonstigen betrieblichen Erträgen ist auf die für die gewöhnliche **Geschäftstätigkeit des Konzerns** typi-

---

713 Vgl. *Busse von Colbe*, WPg. 1978 S. 657.
714 Vgl. Tz. 648.
715 So auch *Harms/Küting*, BB 1983 S. 349; *Schruff*, S. 332; *von Wysocki/Wohlgemuth*, S. 256; *Havermann*, IDW-Fachtagung 1986 S. 43/48 f.; *ADS* § 298 Tz. 205.
716 Vgl. hierzu Tz. 607.
717 Vgl. Tz. 303 ff.
718 Vgl. Tz. 575 ff.

schen Erzeugnisse und Dienstleistungen (§ 277 Abs. 1 HGB) abzustellen. Wenn Unternehmen mit heterogener wirtschaftlicher Tätigkeit im KA zusammengefaßt werden, sind deshalb ggf. in der GuV eines einbezogenen Unternehmens ausgewiesene Umsatzerlöse (zB aus Vermietung oder Verpachtung bei einer Haus- und Grundstücksvermietungsgesellschaft) in der Konzern-GuV als sonstige betriebliche Erträge auszuweisen[719].

– Hat ein Unternehmen Abschreibungen auf Beteiligungen, Wertpapiere des Anlagevermögens oder sonstige Wertpapiere des Umlaufvermögens vorgenommen, die es im selben Jahr von einem anderen einbezogenen Unternehmen mit eliminierungspflichtigem Zwischengewinn bezogen hat, so sind die „Abschreibungen auf Finanzanlagen . . .“ (Nr. 12)[720] aus der Einzel-GuV in der Konzern-GuV mit dem unter „sonstige betriebliche Erträge“ (Nr. 4) ausgewiesenen Buchgewinn zu saldieren. Ein darüber hinaus verbleibender Buchgewinn unterliegt der Zwischenergebniseliminierung (§ 304 HGB).

– Leistet ein MU im Zusammenhang mit Ergebnisübernahmeverträgen garantierte Dividenden an Minderheitsgesellschafter eines Tochterunternehmens, so sind diese Zahlungen in der Einzel-GuV des Mutterunternehmens von dem Ertrag aus dem GAV abzusetzen. Aus der Sicht des Konzerns handelt es sich dabei um anderen Gesellschaftern zustehende Gewinne, die nach dem JA gesondert auszuweisen sind (§ 307 Abs. 2 HGB)[721].

– Liefert ein Unternehmen A eine selbst hergestellte Maschine an das ebenfalls konsolidierte Unternehmen B zur Nutzung in dessen Anlagevermögen und entstehen in diesem Zusammenhang bei A Transportkosten, die B gesondert in Rechnung gestellt werden, so sind diese Kosten in der Einzel-GuV von A bei Anwendung des UKV als Vertriebskosten (§ 275 Abs. 3 Nr. 7 HGB) auszuweisen. Aus der Sicht des Konzerns handelt es sich jedoch um Herstellungskosten (§ 275 Abs. 3 Nr. 2 HGB). Daraus sind die Konsequenzen für die Berechnung der Konzernherstellungskosten[722] und die Konsolidierung der Innenumsatzerlöse[723] zu ziehen.

4. Gesamtkostenverfahren

a) Konsolidierung der Innenumsatzerlöse

aa) Grundsatz

566 Als **Innenumsatzerlöse** werden die Erlöse aus **Lieferungen und Leistungen** zwischen den in den KA einbezogenen Unternehmen bezeichnet. **Außenumsatzerlöse** sind umgekehrt alle Umsatzerlöse, die im Lieferungs- und Leistungsverkehr mit nicht in den KA einbezogenen Unternehmen entstanden sind. Umsatzerlöse aus Lieferungen und Leistungen an Tochterunternehmen, die außerhalb des Konsolidierungskreises stehen, gehören demnach zu den Außenumsatzerlösen.

---

719 Vgl. *ADS* § 298 Tz. 188.
720 Die Nr. entsprechen § 275 Abs. 2 HGB.
721 Vgl. Tz. 588.
722 Vgl. Tz. 288 ff.
723 Vgl. Tz. 593.

Gem. § 305 Abs. 1 HGB sind die **Innenumsatzerlöse** entweder   **567**
- mit den auf sie entfallenden Aufwendungen zu verrechnen oder
- in Bestandsänderungen umzugliedern oder
- in andere aktivierte Eigenleistungen umzugliedern.

Sind diese Konsolidierungsvorgänge durchgeführt, so werden in der Konzern-GuV als Umsatzerlöse nur noch Außenumsatzerlöse ausgewiesen.

Die Konsolidierung der **Innenumsatzerlöse** darf nicht mit der Eliminierung von   **568**
Zwischenergebnissen verwechselt werden, auch wenn in der Praxis beide Fragen
eng miteinander verflochten sind. Die Innenumsatzerlöse müssen in der Konzern-GuV unabhängig davon, ob Zwischengewinne oder -verluste zu eliminieren
sind oder nicht, konsolidiert werden.

bb) Innenumsatzerlöse aus Lieferungen

1) Gegenstände, die vom liefernden Unternehmen selbst hergestellt oder be-   **569**
    bzw. verarbeitet worden sind

Die erforderlichen Konsolidierungsvorgänge werden im folgenden einzeln an
praktischen Beispielen dargestellt:

- Umgliederung in **andere aktivierte Eigenleistungen**

Unternehmen A liefert eine selbst hergestellte Maschine an das ebenfalls einbezogene Unternehmen B. Der **Innenumsatzerlös** in der Einzel-GuV A ist aus der
Sicht des Konzerns eine andere aktivierte Eigenleistung. Der Betrag ist von
Nr. 1 nach Nr. 3 umzugliedern[724].

Ist aus der Lieferung bei Unternehmen A ein Zwischengewinn/-verlust entstanden, so ist die andere aktivierte Eigenleistung um den darin enthaltenen Zwischengewinn/-verlust zu korrigieren.

Werden von A kleinere Zubehörteile für das Anlagevermögen von B geliefert,
die bei B, wie zT in der Praxis üblich, zunächst wie Roh-, Hilfs- und Betriebsstoffe auf Lager genommen werden, ehe sie (in der gleichen Abrechnungsperiode) in das Anlagevermögen eingehen, so wird bei B bereits zutreffend eine
andere aktivierte Eigenleistung ausgewiesen, die in die Konzern-GuV übernommen werden kann. In diesem Fall ist jedoch der Materialaufwand in der Einzel-GuV von B überhöht, so daß insoweit für die Konzern-GuV eine Saldierung zwischen Innenumsatzerlös (Nr. 1) und Materialaufwand (Nr. 5 a) erforderlich ist.

- Umgliederung in Bestandsänderungen

Unternehmen A liefert an das ebenfalls konsolidierte Unternehmen B selbst hergestellte Gegenstände, die bei B am Bilanzstichtag lagern und zur Weiterveräußerung bestimmt sind. Aus der Sicht des Konzerns liegt kein Umsatzerlös, sondern eine Bestandserhöhung vor. In der Konzern-GuV ist folglich eine Umgliederung der Umsatzerlöse (Nr. 1) in Bestandserhöhung (Nr. 2) erforderlich. War
der Umsatzerlös höher als die Konzernherstellungskosten, so ist die Bestandserhöhung außerdem um diese Differenz zu vermindern. Im Fall eines eliminierungspflichtigen Zwischenverlustes ist die Differenz den Beständen und den
Bestandsveränderungen hinzuzurechnen.

---

724 Die Nr.-Angaben beziehen sich auf das Gliederungsschema der GuV nach § 275 Abs. 2 HGB.

Waren die entsprechenden Gegenstände am Bilanzstichtag bei B im Stadium der Weiterverarbeitung, so weist B in seiner Einzel-GuV bereits zutreffend eine Bestandserhöhung aus, die in die Konzern-GuV zu übernehmen ist. Der Innenumsatzerlös (Nr. 1) ist in diesem Falle mit dem überhöhten Materialaufwand (Nr. 5 a) zu saldieren[725].

– Verrechnung mit den Aufwendungen des Empfängers

Unternehmen A liefert an das ebenfalls in die Konsolidierung einbezogene Unternehmen B einen selbst hergestellten Gegenstand, der von B noch im gleichen Konzern-GJ ohne oder nach Weiterbe- oder -verarbeitung veräußert wird. Aus der Sicht des Konzerns liegt die Herstellung eines Erzeugnisses in verschiedenen Abteilungen mit nur einem echten Umsatz (dem Außenumsatzerlös von B) vor.

Der Innenumsatzerlös von A (Nr. 1) ist mit dem Materialaufwand von B (Nr. 5) im Rahmen der Konsolidierung zu saldieren. Ist bei der Lieferung von A an B ein Zwischengewinn/-verlust entstanden, so ist er durch die Lieferung von B an einen Dritten realisiert worden, so daß weitere Korrekturen nicht erforderlich sind.

Veräußert B an Dritte ohne oder nach Weiterverarbeitung Gegenstände, die es in einem früheren GJ von A erworben und in seiner Bilanz am letzten Stichtag als Roh-, Hilfs- und Betriebsstoffe ausgewiesen hatte, so werden in der Einzel-GuV von B ein Materialaufwand und ein Außenumsatzerlös ausgewiesen. Im KA auf den vorhergehenden Stichtag sind diese Gegenstände aber als unfertige Erzeugnisse und Bestandsänderung behandelt worden. Aus der Sicht des Konzerns liegt daher kein Materialeinsatz, sondern eine Bestandsminderung vor. Unter den in § 305 Abs. 1 HGB geregelten Fällen ist dieser Vorgang nicht zu erfassen. Zur Darstellung des Konzerns als einheitliches Unternehmen (§ 297 Abs. 3 Satz 1 HGB) ist jedoch dieser Teil des aus der GuV von B stammenden Materialaufwands in den Posten Bestandsänderung umzugliedern[726].

570 2) Gegenstände, die von einbezogenen Unternehmen nicht hergestellt oder be- bzw. verarbeitet worden sind
– Verrechnungen mit den Aufwendungen des Empfängers

Das einbezogene Unternehmen A kauft Roh-, Hilfs- und Betriebsstoffe bei Dritten, die es an das ebenfalls in die Konsolidierung einbezogene Unternehmen B verkauft, das die Stoffe noch in der gleichen Abrechnungsperiode ohne oder nach Weiterverarbeitung verkauft. Die **Innenumsatzerlöse** (Nr. 1) von A sind mit dem Materialaufwand (Nr. 5 a) von B zu saldieren. Ebenso ist zu verfahren, wenn B die Stoffe zwar noch nicht veräußert, aber weiterverarbeitet hat, so daß diese bei B als fertige/unfertige Erzeugnisse und als Bestandsänderung (Nr. 2) ausgewiesen werden.

---

725 Der Vorschlag von *Grundmann* (DB 1966 S. 1897/1900) und *Dreger* (Der Konzernabschluß, S. 230), aus Gründen der Vereinfachung die Innenumsatzerlöse aus Lieferungen in das Umlaufvermögen, unabhängig davon, ob die Gegenstände weiterverarbeitet worden sind, mit dem Materialeinsatz zu saldieren, ist mit dem Gesetz nicht vereinbar.
726 Vgl. *ADS* § 305 Tz. 29.

– Verrechnung mit den Aufwendungen des Lieferers

Unternehmen A kauft Roh-, Hilfs- und Betriebsstoffe von einem Dritten, die es ohne weitere Be- oder Verarbeitung an das ebenfalls in die Konsolidierung einbezogene Unternehmen B verkauft, bei dem die Bestände am Bilanzstichtag unverändert lagern. In diesem Falle handelt es sich aus der Sicht des Konzerns um einen erfolgsneutralen Einkauf von Roh-, Hilfs- und Betriebsstoffen.

Die Innenumsatzerlöse (Nr. 1) von A sind mit dem ebenfalls bei A ausgewiesenen Wareneinsatz (Nr. 5 a) zu saldieren[727].

– Umgliederung in andere aktivierte Eigenleistungen

Unternehmen A kauft bei einem Dritten eine Maschine und verkauft sie ohne Be- und Verarbeitung an das ebenfalls in die Konsolidierung einbezogene Unternehmen B zur Verwendung in dessen Anlagevermögen.

Wird die Maschine zum Einstandspreis von A an B weiterveräußert, so stehen sich Innenumsatzerlöse (Nr. 1) und Wareneinsatz (Nr. 5 a) bei A in gleicher Höhe gegenüber, so daß beide Posten wie bei anderen Handelswaren (so.) gegeneinander aufzurechnen sind. Dasselbe Ergebnis wird erreicht, wenn die Maschine zwar von A mit einem Zwischengewinn/-verlust an B verkauft wird, der eliminiert werden muß. Danach stehen sich Innenumsatzerlöse und Materialaufwand des Lieferers wieder in gleicher Höhe gegenüber; eine Saldierung wie bei den anderen Handelswaren ist ohne Schwierigkeiten möglich.

Wird ausnahmsweise auf die Eliminierung des Zwischengewinns/-verlustes verzichtet[728], so bleibt in Höhe des nicht eliminierten Zwischengewinns ein Überhang der Innenumsatzerlöse (Nr. 1) über den unter Nr. 5 a) erfaßten Wareneinsatz von A. Ist der Überhang nur geringfügig, so erscheint eine Einbeziehung in den Posten andere aktivierte Eigenleistungen (Nr. 3) vertretbar, obgleich hier eine Eigenleistung im eigentlichen Sinne des Posteninhalts nicht vorliegt[729]. Im Fall nicht eliminierter Zwischenverluste ergibt sich der Überhang im Materialaufwand; eine Umgliederung wird nicht für notwendig gehalten[730].

cc) Innenumsatzerlöse aus Leistungen

Unter **Innenumsatzerlösen** aus Leistungen sind alle gem. § 277 Abs. 1 HGB iVm. **571** § 305 Abs. 1 Nr. 1 HGB als Umsatzerlöse auszuweisenden Erträge zu verstehen, die nicht aus der Veräußerung von Gegenständen entstanden sind. IdR werden diesen Innenumsatzerlösen des leistenden Unternehmens gleich hohe Aufwendungen des Empfängers gegenüberstehen (zB Mieten, Pachten), so daß eine Konsolidierung keine Schwierigkeiten bereitet. In Ausnahmefällen kann auch eine Aktivierung beim Empfänger in Betracht kommen (zB Leistungen im Rahmen aktivierungspflichtiger Reparaturen). Die Innenumsatzerlöse sind dann nach den unter bb) erläuterten Grundsätzen zu konsolidieren.

---

727 Zur Behandlung von Transportkosten, die in den Innenumsatzerlösen enthalten sein können, vgl. *Heine*, WPg. 1976 S. 113/118 sowie *ADS* § 305 Tz. 32.
728 Vgl. hierzu Tz. 303 ff.
729 Vgl. *Weirich*, WPg. 1966, S. 309/315 und Heine, WPg. 1967 S. 113/119.
730 So *ADS* § 305 Tz. 33.

b) Konsolidierungen anderer Erträge und Verluste

aa) Grundsatz

572   In der Konzern-GuV sind neben den Umsatzerlösen auch andere Erträge aus Lieferungen und Leistungen zwischen den in den KA einbezogenen Unternehmen zu konsolidieren. Sie sind „mit den auf sie entfallenden Aufwendungen zu verrechnen, soweit sie nicht als andere aktivierte Eigenleistungen auszuweisen sind" (§ 305 Abs. 1 Nr. 2 HGB).

573   Unter „andere Erträge" sind in diesem Zusammenhang alle Erträge aus Lieferungen und Leistungen zwischen den konsolidierten Unternehmen zu verstehen, die keine Umsatzerlöse sind, unabhängig davon, unter welcher Bezeichnung sie in der Einzel-GuV der einbezogenen Unternehmen ausgewiesen werden. Ggf. kann auch eine Umgruppierung von Verlusten aus Lieferungen erforderlich werden.

bb) Andere Erträge aus Lieferungen

574   Die Konsolidierung der anderen Erträge aus Lieferungen hat praktische Bedeutung für die Erträge aus dem Abgang von Anlagegegenständen und anderen Erträgen aus Lieferungen, die als sonstige betriebliche Erträge (Nr. 4) zusammengefaßt sind, und ggf. auch für die ao. Erträge (Nr. 24).

575   Die in den sonstigen betrieblichen Erträgen enthaltenen Erträge aus dem **Abgang von Gegenständen des Anlagevermögens** sind aus der Sicht des Konzerns Zuschreibungen. Eine Konsolidierung wird idR nicht erforderlich sein, da die Zuschreibung im Rahmen der Zwischengewinneliminierung zu stornieren ist. Sollte ausnahmsweise eine Zwischengewinneliminierung nicht erforderlich sein[731], so ist gleichwohl eine Umgruppierung nicht erforderlich, da auch die Zuschreibungen unter Nr. 4 auszuweisen sind.

576   Die Erträge aus dem Abgang von Gegenständen des **Umlaufvermögens** sind wie die Umsatzerlöse zu konsolidieren: Verrechnung mit Aufwendungen des Empfängers, Umgliederung in aktivierte Eigenleistungen[732]. Die von § 305 HGB beabsichtigte vollständige Konsolidierung verlangt – auch wenn dies im Wortlaut des Gesetzes nicht genannt ist – eine Umgruppierung in Bestandsveränderungen für den – sicherlich seltenen – Fall, daß Lieferungen, die zu anderen Erträgen führen, aus der Sicht des Konzerns als Herstellung eines unfertigen oder fertigen Erzeugnisses anzusehen ist.

cc) Andere Verluste aus Lieferungen

577   Die Konsolidierung anderer Verluste aus Lieferungen ist vom Wortlaut des Gesetzes nicht gedeckt. Gleichwohl verlangt der hinter § 305 HGB stehende Gedanke der Vollkonsolidierung auch in diesen Fällen eine Konsolidierung (§ 297 Abs. 3 Satz 1 HGB). Praktische Bedeutung hat die Verlustkonsolidierung aus Lieferungen in erster Linie für Verluste aus dem Abgang von Gegenständen des Anlagevermögens, die in den sonstigen betrieblichen Aufwendungen (§ 275 Abs. 2 Nr. 8 HGB) enthalten sind. Aus der Sicht des Konzerns handelt es sich

731 Vgl. Tz. 303 ff.
732 Vgl. Tz. 569.

dabei um außerplanmäßige Abschreibungen. Werden die bei der Lieferung entstandenen Zwischenverluste eliminiert (§ 304 Abs. 1 HGB), so entfällt damit die Notwendigkeit einer weiteren Konsolidierung.

Werden die Zwischenverluste dagegen in Übereinstimmung mit § 304 Abs. 2 **578** HGB ausnahmsweise nicht eliminiert, so sind sie von den sonstigen betrieblichen Aufwendungen in die Abschreibungen (Nr. 7 a) umzugruppieren. Sie sind hier gesondert auszuweisen, sofern sie nicht im Anhang angegeben werden (§ 289 Abs. 1 iVm. § 277 Abs. 3 Satz 1 HGB). Sind die Verluste aus der Lieferung von Gegenständen des Umlaufvermögens entstanden, so ist der Verlust als Abschreibung unter Nr. 7 b – ggf. gesondert – auszuweisen (§ 289 Abs. 1 HGB iVm. § 277 Abs. 3 Satz 1 HGB).

dd) Andere Erträge aus Leistungen

1) Verrechnung mit den Aufwendungen der Empfänger

In erster Linie fallen unter die „anderen Erträge aus ... Leistungen" solche, **579** denen gleich hohe Aufwendungen des Empfängers gegenüberstehen (zB **Zinsen, Mieten, Pachten**). Die Konsolidierung erfolgt ohne Schwierigkeiten durch Saldierung der gleichhohen Posten, die – soweit sie nicht gesondert ausweispflichtig sind – unter den sonstigen betrieblichen Erträgen (Nr. 4) und sonstigen betrieblichen Aufwendungen (Nr. 8) bzw. ggf. unter dem Materialaufwand (Nr. 5 b) ausgewiesen werden.

2) Aktivierung der Aufwendungen beim Empfänger

Wenn den Erträgen des leistenden Unternehmens entsprechende Aufwendungen **580** gegenüberstehen, die beim Empfänger der Leistung zu aktivieren sind, wie zB Beratungshonorare im Zusammenhang mit dem Erwerb oder der Erstellung eines Gegenstandes des Anlagevermögens oder Leistungen im Rahmen aktivierungspflichtiger Reparaturen, so handelt es sich aus der Sicht des Konzerns um **andere aktivierte Eigenleistungen.** Diese Erträge sind gem. § 305 Abs. 1 Nr. 2 HGB in diesen Posten (Nr. 3) umzugliedern.

Sofern andere Erträge aus Leistungen beim Empfänger im Rahmen der Herstel- **581** lungskosten von unfertigen und fertigen Erzeugnissen aktiviert werden (zB Konstruktionsleistungen bei langfristiger Fertigung, die beim leistenden Unternehmen nicht als Umsatzerlöse ausgewiesen werden), so sind die anderen Erträge des leistenden Unternehmens in der Konzern-GuV umzugliedern in Bestandsveränderungen, auch wenn dieser Konsolidierungsvorgang vom § 305 Abs. 1 Nr. 2 HGB nicht gedeckt ist (§ 297 Abs. 3 Satz 1 HGB).

c) Ergebnisübernahmen innerhalb des Konsolidierungskreises

aa) Erträge aus Beteiligungen

Den Posten Erträge aus Beteiligungen (Nr. 9)[733], Erträge aus den anderen Wert- **582** papieren (Nr. 10) und ggf. auch den sonstigen Zinsen und ähnlichen Erträgen (Nr. 11) stehen in einem bestimmten Umfang[734] keine Aufwendungen, sondern

---

733 Zur Ergebnisübernahme bei Anwendung der Equity-Methode vgl. Tz. 598 ff.
734 Hier: Dividenden auf im Umlaufvermögen ausgewiesene Anteile an verbundenen Unternehmen (§ 266 Abs. 2 B. III. Nr. 1 HGB).

Gewinne anderer konsolidierter Unternehmen gegenüber. Um eine Doppelerfassung der Gewinne in der Konzern-GuV zu vermeiden, muß bei Aufstellung des KA die Einbuchung der **Gewinnvereinnahmung** bei der Muttergesellschaft in sinngemäßer Anwendung des § 305 Abs. 1 Nr. 2 HGB gewinnmindernd storniert werden. Eine solche Konsolidierung ist jedoch nur dann möglich, wenn die Gewinne noch in dem Jahr, in dem sie erwirtschaftet werden, von den anspruchsberechtigten einbezogenen KU vereinnahmt werden[735].

583 Werden die Gewinne dagegen **nicht im Jahr der Gewinnerzielung**, sondern im nächsten Jahr der Gewinnausschüttung von dem beteiligten Unternehmen übernommen, so erscheint in diesen Fällen der gleiche Gewinn im ersten Jahr im Abschluß des Tochterunternehmens und im zweiten Jahr in dem des MU. Im Rahmen der Konsolidierung ist diese aus der Phasenverschiebung zwischen Gewinnerzielung und -vereinnahmung beruhende Auswirkung zu beseitigen, weil sonst der gleiche Gewinn im Jahresergebnis zweier aufeinanderfolgender Konzern-GJ enthalten wäre. Aus Konzernsicht sind diese vereinnahmten Beteiligungserträge im Vorjahr erzielte Gewinne, die weder ausgeschüttet noch einer Rücklage zugeführt worden sind. Sie sind daher aus den betreffenden Ertragsposten in den Ergebnisvortrag bzw. die **Gewinnrücklagen** umzugliedern[736].

bb) Behandlung des körperschaftsteuerlichen Anrechnungsbetrages bei der Konsolidierung

584 Hinsichtlich der Frage, wie die anrechnungsfähige **KSt** (§ 49 Abs. 1 KStG iVm. § 36 Abs. 2 Nr. 3 EStG) einer inländischen Beteiligungsgesellschaft im Rahmen der Konsolidierung zu behandeln ist, lassen sich zwei Fälle unterscheiden[737]:

– Die Beteiligungserträge werden von dem beteiligten Unternehmen im Jahr der Entstehung bei dem Tochterunternehmen vereinnahmt, ohne daß eine steuerliche Organschaft vorliegt. Aus der Sicht des Konzerns ist weder eine Ausschüttung vorgenommen worden noch ist ein Erstattungsanspruch entstanden. Der Erstattungsanspruch des Beteiligungsunternehmens ist folglich mit dem Körperschaftsteueraufwand des Tochterunternehmens zu saldieren.
– Die Beteiligungserträge werden von dem Mutterunternehmen erst in der Folgeperiode vereinnahmt. In diesem Fall kommt eine Umgliederung des Anrechnungsbetrages – entsprechend der Behandlung der Beteiligungserträge selbst[738] – nicht in Betracht. Außerdem steht dem Anrechnungsbetrag bei dem beteiligten Unternehmen ein entsprechender KSt-Aufwand des Tochterunternehmens nicht mehr gegenüber, da die Ausschüttungsbelastung bereits im VJ ausgewiesen wurde.

585 Sofern bei der **Abgrenzung latenter Steuern**[739] die Tarifbelastung angewendet wird, hat dieser Sachverhalt bereits im VJ im Rahmen der Gesamtbetrachtung einen aktiven Posten latenter Steuern vermindert bzw. die Rückstellung erhöht[740]. Wird nun von dem beteiligten Unternehmen der vereinnahmte Beteiligungsertrag thesauriert, so wurde bereits im VJ die KSt-Belastung des Konzerns

---

735 Zum Zeitpunkt der Gewinnvereinnahmung vgl. *ADS* § 275 Tz. 150 sowie BGH v. 3. 11. 1975, WPg. 1976 S. 80 ff.
736 Wegen weiterer Einzelheiten zum Ausweis vgl. Tz. 644.
737 Zur Behandlung des Anrechnungsbetrages im Einzelabschluß vgl. St/HFA 2/1977.
738 Vgl. Tz. 582 f.
739 Vgl. hierzu Tz. 610 ff.
740 Vgl. hierzu *ADS* § 298 Tz. 182 f., § 305 Tz. 77, § 306 Tz. 31.

zutreffend ausgewiesen. Im Folgejahr ist deshalb der bei dem beteiligten Unternehmen ausgewiesene KSt-Aufwand durch Saldierung mit dem Anrechnungsbetrag und dem Ertrag aus der Inanspruchnahme des Abgrenzungspostens latenter Steuern zu eliminieren.

Wird der Beteiligungsertrag von dem MU in vollem Umfang ausgeschüttet, so ist der Anrechnungsbetrag ebenfalls gegen den KSt-Aufwand des MU zu verrechnen, während die Veränderung des Abgrenzungspostens latenter Steuern im Zusammenhang mit der Steuerabgrenzung gem. § 306 HGB berücksichtigt ist.

cc) Ergebnisübernahmen aufgrund von Ergebnisübernahmeverträgen

Sind zwischen konsolidierten Unternehmen Ergebnisübernahmeverträge abge- **586** schlossen worden, so stehen sich bei 100% Anteilsbesitz des MU die in den GuV der betreffenden Unternehmen gesondert auszuweisenden Erträge und Aufwendungen (§ 277 Abs. 3 S. 2 HGB) in gleicher Höhe gegenüber, so daß eine Aufrechnung möglich ist.

Sind an dem Tochterunternehmen andere Gesellschafter beteiligt und besteht **587** demnach eine Verpflichtung zur **Ausgleichszahlung** gem. § 304 AktG, so ist zu unterscheiden, ob diese in Form einer **Rentabilitäts- oder Rentengarantie** zugesagt ist[741].

Verpflichtet sich das MU, das einbezogene Tochterunternehmen so zu stellen, **588** daß es den angemessenen Ausgleich zahlen kann **(Rentabilitätsgarantie),** so erscheint die zu zahlende Dividende unter den Aufwendungen des Tochterunternehmens. Im übrigen stehen sich die Gewinnabführungen bzw. Verlustdeckungen bei Mutter- und Tochterunternehmen in gleicher Höhe gegenüber, so daß beide gegeneinander aufgerechnet werden können. Die im Einzelabschluß des Tochterunternehmens gebuchte **garantierte Dividende** ist in der Konzern-GuV nach dem Jahresüberschuß als „anderen Gesellschaftern zustehender Gewinn" auszuweisen. Das Jahresergebnis des Konzerns erhöht sich dementsprechend.

Leistet das MU die Ausgleichszahlung selbst **(Rentengarantie),** so ist in seiner **589** GuV der um die Rentengarantie verminderte Ertrag oder erhöhte Aufwand aus der Ergebnisübernahme auszuweisen (§ 158 Abs. 2 AktG). Erträge und entsprechende Aufwendungen bei dem Mutter- und Tochterunternehmen stehen sich dann nicht mehr in gleicher Höhe gegenüber. Bei der Konsolidierung ist die Ausgleichszahlung wiederum in den Posten „anderen Gesellschaftern zustehender Gewinn" umzugliedern. Danach können Ergebnisabführung und -übernahme saldiert werden.

Einer solchen Konsolidierung steht § 158 Abs. 2 AktG nicht entgegen, da diese **590** Vorschrift für die Konzern-GuV nur insoweit anzuwenden ist, „soweit ihre Eigenart keine Abweichung bedingt" (§ 298 Abs. 1 HGB).

---

741 Vgl. im einzelnen *ADS* § 305 Tz. 79, § 277 Tz. 67 ff.

5. Umsatzkostenverfahren

a) Grundsatz

591 Auch für die Konzern-GuV nach dem UKV (§ 275 Abs. 3 HGB) gilt § 305 HGB uneingeschränkt. Sie ist daher eine vollkonsolidierte GuV, die nur Aufwendungen und Erträge enthalten darf, die aus dem Lieferungs- und Leistungsverkehr mit nicht konsolidierten Unternehmen entstanden sind. Im Gegensatz zum GKV entfällt jedoch aus der Natur der Umsatzkostenrechnung heraus die Umgruppierung der **Innenumsatzerlöse** (§ 305 Abs. 1 Nr. 1 HGB) in Bestandsveränderungen und andere aktivierte Eigenleistungen. Dasselbe gilt für die Konsolidierung der **anderen Erträge** (§ 305 Abs. 1 Nr. 2 HGB). Darüber hinaus können sich bei der Konsolidierung der anderen Erträge und Verluste Abweichungen zum GKV daraus ergeben, daß einige Aufwandsarten nach § 275 Abs. 2 HGB anderen Gliederungsposten zuzuordnen sind als nach § 275 Abs. 3 HGB (zB Abschreibungen).

Wie beim GKV müssen Innenumsatzerlöse und andere Erträge unbeschadet der Verpflichtung zur Eliminierung von Zwischenergebnissen (§ 304 HGB) eliminiert werden.

b) Konsolidierung der Innenumsatzerlöse

592 Die Konsolidierungsvorgänge werden im folgenden einzeln an praktischen Beispielen dargestellt. Dabei werden zur Gegenüberstellung mit dem GKV dieselben Sachverhalte zugrunde gelegt wie in Abschnitt 4.

aa) Innenumsatzerlöse aus Lieferungen

593 1) Gegenstände, die vom liefernden Unternehmen selbst hergestellt oder bebzw. verarbeitet worden sind.

– Verrechnung mit Aufwendungen des Lieferers

Unternehmen A liefert eine selbst hergestellte Maschine an das ebenfalls einbezogene Unternehmen B zur Eigennutzung bei B. Aus der Sicht des Konzerns handelt es sich um die Herstellung einer Maschine zur Eigennutzung. Aufwendungen dafür dürfen nach dem System der Umsatzkostenrechnung nicht in der GuV enthalten sein. Sie werden erst in späteren Abrechnungsperioden als Abschreibungen im Posten Nr. 2[742] den verkauften Erzeugnissen gegenübergestellt. Um dieses Ergebnis zu erzielen, müssen die Innenumsatzerlöse von A mit den zugehörigen **Herstellungskosten** (Nr. 2) aus seiner eigenen GuV aufgerechnet werden (§ 305 Abs. 1 Nr. 1 HGB)[743]. Ist aus der Lieferung bei A ein eliminierungspflichtiger Zwischengewinn entstanden, so sind der **Innenumsatzerlös** und die Anschaffungskosten der Maschine bei B um diesen Betrag zu vermindern.

Im Falle eines Zwischenverlustes sind beide Posten entsprechend zu erhöhen. Werden **Zwischengewinne** in Übereinstimmung mit § 304 Abs. 2 HGB nicht eliminiert, so handelt es sich dabei materiell um die Aktivierung der Kosten, die aus der Sicht des Konzerns nicht entstanden sind. Sind die Beträge iSv. § 297

---

742 Postenangaben ohne nähere Bezeichnung beziehen sich auf das Gliederungsschema für das UKV (§ 275 Abs. 3 HGB).
743 Vgl. hierzu auch *v. Wysocki*, Konsolidierung der Innenumsatzerlöse in FS Goerdeler, S. 723 ff.

Abs. 2 Satz 2 HGB ohne Bedeutung, so sollten sie mit den Herstellungskosten (Nr. 2) verrechnet oder als sonstige betriebliche Erträge (Nr. 6) ausgewiesen werden. Sind die nicht eliminierten Zwischengewinne dagegen bedeutend, so sollten sie unter einer entsprechenden Bezeichnung (zB „nicht eliminierte Zwischengewinne aus konzerninternen Lieferungen") in der Konzern-GuV gesondert ausgewiesen oder im Anhang angegeben werden. Im Falle eines **Zwischenverlustes** kommt dementsprechend ein Ausweis unter den Herstellungskosten (Nr. 2) oder sonstigen betrieblichen Aufwendungen (Nr. 8) in Betracht, sofern nicht ein Sonderausweis oder eine Angabe im Anhang erforderlich ist. In jedem Falle gebietet § 305 HGB eine vollständige Eliminierung der Innenumsatzerlöse. Fallen bei solchen Lieferungen Transportkosten an, die in der Einzel-GuV des liefernden Unternehmens A als Vertriebskosten (Nr. 7) ausgewiesen sind und die als Bestandteil der Konzernherstellungskosten aktiviert werden, so sind die Innenumsatzerlöse insoweit auch mit den Vertriebskosten zu verrechnen[744].

In der gleichen Weise ist zu konsolidieren, wenn Unternehmen A kleinere Zubehörteile für das Anlagevermögen von B geliefert hat, die bei B, wie zT in der Praxis üblich, zunächst wie Roh-, Hilfs- und Betriebsstoffe auf Lager genommen werden, ehe sie (in derselben Abrechnungsperiode) in das Anlagevermögen eingehen. Auf das Ergebnis von B hat dieser Vorgang keinen Einfluß. Die Innenumsätze von A sind demnach wiederum mit den ihnen entsprechenden Herstellungskosten von A zu saldieren.

Werden ceteris paribus von A an B selbst hergestellte Gegenstände geliefert, die am Bilanzstichtag noch bei B lagern und weiterveräußert werden sollen, so handelt es sich dabei aus der Sicht des Konzerns um unfertige oder fertige Erzeugnisse. Die erforderlichen Konsolidierungsvorgänge entsprechen den oben dargestellten.

– Verrechnung mit den Aufwendungen des Empfängers

Unternehmen A liefert an das ebenfalls einbezogene Unternehmen B einen selbst hergestellten Gegenstand, der von B noch im selben Konzern-GJ ohne oder nach einer Weiterbe- oder -verarbeitung an Dritte veräußert wird. Aus der Sicht des Konzerns liegt die Herstellung eines Erzeugnisses in verschiedenen Abteilungen mit nur einem wirklichen Umsatz (dem Außenumsatzerlös von B) vor. Die zur Erzielung dieses Umsatzes aufgewandten Herstellungskosten des Konzerns setzen sich zusammen aus denen des Unternehmens A und ggf. den bei B angefallenen Kosten der Weiterbe- oder -verarbeitung. Im Rahmen der Konsolidierung sind deshalb die Innenumsatzerlöse von A (Nr. 1) mit den bei B ausgewiesenen Herstellungskosten (Nr. 2), in die der gleiche Betrag als Kosten der Vorprodukte eingegangen ist, zu verrechnen.

Veräußert B an Dritte ohne oder nach Weiterverarbeitung Gegenstände, die es in einem früheren GJ von A erworben und in seiner Bilanz am letzten Stichtag als Roh-, Hilfs- und Betriebsstoffe ausgewiesen hatte, so werden in der Einzel-GuV von B Herstellungskosten und ein Außenumsatzerlös ausgewiesen. Aus der Sicht des Konzerns liegt bereits eine zutreffende Darstellung des Sachverhalts vor, so daß weitere Konsolidierungen nicht erforderlich sind.

---

744 Vgl. *ADS* § 305 Tz. 41.

594 2) Gegenstände, die vom liefernden Unternehmen nicht selbst hergestellt oder be- bzw. verarbeitet worden sind.

– Verrechnung mit den Aufwendungen des Empfängers

Die Konsolidierung bereitet auch in den Fällen, in denen die Gegenstände vom liefernden Unternehmen nicht selbst hergestellt, be- oder verarbeitet worden sind (Handelsware), keine Schwierigkeiten, soweit diese vom Empfänger der Lieferung in der gleichen Abrechnungsperiode veräußert werden oder in abgesetzte Produkte eingehen.

Unternehmen A kauft Roh-, Hilfs- und Betriebsstoffe bei Dritten, die es an das ebenfalls in die Konsolidierung einbezogene Unternehmen B verkauft, das die Stoffe noch in derselben Abrechnungsperiode ohne oder nach Weiterverarbeitung verkauft. Die **Innenumsatzerlöse** (Nr. 1) von A sind mit den Herstellungskosten (Nr. 2) von B in Übereinstimmung mit dem Wortlaut des Gesetzes zu saldieren.

Sind bei der Lieferung von A an B Zwischenergebnisse entstanden, so sind sie durch den Weiterverkauf in derselben Abrechnungsperiode realisiert worden.

– Verrechnung mit den Aufwendungen des Lieferers

Unternehmen A kauft Roh-, Hilfs- und Betriebsstoffe von einem Dritten, die es ohne weitere Be- oder Verarbeitung an das ebenfalls in die Konsolidierung einbezogene Unternehmen B verkauft, bei dem die Bestände am Bilanzstichtag unverändert lagern. Den Innenumsatzerlösen von A stehen dann die eigenen Herstellungskosten gegenüber, die gegeneinander aufzurechnen sind.

Die gleichen Konsolidierungsbuchungen sind erforderlich, wenn Unternehmen A bei einem Dritten Handelswaren kauft und an B weiterverkauft, wo sie am Bilanzstichtag nach Weiterverarbeitung als unfertige oder fertige Erzeugnisse lagern, oder wenn A eine Maschine einkauft und unverändert an B zur Verwendung in dessen Anlagevermögen verkauft. In allen diesen Fällen handelt es sich aus der Sicht von A um Handelswaren.

Entstehen bei der Weiterveräußerung von A an B Zwischenergebnisse, so gelten für deren Eliminierung bzw. Nicht-Eliminierung die Ausführungen Tz. 591 ff. auch hier.

bb) Innenumsatzerlöse aus Leistungen

595 Unter **Innenumsatzerlösen** aus Leistungen sind alle gem. § 277 Abs. 1 HGB iVm. § 305 Abs. 1 Nr. 1 HGB als Umsatzerlöse auszuweisenden Erträge zu verstehen, die nicht aus der Veräußerung von Gegenständen entstanden sind. IdR werden diesen Innenumsatzerlösen des leistenden Unternehmens gleich hohe Aufwendungen des Empfängers gegenüberstehen (zB Mieten, Pachten), so daß eine Konsolidierung keine Schwierigkeiten bereitet. In Ausnahmefällen kann auch eine Aktivierung beim Empfänger in Betracht kommen (zB Leistungen im Rahmen aktivierungspflichtiger Reparaturen). Die Innenumsatzerlöse sind dann mit den entsprechenden Aufwendungen (idR „Herstellungskosten") des leistenden Unternehmens zu konsolidieren.

c) Konsolidierungen anderer Erträge und Verluste

Die Konsolidierung der anderen Erträge betrifft die nicht als Umsatzerlöse aus- **596**
gewiesenen Erträge aus Lieferungen und Leistungen zwischen einbezogenen
Unternehmen. Die Lieferungen und Leistungen können beim Empfänger als
Aufwendungen erfaßt oder aktiviert worden sein. Die anzuwendende Konsolidierungstechnik ist grundsätzlich dieselbe wie bei vergleichbaren Umsatzerlösen. Auf einige Besonderheiten wird im folgenden hingewiesen:

– Andere Verluste aus Lieferungen

Entstehen aus dem Verkauf zB eines gebrauchten Anlagegutes an ein anderes
einbezogenes Unternehmen Zwischenverluste, die nicht eliminiert werden[745], so
sind die in der Einzel-GuV des liefernden Unternehmens unter „sonstigen
betrieblichen Aufwendungen" (Nr. 7) erfaßten Buchverluste aus Konzernsicht
richtig dargestellt, da nach dem UKV die außerplanmäßigen Abschreibungen
unter diesem Posten ausgewiesen werden können[746]. Im Gegensatz zum GKV[747]
ist daher keine Umgruppierung notwendig[748].

– Aktivierung der Aufwendungen beim Empfänger

Führen die Leistungen eines einbezogenen Unternehmens bei dem Empfänger
zu einer Aktivierung (zB Beratungshonorare im Zusammenhang mit dem
Erwerb oder der Erstellung eines Gegenstandes des Anlagevermögens; Leistungen im Zusammenhang mit aktivierungspflichtigen Reparaturen), so stehen den
Erträgen des leistenden Unternehmens keine Aufwendungen aus der GuV des
Empfängers gegenüber. Die Erträge sind deshalb mit den entsprechenden Aufwendungen des leistenden Unternehmens (idR „sonstige betriebliche Aufwendungen", Nr. 7) aufzurechnen.

d) Ergebnisübernahmen innerhalb des Konsolidierungskreises

Hinsichtlich des Ausweises von Aufwendungen und Erträgen des Beteiligungs- **597**
und Wertpapierbereichs sowie des Finanzbereichs unterscheidet sich die GuV
nach dem UKV nicht von der nach dem GKV. Zur Konsolidierung der Ergebnisübernahmen innerhalb des Kreises einbezogener Unternehmen kann deshalb
auf die zum GKV dargestellten Grundsätze[749] verwiesen werden.

6. Ergebnisübernahmen im Rahmen der Equity-Methode

a) Grundsatz

Bei Anwendung der **Equity-Methode** werden die anteiligen Jahresergebnisse der **598**
assoziierten Unternehmen grundsätzlich[750] im Jahr ihrer Entstehung unabhän-

---

745 ZB nach § 304 Abs. 2 HGB.
746 Vgl. *ADS* § 275 Tz. 246.
747 Vgl. Tz. 572 ff.
748 Zur Konsolidierung der Erträge aus dem Abgang von Gegenständen des Anlagevermögens vgl.
   Tz. 577 f.
749 Vgl. Tz. 582 ff.
750 Ausnahmen ergeben sich bei abweichendem Bilanzstichtag des assoziierten Unternehmens sowie
   im Fall der Verwendung des Vorjahresabschlusses (vgl. Tz. 480 ff.).

gig von ihrer Ausschüttung übernommen[751]. Darüber hinaus sind die Abschreibungen auf einen aktiven Unterschiedsbetrag[752] sowie ggf. die Vereinnahmung eines passiven Unterschiedsbetrages[753] erfolgswirksam zu berücksichtigen.

599 Werden in einem späteren Jahr die Gewinne des assoziierten Unternehmens teilweise oder vollständig ausgeschüttet, so ist die Dividende als Beteiligungsertrag in der Einzel-GuV des beteiligten einbezogenen Unternehmens enthalten. Um die doppelte Berücksichtigung des anteiligen Jahresergebnisses assoziierter Unternehmen in zwei Konzern-GJ zu vermeiden, ist die Dividende erfolgsmindernd zu eliminieren und gleichzeitig der Wertansatz der Beteiligung zu reduzieren[754].

b) Ausweis

600 Das auf die Beteiligungen an assoziierten Unternehmen entfallende Ergebnis ist nach § 312 Abs. 4 Satz 2 HGB unter einem **besonderen Posten** auszuweisen. Zweckmäßigerweise werden übernommene Gewinne als „Erträge aus assoziierten Unternehmen" zwischen den Posten „Erträge aus Beteiligungen" und „Erträge aus anderen Wertpapieren und Ausleihungen des Finanzanlagevermögens" ausgewiesen[755]. Die Übernahme negativer Ergebnisanteile sollte dementsprechend unter der Bezeichnung „Aufwendungen aus Verlustübernahme von assoziierten Unternehmen" nach den „Abschreibungen auf Finanzanlagen" ausgewiesen werden.

601 Da das Gesetz den gesonderten Ausweis indessen für das „auf assoziierte Beteiligungen entfallende **Ergebnis**" verlangt, dürfte es auch zulässig sein, positive und negative Ergebnisanteile zusammenzufassen und unter Berücksichtigung der Abschreibungen von Unterschiedsbeträgen als „Ergebnis aus Beteiligungen an assoziierten Unternehmen" in einem Posten auszuweisen[756].

c) Berücksichtigung der steuerlichen Konsequenzen

602 Das Gesetz verlangt die Berücksichtigung von „Eigenkapitalveränderungen" in den Folgejahren (§ 312 Abs. 4 Satz 1 HGB). Daher liegt es nahe, nur das anteilige Jahresergebnis **nach Steuern** zu übernehmen. Dies kann jedoch zu einem unzutreffenden Ausweis des Ertragsteueraufwands in der Konzern-GuV führen[757]. Wird zB der anteilige Jahresüberschuß eines assoziierten Unternehmens in der Rechtsform einer Kapitalgesellschaft in die Konzern-GuV übernommen, so fehlt es an einem entsprechenden Ertragsteueraufwand, weil der Beteiligungsertrag im Einzelabschluß des beteiligten Unternehmens noch nicht steuerwirksam geworden ist. Die Realisation in der steuerlichen Gewinnermittlung erfolgt erst im Jahr der Ausschüttung und nur in Höhe der (Brutto-)Dividende. Nicht ausgeschüttete Ergebnisse haben somit zunächst keine Auswirkungen auf den

---

751 Vgl. im einzelnen Tz. 431 ff. und Tz. 466 ff.
752 Vgl. hierzu Tz. 458 ff., 464.
753 Vgl. ebenda.
754 Vgl. hierzu Tz. 467.
755 So auch *Harms* BB 1987 S. 938; AK „Externe Unternehmensrechnung" der Schmalenbach-Gesellschaft – Deutsche Gesellschaft für Betriebswirtschaft eV, ZfbF Sonderheft 21/1987, S. 154 f.; *Budde/Raff* in BeBiKo. 2. Aufl. § 312 Tz. 65.
756 Vgl. *Gross/Schruff/v. Wysocki*, Der Konzernabschluß nach neuem Recht, 2. Aufl. Düsseldorf 1987, S. 259; *Küting/Zündorf* in HdRKo. § 312 Tz. 114.
757 Vgl. *ADS* § 305 Tz. 85.

Steueraufwand in der Konzern-GuV, obwohl sie erfolgswirksam vereinnahmt worden sind. Daher wurde es für sinnvoll gehalten, diese zeitlich befristeten Ergebnisunterschiede in die Abgrenzung latenter Steuern (§ 306 HGB) einzubeziehen[758], obwohl die Equity-Methode formal nicht in den Anwendungsbereich des § 306 HGB fällt. Allerdings ist auch die Voraussetzung zeitlich befristeter Ergebnisunterschiede iSd. § 306 HGB in wesentlichen Fällen nicht erfüllt, da die KSt-Belastung grundsätzlich bei dem beteiligten Unternehmen anrechenbar ist und Dividendenerträge aus ausländischen Unternehmen vielfach steuerfrei bleiben.

Wird die bei Ausschüttung eintretende Anrechenbarkeit der **KSt-Belastung** nicht   **603** bereits bei Vereinnahmung des anteiligen Jahresüberschusses im Rahmen der Equity-Methode berücksichtigt, so wird die KSt-Belastung im KA weder im Jahr der Übernahme des anteiligen Jahresergebnisses noch im Jahr der Ausschüttung zutreffend ausgewiesen. Die vereinnahmte Dividende wird von dem beteiligten Unternehmen brutto, dh. einschließlich des **Anrechnungsbetrages** als Beteiligungsertrag ausgewiesen. Die für die Konzern-GuV notwendige Eliminierung des Beteiligungsertrages könnte jedoch nur in Höhe des vorher zugeschriebenen Anteils am Nettogewinn vom Beteiligungswert in der Konzernbilanz abgesetzt werden. Der Anrechnungsbetrag müßte dann mit dem KSt-Aufwand verrechnet werden[759], so daß die KSt-Belastung dieser Ergebnisbestandteile sich nicht im ausgewiesenen KSt-Aufwand niederschlägt.

Ein zutreffender **Steuerausweis** wird jedoch erreicht, wenn bereits im Jahr der   **604** Übernahme des anteiligen Ergebnisses der darauf entfallende (noch nicht rechtswirksame) KSt-Anrechnungsbetrag berücksichtigt wird. Diese sog. **Bruttodarstellung** kann in zwei Varianten angewandt werden:

(1) Im Jahre der Übernahme des anteiligen Ergebnisses wird der darauf bezo-   **605** gene KSt-Anrechnungsbetrag eingebucht und gleichzeitig der KSt-Aufwand erfolgswirksam zurückgestellt[760]. Dabei wird der Anrechnungsbetrag in die Erhöhung des Wertansatzes der Beteiligung einbezogen. Im Jahr der Ausschüttung ist dann der Beteiligungswert in Höhe der im Einzelabschluß erfaßten Beteiligungserträge zu mindern; die Steuerrückstellung ist mit dem im Einzelabschluß ausgewiesenen Steueraufwand zu verrechnen.

Beispiel:

Das assoziierte Unternehmen hat im Jahr 1988 einen Jahresüberschuß **vor** KSt von	300
Auf den Konzern entfallen 33,33%	100
./. KSt Tarifbelastung (56%)	56
verbleiben	44
+ KSt-Minderung wg. Ausschüttung	20
= anteiliger Jahresüberschuß **nach** KSt	64
unter Berücksichtigung eines entsprechenden Gewinnverwendungsvorschlages	

---

758 Vgl. WPH 1985/86 Bd. II, S. 442; *Hille,* Latente Steuern im Einzel- und Konzernabschluß, Frankfurt/Bern 1982, S. 149; *von Wysocki/Wohlgemuth,* Konzernrechnungslegung, S. 208.
759 Vgl. *Küting/Zündorf* in HdRKo. § 312 Tz. 70.
760 Vgl. *ADS* § 305 Tz. 85; *Tesdorpf,* BB 1987 S. 2341.

Im **Jahr 1988** führt die Vereinnahmung des anteiligen Jahresergebnisses im KA zu folgenden Konsolidierungsbuchungen:

	Soll	Haben
Beteiligungen an assoziierten Unternehmen	100	
Ergebnis aus Beteiligungen an assoziierten Unternehmen		100
KSt-Aufwand	36	
Steuerrückstellung		36

Im folgenden **Jahr der Ausschüttung** werden die Beteiligungserträge im **Einzelabschluß** des beteiligten Unternehmens
erfaßt:

Bank (Kapitalertragsteuer wird hier vernachlässigt)	64	
anrechenbare KSt	36	
Erträge aus Beteiligungen		100

Folgende **Konsolidierungsmaßnahmen** sind erforderlich:

Erträge aus Beteiligungen	100	
Beteiligungen an assoziierten Unternehmen		100
Steuerrückstellung (KA 1988)	36	
KSt-Aufwand		36

Bei dieser Form der Bruttodarstellung wird jedoch dem Beteiligungswertansatz
nicht nur die anteilige Eigenkapitalerhöhung des assoziierten Unternehmens
zugeschrieben, sondern auch die (anrechenbare) Steuerlast.

606   (2) Deshalb ist es zweckmäßig, die Bruttodarstellung im Jahr der Übernahme
des anteiligen Jahresüberschusses auf die Konzern-GuV zu beschränken[761]. Bei
dieser Vorgehensweise wird der rechtlich erst im Jahr der Ausschüttung entstehende Anrechnungsbetrag in der Konzernbilanz gegen die gleich hohe Steuerrückstellung verrechnet. Das anteilige Jahresergebnis zuzüglich der bei Ausschüttung anrechenbaren KSt wird als Ergebnis aus assoziierten Unternehmen
ausgewiesen und der Steueraufwand um den (später) anrechenbaren Betrag
erhöht[762].

Beispiel:

Im **Jahr 1988** führt die Vereinnahmung des anteiligen Jahresergebnisses im KA zu folgenden Konsolidierungsbuchungen:

	Soll	Haben
Beteiligungen an assoziierten Unternehmen	64	
KSt-Aufwand	36	
Ergebnis aus Beteiligungen an assoziierten Unternehmen		100

Im **Jahr der Ausschüttung** sind folgende **Konsolidierungsmaßnahmen** erforderlich:

Erträge aus Beteiligungen	100	
Beteiligungen an assoziierten Unternehmen		64
KSt-Aufwand		36

---

761 Vgl. *ADS* § 305 Tz. 85.
762 Die Bruttoerfassung wird auch präferiert von *Budde/Raff* in BeBiKo. 2. Aufl., § 312 Tz. 68. Nicht
sachgerecht erscheint jedoch die dort angesetzte Tarifbelastung.

7. Anteile anderer Gesellschafter am Gewinn/Verlust

Der im Jahresergebnis des Konzerns enthaltene, anderen Gesellschaftern zuste-   **607**
hende Gewinn und der auf sie entfallende Verlust ist nach dem Posten Jahres-
überschuß/Jahresfehlbetrag unter den Bezeichnungen „Konzernfremden[763]/
anderen Gesellschaftern zustehender Gewinn" bzw. „auf Konzernfremde/
andere Gesellschafter entfallender Verlust" gesondert auszuweisen (§ 307 Abs. 2
HGB). Der Ergebnisanteil wird ggf. auf der Grundlage der für die Konsolidierung verwendeten **Handelsbilanz II** ermittelt.

Die so errechneten Beträge sind als „ideelle" Anteile der anderen Gesellschafter   **608**
am Gewinn/Verlust des jeweiligen Tochterunternehmens anzusehen und brauchen – im Falle des Gewinns – nicht mit der geplanten oder tatsächlichen Ausschüttung übereinzustimmen. Die Anteile anderer Gesellschafter werden von
erfolgswirksamen Konsolidierungsmaßnahmen nur bei Anwendung der Neubewertungsmethode für die Kapitalkonsolidierung (§ 301 Abs. 1 Nr. 2 HGB)[764]
berührt. Erfolgswirksam eliminierte Zwischengewinne zB werden vollständig zu
Lasten des Konzernanteils verrechnet[765].

Als „anderen Gesellschaftern zustehender Gewinn" sind auch die **Ausgleichs-**   **609**
zahlungen nach § 304 AktG auszuweisen, die im Fall eines Gewinnabführungsvertrages den Minderheitsgesellschaftern zustehen[766].

8. Abgrenzung latenter Steuern aus der Konsolidierung

a) Grundsatz

Weicht das im KA ausgewiesene Jahresergebnis aufgrund erfolgswirksamer   **610**
Konsolidierungsmaßnahmen von der Summe der Einzelergebnisse aller einbezogenen Unternehmen ab, so ist der Steueraufwand in der Konzern-GuV entsprechend zu korrigieren, soweit sich der im Verhältnis zum Konzernjahresergebnis
zu hohe bzw. zu niedrige Steueraufwand in späteren Jahren voraussichtlich ausgleicht (§ 306 Satz 1 HGB)[767]. Die Korrektur führt zu einer Aktivierung eines
Ausgleichspostens und damit zu einer Minderung des aus den **Handelsbilan-**
zen II übernommenen Steueraufwands, wenn das Konzernjahresergebnis geringer ist als die Summe der Ergebnisse der konsolidierten Unternehmen; sie führt
zu einer Passivierung des Differenzbetrages und damit zu einer Erhöhung des
aus den Handelsbilanzen II übernommenen Steueraufwands, wenn das Konzernergebnis höher ist als die Summe der Ergebnisse der konsolidierten Unternehmen. Die Differenzbeträge werden allgemein als **latente Steuern aus der Kon-**
solidierung bezeichnet. Sie lassen sich definieren als fiktiv ermittelte, voraussichtliche *Steuermehr-* oder *-minderbelastungen* einer Periode, die sich aufgrund
temporärer Abweichungen zwischen dem Konzernergebnis und der Summe der
Einzelergebnisse (Handelsbilanz II) aller einbezogenen Unternehmen ergeben.

---

763 So § 333 Abs. 2 Nr. 18 u. 19 AktG 1965.
764 Vgl. hierzu Tz. 376.
765 Vgl. Tz. 287.
766 Vgl. hierzu Tz. 588.
767 Vgl. hierzu *Coenenberg/Hille*, DBW 1979, S. 601 ff.; *Hennig*, Bilanzierung latenter Steuern,
     Bochum 1982, S. 247 ff.; *Hille*, Latente Steuern, S. 105 ff.; *Harms/Küting*, ZfB 1981 S. 146 ff.;
     Schruff, S. 341 ff.

611 Grundlage für die **Bemessung des Abgrenzungsbetrages** latenter Steuern ist der Gesamtbetrag der Abweichung zwischen dem Konzernjahresüberschuß/-fehlbetrag und der Summe der Jahreserfolge lt. Handelsbilanz II der einbezogenen Unternehmen, vermindert um permanente und quasi-permanente Abweichungen.

612 Voraussetzungen für die Abgrenzung latenter Steuern, die kumulativ erfüllt sein müssen, sind (§ 306 HGB):

– Der gesamte Steueraufwand[768], der unter Nr. 18 bzw. Nr. 17 der Gliederungsschemata (§ 275 Abs. 2, 3 HGB) ausgewiesen ist, muß von dem fiktiv auf der Grundlage des Konzernergebnisses ermittelten Steueraufwand abweichen. Die Steuerabweichung wird in einer **Gesamtbetrachtung** des Unterschiedes zwischen der Summe der Jahresergebnisse aller einbezogenen Unternehmen lt. Handelsbilanz II und dem Konzernergebnis festgestellt und nicht gesondert für jede einzelne erfolgswirksame Konsolidierungsmaßnahme. Aus der Perspektive einer Einzelbetrachtung der verschiedenen Abweichungsursachen kann darin eine stille Saldierung aktiver und passiver latenter Steuern gesehen werden, die dem Konzept der Steuerabgrenzung immanent ist.

– Die Abweichung muß aus einer **erfolgswirksamen „Maßnahme"** entstehen. Dabei sind als Maßnahmen solche Konsolidierungstechniken zu verstehen, die in den §§ 300–307 HGB geregelt sind (§ 306 Satz 1 HGB)[769]. Dasselbe gilt für andere Konsolidierungsmaßnahmen wie Gewinnübernahmen im Konsolidierungskreis[770], die sich aus § 297 Abs. 3 S. 1 HGB ergeben, ohne daß sie formell bei den §§ 300–307 HGB aufgezählt sind. Sie sind jedoch als Maßnahmen der Aufwands- und Ertragskonsolidierung (§ 305 HGB) indirekt erfaßt. Bei periodenverschobener Gewinnvereinnahmung sollten die Steuerunterschiede aufgrund des gespaltenen KSt-Tarifs mit Rücksicht auf die Einheitstheorie in die Abgrenzung latenter Steuern nach § 306 HGB einbezogen werden[771].

Latente Steuern, die aufgrund von **Bewertungsanpassungen**[772] gem. § 308 HGB im Einzelabschluß entstehen, sind nicht im Rahmen der Konsolidierung, sondern bereits in der Handelsbilanz II gem. § 298 Abs. 1 iVm. § 274 HGB zu berücksichtigen. Sie sind als Maßnahmen des fünften Titels vom Wortlaut des § 306 HGB nicht erfaßt.

Fraglich ist, ob auch die **Anpassung des Bilanzansatzes** (§ 300 HGB) zu den Konsolidierungsmaßnahmen iSv. § 306 S. 1 HGB gehört oder wie die Bewertung (§ 308 HGB) in den Bereich der Handelsbilanz II gehört. § 300 HGB gehört formell zum vierten Titel und damit nach dem Wortlaut des Gesetzes auch zu den Maßnahmen mit Folgewirkungen für die Steuerabgrenzung nach § 306 HGB. Inhaltlich gehört diese Vorschrift jedoch wie § 308 HGB in den Bereich der Handelsbilanz II. Sie ist daher auch wie § 308 HGB zu behandeln, da ansonsten Vorschriften mit gleichen materiellen Konsequenzen für die Aussagefähigkeit des KA unterschiedlich behandelt werden[773].

---

768 Der für das GJ als Steueraufwand auszuweisende Betrag kann auch Steuern enthalten, die auf frühere GJ entfallen (zB nach endgültiger Veranlagung). Dies erklärt die Bezugnahme auf frühere GJ in § 306 HGB.
769 Drittes Buch, zweiter Abschnitt, zweiter Unterabschnitt, vierter Titel HGB.
770 Vgl. Tz. 582 ff.
771 Vgl. *Harms/Küting*, ZfB 1981 S. 148; *Hille*, S. 156.
772 Vgl. Tz. 275 ff.
773 Vgl. die Ausführungen Tz. 453, die hier sinngemäß gelten.

– Die **Abweichungen** müssen sich in späteren Abgrenzungsperioden voraussichtlich **ausgleichen.** Permanente Differenzen müssen ebenso unberücksichtigt bleiben wie quasi-permanente Differenzen, die insbesondere aus der erfolgswirksamen Abschreibung von Unterschiedsbeträgen aus der Kapitalkonsolidierung und der Equity-Methode resultieren.

Ist der Steueraufwand im Verhältnis zum Konzernergebnis zu hoch, so ist ein latenter Steuerbetrag durch Bildung eines Abgrenzungspostens auf der Aktivseite zu erfassen. Im Gegensatz zum Einzelabschluß (§ 274 Abs. 1 HGB) besteht im KA *kein* Aktivierungs*wahlrecht,* sondern eine **Aktivierungspflicht.** Ist der Steueraufwand im Verhältnis zum Konzernergebnis zu niedrig, so ist eine Rückstellung für latente Steuerschulden iSd. § 249 Abs. 1 Satz 1 HGB zu bilden.   **613**

b) Zeitliche Differenzen aus der Konsolidierung

Zeitliche Differenzen, die für die Steuerabgrenzung nach § 306 HGB in Betracht kommen, entstehen aus folgenden Konsolidierungsmaßnahmen:

– Erfolgswirksame Eliminierung von Zwischenergebnissen   **614**

Durch die Eliminierung der Zwischenergebnisse wird der Konzernerfolg um die aus Konzernsicht nicht realisierten Erfolgsbeiträge korrigiert, die in der Einzel-GuV enthalten sind. Die dadurch entstehenden Abweichungen sind zeitlich begrenzt, wenn die Eliminierungen der Zwischenergebnisse das Umlaufvermögen oder das abnutzbare Anlagevermögen betreffen. Mit dem Verkauf bzw. Verbrauch werden die Eliminierungen realisiert.

Dagegen entstehen quasi-permanente Differenzen, wenn die Eliminierung das nicht abnutzbare Anlagevermögen betrifft. Die Eliminierung wird dann im Extremfall erst mit der Liquidation des Unternehmens realisiert. Diese Differenzen werden bei der Steuerabgrenzung nicht berücksichtigt[774].

– Erfolgswirksame Schuldenkonsolidierung   **615**

Stehen sich im Rahmen der Schuldenkonsolidierung zu verrechnende Forderungen und Verbindlichkeiten nicht in gleicher Höhe gegenüber, ist die Konsolidierung idR erfolgswirksam[775]. Die Differenzbeträge sind bei der Errechnung der latenten Steuern zu berücksichtigen.

– Konzerninterne Gewinnausschüttungen   **616**

Abweichungen aufgrund konzerninterner Gewinnausschüttungen ergeben sich dann, wenn Gewinne eines Tochterunternehmens nicht aufgrund eines Beherrschungs- und Gewinnabführungsvertrages gem. § 291 Abs. 1 AktG und auch nicht aufgrund anderweitiger Möglichkeiten im Jahre ihrer Entstehung, sondern **in einer späteren Abrechnungsperiode** vom MU übernommen werden[776]. Für den ausgeschütteten Gewinn des Tochterunternehmens ist gem. § 27 Abs. 1 KStG die Ausschüttungsbelastung von 36% herzustellen. Aus der Sicht des Konzerns liegt

---

774 Vgl. *von Wysocki/Wohlgemuth,* S. 206; *ADS* § 306 Tz. 30.
775 Vgl. Tz. 514 ff.
776 Zur Möglichkeit synchroner Übernahme der Gewinne ohne Ergebnisabführungsvertrag vgl. *ADS* § 275 Tz. 150 sowie BGH v. 3. 11. 1975, WPg. 1976 S. 80 ff.

jedoch in Höhe des Konzernanteils keine Ausschüttung, sondern ein Gewinnvortrag vor[777].

Soweit für die Ausschüttung des Tochterunternehmens verwendbares Eigenkapital iSv. § 30 Abs. 1 Nr. 1 KStG (EK 50) als verwendet gilt, ist demnach aus Konzernsicht KSt von 50% anzusetzen, während dann, wenn verwendbares Eigenkapital iSv. § 30 Abs. 1 Nr. 3 KStG (EK 0) als verwendet gilt, aus Konzernsicht keine KSt anfällt. Nur im Fall der Verwendung von EK 36 (§ 30 Abs. 1 Nr. 2 KStG) stimmen im Einzelabschluß des Tochterunternehmens ausgewiesene und aus Konzernsicht entstandene KSt überein. Andererseits erhöht sich im Jahr der Vereinnahmung des Gewinnanteils die Belastung bei dem MU unter Berücksichtigung des Anrechnungsbetrages (§ 48 Abs. 1 KStG iVm. § 36 Abs. 2 Nr. 3 EStG) um 14% – sofern es die vereinnahmten Gewinne nicht seinerseits ausschüttet –, obwohl aus der Sicht des Konzerns in diesem Jahr keine Gewinnerzielung, sondern ein Gewinnvortrag aus dem Vorjahr besteht.

Das gleiche Problem stellt sich regelmäßig bei der Einbeziehung ausländischer Tochterunternehmen, wenn Gewinne dieser Tochterunternehmen, die ihren Sitz in Ländern mit einer vergleichsweise niedrigen Besteuerung haben, in späteren Abrechnungsperioden an andere konsolidierte Unternehmen ausgeschüttet werden, die ihren Sitz in Ländern mit einer höheren Besteuerung haben[778].

Für diese Fälle der konzerninternen Gewinnausschüttung wurde aufgrund einer Einzelbetrachtung die Bildung einer Rückstellung für latente Steuern bereits nach dem AktG 1965 für sachgerecht und zulässig gehalten[779]. Nach § 306 HGB sollten diese Ursachen latenter Steuern in die Gesamtbetrachtung einbezogen werden[780].

617   **– Ergebnisübernahmen im Rahmen der Equity-Methode**

Die **Ergebnisübernahmen im Rahmen der Equity-Methode** sind von der Steuerabgrenzung nach § 306 HGB nicht erfaßt[781]. Zur Behandlung der anrechenbaren KSt vgl. Tz. 602 ff.

618   **– Erfolgswirksame Kapitalkonsolidierung**

Die Ergebnisabweichungen zwischen dem Konzernjahreserfolg und der Summe der Jahresergebnisse aller einbezogenen Unternehmen werden, soweit sie aus der erfolgswirksamen Abschreibung/Auflösung von Unterschiedsbeträgen aus der Erstkonsolidierung entstehen, als quasi-permanente Differenzen angesehen[782]. Die Voraussetzung, daß sich die Abweichung in Folgejahren voraussichtlich ausgleicht, ist im Normalfall nicht erfüllt, so daß diese Differenzen für die latenten Steuern unberücksichtigt bleiben müssen.

Die gleiche Beurteilung gilt für die Abschreibung/Auflösung von Unterschiedsbeträgen aus der Equity-Methode. Die dadurch bedingten Abweichungen haben den gleichen Charakter.

---

777 Vgl. dazu auch Tz. 584 f., 644, 647 ff.
778 Vgl. *Schulze*, ZfbF 1976 S. 417, 429 ff.
779 Vgl. WPH 1985/86, Bd. I, S. 744 f.
780 Die Ursache liegt in diesen Fällen nicht in einer Ergebnisabweichung, sondern in unterschiedlichen Steuersätzen. Vgl. hierzu *Coenenberg/Hille*, DBW 1979 S. 615.
781 Vgl. *ADS* § 306 Tz. 20.
782 Vgl. *Hille*, S. 133; *von Wysocki/Wohlgemuth*, S. 207.

Zur Berücksichtigung latenter Steuern im Rahmen der Aufdeckung stiller Reserven aus der Erstkonsolidierung vgl. aber Tz. 342.

c) Berechnung des Abgrenzungsbetrages

aa) Maßgeblicher Steuersatz

Die Berechnung des Betrages **latenter Steuern** wirft die Frage nach dem anzuwendenden Steuersatz auf. Im internationalen Bereich besteht dazu keine einheitliche Auffassung[783]; vor dem Hintergrund des deutschen Steuerrechts entstehen zusätzliche Probleme[784]. Dabei geht es insbesondere um folgende Fragen: **619**

– Soll bei der Abgrenzung latenter Steuern der gegenwärtige (deferral-method) oder der künftige (liability-method) Steuersatz angewendet werden?
– Welcher KSt-Satz ist anzuwenden (Tarifbelastung, Ausschüttungsbelastung oder Mischsatz)?
– In welcher Höhe ist die Gewerbeertragsteuer (Hebesatz, Betriebsausgabencharakter) zu berücksichtigen?
– Welcher Steuersatz ist bei internationalen Konzernen anzuwenden?

Das Gesetz enthält zu diesen Fragen der praktischen Anwendung keine Hinweise.

Unabhängig von theoretischen Überlegungen, ob nicht zB das „Liability"-Konzept vom Erklärungsansatz her dem Bilanzierungsziel der zutreffenden Vermögensdarstellung und das „Deferral"-Konzept[785] eher dem Institut der latenten Steuern als Periodisierungs-Konzept entspricht[786], muß eine pragmatische Lösung gefunden werden[787]. Für die nach dem „Liability"-Konzept erforderliche Schätzung des künftigen Steuersatzes wird idR mangels besserer Erkenntnisse auf den gegenwärtigen Steuersatz zurückgegriffen werden müssen, so daß der theoretische Unterschied zwischen beiden Konzepten kaum praktische Bedeutung hat. Pragmatische Lösungsansätze müssen auch für die Frage gelten, welche Steuersätze im internationalen KA zu verwenden sind. Die Anwendung des **Steuersatzes,** der in dem betr. Land für die Gesellschaft gilt, die eine erfolgswirksame Konsolidierung auslöst[788], dürfte nicht nur wenig praktikabel, sondern auch mit der dem Konzept der Steuerabgrenzung zugrunde liegenden Gesamtbetrachtung nicht vereinbar sein. **620**

Da der KA weder Grundlage für die Besteuerung noch für die Ergebnisverwendung oder Haftung gegenüber Dritten ist, besteht seine wesentliche Aufgabe darin, ein den tatsächlichen Verhältnissen entsprechendes Bild der Vermögens-, Finanz- und Ertragslage des Konzerns zu geben (§ 297 Abs. 2 S. 2 HGB). Diesem Ziel ist auch die Wahl eines geeigneten Steuersatzes unterzuordnen. Ein Satz, der allen Gesichtspunkten vollständig Rechnung trägt, wird sich nicht finden lassen. Die gewählte Methode sollte einfach und plausibel sein und so lange unverändert bleiben, wie sich die tatsächlichen Verhältnisse nicht ändern. Dadurch wird auf jeden Fall der Periodenvergleich sichergestellt. Insoweit bestehen auch gegen die im Schrifttum vorgeschlagene Verwendung eines **kon- 621**

783 Vgl. dazu im einzelnen *Hille,* S. 208 ff.; *Hennig,* S. 284 ff.
784 Vgl. *Harms/Küting,* BB 1982 S. 843; *Bremer,* DB 1984 S. 317 ff.
785 Vgl. im einzelnen *von Wysocki/Wohlgemuth,* S. 211 f.
786 Vgl. *Pohlmann,* ZfbF 1983 S. 1099 f.
787 Vgl. *Havermann,* BFuP 1986 S. 126.
788 Vgl. AK Weltabschlüsse der Schmalenbach-Gesellschaft, ZfbF Sonderheft 9/1979, Tz. 341.

zerneinheitlichen Steuersatzes, der sich an den **durchschnittlichen** Steuersätzen der einbezogenen Unternehmen orientiert, keine Bedenken[789].

622   Unabhängig davon, ob man die Abgrenzung der latenten Steuern den Konsolidierungsmethoden iSv. § 297 Abs. 3 S. 2 HGB oder eher den Bilanzierungs- und Bewertungsmethoden zurechnet, gilt das Gebot der Stetigkeit (§ 297 Abs. 3 Satz 2 HGB oder § 298 Abs. 1 iVm. § 252 Abs. 1 Nr. 6 HGB) und die Berichterstattungspflicht bei deren Durchbrechung. Wegen der zahlreichen offenen Fragen sollte darüber hinaus die Methode der Abgrenzung latenter Steuern – ähnlich wie bei der Währungsumrechnung (§ 313 Abs. 1 Nr. 2 HGB) – regelmäßig im Konzernanhang erläutert werden[790].

bb) Fortschreibung des Abgrenzungsbetrages

623   Soweit sich die Ergebnisabweichungen, die zur Abgrenzung **latenter Steuern** geführt haben, in den Folgejahren wieder ausgleichen, ist der bilanzierte Abgrenzungsposten aufzulösen. Das Gesetz verlangt nicht, jede einzelne zeitliche Differenz unter Berücksichtigung des jeweils für diese geltenden Steuersatzes von ihrer Entstehung bis zu ihrer späteren Auflösung zu verfolgen. Die Fortschreibung braucht daher lediglich die Veränderung von Differenzbeträgen aus der **Schuldenkonsolidierung** und von eliminierten **Zwischenergebnissen** zu erfassen[791]. Dabei muß allerdings beachtet werden, daß im Zeitablauf durch Änderung der Verhältnisse aus quasi-permanenten Differenzen zeitliche Differenzen werden können und umgekehrt. Besondere Probleme ergeben sich dann, wenn sich Steuersätze zwischen Bildung und Auflösung von Abgrenzungsposten wesentlich verändert haben. Hier sollte auf jeden Fall davon ausgegangen werden können, daß ähnliche Veränderungen von Steuersätzen im Zeitablauf zu Gruppen zusammengefaßt werden können[792].

624   Solange sichergestellt ist, daß sich aus der Veränderung des Charakters von Differenzen, Steuersätzen und ähnlichen Faktoren, die die Höhe der Abweichungen wesentlich beeinflussen können, im Zeitablauf keine wesentlichen Ergebnisauswirkungen ergeben, sollte es zulässig sein, in einer Globalbetrachtung die latenten Steuern für das GJ zu berechnen und den Differenzbetrag gegenüber dem Vorjahr auf der Aktiv- oder Passivseite der Bilanz als Erhöhung oder Verminderung eines bereits bilanzierten Postens zu behandeln.

d) Ausweis latenter Steuern aus der Konsolidierung

aa) Konzernbilanz

625   Aus der Abgrenzung der latenten Steuern auf das Ergebnis der Konsolidierungsmaßnahmen (§ 306 HGB) ergibt sich als Folge der gebotenen Gesamtbetrachtung ein aktiver oder passiver Posten latenter Steuern, der in die Konzernbilanz einzustellen ist. Im Gegensatz zur Einzelbilanz (§ 274 Abs. 2 HGB) besteht in der Konzernbilanz auch für den Aktivposten eine Bilanzierungspflicht.

---

789 Vgl. *Busse von Colbe/Ordelheide*, S. 300; *Coenenberg/Hille*, DBW 1979 S. 619; *Hennig*, S. 295; *Hille*, S. 220; *Baumann* in HdRKo. § 306 Tz. 44.
790 Vgl. Tz. 695.
791 Vgl. hierzu *ADS* § 306 Tz. 32 ff.; ebenso *Pankaw/Kilgert/Lienau*, in BeBiKo. § 306 Tz. 33.
792 Vgl. AICPA, APB Opinion No. 11: Accounting for Income Taxes, § 37; IASC, IAS 12, Accounting for Taxes on Income, (Fn. 9) Tz. 15, 17.

Das Gesetz läßt offen, an welcher Stelle die Steuerabgrenzungen auszuweisen sind. Aktive Abgrenzungsposten sollten als **letzter Posten des Umlaufvermögens** oder gesondert unter den **RAP** ausgewiesen werden[793]. Das Gesetz läßt auch eine Zusammenfassung mit anderen Bilanzposten zu, wofür in erster Linie die RAP in Frage kommen. Allerdings ist dann eine Angabe des Betrags im Anhang erforderlich (§ 306 Abs. 1 S. 2 HGB). Passive latente Steuern sind unter den **Steuerrückstellungen** (§ 266 Abs. 3 B. 2. HGB) gesondert auszuweisen oder im Konzernanhang anzugeben. Sie dürfen mit den aus den Einzelbilanzen übernommenen Rückstellungen für latente Steuern zusammengefaßt werden. Die Angabe im Konzernanhang entfällt, wenn die Rückstellungen für latente Steuern gesondert ausgewiesen werden. Werden aus den **Einzelabschlüssen (bzw. Handelsbilanz II)** aktive latente Steuern in den KA übernommen, so dürfen auch sie mit einem ggf. aus § 306 HGB hervorgegangenen Aktivposten zusammengefaßt werden (§ 306 S. 3 HGB).

626

Die vom Gesetz erlaubte **Zusammenfassung von latenten Steuern,** die aus erfolgswirksamen **Konsolidierungsmaßnahmen** entstanden sind (§ 306 HGB), mit entsprechenden Posten, die bereits im **Einzelabschluß** bzw. den **Handelsbilanzen II** enthalten sind, gestattet auch eine Zusammenfassung von aktiven und passiven latenten Steuern, so daß in der Konzernbilanz nur noch ein aktiver oder passiver Posten für latente Steuern ausgewiesen wird.

627

bb) Konzern-GuV

Da der Zweck der Abgrenzung latenter Steuern im KA darin besteht, den Ertragsteueraufwand in einem bestimmten Verhältnis zum ausgewiesenen Jahresergebnis erscheinen zu lassen, ist es sachgerecht, die latenten Steuern aus der Konsolidierung in der Konzern-GuV ebenso wie in der Einzel-GuV mit dem tatsächlichen Ertragsteueraufwand (§ 275 Abs. 2 Nr. 18, Abs. 3 Nr. 17 HGB) in einem Posten zusammenzufassen bzw. zu verrechnen.

628

VII. Konzernergebnis

1. Grundsatz

Als Konzernergebnis wird hier der Konzernbilanzgewinn/Konzernbilanzverlust bezeichnet, der sich aus dem Jahresergebnis, dem Ergebnisvortrag und den Rücklagenbewegungen im Konzern ableitet. Dieser Betrag wird nicht notwendigerweise in einer Summe in der Konzernbilanz ausgewiesen; seine Elemente erscheinen vielmehr als Einzelposten in der Gruppe Eigenkapital (§ 266 Abs. 3 A. HGB), wobei die Rücklagenbewegung nur aus einer Differenzrechnung gegenüber dem VJ abgeleitet werden kann. In der Konzern-GuV wird der Konzernbilanzgewinn/-verlust als letzter Posten ausgewiesen, falls sie eine Ergebnisverwendungsrechnung enthält[794].

629

Das Konzernergebnis weicht regelmäßig von der Summe der entsprechenden Ergebnisse aus den konsolidierten Einzelabschlüssen (Handelsbilanz II) ab.

630

---

793 ZB mit der Bezeichnung „latente Steuern".
794 Vgl. im einzelnen Tz. 560 ff.

Gründe dafür sind **erfolgswirksame Konsolidierungsmaßnahmen,** die **Bereinigung zeitlicher Verschiebungen** zwischen Ergebniserzielung und Ergebnisvereinnahmung in den Einzelbilanzen im KA und ähnliche konsolidierungstechnische Maßnahmen einschließlich der dadurch ausgelösten rechnerischen Steuerbe- oder -entlastung sowie die **Aufteilung des Ergebnisses** in zwei Gruppen von Anteilseignern: MU und andere Gesellschafter. Die erfolgswirksame Kapitalkonsolidierung, die Verpflichtung zur **Eliminierung von Zwischenverlusten,** die **Anwendung der Equity-Methode** und die obligatorische **Steuerabgrenzung**[795] im KA sind weitere Gründe für Abweichungen. Addiert man dazu noch die Korrekturen der Einzelbilanzen (Handelsbilanz I), die bereits in der Handelsbilanz II vorzunehmen sind, so kann je nach Sachlage die Differenz zwischen der Summe der Einzelbilanzergebnisse und dem Konzernbilanzergebnis erhebliche Größenordnung erreichen. Ursache dafür ist die Fiktion der rechtlichen Einheit des Konzerns (§ 297 Abs. 3 HGB). Durch die dadurch erforderlichen Konsolidierungsmaßnahmen sowie die Neuausübung von Bilanzierungs- und Bewertungswahlrechten löst sich der KA von den ihnen zugrundeliegenden Einzelabschlüssen.

Bei den erfolgswirksamen Konsolidierungsvorgängen, die zu einer solchen Verselbständigung des KA führen, handelt es sich im wesentlichen um die unter Tz. 631 ff. erläuterten Maßnahmen:

2. Eliminierung von Zwischenergebnissen

a) Verrechnung im Konzernergebnis

631 Zwischengewinne und Zwischenverluste aus konzerninternen Lieferungen und Leistungen, die in die Bestände der Einzelbilanzen der einbezogenen Unternehmen eingegangen sind, müssen eliminiert werden[796].

632 Soweit die Lieferungen/Leistungen im GJ erfolgt sind, haben die daraus entstandenen Zwischenergebnisse sich in den Einzel-GuV der betreffenden einbezogenen Unternehmen ausgewirkt. Sie müssen in der Konzern-GuV aus dem Konzern-Jahresüberschuß/-fehlbetrag eliminiert werden.

633 Konsolidierungstechnisch wird die Erfolgswirksamkeit der Zwischenergebniseliminierung durch eine Verrechnung der eliminierungspflichtigen Beträge bei den einzelnen Posten der Konzern-GuV erreicht. Im wesentlichen sind dies bei Anwendung des GKV (§ 275 Abs. 2 HGB) die Innenumsatzerlöse, Bestandsänderungen, andere aktivierte Eigenleistungen, Materialaufwendungen und sonstige Aufwendungen und bei Anwendung des UKV (§ 275 Abs. 3 HGB) die Innenumsatzerlöse, Herstellungskosten und sonstige betriebliche Aufwendungen/Erträge.

634 Im Jahr der Veräußerung an Dritte wird ein vorher eliminiertes Zwischenergebnis realisiert. Ist ein Zwischengewinn eliminiert worden, so ist das im KA ausgewiesene Ergebnis entsprechend höher als im Einzelabschluß; wurde in Vorjahren ein Zwischenverlust eliminiert, so ist im Jahre der Weiterveräußerung der Verlust geringer, was auch bedeuten kann, daß aufgrund der Verlustantizipation nunmehr auch aus Konzernsicht ein positives Ergebnis entsteht.

---

795 Vgl. im einzelnen Tz. 610 ff.
796 Vgl. Tz. 282 ff.

Betrachtet man **zusammengefaßt** im Zeitablauf die jeweils in einer Abrechnungs- **635**
periode neu entstandenen und die bereits in den VJ eliminierten Zwischenergebnisse sowie die Realisierungen im GJ von in früheren GJ eliminierten Zwischenergebnissen, so läßt sich die Konsolidierung technisch vereinfachen: Eliminierungen und Realisierungen von Zwischenergebnissen saldieren sich, so daß ein
Block, der die aus den am jeweiligen Konzernbilanzstichtag vorhandenen Konzernbeständen zu eliminierenden Zwischenergebnisse widerspiegelt. Dieser
Betrag schlägt sich in voller Höhe im Konzerneigenkapital (Jahresergebnis,
Ergebnisvortrag, Gewinnrücklagen) nieder. **Erfolgswirksam, dh.** in der Höhe des
Jahresergebnisses wirksam wird jedoch nicht der Gesamtbetrag, sondern nur
seine **Veränderung gegenüber dem Vorjahr.** Erhöht sich der Block der zu elimi-
nierenden Zwischengewinne gegenüber dem Vorjahr, so vermindert sich in
Höhe des Differenzbetrages das Konzernjahresergebnis. Vermindert sich der
Block gegenüber dem Vorjahr, wird das Konzernjahresergebnis um diesen
Betrag verbessert[797].

Zwischengewinne, die bereits in früheren Jahren eliminiert worden sind, müssen **636**
so lange **erfolgsneutral** bleiben, bis sie aus der Sicht des Konzerns realisiert sind.
Dies ist dann der Fall, wenn die Gegenstände an Dritte veräußert sind oder
wenn sich – zB bei abnutzbaren Anlagegegenständen – die Zwischengewinne
durch Verrechnung entsprechend niedrigerer Abschreibungen aufgelöst haben.
Es entspricht daher dem Wesen des KA, die eliminierten Zwischenergebnisse in
der Zeit zwischen der erfolgswirksamen Eliminierung und der ebenfalls erfolgswirksamen Realisierung erfolgsneutral wie einen Ergebnisvortrag zu behandeln[798] oder mit den Gewinnrücklagen zu verrechnen[799].

b) Abweichende Lösungen

In der Praxis ist gelegentlich ein anderes Verfahren zur Eliminierung der Zwi- **637**
schengewinne gewählt worden, das – soweit ersichtlich – auf das Vorratsvermögen beschränkt ist.

Für den Gesamtbetrag der im Vorratsvermögen enthaltenen **Zwischengewinne**
wird im Rahmen von § 58 Abs. 2 AktG eine Rücklage gebildet, die in der Konzernbilanz offen von den Vorräten abgesetzt wird. Der erfolgswirksame Teil der
Zwischengewinne wird in der Konzern-GuV nach dem Jahresüberschuß/Jahres-
fehlbetrag des Konzerns als Zuweisung zu (Erhöhung der Zwischengewinne
gegenüber dem VJ) oder Auflösung (Verminderung der Zwischengewinne gegenüber dem VJ) dieser Rücklage gesondert ausgewiesen. Zweifellos entspricht
diese Lösung nicht der Vorstellung des Gesetzgebers. Sie läßt jedoch alle
wesentlichen vom Gesetz geforderten Angaben erkennen und geht mit der
Offenlegung des Gesamtbetrages der eliminierten Zwischengewinne zT noch
über die gesetzlichen Erfordernisse hinaus. Die Anwendung der Methode ist

---

797 Vgl. ua. *Grobe*, WPg. 1965 S. 310/313; *Hax*, ZfbF 1966 S. 309/314; *Grundmann*, DB 1966
    S. 1897/1900; *Haase*, DB 1966 S. 1657/1659; *Heine*, WPg. 1967 S. 146/151; *Schulze*, DB 1967
    S. 1575/1576; *Dreger*, S. 169 ff.; *Busse von Colbe/Ordelheide*, S. 224 ff.; *von Wysocki/Wohlgemuth*,
    S. 150.
798 So auch *Haase*, DB 1966 S. 1657/1659; *Heine*, WPg. 1967 S. 146/152; St/NA 2/1967; *Fasold*, NB
    1967, Nr. 4, S. 28/31; *Granobs*, Zwischengewinne im aktienrechtlichen Konzernabschluß, Freiburg
    1969, S. 48; ablehnend *Dreger*, S. 171.
799 Vgl. auch Tz. 644, 647 ff.

daher vertretbar[800]. Allerdings ist zu beachten, daß für den Fall, daß sich als Saldo aus allen Eliminierungen ein eliminierungspflichtiger Verlust ergibt, die Rücklage den Vorräten hinzugerechnet werden müßte. Hier findet diese Vorgehensweise somit ihre Grenze. Da das Konzernjahresergebnis bei Anwendung dieser Methode von der Eliminierung der Zwischenergebnisse unberührt bleibt, ist ferner die Ergebnisverwendungsrechnung in die Konzern-GuV aufzunehmen[801], es sei denn, daß die Korrektur des Konzernjahresergebnisses um die eliminierten/realisierten Ergebnisanteile in einer anderen geeigneten Form (zB Fußnoten zum Konzernjahresergebnis „davon nicht eliminierte Zwischenergebnisse" oder „darin nicht enthaltene realisierte Zwischenergebnisse") kenntlich gemacht wird.

638   Die Bildung einer Rückstellung für eliminierte Zwischengewinne in der Bilanz des MU, die im Konzernabschluß zum Ausgleich der Ergebnisverminderung aufgrund der Eliminierung von Zwischengewinnen aufgelöst würde, ist dagegen nicht zulässig[802].

3. Erfolgswirksame Schuldenkonsolidierung

a) Verrechnung im Konzernergebnis

639   Das „Weglassen" (§ 303 Abs. 1 HGB) von Restposten aus der Schuldenkonsolidierung[803] wirkt sich auf das Konzernergebnis unterschiedlich aus, je nachdem, ob es sich dabei um ein erstmaliges oder wiederholtes Weglassen handelt.

640   Wird zB ein **Darlehen** im Jahr der Gewährung beim Darlehensgeber **abgezinst**, so vermindert der Abzinsungsaufwand in dessen Einzelabschluß den Jahresüberschuß. Die Eliminierung dieses konzerninternen Vorgangs aus dem KA verlangt eine Stornierung der Abzinsung bei der Konsolidierung. Das Jahresergebnis des Konzerns übersteigt dann um den Abzinsungsbetrag den entsprechenden Posten im Einzelabschluß. Insoweit ist die Schuldenkonsolidierung erfolgswirksam. In den Folgejahren ist der Restposten, dem ein Abzinsungsaufwand nicht mehr gegenübersteht und der den Jahresüberschuß des Konzerns nicht noch einmal berühren darf, im KA als Gewinnvortrag bzw. Gewinnrücklagen[804] des Konzerns zu behandeln. Andererseits müssen auch die im Einzelabschluß des Darlehensgebers enthaltenen Aufzinsungsbeträge im KA erfolgsneutral bleiben. Sie sind daher ebenfalls im Gewinnvortrag des Konzerns zu verrechnen. Die Verrechnung des erfolgsneutral zu behandelnden Betrages kann auch mit den Gewinnrücklagen des Konzerns vorgenommen werden.

641   In der Praxis treffen im allgemeinen bei einer Vielzahl von Darlehensgewährungen erstmalige **Abzinsungen und Aufzinsungen** in früheren Jahren gewährter Darlehen in derselben Abrechnungsperiode zusammen. Für eine zusammengefaßte Konsolidierung läßt sich dann folgende allgemeine Regel aufstellen: Die Diffe-

---

800 So auch *ADS* § 304 Tz. 106. Zur Konsolidierungstechnik vgl. auch *Busse von Colbe/Ordelheide*, S. 289 f.
801 Vgl. Tz. 647 ff.
802 Vgl. *ADS* § 304 Tz. 108; *Albach/Forster/Geßler*, NB 1968 H. 3, S. 12 f.; *Busse von Colbe/Ordelheide*, S. 288.
803 Vgl. Tz. 514 ff.
804 Vgl. Tz. 644, 647 ff.

renz zwischen den wegzulassenden Forderungen und Verbindlichkeiten ist in Höhe ihrer Veränderung gegenüber dem VJ im Jahresergebnis des Konzerns zu verrechnen (erfolgswirksame Schuldenkonsolidierung). Erhöhungen der Differenz gegenüber dem Vorjahr verbessern das Jahresergebnis des Konzerns, Verminderungen verschlechtern es. Die Gesamtdifferenz nach dem Stand des Vorjahres bzw. der unveränderte Block geht in den Ergebnisvortrag oder die Gewinnrücklagen[805] des Konzerns ein. Übersteigen ausnahmsweise die Forderungen die aufzurechnenden Verbindlichkeiten, so gilt die Regel mit umgekehrten Vorzeichen.

b) Abweichende Lösungen

In der Praxis wird gelegentlich der Restposten aus der erfolgswirksamen Schul-   **642** denkonsolidierung nach dem Stand am Ende des VJ nicht im Ergebnisvortrag verrechnet, sondern in der Konzernbilanz etwa unter der Bezeichnung „Restposten aus erfolgswirksamer Schuldenkonsolidierung" gesondert ausgewiesen. Diese Konsolidierungsmethode erscheint vertretbar, sofern die Postenbezeichnung – wie im vorstehenden Fall – dem Bilanzleser eine gedankliche Zuordnung dieses Postens zum Konzernergebnis gestattet[806].

4. Erfolgswirksame Kapitalkonsolidierung

Soweit bei der Kapitalkonsolidierung gem. § 301 Abs. 1 HGB aktive Unter-   **643** schiedsbeträge aus der Erstkonsolidierung den betreffenden Vermögensgegenständen zugeordnet worden sind oder soweit ein Firmenwert aktiviert worden ist[807], entstehen in den Folgejahren zusätzliche Aufwendungen aus dem Wertverzehr oder Verbrauch dieser Vermögensgegenstände. Ausgenommen davon sind solche Differenzbeträge, die Vermögensgegenständen zugeordnet worden sind, die nicht der Abnutzung unterliegen, oder ein Firmenwert, der erfolgsneutral mit den Rücklagen verrechnet wird[808]. Die Abschreibungen sind in der Konzern-GuV unter den dafür im Gliederungsschema vorgesehenen Posten auszuweisen[809]. Sie ergeben sich unmittelbar aus der Kapitalkonsolidierung, sind daher auch in keiner Einzel-GuV enthalten[810] und vermindern unmittelbar das Konzernjahresergebnis. Die Auflösung eines passiven Unterschiedsbetrags aus der Erstkonsolidierung führt in den Folgejahren zu einer Aufwandsminderung bzw. zu sonstigen Erträgen und erhöht damit das Konzernjahresergebnis außerhalb der Einzelabschlüsse, sofern keine unmittelbare Übertragung auf die im KA ausgewiesenen Rücklagen[811] in Frage kommt.

---

805 Zu der Frage, ob die eliminierten Zwischenergebnisse in den Gewinnrücklagen oder im Ergebnisvortrag verrechnet werden sollten, vgl. Tz. 647 ff.
806 Vgl. *Havermann* in Bericht über die Fachtagung des IDW, Düsseldorf 1971, S. 37.
807 Vgl. Tz. 347 ff.
808 Vgl. Tz. 351 f.
809 GKV: Abschreibungen, Materialaufwand, Bestandsveränderung, sonstige betriebliche Aufwendungen.
810 Dies gilt uneingeschränkt bei der hier vertretenen Auffassung, daß auch die Neubewertung im Rahmen der Vollkonsolidierung (§ 301 Abs. 1 Nr. 2 HGB) zu den Konsolidierungsmaßnahmen und nicht in den Bereich der Aufstellung einer Handelsbilanz II gehört.
811 Vgl. Tz. 370 ff.

5. Ergebnisübernahme aus Beteiligungen

644 Werden Erträge aus Beteiligungen konsolidierter Unternehmen an anderen konsolidierten Unternehmen übernommen, so können Phasenverschiebungen zwischen Gewinnerzielung und Gewinnvereinnahmung dazu führen, daß vereinnahmte Erträge im KA in den **Gewinnvortrag** bzw. die **Gewinnrücklagen** umzugliedern sind[812]. In der Praxis werden abweichend von dieser Regel gelegentlich
vereinnahmte Gewinne aus VJ in einen besonderen Posten auf der Passivseite
der Konzernbilanz eingestellt, um damit – namentlich in tiefgestaffelten Konzernen – einen zu hohen Gewinnvortrag und eine Fehlbeurteilung des Ausschüt-
tungspotentials des Konzerns zu vermeiden. Der Sache nach handelt es sich
hierbei um die Abspaltung eines bestimmten Teils des Gewinnvortrags. Dagegen
bestehen keine Bedenken, sofern die Postenbezeichnung eine Zuordnung zum
Gewinnvortrag[813] zuläßt[814].

6. Ergebnisübernahme von assoziierten Unternehmen

645 Die Anwendung der Equity-Methode ist in Deutschland nur im KA gestattet.
Dies führt dazu, daß das Ergebnis im KA um anteilige Gewinne, die nicht ausgeschüttet werden, und um anteilige Verluste von den Ergebnissen im Einzelabschluß abweicht. Aufgrund der systemimmanenten Periodengleichheit von
Ergebniserzielung und Ergebnisvereinnahmung schlagen sich diese Abweichungen stets im Jahresergebnis des Konzerns nieder[815].

7. Anteile anderer Gesellschafter am Konzernergebnis

646 Sind an einbezogenen Unternehmen andere Gesellschafter beteiligt, so ist in der
Konzernbilanz ein Ausgleichsposten für ihre Anteile am Eigenkapital gesondert
auszuweisen[816]. Der im Jahresergebnis des Konzerns enthaltene anderen Gesellschaftern zustehende Gewinn und der auf sie entfallende Verlust ist nach dem
Jahresergebnis gesondert auszuweisen[817].

8. Ergebnisvortrag und Gewinnrücklagen

647 Der Ergebnisvortrag ist seiner Natur nach ein Unterkonto des – idR festen –
Kapitalkontos und, insbesondere als **Gewinnvortrag,** dazu bestimmt, Gewinn-
spitzen, die weder den Rücklagen zugeführt noch ausgeschüttet werden sollen,
vorübergehend zu speichern und in einer späteren Abrechnungsperiode erneut
zur Disposition zu stellen. Der Ergebnisvortrag kann daher auch als ein positives oder negatives Eigenkapitalkonto mit Speicherfunktion bezeichnet werden.
Diese Speicherfunktion hat dazu geführt, daß dem Ergebnisvortrag im KA kon-

812 Vgl. Tz. 583.
813 Vgl. *Havermann*, IDW-Fachtagung 1971 S. 29/36; aA *Barz* in Großkom. § 332 Anm. 15.
814 Vgl. Tz. 647 f.
815 Vgl. im einzelnen Tz. 598 ff.
816 Vgl. im einzelnen Tz. 374 ff.
817 Vgl. Tz. 607 f.

zernspezifische Speicherfunktionen zugewiesen worden sind: zB die Aufnahme des nicht im Jahresergebnis wirksamen Blocks der **eliminierten Zwischenergebnisse,** der erfolgsneutral verrechneten **Unterschiedsbeträge aus der Schuldenkonsolidierung** oder der **Differenzbeträge aus der Phasenverschiebung zwischen Gewinnerzielung und Gewinnvereinnahmung** bei der Übernahme von Beteiligungserträgen innerhalb des Konsolidierungskreises. Hinzu kommen nach den Vorschriften des HGB Differenzbeträge, die sich aus der Anwendung der Equity-Methode nur im KA[818] oder aus dem Übergang von der Equity-Methode zur Anschaffungskostenmethode oder umgekehrt ergeben.

Gleichwohl besteht wirtschaftlich gesehen kein zwingender Grund, die Speicherfunktion ausschließlich dem Ergebnisvortrag zuzuweisen. Sie könnte auch von den **Rücklagen** übernommen werden. Wird die Speicherfunktion dem Gewinnvortrag zugewiesen, so sind Erläuterungen im Konzernanhang erforderlich. Es darf nämlich nicht übersehen werden, daß der Ergebnisvortrag im Einzelabschluß keine allgemeine Speicherfunktion, sondern nur eine Speicherfunktion für Gewinnausschüttungen hat. Fehlt es an Erläuterungen, so könnten fälschlicherweise aus der Höhe des Ergebnisvortrags Rückschlüsse auf das Ausschüttungspotential des Konzerns zu dem Bilanzstichtag geschlossen werden, auf den der KA aufgestellt worden ist. Abgesehen davon, daß der KA keine Grundlage für die Ergebnisverwendung ist und daher auch keine Regeln für Rücklagenzuführungen im KA bestehen, stehen die konzernspezifischen Zuweisungen zum Ergebnisvortrag im Gegensatz zu den aus den Einzelbilanzen (Handelsbilanz I) übernommenen Anteilen auch für Gewinnausschüttungen nicht zur Verfügung.   **648**

VIII. Konzernanhang

1. Grundsatz

Der Konzernanhang ist Bestandteil des KA. Konzernbilanz und Konzern-GuV bilden mit dem Konzernanhang eine Einheit (§ 297 Abs. 1 HGB). Sie haben gemeinsam die Aufgabe, ein den tatsächlichen Verhältnissen entsprechendes Bild der **Vermögens-, Finanz- und Ertragslage** des Konzerns zu vermitteln (§ 297 Abs. 2 HGB). Damit wird die Zielsetzung für den Einzelabschluß (§ 264 Abs. 2 HGB) auch für den KA übernommen[819].   **649**

Den Unternehmen ist es freigestellt, bestimmte Angaben entweder in die Konzernbilanz/Konzern-GuV oder den Konzernanhang aufzunehmen.   **650**

Systematisch lassen sich die Berichts- und Angabepflichten des Konzernanhangs drei Teilbereichen zuordnen:

(1) *Erläuterung der Konzernbilanz und Konzern-GuV*   **651**
    Hierher gehören zB die Erläuterung der angewandten Bilanzierungs- und Bewertungsmethoden (§ 313 Abs. 1 Nr. 1 HGB), der Abweichungen von den angewandten Bilanzierungs-, Bewertungs- und Konsolidierungsmethoden (§ 313 Abs. 1 Nr. 3 HGB) sowie die Angaben, die der Verdeutlichung der Abgrenzung des Konsolidierungskreises gelten (§ 313 Abs. 2 HGB).

---

818 Vgl. Tz. 487 f.
819 Vgl. im einzelnen F Tz. 409 ff.

652 (2) *Ergänzung von Konzernbilanz und Konzern-GuV*
Zu diesen Angaben zählen die sonstigen Pflichtangaben, die im § 314 Abs. 1 HGB zusammengefaßt sind, wie zB Restlaufzeiten und Besicherungen bei Verbindlichkeiten, Gesamtbetrag der sonstigen finanziellen Verpflichtungen, Aufgliederung der Umsatzerlöse, Anzahl der Arbeitnehmer, Bezüge von Mitgliedern der Leitungsorgane.

653 (3) *Ersatz von Konzernbilanz und Konzern-GuV*
Diesem Bereich lassen sich alle diejenigen Angaben zuordnen, die das Unternehmen wahlweise in der Konzernbilanz/Konzern-GuV oder im Konzernanhang machen kann. Dazu gehören zB die Angaben zum Vergleich aufeinanderfolgender KA bei Änderung des Konsolidierungskreises (§ 294 Abs. 2 HGB), die Angabe des Unterschiedsbetrages zwischen Buchwert und anteiligem Eigenkapital bei der Equity-Methode (§ 312 Abs. 1 HGB), die gesonderte Angabe der aktiven oder passiven latenten Steuern (§ 306 S. 2 HGB), die Angabe von Vorgängen von besonderer Bedeutung bei fehlendem Zwischenabschluß (§ 299 Abs. 3 HGB). Die Einräumung dieses Wahlrechts ist deswegen möglich, weil – anders als nach AktG 1965 der Konzern-GB – der Konzernanhang der gleichen Publizität wie Konzernbilanz und Konzern-GuV unterliegt. Die Angaben haben daher, werden sie in den Anhang aufgenommen, den Charakter der angelsächsischen Notes. Daraus ergibt sich auch, daß sie absolut gleichwertig sein müssen. Eine verbale Erläuterung im Anhang kann daher auch eine Zahlenangabe in der Konzernbilanz oder Konzern-GuV nicht ersetzen.

654 Der Inhalt des Konzernanhangs ist nicht auf die vorgeschriebenen Angaben begrenzt, sondern kann auch um freiwillige Angaben, zB um eine **Kapitalflußrechnung** oder eine **inflationsbereinigte Rechnung,** ergänzt werden.

655 Der Konzernanhang ist von **allen MU** aufzustellen, die der Konzernrechnungslegungspflicht nach §§ 290 ff. HGB unterliegen[820]. Dies gilt auch dann, wenn an der Spitze des **publizitätspflichtigen Konzerns** eine Personenhandelsgesellschaft, ein Einzelkaufmann oder eine Bergrechtliche Gewerkschaft steht, die (der) kraft Rechtsform nicht zur Aufstellung eines Anhangs für ihren (seinen) JA verpflichtet ist. Es kommt auch nicht darauf an, ob der aufzustellende KA ein Gesamt-KA oder Teil-KA ist. Auch ein ausländisches MU, das einen befreienden KA für einen inländischen Teilkonzern erstellt, ist zur Aufstellung eines Konzernanhangs verpflichtet (§§ 291, 292 HGB).

656 Der Konzernanhang steht selbständig neben den Einzelanhängen. Dem steht nicht entgegen, daß der **Anhang des MU** und der **Konzernanhang zusammengefaßt** werden dürfen (§ 298 Abs. 3 S. 1 HGB)[821]. „In diesem Falle müssen (sie jedoch auch) gemeinsam offengelegt werden" (§ 298 Abs. 3 S. 2 HGB). Werden Konzernanhang und Anhang des MU zusammengefaßt, so kommt es weniger darauf an, an welcher Stelle die Angaben gemacht werden, sondern vielmehr darauf, daß alle gesetzlichen Angaben in zutreffender Weise enthalten sind[822]. Die Grenzen der Zusammenfassung liegen dort, wo die Klarheit und Übersicht-

820 Zur Aufstellung des Konzernanhangs nach dem PublG vgl. N Tz. 98 ff.
821 Insoweit wird die bisherige Übung gesetzlich normiert, vgl. zur Handhabung in der Praxis *von Wysocki/Wohlgemuth,* S. 262 f.
822 Zu der grundsätzlichen Unterscheidung von Angaben, Aufgliederung, Ausweis, Begründung, Darstellung und Erläuterung vgl. F Tz. 433.

lichkeit der Berichterstattung, der auch gegenseitige Verweise dienlich sein können, beeinträchtigt werden[823].

Anders als für den Konzernerläuterungsbericht des AktG 1965 gelten für den **657** Konzernanhang des HGB die gleichen **Offenlegungspflichten** wie für die Konzernbilanz und die Konzern-GuV. Neben der Einreichung zum HR ist der Konzernanhang deshalb auch im BAnz. offenzulegen (§ 325 Abs. 3 HGB)[824]. **Größenabhängige Erleichterungen** sind für den Konzernanhang weder bei der Aufstellung noch bei der Offenlegung vorgesehen.

Die Bestimmungen über den Inhalt des Konzernanhangs ergeben sich aus **drei** **658** **Gruppen** von Vorschriften:

(1) Angabepflichten aus §§ 313, 314 HGB
(2) Angabepflichten, die sich unmittelbar aus den übrigen Konzernrechnungslegungsvorschriften der §§ 290 ff. HGB ergeben
(3) Angabepflichten aus bestimmten Vorschriften zum Einzelabschluß einschließlich rechtsform- und geschäftszweigbedingter Vorschriften, die aufgrund des Verweises in § 298 Abs. 1 HGB auch für den Konzernanhang entsprechend gelten.

Bezüglich der unter (3) erwähnten Angabepflichten kann auf die entsprechenden Ausführungen zum Einzelabschluß verwiesen werden[825]. Die übrigen Vorschriften sind im folgenden Abschnitt systematisch zusammengestellt[826].

2. Tabellarische Übersicht der Angabepflichten für den Konzernanhang

Die folgende Übersicht gibt alle gesetzlichen Vorschriften[827] in aufsteigender **659** Paragraphen-Reihenfolge wieder, die bei der Aufstellung des Konzernanhangs zu beachten sind (Pflichtangaben). Angaben, die wahlweise auch in der Konzernbilanz/Konzern-GuV gemacht werden können, sind mit einem * versehen.

Vorschrift	Gegenstand der Angabe	Erörterung Abschn. Tz.
HGB		
§ 294 Abs. 2 S. 1*	Änderung des Konsolidierungskreises	M 186 ff.
§ 295 Abs. 3 S. 1	Einbeziehungsverbot	M 161 ff.
§ 296 Abs. 3	Einbeziehungswahlrechte	M 182
§ 297 Abs. 2 S. 3	Zusätzliche Angaben zur Vermittlung eines den tatsächlichen Verhältnissen entsprechenden Bildes	M 736

823 Zu den allgemeinen Berichtsgrundsätzen vgl. im einzelnen auch *ADS* § 313 Tz. 21 ff.
824 Vgl. aber die Sonderregelung für die gesonderte Aufstellung des Anteilsbesitzes (§ 325 Abs. 3 S. 2 HGB); vgl. Tz. 678.
825 Vgl. F Tz. 442.
826 Zur Strukturierung des Konzernanhangs vgl. zB *Selchert/Karsten*, BB 1986 S. 1258 ff.; *ADS* § 313 Tz. 37.
827 Auf die Angabe von rechtsform- und geschäftszweigbedingten Angabepflichten (§ 298 Abs. 1 HGB) ist jedoch verzichtet worden; vgl. dazu F Tz. 442.

Vorschrift	Gegenstand der Angabe	Erörterung Abschn. Tz.
HGB		
§ 297 Abs. 3 S. 4 und 5 § 298 Abs. 1	Abweichungen von auf den vorhergehenden KA angewandten Konsolidierungsmethoden	M 699 ff.
iVm. § 265 Abs. 1 S. 2	Abweichungen beim Aufbau und bei der Gliederung der Konzernbilanz und der Konzern-GuV	F 472 ff. u. 530
iVm. § 265 Abs. 2 S. 2 u. 3	Nicht vergleichbare oder angepaßte Vorjahresbeträge	F 475 ff.
iVm. § 265 Abs. 3 S. 1*	Vermerk der Mitzugehörigkeit zu anderen Posten der Konzernbilanz	F 14 f.
iVm. § 265 Abs. 4 S. 2	Gliederung nach verschiedenen Gliederungsvorschriften	F 478
iVm. § 265 Abs. 7 Nr. 2	Zusammenfassung von Posten zwecks größerer Klarheit der Darstellung	F 479 f. u. 533
iVm. § 268 Abs. 1 S. 2 2. Hs.*	Angabe eines Ergebnisvortrages aus dem Vorjahr	F 206
iVm. § 268 Abs. 2 S. 1*	Anlagenspiegel	F 42 ff.
iVm. § 268 Abs. 2 S. 3*	Abschreibungen des GJ auf Anlagevermögen und Ingangsetzungs-/Erweiterungsaufwendungen	F 51
iVm. § 268 Abs. 4 S. 2	Antizipative Abgrenzungsposten unter den sonstigen Vermögensgegenständen	F 488
iVm. § 268 Abs. 5 S. 3	Antizipative Abgrenzungsposten unter den Verbindlichkeiten	F 507
iVm. § 268 Abs. 6*	Disagio/Rückzahlungsagio	F 133
iVm. § 268 Abs. 7*	Haftungsverhältnisse	F 233 ff.
iVm. § 269 S. 1 2. Hs.	Ingangsetzungs-/Erweiterungsaufwendungen	F 485
iVm. § 273 S. 2 2. Hs.*	Vorschriften, nach denen der Sonderposten mit Rücklageanteil gebildet worden ist	F 209 ff.
iVm. § 274 Abs. 1 S. 1*	Passive Steuerabgrenzungsposten	F 215 ff.
iVm. § 274 Abs. 2 S. 2	Aktive Steuerabgrenzungsposten	F 491 ff.
iVm. § 277 Abs. 3 S. 1*	Außerplanmäßige Abschreibung nach § 253 Abs. 2 S. 3 und Abs. 3 S. 3 HGB	F 565
iVm. § 277 Abs. 4 S. 2	Außerordentliche Erträge und Aufwendungen	F 562 ff.
iVm. § 277 Abs. 4 S. 3	Periodenfremde Erträge und Aufwendungen	F 562 ff.

Vorschrift	Gegenstand der Angabe	Erörterung Abschn. Tz.
HGB		
§ 298 Abs. 1		
iVm. § 280 Abs. 3	Aus steuerrechtlichen Gründen unterlassene Zuschreibung	F 558
iVm. § 281 Abs. 1 S. 2*	Angabe der steuerrechtlichen Vorschriften, wenn steuerrechtliche Abschreibungen in den Sonderposten mit Rücklageanteil einbezogen sind	F 211
iVm. § 281 Abs. 2 S. 1	Steuerrechtliche Abschreibung des GJ	F 556 ff.
iVm. § 281 Abs. 2 S. 2*	Erträge aus der Auflösung von und Einstellung in Sonderposten mit Rücklageanteil	F 294 ff. u. 323
§ 299 Abs. 1 2. Hs.	Abweichung des Konzernabschlußstichtages vom Bilanzstichtag des MU	M 735
§ 299 Abs. 3*	Vorgänge von besonderer Bedeutung bei fehlendem Zwischenabschluß	M 552 f.
§ 301 Abs. 1 S. 5	Methode der Kapitalkonsolidierung	M 479 ff.
§ 301 Abs. 2 S. 2	Wahl des Zeitpunktes für die Kapitalkonsolidierung	M 679
§ 301 Abs. 3 S. 2 u. 3	Unterschiedsbetrag aus der Kapitalkonsolidierung	M 679 f.
§ 302 Abs. 3	Kapitalkonsolidierung bei Interessenzusammenführung	M 681 f.
§ 304 Abs. 2 S. 2	Unterlassung der Eliminierung von Zwischenergebnissen	M 687 ff.
§ 306 S. 2*	Latente Steuern aus der Konsolidierung	M 625 ff., 695
§ 308 Abs. 1 S. 3	Vom Abschluß des MU abweichende Bewertungen im KA	M 704 f.
§ 308 Abs. 2 S. 2	Beibehaltung von Wertansätzen nach KWG oder VAG	M 705
§ 308 Abs. 2 S. 4	Abweichung von einheitlicher Bewertung	M 705
§ 308 Abs. 3 S. 2	Betrag der im GJ steuerrechtlich bedingten Abschreibungen, Wertberichtigungen, Einstellungen in Sonderposten sowie unterlassenen Zuschreibungen	M 705
§ 310 Abs. 2 iVm. den dort angegebenen Vorschriften	Der Bruttokonsolidierung entsprechende Angabepflichten bei Anwendung der anteilsmäßigen Konsolidierung	M 521 ff.
§ 312 Abs. 1 S. 2 u. 3*	Unterschiedsbetrag bei der Equity-Methode	M 683 ff.
§ 312 Abs. 1 S. 4	Angewandte Form der Equity-Methode	M 683
§ 312 Abs. 3 S. 2	Wahl des Zeitpunktes zur Ermittlung des Unterschiedsbetrages bei der Equity-Methode	M 683

Vorschrift	Gegenstand der Angabe	Erörterung Abschn. Tz.
HGB		
§ 312 Abs. 5 S. 2	Verzicht auf die Anpassung an einheitliche Bewertung bei einem assoziierten Unternehmen	M 686
§ 313 Abs. 1 Nr. 1	Bilanzierungs- und Bewertungsmethoden	M 691 ff.
§ 313 Abs. 1 Nr. 2	Währungsumrechnung	M 698
§ 313 Abs. 1 Nr. 3	Abweichungen von Bilanzierungs-, Bewertungs- und Konsolidierungsmethoden	M 699 ff.
§ 313 Abs. 2 Nr. 1 S. 1	Konsolidierte Tochterunternehmen	M 661 ff.
§ 313 Abs. 2 Nr. 1 S. 2	Nichtkonsolidierte Tochterunternehmen	M 665 f.
§ 313 Abs. 2 Nr. 2 S. 1	Assoziierte Unternehmen	M 667 f.
§ 313 Abs. 2 Nr. 2 S. 2	Assoziierte Unternehmen werden wegen untergeordneter Bedeutung nicht nach Equity-Methode bilanziert	M 668
§ 313 Abs. 2 Nr. 3	Gemeinschaftsunternehmen	M 669 f.
§ 313 Abs. 2 Nr. 4	Angaben zu Unternehmen, an denen ein Anteilsbesitz von 20 % oder mehr besteht	M 671 ff.
§ 313 Abs. 3 S. 2	Schutzklausel	M 676 f.
§ 313 Abs. 4 S. 3	Beteiligungsliste	M 678
§ 314 Abs. 1 Nr. 1 1. Hs.	Gesamtbetrag der Verbindlichkeiten mit einer Restlaufzeit von mehr als fünf Jahren	M 706 f.
§ 314 Abs. 1 Nr. 1 2. Hs.	Gesamtbetrag der Verbindlichkeiten, die durch Pfandrechte und ähnliche Rechte von einbezogenen Unternehmen gesichert sind, einschließlich Art und Form der Sicherheiten	M 706 ff.
§ 314 Abs. 1 Nr. 2 1. Hs.	Gesamtbetrag der sonstigen finanziellen Verpflichtungen	M 722 f.
§ 314 Abs. 1 Nr. 2 2. Hs.	Haftungsverhältnisse gegenüber nichtkonsolidierten Unternehmen	M 724 ff.
§ 314 Abs. 1 Nr. 3	Aufgliederung der Umsatzerlöse	M 709 ff.
§ 314 Abs. 1 Nr. 4 1. Hs.	Zahl der beschäftigten Arbeitnehmer/Personalaufwand	M 728 ff.
§ 314 Abs. 1 Nr. 4 2. Hs.	Zahl der Arbeitnehmer von nur anteilmäßig einbezogenen Unternehmen	M 730
§ 314 Abs. 1 Nr. 5	Beeinflussung des Konzernjahresergebnisses durch steuerrechtliche Bewertungsmaßnahmen	M 718 f.
§ 314 Abs. 1 Nr. 6 a	Bezüge von Organmitgliedern	M 732 ff.

Vorschrift	Gegenstand der Angabe	Erörterung Abschn. Tz.
HGB		
§ 314 Abs. 1 Nr. 6 b	Bezüge früherer Organmitglieder und Pensionsverpflichtungen für diesen Personenkreis	M 732
§ 314 Abs. 1 Nr. 6 c	Vorschüsse, Kredite, Haftungsverhältnisse zugunsten von Organmitgliedern	M 732
§ 314 Abs. 1 Nr. 7	Eigene Anteile am Mutterunternehmen	M 720 f.
§ 314 Abs. 2 S. 2	Schutzklausel bei fehlenden Segmentangaben	M 715
EGHGB		
Art. 28 Abs. 2	Nicht passivierte Pensionsverpflichtungen und ähnliche Verpflichtungen (Fehlbetrag)	F 496 ff.

3. Angabepflichten zum Konsolidierungs- und Beteiligungsbereich [828]

a) Grundsatz

Die Angabepflichten zum Konsolidierungs- und Beteiligungsbereich (§ 313   **660**
Abs. 2 HGB) stehen in engem sachlichem Zusammenhang mit den Vorschriften
zur **Abgrenzung des Konsolidierungskreises** (§§ 294 Abs. 1 iVm. 290, 295, 296
HGB) sowie mit den Vorschriften zu den sonstigen Beteiligungsbeziehungen des
Konzerns (§§ 310, 311, 298 iVm. 271 Abs. 1 HGB). Die Vorschriften ergänzen
sich gegenseitig und bilden eine sachliche Einheit. Sie sollen dem Leser des KA
Auskunft darüber geben, welche Unternehmen zum Konzern gehören, welcher
Art die Unternehmensverbindung ist und welche Unternehmen in die Konsolidierung einbezogen worden sind. Je nach Sachlage kann dieser Angabenkatalog
sehr umfangreich sein. Er kann daher auch in Form einer sog. Beteiligungsliste
erstellt werden [829]. Unter bestimmten Voraussetzungen kann für die Angaben
nach § 313 Abs. 2 HGB die Schutzklausel in Anspruch genommen werden [830].

b) Konsolidierte Tochterunternehmen

Im Konzernanhang sind für die in den KA einbezogenen Unternehmen fol-   **661**
gende Angaben zu machen (§ 313 Abs. 2 Nr. 1 S. 1 HGB):

– Name
– Sitz
– Höhe des Anteils am Kapital (%)
– Ggf. Konsolidierungsgrund

Die Angaben gelten nicht nur für die wesentlichen, sondern für alle in den KA   **662**
einbezogenen Unternehmen. Es kommt auch nicht darauf an, ob die Unternehmen ihren Sitz im Inland oder Ausland haben [831]. Eine Erleichterung besteht
lediglich insoweit, als die Angaben statt im Anhang in der **Beteiligungsliste**

---

828 Beteiligung ist hier nicht iSd. § 271 Abs. 1 HGB zu verstehen, da nicht alle Angabepflichten eine
    Beteiligung iSd. § 271 Abs. 1 HGB voraussetzen (vgl. zB § 313 Abs. 2 Nr. 4 HGB).
829 Zur Beteiligungsliste vgl. Tz. 678.
830 Zur Schutzklausel vgl. Tz. 676 f.
831 Vgl. im Gegensatz dazu die Beschränkung auf Konzernunternehmen mit Sitz im Inland gem. § 334
    Abs. 1 S. 1 AktG 1965.

gemacht werden können, so daß die Bekanntmachung im BAnz. entfällt[832]. Eine darüber hinausgehende allgemeine Materiality-Klausel gibt es nicht.

663   Neben Namen und Sitz der konsolidierten Unternehmen ist auch „der Anteil am Kapital der Tochterunternehmen, der den MU und den in den KA einbezogenen Tochterunternehmen gehört oder von einer für Rechnung dieser Unternehmen handelnden Person gehalten wird" (§ 313 Abs. 2 Nr. 1 S. 1 HGB), anzugeben. Bei der Errechnung des Kapitalanteils (Beteiligungsquote) sind deshalb nicht nur die Anteile zu berücksichtigen, die dem MU unmittelbar gehören, sondern auch die Anteile, die ihm zuzurechnen sind[833].

664   Anzugeben ist ferner auch „der zur Einbeziehung in den KA verpflichtende Sachverhalt, sofern die Einbeziehung nicht auf einer der Kapitalbeteiligung entsprechenden Mehrheit der Stimmrechte beruht" (§ 313 Abs. 2 S. 1 HGB). Der in der Praxis am weitesten verbreitete Konsolidierungsgrund (Kapital- und Stimmrechtsmehrheit) braucht demnach nicht angegeben zu werden. Er wird offenbar als der Normalfall für die Begründung eines Mutter/Tochter-Verhältnisses angesehen. Für den Vertragskonzern nach § 290 Abs. 1 HGB oder § 290 Abs. 2 Nr. 3 HGB kann die Angabepflicht zweifelhaft sein, da in diesen Fällen praktisch immer auch eine Kapital- und Stimmrechtsmehrheit gegeben ist. Gleichwohl sollte hier der die Mehrheiten überlagernde **Beherrschungsvertrag** als Grund für die Einbeziehung in den KA angegeben werden. Die übrigen Fälle – einheitliche Leitung bei Minderheitsbeteiligung (§ 290 Abs. 1 HGB), Recht zur Bestellung und Abberufung der Mehrheit der Mitglieder des Verwaltungs-, Leitungs- oder Aufsichtsorgans bei Minderheitsbeteiligung (§ 290 Abs. 2 Nr. 2 HGB), beherrschender Einfluß aufgrund einer Satzungsbestimmung ohne Mehrheitsbeteiligung (§ 290 Abs. 2 Nr. 3 HGB) und die Stimmrechtsmehrheit ohne gleichzeitige Kapitalmehrheit (§ 290 Abs. 2 Nr. 1 HGB) – sind praktisch eher Ausnahmeerscheinungen, die als Abweichung von der Regel angabepflichtig sind.

c) Nicht konsolidierte Tochterunternehmen

665   Werden Tochterunternehmen nicht in den KA einbezogen (§§ 295, 296 HGB), so bestehen gleichwohl die Angabepflichten im Konzernanhang wie für die konsolidierten Tochterunternehmen (§ 313 Abs. 2 Nr. 1 S. 2 HGB)[834]. Es entfällt jedoch naturgemäß die Angabe des Konsolidierungsgrunds[835]. Statt dessen ist die **Nichteinbeziehung anzugeben** und zu **begründen** (§§ 295 Abs. 3 S. 1, 296 Abs. 3 HGB)[836, 837].

666   Besteht ein Konzern neben dem MU nur aus Tochterunternehmen, die aufgrund der §§ 295, 296 HGB nicht konsolidiert werden, so ist nicht alleine wegen der Angabe- und Erläuterungspflichten nach §§ 313 Abs. 2 Nr. 1 S. 2, 295 Abs. 3 S. 1 sowie 296 Abs. 3 HGB ein Konzernanhang zu erstellen. Vielmehr sind die not-

---

832 Vgl. Tz. 678.
833 Vgl. auch Tz. 47 ff.
834 Vgl. die vorstehenden Ausführungen.
835 Ebenso *Csik* in HdRKo. §§ 313, 314 Tz. 286 f.; aA *ADS* § 313 Tz. 97.
836 § 296 Abs. 3 HGB verlangt zwar im Gegensatz zu § 295 Abs. 3 S. 1 HGB nur eine „Begründung" und nicht zusätzlich eine „Angabe". Es dürfte sich jedoch lediglich um ein redaktionelles Versehen handeln, zumal die Begründung die Angabe des Konsolidierungswahlrechts einschließt.
837 Zur Beifügung von Einzelabschlüssen im Falle des Einbeziehungsverbots nach § 295 HGB vgl. Tz. 162.

wendigen Angaben im **Anhang des MU** zu machen, da ein Konzernanhang ohne Konzernbilanz und Konzern-GuV wenig sinnvoll ist[838]. Angaben und Begründung werden zweckmäßigerweise in die Berichterstattung nach § 285 Nr. 11 HGB eingefügt. Ist das MU wegen seiner Rechtsform nicht verpflichtet, einen Anhang zu erstellen, so entfällt diese Möglichkeit.

d) Assoziierte Unternehmen

Für assoziierte Unternehmen (§ 311 HGB) sind die sinngemäß gleichen Angaben zu machen wie für Tochterunternehmen (§ 313 Abs. 2 Nr. 2 S. 1 HGB):[839]   **667**

– Name
– Sitz
– Höhe des Anteils am Kapital (%)[840]

Wird die Beteiligung an dem assoziierten Unternehmen nicht nach der Equity-Methode (§ 312 HGB) bilanziert, weil „die Beteiligung für die Vermittlung eines den tatsächlichen Verhältnissen entsprechenden Bildes der Vermögens-, Finanz- und Ertragslage des Konzerns von untergeordneter Bedeutung ist" (§ 311 Abs. 2 HGB), so ist auch dieses anzugeben und zu begründen (§ 313 Abs. 2 Nr. 2 S. 2 HGB).   **668**

e) Gemeinschaftsunternehmen

Für Gemeinschaftsunternehmen, „die nach § 310 HGB nur anteilmäßig in den KA einbezogen worden sind"[841], sind folgende Angaben zu machen (§ 313 Abs. 2 Nr. 3 HGB):   **669**

– Name
– Sitz
– Höhe des Anteils am Kapital (%)[842]
– Tatbestand, aus dem sich die Anwendung der Quotenkonsolidierung ergibt

Aus der Erläuterung des „Tatbestands, aus dem sich die Anwendung der Quotenkonsolidierung ergibt", muß zumindest erkennbar sein, mit wie vielen anderen Unternehmen das Unternehmen gemeinsam geführt wird. Eine Angabe der Namen dieser anderen Unternehmen ist wünschenswert[843].   **670**

f) Unternehmen, an denen ein Anteilsbesitz von mindestens 20% besteht

Die in § 313 Abs. 2 Nr. 4 HGB erwähnten Angaben müssen für Unternehmen gemacht werden, „bei denen das MU, ein Tochterunternehmen oder eine für Rechnung dieser Unternehmen handelnde Person mindestens den fünften Teil der Anteile besitzt". Anders als zu Abs. 2 Nr. 1–3[844], wonach es darauf ankommt, daß dem Mutter- oder Tochterunternehmen die Anteile „gehören", stellt der Wortlaut dieser Vorschrift auf den „Besitz" der Anteile ab. Daraus könnte abgeleitet werden, daß es auf die Ausübung der tatsächlichen Gewalt   **671**

---

838 Ebenso vgl. *ADS* § 313 Tz. 98; *Csik* in HdRKo. §§ 313/314 Tz. 288.
839 Vgl. Tz. 661 ff.
840 Zur Berechnung der Beteiligungsquote vgl. Tz. 661 ff.
841 Hier: Gemeinschaftsunternehmen iengS vgl. Tz. 69 ff. Für Gemeinschaftsunternehmen iwS gelten die Angabepflichten für Tochterunternehmen, vgl. Tz. 661 ff.
842 Zur Berechnung der Beteiligungsquote vgl. Tz. 661 ff.
843 Ebenso *ADS* § 313 Tz. 104.
844 Art. 34 Nr. 5 der 7. EG-RL verwendet in diesem Zusammenhang den Begriff „beteiligt ist".

über die Anteile ankommt und sich daher die Berichtspflicht auf solche Anteile beschränkt, die das MU oder ein Tochterunternehmen unmittelbar besitzen zuzüglich der Anteile, die eine andere Person für Rechnung eines dieser Unternehmen hält. Würde erst die Zusammenrechnung der Anteile, die das Mutter- und Tochterunternehmen halten, zu einer Überschreitung der 20%-Grenze führen, so entstünde nach dieser Auffassung keine Berichtspflicht.

672   Aus dem Sinn und Zweck der Vorschrift, insbesondere aber im Vergleich zur entsprechenden Regelung in § 285 Nr. 11 HGB für den Anhang zum Jahresabschluß, die einen ausdrücklichen Hinweis auf die Zurechnungsvorschrift des § 16 Abs. 2 u. 4 AktG beinhaltet, muß jedoch gefolgert werden, daß eine Berichtspflicht im Konzernanhang auch dann besteht, wenn erst durch **Zusammenrechnung** der Anteile, die das Mutter- und die Tochterunternehmen halten, die 20%-Grenze überschritten wird[845].

673   Die Angabepflicht setzt nicht das Bestehen eines Beteiligungsverhältnisses iSv. § 271 Abs. 1 HGB voraus. Es genügt, daß mindestens 20% der Anteile gehalten werden. Werden Anteile von Tochterunternehmen gehalten, so kommt es ferner nicht darauf an, ob sie in den KA einbezogen werden oder nicht[846].

674   Im einzelnen sind anzugeben:

– Name
– Sitz
– Höhe des Anteils am Kapital (%)
– Höhe des Eigenkapitals
– Ergebnis des letzten GJ

675   Ungeachtet einer möglichen Inanspruchnahme der **Schutzklausel**[847] gilt – im Gegensatz zu den Angabepflichten nach § 313 Abs. 2 Nr. 1–3 HGB – die allgemeine Materiality-Klausel. Auf die Angaben kann **verzichtet** werden, „wenn sie für die Vermittlung eines den tatsächlichen Verhältnissen entsprechenden Bildes der Vermögens-, Finanz- und Ertragslage des Konzerns von untergeordneter Bedeutung sind" (§ 313 Abs. 2 Nr. 4 S. 2 HGB). Darüber hinaus kann auf die Angabe des Eigenkapitals und des Ergebnisses verzichtet werden, „wenn das in Anteilsbesitz stehende Unternehmen seinen JA nicht offenzulegen hat und das MU, das Tochterunternehmen oder die Person weniger als die Hälfte der Anteile an diesem Unternehmen besitzt" (§ 313 Abs. 2 Nr. 4 S. 3 HGB).

Im übrigen kann auf die Erläuterung zu der ähnlich gestalteten Angabepflicht im Einzelabschluß (§§ 285 Nr. 11, 286 Abs. 3 HGB) verwiesen werden[848].

g) Schutzklausel

676   Die Angaben nach § 313 Abs. 2 HGB können insoweit unterbleiben, „als nach vernünftiger kaufmännischer Beurteilung damit gerechnet werden muß, daß durch die Angaben dem MU, einem Tochterunternehmen oder einem anderen in Abs. 2 bezeichneten Unternehmen **erhebliche Nachteile** entstehen können" (§ 313 Abs. 3 S. 1 HGB). Die Schutzklausel bezieht sich nur auf die Angaben,

---

845 So auch *Biener/Schatzmann*, aaO, S. 61; ebenso *ADS* § 313 Tz. 106 ff.; *Csik* in HdRKo. §§ 313/314 Tz. 301.
846 Vgl. dazu die davon abweichende Regel in § 313 Abs. 2 Nr. 1–3 HGB.
847 Vgl. Tz. 676 f.
848 Vgl. F Tz. 598 ff.

die nach § 313 Abs. 2 HGB zu machen sind. Angaben über die Ausübung von Konsolidierungswahlrechten (§ 296 Abs. 3 HGB) und zum Konsolidierungsverbot (§ 295 Abs. 3 HGB) können nicht unter Berufung auf die Schutzklausel unterbleiben. „Die in Abs. 2 bezeichneten Unternehmen" sind in erster Linie mit einem Mutter- oder Tochterunternehmen assoziierte Unternehmen, von einem Mutter- oder Tochterunternehmen mit Dritten gemeinschaftlich geführte Unternehmen und Unternehmen, von denen das MU, Tochterunternehmen oder Dritte für Rechnung eines dieser Unternehmen mindestens den fünften Teil der Anteile besitzen. Wird von der Schutzklausel Gebrauch gemacht, so muß dies im Konzernanhang angegeben werden (§ 313 Abs. 3 S. 2 HGB).

Eine erweiterte Schutzklausel, nach der die Berichterstattung insoweit unterbleiben muß, als es für das Wohl der BRD oder eines ihrer Länder erforderlich ist, die in § 286 Abs. 1 HGB für den Einzelabschluß und in § 334 Abs. 4 S. 2 AktG 1965 für den KA enthalten ist, gibt es für die Konzernrechnungslegung nach HGB nicht. Im übrigen stimmt die Schutzklausel für den KA nach HGB inhaltlich mit der Klausel für den Einzelabschluß (§§ 285 Nr. 11, 286 Abs. 3 HGB) überein. Auf die Erläuterungen dazu kann daher verwiesen werden[849]. **677**

h) Aufstellung des Anteilsbesitzes (Beteiligungsliste)

Die Angaben nach § 313 Abs. 2 HGB[850] können statt im Anhang auch in einer gesonderten „Aufstellung des Anteilsbesitzes" (Beteiligungsliste) gemacht werden (§ 313 Abs. 4 S. 1 HGB). Die Beteiligungsliste ist dann **Bestandteil des Anhangs** und unterliegt den gleichen Vorschriften (zB Prüfung). Die Beteiligungsliste muß zum **HR** eingereicht werden; eine **Veröffentlichung** im BAnz. ist jedoch **nicht erforderlich** (§ 325 Abs. 3 S. 2 HGB). Auf die Aufstellung der Beteiligungsliste und den Ort ihrer Hinterlegung muß im Konzernanhang hingewiesen werden (§ 313 Abs. 4 S. 3 HGB). **678**

§ 313 Abs. 4 HGB stimmt wörtlich mit § 287 HGB (Beteiligungsliste für den Einzelabschluß) überein. Auf die Erläuterungen kann insoweit verwiesen werden[851].

4. Angabepflichten zu den Konsolidierungsmethoden

a) Kapitalkonsolidierung (purchase-Methode)

Für die **Kapitalkonsolidierung** im Rahmen der purchase-Methode können unterschiedliche Methoden angewendet werden (§ 301 Abs. 1 Nr. 1 u. 2 HGB)[852]. Im Konzernanhang muß daher angegeben werden, ob bei der Erstkonsolidierung die **Buchwert- oder die Neubewertungsmethode** angewendet worden ist (§ 301 Abs. 1 S. 5 HGB). Der Berichtspflicht kann auch durch eine entsprechende Bezeichnung der Unternehmen im Rahmen der Berichterstattung nach § 313 Abs. 2 Nr. 1 HGB genügt werden. Ferner ist der Zeitpunkt anzugeben, auf den bei der Erstkonsolidierung abgestellt worden ist (§ 301 Abs. 2 S. 2 HGB). Dies kann entweder der Zeitpunkt des Erwerbs der Anteile oder diesem entsprechend **679**

---

849 Vgl. F Tz. 603 ff.
850 Dies gilt nicht für die Angabe- und Begründungspflichten nach §§ 295 Abs. 3, 296 Abs. 3 HGB, die in Tz. 161 ff., 182, 665 f. erwähnt sind.
851 Vgl. F Tz. 605 ff.
852 Vgl. dazu Tz. 321 ff.

– bei sukzessivem Anteilserwerb – der Zeitpunkt, an dem das Unternehmen erstmalig Tochterunternehmen geworden ist, sein; es kann aber auch wahlweise der Zeitpunkt der erstmaligen Einbeziehung des Tochterunternehmens in den Konzernabschluß sein (§ 301 Abs. 2 S. 1 HGB)[853]. Außerdem müssen die bei der Neubewertungsmethode entstehenden bzw. die bei der Buchwertmethode verbleibenden aktiven oder passiven Unterschiedsbeträge sowie ihre Änderungen gegenüber dem VJ erläutert werden (§ 301 Abs. 3 S. 2 HGB). Das Gesetz läßt dabei offen, was im einzelnen unter „Erläuterung" zu verstehen ist. Aus dem Sinn und Zweck dieser Vorschrift muß jedoch gefolgert werden, daß zumindest die Ursachen eines aktiven oder passiven Postens (zB Aufdeckung stiller Reserven, Firmenwert) offengelegt werden müssen. Eine lediglich aus der gesetzlichen Formulierung abgeleitete Definition der Posten reicht nicht aus. Da die Ursachenanalyse in jedem Fall durchgeführt werden muß, da andernfalls die Kapitalkonsolidierung nach § 301 Abs. 1 HGB nicht möglich ist, entfallen die Gründe, die im Rahmen von § 334 Abs. 3 Nr. 1 AktG 1965, der einen ähnlichen Inhalt hatte, zu einer eher relativierenden Berichterstattung geführt haben[854]. Eine Erläuterung erscheint jedoch dann nicht erforderlich, wenn der Vorgang als solcher klar und eindeutig aus der Konzernbilanz selbst zu erkennen ist, so daß eine Erläuterung im Anhang nur eine Wiederholung sein würde[855]. Ein solcher Fall könnte dann vorliegen, wenn ein bei der Erstkonsolidierung entstehender Firmenwert offen von den Rücklagen, etwa unter der Bezeichnung „Firmenwert aus der Erstkonsolidierung der x-AG", abgesetzt wird (§ 309 Abs. 1 S. 3 HGB).

680   Darüber hinaus sind wesentliche Änderungen der Unterschiedsbeträge gegenüber dem VJ zu erläutern (§ 301 Abs. 3 S. 2 HGB). Dabei ist in erster Linie an Zu- und Abgänge aufgrund der Veränderung des Konsolidierungskreises zu denken. Berichtspflichtig sind auch außerplanmäßige Abschreibungen auf aktive oder außerordentliche Auflösungen passiver Konsolidierungsunterschiede, die das Konzernjahresergebnis wesentlich beeinflussen. In wesentlichen Fällen kann auch die Angabe des Namens des konsolidierten Unternehmens erforderlich sein. Darüber hinaus ist über die Methoden der normalen Weiterentwicklung der Unterschiedsbeträge zu berichten (§ 313 Abs. 1 Nr. 1 HGB)[856]. Werden aktive und passive Unterschiedsbeträge in der Konzernbilanz saldiert, so sind die jeweiligen Beträge im Anhang aufzugliedern (§ 301 Abs. 3 S. 3 HGB).

b) Kapitalkonsolidierung bei Interessenzusammenführung

681   Wird die **Kapitalkonsolidierung** bei Tochterunternehmen nach der **„pooling of interest-Methode"** durchgeführt[857], so ist die Anwendung dieser Methode unter Angabe von Name und Sitz des Unternehmens, bei dem sie angewendet worden ist, anzugeben (§ 302 Abs. 3 HGB). Der Berichtspflicht kann insoweit dadurch genügt werden, daß bei der Zusammenstellung der Angaben nach § 313 Abs. 2

---

853 Vgl. dazu Tz. 359 ff.; vgl. dazu auch *ADS* § 301 Tz. 126 ff.
854 Vgl. WPH 1985/86 Bd. I S. 801 f., sowie dazu die Stichworte Unternehmensbewertung und Aufrechnungsanalyse.
855 Diese Auslegung läßt sich nur aus dem Sinn, nicht aus dem Wortlaut von § 301 Abs. 3 S. 2 HGB ableiten.
856 Vgl. dazu Tz. 694.
857 Vgl. Tz. 420 ff.

Nr. 1 HGB die Unternehmen, bei denen „Pooling" angewandt worden ist, entsprechend gekennzeichnet werden. Außerdem sind die Veränderungen der Rücklagen, die sich bei Anwendung dieser Methode im Rahmen der Erstkonsolidierung ergeben, anzugeben (§ 302 Abs. 3 HGB). Damit wird praktisch die Höhe eines aktiven oder passiven Konsolidierungsunterschieds offengelegt. Eine nähere Erläuterung der Konsolidierungsunterschiede im Sinne einer Ursachenanalyse wird im Gegensatz zur Kapitalkonsolidierung nach § 301 HGB nicht verlangt. Sie erscheint auch nicht sinnvoll, da wegen der abweichenden Abgrenzung des konsolidierungspflichtigen Kapitals und der systembedingten uneingeschränkten Erfolgsneutralität sowie der Beschränkung der Auswirkungen auf die Erstkonsolidierung ein Vergleich mit den aus § 301 HGB entstehenden Unterschiedsbeträgen nicht nur nicht möglich, sondern eher irreführend wäre. Allerdings verlangt die Verpflichtung zur Angabe der Rücklagenveränderungen eine Bezeichnung der Rücklagenkategorie, mit denen die Unterschiedsbeträge verrechnet worden sind.

Kann die **Schutzklausel** nach § 313 Abs. 3 HGB in Anspruch genommen werden, so muß dies auch für die Angabe von Name und Sitz des Unternehmens gelten, für dessen Konsolidierung die Pooling-Methode angewandt worden ist (§ 302 Abs. 3 HGB). Die Schutzklausel entbindet indessen nicht von der Verpflichtung, die Tatsache der Anwendung der Kapitalkonsolidierung bei Interessenzusammenführung zu nennen sowie die dadurch bedingte Veränderung der Rücklagen[858]. In diesen Fällen könnte die Angabe wie folgt lauten: **682**

Bei der Kapitalkonsolidierung eines Tochterunternehmens, für dessen Nennung wir die Schutzklausel (§ 313 Abs. 3 HGB) in Anspruch nehmen, haben wir die Methode der Interessenzusammenführung (§ 302 HGB) angewendet. Den sich dabei ergebenden aktiven Konsolidierungsunterschied von DM . . . haben wir bei den Gewinnrücklagen gekürzt.

c) Equity-Methode

Die **Kapitalkonsolidierung** bei Anwendung der Equity-Methode[859] kann nach der **Buchwert- oder der Kapitalanteilsmethode** durchgeführt werden (§ 312 Abs. 1 Nr. 1 u. 2 HGB). Im Konzernanhang ist anzugeben, welche Methode angewendet worden ist (§ 312 Abs. 1 S. 4 HGB). Der Angabepflicht kann auch durch eine entsprechende Kennzeichnung der assoziierten Unternehmen im Rahmen der Berichterstattung nach § 313 Abs. 2 Nr. 2 HGB genügt werden. Darüber hinaus ist wie bei der Vollkonsolidierung (§ 301 Abs. 2 HGB) anzugeben, ob für den Wertansatz der Beteiligung und der Unterschiedsbeträge auf die „Wertansätze zum Zeitpunkt des Erwerbs der Anteile . . ., der erstmaligen Einbeziehung des assoziierten Unternehmens in den KA oder, beim Erwerb der Anteile zu verschiedenen Zeitpunkten, zu dem das Unternehmen assoziiertes Unternehmen geworden ist", abgestellt worden ist (§ 312 Abs. 3 S. 2 HGB). **683**

Wird der Unterschiedsbetrag zwischen Buchwert und anteiligem Eigenkapital, der bei der Erstkonsolidierung sowohl bei der Buchwert- als auch bei der Kapitalanteilsmethode entsteht, nicht in der Konzernbilanz vermerkt bzw. gesondert ausgewiesen, so ist er im Konzernanhang anzugeben (§ 312 Abs. 1 S. 2 u. 3 **684**

---

858 Ebenso *ADS* § 302 Tz. 67.
859 Vgl. Tz. 431 ff.

HGB)[860]. Eine Erläuterung dieser Unterschiedsbeträge im Sinne einer Ursachen-analyse, wie bei der Vollkonsolidierung[861], ist nicht vorgeschrieben. Im übrigen bezieht sich die Angabe- bzw. Vermerkspflicht lediglich auf die Erstkonsolidierung. Anders als bei der Vollkonsolidierung erübrigt sich damit eine Berichtspflicht in den Folgejahren.

685 Wendet ein assoziiertes Unternehmen in seiner Handelsbilanz I vom KA abweichende Bewertungsmethoden an und werden sie nicht den konzerneinheitlichen Methoden angepaßt, so ist dies im Konzernanhang anzugeben (§ 312 Abs. 5 S. 2 HGB). Die Vorschrift überschneidet sich insoweit mit § 313 Abs. 1 Nr. 3 HGB[862].

686 Auf die Eliminierung von Zwischenergebnissen kann im Rahmen der Equity-Methode in bestimmten Fällen verzichtet werden. Außerdem kann die Eliminierung im Gegensatz zur Vollkonsolidierung auf einen Prozentsatz beschränkt werden, der der Beteiligungshöhe des MU entspricht (§ 312 Abs. 5 S. 3 u. 4 HGB). Der Konzernanhang sollte Angaben darüber enthalten, wie in beiden Fällen verfahren worden ist.

d) Zwischenerfolgseliminierung

687 Auf die **Zwischenerfolgseliminierung**[863] kann **verzichtet** werden, wenn die Lieferung oder Leistung zu üblichen Marktbedingungen vorgenommen worden ist und die Zwischenerfolgseliminierung einen unverhältnismäßig hohen Aufwand erfordern würde (§ 304 Abs. 2 S. 1 HGB). Die Inanspruchnahme dieses Wahlrechts „ist im Konzernanhang anzugeben und, wenn der Einfluß auf die Vermögens-, Finanz- und Ertragslage des Konzerns wesentlich ist, zu erläutern" (§ 304 Abs. 2 S. 2 HGB).

688 Danach ist über die Tatsache der Nicht-Eliminierung als Abweichung von der Regel in jedem Fall zu berichten. Weitere Erläuterungen sind nur erforderlich, wenn der Einfluß auf die Vermögens-, Finanz- und Ertragslage des Konzerns wesentlich ist. Wann diese Voraussetzung gegeben ist, läßt sich nur im Einzelfall entscheiden. Es handelt sich hier um die allgemeine Materiality-Frage, für deren Beantwortung starre Verhältniszahlen nicht geeignet sind. Auf jeden Fall ist Grundlage für die Beantwortung der Wesentlichkeit der Gesamtbetrag der nicht eliminierten Zwischenergebnisse und nicht der Betrag bei einzelnen konsolidierten Unternehmen. Allerdings kommt es nicht nur auf die Höhe des Gesamtbetrages an, sondern auch auf die Auswirkungen auf Einzelposten, die für die Darstellung der Vermögens-, Finanz- und Ertragslage des Konzerns bedeutsam sind. Wird durch den Verzicht auf die Eliminierung das Gewicht einzelner Posten innerhalb des KA wesentlich verschoben, so ist eine Berichterstattung auch dann erforderlich, wenn der Gesamtbetrag der eliminierten Ergebnisse gemessen am gesamten KA nicht wesentlich ist. Eine Berichterstattung kann auch dann erforderlich sein, wenn die Eliminierung wesentlicher Zwischengewinne einerseits und wesentlicher Zwischenverluste andererseits unterblieben ist. Für die Darstellung der Ertragslage mag der verbleibende Betrag wegen des möglichen Saldierungseffekts unbedeutend sein. Für die Darstellung der Vermögenslage kann er dagegen durchaus wesentlich sein.

---

860 Vgl. hierzu im einzelnen *Küting/Zündorf* in HdRKo. § 312 Tz. 57 ff.
861 Vgl. Tz. 679 ff.
862 Vgl. Tz. 690 ff.
863 Vgl. Tz. 282 ff.

Wie die Erläuterung im einzelnen auszusehen hat, läßt das Gesetz offen. Ein **689** Hinweis darauf, daß die Darstellung der Vermögens-, Ertrags- und Finanzlage des Konzerns wegen der Nicht-Eliminierung von Zwischenergebnissen beeinträchtigt ist, ist jedoch keine ausreichende Erläuterung. Vielmehr müssen die Posten genannt werden, deren Höhe durch die Nicht-Eliminierung wesentlich berührt werden. Es muß ferner erläutert werden, ob diese Posten dadurch höher (Zwischengewinn) oder niedriger (Zwischenverlust) ausgewiesen werden. Der Leser muß aufgrund der Erläuterungen in der Lage sein, sich eine Vorstellung von dem Ausmaß des Einflusses der Nicht-Eliminierung ein Bild zu machen. Dies wird im allgemeinen ohne quantifizierende Angaben nicht möglich sein [864].

e) Abweichung von Konsolidierungsmethoden [865]

5. Angabepflichten zu Bilanzierungs- und Bewertungsmethoden sowie zu einzelnen Posten der Konzernbilanz und Konzern-GuV

Eine große Zahl der Angabepflichten zu diesem Teil entspricht den Angaben **690** und Erläuterungen für den Anhang zum Einzelabschluß. Sofern sich für den Konzernanhang keine Besonderheiten ergeben, wird daher auf die Erläuterungen zu §§ 284 ff. HGB verwiesen, die insoweit sinngemäß gelten.

a) Bilanzierungs- und Bewertungsmethoden

Im Konzernanhang sind „die auf die Posten der Konzernbilanz und der Kon- **691** zern-GuV angewandten **Bilanzierungs- und Bewertungsmethoden**" anzugeben (§ 313 Abs. 1 Nr. 1 HGB).

Die Vorschrift entspricht vollinhaltlich § 284 Abs. 2 Nr. 1 HGB für den Anhang zum JA. Für die Anwendung von § 313 Abs. 1 Nr. 1 HGB gelten daher die Erläuterungen zu § 284 Abs. 2 Nr. 1 HGB entsprechend [866].

Besondere Erläuterungspflichten für den KA ergeben sich darüber hinaus aus **692** der Verpflichtung zur **einheitlichen Bilanzierung** (§ 300 HGB) **und Bewertung** (§ 308 HGB). Aus den Erläuterungen muß hervorgehen, wie im KA bilanziert und bewertet worden ist. Eine Beschreibung der Bilanzierungs- und Bewertungsmethoden in den Handelsbilanzen I, von denen im KA abgewichen wurde, ist dagegen nicht erforderlich. Für Auslandsgesellschaften zB kann der pauschale Hinweis genügen, daß abweichend vom jeweiligen nationalen Recht konzerneinheitlich nach den beschriebenen Regeln bilanziert und bewertet worden ist. Zu berichten ist nur über die angewandten Methoden. Eine Offenlegung der Ergebnisse, die aus der Anwendung anderer Methoden im KA als in den Einzelabschlüssen entstanden sind (Differenz zwischen Handelsbilanz I und Handelsbilanz II), ist nicht erforderlich. Auch eine Darstellung des Einflusses dieser Abweichungen auf die Vermögens-, Finanz- und Ertragslage des Konzerns wird vom Gesetz nicht gefordert, wie sich eindeutig aus der Gegenüberstellung von § 313 Abs. 1 Nr. 1 HGB und § 313 Abs. 1 Nr. 3 HGB ergibt.

---

864 Ebenso vgl. *ADS* § 304 Tz. 152 ff.; *Weber* (HdRKo. § 304 Tz. 31) sowie *Budde/Dreissig* (in BeBiKo. § 304 Tz. 63) halten Zahlenangaben für nicht erforderlich.
865 Vgl. dazu Tz. 699 f.
866 Vgl. F Tz. 444 ff.

693 Wird bei der Vollkonsolidierung die **Neubewertungsmethode** (§ 301 Abs. 1 Nr. 2 HGB) oder bei der Equity-Konsolidierung die **Kapitalanteilsmethode** (§ 312 Abs. 1 Nr. 2 HGB) angewendet, so ist der dabei verwendete „beizulegende Wert" näher zu beschreiben, zB indizierte Anschaffungskosten, Wiederbeschaffungskosten aus Richtsatzkarteien, Marktpreise, Wiederbeschaffungskosten abzüglich Normalabschreibungen. Außerdem muß aus den Erläuterungen hervorgehen, wie die Aufwertungsbeträge bewertet, abgeschrieben oder aufgelöst werden. Im allgemeinen wird dafür ein Hinweis genügen, daß auch auf die Aufwertungsbeträge die konzerneinheitlichen Bilanzierungs- und Bewertungsmethoden angewendet werden.

694 Zu berichten ist ferner über die Behandlung der **Unterschiedsbeträge aus der Kapitalkonsolidierung** (§ 301 Abs. 1 HGB) und der **Equity-Methode** (§ 312 Abs. 1 HGB). Häufig wird auch hier ein Verweis auf die generell im KA verwendeten Bilanzierungs- und Bewertungsmethoden genügen. Besonderheiten können sich für den Firmenwert (Abschreibung mit je einem Viertel, Verteilung der Abschreibung auf die Nutzungsdauer, offene Verrechnung mit den Rücklagen[867]) und für die passiven Unterschiedsbeträge[868] ergeben. Über wesentliche außerplanmäßige Abschreibungen oder Auflösungen von Passivposten ist in jedem Fall zu berichten. Hier, wie auch für die Berichterstattung bei Anwendung der Neubewertungs- und Kapitalanteilsmethode, ergeben sich Überschneidungen mit der Berichtspflicht über die angewandten Konsolidierungsmethoden[869].

695 Zu berichten ist auch über die Abgrenzung der **latenten Steuern** im KA. Dies gilt im Hinblick auf die Unsicherheiten bezüglich der Anwendung der „deferral-" oder „liability"-Methode, der unterschiedlichen steuerlichen Belastung für Gewinnthesaurierungen und Ausschüttungen sowie der unterschiedlichen nationalen Steuersysteme, die sich in einem Weltabschluß auswirken, insbesondere für den angewandten Steuersatz und die damit zusammenhängenden Fragen. Werden die latenten Steuern nicht in der Konzernbilanz gesondert ausgewiesen, so muß dies im Konzernanhang geschehen (§ 306 S. 2 HGB). Eine Aufgliederung von aktiven und passiven latenten Steuern im Konzernanhang ist dagegen ebensowenig vorgeschrieben wie die Aufteilung des Gesamtbetrags in aus der Handelsbilanz II übernommene und bei der Konsolidierung entstandene Steuern.

696 Einer besonderen Erläuterung bedarf im allgemeinen das „Konzernergebnis"[870]. Dabei ist auch darauf einzugehen, ob und ggf. in welchem Umfang das Ergebnis für Ausschüttungen zur Verfügung steht. Die Behandlung (zB Ausweis im Ergebnisvortrag oder als Sonderposten, Verrechnung in den Gewinnrücklagen) der wesentlichen erfolgswirksamen Konsolidierungsvorgänge (zB Eliminierung von Zwischenerfolgen, erfolgswirksame Schuldenkonsolidierung) sowie der zeitlichen Divergenzen zwischen Ergebniserzielung und Ergebnisvereinnahmung sollten erläutert werden. Erläuterungsbedürftig sind im allgemeinen auch die Vornahme und Auswirkung von Ergebniskorrekturen gemäß § 299 Abs. 3 HGB.

---

867 Vgl. § 309 Abs. 1 HGB.
868 Vgl. § 309 Abs. 2 HGB.
869 Vgl. Tz. 679 ff.
870 Vgl. Tz. 629 ff.; glA *ADS* § 313 Tz. 65; *Csik* in HdRKo., §§ 313/314 Tz. 254; *Clemm/Ellrott* in BeBiKo. § 313 Tz. 83.

Obwohl § 313 Abs. 1 Nr. 1 HGB – anders als § 334 Abs. 3 S. 1 AktG 1965 – keine **697** generellen Erläuterungen der Abschlußposten verlangt [871], ergibt sich daraus nicht, daß auf sämtliche Erläuterungen, die nicht ausdrücklich im HGB aufgeführt sind, verzichtet werden kann [872]. Aus der Forderung, daß der KA ein den tatsächlichen Verhältnissen entsprechendes **Bild der Vermögens-, Finanz- und Ertragslage** des Konzerns vermitteln muß, können ergänzende Angaben dann erforderlich werden, wenn das geforderte Bild andernfalls nicht vermittelt wird [873].

b) Währungsumrechnung

Im Konzernanhang sind die „**Grundlagen für die Umrechnung**" ausländischer **698** Währungen in Deutsche Mark anzugeben (§ 313 Abs. 1 Nr. 2 HGB). Die Vorschrift stimmt wörtlich mit der für den Einzelabschluß überein [874]. Allerdings kommt der Währungsumrechnung im KA aufgrund der Konsolidierungspflicht auch der ausländischen Tochterunternehmen (Weltabschlußprinzip § 294 Abs. 1 HGB) besondere Bedeutung zu. Da das HGB keine bestimmte **Methode der Umrechnung** ausländischer Jahresabschlüsse vorschreibt [875], ist im Konzernanhang zumindest über die angewandte Umrechnungsmethode und die Behandlung der **Umrechnungsdifferenz** zu berichten. Auch wenn der KA keine Grundlage für Gewinnausschüttungen ist, sollte der Leser eine Vorstellung davon bekommen, ob das Konzernjahresergebnis – und in Fällen von Bedeutung auch in welchem Umfang – von Währungsergebnissen, die keine erwirtschafteten Ergebnisse sind, beeinflußt worden ist. Darüber hinaus können zusätzliche Angaben erforderlich sein, wie zB Abweichungen von der generell angewandten Methode bei Tochterunternehmen in Hochinflationsländern oder Auswirkungen wesentlicher Wechselkursänderungen auf einzelne Bilanz- und GuV-Posten [876].

c) Abweichung von Bilanzierungs-, Bewertungs- und Konsolidierungsmethoden

aa) Grundsatz

Abweichungen von Bilanzierungs-, Bewertungs- und Konsolidierungsmethoden **699** sind im Konzernanhang anzugeben und zu begründen. Ihr Einfluß auf die Vermögens-, Finanz- und Ertragslage des Konzerns ist gesondert darzustellen (§ 313 Abs. 1 Nr. 3 HGB). Die Vorschrift entspricht nahezu wörtlich der für den Einzelabschluß (§ 284 Abs. 2 Nr. 3 HGB). Wegen der unterschiedlichen Sachlage ist sie für den KA lediglich um die Darstellung der **Abweichungen bei den Konsolidierungsmethoden** ergänzt worden. Der Wortlaut des Gesetzes schließt zwei im Ansatz unterschiedliche Arten von Abweichungen ein: Abweichungen von einem vorhergehenden KA (Stetigkeit) und Abweichungen in Teilbereichen von den grundsätzlich im KA angewendeten Bilanzierungs-, Bewertungs- und Konsolidierungsmethoden. Teilweise ergeben sich diese Erläuterungspflichten auch aus Spezialvorschriften außerhalb des § 313 Abs. 1 Nr. 3 HGB. Dabei kann der Umfang der Berichts- und Erläuterungspflichten graduell voneinander abweichen. Da diese Vorschriften jedoch ähnliche Sachverhalte betreffen, werden sie hier zusammengefaßt.

---

871 Zum AktG 1965 vgl. *ADS*, 4. Aufl. § 334, Tz. 20 ff.
872 Ebenso *ADS* § 313 Tz. 54.
873 Vgl. dazu auch die entsprechenden Ausführungen für den Einzelabschluß, F Tz. 436 ff. u. 632 ff.
874 Vgl. auch die entsprechenden Erläuterungen zu § 284 Abs. 2 Nr. 2 HGB, F Tz. 463 ff.
875 Vgl. dazu im einzelnen Tz. 254 ff.
876 Vgl. HFA, Geänderter Entwurf WPg. 1986 S. 664 ff., 667; vgl. auch *ADS* § 313 Tz. 66 ff.

bb) Abweichungen vom vorhergehenden Konzernabschluß (Stetigkeit)

700   Das Stetigkeitsgebot für die Konsolidierungsmethoden[877] unterscheidet sich grundsätzlich nicht von dem für die Bewertungsmethoden[878], wie auch die Gleichsetzung im § 313 Abs. 1 Nr. 3 HGB zeigt. „Die auf den vorhergehenden Konzernabschluß angewandten Konsolidierungsmethoden sollen beibehalten werden. Abweichungen ... sind in Ausnahmefällen zulässig. Sie sind im Konzernanhang anzugeben und zu begründen. Ihr Einfluß auf die Vermögens-, Finanz- und Ertragslage des Konzerns ist anzugeben" (§ 297 Abs. 3 S. 2–5 HGB). Die Formulierung deckt sich praktisch mit § 313 Abs. 1 Nr. 3 HGB[879].

701   Zu den Konsolidierungsmethoden gehören:

- die Kapitalkonsolidierung (§§ 301, 302 HGB)
- die Konsolidierung nach der Equity-Methode (§ 312 HGB)[880]
- die Quotenkonsolidierung (§ 310 HGB)
- die Schuldenkonsolidierung (§ 303 HGB)
- die Eliminierung von Zwischenergebnissen (§ 304 HGB)
- die Aufwands- und Ertragskonsolidierung (§ 305 HGB)
- ggf. die Abgrenzung latenter Steuern (§ 306 HGB)[881].

702   Zu den Konsolidierungsmethoden gehören ferner alle jene Techniken, die aus der **Einheitstheorie** (§ 297 Abs. 3 S. 1 HGB) abzuleiten und nicht im einzelnen im Gesetz geregelt sind (zB Ergebnisübernahmen innerhalb des Konsolidierungskreises, Erlöskonsolidierung bei Umsatzkostenrechnung)[882].

703   Werden vom VJ abweichende Konsolidierungstechniken angewendet, genügt es nicht, auf die Tatsache der Abweichung hinzuweisen. Vielmehr muß **begründet** werden, warum dieser Wechsel vorgenommen worden ist. Außerdem muß der Einfluß auf die Vermögens-, Finanz- und Ertragslage des Konzerns dargestellt werden. Allgemeine Hinweise darauf, daß sich durch den Wechsel in der Konsolidierungsmethode der Einblick in die Vermögens-, Finanz- und Ertragslage des Konzerns verbessert hat, genügen diesen Anforderungen nicht. Vielmehr muß dargestellt werden, in welchen Bereichen und in welcher Form sich der Einblick verbessert hat und ggf. auch, wie er sich quantitativ ausgewirkt hat. Der Leser muß durch die Erläuterungen in die Lage versetzt werden, sich ein Bild davon zu machen, wie der KA bei Beibehaltung der Methode ausgesehen hätte.

cc) Abweichungen in Teilbereichen des Konzernabschlusses

704   1) Abweichungen von den angewandten Bewertungsmethoden des Mutterunternehmens

„Abweichungen von den auf den Jahresabschluß des Mutterunternehmens angewandten Bewertungsmethoden sind im Konzernanhang anzugeben und zu begründen" (§ 308 Abs. 1 S. 3 HGB).

---

877 Vgl. Tz. 11 f.
878 Vgl. E Tz. 198 ff.
879 Der Abweichung zwischen „anzugeben" in § 297 Abs. 3 S. 5 HGB und „darzustellen" in § 313 Abs. 1 Nr. 3 HGB wird in diesem Zusammenhang keine Bedeutung beigelegt.
880 Ebenso *ADS* § 313 Tz. 81; *Csik* in HdRKo. §§ 313/314 Tz. 234; *Clemm/Ellrott* in BeBiKo. § 313 Tz. 128; aA *Biener/Berneke,* BiRiLiG, S. 384; *Gzuk* in BHdR, C 600 Tz. 74.
881 Vgl. dazu Tz. 610 ff.
882 Zur abweichenden Abgrenzung des Konsolidierungskreises vgl. Tz. 186 ff.

Die Berichtspflicht nach § 308 Abs. 1 S. 3 HGB umfaßt Abweichungen zwischen den tatsächlichen im JA des MU angewandten Bewertungsmethoden und den tatsächlich im KA angewandten Bewertungsmethoden (zB unterschiedliche Ausübung von Bewertungswahlrechten).

2) Ausnahmen vom Gebot der einheitlichen Bewertung   705

Wertansätze aus den JA einbezogener Unternehmen, die nicht den Bewertungsmethoden für Kapitalgesellschaften entsprechen, sind im Konzernabschluß grundsätzlich anzupassen (§ 308 Abs. 2 S. 1 HGB)[883]. Eine einheitliche Bewertung braucht nicht vorgenommen zu werden, wenn ihre Auswirkung für die Vermittlung eines den tatsächlichen Verhältnissen entsprechenden Bilds der Vermögens-, Finanz- und Ertragslage des Konzerns von untergeordneter Bedeutung ist (§ 308 Abs. 2 S. 3 HGB). Insoweit kann auch eine Berichterstattung unterbleiben. Darüber hinaus läßt das Gesetz näher bezeichnete Ausnahmen zu, die im Konzernanhang anzugeben und zu begründen sind[884]:

- Werden Wertansätze aufgrund von **Spezialvorschriften für Kreditinstitute** (zB stille Reserven iSv. § 26 a KWG) oder **VU** (zB Rückstellungen iSd. § 55 Abs. 4 VAG) zulässigerweise in den KA übernommen, obwohl sie mit den Bewertungsvorschriften des HGB für Kapitalgesellschaften nicht vereinbar sind (§ 308 Abs. 2 S. 2 1. Hs. HGB), so ist im Konzernanhang auf diesen Tatbestand hinzuweisen (§ 308 Abs. 2 S. 2 2. Hs. HGB).

- Werden in vom Gesetz nicht näher bezeichneten **Ausnahmefällen** (§ 308 Abs. 2 S. 4 1. Hs. HGB) Anpassungen an die einheitliche Bewertung nicht vorgenommen, so ist auch darüber zu berichten, die Unterlassung der Anpassung ist zu begründen. Eine solche Ausnahme könnte zB dann vorliegen, wenn ein Unternehmen erst kurze Zeit vor dem Bilanzstichtag Tochterunternehmen geworden ist, eine Umstellung auf die einheitlichen Konzernrechnungslegungsrichtlinien nicht mehr möglich war und eine Einbeziehung dieses Unternehmens in den KA verzögern würde.

- Werden Wertansätze in den KA übernommen, die im JA eines einbezogenen Unternehmens mit einem **nur nach Steuerrecht** zulässigen Wert angesetzt sind, weil dieser Wertansatz sonst nicht bei der steuerrechtlichen Gewinnermittlung berücksichtigt werden würde, oder ist aus diesem Grund ein Passivposten gebildet worden (umgekehrte Maßgeblichkeit), so dürfen diese Wertansätze unverändert in den KA übernommen werden (§ 308 Abs. 3 S. 1 HGB). Die Tatsache der Beibehaltung ist im Konzernanhang anzugeben und zu begründen. Als Begründung dürfte in diesem Fall ein Verweis auf die steuerlichen Vorschriften und die Inanspruchnahme des Beibehaltungswahlrechts genügen[885]. Darüber hinaus muß „der Betrag der im Geschäftsjahr ... vorgenommenen Abschreibungen, Wertberichtigungen und Einstellung in Sonderposten sowie der Betrag der unterlassenen Zuschreibungen" angegeben werden (§ 308 Abs. 3 S. 2 HGB). Da der KA keine Grundlage der Besteuerung ist, entfällt der zwingende Grund für die Beibehaltung der steuerlichen Werte. Wer-

---

883 Vgl. dazu Tz. 243 ff.
884 Zum Ineinandergreifen der speziellen Berichterstattungspflichten nach § 308 HGB und § 313 Abs. 1 Nr. 3 HGB vgl. Tz. 699 ff.
885 Ebenso St/HFA 3/1988; *ADS* § 308 Tz. 62; aA *Csik* in HdRKo. §§ 313/314 Tz. 227, der als Begründung lediglich auf Vereinfachungen in der Konzernrechnungslegung abstellen will; ebenso *Küting/Haeger*, BB 1987 S. 1290.

den die steuerlichen Wertansätze aus Vereinfachungsgründen gleichwohl unverändert aus der Handelsbilanz I in die Konzernbilanz übernommen, so treten die Zahlenangaben im Anhang an die andernfalls erforderlichen Anpassungen. Eine Auflistung der Abschreibungen, Wertberichtigungen, Zuschreibungen auf einzelne Bilanzposten oder der Einstellungen in Sonderposten nach den zugrundeliegenden steuerlichen Vorschriften ist nicht erforderlich[886].

d) Restlaufzeit und Besicherung von Verbindlichkeiten

706   Zum Gesamtbetrag der in der Konzernbilanz ausgewiesenen Verbindlichkeiten sind im Konzernanhang folgende Angaben zu machen (§ 314 Abs. 1 Nr. 1 HGB):

– Gesamtbetrag der Verbindlichkeiten mit einer Restlaufzeit von mehr als fünf Jahren

– Gesamtbetrag der von konsolidierten Unternehmen gesicherten Verbindlichkeiten unter Angabe von Art und Form der Sicherheiten.

707   Die Vorschrift ist dem § 285 Nr. 1 HGB für den Anhang zum Jahresabschluß nachgebildet, so daß grundsätzlich auf die Erläuterungen dort verwiesen werden kann[887]. Im Gegensatz zu § 285 Nr. 1 HGB verlangt § 314 Abs. 1 Nr. 1 HGB jedoch die **Angaben nur für den Gesamtbetrag** der ausgewiesenen Verbindlichkeiten und nicht für jeden einzelnen Posten der Verbindlichkeiten[888].

708   Zu berichten ist nicht über die Sicherheit als solche, sondern über die in der Konzernbilanz ausgewiesene Verbindlichkeit. Damit entfällt automatisch die Angabepflicht nach § 314 Abs. 1 Nr. 1 HGB für aus den Einzelabschlüssen übernommene konzerninterne besicherte Verbindlichkeiten, die im Rahmen der Schuldenkonsolidierung weggelassen worden sind. Für die Angabepflicht nach § 314 Abs. 1 Nr. 1 HGB kommt es nicht darauf an, ob die Sicherheit von dem Unternehmen gewährt worden ist, das die Verbindlichkeit in die Konzernbilanz eingebracht hat, oder von einem anderen in den KA einbezogenen Unternehmen. Entscheidend ist lediglich, daß die Verbindlichkeit gegenüber einem Dritten besteht und daß diesem Dritten von einem in den KA einbezogenen Unternehmen die in § 314 Abs. 1 Nr. 1 HGB angesprochenen Rechte eingeräumt worden sind. Die Angabepflicht besteht auch dann, wenn die Verbindlichkeit gegenüber einem nicht konsolidierten Konzernunternehmen besteht. Nach dem Wortlaut des Gesetzes ist eine besondere Erwähnung dieser Tatsache im Gegensatz zu § 314 Abs. 1 Nr. 2 2. Hs. HGB nicht erforderlich.

e) Aufgliederung der Umsatzerlöse

709   Die Umsatzerlöse des Konzerns sind im Konzernanhang nach Tätigkeitsbereichen und nach geographisch bestimmten Märkten aufzugliedern, soweit sich, unter Berücksichtigung der Organisation des Verkaufs von für die gewöhnliche Geschäftstätigkeit des Konzerns typischen Erzeugnissen und der für die gewöhnliche Geschäftstätigkeit des Konzerns typischen Dienstleistungen, die

---

886 Ebenso *ADS* § 308 Tz. 62.
887 Vgl. F Tz. 501 ff.
888 Die Angabepflicht der Restlaufzeiten bis zu einem Jahr bei jedem einzelnen Posten bleibt davon jedoch unberührt (§§ 298 Abs. 1 iVm. 268 Abs. 5 HGB).

Tätigkeitsbereiche und geographisch bestimmten Märkte untereinander erheblich unterscheiden (§ 314 Abs. 1 Nr. 3 HGB)[889].

Die Vorschrift ist § 285 Nr. 4 HGB für den Einzelabschluß nachgebildet, so daß **710** grundsätzlich auf die Erläuterungen dort verwiesen werden kann[890]. Das gilt auch für die Abgrenzung der Produktgruppen und geographischen Bereiche. Für den KA gelten jedoch darüber hinaus einige Besonderheiten:

Die Aufgliederung beschränkt sich auf die in der Konzern-GuV ausgewiesenen **711** (Außen-)Umsatzerlöse, eine **Segmentierung** der im Rahmen der Konsolidierung eliminierten (Innen-)Umsatzerlöse ist nach dieser Regelung nicht erforderlich[891].

Das Gesetz läßt offen, ob die Segmentierung nach geographischen Märkten[892] **712** sich auf den Ort der jeweiligen Betriebstätigkeit (Umsatzherkunft) oder auf den jeweiligen Absatzmarkt bezieht[893]. Wird auf den Ort der Betriebstätigkeit abgestellt, so ist zB der Umsatz eines südafrikanischen Tochterunternehmens – unabhängig davon, ob der Umsatz mit einem deutschen oder südafrikanischen Unternehmen getätigt worden ist – als südafrikanischer Umsatz im KA auszuweisen.

Wird jedoch auf den jeweiligen regionalen Absatzmarkt abgestellt, so ist der **713** Umsatz des Konzerns nach dem Sitz des jeweiligen Geschäftspartners zu segmentieren. Ein Umsatz eines südafrikanischen Tochterunternehmens mit einem deutschen Geschäftspartner würde insoweit mit einem Umsatz eines deutschen Konzernunternehmens mit deutschen Geschäftspartnern gleichgestellt.

Unter dem Gesichtspunkt der Aufdeckung der mit ausländischen Umsätzen verbundenen Risiken[894] kann keine der beiden Möglichkeiten voll befriedigen. Für **714** den Einzelabschluß stellt sich dieses Problem idR nicht[895], da hier nur eine absatzmarktorientierte Segmentierung einen Sinn macht. Auch für den KA sollte diese Aufteilung angewendet werden, da sich andernfalls Angaben im Einzel- und Konzernanhang widersprechen. Soweit ersichtlich, wendet auch die internationale Praxis, die bereits bisher über solche Segmentierungen berichtet hat, eine Aufteilung nach Absatzmärkten an. Eine zusätzliche geographische Segmentierung nach dem Ort der jeweiligen Betriebstätigkeit kann interessante Aufschlüsse liefern, wird jedoch vom Gesetz nicht gefordert[896].

---

889 Insoweit wird auch den Vorstellungen internationaler Organisationen entsprochen. Vgl. IASC No. 14, Berichterstattung über finanzwirtschaftliche Informationen nach Segmenten, FN 1981, S. 226; OECD, Leitlinien für multinationale Unternehmen v. 21. Juni 1976 u. 1984 sowie Classification of the Accounting Terms in the OECD Guidelines, Paris 1983, S. 42; UNO, United Nations Centre on Transnational Corporation: Conclusions on accounting and reporting by transnational corporations, The Intergovernmental Working Group of Experts on International Standards of Accounting and Reporting, New York 1988, S. 19 f.
890 Vgl. F Tz. 534 ff.; Größenabhängige Erleichterungen (vgl. § 288 HGB) sind jedoch für den Konzernanhang nicht vorgesehen.
891 Vgl. *Biener/Schatzmann*, S. 61; ebenso *ADS* § 314 Tz. 21; *Csik* in HdRKo. §§ 313/314 Tz. 343; *Clemm/Ellrott* in BeBiKo. § 314 Tz. 25; anders FASB, Statement of Financial Accounting Standards No. 14, Financial Reporting for Segments of a Business Enterprise, Stamford, December 1976.
892 Ähnliche Probleme können sich auch für die Segmentierung der Außenumsatzerlöse nach Tätigkeitsbereichen/Produktgruppen ergeben.
893 Ebenso IASC, IAS 14, (Fn. 889), Tz. 10.
894 Vgl. dazu zB *Selchert*, DB 1986 S. 560 ff.
895 Grundsätzlich können die gleichen Fragen auch bei rechtlich unselbständigen Zweigniederlassungen im Ausland auftreten. Diese Fälle sind jedoch selten und idR nicht von besonderem Gewicht. Für Ausnahmefälle gelten die vorstehenden Überlegungen sinngemäß.
896 Vgl. hierzu im einzelnen auch *ADS* § 314 Tz. 23; *Csik* in HdRKo. §§ 313/314 Tz. 344 f.

715 Wie für den Anhang zum JA kann auch im Konzernanhang auf die Aufgliederung der Umsatzerlöse verzichtet werden, sofern nach vernünftiger kaufmännischer Beurteilung damit gerechnet werden muß, daß durch die Aufgliederung
einem in den KA einbezogenen Unternehmen erhebliche Nachteile entstehen
(**Schutzklausel, § 314 Abs. 2 S. 1 HGB**)[897]. Anders als im Einzelabschluß muß
jedoch im Konzernanhang auf die Anwendung der Schutzklausel im Konzernanhang hingewiesen werden (§ 314 Abs. 2 S. 2 HGB).

f) Personalaufwand

716 Bei Anwendung des **UKV** ist der Personalaufwand aus der Konzern-GuV nicht
ersichtlich. Daher ist im Anhang, zur Herstellung der Gleichwertigkeit beider
Verfahren, der im GJ verursachte Personalaufwand anzugeben (§ 314 Abs. 1
Nr. 4 1. Hs. HGB).

717 Offenbar stellt das Gesetz jedoch an die Gleichwertigkeit von GKV und UKV
im KA geringere Anforderungen als im Einzelabschluß. So enthält § 314 Abs. 1
Nr. 4 1. Hs. HGB im Gegensatz zu § 285 Nr. 8 b HGB nicht die Forderung, daß
der Personalaufwand nach § 275 Abs. 2 Nr. 6 HGB gegliedert werden muß. Es
genügt daher, wenn Löhne und Gehälter, die sozialen Abgaben und Aufwendungen für Altersversorgung und Unterstützung in einem Betrag im Konzernanhang angegeben werden. Auch eines „davon-Vermerks", der die Abgaben und
Aufwendungen für die Altersversorgung offenlegt, bedarf es nicht. Diese Auffassung wird auch dadurch unterstützt, daß auf die Angabe des Materialaufwands (§ 275 Abs. 2 Nr. 5 HGB), der wie der Personalaufwand aus einer nach
dem UKV erstellten GuV nicht ersichtlich ist, im Gegensatz zum Einzelanhang
(§ 285 Nr. 8 a HGB) im Konzernanhang vollständig verzichtet wird.

g) Beeinflussung des Konzernjahresergebnisses durch die Vornahme oder Beibe-haltung steuerrechtlich bedingter Bewertungsfreiheiten

718 Im Konzernanhang ist anzugeben, inwieweit das Konzern-Jahresergebnis
„dadurch beeinflußt wurde, daß bei Vermögensgegenständen im GJ oder in früheren GJ Abschreibungen nach den §§ 254, 280 Abs. 2 HGB oder in entsprechender Anwendung aufgrund steuerrechtlicher Vorschriften vorgenommen
oder beibehalten wurden oder ein Sonderposten nach § 273 HGB oder in entsprechender Anwendung gebildet wurde; ferner das Ausmaß erheblicher künftiger Belastungen, die sich für den Konzern aus einer solchen Bewertung ergeben" (§ 314 Abs. 1 Nr. 5 HGB).

719 Die Vorschrift stimmt im wesentlichen mit § 285 Nr. 5 HGB überein, so daß auf
die Erläuterungen zum Einzelabschluß verwiesen werden kann[898], die sinngemäß anzuwenden sind. Im Gegensatz zu § 285 Nr. 5 HGB enthält § 314 Abs. 1
Nr. 5 HGB bei Hinweis auf die Paragraphen, die die steuerliche Abschreibung
(§ 254 HGB), unterlassene Zuschreibung (§ 280 Abs. 2 HGB) oder Bildung von
Sonderposten mit Rücklageanteil (§ 273 HGB) regeln, den Zusatz „oder in entsprechender Anwendung". Dies kann nur als Klarstellung für den Weltabschluß
verstanden werden, daß im Konzernanhang nicht nur die Ergebnisbeeinflussun-

---

[897] Im einzelnen wird auf die Ausführungen im Einzelabschluß verwiesen, die hier sinngemäß angewendet werden können, F Tz. 540.
[898] Vgl. F Tz. 545 ff.; vgl. auch *ADS* § 314 Tz. 36 ff.; *Csik* in HdRKo. §§ 313/314 Tz. 359 ff.; *Clemm/
Ellrott* in BeBiKo. § 314 Tz. 43 ff.

gen offenzulegen sind, die von konsolidierten Unternehmen mit Sitz im Inland stammen, sondern auch von ausländischen konsolidierten Unternehmen, bei denen nach jeweils nationalem Recht Sachverhalte vorliegen, die denen der §§ 254, 280 Abs. 2 und 273 HGB inhaltlich entsprechen. Da diese Angaben idR nur von den Tochterunternehmen selbst gemacht werden können, ist es Aufgabe des MU, die dafür erforderlichen organisatorischen Voraussetzungen (Formularwesen, Meldepflicht) zu schaffen. Das MU muß dann alle Angaben der konsolidierten Unternehmen aus dem Inland und Ausland zusammenfassen, um unter Berücksichtigung aller Faktoren (zB Steuerersparnisse) das **Gesamtausmaß oder den Nettosaldo**[899] errechnen zu können.

h) Eigene Anteile

Im Konzernanhang ist über den Bestand an Anteilen an dem MU zu berichten, die   **720**

– das MU selbst
– ein Tochterunternehmen
– ein anderer für Rechnung des MU
– ein anderer für Rechnung eines Tochterunternehmens

erworben oder als Pfand genommen hat (§ 314 Abs. 1 Nr. 7 1. Hs. HGB).

Die Angabepflicht betrifft einmal eigene Anteile des MU und Anteile am MU,   **721** die von einem konsolidierten Tochterunternehmen gehalten werden. Diese Anteile dürfen nicht in die Kapitalkonsolidierung einbezogen werden, sondern sind in der Konzernbilanz als eigene Anteile des Konzerns auszuweisen (§ 301 Abs. 4 HGB). Sie erstreckt sich jedoch darüber hinaus auf Anteile, die von einem nicht konsolidierten Tochterunternehmen oder von Dritten für Rechnung des Mutter- oder eines Tochterunternehmens (Vorratsaktien) gehalten werden und als solche nicht im KA ausgewiesen sind. Anteile, die von einem assoziierten Unternehmen oder einem nach der Quotenkonsolidierung in den KA einbezogenen Unternehmen erworben oder als Pfand genommen worden sind, brauchen nicht angegeben zu werden, wenn dies nicht für Rechnung eines in den KA einbezogenen Unternehmens geschehen ist. Dasselbe gilt für Anteile, die ein Dritter für Rechnung eines nicht konsolidierten Tochterunternehmens erworben oder als Pfand genommen hat. Soweit die Anteile an dem MU nicht von ihm selbst gehalten werden, werden dadurch die Angaben nach § 313 Abs. 2 Nr. 1 HGB teilweise auf das MU ausgedehnt, teilweise gehen die Angaben gemäß § 314 Abs. 1 Nr. 7 HGB auch darüber hinaus (Zahl und Nennbetrag der Anteile sowie Anteil am Kapital, § 314 Abs. 1 Nr. 7 2. Hs. HGB). Eine Inanspruchnahme der **Schutzklausel** (§ 313 Abs. 3 HGB) sowie eine Aufnahme dieser Angaben in die beim Registergericht zu hinterlegende Beteiligungsliste (§ 313 Abs. 4 HGB) ist nach dem Wortlaut des Gesetzes nicht möglich.

j) Änderungen des Konsolidierungskreises[900]

k) Fehlender Zwischenabschluß[901]

---

899 Vgl. F Tz. 549.
900 Vgl. dazu die Erläuterung zu § 294 Abs. 2 S. 1 HGB, Tz. 189.
901 Vgl. dazu die Erläuterung zu § 299 Abs. 3 HGB, Tz. 548 ff.

l) **Verweis auf die entsprechende Anwendung der Vorschriften zum Anhang des Jahresabschlusses**[902]

6. Sonstige Angabepflichten

a) Sonstige finanzielle Verpflichtungen

722   Im Konzernanhang ist der Gesamtbetrag der **sonstigen finanziellen Verpflichtungen,** die nicht in der Konzernbilanz erscheinen oder nicht als Haftungsverhältnisse (§ 298 Abs. 1 iVm. §§ 251, 268 Abs. 7 HGB) anzugeben sind, zu nennen, sofern diese Angabe für die Beurteilung der Finanzlage des Konzerns von Bedeutung ist. Die in diesem Betrag enthaltenen Verpflichtungen gegenüber nicht konsolidierten Tochterunternehmen sind gesondert anzugeben (§ 314 Abs. 1 Nr. 2 HGB). Die Vorschriften sind § 285 Nr. 3 HGB für den JA nachgebildet, so daß auf die Erläuterungen dort grundsätzlich verwiesen werden kann[903, 904].

723   Aus der Natur des KA ergibt sich, daß, wie bei Forderungen und Verbindlichkeiten sowie Haftungsverhältnissen zwischen den in den Konzernabschluß einbezogenen Unternehmen, hier nur solche finanziellen Verpflichtungen auszuweisen sind, die gegenüber **nicht konsolidierten Unternehmen** bestehen. Sonstige finanzielle Verpflichtungen gegenüber konsolidierten Unternehmen belasten den Konzern als einheitliches Unternehmen (§ 297 Abs. 3 S. 1 HGB) nicht und sind daher wegzulassen. Daher schreibt § 314 Abs. 1 Nr. 2 HGB folgerichtig vor, daß Verpflichtungen gegenüber nicht konsolidierten Tochterunternehmen gesondert anzugeben sind. Auch diese Verpflichtungen sind interner Art und belasten den Konzern als Einheit nicht.

b) Haftungsverhältnisse gegenüber nicht konsolidierten Unternehmen

724   Sofern sie nicht auf der Passivseite der Konzernbilanz auszuweisen sind, müssen unter der Bilanz oder im Anhang folgende **Haftungsverhältnisse** jeweils gesondert und soweit zutreffend unter Angabe der gewährten Pfandrechte und sonstigen Sicherheiten gesondert ausgewiesen werden (§§ 298 iVm. 251, 268 Abs. 7 HGB):

– Verbindlichkeiten aus der Begebung und Übertragung von Wechseln (Wechselobligo)
– Verbindlichkeiten aus Bürgschaften, Wechsel- und Scheckbürgschaften
– Verbindlichkeiten aus Gewährleistungsverträgen
– Haftungsverhältnisse aus der Bestellung von Sicherheiten für fremde Verbindlichkeiten

725   **Haftungsverhältnisse** sind auch dann anzugeben, wenn ihnen gleichwertige Rückgriffsforderungen gegenüberstehen (§ 251 S. 2 HGB). Auf die Erläuterungen zu §§ 251, 268 Abs. 7 HGB kann insoweit verwiesen werden[905]. Neu ist

---

902 Vgl. dazu im einzelnen F Tz. 442 ff.
903 Vgl. F Tz. 508 ff.; vgl. auch *Clemm/Ellrott* in BeBiKo. § 314 Tz. 14 ff.; *Csik* in HdRKo. §§ 313/314 Tz. 323 ff.
904 Anders als im Anhang zum JA sind im Konzernanhang jedoch keine größenabhängigen Erleichterungen vorgesehen (§ 288 S. 1 HGB).
905 Vgl. F Tz. 239 ff.

jedoch, daß die Angaben statt „in der Jahresbilanz" (§ 151 Abs. 5 AktG 1965) auch im Anhang gemacht werden können (§ 268 Abs. 7 HGB). Für **Eventualverbindlichkeiten** und **Haftungsverhältnisse**, die zwischen konsolidierten Unternehmen bestehen, entfällt die Angabepflicht[906]. Ausweispflichtig unter der Konzernbilanz oder im Konzernanhang bleiben demnach – neben den Verpflichtungen gegenüber Dritten – die Haftungsverhältnisse gegenüber **nicht konsolidierten Tochterunternehmen**, wobei letztere gesondert ggf. durch einen „davon-Vermerk" anzugeben sind (§ 314 Abs. 1 Nr. 2 2. Hs. HGB).

Der Angabepflicht nach § 314 Abs. 1 Nr. 2 2. Hs. HGB kommt jedoch insoweit nur klarstellende Bedeutung zu, als sich diese Berichtspflicht bereits aus § 298 Abs. 1 HGB iVm. § 268 Abs. 7 2. Hs. HGB ergibt[907].   **726**

Die Haftungsverhältnisse gegenüber nicht konsolidierten Unternehmen dürfen im Konzernanhang nicht mit den sonstigen finanziellen Verpflichtungen (§ 314 Abs. 1 Nr. 2 1. Hs. HGB) gegenüber nicht konsolidierten Unternehmen zusammengefaßt werden.   **727**

c) Zahl der beschäftigten Arbeitnehmer

Im Konzernanhang ist die **durchschnittliche Zahl der Arbeitnehmer** der in den KA einbezogenen Unternehmen während des GJ getrennt nach Gruppen anzugeben (§ 314 Abs. 1 Nr. 4 1. Hs. HGB).   **728**

Die Vorschrift ist § 285 Nr. 7 HGB nachgebildet, so daß auf die Erläuterungen dort weitgehend verwiesen werden kann[908].

Für die Berechnung der durchschnittlichen Zahl der Arbeitnehmer fehlen – ebenso wie in § 285 Nr. 7 HGB zum Einzelabschluß – im Gesetz nähere Angaben. Auch für den Konzernanhang liegt es jedoch nahe, die Zahl der durchschnittlich beschäftigten Arbeitnehmer in entsprechender Anwendung des § 267 Abs. 5 HGB zu bestimmen[909].   **729**

Zu erfassen sind alle Arbeitnehmer, die bei Unternehmen des Konsolidierungskreises beschäftigt sind, unabhängig davon, ob es sich um Unternehmen mit Sitz im Inland oder Ausland handelt[910]. Das Gesetz spricht jedoch allgemein von in den KA einbezogenen Unternehmen. Dies wirft die Frage nach der Behandlung der Arbeitnehmer von **Gemeinschaftsunternehmen** und **assoziierten Unternehmen** auf. Gemeinschaftsunternehmen, die nur quotal in den Konzernabschluß einbezogen werden (§ 310 HGB), sind nicht generell von der Angabepflicht ausgeschlossen, sondern gesondert anzugeben (§ 314 Abs. 1 Nr. 4 2. Hs. HGB). Für assoziierte Unternehmen fehlt es an einem solchen Hinweis. Da diese „Unternehmen" jedoch nicht in dem hier erwähnten Sinne in den KA einbezogen werden, sondern lediglich ein nach bestimmten Regeln modifizierter und fortgeschriebener Wert einer Beteiligung, kann man davon ausgehen, daß in Übereinstimmung mit dem Gesetzestext die Arbeitnehmer assoziierter Unternehmen   **730**

---

906 Vgl. Tz. 505 ff.
907 Zur Definition der verbundenen Unternehmen iSd. Dritten Buches des HGB vgl. § 271 Abs. 2 HGB.
908 Vgl. F Tz. 570 ff.
909 Vgl. auch den expliziten Hinweis auf § 267 Abs. 5 HGB in § 293 Abs. 1 S. 2 HGB. Ebenso *ADS* § 314 Tz. 29; zu möglichen anderen Methoden vgl. *Clemm/Ellrott* in BeBiKo. § 314 Tz. 32; *Csik* in HdRKo. §§ 313/314 Tz. 352 ff.
910 Anders dagegen die Regelung des § 11 Abs. 1 Nr. 3 PublG.

nicht in die Angabepflicht nach § 314 Abs. 1 Nr. 4 1. Hs. HGB einzubeziehen sind. Gegen eine freiwillige Angabe bestehen keine Bedenken, wenn die Zahl wie für Gemeinschaftsunternehmen gesondert angegeben wird, so daß die eigentliche Angabepflicht nicht verwässert wird. Auch hier bleibt offen, wie die im Gesetz erwähnten „Gruppen" abzugrenzen sind. Neben der für den Einzelabschluß möglichen Aufteilung kommt für den KA in erster Linie eine **Segmentierung** nach geographischen Bereichen in Frage, wobei die Länder oder Ländergruppen mit der für die Umsatzerlöse[911] gewählten Auflistung übereinstimmen sollten.

731   Neben der Aufteilung nach geographischen Bereichen könnten zB auch Gruppenbildungen nach Funktionen, Geschlecht, Nationalität oder Geschäftssparten durchgeführt werden, wobei diese Aufteilungen insbesondere den Bestrebungen internationaler Organisationen entgegenkommen würden[912].

d) Gesamtbezüge, Vorschüsse und Kredite sowie Haftungsübernahmen für Organmitglieder des Mutterunternehmens

732   „Für die Mitglieder des Geschäftsführungsorgans, eines AR, eines Beirates oder einer ähnlichen Einrichtung des Mutterunternehmens" sind jeweils für jede Personengruppe gesondert folgende Angaben zu machen (§ 314 Abs. 1 Nr. 6 HGB):
   – Die für die Wahrnehmung ihrer Aufgaben im MU und den Tochterunternehmen gewährten Gesamtbezüge (§ 314 Abs. 1 Nr. 6a HGB)
   – Die für die Wahrnehmung ihrer Aufgaben im MU und den Tochterunternehmen gewährten Gesamtbezüge der früheren Mitglieder der Organe des MU und ihrer Hinterbliebenen sowie der Betrag der gebildeten oder nicht gebildeten Pensionsrückstellungen für diesen Personenkreis (§ 314 Abs. 1 Nr. 6b HGB)
   – Die vom MU und den Tochterunternehmen gewährten Vorschüsse und Kredite sowie die zugunsten dieser Personengruppen eingegangenen Haftungsverhältnisse (§ 314 Abs. 1 Nr. 6c HGB)

733   Die Angabepflichten sind grundsätzlich dem Anhang zum Einzelabschluß (§ 285 Nr. 9 HGB) nachgebildet[913]. Namentlich die Definition und die zeitliche Abgrenzung der Gesamtbezüge der aktiven Organmitglieder, die Definition der Gesamtbezüge der früheren Organmitglieder und ihrer Hinterbliebenen und die Angaben zur Rückstellungsbildung für diesen Personenkreis sowie die Einzelheiten zu gewährten Vorschüssen und Krediten, die hier nicht im einzelnen wiedergegeben sind, stimmen wörtlich mit § 285 Nr. 9 HGB überein, so daß insoweit auf die Erläuterungen zum Einzelanhang verwiesen werden kann[914].

734   Für den Konzernanhang sind darüber hinaus folgende Besonderheiten[915] zu beachten:
   – Berichtspflichtig sind Bezüge der Mitglieder des Geschäftsführungsorgans, Aufsichtsrats, Beirats oder einer ähnlichen Einrichtung **des MU** und nicht etwa der Organmitglieder aller in den KA einbezogenen Unternehmen. Das-

---

911 Vgl. Tz. 709 ff.
912 Vgl. *Havermann* in Bericht über den UEC-Kongreß, Dublin, 18.–22. Sept. 1978, S. 14/18.
913 Anders als in § 285 Nr. 9 HGB sind im Konzernanhang jedoch keine größenabhängigen Erleichterungen vorgesehen (§ 288 Abs. 1 HGB).
914 Vgl. F Tz. 574 ff.; vgl. auch *ADS* § 314 Tz. 41 ff.
915 Zu den Besonderheiten, wenn ein Kreditinstitut zum Konzern gehört, vgl. *ADS* § 314 Tz. 48.

selbe gilt für Vorschüsse und Kredite an diesen Personenkreis sowie die Bezüge ehemaliger Mitglieder dieses Personenkreises oder ihrer Hinterbliebenen. Bezüge etc. für Organmitglieder von Tochterunternehmen, die nicht gleichzeitig Organmitglied des MU sind, begründen daher keine Berichtspflicht.

– Für die Angabepflicht kommt es nicht darauf an, ob die Gesamtbezüge ausschließlich vom MU oder anteilmäßig auch von dem oder den Tochterunternehmen gezahlt werden und auch nicht darauf, ob bei vollständiger Zahlung durch das Mutterunternehmen ein Teil der Gesamtbezüge an Tochterunternehmen im In- oder Ausland weiterbelastet wird. Die **Zahlstelle** hat also für die Angabepflicht **keine Bedeutung.**

– Anzugeben sind die Gesamtbezüge usw. der Organmitglieder des MU, die sie für die **Wahrnehmung ihrer Aufgaben** im **MU und den Tochterunternehmen** erhalten. Dabei kommt es nicht darauf an, ob bei einer Mitgliedschaft in Organen sowohl des Mutter- als auch des Tochterunternehmens die Organe vergleichbare oder unterschiedliche Aufgaben haben. Angabepflichtig sind nicht nur die Bezüge von Aufsichtsrats-/Vorstandsmitgliedern des MU, die in gleicher Funktion auch beim Tochterunternehmen tätig sind, sondern auch die Bezüge, die ein Vorstandsmitglied des MU in seiner Eigenschaft als AR-Mitglied eines Tochterunternehmens bekommt.

– **MU** ist das Unternehmen, das den KA aufstellt. Wird in einem Konzern auf einer nachgeordneten Stufe ein **Teil-KA** aufgestellt, so beziehen sich die Angabepflichten auf die Organmitglieder dieses Unternehmens. Erhalten zB Vorstandsmitglieder des Mutterunternehmens eines Teilkonzerns etwa wegen ihrer Spartenverantwortung Bezüge auch von Konzernunternehmen, die nicht zu diesem Teilbereich des Konzerns gehören (Konzernunternehmen auf höherer Ebene oder auf gleicher Ebene), so sind diese Bezüge nach dem Wortlaut des Gesetzes nicht angabepflichtig. Auch die Grundannahme, daß der Teilkonzern wie ein Gesamtkonzern anzusehen ist und der Konzernabschluß dementsprechend aufzustellen ist, führt zum gleichen Ergebnis.
Wird ein **befreiender KA** von einem MU in einem Mitgliedstaat der EG aufgestellt (§ 291 HGB), so sind die entsprechenden Angaben von diesem Unternehmen zu machen, und zwar in dem Umfang, der in diesem Land notwendig ist. Unterschiede zum deutschen Recht können sich dabei rechtlich aus der unterschiedlichen Ausübung der Mitgliedstaatenwahlrechte der Art. 34 Nr. 12 S. 3 und Art. 34 Nr. 13 S. 3 der 7. EG-RL[916] und ggf. auch tatsächlich daraus ergeben, daß die Vorschriften in anderen Mitgliedstaaten weniger detailliert sind.
Wird ein befreiender KA von einem Unternehmen außerhalb der EG aufgestellt, so richtet sich die Angabepflicht nach einer noch zu erlassenden Rechtsverordnung[917].

– Anzugeben sind die Bezüge für die Wahrnehmung der Aufgaben von Organmitgliedern bei dem Mutter- und bei **allen Tochterunternehmen.** Es kommt nicht darauf an, ob die Tochterunternehmen ihren Sitz im Inland oder im Ausland haben und auch nicht darauf, ob die Tochterunternehmen in den KA

---

916 Das Mitgliedstaatenwahlrecht gestattet die Ausdehnung der Angabepflichten nach § 314 Abs. 6 HGB auf Gemeinschaftsunternehmen (§ 310 HGB) und auf assoziierte Unternehmen (§ 311 HGB). Der deutsche Gesetzgeber hat davon keinen Gebrauch gemacht.
917 Vgl. Tz. 104 ff.

einbezogen oder gemäß §§ 295, 296 HGB von der Konsolidierung ausgeschlossen werden. Allerdings muß es sich stets um Tochterunternehmen iSv. § 290 Abs. 1 u. 2 HGB handeln. Von den Mitgliedstaatenwahlrechten in Art. 34 Nr. 12 S. 3 u. Nr. 13 S. 3 der 7. EG-RL, auch die Bezüge, Vorschüsse und Kredite für die Wahrnehmung von Aufgaben in assoziierten Unternehmen (§ 311 HGB) und Gemeinschaftsunternehmen (§ 310 HGB) in die Angabepflicht einzubeziehen, hat der deutsche Gesetzgeber keinen Gebrauch gemacht.

– Die Gesamtbezüge sind jeweils für jede einzelne Personengruppe in einem Betrag anzugeben. Erhält ein Vorstandsmitglied des MU zusätzlich zu den Vorstandsbezügen auch AR-Bezüge von Tochterunternehmen, so sind auch diese mit den Vorstandsbezügen zusammenzufassen und als Bezüge auszuweisen, die Vorstandsmitglieder des MU erhalten. Eine weitere Differenzierung verlangt das Gesetz nicht.

e) Abweichung des Konzernabschlußstichtages vom Bilanzstichtag des Mutterunternehmens

735 Ist der KA-Stichtag nicht mit dem Stichtag des JA des MU identisch, so ist die Abweichung im Konzernanhang anzugeben und zu begründen (§ 299 Abs. 1 2. Hs. HGB)[918]. Die Wiedergabe des Gesetzestextes dürfte dabei als Begründung nicht ausreichen, vielmehr ist eine Offenlegung der **Motive** (zB stark abweichende Geschäftszweige, Saisonunternehmen) erforderlich[919].

f) Zusätzliche Angaben zur Vermittlung des in § 297 Abs. 2 Satz 2 HGB geforderten Bildes

736 Im Konzernanhang sind zusätzliche Angaben erforderlich, sofern der KA unter Beachtung der Grundsätze ordnungsmäßiger Buchführung ein den tatsächlichen Verhältnissen entsprechendes Bild der **Vermögens-, Finanz- und Ertragslage** nicht vermitteln kann (§ 297 Abs. 2 S. 3 HGB).

Diese Vorschrift ist § 264 Abs. 2 S. 2 HGB nachgebildet. Da sich für den KA insoweit keine Besonderheiten ergeben, kann auf die Erläuterungen dort verwiesen werden[920].

IX. Konzernlagebericht

1. Grundsatz

737 **Aufgabe** des Konzern-LB ist es, den **Geschäftsverlauf** und die **Lage des Konzerns** darzustellen (§ 315 Abs. 1 HGB) und daneben zu einigen **enumerativ aufgezählten Sachverhalten** Stellung zu nehmen (§ 315 Abs. 2 HGB). Dem Konzern-LB ist somit eine umfassendere Aufgabe gestellt als dem Konzernanhang, der sich darauf beschränkt, Angaben in Konzernbilanz und Konzern-GuV zu erläutern, zu ergänzen und ggf. zu ersetzen. Der Konzern-LB ist jedoch im Gegensatz zum Konzernanhang **kein Bestandteil** des KA.

---

918 Vgl. dazu auch Tz. 138 ff.
919 Ebenso auch *Budde/List* in BeBiKo. § 299 Tz. 9; AK Externe Unternehmensrechnung 1987, aaO, S. 34; aA *Albrecht* in BoHdR § 299 Tz. 11.
920 Vgl. F Tz. 632 ff.

Die in § 315 HGB umschriebene Berichterstattung ist als **Mindestanforderung** 738 anzusehen, die freiwillig überschritten werden kann. Allerdings sind einer extensiven Berichterstattung de facto durch die Verpflichtung zur Veröffentlichung des Lageberichts im Bundesanzeiger (§ 325 Abs. 3 HGB)[921] Grenzen gesetzt. Die Unternehmen werden also ihre idR recht umfangreiche Berichterstattung zum Stichwort Konzernlagebericht im Druckbericht[922] darauf überprüfen müssen, wie weit es sich dabei um eine Berichtspflicht iSv. § 315 HGB handelt. Dieser Teil muß im **Bundesanzeiger** veröffentlicht werden. Darüber hinaus bestehen keine Bedenken, im sog. Druckbericht weitere Ausführungen zur Lage des Konzerns zu machen, die nach Inhalt und Darstellungsweise (zB Fotos, Tabellen und andere graphische Darstellungen) über das gesetzliche Mindesterfordernis hinausgehen. Allerdings muß im Druckbericht der Konzernlagebericht dann so deutlich von den übrigen Erläuterungen abgesetzt sein, daß dem Leser ohne Schwierigkeiten erkennbar ist, in welcher Weise der gesetzlichen Verpflichtung (§ 315 HGB) genüge getan wird[923]. Eine **Zusammenfassung des Konzernlageberichts mit dem Lagebericht,** den das MU als Ergänzung seines Jahresabschlusses aufgestellt hat (§ 289 HGB), ist vom Gesetz ausdrücklich gestattet (§ 315 Abs. 3 iVm. § 298 Abs. 3 HGB). Der Wortlaut der Vorschriften für den Konzernlagebericht (§ 315 HGB) und den Einzellagebericht (§ 289 HGB) ist praktisch identisch. Daher kann hier auch grundsätzlich auf die Erläuterungen zu § 289 HGB verwiesen werden, die sinngemäß auch für den Konzernlagebericht gelten (F Tz. 639 ff.).

2. Geschäftsverlauf und Lage des Konzerns (§ 315 Abs. 1 HGB)

„Im Konzernlagebericht sind zumindest der **Geschäftsverlauf** und die **Lage** des 739 Konzerns so darzustellen, daß ein den tatsächlichen Verhältnissen entsprechendes Bild vermittelt wird" (§ 315 Abs. 1 HGB). Eine Darstellung der Lage auch der in den Konzernabschluß einbezogenen Unternehmen wird nicht verlangt. Die nicht gesonderte Erwähnung der einbezogenen Unternehmen muß so verstanden werden, daß Hinweise auf Einzelheiten, die wohl für ein einbezogenes Unternehmen, nicht aber für den Konzern in seiner Gesamtheit, von Bedeutung sind, nicht erwähnt zu werden brauchen, und daß auch eine Bezugnahme auf einzelne Unternehmen nicht erforderlich ist. Daraus wird auch deutlich, daß Maßstab für das **„den tatsächlichen Verhältnissen entsprechende Bild"** der Konzern ist.

Stellt das Mutterunternehmen einen Teilkonzernabschluß auf, so erstreckt sich 740 die Berichterstattung im Lagebericht grundsätzlich auf den Teil des Konzerns, der dem Mutterunternehmen nachgeordnet ist. Eine andere Betrachtungsweise kann dann geboten sein, wenn die Lage des Teilkonzerns erheblich von der des Gesamtkonzerns abweicht. Ist zB die Lage des Teilkonzerns gut, die des Gesamtkonzerns jedoch desolat und sind Auswirkungen daraus auf den Teilkonzern zu erwarten, dann gehört es zur Vermittlung eines den tatsächlichen

---

921 Nach AktG 1965 war der Konzern-LB als Bestandteil des GB lediglich zum Handelsregister einzureichen (§ 338 Abs. 1 AktG 1965).
922 Im allgemeinen Sprachgebrauch auch häufig Geschäftsbericht genannt.
923 Ebenso *Biener/Berneke*, BiRiLiG, S. 394; AK Externe Unternehmensordnung aaO 1987, S. 172.

Verhältnissen entsprechenden Bildes, auch darüber im Teilkonzernlagebericht zu berichten.

Die Berichterstattungspflicht erstreckt sich auf alle zum (Teil-)Konzern gehörende Unternehmen, unabhängig davon, ob sie in den (Teil-)KA einbezogen worden sind oder nicht. Sind bei **nicht konsolidierten Konzernunternehmen** Ereignisse eingetreten, die für die Lage des Konzerns von Bedeutung sind, so ist auch darüber im Bericht über die Lage des Konzerns (nicht des betreffenden Konzernunternehmens) zu berichten. Hier zeigt sich deutlich, daß der Konzern-LB eine andere Aufgabe hat als der Konzernanhang, der Angaben der Konzernbilanz und Konzern-GuV ergänzt, erläutert und ggf. ersetzt [924].

3. Einzelangaben

741 Neben der Darstellung der Gesamtlage des Konzerns schreibt das Gesetz Ausführungen zu einigen Einzelsachverhalten vor, die in § 315 Abs. 2 HGB zusammengefaßt sind. Über die dort genannten Sachverhalte „soll" berichtet werden. Das Wort „soll" darf nicht im Sinne eines Berichterstattungswahlrechts verstanden werden. Es besteht vielmehr eine Berichterstattung**pflicht,** wenn die Angaben nach vernünftiger kaufmännischer Beurteilung wesentliche Informationen für den Leser darstellen [925].

a) Vorgänge von besonderer Bedeutung nach Schluß des Geschäftsjahres (§ 315 Abs. 2 Nr. 1 HGB)

742 Zu berichten ist über Vorgänge, die nach Schluß des Konzern-GJ eingetreten sind und für die Lage des Konzerns von besonderer Bedeutung sind. Auf die Darstellung von Vorgängen, die für die Lage eines einzelnen Konzernunternehmens von besonderer Bedeutung sind, kann dann verzichtet werden, wenn sie nicht gleichzeitig auch für den Konzern von besonderer Bedeutung sind. Im übrigen entspricht § 315 Abs. 2 Nr. 1 HGB wörtlich § 289 Abs. 2 Nr. 1 HGB für den Einzelabschluß [926].

b) Voraussichtliche Entwicklung des Konzerns (§ 315 Abs. 2 Nr. 2 HGB)

743 Einen Einblick in die Lage des Konzerns geben nicht nur die Verhältnisse im abgelaufenen GJ, sondern auch der Verlauf der ersten Monate des neuen GJ und vor allem die voraussichtlich zukünftigen Entwicklungen. Daher ist auch über sie zu berichten. Auch hierbei kommt es grundsätzlich nur auf solche Entwicklungen an, die den **Konzern in seiner Gesamtheit** und nicht nur einzelne Konzernunternehmen beeinflussen. Gleichwohl kann auch über einzelne Konzernunternehmen zu berichten sein, wenn sich aufgrund neuerer Entwicklungen für die überschaubare Zukunft zB abzeichnet, daß einzelne Konzernunternehmen stillzulegen sind und dies gleichzeitig für die Lage des Konzerns bedeutsam

924 Zu den Aufgaben des Konzern-LB vgl. insbesondere *ADS* § 315 Tz. 13 ff.; *Lück* in HdRKo. § 315 Tz. 14 ff.; *Reitinger* in *Wysocki/Osterloh,* HdJ Köln 1984/87 Abt. IV/3.
925 Ebenso *ADS* § 315 Tz. 21.
926 Vgl. F Tz. 663 ff. sowie insbesondere *ADS* § 315 Tz. 22 ff.; *Lück* in HdRKo. § 315 Tz. 50 ff.

ist. Im übrigen kann wegen der Übereinstimmung auf die Erläuterungen zu § 289 Abs. 2 Nr. 2 HGB verwiesen werden[927].

c) Forschung und Entwicklung des Konzerns (§ 315 Abs. 2 Nr. 3 HGB)

Mit der Berichterstattungspflicht über „den Bereich Forschung und Entwick-   **744** lung des Konzerns" (§ 315 Abs. 2 Nr. 3 HGB) macht sich das Gesetz Forderungen zu eigen, die in den letzten Jahren von internationalen Organisationen[928] vorgebracht worden sind. Art und Umfang der Berichterstattung läßt das Gesetz offen. Auch im internationalen Bereich sind die Auffassungen dazu uneinheitlich. Jedoch werden offenbar zunehmend von den internationalen Organisationen auch Zahlenangaben erwartet[929]. Eine solche Forderung läßt sich aus dem HGB nicht ableiten. Die Berichterstattung nach § 315 Abs. 2 Nr. 3 HGB muß als erster Einstieg in eine Materie angesehen werden, die in Zukunft an Bedeutung gewinnen wird. Im übrigen kann auf die Erläuterungen zum LB für das Einzelunternehmen verwiesen werden, die hier sinngemäß gelten[930].

X. Prüfung

1. Prüfungspflicht und Prüfungsberechtigte

Der nach § 290 HGB aufzustellende KA und Konzern-LB einer Kapitalgesell-   **745** schaft sind durch einen APr. nach Maßgabe der §§ 317 bis 324 HGB zu prüfen.

Zur **Prüfung** des KA und des Konzern-LB einer Kapitalgesellschaft sind nur **WP**   **746** und **WPG** berechtigt (§ 316 Abs. 2 iVm. § 319 Abs. 1 HGB). Dies gilt uneingeschränkt auch dann, wenn KA und Konzern-LB von einer mittelgroßen GmbH (§ 267 Abs. 2 HGB) aufgestellt werden, deren JA von einem vBP oder einer BPG geprüft wird.

Dies gilt darüber hinaus für die Prüfung von KA und Konzern-LB, die von MU   **747** anderer Rechtsformen mit Sitz im Inland aufgrund einer gesetzlichen Verpflichtung (zB bergrechtliche Gewerkschaft, § 28 EG AktG) oder freiwillig aufgestellt werden, weil sie eine befreiende Wirkung iSv. § 291 HGB haben sollen. Es kommt ferner nicht darauf an, ob es sich um Gesamt- oder Teilkonzernabschlüsse handelt. Der deutsche Gesetzgeber hat die Prüfungsbefugnis der vBP und BPG in zweifacher Weise eingeschränkt:

(1) auf Jahresabschlüsse
(2) auf die mittelgroße GmbH.

Daraus und auch aus der Gegenüberstellung von § 319 Abs. 1 S. 2 mit S. 1 HGB,   **748** der ganz allgemein von der Abschlußprüfung und nicht einschränkend von der

---

927 Vgl. F Tz. 665 ff. sowie insbesondere *ADS* § 315 Tz. 25 ff.; *Lück* in HdRKo. § 315 Tz. 57 ff.
928 United Nations, Commission On Transnational Corporations: International Standards Of Accounting And Reporting; OECD, Internationale Investitionen und multinationale Unternehmen; vgl. auch IASC, IAS 9, Accounting for Research and Development Activities, (Fn. 9).
929 UNO, Conclusions on accounting and reporting by transnational corporations S. 36 ff.; New York 1988, OECD, Internationale Investitionen und multinationale Unternehmen, S. 11, 20, Neufassung Paris 1984; IASC, IAS 9 (Fn. 9) Tz. 12–14, 23–24.
930 Vgl. F Tz. 668 ff. sowie insbesondere *ADS* § 315 Tz. 27 ff.; *Lück* in HdRKo. § 315 Tz. 66 ff.

Jahresabschlußprüfung spricht, ergibt sich eindeutig, daß **vBP** und **BPG** zur Prüfung von Konzernabschlüssen **nicht befugt** sind[931].

749   Sollen ein KA und Konzern-LB, die von einem MU mit Sitz in einem Mitgliedsland der EG aufgestellt worden sind, **befreiende Wirkung** iSv. § 291 HGB haben, so müssen sie von den nach jeweiligem nationalen Recht für die Prüfung von KA zugelassenen Abschlußprüfern geprüft sein. Die Qualifikation dieser Prüfer muß in Deutschland auch dann anerkannt werden, wenn die Regelungen für dessen Berufszulassung und dessen Prüfungsbefugnisse in Einzelheiten von den entsprechenden Vorschriften in HGB und WPO abweichen.

750   Sollen ein KA und Konzern-LB, die von einem MU mit Sitz außerhalb der EG aufgestellt werden, **befreiende Wirkung** haben, so ist dies gem. § 292 HGB nur möglich[932], wenn der KA und Konzern-LB von einem Prüfer gleichwertiger Qualifikation in einer den Grundsätzen der §§ 317 ff. HGB entsprechenden Weise geprüft worden sind[933]. Die Gleichwertigkeit muß sich auf die fachliche und persönliche Eignung iSd. § 43 WPO beziehen. Da in der Rechtsverordnung gem. § 292 HGB nichts Gegenteiliges gesagt ist, wird man davon ausgehen können, daß wie bereits nach § 330 Abs. 2 AktG 1965 die einem WP gleichwertige Qualifikation grundsätzlich bei den Angehörigen von Berufsorganisationen anzunehmen ist, die Mitglieder der International Federation of Accountants (IFAC) sind und nachweisen können, daß die IFAC-Guidelines in das Berufsrecht integriert sind.

2. Bestellung des Konzernabschlußprüfers

751   Zum Konzernabschlußprüfer ist grundsätzlich der **Abschlußprüfer des MU** bestellt, der für die Prüfung des in den KA einbezogenen JA des MU bestellt worden ist (§ 318 Abs. 2 S. 1 HGB). Weicht der Stichtag des KA vom Bilanzstichtag des MU, das den KA aufstellt, ab und wird das MU auf der Grundlage eines Zwischenabschlusses einbezogen, so gilt grundsätzlich der Abschlußprüfer als Konzernabschlußprüfer bestellt, der für die Prüfung des letzten vor dem Konzernbilanzstichtag aufgestellten JA des MU bestellt worden ist (§ 318 Abs. 2 S. 2 HGB). Durch diese Regelung, die nicht auf den nächsten, sondern den letzten JA des MU abstellt, ist gewährleistet, daß rechtzeitig ein Konzernabschlußprüfer bestellt ist. Dem Abschlußprüfer des MU wird deshalb eine Vorrangstellung eingeräumt, weil dieser am ehesten in der Lage sein wird, die Verhältnisse des MU und seiner Tochterunternehmen zu überblicken.

752   Für die Prüfung des KA kann auch ein **anderer** Abschlußprüfer **gewählt** werden. In diesem Fall wird der Abschlußprüfer grundsätzlich von den Gesellschaftern des MU gewählt (§ 318 Abs. 1 S. 1 2. Hs. HGB). Bei Gesellschaften mbH kann der Gesellschaftsvertrag etwas anderes bestimmen (§ 318 Abs. 1 S. 2 HGB). Bei der Auswahl des Konzernabschlußprüfers sind die Restriktionen des § 319 Abs. 2 und 3 HGB entsprechend zu beachten (§ 319 Abs. 4 HGB). Die Vorschrift des § 319 Abs. 2 Nr. 8 HGB über den Ausschluß eines WP/einer WPG in Fällen, in denen in den letzten fünf Jahren jeweils mehr als die Hälfte der Gesamtein-

931 Wegen weiterer Einzelheiten vgl. WPH 1985/86 Bd. 2, S. 479.
932 Vgl. Tz. 109.
933 Vgl. Verordnung über befreiende Konzernabschlüsse (Entwurf des BdJ vom 14. 12. 1990).

nahmen von einem Mandanten einschließlich seiner Beteiligungsunternehmen stammte, ist erstmals auf das am 1. 1. 1992 beginnende GJ anzuwenden (Art. 23 Abs. 4 EGHGB).

Ist für den JA des MU kein Abschlußprüfer bestellt und mangels Prüfungspflicht nicht zu bestellen, so müssen die **Organe** des MU unter Beachtung des § 319 Abs. 2 und 3 HGB einen Konzernabschlußprüfer bestellen. Andernfalls hat auf Antrag der gesetzlichen Vertreter, des AR oder eines Aktionärs das **Gericht** den Konzernabschlußprüfer zu bestellen (§ 318 Abs. 4 HGB). Die in § 318 Abs. 2 HGB geregelte Automatik greift in diesen Fällen nicht. Sie kann auch dann nicht greifen, wenn das MU eine mittelgroße GmbH (§ 267 Abs. 2 HGB) ist und für deren JA ein vBP oder eine BPG bestellt ist, da das Prüfungsrecht von vBP und BPG auf die Prüfung von JA und LB mittelgroßer GmbH beschränkt ist (§ 319 Abs. 1 S. 2 HGB)[934]. **753**

3. Gegenstand und Umfang der Prüfung

a) Prüfung der Konzernrechnungslegung

Die Prüfung des KA hat sich darauf zu erstrecken, ob die gesetzlichen Vorschriften und sie ergänzende Bestimmungen des Gesellschaftsvertrages oder der Satzung beachtet sind (§ 317 Abs. 1 S. 2 HGB). Zu prüfen ist demnach in erster Linie, ob die Vorschriften der §§ 290 bis 314 HGB eingehalten sind. Dies schließt die Prüfung der Beachtung des § 297 Abs. 2 S. 2 HGB ein, dessen Bedeutung gegenüber der aktienrechtlichen Regelung auch durch den BestV gem. § 322 HGB hervorgehoben wird. **754**

Der Konzern-LB ist darauf zu prüfen, ob er mit dem KA in Einklang steht und ob die sonstigen Angaben im Konzern-LB nicht eine falsche Vorstellung von der Lage des Konzerns erwecken[935]. **755**

Bei Meinungsverschiedenheiten zwischen dem Konzernabschlußprüfer und der Kapitalgesellschaft, die als MU den KA aufgestellt hat, über die Auslegung und Anwendung der Vorschriften und gesellschaftsvertraglichen/satzungsmäßigen Bestimmungen über den KA oder Konzern-LB entscheidet auf Antrag des Abschlußprüfers oder der gesetzlichen Vertreter der Kapitalgesellschaft ausschließlich das Landgericht[936]. **756**

Diese Vorschriften stellen expressis verbis (§ 316 Abs. 2 HGB und daran anschließend § 317 HGB) nur auf Kapitalgesellschaften ab. Sie gelten jedoch auch für den befreienden KA und Konzern-LB, die von einer Nichtkapitalgesellschaft mit Sitz im Inland aufgestellt werden. Die Befreiungswirkung tritt nämlich nur dann ein, wenn der befreiende Konzernabschluß und -lagebericht nach den Vorschriften der §§ 290 ff. HGB aufgestellt und nach den Vorschriften der §§ 316 ff. HGB geprüft worden sind (§ 291 Abs. 2 Nr. 2 HGB). **757**

---

934 Zu den übrigen Vorschriften über die Auswahl, Bestellung und Abberufung der Abschlußprüfer vgl. §§ 318, 319 HGB.
935 Die Vorschriften über die Prüfung des Einzel- und Konzern-LB stimmen wörtlich überein.
936 § 324 Abs. 1 HGB.

b) Prüfung der Einzelabschlüsse

758 Der Abschlußprüfer des KA hat auch die im KA zusammengefaßten JA daraufhin zu prüfen, ob sie den **GoB** entsprechen und ob die für die **Übernahme** in den
KA maßgeblichen Vorschriften beachtet sind (§ 317 Abs. 2 HGB). Dieser Prüfungspflicht unterliegen **alle einbezogenen Einzelabschlüsse** unabhängig von der
Rechtsform des einbezogenen Unternehmens. Wird ein Unternehmen auf der
Basis eines Zwischenabschlusses einbezogen, so muß dieser auch nach den gleichen Vorschriften geprüft werden.

759 Der Verweis auf die GoB als Orientierungsnorm für die Abschlußprüfung
könnte zu der Annahme verleiten, daß „Meßlatte" für die Prüfung der kleinste
gemeinsame Nenner für die Rechnungslegung von Unternehmen unterschiedlicher Rechtsformen mit Sitz im In- und Ausland ist. Gem. § 317 Abs. 2 S. 1 HGB
muß der Abschlußprüfer jedoch neben der Einhaltung der GoB auch prüfen,
„ob die für die Übernahme in den KA maßgeblichen Vorschriften beachtet worden sind". Dazu gehören insbesondere die §§ 300, 308 HGB. Die Prüfung der
einbezogenen Einzelabschlüsse dient somit gleichzeitig der Durchsetzung einheitlicher Bilanzierung und Bewertung im KA. Der letzte Teilsatz in § 317 Abs. 2
S. 1 HGB stellt demnach klar, daß unter den „im Konzernabschluß zusammengefaßten Jahresabschlüssen" letztlich die **Handelsbilanzen II** zu verstehen sind.
Ob der Konzernabschlußprüfer, sofern er die Handelsbilanz I nicht selbst prüft,
die Überleitung von der Handelsbilanz I zur Handelsbilanz II selbst prüft oder
ob die Überleitungsprüfung in die Prüfung des Einzelabschlusses eingeschlossen wird, hängt von der Organisation des Konzernrechnungswesens und der
Konzernabschlußprüfung ab. Praktische Gründe sprechen dafür, daß diese Aufgabe vom Konzernabschlußprüfer übernommen wird, da er am besten mit den
Konzernrechnungslegungsrichtlinien vertraut ist und am ehesten die Garantie
für deren einheitliche Anwendung geben kann[937]. In jedem Fall trägt er die volle
Verantwortung für die Ordnungsmäßigkeit dieser Überleitungsrechnungen.

760 Die **Prüfung der Einzelabschlüsse** durch den Konzernabschlußprüfer **kann unterbleiben**, wenn sie bereits nach den Vorschriften des HGB oder freiwillig nach den
Grundsätzen der §§ 316 bis 324 HGB geprüft worden sind (§ 317 Abs. 2 S. 2 HGB).
Dadurch soll eine doppelte Prüfung dieser Abschlüsse vermieden werden[938].
Gleichzeitig wird dadurch klargestellt, welche Anforderungen an eine solche
„befreiende" Prüfung zu stellen sind. Die Befreiungswirkung tritt nur dann ein,
wenn eine Prüfung durchgeführt worden ist, die nach Art und Umfang einer Prüfung nach den Vorschriften des HGB entspricht. Dazu gehört auch, daß die Prüfung von Personen durchgeführt worden ist, die nach HGB dazu befugt sind.
Dabei ist zu berücksichtigen, daß die Prüfung jedes Unternehmens, gleich welcher
Rechtsform, das in den KA einbezogen ist, eine Pflichtprüfung ist, die vom Konzernabschlußprüfer, einem WP oder einer WPG, durchzuführen ist (§ 317 Abs. 2
S. 1 HGB). Diese Prüfung kann nur dann unterbleiben, wenn sie bereits aufgrund
gesetzlicher Vorschriften oder freiwillig entsprechend den gesetzlichen Vorschriften von dazu berechtigten Personen durchgeführt worden ist. Dafür kommen in
erster Linie WP und WPG in Frage, deren Prüfungsbefugnis für den KA und die in
ihm einbezogenen Unternehmen unbeschränkt ist. Darüber hinaus sind auch vBP

---

937 Vgl. *Havermann* in FS Döllerer, S. 202; *Budde/Kofahl* in BeBiKo. § 317 Tz. 62.
938 Vgl. Begr. RegE zu § 301 Abs. 4 HGB-EK (jetzt § 317 Abs. 2 HGB), BR-Drs. 163/85, S. 46.

und BPG zur Prüfung kleiner und mittelgroßer GmbH befugt (§ 319 Abs. 1 S. 2 HGB). Obgleich es an einer eindeutigen gesetzlichen Regelung fehlt, wird man davon ausgehen können, daß sie auch kleine und mittelgroße Personengesellschaften mit befreiender Wirkung für die Konzernabschlußprüfung prüfen können. Personengesellschaften, die die Kriterien für mittelgroße Gesellschaften (§ 267 Abs. 2 HGB) überschreiten, können dagegen mit befreiender Wirkung für die Konzernabschlußprüfung ebenso wie Personengesellschaften, die unter das PublG fallen, nur von WP und WPG mit befreiender Wirkung geprüft werden. StB können ebenso wie sonstige Dritte keine befreienden Prüfungen vornehmen.

Unabhängig von der befreienden Prüfung trägt der Konzernabschlußprüfer die **761** volle Verantwortung für die Ordnungsmäßigkeit des KA. Es gelten daher die allgemeinen Regeln für die Übernahme von Prüfungsergebnissen anderer Abschlußprüfer[939]. Dabei wird er im Rahmen der Konzernabschlußprüfung auch die Ausbildung und vor allem die praktische Erfahrung des anderen APr. bewerten müssen. Dies gilt insbesondere für die Prüfung der Überleitung der Handelsbilanz I in die **Handelsbilanz II,** sofern der Konzernabschlußprüfer diese Aufgabe nicht ohnehin selbst übernimmt.

Grundsätzlich kann der Konzernabschlußprüfer von der Richtigkeit eines uneinge- **762** schränkt testierten Einzelabschlusses ausgehen. Ergeben sich aus der Durchsicht des PrB oder der Konsolidierungsunterlagen Zweifel an der Ordnungsmäßigkeit des JA oder der Prüfungsdurchführung, muß der Konzernabschlußprüfer zusätzliche Prüfungshandlungen vornehmen und sich ein weitergehendes eigenes Urteil bilden. Ggf. sind Fehler in den Einzelabschlüssen, die sich auch auf den KA auswirken, unter Berücksichtigung des Grundsatzes der Wesentlichkeit zu korrigieren.

Das gleiche gilt, wenn der BestV zum Einzelabschluß eingeschränkt oder verwei- **763** gert worden ist. Der Konzernabschlußprüfer muß sich in solchen Fällen durch eigene Prüfungsfeststellungen davon überzeugen, ob und ggf. wie weit die Gründe, die zu einer Einschränkung oder Verweigerung des BestV geführt haben, auch die Gesetzmäßigkeit des KA berühren. Ist das der Fall, und werden die Gründe nicht beseitigt, so ist auch der BestV zum KA einzuschränken. Zur Urteilsbildung kann der Konzernabschlußprüfer insoweit Prüfungsfeststellungen bei allen Konzernunternehmen treffen oder Auskunftsrechte gegenüber diesen Unternehmen sowie deren APr. wahrnehmen (§ 320 Abs. 3 S. 2 und 3 HGB).

Die vorstehend genannten Grundsätze sind entsprechend auf geprüfte JA **aus-** **764** **ländischer** einbezogener Tochterunternehmen anzuwenden (§ 317 Abs. 2 S. 3 HGB). Dabei ist jedoch zwischen **ausländischen APr.,** die nach den nationalen Vorschriften der EG-Staaten **in Übereinstimmung mit der 8. EG-RL** zugelassen sind, und solchen, die außerhalb der EG zugelassen sind, zu differenzieren.

Während die Prüfung eines in der EG zugelassenen Prüfers nach denselben **765** Grundsätzen wie die eines deutschen vBP/WP oder einer BPG/WPG als befreiende Prüfung iSd. § 317 Abs. 2 S. 2 HGB gilt, wird die Prüfung durch einen anderen Prüfer (außerhalb der EG) nur dann als befreiend anerkannt, wenn der APr. eine den Anforderungen der Prüfer in den EG-Ländern **gleichwertige Befähigung** hat, dh., wenn sie über gleichwertige fachliche und persönliche Voraussetzungen verfügen. Dazu gehören neben einer entsprechenden Vorbildung und hin-

---

939 Vgl. FG 1/1988, Abschn. D.II.7; vgl. P Tz. 456 ff.

reichenden fachlichen Ausbildung auch die in § 43 WPO genannten Grundsätze der Unabhängigkeit, Gewissenhaftigkeit, Verschwiegenheit und Eigenverantwortlichkeit[940]. Diese Voraussetzungen können im allgemeinen bei den Angehörigen der Berufsorganisationen als erfüllt angesehen werden, die Mitglied der International Federation of Accountants (IFAC) sind und nachweisen können, daß deren Guidelines in nationales Recht oder nationale Prüfungs- und Berufsgrundsätze inkorporiert sind. Außerdem muß sich der Konzernabschlußprüfer durch geeignete Mittel (zB Fragebogen, Review, Teilnahme an Schlußbesprechungen) davon überzeugen, daß der JA in einer den Anforderungen der §§ 316 ff. HGB entsprechenden Weise geprüft worden ist[941].

4. Prüfungs- und Auskunftsrechte

766 Die gesetzlichen Vertreter einer Kapitalgesellschaft, die einen KA aufzustellen hat, haben dem **Konzernabschlußprüfer** den KA, den Konzern-LB, die JA, LB und, wenn eine Prüfung stattgefunden hat, die PrB des MU und der Tochterunternehmen vorzulegen (§ 320 Abs. 3 S. 1 HGB), gleichgültig, ob diese Unternehmen einbezogen werden oder nicht. Die Vorlagepflicht gilt auch für einbezogene Zwischenabschlüsse. Sie schließt ferner die zur Aufstellung des KA und Konzern-LB notwendigen Konsolidierungsunterlagen (Überleitungen zur Handelsbilanz II, Nebenrechnungen zur Equity-Methode etc.) ein.

767 Die Prüfungs- und Auskunftsrechte, die dem APr. einer Kapitalgesellschaft nach § 320 Abs. 1 S. 2 und Abs. 2 HGB eingeräumt sind, hat der Konzernabschlußprüfer bei dem MU und den Tochterunternehmen in gleicher Weise. Darüber hinaus hat der Konzernabschlußprüfer die einem APr. nach § 320 Abs. 2 HGB zustehenden Auskunftsrechte auch gegenüber den APr. des MU und der **Tochterunternehmen** (§ 320 Abs. 3 S. 2 HGB).

768 Nach dem Wortlaut des Gesetzes hat der Konzernabschlußprüfer derartige Prüfungs- und Auskunftsrechte nicht gegenüber assoziierten Unternehmen (§ 311 HGB) und Gemeinschaftsunternehmen (§ 310 HGB), die nicht gleichzeitig Tochterunternehmen iSv. § 290 HGB sind, sowie deren APr. Gleichwohl kann auch in diesen Fällen zumindest ein Anlaß zu Auskünften bestehen. Der Konzernabschlußprüfer wird dann das MU veranlassen müssen, entsprechende Auskünfte einzuholen oder eine unmittelbare Verbindung mit den entsprechenden Unternehmen herzustellen. Erhält der Prüfer auf wesentliche Fragen keine Auskünfte, so muß er dies in seinem PrB vermerken. Wird dadurch die Ordnungsmäßigkeit des KA oder Konzern-LB in einem wesentlichen Punkt in Frage gestellt, so muß er ggf. seinen BestV einschränken.

5. Bestätigungsvermerk[942]

6. Prüfungsbericht[943]

---

940 Vgl. A Tz. 188 ff.
941 Vgl. *Goerdeler*, Journal UEC 1971 S. 157 ff.; Empfehlung der UEC „Die Verwendung der Arbeit eines anderen Abschlußprüfers", März 1978; *Neitemeier*, Die Übernahme fremder Urteile bei Prüfungen, Düsseldorf 1979, S. 108 ff.; *IFAC*, Guideline Nr. 5: Verwendung der Arbeit eines anderen Abschlußprüfers, FN 1981 S. 226.
942 Vgl. O Tz. 464 ff.
943 Vgl. O Tz. 211 ff.

Abschnitt N

Erläuterungen zur Rechnungslegung und Prüfung im Konzern nach dem Publizitätsgesetz

I. Vorbemerkungen

Die **Verpflichtung zur Konzernrechnungslegung** kann sich neben den Vorschriften der §§ 290 ff. HGB[1] auch aus den Vorschriften des Gesetzes über die Rechnungslegung von bestimmten Unternehmen und Konzernen v. 15. 8. 1969 idF v. 19. 12. 1985 (PublG) ergeben.   **1**

Die Konzernrechnungslegungsvorschriften des PublG sind von der Umsetzung der 7. EG-RL nicht unmittelbar betroffen[2], da die 7. EG-RL eine zwingende Anpassung der Vorschriften nur für Mutterunternehmen in der Rechtsform der Kapitalgesellschaft vorsieht. Dennoch ergeben sich durch die Umsetzung der 7. EG-RL eine Vielzahl mittelbarer Auswirkungen auf das PublG.   **2**

Sie betreffen einmal die Herausnahme der Rechtsform der GmbH aus dem Anwendungsbereich des PublG, so daß die Konzernrechnungslegungsvorschriften des PublG nunmehr insbesondere für **Einzelkaufleute** und **Personenhandelsgesellschaften** gelten[3]. Mittelbare Auswirkungen ergeben sich aber auch durch die Verweise des PublG auf die **sinngemäße Anwendung** der Konzernrechnungslegungsvorschriften **des HGB** (§ 13 Abs. 2 1. Hs. PublG). Darüber hinaus ist auch die Übereinstimmung der Konzernrechnungslegungsvorschriften des PublG mit denen des HGB für die Anerkennung publizitätsgesetzlicher Abschlüsse als befreiende iSd. § 291 HGB unbedingte Voraussetzung (§ 13 Abs. 3 S. 3 PublG). Zu den wesentlichen mittelbaren Auswirkungen kann auch die Verpflichtung zur Einbeziehung grundsätzlich aller ausländischen Konzernunternehmen gehören (§ 13 Abs. 2 PublG iVm. § 294 Abs. 1 HGB). Je nach Sachlage können dadurch die Konzernbilanzsumme und die Umsatzerlöse erheblich steigen, was wiederum gleichbedeutend sein kann für das Überschreiten der Schwellenwerte von § 11 Abs. 1 PublG, mit der Folge, daß die Verpflichtung zur Konzernrechnungslegung entsteht.   **3**

PublG und HGB sind bei den einzelnen Unternehmen immer nur **alternativ** anzuwenden. Beide gehen von unterschiedlichen Voraussetzungen aus und führen auch zu teilweise abweichenden Ergebnissen. Die Konzernrechnungslegungsvorschriften des HGB knüpfen in erster Linie an die Rechtsform des MU an. Inhalt und Aufbau der nach HGB-Vorschriften aufzustellenden KA und Konzern-LB sind grundsätzlich gleich. Demgegenüber knüpft die Verpflichtung zur Konzernrechnungslegung nach dem PublG **unabhängig von der Rechtsform des MU** an die **Größenordnung des Konzerns** an. Art und Umfang der Konzern-   **4**

---

1 Vgl. M Tz. 14 ff.; zur Konzernrechnungslegungspflicht der bergrechtlichen Gewerkschaft nach § 28 EGAktG vgl. ebenda.
2 Kritisch dazu vgl. *Niessen*, WPg. 1991 S. 195.
3 Für MU in der Rechtsform der GmbH gelten die Konzernrechnungslegungsvorschriften des HGB (§ 290 ff. HGB). § 28 EGAktG gilt nur noch für die Konzernrechnungslegungspflicht der bergrechtlichen Gewerkschaft (vgl. M Tz. 20 f.).

rechnungslegung werden in diesem Fall nicht unmaßgeblich von der Rechtsform des MU und – bei befreienden KA – von der Rechtsform des zu befreienden MU beeinflußt.

5   Die Vorschriften des PublG über die Konzernrechnungslegung und Konzernpublizität sind in dessen **Zweitem Abschnitt (§§ 11–15)** zusammengefaßt. Sie sind, abgesehen von den zahlreichen Verweisen, auch inhaltlich weitgehend den Vorschriften des HGB nachgebildet. Die folgenden Erläuterungen können sich daher im wesentlichen auf die Besonderheiten des PublG beschränken[4].

II. Voraussetzungen für die Verpflichtung zur Konzernrechnungslegung

1. Gesamtkonzernabschluß

a) Konzernverhältnis

6   **Grundvoraussetzung** für die Verpflichtung zur Konzernrechnungslegung ist das Vorliegen eines **Konzernverhältnisses.** Sie ist dann erfüllt, wenn in einem Konzern die Konzernunternehmen unter der **einheitlichen Leitung** eines Unternehmens stehen (§ 11 Abs. 1 S. 1 PublG). Das PublG übernimmt damit den Konzernbegriff des § 18 AktG[5, 6].

7   Die Konzernrechnungslegungspflicht nach PublG stellt nur auf das Konzept der „einheitlichen Leitung" ab. Die dem angelsächsischen „Control"-Konzept entsprechende Konzernrechnungslegungspflicht nach § 290 Abs. 2 HGB[7] ist nicht in die Vorschriften des PublG eingeflossen.

8   Unternehmen, deren Gewerbebetrieb sich auf die **Vermögensverwaltung** beschränkt[8], können keine Konzernspitze iSv. § 18 AktG sein. Sie sind daher auch nicht nach dem PublG[9] zur Aufstellung eines KA verpflichtet, da sie keine einheitliche Leitung ausüben. § 11 Abs. 5 S. 2 PublG stellt diesen allgemeinen Grundsatz noch einmal klar[10].

b) Einheitliche Leitung durch ein Unternehmen

9   Die einheitliche Leitung muß durch ein **Unternehmen (MU)** ausgeübt werden. Anders als §§ 290 HGB und 28 EGAktG nimmt § 11 Abs. 1 PublG nicht auf bestimmte Rechtsformen Bezug. Auch § 3 PublG, der bestimmte Unternehmen von der Verpflichtung zur Aufstellung eines Einzelabschlusses und LB aus-

---

4 § 16 PublG 1969 über die Befreiung von der Einreichung und Bekanntmachung des JA einer Kapitalgesellschaft ist aufgehoben.
5 Zu einer Abweichung gegenüber dem bisherigen Recht besteht keine Veranlassung, vgl. BR-Drs. 163/85, S. 33 53. Zum PublG 1969 vgl. Begr. RegE BR-Drs. 296/68, S. 23 f.
6 Vgl. dazu auch M Tz. 17.
7 Vgl. im einzelnen M Tz. 33 ff.
8 Zur Abgrenzung zwischen steuschädlicher Vermögensverwaltung und unternehmerischer Tätigkeit vgl. *Müller/Rieker*, WPg. 1967 S. 197/200.
9 Zur Konzernrechnungslegungspflicht für Vermögensverwaltungsunternehmen nach dem „Control"-Konzept (§ 290 Abs. 2 HGB) vgl. M Tz. 33.
10 Vgl. entsprechend zum PublG 1969 WPH 1985/86 Bd. I S. 810.

nimmt, gilt nicht für die im zweiten Abschnitt geregelte Konzernrechnungslegung[11].

Von entscheidender Bedeutung für die Aufstellung des KA nach § 11 Abs. 1   **10**
PublG ist daher die Frage, wie der **Unternehmensbegriff** des PublG zu interpretieren ist. Der Wortlaut des Gesetzes gibt dafür keine weiteren Hinweise[12]. Die Frage kann daher nur aus dem Sinn der Vorschrift und dem Sachzusammenhang heraus geklärt werden.

Die Konzernrechnungslegungsvorschriften des PublG **ergänzen** diejenigen des   **11**
HGB und schließen insbesondere die Lücke, die das HGB aufgrund seiner Rechtsformbezogenheit für Konzerne bestimmter Größenordnung, an deren Spitze keine Kapitalgesellschaft steht, offenläßt. Betroffen sind davon ganz überwiegend Konzerne einer bestimmten Größenordnung, an deren Spitze eine Einzelfirma oder Personenhandelsgesellschaft steht. Für sie strebt das PublG wegen ihrer gesamtwirtschaftlichen Bedeutung eine ähnliche Rechenschaftslegung an wie für Kapitalgesellschaften[13], wobei die unterschiedliche Eigentümerstruktur, Organisationsform und Haftung durch Abstriche in Teilbereichen berücksichtigt sind. Auf keinen Fall wollte das PublG in Abweichung von den bis dahin geltenden Rechnungslegungsvorschriften einen neuen Kreis von Verpflichteten schaffen. Es ist daher – auch in Ansehung der im Schrifttum weitgehend übereinstimmenden Auffassung, daß es einen einheitlichen Unternehmensbegriff für alle Rechtsgebiete nicht gibt[14], sondern der Begriff aus seinem Zusammenhang und Zielsetzung heraus zu interpretieren ist – kein Grund ersichtlich, dem Unternehmensbegriff für Zwecke der Rechnungslegung nach dem HGB[15] und dem PublG einen grundsätzlich anderen Inhalt zu geben[16]. Für die weitaus größte Zahl der praktischen Fälle der Konzernrechnungslegung nach dem PublG hat ohnehin nie ein Zweifel bestanden. Die in erster Linie betroffenen **Personenhandelsgesellschaften** einschließlich der **GmbH & Co. KG**[17] sowie **Stiftungen,** die ein Handelsgewerbe betreiben, sind konzernrechnungslegungspflichtig. Allerdings setzt der Unternehmensbegriff des PublG **nicht** unbedingt die **Kaufmannseigenschaft** iSd. HGB voraus. Auch **BGB-Gesellschaften,** die mittels eines nach außen erkennbaren Geschäftsbetriebs Interessen kauf-

---

11 Vgl. dazu ausführlich Begr. zu § 3 PublG 1969, BR-Drs. 296/68, S. 17.
12 Vgl. WPH 1985/86 Bd. I S. 810.
13 Vgl. dazu auch die Begr. RegE zum PublG 1969, BR-Drs. 296/68 S. 23/24. Die dort ebenfalls noch genannte GmbH ist durch die 4. u. 7. EG-RL inzwischen dem HGB zugeordnet worden. Insoweit ist die seinerzeit noch bestehende Lücke jetzt unabhängig von der Größenordnung geschlossen.
14 Vgl. *ADS* § 15 AktG Tz. 1 f. sowie *Hefermehl* in *Ballerstedt/Hefermehl,* FS für Geßler, München 1971, S. 203 sowie Kölner Kom., 2. Aufl., § 15 Anm. 8 mit weiteren Literaturangaben. Vgl. R Tz. 41 ff. mit weiteren Literaturangaben.
15 Vgl. S. R Tz. 342 ff.
16 Zu den unterschiedlichen Auffassungen über den Unternehmensbegriff vgl. weiter die umfangreichen Literaturangaben im Kölner Kom., 2. Aufl., § 15 Anm. 6 ff.; die ausführliche Untersuchung von *Müller/Rieker,* WPg. 1967 S. 197 ff. sowie die hier vertretene Auffassung stützend *Werner,* AG 1972 S. 93/94 f., die ausführlich auf die abweichende Auffassung eingeht, die im Kölner Kom. und im Großkom. Vorbem. zu §§ 15–19 Ziff. II 3 ff. vertreten wird; zum Meinungsstreit zwischen funktionaler und institutioneller Auffassung vgl. auch *Miegel,* Der Unternehmensbegriff des AktG 1965, Diss. Frankfurt/M. 1968; zur Unternehmenseigenschaft des Bundes vgl. BGH v. 13. 10. 1977, WPg. 1978 S. 80 ff.; OLG Köln v. 22. 12. 1977, WPg. 1978 S. 80 ff.; OLG Köln v. 22. 12. 1977, AG 1978 S. 171 sowie *Müller,* WPg. 1978 S. 61 ff.; *Lutter/Timm,* BB 1978, S. 836 ff.; *Zilias,* DB 1986 S. 1110 ff.
17 Nach Umsetzung der vom Ministerrat der EG verabschiedeten GmbH & Co. KG-Richtlinie in deutsches Recht wird die GmbH & Co. spätestens ab 1. 1. 1995 bereits nach den Vorschriften des HGB konzernrechnungslegungspflichtig sein, so daß eine Verpflichtung zur Aufstellung eines KA und Konzern-LB für die GmbH & Co. KG nach PublG entfällt (vgl. im einzelnen M Tz. 23 ff.).

männischer oder gewerblicher Art verfolgen (zB Arbeitsgemeinschaften), werden idR als Unternehmen angesehen[18]. Zweifel kommen dagegen immer wieder auf, ob auch **Gebietskörperschaften,** wie zB die BRD, Unternehmen sind. So hat der BGH für den Begriff des herrschenden Unternehmens iSd. § 17 AktG die Unternehmenseigenschaft der BRD im Falle erheblichen Anteilsbesitzes im industriellen Bereich bejaht[19], während der Rechtsausschuß in seiner Begr. zu § 291 Abs. 1 S. 2 HGB offensichtlich davon ausgeht, daß Bund, Länder und Gemeinden keine Unternehmen sind und daher auch keine befreienden KA aufstellen können[20]. **Privatpersonen** sind jedenfalls solange keine Unternehmen, wie sie keinen eigenen Geschäftsbetrieb unterhalten und damit nach außen ähnlich wie ein Kaufmann in Erscheinung treten[21]. Das gilt auch für die Kommanditisten einer GmbH & Co KG[22].

12 Ein **Einzelkaufmann,** der mehrere Handelsgeschäfte unter verschiedenen Firmen betreibt, stellt keinen KA nach dem zweiten Abschnitt des PublG auf[23]. Dies ergibt sich eindeutig aus § 1 Abs. 5 PublG. Danach liegt in den Fällen dieser Art nur ein Unternehmen vor, das gegebenenfalls zur Rechnungslegung verpflichtet ist. Der erstellte Abschluß ist dann jedoch ein Einzelabschluß eines einheitlichen Unternehmens und nach Maßgabe der Vorschriften des ersten Abschn. des PublG aufzustellen. Dem steht nicht entgegen, daß bei der Aufstellung des Einzelabschlusses gegebenenfalls gewisse Grundsätze der Konzernrechnungslegung angewendet werden müssen, wenn für jede Firma ein eigener Buchungskreis geführt wird.

13 **Unternehmen in Abwicklung** sind ebenso wie nach dem HGB[24] zur Aufstellung eines KA verpflichtet[25].

c) Unterordnungs- und Gleichordnungskonzern

14 § 11 Abs. 1 PublG stellt wie § 290 Abs. 1 HGB und § 28 EGAktG auf die Ausübung einheitlicher Leitung und damit auf ein Konzernverhältnis ab (§ 18 AktG). Das gleichzeitige Vorliegen eines Abhängigkeitsverhältnisses (§ 17 AktG) wird nicht verlangt. Die Verpflichtung zur Konzernrechnungslegung könnte daher nicht nur für den in der Praxis am häufigsten vertretenen Fall des **Unterordnungskonzerns,** sondern auch für den selteneren Fall des **Gleichordnungskonzerns** gelten, sofern – und das dürfte selten sein – an dessen Spitze ein Unternehmen steht.

Da aber der deutsche Gesetzgeber bereits in den HGB-Vorschriften von der ihm durch die 7. EG-RL eingeräumte Möglichkeit, eine Konzernrechnungslegungs-

---

18 Vgl. *ADS* § 271 Tz. 7 ff.; *Budde/Kofahl* in BeBiKo. § 290 Tz. 106; *Ischebeck* in HdRKo. § 11 PublG Tz. 4 ff.; zum aktienrechtlichen Unternehmensbegriff vgl. *ADS* § 15 Tz. 1 ff. mwN.
19 BGH v. 13. 10. 1977.
20 Vgl. BT-Drs. 10/4268, S. 113.
21 Diese Auffassung wird offensichtlich auch vom Rechtsausschuß in seiner St. zu § 291 HGB vertreten, vgl. BT-Drs. 10/4268 S. 113; ferner *Müller/Rieker,* WPg. 1967 S. 197 ff.
22 AA (zum PublG 1969) *Brinkmann/Reichardt,* DB 1971, S. 2417 ff.
23 AA offenbar *Prühs* zum PublG 1969, BB 1970 S. 516.
24 Vgl. Tz. 27.
25 Vgl. die abweichende Regelung für den Einzelabschluß in § 3 Abs. 3 PublG; vgl. zum PublG 1969 auch *Goerdeler* in *Bartholomeyczik* ua., Beiträge zum Wirtschaftsrecht, FS für *Kaufmann,* Köln 1972 S. 169/170 f.; aA *Ischebeck* in HdRKo. § 11 PublG Tz. 7.

pflicht für Gleichordnungskonzerne vorzuschreiben, Abstand genommen hat, dürfte auch im PublG diese Frage eher von theoretischer Bedeutung sein[26].

d) Sitz im Inland

Voraussetzung für die Verpflichtung zur Konzernrechnungslegung ist in jedem **15** Fall, daß die Konzernspitze ihren **Sitz im Inland** hat. Dabei ist unter Inland der Geltungsbereich des Grundgesetzes zu verstehen, dh. die Konzernrechnungslegungsvorschriften gelten ceteris paribus auch für MU in den sog. neuen Bundesländern[27].

Hat die Konzernleitung ihren Sitz im Ausland, so muß für den inländischen Teil **16** des Konzerns grundsätzlich nach § 11 Abs. 3 PublG ein Teil-KA aufgestellt werden[28].

e) Größenmerkmale

aa) Grundsatz

Konzerne sind nach dem PublG dann zur Rechnungslegung verpflichtet, wenn **17** sie für **drei**[29] aufeinanderfolgende KA-Stichtage mindestens **zwei** der drei folgenden Merkmale erfüllen (§ 11 Abs. 1 Nr. 1–3 PublG):

(1) Die **Bilanzsumme** einer auf den KA-Stichtag aufgestellten Konzernbilanz übersteigt 125 Mio. DM.
(2) Die **Umsatzerlöse** einer auf den KA-Stichtag aufgestellten Konzern-GuV in den 12 Monaten vor dem Abschlußstichtag übersteigen 250 Mio. DM.
(3) Die Konzernunternehmen mit Sitz im Inland haben in den 12 Monaten vor dem KA-Stichtag insgesamt durchschnittlich mehr als 5000 **Arbeitnehmer** beschäftigt.

Damit werden die für den Einzelabschluß maßgebenden **Größenmerkmale** (§ 1 **18** Abs. 1 PublG) unter Anpassung an die Besonderheiten des Konzerns auch für den KA übernommen. Zwei dieser Merkmale müssen jeweils zutreffen, wobei nicht erforderlich ist, daß es sich an allen drei Abschlußstichtagen um dieselben Merkmale handelt.

Maßgebend für die **Feststellung der Größenmerkmale** ist der KA-Stichtag, der **19** nicht immer mit dem Abschlußstichtag des MU identisch zu sein braucht. Der KA kann auch auf den Stichtag der JA der bedeutendsten oder der Mehrzahl der einzubeziehenden Unternehmen aufgestellt werden (§§ 13 Abs. 2 PublG iVm. 299 Abs. 1 HGB)[30]. Eine Einschränkung dieser Regelung ergibt sich jedoch für MU, die nicht Kaufmann iSd. HGB sind und daher keinen JA aufzustellen brauchen. In diesem Falle ist für die Feststellung der Größenmerkmale ausschließlich der Abschlußstichtag des größten Unternehmens[31] mit Sitz im

---

26 Vgl. im einzelnen M Tz. 75 ff.
27 Vgl. im einzelnen *von Wysocki,* DB 1991 S. 453 ff.
28 Vgl. Tz. 41 ff.
29 Im Gegensatz dazu stellt § 293 HGB nur auf *zwei* aufeinanderfolgende Abschlußstichtage ab; vgl. M Tz. 112.
30 Vgl. dazu im einzelnen M Tz. 138 ff.
31 Im Gegensatz zum § 11 Abs. 1 S. 2 PublG 1969 stellt der Wortlaut nur noch auf den Begriff des Unternehmens, aber nicht auf den Begriff „Konzernunternehmen" ab. Aus Sinn und Zweck der Vorschrift ergibt sich jedoch, daß inhaltlich auch weiterhin nur Konzernunternehmen gemeint sein können.

Inland maßgebend (§ 11 Abs. 2 S. 2 PublG)[32]. Das „größte" (Konzern-)Unternehmen mit Sitz im Inland ist unter Anwendung der Größenmerkmale des § 1 PublG zu ermitteln[33]. Es wird dasjenige Unternehmen sein, bei dem mindestens zwei der drei Merkmale des § 1 Abs. 1 PublG „größer" sind als bei den anderen (Konzern-)Unternehmen. Das Gesetz geht nicht darauf ein, ob das „größte" (Konzern-)Unternehmen tatsächlich in den KA einbezogen wird. IdR wird die Differenzierung zwischen (Konzern-)Unternehmen und konsolidierten Konzernunternehmen auch keine Bedeutung haben, da das „größte" (Konzern-)Unternehmen im allgemeinen nicht außerhalb des Konsolidierungskreises steht. Sollte dies trotzdem einmal vorkommen, so ist, wie auch bei Anwendung der Größenmerkmale selbst[34] das „größte" Unternehmen des Konsolidierungskreises maßgebend.

20   Hat die Konzernleitung ihren Sitz im Ausland und muß ein Teil-KA aufgestellt werden (§ 11 Abs. 3 PublG), so gilt § 11 Abs. 2 PublG sinngemäß (§ 11 Abs. 3 S. 2 PublG).

bb) Maßgeblichkeit der in den Konzernabschluß einbezogenen Unternehmen

21   Aus dem Gesetz geht nicht unmittelbar hervor, ob für die **Berechnung der Größenmerkmale** alle Konzernunternehmen (§ 11 Abs. 1 PublG iVm. § 18 AktG) heranzuziehen sind oder nur diejenigen, die tatsächlich in den KA einbezogen werden (§ 13 Abs. 2 S. 1 PublG iVm. §§ 294 Abs. 1, 295, 296 HGB). Je nachdem, wie die Konzernleitung die Konsolidierungswahlrechte (§ 296 HGB) ausübt und in welchem Umfang ggf. das Konsolidierungsverbot (§ 295 HGB) Platz greift, können die beiden Gruppen voneinander abweichen.

22   Aus der Erwähnung Bilanzsumme und Umsatzerlöse einer Konzernbilanz bzw. Konzern-GuV (§ 11 Abs. 1 Nr. 1 u. 2 PublG) kann jedoch nur gefolgert werden, daß nach der Vorstellung des Gesetzes Maßstab für die Verpflichtung zur Konzernrechnungslegung nicht die wirtschaftliche Bedeutung der Konzernunternehmen schlechthin, sondern ausschließlich die der **Unternehmen des Konsolidierungskreises** sein soll, da nur solche Unternehmen die Höhe der Konzernbilanzsumme und der Außenumsatzerlöse beeinflussen. Die in § 11 Abs. 1 Nr. 3 PublG genannte Anzahl der beschäftigten Arbeitnehmer bei Konzernunternehmen kann zwar bei isolierter Betrachtungsweise so verstanden werden, daß hier sämtliche Konzernunternehmen gemeint sind, im Zusammenhang mit den Kriterien unter Nr. 1 und 2 ergibt aber auch hier nur die Beschränkung auf den Konsolidierungskreis ein sinnvolles Ergebnis[35]. Allerdings enthält Nr. 3 eine Besonderheit gegenüber Nr. 1 und 2 insofern, als das Kriterium der Anzahl der beschäftigten Arbeitnehmer ausdrücklich auf inländische Konzernunternehmen beschränkt wird[36]. Dadurch können bei Aufstellung eines Weltabschlusses[37] die Unternehmen des Konsolidierungskreises und die für die Feststellung der Größenordnung des Konzerns heranzuziehenden Unternehmen (§ 11 Abs. 1 Nr. 3 PublG) auseinanderfallen.

---

32 Zum PublG 1969 vgl. Begr. BR-Drs. 296/68 S. 24.
33 Zum PublG 1969 vgl. ebenda.
34 Vgl. unten Tz. 21 ff.
35 Vgl. § 293 Abs. 1 Nr. 2 c HGB, der insoweit klarer ist; aA *Ischebeck* in HdRKo. § 11 PublG Tz. 23.
36 Im Gegensatz zu § 293 Abs. 1 HGB. Vgl. M Tz. 127.
37 Zur Aufstellungspflicht von Weltabschlüssen vgl. Tz. 63 ff.

Für die Feststellung der Größenmerkmale des Konzerns sind folglich diejenigen **23** Konzernunternehmen heranzuziehen, die nach den Regeln der §§ 294 Abs. 1, 295, 296 HGB zum Konsolidierungskreis gehören. Dabei ist es den Konzernleitungen freigestellt, das Wahlrecht des § 296 HGB so auszuüben, daß der Kreis der „einzubeziehenden" Konzernunternehmen möglichst klein ist. Aufgrund der Aufhebung des Konsolidierungswahlrechts für Tochterunternehmen mit Sitz im Ausland verliert jedoch die Differenzierung zwischen Konzernunternehmen und konsolidierten Unternehmen viel von ihrer praktischen Bedeutung.

cc) Bilanzsumme

Bilanzsumme iSv. § 11 Abs. 1 Nr. 1 PublG ist die Bilanzsumme einer gem. § 13 **24** Abs. 2 PublG aufgestellten Konzernbilanz (§ 11 Abs. 2 S. 1 1. Hs. PublG). Zur Ermittlung der Bilanzsumme muß praktisch eine **„Probe-Konzernbilanz"** aufgestellt werden, die alle Wesensmerkmale einer regulären Konzernbilanz enthält. Kapital- und Schuldenkonsolidierung sind vorzunehmen, Zwischenergebnisse sind, soweit erforderlich, zu eliminieren. Soweit bei der Gestaltung der Konzernbilanz nach allgemeiner Auffassung Wahlrechte bestehen (zB Konsolidierung von Drittschuldverhältnissen, Eliminierung von Zwischenergebnissen, Bilanzierungs- und Bewertungswahlrechte etc.), können sie auch dann in Anspruch genommen werden, wenn dadurch die Konzernbilanzsumme unter die kritische Grenze (§ 11 Abs. 1 Nr. 1 PublG) sinken sollte[38].

Eine ggf. in der Konzernbilanz auf der Aktivseite auszuweisender „Nicht durch **25** Eigenkapital gedeckter Fehlbetrag" (§ 268 Abs. 3 HGB), darf nach dem Wortlaut des Gesetzes – anders als nach § 293 Abs. 1 Nr. 2 HGB – nicht von der Konzernbilanzsumme abgezogen werden[39].

Nach dem Wortlaut des Gesetzes dürften bei Aufstellung der Probe-Konzernbi- **26** lanz Rückstellungen und Verbindlichkeiten für geschuldete Verbrauchssteuern oder Monopolabgaben nicht von der Konzernbilanzsumme gekürzt werden, da § 11 Abs. 2 S. 1 2. Hs. PublG nicht auf § 1 Abs. 2 S. 1 PublG[40] verweist, der die entsprechende Vorschrift für die Einzel-Probebilanz enthält. Es ist jedoch nicht verständlich, aus welchen Gründen bei der Zusammenfassung der Einzelbilanzen zur Konzernbilanz anders verfahren werden soll als bei den Einzelbilanzen selbst. Das Ergebnis muß um so mehr überraschen, als bei der Ermittlung des Größenmerkmals „Konzernaußenumsatzerlöse" wie bei den Einzelumsatzerlösen die darin enthaltenen Verbrauchssteuern oder Monopolabgaben abzusetzen sind (§ 11 Abs. 2 S. 1 2. Hs. PublG iVm. § 1 Abs. 2 S. 3 PublG). Es sollten daher keine Bedenken bestehen, bei der Konzern-Probebilanz die Konzernbilanzsumme um die darin enthaltenen Rückstellungen und Verbindlichkeiten für geschuldete Verbrauchsteuern oder Monopolabgaben zu kürzen[41].

Die Aufstellung der Probebilanz ist nicht erforderlich, wenn die Konzernrech- **27** nungslegungspflicht bereits durch die Merkmale des § 11 Abs. 1 Nr. 2 und 3 PublG begründet wird. Trifft für den Abschlußstichtag das Merkmal nach § 11 Abs. 1 Nr. 2 oder Nr. 3 PublG zu, so muß nach dem Wortlaut des Gesetzes zur Feststellung, ob auch das Merkmal nach Abs. 1 Nr. 1 zutrifft, eine Probe-Kon-

---

38 Vgl. entsprechend § 293 Abs. 1 Nr. 2 a HGB; M Tz. 120 ff.
39 Vgl. im einzelnen M Tz. 120 ff.
40 Vgl. im einzelnen Tz. 17 ff.
41 Eine Kürzung dieser Beträge ist nach § 293 Abs. 1 Nr. 2 a HGB nicht möglich.

zernbilanz aufgestellt werden (§ 11 Abs. 2 S. 1 2. Hs. PublG iVm. § 1 Abs. 2 S. 2 PublG). Da jedoch die Probe-Konzernbilanz keinen Selbstzweck hat, sondern nur Mittel zum Zweck ist, wird auch in diesen Fällen auf die Aufstellung einer vollständigen Konzern-Probebilanz verzichtet werden können, wenn bereits überschlägige Rechnungen ergeben, daß die Konzernbilanzsumme 125 Mio. DM nicht erreicht[42].

dd) Außenumsatzerlöse

28   An die Stelle der für den Einzelabschluß maßgebenden Umsatzerlöse (§ 1 Abs. 1 Nr. 2 PublG) treten für den KA als Größenmerkmal die Außenumsatzerlöse, da die wirtschaftliche Bedeutung des Konzerns nur an den Umsatzerlösen gemessen werden kann, die er aus Lieferungen und Leistungen an konzernfremde Unternehmen erzielt[43]. Die Ermittlung der **Außenumsatzerlöse** setzt die Trennung von Innen- und Außenumsatzerlösen voraus, was jedoch bei entsprechenden organisatorischen Vorkehrungen[44] keine besonderen Schwierigkeiten bereitet. Ist das Größenmerkmal „Anzahl der Beschäftigten" erreicht, so dürfte es – sofern nicht überschlägige Rechnungen bereits eindeutige Ergebnisse liefern – im Interesse eines möglichst geringen Aufwands idR zweckmäßig sein, zunächst das Merkmal „Außenumsatzerlöse" zu prüfen, ehe eine Konzern-Probebilanz aufgestellt wird.

29   Für die Abgrenzung des Begriffs „Umsatzerlöse" – und damit auch der Außenumsatzerlöse – gilt § 277 Abs. 1 HGB (§ 11 Abs. 2 S. 1 2. Hs. PublG iVm. § 1 Abs. 2 S. 3 PublG). Dabei ist allerdings zu beachten, daß bei Zusammenfassungen von Unternehmen mit stark heterogener wirtschaftlicher Tätigkeit in einem KA die Umsatzerlöse ggf. abweichend vom Ausweis in den Einzelabschlüssen ausgewiesen werden müssen[45].

30   Umsatzerlöse in fremder Währung sind nach dem amtlichen Kurs in DM umzurechnen (§ 11 Abs. 2 S. 1 2. Hs. PublG iVm. § 1 Abs. 2 S. 4 PublG). Die Außenumsatzerlöse sind um die darin enthaltenen Verbrauchsteuern oder Monopolabgaben zu kürzen (§ 11 Abs. 2 S. 1 2. Hs. PublG iVm. § 1 Abs. 2 S. 3 PublG)[46, 47].

ee) Anzahl der Arbeitnehmer

31   Für die Ermittlung der Anzahl der Arbeitnehmer des Konzerns (§ 11 Abs. 1 Nr. 3 PublG) und die sich dabei ergebenden Fragen sind die für § 1 Abs. 1 Nr. 3 PublG geltenden Grundsätze entsprechend anzuwenden[48]. Aus der sinngemäßen Anwendung von § 1 Abs. 2 S. 5 PublG folgt (§ 11 Abs. 2 S. 1 2. Hs. PublG), daß auch die im Ausland beschäftigten Arbeitnehmer eines Konzernunternehmens mit Sitz im Inland, das zum Konsolidierungskreis gehört, in die Berechnung einzubeziehen sind. **Arbeitnehmer** eines **Konzernunternehmens** mit **Sitz im Ausland** sind jedoch – wie sich aus dem Wortlaut des § 11 Abs. 1 Nr. 3 PublG

---

42 Zur Möglichkeit einer gerichtlich angeordneten Prüfung vgl. § 12 Abs. 3 PublG.
43 Vgl. Begr. PublG 1969, BR-Drs. 296/68 S. 24.
44 Vgl. dazu *ADS*, Vorbem. zu §§ 290–315 Tz. 35.
45 Vgl. unter M Tz. 124 ff., 565.
46 Zur Umrechnung von Umsätzen in Fremdwährung und zu den Abzugsposten gelten die Ausführungen unter Tz. 25.
47 Eine Kürzung der in den Umsatzerlösen enthaltenen Verbrauchsteuern und Monopolabgaben ist nach § 293 Abs. 1 Nr. 2 b HGB nicht möglich; vgl. unter M Tz. 124 ff.
48 Vgl. Tz. 27 ff.

ergibt –, unabhängig davon, ob das Unternehmen konsolidiert wird oder **nicht,** nicht in die Berechnung nach § 11 Abs. 1 Nr. 3 PublG **einzubeziehen**[49, 50].

ff) Besonderheiten bei Kreditinstituten und Versicherungsunternehmen

Besteht ein Konzern aus Kreditinstituten oder VU, so sind die **Größenmerkmale** des § 1 Abs. 3 oder Abs. 4 PublG **sinngemäß anzuwenden** (§ 11 Abs. 4 S. 1 PublG)[51]. Zur Rechnungslegung verpflichtet sind demnach aus Kreditinstituten bestehende Konzerne, deren Geschäftsvolumen 300 Mio. DM übersteigt und Versicherungskonzerne, deren Prämieneinnahmen 100 Mio. DM übersteigen[52]. **32**

Die Größenmerkmale nach § 1 Abs. 3 und Abs. 4 PublG sind entsprechend zu berücksichtigen, wenn die zum Konsolidierungskreis gehörenden Konzernunternehmen nur **zum Teil Kreditinstitute und/oder VU** sind (§ 11 Abs. 4 S. 2 PublG)). Danach sind für die Frage, ob die Größenmerkmale nach § 11 Abs. 1 PublG und § 11 Abs. 4 PublG iVm. § 1 Abs. 3 und Abs. 4 PublG erfüllt werden, folgende Fälle zu unterscheiden: **33**

Erreichen bereits die zum Konsolidierungskreis gehörenden Kreditinstitute/VU die Größenmerkmale nach § 11 Abs. 4 PublG, so ist § 11 Abs. 1 Nr. 1–3 PublG unbeachtlich. Umgekehrt können die für Kreditinstitute/VU geltenden Größenmerkmale außer Betracht bleiben, wenn die übrigen Konzernunternehmen unter § 11 Abs. 1 Nr. 1–3 PublG fallen. **34**

Trifft keiner dieser beiden Fälle zu, so müssen die für Kreditinstitute und/oder VU sowie die für die anderen einzubeziehenden Konzernunternehmen geltenden **Größenmerkmale anteilig berücksichtigt** werden. Dabei ist[53] offenbar daran gedacht, zunächst für jedes einzelne Merkmal festzustellen, wieviel Prozent von der gesetzlich vorgeschriebenen kritischen Höhe tatsächlich erreicht werden, und danach die Prozentsätze zu addieren. Erreichen zB die zum Konzern gehörenden Kreditinstitute ein Drittel des maßgebenden Geschäftsvolumens von 300 Mio. DM, so genügt es, wenn die zum Konzern gehörenden gewerblichen Unternehmen mindestens zwei der drei Größenmerkmale des § 11 Abs. 1 PublG zu zwei Dritteln erreichen. **35**

f) Beginn und Dauer der Rechnungslegungspflicht

Die Verpflichtung zur Konzernrechnungslegung tritt erstmals für den **dritten**[54] der aufeinanderfolgenden Abschlußstichtage ein, an dem mindestens zwei der drei Merkmale des § 11 Abs. 1 PublG oder die Merkmale des § 11 Abs. 4 PublG zutreffen (§ 12 Abs. 1 PublG iVm. § 2 Abs. 1 S. 1 PublG). Dabei braucht es sich nicht an jedem Abschlußstichtag um die gleichen Merkmale zu handeln. **36**

---

49 Vgl. im Gegensatz dazu die Regelung des § 293 Abs. 1 Nr. 2 c HGB, M Tz. 124 ff.
50 Zum Begriff Arbeitnehmer vgl. Tz. 27 ff.
51 Die Vorschriften des § 11 Abs. 4 iVm. § 1 Abs. 3 PublG werden künftig für die Konzernrechnungslegung von Kreditinstituten keine Bedeutung mehr haben. Nach § 340i HGB des Bankbilanzrichtlinie-Gesetzes vom 30. 11. 1990 werden Kreditinstitute unabhängig von ihrer Rechtsform und Größe für Konzern-GJ, die nach dem 31. 12. 1992 beginnen, grundsätzlich zur Konzernrechnungslegung nach den Vorschriften der §§ 290 ff. HGB verpflichtet (vgl. M Tz. 128 ff.).
52 Vgl. Tz. 13.
53 Vgl. Begr., BR-Drs. 296/68, S. 24.
54 Vgl. im Gegensatz dazu § 293 HGB, M Tz. 112.

37 Werden die **Größenmerkmale** bereits von dem **MU überschritten,** wird aber für die übrigen Konzernunternehmen das Konsolidierungswahlrecht des § 296 Abs. 2 HGB wegen geringer Bedeutung dieser Unternehmen – auch in ihrer Gesamtheit – in Anspruch genommen, so entfallen der KA und Konzern-LB[55]. Tritt in einem späteren GJ ein Konzernunternehmen von Bedeutung hinzu oder ist für die übrigen Konzernunternehmen das Konsolidierungswahlrecht des § 296 Abs. 2 HGB nicht mehr anwendbar, so sind erstmals für den nächsten Abschlußstichtag ein KA und Konzern-LB zu erstellen, da die grundsätzliche Publizitätspflicht nach Überschreitung der Größenmerkmale fortbesteht, auch wenn ein KA nicht erstellt wird.

38 Ein Konzern braucht nicht mehr Rechnung zu legen, wenn für drei aufeinander- folgende Abschlußstichtage mindestens zwei der drei Größenmerkmale des § 11 Abs. 1 oder Abs. 4 PublG nicht mehr zutreffen (§ 12 Abs. 1 PublG iVm. § 2 Abs. 1 S. 3 PublG). Ein KA braucht demnach erst für den dritten der aufeinan- derfolgenden Abschlußstichtage nicht mehr aufgestellt zu werden, an dem die genannten Größenmerkmale nicht mehr vorliegen (§ 12 Abs. 1 PublG iVm. § 2 Abs. 1 S. 3 PublG). Die Regelung entspricht der für den Einzelabschluß.

39 Unabhängig davon hat eine Konzernleitung aber nur so lange einen Konzernab- schluß aufzustellen, wie ein **Konzernverhältnis** vorliegt. Besteht ein solches am maßgebenden Abschlußstichtag nicht mehr, so entfällt damit automatisch die Verpflichtung zur Konzernrechnungslegung, ohne daß eine weitere Frist einzu- halten ist.

40 Zur Überwachung der Rechnungslegungspflicht schreibt § 12 Abs. 2 S. 1 PublG analog zu § 2 Abs. 2 PublG vor, daß die gesetzlichen Vertreter eines **MU,** für dessen Abschlußstichtag erstmals die **Größenmerkmale nach § 11 Abs. 1 oder Abs. 4 PublG** zutreffen, eine entsprechende **Erklärung zum HR** einzureichen haben. Ist das MU nicht im HR eingetragen, so trifft diese Verpflichtung das „größte" Konzernunternehmen mit Sitz im Inland (§ 12 Abs. 2 S. 1 2. Hs. PublG iVm. § 11 Abs. 2 S. 2 PublG). Treffen die Merkmale auch für die folgenden bei- den Abschlußstichtage zu, so ist eine solche Erklärung ebenfalls zum HR einzu- reichen (§ 12 Abs. 2 S. 2 PublG). Unternehmen, die einer staatlichen Aufsicht unterliegen, haben die Erklärungen unbeschadet der Eintragung im HR auch der Aufsichtsbehörde einzureichen (§ 12 Abs. 2 S. 3 PublG).

2. Teilkonzernabschluß

a) Pflicht zur Aufstellung eines Teilkonzernabschlusses

41 Stehen in einem Konzern die Unternehmen unter der **einheitlichen Leitung eines Unternehmens mit Sitz (Hauptniederlassung) im Ausland** und beherrscht dieses Unternehmen über ein oder mehrere zum Konzern gehörende Unternehmen mit Sitz (Hauptniederlassung) im Inland andere Unternehmen, so haben die Unter- nehmen mit Sitz im Inland, die der Konzernleitung am nächsten stehen **(MU),** für ihren Konzernbereich (Teilkonzern) nach den §§ 11 ff. PublG Rechnung zu legen, wenn für den Teilkonzern mindestens zwei der drei Größenmerkmale

---

55 Die Begr. ist im Anhang des MU anzugeben, sofern ein solcher zu erstellen ist. Vgl. hierzu M Tz. 665 f.

(§ 11 Abs. 1 PublG) für drei aufeinanderfolgende Abschlußstichtage des MU[56] zutreffen (§ 11 Abs. 3 S. 1 PublG). Der Teilkonzernabschluß nach PublG tritt an die Stelle eines andernfalls aufzustellenden Gesamtkonzernabschlusses. Das Konzept der **Stufenkonzernabschlüsse** hat **keinen Eingang** in das PublG gefunden.

Als „MU" iSv. § 11 Abs. 3 S. 1 PublG gilt das Konzernunternehmen mit Sitz im Inland, welches der Konzernspitze im Ausland „am nächsten" steht; je nach Aufbau und Größe des Konzerns kann es sich dabei auch um mehrere Konzernunternehmen handeln, sofern von den Unternehmen des jeweiligen Bereichs die Größenmerkmale des § 11 Abs. 1 PublG überschritten werden. Jeder dieser Teilbereiche kann selbständig in die Konzernrechnungslegungspflicht hineinwachsen und aus ihr entlassen werden (§ 12 Abs. 1 PublG).   **42**

Im übrigen sind die für Gesamtkonzerne geltenden Vorschriften und Grundsätze für Teilkonzerne **sinngemäß** anzuwenden[57].

b) Befreiung von der Verpflichtung zur Aufstellung eines Teilkonzernabschlusses

aa) Grundsatz

Teil-KA und Teilkonzern-LB brauchen nicht aufgestellt zu werden, wenn die **ausländische Konzernspitze** oder ein **ausländisches**[58] **Unternehmen,** das in der Konzernhierarchie zwischen dem zur Teilkonzernrechnungslegung verpflichteten Unternehmen und der Konzernspitze steht, einen **befreienden KA und Konzern-LB** erstellen (§ 11 Abs. 6 PublG iVm. § 291 HGB, § 13 Abs. 4 PublG iVm. § 292 HGB). Sie sind von einem APr. zu prüfen und einschließlich des BestV oder des Vermerks über seine Versagung im Bundesanzeiger in deutscher Sprache bekannt zu machen. Für den befreienden KA und Konzern-LB gilt § 291 HGB sinngemäß; ebenso § 292 HGB (§§ 11 Abs. 6; 13 Abs. 4 PublG). Dabei richtet sich der Inhalt des befreienden Abschlusses teilweise nach der Rechtsform des zu befreienden Unternehmens.   **43**

bb) Befreiung einer Personenhandelsgesellschaft

Soll eine Personenhandelsgesellschaft von der Verpflichtung zur Teil-Konzernrechnungslegung nach PublG befreit werden, so ergeben sich Besonderheiten daraus, daß die Konzernrechnungslegungsvorschriften des PublG im Vergleich zu denen des HGB einige **Erleichterungen** vorsehen. Dabei sind zu nennen (§ 13 Abs. 2 S. 1 2. Hs.; Abs. 3 S. 1 PublG):   **44**

– ggf. vereinfachte Gliederung (§ 13 Abs. 2 S. 1 2. Hs. HGB)
– erweiterte Abschreibungsmöglichkeiten (§ 279 Abs. 1 HGB)
– kein Wertaufholungsgebot (§ 280 HGB)
– Verzicht auf bestimmte Angaben im Anhang (§ 314 Abs. 5 und 6 HGB).

---

56 Anders als in § 11 Abs. 1 PublG wird in § 11 Abs. 3 PublG nicht auf den (Teil-)Konzernabschlußstichtag, sondern auf den Abschlußstichtag des MU abgestellt. Dies dürfte jedoch lediglich auf einem Versehen des Gesetzgebers beruhen, so daß auch für das Feststellen der Größenmerkmale des Teilkonzerns ein vom Abschlußstichtag der Teilkonzernleitung abweichender (Teil-)Konzernabschlußstichtag nach § 299 Abs. 1 HGB möglich erscheint (vgl. §§ 11 Abs. 3 S. 2 iVm. Abs. 2 iVm. § 13 Abs. 2 PublG iVm. § 299 HGB).
57 Vgl. im einzelnen Tz. 6 ff.
58 Der Fall, daß ein Teil-KA durch eine inländische Teilkonzernspitze aufzustellen ist, weil die inländische Konzernspitze aus Gründen der Rechtsform keinen Gesamt-KA aufzustellen braucht (§ 28 Abs. 2 EGAktG), entfällt hier von der Systematik her.

45   Für **Einzelkaufleute** und **Personenhandelsgesellschaften** gelten **darüber hinaus** folgende **Erleichterungsmöglichkeiten** (§ 13 Abs. 3 S. 2 PublG):

- Aufstellung einer vereinfachten GuV (§ 5 Abs. 5 S. 1 PublG)
- Zusammenfassung von Steuern mit sonstigen Aufwendungen (§ 5 Abs. 5 S. 2 PublG)
- keine Offenlegung der GuV (§ 5 Abs. 5 S. 3 PublG).

46   Würde man für die Aufstellung befreiender Abschlüsse ausschließlich einer **sinngemäßen Anwendung** der §§ 291, 292 HGB folgen, so könnte sich daraus ergeben, daß an den befreienden KA eines ausländischen Unternehmens – selbst unter Ansehung der Tatsache, daß dieser nicht exakt den Konzernrechnungslegungsvorschriften für Kapitalgesellschaften entsprechen muß, sondern lediglich eine sinngemäße Anwendung dieser Vorschriften verlangt wird – höhere Anforderungen gestellt würden als an den Abschluß eines inländischen Teilkonzerns. Dieses Ergebnis steht offenbar im Gegensatz zum Sinn des Gesetzes, das an den befreienden KA keine gegenüber der Inlandsregelung höheren Anforderungen stellen wollte. Die sinngemäße Anwendung des § 291 HGB [59] kann daher nur zu dem Ergebnis führen, daß an den befreienden KA einer ausländischen Konzernleitung höchstens die **(geringeren) Anforderungen** gestellt werden dürfen, die andernfalls an den zu veröffentlichenden inländischen Teil-KA zu stellen sind. Im Falle einer Personenhandelsgesellschaft als Spitze des inländischen Teilkonzerns ist demnach die ausländische Konzernleitung auch von der Veröffentlichung einer Konzern-GuV freigestellt, wenn der Konzernbilanz die in § 5 Abs. 5 S. 3 PublG genannten Daten beigefügt sind.

47   Aus der (nur) sinngemäßen Anwendung von § 291 HGB (§ 11 Abs. 6 PublG) folgt auch, daß für zu befreiende Teil-KA nach PublG das **Antragsrecht von Minderheitsgesellschaftern** zur Erstellung eines Teil-KA (§ 291 Abs. 3 HGB) **nicht gilt** [60]. Die Aufstellung befreiender Abschlüsse nach PublG liegt ausschließlich in der Kompetenz der betreffenden Unternehmen.

48   Die beschriebenen Erleichterungen gelten jedoch nicht, wenn der befreiende KA nicht nur befreiende Wirkung für einen Teil-KA eines MU in der Rechtsform einer Personenhandelsgesellschaft haben soll (§ 11 Abs. 6 PublG), sondern darüber hinaus auch befreiende Wirkung für einen Teil-KA eines MU in der Rechtsform einer Kapitalgesellschaft (§ 291 HGB). § 13 Abs. 3 Satz 3 PublG stellt klar, daß der befreiende KA oder Teil-KA dann den für Kapitalgesellschaften geltenden (strengeren) Konzernrechnungslegungsvorschriften genügen muß [61].

cc) Befreiung einer Kapitalgesellschaft

49   Soll ein KA oder Teil-KA nach PublG befreiende Wirkung für einen Teil-KA eines MU in der Rechtsform einer **Kapitalgesellschaft** haben, so müssen der befreiende KA oder Teil-KA den für Kapitalgesellschaften geltenden **(strengeren) Konzernrechnungslegungsvorschriften** (§§ 294 bis 314 HGB) genügen (§ 13

---

59 Die vorstehenden Ausführungen gelten sinngemäß auch für einen befreienden KA nach § 292 HGB (§ 13 Abs. 4 PublG). Vgl. dazu auch M Tz. 104 ff.
60 Vgl. auch BR-Drs. 163/85, S. 44; ebenso *Ischebeck* in HdRKo. § 11 PublG Tz. 30; aA wohl *Pankow/Kofahl/Kemper* in BeBiKo. § 291 Tz. 56.
61 Vgl. Tz. 49 ff.

Abs. 3 S. 3 PublG)[62]. Die Erleichterungen des § 13 Abs. 3 S. 1 u. 2 PublG dürfen in diesen Fällen nicht in Anspruch genommen werden[63]. Ein zusätzliches Problem ergibt sich für die Abgrenzung des Konsolidierungskreises[64].

Die sinngemäße Anwendung der Vorschriften des HGB (§ 13 Abs. 2 S. 1 PublG) verbieten die Einbeziehung von Konzernunternehmen in den Konsolidierungskreis nach PublG, die nicht unter einheitlicher Leitung des MU stehen. Tochterunternehmen nach § 290 Abs. 2 HGB, bei denen die Vermutung der einheitlichen Leitung widerlegt ist, dürfen demnach grundsätzlich nicht in einen KA oder Teil-KA nach PublG einbezogen werden[65]. **50**

Allerdings können KA oder Teil-KA nach PublG nur dann für einen Teil-KA einer Kapitalgesellschaft befreiende Wirkung haben, wenn in den befreienden (Teil-)KA auch die Tochterunternehmen nach § 290 Abs. 2 HGB einbezogen werden (§ 291 Abs. 2 Nr. 1 HGB)[66]. Bezieht deshalb eine Nichtkapitalgesellschaft, die einen (Teil-)KA nach § 11 Abs. 1 u. 3 PublG aufstellen muß auch die Tochterunternehmen nach § 290 Abs. 2 HGB ein, die iSd. PublG keine Konzernunternehmen sind, weil sie gleichzeitig diesen KA als befreienden KA nach § 291 HGB für ein MU in der Rechtsform einer Kapitalgesellschaft verwenden will, so würde dieser befreiende KA nicht mehr den Vorschriften des PublG entsprechen. IdR werden diese Widersprüchlichkeiten nicht von erheblicher Bedeutung für die Aussagefähigkeit des KA sein. Es sollte daher zulässig sein, daß in einem (Teil-)KA nach PublG, der befreiende Wirkung auch für einen Teil-KA nach § 290 HGB haben soll, auch solche Tochterunternehmen einbezogen werden, die nicht Konzernunternehmen iSd. PublG, sondern nur Tochterunternehmen iSv. § 290 Abs. 2 HGB sind[67]. Ggf. muß der Sachverhalt im Konzernanhang erläutert werden[68]. **51**

3. Abgrenzung des PublG gegenüber HGB/EGAktG und KWG

Aus dem Zusammenwirken von HGB/EGAktG und PublG lassen sich für die Konzernrechnungslegungspflicht folgende Grundsätze ableiten: **52**

(1) Treffen auf das MU eines Gesamtkonzerns die Tatbestandsmerkmale der §§ 290 HGB oder 28 Abs. 1 EGAktG zu, so muß der Konzern unbeschadet von Größenmerkmalen **nach HGB-Vorschriften**[69] Rechnung legen.

(2) Treffen auf das MU eines Teilkonzerns die Tatbestandsmerkmale der §§ 290 HGB oder 28 Abs. 2 EGAktG zu, so ist auf dieser Ebene ein **Teil-KA** nach

---

62 § 13 Abs. 3 S. 3 PublG erscheint hier überflüssig, da sich diese Lösung bereits aus der unmittelbaren Anwendung des § 291 HGB ergibt; vgl. auch M Tz. 78 ff.
63 Dies dürfte nach Sinn und Zweck der Vorschriften auch für die vereinfachte Gliederung (§ 13 Abs. 2 S. 1 2. Hs. PublG) gelten, obwohl § 13 Abs. 3 S. 3 PublG auf diese Vorschrift nicht unmittelbar verweist.
64 Dies gilt auch für befreiende KA oder Teil-KA, die sowohl für MU nach § 11 Abs. 3 PublG als auch für MU nach § 290 HGB befreiend sein sollen.
65 Vgl. im einzelnen Tz. 63 ff.
66 Vgl. M Tz. 78 ff.
67 Vgl. *Havermann* IDW-Fachtagung 1986, S. 43/45 f.; ebenso *Pankow/Kofahl/Kemper* in BeBiKo. § 291 Tz. 52 f.
68 Die vorstehenden Ausführungen gelten sinngemäß auch für einen befreienden Abschluß nach § 292 HGB (§ 13 Abs. 4 PublG); vgl. dazu auch M Tz. 104 ff.
69 Auch für die Konzernrechnungslegung der bergrechtlichen Gewerkschaft wird in § 28 Abs. 3 EG AktG auf die entsprechenden HGB-Vorschriften verwiesen, jedoch mit Ausnahme des „Control"-Konzeptes nach § 290 Abs. 2 HGB.

HGB-Vorschriften[69] aufzustellen, es sei denn, daß auf einer höheren Ebene ein befreiender Teil-/KA nach §§ 291, 292 HGB aufgestellt wird. Soll ein publizitätsgesetzlicher (Teil-)KA nach § 11 Abs. 1, 3 PublG befreiende Wirkung für einen Teil-KA nach § 290 HGB haben, so ist § 11 Abs. 3 S. 3 PublG zu beachten.

(3) Treffen auf das MU eines Konzerns oder Teilkonzerns die Tatbestandsmerkmale des § 290 HGB bzw. des § 28 EG AktG nicht zu, so ist nach den **Vorschriften des PublG** ein Gesamt- (§ 11 Abs. 1 PublG) oder Teil-KA (§ 11 Abs. 3 PublG) aufzustellen, sofern die dort genannten Größenmerkmale überschritten werden.

(4) Treffen im Falle (3) die Größenmerkmale nicht zu, so braucht kein KA aufgestellt werden.

(5) Sind für einen Gesamt- oder Teil-KA sowohl die Tatbestandsmerkmale nach HGB/EGAktG als auch nach dem PublG erfüllt, so gilt stets das **HGB/EGAktG als lex specialis** (zB Gesamt-KA nach HGB anstelle eines Gesamtkonzernabschlusses nach PublG, § 11 Abs. 5 S. 1 PublG)[70].

(6) Die Konzernrechnungslegungsvorschriften gelten nicht für die **Deutsche Bundesbank,** die **Deutsche Bundespost,** die **Sozialversicherungsträger** und die **Bundesanstalt für Arbeit** (§ 11 Abs. 5 S. 1 PublG iVm. § 2 Abs. 1 Nr. 1, 2 und 4 KWG).

(7) Die Konzernrechnungslegungsvorschriften gelten nicht für Personenhandelsgesellschaften und Einzelkaufleute, wenn sich der Gewerbebetrieb auf die **Vermögensverwaltung** beschränkt und sie nicht die Aufgaben der Konzernleitung wahrnehmen (§ 11 Abs. 5 S. 2 PublG).

III. Aufstellung von Konzernabschlüssen und Konzernlageberichten

1. Grundsätze

53 Die Grundsätze und Einzelvorschriften für die Aufstellung des KA und Konzern-LB sind in § 13 Abs. 2–4 PublG zusammengefaßt. Sie bestehen im wesentlichen aus einem Verweis auf die entsprechenden Vorschriften im HGB sowie einigen **Erleichterungen,** insbesondere für den Fall, daß an der Spitze des Konzerns eine Einzelfirma oder Personenhandelsgesellschaft steht.

54 Der KA besteht aus der Konzernbilanz, der Konzern-GuV und dem Konzernanhang, die eine Einheit bilden (§ 13 Abs. 2 S. 1 PublG iVm. § 297 Abs. 1 HGB). Der KA wird ergänzt durch den Konzern-LB (§ 13 Abs. 1 PublG), der kein Bestandteil des KA ist. Der KA ist klar und übersichtlich aufzustellen und hat unter Berücksichtigung der Grundsätze ordnungsmäßiger Buchführung ein den tatsächlichen Verhältnissen entsprechendes Bild der **Vermögens-, Finanz- und Ertragslage** des Konzerns zu vermitteln. Wird dies aufgrund bestimmter Umstände nicht erreicht, so sind im Konzernanhang zusätzliche Angaben zu machen (§ 13 Abs. 2 S. 1 PublG iVm. § 297 Abs. 2 S. 3 HGB). Grundlage für die Zusammenfassung der Einzelabschlüsse zum KA ist die **Einheitstheorie** (§ 13

---

70 Wegen des fehlenden Verweises auf § 28 EGAktG im PublG vgl. *ADS.* 4. Aufl. § 329 Tz. 49c, § 330 Tz. 7b.

Aus der sinngemäßen Anwendung der HGB-Vorschriften ergeben sich jedoch einige Besonderheiten.

Da die Konzernrechnungslegungsvorschriften des § 11 PublG – im Gegensatz **64** zum HGB – ausschließlich auf das Konzept der einheitlichen Leitung abstellen, dürfen in den KA nach PublG bei sinngemäßer Anwendung auch nur die Unternehmen einbezogen werden, die unter **einheitlicher Leitung** des MU stehen. Anstelle des Begriffs Tochterunternehmen verwendet das PublG daher auch weiterhin den Begriff **Konzernunternehmen** oder nur Unternehmen. (Tochter-)Unternehmen nach § 290 HGB, bei denen die einheitliche Leitung widerlegt ist, dürfen dagegen nach PublG nicht konsolidiert werden. Eine Ausnahme hiervon erscheint lediglich bei KA nach PublG, die gleichzeitig für einen Teil-KA nach § 290 HGB als befreiend anerkannt werden sollen, möglich[79]. Ebenso sollte diese Ausnahme jedoch auch für den entsprechenden Fall gelten, daß eine inländische Teilkonzernspitze, die nach § 11 Abs. 3 PublG für ihren Konzernbereich teilkonzernrechnungslegungspflichtig ist, von ihrer ausländischen Konzernspitze von der Teilkonzernrechnungslegung befreit werden soll. Auch bei diesem Sachverhalt wird in aller Regel die ausländische Konzernspitze den Konsolidierungskreis nach dem „Control"-Konzept und nicht nach dem Konzept „einheitliche Leitung" abgrenzen, so daß sich auch hier in Ausnahmefällen Abweichungen hinsichtlich der Abgrenzung des Konsolidierungskreises nach PublG ergeben können[80].

Das **Einbeziehungsverbot** wegen unterschiedlicher Tätigkeiten (§ 13 Abs. 2 S. 1 **65** PublG iVm. § 295 HGB)[81] gilt auch für das PublG, da auch Unternehmen, bei denen sich die Tätigkeit von der der übrigen einbezogenen Unternehmen derart unterscheidet, daß deren Einbeziehung in den KA mit der Verpflichtung, ein den tatsächlichen Verhältnissen entsprechendes Bild der Vermögens-, Finanz- und Ertragslage des Konzerns zu vermitteln, unvereinbar ist, unter einheitlicher Leitung stehen können[82]. Wird ein Konzernunternehmen gemäß § 295 Abs. 1 HGB nicht in den KA einbezogen, so ist dies **im Konzernanhang anzugeben und zu begründen.** Wird sein Jahres- oder Konzernabschluß nicht im Inland offengelegt, so ist er gemeinsam mit dem KA zum HR einzureichen (§ 295 Abs. 3 HGB)[83].

Die sinngemäße Anwendung der **Konsolidierungswahlrechte** (§ 13 Abs. 2 S. 1 **66** PublG iVm. § 296 HGB)[84] führt bei den im Gesetz genannten Sachverhalten zu unterschiedlichen Ergebnissen.

Ist bei einem Unternehmen die **Ausübung der Rechte** erheblich und nachhaltig **67** beeinträchtigt (§ 296 Abs. 1 Nr. 1 HGB) oder werden die **Anteile** eines Unternehmens **ausschließlich zur Weiterveräußerung** gehalten (§ 296 Abs. 1 Nr. 3 HGB), so wird idR die einheitliche Leitung verneint werden müssen. Die sinngemäße Anwendung führt daher im PublG grundsätzlich[85] zu einem **Einbeziehungsverbot,** da diese Unternehmen iSd. PublG keine Konzernunternehmen sind.

79 Vgl. dazu Tz. 49 ff.
80 Vgl. ebenso *Ischebeck* in HdRKo. § 11 PublG Tz. 31.
81 Vgl. im einzelnen M Tz. 153 ff.
82 Zur Anwendung der Equity-Methode bei Nichtkonsolidierung vgl. M Tz. 164, 183 ff.
83 Vgl. dazu im einzelnen Tz. 101.
84 Vgl. im einzelnen M Tz. 165 ff.
85 Wegen Ausnahmen bei Konzernabschlüssen, die befreiende Wirkung nach § 291 HGB erhalten sollen, vgl. Tz. 49 ff.

68 Anders ist die sinngemäße Anwendung der Konsolidierungswahlrechte für Unternehmen zu beurteilen, deren Einbeziehung nicht ohne unverhältnismäßig hohe Kosten oder **Verzögerungen** möglich ist (§ 296 Abs. 1 Nr. 2 HGB) oder die nur von **geringer Bedeutung** sind (§ 296 Abs. 2 HGB). Da derartige Unternehmen gleichwohl unter einheitlicher Leitung stehen können, dürfen sie in den KA einbezogen werden, sofern die Voraussetzungen des § 18 AktG erfüllt sind. Wird von möglichen **Einbeziehungen** in den Konzernabschluß Gebrauch gemacht, so ist dies **im Konzernanhang zu begründen** (§ 13 Abs. 2 S. 1 PublG iVm. § 296 Abs. 3 HGB[86]).

4. Aufstellung der Konzernbilanz

a) Gliederung

aa) Sinngemäße Anwendung der Vorschriften des HGB

69 Für die **Gliederung** der Konzernbilanz gilt grundsätzlich das Gliederungsschema für die Bilanz großer Kapitalgesellschaften (§ 13 Abs. 2 S. 1 PublG iVm. § 298 Abs. 1 iVm. § 266 HGB). Dabei können die Vorräte unter den Voraussetzungen des § 298 Abs. 2 HGB zusammengefaßt unter einem Posten ausgewiesen werden.

70 Zu beachten sind auch diejenigen Vorschriften, die den Inhalt einzelner Bilanzposten beschreiben, die Definitionen des Anlagevermögens (§ 247 Abs. 2 HGB), der Beteiligung (§ 271 Abs. 1 HGB), der Sonderposten mit Rücklageanteil (§ 273 HGB) und der RAP (§ 250 HGB) sowie das allgemeine Saldierungsverbot (§ 246 Abs. 2 HGB).

71 Soweit wegen der Eigenart der Konzernbilanz bestimmte Posten gesondert auszuweisen sind (Unterschiedsbeträge aus der Erstkonsolidierung, Ausgleichsposten für Anteile anderer Gesellschafter), sind sie auch in einer nach § 13 PublG aufgestellten Konzernbilanz gesondert auszuweisen (§ 13 Abs. 2 Satz 1 PublG iVm. § 298 Abs. 1 HGB).

72 Fraglich ist, ob für die zu veröffentlichende Konzernbilanz die Möglichkeit der eingeschränkten Publizität (§ 9 Abs. 2, 3 PublG) in Anspruch genommen werden kann. § 13 PublG und auch § 15 PublG enthalten keinen Verweis auf § 9 Abs. 2, 3 PublG. Nach dem Wortlaut des Gesetzes geht also die Verpflichtung zur Offenlegung von Gewinn und Kapitalausstattung in der Konzernbilanz weiter als in der Einzelbilanz.

73 Dieses Ergebnis ist jedoch unbefriedigend, da dadurch die eingeschränkte Publizität für den Einzelabschluß von **Einzelkaufleuten** und **Personenhandelsgesellschaften,** die gleichzeitig MU sind, im KA aufgehoben würde. Dies widerspricht dem Sinn des Gesetzes, das auf den Schutz der Privatsphäre des Einzelkaufmanns und der Gesellschafter von Personenhandelsgesellschaften abstellt und ein öffentliches Interesse an einer so weitgehenden Veröffentlichung verneint[87]. Die dort gegebenen Begründungen treffen in gleichem Maße für die Einzelbi-

---

86 Zur Anwendung der Equity-Methode bei Nichtkonsolidierung vgl. M Tz. 183.
87 Vgl. Begr., BR-Drs. 296/68, S. 22 sowie den schriftlichen Bericht des Rechtsausschusses BT-Drs. zu V/4416 S. 4.

lanz und – soweit es sich um die Bilanz des MU handelt – die Konzernbilanz zu. Es erscheint daher vertretbar, § 9 Abs. 3 PublG ebenfalls auf die zu veröffentlichende Konzernbilanz anzuwenden[88]. Auch in der Praxis scheint sich diese Auffassung, wenngleich sie einige Zweifel offenläßt, weitgehend durchgesetzt zu haben.

§ 9 Abs. 3 PublG enthält keinen Verweis auf Einzelkaufleute, so daß demnach die Möglichkeit der Zusammenfassung auf Personengesellschaften beschränkt wäre. Dies kann nur so verstanden werden, daß der Gesetzgeber einen Regelungsbedarf für die Bilanzierung bei Einzelkaufleuten nicht gesehen hat. Für die Konzernbilanz besteht jedoch ein solcher Bedarf durchaus, da hier aufgrund der Anwendung der Konsolidierungsmethoden des § 301 HGB auf die nach der Erstkonsolidierung gebildeten Rücklagen der Tochterunternehmen auszuweisen sind. Es sollen daher keine Bedenken bestehen, den zusammengefaßten Posten „Eigenkapital" (§ 9 Abs. 3 PublG) auch in einer Konzernbilanz anzusetzen, wenn das Mutterunternehmen eine Einzelfirma ist. In diesem Fall ist jedoch ein Ausgleichsposten für Anteile anderer Gesellschafter gesondert auszuweisen. Dasselbe gilt für einen passiven Unterschiedsbetrag aus der Erstkonsolidierung. Soll der KA nach PublG zugleich befreiende Wirkung nach § 291 HGB erhalten, dürfen diese Zusammenfassungen jedoch nicht vorgenommen werden[89].

bb) Vorgeschriebene abweichende Gliederung

Ist für das MU eine von § 266 HGB abweichende **Gliederung** vorgeschrieben, muß diese auch für die Konzernbilanz an die Stelle des nach § 266 HGB vorgeschriebenen Gliederungsschemas treten (§ 13 Abs. 2 S. 2 PublG). Die Regelung gilt in erster Linie für die sog. **Formblattunternehmen**[90], aber auch für alle anderen Unternehmen, für die eine arteigene Gliederung vorgeschrieben ist. Das Gliederungsschema des § 266 HGB gilt auch für Genossenschaften, jedoch mit entsprechend angepaßtem Eigenkapitalausweis (§ 337 HGB).   **74**

Übt das MU eine Tätigkeit aus, die von der der übrigen einbezogenen Unternehmen stark abweicht (zB Kreditinstitut als Spitze eines Industriekonzerns), so ist nach § 13 Abs. 2 S. 1 1. Hs. PublG iVm. § 298 Abs. 1 HGB die für den Einzelabschluß des MU vorgeschriebene **Gliederung** auch für die Konzernbilanz anzuwenden. Dies könnte im Einzelfall zu einer Beeinträchtigung der Aussagefähigkeit des KA führen. In solchen Fällen ist die Konzernbilanz nach dem Schema zu gliedern, das für die Unternehmen mit der überwiegend im Konzern ausgeübten Tätigkeit gilt. Es ist um notwendige Einzelangaben aus anderen Gliederungsvorschriften, zB durch Fußnoten, davon-Vermerke, Vorspalte oder weitere Angaben im Konzernanhang zu ergänzen. Außerdem ist die Ergänzung im Konzernanhang anzugeben und zu begründen (§ 265 Abs. 4 HGB iVm. §§ 298 Abs. 1 HGB, 13 Abs. 2 S. 1 PublG)[91].   **75**

---

88 So im Ergebnis auch *Biener*, GmbH-Rdsch. 1975 S. 30/34; *Busse von Colbe/Ordelheide*, S. 236 f.
89 Vgl. *Ischebeck* in HdRKo. § 13 PublG Tz. 20.
90 Vgl. im einzelnen M Tz. 197.
91 Zur Bedeutung von Vorschriften im KA, die durch die Rechtsform konsolidierter Unternehmen bedingt sind (§ 13 Abs. 2 S. 2 PublG) vgl. M Tz. 198 ff.

cc) Zulässige abweichende Gliederung

76   Soweit für das MU eine von §§ 266, 275 HGB (§ 13 Abs. 2 S. 1 PublG iVm. § 298 Abs. 1 HGB) abweichende **Gliederung** zulässig ist, kann diese auch für den KA verwendet werden (§ 13 Abs. 2 S. 1 2. Hs. PublG). Obgleich dies dazu führt, daß die Gliederung eines KA weniger detailliert ist als die einer gleich großen **Einzelfirma** oder **Personengesellschaft** (§ 13 Abs. 1 S. 1 1. Hs. PublG), können nach dem Wortlaut des Gesetzes Einzelkaufleute und Personengesellschaften, die nicht unter § 1 PublG fallen, den von ihnen aufzustellenden KA „individuell" gliedern. Für diese Unternehmen gibt es keine spezifischen Gliederungsvorschriften; eine von §§ 265, 275 HGB abweichende Gliederung ist demnach zulässig. Angesichts der Größenordnung solcher Konzerne ist allerdings die Anwendung einer Gliederung wünschenswert, die nicht hinter der für gleich große Einzelkaufleute und Personengesellschaften zurückbleibt. Soll der KA nach dem PublG befreiende Wirkung nach § 291 HGB für eine nach § 290 HGB verpflichtete Kapitalgesellschaft haben, muß die Gliederung den Vorschriften entsprechen, die für den KA von Kapitalgesellschaften gelten.

77   Bei der Gestaltung der „zulässigen abweichenden" **Gliederung** ist § 297 Abs. 2 S. 1 HGB zu beachten. Danach ist der KA klar und übersichtlich aufzustellen. Er hat unter Beachtung der GoB ein den tatsächlichen Verhältnissen entsprechendes Bild der Vermögens-, Finanz- und Ertragslage des Konzerns zu vermitteln (§ 13 Abs. 2 S. 1 1. Hs. iVm. § 297 Abs. 2 HGB). Grundsätzlich ist davon auszugehen, daß eine Bilanz nicht diesen Grundsätzen entspricht, wenn in ihr nicht die wesentlichen Gruppen des Vermögens und der Schulden gesondert ausgewiesen werden: Sachanlagen und immaterielle Anlagewerte, Finanzanlagen, Vorräte, Forderungen, flüssige Mittel, sonstige Vermögensgegenstände, aktive Rechnungsabgrenzungsposten, Eigenkapital, Rückstellungen, Verbindlichkeiten, passive RAP. Als Orientierungshilfe kann auch das Bilanzschema für kleine Gesellschaften gelten (§ 266 Abs. 1 S. 3 HGB). Dieses Schema gilt zwar expressis verbis nur für Kapitalgesellschaften. Angesichts der Schwellenwerte für diese Gesellschaften (§ 267 Abs. 1 HGB) muß davon ausgegangen werden, daß der Gesetzgeber Gliederungen, die hinter diesem Schema zurückbleiben, generell nicht mehr für geeignet hält, ein den tatsächlichen Verhältnissen entsprechendes Bild der Vermögens-, Finanz- und Ertragslage des Unternehmens zu geben. Ob und ggf. wie weit eine Untergliederung dieser Posten erforderlich ist, muß im Einzelfall entschieden werden.

78   Der Einblick in die Vermögens-, Finanz- und Ertragslage ist unvollständig, wenn unter der Konzernbilanz nicht die **Bilanzvermerke** nach § 251 HGB angegeben werden. Die Bilanzvermerke sind nach § 268 Abs. 7 HGB aufzugliedern (§ 13 Abs. 2 S. 1 PublG iVm. § 298 Abs. 1 HGB).

b) Privatvermögen und private Schulden

79   Ist das MU ein **Einzelkaufmann** oder eine **Personenhandelsgesellschaft,** so dürfen das Privatvermögen und die privaten Schulden des Einzelkaufmanns oder der Gesellschafter nicht in die Konzernbilanz eingehen (§ 13 Abs. 3 S. 2 PublG)[92]. Fällt die Konzernleitung unter § 1 PublG, so kann davon ausgegangen werden,

---

92 Zur Abgrenzung des Privatvermögens und der privaten Schulden vgl. Tz. 50 sowie *Goerdeler* in FS für Kaufmann, aaO S. 169 ff.

daß dieses Erfordernis bereits in der Einzelbilanz erfüllt ist. Ist die Konzernleitung nicht nach dem ersten Abschn. des PublG zur Rechnungslegung verpflichtet oder ist trotz einer bestehenden Verpflichtung § 5 Abs. 4 PublG in der Einzelbilanz ausnahmsweise nicht beachtet worden, so ist die Aussonderung des privaten Vermögens und der privaten Schulden bei der Aufstellung der Konzernbilanz vorzunehmen.

§ 13 Abs. 3 Satz 2 PublG, der auf § 5 Abs. 4 PublG verweist, bezieht sich express- **80** sis verbis nur auf das MU. Es ist jedoch davon auszugehen, daß die Ausklammerung des Privatvermögens und der privaten Schulden aus der Bilanzierung auch für alle übrigen Personenhandelsgesellschaften gilt, die in die Konzernbilanz einbezogen werden. § 5 Abs. 4 PublG schafft keine Besonderheit für das PublG, sondern stellt nur einen allgemeinen Grundsatz handelsrechtlicher Bilanzierung für Einzelkaufleute und Personenhandelsgesellschaften klar[93].

c) Bilanzansatz und Bewertung

Für Bilanzansatz und Bewertung gelten, ohne Rücksicht darauf, ob das MU **81** selbst die Schwellenwerte von § 1 PublG überschreitet, die für Kapitalgesellschaften anzuwendenden Vorschriften (§§ 264 bis 283 HGB) sinngemäß (§ 13 Abs. 2 S. 1 1. Hs. PublG iVm. § 298 Abs. 1 HGB)[94]. Grundsätzlich brauchen das **Verbot stiller Reserven** (§ 279 Abs. 1 HGB) sowie das **Wertaufholungsgebot** (§ 280 HGB) nicht beachtet zu werden. Da **Bewertungswahlrechte** neu ausgeübt werden dürfen (§ 308 Abs. 1 HGB), können auch bei Vermögensgegenständen einbezogener Kapitalgesellschaften für den KA stille Reserven im Rahmen des § 253 Abs. 4 HGB gelegt werden und Wertaufholungen rückgängig gemacht werden.

Diese Möglichkeit darf jedoch nicht genutzt werden, wenn der KA als befreien- **82** der Abschluß gem. § 291 HGB an die Stelle eines (Teil-)KA von Kapitalgesellschaften treten soll (§ 13 Abs. 3 Satz 3 PublG).

5. Aufstellung der Konzern-Gewinn- und Verlustrechnung

a) Konsolidierungsgrundsätze

Für die Zusammenfassung der Einzel-GuV der konsolidierten Unternehmen zur **83** Konzern-GuV gilt § 305 HGB (§ 13 Abs. 2 S. 1 1. Hs. PublG). Danach dürfen – dem Prinzip der Vollkonsolidierung folgend – in der Konzern-GuV nur noch solche Aufwendungen und Erträge enthalten sein, die aus dem Lieferungs- und Leistungsverkehr mit nicht konsolidierten Unternehmen entstanden sind (Vollkonsolidierung). Zu beachten ist ferner § 306 HGB über die Abgrenzung latenter Steuern in der GuV (§ 13 Abs. 2 S. 1 1. Hs. PublG).

b) Gliederung

aa) Sinngemäße Anwendung der Vorschriften des HGB

Grundsätzlich gelten für die Konzern-GuV die Gliederungsvorschriften der **84** §§ 275, 277 HGB (§ 13 Abs. 2 S. 1 1. Hs. PublG iVm. § 298 Abs. 1 HGB). Danach

---

93 Vgl. Begr. BR-Drs. 296/68, S. 24/25; St/HFA 1/1976, WPg. S. 114 ff.
94 Vgl. hierzu im einzelnen M Tz. 224 ff. und 239 ff.

ist die Konzern-GuV nach der für große Kapitalgesellschaften geltenden Form in Staffelform nach dem Gesamt- oder Umsatzkostenverfahren (GKV oder UKV) aufzustellen[95].

85   In vollem Umfang sind die Vorschriften jedoch nur dann anzuwenden, wenn der KA nach dem PublG zugleich befreiende Wirkung nach §§ 291, 292 HGB haben soll sowie für MU in der Rechtsform einer **eingetragenen Genossenschaft** (§ 13 Abs. 2 S. 1 1. Hs. PublG iVm. §§ 298 Abs. 1, 275, 336 Abs. 2 HGB). Ist das zur Aufstellung des KA verpflichtete MU eine **Einzelfirma** oder **Personengesellschaft**, die unter § 1 PublG fällt, so gelten zwar grundsätzlich für die Konzern-GuV §§ 275, 277 HGB (§ 13 Abs. 2 S. 1 1. Hs. PublG iVm. § 298 Abs. 1 HGB), jedoch dürfen abweichend von der Standardgliederung die Steuern, „die Personenhandelsgesellschaften und Einzelkaufleute als Steuerschuldner zu entrichten haben, unter den sonstigen Aufwendungen ausgewiesen werden" (§ 5 Abs. 5 S. 2 PublG iVm. § 13 Abs. 3 S. 2 PublG). Außerdem kann in diesen Fällen die Veröffentlichung der Konzern-GuV unterbleiben, wenn statt dessen die in § 5 Abs. 3 PublG genannten Daten in einer Anlage zur Bilanz offengelegt werden (§ 13 Abs. 3 S. 2 PublG)[96].

bb) Vorgeschriebene abweichende Gliederung

86   Soweit für MU eine von § 275 HGB abweichende **Gliederung** der GuV vorgeschrieben ist, ist die vorgeschriebene Gliederung auch für die Konzern-GuV zu verwenden (§ 13 Abs. 2 Satz 1, 1. Hs. PublG iVm. § 298 Abs. 1 HGB). Die Ausführungen zur Erweiterung des Gliederungsschemas der Bilanz bei unterschiedlichen Geschäftszweigen gelten für die Konzern-GuV sinngemäß.

cc) Zulässige abweichende Gliederung

87   Ist für das MU eine von § 275 HGB abweichende **Gliederung** für die GuV zulässig, so kann diese Gliederung auch für die Konzern-GuV verwendet werden. Praktische Bedeutung hat dieses Wahlrecht jedoch nur für MU in der Rechtsform des **Einzelkaufmanns** oder einer **Personenhandelsgesellschaft.** Darüber hinaus hat diese Vorschrift Bedeutung für die seltenen Fälle eines MU in der Rechtsform der **BGB-Gesellschaft.** Diese Möglichkeit, anstelle der Konzern-GuV, die im § 5 Abs. 5 S. 3 PublG erwähnten Daten als Anlage zur Konzernbilanz zu veröffentlichen, besteht neben dem Gliederungswahlrecht für Unternehmen, die unter § 13 Abs. 2 S. 1 2. Hs. PublG fallen. Von dem Wahlrecht zur Verwendung eines individuellen Gliederungsschemas für die Konzern-GuV darf nicht Gebrauch gemacht werden, wenn der Konzernabschluß nach dem PublG befreiende Wirkung nach § 291 HGB erhalten soll. In diesem Fall müssen auch die Steueraufwendungen, einschließlich der latenten Steuern, unter den in § 275 Abs. 2 u. 3 HGB dafür vorgesehenen Posten ausgewiesen werden.

88   Als Gliederungssystem für eine individuelle Konzern-GuV sollte die in Deutschland übliche Staffelform gewählt werden. Jedoch ist auch die Kontoform nicht ausgeschlossen. Ferner können sich die Unternehmen für das GKV oder das UKV entscheiden. Die Gliederungstiefe wird von dem Gebot der Vermittlung

---

95 Zur Darstellung der Ergebnisverwendung in der Konzern-GuV vgl. die Ausführungen M Tz. 560 ff., die hier sinngemäß gelten.
96 Vgl. im einzelnen Tz. 90 ff.

eines den tatsächlichen Verhältnissen entsprechenden Bilds der Ertragslage bestimmt (§ 13 Abs. 2 S. 1 1. Hs. PublG iVm. § 297 Abs. 2 HGB). Im allgemeinen wird man davon ausgehen können, daß das Gliederungsschema für kleine Gesellschaften (§ 276 HGB) diese Voraussetzung erfüllt. Weitere Zusammenfassungen bei den Finanzerträgen erscheinen zulässig.

Ist das MU ein **Einzelkaufmann** oder eine **Personenhandelsgesellschaft,** so dürfen **89** die **Steuern,** die die einbezogenen Unternehmen als Steuerschuldner zu entrichten haben, unter den **sonstigen (betrieblichen) Aufwendungen** ausgewiesen werden (§ 13 Abs. 3 Satz 2 PublG iVm. § 5 Abs. 5 Satz 2 PublG). Diese Erleichterung gilt dann auch für die entsprechenden Steueraufwendungen der nach § 294 HGB einbezogenen Unternehmen anderer Rechtsform. Sie schließt außerdem die latenten Steuern (§ 306 HGB) ein. Ein gesonderter Ausweis des Jahresüberschusses/Jahresfehlbetrags und die Ergebnisverwendungsrechnung sind nicht erforderlich, weil der KA auch nach Gewinnverwendung aufgestellt werden darf (§ 268 Abs. 1 HGB). Unerläßlicher Bestandteil einer Konzern-GuV ist allerdings der gesonderte Ausweis des anderen Gesellschaftern zustehenden Gewinns bzw. des auf sie entfallenden Verlustes (§ 307 Abs. 2 HGB).

dd) Anlage zur Konzernbilanz

Ist das MU ein **Einzelkaufmann** oder eine **Personenhandelsgesellschaft,** so kann **90** ebenso wie beim Einzelabschluß nach dem ersten Abschnitt des PublG auf die **Einreichung** und **Bekanntmachung** einer Konzern-GuV **verzichtet** werden, wenn die in § 5 Abs. 5 Satz 3 Nr. 1 bis 5 PublG genannten Angaben in einer Anlage zur Konzernbilanz veröffentlicht werden. Es handelt sich hierbei jedoch um eine Erleichterung nur bei der Veröffentlichung des KA. Die Pflicht zur Aufstellung einer Konzern-GuV in der jeweils dafür vorgeschriebenen Form wird davon nicht berührt. Allerdings kann diese Verpflichtung in bestimmten Fällen (zB für einen Einzelkaufmann) für handelsrechtliche Zwecke praktisch bedeutungslos werden. Grundsätzlich ist jedoch davon auszugehen, daß unbeschadet der Veröffentlichung einer Anlage zur Bilanz eine Konzern-GuV insbesondere zur Information nicht geschäftsführender Gesellschafter sowie ggf. vorhandener Kontroll- und Aufsichtsorgane (zB Beirat) aufgestellt werden muß. Die Einzelangaben sind so aufzubereiten, daß sie mit dem andernfalls in der Konzern-GuV auszuweisenden Posten übereinstimmen.

Die Angaben nach § 5 Abs. 3 Nr. 3 bis 5 PublG überschneiden sich teilweise mit **91** entsprechenden Angaben im Anhang. Da Anlage und Anhang Bestandteil des Konzernabschlusses sind und gemeinsam veröffentlicht werden, brauchen inhaltlich übereinstimmende Angaben nur einmal gemacht zu werden. Soweit Angaben im Anhang weitergehen und gleichbedeutende Angaben, die in der Bilanzanlage zu machen sind, einschließen, genügt die weitergehende Angabe den gesetzlichen Erfordernissen. Bilanzanlage und Anhang können für die Veröffentlichung zusammengefaßt werden. Sie sollten jedoch so dargestellt werden, daß die Angaben, die der Anlage zuzurechnen sind, erkennbar sind und daß deren Vollständigkeit nachvollziehbar ist [97].

Im einzelnen sind bei sinngemäßer Anwendung des § 5 Abs. 3 PublG folgende Angaben in der Anlage zur Konzernbilanz erforderlich:

---

[97] ZB durch eine Fußnote „zugleich Angabe iSv. § 5 Abs. 3 PublG".

92   1) Außenumsatzerlöse

Anzugeben sind bei sinngemäßer Anwendung des § 5 Abs. 5 PublG die Außen-umsatzerlöse[98] der einbezogenen Unternehmen und nicht die Summe der Um-satzerlöse schlechthin, da nur die Außenumsatzerlöse eine der Konzern-GuV vergleichbare Aussage liefern.

93   2) Beteiligungserträge

Anzugeben sind die Beteiligungserträge und ihnen gleichzusetzende Erträge unter anderen Posten[99], die aus nicht in den KA einbezogenen Unternehmen erzielt worden sind. Der nach § 275 HGB erforderliche Sonderausweis der Betei-ligungserträge von verbundenen Unternehmen wird nicht verlangt. Ebenso ent-fällt der gesonderte Ausweis des im Rahmen der Equity-Methode übernomme-nen Beteiligungsergebnisses (§ 312 Abs. 4 Satz 2 HGB).

Anzugeben sind stets nur die Erträge, die bei Veröffentlichung einer Konzern-GuV ausgewiesen würden. Daher müssen sämtliche Korrekturen, die im Rah-men der Konsolidierung der GuV zur Vermeidung von Doppelerfassungen von Gewinnen, Periodenverschiebungen zwischen Gewinnentstehung und -verein-nahmung sowie ähnlicher Verzerrungen erforderlich sind, auch dann vorgenom-men werden, wenn anstelle der Konzern-GuV die Anlage zur Konzernbilanz bekanntgemacht wird.

94   3) Löhne, Gehälter, soziale Abgaben sowie Aufwendungen für Altersversorgung
       und Unterstützung

Der Personalaufwand ist additiv aus den Einzel-GuV zu übernehmen. Eine gesonderte Angabe der Aufwendungen für Altersversorgung ist nicht erforder-lich.

95   4) Bewertungs- und Abschreibungsmethoden einschließlich wesentlicher Ände-
       rungen

Im Konzernanhang müssen angegeben werden

– die auf die Posten der Konzernbilanz und Konzern-GuV angewandten Bilan-
  zierungs- und Bewertungsmethoden (§ 313 Abs. 1 Nr. 1 HGB iVm. § 13 Abs. 2
  S. 1 1. Hs. PublG),
– die Abweichungen von Bilanzierungs- und Konsolidierungsmethoden sowie
  ihre Begründung und deren Einfluß auf die Vermögens-, Finanz- und Ertragslage des Konzerns (§ 313 Abs. 1 Nr. 3 HGB iVm. § 13 Abs. 2 S. 1 1. Hs.
  PublG).

Diese Angaben schließen die Angabepflicht in der Anlage zur Konzernbilanz (§ 5 Abs. 5 S. 3 Nr. 4 PublG) mit ein, so daß auf eine gesonderte Angabe in der Bilanzanlage verzichtet werden kann.

96   5) Zahl der Beschäftigten

Die hier anzugebende Zahl ist in die weitergehende Angabepflicht nach § 314 Abs. 1 Nr. 4 HGB mit eingeschlossen.

---

98 Zur Abgrenzung vgl. M Tz. 565 ff.
99 Vgl. im einzelnen H Tz. 60.

c) Private Aufwendungen und Erträge

Ist das MU eine **Einzelfirma** oder **Personenhandelsgesellschaft,** so dürfen die auf 97
das Privatvermögen und die privaten Schulden entfallenden Aufwendungen und
Erträge nicht in die Konzern-GuV aufgenommen werden[100](§ 13 Abs. 3 S. 2
iVm. § 5 Abs. 4 PublG). Sind solche Aufwendungen/Erträge in einer einzubeziehenden Einzel-GuV enthalten, so müssen diese vor der Konsolidierung ausge-
sondert werden.

6. Aufstellung des Konzernanhangs

a) Grundsatz

Zur Aufstellung eines Konzernanhanges sind alle MU **unabhängig von ihrer** 98
Rechtsform und **Größenordnung** verpflichtet. Die den Personenhandelsgesellschaften und Einzelkaufleuten für den Einzelabschluß eingeräumte Befreiung
(§ 5 Abs. 1 S. 1; Abs. 2 S. 1 PublG) gilt **nicht** für den Konzernabschluß.

Grundlage für den Inhalt des Konzernanhangs/Teilkonzernanhangs sind die 99
Vorschriften der §§ 294 bis 314 HGB, die den Konzernanhang betreffen (§ 13
Abs. 2 S. 1 1. Hs. PublG). Davon brauchen die Angaben über die Auswirkungen
steuerlich bedingter **Abschreibungs- und Bewertungswahlrechte** (§ 314 Abs. 1
Nr. 5 HGB) sowie über **Organbezüge** (§ 314 Abs. 1 Nr. 6 HGB) nicht gemacht zu
werden. Diese Ausnahmen gelten jedoch nicht, wenn der KA als befreiender
Abschluß gem. § 291 HGB an die Stelle eines (Teil-)KA von Kapitalgesellschaf-
ten treten soll (§ 13 Abs. 3 S. 3 PublG).

Die Vorschriften des HGB zum Konzernanhang sind grundsätzlich sinngemäß 100
anzuwenden (§ 13 Abs. 2 S. 1 1. Hs. PublG). Soweit sich daraus keine Besonderheiten ergeben, kann auf die Erläuterungen zum Konzernanhang für Kapitalgesellschaften verwiesen werden[101].

b) Angaben zum Konsolidierungsbereich und zum Beteiligungsbesitz

Die **sinngemäße Anwendung** der HGB-Vorschriften bereitet grundsätzlich keine 101
Schwierigkeiten, so daß auf die entsprechenden Erläuterungen verwiesen werden kann[102]. Fraglich könnte jedoch in diesem Zusammenhang die sinngemäße
Anwendung des § 295 Abs. 3 S. 2 HGB sein, wonach unter bestimmten Voraussetzungen der JA oder KA eines nicht konsolidierten Tochterunternehmens
gemeinsam mit dem Konzernabschluß zum Handelsregister einzureichen ist. In
Übereinstimmung mit der zu § 295 Abs. 3 S. 2 HGB vertretenen Auffassung[103]
besteht in diesen Fällen eine Verpflichtung, die Abschlüsse auch solcher Unternehmen zum Handelsregister einzureichen, die selbst nicht offenlegungspflichtig

---

100 Vgl. die Ausführungen zum privaten Vermögen und den privaten Schulden Tz. 79 f., die sinngemäß
   gelten.
101 Vgl. M Tz. 649 ff.
102 Vgl. M Tz. 660 ff.
103 Vgl. M Tz. 162 f.

sind[104]. Für eine Anwendung der **Schutzklausel** (§ 313 Abs. 3 HGB) bietet das Gesetz keine Stütze[105].

c) Angaben zu den Konsolidierungsmethoden

102   Auf die Erläuterungen zu den entsprechenden HGB-Vorschriften kann verwiesen werden[106].

d) Angaben zu Bilanzierungs- und Bewertungsmethoden sowie zu einzelnen Posten der Konzernbilanz und Konzern-GuV

103   Bei der Berichterstattung über die **Bilanzierungs- und Bewertungsmethoden** einschließlich der Währungsumrechnung stellen sich grundsätzlich die gleichen Probleme wie für den Konzernanhang bei Kapitalgesellschaften[107]. Zusätzliche Angaben sind darüber erforderlich, ob von dem Wahlrecht Gebrauch gemacht worden ist, §§ 279 Abs. 1, 280 HGB, nicht anzuwenden. Zahlenangaben darüber, in welchem Umfang Vorsichtsreserven gebildet oder beibehalten worden sind, sind nicht erforderlich.

104   Grundsätzlich ist die Pflicht zur Erläuterung von Einzelposten der Konzernbilanz und Konzern-GuV auf solche Posten beschränkt, die nach den jeweiligen Gliederungsvorschriften auch tatsächlich im KA ausgewiesen werden. Dies bedeutet jedoch nicht, daß **Erläuterungspflichten zu Posten der Konzern-GuV** automatisch entfallen, wenn zB Einzelkaufleute und Personenhandelsgesellschaften von dem Wahlrecht Gebrauch machen, statt der Konzern-GuV die Anlage zur Konzernbilanz (§ 13 Abs. 3 S. 2 PublG iVm. § 5 Abs. 5 S. 3 PublG) zu veröffentlichen. Grundsätzlich bleiben die Pflichten, die sich insoweit aus dem Anhang ergeben, für die interne Rechnungslegung in vollem Umfang bestehen, wobei dahingestellt sein mag, wie weit geschäftsführende Gesellschafter, nicht geschäftsführende Gesellschafter und ggf. auch Kontroll- und Aufsichtsorgane Vereinbarungen über Art und Umfang dieser Berichterstattung treffen können. Für die **Offenlegung** des Anhangs können derartige Angaben dagegen **unterbleiben**. Das Gesetz enthält darüber explizit keine Regelung, jedoch macht die Erläuterung von Posten, die im Jahresabschluß nicht ausgewiesen sind, keinen Sinn. Im übrigen soll auch nach den Vorstellungen des Gesetzgebers die eingeschränkte Publizität für Bilanz und GuV nicht durch den Anhang wieder aufgehoben werden[108].

105   Ggf. kann die Erläuterungspflicht im Anhang in eine Pflicht umschlagen, zusätzliche Angaben zur **Bilanzanlage** (§ 5 Abs. 5 S. 3 PublG) zu machen. Veröffentlicht zB ein Einzelkaufmann oder eine Personengesellschaft keine Konzern-GuV, so müssen die nach § 5 Abs. 5 S. 3 Nr. 1 PublG in der Anlage zur Bilanz anzugebenden Umsatzerlöse nach geographisch bestimmten Märkten und Tätigkeitsbereichen aufgegliedert werden. In anderen Fällen schließen weitergehende

---

104 Ebenso *Biener/Berneke*, BiRiLiG 1986, S. 314; aA *Sahner/Kammers*, HdRKo. § 295 Tz. 18 f.
105 Ebenso *Budde/Seif*, BeBiKo. § 295 Tz. 20 ff.; aA *Biener/Schatzmann*, S. 28; *Biener/Berneke*, BiRiLiG, S. 314.
106 Vgl. M Tz. 679 ff.
107 Vgl. M Tz. 690 ff.
108 Vgl. Bericht über die 243. Sitzung des BT in der 5. Wahlperiode, S. 13526/27. Die St. bezieht sich zwar auf das PublG 1969. Die Aussage gilt jedoch auch für die insoweit sachlich nicht geänderte Neufassung.

Angabepflichten im Anhang weniger ausführliche Angaben in der Anlage zur Bilanz ein, zB Angabe zur Anzahl der beschäftigten Arbeitnehmer (§ 13 Abs. 2 S. 1 1. Hs. PublG iVm. § 314 Abs. 1 Nr. 4 HGB; § 13 Abs. 3 S. 2 PublG iVm. § 5 Abs. 5 S. 3 Nr. 5 PublG).

e) Sonstige Angaben

Müssen im Konzernanhang, der von einer Einzelfirma oder Personengesellschaft aufgestellt wird, **Organbezüge** angegeben werden, um die Befreiungswirkung gemäß § 291 HGB zu erzielen, so sind anstelle der Vorstandsbezüge die Bezüge des Personenkreises anzugeben, der eine vorstandsähnliche Tätigkeit ausübt, und die er für diese Tätigkeit bekommt. Eine sinngemäße Anwendung von § 314 Abs. 1 Nr. 6 HGB schließt die Angabepflicht für die Bezüge ein, die der Personenkreis nicht für seine Tätigkeit, sondern als Gewinnanteile aus seiner Gesellschafterstellung bekommt. Dasselbe gilt für Personen, die die Funktion eines AR oder Beirats erfüllen. Dabei kommt es nicht darauf an, ob diese Gremien Organe der betreffenden Unternehmen im Rechtssinne sind. Im übrigen wird auf die Erläuterungen zum Konzernanhang für Kapitalgesellschaften verwiesen[109]. **106**

7. Konzernlagebericht

Für den Konzernlagebericht (Teilkonzernlagebericht) nach PublG ist § 315 HGB sinngemäß anzuwenden (§ 13 Abs. 2 S. 3 PublG). Aus der sinngemäßen Anwendung ergeben sich gegenüber § 315 HGB keine Besonderheiten, so daß auf die Ausführungen dort verwiesen werden kann[110]. **107**

8. Besonderheiten bei Nichteinbeziehung des Mutterunternehmens

Ist das **MU kein Kaufmann** iSd. HGB[111] und stellt es folglich keinen Einzelabschluß auf, so ist der Konzernabschluß nach Art eines Konzernabschlusses im Gleichordnungskonzern aufzustellen, an dessen Spitze eine natürliche Person steht. Dabei sind einige Besonderheiten zu beachten. **108**

Eine Aufrechnung von konsolidierungspflichtigen Anteilen mit dem darauf entfallenden Kapital kann nur insoweit vorgenommen werden, als die übrigen einbezogenen Konzernunternehmen untereinander beteiligt sind. Das auf die Anteile des Mutterunternehmens entfallende Kapital ist zusammenzufassen und in der Konzernbilanz als Eigenkapital des Konzerns auszuweisen, wobei eine freiwillige Unterteilung nach Haftungskapital und Rücklagen möglich ist. Die Fremdanteile am Kapital und Gewinn sind wie üblich zu errechnen und auszuweisen. Die Kapitalkonsolidierung bedarf der Erläuterung im Konzernanhang. **109**

---

109 Vgl. M Tz. 732 ff.
110 Vgl. M Tz. 737 ff.
111 Vgl. Tz. 9 ff.

110 Die demgegenüber im Schrifttum[112] vorgeschlagene in diesem Fall vorzunehmende „Konsolidierung auf das größte Konzernunternehmen" findet im Gesetz keine Stütze und widerspricht der Grundstruktur des Konzernabschlusses.

111 Die übrigen Konsolidierungsgrundsätze der §§ 297 ff. HGB sind uneingeschränkt zu beachten: die bei den konsolidierten Unternehmen entstandenen Zwischenerfolge sind zu eliminieren und gegenseitige Forderungen und Verbindlichkeiten aufzurechnen; ferner ist die Umsatz- und Erfolgskonsolidierung durchzuführen. Soweit Abschlußposten aus dem wirtschaftlichen Verkehr mit dem MU entstanden sind (zB Forderungen/Verbindlichkeiten, Umsatzerlöse), sollten diese, sofern es sich um wesentliche Posten handelt, im KA als solche kenntlich gemacht werden, da die sonst üblichen Aufrechnungen oder Umgruppierungen nicht möglich sind.

112 Für den Bilanzansatz und für die Bewertung gelten die Ausführungen zu den Pflichten der Einzelkaufleute und Personengesellschaften entsprechend[113].

113 Da § 13 Abs. 2 PublG die Gliederung des KA von der Rechtsform des MU abhängig macht, ist der Konzern in einem solchen Falle in der Gliederung seines Abschlusses frei, da der Fall, daß für das MU keinerlei Bilanzierungsvorschriften bestehen, mit der zulässigen abweichenden Gliederung[114] iSv. § 13 Abs. 2 S. 1 2. Hs. PublG gleichzusetzen ist.

114 Darüber hinaus erscheint es vertretbar, anstatt einer Konzern-GuV eine Anlage zur Konzernbilanz mit den in § 5 Abs. 5 S. 3 PublG vorgesehenen Einzeldaten zu veröffentlichen. Für den Konzernanhang gelten §§ 313, 314 HGB (§ 13 Abs. 2 S. 1 1. Hs. PublG) mit der Einschränkung, daß § 314 Nr. 5 u. 6 HGB nicht angewendet zu werden brauchen (§ 13 Abs. 3 S. 1 PublG). Der Konzern-LB ist gemäß § 315 HGB aufzustellen (§ 13 Abs. 2 S. 3 PublG).

IV. Prüfung

1. Prüfungspflicht und Prüfungsbefugnis

115 Der KA oder Teil-KA ist unter Einbeziehung des Konzern-LB oder Teilkonzern-LB durch einen Abschlußprüfer zu prüfen (§ 14 Abs. 1 S. 1 PublG).

116 Zur **Prüfung** des nach dem PublG aufgestellten KA, des Konzern-LB und der zugrunde liegenden Einzelabschlüsse sind in Anknüpfung an die handelsrechtlichen Bestimmungen nur **WP** und **WPG** berechtigt (§ 14 Abs. 1 PublG)[115]. Dies gilt unabhängig davon, ob das MU, das den KA aufstellt, selbst der Prüfungspflicht unterliegt oder nicht. Es kommt ferner nicht darauf an, ob der KA über die Erfordernisse des PublG hinaus befreiende Wirkung für einen ggf. nach § 290 HGB aufzustellenden Teil-KA haben soll oder nicht[116].

---

112 Vgl. *Biener*, WPg. 1972, S. 90 f.; vgl. auch *Brinkmann/Reichardt*, DB 1971 S. 2417 ff., die in einem von ihnen gewählten Beispiel eine Konsolidierung auf die Kommanditisten einer GmbH & Co. vorsehen.
113 Vgl. Tz. 53 ff.
114 Vgl. Tz. 74 ff., 86 ff.
115 Zu den Besonderheiten, wenn das MU eine Genossenschaft, ein gemeinnütziges Wohnungsunternehmen oder eine Sparkasse ist, vgl. § 14 Abs. 2 PublG.
116 Vgl. im übrigen die Ausführungen M Tz. 745 ff., die sinngemäß gelten.

2. Bestellung des Konzernabschlußprüfers

Grundsätzlich gilt für die Prüfung des KA der Prüfer des auf den gleichen Stich- 117
tag aufgestellten JA des MU als bestellt, sofern der JA des MU nach Gesetz oder
Satzung zu prüfen ist und kein anderer Konzernabschlußprüfer bestellt wird.
Weicht der Stichtag des KA von dem Stichtag des JA des MU ab, so gilt § 318
Abs. 2 S. 2 HGB sinngemäß (§ 14 Abs. 1 Satz 2 PublG).

Der Konzernabschlußprüfer muß jedoch dann gesondert bestellt werden, wenn 118

– der JA des MU aufgrund dessen Rechtsform oder Größenordnung keiner
  gesetzlichen oder satzungsmäßigen Prüfung unterliegt und auch tatsächlich
  nicht geprüft wird,
– der JA des MU zwar geprüft wird, der Prüfer aber entweder nicht WP/WPG
  ist oder nicht die Voraussetzungen des § 319 Abs. 2 u. 3 HGB erfüllt (§ 14
  Abs. 1 Satz 2 PublG)[117].

Für die Bestellung des Konzernabschlußprüfers gelten § 6 Abs. 3 PublG sowie
§§ 317, 318 AktG sinngemäß (§ 14 Abs. 1 Satz 2 PublG)[118].

3. Gegenstand und Umfang der Prüfung

Die Prüfung des KA hat sich darauf zu erstrecken, ob die Vorschriften der §§ 11 119
bis 13 PublG sowie die sie ergänzenden Vorschriften des Gesellschaftsvertrages
oder Satzung beachtet sind (§ 14 Abs. 1 S. 2 PublG iVm § 317 Abs. 1 S. 2 HGB).
Prüfungsgegenstand ist auch die Buchführung (§ 14 Abs. 1 S. 2 PublG iVm.
§ 317 Abs. 1 S. 1 HGB). Ist das MU ein Einzelkaufmann oder eine Personengesellschaft, so muß der Abschlußprüfer auch prüfen, ob die Vorschriften des
PublG über die Abgrenzung von Privat- und Betriebsvermögen sowie der entsprechenden Aufwendungen und Erträge (§ 5 Abs. 4 PublG) beachtet sind (§ 14
Abs. 1 S. 2 PublG).

Wird der (Teil-)KA von einer Einzelfirma oder Personengesellschaft aufgestellt 120
und sollen statt der Konzern-GuV die in § 5 Abs. 5 S. 3 Nr. 1 bis 5 PublG
genannten Daten veröffentlicht werden, so hat der Konzernabschlußprüfer
sowohl die intern aufgestellte Konzern-GuV als auch die zu publizierende
Anlage zur Konzernbilanz zu prüfen. Er sollte in diesem Fall zur internen und
externen Rechnungslegung jeweils ein gesondertes Testat erteilen und auch im
Prüfungsbericht gesondert über die Prüfung der internen und externen Rechnungslegung berichten. Für die Berichterstattung über die Prüfung der externen
Rechnungslegung genügt im allgemeinen ein Bestätigungsbericht.

Die Prüfung des Konzern-LB entspricht der Regelung für den LB nach HGB[119]. 121

Die Konzernabschlußprüfer haben nicht nur die technische Zusammenstellung 122
des KA sowie die Überleitungen der Handelsbilanzen I in die Handelsbilanzen
II, sondern auch die dem KA zugrundeliegenden Handelsbilanzen I zu prüfen,

---

117 Vgl. A 188 ff.
118 Zur Wahl des APr. bei Personenhandelsgesellschaften vgl. auch BGH v. 24. 3. 1980, WPg. S. 326 f.
119 Vgl. P 443 ff.

es sei denn, daß bereits eine befreiende Abschlußprüfung stattgefunden hat
(§ 317 Abs. 2 HGB iVm. § 14 Abs. 1 S. 2 PublG)[120].

Im übrigen gelten die Vorschriften über die Prüfung von KA, die nach den Vorschriften des HGB aufgestellt worden sind, sinngemäß[121].

4. Bestätigungsvermerk [122]

5. Prüfungsbericht [123]

---

120 Vgl. im einzelnen M Tz. 754 ff.
121 Vgl. M Tz. 745 ff.
122 Vgl. O Tz. 519 ff.
123 Vgl. O Tz. 211 ff.

Abschnitt O

Das Prüfungsergebnis

I. Allgemeines

Prüfungsergebnisse sind die **Feststellungen,** die ein Prüfer hinsichtlich des   **1**
Gegenstandes seiner Prüfung getroffen, und das **Urteil,** das er sich durch den
Vergleich dieser Feststellungen mit bestehenden Normen gebildet hat. Diese
Normen können rechtlicher, betriebswirtschaftlicher oder technischer Art sein.
Über die getroffenen Feststellungen und ihre Wertung durch den Prüfer kann
mündlich oder schriftlich zu berichten sein, idR ist aber eine schriftliche Bericht-
erstattung gesetzlich vorgeschrieben, nach Auffassung der prüfenden Berufe
erforderlich oder mit dem Auftraggeber vereinbart.

Die **Berichterstattung** über eine nach den Regeln der handelsrechtlichen Pflicht-   **2**
prüfung durchgeführten Prüfung gem. §§ 316 ff. HGB erfolgt in ausführlicher
und in zusammengefaßter Form.

Das **Ergebnis der Prüfung der Rechnungslegung** von Unternehmen, insbesondere   **3**
der Jahresabschlußprüfung ist in einem **schriftlichen Prüfungsbericht** (PrB) im
einzelnen darzustellen und zu begründen. Der PrB ist im allgemeinen zur Unterrichtung eines engen Personenkreises bestimmt. Die **typische Form** der Mitteilung des Prüfungsergebnisses ist der an der Vorschrift des § 321 HGB ausgerichtete **Bericht über die Jahresabschlußprüfung.** Dabei unterrichtet der APr. durch
den PrB über das Ergebnis seiner Prüfung die Organe der geprüften Gesellschaft
(gesetzlicher Vertreter, Aufsichtsorgane) und die Gesellschafter bei der GmbH.
Weitere Empfänger des PrB liegen idR außerhalb des Einflußbereichs des APr.
Dargestellt werden unter Einschluß allgemeiner Berichterstattungsgrundsätze
der **Bericht über die Jahresabschlußprüfung** und **über die Konzernabschlußprüfung** gem. § 321 HGB von prüfungspflichtigen Kapitalgesellschaften.

Das **zusammengefaßte Ergebnis von Prüfungen der Rechnungslegung** (idR der   **4**
Jahresabschluß- und der Konzernabschlußprüfung sowie vergleichbarer Prüfungen) stellt der **Bestätigungsvermerk** (BestV) dar. Er hat – gesetzlich vorgeschrieben oder anderweitig vereinbart – die Aufgabe, über den Auftraggeber hinaus
der Öffentlichkeit oder jedenfalls einem größeren Personenkreis, das Urteil des
Prüfers in kurzer, prägnanter Form mitzuteilen.

Grundlage der Erteilung des BestV ist die handelsrechtliche Rechnungslegung
und Prüfung. Danach ist der BestV nach § 322 HGB der „**Prototyp**" des BestV.
Die folgenden Darstellungen über den BestV als Prüfungsergebnis sind, der
jeweiligen Aufgabe entsprechend modifiziert, generell auf die Ergebnisse von
Prüfungen durch die prüfenden Berufe anzuwenden. Ein an § 322 HGB orientierter BestV scheidet zB bei sonstigen betriebswirtschaftlichen Prüfungen aus.

Besonderheiten des Prüfungsergebnisses hinsichtlich **Prüfungsbericht und Bestä-**   **5**
tigungsvermerk werden im Hinblick auf Prüfungen nach dem PublG und bei
gesetzlich nicht vorgeschriebenen Abschlußprüfungen sowie bei speziellen Jahresabschlußprüfungen (spezieller Unternehmensgegenstand, Rechtsform, Unter-

nchmen der öffentlichen Hand) und bei anderen gesetzlich vorgeschriebenen
und berufsüblichen Prüfungen dargestellt. In besonderen Fällen notwendige
Bestätigungs-/Prüfungsvermerke sowie Prüfungsurteile in Form von Bescheinigungen werden in einem gesonderten Kapitel erörtert.

6 Bei der Berichterstattung über andere Formen der Prüfung (zB Kreditwürdig-
keitsprüfung, Unterschlagungsprüfung, Organisationsprüfung, Investitionsprü-
fung, Preisprüfung) ist die Übertragbarkeit der Grundsätze zu prüfen. Die Ausführungen können auch Grundlagen für andere Mitteilungen über Ergebnisse
von durch WP bzw. vBP durchgeführte Prüfungen (EDV-Systemprüfung, Prüfung von Software-Produkten, Prüfungen gem. § 44 KWG) sein.

Auf diese Formen der Verlautbarung des Prüfungsergebnisses bezieht sich der
folgende Abschnitt.

II. Der Bericht über die Jahresabschlußprüfung
von Kapitalgesellschaften [1]

1. Grundlagen

a) Rechtliche Bedeutung

7 Der Abschlußprüfer (APr.) berichtet über das Ergebnis der handelsrechtlichen
Pflichtprüfung nach § 316 Abs. 1 HGB schriftlich und legt den Prüfungsbericht

1 Schrifttum (ohne die einschlägigen Kommentare) FG/IDW 2/1988 Grundsätze ordnungsmäßiger
Berichterstattung bei Abschlußprüfungen, WPg. 1989 S. 20; *Adler,* Der Prüfungsbericht des
Abschlußprüfers nach dem Regierungsentwurf eines Aktiengesetzes, AG 1960 S. 207; *Aschfalk,* Zur
Bedeutung der sog. „Redepflicht" des Abschlußprüfers nach § 166 Abs. 2 AktG in *Aschfalk ua.,*
Unternehmensprüfung und -beratung, FS zum 60. Geburtstag von Hartmann, Freiburg i. Br. 1976
S. 67; *ders.,* Redepflicht des Abschlußprüfers in HWRev. Sp. 1282; *Auler,* Prüfungsrichtlinien bei
einer notleidenden Aktiengesellschaft, DB 1976 S. 1537; *Baetge/Huß/Niehaus,* Die statistische Aus-
wertung von Abschlußdaten zur Informationsgewinnung bei der Abschlußprüfung, WPg. 1986
S. 605; *Ballwieser,* Zur Berichterstattung des Abschlußprüfers nach neuem Recht, BFuP 1988 S. 313;
Bankmann, Die Verantwortlichkeit des Abschlußprüfers für eine Berichterstattung über wesentliche
Ereignisse nach dem Bilanzstichtag, WPg. 1968 S. 90; *Bartke,* Zur Darstellung der Vermögens- und
Finanzlage in Prüfungsberichten über den Jahresabschluß industrieller Unternehmungen, BFuP 1960
S. 517; *Bolsenkötter,* Die Prüfung der wirtschaftlichen Verhältnisse in HdJ Abt. VI/7; *Braun,* Freiwil-
lige Abschlußprüfungen bei Einzelkaufleuten und Personenhandelsgesellschaften, BB 1989 S. 803;
Burkel, Wirtschaftsprüfung und Insolvenzprophylaxe. Zur Redepflicht des Abschlußprüfers, Schwar-
zenbek, Hamburg 1982; *ders.,* Zum Krisenwarnproblem der Wirtschaftsprüfer nach § 166 Abs. 2
AktG bei insolvenzgefährdeten Unternehmen, ZIP 1982 S. 28; *Clemm,* Abschlußprüfer und Aufsichtsrat, ZGR 1980 S. 455; *ders.,* Erwartungen an die Abschlußprüfung, WPg. 1984 S. 645; *ders.,* Der
Abschlußprüfer – ein Garant für notwendige Informationen an berechtigte Interessenten? in *Baetge,*
Rechnungslegung und Prüfung nach neuem Recht, Düsseldorf 1987 S. 57; *ders.,* Frühwarnung durch
den Abschlußprüfer in *H.-E. Müller,* Wirtschaftsprüfung und Mitbestimmung, Stuttgart 1989 S. 59;
ders., Die Jahresabschlußanalyse als Grundlage für die Lageberichtsprüfung und die Berichterstat-
tung des Abschlußprüfers? in *Baetge,* Bilanzanalyse und Bilanzpolitik, Düsseldorf 1989 S. 53; *Egner,*
Die Bedeutung des Prüfungsberichts für den Aufsichtsrat in *H.-E. Müller,* Wirtschaftsprüfung und
Mitbestimmung, Stuttgart 1989 S. 19; *Emmerich,* Finanzielle Haftung und Wirtschaftsprüfung, in
Benner/Liebau, Finanzielle Haftung in der Geldwirtschaft, FS zum 60. Geburtstag von Deppe, Stutt-
gart 1990 S. 231–265; *Ettmüller,* Zur Redepflicht des Abschlußprüfers nach § 166 Abs. 2 AktG, Diss.
Berlin 1978; *Everling,* „Nachteilige Veränderungen" im Prüfungsbericht, Bilanz & Buchhaltung 1988
S. 287; *Farr,* Insolvenzprophylaxe durch Wirtschaftsprüfung, Frankfurt am Main/Bern/New York
1986; *Forster,* Einige Thesen zum Prüfungsbericht, WPg. 1979 S. 650; *ders.,* Die Jahresabschlußprüfung, in *Hadding ua.,* Handelsrecht und Wirtschaftsrecht in der Bankpraxis, FS für Werner, Berlin/
New York 1984 S. 131; *ders.,* Aufsichtsrat und Abschlußprüfung ZfB 1988 S. 789; *Fricke,* Die Darstellung der Vermögens- und Ertragslage im Bericht über die Abschlußprüfung bei Versicherungsunternehmen, WPg. 1984 S. 537; *Friedrich/Bulach,* Die Prüfung des Jahresabschlusses, Bd. I bis III,
Heidelberg 1988; *Gmelin,* Neue Anforderungen an die Darstellung des Prüfungsergebnisses zum Ein-
zel- und Konzernabschluß, in Bericht über die IDW-Fachtagung 1986, Düsseldorf 1986 S. 53; *Gme-*

(PrB) den gesetzlichen Vertretern vor (§ 321 HGB). Bei der Pflichtprüfung gehört die Erstattung eines fachlich einwandfreien PrB zu den **Vertragspflichten** des APr.

Solange der PrB den gesetzlichen Vertretern der Kapitalgesellschaft noch nicht **8** **vorliegt** (§ 321 Abs. 3 HGB), ist die Prüfung noch nicht beendet; sie hat im Rechtssinne noch nicht stattgefunden [2]. Liegt eine gesetzliche Prüfungspflicht

---

lin/*Weber,* Neue Prüfungsaufgaben des Abschlußprüfers aufgrund der Erweiterung seiner Berichterstattungs- und Testatspflichten durch das HGB?, BFuP 1988 S. 301; *Goerdeler,* Die Berichterstattung über die Abschlußprüfung – Anforderungen und Erwartungen, in Bericht über die IDW-Fachtagung 1981, Düsseldorf 1981 S. 83; *Grewe,* Die Pflichtprüfung nach neuem Recht, WPg. 1986 S. 85; *Gross,* Der Bericht über die Jahresabschlußprüfung nach neuem Recht, ZfB-Erg. Heft 1/1987 S. 341; *Hild,* Zum Prüfungsbericht nach § 166 AktG, DB 1972 S. 1445; *Hoffmann,* Berichterstattung des Wirtschaftsprüfers über die Jahresabschlußprüfung nach den Vorschriften des Bilanzrichtlinie-Gesetzes, BB 1983 S. 874; *Hommelhoff,* Jahresabschluß und Gesellschafterinformation in der GmbH, ZIP 1983 S. 383; *ders.,* Abschlußprüfer – Berichte an den Wirtschaftsausschuß?, ZIP 1990 S. 218; *IDW,* Die Abschlußprüfung der mittelgroßen GmbH, Düsseldorf 1989; *Kicherer,* Grundsätze ordnungsmäßiger Abschlußprüfung, Berlin 1970; *Koll,* Über die Auswirkungen gesetzeswidriger Satzungsbestimmungen auf Prüfungsbericht und Bestätigungsvermerk, WPg. 1967 S. 417; *Korth,* Die Darstellung der wirtschaftlichen Lage im Bericht über die aktienrechtliche Jahresabschlußprüfung, Diss. Münster 1976; *ders.,* Prüfungsbericht der GmbH – Der Bericht über die Jahresabschlußprüfung der GmbH nach § 321 HGB –, München 1988; *Kupsch,* Zur Ableitung einer Krisenwarnfunktion im Rahmen der gesetzlichen Abschlußprüfung nach geltendem und künftigem Recht, in *Pack/Börner,* Betriebswirtschaftliche Entscheidungen bei Stagnation, FS zum 65. Geburtstag von Heinen, Wiesbaden 1984 S. 233; *ders.,* Die Redepflicht des Abschlußprüfers, WISU 1985 S. 489; *Leffson,* Der Einfluß einer erkennbaren Gefährdung der Unternehmung auf die Aussagen im Prüfungsbericht und Bestätigungsvermerk, WPg. 1980 S. 637; *ders.,* Wirtschaftsprüfung, 4. Aufl., Wiesbaden 1988; *Ludewig,* Die Darstellung der wirtschaftlichen Lage im Bericht über die aktienrechtliche Jahresabschlußprüfung, Düsseldorf 1955; *ders.,* Zur Frage des Inhalts des Berichts über die Prüfung des Konzernabschlusses, gem. § 336 AktG, WPg. 1968 S. 233; *ders.,* Der Bericht über die Prüfung des Einzelabschlusses nach neuem Recht, WPg. 1987 S. 373; *ders.,* Der Bericht über die Prüfung der D-Mark-Eröffnungsbilanz, WPg. 1991 S. 93; *Martens,* Die Vorlage des Jahresabschlusses und des Prüfungsberichts gegenüber dem Wirtschaftsausschuß, DB 1988 S. 1229; *Mathews,* Der berufliche Wirkungskreis des Wirtschaftsprüfers nach dem Inkrafttreten des Bilanzrichtlinien-Gesetzes, BB 1987 S. 2265; *Müller-Wiegand,* Berichterstattung über nachteilige Lagetatbestände im Prüfungsbericht, BB 1990 S. 454; *Niehaus,* Früherkennung von Unternehmenskrisen – Die statistische Jahresabschlußanalyse als Instrument der Abschlußprüfung –, Düsseldorf 1987; *ders.,* Bedeutung und Inhalt des Berichts über die handelsrechtliche Jahresabschlußprüfung, DB 1988 S. 817; *Niehus,* Bestätigungsvermerk und Prüfungsbericht bei freiwilligen Jahresabschlußprüfungen?, DB 1969 S. 1349; *Petersen/Weirich,* Der Bericht über die Prüfung des Konzernabschlusses nach § 336 AktG, WPg. 1968 S. 255; *Piper,* Zum Umfang der schriftlichen Berichterstattung über Jahresabschlußprüfungen von Aktiengesellschaften, DB 1968 S. 1677, DB 1969 S. 539, 1257; *Plendl,* Die Berichterstattung des Abschlußprüfers über nachteilige Lageveränderungen und wesentliche Verluste nach § 321 Abs. 1 Satz 4 HGB, Düsseldorf 1990; *ders.,* Nachteilige Lageveränderungen und wesentliche Verluste im Bericht des Abschlußprüfers, Die Bank 1990 S. 706; *Pohlentz,* Prüfungsbericht in HWRev. Sp. 1168; *Raff/Brandl,* Prüfungsbericht, Bestätigungsvermerk, Bescheinigungen und Schlußbesprechung in HdJ Abt. VI/5; *Schäfer,* Der Prüfungsbericht nach § 321 HGB in *Baetge,* Abschlußprüfung nach neuem Recht, Stuttgart 1988 S. 67; *Scheibe-Lange,* Prüfungsbericht nach neuem Recht: Offene Fragen in *H.-E. Müller,* Wirtschaftsprüfung und Mitbestimmung, Stuttgart 1989 S. 37; *Schildbach,* Die Jahresabschlußprüfung im Spannungsfeld möglicher Prüfungsgegenstände und Adressaten, BFuP 1988 S. 341; *Schulze zur Wiesche,* Grundsätze ordnungsmäßiger aktienrechtlicher Jahresabschlußprüfung, Düsseldorf 1963; *Schulze-Osterloh,* Zum Umfang der Berichtspflicht des Abschlußprüfers in *Gross,* Der Wirtschaftsprüfer im Schnittpunkt nationaler und internationaler Entwicklungen, FS zum 60. Geburtstag von v. Wysocki, Düsseldorf 1985 S. 239; *Schülen,* Die neuen Fachgutachten und weitere Themen aus der Facharbeit des IDW, WPg. 1989 S. 1; *Selchert,* Zu Form und Inhalt des Berichts über aktienrechtliche Jahresabschlußprüfungen, DB 1974 S. 733; *ders.,* Nachteilige Veränderungen und Verluste im Prüfungsbericht, BB 1984 S. 1719; *ders.,* Wird die Warnfunktion des Abschlußprüfers nach dem Bilanzrichtlinie-Gesetz ausgeweitet?, DB 1985 S. 981; *ders.,* Jahresabschlußprüfung der Kapitalgesellschaften, Wiesbaden 1988; *Sieben/Gatzen/Husemann,* Die Abschlußprüfung als Beitrag zu einer betriebswirtschaftlichen Unternehmensanalyse, WPg. 1988 S. 606; *Steiner,* Der Prüfungsbericht des Abschlußprüfers, Köln 1991; *Strobel,* Das Krisenwarnproblem des Wirtschaftsprüfers nach § 166 II AktG, DB 1977 S. 2153; *Warneke,* Der Prüfungsbericht, WPg. 1960 S. 201; *Weihe,* Die Berichtspflicht des Wirtschaftsprüfers nach § 166 Abs. 2 AktG, WPg. 1971 S. 181; *Weirich,* Der Konzernprüfungsbericht nach dem Bilanzrichtlinien-Gesetz in *Havermann,* Bilanz- und Konzernrecht, FS zum 65. Geburtstag von Goerdeler, Düsseldorf 1987 S. 649; *Wysocki v.,* Grundlagen des betriebswirtschaftlichen Prüfungswesens, 3. Aufl., München 1988.

2 Vgl. RG v. 16. 6. 1944, WPg. 1970 S. 421; *ADS,* § 321 Tz. 30; *Budde/Kunz* in BeBiKo. § 321 Anm. 1.

vor, so kann der JA nicht festgestellt werden (§ 316 Abs. 1 Satz 2 HGB). Bei Prüfungspflichtigen AG ist ein dennoch festgestellter JA nach § 256 Abs. 1 Nr. 2 AktG nichtig [3]. Für die GmbH besteht hierzu keine ausdrückliche gesetzliche Regelung; es wird eine analoge Anwendung der aktienrechtlichen Vorschrift vertreten [4]. Liegt dagegen ein schriftlicher, handschriftlich unterzeichneter Bericht im Zeitpunkt der Feststellung vor, so haben seine Unvollständigkeit oder rein formelle Mängel die Nichtigkeit des JA nicht zur Folge.

9 Maßgebend für die Frage, ob ein PrB vorliegt, sind nicht die äußere Form und die Bezeichnung eines Schriftstücks, sondern dessen materieller Inhalt. Um die Feststellung des JA zu ermöglichen, muß der PrB bestimmte **Mindestbestandteile** beinhalten, dh. den Anforderungen des § 321 HGB genügen; er muß erkennbar das abschließende Ergebnis der Prüfung wiedergeben, die nach § 321 Abs. 1 Satz 2 HGB erforderlichen Pflichtfeststellungen, eine Aufgliederung und Erläuterung der wesentlichen Posten des JA, eine Darstellung von nachteiligen Veränderungen und nicht unwesentlichen Verlusten sowie ggf. bestandsgefährdende und entwicklungsbeeinträchtigende Tatsachen oder schwerwiegende Gesetzes oder Satzungsverstöße enthalten. Nach § 322 Abs. 4 Satz 2 HGB ist auch der BestV oder der Vermerk über seine Versagung zwingend in den PrB aufzunehmen. Der in der Entscheidung des Reichsgerichts v. 16. 6. 1944 zugrunde gelegte Mindestinhalt ist insoweit nach geltendem Recht nicht mehr ausreichend [5]. Auf die Qualität der Prüfungsberichterstattung kommt es im Interesse der Rechtswirksamkeit des JA bei der Frage des Vorliegens eines PrB grundsätzlich nicht an.

10 **Empfänger des PrB** sind die gesetzlichen Vertreter (Vorstand, Geschäftsführer – § 321 Abs. 3 HGB –), der AR (§ 170 Abs. 1 und 3 AktG), soweit nicht ein anderes im Gesellschaftsvertrag der GmbH bestimmt ist (§ 52 Abs. 1 GmbHG iVm. § 170 Abs. 1 und 3 AktG), und die Gesellschafter der GmbH (§ 42a Abs. 1 und 2 GmbHG). Tochterunternehmen haben nach § 294 Abs. 3 Satz 1 HGB dem MU ihren PrB einzureichen. Die **Beschränkung des Adressatenkreises** auf diese Organe der Kapitalgesellschaft liegt darin begründet, daß der PrB vertrauliche Daten und Informationen enthält, die nicht für Dritte bestimmt sind, und es primär Aufgabe des Aufsichtsorgans bzw. der GmbH-Gesellschafter ist, ggf. Konsequenzen aus der Berichterstattung zu ziehen. Besonderheiten hinsichtlich des Empfängerkreises bestehen bei Kreditinstituten, Versicherungsunternehmen und nach § 53 HGrG bei Beteiligungen der öffentlichen Hand (vgl. Tz. 546 ff., 598 ff., 694 ff.).

11 Bei der **AG** besteht **kein Vorlage- und Einsichtsrecht** der HV bzw. einzelner Aktionäre hinsichtlich des PrB [6]. Für diesen Personenkreis sind der BestV und

3 Vgl. *Zöllner* in Kölner Kom. § 256 Anm. 56; *ADS*, § 316 Tz. 47; *ADS*, 4. Aufl., § 256 Tz. 22.
4 Vgl. *Biener/Berneke*, BiRiLiG, Erl. zu § 316 S. 398; *Gessler*, Nichtigkeit und Anfechtung des GmbH-Jahresabschlusses nach dem Bilanzrichtlinien-Gesetz in *Havermann*, Bilanz- und Konzernrecht, FS Goerdeler, Düsseldorf 1987 S. 127/136; *ADS*, § 316 Tz. 47. Im RegE war für die GmbH eine entsprechende Regelung vorgesehen (§ 42e Abs. 1 Nr. 2 GmbHG-E). Sie wurde jedoch nicht in die verabschiedete Gesetzesfassung übernommen, weil kein Bedürfnis für eine ausdrückliche Regelung im GmbHG gesehen wurde und die Entwicklung von Grundsätzen, in welchen Fällen der JA der GmbH nichtig sei, weiterhin der Rechtsprechung überlassen bleiben sollte; als Grundlage könne weiterhin auf § 256 AktG zurückgegriffen werden (Bericht des Rechtsausschusses, BT-Drs. 10/4268, S. 130 f.).
5 Ebenso *ADS*, § 321 Tz. 30; *Budde/Kunz* in BeBiKo. § 321 Anm. 2.
6 Diese Vertraulichkeit unterscheidet den PrB von den Berichten über eine Sonderprüfung (§ 145 Abs. 4 AktG), Gründungsprüfung (§ 34 Abs. 3 AktG) oder Sonderprüfung wegen unzulässiger Unterbewertung (§ 259 Abs. 1 AktG iVm. § 145 Abs. 4 AktG).

die Stellungnahme zum Prüfungsergebnis des APr. im Bericht des AR (§ 171 Abs. 2 Satz 3 AktG) als Informationsinstrumente neben der Rechnungslegung vorgesehen. Die HV kann Einsicht in den PrB auch dann nicht verlangen, wenn sie den JA feststellt (§§ 173, 286 Abs. 1 AktG)[7]. Auch die Satzung kann weder der HV noch einem einzelnen Aktionär ein Recht auf Vorlage des PrB einräumen. Die Vertraulichkeit wird allein im Interesse der Gesellschaft geschützt.

Bei der **GmbH** haben die Gesellschafter ein **gesetzliches Vorlagerecht**. Nach **12** § 42 Abs. 1 Satz 2 GmbHG ist der PrB unverzüglich nach dessen Eingang gemeinsam mit dem JA und dem LB an die Gesellschafter zum Zwecke der Feststellung des JA vorzulegen. Jeder Gesellschafter einer GmbH hat idR das Recht, den PrB des APr. zur Kenntnis zu nehmen. Die Modalitäten der Kenntnisnahme, insbesondere die Frage, ob und wann die Vorlagen jedem Gesellschafter auf Verlangen auszuhändigen sind, werden nicht ausdrücklich gesetzlich geregelt[8]. Eine Aushändigung des PrB auf Verlangen wird allerdings grundsätzlich zu bejahen sein[9]. Sind nach dem Gesellschaftsvertrag nicht die Gesellschafter, sondern ein anderes Organ (Gesellschafterausschuß, AR, Beirat oder ähnliche Institution) für die Feststellung des JA zuständig[9a], so hat die Vorlage an dieses Organ zu erfolgen. Damit ist fraglich, ob die nicht an der Feststellung des JA beteiligten Gesellschafter von der Vorlage des PrB ausgeschlossen sind oder ob sie neben dem anderen Organ Empfänger bleiben. Bei einer abweichend von § 46 Nr. 1 GmbHG geregelten **Feststellungsbefugnis** muß es als zulässig angesehen werden, von einer Vorlage des PrB an die Gesellschafter abzusehen[10]. Unberührt hiervon bleiben dagegen die individuellen Informationsrechte der Gesellschafter nach § 51a GmbHG.

Der Empfängerkreis des PrB bei einer AG und GmbH ist allerdings nicht auf **13** die im Gesetz genannten Adressaten beschränkt. Es bleibt den gesetzlichen Vertretern des geprüften Unternehmens unbenommen, den **PrB an Dritte** (zB Kreditinstitute, stille Gesellschafter ua.) weiterzugeben oder ihnen Einsicht zu gewähren. Eine Vorlagepflicht besteht ferner gegenüber der Finanzbehörde (§ 150 Abs. 4 AO iVm. § 60 Abs. 3 EStDV, Abschn. 26 Abs. 1 Nr. 2 KStR).

Der PrB gehört **nicht** zu den Unterlagen, die nach § 325 Abs. 1 bis 3 HGB **zum** **14** **HR einzureichen** sind. Die Vertraulichkeit des PrB besteht somit auch gegenüber dem HR. Das Registergericht kann die Vorlage des PrB selbst für die Ausübung der Prüfungspflicht nach § 329 HGB nicht verlangen[11].

Der PrB ist nach einem Urteil des Bundesarbeitsgerichts auf Verlangen den Mit- **15** gliedern eines **Wirtschaftsausschusses** als erforderliche Unterlage im Sinne von § 106 Abs. 2 BetrVG vorzulegen, wenn die gesetzlichen Vertreter aufgrund einer Einigung oder eines wirksamen Beschlusses der Einigungsstelle (§ 109 Satz 2 BetrVG) hierzu verpflichtet werden[12]. Ohne erneuten Spruch der Einigungsstelle besteht keine Verpflichtung, dem Wirtschaftsausschuß in den Folgejahren jeweils den PrB bei der Erläuterung des JA vorzulegen.

---

7   Vgl. *Kropff* in AktG-Kom. § 166 Anm. 9; *ADS*, § 321 Tz. 23.
8   Bericht des Rechtsausschusses, BT-Drs. 10/4286 S. 130.
9   Vgl. auch *Crezelius* in *Scholz*, Kom. zum GmbHG, Köln 1988, § 42a Anm. 10 f.; *Bohl* in HdR § 42a GmbHG Rn. 21 ff.
9a Vgl. *Schmidt, K.,* in *Scholz*, Kom. zum GmbHG, § 46 Anm. 46.
10 Vgl. auch *Gross*, ZfB-Erg. Heft 1/1987 S. 341/343.
11 Vgl. *ADS*, § 321 Tz. 26.
12 Vgl. BAG v. 8. 8. 1989, ZIP 1990 S. 259; krit. hierzu *Hommelhoff*, ZIP 1990 S. 218 ff.

16   Der APr. hat gegenüber dem Auftraggeber keinen Anspruch darauf, daß der PrB vertraulich behandelt wird[13]. Das **Weitergaberecht** kann allerdings in den Auftragsbedingungen des APr. eingeschränkt werden[14]. Die **gesetzlichen Vertreter** und **Aufsichtsratsmitglieder** einer AG bzw. einer GmbH können sich strafbar machen, wenn sie Geheimnisse der Gesellschaft, die ihnen durch den PrB bekannt geworden sind, unbefugt offenbaren (§ 404 Abs. 1 Nr. 1 AktG; § 85 GmbHG). Die **Gesellschafter der GmbH** haben ebenfalls eine aus der Treuepflicht abzuleitende Verschwiegenheitspflicht über schutzwürdige Inhalte des PrB. Die vertrauliche Behandlung des PrB durch den APr. ist durch dessen Verschwiegenheitspflicht (§ 323 Abs. 1 Satz 1 HGB) und die entsprechenden Strafvorschriften (§ 333 HGB, § 404 Abs. 1 Nr. 2 AktG) besonders geschützt. In Aufsichts- und Beschwerdesachen der Wirtschaftsprüferkammer darf der APr. PrB weder ganz noch teilweise vorlegen oder daraus zitieren, sofern er dadurch seine Verpflichtung zur Verschwiegenheit verletzen würde (§ 62 Satz 2 WPO).

17   Nach § 321 Abs. 1 Satz 1 HGB ist der **PrB schriftlich** zu erstatten. Eine mündliche Berichterstattung gilt nicht als Bericht über das Ergebnis der Prüfung. Mündliche Äußerungen oder schriftliche Feststellungen in Form eines Vermerks oder sog. Management-Letters erfüllen nicht die gesetzlichen Berichtspflichten des APr. nach § 321 HGB. Im übrigen sehen die idR den Aufträgen zugrunde liegenden Allgemeinen Auftragsbedingungen vor, daß mündliche Äußerungen ohne rechtliche Bindung sind[15].

b) Aufgabenstellung

18   Die **Aufgaben des PrB** ergeben sich aus den jeweiligen Pflichten und Funktionen der mit der Prüfungsberichterstattung in Zusammenhang stehenden Personenkreise. Die Aufgaben sind dabei in bezug auf die verschiedenen Berichtsempfänger und den APr. zu differenzieren[16]. Die Funktionen des PrB sind insoweit für den APr. von Bedeutung, als Inhalt und Umfang des PrB an dessen Aufgaben auszurichten sind.

19   Dem PrB obliegt eine **Informations- und Unterstützungsfunktion** dergestalt, die Adressaten über das Ergebnis der Prüfung zu informieren, den Gang der Prüfung darzustellen und über die Prüfungsgegenstände zu berichten[17]. Die wichtigste Aufgabe des PrB ist die unabhängige und sachverständige **Unterrichtung** des **AR** und – bei der GmbH – der **Gesellschafter** über die Rechnungslegung der gesetzlichen Vertreter. Auf diese Aufgabe ist Inhalt und Umfang des Berichts auszurichten. Der AR muß nach sorgfältiger Durchsicht des PrB und ggf. ergänzender Auskünfte des APr. in der sog. Bilanzsitzung (§ 171 Abs. 1 Satz 2 AktG) entscheiden können, wieweit er sich bei der ihm obliegenden selbständigen Prüfungspflicht von JA, LB und Vorschlag für die Verwendung des Bilanzgewinns nach § 171 Abs. 1 Satz 1 AktG bzw. § 52 Abs. 1 GmbHG auf die Ergebnisse der

13 Vgl. *ADS*, § 321 Tz. 25.
14 Vgl. zB Allgemeine Auftragsbedingungen für Wirtschaftsprüfer und Wirtschaftsprüfungsgesellschaften, Stand 1. 1. 1990, Ziff. 7.
15 Allgemeine Auftragsbedingungen für Wirtschaftsprüfer und Wirtschaftsprüfungsgesellschaften, Stand 1. 1. 1990, Ziff. 5.
16 Vgl. *Niehaus*, DB 1988 S. 817.
17 Vgl. *v. Wysocki*, Grundlagen des betriebswirtschaftlichen Prüfungswesens, 3. Aufl., München 1988 S. 298.

Prüfung des APr. stützen kann und wieweit er eigene Prüfungshandlungen durchführen oder durch weitere Sachverständige durchführen lassen muß[18].

Der **Prüfungsstoff** ist daher im PrB so **aufzubereiten,** daß dem Bericht alle wich-   **20** tigen Gesichtspunkte für die Beurteilung der Rechnungslegung entnommen werden können. Aus dem PrB muß zu ersehen sein, welchen wesentlichen Inhalt die einzelnen Posten des JA haben, ob die gesetzlichen Vorschriften über die Rechnungslegung eingehalten sind, in welcher Weise die Ansatz- und Bewertungswahlrechte genutzt werden und ob nachteilige Veränderungen der Vermögens-, Finanz- und Ertragslage und ergebnisrelevante Verluste oder ggf. bestandsgefährdende Entwicklungen eingetreten sind. Weiter hat der PrB den AR hinsichtlich seiner Verpflichtung, an die HV zu berichten und zu dem Ergebnis der Prüfung des JA durch den APr. Stellung zu nehmen, zu informieren und zu **unterstützen.**

Bei der GmbH stellt der PrB für die Gesellschafter eine wesentliche **Entschei-   21 dungsgrundlage** bei der Feststellung des JA dar. Diese Aufgabe des PrB wird zwar durch die Vorschrift des § 42a Abs. 3 GmbHG ergänzt, wonach der APr. (ggf. auf verlangen eines Gesellschafters) an den Verhandlungen über die Feststellung des JA teilzunehmen hat, allerdings resultieren daraus keine Auswirkungen auf Inhalt und Umfang des PrB[19].

Für die **gesetzlichen Vertreter** des geprüften Unternehmens stellt der PrB eine   **22** Informationsgrundlage für die Weiterentwicklung und Verbesserung der Rechnungslegung dar. Dies gilt vor allem dann, wenn der APr. auf festgestellte Mängel und Schwachpunkte im Rechnungswesen hinweist. Darüber hinaus kann der PrB den Vorstand auch bei der Erfüllung seiner diversen Informationspflichten, so zB bei der Stellungnahme zu einem Jahresfehlbetrag oder einem wesentlichen Verlust nach § 176 Abs. 1 Satz 3 AktG unterstützen. Der PrB hat eine besondere Bedeutung für diejenigen Vorstandsmitglieder bzw. Geschäftsführer, in deren Zuständigkeitsbereich nicht die Buchführung und die Erstellung des JA fällt, die aber gleichwohl für die Buchführung und die Rechnungslegung des Unternehmens mitverantwortlich sind. Diese gesetzlichen Vertreter können sich mit Hilfe des PrB ein objektives Bild der Rechnungslegung verschaffen und haben daher diesem Informationsinstrument eine besondere Aufmerksamkeit zu widmen. Dies gilt ebenfalls für die Konzernleitung, die durch die PrB der Tochterunternehmen (§ 294 Abs. 3 Satz 1 HGB) Unterlagen zur Beurteilung und Kontrolle der Tochterunternehmen erhält[20].

Der PrB kann vielfach auch eine wesentliche Informationsgrundlage bei Ver-   **23** handlungen mit **Kreditgebern** und **Behörden** darstellen; allerdings ist zu beachten, daß Inhalt und Umfang der Berichterstattung nach der Intention des Gesetzgebers nicht an diesen Adressatenkreis bzw. Verwendungszweck auszurichten sind.

Eine weitere wesentliche Aufgabe des PrB besteht in seiner **Nachweisfunktion.**   **24** Für die gesetzlichen Vertreter des geprüften Unternehmens stellte der PrB einen urkundlichen Nachweis darüber dar, daß sie ihre Pflicht, Bücher ordnungsgemäß zu führen (§ 91 AktG, § 41 GmbHG) und entsprechend den gesetzlichen

---

18 Vgl. *ADS,* § 171 AktG Tz. 17 ff.; *Claussen* in Kölner Kom. § 171 Anm. 4.
19 Vgl. auch *Ludewig,* WPg. 1987 S. 373/377.
20 Vgl. *Kropff* in AktG-Kom. § 166 Anm. 5; *Grewe* in BoHdR § 321 Rz. 22.

Vorschriften Rechnung zu legen, erfüllt haben. Auch für den APr. hat der PrB eine besondere Bedeutung. Er enthält eine ausführliche Niederlegung und Begründung des Prüfungsergebnisses und – neben den Arbeitspapieren – den Nachweis, daß er seine Pflichten erfüllt hat[21]. Die Nachweisfunktion des PrB ist auch im Regreßfall von Bedeutung. Den Nachweis, wie er den gesetzlichen Pflichten nachgekommen ist, wird der APr. grundsätzlich unter Heranziehung der Arbeitspapiere zu führen haben, da der PrB den Umfang und die Art der vorgenommenen Prüfungshandlungen im einzelnen nicht erkennen lassen muß. Bei einem Wechsel des APr. hat der PrB auch als Grundlage für die nachfolgende Abschlußprüfung zu dienen.

c) Allgemeine Berichtsgrundsätze

25 Durch den PrB sind die Berichtsempfänger über das Ergebnis der Prüfung zu informieren. Der APr. hat die Prüfungsdurchführung, die dabei getroffenen Feststellungen und die Herleitung des Gesamturteils, das seinen Ausdruck im BestV findet, aus den Einzelurteilen über die Prüfungsobjekte darzustellen. Das Gesetz regelt weiter explizit eine Reihe von Pflichtfeststellungen. Inhalt und Umfang des PrB sind jedoch nicht abschließend geregelt, sondern stehen im pflichtgemäßen Ermessen des APr., das in Übereinstimmung mit den Aufgaben des PrB, insbesondere mit der Informationsfunktion, auszuüben ist[22]. Damit der PrB seinen Aufgaben gerecht werden kann, sind an den PrB – über die Vorschrift des § 321 HGB hinaus – eine Reihe allgemeiner **Grundanforderungen** zu stellen, die sich aus den allgemeinen Berufspflichten des APr. und mittelbar aus den Rechnungslegungs- und Prüfungsvorschriften ableiten.

26 Im PrB hat der APr. über das Ergebnis der Prüfung unparteiisch, vollständig, wahrheitsgetreu und mit der gebotenen Klarheit schriftlich zu berichten[23].

aa) Grundsatz der Unparteilichkeit

27 § 43 Abs. 1 Satz 2 WPO und § 323 Abs. 1 HGB verpflichten den APr. bei der Erstattung von PrB zu einem unparteiischen Verhalten und damit zu einer **objektiven Berichterstattung.** Der Grundsatz der Unparteilichkeit verlangt, daß die Sachverhalte unter Berücksichtigung aller verfügbaren Informationen sachgerecht gewertet werden[24]. Der APr. hat somit alle für die Beurteilung wesentlichen Tatbestände zu erfassen und sie allein aus der Sache heraus zu werten und darzustellen[25].

28 Im Rahmen der Erfüllung diverser Berichtspflichten, wie zB § 321 Abs. 1 Satz 4 oder Abs. 2 HGB, sind Wertungen positiver oder negativer Art zulässig und erforderlich. Eine unzulässige Durchbrechung des Grundsatzes einer **wertfreien Abfassung** des PrB liegt insoweit nicht vor. Der APr. hat sich allerdings jeder

21 Vgl. *Warneke,* WPg. 1960 S. 201/203; *ADS,* § 321 Tz. 35; *Breycha/Schäfer* in HdR, § 321 Rn. 6 f.
22 Vgl. *ADS,* § 321 HGB Tz. 37.
23 Vgl. FG/IDW 2/1988 Abschn. B. Das Institut der Wirtschaftsprüfer legt mit dem FG 2/1988 über die Grundsätze ordnungsmäßiger Berichterstattung bei Abschlußprüfungen die Berufsauffassung dar, nach der WP im Rahmen ihrer Eigenverantwortlichkeit Berichte über ihre gem. § 2 Abs. 1 WPO durchgeführten Abschlußprüfungen erstatten. Nach Auffassung des Bundesverbandes der vBP legt dieses FG auch die Grundsätze dar, nach denen vBP über ihre gem. § 129 Abs. 1 WPO durchgeführten Prüfungen berichten.
24 Vgl. FG/IDW 2/1988 Abschn. B; *ADS,* § 321 Tz. 50.
25 Vgl. Richtlinien für die Berufsausübung der Wirtschaftsprüfer und vereidigten Buchprüfer, Stand 12. 3. 1987, Abschn. V.

einseitigen oder persönlich wirkenden Kritik zu enthalten. Die Berichterstattung darf nicht unter dem Gesichtspunkt möglicher Interessengegensätze zwischen den gesetzlichen Vertretern des geprüften Unternehmens und/oder dessen Aufsichtsorgan und dem APr. differenziert oder entsprechend verkürzt werden[26]. Der Grundsatz der Unparteilichkeit des APr. gebietet es, seiner gesetzlich auferlegten Berichtspflicht uneingeschränkt nachzukommen, wobei ggf. abweichende Auffassungen und die hierfür gegebenen Begründungen darzustellen sind[27].

bb) Grundsatz der Vollständigkeit

Der Grundsatz der Vollständigkeit verlangt, daß im PrB alle in den jeweiligen **29** gesetzlichen Vorschriften oder den vertraglichen Vereinbarungen geforderten Feststellungen zu treffen sind und daß darüber zu berichten ist, welche **wesentlichen Tatsachen** die Prüfung erbracht hat. Wesentlich sind dabei solche Tatsachen, die für eine ausreichende Information der Berichtsempfänger von Bedeutung sind[28]. Der Stellenwert dieses Grundsatzes ergibt sich aus § 332 HGB, § 403 AktG, die das Verschweigen erheblicher Umstände im PrB unter Strafe stellen.

Wieweit die Berichterstattung im einzelnen zu gehen hat, muß der APr. nach **30** eigenem **pflichtgemäßen Ermessen** entscheiden. Der Grundsatz der Vollständigkeit erfordert nicht, daß der APr. alles in seinen Bericht aufnehmen muß, was er festgestellt hat. Informationen über wesentliche Tatsachen dürfen nicht durch die Vermischung mit einer Vielzahl von Informationen, die auch kumulativ von untergeordneter Bedeutung sind, in ihrer Informationswirkung eingeschränkt werden. Die Berichterstattung im PrB hat sich auf das Wesentliche zu konzentrieren[29]. Als allgemeiner Grundsatz kann gelten, daß im PrB stets all das zum Ausdruck kommen muß, was zum Ergebnis der Prüfung der Buchführung, des JA und des LB gehört, und zwar insoweit, als es zur Vermittlung eines klaren Bildes über das Prüfungsergebnis notwendig ist.

Der **Umfang der Berichterstattung** hat sich unter Wesentlichkeitsgesichtspunkten **31** danach zu orientieren, daß ein Berichtsempfänger, der über die zum Verständnis einer gesetzlichen Rechnungslegung erforderlichen Kenntnisse verfügt, sich aufgrund des PrB ein eigenes Urteil über die Gesetz-, Satzungs- und Ordnungsmäßigkeit von Buchführung, JA und LB bilden und die notwendigen Schlußfolgerungen daraus ziehen kann[30]. Bei der Abfassung des PrB und bei der Festlegung des Umfangs der Berichterstattung wird es im Einzelfall erforderlich sein, die Struktur des Empfängerkreises der PrB nicht unberücksichtigt zu lassen[31]. Im übrigen liegt es im Wesen der Prüfungsberichterstattung, daß über Sachverhalte, deren Ordnungsmäßigkeit festgestellt wird, nur knapp berichtet wird, während problematische oder zu beanstandende Sachverhalte ausführlicher darzulegen sind.

Der APr. darf den Wunsch des Auftraggebers, die Berichterstattung einzu- **32** schränken, nur insoweit berücksichtigen, als hierdurch der Grundsatz der Vollständigkeit nicht verletzt wird. Ein **Schweigerecht** oder gar eine Schweigepflicht

---

26 Vgl. *Forster*, WPg. 1979 S. 650/652.
27 Vgl. FG/IDW 2/1988 Abschn. B; *ADS*, § 321 Tz. 50; *Budde/Kunz* in BeBiKo., § 321 Anm. 16.
28 Vgl. FG/IDW 2/1988 Abschn. B.
29 *Forster*, WPg. 1979 S. 650/651: „multum, non multa".
30 Vgl. *ADS*, § 321 Tz. 42; *Breycha/Schäfer* in HdR § 321 Rn. 8.
31 Vgl. auch *Ludewig*, WPg. 1987 S. 373/377; *Gross*, ZfB-Erg. Heft 1/1987 S. 341/344 f.

besteht für den PrB über eine gesetzliche Abschlußprüfung **nicht.** Selbst wenn die gesetzlichen Vertreter von der **Schutzklausel** nach § 286 HGB oder § 160 Abs. 2 AktG Gebrauch machen, so ist im PrB auf den entsprechenden Sachverhalt einzugehen und Stellung zu nehmen, ob die Voraussetzungen für die Inanspruchnahme der Schutzklausel gegeben sind [32].

33 **Vertrauliche Angaben** sind in den PrB aufzunehmen, wenn sie für eine ausreichende Information der gesetzlichen Berichtsempfänger erforderlich sind. Der APr. darf nicht zwischen ihrem Wert für die Information des Aufsichtsorgans einerseits und einer Gefährdung ihrer Vertraulichkeit abwägen, sondern muß vielmehr davon ausgehen, daß die Mitglieder des Aufsichtsorgans ihre Verschwiegenheitspflicht beachten [33]. Es ist vor allem nicht zulässig, den notwendigen Berichtsinhalt deshalb einzuschränken, weil Konkurrenten oder Arbeitnehmer dem Aufsichtsorgan angehören [34]. Differenzierter ist vorzugehen, wenn der PrB der Allgemeinheit zugänglich ist, wie etwa bei der aktienrechtlichen Gründungs- oder Sonderprüfung (§§ 34 Abs. 3, 145 Abs. 4 AktG) oder über die Verschmelzungsprüfung (§ 340b Abs. 4 AktG) [35]. In diesen Fällen hat der Prüfer zwischen dem Interesse des geprüften Unternehmens an der Wahrung von Geschäfts- und Betriebsgeheimnissen einerseits und der Notwendigkeit andererseits, die für die Urteilsbildung der Berichtsempfänger erforderlichen Angaben in den PrB aufzunehmen, abzuwägen [36].

34 Der Grundsatz der Vollständigkeit umfaßt auch den Grundsatz der **Einheitlichkeit der Berichterstattung.** Danach sind mehrere Berichte, wie zB Hauptbericht, Bericht über Zwischenprüfungen oder Vor- bzw. Sonderberichte über Sachverhalte nach § 321 Abs. 2 HGB bzw. über die Prüfung des Kreditgeschäfts bei Abschlußprüfungen von Kreditinstituten, soweit sie sich auf denselben Prüfungszeitraum beziehen und Bestandteil einer Pflichtprüfung sind, als Einheit anzusehen. Die Erstellung von Teilberichten ist nur insoweit zulässig, als sie durch besondere Umstände zeitlich oder sachlich geboten ist. Auf **Teilberichte** und deren Gegenstand ist im PrB stets hinzuweisen [37]. Die in den Teilberichten festgestellten Ergebnisse sind zusammengefaßt in den Hauptbericht zu übernehmen.

35 Auf die Tatsache, daß über die Prüfung des sog. **Abhängigkeitsberichts** gemäß § 313 Abs. 2 AktG gesondert berichtet wird, sollte im Bericht über die Jahresabschlußprüfung hingewiesen werden. In Fällen ohne Besonderheiten erscheint die Aufnahme des Schlußergebnisses in den Hauptbericht entbehrlich. Der Grundsatz der Einheitlichkeit bezieht sich nicht auf die Berichterstattung über unterschiedliche Prüfungsaufträge, zB die Prüfung von JA und KA. Erfolgt keine zusammengefaßte Berichterstattung über die Jahresabschluß- und die Konzernabschlußprüfung (§§ 298 Abs. 3 Satz 3, 315 Abs. 3 HGB), ist es empfehlenswert, in den Bericht über die Jahresabschlußprüfung einen Hinweis auf die Prüfung des KA und die gesonderte Berichterstattung hierzu aufzunehmen [38].

---

32 Vgl. FG/IDW 2/1988 Abschn. C VI; *ADS*, § 321 Tz. 43, 83.
33 Vgl. *Kropff* in AktG-Kom., § 166 Anm. 34; *ADS*, § 321 Tz. 43.
34 Vgl. *Forster*, WPg. 1979 S. 650/652.
35 Vgl. hierzu LG Mannheim v. 3. 3. 1988, DB 1988 S. 1058; *Becker*, AG 1988 S. 223/225.
36 Ebenso *Breycha/Schäfer* in HdR, § 321 Rn. 8; *ADS*, § 321 Tz. 43; dagegen differenzieren *Raff/Brandl* in HdJ Abt. VI/5 (1988) Rn. 4 und *Budde/Kunz* in BeBiKo. § 321 Anm. 14 nicht nach dem Empfängerkreis.
37 Vgl. FG/IDW 2/1988 Abschn. B 1.
38 Vgl. ebenso *Budde/Kunz* in BeBiKo., § 321 Anm. 15; *ADS*, § 321 Tz. 46.

Der Grundsatz der Einheitlichkeit der Berichterstattung gilt auch in den Fällen, **36**
in denen imRahmen der – gegenständlich **erweiterten** – **Jahresabschlußprüfung**,
zB nach § 53 HGrG oder nach § 26 WGG, besondere Feststellungen zu treffen
sind, sowie dann, wenn der PrB nach den Richtlinien der Aufsichtsbehörden
besondere Berichtsfeststellungen enthalten muß (Kreditinstitute, VU). Auf **Sonderberichte**, in denen das Ergebnis zusätzlicher, über den Umfang der Pflichtprüfung hinausgehender Aufträge dargestellt wird, braucht im Bericht über die
Pflichtprüfung ebensowenig hingewiesen zu werden wie auf eine über die
gesetzlichen Erfordernisse hinausgehende Berichterstattung, wie zB Management-Letter, Zusatzberichte über Organbezüge [39].

cc) Grundsatz der Wahrheit

Gemäß dem Grundsatz der Wahrheit hat der Inhalt des PrB nach der Überzeu- **37**
gung des APr. den **tatsächlichen Gegebenheiten** zu **entsprechen** [40]. Der APr. muß
also von der Richtigkeit seiner Feststellungen und den daraus abgeleiteten
Schlußfolgerungen überzeugt sein. Der PrB darf nicht den Eindruck erwecken,
daß ein Sachverhalt geprüft wurde, obwohl seine Prüfung (noch) nicht möglich
war. Ist es dem APr. bei seinen Prüfungshandlungen nicht gelungen, die tatsächlichen Verhältnisse soweit zu ergründen, daß er eine gesicherte Beurteilung des
Sachverhalts vornehmen kann, so ist dies im PrB anzugeben. Die Ausführungen
müssen klar erkennen lassen, ob und inwieweit sich die Prüfungsergebnisse
nicht auf eigene Feststellungen, sondern auf andere Prüfungen, wie Prüfungen
durch die interne Revision, Prüfungen bei Tochterunternehmen durch andere
Prüfer, Gutachten von Sachverständigen, wie zB Versicherungsmathematikern,
stützen. Der Grundsatz der Wahrheit wird auch dann verletzt, wenn entgegen
dem Grundsatz der Vollständigkeit wesentliche Tatsachen weggelassen werden.

Sind mehrere Personen nebeneinander zu APr. bestellt und ergeben sich zwischen ihnen Meinungsverschiedenheiten über die Würdigung eines Sachverhaltes, so sind diese im PrB zum Ausdruck zu bringen.

dd) Grundsatz der Klarheit

Der Grundsatz der Klarheit gebietet eine **verständliche und eindeutige Darlegung** **38**
der berichtspflichtigen Sachverhalte im PrB [41]. Zu den Merkmalen einer verständlichen Berichterstattung gehören eine übersichtliche Gliederung, ein einfacher und sachlicher Stil sowie die Beschränkung auf das Wesentliche. Eine einmal gewählte Gliederung des PrB sollte bei den jeweiligen Abschlußprüfungen
nicht von Jahr zu Jahr wesentlich verändert werden, es sei denn, daß zwingende
Gründe hierfür vorliegen. Zu einem klaren Bericht gehört auch ein übersichtlicher Satzbau. Nicht allgemein geläufige Fachausdrücke sowie wenig gebräuchli-
che Fremdwörter und Abkürzungen sollten vermieden oder an geeigneter Stelle
erläutert werden. Umfangreiche Zusammenstellungen und Zahlentabellen
sollten wegen der besseren Übersichtlichkeit des PrB als Anlagen beigefügt
werden.

---

39 AA *Leffson*, Wirtschaftsprüfung, 4. Aufl., Wiesbaden 1988, S. 347 f.
40 Vgl. FG/IDW 2/1988 Abschn. B.
41 Vgl. FG/IDW 2/1988 Abschn. B.

39   Auch hinsichtlich der Anforderungen an die Verständlichkeit des PrB kann sich im Einzelfall eine Orientierung an dessen jeweiligen Empfängerkreis empfehlen[42]. Eine eindeutige Berichterstattung im PrB erfordert Formulierungen, die Fehldeutungen und Fehlinterpretationen durch den Berichtsleser ausschließen. Der Bericht darf keine Aussagen enthalten, die offen lassen, zu welchem Ergebnis die Prüfung der Bestandteile des JA und der Buchführung im einzelnen geführt hat, auch wenn insgesamt ein positives Gesamturteil durch einen uneingeschränkten BestV abgegeben wird. Ein Verstoß gegen den Grundsatz der Klarheit des PrB liegt dann vor, wenn Aussagen nur verschlüsselt, versteckt oder beschönigend gemacht werden. Der APr. kann sich im Regreßfall nicht auf versteckte Vorbehalte berufen, wenn der PrB ein beanstandungsfreies Bild von der Rechnungslegung zeichnet[43].

2. Aufbau und Gliederung des Prüfungsberichts

40   Wie der APr. seinen PrB aufbaut und gliedert, ist seinem pflichtgemäßem Ermessen überlassen[44]. In der Praxis der Prüfungsberichterstattung hat sich zum AktG 1965 ein berufsüblicher und weitgehend einheitlicher Aufbau des PrB herausgebildet, bei dem eine Gliederung in drei Teile (Hauptteil, Anhang und Anlagen) üblich war. Durch die Weiterentwicklung der Rechnungslegungsvorschriften und die gestiegenen **Anforderungen** an eine informative Berichterstattung über die Abschlußprüfung sind auch Aufbau und Gliederung des PrB anzupassen.

41   Der **PrB** kann zB wie folgt **gegliedert** werden[45]:

Bericht

A. Prüfungsauftrag und Auftragsdurchführung
B. Rechtliche Verhältnisse
C. Wirtschaftliche Grundlagen
D. Erläuterungen und Feststellungen zum Jahresabschluß
      I. Bilanz und Gewinn- und Verlustrechnung
           1. Gliederung und Ausweis
           2. Bilanzierung und Bewertung
      II. Anhang
      III. Analyse des Jahresabschlusses
           1. Vermögenslage
           2. Finanzlage
           3. Ertragslage
E. Lagebericht

---

42 Vgl. *Gross*, ZfB-Erg. Heft 1/1987 S. 341/344. Nach *Ludewig*, WPg. 1987 S. 373/379, sind an den PrB nach dem BiRiLiG erhöhte Anforderungen an den Grundsatz der Klarheit zu stellen.

43 Vgl. *Kropff* in AktG-Kom., § 166 Anm. 33; *Grewe* in BoHdR, § 321 Rz. 27; *Pohlentz* in HWRev. Sp. 1168/1174.

44 Das FG/IDW 2/1988 enthält keine Darlegungen zum formellen Aufbau des PrB (vgl. ebd. Abschn. A).

45 Vgl. auch die diversen Gliederungsvorschläge bei *ADS*, § 321 Tz. 199; *Budde/Kunz* in BeBiKo., § 321 Anm. 42; *Grewe* in BoHdR, § 321 Rz. 36 ff.; *Breycha/Schäfer* in HdR, § 321 Rn. 65 ff.; *Ludewig*, WPg. 1987 S. 373/384; *Korth*, Prüfungsbericht S. 31 ff.; zur Gliederung des PrB einer mittelgroßen GmbH hat das IDW einen Gliederungsvorschlag dargelegt; IDW, Die Abschlußprüfung der mittelgroßen GmbH, Düsseldorf 1989 S. 227 ff.

F. Buchführung und Bestandsnachweise
G. Prüfungsergebnis und Bestätigungsvermerk

Anlagen

Der **Gliederungsvorschlag** ermöglicht es, die vom Gesetz geforderten Mindestin- **42** halte und berufsüblichen Feststellungen in einer sachlich sinnvollen und für den Berichtsleser übersichtlichen Form darzulegen. Soweit es der Grundsatz der Klarheit oder besondere Berichtspflichten des APr. (zB § 321 Abs. 1 Satz 4 HGB oder die Redepflicht nach § 321 Abs. 2 HGB) erfordern, sind weitere Gliederungspunkte aufzunehmen bzw. gegebene Gliederungspunkte zu untergliedern.

Der APr. hat den **Umfang** des PrB so zu gestalten, daß die Berichterstattung – **43** unter Beachtung der in § 321 Abs. 1 und 2 HGB besonders erwähnten Berichtspflichten – so knapp wie möglich, aber andererseits auch so umfassend wie nötig ist. Es ist allein Aufgabe des APr., wichtige und wesentliche Informationen von weniger wichtigen zu trennen. Ziel der Berichterstattung über die Abschlußprüfung sollte sein, den Leser durch den Bericht umfassend zu informieren. Dabei kann es angebracht sein, die nach § 321 Abs. 1 Satz 3 HGB erforderlichen Aufgliederungen und Erläuterungen der Posten des JA in den Berichtsteil zu integrieren.

Um die Berichterstattung zu entlasten und übersichtlicher zu gestalten, emp- **44** fiehlt es sich häufig, die Aufgliederungen und Erläuterungen der Posten des JA in einem **ergänzenden Aufgliederungs- und Erläuterungsteil** vorzunehmen, der ggf. als Anlage beizufügen ist; im Berichtsteil ist dann nur in zusammengefaßter Form zu berichten.

Ob und inwieweit ergänzende **Detailangaben,** Aufgliederungen und Erläuterun- **45** gen der Posten des JA zur Entlastung und übersichtlicheren Gestaltung des PrB in einem ergänzenden Aufgliederungs- und Erläuterungsteil des PrB vorgenommen werden, hängt von den Gegebenheiten des Einzelfalles ab, wie zB Größe des geprüften Unternehmens, Informationsstand der Berichtsadressaten, Qualität des innerbetrieblichen Berichtswesens. Daneben bleibt es dem Auftraggeber unbenommen, den APr. zu bitten, seine Berichterstattung auch umfangreicher zu gestalten[46].

Im ergänzenden Aufgliederungs- und Erläuterungsteil werden die einzelnen **46** Posten des JA unter gleichzeitiger Gegenüberstellung der Vorjahreszahlen **aufgegliedert** und inhaltlich sowie hinsichtlich wesentlicher Veränderungen **erläutert.** Die früher übliche Bezeichnung Anhang oder Berichtsanhang für diesen Teil des PrB ist durch das Gesetz (§ 264 Abs. 1 HGB) belegt und folglich nicht mehr zu verwenden[47].

Die ergänzenden Aufgliederungen und Erläuterungen zu den Posten von Bilanz und GuV folgen zweckmäßigerweise der **Reihenfolge** des Ausweises im JA. Es ist nicht erforderlich, alle Posten einzeln zu erörtern; vielfach dient es einer strafferen und übersichtlicheren Berichterstattung, wenn gleichartige Gruppen von Bilanzposten (zB Sachanlagevermögen, Vorräte) gemeinsam behandelt werden. Eine verbale Erläuterung kann häufig auch im Hauptteil des PrB im Rahmen der Darlegung der Bilanzierung und Bewertung (Abschn. D. I. 2) und ggf. dar-

---

46 Vgl. *Forster,* WPg. 1979 S. 650/651.
47 Vgl. *Grewe* in BoHdR, § 321 Rz. 38; *ADS,* § 321 Tz. 201.

über hinaus bei der Analyse des JA vorgenommen werden. In jedem Fall sollten Überschneidungen und Wiederholungen bei der Abfassung des PrB weitgehend vermieden werden.

47 Als **weitere Anlagen** sind dem PrB die Bilanz, die GuV, der Anh. (ggf. einschließlich der Aufstellung des Anteilsbesitzes, § 287 HGB), grundsätzlich auch der LB[48] sowie die der Prüfung zugrunde gelegten Auftragsbedingungen beizufügen. Sofern der LB in Ausnahmefällen nicht beigefügt wird, ist er in der vom APr. geprüften Fassung in die Arbeitspapiere aufzunehmen.

Ob darüber hinaus zusätzliche Anlagen (Aufstellung der Anlagenzu- und abgänge, detaillierte Aufgliederungen bestimmter Posten des JA, wie zB der Forderungen, Rückstellungen, Umsatzerlöse, ggf. Übersicht über den bestehenden Versicherungsschutz) beigefügt werden, richtet sich nach den Verhältnissen des Einzelfalles und den zwischen der Gesellshaft und dem APr. getroffenen Vereinbarungen.

48 Der Gegenstand der Abschlußprüfung sollte sich bereits aus der **äußeren Form** des PrB ergeben. Jedem PrB ist ein Deckblatt voranzustellen, aus dem sich die Firma des geprüften Unternehmens, der Gegenstand der durchgeführten Prüfung, der Abschlußstichtag und der Name des APr. ergeben. Vielfach werden auch das Berichtsdatum und regelmäßig die Berichtsnummer vermerkt.

49 Der besseren Übersichtlichkeit wegen ist ein **Inhaltsverzeichnis** unter Angabe der beigefügten Anlagen voranzustellen. Im Einzelfall kann es zweckmäßig sein, die Berichtsseiten mit Textziffern zu versehen. Unterstreichungen oder andere optische Hervorhebungen erhöhen die Lesbarkeit. Die Gestaltung ist insoweit in das Ermessen des APr. gestellt.

3. Inhalt des Prüfungsberichts

a) Allgemeine Angaben

50 Die Aufgaben des PrB machen es erforderlich, daß über die in § 321 Abs. 1 und 2 HGB explizit geregelten Berichtspflichten hinaus weitere **Angaben zur Abschlußprüfung** und **zum geprüften Unternehmen** aufgenommen werden. § 321 HGB enthält insoweit keine Ausschließlichkeitsregelung, sondern gibt dem APr. die Möglichkeit zu einer zweckmäßigen, den Bedürfnissen des Einzelfalles angepaßten Berichterstattung.

aa) Prüfungsauftrag und Auftragsdurchführung

51 Im PrB sind einleitend der Prüfungsauftrag anzugeben und die Durchführung der Prüfung darzustellen[49].

Hinsichtlich des **Prüfungsauftrags** ist idR auf folgende Sachverhalte einzugehen:

---

48 So auch FG/IDW 2/1988 Abschn. C VII 2; *Budde/Kunz* in BeBiKo., § 321 Anm. 42; aA *ADS*, § 321 Tz. 200; *Breycha/Schäfer* in HdR, § 321 Rn. 65.
49 Vgl. FG/IDW 2/1988 Abschn. C I.

– Bestellung zum APr.

Auf die **Wahl des APr.** durch die Gesellschafter (§ 318 Abs. 1 Satz 1 HGB) oder 52
das sonst zuständige Organ (§ 318 Abs. 1 Satz 2 HGB) sowie auf die **Erteilung des Prüfungsauftrages** durch die gesetzlichen Vertreter ist einleitend einzugehen. Erfolgt eine gerichtliche Bestellung des APr. (§ 318 Abs. 3 und 4 HGB), so ist dies ausdrücklich darzulegen. Das Datum der Auftragserteilung muß nicht zwingend in den PrB aufgenommen werden[50]. Obwohl der Prüfungsauftrag erst durch die Annahme des von den gesetzlichen Vertretern abgegebenen Angebots zustande kommt, ist ein ausdrücklicher Hinweis auf die Annahme des Auftrages grundsätzlich nicht erforderlich.

– Gegenstand der Abschlußprüfung

In Kurzform ist hierbei auf den **Auftragsumfang** einzugehen, den JA unter Einbeziehung der Buchführung sowie den LB auf die Einhaltung der gesetzlichen Vorschriften gem. § 317 HGB zu prüfen und über das Ergebnis der Prüfung in berufsüblichem Umfang zu berichten. Ist der Auftrag erweitert worden oder handelt es sich um eine gesetzlich erweiterte Abschlußprüfung (zB gem. § 53 HGrG), so ist dies anzugeben. Ggf. ist auch auf die Prüfung des Abhängigkeitsberichts gem. § 313 Abs. 1 AktG hinzuweisen. Hatte der APr. aufgrund eines Sonderauftrages der gesetzlichen Vertreter, des Aufsichtsorgans oder der Gesellschafter bestimmte zusätzliche Feststellungen zu treffen, so ist ein Hinweis hierauf grundsätzlich nicht geboten[51].

– Art der Prüfungsdurchführung

Die Art der **Prüfungsdurchführung** muß ebenfalls aus dem PrB erkennbar sein. 54
Dies gilt vor allem dann, wenn ungewöhnliche Umstände vorlagen. So ist zB darauf hinzuweisen, wenn berufsübliche Prüfungshandlungen nicht vorgenommen oder Sachverhalte nicht voll aufgeklärt werden konnten[52].

Hinsichtlich der **Art** der Prüfungsdurchführung sind grundsätzlich folgende Angaben in den PrB aufzunehmen:

– – Prüfungszeitraum und Ort

Der **Prüfungszeitraum** ist kalendermäßig anzugeben, damit erkennbar wird, in 55
welchem Zeitraum der APr. seine Arbeiten vor Ort durchgeführt und zu welchem Zeitpunkt er sie abgeschlossen hat. Auf die Vornahme einer **Zwischenprüfung** und deren Zeitraum oder auf eine turnusmäßige Prüfung von Zweigniederlassungen bzw. -werken sollte hingewiesen werden. Es kann erforderlich sein, auf später getroffene Feststellungen, zB anläßlich von Besprechungen nach Abschluß der Prüfung, hinzuweisen. Gleiches gilt für besondere Umstände, die zu einer Verlängerung der Prüfungszeit geführt haben, sowie für längere Unterbrechungen, wie zB wegen mangelnder Prüfungsbereitschaft des Unternehmens.

---

50 AA *ADS,* § 321 Tz. 53.
51 Ebenso *ADS,* § 321 Tz. 54; aA *Leffson,* Wirtschaftsprüfung S. 347 f.
52 Vgl. *Kropff* in AktG-Kom. § 166 Anm. 18a; *ADS,* § 321 Tz. 56.

– – Hinweis auf die Beachtung der Grundsätze ordnungsmäßiger Durchführung von Abschlußprüfungen (FG/IDW 1/1988)

56 Der **Nachweis der Prüfungshandlungen** ist grundsätzlich durch die Arbeitspapiere
zu erbringen. Im PrB genügt es, darauf hinzuweisen, daß bei der Prüfung die
Grundsätze ordnungsmäßiger Durchführung von Abschlußprüfungen beachtet
worden sind. Eine Erwähnung einzelner Prüfungshandlungen wird nur in Ausnahmefällen in Betracht kommen. Wird ausnahmsweise von diesen Grundsätzen
abgewichen (zB keine Teilnahme an der Vorratsinventur, keine Einholung von
Saldenbestätigungen), ist im PrB ausdrücklich unter Angabe der Gründe darauf
hinzuweisen.

– – Hinweis auf die Verwendung von Prüfungsergebnissen und Untersuchungen Dritter

57 Verwendet der APr. gem. den Grundsätzen ordnungsmäßiger Durchführung von
Abschlußprüfungen[53] **Prüfungsergebnisse oder Untersuchungen Dritter** (zB APr.
von Tochterunternehmen, sonstiger Einrichtungen oder Sachverständiger), so ist
eine Erwähnung im PrB erforderlich, wenn sich der APr. in wesentlichen Punkten auf die Feststellungen Dritter stützt[54]. Ein Hinweis auf die Zusammenarbeit
mit der internen Revision[55] ist erforderlich, wenn die Zusammenarbeit über
einen im Rahmen der Prüfung des internen Kontrollsystems üblichen Rückgriff
auf Feststellungen der Innenrevision hinausgeht.

– Hinweis auf die der Abschlußprüfung zugrunde gelegten Auftragsbedingungen

58 Es empfiehlt sich, auf die der Abschlußprüfung zugrunde gelegten **Auftragsbedingungen** hinzuweisen, sie als Anlage dem Bericht beizufügen und festzustellen,
daß sie auch im Verhältnis zu Dritten gelten sollen[56]. Der entsprechende Hinweis kann etwa wie folgt lauten:

„Für die Durchführung des Auftrages und meine (unsere) Verantwortlichkeit,
auch im Verhältnis zu Dritten, gelten die unter dem ... getroffenen Vereinbarungen sowie ergänzend die diesem Bericht als Anlage ... beigefügten Allgemeinen
Auftragsbedingungen für Wirtschaftsprüfer und Wirtschaftsprüfungsgesellschaften in der Fassung vom ...".
Hinsichtlich der Prüfung des KA ist ein entsprechender Hinweis aufzunehmen.

59 Die in den PrB aufzunehmenden Feststellungen, ob die gesetzlichen Vertreter
die erforderlichen **Aufklärungen und Nachweise** erbracht haben (§ 321 Abs. 1
Satz 2 HGB) und ob von verbundenen Unternehmen und ggf. deren APr. Aufklärungen und Nachweise erteilt wurden (§ 320 Abs. 3 HGB) sowie der Hinweis
auf die Einholung der berufsüblichen Vollständigkeitserklärung der gesetzlichen
Vertreter können in diesem Abschnitt des PrB[57] grundsätzlich enthalten sein.

---

53 Vgl. FG/IDW 1/1989 Abschn. D II 7.
54 Vgl. *ADS*, § 321 Tz. 57; *Breycha/Schäfer* in HdR § 321 Rn. 67.
55 Vgl. St./HFA 2/1966, Gemeinsame „Erläuterung der Grundsätze für die Zusammenarbeit der Wirtschaftsprüfer mit der internen Revision" durch das Institut für Interne Revision.
56 Vgl. FG/IDW 2/1988 Abschn. C I 4.
57 Ebenso *ADS*, § 321 Tz. 59; *Breycha/Schäfer* in HdR § 321 Rn. 67; für eine Aufnahme in den
Abschnitt Prüfungsergebnis und Bestätigungsvermerk (Schlußbemerkung) *Korth*, Prüfungsbericht
S. 34.

bb) Rechtliche Verhältnisse

Eine Berichterstattung über die rechtlichen Verhältnisse des geprüften Unter- **60**
nehmens gehört nicht zum gesetzlich bestimmten Pflichtinhalt des PrB. Eine
Darstellung besonders wichtiger Sachverhalte und der Veränderungen in den
rechtlichen Verhältnissen entspricht langjähriger **Berufsübung**[58]. Über die rechtlichen Verhältnisse ist grundsätzlich so umfassend zu berichten, daß sich hierüber jeder Berichtsleser, auch ohne Heranziehung früherer PrB, ein zutreffendes
Bild machen kann.

Jedoch ist eine umfassende Schilderung der Rechtsverhältnisse des geprüften **61**
Unternehmens, insbesondere der wesentlichen Bestimmungen der Satzung oder
des Gesellschaftsvertrages und solcher Tatbestände, die das Verständnis des JA
fördern, regelmäßig nur bei **Erstprüfungen** erforderlich und üblich[59]. Bei **Folge-
prüfungen** wird der APr. den Umfang davon abhängig machen, welchen Informationswert die Angaben für die Berichtsempfänger haben[60]. Gerade im Hinblick auf die nicht an der Geschäftsführung beteiligten Gesellschafter einer
GmbH kann es sich empfehlen, regelmäßig eine Darstellung der wesentlichen
rechtlichen Grundlagen in den PrB aufzunehmen.

Es ist zweckmäßig und im Regelfall ausreichend, die **Darstellung** der rechtlichen **62**
Verhältnisse kurz zu fassen – ggf. in tabellarischer Form –, jedoch wichtige Feststellungen in jedem Berichtsjahr erneut aufzunehmen. Hierzu gehören zB Angaben über:

– Änderungen von Satzung oder Gesellschaftsvertrag

– Kapitalverhältnisse
  Höhe des Kapitals, Kapitalerhöhungen, -herabsetzungen, ggf. Eintritt und
  Ausscheiden von Gesellschaftern mit bedeutender Beteiligung etc.

– Organe
  AR, ggf. Beirat, gesetzliche Vertreter; idR kann hierbei auf die entsprechenden Angaben im Anh. verwiesen werden.

– Beschlüsse von Gesellschafterversammlungen, Hauptversammlungen, insbe-
  sondere hinsichtlich
  – Vorjahresabschluß (Dividende, Gewinnvortrag)
  – Entlastung Geschäftsführer, Vorstand
  – Entlastung AR und ggf. Beirat

– Unternehmensverbindungen
  wie zB das Bestehen von Konzernverhältnissen, Abhängigkeitsverhältnissen
  oder von Unternehmensverträgen (Beherrschungs-, Betriebspacht-, Betriebs-
  überlassungs-, Betriebsführungs-, Arbeitsgemeinschafts-, Interessengemein-
  schafts-, Gewinnpoolungs- und Gewinnabführungsverträge)

– Wichtige Verträge
  wie zB Erbbau-, Pacht-, Miet-, Leasing-, Lizenz-, Konzessions- und Energie-
  lieferungsverträge, Preisvereinbarungen, Garantieverträge, langfristige
  Abnahme- und Lieferverpflichtungen

---

58 So auch FG/IDW 2/1988 Abschn. C I.
59 Ebenso *Warneke*, WPg. 1960 S. 201/204; *ADS*, § 321 Tz. 63; *Budde/Kunz* in BeBiKo. § 321 Anm. 44.
60 Krit. hierzu *Korth*, Prüfungsbericht S. 35.

– schwebende Rechtsstreitigkeiten

– steuerliche Verhältnisse
wie zB Veranlagungen, Stand steuerlicher Außenprüfungen uä. Auch können
sich Darstellungen zur Höhe und Zusammensetzung des verwendbaren Eigenkapitals empfehlen.

63 Im PrB ist zu erwähnen, ob der **Vorjahresabschluß festgestellt** und über eine
Ergebnisverwendung Beschluß gefaßt worden ist[61]. Dies ist deshalb von Bedeutung, weil im Falle einer abweichenden Feststellung auch die Saldenvorträge
und damit der JA des neuen Geschäftsjahres tangiert würden[62].

64 Wird dem APr. im Verlauf seiner Prüfung bekannt, daß das Unternehmen seinen **Offenlegungspflichten** nicht nachgekommen ist und somit gegen gesetzliche
Vorschriften verstoßen hat, so ist im PrB darauf hinzuweisen[63]. Stellt ein MU
keinen KA und Konzern-Lagebericht auf, obwohl es nach den Vorschriften der
§§ 290 ff. HGB dazu verpflichtet ist, so ist eine entsprechende Angabe nach
§ 321 Abs. 2 HGB im PrB vorzunehmen[64].

65 Die Berichterstattung über die Veränderungen der rechtlichen Verhältnisse
bezieht sich nicht nur auf das Berichtsjahr, sondern hinsichtlich wichtiger Sachverhalte auch auf den Zeitraum bis zum Ende der Prüfung.

cc) Wirtschaftliche Grundlagen

66 Die Berichterstattung über die Entwicklung der wirtschaftlichen Grundlagen
des geprüften Unternehmens gehört nicht zum gesetzlich bestimmten Pflichtinhalt des PrB. Die gesetzlichen Aufgaben des APr. erfordern in jedem Fall, daß er
sich mit den Faktoren, die die wirtschaftliche Lage und Entwicklung des Unternehmens beeinflussen – speziell mit der Vermögens-, Finanz- und Ertragslage –
auseinandersetzt und hierzu Darstellungen in den PrB aufnimmt[65]. Ein Eingehen auf die wirtschaftlichen Grundlagen im PrB entspricht auch seit langem
guter und von den Berichtsempfängern im allgemeinen erwarteter **Berufsübung.**

67 Die Angaben sollen einen **Überblick** über die allgemeine wirtschaftliche Situation und Entwicklung des Unternehmens vermitteln. Der APr. hat bei seiner
Berichterstattung zu berücksichtigen, welche weitere Informationen dem
Berichtsempfänger bereits tatsächlich zur Verfügung stehen und hieran den
Umfang seiner Ausführungen auszurichten. Bei einem Unternehmen mit einem
weniger gut ausgebauten gesellschaftsinternen Informationssystem sind diese
allgemeinen Darstellungen für die Aufsichtsorgane und GmbH-Gesellschafter
von größerer Bedeutung als bei einem Unternehmen mit gut ausgebautem
Berichtswesen[66]. Bloße Wiederholungen von Angaben aus dem Anhang und LB
sind entbehrlich.

68 Zur **Darstellung der Entwicklung** der wirtschaftlichen Grundlagen kommen (ggf.
unter Angabe von Zahlen und Kennziffern) folgende Angaben in Betracht:

61 Vgl. FG/IDW 2/1988 Abschn. C I 2.
62 Vgl. *ADS*, § 321 Tz. 60.
63 Vgl. FG/IDW 2/1988 Abschn. C I 2; *Budde/Kunz* in BeBiKo. § 321 Anm. 44; aA *ADS*, § 321 Tz. 60.
64 Ebenso *ADS*, § 321 Tz. 65.
65 Vgl. FG/IDW 2/1988 Abschn. C II sowie die hM im Schrifttum.
66 Vgl. auch *ADS*, § 321 Tz. 69; *Farr*, Insolvenzprophylaxe durch Wirtschaftsprüfung, Frankfurt am
Main/Bern/New York 1986 S. 269.

- Unternehmenstätigkeit, Geschäftsbereiche
- Produktionsstätten
- Produktionsprogramm, neue Produkte, Marktentwicklung, Beschaffungs- und Absatzorganisation
- Umsatzzusammensetzung
- Auftragseingang und -bestand
- Umstrukturierungsmaßnahmen
- größere Investitionsprojekte und deren Finanzierung
- Betriebserweiterungen oder -stillegungen
- Personalentwicklung
- soziale Belange (Tarifentwicklung, soziale Leistungen uä.)
- Änderungen in den wirtschaftlichen Verhältnissen von Beteiligungsgesellschaften.

Es erscheint zweckmäßig, die maßgebenden Daten in Form einer **tabellarischen**   69
Gegenüberstellung über einen Zeitraum von zB 5 oder 10 Jahren darzustellen, da
dadurch der Informationswert dieser Angaben für die Berichtsempfänger
wesentlich erhöht wird. Auf die Vermögens-, Finanz- und Ertragslage im speziellen sollte nicht an dieser Stelle, sondern in einem gesonderten Abschnitt eingegangen werden. Im Einzelfall kann es sachgerecht und informativ sein, die
Angaben zu der Entwicklung der wirtschaftlichen Grundlagen unmittelbar der
Analyse der Vermögens-, Finanz- und Ertragslage voranzustellen.

Bei der Darstellung der wirtschaftlichen Grundlagen wird sich der APr. vielfach   70
auf **Unterlagen des Unternehmens,** wie zB statistisches Material, stützen, eigene
Erhebungen also nicht anstellen. Der PrB muß in diesen Fällen eindeutig erkennen lassen, inwieweit es sich um Unterlagen, Angaben und Auskünfte der
Gesellschaft handelt. Verwendet der APr. derartiges Zahlenmaterial, so kann er
dieses nicht ungeprüft übernehmen.

Eine Prüfung des **Versicherungsschutzes** gehört nicht zu den Aufgaben der Jah-   71
resabschlußprüfung von Kapitalgesellschaften[67]. Nimmt der APr. Angaben zum
Versicherungsschutz in seinen Bericht auf, so ist ein ausdrücklicher Hinweis
erforderlich, daß die Angemessenheit der Versicherungssummen und die Vollständigkeit des Versicherungsschutzes nicht untersucht wurden.

b) Pflichtfeststellungen nach § 321 Abs. 1 Satz 2 HGB

Nach § 321 Abs. 1 Satz 2 HGB hat der APr. im PrB besonders festzustellen, ob   72
die Buchführung, der JA und der LB den gesetzlichen Vorschriften entsprechen
und die gesetzlichen Vertreter die verlangten Aufklärungen und Nachweise
erbracht haben. Die Anforderungen des Gesetzgebers, **„besonders"** festzustellen,
ist iSv. „ausdrücklich" zu verstehen, dh. der PrB muß eine **ausdrückliche Feststellung** dieser Art enthalten[68]. Die Berichtsempfänger sollen hierdurch klar und
eindeutig erkennen können, welches die abschließende Auffassung des APr. zu
diesen im Gesetz genannten Feststellungsbereichen ist, auch wenn der in den

---

67 Vgl. *ADS,* § 321 Tz. 66; *Korth,* Prüfungsbericht S. 34. Dagegen bestehen bei Unternehmen der
   öffentlichen Hand besondere Berichterstattungserfordernisse.
68 HM FG/IDW 2/1988 Abschn. C I; *ADS,* § 321 Tz. 73; *Breycha/Schäfer* in HdR § 321 Rn. 12;
   Budde/Kunz in BeBiKo. § 321 Anm. 17; aA *Kropff* in AktG-Kom. § 166 Anm. 13, der dem „besonders" in der inhaltlich identischen Vorgängervorschrift des § 166 Abs. 1 Satz 2 AktG 1965 lediglich
   die Bedeutung beimißt, daß hierin die Schwerpunkte des PrB liegen müssen.

PrB aufzunehmende BestV (§ 322 Abs. 4 HGB) diesbezüglich eine identische (analoge) Feststellung trifft [69].

73 Hat die Prüfung der Buchführung, des JA und des LB deren **Ordnungsmäßigkeit** ergeben, so genügt jeweils eine entsprechende Feststellung. Diese wird grundsätzlich in den Abschnitt ‚Prüfungsergebnis und Bestätigungsvermerk' (Schlußbemerkung) aufzunehmen sein. Ggf. ist zu ergänzen, ob die einzelnen Rechnungslegungsbestandteile auch zusätzlichen Bestimmungen der Satzung oder des Gesellschaftsvertrages entsprechen, da sich der BestV gem. § 322 Abs. 2 Satz 2 HGB auch hierauf erstreckt [70].

74 Die Gesetzmäßigkeit von Buchführung, JA und LB lediglich zu bejahen oder zu verneinen, wird den Aufgaben des PrB allerdings nicht gerecht. Im PrB ist zur Gesetzmäßigkeit auch **Stellung** zu **nehmen,** insbesondere ist auf festgestellte Mängel der Buchführung oder der Rechnungslegung, die nicht von untergeordneter Bedeutung sind, einzugehen. Außerdem ist deren Einfluß auf das vom APr. getroffene Prüfungsergebnis darzustellen. In welchen Fällen der Hinweis auf einen Mangel wegen Geringfügigkeit unterbleiben kann und unter welchen Voraussetzungen ein solcher Hinweis in den PrB aufgenommen werden muß, ist danach zu beurteilen, ob die Kenntnis des Mangels für die Berichtsempfänger – in erster Linie für den AR bzw. Gesellschafter – von Bedeutung sein kann. Bei inzwischen behobenen Fehlern, die auf noch bestehende Schwächen im Rechnungswesen hindeuten, ist dies idR anzunehmen [71].

aa) Buchführung

75 § 321 Abs. 1 Satz 2 HGB verlangt vom APr. keine Stellungnahme zum gesamten Rechnungswesen, sondern zur **Finanzbuchführung,** soweit auf ihr der JA aufbaut. Bestandteile der Finanzbuchführung sind die Hauptbuchhaltung, die diversen Nebenbuchhaltungen (zB Anlagenbuchhaltung, Debitoren- und Kreditorenbuchhaltung, Lohn- und Gehaltsbuchhaltung), das Belegwesen sowie die Bestandsnachweise. Darüber hinaus sind auch solche Aufzeichnungen und Zweige des Rechnungswesens zu berücksichtigen, ohne die der JA nicht abgeleitet werden kann, zB die Kostenrechnung zur Ermittlung der Herstellungskosten und des Rückstellungsbedarfs sowie zur Beurteilung der GuV nach dem Umsatzkostenverfahren, Vertragsregister zur Beurteilung schwebender Geschäfte und Anhangangaben (zB § 285 Nr. 3 HGB) [72].

76 Eine ins Detail gehende **Darstellung** von Buchführung und Belegwesen ist im allgemeinen nicht erforderlich. Es genügen grundsätzlich Ausführungen zur Form der Buchführung, zur Datenverarbeitung, zur Organisation, zum Kontenplan, zum Belegwesen, zur vollständigen, fortlaufenden und zeitgerechten Erfassung der Geschäftsvorfälle, zur Ableitung des JA aus der Buchführung sowie zum internen Kontrollsystem [73]. Darzustellen sind vor allem wesentliche Veränderungen in den einzelnen genannten Bereichen.

---

69 Ebenso *ADS*, § 321 Tz. 74.
70 Vgl. FG/IDW 2/1988 Abschn. C VI; *Budde/Kunz* in BeBiKo. § 321 Anm. 17.
71 Vgl. FG/IDW 2/1988 Abschn. C VII.
72 Vgl. *Budde/Kunz* in BeBiKo. § 321 Anm. 18; *Schulze/Osterloh,* Zum Umfang der Berichtspflicht des Abschlußprüfers in *Gross,* FS v. Wysocki, Düsseldorf 1985 S. 239/243 ff.; *Gross,* ZfB-Erg. Heft 1/1987 S. 341/345; *Niehaus,* DB 1988 S. 817/819; *ADS,* § 321 Tz. 75, die darüber hinaus ggf. die Betriebsstatistik und Planungsrechnung einbeziehen; einschränkend dagegen *Breycha/Schäfer* in HdR § 321 Rn. 14.
73 Vgl. FG/IDW 2/1988 Abschn. C VI 1.

Eine Stellungnahme zur Buchführung erfordert auch Angaben zu den **Bestands-** 77
nachweisen. Es erscheint zweckmäßig, diese Angaben in den gesonderten
Berichtsabschnitt über die Buchführung zu integrieren[74]. Als Alternative bietet
sich an, die Angaben zu den Bestandsnachweisen in einen gesonderten Berichtsabschnitt zusammen mit den Angaben zur Gliederung und Bewertung aufzuneh-
men[75]. Das Schwergewicht der Ausführungen wird regelmäßig in den Angaben
über die Anlagenbuchführung, die Nachweise zu den Finanzanlagen, die
Bestandsaufnahme der Vorräte, das Vorliegen ordnungsmäßiger Unterlagen zur
Bemessung der Rückstellungen sowie über das Vorliegen von Saldenlisten für
Forderungen und Verbindlichkeiten und die Einholung von Bestätigungen (zB
Saldenbestätigungen) liegen. Der APr. hat auch darüber zu berichten, in welcher
Weise er die Bestandsnachweise geprüft hat. Hierbei ist darzulegen, ob und wie-
weit er an der Bestandsaufnahme der Vorräte teilgenommen hat oder warum er
ggf. von einer Inventurbeobachtung Abstand genommen hat sowie in welcher
Art und Weise er den Versand und den Rücklauf der Saldenbestätigungen über-
wacht hat[76].

Die einzelnen Feststellungen, auf die der APr. sein Urteil über die Ordnungsmä- 78
ßigkeit der Buchführung aufbaut, gehören regelmäßig in die Arbeitspapiere.
Eine Stellungnahme zur **Wirtschaftlichkeit** der Buchführungsorganisation ist nur
dann abzugeben, wenn der APr. einen entsprechenden, über den Gegenstand
der Jahresabschlußprüfung hinausgehenden Auftrag entgegengenommen hat[77].

Hat die Prüfung der Buchführung keine Beanstandungen ergeben, so ist dies in 79
einer **abschließenden Feststellung** zu vermerken. Eine mögliche Formulierung
könnte lauten:

„Wie ich (wir) im Rahmen meiner (unserer) Prüfung feststellen konnte(n), sind die Bücher,
Schriften, Belege und sonstigen Nachweise nach kaufmännischen Grundsätzen sorgfältig
und gewissenhaft geführt, die Belege ordnungsgemäß angewiesen, ausreichend erläutert
und übersichtlich aufbewahrt. Die Ordnungsmäßigkeit der Buchführung ist gegeben."

Auf **Buchführungsmängel,** die zwar keine Auswirkungen auf den BestV haben, 80
deren Kenntnis aber für die Berichtsempfänger von Bedeutung sein kann, ist im
PrB einzugehen[78]. Kleinere Mängel der Buchführung, zB gelegentliche falsche
Kontierung, sowie mögliche Verbesserungen der Buchhaltungsorganisation
brauchen idR nicht erwähnt zu werden. Hierauf wird der APr. die gesetzlichen
Vertreter in einem besonderen Schreiben (sog. Management-Letter) hinweisen.

Werden dagegen nicht unwesentliche Mängel festgestellt, so ist ausführlich darauf einzugehen. Die Mängel sind näher im PrB zu bezeichnen und die Auswirkungen auf das Rechnungswesen anzugeben[79].

Über **bereits behobene Mängel,** die sich im JA nicht auswirken, wird dann nicht 81
zu berichten sein, wenn es sich um zufällige Fehler aufgrund menschlicher
Unzulänglichkeiten und nicht ausschaltbarer Irrtümer handelt[80]. Anders verhält
es sich dagegen bei gewichtigen Mängeln, die auf organisatorische Schwächen

---

74 Ebenso *Budde/Kunz* in BeBiKo. § 321 Anm. 54; *Breycha/Schäfer* in HdR § 321 Rn. 71.
75 So WPH 1985/86, Bd. II, S. 538; *ADS*, § 321 Tz. 199.
76 Vgl. FG/IDW 1/1988 Abschn. D II 4.
77 Ebenso *ADS*, § 321 Tz. 77.
78 Vgl. *ADS*, § 321 Tz. 78; differenzierter *Korth*, Prüfungsbericht S. 11.
79 Vgl. *ADS*, § 321 Tz. 78; *Budde/Kunz* in BeBiKo. § 321 Anm. 20.
80 Es erscheint wenig sinnvoll, die Berichtsempfänger über gegenstandslos gewordene zufällige Mängel zu unterrichten; wohl aA *Baetge/Hense* in HdRKo. Kapitel II Rn. 1493.

des Rechnungswesens (zB mangelnde Sorgfalt, mangelnde Anweisung oder Ausbildung von Mitarbeitern, mangelnde Abstimmung der EDV-Systeme) hindeuten oder bei solchen Feststellungen, die das Vertrauen in die gesetzlichen Vertreter berühren können.

82   Aufgrund der Bedeutung des internen Kontrollsystems für die Ordnungsmäßigkeit der Buchführung hat der APr. stets über festgestellte gravierende **Mängel
des internen Kontrollsystems** zu berichten; dies gilt auch dann, wenn die festgestellten Mängel des Systens (noch) zu keinem Fehler geführt haben, aber zu
einem Fehler führen können[81]. Eine Berichtspflicht besteht in besonderem
Maße dann, wenn die Mängel des internen Kontrollsystems auf eine Verletzung
der Sorgfaltspflicht der gesetzlichen Vertreter (§ 93 AktG, § 43 GmbHG) schließen lassen.

bb) Jahresabschluß

83   Nach § 321 Abs. 1 Satz 2 HGB hat der APr. im PrB ferner ausdrücklich festzustellen, ob der JA den **gesetzlichen Vorschriften** entspricht. Diese Feststellung
erstreckt sich auf die Bilanz, die GuV und den Anh. Sind in der Satzung oder im
Gesellschaftsvertrag Bestimmungen enthalten, die den JA betreffen, so ist die
Übereinstimmung mit diesen Bestimmungen aufgrund der Vorschriften des
§ 317 Abs. 1 Satz 2 HGB und § 322 Abs. 2 Satz 2 HGB in die ausdrückliche Feststellung einzubeziehen[82]. Es ist idR sachgerecht, diese Feststellung in den
Abschnitt ‚Prüfungsergebnis und Bestätigungsvermerk' (Schlußbemerkung) aufzunehmen.

84   **Einwendungen des APr.** gegen den JA sind grundsätzlich im PrB darzustellen
und ausführlich zu begründen. Dies gilt insbesondere dann, wenn die Einwendungen bezüglich des JA von solchem Gewicht sind, daß sie Auswirkungen auf
den BestV haben[83]. Über **Beanstandungen**, die zu keinen Auswirkungen auf den
BestV geführt haben, ist nur dann nicht zu berichten, wenn die Kenntnis für die
Berichtsempfänger von völlig untergeordneter Bedeutung ist[84].

85   Ist dem APr. ausnahmsweise ein **abschließendes Urteil** über den Ansatz bestimmter Posten, vor allem wegen des Bestehens schwer abschätzbarer Risiken (zB bei
Beteiligungen, langfristigen Aufträgen oder bei den Rückstellungen), **nicht möglich** oder stützt er sich bei seinem Urteil auf Auskünfte und Unterlagen, die er
nur in beschränktem Umfang nachprüfen konnte, so hat er hierauf hinzuweisen
und ggf. ihre Auswirkungen auf den BestV hinsichtlich einer Ergänzung oder
einer Einschränkung darzulegen und zu begründen.

86   Über das **Ergebnis der Prüfung des Anh.** sollte in einem gesonderten Abschnitt
Stellung genommen werden[85]. Da die Angaben zum Anh., die sich auf Gliederung, Bilanzierung und Bewertung der Posten der Bilanz und der GuV beziehen,
zweckmäßigerweise in die entsprechenden Berichtsabschnitte über die Gliede-

---

81 Vgl. *Leffson*, Wirtschaftsprüfung S. 339.
82 Vgl. FG/IDW 2/1988 Abschn. C VI; *Breycha/Schäfer* in HdR § 321 Rn. 17; *ADS*, § 321 Tz. 81;
    Budde/Kunz in BeBiKo. § 321 Anm. 22; aA *Kropff* in AktG-Kom. § 166 Anm. 15 und *Claussen* in
    Kölner Kom. § 166 Anm. 13, wonach nur über Verstöße gegen Satzungsbestimmungen zu berichten
    ist. Zu Problemen, die sich ergeben, wenn die Satzung Bestimmungen enthält, die dem Gesetz entge-
    genstehen, vgl. *Koll*, WPg. 1967 s. 418; *Korth*, Prüfungsbericht S. 14 f.
83 Vgl. *Grewe* in BoHdR, § 321 Rz. 46; *ADS*, § 321 Tz. 84.
84 Ebenso *ADS*, § 321 Tz. 84; ohne Differenzierung *Budde/Kunz* in BeBiKo. § 321 Anm. 23.
85 Vgl. FG/IDW 2/1988 Abschn. C VI.

rung, Bilanzierung und Bewertung aufgenommen werden, genügt für den Fall einer **Prüfung ohne Beanstandungen** die Feststellung, daß der Anh. alle nach den gesetzlichen Vorschriften erforderlichen Angaben und Erläuterungen enthält[86]. Im Regelfall wird es nicht erforderlich sein, im PrB gesondert darauf einzugehen, ob der Anh. bestimmten einzelnen Erfordernissen entspricht[87]. Überflüssig ist es vor allem, Feststellungen zu wiederholen, die der Anh. bereits in zutreffender Form enthält.

Haben die gesetzlichen Vertreter die Berichterstattung im Anh. unter Bezugnahme auf § 286 HGB eingeschränkt, so ist im PrB auf die unterlassene Berichterstattung und deren Gründe hinzuweisen und anzugeben, ob die Inanspruchnahme der Schutzklausel zu Recht erfolgt ist[88]. Wurde von der Bestimmung des § 287 HGB (gesonderte Aufstellung des Anteilsbesitzes) Gebrauch gemacht, so sollte darauf hingewiesen werden. Die gesonderte Aufstellung ist Bestandteil des Anh. und somit auch in den PrB in die Anlagen mitaufzunehmen. Werden bei der Aufstellung des Anh. die größenabhängigen Erleichterungen nach § 288 HGB in Anspruch genommen, kann es im Einzelfalle erforderlich sein, diese Angaben im Falle ihrer Wesentlichkeit im PrB zu machen[89]. | **87**

Sofern Angaben nicht oder unvollständig gemacht wurden und somit vom APr. **Einwendungen gegen den Anh.** zu erheben sind, müssen diese entsprechend den Einwendungen bei Bilanz und GuV dargestellt und begründet werden. | **88**

cc) Lagebericht

Im PrB ist nach § 321 Abs. 1 Satz 2 HGB explizit zur **Gesetzmäßigkeit des LB** Stellung zu nehmen. Danach ist darauf einzugehen, ob der LB mit dem JA in Einklang steht und ob die sonstigen Angaben nicht eine falsche Vorstellung von der Lage des Unternehmens erwecken. | **89**

Es empfiehlt sich, die Feststellungen zum LB in einen gesonderten Abschnitt des PrB aufzunehmen, zumal der LB nicht Bestandteil des JA ist[90]. Hat die Prüfung des LB **keine Beanstandungen** ergeben, so genügt im kürzesten Fall eine § 317 Abs. 1 Satz 3 HGB entsprechende Feststellung, daß der LB im Einklang mit dem JA steht und auch die sonstigen Angaben im LB keine falsche Vorstellung von der Lage des Unternehmens erwecken. Angaben, die der LB bereits in zutreffender Form enthält, sind nicht zu wiederholen. Hat der APr. **Einwendungen** gegen den LB zu erheben, so sind diese klar und deutlich darzustellen und zu begründen. Dies gilt grundsätzlich auch für Beanstandungen, die nicht zu einer Einschränkung oder Versagung des BestV geführt haben. Im PrB ist insbesondere auf die Darstellung einer wirtschaftlich oder finanziell problematischen Lage des Unternehmens in seinem LB sowie auf solche Darstellungen einzugehen, die nach Auffassung des APr. Anlaß zu Mißverständnissen geben können[91]. **Gegenteilige Auffassungen** der gesetzlichen Vertreter über die Aufnahme von Angaben in den LB sind darzustellen und sachlich zu würdigen. | **90**

---

86 Ebenso *ADS*, § 321 Tz. 83.
87 So zumindest noch denkbar nach WPH 1985/86, Bd. II, S. 544.
88 Vgl. FG/IDW 2/1988 Abschn. C VI; *ADS*, § 321 Tz. 83; *Budde/Kunz* in BeBiKo. § 321 Anm. 25.
89 Lediglich einen Hinweis auf die Inanspruchnahme von § 288 HGB fordernd *ADS*, § 321 Tz. 83; *Breycha/Schäfer* in HdR § 321 Rn. 18.
90 Vgl. FG/IDW 2/1988 Abschn. C VI 3; *Hoffmann*, BB 1983 S. 874/875; *ADS*, § 321 Tz. 86.
91 Vgl. *Selchert*, Jahresabschlußprüfung der Kapitalgesellschaften, Wiesbaden 1988 S. 606; *ADS*, § 321 Tz. 88.

91 Im Regelfall wird es im Rahmen der Stellungnahme zur Gesetzmäßigkeit des LB **zweckmäßig** sein, entsprechend den Anforderungen des § 289 HGB über die sogenannte Mindestfeststellung hinaus, **darzustellen,**

– ob Vorgänge von besonderer Bedeutung, die nach dem Schluß des Geschäftsjahres eingetreten sind, dem APr. bekannt wurden und ob hierüber ausreichend im LB berichtet worden ist,

– ob über die voraussichtliche Entwicklung berichtet wird,

– ob über die Forschungs- und Entwicklungstätigkeit berichtet wird.

92 Enthält der LB keine Ausführungen zur **voraussichtlichen Entwicklung** der Gesellschaft, so wird grundsätzlich eine entsprechende Feststellung im PrB erforderlich sein[92]. Fehlt im LB eine Berichterstattung zur **Forschungs- und Entwicklungstätigkeit,** weil diese Tätigkeit nicht branchenüblich ist, so ist eine entsprechende Feststellung im PrB nicht erforderlich.

93 Der APr. sollte auf die Aufnahme der Schlußerklärung des **Abhängigkeitsberichts** in den LB (§ 312 Abs. 3 Satz 3 AktG) hinweisen. Ggf. ist auch zur Berechtigung der Inanspruchnahme der für den LB gesetzlich nicht vorgesehenen, aber im Schrifttum überwiegend bejahten **Schutzklausel** Stellung zu nehmen[93]. Im übrigen gelten hinsichtlich der Einwendungen gegen den LB die gleichen Grundsätze wie bei Einwendungen gegen den JA.

dd) Aufklärungs- und Nachweispflichten der gesetzlichen Vertreter

94 Im PrB ist nach § 321 Abs. 1 Satz 2 HGB besonders (ausdrücklich) festzustellen, ob die gesetzlichen Vertreter die verlangten **Aufklärungen und Nachweise** erbracht haben. Die entsprechenden Pflichten der gesetzlichen Vertreter bestimmen sich nach § 320 Abs. 2 HGB. Sie umfassen alle Aufklärungen und Nachweise, die zur ordnungsmäßigen Durchführung der Jahresabschlußprüfung notwendig sind.

95 Im allgemeinen genügt eine **positive Feststellung,** daß alle erbetenen Aufklärungen und Nachweise erbracht worden sind. Ein gesonderter Hinweis, daß Aufklärung und Nachweise von Mutter- und Tochterunternehmen eingeholt wurden (§ 320 Abs. 2 Satz 3 HGB), ist im Regelfall nicht erforderlich[94]. Einer Angabe der Personen, die von den gesetzlichen Vertretern als weitere Auskunftspersonen dem APr. benannt wurden, bedarf es im PrB nicht; sie werden üblicherweise in der berufsüblichen Vollständigkeitserklärung aufgeführt.

96 Wurden Auskünfte dagegen nicht erteilt oder Unterlagen nicht vorgelegt, so ist dies im PrB entsprechend anzugeben. Das Ausmaß von **Aufklärungs- und Nachweisverweigerungen** und deren Auswirkungen auf das Prüfungsergebnis sind anzugeben. Sofern der APr. ernstliche Zweifel an der Richtigkeit von Auskünften der gesetzlichen Vertreter hat oder sofern er festgestellt hat, daß Auskünfte nicht ordnungsgemäß erteilt wurden, ist er verpflichtet, hierauf in seinem PrB einzugehen. Es ist darzulegen, inwieweit sich dadurch Auswirkungen auf eine abschließende und verläßliche Beurteilung des JA und des LB und damit auch auf den BestV erge-

---

92 Wohl ebenso *Korth,* Prüfungsbericht S. 41; aA *ADS,* § 321 Tz. 88, wonach eine entsprechende Feststellung nur dann zwingend ist, wenn derartige Angaben zur Lagebeurteilung der Gesellschaft geboten sind.

93 Ausführlich *ADS,* § 321 Tz. 87.

94 Vgl. *ADS,* § 321 Tz. 90; aA *Breycha/Schäfer* in HdR Rn. 23.

ben. Bloße Vermutungen, die gesetzlichen Vertreter könnten falsche Auskünfte erteilt haben, rechtfertigen eine entsprechende Feststellung nicht.

c) Aufgliederung und Erläuterung der Posten des Jahresabschlusses

Nach § 321 Abs. 1 Satz 3 HGB sind die Posten des JA aufzugliedern und ausrei-   **97** chend zu erläutern. Diese Verpflichtung bezieht sich auf **alle wesentlichen Posten** des JA, die wegen ihrer relativen oder absoluten Höhe von Bedeutung sind oder die aus anderen Gründen (zB ungewöhnliche oder problematische Posten) für die Berichtsadressaten interessant sind[95]. Dies ergibt sich aus dem Sinn und Zweck der Vorschrift, AR und Gesellschafter bei der Erfüllung der ihnen über- tragenen Aufgaben durch eine unabhängige Stellungnahme zu unterstützen, und darüber hinaus auch aus dem Grundsatz der Klarheit, wonach die PrB informa- tiv und auf das Wesentliche konzentriert sein müssen[96].

Die Verpflichtung zur **Aufgliederung** verlangt, den Inhalt der Posten des JA inso-   **98** weit anzugeben, als dies für die Beurteilung durch die Berichtsempfänger von Bedeutung ist. Der APr. hat dabei den wesentlichen Inhalt, vor allem heterogen zusammengesetzter Posten, anzugeben. Bei der Aufgliederung von Posten sind, soweit zum Verständnis notwendig, zahlenmäßige Angaben zu machen[97]. Es wird häufig zweckmäßig sein, die absoluten Zahlen der einzelnen Posten unter Gegenüberstellung der entsprechenden Vorjahreszahlen anzugeben. Bei größe- ren Unternehmen genügt es im allgemeinen, die Zahlen durch Angabe in TDM oder Mio. DM abzukürzen. Entscheidend ist, die Lesbarkeit des PrB zu erleich- tern und gleichzeitig die Aussagekraft der Darlegungen zu wahren.

Wird die **GuV** nach dem **Umsatzkostenverfahren** erstellt, so sind neben den ent-   **99** sprechenden GuV-Posten auch die zusätzlich im Anh. vorzunehmenden Anga- ben (zB Materialaufwand, Personalaufwand gem. § 285 Nr. 8 HGB, Jahresab- schreibungen gem. § 268 Abs. 2 Satz 3 HGB) in die Aufgliederungen einzubezie- hen.

Die nach § 321 Abs. 1 Satz 3 HGB vorzunehmenden **Erläuterungen** der einzelnen   **100** Posten des JA sollen dem Berichtsleser eine eigene Beurteilung der Gesetz- und Ordnungsmäßigkeit, des Inhalts wesentlicher Posten sowie der Zweckmäßigkeit und der Auswirkungen von Ansatz und Bewertungswahlrechten, ggf. auch von Ausweis und Gliederungswahlrechten, ermöglichen. Unter Erläuterungen ist dabei „eine über die reine Darstellung hinausgehende Erklärung des Posteninin- halts" zu verstehen, die idR verbal gegeben wird[98].

Eine **ausreichende** Erläuterung der Posten des JA erfordert ein Eingehen auf   **101** Besonderheiten beim Ausweis, die Ausübung von Ansatzwahlrechten, die ange- wandten Bewertungs- und Abschreibungsmethoden sowie auf wesentliche Ver- änderungen gegenüber dem Vorjahr. Den **Schwerpunkt** der Ausführungen wer- den idR Erläuterungen zum Posteninhalt und zu den Bewertungs- und Abschrei- bungsmethoden bilden. Im Rahmen der Erläuterungen kann zB auch einzuge- hen sein auf: Gründe für das Entstehen oder den Wegfall eines Postens, Gründe für außerplanmäßige Abschreibungen, die wirtschaftliche Entwicklung von

---

95 Vgl. FG/IDW 2/1988 Abschn. C III.
96 Vgl. *Forster*, WPg. 1979 S. 650/651; *ADS*, § 321 Tz. 93; *Budde/Kunz* in BeBiKo. § 321 Anm. 29.
97 Vgl. FG/IDW 2/1988 Abschn. C III 1.
98 Vgl. *ADS*, § 321 Tz. 102.

Beteiligungsgesellschaften, die Entwicklung stiller Reserven bei Grundstücken bzw. Kursreserven bei Wertpapieren, Angaben zu Verfügungsbeschränkungen über Vermögenswerte usw.[99]. Der Umfang der Erläuterungen richtet sich dabei im wesentlichen nach der Bedeutung und der Problematik der einzelnen Posten[100].

102 Wie dargestellt, sind die für eine umfassende Information relevanten Angaben über die Gliederung, Besonderheiten beim Ausweis, Bilanzierung und Bewertung in den **Berichtsteil** aufzunehmen. Dem Leser soll dadurch ein rascher und gleichwohl umfassender Einblick in den JA verschafft werden.

103 Die **Ausführungen zur Gliederung** von Bilanz und GuV knüpfen zweckmäßigerweise an die Größenklasse des geprüften Unternehmens (§ 327 HGB) und die demnach zu beachtenden Gliederungsvorschriften sowie die Inanspruchnahme von größenklassenabhängigen Erleichterungen an. Zu berichten ist auch über Besonderheiten zur Gliederung des JA, wie zB die Verwendung von Formblättern, geschäftszweigbedingte Abweichungen vom gesetzlichen Gliederungsschema (§ 265 Abs. 4 HGB), weitere Untergliederungen der Posten sowie Einfügung neuer Posten (§ 265 Abs. 5 HGB), Gliederungsumstellungen und Änderungen der mit arabischen Zahlen versehenen Posten (§ 265 Abs. 6 HGB), Zusammenfassung einzelner Posten (§ 265 Abs. 7 HGB). Angaben können auch erforderlich sein zu Darstellungen, die wahlweise in Bilanz, GuV oder Anh. vorgenommen werden (zB Anlagenspiegel, Vermerk von Restlaufzeiten gem. § 268 Abs. 4 und Abs. 5 HGB für Forderungen und Verbindlichkeiten).

104 Weiter ist einzugehen auf die Wahl des **Gesamt- oder** des **Umsatzkostenverfahrens** für die GuV sowie die Form, in der Bilanzvermerke angegeben werden[101]. Da der Gesetzgeber der Vergleichbarkeit von JA einen sehr hohen Stellenwert einräumt (§ 265 Abs. 2 HGB), sollte auf das Prinzip der Darstellungsstetigkeit expressis verbis hingewiesen werden. Bei der Beurteilung, ob dieses Prinzip eingehalten ist, ist zu berücksichtigen, daß Darstellungen, die wahlweise in Bilanz, GuV oder Anh. vorgenommen werden können, ebenfalls dem **Stetigkeitsgebot** unterliegen.

105 Die Darstellungen hinsichtlich der **Bilanzierung und Bewertung** werden im Bericht in zusammengefaßter Form gegeben und sollen sich auf das Wesentliche beschränken. Die Berichtspflicht wird dabei grundsätzlich, insbesondere was den Detaillierungsgrad betrifft, über die Berichterstattung im Anh. hinausgehen. Die Darstellungen des APr. sollen den Berichtsempfängern die Möglichkeit geben, dem PrB relevante Informationen zu entnehmen, um sich ein eigenes Urteil über die Zweckmäßigkeit der Ausübung von Bilanzierungs- und Bewertungswahlrechten zu bilden. So wird bspw. auf die Ermittlung der Herstellungskosten nach § 255 Abs. 2 HGB, die Inanspruchnahme von Bewertungsvereinfachungen nach § 256 HGB, von Bilanzierungshilfen (wie zB § 269 HGB), auf die Vornahme von Wertaufholungen (§ 280 HGB) und die Berücksichtigung steuerlicher Vorschriften (§ 281 HGB) einzugehen sein. Es ist allerdings nicht Aufgabe

99 Vgl. hierzu ausführlich *ADS*, § 321 Tz. 102.
100 Vgl. *Breycha/Schäfer* in HdR § 321 Rn. 29; *ADS*, § 321 Tz. 103; krit. hierzu: *Korth*, Prüfungsbericht S. 20 f.
101 Ein Eingehen auf diese Sachverhalte ist insbesondere dann geboten, wenn einschlägige Angaben im Anh. nicht oder unzureichend erfolgen bzw. das Informationsbedürfnis der Berichtsadressaten darüber hinausgehende Angaben erforderlich macht.

des PrB, über die Darlegung der angewandten Bilanzierungs- und Bewertungsgrundsätze hinaus unmittelbar über die Bilanzpolitik der gesetzlichen Vertreter
des geprüften Unternehmens und vor allem die Zweckmäßigkeit der getroffenen
Entscheidungen zu berichten. Besonders einzugehen ist auf die Einhaltung des
Grundsatzes der Bewertungsstetigkeit nach § 252 Abs. 1 Nr. 6 HGB. Wird ausnahmsweise von diesem Grundsatz abgewichen (§ 252 Abs. 2 HGB), so ist darzulegen, ob die Durchbrechung berechtigterweise erfolgte und die entsprechenden Angaben dazu im Anh. (§ 284 Abs. 2 Nr. 3 HGB) gemacht wurden[102].

d) Darstellungen zur Vermögens-, Finanz- und Ertragslage

aa) Notwendigkeit einer Darstellung

Die Frage nach der rechtlichen Verpflichtung oder der Notwendigkeit einer **106**
Darstellung der wirtschaftlichen Lage im PrB war bereits Diskussionsgegenstand
bei den Beratungen zur Einführung der Pflichtprüfung[103] und beschäftigte
Schrifttum und Rechtsprechung. Fast einheitliche Auffassung war, daß eine
Darstellung der wirtschaftlichen Lage im PrB nicht vorgeschrieben sei, zumal
der Gesetzgeber diese Berichterstattungspflicht nicht expressis verbis erwähne.
Von Bedeutung ist vor allem das Urteil des **BGH v. 15. 12. 1954**[104], in dem ausdrücklich betont wird, daß der aktienrechtliche APr. ohne besonderen Auftrag
nicht die Pflicht hat, die Lage des Unternehmens im PrB darzulegen.

Bei den Beratungen zum AktG 1965 wurde vom Arbeitskreis Aktienrechtsreform **107**
im IDW vorgeschlagen, im PrB außer der Erörterung der Posten des JA auch die
Darstellung der Entwicklung der Vermögens- und Ertragsverhältnisse auf der
Grundlage des JA sowie der Bilanzstruktur verpflichtend vorzuschreiben. Der
Antrag wurde letztlich abgelehnt, da befürchtet wurde, eine solche Erweiterung
der Berichtspflicht würde unmittelbar zu einer Ausdehnung der Prüfung zwingen, und zudem wurde kein Bedürfnis für eine gesetzliche Regelung gesehen, da
eine solche Darstellung im PrB bereits der **Berufsübung** der APr. entspricht[105].

Auch dem **Wortlaut** der Bestimmungen des **HGB** kann keine explizite gesetzli- **108**
che Verpflichtung zur allgemeinen Darstellung der Vermögens-, Finanz- und
Ertragslage, dh. zur Aufnahme entsprechender Analysen in den PrB, entnommen werden[106]. Abweichend zum früher geltenden Recht verpflichtet das Gesetz
den APr. in § 321 Abs. 1 Satz 4 HGB nur, über negative Sachverhalte der wirtschaftlichen Lage zu berichten.

Jedoch ergibt sich aus den gesetzlichen **Aufgaben des APr.** eine grundsätzliche **109**
Verpflichtung (Regelfall), Darstellungen zur Vermögens-, Finanz- und Ertragslage in den PrB aufzunehmen[107]. Der besondere Stellenwert einer Darstellung

102 Vgl. FG/IDW 2/1988 Abschn. D III.
103 Vgl. *Ludewig*, Die Darstellung der wirtschaftlichen Lage im Bericht über die aktienrechtliche Jahresabschlußprüfung, Düsseldorf 1955 S. 81 ff.
104 BGHZ Bd. 16 S. 17 ff.
105 Vgl. Begr. Ausschußbericht in *Kropff*, Aktiengesetz, Düsseldorf 1965 S. 271.
106 Vgl. *Gmelin*, Neue Anforderungen an die Darstellung des Prüfungsergebnisses zum Einzel- und
Konzernabschluß, in Bericht über die IDW-Fachtagung 1986, Düsseldorf 1986 S. 53/55; *Breycha/
Schäfer* in HdR § 321 Rn. 35; *Gross*, ZfB-Erg. Heft 1/1987 S. 341/347; *v. Wysocki*, Grundlagen
S. 307.
107 Vgl. auch *ADS*, § 321 Tz. 106; *Budde/Kunz* in BeBiKo. § 321 Anm. 49; weitergehend *Meyer-Landrut* in *Meyer-Landrut/Miller ua.* § 321 Rn. 1510, wonach wohl in keinem Falle von einer Darstellung abgesehen werden kann; *Schülen*, WPg. 1989 S. 1/5, der von einer Verpflichtung spricht.

und Analyse der Vermögens-, Finanz- und Ertragslage im PrB für den Berufsstand der WP kommt im **FG 2/1988** zum Ausdruck. Die Ausführungen hierzu
sind im Vergleich zum FG 2/1977 nicht nur im Umfang, sondern auch im Verpflichtungsgrad der Aufgabenstellung angepaßt worden.

110 Das generelle **Erfordernis einer Darstellung** der Vermögens-, Finanz- und
Ertragslage, die bislang vornehmlich auf die Verpflichtung zur Aufgliederung
und ausreichenden Erläuterungen der Posten des JA (§ 176 Abs. 1 Satz 3 AktG
1965 bzw. § 321 Abs. 1 Satz 3 HGB)[108] und die gute Berufsübung gestützt wurde,
läßt sich im einzelnen wie folgt begründen:

– Der APr. hat mit Satz 2 der **Kernfassung des BestV** eine ausdrückliche „true
  and fair view-Bestätigung" zu geben; zudem hat er den BestV nach § 322
  Abs. 2 Satz 1 HGB ggf. in geeigneter Weise zu ergänzen, um einen falschen
  Eindruck über den Inhalt der Prüfung und die Tragweite des BestV zu vermeiden.
– Die **gesetzlichen Berichtspflichten** nach § 321 Abs. 1 Satz 4 und Abs. 2 HGB
  machen generell Darstellungen zur Vermögens-, Finanz- und Ertragslage
  nicht nur zweckmäßig, sondern notwendig.
– Die **Beurteilung der Darstellung** von nachteiligen Lageveränderungen erfordert idR auch die Kenntnis von positiven Veränderungen, damit die Berichtsempfänger eine zutreffende Einschätzung dieser Sachverhalte im Hinblick auf
  die wirtschaftliche Lage des Unternehmens vornehmen können[109]. Eine Darlegung der Ermittlungsgrundlagen wird besonders dann erforderlich sein,
  wenn der APr. Kenntnisse aus der Abschlußprüfung in die Analysen einbezieht, die aus den Rechnungslegungsinstrumenten nicht oder noch nicht
  ersichtlich sind.
– Für den APr. ist es aufgrund diverser Vorschriften, wie zB § 264 Abs. 2 HGB
  (zutreffendes Bild des JA), § 252 Abs. 1 Nr. 2 HGB (going-concern-Prinzip),
  § 317 Abs. 1 Satz 3 HGB (Prüfung des LB) erforderlich, sich mit der **Vermö-
  gens-, Finanz- und Ertragslage** auseinanderzusetzen. Auch wenn der PrB weitgehend eine Darstellung der Prüfungsergebnisse ist und kein Bericht über die
  im einzelnen vorgenommenen Prüfungshandlungen, so liegt dennoch der
  Schluß nahe, die durchgeführten Analysen – soweit für die Berichtsempfänger
  von Bedeutung – auch in den PrB aufzunehmen und zu erläutern[110].

111 Der **Umfang einer Darstellung** der Vermögens-, Finanz- und Ertragslage des
geprüften Unternehmens wird maßgebend durch die wirtschaftliche Lage und
deren Entwicklung im Zeitablauf bestimmt. Die Darstellung ist dabei um so
relevanter, je „schwieriger" die wirtschaftliche Situation des Unternehmens ist.
Eine angespannte wirtschaftliche Lage erfordert idR eine erweiterte Berichterstattung. Der Umfang der Darstellungen wird darüber hinaus auch durch den
Informationsstand der Berichtsempfänger bestimmt. Die Darstellungen zur Ver-
mögens-, Finanz- und Ertragslage müssen daher als ein variabler Teil des PrB
angesehen werden[111].

---

108 Krit. hierzu *Kropff* in AktG-Kom. § 166 Anm. 19a, der diese Herleitung für nicht sachgerecht hält.
109 Vgl. *Plendl*, Die Berichterstattung des Abschlußprüfers über nachteilige Lageveränderungen und
    wesentliche Verluste nach § 321 Abs. 1 Satz 4 HGB, Düsseldorf 1990 S. 172.
110 Ebenso *Farr*, Insolvenzprophylaxe S. 269; FG/IDW 2/1988 Abschn. C II; *ADS*, § 321 Tz. 106.
111 Vgl. *Plendl*, Berichterstattung S. 173; *Gross*, ZfB-Erg. Heft 1/1987 S. 341/344; *Ludewig*, WPg. 1987
    S. 373/377.

Fälle, in denen von diesem Grundsatz abgewichen werden kann, werden im **112** Fachgutachten selbst nicht aufgeführt. Ein **Verzicht** auf Darstellungen zur Vermögens-, Finanz- und Ertragslage ist in Übereinstimmung mit den fachlichen Grundsätzen nur in Ausnahmefällen denkbar:

– Betriebswirtschaftlich aussagefähige Angaben über die Vermögens-, Finanzund Ertragslage werden bereits **freiwillig** im Anh. oder im LB vom Unternehmen selbst gemacht, so daß insoweit bloße Wiederholungen entbehrlich sind;

– Bei einem Bericht über die Prüfung eines **Tochterunternehmens,** das in den KA des MU einbezogen wird und dessen wirtschaftliche Lage im wesentlichen von den Verhältnissen des MU geprägt ist; dabei wird zusätzlich vorausgesetzt, daß im Bericht über die Prüfung des KA die wirtschaftliche Lage ausreichend dargestellt wird.

– Auf die Aufnahme der Darstellungen in den PrB soll **auftragsgemäß** (insbesondere bei gesetzlich nicht vorgeschriebenen Prüfungen) verzichtet werden; jedoch ist die Aufnahme von Darstellungen nur dann nicht notwendig, wenn sich das geprüfte Unternehmen in keiner wirtschaftlichen „Schieflage" befindet und der APr. sich im übrigen von der Funktionsfähigkeit des internen Informationssystems überzeugt hat. In jedem Fall sind die Analysehandlungen durchzuführen und in den Arbeitspapieren zu dokumentieren.

Werden in den **restriktiv** zu handhabenden Ausnahmefällen keine Darstellungen **113** über die Vermögens-, Finanz- und Ertragslage vorgenommen, so ist darauf im Abschnitt ‚Prüfungsauftrag und Auftragsdurchführung' besonders hinzuweisen und es sollte zumindest auf die wirtschaftlichen Grundlagen des geprüften Unternehmens eingegangen und bedeutende Kennziffern und deren Änderungen im Zeitablauf (zB Fünfjahresübersicht) angegeben werden.

bb) Darstellung der Entwicklung der Vermögens-, Finanz- und Ertragslage

Ob der APr. die Entwicklung der wirtschaftlichen Grundlagen in einem geson- **114** derten Abschnitt darstellt oder diese unmittelbar den Darstellungen zur Vermögens-, Finanz- und Ertragslage voranstellt, liegt in seinem Ermessen und ist eine Frage der Zweckmäßigkeit im Einzelfall.

Zur Darstellung der Entwicklung der Vermögens-, Finanz- und Ertragslage ist **115** eine **Gegenüberstellung** von zusammengefaßten, betriebswirtschaftlich aussagefähigen Zahlen des Geschäftsjahres mit Vorjahreszahlen zweckmäßig [112]. Die Darstellungen haben von den Zahlen des JA auszugehen. Einflüsse von Bilanzierungs- und Bewertungsmethoden und zusätzliche, im Rahmen der Abschlußprüfung gewonnene Daten und Informationen – auch nicht GoB-konforme Erkenntnisse –, sind darüber hinaus zu berücksichtigen. Dies bedeutet, daß Unterlagen und Zahlen, die Gegenstand der Prüfung von Buchführung, JA und LB waren, sowie auch sonstige für eine erforderliche Urteilssicherheit benötigten unternehmensinternen Unterlagen auch hinsichtlich der **Lageanalyse** auszuwerten sind. Die Darstellungen bzw. Analysen sind jedoch nicht auf das Ziel einer wertenden Beurteilung der Vermögens-, Finanz- und Ertragslage oder gar einer umfassenden Prüfung der wirtschaftlichen Lage des Unternehmens auszu-

---

112 Vgl. FG/IDW 2/1988 Abschn. C II 1.

richten[113]. Der vorgegebene Umfang der Abschlußprüfung und die Zielausrichtung der Lageanalyse verpflichten den APr. insbesondere nicht zu einer betriebswirtschaftlichen Unternehmensanalyse, die zwangsläufig in erheblichem Umfang eine subjektive Beurteilung verlangt[114]. Nicht ausreichend erscheint jedoch eine Darstellung, die nur schematisch auf den Posten des JA basiert und generell – ggf. auch verbal – auf aussagerelevante materielle Erweiterungen der zugrunde gelegten Daten verzichtet[115].

116 Wegen der besseren Übersichtlichkeit und den Anforderungen von § 321 Abs. 1 Satz 4 HGB, wonach nachteilige Veränderungen der jeweiligen Lageelemente gesonderte Berichterstattungsobjekte sind, wird es zweckmäßig sein, die Vermögens-, Finanz- und Ertragslage getrennt mittels **Zeitvergleich** zu analysieren und im PrB darzustellen[116].

(1) Darstellung der Vermögenslage

117 Zur Darstellung der Vermögenslage im PrB sind der Vermögens- und Kapitalaufbau sowie Struktur, Bindungsdauer und Fristigkeiten der Vermögens- und Schuldposten sowie deren einzelne wesentlichen Veränderungen kenntlich zu machen. Die Besprechung der Vermögenslage erfolgt grundsätzlich aufgrund einer zusammengefaßten Bilanzübersicht **(Strukturbilanz)** unter Gegenüberstellung der Vorjahreszahlen.

118 Es kann zweckmäßig sein, **Umgliederungen** gegenüber den gesetzlich vorgeschriebenen Bilanzgliederungen vorzunehmen und die Abschlußposten so zusammenzufassen bzw. zu saldieren, daß aussagefähige und für eine Kennzahlenanalyse sinnvoll verwendbare Größen zur Verfügung stehen. Zur besseren Übersichtlichkeit einer derartigen Gegenüberstellung trägt bei, wenn sie in TDM oder ggf. in Mio. DM wiedergegeben wird. Ferner sollten die wesentlichen **Veränderungen** gegenüber dem Vorjahr betragsmäßig und/oder prozentual gesondert angegeben werden. Für die Erstellung einer sog. Strukturbilanz existieren keine allgemein gültigen Aufbereitungsregeln[117]. Im Regelfall ist es jedoch zweckdienlich, die Aktivseite in die beiden Hauptgruppen Anlage- und Umlaufvermögen, die Passivseite in Eigenkapital oder -mittel und Fremdkapital zu gliedern. Wieweit die einzelnen Gruppen zu unterteilen sind, ist im Einzelfall nach ihrer Bedeutung durch den APr. zu entscheiden.

119 Zur Darstellung von Änderungen in der Bindungsdauer oder der **Fristigkeit** von Vermögensteilen und Schulden ist eine entsprechende Zuordnung angebracht, die zugleich eine Grundlage für die Besprechung der Finanzlage bieten kann. Als Abgrenzungskriterien bieten sich die im Gesetz verwendeten Klassifizierun-

---

113 Vgl. FG/IDW 2/1988 Abschn. C III 2; *Clemm*, Die Jahresabschlußanalyse als Grundlage für die Lageberichtsprüfung und die Berichterstattung des Abschlußprüfers?, in *Baetge*, Bilanzanalyse und Bilanzpolitik, Düsseldorf 1989 S. 53/76 f.
114 Vgl. *Gmelin/Weber*, BFuP 1988 S. 301/305; *ADS*, § 321 Tz. 107.
115 Vgl. *Plendl*, Berichterstattung S. 121.
116 Im Ergebnis ebenso *Budde/Kunz* in BeBiKo. § 321 Tz. 50 ff.; *Breycha/Schäfer* in HdR § 321 Rn. 66; aA *ADS*, § 321 Tz. 108, wonach auf die Finanzlage weiterhin iVm. der Erörterung der Vermögenslage in einem gemeinsamen Abschnitt unter der Überschrift „Vermögens- und Finanzlage" eingegangen werden sollte; ebenso *Raff/Brandl* in HdJ Abt. VI/5 (1988) Rn. 46 f.
117 Vgl. zB *Küting/Weber*, Bilanzanalyse und Bilanzpolitik nach neuem Recht, Stuttgart 1987 S. 52 ff.

gen an[118]. Bedingt durch die grundsätzlich eingeschränkte Analyseintensität im Rahmen der Abschlußprüfung hat die Aufbereitung des Datenmaterials nicht derart detailliert zu erfolgen, daß sie allen betriebswirtschaftlichen Analyseerkenntnissen und -möglichkeiten Rechnung trägt[119]. Generelle Umbewertungen und eigenständige Ermittlungen realer Werte statt **bilanzieller Werte** sind im Regelfall nicht gefordert.

Allerdings ist den Darstellungsanforderungen häufig nicht Genüge getan, wenn **120** lediglich die in der Übersicht ausgewiesenen Veränderungen der bilanziellen Werte als alleinige Beurteilungsgrundlage herangezogen werden. Der APr. hat vielmehr bei der Besprechung einzelner Posten seine **im Rahmen der APr. gewonnenen Erkenntnisse** über bedeutende Veränderungen in der Zusammensetzung und der Bewertung nicht unberücksichtigt zu lassen[120]. Eine aussagefähige Besprechung einzelner Posten erfordert somit grundsätzlich eine Ursache-Wirkungs-Analyse[121].

Zur Verdichtung und Auswertung der im JA insgesamt enthaltenen Informatio- **121** nen über die Vermögenslage bietet sich die Verwendung von **Kennzahlen** an, wie zB Kennzahlen zur Anlagenintensität, zur Wertberichtigungsquote der Sachanlagen, zur Eigenkapitalquote, zur Intensität des langfristigen Kapitals, zur Konzernverflechtung, zum Forderungsumschlag etc.[122]. Die Kennzahlen sollten zur Erkennung eines Trendverlaufs mindestens in einem Fünfjahresvergleich betrachtet werden. Soweit die verwendeten Kennzahlen durch die Ausübung von Bilanzierungs- und Bewertungswahlrechten und unternehmenspolitischen Entscheidungen nach den Erkenntnissen des APr. in ihrer Aussagefähigkeit beeinflußt sind, ist dies bei der Urteilsbildung über einzelne Veränderungen und deren Besprechung sowie bei der Gesamtbetrachtung der Vermögenslage entsprechend zu berücksichtigen.

Inwieweit Ausführungen zur **Substanzerhaltung**[123] angebracht sind, ist im Einzelfall zu entscheiden.

(2) Darstellung der Finanzlage

Da die Finanzlage eines Unternehmens im wesentlichen durch die **Finanzierung** **122** und die **Liquidität** des Unternehmens bestimmt wird[124], haben sich die Ausführungen zur Finanzlage im wesentlichen auf diese Bereiche zu beziehen. Zwar ließe sich die Finanzlage am einfachsten durch eine Einnahmen-/Ausgabenrechnung (Finanzplan) für einen bestimmten Zeitraum nach dem Abschlußstichtag darstellen, jedoch sehen weder das Gesetz noch der Zweck der Abschlußprüfung eine Verpflichtung zur Erstellung eines Finanzplans durch das geprüfte Unternehmen und dessen Prüfung als festen Bestandteil einer ordnungsmäßigen Durchführung der Abschlußprüfung vor.

---

118 Kurzfristig = Restlaufzeit oder Bindung bis zu 1 Jahr, mittelfristig = Restlaufzeit oder Bindung zwischen 1 und 5 Jahren, langfristig = Restlaufzeit oder Bindung über 5 Jahre.
119 Vgl. zu den Möglichkeiten der Aufbereitung der Datenbasis zB *Coenenberg*, Jahresabschluß und Jahresabschlußanalyse, 12. Aufl., Landsberg a. Lech 1991 S. 552 ff.
120 Im Ergebnis ebenso *Breycha/Schäfer* in HdR § 321 Rn. 40; *ADS*, § 321 Tz. 107.
121 Vgl. *Grewe* in BoHdR § 321 Rz. 64.
122 Zur ausführlichen Interpretation der Kennzahlen vgl. zB *Coenenberg*, Jahresabschluß S. 567 ff.; *Leffson*, Bilanzanalyse S. 67 ff.; *Küting/Weber*, Bilanzanalyse S. 56 ff.
123 Vgl. St./IDW 2/1975, Zur Berücksichtigung der Substanzerhaltung bei der Ermittlung des Jahresergebnisses.
124 Vgl. *Baetge/Commandeur* in HdR § 264 Rn. 24.

123 Zur Feststellung von Veränderungen der **Finanzierungssituation** wird der APr. zB
auch auf die Entwicklungen in der Finanzstruktur und den Deckungsverhältnissen abzustellen haben. In der Praxis der Prüfungsberichterstattung hat sich die
Aufnahme einer retrospektiven **Kapitalflußrechnung** als Instrument für die Darstellung der Entwicklung der Finanzlage gegenüber dem Vorjahr bewährt. Die
Ausgestaltung verschiedener Formen von Kapitalflußrechnungen zum Zwecke
der Darstellung der Finanzlage und der Feststellung nachteiliger Veränderungen
liegt im pflichtgemäßen Ermessen des APr.[125]. Es kann zweckmäßig sein, in die
Kapitalflußrechnung eine Cash Flow-Darstellung zu integrieren und den Innen-
und Außenfinanzierungsbereich entsprechend analytisch aufzubereiten[126]. Auch
können Bewegungsbilanzen, **Cash Flow-Analysen** sowie aussagerelevante Kennzahlen, in die der Cash Flow einbezogen wird (zB Innenfinanzierungsgrad,
dynamischer Verschuldungsgrad, Cash Flow-Rate), zur Darstellung der Entwicklung der Finanzlage herangezogen werden[127].

124 Darüber hinaus wird auf Sachverhalte einzugehen sein, die **im JA** und den darauf aufbauenden Analyseinstrumenten nicht bzw. noch **nicht berücksichtigt** werden, zB schwebende Bestellungen oder bereits konkretisierte Investitionen mit
ihren finanziellen Auswirkungen, Ausführungen hinsichtlich des Gesamtkredit-
linienkontingents. Von Bedeutung sind auch Informationen über nicht ausge-
schöpfte Kreditlinien, Verminderungen von Kreditlinien und über welchen voraussichtlichen Umfang darüber hinaus Kredite ggf. in Anspruch genommen
werden können[128].

(3) Darstellung der Ertragslage

125 Die Darstellung der Ertragslage im PrB hat primär die **Funktion,** die Erfolgs-
quellen und das Zustandekommen des Erfolges im abgelaufenen Geschäftsjahr,
die Aufwands- und Ertragsstruktur, das Ergebnis der laufenden Geschäftstätigkeit, das außerordentliche Ergebnis sowie den Einfluß periodenfremder Aufwendungen und Erträge und besonderer steuerrechtlicher Einflüsse auf das
Ergebnis ersichtlich zu machen.

126 Zur Besprechung der Ertragslage sind die Posten der GuV idR in einer von den
Umsatzerlösen ausgehenden, den spezifischen, branchenbedingten Gegebenheiten des geprüften Unternehmens Rechnung tragenden und nach betriebswirtschaftlichen Gesichtspunkten zusammengefaßten **Erfolgsrechnung** darzustellen.
Die Aufwands- und Ertragsposten werden hierbei üblicherweise den jeweils vergleichbaren Vorjahreszahlen gegenübergestellt und die prozentualen Anteile der
einzelnen Aufwands- und Ertragsarten sowie deren absolute und ggf. relative
Veränderungen angegeben. Im Einzelfall kann es zweckmäßig sein, einzelne
Vergleiche über einen längeren Zeitraum (zB 5 Jahre) hier oder an anderer Stelle
im PrB vorzunehmen.

127 Sowohl bei der Gliederung der GuV nach dem Gesamtkosten- als auch nach
dem Umsatzkostenverfahren unterbleiben idR konzeptionsbedingt **Erfolgsspal-
tungen** und -aufgliederungen, die für eine aussagefähige Beurteilung der Ertrags-

---

125 In der Stellungnahme 1/1978 des HFA wird eine Kapitalflußrechnung mit Fondsveränderungs-
rechnung vorgeschlagen.
126 Vgl. zB *Friedrich/Bulach*, Die Prüfung des Jahresabschlusses, Bd. I, Heidelberg 1988 S. 31.
127 Vgl. FG/IDW 2/1988 Abschn. C II 1.
128 Vgl. auch FG/IDW 2/1988 Abschn. C IV 4.

lage von Bedeutung sein können. Der APr. wird deshalb ggf. seiner Aufgabe nicht gerecht, wenn er für Analysezwecke generell auf aussagefähige **Umgliederungen** von Zahlen der GuV verzichtet. Allerdings sollen für die Darstellung der Ertragslage keine derart ins Detail gehenden Umstellungen zwischen den GuV-Posten erfolgen, so daß komplizierte „Brücken" zwischen der GuV und der Erfolgsübersicht erforderlich werden. Weitgehend homogene Posten sind im Regelfall unverändert in die Erfolgsübersicht zu übernehmen.

Die Gliederung der Erfolgsübersicht soll ausgehend von dem gesetzlichen Gliederungsschema nach § 275 HGB die Ergebniskategorien Betriebsergebnis, Finanzergebnis sowie neutrales Ergebnis ersichtlich machen. Grundsätzlich kann von folgender **Struktur der Erfolgsübersicht** ausgegangen werden[129]: **128**

> Betriebsergebnis
> Finanzergebnis
> Neutrales Ergebnis
> = Ergebnis vor Steuern
> Steuern
> = Jahresergebnis

Der APr. wird durch die **Ergebnisanalyse** den Berichtslesern vor allem Entwicklungen des Jahresergebnisses im betrieblichen Bereich und im neutralen Bereich erkennbar machen. Es ist deshalb auf eine möglichst genaue und vergleichbare Abgrenzung des Betriebsergebnisses besondere Sorgfalt zu verwenden. **129**

Das **Betriebsergebnis** umfaßt die Ertrags- und Aufwandskomponenten, die mit dem eigentlichen Betriebszweck in direktem Zusammenhang stehen, zeitlich in die Berichtsperiode fallen und nach Art und Größe typisch und nicht zufällig sind. Bei Anwendung des Gesamtkostenverfahrens sind hierunter im Regelfall die Posten Nr. 1 bis 8 gem. § 275 Abs. 2 HGB, bei Anwendung des Umsatzkostenverfahrens die Posten Nr. 1 bis 7 gem. § 275 Abs. 3 HGB, nach Ausgliederung betriebsfremder, aperiodischer und außergewöhnlicher Einflußgrößen, einzubeziehen. **130**

Das **Finanzergebnis** umfaßt grundsätzlich beim Gesamtkostenverfahren die Posten Nr. 9 bis 13, beim Umsatzkostenverfahren die Posten Nr. 8 bis 12. **131**

Die Abgrenzung des **neutralen Ergebnisses** ist im Vergleich zu dem in der GuV ausgewiesenen außerordentlichen Ergebnis weitergehend. Neben den betriebsfremden und außerordentlichen Aufwendungen und Erträgen, die unregelmäßig und außerhalb der gewöhnlichen Geschäftätigkeit anfallen, sind aperiodische Aufwendungen und Erträge, wesentliche Bewertungserfolge sowie das Ergebnis steuerlicher Maßnahmen einzubeziehen[130]. **132**

Auf **Ursachen** von wesentlichen Veränderungen gegenüber dem Vorjahr ist – soweit möglich – einzugehen. Können im Einzelfall die wesentlichen Gründe für die Veränderung der Ertragslage ohne größeren Zeitaufwand nicht herausgearbeitet werden und würde deren Ermittlung den Rahmen einer Abschlußprüfung **133**

---

129 Vgl. auch *ADS*, § 321 Tz. 127; *Budde/Kunz* in BeBiKo. § 321 Anm. 53; *Breycha/Schäfer* in HdR § 321 Rn. 46 ff.; *Grewe* in BoHdR § 321 Rz. 66; zu den primär auf die externe Jahresabschlußanalyse ausgerichteten Schemata zur Erfolgsspaltung vgl. *Coenenberg*, Jahresabschluß S. 673 ff.; *Lachnit*, BFuP 1987 S. 33/47; *Baetge/Fischer*, BFuP 1988 S. 1/3 ff.
130 Ebenso IDW, Abschlußprüfung S. 233.

überschreiten, so ist im PrB ausdrücklich darauf hinzuweisen, daß eine weitergehende Analyse des Ergebnisses und der Rentabilität nur im Rahmen einer
besonderen Prüfung möglich ist[131].

134   Liegen **Segmentinformationen** über Erfolgsbeiträge einzelner Unternehmensbereiche und -sparten regionaler oder nach sonstigen Kriterien abgegrenzter Teilmärkte oder Produktlinien dem APr. vor, so kann es angebracht sein, diese im
PrB darzustellen sowie auf ihre Bedeutung für den gesamten Erfolg und ihre
Entwicklung gegenüber dem Vorjahr einzugehen. Je kritischer die Lage eines
Unternehmens zu beurteilen ist, desto mehr sollte auf eine weitergehende Analyse des Betriebsergebnisses nach diesen oder ähnlichen Gesichtspunkten Wert
gelegt werden. Derartige Untersuchungen sind zugleich Voraussetzungen für die
Feststellung von Verlusten, die das Jahresergebnis nicht unwesentlich beeinflußt
haben.

135   Zur Darstellung der Entwicklung der Ertragslage kommt auch die Verwendung
aussagefähiger **Erfolgskennzahlen** in Betracht. Beispielhaft lassen sich anfüh-
ren[132]: Materialintensität, Personalintensität, Eigenkapitalrentabilität, Umsatzrentabilität sowie Herstellungskostenquote bei Gliederung der GuV nach dem
Umsatzkostenverfahren.

e) Nachteilige Lageveränderungen und nicht unwesentliche Verluste

136   Nach der Vorschrift des § 321 Abs. 1 Satz 4 HGB hat der APr. die ausdrückliche
Verpflichtung, im PrB

– nachteilige Veränderungen der Vermögens-, Finanz- und Ertragslage gegenüber dem Vorjahr und
– Verluste, die das Jahresergebnis nicht unwesentlich beeinflußt haben

aufzuführen und ausreichend zu erläutern.

Die gesetzliche Berichtspflicht soll im Rahmen einer **abgestuften Warnfunktion**[133] des APr. zu einer verbesserten und frühzeitigen Unterrichtung der
Berichtsempfänger über negative Unternehmenssachverhalte beitragen.

137   Die Verpflichtung zur Berichterstattung über nachteilige Lageveränderungen
und nicht unwesentliche Verluste ist dem APr. **zusätzlich zur Redepflicht** nach
§ 321 Abs. 2 HGB übertragen. Die Warnpflicht setzt demnach nicht erst dann
ein, wenn im Rahmen der Abschlußprüfung wesentliche entwicklungsbeeinträchtigende oder bestandsgefährdende Tatsachen festgestellt werden, sondern
schon dann, wenn sich die Unternehmenslage zum schlechten wendet oder
wenn selbst bei einer positiven Ertragslage bedeutende Verlustquellen des
Unternehmens festgestellt werden. Aus den unterschiedlichen Auslösekriterien
für die Berichtspflichten nach Abs. 1 Satz 4 und Abs. 2 resultiert eine intensitäts-
mäßige und ggf. zeitliche Abstufung in der dem APr. zugedachten Warnfunk-

131 Ebenso IDW, Abschlußprüfung S. 232.
132 Vgl. FG/IDW 2/1988 Abschn. C II 1; ausführlich *Küting/Weber,* Bilanzanalyse S. 67 f.; *Coenenberg,* Jahresabschluß S. 681 ff.
133 Die gegenüber dem AktG neue Vorschrift begründet der Gesetzgeber damit, daß die Mitglieder
der Gesellschaftsorgane, an die die PrB gerichtet sind, nachteilige Veränderungen häufig deshalb
nicht erkennen, weil die PrB darüber nicht zusammenhängend und nicht mit der gewünschten
Deutlichkeit berichtet haben; vgl. Begr. zu § 279 RegE HGB, BT-Drs. 10/317 S. 98.

tion[134]. Der APr. hat durch diese Berichtspflicht expressis verbis negative Umstände und Entwicklungen den Adressaten des PrB tendenziell früher als nach AktG 1965 kenntlich zu machen.

§ 321 Abs. 1 Satz 4 HGB impliziert **keine Erweiterung des Prüfungsgegenstandes** **138** **und -umfangs** in Richtung einer umfassenden, den betriebswirtschaftlichen Erkenntnissen entsprechenden Unternehmensanalyse oder einer Geschäftsführungsprüfung[135]. Sie bewirkt vielmehr eine ergänzende **Präzisierung** des Prüfungsumfangs und eine Akzentverschiebung in der Prüfungsdurchführung. Der APr. hat im Rahmen der Abschlußprüfung die Aufgabe, bei der pflichtgemäßen Vornahme der Prüfungshandlungen die einzelnen Sachverhalte, Prüfungsunterlagen und sonstigen Informationsquellen zugleich auch hinsichtlich berichtspflichtiger nachteiliger Lageveränderungen und wesentlicher Verluste zu beurteilen und seine Erkenntnisse systematisch auszuwerten (aktive Feststellungspflicht)[136].

aa) Nachteilige Veränderungen der Vermögens-, Finanz- und Ertragslage

Die Berichtspflicht nach § 321 Abs. 1 Satz 4 HGB bezieht sich auf nachteilige **139** Veränderungen gegenüber dem Vorjahr.

Was im einzelnen darunter zu verstehen ist, läßt der Gesetzgeber weitgehend offen. Fraglich ist, ob der APr. lediglich nachteilige Veränderungen kenntlich zu machen hat, die sich im JA niedergeschlagen haben, oder ob die Berichtspflicht sich auch auf darüber hinausgehende Umstände bezieht. Aus der Intention des Gesetzgebers sowie der Informationsfunktion der Abschlußprüfung läßt sich ableiten, daß die Berichtsadressaten über **alle wesentlichen nachteiligen Umstände** zu informieren sind, die dem APr. bei ordnungsmäßiger Durchführung der Prüfung bekannt werden. Die Berichterstattung nach Abs. 1 Satz 4 ist insoweit nicht auf die GoB-konformen nachteiligen Lageveränderungen beschränkt[137]. Die Berichtspflicht bezieht sich auf eingetretene und festgestellte Lageverschlechterungen, die in der Buchführung, im JA, LB sowie in den Unterlagen, die im Rahmen einer ordnungsmäßigen Durchführung üblicherweise vom APr. herangezogen werden, dokumentiert sind[138]. Zu den nachteiligen Veränderungen können somit auch solche gehören, die sich konventionsbedingt nicht in der Bilanz niedergeschlagen haben, wie zB im Rahmen der Prüfung erkennbare bedeutende Wertverluste bei den stillen Reserven oder eine erhebliche Reduzierung der Finanzierungsspielräume durch die Kürzung von Kreditlinien.

Die **zeitliche Reichweite** der Berichterstattungspflicht umfaßt grundsätzlich auch **140** nachteilige Veränderungen zwischen dem Abschlußstichtag und der Beendigung der Prüfung, die im Rahmen einer ordnungsmäßigen Prüfungsdurchführung festgestellt werden[139]. Eine Berichterstattung kommt somit auch in Betracht, wenn die vollen Auswirkungen von nachteiligen Veränderungen erst in einem

---

134 Vgl. *Hoffmann*, BB 1983 S. 874/875; *Gmelin/Weber*, BFuP 1988 S. 301/306; *Plendl*, Berichterstattung S. 13 f. und S. 71 ff.; *Sarx* in BeBiKo. § 321 Anm. 104.
135 Ebenso *ADS*, § 321 Tz. 136; *Gmelin/Weber*, BFuP 1988 S. 301/302.
136 Vgl. *Plendl*, Berichterstattung S. 17 f.
137 Vgl. *Plendl*, Berichterstattung S. 65.
138 Ebenso *Gmelin/Weber*, BFuP 1988 S. 301/302.
139 Vgl. FG/IDW 2/1988 Abschn. C IV 3; *Plendl*, Berichterstattung S. 71.

folgenden Geschäftsjahr eintreten[140]. Allerdings ist es erforderlich, daß die nachteiligen Veränderungen bis zum Zeitpunkt der Abfassung des PrB in den diversen Rechenwerken und Informationsinstrumenten des Unternehmens bereits ausreichend konkretisiert sind.

141 Die Berichtspflicht über festgestellte Verschlechterungen der Lageelemente bezieht sich auf die **Faktoren und Sachverhalte,** die eine nachteilige Entwicklung der Vermögens-, Finanz- und Ertragslage bewirkt haben. Es wird dabei nicht immer exakt möglich sein, Veränderungen speziell als Verschlechterungen der Vermögens-, der Finanz- bzw. der Ertragslage abzugrenzen. Eine sachgerechte Beurteilung der festgestellten absoluten oder relativen Veränderungen erfordert eine ausreichende Berücksichtigung der den Veränderungen zugrundeliegenden Ursachen. So muß zB eine Verminderung von Vermögensposten oder eine Erhöhung von Schuldposten für sich allein noch keine berichtspflichtige Veränderung bedeuten. Der APr. darf sich deshalb bei seinen Beurteilungen nicht auf eine isolierte Betrachtungsweise beschränken. Nachteilige Lageveränderungen offenbaren sich vielfach erst durch das Zusammenspiel einzelner Veränderungen[141].

142 Die Berichtspflicht hinsichtlich der **Vermögenslage** bezieht sich auf nachteilige Veränderungen in der Höhe und Struktur des Vermögens und/oder des Kapitals. Eine Beschränkung der Berichtspflicht auf negative Veränderungen rein bilanzieller Werte besteht nicht[142].

Nachteilige Veränderungen der Vermögenslage können zB vorliegen bei[143]: Negativen Entwicklungen im Vermögens- und Kapitalaufbau; starker Verminderung der Eigenkapitalquote; hohen außerplanmäßigen Abschreibungen aufgrund eingetretener Wertverluste und Fehlinvestitionen[144]; negativen Entwicklungen der Konzernverflechtungen; starkem Anstieg der Belastungen von Vermögenswerten zur Sicherung von Verbindlichkeiten; erheblichen Wertverlusten bei den stillen Reserven; wesentlichen Änderungen in den Eigentumsverhältnissen an den bilanzierten Vermögensgegenständen, insbesondere sale-and-lease-back-Geschäften.

143 Die Berichtspflicht hinsichtlich der **Finanzlage** bezieht sich auf nachteilige Veränderungen in der Finanzierung und Liquidität des Unternehmens. Berichtspflichtige Tatsachen können zB in folgenden Veränderungen begründet sein[145]: Veränderungen in der Finanzstruktur (zB stark gestiegener Verschuldungsgrad); Veränderungen in den Deckungsverhältnissen (zB nicht fristenkongruente Finanzierung); Veränderungen von liquiditätsbindenden Faktoren (zB stark angestiegene Lagerbestände); Veränderungen von liquiditätsentziehenden Faktoren (zB verstärkt erforderliche Kredittilgungen, Verpflichtungen aus langfristigen Verträgen, nachteiliger konzerninterner Finanzausgleich, größere Investitionsvorhaben, schwebende Bestellungen sowie Insolvenz von bedeutenden

---

140 Ebenso *Budde/Kunz* in BeBiKo. § 321 Anm. 35; *ADS*, § 321 Tz. 140.
141 Vgl. *Müller-Wiegand*, BB 1990 S. 454.
142 Ebenso *Selchert*, BB 1984 S. 1719/1720; FG/IDW 2/1988 Abschn. C IV 3.
143 Vgl. *Plendl*, Berichterstattung S. 75 f.; *Müller-Wiegand*, BB 1990 S. 454/455; *ADS*, § 321 Tz. 143; *Korth*, Prüfungsbericht S. 23.
144 Die Inanspruchnahme steuerrechtlicher Sonderabschreibungen stellt grundsätzlich keine berichtspflichtige nachteilige Veränderung dar.
145 Vgl. *Korth*, Prüfungsbericht S. 23 f.; *Ballwieser*, BFuP 1988 S. 313/320; FG/IDW 2/1988 Abschn. C IV 4; *Schäfer*, Der Prüfungsbericht nach § 321 HGB in *Baetge*, Abschlußprüfung nach neuem Recht, Stuttgart 1988 S. 67/70; *Plendl*, Berichterstattung S. 77.

Großkunden mit damit verbundenem Finanzmittelausfall und Liquiditätsengpaß); Veränderungen bei der Liquiditätsbeschaffung (zB Verminderung der Finanzierungsspielräume, Ausschöpfung der Kreditlinien, Minderungen des gesamten Kreditlinienkontingents, verstärkte Ausschöpfung der Sicherheiten für eine Fremdkapitalbeschaffung, negative Änderungen in den Zahlungsbedingungen von Kunden und Lieferanten, sinkende Innenfinanzierungskraft des Unternehmens).

Ferner kann eine Berichterstattung nach Abs. 1 Satz 4 auch bei künftig nach der **144** **Finanzplanung** sich abzeichnenden Zahlungsschwierigkeiten in Betracht kommen [146]. Eine grundsätzliche Notwendigkeit zur Finanzplanüberprüfung im Hinblick auf eine mögliche Berichterstattung besteht weiter nicht [147]. Sachverhalte, die geschäftspolitische Maßnahmen oder lediglich eine Folge von eingetretenen Lageverschlechterungen darstellen und eine – außerhalb des Aufgabenbereichs des APr. liegende – Beurteilung der Ordnungsmäßigkeit der Geschäftsführung beinhalten, sind nicht berichtspflichtig. So sind zB über den Kapitalmarktzinsen liegende Fremdkapitalkosten oder ein mehrfacher Wechsel der für das Unternehmen maßgeblichen Kreditinstitute grundsätzlich keine berichtspflichtigen Veränderungen iSd. § 321 Abs. 1 Satz 4 HGB [148].

Nachteilige Veränderungen der **Ertragslage** können sich aus Veränderungen in **145** der absoluten und relativen Höhe der Aufwendungen und Erträge und in deren Verhältnis zueinander ergeben. Eine Zunahme bei den Aufwandsposten oder eine Abnahme bei den Ertragsposten bedeutet nach den dargestellten Grundüberlegungen für sich allein jedoch nicht zwangsläufig eine nachteilige Veränderung. Die Berichtspflicht bezieht sich vor allem auf negative Entwicklungen der Erfolgskomponenten des Unternehmens. Der APr. hat folglich auf nachteilige Veränderungen des Betriebsergebnisses, des Finanzergebnisses und des neutralen Ergebnisses einzugehen. Nachteilige Veränderungen der Ertragslage können sich neben betragsmäßigen strukturellen Ergebnisveränderungen auch aus Verschlechterungen der Rentabilität ergeben.

Als Sachverhalte, die berichtspflichtige Veränderungen der Ertragslage auslösen **146** können, kommen zB in Betracht [149]: wesentliche Verminderungen des Betriebsergebnisses und der Rohertragsspanne; Verlagerung des Jahresergebnisses auf den neutralen Bereich; gesunkene Eigenkapital- oder Umsatzrentabilität; starke Verminderung des Finanz- und Verbunderfolgs; erhebliche Ergebniseinbußen einer bedeutenden Unternehmenssparte, ohne daß diese die Verlustzone erreichen muß.

Künftig **mögliche Verschlechterungen,** die im Berichtszeitpunkt lediglich latent **147** vorhanden sind, insbesondere allgemeine konjunkturelle und branchenbedingte Risiken, fallen nicht unter die Berichtspflicht [150]. Dies wird grundsätzlich auch für Veränderungen und Umstände gelten, die zweifellos die wirtschaftliche Gesamtsituation eines Unternehmens beeinflussen, wie zB die Marktgerechtigkeit der Produktpalette, Effizienz der Forschungs- und Entwicklungsabteilung, Wirtschaftlichkeit der Produktion, Effektivität der Vertriebsorganisation und die Güte der Personalpolitik, die sich aber noch nicht im Rechenwerk des Unternehmens konkretisiert und auf die Ertragslage ausgewirkt haben.

---

146 Vgl. *ADS*, § 321 Tz. 140.
147 AA *Ballwieser*, BFuP 1988 S. 313/323; *Steiner*, Prüfungsbericht S. 288.
148 Wohl aA *Ballwieser*, BFuP 1988 S. 313/322 f.
149 Vgl. *Plendl*, Die Bank 1990 S. 706/708; *Schäfer*, Prüfungsbericht S. 70; *ADS*, § 321 Tz. 147.
150 Vgl. *Gmelin/Weber*, BFuP 1988 S. 301/303.

148 Das Unterlassen vormals üblicher Aufwendungen, wie zB für Forschung und Entwicklung, Ausbildungsaktivitäten oder für Werbemaßnahmen, wird nur dann zu einer Berichterstattung nach Abs. 1 Satz 4 führen, wenn darin der Grund für eine bereits eingetretene Verschlechterung der Ertragssituation zu sehen ist.

bb) Nachteiligkeit der Lageveränderungen

149 Kriterien für negativ zu beurteilende Veränderungen gegenüber dem Vorjahr werden durch § 321 Abs. 1 Satz 4 HGB nicht vorgegeben. Zu berichten ist über die wesentlichen **negativen Veränderungen einzelner Faktoren** der jeweiligen Lageelemente, die auf die Vermögens-, Finanz- bzw. Ertragslage nachteilige Auswirkungen haben[151]. Eine Berichtspflicht besteht somit nicht erst dann, wenn sich die Vermögens-, Finanz- und Ertragslage des Unternehmens jeweils insgesamt nachteilig verändert haben.

150 Die Frage der Nachteiligkeit hat der APr. anhand von **Beurteilungskriterien** zu entscheiden, die auf allgemeinen und objektiven betriebswirtschaftlichen Kriterien basieren[152]. Maßstab für die Beurteilung der Nachteiligkeit sind nur die Veränderungen zu den Verhältnissen des Vorjahres. Die Berichtspflicht ist somit unabhängig davon, wie die wirtschaftliche Gesamtsituation des Unternehmens in einem zwischenbetrieblichen Vergleich einzuordnen ist[153].

151 Bei der Beurteilung der Nachteiligkeit von Veränderungen sind die konkreten **Unternehmensziele** sowie unternehmensspezifische Besonderheiten grundsätzlich außer acht zu lassen. Der APr. kann im Rahmen seiner Erläuterungen zu den nachteiligen Veränderungen den Grad der Nachteiligkeit ggf. durch ergänzende Hinweise auf die spezielle Situation des geprüften Unternehmens relativieren. Die Anwendung betriebswirtschaftlicher Kriterien führt nicht zu einer Beurteilung der Nachteiligkeit allein auf der Grundlage einer absoluten oder relativen Größenordnung, ohne daß ggf. weitergehende Kenntnisse über die jeweilige Situation zu berücksichtigen sind. Es ist jedoch nicht die Aufgabe des APr., über die Vermögens-, Finanz- und Ertragslage oder über den Grad der Zielrealisierung ein absolutes, **wertendes** Urteil abzugeben.

152 Der Grundsatz der **Wesentlichkeit** beschränkt die Berichtspflicht auf wesentliche nachteilige Veränderungen. Diese bezieht sich hierbei vor allem auf den Grad der Veränderung gegenüber dem Vorjahr und auf die Bedeutung der Veränderung für die wirtschaftliche Situation des Unternehmens. Die Berichterstattung nach § 321 Abs. 1 Satz 4 HGB ist immer **situationsbezogen.** Waren die Vermögens-, Finanz- und/oder Ertragslage schon in der Vergangenheit angespannt, so werden bereits geringfügige weitere negative Veränderungen als nachteilig zu qualifizieren sein; andererseits sind bei einer guten wirtschaftlichen Situation des Unternehmens erst deutliche Verschiebungen berichtspflichtig. Auch stellt das Zurückbleiben hinter einer außergewöhnlich günstigen Entwicklung im Vorjahr, also eine Normalisierung, keine berichtspflichtige nachteilige Veränderung dar.

---

151 Vgl. *Grewe* in BoHdR, § 321 Rz. 67; *Budde/Kunz* in BeBiKo. § 321 Anm. 35.
152 Ebenso *Korth*, Prüfungsbericht S. 23; *ADS*, § 321 Tz. 141; kritisch hierzu *Emmerich*, Finanzielle Haftung und Wirtschaftsprüfung, in *Benner/Liebau*, FS Deppe S. 253/254.
153 Ebenso *Gmelin/Weber*, BFuP 1988 s. 310/304; *Plendl*, Berichterstattung S. 82; aA *Niehaus*, Früherkennung von Unternehmenskrisen, Düsseldorf 1987 S. 50; *ADS*, § 321 Tz. 141; vgl. auch *Steiner*, Prüfungsbericht S. 170 f.

Wegen der Vielschichtigkeit der Einflußfaktoren für die Bestimmung von nach- **153**
teiligen Lageveränderungen ist eine Vorgabe von **Schwellenwerten** für die Auslö-
sung der Berichtspflicht allgemein gültig nicht möglich und erscheint wenig
praktikabel[154]. Nach dem Gesetzeswortlaut sind nur Veränderungen **gegenüber
dem Vorjahr** (Zweijahresvergleich) berichtspflichtig. Ob allerdings ein reiner
Vorjahresvergleich im Hinblick auf den Zweck der Vorschrift als ausreichend
anzusehen ist, hängt maßgebend von den im Einzelfall vorliegenden Gegebenheiten ab. Anstelle eines Zweijahresvergleichs kann es angezeigt sein, weiter
zurückliegende Jahre in die Betrachtung einzubeziehen, wenn dadurch erst die
nachhaltige Entwicklung im Trend deutlich wird[155]. Eine effiziente Frühwarnung kann somit erfordern, daß der APr. über den gesetzlich vorgesehenen
Zweijahresvergleich hinaus sich auch auf längerfristige **Trendentwicklungen**
bezieht.

cc) Nicht unwesentliche Verluste

Ebenfalls zum **Mindestinhalt des PrB** gehört die Berichterstattung über Verluste, **154**
die das Jahresergebnis nicht unwesentlich beeinflußt haben. Trotz eventueller
Überschneidungen beider Berichtspflichten nach § 321 Abs. 1 Satz 4 HGB handelt es sich wegen der nicht deckungsgleichen Regelungsbereiche um zwei **eigenständige,** dh. gesonderte **Berichtspflichten,** denen der APr. nachzukommen hat.
Dies schließt jedoch nicht aus, daß die beiden Berichtspflichten zweckadäquat
verbunden werden, ohne daß gleichzeitig die erforderliche Vollständigkeit und
Klarheit der Berichterstattung beeinträchtigt wird.

Zweck dieser gesonderten Berichtspflicht ist, zusammenfassend über die Kom- **155**
ponenten zu berichten, die sich negativ auf das Jahresergebnis ausgewirkt
haben. Durch die Aufteilung des Berichtsgegenstandes wird sichergestellt, daß
eine Berichterstattung über informationsrelevante negative Tatsachen auch dann
zu erfolgen hat, wenn diese zwar zu keiner nachteiligen Lageveränderung
geführt haben, aber deren Auswirkung auf das Jahresergebnis des abgelaufenen
Geschäftsjahres nicht unwesentlich ist. Im PrB sind somit auch solche **ergebnis-
relevanten Verluste** aufzuführen und ausreichend zu erläutern, die aufgrund
anderer, ertragbringender Ereignisse oder Maßnahmen kompensiert wurden.
Alle für die Berichtsempfänger wesentlichen Einzelinformationen sind hier
zusammengefaßt darzustellen, auch wenn sie zT bereits an verschiedenen Stellen
– zB verstreut über die Erläuterungen nach § 321 Abs. 1 Satz 3 HGB – Bestandteil des PrB sind[156].

Berichtspflichtig sind alle **abgrenzbaren Verlustquellen** mit wesentlicher negati- **156**
ver Ergebnisauswirkung[157]. Die konkrete Bestimmung der Bezugsgrößen hängt

---

154 Im Schrifttum werden diverse Verfahren zur Objektivierung der Berichterstattung über nachteilige
   Lageveränderungen und der Redepflicht, wie zB das statistische Verfahren der multivariaten linearen Diskriminanzanalyse auf Basis von Jahresabschlußkennzahlen (vgl. hierzu *Niehaus,* Früherkennung S. 55 ff.; *Baetge,* WPg. 1980 S. 651 ff.; *Baetge/Huß/Niehaus,* WPg. 1986 S. 605 ff.) vorgeschlagen; ihre praktische Anwendbarkeit im Rahmen der Absachlußprüfung muß sich noch erweisen.
155 Ebenso *Hoffmann,* BB 1983 S. 874/875; ADS, § 321 Tz. 140; *Budde/Kunz* in BeBiKo. § 321
   Anm. 35.
156 So sind ggf. wesentliche Verluste aus dem Abgang von Gegenständen des Anlagevermögens oder
   ein besonderer Abschreibungs- und Rückstellungsbedarf bereits nach § 321 Abs. 1 Satz 3 HGB zu
   erläutern.
157 Ebenso *Selchert,* Jahresabschlußprüfung S. 609; *ADS,* § 321 Tz. 148.

von den Gegebenheiten des Einzelfalles ab und läßt sich nicht generalisieren.
Als mögliche **Bezugsgrößen** für nicht unwesentliche Verluste kommen in
Betracht[158]:

– Unternehmensbereiche und -sparten;
– Betriebsstandorte bzw. Werke;
– Regionale oder nach sonstigen Kriterien abgegrenzte Teilmärkte;
– Produkte, Produktgruppen, Produktlinien;
– Einzelne wesentliche Aufträge;
– Einzelne schwebende Geschäfte, Verpflichtungen und Vermögensgegen-
  stände;
– Bewertungsmaßnahmen im JA.

157 **Keine** berichtspflichtigen Verluste iSv. Abs. 1 Satz 4 stellen dagegen negative
Ergebnisbeeinflussungen infolge gestiegener Aufwendungen für Erweiterungs-,
Umstrukturierungs- oder ähnlicher Maßnahmen des Unternehmens dar, wie zB
bedeutende Werbefeldzüge, Einführung neuer Produkte, intensivere Forschung
und Entwicklung[159]. Diese Ergebnisbeeinflussungen verkörpern – abgesehen
von Fehlmaßnahmen – ein in der Zukunft liegendes Ertrags- oder Nutzungspo-
tential, nicht aber eine Verlustquelle. Diese Aufwendungen sind grundsätzlich
bei der Postenaufgliederung und -erläuterung nach Abs. 1 Satz 3 darzustellen
und ggf. im Rahmen der Darstellungen zur Ertragslage kenntlich zu machen.
Erst wenn sich durch diese Aufwendungen nachteilige Veränderungen der
Ertragslage ergeben, entsteht die besondere Berichtspflicht.

158 Die Berichtspflicht ist beschränkt auf Verluste, die das Jahresergebnis nicht
unwesentlich beeinflußt haben. Ob überhaupt und wenn ja, in welcher Höhe ein
Verlust entsteht, hängt von der Bezugsgröße und von der jeweiligen Kosten-
bzw. Aufwandsberücksichtigung bei der **Verlustbemessung** ab. Die Informations-
pflicht des APr. wird idR eine Verlustbemessung nach dem Vollkostenprinzip
erfordern; anderenfalls könnte trotz permanenter Fixkostenunterdeckung eine
Berichterstattung über Verlustquellen unterbleiben und folglich würde die
Bedeutung dieser Vorschrift erheblich vermindert werden[160]. Der APr. hat, entsprechend den Gegebenheiten des Einzelfalles, nach pflichtgemäßem Ermessen
zu entscheiden, welche Kosten bei der Verlustbestimmung nach betriebswirtschaftlichen Gesichtspunkten einzubeziehen sind. Dies wird vor allem in den
Fällen von Bedeutung sein, in denen unter vernünftiger kaufmännischer Beurteilung davon auszugehen ist, daß die Auftragshereinnahme mit positivem Dek-
kungsbeitrag nur aufgrund der zu diesem Zeitpunkt herrschenden Beschäfti-
gungssituation erfolgte und dadurch die Annahme vorteilhafterer Aufträge nicht
verhindert wurde. Wurden nicht unwesentliche **Verluste bewußt in Kauf genommen,** so kann es angebracht sein, im Bericht auf die wirtschaftlichen Gründe der
Auftragsübernahme besonders hinzuweisen.

159 Die Verluste müssen **im Geschäftsjahr ergebnisrelevant** gewesen sein. **Maßstab** ist
das Jahresergebnis vor Berücksichtigung der potentiell berichtspflichtigen Ver-

---

158 Vgl. FG/IDW 2/1988 Abschn. C IV 6; *Korth,* Prüfungsbericht S. 25; *ADS,* § 321 Tz. 150; *Budde/
   Kunz* in BeBiKo. § 321 Anm. 39; *Plendl,* Berichterstattung S. 98 f.
159 Ebenso *ADS,* § 321 Tz. 151; zT aA *Selchert,* Jahresabschlußprüfung S. 609; *Korth,* Prüfungsbericht
   S. 25.
160 Vgl. *Plendl,* Berichterstattung S. 108 f.

luste[161]. Auswirkungen auf andere mögliche Maßstabsgrößen bleiben unberücksichtigt[162]. Strittig ist, ob auch die der Maßstabsgröße entsprechende Ertragsteuerbelastung in Abhängigkeit von der im Einzelfall steuerlichen Situation (zB Verlustvortrag, negatives steuerliches Einkommen, Organschaft) zu berücksichtigen ist[163].

Zur **Wesentlichkeit** sind vom Gesetzgeber keine weiteren Regelungen getroffen **160** worden. Schwellenwerte zur Objektivierung von Wesentlichkeitsbeurteilungen lassen sich nicht allgemein gültig festlegen, so daß der APr. nach pflichtgemäßem Ermessen zu entscheiden hat[164]. Wesentlich sind grundsätzlich die Verluste, die für eine ausreichende Information der Berichtsempfänger von Bedeutung sind, dh. die voraussichtlich Entscheidungsrelevanz besitzen können.

Bei der Beurteilung der Wesentlichkeit wird der APr. die **Art des Verlustes** (wie zB Nachhaltigkeit oder Einmaligkeit) nicht völlig unberücksichtigt lassen können[165]. Ergebnisse aus einer Vielzahl gleichartiger Geschäfte können idR saldiert und Sicherungsgeschäfte mit dem Grundgeschäft als Einheit betrachtet werden[166].

dd) Art und Umfang der Berichterstattung

Nach § 321 Abs. 1 Satz 4 HGB sind die festgestellten berichtspflichtigen Tatsa- **161** chen im PrB nicht nur aufzuführen, sondern auch ausreichend zu erläutern. **Aufführen** heißt, die einzelnen als berichtspflichtig qualifizierten Sachverhalte darzulegen. Es sind dabei nicht die Maßnahmen zur Feststellung von berichtspflichtigen Tatsachen darzustellen (wie zB die Ableitung des Cash-Flow, die Darstellung der Kapitalflußrechnung oder die Entwicklung von bestimmten Kennziffern), sondern nur die im Rahmen der prüferischen Analysehandlungen gewonnenen Ergebnisse. Für die Darstellung nachteiliger Veränderungen sind grundsätzlich verbale Ausführungen entscheidend[167]. Ist dem APr. jedoch die Größenordnung der negativen Entwicklung hinreichend sicher bekannt und hat diese Angabe für die Beurteilung durch die Berichtsempfänger eine Bedeutung, so wird eine zahlenmäßige Angabe nicht nur zweckmäßig, sondern sogar geboten sein.

Weiter verlangt das Gesetz eine **ausreichende Erläuterung.** Eine informative **162** Erläuterung wird regelmäßig erfordern, daß auf die Zusammensetzung und die wesentlichen Ursachen der Veränderungen einzugehen ist. Der APr. hat sich bei seinen Erläuterungen auf objektive und nachprüfbare Fakten zu beschränken und sich, vor allem bei multikausalen Sachverhalten, aller Vermutungen und Hypothesen zu enthalten[168].

---

161 Vgl. auch *ADS*, § 321 Tz. 154.
162 Wohl aA *Budde/Kunz* in BeBiKo. § 321 Anm. 40.
163 Vgl. hierzu *Plendl*, Berichterstattung S. 113; *Budde/Kunz* in BeBiKo. § 321 Anm. 40.
164 Nach *Grewe* in BoHdR § 321 Rz. 70, *Korth*, Prüfungsbericht S. 25, *Budde/Kunz* in BeBiKo. § 321 Anm. 40, dürfte bei einer bis zu 10%igen Veränderung des Jahresergebnisses infolge des eingetretenen Verlustes nur eine unwesentliche Beeinflussung vorliegen.
165 Strittig vgl. *Grewe* in BoHdR § 321 Rz. 70; *Plendl*, Berichterstattung S. 116; aA *Budde/Kunz* in BeBiKo., § 321 Anm. 40; *ADS*, § 321 Tz. 155; *Breycha/Schäfer* in HdR § 321 Rn. 38.
166 Vgl. FG/IDW 2/1988 Abschn. C IV 6; *ADS*, § 321 Tz. 154; *Budde/Kunz* in BeBiKo. § 321 Anm. 40; krit. *Selchert*, Jahresabschlußprüfung S. 609.
167 Vgl. FG/IDW 2/1988 Abschn. C IV 5.
168 Vgl. *Gmelin/Weber*, BFuP 1988 S. 301/304.

163 Da gesetzlich nicht ausdrücklich geregelt ist, an welcher Stelle im PrB die Feststellungen aufzunehmen sind, kann der APr. diese in einem **gesonderten Abschnitt oder** alternativ **in geschlossener Darstellung** in den Darlegungen zur Vermögens-, Finanz- und Ertragslage vornehmen[169]. Aus der Gesetzesbegründung, wonach die Berichterstattung zusammenhängend und mit der notwendigen Deutlichkeit zu erfolgen hat, wird in der Literatur die Notwendigkeit abgeleitet, daß die Feststellungen nach § 321 Abs. 1 Satz 4 HGB in einem gesonderten Abschnitt des PrB vorzunehmen sind[170]. Dies kann im Einzelfall auch aus Gründen der Klarheit zweckmäßig sein. Grundsätzlich kann es sachgerechter sein, die berichtspflichtigen Sachverhalte nicht isoliert in einem gesonderten Abschnitt, sondern im Rahmen der Darstellungen der Vermögens-, Finanz- und Ertragslage aufzuführen und zu erläutern[171]. Eine enge räumliche Verbindung der Pflichtfeststellungen nach Abs. 1 Satz 4 mit den allgemeinen Darstellungen wird dem Informationswert im Regelfall dienlich sein. Es wird dann aber zweckmäßig und idR auch geboten sein, diese Feststellungen mit einer unübersehbaren textlichen Hervorhebung kenntlich zu machen oder übersichtlich jeweils am Schluß der Berichterstattung zur Vermögens-, Finanz- und Ertragslage darzustellen[172].

164 Die Berichtspflicht nach Abs. 1 Satz 4 ist auch dann gegeben, wenn das Unternehmen selbst im **Anh.** und/oder **LB** entsprechende Ausführungen macht; in diesen Fällen kann hierauf und ggf. auch auf die Berichte des Vorstandes nach § 90 AktG Bezug genommen werden[173].

165 Werden neben den nachteiligen Veränderungen bzw. wesentlichen Verlusten auch Tatsachen festgestellt, die den Bestand des geprüften Unternehmens gefährden oder seine Entwicklung wesentlich beeinträchtigen können, wird eine zusammenhängende Darstellung in einem besonderen Abschnitt des PrB, in dem alle vorgefundenen Krisenaspekte zusammengefaßt werden, im Regelfall nicht erforderlich sein[174]. Es ist vielmehr ausreichend, daß die Berichtssachverhalte für die Berichtsempfänger klar und eindeutig erkennbar sind. Ein ausdrücklicher Verweis auf die jeweilige **Gesetzesnorm** wird nicht in jedem Fall erforderlich, der Eindeutigkeit wegen aber zweckmäßig sein.

166 Werden bei ordnungsmäßiger Prüfungsdurchführung keine berichtspflichtigen Tatsachen festgestellt, so besteht mangels expliziter gesetzlicher Regelung keine Verpflichtung zur Aufnahme einer **Negativfeststellung** bzw. Fehlanzeige in den PrB[175].

167 In der Zusammenfassung des Prüfungsergebnisses (**Schlußbemerkung**) ist ein Hinweis auf nachteilige Veränderungen und nicht unwesentliche Verluste nach § 321 Abs. 1 Satz 4 HGB aufzunehmen.

---

169 So auch FG/IDW 2/1988 Abschn. C IV 1; ebenso *Breycha/Schäfer* in HdR § 321 Rn. 37.
170 Vgl. *Korth*, Prüfungsbericht S. 32; *Farr*, Insolvenzprophylaxe S. 273 f.; *Gmelin*, Anforderungen S. 53/56; so auch WPH 1985/86, Bd. II, S. 528, 535.
171 Vgl. *Weirich*, Konzernprüfungsbericht S. 649/669; *ADS*, § 321 Tz. 139; *Plendl*, Berichterstattung S. 188.
172 Vgl. *Gross*, ZFB-Erg. Heft 1/1987 S. 341/349; *Budde/Kunz* in BeBiKo. § 321 Anm. 34.
173 Vgl. *ADS*, § 321 Tz. 138.
174 Für eine Zusammenfassung *Ludewig*, WPg. 1987 S. 373/384; *Farr*, Insolvenzprophylaxe S. 273; *Niehaus*, Früherkennung S. 194.
175 Wie hier *Budde/Kunz* in BeBiKo. § 321 Anm. 41; *Plendl*, Berichterstattung S. 191; aA WPH 1985/86, Bd. II, S. 528; *Gmelin*, Anforderungen S. 53/56; *Gmelin/Weber*, BFuP 1988 S. 301/307; *Mathews*, BB 1987 S. 2265/2268; eine Negativfeststellung kann ggf. notwendig sein, wenn die Berichterstattung in einem gesonderten Abschnitt vorgesehen ist, so *ADS*, § 321 Tz. 139.

f) Redepflicht nach § 321 Abs. 2 HGB

Neben der Berichterstattungspflicht nach § 321 Abs. 1 Satz 4 HGB besteht für **168** den APr. eine weitere Verpflichtung zum Eingehen auf die wirtschaftliche Lage im PrB. Nach § 321 Abs. 2 HGB hat der APr. auch über bestimmte, bei Wahrnehmung seiner Aufgaben festgestellte Tatsachen schriftlich zu berichten, die entweder

- den Bestand des Unternehmens gefährden können oder
- die Entwicklung des Unternehmens wesentlich beeinträchtigen können oder
- die schwerwiegende Verstöße der gesetzlichen Vertreter gegen Gesetz, Gesellschaftsvertrag oder Satzung erkennen lassen.

Mit dieser Vorschrift wird die sog. **Redepflicht des APr.** kodifiziert, wie sie **169** bereits in § 166 Abs. 2 AktG 1965 sachlich unverändert normiert war und wie sie der BGH in seinem Urteil vom 15. 12. 1954[176] aus der sich aus dem Prüfungsvertrag ergebenden Treuepflicht des APr. abgeleitet hat.

Der **Zweck** der Redepflicht nach § 321 Abs. 2 HGB ist, die Berichtsempfänger über eine ernsthaft negative Unternehmensentwicklung möglichst frühzeitig zu informieren und ggf. zu veranlassen, daß rechtzeitig Anpassungsmaßnahmen zur Abwendung einer Unternehmenskrise eingeleitet werden[177].

aa) Bestandsgefährdende oder entwicklungsbeeinträchtigende Tatsachen

Eine Berichterstattungspflicht besteht für solche Tatsachen, die den Bestand des **170** Unternehmens gefährden oder seine Entwicklung wesentlich beeinträchtigen können. Es ist somit nur in **schwerwiegenden** unternehmensbezogenen **Fällen** und nicht bereits dann zu berichten, wenn die Lage des geprüften Unternehmens nur angespannt ist[178]. Ggf. kommt in diesem Fall eine Berichterstattung nach § 321 Abs. 1 Satz 4 HGB in Frage[179].

Eine **Bestandsgefährdung** liegt vor, wenn ernsthaft damit zu rechnen ist, daß das **171** Unternehmen in absehbarer Zeit seinen Geschäftsbetrieb nicht fortführen kann und ggf. Konkurs oder Vergleich anmelden oder in Liquidation gehen muß (drohende Zahlungsunfähigkeit oder Überschuldung, Notwendigkeit der Betriebsstillegung)[180].

Indikatoren für berichtspflichtige bestandsgefährdende Tatsachen können zB **172** sein[181]: Erhebliche laufende Verluste, deren Ende nicht abzusehen ist; Fertigung kann kostendeckend nicht fortgeführt werden; laufende Liquiditätsengpässe; drohende Zahlungsunfähigkeit; drohender Fremdkapitalentzug ohne Möglichkeit, neue Kredite aufzunehmen; ständig zurückgehender Absatz wegen mangelnder Marktanpassung; tiefgreifende Preisänderungen auf den Beschaffungs- und Absatzmärkten, die vom Unternehmen nicht aufgefangen werden können;

---

176 BGHZ 16 S. 17/24 = WPg. 1955 S. 138/140.
177 Vgl. *ADS*, § 321 Tz. 158; *Kupsch*, WISU 1985 S. 489/490; Redepflicht als Teil eines aus den Pflichtaufgaben der Abschlußprüfung abgeleitetes prüferisches Frühwarnsystem.
178 So auch *ADS*, § 321 Tz. 168.
179 Trotz nicht deckungsgleicher Auslösekriterien können sich bei beiden Pflichtangaben inhaltliche Überschneidungen ergeben.
180 Vgl. *ADS*, § 321 Tz. 169; *Grewe* in BoHdR § 321 Rz. 81; *Breycha/Schäfer* in HdR § 321 Rn. 55; *Aschfalk*, Zur Bedeutung der sog. „Redepflicht" des Abschlußprüfers nach § 166 Abs. 2 AktG in *Aschfalk* ua., Unternehmensprüfung und -beratung, FS *Hartmann*, Freiburg i.Br. 1976 S. 67/76.
181 Vgl. zu Beispielen auch *ADS*, § 321 Tz. 169; *Burkel*, ZIP 1982 S. 23/30 f.; *Weihe*, WPg. 1971 S. 181/185; *Aschfalk* in FS *Hartmann*, S. 67/76 ff.; *Sarx* in BeBiKo., § 321 Anm. 93.

extrem nachteilige langfristige Verträge; drohende umfangreiche Schadenser-
satzverpflichtungen, die die Mittel des Unternehmens übersteigen; sich abzeich-
nende Fehlplanungen von größeren Investitionen. Ein Verlust in Höhe der
Hälfte des Grund- oder Stammkapitals (§ 92 Abs. 1 AktG, § 49 Abs. 3 GmbHG)
ist als Indiz einer Bestandsgefährdung anzusehen.

173 Die Abgrenzung zu berichterstattungspflichtigen Tatsachen, die die **Entwicklung**
des Unternehmens **wesentlich beeinträchtigen** können, ist fließend. Es kommen
grundsätzlich die gleichen Tatbestände wie für die Bestandsgefährdung in
Betracht, jedoch genügen hier schon weniger folgenreiche Auswirkungen, die
jedoch zu mehr als einer nur angespannten Lage des Unternehmens führen[182].

174 **Indikatoren** für diese berichtspflichtigen Tatbestände können zB sein: Voraussichtlich länger anhaltende Dividendenlosigkeit; Verkauf von Teilbetrieben
oder Beteiligungen zur Deckung von Liquiditätslücken; notwendige Schließung
von Teilbetrieben; drohende Sanierungsmaßnahmen; behördliche Auflagen mit
gravierenden Auswirkungen auf die Rentabilität; ungünstige Lage einer Beteiligungsgesellschaft.

175 Der Redepflicht unterliegen nicht **allgemeine** politische und wirtschaftliche
Gefahren und **Ereignisse**, wie zB Übernahmeangebote, beabsichtigte Verschmelzung, auch wenn derartige Tatbestände im Einzelfall faktisch den Bestand des
Unternehmens gefährden oder seine Entwicklung beeinträchtigen können[183].
Bei der Wertung der einzelnen Tatsachen ist zu berücksichtigen, daß im Regelfall erst aus dem Zusammenwirken mehrerer negativer Tatsachen eine Bestandsgefährdung oder wesentliche Entwicklungsbeeinträchtigung resultiert.

176 Aus der vorbeugenden Zielsetzung und dem Wortlaut des § 321 Abs. 2 HGB
ergibt sich, daß die Redepflicht grundsätzlich bereits dann besteht, wenn die
festgestellten Tatsachen eine Gefährdung ernsthaft zur Folge haben können und
nicht erst dann, wenn der Bestand des Unternehmens bereits gefährdet oder die
Entwicklung wesentlich beeinträchtigt ist. Es ist so **frühzeitig** zu **berichten**, daß
genug Zeit für Maßnahmen bleibt, die den Fortbestand des Unternehmens
sichern können[184]. Der APr. darf daher nicht abwarten, bis die Lage des Unternehmens so bedrohlich ist, daß bereits ein allgemeiner Vertrauensschwund in
das Unternehmen einsetzt. Die besondere Verantwortung, die dem APr. mit der
Berichtpflicht nach Abs. 2 auferlegt wird, spricht in Zweifelsfällen für eine
Berichterstattung[185].

177 Für den Fall, daß das Unternehmen bereits **Gegenmaßnahmen eingeleitet** hat,
wird der APr. nur dann von einer Berichterstattung absehen können, wenn er
überzeugt ist, daß dadurch die Gefahr von dem Unternehmen abgewendet ist
und diesbezüglich keine weiteren Maßnahmen zu treffen sind.

bb) Verstöße der gesetzlichen Vertreter

178 Der APr. hat nach § 321 Abs. 2 HGB außerdem zu berichten, wenn er bei Wahrnehmung seiner Aufgaben schwerwiegende Verstöße der gesetzlichen Vertreter

---

182 Vgl. *ADS*, § 321 Tz. 170; *Aschfalk* in HWRev, Sp. 1282/1284; *Sarx* in BeBiKo., § 321 Anm. 95;
   Grewe in BoHdR, § 321 Tz. 83; *Breycha/Schäfer* in HdR, § 321 Rn. 56.
183 Vgl. *ADS*, § 321 Tz. 173; *Kropff* in AktG-Kom. § 166 Anm. 26.
184 Vgl. *Leffson*, WPg. 1980 S. 637/639.
185 Ebenso *ADS*, § 321 Tz. 174.

gegen Gesetz, Gesellschaftsvertrag oder Satzung feststellt. Die Verstöße müssen dabei **Gesetze** betreffen, die das Unternehmen oder deren Organe als solche verpflichten[186]; dies sind ua. die Vorschriften des HGB, AktG, GmbHG, des Steuerrechts, des Strafrechts, des Betriebsverfassungsrechts, des Gesetzes gegen Wettbewerbsbeschränkungen sowie des Ordnungswidrigkeitenrechts. Über Verstöße gegen Vorschriften der Rechnungslegung ist bereits nach § 321 Abs. 1 HGB zu berichten[187]. Verstöße der gesetzlichen Vertreter, die in ihrer Privatsphäre liegen, fallen nicht unter § 321 Abs. 2 HGB. Verstöße, die lediglich auf schuldrechtlichem Gebiet liegen, wie zB eine mangelhafte Erfüllung von Vertragspflichten durch das Unternehmen, sind grundsätzlich nicht als Verstoßtatbestände zu qualifizieren.

Als berichtspflichtige Verstöße gegen Vorschriften des Aktienrechts oder des **179**
GmbH-Rechts kommen zB in Betracht: Verstöße gegen Vorschriften, die die Aufbringung des Grund- oder Stammkapitals und die Erhaltung eines dem Grund- oder Stammkapital entsprechenden Vermögens sichern sollen, schwerwiegende Verletzung der Berichtspflichten gegenüber dem AR oder Verstöße gegen § 92 AktG sowie im Falle der GmbH Verstöße gegen §§ 43, 43a oder 49 GmbHG.

Als Verstöße gegen den **Gesellschaftsvertrag** oder die **Satzung** sind vor allem **180**
Maßnahmen der gesetzlichen Vertreter zu qualifizieren, die als zustimmungspflichtige Geschäfte der Mitwirkung des AR oder der Gesellschafterversammlung bedürfen, wie zB Überschreitungen des Unternehmensgegenstandes, Vornahme von Geschäften ohne erforderliche Genehmigung des AR oder der zuständigen Behörde (BAK, BAV). § 321 Abs. 2 HGB verlangt grundsätzlich keine Berichterstattung bei schwerwiegenden Verstößen gegen die Geschäftsordnung.

Berichterstattungspflichtig sind Verstöße expressis verbis nur dann, wenn sie **181**
schwerwiegend sind. **Kriterien für schwerwiegende Verstöße** sind vor allem das für die Gesellschaft damit verbundene Risiko, die Bedeutung der verletzten Rechtsnorm sowie der Grad des Vertrauensbruches, dessen Kenntnis beim Aufsichtsgremium oder bei den Gesellschaftern Bedenken gegen die Eignung der gesetzlichen Vertreter begründen könnten[188]. Die Berichtspflicht setzt nicht voraus, daß dem Unternehmen ein Nachteil zugefügt wurde. So kann zB bei fehlender Einwilligung des AR zu einem zustimmungspflichtigen Geschäft eine Berichterstattung selbst dann erforderlich sein, wenn das Geschäft im Interesse des Unternehmens abgewickelt wurde.

Als Verstöße der gesetzlichen Vertreter werden auch Verstöße leitender Ange- **182**
stellter und anderer Arbeitnehmer angesehen, soweit sie von der **Aufsichtspflicht** der gesetzlichen Vertreter erfaßt werden[189].

cc) Umfang und Grenzen der Feststellungspflicht

Die Berichtspflicht nach § 321 Abs. 2 HGB ist nach dem Gesetzeswortlaut an **183**
die Voraussetzung geknüpft, daß die möglicherweise berichtspflichtigen Tatsa-

---

186 Vgl. Begr. RegE zu § 166 Abs. 2 AktG 1965 in *Kropff*, Aktiengesetz S. 271.
187 Vgl. Begr. RegE in *Kropff*, Aktiengesetz S. 271; *Grewe* in BoHdR § 321 Rz. 85.
188 Vgl. FG/IDW 2/1988 Abschn. C V 4.
189 Vgl. *Sarx* in BeBiKo. § 321 Anm. 98.

chen vom APr. „bei Wahrnehmung seiner Aufgaben" festgestellt werden. Die besondere Berichtspflicht beschränkt sich somit auf Tatsachen, die bei ordnungsmäßiger Durchführung der Abschlußprüfung dem APr. bekanntgeworden sind[190]; sie umfaßt also die bei berufsüblicher Prüfungsdurchführung erkennbaren Sachverhalte.

184 Aus der Redepflicht ergibt sich grundsätzlich **keine Erweiterung der** hinsichtlich Gegenstand und Umfang abschließend in § 317 HGB geregelten **Abschlußprüfung**. § 321 Abs. 2 HGB bedingt keine eigenen originären Prüfungspflichten, sondern lediglich zusätzliche Berichtspflichten[191]. Stößt der APr. auf konkrete Anhaltspunkte für berichtspflichtige Tatsachen, so ist er jedoch grundsätzlich verpflichtet, den Sachverhalt durch weitergehende Prüfungshandlungen aufzuklären[192].

185 Die Verpflichtung zur **Ausdehnung der Prüfungshandlungen** ist abhängig von der Höhe des Risikos einer Bestandsgefährdung oder Entwicklungsbeeinträchtigung bzw. von der vermuteten Schwere eines Verstoßes der gesetzlichen Vertreter gegen Gesetz, Gesellschaftsvertrag oder Satzung[193]. Dabei ist zu berücksichtigen, daß sich die Prüfungsschwerpunkte und -intensitäten bei Unternehmen mit angespannten wirtschaftlichen Verhältnissen idR entsprechend verschieben; auch werden die mit der Berichtspflicht nach § 321 Abs. 1 Satz 4 HGB verbundenen Feststellungserfordernisse eine Grundlage für die Feststellung bestandsgefährdender und entwicklungsbeeinträchtigender Tatsachen darstellen. Der APr. hat bei der Feststellung nachteiliger Veränderungen ggf. die Pflicht zu weiterführenden Prüfungshandlungen, um festzustellen, ob auch die Voraussetzungen für die Redepflicht nach Abs. 2 vorliegen.

186 Aus der Treuepflicht des APr. folgt, daß er ggf. auch Tatsachen in die Berichterstattung einzubeziehen hat, die ihm nicht „bei Wahrnehmung seiner Aufgaben", sondern **auf andere**, nicht der gesetzlichen Verschwiegenheitspflicht unterliegende **Weise bekannt geworden** sind. Dies gilt grundsätzlich ebenso für Tatsachen, die der APr. bei der Durchführung anderer Aufträge für das Unternehmen festgestellt hat (zB Steuerberatung, gutachterliche Tätigkeit, Unternehmensberatung)[194]. Eine Berichtspflicht besteht dann nicht, wenn die Kenntnisse über berichtspflichtige Tatsachen bei seiner beruflichen Tätigkeit für Dritte gewonnen werden; seine Verschwiegenheitspflicht nach § 323 Abs. 1 HGB geht der Berichtspflicht nach § 321 Abs. 2 HGB solange vor, als er die Tatsachen nicht anderweitig in Erfahrung bringt[195].

187 Die Redepflicht bezieht sich in zeitlicher Hinsicht auch auf Vorgänge, die sich **nach** dem **Abschlußstichtag ereignet** haben[196]. Es sind somit auch Tatsachen zu

190 Vgl. FG/IDW 2/1988 Abschn. C V 1.
191 Vgl. *Farr*, Insolvenzprophylaxe S. 159; *ADS*, § 321 Tz. 163; *Sarx* in BeBiKo. § 321 Anm. 85.
192 So bereits *Kropff* in AktG-Kom. § 166 Anm. 25; *Leffson*, Wirtschaftsprüfung S. 345; *ADS*, § 321 Tz. 164.
193 Vgl. *Breycha/Schäfer* in HdR § 321 Rn. 51; nach *ADS* § 321 Tz. 163 f. ist Voraussetzung für pflichtgemäß weitergehende Prüfungshandlungen, daß das Vorliegen berichtspflichtiger Tatbestände als wahrscheinlich gilt und nicht nur eine gewisse Möglichkeit dafür spricht; dagegen folgert *Leffson*, Wirtschaftsprüfung S. 345, aus der Redepflicht, daß der APr. bereits bei einem aufkeimenden Verdacht solange zu prüfen hat, bis sich dieser bestätigt oder bis er eindeutig widerlegt werden kann.
194 HA vgl. zB *ADS*, § 321 Tz. 165; *Leffson*, Wirtschaftsprüfung S. 344; *Breycha/Schäfer* in HdR § 321 Rn. 54; *Grewe* in BoHdR § 321 Rz. 76; *Sarx* in BeBiKo. § 321 Anm. 89; aA *Weihe*, WPg. 1971 S. 181/184.
195 Vgl. *Grewe* in BoHdR § 321 Rz. 77.
196 Vgl. FG/IDW 2/1988 Abschn. C V 2.

berücksichtigen, die im alten oder neuen Geschäftsjahr noch keine buchungspflichtigen Geschäftsvorfälle ausgelöst haben und deren negative Auswirkung zum Berichtszeitpunkt ggf. noch nicht vollzogen ist, aufgrund dessen aber mit einer Entwicklungsbeeinträchtigung oder Bestandsgefährdung ernsthaft gerechnet werden muß.

Die besondere Berichtspflicht besteht auch dann, wenn die Sachverhalte dem **188**
Aufsichtsgremium, dem Vorstand oder der Geschäftsführung bekannt sind oder
wenn auf die Tatsachen im **Anh.** oder im **LB** hingewiesen wird[197].

dd) Art und Umfang der Berichterstattung

Die vom Gesetz geforderte schriftliche Berichterstattung im PrB muß die **189**
berichtspflichtigen Tatsachen eindeutig erkennen lassen; versteckte oder verklausulierte Hinweise reichen nicht aus. Bei Vorliegen bestandsgefährdender oder die Entwicklung wesentlich beeinträchtigender Tatsachen müssen die Ausführungen deutlich als **warnende Stimme** erkennbar sein[198]. Der APr. genügt seiner Berichtspflicht, indem er die betreffenden Sachverhalte schildert und die sich daraus aus seiner Sicht ergebenden Konsequenzen aufzeigt. Bei abweichender Auffassung zwischen den gesetzlichen Vertretern und dem APr. wird dieser idR hierauf eingehen.

An welcher Stelle **im PrB** die Berichterstattung erfolgt, liegt im pflichtgemäßen **190**
Ermessen des APr. Es ist grundsätzlich nicht erforderlich, daß für die Berichtsdarstellung ein gesonderter Abschnitt vorgesehen wird[199]. Bei bestandsgefährdenden oder entwicklungsbeeinträchtigenden Tatsachen kann es zweckmäßig sein, diese im Rahmen der Darstellung der Vermögens-, Finanz- und Ertragslage zu schildern[200]. Ein ausdrücklicher Hinweis auf § 321 Abs. 2 HGB ist nicht in jedem Fall erforderlich[201]. Dagegen ist ein entsprechender **Hinweis** auf die berichtspflichtigen Tatsachen nach § 321 Abs. 2 HGB generell auch **in** das **zusammengefaßte Prüfungsergebnis** aufzunehmen[202].

In bestimmten Fällen ist es zweckmäßig oder sogar notwendig, vorweg einen **191**
besonderen Bericht **(Sonderbericht)** – ggf. auch in Briefform – zu erstatten.
Anlaß hierzu kann eine besondere Eilbedürftigkeit der Unterrichtung der Berichtsempfänger vor Beendigung der Prüfung wegen der bedrohlichen Unternehmenslage (Gefahr im Verzug) oder wegen schwerwiegender Verstöße sein.
Erforderlichenfalls ist dieser Bericht dem Vorsitzenden des Aufsichtsgremiums bzw. allen Gesellschaftern einer GmbH, die zum Empfang des PrB berechtigt sind, unmittelbar vorzulegen[203]. In den PrB über den JA ist dann unter Beachtung des Grundsatzes der Berichtseinheitlichkeit ein entsprechender Hinweis aufzunehmen.

197　Vgl. FG/IDW 2/1988 Abschn. C V 2.
198　Vgl. FG/IDW 2/1988 Abschn. C V 3; *ADS*, § 321 Tz. 160.
199　Ebenso *Sarx* in BeBiKo. § 321 Anm. 102; nach *ADS*, § 321 Tz. 161 ist dies nach den Verhältnissen
　　des Einzelfalles zu beurteilen.
200　Vgl. FG/IDW 2/1988 Abschn. C V 3.
201　Vgl. FG/IDW 2/1988 Abschn. C V 3; *ADS*, § 321 Tz. 159; weitergehend WPH 1985/86, Bd. II
　　S. 532; auch *Emmerich* in *Benner/Liebau*, FS *Deppe*, S. 231/257.
202　Vgl. FG/IDW 2/1988 Abschn. C VII 1.
203　FG/IDW 2/1988 Abschn. C V 5; *ADS*, § 321 Tz. 162; *Sarx* in BeBiKo. § 321 Anm. 103.

g) Prüfungsergebnis und Bestätigungsvermerk (Schlußbemerkung)

192   In diesem Abschnitt des PrB ist das Prüfungsergebnis in **zusammengefaßter Form** darzustellen. Es ist insbesondere auf die **Pflichtfeststellungen nach § 321 Abs. 1 Satz 2 HGB** kurz einzugehen, ob die Buchführung, der JA sowie der LB den gesetzlichen Vorschriften entsprechen und ob die gesetzlichen Vertreter die verlangten Aufklärungen und Nachweise erbracht haben.

193   In der Zusammenfassung des Prüfungsergebnisses ist generell ein Hinweis auf festgestellte nachteilige Veränderungen und nicht unwesentliche Verluste gemäß **§ 321 Abs. 1 Satz 4 HGB** erforderlich [204]. Gleiches gilt für die Tatbestände der Redepflicht nach **§ 321 Abs. 2 HGB**, die ebenfalls durch einen entsprechenden Hinweis im zusammengefaßten Prüfungsergebnis kenntlich zu machen sind. Der Zweck dieses Berichtsabschnitts erfordert es nicht, daß etwaig vorliegende nachteilige Lageveränderungen, ergebnisrelevante Verluste, bestandsgefährdende oder entwicklungsbeeinträchtigende Tatsachen sowie Verstöße der gesetzlichen Vertreter noch einmal angeführt werden. Grundsätzlich wird es ausreichend sein, wenn auf die entsprechenden Passagen des PrB **verwiesen** wird. In ganz schwerwiegenden Fällen wird es zweckmäßig oder sogar geboten sein, auf die entsprechenden Berichtssachverhalte nochmals kurz einzugehen und diese für die Berichtsleser besonders kenntlich zu machen. Ein Eingehen auf die wirtschaftliche Lage des Unternehmens über die Berichtspflichten des § 321 Abs. 1 Satz 4 bzw. § 321 Abs. 2 HGB hinaus ist bei der Zusammenfassung des Prüfungsergebnisses nicht erforderlich.

194   Einzugehen ist auch auf **Einwendungen** und **Beanstandungen** unabhängig davon, ob diese zu Auswirkungen auf den BestV geführt haben, sofern deren Kenntnis für die Berichtsempfänger von Bedeutung sein kann [205]. Dies kann ggf. durch Verweis auf die entsprechenden Einzelheiten in anderen Abschnitten des PrB erfolgen.

195   Eine Einschränkung oder Versagung des **BestV** ist zu begründen. Ergänzungen zum BestV nach § 322 Abs. 2 HGB sind ggf. zu erläutern. Der Hauptteil des PrB schließt üblicherweise mit dem Wortlaut des BestV, ggf. mit Ergänzung oder Einschränkung, oder mit dem Vermerk über seine Versagung (§ 322 Abs. 4 Satz 2 HGB).

196   Nach § 321 Abs. 3 HGB hat der APr. den **PrB** zu **unterzeichnen**. Fehlt die Unterschrift, so liegt ein PrB im Rechtssinne nicht vor [206]. Wer den PrB unterzeichnet, richtet sich danach, wem der Prüfungsauftrag erteilt wurde. Wird eine natürliche Person zum APr. bestellt, so hat sie den BestV und PrB zu unterzeichnen. Wurden mehrere Prüfer mit der Abschlußprüfung beauftragt, so müssen sie gemeinsam den PrB unterzeichnen. Im Falle der Bestellung einer WPG wird der PrB im Regelfall von den gleichen Personen unterzeichnet, die auch den BestV unterzeichnet haben. Der Vorstand der WPK vertrat bereits unter dem AktG 1965 in Übereinstimmung mit der hM [207] die Auffassung, daß Berichte über gesetzlich

---

204 Ebenso FG/IDW 2/1988 Abschn. C VII 1; *ADS,* § 321 Tz. 139, 184, halten – wohl noch in Anlehnung an die überarbeitete Fassung der FG/IDW 2/1977, WPg. 1988 S. 65/68 – einen Hinweis nur in Fällen von Bedeutung für erforderlich.
205 Vgl. FG/IDW 2/1988 Abschn. C VII.
206 Vgl. *Kropff* in AktG-Kom. § 166 Anm. 36; *ADS,* § 321 Tz. 209.
207 Vgl. hierzu WPH 1985/86, Bd. II S. 545 f.

vorgeschriebene Prüfungen nur von WP unterzeichnet werden dürfen[208]. § 32 WPO, der nach seinem Wortlaut zwar nur für die Unterzeichnung von BestV gilt, ist insoweit analog anzuwenden. PrB von mittelgroßen GmbH können auch von vBP unterzeichnet werden, wenn sie oder eine BPG (§ 319 Abs. 1 Satz 2 HGB) zum APr. bestellt sind. Ist jedoch eine WPG zum APr. einer mittelgroßen GmbH bestellt, so ist es nicht möglich, daß BestV und PrB durch einen vBP unterzeichnet werden, da § 32 WPO unverändert gilt[209].

197 Weichen die Unterschriften unter dem BestV (bzw. dem Vermerk über seine Versagung) und dem PrB voneinander ab, so muß dies aus dem PrB ersichtlich sein. In diesen Fällen ist die Wiedergabe der Namen der Personen erforderlich, die den BestV bzw. den PrB unterzeichnet haben[210]. Im übrigen gelten für die Unterzeichnung des PrB die gleichen Grundsätze wie für die Unterzeichnung des BestV[211].

198 Die Unterzeichnung des PrB muß **eigenhändig** durch Namensunterschrift erfolgen (vgl. § 126 Abs. 1 BGB). Die Unterzeichnung auf einer Matrize oder die Verwendung eines Faksimilestempels sind nicht ausreichend[212]. Rechtlich wird es für ausreichend gehalten, wenn ein eigenhändig vom APr. unterschriebenes Berichtsexemplar den gesetzlichen Vertretern des geprüften Unternehmens vorgelegt wird und auf den übrigen Exemplaren die Unterschriften mechanisch vervielfältigt werden[213]. Es wird allerdings entsprechend der bisherigen Übung davon auszugehen sein, daß zumindest die für die gesetzlich vorgesehenen Berichtsempfänger bestimmten Exemplare handschriftlich unterzeichnet werden. Die weiteren, nicht handschriftlich unterzeichneten Exemplare sollten als Vervielfältigungen besonders gekennzeichnet oder ganz ohne Unterschrift versehen werden[214].

199 Obwohl gesetzlich – im Gegensatz zu § 322 Abs. 4 Satz 1 HGB – nicht ausdrücklich vorgeschrieben, ist es empfehlenswert und allgemein üblich, auch bei der Unterzeichnung des PrB **Ort und Tag** anzugeben. Es empfiehlt sich, den PrB und den BestV auf den gleichen Tag zeitnah zum Abschluß der Prüfung (zB Tag der Schlußbesprechung) zu datieren[215]. Das Berichtsdatum deckt sich dann vielfach nicht mit dem Datum der Fertigstellung des Berichtsentwurfs; es dokumentiert auch nicht den Tag der Unterzeichnung des PrB.

4. Sonderfragen der Berichterstattung

a) Berichterstattung über Zwischenprüfungen

200 Eine Berichterstattung über Zwischenprüfungen (Vorprüfungen) ist gesetzlich **nicht vorgeschrieben.** Dennoch kann in bestimmten Fällen eine Berichterstattung zweckmäßig oder sogar **notwendig** sein. Erkennt der APr. im Rahmen einer

---

208 Nicht veröffentlichter Beschluß.
209 Ebenso *ADS*, § 321 Tz. 213; *Budde/Kunz* in BeBiKo. § 321 Anm. 114.
210 Vgl. *ADS*, § 321 Tz. 212.
211 Vgl. Abschn. O Tz. 458.
212 Vgl. MittlBl. der WPK Nr. 50 vom 5. 2. 1973 S. 12.
213 Vgl. *Kropff* in AktG-Kom. § 166 Anm. 37; *ADS*, § 321 Tz. 209; *Breycha/Schäfer* in HdR § 321 Rn. 89; *Budde/Kunz* in BeBiKo. § 321 Anm. 113, halten die handschriftliche Unterzeichnung, zumindest der für die gesetzlich vorgesehenen Berichtsempfänger, für erforderlich.
214 Vgl. WPH 1985/86, Bd. II S. 546.
215 Vgl. FG/IDW 2/1988 Abschn. C VII 3; FG/IDW 3/1988 Abschn. B VI.

Zwischenprüfung Tatbestände, die zu einer Berichterstattung nach § 321 Abs. 2 HGB führen, so wird er diese Tatsachen nicht nur unverzüglich den gesetzlichen Vertretern mitteilen, sondern auch dafür sorgen, daß der AR bzw. die GmbH-Gesellschafter hiervon rechtzeitig Kenntnis erlangen[216].

201 Auch in anderen Fällen kann es erforderlich sein, daß der APr. über das Ergebnis einer Zwischenprüfung gesondert berichtet, insbesondere wenn er Mängel des Rechnungswesens oder Fehler bei der Bestandsaufnahme feststellt. Ein Bericht über eine Zwischenprüfung kommt außerdem in Betracht, wenn dies mit dem Auftraggeber gesondert vereinbart ist[217]. Der APr. hat in den Bericht über die Prüfung des JA einen Hinweis auf einen erstellten Bericht über die Zwischenprüfung aufzunehmen.

Ein Vor- oder Zwischenbericht hat nicht die **rechtliche Wirkung** des Berichts über die Prüfung des JA. Er schließt auch nicht mit einem BestV ab.

b) Vorwegexemplare

202 Vor der endgültigen Ausfertigung des PrB ist es üblich, dem Auftraggeber einen **Entwurf** (sog. Vorwegexemplare) zur Durchsicht zuzuleiten, um die richtige und vollständige Erfassung der im PrB zu berücksichtigenden Sachverhalte im Sinne eines letzten Auskunftsersuchens sicherzustellen, Schreibfehler zu korrigieren und diese ggf. als Grundlage für eine Schlußbesprechung verwenden zu können. Das geprüfte Unternehmen trifft insoweit eine Verpflichtung zur sorgfältigen Durchsicht der zugestellten Vorwegexemplare.

203 Die Vorwegexemplare sind als solche, zB durch den Aufdruck „Entwurf" oder „Leseexemplar", **eindeutig** zu **kennzeichnen**, um eine mißbräuchliche Verwendung auszuschließen. Vor Auslieferung der endgültigen Berichtsexemplare sollten die Vorwegexemplare vom APr. zurückgefordert werden.

c) Berichterstattung über Nachtragsprüfungen

204 Wird eine Nachtragsprüfung des JA oder des LB erforderlich, so sieht § 316 Abs. 3 Satz 2 erster Halbsatz HGB ausdrücklich vor, daß über das Ergebnis der Nachtragsprüfung zu berichten ist. Die Berichterstattung hat entsprechend § 321 Abs. 1 Satz 1 HGB **schriftlich** zu erfolgen[218]. Strittig ist, ob die Berichterstattung ausschließlich in Form eines sog. Nachtragsprüfungsberichts[219] zu erfolgen hat, oder ob der APr. seiner Berichtspflicht ggf. auch genügt, wenn er den bisherigen PrB um die Angaben zur Nachtragsprüfung erweitert[220]. Der Gesetzeswortlaut jedenfalls enthält nur eine explizite Berichtspflicht, nicht aber eine nähere Präzisierung der Form und der Art der Berichterstattung. Ein eigenständiger Nachtragsprüfungsbericht ist idR nicht als alleinige Möglichkeit zur Vornahme dieser Berichtserstattungspflicht anzusehen.

---

216 Vgl. Richtlinien für die Berufsausübung der Wirtschaftsprüfer und vereidigten Buchprüfer, Stand 12. 3. 1987; Ziff. 4 der Richtungweisenden Feststellungen zu Abschn. II; *ADS*, § 321 Tz. 162; *Breycha/Schäfer* in HdR § 321 Tz. 81.
217 Vgl. *Grewe* in BoHdR § 321 Tz. 92; *Breycha/Schäfer* in HdR § 321 Rn. 81.
218 Vgl. *Grewe* in BoHdR, § 316 Rz. 53; *Budde/Kofahl* in BeBiKo. § 316 Anm. 39; dagegen gehen *ADS*, § 316 Tz. 69 f. unter Angabe denkbarer Ausnahmen lediglich von einem Grundsatz der Schriftlichkeit aus.
219 So *Budde/Kofahl* in BeBiKo. § 316 Anm. 39 mit Verweis auf *Grewe* inBoHdR § 316 Rz. 55.
220 So WPH 1985/86, Bd. II S. 548; *ADS*, § 316 Tz. 69; *Breycha/Schäfer* in HdR § 321 Rn. 82; *Budde/Kunz* in BeBiKo. § 321 Anm. 123.

Wird die Berichterstattung in Form eines eigenständigen **Nachtragsprüfungsbe-** **205**
richts vorgenommen, bleibt der ursprüngliche PrB unverändert und wird durch
den Bericht über die Nachtragsprüfung ergänzt und berichtigt. Es empfiehlt sich
hierbei der ausdrückliche Hinweis, daß der bisherige PrB nur noch gemeinsam
mit dem Nachtragsprüfungsbericht verwandt werden darf. Je nach Umfang der
Änderung kann der Nachtragsprüfungsbericht ggf. auch in Briefform erstattet
werden[221], wobei der geänderte JA und/oder LB beizufügen sind. Erfolgt die
Berichterstattung durch eine **Ergänzung des** ursprünglichen **PrB,** so sind notwendigerweise sämtliche Exemplare des bisherigen PrB zurückzufordern. In den
Sonderfällen einer Nachtragsprüfung nach § 173 AktG wird wegen des idR mehrere Monate langen Zeitraums zwischen der regulären Abschlußprüfung und der
Nachtragsprüfung die Erstellung eines eigenständigen Nachtragsprüfungsberichts generell in Betracht kommen[222].

Eine schriftliche Berichterstattung ist auch dann erforderlich, wenn der APr. bei
der Feststellung des JA anwesend ist und einer Änderung mündlich zustimmt[223].

Unabhängig von der Form der Berichterstattung hat der APr. den ggf. materiell
ergänzten **BestV** unter Angabe von Ort und einem der erneuten Prüfung entsprechenden Datum in den Nachtragsbericht aufzunehmen[224].

d) Berichterstattung bei Bestellung mehrerer Abschlußprüfer

Werden zwei oder mehr APr. zur gemeinsamen Prüfung gewählt und bestellt[225], **206**
so haben die APr. auch bei zulässiger Aufteilung der Tätigkeitsgebiete einen
gemeinsamen, einheitlichen Prüfungsbericht vorzulegen. Ergeben sich Meinungsverschiedenheiten zwischen den APr. über die Würdigung eines Sachverhalts, so
sind diese im PrB zum Ausdruck zu bringen[226].

e) Berichterstattung bei Kündigung durch den Abschlußprüfer

Kündigt ein wirksam bestellter APr. einen angenommenen Prüfungsauftrag aus **207**
wichtigem Grund, so hat er über das Ergebnis seiner **bisherigen Prüfung** in entsprechender Anwendung der Vorschriften des § 321 HGB zu berichten (§ 318
Abs. 6 Satz 4 HGB). Der **Bericht** ist **schriftlich** zu erstatten, vom APr. zu **unter-**
zeichnen und den gesetzlichen Vertretern **vorzulegen.** Der APr. wird die nach
§ 318 Abs. 6 Satz 3 HGB erforderliche schriftliche Begründung seiner Kündigung in den Bericht aufnehmen. Die einzelnen Darlegungs- und Erläuterungspflichten des § 321 HGB sind insoweit zu erfüllen, als dies nach dem Prüfungs-
und Kenntnisstand zum Zeitpunkt der Kündigung möglich ist. Der Bericht hat
dabei den Stand der Prüfungsarbeiten klar zu dokumentieren.

Nicht eindeutig geregelt ist nach § 318 Abs. 7 HGB die Frage der Einsichtnahme **208**
in den PrB des bisherigen APr. § 318 Abs. 7 Satz 2 HGB sieht lediglich eine **Vor-**

221 Ebenso *ADS,* § 316 Tz. 69; *Budde/Kofahl* in BeBiKo. § 316 Anm. 39.
222 Vgl. *Breycha/Schäfer* in HdR § 321 Rn. 82.
223 Die von *ADS,* § 316 Tz. 70 in Ausnahmefällen für ausreichend erachtete Dokumentation der
   mündlichen Zustimmung (ggf. durch Protokoll) dürfte dem Schriftformerfordernis grundsätzlich
   nicht genügen; vgl. auch *Budde/Kofahl* in BeBiKo. § 316 Anm. 39.
224 Vgl. FG/IDW 3/1988 Abschn. E.
225 Zur Wahl mehrerer APr. zur gemeinsamen Prüfung oder zur Prüfung nebeneinander vgl. *ADS,*
   § 318 Tz. 44 ff.
226 Vgl. *ADS,* § 321 Tz. 49; *Budde/Kunz* in BeBiKo. § 321 Anm. 124, die allerdings für diese Angaben
   ein Zusatzkapitel und einen entsprechenden Verweis im Berichtsabschnitt „Prüfungsergebnis und
   Bestätigungsvermerk" vorsehen.

lagepflicht an den AR vor. Eine solche besteht bei einer GmbH grundsätzlich auch gegenüber den Gesellschaftern[227].

f) Mängel des Prüfungsberichts

209   Der APr. hat den gesetzlichen Vertretern einen fachlich **einwandfreien PrB** vorzulegen. Enthält der PrB Sachverhaltsfehler oder fachliche Mängel, so hat der Auftraggeber nach allgemeinem Vertragsrecht Anspruch auf **Beseitigung der Mängel** durch den APr. (§ 633 BGB). Ziff. 8 der Allgemeinen Auftragsbedingungen für Wirtschaftsprüfer und Wirtschaftsprüfungsgesellschaften vom 1. Januar 1990 modifiziert den Mängelbeseitigungsanspruch dahingehend, daß er unverzüglich schriftlich geltend gemacht werden muß; er verjährt mit Ablauf von 6 Monaten, nachdem der APr. die berufliche Leistung erbracht hat.

210   Kommt der APr. dem Verlangen nach Mängelbeseitigung nicht nach oder schlägt diese fehl, wären nach allgemeinem Werkvertragsrecht die Gewährleistungsansprüche des § 634 BGB (Wandelung, Minderung) gegeben. Der Auftraggeber kann nach Ziff. 8 Abs. 1 der Allgemeinen Auftragsbedingungen eine Herabsetzung der Vergütung jedoch nur bei fehlgeschlagener Nachbesserung verlangen. Eine Wandelung dürfte wegen der damit verbundenen Lösung vom Prüfungsvertrag auf Initiative des Auftraggebers, die – im Gegensatz zum alten Recht – nur noch im Fall des § 318 Abs. 1 Satz 5 zulässig ist, ausgeschlossen sein[228].

Für Schäden, die unmittelbar durch den Mangel des PrB entstehen, und für Mangelfolgeschäden enthält § 323 HGB eine abschließende **Sonderregelung**.

III. Der Bericht über die Konzernabschlußprüfung

1. Vorbemerkung

211   Während in § 336 Abs. 5 AktG 1965 gesondert geregelt war, daß über das Ergebnis der Konzernabschlußprüfung schriftlich zu berichten ist, differenziert der Wortlaut des § 321 HGB nicht durchgängig nach der Berichterstattung über die Jahresabschlußprüfung und über die Konzernabschlußprüfung. Lediglich in § 321 Abs. 1 Satz 2 HGB werden KA und Konzernlagebericht explizit angesprochen. Es gibt jedoch keinen Zweifel, daß die Vorschriften des § 321 HGB grundsätzlich auch für den Konzernprüfungsbericht gelten. Dies läßt sich allein damit begründen, daß die gesamten gesetzlichen Normen für die Prüfung von Einzelabschluß und KA in den §§ 316 bis 324 HGB zusammengefaßt sind.

212   Über die Konzernabschlußprüfung ist grundsätzlich unabhängig von der Berichterstattung über die Prüfung des JA des MU selbständig **schriftlich** zu **berichten** (§ 321 Abs. 1 Satz 1 HGB)[229]. Nach §§ 298 Abs. 3 Satz 3, 315 Abs. 3 HGB besteht die Möglichkeit, im Falle der Zusammenfassung von Konzernanhang und Anh. bzw. Konzernlagebericht und LB des MU den PrB zum Einzelabschluß des MU mit dem PrB zum KA zusammenzufassen.

---

227 So die hA, vgl. zB *ADS*, § 318 Tz. 270; *Sarx/Marquard* in BeBiKo. § 318 Anm. 36; die Nichterwähnung der GmbH-Gesellschafter wird insoweit als redaktionelles Versehen angesehen.
228 Vgl. *ADS*, § 318 Tz. 127.
229 Vgl. FG/IDW 2/1988 Abschn. D.

Der Konzernprüfungsbericht erlangt seine **rechtliche Wirkung** erst mit der   213
Unterzeichnung durch den Konzernabschlußprüfer. Für die Frage, ob ein Konzernprüfungsbericht vorliegt, sind wie beim Bericht über die Jahresabschlußprüfung nicht die äußere Form und die Bezeichnung des Schriftstücks, sondern dessen materieller Inhalt maßgebend. Da nicht verbindlich und abschließend geregelt ist, ob und ggf. inwieweit die **inhaltlichen Anforderungen,** die an den Bericht
über die Jahresabschlußprüfung zu stellen sind, auf den Konzernprüfungsbericht zu übertragen und durch zusätzliche Angaben zu erweitern sind, hat der
Konzernabschlußprüfer nach pflichtgemäßem Ermessen unter Heranziehung
allgemeiner Auslegungsprinzipien über die Ausgestaltung dieses Berichts im
Einzelfall zu entscheiden [230].

Der Konzernprüfungsbericht ist vom Konzernabschlußprüfer den gesetzlichen   214
Vertretern des MU **vorzulegen,** die ihn unverzüglich nach seinem Eingang
zusammen mit dem KA und dem Konzernlagebericht dem AR des MU (§ 337
Abs. 1 Satz 1 AktG) und bei MU in der Rechtsform der GmbH auch deren
Gesellschaftern (§ 52 Abs. 1 GmbHG; § 42a Abs. 4 iVm. Abs. 1 GmbHG) vorzulegen haben. Andere Adressaten des Konzernprüfungsberichts, wie zB die
gesetzlichen Vertreter der Tochterunternehmen oder deren Aufsichtsgremien,
sieht das Gesetz nicht vor.

Die **Aufgaben** des Konzernprüfungsberichts sind weitgehend die gleichen wie   215
die Aufgaben des Berichts über die Jahresabschlußprüfung bei Kapitalgesellschaften. Er dient vor allem einer unabhängigen und sachverständigen Unterrichtung des AR und der GmbH-Gesellschafter über die Konzernrechnungslegung. Den gesetzlichen Vertretern des MU dient der Konzernprüfungsbericht
neben der Informationsvermittlung auch als Nachweis, daß sie ihrer Pflicht zur
ordnungsmäßigen Konzernrechnungslegung nachgekommen sind.

Der Charakter der Konzernabschlußprüfung legt es nahe, bei der **Gestaltung** des   216
Konzernprüfungsberichts die Grundsätze ordnungsmäßiger Berichterstattung
für den Einzelabschluß sinngemäß anzuwenden, soweit dem nicht Besonderheiten der Prüfung der Konzernrechnungslegung entgegenstehen [231]. Die **allgemeinen Berichtsgrundsätze** der Unparteilichkeit, Vollständigkeit, Wahrheit und Klarheit gelten für jeden Bericht über eine Prüfung, also auch für den Konzernprüfungsbericht.

Der Konzernprüfungsbericht muß **dem Berichtsleser ein eigenes Urteil** über die   217
Konzernrechnungslegung **ermöglichen.** Es kommt grundsätzlich nicht darauf an,
im Konzernprüfungsbericht eine Fülle von Einzelinformationen zu vermitteln,
sondern entscheidend ist vielmehr, daß die **wesentlichen** Sachverhalte und
Erkenntnisse, die die Prüfung erbracht hat, aus dem Bericht hervorgehen.
Wesentlich sind dabei solche Tatsachen, die für eine ausreichende Information
der Berichtsempfänger von Bedeutung sind [232]. Wesentlich können auch
Gesichtspunkte sein, die zwar für die Lage des Konzerns von untergeordneter
Bedeutung sind, die aber die Ordnungsmäßigkeit der Konzernrechnungslegung
und ggf. das Vertrauen in das Geschäftsführungsorgan berühren [233].

---

230 Im Ergebnis ebenso *Weirich* in *Havermann,* FS *Goerdeler* S. 649/652; *Baetge/Hense* in HdRKo.
    Kapitel II Rn. 1486 f.; *ADS,* § 321 Tz. 221.
231 Vgl. FG/IDW 2/1988 Abschn. D.
232 Vgl. FG/IDW 2/1988 Abschn. B 2.
233 Vgl. *Weirich* in *Havermann,* FS *Goerdeler,* S. 649/655.

Soweit nicht die Besonderheiten der Prüfung des KA und des Konzernlageberichts eine abweichende Berichterstattung bedingen, kann auf die entsprechenden Ausführungen zum Bericht über die Jahresabschlußprüfung verwiesen werden.

2. Aufbau und Gliederung des Konzernprüfungsberichts

218 Aufbau und Gliederung des Konzernprüfungsberichts sind dem pflichtgemäßen **Ermessen des APr.** überlassen. In der Praxis hat sich zum AktG 1965 ein berufsüblicher und weitgehend einheitlicher Aufbau des Konzernprüfungsberichts herausgebildet. Durch die Weiterentwicklung der Konzernrechnungslegungsvorschriften und die gestiegenen Anforderungen an eine informative Berichterstattung sind Aufbau und Gliederung des Konzernprüfungsberichts anzupassen. In Anlehnung an die Gliederung des Berichts über die Jahresabschlußprüfung kann der Konzernprüfungsbericht zB wie folgt **gegliedert** werden[234]:

Bericht

A. Prüfungsauftrag und Auftragsdurchführung
B. Rechtliche Verhältnisse des Konzerns
C. Wirtschaftliche Grundlagen des Konzerns
D. Erläuterungen und Feststellungen zum Konzernabschluß
   I. Konsolidierungskreis und Konzernabschlußstichtag
  II. Konsolidierungsmethoden
 III. Konzernbilanz und Konzern-Gewinn- und Verlustrechnung
    1. Gliederung und Ausweis
    2. Bilanzierung und Bewertung
 IV. Konzernanhang
  V. Analyse des Konzernabschlusses
    1. Vermögenslage
    2. Finanzlage
    3. Ertragslage
E. Konzernlagebericht
F. Konzernrechnungswesen
G. Prüfungsergebnis und Bestätigungsvermerk

Anlagen

Soweit es der Grundsatz der Klarheit oder besondere Feststellungen des APr. erfordern, sind weitere Gliederungspunkte aufzunehmen bzw. Gliederungspunkte weiter zu untergliedern.

219 Die **Anlagen** des Konzernprüfungsberichts umfassen regelmäßig: Konzernbilanz, Konzern-GuV, Konzernanhang, – ggf. einschließlich der Aufstellung des Anteilsbesitzes (§ 313 Abs. 4 HGB) – Konzernlagebericht sowie die vereinbarten Auftragsbedingungen. Ob noch **weitere Anlagen** beizufügen sind, hängt von den Verhältnissen des Einzelfalles ab. In Betracht kommen zB: Schaubild über den Konzernaufbau, vollständiges Verzeichnis aller Konzernunternehmen, Aufstellungen über Kapital- und Schuldenkonsolidierung, Aufgliederungen bestimmter

---

234 Vgl. auch die diversen Gliederungsvorschläge bei *ADS*, § 321 Tz. 273; *Baetge/Hense* in HdRKo. Kapitel II Rn. 1527; *Budde/Kunz* in BeBiKo. § 321 Anm. 64.

Posten, wie Sachanlagevermögen, Umsatzerlöse, Darstellung der Entwicklung der Konzernbilanz und der Konzern-GuV aus den Einzelabschlüssen. Ob die Erstellung eines **ergänzenden Aufgliederungs- und Erläuterungsteils**, in den einzelne Posten des Konzernabschlusses entsprechend aufbereitet werden, zusätzlich zu den Angaben im Bericht erforderlich ist, wird im Einzelfall zu entscheiden sein.

3. Inhalt des Konzernprüfungsberichts

a) Allgemeine Angaben

Die Aufgaben des Konzernprüfungsberichts machen es erforderlich, daß über **220** die gesetzlich geregelten Berichtspflichten des § 321 Abs. 1 und 2 HGB hinaus weitere, überwiegend konzernspezifische Angaben zur Konzernabschlußprüfung und zum geprüften Konzern aufgenommen werden.

aa) Prüfungsauftrag und Auftragsdurchführung

Im Konzernprüfungsbericht ist hinsichtlich des Prüfungsauftrags auf die **Bestel- 221 lung** und **Auftragserteilung** zur Konzernabschlußprüfung einzugehen[235]. Erfolgt keine gesonderte Wahl des Konzernabschlußprüfers durch die Gesellschafter des MU, so gilt nach § 318 Abs. 2 Satz 1 HGB der APr. als bestellt, der für die Prüfung des in den KA einbezogenen JA des MU bestellt worden ist (§ 318 Abs. 2 Satz 1 HGB). Erfolgt die Einbeziehung des MU aufgrund eines Zwischenabschlusses und wird kein anderer APr. gewählt und bestellt, gilt der APr. des letzten vor dem Konzernabschlußstichtag aufgestellten JA des MU als bestellt (§ 318 Abs. 2 Satz 2 HGB).

Grundsätzlich ist auch auf die **Rechtsgrundlagen** der Konzernrechnungslegung **222** (HGB, PublG, Inanspruchnahme von Übergangserleichterungen und Befreiungen) einzugehen.

Im Konzernprüfungsbericht ist die **Durchführung der Prüfung** darzustellen[236]. **223** Dies gilt vor allem dann, wenn ungewöhnliche Umstände vorlagen, wie zB Schwierigkeiten bei der Zurverfügungstellung von Unterlagen durch Tochterunternehmen. Hinsichtlich der Art der Prüfungsdurchführung sind idR folgende **Angaben** in den Konzernprüfungsbericht aufzunehmen[237]:

– Prüfungszeitraum und ggf. Prüfungsorte,
– Hinweis auf besondere Umstände und Schwierigkeiten, die sich bei der Prüfung ergeben haben,
– Hinweis auf die Verwendung von Prüfungsergebnissen Dritter,
– Hinweis auf die Beachtung der Grundsätze ordnungsmäßiger Durchführung von Abschlußprüfungen (FG/IDW 1/1988),
– Hinweis auf die der Abschlußprüfung zugrunde gelegten Auftragsbedingungen einschl. der Anmerkung, daß diese auch im Verhältnis zu Dritten gelten,
– Hinweis auf das Vorliegen einer Vollständigkeitserklärung[238].

235 Vgl. FG/IDW 2/1988 Abschn. D 1; *ADS*, § 321 Tz. 232; *Budde/Kunz* in BeBiKo. § 321 Anm. 65.
236 Vgl. FG/IDW 2/1988 Abschn. D 1 1.
237 Vgl. auch *Weirich* in *Havermann*, FS *Goerdeler* S. 649/657.
238 Der Hinweis kann zweckmäßigerweise auch in den abschließenden Abschnitt „Prüfungsergebnis und Bestätigungsvermerk" aufgenommen werden.

224   Dem erforderlichen Hinweis auf die **Verwendung von Prüfungsergebnissen Drit-**
      ter kommt besondere Bedeutung zu, wenn die Abschlüsse der in den KA einbe-
      zogenen **Tochterunternehmen durch andere APr. geprüft** worden sind (§ 317
      Abs. 2). Soweit die in den KA einbezogenen JA von einem APr. nach den
      Grundsätzen der §§ 316 ff. HGB geprüft und mit dem uneingeschränkten BestV
      versehen sind, genügt ein entsprechender Hinweis im Konzernprüfungsbericht.
      Für ausländische einbezogene Unternehmen sollte ergänzend auch angegeben
      werden, ob und in welcher Weise den Anforderungen des § 317 Abs. 2 Satz 3
      HGB entsprochen wurde [239]. Hierzu ist auch anzugeben, wie der Konzernab-
      schlußprüfer das Vorliegen der Voraussetzungen der Sätze 2 und 3 des § 317
      Abs. 2 HGB geprüft hat (zB durch Fragebogen, Prüfungsrichtlinien, Reviews,
      Prüfungen vor Ort). Bei nicht geprüften oder nicht nach den Anforderungen von
      § 317 Abs. 2 Satz 2 und 3 HGB geprüften Einzelabschlüssen hat der Konzernab-
      schlußprüfer gesondert festzustellen, ob diese Abschlüsse den GoB entsprechen
      und die für die Übernahme in den KA maßgeblichen Vorschriften beachtet wur-
      den (§ 317 Abs. 2 Satz 1 HGB) [240]. Entsprechend den Verhältnissen des Einzelfal-
      les wird es zweckmäßig sein, die Ergebnisse dieser Prüfung in einem gesonder-
      ten Abschnitt oder als Anlage darzustellen.

      bb) Rechtliche Verhältnisse und wirtschaftliche Grundlagen des Konzerns

225   Eine Berichterstattung über die rechtlichen Verhältnisse und die wirtschaftli-
      chen Grundlagen des Konzerns gehören nicht zum gesetzlich bestimmten
      Pflichtinhalt des Konzernprüfungsberichts.

226   Eine Darstellung wesentlicher Veränderungen der **rechtlichen Verhältnisse,** ggf.
      auch im neuen Geschäftsjahr, entspricht, wie beim Bericht über die Jahresab-
      schlußprüfung, langjähriger **Berufsübung** und kann im Einzelfall nicht nur
      zweckmäßig, sondern sogar notwendig sein. Die Anforderungen, die an diesen
      Abschnitt im PrB zum Einzelabschluß zu stellen sind, gelten insoweit entspre-
      chend. Als konzernspezifische Angaben sind vor allem der rechtliche Aufbau
      des Konzerns und ggf. seine Veränderungen gegenüber dem Vorjahr darzustel-
      len.

227   Auch bezüglich der **wirtschaftlichen Grundlagen** des Konzerns gelten die Aus-
      führungen zum PrB über den JA entsprechend. Der Inhalt und Umfang dieser
      Angaben sollte sich vornehmlich nach dem Informationswert richten, den er für
      die Berichtsempfänger hat. Bloße Wiederholungen von Angaben aus dem Kon-
      zernanhang und Konzernlagebericht sind jedenfalls entbehrlich. Es ist meist
      zweckmäßig, die maßgebenden Daten in Form einer tabellarischen Gegenüber-
      stellung über einen Zeitraum von zB 5 Jahren darzustellen, da dadurch der
      Informationswert dieser Angaben für die Berichtsempfänger wesentlich erhöht
      werden kann. Es kann sachgerecht sein, die Angaben zu der Entwicklung der
      wirtschaftlichen Grundlagen unmittelbar der Analyse des Konzernabschlusses
      voranzustellen.

228   Der **Umfang** der Berichterstattung hängt auch davon ab, inwieweit die Lage des
      Konzerns von den wirtschaftlichen Verhältnissen des MU geprägt wird und folg-
      lich zusätzliche Erkenntnisse für die Konzernbeurteilung gewonnen werden

---

239 Vgl. FG/IDW 2/1988 Abschn. D I 6; *Weirich* in *Havermann*, FS *Goerdeler* S. 649/651.
240 Vgl. FG/IDW 2/1988 Abschn. D I 5.

können. Zu berücksichtigen ist dabei ferner, inwieweit derartige Informationen bereits durch die Berichterstattung im PrB zum JA des MU abgedeckt werden; bloße Wiederholungen sind insoweit zu vermeiden.

cc) Abgrenzung des Konsolidierungskreises

Der Konsolidierungskreis der in den KA einbezogenen Unternehmen ist aus **229** dem **Konzernanhang** durch die Angaben nach § 313 Abs. 2 HGB und der Aufstellung des Anteilsbesitzes nach § 313 Abs. 4 HGB ersichtlich. Es ist deshalb idR nicht erforderlich, diese Angaben im Konzernprüfungsbericht zu wiederholen. Der Konzernprüfungsbericht hat insofern **auf folgende Sachverhalte einzugehen**[241]:

– ob die Angaben zum Konsolidierungskreis zutreffend sind,
– ob von der Nichteinbeziehung (§§ 295, 296 HGB) zu Recht Gebrauch gemacht wurde,
– ob von der Quotenkonsolidierung (§ 310 HGB) zu Recht Gebrauch gemacht wurde,
– ob von der Equity-Bilanzierung (§§ 311, 312 HGB) zu Recht Gebrauch gemacht wurde,
– ob ggf. die Equity-Bilanzierung hätte angewendet werden müssen,
– Stetigkeit der Abgrenzung des Konsolidierungskreises,
– ggf. Veränderungen im Konsolidierungskreis gegenüber dem Vorjahr und wie der Verpflichtung zur Herstellung der Vergleichbarkeit aufeinander folgender Konzernabschlüsse (§ 294 Abs. 2 HGB) Rechnung getragen wurde.

Darlegungen zu den jeweils angewandten Konsolidierungsmethoden sollten gesondert im Rahmen der Ausführungen zu den Konsolidierungsgrundsätzen erfolgen.

dd) Konzernabschlußstichtag

Der Stichtag des KA braucht mit dem Stichtag des JA des MU nicht übereinzu- **230** stimmen (§ 299 Abs. 1 HGB). Wurde für den KA ein vom Stichtag des JA des **MU abweichender Stichtag** gewählt, so hat der APr. im Konzernprüfungsbericht anzugeben, ob die hierfür erforderlichen Voraussetzungen des § 299 Abs. 1 HGB erfüllt sind[242]. Außerdem ist ggf. auf die Zulässigkeit des Verzichts einer Aufstellung von **Zwischenabschlüssen** für Konsolidierungszwecke (§ 299 Abs. 2 HGB), auf das Vorliegen bzw. Nichtvorliegen von Vorgängen von besonderer Bedeutung für die Vermögens-, Finanz- und Ertragslage iSv. § 299 Abs. 3 HGB und ggf. auf deren Berücksichtigung im KA ausreichend einzugehen.

ee) Konsolidierungsmethoden

Regelmäßig sind Erläuterungen zu den jeweils angewandten Konsolidierungs- **231** methoden erforderlich. Es ist zweckmäßig und üblich, diese Ausführungen in einen **gesonderten Abschnitt** des Konzernprüfungsberichts aufzunehmen.

---

241 Vgl. FG/IDW 2/1988 Abschn. D I 3.
242 Vgl. FG/IDW 2/1988 Abschn. D I 2.

Erläuterungen sind insbesondere erforderlich[243]

– zu Besonderheiten der Erstkonsolidierung,
– zur Methode der Kapitalkonsolidierung (§§ 301, 302 HGB),
– zur Quotenkonsolidierung bei Gemeinschaftsunternehmen (§ 310 HGB),
– zur Equity-Bilanzierung assoziierter Unternehmen (§§ 311, 312 HGB),
– zur Schuldenkonsolidierung (§ 303 HGB),
– zur Zwischenergebniseliminierung (§ 304 HGB),
– zur Aufwands- und Ertragskonsolidierung (§ 305 HGB).

232 Ausführungen zur **Steuerabgrenzung** (§§ 274, 306 HGB) können im Rahmen dieses Abschnitts[244] oder – im Einzelfall sachgerechter – im Rahmen der entsprechenden Darstellungen zu den Bilanzierungs- und Bewertungsmethoden vorgenommen werden.

233 Der **Umfang** der Berichterstattung hängt neben dem Informationsstand der Berichtsempfänger maßgeblich auch vom Umfang der entsprechenden Erläuterungen im Konzernanhang ab[245]. Werden im Konzernanhang die Konsolidierungsgrundsätze ausführlich dargestellt, so kann hierauf im wesentlichen Bezug genommen werden; bloße Wiederholungen dieser Angaben sind zu vermeiden. Der APr. hat darauf einzugehen, ob die angewandten Konsolidierungsmethoden den gesetzlichen Vorschriften entsprechen und somit deren Ordnungsmäßigkeit gegeben ist.

b) Pflichtfeststellungen nach § 321 Abs. 1 Satz 2 HGB

234 Nach § 321 Abs. 1 Satz 2 HGB hat der APr. im Konzernprüfungsbericht **besonders** (ausdrücklich) **festzustellen,** ob die Buchführung des KA und der Konzernlagebericht den gesetzlichen Vorschriften entsprechen und die gesetzlichen Vertreter die verlangten Aufklärungen und Nachweise erbracht haben. Die Berichtsempfänger sollen klar und eindeutig erkennen können, welches die abschließende Auffassung des APr. zu diesen Feststellungsbereichen ist. Wie im Bericht über die Jahresabschlußprüfung ist zur Gesetzmäßigkeit auch **Stellung zu nehmen** und auf festgestellte Mängel von nicht untergeordneter Bedeutung einzugehen.

aa) Konsolidierungsbuchführung

235 Der Wortlaut von Satz 2 spricht explizit den KA und Konzernlagebericht an, nicht dagegen eine **„Konzernbuchführung“.** Das Erfordernis einer eigenständigen Konzernbuchführung ergibt sich im Einzelfall aus der Verpflichtung zur konzerneinheitlichen Bilanzierung nach § 300 HGB und zur konzerneinheitlichen Bewertung nach § 308 HGB sowie ggf. bei Verfolgung einer eigenständigen Konzernbilanzpolitik[246].

236 Der APr. hat nach hA im Konzernprüfungsbericht auch die **Gesetzmäßigkeit der Konsolidierungsbuchführung** festzustellen und hierzu Stellung zu nehmen[247]. Für

243 Vgl. FG/IDW 2/1988 Abschn. D II 1.
244 So *Budde/Kunz* in BeBiKo. § 321 Anm. 66.
245 Vgl. FG/IDW 2/1988 Abschn. D II.
246 Vgl. *ADS,* § 321 Tz. 247; auch *Otte,* BB 1988 S. 661 ff.
247 Vgl. FG/IDW 2/1988 Abschn. D II 1; *ADS,* § 321 Tz. 248; *Baetge/Hense* in HdRKo. Kapitel II Rn. 1491; wohl aA *Breycha/Schäfer* in HdR § 321 Rn. 76; *Gross/Schruff/v. Wysocki,* Der Konzern-

die Konzernabschlußprüfung und -berichterstattung ist unter Buchführung iSv. § 321 Abs. 1 Satz 2 HGB die Gesamtheit der Konsolidierungsunterlagen – auch der statistischen – zu verstehen, die für die Entwicklung des KA (aus den JA der einbezogenen Unternehmen) notwendig sind [248]. Eine **Stellungnahme** zur Buchführung erfordert Erläuterungen zur Ordnungsmäßigkeit der Konsolidierungsbuchführung, ausgehend von den Einzelabschlüssen über die Entwicklung der Handelsbilanzen II bis zur Durchführung der vorgeschriebenen Konsolidierungsmaßnahmen sowie die Feststellung, ob der KA ordnungsgemäß aus den JA der einbezogenen Unternehmen entwickelt wurde.

Die Angaben zum Konzernrechnungswesen sollten grundsätzlich in einem **237** **gesonderten Abschnitt** vorgenommen werden. Die gliederungstechnische Einordnung dieses Abschnitts liegt jedoch im pflichtgemäßen Ermessen des APr.

Bei den Angaben zum Konzernrechnungswesen sind auch die **organisatorischen Vorkehrungen** für die Erstellung des KA kurz darzustellen. Dabei ist zB auf das Vorliegen interner Konzernabschlußrichtlinien, eines einheitlichen Kontenplans, das Formular- und Berichtswesen, das System der Überleitung und Anpassung der einzelnen Posten nach jeweiligem Landesrecht auf die einheitlichen Rechnungslegungsvorschriften des MU (Handelsbilanz II) einzugehen. Anzugeben ist idR auch, ob die Erstellung der Handelsbilanz II, ggf. die Durchführung von Vorkonsolidierungen in mehrstufigen Konzernen sowie die Währungsumrechnung dezentral oder zentral vom MU durchgeführt werden. Im Einzelfall kann auch auf den Einsatz von EDV für Konsolidierungszwecke, auf das Ineinandergreifen von EDV-technischer und manueller Bearbeitung einzugehen sein.

bb) Konzernabschluß und Konzernlagebericht

Nach § 321 Abs. 1 Satz 2 HGB hat der APr. im Konzernprüfungsbericht ferner **238** ausdrücklich festzustellen, ob der **KA** den **gesetzlichen Vorschriften** entspricht. Diese Feststellung erstreckt sich auf die Konzernbilanz, Konzern-GuV und den Konzernanhang. Soweit ergänzende Bestimmungen im Gesellschaftsvertrag oder in der Satzung enthalten sind, die den KA betreffen, ist auch über deren Beachtung zu berichten.

Zum Ergebnis der Prüfung des **Konzernanhangs** sollte in einem gesonderten **239** Abschnitt Stellung genommen werden. Für den Fall, daß die Prüfung des Konzernanhangs keine Beanstandungen ergibt, genügt idR die Feststellung, daß der Konzernanhang alle nach den gesetzlichen Vorschriften erforderlichen Angaben und Erläuterungen zutreffend enthält [249]. Es ist darauf einzugehen, ob die Vorschriften der §§ 313, 314 HGB beachtet wurden, ob der Konzernanhang die in §§ 313 Abs. 2, 314 HGB geforderten Einzelangaben enthält.

Für die Ausführungen zum **Konzernlagebericht** gelten die Grundsätze für die Berichterstattung über den LB entsprechend.

---

abschluß nach neuem Recht, Düsseldorf 1986 S. 347, die in bezug auf § 321 Abs. 1 Satz 2 HGB die Buchführung ausdrücklich ausschließen.
248 Vgl. *ADS*, § 321 Tz. 248.
249 Vgl. FG/IDW 2/1988 Abschn. D II.

cc) Aufklärungs- und Nachweispflichten der gesetzlichen Vertreter

240   Die nach § 321 Abs. 1 Satz 2 HGB explizit geforderte **Feststellung,** ob die verlangten Aufklärungen und Nachweise erbracht wurden, bezieht sich auf die in
§ 320 Abs. 3 HGB geregelten Vorlage-, Duldungs- und Auskunftspflichten der
gesetzlichen Vertreter des MU, der Tochterunternehmen sowie der APr. dieser
Unternehmen[250]. Im allgemeinen genügt eine positive Feststellung, daß alle
erbetenen Aufklärungen und Nachweise erbracht worden sind. Auf die Erfüllung der Aufklärungs- und Nachweispflichten der gesetzlichen Vertreter von
Tochterunternehmen und ggf. auch **ihrer APr.** sollte im Konzernprüfungsbericht
besonders hingewiesen werden[251]. Wurden Auskünfte nicht erteilt oder Unterlagen nicht vorgelegt, so ist dies im Konzernprüfungsbericht entsprechend darzustellen.

241   Der Konzernabschlußprüfer hat nach dem Wortlaut des § 320 Abs. 3 HGB
gegenüber **assoziierten Unternehmen** sowie Gemeinschaftsunternehmen keines
dieser Informationsrechte. In Ausnahmefällen kann eine ordnungsmäßige Prüfungsdurchführung erfordern, daß sich der Konzernabschlußprüfer – in Abstimmung mit den gesetzlichen Vertretern des MU – mit der Bitte um Aufklärung
und Nachweis an die gesetzlichen Vertreter der assoziierten Unternehmen oder
ggf. an deren APr. wendet[252]. Werden erbetene Aufklärungen und Nachweise
von Bedeutung nicht oder nur teilweise erbracht, so wird dies dennoch unter
Angabe der Konsequenzen für den KA dem Berichtsleser kenntlich zu machen
sein[253].

c) Erläuterung des Konzernabschlusses

242   § 321 HGB verpflichtet nach seinem Wortlaut den Konzernabschlußprüfer **nicht
ausdrücklich** zur Aufgliederung und Erläuterung der Posten des KA[254]. Nachdem noch im RegE[255] eine entsprechende Pflicht für den Konzernprüfungsbericht vorgesehen war, wurde in der verabschiedeten Gesetzesfassung davon
abgesehen. Daraus folgt nicht, daß die Posten des KA generell nicht aufzugliedern und zu erläutern sind, sondern daß der Gesetzgeber lediglich eine allgemeine Verpflichtung zur Aufgliederung und Erläuterung im Konzernprüfungsbericht nicht für notwendig gehalten hat.

243   Postenerläuterungen sowie die Darstellung der Entwicklung der Vermögens-,
Finanz- und Ertragslage sind immer dann **erforderlich, wenn** hierdurch **zusätzliche Erkenntnisse** gegenüber der Erläuterung des JA des MU gewonnen werden[256]. Auch im Hinblick auf die Komplexität des KA wäre es vielfach nicht
sachgerecht, auf die Aufgliederung und Erläuterung der Posten zu verzichten.

250 Vgl. FG/IDW 2/1988 Abschn. D V 2.
251 Ebenso *Budde/Kunz,* BeBiKo. § 321 Anm. 61; ablehnend *ADS,* § 321 Tz. 255.
252 Vgl. hierzu *Baetge/Hense* in HdRKo. Kapitel II Rn. 1479 ff.
253 Ebenso *ADS,* § 321 Tz. 256; *Baetge/Hense* in HdRKo.; Kapitel II, Rn. 1484; aA *Budde/Kunz,*
BeBiKo. § 321 Anm. 61.
254 Vgl. FG/IDW 2/1988 Abschn. D II.
255 Vgl. § 300 Abs. 2 Satz 1 iVm. § 305 HGB-E, BR-Drs. 165/85 v. 12. 4. 1985 S. 15.
256 Vgl. FG/IDW 2/1988 Abschn. D II.

aa) Aufgliederung und Erläuterung der Posten des Konzernabschlusses

Die gesetzlichen Vorschriften zum KA, insbesondere die Regelung der Bilanzie- **244**
rung, Konsolidierung und einheitlichen Bewertung im KA machen Einzelerläu-
terungen **erforderlich**, soweit nicht im Konzernanhang hierzu Erläuterungen enthalten sind. Regelmäßig sollte der Konzernprüfungsbericht Erläuterungen zur
Gliederung des KA, vor allem bei der Einbeziehung von „Formblattunternehmen", sowie zu den angewandten **Bilanzierungs- und Bewertungsmethoden** – insbesondere zur konzerneinheitlichen Bewertung (§ 308 HGB) –, enthalten[257].
Darzulegen ist auch, ob der **Stetigkeitsgrundsatz** berechtigterweise durchbrochen wurde.

Im Falle der Einbeziehung **ausländischer** Unternehmen in den KA ist über die **245**
sich hieraus ergebenden Besonderheiten und die dabei angewandten Grundsätze zu berichten. Besondere Bedeutung erhält dabei die Berichterstattung über
die Methoden der **Währungsumrechnung** und die Sicherstellung der einheitlichen Bilanzierung und Bewertung.

Wegen Einzelheiten zur Bilanzierung und Bewertung kann ggf. auf den Kon- **246**
zernanhang und auf die PrB zu den einzelnen in den KA einbezogenen Unternehmen verwiesen werden, wenn diese den Adressaten des Konzernprüfungsberichts vorliegen.

Im Einzelfall können auch Angaben über die **Ergebnisdarstellung** im KA erfor- **247**
derlich sein. Ist das Konzernergebnis durch Änderung von Bilanzierungs- und
Bewertungsmethoden sowie durch außerordentliche Vorgänge wesentlich beeinflußt, so ist hierüber zu berichten.

Ob die Aufgliederung und Erläuterung der Posten des KA erforderlich ist, hängt **248**
im wesentlichen vom Informationsstand der Berichtsadressaten ab. Maßgebend
dafür, ob die wesentlichen Posten des KA in einem **ergänzenden Aufgliederungs-
und Erläuterungsteil** zum Bericht erläutert, ob lediglich zusammengefaßte Erläuterungen in den Bericht aufgenommen werden oder ob auf Postenerläuterungen
weitgehend verzichtet wird, ist der Erkenntniswert der betreffenden Angaben für
die Berichtsempfänger. Für einen solchen Verzicht kann sprechen, daß der KA
in einigen Fällen in starkem Maße von dem Einzelabschluß des MU geprägt
wird, der Konzernanhang entsprechende Erläuterungen zum KA enthält oder
den Berichtsempfängern bereits auf andere Weise entsprechende Informationen
zugänglich sind.

Die Aufgliederungen und Erläuterungen werden sich häufig auf solche Posten **249**
des KA beschränken können, die aufgrund der Zusammenfassung der Einzelabschlüsse wesentlich vom Abschluß des MU abweichen. Daneben werden regelmäßig Erläuterungen zu **konzernspezifischen Posten,** wie zB Unterschiedsbeträge
aus der Kapitalkonsolidierung, Ausgleichsposten für Anteile im Fremdbesitz
(§ 307 HGB) oder die wesentlichen Auswirkungen der Eliminierung der Zwischenergebnisse, der Kapital- und Schuldenkonsolidierung, erforderlich sein.
Der Posten latente Steuern sollte ggf. erläutert werden, da darin sowohl latente
Steuern enthalten sein können, die aus den Einzelabschlüssen der konsolidierten
Unternehmen übernommen wurden, als auch latente Steuern, die infolge der
Konsolidierungsvorgänge entstanden sind.

---

257 Vgl. zum folgenden auch FG/IDW 2/1988 Abschn. D II.

250 Erfolgt die Erstellung der Konzern-GuV nach dem **Umsatzkostenverfahren,** während bei einem Teil der JA der Konzernunternehmen das Gesamtkostenverfahren Anwendung findet, sollte die Zuordnung der Material-, Personal-, Abschreibungsaufwendungen sowie anderer Aufwendungen auf die Herstellungs-, Vertriebs- und Verwaltungskosten näher erläutert werden.

Im einzelnen kann auf die entsprechenden Ausführungen zum Bericht über die Jahresabschlußprüfung verwiesen werden.

bb) Darstellungen zur Vermögens-, Finanz- und Ertragslage

251 Eine **zusammenfassende Darstellung** der Vermögens-, Finanz- und Ertragslage im Konzernprüfungsbericht ist – ebenso wie im PrB zum JA – nicht gesetzlich vorgeschrieben und gehört insoweit nicht zum gesetzlich bestimmten Mindestinhalt. Allerdings machen die Aufgaben des Konzernabschlußprüfers, vor allem seine gesetzlichen Berichts- und Warnpflichten, Darstellungen zur Vermögens-, Finanz- und Ertragslage des Konzerns im allgemeinen **erforderlich.**

Die Darstellung der Entwicklung der Vermögens-, Finanz- und Ertragslage ist immer dann erforderlich, wenn der KA nicht wesentlich durch den Einzelabschluß des MU geprägt ist und somit zusätzliche Erkenntnisse gegenüber den Erläuterungen des JA des MU gewonnen werden können. Es ist häufig sachgerecht, in diese Darstellungen auch die Aufgliederungen und Erläuterungen zu den Posten des KA zu integrieren[258]. Insoweit stellen diese Erläuterungen einen **wichtigen Bestandteil des Konzernprüfungsberichts** dar.

cc) Nachteilige Lageveränderungen und nicht unwesentliche Verluste

252 Die Verpflichtung gemäß **§ 321 Abs. 1 Satz 4 HGB gilt auch für den Konzernprüfungsbericht.**

Zwar nimmt der Gesetzeswortlaut lediglich Bezug auf das Jahresergebnis, jedoch diese Berichterstattungspflicht allein auf den Einzelabschluß zu beschränken, ist weder sachgerecht noch berücksichtigt sie, daß der Gesetzgeber auch an anderen Stellen der Vorschriften über die Konzernrechnungslegung (zB §§ 306 Satz 1, 307 Abs. 2 HGB) vom „Jahresergebnis" spricht, obgleich hierbei nur das Ergebnis des KA bzw. der Konzernerfolgsrechnung gemeint sein kann. Im übrigen spricht für die Anwendung des § 321 Abs. 1 Satz 4 HGB auf die Konzernabschlußprüfung die Intention des Gesetzgebers, mit dieser Vorschrift eine zusammenhängende und deutliche Berichterstattung über die angesprochenen Sachverhalte zur besseren Unterrichtung der Verwaltungs- und Aufsichtsorgane zu schaffen. Der Konzernabschlußprüfer hat nachteilige Veränderungen der Vermögens-, Finanz- und Ertragslage des Konzerns gegenüber dem Vorjahr sowie Verluste, die das Konzernjahresergebnis nicht unwesentlich beeinflußt haben, aufzuführen und ausreichend zu erläutern[259].

253 Die Berichtspflicht bezieht sich auf nachteilige Veränderungen **gegenüber dem Vorjahr.** Die Berichtsadressaten sind über alle wesentlichen nachteiligen Umstände zu informieren, die dem Konzernabschlußprüfer bei ordnungsmäßiger Durchführung der Prüfung bekannt werden. Für den KA gilt analog, daß

---

258 Ebenso *ADS,* § 321 Tz. 252.
259 Vgl. zB auch FG/IDW 2/1988 Abschn. D III; *Grewe,* WPg. 1986 S. 85/91; *Weirich* in *Havermann,* FS *Goerdeler* S. 649/666; *ADS,* § 321 Tz. 263.

§ 321 Abs. 1 Satz 4 HGB keine Erweiterung des Prüfungsgegenstandes und -umfangs impliziert, sondern vielmehr eine ergänzende Präzisierung des Prüfungsumfangs und eine Aktzentverschiebung in der Prüfungsdurchführung bewirkt. Die Konzernberichterstattung nach Abs. 1 Satz 4 ist insoweit nicht auf die GoB-konformen nachteiligen Lageveränderungen beschränkt und umfaßt in ihrer zeitlichen Dimension grundsätzlich auch nachteilige Veränderungen zwischen dem Abschlußstichtag und der Beendigung der Prüfung. Zu berichten ist über die wesentlichen **negativen Veränderungen einzelner Faktoren** der jeweiligen Lageelemente, die auf die Vermögens-, Finanz- bzw. Ertragslage des Konzerns nachteilige Auswirkungen haben. Negative Veränderungen der einzelnen Teillagen sind nicht für eine Beurteilung der wirtschaftlichen Gesamtlage zusammenzufassen, dh. es hat keine Aufrechnung von negativen und positiven Änderungen zu erfolgen[260].

Die Berichtspflicht nach Abs. 1 Satz 4 besteht **unabhängig** davon, ob im Bericht über die Prüfung des JA des MU oder in den PrB zu den einbezogenen Einzelabschlüssen eine entsprechende Berichterstattung bereits vorgenommen wurde. Werden die berichtspflichtigen nachteiligen Lageveränderungen des Konzerns im wesentlichen durch den **JA des MU** verursacht, kann es im Einzelfall allerdings als ausreichend angesehen werden, dies im Konzernprüfungsbericht festzustellen und wegen Einzelheiten den grundsätzlich identischen Adressatenkreis auf eine bereits zum Einzelabschluß erfolgte Berichterstattung im PrB zu verweisen. Die Faktoren, die zu negativen Veränderungen geführt haben, müssen in diesem Fall idR nicht nochmals im Konzernprüfungsbericht aufgeführt und detailliert erläutert werden. Werden die nachteiligen Veränderungen im wesentlichen durch die **Entwicklung von Tochterunternehmen** bestimmt, so sind sie im Konzernprüfungsbericht selbst aufzuführen und ausreichend zu erläutern[261].   **254**

Für die Feststellung und Berichterstattung von nachteiligen Lageveränderungen sind nicht die Verhältnisse in den Einzelabschlüssen des Mutter- und der Tochterunternehmen unmittelbar maßgebend, sondern vielmehr die **Verhältnisse im** geprüften **KA.** Bei der Beurteilung sind deshalb die angewandten Bilanzierungs- und Bewertungsgrundsätze sowie die Auswirkungen der Konsolidierung entsprechend zu berücksichtigen. UU können erhebliche Divergenzen in der Beurteilung einzelner negativer Sachverhalte im Einzelabschluß und KA vorliegen.   **255**

Die Berichtspflicht über **nicht unwesentliche Verluste** bezieht sich auf solche Verluste, die aus der Sicht des Konzerns das Konzernjahresergebnis nicht unwesentlich beeinflußt haben[262]. In Betracht kommen zB Verluste einzelner einbezogener Unternehmen oder von Sparten dieser Unternehmen. Grundsätzlich wird es genügen, die Verlustquellen, die Unternehmen, bei denen die Verluste eingetreten sind, zu nennen sowie die näheren Umstände zu erläutern, die zur Entstehung des Verlustes aus Konzernsicht geführt haben. Eine Verpflichtung des Konzernabschlußprüfers, die Verlustursachen kritisch zu durchleuchten, ist indes mit dieser Berichtspflicht nicht verbunden.   **256**

---

260 AA *Baetge/Hense* in HdRKo. Kapitel II Rn. 1508.
261 Vgl. auch *ADS*, § 321 Tz. 264; *Breycha/Schäfer* in HdR § 321 Rn. 78.
262 Vgl. FG/IDW 2/1988 Abschn. D III.

dd) Redepflicht des Konzernabschlußprüfers

257   Die Redepflicht nach § 321 Abs. 2 HGB gilt auch für den Konzernabschlußprüfer[263]. Diese Verpflichtung folgt aus der Regelung der Konzernabschlußprüfung in den §§ 316 bis 324 HGB, dem Gesetzeswortlaut des § 321 Abs. 2 HGB, wonach keine Beschränkung der Redepflicht auf den Bericht über den Einzelabschluß abzuleiten ist, sowie der Intention des Gesetzgebers, die Warnpflicht des APr. zu kodifizieren.

258   Die Berichtspflicht erstreckt sich in erster Linie auf die **Lage des Konzerns** und auf **Verstöße der Konzernleitung,** die dem Konzernabschlußprüfer bei Wahrnehmung seiner Aufgaben bekannt geworden sind. Er ist danach verpflichtet, über Tatsachen zu berichten, die den Bestand des Konzerns gefährden oder seine Entwicklung wesentlich beeinträchtigen können oder die schwerwiegende Verstöße der Konzernleitung gegen Gesetz oder Satzung erkennen lassen.

259   Der Konzernabschlußprüfer hat gegenüber den Adressaten des Konzernprüfungsberichts eine **eigenständige** Redepflicht. Danach sind auch Tatsachen, die anläßlich der Konzernabschlußprüfung bei dem MU oder bei einbezogenen Tochterunternehmen festgestellt werden, berichtspflichtig. Ein Hinweis auf eine bereits zum Einzelabschluß des MU erfüllte Berichtspflicht oder ein Verweis auf einen ggf. erstatteten Sonderbericht kann ausreichend sein[264]. Eine weitergehende Berichterstattung wird jedenfalls dann notwendig sein, wenn der Konzernabschlußprüfer nicht zugleich APr. des MU ist.

d) Prüfungsergebnis und Bestätigungsvermerk (Schlußbemerkung)

260   In diesem Abschnitt ist das Prüfungsergebnis in **zusammengefaßter Form** darzustellen. Es ist auf die Pflichtfeststellungen nach § 321 Abs. 1 Satz 2 HGB einzugehen, dh. besonders festzustellen, ob der KA und der Konzernlagebericht den gesetzlichen Vorschriften entsprechen und ob die verlangten Aufklärungen und Nachweise erbracht wurden. Es empfiehlt sich, in diese Feststellung auch die Bestätigung der Ordnungsmäßigkeit der Konsolidierungsbuchführung einzubeziehen[265].

261   Im einzelnen wird im Rahmen der Feststellung der Ordnungsmäßigkeit der Rechnungslegung **kurz einzugehen** zu sein, ob

– die Aufzeichnungen und das Formularwesen den Anforderungen einer ordnungsmäßigen Konsolidierungsbuchführung entsprechen,
– der Konsolidierungskreis zutreffend abgegrenzt ist,
– der KA ordnungsgemäß aus den einbezogenen JA entwickelt wurde und diese selbst ordnungsgemäß sind,
– die erforderlichen Konsolidierungsmaßnahmen richtig durchgeführt wurden,
– die Konzernbilanz und die Konzern-GuV entsprechend den gesetzlichen Vorschriften gegliedert sind,
– der Ansatz und die Bewertung der Vermögensgegenstände und der Schulden nach handelsrechtlichen Bestimmungen und einheitlich nach den Bewertungsgrundsätzen des MU vorgenommen wurden,

---

263 Vgl. für viele FG/IDW 2/1988 Abschn. D IV; Grewe in BoHdR § 321 Rz. 88; *ADS,* § 321 Tz. 267.
264 Ebenso *ADS,* § 321 Tz. 268.
265 Vgl. FG/IDW 2/1988 Abschn. D V.

– der Konzernanhang die erforderlichen Angaben richtig und vollständig enthält und

– der Konzernlagebericht im Einklang mit dem KA steht und seine sonstigen Angaben keine falsche Vorstellungen von der Lage des Konzerns erwecken.

Auch in der Zusammenfassung des Prüfungsergebnisses der Konzernabschluß- **262** prüfung ist generell ein Hinweis auf festgestellte **nachteilige Lageveränderungen** des Konzerns und nicht unwesentliche Verluste erforderlich. Gleiches gilt für die Tatbestände der **Redepflicht** nach § 321 Abs. 2 HGB.

Nach § 322 Abs. 4 Satz 2 HGB ist der **BestV** oder der Vermerk über seine Versa- **263** gung in den Bericht über die Konzernabschlußprüfung aufzunehmen. Der Bericht ist vom Prüfer des KA zu **unterzeichnen** (§ 321 Abs. 3 HGB). Auf die entsprechenden Ausführungen zum Bericht über den Einzelabschluß kann insoweit verwiesen werden.

4. Zusammengefaßter Prüfungsbericht

Eine grundsätzliche Neuerung gegenüber dem AktG 1965 enthalten die §§ 298 **264** Abs. 3 Satz 3, 315 Abs. 3 HGB. Danach **können** der PrB über den JA des MU und der PrB über den KA zusammengefaßt werden, sofern der Konzernanhang und der Anh. des JA des MU und der Konzernlagebericht und der LB des MU zulässigerweise zusammengefaßt und gemeinsam offengelegt werden.

Die Möglichkeit der Zusammenfassung erlangt **praktische Bedeutung** vor allem **265** in den Fällen, in denen der KA im wesentlichen durch den Einzelabschluß des MU geprägt wird. Der APr. hat nach pflichtgemäßem Ermessen zu entscheiden, ob und in welcher Weise er einen einheitlichen Bericht über seine Prüfung des JA des MU und des KA erstellt. Aus Gründen der Klarheit der Berichterstattung wird es sich im Regelfall empfehlen, das Wahlrecht zur Zusammenfassung von PrB und BestV einheitlich und nach Möglichkeit stetig auszuüben [266]. Strittig ist, ob der APr. auch dann einen zusammengefaßten PrB erstellen darf – bei Zustimmung oder auf Wunsch des Auftraggebers –, wenn die Voraussetzungen der §§ 298 Abs. 3 Satz 1, 315 Abs. 2 HGB nicht vorliegen [267]. Gegen eine Zusammenfassung des PrB sprechen neben dem Gesetzeswortlaut häufig praktische Probleme einer übersichtlichen Berichtsgestaltung.

Werden JA und KA von **verschiedenen APr.** geprüft, kommt trotz Vorliegen der **266** Voraussetzungen der §§ 298 Abs. 3 Satz 3, 315 Abs. 3 HGB eine zusammengefaßte Berichterstattung nicht in Betracht, weil kein Fall der gemeinsamen Abschlußprüfung vorliegt [268]. Nach dem Gesetzeswortlaut nicht zulässig ist eine zusammenfassende Berichterstattung über den JA eines Tochterunternehmens und den KA des MU, auch wenn es sich bei dem MU um eine Holding handelt und das Tochterunternehmen den KA prägt [269].

---

266 Vgl. ebenso *Budde/Kunz* in BeBiKo. § 321 Anm. 122.
267 Nach *ADS*, § 321 Tz. 279 bestehen hierzu keine Bedenken; aA *Budde/Kunz* in BeBiKo. § 321 Anm. 72.
268 Vgl. *ADS*, § 322 Tz. 94, § 318 Tz. 45 ff.
269 Vgl. *Budde/Kunz* in BeBiKo. § 321 Anm. 72.

267 Der zusammengefaßte Bericht muß allen **Anforderungen** genügen, die für die getrennte Berichterstattung gelten. Dies bedeutet, daß die Aufgliederungen und Erläuterungen der Posten des JA des MU und ggf. auch der Posten des KA bei der Zusammenfassung erhalten bleiben müssen und die besonderen Feststellungen nach § 321 Abs. 1 Satz 2 HGB sowohl für den Einzelabschluß als auch für den KA zu treffen sind[270].

268 Die **Möglichkeiten** zur Verbindung der beiden PrB sind bei den einzelnen Abschnitten des Berichts unterschiedlich groß und hängen von den Gegebenheiten des Einzelfalles ab. Eine unmittelbare Zusammenfassung kommt zB bei der Darstellung des Prüfungsauftrags und der Auftragsdurchführung in Betracht, eine parallele Berichterstattung zB bei der Darstellung der wirtschaftlichen Verhältnisse und eine getrennte Berichterstattung bei spezifischen Sachverhalten zum Einzelabschluß und zum KA, wie zB bei der Aufgliederung und Erläuterung der Posten, der Angaben zur Abgrenzung des Konsolidierungskreises oder der Konsolidierungsmethoden. Gliederung und Aufbau eines zusammengefaßten PrB werden sich weitgehend an der Gliederung für den PrB zum JA des MU orientieren.

IV. Der Bestätigungsvermerk zum Jahresabschluß von Kapitalgesellschaften[271]

1. Grundlagen

a) Übersicht und allgemeine Grundsätze für die Erteilung

269 Das **Ergebnis** einer Abschlußprüfung wird gesetzlich vorgeschrieben oder mit dem Auftraggeber vereinbart in einem **BestV zusammengefaßt**[272].

---

270 Vgl. FG/IDW 2/1988 Abschn. D VI.
271 Schrifttum (ohne die einschlägigen Kommentare) FG/IDW 3/1988, Grundsätze für die Erteilung von Bestätigungsvermerken bei Abschlußprüfungen, WPg. 1989, S. 27; *Albach/Forster* (Hrsg.), Beiträge zum Bilanzrichtlinien-Gesetz, ZfB Erg.-Heft 1/87, Wiesbaden 1987; *Baetge* (Hrsg.), Abschlußprüfung nach neuem Recht, Wiesbaden 1988; *Baetge/Apelt*, Konsequenzen des Verstoßes gegen die Offenlegungsvorschriften des HGB, DB 1988, S. 1709; *Ballwieser*, Sind mit der neuen Generalklausel zur Rechnungslegung auch neue Prüfungspflichten verbunden?, BB 1985 S. 1034; *ders.*, Die Analyse von Jahresabschlüssen nach neuem Recht, WPg. 1987 S. 57; *ders.*, Zur Berichterstattung des Abschlußprüfers nach neuem Recht, BFuP 1988 S. 313; *ders.*, *Bolsenkötter*, Bestätigungsvermerk, HWRev Sp. 126; *Braun*, Freiwillige Abschlußprüfungen bei Einzelkaufleuten und Personenhandelsgesellschaften, BB 1989 S. 803; *Busse von Colbe ua.*, Wirtschaftsprüfung heute: Entwicklung oder Reform?, Wiesbaden 1977; *Clemm*, Die Bedeutung des Bestätigungsvermerkes des Abschlußprüfers einer Aktiengesellschaft nach derzeitiger gesetzlicher Regelung und nach dem Verständnis der Allgemeinheit, WPg. 1977 S. 145; *ders.*, Erwartungen an die Abschlußprüfung, WPg. 1984, 645–655; Unternehmerische Rechnungslegung – Aufgaben, Möglichkeiten und Grenzen, in: *Havermann* (Hrsg.), Bilanz- und Konzernrecht, FS *Goerdeler*, Düsseldorf 1987, S. 93; *ders.*, Bilanzpolitik und Ehrlichkeits- („true and fair view"-) Gebot, WPg. 1989 S. 357–366; *Clemm/Reittinger*, Die Prüfung des LB im Rahmen der jährlichen Abschlußprüfung von Kapitalgesellschaften, BFuP 1980, S. 493; *Elmendorff*, Erkenntniswert des Jahresabschlusses und Aussagewert des Bestätigungsvermerks, IDW (Hrsg.), Bericht über die Fachtagung 1950, S. 60; *Emmerich, ders.*, Offene Fragen zum Jahresabschluß und seiner Prüfung, in IDW (Hrsg.), Bericht über die Fachtagung 1985, S. 217; *ders.*, Fragen der Gestaltung des Jahresabschlusses nach neuem Recht, WPg. 1986 S. 698; *Emmerich/Künnemann*, Zum Lagebericht der Kapitalgesellschaft, WPg. 1986 S. 145; *Erle*, Der Bestätigungsvermerk des Abschlußprüfers (Diss.), Düsseldorf 1990; *Feik*, Gesetzlich normierter oder freiformulierter Bestätigungsvermerk? WPg. 1981 S. 558; *Forster*, Grundsätze ordnungsmäßiger Abschlußprüfung, Berichterstattung und der Erteilung von BestV, WPg. 1977

Durch den BestV (in der Praxis auch „Testat" genannt) werden vom APr. über den Auftraggeber hinaus diejenigen Adressaten der Rechnungslegung, die kein Recht zur unmittelbaren Einsichtnahme in den PrB haben, nämlich Kapitaleigner, potentieller Aktienerwerber, Gesellschafter, Gläubiger, andere Marktpart-

S. 1; *ders.*, Abschlußprüfer und Abschlußprüfung im Wandel – Auswirkungen der EG-Harmonisierung, BFuP 1980 S. 1; *ders.*, Die Praxis der Zusätze zum Bestätigungsvermerk, WPg. 1980 S. 573; *ders.*, Zur Abschlußprüfung nach dem Vorentwurf eines Bilanzrichtlinie-Gesetzes in: *Busse von Colbe/Laßmann* (Hrsg), Zum Vorentwurf eines Bilanzrichtlinien-Gesetzes gemäß 4. EG-Richtlinie, Stuttgart 1981 S. 59; *ders.*, Anhang, Lagebericht, Prüfung und Publizität im Regierungsentwurf eines Bilanzrichtlinien-Gesetzes, DB 1982 S. 1577, 1631; *ders.*, Die Jahresabschlußprüfung, in Hadding ua., Handelsrecht und Wirtschaftsrecht in der Bankpraxis, FS *Werner*, Berlin/New York 1984 S. 131; *Friedemann*, Das Wirtschaftsprüfertestat: der Europäischen Gemeinschaften, in FS *Treuhand-Vereinigung*, Stuttgart 1980, S. 137); *Gmelin/Weber*, Neue Prüfungsaufgaben des Abschlußprüfers aufgrund der Erweiterung seiner Berichterstattungs- und Testatspflichten durch das HGB? BFuP 1988 S. 301; *Goerdeler*, Die freiwillige Prüfung von Jahresabschlüssen, in *Lutter/Stimpel/Wiedemann* (Hrsg.), FS *Fischer*, Berlin 1979, S. 149; *ders.*, Die Berichterstattung über die Abschlußprüfung – Anforderungen und Erwartungen, IDW (Hrsg.), 50 Jahre Wirtschaftsprüfer-Beruf, Bericht über die Fachtagung 1981, S. 83; *ders.*, Auswirkungen des Bilanzrichtlinien-Gesetzes auf Personengesellschaften, insbesondere auf deren Gesellschaftsvertrag, FS *Fleck*, Berlin 1988, S. 53; *Greiffenhagen*, Zur Erteilung von Bestätigungs- und Prüfungsvermerken sowie von Bescheinigungen durch Wirtschaftsprüfer und vereidigte Buchprüfer, WPg. 1966, S. 605; *Grewe*, Die Pflichtprüfung nach neuem Recht, WPg. 1986 S. 85; *Gross*, Zur Fortentwicklung der Grundsätze über die Erteilung von Bestätigungsvermerken und Bescheinigungen durch Wirtschaftsprüfer, WPg. 1979 S. 213; *ders.*, Überlegungen zum Bestätigungsvermerk und zur Bescheinigung bei freiwilligen Abschlußprüfungen, *Gross* (Hrsg.), Der Wirtschaftsprüfer im Schnittpunkt nationaler und internationaler Entwicklungen, FS *v. Wysocki*, Düsseldorf 1985, S. 269; *Gross/Schruff*, Der Jahresabschluß nach neuem Recht, Aufstellung – Prüfung – Offenlegung, Düsseldorf 1986; *Gross/Schruff/v. Wysocki*, Der Konzernabschluß nach neuem Recht, Aufstellung – Prüfung – Offenlegung, Düsseldorf 1986; *Großfeld/Junker*, Die Prüfung des Jahresabschlusses im Lichte der 4. EG-Richtlinie, Rechnungslegung nach neuem Recht, *Bierich/Busse von Colbe/Laßmann/Lutter* (Hrsg.), ZfbF Sonderheft 10, 1980, S. 251; *Havermann*, Der Konzernabschluß nach neuem Recht – ein Fortschritt? *Havermann* (Hrsg.), Bilanz- und Konzernrecht, FS *Goerdeler*, Düsseldorf 1987, S. 173; *ders.*, Der Aussagewert des Jahresabschlusses, WPg. 1988 S. 612; *Heigl/Polster*, Die fachgutachtliche Berufsauffassung und die Berufspraxis zur Erteilung des aktienrechtlichen Bestätigungsvermerks, Nürnberg 1978 (Kurzfassung: ZfbF 1979 S. 263); *Hellinger*, Der Bestätigungsvermerk und seine Aufnahme in den Prüfungsbericht, DB 1980 S. 963; *Herrmann*, Der ungedeckte Fehlbetrag nach § 268 Abs. 3 HGB und die Folgepflichten für Abschlußprüfer und Gesellschaftsorgane, ZGR 1989, S. 273/293; *Hofmeister*, Der Bestätigungsvermerk nach dem Entwurf des Bilanzrichtlinien-Gesetzes, DB 1984 S. 1585; *IDW* (Hrsg.), Sonderausschuß Bilanzrichtlinien-Gesetz (SABI), Stellungnahme 1/1986: Zur erstmaligen Anwendung der Vorschriften über die Pflichtprüfung nach dem Bilanzrichtlinien-Gesetz und zum Wortlaut des Bestätigungsvermerks bei freiwilligen Abschlußprüfungen, WPg. 1986 S. 166; *dass.* (Hrsg.), Die Abschlußprüfung der mittelgroßen GmbH, Düsseldorf 1989, S. 257; *IFAC*, Internationaler Leitsatz (Guideline) für die Abschlußprüfung Nr. 5: Verwendung der Arbeit eines anderen Abschlußprüfers, FN 1985 S. 70a; *IFAC*, Internationaler Leitsatz (Guideline) für die Abschlußprüfung Nr. 13: Der Bestätigungsbericht, FN 1985 S. 70a; *Karoli/Tomfohrde*, Zweifelsfragen zum Bestätigungsvermerk für den Jahresabschluß nach neuem Aktienrecht, WPg. 1967, S. 169; *Keppler/Haug*, Erteilung, Einschränkung und Versagung des Bestätigungsvermerks bei aktienrechtlichen Jahresabschlußprüfungen, in DB 1979 S. 509; *Knief*, Der Wirtschaftsprüfer im Spannungsfeld zwischen gesetzlichem Auftrag und öffentlicher Erwartung, BFuP 1976 S. 114; *Krawitz*, Zur Prüfung des Lageberichts nach neuem Recht, WPg. 1988 S. 225; *ders.*, Der Lagebericht und seine Prüfung in *Baetge* (Hrsg.), Rechnungslegung, Finanzen, Steuern und Prüfung in den neunziger Jahren, Düsseldorf 1990, S. 1; *Leffson*, Der Einfluß einer erkennbaren Gefährdung der Unternehmung auf die Aussagen im Prüfungsbericht und Bestätigungsvermerk, WPg. 1980, S. 637; *ders.*, Zur Generalnorm und zum Bestätigungsvermerk des Vorentwurfs eines Bilanzrichtlinien-Gesetzes sowie Anmerkungen zu weiteren Vorschriften, WPg. 1980 S. 289; *ders.*, Wesentlich in *Leffson/Rückle/Großfeld* (Hrsg.), Handwörterbuch unbestimmter Rechtsbegriffe, Köln 1986, S. 434; *ders.*, Wirtschaftsprüfung, 4. Aufl. Wiesbaden 1980, S. 319; *Leffson/Bönkhoff*, Zur Materiality-Entscheidung bei Jahresabschlußprüfungen, WPg. 1982 S. 389; *Ludewig*, Der Bestätigungsvermerk gem. § 322 HGB im Hinblick auf den Lagebericht, WPg. 1986 S. 377; *ders.*, Möglichkeiten der Bilanzänderung, insbesondere bei Fehlschätzungen der wirtschaftlichen Entwicklung des Unternehmens, DB 1986 S. 133; *Lück*, Materiality in der internationalen Rechnungslegung, Wiesbaden 1975; *Luik*, Perspektiven zur Rechnungslegung und Prüfung nach dem Bilanzrichtlinien-Gesetz, WPg. 1982 S. 629; *Marks*, Bestätigungsberichte in Großbritannien, Kanada und in den USA – Vorbilder für eine Reform des deutschen Bestätigungsvermerks?, WPg. 1982 S. 177, 209; *ders.*, Entwicklungstendenzen beim Bestätigungsvermerk, WPg. 1989 S. 121, 164; *Martens*, Der Aussagewert des Bestätigungsvermerks nach neuem Aktienrecht, in: WPg. 1967 S. 537; *Mathews*, Der berufliche Wirkungskreis des Wirtschaftsprüfers nach dem Inkrafttreten des Bilanzrichtlinien-Gesetzes, BB 1987 S. 2265; *Maul*, Geschäfts- und

ner, Arbeitnehmer sowie die sonstige interessierte Öffentlichkeit über das Ergebnis der Jahresabschlußprüfung unterrichtet.

270 Der **Inhalt des BestV** entspricht dem Ziel der Jahresabschlußprüfung, Feststellungen zur Übereinstimmung der Rechnungslegung mit den für das geprüfte Unternehmen geltenden Vorschriften zu treffen. Für die Kapitalgesellschaft ist festzustellen, ob die Buchführung und der JA/KA den gesetzlichen Vorschriften entspricht, der JA/KA unter Beachtung der GoB ein den tatsächlichen Verhältnissen entsprechendes Bild der Vermögens-, Finanz- und Ertragslage der Kapitalgesellschaft vermittelt und ob der LB/Konzern-LB im Einklang steht mit dem JA/KA.

271 Der BestV ist ein **Gesamturteil** aufgrund pflichtgemäßer Prüfung des APr. Gesamturteil bedeutet, daß Urteile über Teilgebiete der Gegenstände der Prüfung (der Rechnungslegung) und Einzelfeststellungen insgesamt gewichtet wer-

---

Konzernlagetäuschungen als Bilanzdelikte, DB 1989 S. 185 ff.; *Müller, W.,* Der Verlust der Hälfte des Grund- oder Stammkapitals, ZGR 1985 S. 191; *N. N.,* Widerruf des Bilanztestats – Bedeutung und Folgen, DB 1989 S. 1433; *Niehus,* Bestätigungsvermerk und Prüfungsbericht bei freiwilligen Jahresabschlußprüfungen? DB 1969 S. 1349; *ders.,* „True and Fair View" – in Zukunft auch ein Bestandteil der deutschen Rechnungslegung? DB 1979 S. 221; *ders.,* Freiwillige nicht GoB-konforme Angaben im Anhang und der Bestätigungsvermerk des Abschlußprüfers, WPg. 1988 S. 93; *Otte,* Ergänzungen zum Bestätigungsvermerk nach § 322 Abs. 2 HGB, WPg. 1988 S. 73; *Raff/ Brandl,* Prüfungsbericht, Bestätigungsvermerk, Bescheinigungen und Schlußbesprechung, in: *HdJ,* Abt. VI/5, Köln 1988; *Reiche,* Ergänzung zum Bestätigungsvermerk gemäß § 322 Abs. 2 HGB, DStR 1987 S. 684; *Rusch,* Die Verwendung von Prüfungsergebnissen und Untersuchungen Dritter; *Gross* (Hrsg.), Der Wirtschaftsprüfer im Schnittpunkt nationaler und internationaler Entwicklungen, FS *v. Wysocki,* Düsseldorf 1985 S. 253; *Schildbach,* Die Jahresabschlußprüfung im Spannungsfeld möglicher Prüfungsgegenstände und Adressaten, BFuP 1988 S. 341; *Schmitz,* Die Vertragshaftung der Wirtschaftsprüfers und Steuerberaters gegenüber Dritten, DB 1989 S. 1909 ff.; *Schröder-Reinke,* Kriterien zur Einschränkung des Bestätigungsvermerks, Münster 1983; *Schruff,* Der neue Bestätigungsvermerk vor dem Hintergrund internationaler Entwicklungen, WPg. 1986 S. 181; *Schülen,* Die neuen Fachgutachten und weitere Themen aus der Facharbeit des IDW, WPg. 1989 S. 1; *Schulze-Osterloh,* Zur öffentlichen Funktion des Abschlußprüfers, ZGR 1976 S. 411; *ders.,* Zum Umfang der Berichtspflicht des Abschlußprüfers, in: FS *v. Wysocki,* Düsseldorf 1985, S. 239; *ders.,* Der Bestätigungsvermerk bei freiwilligen Abschlußprüfungen kleiner Kapitalgesellschaften, in: *Albach/Forster* (Hrsg.), Beiträge zum Bilanzrichtlinien-Gesetz, ZfB-Erg.Heft 1/1987, Wiesbaden 1987, S. 355; *Schulze zur Wiesch,* Grundsätze ordnungsmäßiger aktienrechtlicher Jahresabschlußprüfung, Düsseldorf 1963; *Schwarz,* Welche Bedeutung hat der Bestätigungsvermerk? *IDW* (Hrsg.), Wirtschaftsprüfung im neuen Aktienrecht, Bericht über die Fachtagung 1966, S. 105; *Selchert,* Wird die Warnfunktion des Abschlußprüfers nach dem Bilanzrichtlinien-Gesetz ausgeweitet? DB 1985 S. 981; *ders.,* Jahresabschlußprüfung der Kapitalgesellschaften, Wiesbaden 1988; *Stolberg,* Prüfung des Jahresabschlusses, in: BHdR 1987, Fach B 600; *Stolz,* Das Ermessen des Abschlußprüfers bei der Einschränkung und Versagung des Bestätigungsvermerkes, Diss. München 1970; *Thiessen,* Zur Prüfung des Jahresabschlusses eines ausländischen Tochterunternehmens nach § 317 HGB, BB 1987 S. 1981; *UEC-ASB,* UEC-Empfehlung zur Abschlußprüfung Nr. 8, Der Bestätigungsbericht, FN 1985 S. 70a; *Weber,* Der Bestätigungsvermerk nach neuem Recht, Betriebswirtschaftliche Blätter (Dt. Spark.- u. Giroverband) 1989, S. 136; *WPK,* Ergebnis der Durchsicht der im Bundesanzeiger 1988 veröffentlichten Jahresabschlüsse sowie Zusammenstellung der Einschränkungen und Zusätze in den Bestätigungsvermerken, WPK-Mitt. 1–2/89, S. 18–19; *WPK/IDW,* Gemeinsame Stellungnahme zum Entwurf eines Bilanzrichtlinien-Gesetzes, WPg. 1985 S. 537; *v. Wysocki,* Grundlagen des betriebswirtschaftlichen Prüfungswesens, 3. Aufl., München 1988, S. 299.

272 Gemäß § 2 WPO gehört es zu den beruflichen Aufgaben der WP, BestV über die Vornahme und das Ergebnis durchgeführter Prüfungen von Jahresabschlüssen wirtschaftlicher Unternehmen zu erteilen; vgl. zu den Grundlagen auch Abschn. A. Zu den dabei anzuwendenden Grundsätzen vgl. FG/IDW 3/1988 Abschn. B. Das Institut der Wirtschaftsprüfer legt mit dem FG 3/1988 über die Grundsätze für die Erteilung von Bestätigungsvermerken bei Abschlußprüfungen eine Berufsauffassung dar, nach der WP im Rahmen ihrer Eigenverantwortlichkeit Bestätigungsvermerke bei Abschlußprüfungen erteilen und verdeutlicht zugleich gegenüber der Öffentlichkeit Inhalt und Grenzen des BestV. Nach Auffassung des Berufsverbandes der vBP legt dieses FG die Grundsätze dar, nach denen vBP gem. § 129 Abs. 1 WPO Prüfungsvermerke erteilen.

den. Der Inhalt der pflichtgemäßen Prüfung ist bestimmt durch die gesetzlichen Anforderungen und die geltenden Berufsgrundsätze[273].

Der BestV ist ein **Positivbefund**; bei Verstößen gegen Rechnungslegungspflich- **272** ten in begrenztem Rahmen ist eine Einschränkung des BestV möglich, wenn der Prüfer sich insgesamt ein positives Gesamturteil gebildet hat, auf Teilgebieten jedoch Einwendungen erhebt. Ein eingeschränkter BestV muß sich unmißverständlich von einem uneingeschränkten BestV unterscheiden. Ist kein positives Geamturteil über die Rechnungslegung möglich, ist ein Versagungsvermerk zu erteilen.

Weitere allgemeine Voraussetzungen für die Erteilung eines BestV sind: **273**

– Der Prüfer muß zur Abgabe dieses Urteils **berechtigt** sein, dazu muß er wirksam bestellt und beauftragt sein. Dies folgt bei AG, KGaA und GmbH daraus, daß ein JA nach § 316 HGB iVm. § 256 Abs. 1 Nr. 2 und 3 AktG nicht festgestellt werden kann, wenn es bei gesetzlicher Prüfungspflicht an der wirksamen Abschlußprüfung mangelt; an der Wirksamkeit iSv. § 326 ff. HGB mangelt es, wenn der JA von Personen geprüft worden ist, die nicht zum APr. bestellt worden sind[274]. Ein dennoch festgestellter JA der AG ist nichtig. Mit den Berufsgrundsätzen der Unabhängigkeit und Unbefangenheit (§§ 43 Abs. 1 und 2, 49 WPO) ist es im übrigen grundsätzlich nicht zu vereinbaren, einen BestV unter einem Vorbehalt der Bestellung zum APr. abzugeben.

– Der Prüfer muß sich über das Ergebnis seiner Prüfung ein **abschließendes** **274** **Urteil** gebildet haben; so ist ausdrücklich in § 322 Abs. 1 HGB vorgesehen, daß der BestV „nach dem abschließenden Ergebnis der Prüfung" zu erteilen ist. Die Prüfung muß daher im materiellen Gehalt durchgeführt sein und der Prüfer ausreichende Sicherheit über das abschließende Urteil haben. Der PrB muß noch nicht fertiggestellt und damit die Prüfung formal noch nicht beendet sein. Die Erteilung ist möglich durch Erklärung gegenüber der Gesellschaft; in jedem Fall kann die Erteilung durch Abgabe des BestV in gesiegelter Form erfolgen[275].

Zu einem früheren Zeitpunkt, insb. wenn zB nur Buchführung, Bilanz und GuV, **275** nicht jedoch Anh. und LB bereits abschließend geprüft sind, kann der APr. lediglich **Aufschluß über das bisherige Ergebnis** seiner Arbeiten geben. Ist das voraussichtliche Gesamtergebnis der Prüfung bereits zu überblicken, kann der APr. die Erteilung des BestV **in Aussicht stellen**[276]. In der Prüfungspraxis können insbesondere Probleme auftreten, sofern der LB noch nicht endgültig aufgestellt ist, beispielsweise ein Entwurf vorliegt, der im einzelnen noch mit den bzw. zwischen den gesetzlichen Vertretern ggf. auch mit dem feststellenden Organ abzustimmen ist.

---

273 Vgl. FG/IDW 1/1988 „Grundsätze ordnungsmäßiger Durchführung von Abschlußprüfungen" und FG/IDW 2/1988 „Grundsätze ordnungsmäßiger Berichterstattung bei Abschlußprüfungen".

274 Zur Problematik vgl. *ADS*, § 322 Tz. 18.

275 Eingehend zur Abgrenzung zwischen Erteilung und Ankündigung des BestV *ADS*, § 322 Tz. 14 ff.; *Grewe* in BoHdR § 316 Rz. 30; *Schulze zur Wiesch*, Grundsätze ordnungsmäßiger aktienrechtlicher Abschlußprüfung, Düsseldorf 1963, S. 179 f. Nach *ADS* kann nicht die abschließende Erklärung, sondern vor der abschließenden Übergabe des PrB an die gesetzlichen Vertreter der geprüften Gesellschaft nur eine formale Abgabe des BestV durch die Erteilung des BestV, erfolgen; zur rechtsgültigen Feststellung des JA muß im übrigen der BestV erteilt sein und vorliegen (so jetzt *ADS*, § 322 Tz. 16, 20).

276 „Vorwegbestätigung" *ADS*, § 322 Tz. 15; *Erle*, Der Bestätigungsvermerk des Abschlußprüfers, Düsseldorf 1990, S. 30 ff.

Sind nach dem abschließenden Ergebnis der Prüfung **keine Einwendungen** zu erheben, so hat der APr. dies durch den in § 322 Abs. 1 HGB („**Kernfassung**") seinem Wortlaut nach festgelegten Vermerk zum JA zu bestätigen.

In einem **frei formulierbaren Ergänzungsteil nach Satz 2** ist der BestV ggf. durch zusätzliche Bemerkungen zu ergänzen, wenn diese erforderlich erscheinen, um einen falschen Eindruck über den Inhalt der Prüfung und die Tragweite des BestV zu vermeiden; auf die Einhaltung von etwaigen Satzungs- oder Gesellschaftsvertragsbestimmungen zum JA ist hinzuweisen.

Sind **Einwendungen** zu erheben, so hat der APr. nach § 322 Abs. 3 HGB den BestV **einzuschränken** oder zu **versagen,** wobei die Einschränkung oder die Versagung zu begründen ist.

Einschränkungen des BestV sind so darzustellen, daß deren Tragweite deutlich erkennbar wird.

Der BestV oder der Vermerk über seine Versagung sind unter den JA zu setzen oder mit diesem fest zu verbinden.

Nach § 322 Abs. 4 HGB hat der APr. den BestV oder den Vermerk über seine Versagung unter Angabe von Ort und Tag zu unterzeichnen.

Der BestV oder der Vermerk über seine Versagung ist in den PrB aufzunehmen.

276 Bei der **Offenlegung** des JA nach § 325 HGB und bei der Veröffentlichung oder Vervielfältigung in anderer Form aufgrund der Satzung/Gesellschaftsvertrag ist jeweils der vollständige Wortlaut des BestV oder des Vermerks über dessen Versagung wiederzugeben (§ 328 Abs. 1 Nr. 1 HGB). Der mit dem JA an das Handelsregister einzureichende BestV bzw. der Vermerk über dessen Versagung muß vom APr. **unterschrieben** sein.

277 Nach § 298 Abs. 3 Satz 3 HGB ist es möglich, die BestV zum Einzelabschluß des MU und zum KA ebenso wie die PrB **zusammenzufassen.** Voraussetzungen sind die gemeinsame Offenlegung von Einzelabschluß des MU und des Konzerns, die Zusammenfassung des Anhangs, des Jahresabschlusses des MU und des KA sowie identische Vermerksinhalte [277].

278 Das prüfungspflichtige Unternehmen hat aus § 322 HGB einen **Rechtsanspruch** auf Erteilung des BestV, den es gerichtlich verfolgen kann; eine Zwangsvollstreckung kommt nach § 888 Abs. 1 ZPO in Betracht [278]. Allerdings ist nach § 318 Abs. 3 HGB ein Widerruf des Prüfungsauftrages in der Weise möglich, daß auf Antrag durch das Gericht ein anderer APr. bestellt wird; der nachträgliche Widerruf durch Hauptversammlung/Gesellschafterversammlung ist nicht mehr möglich. Der APr. ist der Gesellschaft zum Schadenersatz verpflichtet, wenn er die Erteilung des BestV schuldhaft verzögert oder ihn unberechtigt einschränkt oder versagt.

b) Aufgabenstellung und Aussagefähigkeit

279 Der APr. bringt im BestV zum Ausdruck,

– daß die Jahresabschlußprüfung pflichtgemäß **stattgefunden** hat und er diese pflichtgemäß, dh. nach den geltenden Berufsgrundsätzen, **durchgeführt** hat und

---

277 Vgl. hierzu die Ausführungen über das Ergebnis der Konzernabschlußprüfung, Abschn. O Tz. 487 ff.
278 HM; vgl. zB *Kropff* in AktG-Kom. § 167 Anm. 30; *Schulze-Osterloh* in *Baumbach/Hueck,* GmbHG, § 41 Anm. 105 mwN; eingrenzend zum Rechtsanspruch *ADS,* § 322 Tz. 16.

– daß er sich ein **positives Gesamturteil** über die Gesetzesentsprechung der Buchführung und der Rechnungslegung der gesetzlichen Vertreter gebildet hat bzw. bei einer Versagung des Vermerks nicht gebildet hat.

Der APr. übernimmt im Rahmen seiner vom Gesetz vorgeschriebenen Aufgaben **280** **Verantwortung** für **Ordnungsmäßigkeit** und **Gesetzmäßigkeit** der Rechnungslegung des von ihm geprüften Unternehmens. Hieraus können Fragen zur Haftung gegenüber Dritten nicht abgeleitet werden. Die Auffassung, daß der BestV eine Art öffentlichen Glaubens genießt[279], erscheint wegen der begrenzten Aussage des Testats zu weitgehend[280].

Einerseits verweisen die formale Fassung des BestV und die Pflicht bzw. das **281** Recht zu Ergänzungen auf den JA und den LB als **Informationsquelle**; andererseits wird durch den Wortlaut der BestV klargestellt, daß der JA kein absolutes Bild der wirtschaftlichen Lage darstellt, sondern nur innerhalb der Grenzen der Grundsätze ordnungsmäßiger Buchführung ein den tatsächlichen Verhältnissen entsprechendes Bild der Vermögens-, Finanz- und Ertragslage vermitteln kann. Die Bezugnahme auf die GoB bedeutet eine **Relativierung der Abbildung der Realität**[281]. Das den tatsächlichen Verhältnissen entsprechende Bild der wirtschaftlichen Lage ist bestimmt durch die gesetzlichen Rechnungslegungsvorschriften einschl. der Grundsätze ordnungsmäßiger Buchführung[282].

Die Rechnungslegung dient der **Information** und der **Kapitalerhaltung** (Bemes- **282** sung des Jahresergebnisses)[283]. Die **Information** erfolgt durch die allein zur Rechnungslegung berechtigten und verpflichteten Unternehmen; das Testat kommt zur Rechnungslegung hinzu[284]. Die Empfänger von JA und LB müssen sich jedoch aus diesen Publizitätsmitteln selbst ein Urteil über die wirtschaftliche Lage bilden. Der BestV leistet dabei insoweit **Hilfestellung**, als die Bilanzadressaten sich bei ihrer Beurteilung auf den testierten JA und LB stützen können und als **darin** bei einem uneingeschränkten Testat nach der Wertung des APr. die **wirtschaftliche Lage** im Rahmen der gesetzlichen Vorschriften und der Grundsätze ordnungsmäßiger Buchführung **zutreffend zum Ausdruck kommt**.

Der **BestV selbst** stellt **keine Beurteilung der wirtschaftlichen Lage** dar[285]. Die **283** richtige Beurteilung der wirtschaftlichen Lage anhand von JA und Anh. ist auch und insbesondere von der persönlichen Vorbildung und Kenntnis des Adressaten der Rechnungslegung („Bilanzleser") abhängig[286].

Seit der Einführung der gesetzlichen Pflichtprüfung war stets die **„Erwartungs- 284 lücke"** zwischen den Vorstellungen der Informationsempfänger und dem gesetzlich normierten Zweck und Umfang der Jahresabschlußprüfung Gegenstand der Diskussion[287]. Die Ursache einer solchen „Erwartungslücke" liegt zwar häufig

279 So noch WPH 1985/86, Bd. II, S. 552 mwN.
280 So auch *ADS*, § 322 Tz. 5.
281 *Leffson* in FS *Goerdeler*, S. 324; *Marks*, WPg 1989 S. 124.
282 Vgl. FG/IDW 2/1988, Abschn. C I 2.
283 Vgl. für viele *Moxter*, Bilanzlehre, Bd. I 3. Aufl., Wiesbaden 1986, S. 81 ff.
284 Vgl. zur Informationszuständigkeit bei der Rechnungslegung *Erle*, S. 39 ff.
285 FG 3/1988 Abschn. B; *Grewe* in BoHdR § 322 Rz. 23; *ADS*, § 322 Tz. 8.
286 Vgl. *Hofmeister*, DB 1984 S. 1585/1587; zur zutreffenden Beurteilung der wirtschaftlichen Lage vgl. auch *Brandl*, Zur Begründbarkeit handelsrechtlicher Rechnungslegungsnormen, Frankfurt/M. 1987, S. 167 ff.
287 Grundlegend: *Clemm*, WPg. 1977 S. 145 ff.; vgl. die Literaturdiskussion bei *Erle*, S. 2 ff.; *Feik*, WPg. 1981 S. 558/560; *Forster*, Die Jahresabschlußprüfer in FS *Werner*, S. 131/143; *Hofmeister*, DB 1984 S. 1585.

in der fehlenden Kenntnis der Rechnungslegungs- und Prüfungsnormen; der Berufsstand der WP hat jedoch diese Inkongruenz als problematisch und abbaubedürftig angesehen, da das **Vertrauen der Öffentlichkeit Fundament der Abschlußprüfung** ist[288].

285 Eine Vorstellung, daß ein vom APr. uneingeschränkt bestätigter JA **Gewähr für die Gesundheit des Unternehmens** biete, kann der BestV **nicht erfüllen,** da der APr. nicht bestätigt, daß die wirtschaftlichen Verhältnisse in Ordnung sind, sondern allein feststellt, daß die Rechnungslegung der gesetzlichen Vertreter **normengerecht** ist[289]. So ist der APr. verpflichtet, den BestV grundsätzlich auch dann uneingeschränkt zu erteilen, wenn die Lage der Gesellschaft zu ernsten Besorgnissen Anlaß gibt oder wenn der Zusammenbruch des Unternehmens droht, sofern unter Berücksichtigung der going-concern-Prämisse des § 252 Abs. 1 Nr. 2 HGB der JA ordnungsgemäß erstellt und im LB in dem gesetzlich gebotenen Umfang auf die Lage der Gesellschaft eingegangen ist. Die Pflicht des APr., in seinem PrB gemäß § 322 Abs. 2 HGB auf die Umstände einzugehen, aus denen sich eine Gefahr für den Bestand des Unternehmens oder eine wesentliche Beeinträchtigung seiner Entwicklung ergeben oder nach § 321 Abs. 1 Satz 4 HGB über nachteilige Veränderungen und nicht unwesentliche Verluste zu berichten, bleibt allerdings hiervon unberührt[290].

286 Zur Aussagefähigkeit des JA selbst ist im übrigen zu beachten, daß die Rechnungslegung nur den **Aussagewert** haben kann, den ihr der Gesetzgeber im Wege des Interessenausgleichs zugedacht hat[291]. Da der JA und zum großen Teil auch der LB vergangenheitsorientiert und stichtagsbezogen sind, wird zwangsläufig die Fähigkeit der Rechnungslegung, über die künftige wirtschaftliche Entwicklung Auskunft zu geben, wesentlich eingeschränkt. Diese systembedingten Mängel der Jahresabschlußrechnung stellen für den APr. eine vorgegebene Beschränkung dar, die weder durch den BestV aufgehoben werden soll noch aufgehoben werden kann. Schon daher kann der BestV „kein Wegweiser in die Zukunft" sein[292]. Die Aussagefähigkeit des BestV muß an den **tatsächlichen Möglichkeiten** gemessen werden; jedoch **dienen** die Durchführung der Prüfung nach den Grundsätzen ordnungsmäßiger Abschlußprüfung, die Ergänzungspflichten des § 322 Abs. 2 HGB und zB die Einschränkungspflichten bei unzureichender Darstellung in Anh. und LB **der Urteilsfindung des Rechnungslegungsadressaten**[293].

287 Die Jahresabschlußprüfung von Kapitalgesellschaften hat **nicht** die Aufgabe, die **Geschäftsführung** der gesetzlichen Vertreter zu untersuchen und festzustellen, was im einzelnen anders oder besser gemacht werden soll: der BestV ist **kein Urteil über die Geschäftsführung.** Auch wenn der APr. schwerwiegende Verstöße des Vorstands gegen Gesetz oder Satzung iSv. § 321 Abs. 2 HGB festgestellt hat, sind hieraus – die Ordnungsmäßigkeit des JA vorausgesetzt – keine Folgerungen

---

288 Vgl. *Emmerich,* Offene Fragen zum Jahresabschluß und seiner Prüfung, in IDW (Hrsg.), Bericht über die Fachtagung 1985, S. 215.
289 Vgl. FG/IDW 3/1988, Abschn. C I; so bereits zur aktienrechtlichen Regelung *Schwarz,* Welche Bedeutung hat der Bestätigungsvermerk? in IDW (Hrsg.), Bericht über die Fachtagung 1966 S. 105/112; *Clemm,* WPg. 1977 S. 145/146; *Havermann,* Beruht die Kritik am Berufsstand der Wirtschaftsprüfer auf einem Mißverständnis seiner Aufgaben? BFuP 1976 S. 207.
290 Vgl. Abschn. O Tz. 136 ff.
291 Vgl. *Havermann,* WPg. 1988 S. 612 f.
292 Vgl. *Saage,* Das Testat des Wirtschaftsprüfers aus der Sicht der Kreditgeber, DB 1975 S. 989.
293 Vgl. *Sarx* in BeBiKo., § 322 Anm. 10.

für den BestV zu ziehen[294]; auf die Verstöße ist nur im PrB einzugehen. Selbst eine Stellungnahme zur Bilanzpolitik des Vorstandes bzw. der Geschäftsführung enthält der BestV nicht: Steht diese im Einklang mit den Vorschriften von Gesetz und Satzung bzw. des Gesellschaftsvertrages, so ist der BestV bei Beachtung des Stetigkeitsgrundsatzes (§ 252 Abs. 1 Nr. 6 HGB) ohne Rücksicht darauf zu erteilen, ob die Bilanzpolitik des Vorstandes oder der Geschäftsführung, etwa die Ausübung von Bewertungswahlrechten oder die Einstellung eines Teils des Jahresüberschusses in Gewinnrücklagen, nach Ansicht des APr. zweckmäßig ist. Es ist **Aufgabe der** für die Bilanzfeststellung zuständigen **Organe,** über die Zweckmäßigkeit der Bilanzpolitik zu entscheiden[295].

c) Rechtliche Wirkung und tatsächliche Bedeutung

Die zentrale rechtliche Bedeutung des BestV folgt aus der **Feststellungssperre,**   **288** wonach der JA bei prüfungspflichtigen Kapitalgesellschaften erst festgestellt werden kann, wenn die Jahresabschlußprüfung stattgefunden hat und der PrB vorliegt, in den der BestV bzw. der Vermerk über seine Versagung aufzunehmen ist (§ 316 Abs. 1 Satz 2, § 322 Abs. 4 HGB). Hat keine Prüfung stattgefunden, kann kein Vermerk, also auch kein Versagungsvermerk, erteilt werden[296]. Bei prüfungspflichtigen Kapitalgesellschaften ist ein dennoch festgestellter JA **rechtsunwirksam** (gem. bzw. analog zu § 256 Abs. 1 Nr. 2 AktG).

Bei einer **Einschränkung** oder **Versagung** des BestV muß der AR den Einwendun-   **289** gen des APr. nachgehen und in einem Bericht dazu Stellung nehmen (§ 171 Abs. 2 Satz 3 AktG iVm. § 52 Abs. 1 GmbHG). Durch die Einschränkung oder Versagung des BestV ist der AR jedoch nicht gehindert, den JA zu billigen und damit seine Feststellung herbeizuführen oder der HV vorzuschlagen, den JA in der geprüften, mit Einwendungen behafteten Form festzustellen[297]. Der AR muß jedoch ggf. begründen, warum er im Gegensatz zum APr. glaubt, keine Einwendungen erheben zu müssen, und deshalb keine Änderung von JA oder LB für erforderlich hält (§ 171 Abs. 2 Satz 4 AktG)[298]. Auch die HV ist nicht gehindert, einen JA, zu dem der APr. lediglich einen eingeschränkten BestV erteilt oder zu dem er den BestV versagt hat, nach § 173 Abs. 1 AktG festzustellen; sie kann einen solchen JA auch ihrem Gewinnverwendungsbeschluß zugrunde legen. Diese Regeln gelten für die GmbH analog für AR (§ 171 Abs. 2 Satz 3 AktG iVm. § 52 Abs. 1 GmbHG) und Gesellschafterversammlung[299].

Ist der festgestellte JA jedoch nichtig (bei der AG nach § 256 AktG, bei der   **290** GmbH in entsprechender Anwendung der aktienrechtlichen Vorschriften), so ist auch der entsprechende Gewinnverwendungsbeschluß nichtig (bei der AG nach § 253 AktG, bei der GmbH in entsprechender Anwendung)[300].

---

294 Vgl. FG/IDW 3/1988, Abschn. B.
295 Unverändert zur aktienrechtlichen Situation, vgl. WPH 1985/86 Bd. II S. 554 mwN.
296 Vgl. *Raff/Brandl* in HdJ VI/5, Rn. 91; *ADS,* § 322 Tz. 20; *Breycha/Schäfer* in HdR § 322 Rz. 3. Möglich dürfte allerdings sein, in einer Bescheinigung zu erklären, daß ggf. trotz Bestellung und Auftragserteilung keine Prüfung stattgefunden hat.
297 Vgl. *Zöllner* in Kölner Kom. § 256 Anm. 65; *Hüffer* in AktG-Kom. § 256 Anm. 49; vgl. allgemein auch *Forster,* Aufsichtsrat und Abschlußprüfung, ZfB 1988 S. 783 ff.
298 Vgl. *Brönner* in Großkom. § 171 Anm. 11, 12; *ADS,* 4. Aufl. § 167 AktG Tz. 37; *Kropff* in AktG-Kom. § 167 Anm. 4, § 171 Anm. 39; *Schwarz,* Bericht über die Fachtagung 1966 S. 105/109, 110.
299 Vgl. *Grewe* in BoHdR, § 322 Rz. 67; *ADS,* § 322 Tz. 47; *Fischer/Lutter/Hommelhoff,* GmbHG Anh. § 42 Rn. 54.
300 *Fischer/Lutter/Hommelhoff,* GmbHG, Anh. § 47 Anm. 1, 19; *Baumbach/Hueck,* GmbHG, Anh.

291 § 329 Abs. 1 HGB verlangt vom **Registergericht,** die Vollzähligkeit der Unterlagen und deren Bekanntmachung zu prüfen. Die Verpflichtung des § 177 Abs. 3 Satz 2 AktG 1965, wonach das Registergericht zu prüfen hat, ob der JA offensichtlich nichtig ist, ist ersatzlos entfallen, so daß ein eingeschränkter oder versagter BestV unter dem JA einer Kapitalgesellschaft keinen Anlaß für das Registergericht zu einer eigenen Prüfung auf offensichtliche Nichtigkeit des JA darstellt[301].

292 Für den **gesetzlichen Vertreter** – und je nach Lage des Falles unter Umständen auch für den AR – kann eine Einschränkung oder Versagung des BestV zu einer Versagung der Entlastung (§§ 119 Abs. 1 Nr. 3, 120 AktG, § 46 Nr. 5 GmbHG) führen; jedoch ist die **HV/Gesellschafterversammlung nicht gehalten,** aus der Einschränkung oder Versagung des BestV **Folgerungen** für die Entlastung der Verwaltung **zu ziehen**[302]. Beruht die Einschränkung oder Versagung des BestV auf einer unzulässigen Unterbewertung von Posten des JA oder auf einer Unvollständigkeit des Anh., so kann dies bei einer AG für die Aktionäre Anlaß sein, gemäß § 258 AktG eine **Sonderprüfung** zu beantragen.

293 Auf der anderen Seite ergeben sich aus einer evtl. rechtswidrigen Erteilung, Einschränkung oder Versagung des BestV **durch den APr.** idR **keine unmittelbaren Rechtsfolgen.** § 334 Abs. 2 HGB sieht allein vor, daß derjenige, der einen BestV nach § 322 HGB erteilt, ordnungswidrig handelt, wenn er oder die WPG, für die er tätig ist, aufgrund der Ausschließungsgründe des § 319 Abs. 2 und 3 HGB nicht APr. sein darf[303].

294 In **vier Fällen** hat die Erteilung eines uneingeschränkten BestV **direkte, unmittelbare Bedeutung** für die Wirksamkeit von Beschlüssen der Gesellschafterorgane: bei einer Änderung des JA, ausgenommen die Änderung der Gewinnverwendung durch die HV, bei der Kapitalerhöhung aus Gesellschaftsmitteln, bei der Ausgabe von Belegschaftsaktien im Falle eines genehmigten Kapitals bei der AG sowie bei der Kapitalerhöhung aus Gesellschaftsmitteln der GmbH.

– **Ändert die HV oder JA,** so werden ihre vor Beendigung der dann erforderlichen Nachtragsprüfung gefaßten Beschlüsse über die Feststellung dieses JA und die Gewinnverwendung nach § 173 Abs. 3 AktG erst wirksam, wenn die APr. binnen zwei Wochen seit der Beschlußfassung einen hinsichtlich der Änderungen uneingeschränkten BestV erteilt hat, anderenfalls werden sie nichtig.

– Dem Beschluß der HV über eine **Kapitalerhöhung aus Gesellschaftsmitteln** kann gemäß § 209 Abs. 1 AktG die letzte Jahresbilanz nur zugrunde gelegt werden, wenn diese mit dem uneingeschränkten BestV des APr. versehen ist. Anderenfalls hat das Registergericht die Eintragung der Kapitalerhöhung abzulehnen[304].

---

§ 47 Anm. 29; *Erle* weist auf die etwaige Bedeutung von Einschränkungs- bzw. Versagungsgründen in Nichtigkeitsprozessen hin, *Erle*, S. 62 f.
301 Weder die Begr. RegE noch die des Rechtsausschusses enthalten einen Hinweis zu dieser Änderung, vgl. zur früheren aktienrechtlichen Regelung WPH 1985/86 Bd. II S. 556. Vgl. *Fischer/Lutter/Hommelhoff,* GmbHG, Anh. § 42a Rn. 27; *Müller* in HdR § 329 HGB Rn. 1; aus § 177 Abs. 3 AktG war das Recht des Registerrichters, einen nichtigen JA zu beanstanden und die Einreichung eines gültigen JA zu verlangen, abgeleitet worden, vgl. *Zöllner* in Kölner Kom. § 256 Anm. 113.
302 *Schwarz,* Bericht über die Fachtagung 1966 S. 105/109.
303 Begr. zu § 289 Abs. 2 des RegE, BT-Drs. 10/317, S. 101.
304 *Baumbach/Hueck,* AktG § 210 Anm. 5.

- Besteht ein **genehmigtes Kapital** und sieht die Satzung vor, daß die **neuen Aktien an Arbeitnehmer** der Gesellschaft ausgegeben werden können (§ 202 Abs. 4 AktG), so kann die auf diese Aktien zu leistende Einlage in bestimmten Grenzen auch aus dem Jahresüberschuß gedeckt werden, wenn der betreffende JA mit dem uneingeschränkten BestV des APr. versehen ist (§ 204 Abs. 3 AktG).
- Nach § 3 Abs. 1 KapErhG gilt bei einer **Kapitalerhöhung aus Gesellschaftsmitteln** einer GmbH ebenfalls die Pflicht zur Vorlage einer mit einem uneingeschränkten BestV versehenen Jahresbilanz [305].

Trotz der dargelegten Grenzen in rechtlicher Hinsicht und in der norm- und sachverhaltsbedingten Aussagefähigkeit ist die **tatsächliche Bedeutung des BestV** als **einziges öffentliches Urteil über die Rechnungslegung** in der Praxis **erheblich**; denn die Gesellschaftsorgane bemühen sich in aller Regel mit Rücksicht auf das Ansehen der Gesellschaft, einen BestV zu erhalten, der ihnen die Ordnungsmäßigkeit der Rechnungslegung uneingeschränkt testiert. Insoweit ergibt sich auch ein Erwartungsdruck aus der dargestellten Erwartungslücke. Sie vermeiden es möglichst, durch Verstöße gegen gesetzliche, zum Schutz der Aktionäre oder der Gesellschafter, der Gläubiger und der Öffentlichkeit geschaffene Bestimmungen den guten Ruf ihrer Gesellschaft zu gefährden, etwaige Darlegungs- und Beweiserleichterungen bei Vorliegen eines uneingeschränkten Testats zu verlieren und wirtschaftliche Nachteile zu riskieren, zB hinsichtlich der Kreditfähigkeit. Sie sind bemüht, etwaige Einwendungen des APr. während der Prüfung oder vor Feststellung des JA auszuräumen. Daher ist der BestV das **wirksamste Instrument des APr.** zur Erreichung einer den gesetzlichen Vorschriften entsprechenden Rechnungslegung [306]. Er erfüllt in der Wirtschaft eine **wesentliche Ordnungsfunktion ("Reglerfunktion" der JAP)** [307].

295

2. Der uneingeschränkte Bestätigungsvermerk zum Jahresabschluß

a) Kernfassung

aa) Form

Für den **uneingeschränkten BestV** gem. § 322 Abs. 1 HGB (sog. **Kernfassung**) [308] ist folgender Wortlaut **zwingend vorgeschrieben**:

296

„Die Buchführung und der Jahresabschluß entsprechen nach meiner/unserer pflichtgemäßen Prüfung den gesetzlichen Vorschriften. Der Jahresabschluß vermittelt unter Beachtung der Grundsätze ordnungsmäßiger Buchführung ein den tatsächlichen Verhältnissen entsprechendes Bild der Vermögens-, Finanz- und Ertragslage der Kapitalgesellschaft. Der Lagebericht steht im Einklang mit dem Jahresabschluß."

---

305 *Schulze-Osterloh* in *Baumbach/Hueck*, GmbHG, § 41 Anm. 104; *Fischer/Lutter/Hommelhoff*, GmbHG, Anh. § 57b, § 7 KapErhG Rn. 3.
306 HM, vgl. *Erle*, S. 41 f.; unverändert zum AktG 1965 vgl. zB *Kropff* in AktG-Kom. § 167 Anm. 3.
307 *Leffson*, Wirtschaftsprüfung, S. 326, 368.
308 Vgl. FG/IDW 3/1988 Abschn. C I.

bb) Generelle Einwendungsfreiheit

297 Der uneingeschränkte BestV ist in vollständiger Form zu erteilen, wenn nach dem abschließenden Ergebnis der Prüfung **keine Einwendungen** zu erheben sind.

298 Unter Einwendungen iSd. § 322 HGB[309] sind nur **wesentliche Bestandungen** gegen die Buchführung, den JA und den LB zu verstehen, nicht jedoch die Feststellung schlechthin jedes Mangels der Bestandteile der Rechnungslegung. Maßgebend ist, ob der festgestellte Mangel so schwerwiegend ist, daß er zur zutreffenden Unterrichtung der Adressaten der Rechnungslegung über das Gesamtergebnis der Prüfung im BestV erwähnt werden muß, weil er für die Gesamtbeurteilung von JA und LB erheblich ist bzw. die Gesamtaussage in Frage stellt[310]. Der BestV ist nicht lediglich die Summe der Urteile zu den Teilgebieten des Prüfungsgegenstandes, sondern verlangt als **Gesamturteil** die **Gewichtung der Einzelfeststellungen** durch den APr.[311]. Auch mehrere, für sich allein unwesentliche Beanstandungen können in ihrer Gesamtheit wesentlich sein[312], zB mehrere Bewertungsfehler, die sich in ihrer Auswirkung auf das Jahresergebnis kumulieren, oder mehrere Abweichungen von den gesetzlichen Postenbezeichnungen.

cc) Grundaussagen

(1) Gesetzesentsprechung

299 Die Bestätigung der Übereinstimmung von Buchführung und JA mit den **gesetzlichen Vorschriften** betrifft alle Vorschriften, die sich unmittelbar und mittelbar auf die Rechnungslegung des geprüften Unternehmens beziehen[313]. Dazu gehören insbesondere die Vorschriften des HGB über die prüfungsrelevanten Gebiete; ferner gehören hierzu die wirtschaftszweigspezifischen sowie rechtsform- und gesellschafterbezogenen Vorschriften. Die Prüfung der Einhaltung anderer gesetzlicher Vorschriften gehört (nur) insoweit zu den Aufgaben der Abschlußprüfung, als sich hieraus üblicherweise Rückwirkungen auf die Prüfungsgegenstände ergäben.

(2) Einhaltung der Generalnorm

300 Der APr. hat neben der Übereinstimmung des JA mit den gesetzlichen Vorschriften – und damit auch mit der Generalnorm des § 264 Abs. 2 HGB – **gesondert** zu bestätigen, daß der JA unter Beachtung der Grundsätze ordnungsmäßiger Buchführung ein den tatsächlichen Verhältnissen entsprechendes Bild der Vermögens-, Finanz- und Ertragslage des Unternehmens vermittelt. Somit muß er eine **doppelte Feststellung** im BestV treffen.

301 Der ausdrückliche Hinweis auf die Einhaltung der Generalnorm des § 264 Abs. 2 Satz 1 HGB ist in den BestV aufgenommen worden, da für einen uneingeschränkten BestV diese Forderung des Gesetzes zwingend erfüllt sein muß. Durch die ausdrückliche Aufnahme in den BestV wird die **besondere Bedeutung**

---

309 Vgl. FG/IDW 3/1988, Abschn. C III; hM, vgl. *ADS*, § 322 Tz. 54, WPH 1985/86 Bd. II S. 558 mwN; *Leffson*, Wirtschaftsprüfung, S. 354.
310 Vgl. *ADS*, § 322 Tz. 54; *Leffson/Bönkhoff*, WPg. 1982 S. 389; *dies.*, Beurteilungsprozeß bei der Revision, HWRev Sp. 175.
311 Vgl. FG/IDW 3/1988, Abschn. B 1. 2; *Gross*, WPg. 1979 S. 213/215.
312 FG/IDW 3/1988 Abschn. C III.
313 FG/IDW 3/1988 Abschn. B 4; FG/IDW 1/1988, Abschn. C.

der Generalnorm herausgestellt; diese Absicht des Gesetzgebers[314] hat daher maßgeblichen Einfluß auf die Einordnung der Generalnorm des § 264 Abs. 2 HGB.

Ziel der gesonderten Feststellung der Einhaltung der Generalnorm unter Beach- **302** tung der Grundsätze ordnungsmäßiger Buchführung ist einmal, daß damit der Empfänger des BestV speziell darauf hingewiesen wird, innerhalb welcher **Grenzen und Prämissen** der JA ein den tatsächlichen Verhältnissen entsprechendes Bild der Vermögens-, Finanz- und Ertragslage vermittelt. Weiter wird gleichzeitig die Bedeutung und der Erkenntniswert des BestV herausgehoben[315]; allerdings läßt sich nicht ausschließen, daß mit dem expliziten Hinweis auf ein „den tatsächlichen Verhältnissen entsprechendes Bild der Vermögens-, Finanz- und Ertragslage" die bei den Adressaten des BestV bestehenden, teilweise falschen Vorstellungen über die Möglichkeiten des APr. eher verstärkt statt abgebaut werden[316].

Die gesonderte Feststellung zur Generalnorm im BestV kann zu Problemen im **303** Hinblick auf das **Verhältnis zwischen der Generalnorm und einzelnen Rechnungslegungsvorschriften,** soweit diese dem Bilanzierenden ein Ansatz- oder Bewertungswahlrecht einräumen[317], führen; sie verlangt vom APr. über die Frage nach der formalrechtlichen Vorrangigkeit der beiden Normenkomplexe hinaus Überlegungen zur **materiellen Bedeutung** der Generalnorm[318]:

– **Keine** Probleme treten auf, wenn der APr. sowohl hinsichtlich der Einhaltung **304** der Einzelrechnungslegungsvorschriften wie auch der Generalnorm keine Einwendungen zu erheben hat und damit beide von ihm im BestV geforderten Feststellungen uneingeschränkt treffen kann bzw. wenn er zu einem negativen Urteil sowohl bezüglich der Einzelvorschriften wie auch der Generalnorm gelangt.

– Durch die gesonderte Feststellung zur Einhaltung der gesetzlichen Vorschrif- **305** ten einerseits und der Generalnorm andererseits ist es aber grundsätzlich theoretisch möglich, daß der APr. zu **unterschiedlichen Urteilen** bei den einzelnen Feststellungen gelangt.

Dabei kann einmal der APr. einen **Verstoß** gegen eine **Einzelvorschrift** feststellen und hieraus Einwendungen erheben, **gleichwohl** aber zu der Auffassung gelangen, daß der JA ein den **tatsächlichen Verhältnissen entsprechendes Bild** vermittelt. Das tritt ein, wenn gegen besondere, nicht in unmittelbarem Zusammenhang mit Bilanz und GuV stehende Angabepflichten im Anh. verstoßen wird und diesen Angabepflichten ein solches Gewicht zukommt, daß eine uneingeschränkte Bestätigung der Einhaltung der gesetzlichen Vorschriften nicht möglich ist; dies gilt zB, wenn im Anhang die Gesamtbezüge des Geschäftsführungs-

---

314 BT-Drs. 10/317 S. 76.
315 Zur Diskussion dieser Zielvorstellung *Hofmeister,* DB 1984 S. 1585/1587; *Selchert,* DB 1985 S. 981/986; *Forster* in FS *Werner,* S. 131/143; zur Kritik an der Regelung, die zunächst nicht die Einschränkung („unter Beachtung der GoB") enthielt *WPK/IDW,* WPg. 1981 S. 609/617; *Feik,* WPg. 1981 S. 558/562.
316 So *Forster* in FS *Werner,* S. 131/143.
317 Der Gesetzgeber war dem Vorschlag des IDW, eindeutig klarzustellen, daß die Ausübung von Wahlrechten stets im Einklang mit der Generalnorm steht, nicht gefolgt; vgl. *IDW,* Stellungnahme zum RegE eines BiRiLiG 1983, WPg. 1984 S. 125/128.
318 Zu den grundsätzlichen Überlegungen zur Generalnorm des § 264 Abs. 2 HGB vgl. insbesondere *ADS,* § 264 Tz. 59 ff. mwN.

organs nach § 285 Nr. 9 HGB nicht angegeben werden und sich hieraus keine Beeinträchtigung der Darstellung der Vermögens-, Finanz- und Ertragslage ergibt.

Die **umgekehrte Möglichkeit,** daß der APr. die Einhaltung der gesetzlichen Vorschriften, nicht aber die Erfüllung der Generalnorm bestätigt, **scheidet** aus logischen Gründen **aus.** Da die Generalnorm selbst gesetzliche Vorschrift ist, kann bei einem Verstoß gegen diese eine Aussage, daß den gesetzlichen Vorschriften entsprochen wird, nicht mehr zulässig sein.

306 – Problematisch ist ein Ergebnis, wenn der JA zwar **allen** einzelnen gesetzlichen Rechnungslegungsvorschriften genügt, **nicht aber die Generalnorm** des § 264 Abs. 2 HGB erfüllt.

307 Der **mögliche Bereich** für Zielkonflikte zwischen Einzelrechnungslegungsnormen und Generalnorm wird dadurch eingeschränkt,

– daß die einzelnen **Rechnungslegungsvorschriften** für Kapitalgesellschaften **Ausprägungen und Präzisierung der Generalnorm** darstellen[319]. Insoweit besteht grundsätzlich zwischen Generalnorm und Einzelvorschrift **Übereinstimmung,** nicht Widerspruch. Enthält die Einzelvorschrift gleichzeitig eine eindeutige Anwendungsregel, wird mit ihrer Anwendung auch immer der Forderung der Generalnorm entsprochen. Ein möglicher Zielkonflikt mit der Generalnorm beschränkt sich damit grundsätzlich nicht nur auf die Anwendung von Einzelrechnungslegungsvorschriften, die einen Ansatz-, Bewertungs- oder Ermessensspielraum beinhalten.

– daß bei Konfliktmöglichkeiten zwischen der Generalnorm und der Ausübung von Bilanzierungs-, Bewertungs- und Ermessensspielräumen bei Kapitalgesellschaften die umfassende **Berichterstattungspflicht im Anh.** besteht.

308 Da es erst zusammen mit einer entsprechenden Berichterstattung möglich wird, ein den tatsächlichen Verhältnissen entsprechendes Bild zu vermitteln[320], hat der APr. die Frage, ob der JA ein den tatsächlichen Verhältnissen entsprechendes Bild vermittelt, immer unter **Würdigung der Aussagen von Bilanz, GuV und Anh. insgesamt zu prüfen**[321].

309 Die aus der Vielzahl von Angabepflichten, insbesondere zur Bilanzierung und Bewertung, resultierende Transparenz von Art und Umfang bilanzpolitischer Maßnahmen bewirkt, daß die **Berichterstattung im Anh.** ein etwaiges unzutreffendes Bild der Vermögens-, Finanz- und Ertragslage **korrigieren** kann. Der Forderung nach einem nicht irreführenden JA erscheint durch die Verpflichtungen aus der Berichterstattung gesichert[322].

319 Die grundsätzliche Übereinstimmung zwischen Einzel- und Generalnorm entspricht den Vorstellungen der 4. EG-RL. In einer Protokollerklärung des Rates zu Art. 2 der RL stellen der Rat und die Kommission ausdrücklich fest, „daß es normalerweise ausreicht, die RL anzuwenden, damit das gewünschte, den tatsächlichen Verhältnissen entsprechende Bild entsteht", abgedruckt bei *Schruff*, Rechnungslegung und Prüfung der AG und GmbH nach neuem Recht (4. EG-RL), Düsseldorf 1978 S. 11, 12; ferner *Ballwieser*, BB 1985 S. 1034.
320 Von daher kann der Generalnorm mit einem JA von Kaufleuten und Personenhandelsgesellschaften, der lediglich Bilanz und GuV umfaßt, nicht genügt werden, vgl. *Helmrich*, Aufbau und Auslegung des Bilanzrichtlinien-Gesetzes, GmbHR 1986 S. 6.
321 Vgl. *ADS*, § 264 Tz. 62 f.; *Marks*, WPg. 1989 S. 123 nwN.
322 *Marks*, WPg. 1989 S. 125; enger noch WPH 1985/86 Bd. II („möglichst zutreffendes Bild durch Bilanz und GuV"); ebenso zum alten Recht *Leffson*, WPg. 1980, S. 289/290; dies ist wohl auch darauf zurückzuführen, daß vor Inkrafttreten des BiRiLiG unterschiedliche Publizität zwischen JA

Die große Bedeutung des Anh., der Informationsdefizite auszugleichen hat, um das durch Bilanz und GuV allein nicht gewährleistete, den tatsächlichen Verhältnissen entsprechende Bild[323] kommt auch in § 264 Abs. 2 S. 2 HGB zum Ausdruck.

Die Bildung der **Einheit** der drei gesetzlichen Bestandteile des JA einer Kapital- **310**
gesellschaft entsprechend § 264 Abs. 1 Satz 1 HGB bedeutet, daß **nur die Gesamtheit** von Bilanz, GuV und Anh. ein den tatsächlichen Verhältnissen entsprechendes Bild entsprechend § 264 Abs. 2 Satz 1 HGB vermitteln muß[324]. **Einzelne Bestandteile** spiegeln (zB wegen bestimmter Ausübung von Wahlrechten) **nicht immer exakt** die tatsächlichen Verhältnisse wider.

Die Möglichkeit, im Anh. zusätzliche Angaben zu machen, enthebt jedoch **311**
grundsätzlich **nicht von der Pflicht,** die **Vorschriften** zur Bilanz und zur GuV stets zu **beachten.**

Bei der **Beurteilung der Einhaltung der Generalnorm** hat der APr. weiter grund- **312**
sätzlich zu beachten:

- sie ist weniger eine unmittelbar anwendbare Zielvorschrift für Einzel- und Detailfragen, sondern soll sicherstellen, daß die **Gesamttendenz** der wirtschaftlichen Lage und Entwicklung der Gesellschaft aus dem JA **eindeutig** und **zweifelsfrei** erkennbar ist.
- die Generalnorm hat **nicht** den Charakter eines **Optimalitätskriteriums,** wonach das bestmögliche Bild der Vermögens-, Finanz- und Ertragslage zu geben ist. Eine solche Forderung würde außer Acht lassen, daß die Vermögens-, Finanz- und Ertragslage eines Unternehmens keine eindeutigen, exakt meßbaren Sachverhalte darstellen, sondern daß es sich um vielschichtige, in ihrer Bedeutung und Ausprägung variierbare Größen handelt, deren Bewertung zusätzlich durch die subjektive Beurteilung des jeweiligen Adressaten beeinflußt wird. Es wird ein relatives Bild der tatsächlichen Verhältnisse gegeben.
- § 264 Abs. 2 Satz 1 HGB ist **keine vorrangige Generalnorm**; er hat vielmehr die Aufgabe, Lücken zu schließen und Zweifelsfragen zu klären, die die Einzelvorschriften einschl. der GoB offenlassen[325].
- die Generalnorm kann nicht die **Unzulänglichkeiten** einer in wesentlichen Teilen vergangenheitsbezogenen und stichtagsorientierten Rechnungslegung, die zwangsläufig zusätzlich durch das subjektive Ermessen des Bilanzierenden beeinflußt wird, aufheben.

Die Grenzziehung zwischen Erfüllung und Nicht-Erfüllung der Generalnorm **313**
bei gleichzeitiger Einhaltung aller Einzelvorschriften ist im Einzelfall außerordentlich schwierig und problematisch. **Maßstab** für die Frage der Einhaltung der Generalnorm ist dabei, ob sich

- ein hinreichend sachkundiger Adressat der Rechnungslegung,
- mit dem gleichen zeitlichen Kenntnisstand wie der APr.,
- in angemessener Zeit aus dem JA und LB,

und Erläuterungsteil des Geschäftsberichts bestand; kritisch *Großfeld,* Generalnorm, in HuRB, S. 203 f.
323 *Marks,* WPg. 1989 S. 124 unter Bezug auf *Schulze-Osterloh,* ZHR 1986 S. 537, auch *Richter,* Die Generalklausel des § 264 Abs. 2 HGB und die Forderung des true and fair view, BB 1988 S. 2218.
324 Für viele: *Budde/Karig* in BeBiKo., § 264 Anm. 5 ff.; hier: 9.
325 Vgl. *Budde/Karig* in BeBiKo., § 264 Anm. 25 mwN.

- ein den tatsächlichen Verhältnissen entsprechendes Bild der Vermögens-, Finanz- und Ertragslage verschaffen kann,
- unter Berücksichtigung der dem Rechnungslegungsinstrument JA und LB immanenten Restriktionen, die den Einblick in die wirtschaftliche Lage zwangsläufig beeinträchtigen.

314 Nach den vorangegangenen Überlegungen könnten als Beeinträchtigung der Generalnorm trotz Einhaltung aller Einzelvorschriften folgende **Fälle** denkbar sein:

- besondere **Sachverhalte,** die nach den Rechnungslegungsvorschriften einschl. der GoB nur unzutreffend abgebildet werden (zB Verbrauch stiller Reserven ohne direkte bilanzielle Auswirkung, zB Erfolgsausweise bei langfristiger Fertigung durch eingeschränkte Zulässigkeit der Teilgewinnrealisierung (Vorsichtsprinzip).
- besondere **Sachverhaltsgestaltung** mit überwiegend bilanzpolitischen Zielen (zB sale-and-lease-back, Ausgliederung des Forschungsbereichs etc.),
- gleichgerichtete **Ausübung** aller möglichen Bilanzierungs-, Bewertungs- und Ermessensspielräume, insbesondere dann, wenn es dadurch zu einer Ergebnisumkehrung kommt.

Bedeutung und Ausmaß eines möglichen Verstoßes gegen die Generalnorm trotz Einhaltung aller Einzelvorschriften hängt jedoch davon ab, ob generell bzw. in welchem Umfang ausreichende und den Sachverhalt eindeutig klarstellende Berichterstattung im Anh. erfolgt.

315 In kritischen Grenzfällen, in denen es zweifelhaft sein könnte, ob der Generalnorm trotz Einhaltung aller Einzelvorschriften entsprochen wird und in denen keine Einschränkung erforderlich ist, kann dem APr. das Recht und ggf. die Pflicht zu **Ergänzungen** zum BestV nach § 322 Abs. 2 HGB **zur Verfügung** stehen. Mit Abs. 2 wird für den APr. ein Ausgleich für die im Einzelfall uU schwierige Bestätigung zur Generalnorm geschaffen [326].

(3) Feststellung zum Lagebericht

316 Der APr. hat **ausdrücklich festzustellen,** daß der **LB im Einklang mit dem JA** steht.

Der **Wortlaut** verweist die Adressaten des BestV auf den LB als Informationsinstrument und macht deutlich, daß der BestV kein Testat über die wirtschaftliche Lage der Gesellschaft selbst ist, sondern allein über die Lageberichterstattung des Vorstandes bzw. der Geschäftsführung. Einer daraus etwaig resultierenden Verminderung der „Erwartungslücke" zwischen den Vorstellungen der Bilanzadressaten und der Reichweite der Jahresabschlußprüfung [327] steht entgegen, daß der Wortlaut selbst durchaus falsche Vorstellungen zu Art und Umfang der Prüfung des LB sowie zur Beurteilung durch den APr. hervorrufen kann.

317 Der Prüfungsauftrag des APr. für den LB ist wegen der fehlenden Abstimmung der Vorschriften nicht abschließend definiert; die im BestV zum LB zu treffende **Feststellung** bleibt **hinter** der Formulierung des in § 317 Abs. 1 HGB umschriebe-

---

326 Zustimmend Commandeur in: Die Beachtung der Generalnorm des § 264 Abs. 2 HGB bei der Jahresabschlußprüfung, in *Baetge* (Hrsg.), Abschlußprüfung nach neuem Recht, Wiesbaden 1988, S. 138; *Budde/Karig* in BeBiKo., § 264 Anm. 60; ablehnend *ADS.* § 264 Tz. 134.
327 Vgl. *Emmerich* in Bericht über die Fachtagung 1985, S. 217 mwN.

nen **Prüfungsauftrags zurück**[328]. Im BestV wird dem Wortlaut nach etwas anderes bestätigt, als für die Aufstellung des LB nach § 289 HGB und für den Prüfungsauftrag nach § 317 Abs. 1 Satz 3 HGB gilt[329]. Eine sich allein auf den Wortlaut dieser Gesetzesvorschriften stützende Auslegung ist nicht ausreichend.

Der **Aussage- und Erkenntniswert** des uneingeschränkten BestV zum LB ist insgesamt wie folgt zu präzisieren: **318**

Der LB unterliegt in allen Teilen materieller, allerdings modifizierter Prüfungspflicht. Da der LB notwendigerweise durch die subjektiven und persönlichen Auffassungen des Vorstandes bzw. der Geschäftsführung beeinflußt wird, hat sich die Prüfung des LB jedoch weniger auf Details als vielmehr auf den **Gesamteindruck** und die **Tendenzaussagen** des LB zu erstrecken; der weiter gefaßte Prüfungsmaßstab trägt der von der Sache her gegebenen Unschärfe des Prüfungsobjektes Rechnung[330].

Die Feststellung des uneingeschränkten BestV, daß der LB im Einklang mit dem JA steht, bezieht sich im Zusammenhang mit dem vorhergehenden Satz 2 nicht nur auf den JA selbst, sondern auch und insbesondere auf das mit diesem durch seine zusätzlichen **verbalen Angaben**[331] vermittelte, den tatsächlichen Verhältnissen entsprechende **Bild der Vermögens-, Finanz- und Ertragslage**. **Maßstab** für den LB ist daher weniger der JA, als vielmehr die für diesen geltende **Generalnorm** des § 264 Abs. 2 HGB[332]. Der uneingeschränkte BestV zum LB besagt somit, daß der Geschäftsverlauf und die Lage der Gesellschaft so dargestellt sind, daß ein den tatsächlichen Verhältnissen entsprechende **Bild** vermittelt wird und daß die **sonstigen Angaben** – das sind diejenigen, die sich nicht auf Inhalte des JA beziehen – **keine falschen Vorstellungen** von der Lage des Unternehmens erwecken.   **319**

Aussagen des LB, die sich auf die Zukunft erstrecken, können vom APr. von der Sache her nicht auf ihre Richtigkeit beurteilt werden. Der uneingeschränkte BestV bedeutet für Prognoseangaben des LB, daß die gesetzten **Prämissen** und Annahmen realistisch und glaubwürdig und daß die hieraus abgeleiteten **Aussagen plausibel** sind und nicht im Widerspruch zu den dem JA und dem LB zugrundeliegenden Daten und Erwartungen stehen[333].   **320**

328 Vgl. FG/IDW 3/1988, Abschn. C I 4.
329 Während der RegE für den BestV noch die Feststellung vorsah, daß der LB **entsprechend dem Prüfungsauftrag** „keine falsche Vorstellung von der Lage des Unternehmens" erweckt, ist dieser Zusatz in der endgültigen Fassung fortgefallen, da befürchtet worden ist, daß mit einem solchen Wortlaut bei den Adressaten des BestV Mißverständnisse entstehen könnten und damit die bereits bestehende „Erwartungslücke" sich noch weiter öffnen könnte. § 280 Abs. 1 RegE HGB, BT-Drs. 10/317, S. 20; *Emmerich*, in Bericht über die Fachtagung 1985, S. 217/226; *Clemm/Reittinger* in HWRev, Sp. 887/898.
330 *Krawitz*, WPg. 1988 S. 225 ff.; *ders.*, Der Lagebericht, S. 14 ff.
331 Vgl. *Clemm*, Die Jahresabschlußanalyse als Grundlage für die Lageberichtsprüfung und die Berichterstattung des Abschlußprüfers. in: *Baetge* (Hrsg.), Bilanzanalyse und Bilanzpolitik, Düsseldorf 1989, S. 56; *Emmerich*, Finanzielle Haftung und Wirtschaftsprüfung in FS *Deppe* 1990, S. 250.
332 So schon *Großfeld/Junker*, Die Prüfung des JA im Lichte der 4. EG-RL in ZfbF-Sonderheft, 1980, S. 251/256; *Sahner/Kammers*, DB 1984 S. 2309/2314.
333 *Emmerich* in Bericht über die Fachtagung 1985, S. 217, 227; FG/IDW 3/1988 Abschn. C I 4; vgl. auch *Wanik*, Probleme der Aufstellung und Prüfung von Prognosen über die Entwicklung der Unternehmung in der nächsten Zukunft, in Bericht über die Fachtagung 1974 des IDW, Düsseldorf 1975, S. 45 ff.; *Rückle*, Externe Prognosen und Prognoseprüfung, DB 1984, S. 57 ff.; *Baetge/Fischer* in HdR, § 317 Rn. 19 ff.; *Stobbe*, Der Lagebericht, BB 1988 S. 310.

321   Die Feststellung im BestV, daß der LB im Einklang mit dem JA steht, **setzt** notwendigerweise **voraus,** daß der APr. die **Übereinstimmung** des JA mit der Generalnorm festgestellt hat. Hat der APr. hiergegen Einwendungen zu erheben, wird regelmäßig die im Wortlaut des BestV vorgesehene Feststellung zum LB nicht mehr zulässig sein, da die Aussage in einem solchen Fall irreführend und mißverständlich wäre, das wird auch dann gelten, wenn der APr. gegen den LB selbst keine Einwendungen zu erheben hat. Eine **Einschränkung** wird jedoch wohl grundsätzlich nur bei groben Verstößen gegen den Inhalt, also bei **unrichtiger Grundtendenz** notwendig sein[334].

b) Anpassungen der Kernfassung

322   Der BestV ist in seinem Wortlaut gem. § 322 Abs. 1 HGB („Kernfassung") zwingend. Neben den gesetzlich vorgesehenen Abweichungen des Abs. 2 („Ergänzungen") und Abs. 3 („Einschränkung") können jedoch **Anpassungen** notwendig sein, die entweder den Prüfungsgegenstand und/oder den Umfang der Übernahme der **Kernfassung** in der Einzelaussage und in allen drei Sätzen betreffen.

323   – Anpassungen sind notwendig bei **erforderlichen Klarstellungen des Prüfungsgegenstandes**[335]. Dies trifft zu für Eröffnungsbilanzen, (Verschmelzungs-) Schlußbilanz und Zwischenabschlüsse[336]. Unter dem Gesichtspunkt „Klarstellung" wird die Erweiterung des Prüfungsgegenstandes um den Bezugszeitraum beim Geschäftsjahr
(„Die Buchführung und der Jahresabschluß für das Geschäftsjahr vom .... bis ...."),
„... als zulässig bzw. beim Rumpfgeschäftsjahr („der JA für das Rumpfgeschäftsjahr für die Zeit vom .... bis ....")
als erforderlich[337] angesehen.

324   – Weiter sind Anpassungen vorzunehmen, wenn ein Abschluß nicht nach den für Kapitalgesellschaften geltenden Vorschriften aufzustellen ist und auch nicht aufgestellt wird, also zB kein Anh. oder kein LB erstellt wird und daher auch nicht zu prüfen ist.

325   – Keine Bedenken bestehen, wenn statt der allgemeinen Beschreibung des geprüften Unternehmens „Kapitalgesellschaft" die vollständige Firma genannt wird[338].

326   – Sonstige Abweichungen sind nicht zulässig; dies gilt auch dann, wenn dadurch die Aussage des BestV inhaltlich nicht verändert wird (zB Verwendung des Wortes „pflichtmäßig" statt „pflichtgemäß"), der subjektive Charakter des BestV verdeutlicht werden soll („unseres Erachtens") oder eine Steigerung des Positivbefundes vorgenommen wird.

---

334 Vgl. FG/IDW 3/1988, Abschn. C 4; *Grewe* in BoHdR, § 317 Rz. 40 ff.
335 Vgl. FG/IDW 3/1988 Abschn. C I.
336 Ebd., Anm. 7.
337 Vgl. *ADS*, § 322 Tz. 22; die Handhabung trifft auf Bedenken unter dem Aspekt „soweit erforderlich". Gegen Anpassungen, sofern der Prüfungsgegenstand eindeutig aus der zu prüfenden Unterlage hervorgeht: *Grewe* in BoHdR, § 322 Rz. 27; den Hinweis auf das Rumpfgeschäftsjahr als Ergänzung gem. § 322 Abs. 2 als möglich ansehen, *Sarx* in BeBiKo., § 322 Anm. 34.
338 So auch FG/IDW 3/1988 Abschn. C I 3. Hiervon zu trennen sind Anpassungen, bei denen durch Ersetzung des Wortes Kapitalgesellschaft durch „Genossenschaft, Versicherung" dargestellt wird, daß spezielle Rechnungslegungsvorschriften Grundlage des BestV sind; vgl. *Sarx* in BeBiKo., § 322 Anm. 22; vgl. Ausführungen zu branchenspezifischen Abschlüssen, Abschn. O Tz. 546 ff.

– Anpassungen **aufgrund anderer Vorschriften** betreffen ähnliche oder gleiche   **327**
Formulierungen (zB Kreditinstitute in der Rechtsform der Sparkasse aufgrund landesgesetzlicher Regelungen)[339] und wörtlich vorgeschriebene BestV
(zB kommunale Eigenbetriebe)[340]; diese sind zu übernehmen.

– Weiter sind **Anpassungen bei entsprechender Anwendung** des § 322 HGB mög- **328**
lich. Eine entsprechende Anwendung des § 322 Abs. 1 HGB ist vorgesehen:
nach § 58 Abs. 2 GenG bei großen Genossenschaften iSv. § 267 Abs. 2 HGB,
nach § 27 Abs. 2 KWG bei Kreditinstituten und nach § 58 Abs. 2 VAG bei
Versicherungsunternehmungen. Bei entsprechender Anwendung der Vorschriften zum BestV ist aufgrund der Sonderregelungen eine vollständige
Übernahme des Formaltestats zulässig[341].

– Schließlich sind **Anpassungen bei sinngemäßer Anwendung** des § 322 HGB   **329**
möglich. Nach § 6 Abs. 1 PublG richten sich die Prüfungen vom JA und LB
bei Unternehmen iSd. § 1 Abs. 1 iVm. § 3 PublG nach den Regeln für Kapitalgesellschaften; § 322 HGB ist dabei sinngemäß anzuwenden.

– Anpassungen können hinsichtlich **Satz 2** notwendig werden. Erforderlich für   **330**
die Übernahme von Satz 2 in den BestV ist die Vermittlung des tatsächlichen
Bildes gem. § 264 Abs. 2 HGB, die nur dann erfolgen kann, wenn grundsätzlich die für Kapitalgesellschaften geltenden Vorschriften hinsichtlich Gliederung, Bewertung und Anhangsangaben eingehalten werden[342].

Dies bedeutet zB, daß die Wertuntergrenze ohne Ermessensabschreibung
gem. § 253 Abs. 4 HGB bestimmt und das Wertaufholungsgebot gem. § 280
HGB eingehalten wird. Es wird jedoch ausreichend sein, im Anwendungsfall
entsprechende Bewertungsabweichungen in einem Anh. oder durch entsprechenden Vermerk zur Bilanz bzw. zur GuV offenzulegen. In jedem Fall sind
Angaben im Anh. erforderlich, soweit sie zur Vermittlung eines den tatsächlichen Verhältnissen entsprechenden Bildes notwendig sind[343], idR also zumindest die angewandten Bilanzierungs- und Bewertungsmethoden sowie im Einzelfall bedeutsame Sachverhalte genannt werden, um Mißverständnisse beim
Adressaten auszuschließen. Die Nennung der Rechtsform oder der Firma im
BestV erscheint geboten[344].

Bei sinngemäßer Anwendung, dh. insbesondere bei Prüfungen von Personengesellschaften und Einzelunternehmen, die unter das PublG fallen, sowie bei
freiwilligen Abschlußprüfungen ist die Beachtung der dargestellten Grundsätze als Voraussetzung zur Übernahme des Satzes 2 der Kernfassung erforderlich.

– Anpassungen können schließlich auch **Satz 3** betreffen. Wurde ein Lagebe- **331**
richt auftragsgemäß – zB bei der freiwilligen Prüfung einer kleinen Kapitalgesellschaft – nicht geprüft, so ist hierauf im BestV hinzuweisen[345].

---

339 Vgl. *Heinevetter*, SparkassenG NW, § 26 Anm. 7.
340 FN 1987, S. 297.
341 Vgl. hierzu im übrigen die Ausführungen in Abschn. O Tz. 580.
342 Vgl. FG/IDW 3/1988 Abschn. C I 7.
343 Vgl. FG/IDW 3/1988 Anm. C I 7, 8.
344 Vgl. *ADS*, § 322 Tz. 47.
345 Vgl. FG/IDW 3/1988 Abschn. C I 7; *Gelhausen*, Die Prüfung der kleinen Aktiengesellschaft nach
    Inkrafttreten des Bilanzrichtlinien-Gesetzes, AG 1986, S. 67 ff.

3. Ergänzungen des Bestätigungsvermerks

a) Zulässigkeit von Ergänzungen

Erweiterungen des BestV durch Ergänzungen sind in § 322 Abs. 2 HGB geregelt.

aa) Nach § 322 Abs. 2 Satz 1 HGB

332 Nach § 322 Abs. 2 Satz 1 HGB sind Ergänzungen zum BestV grundsätzlich nicht nur möglich, sondern sogar geboten, wenn über die Kernfassung hinaus zusätzliche Bemerkungen erforderlich erscheinen, um einen **falschen Eindruck** über den Inhalt der Prüfung und die Tragweite des BestV zu vermeiden; damit sind Ergänzungen ein Mittel, um beim außenstehenden Leser des Testats Mißverständnisse nicht aufkommen zu lassen [346].

333 Ein falscher Eindruck über den **Inhalt der Prüfung** kann sich vor allem auf Gegenstand, Umfang und Abgrenzung einer Jahresabschlußprüfung und auf die Art und Weise der Prüfungsdurchführung beziehen [347]. Die **Tragweite** bezieht sich auf die Erkenntnismöglichkeiten, die aus einem ordnungsgemäß aufgestellten JA gewonnen werden können, ist aber auch darauf begrenzt [348].

Im Rahmen dieser Vorschrift ist nach der RegBegr. die Ergänzung des BestV allgemein zugelassen [349]. Damit wären die bis zum Inkrafttreten des BiRiLiG nach allgemeiner Auffassung zulässigen bzw. gebotenen Zusätze erfaßt, die den BestV ergänzen, wenn der APr. keine Einwendungen gegen die Rechnungslegung zu erheben hatte, aber eine zusätzliche Aussage für erforderlich hält [350]. Diese Ergänzungen erscheinen im Einzelfall generell unter § 322 Abs. 2 Satz 1 HGB subsumierbar.

334 Der APr. ist verpflichtet, den BestV um Ergänzungen nach § 321 Abs. 2 Satz 1 HGB beim kumulativen Vorliegen der gesetzlichen Annahmen, falscher Eindruck über Inhalt der Prüfung und über die Tragweite des BestV, zu erweitern [351]. Um diese Annahmen zu vermeiden, ist die erforderliche Ergänzung in geeigneter Weise zu formulieren [352].

335 Unter Beachtung des Wortlauts von Gesetz und Gesetzesbegründung kommt der Berufsstand der Wirtschaftsprüfer zu der Auffassung, daß die Ergänzung im Einzelfall doch weitgehend in das **pflichtgemäße Ermessen** des APr. gestellt ist [353]. Der APr. wird in jedem Einzelfall sorgfältig zu prüfen haben, ob die Voraussetzung für eine Ergänzung vorliegt. Maßstab für die Notwendigkeit und den Umfang von Ergänzungen zum BestV sind grundsätzlich die Funktionen von Rechnungslegung und BestV (Information und Ausschüttungsbemessung).

Die Ergänzung zum BestV kann nur die **Ausnahme** sein und nur bei wirklich wichtigen Sachverhalten auftreten, denn ein ordnungsgemäß aufgestellter JA und LB vermitteln gerade keinen falschen Eindruck vom Inhalt der Prüfung und zur Tragweite des BestV.

---

346 BT-Drs. 10/317 S. 98.
347 Vgl. FG/IDW 3/1988, Abschn. C II 1, 2.
348 Vgl. FG/IDW 3/1988, Abschn. C II 2.
349 RegBegr. BT-Drs. 10/317, S. 98.
350 Vgl. FG/IDW 3/1977 Abschn. E.
351 *Breycha/Schäfer* in HdR § 322 HGB Rn. 9; *ADS*, § 322 Tz. 32; *Sarx* in BeBiKo., § 322 Anm. 26.
352 Vgl. *Marks*, WPg. 1989, S. 126.
353 Vgl. FG/IDW 3/1988 Abschn. C II; generell die Auffassung des pflichtgemäßen Ermessens ablehnend *Erle*, S. 201 ff. (passim).

bb) Nach § 322 Abs. 2 Satz 2 HGB

Neben dem Gebot von allgemeinen Ergänzungen zur Vermeidung von Mißver- **336**
ständnissen führt das Gesetz eine **spezielle Ergänzung** an: Im BestV ist darauf
hinzuweisen, daß der JA in Übereinstimmung steht mit denjenigen Vorschriften
des Gesellschaftsvertrages bzw. der Satzung, die in zulässiger Weise die gesetzlichen Regeln für den JA ergänzen. „In zulässiger Weise" liegt zB vor bei der
Rücklagendotierung nach § 58 Abs. 2 AktG. Die Bezugnahme auf Gesellschafts-
vertrag/Satzung ist dann nicht gestattet, sofern die Regelungen lediglich gesetzliche Vorschriften wiederholen.

Der Zusatz erweitert den ersten Satz der Kernfassung des BestV wie folgt:

„... und dem Gesellschaftsvertrag/der Satzung".

Eine gesonderte Erwähnung, welcher Art die ergänzenden Vorschriften in
Gesellschaftsvertrag bzw. Satzung sind, ist im allgemeinen nicht notwendig. Im
PrB wird der APr. aber auf besondere Rechnungslegungsvorschriften von Sat-
zung bzw. Gesellschaftsvertrag einzugehen haben.

b) Art und Inhalt von Ergänzungen

aa) Generell

Bei den Ergänzungen kann es sich um generelle Aussagen handeln, die den **337**
Adressaten des BestV zusätzliche Informationen über den Inhalt der Prüfung
(Prüfungsgegenstand und -umfang, ggf. auch Art und Weise der Prüfungsdurchführung) und über die Aufgabe des BestV geben. Weiter können sich die Ergänzungen auf die jeweilige Prüfung beziehen und in Form hinweisender Zusätze
und von Vorbehalten (bedingende Zusätze) dargestellt werden.

Die Ausgestaltung der Ergänzungen zu einzelnen Sachverhalten der Prüfung
und deren Ergebnissen wird anhand dieser Überlegungen dargestellt.

Darüber hinaus schließt § 322 Abs. 2 HGB für den APr. die Möglichkeit nicht
aus, den BestV durch Ergänzungen zu einem Bestätigungsbericht auszubauen[354].

Besondere Probleme wirft weiter die **Abgrenzung** zwischen **Ergänzungen und** **338**
Einschränkungen des BestV auf. Dies gilt insbesondere für Zusätze in Form von
Vorbehalten und hinweisenden Zusätzen über eine nicht abschließende Beurteilung. Die ausdrückliche Bestimmung von § 322 Abs. 3 Satz 4 HGB, daß Ergänzungen des BestV nach Abs. 2 nicht als Einschränkungen anzusehen sind, führt
nicht zu einer abschließenden inhaltlichen Abgrenzung zwischen Ergänzung
und Einschränkung. Zusätze, die den Charakter einer Einschränkung haben,
sind unzulässig bzw. sind als „Einschränkung" darzustellen; notwendige Einschränkungen des BestV dürfen nicht in die Form von Zusätzen gekleidet werden[355]. Allerdings erscheint weiter[356] nicht sichergestellt, daß die Adressaten des
BestV im Einzelfall zwischen einer Einschränkung und einer Ergänzung zu differenzieren wissen.

Ausdrücklich weist das Fachgutachten[357] darauf hin, daß die Ergänzungen ein- **339**
deutig und abgrenzbar zu formulieren sind. Einschränkungen sind als solche zu

354 Vgl. FG/IDW 3/1988 Abschn. C II; aA *ADS*, § 322 Tz. 110.
355 Vgl. FG/IDW 3/1988 Abschn. C II.
356 Vgl. schon *Gross*, WPg. 1979 S. 213/217; *Hofmeister*, DB 1984 S. 1585/1591.
357 FG/IDW 3/1988 Abschn. C II.

bezeichnen. In der Praxis sind jedoch in beiden Richtungen erhebliche Probleme festzustellen[358].

340   Ergänzungen kommen auch neben Einschränkungen in Betracht. Voraussetzung ist, daß es sich bei diesen Ergänzungen um vom Einschränkungsgegenstand getrennte Sachverhalte handelt[359].

341   Auf den weiteren Anwendungsfall von Ergänzung wird auf die Darstellung zum BestV bei Aufstellungs- und Offenlegungserleichterungen verwiesen[360].

bb) Bedingende Zusätze (Vorbehalte)

342   Ergänzungen in Form bedingender Zusätze (Vorbehalte) sind zur Vermeidung eines falschen Eindrucks über die Tragweite des BestV erforderlich, wenn der Positivbefund den Eintritt einer **eindeutig formulierten Bedingung** voraussetzt[361]. Es darf kein Zweifel am Eintritt der Bedingung bestehen[362], ihr Eintritt muß feststellbar und der Nachprüfung durch den APr. zugänglich sein[363].

343   Derartige Vorbehalte im BestV sind bei **Sanierungsbilanzen** erforderlich, wenn die im JA berücksichtigten Sanierungsmaßnahmen noch der Beschlußfassung durch die HV und der Eintragung ins HR bedürfen (§§ 234 ff. AktG). Der BestV wird dann im Anschluß an Satz 1 etwa wie folgt ergänzt:

„... unter der Voraussetzung, daß die Kapitalherabsetzung (und die Kapitalerhöhung) von der HV in der im JA bereits berücksichtigten Form beschlossen und fristgemäß in das HR eingetragen wird (werden)."

Bei einer GmbH ist der Wortlaut entsprechend anzupassen.

344   Eine Ergänzung in Form eines Vorbehalts ist notwendig, wenn Jahresabschlüsse früherer Jahre geändert werden und der geprüfte JA diesen **Änderungen** bereits Rechnung trägt, obwohl die Feststellung der früheren Jahresabschlüsse noch aussteht. Gleiches gilt, wenn eine Änderung von Gewinnverwendungsbeschlüssen für Vorjahre beabsichtigt ist[364].

Der BestV wird wie folgt nach Satz 1 ergänzt:

„... unter der Voraussetzung, daß der JA zum ..../die JAe zum .... in der von mir/uns bestätigten Form festgestellt wird/werden."

345   Die Bedingung kann auch in der Erfüllung von Voraussetzungen gegeben sein, die außerhalb des geprüften Unternehmens liegen. Beispiele hierfür können Stillhalteerklärungen von Gläubigern, Gewährung von Bürgschaften oder Leistungen von Gesellschaftern, zB in Form von Forderungsnachlässen, sein[365].

346   Die **Aufnahme** eines Vorbehalts in den Wortlaut des BestV hat zur Folge, daß der Vorbehalt auch für die Vorlage und die Bekanntmachung gilt. Der Vorbehalt kann bei der Offenlegung entfallen, wenn bis zu diesem Zeitpunkt die im Vorbe-

---

358 Vgl. *Otte*, WPg. 1988 S. 75 und die bei *Marks*, WPg. 1989 S. 126 aufgeführten Beispiele.
359 Vgl. FG/IDW 3/1988, Abschn. C II.
360 Vgl. Abschn. O Tz. 432.
361 FG/IDW 3/1988 Abschn. C II 7; *Gross*, WPg. 1979 S. 213/216.
362 Vgl. *Biener/Berneke*, Erl. zu § 322 HGB, S. 428.
363 So weitergeltend *Kropff* in AktG-Kom. § 167 Anm. 25.
364 Vgl. FG/IDW 3/1988 Abschn. C II 8; *Sarx* in BeBiKo. § 322 Anm. 30; *ADS*, § 322 Tz. 42 f.
365 Unter den strikten Voraussetzungen Abschn. O Tz. 342; vgl. *Sarx* in BeBiKo., § 322 Anm. 30, insoweit *Biener/Berneke*, S. 428 folgend.

halt aufgeführte Bedingung eingetreten ist [366]. Eine ausdrückliche Einverständniserklärung des APr. hierzu ist notwendig [367].

Alternativ wird es weiterhin für möglich gehalten, das Testat im gesetzlich vorge- **347** schriebenen Wortlaut, aber unter der dem Testat **vorangestellten** und deutlich sichtbar gemachten **Bedingung** abzugeben, wonach das Testat erst nach Erfüllung der angeführten Bedingung wirksam wird [368]. Bei einer bedingten Testatserteilung ohne Aufnahme der Bedingung in den Wortlaut des BestV wird das Testat voll wirksam auch für die Vorlage und die Bekanntmachung, wenn die Bedingung eingetreten ist; die Zufügung der Bedingung vor dem BestV kann mit Zustimmung des APr. entfallen.

In jedem Fall wird bei Vorbehalten wegen einer noch ausstehenden Beschluß- **348** fassung von HV bzw. Gesellschafterversammlung die Möglichkeit zu wählen sein, die dem Testatsempfänger die **größtmögliche Klarheit** bietet [369]. Da die bessere Erkennbarkeit bei Aufnahme des Vorbehalts in dem Wortlaut des BestV vorliegt, wird unter Beachtung des pflichtgemäßen Ermessens [370] und zur Vermeidung eines falschen Eindrucks über die Tragweite des BestV die Ergänzung durch den bedingenden Zusatz (Vorbehalt) vorzuziehen sein.

cc) Hinweisende Zusätze

(1) zur Risikobeurteilung

Zusätze [371] des Inhalts, daß der APr. bestimmte **Risiken** (zB aus Rechtsstreitigkei- **349** ten oder aus schwebenden Geschäften) [372] nicht mit hinreichender Sicherheit abschließend beurteilen kann, dürfen **nicht zur Umgehung** einer eigentlich notwendigen Einschränkung **dienen** [373]. Zusätze sind nur zulässig, wenn Einwendungen gegen die Rechnungslegung nicht zu erheben sind, es der APr. aber für angezeigt hält, eine bestimmte Problematik wegen ihrer Bedeutung für die Adressaten der Rechnungslegung hervorzuheben [374].

Voraussetzung eines derartigen Zusatzes ist daher in jedem Fall, daß der APr. **350** **zunächst** die Frage einer **möglichen Einschränkung** oder **Versagung** prüft, zB also keine Bedenken gegen die betreffenden Wertansätze hat; in solchen Fällen ist eine Einschränkung oder Versagung des BestV geboten [375]. Bedenken gegen Wertansätze bestehen allerdings bereits dann, wenn das Vorsichtsprinzip nicht gewahrt wurde, dh. wenn bei der Beurteilung eines Risikos nach Auffassung des APr. eher optimistische als pessimistische Maßstäbe angelegt wurden [376].

---

366 Vgl. FG/IDW 3/1988 Abschn. C II 8.
367 So auch *ADS*, § 322 Tz. 44.
368 *ADS*, § 322 Tz. 45. Dies ist Folge der von *ADS* wohl nicht als zwingend angesehenen Ergänzung, da nicht gleichzeitig ein falscher Eindruck über den Inhalt der Prüfung vorliegt, ebd. Tz. 32; allein diese Möglichkeit zum AktG 1965 für zulässig haltend: *Kropff* in AktG-Kom., § 167 Anm. 25.
369 Dies empfehlen auch *ADS*, § 322 Tz. 45.
370 Vgl. *Grewe* in BoHdR, § 322 Rz. 43.
371 Vgl. die Überblicke über die Praxis der Zusätze im Zeitraum 1977 bis 1980 bei *Forster*, WPg. 1980 S. 573; für folgende Jahre *Marks*, WPg. 1989 S. 126, und auch WPK, Beilage zu WPK-Mitt., Anlage zu Heft 4/1990.
372 Vgl. *Otte*, WPg. 1988 S. 74.
373 Vgl. Abschn. O Tz. 338.
374 Vgl. FG/IDW 3/1988 Abschn. C II 5; *Clemm*, WPg. 1977 S. 145/156.
375 Vgl. FG/IDW 3/1988 Abschn. C II 5.
376 Weitergehend: *Leffson*, Wirtschaftsprüfung S. 360; zur Auswirkung des Vorsichtsprinzips auf die Bemessung von Rückstellungen für Verluste aus schwebenden Geschäften: grundsätzlich schon *Forster*, Rückstellungen für Verluste aus schwebenden Geschäften, WPg. 1971 S. 393/397.

351   Voraussetzungen eines auf Risiken hinweisenden Zusatzes sind ferner, daß der APr. alle ihm zur Verfügung stehenden **Erkenntnisquellen** augeschöpft hat und daß der Vorstand bzw. die Geschäftsführung sowie ggf. auch Mutter- und Tochterunternehmen die ihnen obliegenden Aufklärungs- und Nachweispflichten (§ 320 HGB) in vollem Umfang erfüllt haben [377].

352   Der APr. darf sich zu einem auf Risiken hinweisenden Zusatz zum BestV auch nur dann entschließen, wenn die gesetzlichen Vertreter im **Anh.** und **LB** auf die betreffenden Risiken in dem gesetzlich gebotenen Umfang (§ 284 Abs. 1 und 2 iVm. § 264 Abs. 2, § 289 Abs. 1 HGB) eingegangen sind. Liegen alle diese Voraussetzungen vor und bestehen **keine Bedenken** gegen die **Ordnungsmäßigkeit** der Rechnungslegung, ist der BestV zu ergänzen [378]; es erscheint andererseits **nicht sachgerecht,** anstelle des Zusatzes zum BestV diesen **einzuschränken** und durch diese Einschränkung zum Ausdruck zu bringen, daß sein Prüfungsergebnis in einem wesentlichen Punkt nicht positiv ist [379].

353   Bei hinweisenden Zusätzen über eine nicht abschließende Beurteilung ist in der Regel ein **einfacher Hinweis** auf den betreffenden Sachverhalt nicht ausreichend, da derartige Zusätze dazu geeignet sind, bei den Adressaten des BestV Mißverständnisse hervorzurufen; es wird erforderlich sein, weitere Ausführungen in den BestV aufzunehmen.

Dies können allgemeine Ausführungen zu Zusätzen zum BestV, die positive Feststellung der für einen solchen Zusatz erforderlichen, oben dargestellten Voraussetzungen oder den jeweiligen Einzelfall betreffende Detailaussagen sein. Der APr. wird Art und Umfang seiner Ergänzungen von den Informationsinteressen der Adressaten abhängig machen. Es kann ggf. der klarstellende Hinweis, daß es sich um eine Ergänzung und nicht um eine Einschränkung des BestV handelt, angebracht sein.

(2) bei bedrohter Unternehmensfortführung

354   Die **Bedrohung der Unternehmensfortführung** kann zum einen aus der Kapitalposition (Verlust in Höhe der Hälfte des Grundkapitals, bilanzielle Überschuldung) zum anderen aus sonstigen, auch bilanziellen Feststellungen herleitbar sein. Bei der Feststellung handelt es sich primär um ein Problem der Prüfung, nicht der Rechnungslegung [380]. Die Entscheidung über etwaige Auswirkungen auf das Testat ist nicht auf Basis formaler Fragen, sondern aus materiellen Überlegungen heraus zu klären. Diese betreffen die Frage des **Grades der Gewißheit** über die Unternehmensfortführung und die **Einzelfragen** der Bilanzierung, der Bewertung, der Angaben im Anh. und der Darstellung im LB.

355   Ist die Fortführung der Unternehmenstätigkeit **mit Gewißheit nicht mehr möglich** (materielle Überschuldung bzw. Zahlungsunfähigkeit und Sanierungsfähigkeit nach Auffassung der Gesellschaftsorgane nicht gegeben), so ist die Erteilung eines uneingeschränkten BestV nur möglich,

---

377 Vgl. Abschn. O, Tz. 342.
378 Vgl. *ADS*, § 322 Tz. 35; Ergänzungen in einem solchen Fall nur als „ultima ratio" ansehend *Ballwieser*, BFuP 1988 S. 325 ff.
379 Zur zT kontroversen Diskussion hierzu vgl. *Otte*, WPg. 1988 S. 74; *Gross*, WPg. 1979 S. 216; *Clemm*, WPg. 1977 S. 145/156; *ADS*, § 322 Tz. 75; WPH 1985/86 Bd. II, S. 578.
380 So *Marks*, WPg. 1989 S. 164; *Hommelhoff*, Überschuldung nach § 92 Abs. 2 Satz 2 AktG, § 64 Abs. 1 Satz 2 GmbHG in HuRB, S. 134; zum Testat bei ungedecktem Fehlbetrag, *Hermann*, ZGR 1989 S. 294 ff.

– wenn die **Wertansätze** in der Jahresbilanz der Lage des Unternehmens („Zerschlagungswerte") entsprechen und
– wenn die Situation der Gesellschaft – auch ihre Entwicklung bis zum Abschluß der Prüfung (§ 289 Abs. 2 Nr. 1 HGB) – im Anh. und im LB **zutreffend** dargestellt sind[381]. Anderenfalls ist eine Einschränkung oder Versagung des BestV notwendig.

Liegen dagegen die Voraussetzungen für die Erteilung eines uneingeschränkten BestV vor, so hat die Gesellschaft einen **Rechtsanspruch** auf seine Erteilung[382].

In Abgrenzung zu diesem Sachverhalt („zutreffende Darstellung") erscheint es **356** im Hinblick auf § 322 Abs. 2 HGB **zwingend**, den uneingeschränkten BestV um einen Hinweis auf die Nichtfortführung zu ergänzen, wenn die Berichterstattung insgesamt **nicht angemessen** ist, da sonst die besondere Gefahr eines falschen Eindrucks über den Inhalt der Prüfung und die Tragweite des BestV besteht. Auch wenn die Berichterstattung der Gesellschaft über die Unternehmenssituation angemessen ist, ist ein hinweisender Zusatz **möglich,** wenn dies nach pflichtgemäßem Ermessen des APr. geeignet ist, um Mißverständnisse über die Tragweite des BestV zu vermeiden[383].

Liegen die genannten Voraussetzungen für den uneingeschränkten BestV vor, ist **357** die Gewißheit der Nichtfortführung jedoch nicht durch Erklärung der Gesellschaftsorgane gegeben, so ist der Grad der Beurteilungssicherheit durch den APr. Grundlage der Entscheidung über einen hinweisenden Zusatz. Ist der **APr.** bei Erteilung des BestV der **Überzeugung,** daß zu diesem Zeitpunkt eine Überschuldung oder Zahlungsunfähigkeit vorliegt und **wird diese zweifelsfrei durch den APr. festgestellt,** so liegt nach § 322 Abs. 2 Satz 1 HGB grundsätzlich eine Verpflichtung zur Ergänzung vor.

Bestehen lediglich **Zweifel an der Unternehmensfortführung** (zB bei gegebener **358** oder wahrscheinlicher Überschuldung, Liquiditätsenge, Verhandlungen über einen Vergleich) und/oder ist die Fortführung von dem noch ungewissen Eintritt künftiger Ereignisse abhängig bzw. stellt der APr. bei Wahrnehmung seiner Aufgaben Tatsachen fest, die den Bestand des Unternehmens gefährden oder seine Entwicklung wesentlich beeinträchtigen können, so hat er sorgfältig zu prüfen, ob sich hieraus Folgerungen für die Wertansätze in der Jahresbilanz ergeben und ob die Situation der Gesellschaft in Anh. und LB zutreffend bzw.

---

381 So FG/IDW 3/1988 Abschn. C I 6.
382 Wohl hM, vgl. auch *ADS,* § 322 Tz. 86.
383 Vgl. FG/IDW 3/1988, Abschn. C II 6, zur Diskussion vgl. auch *ADS,* § 322 Tz. 41, *Schulze-Osterloh* in *Baumbach/Hueck,* GmbHG, § 41 Rn. 98; *Breycha/Schäfer,* HdR § 322 Rn. 17. Wegen der besonderen Bedeutung dieses Tatbestandes für alle Beteiligten, war es schon nach AktG 1965 angebracht, daß der APr. hierauf im BestV hinweist; vgl. *ADS,* 4. Aufl. § 167 AktG Tz. 32; *Clemm,* WPg. 1977 S. 145/157; *Selchert,* Jahresabschlußprüfung, S. 484. Einschränkend auf den Fall der Verletzung der Antragspflichten nach § 92 Abs. 2 AktG durch den Vorstand: *Martens,* WPg. 1967 S. 537/547; *Claussen* in Kölner Kom. § 167 Anm. 7; ablehnend: *Brönner* in Großkom. § 167 Anm. 6; *Kropff* in AktG-Kom. § 167 Anm. 28. Bei der abschließenden Beratung des FG/IDW 3/1977 hatte der HFA allerdings bewußt davon Abstand genommen, auf die Frage eines Testatzusatzes in Insolvenzfällen im FG einzugehen. Hierfür war ausschlaggebend, daß die bloße Annahme, es liege eine Überschuldung und Zahlungsunfähigkeit vor, einen solchen Zusatz nach Ansicht des HFA nicht rechtfertigt und daß die Feststellung des Vorliegens einer Überschuldung oder Zahlungsunfähigkeit im Rahmen der Jahresabschlußprüfung nicht immer einfach ist. *Gross,* WPg. 1979 S. 213/217; in FG/IDW 3/1988 ist die besondere Abgrenzung im Hinblick auf die zutreffende bzw. angemessene Berichterstattung gelegt worden. Nach dem internationalen Guideline IAG 23 des IFAC (in: AICPA, Professional Standards, volume 2, 1989, S. 12.567 ff., insb. Tz. 14–16) ist bei Unsicherheit über die Unternehmensfortführung eine Einschränkung oder Versagung des BestV zwingend.

angemessen dargestellt ist. Besteht keine Notwendigkeit der Einschränkung[384] oder Versagung, sind dennoch hinweisende Zusätze auf die bestehende Krise des Unternehmens **zwingend,** wenn die Darstellung der Gesellschaft über die bedrohte Fortführung der Unternehmenstätigkeit in der **Berichterstattung nicht angemessen** ist[385].

359   Kann nach Auffassung des APr. mit der Fortführung des Unternehmens nicht mehr gerechnet werden oder ist die Möglichkeit der Unternehmensfortführung ernstlich zweifelhaft, so ist – trotz Erfüllung aller Anforderungen an die Rechnungslegung des geprüften Unternehmens – auch ein hinweisender Zusatz zum BestV **möglich;** dabei kann auch hingewiesen werden auf die Einschätzung des APr. hinsichtlich des **Sicherheitsgrades** seiner Beurteilung bzw. seiner nicht abschließenden Beurteilungsmöglichkeit[386].

360   Ein auf die Unternehmensgefährdung hinweisender Zusatz empfiehlt sich jedoch im allgemeinen weiter nicht, weil der APr. Verantwortung für einen **Vertrauensschwund** übernähme, der eine sonst möglicherweise abzuwendende Zahlungseinstellung zur Folge haben kann[387]. Ein Zusatz zum BestV wäre idR auch zu undifferenziert, um die Adressaten der Rechnungslegung in die Lage zu versetzen, das Risiko einer Insolvenz gegen die Chancen der Vermeidung eines Zusammenbruchs abzuwägen. Sinnvoll kann allerdings insbesondere ein Hinweis auf eingeleitete Sanierungsmaßnahmen sein[388].

361   Auf keinen Fall darf durch einen derartigen Zusatz aber eine sonst gebotene **Einschränkung** oder **Versagung** des BestV, zB wegen Unterlassens außerplanmäßiger Abschreibungen auf Anlagen oder wegen ungenügender Berichterstattung im Anh. oder LB, umgangen werden[389]. Hierbei hat der APr. zu berücksichtigen, daß der Grundsatz der Bewertung unter der Annahme unbegrenzter Fortführung des Unternehmens (Going-Concern-Prinzip) nicht gilt, falls in der vorhersehbaren Zukunft die Absicht, wenn nicht sogar der Zwang besteht, das Unternehmen zu liquidieren oder seine Geschäftstätigkeit (mit der Folge von Stillegungen) wesentlich einzuschränken. Bei Unsicherheit über den Fortbestand der Gesellschaft dürfte es dagegen nicht zu beanstanden sein, wenn der JA unter der Going-Concern-Prämisse aufgestellt wird[390].

Der APr. ist ferner nach § 321 Abs. 2 HGB verpflichtet, auf die Unternehmensgefährdung (Beeinträchtigung der Unternehmensentwicklung) in seinem PrB einzugehen.

362   Unter Beachtung der dargestellten Grundfragen einschließlich der angemessenen Darstellung der Situation des Unternehmens in Anh. und LB erscheint unverändert zum bisherigen Recht[391] bei **Verlust in Höhe der Hälfte des Grundkapitals** bei der AG bzw. des **Stammkapitals** bei der GmbH ein hierauf hinwei-

---

384 Als Voraussetzung nennt *Sarx* in BeBiKo., § 322 Anm. 33 eine „klare" Berichterstattung im LB.
385 Vgl. FG/IDW 3/1988 Abschn. C II 6 iVm. Abschn. C I 6.
386 Vgl. FG/IDW 3/1988 Abschn. C II 5, 6.
387 HM; vgl. zB *Gmelin* in FS Treuhand-Vereinigung AG, S. 137/150; *Leffson*, Die Going-Concern-Prämisse, WPg. 1984, S. 605 f.
388 Vgl. *ADS*, § 322 Tz. 41.
389 Vgl. Abschn. O Tz. 338; vgl. *Sarx* in BeBiKo., § 322 Anm. 33, ADS, § 322 Tz. 41; so schon *Kropff* in AktG-Kom. § 167 Anm. 28.
390 Vgl. *Leffson*, WPg. 1984 S. 604 ff.; *Janssen*, Überlegungen zum „Going concern concept", WPg. 1984 S. 341 ff.
391 *ADS*, 4. Aufl., § 167 AktG Tz. 37.

sender Zusatz zum BestV auch dann nicht erforderlich, wenn der Vorstand bzw. die Geschäftsführung seine bzw. ihre Pflicht, unverzüglich die HV bzw. die Gesellschafterversammlung einzuberufen und ihr dies anzuzeigen (§ 92 Abs. 1 AktG, § 49 Abs. 3 GmbHG) verletzt hat[392]. Ein Hinweis im PrB ist jedoch bei Verletzung der Anzeigepflicht nach § 321 Abs. 2 HGB geboten.

(3) zu weiteren Inhalten der Prüfung

Ergänzungen zum Inhalt der Prüfung können bei – im Vergleich zu dem berufs-   **363**
üblichen Prüfungsumfang – **fehlenden Prüfungshandlungen** aufgrund nicht beein-
flußbarer Sachverhalte notwendig sein[393]. Das gilt zB bei fehlender Inventurbeobachtung durch den APr., wenn die Bestellung bzw. die Auftragserteilung nach
der Durchführung der Bestandsaufnahme erfolgt[394]. Unter der Voraussetzung,
daß alternative Prüfungshandlungen die Ordnungsmäßigkeit der Rechnungslegung, also kein bzw. kein wesentlicher Mangel mehr gegeben ist, der eine Einschränkung erfordert[395], bestätigen, kommt ein hinweisender Zusatz in Betracht.

Ein hinweisender Zusatz zum BestV, daß **ausländische Betriebsstätten** oder daß   **364**
Beteiligungen nicht geprüft wurden, ist nicht zulässig. Sofern für die Beurteilung
der Rechnungslegung durch den APr. die Durchführung entsprechender Prüfungen (ggf. auch durch ausländische Berufskollegen) wesentlich und berufsüblich
ist und diese Prüfungen unterbleiben, hat der APr. seinen BestV einzuschränken
oder zu versagen. Dies folgt aus den Aufklärungs- und Nachweispflichten der
gesetzlichen Vertreter, dafür Sorge zu tragen, daß auch die für die Beurteilung
der wirtschaftlichen Lage von Beteiligungsgesellschaften notwendigen Unterlagen von diesen Gesellschaften erstellt und in ausreichendem Maße durch qualifizierte APr. geprüft werden. Verletzen die gesetzlichen Vertreter diese Pflicht
oder machen sie die betreffenden Unterlagen dem APr. nicht zugänglich, so
begründet dies eine Einwendung des APr.[396]. Fraglich kann sein, ob dies auch
bei einer im Sonderfall aus nicht beeinflußbaren Sachverhalten heraus gegebenen (zB politischen Unruhen) Unmöglichkeit der Prüfungsdurchführung gilt.
Sofern diese Prüfungshandlung berufsüblich erforderlich ist und alternative Prüfungshandlungen ausreichende Sicherheit zur Ordnungsmäßigkeit ergeben,
dann erscheint auch in diesem Falle analog zur Inventurregelung ein Zusatz ausreichend[397].

Ein hinweisender Zusatz kommt ebenfalls in Betracht, wenn der **Vorjahresab-**   **365**
schluß nicht geprüft wurde bzw. wenn der BestV zum JA des Vorjahres **einge-**
schränkt oder **versagt** wurde[398].

Ein hinweisender Zusatz zum BestV, wenn sich der APr. bei seiner Prüfung nach   **366**
pflichtgemäßem Ermessen in erheblichem Umfang auf die Prüfungsergebnisse
anderer externer **Prüfer**[399] gestützt hat, ist nicht erforderlich[400]; um ggf. einen

---

392 Vgl. *ADS*, § 322 Tz. 40; *Sarx* in BeBiKo., § 322 Anm. 35.
393 Im Regelfall erfolgt Erläuterung im Prüfungsbericht; vgl. Abschn. O Tz. 54.
394 Vgl. FG/IDW 3/1988 Abschn. C II 4.
395 Vgl. *Sarx* in BeBiKo., § 322 Anm. 31; *ADS*, § 322 Tz. 34: „je nach Bedeutung".
396 Vgl. *ADS*, § 322 Tz. 75.
397 So auch *ADS*, § 322 Tz. 34; wohl aA *Breycha/Schäfer* in HdR, § 322 Rn. 20.
398 FG/IDW 3/1988 Abschn. C II 4.
399 Zur Übersicht zu den von den internationalen WP-Organisationen diskutierten Fragen der Ertei-
    lung von Bestätigungsvermerken: Bericht anläßlich des 18. WP-Tagung am 15. 1. 1988, S. 58 ff.
400 Vgl. FG/IDW 3/1988 Abschn. C II 9.

falschen Eindruck gem. § 322 Abs. 2 HGB zu vermeiden, ist ein Hinweis bei wesentlichen Vermögensgegenständen oder bei einem wesentlichen Teil der Bilanzsumme zulässig[401]. Die Erörterung dieser Frage besonders im angelsächsischen Bereich im Zusammenhang mit Konzernabschlußprüfungen[402], ist auf die deutsche Situation nicht übertragbar. In Nordamerika ist eine Teilung der Verantwortlichkeit zwischen Hauptprüfer (primary auditor) und anderen Abschlußprüfern (secondary auditors) zulässig: Nur wenn der Hauptprüfer die Verantwortung für die Arbeiten der anderen APr. nicht übernimmt, ist ein entsprechender Hinweis im Bestätigungsbericht geboten; übernimmt er die Verantwortung, so ist ein derartiger Hinweis nicht angebracht[403]. Bedenken bestehen gegen einen solchen Zusatz wegen der Beeinträchtigung der Aussage, daß die Rechnungslegung pflichtgemäß geprüft wurde[404].

Im PrB ist dagegen stehts darauf einzugehen, inwieweit die Prüfungsergebnisse anderer APr. verwertet wurden[405].

367 Entsprechendes gilt, wenn nach Beginn der Abschlußprüfung ein **Prüferwechsel** eintritt (zB infolge des Todes oder einer langwierigen Erkrankung des gewählten Abschlußprüfers oder infolge einer gerichtlichen Neubestellung nach § 318 Abs. 3 HGB). Der neue APr. muß unter Wahrung des Grundsatzes der Eigenverantwortlichkeit nach pflichtgemäßem Ermessen entscheiden, wieweit er sich auf die Prüfungsergebnisse seines Vorgängers stützen kann[406]. Soweit er diese Prüfungsergebnisse im Einklang mit den geltenden Berufsgrundsätzen seiner eigenen Beurteilung zugrunde legt, kann er nicht durch einen Zusatz zum BestV eine Entlastung gegenüber den Adressaten der Rechnungslegung suchen[407].

368 Nach § 322 Abs. 2 Satz 2 HGB ist im BestV auf die Übereinstimmung mit dem Gesellschaftsvertrag/der Satzung hinzuweisen, wenn diese in zulässiger Weise ergänzende Vorschriften über den JA enthalten[408]. Wurde bei der Aufstellung des JA eine gesetzwidrige und daher nichtige Satzungs- oder Gesellschaftsvertragsbestimmung **nicht beachtet,** so kann ein hierauf hinweisender Zusatz zum BestV geboten sein, wenn gleichzeitig nach § 322 Abs. 2 Satz 2 HGB auf die Übereinstimmung mit Gesellschaftsvertrag/Satzung wegen der Beachtung zulässiger Vorschriften hingewiesen wird[409]. Es ist erforderlich, diesen Zusatz so zu formulieren, daß der Grund der Nichtbeachtung aus dem BestV ersichtlich ist.

dd) Erweiternde Zusätze

369 Werden über die gesetzlichen Vorschriften hinausgehende **freiwillige Informationen** in LB oder Anh. gegeben, zB durch Sozial- oder Umweltberichte, so beziehen sich Prüfungsumfang und BestV auch auf diese Teile[410]. Nur wenn diese

---

401 Vgl. *ADS,* § 322 Tz. 34.
402 *Rusch,* Die Verwendung von Prüfungsergebnissen und Untersuchungen Dritter in FS *v. Wysocki,* S. 253.
403 Abschn. 13 des Internationalen Leitsatzes (Guideline) für die Abschlußprüfung Nr. 5: Die Verwendung der Arbeit eines anderen APr.; vgl. FN 1985 S. 70a.
404 *Leffson,* Wirtschaftsprüfung, S. 308; ablehnend auch: Arbeitskreis „Weltbilanz" des IDW, Die Einbeziehung ausländischer Unternehmen in den KA („Weltabschluß"), Düsseldorf 1977 S. 191.
405 Vgl. Abschn. O Tz. 57; *Breycha/Schäfer* in HdR § 322 Rn. 19; *ADS,* § 322 Tz. 34.
406 Vgl. FG/IDW 1/1988 Abschn. C VIII; *Leffson,* Wirtschaftsprüfung, S. 305 f.
407 *Leffson,* Wirtschaftsprüfung, S. 308, 364.
408 Vgl. Abschn. O Tz. 336.
409 Vgl. FG/IDW 3/1988 Abschn. C II 4.
410 Vgl. *Sarx* in BeBiKo., § 322 Anm. 23.

Informationen – zB in einem „Geschäftsbericht neuer Art" (in der Praxis auch „Druck-Bericht") genannt – äußerlich erkennbar losgelöst von Anh. bzw. LB gegeben werden, sind sie nicht prüfungspflichtig und der BestV bezieht sich nicht auf diese Teile. Eine Ergänzung des BestV durch Hinweis auf das Vorliegen von zusätzlichen Angaben im Anh. und/oder LB, die auch bisher schon in einem „freiwilligen" Umfang zur Berichterstattung gehörte, zB über Wiederbeschaffungswerte von Wertpapieren, ist nicht notwendig, da ein falscher Eindruck über den Inhalt der Prüfung bzw. die Tragweite des BestV nicht vorliegt[411].

Da sich der BestV zum JA von Kapitalgesellschaften nur auf das Ergebnis der Abschlußprüfung, deren Gegenstand und Umfang durch § 317 HGB bestimmt wird, bezieht, ist bei Kapitalgesellschaften eine Ergänzung durch einen Zusatz zum BestV, in dem das **Ergebnis eines zusätzlichen Prüfungsauftrages** (zB über die wirtschaftliche Lage der Gesellschaft) zum Audruck kommt, nicht möglich. Der Auftraggeber wird über das Ergebnis dieser zusätzlichen Prüfung durch den PrB oder einen Sonderbericht unterrichtet. Als Kriterium wird die über das übliche Maß hinausgehende, auch mit einem zusätzlichen Auftrag zu versehene Prüfungstätigkeit angesehen, so zB über die Ermittlung eines von der Regelung des HGB abweichend ermittelten Ergebnisses[412]. **370**

c) Form

Während bei Hinweisen nach § 322 Abs. 2 Satz 3 HGB sowie bedingenden Zusätzen der erste Satz der Kernfassung anzupassen ist, erfordern hinweisende Zusätze eine der Diskussion bei den Einschränkungen vergleichbare Vorgehensweise[413]. **371**

d) Bestätigungsbericht

Der Gesetzgeber ist in § 322 HGB nicht den ursprünglichen Vorstellungen des Berufsstandes der WP gefolgt, an die Stelle des gesetzlich formulierten BestV einen im Einzelfall vom APr. zu formulierenden BestV treten zu lassen, der dann Bestandteil eines umfassenden Bestätigungsberichts ist. Die Zulässigkeit von Ergänzungen zum BestV entsprechend § 322 Abs. 2 HGB schließt die Möglichkeit nicht aus, den BestV in Form eines Bestätigungsberichts zu erteilen[414]. Die Praxis hat die Möglichkeit des Bestätigungsberichts bisher nicht angenommen[415]. Allerdings erscheint von besonderer Bedeutung, daß der Aufbau des Bestätigungsberichts als grundlegende Darstellung zB auch für Bescheinigungen, bei Prüfungen ohne PrB sowie bei der Darstellung von sonstigen Prüfungen (zB bei Sanierungskonzepten) verwendbar erscheint[416]. **372**

Ein solcher Bestätigungsbericht könnte folgende **Form** aufweisen[417]: **373**

---

411 So auch *Niehus*, WPg. 1988 S. 100.
412 Vgl. Niehus, WPg. 1988 S. 93 ff.
413 Vgl. Abschn. O Tz. 405 ff.
414 Vgl. FG/IDW 3/1988 Abschn. C II; *Schülen*, WPg. 1989 S. 6; WPK/IDW, WPg. 1985 S. 547; Hofmeister, DB 1984 S. 1585/1591 f.; *Schruff*, WPg. 1986 S. 181/183; *Breycha/Schäfer* in HdR, § 322 HGB Rn. 10; aA *ADS* § 322 Tz. 109.
415 Vgl. zB Niehus, WPg. 1988 S. 101.
416 Vgl. auch den Hinweis bei *Raff/Brandl*, HdJ Abt. VI/5 (1988), Rn. 188; *Breycha/Schäfer* in HdR, § 322 Rn. 11.
417 Zu den Vorstellungen des Berufsstandes: *IDW*, WPg. 1979 S. 169/182; *WPK/IDW*, WPg. 1985

1. Teil
Prüfungsauftrag, Prüfungsgegenstand, Art und Umfang der Prüfung

2. Teil
Hinweise zum Inhalt der Prüfung und zur Tragweite des BestV, Besonderheiten zu JA und LB, ggf. Ergänzungen, erläuternde Zusätze, Hinweis auf zulässige Abweichungen

3. Teil
BestV bzw. Vermerk über dessen Versagung, Begründung einer eventuellen Einschränkung oder Versagung, bedingte Zusätze.

Die Zulässigkeit des 2. und 3. Teils[418] ergeben sich bereits unmittelbar aus § 322 Abs. 2 HGB; jedoch ist auch der 1. Teil mit Vorbemerkungen zum BestV, zumindest bei weiter Auslegung des § 322 Abs. 2 HGB, ebenfalls als zulässig anzusehen.

374 Für die inhaltliche Ausgestaltung der Teile können ohne abschließende endgültige Vorstellungen[419] mögliche Aussagen[420] unter Berücksichtigung einer Annäherung an internationale Gepflogenheiten[421] sein:

– Prüfungsauftrag
Darstellungen zur Bestellung und Auftragserteilung sowie den Adressaten des PrB, idR dem Leitungs- bzw. Aufsichtsorgan der Gesellschaft; bei freiwilligen Abschlußprüfungen wird dies der Auftraggeber sein[422].

– Prüfungsgegenstand
Erläuterungen zur Firma des geprüften Unternehmens, zum Bilanzstichtag bzw. Zeitraum des JA.

– Prüfungsdurchführung
Hier wird auf die Art und Weise der Prüfungsdurchführung einzugehen sein, dabei erscheint neben der Verweisung auf gesetzliche Vorschriften der Hinweis auf die Beachtung der Fachgutachten notwendig, aber auch ausreichend[423].

Bei der Prüfungsdurchführung können Besonderheiten wie fehlende Inventurbeobachtung bzw. fehlende Prüfung des Vorjahresabschlusses im Rahmen der zum BestV zulässigen Zusätze und Einschränkungen dargestellt werden.

– Hinweise zum Inhalt der Prüfung und zur Tragweite des BestV
Diese sind weitere Ergänzungen iSv. § 322 Abs. 2 Satz 1 HGB.

Ob an dieser Stelle auch Klarstellungen zum BestV, zB hinsichtlich qualitativer Aussagen zur Lage der Gesellschaft, zur Geschäftsführungsprüfung, zur Unterschlagungsprüfung möglich sind[424], ist zweifelhaft.

S. 537/547; ferner: IFAC, WPg. 1982 S. 195 ff.; *Gross/Schruff*, Der JA nach neuem Recht, Düsseldorf 1986 S. 293 f.; *Marks*, WPg. 1989 S. 167 f. mit Verweisen zur internationalen Praxis.

418 International: „scope, explanatory and opinion paragraph" *Marks*, WPg. 1982 S. 177/181.

419 Die nach Auffassung des Berufsstandes der WP durch die Berufsorganisation im berufsüblichen Rahmen festzulegen und ggf. fortzuentwickeln sind; *WPK/IDW*, WPg. 1985 S. 537/547.

420 Vgl. FG/IDW 3/1988 Abschn. C II 10.

421 Im einzelnen vgl. *Marks*, WPg. 1989 S. 168 f.

422 *Gross* in FS v. *Wysocki*, S. 273.

423 Im einzelnen vgl. *Marks*, WPg. 1989 S. 168 f.; zur möglichen Bedeutung bei internationaler Börsenregistrierung und Einhaltung der International Auditing Guidelines der IFAC vgl. *Marks*, WPg. 1989 S. 169 mwN.

424 So wohl *Marks*, WPg. 1989 S. 169.

Entsprechend den Regelungen zu Ergänzungen sind wohl nur Hinweise zum konkreten Einzelfall zulässig[425].

– Besonderheiten des JA bzw. LB
Ohne weitere inhaltliche Konkretisierung sind zu diesem Teil Erläuterungen, zB zur Anwendung von Formblattvorschriften, denkbar[426].

– BestV
Der gesetzlich vorgeschriebene Wortlaut des BestV nach § 322 Abs. 1 HGB ist in den Bestätigungsbericht aufzunehmen. Einschränkungen und Ergänzungen des BestV macht den Bestätigungsbericht nicht entbehrlich[427].

Es wird von nationalen und internationalen Entwicklungen abhängen, ob über- **375**
haupt und in welcher Form eine Erweiterung des BestV zu einem Bestätigungsbericht tatsächlich die Erwartungslücke zwischen den Empfängern des BestV
und dem gesetzlichen Prüfungsauftrag verringert oder gar schließt.

4. Einschränkung/Versagung des Bestätigungsvermerks

a) Fehlende Einwendungsfreiheit: Gegenstand von Einwendungen

Nach § 322 Abs. 3 HGB haben die APr. den BestV einzuschränken oder zu ver- **376**
sagen, wenn nach dem abschließenden Ergebnis der Prüfung Einwendungen zu
erheben sind. Einwendungen können sich ergeben aus Verstößen gegen **Gesetz,**
gesellschaftsvertragliche/satzungsmäßige **Vorschriften** oder **Beschlüsse** von
Gesellschafter- bzw. Hauptversammlungen.

Gegenstand von Einwendungen können danach[428] sein: **377**

a) Fehlende **Ordnungsmäßigkeit** der Buchführung.
   Diese kann auf dem Fehlen erforderlicher Handelsbücher oder der nicht ordnungsgemäßen Führung der Handelsbücher beruhen. Die Einwendungen
   gegen die Führung der Handelsbücher können sich auf die Ordnungsmäßigkeit der Eintragungen in den Handelsbüchern beziehen oder sich aus der
   Nichtbeachtung sonstiger Grundsätze der Buchführungsdokumente (Beleg-
   prinzip, Aufbewahrungspflichten) ergeben.

b) Verstöße gegen die Ansatz-, Bewertungs- und Ausweis**vorschriften** für den JA.
   Zu diesen Vorschriften zählen neben den Bestimmungen über den Inhalt, die
   Gliederung und die Wertansätze auch die Vorschriften über die Ableitung
   des JA aus der Buchführung, über die Aufstellung des Inventars sowie über
   die Bildung und Auflösung von Kapital- und Gewinnrücklagen. Auch die
   Beachtung gesetzwidriger und daher nichtiger Bestimmungen des Gesellschaftsvertrages bzw. der Satzung bei der Aufstellung des JA kann zu Einwendungen führen.

---

425 So auch *Gmelin/Weber*, BFuP 1988 S. 301 ff.
426 So *Marks*, WPg. 1989 S. 169.
427 Vgl. FG/IDW 3/1988 Abschn. C II 10.
428 Vgl. FG/IDW 3/1988 Abschn. C III.

c) Nichtbeachtung von **Bestimmungen** des Gesellschaftsvertrages/der Satzung über den JA.

Dies sind zB Bestimmungen über die Bildung von Gewinnrücklagen sowie von Beschlüssen der Gesellschafterversammlung bzw. HV, die sich auf den JA auswirken[429].

d) Nichtbeachtung von **Angabepflichten** des Anh. und unvollständige und unzutreffende Berichterstattung.

e) **Mängel** des LB.

Diese liegen vor, wenn die Berichterstattung unvollständig, unrichtig oder irreführend ist. Zu beachten ist, daß der Prüfungsmaßstab für den LB eingeschränkt ist[430] und daß Einwendungen dementsprechend nur erhoben werden können, wenn die im LB enthaltenen Informationen dem Bild widersprechen, das der JA von der Lage der Gesellschaft vermittelt. Das ist der Fall, wenn für die Gesamtbeurteilung des Unternehmens erforderliche Angaben (einschließlich der Angaben zu Vorgängen von besonderer Bedeutung, die nach dem Schluß des Geschäftsjahres eingetreten sind, zur voraussichtlichen Entwicklung und zum Bereich Forschung und Entwicklung) fehlen oder wenn der durch den LB vermittelte Gesamteindruck außerhalb des Beurteilungsspielraums liegt, den das Gesetz dem Vorstand der Geschäftsführung einräumt.

f) Verletzung von **Aufklärungs- und Nachweispflichten** der gesetzlichen Vertreter.

Diese Verletzungen können zB sein: dem APr. die Bücher und Schriften der Gesellschaft zugänglich zu machen, das körperliche Vorhandensein und den Zustand der Vermögensgegenstände prüfen zu lassen sowie dem APr. alle für eine sorgfältige Prüfung notwendigen Aufklärungen zu erteilen und Nachweise zu erbringen. Auch die Verweigerung einer Auskunft oder eines Nachweises durch ein Mutter- oder Tochterunternehmen kann Gegenstand einer Einwendung sein.

Da Einwendungen iSv. § 322 HGB nur beim Vorliegen wesentlicher quantitativer bzw. qualitativer Beanstandungen erhoben werden und unwesentliche Beanstandungen nicht zur Einschränkung oder Versagung des BestV berechtigen[431], kann im Falle von Verstößen gegen § 320 HGB der uneingeschränkte BestV nur dann nicht erteilt werden, wenn die verweigerten Auskünfte oder Nachweise Sachverhalte betreffen, die für die Urteilsbindung des APr. wesentlich sind, dh. wenn sich der APr. ohne sie kein sicheres Urteil über wesentliche Punkte des JA oder des LB zu bilden vermag[432].

Beziehen sich verweigerte Auskünfte oder Nachweise dagegen auf Sachverhalte, die für die Urteilsbildung des APr. von untergeordneter Bedeutung sind, so kann der BestV uneingeschränkt erteilt werden; es besteht lediglich eine Angabepflicht im PrB gemäß § 321 Abs. 1 Satz 2 HGB.

g) Nichtbeachtung der **Generalnorm** des § 264 Abs. 2 HGB.

---

429 Vgl. FG/IDW 3/1988 Abschn. C III 4; *ADS*, § 322 Tz. 73.
430 Vgl. Abschn. O Tz. 318 ff.
431 Vgl. im einzelnen Abschn. O Tz. 380 f.
432 *ADS*, § 322 Anm. 54.

Die **Verletzung von Vorschriften,** die sich nicht auf die Rechnungslegung bezie- **378** hen, insbesondere von Vorschriften des Steuerrechts oder des Strafrechts, begründet als solche dann keine Einwendungen gegen die Rechnungslegung, wenn die Rückwirkungen, die sich aus der Verletzung dieser Vorschriften auf den JA oder den LB ergeben (zB hinsichtlich der Bemessung der Steuerrückstellungen), bei der Rechnungslegung berücksichtigt wurden[433]. Dies gilt auch für den Fall, daß der APr. einen Verstoß gegen das Verbot der Rückgewähr oder der Verzinsung von Einlagen (§ 57 AktG) oder gegen das Auszahlungsverbot (§ 30 GmbHG) feststellt: Sind in diesem Fall die entsprechenden Rückgewährungsansprüche (§ 62 AktG) bzw. Erstattungsansprüche (§ 31 GmbHG) nicht aktiviert, so kann in Fällen von Bedeutung ein uneingeschränkter BestV nicht erteilt werden[434]. Sinngemäß das gleiche gilt bei einer Unterpari-Emission von Aktien (§ 9 AktG). Auch in dem Abweichen von den Bestimmungen eines Unternehmensvertrages bei der Rechnungslegung kann eine Einwendung gegen diese begründet sein[435].

Stellen sich während der Prüfung Mängel der Buchführung oder der Rech- **379** nungslegung heraus, die zu Einwendungen iSv. § 322 Abs. 3 HGB führen, werden diese Mängel aber bis zum Abschluß der Prüfung **beseitigt,** so muß ein uneingeschränkter BestV erteilt werden, da für die Erteilung des BestV das abschließende Ergebnis der Prüfung maßgebend ist[436].

b) Wesentlichkeit der Einwendungen

Die Frage, ob eine **wesentliche Beanstandung** vorliegt, die den APr. statt zu einem **380** **uneingeschränkten BestV,** zu einer **Einschränkung** oder zur **Versagung** des BestV berechtigt und verpflichtet, oder ob ein festgestellter Mangel wegen seiner untergeordneten Bedeutung nicht die Einwendungsfreiheit berührt, muß vom APr. nach **pflichtgemäßem Ermessen** beantwortet werden[437]. Wesentlich sind Beanstandungen insbes. dann, wenn der Mangel (bzw. kumulativ mehrere kleine Mängel) wegen seiner relativen Bedeutung zu einer **unzutreffenden Beurteilung** der Rechnungslegung und der Vermögens-, Finanz- und Ertragslage des Unternehmens führen kann[438].

In vielen Fällen kann für die Beurteilung der Wesentlichkeit eines Fehlers seine **381** Relation zu sinnvollen Bezugsgrößen (**quantitative** Komponente: Betrag des betroffenen Jahresabschlußpostens, Vermögens- und Kapitalstruktur einschl. Bilanzsumme und bilanzmäßiges Eigenkapital, Jahresergebnis, gesellschaftsrechtliche Grenzen) herangezogen werden[439]. Dabei kommt der Auswirkung des Fehlers auf das Jahresergebnis besondere Bedeutung zu.

In anderen Fällen kann aber auch ein eindeutiger Verstoß gegen für die Rech- **382** nungslegung besonders bedeutsame Einzelvorschriften Gegenstand einer

---

433 Vgl. FG/IDW 3/1988 Abschn. C I 1; *Sarx* in BeBiKo., § 322 Anm. 41.
434 *Kropff* in AktG-Kom. § 162 Anm. 21; *Selchert*, Jahresabschlußprüfung, S. 479.
435 *Godin/Wilhelmi*, § 295 Anm. 2.
436 HM, vgl. FG/IDW 3/1988 Abschn. C III 3; zum Umfang der Berichtspflicht bei derartigen Mängeln vgl. Abschn. O Tz. 74 ff.
437 HM, vgl. zB *ADS*, § 322 Tz. 55; *Breycha/Schäfer* in HdR, § 322 HGB Rn. 29; FG/IDW 3/1988 Abschn. B 3; wohl aA (Rechts-, keine Ermessensfrage) *Kropff* in AktG-Kom. § 167 Anm. 19; *Meyer-Landrut/Müller/Niehus*, §§ 238–335 HGB Rn. 1515; *Erle*, S. 166; auch *Schulze-Osterloh* in Baumbach/Hueck, GmbHG § 41 Anm. 99.
438 FG/IDW 3/1988 Anm. C III.
439 FG/IDW 3/1988 Abschn. C III 1; vgl. auch *Erle*, S. 145 ff. mit umfangreichen Nachweisen.

wesentlichen Beanstandung sein[440], (qualitative Komponente: Bestimmungen über die Bildung oder Auflösung von Kapital- und Gewinnrücklagen, Aufführen eigener Anteile unter einem anderen Posten (§ 265 Abs. 3 Satz 2 HGB), Verletzung von Vermerkpflichten, Fehlen von Einzelangaben im Anh. zB Bezüge des Geschäftsführungsorgans oder im LB zB zu Vorgängen von besonderer Bedeutung bzw. solchen, die für die Lageberichterstattung geboten und zur ausreichenden Beurteilung erforderlich sind)[441].

383 Liegt eine wesentliche Beanstandung vor, so darf von einer Einschränkung oder Versagung des BestV nicht im Hinblick darauf abgesehen werden, daß die **Beanstandung im PrB** dargelegt wird, da der PrB und der BestV sich an einen unterschiedlichen Kreis von Adressaten richten. Im übrigen enthält der BestV eine abschließende Aussage über das Prüfungsergebnis; seine Einschränkung oder Versagung hat gegenüber dem AR bzw. den Gesellschaftern ein wesentlich größeres Gewicht als nur eine Beanstandung im PrB.

c) Abgrenzung zwischen Einschränkung oder Versagung

384 Ist die Einwendungsfreiheit nicht gegeben, so ist zwischen **Einschränkung oder Versagung** zu unterscheiden; für diese Unterscheidung liegen keine fixierten, rechtlichen Regeln vor. Im Grundsatz ist eine Einschränkung des BestV nicht möglich, sondern seine **Versagung** geboten, wenn die Einwendungen so schwerwiegend sind, daß sie ein positives Gesamturteil nicht mehr zulassen: denn auch ein eingeschränkter BestV drückt einen Positivbefund aus[442].

385 Eine Voraussetzung für die Einschränkung statt der Versagung gem. § 322 Abs. 3 Satz 3 HGB ist wie bisher, daß sich die Einwendungen bei genereller Ordnungsmäßigkeit von Buchführung, JA und LB gegen **klar abgrenzbare** Teilgebiete oder Tatbestände richten[443]. Die Mängel dürfen allerdings nicht zu zahlreich sein, da anderenfalls die Aussagefähigkeit der gesamten Rechnungslegung nicht aufrechterhalten werden kann und eine Versagung des BestV daher geboten ist. Ob der APr. den BestV im Einzelfall noch einschränken kann oder zu versagen hat, unterliegt weitgehend seinem **pflichtgemäßen** Ermessen[444]. Das Argument für die Einschränkung, daß hierbei für den Bilanzleser die Gründe für die Einwendungen des APr. ersichtlich sind, trifft nicht mehr zu, da der APr. nach § 322 Abs. 3 Satz 3 HGB Einschränkung und Versagung gleichermaßen zu begründen hat. Der BestV darf dann nicht eingeschränkt erteilt werden, wenn seine Versagung angesichts des Gewichts der vom APr. zu erhebenden Einwendungen geboten ist, vor allem wenn kein **Positivbefund** zu wesentlichen Teilen der Rechnungslegung mehr möglich erscheint, da die Aussagefähigkeit der Rechnungslegung, eine sichere Beurteilung bzw. der Einblick in die Lage der Gesellschaft unmöglich bzw. ernsthaft in Frage gestellt sind[445].

440 FG/IDW 3/1988 Abschn. C III.
441 FG/IDW 3/1988 Abschn. C III 2; ADS, § 322 Tz. 67.
442 Vgl. FG/IDW 3/1988 Abschn. C III; so schon *Schulze zur Wiesch*, S. 175; *Schwarz*, Bericht über die Fachtagung 1966 S. 105/107.
443 Vgl. ADS, § 322 Tz. 58.
444 Unverändert hM, vgl. auch Abschn. O Tz. 380 zur Einschränkung; zur Diskussion auch *Erle*, S. 168 ff.; *Schulze-Osterloh* in *Baumbach/Hueck*, GmbHG § 41 Anm. 99; *Baumbach/Hueck*, AktG, § 167 Anm. 7; *Brönner* in Großkom., § 167 Anm. 10; *Goerdeler/Müller*, WPg. 1980 S. 313/321.
445 Vgl. FG/IDW 3/1988 Abschn. C II.

d) Begriff der Tragweite

Nach dem Gesetzeswortlaut (§ 322 Abs. 3 Satz 4 HGB) hat der APr. Einschrän- **386**
kungen, nicht jedoch die Versagung so darzustellen, daß deren **Tragweite** deutlich erkennbar wird. Offen bleibt, ob sich der Begriff Tragweite auf den eingeschränkten BestV oder auf den der Einschränkung zugrundeliegenden Sachverhalt bezieht. Im letzteren Falle wäre Tragweite dahingehend zu interpretieren, daß Gegenstand und Umfang der Einschränkung (in der Regel mit Zahlenangaben) aufzuführen sind[446]. Nach anderer Auffassung ist der Begriff Tragweite unmittelbar auf den BestV zu beziehen und es sind hierunter die graduellen Abstufungen, die sich aus einem uneingeschränkten, eingeschränkten oder versagten BestV ergeben, zu verstehen. Abgeleitet wird diese Auffassung aus der Formulierung des § 322 Abs. 2 Satz 1 HGB, die Ergänzungen zum BestV zur Vermeidung eines falschen Eindrucks über die Tragweite des BestV fordert, wobei es sich in Abs. 2 Satz 1 und Abs. 3 Satz 4 um denselben Begriff der Tragweite handeln soll[447].

Die sachgerechte Auslegung der Tragweite erfordert bei **Einschränkungen** zum **387**
einen eine eindeutige Formulierung des **Tatbestands** der Einschränkung; zum anderen ist eine das **Risiko** für das Unternehmen verdeutlichende Angabe bzw. (bei fehlenden Pflichtangaben im Anh.) eine entsprechende Formulierung notwendig[448].

Zur Auslegung des Begriffs Tragweite ist als Erklärung heranzuziehen, daß das **388**
Gesetz für die Versagung des Testats keine Darstellung der Tragweite verlangt; da die Versagung des Testats die äußerste Stufe der Kritik darstellt, wären weitere Aussagen über die Tragweite entbehrlich. Auch wenn die Tragweite einer Versagung des BestV aus sich heraus erkennbar und abschätzbar wäre, kann die Darstellung der Tragweite, insbesondere die Angabe von quantitativen Größen, die zur **Versagung** geführt haben, für den Adressaten des BestV von Interesse sein. Insoweit wird man es als zulässig und ggf. auch für erforderlich ansehen müssen, wenn der APr. im Falle der Versagung **quantitative Angaben** zu den Versagungsgründen macht[449].

e) Nichtigkeit und Versagung

Ob die **Nichtigkeit** eines JA in jedem Fall eine so schwerwiegende Einwendung **389**
gegen die Rechnungslegung darstellt, daß der BestV versagt werden muß, oder ob in diesem Fall auch die Erteilung eines eingeschränkten BestV möglich ist, wird **nicht einheitlich** beantwortet[450]: Das Fachgutachten hält – in Änderung der bisherigen Auffassung – grundsätzlich bei Vorliegen eines Nichtigkeitsgrunds den **Versagungsvermerk** für erforderlich[451]; **nur bei Zweifeln** hinsichtlich der Nichtigkeit von Unterbewertungen sowie bei Geringfügigkeit anderer Nichtigkeitsgründe kommt eine Einschränkung in Betracht. Unverändert eine Einschränkung vorzusehen, konte nicht mehr aufrecht erhalten werden, weil das

---

446 So wohl *Hofmeister*, DB 1984 S. 1585/1588.
447 Vgl. *Gross/Schruff*, Der JA nach neuem Recht, Düsseldorf 1986 S. 292.
448 Vgl. *ADS*, § 322 Tz. 51; FG/IDW 3/1988, Abschn. C III 5.
449 Zustimmend *ADS*, § 322 Tz. 48.
450 Zur Diskussion vgl. schon WPH 85/86, Bd. II S. 570.
451 Vgl. FG/IDW 3/1988 Abschn. C IV; *Baumbach/Duden/Hopt*, § 322 HGB Anm. 3; wohl ebenso für den Fall der eindeutigen Nichtigkeit: *Breycha/Schäfer* in HdR, § 322 HGB Rn. 46 f.; *Schulze-Osterloh* in *Baumbach/Hueck*, GmbHG, § 41 Anm. 99 mwN.

Gesetz jetzt einen Versagungsvermerk definiert und im Unterschied zum AktG 1965 nach § 322 Abs. 3 HGB sowohl die Einschränkung als auch die Versagung des Testats zu begründen ist, so daß in beiden Fällen die Adressaten des BestV über Verstöße mit Nichtigkeitsfolgen informiert werden. Dies war jedoch ein wesentlicher Grund, bisher eine Einschränkung der Versagung vorzuziehen[452].

390 Demgegenüber wird generell keine Versagung, sondern in für den APr. **eindeutigen** Fällen auch eine Einschränkung, in **nicht eindeutigem** Falle jedoch auch ein **uneingeschränkter Vermerk,** für möglich gehalten[453]. Nach dieser Auffassung ist es erforderlich, daß der APr. in für ihn eindeutigen Nichtigkeitsfällen auch auf die **Nichtigkeitsfolge** hinweist; steht die Nichtigkeitsfolge für den APr. dagegen nicht eindeutig fest, so wird idR ein Eingehen auf den Sachverhalt im PrB genügen[454].

391 Bei den Überlegungen zum Zusammenhang zwischen Nichtigkeit und Bestätigungsvermerk ist zu beachten, daß die Feststellung einer eindeutigen Nichtigkeit schwierig und eine dem Gericht zustehende Aufgabe ist. Daraus kann folgen, daß das Gericht eine von der des APr. abweichende rechtliche Würdigung vornimmt, so daß eine uU auf dem BestV basierende Nichtigkeitsklage abgewiesen würde. Im übrigen gibt es Fälle (zB nicht ordnungsgemäße Feststellung des JA), die völlig unabhängig von der Jahresabschlußprüfung zur Nichtigkeit führen. Bedenkenswert ist auch, ob der APr. mit den Nichtigkeitsregeln des § 256 AktG sich überhaupt auseinanderzusetzen hat; die Nichtigkeit wird vom Gesetz festgestellt. Die mögliche oder sichere Nichtigkeitsfolge ist dann (und nur dann) eine Einwendung iSv. § 322 Abs. 2 HGB (dh. ein wesentlicher Mangel), wenn die Beeinträchtigung der Rechnungslegung etc. gegeben ist: Der Grund für die Versagung oder Einschränkung ist nicht die (mögliche) Nichtigkeit, sondern der **Mangel der Rechnungslegung**[455].

392 Die grundsätzliche Notwendigkeit der Versagung bei Nichtigkeit ist abzuwägen gegen die Einschränkung, sofern der APr. Zweifel hat,

– ob eine wesentliche Beeinträchtigung bei Verstößen gegen Gliederungs- oder Bewertungsvorschriften vorliegt,
– ob bei Unterbewertung Vorsatz gegeben ist oder
– ob bei sonstigen Fällen nur geringfügige Verstöße bzw. Folgen zu erwarten sind.

Der APr. hat danach die grundsätzliche Verpflichtung, einen Versagungsvermerk zu erteilen, jedoch unter Beachtung der dargestellten Sachverhalte abzuwägen, ob im konkreten Fall eine Versagung des BestV geboten ist oder ob eine Einschränkung des BestV – ggf. unter Hinweis auf die Nichtigkeitsfolge des Gesetzes- oder Satzungsverstoßes – vorzuziehen ist.

f) Einschränkungs-/Versagungsgründe im einzelnen

393 Bei Beachtung der dargestellten Regelungen kann die Frage, wann eine Einschränkung des BestV ausreichend und wann die Versagung geboten ist, nur

---

452 *Schülen,* WPg. 1989 S. 7.
453 *ADS,* § 322 Tz. 79; *Sarx* in BeBiKo., § 322 Anm. 44 ff.; *Scholz/Crezelius,* § 42a GmbHG Rn. 237; dem Wesentlichkeitsgrundsatz zustimmend *Hermann,* ZGR 1989 S. 294.
454 Vgl. *ADS,* § 322 Tz. 79; *Sarx* in BeBiKo., § 322 Anm. 45.
455 Vgl. zu dieser Diskussion auch *Erle,* S. 171 ff. mwN.

nach den jeweiligen Verhältnissen des Einzelfalls beantwortet werden. Einige allgemeine **Rahmengrundsätze** lassen sich jedoch aufstellen:

(a) Schwerwiegende **Mängel der Buchführung** rechtfertigen idR (nur) eine Einschränkung des BestV[456]. Ist dem APr. jedoch wegen dieser Mängel, zB wegen der insgesamt oder in Teilen fehlenden Beweiskraft eine sichere Beurteilung des JA nicht möglich, so ist eine Versagung des BestV erforderlich[457]. **394**

(b) Verstöße gegen **Gliederungsvorschriften** führen bei der AG nur dann zur Nichtigkeit nach § 256 Abs. 4 AktG, wenn dadurch die Rechnungslegung des JA wesentlich beeinträchtigt wird; bei der GmbH wird die Vorschrift des § 256 Abs. 4 AktG analog anzuwenden sein. Bei Gliederungsverstößen, für die beim APr. ein Zweifel verbleibt, ob eine wesentliche Beeinträchtigung vorliegt, genügt in jedem Fall eine Einschränkung des BestV[458]. Gleiches wird bei anderen Gliederungsverstößen gelten, wenn es sich um einen einzelnen Verstoß handelt und Umfang und Bedeutung des Verstoßes sich im Rahmen der Einschränkung klar und erkennbar darstellen lassen. **395**

(c) Bei der Wahl der **Bewertungs- und Abschreibungsmethoden** sowie beim Ansatz von Schätzwerten (Beachtung des Vorsichtsprinzips bei einer Bandbreite möglicher Werte) haben Kapitalgesellschaften auch unter dem Grundsatz der Bewertungsstetigkeit einen zT erheblichen Ermessensspielraum. Bewertungsverstöße im Sinne von § 256 Abs. 5 AktG, die zur Nichtigkeit des JA führen, setzen voraus, daß die gesetzlich vorgesehenen Spielräume überschritten worden sind oder daß es sich um einen Mißbrauch handelt[459]. Einerseits begründen alle Bewertungsverstöße, die die Nichtigkeit des JA nach sich ziehen, Einwendungen des APr. Andererseits können Einwendungen des APr. gegen Bewertungsverstöße auch dann vorliegen, wenn diese nicht oder nicht eindeutig zur Nichtigkeit des JA führen; hierbei wird es sich dann um hinsichtlich der Rechtsfolge der Nichtigkeit des JA vom APr. nicht eindeutig zu beurteilende oder um Unterbewertungen handeln, die nicht so schwerwiegend sind, daß – mit der Folge der Nichtigkeit des JA – „dadurch die Vermögens- und Ertragslage der Gesellschaft vorsätzlich unrichtig wiedergegeben oder verschleiert wird" (§ 256 Abs. 5 Nr. 2 AktG). In diesen Fällen ist eine Einschränkung des BestV wohl eher ausreichend[460]. Der APr. wird daher nur in den Fällen, in denen er die Nichtigkeit des JA für gegeben hält, abzuwägen haben, ob er den BestV – ggf. mit Hinweis auf die Nichtigkeitsfolge – eingeschränkt erteilen kann oder versagen muß. **396**

(d) Verletzungen der Bestimmungen des Gesetzes oder der Satzung/des Gesellschaftsvertrages über **Kapital- und Gewinnrücklagen** führen zur Nichtigkeit des JA nach § 256 Abs. 1 Nr. 4 AktG, ggf. auch nach § 256 Abs. 1 Nr. 1 AktG[461]. **397**

(e) Ein unvollständiger oder unrichtiger **Inhalt** des **Anh.** und des **LB** rechtfertigt im allgemeinen nur eine Einschränkung des BestV. Unvollständig ist der LB **398**

---

456 Vgl. *ADS*, § 322 Tz. 6; weitergehend: *Claussen* in Kölner Kom. § 167 Anm. 9.
457 Vgl. *Raff/Brandl* in HDJ, Abt. VI/5, Rn. 131.
458 Vgl. FG/IDW 3/1988 Abschn. C IV 1; *Claussen* in Kölner Kom. § 167 Anm. 9.
459 Vgl. *ADS*, Vorbem. zu §§ 252–256 Tz. 27 ff.
460 Vgl. FG/IDW 3/1988 Abschn. C IV 1.
461 Zur Abgrenzung vgl. Tz. 389 ff.; siehe auch *ADS*, Vorbemerk. zu §§ 252–256 HGB Tz. 27 ff.

auch, wenn in ihm die Schlußerklärung des Vorstandes aus dem Abhängigkeitsbericht (§ 312 Abs. 3 AktG) fehlt[462].

399 Eine Einschränkung erscheint beim **Fehlen der Abschlußerläuterungen** nach
§ 284 Abs. 2 HGB, der **Einzelangaben** nach § 285 HGB bzw. den verschiedenen Einzelvorschriften sowie ferner auch beim **Fehlen von Angaben im LB**
nach § 289 HGB dann nicht möglich, wenn diese Mängel, je nach der
Bedeutung der zu machenden Angaben im Rahmen der gesamten Rechnungslegung, so schwerwiegend sind, daß ein positives Urteil über die Rechnungslegung des Vorstandes bzw. der Geshäftsführung im ganzen nicht
mehr möglich und die Versagung des BestV daher angezeigt ist.

400 Für die Berichterstattung über **Vorgänge von besonderer Bedeutung** nach
Abschluß des Geschäftsjahres bedeutet dies in der Regel, daß bei fehlender
Berichterstattung eher eine Einschränkung in Frage kommt. Wird jedoch
durch **fehlende oder unrichtige Berichterstattung** die Lage nach Auffassung
des APr. **falsch dargestellt,** ist ein Versagungsvermerk zu erteilen. Andererseits wird bei fehlenden sonstigen Angaben ein uneingeschränkter BestV nur
dann nicht erteilt werden können und eine Einschränkung in Betracht kommen, wenn diese Angaben zur Lagebeurteilung der Gesellschaft geboten und
zur ausreichenden Verdeutlichung erforderlich wären. Eine Versagung des
BestV ist außerdem nicht nur beim Fehlen von Anh. und/oder LB, sondern
auch dann geboten, wenn der Anh. und der LB in allen Teilen wesentliche
Mängel aufweisen und damit ein positives Urteil zu einem wesentlichen Teil
der Rechnungslegung nicht möglich ist. Daher wird immer dann eine Versagung in Betracht kommen, wenn die Aussagefähigkeit des JA, zB durch
unrichtige oder völlig unzureichende Angaben über Bilanzierungs- und
Bewertungsmethoden im Anh., tangiert wird.

401 Nicht geringfügige Verstöße gegen Einzelbestimmungen führen im übrigen
zur Einschränkung, wenn ihnen besondere Bedeutung zuzumessen ist[463].

402 Stellt ein MU unter Verstoß gegen §§ 290 ff. HGB einen KA und einen Konzern-LB nicht auf, so ergibt sich daraus keine Einwendung gegen den Fin-
zeljahresabschluß und -lagebericht; denn diese Publizitätsmittel werden
nicht dadurch mangelhaft, daß die Vorschriften über die Rechnungslegung
im Konzern nicht beachtet werden. Die Konzernrechnungslegung ist eine
bedeutsame, wenn nicht sogar notwendige Ergänzung des Einzelabschlusses; es handelt sich nicht um eine besonders bedeutsame Einzelvorschrift im
Sinne von Satz 1. Unabhängig hiervon hat der APr. jedoch die Pflicht, auf
den Verstoß gemäß § 321 Abs. 2 HGB im PrB einzugehen.

403 Einwendungen gegen die Rechnungslegung des Einzelabschlusses des MU
sind zu erheben und eine Einschränkung ist geboten, sofern falsche bzw.
fehlende Angaben zu einer unzutreffenden **Gesamtaussage** führen[464]:

– wenn in ihrem Anh. ausgeführt wird, die Aufstellung eines KA sei wegen
  der geringen Bedeutung der Untergesellschaft(en) nach § 296 Abs. 2 HGB
  oder wegen anderer Gründe nach § 296 Abs. 1 Nr. 1–3 HGB unterblieben,
  obwohl die jeweiligen Voraussetzungen nicht gegeben sind;

---

462 Unverändert zur Regelung AktG 1965; WPH 1985/86 Bd. II S. 572 mwN.
463 Wohl nur unter Berücksichtigung der Gesamtaussage, vgl. *ADS,* § 322 Tz. 67.
464 Wie hier wohl *ADS,* § 322 Tz. 67, 69.

- wenn der Anh. keinen Hinweis auf die Befreiung von der Verpflichtung, einen KA und einen Konzernlagebericht aufzustellen, und/oder auf Name und Sitz des MU, das den befreienden KA und LB aufstellt (§ 291 Abs. 2 Nr. 3 HGB), enthält oder
- wenn die Voraussetzungen für eine Befreiung nach § 291 HGB nach Auffassung des APr. nicht vorgelegen haben[465].

(f) Bei einer **Verletzung** von **Aufklärungs- und Nachweispflichten** gemäß § 320   **404** HGB durch den Vorstand bzw. die Geschäftsführung oder ein Mutter- oder Tochterunternehmen (§ 320 Abs. 2 Satz 3 HGB) wird der APr. meistens nur bestimmte Sachverhalte nicht abschließend beurteilen können. In diesen Fällen ist eine Einschränkung des BestV seiner Versagung vorzuziehen. Eine Versagung ist jedoch geboten, wenn sich der APr. infolge der Verletzung von Aufklärungs- und Nachweispflichten im ganzen kein positives Gesamturteil über die Rechnungslegung des Vorstandes bzw. der Geschäftsführung bilden konnte[466]. Findet jedoch auch in der Folge der Verletzung von Aufklärungsfristen keinerlei Prüfung statt, kann überhaupt kein Vermerk, also auch kein Versagungsvermerk erteilt werden.

g) Form des eingeschränkten Bestätigungsvermerks

aa) Generelle Formulierung

Zur Form der Einschränkung, insbesondere wie diese zu formulieren ist, enthält   **405** das HGB[467] keine Aussage. Da durch die Einschränkung aber ein Teil des positiven Urteils im BestV aufgehoben wird, muß die Einschränkung formal **unmittelbar** mit dem übrigen Teil des BestV **verknüpft** werden. Ein Zusatz zum uneingeschränkten BestV in Form eines vierten selbständigen Satzes, aus dem nicht klar erkennbar ist, daß in ihm eine Einwendung zum Ausdruck gebracht wird, ist daher unzulässig. Um die Einschränkung des BestV eindeutig von Ergänzungen nach § 322 Abs. 2 Satz 1 HGB abzugrenzen, ist die Verwendung des Wortes „Einschränkung" zwingend geboten[468], es kann nicht durch eine andere Wendung, etwa die Worte „mit der Maßgabe, daß" „wobei" oder „jedoch", ersetzt werden[469]. Daher ist die Einschränkung in einem Nebensatz, unmittelbar an den positiven Teil anknüpfend, idR im ersten Satz des gesetzlich festgelegten Wortlautes des BestV zum Ausdruck zu bringen

„… den gesetzlichen Vorschriften, mit der Einschränkung, daß ………………"[470].

Die unmittelbare Verknüpfung ist auch bei umgekehrter Reihenfolge   **406**

„Mit der Einschränkung, daß ……………… entsprechen die Buchführung und die JA…"

gegeben. Dies empfiehlt sich besonders, wenn Einwendungen gegen das den tatsächlichen Verhältnissen entsprechende Bild (die Generalnorm) vorliegen. Wird

---

465 Dies generell zur bisherigen aktienrechtlichen Regelung verlangend St/NA 2/1967, WPg. 1967 S. 488; vom jeweiligen Einzelfall abhängig machen dies *ADS*, § 322 Tz. 69.
466 *Baumbach/Hueck*, AktG, § 167 Anm. 6; *Claussen* in Kölner Kom. § 167 Anm. 9; *Selchert*, Jahresabschlußprüfung, S. 482.
467 Ebenso wie das früher maßgebliche AktG.
468 Vgl. FG/IDW 3/1988 Abschn. C III 5.
469 *Leffson*, Wirtschaftsprüfung, S. 359 ff.
470 FG/IDW 3/1988 Abschn. C III; vgl. *ADS*, § 322 Tz. 48; so schon *Kropff* in AktG-Kom. § 167 Anm. 13.

in einem solchen Fall die Einschränkung bereits in Satz 1 formuliert, entfällt Satz 2 [471].

407 Wirkt sich eine Einschränkung auch auf Satz 2 und/oder 3 der Kernfassung aus, so sind diese mit den Worten

„Mit dieser Einschränkung . . ."

einzuleiten [472].

408 Bestehen Einwendungen gegen eine oder zwei „Lagen", ist dies durch Einschränkung des Satzes 2 zum Ausdruck zu bringen.

. . . Der JA vermittelt . . . der Kapitalgesellschaft mit der Einschränkung, daß die Ertragslage nicht zutreffend dargestellt wird . . .".

409 Beziehen sich Einwendungen nur auf den LB, sind diese durch Einschränkung zum letzten Satz des BestV zu formulieren.

410 **Unzulässig** sind Einschränkungen, die bei gesetzlich vorgeschriebener bzw. entsprechender Anwendung des § 322 formuliert werden [473]

– durch Weglassen von Teilen des BestV (Nur: „Der Ja entspricht . . ." oder: Weglassen des Satzes 2 oder 3), allein schon, da Begründung und Darstellung der Tragweite fehlen;

– durch Verweise auf den PrB, allein schon, da die Adressaten von BestV und PrB unterschiedlich sind;

– durch Bezugnahme auf Anh. und/oder LB, allein schon, da es an der aus sich heraus erforderlichen Verständlichkeit des BestV mangelt.

bb) Begründung und Tragweite

411 Nach § 322 Abs. 3 Sätze 3 und 4 HGB hat die APr. die Einschränkung zu begründen und in der Weise darzustellen, daß die Tragweite der Einschränkung deutlich erkennbar ist. Mit dieser Erweiterung gegenüber der früheren aktienrechtlichen Regelung soll die Aussagekraft des BestV verbessert werden. Während aus der Formulierung der Einschränkung im BestV der Gegenstand, der Grund und – soweit sachgerecht – die Größenordnung der Einschränkung erkennbar sein müssen, wird die Einschränkung idR begründet und in ihrer Tragweite durch den **Gegenstand der Einwendung** dargestellt [474].

412 Die Einschränkung, ihr Grund und die Darstellung ihrer Tragweite ist klar, knapp und eindeutig zu formulieren [475]. Daher ist es Wesen der Einschränkung, daß klargelegt wird, welcher Teil der Rechnungslegung nicht Gesetz bzw. Satzung/Gesellschaftsvertrag entspricht und daher bei der Auswertung von JA und LB nicht ohne weiteres herangezogen werden kann [476]. Die Abgrenzung der beanstandeten von den nicht beanstandeten Teilen der Rechnungslegung muß aus dem BestV hervorgehen; die Einschränkung hat daher den betreffenden Sachverhalt, Art und Umfang der verletzten Gesetzesnorm und ggf. die rechtlichen Konsequenzen zu enthalten.

---

471 Mißverständlich: *ADS*, § 322 Tz. 49.
472 FG/IDW 3/1988 Abschn. C III.
473 FG/IDW 3/1988 Abschn. C III 5; *ADS*, § 322 Tz. 50 f.
474 FG/IDW 3/1988 Abschn. C III 5.
475 Vgl. FG/IDW 3/1988 Abschn. C III; *Sarx* in BeBiKo., § 322 Anm. 60.
476 *Leffson*, Wirtschaftsprüfung, S. 356.

Die Aufnahme von absoluten und ggf. relativen Zahlenangaben in die Einschränkung **(Quantifizierung des Einschränkungsgrundes)** ist in der Regel notwendig, da die Adressaten hieraus das Gewicht der Einwendung des APr. entnehmen können und damit über die Tragweite der Einschränkung informiert werden[477].   **413**

Hinweise können quantitative (zB Höhe der fehlenden Rückstellung und Auswirkung auf die Lage des Unternehmens) bzw. qualitative ("Organbezüge nach § 285 Nr. 9 sind nicht angegeben") Einwendungen betreffen. Bei fehlenden Anhangangaben ist die Aufnahme dieser Angaben in die Einschränkung möglich, jedoch nicht erforderlich[478]. Das Tragweitengebot ist im übrigen nicht erfüllt, wenn lediglich die betreffende Gesetzesvorschrift angegeben wird; diese Angaben sind zur Darstellung der Tragweite zulässig neben der Sachverhaltsdarstellung: die Einwendung muß jedoch ohne Heranziehung des Gesetzes verständlich sein[479].

Inwieweit diesen Anforderungen mit dem Nebensatz „... mit der Einschränkung, daß..." entsprochen werden kann, wird von dem **Einschränkungsgrund,** der **verletzten Norm** und den **Auswirkungen** abhängen. Je nach dem Umfang der vom APr. für erforderlich gehaltenen Ausführungen werden diese unmittelbar an den Satz, der die Einschränkung enthält, anzuschließen sein oder aber, – bei umfangreicheren Darstellungen – im Anschluß an den gesetzlichen Wortlaut dargestellt werden. Um die Verbindung mit der bereits in Satz 1 ausgesprochenen Einschränkung herzustellen, ist der Begriff „Einschränkung" bei nachgestellten Ausführungen erneut aufzunehmen. Umfangreichere Ausführungen werden nach diesen Ausführungen idR notwendig sein, wenn der APr. neben absoluten Zahlenangaben die Angabe von quantitativen Bezugsgrößen und ein Eingehen auf Sinn, Zweck und Bedeutung der verletzten Norm für erforderlich hält.   **414**

Die Umstände, die zur Einschränkung des BestV geführt haben, sind im PrB im einzelnen zu erörtern. Ausführungen, die Mängel der Rechnungslegung „entschuldigen", sind zu vermeiden.   **415**

h) Der Vermerk über die Versagung des Bestätigungsvermerks

Hat der APr. nach dem abschließenden Ergebnis seiner Prüfung Einwendungen zu erheben und ist lediglich eine Einschränkung aufgrund der Schwere der Einwendungen nicht möglich, so ist der **BestV** zu **versagen.** Im Gegensatz zu den Regelungen des AktG 1965 ist die Versagung nach § 322 Abs. 3 Sätze 2 und 3 HGB durch einen Vermerk zum JA zu erklären und zu begründen. Der Vermerk über die Versagung des BestV **("Versagungsvermerk")** ist vom APr. unter Angabe von Ort und Tag zu unterzeichnen; gleichzeitig ist der Vermerk über die Versagung auch in den PrB aufzunehmen (§ 322 Abs. 4 HGB).   **416**

Die **redaktionelle Fassung** dieses Vermerks ist vom APr. vom Gesetz freigestellt. Der Vermerk sollte wie folgt formuliert werden[480]:   **417**

---

477 Vgl. FG/IDW 3/1988 Abschn. C III 5; *ADS,* § 322 Tz. 51; *Sarx* in BeBiKo., § 322 Anm. 60; bereits nach bisherigem Recht wurden Zahlenangaben bei einer Einschränkung des BestV für möglich und sachgerecht gehalten, vgl. FG/IDW 3/1977 Abschn. D Anm. 6; *Schulze zur Wiesch,* S. 182; aA (Zahlenangaben nicht geboten): *Kropff* in AktG-Kom. § 167 Anm. 15.
478 Ebenso *ADS,* § 322 Tz. 51.
479 Vgl. *Grewe* in BoHdR § 322 Rz. 61; ähnlich *Sarx* in BeBiKo., § 322 Anm. 61.
480 FG/IDW 3/1988 Abschn. C IV 2.

„Ich/Wir habe/n die Buchführung, den Jahresabschluß und den Lagebericht geprüft. Nach meinem/unserem abschließenden Ergebnis der Prüfung sind folgende Einwendungen zu erheben:
(folgt Darstellung von Art und Umfang der Einwendungen, ggf. Angabe der verletzten Gesetzesnorm).
Aufgrund dieser Einwendungen habe/n ich/wir den Bestätigungsvermerk versagt.“

418 Die Darstellung und Begründung der Einwendungen kann im Einzelfall schwierig sein; das gilt insbesondere dann, wenn die Mängel von Rechnungslegung und Berichterstattung umfangreich sind und eine Versagung deswegen notwendig wurde, weil die für einen eingeschränkten BestV notwendige Abgrenzung der Mängel von den positiven Teilen nicht möglich war[481].

419 Trotz fehlender Verpflichtung zur Angabe der Tragweite erscheinen zur Verdeutlichung der Versagung **Quantifizierungen** sinnvoll[482].

Die Versagung kann daher im Beispielfall einer AG[483] lauten:

„... zu erheben: Forderungen in Höhe von DM x Mio. bei einer Bilanzsumme von DM x Mio. sind zu hoch bewertet; der Jahresabschluß ist nach unserer Auffassung nichtig gemäß § 256 Abs. 5 Nr. 1 AktG. Wir haben daher den Bestätigungsvermerk versagt[484].“

5. Der Widerruf des Bestätigungsvermerks

420 Erkennt der APr., daß die Voraussetzungen für die Erteilung des BestV nicht vorgelegen haben, so ist er grundsätzlich **zum Widerruf verpflichtet**[485]. Wenn der BestV des APr. Regelungs- und Garantiefunktion im Hinblick auf eine ordnungsgemäße Rechnungslegung hat, muß er, wenn dieser BestV objektiv falsch ist, diesen widerrufen.

421 Die geänderte Auffassung des Berufsstandes zum Verpflichtungsgrad des Widerrufs[486] ist nicht unstrittig. Nach anderer Auffassung[487] soll entsprechend der Auffassung zum aktienrechtlichen Abschluß der APr. zum Widerruf berechtigt, aber nicht grundsätzlich verpflichtet sein. Bei gegebener Verpflichtung des APr. zur Prüfung, ob ein Widerruf notwendig ist, ist dann die Entscheidung über den Widerruf nach pflichtgemäßem Ermessen zu treffen. Dabei soll der APr. in jedem Einzelfall besonders das in den einmal erteilten BestV gesetzte Vertrauen aller Beteiligten würdigen; die Begrenzung der Möglichkeit des Widerrufs kann aus Gründen der Rechtssicherheit Vorrang für das geprüfte Unternehmen haben[488]. Eine Verpflichtung zum Widerruf wird allerdings dann gesehen, wenn die neue Erkenntnis auf Tatsachen beruht, die einen bedeutungsvollen Fehler in der Rechnungslegung aufzeigen und „im Hinblick auf § 256 Abs. 6 AktG auch noch die Nichtigkeit des JA geltend gemacht werden könnte“[489].

---

481 *Leffson*, Wirtschaftsprüfung, S. 365; *Hofmeister*, DB 1984 S. 1585/1588.
482 Vgl. Abschn. O Tz. 388.
483 Zu einem weiteren Beispiel vgl. *ADS*, § 322 Tz. 52 iVm. Tz. 79.
484 Vgl. in einem weiteren Beispiel *ADS*, § 322 Tz. 52 iVm. Tz. 79.
485 So FG/IDW 3/1988 Abschn. F; WPK-Mitt. 1–2/1989, S. 29; wie hier *Schulze-Osterloh* in *Baumbach/Hueck*, GmbHG, § 41 Anm. 105; *Kropff* in AktG-Kom. § 167 Anm. 33; zur Entwicklung des Instrumentariums „Widerruf“ mwN *Erle*, S. 284.
486 Vgl. bisher FG/IDW 3/1977 Abschn. I; WPH 1985/86 Bd. II S. 583.
487 Vgl. zB *ADS*, § 322 Tz. 89; *Fischer/Lutter/Hommelhoff*, GmbHG, 12. Aufl. Anh. § 42 Rn. 56; *Sarx* in BeBiKo., § 322 Anm. 114 f. mwN.
488 So *Sarx* in BeBiKo., § 322 Anm. 116; *ADS*, § 322 Tz. 89.
489 *ADS*, § 322 Tz. 89; im Tenor dann ähnlich WPK-Mitt. 1–2/1989.

Grundsätzlich können **Gründe für den Widerruf** bei folgendem Sachverhalten **422** vorliegen:

- weil der APr. die Erkenntnis über den Wegfall der Voraussetzungen aufgrund neuer Tatsachen gewinnt (zB bei nachträglichem Wegfall der going-concern-Prämisse[490]);
- wenn er getäuscht worden ist;
- wenn er Tatsachen übersehen hat, die er bei gewissenhafter Prüfung nicht hätte übersehen dürfen;
- wenn er bestimmte Sachverhalte falsch gewürdigt hat.

Alle Gründe für einen Widerruf rechtfertigen einen Widerruf.

Der Widerruf wird nur in Betracht kommen, wenn er bei Kenntnis des wahren **423** Sachverhalts **nicht in dieser Form** erteilt worden wäre[491]. Daher ist der Widerruf zweifellos zulässig, wenn bei Wegfall der Voraussetzungen aufgrund des wahren Sachverhalts der BestV eingeschränkt oder versagt worden wäre. Der uneingeschränkte BestV kann bei Vorliegen der Voraussetzungen nach dem Widerruf als BestV mit Einschränkung[492] oder als Versagungsvermerk neu erteilt werden. Auch der Widerruf eines uneingeschränkten BestV und seine Ersetzung durch einen solchen mit Ergänzungen muß zulässig sein, wenn eine Ergänzung in Form eines bedingenden Zusatzes (Vorbehalt) erforderlich wäre. Strittig kann sein, ob der Widerruf bei einem Versagungsvermerk zulässig ist. Da der Gesetzgeber in § 322 HGB den BestV (uneingeschränkt und eingeschränkt) und den Versagungsvermerk unter der Bezeichnung „Bestätigungsvermerk" subsumiert und da jeder Grund den Widerruf rechtfertigt, erscheint auch der Widerruf eines Versagungsvermerks grundsätzlich möglich[493].

Voraussetzung für den Widerruf ist in jedem Fall, daß der APr. von dem Wider- **424** ruf **Gewißheit** über die **Fehlerhaftigkeit** hat. Der APr. hat daher vor dem Widerruf den Sachverhalt unverzüglich zu klären und mit dem Vorstand bzw. der Geschäftsführung zu erörtern. Obwohl der APr. über den Widerruf so schnell wie möglich entscheiden muß, wird er dies nur nach sorgfältiger Prüfung aller der zu einem Widerruf führenden Voraussetzungen tun. Es kann angezeigt sein, vor der Entscheidung über den Widerruf rechtlichen Rat einzuholen, insbesondere um den Schaden für die Gesellschaft, aber auch für Dritte, so gering wie möglich zu halten[494]. Ggf. kann ein unberechtigter Widerruf[495] wie auch ein unterlassener Widerruf[496] den APr. zum Ersatz des daraus entstehenden Schadens verpflichten.

Der Widerruf hat die Wirkung, daß die Gesellschaft ab dem Zeitpunkt des **425** Widerrufs den **BestV nicht mehr verwenden** darf[497]. Eine vor dem Widerruf erfolgte Feststellung des JA wird durch die Zukunftsbezogenheit des Widerrufs nicht unwirksam[498]. Der Widerruf kann jedoch Veranlassung sein, einen in jeder

490 *Sarx* in BeBiKo., § 322 Anm. 114.
491 So auch *ADS*, § 322 Tz. 89.
492 Vgl. FG/IDW 3/1988 Abschn. C IV 2.
493 Anders wohl FG/IDW 3/1988 Abschn. F.
494 Vgl. FG/IDW 3/1988 Abschn. F 3; *Forster*, WPg. 1977 S. 1/9.
495 *Godin/Wilhelmi*, § 167 Anm. 2.
496 So *ADS*, § 322 Tz. 89 für den Fall einer evtl. Geltendmachung der Nichtigkeit.
497 Auch wenn sie auf den Widerruf hinweisen würde; nach Auffassung von *Kropff* in AktG-Kom. § 167 Anm. 36 (aA *Erle*, S. 290) darf sie vom PrB noch Gebrauch machen, wenn sie auf den Widerruf hinweist.
498 Vgl. *ADS*, § 322 Tz. 91; *Breycha/Schäfer* in HdR § 322 Rn. 54; *Erle*, S. 293.

Hinsicht mit den gesetzlichen Vorschriften im Einklang stehenden JA aufzustellen.

426 In Abhängigkeit vom **Zeitablauf** sind weitere Schritte erforderlich; ist der BestV vor der Feststellung des JA widerrufen worden, ist wegen des fehlenden Testats die Abschlußprüfung noch nicht beendet, also ein wirksamer Beschluß nicht (mehr) möglich.

427 Wird der BestV **unmittelbar** nach der Erteilung widerrufen und erfolgt nach der Mitteilung darüber eine Änderung des JA bzw. des LB, so wird eine Nachtragsprüfung mit den entsprechenden Folgen für die Ergebnismitteilung erforderlich. Erfolgt keine Änderung, so ist ggf. ein eingeschränkter BestV zu erteilen bzw. der BestV zu versagen. Diese Abwicklung ist ebenfalls vorzusehen, sofern der PrB bereits dem AR vorgelegt wurde.

428 Erfolgt der Widerruf **nach Offenlegung** des JA und des LB durch Einreichung zum HR und wird eine Änderung vorgenommen, so ist nach der Nachtragsprüfung ein neuer BestV zu erteilen. Dabei erscheint ein hinweisender Zusatz auf die Nachtragsprüfung erforderlich. Wird der beanstandete Sachverhalt nicht geändert, so ist ggf. die Erteilung eines neuen BestV erforderlich.

429 Über den Widerruf und seine Gründe hat der APr. den **Auftraggeber,** dh. die gesetzlichen Vertreter der geprüften Gesellschaft schriftlich, zB in Form eines kurzen Nachtragsberichts oder in einem Brief und mit Begründung **zu unterrichten**[499]. Eine gleichzeitige Unterrichtung des AR, der Gesellschafter bei der GmbH, des Registergerichts, der Aufsichtsbehörde und anderer Personen, die von dem BestV mutmaßlich Kenntnis haben, ist in Abhängigkeit von der ggf. bereits erfolgten Veröffentlichung gem. §§ 323 HGB zu prüfen; dabei erscheint die Unterrichtung zB durch Veröffentlichung des Widerrufs in den Gesellschaftsblättern und beim Registergericht geboten[500]. Werden der AR bzw. die Gesellschafter vom APr. nicht unmittelbar unterrichtet, so hat der Vorstand bzw. die Geschäftsführung den Nachtragsbericht oder Brief über den Widerruf an den AR und/oder die Gesellschafter weiterzuleiten[501]. Um einer mißbräuchlichen Verwendung des PrB entgegenzuwirken, kann es angezeigt sein, daß sich der APr. die von ihm erstatteten Berichtsexemplare zurückgeben läßt[502].

430 Ändern die gesetzlichen Vertreter oder die HV bzw. die Gesellschafterversammlung von sich aus den JA oder den LB nach Abschluß der Prüfung, ohne daß die Voraussetzungen für einen Widerruf des BestV vorliegen, so ist ein solcher auch nicht notwendig. In diesen Fällen wird der BestV vielmehr kraft Gesetzes ergänzungsbedürftig (§ 316 Abs. 3 HGB).

---

499 Vgl. FG/IDW 3/1988 Abschn. C IV 1.
500 Vgl. FG/IDW 3/1988 Abschn. F 1; jetzt auch *ADS*, § 322 Tz. 90.
501 Das folgt aus § 170 Abs. 1 AktG und § 42a Abs. 1 GmbHG.
502 Vgl. Abschn. O Tz. 205.

6. Einzelfragen des Bestätigungsvermerks zum Jahresabschluß

a) Der Bestätigungsvermerk bei Inanspruchnahme von Aufstellungs- und Offenlegungserleichterungen

Die größenabhängigen Erleichterungen des § 267 HGB sind bei der pflichtgemä- **431** ßen Erteilung von BestV zu berücksichtigen. Die Jahresabschlußprüfung gem. § 316 Abs. 1 HGB richtet sich auf die gesamte Buchführung und den JA. Der BestV bezieht sich auf den aufgestellten JA[503]. Wenn der sich auf den vollständigen JA beziehende BestV zusammen mit dem verkürzten JA gem. § 327 HGB offengelegt, veröffentlicht oder vervielfältigt wird, ist vom **Unternehmen** darauf **hinzuweisen** (§ 328 Abs. 1 Nr. 1 2. Halbsatz)[504].

Wird auch der unter Inanspruchnahme von Erleichterungen offenzulegende JA **432** aufgrund eines **gesonderten Auftrages** geprüft, so ist für den uneingeschränkten BestV folgende Formulierung zu wählen:

„Vorstehender zur Offenlegung bestimmter Jahresabschluß nebst Lagebericht entspricht den gesetzlichen Vorschriften. Zu dem vollständigen Jahresabschluß und Lagebericht habe/n ich/wir den folgenden Bestätigungsvermerk erteilt: (folgt Wortlaut des BestV nach § 322 Abs. 1 HGB, ggf. mit Ergänzungen nach Abs. 2).“

Die ergänzende[505] Formulierung setzt voraus, daß der APr. sich von der Rechtmäßigkeit der nach § 327 HGB in Anspruch genommenen Erleichterungen für mittelgroße Kapitalgesellschaften bei der Offenlegung überzeugt hat.

b) Der Bestätigungsvermerk bei erstmaliger Pflichtprüfung

Treten Gesellschaften in die Prüfungspflicht gem. § 316 Abs. 1 HGB ein, deren **433** Rechnungslegung bisher nicht, auch nicht auf freiwilliger Basis, nach handelsrechtlichen Vorschriften geprüft worden ist, so hat der APr. bei einer erstmaligen Prüfung auch die **Zahlen des Vorjahres** insoweit in seine Prüfung einzubeziehen, als sie sich auf den neuen JA auswirken, wenn im Vorjahr keine Prüfung stattgefunden hat oder der vorjährige APr. kein WP war[506]. Dies zeigt die allgemeine Norm, daß wesentliche Verstöße gegen Gesetz und Satzung/Gesellschaftsvertrag in früheren Jahren, die sich in dem zu prüfenden JA noch auswirken, zu einer Einschränkung des BestV führen[507]. Bei einer erstmaligen Pflichtprüfung gehören Vorjahreszahlen mit zum Gegenstand der Jahresabschlußprüfung; es ist daher nicht möglich, auf eine Prüfung der Vorjahreszahlen zu verzichten und dies in einer Ergänzung zum BestV zum Ausdruck zu bringen. Soweit hiergegen Einwendungen zu erheben sind, sind diese nach den allgemeinen Grundsätzen für die Einschränkung und Versagung des BestV zu berücksichtigen.

---

503 Vgl. FG/IDW 3/1988 Abschn. C II 11.
504 Vgl. *Sarx* in BeBiKo., § 328 Anm. 11; *ADS*, § 328 Tz. 50 f.
505 Die zusätzliche Formulierung wird als Bescheinigung angesehen von: *Sarx* in BeBiKo., § 328 Anm. 12; vgl. *ADS*, § 328 Tz. 49. Dies erfordert eine vollständige Wiedergabe des BestV zum aufgestellten JA und die Unterzeichnung der oa. ergänzenden Formulierung.
506 *Leffson*, WPg. S. 204.
507 Vgl. FG/IDW 3/1988 Abschn. C III 3.

c) Der Bestätigungsvermerk bei Änderung des Jahresabschlusses

434 Werden der geprüfte JA oder der LB nach Vorlage des PrB an die gesetzlichen Berichtsempfänger materiell oder formell geändert, so sind der JA bzw. der LB erneut zu prüfen, soweit es die Änderung erfordert[508]. Mit der Änderung eines JA ist **jede Veränderung** des Abschlusses nach Inhalt und Form gemeint, mit Ausnahme rein formaler Aspekte wie Schreib- und Rechenfehler[509]. Ohne erneute Prüfung können sowohl generell nach Vorlage des PrB als auch nach Feststellung (Bilanzänderung) geänderte JA nicht (erneut) festgestellt werden; sie sind nichtig (§ 256 Abs. 1 Nr. 2 AktG und § 10 Abs. 1 Satz 2 PublG)[510]. Über die Nachtragsprüfung ist zu berichten. Der BestV bleibt gem. § 316 Abs. 3 HGB iVm. § 322 HGB grundsätzlich wirksam und ist zu ergänzen. Damit ist sowohl die erneute Prüfung wie auch die erneute Bestätigung auf die Änderung ausgerichtet[511].

Das Gesetz regelt **nicht** die **Form der Ergänzung.**

435 Nach dem Gesetzeswortlaut ist der BestV „entsprechend" zu ergänzen (§ 316 Abs. 3 2. Satz, 2. Halbsatz BGB). Damit soll praktischen Bedürfnissen entsprochen werden; neben der Relativierung durch die Vorgabe „entsprechend" ist insbesondere zu beachten, daß mit der Einführung der Ergänzung der tatsächliche Geschehensablauf erleichtert werden sollte[512]. Verpflichtungsgrad und Art der Ergänzung sind in Übereinstimmung mit der Berufsauffassung und hM[513], als vom Ergebnis der Prüfung abhängig anzusehen.

436 Änderungen des JA/LB bzw. des KA/KLB betreffen

Nachträge: durch das aufstellende Organ im Zeitraum zwischen der Auslieferung des PrB an dieses Organ bzw. Vorlage an die feststellenden Organe und dem Abschluß der Feststellung bzw. Genehmigung des JA vorgenommene Änderungen und die **Bilanzänderungen:** nach Feststellung vorgenommene Änderungen[514].

437 Werden durch die Änderung ursprüngliche Einwendungen des APr. beseitigt, hat dies Auswirkungen auf den erteilten BestV; dieser kann dann seinerseits geändert werden, dh. zB uneingeschränkt erteilt werden[515]. Bleiben auch nach einer Änderung die ursprünglichen Einschränkungsgründe bestehen, kann der

---

508 Zum Umfang der Prüfung siehe die kontroverse Diskussion zur Definition „soweit die Änderung reicht" bei *Budde/Kofahl* in BeBiKo., § 316 Anm. 37 f.; *Grewe* in BoHdR, § 316 Rz. 50 ff.; *ADS*, § 316 Tz. 67.
509 HM, vgl. nur *ADS*, § 316 Tz. 65; *Erle*, S. 231 ff.
510 Vgl. FG/IDW 3/1988 Abschn. E; ebenso *ADS*, § 316 Tz. 75 f. mit Verweis auf die Sonderregelung des § 173 Abs. 1 AktG.
511 Zur früheren aktienrechtlichen Regelung (Unwirksamkeit des alten BestV) ausführlich WPH 85/86 Bd. II S. 588. Im Rahmen des PublG wird der BestV unwirksam, wenn ein JA im Rahmen der Feststellung geändert wird: § 8 Abs. 3 PublG. Zum Meinungsstand vgl. *Lindburg*, DB 1986 S. 135 ff.
512 Begr. RegE, BT-Drs. 10/317, S. 95 zu § 275 HGB-E; *ADS*, § 316 Tz. 71 f.; *Erle*, S. 243 f.
513 So jetzt FG/IDW 3/1988 Abschn. E 3; *ADS*, § 316 Tz. 72; *Budde/Kofahl* in BeBiKo. Anm. 38 f.; *Baetge/Fischer* in HdR § 316 Rn. 20; aA noch WPH 1985/86 Bd. II S. 588; nach *Grewe* in BoHdR, § 316 Rz. 58 (ebenso *Erle*, S. 247) ist die Ergänzung des § 316 Abs. 3 HGB letztlich ein Anwendungsfall des § 322 Abs. 2 Satz 1 HGB; daraus folgt, daß die Frage der Ergänzung weitgehend im pflichtgemäßen Ermessen des APr. steht.
514 Vgl. *Baetge/Fischer* in HdR § 316 Rn. 14; *Budde/Kofahl* in BeBiKo., § 316 Anm. 31.
515 Wie hier WPH Bd. II S. 588; FG/IDW 3/1988 Abschn. E 1; weitergehend: jede Änderung des BestV nach Änderung des JA neu zulassend *ADS*, § 316 Tz. 73.

APr. aber die Änderung selbst uneingeschränkt bestätigen, so ist dies in der Ergänzung zum BestV eindeutig zum Ausdruck zu bringen[516].

Die Notwendigkeit der Ergänzung zum BestV nach § 316 Abs. 3 Satz 2 zweiter **438** Halbsatz ist anhand von **Gegenstand, Zeitpunkt und Ergebnis** der Nachtragsprüfung zu beurteilen[517].

Gegenstand der Nachtragsprüfung und bestimmend für die Wesentlichkeit des **439** Sachverhalts können sein

- textliche Änderungen zB im Anh. und/oder LB
- Änderungen im Zahlenwerk
- Bekanntwerden wichtiger Ereignisse
- Änderung des Gewinnverwendungsvorschlags

sowie Bilanzänderungen oder Berichtigungen nach der Feststellung.

Hinsichtlich des **Zeitpunkts** der Änderung ist eine Nachtragsprüfung   **440**

- zum einen im unmittelbaren Zusammenhang mit der Abschlußprüfung – zB noch vor Auslieferung an den AR – und eine Änderung jedenfalls noch vor Feststellung,
- zum anderen in einem weiteren zeitlichen Abstand und bei Unsicherheit über eine möglicherweise veränderte Beurteilung sonstiger Sachverhalte, zB bei einer Prüfung von Ereignissen bis zu dem Tag der Nachtragsprüfung,

zu unterscheiden.

Hinsichtlich des **Ergebnisses** der Nachtragsprüfung sind zu differenzieren   **441**

- keine Veränderung des uneingeschränkten BestV
- Veränderung des vorher eingeschränkten oder versagten BestV
- Veränderung des uneingeschränkten BestV zu Einschränkung oder Versagung
- Veränderung durch Wegfall/Hinzufügung eines ergänzenden Hinweises nach § 322 Abs. 2 HGB.

Unter Berücksichtigung der daraus folgenden Möglichkeiten kann daher für **442** Zweifelsfragen folgende **Vorgehensweise** vorgeschlagen werden:

1) In der Folge einer Nachtragsprüfung,   **443**

   - deren Gegenstand zumindest wesentliche Änderungen des Zahlenwerkes oder der Angaben betrifft

   - deren Ergebnis nach wie vor ein uneingeschränkter BestV ist und

   - deren Abschluß längere Zeit nach dem Abschluß der Prüfung liegt und bei der nicht ausgeschlossen werden kann, daß sich bei einer vollständigen Prüfung wesentliche Sachverhalte anders darstellen könnten,

   wird folgende **Ergänzung des ersten Satzes** im Hinblick auf Tatbestand und Gegenstand vorgeschlagen[518]:

   „Die Buchführung und der JA entsprechen nach meiner/unserer pflichtgemäßen

   am .... (Datum) abgeschlossenen

   Prüfung

---

516 Begr. RegE BT-Drs. 10/317 S. 95.
517 Vgl. FG/IDW 3/1988 E 3, inhaltlich entspr. *ADS*, § 316 Tz. 64 ff.; *Budde/Kofahl* in BeBiKo., § 316 Anm. 30 ff.
518 Vgl. FG/IDW 3/1988 Abschn. E 3.

und meiner/unserer Nachtragsprüfung, die sich auf die Änderung des/der
.... (geänderte Posten bzw. Angaben) bezog,

den gesetzlichen Vorschriften . . ."

444 2) Liegen jedoch Beendigung der Nachtrags- und der Abschlußprüfung dicht beieinander, so kann der **Hinweis** auf Tatbestand und Gegenstand der Nachtragsprüfung entfallen,

– wenn auch der Gegenstand der Nachtragsprüfung dies erlaubt, also von geringerer materieller Bedeutung ist (zB eine nicht vorgenommene Änderung keine Einschränkung des Testats zur Folge hätte),

– und die Änderung vor Feststellung des JA durchgeführt wird[519].

445 3) Eine Ergänzung im **Wortlaut** ist zulässig, jedoch nicht notwendig, wenn unverändert ein uneingeschränkter BestV aufrechterhalten wird und Gegenstand und Zeitpunkt im Hinblick auf die Sicherheit des Urteils auch im Hinblick auf das Bekanntwerden wichtiger Ereignisse dies zulassen. Dies gilt in jedem Fall, wenn JA und LB bereits den feststellenden Organen vorgelegt worden sind, da die Angabe der Änderungen sowohl im Interesse der Gesellschaft als auch des APr. liegt[520].

446 4) In diesen Fällen ist jedoch der Hinweis auf die durchgeführte Nachtragsprüfung durch ein **Doppel-Datum** (Tag der Beendigung der Abschlußprüfung und Tag der Beendigung der Nachtragsprüfung) in den BestV aufzunehmen.

447 5) Dies erscheint sinnvoll generell in den Fällen formaler Änderungen zB des Zahlenwerks in Bilanz und GuV bzw. Anh.[521]

Zur Vermeidung von Mißverständnissen ist allerdings im Hinblick auf die vorgeschlagene[522] Kennzeichnung des BestV zum geänderten JA durch ein Doppeldatum darauf hinzuweisen, daß dies nur bei **sicherem Gesamturteil** auch beim zweiten Datum möglich ist.

448 6) Bei rein formalen Änderungen kann jedoch im übrigen bereits der Hinweis im PrB, daß der BestV die neuen Textfassungen einschließt, ausreichend sein[523].

449 7) Eine Nachtragsprüfung ist auch dann erforderlich, wenn der Abschlußprüfung eine Bilanz vor Verwendung des Jahresergebnisses zugrunde gelegen hat und die Bilanz dahingehend geändert wird, daß die vollständige oder teilweise **Ergebnisverwendung berücksichtigt** wird (§ 268 Abs 1 HGB)[524].

Gem. § 278 Satz 1 HGB ist **keine** Bilanzänderung erforderlich, sondern regelmäßig eine Berücksichtigung im Folgejahr, wenn der dem JA zugrundeliegende Gewinnverwendungs**vorschlag** vom Verwendungs**beschluß** abweicht. Eine Nachtragsprüfung ist jedoch erforderlich, wenn der **Vorschlag** nach Vorlage des PrB **geändert** wird[525].

---

519 Vgl. FG/IDW 3/1988 Abschn. E 3.
520 Vgl. *ADS*, § 316 Tz. 74.
521 So *Budde/Kofahl* in BeBiKo., § 316 Anm. 33.
522 Nach Auffassung des FG zugelassene Beschränkung auf „im Wortlaut".
523 Vgl. *Budde/Kofahl* in BeBiKo., § 316 Anm. 33.
524 Vgl. FG/IDW 3/1988 Abschn. E 5; Begr. RegE BT-Drs. 10/317, S. 95.
525 Vgl. FG/IDW 3/1988 Abschn. E 6.

Ob insoweit auch eine Ergänzung zum BestV geboten ist, ist nach den oa. Regeln zu beantworten.

8) Die Notwendigkeit der Prüfung bei einer Änderung nach Vorlage des PrB **450** erfaßt neben den Änderungen durch die gesetzlichen Vertreter, durch HV (§ 173 AktG) bzw. Gesellschafterversammlung (§ 42a GmbHG) auch die (späteren) Fälle der **Änderung** eines **bereits festgestellten JA**[526]. Das kann auch für eine Berichtigung des JA aufgrund von Unrichtigkeiten oder für eine Änderung von JA in der Folge von Nichtigkeit iSd. § 256 Abs. 1 Nr. 1, 4, Abs. 4, 5 AktG gelten[527]. Damit sind sowohl Prüfung, Umfang der Prüfung, Berichterstattung und BestV, der sich im Text auf den geänderten JA/LB bezieht, entsprechend den **allgemeinen Regeln** bestimmt[528].

Ist eine **Ergänzung** zum BestV **erforderlich,** so ist die **Klarstellung** erforderlich, **451** daß sich der BestV auf einen geänderten JA/LB bezieht. Dies ist immer erforderlich, wenn ein festgestellter JA geändert wird.

„Die Buchführung und der geänderte Jahresabschluß . . .“

Der ergänzte BestV ist unter Angabe von Ort und Tag zu unterzeichnen (und in **452** den Nachtragsbericht aufzunehmen).

d) Unterzeichnung des Bestätigungsvermerks und Aufnahme des Bestätigungsvermerks in den Prüfungsbericht

Der APr. hat den BestV unter Angabe von Ort und Tag zu unterzeichnen (§ 322 **453** Abs. 4 HGB). Als **Datum** sollte der Tag der Erteilung des BestV gewählt werden; das ist der Tag, an dem die Prüfung des JA und des LB materiell abgeschlossen und eine zeitnahe Vollständigkeitserklärung eingeholt worden ist[529]. **Ort** ist grundsätzlich der berufliche Sitz des APr. oder der Sitz der geprüften Gesellschaft. Persönliche Unterzeichnung ist notwendig (§ 126 BGB), Faksimile reicht nicht aus. Ist ein WP persönlich zum APr. bestellt („Einzelwirtschaftsprüfer), so hat er den BestV selbst zu unterzeichnen. Er kann sich nicht durch einen Anderen (WP oder Nicht-WP) vertreten lassen. Ist der APr. verhindert, den BestV rechtzeitig zu unterzeichnen (zB infolge schwerer Krankheit), und ist kein neuer WP gewählt, so muß ein anderer WP auf Antrag vom Gericht zum APr. bestellt werden (§ 318 Abs. 4 HGB).

Ist eine WPG zum APr. bestellt, so darf der BestV nach § 32 WPO nur von zur **454** Vertretung der WPG berechtigten WP unterzeichnet werden.

Sind **mehrere** WP oder WPG gemeinsam zu APr. bestellt, so ist die Unterzeich- **455** nung des BestV durch sämtliche APr. erforderlich. Dies gilt grundsätzlich auch für WP-Sozietäten[530]. Können sich die zu APr. bestellten WP (WPG) nicht auf einen einheitlichen BestV (hinsichtlich Kernfassung, Anpassungen, Ergänzungen bzw. Einschränkungen, Versagung) einigen, so haben sie selbständige BestV zu erteilen, die auch nebeneinander zu veröffentlichen sind.

---

526 Vgl. *Grewe* in BoHdR, § 316 HGB Rz. 49; *Baumbach/Duden/Hopt.* HGB, § 316 Anm. 3; ebenso *ADS,* § 316 Tz. 78.
527 So *ADS,* § 316 Tz.79.
528 Vgl. *ADS,* § 316 Tz. 78.
529 Vgl. FG/IDW 3/1988 Abschn. B 6.
530 Vgl. Abschn. V Tz.274, so auch *ADS,* § 318 Tz. 51, § 322 Tz. 83; noch aA (ausweichend, wenn einer der Partner dieser Sozietät den BestV für die Sozietät unterschreibt) WPH 1985/86 Bd. II S. 589 und diesem folgend *Breycha/Schäfer* in HdR, § 322 Rn. 49.

456   Nach § 18 Abs. 1 WPO haben WP im beruflichen Verkehr die Berufsbezeichnung „Wirtschaftsprüfer" zu führen. Diese Berufsbezeichnung ist daher dem Namen des unterzeichnenden WP jeweils beizufügen. WP und WPG sind ferner verpflichtet, den BestV auch mit ihrem Siegel zu versehen (§ 48 Abs. 1 Satz 1 WPO).

457   Sind nach § 319 Abs. 1 Satz 2 HGB für den JA einer mittelgroßen GmbH ein vBP oder eine BPG bestellt, so ist der BestV durch den vBP bzw. von einem zur Vertretung der BPG berechtigten vBP zu unterzeichnen. Die Berufsbezeichnung „vereidigter Buchprüfer" ist bei der Testatserteilung jeweils dem Namen des Unterzeichnenden beizufügen (§ 128 Abs. 2 WPO).

458   Der in den PrB aufgenommene BestV braucht neben der Unterzeichnung des PrB nicht nochmals unterzeichnet werden[531]. Der BestV oder der Vermerk über seine Versagung ist mit Angabe von Ort und Tag in den PrB aufzunehmen. Dies gilt auch bei Nachtragsprüfungen für die Aufnahme des BestV in den Nachtrag zum PrB. Die Aufnahme erfolgt idR ohne weitere Kennzeichnung durch Abdruck im PrB[532].

e) Veröffentlichung des Bestätigungsvermerks

459   Der APr. ist nicht verpflichtet zu prüfen, ob die Gesellschaft die Vorschriften über Form und Inhalt der Offenlegung, Veröffentlichung und Vervielfältigung des JA und des LB (§§ 325–328 HGB) einhält[533]. Auf die Nicht-Offenlegung ist im PrB, nicht jedoch im BestV einzugehen[534].

Der APr. hat jedoch einen zivilrechtlichen Anspruch auf Unterlassung sowie auf Richtigstellung unzulässiger oder unzutreffender Veröffentlichungen[535]. Erfährt der APr. von einer solchen Veröffentlichung, so ist er gehalten, ihm bekannt gewordenen Abweichungen in geeigneter Form entgegenzutreten, damit das Vertrauen in seinen BestV nicht leidet[536]. Er hat sich dabei an die gesetzlichen Vertreter, erforderlichenfalls auch an den AR oder an die Gesellschafter zu wenden.

f) Meinungsverschiedenheiten

460   Treten zwischen APr. und Gesellschaft Meinungsverschiedenheiten hinsichtlich der Auslegung und Anwendung der gesetzlichen Vorschriften sowie von Bestimmungen des Gesellschaftsvertrages oder der Satzung über den JA oder den LB auf, so kann sowohl der APr. als auch der gesetzliche Vertreter der Kapitalgesellschaft das Landgericht anrufen (§ 324 Abs. 1 HGB). Zwar kann im Spruchstellenverfahren nicht auf Erteilung des BestV geklagt werden, der materiellen Rechtskraft der in dem Verfahren nach § 324 HGB ergangenen Entscheidung folgend, wird der APr. dieser Entscheidung bei der Erteilung des BestV Rechnung tragen[537]. In einem sich ggf. ergebenden Rechtsstreit zwischen der Gesellschaft und dem APr. über die Erteilung des BestV ist auch das dann zuständige

---

531 Vgl. Abschn. O Anm. 197.
532 Vgl. *ADS*, § 316 Tz. 49; aA *Erle*, S. 137, wonach auf das wörtliche Zitat des BestV im PrB auf den – einzig originalen – BestV auf den JA hinzuweisen ist.
533 Vgl. FG/IDW 3/1988 Abschn. B 7; *Baetge/Apelt*, DB 1988, S. 1709 f.
534 *Schruff* in *Baetge* (Hrsg.), Abschlußprüfung nach neuem Recht, S. 163; im übrigen vgl. Abschn. O Tz. 64 und FG/IDW 2/1988 Abschn. C I 2.
535 Vgl. FG/IDW 1/1953 (Neufassung 1982): WPg. 1982 S. 401.
536 Vgl. FG/IDW 3/1988 Abschn. B 7.
537 *Baumbach/Hueck*, AktG, § 169 Anm. 3; *Kropff* in AktG-Kom. § 169 Anm. 18.

Prozeßgericht an die im Spruchstellenverfahren nach § 324 HGB ergangene Entscheidung gebunden.

g) Übersetzungen des Bestätigungsvermerks

Der Bestätigungsvermerk ist aufgrund § 328 Abs. 1 Nr. 1 iVm. Abs. 2 HGB iVm. **461** § 244 HGB unter eine Veröffentlichung in unveränderter Form zu setzen, wenn der Abschluß in deutscher Sprache aufgestellt ist[538].

Bei der Veröffentlichung bedarf es also bei einer Übersetzung des Hinweises auf **462** das in deutscher Sprache erteilte Testat. Dieser Hinweis könnte lauten:

„Zu dem vollständigen Jahresabschluß und Lagebericht habe/n ich/wir den gemäß § 322 HGB vorgeschriebenen uneingeschränkten/eingeschränkten (ggf. mit folgenden Ergänzungen) Bestätigungsvermerk erteilt.
Die Übersetzung des Bestätigungsvermerk lautet wie folgt:.."

Das IDW hat im Interesse einer einheitlichen zutreffenden Ausdrucksweise **463** zusammen mit ausländischen Berufskollegen Übersetzungen des uneingeschränkten BestV erarbeitet[539], deren allgemeine Anwendung empfohlen wird. Die Berufsbezeichnung „Wirtschaftsprüfer" sollte nicht übersetzt werden.

Deutsch

Die Buchführung und der Jahresabschluß entsprechen nach meiner/unserer pflichtgemäßen Prüfung den gesetzlichen Vorschriften. Der Jahresabschluß vermittelt unter Beachtung der Grundsätze ordnungsmäßiger Buchführung ein den tatsächlichen Verhältnissen entsprechendes Bild der Vermögens-, Finanz- und Ertragslage der Kapitalgesellschaft. Der Lagebericht steht im Einklang mit dem Jahresabschluß.

Englisch

The accounting and the annual financial statements, which I/we have audited in accordance with professional standards, comply with the (German) legal provisions. With due regard to the generally accepted accounting principles the annual financial statements give a true and fair view of the company's assets, liabilities, financial position and profit or loss. The management report is consistent with the annual financial statements.

Finnisch

Kirjanpito ja tilinpäätös vastaavat minun/meidän velvollisuuden mukaisesti suorittaman tarkastuksen mukaan lakisäännöksia. Tilinpäätös välittää säänönmukaisen kirjanpidon periaatteita noudattaen pääomayhtiön varallisuusaseman, taloudellisen aseman ja tuottojen todellisia olosuhteita vastaavan kuvan. Tilanneselostus vastaa tilinpäätöstä.

Französisch

A la suite de la vérification effectuée conformément à mes/nos obligations professionnelles je déclare/nous déclarons que la comptabilité et les états financiers annuels sont comformes aux prescriptions légales (allemandes). En respectant les principes de comptabilité regulière, les états financiers annuels donnent une image fidèle du patrimoine, de la situation financière ainsi que des résultats de la société. Le rapport de gestion concorde avec les états financiers annuels.

---

538 Vgl. *ADS*, § 328 Tz. 38; *Erle*, S. 270 ff.
539 Zur bisherigen Fassung vgl. WPH 1985/86 Bd. I S. 877.

Italienisch

Le scritture contabili ed il bilancio, da me/noi esaminati sulla base dei principi di revisione statuiti dalla professione, sono conformi alle norme di legge (tedesche). Il bilancio, redatto sulla base di corretti principi contabili, fornisce un quadro fedele della situazione patrimoniale, finanziaria e del risultato economico della società. La relazione degli amministratori concorda con il bilancio.

Niederländisch

Op ground van een door mij/ons overeenkomstig mijn (onze) beroepsplichten verricht onderzoek verklaar ik/verklaren wij dat de boikhouding en de jaarrekening voldoen aan de (Duitse) wet. De jaarrekening die is opgesteld volgens de normen die in het maatschappelijk verkeer als aanvaardbaar worden beschouwd geeft een getrouw beeld...

Schwedisch

Rökenskaperna och arsbokslutet, som jag/vi har granskat i enlighet med god revisionssed, har uprättats enligt (tysk) lag. Med tillämpning av god redovisningssed ger arsbokslutet en rättivisande bild av bolagets tillganger och skulder samt av dess ställning och resultat. Förvaltningsberättelsens innehall star i överensstämmelse med arsbokslutet.

Spanisch

La contabilidad y los estados financieros, los cuales he/o hemos auditado de acuerdo con las obligaciones profesionales, han cumplido las normas legales (alemanes) de aplicación. Los estados financieros antes mencionados, presentan adecuademente la situación financiera de la Sociedad y el resultado de sus operaciones, asi como los cambios en su situatión financiera, de conformidad con principios de contabilidad generalmente aceptados. La Memoria anual es consistente con los estados financieros del ejercicio.

Norwegisch

Foretakets regnskapsforing og arsregnskap som jeg/vi har revidert etter profesjonelle standarder oppfyller (den tyske) lovens krav. Under hensyntagen til grunnsetningene for ordentlig regnskapsforsel gir arsregnskapet et bilde av foretakets formues- og finanssituasjon, samt resultat, som stemmer med de faktiske forhold. Arsberetningen er i samsvar med arsregnskapet.

V. Der Bestätigungsvermerk zum Konzernabschluß von Kapitalgesellschaften

1. Aufgabe und Bedeutung des Bestätigungsvermerks zum Konzernabschluß

464   Der BestV zum KA hat eine **ähnliche Bedeutung** wie der BestV zum JA der Kapitalgesellschaft. Der BestV bezieht sich auf den Inhalt der Konzernabschlußprüfung, die die Ordnungsmäßigkeit dieses Abschlusses einschließlich der ordnungsmäßigen Konsolidierung und des Konzern-LB umfaßt; er bezieht sich **nicht** auf die Ordnungsmäßigkeit der Abschlüsse aller einbezogenen Konzernunternehmen[540]. Durch die gemeinsame Regelung des BestV für Einzelabschluß und Konzernabschluß in § 322 HGB sind die Ausführungen über den BestV zum Einzelabschluß einheitlich zu beurteilen und damit grundsätzlich auch für den KA anwendbar[541]. Das gilt insbesondere für die Anforderungen und Aussagefähigkeit des uneingeschränkten BestV, seine Erteilung, die Zulässigkeit und/oder Pflicht von Ergänzungen zum BestV und für die Einschränkung oder Versagung des BestV.

2. Der uneingeschränkte Bestätigungsvermerk zum Konzernabschluß

a) Kernfassung

Sind nach dem abschließenden Ergebnis der Konzernabschlußprüfung keine Einwendungen zu erheben, so haben die Konzernabschlußprüfer nach § 322 Abs. 1 HGB den folgenden uneingeschränkten BestV (Kernfassung zum KA) zu erteilen: **465**

„Der KA entspricht nach meiner/unserer pflichtgemäßen Prüfung den gesetzlichen Vorschriften. Der KA vermittelt unter Beachtung der Grundsätze ordnungsmäßiger Buchführung ein den tatsächlichen Verhältnissen entsprechendes Bild der Vermögens-, Finanz- und Ertragslage des Konzerns. Der Konzernlagebericht steht im Einklang mit dem KA."

b) Anpassungen der Kernfassung

Anpassungen der Kernfassung sind auch beim KA nur bei bestimmten **Voraussetzungen** möglich[542]. Die Kernfassung bezieht sich im Gegensatz zum Einzelabschluß nicht auf die Buchführung. Da es die Konzernbuchführung als gesetzliches Erfordernis nicht gibt, ist Gegenstand der Prüfung insbesondere das Rechenwerk der (statistischen) Unterlagen und Fortschreibungen für die einzelnen Konsolidierungsvorgänge und -schritte; dies erfordert häufig eine interne Konsolidierungs-Buchführung. Der BestV zum KA bezieht diese Unterlagen und Tätigkeiten ein; eine Erweiterung des Satzes 1 ist nicht zulässig[543]. **466**

Anpassungen, die der Prüfungsgegenstand erfordert, sind notwendig beim Teilkonzernabschluß. Bezieht sich die Konzernrechnungslegung auf einen Teilkonzern, so ist dies auch im Wortlaut des BestV zum Ausdruck zu bringen. Die Worte „Konzernabschluß" und „Konzernlagebericht" sind also durch die Worte „Teilkonzernabschluß" und „Teilkonzernlagebericht" zu ersetzen. In Fällen freiwilliger Aufstellung eines Teilkonzernabschlusses und eines Teilkonzernlageberichts durch eine nachgeordnete Kapitalgesellschaft soll der BestV einen entsprechenden Hinweis erhalten[544]. **467**

---

540 Vgl. auch *ADS*, § 322 Tz. 92, *Erle* zu §§ 290 ff.
541 Der Berufsstand hat darauf hingewiesen, daß wesentliche Relativierungen der Aussagekraft eines BestV zum KA eine Beeinträchtigung des Aussagewerts des KA selbst ergeben können. Diese können beruhen auf den flexiblen Regelungen zur Einbeziehungspflicht, zum einheitlichen Stichtag und zur Zwischengewinneliminierung; siehe dazu zusammenfassend *Marks*, WPg. 1989 S. 171 mwN.
542 Vgl. Abschn. O Tz. 322 ff.
543 Vgl. *Sarx* in BeBiKo., § 322 Anm. 87; *Helmrich*, BiRiLiG S. 283 ff.
544 So zum bisherigen Recht St/NA 1968, Abschn. I Nr. 4.

3. Ergänzungen des Bestätigungsvermerks

468 In gleicher Weise wie beim Einzelabschluß ist der BestV zum KA nach § 322 Abs. 2 HGB zu ergänzen, wenn zusätzliche Bemerkungen erforderlich erscheinen, um einen falschen Eindruck über den Inhalt der Prüfung und die Tragweite des BestV zu vermeiden.

469 Für Ergänzungen des BestV zum KA gelten die Ausführungen des Einzelabschlusses entsprechend. Ergänzungen kommen darüber hinaus für konzernspezifische Besonderheiten in Frage. Hierzu zählt insbesondere, wenn sich bei abweichenden Stichtagen und Fehlen eines Zwischenabschlusses Unsicherheiten im Hinblick auf den Inhalt der Prüfung und die Tragweite des BestV ergeben[545].

470 Enthält der Gesellschaftsvertrag oder die Satzung in zulässiger Weise ergänzende Vorschriften über den KA, so ist auf die Übereinstimmung mit diesen im BestV hinzuweisen (§ 322 Abs. 2 Satz 2 HGB). Ein Zusatz zum BestV, der auf die Verwendung der Prüfungsergebnisse anderer APr. hinweist, wird im allgemeinen nicht erforderlich sein[546].

4. Einschränkung/Versagung des Bestätigungsvermerks

471 Sind nach dem abschließenden Ergebnis der Konzernabschlußprüfung Einwendungen (wesentliche Beanstandungen) zu erheben, so hat der APr. den BestV einzuschränken oder zu versagen. Dabei ist bei der Beurteilung der **Wesentlichkeit** in quantitativer Hinsicht die (höhere) Konzern-Größenordnung heranzuziehen[547].

Gegenstand von Einwendungen[548] können sein:

472 a) Wahl eines vom Abschlußstichtag des MU abweichenden Konzernabschlußstichtages, obwohl hierfür die Voraussetzungen des § 299 Abs. 1 HGB nicht vorliegen[549].

473 b) Nichtbeachtung oder unzutreffende Auslegung der Vorschriften über die Abgrenzung des Konsolidierungskreises. Einwendungen können auch darauf beruhen, daß das Wahlrecht nach § 296 Abs. 1 oder 2 HGB willkürlich gehandhabt wird.

474 c) Nichtbeachtung oder unzutreffende Auslegung der Vorschriften über den Wertansatz einer Beteiligung an einem assoziierten Unternehmen nach der Equity-Methode (§§ 311–312 HGB) und die Behandlung dabei entstehender Unterschiedsbeträge.

475 d) Unzutreffende Auslegung der Vorschriften über die anteilsmäßige Konsolidierung (§ 310 HGB).

476 e) Verstöße gegen den Grundsatz der einheitlichen Bewertung nach § 308 HGB; ferner, wenn die Ausnahmeregelungen nach § 308 Abs. 2 Sätze 3 und 4 HGB

---

545 Vgl. FG/IDW 3/1988 Abschn. D 2; auch Begr. zu § 299 HGB, BT-Drs. 10/4268 S. 115.
546 Vgl. FG/IDW 3/1988 Abschn. D 3.
547 Wie hier *Sarx* in BeBiKo., § 322 Anm. 93.
548 Vgl. FG/IDW 3/1988 Abschn. D; *Sarx* in BeBiKo., § 322 Anm. 95 f.
549 Vgl. *ADS*, § 299 Tz. 6 ff.

trotz fehlender Voraussetzungen in Anspruch genommen wurden oder in willkürlicher Weise gehandhabt wurden.

f) Verstöße gegen die Grundsätze, nach denen der KA aus den Einzelabschlüssen zu entwickeln ist, insbesondere also gegen die Gliederungs- und Bewertungsgrundsätze für den KA sowie die Regeln für die Kapital-, Schulden-, Innenumsatz- und Erfolgskonsolidierung einschl. der Behandlung der sich daraus ergebenden Beträge und Steuerabgrenzungen; ferner gegen die Vorschriften über die anteilsmäßige Konsolidierung und die Einbeziehung nach der Equity-Methode. Bei der Einbeziehung ausländischer Unternehmen in den KA kann auch die Währungsumrechnung Gegenstand von Einwendungen sein. **477**

g) Einwendungen können sich auch aus wesentlichen Mängeln in der Vorbereitung und Dokumentation der Konsolidierung ergeben[550]. **478**

h) Mängel des Konzern-Anh. und des Konzern-LB[551]. Einwendungen sind gegen den Konzernlagebericht zu erheben, wenn die für die Gesamtbeurteilung notwendigen Angaben (einschl. der nach § 315 Abs. 2 Nr. 1–3 HGB berichtpflichtigen Einzelangaben) fehlen oder wenn der durch den Konzern-LB vermittelte Gesamteindruck außerhalb des Beurteilungsspielraums liegt, den das Gesetz der Konzernleitung einräumt. Einwendungen gegen den Konzern-Anh. können sich ergeben, wenn die Ausführungen nach § 313 Abs. 1 HGB und die Einzelangaben nach §§ 313 Abs. 2–4, 314 HGB nicht oder nicht vollständig gemacht wurden. **479**

i) Verstöße gegen die Pflichten des MU und der Tochterunternehmen einschl. deren APr., dem Konzern-APr. die für die Durchführung der Prüfung erforderlichen Unterlagen zur Verfügung zu stellen und die notwendigen Aufklärungen zu erteilen (§ 320 Abs. 3 HGB). Voraussetzung einer Einschränkung oder Versagung des BestV ist in diesen Fällen, daß sich der Konzern-APr. infolge des Verstoßes kein abschließendes Urteil über wesentliche Punkte des KA oder des Konzern-LB aufgrund eigener Prüfungshandlungen zu bilden vermag[552]. **480**

j) Nichtbeachtung der Generalnorm des § 264 Abs. 2 HGB. **481**

Die Ausführungen über die **Gründe** für die Einschränkung oder Versagung des BestV zum JA der Kapitalgesellschaft gelten entsprechend. **482**

Einwendungen gegen Einzelabschlüsse einbezogener Unternehmen, die ggf. zu Einschränkungen bzw. Versagung des BestV zum Einzelabschluß geführt haben, sind bei der Beurteilung des KA zu berücksichtigen, sofern sie wesentliche Mängel im Hinblick auf den KA darstellen und nicht im Rahmen der Konsolidierung behoben sind[553].

Für die Formulierung des eingeschränkten BestV zum KA gelten die gleichen Grundsätze wie für die Formulierung des eingeschränkten BestV zum JA der Kapitalgesellschaft. Danach hat der APr. die Einschränkung des BestV zum KA zu begründen und so darzustellen, daß deren Tragweite deutlich erkennbar wird **483**

---

550 Vgl. FG/IDW 3/1988 Abschn. D 4.
551 Vgl. zum Konzern-Anh. und -lagebericht Abschn. M Tz. 649 ff., 337 ff.
552 Vgl. FG/IDW 3/1988 Abschn. D 5.
553 Vgl. FG/IDW 3/1988 Abschn. D.

(§ 322 Abs. 3 Sätze 3 und 4 HGB). Versagt der APr. den BestV zum KA, so hat er dies durch einen Vermerk zum KA zu erklären (§ 322 Abs. 3 Satz 2 HGB). Die Versagung ist zu begründen (§ 322 Abs. 3 Satz 3 HGB); eine Darstellung der Tragweite der Versagung verlangt das Gesetz nicht.

5. Einzelfragen zum Bestätigungsvermerk bei Konzernabschlüssen

484 Der BestV bzw. der Vermerk über seine Versagung ist von den Konzernab-schlußprüfern mit Angabe von Ort und Tag zu unterzeichnen; der BestV oder der Vermerk über seine Versagung ist auch in den PrB aufzunehmen (§ 322 Abs. 4 HGB).

485 Der BestV ist unter Beachtung der dargestellten Überlegungen ergänzungsbe-dürftig, wenn der KA oder der Konzernlagebericht geändert werden (§ 316 Abs. 3 Satz 2 HGB); in diesem Fall ist der BestV entsprechend zu ergänzen, nachdem die dann erforderliche Nachtragsprüfung abgeschlossen ist.

486 Ein **Widerruf** des BestV ist möglich und uU geboten, wenn die Voraussetzungen für seine Erteilung nicht vorgelegen haben [554].

6. Der zusammengefaßte Bestätigungsvermerk

487 Nach §§ 298 Abs. 3 Satz 3, 315 Abs. 3 HGB besteht für den APr. ein **Wahlrecht**, die BestV und die PrB jeweils zusammenzufassen, nur dann, **wenn** der Konzern-Anh. und der Anh. des JA des MU zusammengefaßt und der KA und der JA des MU gemeinsam offengelegt werden (§ 298 Abs. 3 Satz 1 HGB) und/oder von der Möglichkeit zur Zusammenfassung von Konzern-LB und LB (§§ 298 Abs. 3 Satz 1, 315 Abs. 3 HGB) Gebrauch macht und ebenfalls KA und JA des MU gemeinsam offengelegt werden.

488 Es dürfte angeraten sein, einen **zusammengefaßten BestV** zu erteilen, um Mißver-ständnisse bei der gemeinsamen Offenlegung von Einzel- und Konzernabschluß zu vermeiden. Anderenfalls wären die getrennten BestV zum Einzel- und Kon-zernabschluß jeweils durch einen hinweisenden Zusatz auf den einheitlichen Anh. und/oder LB zu ergänzen.

489 Ob ein **getrenntes Wahlrecht** über die Zusammenfassung von BestV einerseits und PrB andererseits besteht, läßt sich der Vorschrift nicht entnehmen. Es wird sich aber empfehlen, das Wahlrecht zur Zusammenfassung **einheitlich** für die BestV und PrB auszuüben.

490 Voraussetzung für den zusammengefaßten BestV ist im übrigen, daß **ein APr.** für Jahres- und Konzernabschluß bestellt wird; werden verschiedene APr. bestellt, liegt kein Fall einer gemeinsamen Abschlußprüfung vor [555]. Ein zusammengefaß-ter BestV mit ansonsten zur Klarstellung erforderlicher Kennzeichnung der –

554 *ADS*, § 336 Tz. 58.
555 So auch *ADS*, § 322 Anm. 94.

verschiedenen – „zuständigen" APr. würde über die vorgeschriebenen Möglichkeiten der Anpassung von BestV hinausgehen[556].

Der Wortlaut ist gesetzlich nicht formelhaft vorgegeben; es empfiehlt sich folgende **Formulierung**[557] für die Kernfassung[558]: **491**

„Die Buchführung, der Jahresabschluß und der Konzernabschluß entsprechen nach meiner/unserer pflichtgemäßen Prüfung den gesetzlichen Vorschriften. Der Jahresabschluß und der Konzernabschluß vermitteln unter Beachtung der Grundsätze ordnungsmäßiger Buchführung ein den tatsächlichen Verhältnissen entsprechendes Bild der Vermögens-, Finanz- und Ertragslage der Kapitalgesellschaft und des Konzerns. Der Bericht über die Lage der Kapitalgesellschaft und des Konzerns stehen im Einklang mit dem Jahresabschluß und dem Konzernabschluß."

Hält der APr. **Ergänzungen** zu einem einheitlichen BestV für erforderlich, muß sichergestellt sein, daß für den Adressaten eindeutig erkennbar ist, worauf sich die Zusätze beziehen. Ansonsten wäre eine Zusammenfassung der BestV nicht zulässig. **492**

Eine Zusammenfassung der BestV kommt auch dann in Frage, wenn der APr. den BestV zum Einzelabschluß und/oder zum KA **eingeschränkt** hat; eine Zusammenfassung ist insoweit möglich, als Gegenstand, Begründung und Darstellung der Tragweite der Einschränkung eindeutig und zweifelsfrei ersichtlich sind. **493**

Die Möglichkeit einer Zusammenfassung der Vermerke über die Versagung der BestV zum Einzelabschluß und/oder KA ist strittig und nach dem Wortlaut des § 298 Abs. 3 Satz 3 HGB nicht vorgesehen, jedoch auch nicht ausgeschlossen[559]. **494**

7. Übersetzungen des Bestätigungsvermerks zum Konzernabschluß

Das IDW hat im Interesse einer einheitlichen, zutreffenden Ausdrucksweise zusammen mit ausländischen Berufsangehörigen Übersetzungen des uneingeschränkten BestV zum KA erarbeitet[560], deren allgemeine Anwendung empfohlen wird. Die Berufsbezeichnung „Wirtschaftsprüfer" soll nicht übersetzt werden. **495**

Bei einer Übersetzung könnte der Hinweis auf den in deutscher Sprache erteilten BestV[561] lauten: **496**

„Zu dem vollständigen KA und LB habe/n ich/wir den gemäß § 322 HGB vorgeschriebenen uneingeschränkten/eingeschränkten (ggf. mit folgenden Ergänzungen) BestV erteilt. Die Übersetzung des BestV lautet wie folgt:

556 Vgl. FG/IDW 3/1988 Abschn. D.
557 Voraussetzung ist die Bestätigung der Einhaltung der Generalnorm, § 264 Abs. 2 Satz 1 und zu den Lageberichten nach Satz 3 für beide Abschlüsse, *Sarx* in BeBiKo., § 322 Tz. 103.
558 FG/IDW 3/1988 Abschn. D.
559 Strittig: den Wortlaut des § 298 Abs. 3 Satz 3 HGB „. . . BestV" auch auf den Vermerk über die Versagung beziehend und die Zusammenfassung nicht ausschließend: *ADS*, § 322 Tz. 93; aA *Sarx* in BeBiKo., § 322 Tz. 102 sowie WPH 1985/86 Bd. II S. 629.
560 Zum bisherigen Recht WPH 1985/86 Bd. I S. 914.
561 Vgl. analog Abschn. O Tz. 461 f.

Deutsch

Der KA entspricht nach meiner/unserer pflichtgemäßen Prüfung den gesetzlichen Vorschriften. Der KA vermittelt unter Beachtung der Grundsätze ordnungsmäßiger Buchführung ein den tatsächlichen Verhältnissen entsprechendes Bild der Vermögens-, Finanz- und Ertragslage des Konzerns. Der Konzernlagebericht steht im Einklang mit dem KA.

Englisch

The consolidated accounts, which I/we have audited in accordance with professional standards, comply with the (German) legal provisions. With due regard to the generally accepted accounting principles the consolidated accounts give a true and fair view of the assets, liabilities, financial position and profit or loss of the undertakings included in the consolidation taken as a whole. The consolidated annual report is consistent with the consolidated accounts.

Finnisch

Konsernitilinpäätös vastaa minun/mewidän velvollisuuden mukaisesti suorittaman tarkastuksen mukaan lakisäännöksiä. Konsernitilinpäätös välittää säännönmukaisen kirjanpidon periaatteita noudattaen todellisia olosuhteita vastaavan kuvan konsernin varallisuusasemasta, taloudellisesta asemasta ja tuotoista. Konsernitilanneselostus vastaa tilinpäätöstä.

Französisch

A la suite de la vérification effectuée conformément à mes/nos obligations professionelles je déclare/nous déclarons que les comptes consolidés sont conformes aux prescriptions légales (allemandes). En respectant les principes de comptabilité régulière, les comptes consolidés donnent une image fidèle du patrimoine, de la situation financière ainsi que du résultat de l'ensemble constitué par les entreprises comprises dans la consolidation. Le rapport annuel consolidé concorde avec les comptes consolidés.

Italienisch

Il bilancio consolidato, da me/noi esaminato sulla base dei principi di revisione statuiti dalla professione, è conforme alle norme di legge (tedesche). Il bilancio consolidato, redatto sulla base di corretti principi contabili, fornisce un quadro fedele della situazione patrimoniale, finanziaria e del risultato economico del Gruppo. La relazione degli ammistratori concorda con il bilancio consolidato.

Niederländisch

Op grond van een door mij/ons overeenkomstig mijn/onze beroepsplichten verricht onderzoek verklaar ik/verklaren wij dat de groepsjaarrekening voldoet aan de (Duitse) wet. De groepsjaarrekening die is opgesteld volgens de normen die in het maatschappelijk verkeer als aanvaardbaar worden beschouwd geeft een getrouw beeld van de grootte en de samenstelling van het vermogen en van het resultaat van de groep. Het groepsjaarverslag is verenigbaar met de groepsjaarrekening.

Norwegisch

Konsernregnskapet, som jeg/vi har revidert etter profesjonelle standarder, oppfyller (den tyske) lovens krav. Under hensyntagen til grunnsetningene for ordentlig regnskapsforsel, gir konsernregnskapet et bilde av konsernets formues-

og finanssituasjion samt resultat, som stemmer med de faktiske forhold. Konsernberetningen er i samsvar med konsernregnskapet.

Schwedisch

Koncernbokslutet, som jag/vi har granskat i enlighet med god revisionssed, har upprättats enlight (tysk) lag. Med tillämpning av god redovisningssed ger koncernbokslutet en rättvisande bild av koncernens tillgångar och skulder samt av dess ställning och resultat. Koncernförvaltningsberättelsens innehåll står i överensstämmelse med koncernbokslutet.

Spanisch

Los estados financieros consolidados, los cuales he/o hemos auditado de acuerdo con las obligaciones profesionales, han cumplido las normes legales (alemanes) de aplicación. Los estados financieros consolidados antes mencionados, presentan adecuadamente la situación financiera del grupo y el resultado de sus operaciones, asi como los camsios en su situación financiera, de conformidad con principios de ontabilidad generalmente aceptados. La Memoria anual es consistente con los estados financieros consolidados del ejercicio.

VI. Besonderheiten des Prüfungsergebnisses bei speziellen Jahresabschlußprüfungen

1. Allgemein

Die vorstehend dargestellten Grundsätze der Berichterstattung und der Erteilung von Bestätigungsvermerken über das Ergebnis der Jahresabschlußprüfung von Kapitalgesellschaften gelten sowohl für die anderen gesetzlich vorgeschriebenen als auch für solche gesetzlich nicht vorgeschriebene („freiwillige") Abschlußprüfungen sinngemäß bzw. entsprechend, die zu einem dem BestV bei Kapitalgesellschaften entsprechenden Gesamturteil über das Prüfungsergebnis führen sollen. **497**

Bei bestimmten gesetzlich vorgeschriebenen Jahresabschlußprüfungen sind die §§ 321 und 322 HGB aufgrund einer ausdrücklichen gesetzlichen Verweisung sinngemäß (§ 6 Abs. 1 PublG)[560] bzw. entsprechend (§ 25a KWG iVm. § 6 Abs. 1 PublG, § 27 Abs. 2 KWG, § 53 Abs. 2 Nr. 3 KWG, § 57 Abs. 2 VAG) anzuwenden. Außerdem sehen die für die Abschlußprüfung bei öffentlichen Unternehmen maßgebenden Bestimmungen eine entsprechende Berichterstattung und die Erteilung eines BestV vor, und schließlich ergibt sich die Notwendigkeit oder Zweckmäßigkeit der Anwendung handelsrechtlicher Grundsätze bei zahlreichen anderen Abschlußprüfungen aus ihrem Gegenstand. **498**

Auf die Verlautbarung des Ergebnisses anderer Abschlußprüfungen wird daher nur insoweit eingegangen, als bei diesen Prüfungen **Besonderheiten** bestehen. Solche Besonderheiten liegen vor allem bei Prüfungen vor, bei denen nicht nur die Rechnungslegung Prüfungsgegenstand ist und dann auch eine erweiterte Berichterstattung erforderlich ist. **499**

---

560 Gilt auch für Zweigstellen ausländischer Kreditinstitute.

500 Ist über das Prüfungsergebnis ein BestV zu erteilen, so ist der Wortlaut der Kernfassung des uneingeschränkten BestV, ggf. unter Anpassungen und Ergänzungen, soweit wie möglich zu übernehmen; dies gilt für die vorgeschriebene als auch die nicht ausdrücklich vorgeschriebene entsprechende oder sinngemäße Anwendung des § 322 HGB[561]. Dies dient der gleichbleibenden Interpretation des BestV durch den Adressaten.

501 Voraussetzung für die Übernahme eines an den Wortlaut des § 322 Abs. 1 HGB anknüpfenden BestV ist in jedem Fall eine entsprechende, den Regelungen der handelsrechtlichen Pflichtprüfung gem. §§ 316 ff. HGB durchgeführte Prüfung.

502 Die Übernahme des **Satzes 1** der Kernfassung des § 322 Abs. 1 HGB entspricht üblichen Regeln.

503 Für die Übernahme von **Satz 2** der Kernfassung ist von Bedeutung, daß sich dessen Aussage auf die für Kapitalgesellschaften geltenden Vorschriften hinsichtlich Gliederung, Bewertung, Anh. und insb. zur Generalnorm bezieht.

504 Generell ist daher vom APr. nach pflichtgemäßem Ermessen zu prüfen, ob in einer Ergänzung gem. § 322 Abs. 2 HGB zum Testat die zugrundeliegenden Rechnungslegungs-, ggf. auch die Prüfungsvorschriften zu erläutern sind, wobei Mißverständnisse auszuschließen sind[562].

505 Die Übernahme des Satzes 2 ist danach grundsätzlich nur möglich, wenn der geprüfte JA/KA ein den tatsächlichen Verhältnissen entsprechendes Bild der Vermögens-, Finanz- und Ertragslage vermittelt. Dabei besteht bei der Frage der Beurteilung der grundsätzlichen Übereinstimmung zwischen Generalnorm und Einzelvorschriften für Einzelkaufleute und Personenhandelsgesellschaften im Gegensatz zur Kapitalgesellschaft nach allgemeiner Auffassung fehlende Übereinstimmung[563] zwischen der Generalnorm des § 264 Abs. 2 HGB und der Bewertungsregel des § 253 Abs. 4 HGB, wonach Abschreibungen im Rahmen vernünftiger kaufmännischer Beurteilung zulässig sind. Dementsprechend kann ein uneingeschränkter BestV für den JA von Einzelkaufleuten und Personenhandelsgesellschaften im Grundsatz nicht den Satz 2 der Kernfassung des § 322 Abs. 1 HGB übernehmen, da der APr. eine Bestätigung, daß der JA unter Beachtung der GoB ein den tatsächlichen Verhältnissen entsprechendes Bild der Vermögens-, Finanz- und Ertragslage vermittelt, aufgrund der hierzu im Widerspruch stehenden Einzelvorschriften nicht abgeben kann. Eine andere Beurteilung ist dann möglich, wenn im JA von Einzelkaufleuten und Personenhandelsgesellschaften freiwillig die Rechnungslegungsvorschriften für Kapitalgesellschaften angewendet werden. Dies erfordert grundsätzlich, daß in einem Anhang Angaben gemacht werden, soweit sie zur Vermittlung eines den tatsächlichen Verhältnissen entsprechenden Bildes der Vermögens-, Finanz- und Ertragslage des Unternehmens notwendig sind, zB über die angewandten Bilanzierungs- und Bewertungsmethoden[564] sowie weitere für den Einzelfall wesentliche Sachverhalte. Das Wort ‚Kapitalgesellschaft' ist durch Rechtsform oder Firma des geprüften Unternehmens zu ersetzen.

561 Vgl. FG/IDW 3/1988 Abschn. G; *Gross* in FS *v. Wysocki*, S. 269.
562 Wie hier *ADS*, § 322 Tz. 95.
563 *Helmrich*, Aufbau und Auslegung des BiRiLiG, GmbHR 1986 S. 6; *Emmerich* in Bericht über die Fachtagung 1985, S. 217/219.
564 Vgl. FG/IDW 3/1988 Abschn. C I 7; wie hier: *ADS*, § 322 Tz. 97.

Die Übernahme des **Satzes 3** der Kernfassung setzt voraus, daß ein LB erstellt   506
worden ist, daß dessen Inhalt den Bestimmungen von § 289 HGB entspricht und
daß der LB nach dem Prüfungsauftrag Gegenstand der Abschlußprüfung ist.

Die Vorschriften des § 322 Abs. 2 HGB über Ergänzungen zum BestV sind in   507
gleicher Weise auch bei anderen Abschlußprüfungen heranzuziehen.

2. Unternehmen, die unter das PublG fallen

Der JA der nach dem Gesetz über die Rechnungslegung von bestimmten Unter-   508
nehmen und Konzernen vom 15. 8. 1969 (sog. Publizitätsgesetz)[565] zur Publizität
verpflichteten Unternehmen ist nach § 6 Abs. 1 PublG unter Einbeziehung der
Buchführung und des LB prüfungspflichtig.

a) Prüfungsbericht

Es ergeben sich grundsätzlich keine Besonderheiten.   509

b) Bestätigungsvermerk

aa) Der Bestätigungsvermerk zum Jahresabschluß

Gemäß § 6 Abs. 1 Satz 2 PublG gilt § 322 HGB über den BestV für diese Unter-   510
nehmen **sinngemäß**. Der uneingeschränkte BestV zum JA hat daher den in § 322
HGB vorgeschriebenen Wortlaut, doch ist dieser Wortlaut nach den dargestellten Grundsätzen[566] an die Rechtsform des Unternehmens und die hierfür geltenden Rechnungslegungsvorschriften anzupassen.

Verzichten Personenhandelsgesellschaften und Einzelkaufleute im Hinblick auf   511
§ 5 Abs. 1 und 2 PublG darauf, einen Anh. und einen LB aufzustellen und prüfen zu lassen, so ist als Formulierung des uneingeschränkten BestV lediglich
Satz 1 des Wortlauts des BestV nach § 322 Abs. 1 HGB zu übernehmen.

Da für diese Unternehmen weder die für Kapitalgesellschaften maßgebliche   512
Wertuntergrenze noch das Wertaufholungsgebot gilt, ist die Übernahme des Sat-
zes 2 von der Sicherung der Aussage zur Generalnorm abhängig, sofern das
Unternehmen hiervon Gebrauch macht. Dazu ist erforderlich, daß ggf. die
Angabe des Ausmaßes und der Veränderung der Bewertung nach § 253 Abs. 4
HGB ersichtlich ist, zB in einem Anh. oder in Vermerken zur Bilanz bzw. zur
GuV[567].

Werden die Voraussetzungen nicht erfüllt, ist die Übernahme des Satzes 2 nur   513
unter der klarstellenden Erweiterung, unter welchen zugrundeliegenden Vorschriften der JA aufgestellt wurde, möglich. Der Satz 2 könnte dann wie folgt
lauten[568]:

„Der Jahresabschluß vermittelt unter Beachtung der Grundsätze ordnungsmäßiger Buchführung und der speziellen Ausweis-, Bewertungs- und Berichterstattungsvorschriften des

---

565 BGBl. I S. 1189, zuletzt geändert durch BiRiLiG v. 19. 12. 1985, BGBl. I S. 2355/2403.
566 Vgl. Abschn. O Tz. 502 ff.
567 Vgl. FG/IDW 3/1988 Abschn. C I 8.
568 Dies noch generell vorschlagend WPH 1985/86 Bd. II S. 614; *Goerdeler* in FS *Flech* S. 53; zustim-
    mend *ADS* § 322 Tz. 99.

Publizitätsgesetzes ein den tatsächlichen Verhältnissen entsprechendes Bild der Vermögens-, Finanz- und Ertragslage des Unternehmens."

514   Satz 3 der Kernfassung kann nur übernommen werden, wenn ein LB gem. § 289 HGB erstellt und geprüft wurde; auf einen erstellten, jedoch auftragsgemäß nicht geprüften LB ist im BestV hinzuweisen[569].

515   Nach § 5 Abs. 4 PublG darf das **„sonstige Vermögen"** (Privatvermögen) eines Einzelkaufmanns nicht in die Bilanz aufgenommen werden. Diese Vorschrift wird so ausgelegt, daß auch die privaten Schulden des Einzelkaufmanns nicht passiviert werden dürfen, selbst wenn die Mittel zur Tilgung dieser Schulden (zB zur Zahlung persönlicher Steuern) aus dem betrieblichen Vermögen entnommen werden müssen[570]; ein privater Gläubiger eines Einzelkaufmanns kann jedoch in dessen betriebliches Vermögen vollstrecken. Entgegen der früheren Regelung[571] ist der APr. wegen des aus auch für nach PublG publizitätspflichtige Unternehmen geltende Gebot (§ 322 Abs. 2 HGB iVm. § 6 Abs. 1 Satz 2 PublG), den BestV ggf. zu ergänzen, um einen falschen Eindruck über den Inhalt der Prüfung und die Tragweite des BestV zu vermeiden, verpflichtet, nach pflichtgemäßem Ermessen eine entsprechende Ergänzung in den BestV aufzunehmen. Dieser Zusatz sollte folgenden Wortlaut haben:

„. . . Verbindlichkeiten, die der Inhaber nicht unter seiner Firma eingegangen ist, sind gem. § 5 Abs. 4 PublG nicht in der Jahresbilanz passiviert."

516   Bei **Inanspruchnahme der Offenlegungserleichterungen** des § 9 PublG (§ 9 Abs. 1 PublG iVm. §§ 325, 328 HGB) ist die Regelung zu beachten, daß sich der BestV auf den aufgestellten JA bezieht[572]. Machen ein Einzelkaufmann oder eine Personenhandelsgesellschaft von den Offenlegungserleichterungen nach § 9 Abs. 2 iVm. § 5 Abs. 5 Satz 3 PublG Gebrauch, so ist der uneingeschränkte BestV zur Rechnungslegung wie folgt zu fassen:

„Vorstehende zur Offenlegung bestimmte Bilanz nebst Anlage entspricht den gesetzlichen Vorschriften. Zu dem vollständigen Jahresabschluß habe/n ich/wir den folgenden Bestätigungsvermerk erteilt:

Die Buchführung und der Jahresabschluß entsprechen nach meiner/unserer pflichtgemäßen Prüfung den gesetzlichen Vorschriften (ggf. Satz 2 und Satz 3 der Kernfassung, ggf. Ergänzungen)."

517   Ein erteilter BestV wird **ergänzungsbedürftig,** wenn die gesetzlichen Vertreter den JA und/oder den LB ändern, nachdem ihnen der PrB vorgelegt worden ist (§ 6 Abs. 1 Satz 2 PublG iVm. § 316 Abs. 3 HGB). Der von den gesetzlichen Vertretern aufgestellte JA kann ferner von der für die Feststellung des JA zuständigen Stelle (zB der Gesellschafterversammlung) geändert werden (§ 8 Abs. 3 PublG). In beiden Fällen ist eine Nachtragsprüfung durch den APr. erforderlich (§§ 6 Abs. 1 Satz 2 PublG iVm. § 316 Abs. 3 HGB, § 8 Abs. 3 PublG). Anders als nach der handelsrechtlichen Regelung wird im Falle von § 8 Abs. 3 PublG der

---

569 Vgl. FG/IDW 3/1988 Absch. C I 7.
570 *Prühs*, BB 1970 S. 516/519; *Goerdeler* in FS *Kaufmann*, Köln 1972 S. 176 f.; hinsichtlich der persönlichen Steuerschulden zT aA *Forster*, WPg. 1972 S. 469/471; vgl. auch WPH 1985/86 Bd. I S. 692 f.
571 In St/HFA 1/1972 war es auch ohne gesetzliche Regelung für geboten gehalten worden, den Bilanzleser durch einen hinweisenden Zusatz zum BestV auf eine Gefährdung des betrieblichen Vermögens aufmerksam zu machen, wenn der APr. erkennt, daß das betriebliche Vermögen des Einzelkaufmanns durch private Schulden erheblich gefährdet ist.
572 Vgl. Abschn. O Tz. 431 ff.

BestV allerdings nicht ergänzungsbedürftig, sondern insgesamt unwirksam[573]. Damit verbleibt es im Bereich des PublG bei dem bisherigen Widerspruch des § 162 Abs. 3 AktG 1965[574].

Die Beschlußfassung wird wirksam, wenn die Nachtragsprüfung binnen zwei **518** Wochen seit der Beschlußfassung nachgeholt und der APr. hinsichtlich der Änderungen einen uneingeschränkten BestV erteilt hat. In einer Ergänzung zum BestV sollte darauf hingewiesen werden, daß keine Einwendungen hinsichtlich der Änderungen vorliegen[575].

bb) Der Bestätigungsvermerk zum Konzernabschluß

Ergänzend zu den Ausführungen zum KA und unter Beachtung der allgemeinen **519** Hinweise[576] sind folgende Anmerkungen notwendig:

Anpassungen an die Kernfassung des BestV zum KA sind möglich aufgrund **520** anderer Vorschriften; dies gilt insbesondere bei sinngemäßer Anwendung entsprechend § 14 Abs. 1 Satz 2 PublG. Der Wortlaut der Kernfassung ist grundsätzlich auch maßgebend, wenn MU nach den §§ 11 ff. PublG Rechnung legen (vgl. § 14 Abs. 1 Satz 2 PublG). Es ist allerdings zu beachten, daß für den KA nach PublG die für Kapitalgesellschaften maßgebliche Wertuntergrenze und das Wertaufholungsgebot, ferner die Angabepflicht im Konzernanh. nach § 314 Abs. 1 Nr. 5 und 6 HGB, nicht gilt (§ 13 Abs. 3 Satz 1 PublG). In gleicher Weise wie beim Einzelabschluß nach PublG wird es daher nicht möglich sein, den zweiten Satz des Wortlautes des BestV nach § 322 Abs. 1 HGB unverändert zu übernehmen. Es erscheint zulässig, eine Ergänzung vorzunehmen, die den 2. Satz wie folgt erweitert:

„... Der Konzernabschluß vermittelt unter Beachtung der Grundsätze ordnungsmäßiger Buchführung und der speziellen Ausweis-, Bewertungs- und Berichterstattungsvorschriften des PublG ein den tatsächlichen Verhältnissen entsprechendes Bild der Vermögens-, Finanz- und Ertragslage des Konzerns ...“

Aufgrund der engen sachlichen Verknüpfung zwischen Sätze 2 und 3, wird bei **521** einem Wegfall von Satz 2 als Folge auch eine Übernahme von Satz 3 nicht in Frage kommen, so daß sich der BestV auf die Übernahme des ersten Satzes beschränken wird.

Eine vollständige Übernahme der Kernfassung setzt wie beim Einzelabschluß, **522** voraus, daß entweder die vollständigen Ansatz- und Bewertungsvorschriften der §§ 252 ff. HGB angewandt und die Angabepflichten des Konzernanh. erfüllt werden, oder daß die aus der Nichtanwendung dieser Vorschriften resultierenden Unterschiedsbeträge im Anh. dargestellt werden.

Wird von einem Einzelkaufmann oder einer Personenhandelsgesellschaft als **523** MU statt der Konzern-GuV eine Anlage zur Konzernbilanz (§§ 13 Abs. 3 Satz 2, 5 Abs. 5 Satz 3 PublG) offengelegt, die – bezogen auf den Konzern – die Angaben gemäß § 5 Abs. 5 PublG enthält, so ist diese Anlage prüfungspflichtig,

---

573 § 8 Abs. 3 PublG ist nicht an die neue Systematik des § 316 Abs. 3 HGB und § 173 Abs. 3 AktG angepaßt worden.
574 *Gross/Schruff*, Der Jahresabschluß nach neuem Recht, Düsseldorf 1986 S. 297 f., wonach die Nachtragsprüfung trotz Unwirksamkeit nur so weit geht, als die Änderung es erfordert.
575 Vgl. FG/IDW 3/1988 Abschn. E 2.
576 Vgl. Abschn. O Tz. 466 ff.

jedoch nicht in dem BestV zu erwähnen. Zur offenzulegenden Rechnungslegung (Konzernbilanz nebst Anlage und Konzernlagebericht) kann – anders als beim Einzelabschluß – ein gleichlautender BestV wie zur vollständigen Rechnungslegung verwendet werden, da § 14 Abs. 1 PublG einen unterschiedlichen Wortlaut des BestV in beiden Fällen nicht vorsieht. Wie im Falle der Offenlegung der Jahresbilanz nebst Anlage eines Personenhandelsunternehmens nach den Vorschriften des PublG ist es jedoch vorzuziehen, den BestV zur vollständigen Rechnungslegung für die Veröffentlichung wie folgt zu ergänzen:

„Die vorstehende zur Offenlegung bestimmte Konzernbilanz nebst Anlage und der Konzernlagebericht entsprechen den gesetzlichen Vorschriften. Zu dem vollständigen KA habe/n ich/wir den folgenden Bestätigungsvermerk erteilt:

(folgt BestV)."

524 Ist das MU ein Einzelkaufmann, so darf sein „sonstiges Vermögen" (Privatvermögen) gemäß § 13 Abs. 3 Satz 2 iVm. § 5 Abs. 4 PublG nicht in die Konzernbilanz aufgenommen werden. Daher dürfen auch seine privaten Schulden in der Konzernbilanz nicht passiviert werden. Erkennt der Konzernabschlußprüfer, daß das betriebliche Vermögen des Inhabers der Konzernleitung durch private Schulden erheblich gefährdet ist, so ist es – ebenso wie im Falle einer Publizitätspflicht für den JA eines Einzelkaufmanns [577] – geboten, den Bilanzleser hierauf durch einen hinweisenden Zusatz zum BestV aufmerksam zu machen. Dieser Zusatz sollte wie folgt lauten:

„. . . Verbindlichkeiten, die der Inhaber des MU nicht unter seiner Firma eingegangen ist, sind gemäß § 13 Abs. 3 PublG nicht in der Konzernbilanz passiviert."

3. Unternehmen, die sich einer freiwilligen Abschlußprüfung unterziehen

525 Abschlußprüfungen bei Unternehmen, die keiner gesetzlichen Prüfungspflicht **(freiwillige Abschlußprüfungen)** unterliegen, werden durchgeführt zB bei Einzelunternehmen, Personenhandelsgesellschaften und Unternehmungen von Stiftungen, die die Größenmerkmale des PublG nicht erfüllen, kleinen Kapitalgesellschaften iSd. § 267 Abs. 1 HGB (vgl. § 316 Abs. 1 HGB) sowie nicht prüfungspflichtigen Konzernen und Teilkonzernen.

526 **Inhalt und Umfang** der Berichterstattung bei freiwilligen Abschlußprüfungen richten sich entsprechend der Art des Auftrages danach, ob die freiwillige Prüfung nach Art und Umfang einer Pflichtprüfung gem. § 316 ff. HGB durchgeführt wird und ein § 322 Abs. 1 HGB nachgebildeter BestV erteilt werden soll oder keine derartige Prüfung durchgeführt wird und lediglich eine Bescheinigung erteilt werden soll [578].

a) Prüfungsbericht

527 Bei gesetzlich nicht vorgeschriebenen Abschlußprüfungen, die zB aufgrund gesellschaftsvertraglicher Verpflichtung oder freiwillig in Auftrag gegeben werden, darf ein § 322 Abs. 1 HGB nachgebildeter BestV nur dann erteilt werden,

---

577 Vgl. Abschn. O Tz. 515.
578 Vgl. FG/IDW 2/1988 Abschn. E.

wenn die **Prüfung** nach Art und Umfang der Pflichtprüfung nach den Vorschriften der §§ **316 ff. HGB** entspricht[579]. Soll eine freiwillige Jahresabschluß- bzw. Konzernabschlußprüfung mit einem dem Wortlaut des § 322 Abs. 1 HGB nachgebildeten BestV abschließen, so muß durch den APr. ein PrB erstellt werden[580]. Jeder, dem ein JA vorgelegt wird, der mit dem BestV eines WP, einer WPG, eines vBP oder einer BPG versehen ist, kann somit davon ausgehen, daß ein schriftlicher PrB vorhanden ist[581].

Für die Berichterstattung des APr. gelten die für Pflichtprüfungen bestehenden **528** Grundsätze entsprechend. Dies bedeutet jedoch nicht, daß der Bericht über eine gesetzlich nicht vorgeschriebene Abschlußprüfung in jeder Hinsicht den Anforderungen an einen PrB über eine Pflichtprüfung entsprechen muß.

Sofern die Bestimmungen des Gesellschaftsvertrages oder sonstige rechtliche **529** Grundlagen nicht entgegenstehen, kann mit dem Auftraggeber eine Berichterstattung mit bestimmtem **geringeren Umfang** vereinbart werden. Auf Ausführungen zu den rechtlichen Verhältnissen, auf eine Darstellung der Vermögens-, Finanz- und Ertragslage sowie auf eine Aufgliederung und Erläuterung der einzelnen Posten des JA bzw. des KA kann auftragsgemäß bei der Abfassung des PrB verzichtet werden[582]. Der Verzicht auf die Aufgliederung und Erläuterung der einzelnen Abschlußposten wird grundsätzlich nicht davon abhängig zu machen sein, daß die entsprechenden Angaben den Berichtsempfängern (Inhaber, Gesellschafter, AR oder Beirat, Geschäftsführer, Vorstand) anderweitig zugänglich sind[583].

Auf eine auftragsgemäß eingeschränkte Berichterstattung ist allerdings in der **530** Zusammenfassung des Prüfungsergebnisses **hinzuweisen**[584]. Es ist berufsüblich und zweckmäßig, darüber hinaus auch im Rahmen der Darstellung des Prüfungsauftrags und der Auftragsdurchführung auf diese Tatsache und ihren Umfang hinzuweisen.

Zum **Mindestinhalt** eines PrB bei freiwilligen Prüfungen gehören[585]: Angaben **531** zum Prüfungsauftrag und zur Auftragsdurchführung, Feststellungen zur Gesetzmäßigkeit von Buchführung, JA und LB, bei Nicht-Kapitalgesellschaften Angaben zu den angewandten Gliederungsschemata, Angabe der wesentlichen Bewertungs- und Abschreibungsmethoden einschließlich Informationen über die Ausübung von Ansatz- und Bewertungswahlrechten, die Berichterstattung über nachteilige Veränderungen und nicht unwesentliche Verluste nach § 321 Abs. 1 Satz 4 HGB, die Redepflicht gem. § 321 Abs. 2 HGB sowie die Zusammenfassung des Prüfungsergebnisses.

Von Bedeutung ist, daß aufgrund der Erteilung eines BestV keinesfalls auf die **532** **Warnpflichten** des APr. nach § 321 Abs. 1 Satz 4 und Abs. 2 HGB verzichtet wer-

---

579 Vgl. FG/IDW 3/1988 Abschn. G I.
580 Vgl. FG/IDW 2/1988 Abschn. E I.
581 Vgl. *Goerdeler*, Die freiwillige Prüfung von Jahresabschlüssen in *Lutter* ua., FS *Fischer*, Berlin 1979 S. 149/156.
582 Vgl. FG/IDW 2/1988 Abschn. E I 1; *Budde/Kunz* in BeBiKo. § 321 Anm. 76; *Breycha/Schäfer* in HdR § 321 Rn. 84.
583 So noch FG/IDW 2/1977 Abschn. D; *Raff/Brandl* in HdJ Abt. VI/5 (1988) Rn. 80.
584 Vgl. FG/IDW 2/1988 Abschn. E I.
585 Vgl. FG/IDW 2/1988 Abschn. E I.

den kann[586]. Stellt der APr. bei Wahrnehmung seiner Aufgaben Tatsachen fest, die den Bestand des geprüften Unternehmens gefährden oder seine Entwicklung wesentlich beeinträchtigen können oder die schwerwiegende Verstöße der gesetzlichen Vertreter gegen Gesetz, Gesellschaftsvertrag oder Satzung erkennen lassen, so folgt aus seiner Treuepflicht, daß er darüber zu berichten hat. Der APr. hat sich in derartigen Fällen in gleicher Weise zu verhalten wie bei der Pflichtprüfung einer Kapitalgesellschaft.

533 Zum Mindestinhalt des PrB gehören bei Vorliegen der entsprechenden Sachverhalte auch **Angaben über** die Inanspruchnahme der nur für Nicht-Kapitalgesellschaften anwendbaren Bilanzierungs- und Bewertungserleichterungen, die wesentlichen Abweichungen von Bilanzierungs- und Bewertungsmethoden gegenüber dem Vorjahr und die Feststellung, ob ein freiwillig erstellter LB mit dem JA in Einklang steht und ob die sonstigen Angaben im LB nicht eine falsche Vorstellung von der Lage des Unternehmens erwecken[587].

534 Während Berichte von WPG über gesetzliche vorgeschriebene Prüfungen entsprechend § 32 WPO nur von WP unterzeichnet werden dürfen, ist es zulässig, daß der Bericht einer WPG über eine gesetzlich nicht vorgeschriebene Abschlußprüfung neben der Unterschrift eines WP auch die Unterschrift eines Nicht-WP trägt[588]. Da WPG jedoch von WP verantwortlich geführt werden müssen (§ 1 Abs. 3 Satz 2 WPO), ist die Unterzeichnung eines derartigen PrB durch mindestens einen WP berufsrechtlich geboten. Entsprechendes gilt für BPG.

b) Der Bestätigungsvermerk bei gesetzlich nicht vorgeschriebenen Abschlußprüfungen

535 Die Erteilung eines dem BestV nach § 322 HGB nachgebildeten BestV[589] setzt voraus, daß die Prüfung nach Art und Umfang der Pflichtprüfung einer Kapitalgesellschaft entspricht und daß ein PrB mit dem vorstehend angegebenen Mindestinhalt erstattet wird[590]. Der Wortlaut der **Kernfassung** ist soweit wie möglich zu übernehmen; die Bezeichnung ‚Kapitalgesellschaft' ist ggf. in geeigneter Weise zu ersetzen. Bei der Übernahme des Wortlautes des BestV nach § 322 Abs. 1 HGB sind allerdings folgende Gesichtspunkte zu beachten[591]:

536 Die **Übernahme des vollständigen Wortlautes** der Kernfassung des § 322 Abs. 1 HGB ist anhand der dargestellten allgemeinen Regelungen zu prüfen.

---

586 Vgl. *Breycha/Schäfer* in HdR § 321 Rn. 84; *Raff/Brandl* in HdJ Abt. VI/5 (1988) Rn. 80; *Budde/Kunz* in BeBiKo., § 321 Anm. 77; krit. zur analogen Anwendung der Vorschrift des § 321 Abs. 1 Satz 4 HGB *Braun*, BB 1989 S. 803/808.
587 Vgl. FG/IDW 3/1988 Abschn. E I 2.
588 Es gelten insoweit die gleichen Grundsätze wie im Falle der Unterzeichnung eines gesetzlich nicht vorgeschriebenen BestV; vgl. Richtlinien über die Berufsausübung der WP und vBP, Stand 15. 3. 1987 Abschn. IX.
589 Zur Abgrenzung zur Bescheinigung empfiehlt es sich, den BestV als solchen zu bezeichnen (vgl. FG/IDW 3/1988 Abschn. G I 1). Den WP und vBP wird in §§ 2 Abs. 1, 129 Abs. 2 S. 2 WPO ausdrücklich die Erteilung eines ‚Bestätigungsvermerks' erlaubt; dies zeigt, daß solche Vermerke nicht allgemein zulässig sind, zur Diskussion auch *Erle*, S. 339 ff.
590 Vgl. FG/IDW 2/1988 Abschn. E; FG/IDW 3/1988 Abschn. G I; zur Diskussion vgl. *Gross* in FS v. *Wysocki*, S. 269, 272 f.; zu Zweifeln an der Notwendigkeit der wirksamen Bestellung als APr. bei „freiwilligen" Prüfungen *ADS*, S 322 Tz. 107.
591 Vgl. FG/IDW 3/1988 Abschn. G I 3; *Schulze-Osterloh*, Der Bestätigungsvermerk bei freiwilligen Abschlußprüfungen in: *Albach/Forster* (Hrsg.) Beiträge zum BiRiLiG, ZfB-Erg.-Heft 1/87 Wiesbaden 1987 S. 355 ff.; *Raff/Brandl*, HdJ Abt. VI/5, Rn. 181 ff.; *Braun*, BB 1989 S. 803 ff.

Für die Übernahme von **Satz 1** der Kernfassung werden sich im allgemeinen **537** keine Schwierigkeiten ergeben. Bei Unternehmen, für die zB lediglich die allgemeinen Rechnungslegungsvorschriften für Kaufleute gelten, steht der Übernahme von Satz 1 nicht entgegen, daß diese Unternehmen nicht den strengeren Rechnungslegungsvorschriften für Kapitalgesellschaften unterliegen. Die Aussage „entspricht den gesetzlichen Vorschriften" bezieht sich auf die jeweils maßgeblichen Vorschriften; sie bedeutet nicht, daß Gliederung und Wertansätze den Vorschriften für Kapitalgesellschaften entsprechen[592].

Zur Übernahme von **Satz 2** der Kernfassung gilt grundsätzlich, daß der JA unter **538** Beachtung der GoB ein den tatsächlichen Verhältnissen entsprechendes Bild der Vermögens-, Finanz- und Ertragslage des geprüften Unternehmens regelmäßig dann vermittelt, wenn nach Art und Umfang der für Kapitalgesellschaften maßgeblichen Vorschriften Rechnung gelegt wird. Diese Voraussetzungen sind bei **kleinen Kapitalgesellschaften** erfüllt, wenn nach Inanspruchnahme der Offenlegungserleichterungen das ‚entsprechende Bild' vermittelt wird[593]. Bei freiwilligen Abschlußprüfungen, etwa von Einzelunternehmen und Personenhandelsgesellschaften, reicht allein die Einhaltung der für diese geltenden Rechnungslegungsvorschriften nicht aus, um Satz 2 des BestV nach § 322 Abs. 1 HGB übernehmen zu können. Hat das Unternehmen zusätzlich auch die für eine vergleichbare Kapitalgesellschaft geltenden, zusätzlichen Vorschriften der §§ 264 bis 288 HGB beachtet, so ist die Kernfassung zu übernehmen[594].

Im übrigen ist die Übernahme des Satzes 2 an die Einhaltung der Regelungen hinsichtlich notwendiger Anhangsangaben zur Generalnorm und der Angabe von Auswirkungen von Bewertungsmaßnahmen (entsprechend den Regelungen zum BestV bei Unternehmen, die unter das PublG fallen) gebunden[595].

Die Übernahme von **Satz 3** der Kernfassung ist davon abhängig zu machen, daß **539** ein LB erstellt wird, dieser den Anforderungen des § 289 HGB entspricht und daß er nach dem erteilten Prüfungsauftrag in die Prüfung einzubeziehen ist.

Der BestV kann bei freiwilligen Abschlußprüfungen in Form eines Bestätigungs- **540** berichts erteilt werden[596].

Bei einer **freiwilligen Prüfung des KA** ist davon auszugehen, daß die Kernfas- **541** sung, dh. der volle Wortlaut des BestV nach § 322 Abs. 1 HGB nur verwendet werden kann, wenn die Vorschriften der §§ 264 bis 288 und §§ 294 bis 315 HGB Beachtung gefunden haben. Eine Bezugnahme im BestV auf den Konzernlagebericht setzt voraus, daß dessen Inhalt den Bestimmungen des § 315 Abs. 1 und 2 HGB entspricht und eine Prüfung gem. § 317 Abs. 1 Satz 3 HGB vorgenommen worden ist. Ein Hinweis im BestV, daß der KA freiwillig aufgestellt wurde, ist im allgemeinen nicht erforderlich[597]. Eine Ergänzung des BestV ist entsprechend § 322 Abs. 2 Satz 2 HGB vorzunehmen, wenn die Satzung oder der Gesellschaftsvertrag die Aufstellung eines KA verlangt.

---

592 St/SABI 1/1986, WPg. 1986, S. 166; *Gross*, Fortentwicklung, S. 213/219; *ders.* in FS *v. Wysocki*, S. 269/275; *Breycha/Schäfer* in HdR § 322 Tz. 63. So zum bisherigen Aktienrecht: *Goerdeler* in FS *Fischer*, S. 154, 156.
593 Vgl. *Schulze-Osterloh*, Der Bestätigungsvermerk, ZfB-Erg.-Heft 1/87, S. 360 f.
594 Vgl. FG/IDW 3/1988 Abschn. G I 3.
595 Vgl. Abschn. O Tz. 512; vgl. FG/IDW 3/1988 Abschn. G I 3 iVm. Abschn. C I 7, 8.
596 Vgl. Abschn. O Tz. 372 ff. und FG/IDW 3/1988 Abschn. G I.
597 So auch WPH 1985/86 Bd. II S 625; aA *Kronstein/Kirchner* in Kölner Kom. § 336 Anm. 28.

542 Für den uneingeschränkten BestV zum Zwischenabschluß von Unternehmen, die den allgemeinen Vorschriften des Handelsrechts unterliegen, kommt folgender Wortlaut in Betracht[598]:

„Die Buchführung und der Zwischenabschluß entsprechen nach meiner/unserer pflichtgemäßen Prüfung den Grundsätzen ordnungsmäßiger Buchführung."

543 Wurde die Rechnungslegung über **Vermögen** geprüft, für welche die handelsrechtlichen Bilanzierungs- und Bewertungsvorschriften nicht eingreifen, so empfiehlt es sich, den uneingeschränkten BestV wie folgt zu fassen:

„Die Buchführung und die Jahresrechnung entsprechen nach meiner/unserer pflichtgemäßen Prüfung den Grundsätzen einer ordnungsmäßigen Rechnungslegung."

544 Für Ergänzungen, Einschränkungen, Versagung und Widerruf des BestV bei gesetzlich nicht vorgeschriebenen Abschlußprüfungen gelten die gleichen Grundsätze wie bei Abschlußprüfungen von Kapitalgesellschaften[599].

545 Während gesetzlich vorgeschriebene BestV, die von WPG erteilt werden, nur von WP unterzeichnet werden dürfen (§ 32 WPO), ist es bei gesetzlich nicht vorgeschriebenen Abschlußprüfungen möglich, daß auch ein Nicht-WP den BestV neben einem WP unterzeichnet[600].

4. Spezieller Unternehmensgegenstand

a) Kreditinstitute

aa) Allgemeines

546 Nach § 27 Abs. 1 KWG wird allen Kreditinstituten rechtsformunabhängig die Prüfung des JA und der Anlage nach § 26 Abs. 1 Satz 1 KWG[601] unter Einbeziehung der Buchführung und des LB vorgeschrieben. Ausgenommen von dieser Vorschrift sind lediglich eingetragene Genossenschaften, deren Bilanzsumme DM 10 Mio. nicht übersteigt. Hier richtet sich die Prüfungspflicht nach § 53 GenG[602].

547 Auf die Prüfung des JA von Kreditinstituten sind die §§ 316 bis 324 HGB entsprechend anzuwenden, soweit diese Institute nicht bereits nach anderen Vorschriften der Prüfungspflicht unterliegen.

Insoweit gelten die bereits dargestellten Grundsätze der Berichterstattung und der Erteilung von BestV.

548 Eine **erweiterte Berichterstattungspflicht** ergibt sich aus § 29 KWG und vor allem aus den Richtlinien für den Inhalt der PrB zu den JA der Kreditinstitute **(Prüfungsrichtlinien)**[603].

---

598 Vgl. FG/IDW 3/1988 Abschn. C I 7.
599 Vgl. FG/IDW 3/1988 Abschn. C I 5.
600 Vgl. Richtlinien für die Berufsausübung der WP und vBP, Stand 12. 3. 1987, Abschn. IX.
601 Die Anlage, in der der JA zu erläutern ist, wird nur von Kreditinstituten in der Rechtsform der eingetragenen Genossenschaft mit Ausnahme der Zentralkassen sowie von Sparkassen erstellt; vgl. *Reischauer/Kleinhans*, Kreditwesengesetz, Losebls. Berlin, Kennzahl 115, Anm. 5 zu § 26 KWG und Anm. 11 zu § 27 KWG.
602 Zur Möglichkeit, einzelne Kreditinstitute von der Verpflichtung nach § 27 KWG freizustellen, vgl. § 31 Abs. 2 KWG.
603 Vgl. Bek. Nr. 2/68 d. BAK v. 20. 12. 1968, CM Nr. 13.01.

Die Vorschriften des am 30. 11. 1990 verkündeten **Bankbilanzrichtlinie-Gesetzes**[604],   **549**
die hinsichtlich des JA, des LB und deren Prüfung erstmals auf das nach dem
31. 12. 1992 beginnende Geschäftsjahr anzuwenden sind, bringen für den PrB
und für die Erteilung des BestV keine Neuerungen. Demgegenüber werden die
Anforderungen an die Berichterstattung durch die Ende 1991/Anfang 1992 zu
erwartende Prüfungsberichts-Verordnung, die die Prüfungsrichtlinien des BAK
ersetzen wird, neu festgelegt.

Nach § 29 Abs. 1 KWG sind in den Prüfungsbericht das Ergebnis der Prüfung   **550**
der wirtschaftlichen Verhältnisse des Kreditinstituts sowie der Anzeigepflichten
nach den §§ 10 ff. KWG aufzunehmen. Weiterhin ist im PrB darzustellen, ob das
Institut die in § 12 KWG vorgesehene Begrenzung an Anlagen eingehalten hat
und ob es sich bei Krediten von mehr als DM 100 000 von den Kreditnehmern
deren wirtschaftliche Verhältnisse gem. § 18 KWG hat offenlegen lassen[605].

Die Prüfungsrichtlinien des BK enthalten darüber hinaus weitere Vorgaben über   **551**
Gliederung, Aufbau und Inhalt der PrB. Die Kreditinstitute haben deren Beachtung zum Gegenstand ihres Prüfungsauftrages zu machen. Eine Klärung einzelner, bei der Anwendung der Prüfungsrichtlinien aufgetretener Zweifelsfragen
hat der BFA nach Abstimmung mit dem BAK in seiner Stellungnahme 1/1969
vorgenommen.

Unter Beachtung der Prüfungsrichtlinien ergibt sich folgende **Gliederung des**   **552**
PrB[606]:

A. Allgemeiner Teil
    I. Darstellung der rechtlichen, wirtschaftlichen und organisatorischen
       Grundlagen
    II. Darstellung der geschäftlichen Entwicklung im Berichtszeitraum
    III. Darstellung der Vermögenslage
    IV. Darstellung der Liquiditätslage
    V. Darstellung der Ertragslage
    VI. Allgemeine Darstellung des Kreditgeschäfts und Beurteilung der Kre-
       ditengagements
    VII. Darstellung des Anzeigewesens
    VIII. Zusammenfassende Schlußbemerkung

B. Besonderer Teil
    I. Erläuterungen zu den einzelnen Bilanzposten, Bilanzvermerken und
       Posten der Gewinn- und Verlustrechnung
    II. Darstellung der bemerkenswerten Einzelengagements

C. Anlagen

Im **Allgemeinen Teil** ist bei der Darstellung der rechtlichen, wirtschaftlichen und   **553**
organisatorischen Grundlagen auch die Struktur des Bankgeschäftes zu besprechen und auf die Einhaltung der Erlaubnis zum Betreiben von Bankgeschäften
einschließlich etwaiger Auflagen einzugehen.

---

604 BGBl. I S. 2570; vgl. hierzu Abschn. J Tz. 3 ff.
605 Zu Fragen der Auslegung des § 18 KWG vgl. auch Schr. des BAK v. 5. 7. 1977, CM Nr. 4.151; v.
    26. 2. 1981, CM Nr. 4.179, v. 10. 3. 1981, CM Nr. 4.180 und v. 16. 11. 1987, CM Nr. 4.219; *Tröller*,
    Zielsetzung des § 18 KWG und seine Umsetzung in die Praxis, in FS *Scholz*, Düsseldorf S. 191.
606 Dadurch abweichend v. der in Abschn. O Tz. 41 dargestellten Gliederung.

Außerdem ist die geschäftliche Entwicklung des Kreditinstituts unter Gegenüberstellung der Zahlen des Berichtsjahres und des Vorjahres zu erläutern. Über
die Anforderungen der Prüfungsrichtlinien gehen aussagekräftige Darstellungen, die einen größeren Zeitraum (zB fünf Jahre) umfassen.

554 Bei der **Darstellung der Vermögenslage** müssen die angewandten Bewertungsgrundsätze angegeben und beurteilt werden. Weiterhin ist ua. das haftende
Eigenkapital nach § 10 KWG und seine Zusammensetzung zum Bilanzstichtag
darzustellen sowie über Art und Umfang der zum Bilanzstichtag bestehenden
stillen Reserven, wie zB Reserven nach § 26a KWG sowie Kursreserven bei
Wertpapieren zu berichten. Der APr. hat weiterhin über die **Prüfung des Devisengeschäftes** zu berichten[607]. Die Berichterstattung umfaßt das interne Kontrollsystem[608] und die Erfassung der Devisengeschäfte im Rechnungswesen sowie Art
und Umfang der betriebenen Devisengeschäfte und Stand der Positionen am
Bilanzstichtag. In dem Zusammenhang ist auch Stellung zu nehmen zu den im
Devisengeschäft enthaltenen Bonitäts- und Währungsrisiken. Die Bewertungsmethode und das Prüfungsergebnis sind hinreichend zu erläutern und über auf-
fallende Einzelgeschäfte, insb. über solche zu deutlich von den Marktgegeben-
heiten abweichenden Kursen[609], muß berichtet werden.

555 Nach den Prüfungsrichtlinien ist der **Grundsatz I** (vgl. Abschn. J Tz. 94 ff.) im
Abschnitt über die Vermögenslage nach den Werten der Schlußbilanz zu errechnen und den Vorjahreswerten gegenüberzustellen, sofern das Kreditinstitut der
Anwendung des Grundsatzes I unterliegt. Die Darstellung des **Grundsatzes Ia**
(ebd.) erfolgte üblicherweise im Zusammenhang mit der Berichterstattung über
die Prüfung des Devisengeschäftes. Aufgrund der mit Wirkung vom 1. 10. 1990
erfolgten Neuregelung der Eigenkapitalgrundsätze und der damit verbundenen
Erweiterung der einzubeziehenden Geschäfte erscheint es nunmehr zweckmäßig, eine zusammenhängende Darstellung der Eigenkapitalgrundsätze, ggf. auch
in einem eigenen Abschnitt, zu geben. Dabei sollte, sofern von Bedeutung, auch
auf die von dem Kreditinstitut zur Erfüllung der Meldepflichten geschaffenen
Voraussetzungen sowie auf eigene Prüfungshandlungen eingegangen und die
Ausnutzung der bestehenden Wahlmöglichkeiten bei der Errechnung der
Grundsätze aufgezeigt werden.

556 Im Rahmen der Darstellung der Vermögenslage empfiehlt es sich weiterhin,
auch auf die Beteiligung des Kreditinstituts an den sog. **Finanzinnovationen** einzugehen. Bei einem umfangreichen Handel mit Finanzinnovationen erscheint es
erforderlich, nicht nur Art und Umfang dieser Geschäfte, die mit ihnen verbundenen Risiken sowie Fragen der Bewertung darzustellen, sondern auch das
bestehende interne Kontrollsystem zu beschreiben und zu beurteilen.

557 Zur **Darstellung der Liquiditätslage** sind insb. die Grundsätze II und III gemäß
§ 11 KWG zu errechnen und den Vorjahreswerten gegenüberzustellen (vgl.
Abschn. J Tz. 102 ff.). Unterliegt das Kreditinstitut nicht der Anwendung dieser
Grundsätze, ist eine Gegenüberstellung der nach Liquiditätsgesichtspunkten
gegliederten Verbindlichkeiten und Vermögenswerte vorzunehmen. Auch die
Relation nach § 12 KWG ist stichtagsbezogen zu errechnen. Weiterhin sind ua.

---

607 Vgl. Schr. d. BAK v. 6. 5. 1974, CM Nr. 4.113; St/BFA 1/1975, Abschn. E II.
608 Vgl. Schr. d. BAK v. 24. 2. 1975, CM Nr. 4.120.
609 Vgl. Schr. d. BAK v. 30. 3. 1977, CM Nr. 4.147, v. 20. 7. 1978, CM Nr. 4.163 und v. 24. 8. 1988, CM
Nr. 3.42.

Angaben zu machen über Verfügungsbeschränkungen sowie zugesagte Refinanzierungsmöglichkeiten und ihre Ausnutzung während des Geschäftsjahres. In besonderen Fällen ist es erforderlich, daß im PrB in geeigneter Weise zur künftigen Liquiditätslage Stellung genommen wird. Liegen geordnete Liquiditätsverhältnisse vor, so genügt im PrB der Hinweis, daß auch nach dem Bilanzstichtag keine Anzeichen für eine Verschlechterung der Liquiditätslage erkennbar geworden sind[610].

Bei der **Darstellung der Ertragslage** wird ausdrücklich verlangt, das ordentliche **558** und das außerordentliche Ergebnis aufzugliedern, den Vorjahreszahlen gegenüberzustellen und Besonderheiten zu erläutern. Einzugehen ist weiterhin auf die Veränderung der stillen Reserven gemäß § 26a KWG.

Der APr. muß sich in seinem PrB auch mit den bei dem Kreditinstitut beste- **559** henden **Zinsänderungsrisiken** auseinandersetzen[611]. Hierzu ist es erforderlich, das Verfahren, mit dem das Institut diese Risiken erfaßt, darzustellen und kritisch zu würdigen. Weiterhin sind die erfaßten Aktiv- und Passivgeschäfte mit ihren Stichtagsbeständen nach der Dauer der Zinsbindung periodisch gegenüberzustellen. Ausgehend von den jeweiligen Durchschnittszinssätzen sollen insb. die Auswirkungen möglicher Zinsänderungen dargelegt und beurteilt werden.

Eine wesentliche Besonderheit bei der Berichterstattung über die Prüfung von **560** Kreditinstituten ist das Erfordernis, in einem gesonderten Abschnitt auf das **Kreditgeschäft** einzugehen.

In dem Zusammenhang ist insb. die Organisation und Struktur des Kreditgeschäfts sowie die Bonität der Kreditnehmer unter Berücksichtigung des Umfangs der von dem Kreditinstitut eingegangenen **Länderrisiken** bei Auslandskrediten und der Art ihrer Überwachung[612] zu erläutern. Der APr. hat auch darzulegen, ob er die gebildeten Wertberichtigungen und Rückstellungen im Hinblick auf die erkennbaren Risiken für ausreichend hält. Diese Beurteilung umfaßt auch die für latente Kreditrisiken gebildete Pauschalwertberichtigung; deren Ermittlung ist in den Grundzügen im PrB darzustellen[613]. Weiterhin ist festzustellen, ob das Kreditinstitut im Berichtszeitraum die Vorschrift des § 18 KWG (Offenlegung der wirtschaftlichen Verhältnisse) beachtet hat.

Zu berichten ist auch über sog. **Fazilitäten**[614], ggf. in zusammenfassender Form **561** in einem gesonderten Abschnitt. Bemerkenswerte Auswirkungen auf die Vermögens-, Liquiditäts- und Ertragslage sind aufzuzeigen[615].

---

610 Vgl. St/BFA 1/1969, Abschn. B 4.
611 Vgl. Schr. d. BAK v. 23. 11. 1977, CM Nr. 11.22 und v. 24. 2. 1983, CM Nr. 11.28.
612 Vgl. Schr. des BAK an das IDW v. 18. 1. 1980, CM Nr. 13.12; vgl. auch Schr. des BAK v. 5. 5. 1988, CM Nr. 4.222.
613 Vgl. St/BFA 1/1990 Fn. 2.
614 Nach der St/BFA 1/1987 sind Fazilitäten Rahmenvereinbarungen, die im Kern in einer mittel- bis langfristigen Zusage an den Begünstigten bestehen, revolvierend unter bestimmten Voraussetzungen vom Begünstigten emittierte Wertpapiere oder Schuldscheine zu einem im voraus vereinbarten Zinssatz zu übernehmen.
615 Vgl. St/BFA 1/1987 Abschn. 4 b.

562 Schließlich ist auch über den **Prüfungsumfang im Kreditgeschäft** zu berichten. Dabei ist anzugeben, welche Kredite bzw. Kreditgruppen lückenlos geprüft und nach welchen Kriterien im übrigen die Stichproben bestimmt wurden[616].

563 Teil der Darstellung des Prüfungsergebnisses ist die Einzelbesprechung aller bemerkenswerter Kredite, die nach den Prüfungsrichtlinien im Besonderen Teil des PrB unter Abschn. II vorzunehmen ist. Insb. bei umfangreichen Kreditbe-sprechungen kann es sinnvoll sein, einen Teilbericht zu erstatten. Wird über die Prüfung des Kreditgeschäftes einschließlich der Darstellung der bemerkenswer-ten Kreditengagements gesondert berichtet, so ist ein entsprechender Hinweis im Hauptteil des PrB erforderlich. Als bemerkenswert gelten zunächst alle Groß-kredite sowie diejenigen Kredite, die unter der Großkreditgrenze liegen, aber im Rahmen des gesamten Kreditgeschäfts von relativ großer Bedeutung sind, die besondere Risiken aufweisen, oder die nicht abschließend beurteilbar sind[617].

564 Sofern bei den bemerkenswerten Krediten keine Ausfallrisiken erkennbar sind, genügt in aller Regel eine tabellarische Darstellung, die jedoch alle in den Prü-fungsrichtlinien geforderten Angaben sowie eine Kurzbemerkung zur Bonität enthalten muß.

565 Bei jedem der einzeln besprochenen Kredite ist anzugeben, ob § 18 KWG beach-tet worden ist. Soweit Kredite nicht einzeln besprochen werden, sind die in stichprobenweiser Prüfung ermittelten Zahlen über die Beachtung des § 18 KWG konkret anzugeben[618]. Die Zuordnung aller geprüften Kredite ist schließ-lich unter Angabe der Anzahl und des Gesamtbetrages zu den vier **Risikogrup-pen** der St/BFA 1/1978[619] in den PrB aufzunehmen.

566 Bei der **Darstellung des Anzeigewesens** ist zunächst eine Beurteilung in organisa-torischer Hinsicht erforderlich. Darüber hinaus wird ein Urteil über die Voll-ständigkeit und Richtigkeit der während des Geschäftsjahres abgegebenen Anzeigen verlangt, wobei festgestellte Verstöße einzeln aufzuführen sind.

Sonstige Angaben:

567 In Schreiben des BAK an die Spitzenverbände der Kreditwirtschaft sind weitere Berichtspflichten festgelegt worden, wie zB die folgenden:
– Angaben zu den hereingenommenen und abgegebenen Patronatserklärungen[620];
– Angabe der nicht aktivierten, uneinbringlichen Zinsen[621],
– Darstellung der Führung von Golddepots, ihrer rechtlichen Ausgestaltung, etwaiger Risiken und entsprechender Kundenschutzvereinbarungen bei einer Auslandsverwahrung[622],
– Sofern das Kreditinstitut bei Krediten die Befreiungsvorschrift des § 20 Abs. 2 Nr. 1 KWG in Anspruch nimmt, ist darauf einzugehen, ob Beleihungsrichtli-nien, die den Voraussetzungen des § 12 Abs. 1 HBG entsprechen müssen, vor-liegen und auch angewendet wurden[623],

616 Vgl. St/BFA 1/1978 Abschn. III c.
617 Vgl. St/BFA 1/1978 Abschn. IV d.
618 Vgl. Schr. d. BAK v. 9. 8. 1976, CM Nr. 4.132.
619 Vgl. Abschn. IV d.).
620 Vgl. Schr. d. BAK v. 16. 12. 1974, CM Nr. 13.07.
621 Vgl. Schr. d. BAK v. 10. 1. 1978, CM Nr. 13.10.
622 Vgl. Schr. d. BAK v. 23. 9. 1982, CM Nr. 13.14.
623 Vgl. Schr. d. BAK v. 27. 8. 1974, CM Nr. 4.116.

– Darlegung, ob die Ausgestaltung der Innenrevision den im Schr. d. BAK v. 28. 5. 1976[624] festgelegten Anforderungen genügt.

– Bei Kreditinstituten, die nicht depotprüfungspflichtig sind, da sie ausschließlich Eigengeschäfte in Wertpapieren und/oder Schuldscheinen tätigen, muß in einem besonderen Abschnitt des PrB über das Vorhandensein und die Wirksamkeit der in der Verlautbarung des BAK v. 30. 12. 1980 (Anforderungen an das Wertpapierhandelsgeschäft der Kreditinstitute) genannten organisatorischen Vorkehrungen berichtet werden[625].

Mit Schr. v. 20. 8. 1973[626] an das IDW hat das BAK darauf hingewiesen, daß im **568** PrB zu acht bestimmten Punkten ggf. auch **Negativ-Feststellungen** zu machen sind, zB

– daß im Berichtsjahr kein Kredit die Großkreditgrenze des § 13 Abs. 1 KWG überschritten hat,
– daß keine Verstöße gegen § 13 Abs. 2 S. 1 KWG vorgekommen sind und
– daß Großkredite die Höchtkreditgrenze des § 13 Abs. 4 KWG nicht überstiegen haben. Auch auf das Fehlen stiller Reserven iSv. § 26a KWG ist hinzuweisen.

In einer **zusammenfassenden Schlußbemerkung** hat der APr. zu allen wichtigen **569** Fragen nochmals in aussagekräftiger Form Stellung zu nehmen und dabei insb. auf die Ordnungsmäßigkeit der Buchführung und des Belegwesens, die ordnungsgemäße Bewertung, die organisatorische Abwicklung des Kreditgeschäfts und die Beachtung der Vorschrift des § 18 KWG und der Anzeigevorschriften einzugehen.

Im **Besonderen Teil** des PrB sind die einzelnen Bilanzposten, Bilanzvermerke **570** und die Posten der GuV im Vergleich mit den Vorjahreszahlen ausreichend zu erläutern. Dabei ist ua. auch auf wesentliche stille Reserven bei den jeweiligen Positionen hinzuweisen. Die Prüfungsrichtlinien schreiben darüber hinaus zu einzelnen Posten und Vermerken weitere notwendige Bemerkungen im PrB vor.

Als **Anlagen** sind dem PrB zumindest der JA (Bilanz, GuV, Anh.), üblicherweise **571** der LB sowie eine Ausfertigung oder Ablichtung der Vollständigkeitserklärung[627] beizufügen.

Der APr. muß die Berichte über die Jahresabschlußprüfung gemäß § 26 Abs. 1 **572** S. 3 KWG unmittelbar und unverzüglich nach Beendigung der Prüfung dem BAK (in einfacher Ausfertigung) und der Hauptverwaltung der zuständigen LZB (in zweifacher Ausfertigung) einreichen[628].

---

624 Vgl. CM Nr. 4.129.
625 Vgl. Schr. d. BAK an das IDW v. 4. 9. 1981, CM Nr. 19.03.
626 FN 1973 S. 136.
627 Hrsg. IDW:
    Muster B   anzuwenden für Kreditinstitute in der Rechtsform der AG
    Muster B I   anzuwenden für Kreditinstitute in der Rechtsform des Einzelkaufmanns oder der Personengesellschaft
    Muster B I 1 Ergänzung zur Vollständigkeitserklärung für Kreditinstitute in der Rechtsform des Einzelkaufmanns oder der Personengesellschaft
    Muster B II   anzuwenden für Kreditinstitute des öffentlichen Rechts und in der Rechtsform der GmbH
    Muster I   anzuwenden für Investmentfonds.
628 § 12 Abs. 2 AnzV, CM Nr. 2.04.

573   Nach § 29 Abs. 2 Satz 1 KWG bestehen für den APr. von Kreditinstituten gegenüber dem BAK und der DBB **besondere Anzeigepflichten,** die durch folgende im Rahmen der Prüfung bekanntgewordene Tatbestände ausgelöst werden:

 - Tatsachen, welche die Einschränkung oder Versagung des BestV rechtfertigen, also Einwendungen iSd. § 322 Abs. 3 HGB, sowie
 - Tatsachen, die den Bestand des Kreditinstituts gefährden oder seine Entwicklung wesentlich beeinträchtigen können; bzw.
 - schwerwiegende Verstöße der Geschäftsleiter gegen Gesetz, Satzung oder Gesellschaftsvertrag, also berichtspflichtige Sachverhalte des § 321 Abs. 2 HGB[629].

574   Die Anzeigepflicht wird insb. auch dann ausgelöst, wenn gegen Vorschriften verstoßen wird, die wesentliche Ziele des KWG und der Bankenaufsicht verkörpern[630]. Hierunter können beispielsweise auch die Verletzung der Anzeigepflichten nach §§ 13 ff. KWG oder die Nichtbeachtung des § 18 KWG fallen, wenn dies von den Geschäftsleitern zu vertreten ist und die Verstöße nicht nur vereinzelt festgestellt wurden[631].

575   Bei Bestehen eines Beherrschungs- und/oder Gewinnabführungsvertrages sind nach Auffassung des APr. vorliegende bestandsgefährdende oder entwicklungsbeeinträchtigende Tatbestände auch dann unverzüglich anzuzeigen, wenn die wirtschaftlichen Folgen von der Obergesellschaft ausgeglichen werden müssen[632].

576   Die Anzeige nach § 29 Abs. 2 Satz 1 KWG muß unverzüglich nach Feststellung der entsprechenden Tatbestände, dh. regelmäßig noch während der laufenden Prüfung, erfolgen[633].

577   Hat der APr. **Einwendungen** zu erheben, die zu einer Einschränkung oder Versagung des BestV führen können, so ist eine Unterrichtung des BAK und der DBB dann nicht erforderlich, wenn der APr. mit hoher Wahrscheinlichkeit davon ausgehen kann, daß die festgestellten Mängel bis zum Abschluß der Prüfung beseitigt werden[634]. Andererseits sind bestandsgefährdende und entwicklungsbeeinträchtigende Tatbestände auch dann anzuzeigen, wenn der APr. der Auffassung ist, daß sich diese Tatbestände noch beheben lassen, zB durch Einleitung von Sanierungsmaßnahmen[635].

578   Ist eine Anzeige nach § 29 Abs. 2 Satz 1 KWG erfolgt, so ist im PrB darauf hinzuweisen.

579   Nach § 29 Abs. 2 Satz 2 KWG bestehen besondere **Auskunftspflichten**; der APr. hat auf Verlangen des BAK oder der DBB den PrB zu erläutern sowie Auskunft über sonstige bei der Prüfung bekanntgewordene Tatsachen, die gegen eine ordnungsmäßige Durchführung der Geschäfte des Kreditinstituts sprechen, zu geben.

---

629 Vgl. außerdem: *Stannigel,* Die unverzügliche Berichterstattungspflicht des APr. von Kreditinstituten nach § 29 Abs. 2 KWG, WPg. 1977 S. 565 und S. 600; *Burkel,* Zum Warnproblem des Bankprüfers, in: Wirtschaftsprüfung und Insolvenzprophylaxe, Schwarzenbek 1982.
630 Vgl. *Stannigel,* WPg. 1977 S. 600/606.
631 Vgl. *Stannigel,* WPg. 1977 S. 600/606/607.
632 Vgl. Schr. d. BAK an das IDW v. 3. 2. 1982, CM Nr. 13.13.
633 Vgl. *Stannigel,* WPg. 1977 S. 567.
634 Vgl. *Stannigel,* WPg. 1977 S. 570.
635 Vgl. *Bähre-Schneider,* KWG-Kommentar, 19. Aufl., § 29 Anm. 3 S. 358; *Stannigel,* WPg. 1977 S. 571.

Für die Erteilung, Einschränkung oder Versagung des **Bestätigungsvermerks** zum **580**
JA der Kreditinstitute in der Rechtsform der Kapitalgesellschaft ist § 322 HGB
entsprechend anzuwenden; zu beachten sind jedoch zusätzlich die Vorschriften
des KWG. Der Einblick in Vermögens-, Finanz- und Ertragslage ist bei Kreditinstituten in der Rechtsform der Kapitalgesellschaft auch dann gewährleistet,
wenn die Rechnungslegungsvorschriften des HGB durch die Vorschriften des
Spezialgesetzes KWG überlagert werden. Daraus folgt, daß – auch wenn das
Kreditinstitut die Möglichkeit des § 26a KWG zur stillen Bildung und Auflösung stiller Reserven in Anspruch nimmt – dies keine Auswirkungen auf die
Anwendung des vollen Wortlauts des BestV in seiner Kernfassung hat[636].

Wird das Kreditinstitut nicht in der Rechtsform der Kapitalgesellschaft betrie- **581**
ben, so ist der Wortlaut des BestV entsprechend anzupassen. Dies betrifft zum
einen das Wort „Kapitalgesellschaft", sofern die Kernfassung des § 322 Abs. 1
HGB übernommen werden kann, zum anderen Satz 2 und 3 des § 322 Abs. 1
HGB, sofern Kreditinstitute in der Rechtsform der Personenhandelsgesellschaft
keinen Anh. und keinen LB aufstellen und prüfen lassen[637]. Nimmt ein Kreditinstitut die Offenlegungserleichterung des § 9 Abs. 2 PublG iVm. § 25a KWG in
Anspruch und legt die GuV und den Beschluß über die Verwendung des Ergebnisses nicht offen, sondern macht die nach § 5 Abs. 5 Satz 3 PublG erforderlichen Angaben in einer Anlage zur Bilanz, so ist darauf hinzuweisen, daß sich
der BestV nur auf den vollständigen JA bezieht.

Unterhält ein Kreditinstitut mit Sitz in einem anderen Staat eine Zweigstelle im **582**
Geltungsbereich des KWG[638], so muß diese einen JA (Vermögensübersicht mit
Aufwands- und Ertragsrechnung, Anh. und LB) aufstellen, für den die Vor-
schriften des HGB entsprechend gelten (§§ 25a Abs. 1 Satz 4, 53 Abs. 1 und 2
Nr. 2 und 3 KWG, § 5 PublG). Hinsichtlich PrB und BestV sind die §§ 321 und
322 HGB sinngemäß anzuwenden (§ 53 Abs. 2 Nr. 3 Satz 2 KWG). Dabei ist in
Satz 2 des BestV das Wort „Kapitalgesellschaft" anzupassen.

Die deutschen Kreditinstitute haben sich in einer Vereinbarung[639] mit dem BAK **583**
bereiterklärt, dem BAK und der DBB freiwillig zusätzlich Informationen zur
Geschäftslage ihrer **ausländischen Tochterbanken** in Form von PrB über den JA
zur Verfügung zu stellen. Diese Vereinbarung ist zunächst begrenzt auf Luxemburger Tochterbanken. Die PrB sollen dem Informationsbedürfnis sowohl des
Mutterinstituts als auch der Bankenaufsicht gerecht werden und daher dem bei
den Mutterinstituten üblichen Standard entsprechen.

bb) Spezialkreditinstitute

Bei der Prüfung von **Hypothekenbanken** und **Schiffspfandbriefbanken** hat das **584**
BAK in besonderen Schreiben festgelegt, welche Teile der Prüfungsrichtlinien
vom 20. 12. 1968 nicht anzuwenden sind und welche Angaben statt dessen die
PrB enthalten müssen[640]. Die Abweichungen betreffen im wesentlichen die Dar-

---

636 Vgl. *Meyer*, Bankbilanzierung unter der Generalklausel des § 264 Abs. 2 HGB, ZfgK 1987
  S. 438/442 ff.; *ADS*, § 322 HGB Tz. 98.
637 Vgl. FG/IDW 3/1988 Abschn. C I. sowie Abschn. O Tz. 322 ff.
638 Zur Veröffentlichung der JA vgl. Schr. d. BAK v. 2. 6. 1978, CM Nr. 4.160.
639 Abgedruckt bei CM Nr. 13.11.
640 Vgl. Begleitschreiben des BAK zur Anwendung der Prüfungsrichtlinien bei Hypothekenbanken v.
  20. 12. 1968 sowie ergänzende Schr. v. 13. 1. 1969 und v. 17. 5. 1977, CM Nr. 13.04.

stellung der Liquiditätslage, bestimmte Angaben im Rahmen der allgemeinen Darstellung des Kreditgeschäfts, Beurteilung der Kreditengagements und der Darstellung der bemerkenswerten Einzelengagements. Zur Vereinheitlichung der Darstellung der Liquiditäts- und Finanzlage in den PrB der Pfandbriefinstitute hat das BAK ein mit der DBB abgestimmtes Schema vorgegeben[641].

585 Für die Prüfung und den Inhalt der PrB der **öffentlich-rechtlichen** Sparkassen haben die obersten Sparkassenaufsichtsbehörden der Länder ergänzende Richtlinien[642] erlassen, die inhaltlich weitgehend übereinstimmen. Danach sind die Prüfungsrichtlinien des BAK Nr. 2/68[643] entsprechend anzuwenden, die jedoch in einzelnen Punkten an die Besonderheiten der öffentlich-rechtlichen Sparkassen und an die Bedürfnisse der Aufsichtsbehörde angepaßt wurden. In dem zusammengefaßten Prüfungsergebnis wird ausdrücklich die Bestätigung verlangt, daß die wirtschaftlichen Verhältnisse der Sparkasse geprüft wurden und daß sich keine wesentlichen Beanstandungen ergeben haben; im Falle von Beanstandungen sind die entsprechenden Textziffern im PrB zu nennen. Der BestV ist unter entsprechender Anwendung des § 322 HGB zu erteilen[644].

586 Bei Kreditinstituten in der Rechtsform der **eingetragenen Genossenschaft** und bei **Volksbanken,** die von einem genossenschaftlichen Prüfungsverband geprüft werden, sind bei den betreffenden Abschnitten des PrB Vergleichswerte (Druchschnittskennziffern), die für die Darstellung und Beurteilung der Vermögens-, Liquiditäts- und Ertragslage von wesentlicher Bedeutung sind, einzubeziehen[645]. Bei Kreditinstituten in der Rechtsform der eingetragenen Genossenschaft sind außerdem Besonderheiten bei der Berechnung des Haftsummenzuschlags zu erläutern.

587 Für Kreditgenossenschaften mit einer Bilanzsumme unter DM 10 Mio hat der Deutsche Raiffeisenverband im Benehmen mit dem BAK spezielle Richtlinien für den Inhalt der PrB aufgestellt[646].

588 Der APr. einer **Bausparkasse** hat neben § 29 KWG und den Prüfungsrichtlinien des BAK vom 20. 12. 1968 besondere Prüfungs- und Berichtspflichten zu beachten. Nach § 13 BSpG[647] ist in dem PrB auch das Ergebnis der Prüfung des Zuteilungsverfahrens, der Einhaltung der Beleihungsvorschriften sowie der Einhaltung aller Bestimmungen der BSpVO aufzunehmen[648]. Dies umfaßt auch Feststellungen zur Bildung des Fonds zur bauspartechnischen Absicherung. Das BAK hat in seiner Bek. vom 21. 5. 1984[649] die Anwendung der allgemeinen Prüfungsrichtlinien vom 20. 12. 1968 auf Bausparkassen geregelt und gleichzeitig ergänzend hierzu die Prüfungs- und Berichtserfordernisse erheblich erweitert[650]. Die Bausparkassen müssen die Beachtung der Prüfungsrichtlinien einschließlich der ergänzenden Richtlinien zum Gegenstand ihres Prüfungsauftrags machen.

---

641 Vgl. Schr. d. BAK v. 30. 1. 1980, CM Nr. 8.18.
642 Die Fundstellen sind bei *Reischauer/Kleinhans* unter Nr. 446 zusammengestellt.
643 Fn. 603.
644 Vgl. Runderlaß des Ministers für Wirtschaft, Mittelstand und Verkehr v. 11. 5. 1978 idF des Runderlasses v. 11. 11. 1987. MBl NW. 1987 S. 1794, abgedruckt bei *Reischauer/Kleinhans*, Nr. 445.
645 Vgl. Bekanntmachung Nr. 2/68 des BAK unter 1. Vorbemerkungen.
646 Abgedruckt bei CM Nr. 13.03.
647 § 13 BSpG ist durch das Gesetz zur Änderung des Gesetzes über Bausparkassen v. 13. 12. 1990 (BGBl. I S. 2770) nicht geändert worden.
648 Vgl. *Lehmann/Schäfer/Cirpka*, Bausparkassengesetz und Bausparkassenverordnung, Kommentar, 3. Aufl. 1987, § 13.
649 Bek. des BAK zur Anwendung der Richtlinien auf den Inhalt der PrB zu den JA der Kreditinstitute (Prüfungsrichtlinien) auf Bausparkassen vom 21. 5. 1984, CM Nr. 13.15.
650 Vgl. *Sarx/Marquard*, Die neuen Prüfungsrichtlinien für Bausparkassen, WPg. 1984 S. 565.

Die **ergänzenden Richtlinien** schreiben nach der Darstellung der Liquiditätslage **589** einen zusätzlichen Abschnitt unter der Überschrift **„Kollektivgeschäft, Vor- und Zwischenfinanzierung"** vor; darin ist ua. unter Darstellung bestimmter wartezeitbeeinflussender Faktoren auf die Zuteilungssituation unter Berücksichtigung der letzten fünf Geschäftsjahre einzugehen[651].

Für die Berichterstattung über die Prüfung des JA inländischer **Kapitalanlagege-** **590** **sellschaften** gelten die Prüfungsrichtlinien des BAK vom 20. 12. 1968 unmittelbar. Zusätzlich werden folgende Anforderungen gestellt:

– In einem gesonderten Abschnitt des PrB ist darzulegen, ob und in welchem Umfang das **Wertpapierhandelsgeschäft** sowohl für die Sondervermögen als auch für das Eigenvermögen der Kapitalanlagegesellschaft den vom BAK gestellten Anforderungen an das Wertpapierhandelsgeschäft der Kreditinstitute entspricht[652], insb. ob die geforderten organisatorischen Vorkehrungen bestehen und wirksam sind[653].

– Zusätzlich zur Berichterstattung über die Erfüllung der Mindestanforderungen für bankinterne Kontrollmaßnahmen bei **Devisengeschäften**[654] hat der APr. auch eine Aussage über die Beachtung der besonderen Anforderungen zu machen, die das BAK an Währungs- und Kurssicherungsgeschäfte der Kapitalanlagegesellschaften gestellt hat[655].

Nach § 24a Abs. 4 KAGG hat der APr. der Kapitalanlagegesellschaft auch den **591** Rechenschaftsbericht der **Sondervermögen** zu prüfen, deren Geschäftsjahresende in das Geschäftsjahr der Kapitalanlagegesellschaft fällt. Dabei hat sich die Prüfung auch darauf zu erstrecken, ob bei der Verwaltung des Sondervermögens die Vorschriften des KAGG und die Bestimmungen der Vertragsbedingungen beachtet worden sind. Das Ergebnis der Prüfung ist in einem besonderen Vermerk festzulegen. Für den Bericht über die Prüfung der Sondervermögen, der unverzüglich nach Beendigung der Prüfung dem BAK und der DBB einzureichen ist, gelten die Prüfungsrichtlinien des BAK nicht.

Im Rahmen der **Berichterstattung** hat der APr. ua. auch darauf einzugehen, wel- **592** che Unterrichtungspflichten gegenüber dem BAK und der zuständigen LZB nach der Allgemeinverfügung des BAK idF v. 18. 7. 1990 in der Berichtsperiode bestanden und ob diesen entsprochen wurde[656].

Die nach dem Schreiben des BAK v. 25. 4. 1982 bisher in den PrB geforderte **593** Entwicklungsübersicht für sämtliche Wertpapierarten ist nach Inkrafttreten der Neufassung des KAGG nicht mehr erforderlich, da diese Darstellung nunmehr zwingend in dem Rechenschaftsbericht des Sondervermögens enthalten sein muß.

Auf die gesonderte Berichterstattung über die Sondervermögen ist im PrB zum **594** JA der Kapitalanlagegesellschaft hinzuweisen.

---

651 Vgl. hierzu *Laux*, Bauspartechnische Aspekte der neuen Prüfungsrichtlinien für Bausparkassen, WPg. 1984 S. 573 ff.
652 Vgl. Verlaufbarung des BAK v. 30. 12. 1980, CM Nr. 19.03.
653 Vgl. Schr. d. BAK v. 16. 2. 1982, CM Nr. 10.21.
654 Vgl. Schr. d. BAK v. 24. 2. 1975, CM Nr. 4.120.
655 Vgl. Schr. d. BAK v. 30. 9. 1975, CM Nr. 10.12.
656 Vgl. Schr. d. BAK v. 24. 6. 1980, CM Nr. 10.17.

595   Der Wortlaut des **Vermerks** über das Ergebnis der Prüfung der Sondervermögen ist gesetzlich nicht festgelegt, ergibt sich aber im wesentlichen aus dem in § 24 Abs. 4 KAGG vorgeschriebenen Prüfungsgegenstand. Haben sich danach bei dieser Prüfung keine Einwendungen ergeben, so kommt folgender Wortlaut in Betracht[657]:

> „Die Buchführung und der Rechenschaftsbericht entsprechen nach meiner (unserer) pflichtgemäßen Prüfung Gesetz und Vertragsbedingungen. Bei der Verwaltung des Sondervermögens sind die Vorschriften des Gesetzes über Kapitalanlagegesellschaften und die Vertragsbedingungen beachtet worden."

596   Handelt es sich um einen **Spezialfonds** nach § 1 Abs. 2 KAGG, so bedürfen die Vertragsbedingungen und deren Änderungen nicht der Genehmigung des BAK (§ 15 Abs. 2 KAGG). Allerdings erstreckt sich die Prüfung des Spezialfonds gemäß § 24a Abs. 5 KAGG zusätzlich auf die Übereinstimmung der Vertragsbedingungen mit den Vorschriften des KAGG. Insofern empfiehlt sich folgende Ergänzung des Vermerks:

> „… sind die Vorschriften des Gesetzes über Kapitalanlagegesellschaften und die Vertragsbedingungen, die mit den gesetzlichen Vorschriften übereinstimmen, beachtet worden."

597   Der Prüfungsvermerk ist mit Angabe von Ort und Tag zu unterzeichnen und mit dem vollen Wortlaut im Rechenschaftsbericht wiederzugeben.

b) Versicherungsunternehmen[658]

598   Gem. § 57 Abs. 1 VAG ist der JA von VU unter Einbeziehung der Buchführung und des LB durch einen APr. zu prüfen.

599   Davon ausgenommen sind

- nach § 60 VAG die nach Landesrecht errichteten und der Landesaufsicht unterliegenden öffentlich-rechtlichen VU, für die landesrechtliche Vorschriften zur Prüfung der JA bestehen[659], sowie
- VU, die als kleine Vereine (§ 53 VAG) anerkannt und die nach § 64 VAG grundsätzlich nicht prüfungspflichtig sind. Allerdings kann die Aufsichtsbehörde bestimmen, ob und wie solche Unternehmen zu prüfen sind. Das BAV verlangt solche Prüfungen nur im Einzelfall[660]. Ähnliches gilt nach § 110 VAG für inländische Niederlassungen ausländischer VU.

600   Nach § 57 Abs. 2 Satz 2 VAG kann die Aufsichtsbehörde bestimmen, wie die Prüfung der externen Rechnungslegung durch den APr. durchzuführen und wie darüber zu berichten ist.

Dagegen ist die sog. Interne Rechnungslegung gegenüber der Aufsichtsbehörde (§ 55a Abs. 1 Nr. 1 VAG) grundsätzlich nicht Gegenstand der Abschlußprüfung;

---

657 Vgl. *Schidrich*, Prüfung der Kapitalanlagegesellschaften, HWRev Sp. 700.
658 IDW-Aufsatzsammlung; *Biermann*, Ausgewählte Fragen der Abschlußprüfung von Schaden- und Unfall- sowie Rück-VU aus der Sicht der Aufsichtsbehörde, WPg. 1981 S. 234; *ders.*, Neue Richtlinien der Aufsichtsbehörde für die Abschlußprüfung von VU, WPg. 1983 S. 237; *Fricke*, Die Darstellung der Vermögens- und Ertragslage im Bericht über die Abschlußprüfung bei VU, WPg. 1984 S. 537. Vgl. zu den für VU geltenden ergänzenden Vorschriften zur Rechnungslegung und Prüfung insb. Abschn. K.
659 Vgl. hierzu *Prölss*, Anm. 2 zu § 60 VAG sowie Abschn. K Tz. 12.
660 Vgl. *Angerer* in IDW-Aufsatzsammlung S. 16.

allerdings kann die Aufsichtsbehörde aus besonderem Anlaß verlangen, daß sie in die Prüfung mit einbezogen wird (§ 57 Abs. 2 Satz 2 VAG)[661].

Nach § 57 Abs. 2 VAG sind für die Prüfung des JA die handelsrechtlichen Vorschriften der §§ 316–324 HGB, somit auch die Vorschriften über PrB und BestV, entsprechend anzuwenden.   **601**

Aufgrund der Ermächtigung des § 57 VAG in der seinerzeit gültigen Fassung hat das BAV mit seinem **Rundschreiben 3/82**[662] Grundsätze und Hinweise veröffentlicht, die die berufsüblichen Prüfungs- und Berichtspflichten ergänzen. Hierbei handelt es sich um Mindestanforderungen, die den Besonderheiten der Abschlußprüfung bei VU und den Belangen des BAV Rechnung tragen. Bestimmte Abschnitte dieses Rdschr. gelten nicht für RVU.   **602**

Die nach § 57 VAG prüfungspflichtigen, der Aufsicht des BAV unterliegenden VU müssen die Beachtung des Rdschr. 3/82 zum Gegenstand ihrer Prüfungsaufträge an die APr. machen. Hierauf sollte auch im PrB eingegangen werden.   **603**

Dieses Rundschreiben des BAV behandelt in einem Allgemeinen Teil vor allem die Prüfung von der Berichterstattung über versicherungsspezifische Sachgebiete und in einem weiteren Teil die Darstellung einzelner Posten mit dem Schwerpunkt auf den versicherungstechnischen Rückstellungen.   **604**

Für den Aufbau des PrB von VU ergeben sich gegenüber dem dargestellten grundsätzlichen Schema (vgl. Tz. 41) keine gravierenden Unterschiede[663]. Im folgenden wird auf branchenbedingte Besonderheiten in Verbindung mit den Anforderungen des Rdschr. 3/82 des BAV eingegangen[664].   **605**

Bei Darstellung der **rechtlichen Verhältnisse** ist über Vertragsbeziehungen mit rechtlich (§ 15 AktG) oder wirtschaftlich (§ 53d Abs. 3 VAG) verbundenen Unternehmen zu berichten[665]. Eine wesentliche Bedeutung besitzen hierbei **Dienstleistungsverträge,** auch in der Form von Funktionsausgliederungsvereinbarungen. Als Vertragspartner kommen auch spezielle Dienstleistungsunternehmen in Frage. Die finanziellen Auswirkungen dieser Verträge sind darzustellen, sofern sie die Vermögens-, Finanz- und Ertragslage wesentlich beeinflussen. Eine wesentliche Beeinflussung wird stets dann anzunehmen sein, wenn sich zwischen Vergütungen und den diesen entsprechenden Aufwendungen erhebliche Über- oder Unterdeckungen ergeben.   **606**

Zu berichten ist über die nach § 7 Abs. 2 VAG zulässigen, mit dem Versicherungsgeschäft in unmittelbarem Zusammenhang stehenden, Geschäfte[666], sofern diese von wesentlicher Bedeutung sind.   **607**

---

661 Vgl. *Angerer* in IDW-Aufsatzsammlung S. 15.
662 Vom 25. 6. 1982, VerBAV 1982 S. 409 ff.; abgedruckt bei *Prölss,* Anm. 12 zu § 57 VAG sowie bei *Heubaum/Jäger* in IDW-Aufsatzsammlung S. 508.
663 Ein Beispiel für eine Grobgliederung des PrB findet sich bei *Heubaum/Jäger* in IDW-Aufsatzsammlung S. 517.
664 Hierzu und zum folgenden: Vgl. *Heubaum/Jäger* in IDW-Aufsatzsammlung S. 505 ff., sowie *Biermann,* WPg. 1983 S. 237.
665 Vgl. *Angerer,* Dienstleistungen zwischen verbundenen (Versicherungs-) Unternehmen, VW 1982 S. 1456; vgl. außerdem die Ausführungen des BAV im GB 1980, auszugsweise abgedruckt in FN 1982 S. 24, ergänzt durch BAV im GB 1980 S. 49, GB 1983 S. 47 und GB 1984 S. 49; ferner ausführlich in VerBAV 1985 S. 169.
666 ZB: Vermittlung von Versicherungen, Bausparverträgen, Darlehensverträgen sowie Bestandsverwaltung, Schadenregulierung, Vermögensverwaltung.

608 Die Berichterstattung über Art und Umfang der Rückversicherungsbeziehungen für das aktive und passive **Rückversicherungsgeschäft** ist in mehrjährigen Abständen (etwa alle drei Jahre) eingehend darzustellen, insbesondere hinsichtlich der wichtigsten Vertragspartner, der Art der Verträge und der Höhe oder Quoten; zwischenzeitlich ist nur auf wesentliche Änderungen der Verträge einzugehen[667].

609 Sowohl über den Geschäftsverlauf der **Rückversicherungsbeziehungen** insgesamt als auch über die entsprechenden Ergebnisse in den einzelnen Versicherungszweigen ist jährlich zu berichten. Die erforderlichen zahlenmäßigen Angaben erfolgen zweckmäßigerweise bei der Darstellung der Ertragslage; ggf. ist auch zur Bonität der Forderungen an die Vertragspartner Stellung zu nehmen.

610 Im Rahmen der Erläuterungen und Feststellungen zum JA ist auch auf die Einhaltung der für die Gliederung maßgebenden Formvorschriften der Externen VURev und auf die angemessene Dotierung der **versicherungstechnischen Rückstellungen** einzugehen. Wesentliche Abweichungen von den Bilanzierungsrichtlinien für VU des BAV vom 30. 12. 1987 (VUBR)[668] sind darzustellen.

611 Bei der Berichterstattung über die **Rechnungslegungsgrundsätze** empfiehlt es sich, auch auf die nach dem Rdschr. 3/82 geforderte **Darstellung der Kostenverteilung** innerhalb von Unternehmensverbindungen auf die einzelnen Unternehmen und innerhalb des zu prüfenden VU auf die einzelnen Funktionsbereiche sowie auf die einzelnen Versicherungszweige und ggf. -arten einzugehen. Dabei ist das angewandte Verteilungsverfahren darzustellen und zu erläutern, ob die von der Aufsichtsbehörde ergangenen RL und Verlautbarungen eingehalten sind. Hierzu gehört nach Auffassung des BAV auch eine Darstellung der hauptsächlich verwendeten Kostenschlüssel[669]. Es kann zweckmäßig sein, in einer Anlage zum PrB die Verwaltungskosten nach Kostenarten aufzugliedern und ihre Verteilung auf die einzelnen Funktionsbereiche darzustellen.

612 Zur Darstellung der **wirtschaftlichen Grundlagen** empfiehlt es sich, wesentliche Kennzahlen in einer mehrjährigen Übersicht aufzubereiten[670].

613 Den Erläuterungen zur **Vermögenslage** wird üblicherweise eine Übersicht vorangestellt, die die Veränderung von zu aussagekräftigen Gruppen zusammengefaßten Bilanzzahlen im Jahresvergleich aufzeigt.

614 Im Rahmen der Erörterung der **Kapitalanlagen** ist auf ihre Zuordnung zum Dekkungsstock, zum übrigen gebundenen Vermögen und zum freien Vermögen einzugehen und darzustellen, inwieweit den gem. § 54a Abs. 1 VAG bedeckungspflichtigen versicherungstechnischen Passivposten (versicherungstechnische Rückstellungen sowie die aus Versicherungsverhältnissen entstandenen Verbindlichkeiten und Rechnungsabgrenzungsposten) vorhandenes gebundenes und gem. § 54a Abs. 2 VAG qualifiziertes Vermögen gegenübersteht, dies allerdings nur, sofern die erforderlichen Aufzeichnungen und Nachweisungen beim VU bis zum Zeitpunkt der Abschlußprüfung vorliegen.

Zumindest beim neu angelegten Vermögen ist festzustellen, ob die Anlagevorschriften beachtet wurden.

667 Vgl. *Biermann*, WPg. 1983 S. 237/239; *Heubaum/Jäger* in IDW-Aufsatzsammlung S. 520.
668 Vgl. VerBAV-Sonderheft 12.
669 Vgl. *Biermann*, WPg. 1983 S. 237/241.
670 Vgl. *Fricke*, WPg. 1984 S. 537/540.

Es empfiehlt sich in dem Zusammenhang, die **Kapitalanlagenpolitik** näher zu **615**
analysieren[671] und dabei ua. auch die Anlagenmischung, dh. die Verteilung des
Anlagerisikos auf verschiedene Anlagearten, Größenordnungen, Fristigkeiten
und Anlageort, darzustellen.

Bei der Berichterstattung über die **Vermögenslage** sollte auch auf die Eigenkapi- **616**
talausstattung des VU eingegangen werden. Gem. Rdschr. 3/82 besteht eine Verpflichtung, die Einhaltung der **Solvabilitätsvorschriften** darzustellen, nur wenn
am Bilanzstichtag die Eigenmittel die Solvabilitätsspanne nicht mehr bedecken.
Dann ist auch über die eingeleiteten bzw. vorgesehenen Maßnahmen zur Wiederherstellung der Solvabilität zu berichten; dabei sollten die Gründe, die zur
Unterdeckung geführt haben, sowie die finanziellen Möglichkeiten zu ihrer
Beseitigung und zur Sicherstellung der Einhaltung der Solvabilitätsvorschriften
in der Zukunft dargelegt werden[672].

Bei der Darstellung der **Finanzlage** sind die nach Fristigkeiten gegliederten **617**
Aktiv- und Passivpositionen, ggf. unter Angabe der Veränderungen, einander
gegenüberzustellen. Dabei sollte zumindest auf die Kapitalanlagen und die
damit in enger Verbindung stehenden versicherungstechnischen Posten eingegangen werden und danach eventuell bestehende große Ungleichgewichtigkei-
ten hinsichtlich der Fälligkeiten erörtert werden[673].
Nach dem Rdschr. 3/82 sind auch Anhaltspunkte, die auf eine künftige Ver-
knappung der Liquidität hindeuten, zu nennen und dabei auch Angaben über
Kreditaufnahmen und über die zur Verfügung stehenden Kreditlinien zu
machen.

Die Darstellung der **Ertragslage** ist beeinflußt von der Art des Versicherungsge- **618**
schäfts und den Versicherungszweigen. Grundsätzlich sind zunächst die Aufwendungen und Erträge des Berichtsjahres in zweckmäßiger Form denen des
Vorjahres unter Angabe der Veränderungen des Vorjahres gegenüberzustellen.
Dem schließt sich eine weitergehende verbale und/oder zahlenmäßige Erörterung an.

Bei der Ertragsanalyse der **Schaden-, Unfall- und Rückversicherungsunternehmen** **619**
wird entsprechend dem Gliederungsschema für die GuV eine Aufteilung in das
versicherungstechnische und das übrige, nichtversicherungstechnische Geschäft
vorgenommen.

Beim **versicherungstechnischen Geschäft** ist eine Trennung nach den Versiche- **620**
rungszweigen des selbst abgeschlossenen und des in Rückdeckung übernommenen Geschäfts, jeweils untergliedert nach Brutto-, Rück- und Nettoergebnissen,
vorzunehmen und dabei auf die wesentlichen Ertrags- und Aufwandsfaktoren
einzugehen[674]. Die Darstellung der Ertrags- und Aufwandsfaktoren kann in der
Weise erfolgen, daß die Erträge und Aufwendungen in vH der verdienten Beiträge angegeben werden. Beim Schadenaufwand sollte der Aufwand für Schäden des Geschäftsjahres vom Abwicklungsergebnis aus der vorjährigen Rück-

671 Vgl. hierzu *Heubaum/Jäger* in IDW-Aufsatzsammlung S. 530 ff.
672 Vgl. *Biermann*, WPg. 1983 S. 237/243.
673 Vgl. *Heubaum/Jäger* in IDW-Aufsatzsammlung S. 536.
674 Vgl. *Fricke*, WPg. 1984 S. 537/542; vgl. auch die Darstellung bei *Heubaum/Jäger* in IDW-Aufsatz-
    sammlung S. 537 ff.

stellung getrennt werden [675]. Weitergehende Erkenntnisse vermittelt eine Darstellung der Spartenergebnisse.

621   Im **nichtversicherungstechnischen Geschäft** ist zunächst eine Trennung der normalen Erträge und Aufwendungen von den außerordentlichen Einflüssen vorzunehmen. Von Interesse sind hier insb. die Reinerträge aus Kapitalanlagen, zu denen weitergehende Erläuterungen, wie zB die Entwicklung der Gesamtdurchschnittsrenditen und die Durchschnittsrenditen für die einzelnen Anlagearten, gegeben werden sollten [676].

622   Bei den **Lebens- und Krankenversicherungsunternehmen** wird in der Erfolgsrechnung lediglich eine Aufteilung nach dem selbst abgeschlossenen und nach dem in Rückdeckung übernommenen Versicherungsgeschäft vorgenommen. Ein weiterer wesentlicher Unterschied besteht darin, daß aufgrund des engen Zusammenhangs zwischen dem Versicherungs- und Finanzgeschäft keine Trennung in eine versicherungstechnische und eine nichtversicherungstechnische Erfolgsrechnung erfolgt [677].

623   Da die Rückversicherung bei LVU und KVU eine wesentlich geringere ergebnismäßige Bedeutung als in der Schadenversicherung besitzt, genügt es, im Rahmen der aus der GuV abgeleiteten Ertragsanalyse (buchhalterische Erfolgsanalyse) das Ergebnis aus dem Rückversicherungsgeschäft als Saldo aus Abgabe- und Annahmegeschäft darzustellen. Neben der buchhalterischen Erfolgsanalyse ist es üblich, die Zusammensetzung des Überschusses und die Entwicklung der Deckungsrückstellung aufgrund der mathematischen Gewinnzerlegung – sofern im Zeitpunkt der Prüfung vorliegend – zu besprechen, die für LVU und KVU einen Teil der internen Rechnungslegung gegenüber dem BAV bilden [678].

624   Im Berichtsabschnitt über das **Rechnungswesen** des VU sind auch die Ergebnisse der vom APr. durchgeführten EDV-Systemprüfungen darzustellen und insbesondere dazu Stellung zu nehmen, ob eine für den außenstehenden sachverständigen Dritten verständliche Verfahrensdokumentation vorliegt und die angewandten Verfahren ausreichende Kontrollmaßnahmen enthalten.

625   Bei der **Erläuterung der einzelnen Posten** des JA sind neben den berufsüblichen Grundsätzen die sich aus dem Rdschr. 3/82 Teil 2 ergebenden Berichtspflichten zu beachten. Wesentliche Bedeutung kommt den Erläuterungen der versicherungstechnischen Rückstellungen zu. Hierbei sind jeweils die Ermittlungs- und Bewertungsmethoden und deren Veränderungen gegenüber dem Vorjahr darzustellen, sowie zur Angemessenheit unter Berücksichtigung der aufsichtsbehördlichen und sonstigen Anordnungen und Hinweise Stellung zu nehmen. Ein Verweis auf die Ausführungen im Anh. des VU ist nicht ausreichend, erforderlich ist vielmehr eine ausführliche Berichterstattung [679].

626   Bei der **Deckungsrückstellung** in der LVU und KVU sind Angaben über die Vollständigkeit der Bestandserfassung, die richtige Anwendung der am Bilanzstichtag geltenden Geschäftspläne und die mathematische Berechnung zu machen. Der APr. hat in seinem PrB darzulegen, in welchem Umfang er eigene Prüfungs-

---

675 Vgl. *Biermann*, WPg. 1983 S. 237/242 f.
676 Vgl. *Heubaum/Jäger* in IDW-Aufsatzsammlung S. 545.
677 Vgl. *Heubaum/Jäger* in IDW-Aufsatzsammlung S. 546.
678 Nachweisungen (der Internen VUReV) 211 bis 219 für LVU und 231 für KVU.
679 Vgl. *Heubaum/Jäger* in IDW-Aufsatzsammlung S. 524; sowie *Biermann*, WPg. 1983 S. 237/243 ff.

handlungen vorgenommen bzw. er zur Prüfung einen mathematischen Sachverständigen hinzugezogen hat.

Zur **Rückstellung für noch nicht abgewickelte Versicherungsfälle** bei SchVU muß **627** der APr. unter Angabe der Beurteilungsmaßstäbe eindeutig Stellung nehmen, ob die Dotierung der zum Schluß des Berichtsjahres ausgewiesenen Schadenrückstellung sowohl für die einzelnen Versicherungszweige als auch für das gesamte selbst abgeschlossene Versicherungsgeschäft angemessen ist[680].

Darzustellen und kritisch zu würdigen sind dabei auch die Methoden der Ermittlung der Rückstellungen für die bis zum Bilanzstichtag eingetretenen und gemeldeten Schäden sowie der übrigen Teilrückstellungen, und zwar für alle Versicherungszweige. Zumindest bei wiederholt auftretenden erheblichen Abwicklungsverlusten sollte auch zu den Ergebnissen der Abwicklung der Teilrückstellungen, insb. der Spätschadenrückstellung, Stellung genommen werden unter Angabe der Konsequenzen, die das VU hieraus für seine Reservierung gezogen hat[681].

Über Art und Umfang der Prüfung[682] der **Schadensrückstellung** verlangt das **628** BAV detaillierte Angaben im PrB, so zB
- die Summe der geprüften Rückstellungsbeträge und ihr Verhältnis zu der gesamten Rückstellung,
- die Anzahl der geprüften Schadensakten und ihr Verhältnis zur Gesamtzahl,
- das System der Auswahl der geprüften Akten.

Ist der APr. zur Beurteilung der Schadenrückstellung nicht in der Lage, so hat er auf Kosten des VU einen unabhängigen Sachverständigen heranzuziehen, dessen Name im PrB genannt werden muß.

Bei der **Schwankungsrückstellung** und ähnlichen Rückstellungen ist auch dar- **629** über zu berichten, ob die aufsichtsbehördlichen Anordnungen über Zuführung und Entnahme eingehalten werden und ob der APr. nur das System der Berechnung oder auch in Stichproben die Beträge geprüft hat.

Bei der Erläuterung der **sonstigen Aufwendungen und Erträge** wird eine Bericht- **630** erstattung über die Aufwendungen für erbrachte Dienstleistungen, wie zB Versicherungsvermittlung, und die diesen gegenüberstehenden Erträgen verlangt.

Der Vorstand des VU ist nach § 59 VAG verpflichtet, den PrB zusammen mit **631** den Bemerkungen des AR und seinen eigenen Bemerkungen unverzüglich nach der HV oder der dieser entsprechenden Versammlung der obersten Vertretung der Aufsichtsbehörde vorzulegen.

Stellt der APr. im Rahmen seiner Prüfung bestandsgefährdende oder entwick- **632** lungsbeeinträchtigende Tatsachen oder schwere Verstöße der gesetzlichen Vertreter gegen Gesetz, Gesellschaftsvertrag oder Satzung fest (§ 321 Abs. 2 HGB), so hat er gemäß der **besonderen Anzeigepflicht** des § 57 Abs. 2 Satz 3 VAG das BAV unverzüglich zu unterrichten.

---

680 Vgl. *Donandt/Richter*, Die versicherungstechnischen Posten des JA der Schaden- und Unfallversicherungsunternehmen, in IDW-Aufsatzsammlung S. 190.
681 Vgl. *Biermann*, WPg. 1983 S. 237/246.
682 Vgl. auch den vom VFA des IDW aufgestellten Leitfaden zur Prüfung der Rückstellung für noch nicht abgewickelte Versicherungsfälle, FN 1989 S. 57.

633   Es bestehen **besondere Auskunftspflichten,** da das BAV die Möglichkeit hat, den PrB mit dem APr. zu erörtern und erforderlichenfalls Ergänzungen der Prüfung und des Berichts zu verlangen.

634   Für den **Bestätigungsvermerk** zum JA eines VU ist nach § 57 Abs. 2 Satz 1 VAG § 322 HGB entsprechend anzuwenden. Hinsichtlich der Vereinbarkeit der besonderen Rechnungslegungsvorschriften (zB § 56 Abs. 3 VAG) mit der Generalnorm des § 264 Abs. 2 HGB und der damit verbundenen Problematik der Bestätigung eines den tatsächlichen Verhältnissen entsprechenden Bildes wird auf die analog geltenden Ausführungen zum BestV bei Kreditinstituten verwiesen[683]. Handelt es sich bei dem VU um ein VVaG, eine Anstalt oder Direktion, so ist der Begriff „Kapitalgesellschaft" durch „Versicherungsunternehmen" oder die Firma des VU zu ersetzen.

635   Sofern die Gesellschaft von den Offenlegungserleichterungen nach § 55 Abs. 7 VAG Gebrauch macht, und Anh. und LB nicht veröffentlicht sind, ist darauf hinzuweisen, daß sich der BestV auf den vollständigen JA und LB bezieht.

636   Bei der freiwilligen Jahresabschlußprüfung von wirtschaftlich großen, rechtlich kleinen VVaG kann der Wortlaut des BestV (§ 322 HGB) entsprechend angewendet werden, sofern eine Prüfung nach § 57 VAG durchgeführt und das Rdschr. 3/82 beachtet wurde[684]. Wurde dagegen der Prüfungsauftrag zB dergestalt eingeschränkt, daß sich die Prüfung nicht auch auf die Berechnung der Deckungsrückstellung erstreckt, so kann nur eine Bescheinigung erteilt werden[685]. Diese darf nicht veröffentlicht werden, um den Eindruck zu vermeiden, es habe eine umfassende Abschlußprüfung stattgefunden[686].

637   **Kleinere Versicherungsvereine aG,** die der laufenden Aufsicht des BAV unterliegen und die im vorangegangenen Geschäftsjahr bestimmte Größenmerkmale nicht überschritten haben (sog. bestimmte kleinere VVaG), müssen ihren Geschäftsbetrieb und die Vermögenslage nach § 9 der Verordnung über die Rechnungslegung bestimmter kleiner VVaG iSd. § 53 VAG (bkVReV) mindestens zum Abschlußstichtag eines jeden dritten Geschäftsjahres, auf Verlangen des BAV auch in kürzeren Zeitabständen, durch einen Sachverständigen prüfen lassen. Dabei handelt es sich nicht um eine Vorbehaltsaufgabe für WP. Diese Prüfung erfordert nach Auffassung des BAV auch eingehende Untersuchungen über die wirtschaftliche Lage und Entwicklung des Versicherungsvereins[687].

638   Da das Rdschr. 3/82 mangels einer Prüfungspflicht nach § 57 VAG für die Prüfung von klVVaG nicht gilt, hat das BAV die „Richtlinien für die Prüfung des Geschäftsbetriebes und der Vermögenslage bestimmter kleinerer VVaG iSd. § 53 VAG" (bkVPR) erlassen, die unter Punkt 3 ausführen, daß der PrB mindestens auf folgende Sachverhalten einzugehen hat:

„1. die personellen und organisatorischen Verhältnisse des Versicherungsvereins, insb. Personalbestand, Betriebseinrichtung, Buchführung;

2. die Beziehungen des Versicherungsvereins zu anderen Unternehmen, insb. zu Mitglieds- und Trägerunternehmen;

---

683 Vgl. Abschn. O Tz. 580; vgl. außerdem *ADS,* § 322 Tz. 98; *Sarx* in BeBiKo., § 322 Anm. 22.
684 Vgl. *Heubaum/Jäger* in IDW-Aufsatzsammlung S. 517; GB/BAV 1983 S. 49.
685 Vgl. FN 1983 S. 251.
686 Vgl. VerBAV 1979 S. 105/106; FN 1979 S. 131.
687 Vgl. VerBAV 1975 S. 323.

3. die Bewertung der Vermögensgegenstände und Rückstellungen;
4. bei Pensions- und Sterbekassen sowie bei Krankenversicherungsvereinen zusätzlich die Bilanzstruktur im Vergleich zum letzten Abschlußstichtag, zu dem eine Berechnung der Deckungsrückstellung vorgenommen wurde. Hierbei sind wesentliche Änderungen zu erläutern;
5. bei Schaden- und Unfallversicherungsvereinen zusätzlich die Ertragslage im Berichtszeitraum, unter Vergleich mit derjenigen im vorausgegangenen Berichtszeitraum, unter besonderer Beurteilung der Beiträge, der Erträge aus Kapitalanlagen, der Aufwendungen für Versicherungsfälle sowie der Aufwendungen für den Versicherungsbetrieb."

Bei **Pensions- und Sterbekassen sowie bei Krankenversicherungsvereinen** sind weiterhin Angaben zur Deckungsrückstellung, des Risiko-, Zins- und Kostenverlaufs und zu den Rechnungsgrundlagen der Tarife zu machen[688].   **639**

Auch hier gilt, daß, sofern der Sachverständige zur Prüfung einen Fachkundigen hinzugezogen hat, dieser im PrB namentlich zu nennen ist[689].

Sofern die Prüfung nicht zu Einwendungen geführt hat, ist nach Nr. 4 bkVPR folgender Vermerk zu erteilen: **640**

„Die Prüfung des Geschäftsbetriebs und der Vermögenslage hat zu keinen Beanstandungen Anlaß gegeben."

Nach Auffassung des BAV enthält der Vermerk die Aussage, daß der Bestand des geprüften Versicherungsvereins nicht gefährdet ist[690].

Hat der Sachverständige Einwendungen zu erheben, so ist der Prüfungsvermerk einzuschränken oder zu versagen[691]. Der Prüfungsvermerk ist im PrB mit Angabe von Ort und Tag zu unterzeichnen[692].   **641**

Der Bericht des Sachverständigen ist nach § 8 Nr. 3 bkVReV dem BAV unmittelbar nach der Mitglieder- oder Mitgliedervertreter-Versammlung durch den Verein in doppelter Ausfertigung einzureichen.   **642**

Pensionskassen, Sterbekassen sowie die der Aufsicht der Länder unterliegenden Versorgungswerke mit geschlossenem Mitgliederkreis brauchen ihre Deckungsrückstellung nur in einem mehrjährigen Turnus neu berechnen zu lassen. Nach Auffassung des VFA[693] begründet in den Zwischenjahren der Verzicht auf eine Neuberechnung der Deckungsrückstellung keine Einschränkung des BestV, da der JA dennoch den gesetzlichen und satzungsmäßigen Vorschriften entspricht. Allerdings bestehen keine Bedenken gegen einen hinweisenden Zusatz, wenn dies erforderlich erscheint, um einen falschen Eindruck über Inhalt der Prüfung und Tragweite des BestV zu vermeiden[694].   **643**

---

688 Nr. 3 Abs. 2 iVm. Nr. 1 Abs. 2 bkVPR.
689 Nr. 3 Abs. 4 bkVPR.
690 Vgl. VerBAV 1975 S. 323.
691 Nr. 4 Abs. 2 bkVPR.
692 Nr. 4 Abs. 3 bkVPR.
693 Vgl. St/VFA 1/1977.
694 Bejahend: *Eisold/Jäger,* Die versicherungstechnischen Posten des JA der Pensions- und Sterbekassen in IDW-Aufsatzsammlung S. 97/107.

c) Wohnungsunternehmen

644 Das Gesetz über die Gemeinnützigkeit im Wohnungswesen wurde durch Art. 21 des Steuerreformgesetzes 1990 mit Wirkung zum 1. 1. 1990 aufgehoben. Danach gelten von diesem Zeitpunkt für alle Wohnungsunternehmen grundsätzlich die allgemeinen Prüfungsvorschriften, die lediglich von der Rechtsform abhängig sind [695]. Bis dahin bestimmte § 26 WGG, daß jedes als gemeinnützig anerkannte Wohnungsunternehmen sich regelmäßigen Prüfungen des Prüfungsverbandes, dem es angehört, zu unterwerfen hatte und daß bei Wohnungsunternehmen, die nicht Genossenschaften sind, auf die Prüfung die Vorschriften des GenG sinngemäß anzuwenden waren.

645 Nach dem neu angefügten § 162 GenG bleiben ehemals als gemeinnützig anerkannte Wohnungsunternehmen, die nicht eingetragene Genossenschaften sind, weiterhin Mitglieder des Prüfungsverbandes, dem sie bisher angehörten, sie konnten allerdings bis zum 30. Juni 1990 gegenüber dem Prüfungsverband ihren Austritt zum 31. Dezember 1991 erklären.

646 Die früher dem WGG unterliegenden Unternehmen haben für die Prüfung des JA nunmehr auch die allgemeinen Vorschriften der §§ 316 ff. HGB zu beachten, insb. nach § 318 HGB einen APr. zu wählen. Dies gilt auch, sofern das Wohnungsunternehmen freiwillig Mitglied seines bisherigen Prüfungsverbandes bleibt [696]. Will sich das Wohnungsunternehmen weiterhin von dem Prüfungsverband, dem es als Mitglied angehört, prüfen lassen, bestimmt Art. 25 Abs. 1 EGHGB [697] als Voraussetzung, daß mehr als die Hälfte der geschäftsführenden Mitglieder des Vorstands dieses Prüfungsverbands WP sein müssen.

647 Für den Umfang der Jahresabschlußprüfung sind nunmehr allein die §§ 316 ff. HGB maßgebend, sofern es sich bei dem Wohnungsunternehmen nicht um eine eingetragene Genossenschaft handelt. Hinsichtlich PrB und BestV kann somit auf die allgemeinen Erläuterungen verwiesen werden.

d) Krankenhäuser

648 Überregionale Vorschriften für die Buchführung, den JA und die Kosten- und Leistungsrechnung der Krankenhäuser enthält die **Krankenhaus-Buchführungsverordnung** (KHBV) [698], die allerdings keine Abschlußprüfung vorschreibt.

649 Eine Pflichtprüfung der JA von Krankenhäusern kann durch Landesrecht vorgeschrieben werden und dabei auch der Umfang der Prüfung gegenüber den Vorschriften des HGB erweitert werden. Hiervon haben die Bundesländer Nordrhein-Westfalen [699], Hessen [700] und Saarland [701] Gebrauch gemacht.

---

695 Vgl. *Budde/Kofahl* in BeBiKo. Art. 25 EGHGB Anm. 8.
696 Vgl. WFA in FN 1989 S. 253.
697 In der durch das Steuerreformgesetz 1990 bedingten Neufassung, BGBl. 1988 S. 1137.
698 In der Neufassung der Bek. v. 24. 3. 1987, BGBl. I S. 1045; vgl. hierzu auch die St/KHFA 1/1990, Einzelfragen zur Krankenhaus-Buchführungs-VO.
699 § 32 Krankenhausgesetz 1989 des Landes Nordrhein-Westfalen (KHG NW) v. 3. 11. 1987, GV.NW 1987, S. 392.
700 § 15 Hessisches Krankenhausgesetz 1989 (HKHG) v. 18. 12. 1989, GVBl. I S. 452.
701 § 37 Saarländisches Krankenhausgesetz (SKHG) v. 15. 7. 1987, Amtsblatt des Saarlandes 1987 S. 921.

Darüber hinaus sind für die Prüfung des JA kommunaler Krankenhäuser die für die Jahresabschlußprüfung bei Eigenbetrieben geltenden Vorschriften entsprechend anzuwenden[702].

Die Prüfungvorschriften nach Landesrecht (Beispielhaft § 32 KHG NW) bein- **650**
halten zum einen die Durchführung der Jahresabschlußprüfung nach den allgemeinen Grundsätzen, diese sind im FG-IDW 1/1988 niedergelegt. Darüber hinaus wird der **Prüfungsumfang** insofern erweitert[703], als sich die Prüfung insb. zu erstrecken hat auf

- die Ordnungsmäßigkeit des Rechnungswesens
- die wirtschaftlichen Verhältnisse
- die zweckentsprechende, sparsame und wirtschaftliche Verwendung der (pauschalen) Fördermittel nach § 23 KHG NW
- die zweckentsprechende Verwendung der über die Investitionsverträge nach § 30 KHG NW erwirtschafteten Investitionsmittel.

Dieser erweiterte Prüfungsumfang hat auch Auswirkungen auf die **Gliederung** **651**
und den Inhalt des PrB. So bietet es sich an, über die besonderen Prüfungsberichte in jeweils eigenen Abschnitten zu berichten. Danach umfaßt der Bericht folgende Hauptabschnitte[704]:

1. Auftrag und Auftragsdurchführung
2. Grundlagen und Struktur des Krankenhauses
3. Rechnungswesen, Vorjahresabschluß, Jahresabschluß
4. Wirtschaftliche Verhältnisse
5. Verwendung der öffentlichen Fördermittel nach KHG
6. Zusammenfassung
7. Bestätigungsvermerk

Die Berichterstattung über das **Rechnungswesen** umfaßt neben der Buchführung **652**
auch die Kosten- und Leistungsrechnung, die Betriebsstatistik und ggf. die betriebliche Planungsrechnung[705]. Im Zusammenhang mit der KLR ist darzustellen, ob die Mindestanforderungen des § 8 KHBV eingehalten wurden. Wurde das Krankenhaus von der Verpflichtung, eine KLR zu führen, nach § 9 KHBV befreit, so ist dies im PrB zu erwähnen. Hinsichtlich der Betriebsstatistik und der erforderlichen betrieblichen Planungsrechnung ist auf die Ordnungsmäßigkeit der Erfassung und des Nachweises der Daten einzugehen[706]. Zusammenfassend ist auch die Eignung des Rechnungswesens als Instrument der wirtschaftlichen Führung des Krankenhauses zu beurteilen[707].

Gegenstand der Prüfung und Berichterstattung über die **wirtschaftlichen Verhält-** **653**
nisse ist die Analyse der Entwicklung der Vermögens-, Finanz- und Ertragslage einschließlich

---

702 Vgl. zB § 23 GemKHBVO v. 12. 10. 1977, GV NW S. 360 iVm. § 103 GO NW idF v. 12. 10. 1987, GV NW S. 345.
703 Vgl. St/KHFA 2/1990, Zum erweiterten Umfang der Jahresabschlußprüfung von Krankenhäusern nach Landeskrankenhausrecht, Abschn. A.
704 Vgl. hierzu den Entwurf über die Gliederung des PrB für die Jahresabschlußprüfung von Krankenhäusern nach § 15 Absatz 3 KHG NRW (aF) des KHFA, FN 1979 S. 160; im Aufbau abweichend von der in Abschn. 0 Tz. 41 dargestellten Gliederung.
705 Vgl. St/KHFA 2/1990 Abschn. B.
706 Vgl. ebenda.
707 Vgl. Abschn. 3.1 des Entwurfs für die Gliederung des PrB, FN 1979 S. 161.

– verlustbringender Geschäfte und der Ursachen der Verluste, sofern diese
Geschäfte und die Ursachen für die Vermögens-, Finanz- und Ertragslage von
Bedeutung waren, sowie
– der Ursachen eines in der GuV ausgewiesenen Jahresfehlbetrages.

Dabei ist im PrB auch darauf einzugehen, ob und inwieweit die Ursachen der
eingetretenen Verluste von der Krankenhausleitung beeinflußbar waren oder
nicht und ob die Verlustursachen inzwischen beseitigt sind oder sich auch noch
auf künftige Jahresergebnisse auswirken werden. Sofern schwerwiegende Verstöße gegen die gebotene Wirtschaftlichkeit festgestellt werden, ist auch darüber
zu berichten[708].

654   Eine Beurteilung der Aufwendungen anhand krankenhausspezifischer Richt-
      werte zur Personalbemessung, die generelle Durchschnittswerte darstellen und
      im Einzelfall die Berücksichtigung einer als angemessen festzustellenden Lei-
      stungsfähigkeit erfordern, überschreitet den Rahmen einer Jahresabschlußprü-
      fung[709]. Wirtschaftlichkeitsbeurteilungen der Betriebsaufwendungen unter dem
      Gesichtspunkt einer wirtschaftlichen Betriebsführung nach Krankenhausfinan-
      zierungsrecht sind entweder im Rahmen der Wirtschaftlichkeitsprüfungen nach
      § 16 Abs. 6 BPflV oder nach § 113 SGBV durchzuführen oder im Rahmen eines
      besonderen Auftrages des Krankenhausträgers an den APr. zu treffen.

655   Im Rahmen der Darstellung der **Vermögens-, Finanz- und Ertragslage** hat der
      APr. auch Aussagen über die Kapitalausstattung des Krankenhauses zu machen.
      Eine Beurteilung der Angemessenheit der Höhe des festgesetzten Kapitals ist
      jedoch nicht vorzunehmen[710].

656   Bei der Berichterstattung über die Verwendung der in festen jährlichen Pau-
      schalbeträgen gewährten **Fördermittel** nach § 9 Abs. 3 KHG ist eine zusammen-
      gefaßte Darstellung der zugewiesenen Fördermittel und der ihnen zuzuordnen-
      den Ausgaben bzw. der noch nicht verwendeten Mittel vorzunehmen[711]. In dem
      Zusammenhang ist auch zur Bilanzierung der Fördermittel Stellung zu nehmen,
      ein bestehender Fördermittelvorgriff zu erläutern und auch ein Urteil über die
      zweckentsprechende, sparsame und wirtschaftliche Verwendung dieser Förder-
      mittel abzugeben.

657   Im PrB ist auch darauf einzugehen, ob alle über Investitonsverträge nach § 30
      KHG NW bzw. § 18b KHG zugeflossenen Mittel vollständig erfaßt und entspre-
      chend den vertraglichen Vereinbarungen verwendet wurden[712].

658   Ist bei kommunalen Krankenhäusern die entsprechende Anwendung der für die
      Prüfung des JA von Eigenbetrieben geltenden Vorschriften vorgesehen, so ist
      auch die **Ordnungsmäßigkeit der Geschäftsführung** Prüfungs- und Berichtsgegen-
      stand. Dabei gelten grundsätzlich dieselben Kriterien wie bei anderen öffentli-
      chen Unternehmen[713]. Es ist jedoch zu berücksichtigen, daß das Hauptziel der
      Geschäftsführungstätigkeit nicht die Gewinnerzielung, sondern die Selbstko-

---

708 Vgl. St/KHFA 2/1990 Abschn. C.
709 So St/KHFA 2/1990 Abschn. C.
710 Vgl. FN 1991 S. 1.
711 Vgl. Abschn. 5 des Entwurfs für die Gliederung des PrB, FN 1979 S. 161.
712 Vgl. St/KHFA 2/1990 Abschn. E.
713 Vgl. hierzu Abschn. O Tz. 699 ff.

stendeckung durch Pflegesätze und Investitionsfördermittel darstellt[714]. In jedem Fall ist darzustellen, inwieweit das Leistungsangebot des Krankenhauses dem Krankenhausbedarfsplan und dem Versorgungsbedarf des öffentlichen Krankenhausträgers entspricht[715].

Für die Erteilung des **Bestätigungsvermerks** gelten die Grundsätze des FG/IDW **659** 3/1988[716]. Für den JA eines Krankenhauses in der Rechtsform der Kapitalgesellschaft, der in Ausübung des Wahlrechts nach § 1 Abs. 3 KHBV nach den Formblattvorschriften der KHBV erstellt wurde, ist der uneingeschränkte BestV in der Kernfassung des § 322 Abs. 1 HGB zu erteilen. Wendet ein Krankenhaus, das nicht die Rechtsform einer Kapitalgesellschaft besitzt, bei der Aufstellung des JA zwar die Vorschriften der KHBV, nicht aber die darüber hinausgehenden ergänzenden Vorschriften des HGB an, ist der BestV anzupassen. So entfällt Satz 3 der Kernfassung, wenn das Krankenhaus keinen LB erstellt[717]. Trotz der durch die Besonderheiten des Krankenhausbetriebes veranlaßten Nichtanwendung wesentlicher Vorschriften des HGB, insb. hinsichtlich des Anh., erscheint jedoch auch bei geprüften Unternehmen, die nicht in der Rechtsform der Kapitalgesellschaft geführt werden, der Einblick gegeben und damit die Verwendung des Satzes 2 des BestV in der Kernfassung nach § 322 Abs. 1 HGB zulässig, sofern die allgemeinen Anforderungen beachtet werden[718].

Soweit der Gegenstand der Jahresabschlußprüfung nach Landeskrankenhaus- **660** recht erweitert wird, empfiehlt sich eine **Ergänzung** des BestV gemäß § 322 Abs. 2 HGB. Diese Ergänzung kann sich dabei an den Wortlaut des in Nordrhein-Westfalen vorgeschriebenen BestV bei der Prüfung des JA kommunaler Krankenhäuser anlehnen, der wie folgt lautet[719]:

„Die Buchführung und der JA entsprechen nach meiner/unserer pflichtgemäßen Prüfung den gesetzlichen Vorschriften. Der JA vermittelt unter Beachtung der Grundsätze ordnungsmäßiger Buchführung ein den tatsächlichen Verhältnissen entsprechendes Bild der Vermögens-, Finanz- und Ertragslage des Krankenhauses. Der LB steht im Einklang mit dem JA. Im übrigen hat auch die Prüfung der Ordnungsmäßigkeit der sonstigen Teile des Rechnungswesens, der wirtschaftlichen Verhältnisse und der zweckentsprechenden, sparsamen und wirtschaftlichen Verwendung der öffentlichen pauschalen Fördermittel nach § 23 KHG NW (und der nach § 30 KHG NW erwirtschafteten Investitionsmittel) wesentliche Beanstandungen nicht ergeben."

Die **Einschränkung oder Versagung des BestV** richtet sich nach den allgemeinen **661** Grundsätzen. Zu beachten ist aber, daß sich Einwendungen auch gegen den erweiterten Prüfungsgegenstand ergeben können, so zB wenn die Prüfung der Kosten- und Leistungsrechnung zu wesentlichen Beanstandungen geführt hat[720].

Werden Finanzierungsmittel iSv. § 24 Nr. 1 KHG NW nicht erhoben, obwohl **662** die Rechtsgrundlagen für eine Erhebung gegeben sind, so steht dies nach Mei-

---

714 Vgl. *Kissel,* Krankenhäuser, Prüfung der Ordnungsmäßigkeit der Geschäftsführung, HWRev Sp. 823/826.
715 Vgl. *Kissel,* Zur Prüfung der Ordnungsmäßigkeit der Geschäftsführung öffentlicher Krankenhäuser im Rahmen der Jahresabschlußprüfung, KU 1981 S. 916/920.
716 Vgl. St/KHFA 2/1990 Abschn. F.
717 Vgl. St/KHFA 1/1990 Abschn. 16; FG/IDW 3/1988 Abschn. C. I.
718 Vgl. St/KHFA 1/1990 Abschn. 16; vgl. auch Abschn. O Tz. 580.
719 Vgl. FN 1989 S. 31.
720 Vgl. *Sieben/Marmor/Rossels,* Bedeutung und Beurteilung der Kosten- und Leistungsrechnung im Rahmen der externen Krankenhausprüfung, WPg. 1982 S. 505/544.

nung des KHFA[721] in Widerspruch zum Gebot der sparsamen und zweckentsprechenden Verwendung von Fördermitteln mit der Folge, daß der APr. ggf. Konsequenzen für den BestV ziehen muß.

663 Sofern Unternehmen in der Rechtsform der Stiftung oder GmbH neben dem Krankenhausbetrieb auch ein Altersheim und eine Vermögensverwaltung unterhalten, aber nur eine einheitliche Satzung haben, kann nach Auffassung des KHFA[722] ein uneingeschränkter BestV nur dann erteilt werden, wenn das Krankenhaus ordnungsgemäß als wirtschaftliche und organisatorische Einheit von dem Gesamtgebilde abgetrennt ist. Anderenfalls liegt ein Einschränkungs- oder Versagungsgrund vor.

664 Bei **freiwilligen Jahresabschlußprüfungen** bestimmt sich der Umfang der Prüfung nach dem erteilten Prüfungsauftrag, wobei die Ordnungsmäßigkeitsprüfung unter Beachtung der Vorschriften der KHBV und der Abgrenzungsverordnung (AbgrV) v. 12. 12. 1985[723] über die Zuordnung der Wirtschaftsgüter zu den Gebrauchs- und Anlagegütern den Mindestrahmen darstellt. Hinsichtlich der Abfassung des PrB und der Erteilung des BestV sind die FG/IDW 2/1988 bzw. 3/1988 zu beachten[724].

e) Verwertungsgesellschaften

665 Gesellschaften, die Nutzungsrechte, Einwilligungsrechte oder Vergütungsansprüche, die sich aus dem Urheberrechtsgesetz v. 9. 9. 1965[725] ergeben, für Rechnung mehrerer Urheber oder Inhaber verwandter Schutzrechte zur gemeinsamen Auswertung wahrnehmen, bedürfen nach § 1 Abs. 1 des Gesetzes über die Wahrnehmung von Urheberrechten und verwandten Schutzrechten vom 9. 9. 1965[726] (UrhWahrnG) der Erlaubnis des Patentamts. Die Verwertungsgesellschaften müssen ihren JA einschl. Anh. unter Einbeziehung der Buchführung und des LB nach § 9 Abs. 4 dieses Gesetzes durch einen oder mehrere sachverständige Prüfer[727] prüfen lassen. Über das Ergebnis der Prüfung haben die APr. schriftlich zu berichten. Dabei sind die allgemeinen Grundsätze ordnungsmäßiger Berichterstattung einzugehen (zB Erlaubnis, Verteilung der Einnahmen, Auskunftspflicht, Abschluß von Gesamtverträgen, Tarife).

666 Sind nach dem abschließenden Ergebnis der Prüfung keine Einwendungen zu erheben, so haben dies die APr. durch folgenden **Vermerk** zu bestätigen:

„Die Buchführung, der JA und der LB entsprechen nach meiner (unserer) pflichtmäßigen Prüfung Gesetz und Satzung."

Eine weitere Anpassung an den Wortlaut des § 322 Abs. 1 HGB ist bisher nicht erfolgt. Allerdings stellt § 9 Abs. 7 UrhWarnG klar, daß weitergehende gesetzliche Vorschriften über die Rechnungslegung und Prüfung unberührt bleiben. Dies bezieht sich insb. auf Verwertungsgesellschaften in der Rechtsform der Kapitalgesellschaft, für deren Prüfung die §§ 321 und 322 HGB unmittelbar gelten.

---

721 Vgl. FN 1991 S. 2.
722 Vgl. FN 1982 S. 126.
723 BGBl. I S. 2255.
724 Vgl. im übrigen Abschn. O Tz. 525 ff.
725 BGBl. I S. 1273.
726 BGBl. I S. 1294, zuletzt geändert durch das BiRiLiG v. 19. 12. 1985, BGBl. I S. 2355/2425.
727 Vorbehaltsprüfung für WP bzw. WPG.

Die APr. haben die Bestätigung nach § 9 UrhWahrnG einzuschränken oder zu **667** versagen, sofern Einwendungen zu erheben sind. Der BestV ist mit Angabe von Ort und Tag zu unterzeichnen.

Der JA einschl. des vollen Wortlauts des BestV ist im BAnz. zu veröffentlichen. **668** Der JA, der LB und der PrB sind von der Verwertungsgesellschaft unverzüglich abschriftlich der Aufsichtsbehörde (Patentamt) zu übermitteln.

f) Lagerhausunternehmen, die Orderlagerscheine ausstellen

Lagerhausunternehmen, die nach den Vorschriften der Lagerschein-VO[728] **669** ermächtigt sind, Orderlagerscheine auszustellen, müssen (unabhängig von ihrer Rechtsform) nach § 9 Abs. 1 dieser Vorschrift ihren Rechnungsabschluß innerhalb von sechs Monaten nach Abschluß des Geschäftsjahres der Ermächtigungsbehörde einreichen. Der **Rechnungsabschluß** ist von einem geeigneten Prüfer nachzuprüfen. Angaben über den Prüfungsumfang, den Prüfungsbericht oder einen Prüfungsvermerk enthält die Lagerschein-VO nicht. Bei der Durchführung der Prüfung sind, unabhängig von der handelsrechtlichen Prüfungspflicht, die Grundsätze des FG/IDW 1/1988 zu beachten[729], ebenso gelten die Grundsätze ordnungsmäßiger Berichterstattung (FG 2/1988). Im PrB sind jedoch die Zielsetzung der Prüfung nach § 9 Lagerschein-VO sowie Besonderheiten des Rechnungswesens der Lagerhausunternehmen (Lagerbuch, Lagerscheinregister, Sammellagerschein-Register) zu berücksichtigen. Daher sollte auf folgende Punkte gesondert eingegangen werden[730]:

– Im Rahmen des Abschnitts **„Auftrag und Auftragsdurchführung"** empfiehlt es sich, in jedem Fall auf die Prüfungspflicht des § 9 Lagerschein-VO hinzuweisen.
– Bei der Besprechung der **rechtlichen Verhältnisse** sollte auf die Ermächtigung zur Ausstellung von Orderlagerscheinen, auf die nach § 11 Lagerschein-VO meldepflichtigen Angaben sowie auf den Versicherungsschutz des Unternehmens eingegangen werden.
– Schließlich ist auch das Ergebnis der Prüfung von Lagerbuch und Registern sowie die Einhaltung der übrigen Ordnungsvorschriften der Lagerschein-VO darzustellen.

Die vom IDW für die jeweilige Rechtsform herausgegebene **Vollständigkeitserklärung** **670** sollte um folgende zwei Punkte erweitert werden[731]:

– „In dem von Ihnen geprüften JA sind auch die Verpflichtungen und Risiken aus dem Orderlagergeschäft berücksichtigt."
– „Das Handels- und Beleihungsverbot wurde von mir (uns) beachtet. Meinen (unseren) Anzeigepflichten gemäß § 11 Lagerschein-VO habe(n) ich(wir) genügt."

---

728 VO über Orderlagerscheine v. 16. 12. 1931 RGBl. I S. 763 und 1932 S. 424; vgl. auch die VO über die Einreichung der Übersichten nach § 10 der VO über Orderlagerscheine v. 2. 3. 1940 RAnz. 1940 Nr. 56.
729 So in der Aussage bereits *Kühl*, Die Prüfung von Lagerhausunternehmen, die Orderlagerscheine ausstellen, WPg. 1966 S. 85/87.
730 Vgl. *Kühl*, WPg. 1966 S. 85/89.
731 Vgl. *Kühl*, WPg. 1966 S. 85/89. (Die von *Kühl* außerdem empfohlene Ergänzung hinsichtlich der Anzeigepflichten gem. § 10 Lagerschein-VO ist nicht erforderlich, solange § 10 Lagerschein-VO nicht mehr anzuwenden ist; vgl. VO v. 2. 3. 1940).

671   Für die Erteilung des BestV bei nicht bereits nach Handelsrecht prüfungspflichtigen Lagerhausunternehmen gelten die für freiwillige Prüfungen maßgeblichen Grundsätze[732]. Die Bestätigung der Übereinstimmung mit den gesetzlichen Vorschriften schließt die maßgeblichen Vorschriften der Lagerschein-VO mit ein[733].

g) Altenheime, Altenwohnheime und Pflegeheime

672   Die Träger von Altenheimen, Altenwohnheimen und Pflegeheimen für Volljährige müssen nach § 16 HeimsicherungsV[734] die Einhaltung der §§ 5 bis 15 dieser Verordnung für jedes Kalenderjahr, spätestens bis zum 30. 9. des folgenden Jahres, durch einen geeigneten Prüfer prüfen lassen. Wer als geeigneter Prüfer angesehen wird, ergibt sich aus § 18 HeimsicherungsV.

673   Über das Ergebnis der Prüfung ist unverzüglich nach ihrer Durchführung ein **Prüfungsbericht** zu erstatten (§ 19 Abs. 1 HeimsicherungsV). Dieser bildet die Grundlage für die Meinungsbildung der zuständigen Behörde[735]. Hinsichtlich des Inhalts des PrB bestimmt § 19 Abs. 2 HeimsicherungsV lediglich, daß Meinungsverschiedenheiten zwischen Prüfer und Träger, die sich anläßlich der Prüfung, insbesondere bei Auslegung der gesetzlichen Bestimmungen, ergeben, im PrB unter Angabe der Gründe zu vermerken sind. Darüber hinaus muß sich der Inhalt des PrB an den Interessen der zuständigen Behörde orientieren. Es empfiehlt sich daher, auch auf die Art der Leistungen iSd. § 1 HeimsicherungsV einzugehen und die üblichen vertraglichen Grundlagen darzustellen. Weiterhin erscheint es zweckmäßig, im PrB die bestehenden organisatorischen Maßnahmen zu beschreiben, die der Sicherstellung der Einhaltung der Auflagen der HeimsicherungsV dienen und dabei neben einer Beurteilung des Rechnungswesens auch auf die Regelungen zur Erfüllung der **Aufzeichnungspflichten** nach § 17 HeimsicherungsV einzugehen. Gemäß dem Prüfungsgegenstand muß der Prüfer in seinem Bericht die Einhaltung der §§ 5 bis 15 HeimsicherungsV abhandeln, wobei das Schwergewicht im allgemeinen auf der Darstellung und Beurteilung der **Sicherheitsleistungen** nach den §§ 11 und 12 HeimsicherungsV liegt. Der PrB muß nach § 19 Abs. 1 HeimsicherungsV einen **Vermerk** enthalten, ob und ggf. in welcher Form der Träger gegen die ihm obliegenden Pflichten nach den §§ 5 bis 15 HeimsicherungsV verstoßen hat.

674   Haben sich im Rahmen der Prüfung keine Verstöße ergeben, so kommt folgender Wortlaut in Betracht:

„Nach dem abschließenden Ergebnis meiner (unserer) Prüfung nach § 16 HeimsicherungsV bestätige(n) ich (wir), daß der Träger die sich aus den §§ 5 bis 15 HeimsicherungsV ergebenden Verpflichtungen erfüllt hat."

675   Unverzüglich nach seiner Erstellung muß der Prüfer den PrB der zuständigen Behörde zuleiten; anderenfalls begeht er eine Ordnungswidrigkeit nach § 20 Nr. 8 HeimsicherungsV iVm. § 17 Abs. 1 Nr. 3 HeimG.

Der PrB kann daneben auch von Bewohnern oder Bewerbern, die Leistungen iSd. § 1 HeimsicherungsV gewährt haben, sowie von einem Vertreter des Heimbeirates eingesehen werden.

---

732 Vgl. hierzu Abschn. O Tz. 525 ff.
733 Vgl. *Kühl*, WPg. 1966 S. 85/89.
734 Verordnung über die Pflichten der Träger von Altenheimen, Altenwohnheimen und Pflegeheimen für Volljährige im Falle der Entgegennahme von Leistungen zum Zwecke der Unterbringung eines Bewohners oder Bewerbers v. 24. April 1978, BGBl. I S. 553.
735 Vgl. *Kunz/Ruf/Wiedenmann*, Komm. zum Heimgesetz, § 19 HeimsicherungsV Anm. 1.

5. Spezielle Rechtsform des Unternehmens

a) Genossenschaften

Eingetragene Genossenschaften sind verpflichtet, nach § 53 Abs. 2 GenG den **676** JA unter Einbeziehung der Buchführung und den LB, unter entsprechender Anwendung von § 316 Abs. 3 und § 317 Abs. 1 Satz 2 und 3 HGB, jährlich[736] prüfen zu lassen. Diese Prüfung dient nach § 53 Abs. 1 GenG der Feststellung der **wirtschaftlichen Verhältnisse** und der **Ordnungsmäßigkeit der Geschäftsführung.** Zu diesem Zweck sind die Einrichtungen, die Vermögenslage sowie die Geschäftsführung der Genossenschaft durch den Prüfungsverband zu prüfen, dem die Genossenschaft angehört. Der Prüfungsverband muß dem Vorsitzenden des AR der Genossenschaft den Beginn der Prüfung rechtzeitig anzeigen, der wiederum die übrigen Mitglieder des AR hiervon unverzüglich zu unterrichten und sie auf ihr Verlangen oder auf Verlangen des Prüfers zu der Prüfung zuzuziehen hat (§ 57 Abs. 2 GenG).

Über das Ergebnis der Prüfung hat der zuständige Verband schriftlich zu berichten (§ 58 Abs. 1 GenG). Soweit die Berichterstattung den JA und den LB betrifft, **677** ist § 321 Abs. 1 HGB entsprechend anzuwenden, so daß hinsichtlich der Gliederung des PrB für diesen Bereich auf die Grundsätze für den PrB über die Jahresabschlußprüfung von Kapitalgesellschaften verwiesen werden kann[737]. Darüber hinaus muß der PrB über die genossenschaftliche Pflichtprüfung aber auch der erweiterten Aufgabenstellung des § 53 Abs. 1 GenG Rechnung tragen.

Im Rahmen der geforderten Feststellung der **wirtschaftlichen Verhältnisse** wird **678** ggf. auch der Berichtpflicht nach § 321 Abs. 1 Satz 4 HGB entsprochen. Bei der Beurteilung der **Vermögenslage** ist darauf einzugehen, ob das ausgewiesene Eigenkapital durch Risiken und Verluste gemindert ist und ob das Eigenkapital in seiner Höhe und Struktur angemessen ist[738]. Weiterhin muß der Prüfer Aussagen zur Zusammensetzung des Fremdkapitals und zur **Liquidität** treffen[739]. Bei der Beurteilung der **Ertragslage** muß berücksichtigt werden, daß Genossenschaften nach § 1 Abs. 1 GenG die Förderung des Erwerbes oder der Wirtschaft ihrer Mitglieder mittels gemeinschaftlichen Geschäftsbetriebes bezwecken und sich der Gewinn daher aufgrund des preispolitischen Verhaltens der Genossenschaft gegenüber den Mitgliedern von demjenigen eines erwerbswirtschaftlich orientierten Unternehmens unterscheidet. Hat die Genossenschaft von der Möglichkeit des § 253 Abs. 4 HGB Gebrauch gemacht, so muß der PrB über die Höhe der danach gebildeten Abschreibungen und ihre Veränderung zum Vorjahr Auskunft geben[740].

Die Prüfung der **wirtschaftlichen Verhältnisse** und die Berichterstattung erstreckt **679** sich auch auf die Einrichtungen iSd. § 53 Abs. 1 GenG. Diese sind einerseits die

---

736 Sofern die Bilanzsumme DM 2,0 Mio übersteigt; anderenfalls ist die Prüfung mindestens in jedem zweiten Geschäftsjahr durchzuführen.
737 Vgl. Abschn. O Tz. 40 ff.
738 Vgl. *Schmidt*, Prüfung von Genossenschaften, 2. Aufl. Herne 1969 S. 85 f.; *Pauli*, Probleme der Feststellung der wirtschaftlichen Verhältnisse der Genossenschaft durch die Prüfung, BFuP 1980 S. 533/540.
739 Vgl. *Pauli*, S. 533/540 f.
740 Vgl. *Baetge/Wagner*, Der Einfluß handelsrechtlicher Rechnungslegungs- und Prüfungsvorschriften auf die genossenschaftliche Rechnungslegung und Prüfung nach neuem Recht, in Rechnungslegung und Prüfung nach neuem Recht, IDW-Verlag Düsseldorf 1987, S. 107/135.

technischen Einrichtungen, die je nach Zweck der Genossenschaft (zB Kreditge-
nossenschaft, Konsumgenossenschaft, Wohnungsgenossenschaft, Einkaufs-
oder Absatzgenossenschaft) sehr unterschiedlich auch hinsichtlich der an sie zu
stellenden Anforderungen sind. Andererseits werden von diesem Begriff auch
die gesamte Innen- und Außenorganisation einschl. der Zuständigkeitsvertei-
lung und der Organisation der Arbeitsabläufe und ihrer Kontrolle erfaßt [741]. Bei
der Beurteilung der technischen Einrichtungen ist auch darzulegen, ob das zur
Erhaltung der Leistungsfähigkeit der Einrichtung Erforderliche getan wird [742].

Der PrB soll ein Urteil über die sachliche, organisatorische und zweckentsprechende Ausrichtung der Einrichtungen auf die Bedürfnisse des gemeinschaftlichen Geschäftsbetriebes der Mitglieder enthalten [743].

680 Die Prüfung der **Ordnungsmäßigkeit der Geschäftsführung** der Genossenschaft
und die Berichterstattung hierüber unterscheidet sich nicht grundsätzlich von
der entsprechenden Aufgabe bei der Prüfung öffentlicher Unternehmen, so daß
auf die Ausführungen hierzu verwiesen werden kann [744]. Im PrB ist auch darauf
einzugehen, ob der Vorstand der Genossenschaft die Vorschriften des GenG
und die Bestimmungen des Statuts beachtet und die Geschäftsführung auf den
Förderungszweck der Genossenschaft ausgerichtet hat [745].

681 Der PrB ist vom Verband zu unterzeichnen und dem Vorstand der Genossenschaft vorzulegen; parallel dazu ist der Vorsitzende des AR zu benachrichtigen
(§ 58 Abschn. 3 GenG). Allerdings ist die Vorlage des PrB nicht Voraussetzung
für die Beschlußfassung der Organe einschließlich der Generalversammlung.
Darüber hinaus kann JA und LB auch bereits vor Prüfungsende offengelegt werden (§ 339 Abs. 1 Satz 3 HGB) [746].

682 Neben dem schriftlichen PrB sieht das GenG noch folgende **weitere Formen der
Berichterstattung** vor [747]:

– Der Prüfer soll den Vorsitzenden des AR der Genossenschaft unverzüglich
von wichtigen Feststellungen in Kenntnis setzen, die nach Auffassung des
Prüfers sofortige Maßnahmen des AR erforderlich machen (§ 57 Abs. 3
GenG). Eine bestimmte Form für diese Berichterstattung ist im Gesetz nicht
vorgeschrieben, allerdings sollte die Mitteilung zweckmäßigerweise auch

---

741 Vgl. *Schmidt*, S. 97; *Pauli*, BFuP 1980 S. 533/539.
742 Vgl. *Selchert* in HWRev, Genossenschaftsprüfung Sp. 460.
743 Vgl. *Pauli*, BFuP 1980 S. 533/539.
744 Vgl. Abschn. O Tz. 699 ff.; vgl. weiterhin: *Saage*, Die Prüfung der Geschäftsführung, Stuttgart
1965; *ders.*, Die Durchführung der Geschäftsführungsprüfung, WPg. 1967 S. 225; *Potthoff*, Prüfung und Überwachung der Geschäftsführung ZfhF 1961 S. 563; *ders.*, Die Möglichkeiten der
Geschäftsführungsprüfung, WPg. 1966 S. 586; *ders.*, Zur Durchführung der Geschäftsführungsprüfung, DB 1981 S. 2185; *Trescher*, Möglichkeiten und Grenzen der Prüfung der Geschäftsführung –
dargestellt am Beispiel genossenschaftlicher Prüfungen, ZfG 1968 S. 1; *Selchert*, Die Normenfin-
dung und deren Problematik bei der Pflichtprüfung genossenschaftlicher Unternehmungen, BFuP
1970 S. 65; *ders.* in HWRev. Sp. 454; *Sieben/Bretzke/Raul/Wing*, Zur Problematik einer Prüfung
von Managementleistungen, BFuP 1976 S. 181; *Schmidt*, Einige Gedanken zur Geschäftsführungsprüfung, Der Schweizer Treuhänder 1979 S. 20; *Leffson*, Wirtschaftsprüfung 4. Aufl., Wiesbaden
1988 S. 370 ff.; *Schedlbauer*, Die Ordnungsmäßigkeit der Geschäftsführung als Gegenstand von
periodischen Routine- und Sonderprüfungen, DBW 1981 S. 537; *Zünd*, Geschäftsführungsprüfung, Der Schweizer Treuhänder 1983 S. 2; *Dülfner*, Der Förderungsauftrag als Gegenstand von
Geschäftsberichten und Pflichtprüfungen, Marburg 1982 S. 20 ff.
745 Vgl. *Schubert/Steder*, Genossenschafts-Handbuch, Losebls. Bln. Anm. 5 zu § 53 GenG.
746 Vgl. *Budde/Kofahl* in BeBiKo., Anm. 15 vor § 339.
747 Vgl. *Selchert* in HWRev, Sp. 464 f.

Überlegungen hinsichtlich der für erforderlich gehaltenen Maßnahmen enthalten[748].

– Der Prüfer soll in unmittelbarem Zusammenhang mit der Prüfung in einer gemeinsamen Sitzung des Vorstandes und des AR der Genossenschaft über das voraussichtliche Ergebnis der Prüfung mündlich berichten (§ 57 Abs. 4 GenG). Diese Berichterstattung erfolgt vor Abfassung des PrB.

Für die weiteren Besonderheiten der Prüfung bei **Kreditgenossenschaften** und den Inhalt des PrB kann auf die Erläuterungen zum Prüfungsergebnis bei Kreditinstituten verwiesen werden[749].   **683**

Nach Beendigung der Prüfung hat der Prüfungsverband in einer **Bescheinigung** zu erklären, daß die Prüfung stattgefunden hat. Der Vorstand der Genossenschaft muß diese Bescheinigung zum Genossenschaftsregister einreichen und den PrB bei der Berufung der nächsten Generalversammlung als Gegenstand der Beschlußfassung ankündigen (§ 59 Abs. 1 GenG). An dieser Generalversammlung kann der Prüfungsverband beratend teilnehmen und nach § 59 Abs. 3 GenG beantragen, daß der PrB ganz oder in bestimmten Teilen verlesen wird.   **684**

Sofern die Genossenschaft die Größenmerkmale des § 267 Abs. 3 HGB für große Kapitalgesellschaften erfüllt, ist nach § 58 Abs. 2 GenG – zusätzlich zu der Bescheinigung nach § 59 Abs. 1 GenG[750] – ein BestV vorgesehen.   **685**

Für kleinere Genossenschaften verbleibt es bei der Bescheinigung über die stattgefundene Prüfung, sofern nicht freiwillig ein BestV erteilt werden soll und auch unter Beachtung des FG/IDW 3/1988 erteilt werden kann.

Für den BestV ist nach § 58 Abs. 2 GenG § 322 HGB entsprechend anzuwenden. Obwohl einerseits die Generalnorm des § 264 Abs. 2 HGB auch für Genossenschaften gilt, wurde andererseits aber die Zulässigkeit von Abschreibungen im Rahmen vernünftiger kaufmännischer Beurteilung nach § 253 Abs. 4 HGB nicht ausgeschlossen (§ 336 Abs. 2 HGB). Nimmt die Genossenschaft die Möglichkeit des § 253 Abs. 4 HGB in Anspruch, so gelten die Ausführungen zum BestV bei Kreditinstituten analog[751].   **686**

Kapitalgesellschaften, bei denen die Mehrheit der Anteile und die Mehrheit der Stimmrechte Genossenschaften oder ihren Prüfungsverbänden zustehen, dürfen ihre JA nur dann von einem genossenschaftlichen Prüfungsverband prüfen lassen, wenn mehr als die Hälfte der geschäftsführenden Vorstandsmitglieder dieses Verbandes WP sind (Art. 25 Abs. 1 EGHGB in der Neufassung ab 1990). Allerdings darf der gesetzlich vorgeschriebene BestV nur von WP unterschrieben werden.   **687**

Für Kreditinstitute in der Rechtsform der eingetragenen Genossenschaft, deren Bilanzsumme DM 10 Mio. übersteigt, ist die entsprechende Anwendung des § 322 HGB nach § 27 KWG vorgeschrieben.   **688**

---

748 Vgl. *Selchert* in HWRev, Sp. 465.
749 Vgl. Abschn. O Tz. 546 ff.
750 Vgl. *Budde/Kofahl* in BeBiKo. vor § 339 HGB Anm. 19.
751 Vgl. Abschn. O Tz. 580; vgl. außerdem *Budde/Kofahl*, vor § 339 Anm. 20 ff. sowie § 336 Anm. 20; *Hunger* in BoHdR, § 336 Rz. 25 HGB.

b) Stiftungen

689 Die einzelnen Stiftungsgesetze der Länder entsprechen sich in den Grundzügen dahingehend, daß die rechtsfähigen Stiftungen des bürgerlichen Rechts über die Verwaltung des Stiftungsvermögens Rechenschaft abzulegen haben[752]. Eine bestimmte Art der **Rechnungslegung** ist nicht vorgeschrieben, vielmehr wird eine Jahresrechnung, eine Vermögensübersicht und vielfach auch ein Bericht über die Erfüllung des Stiftungszwecks gefordert[753]. Betreibt die Stiftung ein vollkaufmännisches Unternehmen, unterliegt sie den handelsrechtlichen Buchführungspflichten; sie ist aber nur in den Fällen des § 3 Abs. 1 Nr. 4 PublG publizitätspflichtig, da sie keine Kapitalgesellschaft ist[754]. Die Prüfung der Rechnungslegung obliegt in erster Linie der Stiftungsaufsichtsbehörde, die jedoch häufig einen Sachverständigen, zumeist WP oder WPG, beauftragt, die Prüfung durchzuführen, wobei der Prüfungsumfang unterschiedlich definiert ist[755]. In NW sieht § 10 des Stiftungsgesetzes vor, daß Stiftungen, die ein erwerbswirtschaftliches Unternehmen betreiben, den JA unter Einbeziehung der Buchführung durch einen WP oder WPG prüfen lassen müssen, wobei diese Prüfung nach den allgemein geltenden Grundsätzen durchzuführen ist und sich insbesondere auf die Ordnungsmäßigkeit des Rechnungswesens zu erstrecken hat.

690 Vorschriften für die Gliederung und den Inhalt des **Prüfungsberichts** bestehen nicht. Der Prüfer hat sich, wie generell üblich, am Informationsinteresse der Adressaten zu orientieren. Daher sollte der PrB der Aufsichtsbehörde ein Urteil darüber ermöglichen, ob das Stiftungsvermögen erhalten wurde, wie es angelegt ist, ob es sparsam verwaltet wird und ob die Einnahmen entsprechend dem Stiftungszweck verwendet wurden.

691 Ist die Stiftung Vollkaufmann, so ist entsprechend allgemeinen handelsrechtlichen Vorschriften die Erteilung und der Wortlaut des BestV nach den allgemeinen Grundsätzen zu richten, die auf freiwillige Abschlußprüfungen anzuwenden sind.

692 Ist die Stiftung nicht Vollkaufmann, und soll das Prüfungsergebnis gleichwohl in einem Gesamturteil zusammengefaßt werden, so kommt folgender **Prüfungsvermerk** in Betracht:

„Die Buchführung, die Vermögensübersicht und die Jahresrechnung der Stiftung entsprechen nach meiner (unserer) pflichtgemäßen Prüfung den Grundsätzen einer ordnungsmäßigen Rechnungslegung."

Dieser Vermerk kann entsprechend erweitert werden, wenn ein Bericht über die Erfüllung des Stiftungszwecks in die Prüfung einbezogen wurde.

693 Weicht die Rechnungslegung wesentlich von den handelsrechtlichen Vorschriften ab, ist hierauf in einem Zusatz zum Prüfungsvermerk hinzuweisen. Dies gilt bspw. dann, wenn Vermögensgegenstände zu Zeitwerten bilanziert werden, was mangels zwingender gesetzlicher Vorschriften nicht unzulässig ist[756].

---

752 Vgl. *Seifart/Orth*, Hdb. des StiftungsR, § 37 Rn. 13.
753 Vgl. IDW Arbeitskreis Unternehmensnachfolge, Die Stiftung, Düsseldorf 1985 S. 27; *Seifart/Orth*, § 37 Rn. 13.
754 Vgl. *Erle*, Der Bestätigungsvermerk des Abschlußprüfers, Düsseldorf 1990 S. 314; *Seifart/Orth*, § 37 Rn. 24; IDW Arbeitskreis, S. 27.
755 Vgl. *Seifart/Orth*, § 37 Anm. 183, 185; IDW Arbeitskreis, S. 27.
756 Vgl. *Seifart/Orth*, § 37 Anm. 121.

6. Unternehmen der öffentlichen Hand

Bei der Jahresabschlußprüfung öffentlicher Unternehmen (juristische Personen **694**
des öffentlichen Rechts, privatrechtliche Unternehmen mit einer bestimmten
Beteiligung der öffentlichen Hand, Eigenbetriebe)[756a] erstreckt sich die Prüfung
über § 317 Abs. 1 HGB hinaus regelmäßig auch auf die Feststellung der wirtschaftlichen Verhältnisse und überwiegend auch auf die Ordnungsmäßigkeit der
Geschäftsführung.

Für öffentliche Unternehmen in der **Rechtsform des privaten Rechts** ergibt sich **695**
diese Erweiterung des Prüfungsumfangs und der Berichterstattung des aus den
§§ 48 Abs. 3, 53 Abs. 1 HGrG. Einzelheiten regelt darüber hinaus die vom BdF
mit Datum vom 21. 5. 1973 erlassenen und in Anpassung an das Bilanzrichtliniengesetz neu gefaßten „Grundsätze für die Prüfung von Unternehmen nach
§ 53 HGrG"[757] bzw. die jeweiligen Richtlinien der Länder.

Die Jahresabschlüsse der **Eigenbetriebe** der Länder und Gemeinden unterliegen **696**
grundsätzlich auch einer Prüfung durch unabhängige Dritte[758]. Mit Ausnahme
der fünf neuen Bundesländer haben nunmehr alle übrigen Bundesländer Eigen-
betriebsgesetze oder -verordnungen erlassen, die weitgehend dem Musterent-
wurf einer Eigenbetriebs-VO von 1986 folgen[759]; die landesrechtlichen Vorschriften verweisen auf das HGB und dabei auf die Regelungen für große Kapitalgesellschaften.

Soweit Prüfungsvorschriften durch Landesrecht ergangen sind, wurden grundsätzlich auch bei der Prüfung der Eigenbetriebe Aussagen zur Ordnungsmäßigkeit der Geschäftsführung im PrB verlangt[760].

Die für die Prüfung kommunaler Wirtschaftsbetriebe von den kommunalen Auf- **697**
sichtsbehörden der Länder erlassenen Richtlinien für die Gliederung und den
Inhalt der PrB sind Bestandteil des Prüfungsauftrags. Für den Fall, daß ein
Land keine RL erläßt, hat der KFA eine RL für den Bericht über die Jahres-
schlußprüfung bei kommunalen Wirtschaftsbetrieben erarbeitet[761].

Für die Prüfung der Ordnungsmäßigkeit der Geschäftsführung und wirtschaft- **698**
lich bedeutsamer Sachverhalte im Rahmen der Jahresabschlußprüfung bei kommunalen Wirtschaftsbetrieben hat der KFA weiterhin einen Fragenkatalog erarbeitet[762], der auch bei der Prüfung anderer öffentlicher Unternehmen beachtet
werden sollte. Der folgenden Darstellung der besonderen Berichtserfordernisse
bei öffentlichen Unternehmen hinsichtlich der Aussagen zur Ordnungsmäßig-

---

756a Vgl. hierzu Abschn. L Tz. 1 ff.
757 FN 1988 S. 192.
758 Vgl. *Forster* in HWÖ Sp. 1328.
759 Vgl. *Budde/Kunz* in BeBiKo. § 263 HGB Anm. 2, 4; Hamburg und Bremen unterhalten keine
Eigenbetriebe.
760 Vgl. zB die VO über die Prüfung des JA der Eigenbetriebe und der Einrichtungen mit Sonderrechnung v. 27. 10. 1989, Abl. des Saarlandes Nr. 58 v. 24. 11. 1989; Allgemeine Vertragsbedingungen
für die Jahresabschlußprüfung kommunaler Wirtschaftsbetriebe in Schleswig-Holstein, Bek. des
IM v. 23. 3. 1989, Abl. Schl.-H. 1989 S. 97; in BaWü. bedarf es dagegen eines ausdrücklichen Auftrages zur Prüfung der Ordnungsmäßigkeit der Geschäftsführung nach § 53 Abs. 1 HGrG.
761 St/KFA 1/1990; vgl. auch St/KFA 1/1984, die sich auf die Berichterstattung über Entscheidungshilfen bezieht, die zur Beseitigung von Mängeln oder Schwachstellen gegeben werden sollen; vgl. außerdem St/KFA 1/1981 zur Frage der Vermeidung von Doppelprüfungen bei kommunalen Wirtschaftsbetrieben ohne eigene Rechtspersönlichkeit zwischen der örtlichen, der überörtlichen und der Jahresabschlußprüfung.
762 St/KFA 1/1989.

keit der Geschäftsführung und der wirtschaftlichen Verhältnisse liegen die Grundsätze des BdF sowie die Stellungnahmen des KFA zugrunde.

699 Die Prüfung der **Ordnungsmäßigkeit der Geschäftsführung** erstreckt sich auf die Geschäftsführungs-**Organisation** (Übereinstimmung der Zusammensetzung und Tätigkeit der Organe mit Gesetz und Satzung, sachgerechte Aufgabenverteilung und Anweisungsbefugnisse), auf das Geschäftsführungs-**Instrumentarium** (Zweckmäßigkeit des Rechnungswesens, Wirtschaftspläne, internes Kontrollsystem einschl. Innenrevision) sowie auf die Geschäftsführungs-**Tätigkeit** (Satzung und Verträge, Beachtung der Vorschriften bei der Abwicklung der Geschäfte, Vorbereitung der Jahresabschlußprüfung)[763].

700 Bei der Prüfung der Ordnungsmäßigkeit von Geschäftsführungs-Organisation und Geschäftsführungs-Instrumentarium geht es um die Feststellung, ob diese den allgemein anerkannten Grundsätzen entsprechen. Hierzu ist im PrB auch auf die Geschäftsordnung und den Geschäftsverteilungsplan einzugehen und die organisatorischen Grundlagen im Hinblick auf Entscheidungsprozesse und interne Kontrollen darzustellen[764]. Nachdem es im Rahmen der Prüfung der Geschäftsführungs-Tätigkeit nicht Aufgabe des APr. ist, die Entscheidungsprozesse in allen Einzelheiten nachzuvollziehen, muß lediglich über wesentliche, grobfehlsame oder mißbräuchliche kaufmännische Ermessensentscheidungen oder vergleichbare Unterlassungen berichtet werden. Auch ist die Beurteilung der Zweckmäßigkeit der unternehmenspolitischen Entscheidungen nicht Prüfungsgegenstand. Die wesentlichen Ergebnisse der unternehmerischen Entscheidungen sind allerdings im PrB darzustellen[765].

701 Der PrB soll auch Aufschluß darüber geben, ob die Geschäfte der Gesellschaft im abgelaufenen Geschäftsjahr mit der erforderlichen **Sorgfalt** (§ 93 Abs. 1 Satz 1 AktG, § 43 Abs. 1 GmbHG), dh. auch mit der gebotenen Wirtschaftlichkeit geführt worden sind und ob dies in Übereinstimmung mit den Gesetzen, der Satzung (dem Gesellschaftsvertrag), den Beschlüssen der HV (Gesellschafterversammlung), des AR und seiner Ausschüsse sowie der Geschäftsordnung für die Geschäftsführung erfolgt ist. Hat der APr. im Rahmen seiner Prüfung ungewöhnliche, risikoreiche oder nicht ordnungsgemäß abgewickelte Geschäftsvorfälle sowie erkennbare Fehldispositionen festgestellt, so ist insb. zu untersuchen, ob die Art der getätigten Geschäfte durch die Satzung gedeckt ist und ob eine ggf. erforderliche Zustimmung eingeholt wurde. Diese Geschäfte sowie wesentliche Unterlassungen sind im PrB darzustellen.

702 Bei größeren **Investitionsprojekten,** die idR stichprobenartig hinsichtlich der erforderlichen Genehmigung, der vorliegenden Wirtschaftlichkeitsberechnungen sowie der Ordnungsmäßigkeit der Abwicklung zu untersuchen sind, erstreckt sich die Berichterstattung neben der Darlegung der bei der Prüfung getroffenen Feststellungen auch auf die Grundsätze, nach denen die Aufträge, insb. die Bauaufträge, vergeben wurden.

---

763 Vgl. St/KFA 1/1989; *Forster,* HWRev Sp. 594; *Potthoff,* Prüfung der Ordnungsmäßigkeit der Geschäftsführung, Köln 1982 S. 13 ff.; *Bolsenkötter,* Prüfung der wirtschaftlichen Verhältnisse und der Ordnungsmäßigkeit der Geschäftsführung bei öffentlichen Unternehmen, WPg. 1981 S. 505/511 f.
764 Vgl. zB die „Regeln über die Berichterstattung gemäß § 53 HGrG" des Bayerischen Staatsministeriums der Finanzen.
765 Vgl. St/KFA 1/1989.

Der **Versicherungsschutz** ist zwar nicht Gegenstand der Prüfung, dennoch soll   **703**
berichtet werden, welche wesentlichen Versicherungen bestehen und ob eine
Aktualisierung der versicherten Werte erfolgt. Erkennt der APr., daß wesentliche, üblicherweise abgedeckte Risiken nicht versichert sind, so hat er auch dies
im PrB darzustellen. Allerdings sollte in dem Zusammenhang darauf hingewiesen werden, daß eine Prüfung der Angemessenheit und Vollständigkeit des Versicherungsschutzes nicht stattgefunden hat.

Im PrB ist auch darauf einzugehen, ob das **Rechnungswesen** den besonderen Ver-   **704**
hältnissen des Unternehmens angepaßt ist und ob die Besetzung und Tätigkeit
der **Innenrevision** für das Unternehmen ausreicht.

Bei dem Umfang der bei der Prüfung der Ordnungsmäßigkeit der Geschäftsfüh-   **705**
rung nachzugehenden Fragen kann es erforderlich sein, im Rahmen eines mehrjährigen Prüfungsplanes Schwerpunkte festzulegen, die im PrB darzulegen
sind[766].

Die Berichterstattung zu den **wirtschaftlichen Verhältnissen**[767] entspricht weitge-   **706**
hend der Darstellung bei prüfungspflichtigen Kapitalgesellschaften, wobei allerdings einige Besonderheiten zu berücksichtigen sind[767a].

So hat der APr. bei der Besprechung der **Vermögenslage** auch die Angemessen-   **707**
heit der Eigenkapitalausstattung zu beurteilen[768] und im Rahmen der Darstellung der **Ertragslage** auf vorliegende Spartenrechnungen einzugehen. Bei kommunalen Wirtschaftsbetrieben sind daneben die wesentlichen Abweichungen
der tatsächlichen Ergebnisse von den Planansätzen und die Beachtung der
Rechtsvorschriften bei der Abwicklung des Wirtschaftsplans darzustellen[769].
Nach § 53 Abs. 1 Nr. 2b HGrG ist der APr. verpflichtet, über **verlustbringende
Geschäfte und die Ursachen der Verluste** zu berichten, sofern diese Geschäfte
und die Ursachen für die Vermögens- und Ertragslage von Bedeutung waren.
Dabei sollte auch darauf eingegangen werden, ob es sich um von der Geschäftsführung beeinflußbare oder nicht beeinflußbare Ursachen handelt, und es ist
anzugeben, auf welcher Basis die Verluste ermittelt wurden. Wird die Auffassung der Geschäftsführung über die Verlustursachen im PrB dargestellt, so muß
eine ggf. abweichende Auffassung des APr. ebenfalls vermerkt werden.

Die nach § 321 Abs. 1 Satz 4 HGB erforderlichen Angaben und Erläuterungen   **708**
über **nachteilige Veränderungen** der Vermögens-, Finanz- und Ertragslage sind
vor allem dann bedeutsam, wenn die ungünstige Entwicklung des Unternehmens zu einer Inanspruchnahme öffentlicher Mittel führen kann. In dem
Zusammenhang ist im PrB auch darzulegen, welche Maßnahmen die Geschäftsleitung zur Verbesserung der wirtschaftlichen Situation des Unternehmens eingeleitet oder beabsichtigt hat.

Die Höhe und Entwicklung **stiller Reserven** sind nur insoweit darzustellen, als es   **709**
sich um wesentliche Beträge handelt, die im Rahmen der Abschlußprüfung ohne
große Schwierigkeiten und einigermaßen zutreffend vermittelt werden können.

---

766   Vgl. St/KFA 1/1989.
767   Vgl. Abschn. O Tz. 106 ff.
767a Zur Problematik der Prüfung der wirtschaftlichen Verhältnisse vgl. Abschn. L Tz. 44 ff.
768   Zur Frage der Angemessenheit der Eigenkapitalausstattung bei Wirtschaftsbetrieben der öffentli-
      chen Hand vgl. St/KFA 1/1976.
769   Vgl. St/KFA 1/1990.

710 Ist der APr. im Einzelfall nicht in der Lage, einen Sachverhalt abschließend zu beurteilen, so ist dies im PrB anzugeben und der entsprechende Sachverhalt darzustellen[770].

711 Obwohl die Sachverhalte, die die Ordnungsmäßigkeit der Geschäftsführung und die wirtschaftlichen Verhältnisse berühren, teilweise an unterschiedlichen Stellen des PrB dargestellt und gewürdigt werden, empfiehlt sich ein **gesonderter Berichtsabschnitt** zu diesen Prüfungsbereichen[771]. Hier sind die für die Beurteilung der Ordnungsmäßigkeit der Geschäftsführung und der wirtschaftlichen Verhältnisse hervorzuhebenden Besonderheiten anzuführen und die Stelle im PrB anzugeben, an der nähere Erläuterungen gemacht werden; ggf. ist auch auf eine besondere Anlage zum PrB (Nachweis von Feststellungen zur Ordnungsmäßigkeit der Geschäftsführung und zu den wirtschaftlichen Verhältnissen)[772] hinzuweisen. Werden über diese Prüfungsgebiete gesonderte Berichte erstattet, so muß im PrB darauf hingewiesen werden[773].

712 In einer **Zusammenfassung des Prüfungsergebnisses** sind die wesentlichen Prüfungsfeststellungen zu würdigen und die Beanstandungen und Vorschläge unter Hinweis der näheren Erörterung im PrB aufzuführen. Dabei muß auch darüber berichtet werden, inwieweit den Beanstandungen und Empfehlungen aus früheren Prüfungen zwischenzeitlich Rechnung getragen wurde[774].

713 Hat die Prüfung keine wesentlichen Beanstandungen ergeben, so kann entsprechend der Empfehlung des BdF folgender Absatz in die **Schlußbemerkung** aufgenommen werden:

„Wir haben bei unserer Prüfung auftragsgemäß die Vorschriften des § 53 Abs. 1 Nr. 1 und 2 HGrG beachtet. Dementsprechend haben wir auch geprüft, ob die Geschäfte ordnungsgemäß, dh. mit der erforderlichen Sorgfalt und in Übereinstimmung mit den einschlägigen handelsrechtlichen Vorschriften, den Satzungsbestimmungen und der Geschäftsordnung für den Vorstand geführt worden sind. Über die in dem vorliegenden Bericht gebrachten Feststellungen hinaus hat unsere Prüfung keine Besonderheiten ergeben, die nach unserer Auffassung für die Beurteilung der Ordnungsmäßigkeit der Geschäftsführung von Bedeutung sind."

714 Der KFA vertritt hierzu die Auffassung, daß der Wortlaut der Schlußbemerkung zur Ordnungsmäßigkeit der Geschäftsführung nicht festgelegt ist. Sie sollte allerdings eine allgemein verständliche Beurteilung des Prüfungsgebietes enthalten und es sollte klar herausgestellt werden, daß nicht die Geschäftsführung schlechthin, sondern die Ordnungsmäßigkeit der Geschäftsführung Gegenstand der Prüfung war[775].

715 Die St/KFA 1/1990 sieht für den Hauptteil des PrB folgende **Gliederung** vor[776]:
1. Auftrag und Auftragsdurchführung
2. Grundlagen und Struktur des prüfungspflichtigen Betriebes (Einrichtung)

---

770 Vgl. St/KFA 1/1989.
771 Vgl. *Bolsenkötter*, WPg. 1981 S. 505/513.
772 Ein Muster für diese Anlage ist bei der St/KFA 1/1990, abgedruckt; vgl. auch *Forster* in HWRev Sp. 597 ff.
773 Vgl. *Forster*, WPg. 1975 S. 400 f.
774 St/KFA 1/1990.
775 FN 1987 S. 15; so bereits auch *Forster*, WPg. 1975 S. 398.
776 Die Gliederung orientiert sich ua. auch an den Richtlinien der Aufsichtsbehörden und an den besonderen Berichtspflichten und weicht somit von dem in Absch. O Tz. 41 dargestellten Gliederungsschema ab.

3. Vorjahresabschluß, Rechnungswesen, Jahresabschluß
4. Wirtschaftliche Verhältnisse und Ordnungsmäßigkeit der Geschäftsführung
    4.1. Vermögens- und Finanzlage
    4.2. Ertragslage
    4.3. Ertrags- und Aufwandsbeurteilung der einzelnen Betriebszweige
    4.4. Wirtschaftsplan
    4.5. Ordnungsmäßigkeit der Geschäftsführung und wirtschaftliche Verhältnisse
5. Lagebericht
6. Zusammenfassung
7. Bestätigungsvermerk (bzw. Vorschlag für den Bestätigungsvermerk)

Der **Bestätigungsvermerk** zum JA der öffentlichen Unternehmen richtet sich in **716** aller Regel nach § 322 HGB. Dies gilt zunächst für solche Unternehmen, die die Rechtsform einer Kapitalgesellschaft besitzen, sowie für Körperschaften, Stiftungen oder Anstalten des öffentlichen Rechts, die Kaufmann nach § 1 des HGB sind oder die als Kaufmann im HR eingetragen sind (§ 3 Abs. 1 Nr. 5 PublG) und die die Größenmerkmale des PublG erfüllen. Sofern in den anderen Fällen ein bestimmter Wortlaut für den BestV nicht vorgegeben ist, sollte dieser weitestgehend dem Wortlaut des § 322 Abs. 1 HGB entsprechen. Dabei gelten die vorstehend erörterten Grundsätze über die Anpassung des Wortlauts des BestV an den Prüfungsgegenstand und die Rechtsform des geprüften Unternehmens entsprechend[777].

Der Wortlaut des uneingeschränkten BestV für **kommunale Eigenbetriebe** und **717** sonstige prüfungspflichtige kommunale Einrichtungen ist im Kommunalprüfungsrecht der meisten Bundesländer vorgeschrieben und zwischenzeitlich dem Wortlaut des § 322 HGB angepaßt worden.

Im Saarland[778] gilt für den uneingeschränkten BestV folgender Wortlaut: **718**

„Die Buchführung und der Jahresabschluß entsprechen nach meiner/unserer pflichtgemäßen Prüfung den gesetzlichen Vorschriften und der Betriebssatzung. Der Jahresabschluß vermittelt unter Beachtung der Grundsätze ordnungsmäßiger Buchführung ein den tatsächlichen Verhältnissen entsprechendes Bild der Vermögens-, Finanz- und Ertragslage. Der Lagebericht steht im Einklang mit dem Jahresabschluß. Die wirtschaftlichen Verhältnisse geben zu Beanstandungen keinen Anlaß."

Nach § 7 Abs. 4 Nr. 2 KommPvV Bayern[779] hat der uneingeschränkte BestV folgenden Wortlaut: **719**

„Die Buchführung und der Jahresabschluß entsprechen nach meiner/unserer pflichtgemäßen Prüfung den Rechtsvorschriften und der Betriebssatzung. Der Jahresabschluß vermittelt unter Beachtung der Grundsätze ordnungsgemäßer Buchführung ein den tatsächlichen Verhältnissen entsprechendes Bild der Vermögens-, Finanz- und Ertragslage. Der Lagebericht steht im Einklang mit dem Jahresabschluß. Die wirtschaftlichen Verhältnisse wurden geprüft; sie geben keinen Anlaß zu Beanstandungen."

---

777 Vgl. Abschn. O Tz. 322 ff.
778 § 4 Abs. 2 der VO des Innenministeriums über die Prüfung des JA der Eigenbetriebe und der Einrichtungen mit Sonderrechnung v. 27. 10. 1989, Abl. Saarland Nr. 58 v. 24. 11. 1989.
779 VO über das Prüfungswesen zur Wirtschaftsführung der Gemeinden, der Landkreise und der Bezirke – Kommunalwirtschaftliche Prüfungsverordnung v. 3. 11. 1981, zuletzt geändert durch VO v. 29. 5. 1987 (BayGVBl. S. 195).

720 Im Gegensatz zu einer Aussage zu den wirtschaftlichen Verhältnissen wird eine Bestätigung der Ordnungsmäßigkeit der Geschäftsführung im Testat nicht gefordert [780].

721 Die Erweiterung des BestV im Hinblick auf die **wirtschaftlichen Verhältnisse** ist in einigen Bundesländern auf „Beanstandungen", in anderen auf „wesentliche Beanstandungen" ausgerichtet. Unterschiedliche Anforderungen an den APr. dürften jedoch damit nicht verbunden sein. Für den Fall, daß sich der BestV auf „wesentliche" Beanstandungen bezieht, kann bei formaler Betrachtung das Wort „wesentlich" nach der St/KFA 1/1957 auch dann nicht weggelassen werden, wenn sich im Rahmen der Prüfung keine oder nur unwesentliche Beanstandungen ergeben haben, weil dies zu einer Änderung der Aussage des BestV führen würde, die der APr. nicht vertreten kann.

722 Auswirkungen auf den BestV können sich ergeben, wenn bei dem geprüften Unternehmen nachhaltige Verluste mit der Folge der Beanstandung der wirtschaftlichen Verhältnisse auftreten, die auf politische Entscheidungen der Trägergemeinde zurückgehen. Bei sog. **aufgabenbedingten Verlusten** wird keine Einschränkung des BestV, jedoch eine Ergänzung mit dem Hinweis auf die Verluste und die Notwendigkeit, diese auszugleichen, für sachgerecht gehalten [781]. Diese Auffassung ist strittig. Während einerseits [782] geltend gemacht wird, daß es für die Beurteilung der wirtschaftlichen Verhältnisse unerheblich ist, auf welchen Einfluß diese Verluste zurückzuführen sind, vertritt der KFA [783] die Meinung, daß wie wirtschaftlichen Verhältnisse immer zu beanstanden sind, wenn die Verluste durch fehlende Wirtschaftlichkeit begründet sind, daß jedoch ein Hinweis auf die Ursache des Verlustes ausreichend ist, wenn dieser auf eine politische Entscheidung zurückzuführen ist. Allerdings kann es auch in diesem Fall erforderlich sein, den BestV einzuschränken, wenn durch nachhaltige Verluste die Eigenkapitalbasis zu knapp wird [784].

723 Im übrigen gelten hinsichtlich der Ergänzungen zum BestV, seiner Einschränkung oder Versagung die vorstehend dargelegten allgemeinen Grundsätze [785].

---

780 Vgl. *Potthoff*, Zur Durchführung der Geschäftsführungsprüfung, DB 1981 S. 2185/2187; *Bolsenkötter*, WPg. 1981 S. 505/514.
781 Vgl. *Bolsenkötter*, WPg. 1981 S. 505/513; *ders.* in Becher ua., Kontrolle öffentlicher Unternehmen, Baden-Baden 1980 S. 89/105.
782 Vgl. *Petersen*, Fragen zur Neuregelung des Prüfungsrechts für den JA von Unternehmen der öffentlichen Hand, WPg. 1983 S. 37/42 f.
783 Vgl. FN 1987 S. 250.
784 Vgl. hierzu auch St/KFA 1/1976.
785 Vgl. Abschn. O Tz. 332 ff.

VII. Besonderheiten des Prüfungsergebnisses bei anderen gesetzlich vorgeschriebenen oder berufsüblichen Prüfungen

1. Aktienrechtliche Prüfungen

a) Aktienrechtliche Gründungsprüfungen und gleichartige Prüfungen

aa) Das Ergebnis der externen aktienrechtlichen Gründungsprüfung [785a]

Unter bestimmten, in § 33 Abs. 2 AktG genannten Voraussetzungen bestellt das **724** Gericht nach Anhörung der IHK **Gründungsprüfer**. Diese Prüfung muß sich auf den gesamten Gründungsvorgang erstrecken, wobei das Schwergewicht auf den in § 34 Abs. 1 AktG genannten Fragen liegt [786]. Über die Gründungsprüfung ist nach § 34 Abs. 2 AktG schriftlich zu berichten und dabei auf alle Punkte einzugehen, die Gegenstand der Prüfung sind [787].

Der **Bericht** der externen Gründungsprüfer dient nicht nur der Unterrichtung **725** der interessierten Öffentlichkeit, er soll auch das Registergericht in die Lage versetzen, selbst zu prüfen, ob die Eintragung der Gesellschaft vorgenommen werden kann oder nach § 38 AktG abzulehnen ist [788]. Daher darf sich der Bericht nicht nur darauf beschränken, Beanstandungen darzustellen [789], vielmehr muß über den **Gründungshergang** so umfassend berichtet werden, daß sich die Berichtsleser und hierbei vor allem auch das Registergericht ein eigenes Urteil über die Ordnungsmäßigkeit des Gründungsvorgangs bilden können [790]. Geschäfts- oder Betriebsgeheimnisse dürfen die Gründungsprüfer in ihrem PrB allerdings nicht offenbaren, weil sie zur Verschwiegenheit verpflichtet sind und der PrB der Öffentlichkeit zugänglich ist (§ 49 AktG iVm. § 323 Abs. 1 HGB) [791]. Deshalb müssen die Gründungsprüfer insb. dann, wenn eine Gründung mit Sacheinlagen oder Sachübernahmen vorliegt, sorgfältig abwägen, welche Angaben für die Berichtsadressaten erforderlich sind, um ein zutreffendes Bild über die Gründungsverhältnisse zu geben und auf welche Angaben im Hinblick auf die zu wahrenden Interessen des Unternehmens verzichtet werden kann [792].

Der BGH hat in seinem Urteil vom 27. 2. 1975 [793] ausgeführt, daß ein Grün- **726** dungsprüfer im allgemeinen weder die persönliche Eignung von Vorstandsmitgliedern noch die wirtschaftliche Lebensfähigkeit des Unternehmens noch die Tauglichkeit eines von diesem auszuwertenden technischen Verfahrens zu beur-

---

785a Vgl. hierzu WPH II E Tz. 1 ff.
786 HM; vgl. *Barz* in Großkom. § 34 Anm. 2; *Kraft* in Kölner Kom. § 34 Anm. 2; *Godin/Wilhelmi*, AktG § 34 Anm. 2; *Baumbach/Hueck*, AktG § 34 Anm. 3; *Eckardt* in AktG-Kom. § 34 Anm. 3; *Voß*, Die Gründungsprüfung, WPg. 1964 S. 439/443; *Selchert*, Prüfungen anläßlich der Gründung, Umwandlung, Fusion und Beendigung von Unternehmungen, Düsseldorf 1977 S. 29.
787 Vgl. *Kraft* in Kölner Kom. § 34 Anm. 6; *Eckard* in AktG-Kom. § 34 Anm. 14; *Voß*, WPg. 1964 S. 439/444; *Godin/Wilhelmi*, AktG § 34 Anm. 2; *Munkert*, Die externe aktienrechtliche Gründungsprüfung, München 1971 S. 63 ff.
788 Vgl. *Kraft* in Kölner Kom. § 34 Anm. 2; *Baumbach/Hueck*, AktG § 34 Anm. 2; *Schedlbauer*, Sonderprüfungen, Stuttgart 1984 S. 57.
789 Vgl. *Voß*, WPg. 1964 S. 439/444; *Schedlbauer*, S. 57.
790 Vgl. *Kraft* in Kölner Kom. § 34 Anm. 2; *Godin/Wilhelmi*, AktG § 34 Anm. 2.
791 Vgl. *Barz* in Großkom. § 34 Anm. 3; *Kraft* in Kölner Kom. § 34 Anm. 7; *Eckardt* in AktG-Kom. § 34 Anm. 17.
792 Vgl. *Barz* in Großkom. § 34 Anm. 4; *Godin/Wilhelmi*, AktG § 34 Anm. 2; *Munkert*, S. 53, 65; *Klein*, Die betriebswirtschaftliche Beurteilung eines neu errichteten oder umgestalteten Unternehmens im Rahmen der aktienrechtlichen Gründungsprüfung, Düsseldorf 1972 S. 112 f.; *Schedlbauer*, S. 57.
793 BGHZ 64 S. 52 = MittBl. WPK Nr. 63 v. 23. 6. 1975 S. 23; vgl. auch *Schmidt*, DB 1975 S. 1781; und *Saage*, ZGR 1977 S. 683.

teilen hat. Sofern sich ihm aber bei pflichtmäßiger Durchführung seines Prüfungsauftrages die Erkenntnis aufdrängt, daß das Verfahren unzulänglich ist, und von der Brauchbarkeit eines solchen Verfahrens die richtige Bewertung einer Sacheinlage abhängt, muß er die Gesellschaft darauf hinweisen („**Warnpflicht**"). Davon unberührt bleibt die Pflicht des Gründungsprüfers, zum Wert der Sacheinlage Stellung zu nehmen.

727 Der PrB über eine Gründung mit Sacheinlagen oder Sachübernahme (sog. qualifizierte Gründung) sollte insbesondere auf folgende Punkte eingehen [794]:

A. Auftrag und Auftragsdurchführung

728 Bestellung durch das Gericht (Zeitpunkt, Grund nach § 33 Abs. 2 AktG); Zeitraum der Prüfungsdurchführung; Prüfungsunterlagen; Auskunftspersonen einschl. der Feststellung, ob die gewünschten Auskünfte erteilt und die erforderlichen Nachweise erbracht wurden; Bezeichnung ggf. hinzugezogener Sachverständiger; Hinweis auf Auftragsbedingungen.

B. Darstellung und Beurteilung des Gründungshergangs

I. Zweck der Gründung

729 Gegenstand des Unternehmens; wesentliche mit der Gründung zusammenhängende Vorgänge und Rechtsgeschäfte (Hinweis auf § 32 Abs. 2 und 3 AktG).

II. Ordnungsmäßigkeit des Gründungshergangs

730 Errichtung der Gesellschaft (insbesondere Anzahl und Namen der Gründer, Feststellung der Satzung, Übernahme der Aktien); Bestellung des ersten AR und des ersten Vorstands, Bestellen der APr. für das erste Geschäftsjahr; ggf. bereits erfolgte Einzahlungen auf das Grundkapital (hierbei Beachtung des § 36a Abs. 1 AktG); etwa erforderliche behördliche Genehmigungen (§ 37 Abs. 4 Nr. 5 AKtG); Beachtung der gesetzlichen Formerfordernisse.

III. Ordnungsmäßigkeit der Satzung

731 Mindestinhalt der Satzung (§ 23 Abs. 3 und 4 AktG); Richtigkeit und Vollständigkeit der Festsetzungen über Sondervorteile und Gründungsaufwand (§ 26 AktG); Grund, Art, Höhe und Angemessenheit der Sondervorteile; Angemessenheit des Gründungsaufwands; Richtigkeit und Vollständigkeit der Festsetzungen über Sacheinlagen und Sachübernahmen (§ 27 AktG); Ordnungsmäßigkeit der übrigen Satzungsbestimmungen.

C. Gegenstand und Bewertung der Sacheinlagen und Sachübernahmen

732 Beschreibung der Gegenstände (§ 34 Abs. 2 Satz 2 AktG); bei der Einbringung von Unternehmen und Unternehmensteilen Angaben zum Gegenstand dieser Unternehmungen; Zweck des Erwerbs durch die AG; Zeitpunkt für die Leistung der Sacheinlagen (Hinweis auf § 36a Abs. 2 AktG).

733 Darstellung der angewandten Bewertungsmethoden (§ 34 Abs. 2 Satz 2 AktG); Beurteilung der künftigen Ertragslage bei Unternehmen und Unternehmenstei-

---

794 Vgl. *Voß*, WPg. 1964 S. 439/443 f.; *Klein*, S. 115 f.; *Munkert*, S. 73 ff. und S. 132 ff.

len; Zweckbestimmung und Wirtschaftlichkeit der sonstigen Gegenstände; Feststellung, ob der Wert der Sacheinlage oder Sachübernahme dem Nennbetrag der dafür gewährten Aktien entspricht oder den Wert der dafür zu gewährenden Leistungen erreicht (§ 34 Abs. 1 Nr. 2 AktG).

D. Gründungsbericht und PrB

Vollständigkeit und Richtigkeit des Gründungsberichts, insbesondere hinsichtlich der Angaben über die Übernahme der Aktien, über die Einlagen auf das Grundkapital und über die Festsetzungen nach §§ 26 und 27 AktG (§§ 32, 34 Abs. 1 Nr. 1 AktG); Stellungnahme zum PrB des Vorstandes und des AR.   **734**

Die Zahlungsfähigkeit der Aktienübernehmer ist nicht Prüfungsgegenstand. Allerdings wird es Aufgabe der Prüfer sein, bestehenden Bedenken nachzugehen und ggf. darüber zu berichten[795].   **735**

Die Erteilung eines **Bestätigungsvermerks** über das Ergebnis der externen Gründungsprüfung ist im Aktiengesetz nicht vorgesehen, da der gesamte PrB der Öffentlichkeit zugänglich ist. Allerdings empfiehlt es sich dennoch, das Prüfungsergebnis in einer **Schlußbemerkung** zusammenzufassen, für die im Falle eines Positivbefundes folgender Wortlaut denkbar ist: **736**

„Nach dem abschließenden Ergebnis meiner (unserer) pflichtgemäßen Prüfung nach § 34 AktG aufgrund der mir (uns) vorgelegten Urkunden, Bücher, Schriften sowie der mir (uns) erteilten Aufklärungen und Nachweise bestätige(n) ich (wir), daß die Angaben der Gründer im Gründungsbericht richtig und vollständig sind. Dies gilt insbesondere für die Angaben über die Übernahme der Aktien, über die Einlagen auf das Grundkapital und über die Festsetzungen nach §§ 26 und 27 AktG. Der Wert der Sacheinlagen erreicht den Nennbetrag der dafür zu gewährenden Aktien. (Der Wert der Sachübernahmen erreicht den Wert der dafür zu gewährenden Leistungen)."

Es erscheint zweckmäßig, dem PrB als Anlage neben den „Allgemeinen Auftragsbedingungen" auch die Berichte der Gründer sowie des Vorstandes und des AR, die Satzung der neuen Gesellschaft und das Protokoll des Notars über die Gründungsverhandlungen beizufügen[796].   **737**

Der PrB ist von dem Gründungsprüfer zu unterzeichnen. Wurden mehrere Gründungsprüfer bestellt und bestehen zwischen diesen unterschiedliche Meinungen über bestimmte Sachverhalte, so ist dies in einem Zusatz zum PrB darzustellen, sofern nicht gesonderte Berichte erstattet werden[797].   **738**

Je ein Exemplar des PrB ist dem Registergericht, dem Vorstand und der IHK, in dessen Bezirk die Gesellschaft ihren Sitz hat, einzureichen.   **739**

bb) Das Ergebnis der Nachgründungsprüfung

Schließt die AG in den ersten zwei Jahren seit ihrer Eintragung in das HR Verträge ab, nach denen sie vorhandene oder herzustellende Vermögensgegenstände für eine 10% des Grundkapitals übersteigende Vergütung erwerben soll,   **740**

---

795 Vgl. *Baumbach/Hueck*, AktG § 34 Anm. 4; *Godin/Wilhelmi*, AktG § 34 Anm. 2; *Eckardt* in AktG-Kom. § 34 Anm. 7.
796 Vgl. *Voß*, WPg. 1964 S. 439/444; *Klein*, S. 116; aA *Dienst*, Die aktienrechtliche externe Gründungsprüfung, Diss. München 1958 S. 138.
797 Vgl. *Kraft* in Kölner Kom. § 34 Anm. 9 und 10; *Baumbach/Hueck*, AktG Anm. 6; *Barz* in Großkom. § 34 Anm. 3.

so ist für die Wirksamkeit dieser Verträge nach § 52 AktG die Zustimmung der HV mit qualifizierter Mehrheit sowie die Eintragung in das HR erforderlich. Vor der Beschlußfassung der HV muß der AR den Vertrag prüfen und einen schriftlichen **Nachgründungsbericht** erstatten, des weiteren hat eine Prüfung durch einen oder mehrere Nachgründungsprüfer zu erfolgen, für die die Vorschriften über die Gründungsprüfung sinngemäß gelten.

741   Daher müssen die Nachgründungsprüfer insb. feststellen, ob die Nachgründungssachverhalte im Nachgründungsbericht vollständig und richtig erfaßt sind (§ 52 Abs. 4 iVm. § 34 Abs. 1 AktG)[798]. Weiterhin haben sie zu dem Nachgründungsvertrag bzw. den Nachgründungsverträgen Stellung zu nehmen und dabei anzugeben, ob der Wert der zu erwerbenden Vermögensgegenstände den Wert der dafür zu gewährenden Leistungen erreicht. Im übrigen gelten für den Bericht dieselben Grundsätze wie im Falle der Gründung mit Sachübernahmen. Allerdings ist es empfehlenswert, im PrB den Nachgründungszeitraum genau anzugeben und den 10% des Grundkapitals ausmachenden Betrag ausdrücklich zu nennen.

742   Der PrB besitzt dieselbe Publizität wie der Bericht der externen Gründungsprüfer (§ 52 Abs. 4 iVm. § 34 Abs. 3 AktG). Entsprechend ist auch bei der Nachgründungsprüfung die Erteilung eines BestV nicht vorgeschrieben. Für die Zusammenfassung des Prüfungsergebnisses in einer **Schlußbemerkung** des PrB kommt folgender Wortlaut in Betracht:

„Nach dem abschließenden Ergebnis meiner (unserer) pflichtgemäßen Prüfung nach §§ 52 Abs. 4, 34 AktG aufgrund der mir (uns) vorgelegten Urkunden, Bücher und Schriften sowie der mir (uns) erteilten Aufklärungen und Nachweise bestätige(n) ich (wir), daß die Angaben im Nachgründungsbericht des Aufsichtsrates richtig und vollständig sind. Der Wert der zu erwerbenden Vermögensgegenstände erreicht den Wert (den Betrag) der dafür zu gewährenden Vergütung."

cc) Das Ergebnis von Umwandlungsprüfungen[798a]

743   Bei bestimmten formwechselnden oder übertragenden Umwandlungen sieht das Gesetz eine Umwandlungsprüfung mit **schriftlicher Berichterstattung** durch externe Prüfer vor (zB nach § 378 Abs. 3 AktG oder § 43 Abs. 2 UmwG). Prüfungsgegenstand ist dabei auch der **Umwandlungsbericht** nach § 32 AktG, in dem nach § 378 Abs. 2 AktG bzw. §§ 43 Abs. 1, 53 Abs. 1 UmwG auch der Geschäftsverlauf und die Lage des Unternehmens darzulegen sind[799]. Außerdem haben die Prüfer in ihrem PrB festzustellen, ob der innere Wert des Unternehmens zumindest dem Nennbetrag des Aktienkapitals entspricht, dh. ob nicht etwa eine (versteckte) Unterpari-Ausgabe von Aktien (§ 9 Abs. 1 AktG) vorliegt[800]. Soweit der Umwandlung eine **Bilanz** zugrunde zu legen ist, muß diese im PrB erörtert und ihre Übereinstimmung mit den gesetzlichen Vorschriften bestätigt werden[801]. Dabei empfiehlt es sich, die Umwandlungsbilanz dem PrB als Anlage beizufügen.

798   Vgl. *Klein*, S. 63.
798a   Vgl. hierzu WPH II D Tz. 56 ff.
799   Vgl. *Klein*, S. 65.
800   Vgl. *Voß*, WPg. 1964 S. 439/445.
801   Vgl. *Voß*, WPg. 1964 S. 439/445.

Für die Unterzeichnung und die Weiterleitung der PrB gelten die für den Grün- **744** dungsbericht gemachten Ausführungen entsprechend.

dd) Das Ergebnis der Prüfung von Kapitalerhöhungen mit Sacheinlagen

Bei Kapitalerhöhungen von Aktiengesellschaften mit Sacheinlagen schreibt das **745** Gesetz eine Prüfung durch einen oder mehrere externe Prüfer vor, für die die §§ 33 Abs. 3 bis 5, 34 Abs. 2 und 3 sowie 35 AktG sinngemäß gelten (§§ 183 Abs. 3, 194 Abs. 4, 205 Abs. 3 AktG).

Danach ist über das Ergebnis der Prüfung ebenfalls schriftlich zu berichten. Im **746** **Prüfungsbericht** sollte auch auf die gesetzlich geforderte Festsetzung über den Gegenstand, über die Person, von der die Gesellschaft den Gegenstand erwirbt, und über den Nennbetrag der bei der Sacheinlage zu gewährenden Aktien eingegangen werden. Entsprechend dem PrB über eine Gründung mit Sacheinlagen ist der Gegenstand der Sacheinlage zu beschreiben und unter Angabe der Bewertungsmethode festzustellen, ob der Wert der Sacheinlage den Nennbetrag der dafür zu gewährenden jungen Aktien erreicht.

Die Erteilung eines BestV ist vom Gesetz, wie auch bei der Gründungsprüfung, **747** nicht vorgesehen. Das in einer **Schlußbemerkung** zusammengefaßte Prüfungsergebnis kann folgenden Wortlaut haben:

„Nach dem abschließenden Ergebnis meiner (unserer) pflichtgemäßen Prüfung nach §§ 34 Abs. 2, 183 Abs. 3 (194 Abs. 4, 205 Abs. 3) AktG bestätige(n) ich (wir) aufgrund der mir (uns) vorgelegten Urkunden, Bücher und Schriften sowie der mir (uns) erteilten Aufklärungen und Nachweise, daß der Wert der Sacheinlage(n) den Nennbetrag der dafür zu gewährenden Aktien erreicht."

b) Prüfungen aus Anlaß von Verschmelzungen [801a]

Gem. § 340b AktG ist die beabsichtigte Verschmelzung durch einen oder meh- **748** rere sachverständige Prüfer (Verschmelzungsprüfer) zu prüfen.

Die Vorstände der an der Verschmelzung beteiligten Gesellschaften haben zunächst einen **Verschmelzungsvertrag** zu schließen oder einen schriftlichen Entwurf aufzustellen, der die Mindestanforderungen des § 340 Abs. 2 AktG erfüllen muß. Weiterhin müssen nach § 340a AktG die Vorstände jeder der an der Verschmelzung beteiligten Gesellschaften einen ausführlichen, schriftlichen Bericht **(Verschmelzungsbericht)** erstatten, in dem der Verschmelzungsvertrag oder dessen Entwurf und insbesondere das Umtauschverhältnis der Aktien rechtlich und wirtschaftlich zu erläutern und zu begründen ist. Dabei ist auf besondere Schwierigkeiten bei der Bewertung der Unternehmen hinzuweisen.

Gegenstand der Verschmelzungsprüfung nach § 340b AktG ist der Verschmel- **749** zungsvertrag oder dessen Entwurf, jeweils für jeder der an der Verschmelzung beteiligten Gesellschaften. Zwar sind die Verschmelzungsberichte der Vorstände nach den gesetzlichen Vorschriften nicht Gegenstand der Verschmelzungsprüfung [802], die Verschmelzungsberichte stellen jedoch eine wichtige Unterlage für

---

801a Vgl. hierzu auch WPH II E.
802 Vgl. St/HFA 6/1988, Zur Verschmelzungsprüfung nach § 340b Abs. 4 AktG, Abschn. I;
    Schedlbauer, S. 129; *Mertens,* Die Gestaltung von Verschmelzungs- und Verschmelzungsprüfungsbericht, AG 1990 S. 20/31; aA *Dirrigl,* Die Angemessenheit des Umtauschverhältnisses bei einer Verschmelzung als Problem der Verschmelzungsprüfung und der gerichtlichen Überprü-

die Prüfer dar, da die Vorstände hier auch das Umtauschverhältnis der Aktien und ggf. die Höhe der baren Zuzahlung zu erläutern und zu begründen haben[803].

750 Die Verschmelzungsprüfer, die für jede der beteiligten Gesellschaften von deren Vorstand und nicht von der HV bestellt werden, haben über das Ergebnis der Prüfung schriftlich zu berichten. Der PrB kann auch gemeinsam erstattet werden (§ 340b Abs. 4 AktG).

751 Der PrB hat nach § 340b Abs. 4 AktG mit einer **Erklärung** darüber abzuschließen, ob das vorgeschlagene Umtauschverhältnis angemessen ist. Dabei ist anzugeben:

– nach welchen Methoden das vorgeschlagene Umtauschverhältnis ermittelt worden ist;

– aus welchen Gründen die Anwendung dieser Methoden angemessen ist;

– welches Umtauschverhältnis sich bei Anwendung verschiedener Methoden, sofern mehrere angewendet worden sind, jeweils ergeben würde; zugleich ist darzulegen, welches Gewicht den verschiedenen Methoden[804] bei der Bestimmung des vorgeschlagenen Umtauschverhältnisses und bei der ihm zugrundeliegenden Werte beigemessen worden ist und welche besonderen Schwierigkeiten bei der Bewertung der Unternehmen aufgetreten sind.

752 Während bei Verabschiedung der Richtlinie noch die Möglichkeit bestand, die Unternehmenswerte der zu verschmelzenden Gesellschaften nach unterschiedlichen, ggf. miteinander kombinierten Bewertungsmethoden zu ermitteln, hat die Angabepflicht nach § 340b Abs. 4 Satz 4 Nr. 3 AktG wesentlich an Bedeutung verloren, da heute der Wert eines Unternehmens, unter der Voraussetzung ausschließlich finanzieller Ziele, grundsätzlich durch den Ertragswert bestimmt wird.

753 Die Verschmelzungsprüfer müssen daher prüfen, ob die von den Vorständen angewandten Methoden den **Grundsätzen ordnungsmäßiger Unternehmensbewertung,** wie sie zB in der St/HFA 2/1983 niedergelegt wurden, entsprechen. Sie haben dabei auch zu beurteilen, ob die der Unternehmensbewertung zugrundeliegenden Daten fachgerecht abgeleitet sind und ob die Zukunftsschätzungen plausibel erscheinen[805].

754 Grundsätzlich wird es genügen, im PrB festzustellen, daß die Ertragswertmethode angewandt wurde und daß das Verfahren den in der St/HFA 2/1983 dargestellten Grundsätzen zur Durchführung von Unternehmensbewertungen entspricht[806]; ggf. können auch Ergänzungen zu den im Verschmelzungsbericht gemachten Ausführungen erforderlich werden, insb. um auf Abweichungen von den Bewertungsgrundsätzen hinzuweisen[807]. Allerdings hat es das OLG Karlsruhe als nicht ausreichend angesehen, lediglich die Angemessenheit der Quoten

---

fung, WPg. 1989 S. 413/417; *Bayer,* Informationsrechte bei Verschmelzung von Aktiengesellschaften, AG 1988 S. 323/328.

803 Vgl. St/HFA 6/1988 Abschn. I; *Meyer* zu Lösebeck, Zur Verschmelzungsprüfung, WPg. 1989 S. 499/500; *Schedlbauer,* S. 129.

804 Vgl. St/HFA 6/1988; *Schedlbauer,* S. 130; Abschn. B der St/HFA 2/1983.

805 Vgl. St/HFA 6/1988 Abschn. II; *Schedlbauer,* S. 130.

806 Vgl. St/HFA 6/1988 Abschn. I; *Mertens,* AG 1990 S. 20/31 und 32; aA (ausführliche Angaben verlangend) *Dirrigl,* WPg. 1989 S. 456 ff.; *Bayer,* AG 1988 S. 323/328.

807 Vgl. *Meyer* zu Lösebeck, WPg. 1989 S. 500; *Mertens,* AG 1990 S. 32; OLG Karlsruhe v. 30. 6. 1989 – 15 U 76/88, AG 1990 S. 35/37 und 38.

zu testieren; vielmehr sollten die Berichtsleser in gewissem Umfang auch in die Lage versetzt werden, das Prüfungsergebnis nachzuvollziehen[808].

Im Rahmen der Beurteilung der **Angemessenheit des Umtauschverhältnisses** der   **755** Aktien stellt sich die Frage, ob die Verschmelzungsprüfer auch die Aufteilung evtl. vorhandener Verbund- oder Synergie-Effekte zu erörtern haben. Die Ableitung einer Regel zur Aufteilung des Verbundnutzens ist schwierig, da er in dem Zusammenwirken der beiden Parteien begründet ist[809]. Problematisch erscheint jedoch vor allem die Barabfindung ausscheidender Aktionäre sowie der Fall, daß die Synergie-Effekte ausnahmsweise nicht im Verhältnis der einzelnen Unternehmenswerte auf die Gesellschaften aufgeteilt werden. Im übrigen ist grundsätzlich davon auszugehen, daß die Aktionäre, die in Aktien abgefunden werden, anteilig an den Synergie-Effekten beteiligt werden[810]. Da die auftretenden Synergie-Effekte in unmittelbarem Zusammenhang mit der wirtschaftlichen Zweckmäßigkeit des Verschmelzungsvorgangs stehen, deren Beurteilung nach der Begründung zum Regierungsentwurf des Verschmelzungsrichtlinie-Gesetzes nicht Aufgabe der Verschmelzungsprüfer ist, besteht eine Pflicht zur Berichterstattung über die Behandlung von Synergie-Effekten wohl grundsätzlich nicht[811].

Weiterhin wird von den Verschmelzungsprüfern auch keine Stellungnahme zu   **756** der Frage verlangt, ob die rechtlichen und wirtschaftlichen Interessen der Aktionäre aller beteiligten Gesellschaften gewahrt sind[812]. Kommen die Verschmelzungsprüfer jedoch im Rahmen ihrer Prüfung zu dem Ergebnis, daß die Verschmelzung mit großer Wahrscheinlichkeit insgesamt zu nicht unwesentlichen negativen Verbundeffekten führen wird, so werden sie entsprechend der Rechtsprechung des BGH zur **Redepflicht** des APr. und zur **Warnpflicht** des Gründungsprüfers hierauf im PrB hinzuweisen haben.

Nach der **Schutzklausel** des § 340b Abs. 4 Satz 5 AktG brauchen Tatsachen nicht   **757** in den PrB aufgenommen zu werden, deren Bekanntwerden geeignet ist, einer der beteiligten Gesellschaften oder einem verbundenen Unternehmen einen nicht unerheblichen Nachteil zuzufügen.

Für den Verschmelzungsbericht der Vorstände existiert dagegen keine derartige Schutzklausel; daher kann sich § 340b Abs. 4 Satz 5 AktG nicht auf die im Verschmelzungsbericht gemachten Angaben erstrecken[813]. Allerdings wird es im Normalfall nicht erforderlich sein, detaillierte, ins einzelne gehende Zahlenangaben in den PrB aufzunehmen, da im Vordergrund der Berichterstattung gem. § 340b AktG das Prüfungsergebnis steht, während § 340a AktG für den Verschmelzungsbericht der Vorstände ausdrücklich Ausführlichkeit verlangt. Sofern allerdings die Verschmelzungsprüfer Einwendungen gegen den Verschmelzungsvertrag und dabei insb. gegen das vorgesehene Umtauschverhältnis zu erheben haben und daher die abschließende Erklärung einschränken oder versagen, wird es wohl erforderlich sein, die Einschränkung oder Versagung durch betragsmäßige Angaben zu quantifizieren[814].

---

808 Urteil v. 30. 6. 1989; AG 1990 S. 35/37.
809 Vgl. *Nonnenmacher,* AG 1982 S. 153/157; *Eisenführ,* ZfbF 1971 S. 467/478; *Küting,* BFuP 1981 S. 175/188.
810 Vgl. *Meyer* zu Lösebeck, WPg. 1989 S. 501; WPH II E Tz. 25 ff.
811 Vgl. *Meyer* zu Lösebeck, WPg. 1989 S. 501; aA *Dirrigl,* WPg. 1989 S. 413 und 454/462.
812 Vgl. BT-Drs. 9/1065 S. 16.
813 Vgl. St/HFA 6/1988 Abschn. II.
814 Vgl. ebenda.

758 Die Ausgestaltung des PrB nach Art und Inhalt hat der Gesetzgeber im einzelnen nicht festgelegt. Es empfiehlt sich folgende **Gliederung**[815]:

A. Auftrag und Auftragsdurchführung

B. Prüfung des (Entwurfs eines) Verschmelzungsvertrages
   I. Vollständigkeit des Verschmelzungsvertrages
  II. Methodik zur Ermittlung des vorgeschlagenen Umtauschverhältnisses
 III. Angemessenheit der angewandten Bewertungsmethoden

C. Erklärung zur Angemessenheit des vorgeschlagenen Umtauschverhältnisses.

759 Der **Verschmelzungsbericht** wird im Rahmen der Darstellung der zur Verfügung stehenden Unterlagen zu erwähnen sein; es empfiehlt sich aber der explizite Hinweis, daß die Vollständigkeit und Richtigkeit des Verschmelzungsberichts nicht Prüfungsgegenstand ist[816].

760 Als wesentliches Ergebnis der Verschmelzungsprüfung muß der PrB die Bestätigung über die Angemessenheit des Umtauschverhältnisses enthalten, wobei der Wortlaut der darauf abzielenden abschließenden Erklärung nicht gesetzlich vorgeschrieben ist.

761 Im Falle der Verschmelzung von zwei Aktiengesellschaften wird folgender Wortlaut hierfür vorgeschlagen[817]:

„Nach unseren Feststellungen ist aus den dargelegten Gründen das vorgeschlagene Umtauschverhältnis, nach dem die Aktionäre der .... für .... Aktien ihrer Gesellschaft im Nennbetrag von DM .... Aktien der .... im Nennbetrag von DM .... erhalten, unter Berücksichtigung des unterschiedlich hohen Grundkapitals, auf der Grundlage der Verschmelzungswertrelation zum .... angemessen."

762 Die Vorschriften der §§ 340 bis 340b AktG gelten nicht nur für die Verschmelzung durch Aufnahme, sondern auch für die Verschmelzung durch Neubildung (§ 353 Abs. 1 AktG) sowie für die Verschmelzung einer GmbH mit einer AG oder KGaA, allerdings mit der Maßgabe, daß die Bestellung eines Verschmelzungsprüfers nur dann erforderlich ist, wenn ein Gesellschafter sie verlangt (§§ 355 Abs. 2, 356 Abs. 2 AktG). Dagegen ist eine Prüfung dann grundsätzlich nicht erforderlich, wenn sich alle Aktien der übertragenden Gesellschaft in der Hand der übernehmenden Gesellschaft befinden. Auch bei einer Verschmelzung nach dem KapErhG, insb. bei einer Verschmelzung von Gesellschaften mit beschränkter Haftung, ist eine Verschmelzungsprüfung nicht gesetzlich vorgesehen.

763 Sofern der Verschmelzungsvertrag in den ersten zwei Jahren seit Eintragung der übernehmenden Gesellschaft in das HR geschlossen wird, gilt § 52 Abs. 3, 4, 7 bis 9 AktG über die **Nachgründung** sinngemäß, wenn der Gesamtnennbetrag der zu gewährenden Aktien den zehnten Teil des Grundkapitals dieser Gesellschaft übersteigt (§ 342 AktG). In diesem Fall hat der AR der übernehmenden Gesellschaft über seine Prüfung des Verschmelzungsvertrages schriftlich zu berichten und es muß eine Prüfung durch einen oder mehrere externe Prüfer stattfinden, wobei festzustellen ist, ob die Angaben im Bericht des AR vollständig und richtig sind und ob der Unternehmenswert der übertragenden Gesellschaft den

---

815 Vgl. St/HFA 6/1988 Abschn. III.
816 S. auch St/HFA 6/1988.
817 Vgl. St/HFA 6/1988 Abschn. IV.

Nennbetrag der dafür zu gewährenden Aktien erreicht (§ 52 Abs. 4 iVm. § 34 Abs. 1 AktG)[818].

Für die **Schlußbemerkung** im PrB kommt bspw. folgender Wortlaut in Betracht: **764**

„Nach dem abschließenden Ergebnis meiner (unserer) pflichtgemäßen Prüfung nach §§ 34, 52 Abs. 4, 342 AktG aufgrund der mit (uns) vorgelegten Urkunden, Bücher und Schriften sowie der mit (uns) erteilten Aufklärungen und Nachweise bestätige(n) ich (wir), daß die Angaben im Nachgründungsbericht des Aufsichtsrates richtig und vollständig sind. Der Unternehmenswert der übertragenden Gesellschaft erreicht den Nennbetrag der dafür zu gewährenden Aktien der aufnehmenden Gesellschaft (und der baren Zuzahlung)."

c) Prüfung des Abhängigkeitsberichts

Der Vorstand einer abhängigen AG hat in den ersten drei Monaten des   **765** Geschäftsjahres einen Bericht über die Beziehungen der Gesellschaft zu verbundenen Unternehmen aufzustellen, sofern nicht bis zum Bilanzstichtag der abhängigen Gesellschaft mit dem herrschenden Unternehmen ein Beherrschungs- oder Gewinnabführungsvertrag abgeschlossen oder die Eingliederung in die herrschende Gesellschaft wirksam beschlossen worden ist (§§ 312, 316, 323 Abs. 1 Satz 3 AktG)[818a].

Sofern es sich um eine gem. § 316 HGB prüfungspflichtige AG handelt, stellt   **766** nach § 313 Abs. 1 AktG die Prüfung des Abhängigkeitsberichts eine notwendige Ergänzung der Jahresabschlußprüfung dar[819]. Der Abhängigkeitsbericht einer sog. kleinen AG (§ 267 Abs. 1 HGB) ist danach – ebenfalls – nicht prüfungspflichtig[820]. Wurde kein Abhängigkeitsbericht aufgestellt, so muß der APr. dennoch untersuchen, ob Abhängigkeitsbeziehungen bestehen. Ist dies der Fall und weigert sich der Vorstand, der Forderung des APr. nach Aufstellung eines Abhängigkeitsberichts nachzukommen, muß der BestV zum JA eingeschränkt werden, da der LB nicht die nach § 312 Abs. 3 Satz 3 AktG erforderliche Schlußerklärung enthält[821].

Der schriftliche **Bericht über die Prüfung des Abhängigkeitsberichts** (§ 313 Abs. 2   **767** AktG) dient in erster Linie der Unterrichtung des AR, der nach § 314 Abs. 2 AktG eine eigenständige Prüfung des Abhängigkeitsberichts vornehmen und das Ergebnis dieser Prüfung in seinem Bericht an die HV aufnehmen muß[822]. Insofern hat sich der Inhalt des PrB des APr. auch an dieser Informationsfunktion zu orientieren.

Inhalt des PrB:

Einleitend wird der APr. im PrB wie auch im Bericht über die Jahresabschluß-   **768** prüfung auf seine Wahl durch die HV und den durch den Vorstand erteilten Auftrag zur Jahresabschlußprüfung, der die Prüfung des Abhängigkeitsberichts mit umfaßt, hinweisen und er wird auch auf die Abhängigkeitsbeziehungen und

---

818   Vgl. *Schedlbauer*, S. 126.
818a   Vgl. hierzu Abschn. F Tz. 672 ff.
819   Vgl. Entwurf einer Verlautbarung des HFA: Zur Aufstellung und Prüfung des Berichts über Beziehungen zu verbundenen Unternehmen (Abhängigkeitsbericht nach § 312 AktG) FN 1990 S. 305/307.
820   Vgl. *Koppensteiner* in Kölner Kom. § 313 Anm. 5. Vgl. hierzu auch Abschn. F Tz. 740.
821   Vgl. Entwurf HFA, FN 1990 S. 305/307; *ADS*, § 322 HGB Tz. 68.
822   Vgl. Entwurf HFA, FN 1990 S. 305/307; *Koppensteiner* in Kölner Kom. § 313 Anm. 21.

auf die Abgrenzung des Kreises der in die Berichterstattung einbezogenen Unternehmen eingehen[823].

Darüber hinaus müssen im Bericht Aussagen zu den einzelnen zu prüfenden Tatsachen und Werturteilen getroffen werden[824] und es ist anzugeben, worauf sich der Prüfer bei der Beurteilung der im Abhängigkeitsbericht aufgeführten Rechtsgeschäfte und Maßnahmen gestützt hat[825].

769   Die **Vollständigkeit des Abhängigkeitsberichts,** dh. ob sämtliche berichtspflichtigen Rechtsgeschäfte und Maßnahmen dargestellt worden sind, ist nicht unmittelbar Prüfungsgegenstand[826]. Stellt der Prüfer jedoch im Rahmen der Prüfung des JA, des LB oder des Abhängigkeitsberichts fest, daß berichtspflichtige Sachverhalte nicht dargestellt wurden, hat er dies in seinem PrB aufzuführen. Dasselbe gilt, wenn die im Bericht enthaltenen Angaben unvollständig sind. Dies ist dann der Fall, wenn nur über einen Teil der für die Beurteilung eines Rechtsgeschäfts oder einer Maßnahme wesentlichen Tatsachen berichtet wird, oder wenn die Darstellung so gerafft wurde, daß die Angemessenheit nicht beurteilt werden kann[827].

770   Ergeben sich bei der Durchführung der Prüfung Anhaltspunkte für unvollständige Angaben, so ist der APr. verpflichtet, weitere Prüfungshandlungen vorzunehmen, um den Sachverhalt aufzuklären[828].

771   Der Abhängigkeitsbericht ist darüber hinaus auch dann unvollständig, wenn er nicht die Schlußerklärung des Vorstandes gem. § 312 Abs. 3 AktG enthält[829].

772   Auch wenn die Vollständigkeit des Abhängigkeitsberichts nicht unmittelbar Prüfungsgegenstand ist, muß sich der Prüfer zumindest davon überzeugen, daß die organisatorischen und abrechnungstechnischen Voraussetzungen für eine vollständige und zutreffende Berichterstattung vorhanden und ausreichend sind[830], und die hierzu getroffenen Feststellungen in seinen PrB aufnehmen.

773   Bei der Feststellung der **Richtigkeit** der tatsächlichen Angaben geht es um die Frage, ob die zu bewertenden (objektiv nachprüfbaren) Fakten zutreffend wiedergegeben wurden[831].

774   Bei den im Abhängigkeitsbericht aufgeführten **Maßnahmen** ist festzustellen, ob die dem Prüfer bekannten oder zugänglichen Umstände nicht für eine wesentlich andere Beurteilung sprechen[832], dh. ob der Vorstand alle wesentlichen Umstände berücksichtigt hat und danach sein Urteil vertretbar erscheint[833]. Dagegen unterliegt die Zweckmäßigkeit der Maßnahme bzw. ihre Vereinbarkeit

823 Vgl. Entwurf HFA, FN 1990 S. 305/307.
824 Vgl. *Schildbach* in BoHdR, § 313 AktG Rz. 16.
825 Vgl. Entwurf HFA, FN 1990 S. 305/307.
826 Vgl. Begr. z. RegE AktG = *Kropff*, Textausgabe AktG, Düsseldorf 1965 S. 414; *Kropff* in AktG-Kom. § 313 Anm. 24; Entwurf HFA, FN 1990 S. 305/307.
827 Vgl. *Koppensteiner* in Kölner Kom. § 313 Anm. 18; *Kropf* in AktG-Kom. § 312 Anm. 34, § 313 Anm. 27; *ADS,* § 313 AktG Tz. 23.
828 Vgl. Entwurf HFA, FN 1990 S. 305/307; *Godin/Wilhelmi*, AktG § 313 Anm. 4; *Kropff* in AktG-Kom. § 313 Anm. 25; *Koppensteiner* in Kölner Kom. § 313 Anm. 17; *ADS*, § 313 AktG Tz. 22.
829 Vgl. *Koppensteiner* in Kölner Kom. § 312 Anm. 63 ff.
830 Vgl. Entwurf HFA, FN 1990 S. 305/307; *ADS*, § 313 AktG Tz. 22.
831 Vgl. *Koppensteiner* in Kölner Kom. § 313 Anm. 11; zu Abgrenzungsschwierigkeiten zwischen Tatsachenangaben und Werturteilen vgl. *Korpff* in AktG-Kom. § 313 Anm. 14.
832 Vgl. Entwurf HFA, FN 1990 S. 305/307.
833 Vgl. *Koppensteiner* in Kölner Kom. § 313 Anm. 15.

mit einer ordnungsgemäßen Geschäftsführung nicht der Prüfung und Berichterstattung durch den APr.[834].

Zur Klarstellung empfiehlt es sich, im PrB darauf hinzuweisen, daß der maßgebende Zeitpunkt für die Beurteilung der Rechtsgeschäfte der Zeitpunkt ihrer Vornahme und bei Maßnahmen der Zeitpunkt ist, zu dem diese getroffen oder unterlassen werden[835].   775

Sofern bei Rechtsgeschäften und Maßnahmen ein **Nachteilsausgleich** erfolgt ist bzw. der Gesellschaft bis zum Ende des Geschäftsjahres[836] ein Rechtsanspruch auf einen Vorteil eingeräumt wurde, muß hierzu Stellung genommen werden. Betrifft der Nachteilsausgleich Rechtsgeschäfte, bei denen die Leistung der Gesellschaft unangemessen hoch war, so ist darzulegen, ob der Ausgleich bei vernünftiger kaufmännischer Überlegung vertretbar erscheint[837].   776

Wurde bei einer ursprünglich nachteiligen Maßnahme ein Ausgleich gewährt, so ist festzustellen, ob die Angemessenheit dieses Ausgleichs wesentlich anders beurteilt werden muß, als dies durch den Vorstand erfolgt ist[838].   777

Hat der Vorstand im Abhängigkeitsbericht erklärt, daß Nachteile nicht oder nicht vollständig ausgeglichen worden sind, so wird der APr. darlegen, ob er sich dieser Beurteilung anschließt[839].   778

Erhebt der APr. gegen den Abhängigkeitsbericht **Einwendungen,** so muß er im PrB seine Auffassung darlegen und begründen und er sollte dabei ggf. auch auf die abweichende Ansicht des Vorstandes eingehen.   779

Beruhen die Einwendungen auf der **Unvollständigkeit** oder **Unrichtigkeit** der tatsächlichen Angaben des Berichts und ist der Vorstand nicht zur Ergänzung oder Berichtigung bereit, so hat der APr. darüber zu berichten und dabei ggf. die fehlenden Angaben darzustellen oder auf die unrichtigen Angaben hinzuweisen[840].   780

Ist der APr. der Auffassung, daß bei den aufgeführten **Rechtsgeschäften** entgegen der Darstellung des Vorstandes die Leistung der Gesellschaft unangemessen hoch war oder kommt er bei den aufgeführten **Maßnahmen** zu einer wesentlich anderen Beurteilung, so muß er im PrB seine Meinung begründen und erläutern. Bei der in diesem Zusammenhang notwendigen Darstellung der Beurteilungsmaßstäbe sollten, sofern möglich, die ermittelten Nachteile quantifiziert werden[841].   781

Einwendungen im Zusammenhang mit Maßnahmen können sich auch dadurch ergeben, daß der Vorstand in der **Schlußerklärung** nach § 312 Abs. 3 AktG lediglich feststellt, daß die Gesellschaft durch Maßnahmen nicht benachteiligt wurde, obwohl ein Nachteilsausgleich vorgenommen wurde[842].   782

834 Vgl. Begr. z. RegE AktG = *Kropff*, Textausgabe S. 414/415; *Kropff* in AktG-Kom. § 313 Anm. 19.
835 HM; vgl. *Kropff* in AktG-Kom. § 311 Anm. 110–112 mwN; *Koppensteiner* in Kölner Kom. § 311 Anm. 23 ff., § 313 Anm. 12; *ADS*, § 311 AktG, Tz. 42, 43.
836 Vgl. *Godin/Wilhelmi*, AktG § 313 Anm. 5.
837 Vgl. Begr. z. RegE AktG = *Kropff*, Textausgabe S. 414.
838 Vgl. *Schildbach* in BoHdR § 313 AktG Rz. 12.
839 Vgl. *ADS*, § 313 AktG Tz. 29.
840 Vgl. *ADS*, § 313 AktG Tz. 31; *Koppensteiner* in Kölner Kom. § 313 Anm. 21.
841 Vgl. *ADS*, § 313 AktG Tz. 31; *Schildbach* in BoHdR § 313 AktG Tz. 16.
842 Vgl. *ADS*, § 313 AktG Tz. 40.

783 Ist der Vorstand des prüfungspflichtigen Unternehmens oder eines verbundenen Unternehmens seiner **Aufklärungs- und Nachweispflicht** gegenüber dem APr. gem. § 313 Abs. 1 Satz 3 AktG iVm. § 320 HGB nicht oder nicht ausreichend nachgekommen, so ist dies im PrB darzustellen und dabei auf die wesentlichen Punkte einzugehen, die sich aufgrund dieser Pflichtverletzung nicht abschließend aufklären bzw. beurteilen ließen [843].

784 Bei einer ausführlichen Berichterstattung des Vorstandes kann der PrB verhältnismäßig kurz gefaßt sein, sofern der APr. keine Einwendungen zu erheben hat [844]. Es ist nicht erforderlich, auf einzelne Rechtsgeschäfte oder Maßnahmen wiederholend einzugehen. Allerdings empfiehlt es sich, den Abhängigkeitsbericht als Anlage dem PrB beizufügen [845]. Je knapper jedoch die Berichterstattung des Vorstandes ausfällt, desto ausführlicher sollten die Erläuterungen im PrB sein [846].

785 In einer kurzen, sein Urteil zusammenfassenden **Schlußbemerkung** sollte der APr. auch darlegen, ob der Abhängigkeitsbericht den Grundsätzen einer gewissenhaften und getreuen Rechenschaft (§ 312 Abs. 2 AktG) entspricht.

786 Der PrB, der den Vermerk nach § 313 Abs. 3 AktG enthalten muß, ist mit Angabe von Ort und Tag zu unterzeichnen.

787 Sind nach dem abschließenden Ergebnis der Prüfung keine Einwendungen zu erheben, so hat der APr. dies durch folgenden **Vermerk** zu bestätigen (§ 313 Abs. 3 AktG):

„Nach meiner (unserer) pflichtmäßigen Prüfung und Beurteilung bestätige ich (bestätigen wir), daß

1. die tatsächlichen Angaben des Berichts richtig sind,
2. bei den im Bericht aufgeführten Rechtsgeschäften die Leistung der Gesellschaft nicht unangemessen hoch war oder Nachteile ausgeglichen worden sind,
3. bei den im Bericht aufgeführten Maßnahmen keine Umstände für eine wesentlich andere Beurteilung als die durch den Vorstand sprechen."

Für die Erteilung des Vermerks, für seine Einschränkung oder Versagung sind die im FG/IDW 3/1988 niedergelegten allgemeinen Grundsätze für die Erteilung von BestV entsprechend anzuwenden [847].

788 Der Wortlaut des Vermerks ist nach § 313 Abs. 3 AktG in folgenden Fällen an die tatsächlichen Verhältnisse anzupassen:

– Bei einem sog. **Negativbericht** [848], dh., wenn im Geschäftsjahr trotz Vorliegen der Voraussetzungen für die Aufstellung eines Abhängigkeitsberichts keine berichtspflichtigen Rechtsgeschäfte getätigt und Maßnahmen getroffen wurden, entfallen die Nummern 2 und 3 des Vermerks. Mit der Bestätigung, daß die tatsächlichen Angaben des Berichts richtig sind, trifft der APr. eine Aussage darüber, daß er bei Wahrnehmung seiner Aufgaben keine berichtspflich-

---

843 Vgl. *Kropff* in AktG-Kom. § 313 Anm. 33, 36.
844 Vgl. *ADS*, § 313 AktG Tz. 31a.
845 Vgl. Entwurf HFA, FN 1990 S. 305/307.
846 So auch *ADS*, § 313 AktG Tz. 29.
847 Vgl. Entwurf HFA, FN 1990 S. 305/307.
848 Vgl. Entwurf HFA, FN 1990 S. 305/306; *Godin/Wilhelmi*, AktG § 312 Anm. 5; *ADS*, § 312 AktG Tz. 42.

tigen Tatbestände und auch keine Anhaltspunkte für das Vorliegen derartiger Sachverhalte festgestellt hat[849].

- Sind nur berichtspflichtige Rechtsgeschäfte getätigt und aufgeführt worden, so ist die Nummer 3, sind richtigerweise nur berichtspflichtige Maßnahmen getroffen und im Abhängigkeitsbericht aufgeführt, ist die Nummer 2 des Vermerks fortzulassen.

- Hat der APr. – in Übereinstimmung mit der Darstellung des Vorstands – bei keinem Rechtsgeschäft eine unangemessen hohe Leistung der Gesellschaft festgestellt, so entfällt in Nummer 2 des Vermerks die Feststellung über den Nachteilsausgleich.

Nach § 313 Abs. 4 Satz 2 AktG wird ein **Zusatz** zum Vermerk erforderlich, wenn der Vorstand selbst erklärt hat, daß die Gesellschaft durch bestimmte Rechtsgeschäfte oder Maßnahmen benachteiligt worden ist, ohne daß ein Ausgleich erfolgte. Die Erklärung des Vorstandes ist in diesem Fall im Vermerk anzugeben, der sich dann auf die übrigen Rechtsgeschäfte oder Maßnahmen beschränkt[850]. **789**

Dieser erforderliche Zusatz kann bei den Nummern 2 bzw. 3 erfolgen, daneben besteht auch die Möglichkeit, den Vermerk um eine Nummer 4 zu erweitern und bei Nummer 2 bzw. 3 einen entsprechenden Hinweis anzubringen[851].

Grundsätzlich sind im übrigen Zusätze zum Prüfungsvermerk, die auf eine bestimmte Problematik bei der Prüfung hinweisen, nur dann zulässig, wenn der Positivbefund der Bestätigung nicht in Frage gestellt wird[852]. Hinsichtlich der Differenzierung zwischen Ergänzung und Einschränkung bei nicht abschließend beurteilbaren Sachverhalten wird auf die grundsätzlichen Ausführungen zum BestV[853] sowie auf das FG/IDW 3/1988 verwiesen. Allerdings ist in dem Zusammenhang in besonderem Maße die mögliche Folge der Einschränkung nach § 315 Abs. 1 AktG (gerichtliche Bestellung von Sonderprüfern) zu berücksichtigen. **790**

Hat der APr. nach dem abschließenden Ergebnis seiner Prüfung **Einwendungen** (wesentliche Beanstandungen) gegen den Abhängigkeitsbericht zu erheben, muß der Vermerk nach § 313 Abs. 4 Satz 1 eingeschränkt oder versagt werden. Geringfügige Unvollständigkeiten der Berichterstattung des Vorstandes, die für die Beurteilung der Angemessenheit der Rechtsgeschäfte bzw. Maßnahmen unerheblich sind, führen jedoch nicht zu einer Einschränkung oder Versagung. **791**

Ein uneingeschränkter Vermerk kann jedoch auch dann nicht mehr erteilt werden, wenn ein durch ein Rechtsgeschäft oder eine Maßnahme entstandener Nachteil erst nach dem Ende des Geschäftsjahres, zB aufgrund des Prüfungsergebnisses des APr., ausgeglichen wurde[854]. **792**

Die Frage, welche Beanstandungen zu einer Einschränkung führen und wann der Vermerk zu versagen ist, muß in entsprechender Anwendung der Grund- **793**

---

849 Vgl. *Koppensteiner* in Kölner Kom. § 313 Anm. 25; *ADS*, § 313 AktG Tz. 27; *Kropff* in AktG-Kom. § 313 Anm. 41.
850 Vgl. *ADS*, § 313 AktG Tz. 37 und 40.
851 Vgl. *ADS*, § 313 AktG Tz. 37.
852 So auch Entwurf HFA, Fn 1990 S. 305/307.
853 Vgl. Abschn. O Tz. 349 ff.
854 Vgl. *Kropff* in AktG-Kom. § 313 Anm. 52; vgl. zum maßgeblichen Zeitpunkt des Nachteilsausgleichs auch *ADS*, § 311 AktG Tz. 69.

sätze beantwortet werden, die für die Einschränkung oder Versagung des BestV zum JA gelten.

Wie dieser drückt der Prüfungsvermerk zum Abhängigkeitsbericht einen Positiv-befund aus. Insofern gilt auch hier, daß eine Versagung insb. dann in Betracht kommt, wenn die Einwendungen so zahlreich oder schwerwiegend sind, daß ein derartiger positiver Befund nicht mehr formuliert werden kann.

794 Wird der Vermerk zum Abhängigkeitsbericht eingeschränkt, so ist dies durch die Verwendung des Wortes **„Einschränkung"** klar zum Ausdruck zu bringen[855]. Die Einschränkung, die klar, eindeutig und möglichst kurz formuliert werden sollte, kann dem positiven Teil des Vermerks vorangestellt werden („Mit der Ein-schränkung, daß .... sind die tatsächlichen Angaben des Berichts richtig".) oder sich an die Positivaussage anschließen („Die tatsächlichen Angaben des Berichts sind richtig mit der Einschränkung, daß . . .").

795 Bei einer **Versagung** des Vermerks zum Abhängigkeitsbericht schreibt § 313 AktG im Gegensatz zu § 322 HGB nicht vor, daß die Versagung zu begründen ist. Danach würde es genügen festzustellen, daß die Prüfung zu einer Versagung des Vermerks geführt hat[856]. Dennoch erscheint es zweckmäßig, auch in diesem Fall die Gründe darzustellen, die zu der Versagung geführt haben[857]. Anderen-falls ist der Auffassung zuzustimmen, daß abgesehen von besonders schwerwie-genden Verstößen eher die Einschränkung als die Versagung zweckdienlich erscheint, da der Sinn des Vermerks, die Gesellschaft vor Nachteilen zu schüt-zen, eher erreicht wird, wenn die Beanstandungen offengelegt werden[858].

796 Der Vermerk ist mit Angabe von Ort und Tag zu unterzeichnen.

797 Der Vorstand hat den Abhängigkeitsbericht zusammen mit dem PrB (sofern Prü-fungspflicht gegeben ist) dem AR vorzulegen (§ 314 Abs. 1 AktG). Dieser muß in seinem Bericht an die HV zu dem Ergebnis der Prüfung des Abhängigkeitsbe-richts durch den APr. Stellung nehmen und den erteilten Vermerk in den Bericht aufnehmen oder eine Versagung ausdrücklich mitteilen (§ 314 Abs. 2 AktG).

798 Wird der Vermerk eingeschränkt oder versagt, so hat dies zur Folge, daß jeder Aktionär das Recht hat, beim Gericht die Bestellung von Sonderprüfern zu beantragen (§ 315 Nr. 1 AktG)[859].

799 Für den **Widerruf** des Vermerks zum Abhängigkeitsbericht gelten dieselben Grundsätze wie in Bezug auf den Widerruf des BestV zum JA[860]. Immer dann, wenn der APr. erkennt, daß die Voraussetzungen für die Erteilung des Vermerks

---

855 Vgl. *Kropff* in AktG-Kom. § 313 Anm. 44; *Koppensteiner* in Kölner Kom. § 313 Anm. 28; *Schild-bach* in BoHdR § 313 Rz. 20.

856 Vgl. *Schildbach* in BoHdR § 313 Rz. 21; *Koppensteiner* in Kölner Kom. § 313 Anm. 29; *ADS*, § 313 AktG Tz. 32; aA *Kropff* in AktG-Kom. § 313 Anm. 45.

857 Vgl. Entwurf HFA, FN 1990 S. 305/307.

858 Vgl. *Godin/Wilhelmi*, AktG § 313 Anm. 9; *ADS*, § 313 AktG Tz. 39; *Koppensteiner* in Kölner Kom. § 313 Anm. 27; aA *Würdinger* in Großkom. § 313 Anm. 12; *Kropff* in AktG-Kom. § 313 Anm. 54 und 56.

859 Vgl. zu den Voraussetzungen für eine Sonderprüfung nach § 315 AktG weiterhin Abschn. O Tz. 831.

860 Vgl. Abschn. O Tz. 420 ff.

nicht vorgelegen haben, ist er zum Widerruf verpflichtet[861], dies insb. auch im Hinblick auf die Vorschriften zur Sonderprüfung nach § 315 Nr. 1 AktG[862].

d) Aktienrechtliche Sonderprüfungen

aa) Allgemeines

Als aktienrechtliche Sonderprüfungen sind anzusehen die Sonderprüfung nach den §§ 142 ff. AktG („allgemeine Sonderprüfung"), die Sonderprüfung nach den §§ 258 ff. AktG („unzulässige Unterbewertung") und die Sonderprüfung nach § 315 AktG („Prüfung der geschäftlichen Beziehung der Gesellschaft zu dem herrschenden oder einem mit ihm verbundenen Unternehmen").

800

In allen Fällen haben die Sonderprüfer über das Ergebnis ihrer Prüfung schriftlich zu berichten; entsprechend den Grundsätzen ordnungsmäßiger Berichterstattung ist der Inhalt des Berichts in erster Linie an dem Gegenstand der Prüfung und an dem Informationsbedürfnis der Berichtsempfänger auszurichten.

801

bb) Die allgemeine Sonderprüfung nach den §§ 142 ff. AktG

Als Gegenstand einer Sonderprüfung nach den §§ 142 ff. AktG kommen **Einzelvorgänge** bei der Gründung oder der Geschäftsführung sowie bei Maßnahmen der Kapitalbeschaffung und Kapitalherabsetzung in Betracht. In dem Zusammenhang ist der Begriff der Geschäftsführung weit zu fassen; er umfaßt neben den Vorstandsmitgliedern auch den AR und die leitenden Angestellten[863].

802

Der **Prüfungsauftrag** muß sich stets auf bestimmte Vorgänge beziehen. Die Nachprüfung beispielsweise des gesamten Gründungsvorganges oder der Geschäftsführungsmaßnahmen eines bestimmten Zeitraums ist nach § 142 AktG nicht möglich[864].

803

Nach § 145 Abs. 4 AktG müssen die Sonderprüfer über das Ergebnis ihrer Prüfung schriftlich berichten. Eine **Schutzklausel,** wonach Tatsachen, die geeignet sind, der Gesellschaft oder einem verbundenen Unternehmen einen nicht unerheblichen Nachteil zuzufügen, nicht im PrB dargestellt zu werden brauchen, besteht nicht, sofern die Kenntnis dieser Tatsachen zur Beurteilung des zu prüfenden Vorgangs durch die HV erforderlich ist. Das Verbot, Betriebs- oder Geschäftsgeheimnisse zu offenbaren (§§ 144 AktG, 323 Abs. 1 HGB), wird eingeschränkt, um die Aufgabe der Sonderprüfung, eventuell vorhandene Mißstände aufzudecken, zu ermöglichen[865]. Da der PrB weitgehender Publizität unterliegt, sind aber Tatsachen, zu deren Geheimhaltung der Vorstand im öffentlichen Interesse verpflichtet ist, nicht im PrB darzustellen[866]. Darüber hinausgehende Vorschriften hinsichtlich Umfang und Inhalt des PrB bestehen nicht.

804

---

861 Vgl. FG/IDW 3/1988 Abschn. F; aA (im Hinblick darauf, daß ein Widerruf nur im Falle einer Täuschung erfolgen kann) *Koppensteiner* in Kölner Kom. § 313 Anm. 30.
862 Vgl. *Kropff* in AktG-Kom. § 313 Anm. 57.
863 Vgl. *ADS,* Exkurs zu den §§ 142–146 AktG Tz. 5; *Hefermehl* in AktG-Kom. § 142 Anm. 2; *Barz* in Großkom. § 142 Anm. 3; vgl. außerdem WPH II E Tz. 65 ff.
864 Vgl. *ADS,* Exkurs zu den §§ 142–146, Tz. 7; *Hefermehl* in AktG-Kom. § 142 Anm. 4; *Barz* in Großkom. § 142 Anm. 3.
865 Vgl. Begr. z. RegE AktG = *Kropff,* Textausgabe S. 211 f.
866 Vgl. *Hefermehl* in AktG-Kom. § 145 Anm. 6; *Barz* in Großkom. § 145 Anm. 5; *Baumbach/Hueck,* AktG § 145 Anm. 4.

805 Der Prüfungsauftrag wird im allgemeinen von den Sonderprüfern, sofern möglich, auch eine Beurteilung des entsprechenden Vorgangs verlangen, zB ob der Vorstand die erforderliche kaufmännische Sorgfaltspflicht eingehalten hat[867]. Nach überwiegender Literaturauffassung genügt es aber nicht, im PrB lediglich das aufgrund der durchgeführten Prüfung gebildete Urteil über den Sachverhalt wiederzugeben[868]. Vielmehr ist es erforderlich, den zu prüfenden Sachverhalt so umfangreich und zutreffend darzustellen, daß sich die Aktionäre hieraus ein eigenes Urteil bilden können. Dies gilt insb. dann, wenn die Sonderprüfer den Vorgang nicht abschließend beurteilen können oder sie sich im wesentlichen Umfang auf die Aussagen oder Erklärungen derjenigen Personen stützen müssen, gegen die sich die Sonderprüfung richtet[869].

806 Es gehört zu einer ordnungsmäßigen Berichterstattung, das eigene Urteil sorgfältig im PrB zu begründen und sich dabei auch mit bestehenden gegenteiligen Auffassungen der Verwaltung auseinanderzusetzen[870].

807 Der Bericht über die Sonderprüfung ist nach § 145 Abs. 4 Satz 3 AktG zu unterzeichnen und unverzüglich dem Vorstand und zum Registergericht einzureichen.

808 Nach den gesetzlichen Vorschriften ist es nicht erforderlich, aber dennoch empfehlenswert, daß die Sonderprüfer das Ergebnis ihrer Prüfung in einer abschließenden Feststellung zusammenfassen.

cc) Die Sonderprüfung nach den §§ 258 ff. AktG wegen unzulässiger Unterbewertung

809 Besteht Anlaß für die Annahme, daß in einem festgestellten JA bestimmte Posten nicht unwesentlich unterbewertet sind oder der Anhang die vorgeschriebenen Angaben nicht oder nicht vollständig enthält und der Vorstand in der HV die fehlenden Angaben trotz Nachfrage nicht gemacht hat und die Aufnahme der Frage in die Niederschrift verlangt worden ist, hat das Gericht auf Antrag Sonderprüfer zu bestellen (§ 258 Abs. 1 AktG). Sonderprüfer können nach § 258 Abs. 4 AktG nur Wirtschaftsprüfer oder Wirtschaftsprüfungsgesellschaften sein.

810 Die Sonderprüfer haben über das Ergebnis der Prüfung schriftlich zu berichten. Die Hauptadressaten des Berichts, die Aktionäre[871], können erwarten, daß im Prüfungsbericht besonderes Gewicht auf eine klare, übersichtliche und verständliche Darstellung gelegt wird[872].

811 Für **Inhalt und Aufbau des PrB** gelten die allgemeinen Regelungen. Dabei ist auf die Bestellung durch das Gericht und den Prüfungsgegenstand einzugehen. Es empfiehlt sich zum Ausdruck zu bringen, daß es sich um die Prüfung fest umrissener Sachverhalte handelt und nicht um eine umfassende Prüfung des JA[873]. Auch ist anzugeben, wo und in welchem Zeitraum die Prüfung durchgeführt

---

867 Vgl. *Adler/Forster*, Zur Frage des Inhalts und Umfangs des Berichts über die aktienrechtliche Sonderprüfung (§ 121 AktG), WPg. 1957 S. 357/358; *ADS*, Exkurs zu den §§ 142–146 AktG Tz. 43.
868 HM, vgl. *Adler/Foster*, WPg. 1957 S. 357 ff.; *ADS*, Exkurs zu den §§ 142–146 AktG Tz. 42 ff.; *Barz* in Großkom. § 145 Anm. 4; *Hefermehl* in AktG-Kom. § 145 Anm. 6; aA *Klinger*, Die Problematik der Berichterstattung über die Sonderprüfung nach § 118 AktG, WPg. 1957 S. 155/158 ff.
869 Vgl. *ADS*, Exkurs zu den §§ 142–146 AktG Tz. 43; *Adler/Forster*, WPg. 1957 S. 357/359, 362.
870 Vgl. *Barz* in Großkom. § 145 Anm. 4.
871 Vgl. *ADS*, § 259 Tz. 5; *Claussen* in Kölner Kom. § 259 Anm. 6; *Barz* in Großkom. § 259 Anm. 2.
872 Vgl. auch *ADS*, § 259 Tz. 5.
873 Vgl. *Voß* in FS *Müstermann*, Wiesbaden 1969 S. 467; *Hüffer* in AktG-Kom. § 259 Anm. 23.

wurde und welche wesentlichen Unterlagen zur Verfügung standen. Weiterhin ist auf das Auskunfts- und Nachweisverhalten des Vorstandes und des AR sowie ggf. der Konzernunternehmen bzw. abhängigen oder herrschenden Unternehmen einzugehen (§ 258 Abs. 5 iVm. § 145 Abs. 2 und 3 AktG).

Besteht die Aufgabe des Sonderprüfers darin, **bestimmte Posten des JA** darauf-   **812** hin zu überprüfen, ob sie nicht unwesentlich unterbewertet sind, so wird er im PrB

– zunächst die Zusammensetzung der Posten erläutern
– die von der Gesellschaft vorgenommene Bewertung beschreiben und anschließend
– seine eigenen Überlegungen und Feststellungen darlegen.

Kommt der Sonderprüfer zu dem Ergebnis, daß die zu prüfenden Aktivposten   **813** mit einem niedrigeren Wert, die Passivposten mit einem höheren Betrag angesetzt wurden als nach den §§ 253 bis 256 iVm. 279 bis 283 HGB zulässig (§ 258 Abs. 1 Satz 1 iVm. § 256 Abs. 5 Satz 3 AktG), so wird es notwendig sein, ein Urteil über die Wesentlichkeit dieser Unterbewertung abzugeben und dabei auch seine Beurteilungsmaßstäbe[874] darzulegen. Ist die Unterbewertung nach dem Ergebnis der Prüfung wesentlich, so muß der Sonderprüfer die Auswirkungen angeben, die sich auf das Jahresergebnis bei Ansatz der Mindestwerte (Höchstwerte) für die betreffenden Aktivposten (Passivposten) ergeben hätten. Dabei erscheint es sinnvoll, die Berechnung der Auswirkungen auf den Jahresüberschuß näher zu beschreiben.

Richtet sich die Sonderprüfung auf fehlende oder nicht vollständige **Angaben im**   **814** **Anhang,** so wird der Prüfer im PrB

– zunächst feststellen, ob der Vorstand in der HV nach den betreffenden Angaben gefragt worden ist,
– ob er bejahendenfalls die Frage in der HV nicht beantwortet hat und schließlich
– ob die Aufnahme der Frage in die Niederschrift verlangt worden ist[875].

Im Anschluß daran wird der Sonderprüfer auf die Frage eingehen, ob die als fehlend bemängelte Angabe gesetzlich gefordert war bzw. die im Anhang erfolgte Angabe den gesetzlichen Anforderungen genügte.

Kommt der Sonderprüfer zu dem Ergebnis, daß die der Sonderprüfung zugrun-   **815** deliegenden Annahmen zutreffen, so wird er in seinem Bericht auf die – ggf. abweichenden – Auffassungen des Vorstandes, des AR und auch des APr. der Gesellschaft eingehen[876]; Organe und APr. sind im übrigen nach § 258 Abs. 3 AktG vor der Bestellung der Sonderprüfer vom Gericht zu hören.

Da keine **Schutzklausel** besteht, können in den PrB auch Tatsachen aufzuneh-   **816** men sein, deren Bekanntwerden geeignet ist, der Gesellschaft oder einem ver-

---

874 Zur Frage der Beurteilungsmaßstäbe vgl. *Frey,* Die Sonderprüfung wegen unzulässiger Unterbewertung nach §§ 258 ff. AktG, WPg. 1966 S. 633/634, der hier auf eine mit Jahresabschluß und dem Grundkapital in Verbindung stehende Bezugsgröße abstellt, während *ADS,* § 258 AktG Tz. 84 ff. starre Abgrenzungskriterien ablehnen.
875 Vgl. *Godin/Wilhelmi,* AktG § 259 Anm. 4; Die Prüfung der Voraussetzung für die Bestellung des Sonderprüfers erfolgt dagegen nach *ADS,* § 258 AktG Tz. 72, zweckmäßigerweise in umgekehrter Reihenfolge.
876 Vgl. *Voß* in FS *Müstermann* S. 466; *Barz* in Großkom. § 259 Anm. 1; *Claussen* in Kölner Kom. § 259 Anm. 6.

bundenen Unternehmen einen nicht unerheblichen Nachteil zuzufügen, sofern
ihre Kenntnis zur Beurteilung des zu prüfenden Vorgangs durch die HV erforderlich ist (§ 259 Abs. 1 Satz 3 iVm. § 145 Abs. 4 Satz 2 AktG).

817 Daneben sieht § 259 Abs. 1 Satz 2 AktG eine **Pflicht zur Erweiterung der Berichterstattung** vor, sofern der Sonderprüfer bei Wahrnehmung seiner Aufgaben [877]
feststellt,

- daß Posten überbewertet sind (§ 256 Abs. 5 Satz 2 AktG),
- daß gegen die für die Gliederung der Bilanz und GuV ergangenen Vorschriften verstoßen wurde oder
- daß bestehende Formblätter nicht beachtet wurden.

818 Da das Gesetz nicht auf die Wesentlichkeit der Überbewertungen oder Gliede-
rungs- bzw. Formblattverstöße abstellt, kann nur bei völlig unwesentlichen Verstößen von einer Berichterstattung abgesehen werden [878]. Der Sonderprüfer wird
auch im Falle einer festgestellten Überbewertung unter genauer Bezeichnung
des Bilanzpostens die von ihm ermittelte Überbewertung betragsmäßig in nach-
vollziehbarer Weise darstellen. Bei festgestellten Verstößen gegen Gliederungs-
oder Formblattvorschriften sind diese genau zu beschreiben. Im Rahmen dieser
erweiterten Berichterstattung stellt sich für den Prüfer die Frage, ob er ggf. auch
auf die Problematik der **Nichtigkeit** des JA einzugehen hat. Obwohl das Gesetz
einen derartigen Hinweis in den abschließenden Feststellungen nicht vorgeschrieben hat, wird man den Sonderprüfer dennoch für verpflichtet halten müssen, im PrB auf die Nichtigkeitsfolge hinzuweisen, wenn er ernsthaft von der
Nichtigkeit des JA ausgeht [879]. Dagegen ist es nicht erforderlich, darauf einzugehen, ob die festgestellten Sachverhalte Auswirkungen auf die Vermittlung eines
den tatsächlichen Verhältnissen entsprechenden Bildes des JA iSd. § 264 Abs. 2
HGB haben [880].

819 Stößt der Sonderprüfer im Rahmen seiner Prüfung bei anderen als den im Prüfungsauftrag bezeichneten Posten auf Unterbewertungen oder auf fehlende bzw.
unvollständige Angaben im Anhang, die nicht Prüfungsgegenstand waren, so ist
eine Berichterstattung gesetzlich nicht gefordert [881].

820 Anders als der Bericht über die allgemeine Sonderprüfung nach § 145 AktG
muß der Sonderprüfungsbericht wegen unzulässiger Unterbewertung mit einer
abschließenden Feststellung enden, deren Inhalt in § 259 Abs. 2 bis 4 AktG festgelegt ist. Diese abschließenden Feststellungen sind vom Vorstand unverzüglich
in den Gesellschaftsblättern bekanntzumachen (§ 259 Abs. 5 AktG) und sollten
daher einerseits das Ergebnis des Prüfungsauftrags möglichst klar und vollständig darstellen, andererseits aber so kurz und auf das Wesentliche begrenzt formuliert werden, daß sie sich für die erforderliche Bekanntmachung eignen [882].

---

877 Zusätzliche Berichtspflicht, nicht Erweiterung des Prüfungsgegenstandes; vgl. *ADS*, § 259 AktG
     Tz. 6; *Schedlbauer*, Sonderprüfungen, Stuttgart 1984 S. 170.
878 Vgl. *ADS*, § 259 AktG Tz. 8; *Hüffer* in AktG-Kom. § 259 Anm. 7; aA (nur bei schweren Verstößen)
     Godin/Wilhelmi, AktG § 259 Anm. 2.
879 Vgl. *ADS*, § 259 AktG Tz. 11; *Godin/Wilhelmi*, AktG § 259 Anm. 2; *Claussen* in FS von *Barz*, Ber-
     lin 1974 S. 326 f.; *ders.* in Kölner Kom. § 259 Anm. 9; *Hüffer* in AktG-Kom. § 259 Anm. 9; aA
     Frey, WPg. 1966 S. 640; *Voß* in FS Münstermann S. 456.
880 Vgl. *ADS*, § 259 AktG Tz. 10.
881 Vgl. *ADS*, § 259 AktG Tz. 7; im Ergebnis ebenso: *Claussen* in Kölner Kom. § 259 Anm. 12; *Hüffer*
     in AktG-Kom. § 259 Anm. 6; aA *Kirchoff*, S. 191 (für den Fall wesentlicher Unterbewertungen).
882 Vgl. *ADS*, § 259 AktG Tz. 18; *Barz* in Großkom. § 259 Anm. 5.

Bei komplizierten Tatbeständen kann ggf. ein Hinweis auf den Sonderprüfungsbericht erforderlich sein, der trotz der abschließenden Feststellungen das eigentliche Informationsmittel über das Prüfungsergebnis darstellt[883].

Hat die Sonderprüfung bei den im Prüfungsauftrag bezeichneten Posten eine **821** nicht unwesentliche Unterbewertung festgestellt, so ist in der **abschließenden Feststellung** zunächst anzugeben, zu welchem Wert die einzelnen Aktivposten mindestens und mit welchem Betrag die einzelnen Passivposten höchstens anzusetzen waren. Es erscheint sinnvoll, auch die im JA bilanzierten Werte anzugeben und somit die Größenordnung der Abweichung erkennbar zu machen[884]. Weiterhin ist anzugeben, um welchen Betrag der Jahresüberschuß sich bei Ansatz dieser Werte oder Beträge erhöht oder der Jahresfehlbetrag sich ermäßigt hatte. Dabei muß der Betrag der anzugebenden Veränderung bspw. aufgrund der Steuerauswirkungen nicht identisch sein mit dem zuerst genannten Betrag der Unterbewertung[885]. Im Rahmen dieser Feststellung empfiehlt es sich, auch den im JA ausgewiesenen Jahresabschluß bzw. Jahresfehlbetrag zu nennen.

Hat der Sonderprüfer festgestellt, daß die bemängelten Posten nicht oder nur **822** unwesentlich unterbewertet sind, so muß dies ebenfalls in einer abschließenden Feststellung erklärt werden. Nach § 259 Abs. 3 AktG kommt folgender Wortlaut in Betracht[886]:

„Nach meiner (unserer) pflichtmäßigen Prüfung und Beurteilung sind die bemängelten Posten im Jahresabschluß zum .... nicht unzulässig unterbewertet."

Diese Formulierung kann auch dann verwendet werden, wenn die Sonderprüfer zwar eine Unterbewertung festgestellt, diese jedoch als unwesentlich eingestuft haben[887].

Hat sich die Sonderprüfung auf fehlende oder unvollständige **Angaben im** **823** **Anhang** bezogen und sind die Sonderprüfer zu dem Ergebnis gelangt, daß diese Angaben erforderlich gewesen wären und der Vorstand diese Angaben auf Anfrage nicht in der HV gemacht hat, so sind die betreffenden Angaben in der abschließenden Feststellung in der Weise vorzunehmen, wie sie im Anhang nach den gesetzlichen Vorschriften zu machen gewesen wären.

Handelt es sich bei der unterlassenen Angabe um die Abweichungen von Bewer **824** tungs- oder Abschreibungsmethoden, so muß in der abschließenden Feststellung auch der Betrag angegeben werden, um den der Jahresabschluß oder Jahresfehlbetrag ohne die Abweichung, deren Angabe unterlassen wurde, höher oder niedriger gewesen wäre (§ 259 Abs. 4 AktG).

Wenn die Sonderprüfer zu dem Ergebnis gelangen, daß die bemängelten Anga **825** ben nicht unterlassen worden sind oder unvollständig waren, so haben sie dies ebenfalls abschließend zu erklären. Nach § 259 Abs. 4 Satz 3 AktG kommt dabei folgender Wortlaut in Betracht[888]:

883 Vgl. *ADS*, § 259 AktG Tz. 18; *Barz* in Großkom. § 259 Anm. 5.
884 Vgl. *ADS*, § 259 AktG Tz. 21; *Claussen* in Kölner Kom. § 259 Anm. 16; *Kruse*, Die Sonderprüfung wegen unzulässiger Unterbewertung, Berlin 1972 S. 141.
885 Vgl. *ADS*, § 259 AktG Tz. 23; *Claussen* in Kölner Kom. § 259 Anm. 16; *Kruse*, S. 136.
886 Vgl. *ADS*, § 259 AktG Tz. 24.
887 Vgl. *ADS*, § 259 AktG Tz. 24.
888 Vgl. *ADS*, § 259 AktG Tz. 29.

„Nach meiner (unserer) pflichtmäßigen Prüfung und Beurteilung sind im Anhang für das Geschäftsjahr ... keine der vorgeschriebenen Angaben unterlassen worden."

826 Diese Formulierung ist aber insb. dann problematisch, wenn die Sonderprüfer vermuten oder im Rahmen ihrer Prüfung sogar festgestellt haben, daß andere als die im Prüfungsauftrag bezeichneten Anhangsangaben unterlassen oder unvollständig waren.

Insofern ist es zweckmäßig, die abschließende Feststellung zu präzisieren und etwa folgenden Wortlaut zu verwenden [889]:

„Nach meiner (unserer) pflichtmäßigen Prüfung und Beurteilung sind im Anhang für das Geschäftsjahr .... die in dem mir (uns) erteilten Auftrag als fehlend oder unvollständig bezeichneten Angaben in der vorgeschriebenen Form gemacht und nicht unterlassen worden."

827 Wenn sich die Prüfung sowohl auf eine vermutete, nicht unwesentliche Unterbewertung als auch auf bemängelte Angaben im Anhang bezogen hat, sind die vorgeschriebenen abschließenden Feststellungen entsprechend miteinander zu verbinden [890].

828 Haben die Sonderprüfer bei Wahrnehmung ihrer Aufgaben Überbewertungen oder Verstöße gegen die Gliederungs- oder Formblattvorschriften festgestellt, so ergeben sich hieraus grundsätzlich keine Auswirkungen auf die abschließende Feststellung und es kann auch keine gesetzliche Verpflichtung, auf eine drohende Nichtigkeit des Jahresabschlusses hinzuweisen, bestehen [891].

829 Stellen aber die Sonderprüfer eine nicht unwesentliche Unterbewertung und daneben auch eine Überbewertung fest, so besteht die Gefahr, daß aus der abschließenden Feststellung, die keinen Hinweis auf die Überbewertung enthält, unzutreffende Schlußfolgerungen gezogen werden. Daher sollten die Sonderprüfer zumindest in diesen Fällen, in denen die **Gefahr einer zu hohen Gewinnausschüttung** besteht, in der abschließenden Feststellung auf die mögliche Nichtigkeit des Jahresabschlusses hinweisen [892]. Diese Auffassung ist strittig: So sollen die Sonderprüfer wegen der kompensatorischen Wirkung der Überbewertung in den abschließenden Feststellungen auf den vollen Inhalt des PrB verweisen, der durch die Einreichung zum HR und durch das Recht der Aktionäre auf Erteilung von Abschriften zugänglich ist (§§ 259 Abs. 1 Satz 3, 145 Abs. 4 AktG) [893], bzw. wird aufgrund der Publizität des PrB und da die Verwaltung, wenn sie die Feststellung der Überbewertung akzeptiert, wegen der Nichtigkeit einen neuen JA aufstellen muß, keine Notwendigkeit gesehen, die abschließenden Feststellungen zu ergänzen [894].

830 Der Bericht ist von den Sonderprüfern zu unterzeichnen (§ 259 Abs. 1 Satz 3 iVm. § 145 Abs. 4 Satz 3 AktG). Dabei ist es als berufsüblich anzusehen, den Sonderprüfungsbericht mit Ort und Tag der Unterzeichnung zu versehen, obwohl dies vom Gesetz nicht ausdrücklich verlangt wird [895]. Nach der Unter-

889 Vgl. *ADS*, § 259 AktG Tz. 30; *Voß* in FS *Münstermann* S. 457; *Barz* in Großkom. § 259 Anm. 10; *Claussen* in Kölner Kom. § 259 Anm. 14; *Hüffer* in AktG-Kom. § 259 Anm. 23.
890 Vgl. *ADS*, § 259 AktG Tz. 31.
891 Vgl. *ADS*, § 259 AktG Tz. 11 f.; *Barz* in Großkom. § 259 Anm. 3; *Claussen* in Kölner Kom. § 259 Anm. 10; aA *Hüffer* in AktG-Kom. § 259 Anm. 8.
892 So *ADS*, § 259 AktG Tz. 13.
893 Vgl. *Claussen* Kölner Kom. § 259 Anm. 10.
894 Vgl. *Barz* in Großkom. § 259 Anm. 3.
895 Vgl. *ADS*, § 259 AktG Tz. 32.

zeichnung müssen die Sonderprüfer den Bericht unverzüglich dem Vorstand und zum Handelsregister des Sitzes der Gesellschaft einreichen (§ 259 Abs. 1 Satz 3 iVm. § 145 Abs. 4 Satz 3 AktG).

dd) Die Sonderprüfung nach § 315 AktG zur Prüfung der geschäftlichen Beziehungen der Gesellschaft zu dem herrschenden oder einem mit ihm verbundenen Unternehmen

Auf Antrag eines Aktionärs muß das Gericht gem. § 315 AktG Sonderprüfer **831** bestellen, die die geschäftlichen Beziehungen der Gesellschaft zu dem herrschenden oder einem mit ihm verbundenen Unternehmen zu prüfen haben, wenn eine der folgenden **Voraussetzungen** gegeben ist:

– der APr. hat den BestV zum Abhängigkeitsbericht des Vorstandes eingeschränkt oder versagt oder
– der AR hat erklärt, daß er Einwendungen gegen die Schlußerklärung des Vorstandes im Abhängigkeitsbericht erhebt, oder
– der Vorstand hat im Abhängigkeitsbericht selbst erklärt, daß die Gesellschaft benachteiligt worden ist, ohne daß ein Ausgleich vorgenommen wurde.

Gegenstand der Sonderprüfung sind die gesamten geschäftlichen Beziehungen **832** der abhängigen Gesellschaft zum herrschenden Unternehmen und den mit ihm verbundenen Unternehmen, somit alle Sachverhalte, die einen Verstoß gegen § 311 AktG beinhalten können[896].

Für die Durchführung der Prüfung und für den PrB gilt § 145 AktG[897]. Somit ist **833** über das Ergebnis der Prüfung schriftlich zu berichten. Da eine **Schutzklausel** nicht besteht, sind ggf. auch Tatsachen darzustellen, deren Bekanntwerden geeignet ist, der Gesellschaft oder einem verbundenen Unternehmen einen nicht unerheblichen Nachteil zuzufügen, sofern ihre Kenntnis zur Beurteilung des zu prüfenden Vorgangs durch die HV erforderlich ist. Für Inhalt und Aufbau des Berichts gelten die allgemeinen Grundsätze. Prüfungsumfang und Informationsinteressen der Berichtsadressaten führen zu erheblichen Anforderungen an die Sonderprüfer[898]. In einem risikoorientierten Prüfungsansatz sind die notwendigen gesetzlichen Voraussetzungen für die Bestellung der Sonderprüfer einzubeziehen. Generell wird davon auszugehen sein, daß das abhängige Unternehmen benachteiligt wurde[899]. Im PrB sind die Rechtsgeschäfte und Maßnahmen, bei denen Nachteile festgestellt wurden, darzustellen und die Nachteile zu quantifizieren.

Eine **abschließende Feststellung** hat das Gesetz nicht vorgesehen, allerdings emp- **834** fiehlt es sich, die wesentlichen Prüfungsfeststellungen in einer Schlußbemerkung in übersichtlicher Form nochmals darzustellen.

---

896 Vgl.Begr. z. RegE AktG = *Kropff*, Textausgabe S. 417; *Kropff* in AktG-Kom. § 315 Anm. 17; *Baumbach/Hueck*, AktG § 315 Anm. 6; *Godin/Wilhelmi*, AktG § 15 Anm. 4; *Koppensteiner* in Kölner Kom. § 315 Anm. 7; einschränkend: *Würdinger* in Großkom. § 315 Anm. 6; *Schedlbauer*, S. 182.
897 Vgl. *Kropff* in AktG-Kom. § 315 Anm. 18; *Godin/Wilhelmi*, AktG § 15 Anm. 3; *Geßler* in AktG § 315 Anm. 4; *Schedlbauer*, S. 186.
898 Vgl. *Schedlbauer*, S. 186.
899 So auch *Krag*, Konzepte für die Durchführung von Sonderprüfungen gem. § 315 AktG, BB 1988 S. 1850/1856.

835 Der PrB ist zu unterzeichnen und von den Sonderprüfern unverzüglich dem Vorstand und zum HR des Sitzes der Gesellschaft einzureichen (§ 145 Abs. 4 Satz 3 AktG)

2. Ergebnisse der Prüfungen nach Spezialgesetzen

a) Depotprüfung

836 Bei Kreditinstituten, die das **Effekten- oder Depotgeschäft** betreiben, ist idR einmal jährlich eine Depotprüfung durchzuführen, die sich auch auf die Einhaltung der §§ 128 und 135 AktG über die Weitergabe der Mitteilungen über die Ausübung des Stimmrechts durch Kreditinstitute zu erstrecken hat (§ 30 Abs. 1 KWG).

837 Mit den **Richtlinien für die Depotprüfung** vom 16. 12. 1970[900] hat das BAK Art, Umfang und Zeitpunkt der Depotprüfung näher bestimmt. In der Anlage zu dieser Bekanntmachung werden unter der Überschrift „Hinweise über die materiellen Prüfungserfordernisse" Anweisungen gegeben, die sich in erster Linie an die Kreditinstitute zur ordnungsgemäßen Handhabung des Effekten- und Depotgeschäfts richten, deren Beachtung aber ebenfalls Gegenstand der Depotprüfung und Berichterstattung ist[901].

Nach Nr. 8 der Richtlinien für die Depotprüfung hat sich die Prüfung auf alle Teile des Effekten- und Depotgeschäfts sowie auf die Einhaltung der Bestimmungen der §§ 128 und 135 AktG zu erstrecken.

838 Soweit bei **Kapitalanlagegesellschaften,** die Anlageprogramme verwalten, eine Depotprüfung durchzuführen ist, beschränken sich die Prüfungshandlungen auf die ordnungsgemäße Durchführung der Ausgabe und Rücknahme der Anteilscheine im Rahmen der Anlageprogramme[902].

839 Im Rahmen der Darstellung des **Auftrags und der Auftragsdurchführung** wird der Depotprüfer zunächst auf seine Bestellung durch das BAK, auf den Prüfungszeitraum und den Zeitraum der Prüfungsdurchführung eingehen. Dabei ist auch der örtliche Prüfungsleiter namentlich zu nennen und weiterhin sind die Prüfungskosten im PrB zu vermerken, sofern diese nicht dem BAK als bestellende Behörde gesondert mitgeteilt werden. Es empfiehlt sich auch ein Hinweis auf die zugrundeliegenden Allgemeinen Auftragsbedingungen und die einzuholende Vollständigkeitserklärung zur Depotprüfung[903].

840 Weitere Bestimmungen über Angaben im PrB enthält die Nr. 9 der Richtlinien. Danach soll der PrB eine gewisse Vorstellung über das Volumen des Prüfungsstoffes vermitteln[904] und Angaben über den Umfang der durchgeführten Prüfungshandlungen enthalten. Der wesentliche Teil der Berichterstattung ist dem Ergebnis der Prüfung gewidmet.

---

900 BAnz. Nr. 239 v. 23. 12. 1970, CM Nr. 20.
901 Vgl. *Spieth/Krumb*, Die Depotprüfung, Stuttgart 1975 S. 1.
902 Vgl. Schr. des BAK v. 16. 2. 1982, FN 1982 S. 92.
903 Vgl. *Spieth/Krumb*, S. 39; Muster einer Vollständigkeitserklärung sind vom BFA erarbeitet.
904 Vgl. *Spieth/Krumb*, S. 36.

Zur Berichterstattung über das **Volumen des Prüfungsstoffes** gehören Angaben **841**
über den Umfang des Effekten- und Depotgeschäfts, zB Ankauf- und Verkauf-
geschäfte nach Anzahl und Kurswert, Anzahl der Kundendepots, Nennbetrag
oder Stückzahl der Kundenwertpapiere. Weiterhin sind auch Angaben zur
Größe des Filial-(Zweigstellen-)netzes zu machen und es empfiehlt sich, auf die
personelle Kapazität im Effekten- und Depotgeschäft einzugehen[905]. Bei der
Darstellung dieser Angaben wird sich der Prüfer auf die Zusammenstellungen
und Auswertungen des Kreditinstitutes stützen; eigene Prüfungshandlungen
sind nicht erforderlich. Ist das Kreditinstitut nicht in der Lage, dem Prüfer die
erforderlichen Angaben zu liefern, so ist hierauf im PrB hinzuweisen[906].

Die Darstellung des **Umfangs der Prüfunghandlungen** erfolgt zweckmäßigerweise **842**
im Rahmen der geforderten Angaben zu den einzelnen Teilgebieten des Effek-
ten- und Depotgeschäfts, wobei es nicht darauf ankommt, alle Prüfungsschritte
detailliert aufzuführen, sondern es soll insb. dargelegt werden, in welchem
Umfang und in welchen Bereichen eine stichprobenweise Prüfung zum Tragen
kam[907]. Anzugeben sind nach Nr. 9 Abs. 5 der Richtlinien, welche Zweigstellen
geprüft wurden und die Gründe, weshalb von der Prüfung einzelner Zweigstellen abgesehen worden ist. Sofern Zweigstellen das Effekten- oder Depotgeschäft
nicht betreiben, ist dies besonders zu vermerken.

Die **Darstellung des Prüfungsergebnisses** muß Aufschluß darüber geben, ob das **843**
Effekten- und Depotgeschäft ordnungsgemäß betrieben wird und insb. die
gesetzlichen Vorschriften und die in der Anlage zu den Richtlinien gegebenen
Hinweise des BAK über die materiellen Prüfungserfordernisse beachtet werden.
In dem Zusammenhang werden zu den einzelnen Teilgebieten des Effekten- und
Depotgeschäfts sowie zur innerbetrieblichen Organisation des Kreditinstituts
(insbesondere zur Depotbuchführung und Depotabstimmung) bestimmte
Berichtsangaben vorgeschrieben.

In einem besonderen Abschnitt des Depotprüfungsberichts ist darzustellen, ob **844**
das **Wertpapierhandelsgeschäft** den Anforderungen des BAK entspricht[908].
Dabei geht es insb. darum, festzustellen, ob die erforderlichen organisatorischen
Vorkehrungen (zB über die klare funktionale Trennung von Handel, Abwicklung und Verbuchung und über die fortlaufende Numerierung aller abgeschlossenen Geschäfte) bestehen und ob das Kreditinstitut über ein sachgerechtes
Internes Kontrollsystem verfügt. Die in der Verlautbarung des BAK aufgestellten Anforderungen müssen innerhalb des Kreditinstituts durch Geschäftsanweisungen geregelt werden, auf die ebenfalls im PrB einzugehen ist. Die kreditge-
werblichen Spitzenverbände haben „Leitsätze für eigene Wertpapiergeschäfte
von Bankangehörigen" erarbeitet, die den Bereich des Wertpapiergeschäftes
einer Bank im Verhältnis zu ihren Mitarbeitern regeln[909]. Die Anwendung dieser
Leitsätze ist im PrB möglichst im einzelnen darzustellen, wobei auf betriebsindividuelle Abweichungen eingegangen werden soll[910]. Das BAK hat in seinem

905 Vgl. die vom BFA herausgegebene Anleitung für die Depotprüfung, 2. Aufl., Düsseldorf 1979.
906 Vgl. *Spieth/Krumb*, S. 36.
907 Vgl. *Spieth/Krumb*, S. 35 und 36.
908 Vgl. Verlautbarung des BAK v. 30. 12. 1980, CM Nr. 19.03 a); Schr. d. BAK v. 25. 6. 1981, CM
Nr. 19.03 c).
909 Abgedruckt als Fußnote zum Schr. des BAK v. 17. 2. 1982, CM Nr. 10.22.
910 Vgl. Schr. des BAK v. 17. 2. 1982, CM Nr. 19.03 g).

Schreiben vom 21. 1. 1976[911] Anforderungen an die Durchführung von Wertpapier-Tafelgeschäften genannt, auf deren Einhaltung der Prüfer im PrB ebenfalls
einzugehen hat[912].

845   Weiterhin sind im PrB Angaben über die **Erfüllung der Weitergabe- und Mitteilungspflichten nach § 128 AktG und die Einhaltung der Vorschriften zur Stimmrechtsausübung nach § 135 AktG** zu machen. Dabei erscheint es sinnvoll, kurz
das bei dem Kreditinstitut bestehende Bearbeitungsverfahren unter Berücksichtigung der in den Hinweisen über die materiellen Prüfungserfordernisse (Nr. 14
und 15) niedergelegten Anforderungen zu beschreiben und dabei auf in Nr. 9
Abs. 3 der Richtlinie angesprochene Punkte einzugehen[913].

846   Sofern das Kreditinstitut als **Depotbank** iSd. § 12 KAGG oder des § 2 Nr. 2 Ausl-
InvestmG tätig ist, muß im PrB über diese Tätigkeit in einem besonderen
Abschnitt unter Berücksichtigung der in Nr. 9 Abs. 4 der Richtlinien genannten
Punkte berichtet werden.

847   Der Depotprüfer kann auf frühere, nicht länger als drei Jahre zurückliegende
PrB dann verweisen, wenn sich keine Veränderungen ergeben haben. Diese Ver-
einfachung der Berichterstattung ist vor allem denkbar bei der Beschreibung von
Betriebsabläufen[914].

848   In einer **Schlußbemerkung** ist das Prüfungsergebnis zusammengefaßt darzustellen.
Hierzu werden in Nr. 9 Abs. 6 der Richtlinien bestimmte Aussagen gefordert. Der
PrB ist vom Depotprüfer mit Angabe von Ort und Tag zu unterzeichnen.

849   Die **Gliederung** des PrB kann sich zweckmäßigerweise an der Gliederung der
Hinweise über die materiellen Prüfungserfordernisse orientieren. Unter Berücksichtigung der Berichtsteile über Auftrag und Auftragsdurchführung sowie über
den Umfang des Effekten- und Depotgeschäfts ist folgende Gliederung denkbar
für den Fall, daß das Kreditinstitut auch als Depotbank iSd. § 12 KAGG oder
des § 2 Nr. 2 AuslInvestmG tätig ist[915].

A. Auftrag und Auftragsdurchführung

B. Umfang des Effekten- und Depotgeschäfts

C. Umfang und Ergebnis der Prüfung
   I. Verwahrung und Verwaltung der Kundenwertpapiere
   II. Verfügungen über Kundenwertpapiere und Ermächtigungen im Sinne
       der §§ 10 bis 13 und 15 DepG
   III. Effektengeschäfte
   IV. Lieferung und Eigentumsübertragung
   V. Depotbuchführung
   VI. Depotabstimmung mit den Hinterlegern
   VII. Verpflichtungen nach den §§ 128 und 135 AktG
   VIII. Tätigkeit als Depotbank
   IX. Tätigkeit der Innenrevision

D. Zusammenfassende Schlußbemerkung

911 Vgl. CM Nr. 20.02, sowie ergänzend hierzu Schr. d. BAK v. 14. 9. 1976, FN 1976 S. 260.
912 Vgl. FN 1976 S. 81.
913 Vgl. *Spieth/Krumb*, S. 38.
914 Vgl. *Spieth/Krumb*, S. 36.
915 Vgl. *Spieth/Krumb*, S. 40 f.

Je ein Exemplar des PrB ist dem BAK und der zuständigen LZB einzureichen. **850**
Hat die Depotprüfung zu keinen wesentlichen Beanstandungen geführt, ist der
PrB auch dem geprüften Kreditinstitut auszuhändigen. Stellt der Depotprüfer
wesentliche Mängel in der Handhabung des Effekten- oder Depotgeschäfts fest
oder hat sich der Verdacht strafbarer Handlungen ergeben, so ist das weitere
Vorgehen in Nr. 10 der Richtlinien geregelt (Aussetzung der Prüfung, Unterrichtung des BK und der LZB). Sofern das BAK entscheidet, daß die Prüfung dennoch abgeschlossen werden soll, ist der PrB nicht dem Kreditinstitut, sondern in
doppelter Ausfertigung dem BAK einzureichen.

b) Börsenmaklerprüfungen

Kursmakler und freie Makler müssen nach § 8a Abs. 2 Satz 1 des BörsG[916] einen **851**
JA erstellen und diesen von einem WP oder einer WPG prüfen lassen. JA und
BestV sind jeweils vier Monate nach Ablauf des Geschäftsjahres der Börsenaufsichtsbehörde vorzulegen. PrB und BestV richten sich dabei nach den allgemeinen Grundsätzen.

Zusätzlich hat die Börsenaufsichtsbehörde nach § 8a Abs. 2 Satz 2 BörsG minde- **852**
stens zweimal jährlich bei den ihrer Aufsicht unterliegenden Maklern eine Prüfung vorzunehmen, die sich auf die **Einhaltung der börsenrechtlichen Vorschriften und Anordnungen** sowie auf die als Voraussetzung für den ordnungsgemäßen Börsenhandel notwendige **wirtschaftliche Leistungsfähigkeit** der Makler
erstreckt. Der Prüfungszeitraum soll in der Regel nicht mehr als fünf zurückliegende Börsentage umfassen, sofern nicht der Verdacht konkreter Gesetzesverlet-
zungen vorliegt. Die Börsenaufsicht bedient sich für diese Prüfung eines von ihr
bestellten WP bzw. WPG, sofern sie nicht in Ausnahmefällen die Prüfung selbst
vornimmt.

Der **Inhalt des PrB** ist gesetzlich nicht vorgegeben. Nach der Zielsetzung der **853**
Prüfung werden Aussagen darüber gefordert, ob der Makler die börsenrechtlichen Vorschriften eingehalten hat (ordnungsgemäße Führung des Tagebuchs,
Einhaltung der Vorschriften über die Preisfeststellung im geregelten Markt
sowie des § 78 BörsG für den Freiverkehr bei den freien Maklern). Bei Kursmak-
lern ist auf die Einhaltung des § 29 Abs. 3 (Festsetzung des Börsenpreises) und
§ 32 BörsG (Pflichten des Kursmaklers), die Neutralität der Kursfestsetzung, die
Beachtung der Grenzen und Beschränkungen für die Geschäfte für eigene Rechnung und die Beschränkung auf die ihnen zugewiesenen Werte während der
Börsenzeit einzugehen[917]. Zur Beurteilung der erforderlichen wirtschaftlichen
Leistungsfähigkeit des Maklers gehört auch die Feststellung, ob das Verhältnis
des getätigten und beabsichtigten Geschäftsumfangs zur geleisteten Sicherheit
angemessen ist. Dabei muß berücksichtigt werden, ob der Makler neben seiner
Handelstätigkeit in börsennotierten Wertpapieren noch weitere Handelstätigkei-
ten ausübt (zB in nicht börsennotierten Wertpapieren, Schuldscheindarlehen
oder Devisen). Im PrB ist darzulegen, ob sich aus derartigen Geschäften Risiken
auf die Handelstätigkeit in börsennotierten Wertpapieren ergeben können[918].

---

916 Börsengesetz v. 22. 6. 1986 idF der Bek. v. 27. 5. 1908 (RGBl. S. 215), zuletzt geändert durch das
    Gesetz zur Änderung des Börsengesetzes v. 11. 7. 1989. BGBl. I S. 1412.
917 Vgl. Begr. zum Entwurf des Gesetzes zur Änderung des Börsengesetzes v. 27. 1. 1989, BR-Drs.
    40/89.
918 Vgl. ebenda.

854 Bei einem Kursmakler kann es ggf. empfehlenswert sein, auf die Ordnungsmäßigkeit der Kursfestsetzung in einem gesonderten Abschnitt des PrB einzugehen.

855 Ein **Prüfungsvermerk** ist gesetzlich nicht vorgeschrieben. Es empfiehlt sich aber,
die wesentlichen Prüfungsergebnisse in einer Schlußbemerkung zusammenzufassen. Dabei sollte festgestellt werden, ob die Geschäftsabwicklung im
Berichtszeitraum ordnungsgemäß erfolgt ist, inwieweit die börsenrechtlichen
Vorschriften eingehalten wurden und ob die wirtschaftliche Leistungsfähigkeit
zur ordnungsgemäßen Erfüllung der börsengeschäftlichen Verpflichtungen
gewährleistet erscheint.

c) Prüfung nach der Makler- und Bauträgerverordnung

856 Gewerbetreibende, die nach § 34c Abs. 1 GewO der Erlaubnis bedürfen, unterliegen der Verordnung über die Pflichten der Makler, Darlehens- und Anlagevermittler, Bauträger und Baubetreuer (MaBV)[919] und sind nach § 16 Abs. 1
MaBV verpflichtet, auf ihre Kosten die Einhaltung der sich aus den §§ 2 bis 14
MaBV ergebenden Verpflichtungen für jedes Kalenderjahr durch einen geeigneten Prüfer prüfen zu lassen. Neben diesen ordentlichen Prüfungen ist die zuständige Behörde auch befugt, aus besonderem Anlaß auf Kosten des Gewerbetreibenden eine außerordentliche Prüfung durch einen geeigneten Prüfer durchführen zu lassen (§ 16 Abs. 2 MaBV). In diesem Fall wird der Prüfer von der zuständigen Behörde bestimmt, während er im Falle des § 16 Abs. 1 MaBV von dem
Gewerbetreibenden beauftragt wird. Für bisher im gemeinnützigen Wohnungs-
bau tätige Unternehmen wird die Privilegierung gem. § 34c Abs. 5 Nr. 1 GewO
entfallen mit der Folge, daß diese Unternehmen nach Ablauf der Übergangsregelung ebenfalls den Vorschriften der MaBV unterliegen[920]. Im Gegensatz zur
Jahresabschlußprüfung handelt es sich bei einer Prüfung nach der MaBV um
eine reine **Ordnungsmäßigkeits- bzw. Gesetzesmäßigkeitsprüfung**[921]. Die Prüfung
und der schriftlich zu erstattende PrB haben zum einen das Ziel, festzustellen,
ob der Gewerbetreibende die zum Schutz der Allgemeinheit und der Auftraggeber[922] erlassenen Vorschriften der §§ 2 bis 14 MaBV eingehalten hat und soll
weiterhin der Aufsichtsbehörde ermöglichen, sich ein eigenes Urteil über die
Zuverlässigkeit des Gewerbetreibenden zu bilden[923]. Prüfungszeitraum ist das
Kalenderjahr. Der Bericht über die ordentliche Prüfung nach § 16 Abs. 1 MaBV
ist der zuständigen Behörde bis spätestens 31. Dezember des darauffolgenden
Jahres zu übermitteln.

857 Nähere Angaben zum **Inhalt des PrB** enthält § 16 Abs. 1 MaBV nicht; es wird
lediglich verlangt, daß dieser einen Vermerk darüber zu enthalten hat, ob Verstöße des Gewerbetreibenden festgestellt worden sind. Der Prüfer hat daher im

---

919 In der Bek. der Neufassung der Makler- und Bauträgerverordnung v. 7. 11. 1990, BGBl. I S. 2479.
920 Vgl. Schreiben des Bundesministers für Wirtschaft v. 18. 11. 1988 – II B 6 – 120379/6, FN 1988
S. 422.
921 Vgl. *Hofbauer*, Die gewerblichen Prüfungsbestimmungen für Wohnungsunternehmen, WPg. 1976
S. 373/375; *ders.* in HWRev, Bauträger und Makler, Prüfung der, Sp. 108; *Drasdo/Hofbauer*,
Gewerberechtliche Vorschriften für Wohnungsunternehmen, Immobilienmakler und Anlagenver-
mittler, 2. Aufl. Essen 1989, Anm. 25 zu § 16 MaBV; *Marcks*, Makler- und Bauträgerverordnung,
München 1981, Anm. 13 zu § 16 MaBV.
922 Vgl. Abschnitt 3.1.2 des Musterentwurfs der Allgemeinen Verwaltungsvorschrift zum § 34c der
Gewerbeordnung und zur Makler- und Bauträgerverordnung (VwV § 34c GewO), abgedruckt bei
Marcks, S. 165.
923 Vgl. St/WFA 1/1982 Abschnitt 1; *Hofbauer* in HWRev, Sp. 107.

Rahmen seines pflichtgemäßen Ermessens den Inhalt des PrB am Zweck der Prüfung auszurichten und diesen so zu gestalten, daß dem Informationsbedürfnis der Berichtsadressaten ausreichend Rechnung getragen wird. Im Gegensatz zu den meisten betriebswirtschaftlichen Prüfungen agiert der WP bei der gewerberechtlichen Prüfung lediglich als Informationsvermittler für die den PrB empfangende Behörde[924]. Genügt der PrB über die ordentliche Prüfung offensichtlich nicht den an die Berichterstattung zu stellenden Anforderungen, so begründet dies einen besonderen Anlaß im Sinne des § 16 Abs. 2 MaBV zur Anordnung einer außerordentlichen Prüfung[925].

Der WFA hat eine **Gliederung eines PrB** für Prüfungen nach § 16 MaBV erarbeitet, da er die Auffassung vertritt, daß die Befolgung eines anerkannten Gliederungsschemas den Prüfer vor dem Vorwurf schützen kann, er habe seine Berichtspflichten nicht ordnungsgemäß erfüllt. Die Mustergliederung sieht folgenden Aufbau vor[926]: **858**

A. Auftrag und Auftragsdurchführung[927]

B. Rechtliche Verhältnisse

C. Art und Umfang der durchgeführten Geschäfte

D. Prüfungsfeststellungen
  I. Organisatorische Vorkehrungen zur Einhaltung der MaBV
  II. Einzelfeststellungen

E. Prüfungsvermerk

Die St/WFA 1/1982 gibt detaillierte Hinweise zum Inhalt der einzelnen Berichtsabschnitte, auf die im wesentlichen verwiesen wird.

Die Darstellung der **organisatorischen Vorkehrungen** zur Einhaltung der MaBV in Abschnitt D I ist insoweit bedeutsam, als die hier getroffenen Feststellungen die Voraussetzung dafür bilden, daß der Prüfer aufgrund einer stichprobenweisen Prüfung Aussagen zur Einhaltung der Bestimmungen der MaBV treffen kann[928]. Insofern sollte der Prüfer auch in seinem PrB darlegen, in welchem Umfang er stichprobenartig geprüft hat und nach welchen allgemeinen Grundsätzen die Stichproben ausgewählt wurden[929]. Dabei ist auch die Aussagekraft der gezogenen Stichproben zu erörtern[930], da es nach dem Sinn und Zweck der Prüfung erforderlich ist, daß sich das Urteil des Prüfers auch im Falle einer stichprobenweisen Prüfung nicht nur auf die geprüften, sondern auch auf alle übrigen Geschäftsvorfälle beziehen muß. Ggf. ist der Stichprobenumfang so auszuweiten, daß sich der Prüfer zur Abgabe des erforderlichen Urteils in der Lage sieht[931]. **859**

---

924 Vgl. *Bergmeister/Reiß*, Die Prüfung von Bauträgern, IDW Verlag 1984, S. 14.
925 Vgl. St/WFA 1/1982 Abschn. 1; *Hofbauer* in HWRev, Sp. 113.
926 Vgl. St/WFA 1/1982 Abschn. 2.
927 In diesem Abschnitt soll auch ein Hinweis auf die Einholung einer Vollständigkeitserklärung erfolgen. Für die Prüfung Gewerbetreibender iSd. § 34c Abs. 1 GewO gem. § 16 MaBV hat der WFA eine Vollständigkeitserklärung entworfen, die durch die IDW-Verlag GmbH, 4000 Düsseldorf 30, Postfach 32 05 80, zu beziehen ist.
928 Vgl. *Hofbauer* in HWRev, Sp. 114; St/WFA 1/1982 Abschn. 2 zu D. I.
929 Vgl. *Hofbauer* in HWRev, Sp. 114.
930 Vgl. St/WFA 1/1982 Abschn. 2 zu D. II.
931 Vgl. *Hofbauer*, WPg. 1976 S. 373/376.

860   Im Abschnitt D. II. der Mustergliederung des WFA sind die **festgestellten Ver-stöße** einzeln auszuführen und zu erläutern, wobei ein Hinweis erfolgen sollte, sofern die Folgen von Verstößen zwischenzeitlich richtiggestellt wurden[932]. Obwohl es der zuständigen Behörde aus der Einzeldarstellung der festgestellten Verstöße in Verbindung mit der Darstellung der Art und insb. des Umfangs der getätigten Geschäfte (vgl. Abschn. C. der Mustergliederung) vielfach möglich ist, selbst eine Gewichtung der Prüfungsfeststellungen vorzunehmen, erscheint es geboten, daß der PrB hierüber bereits Aussagen enthält[933]. Dabei sollte nach Möglichkeit dahingehend unterschieden werden, ob es sich bei den festgestellten Verstößen um Einzelfälle in abgrenzbaren Bereichen handelt oder um systembedingte Fehler, die auf unzureichende organisatorische Vorkehrungen zurückzuführen sind[934]. Sieht sich der Prüfer nicht in der Lage, einzelne Sachverhalte, bei denen ein Verstoß gegen die Bestimmungen der MaBV nicht auszuschließen ist, eindeutig zu beurteilen, so muß er diese Sachverhalte im PrB darstellen und erläutern[935]. Die Berichterstattung hat sich auch auf Verstöße gegen die Vorschriften der MaBV im neuen Geschäftsjahr zu erstrecken, soweit sie im Rahmen der Prüfung festgestellt wurden[936].

861   Der in den PrB aufzunehmende **Prüfungsvermerk,** dessen Wortlaut in § 16 MaBV nicht festgelegt wurde, enthält kein abschließendes Gesamturteil über die Einhaltung der Vorschriften der §§ 2 bis 14 MaBV. Insb. wird auch kein Urteil darüber verlangt, ob die erforderliche Zuverlässigkeit des Gewerbetreibenden gegeben ist oder nicht[937].

862   Hat der Prüfer keine Verstöße gegen die MaBV festgestellt, so wird folgender Wortlaut empfohlen[938]:

„Bei meiner (unserer) pflichtgemäßen Prüfung nach § 16 MaBV habe(n) ich (wir) keine Verstöße des Gewerbetreibenden gegen die §§ 2 bis 14 MaBV festgestellt."

863   Wurden dagegen Verstöße festgestellt, so sind diese im Prüfungsvermerk einzeln aufzuzeigen; es kommt folgender Wortlaut in Betracht[939]:

„Bei meiner (unserer) pflichtgemäßen Prüfung nach § 16 MaBV habe(n) ich (wir) folgende Verstöße des Gewerbetreibenden gegen die §§ 2 bis 14 MaBV festgestellt: (Aufzählung der Verstöße)."

In diesem Fall hält es der WFA für angebracht, in einer abschließenden Bemerkung auf die Bedeutung der festgestellten Verstöße sowie auf die Erläuterung im PrB hinzuweisen[940].

864   Der Vermerk ist von dem Prüfer mit Angabe von Ort und Datum zu unterzeichnen (§ 16 Abs. 1 Satz 4 MaBV).

865   Der Prüfer hat eine aus der allgemeinen Treuepflicht abgeleitete **Redepflicht** gegenüber dem Auftraggeber, sofern er bei Durchführung seiner Prüfung nach § 16 Abs. 1 MaBV Tatsachen iSd. § 321 Abs. 2 HGB feststellt. Diese Redepflicht

932 Vgl. St/WFA 1/1982 Abschn. 2 zu D. II.
933 Vgl. *Hofbauer*, WPg. 1976 S. 373/379; *Drasdo/Hofbauer*, Anm. 40 zu § 16 MaBV.
934 Vgl. *Hofbauer*, WPg. 1976 S. 373/379.
935 Vgl. St/WFA 1/1982 Abschn. 3 zu D. II.
936 Vgl. St/WFA 1/1982 Abschn. 2 D.
937 Vgl. *Hofbauer*, WPg. 1976 S. 373/379.
938 Vgl. St/WFA 1/1982 Abschn. 2 E.
939 Vgl. ebenda.
940 Vgl. ebenda.

besteht nur gegenüber dem Auftraggeber, der schriftlich zu informieren ist; sie kann nicht durch eine Berichterstattung im PrB erfüllt werden, da dieser auch der Aufsichtsbehörde vorzulegen ist[941].

Handelt es sich bei dem Gewerbetreibenden iSd. § 34c Abs. 1 GewO um ein **866** Unternehmen, dessen JA prüfungspflichtig ist bzw. das eine freiwillige Abschlußprüfung durchführen läßt, so wird der APr. idR auch mit der Prüfung nach § 16 Abs. 1 MaBV beauftragt[942]. Dennoch erscheint es zweckmäßig, zwei gesonderte PrB zu erstatten, da der Gegenstand der Prüfung und der Empfängerkreis der PrB unterschiedlich sind[943]. Sofern jedoch im Rahmen der Abschlußprüfung schwerwiegende Verstöße gegen die Vorschriften der MaBV festgestellt werden, muß eine Berichterstattung im PrB über die Jahresabschlußprüfung nach § 321 Abs. 2 HGB erfolgen[944]. Im Bericht über die Prüfung nach § 16 Abs. 1 MaBV sollte auf die eventuelle Berücksichtigung von Erkenntnissen aus der Jahresabschlußprüfung hingewiesen werden[945].

3. Prospektprüfung[946]

Gesetzliche Vorschriften zur Prüfung von Prospekten gibt es in Deutschland nur **867** für die Zulassung von Wertpapieren zum Börsenhandel[947]. Ein 1978 vorgelegter Entwurf, der beim Vertrieb von Anteilen an Vermögensanlagen einen Prospektzwang verbunden mit einer Prospektprüfung vorsah, erlangte nicht Gesetzeskraft.

Um für freiwillige Prospektprüfungen[948] eine einheitliche Handhabung sicher- **868** zustellen, hat der Berufsstand die Grundsätze ordnungsmäßiger Durchführung von Prospektprüfungen erarbeitet[949].

Die Prospektprüfung hat die Aufgabe, festzustellen, ob die für eine Entschei- **869** dung des Interessenten wesentlichen prüfbaren Aufgaben im Prospekt vollständig und richtig enthalten sind, sie ist jedoch keine Garantie für den tatsächlichen Eintritt des wirtschaftlichen Erfolges und der steuerlichen Auswirkungen[950].

---

941 Vgl. St/WFA 1/1982 Abschn. 1.
942 Zur Vereinbarkeit von Jahresabschlußprüfung bzw. Erstellung des Jahresabschlusses mit der Übernahme der Prüfung nach § 16 MaBV sowie zur Unvereinbarkeit der Übernahme dieser Prüfung mit der Übernahme von Buchführungsarbeiten vgl. FN 1977 S. 213.
943 Vgl. *Hofbauer,* WPg. 1976 S. 379/379; *Drasdo/Hofbauer,* Anm. 42 zu § 16 MaBV.
944 Vgl. *Liévre,* § 34c der Gewerbeordnung und die sich daraus ergebenden Prüfungs- und Beratungsaufgaben, WPg. 1976 S. 30/36; *Hofbauer,* WPg. 1976 S. 373/380.
945 Vgl. St/WFA 1/1982 Abschn. 2 A.
946 *Bihr,* Prospektprüfung bei Bauherrengemeinschaften – Unter Berücksichtigung der IDW-Stellungnahme WFA 1/1983: Grundsätze ordnungsmäßiger Durchführung von Prospektprüfungen, BB 1983 S. 937; *Nehm,* Grundsätze ordnungsmäßiger Durchführung von Prospektprüfungen, WPg. 1981 S. 645; *Schenk,* Zur Praxis der Prüfung von Prospekten über Bauherrenmodelle, WPg. 1981 S. 185; *Dedner,* Zur Entwicklung der Grundsätze ordnungsmäßiger Durchführung von Prospektprüfungen, BB 1983 S. 2026; *Hammer,* Überlegungen zur Prüfung von Prospekten, WPg. 1982 S. 651.
947 Bek. betr. die Zulassung von Wertpapieren zum Börsenhandel v. 4. 7. 1910 (RGBl. S. 917) idF der Veröffentlichung im BGBl. III 1961, Folge 19 S. 16 (diese Bekanntmachung hat Gesetzeskraft); VO betr. die Zulassung von Wertpapieren zum Börsenhandel v. 20. 4. 1932 (RGBl. I S. 917) idF der Veröffentlichung im BGBl. III 1961 Folge 19 S. 22.
948 *Bihr,* BB 1983 S. 937; *Schedlbauer,* Sonderprüfungen, Stuttgart 1984 S. 215.
949 Vgl. auch zum folgenden St/WFA 1/1987; St/WFA 1/1983, zu beachten ist auch die in dem Mittbl. WPK Nr. 87 v. 3. 6. 1980 S. 9 abgedruckte Verlautbarung zur Tätigkeit von Berufsangehörigen im Rahmen sog. Bauherrenmodelle.
950 Vgl. St/WFA 1/1987 Abschn. B.

870   **Vollständigkeit** kann im Normalfall dann unterstellt werden, wenn im Prospekt die in der Anlage 1 zur St/WFA 1987 aufgeführten Angaben gemacht wurden, wobei je nach Objekt oder Auftrag zusätzliche Angaben erforderlich sein können[951]. Kann eine entsprechende Angabe nicht gemacht werden, so muß im Prospekt ausdrücklich darauf hingewiesen werden.

871   **Richtigkeit** ist dann gegeben, wenn die Tatsachenangaben zutreffend, die Annahmen plausibel und auch unter Berücksichtigung allgemein bekannter wirtschaftlicher Tatsachen glaubhaft sind und wenn die Folgerungen aus den Tatsachen bzw. Annahmen rechnerisch und sachlich richtig abgeleitet wurden, dh. also schlüssig sind. Sofern steuerliche Verhältnisse die Grundlage von Berechnungen oder Beurteilungen bilden, ist die geforderte Richtigkeit nur dann gegeben, wenn bestehende Risiken deutlich im Prospekt dargestellt werden. Die Prüfung muß sich auch darauf erstrecken, ob die Darstellung im Prospekt insgesamt kein falsches Bild vom Anlageangebot und -objekt vermittelt und auch grafische und andere nicht verbale Darstellungen einbeziehen[952]. Jedoch bezieht sich die Prüfung nur auf den Prospekt, nicht aber auch auf zusätzliche werbliche Aussagen der Initiatoren oder Prospektherausgeber.

872   Im PrB wird unter Beachtung der Grundsätze ordnungsmäßiger Berichterstattung[953] über das Ergebnis der Prüfung vollständig, wahrheitsgetreu und mit der gebotenen Klarheit schriftlich berichtet.

873   Es wird empfohlen, den PrB wie folgt zu gliedern:

     1. Auftrag und Auftragsdurchführung
     2. Prüfungsgrundlagen
     3. Prüfungsdurchführung und Prüfungsergebnisse im einzelnen
     4. Zusammenfassende Darstellung der Prüfungsergebnisse.

874   Bei der Darstellung des erteilten **Auftrages** sollte auch auf eventuelle Auftragserweiterungen oder besondere Bedingungen eingegangen werden; auf die Beachtung der St/WFA 1/1987 ist hinzuweisen.

875   In dem Abschnitt über **Prüfungsgrundlagen** ist das der Prüfung zugrundeliegende Material mit genauer Bezeichnung aufzuführen, um dem Berichtsleser offenzulegen, auf welche Unterlagen sich der Prüfer bei der Urteilsfindung gestützt hat.

876   Im Abschnitt über **Prüfungsdurchführung und Prüfungsergebnisse** wird im einzelnen der Prüfungsumfang, die Prüfungshandlungen und -methoden beschrieben, wobei der Darstellung der Prüfungsmethoden insb. bei der Prüfung der im Prospekt enthaltenen Annahmen und Folgerungen im Hinblick auf Plausibilität und Schlüssigkeit Bedeutung zukommt. Sind Angaben im Prospekt nicht prüfbar, wie zB aus öffentlichen Registern nicht ersichtliche Eigentumsverhältnisse und Belastungen oder dem Prüfer nicht bekanntgegebene Nebenabreden, so müssen sie im PrB ausdrücklich genannt werden. Hat der Prüfer – auch bei der Prüfung der rechtlichen Angaben – Unrichtigkeiten, Unvollständigkeiten (zB fehlende öffentlich-rechtliche Genehmigungen) oder Regelungslücken festge-

---

951 Weitere Angaben enthalten die §§ 10, 11 MaBV und § 3 AuslInvestmG.
952 Vgl. *Hammer,* Grundsätze ordnungsmäßiger Durchführung von Prospektprüfungen – Zur Stellungnahme WFA 1/1987, WPg. 1987 S. 676.
953 Vgl. Abschn. O Tz. 25 ff.

stellt, so ist im PrB darauf hinzuweisen. Sind dem Prüfer Informationen über Vertragspartner, denen für das Gesamtobjekt eine besondere wirtschaftliche Bedeutung zukommt, nicht zugänglich, so hat er diesen Sachverhalt im PrB darzustellen.

Im Rahmen der **zusammenfassenden Darstellung des Prüfungsergebnisses** ist es   877
empfehlenswert, ausdrücklich darauf hinzuweisen, daß sich die Prospektprüfung ausschließlich auf die Vollständigkeit und Richtigkeit der Prospektangaben, nicht aber auf die Beurteilung der Angemessenheit von Entgelten oder auf den Eintritt des wirtschaftlichen Erfolges und der steuerlichen Auswirkungen der Kapitalanlage bezieht. In einer allgemein verständlichen Form ist zusammenfassend zur Vollständigkeit, Richtigkeit und Prüfbarkeit der Prospektangaben Stellung zu nehmen; wesentliche Beanstandungen sind einzeln aufzuführen.

Am Ende des PrB sollte darauf hingewiesen werden, daß für das Prüfungsergeb-   878
nis nur die dem Bericht zugrunde gelegte, genau bezeichnete Fassung des Prospekts und nur die bis zu diesem Tag bekannten Tatsachen maßgebend sind.

Der PrB ist mit Angabe von Ort und Datum der Beendigung der Prüfung zu   879
unterzeichnen.

Da sich Aussagen über Prospektprüfungen nicht dazu eignen, formelhaft zusam-   880
mengefaßt zu werden, kann über das Prüfungsergebnis kein Bestätigungsvermerk erteilt werden. Ein Hinweis auf die Prüfung, der im übrigen bereits bei der Auftragsannahme vereinbart werden sollte, kann im Prospekt in unauffälliger Form und nur mit folgendem Wortlaut auf die Prüfung erfolgen:

„Ein (Eine) von uns beauftrage(r) Wirtschaftsprüfer (Wirtschaftsprüfungsgesellschaft) hat über seine (ihre) nach Maßgabe der Stellungnahme WFA 1/1987 des Instituts der Wirtschaftsprüfer durchgeführte Prospektprüfung und deren Ergebnis einen Bericht erstattet, der wesentliche Feststellungen zu diesem Prospekt enthält. Diesen Bericht werden wir jedem ernsthaften Interessenten auf Anfrage zur Verfügung stellen."

Weiterhin ist vor Auftragsannahme zu vereinbaren, daß ein Hinweis auf die Prü-   881
fung im Prospekt und in sonstigen werblichen Aussagen zu unterbleiben hat, wenn die Prospektprüfung nach Auffassung des Prüfers zu wesentlichen Beanstandungen geführt hat, es sei denn, daß Satz 1 des oben wiedergegebenen Hinweises auf die Prospektprüfung wie folgt ergänzt wird:

„. . . einen Bericht erstattet, der wesentliche Feststellungen und Beanstandungen zu diesem Prospekt enthält."

Sofern der PrB bei der Herausgabe des Prospekts noch nicht vorliegt, darf auf   882
eine Prospektprüfung nur mit einer Formulierung hingewiesen werden, die nicht nur erkennen läßt, daß ein Prüfungsauftrag erteilt wurde, sondern auch darlegt, daß die Prüfung noch nicht abgeschlossen ist. Hierfür wird beispielhaft folgende Formulierung empfohlen:

„Wir haben einen Wirtschaftsprüfer (eine Wirtschaftsprüfungsgesellschaft) mit der Prüfung des vorliegenden Prospekts beauftragt. Sobald der Bericht über diese Prüfung fertiggestellt ist, sind wir bereit, diesen jedem ernsthaften Interessenten auf Anfrage zur Verfügung zu stellen."

883 Dem PrB ist die **Vollständigkeitserklärung**[954] beizufügen; es empfiehlt sich, auch einen Abdruck der St/WFA 1987 sowie den geprüften Prospekt als weitere Anlagen im PrB wiederzugeben.

VIII. Der Bestätigungsvermerk/Prüfungsvermerk in besonderen Fällen

1. Der Bestätigungsvermerk zu Sonderbilanzen

a) Kapitalerhöhung aus Gesellschaftsmitteln

884 Sofern bei einer AG dem Beschluß über die Kapitalerhöhung aus Gesellschaftsmitteln nicht die letzte Jahresbilanz zugrunde gelegt wird, muß eine **Zwischenbilanz** erstellt werden, die nach § 209 Abs. 2 AktG den Rechnungslegungsvorschriften der §§ 150, 152 AktG, §§ 242 bis 256, 265 bis 274, 279 bis 283 HGB entsprechen und mit einem uneingeschränkten BestV des APr. versehen sein muß. Ergibt sich aus der Besonderheit des Prüfungsauftrages nichts anderes, sind die Vorschriften des HGB zum PrB (§ 321) sowie über die Unterzeichnung des BestV oder des Vermerks über seine Versagung und die Aufnahme des Vermerks in den PrB (§ 322 Abs. 4) entsprechend anzuwenden. Ein bestimmter Wortlaut für den uneingeschränkten BestV ist dagegen vom Gesetz nicht vorgeschrieben[955]. Nach dem in § 209 Abs. 3 Satz 1 AktG vorgeschriebenen Gegenstand der Prüfung kommt für den BestV folgender Wortlaut in Betracht[956]:

„Die vorstehende Bilanz zum .... entspricht nach meinen (unseren) Feststellungen den Vorschriften des § 209 Abs. 2 AktG."

885 Erhöht eine GmbH ihr Stammkapital aus Gesellschaftsmitteln, so ist § 4 KapErhG die maßgebende Vorschrift für die dem Beschluß zugrundezulegende Bilanz, die jedoch keine näheren Vorgaben hinsichtlich Prüfungsgegenstand und -umfang enthält. Es erscheint daher zweckmäßig, den uneingeschränkten **Vermerk** (Bescheinigung) auch weiterhin in dem vom HFA in seiner Stellungnahme 1/1960 empfohlenen Wortlaut zu erteilen:

„Die vorstehende Bilanz zum .... entspricht nach meinen (unseren) Feststellungen den Vorschriften des Gesetzes vom 23. 12. 1959 (BGBl. I S. 789)."

b) Abwicklungs-Eröffnungsbilanz

886 Eine Kapitalgesellschaft muß auch während der Abwicklung nach den allgemeinen Regeln Rechnung legen und grundsätzlich den Abwicklungs-Jahresabschluß prüfen lassen (§ 270 AktG, § 71 GmbHG)[957]. Allerdings kann das Gericht unter der Voraussetzung des § 270 Abs. 3 AktG, § 71 Abs. 3 GmbHG von der Prüfung des JA und des LB befreien. Insofern ist das Regel-Ausnahmeverhältnis über die Prüfung der Abwicklungs-Eröffnungsbilanz und der noch nachfolgen-

---

954 Anlage 2 zur St/WFA 1/1987.
955 Vgl. *Lutter* in Kölner Kom., § 209 Anm. 14; aA *Geßler* in AktG § 209 Anm. 6.
956 Vgl. zur Regelung vor Änderung durch das BiRiLiG St/HFA 1/1960.
957 Vgl. *Erle,* Der Bestätigungsvermerk des Abschlußprüfers, Düsseldorf 1990 S. 321.

den Jahresabschlüsse im Zuge der Neufassung des § 270 AktG durch das BiRi-LiG umgekehrt worden[958].

Für die bei Eröffnung des Abwicklungsverfahrens aufzustellende **Eröffnungsbilanz nebst Erläuterungsbericht** sind die Vorschriften über den JA entsprechend anzuwenden (§ 270 Abs. 2 Satz 2 AktG, § 71 Abs. 2 Satz 2 GmbHG). Damit wird auch die Erteilung eines BestV durch den APr. miterfaßt. Aufgrund des Prüfungsgegenstandes erscheint es jedoch nur möglich, die Gesetzesentsprechung zu bestätigen. Für den uneingeschränkten BestV zur Abwicklungs-Eröffnungsbilanz einer AG oder GmbH kommt daher folgender Wortlaut in Betracht[959]:   **887**

„Die Abwicklungs-Eröffnungsbilanz und der Erläuterungsbericht entsprechen nach meiner (unserer) pflichtgemäßen Prüfung den gesetzlichen Vorschriften."

Für den am Schluß eines jeden Jahres aufzustellenden Abwicklungs-Jahresabschluß und Lagebericht ist § 322 HGB entsprechend anwendbar[960].   **888**

Exkurs: Der Bestätigungsvermerk zur DM-Eröffnungsbilanz in der ehemaligen DDR

Auf die Prüfung der DM-Eröffnungsblanz ist nach § 34 Abs. 5 DM-Bilanzgesetz die entsprechende Anwendung des BestV nach § 322 HGB vorgeschrieben.   **889**

Unter Beachtung der Grundsätze des FG/IDW 3/1988 sowie unter Berücksichtigung der Besonderheiten der DM-Eröffnungsbilanz hat der HFA für den uneingeschränkten BestV folgenden Wortlaut vorgesehen[961]:   **890**

„Das Inventar, die Eröffnungsbilanz und der Anhang entsprechen nach meiner/unserer pflichtgemäßen Prüfung dem Gesetz über die Eröffnungsbilanz in Deutscher Mark und die Kapitalneufestsetzung vom 23. 9. 1990. Die Eröffnungsbilanz und der Anhang vermitteln unter Beachtung der gesetzlichen Vorschriften ein den tatsächlichen Verhältnissen entsprechendes Bild der Vermögenslage der Kapitalgesellschaft nach dem Erkenntnisstand im Zeitpunkt der Erteilung des Bestätigungsvermerks."

Nach Auffassung des HFA hat der vorgeschlagene Wortlaut weder insgesamt noch in Teilaussagen den Charakter einer Einschränkung. Aufgrund der vom BMI gegen diese Formulierung vorgetragenen Bedenken wurden jedoch folgende klarstellende Erläuterungen zu dem empfohlenen Wortlaut gegeben[962]:   **891**

– Der in Satz 1 vorgesehene spezielle Hinweis auf das DM-Bilanzgesetz anstelle des allgemeinen Hinweises auf die „gesetzlichen Vorschriften" ist nicht zwingend.
– Weiterhin werden keine Bedenken gesehen, in Satz 2 statt auf die gesetzlichen Vorschriften auf die Grundsätze ordnungsmäßiger Buchführung hinzuweisen; dann ist jedoch in einem Klammersatz § 4 Abs. 2 DMBilG zu erwähnen.
– Schließlich ist der sich auf den Erkenntnisstand im Zeitpunkt der Erteilung des BestV beziehende Passus nicht notwendiger Bestandteil der Kernfassung.

---

958 Vgl. Begr. RegE zu § 270, BT-Drs. 10/317 v. 26. 8. 1983 S. 107; ferner Begr. des Rechtsausschusses zu § 270 AktG, BT-Drs. 10/4268 v. 18. 11. 1985 S. 86; *Geßler* in AktG, §§ 267–270 Anm. 25.
959 Zur Rechtslage vor Einführung des BiRiLiG: Vgl. *Forster*, Die Rechnungslegung der Aktiengesellschaft während der Abwicklung (§ 270 AktG 1965) in FS *Knorr*, Düsseldorf 1968 S. 77/86.
960 Vgl. *Erle*, S. 322.
961 Vgl. St/HFA 3/1990 Abschn. 2 f).
962 Vgl. FN 12/1990 S. 378.

892 Unter Berücksichtigung dieser Klarstellungen würde sich folgender Wortlaut ergeben:

> „Das Inventar, die Eröffnungsbilanz und der Anhang entsprechen nach meiner/unserer pflichtgemäßen Prüfung den gesetzlichen Vorschriften. Die Eröffnungsbilanz und der Anhang vermitteln unter Beachtung der Grundsätze ordnungsmäßiger Buchführung (§ 4 Abs. 2 DMBilG) ein den tatsächlichen Verhältnissen entsprechendes Bild der Vermögenslage der Kapitalgesellschaft."

c) Umwandlungsbilanz

893 Das AktG und das UmwG schreiben bei bestimmten formwechselnden oder übertragenden Umwandlungen die Aufstellung einer Umwandlungsbilanz vor, die dann auch im Rahmen der Umwandlungsprüfung, die sich ja auf den gesamten Hergang der Umwandlung zu erstrecken hat, zu prüfen ist[963].

894 Im Hinblick auf die Publizität des Berichts über die Umwandlungsprüfung ist die Erteilung eines BestV gesetzlich nicht vorgesehen, wenngleich es sich empfiehlt, das Prüfungsergebnis wie bei der Gründungsprüfung[964] in einer **Schlußbemerkung** des PrB zusammenzufassen[965].

895 Soll ohne gesetzliche Verpflichtung eine Umwandlungsbilanz unter sinngemäßer Anwendung der für Jahresabschlußprüfungen von Kapitalgesellschaften geltenden Regeln geprüft werden, sind die für freiwillige Abschlußprüfungen entwickelten Grundsätze maßgebend. Der PrB ist in diesem Fall vertraulich und es kann ein BestV mit folgendem Wortlaut erteilt werden:

> „Die Buchführung und die Umwandlungsbilanz entsprechen nach meiner (unserer) pflichtgemäßen Prüfung den gesetzlichen Vorschriften."

Der BestV ist entsprechend § 322 Abs. 2 Satz 2 HGB zu ergänzen, sofern auf die Übereinstimmung mit Gesellschaftsvertrag oder Satzung hinzuweisen ist.

d) Verschmelzungs-Schlußbilanz

896 Der Anmeldung der Verschmelzung von Kapitalgesellschaften zum HR des Sitzes jeder der übertragenden Gesellschaften ist eine Schlußbilanz dieser Gesellschaft beizufügen (§§ 345 Abs. 3, 355 Abs. 2 AktG, §§ 24 Abs. 3, 33 Abs. 3, 34 KapErhG). Diese Bilanz muß auf einen höchstens acht Monate vor der Anmeldung liegenden Stichtag aufgestellt sein und kann daher mit der Jahresbilanz des letzten Geschäftsjahres identisch sein. Sofern jedoch eine **Verschmelzungs-Schlußbilanz** mit einem vom Schluß des Geschäftsjahres abweichenden Stichtag aufgestellt wird, gelten die Vorschriften über die Jahresbilanz und über deren Prüfung sinngemäß. Für den BestV zur Verschmelzungs-Schlußbilanz ist bei Gesellschaften, die der Pflichtprüfung unterliegen, § 322 HGB entsprechend anzuwenden. Dabei können die Sätze 2 und 3 des § 322 Abs. 1 HGB nicht übernommen werden, da es sich hierbei nicht um einen vollständigen JA mit LB iSd. § 264 HGB handelt; Satz 1 ist entsprechend an den Prüfungsgegenstand anzupassen. Danach ergibt sich für den uneingeschränkten BestV folgender Wortlaut:

---

963 Vgl. *Selchert,* Prüfungen anläßlich der Gründung, Umwandlung, Fusion und Beendigung von Unternehmungen, Düsseldorf 1977 S. 141.
964 Vgl. Abschn. O Tz. 724 ff.
965 Vgl. *Kleineidam* in HWRev, Umwandlung und Verschmelzung, Prüfung bei, Sp. 1586.

„Die Buchführung und die Schlußbilanz entsprechen nach meiner (unserer) pflichtgemäßen Prüfung den gesetzlichen Vorschriften (und der Satzung / des Gesellschaftsvertrages)."

Von der Einberufung der HV an, die über die Zustimmung zum Verschmel-   **897** zungsvertrag beschließen soll, ist unter bestimmten Voraussetzungen nach § 340d Abs. 2 Nr. 3 eine Zwischenbilanz zur Einsicht der Aktionäre auszulegen, die aber nicht prüfungspflichtig ist[966].

2. Nach dem Auslandsinvestmentgesetz erforderliche Bestätigungsvermerke

Ausländische Investmentgesellschaften müssen nach den §§ 7 Abs. 1, 14 Ausl-   **898** InvestmG dem BAK die Absicht anzeigen, ausländische Investmentanteile im Wege des öffentlichen Anbietens, der öffentlichen Werbung oder in ähnlicher Weise im Bundesgebiet zu vertreiben. Dieser sog. **Vertriebsanzeige** sind verschiedene Unterlagen beizufügen, ua. die Rechenschaftsberichte des Fonds und bestimmte JA (zB den letzten festgestellten JA der Investmentgesellschaft, der Hauptvertriebsgesellschaft und der Depotbank)[967]. Unterlagen in fremder Sprache sind mit einer deutschen Übersetzung vorzulegen. Diese Rechenschaftsberichte und JA müssen jeweils mit dem BestV eines deutschen WP oder eines ihm gleichstehenden ausländischen Prüfers versehen sein.

Für den BestV zu den JA inländischer Unternehmen gilt § 322 HGB entweder   **899** entsprechend oder in sinngemäßer Anwendung; hinsichtlich des BestV zu den JA ausländischer Unternehmen sind die in dem jeweiligen Land vorgeschriebenen oder gebräuchlichen Formulierungen bzw. Grundsätze maßgebend.

An den Inhalt und Umfang des **BestV zu den Rechenschaftsberichten des Fonds**   **900** stellt das Gesetz keine Anforderungen. Allerdings sollte nach dem Schr. des BAK v. 25. 1. 1972[968] der mit der Originalunterschrift des WP versehene BestV Auskunft darüber geben, in welchem Umfang und mit welchem Ergebnis die Prüfung durchgeführt worden ist. Dabei hat sich der BestV auf die in § 4 Abs. 1 Nr. 1 AuslInvestmG genannten Bestandteile zu erstrecken und sollte sich außerdem unter sinngemäßer Anwendung des § 24a Abs. 4 KAGG auch auf die Einhaltung der Vertragsbedingungen beziehen.

Nach § 7 Abs. 2 Nr. 6a AuslInvestmG muß sich die ausländische Investmentge-   **901** sellschaft verpflichten, dem BAK innerhalb bestimmter Fristen den JA der Verwertungsgesellschaft, den für den Schluß des Geschäftsjahres zu veröffentlichenden Rechenschaftsbericht sowie den Halbjahresbericht einzureichen. Diese Unterlagen müssen ebenfalls mit dem BestV eines deutschen WP oder eines ihm gleichstehenden ausländischen Prüfers versehen sein. Es gelten die Ausführungen zum BestV für die Unterlagen, die der Anzeige nach § 7 AuslInvestmG beizufügen sind, wobei sich der BestV zum Halbjahresbericht auch auf die in § 4 Abs. 1 Nr. 2 AuslInvestmG genannten Bestandteile zu erstrecken hat.

---

966 Vgl. RegBegr. zu § 340 d AktG, BT-Drs. 9/1065 S. 18.
967 Vgl. im einzelnen § 7 Abs. 2 AuslInvestmG und das Merkblatt des BAK v. 26. 8. 1969 für Anzeigen nach § 7 AuslInvestmG, CM Nr. 10 A und Nr. 10 A.01.
968 Abgedruckt bei CM Nr. 10 A.03.

3. Der Vermerk zum Rechenschaftsbericht einer politischen Partei

902 Der Vorstand einer politischen Partei muß über die Herkunft und Verwendung der Mittel, die seiner Partei innerhalb eines Kalenderjahres (Rechnungsjahr) zugeflossen sind sowie über das Vermögen der Partei zum Ende des Kalenderjahres in einem **Rechenschaftsbericht** öffentlich Rechenschaft geben (§ 23 Abs. 1 des Parteiengesetzes[969]). Der Rechenschaftsbericht besteht aus einer Einnahmen- und Ausgabenrechnung und ist nach § 23 Abs. 2 ParteienG von einem WP oder einer WPG zu prüfen. Diese Prüfung erstreckt sich auf die Bundespartei, ihre Landesverbände sowie nach Wahl des Prüfers auf mindestens vier nachgeordnete Gebietsverbände (§ 29 Abs. 1 ParteienG). Über das Ergebnis der Prüfung ist ein schriftlicher PrB zu erstellen, der dem Vorstand der Partei und dem Vorstand des geprüften Gebietsverbandes zu übergeben ist (§ 30 Abs. 1 ParteienG). Sind nach dem abschließenden Ergebnis der Prüfung keine Einwendungen zu erheben, so hat der Prüfer einen **Vermerk** zu erteilen, dessen Inhalt in § 30 Abs. 2 Parteiengesetz festgelegt ist und für den danach folgender Wortlaut in Betracht kommt:

„Nach pflichtgemäßer Prüfung aufgrund der Bücher und Schriften der Partei, ihrer Landesverbände und ihrer Kreisverbände .... sowie der von den Vorständen erteilten Aufklärungen und Nachweise entspricht der Rechenschaftsbericht in dem geprüften Umfang (§ 29 Abs. 1 ParteienG) den Vorschriften des Parteiengesetzes."

Die geprüften Kreisverbände sind im Prüfungsvermerk anzugeben.

903 Hat der Prüfer Einwendungen zu erheben, so muß er in seinem Prüfungsvermerk die Bestätigung einschränken oder versagen.

904 Der mit dem Prüfungsvermerk versehene Rechenschaftsbericht ist bis zum 30. September des dem Rechnungsjahr folgenden Kalenderjahres beim Präsidenten des Deutschen Bundestages einzureichen und von diesem als Bundestagsdrucksache zu verteilen (§§ 23 Abs. 2 Satz 2, 30 Abs. 3 ParteienG).

IX. Bescheinigungen

1. Bescheinigungen zu Jahresabschlüssen, Zwischenabschlüssen und Vermögensübersichten

905 Zentrale Voraussetzung für die Erteilung eines BestV ist die Durchführung einer Abschlußprüfung nach den Vorschriften über die Pflichtprüfung von Kapitalgesellschaften. Der Berufsstand hat für alle Fälle, in denen eine freiwillige Abschlußprüfung nicht nach Art und Umfang einer handelsrechtlichen Prüfung stattgefunden hat[970], Grundsätze über die Ausstellung von Bescheinigungen entwickelt[971]. In diesen Fällen kann („nur")[972] eine Bescheinigung erteilt werden, die

---

969 Ges. v. 24. 7. 1967, idF der Bek. v. 3. 3. 1989 (BGBl. I S. 327).
970 Der Vorstand der WPK hat im Zusammenhang mit derVeröffentlichung der St/HFA 3/1965 und ihrer Neufassung 1967 festgestellt, daß WP und vBP nur solche freiwilligen Abschlußprüfungen übernehmen sollten, die nach Art und Umfang der seinerzeitigen aktienrechtlichen Pflichtprüfung entsprechen und über die ein PrB erstellt wurde; MittBl. der WPH Nr. 22 v. 22. 1. 1968 S. 7.
971 So zuletzt FG/IDW 3/1988 Abschn. G II; vgl. auch *Raff/Brandl*, HdJ Abt. VI/5 Rn. 190 ff.
972 Ebenda.

- als Bescheinigung bezeichnet werden,
- die klare Unterrichtung der Adressaten und die Abgrenzung der Verantwortung des APr. aufzeigen, und dazu
- den Sachverhalt und Art und Umfang der Tätigkeit beschreiben muß.

Die Haftung aus Bescheinigungen reicht ebenso weit wie der Berufsangehörige **906** nach dem Wortlaut seiner Bescheinigung die Verantwortung für die Richtigkeit übernommen hat[973].

Sie kann nur erteilt werden, wenn kein Anlaß besteht, an der Ordnungsmäßig- **907** keit des bescheinigten Sachverhaltes zu zweifeln[974].

Zu beachten ist, daß auch bei der Erteilung von Bescheinigungen der Möglichkeit zur Einschränkung der Prüfungstätigkeit Grenzen gesetzt sind[975].

Es empfiehlt sich daher, folgende Grundfragen zur Bescheinigung zu klären: **908**
- warum wird der Prüfungsumfang eingeschränkt?
- ist der zu prüfende Sachverhalt als solcher ordnungsgemäß?
- ist sichergestellt, daß aus nicht geprüften Sachverhalten/Umständen etc. kein Einfluß auf die Ordnungsmäßigkeit des zu prüfenden Sachverhaltes ausgeht bzw. dieser ausgeschlossen werden kann?
- ist der zu prüfende Sachverhalt so umfassend, daß sich die Bescheinigung (noch) auf den JA beziehen kann?
- ist abschließend sichergestellt, daß aufgrund des eingeschränkten Prüfungsumfangs keine Mißdeutung der Bescheinigung möglich ist?

Entsprechend der gewonnenen Urteilssicherheit ist die Bescheinigung möglichst **909** klar und aussagefähig zu formulieren[976].

Sofern es nicht möglich ist, Gegenstand, Umfang und Ergebnis der Prüfungshandlungen in der Bescheinigung hinreichend zu umschreiben, muß in dieser auf einen dann **notwendigen schriftlichen Bericht** verwiesen werden[977].

In der Bescheinigung sollte folgendes aufgeführt werden[978]: **910**
- Adressat
- Auftrag, Auftragsbedingungen
- Gegenstand, Art und Umfang der Tätigkeit
- Durchführungsgrundsätze
- zugrundeliegende Rechtsvorschriften und Unterlagen
- Feststellungen.

Angesichts der Vielfalt der in Betracht kommenden Bescheinigungen sind im **911** FG 3/1988 keine Standard-Texte vorgeschlagen[979].

Wird ein Bericht abgegeben, so hat er die Mindestangaben zu enthalten, die **912** nach dem FG 3/1988 zum Mindestinhalt der Bescheinigung gehören. Im Einzelfall können weitergehende Angaben zweckmäßig sein. In dem Bericht ist deut-

---

973 Vgl. *Sarx* in BeBiKo. § 321 Anm. 78 zu BGH-U v. 18. 10. 1988, WPg. 1989 S. 375 ff. (entschieden für die Bescheinigung eines Steuerberaters).
974 Vgl. FG/IDW 3/1988 Abschn. G II 1.
975 *Gross* in FS v. Wysocki, S. 269/278.
976 Vgl. FG/IDW 3/1988 Abschn. G II.
977 Vgl. FG/IDW 3/1988 Abschn. G II 2; *Budde/Kunz* in BeBiKo. § 321 Anm. 78.
978 Vgl. FG/IDW 3/1988 Abschn. G II 3.
979 Vgl. FG/IDW 3/1988 Abschn. G II 2.

lich darzustellen, inwieweit sich die Prüfung nach Art und Umfang von einer Pflichtprufung iSv. §§ 316 ff. HGB unterscheidet.

Sofern die Voraussetzung der **Redepflicht** nach § 321 Abs. 2 HGB vorliegen, ergibt sich aus der Treuepflicht des Prüfers, daß auch hierüber zu berichten ist[980].

913 Die Ordnungsmäßigkeit des JA kann nicht bescheinigt werden, wenn er nur in eingeschränktem Umfang geprüft wurde. In diesem Fall kommt folgendes Beispiel in Betracht[981]:

„Vorstehender Jahresabschluß wurde von mir/uns auftragsgemäß nur in eingeschränktem Umfang geprüft. Über den Umfang und das Ergebnis der Prüfung unterrichtet mein/unser schriftlicher Bericht vom .... "

914 Hat ein WP oder vBP über die Prüfungstätigkeit hinaus bei der Führung der Bücher oder an der Aufstellung eines JA (Zwischenabschlusses) maßgeblich mitgewirkt, etwa einen wesentlichen Teil der Bewertungsarbeiten selbst ausgeführt oder den Abschluß selbst erstellt, würde er bei der Prüfung dieses JA (Zwischenabschlusses) in eigener Sache urteilen; er kann aus diesem Grund einen Prüfungsauftrag gem. § 317 ff. HGB nicht übernehmen (§ 319 Abs. 2 Nr. 5 HGB, § 49 WPO). Er kann daher einen BestV nicht erteilen, sondern lediglich eine Bescheinigung, aus der sich die Mitwirkung ergibt; diese darf nicht den Eindruck erwecken durch etwaige Hinweise, daß eine unabhängige Prüfung des Abschlusses stattgefunden hat[982].

915 Wie eine derartige Bescheinigung formuliert werden kann, ergibt sich aus dem folgenden Beispiel:

„Vorstehender Jahresabschluß (Zwischenabschluß) wurde von mir/uns aufgrund der Buchführung der .... (Firma) .... unter Beachtung von Gesetz und Gesellschaftsvertrag erstellt. Ich/wir habe/n mich/uns von der Ordnungsmäßigkeit der zugrundeliegenden Buchführung überzeugt."

Einwendungen sind in die Bescheinigung aufzunehmen[983].

916 Für die **Berichte über die Feststellung** von JA und KA gilt die Darstellung von Tz. 911 f. entsprechend, wenn nur die Buchführung oder die Konsolidierungsbuchführung geprüft wurde. Berichte, mit denen lediglich die Erstellung eines JA und KA dokumentiert wird, müssen so klar und eindeutig abgefaßt werden, daß nicht der Anschein eines PrB erweckt wird.

917 Eine Bescheinigung zu einer Vermögensübersicht sollte nur erteilt werden, wenn ein schriftlicher Bericht erstattet wird. Für derartige Bescheinigungen kommen folgende Fassungen in Betracht:

– „Die vorstehende Vermögensübersicht (der vorstehende Status) lag mir/uns zur Prüfung vor. Über Art, Umfang und Ergebnis dieser Prüfung unterrichtet mein/unser schriftlicher Bericht vom .... "

---

980 Vgl. FG/IDW 2/1988 Abschn. E II.
981 Vgl. FG/IDW 3/1988 Abschn. G II 4.
982 Vgl. FG/IDW 3/1988 Abschn. G II; Ziff. 3 der Richtungweisenden Feststellungen zu Abschn. I der Richtlinien für die Berufsausübung der WP und vBP, Stand 12. 3. 1987; *Gross,* WPg. 1979 S. 213/220 f.; *Goerdeler,* FS *Fischer,* S. 152; zur Abgrenzung von Erstellung und Aufstellungshilfe *Grewe,* BoHdR, § 319 Rz. 26 ff.; *ADS,* § 329 Tz. 59 ff. Die Erteilung einer Bescheinigung kommt auch dann in Betracht, wenn die für eine Prüfung vom Gesetz verlangte Unparteilichkeit aus der Sicht Dritter nicht mehr gewährleistet ist (*Thümmel,* Anlage zum MittBl. der WPK Nr. 112 v. 19. 9. 1984, S. 6).
983 Vgl. FG/IDW 3/1988 Abschn. G II 6.

– „Die vorstehende Vermögensübersicht (der vorstehende Status) wurde von mir/uns aufgestellt. Über Art, Umfang und Ergebnis meiner/unserer Arbeiten unterrichtet mein/
unser schriftlicher Bericht vom .... "

Wurden bei der Aufstellung der Vermögensübersicht nicht versteuerte stille **918**
Reserven offengelegt, aber entsprechende Steuerrückstellungen nicht in Ansatz
gebracht, so ist die Bescheinigung um folgenden Zusatz zu ergänzen:

„Für Ertragsteuer, die bei der späteren Auflösung von in der Vermögensübersicht (im Status) offengelegten stillen Reserven entstehen können, wurde eine Rückstellung nicht in
Ansatz gebracht."

Diese Formen der Bescheinigung eignen sich auch bei der Aufstellung oder Prü- **919**
fung von Vermögensübersichten nach § 5 Abs. 1 VerglO.

Es ist unzulässig, daß ein WP oder vBP einen JA, Zwischenabschluß, Status **920**
oder dgl. ohne BestV oder Bescheinigung lediglich unterschreibt und/oder mit
seinem Siegel versieht oder auf Bogen mit seinem Namensaufdruck wiedergibt,
weil sonst der Anschein entsteht, daß er die volle Verantwortung für den
Abschluß oder Status übernimmt[984].

Eine Bescheinigung darf nach § 48 Abs. 1 WPO mit dem Berufssiegel versehen **921**
werden, wenn in ihr Erklärungen über Prüfungsergebnisse (Prüfung in eingeschränktem Umfang, Teilprüfung, zB der Buchführung) enthalten sind[985].

2. Bescheinigungen zu konsolidierten Abschlüssen

Ist ein konsolidierter Abschluß nicht nach den handelsrechtlichen Vorschriften **922**
der §§ 294–325 HGB erstellt, aber nach den Grundsätzen der §§ 316 ff. HGB
geprüft worden, so kann zu diesem Abschluß eine Bescheinigung erteilt werden,
wenn der Abschluß den Grundsätzen ordnungsmäßiger Rechnungslegung entspricht. Diese Bescheinigung muß aber so gefaßt werden, daß sie eine Verwechs-
lung mit dem BestV nach § 322 Abs. 1 HGB ausschließt; sie hat eine Aussage
über die bei der Aufstellung angewandten Normen und Grundsätze zu enthalten
(vielfach wird ein Hinweis auf den Anh. zum konsolidierten Abschluß zweckmäßig sein)[986]. Zu einem konsolidierten Abschluß, der nicht nach § 316 ff. HGB
geprüft wurde, kann ebenfalls nur eine Bescheinigung erteilt werden, wenn kein
Anlaß besteht, an der Ordnungsmäßigkeit dieses Abschlusses zu zweifeln. Hinsichtlich der Form und des Inhalts der Bescheinigung gelten die gleichen
Grundsätze wie für Bescheinigungen zu anderen Abschlüssen[987]. Aus einer solchen Bescheinigung muß die Einschränkung des Prüfungsumfangs deutlich
erkennbar sein. Die Abgrenzung der Verantwortlichkeit des Berufsangehörigen
durch entsprechende Erläuterungen im Anh. oder im PrB reicht wegen der eingeschränkten Publizität nicht aus[988].

984 Vgl. FG/IDW 3/1988 Abschn. G II.
985 MittBl. der WPK Nr. 80 v. 1. 12. 1978 S. 4.
986 *Budde/Kunz* in BeBiKo. § 321 Anm. 78; vgl. *Raff/Brandl*, HdJ, Abt. VI/5 Rn. 199.
987 Vgl. analog FG/IDW 3/1988 Abschn. G.
988 So schon zum bisherigen Recht Arbeitskreis „Weltbilanz" des IDW, S. 193.

3. Bescheinigung der Richtigkeit

923 Werden zu Sachverhalten weitergehende Bescheinigungen des WP/vBP gewünscht, so sind die allgemeinen Darlegungen zu beachten.

924 Deutsche Unternehmen mit Auslandsbeziehungen müssen häufiger zu einzelnen Sachverhalten, die sich im Rechnungswesen des deutschen Unternehmens niedergeschlagen haben, gegenüber ausländischen Niederlassungen oder Tochtergesellschaften sowie gegenüber ausländischen Geschäftspartnern Erklärungen abgeben, die im Ausland auch für die buchhalterische und steuerliche Behandlung Bedeutung haben. Die ausländischen Unternehmen und Behörden legen Wert darauf, daß die Richtigkeit dieser Erklärungen von dem Abschlußprüfer des deutschen Unternehmens, das die Erklärung abgibt, bestätigt wird.

Beispiele für derartige Erklärungen sind:

– Erklärung über die Höhe der einer ausländischen Betriebsstätte zuzurechnenden Kosten, die im Inland angefallen und verbucht sind, zB Personalkosten oder allgemeine Verwaltungskosten.
– Bescheinigung über die Höhe der Forderungen des ausländischen Unternehmens aus Lizenzen für eine bestimmte Zeit. Oft wird diese Bescheinigung dahin erweitert, daß auch die Höhe der noch nicht beglichenen Lizenzforderungen zu einem bestimmten Zeitpunkt angegeben wird.
– Bestätigung, daß die deutsche Aktiengesellschaft eine Public Limited Company ist und daß ihre Aktien an allen deutschen Börden und einigen Auslandsbörsen notiert werden.

925 Die Richtigkeit dieser Erklärungen kann der Abschlußprüfer entweder durch seine Kenntnisse aufgrund der Abschlußprüfung oder durch eine zusätzliche Einsicht in die Bücher und Unterlagen des deutschen Unternehmens bescheinigen, es können aber auch spezielle Prüfungshandlungen erforderlich sein.

926 Die Bescheinigung kann wie folgt eingeleitet werden:

„Als von der Hauptversammlung/von der Gesellschafterversammlung/vom Amtsgericht .... gewählter/besteller Abschlußprüfer der .... (Gesellschaft) ... bescheinige/n ich/wir nach Einsicht in die Bücher und Belege der Gesellschaft (ggf. Darstellung der speziellen Prüfungshandlungen), daß ...".

Der weitere Inhalt der Bescheinigung richtet sich nach dem zu bescheinigenden Sachverhalt.

Derartige Bescheinigungen über Prüfungsergebnisse sind idR im Ausland ohne Wirkung, wenn der WP (die WPG) nicht das Berufssiegel verwendet.

Abschnitt P

Prüfungstechnik

I. Vorbemerkungen

1. Aufgabe und Zielsetzung der Abschlußprüfung

Hauptziel der gesetzlichen Jahresabschlußprüfung ist es, zu einem Urteil dar- **1**
über zu gelangen, ob die Buchführung, der JA und ggf. der LB den für sie geltenden Vorschriften und Konventionen entsprechen. Aus dieser Zielsetzung heraus ist die Jahresabschlußprüfung in erster Linie eine umfassende Prüfung der
Ordnungsmäßigkeit der Rechnungslegung[1]. Neben dieser **Kontrollfunktion**
kommt der Jahresabschlußprüfung darüber hinaus eine **Informationsfunktion**
gegenüber den gesetzlichen Vertretern, den Aufsichtsorganen und den Gesellschaftern des Unternehmens zu, die primär durch den PrB erfüllt wird[2]. Mit der
Erteilung eines BestVs bzw. dessen Einschränkung oder Versagung übernimmt
die Jahresabschlußprüfung schließlich eine **Beglaubigungsfunktion** gegenüber
den externen Adressaten des JA.

Dagegen ist es nicht Ziel einer Jahresabschlußprüfung, ein Urteil über die **wirt-** **2**
schaftlichen Verhältnisse oder die **Ordnungsmäßigkeit der Geschäftsführung**[3]
abzugeben. Dem steht nicht entgegen, daß ein Eingehen auf die wirtschaftlichen
Verhältnisse im PrB guter Übung entspricht, und daß der APr. eine Berichtspflicht hat, wenn er bei Wahrnehmung seiner Aufgabe Tatsachen feststellt, die
den Bestand des Unternehmens gefährden oder seine Entwicklung wesentlich
beeinträchtigen können[4].

Auch auf die **Aufdeckung strafrechtlicher Tatbestände** wie Unterschlagungen **3**
oder sonstige Untreuehandlungen ist die Jahresabschlußprüfung von ihrer Zielsetzung her nicht ausgerichtet. Der APr. hat eine Nichtaufdeckung solcher Tatbestände nur dann zu vertreten, wenn er sie bei ordnungsmäßiger Durchführung
der Abschlußprüfung mit berufsüblichen Methoden hätte feststellen müssen[5].

2. Gegenstand und Umfang der Abschlußprüfung

a) Gesetzliche Jahresabschlußprüfung

Gegenstand der gesetzlichen Jahresabschlußprüfung sind der **JA** unter Einbezie- **4**
hung der **Buchführung** und der **LB**[6]. In die Abschlußprüfung sind daneben auch

---

1 Vgl. FG 1/1988 Abschn. B. I.
2 Zur Informations- und Beglaubigungsfunktion der Jahresabschlußprüfung vgl. *ADS* § 316 Tz. 19 ff.
3 Allerdings kann sich eine Verpflichtung zur Prüfung der Ordnungsmäßigkeit der Geschäftsführung
 aufgrund rechtsformspezifischer Sondervorschriften ergeben, vgl. zB § 53 Abs. 1 GenG, § 53 HGrG.
4 § 321 Abs. 2 HGB.
5 Vgl. FG 1/1988 Abschn. C. I. Anm. 3; Zur internationalen Praxis vgl. auch *Schülen*, WPg. 1989 S. 4;
 IFAC/Auditing 11, Fraud and Error.
6 § 317 Abs. 1 HGB.

solche Bereiche einzubeziehen, die einen Einfluß auf die Rechnungslegung haben können. Bei diesen sog. **außerbuchhalterischen Bereichen** handelt es sich im wesentlichen um die Rechtsgrundlagen und Rechtsbeziehungen des Unternehmens. Ihre Einbeziehung in die Prüfung des JA ist schon deswegen geboten, weil von ihnen Wirkungen ausgehen können, die ihren Niederschlag in der Buchhaltung finden[7]. So bestehen zB enge Verbindungen zwischen den Rechtsgrundlagen der Gesellschaft und den Bilanzposten Kapital und Rücklagen, Entnahmen aus den Rücklagen, Einstellungen in die Rücklagen, Erträge und Aufwendungen aus Ergebnisabführungsverträgen sowie den Angaben im Anhang. Weitere Zusammenhänge können sich zwischen den Rechtsbeziehungen der Gesellschaft und den Rückstellungen ergeben, zB durch Risiken aus Lieferungs- und Abnahmeverträgen, Altersversorgungszusagen, Garantieversprechen, Lasten aufgrund von Wasserrechten, Rekultivierungsverpflichtungen bei Abbaubetrieben, Lasten aus Maßnahmen gegen Luftverschmutzung, Lärmbeseitigung oä.

5   Stellt der APr. bei der Prüfung der außerbuchhalterischen Bereiche gesetzwidrige oder fehlerhafte Satzungsbestimmungen oder Beschlüsse fest, so wird er, soweit nicht in bestimmten Fällen Konsequenzen im PrB und im BestV zu ziehen sind, die zuständigen Organe darauf aufmerksam machen, auch wenn eine Rede- oder Mitteilungspflicht des APr. insoweit nicht besteht.

6   Die Prüfung der Ordnungsmäßigkeit des **Versicherungsschutzes** ist kein Prüfungsgegenstand. Es ist Aufgabe der Gesellschaft selbst und insbesondere des Vorstands, dafür Sorge zu tragen, daß die Gesellschaft sachgerecht und ausreichend gegen die ihr drohenden Risiken versichert ist[8]. Wenn dennoch häufig im PrB auch der Versicherungsschutz der Gesellschaft angesprochen wird, so geschieht dies vorwiegend zu dem Zweck, dem AR die Möglichkeit zu geben, die Angemessenheit des Versicherungsschutzes seinerseit zu prüfen oder durch geeignete Sachverständige prüfen zu lassen.

7   Der JA ist darauf zu prüfen, ob die gesetzlichen Vorschriften und die ergänzenden Bestimmungen des **Gesellschaftsvertrages** oder der **Satzung** beachtet worden sind; der LB darauf, ob er mit dem JA in Einklang steht und ob die sonstigen Angaben nicht eine falsche Vorstellung von der Lage des Unternehmens erwecken[9]. Maßstab dafür sind in erster Linie die Vorschriften der §§ 238 ff. HGB sowie die ergänzenden rechtsform- oder wirtschaftszweigspezifischen Sondervorschriften über den JA[10]. Die Prüfung der Einhaltung **anderer gesetzlicher Vorschriften** gehört dagegen nur insoweit zu den Aufgaben der Abschlußprüfung, als sich daraus üblicherweise Rückwirkungen auf JA oder LB ergeben. Die gesetzlichen Vorschriften über die Rechnungslegung werden ergänzt durch die nicht kodifizierten **GoB**. Da die Abschlußprüfung sich auch auf die Beachtung dieser nicht kodifizierten Grundsätze erstreckt, muß der APr. sich über die fachliche Entwicklung in diesem Bereich auf dem laufenden halten und bei Zweifelsfragen alles Geeignete tun, um sich Klarheit zu verschaffen[11].

---

7 Vgl. auch Tz. 142 ff.
8 Vgl. FG 1/1988 Abschn. B. III.
9 § 317 Abs. 1 HGB.
10 Vgl. dazu G, J, K, L.
11 Vgl. FG 1/1988 Abschn. C. II.

Bei der Prüfung der Beachtung der Bestimmungen des Gesellschaftsvertrages **8**
oder der Satzung ist der gleiche Maßstab anzulegen, wie bei der Prüfung der
Einhaltung der gesetzlichen Vorschriften selbst, dh. es ist die Beachtung solcher
(zulässigen) Bestimmungen zu prüfen, die sich auf den JA oder den LB auswirken können. Dazu zählen beispielsweise Regelungen über die Gewinnverwendung, die Inanspruchnahme zweckgebundener Rücklagen, den Verzicht auf größenabhängige Aufstellungserleichterungen oä.

Der gesetzlich festgelegte Umfang der Prüfung (§ 317 HGB) kann weder vom APr. **9**
auf eigene Initiative noch durch vertragliche Vereinbarung mit dem Unternehmen
eingeschränkt werden. Wird der APr. dagegen von der Geschäftsführung gebeten,
seine Prüfung in einer bestimmten Richtung oder auf bestimmte Sachverhalte **auszudehnen,** so hat er sorgfältig abzuwägen, ob dieser Wunsch lediglich eine Intensivierung der Prüfung in bestimmten Teilbereichen darstellt, oder ob die zusätzlich
notwendigen Prüfungshandlungen außerhalb des gesetzlichen Prüfungsumfangs
liegen. Trifft letzteres zu, handelt es sich um eine Sonderprüfung, auch wenn der
APr. die zu seiner Erledigung notwendigen Prüfungsarbeiten im zeitlichen Zusammenhang mit der Jahresabschlußprüfung durchführt. Für den Inhalt des BestV[12]
haben derartige Sonderprüfungen keine unmittelbare Bedeutung.

b) Freiwillige Jahresabschlußprüfungen

Der APr. wird häufig mit der Prüfung von Jahresabschlüssen beauftragt, ohne **10**
daß eine gesetzliche Verpflichtung zur Prüfung besteht. Anlässe für solche **freiwilligen Abschlußprüfungen** können sich ergeben aus:

– gesellschaftsvertraglich oder satzungsmäßigen Bestimmungen
– Anweisungen der Obergesellschaft
– Verlangen von Kreditgebern
– beabsichtigten Unternehmensverkäufen oä.

Soweit sich nicht aus diesen Regelungen oder Vereinbarungen heraus bestimmte
Abgrenzungen ergeben, können bei freiwilligen Abschlußprüfungen Gegenstand
und Umfang der Prüfung im Rahmen des erteilten Prüfungsauftrags zwischen
der Unternehmensleitung und dem APr. grundsätzlich frei vereinbart werden.
Soll die Prüfung jedoch mit einem § 322 Abs. 1 HGB nachgebildeten BestV
abschließen, so sind die Grundsätze des FG 1/1988 auch in diesen Fällen zu
beachten[13].

c) Sonstige Prüfungen

Gegenstand und Umfang **sonstiger Prüfungen** ergeben sich, soweit sie gesetzlich **11**
vorgeschrieben sind, idR unmittelbar aus den jeweiligen gesetzlichen Vorschriften[14]. Bei freiwilligen sonstigen Prüfungen hingegen, wie zB Kreditwürdigkeits-
prüfungen, Investitionsprüfungen oä., können Gegenstand und Umfang der Prüfung frei vereinbart werden. Dabei sollte der APr. in jedem Fall in einer schriftlichen **Auftragsbestätigung** sein Verständnis des Prüfungsauftrags dokumentieren,
um Mißverständnisse über Gegenstand und Umfang der Prüfung zu vermeiden.

---

12 Vgl. zum BestV O.
13 Vgl. auch FG 3/1988 Abschn. G. I.
14 ZB §§ 142 ff. AktG; § 313 AktG; § 340b AktG; § 16 MaBV. Vgl. zu weiteren im Bereich der Wirtschaft vorgeschriebenen Prüfungen auch D.

3. Auswahl und Intensität der Prüfungshandlungen

12 Während sich Ziel, Gegenstand und Umgang der Jahresabschlußprüfung aus den gesetzlichen Vorschriften, bzw. bei freiwilligen Abschlußprüfungen aus dem Prüfungsauftrag ergeben, bleibt es dem pflichtmäßigen Ermessen des APr. überlassen, im Einzelfall **Art und Umfang der Prüfungsdurchführung** zu bestimmen. Auswahl und Intensität der Prüfungshandlungen sowie die Bestimmung aller mit der Durchführung der Prüfung im Zusammenhang stehenden organisatorischen Maßnahmen werden dabei im wesentlichen durch folgende Faktoren beeinflußt:

- Art und Ziel der Prüfung und der daraus resultierenden notwendigen Prüfungsqualität,
- allgemeine Berufsgrundsätze, wie Unabhängigkeit, Unbefangenheit, Gewissenhaftigkeit, Eigenverantwortlichkeit, Unparteilichkeit und berufsübliche Sorgfalt,
- fachliche Verlautbarungen des Berufsstandes insbesondere Fachgutachten und Stellungnahmen zur Prüfungsdurchführung.

13 Die sachgerechte Auswahl der Prüfungshandlungen wird weiter von folgenden Faktoren bestimmt:

- Organisatorische Gegebenheiten des zu prüfenden Unternehmens, insbesondere Stand und Wirksamkeit des internen Kontrollsystems, sowie technischer und organisatorischer Stand des Buchführungssystems,
- Bedeutung der einzelnen Prüfungsgegenstände entsprechend ihrem absoluten oder relativen Wert,
- Wahrscheinlichkeit von Fehlern oder Verstößen gegen die Rechnungslegungsvorschriften.

In diesem Rahmen sind die Prüfungshandlungen vom APr. mit dem **erforderlichen Maß an Sorgfalt** so zu bestimmen, daß unter Beachtung der Grundsätze der **Wesentlichkeit** und der **Wirtschaftlichkeit** der Abschlußprüfung die geforderte Beurteilung der Rechnungslegung möglich ist[15].

14 Im folgenden soll in erster Linie ein Überblick über die Prüfungstechnik bei Jahresabschlußprüfungen gegeben werden. Ausgeklammert werden die Besonderheiten der verschiedenen Sonderprüfungen und die Eigenarten der einzelnen Branchen, die ebenfalls einen wesentlichen Einfluß auf die Art der anzuwendenden Prüfungstechnik haben[16].

15 Die folgenden Ausführungen können kein für alle Fälle anwendbares Prüfungsrezept oder ein Katalog von Mindestanforderungen sein. Dies verbietet sich schon deshalb, weil die Gegebenheiten der Prüfungspraxis zu vielfältig sind und das organisatorische Umfeld, insbesondere im Bereich der Datenverarbeitung, sich in einer stetigen Fortentwicklung befinden.

---

15 Vgl. FG 1/1988 Abschn. B. I.
16 ZB Kreditinstitute, Bausparkassen, VU, Wohnungsbauunternehmen, Krankenhäuser, kommunale Eigenbetriebe uä.; vgl. dazu auch Abschn. G, J, K, L.

4. Verantwortlichkeit der Unternehmensleitung

Die gesetzliche Verpflichtung zur Buchführung und zur Aufstellung des JA   **16**
sowie ggf. des LB obliegt den gesetzlichen Vertretern der Gesellschaft. Diese
Verpflichtung schließt die Einrichtung und Aufrechterhaltung eines angemessenen internen Überwachungssystems mit ein. Die **Verantwortlichkeit** der gesetzlichen Vertreter wird durch die Abschlußprüfung nicht eingeschränkt[17].

II. Planung der Abschlußprüfung

1. Prüfungsplanung durch den APr.

a) Ziel der Planung

Der **zeitliche Ablauf** einer Prüfung läßt sich gedanklich in die Phasen der   **17**

– Prüfungsplanung
– Prüfungsdurchführung
– Berichterstattung über die Prüfung

unterteilen.

Die Unterteilung des Prüfungsprozesses in diese **drei Phasen** gibt dabei vor
allem den gedanklichen, nicht jedoch unbedingt den zeitlichen Ablauf der Prüfung wieder[18], da eine Reihe der im Rahmen der Planungsphase benötigten
Informationen das Ergebnis von Zwischenprüfungen oder vorangegangener
Abschlußprüfungen darstellen, und umgekehrt die im Rahmen der Planung
getroffenen vorläufigen Einschätzungen und Annahmen laufend an die während
der Prüfung gewonnenen Erkenntnisse angepaßt werden müssen und insoweit
zu einer Revision des ursprünglichen Plans führen[19].

Die Prüfungsplanung umfaßt dabei die **Beschaffung von Informationen** über das   **18**
Unternehmen und die prüfungsrelevanten Bereiche, die Entwicklung einer **Prüfungsstrategie,** die **Einteilung des Prüfungsstoffs** in einzelne Prüfungsgebiete, die
Bestimmung von Art und Umfang der vorzunehmenden **Prüfungshandlungen**
und den zeitlichen und qualitativen **Mitarbeitereinsatz.** Sie soll sicherstellen,
daß die Prüfung zum vereinbarten Zeitpunkt begonnen, mit den jeweiligen
Anforderungen entsprechend qualifizierten Prüfern besetzt ist, ordnungsgemäß
durchgeführt und zeitgerecht abgeschlossen wird.

Mit der **Planung der Prüfung** sollte bereits unmittelbar nach der Erteilung des   **19**
Prüfungsauftrags begonnen werden. IdR wird sich zu diesem Zeitpunkt die Planung auf Prüfungsbeginn, voraussichtliche Prüfungsdauer und Prüfungsperso-
nal beschränken. Eine ins einzelne gehende Planung des Prüfungsablaufs wird,
soweit sie nicht durch einen mehrjährigen Prüfungsplan bereits in Teilen vorgegeben ist[20], dagegen idR erst kurz vor Beginn der Prüfung vorgenommen.

---

17 Vgl. FG 1/1988 Absch. V. III.; IFAC/Auditing 1, Objective and Scope of the Audit of Financial
     Statements, Para. 4.
18 Vgl. *Dörner* in Bericht über die IdW-Fachtagung 1988, Düsseldorf 1989 S. 343.
19 Vgl. FG 1/1988 Abschn. D. II. 2.
20 Vgl. Tz. 132 f.

b) Überblick über den Planungsprozeß

20 Der APr. hat die **Auswahl seiner Prüfungshandlungen** mit dem erforderlichen
Maß an Sorgfalt so vorzunehmen, daß er ein verläßliches Urteil über die Rechnungslegung des geprüften Unternehmens abgeben kann. Bei der Auswahl der
Prüfungshandlungen sind gleichzeitig die Grundsätze der Wesentlichkeit und
der Wirtschaftlichkeit zu beachten, um zu gewährleisten, daß nur solche Prüfungshandlungen vorgenommen werden, die für die Abgabe eines verläßlichen
Urteils erforderlich sind bzw. bei mehreren alternativen Prüfungshandlungen
diejenige ausgewählt wird, mit der das Prüfungsziel am effizientesten erreicht
werden kann[21].

21 Das Postulat der **Prüfungsökonomie** erfordert vom APr. eine **Risikobeurteilung**
der einzelnen Prüfungsgebiete, die es ihm ermöglicht, in den Bereichen, die als
besonders risikoreich anzusehen sind, entsprechend umfangreiche Prüfungshandlungen zu planen, während er in den Bereichen, in denen das Risiko als
gering anzusehen ist, daß Fehler vorhanden sind oder im Rahmen der Prüfung
nicht aufgedeckt werden, die Prüfungshandlungen entsprechend reduzieren
kann[22].

22 Dies setzt voraus, daß sich der APr. einen möglichst umfassenden Überblick
über das zu prüfende Unternehmen und die prüfungsrelevanten Bereiche verschafft. Die im Rahmen dieses Informationsbeschaffungs- und -analyseprozes-
ses heranzuziehenden Informationen umfassen allgemeine Informationen über
die **Geschäftstätigkeit** und das **wirtschaftliche Umfeld** des Unternehmens[23],
durch die sich der APr. mit den grundlegenden Verhältnissen des Unternehmens
vertraut macht sowie Erkenntnisse über externe Einflußfaktoren gewinnen kann,
die auf die Lage des Unternehmens insgesamt oder auf einzelne Prüfungsgebiete
(zB Ansatz oder Bewertung bestimmter Bilanzposten) Einfluß haben können.
Daneben benötigt der APr. spezifische Informationen für die einzelnen Prüfungsbereiche über das jeweilige **Kontrollumfeld**[24], das **Rechnungswesen**[25] und
das **interne Kontrollsystem**[26]. Unter Kontrollumfeld[27] wird dabei die Gesamtheit
der Einflußfaktoren verstanden, von denen Stellung und Wirksamkeit des Buch-
führungs- und Kontrollsystems abhängen, wie zB die Organisation, die Personalpolitik oder ähnliche Einflußfaktoren. Die Information über das Buchfüh-
rungs- und Kontrollsystem bieten dem APr. ein Verständnis für die dort angewandten Regeln und Dokumente, die Verzahnung zwischen Haupt- und Neben-
buchführungen, die angewandten Buchführungsverfahren sowie das Vorhandensein angemessener Kontroll- und Überwachungsmechanismen.

---

21 Vgl. FG 1/1988.
22 Vgl. *Dörner* in Bericht über die IdW-Fachtagung 1988 S. 339; *Schülen* WPg. 1989 S. 2. Von den
    internationalen Verlautbarungen, denen in diesem Zusammenhang Rechnung getragen wurde, sind
    insbes. zu nennen IFAC/Auditing 25, Materiality and Audit Risk sowie IFAC/Auditing 29, The
    Assessment of Inherent and Control Risks and Their Impact on Substantive Procedures.
23 Vgl. dazu auch Tz. 27 ff.
24 Vgl. dazu auch Tz. 35 ff.
25 Vgl. dazu auch Tz. 40 ff.
26 Vgl. dazu auch Tz. 43 ff.
27 Im Gegensatz zu den internationalen Verlautbarungen (vgl. zB IFAC/Auditing 6, Study and Eva-
    luation of the Accounting System and Related Internal Controls in Connection with an Audit, Para.
    6) wird im FG 1/1988 das Kontrollumfeld nicht ausdrücklich als Gegenstand der Informationsbe-
    schaffung für Planungszwecke genannt.

Soweit dem APr. nicht bereits aus vorangegangenen Prüfungen weitergehende   23
Informationen über das Buchführungs- und Kontrollsystem vorliegen, wird er
sich in der Planungsphase idR darauf beschränken, die vorhandenen Verfahren
aufzunehmen und eine vorläufige Einschätzung vorzunehmen, ob und inwieweit
diese von ihrer **Soll-Konzeption** her geeignet erscheinen, bei der Prüfung des
jeweiligen Bereichs auf dem vorhandenen System aufbauen zu können. Die Prüfung der Zuverlässigkeit und Funktionsfähigkeit des Systems erfolgt dagegen
erst im Rahmen der Prüfungsdurchführung. Werden dabei Schwachstellen
erkannt, die zu einer anderen Einschätzung des internen Kontrollsystems führen, so ist der Prüfungsplan entsprechend zu ändern[28].

Zusätzliche Hinweise auf bedeutende Prüfungsfelder oder ungewöhnliche Ent-   24
wicklungen, die erhöhte Risiken in sich bergen können, kann der APr. schließlich durch eine erste **Plausibilitätsbeurteilung**[29] erhalten, bei der er beispielsweise das Verhältnis bestimmter Posten zueinander oder deren Entwicklung im
Vergleich zum VJ analysiert.

Die im Rahmen dieses Informationsbeschaffungsprozesses gewonnenen   25
Erkenntnisse und Hinweise erlauben dem APr., eine vorläufige Risikoeinschätzung für die einzelnen Prüfungsgebiete vorzunehmen und eine dieser Einschätzung entsprechende **Prüfungsstrategie** zu entwickeln, bei der er unter Berücksichtigung der relativen oder absoluten Bedeutung der Prüfungsgebiete festlegt,

– in welchen Bereichen bei der Durchführung der Prüfung ein Abstützen auf
  das interne Kontrollsystem möglich und sinnvoll ist,
– in welchen Bereichen aufgrund einer erhöhten Risikoeinschätzung umfangreichere Prüfungshandlungen erforderlich sind, bzw. in welchen Bereichen aufgrund eines geringen Risikos eine Prüfung in vermindertem Umfang möglich
  erscheint,
– welche Prüfungshandlungen zur Gewinnung urteilsrelevanter Informationen
  in den einzelnen Prüfungsbereichen durchgeführt werden sollen.

Die getroffenen Feststellungen finden, ergänzt um die personellen und zeitlichen Planungsaspekte, in einem **Prüfungsplan** ihren Niederschlag, der laufend
den während der Prüfung gewonnenen Erkenntnissen anzupassen ist. Die Prüfungsplanung stellt somit kein statisches, sondern ein dynamisches Element des
Prüfungsprozesses dar.

c) Sachliche Planung

aa) Informationen als Grundlage der Planung

Für die Durchführung der **sachlichen Planung,** dh. die Aufteilung des Prüfungs-   26
stoffs in einzelne Prüfungsgebiete und die Auswahl der vorzunehmenden Prüfungshandlungen, muß der APr. eine Risikobeurteilung der einzelnen Prüfungsgebiete vornehmen, die ihn in die Lage versetzt, die kritischen Prüfungsgebiete
zu erkennen, eine Prüfungsstrategie zu entwickeln und das Prüfungsprogramm
zu erstellen. Dazu benötigt der APr. mit Bezug auf das zu prüfende Unternehmen Informationen über:

---

28 Vgl. FG 1/1988 Abschn. D. II. 2.
29 Vgl. Tz. 51 ff. sowie FG 1/1988 Abschn. D. II. 3 Anm. 2.

- die Geschäftstätigkeit und das wirtschaftliche Umfeld
- das Kontrollumfeld
- das Rechnungswesen
- das interne Kontrollsystem

Die drei letztgenannten Bereiche werden teilweise auch unter dem Begriff „**Kontrollstruktur**" (control structure) [30] zusammengefaßt.

(1) Informationen über die Geschäftstätigkeit und das wirtschaftliche Umfeld

27 Um alle Geschäftsvorfälle, Maßnahmen und Ereignisse, die auf den JA bzw. einzelne prüfungsrelevante Bereiche einen wesentlichen Einfluß haben können, bereits möglichst frühzeitig zu erkennen und das Prüfungsprogramm darauf ausrichten zu können, benötigt der APr. umfassende Informationen über die **Geschäftstätigkeit** des zu prüfenden Unternehmens und das **wirtschaftliche Umfeld,** in dem es tätig ist. Zu den Informationen, die dazu herangezogen werden können, zählen beispielsweise [31]:

Geschäftstätigkeit

28 – In welcher Branche ist der Mandant tätig?
- Wie ist seine Stellung innerhalb der Branche?
- Welche Produktionsverfahren werden angewandt?
- Welches sind die hauptsächlichen Produkte oder Dienstleistungen?
- Unterliegen Produktion oder Absatz außergewöhnlichen oder saisonbedingten Einflüssen?
- Bestehen langfristige Verträge mit Lieferanten und/oder Kunden?
- Bestehen Verträge mit Lizenzgebern und/oder Lizenznehmern?
- Wer sind die wesentlichen Lieferanten und Abnehmer und in welchen Ländern sind sie ansässig?

Der Umfang der benötigten Informationen wird dabei wesentlich davon abhängen, ob es sich um eine Erst- oder Wiederholungsprüfung handelt. Als mögliche Informationsquelle kommen ua. in Betracht:

- PrB des VJ
- Dauerakte
- Arbeitspapiere des VJ
- Geschäftsberichte
- Vorstands- und Aufsichtsratsprotokolle
- Planungsrechnungen
- Berichte in Fach- und Wirtschaftszeitschriften
- Betriebsbesichtigungen.

Informationen über die Organisationsstruktur und die rechtlichen Verhältnisse

29 – Sind im abgelaufenen GJ Änderungen in der Geschäftsführung eingetreten?
- Haben sich entscheidende Änderungen in der Organisationsstruktur ergeben?
- Welche Arten von Unternehmensverbindungen oder Unternehmensverträgen bestehen und mit wem?

---

30 Vgl. AICPA, Statement on Auditing Standards (SAS), No. 55 Consideration of the Internal Control Structure in a Financial Statement Audit, Para. 02.
31 Vgl. IFAC/Auditing 4, Planning.

Kapital- und Finanzierungsverhältnisse

– Wie ist die Eigenkapitalausstattung des Unternehmens?   30
– Ist sie als branchen- und/oder rechtsformüblich anzusehen?
– Wer sind die hauptsächlichen Kreditgeber?

Personalwesen

– Wie hat sich der Personalstand im vergangenen GJ entwickelt?   31
– Welche Entlohnungssysteme existieren im Unternehmen?
– Gibt es außergewöhnliche Entlohnungsvereinbarungen mit Einzelnen oder mit Gruppen von Arbeitnehmern?
– Welche Altersversorgungszusagen bestehen für die Belegschaft?

(2) Informationen über die Kontrollstruktur des Unternehmens

Um eine wirtschaftliche Durchführung der Prüfung zu gewährleisten, sollte der   32
Prüfer soweit wie möglich die vorhandene **Konstrollstruktur** für Zwecke der Jahresabschlußprüfung nutzen. Unter Kontrollstruktur sind dabei alle Grundsätze und Maßnahmen zu verstehen, die dazu geeignet sind, die ordnungsgemäße Erfassung der Geschäftsvorfälle und die Verarbeitung, Speicherung, Ausgabe, Dokumentation und Sicherung des Buchungsstoffes zu gewährleisten. Die Kontrollstruktur wird in der Literatur[32] in drei Bereiche unterteilt:

– Kontrollumfeld
– Buchführungssystem
– internes Kontrollsystem

wobei die Grenzen zwischen diesen Bereichen fließend sind.

Der APr. muß sich im Rahmen der Prüfungsplanung ausreichende Informatio-   33
nen über **Aufbau und Wirkungsweise** der vorhandenen Konstrollstruktur verschaffen, um entscheiden zu können, inwieweit die Prüfung von Geschäftsvorfällen auf dem vorhandenen System aufbauen kann. Dazu hat er für die prüfungsrelevanten Bereiche Sollanforderungen festzulegen, denen das System entsprechen muß, damit es für Zwecke der Abschlußprüfung verwendet werden kann.

Diese erste Beurteilung bedeutet noch keine Festlegung auf einen bestimmten   34
Prüfungsansatz, sie ist jedoch notwendig, um zu einem effizienten Prüfungsansatz zu kommen, da der Aufwand für Dokumentation und Funktionsprüfungen der internen Kontrollen idR nicht unerheblich ist. Es soll vermieden werden, daß das interne Kontrollsystem in den Prüfungsansatz mit einbezogen wird, obwohl das Risiko besteht, daß effektive interne Kontrollen nicht durchgeführt werden oder nicht wirksam sind, weil sie in einem schwachen Kontrollumfeld arbeiten.

(a) Kontrollumfeld

Das Buchführungs- und Kontrollsystem arbeitet in einem Umfeld, das, ohne   35
selbst einen unmittelbaren Einfluß auf die ordnungsgemäße Erfassung und Ver-

---

32 Vgl. IFAC/Auditing 6, Study and Evaluation of the Accounting System and Related Internal Controls in Connection with an Audit.

arbeitung der Geschäftsvorfälle zu haben, deren Wirksamkeit erheblich beeinflussen kann. Als wesentliche Kriterien, die der APr. bei einer **Einschätzung des
Kontrollumfeldes** berücksichtigen sollte, sind dabei zu nennen:

· das Kontrollbewußtsein der Unternehmensleitung und das Risiko der Umgehung von Kontrollen

36   Die Unternehmensleitung ist für die Einrichtung eines ordnungsmäßigen
      Buchführungs- und Kontrollsystems und für dessen Funktionieren verant-
      wortlich[33]. Dementsprechend muß sie sich in regelmäßigen Abständen davon
      überzeugen, daß das angewandte System der Struktur des Unternehmens
      noch gerecht wird und daß die wesentlichen Kontrollen beachtet werden.
      Soweit diese Aufgaben an eine Innenrevision delegiert worden sind, muß
      diese sowohl von ihrer Größe, der fachlichen Qualität ihrer Mitarbeiter, als
      auch der hierarchischen Einordnung in die Führungsstruktur in der Lage sein,
      diese Aufgabe wirksam wahrzunehmen.

      Ein Indiz für das Kontrollbewußtsein der Unternehmensleitung ist auch, ob
      ein wirksames Planungs- und Informationssystem eingerichtet wurde, bei dem
      regelmäßige Soll-Ist-Vergleiche vorgenommen und bei Planabweichungen
      rechtzeitig entsprechende Gegensteuerungsmaßnahmen eingeleitet werden.

· Funktionstrennung

37   Die Funktionsfähigkeit des Buchführungs- und Kontrollsystems hängt
      wesentlich davon ab, daß durch wirksame Funktionsbeschreibungen und
      Funktionstrennungen sichergestellt ist, daß bei der Bearbeitung von
      Geschäftsvorfällen unvereinbare Tätigkeiten nicht in einer Person oder Abtei-
      lung zusammengefaßt sind. Dies muß auch bei Abwesenheit von Mitarbeitern
      durch Urlaub, Krankheit oä. gewährleistet sein. Tätigkeiten sind immer dann
      unvereinbar, wenn sie es ermöglichen würden, Fehler oder betrügerische
      Handlungen sowohl zu veranlassen als auch zu verschleiern[34]. Daher müssen
      die Funktionen der Veranlassung, Genehmigung, Verbuchung und Verwal-
      tung stets getrennt sein.

· Personal

38   Ein weiterer wesentlicher Einflußfaktor für die Funktionsfähigkeit des Buch-
      führungs- und Kontrollsystems ist die fachliche Kompetenz und die Loyalität
      der Mitarbeiter. Bei einer Einschätzung dieser Kriterien können sowohl die
      grundsätzliche Personaleinstellungs- und -entwicklungspolitik des Unterneh-
      mens (Auswahlkriterien bei der Einstellung, Aus- und Weiterbildung, Mitar-
      beiterbeurteilung, Vergütungsrahmen), als auch Erfahrungen bei früheren
      Abschlußprüfungen (zB Umfang der erforderlichen Berichtigungsbuchungen)
      als Anhaltspunkte dienen.

39   In der Planungsphase wird der APr., je nach dem, ob es sich um eine Erstprü-
      fung oder um eine Wiederholungsprüfung handelt, nur zu einer mehr oder weni-
      ger groben Einschätzung des Kontrollumfeldes gelangen können. Gleichwohl
      erhält er dadurch eine erste Grundlage für eine vorläufige Entscheidung dar-

---

33 Vgl. auch FG 1/1988, Abschn. B. III.
34 Vgl. IFAC/Auditing 6, Para. 6a).

über, ob eine Einbeziehung des internen Kontrollsystems in die Prüfung des JA bzw. einzelner Teilbereiche möglich oder sinnvoll ist.

(b) Buchführungssystem

Um die Prüfung sachgerecht planen zu können, benötigt der APr. zumindest **40** einen groben Überblick über das im Unternehmen angewandte **Buchführungssystem,** der ihm eine erste Beurteilung darüber ermöglicht, ob es von seiner organisatorischen Ausgestaltung her eine Gewähr dafür bietet, daß alle Geschäftsvorfälle vollständig, richtig und zeitnah erfaßt werden bzw. in welchen Bereichen aufgrund unzureichender organisatorischer Regelungen eine Quelle für mögliche Fehler vorhanden sein könnte.

Anhaltspunkte für eine erste Einschätzung des Buchführungssystems können **41** unter anderem sein:

- Organisation der Buchführung
- Angewandte Buchführungsverfahren
- Arten von Nebenbuchhaltungen und deren Abstimmung mit Geschäfts- und Betriebsbuchhaltung
- Systematik und Gliederungstiefe des Kontenplans
- Organisation des Belegwesens
- Grundsätze für die Kontenführung
- Art und Umfang des EDV-Einsatzes
- Vorhandensein automatischer oder manueller Abstimmungsmöglichkeiten und Selbstkontrollen sowie die Behandlung festgestellter Differenzen.

Der Umfang der vom APr. für eine **erste Einschätzung** des Buchführungssystems **42** und möglicher Fehlerquellen oder risikobehafteter Bereiche benötigten Informationen wird bei Erst- und Wiederholungsprüfungen unterschiedlich sein. Während der APr. bei Wiederholungsprüfungen idR auf umfangreiche Unterlagen aus den VJ und die im Rahmen der Prüfung der Ordnungsmäßigkeit der Buchführung[35] gewonnenen Kenntnisse und Erfahrungen zurückgreifen kann, wird er sich bei Erstprüfungen im Rahmen der Planungsphase nur einen ersten groben Überblick verschaffen können. Stellt sich dabei während der Prüfungsdurchführung heraus, daß die dem Prüfungsplan zugrundegelegte Einschätzung des Buchführungssystems in einzelnen Bereichen unzutreffend war, so muß der APr. erwägen, inwieweit sich daraus die Notwendigkeit zu einer Änderung des Prüfungsplans ergibt.

(c) Internes Kontrollsystem

Das **interne Kontrollsystem** „umfaßt sowohl den Organisationsplan als auch **43** sämtliche aufeinander abgestimmte Methoden und Maßnahmen in einem Unternehmen, die dazu dienen, sein Vermögen zu sichern, die Genauigkeit und Zuverlässigkeit der Abrechnungsdaten zu gewährleisten und die Einhaltung der vorgeschriebenen Geschäftspolitik zu unterstützen"[36].

---

35 Vgl. Tz. 149 ff.
36 Vgl. *Neubert,* Internal Control, Düsseldorf 1959 S. 9.

44 Daraus lassen sich im wesentlichen folgende **Aufgaben** des internen Kontrollsystems ableiten[37]:

(1) Sicherung und Schutz des vorhandenen Vermögens vor Verlusten aller Art,

(2) Gewinnung genauer, aussagefähiger und zeitnaher Aufzeichnungen,

(3) Förderung des betrieblichen Wirkungsgrades durch Auswertung der Aufzeichnungen,

(4) Unterstützung der Befolgung der vorgeschriebenen Geschäftspolitik.

45 Für die Abschlußprüfung sind normalerweise nur die Aufgaben (1) und (2) von Interesse, wobei das Schwergewicht bei der Aufgabe (2) liegt. Bei Genossenschaften sowie Unternehmen mit Beteiligung der öffentlichen Hand, wo auch die Ordnungsmäßigkeit der Geschäftsführung in die Prüfung einzubeziehen ist (§ 53 Abs. 1 GenG bzw. § 53 HGrG), können dagegen auch die beiden übrigen Aspekte, insbesondere (4), für den Prüfer von Bedeutung sein.

46 Das interne Kontrollsystem stellt, soweit es die für die Abschlußprüfung normalerweise relevanten Aufgaben betrifft, insofern eine **Ergänzung** des Buchführungssystems dar, als es in erster Linie eine Sicherung des Rechnungswesens vor Fehlern gewährleisten soll. Entsprechend wird das interne Kontrollsystem in der Literatur auch als der Teil des betrieblichen Überwachungssystems bezeichnet, der sich auf das Rechnungswesen bezieht[38].

47 Die Einschätzung des internen Kontrollsystems bestimmt weitgehend Art und Umfang der **ergebnisorientierten Prüfungshandlungen.** Ein gut funktionierendes internes Kontrollsystem reduziert das Risiko von Verarbeitungsfehlern und rechtfertigt daher einen geringeren Umfang ergebnisorientierter Prüfungshandlungen. Umgekehrt erfordern **Schwachstellen** im internen Kontrollsystem eine Ausdehnung und Intensivierung ergebnisorientierter Prüfungshandlungen[39].

48 Im Rahmen der Prüfungsplanung hat der APr. zu entscheiden, ob und inwieweit die Prüfung der Geschäftsvorfälle und des JA auf dem internen Kontrollsystem aufbauen kann[40].

49 Dies bedeutet nicht, daß der APr. für alle Prüfungsbereiche in jedem Fall die vorhandenen Kontrollmaßnahmen aufnehmen und beurteilen muß. Er wird im Einzelfall entscheiden müssen, ob der für die Prüfung der internen Kontrollen in einem bestimmten Bereich erforderliche Zeitaufwand in einem angemessenen Verhältnis zu dem daraus resultierenden höheren Sicherheitsgrad und der Zeitersparnis aus der Reduzierung anderer, sonst erforderlicher Prüfungshandlungen steht[41].

50 Bei Erstprüfungen wird sich der APr. in der Planungsphase idR auf ein Erfragen der wesentlichen Methoden und Maßnahmen beschränken müssen, die zur Gewährleistung der Angemessenheit und Wirksamkeit des Buchführungs- und Kontrollsystems im Unternehmen vorhanden sind. Bei Wiederholungsprüfungen kann sich der APr. dagegen auf die Erkenntnisse stützen, die er im Rahmen vorangegangener Prüfungen gewonnen hat, so daß, unter Berücksichtigung der zwischenzeitlich vorgenommenen Änderungen, bereits in der Planungsphase

---

37 Vgl. *Neubert*, Internal Control, S. 9; *Maul*, WPg. 1977 S. 229 ff.
38 Vgl. *Leffson*, Wirtschaftsprüfung, 3. Aufl., Wiesbaden 1985, S. 221/236.
39 Vgl. FG 1/1988 Abschn. D. II. 1.
40 Vgl. FG 1/1988 Abschn. D. II. 2.
41 Vgl. IFAC/Auditing 6, Para. 21b).

eine sehr viel verläßlichere Einschätzung der vorhandenen Kontrollmaßnahmen möglich ist.

(3) Plausibilitätsbeurteilung

Plausibilitätsbeurteilungen stellen analytische Prüfungshandlungen dar, bei denen der APr. das Verhältnis bestimmter prüfungsrelevanter Daten zueinander beurteilt. Sie haben das Ziel, auf der Grundlage einer Analyse von Kenn- und Vergleichszahlen auffällige Abweichungen oder Veränderungen festzustellen[42].   **51**

Bei der Vornahme von Plausibilitätsbeurteilungen werden keine Einzelsachverhalte untersucht, sondern Gruppenergebnisse (zB Aufwendungen, Erträge). Die dabei verwendeten Techniken sich insbesondere der Vergleich und die Benutzung von Kennzahlen (zB bekannter Verbrauch je Stück mal gefertigte Stückzahl = planmäßiger Gesamtverbrauch), die in einem funktionalen Zusammenhang mit den Prüfungsobjekten stehen. Mit ihrer Hilfe soll festgestellt werden, ob die in einzelnen Posten ausgewiesenen Werte in einer wirtschaftlich erklärbaren Relation zu anderen Posten stehen.   **52**

Bei der Prüfung mit Hilfe von **Vergleichszahlen** (Soll-Ist-Vergleich, Periodenvergleich, zwischenbetrieblicher Vergleich) werden die Zahlen des vorliegenden JA – insbesondere die GuV – mit denen des VJ oder – seltener – mehrerer Vorperioden verglichen. Soweit festgestellte Abweichungen nicht durch eine Änderung der wirtschaftlichen Verhältnisse oder durch eine Umstrukturierung bestimmter betrieblicher Verhältnisse bedingt sind, können sie Hinweise auf Risikobereiche bzw. Mängel des Prüfungsstoffes geben.   **53**

Bei der Prüfung mit Hilfe von **Kennzahlen** wird regelmäßig von den Verhältnissen der Abschlußzahlen untereinander ausgegangen. Solche Kennzahlen werden vor allem bei der Untersuchung der wirtschaftlichen und insbesondere der finanziellen Lage (zB Verhältnis von Eigen- und Fremdkapital, Deckungsverhältnisse, Cash flow, Ergebnis pro Aktie) verwendet. Ihre Errechnung kann für den Prüfer bei Prüfungsbeginn nützlich sein, da sie ihm Aufschlüsse über die Tendenz der wirtschaftlichen Entwicklung im abgelaufenen GJ gibt, die wiederum Grundlage der Bilanzpolitik sein kann.   **54**

Ergebnisse von Plausibilitätsbeurteilungen sind nur **innerhalb bestimmter Grenzen** aussagefähig. Dies gilt insbesondere dann, wenn sie anhand ungeprüfter Informationen durchgeführt werden, oder wenn unerkannte Änderungen der zugrunde liegenden Verhältnisse die Aussagekraft beeinträchtigen. Manipulierte Zahlen zeichnen sich häufig gerade dadurch aus, daß die daraus abgeleiteten allgemein üblichen Kenn- und Verhältniszahlen keine Abweichungen von der Norm erkennen lassen[43].   **55**

Im Rahmen der **Planungsphase** dienen Plausibilitätsbeurteilungen dazu, dem APr. Hinweise auf mögliche Risikobereiche zu liefern und ihn so bei der Feststellung von Prüfungsschwerpunkten und bedeutenden Prüfungsfeldern zu unterstützen[44].   **56**

---

42 Vgl. FG 1/1988, Abschn. D. II. 3.
43 Vgl. *Dörner* in Bericht über die IDW-Fachtagung 1988 S. 346.
44 Vgl. FG 1/1988, Abschn. D. II Anm. 2.

57 Darüber hinaus können Plausibilitätsbeurteilungen aber auch **während der Prü-
    fung** zur Beurteilung von Einzelsachverhalten sowie vor Beendigung der Prü-
    fung für eine abschließende prüferische Durchsicht als eine sinnvolle Prüfungs-
    methode herangezogen werden[45].

bb) Entwicklung der Prüfungsstrategie

(1) Grundsatz

58 Wesentliche **Kriterien** für die Bestimmung des Prüfungsumfangs sind die organi-
    satorischen und wirtschaftlichen Gegebenheiten des zu prüfenden Unterneh-
    mens, die Bedeutung des einzelnen Prüfungsgegenstandes, die Wahrscheinlich-
    keit von Fehlern oder von Verstößen gegen die Rechnungslegungsvorschriften
    sowie die Gewinnung von Prüfungsfeststellungen in zeitgerechter und wirt-
    schaftlicher Weise[46].

59 Die inhaltliche Festlegung der Prüfungshandlungen in den einzelnen Prüfungs-
    gebieten ergibt sich demnach aus sachlichen und aus zeitlichen Gründen, da
    unterschiedliche Prüfungshandlungen unterschiedlichen Zeitaufwand erfordern
    und unterschiedliche Ergebnisse bringen können.

(2) Einschätzung des Prüfungsrisikos

60 Jede Abschlußprüfung birgt grundsätzlich die Gefahr in sich, daß der APr.
    einen BestV erteilt, obwohl der JA Fehler und Mängel enthält, die durch die
    Prüfung nicht aufgedeckt wurden. Wesentliches Kriterium für die Bestimmung
    von Art und Umfang der vorzunehmenden Prüfungshandlungen ist daher das
    Risiko von Fehlern oder Verstößen gegen die Rechnungslegung, Vorschriften und
    Gepflogenheiten in den einzelnen Prüfungsgebieten (Prüfungsrisiko[47], Audit
    Risk[48]). Das Prüfungsrisiko setzt sich aus drei Teilrisiken zusammen, dem
    Risiko, das dem Prüfungsgegenstand innewohnt, dem Kontrollrisiko und dem
    Entdeckungsrisiko. Folglich ist auch bei der Prüfungsplanung zu unterscheiden
    zwischen den Risikoursachen, den innerbetrieblichen Möglichkeiten zur Risiko-
    beseitigung oder -minderung (interne Kontrollen) und den prüferischen Mög-
    lichkeiten der Fehleraufdeckung[49].

61 Unter dem **innewohnenden Risiko** (inherent risk)[50] wird das Risiko verstanden,
    daß, ohne Berücksichtigung interner Kontrollen, Bestände oder Transaktionen
    mit Fehlern behaftet sind, die zu einer Verfälschung des entsprechenden Postens
    oder des JA führen können. Bei der Einschätzung des innewohnenden Risikos
    kann sich der APr. weitgehend auf die Informationen abstützen, die er im Rah-
    men seiner Analyse der Geschäftätigkeit und des wirtschaftlichen Umfeldes
    des Unternehmens gewonnen hat. Weitere Faktoren, die Hinweise auf eine
    besondere Anfälligkeit von Posten oder Geschäftsvorfällen gegen Fehler oder
    Verstöße geben können und deshalb für die Einschätzung des innewohnenden
    Risikos herangezogen werden sollten, sind ua.:

---

45 Vgl. ebenda.
46 Vgl. FG 1/1988, Abschn. D. II. 1.
47 Vgl. *Dörner* in Bericht über die IDW-Fachtagung 1988 S. 340. FG 1/1988, Abschn. D. II. 1. Anm. 3
    verwendet stattdessen den Begriff Fehlerrisiko.
48 Vgl. IFAC/Auditing 25, Materiality and Audit Risk, Para. 9.
49 Vgl. *Hömberg*, DB 1989 S. 1785.
50 Vgl. IFAC/Auditing 25, Para. 13.

- Umfang der Gestaltungs- und Bewertungsspielräume
- Komplexität der zugrundeliegenden Berechnungen
- Zusammensetzung und Größe des Postens
- Anfälligkeit von Vermögensgegenständen gegen Diebstahl aufgrund ihres Wertes oder ihrer leichten Veräußerungsfähigkeit.

Als **Kontrollrisiko** (control risk)[51] wird das Risiko bezeichnet, das wesentliche   62
Fehler oder Verstöße bei Geschäftsvorfällen oder Beständen nicht durch das interne Kontrollsystem verhindert oder entdeckt werden. Bei der Einschätzung des Kontrollrisikos kann sich der APr. im wesentlichen auf die Informationen abstützen, die er im Rahmen der Aufnahme der Kontrollstruktur[52] gewonnen hat.

Entdeckungsrisiko (detection risk)[53] ist das Risiko, daß auch detaillierte ergeb-   63
nisorientierte Prüfungshandlungen nicht zur Aufdeckung eines wesentlichen Fehlers im jeweiligen Prüfungsbereich führen.

Die Einschätzung des innewohnenden Risikos und des Kontrollrisikos beein-   64
flussen unmittelbar die Entscheidung des APr. über Art und Umfang der ergebnisorientierten Prüfungshandlungen, die vorzunehmen sind, um das Entdeckungsrisiko auf ein vertretbares Maß zu reduzieren. Diese Abhängigkeit läßt sich anhand der nachfolgenden Tabelle verdeutlichen[54]:

		Einschätzung des Kontrollrisikos		
		Hoch	Mittel	Gering
Einschätzung des innewohnenden Risikos	Hoch	Gering	Gering	Mittel
	Mittel	Gering	Mittel	Hoch
	Gering	Mittel	Hoch	Hoch

Gelangt der APr. beispielsweise zu der Einschätzung, daß das innewohnende   65
Risiko und das Kontrollrisiko als gering einzuschätzen sind, so kann er ein hohes Entdeckungsrisiko in Kauf nehmen und entsprechend in geringerem Umfang ergebnisorientierte Prüfungshandlungen planen, um dennoch zu einem akzeptablen Prüfungsrisiko zu gelangen. Diese Abhängigkeit läßt sich auch formal in einer mathematischen Gleichung quantifizieren, die auf dem Multiplikationsgesetz der Wahrscheinlichkeitslehre basiert[55]. Dabei ist das Prüfungsrisiko (AR) gleich dem Produkt aus innewohnendem Risiko (IR), Kontrollrisiko (CR) und Entdeckungsrisiko (DR)

$$AR = IR \times CR \times DR[56].$$

---

51 Vgl. ebenda, Para. 14.; IFAC/Auditing 29, The Assessments of Inherent and Control Risks and Their Impact on Substantive Procedures, Para. 5.
52 Vgl. Tz. 26.
53 Vgl. IFAC/Auditing 25, Para. 15, IFAC/Auditing 29, Para. 9.
54 Vgl. ebenda, Appendix: Illustration of the Interrelationship of the Components of Audit Risk.
55 Das Multiplikationsgesetz der Wahrscheinlichkeit besagt, daß die Wahrscheinlichkeit des gleichzeitigen Eintretens mehrerer, voneinander unabhängiger, Ereignisse gleich dem Produkt der Einzelwahrscheinlichkeiten ist.
56 Vgl. AICPA, SAS No. 39, Audit Sampling, Para. 48, Appendix. In der Literatur ist dieses Modell teilweise noch um das Analytical Review Risk, dh. das Risiko, daß Fehler oder Verstöße nicht anhand von Plausibilitätsbeurteilungen aufgedeckt weden, erweitert worden.

66 Da der Umfang der durchzuführenden ergebnisorientierten Prüfungshandlungen im wesentlichen davon abhängt, welches Prüfungsrisiko der APr. maximal
in Kauf zu nehmen bereit ist, kann er durch Auflösung der obigen Gleichung
nach DR das **maximale Entdeckungsrisiko** ermitteln und den Umfang der ergebnisorientierten Prüfungshandlungen danach ausrichten. Beträge beispielsweise
innewohnendes Risiko und Kontrollrisiko jeweils 40% und wäre der APr. maximal bereit, ein Prüfungsrisiko von 4% in Kauf zu nehmen, so ergibt sich durch
Einsetzen in die Gleichung

$$DR = \frac{AR}{IR \times CR}$$

ein Entdeckungsrisiko von 25%. Dies zeigt, daß der APr. ein nur geringes Entdeckungsrisiko in Kauf nehmen darf und deshalb entsprechend umfangreichere
ergebnisorientierte Prüfungshandlungen planen muß.

67 Im Rahmen einer Abschlußprüfung ist es weder sinnvoll noch möglich, Risiko-
einschätzungen exakt zu **quantifizieren** und in einer kardinalen Skala abzubil-
den. Das Modell soll vielmehr lediglich dazu dienen, die Beziehungen zwischen
den einzelnen Risikoarten und die sich daraus ergebenden Auswirkungen auf
den Umfang der durchzuführenden Prüfungshandlungen aufzuzeigen.

68 Je höher das innewohnende Risiko und das Kontrollrisiko eingeschätzt werden,
desto umfangreicher müssen die ergebnisorientierten Prüfungshandlungen
geplant werden, um das Prüfungsrisiko zu minimieren. Werden umgekehrt das
innewohnende Risiko und das Kontrollrisiko als niedrig eingeschätzt, so kann
der APr. den Umfang der ergebnisorientierten Prüfungshandlungen entsprechend vermindern. Allerdings wird er auch bei einem sehr niedrig eingeschätz-
ten innewohnenden und Kontrollrisiko nicht völlig auf die Vornahme ergebnisorientierter Prüfungshandlungen verzichten können.

69 Die **Einschätzung** des innewohnenden Risikos und des Kontrollrisikos kann sich
im Verlauf der Prüfung ändern. So kann der APr. beispielsweise bei der Durchführung ergebnisorientierter Prüfungshandlungen zu Erkenntnissen gelangen,
die wesentlich von den Annahmen abweichen, die er bei der ursprünglichen Einschätzung des innewohnenden Risikos oder des Kontrollrisikos zugrunde gelegt
hat. In diesen Fällen muß er den Umfang der ergebnisorientierten Prüfungshandlungen entsprechend anpassen.

(3) Festlegung von Wesentlichkeitsgrenzen

70 Welche **Bedeutung** einem Prüfungsgegenstand oder einem bestimmten Sachverhalt im Rahmen der Rechnungslegung zukommt, ergibt sich idR aus dessen
absolutem oder relativem Wert[57]. Dabei können neben quantitativen in Einzelfällen auch qualitative Merkmale für seine Bedeutung maßgebend sein. Der
Grundsatz der Wesentlichkeit (Materiality) in der Prüfung verlangt deshalb, Art
und Umfang der vorzunehmenden Prüfungshandlungen so festzulegen, daß
Fehler in der Rechnungslegung, die alleine oder zusammen mit anderen Fehlern
als wesentlich anzusehen sind, nicht unentdeckt bleiben. Ein Fehler ist dabei
dann als wesentlich anzusehen, wenn er wegen „seiner Art oder Bedeutung
alleine oder zusammen mit andern Fehlern in Anbetracht der gegebenen

---

57 Vgl. FG 1/1988, Abschn. D. II. 1., Anm. 2.

Umstände dazu führt, daß das Urteil eines vernünftigen Lesers, der sich auf die Informationen verläßt, beeinflußt wird oder anders ausfällt[58].

Der Wesentlichkeits- oder Materiality-Grundsatz wird im Rahmen der **71** Abschlußprüfung in zwei Bereichen angewendet. Bei der **Prüfungsplanung** dient er zur Festlegung von Art und Umfang der Prüfungshandlungen, die für eine Aufdeckung als wesentlich angesehener Fehler erforderlich erscheinen. Bei der **Prüfungsdurchführung** dient er zur Entscheidung der Frage, ob der JA oder ein Prüfungsgebiet trotz der dort festgestellten Fehler noch als ordnungsgemäß angesehen werden kann.

Für die Anwendung des Wesentlichkeitsgrundsatzes muß der Abschlußprüfung **72** **Materiality-Grenzen** festlegen, anhand derer er entscheiden kann, welche Bereiche in welchem Umfang zu prüfen sind und welchen Fehler (sog. höchstzulässige Fehler) er noch akzeptieren kann, ohne den Bestätigungsvermerk einschränken oder versagen zu müssen[59].

Der Grundsatz der Wesentlichkeit wird im allgemeinen als eine relative Größe **73** verstanden, für dessen Quantifizierung in der Literatur zahlreiche **Bezugsgrößen** genannt werden[60]. Die Bedenken gegen diese Maßgrößen[61], sowie die Gefahr, daß die Vorgabe bestimmter quantitativer Regeln dazu führen könnte, daß sie ohne Berücksichtigung der Besonderheiten des jeweiligen Einzelfalles angewandt werden, haben jedoch dazu geführt, daß für die Prüfungspraxis von der Festlegung verbindlicher Grenzen bisher im internationalen Bereich weitgehend abgesehen worden ist. Auch das FG 1/1988 enthält daher in Übereinstimmung mit der internationalen Übung nur grundsätzliche Hinweise zur Festsetzung von Wesentlichkeitsgrenzen[62]. Hinzu kommt, daß für die Beurteilung der Frage, ob ein Fehler wesentlich ist, neben quantitativen auch qualitative Aspekte zu berücksichtigen sind. So können zB aufgedeckte Fehler betragsmäßig unbedeutend, jedoch gleichzeitig ein Indiz für andere Verfälschungen sein. Weitere Beispiele qualitativer Aspekte sind die Angaben über angewandte Bilanzierungs- und Bewertungsmethoden im Anhang, bei denen Fehler häufig als wesentlich anzusehen sind, da sie den Einblick der Jahresabschlußadressaten in die Lage des Unternehmens idR wesentlich beeinflussen. Statt einer Orientierung an allgemeingültig vorgegebenen Materiality-Grenzen wird der APr. deshalb aufgrund seines Sachverstandes und seiner Prüfungserfahrung in einer spezifischen Prüfungssituation und unter Berücksichtigung der Umstände des jeweiligen Einzelfalls am besten entscheiden können, inwieweit ein Fehler als wesentlich anzusehen ist.

---

58 Vgl. IFAC/Auditing 25, Para. 5.
59 Vgl. *Leffson* in HuRB S. 437 ff.; *Leffson/Böhnhoff*, WPg 1982 S. 389 ff., *Sperl*, Prüfungsplanung, Düsseldorf 1978.
60 Vgl. ua. Accountants International Study Group, Materiality in Accounting, Current Practics in Canada, the United Kingdom and the United States, New York 1974.
61 *Sperl*, Prüfungsplanung, S. 53 ff.; *Stachuletz/Kühnberger*, DBW 1987 S. 401 ff.; aA *Niehus*, WPg. 1981 S. 13; *Leffson/Bönkhoff*, WPg. 1982 S. 396.
62 Vgl. FG 1/1988, Abschn. D. II. 1., Anm. 2.

(4) Planung von Art und Umfang der Prüfungshandlungen

(a) Systemprüfungen

74 Hat sich der APr. dafür entschieden, das vorhandene Kontrollsystem für seine eigenen prüferischen Zwecke zu nutzen, so muß er sich davon überzeugen, daß die im Rahmen der Einschätzung der Kontrollstruktur getroffenen Annahmen[63] über das Vorhandensein angemessener interner Kontrollmaßnahmen in dem jeweiligen Prüfungsbereich zutreffen, daß die Kontrollen tatsächlich in den Arbeitsablauf eingebaut sind, daß die zweckentsprechend sind und wirksam ausgeführt werden und daß sie während des ganzen Jahres bestanden haben. Zu diesem Zweck muß der APr. für die entsprechenden Prüfungsgebiete **Systemprüfungen**[64] planen, durch die die prüfungsrelevanten internen Kontrollen erfaßt, hinsichtlich ihrer Anwesenheit beurteilt und auf ihre Wirksamkeit geprüft werden[65]. Dabei ist es jedoch weder möglich noch erforderlich, daß die entsprechenden Prüfungshandlungen in jedem Jahr und für alle Bereiche, in denen der APr. auf dem vorhandenen Kontrollsystem aufbauen will, vollständig vorgenommen werden.

75 Da ein Unternehmen sein internes Kontrollsystem nicht jährlich neu gestaltet, ergibt sich für die Prüfung, daß das Erfassen des prüfungsrelevanten internen Kontrollsystems und das Beurteilen seiner Angemessenheit nach dem erstmaligen Erfassen und Beurteilen in den Folgejahren nicht mit dem gleichen Aufwand wieder erfolgen muß. In den Folgejahren ist es vielmehr ausreichend, wenn die **wesentlichen Änderungen** erfaßt und die Auswirkungen dieser Änderungen beurteilt werden. Als Erfahrungswert gilt, daß nach ca. sieben Jahren ein zu prüfendes internes Kontrollsystem auch dann neu erfaßt und auf seine Angemessenheit hin beurteilt werden sollte, wenn es vom Unternehmen nicht neu konzipiert bzw. reorganisiert wurde. Das Erfassen/Aktualisieren und die Beurteilung der Angemessenheit des internen Kontrollsystems kann zu jedem beliebigen Zeitpunkt im Jahr erfolgen. Sowohl für das Unternehmen als auch für den Prüfer ist es von Vorteil, wenn bereits in der Phase der Konzeption und der Organisation von neuen Verfahren das für diese vorgesehene Kontrollsystem geprüft wird.

76 Die Prüfung der **Wirksamkeit** des internen Kontrollsystems hingegen muß bei jeder Abschlußprüfung neu erfolgen. Für diesen Teil der Prüfung des internen Kontrollsystems hat das Prüfungsergebnis aus VJ nur geringe Gültigkeit für das zu prüfende GJ. Da durch die Prüfung die Wirksamkeit der einzelnen Kontrollen für den Verlauf des gesamten GJ nachgewiesen werden soll, ist diese Prüfung erst zum Ende des GJ durchzuführen. Erst zu diesem Zeitpunkt können die Prüfungen zu den einzelnen Kontrollen und Abstimmungen über das ganze GJ gestreut werden.

---

63 Vgl. Tz. 47 ff.
64 Im Gegensatz zum in der Literatur üblichen Verständnis des Begriffs Systemprüfung, vgl. zB *Leffson* in HWRev., Sp. 1519 ff., wird der Begriff im FG 1/1988, Abschn. D. II. 2 in einem engeren Sinne, als Prüfung der Zusammenhänge innerhalb der einzelnen Prüfungsgebiete und zwischen diesen, verwendet. Zur Kritik an der begrifflichen Abgrenzung im FG 1/1988 vgl. auch *Hömberg*, DB 1989 S. 1783.
65 Vgl. FG 1/1988, Abschn. D. II. 2.

(b) Ergebnisorientierte Prüfungshandlungen

Die ergebnisorientierten Prüfungshandlungen, dh. die Einzelprüfungen von **77** Posten und Beständen des JA, muß der APr. so auswählen, daß sie ihm ein Urteil über das tatsächliche **Vorhandensein,** die zutreffende **Bewertung** und den richtigen **Ausweis** von Vermögensgegenständen und Schulden, Aufwendungen und Erträgen ermöglichen [66].

IdR werden bestimmte Prüfungshandlungen keine Aussage über alle diese Aus- **78** sagekategorien zulassen. So läßt sich beispielsweise anhand von **Saldenbestäti- gungen** das tatsächliche Vorhandensein der ausgewiesenen Forderungen nach- weisen, jedoch erlauben sie keine Aussage über ihren zutreffenden Ausweis und ihre Werthaltigkeit. Die Auswahl der vorzunehmenden Prüfungshandlungen ist deshalb so zu kombinieren, daß sie dem APr. ein verläßliches Urteil über alle relevanten Aussagen- oder Prüfkategorien ermöglicht [67].

Dabei hängt die **Verläßlichkeit** der Prüfungsnachweise wesentlich davon ab, **79** welcher Art diese Nachweise sind und aus welcher Quelle sie stammen. Exter- nen Nachweisen ist eine höhere Beweiskraft beizumessen als internen; eine Inaugenscheinnahme oder schriftliche Dokumente haben eine höhere Beweis- kraft als mündliche Auskünfte [68].

(c) Anwendung von Stichproben

Die Zielsetzung der Abschlußprüfung erfordert keine lückenlose Prüfung, viel- **80** mehr wird der APr. seine Prüfungshandlungen unter Berücksichtigung des Grundsatzes der Wesentlichkeit und des Fehlerrisikos auf der Grundlage von **Stichproben** vornehmen [69]. Dabei wird statt einer vollständigen Prüfung aller urteilsrelevanten Merkmale die Ordnungsmäßigkeit des Prüfungsgebiets anhand einer Auswahl von Elementen beurteilt. Eine Anwendung von Stichproben kommt dabei sowohl für Funktionstests im Rahmen der Prüfung des internen Kontrollsystems, als auch für ergebnisorientierte Prüfungshandlungen in Betracht.

Für die Anwendung von Stichproben stehen zahlreiche **Auswahlverfahren** zur **81** Verfügung, die sich in Verfahren mit **bewußter Auswahl** und Verfahren mit **zufallsgesteuerter Auswahl** einteilen lassen [70]. Beiden Gruppen ist gemeinsam, daß der Grad der Sicherheit und Genauigkeit des anhand der Auswahlverfahren gewonnenen Urteils nicht nur von der Anzahl der in die Stichprobe einbezoge- nen Elemente, sondern auch von der sachgerechten Anwendung der Verfahren und der Zuverlässigkeit der zugrunde gelegten Informationen über das jeweilige Prüfungsgebiet abhängt. Die erforderlichen Informationen gewinnt der APr. ua. im Rahmen der Analyse der Geschäftätigkeit und der wirtschaftlichen Verhält- nisse des Unternehmens, bei der Beurteilung des internen Kontrollsystems oder auch von außerhalb der betreffenden Abschlußprüfung (zB aus vorangegange- nen Abschlußprüfungen). Diese Informationen erlauben ihm, die Bedeutung der

---

66 Vgl. FG 1/1988 Abschn. D. II. 4; IFAC Auditing 3, Basic Principles Governing Audits, Para. 18.
67 *Hömberg* spricht in diesem Zusammenhang vom Konzept der „aussagebezogenen" Prüfung. Vgl. *Hömberg,* DB 1989, S. 1786.
68 Vgl. FG 1/1988, Abschn. D. II. 4., Anm. 1; IFAC/Auditing 8, Audit Evidence.
69 Vgl. FG 1/1988, Abschn. D. II. 1, Anm. 1.
70 Vgl. zu den folgenden Ausführungen auch St/HFA 1/1988; *v. Wysocki,* Grundlagen des betriebs- wirtschaftlichen Prüfungswesens, 3. Aufl., München 1988, S. 170 ff.

Elemente des Prüfungsgebiets für das Prüfungsurteil abzuschätzen, eine sachgerechte Schichtung des Prüfungsstoffs vorzunehmen und das Risiko abzuschätzen, daß aufgrund des gewählten Auswahlverfahrens wesentliche Elemente
nicht in die Stichprobe einbezogen werden.

(c1) Verfahren mit bewußter Auswahl

82 Von einer bewußten Auswahl spricht man, wenn die in die Stichprobe einzubeziehenden Elemente einer Grundgesamtheit vom Prüfer subjektiv aufgrund seiner **persönlichen Erkenntnisse und Erfahrungen** eigenverantwortlich, selbständig
und nach pflichtgemäßem Ermessen ausgewählt werden.

83 Davon zu unterscheiden ist die sog. **Auswahl aufs Geratewohl,** bei der ohne sachliche Überlegung eine Anzahl von Elementen aus einem Prüfungsfeld herausgegriffen wird. Da der Prüfer bei diesem Verfahren weder eine für die Grundgesamtheit repräsentative Auswahl erhält, noch gewährleistet ist, daß die für sein
Prüfungsurteil wesentlichen Elemente in die Stichprobe einbezogen werden,
kann dieses Verfahren allein nicht zur Begründung eines Urteils über das Prüfungsgebiet herangezogen werden[71].

84 Bei der bewußten Auswahl nutzt der APr. seine bisher über das Unternehmen
gewonnenen Informationen und Kenntnisse dazu, Entscheidung über die Auswahl der in die Stichprobe einzubeziehenden Elemente zu treffen, um aus dem
Ergebnis der Prüfung dieser Einzelfälle ein Urteil über das Prüfungsgebiet abzuleiten.

85 Die Auswahl der Prüfungselemente nimmt der APr. dabei nach solchen Kriterien vor, die ihm aufgrund der gewonnenen Informationen über das Prüfungsgebiet für dessen Beurteilung relevant erscheinen. Als **Auswahlkriterien** bieten sich
idR an[72]:
  - die absolute oder relative Bedeutung der Prüfungselemente in einem Prü-
    fungsfeld
  - die für das jeweilige Prüfungsfeld getroffene Risikoeinschätzung
  - die Erfassung typischer Geschäftsvorfälle.

86 Bei einer Auswahl der Prüfungselemente nach ihrer **absoluten oder relativen
Bedeutung** werden nur diejenigen Elemente in die Stichprobe einbezogen, denen
der Prüfer eine besondere Bedeutung für die Urteilsbildung beimißt. Dem liegt
die Überlegung zugrunde, daß Fehler in diesen Elementen die Aussagefähigkeit
des betreffenden Prüfungsgebietes in besonderem Maße beeinträchtigen können. Danach kann die Auswahl beispielsweise darauf ausgerichtet sein, nur Forderungen oder Verbindlichkeiten für die Prüfung auszuwählen, die einen
bestimmten DM-Betrag überschreiben (zB alle Debitoren über DM 10000,–).

87 Die Informationen, die sich der APr. über die Geschäftstätigkeit und das wirtschaftliche Umfeld des Unternehmens verschafft hat, die Einschätzung der vorhandenen Kontrollstruktur sowie die Ergebnisse der vorläufigen Plausibilitätsbeurteilungen erlauben es ihm, die Elemente eines Prüfungsgebietes für die
Stichprobenprüfung nach seiner **Risikoeinschätzung** auszuwählen. Dabei geht er
davon aus, daß in den von ihm ausgewählten Stichproben, das Fehler- und

---

71 Vgl. St/HFA 1/1988, Abschn. C. I.
72 Vgl. *Lanfermann* in HWRev. Sp. 1468 ff.

Mängelrisiko größer ist als in den übrigen Bereichen. In Betracht kommen für eine derartige Auswahl insbesondere Geschäftsvorfälle oder Posten, die außergewöhnlich sind bzw. bei denen in hohem Maße Beurteilungs- oder Gestaltungsspielräume bestehen, sowie Vermögensgegenstände, die aufgrund ihres Wertes und ihrer Verwertbarkeit anfällig für Manipulationen sind. Dabei wird der APr. auch Erkenntnisse verwerten, die er bei früheren Prüfungen dieses Unternehmens oder bei vergleichbaren Unternehmen gewonnen hat.

Bei der **Einbeziehung typischer Fälle** in die Stichprobe konzentriert sich der APr. **88** auf solche Geschäftsvorfälle, die im Prüfungsgebiet jeweils in gleicher Weise oder von den gleichen Personen verarbeitet werden und bei denen Fehler deshalb als typisch für den jeweiligen Verarbeitungsgang angesehen werden können. Die Auswahl typischer Fälle empfiehlt sich vor allem im Rahmen von Funktionsprüfungen bei der Prüfung des internen Kontrollsystems.

Für die Auswahl der Stichprobe können ua. die folgenden Kriterien herangezogen **89** gen werden:

(1) Funktionen
   (zB Zahlungsverkehr, Warenverkehr, Lohn- und Gehaltsverkehr)
(2) Abteilungen
   (zB Anlagenbuchhaltung, Lagerbuchhaltung, Kontokorrentbuchhaltung, Lohnbuchhaltung, Kassen, Filialen und andere Außenstellen)
(3) Aufträge
   (vor allem bei Einzelfertigung großer Objekte, zB Großmaschinenbau, Werften, Bauunternehmen)
(4) Kunden oder Lieferanten
   (zB Zahlungs- und Leistungsverkehr mit bestimmten Großlieferanten oder -abnehmern)
(5) verbundene Unternehmen
   (zB Rechtsbeziehungen, Einflußnahme, Verrechnungsverkehr)
(6) Zeiträume
   (zB Monate vor und nach dem Bilanzstichtag, Saison oder sonstige Perioden starken Buchungsverkehrs)
(7) Arbeitsgebiete bestimmter Angestellter.

(c2) Verfahren mit zufallsgesteuerter Auswahl

Im Gegensatz zur bewußten Auswahl, bei der die Einbeziehung von Elementen **90** in eine Stichprobe von den Erfahrungen und dem Gespür des APr. abhängt, haben bei der zufallsgesteuerten Auswahl alle Elemente der Grundgesamtheit eine **berechenbare,** von Null verschiedene **Wahrscheinlichkeit,** in die Stichprobe einbezogen zu werden. Darüber hinaus erlauben die Verfahren mit zufallsgesteuerter Auswahl dem APr., unter Anwendung **mathematisch-statistischer Regeln** Rückschlüsse auf die Grundgesamtheit zu ziehen und eine Aussage über das mit der Stichprobenprüfung verbundene Fehlerrisiko zu treffen.

Die Anwendung mathematisch-statistischer Verfahren setzt voraus, daß der APr. **91** mit dem von ihm ausgewählten Verfahren vertraut ist, da sonst die Gefahr besteht, daß durch Auswahl ungeeigneter Parameter, durch unzutreffende Schichtung oä. Ergebnisse verzerrt werden und zu falschen Rückschlüssen auf die Gesamtheit führen. Die Anwendung mathematisch-statistischer Verfahren stellt darüber hinaus erhöhte Anforderungen an die interne Organisation des zu prüfenden Unternehmens. Die für die Zwecke der Stichprobenziehung vorzunehmende Abgrenzung der Grundgesamtheit und die zutreffende strukturelle Aufbereitung des Prüfungsgebietes erfordern, daß die Merkmale, die als Auswahlkriterien in Betracht kommen bzw. selbst Gegenstand der Prüfung sein können, über den gesamten Prüfungszeitraum lückenlos erfaßt werden können. Eine weitere Voraussetzung für die Anwendung mathematisch-statistischer Verfahren ergibt sich schließlich aus den ihnen zugrundeliegenden Regeln der Wahrscheinlichkeitsrechnung. Danach verlangt die Anwendung dieser Verfahren insbesondere, daß die Anzahl der Elemente der Grundgesamtheit ausreichend groß ist und die übrigen, für die Anwendung des Verfahrens notwendigen Voraussetzungen (zB Homogenität der Grundgesamtheit) und Informationen (zB erwarteter Fehleranteil, Häufigkeitsverteilung) vorliegen.

92 Für die Durchführung von Stichprobenverfahren mit zufallsgesteuerter Auswahl stehen dem APr. zahlreiche anerkannte mathematisch-statistische Verfahren zur Verfügung, deren Anwendungsvoraussetzungen und Grundlagen in der Literatur ausführlich dargestellt sind [73].

Bei diesen Verfahren kann grundsätzlich zwischen **statistischen Schätzverfahren** und **statistischen Testverfahren** unterschieden werden.

93 Bei **statistischen Schätzverfahren** werden, ausgehend vom Ergebnis der Stichprobe, die unbekannten Parameter der Grundgesamtheit geschätzt. Als zu schätzende Parameter kommen dabei vor allem in Betracht:

– der Fehleranteil oder die Fehleranzahl (sog. homograder Fall)
– der durchschnittliche Wert einer Position bzw. der Gesamtwert aller Positionen (sog. heterograder Fall)

Zu den statistischen Schätzverfahren gehören beispielsweise:

(1) Ungeschichtete und geschichtete Schätzverfahren
    a) freie Hochrechnung
    b) gebundene Hochrechnung
       – Differenzeinschätzung
       – Verhältnisschätzung
       – Regressionsschätzung
(2) Dollar-Unit-Sampling-Verfahren.

94 Mit **statistischen Testverfahren** versucht der APr., eine bestimmte Ausgangshypothese (sog. Null-Hypothese) zu verifizieren oder zu widerlegen. Die Null-Hypothese entspricht dabei der Fehlerrate, die der APr. in der Grundgesamtheit erwartet und bei der er bereit ist, das Prüfungsgebiet als ordnungsgemäß anzunehmen.

95 Die Auswahl des im Einzelfall **anzuwendenden Verfahrens** bestimmt sich nach der Fragestellung und den vorhandenen Informationen über das jeweilige Prüfungsgebiet einschließlich der Einschätzung der gegebenen Kontroll- und Risikosituation. Diese Informationen erlauben dem Prüfer beispielsweise, solche

---

73 Vgl. zB *Elmendorff*, Anwendbarkeit von Zufallsstichproben bei der Abschlußprüfung, Düsseldorf 1963; *Leffson/Lippmann/Baetge*, Zur Sicherheit und Wirtschaftlichkeit der Urteilsbildung bei Unternehmensprüfungen, Düsseldorf 1979; *Leffson*, Wirtschaftsprüfung, S. 159 ff.; *v. Wysocki*, Grundlagen, S. 170 ff.

Prüfungsgebiete zu erkennen, in denen die Art der anfallenden Geschäftsvorfälle eine routinemäßige Verarbeitung nicht zuläßt oder erhebliche Gestaltungsspielräume bestehen. Sie geben weiter Aufschluß über Bereiche in denen er das interne Kontrollsystem als nicht hinreichend wirksam eingeschätzt hat oder in denen er sich aus anderen Gründen nicht auf das Kontrollsystem abstützen will. Diese Informationen liefern ihm außerdem wichtige Erkenntnisse über die Auswahl einzelner Parameter, wie zB des zugrunde zu legenden **Sicherheitsgrades.** So dürfte beispielsweise eine Verringerung des Sicherheitsgrades auf einen Wert unter 90% nur in den Fällen vertretbar sein, wo der APr. aufgrund seiner Risikoeinschätzung keine besonderen Risikofaktoren festgestellt hat und davon ausgehen kann, daß eine fehlerhafte statistische Aussage keine wesentliche Auswirkung auf das Gesamturteil haben wird[74].

(5) Computergestützte Prüfungshandlungen

(a) Vorbemerkung

Für die computergestützte Jahresabschlußprüfung, bei der die EDV als **Prü-** 96
fungshilfsmittel eingesetzt wird, haben sich in der Praxis zahlreiche Techniken (Computer Audit Techniques) herausgebildet[75].

Will der Prüfer diese Techniken für Systemprüfung und Einzelfallprüfung einsetzen mit dem **Ziel,** die Jahresabschlußprüfung wirtschaftlich durchzuführen und ein effizientes Prüfungsergebnis zu erreichen, so muß er zwischen den Methoden und Techniken auswählen. Für diesen Auswahlvorgang muß er die Kombinationsmöglichkeiten der Methoden und programmtechnischen Hilfsmittel kennen. Darüber hinaus ist die Auswahl von Art und Umfang der Datenverarbeitung im einzelnen Unternehmen abhängig.

Die Typisierung von Hardware- und Softwaresystemen, die möglichen Methoden- und Hilfsmittel-Kombinationen für die computergestützte Prüfung sowie die Interdependenzen dieser beiden Bereiche zur jeweiligen Organisationsstruktur der Datenverarbeitung in den einzelnen Unternehmen sollen als Strategie für die computergestützte Prüfung bezeichnet werden.

(b) Typisierung von Hardware- und Softwaresystemen

Eine Verknüpfung einzelner **Klassifizierungsmerkmale** von computergestützten 97
Buchführungssystemen, wie Funktionsumfang, Nutzungsform, Organisationsform und Softwareart, führt zu vier charakteristischen Typen von computergestützten Buchführungssystemen:

1. Stapelorientiertes, total zentralisiertes Großrechnersystem mit nicht oder nur wenig integrierter Individualsoftware,
2. Dialogorientiertes, weitgehend integriertes und standardisiertes Buchführungssystem auf einem zentralen Großrechner mit dezentralen Datenerfassungs- und eventuell auch dezentralen Speicherungs- und Verarbeitungsmöglichkeiten,
3. Dialogorientiertes, integriertes Standardbuchführungssystem auf dezentral installierten Mikrocomputern und/oder vernetzten Mikrocomputern,

---

74 Vgl. St/HFA 1/1988, Abschn. D. III. 2. b).
75 Vgl. ua. *Minz, R.,* Computergestützte Jahresabschlußprüfung – Die Entwicklung idealtypischer Prüfungshilfsmittel und Prüfungsstrategien für die computergestützte Prüfung von EDV-Buchführungssystemen, IDW-Verlag Düsseldorf 1987; St/FAMA 1/1987; *Besser,* WPg. 1988 S. 672 ff.; *Will,* WPg. 1991 S. 57 ff.

4. Dialogorientiertes, total dezentralisiertes integrierbares Standardbuchführungssystem auf einem Mikrocomputer im Stand-alone-Betrieb.

(c) Hilfsmittelkombinationen für die computergestützte Prüfung

98   Die Entwicklung alternativer, den Zielgrößen der Urteilssicherheit und Wirtschaftlichkeit entsprechende **Strategien** für die computergestützte Prüfungsdurchführung setzt zunächst eine umfassende, von bestimmten Prüfungsobjektstrukturen unabhängige Analyse aller Relationen und Kombinationsmöglichkeiten zwischen den bekannten Methoden und Hilfsmitteln zur computergestützten System- und Datenprüfung voraus. Dabei ist zwischen vertikalen Kombinationsmöglichkeiten innerhalb der System- und Datenprüfung und horizontalen Kombinationen zwischen diesen beiden Teilgebieten der Prüfungsdurchführung zu unterscheiden.

(c1) EDV-Unterstützung für die Sytemprüfung

99   Abgesehen vom Einsatz einer möglichst dialogisierten Checkliste auf einem prüfereigenen Mikrocomputer, sind grundsätzlich solche Prüfungshilfsmittel miteinander zu kombinieren, die einerseits eine Programmfunktionsprüfung und andererseits die Feststellung der Programmidentität zum Ziele haben.

100   Eine Kombination von sachlogischer Programmprüfung und Testfallmethode bietet sich zur Prüfung der **Ordnungsmäßigkeit der Programmlogik** (Verarbeitungslogik) an. Ausschlaggebend dafür sind die wechselseitigen Beziehungen zwischen diesen beiden Methoden. Die Problematik der Testfallmethode liegt bekanntlich in der Notwendigkeit, durch die Testfälle möglichst alle Verarbeitungs- und Kontrollfunktionen des zu prüfenden Programms anzusprechen. Dies kann nur erreicht werden, wenn der Prüfer sich vor der Konzipierung der Testfälle gründlich mit dem zu prüfenden Programm anhand der Verfahrensdokumentation auseinandergesetzt, dh. die Sachlogik des Programmes analysiert hat. Insbesondere können bei der sachlogischen Programmprüfung aufgestellte Fehlerhypothesen bezüglich der Programmlogik und der Kodierung durch die Anwendung der Testfallmethode verifiziert werden. Umgekehrt kann bei abweichenden Testergebnissen die Fehlerquelle nur durch eine Analyse des Quellcodes, dh. durch eine sachlogische Programmprüfung lokalisiert werden.

101   Die kombinierte Anwendung beider Methoden sollte durch geeignete **Prüfungswerkzeuge** unterstützt werden (Float Charting Software und Rückübersetzungsprogramme, Nutzung des Data Dictionary der datenbankgestützten Buchführungssysteme, Mikro- oder großrechnergestützte Testgeneratoren, Testprotokollprogramme, Trace-Routinen oder Snap Shorts, auf Großrechnersystemen implementierbare Systemkontrollprogramme zur Aufzeichnung von Systemaktivitäten, Parallelprogrammierung auf dem prüfereigenen Mikrocomputer).

102   Wie bereits erwähnt, sind die Methoden und Hilfsmittelkombinationen zur Prüfung der Programmlogik um Methoden und Werkzeuge zur Feststellung der Programmidentität zu ergänzen, wobei diese wiederum untereinander kombiniert werden können (zB Arbeitswiederholung, Vergleich des Programmbibliotheksprotokolls mit dem Consol-Protokoll und/oder entsprechenden Auswertungen und Systemaktivitätsuntersuchungen, Einsatz von Program-Code-Compare-Software auf dem Großrechner).

Einer besonderen Erwähnung bedarf ITF und diese Methode ergänzende Hilfs-   **103**
mittel (Integrated Test Facility). Durch die gegebenenfalls mikrocomputergestützte Installation einer **Integrated Test Facility** werden Programmlogik und
Programmidentität gewissermaßen als permanente Systemprüfung gleichzeitig
geprüft. ITF läßt sich wiederum mit anderen Methoden und Werkzeugen kombinieren wie beispielsweise mit der sachlogischen Programmprüfung. Ebenso
kann ITF durch die Verwendung von Testhilfen effektiver gestaltet werden. Bei
datenbankgestützten Buchführungssystemen muß zur Implementierung von ITF
auf das Data Dictionary zurückgegriffen werden.

(c2) EDV-Unterstützung für die Einzelfallprüfung

Im Gegensatz zu den einzelnen Hilfsmitteln der computergestützten Systemprü-   **104**
fung verfolgen die verschiedenen Softwarewerkzeuge zur Vornahme der **Einzel-**
fallprüfungen grundsätzlich alle die gleiche Zielsetzung. Dabei muß differenziert
werden zwischen der Kombination verschiedener Softwarehilfsmittel beim
Großrechner, auf dem prüfereigenen Mikrocomputer und einer eventuell möglichen Verknüpfung der auf beiden Rechnertypen implementierten Softwarewerkzeuge zur Durchführung von Einzelfallprüfungen.

Im Großrechnerbereich bietet sich die Kombination von Dienstprogrammen
und Prüfsoftware an.

Von ihrer Struktur her ähnliche Kombinationen sind auch bei der mikrocompu-   **105**
tergestützten Datenprüfung denkbar. Läßt man die zum Datentransfer benötigte
Kommunikationssoftware außer Betracht, so können auf dem prüfereigenen
Mikrocomputer folgende Softwarehilfsmittel miteinander kombiniert werden:

a) Dienstprogramme untereinander
b) Dienstprogramme und spezielle Prüfprogramme
c) Dienstprogramme und Prüfprogrammpakete
d) spezielle Prüfprogramme und Prüfprogrammpakete.

Als Beispiele für vier Kombinationsmöglichkeiten zwischen großrechner- und   **106**
mikrocomputergestützten Hilfsmitteln zur Einzelfallprüfung seien genannt:

a) Dienstprogramme auf dem Großrechner und Prüfsoftware auf dem Mikrocomputer
b) Prüfsoftware auf dem Großrechner und Dienstprogramme auf dem Mikrocomputer
c) kompatible Prüfsoftware auf dem Mandanten-Großrechner und dem Prüfer-PC
d) kompatible Prüfsprachen auf dem Mandanten-Großrechner und dem Prüfer-
   PC.

(c3) Unterstützung für System- und Einzelfallprüfung

Neben diesen dargestellten **vertikalen Kombinationsmöglichkeiten** jeweils inner-   **107**
halb der Systemprüfung und der Einzelfallprüfung bestehen Verbindungsmög-
lichkeiten zwischen den Hilfsmitteln der System- und Datenprüfung (horizontale Kombinationsmöglichkeiten). Dabei ist zu entscheiden, ob system- oder ein-
zelfallorientierte Prüfungshandlungen im Vordergrund stehen oder ob eine
Kombination zum Zwecke eines Ergebnistransfers zwischen System- und Einzel-
prüfung angestrebt wird.

108 Im Rahmen der Systemprüfung können bestimmte Prüfungshandlungen auch durch den Einsatz von normalerweise zur Einzelfallprüfung vorgesehener Prüfungssoftware unterstützt werden. Prüfprogrammpakete erlauben die Durchführung folgender systemorientierter Prüfungshandlungen:

a) Testdatenherstellung mit Hilfe von Prüfsoftware

b) Analyse der von Systemkontrollprogrammen erzeugten Auswertungen mit Hilfe von Prüfsoftware

c) Parallelprogrammierung mit Prüfsoftware

d) Programmvergleich für Prüfsoftware.

In umgekehrter Weise können bestimmte, primär der Systemprüfung zuzuordnende Hilfsmittel in Kombination mit Prüfsoftware auch zur Unterstützung der Einzelfallprüfung Verwendung finden.

Hierbei handelt es sich im wesentlichen um Data Dictionary-Systeme und Systemkontrollprogramme.

109 Schließlich sei auf den wichtigen Umstand des möglichen Ergebnistransfers zwischen den auf die Programmlogik abzielenden Methoden und Werkzeugen der Systemprüfung und der Einzelfallprüfung mit Hilfe von Prüfsoftware hingewiesen. Mit Hilfe der Testfallmethode, ITF, der sachlogischen Programmprüfung und/oder der Parallelprogrammierung festgestellte Kontrollücken und fehlerhafte Verarbeitungsfunktionen sollten durch den gezielten Einsatz von Prüfsoftware auf ihre Auswirkung auf die verarbeiteten Daten hin untersucht werden (Datenprüfung innerhalb einer Verfahrensprüfung).

(d) Strategie für die computergestützte Prüfung

(d1) Prüfung von Großunternehmen mit zentraler Groß-EDV

110 Bei **Großunternehmen** kann idR der kurz skizzierte Typ 1 eines computergestützten Buchführungssystems als repräsentativ unterstellt werden. Batch-Anwendungen stehen im Vordergrund, so daß hier von der Stapelorientierung des computergestützten Buchführungssystems als weiterem charakteristischen Merkmal der Prüfungsobjektstruktur ausgegangen werden soll.

Zunächst ist festzustellen, daß für computergestützte Buchführungssysteme dieses Typs die meisten der dargestellten Methoden und Hilfsmittelkombinationen anwendbar sind mit Ausnahme von Data Dictionary-Systemen und datenbankspezifischen Dienstprogrammen, da computergestützte Buchführungssysteme dieser Art in der Regel nicht datenbankgestützt betrieben werden können. Ferner erscheint in dieser Prüfungsumgebung die Ankopplung eines prüfereigenen Mikrocomputers problematisch, da die dazu auch hostseitig benötigten Kommunikationseinrichtungen infolge der Stapelorientierung kaum vorhanden sein dürften.

111 Zur Durchführung der **Systemprüfung** sollte der Prüfer eine Kombination aus Testfallmethode, sachlogischer Programmprüfung und einem Werkzeug zur Programmidentitätsprüfung verwenden. Zur Feststellung der Programmidentität sollte nach Möglichkeit Program-Code-Compare-Software eingesetzt werden. Die Implementierung einer Integrated Test Facility zur gleichzeitigen Prüfung von Programmlogik und Programmidentität ist bei computergestützten Buchführungssystemen der beschriebenen Art zwar grundsätzlich realisierbar, jedoch sind dafür schwierige zeitaufwendige Eingriffe in das Buchführungssystem erforderlich, so daß hohe Implementierungskosten durch die notwendige Hinzuziehung von Spezialisten entstehen. Aufgrund der Batch-Orientierung bieten sich für die computergestützte Datenprüfung generelle Prüfprogramme an.

(d2) Prüfung von Groß- und Mittelbetrieben mit dezentralisierter Dialog-Datenverarbeitung

Angesprochen sind hier die computergestützten Buchführungssysteme vom Typ 2 und 3.   **112**

Im Mittelpunkt der **Systemprüfung** steht bei der hier untersuchten Prüfungsobjektstruktur die **Testfallmethode.** Falls die Testfallprüfung gravierende Fehler in der Programmlogik aufdeckt, so ist zunächst der Programmablauf anhand der Verfahrensdokumentation nachzuvollziehen. Sollte der Programmfehler dadurch nicht lokalisiert werden können, so muß der Hersteller des Standardbuchführungsprogramms zur Herausgabe des Sourcecodes verpflichtet werden.

Zur Fertigstellung der Programmidentität sollte der Prüfer die Aufzeichnungen des Consol- bzw. Logprotokolls während des Testlaufs mit denen der Originalverarbeitung vergleichen und – falls vorhanden – die detaillierten Auswertungen von Systemkontrollprogrammen analysieren. Die Kombination aus der Testfallmethode und der Auswertung der von Systemkontrollprogrammen erzeugten Logdateien bietet sich auch zur Prüfung der Funktionsfähigkeit datenbankgestützter Buchführungssysteme an. Bei der Prüfung der Testdaten muß hier jedoch darauf geachtet werden, daß die eingegebenen Testdaten umgehend wieder gelöscht werden, damit die Integrität und Konsistenz der Datenbank nicht verletzt werden.   **113**

Bei der computergestützten **Einzelfallprüfung** sollte in jedem Fall ein Prüfsoftwarepaket verwendet werden. Dabei scheint die Installierung eines Prüfsoftwarepaketes auf dem prüfereigenen Mikrocomputer die Ideallösung darzustellen, sofern die Mandantendaten auf den Prüfer-PC übertragen werden können (zB über Emulation oder über eine entsprechende Magnetbandstation). Die mikrocomputergestützte Datenprüfung kann bei allen hier beschriebenen Systemkonfigurationen durch den Einsatz von Tabellenkalkulationsprogrammen und/oder mit Hilfe von auf dem Mikrocomputer entwickelten speziellen Prüfprogrammen ergänzt werden.   **114**

(d3) Prüfung von Kleinbetrieben mit Mikrocomputer im Standalone-Betrieb

Ein wichtiger Schwerpunkt im Bereich der **Systemprüfung** liegt in der Prüfung des internen Kontrollsystems. Hierzu sollte sich der Prüfer spezieller Checklisten bedienen, deren Wirkungsgrad durch die Implementierung auf dem prüfereigenen Mikrocomputer infolge der verbesserten Dokumentations- und Auswertungsmöglichkeiten erheblich gesteigert werden kann. Da auch bei mikrocomputergestützten Buchführungssystemen durch die fast ausschließliche Nutzung von Standardbuchhaltungssoftware in der Regel der Source-Code nicht verfügbar ist, kann zur Prüfung der Programmlogik nur die Testfallmethode und in Ausnahmefällen die Parallelprogrammierung angewendet werden. Bemerkenswert ist dabei, daß der Prüfer auch die Testfallprüfung auf seinem eigenen PC vornehmen kann, sofern er ein zum Mandanten-PC kompatibles Gerät besitzt, da er   **115** in diesem Falle die Programmdiskette des Mandanten auch in seinen PC einlegen kann. Bei der Testfallprüfung ist besonderes Gewicht auf die Eingabe kontrollorientierter Testfälle zu legen.

116 Je nach Umfang des Datenvolumens ist zu prüfen, ob sich der Einsatz eines Prüfprogrammpaketes zur Durchführung der **Einzelfallprüfung** auf dem Prüfer-PC überhaupt rentiert oder ob nicht eine manuelle Stichprobe anhand der ausgedruckten Verarbeitungsergebnisse ausreicht. Der Transfer der Mandantendaten auf den Prüfer-PC gestaltet sich allerdings relativ einfach (Kopie der Dateien auf Sicherungsdisketten, die vom Prüfprogramm sofort oder nach einer Formatkonvertierung eingelesen werden können), so daß ein Prüfsoftwareeinsatz wahrscheinlich zu bevorzugen ist.

(e) Zusammenfassung

117 Die dargestellten Möglichkeiten zur Entwicklung einer Prüfungsstrategie finden voraussichtlich ihre Weiterentwicklung in einem Audit Support System auf **Expertensystembasis.** Erste, allerdings rein theoretische Ansätze der Anwendung der Expertensystemtechnik im prüferischen Bereich sind vorhanden. Die Entwicklung praktisch brauchbarer Lösungen wird sicherlich noch geraume Zeit in Anspruch nehmen.

d) Zeitplanung

118 Die Zeitplanung ist insbesondere bei Erstaufträgen schwierig, da dem Prüfer der Prüfungsstoff und die bei seiner Bewältigung entstehenden Schwierigkeiten sowie die Organisation des Unternehmens noch unbekannt sind. Der Prüfer wird hier auf seine Erfahrungen bei der Prüfung von Unternehmen ähnlicher Art und Größe zurückgreifen müssen.

Folgende **Teilaspekte** sind bei der Zeitplanung zu beachten[76]:
– Ermittlung des Zeitbedarfs für die einzelnen Prüffelder
– Ermittlung der Gesamtzeit und Aufteilung auf Vor- und Hauptprüfung
– Abstimmung mit der Gesamtplanung
– Berücksichtigung von Reserven für unvorhergesehene Schwierigkeiten
– Abstimmung mit dem Mandanten.

119 Im Verlauf der Prüfung kann sich ergeben, daß der ursprüngliche Zeitplan wegen Veränderungen der angenommenen Ausgangsdaten geändert werden muß. Solche Veränderungen sind zB schleppende Bereitstellung der Unterlagen seitens des zu prüfenden Unternehmens, intensivere Prüfung einzelner Sachgebiete als ursprünglich vorgesehen, Auftauchen nicht vorauszusehender Fragen, Änderung der Bilanzpolitik im Laufe der Prüfung und als deren Folge, Umbuchungen und uU Änderung fertiger Teile des PrB. Gleichwohl kann bei Wiederholungsprüfungen die in VJ aufgewendete Prüfungszeit ein wichtiger Anhaltspunkt für die Zeitplanung sein.

120 Im Rahmen der zeitlichen Planung muß der APr. auch festlegen, in welchem Umfang Teile der vorzunehmenden Prüfungshandlungen im Rahmen von **Vor- oder Zwischenprüfungen** durchgeführt werden sollen. Ohne ausreichende Vor- oder Zwischenprüfung ist eine ordnungsmäßige Durchführung der Abschluß-

---

76 Vgl. St/VO 1/1982 Abschn. C. I.

prüfung bei Unternehmen von einer bestimmten Größe und Organisation an nicht mehr möglich, wenn die rechtlichen oder satzungsmäßigen Anforderungen an die Prüfung und Feststellung des JA und die Einberufung und Abhaltung der Hauptversammlung/Gesellschafterversammlung eingehalten werden sollen.

Die **rechtliche Grundlage** für die Vorprüfung (Zwischenprüfung) ist § 320 Abs. 2 **121** HGB, der dem APr. das Recht gibt, auch vor Fertigstellung des JA von den gesetzlichen Vertretern sämtliche Unterlagen und Auskünfte zu fordern, die zur Durchführung der Abschlußprüfung erforderlich sind, wenn die Vorbereitung der Abschlußprüfung diese vorzeitigen Prüfungshandlungen notwendig erscheinen läßt.

Für Vorprüfungen eignen sich insbesondere die Prüfung des internen Kontroll- **122** systems[77] sowie diejenigen Posten des JA, die eine abschließende Beurteilung der bis zum Prüfungsstichtag angefallenen Geschäftsvorfälle zulassen. Dazu gehört beispielsweise die Prüfung der Anlagezugänge bis zum Prüfungsstichtag oder die Prüfung der Forderungen und Verbindlichkeiten anhand von Saldenbestätigungen auf einen vorgezogenen Stichtag. Eine abschließende Prüfung von Einzelposten kann deswegen auf Schwierigkeiten stoßen, weil häufig bei Durchführung der Vorprüfung die Bilanzpolitik des Unternehmens, die durch Ausnutzung von Bilanzierungs- und Bewertungswahlrechten den endgültigen Wertansatz im JA nicht unmaßgeblich beeinflussen kann, noch nicht bekannt ist.

Fraglich ist, wann derjenige Teil des GJ zu prüfen ist, der zwischen Vorprüfung **123** und Bilanzstichtag liegt. Normalerweise sollte dieser Teil in die nach dem Bilanzstichtag erfolgende Abschlußprüfung einbezogen werden. Ob eine Einbeziehung in die nächste Zwischenprüfung möglich ist, hängt davon ab, ob sich der Prüfer durch andere Mittel, zB Einschaltung der internen Revision und Auswertung von deren Prüfungsergebnissen[78], Gewißheit von der Gesetz- und Satzungsmäßigkeit der Bilanzierung der Geschäftsvorfälle auch aus diesem Zeitraum verschaffen kann. IdR wird dies ohne ein bestimmtes Maß an Prüfungshandlungen nicht möglich sein. Insbesondere außergewöhnliche Buchungen vor dem Bilanzstichtag sowie alle Abschlußbuchungen sollten von ihm geprüft werden. Er muß sich ferner Gewißheit darüber verschaffen, ob ggf. Ereignisse eingetreten sind, die eine andere Beurteilung der von ihm bereits bei der Vorprüfung geprüften Posten erforderlich machen.

Ergibt die Zwischenprüfung Anlaß zu wesentlichen Beanstandungen, so wird **124** der APr. mit ihrer Bekanntgabe an die Organe der Gesellschaft nicht bis zur endgültigen Abgabe seines PrB warten[79]. Dies gilt insbesondere für die Feststellung von Tatsachen, die den Bestand des Unternehmens gefährden oder seine Entwicklung wesentlich beeinträchtigen können oder schwerwiegende Verstöße des Vorstandes gegen Gesetz oder Satzung erkennen lassen. Um diesem Gedanken Rechnung zu tragen, wird häufig über Vor- oder Zwischenprüfungen ein **gesonderter PrB** abgegeben, auf dessen Vorhandensein im Bericht über die Prüfung des JA verwiesen werden muß, wenn in ihn die Ergebnisse der Vorprüfung nicht eingehen[80].

---

77 Vgl. FG 1/1988, Abschn. D. II. 2, Anm. 5.
78 Vgl. Tz. 464 ff.
79 Vgl. FG 2/1988, Abschn. B., Anm. 1.
80 Vgl. ebenda.

e) Personelle Planung

125 Im Rahmen der **personellen Planung** ist zu entscheiden, welche Prüfer für die Durchführung der Jahresabschlußprüfung eingesetzt und wie die Arbeitsgebiete auf die vorhandenen Mitarbeiter aufgeteilt werden sollen. Bei dieser Aufteilung ist insbesondere darauf zu achten, daß die fachliche Qualifikation (Ausbildung, Erfahrung und ggf. Spezialkenntnisse) des jeweiligen Prüfers sachgerecht mit dem Schwierigkeitsgrad der entsprechenden Arbeitsgebiete abgestimmt ist. Darüber hinaus sind mögliche Interessenkonflikte sowie die berufsrechtlichen Grundsätze der Unabhängigkeit und Unbefangenheit zu beachten[81].

126 In der Literatur ist der Vorschlag gemacht worden, die Frage des optimalen Einsatzes des Prüfungspersonals mit Hilfe der **Matrizenrechnung** zu lösen[82]. Dabei hat sich jedoch gezeigt, daß die mangelnde Quantifizierbarkeit einer Reihe von Faktoren sowie die für die Durchführung dieser Rechnungen erforderliche relativ lange Zeit und die damit verbundenen Kosten, insbesondere bei wiederholten Planänderungen, mit denen gerechnet werden muß, die praktische Anwendbarkeit dieser Methode ggf. bis zur Bedeutungslosigkeit einschränken[83].

127 Eine effiziente Prüfung verlangt neben gutem Fachwissen auch ins einzelne gehende Kenntnisse über das zu prüfende Unternehmen, die gesellschaftsrechtlichen Verhältnisse (zB Beziehung zu verbundenen Unternehmen), die Organisation des Rechnungswesens und die Fertigungsabläufe sowie Branchenbesonderheiten. Dies spricht für den Einsatz derselben Prüfer bei Wiederholungsprüfungen. Wie lange dieser „Eingewöhnungsprozeß" dauert, läßt sich generell nicht sagen; er steigt mit zunehmender Unternehmensgröße sowie komplizierten rechtlichen Konstruktionen und Fertigungsabläufen. Andererseits kann bei Dauerprüfungen die Gefahr einer gewissen Betriebsblindheit eintreten. Es ist daher empfehlenswert, bei kleinen Prüfungen die mit der Prüfung beauftragten Mitarbeiter des APr. in bestimmten Zeitabständen zu wechseln. Bei Prüfungen, die den Einsatz eines größeren Prüferteams verlangen, sollte ein Teil der Prüfer in einem bestimmten Turnus wechseln. Dadurch wird ein Optimum zwischen notwendiger Erfahrung und Vermeidung einer möglichen Betriebsblindheit hergestellt[84].

f) Erstellung des Prüfungsplans

aa) Grundsatz

128 Als Prüfungsplan ist die **Gesamtheit aller** vom APr. getroffenen **Festlegungen** hinsichtlich der Art und des Umfangs der durchzuführenden Prüfungshandlungen, der Auswahl und Zuordnung der Mitarbeiter sowie des zeitlichen und organisatorischen Ablaufs der Prüfung anzusehen. Der Prüfungsplan ist angemessen zu dokumentieren[85]. Die Angemessenheit der Dokumentation wird sich dabei insbesondere nach der Zweckmäßigkeit im Einzelfall, der Größe des zu prüfenden Unternehmens sowie der Anzahl der einzusetzenden Mitarbeiter richten.

---

81 Vgl. St/VO 1/1982, Abschn. C. I.
82 Vgl. *Seicht*, WPg. 1965 S. 90 ff.; *Krug/Krane*, WPg. 1968 S. 621 ff.; *Brandl/Bleyer*, ZfB 1968 S. 713 ff.; *Schettler*, Planung der Jahresabschlußprüfung, Wiesbaden 1971, S. 52 ff.
83 Vgl. *Weirich*, WPg. 1965 S. 93 ff.; *Ludewig*. WPg. 1965 S. 96; *v. Wysocki*, Prüfungswesen S. 286; *Drexl*, Planung des Ablaufs von Unternehmensprüfungen, Stuttgart 1990.
84 Vgl. *Havermann*, BFuP 1976, S. 215.
85 Vgl. FG 1/1988 Abschn. D. IV.

Während bei größeren Unternehmen und Konzernen eine schriftliche Fixierung des Prüfungsplans unverzichtbar ist, dürften auch bei kleineren Prüfungen mündliche Anweisungen allein nicht mehr als ausreichend anzusehen sein. Der Prüfungsplan hat auch eine Nachweisfunktion und belegt, wo der APr. die Prüfungsschwerpunkte gelegt hat und welche Überlegungen und Einschätzungen für die getroffene Auswahl maßgeblich waren.

Zur Gewährleistung einer ordnungsmäßigen Prüfung ist der Prüfungsstoff in **129** einzelne Prüfungsgebiete aufzuteilen.

Dabei sind folgende Teilaspekte zu beachten[86]:

- Beurteilung des internen Kontrollsystem
- vollständige Erfassung und zweckmäßige Aufteilung des Prüfungsstoffes
- Zuordnen von Prüffeldern zu den Mitarbeitern in Abstimmung mit der personellen Planung
- hinreichende Bestimmung der Prüfungshandlungen unter Berücksichtigung der anzuwendenden Prüfungstechnik.

Bei der Aufteilung des Prüfungsstoffes in Prüfungsgebiete oder Prüffelder sollen **130** möglichst solche Teile des Rechnungswesens zu einem Bereich zusammengefaßt werden, die in einem sachlogischen Zusammenhang stehen. Der Prüfer, der zB die Anlagenzugänge prüft, die aus der Eigenfertigung stammen, kann sich über die Angemessenheit kein zuverlässiges Urteil bilden, wenn er nicht auch die entsprechenden Kalkulationsunterlagen und ihr Zustandekommen sowie die Aufwendungen für Eigen- und Fremdreparaturen prüft. Das gleiche gilt für die Prüfung der unfertigen und fertigen Erzeugnisse. Mit der Prüfung der Forderungen aus Lieferungen und Leistungen sollte die Prüfung der Wertberichtigungen, der Ausbuchungen und Nachlässe und der Gutschriften für Retouren sowie etwaiger Garantieleistungen verbunden werden. Man kann innerhalb dieser Zusammenhänge je nach der Buchhaltungsorganisation und der Größenordnung auch eine Arbeitsteilung innerhalb einer Prüfergruppe vornehmen. Es ist dann Aufgabe des Prüfungsleiters, die Arbeiten zweckmäßig zu koordinieren.

Die Zusammenhänge zwischen einzelnen Prüffeldern und -gruppen und die zweckmäßige Gestaltung der Prüfungshandlungen werden im einzelnen bei der Erörterung der Prüfung der Einzelposten des JA dargestellt[87].

Bei der Festlegung der durchzuführenden Prüfungshandlungen werden, nament- **131** lich bei größeren WP-Praxen und WPG, häufig Fragebögen oder Checklisten verwandt. Dabei handelt es sich um **Prüfungsanweisungen** oder Prüfprogramme, durch die dem einzelnen Prüfer bestimmte Prüfungshandlungen vorgegeben werden. Solche Prüfprogramme können entweder als Standardprogramme vorliegen, die an die besonderen Verhältnisse des zu prüfenden Unternehmens angepaßt werden können, oder sie werden von vorneherein mandantenbezogen entwickelt. Durch solche Prüfprogramme soll eine möglichst einheitliche Prüfungsdurchführung und Prüfungsqualität durch alle Mitarbeiter sichergestellt werden. Gleichzeitig schaffen sie die Voraussetzung für eine angemessene Beaufsichtigung der Prüfungsdurchführung, die nach den Berufsgrundsätzen geboten ist.

---

86 Vgl. St/VO 1/1982 Abschn. C. I.
87 Vgl. Tz. 260 ff.

Bei der Aufstellung von Prüfungsprogrammen empfiehlt es sich, die Prüfungshandlungen für das jeweilige Prüfungsgebiet systematisch nach dem jeweiligen
Arbeitsablauf vorzugeben und dabei die logischen Verknüpfungen zwischen den
einzelnen Prüfungsarten einschließlich der vermuteten Fehlerrisiken zu berücksichtigen[88].

bb) Mehrjähriger Prüfungsplan

132 Bereits bei mittelgroßen Unternehmen ist es unmöglich, sämtliche Gebiete der
Rechnungslegung in jedem Jahr mit der gleichen Intensität zu prüfen. Daher ist
es erforderlich, einen mehrjährigen Prüfungsplan mit **wechselnden Prüfungsschwerpunkten** aufzustellen[89]. Der Plan soll sicherstellen, daß innerhalb der
Planperiode, die einen Zeitraum von fünf Jahren nicht übersteigen sollte, jedes
Gebiet zumindest einmal intensiv geprüft wird. Dies gilt naturgemäß nicht für
solche Prüfungsgebiete, mit denen sich der Prüfer im Interesse der Ordnungsmäßigkeit der Prüfung in jedem Jahr mit der gleichen Ausführlichkeit befassen
muß. Für die Prüfung nach einem mehrjährigen Plan kommen daher in erster
Linie Ordnungsmäßigkeits- und Formalprüfungen in Betracht (zB Verkehrsprü-
fungen, Prüfung von Angemessenheit und rechnerischer Richtigkeit der
Abschreibungen, Altersaufbau der Vorräte usw.).

133 Die Aufstellung eines mehrjährigen Prüfungsplanes setzt eine detaillierte Kenntnis des APr. vom Rechnungswesen des zu prüfenden Unternehmens sowie ein
angemessen funktionierendes internes Kontrollsystem voraus. Sie ist daher normalerweise nicht bereits bei Erstprüfungen möglich, sondern erst dann, wenn
sich der APr. einen eingehenden Überblick über das zu prüfende Unternehmen
verschafft hat.

Auch der langfristige Prüfungsplan muß entsprechend den gewonnenen
Erkenntnissen modifiziert werden und sollte nach jeder Prüfung um Hinweise
für die nächste Vor- oder Zwischenprüfung ergänzt werden.

cc) Prüfungsplanung mit Hilfe der Netzwerkanalyse

134 In der Literatur ist die Anwendung der Netzwerkanalyse (Netzplantechnik) bei
der Planung und Überwachung der Abschlußprüfung diskutiert worden[90]. Bei
diesem Verfahren werden alle Prüfungshandlungen in einem Netzwerkdia-
gramm festgehalten, dessen Elemente aus (Prüfungs-)Handlungen, dargestellt
durch Linien, und Ereignissen (zB Abschluß eines Prüffeldes), dargestellt durch
Kreise, bestehen. Für jede Prüfungshandlung wird die erwartete Zeit geplant,
beim Pert-Verfahren als gewogener arithmetischer Mittelwert aus einem „opti-
mistischen", einem „wahrscheinlichen" und einem „pessimistischen" Zeitwert.

Die Dauer der gesamten Prüfung wird bestimmt von der Summe der wahrscheinlichen Einzelheiten der Prüfungshandlungen eines Prüfers auf jedem
Weg. Den Weg, auf dem keine Verzögerung einer Einzelzeit eintreten darf, wenn
nicht die Fertigstellung der gesamten Prüfung verzögert werden soll, bezeichnet
man als den **kritischen Weg** durch das Netzwerk. Die Arbeiten auf den anderen

---

88 Vgl. *Dörner* in Bericht über die IdW-Fachtagung 1988 S. 346 f.
89 Vgl. FG 1/1988 Abschn. D. I. Anm. 3.
90 Vgl. *Holzer/Karling*, WPg. 1964 S. 145 ff.; *Albach*, WPg. 1965 S. 118 ff.; *Kraushaar*, Die Anwendung
   der Netzplantechnik bei Abschlußprüfungen, Berlin 1971; *Schult*, WPg. 1974 S. 309 ff.

Wegen können unterschiedlich große Verzögerungen erfahren, ohne daß sich der wahrscheinliche Fertigstellungszeitpunkt ändert. Um die Gesamtzeit der Prüfung zu verkürzen und damit die Kosten zu senken, muß der Prüfungsleiter bestrebt sein, die Prüfungshandlungen des kritischen Weges möglichst zu beschleunigen.

Beim sog. integrierten Netzplan werden in das zu erstellende Netzwerkdia- **135** gramm auch die vom zu prüfenden Unternehmen durchzuführenden Abschluß- arbeiten einbezogen, wodurch im Netzplan die Prüfungsbereitschaft als Voraus- setzung für die Durchführung der Prüfungshandlungen berücksichtigt wird.

Die Netzwerkanalyse ist für die Prüfungsplanung in der Praxis bisher nicht ver- **136** wendet worden. Es erscheint auch zweifelhaft, ob sie ein geeignetes Mittel zur Steuerung und Beschleunigung des Prüfungsablaufs bei **kleineren und mittleren Prüfungen** ist, bei denen nur ein Team von wenigen Mitarbeitern tätig ist. Hier vermag der Prüfungsleiter in aller Regel die notwendige Reihenfolge der Prü- fungsarbeiten zu übersehen, ohne daß es dazu der zeitaufwendigen Netzwerk- analyse bedarf. Bei der Abschlußprüfung von **Großunternehmen und Konzernen** mit einem weitverzweigten und dezentralisierten Rechnungswesen, die den Ein- satz zahlreicher Arbeitsgruppen, ggf. auch verschiedener APr., erforderlich macht, können im Einzelfall Netzwerkanalysen in vereinfachter Form ein nützli- ches Hilfsmittel sein.

2. Prüfungsplanung durch das zu prüfende Unternehmen

a) Vorbereitung von Unterlagen

Ein Unternehmen ist dann prüfbereit, wenn alle personellen und sachlichen **137** Voraussetzungen dafür geschaffen sind, daß die Prüfung ohne vermeidbare Ver- zögerung durchgeführt werden kann.

Die **personelle Vorbereitung** beschränkt sich im wesentlichen darauf, daß alle **138** Mitarbeiter, an welche die Prüfer im Rahmen ihrer Prüfungsarbeiten mit Fragen herantreten, darüber informiert sind, zu Auskünften ermächtigt werden und während der Dauer der Prüfung für Auskünfte zur Verfügung stehen.

Das Schwergewicht der Planung liegt normalerweise auf der **sachlichen Vorbe-** **139** **reitung,** die neben der Vorbereitung der Arbeitsplätze und Arbeitsmaterialien vor allem in der Bereitstellung der von den Prüfern benötigten Unterlagen besteht.

Einen vollständigen Katalog dieser Unterlagen aufzustellen, ist wegen der Ver- **140** schiedenartigkeit der zu prüfenden Unternehmen schwierig. Dennoch gibt es auch eine Reihe von Unterlagen, die bei fast jeder Prüfung benötigt werden. Dazu gehören beispielsweise:

Allgemeine Unterlagen

1. Rechtliche Verhältnisse

Gesellschaftsvertrag, Satzung, Handelsregisterauszüge, Protokolle der letzten Gesellschafterversammlungen bzw. Aufsichtsratssitzungen und HV, Übersicht über den Konzernaufbau und/oder verbundene Unternehmen, Konzessionen, Patenturkunden, Lizenzverträge, sonstige wichtige Verträge und Unterlagen, insbesondere über Beziehungen zu verbundenen Unternehmen, Meldepflichten usw.

2. Technisch-wirtschaftliche Verhältnisse

Fertigungsprogramm und Produktion, ggf. Änderungen im Fertigungsprogramm gegenüber dem VJ, Kapazitätsausnutzung, Anzahl der Beschäftigten (Fluktuationszahlen), Auftragsbestand, Absatzschwierigkeiten.

3. Organisation und Rechnungswesen

Organisationplan, Übersicht über das interne Kontrollsystem, Namensverzeichnis des Vorstandes, des AR und der Anweisungs- und Zeichnungsberechtigten, Kontenplan, Kostenstellenplan, Angaben über die Buchführungstechnik und Datenverarbeitungsanlage, Konzernbilanzierungs- und Organisationsrichtlinien.

Unterlagen zum JA

1. Allgemeine Abschlußunterlagen

VJ-Abschluß und -prüfungsbericht, Hauptabschlußübersicht mit vorläufiger Bilanz und GuV, Entwurf des LB.

2. Anlagevermögen

Anlagekartei bzw. Anlagelisten, Abschreibungslisten, Grundbuchauszüge, Zusammenstellungen der Zu- und Abgänge mit den dazugehörigen Eingangs- und Ausgangsrechnungen einschließlich Bezugskosten, Unterlagen über die Ermittlung der Herstellungskosten bei selbsterstellten Anlagen, Kaufverträge bei Grundstückskäufen, hypothekarische Belastungen, Verträge über Eigentumsvorbehalt und Sicherungsübereignungen, Versicherungspolicen, Verzeichnis der gemieteten Anlagen, Leasing-Verträge, Abschlüsse von Beteiligungsunternehmen, Depotauszüge.

3. Roh-, Hilfs- und Betriebsstoffe

Inventuranweisungen, unterschriebene Inventur-Urschriften und -Reinschriften, Eingangsrechnungen, Bestandsmeldungen von Kommissions- und Konsignationslagern, Unterlagen über den Altersaufbau der Bestände, wenn keine besondere Lagerkartei vorhanden ist, ebenso für Fremdmaterialbestände und deren Lagerort im Betrieb, Konzernbestände.

4. Unfertige und fertige Erzeugnisse

Kalkulationsunterlagen und bisher aufgelaufene Kosten, bei Einzelfertigung: Aufzeichnung nach Aufträgen, Baukonten bei Bauunternehmungen, Brückenbauern und dgl., Fertigungsstadium, noch zu erwartende Kosten, Verkaufspreise, ggf. Verkaufskontrakte, Liefer- und Zahlungsbedingungen.

5. Anzahlungen (geleistete)

Saldenlisten getrennt für Anlagegüter und Umlaufvermögen.

6. Kurzfristige Forderungen und Verbindlichkeiten

Saldenlisten und Saldenbestätigungen, Altersaufbau der Forderungen, Schriftwechsel zu zweifelhaften oder besonders bemerkenswerten Forderungen, Sicherheiten, Forderungsabtretungen, Bestandsaufnahmeprotokolle von Wechseln und Schecks am Bilanzstichtag, Aufstellung über das Wechselobligo.

7. Langfristige Forderungen (Ausleihungen) und Verbindlichkeiten

Hypothekenforderungen und Verbindlichkeiten, Saldenlisten, Fälligkeiten, Verzinsung, Tilgungspläne, gegebene oder erhaltene Sicherheiten, Saldenbestätigungen.

8. Bankguthaben, Postscheckguthaben, Bankverbindlichkeiten

Tagesauszug zum Bilanzstichtag bzw. Saldenbestätigung, Zinsstaffel, Besicherung von Bankverbindlichkeiten.

9. Barbestände

Anweisungen zur Bestandsaufnahme, Verzeichnis der Haupt- und Nebenkassen, unterzeichnete Aufnahmeprotokolle zum Bilanzstichtag und zu anderen Stichtagen des Jahres, Kassenordnung.

10. Kapital und Rücklagen

Veränderungen im GJ, Übersicht über Aktiengattungen.

11. Rückstellungen

Begründung und Einzelnachweis der Entwicklung: Anfangsbestand – Auflösung – Neubildung – Endbestand, Gutachten über Pensionsrückstellungen. Unterlagen über rechtlich selbständige Unterstützungskassen oder ähnliche Versorgungseinrichtungen, die nicht bilanziert sind, ggf. versicherungsmathematische Errechnung von Unterdeckungen/Fehlbeträgen.

12. Eventualverbindlichkeiten

Bürgschafts- und Gewährleistungsverträge, Wechselobligo, Patronatserklärungen.

13. Umsatzerlöse

Übersicht der Umsätze nach Erzeugnissen gruppiert, Preis- und Mengenbewegungen, Aufstellung über Inlands- und Auslandsumsatz, Rabattsysteme, Umsatzerlöse innerhalb des Konsolidierungskreises (Innenumsatzerlöse).

14. Materialverbrauch

Einfluß von Inventurdifferenzen und Preisentwicklung, Begründung wesentlicher Abweichungen gegenüber dem VJ, Auswirkung steuerlicher Maßnahmen, zB Bildung/Auflösung von Importwarenabschlägen, Konzernmaterialverbrauch.

15. Löhne und Gehälter

Lohn- und Gehaltslisten, Berechnungsunterlagen der Brutto- und Nettolöhne bzw. -gehälter, Unterlagen über die Berechnung und Abführung von Lohnsteuern, Organisation der Lohn- und Gehaltsbuchführung, Abrechnung von Naturalbezügen.

16. Steuern

Steuerbescheide, Unterlagen über schwebende Auseinandersetzungen mit den FÄ, Ergebnis der letzten Außenprüfung, Hinweis auf die Berechnung der Steuerrückstellungen.

17. Zinsen

Aufteilung des gesamten Zinsaufwandes auf die verschiedenen Kreditgeber, Aufgliederung der Zinserträge.

18. Sonstige Aufwendungen und Erträge

Unterlagen über die Zusammensetzung und ggf. die Berechnungsunterlagen.

b) Bereitstellung von Hilfsmitteln

141   Auch durch die Bereitstellung geeigneter Hilfsmittel für die Prüfer wie Rechenmaschinen, einer genügenden Zahl von Arbeitsräumen, Telefonen, Telefonverzeichnissen, verschließbaren Schränken usw. kann die Gesellschaft den **Ablauf der Prüfung** beschleunigen. Dazu gehört auch die Einräumung ausreichender Maschinenstunden für eventuelle Testläufe bei EDV-Buchführung.

III. Durchführung der Abschlußprüfung

1. Prüfung der Rechtsgrundlagen und der rechtlichen Verhältnisse des Unternehmens

142   Obgleich nach den Vorschriften des HGB die Jahresabschlußprüfung auf die Prüfung des JA und des LB einschließlich der Ordnungsmäßigkeit der Buchführung beschränkt ist, muß der APr. auch solche Teilgebiete in seine Prüfung einbeziehen, die nur in einem mittelbaren Zusammenhang mit der Prüfung des eigentlichen JA stehen[91]. Bei diesen sog. **außerbuchhalterischen Bereichen** handelt es sich im wesentlichen um die Rechtsgrundlagen und Rechtsbeziehungen des Unternehmens. Ihre Einbeziehung in die Prüfung des JA ist schon deswegen geboten, weil von ihnen häufig Wirkungen ausgehen, die ihren Niederschlag in der Buchhaltung finden[92].

Bei der Prüfung der Rechtsgrundlagen und der rechtlichen Verhältnisse werden insbesondere die Satzung, Organe, Protokolle der HV/Gesellschafterversammlung und Verträge mit Dritten zu untersuchen sein, wobei folgender Fragenkata-

---

91 Vgl. *Schulze-Osterloh* in HWRev Sp. 1273 ff.
92 Vgl. auch Tz. 4.

log nützlich sein kann, der vorwiegend auf die Rechtsverhältnisse der AG zugeschnitten ist[93]:

Satzung / Gesellschaftsvertrag

- Wie setzt sich das Grundkapital zusammen? (Inhaberaktien, Namensaktien, vinkulierte   **143** Namensaktien (Aktienbuch), Stammaktien, Vorzugsaktien, Mehrstimmrechtsaktien)
- Ist das Kapital voll eingezahlt?
- Besteht bedingtes Kapital? (Bilanzvermerk, ggf. Erläuterung im Anhang)
- Besteht ein genehmigtes Kapital? (Angabe im Anhang)
- Sind bei Kapitalerhöhungen oder -herabsetzungen die gesetzlichen Vorschriften beachtet worden?
- Bestehen Sonderrechte der Aktionäre? (Gründerrechte)
- Bestehen Genußrechte? (Angabe im Anhang)
- Sind Einlagen offen oder verdeckt zurückgewährt worden?
- Sind gewinn- oder dividendenabhängige AR-Bezüge zu zahlen?
- Gibt die Satzung/der Gesellschaftsvertrag Anweisungen über die Bildung und Auflösung von Rücklagen sowie Verwendung des Bilanzgewinns?
- Steht die geschäftliche Betätigung im Einklang mit dem in der Satzung/im Gesellschaftsvertrag festgelegten Zweck der Gesellschaft?
- Bestehen eingetragene Zweigniederlassungen?
- Zählt die Satzung/der Gesellschaftsvertrag Rechtsgeschäfte oder Maßnahmen auf, die der Vorstand/die Geschäftsführung nur mit Zustimmung des Aufsichtsrats vornehmen darf?
- Wann ist die Satzung/der Gesellschaftsvertrag letztmalig geändert worden?
- Ist die Satzungsänderung in das HR eingetragen worden? (Neuester Registerauszug).

Der APr. ist nicht verpflichtet, im Rahmen der Abschlußprüfung gesetzeswidrige Bestimmungen der Satzung/des Gesellschaftsvertrages aufzuspüren. Stellt er jedoch bei seiner Prüfung solche **Gesetzesverstöße** fest, so sind in bestimmten Fällen Konsequenzen im PrB und im BestV zu ziehen[94].

Für **fehlerhafte Bestimmungen** der Satzung/des Gesellschaftsvertrages, die die rechtliche Struktur der Gesellschaft betreffen und nicht den JA beeinflussen – aber dem Prüfer doch ins Auge fallen, wie zB fehlerhafte Bestimmungen über den Gegenstand des Unternehmens, die Geschäftsführungsbefugnis des Vorstandes/der Geschäftsführung oder Formen und Fristen bei der Einberufung der HV/Gesellschafterversammlung –, besteht eine Rede- und Mitteilungspflicht des Prüfers nicht; er wird jedoch die Unternehmensleitung in gleicher Form darauf aufmerksam machen.

Aufsichtsrat, Vorstand / Geschäftsführung, Prokuristen

- Sind AR und Vorstand/Geschäftsführung ordnungsgemäß besetzt? (Satzungsbestim-   **144** mungen, Zeitablauf der Bestellung)
- Sind Beschlüsse eventuell wegen nicht ordnungsmäßiger Besetzung des AR oder Vorstandes/Geschäftsführung fehlerhaft?
- Sind die Befugnisse des Vorstandes/der Geschäftsführung durch die Satzung beschränkt?
- Ist der letzte JA festgestellt worden?
- Ist der letzte JA veröffentlicht worden? (Belege)
- Sind Vorstand und AR von der HV entlastet worden?
- Welche Beschlüsse hat der AR im GJ gefaßt?

---

93 Vgl. *Fabian*, WPg. 1962 S. 57 ff.
94 Vgl. O Tz. 377.

- Sind neue Prokuristen ernannt oder ist bisherigen Prokuristen die Prokura entzogen worden?
- Sind Erteilungen und Löschungen von Prokuren im HR eingetragen worden?
- Wird die Art der Prokura (Einzel- oder Gesamtprokura) beachtet?
- Sind sonstige Vollmachten erteilt worden?

Hauptversammlung / Gesellschafterversammlung

145
- Wann hat die letzte HV/Gesellschafterversammlung stattgefunden? (Protokoll)
- Ist die HV/Gesellschafterversammlung odnungsgemäß einberufen worden oder handelte es sich um eine Universalversammlung, so daß alle Beschlüsse ordnungsgemäß gefaßt worden sind?
- Hat der letzte JA der HV/Gesellschafterversammlung vorgelegen?
- Welche Beschlüsse hat die HV/Gesellschafterversammlung über die Gewinnverwendung gefaßt und wie sind diese Beschlüsse ausgeführt worden?
- Welche Beschlüsse hat die HV/Gesellschafterversammlung sonst gefaßt?
- Sind die Beschlüsse, deren Durchführung dem Vorstand/der Geschäftsführung obliegt, ausgeführt worden?
- Ist gegen einen Beschluß Widerspruch zu Protokoll gegeben worden?
- Schweben Nichtigkeits- oder Anfechtungsklagen?
- Ist der APr. gewählt worden?
- Ist ein Sonderprüfer bestellt worden?

Verträge mit Dritten

146
- Bestehen langfristige Verträge mit Lieferanten und Kunden?
- Bestehen Verträge mit Lizenzgebern oder Lizenznehmern?
- Bestehen Pacht- oder Leasingverträge?
- Bestehen Beherrschungs- und/oder GAV, Gewinnpoolungen, Interessengemeinschaftsverträge, Kartellverträge, steuerlich wirksame Organschaftsverträge?
- Welche Zusagen wurden für die Altersversorgung der Belegschaft gemacht?

Sonstiges

147
- Ist die Gesellschaft ein verbundenes Unternehmen?
- Sind der Gesellschaft Mitteilungen gemäß §§ 20, 21 AktG gemacht worden?
- Hat die Gesellschaft ihrerseits Mitteilungspflichten nach §§ 20, 21 AktG erfüllt?
- Ist ein Abhängigkeitsbericht zu erstellen?
- Ist ein (Teil-)KA zu erstellen?
- Hat die Gesellschaft ihren JA oder einen Zwischenabschluß zur Einbeziehung in einen KA einem anderen Unternehmen einzureichen?
- Erfüllt die Gesellschaft die für die Inanspruchnahme von Aufstellungs- und/oder Offenlegungserleichterungen erforderlichen Größenkriterien?

148 Aus der beispielsweisen Aufzählung möglicher Rechtsbeziehungen ergibt sich, daß ggf. sehr weitgehende Auswirkungen auf die Buchführung und den JA entstehen können, so daß hinreichender Anlaß für den Prüfer besteht, solchen Fragen nachzugehen und entsprechende Auskünfte zu erfragen. Gerade für den außerbuchhalterischen Bereich empfiehlt sich immer die Einholung einer ausführlich gehaltenen Vollständigkeitserklärung[95].

---

95 Vgl. Tz. 468.

2. Prüfung des Buchführungs- und Kontrollsystems

a) Grundsatz

Während sich die Verpflichtung zur Prüfung der Buchführung bereits unmittel- **149** bar aus dem Gesetz (§ 317 Abs. 1 HGB) ergibt, ist das interne Kontrollsystem kein gesetzlich vorgeschriebener Prüfungsgegenstand. Gleichwohl ist das interne Kontrollsystem in dem Umfang ein **unabdingbarer Bestandteil der Prüfung** des JA, wie es eine vollständige, richtige, zeitgerechte und geordnete Erfassung, Verarbeitung und Aufzeichnung der Daten der Rechnungslegung zu unterstützen hat. Aufgrund der Integration der Informationsverarbeitung in den Unternehmen kann diese Unterstützung nicht erst und nicht allein durch das interne Kontrollsystem in der Buchhaltung erfolgen. Es sind vielmehr die Kontrollen in allen den Unternehmensbereichen, von denen Daten für die Rechnungslegung und den JA bereitgestellt werden, von wesentlichem Einfluß auf die Erfüllung der obigen Anforderungen.

Wenngleich formal zwischen dem Buchführungssystem und dem internen Kontrollsystem unterschieden werden kann, so erscheint eine solche Trennung sachlogisch weder sinnvoll noch möglich. Aufgrund der **Aufgabenstellung** des internen Kontrollsystems im Zusammenhang mit dem JA, bei der Erfassung, Verarbeitung und Aufzeichnung von Daten der Rechnungslegung Fehler zu verhindern bzw. aufzudecken, entsprechen die in diesem Zusammenhang ergriffenen Maßnahmen weitgehend denen, die zur Realisierung der Ordnungsmäßigkeit der Buchführung erforderlich sind[96].

Die Prüfung des Buchführungs- und Kontrollsystems im Rahmen der JA stellt **150** keinen in sich geschlossenen Aufgabenbereich dar, sie erfolgt vielmehr posten- oder bereichsbezogen für jeweils abgrenzbare Teilgebiete. Dabei erfolgt die Beurteilung der Angemessenheit und Wirksamkeit des Buchführungs- und Kontrollsystems durch Systemprüfungen, anhand deren Aufschluß über die vollständige und zuverlässige Erfassung und Verarbeitung der Elemente des Prüfungsobjekts gewonnen wird. Die **Kriterien** für die Ordnungsmäßigkeit eines jeden zu untersuchenden Systems sind dabei Vollständigkeit, Richtigkeit, Übersichtlichkeit und Zeitnähe der Erfassungs- und Bearbeitungsprozesse. Die im Einzelfall erforderlichen Regelungen und Maßnahmen zur Erfassung und Verarbeitung der Informationen sind dabei abhängig vom jeweils angewandten Buchführungsverfahren. Unter Buchführungsverfahren versteht man dabei „die Unterscheidung der Bücher nach ihrer äußeren Gestaltung: in gebundener Form, als Lose-Blatt-Buchführung oder als Offene-Posten-Buchführung. Dabei ist es gleichgültig, ob die Bücher mit der Hand, mit Buchungsmaschinen oder mit Datenverarbeitungsanlagen geführt werden"[97]. Gleichwohl gibt es eine Reihe von Anforderungen, die unabhängig vom jeweils angewandten Verfahren zur Sicherstellung der Zuverlässigkeit des Buchführungs- und Kontrollsystems gewährleistet sein müssen.

---

96 Auch die internationalen Verlautbarungen verzichten zunehmend auf eine gedankliche Trennung zwischen dem Buchführungssystem und dem internen Kontrollsystem. Vgl. beispielsweise IFAC/ Auditing 6, das statt dessen vom „Accounting System and Related Internal Controls" spricht. *Leffson* in HWRev, Sp. 1520, spricht in diesem Zusammenhang von einem „vermaschten System", bei dem die Verarbeitungsvorgänge und Kontrollaufgaben miteinander verbunden sind.
97 *ADS*, 4. Aufl., § 149 Tz. 110.

b) Vorgehensweise bei der Prüfung des internen Kontrollsystems

151 Die Prüfung des internen Kontrollsystems erfolgt stets in drei Schritten: Erfassen der prüfungsrelevanten Kontrollen, Beurteilung der Angemessenheit, Prüfen der Wirksamkeit.

aa) Erfassen des prüfungsrelevanten internen Kontrollsystems

152 Die Erfassung des prüfungsrelevanten internen Kontrollsystems dient der Ermittlung der Soll-Vorstellungen und Soll-Anforderungen des Unternehmens hinsichtlich der in den einzelnen Bereichen vorhandenen Kontrollen.

Dabei kann der APr. von folgenden **Grundsätzen** ausgehen, deren Beachtung für die Wirksamkeit des internen Kontrollsystems unabdingbar ist:

– Organisation des Arbeitsablaufs

Die Wirksamkeit des internen Kontrollsystems ist in erster Linie von der Art und dem Umfang der betrieblichen Organisation abhängig. Vorgänge, die täglich in anderer Form, von anderen Personen und mit anderen Hilfsmitteln erledigt werden, bieten wesentlich mehr Möglichkeiten für unbewußte oder bewußte Fehler als Vorgänge, deren Bearbeitung im einzelnen durch die betriebliche Ordnung vorgegeben ist. Das interne Kontrollsystem muß daher darauf abzielen, die individuelle und häufig wechselnde Bearbeitung gleichartiger Sachverhalte durch eine festgefügte Ablauforganisation zu ersetzen. Alle Arbeitsgänge, die für die Bearbeitung eines Vorganges innerhalb der Gesellschaft erforderlich sind, müssen in ihrer Reihenfolge geordnet, durch detaillierte Dienst- und Arbeitsanweisungen schriftlich geregelt und durch Vorgabe gedruckter Belege und Formulare weitmöglichst schematisiert sein, so daß ein zwangsläufiger Arbeitsablauf entsteht. Jedes Verlassen dieses Zwangsablaufs muß dann notwendigerweise zu Störungen führen, die einer Kontrollinstanz zu melden und von ihr zu beseitigen sind[98].

– Funktionstrennung

Der Grundsatz der Funktionstrennung besagt, daß Funktionen, die iSd. Aufgabenstellung des internen Kontrollsystems nicht untereinander vereinbar sind, nicht in einer Person (bzw. Abteilung) vereinigt sein dürfen. Voneinander getrennt werden sollten beispielsweise vollziehende Funktionen (zB Einkauf, Verkauf), verbuchende Funktionen (zB Finanz- und Betriebsbuchhaltung einschließlich aller Nebenbuchhaltungen) und verwaltende Funktionen (zB Lagerverwaltung, Kassenführung). In jedem Fall sollten zB Kassenführung und Buchführung sowie Lagerverwaltung und Lagerbuchführung voneinander getrennt sein.

– Kontrolle

In einem gut funktionierenden System sollte keine Arbeit ohne Kontrolle bleiben. Kontrollen der Buchführung können fallweise und manuell vorgenommen werden, sie können aber auch systematisiert sein und sollten – zumindest in größeren Unternehmen mit entsprechender EDV-Ausstattung – nach Möglichkeit programmiert und damit zwangsläufig sein. Dabei kann die richtige Durchführung einer Arbeit, ohne sie zu wiederholen, dadurch geprüft werden, daß ihre Ergebnisse mit den Ergebnissen einer anderen unabhängig erstellten Arbeit abgestimmt werden, wobei drei Fälle unterschieden werden:

(1) Die Kontrolle ist dem eigentlichen Arbeitsgang vorgeschaltet. So werden zB in der Postabteilung die Beträge der eingehenden Verrechnungsschecks erfaßt und addiert; die Summe wird täglich mit der Buchhaltung abgestimmt.

---

98 Vgl. *Pougin,* Die Berücksichtigung des internen Kontrollsystems als Grundlage ordnungsmäßiger Abschlußprüfung, Düsseldorf 1959, S. 50.

(2) Die Kontrolle ist dem Arbeitsgang gleichgeschaltet. Werden zB innerbetriebliche Reparaturscheine von einem Sachbearbeiter nach ausführenden Kostenstellen, von einem anderen nach belasteten Kostenstellen bzw. Aktivierungen und Weiterberechnungen ausgewertet, so können die Endergebnisse unmittelbar verglichen werden.

(3) Die Kontrolle ist dem Arbeitsgang nachgeschaltet. Werden zB die Kassenbelege zwecks weiterer Bearbeitung in der Buchhaltung kontiert, so kann der Sachbearbeiter, dem der Anfangs- und Endbestand der Kasse idR aus der Durchschrift des Kassenbuches bekannt sind, die rechnerische Richtigkeit der Kassenführung kontrollieren.

Neben solchen Abstimmungs- und Ablaufkontrollen sind – insbesondere wenn sie programmiert und damit lückenlos durchführbar sind – Plausibilitätskontrollen von Bedeutung, bei denen Arbeitsgänge oder Buchungen mit einer Sperre belegt werden oder zu Fehleranzeigen führen, wenn bestimmte, definierte Kriterien als nicht plausibel eingestuft werden.

Diese Grundsätze für die interne Kontrolle lassen sich im Unternehmen, auch in **153** Abhängigkeit von Größe und Organisationsstruktur, auf verschiedene Weise umsetzen. Als **Hilfsmittel** kommen dabei insbesondere in Betracht:

– Organisationsplan

Durch den Organisationsplan gewinnt der APr. einen ersten groben Überblick darüber, wieweit der Grundsatz der Funktionstrennung in allen für die Rechnungslegung relevanten Unternehmensbereichen beachtet wurde. Ferner macht ein Organisationsplan deutlich, wo infolge von unklaren oder unzweckmäßigen Unterstellungsverhältnissen die Überwachung einzelner Abteilungen unzureichend sein kann. Insgesamt sollte die Bedeutung des Organisationsplans für die interne Kontrolle jedoch nicht überschätzt werden, da die Beachtung der Funktionstrennung und die Schlüssigkeit der eingebauten Kontrollen in vollem Umfang erst im Rahmen einer Analyse der Arbeitsabläufe sichtbar werden.

– Dienst- und Arbeitsanweisungen

Um die in einem Organisationsplan aufgestellte Ordnung zu spezifizieren, bedarf es detaillierter Dienst- und Arbeitsanweisungen.

Dienstanweisungen legen die mit einem Arbeitsplatz verbundene Abgrenzung von Verantwortung und Zuständigkeit fest. Bei ihrer Aufstellung wird die Gesellschaft darauf zu achten haben, daß die Anforderungen des Arbeitsplatzes mit den Qualifikationen der Beschäftigten übereinstimmen. Bei Angestellten, die mit Bargeld oder anderen, leicht verwertbaren Vermögensgegenständen umzugehen haben, ist besonders auf charakterliche Eigenschaften wie Zuverlässigkeit und Vertrauenswürdigkeit zu achten.

In Arbeitsanweisungen wird idR neben der genauen Bezeichnung der Arbeiten festgelegt, wer diese Arbeiten auszuführen hat und auf welche Weise sie zu erledigen sind. Daneben sollten die Arbeitsanweisungen auch Termine für regelmäßig wiederkehrende Arbeiten (zB Anmahnungen der Kunden, Erstellung von Saldenlisten, Aufstellung von Monats-, Quartals- und Jahresabschlüssen) enthalten. Ferner sollte bestimmt werden, wie die Arbeiten im einzelnen zu kontrollieren sind, wobei zur Erleichterung der Abstimmungsarbeiten auf die Bildung möglichst begrenzter und übersehbarer Fehlerfelder zu achten ist.

Für Dienst- und Arbeitsanweisungen gilt gleichermaßen, daß jede Anordnung, die eine Änderung bedeutet, schriftlich gegeben werden sollte. Dieser Grundsatz wird aus Zeitmangel in der Praxis häufig vernachlässigt mit der Folge, daß Unsicherheit über Kompetenzen und Pflichten entsteht.

– Kontenplan und Kontierungsrichtlinien

Kontenplan und Kontierungsrichtlinien sind besondere Arbeitsanweisungen für die Eingabe der Geschäftsvorfälle in die Buchhaltung. Anders als bei der Verarbeitung des Zahlenmaterials auf den verschiedenen Stufen der Buchführung, bei denen infolge der Doppik eine systembedingte Selbstkontrolle gegeben ist, existiert für die Kontierung der Belege keine automatische Überprüfung. Fehler, die dabei gemacht werden, wirken sich bis in den JA aus und können von der Gesellschaft nur durch eine systematische Kontenpflege bereinigt werden.

Um diese zeitraubende Arbeit soweit wie möglich zu vermeiden, sollten Kontierungsrichtlinien angefertigt werden, die die bei der Kontierung auftretenden Zweifelsfragen klären helfen und eine gleichbleibende Verbuchung gleichartiger Geschäftsvorfälle garantieren.

– Verfahrensbeschreibungen

Verfahrensbeschreibungen regeln den Inhalt und die Abfolge eines Arbeitsprozesses, zB das Verfahren der Kundenauftragsabwicklung oder das Verfahren zur Bearbeitung der Kreditorenrechnungen vom Rechnungseingang bis zur Bezahlung. Seit dem Einsatz von EDV in den Unternehmen ist es für die Durchführung einer IKS-Prüfung erforderlich, daß zu den einzelnen EDV-Anwendungen aussagefähige Verfahrensbeschreibungen (Verfahrensdokumentationen) vorliegen. Nur mit Hilfe einer solchen Verfahrensbeschreibung kann sich der Prüfer in zumutbarer Zeit einen Überblick über den Zusammenhang und das Zusammenwirken der manuellen und maschinellen Aufgabenbearbeitung verschaffen sowie das in dem Verfahren enthaltene Kontrollsystem – die maschinellen und manuellen Kontrollen – erfassen.

– Personelle und maschinelle Kontrollen

Im Rahmen des internen Kontrollsystems können zwei Gruppen von Kontrollen unterschieden werden.

– Kontrollen, die von Personen durchgeführt werden, wie zB Vergleiche, Nachrechnen, Abstimmen, Einrichtung einer Kontrollkartei, Anfertigung von numerierten Belegsätzen, Abzeichnen und Gegenzeichnen von Belegen, Belegentwertung, Ablage von Büchern und Belegen unter Verschluß und Belegausgabe gegen Quittung;
– Kontrollen, die von Maschinen ausgeführt werden, wie Meß- und Rechengeräte aller Art, Fahrtenschreiber, Stechuhr, Wiegekarte, Registrierkassen sowie programmierte oder maschineninstallierte Kontrollen im Rahmen der EDV.

– Vorgedruckte Belege, Belegfluß

Der Sicherung der Arbeitsabläufe, denen der Belegfluß idR entspricht, dienen vorgefertigte Belege und andere Formulare, die den Bearbeiter zur Einhaltung eines bestimmten Systems zwingen. Darüber hinaus sollten bei der Ausgestaltung der Belege zur Sicherung des Belegflusses folgende Punkte beachtet werden:

(1) Die Belege sollten für jeden Arbeitsablauf in einer besonderen Farbe angefertigt werden (Belegsätze).
(2) Die einzelnen Stationen eines Arbeitsablaufs sollten auf dem Beleg angegeben werden (Vordruck oder Stempel).
(3) Die Bearbeitung sollte durch ein Namenszeichen, Kennziffer oder Stempel der einzelnen Sachbearbeiter sichtbar gemacht werden.
(4) Der zeitliche Ablauf der Bearbeitung sollte durch eine entsprechende Datierung des Beleges deutlich gemacht werden. Ein langes Liegenbleiben von Belegen auf einem Arbeitsplatz erhöht die Gefahr des Verlustes oder der willentlichen Einwirkung. Fortwährende Verzögerungen sind Anlaß für die Überprüfung der Organisation.
(5) Zur Sicherung gegen Kurzschluß im Belegfluß sollten alle Sachbearbeiter einer Ablaufkette einen Beleg nur dann bearbeiten, wenn der Vorgänger einen Bearbeitungsvermerk angebracht hat.

– Interne Revision

Grundsätzlich wirkt keine Kontrolle absolut sicher. Menschliches Versagen kann nie gänzlich ausgeschlossen und die Zwangsläufigkeit maschineller Kontrollen kann ggf. durch äußere menschliche Einwirkung aufgehoben werden. Daher bedarf auch die Funktionsfähigkeit des internen Kontrollsystems einer regelmäßigen Überprüfung. In kleinen und mittleren Unternehmen nimmt die Geschäftsleitung diese Aufgabe wahr, in Großunternehmen fällt sie der Innenrevision zu, die insoweit selbst ein Bestandteil des internen Kontrollsystems wird.

– Internes Kontrollsystem im kleinen Unternehmen

Mit abnehmender Betriebsgröße wird die Möglichkeit der Funktionstrennung und der Einrichtung automatischer Kontrollen immer geringer. In kleinen Unternehmen müssen diese Grundsätze daher durch regelmäßige und fallweise Kontrollen ersetzt werden. Diese Überwachung ist in erster Linie Aufgabe der Geschäftsführung, die die Kontrollfunktion wegen des engen Kontakts mit dem Betriebsgeschehen und des noch überschaubaren Umfangs der Geschäftsvorfälle relativ einfach wahrnehmen kann. Dabei kommen im einzelnen folgende Kontrollen in Betracht:

Täglich:
– Durchsicht der gesamten Ein- und Ausgangspost,
– Durchsicht sämtlicher Zahlungsein- und -ausgänge, Überweisungen, Schecks und Wechsel.

Wöchentlich:
– Durchsicht von Kassenbuch und Kassenbelegen,
– Durchsicht von Bank- und Postscheckauszügen einschließlich der dazugehörigen Belege.

Monatlich:
– Durchsicht der Saldenlisten für Forderungen und Verbindlichkeiten,
– Durchsicht der Lohn- und Gehaltslisten,
– Abstimmung der Bank- und Postscheckauszüge mit den Sachkonten.

Fallweise:
– Prüfung von Zwischenabschlüssen,
– Genehmigung zur Ausbuchung von Forderungen,
– Kassensturz und Kontrolle des Kassenbestandes auf Einhaltung des vorgeschriebenen Höchstbetrages.

Zum JA:
– Vorbereitung und Überwachung der Inventur,
– Überprüfung der Bewertungsmethode und der Abschreibungspläne.

Die Kontrollfunktion der Unternehmensleitung kann durch eine Reihe von Maßnahmen erleichtert werden. Hierzu zählen ua.:

– Einsatz von Registrierkassen,
– Festlegung von Kassenhöchstbeträgen,
– Kassensystem auf Festbestand [99],
– häufigere und überraschende körperliche Bestandsaufnahme von Barmitteln und leicht verwertbaren Vorräten,
– Verwendung von vorgedruckten Formularen, insbesondere numerierten Belegen für den Finanzverkehr,
– Begrenzung der Unterschriftsberechtigung,
– Regelmäßiger Urlaub aller Angestellten,
– Abschluß von Unterschlagungsversicherungen,
– Einschaltung externer Prüfer.

---

[99] Vgl. *Strunz*, WPg. 1977 S. 127 ff.

154 Um den **Soll-Zustand** des internen Kontrollsystems festzustellen, stehen dem APr. verschiedene Techniken zur Verfügung.

– Sammlung von Unterlagen

Der Prüfer sammelt sämtliche Organisationsunterlagen wie Organigramme, Unterstellungsverhältnisse, Anweisungs- und Zeichnungsberechtigungen, Kontierungs- und Buchhaltungsanweisungen, wertet sie aus und dokumentiert seine Feststellungen. In der Regel sind zu Einzelfragen weitere Feststellungen erforderlich.

– Fragebogen

Eine weit verbreitete Technik für die Aufnahme des internen Kontrollsystems ist die Verwendung von Fragebögen. Durch die vorgezeichnete Fragestellung soll sich der Prüfer einen Einblick in alle Einzelheiten des internen Kontrollsystems verschaffen.

Die Fragen können in geschlossener Form (Antwort nur „ja" oder „nein") oder in offener Form (Antwort unter näherer Darlegung des Sachverhalts) gestellt werden. Bei Verwendung der geschlossenen Form kann der Fragebogen so aufgebaut sein, daß eine bejahende Antwort eine brauchbare und eine verneinende Antwort eine unzulängliche interne Kontrolle anzeigen. In diesem Fall würden die verneinenden Antworten wie Signale die Lücken und Schwachstellen des internen Kontrollsystem markieren. Die offene Frageform ist demgegenüber weniger schematisch, so daß mangelhafte Kontrollen nicht unmittelbar ins Auge springen, andererseits jedoch flexibler, da sie im Falle unvorhergesehener Antworten den Sachverhalt eher erläutert. Um die Vorteile beider Frageformen zu nutzen, werden sie zweckmäßigerweise in der Weise kombiniert, daß die Antwort mit „ja" oder „nein" erfolgt und zusätzlich – soweit notwendig – der Sachverhalt erläutert wird. Die Fragen müssen so gestellt sein, daß die Antworten den Sachverhalt eindeutig festlegen. Suggestivfragen sind zu vermeiden.

Der Bogen ist formularmäßig so aufzuteilen, daß bei jeder Frage genügend Raum für Zusatzfragen und entsprechende Anmerkungen des Prüfers verbleibt.

Unter Umständen kann es zweckmäßig sein, einen Fragebogen durch Einrichtung von Jahresspalten bei mehreren Abschlußprüfungen zu verwenden, um durch die jährlichen Eintragungen die Entwicklung des internen Kontrollsystems augenfällig zu machen.

Der Vorteil der Fragebogentechnik liegt vor allem in dem relativ geringen Zeitaufwand für die Aufnahme des internen Kontrollsystems, wobei allerdings die Zeit für die erstmalige Aufstellung des Bogens nicht berücksichtigt ist. Auch mit der Organisation der Gesellschaft weniger vertraute Prüfer können sich mit Hilfe eines Fragebogens schnell in die individuellen Verhältnisse hineinfinden und laufen nicht Gefahr, wesentliche Sachverhalte zu übersehen.

– Ablaufschaubilder und -beschreibungen

Zur Anfertigung eines Ablaufschaubildes können nach Art eines Betriebsabrechnungsbogens die an der Bearbeitung eines Geschäftsvorfalles mitwirkenden Abteilungen in der Waagerechten und die bearbeiteten Unterlagen in der Senkrechten abgetragen werden. Werden die Abteilungen und Unterlagen zueinander in Beziehung gesetzt und die dadurch gewonnenen Punkte durch Pfeile in der Richtung des Zeitablaufs verbunden, so entsteht ein Arbeitsflußdiagramm, das in einprägsamer Weise Aussagen darüber macht, wie der Gesichtspunkt der Funktionstrennung und Kontrolle verwirklicht wurde. Die Erstellung eines solchen Diagramms erfordert allerdings einige Zeit und Erfahrung. In größeren Gesellschaften kann die Darstellung zudem so umfangreich werden, daß der Vorteil der Übersichtlichkeit wieder verlorengeht.

Für relativ einfach strukturierte oder für sehr seltene Arbeits- und Geschäftsabläufe können auch rein verbale Ablaufbeschreibungen zweckmäßig sein.

Unabhängig von der Darstellungsform wird das Ablaufschaubild allein für die Aufnahme des internen Kontrollsystems idR nicht ausreichen. Als Ergänzung der Fragebogentechnik kann es dagegen gute Dienste leisten.

Obwohl das **Fehlen** einzelner der vorangehend genannten Unterlagen ein Indiz **155** für ein unzureichendes internes Kontrollsystem ist, darf der Prüfer bei der Erfassung nicht davon ausgehen, daß er aus den im Unternehmen vorhandenen Unterlagen alle erforderlichen Informationen über das zu prüfende Kontrollsystem erfassen kann. Zusätzlich zur Auswertung der Unterlagen muß sich der Prüfer durch Befragen der verantwortlichen Mitarbeiter des Unternehmens und durch Beobachten von Arbeitsabläufen weitere Informationen zum prüfungsrelevanten internen Kontrollsystem des Unternehmens beschaffen.

Bei einer Prüfung des internen Kontrollsystems ist das Erfassen des Systems nie **156** endgültig abgeschlossen. Immer dann, wenn während der nachfolgenden Schritte – der Beurteilung der Angemessenheit und der Prüfung der Wirksamkeit – sich eine – vermeintliche – Schwachstelle im internen Kontrollsystem zeigt, ist es zweckmäßig und erforderlich durch ein „Nachfassen" festzustellen, ob das System zuvor vollständig und richtig erfaßt wurde.

Das **Ergebnis** der Erfassung des prüfungsrelevanten internen Kontrollsystems ist **157** dessen Nachweis in den Prüfungsunterlagen. Aus diesem Nachweis sollen die einzelnen prüfungsrelevanten Kontrollen und Abstimmungen sowie deren Zusammenwirken erkennbar sein. Es ist sehr zeitaufwendig, das interne Kontrollsystem eines Unternehmens/einzelner Unternehmensbereiche vollständig und richtig darzustellen. Aus diesem Grunde sollte der Prüfer hierfür auf Unterlagen des Unternehmens zurückgreifen bzw. auf diese verweisen, so daß sich seine Dokumentationstätigkeit auf ein Ergänzen vorhandener Unterlagen beschränkt. Es bietet sich daher an, daß der Prüfer zum Nachweis des internen Kontrollsystems in den Datenflußplänen/Arbeitsablaufbeschreibungen zu den prüfungsrelevanten Verfahren bei den einzelnen maschinellen Prozeduren und manuellen Arbeitsschritten auf die diese betreffenden Kontrollen, Abstimmungen und Richtlinien hinweist.

bb) Beurteilen der Angemessenheit des internen Kontrollsystems

Hat der Prüfer das prüfungsrelevante interne Kontrollsystem des Unternehmens/des Unternehmensbereichs vollständig und richtig erfaßt, dann kennt er **158** die Soll-Vorstellungen und Soll-Anforderungen hinsichtlich des Kontrollsystems. Er muß nun beurteilen, ob dieses für die **konkrete Situation** des Unternehmens angemessen und leistungsfähig ist. Hierbei geht er zunächst davon aus, daß das interne Kontrollsystem so funktioniert, wie es funktionieren soll (die vorgesehenen Funktionstrennungen und die Richtlinien werden beachtet, die manuellen Kontrollen werden vorgenommen, die maschinellen Kontrollen sind wirksam).

Bei dieser Beurteilung der Angemessenheit des Soll-Zustandes des internen Kontrollsystems muß sich der Prüfer zum einen mit den einzelnen **Komponenten** (Funktionstrennung, Richtlinien, Kontrollen und Abstimmungen) und zum anderen mit dem Zusammenwirken der einzelnen Komponenten auseinandersetzen.

159 – *Beurteilung der einzelnen Komponenten des internen Kontrollsystems*

Ist eine von der Sache her gebotene und aufgrund der Zahl der Mitarbeiter mögliche **Funktionstrennung** im Unternehmen nicht vorgesehen, dann ist dies eine Schwäche des internen Kontrollsystems, die bei der Gesamtbeurteilung des internen Kontrollsystems berücksichtigt werden muß. Sind Funktionstrennungen vorgesehen, dann muß der Prüfer beurteilen, ob diese im Unternehmen mit den vorhandenen Mitarbeitern auf Dauer eingehalten werden können. Der Prüfer muß weiterhin beurteilen, ob bei der Regelung der Stellvertretung beachtet wurde, daß die vorgesehenen Funktionstrennungen erhalten bleiben.

Jede **Richtlinie** des zu beurteilenden internen Kontrollsystems ist daraufhin zu prüfen, ob ihr Inhalt vollständig, sachlich richtig und vor allem verständlich ist. Bei dieser Prüfung festgestellte inhaltliche Mängel sollten unverzüglich behoben werden. Von einer fehlerhaften Richtlinie darf der Prüfer nicht zwangsläufig auf eine fehlerhafte Sachbearbeitung schließen. Er muß aber bei seinen weiteren Prüfungen durch gezielte Prüfungshandlungen feststellen, ob die fehlerhafte Richtlinie zu Fehlern geführt hat oder nicht.

Zu jeder im internen Kontrollsystem des Unternehmens vorgesehenen **Kontrolle und Abstimmung** muß sich der Prüfer die Frage stellen, ob durch diese Kontrolle/Abstimmung ein Beitrag für die Vollständigkeit und Richtigkeit des JA geleistet wird. Eine Kontrolle/Abstimmung leistet einen solchen Beitrag, wenn sie an der richtigen Stelle im Arbeitsablauf/Informationsfluß und mit dem richtigen Inhalt erfolgt. Anhand von zwei Abstimmungen zur Sicherung der Vollständigkeit soll dies erläutert werden.

Die Vollständigkeit der **Erfassung/Übernahme** aller Geschäftsvorfälle in die Rechnungslegung des Unternehmens muß durch eine Abstimmung der zu erfassenden/zu übernehmenden Daten ab dem Eingang eines Vorgangs beim Unternehmen bzw. ab dem Entstehen eines internen Vorgangs[100] mit den erfaßten/übernommenen Daten an der „Unternehmensgrenze" sichergestellt werden. Je weiter diese Abstimmung von der „Unternehmensgrenze" entfernt ist, desto geringer ist ihr Beitrag zur Sicherung der Vollständigkeit. Wird die Vollständigkeit der Erfassung/Übernahme von Geschäftsvorfällen nicht an der „Unternehmensgrenze" sichergestellt, dann kann auch durch im Verfahren nachgelagerte Abstimmungen zur Vollständigkeit die verlorene Vollständigkeit nicht mehr hergestellt werden.

Durch die gängige Abstimmung „Journal gegen Konten" soll nachgewiesen werden, daß die erfaßten Geschäftsvorfälle durch die Verarbeitung hindurch vollständig erhalten geblieben und in den Konten ausgewiesen sind. Diese Abstimmung erbringt diesen Nachweis nur, wenn die in die Abstimmung eingehenden Summen aus voneinander unabhängigen Datenbeständen gebildet wurden, die „Journalsumme" aus dem Datenbestand zum Zeitpunkt der Datenerfassung/der Datenübernahme und die „Kontensumme" aus dem Datenbestand nach der Verarbeitung. Stellt der Prüfer fest, daß die beiden Abstimmsummen für diese Abstimmung aus dem selben Datenbestand erstellt werden, dann wird er den Beitrag dieser Abstimmung zur Sicherung der Vollständigkeit mit „sehr gering" beurteilen müssen. Diese Abstimmung weist lediglich nach, daß aus den in diesem Datenbestand aufgezeichneten Buchungsdaten sowohl das Journal als auch die Konten vollständig erstellt wurden.

---

100 Vgl. St/FAMA 1/1987 Abschn. B. III. 2.2.

– Beurteilung des Zusammenwirkens der einzelnen Komponenten des internen　**160**
Kontrollsystems

Das Beurteilen des Zusammenwirkens der einzelnen Komponenten des internen Kontrollsystems erfordert vom Prüfer mehr als das Addieren deren einzelner Beiträge zur Sicherung der Vollständigkeit und Richtigkeit der Rechnungslegung und des JA. Um die einzelnen Komponenten in ihrer Gesamtheit beurteilen zu können, empfiehlt es sich, das Zusammenwirken der Komponenten entlang des Arbeitsablaufes/des Verfahrens zu beurteilen. Bei diesem Vorgehen geht der Prüfer von der Vorstellung aus, daß ein Risiko bezüglich Vollständigkeit und Richtigkeit, das durch die erste Kontrolle noch nicht ausreichend begrenzt ist, durch eine nachfolgende Kontrolle weiter begrenzt werden muß. Die am Ende dieses Vorgehens nach bestehenden Restrisiken sind die Grundlage für die Beurteilung des Zusammenwirkens der einzelnen Komponenten des internen Kontrollsystems.

cc) Prüfung der Wirksamkeit des internen Kontrollsystems

Die Beurteilung der Angemessenheit des internen Kontrollsystems erfolgte　**161**
unter der Annahme, daß die Funktionstrennung eingehalten, die bestehenden Richtlinien beachtet sowie die vorgesehenen Kontrollen und Abstimmungen korrekt durchgeführt werden. Mit der Prüfung der Wirksamkeit des internen Kontrollsystems wird diese Annahme aufgehoben. Durch die Prüfung der Wirksamkeit soll festgestellt werden, ob das interne Kontrollsystem im Unternehmen tatsächlich so funktioniert, wie es den Soll-Vorstellungen entspricht.

– Wirksamkeit der Funktionstrennung　**162**

Das Einhalten der Funktionstrennung kann vom Prüfer in zweifacher Weise geprüft werden. Einmal kann er während seiner Anwesenheit im Unternehmen beobachten, ob die Funktionstrennungen bei der täglichen Arbeit beachtet werden. Zum anderen kann er anhand von Bearbeitungsvermerken/Unterschriften auf Unterlagen feststellen, ob die Funktionstrennungen im Unternehmen nachhaltig bestehen.

– Wirksamkeit von Richtlinien und Arbeitsanweisungen　**163**

Die Wirksamkeit von Richtlinien und Arbeitsanweisungen ist dadurch festzustellen, daß anhand ausgewählter Bearbeitungsvorgänge, auf die die Richtlinie/Arbeitsanweisung anzuwenden war, nachgeprüft wird, ob deren Bearbeitung entsprechend der Richtlinie erfolgt ist. Wird hierbei für alle geprüften Vorgänge festgestellt, daß die Bearbeitung entsprechend dem Inhalt der Richtlinie erfolgt ist, darf der Prüfer davon ausgehen, daß die betreffende Richtlinie bei der Sachbearbeitung beachtet wird und wirksam ist. Wird zu mehreren geprüften Vorgängen festgestellt, daß ihre Bearbeitung nicht dem Inhalt der Richtlinie entspricht, dann darf der Prüfer nicht mehr von einer hinreichenden Wirksamkeit dieser Richtlinie ausgehen.

– Wirksamkeit von Kontrollen und Abstimmungen　**164**

Der Inhalt und der Umfang der Prüfung der Wirksamkeit von Kontrollen und Abstimmungen unterscheidet sich nach der Art der Kontrollen/Abstimmungen. Zunächst sind hierbei manuelle und maschinelle Kontrollen zu unterscheiden.

Bei den manuellen Kontrollen ist zu unterscheiden, ob sie zu einem einzelnen Geschäftsvorfall erfolgen oder ob es sich um Abstimmkontrollen handelt. Die Prüfung der Wirksamkeit auf einzelne Geschäftsvorfälle bezogener manueller Kontrollen erfolgt in der gleichen Weise wie die Prüfung der Wirksamkeit von Richtlinien. Anhand ausgewählter Geschäftsvorfälle ist zu prüfen, ob die vorgesehene Kontrolle durchgeführt wurde. Wird zu mehreren Geschäftsvorfällen festgestellt, daß die Kontrolle nicht oder nicht mit dem richtigen Ergebnis erfolgt ist, dann ist die Wirksamkeit dieser Kontrolle zweifelhaft.

Zur Prüfung der Wirksamkeit von Abstimmkontrollen ist anhand der Abstimmaufzeichnungen/Abstimmvermerke nachzuvollziehen, ob die Abstimmungen korrekt durchgeführt wurden. Bei fehlenden Abstimmvermerken wird die Wirksamkeit einer Abstimmkontrolle nicht dadurch nachgewiesen, daß die vom Prüfer erfolgte Abstimmung zu keiner Differenz führte. Wenn es sich bei den Abstimmkontrollen um Monatsabstimmungen oder Abstimmungen zu noch längeren Zeitperioden handelt, dann sind alle Abstimmungen des zu prüfenden Zeitraumes zu prüfen.

Bei der Prüfung der Wirksamkeit maschineller Kontrollen (Kontrollen, die durch die EDV per Programm erfolgen) stützt man sich auf die „Zwangsläufigkeit" von Verarbeitungsregeln in EDV-Programmen. Wenn im Unternehmen nur freigegebene Programme nur von berechtigten Mirarbeitern zur Verarbeitung der Geschäftsvorfälle eingesetzt werden, dann ist die Wirksamkeit maschineller Kontrollen zwangsläufig sehr hoch. Es ist konsequent und zweckmäßig, daß die Wirksamkeit maschineller Kontrollen nicht geschäftsvorfallbezogen geprüft wird. Die hierfür zu prüfenden Vorgänge sind insbesondere das Programmfreigabeverfahren, das Zugriffsberechtigungsverfahren zur Programmbibliothek und das Operating.

dd) Allgemeine Fragen zur Zuverlässigkeit des Kontrollsystems

165   Der folgende Fragenkatalog soll einige wesentliche Punkte aufzeigen, die unabhängig von der Art des in dem jeweiligen Bereich realisierten Verfahrens bei der Prüfung der Zuverlässigkeit des Buchführungs- und Kontrollsystems zu beachten sind:

– Liegt ein Organisationsplan und ein Verzeichnis aller Mitarbeiter der Buchführung vor?
– Sind die Aufgabenbereiche der Mitarbeiter beschrieben und klar abgegrenzt?
– Welches Verfahren liegt der Buchführung zugrunde?
– Welche Bücher werden im einzelnen geführt?
– Erfüllen Art und Anzahl der Bücher die gesetzlichen Vorschriften?
– Ist die Buchführung so beschaffen, daß ein sachverständiger Dritter sie in angemessener Zeit übersieht?
– Werden die Kontenblätter fortlaufend numeriert?
– Werden für Loseblatt-Bücher Kontenleitkarten geführt?
– Werden die Geschäftsvorfälle zeitnah und in zeitlicher Reihenfolge gebucht?
– Sind auf den Konten Datum, Belegnummer, Buchungstext und Gegenkonto angegeben?
– Buchungstexte können ganz oder teilweise durch Symbole oder Schlüssel dargestellt werden. Liegen für diese Fälle die entsprechenden Symbol- bzw. Schlüsselübersichten vor?

1152

– Besteht Summengleichheit zwischen den Soll- und Habenbuchungen in den Grundbüchern (Journale) und denen auf allen Sachkonten?

– In welchen Abständen werden Abstimmungen vorgenommen und liegen über die Ergebnisse schriftliche Unterlagen vor?

– Ist sichergestellt, daß für jede Buchung die Belegfunktion erfüllt ist?

– Sind die Belege numeriert und sind angegeben das Datum der Ausstellung der Buchung, die zu belastenden und zu erkennenden Konten, Buchungstext (ggf. Verweis auf weitere Unterlagen), Unterschriften des Ausstellers und des Kontierenden?

– Sind die Belege geordnet abgelegt und in angemessener Zeit auffindbar?

– Sind die Buchungsbelege bis zu ihrer grundbuchmäßigen Erfassung ausreichend gegen Verlust gesichert (zB durch laufende Numerierung)?

– Buchungsbelege brauchen nicht im Original aufbewahrt zu werden. Ist sichergestellt, daß in diesen Fällen das Verfahren zur Herstellung der Wiedergabe den handels- und steuerrechtlichen Vorschriften entspricht?

– Wie werden Falschbuchungen behandelt?

– Werden bei manueller Buchung die Geschäftsvorfälle mit unauslöschlichen Schreibmitteln wie Tinte, Kugelschreiber, Farbband, gebucht?

– Ist – im Falle der Durchschreibebuchführung – auch die Durchschrift klar leserlich und nicht ohne weiteres auszulöschen?

– Wird ein systematischer Kontenplan angewendet?

– Ist der Kontenplan genügend tief gegliedert, so daß eine klare Trennung der Geschäftsvorfälle nach ihrer Verursachung möglich ist?

– Ist die Prüfspur gesichert, auch wenn der Buchungsstoff gruppenweise verbucht worden ist, im Journal und auf den Sachkonten?

– Sind die Vorjahreskonten ordnungsgemäß abgeschlossen worden?

– Welche Nebenbuchhaltungen gibt es und wer leitet sie?

– Werden Abstimmungen vorgenommen zwischen der Geschäftsbuchhaltung sowie der Betriebsbuchhaltung und den Nebenbuchhaltungen?

– Welche Kontokorrente werden durchgeführt?

– Nach welchen Verfahren wird auf den Kontokorrentkonten gebucht?

– Sind die einzelnen Gruppen der Kontokorrente (Warenforderungen, Konzernforderungen, Hypotheken und Darlehen, Forderungen an Betriebsangehörige) sowie entsprechende Verbindlichkeiten klar voneinander getrennt?

– Werden für die einzelnen Gruppen unterschiedliche Kontenkarten verwendet?

– Enthält der Kopf der Konten die nötigen Angaben über Zahlungsziele, Kreditgrenzen, evtl. Sicherheiten und sonstige Vereinbarungen?

– Wird ein vollständiges Verzeichnis aller Kontokorrentkonten geführt?

– Werden für jedes GJ neue Konten angelegt?

– Wo werden ausgeglichene und abgeschlossene Konten aufbewahrt?

– In welcher Weise ist die Abwicklung der einzelnen Posten gekennzeichnet?

– Wie wird der Nachweis erbracht, daß alle Konten vorhanden sind?

– In welchem Umfang werden Konten „Pro Diverse", „Sonstige" oä. geführt?

– Wer führt die Kontokorrente?

– Werden bei umfangreicheren Kontokorrenten die Kontenführer gelegentlich untereinander ausgetauscht?

– Sind die Aufgaben der Kontokorrentbuchhalter klar von den Arbeiten in Kasse, Rechnungsabteilung, Rechnungsprüfung und Lagerverwaltung getrennt?

– Werden regelmäßig Saldenlisten angefertigt und mit der Hauptbuchhaltung abgestimmt?

- Werden Abstimmungsdifferenzen schriftlich festgehalten und wer veranlaßt ihre Bereinigung?
- Werden die Kontenstände regelmäßig mit den Geschäftsfreunden abgestimmt?
- Wer bearbeitet auftretende Differenzen?
- Ist ein Inventar aufgestellt worden?
- Entsprechen die bei der Aufstellung des Inventars angewandten Methoden den GoB?

c) Prüfung des internen Kontrollsystems bei computergestützten Buchführungssystemen [101]

aa) Vorbemerkung

166   Die Beurteilung des internen Kontrollsystems im computergestützten Teil der Rechnungslegung setzt voraus, daß die vorhandenen und festgestellten Kontrollen in eine bestimmte Ordnung gebracht werden und dann nach ihrer Wirksamkeit unterschieden werden.

167   Eine der möglichen Ordnungskriterien ist die **Klassifizierung der Kontrollen** nach anwendungsunabhängigen Kontrollen und Kontrollen in der einzelnen EDV-Anwendung. Unter den anwendungsunabhängigen Kontrollen sind zunächst sämtliche Kontrollen, die in einem Rechenzentrum durchgeführt werden, zu verstehen wie zB Dateiverwaltungsverfahren, Datensicherungsverfahren, Maßnahmen der Arbeitsvorbereitung, Maßnahmen der Arbeitsnachbereitung, Output-Verteiler. Darüber hinaus gehören zu diesem Kontrolltyp diejenigen Kontrollen, welche der Qualitätssicherung im Rahmen der Softwareerstellung dienen. Das sind Kontrollen über die Einhaltung vorgeschriebener Vorgehensweisen bei der Systemanalyse, die Einhaltung von Programmierrichtlinien, von Testverfahren, des Freigabeverfahrens sowie der Dokumentationserstellung.

168   Bei den anwendungsabhängigen Kontrollen handelt es sich um solche in der Belegaufbereitung, der Belegerfassung, spezifischer Kontrollverfahren für eine konkrete Verarbeitung sowie um Kontrollen in der Arbeitsnachbereitung. Im Rahmen der Dialogverarbeitung wird der weitaus größte Teil der Anwendungskontrollen im Rahmen der Dialogbearbeitung durchgeführt. Diese Kontrollen werden ergänzt durch vor- und nachgelagerte manuelle Kontrollen sowie Kontrollen in zusätzlichen Batchverarbeitungen.

169   Anwendungsunabhängige und anwendungsabhängige Kontrollen ergänzen sich. Beim Einsatz von Mikrocomputern entfällt ein großer Teil der anwendungsunabhängigen Kontrollen, da es ein Rechenzentrum im klassischen Sinne nicht mehr gibt. Hier beschränken sich diese Kontrollen auf wenige Maßnahmen, wie zB die Disketten- oder Plattenverwaltung und die Datensicherung. Umso strengere Anforderungen sind dann an die anwendungsspezifischen Kontrollen zu stellen.

170   Für die Beurteilung der **Wirksamkeit der Kontrollen** ist es erforderlich festzustellen, ob es sich um maschinelle oder manuelle, fehlerverhindernde oder fehleraufdeckende, obligatorische oder fakultative Kontrollen handelt.

101 Vgl. zu den nachstehenden Ausführungen die folgende Literatur: Grundsätze ordnungsmäßiger Speicherbuchführung (GoS) BStBl. II 1978 S. 250; AWV-Schrift Nr. 382, EDV-Buchführung in der Praxis, Beiträge zur Verfahrensdokumentation, Berlin 1984; *Hanisch*, EDV-Prüfung bei Datenbanksystemen, WPg 1986 S. 405 ff. und S. 437.

bb) Prüfung der EDV-Organisation

(1) Aufbauorganisation

Bei der Beurteilung der Aufbauorganisation des EDV-Bereichs muß der Prüfer   171
feststellen, ob und in welchem Umfang durch die Art der Aufbauorganisation
für die richtige, zeitgerechte und vollständige Datenverarbeitung Risiken bestehen.

Risiken für die Ordnungsmäßigkeit bestehen bei

– unzureichender Neutralität des EDV-Bereichs gegenüber den um die verfügbare EDV-Kapazität konkurrierenden Fachabteilungen,
– unzureichender Kompetenzabstimmung zwischen EDV-Bereich und Fachab-
  teilung,
– unzureichender Funktionstrennung innerhalb der EDV-Abteilung; Abhängigkeit von einzelnen Mitarbeitern des EDV-Bereichs.

Die Basis für die Beurteilung der Aufbauorganisation sind **Organigramme und**   172
Stellenbeschreibungen. Anhand der Organigramme ist die Einordnung der EDV-
Abteilung im Unternehmen sowie die Funktionstrennung innerhalb der EDV-
Abteilung zu beurteilen. Die Stellenbeschreibungen ermöglichen die Beachtung
der Funktionstrennung auf personeller Ebene, insbesondere auch im Falle der
Stellvertretung.

(2) Systementwicklung

Für die Systemprüfung in diesem Bereich ergeben sich drei generelle Fragen-   173
gruppen:
(1) Können Regelungen zur Organisation der Anwendungsentwicklung und
    -pflege nachgewiesen werden?
(2) Sind die vorhandenen Regelungen inhaltlich ausreichend?
(3) Werden die bestehenden Regelungen beachtet?

Die personelle **Projektbesetzung** muß einerseits den fachlichen Inhalt des Pro-   174
jekts sicherstellen und andererseits ist die Funktionstrennung zu beachten.

Die **Projektdurchführung** muß in sachlicher und zeitlicher Hinsicht sowie bezüg-   175
lich des Aufwandes kontrolliert werden. Insbesondere zeitliche Engpässe bei der
Projektabwicklung sind ein Risiko für eine ordnungsgemäße Projektarbeit.

Eindeutige und sachlich richtige Vorhaben sind eine zwingende Voraussetzung   176
für richtige Programme. Bei der Beurteilung der Form der Programmvorgaben
ist zu berücksichtigen, daß sie die Basis für die Dokumentation der Verarbei-
tungsinhalte sind.

Die Beurteilung der Organisation und der Regelungen zur Programmierung ist   177
keine Programmprüfung. Zu beurteilen ist vielmehr, ob aufgrund der Art und
Weise der Programmierung gewährleistet ist, daß die Programme durchschaubar
und änderbar sind. Diese generelle Anforderung kann dann als erfüllt gelten,
wenn ein anderer Programmierer als der Ersteller des Programmes in einem Programm eine Änderung richtig und in angemessener Zeit durchführen kann.

Das Testverfahren ist auch dann zu beurteilen, wenn ein Unternehmen Fremd-   178
software einsetzt. Das Unternehmen muß den Nachweis führen, wer getestet hat

und wie getestet wurde. Bei der Beurteilung von Testverfahren und des Testumfanges ist zu beachten, daß kaum ein Programm vollständig und lückenlos ausgetestet werden kann. Daß bei jedem neuen Programm und jeder Programmänderung ausreichend getestet wird, setzt voraus, daß das Unternehmen über einen Testdatenbestand verfügt.

179 Das **Freigabeverfahren** ist von zentraler Bedeutung für die Beurteilung der „Reliance" des EDV-Systems. Mit der Freigabe einer EDV-Anwendung/eines Programmes nach Erstellung oder Änderung bestätigt das Unternehmen, daß die mit Hilfe dieser EDV-Anwendung/dieses Programmes gewollte Verarbeitung richtig durchgeführt werden kann.

Bei Mängeln im Freigabeverfahren kann vom Prüfer nicht mehr von der Vermutung „die Programminhalt sind richtig" ausgegangen werden. Bei der Prüfung der einzelnen EDV-Anwendung ist jeder generelle Vorbehalt zu beachten. Vom Unternehmen ist die Behebung der Mängel zu fordern.

Die Organisation des Freigabeverfahrens muß sicherstellen, daß die erfolgten Freigaben zu neuen oder geänderten Programmen belegt werden (Freigabeprotokoll).

(3) Durchführung der Verarbeitung

180 Die EDV-Durchführung umfaßt die Funktionen Datenannahme und -erfassung, Arbeitsvorbereitung, Verwaltung und Sicherung der Datenträger und das Operating.

181 Das Risiko einer unzureichenden **Organisation und Kontrolle** der EDV-Durchführung besteht darin, daß trotz richtiger Programme und trotz vollständiger Daten aufgrund von Fehlern bei der Durchführung (falsche Programmversion, falsche Programmfolge, falsche Version des Datenbestandes etc.) die Verarbeitung falsch ist und die zuvor bestehende Vollständigkeit der Daten nicht mehr besteht.

182 Die **Betriebsfähigkeit** des Rechenzentrums ist Voraussetzung für die Erfüllung der Auskunftsbereitschaft bei Speicherbuchführung. Aber auch dann, wenn keine Speicherbuchführung vorliegt, hat die Betriebsfähigkeit Einfluß auf die ordnungsmäßige Verarbeitung. Mängel in der Betriebsfähigkeit des Rechenzentrums beinhalten ein hohes Risiko für Störungen im Arbeitsablauf des Rechenzentrums. Der Prüfer muß beurteilen, ob bezüglich der Hardware im Rechenzentrum, im Rechenzentrumsgebäude/-raum und dem Gebäudestandort die Risiken eines Ausfalles des Computers begrenzt sind.

cc) Prüfung der einzelnen Arbeitsabläufe

(1) Belegfunktion

183 Im Bereich der computergestützten Buchführung muß die Forderung „keine Buchung ohne Beleg" umgedeutet werden in „keine Buchung ohne **Belegfunktion**".

Folglich muß daher zunächst festgestellt werden, daß nicht das Stück Papier, sondern nur das, was inhaltlich auf dem Datenträger festgehalten ist, die Belegfunktion erfüllen kann. Als Datenträger für Belege kommen sämtliche Medien infrage, die Inhalt von Geschäftsvorfällen und internen Buchungsvorgängen festhalten.

Die Belegfunktion ist der nachvollziehbare Nachweis über den Zusammenhang der realen buchungspflichtigen Vorgänge (externe und interne Vorgänge) und deren Abbildung in der Buchführung. Die Inhalte dieser Vorgänge müssen nachweisbar vollständig und richtig erfaßt, vollständig an die Buchhaltung übermittelt und in diese vollständig und richtig eingehen. Ohne diese nachvollziehbare Klammer zwischen den realen buchungspflichtigen Vorgängen und dem Inhalt der Bücher ist auch eine computergestützte Buchführung nicht beweiskräftig.

(2) Datenerfassung/Dateneingabe

Mit Datenerfassung wird der Vorgang bezeichnet, durch den die buchungspflichtigen Daten in das EDV-System eingehen. Dieser Vorgang wird auch als Dateneingabe definiert. **184**

Die Datenerfassung beinhaltet die folgenden buchhalterisch bedeutsamen Fragen, die vom Prüfer zu bearbeiten und zu beantworten sind:

– Wann ist ein Vorgang gebucht?
– Wie ist sichergestellt, daß die Vorgänge vollständig und richtig gebucht werden?
– Wie ist bei Dialogverarbeitung der Zugriff auf die Daten der Rechnungslegung gegen unberechtigte Zugriffe gesichert?

Eine Buchung ist grundsätzlich erst dann gegeben, wenn alle Voraussetzungen für die endgültige Verarbeitung der Angaben über den Geschäftsvorfall, insbesondere für seine sach- und personenkontenmäßige Buchung vorliegen und die Daten außerdem gegen eine unbefugte oder unkontrollierbare Veränderung gesichert sind.

Bei einer computergestützten Buchführung empfiehlt es sich, einen Vorgang erst dann als gebucht zu definieren, wenn zu ihm die bei den Eingabeprüfungen erkannten Fehler korrigiert sind. Würde der Zeitpunkt vorher liegen, müßten alle Korrekturen wiederum buchhalterisch erfolgen (§ 239 Abs. 3 HGB). **185**

Die Vollständigkeit und Richtigkeit der Datenverarbeitung ist durch die **Eingabekontrollen und Eingabeprüfungen** im Zeitpunkt der Datenerfassung/Dateneingabe bestimmt. Die Sicherung des Erfassungs- und Eingabevorganges kann teilweise (Vollständigkeitskontrollen) oder ganz (Kontrollen zur Richtigkeit der Daten) durch EDV-Unterstützung erreicht werden. **186**

Die Kontrollen zur Sicherung der Vollständigkeit der Datenerfassung sind die Kontrollsummenverfahren. Allen Kontrollsummenverfahren ist gemeinsam, daß zwei Kontrollsummen miteinander abgestimmt werden. Die eine Kontrollsumme wird dabei aus dem zu erfassenden Buchungsstoff und die andere Kontrollsumme aus dem erfaßten Buchungsstoff gebildet. **187**

Bei der Eingabe können im Eingabeprogramm eine Reihe von qualitativen Kontrollen zusammengestellt werden. Diese Kontrollen bilden ein Sieb, durch das nur sachlich plausible Daten und Datenkonstellationen in das EDV-System gelangen. Für das Rechnungswesen haben diese qualitativen Eingabeprüfungen den Vorteil, daß bereits zu Beginn der Verarbeitung fehlerhafte Fälle richtiggestellt und zweifelhafte Fälle geklärt werden. **188**

189   Folgende programmierte Eingabekontrollen sind ua. möglich: Existenzkontrollen, Gültigkeitskontrollen, Toleranzkontrollen, Kombinationskontrollen, Saldenkontrollen.

190   Erfolgt im Rahmen der zu prüfenden EDV-Anwendung Dialogverarbeitung oder kann auf die Datenbestände des zu prüfenden Arbeitsgebietes über andere EDV-Anwendungen im Dialog zurückgegriffen werden, dann muß der Prüfer untersuchen, ob durch die vorgesehenen und praktizierten Zugriffskontrollen sichergestellt ist, daß nur berechtigte Mitarbeiter in Datenbestände Hinzufügungen, Änderungen und Löschungen über Datenstationen, wie zB Bildschirme, Mikrocomputer, durchführen können.

191   Aus den Grundsätzen odnungsmäßiger Buchführung ergibt sich hinsichtlich der **Zugriffsberechtigung** auf Daten und Programme die Forderung nach Beachtung des Prinzips der minimalen Berichtigung. Das Prinzip der minimalen Berechtigung bedeutet, daß der Mitarbeiter nur die Berechtigung für Dialog-Verarbeitung haben soll, die er für die Bearbeitung der ihm übertragenen Aufgaben benötigt. Die erforderliche Dialogberechtigung einer Stelle ergibt sich folglich aus deren Funktion und nicht aus deren hierarchischem Rang.

Die Prüfung der Zugriffsberechtigungen und deren Kontrollen ist in diesem Bereich von besonderer Bedeutung.

(3) Datenfluß

192   Für den Prüfer ist der Datenfluß innerhalb der zu prüfenden EDV-Anwendung weniger ein Prüfungsobjekt als vielmehr ein Informationsprojekt. Ein Datenflußplan (graphisch oder tabellarisch dargestellt) informiert zu der EDV-Anwendung über die Verarbeitungsstufen (Programmfolge) sowie über die durch die einzelnen Programme angesprochenen Dateien/Datenbanken.

Anhand des Datenfluß-Planes kann der Prüfer feststellen,

– ob das Kontroll- und Abstimmungssystem zu der EDV-Anwendung zwingend ist bzw. welche Kontrollen und Abstimmungen erfolgen müßten (alle zu erfassenden Daten gehen in die EDV ein; die in der EDV erfaßten Daten werden vollständig verarbeitet),

– mit welchen EDV-Ausgaben/Datenbeständen die Grundbuchfunktion und die Kontofunktion erfüllt werden können,

– inwieweit eine EDV-Ausgabe/ein Datenbestand die richtige Basis für eine beabsichtigte Prüfungshandlung ist, zB für Saldenbestätigungsaktionen, Berechtigung von Pensionsrückstellungen, Ermittlung von Inventurdifferenzen uam.

(4) Sachliche Verarbeitungsregeln

193   Die Prüfung der Verarbeitungsregeln erfolgt anhand der **Verfahrensdokumentation,** insbesondere anhand der sachlichen Programmvorgaben und der Freigabeprotokolle.

194   Im Rahmen der Prüfung der Datenverarbeitungsorganisation erfolgt die Prüfung, ob der Mandant im erforderlichen Umfange sichergestellt hat, daß nur richtige Programme mit den richtigen Datenbeständen zur richtigen Zeit verarbeitet werden. Bei der Prüfung einer einzelnen EDV-Anwendung werden die

Einhaltung des Freigabeverfahrens und besonders wichtige Verarbeitungsregeln geprüft (Prüfung dieser Verarbeitungsregeln in der aktuellen Umwandlungsliste oder Durchführung eines Testlaufs).

Aus den Ergebnissen dieser beiden Prüfungshandlungen ergibt sich eine fundierte Aussage bezüglich der Richtigkeit der Verarbeitung. Werden bei dieser Prüfung keine wesentlichen Mängel festgestellt, würde auch eine aufwendige Programmprüfung keine wesentlichen Verarbeitungsfehler aufdecken. Werden bei dieser Prüfung wesentliche Mängel festgestellt, kann der Prüfer nicht mehr davon ausgehen, daß die Verarbeitung nach den Regeln des ihm vorgelegten Programms erfolgt ist. In solchen Fällen sind umfangreiche Einzelfallprüfungen/Stichprobenprüfungen erforderlich.

Es ist sehr unwahrscheinlich, daß bei der Übersetzung des Quellenprogramms in **195** das Maschinenprogramm der Programminhalt sachlich verändert wird. Vom Prüfer braucht daher diese Transformationsphase nur geprüft zu werden, wenn ein besonderer Grund vorliegt. Eine größere Gefahr ist darin zu sehen, daß nicht das gültige Programm eingesetzt wird. Inwieweit dieser Gefahr begegnet wird, kann der Prüfer ebenfalls aus den Dokumentationsunterlagen erkennen. Die zu diesem Zweck zu prüfenden Unterlagen sind

– die Beschreibung des Verfahrens zur Freigabe eines von der Programmierung erstellten und geänderten Programmes,
– die Beschreibung der Organisation der Programmverwaltung im Rechenzentrum,
– die Arbeitsanweisungen für die Arbeitsvorbereitung und das Rechenzentrum hinsichtlich der Bereitstellung und des Einsatzes der Programme.

(5) Aufzeichnung des Buchungsstoffes

Die Prüfung der Aufzeichnung des Buchungsstoffes befaßt sich mit den folgen- **196** den Bereichen:

– Nachweis der Erfüllung der Grundbuchfunktion, der Kontenfunktion und von GuV/Bilanz,
– Ausdruckbereitschaft bei computergestützten Buchführungen,
– Anforderungen an die Aufbewahrungsverfahren und Speichermedien.

(6) Verfahrensdokumentation

Die Verfahrensdokumentation ist über ihre Informationsfunktion hinaus auch **197** Prüfungsobjekt. Die Prüfung der Verfahrensdokumentation muß sich mit den folgenden Themen befassen:

(1) Dokumentationspflicht
(2) Inhalte der Verfahrensdokumentation
(3) Umfang der Verfahrensdokumentation
(4) Aktualität der Verfahrensdokumentation.

Aus den §§ 239 und 257 HGB ergibt sich zwingend, daß vom Buchführungspflichtigen das von ihm angewandte Verfahren zu dokumentieren ist und diese Unterlagen/Aufzeichnungen zehn Jahre aufzubewahren sind.

Das HGB beschränkt sich in der Aussage zum Inhalt der Verfahrensdokumenta- **198** tion auf die Forderung, daß der Inhalt der Verfahrensdokumentation zum Verständnis des angewandten Verfahrens ausreichen müsse. Der erforderliche Umfang einer Verfahrensdokumentation kann nur für den konkreten Einzelfall ermittelt werden: allgemein gültig ist lediglich die Aussage, daß mit zunehmender Komplexität des EDV-Systems auch der Umfang an erforderlicher Dokumentation zunimmt. Die Komplexität eines EDV-Systems ist insbesondere gekennzeichnet durch

- die Zahl der mit Hilfe des Computers bearbeiteten Sachgebiete,
- die Zahl und die Größe der Programme,
- den Grad der Integration zwischen diesen Sachgebieten,
- den Anteil der nur auf maschinenlesbaren Datenträgern gespeicherten Daten am gesamten Datenvolumen und die Dauer der Speicherung ohne Ausdruck der Daten.

Es ist deshalb offensichtlich, daß bei Realisierung einer Speicherbuchführung die Verfahrensdokumentation ausführlicher über die Datensicherung und Datenausgabe (Ausdruckbereitschaft) informieren muß als bei der EDV-Anwendung, bei der die gesamten Verarbeitungsergebnisse monatlich auf Papier oder Microfilm ausgegeben werden.

d) Systemprüfungen in ausgewählten Teilbereichen des Unternehmens

199 Die Aufgabe der Systemprüfungen im Rahmen der Jahresabschlußprüfung besteht im wesentlichen darin festzustellen, ob in den Bereichen in denen vornehmlich Massenvorgänge abgewickelt werden, die organisatorischen Voraussetzungen für die vollständige, richtige und zeitgerechte Erfassung und Bearbeitung der Geschäftsvorfälle vorhanden sind und ob diese auch beachtet werden.

200 Bei der Auswahl der Teilbereiche, in denen eine Systemprüfung durchgeführt werden soll, werden die gesamte Geschäftstätigkeit eines Unternehmens und die dazugehörigen Verarbeitungssysteme in eine beschränkte Anzahl einzelner, in sich geschlossener, jedoch zueinander in Beziehung stehender Teilbereiche unterteilt. Jeder Teilbereich umfaßt die Arten von Geschäftsvorfällen, die ihm aufgrund des **logischen Ablaufs** der Geschäftstätigkeit zugeordnet werden können[102]. Die einzelnen Tätigkeitsbereiche werden dabei nach Art, Organisation und Ablauf des einzelnen Unternehmens bestimmt. Nachfolgend werden einige Hinweise zur Durchführung von Systemprüfungen in Teilbereichen gegeben, wie sie für Produktions- und Handelsunternehmen typisch sind, nämlich den Bereichen Warenverkehr, Zahlungsverkehr sowie Lohn- und Gehaltsverkehr.

(1) Warenverkehr[103]

(a) Wareneingang und Lagerverwaltung

Wareneingang und Rechnungsprüfung

201 – Ist sichergestellt, daß alle eingehenden Waren eine Eingangskontrolle durchlaufen?
– Ist die Wareneingangskontrolle zentralisiert oder dezentralisiert?
– Ist die Wareneingangskontrolle vom Einkauf unabhängig?
– Werden Menge und Beschaffenheit aller Waren von der Wareneingangskontrolle geprüft?
– Stellt die Wareneingangskontrolle für jeden Wareneingang einen Eingangsschein aus?

---

102 Vgl. *Borchert* in HWRev. Sp. 1532.
103 Vgl. dazu auch *Maul* in HWRev. Sp. 1685 ff. mit weiteren Literaturhinweisen.

- Werden die Lieferantenrechnungen mit den Wareneingangsscheinen und den Auftrags-
  bestätigungen verglichen?
- Wer prüft die rechnerische Richtigkeit der Lieferantenrechnungen?
- Bestehen Kontierungsrichtlinien und ist sichergestellt, daß die Rechnungen nach diesen
  Richtlinien kontiert werden?
- Wird die Kontierung vor der Buchung geprüft?
- Werden die Rechnungen täglich gebucht?
- Werden die Rechnungen in einem Eingangsbuch erfaßt?
- Wer weist die Rechnung zur Zahlung an?
- Ist sichergestellt, daß keine Rechnung doppelt bezahlt wird?
- Ist sichergestellt, daß die Rechnung nicht trotz geleisteter Anzahlung bezahlt wird oder
  daß sie mit Forderungen aufgerechnet wird?
- Ist sichergestellt, daß berechnete Verpackung und andere Retouren ordnungsgemäß
  zurückgeschickt und entsprechende Gutschriften erteilt werden?
- Wer ist für die Ausnutzung von Skonti verantwortlich und wer prüft, ob die Möglichkei-
  ten genutzt werden?

Lagerverwaltung

- Werden sämtliche Materialien in dafür bestimmten Lägern oder wird eingehendes   **202**
  Material dort untergebracht, wo gerade Platz ist?
- Sind Materialien in Lägern außerhalb des Unternehmens untergebracht?
- Stehen die Läger unter Aufsicht von Lagerverwaltern und sind sie vor nicht bestim-
  mungsgemäßen Entnahmen geschützt?
- Sind die Bestände versichert? Wogegen, in welcher Höhe?
- Wird Material nur gegen Materialentnahmeschein ausgegeben?
- Bestehen Anordnungen über Rücknahme unverbrauchten oder überzähligen Materials?
- Bestehen Lagerfachkarten und werden die ausgewiesenen Bestände mit den Istbestän-
  den und der Lagerbuchführung abgestimmt?
- Wer veranlaßt die Berichtigungen bei auftretenden Differenzen?
- Wie werden die Differenzen buchmäßig behandelt?
- Ist die Lagerbuchhaltung von der Lagerverwaltung getrennt?
- Schreibt die Lagerbuchführung Mengen und Werte fort?
- Wie oft werden die Bestände aufgenommen?
- Wer nimmt die Bestände auf?
- Werden die Bestände nach einem bestimmten Plan aufgenommen?
- Kann die Bestandsaufnahme durch retrograde Rechnung kontrolliert werden?
- Werden erhaltene Konsignationswaren und Fremdmaterial zur Bearbeitung gesondert
  gelagert?
- Werden Ladenhüter besonders gekennzeichnet?
- Wer führt die Bewertung für den JA durch?

Durch die Prüfung des Wareneingangs soll festgestellt werden, ob alle eingegan-   **203**
genen Waren ordnungsmäßig im Hauptbuch und den Nebenbüchern erfaßt worden sind und wie die Regulierung der dadurch entstandenen Verbindlichkeiten
buchmäßig abgewickelt wird. Gleichzeitig soll sich der Prüfer dabei einen Überblick über die Ordnungsmäßigkeit der Lagerverwaltung, den internen Material-
fluß und die innerbetriebliche Verrechnung verschaffen, der später die Grundlage bildet für die Beurteilung der Ordnungsmäßigkeit der Inventur und der
Bewertung der unfertigen und fertigen Erzeugnisse.

Wegen der unterschiedlichen **Organisation des Wareneingangs** können allgemein   **204**
gültige Aussagen nicht gemacht werden. In jedem Fall wird der Prüfer jedoch
zwei Wege zu verfolgen haben: den Weg der Ware und den Weg der Rechnung.
Der Prüfungsweg ist in beiden Fällen progressiv. Die Prüfung des Warenweges

beginnt bei der **Wareneingangskontrolle.** IdR wird die Wareneingangskontrolle die eingehenden Waren in irgendeiner Weise erfassen. Diese Aufzeichnungen sind als erste interne Unterlagen über den körperlichen Eingang der Ware mit den externen Belegen, wie Lieferscheinen, Frachtbriefen, Fahrtenbüchern bei Transporten mit eigenen Fahrzeugen und Rechnungen bei Anlieferung in fremden Fahrzeugen, für einen bestimmten Zeitraum abzustimmen. Dadurch soll sichergestellt werden, daß die angelieferte Ware auch buchmäßig erfaßt worden ist. Der Prüfer sollte daher zumindest teilweise von den erwähnten externen Anlieferungsunterlagen ausgehen und von hier aus die Aufzeichnungen der Wareneingangskontrolle prüfen. Über abweichende Gewichtsangaben, Qualitätsangaben und über sonstige Unstimmigkeiten müssen Mängelanzeigen vorliegen.

205 In der nächsten Stufe ist die **Weitergabe** der Materialien von der Wareneingangskontrolle an das oder die Läger zu prüfen. Sämtliche von der Wareneingangskontrolle aufgezeichneten Wareneingänge müssen auf den Lagerfachkarten und in der Lagerbuchhaltung als Zugänge erfaßt sein. Auch hier sollte der Prüfer – am besten ausgehend von den Aufzeichnungen der Wareneingangskontrolle – die ordnungsmäßige Übernahme der Waren in die Läger und die Erfassung in der Lagerbuchführung für einen bestimmten Zeitabschnitt prüfen. Bei der Prüfung der Lagerbuchführung taucht erstmalig die Bewertungsfrage auf. Der Prüfer sollte sich zumindest in Stichproben durch einen Vergleich der Eingangsrechnungen mit den Eintragungen in der Lagerbuchführung von der ordnungsmäßigen Bewertung der Bestände zu Einstandspreisen überzeugen.

206 Bei der Durchsicht der Lagerfachkarten und der Lagerbuchführung sollte der Prüfer auch die Erfassung des Lagerausgangs prüfen, indem er die Warenentnahmescheine einer Periode mit den Eintragungen auf den Lagerfachkarten und dem Abgang in der Lagerbuchführung vergleicht. Schließlich sind die monatlichen Lagerbewegungen, sofern sie in der Lagerbuchführung festgehalten werden, mit den Zu- und Abgängen der Konten Roh-, Hilfs- und Betriebsstoffe der Hauptbuchhaltung abzustimmen.

207 Die Prüfung der ordnungsmäßigen **Erfassung der Verbindlichkeiten** beginnt mit einem Vergleich der geprüften Lieferantenrechnungen mit dem Wareneingangs- und/oder Lieferschein. Sodann ist die Verbuchung der Rechnung im Kontokorrent zu untersuchen und die Summe der (monatlichen) Buchungen im Kontokorrent mit dem/den Hauptbuchkonten Verbindlichkeiten abzustimmen.

208 Alle diese Prüfungshandlungen lassen sich nur bei einem straff organisierten Lagerwesen mit angeschlossener Lagerbuchführung durchführen. Bei Mittel- und Kleinbetrieben wird sich der Prüfer häufig auf eine Abstimmung der Eingangsrechnungen mit den Lieferscheinen und auf die Prüfung der Verbuchung der Eingangsrechnungen beschränken müssen.

209 Bei der Prüfung der Wareneingänge um den Bilanzstichtag herum ist auf die Periodengleichheit der Verbuchung von Wareneingang und Verbindlichkeit zu achten, da die Gefahr besteht, daß durch eine ungleiche Verbuchung der Gewinn unrichtig und Vermögen und Schulden ggf. unvollständig ausgewiesen werden. Um Verstöße gegen die Abgrenzung festzustellen, geht der Prüfer entweder von den Rechnungen aus, die am Schluß des alten oder zu Beginn des neuen Jahres im Kontokorrent verbucht worden sind und läßt sich die entspre-

chenden Wareneingänge nachweisen, oder er geht von den in der Lagerbuchführung festgehaltenen Wareneingängen aus und prüft von hier aus den Zeitpunkt der Passivierung der Verbindlichkeit oder der Zahlung.

(b) Warenausgang und Fakturierung

- Wird für alle ausgelieferten Waren eine Versandanzeige ausgestellt? **210**
- Wer prüft die Mengenangaben der Versandanzeigen?
- Wer bestimmt die Verkaufspreise und Zahlungsbedingungen?
- Sind die Zahlungs- und Lieferbedingungen sowie ggf. ein Eigentumsvorbehalt rechtsgültig vereinbart?
- Müssen Abweichungen von den Listenpreisen und normalen Zahlungsbedingungen genehmigt werden und von wem?
- Ist sichergestellt, daß alle Warenausgänge berechnet und alle Rechnungen gebucht werden?
- Wie werden Barverkäufe behandelt?
- Ist sichergestellt, daß schlecht zahlende Kunden nur bis zu einer Kreditgrenze und Kunden, die ihre Zahlungen eingestellt haben, nicht mehr beliefert werden?
- Wird die Gesamtsumme der Ausgangsrechnungen periodisch zwischen der Rechnungsabteilung und der Haupt- und/oder Kontokorrentbuchhaltung abgestimmt?
- Wie werden Rücklieferungen behandelt?
- Wie werden Nebenverkäufe abgewickelt (Schrott-, Material-, Belegschaftsverkäufe)?
- Wer überwacht den termingerechten Zahlungseingang?

Durch die Prüfung des Warenausgangs soll festgestellt werden, ob alle verkauf- **211** ten Waren auf den Umsatzkonten erfaßt und die Abnehmer entsprechend belastet worden sind. Die Warenausgangsprüfung ist das Gegenstück zur Wareneingangsprüfung und im wesentlichen nach den gleichen Grundsätzen durchzuführen.

Für die Prüfung des Warenausgangs wird idR die Versandanzeige (Lieferschein) **212** der interne Beleg über den Versand der Ware sein. Auch hier sollte der Prüfer versuchen, soweit wie möglich eine Verbindung zwischen den Versandanzeigen und externen Versandbelegen (Frachtunterlagen der Bundesbahn und von LKW-Transporten, Verschiffungspapiere, Übernahmebestätigungen bei Selbstabholung) herzustellen. Wenn die ausgelieferten Waren einem Fertigwarenlager entnommen sind, müssen ferner die Angaben der Versandanzeige mit der Lagerbuchführung abgestimmt werden. Auch wenn die Waren unmittelbar von dem Produktionsbetrieb ausgeliefert werden, stehen idR irgendwelche Unterlagen des Betriebes zur Verfügung (Produktionsaufschreibungen und dgl.), die eine Abstimmung mit den Angaben der Versandanzeige möglich machen.

Die Versandanzeige ist gleichzeitig die Unterlage für die **Rechnungserstellung.** **213** Daher ist die inhaltliche Übereinstimmung zwischen Versandanzeige und Rechnung zu prüfen. Dabei sollte der Prüfer zweckmäßigerweise von der Versandanzeige ausgehen und sich dazu die entsprechende Rechnungskopie zeigen lassen, damit sichergestellt ist, daß alle versandten Waren berechnet worden sind. Unberechnete Lieferungen (Muster-, Probe- und Ersatzlieferungen) müssen von einem Anweisungsberechtigten abgezeichnet sein. Bei der Prüfung der Rechnungen sollte der Prüfer auch einen Blick auf die Preisliste oder das Angebot werfen. Bei ungewöhnlichen Preisnachlässen sollte er sich zumindest in Stichproben davon überzeugen, daß die Nachlässe ordnungsgemäß angewiesen sind. Sofern die Rechnungen nicht maschinell geschrieben werden, so daß Rechenfehler ausgeschlossen sind, sollte er sich in umfangreichen Stichproben von der Richtigkeit der Additionen und Multiplikationen überzeugen.

214 Ferner ist die ordnungsgemäße **Verbuchung der Rechnungen** auf den Kontokorrentkonten zu prüfen und mit den (monatlichen) Buchungen auf den Erlöskonten abzustimmen. Wenn möglich, sollte der Prüfer für einen bestimmten Zeitraum (Tag, Woche, Monat) die Gesamtsumme der von der Rechnungsabteilung ausgestellten Rechnungen mit den Belastungen auf den Kundenkonten abstimmen. Schwierigkeiten können dabei durch zeitliche Verschiebungen zwischen Rechnungserstellung und Buchungsdatum auftreten. Weitere Differenzen sind durch Barverkäufe möglich. Wenn die Ausgangsrechnungen nicht täglich gebucht werden, ist es wünschenswert, daß diese Rechnungen nach Ausstellung in einem besonderen Rechnungsausgangsbuch festgehalten werden, damit die Gewähr gegeben ist, daß alle ausgeschriebenen Rechnungen auch gebucht werden.

Auch bei der Warenausgangsprüfung taucht die Frage der periodengerechten Verbuchung von Warenausgängen und Forderungen auf. Die Prüfungstechnik ist sinngemäß die gleiche wie bei der Wareneingangsprüfung.

215 Wenn die Warenverkehrsprüfung im Rahmen einer Vorführung durchgeführt wird und das Unternehmen seine Bestände durch permanente Inventur ermittelt, kann neben der Wareneingangs- und der Warenausgansprüfung idR bereits ein großer Teil der Ordnungsmäßigkeit der Bestandsaufnahme geprüft werden.

(2) Zahlungs- und Kontokorrentverkehr [104]

(a) Kassenverkehr

216 – Wer ist der Kassierer und wem ist er unterstellt?
– Nimmt der Kassierer regelmäßig Urlaub?
– Hat der Kassierer neben seiner eigentlichen Funktion noch Nebenaufgaben?
– Wer hat den Schlüssel zur Kasse?
– Wie hoch ist der durchschnittliche Kassenbestand und bestehen Richtlinien für einen Höchstbestand?
– Hat der Kassierer Bankvollmacht?
– Besteht eine Unterschlagungsversicherung?
– Werden öfter überraschende Kassenbestandsaufnahmen gemacht?
– Wird eine Registrierkasse benutzt?
– Stimmt der Kassierer regelmäßig (täglich, wöchentlich, monatlich) den Kassenbestand mit dem Kassenbuch ab?
– Wie werden aufgetretene Differenzen bereinigt?
– Ist die Kasse personell und räumlich von der Buchhaltung getrennt?
– Welche Nebenkassen bestehen?
– Rechnen die Nebenkassen regelmäßig mit den Hauptkassen ab?
– Sind die Kassenbelege vorgedruckt und vornumeriert?
– Werden die Belege so ausgefüllt, daß Änderungen schwierig sind (Tinte, Tintenstift, Kugelschreiber, Ziffern und Buchstaben, Durchstreichen leerer Zwischenräume)?
– Müssen Ausgabebelege angewiesen werden, und wer ist anweisungsberechtigt?
– Werden den Anweisungsberechtigten auch die entsprechenden Unterlagen vorgelegt?
– Werden die Belege so entwertet und aufbewahrt, daß eine Wiederverwendung nicht möglich ist?
– Wie oft werden die Kassenumsätze in der Hauptbuchhaltung gebucht?

---

104 Vgl. dazu *Weyershaus* in HWRev. Sp. 1833 ff. mit weiteren Literaturhinweisen.

Durch die Prüfung des Kassenverkehrs soll die Ordnungsmäßigkeit der Buch- **217**
führung in diesem wichtigen Teilbereich festgestellt werden. Diese Feststellung
ist um so bedeutsamer, als an die Ordnungsmäßigkeit des Kassenverkehrs nach
den Vorschriften des Handels- und Steuerrechts besonders hohe Anforderungen
gestellt werden und der Grad der Ordnungsmäßigkeit des Kassenverkehrs häufig als Maßstab für die Ordnungsmäßigkeit der gesamten Buchführung angesehen wird. Auch wenn die Kassenprüfung im Rahmen der Jahresabschlußprüfung nicht die Aufgabe hat, Unterschlagungen aufzudecken, so muß doch diesen
erhöhten Anforderungen an die Ordnungsmäßigkeit Rechnung getragen werden.

Ob bei der **Kassenverkehrsprüfung** auch der Kassenbestand aufzunehmen ist, **218**
muß nach den Verhältnissen des Einzelfalles, insbesondere nach dem Ausmaß,
in dem die Kasse durch Aufsichts- oder Prüfungsorgane des Unternehmens
überprüft wird, entschieden werden. Wird eine Bestandsaufnahme gemacht, so
sollte der Prüfer die Aufnahme möglichst dann durchführen, wenn die Kasse
geschlossen ist. Wenn mehrere Kassen bestehen, so sollten sie möglichst gleichzeitig aufgenommen werden. Andernfalls muß Vorsorge getroffen werden, daß
während der Prüfung keine Geldbewegungen zwischen den einzelnen Kassen
möglich sind. Vor Prüfung des Kassenbestandes muß der Prüfer das Kassenbuch durch einen Vermerk sperren, damit keine weiteren Eintragungen vorgenommen werden können, oder die noch ungebuchten Belege bei gleichzeitiger
Prüfung unter seiner Aufsicht ins Kassenbuch eintragen lassen. Der Kassen-
schrank oder die Kassette ist zu entleeren und der Bestand getrennt nach Münzen der verschiedenen Arten, Geldscheinen und etwa vorhandenen unverbuchten Einnahme- und Ausgabebelegen übersichtlich zu ordnen. Sodann läßt sich
der Prüfer den Gesamtbestand vorzählen, ohne selbst das Geld zu berühren, und
fertigt gleichzeitig das Kassenaufnahmeprotokoll an, das eine Spezifikation
nach Gruppen für sämtliche aufgenommenen Geldscheine und Münzen, ggf.
vorgefundener und verbuchter Kasseneingangs- und -ausgangsbelege, einen
Soll-Ist-Vergleich und eine sich ggf. hieraus ergebende Differenz sowie die
Unterschriften von Kassenführer und Prüfer enthalten sollte.

Teilweise verwenden Prüfer vorgedruckte Aufnahmeprotokolle für die Kassen- **219**
bestandsaufnahme. Lose Scheine und Münzen müssen lückenlos vorgezählt werden, bei gebündelten Scheinen in Originalverpackung und Münzen in Original-
rollen kann sich der Prüfer ggf. auf Stichproben beschränken. Die Art und
Anzahl der Stichproben sind im Aufnahmeprotokoll festzuhalten. Die noch
unverbuchten Belege sind besonders kritisch zu untersuchen. Größere
Buchungsrückstände und Zettelwirtschaft sind in jedem Falle zu beanstanden.
Die Sammlung von Kleinbelegen zum Zwecke einer Sammelbuchung am
Monatsende verstößt gegen zwingende steuerliche Vorschriften[105]. Gelegentlich
wird auch eine **Rückrechnung** vom Prüfungsstichtag auf den letzten Bilanzstich-
tag in folgender Weise durchgeführt:

Kassenbestand am Prüfungsstichtag	DM
+ Ausgaben zwischen Bilanz- und Prüfungsstichtag	DM
./. Einnahmen zwischen Bilanz- und Prüfungsstichtag	DM
Kassenbestand am Bilanzstichtag	DM

---

105 Vgl. § 146 Abs. 1 Satz 1 AO.

Eine solche Rückrechnung ist nur dann sinnvoll, wenn die Einnahmen und Ausgaben zwischen Bilanz- und Prüfungsstichtag in die Prüfung einbezogen werden. Sie ist insbesondere dann angebracht, wenn der Bestand am Bilanzstichtag nur durch Rückrechnung nachgewiesen werden kann.

220 An die Kassenaufnahme schließt sich die eigentliche Kassenverkehrsprüfung an. Für einen ausgewählten Zeitraum – dabei sollte im Interesse der Erfassung der periodisch wiederkehrenden Einnahmen und Ausgaben als kürzeste Periode ein Monat gewählt werden – können die Eintragungen im Kassenbuch lückenlos mit den entsprechenden Einnahme- und Ausgabebelegen abgestimmt werden. Eine Aufstellung über die monatlich wiederkehrenden Ein- und Auszahlungen erleichtert die Prüfung der Vollständigkeit. Die Abstimmung mit den Belegen sollte gleichzeitig die Prüfung der formellen Ordnungsmäßigkeit der Belege einbeziehen. Dabei ist insbesondere auf folgende Punkte zu achten:

– Fortlaufende Numerierung, die zumindest bei den Einnahmebelegen vorgedruckt sein sollte, und Angabe der Belegnummer im Kassenbuch.
– Belegdatum und Buchungsdatum. Auffallenden zeitlichen Unterschieden ist nachzugehen. Das gilt insbesondere auch für den Verkehr zwischen Kassenkonto und den übrigen Zahlungskonten.
– Unterschriften der Einzahlenden auf den Einzahlungsbelegen und der Empfänger auf den Auszahlungsbelegen.
– Anweisung der Kassenauszahlungen durch Anweisungsberechtigte.
– Übereinstimmung von Buchungs- und Belegtext.
– Liegen Verschiebungen von Kommata vor? Sind Nullen angehängt oder weggelassen worden? Sind Zahlen radiert oder überschrieben worden? Ist die Ziffer in Worten bestätigt?
– Entwertung gebuchter Belege, damit eine nochmalige Verwendung ausgeschlossen ist?

Belege, die kurz vor oder nach dem letzten Bilanzstichtag bzw. vor der Kassenprüfung gebucht worden sind, sollten besonders kritisch untersucht werden, da bei ihnen die Wahrscheinlichkeit eines künstlichen Kassenausgleichs besonders groß ist. Die Zulässigkeit der Liquidierung leicht realisierbarer Vermögenswerte (Wechsel, Schecks, Wertpapiere) in diesem Zeitraum ist ggf. ebenfalls zu untersuchen.

221 In gewissem Umfang wird man auch die Kontierung und die Buchung auf den Gegenkonten – insbesondere Zahlungs-, Lohn- und Gehalts- und Kontokorrentkonten – in die Prüfung einbeziehen. Für den geprüften Zeitraum sollen ferner die Einnahmen und Ausgaben im Kassenbuch addiert und gleichzeitig die Seitenüberträge geprüft werden. Schließlich läßt sich die (monatliche) Übertragung der Verkehrszahlen des Kassenbuches in das Hauptbuch abstimmen.

(b) Bank- und Postgiroverkehr

222 – Welche Bank- und Postgirokonten bestehen?
– Wer bucht den Bank- und Postgiroverkehr?
– Werden Bank- und Postgirokonten regelmäßig mit den Auszügen der Institute abgestimmt und wer führt die Abstimmung durch?
– Wieviel Unterschriften sind für Abhebungen und Überweisungen von den Bank- und Postgirokonten erforderlich?
– Wer ist unterschriftsberechtigt?
– Wer stimmt den Verkehr zwischen Bank- und Postgirokonten und der Kasse ab?
– Werden Bareinnahmen von Außenstellen auf ein Konto eingezahlt, über das nur die Zentrale verfügen kann?

– Wer bringt Wechsel und Schecks zur Bank?
– Weisen Einzahlungsbelege bei der Bank die einzelnen Posten gesondert oder nur in einer Summe aus?
– Geben die Bankauszüge die Nummern der eingelösten Schecks an?
– Wird bei Verfügung über die Konten gebucht oder erst aufgrund der Auszüge?

Die Prüfung des Bank- und Postgiroverkehrs ist nach den gleichen Grundsätzen **223** wie die Kassenverkehrsprüfung durchzuführen.

Sie beginnt idR mit einer **Abstimmung der Salden** der Bank- und Postgirokonten **224** an einem bestimmten Stichtag mit den Auszügen der Banken und Postgiroämter. Für die Postgirokonten und die laufenden Bankkonten liegen diese Auszüge fast immer vor; für Konten mit geringer oder gar keiner Bewegung (Festgeldkonten) müssen diese Auszüge, wenn der Prüfungsstichtag vom letzten Tag des GJ oder KJ abweicht, gewöhnlich angefordert werden. Insbesondere bei den Konten, über die der laufende Zahlungsverkehr des Unternehmens abgewickelt wird, stimmen aufgrund zeitlicher Buchungsunterschiede die Buchsalden der Bank- und Postgirokonten des Unternehmens mit den Tagesauszügen der Banken und Postgiroämter häufig nicht ohne weiteres überein. Folgende Abweichungen sind möglich:

(1) Posten, die als Gutschrift für die Bank bereits in den Büchern des geprüften Unternehmens, noch nicht aber bei der Bank gebucht sind, zB Schecks, die bereits im Umlauf, der Bank aber noch nicht vorgelegt sind (unterwegs befindliche Schecks).
(2) Posten, die als Lastschrift für die Bank bereits in den Büchern des geprüften Unternehmens, noch nicht aber bei der Bank gebucht sind, zB bei der Bank noch nicht eingegangene eigene Überweisungen.
(3) Posten, die als Gutschrift für das geprüfte Unternehmen noch nicht in dessen Büchern, wohl aber bei der Bank gebucht sind, zB Zinsen und Dividenden.
(4) Posten, die als Lastschrift für das geprüfte Unternehmen noch nicht in dessen Büchern, wohl aber bei der Bank gebucht sind, zB Spesen und Gebühren.

In solchen Fällen muß sich der Prüfer anhand der Belege eine Übergangsrechnung anfertigen lassen, die eine Verbindung zwischen Bankauszug und Kontostand herstellt, zB:

Kontostand lt. Kontoauszug der x-Bank	DM
+ bei der Bank noch nicht gebuchte Belastung des geprüften Unternehmens (Überweisung von einem anderen Konto, Eingang bei der x-Bank am ....)	DM
./. bei der Bank noch nicht gebuchte Gutschrift des geprüften Unternehmens (Scheck-Nr. .... an Firma .... vorgelegt bei der x-Bank am ....)	DM
+ Bei dem geprüften Unternehmen noch nicht gebuchte Belastung der x-Bank für Spesen und Gebühren (gebucht bei der x-Bank lt. Tagesauszug vom ....)	DM
./. bei dem geprüften Unternehmen noch nicht gebuchte Gutschriften durch die x-Bank (gebucht bei der x-Bank lt. Tagesauszug vom ....)	DM
Kontostand lt. Konto x-Bank	DM

Für die eigentliche Prüfung des Bank- und Postgiroverkehrs sollte wiederum ein **225** Zeitraum herausgegriffen werden, für den die Eintragungen auf den Konten möglichst lückenlos mit den Belegen abgestimmt werden. Auch hier werden sich, insbesondere bei Verfügung über die Bankkonten durch Schecks, zeitliche Buchungsunterschiede störend bemerkbar machen. Der vom Prüfer ausgewählte

Zeitraum sollte soweit wie möglich dem entsprechen, der auch der Prüfung des Kassenverkehrs zugrunde gelegt worden ist, da dadurch am besten die Bewegungen zwischen den einzelnen Arten des Zahlungsverkehrs geprüft werden können. Wenn aus zeitlichen Gründen wegen der Fülle des Buchungsstoffes und der Anzahl der Bankkonten für die lückenlose Prüfung nur ein kürzerer Zeitabschnitt gewählt werden kann als für die Prüfung des Kassenverkehrs, so sollte der kleinere Abschnitt ein Ausschnitt aus dem größeren sein, damit innerhalb einer Teilperiode eine möglichst geschlossene Abstimmung möglich ist. Wie bei der Prüfung des Geldverkehrs, so ist auch hier den Einzahlungen und Auszahlungen um den Bilanzstichtag oder kurz vor dem Prüfungsstichtag erhöhte Aufmerksamkeit zu schenken. Bei der Abstimmung mit den Belegen ist insbesondere auf die Höhe der Beträge, die Empfänger und die ordnungsmäßige Anweisung der Auszahlungen zu achten. Zumindest in Stichproben wird man auch auf die Vorgänge zurückgreifen müssen. Die Vollständigkeit der Belege ist relativ einfach dadurch festzustellen, daß die Auszüge bei dem Ausweis der täglichen Gutschriften und Belastungen an den letzten Saldo anknüpfen, so daß eine ununterbrochene Saldenkette vorliegt. Wenn über die Bankkonten mit Schecks verfügt wird, sollte der Prüfer auch die Scheckbücher in seine Prüfung einbeziehen und die Schecktalons, soweit die Bankauszüge die entsprechenden Angaben enthalten, mit den Auszügen und den Eintragungen auf den Konten (Bank- und ggf. auch Kontokorrentkonten) abstimmen. Für den geprüften Zeitraum sollten die Bankkonten addiert werden, wobei wiederum automatisch auch die Seitenüberträge geprüft werden.

226 In gewissem Umfang wird der Prüfer auch die Kontierung mit den Buchungen auf den Gegenkonten abstimmen. Dafür kommen neben den anderen Konten des Zahlungsverkehrs vornehmlich die Kontokorrentkonten und die Zinskonten in Frage. Durch diese gegenseitigen Abstimmungen, insbesondere mit den aus dem Warenverkehr resultierenden Forderungen und Verbindlichkeiten, bekommt der Prüfer je nach dem Ausmaß der durchgeführten Prüfungen einen umfassenden Überblick über den gesamten externen Werte fluß des Unternehmens.

(c) Wechsel- und Scheckverkehr

227 – Werden Wechsel- und Scheckkopierbücher geführt?
– Werden alle Wechsel und Schecks – auch bei reinem Durchlauf – in diesen Büchern erfaßt?
– Werden Waren- und Finanzierungswechsel gesondert erfaßt?
– Wer verwaltet den Wechsel- und Scheckbestand?
– Wer ist berechtigt, Wechsel auszustellen, zu akzeptieren, zu indossieren und zu prolongieren?
– Wieviel Unterschriften sind jeweils erforderlich?
– Ist sichergestellt, daß Wechsel rechtzeitig weitergegeben oder vorgelegt werden?
– Wird das Obligo aus weitergegebenen Kundenwechseln überwacht?
– Wie werden eingelöste Akzepte aufbewahrt?
– Wer ist befugt, Schecks auszustellen, und wieviel Unterschriften sind erforderlich?
– Werden den Unterschriftsberechtigten mit den Schecks gleichzeitig die Unterlagen vorgelegt?
– Ist sichergestellt, daß die gleichen Unterlagen nicht zweimal für die Unterschrift vorgelegt werden (Bezahlt-Stempel)?
– Werden Blankoschecks ausgeschrieben und wer verwahrt sie?

– Werden grundsätzlich nur Verrechnungsschecks ausgestellt, mit Ausnahme der Schecks zur Auffüllung des Kassenbestandes?
– Werden die Stammleisten der Scheckhefte von den Unterschriftsleistenden mit abgezeichnet?
– Wer verwaltet die Scheckhefte?
– Was geschieht mit verschriebenen Schecks?
– Wer öffnet die Post?
– Werden für eingehende Schecks (und sonstige Zahlungsmittel) in der Poststelle besondere Listen geführt und werden die täglichen Summen mit den Kontenführern abgestimmt?
– Werden die eingehenden Barschecks von der Poststelle in Verrechnungsschecks umgestempelt?
– Ist sichergestellt, daß in der Poststelle keine Schecks verschwinden?

Die Prüfung des Wechsel- und Scheckverkehrs sollte mit einer Aufnahme des **228** Wechsel- und Scheckbestandes beginnen. Dazu gehören alle Wechsel und Schecks, die eingegangen, aber noch nicht weitergegeben bzw. zwar schon zum Einzug weitergegeben, aber noch nicht gutgeschrieben worden sind. Zum Wechselbestand gehören auch Wechsel, die sich im Depot bei Banken befinden und für die eine Depotbestätigung angefordert werden muß. Auch vordatierte Schecks gehören zum Scheckbestand, da sie nach Art. 28 Abs. 2 ScheckG bei Vorlage fällig sind.

Der aufgenommene Bestand muß mit den Salden der Wechsel- und Scheckkonten und dem in den Kopierbüchern ausgewiesenen Bestand übereinstimmen. Auch die Abstimmung der Umsätze der Kopierbücher und Konten kann zweckmäßig sein. Während ein Scheckkopierbuch idR nicht geführt wird, da die Schecks unmittelbar zur Gutschrift an die Bank weitergegeben werden, ist die Führung eines Wechselkopierbuches nach den GoB notwendig, da nur mit Hilfe eines Kopierbuches die ordnungsmäßige Erfassung auch der mengenmäßigen Ein- und Ausgänge möglich ist. In der Praxis werden Schecks häufig nicht auf einem besonderen Scheckkonto erfaßt, sondern entweder als Kassenbestand behandelt oder bei sofortiger Weitergabe bereits als Bankguthaben betrachtet. In diesen Fällen wäre der Scheckverkehr Bestandteil des Kassen- oder Bankverkehrs.

Bei der Prüfung des Wechselverkehrs kann anhand des Wechselkopierbuches **229** durch Addition der weitergegebenen, aber noch nicht fälligen Wechsel das Wechselobligo festgestellt werden, das unter der Bilanz zu vermerken ist (§ 251 HGB). Bei einem umfangreichen Obligo sollte sich der Prüfer eine Auflistung über diejenigen Wechsel machen lassen, die ins Obligo gehören. Die sachliche und rechnerische Richtigkeit dieser Auflistung muß er – ggf. in Stichproben – prüfen. Für Stichproben eigenen sich bei einer chronologischen Auflistung insbesondere die ersten und letzten Teile, da an diesen Stellen im Kopierbuch Papiere, die ins Obligo aufzunehmen sind, und solche, die nicht in das Obligo gehören, häufig vermischen, so daß Irrtümer leicht möglich sind.

Für bestimmte Zeitabschnitte sollten die Eintragungen in den Kopierbüchern **230** mit den Konten abgestimmt werden. Für die Prüfung, bei der die gleichen Grundsätze gelten wie für die Prüfung des Geld- und Bankverkehrs, sind nach Möglichkeit die gleichen Zeiträume auszuwählen, die auch den anderen Prüfungen des Zahlungsverkehrs zugrunde gelegt worden sind. In gewissem Umfang wird man ggf. auch die Kontierung und die Verbuchung auf den Gegenkonten prüfen müssen. Als solche kommen hauptsächlich die Bank- und Kontokorrentkonten sowie einige Erfolgskonten in Frage. Für den geprüften Zeitraum sollten auch die Kopierbücher und uU auch die Konten addiert und die Seitenüberträge geprüft werden. Gelegentlich wird auch, ausgehend vom Bestand am Prüfungsstichtag, durch Hinzurechnung der Abgänge und Subtraktion der Zugänge zwischen Bilanzstichtag und Prüfungsstichtag der Bestand am Bilanzstichtag retrograd ermittelt.

(d) Kontokorrentverkehr

231 Der Kontokorrentverkehr ist ein Bindeglied zwischen Waren- und Zahlungsverkehr. Im Rahmen der Prüfung des Warenverkehrs lassen sich die Bestandskonten mit den Habenseiten der Kreditoren und die Umsatzkonten mit den Sollseiten der Debitoren abstimmen. Bei der Prüfung des Zahlungsverkehrs dagegen werden die Zahlungskonten mit den Sollseiten der Kreditoren und den Habenseiten der Debitoren abgestimmt, wobei jeweils die Stornoposten zu berücksichtigen sind. Damit ist der gesamte Kontokorrentverkehr geprüft. Die Frage nach der Zusammensetzung der Sachkonten Debitoren und Kreditoren sowie die Bewertungsfragen werden in den Erläuterungen zu den Posten Forderungen und Verbindlichkeiten im Rahmen der Bilanzprüfung behandelt[106].

(3) Lohn- und Gehaltsverkehr

232
– Welche Anwesenheitskontrollen bestehen (Kontrolluhren, Stechkarten)?
– Wer ist von der Anwesenheitskontrolle ausgenommen (leitende Angestellte, Angestellte, Vorarbeiter)?
– Ist sichergestellt, daß der Anwesenheitsnachweis nur persönlich erbracht werden kann?
– Wird im Zeit- und/oder Akkordlohn gearbeitet?
– Wie werden die geleisteten Arbeitsstunden erfaßt (Akkordzettel, Lohnbücher)?
– Welche Arbeitszeit ist üblich und wieviel Akkordstunden werden im Durchschnitt geleistet?
– Müssen Überstunden genehmigt werden und wer ist dazu berechtigt?
– Wer stellt die geleisteten Arbeitsstunden für eine Abrechnungsperiode zusammen?
– Wird die Summe der geleisteten Arbeitsstunden (lt. Lohnbuch) mit der Zeit der Anwesenheit im Unternehmen (lt. Stechkarte) abgestimmt?
  Wer errechnet den Bruttolohn?
– Liegen die Stundenlöhne für alle Arbeiter fest?
– Welche Zuschläge zum Tariflohn werden gezahlt?
– Wer errechnet die Akkordmehrverdienste?
– Wird die Bruttolohnzusammenstellung geprüft? Von wem? Wechseln die Prüfer?
– Wie sind die Lohn- und Gehaltslisten aufgebaut?
– Wird für jeden Arbeiter ein besonderes Lohnkonto geführt, das auch die Angaben zur Person enthält, die zur Errechnung des Nettolohnes erforderlich sind?
– Werden die Angaben zur Person regelmäßig mit den Personalunterlagen (Steuer- und Versicherungskarte) abgestimmt?
– Wo werden die Steuer- und Versicherungskarten aufbewahrt und werden sie nur gegen Quittung ausgehändigt?
– Ist sichergestellt, daß in der Lohnliste keine Beschäftigten geführt werden, die ausgeschieden oder krank sind oder aus einem anderen Grunde keinen Anspruch auf Entgelt haben?
– Ist die Personalabteilung von der Lohnbuchhaltung getrennt?
– Wer teilt der Lohnbuchhaltung Neueinstellungen und Entlassungen mit?
– Wird die Nettolohnerrechnung geprüft und von wem?

---

106 Vgl. Tz. 332 ff. und Tz. 400 ff.

– Ist sichergestellt, daß bei der Errechnung des auszuzahlenden Betrags die persönlichen Einbehalte (Vorschüsse, Darlehenstilgungen, Belegschaftsverkäufe) berücksichtigt werden?

– Werden Mehrarbeiten vergütet und erfolgsabhängige oder sonstige zusätzliche Vergütungen bezahlt?

– Wer prüft die sachliche und rechnerische Richtigkeit der Gehaltsliste?

– Wie werden Gehaltsüberweisungen auf Bank- oder Postscheckkonten kontrolliert?

– Wann hat die letzte Lohnsteuerprüfung und die letzte Prüfung der Sozialversicherungsträger stattgefunden und welche Beanstandungen haben sich dabei ergeben?

Bei der Prüfung des **Lohnverkehrs** sollte innerhalb eines ausgewählten Zeitraumes die Erfassung der Lohnstunden, die Bewertung mit den Stundensätzen, die Verrechnung der gesetzlichen und sonstigen Abzüge vom Bruttolohn, die Auszahlung der Löhne und die Buchung des Lohnverkehrs in der Finanzbuchhaltung geprüft werden. Die Erfassung der Löhne nach Lohnarten (Einzel- und Gemeinkosten) und Kostenstellen als Grundlage für die weitere Verrechnung in der Kostenrechnung gehört idR nicht zur Lohnverkehrsprüfung.   **233**

Für eine intensivere Prüfung des Lohnverkehrs sollte nach Möglichkeit ein Zeitraum gewählt werden, der nicht kleiner ist als ein Monat, da dadurch bei mehrmaliger Lohnzahlung innerhalb eines Monats (wöchentlich, zehntägig, vierzehntägig) sowohl die Abschlagszahlungen als auch die Endabrechnung erfaßt werden. Das wird bereits bei mittleren Unternehmen nur noch durch Beschränkung der Prüfung auf einen bestimmten Bereich (Abteilung, Kostenstelle) möglich sein. Bei der Abstimmung der Zahlen der Lohnbuchhaltung mit der Hauptbuchhaltung kann es jedoch nach der Art der Verrechnung zweckmäßig sein, auf den Gesamtaufwand des Unternehmens für eine Abrechnungsperiode (Monat) überzugehen.   **234**

Die Prüfung des Lohnverkehrs ist von der Art der Fertigung und dem organisatorischen Aufbau des Lohnwesens abhängig. IdR beginnt sie mit der Prüfung des Anwesenheitsnachweises, der durch Stechkarten, Kontrolluhren oder Aufschreibungen der Torkontrolle erbracht wird und der die Zeit der täglichen Anwesenheit des Arbeitnehmers im Unternehmen angibt. Die Additionen der auf der Stempelkarte durch die Stechuhr festgehaltenen täglichen Anwesenheitszeit können bereits Gegenstand der Prüfung sein. Dabei sind die innerbetrieblichen Anweisungen für den Abzug von Zeiteinheiten bei verspätetem Erscheinen oder vorzeitigem Verlassen des Arbeitsplatzes zu beachten. Handschriftliche Eintragungen bei Versagen der Stempeluhr oder Korrekturen der Stempelzeiten müssen von einem Berechtigten (Meister oder Abschnittsleiter) abgezeichnet sein.   **235**

Die zweite Unterlage für die Prüfung des **Mengengerüsts** sind idR die Aufschreibungen über die Stunden, die der Arbeitnehmer tatsächlich gearbeitet hat. Dieser Nachweis wird häufig in Lohnbüchern erbracht, in denen die täglichen oder wöchentlichen Arbeitsstunden aufgrund der Einzelunterlagen (Zeitlohn- oder Akkordscheine) zusammengestellt sind. Die Aufschreibungen können mit den Originalunterlagen abgestimmt werden; die Zusammenstellungen sind ggf. auch rechnerisch zu prüfen. Dies gilt auch für die Errechnung der Akkordmehrverdienste, die von dem Prüfer zumindest in Stichproben nachgerechnet werden sollten. Die Prüfung der Akkordmehrverdienste verlangt vom Prüfer eine intensive Beschäftigung mit dem jeweiligen Akkord- oder Prämiensystem. Starke   **236** negative und insbesondere positive Abweichungen von den durchschnittlichen Akkordmehrverdiensten einer Abteilung können Anhaltspunkte für die Auswahl der Stichproben sein. Die Aufteilung der insgesamt zu vergütenden Stunden in verschiedene Gruppen (zB Tarifstunden, Akkordmehrstunden, Prämienstunden, Mehrarbeitsstunden, Nachtarbeitsstunden), die ebenfalls idR an dieser Stelle vorgenommen wird, ist deswegen bedeutsam, weil dadurch die Weichen gestellt werden für die spätere unterschiedliche Bewertung der Lohnstunden und die unterschiedliche Besteuerung der Stundenverdienste (Sonntags-, Feiertags- und Nachtarbeitszuschläge). Die Anwesenheits- und tatsächlichen Arbeitsstunden können abgestimmt werden. Differenzen wird der Prüfer nur in Zusammenarbeit mit den zuständigen Meistern oder Abschnittsleitern klären können, da häufig Wegezeiten (bei größeren Entfernungen zwischen Arbeitsplatz und Werksausgang), Waschzeiten (bei Schmutzarbeit) oder ärztliche Untersuchungen vergütet werden, die nicht im Leistungsnachweis zu erscheinen brauchen.

237 Ausgehend von diesem Mengengerüst wird der Prüfer in der nächsten Stufe die **Errechnung des Bruttolohns** prüfen. Dabei muß er sich mit den unterschiedlichen Lohnsätzen, die aufgrund tariflicher oder betrieblicher Vereinbarungen gezahlt werden, einschließlich der verschiedenen Zuschläge für Mehr-, Feiertags- und Nachtarbeit sowie weiterer Zulagen für besonders schwierige, schmutzige, gefährliche oder gesundheitsschädigende Arbeit, beschäftigen. Für diese Feststellungen und vor allem für die Prüfung der Berechtigung weiterer sozialer Zulagen kann das Lohnkonto des Arbeitnehmers herangezogen werden, das auch die Einstufung des Arbeitnehmers in eine bestimmte Lohngruppe enthalten sollte. Über die Änderungen der Einstufung sollten schriftliche Unterlagen vorhanden sein. Je nachdem, ob der Bruttolohn manuell oder maschinell errechnet wird, sind mehr oder weniger umfangreiche rechnerische Prüfungen vorzunehmen.

Anhand der Lohnlisten und der verschiedenen Unterlagen läßt sich nunmehr die **Errechnung des Nettolohns** und der Einbehalt der verschiedenen Abzüge prüfen. Unterlagen für den Abzug der Lohn- und Kirchensteuer sind die Lohnsteuerkarte und die entsprechenden Tabellen. Dabei sind die besonderen steuerlichen Vergünstigungen für Sonntags-, Feiertags- und Nachtarbeit sowie eingetragene Freibeträge zu berücksichtigen. Für den Abzug der Sozialversicherungsbeiträge sind die Vorschriften über den sozialversicherungspflichtigen Lohn zu beachten.

Vom Nettolohn wird durch Abzug der verschiedenen persönlichen Einbehalte (zB geleistete Abschlagszahlungen und Vorschüsse, Pfändungen, Darlehnstilgungen, Belastungen für Belegschaftsverkäufe, Telefonate und die Inanspruchnahme anderer Einrichtungen des Unternehmens) der **auszuzahlende Betrag** ermittelt. Diese Einbehalte werden von der Finanzbuchhaltung aufgegeben und sind, soweit sie den Charakter regelmäßiger Zahlungen haben, auf den Lohnkonten der Arbeitnehmer vermerkt. Sobald sie einen größeren Umfang annehmen, sollte der Prüfer auf die Anlage persönlicher Konten drängen. In jedem Falle muß sichergestellt sein, daß sämtliche Forderungen gegen den Arbeitnehmer im Rahmen der vertraglichen Vereinbarung auch tatsächlich aufgerechnet werden und daß eine Abstimmungsmöglichkeit mit der Finanzbuchhaltung besteht.

Durch einen Vergleich der LSt-Karten mit den in der Lohnliste geführten   **238** Arbeitnehmern kann sich der Prüfer davon überzeugen, daß in der Lohnliste keine Arbeitnehmer geführt werden, die nicht im Unternehmen beschäftigt sind. Da jedoch die Möglichkeit besteht, daß bereits ausgeschiedene Arbeitnehmer ihre LSt-Karten noch nicht zurückgefordert haben, sind als ergänzende Unterlagen die Aufzeichnungen der Personalabteilung über Einstellungen und Entlassungen von Arbeitnehmern hinzuzuziehen. Weitere Unterlagen bilden, soweit vorhanden, Stellenbesetzungspläne.

Für den Umfang der rechnerischen Prüfungen gilt dasselbe wie für die Errech-   **239** nung des Bruttolohnes. Außerdem ist die Lohnliste mit den Lohnkonten der Arbeitnehmer abzustimmen.

Abschließend lassen sich die Gesamtsummen der Lohnlisten mit den Konten   **240** der Finanzbuchhaltung abstimmen. Dafür kommen im allgemeinen in Frage: Lohnaufwand (eventuell unterteilt nach Arten oder Bereichen), Zahlungskonten (Kasse, Bank, Postscheck), sonstige Verbindlichkeiten für die Abführung der Steuern und Sozialbeiträge und bei Aufrechnung der Löhne mit Forderungen gegen die Arbeitnehmer das Konto sonstige Forderungen.

Die Prüfung des **Gehaltsverkehrs** nimmt weit weniger Zeit in Anspruch als die   **241** Prüfung des Lohnverkehrs, da die Schwierigkeiten der Erfassung des Mengengerüsts entfallen und außerdem die absolute Höhe der Gehälter weit weniger starken Schwankungen unterworfen ist als die der Löhne. Ausgangspunkt für die Prüfung der Bruttogehälter sind die Personalunterlagen, die der Prüfer für einen bestimmten Zeitraum und Bereich (so.) mit den Eintragungen auf den Personalkonten und den in den Gehaltslisten angegebenen Bruttogehältern abstimmen sollte. In den Verträgen wird neben dem Bruttogehalt auch der Teil der zusätzlichen Vergütungen festgehalten sein, der regelmäßigen oder periodisch wiederkehrenden Charakter hat (Weihnachtsgratifikation, Tantieme, Urlaubsgeld etc.). Soweit die Sondervergütungen von der Produktion, vom Umsatz, Ergebnis oder sonstigen variablen Größen unabhängig sind, läßt sich die Errechnung aufgrund der vertraglichen Unterlagen und der Bezugsgröße von Fall zu Fall prüfen. Dasselbe gilt auch für zusätzliche Vergütungen für geleistete Mehrarbeit. Dabei ist darauf zu achten, ob aufgrund innerbetrieblicher Anweisungen Überstunden an Angestellte grundsätzlich vergütet werden und ob die Zahlung jeweils von einem Berechtigten angewiesen worden ist. Für die Errechnung der Nettogehälter und der Auszahlungen sowie für die Abstimmung mit der Finanzbuchhaltung gelten die gleichen Grundsätze wie für die Prüfung der Löhne.

e) Besonderheiten bei der Beurteilung einzelner Buchführungsverfahren

aa) Allgemeines

Die einzelnen Buchführungsverfahren weisen im Vergleich untereinander einige   **242** typische Vorzüge und Schwachstellen auf, die der Prüfer bei der Beurteilung des jeweils angewandten Systems beachten sollte [107]. So ist es insbesondere wichtig zu wissen, welche Teile der Buchführung sich durch systembedingte Kontrollen selbst kontrollieren und wo die Schwachstellen oder Lücken des Systems liegen,

---

[107] Eine Übersicht über typische Vorzüge und Schwachstellen der jeweiligen Buchführungsformen findet sich bei *Haberstock/Breithecker* in HWRev. Sp. 203.

die einer Prüfung bedürfen. Erst wenn der Prüfer sich auf diese Weise einen Überblick über das jeweils vorliegende System verschafft hat, ist eine wirksame Prüfungsdurchführung möglich.

243 So entfällt zB bei der manuellen und maschinellen Durchschreibebuchführung durch die gleichzeitige Beschriftung von Journal und Hauptbuchkonto ein großer Teil der Übertragungsprüfungen. Ähnliches gilt bei der Verwendung von EDV-Anlagen für die Prüfung von Additionen, Subtraktionen, Saldierungen und Seitenüberträgen. Prüfungen haben hier insbesondere den Zweck, an Hand des vorgelegten Zahlenmaterials festzustellen, ob die Verarbeitungsregeln richtig durchgeführt sind. Bei der Prüfung der Verarbeitungsregeln geht es nicht um die Aufdeckung von Zufallsfehlern, die durch einmaliges Versagen entstanden sind, sondern um das Erkennen von Systemfehlern. Daher kommt auch dem Erkennen und dem weiteren Ausbau von Abstimmungsmöglichkeiten und wirksamen Selbstkontrollen eine besondere Bedeutung zu, so daß die Prüfung immer mehr zu einer Kontrolle der Kontrollen wird.

244 Es ist daher idR zweckmäßig, vor Beginn der Prüfung zB folgende Fragen zu klären:

(1) Welche Rechenoperationen führt die Maschine aus?

(2) Welche Sicherungen besitzt die Maschine gegen beabsichtigte oder zufällige Fehler?

(3) Wird das Prinzip des Durchschreibens lückenlos durchgeführt oder kommen in Teilbereichen noch Übertragungen vor?

(4) Wird ein Grundbuch geschrieben oder wird unmittelbar von Belegen oder Belegzusammenstellungen gebucht?

(5) Schreiben die Maschinen einen vollen Text oder werden ausschließlich Symbole verwendet?

(6) Welche Symbole oder Schlüsselzahlen werden verwendet und wann sind die Symbole letztmalig geändert worden?

(7) Welche automatischen Selbstkontrollen und Abstimmungsmöglichkeiten bietet das System?

(8) Werden die möglichen Abstimmungen regelmäßig durchgeführt? In welchen Abständen?

(9) Wie waren die Abstimmungsergebnisse im Prüfungszeitraum und wie sind gegebenenfalls festgestellte Differenzen behandelt worden?

(10) Wie werden gebuchte Belege, vollständig beschriftete Journalbogen und Konten aufbewahrt?

245 Andererseits können bei bestimmten Buchführungsverfahren auch Fehlerquellen auftreten, von denen andere Verfahren zwangsläufig frei sind. So können zB bei der Loseblattbuchführung Einzelkonten verlorengehen, bewußt entfernt oder ausgewechselt werden. Der Prüfer sollte daher die Anlage von Kontenleitkarten oder gleichwertigen Verzeichnissen verlangen, auf denen sämtliche im Laufe des Jahres verwendeten Konten vermerkt sind. Das trifft auch für am Bilanzstichtag ausgeglichene und daher vielleicht bereits abgelegte Konten zu, die nicht von der Prüfung ausgeschlossen werden dürfen. Insbesondere bei abgelegten Kontokorrentkarten ist zu prüfen, wie die Konten ausgeglichen worden sind und wer ggf. die Ausbuchung der Forderung veranlaßt hat. Kontenkarten und Journalblätter, die einem endgültig abgeschlossenen GJ angehören, sollten gebunden werden. Der Prüfer muß sich von ihrer ordnungsmäßigen Ablage überzeugen.

bb) Offene-Posten-Buchhaltung

In der Praxis hat sich eine Vielzahl von Organisatinsformen der Offene-Posten- **246** Buchhaltung herausgebildet, auf die hier nicht im einzelnen eingegangen werden kann. Zur Veranschaulichung seien hier kurz einige einheitliche Kennzeichen der Offene-Posten-Buchhaltung genannt[108]:

1. Verzicht auf die Abschrift von Belegen. Die Belegsammlung (1. und 2. Kopie) übernimmt die Funktion des Journals (Grundbuchs) und/oder der Konten (des Hauptbuches). Die Offene-Posten-Buchhaltung ist insofern eine Belegbuchhaltung.
2. Die Offene-Posten-Buchhaltung erstreckt sich praktisch nur auf die Einzelkontokorrente (Debitoren und/oder Kreditoren).
3. Auf dem Beleg für die Debitorensollbuchung und auf dem Beleg für die Kreditorenhabenbuchung werden die ausgleichenden Gegenbuchungen (Zahlungsvorgänge) vermerkt.
4. Die ausgeglichenen Posten werden von den offenen Posten getrennt gesammelt.

Der **Vorteil** der Offene-Posten-Buchhaltung gegenüber der konventionellen **247** Kontokorrentbuchhaltung liegt vor allem in dem zuerst genannten Merkmal. Dadurch, daß Journal und/oder Konten durch eine Belegsammlung (1. und 2. Kopie) ersetzt bzw. auf die Abschrift der Belege verzichtet wird, wird neben der Arbeitsersparnis in der Offene-Posten-Buchhaltung gleichzeitig die Möglichkeit, einen Beleg betragsmäßig falsch zu buchen, ausgeschaltet. Die Fehlerquellen der konventionellen Kontokorrent-Buchhaltung, wie zB, daß ein Beleg irrtümlich nicht gebucht oder auf einem falschen Konto gebucht wird oder ein Konto verlorengeht, bleiben dagegen insofern bestehen, daß in der Offene-Posten-Buchhaltung ein Beleg irrtümlich nicht in der Belegsammlung erfaßt oder bei einem falschen Kunden bzw. Lieferanten abgelegt wird oder ein Belegbündel verlorengeht. Zusätzlich besteht in der Offene-Posten-Buchhaltung die Möglichkeit, daß ein Beleg in der falschen Datei (Offene-Posten- oder Ausgeglichene-Posten-Datei) abgelegt wird.

Die **Besonderheiten** der Prüfung der Offene-Posten-Buchhaltung bestehen hin- **248** sichtlich der Prüfungstechnik und in einem teilweise damit im Zusammenhang stehenden höheren Zeitaufwand für die Prüfung. Die Prüfung der buchhalterischen Erfassung der eingehenden und ausgehenden Rechnungen muß sich zB, da der Vorzug der Durchschreibebuchführung, nämlich die gleichzeitige Buchung auf den Konten und den Journalen, entfällt, sowohl auf das „Journal" als auch auf die „Konten" erstrecken. Diese Prüfungsarbeiten, die eine größere zeitliche Beanspruchung bedingen, werden vielfach im Rahmen einer Zwischenprüfung durchgeführt.

Komplizierter und nur mit größerem Zeitaufwand ist der Stand der Forderun- **249** gen und Verbindlichkeiten für einen zurückliegenden Zeitpunkt zu ermitteln. Eine den gesetzlichen Mindestanforderungen entsprechende Saldenliste ermöglicht zwar die Abstimmung mit den Sammelkontokorrentkonten und den Saldenbestätigungen in derselben Weise wie bei der konventionellen Kontokorrent-Buchhaltung, nicht jedoch die Abstimmung mit den „Einzelkonten". Die Salden

---

108 Vgl. *Gebert*, WPg. 1966 S. 197 ff. und 230 ff.; Zum Wesen und zur Ordnungsmäßigkeit der Offene-Posten-Buchhaltung, *ADS*, 4. Aufl., § 149 Tz. 113.

je Kontokorrentpartner am Bilanzstichtag werden sich im Prüfungszeitpunkt vielfach aus mehreren Belegen in der Offene-Posten-Datei und mehreren Belegen in der Ausgeglichene-Posten-Datei zusammensetzen. Hinzu kommt, daß zwar die im Prüfungszeitpunkt noch offenen Posten – eine chronologische Ablage (nach Rechnungsnummer) vorausgesetzt – geschlossen unmittelbar hinter den Leitkarten und vor den Rechnungen bzw. deren Kopien des laufenden Jahres in der Offene-Posten-Datei zu finden sind, dies aber für die zwischenzeitlich ausgeglichenen und in der Ausgeglichene-Posten-Datei abgelegten Posten dann nicht entsprechend gilt, wenn die Ablage nach dem Ausgleichsdatum erfolgt und die Forderungen und Verbindlichkeiten aus dem laufenden Jahr früher getilgt worden sind als offene Posten vor dem Bilanzstichtag.

3. Prüfung des Jahresabschlusses

a) Prüfung der Beachtung der allgemeinen Grundsätze für den Jahresabschluß

aa) Vorbemerkung

250 Die Prüfung des JA erfordert neben der Prüfung der Einhaltung der Ansatz-, Bewertungs- und Ausweisvorschriften für die einzelnen Posten der Bilanz und der GuV auch eine kritische Prüfung der Frage, ob die allgemeinen Grundsätze für den JA beachtet wurden. Wenngleich die allgemeinen Grundsätze unmittelbar Inhalt und Ausweis der einzelnen Posten bestimmen und insoweit bei der Prüfung der Bilanz- und GuV-Posten zu berücksichtigen sind, so läßt sich dennoch ihre Beachtung als postenübergreifende Regelung letztlich nur in einer **Gesamtbetrachtung** der gesamten Rechnungslegung abschließend beurteilen.

bb) Aufstellungsgrundsätze

251 Die Grundsätze für die Aufstellung des JA sind in § 243 HGB geregelt. Sie umfassen die Grundsätze

– der Übereinstimmung mit den GoB,
– der Klarheit und Übersichtlichkeit der Darstellung,
– der Aufstellung innerhalb der einem ordnungsmäßigen Geschäftsgang entsprechenden Zeit.

252 Darüber hinaus ist für Kapitalgesellschaften § 264 Abs. 2 HGB zu beachten, wonach der JA unter Beachtung der GoB ein den **tatsächlichen Verhältnissen entsprechendes Bild** der Vermögens-, Finanz- und Ertragslage der Kapitalgesellschaft zu vermitteln hat. Der APr. muß deshalb, nicht zuletzt im Hinblick darauf, daß die Übereinstimmung mit der Generalnorm auch in den Wortlaut des BestV aufzunehmen ist[109], kritisch prüfen, ob die Kapitalgesellschaft sich, unter Berücksichtigung der Angaben im Anhang, innerhalb des ihr zur Verfügung stehenden Beurteilungs- und Ermessensspielraums bewegt und ob durch die Rechnungslegung insgesamt nicht ein zu günstiges bzw. zu ungünstiges Bild der Lage

---

109 Vgl. § 322 Abs. 1 HGB.
     Zum Meinungsstand und zur Auslegung des § 264 Abs. 2 HGB vgl. *ADS*, § 264 Tz. 55 und die dort angegebene Literatur.

des Unternehmens gezeichnet wird[110]. Soweit zweifelhaft ist, ob der JA ein den tatsächlichen Verhältnissen entsprechendes Bild vermittelt, ist zu prüfen, ob ggf. zusätzliche Angaben gem. § 264 Abs. 2 S. 3 HGB geboten sind. Das Erfordernis **zusätzlicher Angaben** könnte sich beispielsweise bei Unternehmen mit langfristiger Fertigung ergeben, bei denen zwischen den Jahren der Leistungserstellung und dem Jahr der Abrechnung erhebliche Schwankungen im Erfolgsausweis auftreten können.

Dabei hat sich der Prüfer jedoch zu vergegenwärtigen, daß es einen „true and fair view" im absoluten Sinne nicht gibt und daß der Einblick in die Lage des Unternehmens immer nur so gut sein kann, wie die zugrunde liegenden Rechnungslegungsvorschriften dies fordern oder gestatten. Da sich Inhalt und Umfang der Rechnungslegung in erster Linie aus den Einzelvorschriften des Gesetzes ergeben, ist die Generalklausel nur dort heranzuziehen, wo Zweifel bei der Auslegung oder Anwendung einzelner Vorschriften bestehen[111].

Das Gesetz verlangt in zahlreichen Fällen, insbesondere bei der Ausübung von **253** Ansatz- und Bewertungswahlrechten, **Angaben im Anhang,** in denen die getroffene Wahl zu begründen und ihr Einfluß auf die Vermögens-, Finanz- und Ertragslage des Unternehmens anzugeben ist. Insbesondere in den Fällen, in denen das Gesetz keine Zahlenangaben, sondern nur verbale Erläuterungen verlangt, muß der Prüfer kritisch untersuchen, ob die vom Unternehmen gewählte Formulierung der Forderung nach einem getreuen Einblick gerecht wird.

Eine ähnliche Frage kann sich auch bei **freiwilligen Abschlußprüfungen** stellen, **254** bei denen ein dem gesetzlichen BestV nachgebildeter BestV erteilt werden soll. Dabei wird der Prüfer kritisch zu prüfen haben, ob über die für das Unternehmen geltenden gesetzlichen Regelungen hinaus weitere Anforderungen an den JA zu stellen sind, damit dem Grundsatz des getreuen Einblicks entsprochen wird.

Wenngleich im Gesetz nicht ausdrücklich angesprochen, so hat der Prüfer zur **255** Gesamtbeurteilung der Frage, ob der JA ein getreues Bild vermittelt, auch die Angaben im **LB** gem. § 289 HGB mit einzubeziehen, da insbesondere die Berichterstattung über Vorgänge von besonderer Bedeutung nach Abschluß des GJ sowie über die voraussichtliche Entwicklung der Gesellschaft für die Beurteilung des JA bedeutsam sein können.

cc) Bewertungsgrundsätze

Die allgemeinen Bewertungsgrundsätze sind in § 252 HGB geregelt. Dabei han- **256** delt es sich um die Grundsätze der

- – Bilanzidentität,
- – Unternehmensfortführung,
- – Einzelbewertung,
- – Vorsicht,
- – Periodenabgrenzung,
- – Bewertungsstetigkeit.

---

110 Vgl. *ADS*, § 264 Tz. 130.
111 Vgl. zB *Biener/Berneke*, BiRiLiG, Erl. zu § 264 HGB, S. 132.

257   Während die Beachtung der meisten Grundsätze unmittelbar bei der Prüfung der im JA ausgewiesenen Vermögensgegenstände und Schulden mitgeprüft wird, muß sich der Prüfer im Rahmen eines Gesamtüberblicks ein Urteil darüber bilden, ob das Unternehmen weiterhin als „**going concern**" angesehen werden und die Bewertung entsprechend zu Fortführungswerten erfolgen kann. Ausgangspunkt für die Beurteilung der Fortführungsprämisse durch den APr. ist dabei regelmäßig das von der Unternehmensleitung erstellte Datenmaterial (interne Abschlüsse, cash-flow-Rechnungen, Planungsrechnungen etc.). Soweit sich aufgrund einer kritischen Durchsicht dieser Unterlagen Zweifel ergeben, ob der JA zu Recht auf der „going concern"-Basis erstellt wurde, muß der APr. seine Prüfungshandlungen entsprechend ausdehnen und intensivieren, um zu einer abschließenden Beurteilung zu gelangen [112].

dd) Gliederungsgrundsätze

258   Während § 265 HGB Grundsätze für die Gliederung des JA der **Kapitalgesellschaften** normiert, enthalten die für alle **Kaufleute** geltenden Vorschriften keine entsprechend detaillierten Regelungen. Der APr. hat sich deshalb bei der Prüfung des JA von Nicht-Kapitalgesellschaften davon zu überzeugen, daß die im Einzelfall gewählte Gliederung unter Berücksichtigung von Art und Umfang des Geschäftsbetriebs sachgerecht ist.

259   Bei der Beurteilung der von Kapitalgesellschaften angewendeten Gliederung sind vom APr., unbeschadet der speziellen Anforderungen für den zutreffenden Ausweis von Einzelposten, folgende allgemeinen Überlegungen anzustellen (§ 265 HGB):

– Wurde die im VJ gewählte Gliederung der Bilanz und GuV im abgelaufenen GJ beibehalten? Soweit von der Gliederung des VJ abgewichen wurde, war dies aufgrund besonderer Umstände gerechtfertigt? Wurde die Abweichung im Anhang angegeben und begründet?

– Wird zu jedem Posten der Bilanz und GuV der entsprechende Betrag des vorhergehenden GJ angegeben? Stimmt dieser mit dem entsprechenden Betrag des vorjährigen Abschlusses überein? Soweit die Vergleichbarkeit aufgrund besonderer Vorgänge (Ausweis- oder Bewertungsänderungen, Änderungen der Rechnungsperiode, Ausgliederung von Teilbetrieben etc.) gestört ist, wurde dies im Anhang angegeben und erläutert? Wenn die Störung der Vergleichbarkeit durch Anpassung der VJ-Zahlen beseitigt wurde, ist deren Ermittlung durch Einsichtnahme in die entsprechenden Überleitungsrechnungen des Unternehmens zu überprüfen. Auch in diesem Fall ist darauf zu achten, ob die erforderliche Angabe und Erläuterung im Anhang erfolgt ist.
Fraglich ist, welche Anforderungen an die Prüfung der VJ-Zahlen zu stellen sind, wenn ein Unternehmen erstmals unter die Prüfungspflicht fällt. Dabei dürften die Fälle relativ unproblematisch sein, in denen das Unternehmen bisher bereits freiwillig in einem der Pflichtprüfung entsprechenden Umfang geprüft worden ist, da in diesem Fall die allgemeinen Grundsätze über die

---

112 Zu den in diesem Zusammenhang anzustellenden Überlegungen und Prüfungshandlungen vgl. UEC-Empfehlung zur Abschlußprüfung Nr. 4: Die Beachtung des Grundsatzes der Fortführung des Unternehmens („going concern"-Basis) bei der Abschlußprüfung, FN 1978 S. 289; IFAC/ Auditing: Going concern (revised); *Janssen*, WPg. 1984 S. 341 ff.; *Leffson*, WPg. 1984 S. 604 ff.; *Luik* in FS v. Wysocki, S. 61 ff.; *ADS*, § 252 Tz. 18 ff.

Verwendung der Arbeiten anderer APr. gelten[113]. Größere Schwierigkeiten dürften sich dagegen in den Fällen ergeben, in denen ein Unternehmen, ohne bisher bereits freiwillig geprüft worden zu sein, zB durch Veränderung der Größenkriterien erstmals in die Prüfungspflicht hineinwächst. Da der APr. mit der Erteilung des BestV auch eine Aussage über die Richtigkeit der VJ-Zahlen trifft, hat er im Einzelfall sorgfältig zu erwägen, welche zusätzlichen Maßnahmen zu ergreifen sind, um zu einem zuverlässigen Urteil über die Richtigkeit der VJ-Zahlen zu gelangen. Dabei können die in diesem Zusammenhang vorzunehmenden zusätzlichen Prüfungshandlungen im Extremfall den Umfang einer vollständigen Prüfung des Vorjahresabschlusses erreichen.

– Soweit ein Vermögensgegenstand oder eine Schuld unter mehrere Bilanzposten fällt, wurde die Mitzugehörigkeit bei dem entsprechenden Posten vermerkt bzw. im Anhang angegeben?

– Sind mehrere Geschäftszweige vorhanden und bedingt dies die Gliederung des JA nach verschiedenen Gliederungsvorschriften? Wurde in diesem Fall der JA nach der für einen Geschäftszweig vorgeschriebenen Gliederung aufgestellt und nach der für den anderen Geschäftszweig vorgeschriebenen Gliederung ergänzt? Wurde die Ergänzung im Anhang angegeben und begründet?

– Wurde bei einer weitergehenden Untergliederung von Posten das vorgeschriebene Gliederungsschema beachtet und wurden neue Posten nur dann hinzugefügt, wenn ihr Inhalt nicht von vorgeschriebenen Posten gedeckt wird?

– Soweit Gliederung und/oder Bezeichnung von mit arabischen Zahlen versehenen Posten der Bilanz und GuV geändert wurden, war dies wegen der Besonderheiten der Gesellschaft zur Aufstellung eines klaren und übersichtlichen JA erforderlich?

– Sind bei einer Zusammenfassung der mit arabischen Zahlen versehenen Posten die gesetzlichen Voraussetzungen (nicht wesentliche Beträge oder Vergrößerung der Klarheit der Darstellung) erfüllt und sind – im letztgenannten Fall – die zusammengefaßten Posten im Anhang zutreffend ausgewiesen worden? Der APr. muß sich hinsichtlich der Zulässigkeit der Zusammenfassung gem. § 265 Abs. 7 Nr. 2 HGB davon überzeugen, daß ein entsprechendes Verweissystem (Fußnoten oder eine sonstige systematische Ordnung) vorhanden ist, aus dem sich ohne Schwierigkeiten ein Bezug zwischen Bilanzposten und entsprechenden Aufgliederungen im Anhang herstellen läßt. Wegen der Vielzahl der (obligatorisch oder alternativ) in den Anhang aufzunehmenden Angaben ist ohne eine entsprechende Systematik das für die Zulässigkeit der Zusammenfassung maßgebliche Kriterium der Vergrößerung der Klarheit der Darstellung nicht erfüllt.

Soweit das Unternehmen von dem Wahlrecht Gebrauch macht, Posten der GuV zusammenzufassen, hat sich der APr. überdies davon zu überzeugen, daß die für die entsprechenden Postengruppen gewählten Bezeichnungen sinnvoll und eindeutig sind.

---

113 Vgl. Tz. 459 ff.

b) Prüfung der Bilanz[114]

aa) Einleitung

260 Bei der Prüfung der Bilanz muß der Prüfer drei Grundfeststellungen treffen[115]:

(1) Sind sämtliche Vermögens- und Schuldposten vollständig **erfaßt** und sind sämtliche ausgewiesenen Posten auch tatsächlich **vorhanden?** (Bilanzvollständigkeit)

(2) Sind sämtliche Aktiva und Passiva entsprechend den jeweiligen gesetzlichen Gliederungsvorschriften **ausgewiesen?** (Bilanzklarheit)

(3) Sind die ausgewiesenen Vermögens- und Schuldposten nach den gesetzlichen Vorschriften und den GoB **bewertet** und ist von bestehenden Ansatzwahlrechten und Bilanzierungshilfen zutreffend Gebrauch gemacht worden? (Bilanzwahrheit)

bb) Prüfung der Aktiva

(1) Prüfung der ausstehenden Einlagen auf das gezeichnete Kapital

261 Für die Prüfung der ausstehenden Einlagen gelten ähnliche Grundsätze wie für die Prüfung von Forderungen. Bei der Prüfung des ersten JA nach der Gründung bzw. Kapitalerhöhung sollte sich der Prüfer eine Aufstellung der Gesellschafter mit Angabe der von diesen übernommenen Aktien oder Stammeinlagen sowie der darauf geleisteten Einzahlungen vorlegen lassen und sich anhand der Belege und Konten von der Leistung der vereinbarten Einzahlungen überzeugen. Darüber hinaus ist der Gesamtbetrag des Grund- oder Stammkapitals mit dem HR-Auszug abzustimmen. Soweit **Sacheinlagen** oder **Sachübernahmen** erfolgt sind, ist gleichzeitig zu püfen, ob die §§ 27 AktG, 5 GmbHG beachtet wurden, da bei fehlender Deklaration der Sacheinlagen bzw. -übernahmen die stattdessen zu erbringende Bareinlage als noch ausstehend auszuweisen ist. Dies gilt entsprechend, wenn bei einer Bareinlageverpflichtung der eingezahlte Betrag nicht zur freien Verfügung des Vorstandes steht (sog. verschleierte Sacheinlage)[116].

262 Die Prüfung sollte sich auch darauf erstrecken, ob bei der ersten Einzahlung die gesetzlich vorgeschriebenen **Mindestbeträge** (§ 36a AktG, § 7 Abs. 2 GmbHG) geleistet worden sind und ob die (satzungsmäßig festgesetzten) Termine für weitere Zahlungen eingehalten wurden. Im übrigen wird sich der Prüfer in den Folgejahren idR darauf beschränken können, Veränderungen in der Höhe der ausstehenden Einlagen mit den entsprechenden Finanzkonten und Belegen abzustimmen.

263 Für den **Ausweis** ist darauf zu achten, daß die ausstehenden Einlagen auf das gezeichnete Kapital als erster Posten der Aktivseite vor dem Anlagevermögen gesondert auszuweisen und die eingeforderten Einlagen vermerkt sind. Der Nachweis über die Einforderung muß vom Unternehmen erbracht werden. Der Betrag der nicht eingeforderten Einlagen kann auch vom gezeichneten Kapital offen abgesetzt werden (§ 272 Abs. 1 S. 2 u. 3 HGB).

---

114 Zur Prüfung der einzelnen Bilanz- und GuV-Posten vgl. *Selchert*, Jahresabschlußprüfung der Kapitalgesellschaft, S. 165 ff. sowie die Einzelbeiträge in HWRev durch die dort angegebene Literatur.
115 Vgl. FG 1/1988, Abschn. D. II. 4. a).
116 Vgl. mit weiteren Nachweisen *Wiesner* in MünchHdB § 16 Rdn. 6.

Für die Prüfung des **Wertansatzes** gelten die allgemeinen Grundsätze der Boni-   264
tätsprüfung, bei der die Zahlungsfähigkeit der Gesellschafter bzw. der Ersatzverpflichteten (§ 65 AktG, §§ 22, 24 GmbHG) zu berücksichtigen ist.

(2) Prüfung des Sonderverlustkontos nach § 17 Abs. 4 DMBilG

Es dürfte sich empfehlen, die Prüfung des Sonderverlustkontos im Zusammen-   265
hang mit der Prüfung der Rückstellungen[117] vorzunehmen. Der APr. sollte sich
dazu eine Übersicht vorlegen lassen, aus der die Zuordnung des Sonderverlustkontos auf die einzelnen Rückstellungen sowie ihre bisherige Abwicklung zu
ersehen sind. Anhand dieser Aufstellung muß er sich davon überzeugen, daß
das Sonderverlustkonto in Höhe der im GJ erfolgten Inanspruchnahme oder
Auflösung der Rückstellungen, für die es ursprünglich gebildet worden ist, **abgeschrieben** wurde. Soweit in der DMEB ausgewiesene Rückstellungen im GJ gem.
§ 36 DMBilG berichtigt wurden, muß sich der APr. vergewissern, daß der Mehr-
oder Minderbetrag aus der Berichtigung dem Sonderverlustkonto **zugeführt** bzw.
diesem **entnommen** wurde. Soweit Rückstellungen bei der erstmaligen Bildung
im Rahmen der DMEB teilweise durch das Sonderverlustkonto, teilweise durch
andere Posten (Ausgleichsforderung, nicht durch Eigenkapital gedeckter Fehlbetrag) abgedeckt waren, muß sich der APr. davon überzeugen, daß bei der mit
der Inanspruchnahme/Auflösung der Rückstellung korrespondierenden
Abschreibung des Sonderverlustkontos eine nachvollziehbare, **willkürfreie
Zuordnung** vorgenommen wurde, und daß dabei der Grundsatz der Stetigkeit
beachtet wurde.

(3) Prüfung des Beteiligungsentwertungskontos nach § 24 Abs. 5 DMBilG

Ein Beteiligungsentwertungskonto ist von Unternehmen, die Schuldner einer   266
Ausgleichsforderung sind, in Höhe der deshalb in ihrer Bilanz auszuweisenden
Verbindlichkeit einzustellen[118]. Das Beteiligungsentwertungskonto ist in Höhe
der jeweiligen Tilgungsraten abzuschreiben. Es empfiehlt sich deshalb, das
Beteiligungsentwertungskonto im Zusammenhang mit der auf der Passivseite
ausgewiesenen Ausgleichsverbindlichkeit gem. § 24 Abs. 3 DMBilG[119] zu prüfen. Der APr. muß sich insbesondere vergewissern, ob die Abschreibung des
Beteiligungsentwertungskontos mit dem Betrag der im GJ erfolgten Tilgung der
Ausgleichsforderung übereinstimmt und ob der Ausweis der Verbindlichkeit
und des Aufwands aus der Abschreibung den gesetzlichen Vorschriften entspricht[120].

(4) Prüfung der immateriellen Vermögensgegenstände

Die Prüfung beginnt mit einer Abstimmung des Vortrages mit dem Endbestand   267
der letzten Schlußbilanz. Ist der mengenmäßige Umfang der immateriellen Vermögensgegenstände wesentlich, so sollte der Prüfer sich eine Aufstellung über
die Zusammensetzung des Bestandes geben lassen. Aus diesem Bestandsverzeichnis müßte die Art des Anspruches, die Kennzeichnung des Rechts, seine
zeitliche und regionale Gültigkeit sowie seine wirtschaftliche Bedeutung ersicht-

---

117 Vgl. Tz. 384 ff.
118 § 24 Abs. 5 S. 1 DMBilG. Vgl. auch die Erläuterungen unter F Tz. 143.
119 Vgl. unten Tz. 406 ff.
120 Vgl. KPMG Deutsche Treuhand Gruppe (Hrsg.), D-Markbilanzgesetz, Düsseldorf 1990 S. 311.

lich sein. Als Unterlagen für das tatsächliche Vorhandensein der Rechte kommen Eintragungen bei öffentlichen Stellen (zB Patentregister und Patentnum-
mern) und privatrechtliche Verträge (zB Konzessions- und Lizenzverträge) in
Frage. Bei **Geschäfts- oder Firmenwerten** wird sich der APr. in erster Linie auf
Kaufverträge, Bewertungsgutachten, JA oä. Unterlagen stützen, aus denen die
für die Ermittlung des Geschäfts- oder Firmenwertes erheblichen Daten ermittelt werden können. Bei Anzahlungen dienen als Unterlagen idR Vertragsunterlagen sowie die entsprechenden Belege und Finanzkonten. Bei Erstprüfungen
sind diese Nachweise für den gesamten Bestand zu erbringen; bei Wiederholungsprüfungen kann sich der Nachweis auf die Zu- und Abgänge beschränken.

268 Das Schwergewicht der Prüfung liegt bei der Feststellung, ob tatsächlich nur
entgeltlich erworbene immaterielle Anlagegegenstände aktiviert und mit den
Anschaffungskosten bewertet worden sind, soweit es sich nicht um – getrennt
auszuweisende – immaterielle Vermögensgegenstände iSv. § 31 DMBilG handelt. Wegen der Berichterstattung im Anhang (§ 284 Abs. 2 Nr. 3 HGB) muß der
Prüfer feststellen, ob die Aktivierungs- und Abschreibungsmethoden gegenüber
dem VJ geändert worden sind.

269 Soweit von dem Wahlrecht, **Aufwendungen für die Ingangsetzung und Erweiterung des Geschäftsbetriebs** als Bilanzierungshilfe zu aktivieren, Gebrauch
gemacht wurde (§ 269 HGB), hat sich der APr. anhand entsprechender Einzel-
aufstellungen davon zu überzeugen, daß es sich nur um solche Aufwendungen
handelt, die ansonsten nicht bilanzierungsfähig sind, dh. bei denen ein Ausweis
als immaterielle Vermögensgegenstände, Sachanlagen oder RAP nicht in
Betracht kommt. Dabei muß sich der APr. durch Einsichtnahme in die entsprechenden Planungsunterlagen des Unternehmens gleichzeitig davon überzeugen,
daß die aus den Ingangsetzungs- bzw. Erweiterungsmaßnahmen resultierenden
künftigen Erträge zur Deckung der Abschreibungen auf die aktivierten Aufwendungen voraussichtlich ausreichen werden bzw. der Posten durch frei verfügbare
Rücklagen gedeckt ist. Dabei sollte sich der APr. gleichzeitig davon überzeugen,
daß im Rahmen der Gewinnverteilung bzw. bei der Abfassung des Gewinnverwendungsvorschlags die Ausschüttungssperre des § 269 S. 2 HGB bzw. die Aus-
schüttungsbeschränkung des § 31 DMBilG beachtet wurde.

270 Bei der Prüfung der **Bewertung** hat der APr. sein besonderes Augenmerk auf die
Abschreibung der immateriellen Vermögensgegenstände zu richten, die sich
nach den allgemeinen Vorschriften der §§ 253, 254 HGB richtet, wobei für Aufwendungen für die Ingangsetzung und Erweiterung des Geschäftsbetriebs § 282
HGB bzw. § 31 Abs. 3 DMBilG, für den Geschäfts- oder Firmenwert § 255
Abs. 4 HGB bzw. § 31 Abs. 2 DMBilG zu beachten sind. Dabei hat sich der APr.
davon zu überzeugen, daß bei der Bemessung der Abschreibungen dem
Umstand Rechnung getragen wurde, daß derartige Werte teilweise nur schwer
schätzbar sind und sich oft schnell verflüchtigen und daher die Abschreibung in
verstärktem Maße dem Vorsichtsprinzip Rechnung tragen sollte. Soweit das
Unternehmen **Zuschüsse, Beihilfe- oder andere Vermögensvorteile** iSv. § 31 Abs. 1
Nr. 3 DMBilG aktiviert hat, muß sich der APr. davon überzeugen, ob die Bedingungen für die Umbuchung bzw. Verrechnung der aktivierten Vorteile eingetreten sind und ob die Umbuchung – auch unter Berücksichtigung der Darstellung
im Anlagenspiegel – sachgerecht erfolgt ist.

Im übrigen gelten für die rechnerischen und vergleichenden Prüfungen sowie　**271**
für die Abstimmung die gleichen Grundsätze, die für die Prüfung der Sachanlagen anzuwenden sind.

(5) Prüfung der Sachanlagen

(a) Prüfung des internen Kontrollsystems

- Wird eine Anlagenkartei geführt und enthält sie die erforderlichen Einzelangaben　**272**
  (Abschn. 31 Abs. 6 EStR)?
- Wird – wenn keine ordnungsmäßige Anlagenkartei geführt wird – das Anlagevermögen
  regelmäßig körperlich aufgenommen?
- Wird die Anlagenkartei regelmäßig mit den Konten der Finanzbuchhaltung abgestimmt? Von wem und wie oft?
- Wird der Buchbestand der Anlagenkartei regelmäßig durch körperliche Aufnahmen
  überprüft?
- Sind die Grundstücke durch Grundbuchauszüge nachgewiesen?
- Werden kleinere Werkzeuge und Anlagegegenstände, die nicht besonders in der Anlagenkartei erfaßt sind, genügend überwacht?
- Sind die Festwerte, die für Gegenstände des Anlagevermögens gem. § 240 Abs. 3 HGB
  gebildet wurden, ordnungsmäßig dokumentiert und wann wurden sie letztmalig überprüft?
- Müssen Anlagenzugänge genehmigt werden und von wem?
- Was geschieht, wenn der vorgesehene Betrag überschritten wird?
- Bestehen schriftliche Anweisungen, in denen die Begriffe lang- und kurzlebige Anlagegüter, Erhaltungs- und Herstellungsaufwand klar umrissen sind?
- Werden die Anlagerechnungen vor Verbuchung sachlich und rechnerisch geprüft?
- Werden die Anlagenzugänge unmittelbar aktiviert bzw. zu Lasten des Aufwands verbucht oder werden sie zunächst auf einem Zugangssammelkonto erfaßt und wird erst
  später über die Aktivierung entschieden?
- Müssen Abbrucharbeiten und Verkauf oder Verschrottung von beweglichen Anlagegegenständen genehmigt werden und von wem?
- Ist sichergestellt, daß der Buchhaltung sämtliche Abgänge gemeldet werden?
- Besteht eine ausreichende Kontrolle über die Lagerung und den Verkauf verschrotteter
  Anlagen?
- Existiert ein Abschreibungsplan und ist sichergestellt, daß er auch angewendet wird?
- Ist durch eine Anweisung festgelegt, welche steuerlichen Abschreibungsvergünstigungen
  beansprucht werden sollen?
- Wer veranlaßt außerplanmäßige Abschreibungen?
- Werden Anlagegegenstände, auf die außerplanmäßige Abschreibungen vorgenommen
  wurden, in der Anlagenkartei gesondert gekennzeichnet?
- Wer veranlaßt Zuschreibungen bei Fortfall des ursprünglichen Abschreibungsgrundes?
- Welche Anlagen werden aufgrund von Leasing-Verträgen genutzt?
- Wie werden diese Anlagen im JA behandelt?
- Bestehen für den Abschluß von Leasing-Verträgen Genehmigungspflichten oder gibt es
  (betragsmäßige) Beschränkungen (zB im Rahmen des Investitionsplans)?
- Existiert ein Meldesystem über Verlagerungen von Anlagegütern zwischen selbständig
  bilanzierenden Einheiten des Unternehmens bzw. zwischen verbundenen Unternehmen?
- Ist sichergestellt, daß Zu- und Abgänge unverzüglich der Versicherungsabteilung gemeldet werden?

(b) Prüfung der ursprünglichen Anschaffungs-/Herstellungskosten

273   Die Prüfung der ursprünglichen Anschaffungs-/Herstellungskosten gem. Anlagenspiegel beschränkt sich idR auf eine **rechnerische Abstimmung** mit dem entsprechenden Betrag des VJ zuzüglich/abzüglich im VJ eingetretener Veränderungen aufgrund von Zugängen, Abgängen und Umbuchungen.

(c) Prüfung der Zugänge

(c1) Grundstücke

274   Bei der Prüfung der Zugänge an **Grundstücken** sollte sich der Prüfer zum Nachweis des tatsächlichen Vorhandenseins die Grundbuchauszüge vorlegen lassen, da für die Feststellung der Rechtsverhältnisse an Grundstücken der Inhalt des **Grundbuchs** von wesentlicher Bedeutung ist[121/122]. Er gibt Auskunft nicht nur über den Eigentümer, sondern auch über das Bestehen und den Inhalt anderer dinglicher Rechte. Schuldrechtliche Beschränkungen hingegen, wie zB die Verpflichtung, das Grundstück nicht zu veräußern, sind nicht eintragungsfähig. Das beim zuständigen Grundbuchamt für jedes Grundstück geführte Grundbuchblatt enthält außer einem Bestandsverzeichnis drei Abteilungen zur Eintragung der Rechtsverhältnisse. In Abteilung I werden die Eigentumsverhältnisse eingetragen. Die Abteilung III ist zur Eintragung von Hypotheken-, Grund- und Rentenschulden sowie der sich auf diese Rechte beziehenden Vormerkungen und Widersprüche vorgesehen, während alle anderen dinglichen Rechte in Abteilung II vermerkt werden. Hierunter fallen insbesondere Auflassungsvormerkungen, Altenteils- und Nießbrauchrechte, Erbbaurechte sowie die Dienstbarkeiten. Häufig wird zur näheren Bezeichnung des Inhaltes des Rechts auf die Eintragungsbewilligung Bezug genommen (§ 874 BGB), so daß diese dann zur Ergänzung herangezogen werden muß. Jede rechtsgeschäftliche Veränderung bei Grundstücksrechten bedarf zu ihrer Wirksamkeit grundsätzlich der Eintragung in das Grundbuch. Veränderungen und Löschungen der einzelnen Rechte werden in den einzelnen Abteilungen in besonderen Spalten vermerkt. Gelöschte Eintragungen sind rot unterstrichen. Um bereits unwiderruflich gewordene, aber noch nicht eingetragene Rechtsänderungen ermitteln zu können, ist eine Einsicht in die beim Grundbuchamt geführten Grundakten erforderlich.

275   Für die Feststellung der **tatsächlichen Rechtsverhältnisse** ist zu berücksichtigen, daß außerhalb des Grundbuchs Rechtsänderungen eingetreten sein können, die

---

121 Zu den folgenden Ausführungen vgl. Grundbuchordnung (GBO, RGBl. I 1935 S. 1073), zuletzt geändert durch Gesetz v. 25. 7. 1986 (BGBl. I S. 1153); Gesetz über Maßnahmen auf dem Gebiete des Grundbuchwesens (GBMaßnG, BGBl. I 1963 S. 986); Verordnung über das Erbbaurecht (RGBl. 1919 S. 122), zuletzt geändert durch Gesetz v. 8. 6. 1988 (BGBl. I S. 710); Gesetz über das Wohnungseigentum und das Dauerwohnrecht (BGBl. I 1951 S. 209), zuletzt geändert durch das Gesetz v. 14. 12. 1984 (BGBl. I S. 1513); Einführungsgesetz zum BGB, zuletzt geändert durch den Einigungsvertrag v. 31. 8. 1990 (BGBl. II 1990 S. 945).

122 Zur Geltung der GBO und des GBMaßnG auf dem Gebiet der ehemaligen DDR vgl. Anl. I, Kapitel III, Sachgebiet B, Abschn. III des Einigungsvertrages v. 31. 8. 1990 (BGBl. II S. 951, 952). Zur Zuordnung bzw. Rückübertragung von Eigentumsrechten an Grund und Boden auf dem Gebiet der ehemaligen DDR und dessen grundbuchmäßigen Vollzug vgl. die diesbezüglichen Regelungen des Einigungsvertrags, des Gesetzes zur Regelung offener Vermögensfragen, des Gesetzes über besondere Investitionen in der Deutschen Demokratischen Republik und des Gesetzes zur Privatisierung und Reorganisation des volkseigenen Vermögens einschließlich der Änderungen durch das Gesetz zur Beseitigung von Hemmnissen bei der Privatisierung von Unternehmen und zur Förderung von Investitionen. Zu beachten sind ferner diejenigen Vorschriften des Rechts der DDR, die nach den Regelungen in Anl. II des Einigungsvertrages geändert bzw. ergänzt wurden oder mit bestimmten Maßgaben in Kraft geblieben sind.

kraft Gesetzes auch ohne Eintragung wirksam werden. Zwar können auch solche Vorgänge durch Berichtigung des Grundbuchs berücksichtigt werden (§ 894 BGB), wegen des fehlenden Berichtigungszwangs und der von der Eintragung unabhängigen Wirksamkeit wird dies jedoch häufig nicht der Fall sein. Die Grundbucheinsicht vermittelt daher nicht immer ein vollständiges Bild. Vor allem können folgende Vorgänge zu Rechtsänderungen geführt haben, ohne daß dies aus dem Grundbuch zu ersehen ist:

– Der Erwerb kraft Gesetzes durch Erbfolge (§ 1922 BGB) oder Nacherbfolge (§ 2139 BGB). Auch die Übertragung des Anteils eines Miterben am Nachlaß vollzieht sich außerhalb des Grundbuchs und ist ohne Eintragung wirksam. Das gleiche gilt für andere Fälle der Gesamtrechtsnachfolge wie zB Verschmelzung und Umwandlung von Kapitalgesellschaften;
– Änderung der persönlichen Beteiligung an Gesamthandsverhältnissen, zB durch Eintritt oder Ausscheiden von Gesellschaftern einer Personengesellschaft;
– Gläubigerwechsel bei verbrieften Rechten, zB durch Übertragung einer Briefhypothek oder Briefgrundschuld;
– Erlöschen von Rechten kraft Gesetzes, zB bei Tod des Nießbrauchers;
– Entstehen von Rechten im Rahmen der Zwangsvollstreckung. So erwirbt bspw. im Zwangsvollstreckungsverfahren der Ersteher eines Grundstücks das Eigentum bereits mit Wirksamwerden des Zuschlagsbeschlusses.

Da das Grundbuch nur solche Belastungen ausweist, zu deren Verlautbarung es **276** geschaffen ist, können Grundstückslasten, Vorkaufsrechte, Verfügungsbeschränkungen oder ähnliche Rechte bestehen, die kraft Gesetzes gegen jeden wirken, ohne daß sie im Grundbuch eingetragen sind. In Betracht kommen dabei insbesondere folgende Fälle:

– Nachbarrechtliche Vorschriften des BGB (zB Überbau- und Notwegrecht) oder entsprechende, auf landesrechtlichen Vorschriften beruhende Rechte;
– öffentliche Lasten wie zB Anliegerbeiträge oder Beitragspflichten, soweit nicht ausnahmsweise nach den jeweiligen bundes- oder landesrechtlichen Bestimmungen eine Verpflichtung zur Eintragung im Grundbuch erforderlich ist;
– bestimmte Vorkaufsrechte, soweit diese nach den jeweiligen Gesetzen auch ohne Eintragung dinglich wirken, wie zB das allgemeine Vorkaufsrecht der Gemeinden für bestimmte Grundstücke nach den Vorschriften des BauGB (Baugesetzbuch idF der Bekanntmachung v. 8. 12. 1986 (BGBl. I S. 2253), zuletzt geändert durch Gesetz v. 25. 7. 1988 (BGBl. I S. 1093);
– öffentlich-rechtliche Verpflichtungen zu einem das Grundstück betreffenden Tun, Dulden oder Unterlassen, die ein Grundstückseigentümer durch Erklärung gegenüber der Bauaufsichtsbehörde übernommen hat;
– bestimmte gesetzliche Veräußerungs- und Belastungsbeschränkungen. Hierzu gehört zB die Beschränkung des in der Zugewinngemeinschaft lebenden Ehegatten in der Verfügung über sein Vermögen im ganzen (§ 1365 BGB), ferner die Genehmigungspflicht bei der Veräußerung von Grundstücken in Sanierungsgebieten nach § 15 StBFG.

(c2) Andere Gegenstände des Sachanlagevermögens

277   Von der tatsächlichen **Anlieferung** der Gegenstände muß sich der Prüfer – bei
umfangreichen Zugängen in Stichproben – durch persönliche Inaugenscheinnahme oder anhand der Lieferscheine und Wareneingangsmeldungen überzeugen. Dabei empfiehlt es sich, gleichzeitig das Eingangsdatum der angelieferten
Gegenstände mitzuprüfen, da davon die Höhe der Abschreibungen im Jahr der
Anschaffung maßgeblich beeinflußt wird. Die Angaben des Lieferscheins sind
mit den Eintragungen über die Art des Zugangs in der Anlagenkartei zu vergleichen. Dabei überzeugt sich der Prüfer gleichzeitig davon, ob der Zugang entsprechend seiner Art und seinem Verwendungszweck unter dem dafür im Gliederungsschema der Bilanz vorgesehenen Posten ausgewiesen ist.

278   Unterlagen für die **Bewertungsprüfung** sind bei von außen bezogenen Gegenständen die Eingangsrechnungen. Der Prüfer sollte dabei darauf achten, ob
Anschaffungsnebenkosten aktiviert sind. Grundlage für die Prüfung der Herstellungskosten selbsterstellter Anlagen sind die Kalkulationsunterlagen. Bei gering-
wertigen Anlagegütern muß sich der Prüfer anhand der Eingangsrechnungen
davon überzeugen, ob die Voraussetzungen dafür gegeben sind.

Die Zugänge während des GJ laut Anlagenkartei sind mit den Zugängen auf
den Hauptbuchkonten und in der Bilanz abzustimmen.

279   Schwerpunkt bei der Prüfung der **geleisteten Anzahlungen** auf Sachanlagen ist
die Feststellung, ob sie zutreffend von den – dort jeweils gesondert auszuweisenden – Anzahlungen auf immaterielle Vermögensgegenstände und den Anzahlungen auf Vorräte abgegrenzt wurden. Unterlagen für die Prüfung der zugrunde
liegenden Geschäfte und besonders ihrer Abwicklung sind die Verträge über die
Leistung und Verrechnung der Anzahlungen. Weitere Einblicke kann eine
Durchsicht der Korrespondenz geben. Ggf. muß der Prüfer feststellen, ob und
inwieweit der Ausweis der Anzahlung noch gerechtfertigt bzw. eine Verrechnung mit der Rechnung des Lieferanten inzwischen notwendig geworden ist, da
der angezahlte Gegenstand inzwischen geliefert wurde. Bestehen Zweifel daran,
ob der Empfänger der Anzahlung die zugesagte Leistung erbringen kann, so
muß eine Bonitätsprüfung vorgenommen werden.

(d) Prüfung der Abgänge

280   Der Abgang von Anlagegegenständen, die verkauft oder unmittelbar verschrottet werden, wird gelegentlich durch einen besonderen Beleg nachgewiesen, der
die Funktion der **Versandanzeige** bei regulären Warenverkäufen hat. IdR wird
jedoch die Verkaufsrechnung als einziger Beleg zur Verfügung stehen.

281   Durch einen Vergleich der Restbuchwerte mit den Verkaufserlösen wird gleichzeitig die zutreffende Erfassung der Buchgewinne/-verluste unter den Posten
„sonstige betriebliche Erträge" bzw. „sonstige betriebliche Aufwendungen" in
der GuV geprüft.

282   Beim Verkauf von Anlagegegenständen an Betriebsangehörige kann uU die Prüfung der **Angemessenheit des Verkaufserlöses** angebracht sein. Das trifft insbesondere dann zu, wenn der Verkaufserlös den Restbuchwert unterschreitet. In
derartigen Fällen sollte sich der Prüfer davon überzeugen, daß der Verkauf
durch eine vorgesetzte Stelle genehmigt worden ist. Die Abgänge laut Anlagen-

kartei sind mit den Abgängen, die im Hauptbuch und in der Bilanz ausgewiesen werden, abzustimmen.

(e) Prüfung der Zuschreibungen

Es ist zu prüfen, ob bei allen Anlagegegenständen, bei denen eine Zuschreibungspflicht besteht, Zuschreibungen tatsächlich vorgenommen worden sind. Der Prüfer muß daher regelmäßig prüfen, ob die Gründe, die in VJ zu außerplanmäßigen Abschreibungen geführt haben, noch bestehen. Das Unternehmen sollte daher Gegenstände, auf die in VJ außerplanmäßige Abschreibungen vorgenommen wurden, in der Anlagenkartei kennzeichnen und die Gründe für die seinerzeitige Abschreibung in den Buchungsbelegen oder sonstigen Aufzeichnungen festhalten. **283**

Obergrenze für die Zuschreibungen sind die Anschaffungs-/Herstellungskosten ggf. abzüglich der bis zum Zeitpunkt der Zuschreibung notwendigen Normalabschreibungen. Der Prüfer muß daher beide Werte feststellen bzw. errechnen, um beurteilen zu können, ob die Zuschreibung der Höhe nach vertretbar ist. Die Summe der einzelnen Zuschreibungsbeträge laut Anlagenkartei ist mit den Hauptbuchkonten und dem Bilanzausweis abzustimmen. **284**

Wird trotz Wegfalls der Gründe für die ursprüngliche außerplanmäßige Abschreibung im Hinblick auf § 280 Abs. 2 HGB auf eine Zuschreibung verzichtet, so hat sich der Prüfer davon zu überzeugen, daß die steuerrechtlichen Voraussetzungen für die Beibehaltung des niedrigeren Wertansatzes vorliegen. **285**

Da im Anhang der Betrag der im GJ **aus steuerrechtlichen Gründen unterlassenen Zuschreibungen** anzugeben und hinreichend zu begründen ist (§ 280 Abs. 3 HGB), wird die Vollständigkeit dieser Angaben zweckmäßigerweise zusammen mit den entsprechenden Vermögensgegenständen geprüft. Dazu sollte sich der Prüfer vom Unternehmen eine Aufstellung vorlegen lassen, die für alle Vermögensgegenstände, bei denen in diesem oder einem früheren GJ der Abschreibungsgrund entfallen ist, ohne daß bisher eine Zuschreibung vorgenommen wurde, die folgenden Angaben enthalten sind: **286**

(1) Bezeichnung des Vermögensgegenstandes
(2) Buchwert am Bilanzstichtag
(3) Rechnerischer Wert nach Zuschreibung
(4) Angabepflichtiger Betrag (Differenz von (3)–(2)).

Der Prüfer sollte dabei darauf achten, daß die aus dem VJ übernommenen Beträge richtig fortgeschrieben wurden. Dabei muß er sich, ggf. in Stichproben, insbesondere von der rechnerischen Richtigkeit des ermittelten Vergleichswertes überzeugen, da sich der anzugebende Unterschiedsbetrag von einem Jahr zum anderen um die Differenz zwischen der tatsächlichen und der sich bei einer – unterstellten – Zuschreibung rechnerisch ergebenden planmäßigen Abschreibung vermindert. Gleichzeitig sollte sich der Prüfer davon überzeugen, daß Unterschiedsbeträge auf Vermögensgegenstände, die im GJ abgegangen sind, aus der Aufstellung herausgenommen wurden und umgekehrt Unterschiedsbeträge auf Vermögensgegenstände, bei denen im GJ erstmals der Abschreibungsgrund entfallen ist, vollständig erfaßt wurden.

(f) Prüfung der Abschreibungen

287   Bei der Prüfung der **Normalabschreibungen** hat der Prüfer sein besonderes
Augenmerk auf das Vorliegen eines Abschreibungsplans zu richten. Ein Vermerk der angewandten Abschreibungsmethoden in den Arbeitspapieren erleichtert dem Prüfer die spätere Prüfung der Berichterstattung gem. § 284 Abs. 2
Nr. 1 HGB. Bei der Prüfung der Sonderabschreibungen hat der Prüfer nicht nur
die Zulässigkeit sowie ggf. die Notwendigkeit, sondern auch die Angemessenheit zu beurteilen. Die Prüfung soll jeweils klarstellen, daß beim Anlagevermögen keine unzulässigen stillen Reserven gebildet wurden, aber auch keine Überbewertung vorliegt.

288   Die Prüfung der Abschreibungen geht von der Anlagenkartei und einer
Abschreibungsliste, die idR vorhanden sein dürfte, aus. In der Anlagenkartei für
bebaute Grundstücke wird zweckmäßigerweise der Gesamtwert in den Wert von
Grund und Boden und den Wert des Gebäudes aufgeteilt sein, da nur letzterer
Grundlage einer planmäßigen Abschreibung sein kann. Die Richtigkeit der
Abschreibungsgrundlage ist zu prüfen. Das geschieht idR im Jahr des Zugangs.
Eine nochmalige Prüfung ist dann nur bei Werterhöhungen durch Erweiterun-
gen des Anlagegegenstandes, bei werterhöhenden Reparaturen oder Zuschreibungen oder bei außergewöhnlichen Wertminderungen durch Teilabgang oder
außerplanmäßige Abschreibungen notwendig. Der Prüfer muß sich ferner ein
Urteil über die Angemessenheit der in Aussicht genommenen Abschreibungsdauer bilden, die als zweite wesentliche Komponente die Höhe der jährlichen
Abschreibungsquoten bestimmt. Im Einzelfall – insbesondere bei außerplanmäßigen Abschreibungen – kann eine Hinzuziehung technischer Sachverständiger
erforderlich sein.

289   Bei der Prüfung der Abschreibungen ist auch darauf zu achten, ob der Abschreibungsplan geändert wurde. Planänderungen sind in den Arbeitspapieren zu vermerken und ggf. bei der Prüfung der Anhangangaben gem. § 284 Abs. 2 Nr. 3
HGB zu berücksichtigen.

290   Der Prüfer sollte sich bei Betriebsbesichtigungen oder durch Fragen einen Eindruck darüber verschaffen, welche Anlagen infolge technischer Mängel, wirtschaftlicher Überholung oder bevorstehender Änderungen im Fertigungsverfah-
ren und Fertigungsprogramm nicht mehr voll oder demnächst nicht mehr verwendet werden, so daß ggf. **außerplanmäßige Abschreibungen** vorzunehmen sind.
Die Angemessenheit des Wertansatzes von Festwerten verdient besondere
Beachtung. Ggf. kann es erforderlich sein, daß der Prüfer ohne Rücksicht auf
die Höhe des Festwerts die Werte der Anlagen statistisch ermittelt. Liegt der
errechnete Gesamtwert wesentlich unter dem Festwert, so wird eine außerplanmäßige Abschreibung vom Festwert notwendig sein. Dabei sollte sich der Prüfer
gleichzeitig davon überzeugen, daß die gesetzlichen Voraussetzungen für den
Ansatz des Festwertes (§ 240 Abs. 3 HGB) erfüllt sind.

291   Bei manueller Erstellung ist die Addition der Abschreibungslisten sowie die Eintragung der Abschreibung auf den einzelnen Anlagekarten zu prüfen. Der
Gesamtbetrag muß – unter Hinzuziehung evtl. erforderlicher Abschreibungen
auf Konzessionen, Patente, Lizenzen, Marken und ähnliche Rechte – mit dem
Betrag der GuV-Position „Abschreibungen auf immaterielle Vermögensgegenstände des Anlagevermögens und Sachanlagen sowie aktivierte Aufwendungen

für die Ingangsetzung und Erweiterung des Geschäftsbetriebes" sowie dem im Anlagenspiegel oder separat im Anhang zu vermerkenden Betrag der Abschreibungen des GJ übereinstimmen.

Bei der Prüfung des Ausweises der kumulierten Abschreibungen im **Anlagenspiegel** sollte sich der Prüfer anhand des folgenden Schemas von der zutreffenden Fortentwicklung der Abschreibungen überzeugen: **292**

Vortrag der kumulierten Abschreibungen zum Stichtag der Eröffnungsbilanz

    + Zuführung der Abschreibungen des GJ
    ./. Betrag der im VJ vorgenommenen Zuschreibungen
    ./. Betrag der kumulierten Abschreibungen auf im GJ abgegangene Vermögensgegenstände
    + ./. kumulierte Abschreibungen auf Umbuchungen

Stand der kumulierten Abschreibungen am Stichtag der Schlußbilanz.

Soweit bei der Vornahme steuerrechtlicher Abschreibungen der Unterschiedsbetrag gem. § 281 Abs. 1 S. 1 HGB in den **Sonderposten mit Rücklageanteil** eingestellt wird, sollte der Prüfer gleichzeitig die vom Unternehmen erstellte Vergleichsrechnung einsehen und die Ermittlung der Unterschiedsbeträge nachvollziehen. Dabei sollte er sich auch davon überzeugen, daß die in den Folgejahren im Vergleich zur planmäßigen handelsrechtlichen Abschreibung niedrigere steuerliche Abschreibung zutreffend durch eine entsprechende Auflösung des Sonderpostens berücksichtigt wurde. **293**

(6) Prüfung der Finanzanlagen

(a) Prüfung des internen Kontrollsystems

– Wer verwaltet die Anteile an verbundenen Unternehmen, Beteiligungen, Wertpapiere, Ausleihungen und bestehen Anweisungen über die Verwaltung? **294**
– Sind Bestandsverzeichnisse vorhanden?
– Liegt eine Liste der verbundenen Unternehmen vor?
– Ist sichergestellt, daß alle Beteiligungen nach dem aktuellen Stand ausgewiesen werden?
– Ist sichergestellt, daß der Nachweis der Bestände geführt werden kann (Depotbestätigungen, Beteiligungsbestätigungen, Aufnahmeprotokolle, Saldenbestätigungen)?
– Sind die Anteilsrechte, Wertpapiere (bei Selbstaufbewahrung), Verträge usw. ausreichend gegen Diebstahl, Feuer, Wasser und sonstige Verluste geschützt?
– Ist sichergestellt, daß Einzahlungsverpflichtungen überwacht werden?
– Ist sichergestellt, daß die Beteiligungsverwaltung sämtliche Informationen für eine Beurteilung eines angemessenen Wertansatzes erhält?
– Werden die Beteiligungsgesellschaften geprüft?
– Liegen darüber Berichte – ggf. auch von der internen Revision – vor?
– Bestehen personelle Verflechtungen zwischen der Gesellschaft und den Beteiligungsunternehmen?
– Kann die Beteiligung frei von gesetzlichen oder vertraglichen Beschränkungen veräußert werden?
– Werden verpfändete sowie zur Sicherheit empfangene Wertpapiere getrennt aufbewahrt und in den Büchern besonders gekennzeichnet?
– Werden eigene Anteile sowie Anteile an einem MU gesondert aufbewahrt und buchmäßig getrennt erfaßt?
– Wird der Aufruf von Auslosungspapieren verfolgt?
– Wer ist zur Gewährung von Ausleihungen berechtigt?
– Werden Ausleihungen nur aufgrund schriftlicher Verträge vergeben?

– Enthalten die Verträge eindeutige Angaben über Auszahlungszeitpunkte, Tilgungstermine, Verzinsung und Besicherung?
– Wer prüft den Eingang der Erträge aus den Finanzanlagen?
– Werden Soll-Erträge mit tatsächlichen Eingängen abgestimmt?

(b) Prüfung der Anteile an verbundenen Unternehmen

295 Die verbundenen Unternehmen müssen dem Prüfer zur Prüfung ihrer **Vollständigkeit** durch eine Liste nachgewiesen werden. Dabei kommt es nicht darauf an, ob die Unternehmen in den KA einbezogen werden. Der Nachweis sämtlicher Unternehmen, mit denen eine Unternehmensverbindung iSv. § 271 Abs. 2 HGB besteht, kann von einem Unternehmen, das nicht selbst als oberstes MU an der Spitze eines Konzerns steht, häufig nicht selbst erbracht werden. Zweckmäßigerweise sollte deshalb ein Verzeichnis vorliegen, das von dem obersten MU aufgestellt und allen betroffenen Unternehmen zur Verfügung gestellt wurde. In Zweifelsfällen kann der Prüfer die erforderlichen Aufklärungen und Nachweise auch unmittelbar von dem MU verlangen (§ 320 Abs. 2 S. 3 HGB). Das Verzeichnis sollte für alle verbundenen Unternehmen Angaben über die Rechtsform, die Höhe der Beteiligung (prozentual und nominal), die Anschaffungskosten und den letzten Buchwert enthalten. Die Angaben dieses Verzeichnisses sind mit internen oder externen Originalunterlagen (HR-Auszüge, Gesellschaftsverträge, Kaufverträge, PrB über die Beteiligungsunternehmen) abzustimmen. Bei Wiederholungsprüfungen kann sich der Bestandsnachweis auf die Zu- und Abgänge im GJ beschränken[123].

296 Sind die Anteile verbrieft, so werden sie, insbesondere soweit es sich um börsengängige Wertpapiere handelt, gewöhnlich von Kreditinstituten verwahrt, deren Depotauszüge als Bestandsnachweis gelten. Verwahrt die Gesellschaft ihre Wertpapiere selbst, so ist der Wertpapierbestand ähnlich wie der Kassenbestand aufzunehmen. Gleiches gilt für die Beteiligungen und die anderen Wertpapiere des Anlagevermögens, wobei darauf zu achten ist, daß Zins- und Erneuerungsscheine vollständig vorhanden sind. Über die Aufnahme ist ein Protokoll anzufertigen, das von dem Aufnehmenden und dem Prüfer unterzeichnet werden muß. Bei größeren Wertpapierbeständen empfiehlt sich eine Prüfung des Bestandes in der Vorprüfung. Für die Prüfung am Bilanzstichtag brauchen dann nur noch die Veränderungen geprüft zu werden.

297 Die Prüfung der **Bewertung** der Anteile ist – soweit es sich nicht um börsennotierte Wertpapiere handelt – im allgemeinen nur mit Hilfe vorgelegter JA dieser Unternehmen und entsprechender PrB sowie durch Auskünfte der geprüften Gesellschaft möglich. Ergeben sich aus diesen Unterlagen und den erteilten Auskünften keine Anhaltspunkte für eine nachhaltige Wertminderung, so bestehen gegen die Weiterführung der Anschaffungskosten oder der niedrigeren Buchwerte keine Bedenken. Hat der Prüfer aufgrund des vorgelegten JA, der ihm erteilten Auskünfte, der wirtschaftlichen Entwicklung oder sonstiger Verhältnisse (zB politische Situation) Zweifel an der Angemessenheit des Wertansatzes für ein verbundenes Unternehmen, so muß er die Situation mit der Gesellschaft diskutieren und ggf. eine außerplanmäßige Abschreibung verlangen. Hat die Gesellschaft eine außerplanmäßige Abschreibung vorgenommen, so muß sie dem Prüfer die Gründe und die Angemessenheit darlegen.

---

123 Zum unterschiedlichen Inhalt des Begriffs verbundene Unternehmen gem. § 271 Abs. 2 HGB und § 15 AktG vgl. Tz. 297.

Bestehen die Anteile aus börsennotierten Wertpapieren, so können – wie auch   **298** bei den anderen Wertpapieren des Anlagevermögens – die amtlichen Kurse am Bilanzstichtag gewisse Anhaltspunkte für mögliche oder notwendige außerplanmäßige Abschreibungen geben. Sind außerplanmäßige Abschreibungen gem. § 254 HGB vorgenommen worden, so muß sich der Prüfer ggf. davon überzeugen, daß die steuerlichen Voraussetzungen gegeben sind.

Im Zusammenhang mit der Prüfung der Anteile an verbundenen Unternehmen,   **299** Beteiligungen und anderen Wertpapiere des Anlagevermögens wird der APr. gleichzeitig die entsprechenden Posten der GuV untersuchen. Hierzu gehören die Erträge aus Beteiligungen, Erträge aus Gewinngemeinschaften, GAV und Teil-GAV, die Erträge aus anderen Wertpapieren und Ausleihungen des Finanzanlagevermögens, die sonstigen betrieblichen Aufwendungen und Erträge, die Abschreibungen auf Finanzanlagen sowie die Aufwendungen auf Verlustübernahme.

Dabei sollte sich der Prüfer gleichzeitig davon überzeugen, daß die **Erträge aus Anteilen an verbundenen Unternehmen** jeweils gesondert ausgewiesen werden und daß die Erträge oder Verluste aus dem Abgang von Gegenständen des Finanzanlagevermögens zutreffend unter den Posten „sonstige betriebliche Erträge" bzw. „sonstige betriebliche Aufwendungen" erfaßt wurden.

Bei der Prüfung der Anteile an verbundenen Unternehmen sollte der Prüfer sich   **300** gleichzeitig einen umfassenden Überblick über die **Art der Unternehmensverbindung** und die sich daraus für die Rechnungslegung ergebenden Konsequenzen machen. Dabei ist zu beachten, daß die materiellen Inhalte des Begriffs verbundene Unternehmen nach § 271 Abs. 2 HGB und § 15 AktG nicht deckungsgleich sind und daß sich daraus unterschiedliche Konsequenzen ergeben, zB Mutter-Tochter- und assoziierte Unternehmen nach HGB (KA) oder herrschende und abhängige Unternehmen sowie Bestandteile eines Unternehmensvertrages gem. Aktiengesetz (Abhängigkeitsbericht, GA, Verlustübernahme, Ausgleichszahlung). Es empfiehlt sich, in diesem Zusammenhang auch die Konsequenzen zu prüfen, die sich aus der Qualifizierung eines Unternehmens als verbundenes Unternehmen für Sonderausweise in der Bilanz (zB Ausleihungen, Forderungen, Verbindlichkeiten, Wertpapiere) und GuV (zB Erträge aus Beteiligungen und anderen Wertpapieren, Zinsaufwendungen, Zinserträge) sowie für Zusatzangaben im Anhang (zB sonstige finanzielle Verpflichtungen, wechselseitige Beteiligung) ergeben.

(c) Prüfung der Beteiligungen

Für die Prüfung der Beteiligungen gelten die vorstehend für die Prüfung der   **301** Anteile an verbundenen Unternehmen aufgestellten Grundsätze entsprechend.

(d) Prüfung der Ausleihungen

Die Ausleihungen müssen wie andere Forderungen durch eine Saldenliste nach-   **302** gewiesen werden. Für die Prüfung ergeben sich somit ähnliche Fragen und Abstimmungsarbeiten wie bei der Prüfung der Liefer- und Leistungsforderungen[124]. Der Prüfer sollte sich jedoch zur Prüfung der **Werthaltigkeit** zusätzlich

---

[124] Vgl. Tz. 332 ff.

von der Sicherung der Ausleihungen überzeugen. Unterlagen dafür sind ua. Grundbuchauszüge neuesten Datums, notarielle Urkunden, Hypotheken- und Grundschuldbriefe sowie Darlehensverträge. Eine Einsichtnahme in die Darlehensverträge ist schon deswegen erforderlich, weil aus ihnen die Zins- und Tilgungsbedingungen ersichtlich sind, deren Einhaltung geprüft werden muß. In einer geordneten Darlehenskartei sind die notwendigen Daten zur Überwachung der Forderung – insbesondere Sicherheiten, Verzinsung und Rückzahlungsbedingungen – enthalten. Wenn der Prüfer die richtige Übernahme dieser Angaben aus den Darlehensverträgen für Neuzugänge lückenlos prüft, braucht er später nur noch nachträgliche Änderungen, über die schriftliche Vereinbarungen vorliegen müssen, sowie Abweichungen zwischen den vertraglichen Vereinbarungen und der tatsächlichen Abwicklung zu prüfen.

303   In Stichproben muß sich der Prüfer von der richtigen Buchung der Eingänge von Tilgungen und Zinsen überzeugen. Bei Darlehen an Betriebsangehörige ist häufig eine Aufrechnung dieser Beträge mit Lohn- und Gehaltsforderungen vereinbart.

304   Hinsichtlich des **Ausweises** hat sich der Prüfer davon zu überzeugen, daß die Zuordnung der Ausleihungen zum Anlagevermögen aufgrund ihrer Zweckbestimmung sachgerecht ist. Außerdem ist zu prüfen, ob der gesonderte Ausweis der Ausleihungen an verbundene Unternehmen sowie an Unternehmen, mit denen ein Beteiligungsverhältnis besteht, beachtet wurde.

(e) Prüfung der Wertpapiere des Anlagevermögens

305   Für die Prüfung der Wertpapiere des Anlagevermögens gelten im wesentlichen die gleichen Grundsätze wie für die Wertpapiere des Umlaufvermögens, so daß auf die dortigen Ausführungen verwiesen werden kann [125].

(7) Prüfung der Vorräte
(a) Prüfung des internen Kontrollsystems

306   – Sind die Bestände durch Stichtagsinventur, ausgeweitete Stichtagsinventur, vor- oder nachverlegte Stichtagsinventur oder permanente Inventur aufgenommen worden?
   – Wurden bei der Aufnahme Stichprobenverfahren angewandt?
   – Wurden schriftliche Inventurrichtlinien erlassen und allen Beteiligten rechtzeitig zugestellt?
   – Besteht ein Aufnahmeplan, der den Umfang der Inventur sachlich und zeitlich klar abgrenzt?
   – Sind die einzelnen Aufnahmebereiche so gegeneinander abgegrenzt, daß keine Überschneidungen und Lücken auftreten?
   – Werden Fremdmaterialien mit aufgenommen und besonders gekennzeichnet?
   – Werden sämtliche Materialien von der Abteilung aufgenommen, in deren Bereich sie lagern oder unter deren Verantwortung sie stehen?
   – Wie werden Bestände in Außenlagern aufgenommen?
   – Wie wird Konsignationsware behandelt?
   – Ist gewährleistet, daß Festwerte alle drei Jahre durch eine körperliche Bestandsaufnahme überprüft werden?
   – Sind für jeden Aufnahmebereich ein verantwortlicher Aufnahmeleiter und die notwendige Anzahl Ansager und Aufschreiber bestimmt?

---

125 Vgl. Tz. 354 ff.

- Sind die Lagerverwalter mit für die Aufnahme eingesetzt?
- Stehen numerierte Aufnahmeblocks, Stifte und Klebezettel zur Kennzeichnung des aufgenommenen Materials, Waagen und andere Meßgeräte in ausreichender Zahl zur Verfügung?
- Sind die Bestände übersichtlich gelagert?
- Werden bereits in den Uraufnahmelisten Lagerhüter besonders gekennzeichnet?
- Sind die Zugänge und Abgänge während der Aufnahme ordnungsmäßig erfaßt worden?
- In welcher Weise hat die interne Revision an der Bestandsaufnahme mitgewirkt?
- Ist die Richtigkeit der Bestandsaufnahme in Stichproben kontrolliert worden?
- Sind die Aufschreibungen nach Abschluß der Aufnahme unverzüglich an eine Zentralstelle (interne Revision, Hauptbuchhaltung) weitergeleitet worden?
- Sind die Buchbestände durch die Inventurergebnisse berichtigt worden?
- Sind die Erfahrungen bei der Aufnahme und die Hinweise für die nächste Inventur schriftlich festgehalten worden?

(b) Prüfung der Roh-, Hilfs- und Betriebsstoffe

Das tatsächliche **Vorhandensein** und die **Vollständigkeit** der Erfassung der Vorräte werden durch die Inventur nachgewiesen. Nach der Art der Aufnahme (Stichtagsinventur, ausgeweitete Stichtagsinventur, vor- oder nachverlegte Stichtagsinventur, permanente Inventur, Stichprobeninventur) richtet sich die anzuwendende Prüfungstechnik. **307**

Der APr. hat sich auf jeden Fall davon zu überzeugen, daß die Inventur gründlich und sachgerecht vorbereitet ist und daß die in den Inventuranweisungen dargestellten Verfahren auch tatsächlich angewandt worden sind. **308**

Sind die Vorräte des Unternehmens absolut oder relativ von Bedeutung, so soll der APr. bei der körperlichen Bestandsaufnahme anwesend sein, um sich durch eigene Beobachtung von der Zuverlässigkeit des Aufnahmeverfahrens und von der Ordnungsmäßigkeit der Handhabung zu überzeugen. Es kann erforderlich sein, in Stichproben das Ergebnis der körperlichen Bestandsaufnahme nachzuprüfen[126]. Dabei sind insbesondere folgende Punkte zu beachten. **309**

- Die Vorräte müssen in der Reihenfolge ihrer Lagerung aufgenommen werden. Sprunginventur ist nicht zulässig.
- Die aufgenommenen Bestände müssen durch Klebezettel oder Signierung mit Farbe oder Kreide deutlich gekennzeichnet werden.
- Die Eintragungen in die Aufnahmeblocks müssen an Ort und Stelle vorgenommen werden.
- Zur Aufnahme dürfen keine Bleistifte verwendet werden.
- Auf den Aufnahmeblocks dürfen keine Zeilen freigelassen werden.
- Jede beschriebene Seite ist von dem Aufschreiber und dem Ansager zu unterzeichnen.
- Das Aufnahmepersonal darf keinen Zugang zu Lagerkarteien haben. Bei den Beständen angebrachte Lagerfachkarten sind vor der Aufnahme zu entfernen.
- Lagerhüter, wenig gängiges oder nicht mehr voll verwertbares Material sind besonders zu kennzeichnen.
- Vorräte, die im Aufnahmebereich lagern, jedoch von einem anderen Aufnahmebereich verwaltet werden, müssen besonders gekennzeichnet werden.
- Material für Investitionen, das bereits auf Kostenstellen verbucht ist, muß besonders gekennzeichnet werden.
- Wertvolle Materialien sind besonders sorgfältig aufzunehmen.

126 Vgl. FG 1/1988, Abschn. D. II. 4. b). Vgl. auch UEC Empfehlung zur Abschlußprüfung Nr. 10, Die Anwesenheit des APr. bei der körperlichen Bestandsaufnahme von Vorräten; *Quick*, Grundsätze ordnungsmäßiger Inventurprüfung, Düsseldorf 1991.

- Bei unfertigen Erzeugnissen ist der erreichte Fertigungsgrad anzugeben.
- Vom Prüfer festgestellte Aufnahmefehler sollten in Gegenwart des Aufnahmepersonals von ihm berichtigt und abgezeichnet werden.
- Von Außenlägern müssen ebenfalls Bestandsmeldungen vorgelegt werden.
- Rollende oder schwimmende Ware muß durch Versandpapiere nachgewiesen werden.

310 Arbeitet das Unternehmen bei der Inventur mit **Stichproben**[127], so kann der Prüfer grundsätzlich die Stichproben des Unternehmens lückenlos oder stichprobenweise prüfen. Im letztgenannten Fall zieht er eine Unterstichprobe und schließt aus ihr auf die Genauigkeit des Ergebnisses der Unternehmensinventur. Voraussetzung für die wirksame materielle Prüfung einer vom Unternehmen durchgeführten Inventur mit Hilfe von Stichproben ist die sorgfältige Überprüfung von Planung, Vorbereitung, Durchführung und Auswertung der Inventurstichproben durch den Prüfer einschließlich der Prüfung der Überleitung zum Bilanzansatz[128]. Besonderes Augenmerk hat der Prüfer dabei auch auf die Zuverlässigkeit der Bestandsführung und des internen Kontrollsystems zu richten.

311 Eine andere Prüfungstechnik ist erforderlich, wenn zwischen Bestandsaufnahme und Prüfungsstichtag einige Wochen oder Monate liegen und sich die Bestände inzwischen mehr oder weniger stark verändert haben. In diesem Falle kann sich der Prüfer nur noch **retrograd** anhand der verwendeten Inventuranweisungen ein Urteil über die Ordnungsmäßigkeit der Bestandsaufnahme bilden. Werden sämtliche Bewegungen der Vorräte in einer Lagerbuchführung erfaßt, so kann der Prüfer durch eine körperliche Aufnahme des Bestandes am Prüfungsstichtag sowie Addition der Abgänge und Subtraktion der Zugänge retrograd die Richtigkeit der Aufnahme am Bilanzstichtag feststellen. Der Aussagewert dieser Rückrechnung wird jedoch um so problematischer, je länger der Zeitraum zwischen Bestandsaufnahme und Prüfung ist.

312 Unabhängig vom Zeitpunkt der Prüfung muß der Prüfer bei der Prüfung der Inventur folgende Punkte besonders beachten:

Für die Bestandsaufnahme gilt der Grundsatz der **wirtschaftlichen Zugehörigkeit**. Unter Eigentumsvorbehalt gelieferte und sicherungsübereignete Waren sind folglich mit in das Inventar aufzunehmen. Bestände in Konsignations- und sonstigen Außenlagern müssen ebenfalls aufgenommen und bilanziert werden. Andererseits dürfen Fremdbestände, wie zB Kommissionswaren, nicht inventarisiert werden; sie sollten aber unter besonderer Kennzeichnung mit aufgenommen werden, damit Bestätigungsanfragen der Eigentümer aufgrund des Ergebnisses der Aufnahme beantwortet werden können.

313 Von Dritten verwahrte Vermögensgegenstände müssen, sofern sie nicht durch das Unternehmen selbst körperlich aufgenommen worden sind, durch Bestätigungen der Verwahrer nachgewiesen werden. Eine Einholung dieser Bestätigungen auf vom Bilanzstichtag abweichende Stichtage ist vertretbar, wenn das

---

127 Vgl. AK *Ludewig* der Schmalenbachgesellschaft, Die Vorratsinventur, Köln 1967 S. 55 ff. St/HFA 1/1977; HFA 1/1981; St/HFA 1/1990.
128 Vgl. *Elmendorff*. Anwendbarkeit von Zufallsstichproben bei der Abschlußprüfung, Düsseldorf 1963 S. 57. Weitere Literaturangaben zur Stichprobeninventur (zum Teil aA) vgl. ua. *Scherrer/Obermeier*, Stichprobeninventur – Theoretische Grundlagen und praktische Anwendung, München 1981, *von Wysocki* in Festgabe Loitlsberger, Überlegungen zu den Grundsätzen ordnungsmäßiger Stichprobeninventur, S. 273 ff.; ders., WPg. 1980 S. 28 ff.; Köhle/Sturm, WPg. 1980 S. 126 ff.; de Vries, DB 1981 S. 1245 ff.; Uhlig, WPg. 1981 S. 461 ff.; Köhle/Sturm, WPg. 1983 S. 369; *Ibert*, WPg. 1986 S. 467 ff.

innerbetriebliche Rechnungswesen eine ordnungsmäßige Fortschreibung bzw. Rückrechnung der Bestände auf den Bilanzstichtag und eine ordnungsmäßige Bewertung sicherstellt. Ggf. muß der Prüfer – unabhängig von den Bestätigungen der Verwahrer – zusätzliche Feststellungen (Inaugenscheinnahme, Auskünfte usw.) selbst treffen oder durch andere Berufsangehörige treffen lassen.

Besonders Aufmerksamkeit sollte der Prüfer der Periodengleichheit der Erfassung der Vorräte und der Forderungen und Verbindlichkeiten schenken. Eine fehlerhafte **Periodenabgrenzung** hat zur Folge, daß das Jahresergebnis falsch ausgewiesen wird und darüber hinaus ggf. Forderungen und Verbindlichkeiten unvollständig erfaßt sind. Diese Gefahr ist um so größer, je mehr die Lagerbuchhaltung, Ein- und Verkauf sowie die Buchhaltung dezentralisiert sind. Im einzelnen können folgende Fehler entstehen: **314**

(1) Der Warenverkauf ist bereits als Forderung gebucht. Die Ware, die das Lager noch nicht verlassen hat, wird mit aufgenommen und ist im Bestand enthalten. Der gleiche Vermögenswert wird also doppelt – mit unterschiedlichen Werten – aktiviert. Das Ergebnis wird zu hoch ausgewiesen.

(2) Die Ware hat das Lager bereits vor der Aufnahme verlassen. Da die Rechnung noch nicht erstellt war, wurde auch keine Forderung gebucht. Die Vermögenswerte sind nicht vollständig erfaßt; das Ergebnis ist zu gering ausgewiesen.

(3) Eine Lieferantenrechnung ist früher eingegangen als die Waren, so daß die Rechnung als Verbindlichkeit passiviert, der entsprechende Vermögenswert jedoch noch nicht aktiviert ist. Das Ergebnis ist zu gering ausgewiesen.

(4) Eine gekaufte Ware ist bereits eingegangen und wird inventarisiert. Da die Lieferantenrechnung noch fehlt, wird die Verbindlichkeit nicht passiviert. Das Ergebnis wird zu hoch, die Verbindlichkeiten werden nicht vollständig ausgewiesen.

Als **Stichtagsinventur** – körperliche Bestandsaufnahme auf den Bilanzstichtag durch Zählen, Messen, Wiegen und ggf. auch Schätzen – gilt auch die auf einige Tage[129] vor oder nach dem Bilanzstichtag ausgeweitete Bestandsaufnahme. Für etwaige Bestandsveränderungen zwischen Aufnahmetag und Bilanzstichtag, die sich in überschaubaren Grenzen halten müssen, ist ein eindeutiger Buch- oder Belegnachweis erforderlich, den der Prüfer zumindest stichprobenweise nachvollziehen muß. **315**

Bei **vor- oder nachverlegter Stichtagsinventur** – Erfassung der Bestände nach Art, Menge und Wert in einem besonderen, auf einen vom Bilanzstichtag abweichenden Stichtag aufgestellten Inventar mit Wertfortschreibung bzw. Wertrückrechnung auf den Bilanzstichtag – kann die Prüfung sich nicht auf die Bestandsaufnahme selbst beschränken; der Prüfer muß zusätzlich die Anwendbarkeit dieses Verfahrens im speziellen Falle sowie die Ordnungsmäßigkeit der Wertfortschreibung bzw. -rückrechnung beurteilen[130]. Wesentlich ist insbesondere, daß **316**

– das Verfahren nicht anwendbar ist für Vorratsposten, die sich erfahrungsgemäß durch Schwund, Verdunsten, Verderb und ähnliche unkontrollierbare Abgänge vermindern sowie für besonders wertvolle und auch für solche Gegenstände, die starken Preisschwankungen unterliegen;

---

129 Vgl. Abschn. 30 EStR.
130 Vgl. St/HFA 1/1990 Abschn. C. II.

- betriebsindividuelle Gruppen gleichartiger Vermögensgegenstände mit homogener Preisentwicklung gebildet werden;
- erforderliche Risikoabschläge bereits zum Inventurzeitpunkt und ggf. zusätzlich pauschal zum Bilanzstichtag vorgenommen werden;
- die Abgrenzung zwischen bereits gelieferter, aber noch nicht berechneter Ware und umgekehrt sowohl zum Inventur- als auch zum Bilanzstichtag zu beachten ist;
- das Niederstwertprinzip – ggf. unter Heranziehung von Preisindices – erfüllt sein muß[131].

317 Für die Bestandsaufnahme selbst, insbesondere hinsichtlich der im Einzelfall erforderlichen Anwesenheit des Prüfers bei der Aufnahme, gelten die zur Inventur am Bilanzstichtag entwickelten Grundsätze.

318 Wenn Vorräte durch permanente Inventur erfaßt werden, muß sich der Prüfer davon überzeugen, daß die Voraussetzungen für die Anwendung der permanenten Inventur gegeben sind und die Grundsätze ihrer Durchführung beachtet werden. Als solche gelten[132]:

- Sämtliche Bestandsbewegungen müssen von einer Lagerbuchführung erfaßt werden, an die besonders strenge Anforderungen zu stellen sind.
- Sämtliche Bestände müssen zwischen zwei Bilanzstichtagen einmal körperlich aufgenommen werden.
- Die Bestände müssen nach einem bestimmten Plan aufgenommen werden.
- Über das Ergebnis der Aufnahme ist eine Niederschrift anzufertigen, die zu den Akten zu nehmen ist.
- Die Abweichungen zwischen dem Soll- und Ist-Bestand müssen sorgfältig geprüft werden.
- Die Bestandsfortschreibung ist durch das Ergebnis der Aufnahme zu berichtigen.

Nachdem der Prüfer diese Feststellungen getroffen hat, beschränken sich seine Prüfungshandlungen im Rahmen der permanenten Inventur im allgemeinen auf die ordnungsmäßige Übernahme der Karteibestände in die Inventurlisten und auf die rechnerische Prüfung der Inventurlisten. Inwieweit eine Beobachtung von Bestandsaufnahmen im Rahmen der permanenten Inventur durch den Prüfer geboten ist, muß dieser im Einzelfalle nach Art und Umfang der auf diese Weise erfaßten Bestände sowie aufgrund der vorhandenen Organisation und Dokumentation entscheiden[133].

319 Von der Ordnungsmäßigkeit der **Bewertung** der Roh-, Hilfs- und Betriebsstoffe muß sich der Prüfer in Stichproben überzeugen. In jedem Falle sollte der Prüfer eingehend die Bewertungsrichtlinien ansehen, die den Bewertenden ausgehändigt worden sind, und sich durch Gespräche mit ihnen davon vergewissern, daß sie die erhaltenen Richtlinien auch zu handhaben wissen. Ferner sollte sich der Prüfer bei der Auswahl seiner Stichproben von der Größenordnung der Einzelposten und ihrer Bedeutung im Rahmen des Gesamtabschlusses leiten lassen. Daneben kann die lückenlose Prüfung bestimmter Bereiche für die Beurteilung der Zuverlässigkeit der Bewertung angebracht sein.

320 Unterlagen für die Prüfung der Bewertung werden idR die Eingangsrechnungen, Preislisten, Auftragsbestätigungen und dergleichen sein. Zumindest bei hochwertigen oder für die Branche bedeutenden Materialien, von denen bekannt ist,

---

131 Vgl. AK *Ludewig*, S. 45.
132 Vgl. St/HFA 1/1990 Abschn. C. III.
133 Vgl. FG 1/1988, Abschn. D. II. 4. b), Anm. 1 und 3.

daß sie starken Preisschwankungen unterliegen (zB NE-Metalle, Kautschuk, Baumwolle, Hopfen), wird der Prüfer sich, soweit ihm nicht die Preisentwicklung durch regelmäßige Prüfungen auch in anderen Unternehmen der gleichen Branche geläufig ist, durch Informationen von Dritten (zB Produktenbörsen, Verbänden, IHK) von der Angemessenheit des Wertansatzes überzeugen müssen. Wenn Lagerkarteien vorhanden sind, in die regelmäßig auch die Einstandspreise der Zukäufe eingetragen werden, so lassen sich durch einen Zeitvergleich der Einstandspreise häufig gewisse Preisentwicklungstendenzen erkennen. Soweit wie möglich sollte der Prüfer die eingesetzten Werte mit den VJ-Inventurwerten vergleichen. Weitere Anhaltspunkte für eingehendere Prüfungen kann bei der Prüfung mehrerer gleichartiger Zweigniederlassungen die Gegenüberstellung der Preise für gleiche Materialien bieten, die von den einzelnen Niederlassungen eingesetzt werden.

Schwierig ist idR die Beurteilung der Angemessenheit der **Wertabschläge,** die   **321** bei nicht mehr voll verwertbaren Materialien wegen Überalterung oder sonstigen Wertminderungen vorzunehmen sind. Da dazu fast immer produktionstechnische Kenntnisse erforderlich sind, wird sich der Prüfer im wesentlichen auf Auskünfte von Fachleuten verlassen müssen. Dabei ist es wichtig, die allgemeine Bewertungs- und Bilanzpolitik des Unternehmens zu kennen.

Bei Anwendung der Gruppenbewertung hat der Prüfer sein Hauptaugenmerk   **322** darauf zu richten, ob die verwendeten Durchschnitts- oder Festpreise richtig errechnet sind und ob die summarische Bewertung zu einem den gesetzlichen Vorschriften entsprechenden Wertansatz geführt hat. Nimmt das Unternehmen für die Bewertung der Roh-, Hilfs- und Betriebsstoffe steuerliche Vergünstigungen in Anspruch (zB Importwarenabschlag gem. § 80 EStDV), so muß sich der Prüfer auch davon überzeugen, daß die Voraussetzungen für ihre Inanspruchnahme gegeben sind.

Wendet das Unternehmen ein **Bewertungsvereinfachungsverfahren** nach § 256 HGB   **323** an (Lifo, Fifo oä.), so hat sich der Prüfer ebenso wie bei der Gruppenbewertung davon zu überzeugen, daß die im Anhang nach § 284 Abs. 2 Nr. 4 HGB anzugebenden Unterschiedsbeträge im Rahmen einer Vergleichsrechnung zutreffend ermittelt wurden. Dabei kann er sich zur Prüfung der zugrunde gelegten letzten zu dem Abschlußstichtag bekannten Börsen- oder Marktpreise auf die gleichen Unterlagen stützen, die er bereits bei der Prüfung der Bewertung herangezogen hat.

Anhand der Bestandskonten läßt sich auch der Verbrauch der einzelnen Roh-,   **324** Hilfs- und Betriebsstoffe nach folgender Formel feststellen:

Anfangsbestand am Stichtag der Eröffnungsbilanz

+ Zugänge im GJ

./. Endbestand am Stichtag der Schlußbilanz

= Verbrauch im GJ.

Der errechnete Betrag muß sich mit dem Wert decken, der bei Anwendung des GKV als Aufwand für Roh-, Hilfs- und Betriebsstoffe in der GuV ausgewiesen ist. Wenn keine Lagerbuchführung besteht, ist die dargestellte Art der Verbrauchserfassung die einzig mögliche. Der Prüfer muß sich darüber im klaren sein, daß der so ermittelte Materialeinsatz nicht nur den bestimmungsgemäßen Verbrauch, sondern auch sämtliche anderen Mengen- und Bewertungsdifferenzen enthält.

(c) Prüfung der unfertigen Erzeugnisse und Leistungen, der fertigen Erzeugnisse sowie der Waren

325   Für die Prüfung des **Vorhandenseins** der unfertigen Erzeugnisse und Leistungen, der fertigen Erzeugnisse sowie der Waren gelten die gleichen Grundsätze wie für die Prüfung der Roh-, Hilfs- und Betriebsstoffe. Bei unfertigen Erzeugnissen kann jedoch die Schätzung des Fertigungsgrades, der für die Bewertung bedeutsam ist, zusätzliche Schwierigkeiten bereiten.

Da die Errechnung der **Herstellungskosten** der unfertigen und fertigen Erzeugnisse von der Art des Kalkulationsverfahrens bestimmt wird, ist auch die anzuwendende Prüfungstechnik davon abhängig. In allen Fällen muß dem pflichtgemäßen Ermessen des Prüfers die Entscheidung über den Umfang der Prüfung der Kostenrechnung vorbehalten bleiben[134].

326   IdR wird er bei **Einzelfertigung** in Stichproben die ordnungsmäßige Erfassung und Verrechnung der Einzelkosten prüfen. Als Unterlagen stehen ihm dafür Materialentnahmescheine, Akkordzettel, Stücklisten sowie die Vor- und Nachkalkulationen zur Verfügung. Daneben wird er auch die Höhe und Verrechnung der Gemeinkostenzuschläge kritisch würdigen müssen und zu diesem Zweck Teile des Betriebsabrechnungsbogens prüfen. Dabei ist insbesondere darauf zu achten, daß kalkulatorische Kosten, soweit ihnen keine effektiven Aufwendungen gegenüberstehen, zB Zinsen, Wagniskosten, Mieten, Abschreibungen, handelsrechtlich nicht aktivierungsfähig sind. Soweit Fremdkapitalzinsen in die Herstellungskosten einbezogen wurden, sollte sich der Prüfer gleichzeitig davon überzeugen, daß darüber im Anhang gem. § 284 Abs. 2 Nr. 5 HGB berichtet wird. Ferner muß der Prüfer auf die Aussonderung etwaiger Kostenüber- und Kostenunterdeckungen und aller jener Kosten achten, die nicht Bestandteile der Herstellungskosten sind (zB Vertriebskosten).

327   Für die Prüfung der in **Massenfertigung** hergestellten unfertigen und fertigen Erzeugnisse gelten sinngemäß die gleichen Grundsätze. Auch hier werden neben der Erfassung der Kosten die Kostenverteilungsbögen die wichtigste Unterlage zur Prüfung der Angemessenheit der Herstellungskosten sein.

328   Hat sich der Prüfer von der richtigen Ermittlung der Herstellungskosten überzeugt, so ist als nächstes festzustellen, ob das **Niederstwertprinzip** beachtet worden ist. Dazu sind die Herstellungskosten mit dem Wert zu vergleichen, der sich, ausgehend vom voraussichtlichen Verkaufserlös, nach Abzug der noch anfallenden Kosten ergibt. Liegt der errechnete Wert unter den aktivierten Herstellungskosten, so sind diese um die Differenz abzuwerten (verlustfreie Bewertung). Sind fertige Erzeugnisse bereits abgerechnet worden und ist das Ergebnis realisiert[135], so ist insbesondere bei Einzelfertigung zu prüfen, ob und ggf. in welchem Umfang eine Rückstellung für noch anfallende Kosten zu bilden ist, die nicht durch eine ggf. vorhandene Garantierückstellung gedeckt sind. Wenn keine oder keine aussagefähige Kostenrechnung vorhanden ist, liefert die retrograde Rechnung die einzigen Anhaltspunkte für die Bewertung der Erzeugnisse.

329   Der Bestand der unfertigen und fertigen Erzeugnisse am Bilanzstichtag ist dem VJ-Bestand gegenüberzustellen. Der Unterschiedsbetrag ist bei Anwendung des GKV mit dem Posten der Bestandsveränderungen in der GuV abzustimmen.

---

134 Vgl. *Wanik*, Journal UEC 1969 S. 156 ff.; *Selchert*, Jahresabschlußprüfung S. 285.
135 Zur Gewinnrealisierung bei langfristiger Fertigung vgl. *ADS* § 252 Tz. 83 ff.

(d) Prüfung der geleisteten Anzahlungen

Für die Prüfung der geleisteten Anzahlungen gelten die allgemeinen Grundsätze   330
über die Prüfung der Forderungen. Dies gilt insbesondere für den Nachweis des
tatsächlichen **Vorhandenseins** der Anzahlungen durch eine Saldenliste. Darüber
hinaus ist die sachgerechte **Abgrenzung** der Anzahlungen des Anlagevermögens
und des Umlaufvermögens zu prüfen. An dieser Stelle dürfen nur Anzahlungen
auf Vorräte ausgewiesen werden. Zu prüfen ist ferner, ob die Anzahlungen noch
zu Recht ausgewiesen sind, oder ob nicht eine Verrechnung mit einer versehentlich passivierten Verbindlichkeit erforderlich ist, da die entsprechenden Vorräte
inzwischen geliefert oder die Leistungen erbracht worden sind. Für die **Bewertung** der Anzahlungen gelten die allgemeinen Grundsätze einer Bonitätsprüfung.
Bestehen Zweifel, ob der Empfänger der Anzahlung die Lieferung/Leistung
erbringen kann, so muß die Anzahlung ggf. abgeschrieben werden.

(8) Prüfung der Forderungen

(a) Prüfung des internen Kontrollsystems

– Werden Saldenbestätigungen eingeholt?   331
– Wer bestimmt die Auswahl der Saldenbestätigungen und wie wird ihr Ausgang über-
  wacht?
– In welcher Form werden eingegangene Saldenbestätigungen ausgewertet?
– Welche Konsequenzen werden aus der Nichtbeantwortung erbetener Saldenbestätigun-
  gen gezogen?
– Werden die Saldenlisten mit Angabe des Altersaufbaus der Forderungen einer vorge-
  setzten Stelle vorgelegt?
– Müssen von den allgemeinen Geschäftsbedingungen abweichende Konditionen beson-
  ders genehmigt werden und wer ist dazu berechtigt?
– Werden vor Einräumung größerer Kredite Auskünfte eingeholt?
– Ist sichergestellt, daß von der Abteilung Verkauf keine Kunden beliefert werden, die
  wegen größerer Zahlungsrückstände „gesperrt" sind?
– Werden die Verkäufer über Mahnungen, Zielüberschreitungen und „Sperrungen" recht-
  zeitig informiert?
– Werden säumige Kunden systematisch angemahnt?
– Wird eine Mahnkartei geführt und werden die Mahnungen auf den Kontokorrentkarten
  vermerkt?
– Ist das Mahnwesen von der übrigen Kontokorrentbuchhaltung getrennt?
– Welche Zinsen und Kosten werden bei Zielüberschreitungen und Mahnungen berech-
  net?
– Veranlaßt die Mahnabteilung bei erfolglosen Mahnungen auch Mahnbescheide und
  sonstige Eintreibungsmaßnahmen oder werden derartige Fälle der Rechtsabteilung
  übergeben?
– Wer veranlaßt die Ausbuchung uneinbringlicher Forderungen?
– Wer überwacht Zahlungseingänge auf abgeschriebene Forderungen?
– Ist sichergestellt, daß der Buchhaltung die verbundenen Unternehmen und Unterneh-
  men, mit denen ein Beteiligungsverhältnis besteht, umgehend bekannt werden?
– Gibt es Anweisungen über die Handhabung des Verrechnungsverkehrs mit verbundenen
  Unternehmen und Unternehmen, mit denen ein Beteiligungsverhältnis besteht, und
  gewährleisten sie, daß dieser aufgegliedert werden kann nach Anlagenlieferungen, son-
  stigen Lieferungen und Leistungen, Finanzierungsvorgängen, Konzernumlagen, Steuer-
  verrechnungen, anderen Vorgängen?
– Wer genehmigt Lohn- und Gehaltsvorschüsse, die Gewährung von Darlehen an
  Betriebsangehörige und wer überwacht die Rückzahlung?
– Werden Darlehen an Betriebsangehörige gesichert und verzinst?

- Werden Darlehensverträge abgeschlossen?
- Ist sichergestellt, daß alle aktivierbaren Ansprüche von den entsprechenden Fachabteilungen (zB Versicherungsabteilung, Steuerabteilung) gemeldet werden?
- Werden die geleisteten Anzahlungen überwacht, sach- und zeitgerecht verrechnet, und sind sie richtig abgegrenzt gegenüber Anzahlungen auf Sachanlagen und RAP?
- Sind an verbundene Unternehmen und Unternehmen, mit denen ein Beteiligungsverhältnis besteht, geleistete Anzahlungen als solche erkennbar?
- Sind Währungsposten als solche erkennbar und wie werden sie umgerechnet?
- Sind Forderungen mit Verbindlichkeiten saldiert worden?

(b) Prüfung der Forderungen aus Lieferungen und Leistungen

332   Einen Überblick über den **Sollbestand** der Forderungen gibt regelmäßig eine Saldenliste, die als Inventar der Forderungen anzusehen ist. Wieweit sich dieser Sollbestand tatsächlich mit dem Istbestand deckt, kann durch die Einholung von Saldenbestätigungen festgestellt werden.

333   Soweit die Höhe der Forderungen oder Verbindlichkeiten absolut oder relativ von Bedeutung ist, gehört die Einholung von **Saldenbestätigungen** von Schuldnern und Gläubigern zu den Grundsätzen einer ordnungsmäßigen Durchführung von Abschlußprüfungen[136]. Als Kriterien für den Umfang, in dem Saldenbestätigungen einzuholen sind, kommen vor allem die Höhe der einzelnen Forderung, der Umfang des Geschäftsverkehrs, evtl. Zielüberschreitungen sowie insbesondere der Zustand des internen Kontrollsystems in Betracht.

Allerdings entbindet auch die Einholung von Saldenbestätigungen den Prüfer nicht von weiteren Prüfungshandlungen, wie Prüfung und Beurteilung der internen Kontrollen sowie der Prüfung ausgewählter Geschäftsvorfälle, die mit diesen Salden in Zusammenhang stehen. Bei der Einholung von Saldenbestätigungen kann zwischen **3 Verfahren** unterschieden werden:

1. Der Adressat wird gebeten, seine Übereinstimmung mit dem ausgewiesenen Saldo zu bestätigen (positive Methode).
2. Der Adressat wird gebeten, nur bei Nichtübereinstimmung mit dem ausgewiesenen Saldo zu antworten (negative Methode).
3. Der Schuldner wird um Mitteilung des in seinen Büchern vorhandenen Saldos gebeten (offene Methode).

Das in der Praxis überwiegend angewandte Verfahren 1. und das Verfahren 3. erbringen schlüssigere Nachweise als das Verfahren 2., da bei diesem ein Schweigen des Schuldners nicht unbedingt als ein sicheres Indiz für seine Zustimmung angesehen werden kann – insbesondere wenn der ausgewiesene Saldo niedriger als der in seinen Büchern erfaßte ist – und deshalb in größerem Umfang ergänzende Prüfungshandlungen voraussetzt.

Der Zweck der Einholung von Saldenbestätigungen erfordert es im allgemeinen, daß Versendung und Rücklauf unter der Kontrolle des APr. stehen. Falls eine Saldenbestätigung nicht eingeht, hat sich der Prüfer in anderer Weise ein Urteil über diesen Posten zu bilden. Bei der Prüfung von Kreditinstituten kann der Prüfer insoweit auf die Einholung von Saldenbestätigungen aus dem Kontokor-

---

136 Vgl. FG 1/1988, Abschn. D. II. 4. c). c2). Vgl. auch UEC Empfehlung zur Abschlußprüfung Nr. 15, Die Bestätigung debitorischer Salden im Rahmen der Abschlußprüfung.

rentverkehr verzichten, als Abschlußbenachrichtigungen versandt werden und das interne Kontrollsystem besonderen Anforderungen genügt[137].

Für Personaldebitoren sollten die Saldenbestätigungen grundsätzlich lückenlos eingeholt werden. Auch für ausgeglichene Konten sind Saldenbestätigungen einzuholen. Die Ordnungsmäßigkeit von Saldenbestätigungen, die aus Gründen der Zweckmäßigkeit auf einen vorverlegten Stichtag abgestellt sind, ist aufgrund der gesetzlichen Regelung in § 241 HGB grundsätzlich anzuerkennen.   **334**

Die Salden der Kontokorrentkonten und die entsprechenden Zusammenstellungen in Saldenlisten oder Saldenbüchern werden durch Abstimmung mit den Saldenbestätigungen verifiziert. Dabei auftretende Differenzen müssen geklärt werden. Ist der Bereich, für den das Unternehmen Saldenbestätigungen einholt, sehr groß, so muß der Prüfer auch hier seine Prüfungshandlungen ggf. auf Stichproben beschränken. Insbesondere für die Auswahl dieser Stichproben ist die Höhe der Salden als Kriterium gebräuchlich. Daneben werden häufig die Salden von Kontokorrentkonten bestimmter Buchstaben ohne Rücksicht auf die Höhe der Salden lückenlos geprüft. Forderungskonten, die am Bilanzstichtag eine Verbindlichkeit aufweisen (kreditorische Debitoren), sollten lückenlos geprüft werden, um das Zustandekommen der Verbindlichkeit zu klären. Abgesehen von Überzahlungen, nachträglicher Erteilung von Gutschriften, (Jahres-) Rabatten und dergleichen entstehen diese „roten Salden" häufig durch Buchungsfehler, die durch eine Gesamtabstimmung des Kontokorrents nicht aufgedeckt werden, da sie sich innerhalb der Einzelkonten ausgleichen. Buchungsfehler kommen auch bei „noch schwarzen" Salden vor, so daß bei einer Häufung von Fehlern als Ursache für „rote Salden" eine vertiefte Prüfung des gesamten Kontokorrents geboten sein kann. Wo die Saldenlisten auch die Soll- und Habenumsätze der Einzelkonten enthalten, sollten auch sie mit den Buchungen auf den Konten abgestimmt werden. Auch wenn die Umsätze nicht in der Saldenliste erscheinen, sollte der Prüfer darauf drängen, daß in die Saldenliste alle Konten aufgenommen werden, die während des Jahres bewegt worden sind. Die Konten mit Null-Saldo sollte der Prüfer kritisch darauf durchsehen, auf welche Weise der Ausgleich erzielt worden ist. Bei **ausgebuchten Forderungen** ist die Anweisung zur Ausbuchung zu prüfen. Bei manueller Erstellung sollte die Saldenliste zumindest in Stichproben nachaddiert werden, wobei gleichzeitig die Seitenüberträge geprüft werden. Die Summe der Forderungen laut Saldenliste ist mit dem entsprechenden Sachkonto, wenn ein solches Konto geführt wird, abzustimmen. Dabei werden sich häufig Differenzen dadurch ergeben, daß auf dem Sachkonto echte Forderungen mit kreditorischen Debitoren saldiert sind. Für den Bilanzausweis ist jedoch in diesem Falle die Summe der Forderungen laut Saldenliste maßgebend. Falls das Buchführungssystem bei den Kontokorrentkonten und bei dem Debitorensammelkonto (Hauptbuchkonto) die Soll- und Habenumsätze fortschreibt, sollte auch diese Gesamtabstimmung durchgeführt werden. Dadurch gewinnt der Prüfer die Gewißheit, daß ihm sämtliche Konten, die während des Jahres bewegt worden sind, auch vorgelegen haben.   **335**

Bei der Abstimmung der Saldenliste mit den Salden der Kontokorrentkonten sollte der Prüfer gleichzeitig die **Abwicklung** des Saldos im **neuen GJ** prüfen und   **336**

---

137 Vgl. St/BFA 1/1981.

die Beträge vermerken, die am Prüfungsstichtag noch nicht ausgeglichen waren. Diese Prüfungshandlung dient der Vorbereitung der Bonitätsprüfung. Dabei wird er auch in Stichproben die Zusammensetzung des ausgewiesenen Saldos aus Einzelbelastungen prüfen. Auch diese Prüfungshandlung dient der Vorbereitung der Bonitätsprüfung, da sie den Altersaufbau des Forderungsbestandes offenlegt; sie liefert außerdem eine Reihe wertvoller Nebenergebnisse. So könnte zB zutage treten, daß im Saldo noch Spitzenbeträge aus Skontoabzügen oder Mängelrügen enthalten sind oder daß der Saldo lediglich durch die Rückbelastung eines nicht eingelösten Wechsels entstanden ist. Additionsfehler oder bewußte Unkorrektheiten auf dem Konto können dadurch aufgedeckt werden, daß die Summe der noch nicht ausgeglichenen Einzelbelastungen nicht mit der Höhe des Saldos übereinstimmt. Zeigt sich weiter, daß Forderungen ganz oder teilweise aufgrund von Mängelrügen storniert worden sind, so ist weiter zu prüfen, ob sich in dem aktivierten Bestand der unfertigen und fertigen Erzeugnisse nicht Erzeugnisse ähnlicher Art befinden, deren Wertansatz ggf. durch Wertabschläge korrigiert werden muß.

337   Auf auffällige Buchungen und die Einhaltung der allgemeinen Ordnungsprinzipien sollte zumindest auch ein Teil der Konten durchgesehen werden. Dadurch wird sichergestellt, daß der Prüfer Konten mit hohem Umsatz in die Hand bekommt, die zum Bilanzstichtag nur zufällig einen geringen Saldo haben und somit von einer Stichprobe, die von der Höhe des Saldos bestimmt wird, nicht erfaßt werden. Das ist insbesondere dann erforderlich, wenn systematische Waren- und Zahlungsverkehrsprüfungen nicht durchgeführt werden. Es kann dann auch sinnvoll sein, für eine Reihe von Konten die Soll- und Habenbuchungen systematisch mit den Belegen abzustimmen. Dabei sollten wiederum die Buchungen um den Bilanzstichtag von besonderem Interesse sein. Die gebuchten Rechnungen kurz vor Jahresende sollte der Prüfer in Stichproben mit den Lieferscheinen abstimmen, um festzustellen, ob **Vorfakturierungen** vorgenommen worden sind. Abgesehen davon, daß durch Vorfakturierung das Jahresergebnis verfälscht werden kann, besteht die Gefahr, daß durch Aktivierung von Forderung und noch nicht ausgelieferter Ware der gleiche Vermögensposten zweimal in der Bilanz ausgewiesen wird. Bei Gutschriften und Rückwaren zu Beginn des neuen GJ sind die Belege zu prüfen um festzustellen, ob es sich um eine nachträgliche Korrektur des VJ-Ergebnisses handelt, für die in der Schlußbilanz eine Rückstellung zu bilden ist. Darüber hinaus sollte bei Rückwaren generell in Stichproben anhand von Wareneingangsscheinen geprüft werden, ob die beanstandete Ware auch tatsächlich eingegangen ist.

338   Besonders kritisch sind die sog. Konten „pro diverse", „verschiedene Debitoren" und „sonstige Debitoren" zu prüfen. Der Prüfer sollte darauf drängen, daß die Umsätze auf diesen Konten möglichst klein gehalten werden. Wenn die Prüfung der Abwicklung der auf diesen Konten gebuchten Vorgänge große Schwierigkeiten macht – das kann insbesondere der Fall sein, wenn auf diesen Konten Forderungen und Verbindlichkeiten vermischt werden –, sollte der Prüfer eine weitere Aufteilung der Konten und eine Aufstellung über die Einzelsalden verlangen.

339   Die Aufgabe des Prüfers bei der **Bewertung** der Forderung besteht darin festzustellen, wie weit Forderungen noch mit ihrem Nennwert angesetzt werden können und in welchem Umfang Abschreibungen zur Berücksichtigung des speziel-

len Risikos sowie für das allgemeine Kreditrisiko zu bilden sind. Die Prüfung sollte sich dabei auf die Forderungen konzentrieren, die bis zum Prüfungsstichtag noch nicht abgewickelt sind.

Die **Bonitätsanalyse** muß von einer kritischen Durchsicht der Konten ausgehen.   **340** Abgesehen von der aus der Erfahrung bekannten Bonität des Schuldners können folgende Feststellungen Anhaltspunkte für die Bewertung der Forderungen geben:

- Höhe der Salden. Bei wenigen großen Salden ist das Ausfallrisiko größer als bei vielen kleinen und mittleren Salden.
- Altersaufbau der Forderungen. Das geprüfte Unternehmen sollte im Rahmen seiner Prüfungsvorbereitung eine Aufstellung über den Altersaufbau der Forderungen anfertigen. Zusätzliche Aufschlüsse gibt die Saldenanalyse.
- Umfang der am Prüfungsstichtag noch nicht ausgeglichenen Forderungen.
- Starkes Anwachsen des Saldos. Wenn das Unternehmen monatliche Saldenlisten erstellt, so lassen sich die Schwankungen des Saldos anhand dieser Unterlagen sehr gut verfolgen.
- Art der Zahlung (zB Wechsel).
- Regelmäßige Verlängerung von Akzepten.
- Nichteinlösung von Wechseln.
- Regelmäßige Überschreitungen des Zahlungszieles.
- Anzahl der notwendigen Mahnungen und Reaktionen auf diese Mahnungen.
- Art der Auskünfte und Sicherheiten.
- Rechtsstreitigkeiten oder sonstige Meinungsverschiedenheiten über Forderungen.
- Eröffnung von Vergleichs- und Konkursverfahren.
- Kursentwicklung bei Forderungen in fremder Währung.

Für die Bewertung der einzelnen Debitoren ist jeweils das **Gesamtengagement**   **341** des betreffenden Schuldners maßgebend, das sich – zB bei Brauereien – häufig aus Warenforderungen, Darlehensforderungen und Bürgschaften zusammensetzt. Diesem Gesamtengagement müssen zur Beurteilung des darin liegenden Risikos die vorhandenen Sicherheiten gegenübergestellt werden. Zur Beurteilung des allgemeinen Kreditrisikos können vom Prüfer die tatsächlichen Forderungsverluste der letzten Jahre, die Eingänge auf abgeschriebene Forderungen sowie die Veränderung des durchschnittlichen Zahlungszieles – insbesondere bei gegenläufiger Entwicklung von Umsatz- und Forderungsbestand – als Hilfsgröße herangezogen werden.

Auch für die Bonitätsanalyse von **Währungsforderungen** gelten die gleichen   **342** Grundsätze. Zusätzlich ist zu prüfen, ob Abwertungen aufgrund veränderter Umrechnungskurse erforderlich sind. Im allgemeinen gehen Währungsforderungen mit dem DM-Betrag in die Buchführung ein, der für den Tag ihrer Entstehung gilt. Es ist dann zu prüfen, ob wegen einer Veränderung des Kurses zuungunsten der DM zwischen dem Zeitpunkt der Entstehung der Forderung und dem Bilanzstichtag eine Abwertung erforderlich ist (Niederstwertprinzip). Werden bei kurzfristigen Forderungen die Anschaffungskosten ex post durch Näherungsrechnungen errechnet, so muß der Prüfer auch die Plausibilität solcher Vereinfachungsrechnungen prüfen. Außerdem ist bei der Prüfung der Bewertung von Währungsforderungen zu berücksichtigen, in welchem Umfang das Währungsrisiko durch Kurssicherungsklauseln und Deckungsgeschäfte ausgeschaltet ist und ob darüber hinaus das Ausfallrisiko durch Ausfuhrgarantien oder Ausfuhrbürgschaften des Bundes (Hermesgarantie) abgedeckt ist.

(c) Prüfung der Forderungen gegen verbundene Unternehmen

343   Sofern diese Forderungen, die aus dem Waren-, Leistungs- und Finanzverkehr, aus Dividenden und sonstigen Gewinnausschüttungen sowie aus Betriebsüberlassungs-, Pacht- und Interessengemeinschaftsverträgen entstanden sein können, innerhalb der Bilanz einen wesentlichen Posten ausmachen, sollte der Prüfer die einzelnen Forderungen in seinen Arbeitspapieren analysieren und ihre Entstehungsursache feststellen. Dabei sollte er auch die rechtliche Zulässigkeit der Forderungen anhand von Verträgen oder durch Einsichtnahme in die Korrespondenz prüfen [138].

344   Forderungen gegen verbundene Unternehmen sind durch eine **Saldenliste** nachzuweisen; für die rechnerischen und vergleichenden Prüfungshandlungen gelten die gleichen Grundsätze wie bei der Prüfung der Forderungen aus Lieferungen und Leistungen.

345   Die Beurteilung der **Bonität** ist bei Forderungen gegen verbundene Unternehmen im allgemeinen von geringerer Bedeutung als bei den Lieferungs- und Leistungsforderungen gegenüber Dritten [139]. Im Normalfall werden Wertabschläge zur Berücksichtigung eines speziellen Ausfallrisikos nicht erforderlich sein, es sei denn, daß sich aus Überlegungen, die zur Bewertung der entsprechenden Beteiligung notwendig sind, oder aus den angespannten wirtschaftlichen Verhältnissen des Unternehmens oder der gesamten Gruppe im Einzelfall etwas anderes ergibt [140].

(d) Prüfung der Forderungen gegen Unternehmen, mit denen ein Beteiligungsverhältnis besteht

346   Für die Prüfung der Forderungen gegen Unternehmen, mit denen ein Beteiligungsverhältnis besteht, gelten die gleichen Grundsätze wie bei der Prüfung der Forderungen gegen verbundene Unternehmen.

(e) Prüfung der Ausgleichsforderungen nach § 24 Abs. 1 DMBilG

347   Bei der Prüfung der Ausgleichsforderungen gem. § 24 Abs. 1 DMBilG hat sich der Prüfer anhand von Saldenbestätigungen oder durch Einsichtnahme in den Schriftverkehr mit dem MU davon zu überzeugen, daß die Ausgleichsforderungen von diesem **anerkannt** worden ist. Gleichzeitig sollte er sich anhand des Schriftverkehrs eine Übersicht darüber verschaffen, welche Tilgungsvereinbarungen getroffen worden sind und ob die vereinbarte Verzinsung der Ausgleichsforderung angemessen ist. Soweit Zinszahlungen bisher nicht geleistet worden sind, muß sich der Prüfer gleichzeitig davon überzeugen, daß die entsprechenden Zinsforderungen aktiviert worden sind. Hat das Unternehmen eine Berichtigung von Wertansätzen gem. § 36 DMBilG vorgenommen, so ist darauf zu achten, daß die sich aus der Berichtigung ergebenden Mehr-/oder Minderaufwendungen, soweit erforderlich, mit der Ausgleichsforderung verrechnet wurden.

---

138 Zur Abgrenzung des Kreises der verbundenen Unternehmen vgl. Tz. 295 ff.
139 AA *Bareis* in HWRev. Sp. 414.
140 Vgl. dazu auch IFAC/Auditing 17, Related Parties.

Soweit die Ausgleichsforderung nicht unmittelbar gegenüber der Treuhandan- **348** stalt besteht, ist grundsätzlich auch eine Beurteilung der **Bonität des Schuldners** erforderlich. Dabei sind die unter Tz. 342 dargestellten Grundsätze entsprechend anzuwenden.

(f) Prüfung der sonstigen Vermögensgegenstände

Bei der Prüfung der sonstigen Vermögensgegenstände ist wie bei der Prüfung **349** der Lieferungs- und Leistungsforderungen vorzugehen. Die materielle Beurteilung der Salden erfordert eine kritische Durchsicht der einzelnen Konten. Es ist insbesondere auch festzustellen, ob unter den sonstigen Vermögensgegenständen Posten ausgewiesen werden, die unter andere Bilanzposten gehören.

Bei der Prüfung der Forderungen aus **Krediten gem. § 89 und § 115 AktG**, die, **350** sofern sie nicht zu den Ausleihungen gehören, ebenfalls hier auszuweisen sind, sind folgende Besonderheiten zu beachten:

Anhand einer Liste, die die Namen der Vorstandsmitglieder und der in Frage kommenden Angestellten enthält, ist zu prüfen, welche Personen dem in § 89 AktG genannten Kreis im konkreten Fall angehören. Sodann ist festzustellen, wer von diesen Betriebsangehörigen Darlehen erhalten hat, die die **Höhe eines Monatsgehaltes** zuzüglich eines Zwölftels der garantierten festen Tantieme übersteigen. Die erste Feststellung kann der Prüfer anhand der Saldenliste treffen, zur zweiten Feststellung bedarf es einer Einsichtnahme in die Anstellungsverträge oder andere Unterlagen, aus denen die Gehaltsfestsetzung hervorgeht. In einem weiteren Schritt muß der Prüfer darauf achten, ob der erforderliche **Beschluß** bzw. die **Einwilligung** durch eine besondere schriftliche Bestätigung des AR erteilt worden oder aus dem Protokoll einer AR-Sitzung zu ersehen ist. Mit dem Beschluß über Kredite nach § 89 AktG muß der AR gleichzeitig die Zins- und Tilgungsbedingungen festlegen. Der Prüfer hat die Einhaltung dieser Bedingungen wie bei anderen Darlehen zu prüfen. Ein fehlender Beschluß oder eine fehlende Einwilligung des AR ist vom Prüfer im PrB zu vermerken. Der Prüfer sollte ferner auf mögliche Umgehungen achten, die zB dann vorliegen, wenn im Laufe des GJ gewährte Darlehen, die beschluß- bzw. einwilligungspflichtig sind, kurz vor dem Bilanzstichtag zurückgezahlt und wenige Tage später neu gewährt werden. Derartige Fälle lassen sich durch kritische Durchsicht der Buchungen um den Bilanzstichtag herum feststellen. Auch hierüber hat der Prüfer im PrB zu berichten.

Ähnlich werden die Forderungen aus Krediten, die unter § 115 AktG fallen, **351** geprüft. Auch hier wird der Prüfer wieder von einem Namensverzeichnis der AR-Mitglieder ausgehen und dann prüfen, ob diese Namen auch in den Saldenlisten enthalten sind. Weiter ist zu klären, ob es sich nicht um Forderungen aus Krediten handelt, die für die Bezahlung von Waren oder an ein verbundenes Unternehmen gewährt wurden, da insoweit statt eines Ausweises unter den sonstigen Vermögensgegenständen ein Ausweis unter den jeweiligen Sonderposten zu erfolgen hat.

Bei der Prüfung der Forderungen aus Krediten gem. § 89 und § 115 AktG sollte **352** sich der Prüfer gleichzeitig davon überzeugen, daß die Vorschriften der §§ 286 Abs. 2 S. 4 AktG, 42 Abs. 3 GmbHG über den gesonderten Ausweis der Forderungen an Gesellschafter beachtet wurden und daß im Anhang die geforderten

Angaben über die Vorschüsse und Kredite für die dort genannten Personengruppen enthalten sind.

(g) Prüfung der Restlaufzeit

353   Bei allen Forderungen muß der Betrag der jeweiligen Forderungsgruppe mit einer Restlaufzeit von **mehr als einem Jahr** vermerkt werden (§ 268 Abs. 4 S. 1 HGB). Der Prüfer sollte zumindest in Stichproben diese Vermerke prüfen. Normalerweise sollte ihm für diese Prüfung eine besondere Aufstellung zur Verfügung stehen, wenn die Beträge nicht bereits in der Saldenliste kenntlich gemacht worden sind. Wenn die Restlaufzeit nicht vertraglich vereinbart ist, ist der Prüfer weitgehend auf Auskünfte des Unternehmens angewiesen. Nicht vereinbarte Restlaufzeiten von mehr als einem Jahr können Hinweise für ggf. vorzunehmende Abschreibungen sein.

(9) Prüfung der Wertpapiere

(a) Prüfung des internen Kontrollsystems [141]

(b) Prüfung der Wertpapiere

354   Zu den Wertpapieren gehören die Anteile an verbundenen Unternehmen, die eigenen Anteile und die sonstigen Wertpapiere. Sie können im Unternehmen selbst oder außerhalb des Unternehmens – idR im Depot einer Bank – aufbewahrt werden. Von der Art der Aufbewahrung ist der Nachweis des tatsächlichen Vorhandenseins abhängig.

355   Die in der Praxis überwiegende Aufbewahrung im Depot einer Bank verursacht den geringsten Prüfungsaufwand. Die Angaben auf der Depotbescheinigung der Bank, die zum Bilanzstichtag eingeholt werden muß – dasselbe gilt bei Aufbewahrung der Wertpapiere an anderen Hinterlegungsstellen –, sind mit den Eintragungen im Wertpapierbuch (falls vorhanden) oder einem von der Gesellschaft aufgestellten Inventar abzustimmen. Dabei ist es erforderlich, daß jedes einzelne Papier bzw. – bei mehreren Papieren der gleichen Art – die Art genau gekennzeichnet ist, da sonst eine Einzelbewertung unmöglich ist. Depotbescheinigungen und Inventare sollten auch Angaben über mögliche Belastungen der Papiere enthalten (zB Sicherungsübereignung, Verpfändung).

356   Die Depotbescheinigung wird bei Selbstaufbewahrung der Papiere durch ein Protokoll über die Aufnahme des Bestandes am Bilanzstichtag ersetzt, an das die gleichen Anforderungen zu stellen sind wie an die Depotbescheinigung einer Bank, und das zu unterzeichnen ist. IdR wird der Prüfer am Prüfungsstichtag den Wertpapierbestand aufnehmen. Für die Aufnahmetechnik gelten analog die gleichen Grundsätze wie für die Kassenbestandsaufnahme. Nach der Aufnahme des Bestandes, bei der auch auf die Vollständigkeit der Zins-, Dividenden- und Erneuerungsscheine zu achten ist, ist auch hier unter Berücksichtigung der Zu- und Abgänge zwischen Bilanzstichtag und Prüfungsstichtag eine Rückrechnung auf den Bestand am Bilanzstichtag möglich (aufgenommener Bestand ./. Zugänge + Abgänge = Bilanzbestand). Soweit für die Bewertung der Bestände Rechenoperationen erforderlich waren – Nennwert × Kurs, Addition

---

141 Vgl. die zur Prüfung der Finanzanlagen zusammengestellten Fragen (Tz. 294), die sinngemäß auch hier zu stellen sind.

der Kurs- und Anschaffungswerte –, kann eine Prüfung der rechnerischen Richtigkeit in Stichproben geboten sein.

Anhand des Wertpapierbuches oder -kontos muß sich der Prüfer vergewissern, **357** daß die **Zu- und Abgänge** während des GJ ordnungsgemäß gebucht worden sind. Bei umfangreichem Wertpapierbestand sowie starken Bewegungen während des GJ sollte er diese Prüfung auf eine Wertpapierverkehrsprüfung ausdehnen und zumindest für einen ausgewählten Zeitraum die Buchungen mit den Belegen abstimmen.

Da für die Bewertung der Wertpapiere des Umlaufvermögens das strenge **Nie-** **358** **derstwertprinzip** gilt, hat sich der Prüfer davon zu überzeugen, daß die Anschaffungskosten der Wertpapiere mit den Börsenkursen am Bilanzstichtag verglichen wurden und der niedrigere von beiden Werten angesetzt worden ist. Er hat ferner im Hinblick auf die Angabepflicht im **Anhang** (§ 284 Abs. 2 Nr. 3 HGB) zu prüfen, ob die Bewertungsmethode gegenüber dem VJ unverändert blieb. Darüber hinaus hat sich der Prüfer davon zu überzeugen, ob ein in VJ gewählter niedrigerer Wert beibehalten werden kann, oder ob ggf. eine Zuschreibungspflicht besteht.

IdR wird es zweckmäßig sein, mit dem Bestand zugleich die Wertpapiererträge **359** zu prüfen, da nur der Bestand die Errechnung der Sollerträge gestattet. Die Sollerträge sollten mit den tatsächlichen Eingängen abgestimmt werden. Außerdem empfiehlt es sich, an dieser Stelle die ordnungsmäßige Abgrenzung der Erträge für das GJ zu prüfen.

Bei der Prüfung der Anteile an verbundenen Unternehmen hat sich der Prüfer **360** darüber hinaus davon zu überzeugen, daß der Ausweis unter den Wertpapieren des Umlaufvermögens zutreffend ist. Dabei ist er im wesentlichen auf die Erklärungen und Nachweise der Geschäftsführung angewiesen[142].

Die Prüfung der **eigenen Anteile** hat sich auch darauf zu erstrecken, ob die **361** gesetzlichen Beschränkungen (§§ 71, 71 a–e AktG, § 33 GmbHG) eingehalten worden sind und ob die Rücklage für eigene Anteile (§ 272 Abs. 4 HGB) gebildet worden ist[143]. Ggf. hat der Prüfer im PrB dazu Stellung zu nehmen.

(10) Prüfung der flüssigen Mittel[144]

(a) Prüfung des Scheckbestandes

Der Bestand der Schecks ist am Bilanzstichtag durch Inventur zu ermitteln. **362** Über das Ergebnis der Inventur muß dem Prüfer ein ordnungsgemäß unterzeichnetes Aufnahmeprotokoll vorgelegt werden. Schecks, die am Bilanzstichtag der Bank zur Einlösung eingereicht waren, dem Konto jedoch noch nicht gutgeschrieben worden sind, sind durch Scheckeinreichungsquittungen der Bank nachzuweisen.

---

142 Zur Abgrenzung des Kreises der verbundenen Unternehmen vgl. Tz. 295 ff.
143 Vgl. *Zilias/Lanfermann*, WPg. 1980 S. 61 ff. und 89 ff. sowie M Tz. 231.
144 Zur Durchführung von Systemprüfungen im Bereich der flüssigen Mittel vgl. Tz. 216 ff.

(b) Prüfung des Kassenbestandes

363   Unterlage für das tatsächliche Vorhandensein des Kassenbestandes am Bilanzstichtag ist das Kassenaufnahmeprotokoll, das auch für alle Nebenkassen einschließlich der Markenbestände und des Freistemplers anzufertigen ist. Das Aufnahmeprotokoll muß von dem Verwalter der Kasse sowie dem Aufnehmenden, der mit der Kassenführung nichts zu tun haben sollte, unterzeichnet werden. Der Bestand laut Aufnahmeprotokoll muß mit dem Saldo des Kassenbuchs und des Hauptbuchkontos Kasse am Bilanzstichtag übereinstimmen. Bei Sortenbeständen, die mit dem Kurs am Bilanzstichtag in DM umgerechnet werden müssen, muß der Prüfer sich von der rechnerischen Richtigkeit der Umrechnungen überzeugen.

(c) Prüfung der Bundesbank- und Postgiroguthaben sowie der Guthaben bei Kreditinstituten

364   Die Unterlagen, die den Bestand am Bilanzstichtag nachweisen, sind mit Kontoauszügen oder Saldenbestätigungen der Banken und Postgiroämter zum Bilanzstichtag abzustimmen. Bei Abweichungen zwischen den Auszügen und den Salden der Konten, die durch zeitliche Buchungsunterschiede entstehen können, ist eine Übergangsrechnung anzufertigen, durch die die Übereinstimmung von Auszug und Konto hergestellt wird [145].

Der Prüfer muß darauf achten, daß die Zinsen und Spesen, die das abgelaufene GJ betreffen, periodengerecht gebucht werden.

365   Im Zusammenhang mit der Prüfung der Guthaben bei Kreditinstituten wird der Prüfer sich gleichzeitig einen Überblick über die sonstigen geschäftlichen Beziehungen des Unternehmens zu den Kreditinstituten verschaffen. Es empfiehlt sich, zu diesem Zweck **Bankbestätigungen** einholen zu lassen, die neben den Kontoständen Angaben enthalten über

– gestellte Sicherheiten
– Avale, Gewährleistungen, Indossamentverpflichtungen und sonstige Gewährleistungen
– Termingeschäfte
– Unterschriftsberechtigungen [146].

(11) Prüfung der aktiven Rechnungsabgrenzung

366   Anhand des Kontos Rechnungsabgrenzung sollte der Prüfer unter Hinzuziehung der entsprechenden Gegenkonten den **Vortrag** und die **Abwicklung** der Abgrenzungsposten des VJ prüfen. Diese Prüfung gibt dem Prüfer gleichzeitig Hinweise für die Abgrenzungen des **laufenden Jahres.** Über diese Abgrenzungen sollte sich der Prüfer eine Aufstellung anfertigen lassen, deren Summe mit dem Saldo des Rechnungsabgrenzungskontos übereinstimmen muß. Aus der Aufstellung sollte gleichzeitig die Art der Errechnung der Abgrenzungsbeträge hervorgehen, die der Prüfer – bei umfangreichen Abgrenzungen wenigstens in Stichproben – prüfen muß. Insbesondere ist zu prüfen, ob die Abgrenzung sog. antizipative Posten enthält.

---

145 Vgl. Tz. 224.
146 Vgl. FG 1/1988, Abschn. D. II. 4. c). c4).

Der Prüfer muß sich davon überzeugen, daß ein in die RAP aufgenommenes **Disagio** in der Bilanz oder im Anhang gesondert angegeben wurde.

(12) Prüfung der latenten Steuern

Macht das Unternehmen von dem Wahlrecht Gebrauch, als Bilanzierungshilfe auf der Aktivseite der Bilanz einen Abgrenzungsposten in Höhe der voraussichtlichen Steuerentlastung nachfolgender GJ zu bilden (latente Steuern), so werden idR die vom Unternehmen angefertigten Berechnungsunterlagen die Grundlage für die weiteren Prüfungshandlungen bilden. Dabei muß sich der Prüfer als erstes davon überzeugen, daß nur solche Abweichungen zwischen Handels- und Steuerbilanz in die Berechnung einbezogen wurden, die in späteren Jahren voraussichtlich zu einem Ausgleich führen werden (**zeitliche Abweichungen**), nicht hingegen permanente Abweichungen (zB VSt, halbe AR-Vergütung etc.). Gleichzeitig ist zu prüfen, ob alle berücksichtigungsfähigen Abweichungen **vollständig** in die Berechnung einbezogen wurden, da ansonsten insbesondere die Gefahr besteht, daß durch Nichtberücksichtigung einzelner Maßnahmen, die zu einem niedrigeren handelsrechtlichen Aufwand geführt haben, im Rahmen der Gesamtberechnung ein zu hoher aktivischer Posten ermittelt wurde bzw. eine aktivische anstelle einer ansonsten auszuweisenden passivischen Abgrenzung vorgenommen wurde. Es empfiehlt sich daher, die Steuerabgrenzung erst zum Ende der Prüfung zu prüfen, da die bei den anderen Bilanzposten getroffenen Feststellungen über die Ausübung von Ansatz- und Bewertungswahlrechten die Prüfung der Vollständigkeit wesentlich erleichtern. Dabei sollte der Prüfer sein besonderes Augenmerk auf die Posten richten, bei denen typischerweise Sachverhalte auftreten, die zu zeitlichen Differenzen führen[147].   **367**

Anschließend sollte sich der Prüfer von der **rechnerischen Richtigkeit** der Ermittlung überzeugen, wobei er gleichzeitig die Plausibilität des zugrunde gelegten Steuersatzes zu beurteilen hat. Schließlich wird sich der Prüfer noch mit der Frage befassen müssen, ob mit den für die Zukunft zu erwartenden steuerlichen Entlastungen tatsächlich gerechnet werden kann, oder ob Erkenntnisse oder Tatsachen vorliegen, die dies zweifelhaft erscheinen lassen. Als solche kommen insbesondere zu erwartende künftige steuerliche Verluste in Betracht. Soweit dem Prüfer dabei keine aussagefähigen Unterlagen über die Steuerplanung des Unternehmens vorgelegt werden können, wird er im wesentlichen auf Auskünfte der Geschäftsleitung und der zuständigen Sachbearbeiter sowie auf eigene begründete Schätzungen angewiesen sein.   **368**

Im Rahmen der von der Gesellschaft vorgelegten oder vom Prüfer selbst angefertigten Entwicklung des Abgrenzungspostens vom Vortrag über die Auflösungen/Zuführungen bis zum Stand am Bilanzstichtag sollte sich der Prüfer gleichzeitig von der zutreffenden Erfassung der Zuführungs-/Auflösungsbeträge unter den jeweiligen Posten der GuV überzeugen.   **369**

Gleichzeitig sollte er darauf achten, daß die erforderlichen Erläuterungen im **Anhang** gegeben wurden und daß die mit der Bildung dieses Postens versehene **Ausschüttungssperre** bei der Gewinnverteilung bzw. der Abfassung des Gewinnverwendungsvorschlags beachtet wurde.   **370**

---

147 Vgl. dazu die Beispiele in *ADS* § 274 Tz. 43 f.

cc) Prüfung der Passiva

(1) Prüfung des Kapitals

371 Bei der Prüfung der Kapitalkonten werden im allgemeinen keine umfangreicheren Prüfungshandlungen erforderlich sein. Bei Erstprüfungen sollte der Prüfer die Höhe des in den Büchern ausgewiesenen Betrages mit den Angaben im HR abstimmen. Bei Ausgaben von Namensaktien sollte er auch darauf achten, daß das in § 67 AktG vorgeschriebene Aktienbuch ordnungsgemäß geführt wird. Sind bei AG mehrere Aktiengattungen vorhanden, so ist darauf zu achten, daß die Gesamtnennbeträge der Aktien jeder Gattung gesondert angegeben werden (§ 152 Abs. 1 S. 2 AktG). Bei der KGaA ist § 286 Abs. 2 AktG zu beachten.

372 Sämtlichen Buchungen auf dem Kapitalkonto während des zu prüfenden GJ muß der Prüfer nachgehen. Bei **Kapitalerhöhungen** und **Kapitalherabsetzungen** muß er sich davon überzeugen, ob die gesetzlichen Vorschriften sowie die Beschlüsse des AR und der HV bzw. Gesellschafterversammlung eingehalten worden sind. Die Protokolle der HV bzw. Gesellschafterversammlung und der AR-Sitzungen sind ferner darauf durchzusehen, ob Beschlüsse gefaßt worden sind, die eine zukünftige Änderung des Kapitals vorbereiten (bedingtes Kapital, genehmigtes Kapital) und ob die entsprechenden Berichterstattungspflichten (zB § 160 Abs. 1 Nr. 4 AktG) beachtet wurden.

373 Bei der Prüfung des Kapitals von **Personengesellschaften**[148] steht die Frage der Klarheit des Ausweises und der Besitzverhältnisse im Vordergrund. Anhand des Gesellschaftsvertrages oder der Gesellschafterbeschlüsse muß sich der Prüfer davon überzeugen, ob der Ausweis auf den verschiedenen Kapitalkonten den gesellschaftsvertraglichen Vereinbarungen entspricht. Gesellschaftsvertrag und Gesellschafterbeschlüsse sind idR auch Unterlagen für weitere das Kapital betreffende Prüfungshandlungen, zB Aufteilung der einzelnen Kapitalkonten in Kapitalkonten I und II, die unterschiedlich zu behandeln sind, Zuschreibung der Gewinne und Abschreibung etwaiger Verluste, zulässige Höhe der Entnahmen, Verzinsung der Kapitalkonten, Übertragung von Gesellschaftsanteilen.

(2) Prüfung der Rücklagen

374 Aus den gesetzlichen bzw. satzungsmäßigen Bestimmungen über die Bildung und Verwendung von Rücklagen ergeben sich zugleich die wesentlichen Prüfungshandlungen.

Danach hat der Prüfer bei der Prüfung der **Kapitalrücklage** neben dem Ausweis insbesondere die Einhaltung der gesetzlichen Vorschriften über Zuweisungen bzw. Entnahmen zu prüfen. Gleichzeitig muß er darauf achten, daß – soweit es sich um eine AG/KGaA handelt – die Vorschriften über die Offenlegung der Rücklagenbewegungen im GJ (§§ 152 Abs. 2, 158 Abs. 1 AktG) beachtet werden.

375 Bei der Prüfung der **Gewinnrücklagen** sollte der Prüfer insbesondere folgende Sachverhalte beachten:

Bei der Prüfung der **gesetzlichen Rücklage** ist darauf zu achten, daß im GJ keine höheren als die gesetzlich vorgeschriebenen Beträge zugeführt worden sind (zB mehr als 5% des Jahresüberschusses oder Gewinnzuweisungen, nachdem die

---

148 Vgl. St/HFA 1/1976: Zur Bilanzierung bei Personenhandelsgesellschaften, Abschn. II.

Rücklage den gesetzlichen oder höheren satzungsmäßigen Prozentsatz vom Grundkapital erreicht hat), oder Beträge entgegen den gesetzlichen Bestimmungen aus der Rücklage entnommen wurden. Beide Fälle führen zur Nichtigkeit des JA (§ 256 Abs. 1 Nr. 4 AktG).

Bei der Prüfung der – bei AG unter den gesetzlichen Rücklagen, bei GmbH als   **376** Sonderrücklage auszuweisenden – Rücklagen gem. § 26 Abs. 2 Satz 2 DMBilG hat sich der Prüfer ebenso wie bei den Sonderrücklagen nach §§ 17 Abs. 4, 24 Abs. 5 DMBilG davon zu überzeugen, daß die gesetzlichen Beschränkungen hinsichtlich der Verwendung dieser Rücklagen beachtet wurden.

Ebenfalls unter den Gewinnrücklagen ist die nach § 272 Abs. 4 HGB zu bil-   **377** dende **Rücklage für eigene Anteile** bzw. für Anteile eines herrschenden oder mit Mehrheit beteiligten Unternehmens auszuweisen. Die Prüfung hat sich im wesentlichen darauf zu erstrecken, ob die Rücklagen aus freien Mitteln gebildet wurden und ob sie nur entsprechend der Ausgabe, Veräußerung oder Einziehung der Anteile bzw. im Zusammenhang mit einer niedrigeren Bewertung der Anteile gem. §§ 253, 254 HGB aufgelöst wurde.

Die Bildung der satzungsmäßigen Rücklagen sowie der anderen Gewinnrücklagen   **378** ergibt sich aus den jeweiligen Satzungsbestimmungen sowie – für die anderen Gewinnrücklagen – aus den Vorschriften der §§ 58 AktG, 29 GmbHG. Der Prüfer hat deshalb insbesondere festzustellen, ob die gesetzlichen Vorschriften und Satzungsbestimmungen beachtet wurden. Soweit das Unternehmen von dem Wahlrecht der §§ 58 Abs. 2a AktG, 29 Abs. 4 GmbHG Gebrauch macht, hat der Prüfer sich gleichzeitig davon zu überzeugen, daß die Dotierung auf den Eigenkapitalanteil der Wertaufholung bzw. des Sonderpostens beschränkt ist. Ferner hat er zu prüfen, ob die **Formvorschriften** über die Rücklagenbewegungen in Bilanz bzw. Anhang und GuV (§§ 152 Abs. 3, 158 Abs. 1 AktG) eingehalten wurden.

(3) Prüfung der Sonderposten mit Rücklageanteil

Als Sonderposten mit Rücklageanteil können in der Bilanz bestimmte, den steu-   **379** erlichen Gewinn mindernde **Rücklagen** sowie **Unterschiedsbeträge** zwischen der nach § 253 iVm. § 279 und der nach § 254 HGB zulässigen Bewertung ausgewiesen werden (§ 281 Abs. 1 HGB).

Bei der ersten Kategorie von Sonderposten besteht die Hauptaufgabe des Prü-   **380** fers darin, das Vorliegen der steuerlichen Voraussetzungen für die Bildung und die Einhaltung der Vorschriften für die Abwicklung der Rücklagen festzustellen. Daneben ist bei KapGes die Zulässigkeit der Bildung des Sonderpostens im Hinblick auf die Vorschrift des § 273 HGB zu prüfen. Teilweise werden darüber hinaus auch rechnerische Prüfungen notwendig sein, um die Richtigkeit der ausgewiesenen Beträge sicherzustellen.

Bei der zweiten Kategorie von Sonderposten sollten die wesentlichen materiel-   **381** len Prüfungshandlungen bereits im Zusammenhang mit der Prüfung der entsprechenden Posten der Aktivseite, für die die Wertberichtigungen gebildet wurden, vorgenommen werden, so daß sich der Prüfer hier auf eine betragsmäßige Abstimmung beschränken kann.

Für beide Fallgruppen muß sich der Prüfer ferner davon überzeugen, daß die   **382** Vorschriften, nach denen der Posten gebildet worden ist, in der Bilanz oder im

Anhang angegeben wurden und ob für den Ausweis der Aufwendungen und
Erträge aus Einstellungen und Auflösungen des Sonderpostens die Vorschrift
des § 281 Abs. 2 S. 2 HGB beachtet wurde.

(4) Prüfung der Rückstellungen

(a) Prüfung des internen Kontrollsystems

383   – Ist sichergestellt, daß das Mengengerüst (Zusammenstellung der Anspruchsberechtigten), das der Berechnung der Pensionsrückstellungen zugrunde liegt, vollständig ist und
laufend fortgeschrieben wird?
   – Wurden Pensionsverpflichtungen übertragen an/von Konzernunternehmen und sind
entsprechende Belastungen/Gutschriften vorgenommen worden?
   – Besteht eine Unterstützungskasse?
   – Gibt es Anweisungen, die sicherstellen, daß sämtliche ungewissen Verbindlichkeiten
und drohenden Verluste aus schwebenden Geschäften im JA erfaßt werden?
   – Liegen schriftliche Erklärungen der Fachbereiche (zB Recht, Einkauf, Verkauf, Personal) über Art und Höhe ungewisser Verbindlichkeiten vor?
   – Werden Verträge, die zum Bilanzstichtag von keiner Seite erfüllt sind, darauf untersucht, ob Rückstellungen für drohende Verluste zu bilden sind?

(b) Prüfung der Rückstellungen

384   Die Hauptaufgabe des Prüfers bei der Prüfung der Rückstellungen besteht darin
festzustellen, ob für passivierungspflichtige ungewisse Verbindlichkeiten auch
tatsächlich Rückstellungen gebildet worden sind und ob die gebildeten Rückstellungen zutreffend dotiert sind. Die Beantwortung dieser Fragen setzt besondere Sachkenntnis und Prüfungserfahrung voraus, zumal hier Ermessensentscheidungen ein relativ breiter Raum gegeben ist.

385   Zu Beginn der Prüfung muß sich der Prüfer einen Überblick über die buchmäßige Behandlung der bisher gebildeten Rückstellungen verschaffen. Dabei sind
die folgenden Schritte nachzuvollziehen:

Vortrag am Stichtag der Eröffnungsbilanz
./. Inanspruchnahme während des GJ
./. Auflösung der nicht benötigten Rückstellung
+ Neuzuführung für das GJ
Stand am Stichtag der Schlußbilanz.

Der Vortrag ist mit dem in der Schlußbilanz des VJ ausgewiesenen Bestand bzw.
mit dem Abschlußsaldo des entsprechenden Rückstellungskontos abzustimmen.

386   Die gebuchte Inanspruchnahme der Rückstellung kann nur anhand der
Buchungsunterlagen geprüft werden. In Stichproben sind auch die Buchungen
auf den Gegenkonten zu prüfen. Sind Rückstellungen während des Jahres nicht
verändert worden, so ist zu prüfen, ob der Rückstellungsgrund unverändert
besteht und nur die Inanspruchnahme noch aussteht, ob der Rückstellungsgrund weggefallen ist, so daß die Rückstellung aufgelöst werden muß, oder ob
inzwischen neue Erkenntnisse oder Ereignisse eingetreten sind, die die
ursprünglich gebildete Rückstellung als zu niedrig erscheinen lassen, so daß eine
weitere Dotierung notwendig ist.

387   Ist für die Berechnung der **Pensionsrückstellungen** ein versicherungsmathemati-
sches Gutachten erstellt worden, so ist zu berücksichtigen, daß der Gutachter
regelmäßig nur die Pensionsverpflichtungen anhand der ihm vom Unternehmen

vorgelegten Daten ermittelt. Der Prüfer muß sich deshalb vor allem davon überzeugen, daß dem Gutachter alle erforderlichen Unterlagen vollständig zur Verfügung gestellt wurden und daß alle Daten und personellen Veränderungen
zutreffend berücksichtigt wurden. Ausgangspunkt für die Prüfung des **Mengengerüsts** der Pensionsrückstellungen bildet dabei ein Bestandsnachweis, aus dem
für jede Verpflichtung die für die Berechnung maßgeblichen Daten ersichtlich
sind. Zu diesen Daten, die in Stichproben anhand der Personalakten und der
Unterlagen der Lohn- und Gehaltsbuchhaltung abzustimmen sind, zählen im
wesentlichen Personalnummer, Geschlecht, Geburts-, Eintritts- und Zusageda-
tum, Versorgungsstatus, Pensionierungsalter, Familienstand und ruhegehaltsfä-
hige Bezüge. Besondere Aufmerksamkeit ist dann angebracht, wenn in Einzelfällen Sondervereinbarungen getroffen worden sind wie etwa die Anerkennung
von Vordienstzeiten oder die Anrechnung von Leistungen Dritter. Wurde der
Bestand aufgrund einer vor- oder nachverlegten Inventur ermittelt, so ist zu prüfen, ob die Voraussetzungen für die Anwendung dieser Erleichterungsregelung
gegeben sind und ob im Rahmen der erforderlichen Fortschreibung bzw. Rückrechnung auf den Bilanzstichtag wesentliche Veränderungen im Hinblick auf
den Bestand oder die Höhe der Verpflichtungen berücksichtigt worden sind. Bei
der Prüfung der vollständigen Erfassung und Zuordnung der Mitarbeiter zu den
einzelnen Pensionsgruppen ist auch auf eventuelle Sonderfälle zu achten, wie zB
die Berücksichtigung von zu anderen Konzernunternehmen entsandten Mitarbeitern oder die Erfassung von Mitarbeitern, die, bspw. wegen Mutterschaftsur-
laub, Wehrdienst oä., vorübergehend keine Bezüge erhalten.

Inwieweit sich der APr. bei der Prüfung der **Bewertung** der Pensionsrückstellun-   **388**
gen auf das Gutachten des versicherungsmathematischen Sachverständigen
abstützen kann, ist nach den allgemeinen Grundsätzen über die Verwertung von
Untersuchungsergebnissen Dritter[149] zu entscheiden. Hat sich der APr. in hinrei-
chendem Maß von der Qualifikation des versicherungsmathematischen Sach-
ständigen überzeugt, genügen zur abschließenden Beurteilung der sachlichen
Vertrauenswürdigkeit der Bewertung und versicherungsmathematischen Berechnung idR Plausibilitätskontrollen. Diese sind beispielsweise durch überschlägige
Berechnung der Rückstellungshöhe einzelner Pensionsverpflichtungen an Hand
der „Richttafeln" von Dr. Klaus Heubeck und Vergleich der VJ-Werte möglich[150]. Zumindest muß sich der Prüfer aber darüber informieren, nach welchen
Bewertungsmethoden der Gutachter vorgegangen ist, welche Sterbetafeln und
welcher Rechnungszinsfuß verwendet wurden und welche Formeln zum Ansatz
kamen. Dies ist nicht nur im Hinblick auf die Einschätzung der sachlichen Vertrauenswürdigkeit des Urteils notwendig, sondern dient gleichzeitig der Prüfung
der Anhangangaben nach § 284 Abs. 2 Nr. 1 und – bei Abweichungen gegenüber
dem VJ – Nr. 3 HGB. Im Rahmen der Bewertungsprüfung hat der Prüfer auch
festzustellen, ob das zu prüfende Unternehmen die durch § 16 BetrAVG alle
3 Jahre geforderte Anpassungsprüfung vorgenommen hat. Unbegründet unterlassene Anpassungen hat der Prüfer mit der Unternehmensleitung zu erörtern
und ggf. in seinem Bericht zu vermerken.

---

149 Vgl. auch Tz. 451 ff. sowie FG 1/1988 Abschn. D. II. 7.
150 Ausgewählte Teilwerttabellen aus den Richttafeln zur Berechnung von Anwartschaften sowie eine
    Barwerttabelle zur Berechnung laufender Rentenverpflichtungen sind unter W abgedruckt.

389   Sind die Pensionsverpflichtungen in Anwendung der Übergangsvorschriften des Art. 28 Abs. 1 EGHGB nur teilweise passiviert worden, so ist zu prüfen, ob die Abgrenzung zwischen passivierungspflichtigen und nicht passivierungspflichtigen Zusagen gewährleistet ist. Dabei sollte sich der Prüfer gleichzeitig davon überzeugen, daß der Fehlbetrag der nicht gebildeten Pensionsrückstellungen im Anhang zutreffend angegeben worden ist. Gleiches gilt für die nicht oder nicht in voller Höhe passivierten Verpflichtungen gegenüber rechtsfähigen Versorgungseinrichtungen des Trägerunternehmens. Soweit das Unternehmen bestimmte steuerliche Erleichterungsmöglichkeiten (zB § 6a Abs. 4 EStG) auch in der Handelsbilanz anwenden möchte, ist zu prüfen, ob dies handelsrechtlich zu vertretbaren Ergebnissen führt[151].

390   Bei den **anderen Rückstellungen** wird der Prüfer weitgehend auf eine begründete Schätzung des Rückstellungsbedarfs angewiesen sein. In vielen Fällen wird er auf Auskünfte des Vorstandes oder der zuständigen Sachbearbeiter angewiesen sein. In diesem Zusammenhang ist auf den Inhalt der Vollständigkeitserklärung hinzuweisen. Darüber hinaus kann es empfehlenswert sein, bei der Prüfung der Rückstellungen aus drohenden oder schwebenden Rechtsstreitigkeiten über die Erklärungen der Rechtsabteilung des Unternehmens hinaus Rechtsanwaltsbestätigungen einzuholen, die Aufschluß über den Stand der Angelegenheit, die Erfolgsaussichten und die Kosten des Rechtsstreits geben. Entsprechendes gilt für die Erfassung sonstiger Risiken (zB Umweltrisiken) durch Bestätigungen von Sachverständigen[152]. Gewisse Anhaltspunkte dafür, ob die Rückstellung ausreichend dotiert ist, kann bei regelmäßig wiederkehrenden Rückstellungen, zB für noch zu erteilende Gutschriften oder zu gewährende Rabatte sowie für Garantien, die Inanspruchnahme in der Vergangenheit bieten.

391   Für die Prüfung der Rückstellung für latente Steuerbelastungen künftiger GJ gem. § 274 Abs. 1 HGB gelten die Ausführungen unter Tz. 367 ff. entsprechend.

392   Sehr schwierig kann – insbesondere bei solchen Unternehmen, die längerfristige Aufträge abwickeln – die Prüfung der für **drohende Verluste aus schwebenden Geschäften** zu bildenden Rückstellung sein. Hier hat der Prüfer ua. darauf zu achten, ob die Rückstellungsfälle vollständig erfaßt sind, der Fertigungsstand am Bilanzstichtag zutreffend angegeben ist, die vorkalkulierten Kosten durch den Preis gedeckt werden, die Entwicklung der Faktorpreise berücksichtigt ist, ihr angenommener Kostenanfall „bis dahin" einschließlich der geschätzten Preisentwicklung den tatsächlichen Verhältnissen entspricht, die zugesagte Lieferungs- und Leistungsgarantie voraussichtlich eingehalten werden kann und bei der Bildung der Rückstellung Voll- oder Teilkosten angesetzt worden sind.

393   IdR steht bei der Bildung der Rückstellung die Aufwandsart, die durch die spätere Inanspruchnahme entsteht, eindeutig fest (Ausnahme zB Garantierückstellungen), so daß die Bildung der Rückstellung zu Lasten dieser Aufwandsart möglich ist. Der Prüfer sollte grundsätzlich die Belastungen auf den Aufwandskonten mit der Dotierung der Rückstellungen lückenlos abstimmen.

394   Hinsichtlich des Ausweises muß sich der Prüfer davon überzeugen, daß neben der im gesetzlichen Gliederungsschema vorgesehenen Unterteilung in Rückstel-

---

151 Vgl. St/HFA 2/1988 Abschn. 4.
152 Vgl. FG 1/1988 Abschn. D. II. 4. c). c4) und Abschn. D. II. 7., Anm. 4.

lungen für Pensionen und ähnliche Verpflichtungen, Steuerrückstellungen und sonstige Rückstellungen die gesonderten Angabe- bzw. Erläuterungspflichten der §§ 274 Abs. 1 S. 1, 285 Nr. 12 HGB beachtet wurden.

(5) Prüfung der Verbindlichkeiten

(a) Prüfung des internen Kontrollsystems

- Werden Eingangsrechnungen sofort bei Eingang oder erst nach der Prüfung der sachlichen und rechnerischen Richtigkeit gebucht?   **395**
- Wie ist sichergestellt, daß alle Eingangsrechnungen periodengerecht gebucht werden?
- Werden Skontorechnungen bevorzugt abgefertigt, so daß die Inanspruchnahme des Skontos noch möglich ist?
- Werden die Zahlungsziele in Anspruch genommen?
- Wie ist das durchschnittlich in Anspruch genommene Zahlungsziel?
- Sind Lieferantenrechnungen angemahnt worden?
- Sind Wechsel prolongiert worden oder zu Protest gegangen?
- Sind Zahlungsbefehle eingegangen?
- Sind für bestimmte Verbindlichkeiten Sicherheiten geleistet worden?
- Wird eine vereinbarte Rückvergütung von Treue-, Umsatzprämien usw. in geeigneter Weise überwacht und ggf. angemahnt?
- Liegen für langfristige Verbindlichkeiten die nach Gesetz oder Satzung erforderlichen Genehmigungen vor?
- Werden langfristige Verbindlichkeiten vereinbarungsgemäß verzinst und getilgt?
- Wer ist für die Eintragung und Löschung von Grundpfandrechten im Grundbuch verantwortlich?
- Ist sichergestellt, daß erhaltene Anzahlungen automatisch verrechnet werden?
- Sind Währungsposten als solche erkennbar und wie werden sie umgerechnet?
- Sind Verbindlichkeiten gegen Forderungen saldiert worden?

(b) Prüfung der Anleihen

Unterlagen für den **Nachweis** der Anleihen sind Beschlüsse des AR und der HV   **396** bzw. der entsprechenden Gremien bei Unternehmen anderer Rechtsform, Börsenprospekte und Abrechnungen der Emissionsbank. Daraus wird auch eine eventuell eingeräumte Konvertibilität ersichtlich, die gesondert vermerkt werden muß. Durch Einsichtnahme in die Tilgungspläne und Auslosungsprotokolle ist die Einhaltung der **Zins- und Tilgungsbedingungen** zu prüfen. Damit wird zweckmäßigerweise gleichzeitig die Prüfung der entsprechenden Aufwandskonten verbunden, wobei die vereinbarten Zinsen den tatsächlich gezahlten Zinsen gegenüberzustellen sind. Aus dieser Gegenüberstellung ergibt sich auch ein evtl. abzugrenzender Zinsaufwand. Alle Abweichungen von den ursprünglichen Vereinbarungen müssen aufgeklärt werden. Die zur Durchführung dieser Prüfungen erforderlichen Daten und etwaige Änderungen der ursprünglichen Vereinbarungen sollte der Prüfer in seinen Arbeitspapieren festhalten, sofern sie nicht auf den Kontokorrentkarten vermerkt sind, damit er nicht jedes Jahr die Verträge erneut einsehen muß.

(c) Prüfung der Verbindlichkeiten gegenüber Kreditinstituten

Der tatsächlich in Anspruch genommene Kredit – nur der und nicht der einge-   **397** räumte Kredit ist auszuweisen – wird für den Bilanzstichtag durch Tagesauszüge der Kreditinstitute oder besondere Saldenbestätigungen nachgewiesen, die mit den Salden der Bankkonten abzustimmen sind[153]. Dabei können sich Differenzen aufgrund zeitlicher Buchungsunterschiede ergeben, die durch eine Übergangsrechnung geklärt werden müssen[154].

398   Darüber hinaus muß der Prüfer die Kreditunterlagen einsehen, aus denen die Art, Begrenzung und **Sicherung** des Kredits sowie seine **Verzinsung** zu ersehen sind. Bei der Prüfung der Einhaltung der Kreditbedingungen wird der Prüfer, sofern es sich nicht um einen Kontokorrentkredit handelt, die Soll-Verzinsung dem gebuchten Zinsaufwand gegenüberstellen. Diese Gegenüberstellung macht deutlich, ob ggf. noch Zinsen – dasselbe gilt für evtl. Spesen und Provisionen – abzugrenzen sind.

(d) Prüfung der erhaltenen Anzahlungen auf Bestellungen

399   Für die Prüfung der erhaltenen Anzahlungen auf Bestellungen gelten die gleichen Grundsätze wie für die Prüfung der Lieferungs- und Leistungsverbindlichkeiten.

Darüber hinaus ist zu prüfen, ob die Anzahlungen noch zu Recht ausgewiesen werden oder ob ihre Aufrechnung versehentlich unterblieben ist, obgleich die Lieferung/Leistung bereits ausgeführt ist.

(e) Prüfung der Verbindlichkeiten aus Lieferungen und Leistungen

400   Einen Überblick über den Bestand der Verbindlichkeiten gibt die Saldenliste, die als Inventar der Verbindlichkeiten anzusehen ist. Für den **Nachweis** der Verbindlichkeiten sind ggf. Saldenbestätigungen einzuholen[155]. Die Bestätigungen müssen mit den Salden laut Saldenliste und diese wiederum mit den Salden auf den Kontokorrentkonten abgestimmt werden. Die Salden der in der Saldenliste ausgewiesenen debitorischen Kreditoren sollten lückenlos abgestimmt und ihre Entstehungsursache geprüft werden. Sie könnten zB dadurch entstanden sein, daß Eingangsrechnungen zwar bezahlt, jedoch nicht gebucht worden sind. Bei manueller Erstellung sollte die Saldenliste zumindest in Stichproben nachaddiert werden, wobei gleichzeitig auch die Seitenüberträge zu prüfen sind. Die Summe der Kreditoren-Salden ist mit dem Hauptbuchkonto abzustimmen. Differenzen können sich bei dieser Abstimmung dadurch ergeben, daß auf dem Kreditoren-Sammelkonto (Hauptbuchkonto) die echten Kreditoren mit den debitorischen Kreditoren saldiert sind. Für den Bilanzausweis ist in diesen Fällen der höhere Betrag der Saldenliste maßgebend.

401   Bei der Abstimmung der Saldenliste mit den Einzelkonten sollte der Prüfer gleichzeitig die Abwicklung des Saldos in neuer Rechnung prüfen. Dabei ist es vielfach üblich, die Beträge zu vermerken, die im Saldo am Bilanzstichtag enthalten und am Prüfungsstichtag noch nicht ausgeglichen waren. Auffälligen Zahlungsverzögerungen ist nachzugehen. Als weiteres Ergebnis könnte sich bei dieser Prüfungshandlung herausstellen, daß ein Kreditor seine Rechnung nachträglich noch vermindert oder erhöht hat[156]. Insbesondere im letzten Fall wäre eine Korrektur der Salden am Bilanzstichtag notwendig, da die Verbindlichkeit nicht vollständig ausgewiesen ist.

---

153 Zur Einholung von Bankbestätigungen vgl. Tz. 365.
154 Vgl. Tz. 224.
155 Vgl. FG 1/1988, Abschn. D. II. 4. c). c2). Zu den dabei anzuwendenden Grundsätzen vgl. auch Tz. 333.
156 Vgl. die Ausführungen zu den kreditorischen Debitoren (Tz. 335), die hier sinngemäß gelten.

Schließlich liefert die Prüfung der **Abwicklung** des Saldos in neuer Rechnung   **402** wichtige Hinweise dafür, ob die Abgrenzung zwischen Vorräten und in Anspruch genommenen Leistungen mit den Verbindlichkeiten zum Bilanzstichtag ordnungsgemäß durchgeführt worden ist. Fehler können dadurch entstehen, daß die kurz vor dem Bilanzstichtag gelieferten Waren bereits bei der Inventur aufgenommen und aktiviert sind, die Verbindlichkeit jedoch noch nicht passiviert ist, da die Rechnung erst im neuen Jahr eingegangen und verbucht worden ist. Ggf. muß auch das Inventar berichtigt werden, wenn der bereits aktivierungsfähige Vermögensposten nicht aktiviert worden ist. Ferner ist die Möglichkeit zu beachten, daß das kurz vor dem Bilanzstichtag eingetroffene Material nicht mehr im Inventar enthalten, sondern bereits verbraucht ist. Auch in diesem Falle sind die Kreditoren zu erhöhen. Der Prüfer sollte daher die kurz nach dem Bilanzstichtag verbuchten Verbindlichkeiten soweit wie möglich mit den Eingangsrechnungen, Lieferscheinen und Wareneingangsscheinen abstimmen. Die Gefahr der Nichtpassivierung von Verbindlichkeiten ist besonders groß bei Rechnungen für Dienstleistungen, da die Inanspruchnahme der Leistung nicht wie die Warenlieferung durch einen Eingangsschein belegt ist und die Rechnungserstellung häufig längere Zeit hinter der Leistungserstellung zurückbleibt. Um hier einer hinreichenden Abgrenzung sicher zu sein, sollte sich der Prüfer von den zuständigen Abteilungen des Unternehmens, die berechtigt sind, derartige Aufträge zu erteilen (zB Einkauf, Transportwesen, Bauabteilung, Haus- und Grundstücksverwaltung, Rechts- und Steuerabteilung), eine Aufstellung anfertigen lassen über alle Arbeiten, die vor dem Bilanzstichtag abgeschlossen oder begonnen wurden und bis zum Bilanzstichtag noch nicht abgerechnet worden sind. Ggf. ist für noch ausstehende Leistungsrechnungen, deren Höhe sich nur schätzen läßt, eine Rückstellung zu bilden.

Sofern nicht bereits im Rahmen einer Vorprüfung eine allgemeine Prüfung des   **403** Waren- und Zahlungsverkehrs stattgefunden hat[157], sollte der Prüfer die allgemeine Durchsicht der Konten ausweiten und zumindest in gewissen Bereichen die Belastungen und Gutschriften mit den Belegen abstimmen. In diese **Ordnungsprüfung** sollte er vorwiegend auch jene Konten einbeziehen, die als „diverse", „verschiedene" oder „sonstige Kreditoren" bezeichnet sind. Die Umsätze auf diesen Konten sollten möglichst klein gehalten werden. Bei einem größeren Umfang und unübersichtlicher Abwicklung sollte sich der Prüfer diese Konten statistisch weiter aufteilen lassen.

(f) Prüfung der Wechselverbindlichkeiten

IdR sollten die Schuldwechsel in einem Wechselkopierbuch erfaßt werden.   **404** Wenn das geschieht, so ist der Saldo, der sich aus dem Wechselkopierbuch ergibt, mit dem Hauptbuchkonto abzustimmen. Befinden sich unter den umlaufenden Wechseln besonders große Stücke, sollte der Prüfer sich vergewissern, ob die ordnungsmäßige **Einlösung** zu erwarten ist. Er sollte ferner feststellen, in welchem Umfang und aus welchen Gründen Wechsel **prolongiert** wurden und ob Wechsel zu **Protest** gegangen sind.

---

157 Vgl. Tz. 216 ff.

(g) Prüfung der Verbindlichkeiten gegenüber verbundenen Unternehmen und der Verbindlichkeiten gegenüber Unternehmen, mit denen ein Beteiligungsverhältnis besteht

405   Die Prüfung dieser Verbindlichkeiten bietet gegenüber den gleichartigen Forderungen keine Besonderheiten, so daß hier darauf verwiesen werden kann[158].

(h) Prüfung der Ausgleichsverbindlichkeiten nach §§ 24 Abs. 3, 25 Abs. 1 DMBilG

406   Bei den in der Bilanz ausgewiesenen Ausgleichsverbindlichkeiten kann es sich um Verbindlichkeiten gegenüber dem MU aufgrund originärer Zahlungsverpflichtungen im Hinblick auf eine in der DM-Eröffnungsbilanz vorhandene „Überkapitalisierung" (§ 25 DMBilG) oder um Verbindlichkeiten gegenüber einem Tochterunternehmen aufgrund einer bei diesem entstandenen Ausgleichsforderung (§ 24 DMBilG) handeln[159].

407   Unterlagen für den **Nachweis** der Verbindlichkeiten sind die DM-Eröffnungsbilanz des Unternehmens – bei der Ausgleichsforderung nach § 24 Abs. 3 DMBilG auch die des Tochterunternehmens –, die Beschlüsse über deren Feststellung, Saldenbestätigungen, Korrespondenz sowie Belege über bisher geleistete Tilgungen und Zinszahlungen. Anhand dieser Unterlagen muß sich der Prüfer davon überzeugen, daß der Saldovortrag mit dem Betrag der festgestellten DM-Eröffnungsbilanz bzw. der Schlußbilanz des VJ übereinstimmt und ob die im GJ geleisteten Zahlungen zutreffend berücksichtigt wurden.

408   Bei der Prüfung der Ausgleichsverbindlichkeiten nach § 24 Abs. 3 DMBilG sollte sich der Prüfer durch Einsichtnahme in den JA bzw. PrB des Tochterunternehmens davon überzeugen, ob dort **Wertanpassungen** nach § 36 DMBilG vorgenommen worden sind, die zu einer Veränderung der Ausgleichsforderung geführt haben und ob diese Änderung beim Ansatz der Verbindlichkeit beim zu prüfenden Unternehmen berücksichtigt wurde. Ist der JA des Tochterunternehmens, in dem eine zu einer Änderung der Ausgleichsforderung führende Wertanpassung nach § 36 DMBilG vorgenommen worden ist, noch nicht festgestellt worden, so hängt die Frage, ob die Ausgleichsverbindlichkeit beim zu prüfenden Unternehmen korrespondierend angepaßt werden kann, davon ab, ob davon ausgegangen werden kann, daß der JA des Tochterunternehmens in der vorgesehenen Form festgestellt wird. Ggf. muß der APr. erwägen, ob ein Zusatz zum BestV erforderlich ist[160].

409   Soweit die Ausgleichsverbindlichkeiten nicht in einer Vorspalte beim Posten „Verbindlichkeiten gegenüber verbundenen Unternehmen", sondern in der Hauptspalte ausgewiesen werden, ist zu prüfen, ob ein Mitzugehörigkeitsvermerk oder eine Angabe im Anhang erforderlich ist.

(j) Prüfung der sonstigen Verbindlichkeiten

410   Die Prüfungstechnik ist bei allen sonstigen Verbindlichkeiten im wesentlichen gleich. Die Salden der Kontokorrentkonten sind mit vorhandenen Saldenbestäti-

---

158 Vgl. Tz. 343 ff.
159 Zu dem im Zusammenhang damit zu prüfenden Beteiligungsentwertungskonto vgl. Tz. 266.
160 Vgl. FG 3/1988, Abschn. C. II. Anm. 7.

gungen sowie mit dem Hauptbuchkonto, falls ein solches geführt wird, abzustimmen. Daneben sind evtl. Besonderheiten der einzelnen Posten sowie gegebene Sicherheiten und vereinbarte Zinsen zu prüfen. Häufig sind in den sonstigen Verbindlichkeiten auch die nicht abgehobenen Dividenden sowie bei Anleihen nicht abgehobene ausgeloste Beträge enthalten. Diese Verbindlichkeiten sollten anhand eines Nummernverzeichnisses bis zum Verfall oder Ablauf der Verjährungsfrist sorgfältig kontrolliert werden. Bei Fortfall der Verbindlichkeit ist darauf zu achten, wer die Ausbuchung veranlaßt hat und ob der Ertrag ordnungsmäßig gebucht ist.

Die Prüfung der in einem „davon"-Vermerk gesondert auszuweisenden Verbindlichkeiten aus Steuern und der Verbindlichkeiten im Rahmen der sozialen Sicherheit dürfte idR keine besonderen Probleme darstellen, da diese Beträge unmittelbar mit den entsprechenden Aufwandskonten abgestimmt werden können.

(k) Prüfung der Angabe der Restlaufzeiten und der pfandrechtlichen Sicherungen

Für jeden Posten der Verbindlichkeiten sind   411

- der Gesamtbetrag der Verbindlichkeiten mit einer Restlaufzeit von mehr als fünf Jahren,
- der Betrag der Verbindlichkeiten, die durch Pfandrechte oder ähnliche Rechte gesichert sind, unter Angabe von Art und Form der Sicherheiten,

im Anhang anzugeben (§ 285 Nr. 1 HGB). Außerdem ist in der Bilanz bei jedem Posten der Betrag der Verbindlichkeiten mit einer Restlaufzeit bis zu einem Jahr gesondert anzugeben (§ 268 Abs. 5 S. 1 HGB).

Bei der Prüfung der Vermerksangaben über die **Restlaufzeiten** wird sich der Prü-   412
fer idR auf entsprechende Aufstellungen der Gesellschaft stützen können, in denen die entsprechenden Verbindlichkeiten gesondert zusammengestellt sind. Diese sollte er in Stichproben mit den entsprechenden Vertragsunterlagen abstimmen. Soweit entsprechende Zusammenstellungen nicht vorgelegt werden können, ist der Prüfer im wesentlichen auf die Schätzungen der Gesellschaft angewiesen. Seitens des Unternehmens nicht eingehaltene Zahlungsvereinbarungen können wesentliche Hinweise für die Beurteilung seiner Finanz- und Ertragslage sein.

Vom zutreffenden Ausweis der durch **Pfandrechte** oder **ähnliche Rechte** gesicher-   413
ten Verbindlichkeiten muß sich der Prüfer durch Einsichtnahme in Grundbücher bzw. Grundbuchauszüge, notarielle Urkunden und Verträge überzeugen. Dabei muß er auch darauf achten, daß die Angabepflicht auch für erhaltene Anzahlungen gilt, die nicht unter den Verbindlichkeiten ausgewiesen werden, sondern entsprechend § 268 Abs. 5 Satz 2 HGB offen von den Vorräten abgesetzt wurden.

An sich ist die Vertragserfüllung nicht Gegenstand der Jahresabschlußprüfung,   414
und somit unterliegen vereinbarte Kreditsicherungen nur hinsichtlich des Ausweises der Anteile, die durch Grundpfandrechte oder ähnliche Rechte gesichert sind, der Prüfungspflicht. Im Interesse einer zutreffenden Beurteilung der Vermögenslage im LB müssen jedoch erhebliche anderweitige Beschränkungen der Verfügungsmacht über Vermögensgegenstände durch vereinbarte **Kreditsicherungen** erwähnt und somit auch geprüft werden, wenn die Vermögenslage ohne

die Kenntnis dieser Belastungen zu günstig erscheint. Das trifft insbesondere bei Unternehmen zu, die sich in wirtschaftlichen Schwierigkeiten befinden. Stellt der Prüfer fest, daß vereinbarte Kreditsicherungen nicht eingehalten werden, sollte er daher einen entsprechenden Vermerk in den PrB aufnehmen.

(6) Prüfung der passiven Rechnungsabgrenzung

415   Die Ausführungen zur Prüfung der aktiven Rechnungsabgrenzung gelten sinngemäß[161].

(7) Prüfung der vermerkpflichtigen Haftungsverhältnisse

(a) Prüfung des internen Kontrollsystems

416   – Lassen sich durch Geschäftsverteilungsplan oder Geschäftsanweisungen die maßgebenden Stellen erkennen, an denen Haftungsverhältnisse erfaßt und geprüft werden können?
      – Lassen die Geschäftsbedingungen der Gesellschaft haftungsbegründende Tatbestände erkennen?
      – Ist durch den Organisationsablauf sichergestellt, daß alle Vorgänge, Tatbestände und Unterlagen, die Bedeutung im Hinblick auf die Vermerk- oder Angabepflicht haben könnten, vollständig erfaßt und durch eine zuständige Stelle beurteilt werden?
      – Ist organisatorisch sichergestellt, daß das Problem der Vertragsprüfung befriedigend gelöst werden kann (zB durch eine Vertragskartei)?
      – Ist sichergestellt, daß aus den Kreditakten andere Sicherheiten als Grundpfandrechte (zusätzliche Haftungsverhältnisse) ordnungsgemäß erfaßt werden?
      – Hat die Gesellschaft Grundbuchauszüge neueren Datums vorgelegt bzw. ist durch Einsicht in die Grundbücher beim Amtsgericht ein Überblick über die Grundpfandrechte in Abteilung III und die Reallasten, Erbbaurechte, Nießbrauch und Grunddienstbarkeiten in Abteilung II gegeben?
      – Ist sichergestellt, daß Währungsposten als solche erkennbar sind?

(b) Prüfung der Haftungsverhältnisse

417   Unterlagen für die Prüfung vermerkpflichtiger Haftungsverhältnisse (vgl. §§ 251, 268 Abs. 7 HGB) sind Wechsel- und Scheckkopierbücher, Verträge sowie die allgemeine Korrespondenz. Die Prüfung wird erleichtert, wenn grundsätzlich sämtliche Haftungsverhältnisse an einer Stelle statistisch erfaßt werden. Darüber hinaus ist der Prüfer im wesentlichen auf Auskünfte angewiesen (Vollständigkeitserklärung)[162]. Der Prüfer muß feststellen, ob sämtliche Haftungsverhältnisse in der Bilanz vermerkt sind und ob die Abgrenzung zu den gem. § 285 Nr. 3 HGB zu erläuternden sonstigen finanziellen Verpflichtungen entsprechend den gesetzlichen Vorschriften vorgenommen wurde[163].

c) Prüfung der Gewinn- und Verlustrechnung

aa) Grundsätzliches zur Prüfungstechnik bei der Prüfung der GuV

418   Bei der Prüfung der einzelnen Posten der GuV muß der Prüfer jeweils zwei Feststellungen treffen:

---

161 Vgl. Tz. 366.
162 Vgl. auch Tz. 468.
163 Zur Prüfung der Patronatserklärungen vgl. St/HFA 2/1976.

(1) Sind sämtliche Aufwendungen und Erträge vollständig und periodengerecht ausgewiesen?

(2) Sind die Aufwendungen und Erträge unter den richtigen Bezeichnungen ausgewiesen?

Bewertungsfragen sind im allgemeinen bei der Prüfung der GuV nicht zu lösen. **419**
Soweit Aufwendungen und Erträge Wertungsakten unterliegen, werden sie bereits im Rahmen der Prüfung der Bilanz durchgeführt.

Die **Vollständigkeit** der ausgewiesenen Aufwendungen und Erträge kann auf **420** verschiedene Weise festgestellt werden. Dabei überwiegen idR Plausibilitätsbeurteilungen, deren Ergebnis jedoch nur innerhalb gewisser Grenzen aussagefähig ist[164]. Am zuverlässigsten ist die Prüfung der Aufwendungen und Erträge dann, wenn sich aufgrund der Bilanzprüfung ohne Prüfung der tatsächlichen Aufwendungen und Erträge Soll-Aufwendungen und Soll-Erträge berechnen lassen. So gestattet zB die Durchsicht der Unterlagen für Darlehensforderungen und -verbindlichkeiten, Festgeldbankguthaben und mittel- und langfristige Bankverbindlichkeiten die Berechnung von Soll-Zinserträgen, die angefallen sein müssen, wenn man vereinbarungsgemäß verfahren ist. In ähnlicher Weise lassen sich anhand der Versicherungspolicen die zu zahlenden Prämien oder anhand der Verträge Mietaufwendungen und Mieterträge berechnen. Eine Gegenüberstellung der errechneten Soll-Beträge mit den tatsächlichen Aufwendungen und Erträgen macht eine sichere Aussage darüber möglich, ob die entsprechenden Aufwendungen und Erträge vollständig erfaßt sind.

Die Prüfung der **Regelmäßigkeit** der Buchungen läßt ein weit weniger absolutes **421** Urteil über die Vollständigkeit der Aufwendungen und Erträge zu, gibt aber wertvolle Hinweise für die Vollständigkeit, da sie für die Anzahl der Buchungen ein Soll vorgibt. Diese Methode ist insbesondere bei den Aufwendungen und Erträgen anwendbar, die mit einer gewissen Regelmäßigkeit entstehen. So müssen zB bei Fremdbezug von Strom, Gas und Wasser die Aufwandskonten (monatliche Abrechnung unterstellt) zwölf Belastungen ausweisen. Ähnliche Regelmäßigkeiten werden sich bei Mieten, Pachten, Bezugsgebühren für regelmäßige Lieferungen und Leistungen, Abrechnungen von Betriebsabteilungen (zB Kantine) und Außenstellen und bei vielen anderen Aufwandsarten und Erträgen feststellen lassen. Eine Durchsicht der Konten läßt im allgemeinen erkennen, ob die Regelmäßigkeit an einer Stelle unterbrochen – es fehlt zB die zwölfte (letzte) Buchung – und damit für weitere Prüfungen ein Hinweis gegeben ist.

Weitere Anhaltspunkte lassen sich durch den **Vergleich** von Zahlen gewinnen, **422** zwischen denen eine sachliche Abhängigkeit besteht, zB USt und Umsätze, Materialverbrauch und hergestellte Einheiten. In ähnlicher Weise kann man Aufwendungen untereinander oder mit Erträgen vergleichen, zwischen denen zwar kein Kausalzusammenhang besteht, die aber eine annähernd gleiche Entwicklung zeigen müssen. Wertvoll ist idR auch eine Gegenüberstellung des Aufwandes mit dem Vorjahresverbrauch. Bei den letztgenannten Methoden ist zwar nur noch eine beschränkte Aussage über die Vollständigkeit des Ausweises von Aufwendungen und Erträgen möglich. Sie können jedoch helfen, grobe Fehler festzustellen.

---

164 Vgl. *Dörner* in Bericht über die IdW-Fachtagung 1988 S. 346.

423 Für die Prüfung des richtigen **Ausweises** der einzelnen Aufwands- und Ertragsposten wird eine kritische Durchsicht der Buchungen auf den Konten bereits
eine Reihe von Anhaltspunkten bieten, sofern der Buchungstext so klar und
vollständig ist, daß sich der Prüfer ein Bild von dem Geschäftsvorfall machen
kann, der der Buchung zugrunde liegt. Zweifelt er an dem richtigen Ausweis
oder ist der Buchungstext unvollständig, so ist ein Zurückgreifen auf den
Buchungsbeleg notwendig. Neben dem richtigen Ausweis innerhalb des Gliederungsschemas ist auch die Frage der Ausweiskontinuität zu prüfen, da bei Aufwendungen oder Erträgen, die (zulässigerweise, vgl. § 265 Abs. 1 HGB) unter
einem anderen Posten ausgewiesen werden als gleichartige Aufwendungen oder
Erträge in der GuV des VJ, die VJ-Zahlen anzupassen sind, soweit sich das
Unternehmen nicht auf eine verbale Erläuterung für die fehlende Vergleichbarkeit im Anhang beschränkt.

bb) Zusammenhang zwischen Bilanzprüfung und Prüfung der GuV

424 Wenn sämtliche Bilanzposten in der geschilderten Weise und die im Zusammenhang damit stehenden Informationsflüsse durch Systemprüfungen[165] geprüft
worden sind, dann sind damit bis auf wenige Ausnahmen auch die Aufwendungen und Erträge der GuV geprüft. In den folgenden Übersichten werden für das
GKV und das **UKV** die Zusammenhänge zwischen der Bilanzprüfung und der
Prüfung der GuV noch einmal verdeutlicht.

(1) Zusammenhang bei Anwendung des Gesamtkostenverfahrens

425 – Umsatzerlöse:
Prüfung des Warenausgangs
– Bestandsveränderung der fertigen und unfertigen Erzeugnisse:
Prüfung der fertigen und unfertigen Erzeugnisse
– andere aktivierte Eigenleistungen:
Prüfung der Sachanlagen
– Materialaufwand:
Prüfung des Wareneingangs
Prüfung der Roh-, Hilfs- und Betriebsstoffe
– Löhne und Gehälter, soziale Abgaben, Aufwendungen für Altersversorgung und Unter-
stützung:
Prüfung des Lohn- und Gehaltsverkehrs
Prüfung des Zahlungsverkehrs
Prüfung der Rückstellungen und Verbindlichkeiten
– Abschreibungen auf immaterielle Vermögensgegenstände des Anlagevermögens und
Sachanlagen sowie auf aktivierte Aufwendungen für die Ingangsetzung und Erweite-
rung des Geschäftsbetriebs:
Prüfung der immateriellen Vermögensgegenstände des Anlagevermögens, der Sachanla-
gen und der aktivierten Ingangsetzungs- und Erweiterungskosten
– Abschreibungen auf Vermögensgegenstände des Umlaufvermögens:
Prüfung der Posten des Umlaufvermögens
– Erträge aus Beteiligungen, Erträge aus Wertpapieren und Ausleihungen des Finanzanla-
gevermögens:
Prüfung des außerbuchhalterischen Bereiches (Verträge mit Dritten)
Prüfung der Finanzanlagen
Prüfung der Rechnungsabgrenzung

---

165 Vgl. Tz. 199 ff.

- Sonstige Zinsen und ähnliche Erträge:
  Prüfung des Bank- und Postgiroverkehrs
  Prüfung der Wertpapiere des Umlaufvermögens
  Prüfung der Forderungen und sonstigen Vermögensgegenstände
  Prüfung der Bank- und Postgiroguthaben
- Abschreibungen auf Finanzanlagen und Wertpapiere des Umlaufvermögens:
  Prüfung der Finanzanlagen
  Prüfung der Wertpapiere des Umlaufvermögens
- Zinsen und ähnliche Aufwendungen:
  Prüfung der Verbindlichkeiten
  Prüfung der Rechnungsabgrenzung
- Steuern:
  Prüfung der Rückstellungen
  Prüfung der Verbindlichkeiten
  Prüfung der aktiven Steuerabgrenzung
- Entnahmen aus Rücklagen und Einstellungen in Rücklagen:
  Prüfung der Rücklagen

(2) Zusammenhang bei Anwendung des Umsatzkostenverfahrens

- Umsatzerlöse: **426**
  Prüfung des Warenausgangs
- Herstellungskosten der zur Umsatzerzielung erbrachten Leistungen:
  Prüfung des Wareneingangs
  Prüfung der Vorräte
  Prüfung des Zahlungsverkehrs
  Prüfung des Lohn- und Gehaltsverkehrs
  Prüfung der Sachanlagen, der immateriellen Vermögensgegenstände des Anlagevermögens und der aktivierten Ingangsetzungs- und Erweiterungskosten
  Prüfung der Rückstellungen und Verbindlichkeiten
- Vertriebskosten:
  Prüfung des Lohn- und Gehaltsverkehrs
  Prüfung des Zahlungsverkehrs
  Prüfung der Sachanlagen, der immateriellen Vermögensgegenstände des Anlagevermögens und der aktivierten Ingangsetzungs- und Erweiterungskosten
  Prüfung der Rückstellungen und Verbindlichkeiten
- Allgemeine Verwaltungskosten:
  Prüfung des Lohn- und Gehaltsverkehrs
  Prüfung des Zahlungsverkehrs
  Prüfung der Sachanlagen, der immateriellen Vermögensgegenstände des Anlagevermögens und der aktivierten Ingangsetzungs- und Erweiterungskosten
  Prüfung der Rückstellungen und Verbindlichkeiten
- Erträge aus Beteiligungen, Erträge aus Wertpapieren und Ausleihungen des Finanzanlagevermögens:
  Prüfung des außerbuchhalterischen Bereichs (Verträge mit Dritten)
  Prüfung der Finanzanlagen
  Prüfung der Rechnungsabgrenzung
- Sonstige Zinsen und ähnliche Erträge:
  Prüfung des Bank- und Postgiroverkehrs
  Prüfung der Wertpapiere des Umlaufvermögens
  Prüfung der Forderungen und sonstigen Vermögensgegenstände
  Prüfung der Bank- und Postgiroguthaben
- Abschreibungen auf Finanzanlagen und Wertpapiere des Umlaufvermögens:
  Prüfung der Finanzanlagen
  Prüfung der Wertpapiere des Umlaufvermögens

- Zinsen und ähnliche Aufwendungen:
  Prüfung der Verbindlichkeiten
  Prüfung der Rechnungsabgrenzung
- Steuern:
  Prüfung der Rückstellungen
  Prüfung der Verbindlichkeiten
  Prüfung der aktiven Steuerabgrenzung
- Entnahmen aus Rücklagen und Einstellungen in Rücklagen:
  Prüfung der Rücklagen

427 Danach beschränken sich die Aufwendungen und Erträge, die bei der Prüfung der Bilanz noch nicht oder nur ungenügend erfaßt worden sind, im wesentlichen auf die **sonstigen betrieblichen Aufwendungen** und die **sonstigen betrieblichen Erträge.** Diese Konten sind ihrer Natur nach ohnehin Sammelkonten für alle nicht gesondert ausweispflichtigen Aufwendungen und Erträge. Wie allen Sammel- und Restkonten gebührt ihnen daher die besondere Aufmerksamkeit des Prüfers. Er sollte prüfen, ob in diesen Konten nicht Erfolgsposten enthalten sind, die an einer anderen Stelle gesondert ausweispflichtig sind. Häufig werden hierunter auch Aufwendungen (zB Reparatur- oder Instandhaltungsaufwendungen) erfaßt, die aktivierungspflichtigen Herstellungsaufwand darstellen. Darüber hinaus sollte der Prüfer vor allem, soweit die Buchungsvorgänge ao. und betriebsunüblichen Charakter haben, die Buchungen anhand der Buchungsunterlagen prüfen. Dabei wird er möglicherweise auf Vorgänge stoßen, die an irgendeiner Stelle im Unternehmen unsachgemäß behandelt worden sind und an dieser Stelle schließlich ihren Niederschlag gefunden haben. Eine intensive Prüfung der sonstigen betrieblichen Aufwendungen und Erträge liefert daher häufig wertvolle Hinweise für Prüfungshandlungen in anderen Bereichen.

428 Für einen ordnungsmäßigen **Ausweis** muß sich der Prüfer davon überzeugen, ob neben dem im gesetzlichen Gliederungsschema vorgesehenen Vermerk bestimmter Aufwendungen und Erträge aus verbundenen Unternehmen folgende Zusatzangaben erfolgt sind:

- Gesonderte Angabe der außerplanmäßigen Abschreibungen (§ 277 Abs. 3 S. 1 HGB),
- Gesonderte Angabe der Erträge und Aufwendungen aus Verlustübernahme und der aufgrund einer Gewinngemeinschaft, eines GAV oder eines Teil-GAV erhaltenen oder abgeführten Gewinne (§ 277 Abs. 3 S. 2 HGB),
- Erläuterung der außerordentlichen und der periodenfremden Aufwendungen und Erträge (§ 277 Abs. 4 HGB),
- Aufgliederung der Umsatzerlöse nach Tätigkeitsbereichen und geographischen Märkten (§ 285 Nr. 4 HGB),
- Aufteilung der Steuern vom Einkommen und vom Ertrag auf das Ergebnis der gewöhnlichen Geschäftstätigkeit und das ao. Ergebnis (§ 285 Nr. 6 HGB),
- Angabe des – entsprechend untergliederten – Material- und Personalaufwands des GJ bei Anwendung des UKV (§ 285 Nr. 8 HGB).

4. Prüfung des Anhangs

a) Grundsätzliches zur Prüfung des Anhangs

429 Die Prüfung des Anhangs erfordert wegen der Vielzahl von Zusatzangaben sowie der Möglichkeit, bestimmte Angaben wahlweise in Bilanz/GuV oder Anhang zu machen, besondere Überlegungen zur Prüfungstechnik. Dabei geht es im wesentlichen um folgende Fragen:

(1) Erfüllt der Anhang die allgemeinen Grundsätze der Berichterstattung?
(2) Enthält der Anhang sämtliche erforderlichen Angaben?
(3) Sind die gemachten Angaben vollständig und richtig?

Besondere **Grundsätze für die Berichterstattung** im Anhang sind im Gesetz nicht   **430** enthalten, insbesondere ist auch eine bestimmte Form des Anhangs nicht vorgeschrieben. Maßgebend sind daher die allgemeinen Grundsätze, wonach der Anhang klar und übersichtlich sein muß und – iVm. der Bilanz und der GuV – ein den tatsächlichen Verhältnissen entsprechendes Bild der Vermögens-, Finanz- und Ertragslage der Gesellschaft zu vermitteln hat (§ 264 Abs. 2 HGB).

Der Prüfer hat sich deshalb davon zu überzeugen, daß trotz der grundsätzlich bestehenden äußeren **Gestaltungsfreiheit** für den Anhang die Ausführungen überschaubar, klar und übersichtlich gegliedert sind und in sich eine gewisse **Strukturierung** aufweisen.

Die Anhangangaben lassen sich im wesentlichen in drei Gruppen einteilen: **431**
– Angaben zu einzelnen Posten der Bilanz/GuV
– Angaben zu den angewandten Bilanzierungs- und Bewertungsmethoden
– sonstige Angaben.

Die Angaben zu einzelnen **Posten der Bilanz/GuV,** die zahlenmäßig den größten   **432** Teil der Anhangangaben ausmachen, werden sinnvollerweise zusammen mit den jeweiligen Posten geprüft. Soweit der Anhang zum Zeitpunkt der Prüfung der entsprechenden Posten noch nicht vorliegt, dürfte es zweckmäßig sein, die damit zusammenhängenden angabepflichtigen Sachverhalte in den Arbeitspapieren festzuhalten, damit später eine Prüfung der Anhangangaben möglich ist, ohne daß sich der Prüfer erneut mit den zugrunde liegenden Sachverhalten befassen muß.

Ähnliches gilt für die Prüfung der angewandten **Bilanzierungs- und Bewertungs-**   **433** **methoden.** Darüber hinaus sollte sich der Prüfer nach Beendigung der Prüfung aller Einzelposten noch einmal einen Gesamtüberblick über sämtliche angewandten Methoden und ggf. ihre Veränderung gegenüber dem VJ verschaffen und danach mit der Prüfung der entsprechenden Angaben im Anhang beginnen.

Bei der Prüfung der **sonstigen Anhangangaben** dürfte sich idR eine Kombination   **434** der vorstehend genannten Vorgehensweisen anbieten, da teilweise bestimmte, für die Beurteilung relevante Informationen bei der Prüfung von Posten der Bilanz und der GuV anfallen, teilweise weitergehende Prüfungshandlungen erforderlich sind.

b) Prüfung der Angaben zu Einzelposten der Bilanz und der GuV

Die erforderlichen Prüfungshandlungen wurden bereits bei der Darstellung der   **435** Prüfungstechnik für die einzelnen Posten der Bilanz und der GuV angesprochen, so daß darauf verwiesen werden kann [166].

---

166 Vgl. Tz. 260 ff.

c) Prüfung der Angaben zu den angewandten Bilanzierungs- und Bewertungsmethoden

436 Der Prüfer muß sich bei der Prüfung dieser Angaben vor allem davon überzeugen, daß die vom Unternehmen angewandten Bilanzierungs- und Bewertungsmethoden (einschließlich der Abschreibungsmethoden), wie sie ihm von der Prüfung der einzelnen Bilanzposten her bereits vertraut sind, so **vollständig** und **verständlich** zum Ausdruck gebracht worden sind, wie es zur Vermittlung eines den tatsächlichen Verhältnissen entsprechenden Bildes der Vermögens-, Finanz- und Ertragslage erforderlich ist. Der Leser muß sich aufgrund dieser Angaben über die Grundsätze der Bilanzierung und Bewertung ein zutreffendes eigenes Urteil bilden können. Ferner hat sich der Prüfer davon zu überzeugen, ob (zulässige) Abweichungen von Bilanzierungs- und Bewertungsmethoden angegeben und begründet wurden und ihr Einfluß auf die Vermögens-, Finanz- und Ertragslage gesondert dargestellt wurde.

437 Da die Bilanzierungs- und Bewertungsmethoden im einzelnen bereits Gegenstand der Bilanzprüfung und der Prüfung der GuV waren, wird der Prüfer schon dort im Hinblick auf die Angabepflicht im Anhang die folgenden Fragen zu beantworten versuchen:

– Liegt ein Vorgang (Methode, Änderung) vor, der angabepflichtig sein kann?
– Ist der Vorgang für die Vermittlung eines den tatsächlichen Verhältnissen entsprechenden Bildes wesentlich (Grundsatz der Materiality)?
– Welchen Einfluß hat die Abweichung auf die Vermögens-, Finanz- und Ertragslage?

438 Unabhängig von der Beantwortung dieser Fragen bei Einzelposten sollte sich der Prüfer im Zusammenhang mit der Prüfung des Anhangs noch einmal fragen, ob die gewählten Bilanzierungs- und Bewertungsmethoden in ihrer Gesamtheit das vom Gesetz geforderte (§ 264 Abs. 2 HGB), den tatsächlichen Verhältnissen entsprechende Bild der Vermögens-, Finanz- und Ertragslage des Unternehmens geben oder ob im Anhang zur Vervollständigung dieses Bildes zusätzliche Angaben zu machen sind. Sind Bilanzierungs- und Bewertungsmethoden gegenüber dem VJ geändert worden, so ist in diese Schlußanalyse auch die Frage einzubeziehen, ob die Abweichungen hinreichend begründet sind und ob ihr Einfluß auf die Vermögens-, Finanz- und Ertragslage zutreffend dargestellt und ausreichend erläutert ist. Dabei hat er insbesondere kritisch zu prüfen, ob verbale Angaben ausreichen oder ob, je nach Auswirkung der Abweichungen, zahlenmäßige Angaben geboten erscheinen[167].

d) Prüfung der sonstigen Angaben

439 Der Umfang der Prüfung der sonstigen Angaben hängt weitgehend von den vorausgegangenen Prüfungshandlungen ab. Wenn diese vollständig vorgenommen worden sind, so ist damit gleichzeitig die Mehrzahl der sonstigen Anhangangaben geprüft, wie folgender Katalog zeigt:

– Sonstige finanzielle Verpflichtungen:
  Prüfung des außerbuchhalterischen Bereichs (Verträge mit Dritten)
  Prüfung der Aktiva

---

167 Vgl. auch F Tz. 471.

Prüfung des Wechsel- und Scheckverkehrs
Prüfung der Rückstellungen
Prüfung der vermerkpflichtigen Verbindlichkeiten
- Beeinflussung des Jahresergebnisses und künftige Belastungen aufgrund der Vornahme oder Beibehaltung steuerrechtlicher Abschreibungen:
Prüfung des Anlagevermögens
Prüfung des Umlaufvermögens
Prüfung der Sonderposten mit Rücklageanteil
- Durchschnittliche Arbeitnehmerzahl:
Prüfung des Lohn- und Gehaltsverkehrs
Prüfung des Personalaufwands
- Gesamtbezüge des Geschäftsführungsorgans, AR und eines Beirats und früherer Mitglieder und ihrer Hinterbliebenen:
Prüfung des außerbuchhalterischen Bereichs
Prüfung des Gehaltsverkehrs
Prüfung der Pensionsrückstellungen
- Beteiligungsliste:
Prüfung des außerbuchhalterischen Bereichs (Verträge mit Dritten)
Prüfung der Finanzanlagen
- Angabe der MU für den größten und kleinsten Konsolidierungskreis:
Prüfung des außerbuchhalterischen Bereichs (Verträge mit Dritten)
Prüfung der Finanzanlagen

Gleichzeitig sind damit auch die folgenden zusätzlich von AG in den Anhang **440** aufzunehmenden Angaben erfaßt:

- Vorratsaktien:
Prüfung des außerbuchhalterischen Bereichs
- Eigene Aktien:
Prüfung der Wertpapiere des Umlaufvermögens
- Wechselseitige Beteiligung:
Prüfung der Finanzanlagen
- Bedingte Kapitalerhöhung:
Prüfung des Kapitals
Prüfung des außerbuchhalterischen Bereichs (Satzung)
- Genehmigtes Kapital:
Prüfung des außerbuchhalterischen Bereichs (Satzung und HV)
- Genußrechte, Rechte aus Besserungsscheinen und ähnliche Rechte:
Prüfung des außerbuchhalterischen Bereichs (Satzung und HV)

Wird bei der Aufstellung der Beteiligungsliste von der **Schutzklausel** Gebrauch **441** gemacht, so muß der Prüfer darauf achten, daß die Inanspruchnahme durch einen eindeutigen Hinweis kenntlich gemacht ist. Wird im übrigen bei der Berichterstattung – weil es das Wohl der BRD oder eines ihrer Länder erfordert oder weil für das berichtende oder ein Beteiligungsunternehmen ein Nachteil zu befürchten ist – von der Schutzklausel Gebrauch gemacht, so ist ein Hinweis auf die Inanspruchnahme nicht erforderlich. In jedem Fall sollte der Prüfer eine schriftliche Begründung des Vorstandes zu seinen Arbeitsunterlagen nehmen.

Schließlich ist der Anhang auch darauf zu prüfen, ob gem. § 285 Nr. 10 HGB **442** alle Mitglieder des Geschäftsführungsorgans und des AR, auch die im GJ oder danach ausgeschiedenen, mit dem Familiennamen und mindestens einem ausgeschriebenen Vornamen angegeben sowie der Vorsitzende des AR, seine Stellvertreter und der Vorsitzende des Geschäftsführungsorgans als solche bezeichnet sind. Als Prüfungsunterlagen hierfür können idR die Satzung, die Protokolle

über AR-, HV- oder Gesellschafterversammlungen sowie die HR-Eintragungen
herangezogen werden.

5. Prüfung des Lageberichts

a) Grundsätze

443   Die Prüfung des LB umfaßt zwei Teilbereiche (§ 317 Abs. 1 S. 3 HGB):
- ob der LB, soweit er den Geschäftsverlauf und die Lage der Gesellschaft darstellt (§ 289 Abs. 1 HGB), mit dem JA in Einklang steht und
- ob die sonstigen Angaben (§ 289 Abs. 2 HGB) nicht eine falsche Vorstellung
  von der Lage des Unternehmens erwecken.

444   Fraglich ist, was unter „mit dem JA in Einklang stehen" zu verstehen ist. Aufgrund der gesetzlichen Vorschriften soll dem Interessenten mit zwei unterschiedlichen Mitteln ein Einblick in die Lage der Gesellschaft gegeben werden: durch
den JA und den LB. Dabei beschränkt sich der JA auf die Vermögens-, Finanz-
und Ertragslage des Unternehmens; der LB geht darüber hinaus und erfaßt auch
Bereiche, die nicht zur Vermögens-, Finanz- und Ertragslage gehören. JA und
LB befassen sich jedoch mit dem gleichen Gegenstand, der Lage des Unternehmens. Daher ist es wichtig, daß das Ergebnis beider Arten der Information übereinstimmt. **Im Einklang stehen** kann daher nur heißen, daß der LB kein Bild von
der Lage des Unternehmens vermitteln darf, das von dem abweicht, das durch
den JA gegeben wird. Die Prüfung des LB muß daher so umfassend sein, daß
der Prüfer darüber eine hinreichende Überzeugung erlangt. Dabei kommt es
nicht auf alle Einzelheiten im LB an. Auch der JA eröffnet dem Leser nicht alle
Einzelheiten der Vermögens-, Finanz- und Ertragslage des Unternehmens. Der
vom Gesetz geforderte Einklang ist jedoch beispielsweise dann nicht mehr gegeben, wenn der JA dem sachkundigen Leser den Eindruck vermittelt, daß sich
das Unternehmen in einer schlechten Ertragslage und angespannten Finanzlage
befindet, der LB durch optimistische Darstellungen diesen Eindruck wieder aufhebt[168]. Dies gilt zumindest für die Berichterstattung über die Lage im abgelaufenen GJ. Da der JA aufgrund seiner Natur primär eine Vergangenheitsrech-
nung ist, kann sich auch der LB insoweit nur auf Sachverhalte beziehen, die im
abgelaufenen GJ realisiert worden sind und ihren Niederschlag im Zahlenwerk
gefunden haben. Die Pflicht zur Berichterstattung über die Vorgänge von besonderer Bedeutung nach Schluß des GJ (§ 289 Abs. 2 Nr. 1 HGB) sowie die voraussichtliche Entwicklung der Kapitalgesellschaft (§ 289 Abs. 2 Nr. 2 HGB)
bleibt davon unberührt.

445   Die Prüfung der Angaben, die das Gesetz in § 289 Abs. 2 HGB fordert, erstreckt
sich darauf, ob sie **keine falsche Vorstellung** von der Lage der Gesellschaft
erwecken (§ 317 Abs. 1 S. 3, 2. Hs. HGB). Zumindest ein Teil dieser Angaben
läßt Aussagen, wie sie für realisierte Vorgänge aus der Vergangenheit möglich
sind, nicht zu. Das gilt für die voraussichtliche Entwicklung der Gesellschaft
(§ 289 Abs. 2 Nr. 2 HGB) wie auch weitgehend für den Bereich Forschung und
Entwicklung (§ 289 Abs. 2 Nr. 3 HGB), wenn hier Ausblicke gegeben werden

---

168 Vgl. *Sieben*, Offene Fragen bei der Erstellung und Prüfung des Lageberichts in FS Goerdeler, Düs-
     seldorf 1987 S. 597.

sollen. Auch wenn im JA im Rahmen von Bewertungsvorgängen zukünftige Entwicklungen und damit verbundene Schätzungen eine wesentliche Rolle spielen, wird für diese der Sache nach im wesentlichen zukunftsorientierten Angaben nur vom Gesetz verlangt, daß sie nicht eine falsche Vorstellung erwecken. Das muß als eine Abschwächung gegenüber einer Bestätigung der Richtigkeit angesehen werden.

Unbeschadet einer Differenzierung der Prüfungsintensität nach § 289 Abs. 1 u. **446** Abs. 2 HGB schließt die Prüfung des LB alle die darin enthaltenen Angaben ein. Es muß daher davon ausgegangen werden, daß der Prüfung auch **freiwillige Angaben** unterliegen, die im LB enthalten sind[169]. Andererseits darf nicht übersehen werden, daß die Prüfungspflicht sich nur auf den LB nach § 289 HGB bezieht, der offengelegt (§ 325 Abs. 1 HGB) und von großen Kapitalgesellschaften auch im BAnz. bekannt gemacht werden muß (§ 325 Abs. 2 HGB). Die Prüfung erstreckt sich nicht auf den gesamten Druckbericht, der bei deutschen Aktiengesellschaften üblich ist. Allerdings setzt eine solche Differenzierung voraus, daß die Gesellschaften in ihrem Druckbericht deutlich machen, welchen Teil sie als den LB iSv. § 289 HGB angesehen wissen wollen[170].

Gegenstand und Umfang der Prüfung des LB sind in § 317 Abs. 1 S. 3 HGB **447** abschließend geregelt. Die sich an die Prüfung anschließenden Berichts- (§ 321 Abs. 1 S. 2 HGB) und Testatspflichten (§ 322 Abs. 1 HGB) beziehen sich auf die Urteilsabgabe nach Durchführung der Prüfung. Aus den gesetzlichen Vorschriften darüber lassen sich keine Schlüsse über Gegenstand und Umfang der Prüfung herleiten[171].

b) Prüfung der Angaben zum Geschäftsverlauf und zur Lage der Gesellschaft

Die Berichterstattung zum Geschäftsverlauf und zur Lage der Gesellschaft **448** bezieht sich auf alle Vorgänge, die für die wirtschaftliche Gesamtbeurteilung der Gesellschaft, insbesondere für die Vermittlung eines den tatsächlichen Verhältnissen entsprechenden Bildes, wesentlich sind. Sie stellt insoweit einen **Rechenschaftsbericht** der Geschäftsführung über das abgelaufene GJ dar.

Da die Prüfung des LB erst nach der Prüfung des JA möglich ist, wird aufgrund der dabei gewonnenen Erkenntnisse die Prüfung dieser Angaben wesentlich erleichtert. Dabei hat sich der Prüfer ein Urteil darüber zu bilden, ob trotz der zwangsläufig subjektiven Berichterstattung der Geschäftsführung die Angaben so gehalten sind, daß sie sich mit dem Verständnis, das der Prüfer selbst bei der Prüfung des JA gewonnen hat, decken. Wenngleich eine bis in jede Einzelheit gehende Prüfung der Berichterstattung weder praktisch durchführbar noch im Interesse einer ordnungsmäßigen Prüfung erforderlich ist, hat sich der Prüfer doch davon zu überzeugen, daß alle für die Beurteilung des Geschäftsverlaufs und der Lage des Unternehmens wesentlichen Angaben im Bericht enthalten sind. In Betracht kommen dabei Ausführungen über die Marktstellung und den Auftragseingang, Produktion und Beschäftigung, über die Entwicklung einzel-

---

169 Vgl. *Ludewig*, WPg. 1986 S. 379.
170 Dasselbe gilt auch für Anhangangaben, die über den gesetzlich vorgeschriebenen Umfang hinausgehen.
171 Vgl. *Emmerich/Künnemann*, WPg. 1986 S. 145 ff.; *Ludewig*, WPg. 1986 S. 377 ff.

ner Sparten und weitere Erläuterungen, die aus dem Zahlenwerk des Abschlusses nicht ersichtlich sind[172].

Werden Erläuterungen und Darstellungen in Form von Tabellen, Graphiken usw. gemacht, so müssen auch sie in Einklang mit dem JA stehen und unterliegen der gleichen Prüfungsintensität wie verbale Erläuterungen.

c) Prüfung der Angaben nach § 289 Abs. 2 HGB

aa) Prüfung der Berichterstattung über Vorgänge von besonderer Bedeutung nach Schluß des Geschäftsjahres

449 Nach herrschender Auffassung umfaßt die Verantwortlichkeit des APr. nur Vorgänge und Ereignisse, die **bis zur Erteilung des BestV** eingetreten sind[173]. Dabei ist jedoch zu beachten, daß der APr. regelmäßig nicht mehr die Kenntnis solcher Ereignisse erlangt, die zwischen dem Abschluß der eigentlichen Prüfungsarbeiten und der Fertigstellung des PrB eintreten. Es empfiehlt sich daher, den BestV an dem Tag zu erteilen, an dem die Prüfung des JA und des LB materiell abgeschlossen und eine zeitnahe Vollständigkeitserklärung eingeholt worden ist[174].

450 Bei den Ereignissen oder Entwicklungen nach Schluß des GJ ist zu unterscheiden zwischen

– Tatsachen, die bis zum Bilanzstichtag entstanden, dem bilanzierenden Unternehmen aber erst in der Zeit bis zur Bilanzerstellung bekannt wurden (wertaufhellende Tatsachen) und

– Tatsachen, die erst nach dem Bilanzstichtag eintreten, aber noch vor Bilanzaufstellung bekannt werden (wertbeeinflussende Tatsachen)[175].

Für eine Berichterstattung im LB kommen nur die letztgenannten Vorgänge in Betracht, soweit sie von besonderer Bedeutung sind, während wertaufhellende Erkenntnisse noch bei der Abschlußerstellung selbst zu berücksichtigen sind[176].

451 Wenngleich eine systematische Ausdehnung der Abschlußprüfung auf den Zeitraum zwischen Abschlußprüfung und Tag der Unterzeichnung des BestV nicht erforderlich ist[177], so wird der APr. bereits bei der Prüfung der einzelnen Bilanz- und GuV-Posten zwangsläufig auf Sachverhalte stoßen, die Auswirkungen auf die Lage des Unternehmens haben können. Darüber hinaus sollte er noch gezielt die folgenden Prüfungshandlungen vornehmen:

– Durchsicht von Zwischenberichten (Monats- oder Quartalsberichte) im neuen GJ;
– Durchsicht der Protokolle über Sitzungen der Verwaltung (Geschäftsführung und AR) im neuen GJ;
– Befragung der Geschäftsführung und anderer Auskunftspersonen, wobei ggf. auch Personen zu befragen sind, die mit der Rechnungslegung unmittelbar nicht befaßt sind;
– Durchsicht von Berichten der internen Revision;
– Durchsicht der Aufwendungen für Notare, Rechtsanwälte und Gutachter zwecks Erlangung von Hinweisen auf eventuell anstehende wichtige Verträge, Prozesse oder sonstige Ereignisse;

---

172 Vgl. ADS § 289 Tz. 72.
173 Vgl. zB *Pohl*, WPg. 1983 S. 179.
174 Vgl. FG 1/1988 Abschn. B. Anm. 6.
175 Vgl. FG 1/1988 Abschn. D. II. 5 Anm. 1.
176 Vgl. *ADS* § 252 Tz. 77 ff.
177 Vgl. FG 1/1988 Abschn. D. II. 5 Anm. 2; IFAC/Auditing 21, Date of the Auditor's Report; Events After the Balance Sheet Date; Discovery of Facts After the Financial Statements Have Been Issued.

– Beschaffung von Informationen über schwebende Geschäfte;
– Beschaffung von Informationen über den Stand der steuerlichen Veranlagungen.

Aufgrund der hierbei gewonnenen Erkenntnisse können ggf. weitere Untersuchungen erforderlich werden.

bb) Prüfung der Angaben zur voraussichtlichen Entwicklung der Gesellschaft

Bei der Prüfung dieser, vom Geschäftsführungsorgan nach pflichtgemäßem Ermessen vorzunehmenden **prognostischen Einschätzung** der künftigen Entwicklung der Gesellschaft sollte sich der APr. hinreichende Gewißheit darüber verschaffen, daß alle verfügbaren Informationen verwendet wurden, die grundlegenden Annahmen realistisch und in sich widerspruchsfrei sind, angewandte statistische Verfahren richtig gehandhabt wurden und die Aussagen klar formuliert und soweit begründet wurden, daß ein sachverständiger Leser des LB sie weitgehend nachvollziehen kann[178]. Die Prüfung von Aussagen über Zukunftserwartungen kann naturgemäß nicht wie die Prüfung der Verbuchung eines abgeschlossenen Geschäftsvorfalls mit dem definitiven Urteil „richtig" oder „falsch" abschließen, sondern sie kann als Plausibilitätsprüfung[179] im Ergebnis nur zu einer Einschätzung iSv. „glaubwürdig/unglaubwürdig", „realistisch/unrealistisch" oder einer ähnlichen Umschreibung führen. Abschließend beurteilen lassen sich bei einer Prognoseprüfung allenfalls einzelne Teilaspekte wie zB Einzelinformationen, auf denen die Prognose fußt, oder aktuelle Ergebnisse aus dem Rechnungswesen, die – extrapoliert – in die Prognose eingehen. **452**

Der Prüfung der Angaben zur voraussichtlichen Entwicklung der Gesellschaft kommt besondere Bedeutung zu, wenn sich das Unternehmen in ernsthaften wirtschaftlichen Schwierigkeiten befindet. In diesen Fällen ist die Zukunftsperspektive mit der Frage verbunden, ob die going-concern-Annahme noch gerechtfertigt ist[180]. **453**

cc) Prüfung der Angaben zum Bereich Forschung und Entwicklung

Da Art und Umfang der Angaben zum Bereich Forschung und Entwicklung nicht gesetzlich geregelt sind, hängen die vorzunehmenden Prüfungshandlungen weitgehend von der im Einzelfall gewählten Form der Berichterstattung ab. **454**

Soweit das Unternehmen Angaben zur Zahl der im Forschungs- und Entwicklungsbereich tätigen Mitarbeiter, des entsprechenden Personal- und Sachaufwands oder der in diesem Bereich getätigten oder beabsichtigten Investitionen macht, können diese idR mit dem JA abgestimmt werden. Bei Angaben zur **Angemessenheit** des Forschungsaufwands sind seine Prüfungsmöglichkeiten begrenzt, sofern dem Prüfer keine Branchendurchschnittswerte oder Erfahrungswerte zur Verfügung stehen. Selbst solche Werte können wegen der individuellen Verhältnisse jedoch nur helfen, krasse Fehlangaben zu vermeiden. Dazu können ggf. auch Erfahrungswerte aus der Vergangenheit dieses Unternehmens dienen. IdR wird er jedoch insoweit, wie auch bei der Beurteilung von Erfolgsaussichten bestimmter Forschungsprojekte, auf Angaben des Unternehmens angewiesen sein.

---

178 Vgl. *Clemm/Reittinger*, BFuP 1980 S. 493 ff. sowie *dies.* in HWRev. Sp. 887 ff.
179 Vgl. *Wanik*, Probleme der Aufstellung und Prüfung von Prognosen über die Entwicklung der Unternehmung in der nächsten Zukunft, in Bericht über die IDW-Fachtagung 1974, Düsseldorf 1975 S. 45/55 ff., *Emmerich/Künnemann*, WPg. 1986 S. 150 f.
180 Vgl. Tz. 257.

455 Ist das Fehlen entsprechender Angaben darauf zurückzuführen, daß im abgelaufenen GJ Forschungs- und Entwicklungsaufwand nicht oder nur in geringem Umfang angefallen ist, so wird der APr. sorgfältig zu erwägen haben, ob – insbesondere bei Unternehmen aus forschungsintensiveren Wirtschaftszweigen – nicht ein entsprechender Hinweis im LB im Interesse der Vermittlung eines den tatsächlichen Verhältnissen entsprechenden Bildes geboten erscheint (**Negativbericht**).

IV. Verwendung von Prüfungsergebnissen und Untersuchungen Dritter

1. Grundsatz

456 Die Frage der Übernahme/Verwertung von Prüfungsergebnissen Dritter kann sich bei der Prüfung eines Einzelabschlusses und eines KA sowie im nationalen und im internationalen Bereich stellen. Hierbei kann es sich um die Prüfungsergebnisse anderer APr. oder einer internen Revision sowie um Untersuchungsergebnisse sonstiger Einrichtungen oder Sachverständiger handeln[181].

457 Nach dem Grundsatz der Eigenverantwortlichkeit hat der APr. stets sein Urteil selbst zu bilden und seine Entscheidungen selbst zu treffen. Dem steht nicht entgegen, daß er unter bestimmten Voraussetzungen Prüfungsergebnisse und Untersuchungen anderer Prüfungseinrichtungen und sonstiger Stellen verwertet.

458 Art und Umfang der Verwertung hängen in allen Fällen davon ab, ob und in welchem Umfang der Dritte die **fachlichen** (sachliche Kompetenz, berufliche Qualifikation) und **persönlichen** (Unabhängigkeit, Unbefangenheit, Reputation) **Voraussetzungen** für die Übernahme seiner Arbeitsergebnisse erfüllt und wie weit im konkreten Fall die Arbeit des Dritten vom übernehmenden APr. – zumindest in ihren wesentlichen Schritten – **nachprüfbar** ist. Unabhängig von diesen grundsätzlichen Voraussetzungen ist auch in diesem Zusammenhang die Frage der Wesentlichkeit (materiality) zu beachten, dh. welche Bedeutung der von dem anderen APr. geprüfte Sachverhalt für die Abgabe des eigenen PrB hat.

2. Prüfungsergebnisse anderer Abschlußprüfer

459 Die Frage der Übernahme/Verwertung von Prüfungsergebnissen anderer APr. stellt sich insbesondere, wenn in einen KA einbezogene Unternehmen nicht vom Konzernabschlußprüfer, sondern von anderen in- oder ausländischen Prüfern geprüft worden sind. Sie ist darüber hinaus in den – selteneren – Fällen von Bedeutung, in denen Unternehmensteile, zB rechtlich unselbständige Betriebsabteilungen, von einem anderen als dem gewählten APr. des Unternehmens geprüft werden. Durch die Übernahme oder Verwertung von Prüfungsergebnissen anderer APr. wird die **Verantwortung** des APr. bzw. Konzernabschlußprüfers nicht eingeschränkt. Vielmehr trägt er in Deutschland weiterhin die volle Verantwortung für die Richtigkeit des von ihm testierten Abschlusses. Der Prüfer muß

181 Vgl. auch *Rusch*, Die Verwendung von Prüfungsergebnissen und Untersuchungen Dritter in *Gross*, Der WP im Schnittpunkt nationaler und internationaler Entwicklungen, FS v. Wysocki, Düsseldorf 1985 S. 253 ff.; *Neitemeier*, Die Übernahme fremder Urteile bei Prüfungen, Düsseldorf 1979.

sich daher durch geeignete Maßnahmen von der Einhaltung der unter 1. erwähnten Grundsätze und Voraussetzungen überzeugen.

Bei der Verwendung von Arbeitsergebnissen anderer **deutscher** WP wird er   460
grundsätzlich davon ausgehen können, daß die persönlichen und sachlichen
Voraussetzungen erfüllt sind, so daß in diesen Fällen die Frage der Nachvollziehbarkeit im Vordergrund steht. Dasselbe gilt für solche APr., die in Mitgliedstaaten der EG als gesetzliche APr. nach den Regeln **der 8. EG-Richtlinie** zugelassen sind, da die Richtlinie insoweit Gleichwertigkeit unterstellt[182].

Gleichwohl dürfte es in solchen Fällen zweckmäßig oder geboten sein, sich mit
dem anderen APr. über den Zeitplan für die Prüfung und Berichterstattung
sowie über Art und Umfang der durchzuführenden Prüfungshandlungen abzustimmen. Soweit ein ausländischer APr. neben dem nach Landesrecht vorgeschriebenen Abschluß auch die **Handelsbilanz II** prüft, muß sich der APr. davon
überzeugen, daß dieser mit den deutschen Rechnungslegungsvorschriften bzw.
den Richtlinien des MU vertraut ist[183].

Ist ein **ausländischer** APr. nicht nach den Regeln der 8. EG-Richtlinie als APr.   461
zugelassen, so muß der APr. von Fall zu Fall prüfen, ob er die notwendigen persönlichen und sachlichen Voraussetzungen erfüllt, die grundsätzlich eine Verwertung seiner Prüfungsergebnisse gestatten. Dazu gehören neben einer entsprechenden Vorbildung und hinreichenden fachlichen Ausbildung auch die in § 43
WPO genannten Grundsätze der Unabhängigkeit, Gewissenhaftigkeit, Verschwiegenheit und Eigenverantwortlichkeit. Diese Voraussetzungen können im
allgemeinen bei den Angehörigen der jeweiligen Berufsorganisationen als erfüllt
angesehen werden, die Mitglied der International Federation of Accountants
(IFAC) sind und nachweisen können, daß deren Guidelines in nationales Recht
oder nationale Prüfungs- und Berufsgrundsätze inkorporiert sind. Sind alle
diese Voraussetzungen erfüllt, so sind eigene Prüfungshandlungen des APr. nur
dann erforderlich, wenn Anhaltspunkte dafür vorliegen, daß die Prüfungsergebnisse des anderen APr. unvollständig oder unzutreffend sind[184].

Die Intensität der Prüfung der Übernahmevoraussetzungen wird nicht zuletzt   462
davon bestimmt, ob es sich im gegebenen Fall hierbei um einen **Erstkontakt**
oder gelegentlichen Kontakt zwischen APr. und dem anderen Prüfer handelt
oder ob zwischen beiden eine dauerhafte und **regelmäßige Zusammenarbeit,** ggf.
sogar auf vertraglicher oder gesellschaftsrechtlicher Grundlage, besteht. Bei
einer engen und auf Dauer angelegten Zusammenarbeit liegen der Arbeit häufig
einheitliche Standards für alle Beteiligten zugrunde, die die sachlichen und persönlichen Voraussetzungen so regeln, daß als Voraussetzung für die Übernahme
der Prüfungsergebnisse wie im Inland praktisch nur die Nachvollziehbarkeit
übrig bleibt.

Die Art und Dauer der Zusammenarbeit zwischen dem verantwortlichen APr.   463
und dem anderen Prüfer sowie die daraus gewonnenen Erfahrungen bestimmen
auch die anzuwendende Prüfungstechnik, die von Gesprächen mit dem anderen
Prüfer über den Einsatz von Checklisten und Einsichtnahme in seine Arbeitspa-

---

182 Vgl. FG 1/1988 Abschn. D. II. 7, Anm. 1.
183 Vgl. *Havermann,* Die Handelsbilanz II – Zweck, Inhalt und Einzelfragen ihrer Erstellung in FS
    Döllerer, Düsseldorf 1988 S. 185 ff.
184 FG 1/1988 Abschn. D. II. 7, Anm. 2.

piere bis zu Nachprüfungen in begrenzten Teilbereichen (limited review) gehen kann.

3. Prüfungsergebnisse der Internen Revision

464 Maßgebend für die Verwertung der Prüfungsergebnisse der internen Revision ist neben dem Grundsatz der Eigenverantwortlichkeit des APr. sowie der fachlichen Kompetenz der internen Revision und der Nachprüfbarkeit ihrer Arbeit die gemeinsame „Erläuterung der Grundsätze für die Zusammenarbeit der WP und der internen Revision" durch das IDW und das Institut für Interne Revision. Danach ist eine **Eingliederung** des Personals der internen Revision sowie anderer Mitarbeiter des geprüften Unternehmens in die Prüfergruppe des APr. zur Gewährleistung klarer Verantwortungsbereiche nicht möglich[185]. Dem steht nicht entgegen, daß sich der APr. fallweise und nach seinem Ermessen auf Prüfungsergebnisse der internen Revision **stützt.** Dies wird um so mehr der Fall sein können, je mehr sich der APr. von der fachlichen Kompetenz und Objektivität der internen Revision überzeugt hat. Die Arbeitsergebnisse der internen Revision als nicht unabhängiger Prüfungseinrichtung können jedoch sein eigenes Urteil nicht ersetzen.

465 Abgeschlossene Prüfungshandlungen, wie zB körperliche Aufnahmen im Rahmen der Inventur, Kassen- und Kassenverkehrsprüfungen usw., die im Laufe des GJ von der internen Revision durchgeführt worden sind, können nicht gleichartige Prüfungshandlungen des APr. **ersetzen** und dürfen nicht als vorweggenommene Teile der Jahresabschlußprüfung angesehen werden. Wohl sind sie geeignet, die Prüfungszeit zu verkürzen, wenn der APr. sich selbst von der Ordnungsmäßigkeit und Zuverlässigkeit der Arbeit der betriebsinternen Prüfungseinrichtungen überzeugt hat und er aufgrund dieses eigenen Urteils den Umfang seiner formellen Prüfungshandlungen einschränkt.

466 Bei **freiwilligen Prüfungen,** für die ein Prüfungsvermerk, der dem aktienrechtlichen BestV nachgebildet ist, nicht erteilt wird, sind weitergehende Absprachen über seine Arbeitsteilung möglich; jedoch muß der PrB darüber Auskunft geben. In solchen Fällen kann nur eine Bescheinigung erteilt werden, in der anzugeben ist, daß die Prüfung zusammen mit der internen Revision durchgeführt wurde, bzw. in der auf die entsprechenden Ausführungen im PrB verwiesen wird.

4. Untersuchungsergebnisse sonstiger Einrichtungen oder Sachverständiger

467 Die Untersuchungsergebnisse sonstiger Einrichtungen oder Sachverständiger unterliegen, soweit sie für den JA der Gesellschaft von Bedeutung sind, grundsätzlich der **Nachprüfung,** mindestens jedoch der **kritischen Würdigung** durch den APr. Eine ungeprüfte Übernahme dieser Ergebnisse ist nicht statthaft. In Betracht kommen hier zB Gutachten zur Höhe von Pensionsverpflichtungen

---

185 Vgl. St/HFA 2/1966, Abschn. 1.

oder Ergebnisse durchgeführter EDV-Systemprüfungen durch externe EDV-Spezialisten. Der Umfang der Verwendung solcher Gutachten und sonstiger Untersuchungsergebnisse ist im PrB anzugeben[186].

V. Vollständigkeitserklärung

Zur ordnungsmäßigen Durchführung der Abschlußprüfung gehört die Einholung einer Vollständigkeitserklärung vom geprüften Unternehmen. Die Vollständigkeitserklärung ist kein Ersatz für eigene Prüfungshandlungen, sondern eine sachgerechte **Ergänzung** der Abschlußprüfung. Sie stellt eine umfassende Versicherung des geprüften Unternehmens über die Vollständigkeit der erteilten Auskünfte und Nachweise dar und wird üblicherweise vom Vorstand oder der Geschäftsführung abgegeben[187]. Die Vollständigkeitserklärung soll Lücken schließen, die erfahrungsgemäß auch bei fachgerechter Prüfung und kritischer Untersuchung des JA offen bleiben. Dies gilt insbesondere für Vorgänge, die in den Büchern gewöhnlich nicht ihren Niederschlag finden, sondern sich aus den übrigen Unterlagen und Schriften der Gesellschaft ergeben, die der APr. im Rahmen der Pflichtprüfung nicht von sich aus systematisch durcharbeiten kann. Die Vollständigkeitserklärung wird zweckmäßigerweise am Ende der Prüfung eingeholt[188]. **468**

Von der IDW Verlag GmbH können **Muster** für Vollständigkeitserklärungen bezogen werden. Sie sind auf die in der Praxis am häufigsten anzutreffenden Vorgänge abgestellt und müssen im Einzelfall, soweit erforderlich, geändert oder ergänzt werden. **469**

VI. Überwachung der Prüfungsdurchführung und Qualitätskontrolle

1. Grundsatz

„Die Öffentlichkeit bringt der Arbeit des WP, insbesondere der Abschlußprüfung, großes Vertrauen entgegen. Für den WP ergibt sich hieraus und aus den gesetzlichen Vorschriften die Verpflichtung, durch geeignete Maßnahmen eine hohe Qualität der Prüfung sowie der Berichterstattung nachweisbar zu gewährleisten"[189]. **470**

Art und Umfang der Maßnahmen, die vom APr. bei der Überwachung der Prüfungsdurchführung und der weitergehenden Sicherung der Qualität der Facharbeit zu ergreifen sind, hängen wesentlich vom Grad der **Arbeitsteilung** bei der Prüfungsdurchführung und der allgemeinen **Organisation** der Prüfungspraxis ab, wobei die organisatorische Struktur der Praxis weitgehend von deren Größe **471**

---

186 Vgl. FG 2/1988 Abschn. B., Anm. 3.
187 Vgl. FG 1/1988, Abschn. D. II. 4. c) c 2); IFAC/Auditing 22, Representations By Management, UEC-Empfehlung Nr. 11: Erklärungen der Geschäftsleitung an den APr.
188 Vgl. FG 3/1988, Abschn. B., Anm. 6.
189 VO 1/1982, Zur Gewährleistung der Prüfungsqualität.
 Vgl. auch UEC, Empfehlung zur Abschlußprüfung Nr. 6, Gewährleistung und Verbesserung der Prüfungsqualität – Quality Control –; IFAC/Auditing 7, Control of the Quality of Audit Work; IFAC, Proposed Statement of Policy on „Assuring the Quality of Audit and Related Services".

abhängig ist. Dementsprechend lassen sich auch die Maßnahmen zur Überwachung der Facharbeit und zur Organisation der Prüfungspraxis unterteilen in solche, die einen konkreten Prüfungsauftrag betreffen, und solche, die die Qualität der Facharbeit im weitesten Sinne sicherstellen sollen.

2. Überwachung der Prüfungsqualität bei der Abwicklung einzelner Prüfungsaufträge

a) Während der Prüfung

472 Das Erfordernis einer angemessenen Beaufsichtigung der bei der Prüfung eingesetzten Hilfskräfte ergibt sich unmittelbar aus den Berufsgrundsätzen der Eigenverantwortlichkeit und der Gewissenhaftigkeit des WP[190]. Ohne angemessene Beaufsichtigung ist der APr. nicht in der Lage, sich ein sachgerechtes, auf eigenen Kenntnissen beruhendes Urteil über das betreffende Prüfungsgebiet zu bilden.

473 Die Angemessenheit der Beaufsichtigung richtet sich vor allem nach der **Qualifikation** der eingesetzten Mitarbeiter. Soweit der APr. nicht ständig bei der Prüfung anwesend ist, muß er in angemessenen Abständen die bis dahin gewonnenen Prüfungsergebnisse mit den Prüfungsgehilfen besprechen, Zweifelsfragen klären und ggf. weitere Feststellungen oder Anweisungen treffen.

474 Die gemeinsame Stellungnahme der WPK und des IDW (VO) erwähnt folgende Maßnahmen zur Beaufsichtigung der Prüfung[191]:
- Durchsicht der Prüfungsunterlagen über die Beurteilung des internen Kontrollsystems und dessen Schwachstellen sowie deren Auswirkungen auf Art, Umfang und Zeitpunkt der durchgeführten Prüfungshandlungen
- Überwachung des Prüfungsfortgangs anhand des Prüfungsplans
- Entscheidung über die Verwertung von Prüfungsergebnissen und Untersuchungen Dritter, insbesondere von Ergebnissen der Internen Revision des zu prüfenden Unternehmens und von anderen APr.[192]
- Entscheidung über die Hinzuziehung von Spezialisten der Wirtschaftsprüfungspraxis oder von externen Sachverständigen
- Kenntnisnahme und Beurteilung aller wesentlichen Sachverhalte, die den JA und das Prüfungsergebnis betreffen, insbesondere von offenen Zweifelsfragen
- Prüfung der Einhaltung der Prüfungsanweisungen
- Durchsicht des Entwurfs des PrB, soweit dieser nicht vom zuständigen WP selbst erstellt ist.

b) Nach Abschluß der Prüfung

475 Neben einer ordnungsmäßigen **Prüfungsplanung**[193] sowie Beaufsichtigung der **Prüfungsdurchführung**[194] gehört insbesondere die nachträgliche **Durchsicht** der Prüfungsunterlagen im Rahmen der Qualitätskontrolle zu den Maßnahmen, die

---

190 Vgl. Richtlinien für die Berufsausübung der WP und vereidigten Buchprüfer, Stand 12. 3. 1987, Abschn. II u. III.
191 St/VO 1/1982 Abschn. C. II.
192 Zur Verwendung von Prüfungsergebnissen und Untersuchungen Dritter vgl. Tz. 456 ff.
193 Vgl. Tz. 17 ff.
194 Vgl. Tz. 472 ff.

eine sachgerechte Auftragsdurchführung gewährleisten. Daher ist es idR erforderlich, daß ein mit der Durchführung der Prüfung nicht befaßter WP oder erfahrener Mitarbeiter vor Erteilung des BestV die vorliegenden Arbeitsergebnisse kritisch würdigt. In größeren Praxen und WPG werden diese Arbeiten idR von einer besonderen Abteilung „**Berichtskritik**" durchgeführt. Da die Überwachung Aufgabe der Geschäftsführung ist, sollte die Abteilung Berichtskritik ihr unmittelbar unterstellt und mit dafür besonders qualifizierten Mitarbeitern besetzt sein, die über eine hinreichende Erfahrung verfügen. Berichtskritik kann auch in der Weise organisiert sein, daß von Fall zu Fall WP oder dafür besonders qualifizierte Mitarbeiter, die nicht mit der Prüfungsdurchführung beschäftigt waren, die Berichtskritik übernehmen. In kleineren Praxen ist eine entsprechende Arbeitsteilung häufig nicht möglich, so daß die kritische Würdigung der Arbeitsergebnisse vom verantwortlichen APr. selbst zu übernehmen ist.

Sofern in den Prüfungspraxen generelle Anweisungen über Form und Inhalt der **Arbeitspapiere** vorhanden sind, kann es ausreichen, wenn vor Erteilung des BestV lediglich der PrB einer kritischen Würdigung (Berichtskritik) unterzogen wird, während die Arbeitspapiere zu einem späteren Zeitpunkt – ggf. in Stichproben – durchgesehen werden. 476

Die Aufgabe der Berichtskritik besteht darin, unabhängig von den mit der Prüfung des Abschlusses beauftragten Personen die **formelle Ordnungsmäßigkeit** und materielle Richtigkeit des JA und des LB zu prüfen, soweit dies ohne eigene Prüfungsfeststellungen vor Ort möglich ist. Die formelle Ordnungsmäßigkeit kann durch einen Vergleich des vorliegenden JA mit den für seine Gliederung bestehenden Vorschriften sowie anhand der Ausführungen im PrB über die Zusammensetzung der Posten des JA geprüft werden. 477

Für die Beurteilung der **materiellen Richtigkeit** ist der Berichtskritiker auf die Ausführungen der Prüfer über die Bwertung der Posten des JA im PrB angewiesen. Sofern hierbei Zweifelsfragen auftreten, sollte der Berichtskritiker auch Einblick in die Arbeitspapiere nehmen. Dasselbe gilt für die Beurteilung der wirtschaftlichen Lage des Unternehmens und der entsprechenden Ausführungen im LB. Ggf. ist eine Rücksprache mit dem Prüfer, der die Prüfung verantwortlich vor Ort geleitet hat, erforderlich. 478

Im Rahmen der nachträglichen Durchsicht der Prüfungsunterlagen soll auch ein Urteil darüber abgegeben werden, ob die jeweilige Prüfung den gesetzlichen Vorschriften und/oder der Berufsübung entsprechend durchgeführt worden ist. Zu diesem Zweck wird sich der mit der Durchsicht Beauftragte einen Eindruck über Art und Umfang der durchgeführten Prüfungshandlungen verschaffen müssen, was eine Einsichtnahme in die Arbeitspapiere, die entsprechend ausführlich sein müssen [195], bedingt. In Prüfungspraxen mit mehreren Niederlassungen kann es sinnvoll sein, einen **zentralen Ausschuß** zu bilden, der turnusmäßig das Qualitätskontrollsystem der einzelnen Niederlassungen überprüft, um eine gleichhohe Prüfungsqualität in allen Niederlassungen sicherzustellen (inter office inspection). Namentlich in größeren Prüfungspraxen erscheint es angebracht, die Qualitätsgrundsätze sowie die Maßnahmen zur Gewährleistung einer entsprechenden Qualität in Form einer **Dokumentation** schriftlich zu fixieren [196]. 479

195 Vgl. Tz. 482 ff.
196 Ein Beispiel eines Fragebogens zur Nachschau ist in St/VO 1/1982 enthalten.

1237

3. Sicherung der Prüfungsqualität durch Organisation der Wirtschaftsprüferpraxis

480   Wesentliche Voraussetzung für die Gewährleistung einer objektiven Urteilsbildung ist die **Unabhängigkeit** und **Unbefangenheit** des WP selbst und seiner Mitarbeiter bei ihren Feststellungen und Entscheidungen. Der WP hat gewissenhaft zu prüfen, ob er nach den gesetzlichen Vorschriften [197] und der Berufsauffassung [198] einen Auftrag annehmen darf und ob er über die besonderen Kenntnisse und Erfahrungen verfügt, um den Auftrag sachgerecht durchführen zu können. Der WP sollte einen Auftrag ferner nur dann annehmen, wenn er nach seinen Kenntnissen auf die **Solidität** des Geschäftsgebarens des Auftraggebers vertrauen kann. Zur Gewährleistung einer objektiven und einheitlichen Urteilsbildung werden insbesondere von größeren WP-Praxen häufig hausinterne Prüfungsrichtlinien, Checklisten oder ähnliche Anleitungen und Anweisungen für Prüfung und Berichterstattung verwendet.

481   Die Leistungsfähigkeit einer WP-Praxis hängt in entscheidendem Maße von der Qualifikation und dem Informationsstand der in ihr tätigen fachlichen Mitarbeiter ab. Maßstab hierfür sind die Anforderungen der beruflichen Tätigkeit sowie die Berufspflichten der WP und ihrer Gehilfen. Der WP muß bereits bei der **Einstellung** seiner fachlichen Mitarbeiter darauf achten, daß sie über das notwendige Fachwissen und die für ihre Tätigkeit erforderliche persönliche Eignung verfügen. Er muß danach durch geeignete Maßnahmen für eine weitere berufsbezogene theoretische und praktische Ausbildung jüngerer Mitarbeiter sowie eine regelmäßige fachliche **Weiterbildung** auch der erfahrenen Mitarbeiter sorgen. Es empfiehlt sich, daß der Praxisinhaber oder, in größeren Praxen, dafür zuständige erfahrene Mitarbeiter regelmäßig die Leistungen und Fähigkeiten der ihnen fachlich unterstellten Mitarbeiter beurteilen. Diese Beurteilungen sollten auch für die weitere Ausbildung und Förderung der fachlichen Mitarbeiter herangezogen werden.

VII. Nachweis der Prüfungsdurchführung und Berichterstattung

1. Arbeitspapiere

a) Begriff und Zweck

482   Der APr. hat die Planung und Durchführung der Prüfung und die Ermittlung der Prüfungsergebnisse angemessen zu dokumentieren [199]. Dabei muß er die vorgenommenen Prüfungshandlungen nach Art, Umfang und Ergebnis in den Arbeitspapieren festhalten, soweit diese nicht aus dem PrB ersichtlich sind [200].

483   Arbeitspapiere und PrB ergänzen sich insofern, als der APr. in der Lage sein muß, aus beiden zusammen die Prüfungsdurchführung nachzuweisen und das Prüfungsergebnis abzuleiten. Bei einem ausführlichen PrB können daher die Arbeitspapiere knapper sein, während sie bei einem kürzeren Bericht entsprechend ausführlicher sein müssen.

---

197 Vgl. § 319 HGB.
198 Vgl. Richtlinien für die Berufsausübung der WP und vereidigten Buchprüfer, Abschn. I.
199 Vgl. FG 1/1988, Abschn. D. IV; IFAC/Auditing 9, Documentation.
200 Vgl. St/HFA 2/1981, Abschn. A.

Die Arbeitspapiere umfassen sämtliche Aufzeichnungen und Unterlagen, die **484** der APr. im Zusammenhang mit Planung und Durchführung der JA und zur Herleitung des Prüfungsergebnisses selbst erstellt, sowie alle Schriftstücke und Unterlagen, die er von dem geprüften Unternehmen oder von Dritten als Ergänzung seiner eigenen Unterlagen zum Verbleib erhält. Gegenüber Dritten dienen sie der **Dokumentation** und dem **Nachweis** der sachgerechten Auswahl der Prüfungshandlungen, der ordnungsgemäßen Durchführung der Prüfung sowie der angemessenen Berücksichtigung der Prüfungshandlungen bei der Urteilsbildung. Dazu gehört auch der Nachweis, wer welche Prüfungshandlungen durchgeführt und welche Prüfungsfeststellungen getroffen hat sowie die Identifikation verwerteter Unterlagen sowie der von Auskunftspersonen erteilten Auskünfte. Für den Prüfer selbst dienen die Arbeitspapiere der laufenden **Überwachung** der Prüfungsdurchführung, der **Erstellung** des PrB, der **Nachprüfung** der Prüfungsqualität (Nachschau), der Beantwortung von Rückfragen, sowie der **Vorbereitung** der nächsten Abschlußprüfung.

b) laufende Arbeitspapiere

Die systematische Sammlung von Unterlagen, die einen bestimmten JA betref- **485** fen, wird im allgemeinen als „laufende Arbeitspapiere" bezeichnet. Welche Angaben die laufenden Arbeitspapiere im einzelnen enthalten sollen, bleibt dem pflichtgemäßen Ermessen des APr. überlassen. Die Stellungnahme HFA 2/1981 erwähnt beispielhaft folgende Unterlagen[201]:

- Auftrag und Auftragsbestägigung, Auftragsbedingungen
  (soweit nicht an anderer Stelle aufbewahrt)
- Prüfungsplan, soweit der Umfang des Prüfungsstoffes eine Dokumentation der Prüfungsplanung erforderlich macht:
  - Zeitlicher Ablauf der Prüfung einschl. evtl. Vorprüfungen
  - Aufteilung des Prüfungsstoffes auf die Prüfer
  - Notizen über Vorbesprechungen zur Prüfung und Hinweise auf besondere Prüfungsschwerpunkte
  - aus dem mehrjährigen Prüfungsplan für die laufende Prüfung vorgesehene Prüfungsschwerpunkte
- Unterlagen zum JA:
  - Der zur Prüfung vorgelegte JA
  - Abschlußübersicht (Sachkonten-Saldenliste)
  - Nach- und Umbuchungslisten (mit Querverweisen zu den entsprechenden Arbeitspapieren)
  - Aufzeichnungen über Prüfungsfeststellungen und Besprechungsnotizen (zB über die Schlußbesprechung)
  - Vollständigkeitserklärung, soweit nicht an anderer Stelle aufbewahrt
  - Unterlagen über Geschäftsvorgänge von Bedeutung nach Schluß des GJ
- Abstimmung und Unterlagen der internen Revision; Prüfung des internen Kontrollsystems
- Arbeitspapiere zur Prüfung und Darstellung der rechtlichen und wirtschaftlichen Verhältnisse:
  - Verträge von Bedeutung, sofern die Unterlagen nicht Bestandteil der Dauerakte sind

---

201 Vgl. St/HFA 2/1981, Abschn. D. II.

Protokollauszüge über Beschlüsse zB von Gesellschafterversammlungen und von Aufsichtsgremien, sofern diese Unterlagen nicht Bestandteil der Dauerakte sind

- Ausarbeitungen des Prüfers über die Analyse des JA hinsichtlich der Entwicklung der Ertragslage, des Vermögens- und Kapitalaufbaus und der Liquidität
- Arbeitspapiere zu den einzelnen Posten des JA:
  - Darstellung der Zusammensetzung der Posten des Abschlusses und deren Ableitung aus dem Rechnungswesen
  - Aufzeichnungen über die Art und den Umfang der durchgeführten Prüfungshandlungen und die Prüfungsergebnisse hinsichtlich Bestandsnachweis, Bewertung und Ausweis.
  Eine Darstellung des zu beurteilenden Sachverhalts (zB Art der Bestandsnachweise, Bewertungsgrundsätze und Bewertungsverfahren sowie evtl. Änderungen) wird hierbei in der Regel notwendig und zweckmäßig sein. Insbesondere gilt dies für die Prüfung der Vorräte und die Einholung von Bestätigungen Dritter.
  - Aufzeichnungen darüber, inwieweit die Prüfungsfeststellungen auf eigenen Erhebungen des Prüfers, Auskünften der benannten Auskunftspersonen, Bestätigungen oder Arbeitsergebnissen Dritter beruhen.
- Arbeitspapiere zur Prüfung des GB:
  - Aufzeichnungen über die Beurteilung der Darstellung im LB
  - Aufzeichnungen über die Prüfung der Vollständigkeit und Richtigkeit der nach § 160 Abs. 2 bis 5 AktG vorgeschriebenen Angaben und das Ergebnis dieser Prüfung. Hierbei können Verweise auf die übrigen Arbeitspapiere zweckmäßig sein.
- Abschließende Feststellungen:
  - Abweichungen vom Prüfungsplan
  - Durchsicht der Arbeitspapiere durch den Prüfungsleiter
  - Prüfungskritik.

486 Die Arbeitspapiere gehören nicht zu den Unterlagen, die den gesetzlichen **Aufbewahrungsfristen** unterliegen. Die allgemeinen Auftragsbedingungen für WP und WPG enthalten Angaben zur berufsüblichen Aufbewahrungsfrist. Der APr. sollte aus eigenem Interesse Arbeitspapiere jedenfalls so lange aufbewahren, wie im Zusammenhang mit seiner Prüfung Ansprüche gegen ihn oder gegen Organe der Gesellschaft oder andere Personen gestellt werden können und er als Auskunftsperson in Anspruch genommen werden kann[202].

c) Dauerakte

487 Zu den Arbeitspapieren gehört auch die Dauerakte. Während die laufenden Arbeitspapiere nur für eine bestimmte Prüfung angelegt werden und allenfalls noch Hinweise für die nächste Prüfung enthalten, ist es der Sinn der Dauerakte, alle im PrB nicht, nicht immer wiederkehrend oder nur zT erwähnten Verhältnisse des Unternehmens, besondere Vorkommnisse und Probleme festzuhalten. Darüber hinaus soll sie einem noch nicht mit den Verhältnissen des betreffenden Unternehmens vertrauten Prüfer umständliche und zeitraubende Nachforschungen vor und erst recht während der Prüfung ersparen.

---

[202] Vgl. *ADS* § 323 Tz. 72.

Für die Einrichrung der Dauerakte gibt es kein allgemeingültiges Rezept. Von **488**
Nutzen können zB folgende Angaben sein[203]:

Allgemeines
    Genaue Firmenbezeichnung
    Rechtsform
    Unterlagen über Geschichte und Entwicklung des Unternehmens (Fest- und
    Jubiläumsschriften)
    Sitz, Anschrift, Telefon
Personelle Verhältnisse und Innenorganisation
    AR/Vorsitzer
    Vorstand/Vorsitzer bzw. Geschäftsführer
    Prokuristen und Handlungsbevollmächtigte
    Sonstige Auskunftspersonen, soweit sie für die Prüfung von Interesse sind
    Organisationsplan
Rechtliche Verhältnisse
    Satzung bzw. Gesellschaftsvertrag
    Gesellschafter/Hauptaktionäre
    Beteiligungen
    Abhängigkeitsverhältnisse, Beherrschungs- und Organverträge
    Konzernzugehörigkeit bzw. Zugehörigkeit zu verbundenen Unternehmen
    Zweigniederlassungen
    Zuständiges Finanzamt
    Hinweis auf Protokolle von Aufsichtsratssitzungen oder
    Gesellschafterversammlungen, soweit sie entscheidende Beschlüsse enthalten
    Gerichtsurteile (zB zu Patentfragen, Konzessionen, Gewährleistungen, Kar-
    tellfragen)
Wirtschaftliche Verhältnisse
    Jahresabschlüsse und LB
    Ergebnisse der letzten steuerlichen Außenprüfung
    Produktionsprogramm und Umsätze
    Wichtige Abnehmer und Lieferanten
    Liefer- und Abnahmeverpflichtungen
    Abdeckung des Preisrisikos bei Weltmarktrohstoffen (NE-Metalle, Kakao,
    Wolle, Baumwolle)
    Versicherungsschutz
Rechnungslegung und Prüfung
    Konten- und Kostenstellenplan
    Beschreibung des Buchführungssystems
    Protokolle über frühere Abschlußbesprechungen
    Zusammenarbeit mit betriebsinternen Stellen
    Allgemeine Hinweise für die Prüfungsdurchführung
    Besonderheiten der letzten Prüfung (Beanstandungen)
    Wichtige Hinweise für die nächste Prüfung

Die praktische Verwendbarkeit der Dauerakte erfordert unbedingt, daß sie nach **489**
jeder Prüfung daraufhin durchgesehen wird, ob Richtigstellungen bzw. Ergänzungen vorzunehmen sind.

---

203 Vgl. auch St/HFA 2/1981, Abschn. D.

2. Prüfungsbericht

490   Der APr. berichtet über das Ergebnis seiner Prüfung in kurzer Form (Bestäti-
gungsvermerk/short form report)[204] an die Öffentlichkeit und in einer ausführlichen Form (Prüfungsbericht/long form report)[205] an die zuständigen Organe der
Gesellschaft. Die Erstattung des PrB, in dem das Ergebnis der Prüfung besprochen wird, ist bei Pflichtprüfungen zwingend vorgeschrieben. Sie gehört zu den
Vertragspflichten des APr.

3. Management Letter

491   Bei sachgerechter Durchführung einer Abschlußprüfung tauchen häufig Probleme und Fragestellungen auf, die im Rahmen des Gesamturteils über die Ordnungsmäßigkeit der Rechnungslegung nicht ins Gewicht fallen oder nicht
unmittelbar Gegenstand des Prüfungsauftrags sind, deren Bekanntgabe an die
Unternehmensleitung dennoch sinnvoll oder erforderlich erscheint. Soweit sie
nicht in der Abschlußbesprechung erörtert werden, bietet sich eine Zusammenfassung in einem Management Letter an. In den USA hat der Management Letter in der Regel einen bestimmten Inhalt. Während er ursprünglich dazu diente,
dem Mandanten **Empfehlungen** für Verbesserungen in der organisatorischen,
rechtlichen oder wirtschaftlichen Ausgestaltung des betrieblichen Geschehens in
seinem Unternehmen zu geben[206], dient er dort heute im wesentlichen dazu,
gleichzeitig die nach den amerikanischen Prüfungsgrundsätzen vorgeschriebene
Berichterstattungspflicht über festgestellte **Schwachstellen** im internen Kontrollsystem[207] zu erfüllen. Dabei können folgende Punkte angesprochen werden:

  – Festgestellte Schwachstellen im internen Kontrollsystem und ggf. Lösungsvor-
    schläge für eine Beseitigung dieser Schwachstellen[208]
  – Hinweise auf problembehaftete Systeme oder Abläufe
  – Festgestellte Schwachstellen bei den Rechnungslegungs- und Berichterstat-
    tungserfordernissen
    Hinweise zur Verbesserung der rechtlichen oder steuerlichen Gestaltung
  – Hinweise zur Verbesserung betrieblicher Abläufe oder organisatorischer
    Gestaltungen.

492   In Deutschland besteht keine allgemeine Übung über die Verwendung und den
Inhalt eines Management Letter. Er kann jedoch durchaus geeignet sein, dem
Adressaten über Feststellungen zu informieren, die wesentlich aber nicht unbe-
dingt Bestandteil des PrB sind. Dabei kann das Interesse an der Versendung
eines Management Letter sowohl bei dem Adressaten als auch auf Seiten des
Prüfers liegen.

493   Die **Schriftform** des Management Letters hat im Gegensatz zum mündlichen
Vortrag in einer Schlußbesprechung den Vorteil, daß den Anmerkungen des

---

204 Vgl. im einzelnen FG 3/1988 sowie die Ausführungen unter O.
205 Vgl. im einzelnen FG 2/1988.
206 Vgl. *Arens/Loebbecke*, Auditing, Englewood Cliffs N.J. 1988 S. 700.
207 AICPA, SAS No. 60 Communication of Internal Control Structure Related Matters Noted in an
    Audit.
208 Vgl. IFAC/Auditing 6, Para. 28.

APr. im allgemeinen ein größeres Gewicht beigelegt wird[209]. Außerdem ist es für die Unternehmensleitung vielfach einfacher, die volle Tragweite der vom APr. gegebenen Hinweise und Anregungen zu überblicken, als dies bei einer nur verbalen Darstellung möglich wäre[210].

Gleichwohl muß sich der APr. jedoch bewußt sein, daß es nicht zulässig ist, eine   **494** Berichterstattung über wesentliche Mängel oder Schwachstellen, die im Rahmen der Prüfung festgestellt wurden, einschließlich einer eventuellen Berichterstattung über nachteilige Lageveränderungen und ergebnisrelevante Verluste gem. § 321 Abs. 2 HGB, statt im PrB in einem Management Letter vorzunehmen. Die ergänzende Berichterstattung im Management Letter darf sich vielmehr nur auf für das Gesamturteil und die formale Berichterstattung im PrB und BestV **unwesentliche Sachverhalte** erstrecken[211].

4. Schlußbesprechung

Die Abhaltung einer Schlußbesprechung ist, von Ausnahmen für Unternehmen   **495** bestimmter Rechtsformen oder Branchen abgesehen[212], gesetzlich nicht vorgeschrieben. Dennoch entspricht es allgemeiner Berufsübung, das Ergebnis der Abschlußprüfung mit dem Vorstand und den sonstigen zuständigen Personen zu besprechen, sofern der APr. nicht bereits während der Prüfung in ständigem Kontakt mit den zuständigen Stellen der Gesellschaft gestanden hat, so daß sich eine Wiederholung erübrigt.

Die Schlußbesprechung verfolgt den Zweck, dem Vorstand eine Zusammenstel-   **496** lung der **wichtigsten Prüfungsfeststellungen** sowie ein Bild von der allgemeinen **Ordnungsmäßigkeit des Rechnungswesens** zu vermitteln. Dabei werden insbesondere diejenigen Sachverhalte zur Sprache kommen, die zu **Beanstandungen** des Prüfers geführt haben. Die Klärung dieser Fragen dient der Zusammenarbeit von APr. und Gesellschaft und fördert das gegenseitige Vertrauen. Insbesondere bei Fragen, in denen die Auffassung des Prüfers und der Gesellschaft auseinandergehen, hat der Vorstand der Gesellschaft noch einmal Gelegenheit zu einer endgültigen Stellungnahme, die vom Prüfer bei der Abfassung des PrB noch verwertet werden kann. Daher wird häufig bei der Schlußbesprechung auch der **Berichtsentwurf** des APr. besprochen. Die Schlußbesprechung hat ferner besondere Bedeutung dann, wenn das Prüfungsergebnis zu einer Einschränkung oder Versagung des BestV führt.

Je nach Art und Bedeutung der in der Schlußbesprechung diskutierten Fragen   **497** oder Feststellungen kann es empfehlenswert sein, ein **Ergebnisprotokoll** über die Schlußbesprechung anzufertigen und dem Vorstand/der Geschäftsführung des geprüften Unternehmens zur Gegenzeichnung zuzusenden.

---

209 Vgl. *Selchert*, Jahresabschlußprüfung der Kapitalgesellschaften, Wiesbaden 1988 S. 636.
210 Vgl. *ADS* § 321 Tz. 207.
211 Vgl. *Selchert*, Jahresabschlußprüfung, S. 636.
212 Vgl. zB § 57 Abs. 4 GenG.

Abschnitt Q

Die Bezüge des Vorstands und des Aufsichtsrates einer Aktiengesellschaft

I. Vorstandsbezüge

1. Allgemeines

Die allgemeine Vorschrift für die Bezüge des Vorstandes findet sich in § 87   **1**
AktG, während § 86 AktG den Sonderfall der Gewinnbeteiligung regelt. Die
Pflicht, für ein angemessenes Verhältnis der Gesamtbezüge einschließlich
Gewinnbeteiligung zu den Aufgaben des Vorstandsmitglieds und zur Lage der
Gesellschaft zu sorgen, trifft den AR im Gegensatz zum früheren Rechtszustand
nur bei der Festsetzung der Bezüge selbst. Er braucht also dann, wenn sie nicht
mehr angemessen sind, die Voraussetzungen des § 87 Abs. 2 AktG jedoch noch
nicht vorliegen, keine Maßnahmen zu ihrer Herabsetzung zu ergreifen [1].

Zu den Bezügen gehört jeder **vermögenswerte Zufluß** aus der Gesellschaft, also   **2**
auch Naturalleistungen (Dienstwohnung, unentgeltliche Benutzung von Kraftfahrzeugen etc.). Auch eine von der Gesellschaft übernommene Lohnsteuer (zB
für die private Benutzung eines firmeneigenen Pkw durch das Vorstandsmitglied) ist Teil der Vorstandsbezüge [2]. Die Angemessenheit der Vorstandsbezüge
kann nur nach Lage des Einzelfalles beurteilt werden. Neben persönlichen
Umständen wie Fachwissen, Dauer der Tätigkeit für die Gesellschaft sind entscheidend der Verantwortungsbereich des Vorstandsmitglieds und die wirtschaftliche Lage der Gesellschaft.

Die **Herabsetzung** der Bezüge gem. § 87 Abs. 2 AktG durch den AR oder auf des-   **3**
sen Antrag durch das Gericht erfaßt nicht das bereits laufende Ruhegehalt, die
Hinterbliebenenbezüge oder Leistungen verwandter Art (§ 87 Abs. 2 Satz 1
AktG). Voraussetzung und Umfang der Kürzung bestimmen sich nach Treu und
Glauben (§ 242 BGB) [3]; befindet sich die Gesellschaft in einer den Bestand
gefährdenden Notlage, kann die Kürzung dieser Bezüge uU gerechtfertigt sein [4].

Werden die Bezüge so herabgesetzt, so steht dem betroffenen Vorstandsmitglied   **4**
ein Kündigungsrecht zu. Macht er von diesem Recht keinen Gebrauch, so erhält
er die herabgesetzten Bezüge. Bestreitet er die Berechtigung der Herabsetzung,
so kann er sowohl auf Zahlung der ursprünglich vereinbarten Leistungen klagen
als auch eine Feststellungsklage (§ 256 ZPO) erheben.

---

1 *Hefermehl* in AktG-Kom. § 87 Anm. 12.
2 Zur Angabepflicht solcher Leistungen nach § 285 Nr. 9 HGB vgl. F Tz. 574 ff.
3 BGH v. 19. 9. 1951, BB S. 869.
4 Vgl. BGHZ 93 S. 383/389; ferner *Lutter/Timm*, ZGR 1983 S. 269 ff.

2. Gewinnbeteiligung

5 Den Vorstandsmitgliedern kann nach § 86 AktG eine Gewinnbeteiligung gewährt werden, die idR in einem **Anteil am Jahresgewinn** der Gesellschaft bestehen soll. Maßgeblich ist der Gewinn der „Gesellschaft"; damit wird klargestellt, daß keine Beteiligung am Jahresgewinn einer Zweigniederlassung oder am Gewinn eines von der Gesellschaft hergestellten Erzeugnisses eingeräumt werden soll[5]. Die Vorschrift schließt es jedoch nicht aus, daß dem Vorstand eine Tantieme zugesagt wird, die sich nach anderen Bemessungsgrundlagen als dem Jahresgewinn richtet. Der AR wird allerdings dem Vorstand nur bei Vorliegen besonderer Gründe eine solche nicht unter § 86 Abs. 1 AktG fallende Tantieme einräumen dürfen. Bei der Beurteilung von solchen abweichenden Vereinbarungen ist zu beachten, daß im Gesetz die Bindung an den Jahresgewinn der Gesellschaft deshalb vorgesehen ist, weil sich die Verantwortung des Vorstands auf das gesamte Unternehmen bezieht. Wie schon bisher wird daher auch in Zukunft die Anknüpfung an andere Bemessungsgrundlagen nur dann statthaft sein, wenn sie der umfassenden Verantwortung des Vorstands entsprechen[6]. Bei einer Umsatztantieme sollte daher Bemessungsgrundlage jedenfalls der Gesamtumsatz der Gesellschaft sein[7]. Zur dividendenabhängigen Vorstandstantieme vergleiche Ziff. 4.

6 War ein Vorstandsmitglied nur für einen **Teil des Geschäftsjahres** bestellt, so ist nur der Teil der Bemessungsgrundlage bei Ermittlung der Gewinnbeteiligung anzusetzen, welcher der Dauer seiner Vorstandstätigkeit während des Geschäftsjahres entspricht. Entsprechendes gilt, wenn sich seine Tantieme nach dem Betrag der ausgeschütteten Dividende richtet.

7 Besteht die Gewinnbeteiligung an einem Anteil am Jahresgewinn der Gesellschaft, so berechnet sich die Tantieme nach der unabdingbaren Vorschrift des § 86 Abs. 2 AktG. Tantiemevereinbarungen, durch die der Vorstand günstiger gestellt wird als bei Zugrundelegung der Bestimmungen des § 86 Abs. 2 AktG, sind nichtig, allerdings nur insoweit, als die Vereinbarung über die gesetzliche Regelung hinausgeht[8]. Zulässig sind dagegen weitergehende Beschränkungen der Bemessungsgrundlage, die also zu einer für den Vorstand ungünstigeren Tantiemeberechnung führen als in § 86 Abs. 2 AktG vorgesehen. Beträge, die der Vorstand aufgrund einer gegen § 86 Abs. 2 AktG verstoßenden Tantiemeberechnung erhält, hat er gem. §§ 812 ff. BGB an die Gesellschaft zurückzuzahlen[9].

---

5 Begr. RegE s. *Kropff,* AktG, Textsammlung, Düsseldorf 1965 S. 109.
6 Vgl. *Mertens* in Kölner Kom. 2. Aufl. § 86 Anm. 5 mwN.
7 Begr. RegE s. *Kropff,* Textsammlung, S. 109. Der BFH hat – unter Berufung auf § 86 AktG – bei einem GmbH-Geschäftsführer den Standpunkt vertreten, eine umsatzabhängige Tantieme sei schon dann als verdeckte Gewinnausschüttung zu behandeln, wenn sie im Hinblick auf Art und Größe des Unternehmens nicht branchenüblich ist, DB 1978 S. 773. Kritisch äußert sich zu diesem Urteil *Ranft,* GmbH-Rdsch. 1979 S. 42 ff. Den Ausführungen von Ranft zur Rechtslage nach dem Aktienrecht kann insoweit nicht zugestimmt werden, als es nach seiner Meinung im freien Ermessen der Beteiligten steht, welche Art von Bezügen sie vereinbaren wollen und daher auch eine Umsatztantieme vereinbaren können, ohne daß besondere Gründe hierfür vorliegen. Zur steuerlichen Beurteilung durch den BFH soll hier nicht Stellung genommen werden.
8 *Mertens* in Kölner Kom. 2. Aufl. § 86 Anm. 7.
9 Daneben kann ein Schadenersatzanspruch gegen Vorstandsmitglieder gegeben sein, soweit die unzulässige Tantiemezahlung auf einer Verletzung der Sorgfaltspflicht des Vorstands beruht (§ 93 AktG). Gegenüber diesem Schadenersatzanspruch kann der Einwand des Bereicherungswegfalls nicht geltend gemacht werden.

Eine unzulässige Berechnung von Vorstands- oder AR-Tantieme führt nicht **8**
allein wegen der Unrichtigkeit der Berechnung zur **Nichtigkeit** des **JA**. Wenn
jedoch die Tantiemerückstellung zu niedrig bemessen ist, kann Nichtigkeit des
JA wegen Überbewertung gegeben sein (§ 256 Abs. 5 Nr. 1 AktG); dabei ist
allerdings die Möglichkeit in Betracht zu ziehen, daß auf die nicht zurückgestellten Beträge verzichtet sein kann, so daß eine Überbewertung nicht vorläge. Bei
einer infolge unrichtiger Berechnung der Tantieme zu hoch bemessenen Tantiemerückstellung kann der Jahresabschluß nur in dem Ausnahmefall nichtig sein,
daß dadurch die Vermögens- und Ertragslage der Gesellschaft vorsätzlich
unrichtig wiedergegeben oder verschleiert worden ist (§ 256 Abs. 5 Nr. 2 AktG).

Im übrigen kann der AR den Vorstandsmitgliedern für ein einzelnes Geschäfts- **9**
jahr auch eine **Sondervergütung** bewilligen. Das gleiche Recht hat die HV im
Rahmen der Gewinnverwendung, sofern eine Ermächtigung in der Satzung gem.
§ 58 Abs. 3 Satz 2 AktG vorliegt. In solchen Fällen handelt es sich jedoch nicht
um eine Gewinnbeteiligung, was im Beschluß über die Sondervergütung klargestellt werden sollte.

3. Die Berechnung der Gewinnbeteiligung

Die **Berechnungsgrundlage** für die Gewinnbeteiligung des Vorstands ist in § 86 **10**
Abs. 2 AktG geregelt. Die Vorschrift wurde im Wortlaut durch das BiRiLiG
leicht verändert.

Grundlage der Berechnung der Gewinnbeteiligung ist nicht, wie nach dem AktG
1937, der Reingewinn, sondern der von der Gesellschaft erwirtschaftete Ertrag,
der **Jahresüberschuß**. Der Anteil des Vorstands am Jahresgewinn wird berechnet
vom Jahresüberschuß, vermindert um einen Verlustvortrag aus dem VJ und um
die Beträge, die nach dem Gesetz oder Satzung aus dem Jahresüberschuß in
Gewinnrücklagen einzustellen sind. Bei der Berechnung ergeben sich im einzelnen folgende Fragen:

a) Der Jahresüberschuß als Bemessungsgrundlage

Ausgangspunkt für die Ermittlung der Bemessungsgrundlage ist der gem. § 275 **11**
Abs. 2 Nr. 20, Abs. 3 Nr. 19 HGB auszuweisende Jahresüberschuß. Aus der
Anknüpfung an diesen Posten der GuV ergeben sich bestimmte materielle Kon-
sequenzen.

Während der Geltung der §§ 77 und 98 AktG 1937 war die Frage erörtert wor- **12**
den, ob und ggf. welche Auswirkungen Steuererleichterungsvorschriften, die zu
einer Gewinnminderung führen, auf die Tantiemeberechnung haben. Insbesondere wurde die Auffassung vertreten, daß die Teile von steuerlichen Gegenposten zu Darlehen nach den §§ 7c, d, f EStG früherer Fassung, die Rücklagecha-
rakter besitzen, gem. § 77 Abs. 2 AktG 1937 für den Vorstand tantiempflichtig
gemacht werden konnten (WPH 1963 Bd. I S. 779 ff.). Für derartige Wertberich-
tigungsposten (zB § 6b EStG) stellt sich nunmehr die Frage dahin, ob es sich –
teilweise – um Rücklagen handelt, die den Jahresüberschuß, die Bemessungsgrundlage für die Vorstandstantieme, nicht mindern dürfen.

13 Diese Frage ist zu verneinen. Das Gesetz geht bei den Tantiemevorschriften von dem Jahresüberschuß und dem Bilanzgewinn aus, wie er sich unter Beachtung der Vorschriften des AktG ergibt. In den §§ 254, 279 Abs. 2, 280, 281 Abs. 1 und 285 Nr. 5 HGB sind jedoch solche **steuerlichen Sonderbestimmungen** ausdrücklich berücksichtigt. Für eine Korrektur der Berechnungsgrundlagen, wie sie das frühere Aktienrecht wegen der fehlenden Berücksichtigung der durch steuerliche Sondervorschriften verursachten Gewinnminderungen zumindest nahelegte, bleibt somit kein Raum mehr.

14 Ist die Gesellschaft aufgrund eines GAV zur Abführung des Jahresüberschusses verpflichtet (§ 301 AktG), so wird ein Jahresüberschuß nur ausgewiesen, wenn ein Verlustvortrag getilgt oder eine Zuführung zur gesetzlichen Rücklage vorgenommen wird. Bestehende Gewinnbeteiligungsansprüche können durch den Abschluß eines GAV nicht beeinträchtigt werden[10]. Bei einer dividendenabhängigen Tantieme ist daher mindestens der Betrag anzusetzen, der sich ergibt, wenn der Tantiemeberechnung die Zahlungen zugrunde gelegt werden, die aufgrund der Dividendengarantie an die Minderheitsaktionäre der Organtochter geleistet werden. Ggf. kann auch der Jahresüberschuß als Bemessungsgrundlage in Betracht kommen, der sich ohne die Gewinnabführung ergibt[11].

15 Wird während des Bestehens eines GAV eine Gewinnbeteiligung vereinbart, so muß wegen des normalerweise fehlenden Jahresüberschusses eine andere Bemessungsgrundlage vereinbart werden. Zulässig erscheint die Anknüpfung an den Jahresüberschuß, der sich ohne Gewinnabführung ergeben würde, unter Beachtung der nach § 86 Abs. 2 AktG vorzunehmenden Korrekturen.

16 **Sondererträge,** die den Jahresüberschuß nicht erhöhen, gehören nicht zur Bemessungsgrundlage der Tantieme. Für den Ertrag aufgrund höherer Bewertung entsprechend dem Ergebnis einer Sonderprüfung gem. § 258 AktG enthält § 261 Abs. 3 AktG ebenso eine ausdrückliche Regelung wie sie Art. 24 Abs. 3 Satz 1 EGHGB für die beim Übergang auf das HGB idF des BiRiLiG aufgedeckten stillen Reserven enthielt.

b) Der Einfluß von Tantiemen auf die Bemessungsgrundlage

17 Nach hM ist bei der Berechnung der Vorstandstantieme vom Jahresüberschuß **vor Abzug** der Vorstandstantieme auszugehen[12]. Zwar wird die Vorstandstantieme als Aufwand bereits im Abschluß des Jahres verrechnet, für das sie gewährt wird, und beeinflußt somit den Jahresüberschuß in der GuV der Gesellschaft. Daraus läßt sich jedoch kein gegenteiliger Schluß ziehen; die Art und Weise der Aufwandsverrechnung und die Art und Weise der Tantiemeermittlung stehen in keinem sachlichen Zusammenhang. Der Vorstand soll am Jahresgewinn beteiligt werden, also einen Teil des im GJ erzielten Ertrags erhalten. Es wäre sinnwidrig, wenn bei der Berechnung dieses Anteils berücksichtigt würde, daß der auf den Vorstand entfallende Anteil am Ertrag des GJ seinerseits wieder den Jahresüberschuß mindert. IdS hat sich bereits das RG zum Aktiengesetz

10 BGH v. 8. 2. 1960, DB S. 318 ff.
11 *Mertens* in Kölner Kom., 2. Aufl., § 86 Anm. 8 läßt in einem solchen Fall auch die Berücksichtigung des abgeführten Gewinns zu.
12 *Schäfer,* BB 1966 S. 229, 231 ff.; *Meyer-Landrut* in Großkom., § 86 Anm. 5; *Sieber,* WPg. 1972 S. 269 ff.; *Hefermehl* in AktG-Kom. § 86 Anm. 28.

Ziel verhindert, den Vorstand zu der Sicherung des Unternehmens beitragen zu lassen[17].

22 Nach der hier vertretenen Auffassung können die Vertragspartner somit vereinbaren, ob die Tantieme von ihrer eigenen Bemessungsgrundlage abgezogen werden soll oder nicht. Eine bestimmte, ständig angewandte Berechnungsmethode, der nicht widersprochen wurde, kann idR als stillschweigend vereinbart gelten.

23 Nach hM mindert auch die AR-Tantieme die Bemessungsgrundlage der Vorstandstantieme nicht, sofern dies nicht vereinbart worden ist[18]. Eine passivierte AR-Tantieme muß daher vor Berechnung der Vorstandstantieme zum Jahresüberschuß hinzugerechnet werden. Die obigen Ausführungen zu der Frage, ob die im Jahresüberschuß berücksichtigte Vorstandstantieme bei der Berechnung der Vorstandstantieme wieder hinzuzusetzen ist, gelten entsprechend.

24 Dagegen mindern **Arbeitnehmertantiemen** die Bemessungsgrundlage der Vorstandstantieme auch dann, wenn sie als Gewinnbeteiligung bezeichnet werden[19]. Daß sie bei der Berechnung der Vorstandstantieme nicht wie die Vorstandstantieme selbst und die AR-Tantieme behandelt werden können, ergibt sich daraus, daß sie auf einer anderen Ebene als die Gewinnbeteiligung der Organe der Gesellschaft liegen. Dafür spricht bereits der Umstand, daß Gewinnbeteiligungen der Arbeitnehmer im AktG nicht vorgesehen sind, daß Arbeitnehmertantiemen somit ausschließlich arbeitsrechtlich und nicht gesellschaftsrechtlich begründet sind. Entscheidend aber ist, daß der Vorstand nach Sinn und Zweck des § 86 AktG am Ertrag des Unternehmens partizipieren soll und dieser Ertrag durch Gewinnbeteiligungen der Arbeitnehmer ebenso gekürzt wird wie durch sonstige Lohn- und Gehaltsteile.

c) Einstellung in Gewinnrücklagen

5 Von dem Jahresüberschuß sind die Beträge **abzusetzen**, die nach Gesetz oder Satzung in Gewinnrücklagen eingestellt werden müssen. Die Bezugnahme auf Gewinnrücklagen beinhaltet iVm. § 272 Abs. 3 Satz 2 HGB auch die Aussage, daß damit nur Rücklagenbildungen aus Beträgen gemeint sind, die aus dem Ergebnis der Gesellschaft kraft Gesetzes oder des Statuts zu bilden waren[20].

6 Abzusetzen sind danach immer in vollem Umfang die in § 158 Abs. 1 Nr. 4a AktG aufgeführten und gem. § 150 Abs. 2 AktG und § 300 Nr. 1 bis 3 AktG erfolgten Zuführungen zur **gesetzlichen Rücklage**, da sie aufgrund einer gesetzlichen oder, soweit die Satzung die gesetzliche Rücklage auf einen höheren Betrag als den zehnten Teil des Grundkapitals festsetzt, aufgrund einer satzungsmäßigen Verpflichtung vorgenommen werden. Das gilt jedoch nicht für Dotierungen gem. § 232 AktG, da die Beträge als Zuweisungen zur Kapitalrücklage nicht im Jahresüberschuß enthalten sind. Entsprechend sind nicht abzusetzen die Einstellungen gem. § 272 Abs. 2 HGB, § 237 Abs. 5 AktG, da sie – ebenso wie die ent-

---

17 Begr. RegE s. *Kropff*, Textsammlung, S. 110.
18 *Hefermehl* in AktG-Kom. § 86 Anm. 27; aA *Kenntemich*, WPg. 1971 S. 105 ff. und *Mertens* in Kölner Kom., 2. Aufl., § 86 Anm. 17.
19 Strittig; vgl. *ADS*, 4. Aufl., § 174 Tz. 32. Aufgrund der Auslegung der Tantiemezusage an Arbeitnehmer gelangen auch *Mertens* in Kölner Kom., 2. Aufl., § 86 Anm. 17 und 21 und *Godin/Wilhelmi*, Aktiengesetz. Kommentar, 4. Aufl. Berlin 1971, § 86 Anm. 7 „im Zweifel" zu der hier vertretenen Ansicht; aA *Meyer-Landrut* in Großkom., § 86 Anm. 5, *Hefermehl* in AktG-Kom., § 86 Anm. 28 und *Baumbach/Hueck*, § 86 Anm. 6.g.
20 *ADS*, § 272 HGB Tz. 112.

1937 geäußert[13]; die Ausführungen des Gerichts haben insoweit ihre Bedeutung behalten. Auch der BGH hat sich dieser Auffassung angeschlossen[14].

Kenntemich[15] und *Mertens*[16] stehen im Gegensatz zur herrschenden Lehre und zur bisherigen Praxis auf dem Standpunkt, durch die Anknüpfung an den rechtstechnischen Begriff „Jahresüberschuß" in § 86 Abs. 2 AktG sei der hA der Boden entzogen. Diese beruhe allein auf dem erwähnten Urteil des RG, das durch die Rechtsentwicklung überholt sei. Da der Jahresüberschuß um die Vorstandstantieme gemindert ist, dürfte er in Ermangelung einer entsprechenden Vorschrift nicht zum Zwecke der Tantiemeberechnung wieder um die Tantieme erhöht werden. Unter Zugrundelegung dieser Auffassung hat *Kenntemic* Berechnungsformeln für Vorstands- und AR-Tantieme entwickelt.

Um Auseinandersetzungen über die Höhe des Tantiemebetrages zu vermeiden wäre es zweckmäßig, Vereinbarungen über die Vorstandstantieme auf den Jal resüberschuß nach Abzug der Tantieme abzustellen. Ist jedoch bei der Tantie mezusage keine Regelung getroffen, ob der Jahresüberschuß vor oder nac Abzug der Tantieme die Bemessungsgrundlage bilden soll, so wird man die Ve einbarung im Hinblick auf die seit Jahrzehnten gefestigte Rechtsauffassung u die allgemeine Übung in dem Sinn auslegen müssen, daß die Tantieme vom Ja resüberschuß vor Kürzung um die Tantieme zu berechnen ist; denn so muß d Tantiemevereinbarung verstanden werden, wenn sich kein Anhaltspunkt daf ergibt, daß nach dem Willen der Vertragspartner von dieser allgemeinen Pra bei der Tantiemeberechnung abgewichen werden soll.

Die Tantiemevereinbarung kollidiert bei dieser Auslegung auch nicht mit § Abs. 2 AktG, weil sich auch in diesem Fall der Gewinnanteil „nach dem Jahr überschuß" berechnet; die rechnerische Ableitung „aus" dem als Jahresüb schuß ausgewiesenen Betrag wird nicht verlangt. Die Bedeutung dieser Besti mung liegt vielmehr darin, daß sie bspw. das Abstellen auf einen nach betrie wirtschaftlichen Grundsätzen ermittelten Jahresgewinn für die Bemessung Vorstandstantieme ausschließt.

Im übrigen handelt es sich lediglich um eine Frage des in der Tantiemeverein rung festzulegenden Prozentsatzes der Gewinnbeteiligung. Um auf denselt Tantiemebetrag zu kommen, muß bei Zugrundelegung des Jahresüberschus vor Abzug der Tantieme der Prozentsatz niedriger sein als bei Zugrundelegu des Jahresüberschusses nach Abzug der Tantieme. Es kann nicht angenomm werden, daß der Gesetzgeber den Vertragspartnern – ohne jeden sachlich Grund – die eine oder die andere Berechnungsweise vorschreiben wollte. Si vollerweise kann insoweit nur das Erfordernis der **Angemessenheit** (§ 87 Akt die Grenze für die Tantiemefestsetzung bilden. Anders liegen die Dinge dageg hinsichtlich des Verlustvortrages und der nach § 86 Abs. 2 AktG abzusetzend Rücklagenzuführungen. Eine Vereinbarung, daß der Verlustvortrag oder bezeichneten Rücklagenzuführungen nicht von der Bemessungsgrundlage ab setzt werden sollen, wäre unzulässig, denn dadurch würde das gesetzgeberisc

13 RG v. 11.1.1918, RGZ 91 S. 316 ff.
14 BGH v. 3.12.1962, BB 1963 S. 55, 323.
15 WPg. 1971 S. 105 ff., S. 129 ff.
16 In Kölner Kom., 2. Aufl., § 86 Anm. 17; gegen die dort vertretene Auffassung auch *Hefermehl* AktG-Kom. § 86 Anm. 27.

sprechenden Erträge – nicht über die GuV geführt werden, so daß die Rücklagenzuführung nicht aus dem Jahresüberschuß erfolgt.

Zu den Rücklagen die nach Gesetz zu bilden sind, zählt auch die Rücklage für **eigene Aktien**, § 272 Abs. 4 HGB, § 158 Abs. 1 Nr. 4b AktG. Soweit die Rücklagenbildung aus dem Jahresüberschuß erfolgt, ist die Tantiemebemessungsgrundlage zu kürzen[21].   **27**

Bei den Zuführungen der **anderen Gewinnrücklagen** (§ 158 Abs. 1 Nr. 4d AktG) ist zu unterscheiden: Stellen Vorstand und AR den Jahresabschluß fest, so sind Zuführungen zu den anderen Gewinnrücklagen nur dann abzusetzen, wenn die Satzung – soweit man das für zulässig hält[22] – im Rahmen des § 58 Abs. 2 eine Verpflichtung zu dieser Rücklagenbildung enthält. Besteht jedoch keine derartige Verpflichtung, sondern machen Vorstand und AR nur von der Ermächtigung des § 58 Abs. 2 oder 2a AktG Gebrauch (die durch eine Ermächtigung in der Satzung, mehr als die Hälfte des Jahresüberschusses einstellen zu dürfen, ergänzt sein kann), so sind die entsprechenden Zuführungen nicht vom Jahresüberschuß abzusetzen.   **28**

Stellt die **HV** den Jahresüberschuß fest und enthält die Satzung einen Zwang zur Rücklagenbildung (§ 58 Abs. 1 AktG), so mindern diese Zuführungen die Bemessungsgrundlage. Wenn jedoch durch den Gewinnverwendungsbeschluß der HV im übrigen der Bilanzgewinn ganz oder teilweise in offene Rücklagen eingestellt wird, berührt dies die Bemessungsgrundlage nicht; diese Zuführung beruht auf einer gesetzlichen Ermächtigung (§ 58 Abs. 3 AktG), also nicht auf gesetzlichem Zwang, und wird ferner nicht aus dem Jahresüberschuß, sondern aus dem Bilanzgewinn vorgenommen.   **29**

Entnahmen aus Gewinnrücklagen erhöhen den Jahresüberschuß nicht (vgl. § 158 Abs. 1 Nr. 3 AktG) und bleiben infolgedessen tantiemefrei; gleiches gilt für Entnahmen aus der Kapitalrücklage, § 158 Abs. 1 Nr. 2 AktG.   **30**

Zusammenfassend ist festzuhalten, daß nach der auch hier vertretenen hM bei der Berechnung der Vorstandstantieme von dem Jahresüberschuß auszugehen ist, der noch nicht um die Tantiemen des Vorstands und des AR gekürzt ist. Von diesem Betrag sind ein Verlustvortrag auf die aufgrund gesetzlicher oder satzungsmäßiger Verpflichtung vorgenommenen Einstellungen in Gewinnrücklagen abzusetzen, sofern die Einstellungen aus dem Jahresüberschuß erfolgen. Der sich dann ergebende Betrag ist Bemessungsgrundlage bei Ermittlung der Vorstandstantieme.   **31**

4. Dividendenabhängige Gewinnbeteiligungen

a) Keine Anwendung des § 86 Abs. 2 AktG

Die Gewinnbeteiligung in Form eines Anteils am Jahresgewinn ist in § 86 Abs. 1 Satz 2 AktG nur für den Regelfall – und auch das nur im Rahmen einer Soll-Vorschrift – vorgesehen (vgl. Tz. 10). Eine Gewinnbeteiligung, die sich nach dem Betrag der **Gewinnausschüttung** oder dem Prozentsatz der **ausgeschütteten Divi-**   **32**

---

21 Vgl. *ADS*, § 272 HGB Tz. 145 ff. zur Bildung der Rücklage für eigene Anteile.
22 *ADS*, § 58 AktG Tz. 40 ff.

dende richtet, ist daher weiterhin zulässig. Wegen der Abhängigkeit der Dividende vom Bilanzgewinn wird jedoch auch die Auffassung vertreten, eine derartige Vereinbarung sei eine Gewinnbeteiligung iSd. § 86 Abs. 2 AktG und unterliege den Beschränkungen dieser Vorschrift. Diese auf die Rechtslage nach AktG 1937 zurückgreifende Auffassung ist jedoch nicht schlüssig. Nach AktG 1937 wurde die Vorstandstantieme vom Reingewinn berechnet und nicht vom Jahresüberschuß. Eine Gewinnbeteiligung iSd. damaligen § 77 Abs. 2 konnte daher immer dann angenommen werden, wenn der Vorstand am Reingewinn partizipieren sollte. Weil Dividende und Reingewinn in unmittelbarer Beziehung zueinander stehen, war es nach altem Recht vertretbar, auch dann eine dividendenabhängige Tantieme unter die Vorschrift zu subsumieren. § 86 Abs. 2 AktG knüpft hingegen an den Jahresüberschuß an und damit an den entsprechenden Posten von Bilanz und GuV. Nach dieser im Gesetz für den Normalfall vorgesehenen Regelung erhält der Vorstand also die Tantieme nicht von dem Gewinn, der Ausgangspunkt für den Gewinnanspruch der Aktionäre ist, sondern von dem im GJ erzielten Ertrag[23]. Eine Gewinnbeteiligung iSd. § 86 Abs. 1 Satz 2 AktG liegt somit nur vor, wenn der Vorstand unmittelbar am erwirtschafteten Jahresertrag beteiligt sein soll. Diese Voraussetzung ist nicht erfüllt, wenn die Tantieme sich nach der ausgeschütteten Dividende richtet, weil der Ausschüttungsbetrag von Faktoren bestimmt wird, die mit dem Jahresüberschuß rechtlich nicht in Zusammenhang stehen, und weil eine dividendenabhängige Tantieme deshalb sachlich anders zu qualifizieren ist als eine auf den Jahresüberschuß bezogene Beteiligung am Jahresgewinn. Dies ergibt sich einmal aus den betragsmäßigen Veränderungen, die ein als Jahresüberschuß ausgewiesener Betrag bis zum Posten Bilanzgewinn erfahren kann (insbesondere durch Rücklagenzuführungen und -entnahmen), zum anderen daraus, daß die Größenordnung von einer Willensentscheidung der Aktionäre, dem Gewinnausschüttungsbeschluß, abhängt. So erhält der Vorstand bspw. trotz eines ausgewiesenen Jahresüberschusses von 100, wenn die HV nur die Ausschüttung von 70 beschließt, die Tantieme lediglich bezogen auf 70. Andererseits kann die Bemessungsgrundlage für die Tantieme auch höher sein als der Jahresüberschuß, zB wenn im Bilanzgewinn Entnahmen aus Kapital- oder Gewinnrücklagen enthalten sind und die Beträge als Bilanzgewinn ausgeschüttet werden. Generell ist festzustellen, daß der Vorstand an Beträgen, die aus dem Jahresüberschuß freiwillig in Gewinnrücklagen eingestellt oder auf neue Rechnung vorgetragen werden, bei einer dividendenabhängigen Tantieme erst später partizipieren kann als bei einer nach dem Jahresüberschuß berechneten Tantieme, nämlich erst wenn und soweit diese Beträge zur Ausschüttung gelangen. Bei der dividendenabhängigen Tantieme ist die Dividendenpolitik der Gesellschaft somit der entscheidende Faktor auch für die Höhe der Vorstandstantieme.

b) Berechnung bei Anwendung des § 86 Abs. 2 AktG

33   Hält man im Gegensatz zu der hier vertretenen Ansicht die dividendenabhängige Tantieme für eine Gewinnbeteiligung iSv. § 86 Abs. 1 Satz 2 AktG, so sind

---

23 HM vgl. *ADS*, 4. Aufl., § 174 Tz. 35; *Mertens* in Kölner Kom., 2. Aufl., § 86 Anm. 7; *Hefermehl* in AktG-Kom., § 86 Anm. 7; MünchHdb., § 21 Rn. 35; aA *Meyer-Landrut* in Großkom., § 86 Anm. 3 für den Fall, daß als Tantieme ein bestimmter Betrag pro Prozent Dividende versprochen ist; dagegen soll auch nach *Meyer-Landrut* § 86 Abs. 2 zur Anwendung kommen, wenn als Tantieme ein bestimmter Prozentsatz der ausgeschütteten Dividende zugesagt ist.

die Bestimmungen in § 86 Abs. 2 AktG zu beachten. Ein Gewinnvortrag aus dem VJ (§ 158 Abs. 1 Nr. 1 AktG) und die aus der Auflösung von Gewinnrücklagen stammenden Beträge (§ 158 Abs. 1 Nr. 3 AktG) müssen dann, soweit sie in der Gewinnausschüttung enthalten sind, für die Tantiemeberechnung von der Dividende abgesetzt werden. Da Einstellungen in die gesetzliche oder satzungsmäßige Rücklage und ein Verlustvortrag, um die der Jahresüberschuß bei der Berechnung der Vorstandstantieme zu kürzen ist, schon den Bilanzgewinn gemindert haben, bedarf es insoweit keiner Bereinigung der Bemessungsgrundlage. Haben jedoch Vorstand und AR im Rahmen der Feststellung des Jahresabschlusses oder die HV durch den Gewinnverwendungsbeschluß freiwillig Beträge in Gewinnrücklagen eingestellt, so sind diese Beträge der Bemessungsgrundlage wieder zuzurechnen, jedoch nur bis zur Höhe der ausgeschütteten Dividende.

c) Auswirkungen der Körperschaftsteuerminderung bei Ausschüttungen

Bei der Ermittlung des Jahresüberschusses sind die ertragsabhängigen Steuern **34** gemäß § 279 HGB zu berücksichtigen. Danach berechnet sich der Steueraufwand nach dem Beschluß oder dem Beschlußvorschlag über die Verwendung des Jahresergebnisses. Die KSt wird demzufolge im Falle einer Gewinnausschüttung mit dem iaR niedrigeren Ausschüttungssteuersatz berechnet[24].

II. Aufsichtsratsbezüge

1. Allgemeines

Die Bestimmungen über AR-Bezüge in § 113 Abs. 1 und 2 regeln allgemeine **35** Grundsätze über die Höhe der Vergütung, insbesondere aber die Zuständigkeiten, Regelungen über Höhe und die Art der Festlegung – HV oder Satzung. Abs. 3 enthält Bestimmungen für den Fall, daß die Vergütung in einer Beteiligung am Jahresgewinn besteht. Darüber hinaus regelt § 114 AktG Besonderheiten des Vorliegens von Dienst- oder Werkverträgen mit AR-Mitgliedern über Tätigkeiten außerhalb der AR-Funktionen.

Im einzelnen sind folgende **Arten von AR-Bezügen** für die Tätigkeit als AR-Mit- **36** glied zu unterscheiden: feste Vergütung, gewinnabhängige Vergütung, Sondervergütung für eine außerordentliche Tätigkeit als AR-Mitglied, ferner Leistungen, die den Charakter von Aufwandsersatz haben[25]. Davon zu unterscheiden ist die Vergütung für eine Tätigkeit außerhalb der Aufgaben als AR (Dienstverträge oder Werkverträge über Tätigkeiten höherer Art, § 114 AktG).

Ein **Anspruch** der AR-Mitglieder auf Gewährung einer Vergütung besteht nicht. **37** Soll jedoch eine Vergütung gewährt werden, so muß sie in der Satzung festgesetzt oder – wie stets beim ersten AR – von der HV bewilligt werden. Der AR kann sich nicht selbst eine Vergütung festsetzen. Dies gilt auch für Sondervergütungen bei Erfüllung besonderer Aufgaben. Ob es in solchen Fällen genügt, daß der AR in der Satzung ermächtigt wird, im Einzelfall eine Sondervergütung zu

---

24 Vgl. *ADS*, § 278 HGB Tz. 5; zu den Auswirkungen der KSt-Reform im allgemeinen vgl. auch WPH 1977 S. 1547/49.
25 MünchHdb., § 33 Rn. 12.

gewähren[26], oder ob in jedem Fall die Sondervergütung von der HV festgesetzt werden müsse[27], kann wohl offen bleiben[28], da in beiden Fällen die Vergütung letztendlich von der HV beschlossen wird. Im Rahmen der Gewinnverwendung kann die HV nur dann eine Vergütung gewähren, wenn eine Satzungsermächtigung gem. § 58 Abs. 3 AktG vorliegt.

38   Die Vergütung muß in einem **angemessenen Verhältnis** zu den Aufgaben der AR-Mitglieder und zur Lage der Gesellschaft stehen (§ 113 Abs. 1 AktG). Das gilt auch für eine Beteiligung am Jahresgewinn, nicht jedoch für eine Vergütung gem. § 114 AktG, die Entgelt für eine Tätigkeit außerhalb des Aufgabenbereichs eines AR-Mitglieds ist.

2. Gewinnbeteiligung

39   Die Tantieme des AR ist in § 113 Abs. 3 AktG im Gegensatz zur Tantieme des Vorstands nach der **Beteiligung** der Aktionäre **am Gewinn** ausgerichtet, weil das der Stellung des AR besser entspricht. Deshalb geht das Gesetz vom Bilanzgewinn, der Grundlage des Gewinnanspruchs der Aktionäre, aus. Die Tantieme berechnet sich nach dem Bilanzgewinn, vermindert um einen Betrag von vier vH der auf den Nennbetrag geleisteten Einlagen. Diese Regelungen sind zwingendes Recht; entgegenstehende Festsetzungen sind nichtig, § 113 Abs. 3 Satz 2 AktG.

40   Wird die Gewinnbeteiligung an die Höhe der **Gewinnausschüttung** geknüpft (dividendenabhängige Tantieme), so handelt es sich ebenfalls um eine Gewinnbeteiligung iSd. § 113 Abs. 3 AktG. Die Dinge liegen hier anders als bei einer dividendenabhängigen Vorstandstantieme (vgl. Tz. 32 ff.). Da die Tantieme des AR nach der gesetzlichen Regelung vom Bilanzgewinn berechnet wird, ist eine Gewinnbeteiligung iSv. § 113 Abs. 3 AktG immer dann anzunehmen, wenn der AR am ausschüttungsfähigen Gewinn partizipieren soll. Diese Voraussetzung ist auch bei einer dividendenabhängigen Tantieme gegeben, wenn auch ggf. nur ein Teil des Bilanzgewinns ausgeschüttet und damit tantiemepflichtig wird. Bei der Berechnung einer dividendenabhängigen Tantieme muß daher ebenfalls die Bestimmung in § 113 Abs. 3 AktG beachtet werden, nach der die Tantieme nur von dem über 4 vH hinausgehenden Bilanzgewinn berechnet werden darf.

Im einzelnen ergeben sich bei der Tantiemeberechnung folgende Fragen:

a) Der Bilanzgewinn als Bemessungsgrundlage

41   Ausgangspunkt für die Ermittlung der Gewinnbeteiligung des AR ist der **Bilanzgewinn,** und zwar ohne Rücksicht darauf, woraus er entstanden ist. Entnahmen aus den Gewinnrücklagen sind daher – anders als bei der Vorstandstantieme nach § 86 Abs. 2 AktG – tantiemepflichtig. Auch ein Gewinnvortrag aus dem VJ ist tantiemepflichtig, obwohl er bereits im Jahr seiner Bildung als Teil des Bilanzgewinns der Tantiemeberechnung unterlegen hat. Selbst ein aus weiter zurückliegenden Jahren stammender Gewinnvortrag wird erneut tantiemepflich-

---

26 *Lehmann*, DB 1966 S. 1757 ff.; *Bernhardt*, BB 1967 S. 863 ff.; *Fischer*, BB 1967 S. 859 ff.
27 *Wilhelmi*, BB 1966 S. 1172 ff.; *v. Falkenhausen*, AG 1966 S. 379; *Meyer-Landrut* in Großkom. AktG § 113 Anm. 15; OLG Düsseldorf, DB 1967 S. 2155.
28 Vgl. MünchHdb., § 33 Rn. 14.

tig, weil er Bestandteil des Bilanzgewinns ist. Die mehrfache Tantiemezahlung von ein und demselben Betrag ist zwar unbefriedigend, im Hinblick auf den eindeutigen Gesetzeswortlaut jedoch unausweichlich.

Zuführungen zu den Gewinnrücklagen im Rahmen der Feststellung des Jahresabschlusses kürzen den Bilanzgewinn und sind daher tantiemefrei, während Rücklagedotierungen durch die HV im Rahmen der Gewinnverwendung tantiemepflichtig sind, da sie den Bilanzgewinn nicht mindern.   42

b) Der Abzug der Vorstandstantieme

Umstritten ist, ob die Vorstandstantieme die Bemessungsgrundlage für die Berechnung der AR-Tantieme mindert, oder ob die Vorstandstantieme, die als Aufwand den Jahresüberschuß und damit den Bilanzgewinn gekürzt hat, für die Berechnung der AR-Tantieme dem Bilanzgewinn wieder hinzugesetzt werden muß.   43

Das RG hat zum AktG 1937 den Standpunkt vertreten, daß die AR-Tantieme von dem nicht um die Vorstandstantieme geminderten Reingewinn zu berechnen sei, so daß auch der Betrag der Vorstandstantieme zugunsten des AR tantiemepflichtig war[29]. Bei Prüfung der Anwendbarkeit dieses Urteils auf den jetzigen Rechtszustand ist jedoch zu beachten, daß im AktG 1937 sowohl für die Vorstands- als auch die AR-Tantieme an dieselbe Bemessungsgrundlage, nämlich den Reingewinn, angeknüpft wurde. Wegen dieser identischen Anknüpfung erschien es richtig, die Tantiemen nicht gegenseitig von der Bemessungsgrundlage abzusetzen. Im Gegensatz zu dieser Regelung sind die Bemessungsgrundlagen für die Vorstandstantieme nach dem erwirtschafteten Jahresertrag, dem Jahresüberschuß, berechnet, ist bei der AR-Tantieme vom Bilanzgewinn auszugehen. Dadurch wird nicht nur eine formale Differenzierung im Hinblick auf die Berechnungsmethode, sondern eine qualitative Unterscheidung getroffen. Die Bemessungsgrundlagen sind nach den Funktionen der beiden Organe ausgerichtet. Während der Vorstand an dem während eines GJ erwirtschafteten Ertrag teilhaben soll, herrscht bei Ermittlung der AR-Tantieme der Gedanke vor, daß wegen der Aufsichtsfunktion des AR die Tantieme nach dem Betrag bemessen werden soll, der den Aktionären zur Verteilung zur Verfügung steht. Der qualitative Unterschied der beiden Bemessungsgrundlagen zeigt sich auch, wenn gem. Art. 24 Abs. 3 EGHGB stille Reserven aufgelöst wurden. Sie rechneten nach dieser Vorschrift nicht zum Jahresüberschuß iSd. § 86 Abs. 2 AktG, während sie für den AR tantiemepflichtig sind, wenn sie den Bilanzgewinn erhöhen, weil sie nicht in Gewinnrücklagen eingestellt werden. Diese Behandlung macht ebenfalls deutlich, daß im Gegensatz zum früheren Recht ein materieller Unterschied zwischen beiden Bemessungsgrundlagen besteht. Unter der Geltung des AktG 1965 ist deshalb davon auszugehen, daß die Vorstandstantieme dem Bilanzgewinn für die Berechnung der AR-Tantieme nicht hinzugesetzt werden darf[30].   44

Diese Auslegung trägt auch dem Gedankengang des zitierten Urteils des RG Rechnung. Das Gericht weist ausdrücklich darauf hin, daß der Gesetzgeber (im alten Recht) den Abzug der Vorstandstantieme von der Bemessungsgrundlage   45

---

29 RG v. 11. 1. 1918, RGZ 91 S. 316 ff.
30 Wie hier *Geßler* in AktG-Kom. § 113 Anm. 48; aA *Godin/Wilhelmi*, (Fn. 19) § 113 Anm. 3; *Mertens* in Kölner Kom., 2. Aufl., § 113 Anm. 37; *Schäfer*, BB 1966 S. 229/231 ff.

für die AR-Tantieme leicht in der Weise hätte bestimmen können, „daß die Tantieme von dem zur Verteilung unter die Aktionäre fähigen Betrag, soweit er die 4 vH Vordividende übersteigt, berechnet werden sollte". Sachlich ist eine derartige Regelung durch die unterschiedlichen Bemessungsgrundlagen im neuen Recht geschaffen worden.

c) Der Abzug der Aufsichtsratstantieme

46   Im Gesetz ist nicht ausdrücklich geregelt, ob bei der Berechnung der AR-Tantieme normalerweise im Aufwand des abgelaufenen GJ verrechnet wird und dadurch ihre eigene Bemessungsgrundlage, den Bilanzgewinn, kürzt. Hier kommt derselbe Grundsatz zur Anwendung wie bei der Vorstandstantieme, der vom RG in der schon zitierten Entscheidung angesprochen worden ist, nämlich daß eine Tantieme nicht ihre eigene Bemessungsgrundlage mindern kann [31]. Die Tantieme wird aus dem Gewinn gezahlt, gleichgültig ob sie als Aufwand des abgelaufenen GJ behandelt oder nur im Gewinnverwendungsbeschluß berücksichtigt wird. Sie ist materiell Teil des Gewinns, an dem der AR partizipiert.

47   Im übrigen kann – wie bei der Vorstandstantieme – der Abzug bzw. Nichtabzug bei der Festsetzung der Gewinnbeteiligung vereinbart werden. Es handelt sich hier ebenfalls nur um eine Frage des in der Tantiemevereinbarung anzugebenden Prozentsatzes der Gewinnbeteiligung. Ist keine abweichende Regelung getroffen, so geht auch hier der „objektive Erklärungswert" der Tantiemefestsetzung dahin, daß die Tantieme die Bemessungsgrundlage nicht mindern soll, weil anzunehmen ist, daß die Tantiemeberechnung entsprechend der bisher einhelligen Rechtsauffassung und allgemeinen Handhabung erfolgen soll. Auch bei dieser Auslegung der Tantiemefestsetzung handelt es sich um eine „nach" dem Bilanzgewinn berechnete, also mit § 113 Abs. 3 AktG in Einklang stehende Tantieme; denn mit dieser Formulierung ist nicht vorgeschrieben, daß ein für die Tantiemeberechnung festgesetzter Prozentsatz sich auf den Betrag beziehen müsse, der – nach Verrechnung der Tantieme – als Bilanzgewinn verbleibt.

d) Der Abzug der Vordividende

48   Bei dem Abzug von 4 vH der auf den Nennbetrag der Aktien geleisteten Einlagen ist zu beachten, daß zu Einlagen auch solche Beträge rechnen, die bei einer Kapitalerhöhung aus Gesellschaftsmitteln nach § 211 Abs. 2 AktG als voll eingezahlt gelten. Andererseits ist ein Aufgeld nicht zu berücksichtigen, wie sich aus dem klaren Wortlaut des Gesetzes ergibt, der nur Einlagen einbezieht, die auf den Nennbetrag der Aktien gezahlt sind.

49   Der Abzug der Vordividende für die Aktionäre hat den Zweck, den AR erst dann an dem Bilanzgewinn teilhaben zu lassen, wenn dieser 4 vH des Nennkapitals übersteigt, so daß in jedem Fall die Möglichkeit einer Ausschüttung von 4 vH sichergestellt ist.

50   Die Vordividende von 4 vH bleibt aber auch dann **tantiemefrei**, wenn die Tantieme voll aus dem 4 vH übersteigenden Bilanzgewinn gedeckt werden kann.

---

31 Vgl. Tz. 17 ff.; wie hier *Geßler* in AktG-Kom. § 113 Anm. 47, 49. *Kenntemich*, WPg. 1971 S. 105 ff. und *Mertens* in Kölner Kom. vertreten auch hinsichtlich der AR-Tantieme im Hinblick auf den Gesetzeswortlaut den Standpunkt, für die Berechnung dürfe die Tantieme dem Bilanzgewinn nicht wieder hinzugesetzt werden.

Reicht der Bilanzgewinn also bspw. zur Ausschüttung einer Dividende von 10 vH aus, so wird die AR-Tantieme dennoch nur von einem Betrag in Höhe von 6 vH berechnet.

III. Die praktische Kontrolle der Vorstands- und der Aufsichtsratstantieme

Die Vorstandstantieme wird berechnet vom Jahresüberschuß, der nicht um Vor-   **51**
stands- und AR-Tantieme gekürzt ist, abzüglich eines Verlustvortrages und der gesetzlichen und satzungsmäßigen Zuführung zur Rücklage. Bemessungsgrundlage für die AR-Tantieme ist der um die AR-Tantieme noch nicht gekürzte Bilanzgewinn abzüglich der Vordividende.

Die Tantiemen können mit Hilfe nachstehender Formeln ermittelt werden, deren Symbole folgende Werte darstellen[32]:

VT = Vorstandstantieme

AT = Aufsichtsratstantieme

$J1$ = Jahresüberschuß vor Abzug von Vorstands- und Aufsichtsratstantieme

V = Verlustvortrag (§ 158 Abs. 1 Nr. 1 AktG)

ER = Einstellungen in Gewinnrücklagen (§ 158 Abs. 1 Nr. 4)

ERG = Von ER die Einstellungen in Gewinnrücklagen aufgrund gesetzlicher oder satzungsmäßiger Verpflichtung

GV = Gewinnvortrag (§ 158 Abs. 1 Nr. 1 AktG)

AR = Entnahme aus Gewinnrücklagen (§ 158 Abs. 1 Nr. 3 AktG)

VD = Vordividende

$\dfrac{P}{100}$ = Prozentsatz der jeweiligen Tantieme

Formel für die Vorstandstantieme:

$$VT = \frac{P}{100} \ (J1 \ ./. \ V \ ./. \ ERG)$$

Formel für die Aufsichtsratstantieme:

$$AT = \frac{P}{100} \ (J1 \ ./. \ VT \ ./. \ V \ ./. \ ER + GV + AR \ ./. \ VD)$$

Berechnungsbeispiel:

Eine Gesellschaft mit einem eingezahlten Nennkapital von DM 1 Mio. hat Vorstand und AR eine Beteiligung von je 10 vH am Jahresgewinn zugesagt. Der Jahresüberschuß vor Abzug der beiden Tantiemen beträgt DM 200 000,–. Es besteht ein Verlustvortrag von DM 10 000,–. Aufgrund gesetzlicher Verpflichtung sollen DM 30 000,– DM und darüber hinaus aufgrund einer Satzungsermächtigung DM 20 000,– den Gewinnrücklagen zugeführt werden.

---

32 Ggf. müssen auch steuerliche Auswirkungen berücksichtigt werden; vgl. dazu *Kenntemich*, WPg. 1971 S. 129 ff. und *Zwehl*, DB 1966 S. 1937 ff. Die dort entwickelten Formeln für die Tantiemeberechnung sind jedoch nur verwendbar, wenn man die Rechtsauffassungen über aktienrechtliche Vorfragen, die diesen Formeln zugrunde liegen, teilt oder die Tantiemeregelung eine entsprechende Handhabung vorsieht.

An Hand der Formeln ist die Berechnung wie folgt vorzunehmen:

$$VT = \frac{10}{100} \ (200\,000 \ / \ 10\,000 \ / \ 30\,000)$$

$$VT = 16\,000$$

$$AT = \frac{10}{100} \ (200\,000 \ / \ 16\,000 \ / \ 10\,000 \ / \ 50\,000 \ / \ 40\,000)$$

$$AT = 8\,400$$

Die GuV der Gesellschaft zeigt daher ab dem Jahresüberschuß (§ 275 Abs. 2 Nr. 20/Abs. 3 Nr. 19 HGB) folgendes Bild:

	DM	DM
Jahresüberschuß		175 600,–
Verlustvortrag	/. 10 000,–	
Einstellungen in		165 600,–
Gewinnrücklagen		
a) in die gesetzliche Rücklage	30 000,–	
b) in andere Gewinnrücklage	20 000,–	
	/. 50 000,–	
Bilanzgewinn		115 600,–

Abschnitt R

Unternehmensverbindungen

I. Allgemeines

Das AktG 1937 hatte nur zwei Formen von Unternehmensverbindungen, näm- **1**
lich Konzernunternehmen einerseits und herrschende und abhängige Unternehmen andererseits unterschieden. Dabei galten herrschende und abhängige
Unternehmen unwiderlegbar als Konzernunternehmen (§ 15 AktG 1937). Die
Bestimmungen, die im Gesetz für diese beiden Kategorien von Unternehmensverbindungen enthalten waren, betrafen nur einzelne, gewissermaßen am Rande
der zentralen Probleme liegende Fragen. Die Regelung dieser zentralen Probleme, insbesondere die Sicherung der Kapitalerhaltung, der Schutz außenstehender Aktionäre und Gläubiger und die Offenlegung von Unternehmensverbindungen (zB durch JA und GB sowie Aufstellung eines KA), bildete ein Kernstück der „Großen Aktienreform". Der Gesetzgeber des AktG 1965 suchte damit
der Tatsache Rechnung zu tragen, daß das wesentlich von der Vorstellung der
autonomen Publikumsgesellschaft geprägte Leitbild der AG, das dem AktG
1937 zugrunde gelegen hatte, mit der Wirklichkeit weitgehend nicht in Einklang
steht, daß vielmehr im Wirtschaftsleben Unternehmen in mannigfacher Form
miteinander verflochten sind und daher der Einflußnahme von Personen unterliegen können, die der Gesellschaft nicht als ihre Organe verantwortlich sind.
Für eine sachgemäße Regelung der Kernfragen aber erschienen Abstufungen
nach der Art der Unternehmensverbindungen erforderlich. Je intensiver, je
enger eine Unternehmensverbindung ist, desto stärkere Sicherungen sind notwendig. So erklärt sich die gegenüber dem früheren Recht weitergehende Aufgliederung der Unternehmensverbindungen.

Den in diesem Zusammenhang getroffenen Regelungen ist in § 15 AktG eine **2**
Definition der „verbundenen Unternehmen" vorangestellt, die als Oberbegriff
für 5 verschiedene **Arten** von Unternehmensverbindungen dient, nämlich:

1. In Mehrheitsbesitz stehende und mit Mehrheit beteiligte Unternehmen (§ 16
   AktG)
2. Abhängige und herrschende Unternehmen (§ 17 AktG)
3. Konzernunternehmen (§ 18 AktG)
4. Wechselseitig beteiligte Unternehmen (§ 19 AktG)
5. Vertragsteile eines Unternehmensvertrages (§§ 291, 292 AktG).

An diese Unternehmensverbindungen werden in einer Reihe von Bestimmungen, die über das ganze AktG verstreut sind, Rechtsfolgen geknüpft. Teils betreffen sie alle 5 Arten von Unternehmensverbindungen gleichermaßen, also alle
verbundenen Unternehmen iSd. § 15 AktG, teils jeweils nur einzelne Verbindungsformen, wobei die Rechtsfolgen entsprechend der Intensität des speziellen
Verbindungstypus abgestuft sind.

Nicht als besondere Unternehmensverbindung aufgeführt ist die Eingliederung **3**
(§ 319 AktG), und zwar deshalb, weil die Eingliederung zugleich ein Konzern-

verhältnis begründet (§ 18 Abs. 1 Satz 2 AktG), so daß zwischen der Hauptgesellschaft und der eingegliederten Gesellschaft in jedem Fall eine Unternehmensverbindung iSv. § 18 AktG, zugleich aber auch von § 17 und § 16 AktG besteht.

4 Diese aktienrechtlichen Regelungen hatten unmittelbare Bedeutung für die Rechnungslegung der AG. Die Auslegung des Begriffs „verbundene Unternehmen" zB in § 151 Abs. 1 Aktivseite III B Nr. 10 und Passivseite VI. Nr. 5 Abs. 3 und 5 AktG aF oder als Grundlage für die Verpflichtung inländischer AG, KGaA, GmbH und bergrechtlicher Gewerkschaften zur Konzernrechnungslegung (§§ 329–338 AktG aF; Art. 28 EG AktG) erfolgte innerhalb des Aktienrechts und der aktienrechtlichen Rechnungslegung einheitlich.

Hierzu hat sich mit Inkrafttreten des HGB idF des BiRiLiG eine wesentliche Veränderung ergeben. Soweit der Begriff von „verbundenen Unternehmen" nunmehr für die Rechnungslegung von Relevanz ist, bestimmt sich sein Inhalt nach § 271 Abs. 2 HGB. Die aktienrechtlichen Vorschriften behalten daneben ihre Wirkung, jedoch außerhalb der Rechnungslegung.

II. Verbundene Unternehmen im Aktiengesetz und im Handelsgesetzbuch

1. Verhältnis von § 15 AktG zu § 271 Abs. 2 HGB – Grundlagen

5 Mit dem Gesetz zur Durchführung der Vierten, Siebenten und Achten Richtlinie des Rates der Europäischen Gemeinschaften zur Koordinierung des Gesellschaftsrechts vom 19. 12. 1985[1] wird die Einheitlichkeit des Begriffs „verbundene Unternehmen" aufgegeben. Hauptsächlicher Gegenstand des **BiRiLiG** ist die Ausweitung des Dritten Buchs des HGB durch Einfügung von Vorschriften über die Rechnungslegung der Kapitalgesellschaften (Zweiter Abschnitt des Dritten Buchs, §§ 264–339 HGB). Hiermit wird eine in Art. 41 der 7. EG-RL enthaltene Definition der verbundenen Unternehmen unter Ausübung von Wahlrechten in nationales Recht umgesetzt. Diese Definition, die von der des § 15 AktG abweicht, gilt ausschließlich im Dritten Buch des HGB, vornehmlich für die Rechnungslegung (Einzel- und Konzernabschluß) der Kapitalgesellschaften (AG, KGaA und GmbH). Es handelt sich nicht um eine Änderung des § 15 AktG, doch führt die Neuregelung im HGB zu einer Einschränkung des Anwendungsbereichs des Begriffs der verbundenen Unternehmen in § 15 AktG. Im Gegensatz zur Konzeption des AktG 1965 gilt § 15 AktG nicht mehr für die im Dritten Buch des HGB enthaltenen Rechnungslegungsvorschriften, und insoweit tritt die Begriffsbestimmung des § 271 Abs. 2 HGB an die Stelle des in § 15 AktG umschriebenen Begriffs. Für alle Vorschriften des AktG, die auf „verbundene Unternehmen" abstellen, ist weiterhin die Definition in § 15 AktG maßgebend, so zB auch für den Bericht über Beziehungen zu verbundenen Unternehmen (Abhängigkeitsbericht, § 312 AktG).

---

1 Bilanzrichtliniengesetz (BiRiLiG), BGBl. I S. 2355 ff.

Für Vorschriften, die durch das BiRiLiG (Art. 2) neu in das AktG aufgenommen **6**
worden sind, sowie für durch dieses Gesetz geänderte Vorschriften des AktG
gelten – eben weil sie Teil des AktG sind – die §§ 15–19 AktG ohne weiteres (zB
für die ergänzenden Vorschriften zum Anhang bei AG und KGaA in § 160
Abs. 1 Nr. 1, 2, 7 und 8 AktG nF).

Eine Anpassung des § 15 AktG an die in Art. 41 der 7. EG-RL vorgegebene **7**
Definition des § 271 Abs. 2 HGB, die der BR angeregt hatte, hielt die Bundesregierung für derzeit nicht sinnvoll. Es soll die Verabschiedung einer in Vorbereitung befindlichen EG-RL über Verbindungen zwischen Unternehmen abgewartet werden, die voraussichtlich eine allgemein verbindliche Definition der verbundenen Unternehmen enthalten wird[2].

a) Keine verschiedenen Arten von Unternehmensverbindungen im HGB

Bestimmungen, in denen verschiedene Arten von Unternehmensverbindungen **8**
umschrieben sind wie in §§ 16–19, 291, 292 AktG, enthält das HGB nicht; das
HGB kennt nur die in § 271 Abs. 2 definierte Art der Unternehmensverbindung.

Das HGB baut jedoch auf den aktienrechtlichen Typen von Unternehmensverbindungen auf, in dem im Dritten Buch des HGB Rechtsfolgen an einige der in
§§ 16–19 AktG genannten speziellen Verbindungsformen geknüpft werden; auf
die betr. Art der Unternehmensverbindung wird durch die Verweisungen
zurückgegriffen (zB in § 272 Abs. 4). Wiederholt hat man auch die entsprechende Anwendung der Abs. 2 und 4 des § 16 AktG vorgeschriebenen und damit
insbesondere auf das Abhängigkeitsverhältnis (§ 17 AktG) abgestellt (vgl. § 271
Abs. 1 Satz 4, § 285 Nr. 11), denn die Zurechnung der einem abhängigen Unternehmen gehörenden Anteile beim herrschenden Unternehmen ist der praktisch
bedeutsamste Fall des § 16 Abs. 4 AktG. Hierdurch werden diese Vorschriften
des AktG nunmehr im vorbezeichneten Rahmen auch für Rechnungslegung und
Konzernrechnungslegung der GmbH verbindlich. Mit den Voraussetzungen für
die Pflicht zur Konzernrechnungslegung (§ 290 Abs. 1 HGB) wird mit der „einheitlichen Leitung" an ein aktienrechtliches Kriterium (§ 18 Abs. 1 AktG) angeknüpft.

b) Verhältnis des aktienrechtlichen Begriffs der verbundenen Unternehmen zu dem Begriff der verbundenen Unternehmen in § 271 Abs. 2 HGB

Die **Definition** der verbundenen Unternehmen in § 271 Abs. 2 HGB ist gegen- **9**
über derjenigen in § 15 AktG in verschiedener Hinsicht **enger**[3].

– Die Unternehmensverbindung des § 16 AktG (in Mehrheitsbesitz stehende
und mit Mehrheit beteiligte Unternehmen) wird von § 271 Abs. 2 HGB nur
erfaßt, wenn sie (auch oder nur) auf Stimmrechtsmehrheit beruht (§ 290
Abs. 2 Nr. 1 HGB).

– Nicht in vollem Umfang erfaßt ist die Unternehmensverbindung des § 17
AktG (Abhängige und herrschende Unternehmen); nur in bestimmten durch
§ 17 AktG abgedeckten Fällen (§ 290 Abs. 2) liegt auch eine Unternehmens-

2 Beschlußempfehlung und Bericht des Rechtsausschusses, BT-Drs. 10/4268 v. 18. 11. 1985 S. 106.
3 Dies entspricht der erklärten Absicht des Gesetzgebers, wie der Begr. RegE zu § 236 Abs. 3 Nr. 3
HGB S. 34, zu entnehmen ist (BT-Drs. 10/3440 vom 3. 6. 1985). Zur dadurch entstandenen Begriffsvielfalt vgl. *Ulmer* in FS für Goerdeler, Düsseldorf 1987, S. 623 ff.

verbindung iSv. § 271 Abs. 2 HGB vor (zB kann ein Abhängigkeitsverhältnis bei Anteilsbesitz von weniger als 50% bei HV-Präsenzmehrheit bejaht werden, nicht aber § 290 Abs. 2 Nr. 1 HGB).

– Durch § 271 Abs. 2 nicht erfaßt sind die Unternehmensverbindungen des § 19 AktG (Wechselseitig beteiligte Unternehmen), die Verbindung durch Unternehmensvertrag (mit Ausnahme des Beherrschungsvertrags, § 290 Abs. 2 Nr. 3 HGB), sowie der Gleichordnungskonzern, § 18 Abs. 2 AktG (§ 290 betrifft nur Unterordnungskonzerne).

10 Die praktische Bedeutung dieser Einschränkungen gegenüber den aktienrechtlichen Unternehmensverbindungen sollte nicht überschätzt werden. Die Unternehmensverbindungen durch Mehrheitsbeteiligung und durch Abhängigkeitsverhältnis werden schon aktienrechtlich meist durch ein Konzernverhältnis (§ 18 Abs. 1 AktG) überlagert, so daß die Unternehmen idR auch gem. § 271 Abs. 2 iVm. 290 Abs. 1 HGB verbundene Unternehmen sind; liegt keine einheitliche Leitung vor, so werden die Unternehmen idR gem. Abs. 2 des § 290 HGB verbunden sein. Einem Gewinnabführungsvertrag wird meist eine Beteiligung des MU und ein Konzernverhältnis zugrunde liegen, oder es wird ein Sachverhalt iSv. § 290 Abs. 2 HGB gegeben sein; deshalb wird auch hier die Rechtslage nach § 15 AktG mit der des § 271 Abs. 2 HGB idR übereinstimmen. Wechselseitige Beteiligungen sind nach der Einführung der Veräußerungspflicht für Aktien an einer herrschenden oder mit Mehrheit beteiligten Gesellschaft (§ 71d Satz 4 iVm. § 71c Abs. 1 und 2 AktG) nicht mehr in den Formen des § 19 Abs. 2 und 3 AktG möglich[4], der Anwendungsbereich dieser Unternehmensverbindung ist daher ohnehin verkürzt. – Weiter verengt im Verhältnis zu den Unternehmensverbindungen des AktG wird der Begriff der verbundenen Unternehmen in § 271 Abs. 2 HGB dadurch, daß nach § 271 Abs. 2 HGB nur solche Unternehmen als verbunden gelten, die in einen KA gem. §§ 290, 291 einzubeziehen sind oder doch einbezogen werden können (s. hierzu Tz. 12 ff.).

11 Andererseits geht § 271 Abs. 2 HGB zT auch **weiter** als §§ 15 ff. AktG. So sind verbundene Unternehmen iSv. § 271 Abs. 2 HGB, nicht aber iSv. § 15 AktG anzunehmen, wenn ein MU bei zwei Tochterunternehmen über die Mehrheit der Stimmrechte verfügt, ohne tatsächlich eine einheitliche Leitung auszuüben oder es bei einem Tochterunternehmen über die Mehrheit der Stimmrechte, bei einem anderen Tochterunternehmen über das Recht verfügt, die Mehrheit der Mitglieder eines Gesellschaftsorgans zu bestellen, ohne tatsächlich eine einheitliche Leitung auszuüben[5]. Ferner entsteht eine Unternehmensverbindung allein iSv. § 271 Abs. 2 HGB, wenn einem MU auch solche Stimmrechte zugerechnet werden, über die es aufgrund einer Vereinbarung mit anderen Gesellschaftern verfügen kann (§ 290 Abs. 3 Satz 2)[6]. Zu einer Unternehmensverbindung gem. § 16 AktG können diese Stimmrechte nicht führen (wohl aber zu einer Unternehmensverbindung gem. § 17 AktG[7].

---

4 Vgl. Erl. zu § 19 AktG Tz. 198 ff.
5 Vgl. *ADS*, Vorb. §§ 15–18 AktG Tz. 8. Im Bereich des AktG sind verbundene Unternehmen nur solche, zwischen denen ein in § 15 AktG bezeichnetes Verhältnis vorliegt; *Koppensteiner* in Kölner Kom. § 15 Anm. 2.
6 AM vgl. *Kropff*, DB 1986 S. 364 ff., 368 unter C; im übrigen vgl. Tz. 377 ff.
7 Vgl. Erl. zu § 17 AktG Tz. 106 ff.; ein mit Minderheit beteiligtes Unternehmen kann dadurch, daß es mit den Stimmen anderer Aktionäre mit Sicherheit rechnen kann, zu einem herrschenden Unternehmen iSv. § 17 AktG werden.

c) Die Einbeziehung oder mögliche Einbeziehung in einen Konzernabschluß als zusätzliche Voraussetzung für Unternehmensverbindungen in § 271 Abs. 2 HGB

Eine bedeutsame Einschränkung erfährt die Reichweite des Begriffs der verbundenen Unternehmen in § 271 Abs. 2 HGB seinem Wortlaut nach dadurch, daß die Unternehmensverbindungen nicht nur an bestimmte Beziehungen zwischen den Unternehmen (§ 290 HGB) geknüpft sind, sondern darüber hinaus abhängig sind von der Einbeziehung oder möglichen Einbeziehung der Unternehmen in einen KA[8]. Im Gegensatz hierzu sind die von §§ 16–19, 291, 292 AktG erfaßten Unternehmen ohne weiteres miteinander verbunden; bei der Unternehmensverbindung durch Zugehörigkeit zu einem Konzern (§ 18 AktG) war es unerheblich, ob die Unternehmen in einen KA der Konzernobergesellschaft einzubeziehen sind oder nicht.

12

Die Konsequenz, die diese zusätzliche Voraussetzung für die Begründung von Unternehmensverbindungen in § 271 Abs. 2 HGB bei wortgetreuer Auslegung haben kann, sei an zwei Beispielsfällen verdeutlicht: Wenn in einem einstufigen Konzern eine Personengesellschaft[9] MU mehrerer nebeneinanderstehender Kapitalgesellschaften (Schwestergesellschaften) ist, muß sie keinen KA nach § 290 HGB aufstellen, denn nur (inländische) Kapitalgesellschaften sind hierzu verpflichtet; auch ein befreiender KA nach § 291 kommt nicht in Betracht, weil die Kapitalgesellschaften hier keinen KA aufzustellen haben. Infolgedessen sind bei dieser engen Auslegung die Unternehmen nicht verbundene Unternehmen iSv. § 271 Abs. 2 HGB. Das gleiche gilt, wenn ein Unternehmen, gleich welcher Rechtsform, mit Sitz im Ausland MU einer oder mehrerer Kapitalgesellschaften mit Sitz in der BRD ist, die ihrerseits (wie im vorigen Fall) keine Tochterunternehmen haben.

13

Daß gem. § 271 Abs. 2 HGB Unternehmensbindungen schon dann bestehen, wenn ein befreiender KA aufgestellt werden könnte (auch wenn er nicht aufgestellt wird), erweitert zwar den Begriff der hier verbundenen Unternehmen wieder erheblich. Er bedarf aber auch hier der über den Wortlaut hinausgehenden Interpretation, um ein unbefriedigendes Ergebnis zu vermeiden, wie die eben angeführten Beispiele zeigen[10].

14

d) Speziell zu den Konzernvermutungen und zur Abhängigkeit des AktG

Die – gegebenenfalls widerlegbare – Konzernvermutung wie in § 18 Abs. 1 Satz 3 AktG findet sich im HGB nicht. Weder § 290 noch § 271 Abs. 2 HGB nehmen auf die aktienrechtliche Vermutung Bezug oder enthalten entsprechende Bestimmungen. Auch für eine entsprechende Anwendung der **Konzernvermutung** des § 18 Abs. 1 Satz 3 AktG gibt § 290 keinen Anhaltspunkt; die Systematik des § 290 HGB spricht eher gegen eine analoge Anwendung dieser Konzernvermutung, da der Einbeziehungstatbestand des § 290 Abs. 1 HGB außer auf die einheitliche Leistung lediglich auf das Bestehen eines Beteiligungsverhältnisses an den Tochterunternehmen iSv. § 271 Abs. 1 HGB abstellt. Dies mag darauf hin-

15

---

8 Hinzu kommt noch der im letzten Halbsatz des § 271 Abs. 2 erfaßte Sonderfall, daß ein Unternehmen trotz Verbots seiner Einbeziehung (§ 295) verbundenes Unternehmen ist.
9 Vgl. aber die Richtlinie des Rates (90/605/EWG) zur Änderung der 4. und 7. EG-RL (ABl. L 317 16. 11. 1990 S. 60) betr. Personengesellschaften mit nur unbeschränkt haftender GmbH und AG.
10 Vgl. dazu Tz. 481 f., zur Kritik an § 271 Abs. 2 HGB *Kropff,* DB 1986 S. 364 ff.

deuten, daß der Gesetzeswortlaut in § 290 Abs. 1 HGB das effektive Bestehen eines Konzerns für die Pflicht zur Konzernrechnungslegung erfordert.

Während im AktG ein Beherrschungs- bzw. Abhängigkeitsverhältnis zur Konzernvermutung führt (wobei das Abhängigkeitsverhältnis auch seinerseits ein vermutetes sein kann, § 17 Abs. 2 AktG), ist fraglich, ob im HGB bloß vermutete Konzerne erfaßt sind und der Konzernrechnungslegung unterliegen.

16   Im Rahmen des **§ 290 Abs. 2 HGB** jedenfalls ist die Konzernvermutung des § 18 Abs. 1 Satz 3 AktG schon deshalb nicht anwendbar, weil diese Vermutung nur die Zusammenfassung unter einheitlicher (Konzern-)Leitung betrifft und die Tatbestände des § 290 Abs. 2 HGB im Aktiengesetz nicht als Konzern definiert sind. So begründet zB eine Stimmrechtsmehrheit (§ 290 Abs. 2 Nr. 1 HGB) auch dann die Zugehörigkeit zu dem Konzern des § 290 Abs. 2 HGB, wenn sie nicht mit beherrschendem Einfluß verbunden ist, was jedoch gegebenenfalls zur Nichteinbeziehung gem. § 296 Abs. 1 HGB führen kann. Für die Vermutungskette des AktG (Mehrheitsbeteiligung – Abhängigkeitsverhältnis – Konzernverhältnis) fehlt damit in Abs. 2 des § 290 HGB der Ansatzpunkt.

17   § 290 Abs. 1 HGB verlangt indessen eine andere Betrachtungsweise. Der Konzerntatbestand der **einheitlichen Leitung** wurde entsprechend dem Mitgliedstatenwahlrecht des Art. 1 Abs. 2 Buchst. b der 7. EG-RL in das HGB aufgenommen und soll damit an einer dem geltenden Recht entsprechenden Regelung festhalten[11]. Eine eigenständige Regelung des Begriffs der „einheitlichen Leitung" enthält das HGB nicht, so daß hierzu auf die zu § 18 AktG gefundenen Interpretationen zurückgegriffen werden muß[12]; die Begründung des RegE gibt Anlaß zu der Annahme, daß der Gesetzgeber insoweit Kongruenz zwischen den Vorschriften über den Konzern (§ 18 AktG) und über die Konzernrechnungslegung herstellen wollte. Im Hinblick darauf werden auch die aktienrechtlichen Vermutungsregelungen weiterhin zur Anwendung kommen können, soweit sie im Rahmen des Begriffs der einheitlichen Leitung von Bedeutung sind. Von abhängigen Unternehmen wird gemäß § 18 Abs. 1 Satz 3 AktG vermutet, daß es mit dem beherrschenden Unternehmen einen Konzern bildet; die Konzernbildung impliziert nach § 18 Abs. 1 Satz 1 AktG die einheitliche Leitung. Diese Vorschriften sind auch im Rahmen von § 290 Abs. 1 HGB entsprechend anwendbar[13].

18   Ebenso wie die widerlegbare **Konzernvermutung** des § 18 Abs. 1 Satz 3 AktG sind auch die unwiderlegbaren Konzernvermutungen bei Bestehen eines Beherrschungsvertrages und bei der Eingliederung (§ 18 Abs. 1 Satz 2 AktG) im HGB anwendbar und können als solche ein Konzernverhältnis iSv. § 290 Abs. 1 HGB begründen, soweit nicht, wie bei Beherrschungsverträgen nach § 290 Abs. 2 Nr. 3 HGB aus anderen Gründen eine Pflicht zur Konzernrechnungslegung besteht. Auch der Eingliederung geht die Pflicht zur Einbeziehung der einzugliedernden Gesellschaft in den KA sogar voraus, und zwar gem. § 290 Abs. 2 Nr. 1 HGB, weil sich beim Eingliederungsbeschluß mindestens 95% des Grundkapitals und

---

11 Vgl. Begr. RegE zu § 329 AktG, abgedr. bei *Biener/Bernecke*, Bilanzrichtlinien-Gesetz, Düsseldorf 1986, S. 290.
12 So auch SABI I/1988, Abschn. I 2.
13 Vgl. SABI I/1988, Abschn. I 2; *ADS*, § 290 HGB Tz. 15; *Busse von Colbe/Chmiliewicz*, DBW 1986 S. 289 (327); *Lutter*, ZIP 1985 S. 1426; *Maas/Schruff*, WPg. 1986 S. 202; *Biener/Bernecke*, (Fn. 11) S. 286; *Siebourg* in HdRKo., § 290 Anm. 29. Abw. Voraufl., S. 695; *Sarx/Kemper* in BeBiKo. § 290 Anm. 23.

der Stimmrechte[14] in der Hand der zukünftigen Hauptgesellschaft befinden müssen.

Auch die **Abhängigkeitsvermutung**, die im AktG an die Mehrheitsbeteiligung **19** geknüpft ist (§ 17 Abs. 2 AktG) ist für die Rechnungslegung neuen Rechts bedeutsam, und zwar bei denjenigen Vorschriften im Dritten Buch des HGB, die das Abhängigkeitsverhältnis direkt oder indirekt ansprechen. So ist beispielsweise für die Feststellung, ob die Anteile an einer Kapitalgesellschaft 20% des Nennkapitals dieser Gesellschaft überschreiten und damit im Zweifel als Beteiligung gelten, auf § 16 Abs. 4 AktG verwiesen (§ 271 Abs. 1 Satz 3 iVm. Satz 4 HGB). Nach § 16 Abs. 4 AktG werden einem Unternehmen ua. die Anteile zugerechnet, die einem von ihm abhängigen Unternehmen gehören, nicht dagegen Anteile in der Hand eines Unternehmens, an dem lediglich eine Mehrheitsbeteiligung iSv. § 16 AktG besteht. Wenn zB das Unternehmen A eine Mehrheitsbeteiligung an B besitzt, wird nach § 17 Abs. 2 AktG vermutet, daß B von A auch abhängig ist. Wird diese gesetzliche Vermutung nicht widerlegt, so gilt das in Mehrheitsbesitz stehende Unternehmen B auch als abhängig, und die dem abhängigen Unternehmen B gehörenden Anteile an einem dritten Unternehmen gelten gem. § 16 Abs. 4 als Anteile an A bei der Feststellung, ob der Anteilsbesitz von A mehr als 20% ausmacht. Die Bezugnahme auf § 16 Abs. 4 AktG in § 271 Abs. 1 HGB schließt die Anwendung der Abhängigkeitsvermutung des § 17 Abs. 2 AktG ein, weil der in § 16 Abs. 4 AktG angesprochene Begriff des abhängigen Unternehmens erst durch § 17 AktG ausgefüllt wird und somit auch die unwiderlegt vermutete Abhängigkeit des § 17 Abs. 2 AktG umfaßt.

e) Graphische Übersicht/Hinweise

In der folgenden graphischen Übersicht sind die Begriffe der verbundenen **20** Unternehmen nach AktG und HGB gegenübergestellt[15].

Auf § 271 Abs. 2 HGB wird unten (Tz. 336 ff.) im einzelnen eingegangen. Zur erstmaligen Anwendung des § 271 Abs. 2 HGB vgl. Tz. 414 ff.

Die für verbundene Unternehmen geltenden Vorschriften im AktG und im Dritten Buch des HGB sind unter Tz. 38 aufgeführt.

Verbundene Unternehmen

im Sinne des 3. Buches HGB	im Sinne des Aktiengesetzes				
Mutter- u. Tochterunternehmen im Konzern nach §§ 290, 291 § 271 Abs. 2 HGB	Mehrheitsbeteiligung § 16 AktG	Beherrschung/ Abhängigkeit § 17 AktG	Konzern (einschl. Eingliederung) § 18 AktG	wechselseitige Beteiligung § 19 AktG	Unternehmensverträge §§ 291, 292 AktG

14 Die zukünftige Hauptgesellschaft muß nicht nur über 95% des Kapitals verfügen (so ausdrücklich § 320 Abs. 1 AktG), sondern auch über eine 95%ige Stimmrechtsmehrheit (*Koppensteiner* in Kölner Kom. 2. Aufl. § 320 Anm. 6).
15 In Anlehnung an *Gross/Schruff*, Der Jahresabschluß nach neuem Recht, 2. Aufl. Düsseldorf 1986 S. 160.

2. Hinweise auf aufgehobene Vorschriften des AktG

21 Die Übernahme der Vorschriften über die Rechnungslegung und Konzernrechnungslegung in das HGB hat zu zahlreichen Änderungen geführt. Hierbei handelt es sich im wesentlichen um die Änderung oder Aufhebung von Vorschriften des AktG, die nicht mehr zutreffen, da die zugrunde liegenden Vorschriften über die Rechnungslegung aufgehoben wurden.

Als Beispiel sei der Hinweis auf den gesonderten Ausweis von Forderungen und Verbindlichkeiten gegenüber verbundenen Unternehmen in § 151 AktG genannt. Diesem Hinweis ist inzwischen die Grundlage entzogen, weil die Gliederung der Bilanz mit entsprechenden Posten jetzt in § 266 HGB enthalten ist, und weil für § 266 HGB nicht der Begriff der verbundenen Unternehmen in § 15 AktG, sondern der Begriff der verbundenen Unternehmen in § 271 Abs. 2 HGB gilt. Auf die Änderungen soll im einzelnen nicht eingegangen werden.

III. Die für verbundene Unternehmen geltenden Vorschriften

22 Die in § 15 AktG definierten Unternehmensverbindungen bilden den Anknüpfungspunkt für eine Reihe von Vorschriften des AktG, aber auch für einige Bestimmungen im Dritten Buch des HGB (zu letzteren Tz. 38). Die Unternehmensverbindung des § 271 Abs. 2 HGB ist für alle Vorschriften im Dritten Buch des HGB (§§ 238–340o) maßgebend, die sich auf verbundene Unternehmen beziehen.

23 Im folgenden (unter Tz. 24 ff.) wird eine Übersicht über die wesentlichen Vorschriften des AktG gegeben, die für alle gem. § 15 AktG angeführten Unternehmensverbindungen betreffen. Die Darstellung beschränkt sich zunächst auf die Rechtslage für AG; einzelne dieser Vorschriften sind entsprechend auch auf Gesellschaften anderer Rechtsformen anwendbar. Unter Tz. 35 ff. folgt eine Übersicht über die Vorschriften im Dritten Buch des HGB, die sich auf verbundene Unternehmen beziehen.

1. Der Anwendungsbereich des § 15 im AktG

a) Gemeinsame Vorschriften für alle iSv. § 15 AktG verbundenen Unternehmen

24 Sie betreffen im wesentlichen genehmigungspflichtige Kredite an Mitglieder des Vorstands und des AR, die Einbeziehung verbundener Unternehmen in Informationspflichten des Vorstands gegenüber AR und HV und die Berichterstattung über die Beziehungen zu verbundenen Unternehmen gem. §§ 312 ff.:

§ 89 Abs. 4

Als genehmigungspflichtige mittelbare Kreditgewährung an Vorstandsmitglieder, Prokuristen oder Generalhandlungsbevollmächtigte der Gesellschaft werden nicht behandelt Kreditgewährungen an verbundene Unternehmen, bei denen diese Personen gesetzliche Vertreter, AR-Mitglieder oder Gesellschafter sind.

§ 115 Abs. 3

Als genehmigungspflichtige mittelbare Kreditgewährungen an AR-Mitglieder der Gesellschaft werden nicht behandelt Kreditgewährungen an verbundene Unternehmen, bei denen die AR-Mitglieder gesetzliche Vertreter oder Gesellschafter sind.

§ 90 Abs. 1 und 3

Berichterstattungspflicht des Vorstands gegenüber dem AR-Vorsitzenden ua. über geschäftliche Vorgänge bei verbundenen Unternehmen, die auf die Lage der Gesellschaft von erheblichem Einfluß sein können; auf Anforderung auch Berichterstattung an den AR über die rechtlichen und geschäftlichen Beziehungen zu verbundenen Unternehmen.

§ 131 Abs. 1

Auskunftspflicht gegenüber dem Aktionär in der HV auch über die rechtlichen und geschäftlichen Beziehungen zu verbundenen Unternehmen.

§ 131 Abs. 1 Satz 2, Abs. 3 Nr. 1

Auskunftspflicht des Vorstands in der HV über rechtliche und geschäftliche Beziehungen der Gesellschaft zu einem verbundenen Unternehmen. Recht zur Auskunftsverweigerung, wenn die Erteilung der Auskunft der Gesellschaft oder einem verbundenen Unternehmen einen nicht unerheblichen Nachteil zufügen kann.

§ 145 Abs. 4

Tatsachen, deren Bekanntwerden der Gesellschaft oder einem mit der Gesellschaft verbundenen Unternehmen erhebliche Nachteile zufügen könnten, darf der Sonderprüfer nur dann in den PrB aufnehmen, wenn ihre Kenntnis zur Beurteilung des zu prüfenden Vorgangs durch die HV erforderlich ist.

§ 312 Abs. 1

Im Abhängigkeitsbereich hat der Vorstand der abhängigen Gesellschaft auch über die Rechtsgeschäfte mit Unternehmen zu berichten, die mit dem herrschenden Unternehmen verbunden sind, ferner über die auf Veranlassung oder im Interesse dieser Unternehmen getroffenen oder unterlassenen Maßnahmen.

§ 400 Nr. 1

Die unrichtige Wiedergabe oder Verschleierung der Beziehungen zu verbundenen Unternehmen ist strafbar.

b) Vorschriften mit Geltungsbereich speziell für einzelne Gruppen verbundener Unternehmen

Neben den für alle verbundenen Unternehmen geltenden Vorschriften knüpft das AktG spezielle Rechtsfolgen an einzelne Verbindungsformen. Dabei gelten eine Reihe von Vorschriften wiederum für jeweils zwei Arten von Unternehmensverbindungen gemeinsam. Zu unterscheiden ist zwischen Vorschriften mit Geltungsbereich   25

a) gemeinsam für Mehrheitsbeteiligungen und Abhängigkeitsverhältnisse,
b) ausschließlich für Mehrheitsbeteiligungen,
c) ausschließlich für Abhängigkeitsverhältnisse,
d) gemeinsam für Abhängigkeitsverhältnisse und Konzernverhältnisse,
e) ausschließlich für Konzernverhältnisse,
f) für wechselseitige Beteiligungen,
g) für Vertragsteile eines Unternehmensvertrages.

Im einzelnen handelt es sich um folgende Bestimmungen:

aa) Gemeinsame Vorschriften für mit Mehrheit beteiligte und in Mehrheitsbesitz stehende Unternehmen (§ 16) sowie herrschende und abhängige Unternehmen (§ 17) im AktG

26 Die im Mehrheitsbesitz stehenden und mit Mehrheit beteiligten sowie die abhängigen und herrschenden Unternehmen unterliegen zusätzlich einer Reihe weiterer Regelungen, die teilweise beide Arten von Unternehmensverbindungen betreffen, teilweise aber auch nur auf die eine oder die andere abgestellt sind.

27 Auf beide Verbindungsformen gemeinsam beziehen sich vor allem die Vorschriften, die den aus der vermögensmäßigen Verflechtung erwachsenden Gefahren für die Erhaltung des Kapitals begegnen sollen. Wenn solche Gefahren bei Mehrheitsbeteiligungen bestehen, sind sie erst recht bei Abhängigkeitsverhältnissen gegeben:

§ 56
Verbot der Übernahme von Aktien der Obergesellschaft durch abhängige oder in Mehrheitsbesitz stehende Unternehmen als Gründer, Zeichner oder in Ausübung eines Umtausch- oder Bezugsrechts; Aktienübernahme für Rechnung eines abhängigen oder in Mehrheitsbesitz stehenden Unternehmens ist der Aktienübernahme für Rechnung der Gesellschaft selbst gleichgestellt.

§ 71d
Verbot des Erwerbs von Aktien der Obergesellschaft durch abhängige oder in Mehrheitsbesitz stehende Unternehmen in gleichem Rahmen wie des Erwerbs eigener Aktien durch die Obergesellschaft selbst; Aktien der Obergesellschaft im Besitz abhängiger oder in Mehrheitsbesitz stehender Unternehmen werden bei Ermittlung der Höchstgrenze von 10 vH des Grundkapitals mitgerechnet, der Erwerb für Rechnung abhängiger oder in Mehrheitsbesitz stehender Unternehmen steht dem Erwerb für Rechnung der Gesellschaft selbst gleich. Aus Aktien der Obergesellschaft stehen dem abhängigen oder in Mehrheitsbesitz stehenden Unternehmen keine Rechte zu, § 71 Satz 4 iVm. § 71b.

§ 160
Vorschriften zum Anhang des JA.

Abs. 1 Nr. 1
In jedem Anhang sind Angaben über Bestand, Zugang und Verwertung auch solcher Aktien der Gesellschaft zu machen, die ein Aktionär für Rechnung eines abhängigen oder im Mehrheitsbesitz der Gesellschaft stehenden Unternehmens oder ein solches Unternehmen selbst als Gründer oder Zeichner übernommen hat.

Abs. 1 Nr. 2
In jedem Anhang sind Angaben zu machen auch über den Bestand an eigenen Aktien der Gesellschaft, die ein abhängiges oder im Mehrheitsbesitz stehendes Unternehmen oder ein anderer für deren Rechnung erworben oder als Pfand genommen hat, und zwar unter Angabe von Zeitpunkt und Gründen des Erwerbs; bei Erwerb oder Veräußerung im GJ ist auch hierüber zu berichten.

§ 305 Abs. 2 Nr. 2
Bei Abschluß eines GAV oder Beherrschungsvertrages hat das abfindungspflichtige Unternehmen, wenn es selbst eine abhängige oder in Mehrheitsbesitz stehende AG ist, den außenstehenden Aktionären nicht eigene Aktien, sondern entweder Aktien der Obergesellschaft oder eine Barabfindung anzubieten.

bb) Vorschriften mit Geltungsbereich ausschließlich für mit Mehrheit beteiligte und in Mehrheitsbesitz stehende Unternehmen (§ 16)

Bestimmungen, die allein auf die durch Mehrheitsbeteiligung miteinander ver-   **28** bundenen Unternehmen abstellen, sollen die Publizität des Beteiligungsverhältnisses gewährleisten. Sie gehen über die Mitteilungspflichten, die bereits bei einer Beteiligung von mehr als einem Viertel der Anteile einsetzen, hinaus zu:

§ 20 Abs. 4, § 21 Abs. 2
Verpflichtung zur Mitteilung einer Mehrheitsbeteiligung an das in Mehrheitsbesitz stehende Unternehmen.

§ 20 Abs. 5, § 21 Abs. 3
Verpflichtung zur Mitteilung, sobald die Mehrheitsbeteiligung nicht mehr besteht.

§ 20 Abs. 6
Bek. der mitgeteilten Beteiligung durch die in Mehrheitsbesitz stehende AG in deren Gesellschaftsblättern, ebenso Bek. der Beendigung der Beteiligung.

§ 22
Verpflichtung zum Nachweis der mitgeteilten Mehrheitsbeteiligung.

§ 160
Vorschrift zum Anhang des JA.

Abs. 1 Nr. 8
Angabe einer der Gesellschaft mitgeteilten Mehrheitsbeteiligungen und Angabe, wem die Beteiligung gehört.

cc) Vorschriften ausschließlich für herrschende und abhängige Unternehmen (§ 17)

Nur auf abhängige und herrschende Unternehmen abgestellt sind die Vorschrif-   **29** ten, die den Schutz vor Benachteiligungen durch den beherrschenden Einfluß eines Unternehmens bezwecken. Da die Unternehmensverbindung in der Form der bloßen Mehrheitsbeteiligung iSv. § 16 AktG gerade durch das Fehlen eines beherrschenden Einflusses auf die Beteiligungsgesellschaft gekennzeichnet ist, verbot es sich für den Gesetzgeber, die Gruppe der in Mehrheitsbesitz stehenden oder mit Mehrheit beteiligten Unternehmen in diese Vorschriften mit einzubeziehen. Es handelt sich um folgende Bestimmungen:

§ 16 Abs. 4, § 19 Abs. 1 Satz 2, § 20 Abs. 1 Satz 2, § 21 Abs. 1 Satz 2
Für die Feststellung, ob einem Unternehmen mehr als der vierte Teil der Anteile einer Kapitalgesellschaft gehört, sind dem Unternehmen auch Anteile zuzurechnen, die einem abhängigen Unternehmen oder einem anderen für Rechnung des abhängigen Unternehmens gehören. Das gleiche gilt für die Feststellung, ob eine Mehrheitsbeteiligung gegeben ist.

§ 20 Abs. 2
Ein Optionsrecht, das einem abhängigen Unternehmen zusteht, wird einem Optionsrecht des herrschenden Unternehmens selbst gleichgestellt, ebenso eine Abnahmeverpflichtung des abhängigen Unternehmens.

§ 20 Abs. 7
Abhängige Unternehmen und andere für dessen Rechnung können Rechte aus Anteilen für die Zeit nicht ausüben, für die das herrschende Unternehmen die Beteiligung, zu der die Anteile gehören, nicht gem. § 20 mitgeteilt hat.

§ 89 Abs. 2 Satz 2

Kreditgewährungen einer herrschenden Gesellschaft an gesetzliche Vertreter, Prokuristen oder Generalbevollmächtigte eines abhängigen Unternehmens und Kreditgewährungen einer abhängigen Gesellschaft an den gleichen Personenkreis des herrschenden Unternehmens sind nur mit Einwilligung des AR des herrschenden Unternehmens zulässig.

§ 100 Abs. 2 Nr. 2

Gesetzliche Vertreter eines abhängigen Unternehmens können nicht Mitglied des AR der herrschenden Gesellschaft sein.

§ 115 Abs. 1 Satz 2

Kreditgewährungen der herrschenden Gesellschaft an AR-Mitglieder eines abhängigen Unternehmens und Kreditgewährungen einer abhängigen Gesellschaft an AR-Mitglieder des herrschenden Unternehmens sind nur mit Einwilligung des AR des herrschenden Unternehmens zulässig.

§ 136 Abs. 2

Nichtigkeit eines Vertrages, durch den sich ein Aktionär verpflichtet, das Stimmrecht nach Weisung eines abhängigen Unternehmens auszuüben.

§ 302 Abs. 2

Verpflichtung des herrschenden Unternehmens zum Ausgleich eines Jahresfehlbetrages bei einer abhängigen Gesellschaft, die ihren Betrieb dem herrschenden Unternehmen verpachtet oder sonst übertragen hat, und zwar bis zur Höhe einer angemessenen Gegenleistung.

§ 308

Zulässigkeit benachteiligter Weisungen an eine abhängige Gesellschaft bei Bestehen eines Beherrschungsvertrages, sofern die Weisungen den Belangen des herrschenden oder anderer konzernverbundener Unternehmen dienen.

§ 311

Besteht kein Beherrschungsvertrag, so darf ein herrschendes Unternehmen eine abhängige AG oder KGaA nicht zu für sie nachteiligen Rechtsgeschäften oder Maßnahmen veranlassen, es sei denn, daß die Nachteile ausgeglichen werden.

§§ 312 bis 316

Verpflichtung des Vorstands einer abhängigen AG oder KGaA zur Erstellung eines Abhängigkeitsberichts, außer wenn ein Beherrschungs- oder ein GAV besteht oder die abhängige Gesellschaft in die herrschende eingegliedert ist (§ 323).

§§ 317, 318

Verantwortlichkeit des herrschenden Unternehmens, seiner gesetzlichen Vertreter oder der Verwaltungsmitglieder der abhängigen Gesellschaft für Benachteiligungen durch das herrschende Unternehmen, wenn kein Beherrschungsvertrag besteht.

§ 320 Abs. 5

Bei Eingliederung einer AG in eine andere hat die abfindungspflichtige Gesellschaft, wenn sie selbst eine abhängige Gesellschaft ist, den ausscheidenden Aktionären nach deren Wahl entweder eigene Aktien oder eine Barabfindung zu gewähren.

dd) Gemeinsame Vorschriften für herrschende und abhängige Unternehmen (§ 17) und Konzernunternehmen (§ 18)

30   **§ 134 Abs. 1 Satz 4**

Bei betragsmäßigen Stimmrechtsbeschränkungen in der Satzung kann bestimmt werden, daß zu den Aktien eines Aktionärs, der ein Unternehmen ist, auch die Aktien rechnen, die einem abhängigen, herrschenden oder konzernverbundenen Unternehmen gehören.

§ 145 Abs. 3, § 313 Abs. 1 Satz 4
Abschlußprüfer und Sonderprüfer können auch von der Verwaltung herrschender, abhängiger oder konzernverbundener Unternehmen die erforderlichen Aufklärungen und Nachweise verlangen.

ee) Vorschriften ausschließlich für Konzernverhältnisse (§ 18)

Nur auf Konzernverhältnisse, und zwar lediglich auf Unterordnungskonzerne 31
iSv. § 18 Abs. 1, bezieht sich die folgende Bestimmung:

§ 100 Abs. 2 Satz 2
Nichtanrechnung von bis zu 5 AR-Sitzen eines gesetzlichen Vertreters des herrschenden Unternehmens eines Konzerns in zum Konzern gehörenden Handelsgesellschaften und bergrechtlichen Gewerkschaften auf die Höchstzahl von 10 AR-Mandaten.

ff) Vorschriften für wechselseitig beteiligte Unternehmen

An wechselseitige Beteiligungen knüpft das Gesetz folgende spezielle Bestim- 32
mungen:

§ 160
Vorschrift zum Anhang des JA.

Abs. 1 Nr. 8
Angabe der wechselseitigen Beteiligung unter Angabe des Unternehmens.

§ 328
Beschränkung der Rechte aus wechselseitigen Beteiligungen; gegenseitige Verpflichtung zur Mitteilung der Höhe der Beteiligung und aller Veränderungen in der Beteiligungshöhe, wenn eine AG oder KGaA und ein anderes Unternehmen wechselseitig beteiligt sind.

gg) Vorschriften für Vertragsteile eines Unternehmensvertrages (§§ 291, 292)

Die allgemeinen Vorschriften für verbundene Unternehmen gelten auch für die 33
Vertragsteile eines Unternehmensvertrages (vgl. Tz. 24). Zu den verschiedenen Arten, zum Abschluß, Änderung und Beendigung von Unternehmensverträgen vgl. Tz. 238 ff. Besondere Schutzmaßnahmen zugunsten der Gesellschaft, ihrer Gläubiger und der außenstehenden Aktionäre sieht das Gesetz bei den bedeutsamsten Arten der Unternehmensverträge, dem Beherrschungs- und dem GAV (in beschränktem Umfang auch beim Teil-GAV), vor:

§§ 300 bis 302
Sicherung der Kapitalgrundlage der beherrschten oder gewinnabführungspflichtigen Gesellschaft durch Auffüllung der gesetzlichen Rücklage unter Hinzurechnung einer Kapitalrücklage in 5 Jahren auf 10 vH oder den in der Satzung bestimmten höheren Teil des Grundkapitals; Begrenzung der Gewinnabführung, Regelung der Verlustübernahme.

§ 302
Sicherung der Gläubiger der beherrschten oder gewinnabführungspflichtigen Gesellschaft bei Beendigung des Unternehmensvertrages.

§§ 304 bis 307
Dividendengarantie und Abfindungsangebot an die außenstehenden Aktionäre bei Abschluß eines Beherrschungsvertrages oder eines GAV.

Darüber hinaus sind noch anzuführen:

§ 308

Bei Bestehen eines Beherrschungsvertrages darf das herrschende Unternehmen dem Vorstand der beherrschten Gesellschaft Weisungen, die dem Interesse des herrschenden oder anderer konzernverbundener Unternehmen dienen, auch dann erteilen, wenn sie für das beherrschte Unternehmen nachteilig sind.

§§ 309, 310

Verantwortlichkeit der gesetzlichen Vertreter des herrschenden Unternehmens gegenüber der beherrschten Gesellschaft; Verantwortlichkeit der Verwaltungsmitglieder der beherrschten Gesellschaft.

§§ 312, 316

Die Verpflichtung zur Aufstellung eines Abhängigkeitsberichts entfällt für den Vorstand eines abhängigen Unternehmens, wenn mit dem herrschenden Unternehmen ein Beherrschungsvertrag oder ein GAV abgeschlossen ist.

c) Verknüpfungen zwischen den verschiedenen Formen von Unternehmensverbindungen durch gesetzliche Vermutungen

34 Die in a) und b) enthaltene Zusammenstellung der Vorschriften des AktG, die sich auf Unternehmensverbindungen beziehen, macht deutlich, daß für die verschiedenen Formen von Unternehmensverbindungen getroffenen Regelungen einander überlappen und sich in Teilbereichen decken. Darüber hinaus stehen die einzelnen Arten von Unternehmensverbindungen durch ein System gesetzlicher Vermutungen miteinander in Beziehung:

Widerlegbare Vermutungen	**Unwiderlegbare Vermutungen**
Eine Mehrheitsbeteiligung (§ 16)	Eine Mehrheitsbeteiligung bei wechselseitiger Beteiligung (§ 19 Abs. 2 und 3)
begründet die widerlegbare Vermutung für das Bestehen einer	begründet die unwiderlegbare Vermutung für das Bestehen einer
Abhängigkeit (§ 17),	Abhängigkeit (§ 17),
	Beherrschungsvertrag (§ 291) und Eingliederung (§ 319)
diese wiederum die widerlegbare Vermutung für das Bestehen eines	begründen die unwiderlegbare Vermutung für das Bestehen eines
Konzerns (§ 18 Abs. 1 Satz 3).	Konzerns.

2. Der Anwendungsbereich des § 271 Abs. 2 HGB im Dritten Buch des HGB

35 § 271 Abs. 2 HGB hat für den Bereich der Rechnungslegung, einschließlich der Konzernrechnungslegung, den Begriff der verbundenen Unternehmen des AktG durch einen neuen Begriff ersetzt (vgl. Erl. unter Tz. 336 ff.). Da die Aufstellung von JA und KA im Dritten Buch des HGB auch für GmbH vorgeschrieben ist, sind bei Gesellschaften dieser Rechtsform somit ebenfalls kraft Gesetzes Unternehmensverbindungen zu berücksichtigen. Das HGB enthält verschiedene Bestimmungen, gemäß denen verbundene Unternehmen iSv. § 271 Abs. 2 HGB gesonderte Ausweise zu Posten von Bilanz oder GuV oder zusätzliche Angaben zu machen haben (nachfolgend Tz. 36). Daneben gelten im HGB einzelne Vorschriften des AktG über verbundene Unternehmen (nachfolgend Tz. 38).

Keine Anwendung finden die aktienrechtlichen Normen über verbundene **36** Unternehmen bei der Abschlußprüfung[16]. Einzelne Bestimmungen des § 319 Abs. 2 und 3 sowie die Schadenersatzpflicht des APr. in § 323 HGB beziehen sich auf verbundene Unternehmen. Damit wird der durch § 271 Abs. 2 HGB, nicht aber der durch § 15 AktG gezogene Kreis von Unternehmen erfaßt[17].

Die wesentlichen für verbundene Unternehmen iSv. § 271 Abs. 2 geltenden Vor- **37** schriften im HGB sind in der folgenden Übersicht enthalten:

§ 266 Aktivseite B II Nr. 2, Passivseite C Nr. 6

Gesonderter Ausweis von Forderungen und Verbindlichkeiten gegenüber verbundenen Unternehmen.

§ 266 Aktivseite A III Nr. 1, 2 und B III Nr. 1

Gesonderter Ausweis von Anteilen an verbundenen Unternehmen und von Ausleihungen an verbundene Unternehmen.

§ 266 Abs. 1 Satz 3

Kleine Kapitalgesellschaften (§ 267 Abs. 1) können in der zum HR einzureichenden Bilanz auf den gesonderten Ausweis der verbundene Unternehmen betreffenden Posten verzichten. Jeder Aktionär kann jedoch verlangen, daß ihm in der HV ein JA in der Form des § 266 Abs. 2 und 3, also mit gesondertem Ausweis, vorgelegt wird (§ 131 Abs. 1 Satz 3 idF des BiRiLiG).

§ 327 Nr. 1

Mittelgroße Kapitalgesellschaften müssen, auch wenn sie von der für kleine Kapitalgesellschaften vorgesehenen Aufstellung in verkürzter Form Gebrauch machen, die verbundene Unternehmen betreffenden Posten in der Bilanz oder im Anhang gesondert angeben.

§ 275 Abs. 2 Nr. 9, 10 und 11 (beim Umsatzkostenverfahren Abs. 3 Nr. 8, 9 und 10)

Gesonderter Ausweis der Erträge aus verbundenen Unternehmen (aus Beteiligungen, anderen Wertpapieren und Ausleihungen des Finanzanlagevermögens sowie Zinsen und ähnliche Erträge).

§ 275 Abs. 2 Nr. 13 (beim Umsatzkostenverfahren Abs. 3 Nr. 12)

Gesonderter Ausweis von Zinsen und ähnlichen Aufwendungen an verbundene Unternehmen.

§ 268 Abs. 7

Gesonderte Angabe von Haftungsverhältnissen iSv. § 251 gegenüber verbundenen Unternehmen.

§ 285 Nr. 3

Gesonderte Angabe sonstiger Verpflichtungen gegenüber verbundenen Unternehmen im Anhang, die nicht in der Bilanz erscheinen und für die Beurteilung der Finanzlage von Bedeutung sind.

---

16 Abw. Vorauf1. Bd. II S. 702; wie hier *ADS*, Vorbem. zu §§ 15–18 AktG Tz. 15, 16.
17 Vgl. *ADS*, § 319 Tz. 49 sowie § 323 Tz. 66; *Baumbach/Duden/Hopt*, HGB, 28. Aufl., München 1989, § 319 Anm. 3, § 323 Anm. 2; *Puckler* in HdR, § 323 Rn. 11; aM *Baumbach/Hueck/Schulze-Osterloh*, GmbHG, 15. Aufl., München 1988, § 41 Rn. 73. Krit. *Ulmer*, Begriffsvielfalt im Recht der verbundenen Unternehmen als Folge des Bilanzrichtliniengesetzes in *Havermann*, Bilanz- und Konzernrecht, FS für *Goerdeler*, Düsseldorf 1987, S. 638.

3. Die im Dritten Buch des HGB anzuwendenden Vorschriften der §§ 16–19 AktG

38 Einzelne Rechnungslegungsvorschriften des HGB beziehen sich auf die Unternehmensverbindungen in §§ 16–19 AktG oder auf einzelne der dort getroffenen Regelungen.

§ 271 Abs. 1

Die Beteiligung bestimmt sich gem. § 271 Abs. 1 Satz 3 nach § 16 Abs. 2 und 4 AktG.

Damit ist ua. auf das Abhängigkeitsverhältnis, § 17 AktG, Bezug genommen. Anteile, die einem abhängigen Unternehmen gehören, gelten nach § 16 Abs. 4 als Anteile, die einem abhängigen Unternehmen gehören. Bei der Feststellung der Beteiligung ist auch von der Abhängigkeitsvermutung des § 17 Abs. 2 AktG auszugehen; danach wird gesetzlich vermutet, daß ein in Mehrheitsbesitz stehendes Unternehmen von dem an ihm mit Mehrheit beteiligten Unternehmen abhängig ist (vgl. hierzu Tz. R 70 ff.).

§ 272 Abs. 4 Satz 4

Die Rücklage für eigene Aktien ist auch für die Anteile eines herrschenden oder eines mit Mehrheit beteiligten Unternehmens zu bilden.

Mit dem herrschenden Unternehmen kann hier nur ein herrschendes Unternehmen iSd. § 17 AktG, mit dem mit Mehrheit beteiligten Unternehmen ein Unternehmen iSv. § 16 AktG gemeint sein, zumal dieser Satz bereits in § 153a AktG enthalten war und sich dort nur auf die §§ 16 und 17 AktG beziehen konnte. Im BiRiLiG ist § 153a AktG durch § 272 Abs. 4 HGB ersetzt worden.

§ 285 Nr. 11

Für die Berechnung des 20%igen Anteilsbesitzes sind § 16 Abs. 2 und § 16 Abs. 4 AktG anzuwenden.

Auch hier ist durch die Verweisung auf § 16 Abs. 4 AktG das Abhängigkeitsverhältnis angesprochen (vgl. Erl. oben zu § 271 Abs. 1 und § 272 Abs. 4 Satz 4).

IV. Unternehmensverbindungen im Aktiengesetz

1. Verbundene Unternehmen

39 Der Begriff „Verbundene Unternehmen" hat im AktG vor allem rechtstechnische Bedeutung; er gestattete dem Gesetzgeber, mit diesem Oberbegriff aus § 15 AktG alle Arten von Unternehmensverbindungen zu umschreiben, für die weitergehende Vorschriften mit formaler und materieller Bedeutung gelten.

Eine Unternehmensverbindung iSd. **AktG** liegt nur dann vor, wenn eine AG oder KGaA beteiligt ist. Ist das nicht der Fall, ergeben sich aus der Unternehmensverbindung keine unmittelbaren Rechtsfolgen aus dem AktG[18].

40 Welche Rechtsform das andere an der Unternehmensverbindung mit einer AG oder KGaA beteiligte Unternehmen hat, ist gleichgültig. Lediglich für das Vorliegen einer wechselseitigen Beteiligung (§ 19 AktG) ist Voraussetzung, daß auch der andere Partner eine bestimmte Rechtsform hat, nämlich die einer Kapi-

---

18 Wegen der Anwendung der Bestimmungen des AktG auf Partner einer Unternehmensverbindung, die nicht AG oder KGaA sind, vgl. Tz. 67 ff.; zu den Besonderheiten bei Unternehmensverträgen vgl. Tz. § 238 ff. und 307 ff.

talgesellschaft oder bergrechtlichen Gewerkschaft. Darüber hinaus ist zu beachten, daß entsprechend der ursprünglichen gesetzlichen Vorstellung die Vorschriften über Vertragskonzerne (§§ 291 ff. AktG) und faktische Konzerne (§§ 311 ff. AktG) nur anwendbar sind, wenn die beherrschte Gesellschaft eine AG oder KGaA ist.

Die für alle Arten von Unternehmensverbindungen gemeinsam geltenden Begriffserklärungen werden im folgenden der Darstellung über die einzelnen Arten verbundener Unternehmen vorangestellt.

2. Der Begriff „Unternehmen"

a) Allgemeines

Auf eine Umschreibung des **Unternehmensbegriffs** wurde im AktG, angesichts der erheblichen Schwierigkeiten, die sich einer Definition entgegenstellen, verzichtet. In der BegrRegE zu § 15 wird jedoch betont, daß die hierher gehörenden Unternehmen alle Rechtsformen haben können[19]. Wenn in der Vorschrift auf „rechtlich selbständige Unternehmen" abgestellt ist, so wird damit nicht vorausgesetzt, daß der Inhaber des Unternehmens eine juristische oder natürliche Person sein muß (auch Personengesellschaften können Inhaber eines Unternehmens sein). Die rechtliche Selbständigkeit wird für das Unternehmen, nicht für den Unternehmensinhaber gefordert. Zweigniederlassungen und Betriebsstätten fehlt diese rechtliche Selbstverständlichkeit, so daß sie als solche nicht Glieder einer Unternehmensverbindung sein können. **41**

Der Unternehmensbegriff kann nicht einfach aus anderen Gesetzen, zB dem UStG oder dem Kartellgesetz, für das AktG übernommen werden. Vielmehr ist der Unternehmensbegriff je nach Zweck und Interessenlage des betreffenden Gesetzes auszulegen[20]. Hierüber besteht in der Literatur Übereinstimmung, während die Auffassungen über die unter diesen Gesichtspunkten zu entwickelnde Abgrenzung des aktienrechtlich maßgebenden Unternehmensbegriffs auseinandergehen, und zwar dahin, ob der Begriff für das AktG **institutionell** oder **funktional** zu verstehen ist. Teilweise wird der Begriff Unternehmen auch innerhalb des AktG unterschiedlich interpretiert, wobei jeweils von dem Zweck der einzelnen Vorschrift, in der er verwendet ist, ausgegangen wird[21]. Nach dieser Auffassung sind allgemeine Feststellungen zum Inhalt des Unternehmensbegriffs kaum möglich, vielmehr müsse der Begriff auf die jeweilige, von der betreffenden Norm vorausgesetzte Situation zugeschnitten werden. Danach könnte dasselbe Gebilde im Rahmen der einen Vorschrift des AktG als Unternehmen, bei Anwendung einer anderen Vorschrift dagegen nicht als Unternehmen zu qualifizieren sein. Denkbar wäre danach auch, daß der Unternehmensbegriff für herrschende Unternehmen ein anderer als für abhängige Unternehmen **42**

---

19 *Kropff*, Aktiengesetz, Textausgabe Düsseldorf 1965, S. 27; so hM, vgl. *Emmerich/Sonnenschein*, Konzernrecht, 3. Aufl., München 1989, S. 46.
20 *Kropff*, BB 1965 S. 1281/1285, unter Hinweis auf eine Entscheidung des KG v. 12. 1. 1960 in Kartellsachen, BB 1960 S. 385.
21 *Würdinger* in Großkom. Vorbem. II zu §§ 15–19 Anm. 3–5; *Koppensteiner* in Kölner Kom., § 15 Anm. 10 mwN; *Geßler* in AktG-Kom., § 15 Anm. 17 ff.; *K. Schmidt*, Handelsrecht, 3. Aufl., Köln ua. 1987, S. 57 ff.

sein kann[22]. Einer solchen Differenzierung dürfte jedoch entgegenstehen, daß der Gesetzgeber offensichtlich von einem einheitlichen Unternehmensbegriff jedenfalls innerhalb des Konzernrechts des AktG ausging, wie sich auch aus § 15 ergibt; lediglich auf eine Umschreibung des – einheitlichen – Unternehmensbegriffs ist verzichtet worden[23]. Auch im Interesse der Praxis sollte von einem einheitlichen Unternehmensbegriff des AktG ausgegangen werden.

43   Das Fehlen einer Definition des Unternehmensbegriffs im AktG hat dazu geführt, daß in der Rechtsliteratur hierzu sehr unterschiedliche Auffassungen vertreten werden. Auch in der Rechtsprechung ist die Frage, wie der Unternehmensbegriff des AktG zu verstehen ist, noch nicht grundsätzlich geklärt. So hat der BGH in seiner Entscheidung zur Unternehmensqualität der BRD (vgl. im folgenden Tz. 50 ff.) ausdrücklich auf eine generelle Umschreibung des Unternehmensbegriffs verzichtet und lediglich eine fallbezogene Entscheidung für den Anteilsbesitz juristischer Personen des öffentlichen Rechts im industriellen Bereich getroffen.

44   Zu entscheiden ist die Frage, nach welchen **Kriterien** der „einfache Aktionär" von dem „Aktionär mit Unternehmenseigenschaft" unterschieden werden kann. Speziell für den Begriff des herrschenden Unternehmens (§ 17 AktG) stellt die Rechtsprechung darauf ab, ob bei dem (maßgeblich beteiligten) Aktionär eine **wirtschaftliche Interessenbindung** außerhalb der Gesellschaft, an der der Aktionär beteiligt ist, vorliegt; ist dieses unternehmerische Fremdinteresse stark genug, um die ernste Besorgnis zu begründen, der Aktionär könnte um ihretwillen seinen Einfluß zum Nachteil der Gesellschaft geltend machen, so ist die Unternehmenseigenschaft des Aktionärs zu bejahen, auch wenn er kein eigenes Handelsgeschäft betreibt. Hiervon geht der BGH auch in der oa. Entscheidung zur Unternehmensqualität der Bundesrepublik Deutschland aus.

45   Der vorstehend beschriebene Interessenkonflikt kann typischerweise entstehen, wenn der Aktionär aufgrund anderweitiger Tätigkeiten „Unternehmensqualität" besitzt. Die Unternehmenseigenschaft muß auf diese Voraussetzung jedoch nicht beschränkt bleiben. Zu unterscheiden sind vielmehr die Fallgruppen, nach denen die Unternehmenseigenschaft zum einen aus einer anderweitigen gewerblichen Tätigkeit, zum anderen aus sonstigen Gründen abgeleitet wird. Das AktG knüpft in erster Linie, wie zB §§ 16 Abs. 4 und 89 Abs. 2 Satz 2 zeigen, beim Unternehmensbegriff an handelsrechtliche Kategorien an. Deshalb ist die Unternehmenseigenschaft nach im wesentlichen übereinstimmender Ansicht stets gegeben, wenn ein **Grundhandelsgewerbe** betrieben wird (§ 1 HGB) oder der Betrieb nach Art und Umfang als Handelsgewerbe gilt (§ 2 HGB). Der Geschäftsbetrieb des Einzelkaufmanns stellt also ein Unternehmen im aktienrechtlichen Sinn dar. Keine ernsthaften Zweifel können jedoch darüber bestehen, daß juristische Personen, die kraft ihrer Rechtsform als Handelsgesellschaft oder Kaufmann gelten, wie zB die AG (§ 3 AktG), die GmbH (§ 13 GmbHG), die eG (§ 18 Abs. 2 GenG), schon deshalb Unternehmen iSd. AktG sind, gleichgültig welche Tätigkeit sie ausüben. Aus diesem Grund haben auch Holdinggesellschaften in diesen Rechtsformen als Unternehmen zu gelten, selbst wenn die bloße Vermögensverwaltung kein Handelsgewerbe iSv. § 1 HGB ist.

---

22 *Koppensteiner* in Kölner Kom., AktG, § 15 Rn. 10 mwN.
23 Urteil v. 13. 10. 1977 wg. des Abfindungsangebots der Veba AG bei Eingliederung der Gelsenberg AG, Gründe Teil II Ziff. 6 (WPg. 1978 S. 80 ff.; BB 1977 S. 1665 ff.); näheres im folgenden unter Tz. 50 ff.

§ 15 setzt jedoch nicht notwendig ein Handelsgewerbe voraus. Der Unterneh- **46** mensbegriff des AktG reicht über den eben umschriebenen Bereich hinaus. In diesem Zusammenhang gewinnt die Streitfrage, ob der Unternehmensbegriff funktional oder institutionell zu verstehen ist, ihre besondere Bedeutung. Legt man den funktionalen Unternehmensbegriff zugrunde, so ist das allein maßgebende Kriterium die Ausübung unternehmerischer Planungs- und Entscheidungsgewalt; dann ist „ein Aktionär, der aufgrund seines Aktienbesitzes mehrere Gesellschaften beherrscht und in ihrer Unternehmenspolitik koordiniert, aufgrund der von ihm ausgeübten Leitungsvollmacht als Unternehmen anzusehen, auch wenn er kein Kaufmann iSd. HGB sein sollte."

Eine derartige rein funktionale Umschreibung des Unternehmensbegriffs läßt **47** sich jedoch schon mit dem Wortlaut des Gesetzes nur schwer in Einklang bringen, das in § 15 AktG nicht auf den „Unternehmer" sondern auf das „Unternehmen", also offensichtlich ein von der Person des Inhabers verschiedenes gegenständliches Gebilde anspricht. Auch der Begründung zu § 18 Abs. 2 AktG ist zu entnehmen, daß ein Aktionär, der rechtlich selbständige Unternehmen leitet, dadurch noch nicht selbst zum Unternehmen wird; denn dort ist ausgeführt, daß ein Gleichordnungskonzern auch von einer Person als Eigentümer der Anteile der Konzernunternehmen geleitet werden kann, die kein Unternehmen ist. Es muß daher davon ausgegangen werden, daß der Begriff des Unternehmens wenigstens eine gewisse Institutionalisierung erfahren hat, die in nach außen erkennbarer Weise der Verfolgung eigenständiger erwerbswirtschaftlicher Ziele gewidmet ist[24]. Die Beherrschung und Leitung einer Gesellschaft durch einen Aktionär läßt diesen infolgedessen solange nicht selbst zum Unternehmen werden, als der Aktionär nicht eigene unternehmerische Ziele neben der von ihm beherrschten Gesellschaft verfolgt. Die bloße Wahrnehmung der Rechte aus der Beteiligung, auch wenn sie mit AR-Mandanten verbunden ist, begründet also kein Unternehmen. Sind die genannten Voraussetzungen jedoch erfüllt, so handelt es sich auch dann um ein Unternehmen, wenn der Aktionär nicht Kaufmann ist, also keinen schon bei Zugrundelegung handelsrechtlicher Kategorien als Unternehmen zu qualifizierenden Geschäftsbetrieb unterhält.

Zu den Wirtschaftseinheiten, die nach der hier vertretenen Auffassung des **48** Unternehmensbegriffs als Unternehmen anzusehen sind, obwohl sie kein Handelsgewerbe betreiben, gehören beispielsweise Betriebe der Urproduktion wie Land- und Forstwirtschaft, nicht dagegen die bloße, keine gewerbliche Tätigkeit darstellende Vermögensverwaltung. Die Ausübung eines **freien Berufs** kann im Einzelfall ein Unternehmen begründen, obwohl die Angehörigen freier Berufe nach speziellen, nicht primär kaufmännisch orientierten Berufsgrundsätzen tätig werden. Gleichwohl kann es zu der für das Unternehmen charakterisierenden Interessenkollision kommen[25]. Personen, die nach den vorstehenden Kriterien nicht Unternehmen sind, haben jedoch dann als Unternehmen zu gelten, wenn sie mehrfache Beteiligungen halten und bei einer anderen Gesellschaft unter-

---

24 *Kropff*, Textausgabe S. 33/34; *ADS*, § 15 AktG Tz. 6; in der Rspr. ist die Frage, wie der aktienrechtliche Unternehmensbegriff zu fassen ist, bisher weitgehend offen gelassen worden (vgl. die in Fußnote 30 angeführte Entscheidungen).
25 Vgl. *Koppensteiner* in Kölner Kom. AktG, § 15 Anm. 20 und 35; *Raisch* in FS für Fritz Rittner, Beiträge zum Handels- und Wirtschaftsrecht, München 1991, S. 471 ff.

nehmerischen Einfluß, zumindest im Sinne der funktionalen Unternehmenstheorie, wahrnehmen[26].

49 Auch bei **Personenvereinigungen,** die nicht im HR eingetragen sind (BGB-Gesellschaften, rechtsfähigen und nicht rechtsfähigen Vereinen sowie Stiftungen, sofern sie kein Handelsgewerbe betreiben), gilt entsprechendes. Danach sind Arbeitsgemeinschaften idR als Unternehmen anzusehen; daß sich ihre Aufgabe auf die Erledigung vielleicht nur eines Auftrags beschränkt, steht nicht entgegen, da eine sachliche und zeitliche Begrenzung der unternehmerischen Zwecksetzung für die Unternehmensqualität ohne Bedeutung ist[27]. BGB-Gesellschaften, die ausschließlich zur gemeinsamen Wahrnehmung von Beteiligungsrechten eingegangen werden (sog. Konsortial- oder Poolverträge), stellen kein Unternehmen dar[28]. Anders liegen die Verhältnisse, wenn über die bloße Wahrnehmung von Beteiligungsrechten hinaus durch die BGB-Gesellschaft selbständige wirtschaftliche Ziele verfolgt werden, wie dies idR bei Abschluß eines Beherrschungsvertrages durch die BGB-Gesellschaft oder bei joint ventures der Fall sein wird[29].

b) Körperschaften und Anstalten des öffentlichen Rechts als Unternehmen

50 Nach den oben dargelegten Kriterien kann die Unternehmensqualität auch bei juristischen Personen des öffentlichen Rechts zu bejahen sein. Beispielsweise sind die Girozentralen und die ö.-r. Bausparkassen auch bei Zugrundelegung des institutionellen Unternehmensbegriffs als Unternehmen iSd. §§ 15 ff. AktG anzusehen.

51 **Gebietskörperschaften** wurden zunächst in Literatur und Praxis nicht als Unternehmen iSd. AktG behandelt. Durch die Entscheidung des BGH vom 13. 10. 1977 wurde hier Klarheit geschaffen und die BRD als Unternehmen iSd. Aktienrechts behandelt[30]. Er begründet dies mit dem umfangreichen Beteiligungsbesitz, den die **Bundesrepublik** nicht als bloße Vermögensanlage betrachte, sondern zu unternehmerischer Einflußnahme benutze, und der Notwendigkeit des Schutzes außenstehender Aktionäre auch bei von der öffentlichen Hand abhängigen Unternehmen. Ohne abschließend zu dem Begriff „herrschendes Unternehmen" iSv. § 17 AktG und den verschiedenen hierzu vertretenen Auffassungen (vgl. oben unter Tz. 41) Stellung zu nehmen, bejaht der BGH die Unternehmenseigenschaft der BRD im industriellen Bereich wegen ihrer erheblichen unternehmerischen Aktivitäten, die sie im Rahmen ihres eigenen Beteiligungsbesitzes, aber auch darüber hinaus entfaltet; das Urteil muß daher fallbezogen verstanden werden.

---

26 *ADS,* § 15 AktG Tz. 7. Zu weitgehend erscheint BGH, BGHZ 69 S. 334, der die Unternehmenseigenschaft bei einer weiteren maßgeblichen Beteiligung, jedoch auch ohne die Ausübung maßgeblichen Einflusses annimmt.

27 AA *Müller/Rieker,* WPg. 1967 S. 197/203; *Geßler* in AktG-Kom. § 15 Anm. 48.

28 So auch *Janberg/Schlaus,* AG 1967 S. 38; *Geßler* in AktG-Kom. § 15 Anm. 44; *ADS.* § 15 AktG Tz. 11.

29 Differenzierend nach verschiedenen Fallgestaltungen: *Geßler* in AktG-Kom. § 15 Anm. 39–43.

30 *Wiedemann/Martens,* AG 1976 S. 197, 232. So auch *Zöllner,* der jedoch die analoge Anwendung konzernrechtlicher Vorschriften auf den Staat in einzelnen Beziehungen bejaht, ZGR 1976 S. 1/23; ferner *H. P. Müller,* WPg. 1978 S. 61 ff.; *Koppensteiner,* ZGR 1979 S. 91 ff. Zur Rechtsprechung vgl. BGHZ 69 S. 334 (im Zusammenhang mit dem Abfindungsangebot der VEBA AG bei Eingliederung der Gelsenberg AG), WPg. 1978 S. 80 ff., BB 1977 S. 1665 ff.; LG Essen v. 27. 1. 1976, AG S. 136; LG Köln v. 26. 1. 1976, AG S. 244 ff., BB S. 1041. Vgl. auch OLG Köln v. 22. 12. 1977, AG 1978 S. 171 ff.; in diesem Zusammenhang gehört auch das Urt. v. 19. 9. 1988, BGHZ 105 S. 168 (174 ff.).

Nicht angesprochen wird in dem Urteil des BGH die Frage, ob die BRD auch 52
außerhalb des industriellen Bereichs, insbesondere im Bereich der sog. **Daseins-**
vorsorge, als Unternehmen anzusehen ist; in diesem Bereich ist die Verfolgung
gesellschaftsfremder, nicht unternehmerischer Zwecke besonders augenfällig.
Bejaht wird im übrigen nur die Anwendbarkeit derjenigen Vorschriften des
Rechts der verbundenen Unternehmen, die dem Schutz von Minderheitsaktionären und Gläubigern dienen, wobei für den Abhängigkeitsbericht (§ 312 AktG)
die Möglichkeit einer Beschränkung auf das im Hinblick auf die Eigenart der
jeweiligen Körperschaft nach dem Zweck der Vorschrift tatsächlich Erforderliche angedeutet wird. Ferner wird ausdrücklich offengelassen, inwieweit die Vorschriften des Konzernrechts im engeren Sinne, insbesondere des Vertragskon-
zernrechts (§§ 291 ff. AktG), auf Gebietskörperschaften passen.

Die Urteilsgründe lassen erkennen, daß der BGH auch **andere Gebietskörper-** 53
schaften (Bundesländer, Gemeinden) als Unternehmen betrachtet, wenn sie sich
in entsprechender Weise unternehmerisch betätigen[31]. Das Urteil des BGH hat
Kritik und Zustimmung gefunden. Begrüßt wird das Urteil von *Lutter/Timm,*
BB 1978 S. 836 ff. Kritisch äußert sich vor allem *H. P. Müller,* WPg. 1978
S. 61 ff. (unter Hinweis auf Unzulänglichkeiten der Urteilsbegründung). Vgl. fer-
ner *Borggräfe,* DB 1978 S. 1433 ff. Zu den vorerwähnten Entscheidungen des
LG Essen und LG Köln vgl. *Würdinger,* DB 1976 S. 613).

Die vorstehenden Überlegungen gelten auch für die **Treuhandanstalt,** die nach 54
dem Treuhandgesetz vom 17. 6. 1990 die Aufgabe der Privatisierung und Verwertung des volkseigenen Vermögens nach den Prinzipien der sozialen Markt-
wirtschaft hat (§ 2 Abs. 1 THG). Gem. § 1 Abs. 4 THG ist die Treuhandanstalt
Inhaberin sämtlicher Anteile an den neu entstandenen Gesellschaften in privater Rechtsform, sofern die Anteile nicht im Rahmen der Privatisierung zwischenzeitlich veräußert oder zurückübertragen wurden. Die Treuhandanstalt ist
Anstalt des öffentlichen Rechts (§ 2 Abs. 1 THG); auf sie finden daher die
Grundsätze der VEBA-Gelsenberg-Entscheidung des BGH Anwendung. Die
Zusammenfassung einer Vielzahl von Unternehmensbeteiligungen in der Hand
der Treuhandanstalt und deren Aufgabe, an der Strukturierung und Finanzierung der Gesellschaften mitzuwirken, legt nahe, die Treuhandanstalt als herrschendes Unternehmen anzusehen, welches die von ihr gehaltenen Unternehmen einheitlich leitet (§ 18 Abs. 1 AktG). Auch wenn für die Treuhandanstalt im
Hinblick auf ihren gesetzlichen Status und die in besonderer Weise im THG
fixierte Aufgabe die Konzerneigenschaft zweifelhaft ist, ist nicht zu verkennen,
daß sie – gemessen an den Kriterien der VEBA-Gelsenberg-Entscheidung als
Unternehmen zu behandeln ist[32].

---

31 *Paschke,* ZHR 1988 S. 263 ff.; *Koppensteiner* in Kölner Kom., 2. Aufl., § 15 Anm. 41 ff.
32 Im Erg. ebenso *Weimar/Bartscher,* Treuhandanstalt und Konzernrecht, ZIP 1991 S. 69 (70 ff.); *Lut-*
ter/Hommelhoff, GmbHG, 13. Aufl., Köln 1991, Anh. § 13 Rdn. 57; *H. P. Müller* in DMBilG, Vor
§§ 24–26 Tz. 4.

3. Der Begriff „verbundene Unternehmen"

a) Die Struktur des Begriffs

55   Wie schon unter Tz. 24 bemerkt, besteht der Zweck des § 15 AktG ausschließlich darin, einen Oberbegriff für alle Unternehmen zu schaffen, die im Verhältnis zueinander einen der Tatbestände der §§ 16 bis 19, 291, 292 AktG erfüllen. Die Vorschrift bedeutet also nicht, daß ein Unternehmen, das durch eine der fünf Arten von Unternehmensverbindungen mit einem anderen Unternehmen verbunden ist, allein schon aus diesem Grund mit dritten Unternehmen iSd. Gesetzes verbunden ist, die ihrerseits mit anderen Unternehmen in einer Unternehmensverbindung stehen. Dies sei an folgendem Schaubild verdeutlicht:

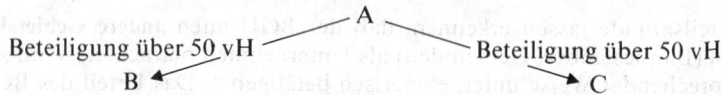

56   Wenn A an B und C mit Mehrheit beteiligt ist, ohne daß zugleich ein Konzernverhältnis zu B und C besteht, sind B und C aktienrechtlich nicht miteinander verbunden, obwohl beide Unternehmen mit demselben dritten Unternehmen (A) verbunden sind; denn entscheidend dafür, ob zwischen B und C eine Unternehmensverbindung besteht, ist ausschließlich ihr „Verhältnis zueinander" (vgl. den Wortlaut des § 15 AktG).

Ob beispielsweise Forderungen und Verbindlichkeiten zwischen B und C als Forderungen und Verbindlichkeiten gegenüber verbundenen Unternehmen auszuweisen sind, ist jedoch allein nach §§ 271 Abs. 2 iVm. 290 HGB zu entscheiden[33].

Zwischen B und C würde auch dann keine aktienrechtliche Unternehmensverbindung bestehen, wenn B und C von A abhängig sind (§ 17 AktG), in wechselseitiger Beteiligung zu A stehen (§ 19 AktG) oder Partner eines Unternehmensvertrages mit A sind (§§ 291, 292 AktG), den Fall eines zugleich bestehenden Konzernverhältnisses wiederum ausgenommen.

57   In der Praxis wird jedoch im Beispielsfall idR auch ein Konzernverhältnis gegeben sein, da von einem in Mehrheitsbesitz stehenden Unternehmen vermutet wird, daß es abhängig ist (§ 17 Abs. 2 AktG), und von einem abhängigen, daß es mit dem herrschenden Unternehmen einen Konzern bildet (§ 18 Abs. 1 S. 3 AktG). Wird die Konzernvermutung nicht widerlegt, so sind B und C auch untereinander iSv. § 15 AktG verbunden, weil das Konzernverhältnis nicht nur eine Unternehmensverbindung zur Konzernobergesellschaft, sondern darüber hinaus auch eine Unternehmensverbindung zwischen sämtlichen Unternehmen begründet, die unter der einheitlichen Leitung derselben Obergesellschaft stehen. Alle Glieder eines Konzerns sind im Verhältnis zueinander verbundene Unternehmen, unabhängig davon, welche unmittelbaren Beziehungen zwischen ihnen bestehen. Dies gilt gleichermaßen für den Unterordnungskonzern (§ 18 Abs. 1 AktG) wie für den Gleichordnungskonzern (§ 18 Abs. 2 AktG).

---

33 Vgl. hierzu unten, Tz. 336 ff.

b) Die Mittlerfunktion des Abhängigkeitsverhältnisses

Zwischen den Unternehmensverbindungen, die jeweils nur 2 Unternehmen mit- **58** einander verbinden (Mehrheitsbeteiligung, wechselseitige Beteiligung und Unternehmensverträge mit Ausnahme des Beherrschungsvertrages, vgl. § 18 Abs. 1 S. 2 AktG), und dem Konzernverhältnis, das eine beliebige Zahl von Unternehmen iSv. § 15 AktG miteinander verbinden kann, steht das **Abhängigkeitsverhältnis**. Auch das Abhängigkeitsverhältnis ist zwar eine Unternehmensverbindung, die nach ihrer Struktur ebenfalls jeweils nur 2 Unternehmen miteinander verbindet, jedoch mit der Besonderheit, daß das abhängige Unternehmen dem herrschenden die Verbindung mit dritten Unternehmen vermitteln kann:

Das abhängige Unternehmen ermöglicht dem herrschenden Unternehmen idR **59** beherrschenden Einfluß auch auf solche Unternehmen, auf die das abhängige Unternehmen seinerseits beherrschenden Einfluß ausüben kann (mittelbare Abhängigkeit, § 17 Abs. 1 AktG):

$$A$$
§ 17 AktG ↓ B von A abhängig
$$B$$
§ 17 AktG ↓ C von B abhängig
$$C$$

Nicht nur A und B sowie B und C sind hier durch das Abhängigkeitsverhältnis miteinander verbunden, sondern auch A und C. Der praktisch häufigste Fall ist der, daß A an B und B an C mit Mehrheit beteiligt ist und die daran geknüpfte Abhängigkeitsvermutung (§ 17 Abs. 2 AktG) nicht widerlegt ist.

Das abhängige Unternehmen kann dem herrschenden Unternehmen auch eine **60** Unternehmensverbindung durch Mehrheitsbeteiligung vermitteln. Als Anteile, die einem Unternehmen gehören, gelten nach § 16 Abs. 4 AktG auch Anteile, die einem von ihm abhängigen Unternehmen gehören (Mehrheitsbeteiligung kraft Zurechnung). Wenn also ein abhängiges Unternehmen an einem anderen Unternehmen mit Mehrheit beteiligt ist, so besteht zwischen diesem und dem herrschenden Unternehmen ebenfalls eine Unternehmensverbindung iSv. § 16 AktG:

$$A$$
§ 17 AktG ↓ B von A abhängig
$$B$$
§ 16 AktG ↓ C in Mehrheitsbesitz von B
$$C$$ (Abhängigkeitsvermutung widerlegt)

Miteinander verbundene Unternehmen sind hier sowohl A und B (gem. § 17 AktG) als auch B und C (gem. § 16 Abs. 1 AktG), darüber hinaus aber auch A und C (gem. § 16 Abs. 4 AktG). Die Zurechnung der im Besitz des abhängigen Unternehmens B befindlichen Anteile an C beim Unternehmen A erfolgt im übrigen auch dann, wenn B keine Mehrheitsbeteiligung an C hat. Zusammen mit anderen Anteilen an C, die A unmittelbar gehören oder die ihm als Besitz anderer abhängiger Unternehmen gem. § 16 Abs. 4 AktG zugerechnet werden, kann sich bei dem Unternehmen A so dennoch eine Mehrheitsbeteiligung iSv. § 16 AktG an C ergeben. In diesem Fall wären zwar A und C, dagegen nicht B und C miteinander verbunden (ausgenommen wie stets der Fall, daß alle drei Unternehmen als Glieder eines Konzerns sämtlich miteinander verbunden sind).

61 Zu beachten ist, daß eine Zurechnung des Anteilsbesitzes nach § 16 Abs. 4 AktG nur dann in Frage kommt, wenn B (im Beispielsfall) ein abhängiges Unternehmen ist; es genügt nicht, daß B lediglich in Mehrheitsbesitz von A steht, ohne von A abhängig zu sein:

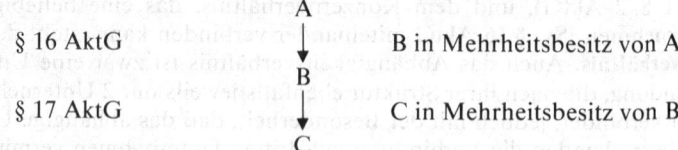

$$§ 16 \text{ AktG} \qquad \text{B in Mehrheitsbesitz von A}$$

$$§ 17 \text{ AktG} \qquad \text{C in Mehrheitsbesitz von B}$$

Hier sind nur A und B einerseits gemäß § 16 AktG und B und C andererseits gemäß § 17 AktG miteinander verbunden, nicht aber A und C, da der Anteilsbesitz von B dem Unternehmen A nicht zugerechnet wird; § 16 Abs. 4 AktG greift hier nicht ein. Selbst wenn C sich nicht nur in Mehrheitsbesitz von B befindet, sondern zugleich auch von B abhängig ist, besteht keine Unternehmensverbindung zwischen A und C.

62 Die Funktion als Vermittler einer Unternehmensverbindung kann ein abhängiges Unternehmen auch im Rahmen einer **wechselseitigen Beteiligung** haben, nämlich dann, wenn das abhängige Unternehmen seinerseits eine Mehrheitsbeteiligung an einem dritten Unternehmen besitzt, mit dem es in wechselseitiger Beteiligung steht, oder wenn es auf dieses aus sonstigen Gründen beherrschenden Einfluß ausüben kann (§ 19 Abs. 2 AktG).

c) Überlagerung von Unternehmensverbindungen

63 Die 5 Arten von aktienrechtlichen Unternehmensverbindungen schließen sich nicht gegenseitig aus. Zwei Unternehmen können zueinander **gleichzeitig in verschiedenen Arten** von Unternehmensverbindungen stehen, die einander überlagern. So trifft beispielsweise die Unternehmensverbindung durch Mehrheitsbeteiligung (§ 16 AktG) idR zusammen mit den Verbindungsformen Abhängigkeitsverhältnis und Konzernverhältnis, vorausgesetzt, daß die dahingehenden Vermutungen nicht widerlegt werden (vgl. § 17 Abs. 2 und § 18 Abs. 1 S. 3).

64 Bestehen zugleich mehrere Unternehmensverbindungen, so sind die für diese Unternehmensverbindungen geltenden Vorschriften kumulativ anzuwenden, soweit das Gesetz nicht ausdrücklich etwas anderes bestimmt wie zB in § 19 Abs. 4 AktG.

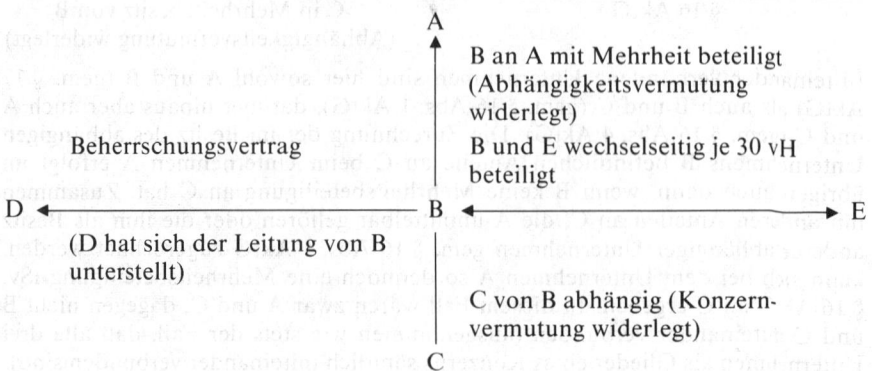

Eine Überlagerung von Unternehmensverbindungen ist nicht nur in der Weise   65
möglich, daß ein Unternehmen mit demselben anderen Unternehmen auf verschiedene Art verbunden ist. Ebenso kann ein Unternehmen zu mehreren anderen Unternehmen in Unternehmensverbindung stehen und unterliegt dann allen
Vorschriften, die an die jeweiligen Unternehmensverbindungen geknüpft sind.

Im Schaubild ist B mit A, C, D und E verbunden und unterliegt aus diesen   66
Unternehmensverbindungen den für alle verbundenen Unternehmen geltenden
Vorschriften. Darüber hinaus ist B mit seinen Beteiligungen an A und E (ggf.
auch mit Beteiligungen an C und D) gem. §§ 20, 21 AktG mitteilungspflichtig.
Als Konzernobergesellschaft hat B einen KA unter Einbeziehung von C und D
aufzustellen (D gilt nach § 18 Abs. 1 S. 2 AktG als Konzernunternehmen).
Gegenüber C ist B als herrschendes Unternehmen verpflichtet, etwaige benach-
teiligende Einflußnahmen durch Gewährung entsprechender Vorteile auszugleichen (§ 311 AktG). Im Verhältnis zu D besteht zwar keine Ausgleichspflicht
nach § 311 AktG, doch hat B ua. gem. § 302 AktG die bei D sonst entstehenden
Jahresfehlbeträge auszugleichen. Als mit E wechselseitig beteiligtes Unternehmen ist B in der Ausübung seiner Rechte aus den Anteilen unter bestimmten
Voraussetzungen beschränkt (§ 328 AktG).

d) Anwendung der Bestimmungen des Aktiengesetzes auf Unternehmen, die nicht Aktiengesellschaft oder KGaA sind

Der Unternehmensbegriff in dem in Tz. 41 ff. dargestellten Sinn kommt nur dort   67
zur Anwendung, wo im AktG von „Unternehmen" die Rede ist, beispielsweise
beim Verbot des Erwerbs von Aktien der herrschenden Gesellschaft (§ 71d S. 2
AktG) und beim Verbot benachteiligter Einflußnahme auf abhängige AG oder
KGaA (§ 311 AktG). Wo das AktG den Ausdruck „Gesellschaft" verwendet, ist
darunter, wie sich schon aus der Bezeichnung des ersten und zweiten Buchs des
AktG, im übrigen aber auch aus dem Zusammenhang der einzelnen Vorschriften
ergibt, nur eine AG oder KGaA zu verstehen (vgl. auch § 278 Abs. 3 AktG). Die
rechtlichen Konsequenzen aus einer Unternehmensverbindung treffen in vollem
Umfang nur den Partner, der die Rechtsform der AG oder KGaA hat.

Ist an einer Unternehmensverbindung überhaupt keine AG oder KGaA beteiligt, dann kommen die Vorschriften des AktG über verbundene Unternehmen
nicht zum Zuge.

e) Ausländische Unternehmen als Partner einer Unternehmensverbindung

Ausländische Unternehmen können ebenso Partner einer Unternehmensverbin-   68
dung iSv. § 15 AktG sein wie inländische (abgesehen von wechselseitigen Beteiligungen, § 19 AktG). Dabei ist jedoch zu berücksichtigen, daß die Hoheitsgewalt an den Staatsgrenzen endet. Die ausländischen Unternehmen unterliegen
denjenigen Vorschriften des AktG, die Vorgänge im Gebiet der BRD oder
Rechtsverhältnisse mit Schwergewicht im Bundesgebiet betreffen. So gilt zB das
Verbot der Stimmrechtsausübung auch für Aktien einer herrschenden inländischen Gesellschaft, die einem von ihr abhängigen ausländischen Unternehmen
gehören. Desgleichen werden von der Mitteilungspflicht des § 20 AktG auch
ausländische Unternehmen mit ihren Beteiligungen an deutschen AG betroffen
(vgl. Begr. zu § 20 AktG); Beteiligungen an anderen inländischen Unternehmen
sind dagegen nicht mitteilungspflichtig, weil § 21 AktG die Mitteilungspflicht

auf den Fall beschränkt, daß eine „Gesellschaft", also eine (inländische) AG beteiligt ist. Ein Beherrschungsvertrag kann auch mit einem ausländischen herrschenden Unternehmen abgeschlossen werden, gleichgültig welche Rechtsform das ausländische Unternehmen hat[34]; ob die Zustimmung der HV der ausländischen Gesellschaft nicht mehr erforderlich ist, ist mit dem Beschluß des BGH vom 24. 10. 1988 zweifelhaft geworden, auch wenn die ausländische Gesellschaft lediglich eine der deutschen AG vergleichbare Rechtsform haben kann, aber niemals eine AG iSd. deutschen aktienrechtlichen Begriffsdefinition ist[35]. Einer besonderen Prüfung bedarf jedoch die Frage, ob die ausländische Gesellschaft einen Beherrschungsvertrag mit den Modalitäten und Rechtsfolgen des deutschen Rechts (vgl. zB §§ 302, 303 AktG) nach der für sie gültigen Rechtsordnung überhaupt rechtswirksam zu schließen vermag. In angelsächsischen Ländern kann es dabei wegen der dort geltenden sog. ultravires-Lehre auch darauf ankommen, ob solche Maßnahmen von der Umschreibung des Gesellschaftszwecks in der Satzung erfaßt sind.

69 Inländische AG, die mit einem ausländischen Unternehmen verbunden sind, müssen die Bestimmungen des AktG, die für die betreffende Form der Unternehmensverbindung gelten, in jedem Fall beachten. Eine Ausnahme gilt jedoch dann, wenn eine Vorschrift des AktG sich zwar auf ein im Inland ansässiges Unternehmen bezieht, aber der mit der Vorschrift verfolgte Schutzzweck nicht dieses Unternehmen, sondern ein anderes Unternehmen betrifft, das seinen Sitz im Ausland hat. So ist für die Frage, ob ein inländisches abhängiges Unternehmen Anteile an der herrschenden, im Ausland ansässigen Gesellschaft erwerben darf, nicht § 71d AktG maßgebend, sondern das Recht des ausländischen Staates, in dem das herrschende Unternehmen seinen Sitz hat[36].

4. In Mehrheitsbesitz stehende Unternehmen und mit Mehrheit beteiligte Unternehmen

a) Allgemeines

70 Die Vorschrift des § 16 AktG enthält Grundlagenbestimmungen, auf denen zB die widerlegbare Vermutung eines Abhängigkeitsverhältnisses aufbaut (§ 17 Abs. 2 AktG). Mit einer **Mehrheitsbeteiligung** ist nicht in jedem Fall ein beherrschender Einfluß verbunden; dies gilt zB für den Fall der Stimmrechtsbindung und den Fall, daß die Kapitalmehrheit zu einem wesentlichen Teil aus Vorzugsaktien ohne Stimmrechte besteht[37]. Durch Mehrheitsbesitz verbundene Unternehmen, zwischen denen nicht zugleich ein Beherrschungsverhältnis besteht, brauchen die Vorschriften nicht angewendet zu werden, die eine abhängige Gesellschaft, ihre Aktionäre und ihre Gläubiger gegen Benachteiligungen durch den beherrschenden Einfluß eines anderen Unternehmens schützen sollen[38]. Diese Unternehmen sollen aber wegen ihrer engen Verflechtung in den Kreis

---

34 Vgl. jedoch zur steuerlichen Wirksamkeit § 14 KStG; *Koppensteiner* in Kölner Kom. Vorb. § 15 Anm. 32.
35 Modifizierend *Barz*, BB 1966 S. 1168.
36 *Geßler* in AktG-Kom. § 17 Anm. 85.
37 Ausschußbericht, *Kropff*, Textausgabe S. 28.
38 Insbesondere §§ 89 Abs. 2 S. 2, 115 Abs. 1 S. 2, 134 Abs. 1 S. 4, 136 Abs. 2 und Abs. 3, 291 Abs. 2, 302 Abs. 2, 311–318 AktG.

der verbundenen Unternehmen einbezogen werden. Auf diese sind neben den generell für alle verbundenen Unternehmen geltenden Vorschriften[39] – aus dem Kreis der Bestimmungen für herrschende und abhängige Unternehmen diejenigen anzuwenden, die den Gefahren Rechnung tragen sollen, die mit der vermögensmäßigen Verflechtung von 2 Unternehmen für den Grundsatz der Kapitalerhaltung und für die Gläubiger verbunden sind[40].

Die Bedeutung des § 16 AktG liegt insbesondere darin, daß an die Mehrheitsbeteiligung durch § 17 Abs. 2 AktG eine – wenn auch widerlegbare – **Abhängigkeitsvermutung** geknüpft wird. Wegen der hohen Anforderungen, die an die Widerlegung dieser Vermutung gestellt werden[41], führt in den meisten Fällen die Annahme einer Mehrheitsbeteiligung auch zur Anwendung des § 17 AktG. Kann die Abhängigkeitsvermutung nicht ausgeräumt werden, so ist es außerdem grundsätzlich unerheblich, daß 2 Unternehmen nicht nur gem. § 17 AktG, sondern auch gem. § 16 AktG miteinander verbunden sind, weil die Vorschriften, die für abhängige und herrschende Unternehmen gelten, auch auf in Mehrheitsbesitz stehende oder mit Mehrheit beteiligte Unternehmen Anwendung finden. Vorschriften, die lediglich auf Unternehmen, die gem. § 16 AktG miteinander verbunden sind, anzuwenden sind, finden sich in §§ 20 Abs. 4 und 7, 21 Abs. 2 und 4 sowie § 160 Abs. 1 Nr. 8 AktG. **71**

Die weitere Bedeutung der Vorschrift liegt in § 18 Abs. 1 Satz 3 AktG, wonach von einem abhängigen Unternehmen vermutet wird, daß es mit dem herrschenden Unternehmen einen Konzern bildet. Es besteht also ausgehend von § 16 AktG über § 17 Abs. 2 AktG zu § 18 AktG eine Kette von Vermutungen, deren Ausgangspunkt die Vorschrift über die Mehrheitsbeteiligung darstellt. **72**

b) Die Mehrheit der Anteile

aa) Die Berechnung der Mehrheitsbeteiligung

Eine Mehrheitsbeteiligung liegt vor, wenn die Mehrheit der Anteile an einem Unternehmen einem anderen Unternehmen gehört. Da das Gesetz die erforderliche Höhe für eine Mehrheitsbeteiligung nicht festlegt, ist davon auszugehen, daß die einfache Mehrheit, also mehr als 50 vH, ausreicht. Trotz des Wortlauts des § 16 Abs. 1 AktG kommt es nicht auf die zahlenmäßige Mehrheit an, sondern auf die Kapitalmehrheit. Dies wird für die Kapitalgesellschaft in § 16 Abs. 2 AktG ausdrücklich klargestellt. **73**

Auch bei **Personengesellschaften** ist auf die Kapitalmehrheit abzuheben. Dies stößt bei den KG und den OHG dann auf keine Schwierigkeiten, wenn, wie es in der Praxis üblich ist, entgegen der gesetzlichen Regelung feste Kapitalkonten vereinbart sind, die die Beteiligung am Vermögen der Gesellschaft ausdrücken. Ist im Gesellschaftsvertrag eine derartige Regelung jedoch nicht getroffen, so ist auf den jeweiligen Stichtag, für den die Frage nach der Mehrheitsbeteiligung erheblich wird, festzustellen, wie hoch der Kapitalanteil jeweils ist[42] und ob der Kapitalanteil des Gesellschaftserlöses die Summe der den anderen Gesellschaf- **74**

---

39 Vgl. Tz. 24.
40 Vgl. die Zusammenstellung dieser Vorschriften unter Tz. 25 ff.
41 Vgl. hierzu im einzelnen Tz. 106 ff.
42 Zustimmend *Koppensteiner* in Kölner Kom. § 16 Anm. 10, 19.

tern zustehenden Anteilen übersteigt[43]. Dies ist insbesondere bedeutsam in den Fällen, in denen zu prüfen ist, ob eine Personenhandelsgesellschaft Aktien einer an ihr beteiligten AG erwerben darf (§ 71d S. 2 AktG) oder für die Ausübung der Stimmrechte aus diesen Anteilen, falls Abhängigkeit vorliegt (§ 136 Abs. 2 AktG).

75   Keinen Anteil idS besitzt jedoch der **stille Gesellschafter.** Seine Einlage geht in das Vermögen des Inhabers eines Handelsgeschäftes über. Es werden lediglich schuldrechtliche Beziehungen zwischen den Vertragspartnern begründet; eine sachenrechtliche Beziehung zwischen dem Vermögen des Kaufmanns und dem stillen Gesellschafter in Form einer gesamthänderischen Beteiligung besteht nicht[44].

76   Bei der Ermittlung des Verhältnisses des Gesamtnennbetrages der einem Unternehmen gehörenden Anteile zum Nennkapital einer Kapitalgesellschaft sind **eigene Anteile** vom Nennkapital abzusetzen, § 16 Abs. 2 Satz 2 AktG. Diesen eigenen Anteilen stehen solche gleich, die einem Dritten für Rechnung des Unternehmens gehören. Dazu zählen bei einer AG sowohl Anteile, die originär (§ 56 AktG), als auch solche, die von Dritten (§ 71a AktG) erworben worden sind. Entsprechendes gilt bei anderen Gesellschaften. Die Feststellung des Nennkapitals in dem beschriebenen Sinn dürfte grundsätzlich auf keine Schwierigkeiten stoßen.

77   Es ergibt sich jedoch die Frage, ob auch § 16 Abs. 4 AktG auf § 16 Abs. 2 AktG anzuwenden ist.

Beispiel:

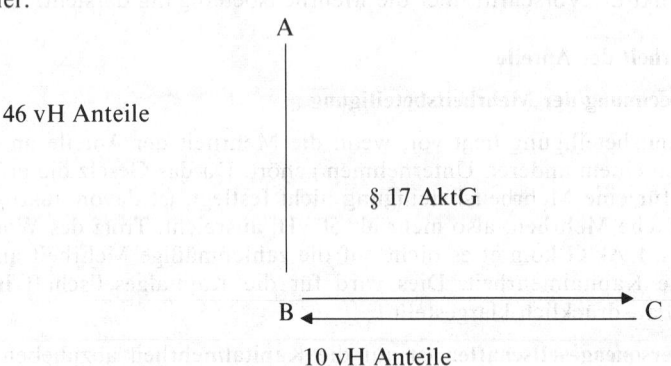

Rechnet man im Beispielsfall die Anteile von C an B dem Unternehmen B wegen des Abhängigkeitsverhältnisses gem. § 16 Abs. 4 AktG mit der Folge zu, daß sie als eigene Anteile behandelt werden, so beträgt das für die Berechnung der Mehrheitsbeteiligung zu berücksichtigende Nennkapital von B nur 90 vH des Nominalkapitals. A ist dann mit Mehrheit an B beteiligt. Nimmt man den entgegengesetzten Standpunkt ein, so fehlen A 5 vH der Anteile zu einer Mehrheitsbeteiligung.

---

43 *ADS*, § 17 AktG Tz. 13.
44 Zustimmend *Würdinger* in Großkom. § 16 Anm. 3, *ADS*, § 17 AktG Tz. 15; aA *Baumbach/Hueck*, Aktiengesetz, Kurzkom., 13. Aufl., München 1968 § 16 Anm. 3 und *Geßler* in AktG-Kom. § 16 Anm. 10; *Koppensteiner* in Kölner Kom., 2. Aufl., § 16 Anm. 12.

Der Wortlaut des § 16 Abs. 4 AktG spricht gegen seine Anwendung auf § 16 **78** Abs. 2. Er bezieht sich nur auf die Zurechnung von Anteilen an das Unternehmen, dessen Beteiligung festgestellt werden soll. Insbesondere wäre auch ein Tatbestand doppelt geregelt, weil sowohl § 16 Abs. 4 AktG als auch § 16 Abs. 2 AktG die für Rechnung eines Unternehmens gehaltenen Anteile in die jeweilige Bestimmung einbeziehen[45].

Bei der GmbH ist bei der Ermittlung der Kapitalmehrheit zu beachten, daß bei **79** einer Amortisation von Geschäftsanteilen das Stammkapital nicht berührt wird[46], wenn nicht eine Kapitalherabsetzung vorgenommen wird. Würde man in diesen Fällen § 16 Abs. 2 AktG wörtlich anwenden, so könnte dies dazu führen, daß der einzige Gesellschafter einer GmbH die Kapitalmehrheit nicht besitzt, wenn mindestens die Hälfte der Geschäftsanteile eingezogen ist. In diesem Fall sind daher nicht die Anteile in Verhältnis zu setzen zum Stammkapital, sondern zu den nicht eingezogenen Anteilen. Diese Auslegung entspricht auch der Behandlung der eigenen Anteile, die vom Nennkapital abzusetzen sind.

Bei den Personengesellschaften ist das gesamte in den einzelnen festen oder **80** beweglichen Kapitalkonten enthaltene Gesamtkapital, soweit es die gesamthänderische Beteiligung am Vermögen ausdrückt, wie das Nennkapital bei den Kapitalgesellschaften zu behandeln. Dazu ist das vom Gesellschafter gehaltene Kapital im Verhältnis zu setzen.

bb) Unmittelbare Mehrheitsbeteiligung

Nach § 16 Abs. 1 AktG ist mit dem in Mehrheitsbesitz stehenden Unternehmen **81** dasjenige Unternehmen verbunden, dem die Mehrheitsbeteiligung gehört. Es stellt sich die Frage, ob mit dem Wort „gehört" in § 16 Abs. 1 AktG auf die formale Rechtsinhaberschaft oder auf die materielle, die wirtschaftliche **Inhaberschaft** abgestellt ist. Nach richtiger Ansicht gehört die Mehrheitsbeteiligung iSd. § 16 Abs. 1 AktG nur demjenigen, der nach der tatsächlichen Machtlage der wirkliche Herr der Beteiligung ist, also dem wirtschaftlichen Anteilsinhaber, nicht dagegen einem Unternehmen, das bloß formell Anteilsinhaber ist[47]. Die Richtigkeit dieser Auffassung ergibt sich aus der Begründung zu § 16 AktG sowie aus einer Gegenüberstellung der Formulierung in § 16 Abs. 1 AktG und § 319 Abs. 1 Satz 1 AktG, vor allem aber aus Sinn und Zweck des Gesetzes. Es würde zu sinnwidrigen Ergebnissen führen, wenn die an die Mehrheitsbeteiligung geknüpften Rechtsfolgen auch bei einem Unternehmen Platz greifen würden, das nur formell beteiligt ist, dem die Beteiligung aber wirtschaftlich nicht gehört. Infolgedessen ist ein Unternehmen, das eine Mehrheitsbeteiligung nur treuhänderisch hält, nicht gem. § 16 AktG mit dem Unternehmen verbunden, an dem die Mehrheitsbeteiligung besteht; eine Unternehmensverbindung ist in solchen Fällen lediglich zwischen dem Beteiligungsunternehmen und dem Unternehmen, dem die Beteiligung wirtschaftlich gehört, also dem Treugeber-Unternehmen vorhanden.

Dieser Grundsatz gilt uneingeschränkt bei uneigennützigen (Verwaltungs-)**Treu- 82 handschaften**. Besteht jedoch bei dem Treuhänder (Trh.) ein nicht unerhebliches

---

45 *Geßler* in AktG-Kom. § 16 Anm. 30; ADS § 16 AktG Tz. 16.
46 *Ulmer* in Hachenburg, GmbHG, Großkom., 8. Aufl., Berlin 1991, § 34 Anm. 62 f.
47 *Geßler* in AktG-Kom. § 16 Anm. 18; *Zilias*, WPg. 1967 S. 465 ff.; vgl. auch *H. P. Müller*, AG 1968 S. 277.

Eigeninteresse und hat er nach dem Treuhandvertrag oder nach den tatsächlichen Verhältnissen in gewissem Rahmen eigene Entscheidungsbefugnisse (zB bei Verwaltungstreuhand), so geht seine Stellung über die eines bloß formellen Rechtsinhabers hinaus. Alsdann können auch in der Person des Trh. Interessenkollisionen eintreten, vor deren Gefahren die Vorschriften über verbundene Unternehmen schützen sollen; in solchen Fällen ist der Trh. daher selbst gem. § 16 AktG mit dem Beteiligungsunternehmen verbunden. So dürften die Dinge liegen, wenn etwa ein Finanzierungsinstitut treuhänderisch die Kommanditanteile für eine Vielzahl von Kommanditisten einer Wohnungsbau-KG hält und dabei selbst an der Projektierung oder Finanzierung des Objekts maßgeblich beteiligt ist.

83   Im Gegensatz hierzu wird vertreten[48], daß ein Unternehmen, das eine Mehrheitsbeteiligung nur treuhänderisch hält, mit dem in Mehrheitsbesitz stehenden Unternehmen stets gem. § 16 AktG verbunden sei. Die für diese Auffassung ins Feld geführten Gründe vermögen nicht zu überzeugen. Die besonderen Verhältnisse bei treuhänderischem Anteilsbesitz (in der Form der bloß formellen Rechtsinhaberschaft ohne eigene Interessen- oder Machtposition) sind nicht nur für das Innenverhältnis bedeutsam; sie betreffen vielmehr die Interessenlage, die bei den Vorschriften vorausgesetzt wird, in denen das Gesetz Rechtsfolgen an das Vorliegen einer Mehrheitsbeteiligung knüpft.

84   Eine Mehrheitsbeteiligung ist indes nicht vorhanden, wenn lediglich eine **Option** auf den Erwerb von Anteilen besteht[49]. Etwas anderes wird jedoch dann zu gelten haben, wenn dem Veräußerer ein Andienungsrecht (put-option) zusteht, durch das das Unternehmen unabdingbar zur Übernahme der Anteile verpflichtet wird, da in diesem Fall dem Erwerber das wirtschaftliche Risiko zuzuordnen ist.

85   Gleiches gilt im Falle des Erwerbsrechts (call-option), wenn dem Erwerber ein jederzeit ausübbarer, unentziehbarer Anspruch zusteht, da er dann eine dem Anteilsinhaber vergleichbare Rechtsmacht besitzt.

cc) Mittelbare Mehrheitsbeteiligung

86   Neben den einem Unternehmen nach § 16 Abs. 1 AktG unmittelbar gehörenden Anteilen gelten als Anteile, die einem Unternehmen gehören, gem. § 16 Abs. 4 auch solche Anteile, die

- einem von dem Unternehmen abhängigen Unternehmen gehören;
- einem anderen für Rechnung des Unternehmens oder eines von ihm abhängigen Unternehmens gehören;
- ein Einzelkaufmann in seinem sonstigen Vermögen hält.

87   Durch die Zurechnung wird die Möglichkeit des mittelbaren Mehrheitsbesitzes und über § 17 Abs. 2 AktG die Möglichkeit einer Form der mittelbaren Abhängigkeit begründet.

---

48 *Koppensteiner* in Kölner Kom. § 16 Anm. 22. Vgl. zu diesem Fragenkreis auch Tz. 136 ff. Wie *Koppensteiner* auch *Geßler* in AktG-Kom. § 16 Anm. 18; offen bei *ADS*, § 16 AktG Tz. 8 und 27; BGH v. 20. 2. 1989, BGHZ 107 S. 7 (15 ff.).
49 Vgl. hierzu die Sonderregelungen in § 20 Abs. 2 AktG, die auf § 16 Abs. 4 AktG verweisen; vgl. ferner *ADS*, § 16 AktG Tz. 26 aE.

(1) Für die Zurechnung ist es nach hM nicht erforderlich, daß das Unterneh-   **88**
men, dem Anteile zugerechnet werden sollen, auch selbst unmittelbar
Anteile besitzt. Nur nach § 16 Abs. 1 AktG muß dem Unternehmen die
Mehrheit der Anteile gehören, § 16 Abs. 1 AktG fingiert für die dort aufge-
führten Fälle, daß dem Unternehmen auch im Fremdbesitz befindliche
Anteile gehören. Damit ist der nach § 16 Abs. 4 AktG fingierte Besitz dem
unmittelbaren Eigenbesitz des § 16 Abs. 1 AktG gleichgestellt. Aus diesem
Grunde wird die Frage, welche Anteile einem Unternehmen gehören, vom
Gesetz nicht nach formal-rechtlichen, sondern nach wirtschaftlichen
Gesichtspunkten entschieden und damit der „Wirklichkeitswert" der Vorschrift erhöht[50]. Diese Gesichtspunkte treffen in gleicher Weise zu, wenn die
Anteile in vollem Umfang einem abhängigen Unternehmen gehören. Insbesondere könnte eine Gesellschaft die von ihr gehaltene Mehrheitsbeteiligung
auf eine von ihr abhängige Gesellschaft übertragen und damit den Folgen,
die sich aus der Mehrheitsbeteiligung ergeben, insbesondere der Abhängigkeitsvermutung, entgehen, ohne daß im Hinblick auf den wirtschaftlichen
Sachverhalt eine Änderung eintreten würde[51].

Dasselbe gilt bei der Zurechnung von Anteilen, die ein Dritter für Rechnung   **89**
des Unternehmens oder für Rechnung eines von diesem abhängigen Unternehmens hält.

Nicht so eindeutig ist es jedoch, ob dann, wenn ein Einzelkaufmann als   **90**
Inhaber eines Unternehmens nur Anteile im **Privatvermögen** hat, diese
Anteile zum „Unternehmen" rechnen. Dagegen spricht, daß das AktG
grundsätzlich nur bei Unternehmen unter gewissen Voraussetzungen an
einen Anteilsbesitz Pflichten knüpfen wollte, wie sich eindeutig aus § 15
AktG ergibt. Wendet man daher § 16 Abs. 4 AktG auf Sachverhalte an, bei
denen ein Einzelkaufmann in seinem Privatvermögen mehr oder weniger
zufällig eine Beteiligung von mehr als 50 vH an einem Unternehmen hält,
dessen Unternehmensgegenstand keinen Berührungspunkt zu dem Einzelunternehmen hat, so wird eine private Beteiligung allen mit der Mehrheitsbeteiligung verbundenen Konsequenzen unterworfen, ohne daß ein sachlich
erheblicher Grund hierfür vorliegt. Andererseits wollte der Gesetzgeber
ebenso wie bei den Gesellschaften die Möglichkeit verhindern, daß der
Gesetzeszweck durch Überführung einer Beteiligung in das Privatvermögen
umgangen wird. Die Auslegung muß sicherstellen, daß dieser Gesetzeszweck
erfüllt wird. Grundsätzlich ist daher von der Anwendbarkeit des § 16 Abs. 4
AktG auch in den Fällen auszugehen, in denen ein Einzelkaufmann die
Anteile ausschließlich in seinem Privatvermögen hält. Es könnte allenfalls in
Betracht gezogen werden, in einzelnen Fällen, in denen eine Umgehung
nicht vorliegen kann, § 16 Abs. 4 AktG nicht anzuwenden[52]. Aber auch diese
Auffassung ist nicht überzeugend, weil das Gesetz keine Umgehungsabsicht
voraussetzt, so daß der Nachweis, daß eine Umgehung objektiv nicht vor-
liegt, irrelevant ist[53].

---

50 Begr. RegE, *Kropff,* Textausgabe S. 30.
51 Zustimmung *H. P. Müller.* AG 1968 S. 277; *Koppensteiner* in Kölner Kom. § 16 Anm. 26; *Geßler* in
   AktG-Kom. § 16 Anm. 44.
52 So auch *Havermann.* WPg. 1966 S. 30/34.
53 Zur Problematik bei Minderkaufleuten vgl. *Koppensteiner* in Kölner Kom. 2. Aufl., § 16 Anm. 23.

91   § 16 Abs. 4 AktG ist daher in allen Fällen auch immer dann anzuwenden, wenn dem Unternehmen unmittelbar iSv. § 16 Abs. 1 AktG Anteile gehören.

92   (2) Der Gesetzeswortlaut läßt nicht erkennen, ob durch eine Zurechnung von Anteilen gem. § 16 Abs. 4 AktG die unmittelbare Beteiligung gem. § 16 Abs. 1 AktG **absorbiert** wird.

Beispiel:

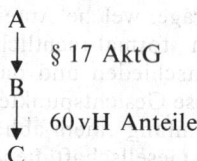

Gem. § 16 Abs. 4 AktG werden A die Anteile von B an C zugerechnet, so daß C im Mehrheitsbesitz von A steht. Dabei stellt sich nunmehr die Frage, ob infolge der Zurechnung das Unternehmen B nicht mehr als an C mit Mehrheit beteiligt gilt.

93   Auszugehen ist davon, daß durch § 16 Abs. 4 AktG dem wirschaftlichen, der Wirklichkeit entsprechenden Sachverhalt Geltung verschafft werden soll. Durch diese Anknüpfung an die wirschaftlichen Gegebenheiten werden die durch eine unmittelbare Beteiligung begründeten rechtlichen Beziehungen von zwei Unternehmen zueinander jedoch keineswegs abgeschwächt. Sie bestehen mit unverminderter rechtlicher Wirkung weiter, so daß schon aus diesem Grund kein begründeter Anlaß besteht, eine Absorptionswirkung anzunehmen, durch die es auch zu mit dem Gesetzeszweck nicht zu vereinbarenden Folgen kommen würde. So könnte im Beispielsfall das Unternehmen C ungeachtet des § 56 Abs. 2 AktG Aktien von B zeichnen, falls C nicht in einem Abhängigkeitsverhältnis zu B steht und schon deshalb von der Zeichnung ausgeschlossen ist. Die Verneinung einer Mehrheitsbeteiligung von B an C könnte so zu unerwünschten Kapitalverflechtungen führen. Noch weniger akzeptabel wären die Folgen, wenn C die Abhängigkeitsvermutung zu A ausräumen könnte; denn dann könnte C durch die Annahme einer Absorptionswirkung zu einer unabhängigen Gesellschaft werden, weil die Vermutung des § 17 Abs. 2 AktG im Verhältnis zu B – eben wegen der Absorption – nicht zum Zuge käme.

94   Es ist also davon auszugehen, daß die Zurechnungsvorschrift des § 16 Abs. 4 AktG keine absorbierende Wirkung hat, so daß im Beispielsfall sowohl A als auch B an C mit Mehrheit beteiligt sind; ggf. liegen auch zwei Abhängigkeitsverhältnisse vor[54].

95   (3) Da § 16 Abs. 4 AktG keine Absorptionswirkung zur Folge hat und außerdem die Bestimmung auch dann anzuwenden ist, wenn eine unmittelbare Beteiligung nicht besteht, kann es zu einer mehrfachen Anwendung des § 16 Abs. 4 AktG „nacheinander" und damit zu einer Kettenwirkung kommen.

---

[54] Vgl. *Koppensteiner* in Kölner Kom., 2. Aufl., § 16 Anm. 27; *ADS*, § 16 AktG Tz. 28; *Geßler* in AktG-Kom. § 16 Anm. 45.

Beispiel:

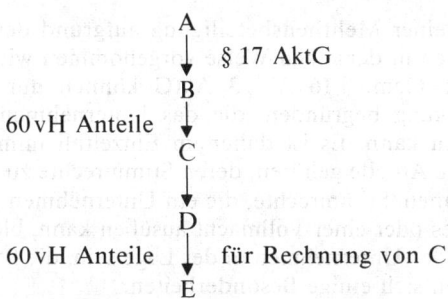

Im Beispiel werden gem. § 16 Abs. 4 AktG die Anteile von B an C der Gesellschaft A zugerechnet. Kann die Abhängigkeitsvermutung von C zu A nicht ausgeräumt werden, so sind auch die Anteile, die D für C an E hält, A zuzurechnen, so daß E deshalb im Mehrheitsbesitz von A steht, weil die Zurechnungsvorschrift zweimal nacheinander angewendet wird. Außerdem ist B an C mit Mehrheit beteiligt; ist die Abhängigkeitsvermutung nicht ausgeräumt, so steht E auch im Mehrheitsbesitz von B.

(4) Auch bei der Zurechnung bleiben ebenso wie bei der unmittelbaren Beteiligung Anteile, die für Rechnung des Unternehmens gehalten werden, an dem der Mehrheitsbesitz ermittelt wird, außer Betracht. **96**

(5) Die Anteile werden dann „für Rechnung" des Unternehmens oder eines von ihm abhängigen Unternehmens gehalten, wenn bei diesem die mit dem Halten der Anteile verbundenen Kosten und im wesentlichen das wirtschaftliche Risiko des Besitzes der Aktien liegt. Diese Voraussetzungen sind sowohl bei der uneigennützigen als auch bei der eigennützigen Treuhand erfüllt[55]. **97**

(6) Die Vorschrift über Zurechnungen von Anteilen, die sich im sonstigen Vermögen eines Einzelkaufmanns befinden, kann nicht auf den Gesellschafter einer **Personengesellschaft** angewendet werden; Anteile, die sich im sonstigen Vermögen eines Gesellschafters einer Personengesellschaft befinden, können daher der Gesellschaft nicht zugerechnet werden[56]. Diese Gesellschaften sind als solche Unternehmen iSd. AktG, nicht jedoch die an ihr beteiligten einzelnen Gesellschafter. Eine Umgehung des § 16 Abs. 1 AktG kann kaum in Betracht kommen, weil die von einer Personengesellschaft gehaltenen Anteile gesamthänderisches Eigentum der einzelnen Gesellschafter darstellen und deshalb ein Ausscheiden aus dem Vermögen der Gesellschaft ein völliges Ausscheiden aus dem unternehmerischen Bereich bedeutet. Dazu kommt, daß im Normalfall ein Gesellschafter die Anteile wegen der gemeinschaftlichen Willensbildung nicht durch einen einseitigen Entschluß dem Betriebsvermögen entnehmen kann. **98**

---

55 Siehe dazu auch *Janberg/Schlaus*, AG 1967 S. 33/38.
56 *Würdinger* in Großkom. § 16 Anm. 6; *Geßler* in AktG-Kom. § 16 Anm. 51; *Krieger* in MünchHdb., § 68 Rn. 26.

c) Die Mehrheit der Stimmrechte

99 Die Ermittlung einer Mehrheitsbeteiligung aufgrund der Stimmrechtsmehrheit wird grundsätzlich in derselben Weise vorgenommen wie die Feststellung einer Kapitalmehrheit. Gem. § 16 Abs. 3 AktG können nur die **Stimmrechte** eine Mehrheitsbeteiligung begründen, die das Unternehmen aus ihm gehörenden Anteilen ausüben kann. Es ist daher im Einzelfall immer zu prüfen, ob dem Unternehmen die Anteile gehören, deren Stimmrechte zu einer Mehrheitsbeteiligung führen können. Stimmrechte, die ein Unternehmen aufgrund eines Stimmbindungsvertrages oder einer Vollmacht ausüben kann, bleiben außer Betracht[57]. Außerdem muß das Unternehmen in der Lage sein, die Stimmrechte auszuüben. Dennoch ergeben sich einige Besonderheiten.

aa) Berechnung der Mehrheit

100 Bei der Ermittlung des Teils der Stimmrechte, der einem Unternehmen zusteht, ist die Zahl der Stimmrechte, die es aus ihm gehörenden Anteilen ausüben kann, ins **Verhältnis zur Gesamtzahl** aller Stimmrechte zu setzen. Von dieser Gesamtzahl sind abzusetzen die Stimmrechte aus eigenen Anteilen und aus Anteilen, die einem anderen für Rechnung des Unternehmens gehören. Ferner haben Verträge über Stimmrechtsbeschränkungen (zB Entherrschungs-, Stimmbindungs-) hier keine Bedeutung.

101 Bei **Personengesellschaften** wird üblicherweise in den Gesellschaftsverträgen das Stimmrecht an die Höhe der festen Kapitalkonten geknüpft und mit Mehrheit abgestimmt; bei dieser Regelung kann eine Mehrheitsbeteiligung durch Stimmrechte begründet werden. Sofern eine Abstimmung nach Köpfen vorgesehen ist (§ 119 Abs. 2 HGB), kann eine Mehrheitsbeteiligung nur dadurch entstehen, daß einem Gesellschafter die Stimme eines anderen gem. § 16 Abs. 4 AktG zuzurechnen ist (zB wenn ein herrschendes Unternehmen, seine abhängige Tochtergesellschaft und ein fremder Dritter Gesellschafter einer dreiköpfigen Personengesellschaft sind). Wenn dagegen, was praktisch kaum vorkommt, entsprechend der gesetzlichen Regelung im § 119 Abs. 1 HGB für alle Beschlüsse Einstimmigkeit erforderlich ist, kann eine Mehrheitsbeteiligung weder unmittelbar noch mittelbar begründet werden, weil es dann an Stimmrechten iSd. Gesetzes fehlt[58].

bb) Unmittelbare Mehrheitsbeteiligung

102 Beim **Nießbrauch** ist die umstrittene Frage, ob dem Nießbraucher die Stimmrechte aus den Anteilen zustehen[59], nicht zu entscheiden. Selbst wenn man diese Frage bejaht, kann durch diese Stimmrechte eine Mehrheitsbeteiligung nicht begründet werden, weil dem Nießbrauchsberechtigten die Anteile nicht gehören. Dasselbe gilt für einen Bevollmächtigten, insbesondere für die Banken bei der Ausübung des Bankenstimmrechts.

103 Einem Unternehmen gehören nicht die Anteile, die es **für Rechnung** der Gesellschaft hält. Damit entfällt die Möglichkeit, mit Anteilen, die eigenen Anteilen

---

57 *Koppensteiner* in Kölner Kom. § 16 Rn. 33; *Krieger* in MünchHdb., § 68 Rn. 33.
58 Zustimmend *Koppensteiner* in Kölner Kom. § 16 Anm. 32; zur Stimmrechtsmehrheit bei Personenhandelsgesellschaften mit weiteren Fallgestaltungen vgl. *ADS*, § 16 AktG Tz. 13.
59 Vgl. hierzu Münchener Kom. BGB 2. Aufl., München 1986, § 1068 Rn. 34; *Palandt*, BGB Kurzkom., 50. Aufl., München 1991, § 1068 Anm. 3a (Tz. 4).

gleichstehen, eine Stimmrechtsmehrheit zu begründen. Dieses Ergebnis wird bei der AG noch dadurch gestützt, daß aus diesen Anteilen nach der Regelung des § 136 Abs. 2 AktG die Stimmrechte nicht ausgeübt werden können. Das entspricht auch dem Sinn der Vorschrift, der sich insbesondere in der Abhängigkeitsvermutung des § 17 Abs. 2 AktG zeigt. Kann der Anteilseigner keine Stimmrechte ausüben, so besteht nicht die in § 17 Abs. 2 AktG vermutete latente Beherrschungsmöglichkeit.

Ist jedoch ein Anteilsbesitzer lediglich gem. § 136 Abs. 1 AktG an der Stimmrechtsausübung gehindert (zB wegen Interessenkollision), so kann dies nicht die Mehrheitsbeteiligung beseitigen. Wenn daher ein mit Mehrheit beteiligter Einzelunternehmer über seine Entlastung nicht abstimmen kann, so entfallen durch diese einmalige Verhinderung bei der Stimmrechtsausübung nicht die Voraussetzungen des § 16 Abs. 1 AktG. Ist dagegen die Stimmenzahl gem. § 134 Abs. 1 AktG beschränkt oder können die Stimmrechte wegen der nichterfüllten Anzeigepflicht gem. § 20 Abs. 7 AktG nicht ausgeübt werden, so bleiben diese Stimmrechte außer Betracht[60]. **104**

cc) Mittelbare Mehrheitsbeteiligung

Auch bei der Feststellung einer Mehrheitsbeteiligung aufgrund von Stimmrechten ist die Zurechnungsvorschrift des § 16 Abs. 4 AktG anzuwenden. In ihr werden zwar die Stimmrechte nicht unmittelbar angesprochen. Da bei zuzurechnenden Anteilen jedoch fingiert wird, daß sie dem Unternehmen gehören, andererseits nach § 16 Abs. 3 AktG Stimmrechte aus dem Unternehmen gehörenden Anteilen eine Mehrheitsbeteiligung begründen können, ist die Verbindung zu § 16 Abs. 4 AktG hergestellt. **105**

Daher sind alle Stimmrechte aus solchen Anteilen zuzurechnen, bei denen die Voraussetzungen des § 16 Abs. 4 AktG vorliegen. Die Ausführungen zur Zurechnung von Anteilen bei Ermittlung einer Kapitalmehrheit gelten also auch unmittelbar für die Bestimmung einer Stimmrechtsmehrheit.

5. Abhängige und herrschende Unternehmen

a) Allgemeines

Die Regelungen des AktG 1937 unterscheiden sich in mehrfacher Weise von denen des AktG 1965. Zum einen wurde in § 15 AktG 1937 versucht, eine Definition der Abhängigkeit und der Beherrschungsmittel zu geben. Zum anderen galten herrschende und abhängige Unternehmen unwiderleglich als ein Konzern (§ 15 Abs. 2 AktG 1937). Das AktG 1965 hat hingegen darauf verzichtet, die Beherrschungsmittel im Rahmen der Abhängigkeitsverhältnisse zu regeln, da erkannt worden war, daß Beherrschungsverhältnisse vielfältigere Ursachen haben können, als von § 15 Abs. 2 AktG 1937 erfaßt worden war. Zudem wurde das Verhältnis der Unternehmensverbindungen von Abhängigkeit und Konzern im AktG 1965 insofern verändert, als nach § 18 Abs. 1 Satz 3 AktG nur noch eine Vermutung besteht, daß das herrschende Unternehmen mit dem abhängi- **106**

---

60 *Würdinger* in Großkomm. § 16 Anm. 10; *Koppensteiner* in Kölner Kom., 2. Aufl., § 16 Anm. 34; *ADS.* § 16 AktG Tz. 8 aE.

gen einen Konzern bildet; diese Vermutung kann durch den Nachweis fehlender einheitlicher Leitung widerlegt werden. Wird sie nicht widerlegt, so kommen zugleich die für Konzernverhältnisse vorgesehenen Bestimmungen zur Anwendung. Zu beachten ist indessen, daß sich die Verpflichtung zur Aufstellung eines Konzernabschlusses nunmehr ausschließlich aus den handelsrechtlichen Vorschriften über die Rechnungslegung (zB §§ 290 ff. HGB) ergibt. Eine Übersicht über die für herrschende und abhängige Unternehmen in Betracht kommenden Vorschriften des AktG und HGB ist in den Erläuterungen unter III (Tz. 22 ff.) enthalten.

107 Während im AktG 1937 nur Bestimmungen zu einigen speziellen Fragen, die sich aus dem Abhängigkeitsverhältnis ergeben, getroffen waren, ist im AktG 1965 der Versuch einer Regelung des Kernproblems, der Absicherung einer abhängigen Gesellschaft, ihrer Aktionäre und Gläubiger gegen Benachteiligungen durch den Einfluß des herrschenden Unternehmens, unternommen worden (§§ 311–318). Diesem Zweck dient vor allem die Verpflichtung des herrschenden Unternehmens, Benachteiligungen der abhängigen Gesellschaft auszugleichen und in Verbindung damit der „Bericht über Beziehungen zu verbundenen Unternehmen", den der Vorstand einer abhängigen Gesellschaft für jedes GJ aufzustellen hat.

108 Das Abhängigkeitsverhältnis des § 17 setzt, wie alle Unternehmensverbindungen, auf beiden Seiten Unternehmen voraus[61]. Speziell im Hinblick auf herrschende Unternehmen wird in der Rechtsprechung darauf abgestellt, ob bei dem Aktionär außerhalb der Gesellschaft, an der er beteiligt ist, eine wirtschaftliche Interessenbindung besteht, die stark genug ist, um die ernste Besorgnis zu begründen, der Aktionär könnte um ihretwillen seinen Einfluß zum Nachteil der Gesellschaft geltend machen. Dieses unternehmerische Fremdinteresse kann sich aus einem vom Aktionär unmittelbar betriebenen Handelsgeschäft ergeben, aber auch in einer wirtschaftlichen Interessenbindung anderer Art begründet sein (vgl. BGH v. 13. 10. 1977, DB S. 2367 und v. 16. 2. 1981, DB S. 931).

b) Der Abhängigkeitsbegriff

aa) Einheitliche Begriffsbestimmung in § 17

109 Verschiedene Vorschriften des AktG[62] und die Rechtsprechung[63] nehmen auf den Abhängigkeitsbegriff Bezug. Für die Anwendung des Begriffs im einzelnen Fall kommt es daher darauf an, ob ihm eine einheitliche oder eine differenzierte Auslegung zukommt.

110 In der Vergangenheit wurde vereinzelt eine differenzierte Auslegung des Abhängigkeitsbegriffs befürwortet[64]. Hiernach müßten aus dem jeweiligen normativen Einzelzusammenhang zusätzliche Kriterien zu der Begriffsbestimmung in § 17 Abs. 1 entwickelt werden. So sei der Abhängigkeitsbegriff zB im Rahmen der §§ 302 Abs. 2 und 311 ff. enger als sonst auszulegen. Die hM steht einer solchen, den Begriff der Abhängigkeit im Rahmen der einzelnen Vorschriften modifizie-

---

61 Vgl. Tz. 41 ff.
62 zB § 18 Abs. 1 Satz 3; § 56 Abs. 2; § 71d Abs. 2; §§ 311, 312; § 302 Abs. 2 AktG.
63 Im Zusammenhang mit der Haftung im qualifiziert faktischen Konzern vgl. BGHZ 95 S. 330 (Autokran), BGHZ 107 S. 7 (Tiefbau).
64 *Biedenkopf/Koppensteiner* in Kölner Kom., 1. Aufl. § 17 Anm. 9–14.

renden Auslegung jedoch ablehnend gegenüber[65]. Zweck einer Definitionsnorm wie § 17 Abs. 1 AktG ist vielmehr die einheitliche Festlegung des Begriffs für alle Vorschriften des Gesetzes. Darüber hinaus hat sie rechtsformübergreifende Bedeutung, die teilweise im Rahmen rechtsfortbildender Entscheidungen[66] entwickelt wurde; ferner nehmen andere Gesetze auf den Abhängigkeitsbegriff Bezug[67].

bb) Die Beherrschungsmöglichkeit

Das Abhängigkeitsverhältnis beruht auf dem in § 17 AktG vorausgesetzten beherrschenden Einfluß. Dieser braucht – anders als die für das Konzernverhältnis begriffswesentliche einheitliche Leitung – nicht tatsächlich ausgeübt zu werden. Es genügt, daß ein Unternehmen die Möglichkeit hat, auf ein anderes unmittelbar oder mittelbar beherrschenden Einfluß auszuüben, also Einfluß nehmen könnte, wenn es wollte. Das kommt in den Worten „...beherrschenden Einfluß ausüben kann" zum Ausdruck[68]. Unerheblich ist deshalb auch, ob die Absicht besteht, das andere Unternehmen zu beherrschen. **Beherrschungsmöglichkeit** iSd. § 17 AktG ist gegeben, wenn ein Unternehmen über Beherrschungsmöglichkeiten verfügt, die es ihm ermöglichen, die Geschäfts- und Unternehmenspolitik des (abhängigen) Unternehmens nach seinem Willen zu gestalten. Diese Beherrschungsmöglichkeit braucht sich nicht auf alle Bereiche der Betätigung des Unternehmens zu erstrecken. Vielmehr genügt es, daß die Unternehmensführung in ihren Leitungsaufgaben auf bedeutsamen Gebieten der Betätigung des Unternehmens dem Willen des (herrschenden) Unternehmens unterworfen ist (zB hinsichtlich der Geschäftspolitik in den verschiedenen Geschäftszweigen des Unternehmens, hinsichtlich der Investitions- und Finanzpolitik). Das Gesamtbild der Verhältnisse ist entscheidend dafür, ob bei Einflußmöglichkeiten lediglich in dem einen oder anderen Entscheidungsbereich ein Abhängigkeitsverhältnis anzunehmen ist. Hierbei ist vor allem maßgebend, welches Gewicht dem einflußunterworfenen Entscheidungsbereich im Rahmen des Gesamtunternehmens zukommt.

111

Nicht erforderlich ist, daß der beherrschende Einfluß sofort durchgesetzt werden kann. Es genügt, wenn der beherrschende Einfluß im Rahmen der gesellschaftsrechtlichen Möglichkeiten und somit notfalls erst über Wahlen zum AR oder über die Bestellung anderer Vorstandsmitglieder zur Geltung gebracht werden kann[69].

112

cc) Beständigkeit der Einflußmöglichkeit

Wie sich aus der Begründung zum RegE ergibt, knüpft der Gesetzgeber an Ausführungen des RG zum Begriff des Abhängigkeitsverhältnisses an[70]. Das RG hat darauf abgestellt, ob das (herrschende) Unternehmen in der Lage ist, das (abhängige) Unternehmen seinem Willen zu unterwerfen und diesen bei ihm durchzusetzen; das herrschende Unternehmen muß die Willensbildung des anderen Unternehmens nach seinen Wünschen gestalten können. Die Beherr-

113

---

65 Jetzt auch *Koppensteiner* in FS *Stimpel*, Berlin, New York 1985, S. 811 (822); BGHZ 90 S. 381.
66 Vgl. die unter Fn. 63 zitierten Entscheidungen.
67 zB GWB, KWG.
68 Begr. RegE § 17, *Kropff*, Aktiengesetz, Textausgabe, S. 31.
69 *ADS*. § 17 AktG Tz. 26; *Geßler* in AktG-Kom. § 17 Anm. 30.
70 RGZ 167 S. 40.

schungsmöglichkeit darf nicht lediglich auf zufälligen, dem Willen des herrschenden Unternehmens nicht unterworfenen und veränderlichen Umständen beruhen. Ergibt sich der Einfluß eines Unternehmens lediglich aus einer konkreten Situation, so wird dadurch noch kein Abhängigkeitsverhältnis begründet, selbst wenn das Unternehmen unter Ausnutzung einer solchen Situation seinen Willen bei dem anderen Unternehmen im Einzelfall tatsächlich zur Geltung bringt[71]; Abhängigkeit könnte nur dann angenommen werden, wenn das Ausnutzen der Situation durch eine jedenfalls nicht kurzfristig entziehbare Rechtsposition (zB Stimmbindung) gesichert ist. Eine gewisse **Beständigkeit der Einflußmöglichkeit** (wenn auch nicht notwendig eine bestimmte Zeitdauer) wird damit vorausgesetzt. Daher ist eine Bank, die im Fall des § 186 Abs. 5 AktG die Aktien aus einer Kapitalerhöhung übernommen hat, um sie den Aktionären anzubieten, während der Zeit der Bezugsrechtsausübung nicht als herrschendes Unternehmen anzusehen[72]. Überhaupt wird ein Anteilsbesitz, der von vornherein nur für wenige Wochen vorgesehen war und auch tatsächlich nicht länger gedauert hat, häufig zur Begründung eines beherrschenden Einflusses nicht ausreichen; denn schon aus zeitlichen Gründen wird es bei dem Beteiligungsunternehmen in solchen Fällen uU nicht möglich sein, beherrschenden Einfluß auszuüben[73].

dd) Die Beherrschungsmittel

114   Das praktisch bedeutsamste Beherrschungsmittel ist die **Beteiligung**. Ein Großaktionär kann idR durch Ausübung seines Stimmrechts in der HV und ggf. im AR des Unternehmens Einfluß geltend machen. Besonders evident ist dies im Fall der Mehrheitsbeteiligung. Das Gesetz knüpft daher an eine Mehrheitsbeteiligung die Vermutung der Abhängigkeit, § 17 Abs. 2 AktG. Auch eine Minderheitsbeteiligung kann jedoch zu beherrschendem Einfluß führen, zB wenn das mit Minderheit beteiligte Unternehmen mit Sicherheit auf die Mitwirkung anderer Aktionäre rechnen kann (etwa aufgrund eines Pool- oder Konsortialvertrages) und dadurch die Mehrheit gewährleistet ist, ebenso bei im übrigen zersplittertem Anteilsbesitz sowie bei Präsenzmehrheit (vgl. Tz. 124).

115   Die familiäre Verbundenheit eines Minderheitsaktionärs mit anderen Aktionären läßt nicht ohne weiteres den Schluß zu, daß zwischen ihnen eine ausreichend sichere und beständige Interessenverbindung besteht; wenn jedoch die Familie in der Vergangenheit stets als geschlossene Einheit aufgetreten ist, spricht dies für einen verfestigten Interessenverbund, so daß dem Aktionär die Stimmen der anderen Familienmitglieder zuzurechnen sind (BGH v. 16. 2. 1981, DB S. 931 ff., 932). Ein nicht über die erforderliche Mehrheit verfügender Unternehmer kann auf diese Weise zum beherrschenden werden, auch wenn die Aktionäre, die ihn unterstützen, selbst keine Unternehmer sind.

116   Darüber hinaus sind aber auch andere, außerorganschaftliche Beherrschungsmittel denkbar. Der Gesetzgeber hat wegen der Unmöglichkeit, sie sämtlich anzuführen, überhaupt auf die Angabe der möglichen Grundlagen eines Beherrschungsverhältnisses verzichtet. Die RegBegr. zu § 17 AktG hebt zutreffend her-

---

71 RGZ 167 S. 49/50.
72 *Geßler* in AktG-Kom. § 17 Anm. 31, 32; *ADS*, § 17 AktG Tz. 17.
73 Im Ergebnis ebenso *Rittner*, DB 1976 S. 1465/1469; *Koppensteiner* in Kölner Kom. 2. Aufl. § 17 Anm. 21; *ADS*, § 17 AktG Tz. 19.

vor, daß rein **tatsächliche Verhältnisse** selten ausreichen werden, ein Abhängigkeitsverhältnis zu begründen. Dies erscheint auch deswegen zweifelhaft, „weil sie es in aller Regel nicht gestatten, sich das abhängige Unternehmen ohne Rücksicht auf zufällige Entwicklungen und auf die nicht sichere Mitwirkung anderer zu unterwerfen"[74].

Andererseits muß die Beherrschungsmöglichkeit nicht auf einer **rechtlichen** **117** **Grundlage** beruhen[75]; insbesondere wird eine Weisungsbefugnis hier ebensowenig vorausgesetzt wie für den Begriff der einheitlichen Leitung iSv. § 18 AktG.

Als Beherrschungsmittel kommen neben der Beteiligung[76] vor allem sonstige **118** **vertragliche Bindungen** in Frage. Daß ein Beherrschungsvertrag ein Abhängigkeitsverhältnis begründet, ergibt sich unmittelbar aus dem Gesetz selbst (§ 291 Abs. 2). Auch ein GAV führt idR zu einem Abhängigkeitsverhältnis, jedenfalls dann, wenn er den Erfordernissen für die steuerliche Anerkennung genügt (wirtschaftliche, finanzielle und organisatorische Eingliederung nach Art einer Betriebsabteilung); das gleiche gilt bei einem Vertragsverhältnis, aufgrund dessen eine Gesellschaft ihr Unternehmen für Rechnung eines anderen führt (§ 291 Abs. 1 S. 2 AktG)[77]. Dagegen hat die Weisungsgebundenheit, die ein normaler Dienstvertrag oder ein sonstiger, auf eine Leistung gerichteter Vertrag mit sich bringt, keine Abhängigkeit zur Folge; denn die Weisungsgebundenheit bezieht sich nur auf die zu erbringenden Leistungen, nicht auf die Geschäftsführung des verpflichteten Unternehmens als solche. Auch weitgehende geschäftliche Bindungen an ein anderes Unternehmen führen aus dem gleichen Grund idR nicht zur Abhängigkeit iSv. § 17 AktG, jedenfalls solange nicht, als das Unternehmen in der Lage ist, sich aus der Bindung zu lösen, sei es auch unter Inkaufnahme wirtschaftlicher Einbußen; hinzu kommt, daß die Partner einer solchen engen geschäftlichen Bindung meist gegenseitig aufeinander angewiesen sind. Wenn allerdings mit einer geschäftlichen Bindung besonders weitgehende, auf eine Beherrschung des ganzen Unternehmens hinauslaufende Direktions- und Kontrollmöglichkeiten verbunden sind, ist im Einzelfall Abhängigkeit denkbar. Eine solche Lage kann sich auch als Ausfluß einer erheblichen Verschuldung gegenüber einem anderen Unternehmen ergeben; für sich allein begründet die Verschuldung dagegen idR kein Abhängigkeitsverhältnis. Geschäftliche Beziehungen führen daher meist nur zusammen mit anderen Einflußmöglichkeiten, vor allem iVm. einer Beteiligung, zu einem Abhängigkeitsverhältnis[78].

---

74 *Kropff*, Textausgabe S. 31.
75 Vgl. auch *Godin/Wilhelmi*, AktG, Kommentar, 4. Aufl., Berlin 1971, § 17 Anm. 2.
76 Ausführliche Behandlung der Beteiligung als Beherrschungsmittel bei *Rittner*, DB 1976 S. 1465, 1513. Die von *Werner/Peters* vertretene Auffassung, nach der auch eine bloße Sperrminorität von mehr als 25% beherrschenden Einfluß begründet, weil sie existentiell wichtige Maßnahmen wie zB Kapitalerhöhungen verhindern kann (BB 1976 S. 393/394), ist abzulehnen; denn die Möglichkeit, einzelne Maßnahmen zu verhindern, genügt idR nicht, um die Unternehmens- und Geschäftspolitik zu bestimmen (vgl. die ähnliche Fragestellung unter 5. S. 1306); wie hier auch *Rittner*, DB 1976 S. 1465/1468.
77 Vgl. *Würdinger* in Großkom. § 17 Anm. 8.
78 Nach *Geßler* ist eine Abhängigkeit, die auf wirtschaftlichen oder rein persönlichen Gründen beruht, so lange nicht als Abhängigkeit iSv. § 17 AktG anzusehen, wie sich der wirtschaftliche und persönliche Einfluß nicht zu einem Einfluß auf die Unternehmensleitung konkretisiert hat (AktG-Kom. Anm. 39–42, 56, 59). Nach *Würdinger* begründet die wirtschaftliche Abhängigkeit „schwerlich" eine Abhängigkeit iSv. § 17 (Großkom. Anm. 3). Hiergegen und ganz allgemein zur „tatsächlichen Abhängigkeit" *Prühs*, DB 1972 S. 2001; *Dierdorf*, Herrschaft und Abhängigkeit einer Aktiengesellschaft auf schuldvertraglicher und tatsächlicher Grundlage, Köln 1978, S. 258 ff.; *Koppensteiner*, Kölner Kom. 2. Aufl. § 17 Anm. 50; *Martens*, Die existenzielle Wirtschaftsabhängigkeit, Köln 1979, S. 58 ff.

119 Noch einen Schritt weiter geht der BGH in einem Urteil v. 26. 3. 1984, indem er für einen beherrschenden Einfluß iSv. § 17 AktG generell voraussetzt, daß der Einfluß „**gesellschaftsrechtlich bedingt** oder zumindest **vermittelt**" sein müsse; denn Zweck der Vorschriften über verbundene Unternehmen sei der Schutz gegen nachteilige Einwirkungen auf die Unternehmensführung unter Ausnutzung spezifisch gesellschaftsrechtlicher Möglichkeiten, nicht dagegen der Schutz vor Gefahren, die jedem auf dem Markt auftretenden Unternehmen von der Ausübung fremder wirtschaftlicher Macht drohen. Deshalb reiche eine durch Austauschbeziehungen, zB Liefer-, Lizenz- oder Kreditverträge begründete rein wirtschaftliche Abhängigkeit für sich allein nicht aus. Dagegen können außergesellschaftsrechtliche Einflüsse auch nach Auffassung des BGH einen ohnehin schon bestehenden gesellschaftsinternen Einfluß so verstärken, daß dieser zu einem beherrschenden Einfluß iSv. § 17 AktG wird. Im Urteilsfall hat der BGH die unter 25 % liegende Beteiligung einer Bank auch iVm. einer wirtschaftlich bedeutsamen Gläubigerposition nicht als ausreichende Grundlage für eine abgesicherte, umfassende und beständige Einflußmöglichkeit, wie sie § 17 AktG verlangt, angesehen. Dem ist für die Fälle zuzustimmen, daß der außergesellschaftsrechtliche Einfluß die Einwirkung auf gesellschaftsrechtliche Entscheidungen, wie die Organbesetzung vermittelt[79].

120 Im Regelfall nicht zur Beeinträchtigung der Beherrschungsmöglichkeit führt bei AG die Zusammensetzung des Aufsichtsrats nach dem **Mitbestimmungsgesetz.** Hier haben in Pattsituationen die Anteilseigner über die Zweitstimme des AR-Vorsitzenden ein Entscheidungsrecht. Anders sieht dies für AG aus, die nach dem Montan-MitbestG mitbestimmt sind[80].

121 Das **Bankenstimmrecht** (§ 135) begründet weder einen herrschenden Einfluß für ein Kreditinstitut, das aufgrund dieses Stimmrechts regelmäßig mehr als die Hälfte des Stimmrechts vertritt, noch für einen Aktionär, der zusammen mit dem Bankenstimmrecht über die Mehrheit in der HV verfügt; denn das Kreditinstitut handelt nur als Bevollmächtigter der Aktionäre und ist von deren Weisungen abhängig. Daß die Depotkunden den Abstimmungsvorschlägen der Kreditinstitute idR folgen, ist hierbei ohne Bedeutung[81].

ee) Verbotsrechte als Beherrschungsmittel

122 Grundsätzlich erfordert ein Beherrschungsverhältnis die Möglichkeit, die Entscheidungen des anderen Unternehmens zu lenken und zu bestimmen; es genügt nicht, daß ein Unternehmen in der Lage ist, bestimmte Handlungen eines anderen Unternehmens zu verhindern, zumal dann nicht, wenn vergleichbare Verbotsrechte auch unter fremden Dritten denkbar sind (zB Markt- oder Produktionsabsprachen, im Rahmen von Lizenzverträgen oder im Zusammenhang mit Darlehensgewährungen). Solche Verbotsrechte beschränken sich idR auf ganz bestimmte Handlungen und können daher zwar die geschäftspolitische Freiheit des Unternehmens in dieser oder jener Hinsicht beeinträchtigen, führen aber nur im Ausnahmefall dazu, daß das Unternehmen in den Grundzügen seiner

---

79 DB 1984 S. 1188, 1190; AG 1984 S. 181, 184; *ADS*, § 17 AktG Tz. 91; vgl. hierzu *Koppensteiner* in FS Stimpel, S. 814 ff. Abl. zur sog. „kombinierten" Beherrschung *Koppensteiner* in Kölner Kom., § 17 Anm. 56, 57.
80 Wie hier *ADS*, § 17 AktG Tz. 55; *Koppensteiner* in Kölner Kom., 2. Aufl., § 17 Anm. 55 sowie 98 f.
81 *Geßler* in AktG-Kom. § 17 Anm. 49–50; *Koppensteiner* in Kölner Kom., 2. Aufl., § 17 Anm. 41; aA *Werner/Peters*, BB 1976 S. 393 und AG 1978 S. 297 (302/303).

Geschäftspolitik dem Willen des anderen unterworfen ist. Nur in sehr seltenen Fällen können Verbotsrechte in einzelnen Bereichen der unternehmerischen Betätigung so bedeutsam sein, daß sie zu einem Beherrschungsmittel werden und das Unternehmen praktisch dazu nötigen, sich dem anderen Unternehmen in den wesentlichen Beziehungen unterzuordnen[82].

ff) Verflechtung der Verwaltungen als Beherrschungsmittel

Ein Abhängigkeitsverhältnis kann auch durch **Personenidentität** in den Verwal-   **123** tungen der Unternehmen begründet werden, auch ohne daß ein gesellschafts-rechtlich vermitteltes Beherrschungsverhältnis besteht. Dieser Fall ist zB dann gegeben, wenn Mitglieder der Geschäftsleitung eines Unternehmens zugleich der Geschäftsleitung eines zweiten Unternehmens angehören und dort bestim-menden Einfluß besitzen, dh. ihren Willen (und damit ggf. auch den des erstge-nannten Unternehmens) gegenüber den übrigen Mitgliedern der Geschäftslei-tung durchzusetzen vermögen, etwa weil sie diese überstimmen können[83]. Je nach den Verhältnissen kann sich in einer personellen Verflechtung auch eine einheitliche Leitung beider Unternehmen manifestieren, und zwar sowohl in der Form der Unterordnung wie auch in der Form der Gleichordnung[84]. Bei fehlen-der Abhängigkeit kann dann ein Gleichordnungskonzern gegeben sein.

gg) Die Präsenzmehrheit in der Hauptversammlung

Eine Abhängigkeit wird nicht begründet durch zufällige Mehrheitsverhältnisse   **124** in der HV. Wenn jedoch das beteiligte Unternehmen praktisch immer mit der Präsenzmehrheit rechnen kann und sie auch durch entsprechende Besetzung der Organe ausnutzen kann, ist unter Berücksichtigung der sonstigen Umstände Abhängigkeit zu bejahen. Dasselbe gilt, wenn der übrige Anteilsbesitz weit gestreut ist und sich deshalb in der HV gegenüber dem Paketbesitz mit an Gewißheit grenzender Wahrscheinlichkeit nicht durchzusetzen vermag. Dies ist auch in der Rspr. anerkannt. So hat der BGH ausgeführt, auch eine unter 50 vH liegende Beteiligung könne iVm. weiteren verläßlichen Umständen rechtlicher oder tatsächlicher Art einen beherrschenden Einfluß iSv. § 17 Abs. 1 AktG begründen[85].

hh) Die mittelbare Abhängigkeit

Der beherrschende Einfluß kann auch mittelbar gegeben sein, und zwar vor   **125** allem bei mehrstufigen Beteiligungen, ferner auch über einen Trh., der die Anteile des herrschenden Unternehmens an dem anderen Unternehmen hält. Wenn zB das Unternehmen A an dem Unternehmen B und dieses wiederum an C mit Mehrheit beteiligt ist, ohne daß die Abhängigkeitsvermutung zwischen B und A oder C und B widerlegt ist, besteht nicht nur ein Abhängigkeitsverhältnis von B gegenüber A und von C gegenüber B, sondern auch eine mittelbare

---

82 Vgl. *Koppensteiner* in Kölner Kom., 2. Aufl., § 17 Anm. 22.
83 *Geßler* in AktG-Kom., § 17 Anm. 100; *Krieger* in MünchHdb., § 68 Rn. 47; aM *Koppensteiner* in Kölner Kom., 2. Aufl., § 17 Anm. 52.
84 Vgl. hierzu den Fall RGZ 167 S. 40/54 und Erl. zu § 18 AktG Tz. 160 ff.; *ADS*, § 17 AktG Tz. 63 ff.
85 Urteil im Veba-Gelsenberg-Fall v. 13. 10. 1977 (WPg. 1978 S. 80 ff. = BB 1977 S. 1665 ff.). Der BGH beruft sich dabei ua. auf *Geßler* in AktG-Kom. § 17 Anm. 46 und *Godin/Wilhelmi*, (Fn. 75) § 17 Anm. 2. Zust. *Koppensteiner* in Kölner Kom. 2. Aufl. § 17 Anm. 35; *ADS*, § 17 AktG Tz. 35.

Abhängigkeit von C gegenüber A[86]. A kann wegen seines Einflusses auf B mittelbar auch die Geschäftspolitik bei C bestimmen. Das Beispiel zeigt zugleich, daß ein Unternehmen gegenüber mehreren anderen abhängig sein kann (C ist sowohl von B als auch von A abhängig), sowie daß es gleichzeitig gegenüber dem einen Unternehmen abhängig und gegenüber dem anderen beherrschend sein kann (so im Beispielsfall das Unternehmen B).

126 Die unmittelbaren Abhängigkeitsbeziehungen werden durch die mittelbare Abhängigkeit nicht absorbiert. Im Beispielsfall entfällt also das Abhängigkeitsverhältnis von C zu B nicht etwa deshalb, weil C mittelbar auch von A abhängig ist. Eine mehrstufige Abhängigkeit, die für vertikal gegliederte Konzerne typisch ist, führt somit stets zu mehrfacher Abhängigkeit der untenstehenden Unternehmen.

ii) Abhängigkeit von mehreren (untereinander unabhängigen) Unternehmen

127 Ein Unternehmen kann, auch ohne daß es sich um eine mehrstufige Beteiligung (wie in Tz. 125) handelt, von mehreren anderen Unternehmen abhängig sein, dh. gleichzeitig zu mehreren Unternehmen in (je einem gesonderten) Abhängigkeitsverhältnis stehen. Nahe liegt die Annahme einer Abhängigkeit von mehreren miteinander nicht verbundenen Unternehmen insbesondere in den Fällen, in denen 2 Unternehmen je zur Hälfte an einem anderen Unternehmen beteiligt sind (zB bei Gemeinschaftsunternehmen). In der aktienrechtlichen Literatur ist zunächst eine Abhängigkeit von beiden beteiligten Unternehmen überwiegend abgelehnt worden, und zwar mit der Begründung, keines der beteiligten Unternehmen könne ohne Mitwirkung des anderen beherrschenden Einfluß ausüben, jedes sei auf die Unterstützung des anderen angewiesen; da jedoch keines der Unternehmen mit Sicherheit mit dieser Unterstützung rechnen könne, sei das entscheidende Merkmal des Abhängigkeitsbegriffs, wie ihn das RG umschrieben hatte, nämlich die Beherrschungsmöglichkeit durch ein (einzelnes) Unternehmen[87], nicht erfüllt.

128 Etwas anderes gilt jedoch dann, wenn (mehrere) Gesellschafter ihre **Willensbildung** zB durch Vertrag **koordiniert** haben oder in Fällen eines nachhaltig gleichförmigen Verhaltens von Gesellschaftern in der Gesellschafterversammlung. Zum letztgenannten Aspekt ist der BGH in einer Entscheidung vom 4. 3. 1974 davon ausgegangen, daß die Frage, ob ein Abhängigkeitsverhältnis vorliegt, in erster Linie aus der Sicht des abhängigen und nicht des herrschenden Unternehmens zu beurteilen sei[88]. Vom Standpunkt des abhängigen Unternehmens sei es gleichgültig, ob der – nach außen einheitliche – fremde Unternehmenswille, dem die Gesellschaft unterworfen ist, von einem oder mehreren anderen Unternehmen gebildet werde; denn die Gefahr, zum eigenen Nachteil fremden Unternehmensinteressen dienstbar gemacht zu werden, sei für das abhängige Unternehmen auch in diesen Fällen gegeben. Einen beherrschenden Einfluß mehrerer gleichgeordneter Unternehmen (von denen jedes für sich allein diesen Einfluß

---

86 Vgl. Erl. zu § 15 AktG Tz. 24 ff. und 55 ff.
87 RGZ 167 S. 40/49; vgl. hierzu *Barz* in FS für Kaufmann, Köln 1972, S. 59 ff., 63; *Würdinger* in Großkom. § 17 Anm. 11, § 18 Anm. 8; *Leo*, WPg. 1968 S. 395; *Boetius*, DB 1970 S. 1964; *Schulze*, WPg. 1968 S. 85 ff.; *Nordmeyer*, BB 1971 S. 70; *Karsten Schmidt*, ZGR 1980 S. 277 ff. Mit ausführlicher Darstellung des Streitstands *Geßler* in AktG-Kom., § 17 Anm. 70 ff.; *Koppensteiner* in Kölner Kom., 2. Aufl., § 17 Anm. 70 ff.; *ADS*, § 17 AktG Tz. 40 ff.
88 BB 1974 S. 572, DB S. 767 („*Seitz/Enzinger*-Union-Urteil").

nicht besitzt) nimmt der BGH dann an, wenn „für die Ausübung gemeinsamer Herrschaft eine ausreichend sichere Grundlage besteht. Eine solche Grundlage können nicht nur vertragliche oder organisatorische Bindungen, sondern auch rechtliche und tatsächliche Umstände sonstiger Art bilden."

Sofern keine derartige Grundlage für eine einheitliche Einflußnahme vorhanden   **129** ist, bleibt es jedoch bei der eingangs angeführten herkömmlichen Auffassung, daß zu keinem der beteiligten Unternehmen ein Abhängigkeitsverhältnis besteht. Eine andere Sichtweise ergibt sich jedoch, wenn eine Koordination der verschiedenen beteiligten Herrschaftsträger erfolgt. Dies kann vor allem durch vertragliche Vereinbarungen erfolgen, die die Grundlage für die dauerhafte Koordination der Einflußnahme bilden. Maßgebend ist, daß die **gemeinschaftliche Herrschaftsausübung** auf eine hinreichend sichere Grundlage zurückgeführt werden kann[89]; die nur zufällige Wahrnehmung gleichgerichteter Interessen gegenüber der Gesellschaft kann genauso wenig genügen wie die Auflösung von Pattsituationen durch faktischen Vereinigungszwang oder die Anrufung eines Schiedsgerichts[90], da in diesen Fällen die Nachhaltigkeit der Herrschaftsausübung nicht gegeben ist. Eine besondere Sachverhaltskonstellation war Grundlage der Entscheidung des BGH vom 4. 3. 1974[91].

Im Urteilsfall waren 3 Familiengesellschaften an einer AG mit zusammen rd.   **130** 55 vH beteiligt; Gesellschafter dieser 3 Familiengesellschaften waren, und zwar paritätisch, 2 Familienstämme, wobei allerdings innerhalb der beiden Stämme die Anteile der einzelnen Familienmitglieder an den Familiengesellschaften zT verschieden hoch waren. Diese Beteiligung der beiden Familienstämme über die 3 Familiengesellschaften wertet der BGH als „tatsächlichen Umstand sonstiger Art", der eine „von vornherein gesicherte Herrschaftsmöglichkeit" über die AG bietet. Die Einheitlichkeit der Einflußnahme sei hier durch die Parität der Familienstämme in den drei Familiengesellschaften gegeben, die eine gleichwertige Interessenverfolgung dieser Familiengesellschaften gewährleiste[92].

Die Entscheidung des BGH stimmt mit dem Urteil der Vorinstanz überein[93]. Sie   **131** deckt sich darin, ob die Beherrschung einer AG durch mehrere Unternehmen möglich ist, auch mit einem Beschluß des BAG v. 18. 6. 1970, der zu § 76 Abs. 4 BetrVerfG 1952 ergangen ist und die Frage betraf, ob die Arbeitnehmer der Beteiligungsgesellschaft bei der Wahl der Arbeitnehmervertreter zu den Aufsichtsräten von 2 Obergesellschaften zugelassen werden müssen, die zusammen über das überwiegende Nominalkapital der Beteiligungsgesellschaft verfügten, ihr Stimmrecht gepoolt und sich zu gemeinsamer Geschäftspolitik verpflichtet hatten[94]. Dies ist gem. § 76 Abs. 4 BetrVerfG 1952 nur bei Bestehen eines Unterordnungs-Konzernverhältnisses iSv. § 18 Abs. 1 S. 1 AktG zwischen der Beteiligungsgesellschaft und jeder einzelnen Obergesellschaft zu bejahen; ein Unterordnungs-Konzernverhältnis aber setzt seinerseits wieder ein Abhängigkeitsver-

---

89 BGHZ 62 S. 193, 199.
90 AM *Koppensteiner* in Kölner Kom., 2. Aufl., § 17 Anm. 74.
91 BGH, Urt. v. 16. 2. 1981, Bd. 80 S. 69/73 = BB 1974 S. 572, DB 1974 S. 767.
92 Kritisch zu dieser Wertung *Schweda*, DB 1974 S. 1993; *ADS*, § 17 AktG Tz. 44 f. Der (vorausgegangenen) Entscheidung des OLG Karlsruhe (s. Fn. 93) stimmt *Lutter* im Ergebnis zu (NJW 1973 S. 113).
93 OLG Karlsruhe v. 30. 5. 1972, DB S. 1572, BB S. 979.
94 DB 1970 S. 1595.

hältnis voraus. Das BAG erkennt ein Abhängigkeitsverhältnis zu jeder der Obergesellschaften an, darüber hinaus ein Konzernverhältnis[95].

132 Dabei ist von Bedeutung, daß das BAG über eine in der Praxis häufige Konstellation (**Gemeinschaftsunternehmen**) zu entscheiden hatte, während es sich bei dem vorerwähnten Urteil des BGH um einen Sonderfall handelte. Der BGH hebt denn auch ausdrücklich hervor, daß er nicht über die Frage zu entscheiden habe, ob ein Abhängigkeitsverhältnis gegeben ist, wenn mehrere voneinander unabhängige Unternehmen mit verschiedenem Mitgliederbestand in Form einer bürgerlich-rechtlichen Gesellschaft (Poolvertrag, Stimmrechtskonsortium) bei der Führung eines Gemeinschaftsunternehmens gleichberechtigt zusammenwirken[96]. Trotz der verabredeten einheitlichen Ausübung des Stimmrechts bleibe in solchen Fällen wegen der Unterschiedlichkeit der Interessen und der Willensbildung gewöhnlich ein Spannungsverhältnis bestehen, das zu einer gegenseitigen Machtbeschränkung führen und für die Beteiligungsgesellschaft einen gewissen Schutz bedeuten könne. Insofern lägen die Verhältnisse in solchen Fällen anders als im Urteilsfall, in dem die einheitliche Ausübung der Rechte aus der gemeinsamen Mehrheitsbeteiligung schon durch die Gleichheit der für die Unternehmenspolitik maßgebenden Kräfte gewährleistet sei. Nach diesen Ausführungen des BGH bleibt die Frage, ob ein Gemeinschaftsunternehmen von jedem Unternehmen, das der BGB-Gesellschaft angehört, abhängig ist, weiterhin offen. Wenn jedoch im Einzelfall ein von Interessendivergenzen geprägtes Spannungsverhältnis zwischen den Obergesellschaften praktisch nicht besteht oder von nur geringer Bedeutung ist, wird – in Anknüpfung an die vom BGH angestellten Erwägungen – ein Abhängigkeitsverhältnis zu jeder der Obergesellschaften anzunehmen sein[97].

133 Auch wenn der BGH in der genannten Entscheidung keine Stellungnahme zur Rechtslage bei Bestehen eines Konsortialvertrages oder sonstiger Abreden zwischen den Obergesellschaften genommen hat, so ist daraus nicht zu schließen, daß das Gesetz diese Überlegungen mit „einem großen Fragezeichen" habe versehen wollen. Vielmehr ist nach den eigenen Ausführungen des BGH davon auszugehen, daß Grundlage für die Ausübung gemeinsamer Herrschaft auch vertragliche oder organisatorische Bindungen sein können[98]. Von Bedeutung ist letztlich, festzustellen, ob und unter welchen tatsächlichen und rechtlichen Vor-

---

95 BAG v. 30. 10. 1986, DB 1987 S. 1961 = AG 1988 S. 106.
96 Zur Frage, ob in einem solchen Fall die Gesellschaft bürgerlichen Rechts oder die dahinter stehenden Gesellschaften die beherrschenden Unternehmen sind, vgl. *Koppensteiner* in Kölner Kom., 2. Aufl., § 17 Anm. 71.
97 Zu den sächlichen Problemen, die sich bei der Frage nach einem Konzernverhältnis des Gemeinschaftsunternehmens zu den einzelnen Obergesellschaften ergeben, vgl. Erl. zu § 18 unter Tz. 175 ff.
98 *Geßler* in ZGR S. 476 ff., 479. *Geßler* bejaht die mehrfache Abhängigkeit des Gemeinschaftsunternehmens generell in allen Fällen, in denen die Obergesellschaften einen Konsortial- oder Stimmrechtsbindungsvertrag geschlossen oder ein gemeinsames Leitungsorgan geschaffen haben (so auch in AktG-Kom. § 17 Anm. 72, 73); ebenso *Kropff* in AktG-Kom. § 311 Anm. 85; *Haberlandt*, BB 1977 S. 375. Weiterhin ablehnend zur Annahme mehrfacher Abhängigkeit in diesen Fällen *Ahrens*, mit näheren Ausführungen besonders zur Praxis der Einflußnahme durch die Obergesellschaften, AG 1975 S. 151/153; *Richardi*, DB 1973 S. 1452/1453; ferner *Steindorff*, NJW 1980 S. 1921 ff. (gegen *Sächer*, NJW 1980 S. 801 ff.); *ADS*, § 17 AktG Tz. 44 f.; zum Konsortialvertrag insbes. *Baumann/ Reiß*, ZGR 1989 S. 162 f. Daß Gemeinschaftsunternehmen stets abhängige Unternehmen sind, bestätigt auch ein Beschluß des LAG Düsseldorf v. 25. 11. 1974, BB 1977 S. 795. – Bejaht wird die mehrfache Abhängigkeit eines Gemeinschaftsunternehmens für den Fall eines Konsortialvertrages bei paritätischer Beteiligung in einer kartellrechtlichen Entscheidung des BGH v. 8. 5. 1979 (zu §§ 10, 23 GEWB), NJW S. 2401 ff., verneint jedoch dann, wenn einem der beiden Unternehmen eine hervorragende Stellung eingeräumt wurde, vgl. Beschl. v. 18. 11. 1986, NJW 1987 S. 1700.

aussetzungen vertragliche oder organisatorische Bindungen eine ausreichend sichere Beherrschungsgrundlage bilden.

Eindeutig ist die Rechtslage, abgesehen von den eingangs dargestellten Fällen, **134** wenn die Obergesellschaften eines Gemeinschaftsunternehmens, zwischen denen ein **Konsortialvertrag** besteht, ihrerseits von einem dritten Unternehmen beherrscht werden; denn in diesen Fällen gewährleistet die Beherrschung der Obergesellschaften durch das dritte Unternehmen die Einheitlichkeit der Einflußnahme der Gesellschafter des Gemeinschaftsunternehmens, eine gegenseitige Machtbeschränkung ist nicht gegeben.

Falls ein Abhängigkeitsverhältnis gegenüber den Obergesellschaften nicht fest- **135** zustellen ist, wird auch ein Abhängigkeitsverhältnis des Gemeinschaftsunternehmens gegenüber der von den Obergesellschaften zwischengeschalteten **BGB-Gesellschaft** nicht anzunehmen sein; denn wenn die Interessendivergenzen der Obergesellschaften zu einer gegenseitigen Machtbeschränkung führen, die die stetige Inanspruchnahme des Gemeinschaftsunternehmens für ein fremdes Unternehmensinteresse verhindern, so gilt dies auch für die BGB-Gesellschaft. Die BGB-Gesellschaft ist im übrigen in aller Regel auch nicht Inhaberin der Anteile an dem Gemeinschaftsunternehmen oder der Stimmrechte, so daß die Abhängigkeitsvermutung (§ 17 Abs. 2 AktG) nicht Platz greift.

jj) Treuhandverhältnisse

Ein Unternehmen, das eine Beteiligung aufgrund einer uneigennützigen (Ver- **136** waltungs-)Treuhandschaft als Trh. besitzt, wird dadurch gegenüber dem Unternehmen, an dem die Beteiligung besteht, nicht zum herrschenden Unternehmen iSv. § 17 AktG. Die Beteiligung ist im Normalfall kein Beherrschungsmittel des Trh., sondern des Treugebers; denn der Trh. nimmt lediglich fremde Interessen in fremdem Auftrag wahr, ist also nur Gehilfe bei der Ausübung der Beherrschungsmacht des Treugebers und besitzt keine eigene Beherrschungsmöglichkeit[99]. IdR ist in solchen Fällen mittelbare Abhängigkeit des Beteiligungsunternehmens im Verhältnis zu dem Treugeber-Unternehmen gegeben[100].

Das die Anteile treuhänderisch haltende Unternehmen seinerseits ist auch nicht **137** etwa von dem Treugeber-Unternehmen abhängig. Zwar ist der Trh. im allgemeinen verpflichtet, den Weisungen des Treugebers in bezug auf die treuhänderische Beteiligung Folge zu leisten. Wie bereits ausgeführt, begründet jedoch eine solche Weisungsgebundenheit gegenüber einem Auftraggeber im Rahmen eines Dienst- oder Geschäftsbesorgungsvertrages kein Abhängigkeitsverhältnis iSv. § 17 AktG, weil sich die Weisungsgebundenheit nicht auf die Geschäftätigkeit des Trh.-Unternehmens im ganzen bezieht, sondern nur auf die Tätigkeit im Rahmen des Treuhandverhältnisses[101].

---

99 *Zilias,* WPg. 1967 S. 465, 469/470. Anders liegen die Dinge dagegen, wenn die Stellung des Trh. über die eines bloß formellen Rechtsinhabers hinausgeht, zB wenn der Trh. ein nicht unerhebliches Eigeninteresse besitzt und nach dem Treuhandvertrag oder nach den tatsächlichen Verhältnissen eigene Entscheidungen treffen kann, vgl. Erl. zu § 16 unter Tz. 82.
100 AM *Geßler* in AktG-Kom. Anm. 67.
101 Vgl. Erl. unter Tz. 82.

kk) Abhängigkeit und Gleichordnungskonzern

138 Kein Abhängigkeitsverhältnis ist gegeben zwischen Unternehmen, die einen **Gleichordnungskonzern** bilden; der Gleichordnungskonzern setzt vielmehr voraus, daß die Unternehmen unabhängig sind und es auch bleiben[102]. Auch wenn die Unternehmen als Leitungsinstanz eine GmbH gründen, entsteht dadurch kein Abhängigkeitsverhältnis, weil die GmbH beauftragtes Organ der Unternehmen ist[103].

c) Die Abhängigkeitsvermutung (§ 17 Abs. 2 AktG)

139 In § 17 Abs. 2 AktG ist die **Vermutung** aufgestellt, daß ein in Mehrheitsbesitz stehendes Unternehmen von dem an ihm mit Mehrheit beteiligten Unternehmen abhängig ist. Dabei wird unter Mehrheitsbeteiligung sowohl eine Kapitalmehrheit als auch eine Stimmrechtsmehrheit verstanden[104]. Grundgedanke dieser Regelung ist, daß ein mit Mehrheit beteiligtes Unternehmen im allgemeinen in der Lage ist, auf das in Mehrheitsbesitz stehende Unternehmen beherrschenden Einfluß auszuüben, sei es durch entsprechende Besetzung des AR und damit mittelbar auch des Vorstands, sei es auf andere Weise außerhalb der gesellschaftsrechtlichen Zuständigkeitsordnung (zB durch direkte Einflußnahme auf die Entscheidungen des Vorstands).

140 Die Abhängigkeitsvermutung kann **widerlegt** werden. Es ist Sache des in Mehrheitsbesitz stehenden Unternehmens darzutun, aus welchen Gründen die Mehrheitsbeteiligung im konkreten Fall ausnahmsweise keine Abhängigkeit zur Folge hat. Diese Beweislage ist vor allem für den Abschlußprüfer von Bedeutung, zB bei der Feststellung, ob ein Abhängigkeitsbericht erstellt werden muß.

141 Ausgeschlossen ist eine Widerlegung der Abhängigkeitsvermutung jedoch in den Fällen, in denen das in Mehrheitsbesitz stehende Unternehmen seinerseits mehr als 25 vH der Anteile des Unternehmens besitzt, das an ihm mit Mehrheit beteiligt ist. Bei solchen wechselseitigen Beteiligungen ist die Abhängigkeitsvermutung unwiderlegbar (§ 19 Abs. 2 AktG).

142 Für die Widerlegung der Abhängigkeitsvermutung im Rahmen des § 17 Abs. 2 AktG sind folgende Grundsätze zu beachten:

aa) Keine Ausübung von Beherrschungsmacht

143 Die Abhängigkeitsvermutung des § 17 Abs. 2 AktG ist nicht allein durch den Nachweis widerlegbar, daß tatsächlich kein beherrschender Einfluß auf das in Mehrheitsbesitz stehende Unternehmen geltend gemacht wird; denn da die tatsächliche Ausübung des beherrschenden Einflusses für den Abhängigkeitsbegriff nicht vorausgesetzt wird[105], ist auch für die Widerlegung der Abhängigkeitsvermutung mehr erforderlich als der Nachweis, daß keine Beherrschung praktiziert wird[106].

---

102 AA *Hardach*, ZfhF 1961 S. 713/724; hiergegen *Kropff*. BB 1965 S. 1281/1284.
103 *Geßler* in AktG-Kom. § 18 Anm. 70.
104 Vgl. die Legaldefinition der Mehrheitsbeteiligung in § 16 Abs. 1 AktG.
105 Vgl. oben Tz. 111.
106 HM, vgl. *Würdinger* in Großkom. § 17 Anm. 16; *Geßler* in AktG-Kom. § 17 Anm. 101; *Koppensteiner* in Kölner Kom., 2. Aufl., § 17 Anm. 83; *Krieger* in MünchHdb., § 68 Rn. 55; *ADS*, § 17 AktG Tz. 101.

Andererseits ist eine Widerlegung der Abhängigkeitsvermutung ausgeschlossen, **144** wenn tatsächlich beherrschender Einfluß ausgeübt wird; denn damit ist auch die vom Gesetz allein vorausgesetzte Beherrschungsmöglichkeit erwiesen. Das Fehlen tatsächlicher Einflußnahme reicht mithin zwar zur Widerlegung der Abhängigkeitsvermutung nicht aus, ist aber andererseits Voraussetzung dafür, daß eine Widerlegung überhaupt möglich ist.

Grundsätzlich genügen tatsächliche Verhältnisse für sich allein nicht zur Wider- **145** legung der Abhängigkeitsvermutung [107]. Vielmehr muß die Widerlegung sich auf eine **gesellschaftsrechtliche** oder **vertragliche Grundlage** stützen, durch die der sonst schon aufgrund der Mehrheitsrechte gegebene Einfluß auf die Geschäfts- und Unternehmenspolitik des anderen Unternehmens ausgeschlossen wird. Nur unter ganz besonderen Umständen können tatsächliche Verhältnisse für sich allein zur Widerlegung ausreichen, zB wenn die Ausübung der Beherrschungsmacht über eine ausländische Tochter durch politische oder wirtschaftspolitische Einflußmaßnahmen des betreffenden ausländischen Staates ausgeschlossen ist [108].

(1) Beschränkung der Mehrheitsrechte durch Satzungsgestaltung

Als Satzungsbestimmungen, auf die sich die Widerlegung der Abhängigkeitsver- **146** mutung stützen kann, kommen insbesondere die folgenden in Betracht:

Das mit Mehrheit beteiligte Unternehmen besitzt zwar mehr als 50 vH der Anteile, jedoch nicht die Stimmenmehrheit, weil die Beteiligung ganz oder zT aus Vorzugsaktien ohne Stimmrechte (§ 12 Abs. 1 AktG) besteht oder die Aktien anderer Aktionäre mit Mehrstimmenrechten (§ 12 Abs. 2 AktG) ausgestattet sind. Das gleiche gilt, wenn in der Satzung Stimmrechtsbeschränkungen gem. § 134 AktG vorgesehen sind. Ferner gehört hierher der Fall, daß die Satzung für alle wichtigen Beschlüsse, vor allem Wahlen zum AR, eine qualifizierte Mehrheit, zB eine Zweidrittelmehrheit, vorsieht, die das mit Mehrheit beteiligte Unternehmen nicht erreicht.

In allen diesen Fällen kann jedoch ein Abhängigkeitsverhältnis dennoch zu **147** bejahen sein, in erster Linie aus den gleichen Gründen wie bei einer Minderheitsbeteiligung [109], aber auch im Hinblick auf andere Beherrschungsmittel in der Hand des beteiligten Unternehmens [110].

(2) Beschränkungen der Mehrheitsrechte durch Vertrag

Auch Verträge können eine geeignete Grundlage für die Widerlegung der **148** Abhängigkeitsvermutung bilden, wenn sie die spezifische Abhängigkeitsquelle ausschalten, die bei einer Mehrheitsbeteiligung darin besteht, daß das mit Mehrheit beteiligte Unternehmen bei einer AG die AR-Mitglieder und damit mittelbar den Vorstand, bei einer GmbH oder Personengesellschaft die Geschäftsführer nach Belieben auswählen und abberufen kann. In erster Linie ist hierbei an **Stimmrechtsvereinbarungen** zu denken, durch die sich das mit Mehrheit beteiligte Unternehmen verpflichtet, gemäß der Stimmbindung mit einem Dritten

---

107 So *Geßler*, DB 1965 S. 1691/1696.
108 Wie hier *Geßler* in AktG-Kom. § 17 Anm. 102 ff.
109 Vgl. oben Tz. 124.
110 Vgl. unten Tz. 114 ff.

nach dessen Vorgaben zu stimmen und zB mindestens die Hälfte der Anteilseignervertreter im AR nach den Vorschlägen eines Dritten, zB eines Minderheitsaktionärs, zu wählen[111].

149 Die Zahl der AR-Mandate, die hiernach den Minderheitsaktionären zur Verfügung stehen müssen, berechnet sich nur nach der Gesamtzahl der Aktionärsvertreter. Die Arbeitnehmervertreter im AR sind weder auf seiten des Mehrheitsaktionärs noch auf seiten der Minderheitsaktionäre mitzurechnen, sondern sind, weil sie nicht spezifische Anteilseignerinteressen wahrnehmen, bei dem Zahlenverhältnis nicht zu berücksichtigen. Im Gegensatz hierzu wird teilweise die Auffassung vertreten, bei Unternehmen, die der Montan-Mitbestimmung unterliegen, sei die Abhängigkeitsvermutung per se widerlegt, weil der AR bei diesen Unternehmen paritätisch mit Anteilseigner- und Arbeitnehmervertretern besetzt ist (zusätzlich wird ein sog. Elfter Mann bestellt). Der AR könne daher nicht als Instrument zur Durchsetzung von Interessen des Großaktionärs angesehen werden[112]. Dem ist das BAG jedoch mit dem Hinweis darauf entgegengetreten, das AktG mache bei der Abhängigkeitsvermutung keinen Unterschied zugunsten der mitbestimmten Unternehmen[113].

150 Fraglich ist, ob der Mehrheitsaktionär auch durch einen **Vertrag** (zB Entherrschungsvertrag, Abhängigkeitsausschlußvertrag) mit der in Mehrheitsbesitz stehenden Gesellschaft selbst seine Rechtsstellung so beschränken kann, daß die Abhängigkeitsvermutung widerlegt ist. Jedenfalls kann der Gesellschaft nicht rechtswirksam die Befugnis eingeräumt werden, dem Großaktionär Weisungen für die Ausübung des Stimmrechts (bei Wahl und Abberufung der Anteilseignervertreter zum AR) zu erteilen (§ 136 Abs. 3 AktG). Zulässig ist dagegen die Verpflichtung des Mehrheitsaktionärs gegenüber der Gesellschaft, auf die Ausübung des Stimmrechts teilweise zu verzichten; dagegen ist fraglich, ob die vertragliche Bindung des Großaktionärs mit der Gesellschaft, durch den der Großaktionär auf die Ausübung seiner Mehrheitsrechte (bezogen auf die Präsenz bei der Beschlußfassung in der HV) hinsichtlich der Besetzung des AR verzichtet, als mögliche Grundlage für die Widerlegung der Abhängigkeitsvermutung genügt[114]. Dann ist nämlich zu prüfen, ob zum einen die Beschränkung in der Ausübung der Gesellschafterrechte bei der AR-Wahl ausreicht, um die Gesellschaft von beherrschendem Einfluß unabhängig zu machen. Zum anderen muß auch als sicher angenommen werden können, daß die Gesellschaft ihre Rechte aus dem Vertrag mit dem Mehrheitsaktionär ggf. auch nachdrücklich geltend macht.

---

111 Zu Stimmbindungsverträgen vgl. *Zöllner*, ZHR 1991 S. 168 ff.; *Zutt*, ZHR 1991 S. 190 ff.; zur tatsächlichen Anwendung von Stimmbindungen *Zutt*, ZHR 1991 S. 213 ff.; *Geßler*, DB 1965 S. 1691 ff. Nach der Rechtsprechung sind Stimmrechtsbindungsverträge mittels Klage auf Erfüllung durchsetzbar, vgl. BGH v. 29. 5. 1967, BB S. 975 ff.

112 *Koppensteiner* in Kölner Kom., 2. Aufl., § 17 Anm. 98, mit dem Hinweis, daß Abhängigkeit jedoch aus anderen Gründen gegeben sein kann; *ADS*, § 17 AktG Tz. 106 ff.

113 BAG v. 18. 6. 1970, DB S. 1595 ff.

114 *Geßler* in AktG-Kom. § 17 Anm. 106. *Barz* bezeichnet die in Mehrheitsbesitz stehende Gesellschaft als den „auch von der Sache her zutreffenden Vertragspartner" (in *Lutter* ua., FS für *Bärmann*, München 1975, S. 186/196). Kann man aber wirklich die in Mehrheitsbesitz stehende Gesellschaft, vertreten durch einen auf wenige Jahre bestellten Vorstand, als den besten Garanten für die Durchsetzung von Verpflichtungen des Mehrheitsaktionärs ansehen, die die Unabhängigkeit der Gesellschaft gewährleisten sollen? Gegen *Barz* auch *Meilicke/Meilicke*, BB 1978 S. 406/407. Vgl. hierzu auch die Begr. des noch nicht rechtskräftigen Urteils des LG Mainz v. 16. 10. 1990, DB S. 2361 mit Anm. von *Theisen*, der Entherrschungsverträge grundsätzlich anerkennt. Zur Auswirkung auf die Rechnungslegung vgl. Stellungnahme SABI 1/1988 Abschn. I 3a. Zum Entherrschungsvertrag im übrigen vgl. *Krieger* in MünchHdb., § 68 Rn. 58; *Emmerich/Sonnenschein*, (Fn. 19) S. 74; *ADS*, § 17 AktG Tz. 116 ff.

In jedem Fall ist zu berücksichtigen, daß von entscheidender Bedeutung stets **151** das **Gesamtbild** der Beziehungen zwischen der Gesellschaft und dem Mehrheitsaktionär ist[115]. Besteht zB das Präsidium des AR aus Vertretern des Großaktionärs, so spricht dies trotz des geschlossenen Vertrages für Abhängigkeit.

Die Vereinbarung eines **Kündigungsrechts** in dem Vertrag zwischen Mehrheits- **152** aktionär und Minderheitsaktionär oder der Gesellschaft selbst ist unschädlich[116]. Allerdings kann ein Recht des Mehrheitsaktionärs, den Vertrag jederzeit fristlos zu kündigen, selbst ein Beherrschungsmittel darstellen und je nach den Verhältnissen zur Abhängigkeit führen. Derartige Verträge sind daher grundsätzlich über einen bestimmten Zeitraum unkündbar auszugestalten.

Ein Vertrag, der sich auf die Vereinbarung beschränkt, daß kein Einfluß auf **153** Maßnahmen der Geschäftsführung des in Mehrheitsbesitz stehenden Unternehmens genommen werden darf, ist für sich allein zur Widerlegung der Abhängigkeitsvermutung nicht geeignet. In erster Linie muß stets die Möglichkeit ausgeschlossen werden, die sich aus dem Innehaben der Anteils- oder Stimmenmehrheit ergebende Rechtsmacht bei Entscheidungen in bezug auf das Unternehmen wesentlich beeinflussen zu können, wozu zB gehört, daß das mit Mehrheit beteiligte Unternehmen die Organe des anderen Unternehmens nach eigenem Ermessen besetzen kann, weil bereits durch die Auswahl der Geschäftsführer der beherrschende Einfluß gewahrt werden könnte. Andererseits ist es idR nicht erforderlich, daß das mit Mehrheit beteiligte Unternehmen sich seiner Mehrheitsrechte auch noch in anderen Beziehungen begibt. Hinsichtlich der Vermögensrechte (Dividendenrechte, Bezugsrechte) bedarf dies keiner weiteren Erörterung. Das mit Mehrheit beteiligte Unternehmen braucht aber auch nicht generell für alle Abstimmungen in der HV auf die Ausnutzung der Stimmrechtsmehrheit zu verzichten; denn im allgemeinen führt die Stimmrechtsmehrheit bei anderen Beschlüssen als Wahlen zum AR nicht zu einem beherrschenden Einfluß. Sollte sie im Einzelfall doch idS ausgenutzt werden (zB bei der Abstimmung über die Entlastung des Vorstands), so ist dies bei der Würdigung des Gesamtbildes der Beziehungen zwischen den Unternehmen[117] zu berücksichtigen.

bb) Die Maßgeblichkeit des Gesamtbildes der Beziehungen

Das Vorhandensein von Satzungsbestimmungen oder Verträgen, die die Rechte **154** des Mehrheitsaktionärs beschränken, ist zur Widerlegung der Abhängigkeitsvermutung für sich allein nicht ausreichend, wie sich aus der Begründung zu § 16 AktG ergibt[118]. Vielmehr kommt es entscheidend auf das **Gesamtbild der Beziehungen** zwischen den Unternehmen an. Daher muß über die Feststellung hinaus, ob die Satzungsbestimmungen oder Verträge ihrem Inhalt nach überhaupt zur Widerlegung der Abhängigkeitsvermutung geeignet sind, weiter geprüft werden,

---

115 Vgl. unten Tz. 154.
116 *Geßler*, DB 1965 S. 1691; *ADS*, § 17 AktG Tz. 113.
117 Vgl. Tz. 154. Weitere Beschlüsse, die für die Feststellung der Nicht-Abhängigkeit von Bedeutung sind, liegen vor bei Beschlußfassungen über Geschäftsführungsangelegenheiten, Kapitalmaßnahmen und Unternehmensverträge, bei denen die Gesellschaft ein subordiniertes Unternehmen ist; wie hier *Geßler* in AktG-Kom. § 17 Anm. 63; *Hommelhoff*, Konzernleitungspflicht. Zentrale Aspekte eines Konzernverfassungsrechts, Köln 1982, S. 81; *ADS*, § 17 AktG Tz. 108 f. für Einschränkungen bei beherrschungsrelevanten Beschlüssen; aM *Koppensteiner* in Kölner Kom., 2. Aufl., § 17 Anm. 90.
118 *Kropff*, Textausgabe S. 29.

a) ob die Satzungsbestimmungen oder Verträge nach Wortlaut, Sinn und Zweck eingehalten worden sind,

b) ob die Abhängigkeit nicht aufgrund sonstiger Beherrschungsmittel gegeben ist [119].

155 Ebenso wie ein Unternehmen auch mit einer Mehrheitsbeteiligung Beherrschungsmacht über ein anderes Unternehmen haben kann, ist trotz Ausschlusses der einflußsichernden Mehrheitsrechte aus einer Mehrheitsbeteiligung ein Abhängigkeitsverhältnis möglich [120]. Dies zB dann, wenn das mit Mehrheit beteiligte Unternehmen zur Durchsetzung seines Einflusses sicher auf die Mitwirkung anderer Aktionäre rechnen kann.

cc) Widerlegung bei mehrstufigen Beteiligungen

156 Die Abhängigkeitsvermutung greift nicht nur dann ein, wenn ein Unternehmen unmittelbar an einem anderen mit Mehrheit beteiligt ist, sondern auch dann, wenn ein Unternehmen gem. § 16 Abs. 4 AktG infolge der Zurechnung von Anteilen, die sich im Besitz abhängiger Unternehmen befinden oder von einem Trh. gehalten werden, als mit Mehrheit beteiligt gilt.

157 Wenn in Fällen mehrstufiger Beteiligungen in der **untersten Stufe** die Abhängigkeitsvermutung widerlegt ist (zB im Verhältnis zwischen der Tochtergesellschaft B und der Enkelgesellschaft C der Obergesellschaft A), so ist damit für C auch die Abhängigkeitsvermutung im Verhältnis zu A widerlegt; denn wenn die in der Hand von B befindlichen Anteile keinen beherrschenden Einfluß auf C gewähren, kann auch das Unternehmen A auf C keinen beherrschenden Einfluß ausüben, es sei denn, daß es selbst noch eine unmittelbare Beteiligung an C besitzt oder aufgrund anderer Beherrschungsmittel auf C beherrschenden Einfluß hat.

158 Liegt bei mehrstufigen Beteiligungen auf der untersten Stufe ein **Beherrschungsvertrag** vor, so schließt dies einen beherrschenden Einfluß der in der Beteiligungskette höher stehenden Unternehmen nicht aus. Hat beispielsweise das Unternehmen C sich durch Beherrschungsvertrag der Leitung von B unterstellt, so kann das an B mit Mehrheit beteiligte Unternehmen A mittelbar seinen Einfluß auch bei C geltend machen, indem es die Geschäftsführung von B veranlaßt, von der Leitungsmacht in bestimmter Weise Gebrauch zu machen. Die Möglichkeit, in dieser Weise zu verfahren, genügt zur Begründung eines Abhängigkeitsverhältnisses auch zwischen A und C. Durch den Beherrschungsvertrag zwischen B und C ist daher die Abhängigkeitsvermutung im Verhältnis zwischen A und C nicht widerlegt [121].

---

119 *Koppensteiner* ist der Auffassung, daß die Feststellung, ob sonstige Beherrschungsmittel einen beherrschenden Einfluß ermöglichen, nicht zur Widerlegung der Abhängigkeitsvermutung verm. § 17 Abs. 2 gehört (Kölner Kom. § 17 Anm. 82). Unzweifelhaft muß der APr. Feststellungen in dieser Hinsicht treffen; er kann sich nicht mit dem Nachweis begnügen, daß das mit Mehrheit beteiligte Unternehmen keine Möglichkeit hat, AR und Vorstand der Gesellschaft zu besetzen. Maßgebend ist daher stets das Gesamtbild der Beziehungen. Ob die Notwendigkeit, das Gesamtbild der Verhältnisse zu würdigen, aus Abs. 2 oder Abs. 1 des § 17 abzuleiten ist, ist demgegenüber praktisch nicht bedeutsam. Dagegen auch *Geßler* in AktG-Kom. § 17 Anm. 99.

120 Vgl. zu den Beherrschungsmitteln Tz. 114 ff.

121 Zu der Sonderfrage, ob C trotz eines mit B geschlossenen Beherrschungsvertrages einen Abhängigkeitsbericht – über seine Beziehungen zu A – zu erstellen hat, falls die Abhängigkeitsvermutung zwischen A und C nicht widerlegt ist, vgl. *Kronstein,* BB 1967 S. 637 ff.

Besteht bei mehrstufigen Beteiligungen ein Beherrschungsvertrag zwischen der   **159**
Konzernobergesellschaft und einem von ihr mittelbar abhängigen Unternehmen
(im Beispielsfall zwischen A und C), so wird dadurch zugleich der beherrschende Einfluß des die Anteile an C unmittelbar besitzenden Unternehmens B
idR ausgeschlossen. Wenn die Leitung unmittelbar der Konzernspitze unterstellt
wird, wird die Enkelgesellschaft damit, was die Beherrschungsverhältnisse anbetrifft, zur unmittelbaren Tochter der an der Konzernspitze stehenden Gesellschaft. B ist in diesem Fall aufgrund seines Anteilsbesitzes nicht in der Lage,
beherrschenden Einfluß auf C auszuüben, weil die mit dem Anteilsbesitz verbundene Einflußmöglichkeit durch das Leitungsrecht von A entscheidend
beschränkt ist[122]. Daran ändert sich auch dann nichts, wenn A die Geschäftsleitung des Unternehmens B mit der Wahrnehmung von Rechten aus dem Beherrschungsvertrag beauftragt. Dadurch erlangt B keine eigene Leitungsmacht, sondern wird lediglich als Gehilfe von A im Rahmen der von A erteilten Weisungen
und in Wahrnehmung der Rechte und Interessen von A tätig.

6. Konzern und Konzernunternehmen

a) Allgemeines

Der Konzernbegriff ist in § 18 AktG 1965 gegenüber § 15 AktG 1937 in seinem   **160**
wesentlichen Inhalt nicht verändert worden. Die neue Vorschrift stellt jedoch
einige zum bisherigen Recht aufgetretene Zweifelsfragen klar und trennt schär-
fer als bisher die Fälle des Unterordnungskonzerns und des Gleichordnungskonzerns. Von praktisch erheblicher Bedeutung ist, daß abhängige und herrschende Unternehmen nicht mehr (unwiderlegbar) als Konzern gelten, sondern
lediglich (widerlegbar) vermutet wird, daß sie einen Konzern bilden (§ 18 Abs. 1
S. 3 AktG). Entscheidend ist für das Konzernverhältnis allein das Kriterium der
einheitlichen Leitung; bei dessen Fehlen ist auch zwischen abhängigen und herrschenden Unternehmen ein Konzernverhältnis nicht gegeben.

Unternehmensverbindungen iSd. AktG sind nur zwischen rechtlich selbständi-   **161**
gen Unternehmen möglich[123]. Ein Konzernverhältnis ist daher nicht gegeben,
wenn ein Einzelkaufmann oder eine Handelsgesellschaft mehrere Betriebe
unterhält, sei es auch als eingetragene Zweigniederlassungen. Anders verhält es
sich, wenn diese Betriebe rechtlich verselbständigt sind, zB in Form mehrerer
GmbH.

Eine Übersicht über die Vorschriften des AktG 1965, die an das Konzernverhält-   **162**
nis anknüpfen, ist in den Erläuterungen zu § 15 AktG enthalten[124].

---

122 So auch *Kronstein*, BB 1967 S. 637/641; *Koppensteiner* in Kölner Kom. § 17 Anm. 102; *Krieger* in
MünchHdb., § 68 Rn. 61.
123 Vgl. hierzu Erl. zu § 15 AktG unter Tz. 41 ff. Speziell zu Personengesellschaften als Konzernunternehmen vgl. *Ulmer* in Staub, Großkommentar zum HGB, 4. Aufl., Berlin 1990, Anh. § 105 HGB
Rn. 29 ff.; *Schneider*, BB 1980 S. 1057 ff.; zur GmbH & Co KG als verbundenes Unternehmen und
zu der Frage, ob die GmbH & Co KG einen (mitbestimmungspflichtigen) Insichkonzern bilden
kann, vgl. *Beinert/Hennerkes/Binz*, DB 1979 S. 68 ff.
124 Vgl. Erl. zu § 15 AktG unter Tz. 22 ff.

b) Die Zusammenfassung unter einheitlicher Leitung

163   Die Konzernunternehmen müssen unter einheitlicher Leitung zusammengefaßt sein, und zwar – beim Unterordnungskonzern – unter Einbeziehung des herrschenden Unternehmens selbst. Vorschriften über Ausmaß und Form der einheitlichen Leitung enthält das AktG 1965 nicht. In der Begr. RegE zu § 18 AktG wurde betont, daß ein Teil des Schrifttums (zum AktG 1937) zu weitgehende Anforderungen mit dem Merkmal der einheitlichen Leitung verknüpfe. Demgegenüber wird zweierlei hervorgehoben[125]:

1. Der Begriff der einheitlichen Leitung setzt nicht voraus, daß die Leitung alle irgendwie wesentlichen Bereiche der unternehmerischen Tätigkeit umfaßt. Es genügt vielmehr, daß sich die einheitliche Leitung auf die **Geschäftspolitik** der Unternehmen und sonstige grundsätzliche Fragen ihrer Geschäftsführung bezieht.

2. Die einheitliche Leitung setzt ein **Recht** des herrschenden Unternehmens, durch Weisungen in die Geschäftsführung des abhängigen Unternehmens einzugreifen, nicht voraus. Eine Zusammenfassung unter einheitlicher Leitung ist vielmehr bereits dann gegeben, wenn die Konzernleitung sich in der Form gemeinsamer Beratungen vollzieht, mit dem Ziel, die Geschäftsführung der Unternehmen in den wesentlichen Fragen aufeinander abzustimmen. Auch aus einer personellen Verflechtung der Verwaltung kann sich diese Abstimmung ergeben.

164   Ergänzend ist folgendes zu bemerken:

Anders als der zur Abhängigkeit führende beherrschende Einfluß (§ 17 AktG) muß die **einheitliche Leitung tatsächlich ausgeübt** werden[126]. Ist einheitliche Leitung gegeben, so kommt es nicht darauf an, ob ein Unternehmen sich der einheitlichen Leitung entziehen könnte; der effektive Zustand der einheitlichen Leitung ist vielmehr entscheidend. Darauf, daß die unter einheitlicher Leitung stehenden Unternehmen keinen eigenen Willen haben oder ihn nicht gegenüber dem herrschenden Unternehmen durchsetzen können, kommt es hingegen nicht an[127]. Hierbei handelt es sich nämlich um ein Merkmal des Abhängigkeitsverhältnisses[128]. Wenn ein Unternehmen sich der einheitlichen Leitung zu entziehen vermag, liegt daher zwar kein Unterordnungskonzern vor, weil dieser ein Abhängigkeitsverhältnis voraussetzt; es kann jedoch ein Gleichordnungskonzern (§ 18 Abs. 2 AktG) gegeben sein.

165   Methodische Grundlage des Konzerns ist die Zusammenfassung rechtlich selbständiger Unternehmen unter einheitlicher Leitung zu einer Art von wirtschaftlicher Einheit. Dieses Prinzip hat nunmehr für die Konzernrechnungslegung in § 297 Abs. 3 S. 1 HGB seinen Niederschlag gefunden. Vor diesem Hintergrund kann versucht werden, den Mindestgegenstandsbereich der einheitlichen Leitung herauszuarbeiten[129].

166   **Gegenstand** der **einheitlichen Leitung** müssen die originären Führungsaufgaben eines Unternehmens sein, nicht die davon abgeleiteten Aufgaben, die zur Aus-

---

125 Begr. RegE § 18, *Kropff*, Textausgabe S. 33.
126 Begr. RegE § 17, *Kropff*, Textausgabe S. 31.
127 So aber *Meier*, WPg. 1966 S. 570.
128 RGZ 167 S. 44 ff. (55).
129 Vgl. *Koppensteiner* in Kölner Kom., 2. Aufl., § 18 Anm. 14 f.

führung von Entscheidungen dienen, die im Rahmen dieser Führungsaufgaben getroffen werden[130]. Zu den Führungsaufgaben gehören

a) die Festlegung der Unternehmensziele im Rahmen des in der Satzung umschriebenen Unternehmensgegenstandes,
b) die Festlegung der Grundzüge der Finanz-, Investitions-, Markt- und Personalpolitik,
c) die Entscheidung über geschäftliche Maßnahmen von besonderer Bedeutung,
d) die Koordination der wesentlichen Teilbereiche der Unternehmensleitung,
e) die Besetzung der Führungsstellen im Unternehmen.

Wenn auch die einheitliche Leitung nicht die Führungsaufgaben auf sämtlichen **167** irgendwie wesentlichen Gebieten der Tätigkeit des Unternehmens betreffen muß[131], so muß der koordinierte Bereich doch so bedeutsam sein, daß das **Gesamtbild** davon entscheidend bestimmt wird. Auf jeden Fall muß mindestens in einem Entscheidungsbereich des Unternehmens die einheitliche Leitung praktiziert werden, dh. es müssen – im Fall des Unterordnungskonzerns – die Führungsaufgaben bei der Obergesellschaft liegen (zB hinsichtlich der Investitionspolitik, der Finanzpolitik oder der Geschäftspolitik). Ob allerdings die Wahrnehmung der Leitungsaufgaben durch die Obergesellschaft in einem einzigen Entscheidungsbereich der Unternehmenspolitik genügt, läßt sich nicht generell bestimmen. Der Koordination im finanziellen Bereich kommt zwar ein besonderes Gewicht zu, doch allein entscheidend ist auch sie nicht[132]. Je mehr die Bereiche, in denen selbständige und unbeeinflußte Entscheidungen der Geschäftsführung eines Unternehmens erfolgen, in ihrer Bedeutung für das Gesamtbild zurücktreten gegenüber den Unternehmensfunktionen, bei denen die Obergesellschaft ihren Willen zur Geltung bringt, desto näher liegt die Annahme einheitlicher Leitung. Eine Einflußnahme in Teilbereichen genügt insbesondere dann nicht für den Begriff der einheitlichen Leitung, wenn sie eine gegenseitige ist und in gleicher Weise auch zwischen einander fremden Unternehmen vorkommt (zB gemeinschaftlicher Ein- oder Verkauf, gemeinschaftliche Forschung, Marktabsprachen). Die Abgrenzung im Einzelfall kann schwierig sein, da die Zusammenfassung wesentlicher Unternehmensaufgaben bei der Obergesellschaft, wie zB die Zentralisierung von Einkauf und Vertrieb, auch eine der häufigsten institutionellen Formen einheitlicher Leitung ist[133]. Einheitliche Leitung liegt ebenfalls auch dann vor, wenn die Konzernspitze den Verwaltungen der Tochtergesellschaften weitgehende Selbständigkeit beläßt und nur die Richtlinien der Geschäftspolitik nach einheitlichen Gesichtspunkten

---

130 *Meier*, WPg. 1966 S. 570; *Albach*, NB 1966 S. 30/33. Im einzelnen umstritten; so soll die Leitung einzelner Funktionsbereiche oder Sparten genügen nach *Emmerich/Sonnenschein*, (Fn. 19) S. 79; *Semler*, DB 1977 S. 805; *Krieger* in MünchHdb., § 68 Rn. 68.
131 Vgl. Begr. RegE zu § 18, oben Ziff. 1; wie hier *Geßler* in AktG-Kom. § 128 Anm. 30 ff.; für maßgebliche Bedeutung der Leitung im finanziellen Bereich *Koppensteiner* in Kölner Kom. § 18 Anm. 20.
132 Gegen das alleinige Abstellen auf die finanzielle Koordination bei *Koppensteiner* in Kölner Kom., 2. Aufl., § 18 Anm. 20 spricht sich auch *Geßler* in AktG-Kom. § 18 Anm. 32 aus, der andererseits – entgegen der hier vertretenen Ansicht – die Wahrnehmung der Leitungsaufgabe durch die Obergesellschaft in einem einzigen Entscheidungsbereich zur Begründung eines Konzernverhältnisses stets für ausreichend erachtet (Anm. 34).
133 Im einzelnen vgl. zu den vielfältigen Formen, Mitteln und Wegen der Konzernleitung *Meier*, WPg. 1966 S. 570 und *Hardach*, ZfhF 1961 S. 713.

abstimmt[134]. Diesem Aspekt kommt zB bei Unternehmensverbindungen, an deren Spitze eine Holdinggesellschaft steht, besondere Bedeutung zu[135].

168 Es wird die Ansicht vertreten, daß es für die Annahme einer einheitlichen Leitung ausreicht, wenn die **Kontrolle** bei der Obergesellschaft liegt[136]. Jedoch besteht ein wesensmäßiger Unterschied zwischen Kontrollen und Führungsentscheidungen. Während Kontrollen vergangenheitsorientiert sind und sich in der Nachprüfung der Auswirkungen vollzogener Entscheidungen erschöpfen, wirken Entscheidungen in die Zukunft hinein und setzen risikobehaftete Vorhaben erst in Gang. Die Wahrnehmung bloßer Überwachungs- und Kontrollaufgaben durch die Obergesellschaft begründet daher für sich allein keine einheitliche Leitung. In diesem Zusammenhang ist allerdings zu berücksichtigen, daß der AR kein bloßes Kontrollorgan ist, so daß eine Obergesellschaft, wenn sie im AR der Beteiligungsgesellschaft entscheidenden Einfluß besitzt, insbesondere wenn sie über die Stimmenmehrheit verfügt, nicht nur Kontrollfunktion ausübt. Das ist besonders evident, wenn nach der Satzung der Gesellschaft oder aufgrund eines AR-Beschlusses bestimmte bedeutsame Geschäfte nur mit Zustimmung des AR vorgenommen werden dürfen; zB wenn Investitionen genehmigungspflichtig sind. In solchen Fällen betätigt sich der AR – betriebswirtschaftlich gesehen – als Geschäftsführungs- und nicht als Kontrollorgan; wenn er bspw. die Zustimmung zur Errichtung einer Fabrikationsstätte oder zum Erwerb einer Beteiligung erteilt oder versagt, fällt er Entscheidungen im Bereich der Führungsaufgaben, die uU von erheblicher Tragweite sind. Ob auf diese Weise eine einheitliche Leitung durch die Obergesellschaft ausgeübt werden kann, hängt davon ab, wie weit der Kreis der zustimmungsbedürftigen Geschäfte gezogen ist. Geht der Zustimmungsvorbehalt über den üblichen Rahmen hinaus und wird der Vorstand dadurch in den wesentlichen Führungsaufgaben praktisch vom AR abhängig, so kann der AR zum Instrument der einheitlichen Leitung durch die Obergesellschaft werden. Nutzt die Obergesellschaft ihren Einfluß im AR in diesem Sinne aus, so liegt darin die für den Konzerntatbestand erforderliche Ausübung der einheitlichen Leitung.

169 Ein Sonderproblem stellt sich, wenn der **Geschäftsgegenstand** des untergeordneten Unternehmens mit dem des herrschenden Unternehmens keine Berührungspunkte hat. Die Frage, ob dann eine Zusammenfassung unter einheitlicher Leitung angenommen werden kann, ist nach den Umständen des Einzelfalles zu entscheiden[137]. Allein dadurch, daß die Gesellschaftsanteile an zwei Unternehmen von denselben Personen gehalten werden, entsteht jedenfalls noch kein Konzern, wenn die Unternehmen, jedes für sich, unabhängig voneinander geleitet werden[138]. Andererseits ist die Annahme eines Konzernverhältnisses nicht schlechthin ausgeschlossen, wenn die Unternehmensführung auf den Gebieten Produktion, Ein- und Verkauf nicht aufeinander abgestimmt werden kann, also

---

134 *Würdinger*, Aktien- und Konzernrecht, 3. Aufl., Karlsruhe 1973 S. 260.
135 Vgl. hierzu Tz. 195 f.
136 So *Albach*, NB 1966 S. 30/33. Gegen diese Auffassung auch *Koppensteiner* in Kölner Kom., 2. Aufl., § 18 Anm. 18 und *Geßler* in AktG-Kom. § 18 Anm. 3; *Krieger* in MünchHdb., § 68 Rn. 68.
137 Vgl. hierzu *Godin/Wilhelmi*, (Fn. 75) § 18 Anm. 5.
138 In einem solchen Fall sollte die Widerlegung der Konzernvermutung (§ 18 Abs. 1 Satz 3 AktG) gelingen. Nach *Geßler* in AktG-Kom. § 18 Anm. 20, 21 bilden eine Bank und ein branchenfremdes Unternehmen, an dem die Bank aus Sanierungs- oder Kapitalanlagegründen eine Beteiligung übernommen hat, idR keinen Konzern, weil es an der Zusammenfassung der Unternehmen fehlt. Zur Regelung für den KA in § 295 HGB vgl. M 153 ff.

diese Unternehmensfunktionen sich einer einheitlichen Leitung entziehen. Es kann genügen, wenn zB die Finanzierung der Unternehmen vom herrschenden Unternehmen gesteuert und im Zusammenhang damit die Entscheidungen über Investitionsvorhaben koordiniert werden, oder wenn eine einheitliche personal- und sozialpolitische Lenkung erfolgt. Sind andererseits Gegenstand und Ausmaß einer Koordination so unbedeutend, daß demgegenüber der Bereich an Unternehmensfunktionen, in dem die Geschäftsführung selbständig und unbeeinflußt ihre Entscheidungen trifft, im Vordergrund steht, so ist ein Konzernverhältnis nicht gegeben.

Fraglich kann sein, ob eine gewisse **Dauerhaftigkeit** der einheitlichen Leitung   **170** für den Konzerntatbestand erforderlich ist[139]. Eine Mindestdauer wird zwar weder für den Konzerntatbestand noch für den Abhängigkeitstatbestand des § 17 AktG vorausgesetzt. Allerdings wird sich eine Zusammenfassung von Unternehmen unter einheitlicher Leitung idR nicht von heute auf morgen verwirklichen lassen, vielmehr wird dazu eine gewisse Zeit benötigt werden. Einzelne, auf spezielle Tatbestände beschränkte Eingriffe in die Geschäftspolitik einer Tochtergesellschaft reichen für den Begriff der einheitlichen Leitung durch die Muttergesellschaft ohnehin nicht aus. Wenn eine Beteiligung nur für kurze Zeit übernommen worden ist, zB durch eine Bank im Rahmen der Sanierung der Gesellschaft, wird daher ein Konzernverhältnis oft nicht entstehen. Die Verbindung muß vielmehr auf längere Zeit angelegt sein, da nur dann die Einflußnahme mit gewisser Nachhaltigkeit ausgeübt werden kann.

c) Der Unterordnungskonzern

Ein Konzernverhältnis im Sinn eines **Unterordnungskonzerns** (§ 18 Abs. 1 AktG)   **171** setzt ein **Abhängigkeitsverhältnis** gem. § 17 AktG voraus, während umgekehrt ein **Gleichordnungskonzern** nur zwischen nicht durch ein Abhängigkeitsverhältnis verbundenen Unternehmen möglich ist (§ 18 Abs. 2 AktG). Da im Wirtschaftleben die Möglichkeit zu beherrschender Einflußnahme, die das Wesensmerkmal des Abhängigkeitsverhältnisses ausmacht, meist auch zur Ausübung einheitlicher Leitung durch das herrschende Unternehmen genutzt wird, knüpft das Gesetz an das Abhängigkeitsverhältnis die Vermutung, daß zugleich ein Konzernverhältnis besteht (§ 18 Abs. 1 S. 3 AktG). Durch diese Vermutung sollte, wie in der Begr. RegE zu § 18 hervorgehoben wird, namentlich die Stellung des Konzernabschlußprüfers gestärkt werden[140]. Er soll sich bei Meinungsverschiedenheiten darüber, ob ein Unternehmen in den Konzernabschluß einzubeziehen ist, auf die Feststellung beschränken können, daß das Unternehmen abhängig ist. Sache der Konzernleitung ist es dann darzutun, aus welchen Gründen das Unternehmen nach ihrer Auffassung kein Konzernunternehmen ist, dh. sie muß die gesetzliche Konzernvermutung widerlegen.

Das für den Unterordnungskonzern vorausgesetzte Abhängigkeitsverhältnis   **172** kann auch seinerseits wieder auf einer gesetzlichen Vermutung beruhen, nämlich wenn das herrschende Unternehmen eine Mehrheitsbeteiligung besitzt[141].

---

139 *Geßler* hält eine „auf längere Dauer angelegte Verbindung" für erforderlich, AktG-Kom. § 18 Anm. 22; ebenso *Krieger*, MünchHdb., § 68 Rn. 67; aA *Deringer/Herrmann*, BB 1966 S. 1157/1159.

140 *Kropff*, Textausgabe S. 33.

141 § 17 Abs. 2. Vgl. die Übersicht über das System gesetzlicher Vermutungen in Erl. zu § 15 Tz. 24 ff.

Wird die Abhängigkeitsvermutung widerlegt[142], so entfällt damit auch der Anknüpfungspunkt für die Konzernvermutung. Um den Unterordnungskonzern auszuräumen, genügt mithin die Widerlegung einer der beiden von der Mehrheitsbeteiligung zum Konzernverhältnis führenden Vermutungen. Zu beachten ist jedoch, daß bei Widerlegung der Abhängigkeitsvermutung lediglich die Annahme eines Unterordnungskonzerns iSv. § 18 Abs. 1 AktG ausscheidet; es kann jedoch auch dann noch ein Konzernverhältnis in der Form des Gleichordnungskonzerns, § 18 Abs. 2 AktG, zu bejahen sein[143]. Die Widerlegung der Konzernvermutung kann jedoch auch unabhängig von der Frage des Abhängigkeitsverhältnisses erfolgen. Es genügt vielmehr, darzutun, daß die die einheitliche Leitung begründenden Merkmale nicht gegeben sind, daß es zB an der Möglichkeit fehlt, das Tochterunternehmen einheitlich zu leiten. Hierfür kann ein Entherrschungsvertrag in Betracht kommen, der entsprechend einem Abhängigkeitsausschlußvertrag die Leitungsmöglichkeiten beschränkt, der bei isolierter Ausrichtung auf das Konzernverhältnis das Abhängigkeitsverhältnis unberührt läßt[144].

173 Wenn zwischen Unternehmen ein **Beherrschungsvertrag** besteht (§ 291) oder ein Unternehmen in ein anderes **eingegliedert** ist (§ 319), gelten diese Unternehmen unwiderleglich als unter einheitlicher Leitung stehend (§ 18 Abs. 1 S. 2 AktG); Beherrschungsvertrag und Eingliederung führen also stets zu einem Unterordnungskonzern. Die Feststellung, ob und wie die einheitliche Leitung tatsächlich ausgeübt wird, braucht hier also, anders als sonst, nicht getroffen zu werden. Für diese Art von Konzernen wird der Ausdruck „Vertragskonzern" verwendet[145], im Gegensatz zum „faktischen Konzern", bei dem nur eine faktische Leitungsmacht besteht[146].

174 Andere Unternehmensverträge als der Beherrschungsvertrag stehen nicht notwendig iVm. einem Konzernverhältnis[147]; insbesondere begründen sie es für sich allein nicht. Häufig sind sie jedoch Ausdruck einer bereits ohne den Vertrag bestehenden einheitlichen Leitung. Ein GAV begründet stets dann ein Unterordnungskonzernverhältnis, wenn er die Voraussetzungen für die steuerliche Anerkennung erfüllt, nämlich mit wirtschaftlicher, finanzieller und organisatorischer Eingliederung nach Art einer Betriebsabteilung in die Muttergesellschaft einhergeht.

d) Der Gleichordnungskonzern

175 Der Gleichordnungskonzern setzt, wie bereits unter Tz. 171 ff. ausgeführt, voraus, daß die einheitliche Leitung nicht auf der Grundlage eines Beherrschungsverhältnisses iSv. § 17 AktG ausgeübt wird. Die einheitliche Leitung kann auf einem vertraglichen Gemeinschaftsorgan der Unternehmen beruhen oder dar-

---

142 Hierzu vgl. die Erl. zu § 17, Tz. 139 ff.

143 Vgl. auch *Würdinger* in Großkom. § 18 Anm. 14; teilw. aA *Havermann* in Bericht über die IDW-Fachtagung 1971, Düsseldorf 1971, S. 29/31.

144 Vgl. oben Tz. 148 f.

145 Als Vertragskonzern wird häufig darüber hinaus auch ein Konzern bezeichnet, bei dem ein sonstiger Unternehmensvertrag die Konzerngrundlage bildet. Der Ausdruck sollte jedoch auf Konzerne mit vertraglicher Leitungsmacht (§§ 308, 323) beschränkt werden, vgl. *Geßler* in AktG-Kom. § 18 Anm. 42, 43.

146 Zum faktischen Konzern vgl. unten Tz. 221 ff.

147 Vgl. zB Betriebsüberlassungs-, -pacht- und Betriebsführungsverträge. Zu deren unternehmensvertraglicher Einordnung vgl. *Huber*, ZHR 152 (1988) 1 ff., 123 ff.; *Krieger* in MünchHdb., § 72.

auf, daß die Anteile der Unternehmen in der Hand eines Eigentümers vereinigt sind, der kein Unternehmen ist[148]. Sie kann auch durch persönliche Verflechtung der Geschäftsführungen oder durch Zusammenschluß zu einer Interessengemeinschaft hergestellt werden[149]. Die einheitliche Leitung begründet keine Abhängigkeit der Unternehmen, auch dann nicht, wenn die Unternehmen zB eine GmbH als Leitungsinstanz gründen und die Verpflichtung übernehmen, Weisungen der Leitungsinstanz zu befolgen[150], ohne daß jedoch Abhängigkeit von dieser Leitungsinstanz bestehen darf[151]. Ein Gleichordnungskonzern kann auch bei einer wechselseitigen Beteiligung, die die einheitliche Leitung zweier voneinander unabhängiger Unternehmen sicherstellt, gegeben sein[152].

Wenn sich die Koordination nur auf **Teilbereiche** der Unternehmensfunktionen **176** bezieht, die für das Gesamtbild, das die Unternehmensführung bietet, nicht bestimmend sind, liegt keine einheitliche Leitung iSd. Gesetzes vor[153]. Ein Gleichordnungskonzern wird somit nicht schon dadurch begründet, daß zwei Unternehmen ihre Stimmrechte aus der Beteiligung an einem dritten Unternehmen poolen und sich hinsichtlich dieses Unternehmens zu gemeinsamer Geschäftspolitik verpflichten; anders, wenn sie ihre gesamte Geschäftspolitik vereinheitlichen.

Grundsätzlich gelten die an den Konzernbegriff anknüpfenden Vorschriften **177** sowohl für den Unterordnungs- als auch für den Gleichordnungskonzern, sofern sich aus der betreffenden Vorschrift nichts anderes ergibt[154]. Der Unterschied zwischen Unterordnungs- und Gleichordnungskonzern ist vor allem in einer Hinsicht bedeutsam: Im Fall eines Unterordnungskonzerns ist ein KA aufzustellen, im Fall eines Gleichordnungskonzerns jedenfalls dann nicht, wenn die einheitliche Leitung nicht von einem an der Spitze stehenden Unternehmen ausgeübt wird[155]. Besteht der Gleichordnungskonzern auf einer vertraglichen Grundlage, ist fraglich, ob dieser der Zustimmung der jeweiligen Hauptversammlung bedarf. Sofern der Vertrag zugleich den Charakter eines Unternehmensvertrages aufweist, ist das zu bejahen. Anderenfalls ist zweifelhaft, ob entgegen der gesetzgeberischen Entscheidung in § 291 Abs. 2 AktG zB in Anwendung der die „Holzmüller"-Entscheidung des BGH tragenden Grundsätzen nach § 119 Abs. 2 AktG gleichwohl die Zustimmung der HV einzuholen ist[156].

e) Besondere Fälle

aa) Gemeinschaftsunternehmen

Fragen verschiedener Art stellen sich, wenn die Anteile an einer Gesellschaft bei **178** mehreren Unternehmen liegen, wenn also zB zwei Unternehmen mit je 50 vH an

---

148 Begr. RegE zu § 18, *Kropff*, Textausgabe S. 34. Bei Zugrundelegung des funktionalen Unternehmensbegriffs (vgl. Erl. zu § 15 unter Tz. 41) ist jedoch ein Aktionär, der zwei von ihm abhängige Unternehmen leitet, als Unternehmen zu qualifizieren, so daß in diesem Fall stets ein Unterordnungskonzern vorläge; so *Koppensteiner* in Kölner Kom., 2. Aufl., § 18 Anm. 6. Vgl. auch *Würdinger* in Großkom. Vorbem. II zu § 15 Anm. 5 und § 18 Anm. 1.
149 *Würdinger* in Großkom. § 18 Anm. 13.
150 *Würdinger* in Großkom. § 18 Anm. 12.
151 Vgl. *Krieger* in MünchHdb., § 68 Rn. 79.
152 *Kropff*, BB 1965 S. 1281/1283; *Havermann*, WPg. 1966 S. 66/70.
153 Vgl. *Koppensteiner* in Kölner Kom., 2. Aufl., § 18 Anm. 4.
154 Vgl. die Übersicht in Erl. zu § 15 Tz. 24 ff.
155 Vgl. zur Frage der Aufstellung von Konzernabschlüssen im Gleichordnungskonzern M Tz. 75 ff.; *ADS*, § 290 HGB Tz. 95 ff.
156 Vgl. BGHZ 83 S. 122; wie hier *Krieger* in MünchHdb., § 68 Rn. 84 f.

der Gesellschaft beteiligt sind (Gemeinschaftsunternehmen). Hier sind mehrere Fälle ins Auge zu fassen:

179   1. Falls nicht noch besondere Umstände hinzukommen, scheidet ein Abhängigkeitsverhältnis des Gemeinschaftsunternehmens gegenüber einem oder beiden beteiligten Unternehmen aus, da keines der beteiligten Unternehmen ohne Mitwirkung des anderen beherrschenden Einfluß auszuüben in der Lage ist[157]. Mangels ausreichender Willenskoordinierung in den Gesellschaftsorganen des Gemeinschaftsunternehmens blockieren sich die beteiligten Unternehmen wechselseitig. Infolgedessen können auch Konzernverhältnisse iSv. § 18 Abs. 1 AktG nicht gegeben sein, weil der Unterordnungskonzern Abhängigkeit voraussetzt[158].

180   2. Häufig bestehen jedoch zwischen Unternehmen, die zusammen mit mehr als 50 vH an dem Gemeinschaftsunternehmen beteiligt sind, **vertragliche Abmachungen** über die einheitliche Ausübung des Stimmrechts und die Verfolgung einer gemeinsamen Geschäftspolitik bei dem Gemeinschaftsunternehmen. Eine solche Gestaltung war Gegenstand einer Entscheidung des BAG, bei der es um die Frage ging, ob die Arbeitnehmer des Gemeinschaftsunternehmens bei der Wahl der Arbeitnehmervertreter zu den Aufsichtsräten der Obergesellschaften zugelassen werden müssen. Das BAG bejaht dies mit der Begründung, zwischen dem Gemeinschaftsunternehmen und jeder der Obergesellschaften bestehe ein Konzernverhältnis[159]. Dabei beruft sich das BAG ua. auf die Bemerkung in der Begr. RegE zu § 329 AktG aF, wo in Ausnahmefällen die Zugehörigkeit eines Unternehmens zum Konzern zweier Obergesellschaften für möglich gehalten wird[160].

181   Die Rechtsauffassung des BGH konturiert sich aus verschiedenen Entscheidungen. In einem zu § 17 ergangenen Urteil v. 4. 3. 1974, das einen anderen Sachverhalt betraf, läßt der BGH die Frage, ob zu den Obergesellschaften ein Abhängigkeitsverhältnis besteht, wenn diese sich durch Konsortialvertrag oder sonstige Abreden zu einheitlichem Handeln gegenüber dem Gemeinschaftsunternehmen verpflichtet haben, ausdrücklich offen. Er weist jedoch darauf hin, daß es zwischen den Obergesellschaften mit verschiedenem Mitgliederbestand idR auch dann Interessendivergenzen geben werde, wenn diese Gesellschaften sich zur einheitlichen Ausübung des Stimmrechts verpflichtet haben; daher bestehe gewöhnlich ein Spannungsverhältnis, das zu einer gegenseitigen Machtbeschränkung führen und für das Gemeinschaftsun-

---

157 Vgl. Erl. zu § 17 unter Tz. 127.
158 So auch *Würdinger* in Großkom. § 17 Anm. 1, § 18 Anm. 8; *Koppensteiner* in Kölner Kom., 2. Aufl., § 17 Anm. 70; *Geßler* in AktG-Kom. § 17 Anm. 71.
159 Beschl. v. 18. 6. 1970, DB S. 1595 ff. Gem. § 76 Abs. 4 BetrVerfG 1952 war für die Entscheidung maßgebend, ob ein Konzernverhältnis iSv. § 18 Abs. 1 S. 1 AktG vorliegt. In einem späteren Beschluß (v. 21. 10. 1980) hat sich das BAG in anderem Zusammenhang dahin geäußert, daß der Begriff der einheitlichen Leitung in § 18 Abs. 1 AktG im Bereich des Betriebsverfassungsgesetzes am Zweck der betriebsverfassungsrechtlichen Normen orientiert werden müsse und das aktienrechtliche Verständnis des Konzernbegriffs daher nicht entscheidend sein könne (AG 1981 S. 227, 228). Im Fall dieser Entscheidung handelte es sich um die Verweisung auf § 18 Abs. 1 AktG in § 54 BetrVerfG 1972; das BAG spricht dabei aber auch die entsprechende Verweisung in § 76 Abs. 4 BetrVerfG 1952 an und fordert auch insoweit ein spezifisch betriebsverfassungsrechtliches Verständnis des Konzernbegriffs. Damit wird die Bedeutung der Entscheidungen des BAG zum Konzernbegriff für den Bereich des Aktienrechts – zumindest – stark abgeschwächt. In einer neueren Entscheidung (Beschl. v. 30. 10. 1986) vom BAG bestätigt für den Fall der Vereinbarung zur gemeinsamen Herrschaftsausübung, vgl. DB 1987 S. 1691.
160 *Kropff*, Textausgabe S. 439.

ternehmen einen gewissen Schutz gegen die stetige Inanspruchnahme für ein fremdes Unternehmensinteresse bedeuten könne. Damit ist es eine Frage des Einzelfalls, ob das Gemeinschaftsunternehmen iSv. § 17 AktG abhängig ist[161]. Nach den entschiedenen Fällen reicht es indes jedoch aus, wenn mehrere beherrschende Gesellschaften dieselben Gesellschafter haben, oder wenn gleichgerichtete Interessen eine gemeinsame Unternehmenspolitik gewährleisten. Schließlich kann es genügen, wenn die Anteile von verschiedenen Mitgliedern einer Familie gehalten werden und diese in der Vergangenheit als geschlossene Einheit aufgetreten sind[162].

Nur wenn die Abhängigkeit nach den tatsächlichen und rechtlichen Gegeben-   **182** heiten zu bejahen ist, stellt sich die weitere Frage, ob das Gemeinschaftsunternehmen mit jeder Obergesellschaft einen Unterordnungskonzern bildet[163]. Mittlerweile wird die Frage überwiegend bejaht, daß die einheitliche Leitung von mehreren Unternehmen, die unter sich keinen Konzern bilden, ausgeübt werden kann. Dabei kommt es darauf an, welche Mindestanforderungen an das Merkmal der **„Zusammenfassung unter einheitlicher Leitung"** zu stellen sind. Teils wird verlangt, daß die Unternehmensbereiche des Gemeinschaftsunternehmens „voll" mit je einem bestimmten Unternehmensbereich der Obergesellschaften zusammengefaßt sein müssen[164]; diese Formulierung schließt nicht den Fall ein, daß die beteiligten Unternehmen sich gegenseitig die Leitung in je verschiedenen Bereichen der Betätigung des Gemeinschaftsunternehmens zugestanden haben, denn alsdann wäre das Gemeinschaftsunternehmen bei jeder Obergesellschaft nur mit einem Teilbereich, bei keiner aber mit seinem gesamten Unternehmensbereich zusammengefaßt. Nach anderer Auffassung ist der Begriff der einheitlichen Leitung im Aktiengesetz je nach der betreffenden Materie unterschiedlich zu verstehen (entgegen der vorgen. Entscheidung des BAG v. 18. 6. 1970, die von einem für das gesamte Aktienrecht einheitlichen Konzernbegriff ausgeht)[165]. Die Frage der Einbeziehung von Gemeinschaftsunternehmen in den KA ist nunmehr allein nach den Vorschriften des HGB zu entscheiden. Ist die einheitliche Leitung zu bejahen, kommt die Vollkonsolidierung nach § 290 Abs. 1 HGB in Betracht; in anderen Fällen verbleibt es bei der Möglichkeit zur Quotenkonsolidierung nach § 310 HGB[166].

3. Im vorgenannten Zusammenhang stellt sich die Frage, ob die **BGB-Gesell-**   **183** **schaft,** die durch das vertragliche Zusammenwirken der Obergesellschaften entsteht, ihrerseits als Konzernobergesellschaft anzusehen ist.

Es ist heute herrschende Auffassung, daß nicht die BGB-Gesellschaft, son-   **184** dern die dahinter stehenden Muttergesellschaften herrschende Unternehmen

161 BB 1974 S. 572, DB S. 767, Näheres zu dieser Entscheidung Tz. 127.
162 Vgl. BGHZ 62 S. 193 (199 ff.), *Seitz-Enzinger*; 74, 359 (365 ff.), *Brost* und *Funke*; 80, 69 (73), *Süssen.*
163 Vgl. *Koppensteiner* in Kölner Kom., 2. Aufl., § 18 Anm. 25 mwN; *Emmerich/Sonnenschein,* (Fn. 19) S. 82.
164 So *Geßler* in AktG-Kom. § 18 Anm. 41, mit weiteren Literaturangaben.
165 Vgl. BGHZ Beschl. v. 18. 11. 1986, NJW 1987 S. 1700 zur Leitung eines Gemeinschaftsunternehmens durch seine Gesellschafter.
166 Vgl. Tz. 471 f. Zu dieser Problematik *Hoffmann-Becking/Rellermeyer,* Gemeinschaftsunternehmen im neuen Recht der Konzernrechnungslegung, in FS für *Goerdeler,* (Fn. 17) S. 199; *Maas/Schruff,* WPg. 1986 S. 237 ff.; *Havermann* in Bericht über die IDW-Fachtagung 1986 S. 47 f.

sind[167]. Etwas anderes kann im Einzelfall nur gelten, sofern die beteiligten Unternehmen sich nicht auf den Abschluß eines Stimmrechtsbindungsvertrages beschränken, sondern auch die Verfolgung einer gemeinsamen Geschäftspolitik bei dem Gemeinschaftsunternehmen vereinbaren.

185 Im Falle des Abschlusses eines Beherrschungsvertrages wird es in der neueren Literatur weitgehend als gekünstelte Konstruktion abgelehnt, die BGB-Gesellschaft als herrschendes Unternehmen und Konzernobergesellschaft zu behandeln, und zwar mit der Begründung, sie habe keine eigenständige Leitungsmacht, sondern werde von ihren Gesellschaftern lediglich als organisatorisches Instrument zur Leitung des Gemeinschaftsunternehmens eingesetzt. Vertragspartner sind die Mutterunternehmen in gesamthänderischer Verbundenheit. Nach dieser Ansicht können als Inhaber des beherrschenden Einflusses nur die Unternehmen angesehen werden, von denen der Einfluß ausgeht und die ihn selbst oder durch die BGB-Gesellschaft als Leitungsorgan ausüben, also die Obergesellschaften[168].

186 Die Bedeutung dieser Frage ist erheblich abgeschwächt, nachdem der BGH in seiner Grundsatzentscheidung vom 4. 3. 1974 – entgegen der bis dahin überwiegenden Auffassung – anerkannt hat, daß ein Unternehmen auch gegenüber zwei oder mehreren anderen, voneinander unabhängigen Unternehmen in einem Abhängigkeitsverhältnis stehen kann[169]. Deshalb muß im Fall eines Gemeinschaftsunternehmens auch bei Zwischenschaltung einer BGB-Gesellschaft geprüft werden, ob das Gemeinschaftsunternehmen von den Obergesellschaften abhängig ist. Dies ist nach dem vorgen. Urteil zu bejahen, wenn für die Ausübung gemeinsamer Herrschaft durch die Obergesellschaften eine ausreichend sichere Grundlage in Form vertraglicher oder organisatorischer Bindungen oder rechtlicher und tatsächlicher Umstände sonstiger Art besteht. Die Zwischenschaltung einer BGB-Gesellschaft dürfte nach den Erwägungen, die der BGH in diesem Urteil in bezug auf Stimmrechtsbindungen und sonstige Absprachen zwischen den Obergesellschaften anstellt, als eine Möglichkeit der Koordination je nach Ausgestaltung, aber nicht ohne weiteres und unter allen Umständen als ausreichend sichere Grundlage für eine gemeinsame Beherrschung durch die Obergesellschaften anzusehen sein.

187 Führt die Prüfung zu der Feststellung, daß das Gemeinschaftsunternehmen nicht von den Obergesellschaften iSv. § 17 AktG abhängig ist, wird idR auch ein Abhängigkeitsverhältnis des Gemeinschaftsunternehmens zu der BGB-Gesellschaft nicht anzunehmen sein[170]. Damit entfallen Konzernverhältnisse zu den Obergesellschaften wie auch zu der BGB-Gesellschaft. Ergibt die Prüfung die Abhängigkeit des Gemeinschaftsunternehmens gegenüber den Obergesellschaften, so sind nicht nur Konzernverhältnisse zu den einzelnen Obergesellschaften möglich, sondern – sofern von Belang – auch ein Konzernverhältnis zu der BGB-Gesellschaft (sofern man diese nicht als bloßes Leitungsinstrument außer Betracht läßt).

---

167 *Krieger* in MünchHdb., § 68 Rn. 53; *Ruwe*, DB 1988 S. 2037.
168 So *Geßler* in AktG-Kom. § 17 Anm. 76 und in FS für Knur, 1972, S. 145 ff., 163; *Kronstein* in Kölner Kom. § 329 Anm. 107; *Koppensteiner* in Kölner Kom., 2. Aufl., § 17 Anm. 72; *Nordmeyer*, BB 1971 S. 70. Von dieser Auffassung geht auch das BAG in dem oben unter b) bereits angesprochenen Beschluß v. 18. 6. 1970, DB S. 1595 ff. aus.
169 BB S. 572, DB S. 767; näheres zu dieser Entscheidung zum Gesichtspunkt der Abhängigkeit Tz. 128 ff. sowie in Tz. 180 ff.
170 Vgl. hierzu Erl. zu § 17 unter Tz. 127.

4. Ist bei den Absprachen über die Einflußnahme auf die Geschäftspolitik des **188**
Gemeinschaftsunternehmens einer der Obergesellschaften ein entscheidendes
Übergewicht eingeräumt, so liegt der beherrschende Einfluß allein bei dieser
Obergesellschaft. Das Gemeinschaftsunternehmen ist in einem solchen Fall
nur im Verhältnis zu dieser Obergesellschaft abhängig und – bei Ausnutzung
des beherrschenden Einflusses zu einheitlicher Leitung durch die betr. Obergesellschaft – konzernverbunden.

bb) Ein Unternehmen als Obergesellschaft verschiedener Konzerne?

Daß ein Unternehmen die Obergesellschaft zweier verschiedener Konzerne ist, **189**
erscheint mit dem Begriff der einheitlichen Leitung kaum vereinbar. Unter der
einheitlichen Konzernleitung steht auch das herrschende Unternehmen selbst[171].
Dieses kann aber im Hinblick auf die eine ihm untergeordnete Unternehmensgruppe nicht anders als im Hinblick auf die andere Unternehmensgruppe geleitet werden. Durch das herrschende Unternehmen als Bindeglied werden vielmehr beide Gruppen zu einem einzigen Konzern zusammengefaßt.

cc) Verbindung zwischen Gleichordnungskonzern und Unterordnungskonzern

Um einen einzigen Konzern im Sinn einer Unternehmensverbindung handelt es **190**
sich auch, wenn ein Unternehmen auf der einen Seite durch Gleichordnungs-
konzernverhältnis, auf der anderen Seite durch Unterordnungskonzernverhältnis mit anderen Unternehmen verbunden ist.

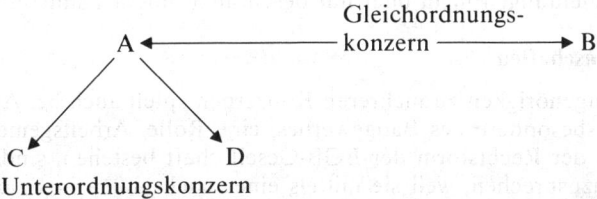

Die einheitliche Leitung, unter der A und B als gleichgeordnete Unternehmen
stehen, wirkt sich hier auch auf die Leitung der Unternehmen C und D durch A
aus. C und D sind auch im Verhältnis zu B konzernverbundene Unternehmen.
A hat einen KA unter Einbeziehung von C und D aufzustellen[172].

dd) Konzern im Konzern?

Nach ganz überwiegender Auffassung ist der Fall, daß ein abhängiges und unter **191**
einheitlicher Leitung der Muttergesellschaft stehendes Unternehmen seinerseits
wieder Konzernobergesellschaft (Zwischen-Obergesellschaft) eines Unterordnungskonzerns ist („Konzern im Konzern"), nicht denkbar[173]. *Würdinger* hält
dagegen eine solche Gestaltung insbesondere bei internationalen Konzernen für
möglich, wenn der inländischen Tochtergesellschaft andere inländische Unter-

---

171 Vgl. unter Tz. 163.
172 Vgl. Begr. RegE zu § 18, *Kropff*, Textausgabe S. 34, und *Geßler* in AktG-Kom. § 18 Anm. 40; vgl.
Erl. zu § 290 HGB, Tz. M 16 ff.
173 *Koppensteiner* in Kölner Kom., 2. Aufl., § 18 Anm. 22; *Krieger* in MünchHdb., § 68 Rn. 74; *Emme-
rich/Sonnenschein*, (Fn. 19) S. 82 f.

nehmen angegliedert sind[174]. Meist wird sich jedoch die Leitung auch dieser Gesellschaften nach Richtlinien des an der Spitze stehenden ausländischen Unternehmens vollziehen und damit ein einheitlicher Konzern gegeben sein. Daß die Zusammenfassung unter einheitlicher Leitung zwischen den inländischen Gesellschaften stärker ausgeprägt ist als im Verhältnis zur ausländischen Konzernspitze, ist jedenfalls unerheblich, da § 18 AktG keinen Raum für eine Differenzierung nach der Intensität der einheitlichen Leitung läßt[175].

192   Nach **HGB** ist jedoch in aller Regel nur das an der **Spitze des Konzerns** stehende Unternehmen zur Konzernrechnungslegung verpflichtet, nicht dagegen eine Zwischen-Obergesellschaft. Aktienrechtlich beschränkt sich daher die Bedeutung der Frage der Anerkennung eines Konzerns im Konzern im wesentlichen darauf, ob auch gesetzlichen Vertretern einer Zwischen-Obergesellschaft das Privileg des § 100 Abs. 2 S. 2 AktG zusteht, wonach auf die Höchstzahl von 10 Aufsichtsratssitzen bei gesetzlichen Vertretern des herrschenden Unternehmens eines Konzerns bis zu 5 Aufsichtsratssitze in zum Konzern gehörenden Unternehmen nicht anzurechnen sind[176].

193   Anerkannt wird dagegen der Konzern im Konzern in der Rechtsprechung des BAG zu § 54 Abs. 1 BetrVerfG 1972 und zu § 5 Abs. 1 MitBestG 1976, wo jeweils zum Konzernbegriff auf § 18 Abs. 1 AktG verwiesen ist. Dabei geht die Rechtsprechung jedoch nicht von einer strengen Anbindung der betriebsverfassungsrechtlichen Regelungen an den aktienrechtlichen Konzernbegriff aus, so daß Rückschlüsse für das Verständnis des Konzerntatbestandes in § 18 Abs. 1 AktG aus diesen Entscheidungen nicht oder nur beschränkt möglich sind[177].

ee) Arbeitsgemeinschaften

194   Die Frage der Zugehörigkeit zu mehreren Konzernen spielt auch bei Arbeitsgemeinschaften, insbesondere des Baugewerbes, eine Rolle. Arbeitsgemeinschaften, die meist in der Rechtsform der BGB-Gesellschaft bestehen, sind idR als Unternehmen anzusprechen, weil sie mittels einer nach außen in Erscheinung tretenden Organisation Interessen kaufmännischer und gewerblicher Art verfolgen[178]. Nach anderer Auffassung sind sie nicht ihren Gesellschaftern gegenüber rechtlich selbständige Unternehmen, sondern lediglich eine Organisationsform, in der ihre Gesellschafter bestimmte Geschäfte im Rahmen ihrer eigenen Unternehmen gemeinsam ausführen[179]. Nicht gefolgt werden kann jedenfalls der Ansicht, daß die Arbeitsgemeinschaft zu jedem ihrer Gesellschafter in einem Abhängigkeits- und Konzernverhältnis steht[180]: dies könnte nur dann der Fall

---

174 *Würdinger*, (Fn. 134), 2. Aufl., S. 275; in der 3. Aufl. 1973 und in der 4. Aufl. 1984 wird die Frage nicht mehr angesprochen.
175 AA *Kropff*, BB 1965 S. 1281/1284. Die Möglichkeit eines „Konzerns im Konzern" verneinen generell *Koppensteiner* in Kölner Kom. § 18 Anm. 22 mwN; *Geßler* in AktG-Kom. § 18 Anm. 39 und *Hoyningen/Huene*, ZGR 1978 S. 515 ff.
176 Vgl. *Geßler*, BB 1977 S. 1313, 1314, 1316.
177 BAG Beschl. v. 21. 10. 1980, AG 1981 S. 227 ff.; OLG Düsseldorf, Beschluß v. 30. 1. 1979 mit ausführlichen Literaturhinweisen, AG S. 318. Vgl. auch OLG Zweibrücken, Beschluß v. 9. 11. 1983, AG 1984 S. 80 ff. und LG Fürth, Beschl. v. 10. 10. 1983, AG 1984 S. 55 ff.; OLG Frankfurt, Beschl. v. 10. 11. 1986, AG 1987 S. 53 erkennt den Konzern im Konzern an, wenn die Obergesellschaft einen Teil ihrer Leitungsbefugnis auf das abhängige Unternehmen zur selbständigen Ausübung übertragen hat.
178 Vgl. Erl. zu § 15 unter Tz. 41 ff.
179 So *Geßler* in AktG-Kom. § 17 Anm. 79.
180 So aber *Granobs*, DB 1966 S. 1363, 1364.

sein, wenn die beteiligten Unternehmen untereinander einen Gleichordnungskonzern bilden. Andernfalls kann die Arbeitsgemeinschaft lediglich dem Konzern eines ihrer Gesellschafter angehören, nämlich, wenn dem Gesellschafter die selbständige Leitung der Arbeitsgemeinschaft überlassen ist. Das setzt die Übertragung der kaufmännischen und technischen Federführung an den Gesellschafter voraus, verbunden mit selbständiger, eigenverantwortlicher Geschäftsführung. Keinesfalls reicht hierfür die bloße Ausführung von Beschlüssen der beteiligten Unternehmen.

ff) Holdinggesellschaften

Ein in jüngerer Zeit stärker in Erscheinung tretender Typus von Gesellschaften **195** ist der der Holding. Diese wird vor allem dadurch gekennzeichnet, daß der Gesellschaftszweck in erster Linie auf das Halten, Verwalten, Erwerben und Veräußern von Beteiligungen abstellt. Gleichwohl verbindet sich mit dem Begriff der Holding kein einheitliches Erscheinungsbild (vgl. Finanzholding, Geschäftsleitende Holding, Zwischenholding, Basisgesellschaft uam.)[181].

Holdinggesellschaften sind konzernrechtlich wie andere Gesellschaften zu beur- **196** teilen, es gelten insoweit keine Besonderheiten. Als beherrschende oder konzernleitende Unternehmen werfen sie indes einzelne Sonderprobleme auf. Steht die Holding an der Spitze einer Unternehmensgruppe, ist sie, sofern die Voraussetzungen der §§ 16, 17 AktG gegeben sind, herrschendes Unternehmen. Sie bildet mit den abhängigen Unternehmen einen Konzern, wenn sie über diese einheitliche Leitung ausübt. Ob dies der Fall ist, hängt von der Funktion der Holding ab. Bei einer Holding, die sich auf das Verwalten ihrer Beteiligungen beschränkt, kann es gelingen, die Konzernvermutung des § 18 Abs. 1 S. 3 AktG zu widerlegen. Anders verhält sich dies bei der sog. geschäftsleitenden Holding, die nachhaltig die Konzerngeschäftspolitik bestimmt und zu deren Umsetzung die abhängigen Gesellschaften einheitlich leitet. Gegenstand und Mittel der einheitlichen Leitung sind bei Holdinggesellschaften differenziert zu betrachten. Neben der Bestimmung der Konzerngeschäftspolitik[182] kann dies auch durch Koordination der abhängigen Gesellschaften oder durch Bereitstellung von Dienstleistungen durch Stabsstellen erfolgen.

gg) Konzernverhältnis bei treuhänderisch gehaltenen Beteiligungen

Treuhänderisch gehaltene Beteiligungen gehören zum Konzern des Treugebers, **197** nicht des Treuhänders, wenn es sich um eine uneigennützige (Verwaltungs-) Treuhandschaft handelt. Ein Unternehmen, das eine Beteiligung lediglich formal als Trh. besitzt, kann schon deshalb nicht Konzernobergesellschaft gegenüber der Beteiligungsgesellschaft sein, weil es im Verhältnis zu dieser nicht herrschendes Unternehmen iSv. § 17 AktG ist[183]. Außerdem ist eine einheitliche Leitung durch das Trh.-Unternehmen bereits rein begrifflich nicht gegeben, weil dem Trh. keine originäre, sondern allenfalls eine delegierte Leitungsmacht zuste-

---

181 Zu den mit Holdinggesellschaften verbundenen besonderen Rechtsfragen vgl. *Schulze zur Wiesche*, Personengesellschaft als Holding, DB 1988 S. 252; *U. H. Schneider*, Firma des Konzerns und des Konzernunternehmens, BB 1989 S. 1985; *Keller*, Die Einrichtung einer Holding: Bisherige Erfahrungen und neuere Entwicklungen, DB 1991 S. 1633, 1635.
182 Vgl. hierzu oben Tz. l66.
183 Vgl. zum Treuhänder im Konzernrecht auch BGHZ 107 S. 7 (14 ff.).

hen könnte[184]. Im übrigen wird eine einheitliche Leitung seitens des Trh.-Unternehmens idR auch tatsächlich gar nicht möglich sein, weil die „Zusammenfassung unter einheitlicher Leitung" dieses selbst mit einschließen müßte[185]. Ferner ist zu berücksichtigen, daß die Beteiligung iSd. § 16 Abs. 1 AktG und des § 328 Abs. 2 S. 1 AktG nach der hier vertretenen Auffassung dem Treugeber-Unternehmen gehört[186].

7. Wechselseitig beteiligte Unternehmen

a) Allgemeines

198   Durch eine wechselseitige Beteiligung zweier Unternehmen wird die Aufbringung, Erhaltung und der richtige Ausweis des Kapitals gefährdet. Dadurch, daß zwei AG wechselseitig ihre Aktien zeichnen, kann dasselbe Kapital mehrfach als Einlage verwendet werden. Außerdem kommt ein wechselseitiger Aktienerwerb einer Rückgewährung von Einlagen nahe. Da die Verwaltungen die Rechte aus den Aktien ausüben, kann es insbesondere in den HV zu einer der Struktur der AG widersprechenden Herrschaft der Verwaltungen kommen; denn wenn sich die Verwaltungen der wechselseitig beteiligten Gesellschaften untereinander verständigen, wird dadurch uU die Kontrolle durch die eigentlichen Anteilseigner ausgeschaltet[187].

199   Wegen dieser mit wechselseitigen Beteiligungen verbundenen Gefahren ist die Ausübung der Rechte aus wechselseitigen Beteiligungen beschränkt und die gesonderte Angabe wechselseitiger Beteiligungen im Anhang der wechselseitig beteiligten Unternehmen vorgesehen[188]. Voraussetzung hierfür war eine gesetzliche Definition der wechselseitigen Beteiligung, die in § 19 AktG enthalten ist. Eine wechselseitige Beteiligung iSd. AktG ist nach dieser Vorschrift gegeben, wenn der gegenseitige Anteilsbesitz mehr als 25 vH beträgt (eine beiderseitige Beteiligung von jeweils genau 25 vH genügt nicht). Diese Grenze wurde deshalb gewählt, weil ein Anteilsbesitz von mehr als 25 vH eine Sperrminorität darstellt (vgl. zB § 179 AktG) und das steuerliche Schachtelprivileg damals an eine Beteiligung von mindestens 25 vH anknüpfte[189].

200   In § 19 Abs. 3 AktG ist die Streitfrage entschieden worden, daß bei wechselseitig beteiligten Unternehmen jedes der beiden Unternehmen zugleich herrschendes und abhängiges Unternehmen sein kann. Mehrheitsbeteiligungen führen im Rahmen wechselseitiger Beteiligungen unwiderleglich zu Beherrschungsverhältnissen (§ 19 Abs. 2 und 3 AktG), während sonst bei einer Mehrheitsbeteiligung die Abhängigkeit nur widerlegbar vermutet wird (§ 17 Abs. 2 AktG).

201   Für wechselseitig beteiligte Unternehmen sind aktienrechtliche Regelungen über Erwerb und Halten eigener Aktien, insbesondere die Pflicht zur Veräußerung von Aktien an einer mit Mehrheit beteiligten oder herrschenden Gesellschaft

---

184 Wesentliches Merkmal der einheitlichen Leitung ist, daß sie originären Charakter hat und nicht nur delegiert ist, vgl. *Lutter*, ZGR 1977 S. 212; *Lutter-Schneider*, BB 1977 S. 553 ff.; *v. Hoyningen-Huene*, ZGR 1978 S. 528.
185 Vgl. den Text des § 18 Abs. 1 Satz 1.
186 Hierzu im einzelnen *Zilias*, WPg. 1967 S. 465, 470.
187 Begr. RegE *Kropff*, Textausgabe S. 34 f.
188 Vgl. § 160 Abs. 1 Nr. 7 AktG.
189 Begr. RegE, *Kropff*, Textausgabe S. 36.

von Bedeutung[190]. War ein Aktienerwerb gem. § 71d Satz 2 iVm. § 71 Abs. 1 oder 2 AktG unzulässig, so sind die verbotswidrig erworbenen Aktien binnen Jahresfrist zu veräußern; war der Erwerb zulässig, so ist ein 10% des Grundkapitals der Obergesellschaft übersteigender Aktienbesitz zu veräußern, und zwar innerhalb von 3 Jahren (§ 71d Satz 4 iVm. § 71c Abs. 1 und 2 AktG). Diese Vorschriften zwingen dann zur Auflösung wechselseitiger Beteiligungen, wenn ein Unternehmen von dem wechselseitig beteiligten Partner abhängig ist (oder, was gleichgilt, in dessen Mehrheitsbesitz steht) und dieser Partner eine AG oder KGaA ist (nur in diesen Fällen sind die §§ 71 ff. AktG anwendbar)[191]. Das von einer Aktiengesellschaft der KGaA abhängige oder in deren Mehrheitsbesitz stehende Unternehmen muß seine Beteiligung an der Aktiengesellschaft oder KGaA daher jedenfalls soweit reduzieren, daß die 10%-Grenze des § 71 Abs. 2 AktG gewahrt ist; dh. die Beteiligung sinkt unter den für wechselseitigen Beteiligungen iSv. § 19 AktG erforderlichen Anteilsbesitz von mehr als 25 vH.

Ist die Beteiligung auf keiner Seite eine Mehrheitsbeteiligung oder mit beherrschendem Einfluß verbunden, so besteht keine Veräußerungspflicht, selbst wenn die wechselseitigen Beteiligungen jeweils 50% betragen. **202**

b) Rechtsform der Unternehmen und Sitzvoraussetzungen

Eine wechselseitige Beteiligung liegt nur vor, wenn beide Unternehmen die **203** **Rechtsform** einer **Kapitalgesellschaft** – AG, KGaA und GmbH – oder einer bergrechtlichen Gewerkschaft haben und sich ihr Sitz im Inland befindet. Hinsichtlich Rechtsform und Sitz der Unternehmen weicht § 19 AktG damit von den anderen Unternehmensverbindungen ab.

Nicht erforderlich ist es jedoch, daß das Unternehmen, dessen Anteile gem. **204** §§ 19 Abs. 1 Satz 2, 16 Abs. 4 AktG zugerechnet werden[192], eine Kapitalgesellschaft bzw. bergrechtliche Gewerkschaft mit Sitz im Inland ist.

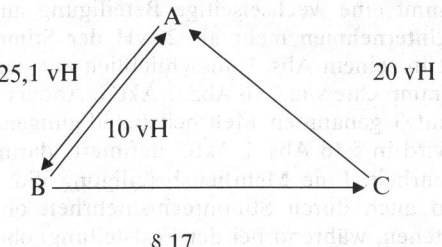

Das Unternehmen A besitzt 25,1 vH der Anteile von B, dem seinerseits unmittelbar nur 10 vH der Anteile von A gehören. Dem Unternehmen B werden jedoch

---

190 Vgl. zur Änderung des AktG v. 13. 12. 1978, BGBl. I S. 1959 ff.; vgl. *Emmerich/Sonnenschein*, (Fn. 19) S. 114 f.

191 Zu den Verpflichtungen bei entspr. Aktienbesitz aus der Zeit vor Inkrafttreten des Gesetzes vgl. *Zilias/Lanfermann*, WPg. 1980 S. 89/96; *Hefermehl/Bungeroth* in AktG-Kom. § 71d Anm. 7, 49. Abweichend hiervon besteht nach *Farrenkopf* die Verpflichtung zum Abbau einer Beteiligung nur insoweit, als der Erwerber der Aktien des Partners durch ein bereits abhängiges Unternehmen erfolgt ist (AG 1984 S. 178 ff.). Aktien der herrschenden Gesellschaft, die vor Beginn der Abhängigkeit erworben worden sind, sind nach Ansicht von *Farrenkopf* vom Regelungsbereich des § 71d S. 4 und des § 71d S. 2 nicht erfaßt.

192 Zur Zurechnung von Anteilen im Rahmen des § 19 im einzelnen vgl. Tz. 209; vgl. im übrigen *Koppensteiner* in Kölner Kom. § 19 Anm. 4; *Krieger* in MünchHdb., § 68 Rn. 93 ff.

die 20 vH Anteile von A gem. § 16 Abs. 4 AktG zugerechnet, die dem von B abhängigen Unternehmen C gehören. Auch wenn im Beispielsfall das Unternehmen C eine Personengesellschaft oder eine ausländische Kapitalgesellschaft ist, besteht eine wechselseitige Beteiligung zwischen A und B, da nur bei diesen beiden Unternehmen die Voraussetzungen des § 19 Abs. 1 Satz 1 AktG erfüllt zu sein brauchen.

c) Ermittlung der wechselseitigen Beteiligungen

aa) Allgemeines

205   Der Inhalt der Abs. 1 bis 3 des § 19 AktG läßt sich, grob schematisiert, wie folgt umschreiben:

1. In Abs. 1 sind die Mindesterfordernisse einer wechselseitigen Beteiligung festgesetzt, nämlich daß die beiderseitige Beteiligung wenigstens mehr als 25 vH betragen muß.
2. Abs. 2 betrifft die wechselseitige Beteiligung, die auf einer Seite eine Mehrheitsbeteiligung ist oder bei der eines der Unternehmen beherrschenden Einfluß hat. Praktisch betr. Abs. 2 vor allem den Fall, daß die Beteiligung auf einer Seite über 50 vH liegt.
3. Abs. 3 regelt schließlich den Fall, daß die wechselseitige Beteiligung auf beiden Seiten eine Mehrheitsbeteiligung oder auf beiden Seiten mit beherrschendem Einfluß verbunden ist. Insbesondere kommt Abs. 3 also dann zur Anwendung, wenn beide Beteiligungen über 50 vH liegen.

206   Mindestens muß jedem der beiden Unternehmen mehr als der vierte Teil der Anteile des anderen Unternehmens gehören, damit eine wechselseitige Beteiligung iSd. Gesetzes besteht. Dabei kommt es im Rahmen des § 19 Abs. 1 AktG – also für die Feststellung, ob eine Beteiligung von mehr als 25 vH gegeben ist – ausschließlich auf den Anteilsbesitz an. Beträgt die Kapitalbeteiligung 25 vH oder weniger, so kommt eine wechselseitige Beteiligung auch nicht dadurch zustande, daß dem Unternehmen mehr als 25 vH der Stimmrechte zustehen; denn § 19 AktG stellt in seinem Abs. 1 ausschließlich auf den **Anteilsbesitz** ab, nicht auch auf die Stimmrechte wie § 16 Abs. 1 AktG. Anders verhält es sich mit den in den Abs. 2 und 3 genannten Mehrheitsbeteiligungen. Was eine Mehrheitsbeteiligung ist, wird in § 16 Abs. 1 AktG definiert; darunter fällt auch die bloße Stimmrechtsmehrheit. Eine Mehrheitsbeteiligung iSd. Abs. 2 und 3 des § 19 AktG kann also auch durch Stimmrechtsmehrheit ohne entsprechende Kapitalmehrheit entstehen, während bei der Feststellung, ob die 25 vH-Grenze überschritten ist (§ 19 Abs. 1), ausschließlich auf das Kapital abzustellen ist.

207   Da für die Feststellung der mehr als 25 vH-Beteiligung auf § 16 AktG Bezug genommen wird, kann grundsätzlich auf die Ausführungen zu dieser Bestimmung verwiesen werden. Ob jedoch gem. § 16 Abs. 2 Satz 2 und 3 AktG vom Nennkapital der Gesellschaft und der Anzahl der Kuxe der bergrechtlichen Gewerkschaft, an der die Beteiligung besteht, eigene Anteile und Anteile, die für Rechnung der Gesellschaft von einem Dritten gehalten werden, abzusetzen sind, ist umstritten, obwohl das Gesetz nur auf § 16 Abs. 2 Satz 1 AktG verweist. *Würdinger*[193] will bei der Ermittlung der 25 vH-Beteiligung den gesamten § 16 Abs. 2

---

[193] *Würdinger*, (Fn. 134) S. 264; anders in Großkom. § 19 Anm. 6. Wie hier auch *Geßler* in AktG-Kom. § 19 Anm. 18.

AktG anwenden. Die Begr. RegE[194] gibt keine klare Auskunft: Danach soll, wie die Verweisung auf § 16 Abs. 2 Satz 1, Abs. 4 AktG, ergebe, das gleiche gelten wie für die Berechnung der Mehrheitsbeteiligung. *Godin/Wilhelmi*[195] beziehen sich auf den klaren Gesetzeswortlaut und wollen nur § 16 Abs. 2 Satz 1 AktG angewandt wissen.

Nach der Intention des Gesetzgebers[196] wurde die Grenze von 25 vH gewählt, **208** damit sowohl Sperrminorität als auch – nach der damaligen Rechtslage – steuerlich privilegierte Schachtelbeteiligungen ohne nachteilige Folgen erworben werden können. Wendet man den gesamten § 16 Abs. 2 AktG an, so begründet schon eine im Verhältnis zum Gesamtkapital niedrigere prozentuale eine wechselseitige Beteiligung. Da aus den in § 16 Abs. 2 Satz 2 und 3 AktG genannten Anteilen keine Stimmrechte ausgeübt werden können (§ 136 Abs. 2 AktG), würde auch diese niedrigere Beteiligung eine Sperrminorität darstellen. Besitzt eine AG mit einem Grundkapital von DM 100 000,– eigene Anteile in Höhe von DM 10 000,–, so würde schon eine Beteiligung von mehr als 22,5 vH des Grundkapitals zur Begründung einer wechselseitigen Beteiligung ausreichen, ebenso wie eine Beteiligung von 22,5 vH eine Sperrminorität begründet, da nur Anteile von nominell DM 90 000,– Stimmrecht besitzen. Die Anwendung des gesamten § 16 Abs. 2 AktG stünde also insoweit mit dem vom Gesetzgeber verfolgten Ziel in Einklang. Diese Auslegung könnte jedoch für einen Erwerber der Anteile ohne zureichenden Grund zu Rechtsnachteilen führen, da der Umfang der eigenen Anteile iSv. § 16 Abs. 2 Satz 2 und 3 AktG im Zeitpunkt des Erwerbs nicht immer klar erkennbar ist. Ein Erwerber könnte in der Annahme, die Beteiligung liege nicht über 25 vH, die Mitteilung nach § 20 oder § 21 AktG unterlassen und dann von der Mitteilung der anderen Gesellschaft gem. §§ 20, 21 AktG überrascht werden; der Erwerber wäre in diesem Fall mit den nachteiligen Folgen des § 328 AktG belastet. Es dient daher der Rechtssicherheit, nur § 16 Abs. 2 Satz 1 AktG anzuwenden; entsprechend wird auch in § 20 Abs. 1 AktG nur auf § 16 Abs. 2 Satz 1 AktG verwiesen[197]. Außerdem könnte eine steuerlich privilegierte Schachtelbeteiligung ohne Begründung einer wechselseitigen Beteiligung nicht erworben werden, wenn eigene Anteile und solche, die als eigene Anteile gelten, vom Stammkapital abgesetzt werden[198].

bb) Zurechnung

Die Zurechnung der Anteile gem. §§ 19 Abs. 1 Satz 2, 16 Abs. 4 AktG erfolgt wie **209** bei der Feststellung des Mehrheitsbesitzes[199]. Da durch die Zurechnung die Beteiligung des unmittelbar beteiligten Unternehmens nicht aufgegeben wird[200], ist es möglich, daß zwei Gesellschaften mit ein und derselben dritten durch wechselseitige Beteiligung verbunden sind, nämlich die eine unmittelbar und die andere infolge Zurechnung des Anteilsbesitzes gem. § 16 Abs. 3 AktG.

---

194 *Kropff*, Textausgabe S. 36.
195 *Godin/Wilhelmi*, (Fn. 75) § 19 Anm. 6.
196 Begr. RegE, *Kropff*, Textausgabe S. 36.
197 Für diese Bestimmung vertritt auch *Würdinger*, (Fn. 134) S. 250 und in Großkom. § 20 Anm. 3c die Auffassung, daß nur § 16 Abs. 2 S. 1 anwendbar sei.
198 Wie hier auch *Koppensteiner* in Kölner Kom., 2. Aufl., § 19 Anm. 14; *Baumbach/Hueck*, (Fn. 44) § 19 Anm. 4; *Geßler* in AktG-Kom., § 19 Anm. 18.
199 Vgl. Erl. zu § 16 unter Tz. 73 ff.
200 Vgl. Erl. zu § 16 unter Tz. 92 ff.

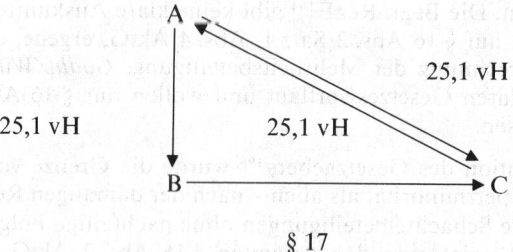

§ 17

Sowohl C wie B sind hier durch wechselseitige Beteiligung mit A verbunden, C kraft seiner unmittelbaren Beteiligung an A, und B kraft der Zurechnung der Anteile des abhängigen Unternehmens C gem. § 16 Abs. 4 AktG[201].

210   Durch die Zurechnung könnten unter Umständen auch Ringbeteiligungen, die an sich nicht durch § 19 AktG erfaßt werden, zu wechselseitigen, unter § 19 AktG fallenden Beteiligungen führen. Das beruht darauf, daß für die Zurechnung eine unmittelbare Beteiligung des herrschenden Unternehmens, dem zugerechnet wird, nicht erforderlich ist[202].

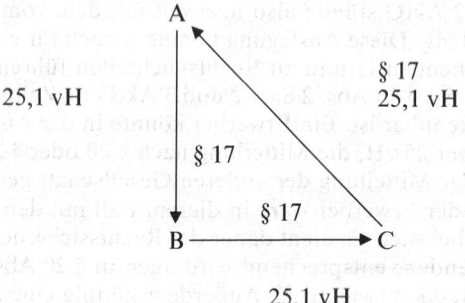

211   Wegen der Abhängigkeitsverhältnisse werden A die im Besitz von B befindlichen Anteile an C, B die bei C vorhandenen Anteile an A und C die bei A befindlichen Anteile an B zugerechnet. Wechselseitige Beteiligungen bestehen daher zwischen A und C, B und A sowie zwischen C und B.

Der Einwand von *Würdinger*[203], diese Rechtsauffassung würde zu einem „Perpetuum mobile" führen, überzeugt nicht. Auch dann, wenn neben den mittelbaren auch geringfügige unmittelbare Beteiligungen von A an C, B an A und C an B bestehen, kommt es zu dem von *Würdinger* beanstandeten Ergebnis[204].

212   Bei nicht abhängigen Gesellschaften führt jedoch eine Ringbeteiligung nicht zu wechselseitigen Beteiligungen[205].

---

201 Zustimmend *Geßler* in AktG-Kom. § 19 Anm. 20; *Krieger* in MünchHdb., § 68 Rn. 96.
202 Vgl. Erl. zu § 16 unter Tz. 88.
203 *Würdinger*, (Fn. 134) S. 265 und in Großkom. § 19 Anm. 9c.
204 Differenzierend *Koppensteiner* in Kölner Kom., 2. Aufl., § 19 Anm. 17; *Geßler* will Fälle dieser Art entsprechend § 19 Abs. 3 behandeln, da hier alle Unternehmen sich gegenseitig beherrschen und voneinander abhängig sind; dann aber kommt – gem. § 19 Abs. 4 – § 328 nicht zur Anwendung (AktG-Kom. § 19 Anm. 15).
205 *Obermüller/Werner/Winden*, AktG 1965 Bd. 1, Stuttgart 1965, S. 173.

d) Abhängige und beherrschte wechselseitig beteiligte Unternehmen

aa) Allgemeines

In § 19 Abs. 2 und Abs. 3 AktG regelt das Gesetz das Verhältnis der wechselseiti- **213** gen Beteiligung zu gleichzeitig bestehenden Mehrheitsbeteiligungen und Beherrschungsverhältnissen. Erfaßt sind die Fälle, in denen eine wechselseitige Beteiligung von einem einseitigen oder einem wechselseitigen **Abhängigkeitsverhältnis** überlagert wird. Das Gesetz bestimmt, daß eine Abhängigkeit nicht durch die Wechselseitigkeit der Beteiligung (§ 19 Abs. 2 AktG) oder die Wechselseitigkeit der Abhängigkeit (§ 19 Abs. 3 AktG) aufgehoben wird. Um auszuschließen, daß bei einer einseitigen oder wechselseitigen Mehrheitsbeteiligung die Vermutung des § 17 Abs. 2 AktG ua. mit dem Hinweis auf die wechselseitige einfache Beteiligung oder wechselseitige Mehrheitsbeteiligung widerlegt werden kann, begründet das Gesetz für diese Fälle eine unwiderlegbare Vermutung der Abhängigkeit. An eine Mehrheitsbeteiligung werden also im Rahmen wechselseitiger Beteiligungen strengere Rechtsfolgen geknüpft als in § 17 AktG. Gehört einem wechselseitig beteiligten Unternehmen eine Mehrheitsbeteiligung an dem anderen Unternehmen, so ist immer zugleich ein Abhängigkeitsverhältnis gegeben. Dasselbe gilt, wenn jedem wechselseitig beteiligten Unternehmen an dem anderen eine Mehrheitsbeteiligung gehört; es liegt dann wechselseitige Beherrschung und Abhängigkeit vor.

Ein Zwang zum Abbau wechselseitiger Beteiligungen in den Fällen, in denen **214** eine oder beide Beteiligungen Mehrheitsbeteiligungen sind (oder durch Beherrschungsverhältnis gem. § 17 überlagert werden, ohne daß eine Mehrheitsbeteiligung besteht), besteht aufgrund der Pflicht zur Veräußerung von Aktien der Obergesellschaft (§ 71c iVm. § 71d, eingefügt in das AktG durch Gesetz v. 13. 12. 1978, BGBl. I S. 1959 ff.) [206].

bb) Mehrheitsbeteiligung

Ob eine Mehrheitsbeteiligung vorliegt, entscheidet sich nach § 16 AktG. Entge- **215** gen der Regelung in § 19 Abs. 1 AktG kann sie auch durch eine Stimmrechtsmehrheit begründet werden, weil auf den gesamten § 16 AktG Bezug genommen ist. Bei der Berechnung sind daher auch die eigenen Anteile und die von einem Dritten für Rechnung der Gesellschaft gehaltenen Anteile abzusetzen. Diese unterschiedliche Ermittlung einer Beteiligung im Rahmen des § 19 AktG beruht darauf, daß allgemein das Verhältnis einer Mehrheitsbeteiligung zu einer wechselseitigen Beteiligung geregelt werden sollte. Es bestand daher kein sachlicher Anlaß, eine spezielle Art der Mehrheitsbeteiligung zu begründen, die sich an § 19 Abs. 1 AktG anlehnt und die insbesondere die Mehrheitsbeteiligung aufgrund von Stimmrechten ausnimmt.

Auch eine Mehrheitsbeteiligung kraft Zurechnung gem. § 16 Abs. 4 AktG führt **216** zur **unwiderlegbaren Vermutung** der Abhängigkeit. Das gilt auch, wenn eine Mehrheitsbeteiligung zugerechnet wird und das wechselseitig beteiligte Unternehmen die Abhängigkeitsvermutung des § 17 Abs. 2 AktG im Verhältnis zu dem vermittelten Unternehmen ausgeräumt hat. Dieses Ergebnis ist eine Folge

---

206 Vgl. hierzu *Emmerich/Sonnenschein.* Konzernrecht S. 114 ff.; *Krieger* in MünchHdb., § 68 Rdn. 107 ff.

der Unwiderlegbarkeit der Abhängigkeitsvermutung im Rahmen wechselseitiger Beteiligungen.

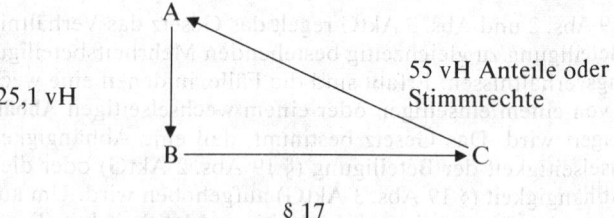

§ 17

A und B sind wechselseitig beteiligte Unternehmen, und zwar ist A an B mit 25,1 vH und B an A – durch Zurechnung der bei C befindlichen Anteile gem. § 16 Abs. 4 AktG – mit Mehrheit beteiligt. Außerdem ist A ein von B abhängiges Unternehmen, auch wenn A im Verhältnis zu C die Abhängigkeitsvermutung ausgeräumt hat.

cc) Abhängigkeit

217 Wenn keine Mehrheitsbeteiligung vorliegt, ist grundsätzlich in derselben Weise wie außerhalb wechselseitiger Beteiligungen zu prüfen, ob nicht aus anderen Gründen ein Abhängigkeitsverhältnis besteht[207]. Maßgebend ist das **Gesamtbild der Beziehungen** der beiden Unternehmen zueinander. Dabei kommt der Tatsache, daß die Beteiligung wechselseitig ist, keine entscheidende Bedeutung zu, wie die Bestimmungen in § 19 Abs. 2 und 3 AktG erkennen lassen[208].

e) Rechtsfolgen der wechselseitigen Beteiligung

218 Ein wechselseitig beteiligtes Unternehmen hat alle Pflichten, die ein verbundenes Unternehmen betreffen[209].

219 Speziell finden auf wechselseitig beteiligte Unternehmen folgende Vorschriften Anwendung:

a) Die wechselseitig beteiligten Unternehmen unterliegen der gegenseitigen Mitteilungspflicht gem. §§ 20, 21 AktG.

b) Nach § 160 Abs. 1 Nr. 7 AktG ist eine wechselseitige Beteiligung unter Nennung des anderen Unternehmens im Anhang anzugeben.

c) Die Rechte der wechselseitig beteiligten Unternehmen sind gem. § 328 AktG beschränkt. Sobald einem Unternehmen das Bestehen einer wechselseitigen Beteiligung bekannt geworden ist oder ihm das andere Unternehmen eine Mitteilung gem. § 20 Abs. 3 AktG oder § 21 Abs. 1 AktG gemacht hat, kann es Rechte aus seiner Beteiligung nur noch für höchstens den vierten Teil aller Anteile an dem anderen Unternehmen ausüben. Das gilt auch für die Anteile, die ihm gem. § 16 Abs. 4 AktG zugerechnet werden. Nur das Recht auf neue Aktien aus einer Kapitalerhöhung aus Gesellschaftsmitteln bleibt erhalten, weil sich durch seine Ausübung die prozentuale Beteiligung nicht ändert.

---

207 Vgl. Erl. zu § 17 unter Tz. 114 ff.
208 Siehe dazu auch *Koppensteiner* in Kölner Kom., 2. Aufl., § 19 Anm. 22.
209 Vgl. Erl. zu § 15 unter Tz. 21 ff.; zu den Rechtsfolgen vgl. *Emmerich/Sonnenschein*, (Fn. 19) S. 114 ff.; *Krieger* in MünchHdb., § 68 Rn. 97 ff. und 107 ff.

Einem Unternehmen, das gutgläubig eine mehr als 25 vH-Beteiligung erwirbt, **220**
die zur Begründung einer wechselseitigen Beteiligung führt, bleiben die Rechte
aus den Anteilen gem. § 328 Abs. 2 AktG voll erhalten, wenn es die erforderliche
Mitteilung gem. § 20 Abs. 3 AktG oder § 21 Abs. 1 AktG macht, und zwar

a) ehe es von dem anderen Unternehmen eine entsprechende Mitteilung erhalten hat und

b) ehe ihm das Bestehen der wechselseitigen Beteiligung bekannt geworden ist.

Eine Sonderbestimmung enthält § 6 EG/AktG für wechselseitige Beteiligungen,
die schon am 1. 1. 1966 bestanden und nicht von einem einfachen (§ 19 Abs. 2)
oder einem wechselseitigen (§ 19 Abs. 3) Abhängigkeitsverhältnis überlagert
wurden [210].

8. Faktische Konzernierung

Das aktienrechtlich geregelte Recht der verbundenen Unternehmen umfaßt **221**
neben der Beschreibung verschiedener Typen von Unternehmensverbindungen
in §§ 15 ff. AktG nur wenige Gruppen von Vorschriften, die für die materiellen
Beziehungen von Unternehmen untereinander und gegenüber Dritten, zB Gläubigern, von Bedeutung sind. Hierzu sind diejenigen Regelungen zu zählen, die
für Unternehmen gelten, die durch Unternehmensverträge verbunden sind
(§§ 291 bis 307 AktG) sowie diejenigen, die die Leitungsmacht und Verantwortlichkeit bei Abhängigkeit von Unternehmen zum Gegenstand haben, und zwar
insbesondere in den Fällen des Bestehens eines Beherrschungsvertrages (§§ 308
bis 310 AktG), bei Fehlen eines Beherrschungsvertrages (§§ 311 bis 318 AktG),
bei eingegliederten Gesellschaften (§§ 319 bis 327 AktG) und von wechselseitig
beteiligten Unternehmen (§ 328 AktG). Dieser Normenkomplex läßt indessen
zahlreiche Fragen, die sich aus der Rechtswirklichkeit entwickelt haben, ungelöst. Die Problematik des faktischen Konzerns ist insbesondere für den GmbH-
Konzern diskutiert worden. Für AG-Konzerne sind vergleichbare Sachverhalte
zT ebenfalls denkbar. Im Hinblick auf die weitreichenden Konsequenzen, die an
das Vorhandensein eines faktischen Konzerns anknüpfen, müssen, wie in ADS,
Vorbem. zu §§ 15-18 AktG Tz. 21 zutreffend betont wird, an die Feststellung der
Voraussetzungen strenge Maßstäbe angelegt werden.

a) Konzernbildung

Ein System verbundener Unternehmen entsteht, wenn ein Unternehmen eine **222**
Beteiligung an einem anderen Unternehmen erwirbt und auf dieses dann beherrschenden Einfluß ausüben kann. Dasselbe gilt im Falle der Ausgliederung des
gesamten oder von Teilen des Unternehmens auf rechtlich selbständige Tochtergesellschaften, die von der ausgliedernden Muttergesellschaft abhängig sind [211].
Die Vorgänge stellen sich zunächst als **Maßnahme der Geschäftsführung** bzw.
des Vorstands dar. Umstritten ist jedoch, in welchem Umfange Schranken aus
dem Gesetz [212], der Satzung oder Mitwirkungsrechte anderer Unternehmensorgane zu beachten sind.

---

210 Vgl. zu den von § 6 EG/AktG erfaßten Regelungen WPH 1985/86 Bd. 1 S. 1333.
211 Zur Abhängigkeit vgl. Erl. zu § 17 AktG, Tz. 106 ff.
212 Vgl. insbes. die Vorschriften des GWB.

223   Die **Satzung** der Gesellschaft ist für zwei Aspekte zu beachten: Zum einen muß der Unternehmensgegenstand des erwerbenden Unternehmens den Beteiligungserwerb umfassen[213]. Das zukünftig beherrschende Unternehmen darf nicht seinen Tätigkeitsbereich über die satzungsmäßigen Grenzen hinaus erweitern, indem dies mittelbar durch den Erwerb von Beteiligungen an Tochterunternehmen erfolgt. Zum anderen muß die Satzung den Erwerb einer Beteiligung oder die Ausgliederung von Unternehmensteilen überhaupt zulassen[214] und gestatten, daß mit diesem Unternehmen ein Unternehmensverbund begründet wird. Dabei ist zu beachten, daß herkömmliche Öffnungsklauseln in Satzungen diesen Anforderungen in aller Regel nicht genügen[215].

224   Neben der abstrakten Öffnungsklausel in der Satzung sind zu Mitwirkungskompetenzen andere Gesellschaftsorgane zu beachten. Für den Aufsichtsrat ergeben sich diese aus der Satzung, sofern der Aufsichtsrat nicht bestimmte Arten von solchen Geschäften an seine Zustimmung gebunden hat, § 111 Abs. 4 Satz 2 AktG[216]. Darüber hinaus kann in besonderen Fällen die **Zustimmung der Hauptversammlung** der erwerbenden bzw. ausgründenden Gesellschaft erforderlich werden. Das gilt in jedem Falle für Ausgliederungsmaßnahmen, die zugleich eine Vermögensübertragung iSv. § 361 AktG darstellen. Für Fälle unterhalb dieser Schwelle hat der BGH entschieden, daß bei der Ausgliederung von wesentlichen Unternehmensbereichen der Vorstand verpflichtet ist, die Entscheidung der Hauptversammlung gemäß § 119 Abs. 2 AktG herbeizuführen[217]. Im entschiedenen Fall wurde die Notwendigkeit dazu bejaht, da der wertvollste Betriebszweig ausgegliedert und die Unternehmensstruktur dadurch erheblich verändert wurde.

225   Die Entscheidung ist im Schrifttum auf erhebliche Kritik gestoßen[218], doch hat sich in der Praxis durchgesetzt, den Anforderungen des BGH Rechnung zu tragen. Für die Beschlußfassung soll die einfache Mehrheit genügen[219]. Noch wenig konturiert sind die Fallgruppen, die als **„wesentlich"** im Sinne der Rechtsprechung einzustufen sind. Weitgehende Übereinstimmung ist dahingehend

---

213 HM: zB *Lutter*, Organzuständigkeiten im Konzern, in FS *Stimpel*, (Fn. 65) S. 825 (846 f.); *Timm*, Die Aktiengesellschaft als Konzernspitze, Köln 1980, S. 100 ff.; *Hommelhoff*, (Fn. 117) S. 271; *Wiedemann*, Gesellschaftsrecht, Bd. I, München 1980, S. 329; *Koppensteiner* in Kölner Kom., 2. Aufl., Vorbem. § 291 Anm. 24; OLG Hamburg, ZIP 1980 S. 1000 (1006).

214 Weitestgehend bejaht für sog. kapitalistische Beteiligungen (Finanzanlagen ohne unternehmerischen Einfluß); vgl. *Hommelhoff*, (Fn. 117) S. 271; *Götz*, Die Sicherung der Rechte der Aktionäre der Konzernobergesellschaft bei Konzernbildung und Konzernleitung, AG 1984 S. 85 (90); *Rehbinder*, Zum konzernrechtlichen Schutz der Aktionäre der Obergesellschaft, ZHR 147 (1983) S. 464 (467). Umstr. hingegen bei unternehmerischen Beteiligungen vgl. *Timm*, (Fn. 213) S. 89 ff.; *Kropff*, Zur Konzernleitungspflicht, ZGR 1984 S. 112 (130); *Koppensteiner* in Kölner Kom., 2. Aufl., Vorbem. § 291 Anm. 26; aM zB OLG Hamburg, ZIP 1980 S. 1000 (1006); *H. P. Westermann*, Organzuständigkeiten bei Bildung, Erweiterung und Umorganisation des Konzerns, ZGR 1984 S. 352 (362). Offengelassen in BGHZ 83 S. 122 (130 ff.).

215 Vgl. *Koppensteiner* in Kölner Kom., 2. Aufl., Vorbem. § 291 Anm. 27 mwN.

216 *Krieger* in MünchHdb., § 69 Rn. 5.

217 BGH Urt. v. 16. 9. 1985, BGHZ 83 S. 122 („Holzmüller"). Zur Mitwirkungsaufgabe bei der Konzerneingangskontrolle durch AR oder APr. vgl. *Kropff*, Konzerneingangskontrolle bei der qualifiziert konzerngebundenen Aktiengesellschaft, in FS für *Goerdeler*, (Fn. 17) S. 259 (266 ff.).

218 ZB *Heinsius*, Organzuständigkeit bei Bildung, Erweiterung und Umorganisation des Konzerns, ZGR 1984 S. 383 (389 ff.); *Kropff*, Zur Konzernleitungspflicht, ZGR 1984 S. 112 (113); *H. P. Westermann*, Organzuständigkeiten bei Bildung, Erweiterung und Umorganisation des Konzerns, ZGR 1984 S. 352 (362); im Ergebnis jedoch ablehnend zur Zustimmung bei *Lutter*, in FS für *Stimpel*, (Fn. 65) S. 825; *ders.*, Zur Vorbereitung und Durchführung von Grundlagenbeschlüssen in Aktiengesellschaften, in FS für *Fleck*, Berlin, New York 1988, S. 169 ff.

219 *Krieger* in *Hoffmann-Becking*, MünchHdb., § 69 Rn. 8; für Dreiviertelmehrheit *Lutter* in FS *Fleck*, (Fn. 218) S. 181 f.

erkennbar, daß Maßnahmen, die 20 bis 25% der Bilanzsumme betreffen, als wesentlich zu gelten haben[220]; statt dessen spricht jedoch mehr dafür, nicht nur auf in Relation zur Bilanzsumme oder des Eigenkapitals abzustellen, sondern auf die Bedeutung für die Vermögens-, Finanz- oder Ertragslage der Betroffenen der Gesellschaft.

Die abhängige Gesellschaft kann sich nur in beschränktem Umfang gegen den   **226** Erwerb des beherrschenden Einflusses durch das andere Unternehmen wehren. In Betracht kommen vor allem die Vinkulierung der Aktien, die Festlegung von Höchststimmrechten oder die Erhöhung des Mehrheitserfordernisses in der Haupt-/Gesellschafterversammlung[221]. Die Überlegung, als **Konzerneingangskontrolle** einen zustimmenden Gesellschafterbeschluß der abhängigen Gesellschaft zu verlangen, hat sich nicht durchgesetzt.

b) Der faktische Konzern

Infolge des Beteiligungserwerbs entsteht ein Unternehmensverbund. Wird kein   **227** Beherrschungsvertrag abgeschlossen oder das abhängige Unternehmen eingegliedert, so handelt es sich um einen faktischen Konzern, wenn die zu diesem Unternehmensverbund gehörenden Unternehmen unter einheitlicher Leitung zusammengeschlossen sind; fehlt die einheitliche Leitung, verbleibt es bei reinen Abhängigkeitsverhältnissen[222]. Für den faktischen Konzern werden zwei Fallgruppen unterschieden:

a) der **einfache faktische Konzern** liegt vor, wenn im ggf. stark dezentralisierten Konzern eine locker gefügte Leitungsstruktur besteht, so daß die einzelnen Eingriffe des herrschenden Unternehmens isoliert erfaßt werden können[223]:

b) der **qualifiziert faktische Konzern** wird vor allem dadurch gekennzeichnet, daß die Einflußnahme des herrschenden Unternehmens eine solche Dichte erreicht hat, daß das abhängige Unternehmen laufend und umfassend – nach Art einer Betriebsabteilung – geführt wird[224].

Der aktienrechtliche Regelkreis in §§ 311 ff. AktG ist lediglich geeignet, die Ein-   **228** flußnahme im Rahmen des sog. einfachen faktischen Konzerns zu umfassen und deren Rechtsfolgen zu regeln. Gleichwohl ist die Zulässigkeit der faktischen Konzernierung umstritten. Dies gilt selbst für den einfachen faktischen Konzern, wenn man davon ausgeht, daß die §§ 311 ff. AktG eine – ggf. nachteilige – Einflußnahme zwar voraussetzen, aber nicht positiv zulassen[225]. Überwiegend

---

220 *Lutter* in FS *Stimpel*, (Fn. 65) S. 850 f.; *ders.* in FS *Fleck*, S. 180; für 10% *Hommelhoff*, für weitere Grenzziehung *Ebenroth*, Konzernbildungs- und Konzernleitungskontrolle, Konstanz 1987, S. 48 f.
221 Vgl. *Krieger* in MünchHdb., § 69 Rn. 10 mwN. Zur nachträglichen Einführung von Höchststimmrechten durch Satzungsänderung vgl. LG Frankfurt, BB 1990 S. 365 f.
222 *Emmerich/Sonnenschein*, (Fn. 19) S. 319 f.
223 *Emmerich/Sonnenschein*, (Fn. 19) S. 319 f.; *Schulze-Osterloh*, Gläubiger- und Minderheitenschutz bei der steuerlichen Betriebsaufspaltung, ZGR 1983 S. 123 (153).
224 Im einzelnen umst. Wie hier BGH v. 1.9. 1985, BGHZ 95 S. 330 (344), „Autokran" = NJW 1986 S. 188; v. 20. 2. 1989 S. 816; „Tiefbau"; *Decker*, Neues zum qualifiziert faktischen GmbH-Konzern, DB 1989 S. 965; *Lutter*, Der qualifiziert faktische Konzern, AG 1990 S. 179 (181); *Kropff*, Konzerneingangskontrolle bei der qualifiziert konzerngebundenen Aktiengesellschaft in *Havermann*, FS für *Goerdeler*, (Fn. 166) S. 259 (264).
225 Ablehnend *Koppensteiner* in Kölner Kom., 2. Aufl., Vorbem. § 311 Anm. 7 ff.; befürwortend *Hommelhoff*, (Fn. 117) S. 109 ff.; *Semler*, Überwachungsaufgabe des Aufsichtsrats, S. 114 ff.; *Krieger* in MünchHdb., § 69 Rn. 26; LG Mannheim, Urt. v. 17. 1. 1990, DB 1990 S. 2011; offen bei *Emmerich/Sonnenschein*, Konzernrecht; *ders.* im einfachen faktischen GmbH-Konzern, S. 368 f.

als nicht zulässig wird hingegen der qualifiziert faktische AG-Konzern angesehen. Grund hierfür ist, daß das gesetzlich vorgesehene Schutzsystem der §§ 311 ff. AktG außer Funktion gesetzt ist[226].

229 Der faktische Konzern ist durch das Fehlen eines Beherrschungsvertrages gekennzeichnet. Dem beherrschenden Unternehmen steht demzufolge kein Weisungsrecht gegenüber der abhängigen AG zu[227], gegenüber abhängigen GmbH bestehen jedoch die Weisungsrechte der Gesellschafterversammlung[228]. Die Organe des herrschenden Unternehmens besitzen jedoch keine Vertretungsmacht im Konzern für die abhängigen Gesellschaften[229]. Können bei einer AG aufgrund der bestehenden faktischen und rechtlichen Durchsetzungsmöglichkeiten nachteilige Maßnahmen oder Rechtsgeschäfte veranlaßt werden, so sind die Nachteile gemäß § 311 AktG auszugleichen. Eine Verpflichtung des beherrschenden Unternehmens zur Zusammenfassung der Unternehmen unter einheitlicher Leitung und deren Ausübung kann nicht verlangt werden[230], wohl aber die Verpflichtung der Verwaltung, die sich aus dem Beteiligungsbesitz ergebenden unternehmerischen Möglichkeiten zu nutzen und diese nicht als Finanzanlage zu behandeln[231]. Dies spiegelt sich auch in den, den Konzern umfassenden Mitwirkungsrechten des Aufsichtsrats und der Hauptversammlung der Obergesellschaft wider[232].

230 Neuerdings wird die Frage – zT kontrovers – diskutiert, ob die **Thesaurierung von Gewinnen** bei abhängigen Gesellschaften auf die bei dem beherrschenden Unternehmen gem. § 58 Abs. 2 AktG in die Gewinnrücklagen einzustellenden Beträge angerechnet werden muß oder ob die beherrschende Gesellschaft die eigene Rücklagendotierung allein aufgrund des Handelsbilanzergebnisses und unabhängig von der Thesaurierung im Konzern vornehmen darf[233]. Für diese Auffassung spricht, daß sonst erhebliche Risiken der Beeinträchtigung von Gesellschafter- und Aktionärsinteressen bestehen und es keinen Unterschied machen könne, ob der Gewinn in einem Einheitsunternehmen oder einem Konzern anfalle. Von der Gegenmeinung wird angeführt, daß eine Vorschrift wie § 58 Abs. 2 AktG im Konzern keine Anwendung finde, da sonst erhebliche

---

226 OLG Hamm, Beschl. v. 3. 11. 1986, NJW 1987 S. 1030; kritisch dazu *Timm.* Grundfragen des qualifiziert faktischen Konzerns im Aktienrecht, NJW 1987 S. 977; *Emmerich/Sonnenschein,* (Fn. 19); *Dierdorf,* Herrschaft und Abhängigkeit einer AG auf schuldvertraglicher und tatsächlicher Grundlage, Köln 1978, S. 256 ff.; *Hommelhoff,* Konzernleitungspflicht, S. 109 ff.; aM *Decker.* Die Zulässigkeit des qualifizierten faktischen Aktienkonzerns, DB 1990 S. 2005 (2006 f.); *Ebenroth,* Die qualifiziert faktische Konzernierung und ihre körperschaftsteuerliche Auswirkung, AG 1990 S. 188 (191); *Deilmann,* Die Entstehung des qualifiziert faktischen Konzerns, Bonn 1990, S. 121. Zu den Tatbeständen, die einen qualifiziert faktischen Konzern begründen können, vgl. *Krieger* in MünchHdb., § 69 Rn. 27 ff.
227 HM, *Koppensteiner* in Kölner Kom., § 311 Anm. 90; *Kropff* in AktG-Kom., § 311 Anm. 29 ff.
228 Zu den Schranken des Weisungsrechts vgl. Tz. R 233 ff.; im übrigen vgl. *Koppensteiner* in *Rowedder,* GmbHG-Kom., 2. Aufl., München 1990, Anh. § 52 Rn. 56.
229 Vgl. BGH v. 14. 5. 1990, AG S. 459.
230 So aber *Hommelhoff,* (Fn. 117) S. 424.
231 Zum Meinungsstand vgl. *Koppensteiner* in Kölner Kom., 2. Aufl., Vorbem. § 291 Anm. 30.
232 Zum AR *Koppensteiner* in Kölner Kom., 2. Aufl., Vorbem. § 291 Anm. 31; *Semler,* Überwachungsaufgabe des Aufsichtsrats, Köln 1980, S. 104 ff.; *Krieger* in MünchHdb., § 69 Rn. 36 ff.; vgl. auch § 32 MitbestG. HV vgl. zB §§ 293, 340c, 361 AktG sowie BGHZ 83 S. 122 zu Zustimmungsbeschlüssen und § 131 Abs. 1 AktG zu Auskunftsrechten.
233 Vgl. *Götz,* Die Sicherung der Rechte der Aktionäre der Konzernobergesellschaft bei Konzernbildung und Konzernleitung, AG 1984 S. 85 (93); *Lutter* in Kölner Kom., 2. Aufl. § 58 Anm. 38 ff.; *ders.,* Rücklagenbildung im Konzern in *Havermann* in FS für *Goerdeler,* (Fn. 166) S. 327 ff.; *ders.,* Zur Binnenstruktur des Konzerns in FS für *H. P. Westermann,* Karlsruhe 1974, S. 344 ff.; *Timm.* Die Aktiengesellschaft als Konzernspitze, S. 90 f.

Rechtsunsicherheit entstünde[234]. Dieser letztgenannten Auffassung ist angesichts der gegebenen gesetzlichen Regelungen der Vorzug zu geben[235]. Die Konsequenzen einer mißbräuchlichen Rücklagenbildungspolitik im Konzern sind bei der Entlastung der Verwaltung und ggf. der Geltendmachung von Schadenersatzansprüchen zu ziehen[236]. Die Rechtsfolge kann jedenfalls nicht die Nichtigkeit des Jahresabschlusses oder die Anfechtbarkeit von Aktionärsbeschlüssen sein[237].

Zum gegenwärtigen Zeitpunkt kann noch nicht vom Bestehen von Grundsätzen **231** zur **Konzerninnenfinanzierung** gesprochen werden. Über die Grundsätze über kapitalersetzende Darlehen hinaus sind bisher nur einzelne Ansätze entwickelt worden[238]; konkrete Verhaltenspflichten für die Geschäftsführungen sind daraus indes nicht ableitbar.

c) Rechtsfolgen bei Bestehen eines faktischen Konzerns

Die Rechtsfolgen, die sich bei Bestehen eines faktischen Konzerns ergeben, sind **232** nur lückenhaft gesetzlich geregelt. Die §§ 311 bis 318 AktG betreffen die Verantwortlichkeit bei Fehlen eines Beherrschungsvertrages[239]; gegenüber einer abhängigen AG oder KGaA regeln sie ferner lediglich die Fallgruppen der einfachen Abhängigkeit und des einfachen faktischen Konzerns, indem die nachteiligen Eingriffe noch isoliert festgestellt werden können[240]. Kommen die §§ 311 ff. AktG zur Anwendung, so verpflichten sie das beherrschende Unternehmen, alle **Nachteile auszugleichen,** die der abhängigen Gesellschaft durch Veranlassung nachteiliger Rechtsgeschäfte oder Maßnahmen entstehen können. Dadurch soll das abhängige Unternehmen zumindest wirtschaftlich so gestellt werden, als ob es unabhängig wäre. Unterbleibt der Nachteilsausgleich, so macht sich das herrschende Unternehmen schadensersatzpflichtig, § 317 Abs. 1 AktG. Die Einhaltung dieser Regelungen wird dadurch verstärkt, daß der Vorstand in einem Abhängigkeitsbericht über nachteilige Einwirkungen und ihren Ausgleich zu berichten hat und dieser Bericht durch den Abschlußprüfer zu prüfen ist[241]. Die Nichterfüllung der Pflicht zum Nachteilsausgleich sowie die Nichtbeachtung der Berichtspflichten der abhängigen Gesellschaft sind durch persönliche Haftung der Organmitglieder zusätzlich sanktioniert; §§ 317, 318 AktG. Eine über §§ 311 ff. AktG hinausgehende Verlustübernahmepflicht entsprechend § 302 AktG kann – auch für die kleine AG – nicht verlangt werden[242].

---

234 Vgl. zB *Thomas*, Rücklagenbildung im Konzern, ZGR 1985 S. 365 ff.; *Goerdeler*, Rücklagenbildung nach § 58 Abs. 2 AktG 1965 im Konzern, WPg. 1986 S. 226; *Busch*, Rücklagenbildung im Konzern, FS für *Goerdeler*, (Fn. 166) S. 25 ff.

235 Wie hier *ADS*, § 58 AktG Tz. 90.

236 So *Goerdeler*, WPg. 1986 S. 229 (236 f.).

237 *ADS*, § 58 Tz. 89 mwN; *H.-P. Müller* in FS für Quack, Berlin 1991, S. 345 ff.

238 *H. U. Schneider*, Das Recht der Konzernfinanzierung, ZGR 1984 S. 497; zur AG auch *Koppensteiner* in Kölner Kom., 2. Aufl., Vorbem. § 291 Anm. 34.

239 Vgl. *Koppensteiner* in Kölner Kom., 2. Aufl., Vorbem. § 311 Anm. 30, 16; zum Schutz der Minderheitsgesellschafter und Gläubiger der abhängigen Gesellschaft *Sonnenschein* in Das Gesellschaftsrecht der Konzerne im internationalen Vergleich, Baden-Baden 1991, S. 49 ff.

240 *Emmerich/Sonnenschein*, (Fn. 19) S. 328 f., 343 f. Nach *Koppensteiner* in Kölner Kom., 2. Aufl., Vorbem. § 311, Anm. 17 f. und § 311 Rn. 103 ff. sollen die §§ 311 ff. AktG auch im qualifiziert faktischen Konzern zur Anwendung kommen.

241 Vgl. zum Abhängigkeitsbericht Tz. F 672 ff.

242 Vgl. *Kropff*, Außenseiterschutz in der faktisch abhängigen „kleinen Aktiengesellschaft", ZGR 1988 S. 559 (581 f.).

233 Vergleichbare Regelungen gelten für **abhängige GmbH** nicht. Die Rechtsprechung hat daher sukzessive einen Schutzkreis um abhängige Gesellschaften gelegt, die zunächst in der gesellschafterlichen Treuepflicht ihren Ausgangspunkt genommen haben[243]. Nach diesen Grundsätzen ist ein herrschendes Unternehmen wie jeder andere Gesellschafter auch verpflichtet, die abhängige GmbH nicht zu schädigen[244]; ein Verstoß hiergegen verpflichtet zu Schadenersatz. Der Schadenersatzanspruch kann von der Gesellschaft, aber auch jedem Gesellschafter geltend gemacht werden[245].

234 Ist die abhängige Gesellschaft jedoch in einen qualifiziert faktischen Konzern eingebunden, führen das Schutzsystem der §§ 311 ff. AktG und das zu Schadenersatz führende Schädigungsverbot nicht zu brauchbaren Ergebnissen. Gleichwohl sollen die vorstehenden Bestimmungen auch hier Anwendung finden[246], ergänzt jedoch um Schutzregeln, die der intensiveren Einflußnahme Rechnung tragen können. Hierbei geht es im wesentlichen um drei Regelungsbereiche:

235 aa) Den Minderheitsgesellschaftern der abhängigen GmbH soll im Falle der qualifiziert faktischen Konzerneinbindung das **Recht zum Austritt** aus der Gesellschaft gegen angemessene Abfindung zustehen[247]. Für die Gesellschaft der GmbH wird dieses Recht aus dem ohnehin bestehenden Recht zum Austritt aus wichtigem Grund abgeleitet. Für Minderheitsaktionäre wird dieses Recht im Hinblick auf § 305 AktG ebenfalls befürwortet[248].

236 bb) Der Mehrheitsgesellschafter ist verpflichtet, **Verluste** der abhängigen Gesellschaft **zu übernehmen,** die während der Zeit der qualifiziert faktischen Konzernierung entstehen. Für die abhängige GmbH wurde dies im Hinblick auf die bestehenden Schutzlücken in der Literatur seit längerem gefordert[249]. Die Rechtsprechung des BGH ist dem zunächst eingeschränkt, durch Anerkennung der Haftung für schuldhaft schädigende Einflüsse später umfassend durch die konzernrechtliche Verlustübernahmepflicht (Zustandshaftung) gefolgt[250]. Für die mehrgliedrige GmbH ist damit durch die Rechtsprechung klargestellt, daß der Verlustausgleich in Analogie zu § 302 AktG zu erfolgen habe. Für die eingliedrige Gesellschaft ist dies offengeblieben; die Autokranentscheidung neigte zur Heranziehung von §§ 303, 322 Abs. 2

243 Vgl. BGHZ 65 S. 15 (18); BGH v. 5. 2. 1979, BB 1979 S. 1735.
244 Vgl. BGHZ v. 16. 9. 1985, 95 S. 330 (340); *Koppensteiner* in *Rowedder,* (Fn. 228) Anh. § 52 Rn. 49; *Emmerich,* Der heutige Stand der Lehre von GmbH-Konzernrecht, AG 1987 S. 1 (4 f.).
245 *Koppensteiner* in *Rowedder,* (Fn. 228) Anh. § 52 Rn. 52.
246 Für GmbH vgl. *Koppensteiner* in *Rowedder,* (Fn. 228) Anh. § 52 Rn. 58; ders. in Kölner Kom., 2. Aufl., Vorb. § 311 Rn. 24 sowie § 311 Rn. 104 zur AG; *Krieger* in MünchHdb., § 69 Rn. 23; *Ebenroth,* Die qualifiziert faktische Konzernierung, AG 1990 S. 188 (191 f.).
247 *Koppensteiner* in *Rowedder,* (Fn. 228) Anh. § 52 Rn. 59; *Emmerich* in *Scholz,* GmbHG-Kom., 7. Aufl., Köln 1988, Anh. § 40 Rn. 208 mwN.
248 *Krieger* in MünchHdb., § 69 Rn. 22 mwN; *Timm,* Grundfragen des qualifiziert faktischen Konzerns im Aktienrecht, NJW 1987 S. 977 (983); aM *Koppensteiner* in Kölner Kom., 2. Auf., Vorbem. § 311 Anm. 25.
249 *Zöllner* in *Baumbach/Hueck,* GmbHG-Kom., 15. Aufl., KonzernR Rn. 29; *Koppensteiner* in *Rowedder,* (Fn. 228) Anh. § 52 Anm. 61a mit zahlreichen Nachweisen; *Emmerich* in *Scholz,* (Fn. 247) Anh. § 40 Rn. 167 f.; *Lutter/Hommelhoff* in GmbHG-Kom., 13. Aufl., Köln 1991, Anh. § 13 Rn. 21 f.
250 BGHZ 95 S. 330 (340), Autokran; BGHZ 107 S. 7 (Tiefbau); hierzu zB *K. Schmidt,* Verlustausgleichspflicht und Konzernleitungshaftung im qualifiziert faktischen GmbH-Konzern, ZIP 1989 S. 545; *Vonnemann,* Die Haftung des herrschenden Unternehmens im qualifiziert faktischen Konzern, DB 1990 S. 2509.

und 3 AktG[251]. Nach wie vor umstritten sind die Voraussetzungen für die Verlustübernahmepflicht. Der BGH hat das in der Autokranentscheidung aufgestellte Erfordernis des Pflichtenverstoßes in dem Tiefbauurteil[252] wieder aufgegeben und stellt allein auf das Kriterium der andauernden und umfassenden Ausübung von Leitungsmacht ab, wodurch eine Zustands- oder Gefährdungshaftung des beherrschenden Unternehmens für Verluste der abhängigen Gesellschaft geschaffen wird. Die Literatur versucht, diese unbestimmten Rechtsbegriffe zu interpretieren und die Verlustübernahmepflicht teilweise an weitere Voraussetzungen zu binden[253]. Für abhängige AG werden dieselben Schlußfolgerungen bis jetzt nur vereinzelt gezogen[254].

cc) Das beherrschende Unternehmen ist weiterhin verpflichtet, bei Beendigung 237 der qualifiziert faktischen Konzernbindung entsprechend § 303 AktG **Sicherheit zu leisten**. Ist die abhängige Gesellschaft jedoch (bereits) vermögenslos, tritt an Stelle der Sicherheitsleistung die **Ausfallhaftung** durch das herrschende Unternehmen[255]. Nach allerdings umstrittener Auffassung soll dies auch für die abhängige AG gelten[256]. Die Ausfallhaftung greift im Falle der mehrgliedrigen, wie der eingliedrigen Gesellschaft gleichermaßen[257]. An die Dauer des qualifizierten Konzernverhältnisses stellt die Rechtsprechung keine hohen Anforderungen. Mit der Entscheidung des OLG Köln[258] soll auch ein nur wenige Monate andauernder Zustand bei einer Einmann-GmbH bereits genügen.

9. Unternehmensverträge

Einen grundlegenden Teil des Rechts der verbundenen Unternehmen bilden die 238 gesetzlichen Bestimmungen über die Unternehmensverträge (§§ 291 bis 308 AktG)[259]. Die Partner eines solchen Vertrages sind verbundene Unternehmen iSd. § 15 AktG[260].

---

251 *Koppensteiner* in *Rowedder*, (Fn. 228) Anh. § 52 Rn. 61 äußert die Vermutung, daß der BGH diese Differenzierung heute nicht vornehmen würde. Gleicher Ansicht *K. Schmidt*, Verlustausgleichspflicht und Konzernleitungshaftung, ZIP 1989 S. 545 (550); *Ziegler*, WM 1989 S. 1041 f.
252 Zu den Entscheidungen vgl. Fn. 250.
253 Vgl. zB *Säcker*, ZHR 151 (1987) S. 59; *Hoffmann-Becking*, ZHR 150 (1986) S. 570; *Gäbelein*, Definition des qualifiziert faktischen Konzerns, AG 1990 S. 185; *Lutter*, Der qualifiziert faktische Konzern, AG 1990 S. 179. Zu Einschränkungen aus der Rechtsprechung vgl. BGHZ 107 S. 7 ff., wonach die Haftung für Verluste dann nicht eintritt, wenn diese auf Umständen beruhen, die mit der Leitungsmacht nichts zu tun haben; *Koppensteiner* in *Rowedder*, (Fn. 228) Anh. § 52 Rn. 61a, b mit umfassender Darstellung des Meinungsstandes.
254 Vgl. *Krieger* in MünchHdb., § 69 Rn. 17 mwN; abl. *Koppensteiner* in Kölner-Kom., 2. Aufl., Vorbem. § 311 Anm. 24; *ADS*, Vorbem. zu §§ 15–18 AktG Tz. 21 ff. Zur Frage der Beschränkung der Verlustausgleichspflicht *Basten*, GmbHR 1990 S. 442.
255 Vgl. *Zöllner* in *Baumbach/Hueck*, GmbHG-Kom., 15. Aufl., KonzernR, München 1988, Rn. 30e; BGHZ 95 S. 330 (347).
256 *Ebenroth*, Die qualifiziert faktische Konzernierung, AG 1990 S. 188 (193); *Krieger* in MünchHdb., § 69 Rn. 21; aM *ADS*. Vorbem. §§ 15–18 AktG Tz. 23.
257 BGHZ 95 S. 330 (347) für die mehrgliedrige Gesellschaft; OLG Köln, v. 2. 5. 1990, GmbHR 1990 S. 456 = ZIP 1990 S. 1075 für die eingliedrige Gesellschaft.
258 OLG Köln, v. 2. 5. 1990, ZIP 1990 S. 1075 (1077 f.).
259 a) Kommentare: *Baumbach/Hueck*, (Fn. 44); *Geßler* in AktG-Kom. §§ 291–308; *Würdinger* in Großkom. §§ 291–308 sowie *Koppensteiner* in Kölner Kom., 2. Aufl., §§ 291–308.
b) Steuerliche Behandlung: § 14 KStG; aus der hierzu erschienenen Literatur *H. P. Müller* in Handbuch der Unternehmensbesteuerung, Düsseldorf 1990, Kapitel R Rn. 35–87.
260 Vgl. Erl. zu § 15, Tz. 2 ff.

239   Im AktG sind fünf Arten von Rechtsbeziehungen zwischen einer AG oder KGaA und einem anderen Unternehmen normiert:

- – Beherrschungsvertrag (§ 291)
- – Gewinnabführungsvertrag (§ 291)
- – Gewinngemeinschaftsvertrag (§ 292)
- – Teilgewinnabführungsvertrag (§ 292)
- – Betriebspacht und Betriebsüberlassungsvertrag (§ 292).

240   Für alle diese Verträge ist typisch, daß sie in die Struktur des Unternehmens der AG eingreifen. Es ändert sich der Zweck der sich verpflichtenden Gesellschaft, während der Gegenstand des anderen Unternehmens unverändert bleibt[261]. Die Aufzählung ist erschöpfend. Vereinbarungen, die sich nicht unter diese Formen einordnen lassen, sind keine Unternehmensverträge iSd. AktG. Das gilt auch hinsichtlich der in diesen Vorschriften vorausgesetzten Rechtsform der sich verpflichtenden Gesellschaft; handelt es sich dabei nicht um eine inländische AG oder KGaA, so finden die Bestimmungen der §§ 291 ff. nicht mittelbar Anwendung, selbst wenn das aus dem Vertrag berechtigte Unternehmen eine AG oder KGaA ist.

241   Mit der gesetzlichen Regelung von Unternehmensverträgen wird für das geltende Aktienrecht[262] entschieden, daß solche Eingriffe in das Gefüge der AG mit dem Gesetz vereinbar sind. Leistungen der Gesellschaft aufgrund eines Beherrschungs- oder Gewinnabführungsvertrages oder eines Betriebspacht- oder Betriebsüberlassungsvertrages gelten nicht als Verstoß gegen die §§ 57, 58 und 60 AktG (§§ 291 Abs. 3, 292 Abs. 3).

242   Nicht geklärt ist die umstrittene rechtssystematische Stellung der Verträge. Der Gesetzgeber hat zwar zwei Gruppen dadurch gebildet, daß er den Beherrschungs- und den GA-Vertrag in § 291 AktG behandelt, während die übrigen Vertragstypen in § 292 AktG zusammengefaßt werden. Der Unterschied ist damit erklärt worden, daß es sich bei den ersteren um Organisationsverträge, bei den anderen dagegen um schuldrechtliche Vereinbarungen handele mit Austausch von Leistung und Gegenleistung[263]. Dabei darf nicht übersehen werden, daß auch bei den Verträgen nach § 291 AktG neben der organisationsrechtlichen Bindung eine schuldrechtliche besteht[264]. Für verpflichtete Gesellschaften, die nicht die Rechtsform einer AG oder KGaA aufweisen, gelten die §§ 291 ff. AktG nicht unmittelbar. Mit dem Beschluß des BGH vom 24. 10. 1988[265] über die Zustimmungspflicht bei Unternehmensverträgen einer abhängigen GmbH erhält die im Schrifttum[266] vertretene Auffassung Auftrieb, die aktienrechtlichen Vorschriften seien auch auf solche Verträge entsprechend anzuwenden, wenn eine Einzelfallkontrolle geklärt hat, ob nicht zB GmbH-spezifische Besonderheiten entgegenstehen.

---

261 *Würdinger* in Großkom. § 291 Anm. 6.
262 Zum AG 1937 und der danach umstr. Rechtsfrage vgl. *Schilling* in *Gadow/Heinichen*, AktG 1937, Großkom., 2. Aufl., Berlin 1961/1965, § 256 Anm. 11, 26.
263 *Kropff*, BB 1965 S. 1281/1287, *O. Müller*, AG 1965 S. 133; *Wilhelmi*, AG 1965 S. 247/250; *Würdinger* in Großkom. § 291 Anm. 6; zur Rechtsnatur des Beherrschungsvertrages BGH v. 14. 12. 1987, WM 1988 S. 258 f.
264 *Geßler* in AktG-Kom. § 291 Anm. 25.
265 BGH v. 24. 10. 1988, WM 1988, 1819.
266 Vgl. *Emmerich* in *Scholz*, GmbHG-Kom. 7. Aufl., Köln 1988, Anh. zu § 40 Rn. 220.

a) Die einzelnen Unternehmensverträge

Das Gesetz umreißt die Voraussetzungen und die Rechtsfolgen der einzelnen 243 Vertragstypen. Für die Ausgestaltung dieser Vereinbarungen gilt der Grundsatz der Vertragsfreiheit.

Die Zuordnung zu den einzelnen **Vertragstypen** richtet sich nach dem Inhalt des 244 Vertrages, wie er sich aus der Gesamtheit der Bestimmungen ergibt. Die Vertragspartner können Regelungen vereinbaren, deren Auswirkungen die Zuordnung des Vertrages zu einem der vom Gesetz normierten Typen zweifelhaft erscheinen läßt. Aus Gründen der Rechtssicherheit muß jedoch eine klare Abgrenzung erfolgen.

Die Art des Vertrages wird nicht vom Vorstand bestimmt, der ihn zum HR anzu- 245 melden hat, sondern muß sich bereits aus dem Zustimmungsbeschluß der HV bzw. dem Vertragstext selbst eindeutig ergeben[267]. Das Registergericht hat zu prüfen, ob der Vertrag den gesetzlichen Erfordernissen der angemeldeten Vertragsart entspricht. Daher kann die im HR eingetragene Art des Vertrages als Kriterium dafür gelten, welchem Vertragstyp der Vertrag angehört[268]. Nach der Art des Vertrages, wie sie dort bezeichnet wurden, können die Rechte und Pflichten der Beteiligten ermittelt werden. Weicht der Inhalt des Vertrages von dem eingetragenen Vertragstyp ab, so ist die Rechtswirksamkeit dieser Vereinbarungen in Frage gestellt[269].

Auch der Abschlußprüfer kann sich grundsätzlich auf die Eintragung im HR 246 verlassen, es sei denn, daß sich ihm ernsthafte Zweifel an der Rechtswirksamkeit des Vertrages oder der Richtigkeit der Eintragung des Vertragstyps aufdrängen.

aa) Beherrschungsvertrag

Durch einen Beherrschungsvertrag unterstellt eine AG oder KGaA die Leitung 247 ihrer Gesellschaft einem anderen Unternehmen (§ 291 AktG). Die Rechtsform dieses Unternehmens ist gleichgültig; dabei kann es sich auch um ein ausländisches Unternehmen handeln[270]. Dieser Vertrag ist in seinen Auswirkungen der Typus von Unternehmensverträgen, der am tiefsten in die Struktur der AG eingreift. Durch Abschluß eines Beherrschungsvertrages entsteht ein Vertragskonzern.

Das beherrschende Unternehmen wird dadurch berechtigt, dem Vorstand der 248 unterworfenen Gesellschaft hinsichtlich der Leitung dieser Gesellschaft **Weisungen** zu erteilen (§ 308 AktG). Es kommt dabei nicht darauf an, in welcher Weise die Unterwerfung unter der Leitungsmacht des anderen Unternehmens formuliert wird. Die beherrschte Gesellschaft wird, wenn sie es nicht schon vorher war, mit Abschluß des Vertrages zum Konzernunternehmen (§ 18 Abs. 1 Satz 2 AktG).

Ein Beherrschungsvertrag liegt nicht vor, wenn sich Unternehmen, die voneinan- 249 der nicht abhängig sind, durch Vertrag unter einheitlicher Leitung stellen, ohne

---

267 Vgl. *Würdinger* in Großkom. § 293 Anm. 4.
268 *Geßler* in AktG-Kom. § 294 Anm. 26.
269 Vgl. zu den Rechtsfolgen *Geßler* in AktG-Kom. § 291 Anm. 32.
270 Allg. Meinung, zB *Koppensteiner* in Kölner Kom., 2. Aufl., Vorbem. § 291 Anm. 83 mit Literaturhinweisen, *Geßler* in AktG-Kom. § 291 Anm. 58.

daß dadurch eines von ihnen von einem anderen vertragschließenden Unternehmen abhängig wird (§ 291 Abs. 2 AktG). Es handelt sich dann um einen Gleichordnungskonzern nach (§ 18 Abs. 2 AktG). Ein solcher Gleichordnungskonzernvertrag ist kein Unternehmensvertrag[271]. Ebenso ist ein Teilbeherrschungsvertrag, der statt der Beherrschung der Gesellschaft die bloße Unterstellung einzelner Betriebe oder einzelner unternehmerischer Funktionen vorsieht, kein Beherrschungsvertrag iSd. Gesetzes[272].

250 Durch die Unterstellung der Leitungsmacht erlangt das herrschende Unternehmen ein Weisungsrecht. Es umfaßt alle Maßnahmen, die nach § 76 Abs. 1 zum Tätigkeitsbereich des Vorstandes gehören. Das herrschende Unternehmen kann sich jedoch über gesetzliche oder satzungsmäßige Beschränkungen der Geschäftsführung nicht hinwegsetzen und nicht völlig die Leitung der Gesellschaft übernehmen.

251 Die Befugnis berührt nicht die Vertretungsmacht des Vorstandes und die Verfügungsmacht über das Vermögen der beherrschten Gesellschaft[273]. Zu beachten sind ferner die gesetzlichen Grenzen des Weisungsrechts, zB hinsichtlich des Bestands des Unternehmensvertrages (§ 299 AktG) oder für Maßnahmen, die sich für die abhängige Gesellschaft existenzbedrohend auswirken können[274].

252 Der Vorstand kann auch nicht angewiesen werden, den Verlustausgleich nicht geltend zu machen (§ 302 AktG), Aktien unter pari auszugeben (§ 9 Abs. 1 AktG) oder Aktionäre von ihren Leistungsverpflichtungen zu befreien[275].

253 Dem Vorstand können jedoch Weisungen erteilt werden, die für die Gesellschaft **nachteilig** sind, wenn sie den Belangen des herrschenden Unternehmens oder der mit ihm und der Gesellschaft konzernverbundenen Unternehmen dienen (§ 308 Abs. 1 AktG). Damit kann die Gesellschaft auch zu Vermögensgeschäften jeder Art zugunsten des Konzerns angewiesen werden. Leistungen aufgrund des Beherrschungsvertrages gelten nicht als Verstoß gegen §§ 57, 58, 60 AktG. Das Verbot verdeckter Gewinnausschüttungen gilt also nicht[276].

254 Ob dagegen ohne Gewinnabführungsabrede die Abführung des erzielten Gewinns gefordert werden kann, ist strittig[277]. Weisungen, die den Fortbestand der Gesellschaft vor oder nach Beendigung des Vertrages ernsthaft in Frage stellen, sind nicht zulässig[278].

255 Unzulässig sind auch **Weisungen** zu **rechtswidrigem Verhalten**, zB Weisungen, deren Befolgung gegen Vorschriften verstößt, welche im öffentlichen Interesse erlassen sind oder den Belangen der Gläubiger dienen[279]. Sieht der Beherrschungsvertrag eine über das Zulässige hinausgehende Einflußnahme auf das

---

271 *Koppensteiner* in Kölner Kom. § 291, 2. Aufl., Anm. 78; *Würdinger* in Großkom. § 291 Anm. 4.
272 *Koppensteiner* in Kölner Kom., 2. Aufl., § 291 Anm. 30 ff.; *Würdinger* in Großkom. § 291 Anm. 8; aM *Geßler* in AktG-Kom. § 291 Anm. 51 ff.; *Krieger* in MünchHdb., § 70 Rn. 4.
273 *Würdinger* in Großkom. § 308 Anm. 2.
274 *Baumbach/Hueck*, (Fn. 44) § 308 Anm. 6; *Geßler* in *Geßler/Hefermehl*, AktG-Kom. § 291 Anm. 55; weitergehend *Koppensteiner* in Kölner Kom., 2. Aufl. § 308 Anm. 32.
275 *Geßler* in AktG-Kom. § 308 Anm. 46.
276 *Geßler* in AktG-Kom. § 308 Anm. 47; *Koppensteiner* in Kölner Kom., 2. Aufl. § 291 Anm. 79.
277 Ablehnend *Geßler* in AktG-Kom. § 308 Anm. 48; *Koppensteiner* in Kölner Kom. AktG, 2. Aufl., § 308 Anm. 23; *Würdinger* in Großkom. § 308 Anm. 10.
278 *Geßler* in AktG-Kom. § 308 Anm. 55, abweichend *Koppensteiner* in Kölner Kom., 2. Aufl. § 308 Anm. 32.
279 *Baumbach/Hueck*, (Fn. 44) § 308 Anm. 6; *Koppensteiner* in Kölner Kom., 2. Aufl. § 291 Anm. 19.

beherrschende Unternehmen vor, hat dies nicht die Nichtigkeit des ganzen Vertrages zur Folge, wenn die Bestimmungen auf die zulässige Einflußnahme des herrschenden Unternehmens zurückgeführt werden können[280].

256 Der Vorstand muß die Weisungen des herrschenden Unternehmens befolgen und darf die Befolgung nicht deshalb verweigern, weil eine Weisung nach seiner Ansicht außerhalb des gesetzlich vorgesehenen Umfangs der Leitungsmacht liegt. Wenn sie jedoch offensichtlich nicht den Belangen des Konzerns dient, ist er berechtigt und verpflichtet, die Weisung abzulehnen (§ 308 Abs. 2, § 310 AktG)[281].

257 Soweit Weisungen nicht erteilt werden, bleibt der Vorstand eigenverantwortlicher Leiter der Gesellschaft. Er ist jedoch verpflichtet, die Konzernleitung zu konsultieren, wenn wichtige, aus dem Rahmen des Üblichen herausfallende Fragen zur Entscheidung anstehen[282]. Gegenüber der HV oder dem AR des beherrschten Unternehmens besteht kein Weisungsrecht. Wird jedoch der Vorstand angewiesen, ein zustimmungsbedürftiges Geschäft vorzunehmen, so kann bei Verweigerung der Zustimmung durch den AR die Zustimmung durch eine Wiederholung der Anweisung ersetzt werden (§ 308 Abs. 3 AktG).

258 Die **Verantwortlichkeit** der Verwaltungsmitglieder der beherrschten Gesellschaft aus § 93 AktG wird durch den Beherrschungsvertrag modifiziert. Für die Folgen bindender Weisungen kann der Vorstand nicht zur Verantwortlichkeit gezogen werden. Er haftet vielmehr, wenn er solche Weisungen nicht befolgt. Werden rechtswidrige Weisungen ausgeführt, deren Befolgung er nach § 93 Abs. 1 AktG abzulehnen hat, so haftet er gesamtschuldnerisch mit den Verwaltungsmitgliedern der herrschenden Gesellschaft (§ 310 AktG).

bb) Gewinnabführungsvertrag

259 Beim GAV verpflichtet sich eine AG oder KGaA, ihren ganzen Gewinn an ein anderes Unternehmen abzuführen (§ 291 Abs. 1 AktG). Er ist wesentlicher Bestandteil der körperschaftsteuerlichen Organschaft (§ 14 KStG)[283]. Nicht als GAV sind Vereinbarungen über die Abführung eines Teils des Gesamtgewinns oder des Gewinns eines Betriebes anzusehen; vielmehr liegt dann ein Teil-GAV vor. Der GAV kann, wie es in der Praxis regelmäßig geschieht, gleichzeitig mit einem Beherrschungsvertrag abgeschlossen werden. Regelmäßig genügt er nur dann den Voraussetzungen für eine steuerliche Anerkennung als Ergebnisausschlußvertrag (Organschaftsvertrag, § 14 KStG). Seine zivilrechtliche Existenz ist jedoch davon nicht abhängig. Für sich allein begründet er noch kein vertragliches Konzernverhältnis, sondern es kann lediglich ein sog. faktischer Konzern entstehen; § 18 Abs. 1 Satz 2 AktG gilt für isolierte Gewinnabführungsverträge nicht[284].

260 Als GAV gilt auch ein Vertrag, durch den eine AG oder KGaA es übernimmt, ihr (gesamtes) Unternehmen **für Rechnung** eines anderen Unternehmens zu füh-

---

280 OLG München v. 11. 7. 1979, AG 1980 S. 272.
281 Zu den Grenzen des Weisungsrechts *Immenga*, ZHR 1976 S. 301/303, *Clemm*, ZHR 1977 S. 197, *Geßler* in AktG-Kom. § 308 Anm. 46 ff.; *Emmerich/Sonnenschein*, (Fn. 130) S. 155 ff.
282 *Koppensteiner* in Kölner Kom., 2. Aufl. § 308 Anm. 48; *Geßler* in AktG-Kom. § 308 Anm. 76.
283 Zu den Anforderungen an den GAV aus steuerlicher Sicht bei GmbH vgl. § 17 KStG.
284 Zum isolierten GAV vgl. *Ebenroth*, Konzernrechtliche Beschränkungen der Umstrukturierung des Vertragskonzerns, BB 1989 S. 637 (638).

ren (§ 291 Abs. 1 S. 2 AktG)[285]. Bei einer solchen vertraglichen Vereinbarung verzichtet die Gesellschaft auf die Erzielung eines eigenständigen Ertrages. Ein solcher Geschäftsführungsvertrag unterscheidet sich vom bürgerlich-rechtlichen Geschäftsbesorgungsvertrag dadurch, daß er die Übernahme des periodischen Ergebnisses zum Inhalt hat. Beim Geschäftsbesorgungsvertrag ist dagegen jede Aufwendung zu ersetzen und jeder einzelne in Ausführung der Geschäftsbesorgung erlangte Gegenstand herauszugeben.

261   Kein Geschäftsführungs-, sondern ein **Betriebsführungsvertrag** liegt vor, wenn ein Unternehmen es übernimmt, das Unternehmen oder die Betriebe einer Gesellschaft für deren Rechnung zu betreiben. Besteht ein solcher Vertrag zwischen abhängigen und herrschenden Unternehmen, so kann es sich um einen verdeckten Beherrschungsvertrag handeln[286].

262   Durch den Abschluß eines GAV wird die Gesellschaft nicht in gleicher Weise wie beim Beherrschungsvertrag der Leitungsmacht des herrschenden Unternehmens unterworfen[287]. Das herrschende Unternehmen darf also seinen Einfluß nicht dazu benutzen, die abhängige Gesellschaft zu veranlassen, ein für sie nachteiliges Rechtsgeschäft vorzunehmen oder Maßnahmen zu ihrem Nachteil zu treffen oder zu unterlassen, es sei denn, daß die Nachteile ausgeglichen werden (§ 311 AktG). Die Verantwortlichkeit der Verwaltungsmitglieder richtet sich nach §§ 317, 318 AktG. Das abhängige Unternehmen ist lediglich von der Pflicht zur Erstellung eines Berichts über Beziehungen zu verbundenen Unternehmen befreit (§ 316 AktG). Die Schwierigkeiten bei der Abgrenzung des Einflusses des herrschenden Unternehmens, die sich aus der Nichtanwendung des § 308 AktG ergeben, werden regelmäßig dazu führen, daß der GAV zusammen mit einem Beherrschungsvertrag abgeschlossen wird.

cc) Gewinngemeinschaft

263   Bei der Gewinngemeinschaft verpflichten sich die beteiligten Unternehmen, ihren **gesamten Gewinn** oder den Gewinn **einzelner** ihrer Betriebe ganz oder zT mit dem Gewinn anderer Unternehmen oder einzelner Betriebe anderer Unternehmen zur Aufteilung eines gemeinschaftlichen Gewinns zusammenzulegen (§ 292 Abs. 1 Ziff. 1 AktG). Zwischen den beteiligten Unternehmen entsteht eine BGB-Gesellschaft.

264   Unter den Begriff der Gewinngemeinschaft fallen nicht sog. Gelegenheitsgesellschaften, bei denen nur die Ergebnisse eines einzelnen Geschäfts gepoolt werden. Erforderlich ist vielmehr die Poolung des periodischen Unternehmensertrages der Beteiligten[288]. Dieser Gewinn kann verschieden bestimmt sein, so daß nicht nur der Bilanzgewinn, sondern auch Jahresüberschuß, Rohertrag oder Betriebsergebnis in Frage kommen. Seine Verwendung muß jedoch in der Aufteilung an die Beteiligten bestehen, nicht in der Abführung an einen Partner. Andere Zwecke werden vom Gesetz nicht vorgesehen. Die Aufteilung selbst bleibt der vertraglichen Gestaltung überlassen.

---

285 Gleiches gilt, wenn die Gesellschaft ihr Unternehmen nicht nur für fremde Rechnung, sondern auch im Namen des anderen Vertragspartners führt, vgl. *Koppensteiner* in Kölner Kom., 2. Aufl. § 291 Anm. 58.
286 *Geßler* in AktG-Kom. § 291 Anm. 99.
287 Vgl. *v. Venroy*, DB 1981 S. 675.
288 *Würdinger* in Großkom. § 292 Anm. 1, 2.

Eine Gewinngemeinschaft wird auch vorliegen, wenn bei den beteiligten Gesell-   **265** schaften Aufwendungen und Erträge so manipuliert werden, daß bei jeder Gesellschaft ein dem beabsichtigten Verteilungsschlüssel entsprechender Gewinn entsteht[289]. Dagegen fallen Verträge, die eine Verwendung eines gemeinsamen Gewinns zu einem gemeinsamen Zweck, nicht jedoch zur Aufteilung auf die Partner vorsehen, nicht unter § 292 AktG[290].

Für Gewinngemeinschaftsverträge gelten die §§ 57, 58 und 60 AktG weiterhin.   **266** Verträge mit einem Aktionär können daher bei nicht angemessener Gegenleistung nichtig sein. Gewinngemeinschaftsverträge führen nicht dazu, daß sich die beteiligten Unternehmen der Leitungsmacht eines anderen Vertragspartners unterwerfen. Es kann jedoch durch entsprechende Vereinbarungen ein Gleichordnungskonzern entstehen.

dd) Teilgewinnabführungsvertrag

Verpflichtet sich eine AG oder KGaA, einen Teil ihres Gewinns oder den   **267** Gewinn einzelner ihrer Betriebe ganz oder zT an einen anderen abzuführen, so liegt ein Teil-GAV vor (§ 292 Abs. 1 Ziff. 2 AktG). Der andere Vertragspartner braucht kein Unternehmen zu sein. Ein Vertrag über eine Gewinnbeteiligung mit Mitgliedern von Vorstand und AR oder mit einzelnen Arbeitnehmern der Gesellschaft sowie eine Abrede über eine Gewinnbeteiligung im Rahmen von Verträgen des laufenden Geschäftsverkehrs oder Lizenzverträgen ist kein Teil-GAV (§ 292 Abs. 2 AktG). Dagegen liegt bei Gründung eines **stillen Gesellschaftsverhältnisses** ein Teil-GAV vor[291]. Wie beim Gewinngemeinschaftsvertrag sind §§ 57, 58 und 60 AktG nicht ausgeschlossen.

Daher muß der andere Vertragspartner, wenn er nicht Aktionär ist, eine ange-   **268** messene Gegenleistung erbringen. Die Abführung des Gewinns eines oder mehrerer Betriebe kann Umgehung der Vorschriften über den GAV sein, wenn bei Vertragsabschluß feststeht, daß für absehbare Zeit der ganze Gewinn der Gesellschaft nur in dem Gewinn des Betriebes besteht[292].

ee) Betriebspacht- und Betriebsüberlassungsvertrag

Ein Betriebspacht- oder Betriebsüberlassungsvertrag[293] ist eine Vereinbarung   **269** durch die eine AG oder KGaA den gesamten Betrieb ihres Unternehmens einem anderen verpachtet oder sonst überläßt (§ 292 Abs. 1 Ziff. 3 AktG). Bezieht sich der Vertrag nur auf einzelne Betriebe, so fällt er nicht unter § 292 AktG.

Beim **Betriebspachtvertrag** führt der Pächter den Betrieb der Verpächterin im   **270** eigenen Namen und für eigene Rechnung weiter. Beim Betriebsüberlassungsvertrag handelt der Pächter zwar für eigene Rechnung, jedoch im Namen des Verpächters. Durch Abschluß eines Betriebspacht- oder Betriebsüberlassungsvertrages ändert sich die Tätigkeit der Gesellschaft im Wirtschaftsleben. Sie hängt weitgehend von der Art und der Verwendung der erlangten Gegenleistung ab. Die Gesellschaft ist nicht in der Lage, der Pachtgesellschaft Weisungen zu ertei-

---

289 *Havermann*, WPg. 1966 S. 90/92; *Koppensteiner* in Kölner Kom., 2. Aufl. Anm. 9.
290 *Baumbach/Hueck*. (Fn. 44) § 292 Anm. 5; *Geßler* in AktG-Kom. § 292 Anm. 16.
291 HM, vgl. *Koppensteiner* in Kölner Kom., 2. Aufl. § 292 Anm. 53 f.; *Zutt* in *Staub*, (Fn. 123) § 230 Anm. 58; *Würdinger*, (Fn. 134) S. 272.
292 *Geßler* in AktG-Kom. § 292 Anm. 34.
293 Zur Abgrenzung vom Beherrschungsvertrag vgl. *Geßler* in AktG-Kom. § 292 Anm. 99 ff.

len, soweit hierüber nicht im Vertrag besondere Vereinbarungen getroffen werden. Ist die verpachtende Gesellschaft jedoch von der Pächterin abhängig, so gelten die besonderen Sicherungen der §§ 311 ff. Anders als beim Gewinngemeinschafts- und beim Teil-GAV führt beim Betriebsüberlassungsvertrag ein Verstoß gegen §§ 57, 58 und 60 AktG nicht zur Nichtigkeit des Vertrages oder des zustimmenden HVBeschlusses. Eine Anfechtung des Beschlusses aus diesem Grund ist jedoch möglich.

271 Strittig ist, ob auch **Betriebsführungsverträge** als Unternehmensverträge anzusehen sind, bei denen ein Unternehmen ein anderes mit der Führung seines Unternehmens für seine Rechnung beauftragt, ohne es ihm zu verpachten oder sonst zu überlassen[294]. Verträge dieser Art gehören nicht zu den in § 291 f. AktG normierten Verträgen, doch kann bei Bindung einer Gesellschaft durch einen Betriebsführungsvertrag eine vergleichbare Gefahrenlage gegeben sein. Im Schrifttum ist daher die Auffassung, daß es sich hierbei um Unternehmensverträge handelt, im Vordringen, wenn die beteiligten Unternehmen konzernverbunden sind[295].

b) Abschluß, Änderung und Beendigung von Unternehmensverträgen

272 Die nachfolgenden Absätze betreffen zunächst die im AktG geregelte Rechtslage. Zu den Erfordernissen bei Abschluß, Änderung oder Beendigung von Unternehmensverträgen mit einer abhängigen GmbH (vgl. Tz. 307 ff.).

aa) Abschluß

273 Unternehmensverträge aller Typen werden von dem zur Vertretung der AG berechtigten **Vorstand** abgeschlossen. Dabei ist die Schriftform zu wahren (§ 293 Abs. 3 AktG). Mündliche Nebenabreden sind nichtig. Wirksam werden die Verträge nur mit Zustimmung der HV der betroffenen Gesellschaft, die vor oder nach dem Vertragsabschluß erteilt werden kann (§ 293 AktG). Bei der KGaA ist auch die Zustimmung des persönlich haftenden Gesellschafters erforderlich. Ist bei einem Beherrschungs- oder GAV der andere Vertragsteil eine AG oder KGaA, so muß auch die HV dieser Gesellschaft zustimmen[296]. Der HVBeschluß bedarf einer Mehrheit, die mindestens ¾ des bei der Beschlußfassung vertretenen Grundkapitals umfaßt. Die Satzung kann eine größere Kapitalmehrheit und weitere Erfordernisse bestimmen. Eine Erleichterung der gesetzlichen Vorschriften durch die Satzung ist nicht möglich. Besondere Bestimmungen des Gesetzes und der Satzung über Satzungsänderungen sind aufgrund der ausdrücklichen gesetzlichen Regelungen nicht anzuwenden (§ 293 Abs. 1 AktG).

274 Der **andere Vertragsteil** des Unternehmensvertrages kann, wenn er Aktionär ist, bei der Beschlußfassung der betroffenen Gesellschaft mitstimmen und ihn bei Vorliegen der erforderlichen Kapitalmehrheit entscheidend beeinflussen.

275 Die anderen Aktionäre haben beim Beherrschungs- und beim GAV nicht das Recht einer **Anfechtung** wegen Verfolgung von Sondervorteilen (§ 243 Abs. 2

---

294 Hierzu im einzelnen *Geßler* in AktG-Kom. § 292 Anm. 75 ff.
295 Vgl. *Koppensteiner* in Kölner Kom., 2. Aufl. § 291 Anm. 23 ff.; *Huber*, ZHR 152 (1988) S. 1 ff., S. 123 ff.; *Krieger* in MünchHdb., § 72 Rn. 42 ff.
296 Zur Anwendung des § 293 Abs. 2 bei ausländischer Obergesellschaft vgl. Erl. zu § 15; *Koppensteiner* in Kölner Kom., 2. Aufl., § 293 Anm. 38; *Geßler* in AktG-Kom. § 293 Anm. 65; *Würdinger* in Großkom. § 293 Anm. 14.

AktG). Die den außenstehenden Aktionären zustehenden besonderen gesetzlichen Sicherungen rechtfertigen einen solchen Ausschluß (§§ 304 Abs. 3 Satz 2, 305 Abs. 5 AktG). Bei den anderen Unternehmensverträgen, die solche Sicherungen nicht gewähren, ist das Anfechtungsrecht gegeben.

Um den Aktionären die Möglichkeit der rechtzeitigen Unterrichtung zu geben, **276** muß der Vertrag von der Einberufung der HV an in dem Geschäftsraum der Gesellschaft zur Einsicht der Aktionäre ausliegen. Auf Verlangen ist jedem Aktionär unverzüglich eine Abschrift zu erteilen. Zu Beginn der Verhandlung in der HV, in der der Vertrag ebenfalls ausliegen muß, hat der Vorstand den Vertrag zu erläutern. Dabei ist jedem Aktionär auf Verlangen bei Abschluß eines Beherrschungs- oder eines GAV auch über alle Angelegenheiten des anderen Unternehmens Auskunft zu geben, die für den Vertragsabschluß wesentlich sind (§ 293 Abs. 4 AktG). Bei den übrigen Unternehmensverträgen kann eine so weitgehende Auskunft über den anderen Vertragsteil nicht verlangt werden. Der Umfang des Auskunftsrechts der Aktionäre und das Recht des Vorstands zur Verweigerung der Auskunft bestimmen sich nach § 131 AktG [297].

Das Bestehen und die Art des Unternehmensvertrages sowie der Name des **277** anderen Vertragsteils sind zur **Eintragung** in das **HR** anzumelden (§ 294 AktG). Es ist möglich, daß ein Vertrag die Voraussetzungen für mehrere der Vertragstypen erfüllt, zB bei gleichzeitigem Abschluß von Beherrschungs- und GAV. Dann müssen beide Arten des Vertrages genannt werden. Bei Teil-GAV muß außerdem die Vereinbarung über die Höhe des abzuführenden Gewinns angegeben werden (§ 294 Abs. 1 AktG). Der Vertrag wird erst wirksam, wenn sein Bestehen in das HR des Sitzes der Gesellschaft eingetragen ist [298]. Dadurch ist nicht ausgeschlossen, daß ein rechtswirksam gewordener Vertrag sich **rückwirkende Kraft** beilegt. Inwieweit das möglich ist, entscheidet sich nach allgemeinen Rechtsgrundsätzen [299]. Danach wird ein **Beherrschungsvertrag nicht** auf einen vor Eintragung im Handelsregister liegenden Zeitpunkt zurückbezogen werden können, weil eine vertragliche Unterstellung der Leitungsmacht die Wirksamkeit des Vertrages voraussetzt [300]; die zuvor ausgeübte Beherrschung ist nach §§ 311 ff. zu messen. Die Rückbeziehung auf den Zeitpunkt des Vertragsabschlusses sowie jeden späteren Zeitpunkt erscheint jedoch möglich. Dagegen ist eine Rückbeziehung von **GAV** unbeschränkt **zulässig,** soweit nicht bereits ein festgestellter Jahresabschluß vorliegt; praktisch wird jedoch die Rückbeziehung nur auf den Beginn des bei Wirksamwerden des Vertrages laufenden Wirtschaftsjahres in Betracht kommen, weil eine weitere Rückbeziehung steuerlich nicht anerkannt wird (§ 14 KStG; vgl. jedoch den Entwurf des StÄndG zu § 14 Nr. 4 S. 1 KStG). Bei Betriebspacht oder Betriebsüberlassungsverträgen kann eine Rückbeziehung auf den Zeitpunkt einer vor Vertragsabschluß erfolgten Übergabe vereinbart werden [301].

Der Inhalt der Eintragung, nicht der Vertrag selbst, wird in den Blättern des HR **278** bekanntgemacht (§ 10 HGB). Da der Vertrag der Anmeldung beizufügen ist,

---

297 Vgl. *Koppensteiner* in Kölner Kom., 2. Aufl. § 293 Anm. 24 ff.
298 Zum Zeitpunkt der steuerlichen Wirksamkeit eines GAV, *Bacher/Braun*, BB 1978, S. 1177; Niedersächs. FG v. 1. 12. 1983, DB 1984, S. 1858.
299 Begr. zu § 294, *Kropff*, Aktiengesetz, Textausgabe S. 383; *Würdinger* in Großkom. § 294 Anm. 5.
300 HM: vgl. *Koppensteiner* in Kölner Kom., 2. Aufl. § 294 Rn. 12 ff., 17; *Geßler* in AktG-Kom. § 294 Anm. 16; OLG Hamburg v. 6. 10. 1989, WM S. 1767 mit Bespr. von *Emmerich* in WuB II A. § 294 AktG 1.90.
301 *Geßler* in AktG-Kom. § 294 Anm. 32.

kann er gem. § 9 HGB beim HR eingesehen werden. Die Rechtsnatur des Vertrages ergibt sich aus dem Inhalt der Eintragung. Damit ist seine Unterordnung unter die einzelnen Vertragstypen fixiert[302].

279   Nachdem der Unternehmensvertrag in Kraft getreten ist, soll die verpflichtete Gesellschaft nicht in ihren Entschließungen über den Fortbestand des Vertrages beeinträchtigt werden. Es kann daher aufgrund eines Unternehmensvertrages der Gesellschaft nicht die Weisung erteilt werden, den Vertrag zu ändern, aufrechtzuerhalten oder zu beendigen (§ 299 AktG).

bb) Änderung

280   Eine Änderung des Unternehmensvertrages ist nur mit **Zustimmung der HV** möglich (§ 295 AktG). Soweit Bestimmungen des Vertrages, die zur Leistung eines Ausgleichs an die außenstehenden Aktionäre der Gesellschaft oder zum Erwerb ihrer Aktien verpflichten, geändert werden, bedarf es außerdem eines Sonderbeschlusses der außenstehenden Aktionäre. Dies gilt nicht für die ordentliche Kündigung eines Unternehmensvertrages durch das herrschende Unternehmen und den Neuabschluß zu geänderten Bedingungen[303]. Die Änderung tritt mit der Eintragung im HR in Kraft.

281   Der Zwang zur formellen Änderung trifft sowohl wesentliche wie unwesentliche Korrekturen eines Unternehmensvertrages[304]. Verlängerung der Vertragsdauer bedeutet Abschluß eines neuen Vertrages, so daß §§ 293, 294 AktG eingreifen[305]. Wird vom Vertrag ohne Einhaltung der gesetzlichen Vorschriften abgewichen, so können uU Schadensersatzansprüche nach § 93 AktG sowie Rückzahlungsansprüche im Rahmen des § 62 AktG entstehen. Über etwaige Nachteile für die Gesellschaft ist im Abhängigkeitsbericht zu berichten[306].

cc) Beendigung[307]

282   Da für die Gestaltung von Unternehmensverträgen weitgehende **Vertragsfreiheit** besteht, kann auch die Beendigung des Vertrages geregelt werden. So kann der Vertrag von vornherein für eine bestimmte Zeit abgeschlossen werden. Nach Ablauf der Zeit bedarf es keiner weiteren Erklärungen, sondern die Beendigung tritt automatisch ein. Ebenso können Kündigungsmöglichkeiten vorgesehen sein, wie auch Verlängerungsklauseln vereinbart werden[308]. Ein vertragliches Rücktrittsrecht ist nicht zulässig bei Unternehmensverträgen, die zur Leistung eines Ausgleichs an außenstehende Aktionäre verpflichten[309], sonst nur mit Wirkung auf das Ende des bestimmten Abrechnungszeitraums. Für bestimmte Fälle der Beendigung enthält das Gesetz zwingende Vorschriften.

283   Hat die Gesellschaft im Zeitpunkt der Beschlußfassung ihrer HV über einen Beherrschungs- oder GAV keinen außenstehenden Aktionär, so endet der Ver-

---

302 *Baumbach/Hueck.* (Fn. 44) § 294 Anm. 8; *Koppensteiner* in Kölner Kom., 2. Aufl. § 294 Anm. 26.
303 BGH v. 7. 5. 1979, *Kropff*, BB S. 1059, DB S. 1596.
304 Begr. zu § 295, *Kropff*, Textausgabe S. 384; *Würdinger* in Großkom. § 295 Anm. 1.
305 *Geßler* in AktG-Kom. § 295 Anm. 9.
306 Zu den Rechtsfolgen konzerninterner Umstrukturierungen auf Unternehmensverträge vgl. *Säcker*, Die Rechte der Aktionäre bei konzerninternen Umstrukturierungen, DB 1988 S. 271.
307 *Gerth*, Die Beendigung des Gewinnabführungs- und Beherrschungsvertrages, BB 1978 S. 1497.
308 Zur Problematik der Verlängerungsklauseln *Geßler* in AktG-Kom. § 297 Anm. 15.
309 *Koppensteiner* in Kölner Kom., 2. Aufl. § 297 Anm. 15; *Geßler* in AktG-Kom. § 297 Anm. 43; *Würdinger* in Großkom. § 297 Anm. 5.

trag spätestens zum Ende des Geschäftsjahres, in dem ein außenstehender Aktionär beteiligt ist (§ 307 AktG). Diese Vorschrift berücksichtigt, daß ein Beherrschungs- oder ein GAV dann keinen Ausgleich nach § 304 vorzusehen braucht, wenn die Gesellschaft im Zeitpunkt der Beschlußfassung keinen außenstehenden Aktionär hat. Daher erschien zur Sicherung der Rechte neueintretender Gesellschafter die Beendigung des Vertrages notwendig.

Mit **Auflösung** eines der Vertragsteile enden die Unternehmensverträge mit Ausnahme von Betriebsüberlassungs- und Betriebspachtverträgen[310].   284

Eine **Aufhebung** des Unternehmensvertrages (§ 296 AktG), die der schriftlichen   285
Form bedarf, kann nur zum Ende des Geschäftsjahres oder des sonst vertraglich bestimmten Abrechnungszeitraumes erfolgen. Eine rückwirkende Aufhebung ist unzulässig. Der Aufhebungsvertrag bedarf zu seiner Wirksamkeit weder der Zustimmung der HV noch der Eintragung in das HR. Soweit der Vertrag Verpflichtungen gegenüber außenstehenden Aktionären nach §§ 304, 305 enthält, ist wiederum ein Sonderbeschluß notwendig.

Für die **ordentliche Kündigung** trifft das Gesetz keine Regelung, insbesondere   286
nicht, ob die Kündigung nur zum Ende des Geschäftsjahres oder des vertraglich bestimmten Abrechnungszeitraumes möglich sein soll. Man wird hier jedoch die für den Fall der Aufhebung getroffene Regelung entsprechend anwenden müssen[311]. Im Interesse der Sicherung der außenstehenden Aktionäre kann bei Zusage von Ausgleichsleistungen der Vorstand ohne wichtigen Grund nur kündigen, wenn die außenstehenden Aktionäre zustimmen (§ 297 AktG). Bei einer Kündigung durch die Obergesellschaft bedarf es einer solchen Zustimmung nicht. Sie wird daher zum Schutz der außenstehenden Aktionäre nur bei einer vertraglichen Regelung der ordentlichen Kündigung zulässig sein[312].

Eine **fristlose Kündigung** ist aus wichtigem Grund möglich (§ 297 AktG). Sie   287
kann vertraglich weder ausgeschlossen noch beschränkt werden[313]. Ein wichtiger Grund wird namentlich darin gesehen, daß der andere Vertragsteil voraussichtlich nicht in der Lage sein wird, seine vertraglichen Verpflichtungen zu erfüllen. Die Kündigung ist von den Vertretungsberechtigten des betreffenden Vertragsteils auszusprechen. Sie bedarf der Schriftform. Ein Beschluß der HV ist in diesem Fall nicht notwendig. Die außenstehenden Aktionäre können eine Kündigung durch die beherrschte Gesellschaft nicht verhindern. Nach Auffassung des LG Frankenthal berechtigt der Verkauf der Anteile an dem beherrschten Unternehmen idR nicht zur Kündigung eines Unternehmensvertrages aus wichtigem Grund[314].

---

310 Vgl. BGH v. 14. 12. 1987, WPg. 1988 S. 258 (269); *Geßler* in AktG-Kom. § 297 Anm. 46, 47, bei GAV und Beherrschungsvertrag ebenso *Würdinger* in Großkom. § 297 Anm. 7; *Koppensteiner* in Kölner Kom., 2. Aufl. § 297 Anm. 19 mit verschiedenen Fallgruppen; *Krieger* in MünchHdb., § 70 Rn. 129.
311 *Godin/Wilhelmi*, (Fn. 44) § 297 Anm. 1; *Würdinger* in Großkom. § 297 Anm. 2; *Koppensteiner* in Kölner Kom., 2. Aufl. § 297 Anm. 19 mit verschiedenen Fallgruppen; *Geßler* in AktG-Kom. § 297 Anm. 17.
312 *Koppensteiner* in Kölner Kom., 2. Aufl. § 297 Anm. 3; *Geßler* in AktG-Kom. § 297 Anm. 11; *Würdinger* in Großkom. § 297 Anm. 2.
313 *Geßler* in AktG-Kom. § 297 Anm. 27; *Würdinger* in Großkom. § 297 Anm. 3.
314 Urt. v. 4. 8. 1988, ZIP S. 1460; dazu auch *Ebenroth*, Konzernrechtliche Beschränkungen von Beherrschungs- und Gewinnabführungsverträgen bei der Veräußerung der abhängigen GmbH, DB 1990 S. 2105.

288 Die Beendigung eines Unternehmensvertrages sowie Grund und Zeitpunkt der Beendigung hat der Vorstand unverzüglich zur **Eintragung in das HR** anzumelden (§ 298 AktG). Die Eintragung hat keine konstitutive Wirkung. Ihre Bek. entscheidet jedoch darüber, wann sich die Gesellschaft über Ansprüche auf Verlustübernahme vergleichen kann (§ 302 Abs. 3 AktG) und welche Gläubiger Sicherheit verlangen können (§ 303 AktG).

289 Wurde ein Beherrschungs- oder GAV durchgeführt, obwohl er nichtig war, so ist dieser Vertrag nach den Grundsätzen über die fehlerhafte Gesellschaft solange als wirksam zu behandeln, bis sich ein Vertragspartner auf die Nichtigkeit beruft und die Beherrschung ein Ende findet. Bis zu diesem Zeitpunkt ist das herrschende Unternehmen zum Ausgleich der Verluste des beherrschten Unternehmens verpflichtet. Diese Verpflichtungen bestehen, wenn der Unternehmensvertrag vor Ablauf eines Geschäftsjahres endet, bis zum Beendigungsstichtag[315].

c) Sicherung der Gesellschaft und der Gläubiger

290 Beim GAV kann durch die Bestimmung des abzuführenden Gewinns und beim Beherrschungsvertrag durch zu weitgehende Weisungen eine Beeinträchtigung des Vermögens der abhängigen Gesellschaft eintreten. Daher müssen Gesellschaft und Gläubiger gegen eine solche Vermögensbeeinträchtigung geschützt werden. Das Gesetz hat hierzu verschiedene Grundsätze aufgestellt, die allerdings nur der Erhaltung des bilanziellen Vermögens dienen:

291 (1) Neben dem Grundkapital haben die Kapitalrücklage und die gesetzliche Rücklage eine Garantiefunktion. Daher sieht das Gesetz vor, daß die gesetzliche Rücklage, auf die die Kapitalrücklage angerechnet wird, ausreichend und in möglichst kurzer Zeit gebildet wird (§ 150 AktG). Bei Bestehen eines Beherrschungs-, Gewinnabführungs- oder Teilgewinnabführungsvertrages treten an Stelle der allgemeinen Regelung strengere Vorschriften (§ 300 AktG), nach der innerhalb der ersten fünf Geschäftsjahre, während der der Unternehmensvertrag besteht, die gesetzliche Rücklage aufzufüllen ist.

292 Ausgangsgröße für die **Berechnung** ist der um einen Verlustvortrag aus dem Vorjahr geminderte Jahresüberschuß, wie er ohne die Gewinnabführung entstehen würde.

293 Das Gesetz geht also von einem fiktiven Jahresüberschuß aus, der die Gewinnabführung negiert und die abzuführenden Gewinnanteile einbezieht[316]. Er ist bei Bestehen einer Gewinn- oder Teilgewinnabführungsvereinbarung aus der GuV zu ersehen, § 277 Abs. 3 Satz 2 HGB[317]. Beim reinen Beherrschungvertrag besteht diese Möglichkeit nicht. Das gleiche gilt, wenn aufgrund gewinnverlagernder Maßnahmen der Gewinn nicht bei der abhängigen Gesellschaft entsteht. Es bleibt offen, wie in diesen Fällen der Jahresüberschuß ermittelt werden soll.

294 Aufzufüllen ist nur aus einem ohne die Gewinnabführung entstehenden Jahresüberschuß. Ergibt sich auch ohne diese kein Jahresüberschuß, so entfällt eine Zuweisung zur gesetzlichen Rücklage.

---

315 Vgl. BGH Urt. v. 14. 12. 1987, NJW 1988 S. 1326.
316 Beispiel bei *Havermann*, WPg. 1966 S. 90/95.
317 Zum Ausweis vgl. F Tz. 261 ff. u. 329 ff.; ferner *ADS*, § 277 HGB Tz. 64 f.

Von der in § 300 AktG genannten Bemessungsgrundlage (fiktiver Jahresüber- **295** schuß abzüglich Verlustvortrag) sind bei den einzelnen Vertragsarten folgende Zuweisungen zur gesetzlichen Rücklage vorzunehmen:

a) Beim **Teil-GAV** sind 5 vH der Bemessungsgrundlage einzustellen, bis die Rücklage den zehnten oder den in der Satzung bestimmten höheren Teil des Grundkapitals erreicht (§ 300 Nr 2, § 150 Abs. 2 AktG). Es besteht keine Auffüllungsfrist.

b) Beim **GAV** ist der Betrag der Bemessungsgrundlage einzustellen, der erforderlich ist, um die gesetzliche Rücklage unter Hinzurechnung der Kapitalrücklage innerhalb der ersten fünf Geschäftsjahre, die während des Bestehens des Vertrages oder nach Durchführung einer Kapitalerhöhung beginnen, gleichmäßig auf den zehnten oder den in der Satzung bestimmten höheren Teil des Grundkapitals aufzufüllen. Entsteht kein fiktiver Jahresüberschuß oder reicht der vorhandene nicht zur gleichmäßigen Auffüllung innerhalb der Fünf-Jahresfrist aus, so muß in den folgenden Jahren die Zuweisung entsprechend erhöht werden. In dem Falle muß mindestens der sich aus § 300 Nr. 2 AktG ergebende Betrag eingestellt werden; § 300 Nr. 1 AktG[318].

Erfolgt eine Kapitalerhöhung während des Laufes der ersten 5 Geschäftsjahre, so ist vom nächsten Geschäftsjahr an das erhöhte Grundkapital maßgebend und die Rücklage auf den neuen Betrag innerhalb von 5 Jahren nach Kapitalerhöhung aufzufüllen[319].

c) Beim Bestehen eines Beherrschungsvertrages ohne Gewinnabführung ist die Rücklage in gleicher Weise wie beim GAV (Ziff. b) aufzufüllen, mindestens ist die normale Zuführung (§ 150 Abs. 2 AktG) vorzunehmen[320]. Hat die Gesellschaft ihren Gewinn zum Teil abzuführen, so ist der beim Teil-GAV (vgl. a) bestimmte Betrag einzustellen, § 300 Nr. 3 AktG.

(2) Beim GAV oder Teil-GAV bleibt es grundsätzlich der vertraglichen Verein- **296** barung überlassen, was unter dem abzuführenden Gewinn zu verstehen ist. Das Gesetz muß daher Grenzen setzen, damit durch derartige Vereinbarungen das Grundkapital nicht gefährdet werden kann. Deshalb regelt es den **Höchstbetrag** der Gewinnabführung, der ohne Rücksicht auf die vertragliche Vereinbarung gilt.

Nach § 301 AktG kann eine Gesellschaft als ihren Gewinn höchstens den Jah- **297** resüberschuß abführen, der ohne die Gewinnabführung besteht. Er ist zu mindern um einen Verlustvortrag aus dem Vorjahr und um den Betrag, der nach § 300 AktG in die gesetzliche Rücklage einzustellen ist[321]. Vorhandene Rücklagen können nur dann aufgelöst und als Gewinn abgeführt werden, wenn sie während der Dauer des Vertrages gebildet worden sind. Es ist daher nicht möglich, vorvertragliche Rücklagen im Wege der Gewinnabführung auf das beherrschende Unternehmen zu übertragen[322].

---

318 *Koppensteiner* in Kölner Kom., 2. Aufl. § 300 Anm. 6.
319 *Koppensteiner* in Kölner Kom., 2. Aufl. § 300 Anm. 10; *Geßler* in *Geßler/Hefermehl*, AktG-Kom. § 300 Anm. 16.
320 Auf das Vorliegen eines Jahresüberschusses wird verzichtet: *Geßler* in AktG-Kom. § 300 Anm. 22; ihm folgend *ADS*, § 300 AktG Tz. 53 f.; aA *Koppensteiner* in Kölner Kom., 2. Aufl., § 300 Anm. 19, der das Vorliegen eines Jahresüberschusses voraussetzt.
321 *Geßler* in *Geßler/Hefermehl*, AktG-Kom. § 301 Anm. 7.
322 *Würdinger* in Großkom. § 301 Anm. 9; *Koppensteiner* in Kölner Kom., 2. Aufl. § 301 Anm. 17. Zu den Möglichkeiten der Verwendung vorvertraglicher Rücklagen vgl. *Krieger* in MünchHdb., § 71 Rn. 19.

298 Eine gleiche Beschränkung für Sonderposten mit Rücklageanteil ergibt sich aus dem Wortlaut des Gesetzes nicht. Ebenso ist eine gesetzliche Sicherung bei Vertragsabschluß vorhandener stiller Reserven nicht vorgesehen. Die bei der Auflösung freiwerdenden Beträge fließen in den abzuführenden Gewinn ein. Die von *Geßler*[323] für solche Fälle empfohlene Verpflichtung des Vorstands, die Gesellschaft von der Abführung erheblicher Gewinne aus der Auflösung stiller Reserven zu schützen, genügt nicht. Der hierin liegenden Gefährdung der zur Gewinnabführung verpflichteten Gesellschaft kann nur durch eine grundlegend geänderte Konzeption der Ergebnisabführung begegnet werden[324]. Dagegen kann ein vorvertraglicher Gewinnvortrag in das abzuführende Ergebnis nicht einbezogen werden. Letzteres wird in § 301 AktG nicht ausdrücklich erwähnt, ergibt sich aber bereits aus dem gesetzlichen Schema der GuV; danach gehört der Gewinnvortrag nicht zum Jahresüberschuß. Wird ein vorvertraglicher Gewinnvortrag später während des Vertrages einer anderen Gewinnrücklage zugeführt, so handelt es sich dabei nicht um eine Rücklage, die während der Dauer des Vertrages gebildet worden ist. Es kann also auch nicht über eine Auflösung einer solchen Rücklage der Gewinnvortrag abgeführt oder zur Deckung eines Jahresfehlbetrages verwendet werden[325].

299 Ein **vorvertraglicher Gewinnvortrag** kann hingegen als Dividende an die Aktionäre aufgrund eines Gewinnausschüttungsbeschlusses verteilt werden; desgleichen können zu diesem Zweck den vorvertraglich gebildeten Gewinnrücklagen Beträge entnommen werden[326]. Dies gilt mit der Einschränkung, daß die Beträge nicht zur Zahlung der garantierten Dividende verwendet werden dürfen, weil insoweit nötigenfalls die Obergesellschaft einzuspringen hat; sie dürfen nur zusätzlich zu der garantierten Dividende ausgeschüttet werden.

300 (3) Eine weitere Sicherung wird dadurch geschaffen, daß bei verschiedenen Unternehmensverträgen das herrschende Unternehmen zum **Ausgleich von Verlusten** der Gesellschaft verpflichtet ist.

301 a) Bei GAV und bei Beherrschungsverträgen muß der andere Vertragsteil jeden während der Vertragsdauer sonst entstehenden Jahresfehlbetrag ausgleichen, soweit dieser nicht dadurch ausgeglichen wird, daß den anderen Gewinnrücklagen Beträge entnommen werden, die während der Vertragsdauer in sie eingestellt worden sind (§ 302 Abs. 1 AktG). Die Verlustübernahme ist gesetzlich an das Bestehen des Unternehmensvertrages geknüpft, und zwar ohne Rücksicht darauf, welche vertraglichen Vereinbarungen getroffen wurden.

Grundsätzlich ist jeder Jahresfehlbetrag auszugleichen, der während der Vertragsdauer entsteht. Die Verlustübernahmepflicht kann nur dann gemindert werden, wenn der Jahresfehlbetrag durch Auflösung anderer Gewinnrücklagen gedeckt werden kann, die während der Vertragsdauer gebildet worden sind. Damit wird eine Fixierung des bei Vertragsabschluß vorhandenen Ver-

---

323 *Geßler* in AktG-Kom. § 301 Anm. 21.
324 Vgl. *Koppensteiner* in Kölner Kom., 2. Aufl. § 301 Rn. 21; *Sonnenschein*, ZGR 1981, 429 (441 f.); OLG Düsseldorf, Beschluß v. 7. 6. 1990, DB S. 1394 bejaht die Zulässigkeit der Abführung von Gewinnen, die aus der Auflösung stiller Reserven resultieren.
325 *Koppensteiner* in Kölner Kom., 2. Aufl. § 301 Anm. 18; *Geßler* in AktG-Kom. § 301 Anm. 14.
326 Das Verbot der Abführung vorvertraglicher freier Rücklagen an die Obergesellschaft (§ 301) steht der Ausschüttung des Gewinnvortrags und vorvertraglich gebildeter offener Rücklagen als Gewinn (an alle Aktionäre) nicht entgegen; so bereits *Jurkat* in Die Organschaft im Körperschaftsteuerrecht, Heidelberg 1975, Rn. 537 und *Schmidt* in: Jahrbuch der Fachanwälte für Steuerrecht 1970/71 S. 198. Mittlerweile hM, vgl. *Krieger* in MünchHdb., § 71 Rn. 15.

mögens der abhängigen Gesellschaft erreicht. Es können also weder die gesetzliche Rücklage noch vorvertragliche andere Gewinnrücklagen zur Verlustdeckung herangezogen werden. Auch vorvertragliche (satzungsmäßige) zweckgebundene Rücklagen können nicht an Stelle des Verlustausgleichs zur Tilgung von Jahresfehlbeträgen herangezogen werden, auch wenn der Wortlaut des § 302 Abs. 1 AktG nur die anderen Gewinnrücklagen auszuschließen scheint[327]. Dagegen braucht ein vorvertraglicher Verlustvortrag nicht ausgeglichen zu werden. Er vermindert jedoch in Gewinnjahren den abzuführenden Gewinn (§ 301 AktG).

Eine **vereinfachte Kapitalherabsetzung** mit Rückwirkung der Herabsetzung (§§ 229, 234 AktG) kann die Ausgleichspflicht nicht berühren. Die Rückwirkung beseitigt nur den Ausweis des Bilanzverlustes, nicht aber den ausgleichspflichtigen Jahresfehlbetrag. **302**

Nicht im Gesetz erwähnt werden **Gewinnvorträge**, die bei Vertragsabschluß bestanden. Man wird sie jedoch, ebenso wie im Rahmen des § 301, den vorvertraglichen anderen Gewinnrücklagen gleichsetzen müssen[328]. Die Verpflichtung zur Verlustübernahme besteht während der Vertragsdauer. Daher ist ein Jahresfehlbetrag auch dann zu übernehmen, wenn der Beherrschungs- oder GAV im Laufe des Geschäftsjahres abgeschlossen wurde. Die Verpflichtung endet mit der Beendigung des Vertrages, die sich regelmäßig mit dem Ende des Geschäftsjahres deckt. Bei einer fristlosen Kündigung aus wichtigem Grund wird der Vertragspartner den anteiligen Fehlbetrag des Geschäftsjahres, in das die Beendigung des Vertrages fällt, auszugleichen haben. Auf den Tag der Beendigung des Unternehmensvertrages ist daher ein Zwischenabschluß aufzustellen[329]. Verneint man die Verpflichtung zur Verlustübernahme, so könnte ein herrschendes Unternehmen die Vorteile aus Benachteiligungen des abhängigen Unternehmens während des bis zur Kündigung abgelaufenen Teils des Geschäftsjahres behalten, ohne die dafür vorgesehene Gegenleistung in Form der Übernahme des anteiligen Fehlbetrages zu erbringen. Sofern allerdings lediglich ein GAV bestand, kann die abhängige Gesellschaft ggf. Ansprüche aus § 311 AktG geltend machen. **303**

Mit **Auflösung einer Gesellschaft** endet die Pflicht zur Gewinnabführung bis zum Ende der Abwicklung ebenso wie die Verlustübernahmepflicht des herrschenden Unternehmens[330]. Bei Auflösung der verpflichteten Gesellschaft ist auf den Tag der Auflösung eine Schlußbilanz zu erstellen[331], da in diesem Zeitpunkt ein Rumpfgeschäftsjahr endet[332].

b) Eine Beeinträchtigung der Substanz kann sich auch bei einem **Betriebsüberlassungs-** oder **Betriebspachtvertrag** ergeben, wenn sich Leistung und Gegenleistung nicht gleichwertig gegenüberstehen. Soweit die vereinbarte Gegenleistung das angemessene Entgelt nicht erreicht, muß bei Verpachtung oder **304**

---

327 Vgl. *Krieger* in MünchHdb., § 70 Rn. 33; *Koppensteiner* in Kölner Kom., 2. Aufl. § 302 Anm. 12.
328 *Koppensteiner* in Kölner Kom., 2. Aufl. § 302 Anm. 12.
329 Jetzt hM: BGH v. 14. 12. 1987, NJW 1988 S. 1326 ff.; *K. Schmidt*, ZGR 1983 S. 513 (522 ff.); *Koppensteiner* in Kölner Kom., 2. Aufl. § 302 Anm. 18; *Geßler* in AktG-Kom. § 302 Anm. 14; *Würdinger* in Großkom. § 302 Anm. 2.
330 *Geßler* in AktG-Kom. § 302 Anm. 15; differenzierend *Koppensteiner* in Kölner Kom., 2. Aufl. § 302 Anm. 19; aA *Werner*, AG 1968 S. 181 (185), 1972 S. 137 (142); *Meister*, WM 1976 S. 1182 (1187).
331 *Geßler* in AktG-Kom. § 302 Anm. 15.
332 BFH v. 17. 7. 1974, BStBl. II S. 692.

sonstiger Überlassung des Betriebes der abhängigen Gesellschaft das herrschende Unternehmen jeden während der Vertragsdauer sonst entstehenden Jahresfehlbetrag ausgleichen (§ 302 AktG). Diese Vorschrift greift nur ein, wenn ein Jahresfehlbetrag entsteht und soweit das Entgelt nicht angemessen ist. Der Jahresfehlbetrag ist bis zur Höhe des angemessenen Entgeltes auszugleichen. Die Auflösung anderer Gewinnrücklagen, die während der Vertragsdauer gebildet wurden, befreit nicht von der Ausgleichspflicht. Es entsteht keine Verpflichtung, wenn das Entgelt zwar unangemessen ist, jedoch ausreicht, um einen Verlust zu vermeiden. Entsteht ein Jahresfehlbetrag auch bei angemessenem Entgelt, so besteht keine Verlustübernahmepflicht[333].

305   c) Ein **Verzicht** oder **Vergleich** über den Ausgleichsanspruch ist erst drei Jahre nach dem Tage möglich, an dem die Eintragung der Beendigung des Vertrages in das HR als bekanntgemacht gilt. Lediglich wenn die herrschende Gesellschaft zahlungsunfähig ist und sich zur Abwendung oder Beseitigung des Konkursverfahrens mit ihren Gläubigern vergleicht, braucht diese Frist nicht eingehalten zu werden. Verzicht oder Vergleich werden nur wirksam, wenn die außenstehenden Aktionäre durch Sonderbeschluß zustimmen und nicht eine Minderheit von 10 vH des vertretenen Grundkapitals Widerspruch zur Niederschrift erhebt (§ 302 Abs. 3 AktG).

306   d) Für den Fall der **Beendigung** des Beherrschungs- oder GAV wird den Gläubigern ein besonderer Schutz gewährt. Sie können, wenn ihre Forderungen begründet sind, bevor die Eintragung der Beendigung in das HR als bekanntgemacht gilt, **Sicherheit** fordern. Voraussetzung ist, daß sie sich binnen sechs Monaten zu diesem Zweck bei der herrschenden Gesellschaft melden. Statt Sicherheitsleistung kann sich die herrschende Gesellschaft auch für die Forderungen verbürgen. Dabei braucht sie nicht auf die Einrede der Vorausklage zu verzichten (§ 303 Abs. 3 AktG). Für die Gesellschaft sieht das Gesetz einen besonderen Schutz bei Vertragsbeendigung nicht vor. Hierfür sind Regelungen im Unternehmensvertrag zu treffen.

d) Abschluß von Unternehmensverträgen mit GmbH

307   Das kodifizierte Recht über verbundene Unternehmen im allgemeinen und über Unternehmensverträge im besonderen, wie es im AktG geregelt ist, gilt nicht unmittelbar für GmbH. Die rechtsformspezifischen Unterschiede zwischen AG und KGaA einerseits und GmbH andererseits verbieten die undifferenzierte analoge Anwendung der aktienrechtlichen Vorschriften für den GmbH-Konzern, auch wenn nicht zu verkennen ist, daß bestimmte Gefahren für Gläubiger und außenstehende Gesellschafter nicht rechtsformspezifisch begrenzt sind[334].

308   Der Abschluß von Unternehmensverträgen mit abhängigen GmbH ist positivrechtlich nicht geregelt[335]; die Zulässigkeit des Abschlusses solcher Verträge wird indes in Vorschriften außerhalb des Gesellschaftsrechts vorausgesetzt, wenn zB § 17 KStG an das Vorliegen eines bestimmten Wirksamkeitserforder-

---

333 *Koppensteiner* in Kölner Kom., 2. Aufl. § 302 Anm. 33. *Koppensteiner* verneint zugleich die entsprechende Anwendung des § 302 Abs. 2 AktG auf Betriebsführungsverträge; vgl. Anm. 31.

334 Zum Konzernrecht der GmbH vgl. zB *Emmerich* in *Scholz*, (Fn. 247) Anh. zu § 40; *Koppensteiner* in *Rowedder*, (Fn. 228) Anh. § 52.

335 Auf den Abschluß von Unternehmensverträgen zwischen beherrschender GmbH und beherrschter AG finden die §§ 291 ff. AktG hingegen unmittelbare Anwendung.

nissen unterworfenen Unternehmensvertrages mit einer abhängigen GmbH steuerliche Wirkungen knüpft. Die Zulässigkeit und die zivilrechtliche Verbindlichkeit wird jedoch von dieser Vorschrift vorausgesetzt, nicht dagegen geregelt[336]. In der Literatur bestand kein Zweifel an der Zulässigkeit des Abschlusses eines Unternehmensvertrages mit einer abhängigen GmbH[337].

Auf der Seite der **abhängigen GmbH** ist der Abschluß eines Beherrschungs- oder   **309** GAV nur mit Zustimmung der Gesellschafterversammlung zulässig[338]. Die Geschäftsführer sind weder befugt noch zur Vertretung der Gesellschaft bei Vertragsabschluß ohne die Mitwirkung der Gesellschafterversammlung berechtigt[339]. Umstritten ist jedoch, welchen Mehrheitsanforderungen dieser Gesellschafterbeschluß unterliegen muß. Der BGH hat dies in seinem Beschluß vom 24. 10. 1988 offen gelassen[340]. Fehlt eine Ermächtigung zum Abschluß eines solchen Unternehmensvertrages in der Satzung[341], so wird für den nachträglichen Beschluß vielfach Einstimmigkeit gefordert[342]. Da der Abschluß eines solchen Unternehmensvertrages weitreichend in das Organisationsgefüge der abhängigen Gesellschaft eingreift, kommt dem Abschluß jedenfalls satzungsändernde Qualität zu. Es spricht somit vieles dafür, den die Satzung überlagernden Abschluß solcher Unternehmensverträge mit der satzungsändernden Mehrheit des § 53 Abs. 3 GmbHG, somit der Dreiviertelmehrheit von der Gesellschafterversammlung, beschließen zu lassen[343]. Ist der Vertragspartner des Unternehmensvertrages selbst Gesellschafter der GmbH, so ist er nicht nach § 47 Abs. 4 GmbHG vom Stimmrecht ausgeschlossen[344].

Der Inhalt eines Beherrschungs- oder GAV wird für abhängige GmbH vom   **310** Gesetz nicht vorgegeben, so daß die grundlegenden Regelungen über die Beherrschung oder die Gewinnabführung im Vertrag zu treffen sind. Die Vereinbarung der Verlustübernahmepflicht ist Voraussetzung für die steuerliche Anerkennung des Organschaftsverhältnisses; auch ohne eine ausdrückliche Regelung besteht in Analogie zu § 302 AktG die Verlustübernahmepflicht kraft Gesetzes[345]. Im übrigen werden Regelungen über einen Ausgleich nach § 304 AktG und eine Abfindungsregelung nach § 305 AktG für zulässig und empfehlenswert gehalten; das Fehlen entsprechender Bestimmungen soll den Unternehmensvertrag jedoch nicht nichtig machen[346].

---

336 BGH, Beschl. v. 24. 10. 1988, BGHZ 105 S. 325 = DB 1988 S. 2623 = WM 1988 S. 1819.
337 ZB *Emmerich* in *Scholz*, (Fn. 247) Anh. § 40 Rn. 218; *Emmerich/Sonnenschein*, (Fn. 19) S. 384 f.; *Koppensteiner* in *Rowedder*, (Fn. 228) Anh. zu § 52 Rn. 39; *Zöllner* in *Baumbach/Hueck*, GmbH-Kom., 15. Aufl. München 1988, KonzernR Rn. 16.
338 Vgl. *Priester*, Bestimmungen zum Unternehmensvertrag in der Satzung der GmbH, DB 1989 S. 1013 mit Überlegungen, den Zustimmungsbeschluß in der Satzung zu antizipieren. Im übrigen *Zöllner*, Die formellen Anforderungen an Beherrschungs- und Gewinnabführungsverträge bei der GmbH, DB 1989 S. 913.
339 HM *Lutter/Hommelhoff*, GmbHG, 13. Aufl., Anh. § 13 Rn. 36; *Emmerich* in *Scholz*, (Fn. 247) Anh. zu § 40 Rn. 233; *Koppensteiner* in *Rowedder*, (Fn. 228) Anh. § 52 Rn. 40; *Zöllner* in *Baumbach/Hueck*, (Fn. 337) KonzernR Rn. 16.
340 BGHZ 105 S. 325 (Fn. 336).
341 *Priester*, DB 1989 S. 1013 (1014 f.).
342 *Emmerich* in *Scholz*, (Fn. 247) Anh. § 30 Rn. 233; *Zöllner* in *Baumbach/Hueck*, (Fn. 335) KonzernR Rn. 16; *Ulmer*, BB 1989 S. 10 (13 f.); vglbar. *Ulmer* in Hachenburg, (Fn. 46) § 53 Rn. 131.
343 Wie hier *Koppensteiner* in *Rowedder*, (Fn. 228) Anh. § 52 Rn. 40; *Lutter/Hommelhoff*, GmbH-Kom., 13. Aufl. Anh. § 13 Rn. 41; *Timm*, ZGR 1987 S. 403 (430); für ⁹/₁₀-Mehrheit zB *Heckschen*, DB 1989 S. 29 (30).
344 *Lutter/Hommelhoff*, GmbH-Kom., 13. Aufl. Anh. § 13 Rn. 36; *Koppensteiner* in *Rowedder*, (Fn. 228) § 52 Anh. Rn. 40; aM *Zöllner* in *Baumbach/Hueck*, (Fn. 335) KonzernR Rn. 17.
345 *Hommelhoff*, WM 1984 S. 1105 (1110); *K. Schmidt*, GmbHR 1979 S. 121 (134).
346 Vgl. *Koppensteiner* in *Rowedder*, (Fn. 228) Anh. § 62 Rn. 41 mwN.

311 Der zugleich satzungsändernde Charakter des Zustimmungsbeschlusses der Gesellschafterversammlung sowie die entsprechende Anwendung von § 294 AktG machen deren **notarielle Beurkundung** sowie die **Eintragung** des Unternehmensvertrages im Handelsregister erforderlich[347]. Der Unternehmensvertrag bedarf der Schriftform. Unternehmensverträge, die diesen Anforderungen nicht genügen, sind nach den Grundsätzen über faktische Gesellschaften zu behandeln[348].

312 Die Gesellschafterversammlung der beherrschenden Gesellschaft muß dem Unternehmensvertrag ebenfalls zustimmen. Die Rechtsform dieses Unternehmens ist insoweit gleichgültig. Der Beschluß bedarf einer Mehrheit von ¾ der bei der Beschlußfassung abgegebenen Stimmen; die notarielle Beurkundung dieses Beschlusses ist hingegen nicht erforderlich[349].

e) Sicherung der außenstehenden Aktionäre

313 Hat eine Gesellschaft ihren Gewinn aufgrund eines GAV an ein anderes Unternehmen abzuführen, so entsteht kein Bilanzgewinn. Ebenso kann die Weisungsbefugnis des herrschenden Unternehmens beim Beherrschungsvertrag dazu führen, daß Gewinne, die im Fall der Selbständigkeit der abhängigen Gesellschaft erzielt würden, nicht oder in geringerem Umfang anfallen. Gegen eine solche Schmälerung ihrer Gewinnaussichten müssen die außenstehenden Aktionäre geschützt werden. Das Gesetz verlangt daher, daß ein Beherrschungs- oder GAV folgende Sicherungen vorsieht:

a) Ein GAV muß einen **angemessenen Ausgleich** für die außenstehenden Aktionäre durch eine auf die Aktiennennbeträge bezogene Geldleistung (Ausgleichszahlung) vorsehen. Ein Beherrschungsvertrag muß, wenn nicht gleichzeitig ein GAV besteht, den außenstehenden Aktionären als angemessenen Ausgleich einen bestimmten jährlichen Gewinnanteil nach der für die Ausgleichszahlungen bestimmten Höhe garantieren (§ 304 AktG).

b) Daneben muß ein Beherrschungs- oder GAV eine Verpflichtung der Obergesellschaft enthalten, auf Verlangen eines außenstehenden Aktionärs dessen Aktien gegen eine im Vertrag bestimmte **angemessene Abfindung** zu erwerben (§ 305 AktG).

Der außenstehende Aktionär hat damit die Möglichkeit, entweder gegen eine Abfindung aus der Gesellschaft auszuscheiden oder bei einem Verbleib in der Gesellschaft einen angemessenen Ausgleich für die Dividende zu fordern.

314 Der Anspruch auf Ausgleich oder Abfindung steht nur den **außenstehenden Aktionären** zu. Das Gesetz definiert diesen Begriff nicht. Man wird hierzu alle Aktionäre zählen müssen, die nicht Vertragsteil sind und deren Vermögen nicht mit dem Vermögen des anderen Vertragsteils eine wirtschaftliche Einheit bildet. Hierzu werden zu 100% am herrschenden Unternehmen beteiligte Unternehmen

---

347 So entschieden durch Beschluß v. 24. 10. 1988, BGHZ 105 S. 325 (Fn. 78). Zu der bis dahin erschienenen Rechtsprechung und Literatur vgl. *Koppensteiner* in *Rowedder*, (Fn. 228) Anh. § 52 Rn. 42 mwN.
348 BGH v. 14. 12. 1987, NJW 1988 S. 1326; *Ulmer*, BB 1989 S. 10 (15). Für die steuerliche Behandlung solcher Verträge wurden Übergangsregelungen erlassen; vgl. insbes. BMF-Schr. v. 31. 10. 1989 – IV B 7 – S. 2770 – 31/89, BStBl. I S. 430 = DB 1989 S. 2249; BMF-Schr. v. 20. 7. 1990 – IV B 7 – S 2770 – 19/90, DB S. 1592.
349 BGH, B. v. 14. 10. 1988, BGHZ 105 S. 325 (Fn. 336); jetzt hM, vgl. zB *Koppensteiner* in *Rowedder*, (Fn. 228) Anh. § 52 Rn. 43; *Ulmer*, BB 1989 S. 9 (12); *Hecksohen*, DB 1989 S. 1273 (1274 f.).

oder andere Gesellschaften gehören, deren Anteile zu 100% von dem herrschenden Unternehmen gehalten werden[350]. Außenstehende sind also nicht nur solche Aktionäre, die außerhalb des herrschenden Unternehmens stehen[351].

aa) Der Ausgleichsanspruch

Die Art des Ausgleichs (§ 304 AktG) ist bei GAV und Beherrschungsverträgen **315** verschieden. Bei Bestehen nur eines **Beherrschungsvertrages** behält der Aktionär grundsätzlich seinen Anspruch auf Dividende. Daher wird ihm ein bestimmter jährlicher Gewinnanteil garantiert, § 304 Abs. 1 Satz 2 AktG. Ist ein Gewinn ausgewiesen worden, so muß dieser aufgrund eines Gewinnverwendungsbeschlusses verteilt werden. Liegt der Gewinnanteil über dem garantierten, so hat der außenstehende Aktionär auch hierauf einen Anspruch. Die Ausgleichszahlung entfällt. Es ist nicht zulässig, die Dividendengarantie mit einer Höchstdividende zu verbinden und damit die Gewinnausschüttung zu beschränken[352]. Nur wenn kein Gewinn oder ein niedrigerer Gewinn erzielt wurde, ist der Ausgleich aufgrund der Garantie zu leisten.

Beim GAV entfällt die Ausschüttung einer Dividende, da ein Bilanzgewinn bei **316** der abführenden Gesellschaft nicht vorhanden ist. Der Anspruch auf Gewinnbeteiligung verwandelt sich in einen Anspruch auf Ausgleichszahlung. Der Aktionär hat eine gleichbleibende Forderung, die unabhängig vom Jahresergebnis der Gesellschaft und von einem Gewinnverwendungsbeschluß besteht. Sie bleibt jedoch verbunden mit dem Besitz der Aktie. Das Gesetz sieht daher vor, daß eine auf die Aktiennennbeträge bezogene wiederkehrende Geldleistung garantiert wird, § 304 Abs. 1 Satz 1 AktG.

Anspruchsberechtigte sind die außenstehenden Aktionäre im zuvor definierten **317** Sinne. Der Schuldner des Anspruchs ist im Gegensatz zu § 305 Abs. 1 AktG in § 304 AktG nicht bestimmt. Bisher wurde daher angenommen, daß infolge der Vertragsfreiheit entweder die herrschende oder die beherrschte Gesellschaft verpflichtet werden könnte. Dagegen ist aber auch für den Ausgleichsanspruch allein das herrschende Unternehmen in Anspruch zu nehmen. Hierzu können entweder unmittelbar Zahlungsansprüche gegen dieses Unternehmen begründet werden, oder das abhängige Unternehmen verpflichtet sich, auf Rechnung des anderen Unternehmens den Ausgleich zu leisten[353].

Für die Ausgestaltung des Ausgleichs besteht Vertragsfreiheit. In jedem Fall ist **318** der Umfang der Garantieverpflichtung durch Auslegung des Unternehmensvertrages zu ermitteln.

Die Ausgleichszahlung kann in **festen wiederkehrenden Beträgen** (fester Ausgleich, § 304 Abs. 2 Satz 1 AktG) zugesagt werden oder mit der **Dividende** des **anderen Vertragsteils** (variabler Ausgleich, § 304 Abs. 2 Satz 2 AktG) **gekoppelt** werden. Diese Gestaltung ist nur möglich, wenn der andere Vertragsteil eine AG oder KGaA ist. Eine Ausgleichszahlung in fester Höhe liegt auch vor, wenn ihre

---

350 *Krieger* in MünchHdb., § 70 Rn. 41 mwN.
351 Vgl. zu diesem Fragenkreis *Koppensteiner* in Kölner Kom., 2. Aufl. § 304 Anm. 13 f.; *Geßler* in AktG-Kom. § 304 Anm. 15; *Würdinger* in Großkom. § 304 Anm. 3.
352 *Geßler* in AktG-Kom. § 304 Anm. 49.
353 Überwiegende Meinung, vgl. *Koppensteiner* in Kölner Kom., 2. Aufl. § 304 Anm. 15; *Emmerich/Sonnenschein*, (Fn. 130) S. 276; *Krieger* in MünchHdb., § 70 Rn. 43; aM *Geßler* in AktG-Kom. § 304 Anm. 37; *Würdinger* in Großkom. § 304 Anm. 18.

Anpassung an gesetzliche Änderungen des Körperschaftsteuergesetzes vertraglich vereinbart ist[354].

319   Bei der Zusage eines festen wiederkehrenden Betrages ist zur Ermittlung der Angemessenheit von der **bisherigen Ertragslage** der Gesellschaft und ihren **künftigen Ertragsaussichten** auszugehen (§ 304 Abs. 2 Satz 3 AktG)[355]. Dabei ist unter Berücksichtigung angemessener Abschreibungen und Wertberichtigungen, jedoch ohne Bildung anderer Gewinnrücklagen zu ermitteln, welcher Betrag voraussichtlich als durchschnittlicher Gewinnanteil auf die einzelnen Aktien verteilt werden könnte. Dieser Betrag ist der Mindestausgleichsbetrag.

320   Die gesetzliche Regelung führt dazu, daß der Ausgleichsanspruch bei gleichbleibenden Ertragsaussichten höher als die bisherige Dividendenzahlung sein kann. Eine selbständige Gesellschaft müßte in gewissem Rahmen andere **Gewinnrücklagen** bilden, während bei Feststellung der Ausgleichszahlung die hierfür vom ausschüttbaren Ergebnis zu kürzenden Beträge außer Ansatz bleiben[356]. Diese Regelung hat weiter zur Folge, daß nach Beendigung des Unternehmensvertrages neben der gesetzlichen Rücklage idR nur vorvertragliche Rücklagen vorhanden sein werden, so daß die Aktionäre auf Gewinnausschüttungen verzichten müssen, um die Bildung weiterer erforderlicher Rücklagen zu ermöglichen. Vertragliche Regelungen können hier Vorsorge treffen[357].

321   Für die **Höhe** der Ausgleichszahlung kommt es ausschließlich auf die bisherige Ertragslage und die künftigen Ertragsaussichten an[358]. Es sind die Ertragsaussichten für die Dauer des Vertrages festzustellen. Das Gesetz gibt keine Hinweise, wie im einzelnen die Bemessungsgrundlage ermittelt werden soll. Die bisherige Ertragslage wird idR auf der Grundlage der Entwicklung in einem Zeitraum von 5 Jahren ermittelt[359]; die Ergebnisse sind um außergewöhnliche Erträge und Aufwendungen zu bereinigen. Da das Gesetz von der Fiktion der Vollausschüttung ausgeht, ist jedoch die betriebswirtschaftlich notwendige Bildung von anderen Gewinnrücklagen außer Betracht zu lassen. Bei Bemessung des Körperschaftsteueraufwandes ist ebenfalls von der Unterstellung der Vollausschüttung auszugehen. Für den Ansatz von Wertberichtigungen und Abschreibungen gelten die Bewertungsvorschriften des HGB, so daß die Abschreibungen an die ursprünglichen Anschaffungs- und Herstellungskosten gebunden sind. Als angemessen wird man die Abschreibungsmethoden ansehen können, die die Gesellschaft bisher angewandt hat. Die bisherige Ertragslage bildet die Grundlage für die Ermittlung der zukünftigen Ertragsaussichten. Der in der Zukunft voraussichtlich verteilbare durchschnittliche Gewinn ist durch eine Planungsrechnung zu ermitteln und auf den Bewertungsstichtag abzustimmen[360].

322   Eine **variable Bemessung** der Ausgleichszahlung ist nur möglich, wenn die Obergesellschaft eine AG oder KGaA ist. Die Ausgleichszahlung kann dann vom

---

354 OLG Celle v. 1. 7. 1980, DB S. 2506 = BB 1981 S. 8.
355 *Koppensteiner* in Kölner Kom., 2. Aufl. § 304 Anm. 34; *Geßler* in AktG-Kom. § 304 Anm. 79; *Meilicke*, DB 1974 S. 417.
356 OLG Düsseldorf v. 29. 10. 1976, DB 1977 S. 296 = AG S. 68 ff.
357 *Geßler* in AktG-Kom. § 304 Anm. 70; aM *Koppensteiner* in Kölner Kom., 2. Aufl. § 304 Anm. 33.
358 Über die Bedeutung von Kapitalherabsetzung und Kapitalerhöhung vgl. *Koppensteiner* in Kölner Kom., 2. Aufl. § 304 Anm. 44 ff.; *Geßler* in AktG-Kom. § 304 Anm. 108 ff.
359 OLG Celle v. 1. 7. 1980, AG 1981 S. 234; *Großfeld*, Unternehmens- und Anteilsbewertung im Gesellschaftsrecht, 2. Aufl. 1987 S. 53 f.; *Koppensteiner* in Kölner Kom. § 304 Rn. 34.
360 *Koppensteiner* in Kölner Kom., 2. Aufl. § 304 Anm. 35; HFA 2/1983, WPg. 1983 S. 468; aus der Rechtsprechung BGH, NJW 1985 S. 192 (193).

Gewinn dieser Gesellschaft abhängig gemacht werden (§ 304 Abs. 2 Satz 2 AktG). Beim Beherrschungsvertrag ohne Gewinnabführung bleibt der Anspruch des Aktionärs auf Auszahlung einer Dividende gegen seine Gesellschaft auch in diesem Falle bestehen. Die Höhe richtet sich nach dem zugesicherten Teil der Dividende der herrschenden Gesellschaft. Nicht möglich erscheint eine vom Gewinn der Obergesellschaft abhängige Ausgleichszahlung, wenn diese mit einem dritten Unternehmen einen GA- oder Beherrschungsvertrag geschlossen hat[361].

Bei Anknüpfung an den Gewinn der Obergesellschaft kann ein Betrag zugesichert werden, der auf die Aktien der Obergesellschaft mit mindestens dem entsprechenden Nennbetrag jeweils als Gewinnanteil entfällt. Dabei ist unter Gewinnanteil die an die Aktionäre zu verteilende **Dividende,** nicht ein Anteil am Jahresüberschuß oder Bilanzgewinn zu verstehen[362]. Für die Errechnung der Höhe des Ausgleichs ist der Wert der Aktien beider Gesellschaften maßgebend. Der entsprechende Nennbetrag bestimmt sich nach dem Verhältnis, in dem bei einer Verschmelzung auf eine Aktie der Gesellschaft Aktien der Obergesellschaft zu gewähren wären (§ 304 Abs. 2 Satz 3 AktG). Für die Art der Bewertung gelten die bisher von der Rspr. und Rechtslehre herausgearbeiteten Grundsätze[363]. Im Rahmen einer Unternehmensbewertung beider Gesellschaften sind deren Vermögens- und Ertragslage miteinander zu vergleichen und danach das Umtauschverhältnis festzusetzen[364]. In besonderen Fällen kann dies zu sehr niedrigen Ausgleichszahlungen führen. Insbesondere ist zu berücksichtigen, daß anders als bei der Verschmelzung der Aktionär der verpflichteten Gesellschaft nicht Aktionär der herrschenden Gesellschaft wird. Er nimmt also nicht an der Wertsteigerung des Vermögens dieser Gesellschaft teil, vor allem durch Rücklagenbildung. Da § 304 Abs. 2 AktG nur Mindestbeträge angibt, kann eine höhere Zahlung angemessen und daher nach dem im § 304 Abs. 1 Satz 1 AktG festgelegten Grundsatz auch festzusetzen sein[365]. **323**

Ein Beherrschungs- oder GAV, der keine Ausgleichszahlung vorsieht, ist nichtig. Von der Bestimmung eines angemessenen Ausgleichs kann nur abgesehen werden, wenn die Gesellschaft im Zeitpunkt der Beschlußfassung ihrer HV über den Vertrag keinen außenstehenden Aktionär hat (§ 304 Abs. 1 Satz 3 AktG). **324**

Enthält der Vertrag zwar einen Ausgleich, der jedoch unangemessen ist, so ist er weder nichtig noch anfechtbar (§ 304 Abs. 3 Satz 3 AktG). Jeder außenstehende Aktionär kann jedoch die Festsetzung der **angemessenen Ausgleichszahlung** durch gerichtliche Entscheidung beantragen. Der Antrag kann nur binnen zwei Monaten seit dem Tage gestellt werden, an dem die Eintragung des Bestehens oder eine Änderung des Vertrages im HR als bekanntgemacht gilt. **325**

Das Gericht ist bei seiner Entscheidung an die vorgesehene Bemessungsform gebunden; es kann also nicht eine feste an Stelle der variablen Bemessung, son- **326**

---

361 *Geßler* in AktG-Kom. § 304 Anm. 96 ff.
362 *Geßler* in AktG-Kom. § 304 Anm. 101, OLG Düsseldorf v. 26. 1. 1978, BB S. 219, DB S. 388; LG Dortmund AG 1981 S. 236; *Koppensteiner* in Kölner Kom., 2. Aufl. § 304 Anm. 44.
363 Vgl. aus der Rspr. zB LG Frankfurt v. 1. 10. 1986, AG 1987 S. 315; OLG Frankfurt v. 24. 1. 1989, DB S. 469; OLG Celle v. 30. 7. 1987, AG 1988 S. 141; OLG Düsseldorf v. 7. 6. 1990, DB S. 1364.
364 Zur Problematik der Ausgleichszahlung im mehrstufigen Konzern vgl. *Kamprad*, AG 1986 S. 321.
365 Begr. zu § 304, *Kropff*, Textausgabe S. 395; *Geßler* in AktG-Kom. § 304 Anm. 103 ff.; *Koppensteiner* in Kölner Kom., 2. Aufl. § 304 Anm. 29; LG Dortmund v. 8. 2. 1977, DB S. 623.

dern den Ausgleich nur gem. der vereinbarten Methode festsetzen[366]. Trifft das Gericht eine Bestimmung über den Ausgleich, so kann die Obergesellschaft den Vertrag binnen zwei Monaten nach Rechtskraft der Entscheidung ohne Einhaltung einer Kündigungsfrist kündigen (§ 304 Abs. 5 AktG).

327 Die Entscheidung des Gerichts wirkt für und gegen alle. Eine nähere Festsetzung des angemessenen Ausgleichs gilt auch für die Vergangenheit seit Vertragsabschluß. Zuwenig bezahlte Beträge sind nachzuentrichten[367]. Das soll nach allerdings umstrittener Auffassung auch für diejenigen Aktionäre gelten, die das ursprüngliche Vertragsangebot bereits angenommen hatten[368].

328 Eine **Überprüfung** der Angemessenheit der Ausgleichszahlung **während** der **Vertragsdauer** ist nicht vorgesehen. Nach § 304 AktG ist für die Ermittlung des angemessenen Ausgleichs allein die Beurteilung im Zeitpunkt der Beschlußfassung durch die HV der beteiligten Unternehmen maßgebend. Dies gilt auch, wenn Änderungen in den wirtschaftlichen Verhältnissen eintreten, es sei denn, der Unternehmensvertrag trifft hierfür eine Regelung. Sofern im Einzelfall eine Änderung der Ausgleichszahlung gem. § 242 BGB gerechtfertigt wäre, kann nach allgemeinen Grundsätzen lediglich ein Anspruch auf Vertragsänderung bestehen[369]. Soweit die außenstehenden Aktionäre durch Sonderbeschluß mit qualifizierter Mehrheit der Vertragsänderung zustimmen (§ 295 Abs. 2 AktG), können opponierende außenstehende Aktionäre das in §§ 304 Abs. 4, 306 AktG vorgesehene Verfahren einleiten. Wird die Zustimmung zur Änderung verweigert, so könnte bei wesentlichen Änderungen in den wirtschaftlichen Verhältnissen eine ordentliche Kündigung des Vertrages durch das herrschende Unternehmen mit Neuabschluß zu geänderten Bedingungen in Frage kommen[370]. Die Kapitalveränderungen bei der beherrschenden Gesellschaft berühren bei Vereinbarung eines festen Ausgleichs den Unternehmensvertrag nicht. Ist ein variabler Ausgleich festgesetzt, kann dies zu einer Verwässerung der Ansprüche der außenstehenden Gesellschafter führen. Bei einer Kapitalerhöhung aus Gesellschaftsmitteln gilt § 216 Abs. 3 AktG; bei effektiven Kapitalerhöhungen ist diese Regelung analog anzuwenden[371].

bb) Der Abfindungsanspruch

329 Außer der Ausgleichszahlung muß ein Beherrschungs- oder ein GAV die Verpflichtung der Obergesellschaft enthalten, auf Verlangen eines außenstehenden Aktionärs dessen Aktien gegen eine im Vertrag bestimmte angemessene Abfindung zu erwerben (§ 305 AktG). In welcher Weise die Abfindung zu erbringen ist, richtet sich nach der Rechtsform und dem Sitz des herrschenden Unternehmens.

a) Der andere Vertragsteil ist eine selbständige inländische AG oder KGaA: **Abfindung durch eigene Aktien**, § 305 Abs. 2 Nr. 1 AktG. Der Erwerb eigener Aktien ist zu diesem Zweck zulässig (§ 71 Abs. 1 Nr. 3 AktG).

---

366 *Obermüller/Werner/Winden*, (Fn. 205) S. 192.
367 *Koppensteiner* in Kölner Kom., 2. Aufl. § 304 Anm. 65; *Geßler* in AktG-Kom. § 304 Anm. 130.
368 *Geßler* in AktG-Kom. § 304 Anm. 74; OLG Celle, DB 1979 S. 1031 (1033).
369 Ganz hM vgl. *Roth* in Münchener Kom. BGB, 2. Aufl., § 242 Rn. 507 ff.; *Heinrichs* in Palandt, BGB, 50. Aufl., § 242 Rn. 130 ff. Zur Bemessung von Ausgleich oder Abfindungen bei Unternehmensvertragsänderungen vgl. OLG Celle v. 30. 7. 1987, AG 1988 S. 141; OLG Düsseldorf v. 7. 6. 1990, DB 1990 S. 1364.
370 Vgl. BGH v. 7. 5. 1979, BB S. 1059, DB S. 1596; auch *Geßler*, AktG-Kom. § 304 Anm. 114.
371 *Koppensteiner* in Kölner Kom., 2. Aufl. § 304 Anm. 46; *Krieger* in *Hoffmann-Becking*, Handbuch des Gesellschaftsrechts, Bd. 4 § 70 Rn. 61.

b) Der andere Vertragsteil ist eine AG oder KGaA, die von einer anderen AG oder KGaA mit Sitz im Inland abhängig ist oder in deren Mehrheitsbesitz steht: Abfindung entweder durch **Aktien** der ihr **übergeordneten** herrschenden oder mit Mehrheit beteiligten **Gesellschaft** oder **Barabfindung**, § 305 Abs. 2 Nr. 2 AktG. Die Wahl zwischen diesen Möglichkeiten haben die Vertragschließenden, nicht die Minderheitsaktionäre[372].

c) In allen anderen Fällen: **Barabfindung**, § 305 Abs. 2 Nr. 3 AktG.

Im Fall des Aktienangebots verweist das Gesetz für die Feststellung der Angemessenheit auf die bei der Verschmelzung zweier AG geltenden Grundsätze. Hierfür bestehen jedoch weder nach altem noch nach neuem Recht gesetzliche Bestimmungen. Nach Rspr. und Rechtslehre kommt es bei der Verschmelzung für das Umtauschverhältnis auf den **inneren Wert** beider Gesellschaften an[373]. Unter „angemessen" ist daher nur eine Abfindung zu verstehen, durch die der außenstehende Aktionär den vollen Wert seiner Aktien, bemessen nach deren Anteil am Wert des lebenden Unternehmens bekommt[374]. Damit scheiden Börsenkurs oder Bilanzwert aus der Betrachtung aus. Für die Ermittlung der Abfindung ist vom Wert des lebenden Unternehmens auszugehen, der nach den allgemeinen Grundsätzen für Unternehmensbewertung festzustellen ist. Dabei sind Vermögenslage, bisherige Ertragslage und künftige Ertragsaussichten von Bedeutung[375]. **330**

Dabei kann die Abfindung im Einzelfall auch nur aus dem Ertragswert abgeleitet werden[376]. Es kann sinnvoll sein, in Ergänzung dieser Wertfindung auch betriebswirtschaftliche Kennzahlen oder die Börsenkurse zur Ermittlung des Umtauschverhältnisses mit heranzuziehen[377]; für die gerichtliche Überprüfung des Abfindungsverhältnisses haben diese jedoch keine Bedeutung[378]. Da das Gesetz beim Angebot von Aktien nur den Ausgleich von Spitzenbeträgen durch bare Zuzahlungen zuläßt, scheiden gemischte Abfindungen aus. Es kann lediglich neben der angebotenen Abfindung in Aktien eine volle Barabfindung mit Wahlrecht des Aktionärs angeboten werden[379]. **331**

Für den Fall der **Barabfindung** enthält das Gesetz eine eindeutige Regelung. Es bestimmt, daß die Vermögens- und Ertragslage der Gesellschaft im Zeitpunkt der Beschlußfassung ihrer HV über den Vertrag berücksichtigt werden muß. Hierdurch soll klargestellt werden, daß es für die Bemessung der Abfindung nicht allein auf den Kurswert der Aktien ankommt[380]. Anders als in § 304 AktG ist jedoch nicht vorgeschrieben, daß bei der Beurteilung von der vollen Ausschüttung des Gewinns auszugehen ist. Entscheidend ist vielmehr der Anteil am **332**

---

372 *Geßler* in AktG-Kom. § 305 Anm. 22; *Würdinger* in Großkom. § 305 Anm. 6; *Obermüller/Werner/ Winden*, (Fn. 205) S. 190.
373 *Würdinger* in Großkom. § 305 Anm. 11; *Krieger* in *Hoffmann-Becking*, MünchHdb., § 70 Rn. 80.
374 *Geßler* in AktG-Kom. § 305 Anm. 33; *Koppensteiner* in Kölner Kom., 2. Aufl. § 305 Anm. 37; *Dielmann/König*, AG 1984 S. 57 f.
375 Vgl. St/HFA 2/1983.
376 KG v. 15. 12. 1970, WPg. 1971 S. 212; OLG Düsseldorf v. 17. 2. 1984, BB S. 742 = DB S. 817 sowie v. 11. 4. 1988, DB 1988 S. 1109 (1111); im übrigen *Zehner*, DB 1981 S. 2109; *Geßler* in AktG-Kom. § 305 Anm. 43.
377 St/HFA 2/1983.
378 OLG Düsseldorf v. 17. 2. 1984, DB 1984 S. 817; v. 11. 4. 1988, DB 1988 S. 1109.
379 *Koppensteiner* in Kölner Kom., 2. Aufl. § 305 Anm. 26; *Geßler* in AktG-Kom. § 305 Anm. 26 f.
380 Begr. zu § 305, *Kropff*. Textausgabe S. 399; *Albach*. AG 1966 S. 180/183; *Würdinger* in Großkom. § 305 Anm. 13; BGH v. 30. 3. 1967, NJW S. 1464.

inneren Wert der Gesellschaft[381]. Damit sind auch die hier allgemein üblichen Bewertungsmethoden anzuwenden, wie sie schon vor Inkrafttreten des AktG, insbesondere zur Ermittlung von Abfindungen bei Umwandlungen praktiziert wurden[382]. Der maßgebliche Stichtag für die Wertermittlung ist der Tag der Beschlußfassung[383].

333   Da die Verpflichtung zum Erwerb der Aktien zu einer erheblichen Belastung des anderen Vertragsteils führen kann, ist eine **Befristung** der Übernahmeverpflichtung zulässig, § 305 Abs. 4 Satz 1 AktG. Sie muß bereits im Unternehmensvertrag ausdrücklich enthalten sein. Die gesetzliche Mindestfrist endet zwei Monate nach dem Tag, an dem das letzte der Blätter erschienen ist, in dem die Bek. über die Eintragung des Unternehmensvertrages enthalten sind (vgl. im einzelnen § 305 Abs. 4 AktG).

334   Der Zustimmungsbeschluß der HV kann nicht deswegen angefochten werden, weil der Vertrag keine oder keine angemessene Abfindung vorsieht, § 305 Abs. 5 Satz 1 AktG. Der Aktionär hat vielmehr nur das Recht, eine gerichtliche Entscheidung zu beantragen, wenn der Vertrag überhaupt keine oder keine den Vorschriften des § 305 Abs. 1 bis 3 entsprechende Abfindung vorsieht. Es tritt also nicht wie beim Fehlen des Ausgleichs (§ 304 Abs. 3 AktG) Nichtigkeit des Vertrages ein. Zuständig ist das LG, in dessen Bezirk die abhängige Gesellschaft ihren Sitz hat (wegen des Verfahrens vgl. § 306 AktG).

335   Strittig ist, ob eine gerichtliche Erhöhung der Abfindung auch zugunsten von Aktionären wirkt, die von dem Abfindungsangebot schon vorher Gebrauch gemacht haben. Die Frage dürfte – mit der herrschenden Auffassung – zu bejahen sein[384]. Bei Erhöhung der Barabfindung ist der Erhöhungsbetrag vom Tag der Bekanntmachung der Eintragung an mit 5% zu verzinsen[385].

V. Verbundene Unternehmen im Dritten Buch des Handelsgesetzbuches

1. Bedeutung des Begriffs der verbundenen Unternehmen im HGB

336   Die Umsetzung der Regelungen der 7. EG-Richtlinie brachte es mit sich, daß neben die aktienrechtlichen Bestimmungen über verbundene Unternehmen weitere Bestimmungen traten, die nur für die **Rechnungslegung** Anwendung finden.

---

381 Zur Barabfindung bei stimmrechtslosen Vorzugsaktien: OLG Düsseldorf v. 8. 6. 1973, BB S. 910. Zum Sonderfall der Bemessung der Barabfindung nach zwar erfolgter faktischer Eingliederung OLG Düsseldorf, Beschl. v. 7. 6. 1990, DB S. 1394; zur Unternehmensbewertung vgl. St/HFA 2/1983.

382 Vgl. zu Bewertungsgrundsätzen BGH v. 13. 3. 1978, BB S. 776, DB S. 974; OLG Celle v. 4. 4. 1979, DB S. 1031; OLG Hamburg v. 17. 8. 1979, AG 1980 S. 162; LG Dortmund v. 31. 10. 1980, AG 1981 S. 236, v. 16. 11. 1981, AG S. 257; LG Berlin v. 24. 11. 1982, AG 1983 S. 135 = BB 1983 S. 1432; LG Frankfurt v. 8. 12. 1982, AG 1983 S. 137 = BB 1983 S. 1432 sowie AG 1985 S. 58; OLG Düsseldorf v. 17. 2. 1984, BB S. 742 = DB S. 817; sowie DB 1988 S. 1109; BGH, NJW 1985 S. 192.

383 LG Hannover v. 16. 6. 1977, AG S. 346; *Koppensteiner* in Kölner Kom., 2. Aufl. § 305 Anm. 28.

384 Dafür: *Flume*, DB 1969 S. 1047; *Geßler* in AktG-Kom. § 305 Anm. 74 ff.; *Kropff*, Wertpapier 1969 S. 3; *Tiling/Prasse*, AG 1969 S. 63; *Würdinger* in Großkom. § 305 Anm. 21; *Westermann*, AG 1976 S. 309; aA hauptsächlich *Vogt*, Wertpapier 1969 S. 520, 585; *Koppensteiner* in Kölner Kom., 2. Aufl. § 305 Anm. 56 sowie BB 1978 S. 769; *Bodewig*, BB 1978 S. 1694.

385 OLG Celle v. 4. 4. 1979, BB 1981 S. 1234.

Außerhalb der Vorschriften des HGB über JA und KA sowie im Anwendungsbereich des PublG hat der hier darzustellende Begriff der verbundenen Unternehmen keine Gültigkeit. Die aktienrechtlichen und die handelsrechtlichen, auf die Rechnungslegung bezogenen Begriffe, sind in den jeweiligen Normenkomplexen jeweils unabhängig voneinander anwendbar [386].

Im Recht der Rechnungslegung haben die an das Vorliegen von verbundenen **337** Unternehmen geknüpften Rechtsfolgen die Aufgabe, auf die sich aus dem Näheverhältnis von Unternehmen gegebenenfalls ergebenden wirtschaftlichen Verflechtungen hinzuweisen und dadurch den Einblick in das tatsächliche Bild der Vermögens-, Finanz- und Ertragslage zu verbessern. Diese Herausstellung ist erforderlich, da zwischen verbundenen Unternehmen die Möglichkeit besteht, Rechts- und Wirtschaftsverhältnisse zu schaffen, die von marktüblichen Bedingungen abweichen können [387]. Im Hinblick darauf ist es gerechtfertigt, bestimmte Posten des JA, die solche Einflüsse wiederspiegeln können, besonders herauszuheben.

Verbundene Unternehmen finden im Dritten Buch des HGB in verschiedenen **338** Bestimmungen Berücksichtigung. Hierbei geht es in erster Linie um den gesonderten Ausweis von Posten in der Bilanz und Gewinn- und Verlustrechnung, um gesonderte Angaben zu Haftungsverhältnissen und zusätzlichen Angaben im Anhang. Darüber hinaus führt das Bestehen einer handelsrechtlichen Unternehmensverbindung zum Ausschluß von bestimmten Personen oder Gesellschaften als Abschlußprüfer, zu erweiterten Schadenersatzpflichten des Abschlußprüfers und zu erweiterten Strafandrohungen [388].

2. Begriff des Unternehmens im Dritten Buch des HGB/Struktur des Begriffs „verbundene Unternehmen"

a) Begriff des Unternehmens im Dritten Buch des HGB [389]

Der Begriff „Unternehmen" ist im Dritten Buch des HGB von Bedeutung für **339** Tochterunternehmen (zB in §§ 271 Abs. 2, 290 Abs. 1 und 2), für Mutterunternehmen vor allem im Zusammenhang mit der freiwilligen Aufstellung eines befreienden KA, die „jedem Unternehmen unabhängig von seiner Rechtsform" unter bestimmten Voraussetzungen gestattet ist (§ 291 Abs. 1 Satz 2).

Dagegen ist die Pflicht zur Aufstellung eines JA an den Begriff **„Kaufmann"** geknüpft (§ 242 HGB), mit ergänzenden Vorschriften für die Aufstellung von Jahresabschlüssen der „Kapitalgesellschaften" (§§ 264–289 HGB); die Pflicht zur Konzernrechnungslegung ist ebenfalls den „Kapitalgesellschaften" auferlegt. Infolgedessen kommt es insoweit auf den Unternehmensbegriff nicht an.

Im Hinblick auf Tochterunternehmen sowie Mutterunternehmen im Fall des **340** § 291 Abs. 1 Satz 2 HGB stellt sich auch im Dritten Buch des HGB, ähnlich wie im AktG, die Frage, was unter einem **„Unternehmen"** zu verstehen ist. Soll es sich dabei, wie dies *Geßler* in für in Mehrheitsbesitz stehende, abhängige oder

---

386 Vgl. hierzu Tz. 5 ff.
387 Vgl. auch *ADS*, § 271 Tz. 28; *Bieg/Küting* in HdR, 2. Aufl. § 271 Rn. 71.
388 Vgl. Tz. 36; ferner *ADS*, § 271 Tz. 27.
389 Im einzelnen zu diesem Thema *Zilias*, DB 1986 S. 1110 f.

konzernverbundene Unternehmen in AktG vertritt, um „jede rechtlich besonders organisierte Vermögenseinheit" handeln[390]. Und wenn, wo liegen bei einer derartigen Definition die Grenzen des Unternehmensbegriffs, konkret also welche „Vermögenseinheiten" wären danach als Tochterunternehmen in den KA einzubeziehen?

341   Der **Gesetzgeber** des BiRiLiG hat offenbar eine **Definition** des Unternehmensbegriffs nicht als erforderlich angesehen, sondern dürfte davon ausgegangen sein, daß sich dieser Begriff von der Sache her, aus dem Zusammenhang mit der Rechnungslegung des Kaufmanns und der Kapitalgesellschaften, von selbst versteht[391].

Vorgesehen war eine Definition im Entwurf eines Gesetzes zur Durchführung der Vierten EG-Richtlinie vom 26. 8. 1983 (§ 236 Abs. 1 und 3, BT-Drs. 10/317), und zwar dahingehend, daß im Rahmen des Dritten Buches des HGB der Unternehmensbegriff eingegrenzt werden sollte auf Unternehmen, die Kaufmann sind (§§ 1, 2, 3, 6 HGB) oder als solcher gelten oder unter § 47b HGB fallen, kurz gesagt also auf Unternehmen, die eine kaufmännische Rechnungslegung haben.

Dieses Vorhaben wurde jedoch in Anpassung an die Definition des verbundenen Unternehmens in Art. 41 der Siebenten Richtlinie[392] vom deutschen Gesetzgeber im Entwurf eines Gesetzes zur Durchführung der Siebenten und Achten Richtlinie wieder aufgegeben[393].

aa) Kein allgemein gültiger Unternehmensbegriff/Keine Bindung an den Unternehmensbegriff des AktG

342   Was die Auslegung des Ausdrucks Unternehmen angeht, so ist von der allgemein anerkannten Ansicht auszugehen, daß es einen **einheitlichen,** für das ganze deutsche Recht geltenden **Unternehmensbegriff nicht gibt,** daß dieser Begriff vielmehr je nach der Zweckbestimmung des betreffenden Gesetzes einen anderen Inhalt haben kann. Deshalb muß die Frage, was ein Unternehmen iSd. Dritten Buches des HGB ist, nach Wortlaut und Zweckbestimmung des HGB und nach dem Sachzusammenhang, in dem das Wort Unternehmen verwendet wird, beantwortet werden[394].

343   Eine Bindung an den Unternehmensbegriff des AktG besteht für den Unternehmensbegriff des HGB nicht. Weder ist eine solche Bindung im HGB festgeschrieben, noch ergibt sie sich als Folge der sachlichen Verknüpfungen zwischen dem AktG und der im Dritten Buch des HGB geregelten Rechnungslegung der Kapitalgesellschaften. In diesem Zusammenhang ist bedeutsam, daß die Unternehmensverbindungen der §§ 15–19 AktG nicht nur für die Rechnungslegung bestimmt waren (wie die insoweit jetzt an deren Stelle getretene Definition der

---

390 *Geßler* in AktG-Kom. § 15 Anm. 59. Ein Geschäftsbetrieb (oder gar ein kaufmännischer) muß nach *Geßler* nicht gegeben sein.

391 Näheres auch zu den Gesetzesmaterialien, bei *Zilias*, DB 1986 S. 1110 f. und dort unter Ziff. 2 S. 1111 f.

392 Vom 13. 6. 1983, Abl. EG L 193 S. 1.

393 Begr. RegE vom 3. 6. 1985, BT-Drs. 10/3440 S. 34.

394 Urteil des KG vom 12. 1. 1960, BB S. 385; *Geßler* in AktG-Kom. § 15 Anm. 9; *Kropff*, BB 1965 S. 1281 ff., 1285; *ADS*, § 27 Tz. 7. Wie der Unternehmensbegriff im PublG aufzufassen ist, richtet sich somit nach Wortlaut und Zielrichtung des PublG. Ob und ggf. inwiefern sich der Unternehmensbegriff des PublG hiernach von dem Begriff im 3. Buch des HGB unterscheidet, ist im vorliegenden Zusammenhang nicht zu untersuchen.

verbundenen Unternehmen in § 271 Abs. 2 HGB). Vielmehr sind die §§ 15–19 AktG, und dies auch weiterhin, Anknüpfungspunkt für eine Reihe von mehr oder weniger komplexen gesetzlichen Regelungen, bei denen speziellere Zielsetzungen im Vordergrund stehen als bei der Rechnungslegung (so zB der Schutz außenstehender Aktionäre in §§ 311 ff. AktG). Zudem ist der Unternehmensbegriff des AktG noch weitgehend ungeklärt. In der Literatur werden sehr unterschiedliche Meinungen vertreten. Auch die Rechtsprechung hat bisher von einer generellen Umschreibung dieses Begriffs abgesehen [395].

bb) Bestimmung des Unternehmensbegriffs für die Rechnungslegung im Dritten Buch des HGB für Tochterunternehmen

Im Bereich der Rechnungslegung liegt es nahe, den Unternehmensbegriff mit der Pflicht zur kaufmännischen Buchführung zu verknüpfen, wie dies in § 236 Abs. 1 und 3 des oa. Gesetzentwurfes vom 26. 8. 1983 zur Durchführung der Vierten EG-RL vorgesehen war. Dann können Tochterunternehmen nur solche Unternehmen sein, die eine kaufmännische Rechnungslegung haben müssen (HGB §§ 283, 242 – iVm. 1, 2, 3, 6 –, 262, 263 sowie Verweisungen in Spezialgesetzen wie zB in § 17 Abs. 2 GenG, §§ 16, 55 Abs. 1 Satz 2 VAG) [396].   **344**

Die Verpflichtung zu kaufmännischer Rechnungslegung als wesentliches Kriterium für **Tochterunternehmen** fügt sich konsequent in die Vorschriften über die Konzernrechnungslegung ein. Die Konzernrechnungslegung muß auf den Einzelabschlüssen der einzubeziehenden Unternehmen aufbauen. In § 294 Abs. 3 werden daher die Tochterunternehmen ua. verpflichtet, „ihre Jahresabschlüsse" dem Mutterunternehmen „einzureichen". Diese Verpflichtung setzt ihrerseits voraus, daß überhaupt JA aufgestellt werden. Wer JA aufzustellen hat und in welcher Form, ist im Dritten Buch des HGB im Ersten Abschnitt (§§ 242, 262, 263) und im Zweiten Abschnitt, Erster Unterabschnitt (§§ 264–289), geregelt: Alle Kaufleute, mit zusätzlichen Anforderungen an die Jahresabschlüsse der Kapitalgesellschaften. Daß hieran der Zweite Unterabschnitt (§§ 290–315) mit den Bestimmungen über die Konzernrechnungslegung unmittelbar anschließt, macht den inneren Zusammenhang der Vorschriften im Dritten Buch des HGB besonders deutlich. Diesem auch gesetzessystematisch zum Ausdruck kommenden Zusammenhang entspricht die hier vertretene Auffassung des Unternehmensbegriffs: Nur wer nach den vorgenannten allgemeinen Vorschriften zur kaufmännischen Rechnungslegung verpflichtet ist, kann als Tochterunternehmen in den KA einzubeziehen sein [397].   **345**

Besteht die Pflicht zur kaufmännischen Rechnungslegung nach den allgemeinen Vorschriften, so ist die Verpflichtung zur Aufstellung eines Zwischenabschlusses auf den Stichtag des KA als spezielle Folge der Konzernzugehörigkeit verständlich und annehmbar (§ 294 Abs. 3 Satz 1, 2. Halbsatz). Diese Pflicht zur Aufstel-   **346**

---

395 Vgl. hierzu Tz. 41 ff.; *Koppensteiner* in Kölner Kom., 2. Aufl. § 15 Anm. 8–53.

396 Vgl. *Baumbach/Duden/Hopt.* HGB-Kommentar, 28. Aufl., München 1989 § 271 Anm. 2.

397 Weder § 294 Abs. 3 HGB noch der mit dieser Vorschrift im wesentlichen übereinstimmende, durch das BiRiLiG aufgehobene § 335 AktG enthalten eine zusätzliche gesetzliche Verpflichtung zur Aufstellung von Jahresabschlüssen, die sich allein auf die Konzernzugehörigkeit gründen würde und zu den in den allgemeinen Vorschriften geregelten Fällen der Rechnungslegungspflicht hinzuträte (*Zilias,* DB 1986 S. 1111 f., mit weiteren Gesichtspunkten). *ADS,* § 271 HGB Tz. 8 differenziert nicht zwischen Mutter- und Tochterunternehmen. Nach der hier vorgenommenen Auslegung können Stiftungen, Körperschaften und Anstalten des öffentlichen Rechts, BGB-Gesellschaften und Privatpersonen nicht Tochterunternehmen sein.

lung eines Zwischenabschlusses liegt außerhalb des Rahmens der allgemeinen Vorschriften, die lediglich die Pflicht zur Aufstellung eines Jahresabschlusses betreffen, und steht daher in § 294 Abs. 3 im richtigen Zusammenhang.

cc) Mutterunternehmen

347 MU iSd. § 290 HGB können nur **inländische Kapitalgesellschaften** sein. Deren Unternehmenseigenschaft steht außer Frage. Eine derartige Festlegung wird in § 291 Abs. 1 HGB nicht getroffen. MU im Sinne dieser Vorschrift kann jedes Unternehmen unabhängig von seiner Rechtsform sein. Hierdurch wird die Frage aufgeworfen, ob es gerechtfertigt ist, Unternehmen iSd. funktionalen Unternehmensbegriffs als selbständige Träger unternehmerischer Planungs- und Entscheidungsgewalt – und damit weiter als unter b) dargestellt – zu begreifen[398].

348 Hinsichtlich des MU in § 291 Abs. 1 Satz 2 wird jedoch im Bericht des Rechtsausschusses angemerkt, daß „Privatpersonen, Bund, Länder und Gemeinden" als MU im Sinn dieser Vorschrift ausscheiden[399]. Dies liegt auf der Linie der hier vertretenen Auffassung zum Unternehmensbegriff im Dritten Buch des HGB. Auch in den Fällen, in denen es nach § 17 AktG angemessen sein kann, einen maßgebend an einer Kapitalgesellschaft beteiligten Privatmann, der außerhalb dieser Kapitalgesellschaft ein so starkes unternehmerisches Fremdinteresse hat und dadurch die Besorgnis begründet, er könne um dessentwillen seinen Einfluß zum Nachteil der Kapitalgesellschaft geltend machen, als herrschendes Unternehmen[400] zu behandeln, besteht keine Unternehmenseigenschaft im Sinne der Konzernrechnungslegung[401].

349 Unternehmen der **öffentlichen Hand,** die gemäß § 263 HGB zur kaufmännischen Rechnungslegung verpflichtet sind, können dagegen MU iSd. § 291 Abs. 1 Satz 2 sein.

dd) Ausländische Unternehmen

350 Bei ausländischen Tochterunternehmen (und MU iSd. § 291 Abs. 1 Satz 2) kann die Unternehmenseigenschaft nicht von der kaufmännischen Rechnungslegung nach den Vorschriften des HGB abhängig sein, da sie nicht der Buchführung und Rechnungslegung des deutschen Rechts unterliegen. Ausländische Unternehmen erfüllen die Voraussetzungen des Unternehmensbegriffs, wenn sie nach dem an ihrem Sitz geltenden Recht in vergleichbarer Weise wie Kaufleute in der BRD zur Buchführung und Rechnungslegung verpflichtet sind[402] oder in anderer Weise als Unternehmen in Erscheinung treten[403].

---

398 Hierfür *ADS*, § 271 Tz. 9; *Pankow/Gutike* in BeBiKo., § 271 Anm. 12.
399 BT-Drs. 10/4268 vom 18. 11. 1985 S. 113; so auch *Kropff*, DB 1986 S. 364 ff. Anm. 3 mit Bezug auf Art. 41 der 7. Richtlinie.
400 Vgl. das Urteil des BGH vom 16. 2. 1981, DB S. 931 ff. sowie – mit entsprechender Argumentation – das Urteil über die Unternehmenseigenschaft der BRD v. 13. 10. 1977, WPg. 1978 S. 80 ff. = BB 1977 S. 1665 ff. Hier ging es um den Begriff des „herrschenden Unternehmens" iSv. § 17 AktG und den hieran geknüpften Schutz der abhängigen Gesellschaft bzw. ihrer außenstehenden Gesellschafter, also um spezielle Zwecksetzungen, die die Entscheidung über den Unternehmensbegriff maßgeblich bestimmt haben.
401 Vgl. *ADS*, § 271 HGB Tz. 11; *Bieg/Küting* in HdR, 2. Aufl. § 271 Rn. 100.
402 Näheres bei *Zilias*, DB 1986 S. 1110 ff./1112.
403 Vgl. oben cc, Tz. 347.

b) Die Struktur des Begriffs „verbundene Unternehmen"

Nach § 271 Abs. 2 HGB ist jedes zum Konsolidierungskreis gehörende Unter-   **351** nehmen mit jedem anderen Unternehmen desselben Konsolidierungskreises verbunden. In § 290 Abs. 1 und 2 sowie in § 291 Abs. 1 HGB ist bestimmt, wer Mutter- und wer Tochterunternehmen ist. Die Brücke zu § 271 Abs. 2 HGB wird durch die Vorschrift in § 294 Abs. 1 HGB geschlagen, nach der das MU und alle seine Tochterunternehmen in den KA einzubeziehen sind. In § 271 Abs. 2 HGB wird die Zugehörigkeit zum selben Konsolidierungskreis zum entscheidenden Kriterium für die Unternehmensverbindungen. Diese Struktur des Begriffs „verbundenes Unternehmen" besteht in gleicher Weise in den Fällen des Konzernabschlusses nach § 290 HGB wie auch bei befreienden KA nach § 291 HGB.

aa) Direkte Beziehungen nicht maßgebend

Letztlich ist es nach § 271 Abs. 2 HGB für die Unternehmensverbindungen uner-   **352** heblich, welche direkten Beziehungen zwischen den einzelnen Konzernunternehmen bestehen, zB ob sie zueinander im Verhältnis Mutter–Tochter stehen oder Schwester-Unternehmen sind. Daß in den KA nur Unternehmen einzubeziehen sind, die Mutter- oder Tochterunternehmen sind, steht dem nicht entgegen, wenn auch der Wortlaut des § 271 Abs. 2 HGB hieran anknüpft; denn dies besagt nicht, daß nur jeweils Mutter- und Tochterunternehmen im Verhältnis zueinander verbundene Unternehmen sind, sondern grenzt lediglich den Kreis der einzubeziehenden Unternehmen ab, während die Rechtsfolge der Einbeziehung, die Unternehmensverbindung, alle Glieder eines Konsolidierungskreises umfaßt.

Dies entspricht auch Art. 41 Abs. 1 der Siebenten EG-Richtlinie, der wie folgt   **353** lautet:

„Unternehmen, zwischen denen Beziehungen iSd. Art. 1 ... bestehen, sowie die übrigen Unternehmen, die mit einem der genannten Unternehmen in einer solchen Beziehung stehen, sind verbundene Unternehmen..."

Diese allseitige Unternehmensverbindung stimmt mit der Struktur der Unternehmensverbindungen im Konzern des § 18 AktG überein, nur mit dem Unterschied, daß die Unternehmensverbindung dort an das Konzernverhältnis als solches anknüpft, nicht an die Einbeziehung in einen KA.

bb) Möglicher befreiender Konzernabschluß

Das Prinzip der allseitigen Unternehmensverbindung ist auch dann maßgebend,   **354** wenn ein befreiender KA nicht aufgestellt wird, sondern lediglich möglich wäre. Zur Feststellung der Unternehmensverbindungen sind in diesem Fall alle Unternehmen als verbunden anzusehen, die nach § 291 Abs. 2 Nr. 1 und 2 HGB in den KA einzubeziehen wären, wenn er erstellt würde[404].

---

404 Vgl. Tz. 419 zu § 271 Abs. 2, 2. Fallgruppe.

3. Zur Reichweite des Begriffs „verbundene Unternehmen"

a) Die Definitionen in § 271 Abs. 2 HGB – Überblick

355 Der Begriff „verbundene Unternehmen" im Dritten Buch des HGB ist eng ver-knüpft mit den Begriffen von Mutter- und Tochterunternehmen in § 290 HGB. Von diesen Begriffen ist für die weitere Erläuterung auszugehen.

Mutterunternehmen ist, wer einen Konzernabschluß aufzustellen hat oder einen befreienden KA aufstellen kann. **Tochterunternehmen** ist, wer in den KA eines Mutterunternehmens einzubeziehen ist[405].

356 Die Definition der verbundenen Unternehmen knüpft hieran an. Verbundene Unternehmen sind nach § 271 Abs. 2 HGB Unternehmen,

aa) die gem. § 290 Abs. 1 oder Abs. 2 HGB Mutter- oder Tochterunternehmen sind (oder beides zugleich, wenn das Tochterunternehmen seinerseits eine Tochter hat und daher auch MU ist)

bb) und in den KA eines MU nach den Vorschriften über die Vollkonsolidie-rung einzubeziehen sind,

    (1) das als oberstes MU den am weitestgehenden KA gem. §§ 290 ff. HGB aufzustellen hat – auch wenn die Aufstellung unterbleibt –
    (hier im folgenden **1. Fallgruppe** genannt)
    (2) oder das einen befreienden KA nach § 291 HGB oder gem. einer Rechts-verordnung des Bundesministers der Justiz nach § 292 HGB aufstellt – oder aufstellen könnte –
    (im folgenden **2. Fallgruppe** genannt)

cc) wobei Tochterunternehmen, die gem. § 295 oder § 296 HGB nicht einbezo-gen werden, sowohl im Fall aa) wie auch im Fall bb) ebenfalls verbundene Unternehmen sind.

357 Die Definition der verbundenen Unternehmen in § 271 Abs. 2 HGB stellt somit, vereinfachend ausgedrückt, auf die vorgeschriebene **Einbeziehung** von Mutter-und Tochterunternehmen in denselben KA ab, unabhängig davon, ob der KA aufgestellt wird. Ihre Anknüpfungspunkte, die Begriffe Mutter- und Tochterun-ternehmen, die Pflicht zur Aufstellung eines KA und die Möglichkeit zur Auf-stellung eines befreienden KA finden sich in §§ 290, 291 und 292 HGB. Auf diese Vorschriften muß daher zurückgegriffen werden, wenn im konkreten Fall festgestellt werden sollte, ob Unternehmen iSv. § 271 Abs. 2 HGB miteinander verbunden sind[406]. Zu den Regelungslücken, die sich bei § 271 Abs. 2 HGB erge-ben, vgl. unten V 4e[407].

358 Als MU bezeichnet werden im HGB nicht nur inländische Kapitalgesellschaf-ten, wie nach den Definitionen in § 290 Abs. 1 und Abs. 2 HGB anzunehmen wäre. In den Vorschriften über befreiende KA (§§ 291, 292 HGB) steht der Aus-druck MU auch für Unternehmen mit Sitz im Ausland und wird außerdem im Zusammenhang mit befreienden KA, die freiwillig aufgestellt werden, rechts-formunabhängig gebraucht (§ 291 Abs. 1 Satz 2 HGB).

---

405 Hinzu kommen die Sonderfälle in §§ 295, 296 HGB, bei denen es sich um Tochterunternehmen handelt, die nicht in den KA einbezogen werden dürfen oder hinsichtlich deren ein Einbeziehungs-wahlrecht besteht; diese sind dennoch verbundene Unternehmen, § 271 Abs. 2 HGB, letzter Halb-satz. Zur erweiterten Auslegung von § 271 Abs. 2 HGB siehe Tz. 481 f.
406 Vgl. hierzu Erl. zu § 290 HGB, M Tz. 16 ff.
407 Vgl. hierzu Tz. 481 f.

b) Mutter- oder Tochterunternehmen nach § 290 HGB

Die Bestimmung des Kreises der verbundenen Unternehmen gemäß § 271 Abs. 2 **359** HGB nimmt seinen Ausgang bei Mutter- oder Tochterunternehmen, die nach den Grundsätzen der Vollkonsolidierung in den KA des Mutterunternehmens einzubeziehen sind. Zur Definition von Mutter- oder Tochterunternehmen wird auf die Erl. zu § 290 HGB zurückgegriffen [408]. Darüber hinaus bestehen die nachfolgend behandelten Themenkomplexe.

aa) Besondere Fragen im Zusammenhang mit § 290 Abs. 1 HGB

Das konstitutive Merkmal der Unternehmensverbindung gem. § 290 Abs. 1 HGB **360** (iVm. § 271 Abs. 2 HGB) ist die Zugehörigkeit eines Unternehmens zu einem Konsolidierungskreis, der durch zwei Kriterien abgegrenzt wird:

a) daß die Unternehmen in einem Konzern unter einheitlicher Leitung einer inländischen Kapitalgesellschaft **(Mutterunternehmen)** stehen

b) und daß der Kapitalgesellschaft eine Beteiligung nach § 271 Abs. 1 HGB an diesen Unternehmen **(Tochterunternehmen)** gehört.

Das Tatbestandsmerkmal der „einheitlichen Leitung" ist bereits in §§ 18, 329 Abs. 1 AktG enthalten. Wenn im HGB (§ 290 Abs. 1 HGB) ebenfalls auf die einheitliche Leitung abgestellt wird, so ist damit auch der begriffliche Gehalt dieses Merkmals übernommen, und zwar auch für die GmbH, wie sich aus den Gesetzesmaterialien ergibt [409]. Die Konzernunternehmen sind miteinander verbunden, auch wenn die Aufstellung des KA unterbleibt (vgl. zu letzterem Tz. 415 f.).

(1) Das Erfordernis der Konzernleitung durch eine inländische Kapitalgesellschaft

Daß die **einheitliche Leitung** bei einer Kapitalgesellschaft mit Sitz im Inland lie- **361** gen muß, um eine Konzernrechnungslegungspflicht nach § 290 Abs. 1 HGB auszulösen, ist hier von besonderer Bedeutung. Stehen nämlich die Unternehmen unter der einheitlichen Leitung eines inländischen Unternehmens anderer Rechtsform oder eines im Ausland ansässigen Unternehmens, so ist nach § 290 Abs. 1 HGB ein KA nicht aufzustellen (allerdings kann sich dann, was hier zunächst außer Betracht bleiben soll, die Pflicht zur Aufstellung eines KA noch aus Abs. 2 des § 290 HGB ergeben) [410]. Dies wiederum hätte zur Folge, daß die inländischen unter einheitlicher Leitung stehenden Unternehmen weder im Verhältnis zu dem konzernleitenden Unternehmen noch untereinander verbundene Unternehmen sind (§ 271 Abs. 2 HGB, 1. Fallgruppe, trifft nicht zu) [411].

---

408 Vgl. M.

409 Begr. RegE vom 12. 4. 1985, BT-Drs. 163/85 S. 22 unter Ziff. 5. Dort heißt es in Anknüpfung an § 329 AktG, daß „das Merkmal der einheitlichen Leitung ... vom allgemeinen Konzernrecht bestimmt wird". Auf S. 49 (linke Sp.) wird hervorgehoben, daß eine Konzerndefinition nicht in den Gesetzentwurf aufgenommen wurde, weil eine solche für die Konzernrechnungslegung nicht erforderlich sei, denn „Abweichungen von der allgemeinen Umschreibung des § 18 AktG können sich nur in den in den Abs. 2 umschriebenen Fällen (des späteren § 290 Abs. 2 HGB, d. Verf.) ergeben". *Kropff* nimmt ebenfalls an, daß sich die einheitliche Leitung auch für § 290 Abs. 1 HGB nach den zu § 18 AktG entwickelten Gesichtspunkten bestimmt (DB 1986 S. 364 unter B I). So auch Stellungnahme SABI 1/1988 Abschn. I 2; *Siebourg* in HdRKo. § 290 HGB Rn. 17.

410 AM *Pankow/Gutike* in BeBiKo., § 271 HGB Anm. 35; nach deren Auffassung es bei § 290 Abs. 1 HGB nicht darauf ankommen soll, ob die einheitlich leitende Gesellschaft ihren Sitz im In- oder Ausland hat.

411 Dagegen sind diese Unternehmen, was jedoch für die Konzernrechnungslegung nach § 290 HGB und für die Unternehmensverbindungen nach § 271 Abs. 2 HGB unerheblich ist, gem. § 18 AktG

362 Im vorgenannten Fall ist dem konzernleitenden inländischen oder ausländischen Unternehmen auch ein **befreiender Konzernabschluß** nicht möglich; denn nach § 290 Abs. 1 HGB kann eine Konzernrechnungslegungspflicht, von der freigestellt werden könnte, auf unterer Ebene nicht bestehen, eben weil die Pflicht zur Konzernrechnungslegung ausschließlich das konzernleitende Unternehmen (als inländische Kapitalgesellschaft) trifft. Die Unternehmen sind daher auch nicht gem. § 271 Abs. 2 HGB, 2. Fallgruppe, verbundene Unternehmen (anders wiederum, wenn sich bei einem mehrstufig gegliederten Konzern auf unterer Ebene eine Konzernrechnungslegungspflicht aus § 290 Abs. 2 HGB ergibt, von der gem. § 291 HGB freigestellt wird oder werden könnte[412]).

363 Die Rechtslage ist hier anders als bei § 290 Abs. 2 HGB. Dort ergibt der Gesetzeswortlaut, daß die Konzernrechnungslegung jeder inländischen Kapitalgesellschaft vorgeschrieben ist, der unmittelbar oder mittelbar ein Recht iSv. Abs. 2 bei einem Unternehmen zusteht, unabhängig von der Stufe der Unternehmenshierarchie, die die Kapitalgesellschaft einnimmt. § 290 Abs. 1 HGB ist nicht in dieser Weise formuliert. Zur Konzernrechnungslegung ist hier vielmehr nur die inländische Kapitalgesellschaft verpflichtet, unter deren „einheitlicher Leitung" die Unternehmen in einem Konzern" stehen. Auch begrifflich kann die **einheitliche Leitung** der Unternehmen eines Konzerns nur bei einem Unternehmen liegen (abgesehen von dem Sonderfall des Gemeinschaftsunternehmens). Die einheitliche Leitung der Unternehmen des Konzerns durch das Unternehmen an der Konzernspitze schließt die einheitliche Leitung durch weitere Unternehmen auf unteren Ebenen aus. Die hier angesprochene Passage des § 290 Abs. 1 HGB stimmt im wesentlichen auch mit Satz 1 des § 18 Abs. 1 AktG überein, und bei § 18 AktG wird nach herrschender Auffassung ebenfalls nicht davon ausgegangen, daß die einzelnen Stufen des Konzerns gesonderte „Konzerne im Konzern" sind[413].

364 Bei anderer Auffassung würde im übrigen die in § 290 Abs. 1 HGB vorausgesetzte einheitliche Leitung der Unternehmen des Konzerns nicht nur in soviele Fälle „einheitlicher Leitung" verschiedener Gruppen von Konzernunternehmen aufgesplittet, wie Konzernstufen mit jeweils einer den „Stufenkonzern" leitenden Kapitalgesellschaft bestehen; der Gesamtkonzern und die so gebildeten „Stufenkonzerne" würden einander auch überlagern.

365 Zu welchen Widersprüchen dies führen würde, zeigt folgende Überlegung: Die Kapitalgesellschaft auf jeder Stufe müßte, wenn sie die einheitliche Leitung der Unternehmen des Stufenkonzerns haben soll, auch selbst unter dieser Leitung stehen. Andererseits müßte sie ebenso wie ihre Tochterunternehmen gem. § 290 Abs. 1 HGB auch unter der einheitlichen Leitung der leitenden Kapitalgesellschaften auf allen höheren Konzernstufen stehen, weil sonst die einzelnen Konzernstufen nicht gem. § 290 Abs. 1 HGB untereinander verbunden wären: denn eine Zurechnung bei dem MU (wie in Abs. 3 für die Rechte eines Tochterunter-

---

verbundene Unternehmen, weil dort nicht auf die Einbeziehung in einen Konzernabschluß, sondern allein auf das Konzernverhältnis als solches abgestellt ist.
412 Vgl. nachfolgend Tz. 411 ff.
413 *Koppensteiner* in Kölner Kom., 2. Aufl. 1986, § 18 Anm. 22, 23; *Geßler* in AktG-Kom. § 18 Anm. 39; *v. Hoyningen/Huene* und die dort aufgeführte Literatur, ZGR 1978 S. 515 ff.; anders *Kropff,* BB 1965 S. 1281 ff., 1284. Zum HGB vgl. *Sarx/Kemper* in BeBiKo., § 290 Anm. 24 f.; *Siebourg* in HdRKo. § 290 Rn. 19; aM *Havermann,* Offene Fragen der Konzernrechnungslegung, in Bericht über die IDW-Fachtagung 1986, Düsseldorf 1986 S. 43.

nehmens iSv. Abs. 2) ist für die einheitliche Leitung auf unterer Stufe nicht vorgesehen – ein weiteres Zeichen für die anders geartete Struktur der Unternehmensverbindung gem. Abs. 1 (vgl. hierzu das Schaubild 2 unter Tz. R 389).

Die Frage, ob in einem mehrstufigen Konzern die einheitliche Leitung außer bei   **366** der Konzernspitze auch gleichzeitig bei anderen Unternehmen auf unteren Konzernebenen liegen kann[414] und somit mehrere einander überlappende „**Konzerne im Konzern**" existieren können, wird offengelassen von *Maas/Schruff*[415]. Sie weisen mit Recht darauf hin, daß die Frage eine um so größere Bedeutung erlangt, als eine dem § 330 Abs. 1 Satz 1 und Abs. 2 Satz 1 AktG 1965 nachgebildete Teilkonzernregelung im neuen Bilanzrecht des HGB nicht enthalten ist, so daß bei der hier angesprochenen Konzernstruktur (einheitlicher Leitung durch ein ausländisches MU oder ein inländisches Unternehmen, das nicht Kapitalgesellschaft ist) auch keine Verpflichtung zur Aufstellung eines (Teil-)Konzernabschlusses und eines (Teil-)Konzernlageberichts auf unterer Ebene besteht. Für eine von der bisher herrschenden Auffassung, nach der die einheitliche Leitung unteilbar ist, abweichende Auslegung könne die RegBegr. sprechen, wobei *Maas/Schruff* aber auch hervorheben, daß diese widersprüchliche Äußerungen enthält[416]. Gesetzesbegründungen sind jedoch nach allgemein anerkannten Auslegungsregeln nur dann bedeutsam, wenn der Gesetzestext lückenhaft oder nicht eindeutig ist – was von § 290 Abs. 1 HGB nicht behauptet werden kann –, und sind im übrigen für die Gesetzesauslegung von zweifelhaftem Wert, wenn sie wie hier einander widersprechen.

Soweit die Einbeziehung auf § 290 Abs. 1 HGB gestützt wird und hierzu das   **367** Vorliegen der einheitlichen Leitung festzustellen ist, ist auch zu beachten, daß wie bei § 18 Abs. 1 AktG die einheitliche Leitung ausgeschlossen ist, wenn zwischen den betreffenden Unternehmen ein Entherrschungsvertrag abgeschlossen wurde[417]. Entfällt bei Entherrschung die einheitliche Leitung, sind die betreffenden Unternehmen auch nicht mehr verbundene Unternehmen iSv. § 271 Abs. 2 HGB, sofern nicht die Voraussetzungen von § 290 Abs. 2 oder §§ 291, 292 HGB gegeben sind.

(2) In praktischen Fällen meist Überlagerung von Verbindungen nach § 290 Abs. 1 und 2 HGB

Daß bei isolierter Betrachtung des § 290 Abs. 1 HGB die Konzernrechnungsle-   **368** gung nicht auf jeder Stufe des Konzerns vorgeschrieben ist, wird allerdings in der Praxis häufig nicht von Bedeutung sein. Denn meist wird die oberste inländische Kapitalgesellschaft, die unter der einheitlichen Konzernleitung eines inländischen Unternehmens anderer Rechtsform oder eines Unternehmens mit Sitz im Ausland steht und deshalb nicht gem. § 290 Abs. 1 HGB zur Konzern-

---

414 Vgl. Erl. zu § 290 Abs. 1 in Tz. 16 ff.
415 WPg. 1986 S. 201 ff. (203/204).
416 Für das Stufenkonzept auch im Fall des § 290 Abs. 1 spricht die Begr. RegE vom 12. 4. 1985, BR-Drs. 163/85 S. 49, 53; dort heißt es auf S. 49 unten rechts/50 oben, daß § 330 AktG nicht mehr benötigt werde, „weil es einer Sonderregelung wegen des Prinzips der Stufenabschlüsse nicht bedarf"; hierbei wird kein Unterschied zwischen Abs. 1 und Abs. 2 des (späteren) § 290 HGB gemacht (vgl. auch Begr. RegE vom 3. 6. 1985, BT-Drs. 10/3440 S. 34). Andererseits wird an gleicher Stelle auf S. 49 in der linken Spalte die Übereinstimmung des Begriffs der einheitlichen Leitung mit § 18 AktG hervorgehoben (vgl. auch Fn. 409).
417 Zu Entherrschungsverträgen vgl. LG Mainz, Urt. v. 16. 10. 1990, DB S. 2361; mit Anm. *von Theisen*, S. 2365.

rechnungslegung verpflichtet ist, durch die in § 290 Abs. 2 HGB genannten Rechtspositionen, ggf. auch mittels Zurechnung gem. § 290 Abs. 3 HGB, mit den anderen Unternehmen verbunden sein. Die Pflicht zur Konzernrechnungslegung ist dann für die oberste inländische Kapitalgesellschaft durch § 290 Abs. 2 HGB begründet.

369   Bei einer solchen Konstellation kann aber auch das konzernleitende inländische Unternehmen anderer Rechtsform und ebenso das konzernleitende ausländische Unternehmen einen befreienden Konzernabschluß gem. § 291 HGB aufstellen; auch wenn dies nicht geschieht, sind alle in einen befreienden Konzernabschluß einzubeziehenden Unternehmen verbundene gem. § 271 Abs. 2 HGB, 2. Fallgruppe (näheres hierzu unter Tz. 419 ff.).

(3) Unternehmensverbindung bei treuhänderisch gehaltener Mehrheitsbeteiligung bei § 290 Abs. 1 HGB

370   Zu § 16 AktG wird die Meinung vertreten, daß ein Unternehmen, das eine Mehrheitsbeteiligung als Treuhänder hält, nicht mit dem in Mehrheitsbesitz stehenden Unternehmen verbunden ist, weil dem Treuhänder die Beteiligung **wirtschaftlich nicht gehört** [418]. Verbunden ist das in Mehrheitsbesitz stehende Unternehmen nur mit dem Treugeber-Unternehmen, das wirtschaftlich Inhaber der Beteiligung ist [419].

371   Diese Frage ist, soweit es sich um Rechnungslegung, Konzernrechnungslegung und Prüfung handelt, nunmehr gesetzlich geregelt. Gem. § 271 Abs. 2 iVm. § 290 HGB ist das als Treuhänder beteiligte Unternehmen nicht mit dem Unternehmen, an dem die Beteiligung besteht, verbunden, weil weder § 290 Abs. 1 HGB noch § 290 Abs. 2 HGB zutreffen [420]. Das in Mehrheitsbeteiligung treuhänderisch haltende Unternehmen ist nicht als konzernleitendes Unternehmen gem. § 290 Abs. 1 HGB zur Aufstellung eines KA unter Einbeziehung des Unternehmens, an dem die Beteiligung besteht, verpflichtet. Dies schon deshalb nicht, weil diese Beteiligung nicht dazu bestimmt ist, dem eigenen Geschäftsbetrieb des als Treuhänder beteiligten Unternehmens durch Herstellung einer dauernden Verbindung zu dienen, wie dies § 271 Abs. 1 HGB für den bilanzrechtlichen, auch bei § 290 Abs. 1 HGB maßgebenden Beteiligungsbegriff voraussetzt. Darüber hinaus fehlt es an der Zusammenfassung zu einem Konzern unter der einheitlichen Leitung des Treuhänder-Unternehmens.

372   Dagegen kann das Unternehmen, an dem die treuhänderische Beteiligung besteht, unter der einheitlichen Konzernleitung des **Treugeber-Unternehmens** stehen. Letzteres ist dann, falls Kapitalgesellschaft, zur Aufstellung eines KA unter Einbeziehung des vorgenannten Unternehmens verpflichtet. Die vom Treuhänder gehaltene Beteiligung gilt gem. § 271 Abs. 1 Satz 4 HGB iVm. § 16 Abs. 4 AktG als Beteiligung des Treugeber-Unternehmens, auch im Rahmen des § 290 Abs. 1 HGB [421].

---

418 Vgl. Tz. 82 f.; ferner *Zilias*, WPg. 1967 S. 465. Hierbei ist abgestellt auf die uneigennützige (Verwaltungs-)Treuhandschaft; *Mathews*, Die Behandlung von Treuhandverhältnissen im Bilanzrichtlinien-Gesetz und in der Bankbilanzrichtlinie, BB 1987 S. 642 (647).

419 Vgl. *ADS*, § 16 AktG Tz. 28; *H.-P. Müller*, AG 1968 S. 277; *Zilias*, WPg. 1967 S. 465. AM *Koppensteiner* in Kölner Kom., 2. Aufl. 1986, § 16 Anm. 27; *Geßler* in AktG-Kom. § 16 Anm. 18; zum HGB vgl. *Siebourg* in HdRKo. § 290 Rn. 49.

420 Zu § 290 Abs. 2 vgl. sogleich Tz. 374 ff.

421 Vgl. *Siebourg* in HdRKo. § 290 Rn. 50.

Das als Treuhänder beteiligte Unternehmen steht auch nicht zusammen mit dem   **373**
Unternehmen, an dem die Beteiligung besteht, in einem Konzern des Treugeber-
Unternehmens unter dessen einheitlicher Leitung. Die dienstvertragliche Verpflichtung, die Beteiligung treuhänderisch zu halten, führt lediglich zur Weisungsgebundenheit gegenüber dem Treugeber-Unternehmen hinsichtlich dieser
Beteiligung, nicht aber hinsichtlich der allgemeinen Geschäftspolitik des Treuhänder-Unternehmens, wie dies für eine „einheitliche Leitung" erforderlich
wäre (vgl. Erl. zu § 290 HGB, in Abschn. M).

bb) Besondere Fragen im Zusammenhang mit § 290 Abs. 2 HGB

(1) Unternehmensverbindungen gem. § 290 Abs. 2 iVm. § 271 Abs. 2 HGB

Die Zugehörigkeit zu demselben Konsolidierungskreis ist auch in den Fällen, in   **374**
denen nach § 290 Abs. 2 HGB ein KA aufgestellt werden muß, das konstitutive
Merkmal für die Unternehmensverbindungen. Dies gilt hier ebenfalls unabhängig davon, ob ein KA aufgestellt wird oder ob die Aufstellung unterbleibt.

In § 290 Abs. 2 und 3 HGB ist die Konsolidierungspflicht nicht wie in Abs. 1 an   **375**
das Vorliegen einer einheitlichen Leitung und damit eines Konzerns geknüpft,
sondern an bestimmte Rechtspositionen einer inländischen Kapitalgesellschaft
(Mutterunternehmen) bei anderen Unternehmen (Abs. 2 Nr. 1–3). Diese anderen
Unternehmen werden, wie in Abs. 1 als „Tochterunternehmen" bezeichnet.

Der Gesetzgeber vermeidet es, in § **290 Abs. 2 HGB** von einem „Konzern" zu   **376**
sprechen. Er hat auch davon abgesehen, in § 290 Abs. 2 HGB eine unwiderlegbare Vermutung für das Bestehen eines Konzerns aufzustellen (wie zB in § 18
Abs. 1 Satz 2 AktG) oder auch nur die entsprechende Anwendung der Vorschriften vorzuschreiben, die sich auf Konzerne beziehen. Das führt zu der Frage, ob
es sich auch in den Fällen des Abs. 2 um einen „Konzern" handelt, wenn nicht
zugleich einheitliche Konzernleitung iSv. Abs. 1 gegeben ist. Für Rechnungslegungsvorschriften ist diese Frage freilich kaum von praktischer Bedeutung, weil
in § 290 Abs. 2 HGB gleichermaßen wie in Abs. 1 die Aufstellung eines „KA" zu
dem der Konzernanhang gehört, und eines „Konzernlageberichts" vorgeschrieben ist, so daß es insoweit auf die Einordnung der Fälle des Abs. 2 in den Konzernbegriff nicht ankommt. Dies gilt für die Unternehmensverbindungen ebenfalls, weil auch in diesem Zusammenhang nicht auf die Zugehörigkeit zu einem
Konzern abgestellt wird, sondern nur auf die Pflicht zur Einbeziehung in einen
„KA" (§ 271 Abs. 2 HGB). Die Frage kann deshalb hier dahingestellt bleiben.
Daß sie dennoch in spezieller Hinsicht von Bedeutung sein kann, zeigt sich bei
der Frage nach der Geltung der Konzernvermutung des § 18 Abs. 1 Satz 3 AktG
für die Konzernrechnungslegung im HGB (vgl. Tz. 171).

(2) Insbesondere Unternehmensverbindungen durch Zurechnung gem. § 290 Abs. 3 HGB

Für die Reichweite der Unternehmensverbindungen nach § 290 Abs. 2 HGB sind   **377**
die durch Zurechnung (§ 290 Abs. 3 Satz 1 und 2 HGB) begründeten Unternehmensverbindungen von wesentlicher Bedeutung. Nach § 290 Abs. 3 HGB gelten
die Rechte, die einem Mutterunternehmen nach Abs. 2 zustehen, auch die einem
Tochterunternehmen zustehenden Rechte und die Rechte, die einer für Rechnung
des MU oder eines Tochterunternehmens handelnden Person zustehen.

378 Durch diese **Zurechnung** der Rechte bei dem Mutterunternehmen (A), die ein Tochterunternehmen (B) bei seiner Tochter (C) hat, wird nicht etwa die Unternehmensverbindung zwischen B und C aufgehoben. Vielmehr sind alle gem. § 294 HGB zu konsolidierenden Unternehmen verbundene Unternehmen iSv. § 271 Abs. 2 HGB.

379 Die Zurechnung von Anteilen bei einem in der Unternehmenshierarchie höher stehenden Unternehmen (A) findet sich auch im AktG, und zwar in § 16 Abs. 4 für Anteile, die ein von A abhängiges Unternehmen (B) an C besitzt. Zu dieser Vorschrift ist teilweise die Ansicht vertreten worden, daß durch die Zurechnung bei A die Unternehmensverbindung zwischen B und C entfalle (absorbiert werde) und daß im übrigen das herrschende Unternehmen A auch selbst unmittelbar Anteile an C besitzen müsse. Diese bereits zu § 16 Abs. 4 AktG abgelehnte Auffassung ist bei § 271 Abs. 2 HGB ausgeschlossen[422].

380 Dagegen bleiben bei einem Mutter- oder Tochterunternehmen Rechte aus Anteilen, die es für Rechnung einer anderen Person (zB als Treuhänderin) oder als Sicherheit hält, außer Ansatz (§ 290 Abs. 3 Satz 3 Nr. 1 und 2 HGB). Rechte aus treuhänderisch gehaltenen Anteilen gelten ausschließlich als Rechte des Unternehmens, für dessen Rechnung die Anteile gehalten werden (§ 290 Abs. 3 Satz 1 HGB); dazu sogleich (3).

Die Zurechnung gem. § 290 Abs. 3 HGB wird in dem folgenden Schaubild verdeutlicht:

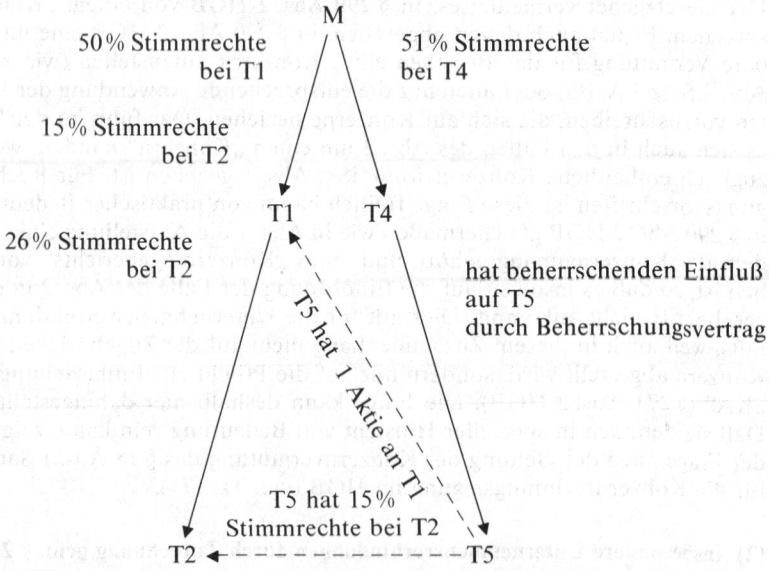

381 (a) Betrachtet man ausschließlich die **direkten Beziehungen** von M zu T1 und T2, so wäre M nach §§ 271 Abs. 2, 290 Abs. 2 HGB weder im Verhältnis zu T1 noch zu T2 verbundenes Unternehmen, weil M nicht mehr als 50% der Stimmrechte an T1 und T2 (und auch keine anderen Rechte iSv. Nr. 2 oder 3

---

422 Vgl. Tz. 92 ff.

des Abs. 2) zustehen und T1 wie T2 daher keine „Tochterunternehmen" von M wären. Daran würde sich auch nichts ändern, wenn T1 36% der Stimmrechte an T2 innehätte, die an sich zusammen mit den bei M selbst vorhandenen 15% eine Stimmrechtsmehrheit bei T2 ergeben würden; denn T1 wäre eben nicht Tochterunternehmen von M, und infolgedessen gelten die Stimmrechte von T1 an T2 nicht als solche der M (§ 290 Abs. 3 Satz 1 HGB).

(b) Beziht man dagegen T4 und T5 mit in die Betrachtung ein, so ist die **382** Rechtslage eine andere. Da M die Stimmrechtsmehrheit bei T4 hat, ist T4 Tochterunternehmen von M gem. § 290 Abs. 2 HGB; demzufolge gilt das T4 zustehende Recht auf beherrschende Einflußnahme aus dem zwischen T4 und T5 geschlossenen Beherrschungsvertrag als Recht von M (§ 290 Abs. 3 Satz 1 HGB), wodurch auch T5 Tochterunternehmen von M wird. Letzteres wiederum führt bei M zur Zurechnung des Stimmrechts aus der einen Aktie, die T5 an T1 besitzt, so daß M zusammen mit seinem unmittelbaren Stimmrechtsanteil von 50% nunmehr als Inhaber der Mehrheit der Stimmrechte bei T1 gilt. Da T1 hierdurch zu einem Tochterunternehmen von M wird, gilt auch der 26%ige Stimmrechtsanteil von T1 an T2 als solcher von M, desgleichen der 15%ige Stimmrechtsanteil von T5 an T2, was zusammen mit den eigenen Stimmen von M an T2 eine Stimmrechtsmehrheit der M von 56% bei T2 ergibt. Damit ist T2 ebenfalls Tochterunternehmen der M und muß, ebenso wie alle anderen Unternehmen des Schaubildes, in den Konzernabschluß von M einbezogen werden (§ 294 HGB); sämtliche Unternehmen des Schaubildes sind gem. § 271 Abs. 2 HGB, 1. Fallgruppe, verbundene Unternehmen.

(3) Unternehmensverbindung bei treuhänderisch gehaltener Mehrheitsbeteiligung bei § 290 Abs. 3 HGB

Auch nach § 290 Abs. 2 HGB ist das Treuhänder-Unternehmen nicht zur Auf- **383** stellung eines KA unter Einbeziehung des Unternehmens, an dem die Mehrheitsbeteiligung besteht, verpflichtet, auch wenn die Mehrheitsbeteiligung mit der Stimmrechtsmehrheit verbunden ist. Da die **Beteiligung für Rechnung** einer anderen Person, dem Treugeber-Unternehmen, gehalten wird, gelten die mit ihr verbundenen Rechte (Abs. 2 Nr. 1–3) nicht als Rechte des Treuhänder-Unternehmens (Abs. 3 Satz 3 Nr. 1), sondern als Rechte des Treugeber-Unternehmens (Abs. 3 Satz 1). Dieses hat, wenn es eine Kapitalgesellschaft ist, einen KA unter Einbeziehung des Unternehmens, an dem die Beteiligung besteht, aufzustellen[423].

Von vornherein nicht in Betracht kommt die Einbeziehung des Treuhänder- **384** Unternehmens in einen KA des Treugeber-Unternehmens, weil letzteres keine Rechtsposition gem. Abs. 2 Nr. 1–3 an dem Treuhänder-Unternehmen innehat.

(4) Unternehmensverbindung bei Stimmbindung oder Entherrschung?

Für die Entscheidung, ob trotz des Abschlusses von Stimmbindungs- oder Ent- **385** herrschungsvereinbarungen verbundene Unternehmen iSv. § 271 Abs. 2 HGB vorliegen, muß die Frage entschieden werden, ob derartige Vereinbarungen das Innehaben der Stimmenmehrheit iSv. § 290 Abs. 2 Nr. 1 HGB ausschließen oder

---

423 Vgl. auch *Mathews*, BB 1987 S. 642 (647).

§ 290 Abs. 2 HGB unberührt lassen und zum Konsolidierungswahlrecht nach § 296 Abs. 1 Nr. 1 HGB führen. Für die Konsolidierung kann diese Frage letztlich offen bleiben, wenn die Nichtkonsolidierung angestrebt ist. Ergibt sich diese Entscheidung aus § 290 Abs. 1 Nr. 1 HGB, bleiben die betroffenen Unternehmen verbundene Unternehmen, im Falle des § 290 Abs. 2 HGB entfällt auch diese Zuordnung.

386 Diese Frage ist umstritten. Während *Siebourg*[424] der materiellen Zuordnung der Stimmrechte zuneigt und § 290 Abs. 2 HGB ausschließen will, geht die Gegenmeinung[425] von der formalrechtlichen Betrachtung aus und hält schuldrechtliche Beschränkungen nicht für genügend, wegen der Nichtausübbarkeit der Stimmrechte deren Zustehen zum Gesellschafter zu verneinen. Dieser Auffassung ist zu folgen. Unternehmen sind folglich auch bei Stimmbindungs- oder Entherrschungsverträgen als verbundene Unternehmen zu behandeln.

cc) Die Rechtslage beim Zusammentreffen von Verbindungen gem. Abs. 1 und Abs. 2 des § 290 HGB

(1) Überlagerung von Unternehmensverbindungen

387 Häufig werden Unternehmensverbindungen, die gem. § 290 Abs. 1 HGB durch einheitliche Konzernleitung und Beteiligung begründet sind, und Unternehmensverbindungen gem. § 290 Abs. 2 HGB einander **überlagern.** Denn wenn eine Mehrheitsbeteiligung (§ 290 Abs. 2 Nr. 1 HGB), ein personelles Beherrschungsmittel (Abs. 2 Nr. 2) oder eine Beherrschungsmöglichkeit durch Beherrschungsvertrag oder Satzungsbestimmung (Abs. 3 Nr. 3) gegeben ist, wird meist auch einheitliche Konzernleitung gem. Abs. 1 bestehen. Da beide Verbindungsarten in § 271 Abs. 2 HGB gleichgestellt sind, ergeben sich durch eine solche Überlagerung keine besonderen Auswirkungen für die Unternehmensverbindungen. – Ein Sonderfall ist unter Tz. 380 und 405 behandelt.

388 Jedoch kann die Unternehmensverbindung des **§ 290 Abs. 1 HGB weiterreichen** als die nach § 290 Abs. 2 HGB – und umgekehrt. Da die Unternehmensverbindung durch einheitliche Konzernleitung (§ 290 Abs. 1 HGB) nur eine „Beteiligung" (§ 271 Abs. 1 HGB) voraussetzt, kann diese Unternehmensverbindung bspw. auch Unternehmen umfassen, an denen das MU keine Stimmrechtsmehrheit (§ 290 Abs. 2 Nr. 1 HGB) hat; andererseits kann eine Unternehmensverbindung durch Stimmrechtsmehrheit auch gegeben sein, wenn das MU keine einheitliche Leitung iSv. § 290 Abs. 1 HGB ausübt.

(2) Unterschiedliche Verbindungsarten auf verschiedenen Ebenen

389 Bestehen beide Verbindungsarten, die des Abs. 1 und die des Abs. 2, auf verschiedenen Stufen des Konzerns, also nacheinander, so ergeben sich zwar Fragen aus der unterschiedlichen Konzeption der Abs. 1 und 2 des § 290 HGB; ihre Lösung ist jedoch vorgezeichnet. Zur Veranschaulichung seien 2 Fälle gegenübergestellt:

424 *Siebourg* in HdRKo. § 290 Rn. 73 ff., insb. 77.
425 So St/SABI 1/1988 Abschn. I. 3; *ADS,* § 290 HGB Tz. 41 ff.; *Sarx/Kemper* in BeBiKo., § 290 Anm. 46; *Ulmer,* Begriffsvielfalt im Recht der verbundenen Unternehmen als Folge des Bilanzrichtlinien-Gesetzes, in *Havermann,* FS für *Goerdeler,* (Fn. 166) S. 623 (641 mit Fn. 50). Zur Wirksamkeit von Entherrschungsverträgen vgl. LG Mainz, DB 1990 S. 2361; *Zöllner,* ZHR 1991 S. 168 ff.

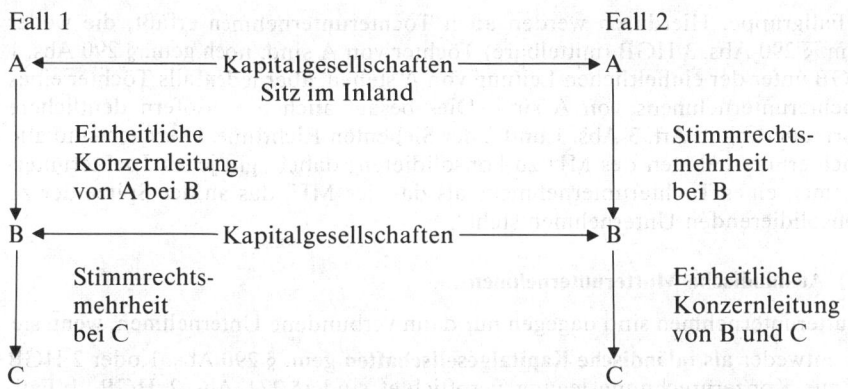

Fall 1:

Aufgrund einheitlicher Leitung des Mutterunternehmens A ist B im Verhältnis   **390** zu A gem. § 290 Abs. 1 HGB dessen Tochterunternehmen. B ist wegen seiner Stimmrechtsmehrheit gem. § 290 Abs. 2 Nr. 1 HGB zugleich MU von C. Ist aber C auch Tochterunternehmen von A, dh. wird die Stimmrechtsmehrheit, die B bei C besitzt, dem obersten Mutterunternehmen A gem. § 290 Abs. 3 Satz 1 HGB zugerechnet?

B ist hier jedenfalls nicht gem. § 290 Abs. 2 HGB Tochterunternehmen von A, wenn, wie in diesem Fall angenommen, A keine der Rechtspositionen des Abs. 2 Nr. 1–3 bei B innehat. Jedoch ist in § 290 Abs. 3 HGB die Zurechnung nicht auf den Fall beschränkt, daß B aufgrund von in Abs. 2 genannten Rechten Tochterunternehmen von A ist. Da in § 290 Abs. 1 HGB die unter einheitlicher Konzernleitung stehenden Unternehmen ebenfalls als Tochterunternehmen definiert werden, müssen A auch Rechte zugerechnet werden, die dem (nur) gem. § 290 Abs. 1 HGB mit A verbundenen Unternehmen B zustehen. Abs. 3 ist nicht lediglich als Ergänzung zu Abs. 2 zu verstehen, sondern betrifft alle Tochterunternehmen, die in § 290 Abs. 1 und 2 als solche zu bezeichnen sind. Auch C ist daher als (mittelbares) Tochterunternehmen von A in dessen KA einzubeziehen und demgemäß ebenfalls mit A verbunden (§ 271 Abs. 2 HGB, 1. Fallgruppe).

Fall 2:

Auch hier ist B im Verhältnis zu A Tochterunternehmen, und zwar gem. § 290   **391** Abs. 2 Nr. 1 HGB. Desgleichen ist B, ebenso wie im Fall 1, MU im Verhältnis zu C, weil C unter einheitlicher Konzernleitung von B steht. B hat jedoch, wie hier angenommen, keine Rechte gem. Abs. 2 Nr. 1–3 bei C, die bei A gem. Abs. 3 Satz 1 zugerechnet werden könnten. Die einheitliche Leitung, die B bei C aus- übt, wird A nicht zugerechnet; denn eine Abs. 3 des § 290 HGB entsprechende Vorschrift ist hinsichtlich der einheitlichen Leitung im Gesetz nicht enthalten. Dies könnte zu der Annahme führen, daß C im Fall 2 nicht in den KA von A einzubeziehen und daher nicht mit A verbunden sei.

Jedoch muß in diesem Zusammenhang § 294 Abs. 1 HGB in Betracht gezogen werden. Nach dieser Bestimmung sind „alle" Tochterunternehmen in den KA einzubeziehen und folglich verbundene Unternehmen gem. § 271 Abs. 2 HGB,

1. Fallgruppe. Hierdurch werden auch Tochterunternehmen erfaßt, die weder gem. § 290 Abs. 3 HGB (mittelbare) Töchter von A sind, noch gem. § 290 Abs. 1 HGB unter der einheitlichen Leitung von A stehen, aber jedenfalls Töchter eines Tochterunternehmens von A sind. Dies besagt auch die insofern deutlichere Formulierung in Art. 3 Abs. 1 und 2 der Siebenten Richtlinie. Hiernach sind alle Tochterunternehmen des MU zu konsolidieren; dabei „gilt jedes Tochterunternehmen eines Tochterunternehmens als das des MU, das an der Spitze der zu konsolidierenden Unternehmen steht".

dd) Ausländische Mutterunternehmen

392   Mutterunternehmen sind dagegen nur dann verbundene Unternehmen, wenn sie

a) entweder als **inländische Kapitalgesellschaften** gem. § 290 Abs. 1 oder 2 HGB zur Konzernrechnungslegung verpflichtet sind (§ 271 Abs. 2 HGB, 1. Fallgruppe)

b) oder als Unternehmen beliebiger Rechtsform und unabhängig von ihrer Größe gem. § 291 HGB einen befreienden KA aufstellen oder aufstellen könnten; dabei ist es gleichgültig, ob sie ihren Sitz in der BRD, in einem anderen Mitgliedstaat der EWG oder in einem Staat haben, der durch Rechtsverordnung gem. § 292 HGB gleichgestellt ist (§ 271 Abs. 2 HGB, 2. Fallgruppe).

393   Unternehmensverbindungen über die Grenze bestehen hier lediglich im Fall b), sofern der befreiende Konzernabschluß durch ein im Ausland ansässiges MU aufgestellt wird oder aufgestellt werden könnte.

394   Die Pflicht zur Konzernrechnungslegung ist in § 290 HGB auf MU mit Sitz im Inland beschränkt. Ein MU mit Sitz im Ausland ist auch dann nicht nach deutschem Recht zur Konzernrechnungslegung verpflichtet, wenn es MU eines oder mehrerer Tochterunternehmen mit Sitz in Deutschland ist. Dies entspricht dem Grundsatz, daß die Hoheitsgewalt eines Staates an den Staatsgrenzen endet. MU mit **Sitz im Ausland** haben aber ebenso wie inländische MU unter den Voraussetzungen des § 291 die Möglichkeit, einen befreienden KA aufzustellen und sind dann, auch wenn sie von dieser Möglichkeit keinen Gebrauch machen, nach deutschem Recht verbundene Unternehmen (§ 271 Abs. 2 HGB, 2. Fallgruppe).

c) Der weitestgehende Konzernabschluß eines obersten Mutterunternehmens

395   Nach § 271 Abs. 2 HGB, 1. Fallgruppe, ist bei der Feststellung, welche Unternehmen verbunden sind, auf den „weitestgehenden" KA abzustellen, den ein „oberstes" MU nach dem Zweiten Unterabschnitt (§§ 290 ff. HGB) aufzustellen hat, auch wenn die Aufstellung unterbleibt.

396   Die Vorschrift soll bewirken, daß sich die Unternehmensverbindungen stets nach dem **größtmöglichen Kreis** der verbundenen Unternehmen bestimmen. Sie betrifft nicht nur den Fall, daß ein KA überhaupt nicht aufgestellt wird, sondern auch den, daß ein KA zwar aufgestellt wird, jedoch ein oder mehrere Tochterunternehmen nicht einbezogen werden, obwohl sie nach den gesetzlichen Bestimmungen einbezogen werden müßten. Im letzteren Fall wäre nicht, wie das Gesetz verlangt, der weitestgehende KA aufgestellt. Dessen ungeachtet bestimmt sich der Kreis der verbundenen Unternehmen stets nach dem weitestgehenden KA, der nach §§ 290 ff. HGB aufzustellen ist.

„Oberstes" MU ist im Fall des § 290 Abs. 1 HGB die **inländische Kapitalgesell**   **397**
schaft, unter deren einheitlicher Leitung die Unternehmen des Konzerns stehen,
im Fall des Abs. 2 die oberste inländische Kapitalgesellschaft, die die Rechtspositionen bei Tochterunternehmen gem. Nr. 1–3 Abs. 2 innehat oder der sie gem.
Abs. 3 Satz 1 oder 2 zugerechnet werden.

Daß sie hier nur auf inländische MU abgestellt ist, ergibt sich aus der Bezug   **398**
nahme auf die Pflicht zur Aufstellung eines Konzernabschlusses nach dem
Zweiten Unterabschnitt; MU mit Sitz im Ausland kann der deutsche Gesetzgeber nicht zur Konzernrechnungslegung verpflichten (vgl. oben Tz. 394).

Aus welchen Gründen der Pflicht zur Aufstellung eines KA oder zur Einbezie   **399**
hung eines Unternehmens in den Konzernabschluß nicht nachgekommen wird,
ist für die Unternehmensverbindungen unerheblich. Besteht dagegen nach den
Vorschriften im Zweiten Unterabschnitt keine Pflicht zur Aufstellung eines
KA – wie bei größenbedingter Freistellung von dieser Pflicht gem. § 293 HGB –,
so ist die vorgenannte Bestimmung des § 271 Abs. 2 HGB, 1. Fallgruppe nicht
anwendbar. Jedoch können trotz größenbedingter Befreiung Unternehmensverbindungen begründet sein, und zwar durch einen möglichen befreienden KA
(§§ 291, 271 Abs. 2 HGB, 2. Fallgruppe); näheres hierzu unter [426].

aa) Konzernabschluß auf unterer Stufe

Von § 271 Abs. 2 HGB, 1. Fallgruppe, erfaßt wird zB der Fall, daß ein KA   **400**
pflichtwidrig nicht auf oberster Stufe, sondern von einem Tochterunternehmen
des obersten MU auf niedriger Stufe aufgestellt wird. Nicht in einen solchen KA
einbezogen wäre das oberste MU sowie diejenigen Unternehmen, die unmittelbar dem obersten MU angegliedert sind oder – wenn mittelbar angegliedert –
nicht über das den Konzernabschluß aufstellende Tochterunternehmen.

Beispiel:

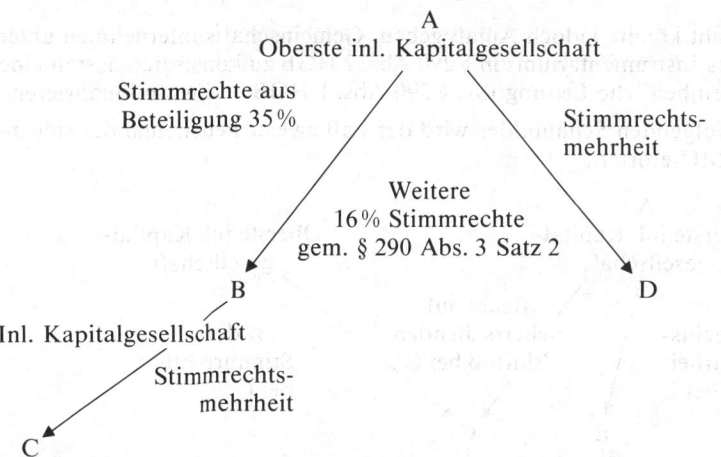

A is hier als oberstes MU verpflichtet, einen KA unter Einbeziehung von B, C   **401**
und D aufzustellen. Wenn A jedoch keinen KA aufstellt, hat B einen KA unter

---

426 Vgl. Abschn. 4c dd, ee Tz. 439.

Einbeziehung von C aufzustellen; von dieser Pflicht wäre B nur durch einen von A erstellten befreienden KA iSv. § 291 HGB befreit. Dasselbe gilt, wenn A zwar einen KA aufstellt, aber B und C nicht in den KA einbezieht, zB weil A den Stimmrechten aus seiner Beteiligung von 35 % an B die zur Stimmrechtsmehrheit führenden weiteren 16 % der Stimmrechte, über die A aufgrund einer Vereinbarung mit anderen Gesellschaftern von B verfügen kann, entgegen § 290 Abs. 3 Satz 2 HGB nicht hinzugerechnet hat. **Verbundene Unternehmen** sind jedoch stets alle Unternehmen des Schaubilds, weil es nach § 271 Abs. 2 HGB, 1. Fallgruppe, nicht darauf ankommt, ob das oberste MU den weitestgehenden KA, zu dem es nach §§ 290 ff. HGB verpflichtet ist, tatsächlich aufstellt oder nicht (vgl. Abschn. 4a, Tz. 411 ff.).

402   Diese **Unternehmensverbindungen** bestehen sowohl, wenn A überhaupt keinen KA aufstellt, wie auch dann, wenn A einen KA lediglich unter Einbeziehung von D aufstellt. Denn dieser KA wäre nicht der weitestgehende, und die Unternehmensverbindungen richten sich, wie bereits dargelegt, nach dem weitestgehenden KA, den A nach den gesetzlichen Bestimmungen aufzustellen hat.

bb) Zwei oberste Mutterunternehmen nebeneinander

403   Denkbar sind auch Konstellationen, in denen ein oberstes MU nicht den am weitestgehenden KA aufzustellen hat. Solche Fälle werden gewiß selten sein, sind aber möglich. Bspw. könnten zwei nebeneinander stehende oberste MU mit Sitz im Inland vorhanden sein, die bei einem dritten Unternehmen unterschiedliche Rechtsstellungen gem. § 290 Abs. 2 HGB innehaben. Das dritte Unternehmen wird hierdurch Tochterunternehmen jedes der beiden MU. Die Sachlage hat Ähnlichkeiten mit der Konstellation bei den herkömmlichen **Gemeinschaftsunternehmen,** für die jedoch – anders als bei dem hier zugrunde liegenden Sachverhalt – eine paritätische Beteiligung der Obergesellschaften und Vereinbarungen zwischen diesen über die Leitung des Unternehmens typisch sind.

404   Das neue Recht könnte jedoch Anlaß geben, Gemeinschaftsunternehmen unter Benutzung des Instrumentariums in § 290 Abs. 2 HGB zu konstruieren, statt eine gemeinsame einheitliche Leitung iSv. § 290 Abs. 1 HGB zu institutionalisieren.

Anhand des folgenden Schaubildes wird der Fall zweier nebeneinander stehender oberster MU erörtert.

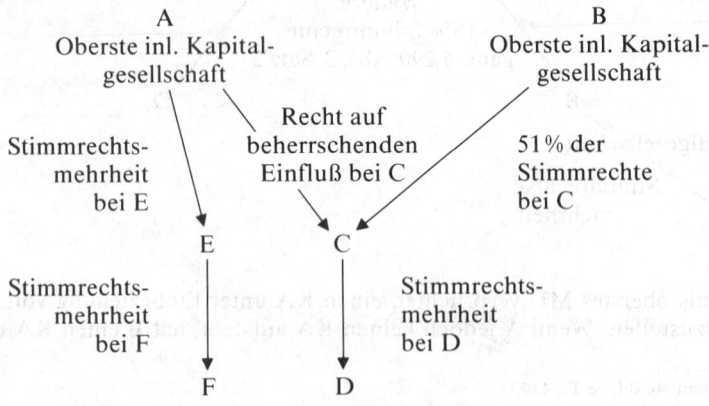

In der Praxis wird zwar der hier dargestellte Fall, daß bei demselben Unternehmen (hier: C) ein Unternehmen (A) das Recht auf beherrschenden Einfluß besitzt und ein anderes Unternehmen (B) die Stimmrechtsmehrheit, selten vorkommen. Immerhin ist er denkbar, etwa aufgrund einer Verständigung zwischen den Mutterunternehmen A und B; oder wenn die Stimmrechtsmehrheit in der Hand von B erst später als das Recht von A auf beherrschenden Einfluß bei C zustande gekommen ist, zB durch Erwerb von Anteilen an C oder durch Vereinbarungen mit anderen Gesellschaftern von C, aufgrund deren B über die Stimmrechte dieser Gesellschafter verfügen kann (§ 290 Abs. 3 Satz 2 HGB). Wenn C eine GmbH ist, wäre ferner der Fall möglich, daß B mit C durch das Recht gem. § 290 Abs. 2 Nr. 2 HGB verbunden ist, die Mehrheit der Mitglieder des Leitungs- oder Aufsichtsorgans zu bestellen oder abzuberufen. **405**

Im obigen Schaubild sind sowohl A wie auch B nebeneinander oberste MU gem. § 290 Abs. 2 HGB. C ist Tochterunternehmen jedes der MU, nämlich im Verhältnis zu A gem. § 290 Abs. 2 Nr. 3 HGB und im Verhältnis zu B gem. Abs. 2 Nr. 1; ebenso ist D Tochterunternehmen von A und B, weil die Stimmrechtsmehrheit von C bei D sowohl A wie auch B zugerechnet wird (§ 290 Abs. 3 Satz 1 HGB). Den weitestgehenden KA hat hier A aufzustellen, weil außer C und D auch noch E und F in den KA von A einzubeziehen sind (E ist Tochterunternehmen von A gem. § 290 Abs. 2 Nr. 1 HGB, F gem. § 290 Abs. 3 Satz 1 iVm. § 290 Abs. 2 Nr. 1 HGB). Die Unternehmensverbindungen bestimmen sich nach diesem weitestgehenden KA, auch wenn er nicht aufgestellt wird. Miteinander verbundene Unternehmen sind deshalb hier A, C, D, E und F (auf Unternehmensverbindungen von B wird weiter unten eingegangen). **406**

Dieselben Unternehmensverbindungen bestehen, wenn A MU von E und F nicht aufgrund von Stimmrechtsmehrheit, sondern gem. § 290 Abs. 1 HGB aufgrund einheitlicher Konzernleitung in Verbindung mit Beteiligungen an E und F iSv. § 271 Abs. 1 HGB ist. Auch C wird bei Ausnutzung des Rechts auf beherrschenden Einfluß durch A gem. § 290 Abs. 1 HGB mit A verbunden sein, und zwar zusätzlich zu der Verbindung gem. § 290 Abs. 2 Nr. 3 HGB. **407**

A, E und F sind hier untereinander, jedoch nicht mit B verbunden, denn sie sind nicht in einen Konzernabschluß von B einzubeziehen. C und D sind ebenfalls mit A verbunden, weil A den weitestgehenden KA aufzustellen hat. Sind C und D nicht aber auch gleichzeitig mit B verbunden, obwohl in § 271 Abs. 2 HGB nur auf die Einbeziehung in den weitestgehenden KA, mithin den von A, abgestellt ist? **408**

Vorgängig ist die Frage, ob nach den Vorschriften im Dritten Buch des HGB eine **doppelte Konzernzugehörigkeit** möglich ist, maW ob C und D außer in den KA von A auch in einen KA von B einzubeziehen sind, den B wegen seiner Rechtsposition bei C und – mittelbar – bei D innehat. **409**

Der Wortlaut des § 290 Abs. 2 HGB ist insoweit eindeutig: Stets wenn einer inländischen Kapitalgesellschaft eine der Rechtspositionen der Nr. 1, 2 oder 3 des § 290 Abs. 2 HGB bei einem anderen Unternehmen zusteht, ist sie zur Konzernrechnungslegung verpflichtet; eine Ausnahme für den Fall, daß zwei inländische Kapitalgesellschaften bei demselben Unternehmen (unterschiedliche) Rechtspositionen des Abs. 2 innehaben, enthält das Gesetz nicht. Die **mehrfache Konzernzugehörigkeit** in derartigen Fällen entspricht auch Sinn und Zweck des **410**

Gesetzes. Daß die Unternehmensverbindungen zwischen B, C und D, die sich aus der Zugehörigkeit von C und D auch zum Konsolidierungskreis von B ergeben, durch § 271 Abs. 2 HGB ausgeschlossen werden sollten, ist nicht anzunehmen, zumal dieser Vorschrift der gesetzgeberische Wille zu entnehmen ist, die Unternehmensverbindungen weit zu spannen. Vielmehr ist davon auszugehen, daß bei der Gesetzesformulierung an Fälle wie den vorliegenden nicht gedacht worden ist. Dem Sinn auch des § 271 Abs. 2 HGB entspricht es daher, C und D auch im Verhältnis zu B (und zu etwaigen weiteren Tochterunternehmen von B) als verbundene Unternehmen anzusehen.

Der hier behandelte Fall ist zugleich ein Beispiel für einander überlagernde Unternehmensverbindungen (vgl. hierzu Abschn. V. 3b cc, Tz. 387).

4. Kreis der verbundenen Unternehmen
nach § 271 Abs. 2 HGB

a) Einbeziehung in den weitestgehenden Konzernabschluß des obersten Mutterunternehmens (§ 271 Abs. 2 HGB, 1. Fallgruppe)

411   Nach der 1. Fallgruppe des § 271 Abs. 2 HGB sind verbundene Unternehmen diejenigen, die als Mutter- oder Tochterunternehmen, wie es sich nach den Erl. oben darstellt, in den KA des obersten MU einzubeziehen sind; dieser weitestgehende KA soll die größtmögliche Zahl einzubeziehender Unternehmen erfassen.

412   Der Kreis der **verbundenen Unternehmen** ist nicht identisch mit dem Kreis der Unternehmen, die in einen durch §§ 290 ff. HGB vorgeschriebenen KA oder in einen freiwilligen KA (§§ 291, 292 HGB) (vgl. unten 2.) einbezogen sind, sondern ist, wie sich aus den folgenden Darlegungen ergibt, erheblich **weiter** gezogen.

413   Der Sinn der weiten Fassung des Begriffs der verbundenen Unternehmen ist darin zu sehen, daß bei der gesonderten Offenlegung der finanziellen Verflechtungen in Jahresabschluß und Anhang von einem möglichst weitgespannten Kreis nahestehender Unternehmen ausgegangen werden soll; wohl auch darin, daß der Entschluß, freiwillig einen befreienden KA aufzustellen, nicht an der Hemmschwelle der Offenlegung finanzieller Verflechtungen scheitern soll, was ausgeschlossen ist, wenn die Pflicht zu deren gesonderten Offenlegung ohnehin besteht.

aa) Unternehmensverbindung bei aufgestelltem Konzernabschluß nach § 290 HGB

414   Wird ein KA nach § 290 HGB aufgestellt, bestimmt sich hierdurch der Mindestumfang des Kreises der verbundenen Unternehmen. Verbundene Unternehmen nach § 271 Abs. 2 HGB sind in jedem Falle die Unternehmen, deren JA nach den Grundsätzen über die Vollkonsolidierung im KA zusammengefaßt wurden.

bb) Unternehmensverbindungen, wenn der vorgeschriebene Konzernabschluß nicht aufgestellt wird

415   Wird ein KA entgegen den gesetzlichen Vorschriften im Zweiten Unterabschnitt (§§ 290–315 HGB) nicht aufgestellt, so sind die Unternehmen, die in den KA **hätten einbezogen werden** müssen, dennoch verbundene Unternehmen (§ 271

Abs. 2 HGB, 1. Fallgruppe). Das gleiche gilt, wenn ein KA zwar aufgestellt wird, die Einbeziehung einzelner Unternehmen in den KA jedoch gesetzeswidrig unterbleibt. Alle Unternehmen, die zu konsolidieren gewesen wären, sind im Verhältnis zueinander verbundene Unternehmen. Dabei stellt das Gesetz auf den „am weitestgehenden" KA ab, den das „oberste" MU nach dem Zweiten Unterabschnitt (§§ 290 ff. HGB) aufzustellen hat (näheres hierzu Tz. 395 ff.).

Durch diese Bestimmung wird **verhindert,** daß infolge des Unterlassens der vor- **416** geschriebenen Konzernrechnungslegung oder der Einbeziehung eines Unternehmens die Anwendung der Vorschriften der Rechnungslegung entfällt, die verbundene Unternehmen betreffen. Auch im Hinblick hierauf ist bei der Aufstellung und Prüfung von Konzern- und Einzelabschlüssen darauf zu achten, ob der Kreis der verbundenen Unternehmen über den Kreis der tatsächlich konsolidierten Unternehmen hinausreicht; dies wäre der Fall, wenn nicht der „weitestgehende" KA aufgestellt worden ist.

cc) Unternehmensverbindung, wenn der Konzernabschluß nicht geprüft ist

Wird der KA gem. § 290 HGB nicht oder von Personen geprüft, die nicht Kon- **417** zernabschlußprüfer sein dürfen, so ist dies für die Frage, welche Unternehmen gem. § 271 Abs. 2 HGB, 1. Fallgruppe, verbunden sind, ohne Bedeutung. Ob sich dies schon daraus ergibt, daß in dieser Vorschrift lediglich auf die Pflicht zur Aufstellung eines KA abgestellt ist und in diesem Zusammenhang nur auf den Zweiten Unterabschnitt Bezug genommen wird (die Abschlußprüfung ist im Dritten Unterabschnitt geregelt), kann dahingestellt bleiben. Denn entscheidend ist, daß die **Unternehmensverbindungen unabhängig** davon bestehen, ob überhaupt ein KA **aufgestellt** wird oder ob er pflichtwidrig unterbleibt. Wenn sogar ein vorgeschriebener, aber tatsächlich nicht erstellter KA die Unternehmensverbindungen begründet, so doch erst recht ein aufgestellter, wenn auch nicht geprüfter KA.

dd) Unternehmensverbindungen mit Tochterunternehmen, die gem. §§ 295, 296 HGB nicht einbezogen werden

Bereits erwähnt wurde, daß Tochterunternehmen, die nicht einbezogen werden, **418** weil sie nach § 295 HGB nicht in den KA einbezogen werden dürfen oder nach § 296 HGB nicht einbezogen zu werden brauchen, **dennoch** verbundene Unternehmen sind (§ 271 Abs. 2 HGB, 2. Halbsatz). Dabei ist zu berücksichtigen, daß auch deren Töchter verbundene Unternehmen sind, wenn sie gem. § 290 Abs. 1 HGB unter einheitlicher Konzernleitung stehen oder wenn bei ihnen Rechte gem. § 290 Abs. 2, Abs. 3 HGB bestehen.

b) Unternehmensverbindungen bei befreiendem Konzernabschluß nach §§ 291, 292 HGB

Durch die Inbezugnahme auch der §§ 291 und 292 HGB in § 271 Abs. 2 HGB, **419** 2. Alternative, wird der Kreis der Unternehmen, die als verbundene Unternehmen zu behandeln sind, **wesentlich erweitert.** Dies folgt daraus, daß gemäß diesen Bestimmungen alle diejenigen Unternehmen verbunden iSv. § 271 Abs. 2 HGB sind, für die ein Unternehmen gleich welcher Rechtsform mit Sitz innerhalb (§ 291 HGB) oder außerhalb (§ 292 HGB iVm. zu erlassender Rechtsverordnung) der EG einen befreienden KA aufstellt oder aufstellen könnte. Zu beachten ist jedoch, daß ein befreiender KA iSd. §§ 291, 292 HGB voraussetzt, daß zumindest ein in diesem Abschluß einzubeziehendes Unternehmen selbst nach § 290 HGB zur Aufstellung eines KA verpflichtet wäre; anderenfalls können auch §§ 291, 292 HGB nicht zur Unternehmensverbindung führen[427].

aa) Unternehmensverbindungen bei befreiendem Konzernabschluß (§§ 291, 292 HGB)

420 Stellt ein MU **freiwillig** einen befreienden KA nach § 291 HGB (oder nach einer gem. § 292 HGB erlassenen Rechtsverordnung) auf, so sind die in diesen KA einzubeziehenden Unternehmen nach der 2. Fallgruppe in § 271 Abs. 2 HGB miteinander verbunden[428].

Einer besonderen Betrachtung bedürfen befreiende KA, die aufgrund **gesetzlicher Verpflichtung** aufgestellt werden.

421 (1) Stellt eine **inländische** Kapitalgesellschaft einen KA aufgrund gesetzlicher Verpflichtung (§§ 290 ff. HGB) auf, so ist dieser ein „befreiender" für diejenigen in den KA einzubeziehenden Tochterunternehmen, die sonst selbst als MU einen KA aufstellen müßten (vorausgesetzt, daß KA und Anhang den Anforderungen des § 291 Abs. 2 HGB entsprechen). Die Unternehmensverbindungen ergeben sich in diesem Fall bereits aus der 1. Fallgruppe in § 271 Abs. 2 HGB, nach der die Mutter- und Tochterunternehmen verbundene Unternehmen sind, die in den weitestgehenden KA des obersten MU einzubeziehen sind – auch wenn dessen Aufstellung unterbleibt.

422 (2) MU mit **Sitz im Ausland** sind dagegen nicht zur Aufstellung eines KA nach den deutschen Vorschriften verpflichtet (näheres hierzu Tz. R 392 ff. und 416). Ein Unternehmen mit Sitz in einem anderen Mitgliedstaat der EWG, das Kapitalgesellschaft ist, wird jedoch idR nach dem gem. der Siebenten EG-Richtlinie gestalteten Recht des betr. Staates verpflichtet sein, einen KA unter Einbeziehung auch seiner in Deutschland ansässigen Tochterunternehmen aufzustellen (vgl. die Aufzählung der Gesellschaftsformen in Art. 4 der Richtlinie). Dieser ausländische KA ist für deutsche Tochterunternehmen, die sonst als MU selbst konzernrechnungslegungspflichtig wären, ein „befreiender", wenn er den Anforderungen des § 291 HGB entspricht. Die deutschen Tochterunternehmen sind verbundene Unternehmen im Verhältnis zu dem ausländischen MU wie auch im Verhältnis zu dessen anderen Tochterunternehmen, gleichviel wo diese ihren Sitz haben.

423 Aber auch wenn der KA des ausländischen MU nicht den Vorschriften des § 291 HGB entspricht, bestehen die vorgenannten Unternehmensverbindungen; denn ein in einem EWG-Staat ansässiges MU könnte jedenfalls einen dem § 291 HGB voll entsprechenden befreienden KA aufstellen, was allein schon die Unternehmensverbindungen begründet (§ 271 Abs. 2 HGB, 2. Fallgruppe; vgl. die folgenden Tz. 426 und 428 ff.).

---

427 Wie hier *Pankow/Gutike* in BeBiKo., 2. Aufl. § 271 Anm. 44.
428 Zur Aufstellung eines befreienden KA s. Erl. zu § 291, Tz. 438.

bb) Unternehmensverbindungen, wenn ein befreiender Konzernabschluß möglich wäre

Die praktisch bedeutsamste **Erweiterung** des Kreises der verbundenen Unterneh- **424** men gegenüber dem Kreis der in einen KA einbezogenen Unternehmen liegt in der 2. Fallgruppe des § 271 Abs. 2 HGB, nach der Unternehmensverbindungen schon dann bestehen, wenn ein MU einen befreienden KA nach den Vorschriften des § 291 HGB **aufstellen könnte,** selbst wenn es ihn tatsächlich nicht aufstellt.

Während ein zur Konzernrechnungslegung verpflichtetes inländisches MU, das **425** zugleich Tochterunternehmen eines Mutterunternehmens mit Sitz in einem EWG-Staat ist, von dieser Pflicht nur freigestellt wird, wenn sein MU einen befreienden KA tatsächlich erstellt (§ 291 Abs. 1 Satz 1 HGB), genügt für die Herstellung von Unternehmensverbindungen die bloße rechtliche **Möglichkeit,** einen befreienden KA gem. § 291 HGB aufzustellen. Die Unternehmensverbindungen bestehen auch dann, wenn von dieser Möglichkeit kein Gebrauch gemacht, ein befreiender KA also tatsächlich nicht – oder, was gleichsteht, nicht gem. den Vorschriften des § 291 HGB – aufgestellt wird.

Ferner müssen, wenn ein KA befreiende Wirkung haben soll, das zu befreiende **426** MU und seine Tochterunternehmen in den befreienden KA einbezogen worden sein, außer soweit gem. §§ 295, 296 HGB keine Pflicht zur Einbeziehung besteht (§ 291 Abs. 2 Nr. 1 HGB). Zur Ermittlung der Unternehmensverbindungen ist dagegen lediglich festzustellen, ob das zu befreiende inländische MU und seine Tochterunternehmen nach § 291 Abs. 1 Satz 2 HGB in den befreienden KA einzubeziehen wären, wenn er erstellt würde (wiederum mit Ausnahme der unter §§ 295, 296 HGB fallenden Tochterunternehmen).

cc) Unternehmensverbindungen, wenn der Konzernabschluß gem. §§ 291, 292 HGB nicht geprüft ist

Ob der befreiende KA gem. § 291 Abs. 2 Nr. 2 HGB geprüft sein muß, um **427** Unternehmensverbindungen zu begründen, kann nach dem bloßen Wortlaut des § 271 Abs. 2 HGB, 2. Fallgruppe, fraglich sein. Einerseits ist dort nur von der **Aufstellung** des Abschlusses, nicht auch von dessen Prüfung die Rede. Andererseits hat ein KA, der nicht gem. § 291 Abs. 2 Nr. 2 HGB geprüft worden ist, keine „befreiende Wirkung" (§ 291 Abs. 2, 1. Halbsatz HGB) und könnte darum möglicherweise auch nicht als „befreiender Konzernabschluß" iSv. § 271 Abs. 2 HGB anzusehen sein. Es ergäbe jedoch keinen Sinn, einen geprüften befreienden KA zu fordern, wenn zur Herstellung der Unternehmensverbindungen allein schon die bloße **rechtliche Möglichkeit** genügt, einen befreienden KA **aufzustellen** (und prüfen zu lassen). Ist die Prüfung eines befreienden KA unterblieben und wollte man den Abschluß aus diesem Grunde nicht als tragfähige Grundlage für Unternehmensverbindungen ansehen, so würde dies nichts daran ändern, daß die Unternehmensverbindungen bestehen, eben weil ein den Anforderungen des § 291 HGB auch hinsichtlich der Prüfung genügender KA aufgestellt werden könnte. Deshalb ist unter dem Gesichtswinkel des § 271 Abs. 2 HGB, 2. Fallgruppe, die Frage nach der Bedeutung einer unterbliebenen Prüfung irrelevant.

c) Die Unternehmensverbindungen im Zusammenhang mit freiwilligen befreienden Konzernabschlüssen

428 Da nicht nur die Aufstellung eines befreienden KA gem. §§ 291, 292 HGB, sondern schon die bloße Möglichkeit der Aufstellung Unternehmensverbindungen begründet, ist bei KA und JA darauf zu achten, ob ein übergeordnetes, nicht in den KA einbezogenes in- oder ausländisches Unternehmen die **rechtliche Möglichkeit** hätte, einen befreienden KA aufzustellen. Dies ist vor allem für die Posten des Jahresabschlusses und des KA bedeutsam, die verbundene Unternehmen betreffen; denn der Kreis der verbundenen Unternehmen, der bei diesen Posten zu berücksichtigen ist, wäre dann größer, uU sogar erheblich. Ein solcher befreiender KA kann gem. § 291 Abs. 1 Satz 2 HGB auch freiwillig aufgestellt werden.

aa) Aufstellungsbefugte Unternehmen

429 Generell ist festzuhalten, daß zur Aufstellung eines befreienden KA nicht nur inländische und ausländische Kapitalgesellschaften, sondern auch inländische und ausländische Unternehmen anderer Rechtsform befugt sein können, und zwar unabhängig von ihrer Größe; bei letzteren ist darauf zu achten, ob der Unternehmensbegriff erfüllt ist (hierzu Erl. V Ziff. 2 Tz. 339 ff.).

430 Der praktisch **bedeutsamste Fall** der Aufstellung oder möglichen Aufstellung eines befreienden KA – und damit der Begründung von Unternehmensverbindungen nach der 2. Fallgruppe in § 271 Abs. 2 HGB – dürfte der sein, daß das oberste inländische MU, dem die in § 290 Abs. 2 HGB genannten Rechte unmittelbar oder mittelbar (Abs. 3) zustehen, nicht die Rechtsform der AG, KGaA oder GmbH hat, sondern zB in der **Rechtsform** eines **Einzelkaufmanns** oder einer **Personenhandelsgesellschaft** (etwa einer KG) geführt wird. Unabhängig davon, ob die KG freiwillig einen den Vorschriften des § 291 HGB entsprechenden befreienden KA aufstellt oder nicht, sind die in diesen einzubeziehenden Unternehmen mit ihr wie auch untereinander verbundene Unternehmen. – Anzumerken ist in diesem Zusammenhang, daß sich § 291 HGB nicht nur auf MU mit Sitz in anderen Mitgliedstaaten der EWG bezieht, sondern auch auf MU im Inland.

431 Ein Fall des § 291 Abs. 1 Satz 2 HGB ist gegeben, wenn eine inländische Kapitalgesellschaft (A) größenbedingt von der Pflicht zur Konzernrechnungslegung freigestellt ist (§ 293 HGB) und deshalb mit ihren Tochterunternehmen und deren Töchtern nicht gem. der 1. Fallgruppe in § 271 Abs. 2 HGB verbunden ist. Sofern ein Tochterunternehmen (B) Kapitalgesellschaft und als solche zugleich MU gem. § 290 Abs. 2 HGB ist, könnte A freiwillig einen befreienden KA aufstellen, sofern nicht das zu befreiende MU selbst gem. § 293 HGB von der Pflicht, einen KA aufzustellen, befreit ist und es deswegen auf die Befreiung durch § 291 Abs. 1 Satz 2 HGB nicht mehr ankommen kann.

Daneben sind jedoch Fälle denkbar, in denen – zB nach Zuerwerb von Unternehmen – ein befreiender KA in Betracht kommen kann, selbst wenn das oberste MU für sich genommen nach § 293 HGB von der Aufstellungspflicht befreit wäre[429].

---

[429] Vgl. hierzu unten Tz. 439 ff.; nicht genügend differenziert bei *Kropff*, DB 1986 S. 364 ff./365, ins-

Speziell im Hinblick auf Unternehmensverbindlichkeiten ergeben sich bei frei-   **432** williger Aufstellung eines befreienden KA – oder der Möglichkeit, freiwillig einen solchen aufzustellen – besondere Fragen aus § 291 Abs. 1 Satz 2 HGB. Insbes. hierauf wird im folgenden unter Ziff. bb) bis ee) näher eingegangen.

bb) Maßgeblichkeit des pflichtmäßigen Konsolidierungskreises für die Unternehmensverbindungen

Durch Aufstellung eines befreienden KA oder der Möglichkeit hierzu können   **433** nicht beliebige Unternehmen verbunden werden. Es kann nicht willkürlich bestimmt werden, welche Unternehmen in den befreienden KA einbezogen werden, auch wenn dieser Abschluß freiwillig aufgestellt wird. Vielmehr werden **nur diejenigen** Unternehmen zu verbundenen, die in den befreienden KA **einzubeziehen „sind"** (s. Wortlaut des § 271 Abs. 2 HGB – auch bezogen auf die hier in Frage stehende 2. Fallgruppe –); darüber hinaus nur solche Tochterunternehmen, für die ein Konsolidierungsverbot (§ 295 HGB) oder ein Konsolidierungswahlrecht (§ 296 HGB) besteht (§ 271 Abs. 2, letzter Halbsatz HGB).

Nach § 291 Abs. 2 Nr. 2 HGB müssen die Unternehmen einbezogen werden, die   **434** nach dem am Sitz des Mutterunternehmens geltenden und mit der Siebenten Richtlinie übereinstimmenden Recht in den konsolidierten Abschluß einzubeziehen sind (im deutschen Recht §§ 294–296 HGB). Stets gehören hierzu das zu befreiende MU und dessen Tochterunternehmen, wie sich aus § 291 Abs. 1 Satz 2 und Abs. 2 Ziff. 1 HGB ergibt.

cc) Befreiende Konzernabschlüsse von Mutterunternehmen, die nicht Kapitalgesellschaften sind (§ 291 HGB)

Nach § 291 Abs. 1 Satz 2 HGB kann ein Unternehmen „unabhängig von seiner   **435** Rechtsform und Größe" freiwillig einen befreienden KA aufstellen. Voraussetzung ist jedoch nach dem Gesetzeswortlaut, daß das Unternehmen, wäre es eine Kapitalgesellschaft mit Sitz in einem Mitgliedstaat der EWG, zur Aufstellung eines KA unter Einbeziehung des zu befreienden Mutterunternehmens und seiner Tochterunternehmen verpflichtet wäre (§ 291 Abs. 1 Satz 2 HGB).

Ein im Inland ansässiges Unternehmen in anderer Rechtsform als der Kapital-   **436** gesellschaft kann somit nur dann einen befreienden KA aufstellen – und allein schon durch diese Möglichkeit Unternehmensverbindungen begründen –, wenn es als AG, KGaA oder GmbH kraft Gesetzes einen KA aufzustellen hätte (entsprechendes gilt für MU mit Sitz in einem anderen Mitgliedstaat der EWG).

Hierbei ist die **Größe** dieser nur gedachten Kapitalgesellschaft ebenfalls außer   **437** Betracht zu lassen, also auch eine größenbedingte Befreiung von der Pflicht zur Konzernrechnungslegung. Liegen die Voraussetzungen für einen befreienden KA im übrigen vor und wäre die gedachte Kapitalgesellschaft ausschließlich deswegen nicht zur Konzernrechnungslegung verpflichtet, weil die Größenmerkmale des § 293 Abs. 1 oder 2 HGB nicht überschritten sind (oder nicht schon am vorhergehenden Abschlußstichtag überschritten waren), so kann dies der Möglichkeit eines befreienden KA nicht entgegenstehen (und eine solche Möglich-

---

bes. unter B II Ziff. 1; ebenso *Niehus/Scholz* in *Meyer-Landrut,* GmbHG, Berlin 1987, §§ 238–335 Rn. 427.

keit genügt zur Begründung von Unternehmensverbindungen, auch wenn von ihr kein Gebrauch gemacht wird)[430]. Dies entspricht dem Zusammenhang des § 291 Abs. 1 Satz 2 HGB. Die **freiwillige Aufstellung** eines befreienden KA soll – so auch die Gesetzesbegründung – „rechtsform- und größenunabhängig" zulässig sein[431]. Deshalb kann nicht beabsichtigt sein, diese eingangs des Satzes 2 in § 291 Abs. 1 HGB statuierte Größenunabhängigkeit wieder zurückzunehmen; das aber wäre der Fall, wenn es auch darauf ankäme, ob das Unternehmen nach seiner Größe als Kapitalgesellschaft zur Aufstellung eines Konzernabschlusses verpflichtet wäre. Besteht die Pflicht zur Konzernrechnungslegung lediglich aus Gründen der Größenordnung für die gedachte Kapitalgesellschaft nicht, so kann dies nach dem Sinn des Gesetzes kein Hinderungsgrund für die Möglichkeiten eines befreienden KA sein.

dd) Befreiende Konzernabschlüsse

438   Für die Aufstellung befreiender KA durch **inländische** und **ausländische Kapitalgesellschaften** können die Voraussetzungen in Satz 2 des § 291 Abs. 1 HGB hingegen nicht in gleicher Weise gelten; denn diese sind Kapitalgesellschaften, während die Bestimmung in Satz 2 an die Fiktion der Rechtsform einer Kapitalgesellschaft anknüpft („als Kapitalgesellschaft ... verpflichtet wäre"). Wollte man die Voraussetzungen des Satz 2 uneingeschränkt auf Kapitalgesellschaften beziehen, so gäbe es jedenfalls für inländische Kapitalgesellschaften nicht die Möglichkeit zur freiwilligen Aufstellung eines befreienden KA; denn wenn eine Verpflichtung zur Aufstellung des KA bestehen müßte, bliebe für eine freiwillige Aufstellung kein Raum. Bedeutung kann Satz 2 jedoch auch bei Kapitalgesellschaften zukommen, was die Größenunabhängigkeit anbetrifft (vgl. nachfolgend Tz. 439 ff.).

ee) Bedeutung einer größenbedingten Befreiung des zu befreienden Mutterunternehmens

439   Wie bereits unter cc) und dd) dargelegt, kann ein MU unabhängig von seiner Größe einen befreienden KA aufstellen (§ 291 Abs. 1 Satz 2 HGB). Das gilt auch für inländische Kapitalgesellschaften, sofern der „Konzern" die Größenordnung des § 293 HGB nicht überschreitet und das Mutterunternehmen deshalb nicht zur Konzernrechnungslegung verpflichtet ist. Sie ist dann nicht verbundenes Unternehmen der 1. Fallgruppe in § 271 Abs. 2 HGB, aber verbundenes Unternehmen der 2. Fallgruppe.

Wie aber ist die Rechtslage, wenn das zu befreiende MU seinerseits gem. § 293 HGB von der Pflicht zur Konzernrechnungslegung freigestellt ist, so daß ein befreiender KA des ihm übergeordneten MU keine befreiende Wirkung haben könnte, eben weil eine Pflicht zur Konzernrechnungslegung, von der befreit werden könnte, gar nicht besteht?

440   Satz 2 des § 291 Abs. 1 HGB bezieht sich dem Wortlaut nach nur auf die **Größe** des **übergeordneten,** den befreienden KA aufstellenden **Mutterunternehmens.** Diese Vorschrift ginge aber, was nicht im Sinn des Gesetzes liegen kann, weitgehend ins Leere, wenn die größenbedingte Befreiung nicht auch bei dem zu

---

430 Vgl. *Siebourg* in HdRKo. § 291 Rn. 16.
431 Bericht des Rechtsausschusses/BT vom 18. 11. 1985, BT-Drs. 10/4268, zu § 291 S. 113.

befreienden MU außer Betracht bliebe. Denn wenn schon bei dem übergeordneten MU, dessen befreiender KA hier in Frage steht, die Größenmerkmale des § 293 HGB unterschritten sind, wird dies in aller Regel erst recht bei dessen Tochter, dem zu befreienden MU, der Fall sein. In solchen Fällen entfällt zwar der Anreiz zur freiwilligen Aufstellung eines befreienden KA, weil es einer Befreiung nicht bedarf; doch ist im Hinblick auf die mit § 291 HGB bezweckte Herstellung von Unternehmensverbindungen die Aufstellung jedenfalls als möglich anzusehen. Denn Sinn und Zweck des § 291 HGB erschöpfen sich nicht darin, die Befreiung von der Pflicht zur Konzernrechnungslegung auf unterer Ebene zu ermöglichen; die Vorschrift ist auch als Anknüpfungspunkt für die Unternehmensverbindungen der 2. Fallgruppe des § 271 Abs. 2 HGB konzipiert und darum auch im Hinblick auf diese Zweckbestimmung zu verstehen und auszulegen. Offensichtlich ist eine möglichst große Reichweite des Begriffs der verbundenen Unternehmen im Rahmen der Anknüpfung an die Aufstellung oder mögliche Aufstellung eines KA gem. § 291 HGB beabsichtigt. Durch § 271 Abs. 2 HGB werden eben die Akzente anders gesetzt als sich bei isolierter Betrachtung des § 291 HGB ergibt.

Die hier vertretene Auslegung erscheint auch vom Ergebnis her sinnvoll. Es **441** wäre nicht recht einzusehen, warum die Entstehung von Unternehmensverbindungen daran scheitern sollte, daß ein KA, würde er aufgestellt, keine befreiende Wirkung hätte; denn der befreienden Wirkung kann für die Unternehmensverbindungen keine hohe Rangstelle zukommen, weil bei einer bloß möglichen Aufstellung des KA eine befreiende Wirkung ohnehin nicht eintreten kann. Freilich kann dieser Gesichtspunkt nur unterstützend herangezogen werden; für sich allein wäre er nicht ausreichend, weil sonst außer Betracht bliebe, daß der Gesetzgeber die Unternehmensverbindungen der 2. Fallgruppe in § 271 Abs. 2 HGB im allgemeinen auf befreiende KA begrenzt hat.

Es ist davon auszugehen, daß auch **unterhalb** der **Größenordnung** des **§ 293 HGB** **442** die Konzernunternehmen in mehrstufigen Konzernen verbundene Unternehmen iSv. § 271 Abs. 2 HGB, 2. Fallgruppe sind. Im Ergebnis gleicher Ansicht sind *v. Wysocki/Wohlgemuth*, freilich mit unzutreffender Begründung[432]. Entscheidend ist hier nicht, ob ein KA tatsächlich aufgestellt wird oder nicht. Daß es Sonderfälle geben kann, in denen bei größenbedingter Befreiung des übergeordneten MU das zu befreiende MU nicht auch seinerseits gem. § 293 HGB von der Pflicht zur Konzernrechnungslegung befreit ist, steht dieser Argumentation, die auf den Normalfall abstellt, nicht entgegen[433].

---

432 *V. Wysocki/Wohlgemuth*, Konzernrechnungslegung unter Berücksichtigung des Bilanzrichtlinien-Gesetzes, 3. Aufl. Düsseldorf 1986, S. 17; aM *Pankow/Gutike* in BeBiKo., § 271 Anm. 42.

433 Hier ist an den Fall zu denken, daß das zu befreiende MU (B) erst im letzten abgelaufenen GJ Tochterunternehmen des übergeordneten MU (A) geworden ist, etwa durch Erwerb einer Mehrheitsbeteiligung durch A an B iVm. einer Kapitalerhöhung bei A. Wenn bei B die Größenmerkmale des § 293 HGB bereits am vorhergehenden Abschlußstichtag überschritten waren und B daher nicht durch § 293 HGB freigestellt ist, andererseits aber bei A die Größenmerkmale infolge des Erwerbs der Mehrheitsbeteiligung an B erstmals zum Abschlußstichtag überschritten sind, dann wäre der Sonderfall gegeben, daß B durch einen befreienden KA von A tatsächlich von der Pflicht zur Konzernrechnungslegung befreit würde; vgl. hierzu oben aa).

ff) Verbundene Unternehmen in den Fällen § 291 Abs. 3 HGB

443   Bei § 291 Abs. 3 HGB stellt sich die Frage, wonach der Kreis der verbundenen Unternehmen zu bestimmen ist, wenn die in Abs. 3 genannte Minderheit die Aufstellung eines KA verlangt hat oder – falls dem MU mehr als 90 vH der Anteile gehören – der Befreiung nicht zugestimmt hat. Richten sich die Unternehmensverbindungen in einem solchen Fall nach dem **Teilkonzernabschluß,** den das untere (zu befreiende) MU daraufhin zu erstellen hat, oder nach dem (tatsächlich erstellten oder auch nur möglichen) **Konzernabschluß** des übergeordneten MU, der in diesem Fall keine befreiende Wirkung hätte?

444   Auszugehen ist davon, daß nach Sinn und Zweck des Gesetzes der Kreis der verbundenen Unternehmen im Rahmen der gesetzlichen Bestimmungen **möglichst weit** gespannt sein soll. Dies läßt auch der Wortlaut des § 271 Abs. 2 HGB erkennen. In Zweifelsfällen ist daher, soweit nach den anerkannten Regeln der Auslegung zulässig, derjenigen Auffassung des Gesetzeswortlautes den Vorzug zu geben, nach der die weiterreichenden Unternehmensverbindungen bestehen. Dies ist auch für die Auslegung des § 291 HGB bedeutsam, weil die Zweckbestimmung dieser Vorschrift auch darin besteht, Anknüpfungspunkt für Unternehmensverbindungen zu sein.

445   Unter diesem Gesichtspunkt muß auch die Formulierung in Abs. 3 des § 291 HGB gesehen werden, daß „trotz Vorliegens der Voraussetzungen nach Absatz 2" die Befreiung von einem MU „nicht in Anspruch genommen werden (kann)", wenn sich eine bestimmte Minderheit dagegen stellt. Dies spricht dafür, Abs. 3 als Sondertatbestand anzusehen, der die sonstigen Wirkungen eines (möglichen) befreienden KA nicht aufheben soll (wobei zur Begründung von Unternehmensverbindungen die bloße Möglichkeit, einen befreienden KA aufzustellen, genügt, § 271 Abs. 2 HGB, 2. Fallgruppe). Die Formulierung, daß die Befreiung nach Abs. 1 „nicht in Anspruch genommen werden (kann)", läßt einen Auslegungsspielraum dahingehend zu, dennoch die Möglichkeit eines befreienden KA anzunehmen, soweit es sich um die Unternehmensverbindungen handelt. Denn was „nicht in Anspruch genommen werden kann", wird nicht negiert; lediglich der Anspruch darauf wird einem sonst Berechtigten abgesprochen. Es wäre auch kaum einzusehen, wenn die Reichweite der Unternehmensverbindungen von dem Verhalten der in Abs. 3 genannten Minderheit abhängen sollte. Die Unternehmensverbindungen sind daher nach dem befreienden KA abzugrenzen, wie er aufgestellt werden könnte, ohne Rücksicht darauf, daß wegen des entgegenstehenden Willens der Minderheit die Befreiung nicht in Anspruch genommen werden kann[434].

gg) Mutterunternehmen mit Sitz im Ausland

446   Für ausländische MU kommt nur die Aufstellung der KA (§§ 291, 292 HGB) in Betracht; der Pflicht zur Aufstellung von KA gem. § 290 HGB unterliegen nur inländische Kapitalgesellschaften.

447   Hat das ausländische MU **nicht** die Rechtsform einer **Kapitalgesellschaft,** so ist zunächst zu prüfen, ob dieses MU nach dem an seinem Sitz geltenden ausländi-

---

434 Im Ergebnis übereinstimmend *Kropff,* DB 1986 S. 364 ff. Die hier im Hinblick auf Unternehmensverbindungen vertretene Auslegung des § 291 Abs. 3 zieht *Kropff* nicht in Betracht (S. 365 unter B II 3a).

schen Recht zur Aufstellung eines KA verpflichtet wäre, wenn es nach dieser Rechtsordnung eine Kapitalgesellschaft wäre (§ 291 Abs. 1 Satz 2 HGB). Für die Mitgliedsstaaten der EWG ist in Art. 4 der Siebenten Richtlinie bestimmt, welche Gesellschaftsformen in den einzelnen Ländern als Kapitalgesellschaften gelten. Größenbedingte Befreiungen sind auch in diesem Zusammenhang bei der gedachten Kapitalgesellschaft sowie bei dem zu befreienden MU außer Betracht zu lassen.

Es spielt im übrigen keine Rolle, in welchem ausländischen Staat ein einzubeziehendes Tochterunternehmen seinen Sitz hat. Auch wenn der Sitz in einem Staat liegt, der weder Mitglied der EWG ist noch in einer Rechtsverordnung nach § 292 HGB erfaßt ist, bestehen die vorgenannten Unternehmensverbindungen. Nur bei der Frage, ob ein MU mit Sitz in einem Staat außerhalb der EWG einen befreienden KA aufstellen könnte, kommt es darauf an, ob in einer Rechtsverordnung gem. § 292 HGB bestimmt ist, daß § 291 HGB auf MU mit Sitz in diesem Staat angewendet werden darf. **448**

(1) Maßgeblichkeit des § 271 Abs. 2 HGB

Inländische Kapitalgesellschaften, die gem. § 271 Abs. 2 HGB mit einem ausländischen Unternehmen verbunden sind, unterliegen hinsichtlich dieser Unternehmensverbindung den Bestimmungen im Dritten Buch des HGB ebenso wie hinsichtlich inländischer verbundener Unternehmen; maW sie müssen die Vorschriften, die an das Bestehen einer Unternehmensverbindung geknüpft sind, auch bezüglich der mit ihnen verbundenen ausländischen Unternehmen beachten. **449**

Dagegen ist es für die Rechnungslegung eines inländischen Unternehmens nach dem HGB unerheblich, ob nach dem Recht des ausländischen Staates, in dem ein anderes Unternehmen seinen Sitz hat, eine Unternehmensverbindung zu dem im Inland ansässigen Unternehmen besteht. So sind bspw. Forderungen und Verbindlichkeiten einer Kapitalgesellschaft mit Sitz im Inland gegenüber einem im Ausland ansässigen Unternehmen nicht deshalb in deren Bilanz gesondert als solche auszuweisen (§ 266 Abs. 2 B II 2, Abs. 3 C 6 HGB), weil nach dem Recht des ausländischen Staates die beiden Unternehmen als verbunden gelten. Maßgebend für einen solchen Ausweis ist allein, ob die Unternehmen nach § 271 Abs. 2 HGB verbundene Unternehmen sind. **450**

(2) Inländische Tochterunternehmen/Ausländische Mutterunternehmen

Ein inländisches Unternehmen, bei dem ein in einem anderen EWG-Staat ansässiges Unternehmen eine **Stimmrechtsmehrheit** oder ein anderes in § 290 Abs. 2 HGB genanntes Recht innehat, wird zwar wegen der Angleichung der Rechnungslegungsvorschriften in der EWG nach dem Recht des anderen Staates mit dem ausländischen Unternehmen verbunden sein; jedoch wird das inländische Unternehmen nicht allein schon dadurch auch verbundenes Unternehmen im Sinn des deutschen Rechts. Wenn jedoch das ausländische Unternehmen gem. § 291 HGB einen befreienden KA aufstellt oder aufstellen könnte – was ua. voraussetzt, daß das inländische Unternehmen zugleich MU ist und sonst selbst einen KA nach § 290 Abs. 1 oder 2 HGB aufstellen müßte –, so ist das inländische Unternehmen auch nach deutschem Recht mit dem ausländischen Unternehmen verbunden (§ 271 Abs. 2 HGB, 2. Fallgruppe). **451**

(3) Verbundene Unternehmen bei befreiendem Konzernabschluß eines ausländischen Mutterunternehmens

452   Wenn ein MU mit Sitz in einem anderen EWG-Staat einen befreienden KA gem. § 291 HGB aufstellt oder auch nur aufstellen könnte (§ 271 Abs. 2 HGB, 2. Fallgruppe), stellt sich die Vorfrage, nach welcher Rechtsordnung sich bestimmt, welche Unternehmen in den befreienden KA einzubeziehen und damit verbundene Unternehmen iSd. HGB sind – nach der Rechtsordnung am Sitz des ausländischen MU oder nach deutschem Recht?

Auszugehen ist hierbei von den Vorschriften über den befreienden KA in § 291 HGB.

(a) Unternehmensverbindungen mit dem zu befreienden Mutterunternehmen und seinen Tochterunternehmen

453   Nach § 291 Abs. 2 Nr. 1 HGB hat der KA nur dann befreiende Wirkung, wenn das zu befreiende Mutterunternehmen und seine Tochterunternehmen in den KA des ausländischen MU einbezogen worden sind. Mit dem Wort „seine" sind hier als Tochterunternehmen diejenigen angesprochen, die nach deutschem Recht Tochterunternehmen des zu befreienden Mutterunternehmens sind [435].

454   Durch § 291 Abs. 2 Nr. 1 HGB (wie auch schon durch § 291 Abs. 1 Satz 2) HGB soll sichergestellt werden, daß alle Unternehmen, die in den KA des inländischen MU auf unterer Stufe hätten einbezogen werden müssen, unbeschadet der §§ 295, 296 HGB in den befreienden Konzernabschluß einbezogen werden; denn nur unter dieser Voraussetzung läßt sich der Verzicht auf die Konzernrechnungslegung auf unterer Stufe rechtfertigen. Den **Kreis der** in den befreienden **KA einzubeziehenden Unternehmen** auf dieser Konzernstufe bestimmt somit das **deutsche Recht,** hier also die Vorschriften im Dritten Buch des HGB.

(b) Unternehmensverbindungen mit den anderen in den befreienden Konzernabschluß einzubeziehenden Unternehmen

455   Anders verhält es sich mit den sonstigen in den befreienden KA einzubeziehenden Unternehmen. Das werden im allgemeinen Unternehmen mit Sitz im Ausland sein; aber hierher gehören auch in Deutschland ansässige Unternehmen, die nicht Tochterunternehmen des zu befreienden MU sind, sondern in direkter Beziehung zu dem ausländischen MU stehen (auf letztere bezieht sich § 291 Abs. 2 Nr. 1 HGB nicht).

456   Welche dieser Unternehmen in den befreienden KA einzubeziehende und damit gem. § 271 Abs. 2 HGB, 2. Fallgruppe, im Verhältnis zu dem zu befreienden deutschen MU und dessen Tochterunternehmen verbundene Unternehmen sind, bestimmt sich nach dem am Sitz des ausländischen MU geltenden Recht. Dies ergibt sich aus § 291 Abs. 2 Nr. 2 HGB. Dort ist bestimmt, daß der befreiende KA nach dem Recht des Staates aufzustellen ist, in dem das MU seinen Sitz hat, mit der Maßgabe, daß dieses Recht den Anforderungen der Siebenten EG-Richtlinie entsprechen muß (letzteres gewährleistet jedoch ua. wegen verschiedener Wahlrechte nicht unbedingt die Übereinstimmung mit dem deutschen Recht). Nach dieser ausländischen Rechtsordnung bestimmt sich somit auch die

---

435 Wie hier *Siebourg* in HdRKo. § 291 Rn. 18 f.

Vorfrage, welche Unternehmen in den befreienden KA einzubeziehen und damit gem. § 271 Abs. 2 HGB, 2. Fallgruppe, verbundene Unternehmen sind.

Indirekt entscheidet somit im Fall des befreienden KA eines ausländischen MU **457** das **ausländische Recht** am Sitz des MU darüber, mit welchen **sonstigen Unternehmen** das zu befreiende deutsche MU und dessen Tochterunternehmen iSv. § 271 Abs. 2 HGB verbunden sind, und zwar selbst hinsichtlich der in Deutschland ansässigen Unternehmen (sofern es sich nicht um Tochterunternehmen des zu befreienden deutschen MU selbst handelt). In § 271 Abs. 2 HGB, 2. Fallgruppe, wird für die Unternehmensverbindungen allein darauf abgestellt, ob und welche Unternehmen in den befreienden KA einzubeziehen sind, unabhängig davon, auf welcher Rechtsordnung diese Einbeziehung beruht. Somit sind auch alle ausländischen in den befreienden KA einzubeziehenden Unternehmen, gleichgültig ob sie ihren Sitz in einem anderen EWG-Staat oder in einem Staat außerhalb der EWG haben, mit dem ansässigen MU und dessen Tochterunternehmen verbunden.

Die vorstehenden Ausführungen gelten entsprechend für MU mit Sitz in einem **458** Staat, der nicht Mitglied der EWG ist, sofern gem. einer nach § 292 HGB erlassenen Rechtsverordnung § 291 HGB auf KA von MU mit Sitz in diesem Staat angewendet werden darf.

Für das Bestehen von Unternehmensverbindungen kommt es gem. § 271 Abs. 2 **459** HGB, 2. Fallgruppe, nicht darauf an, ob ein befreiender KA tatsächlich aufgestellt wird; die rechtliche Möglichkeit, einen befreienden KA gem. § 291 HGB aufzustellen, genügt, um die Unternehmensverbindungen herzustellen („... oder aufstellen könnte" in § 271 Abs. 2 HGB). Daher muß, wenn ein befreiender KA nicht erstellt wird, ermittelt werden, welche Unternehmen in den befreienden KA nach den Vorschriften des § 291 HGB einzubeziehen wären, wenn er erstellt würde. Auch hier ist bei Feststellung des Kreises der zu konsolidierenden Unternehmen hinsichtlich der in § 291 Abs. 2 Nr. 1 HGB bezeichneten Tochterunternehmen auf das am Sitz des ausländischen MU geltende Recht abzustellen (§ 291 Abs. 2 Nr. 2 HGB).

(4) Unternehmensverbindungen bei einheitlicher Konzernleitung durch ein ausländisches Unternehmen

Besonderheiten ergeben sich, wenn in einem Konzern die einheitliche Leitung **460** bei einem Unternehmen mit Sitz im Ausland liegt und zwischen den unter dieser Leitung stehenden inländischen Unternehmen keine Verbindungen gem. § 290 Abs. 2 HGB bestehen. Auch wenn im Inland an der Spitze der Unternehmen eine Kapitalgesellschaft steht, ist diese Kapitalgesellschaft nicht nach § 290 Abs. 1 HGB zur Konzernrechnungslegung verpflichtet, weil sie nicht die einheitliche Leitung im Konzern hat. Das im Ausland ansässige Unternehmen ist auch nicht zu einem „befreienden" KA gem. § 291 HGB berechtigt, da in Deutschland kein Unternehmen vorhanden ist, das sonst einen KA aufstellen müßte. Weder die Voraussetzungen der 1. noch der 2. Fallgruppe des § 271 Abs. 2 HGB treffen hier zu; Unternehmensverbindungen bestehen weder zu dem ausländischen Unternehmen noch zwischen den deutschen Unternehmen des Konzerns.

Anders wäre im vorgenannten Fall die Rechtslage, wenn die im Inland an der **461** Spitze stehende Kapitalgesellschaft eine Stimmrechtsmehrheit oder ein anderes

Recht iSv. § 290 Abs. 2 HGB bei einem der anderen Unternehmen inne hätte. Dann hätte die inländische Kapitalgesellschaft gem. § 290 Abs. 2 HGB einen KA aufzustellen, und ein befreiender KA des ausländischen Unternehmens wäre möglich; dadurch sind alle Unternehmen, die in den befreienden KA einzubeziehen wären, miteinander verbunden, selbst wenn die Aufstellung des befreienden KA unterbleibt (§ 271 Abs. 2 HGB, 2. Fallgruppe).

hh) Verbundene Unternehmen in einem Beispielsfall

462   Das folgende Schaubild soll die Reichweite des Begriffs der verbundenen Unternehmen, auch über die Staatsgrenzen hinweg, an einem praktischen Beispiel verdeutlichen.

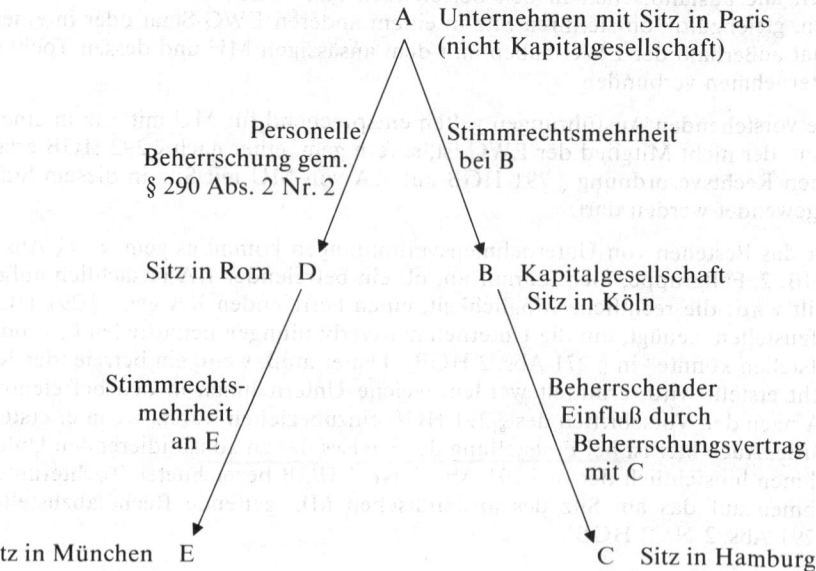

B ist mit C verbunden, weil B als oberste inländische Kapitalgesellschaft einen Konzernabschluß unter Einbeziehung von C aufzustellen hat (§ 271 Abs. 2 HGB, 1. Fallgruppe). Die Pflicht zur Konzernrechnungslegung ergibt sich für B aus § 290 Abs. 2 Nr. 3 HGB, in aller Regel hier auch aus Abs. 1, weil ein Beherrschungsvertrag zu einheitlicher Leitung genutzt zu werden pflegt.

463   B wird von der Pflicht zur Konzernrechnungslegung **freigestellt,** wenn A einen befreienden KA aufstellt, der den Bestimmungen des § 291 HGB entspricht. Insbesondere müssen B als zu befreiendes MU und C als dessen Tochterunternehmen in den KA einbezogen sein, ausgenommen in den Fällen der §§ 295, 296 HGB (§ 291 Abs. 2 Nr. 1 HGB). Welche Unternehmen Tochterunternehmen von B sind, bestimmt sich nach deutschem Recht. Bei Aufstellung des befreienden KA sind A, B und C verbundene Unternehmen gem. § 271 Abs. 2 HGB, 2. Fallgruppe.

464   Ob auch D und E verbundene Unternehmen im Verhältnis zu A, B und C sind, bestimmt sich danach, ob sie nach dem ausländischen Recht, das am Sitz von A gilt, in den befreienden KA einzubeziehen sind. Daß insoweit die am Sitz des

ausländischen Mutternehmens A geltende **Rechtsordnung** maßgebend ist, ergibt sich aus § 291 Abs. 2 Nr. 2 HGB.

Aber auch dann, wenn A keinen befreienden KA aufstellt (zB weil A nicht die **465** Rechtsform einer französischen Kapitalgesellschaft iSv. Art. 4 der Siebenten Richtlinie hat und deshalb zur Konzernrechnungslegung nicht verpflichtet ist), bestehen die vorgenannten Unternehmensverbindungen, wenn A freiwillig einen befreienden KA unter Einbeziehung von B und C sowie D und E aufstellen könnte (§ 271 Abs. 2 HGB, 2. Fallgruppe).

Voraussetzung hierfür und damit für das Bestehen von Unternehmensverbin- **466** dungen ist – unabhängig davon, ob ein befreiender KA aufgestellt wird oder nicht –, daß A als Unternehmen iSd. Unternehmensbegriffs anzusehen ist (s. Tz. R 339 ff.) und daß A, wäre A Kapitalgesellschaft, zur Aufstellung eines KA unter Einbeziehung von B und C verpflichtet wäre (§ 291 Abs. 1 Satz 2 HGB). Ob eine solche Verpflichtung besteht, ist im Einzelfall nach dem Recht des Staates zu prüfen, in dem A seinen Sitz hat. Wegen der Angleichung der Rechtsvorschriften in den Mitgliedstaaten der EWG aufgrund der Siebenten EWG-Richtlinie wird die Rechtslage in dieser Hinsicht zwar idR der des deutschen Rechts entsprechen, doch ist dies ua. wegen verschiedener Wahlrechte in der Siebenten Richtlinie nicht unbedingt gewährleistet.

Die Unternehmensverbindungen wären dieselben, wenn A seinen Sitz in einem **467** Staat hat, der nicht Mitglied der EWG ist, sofern in einer gem. § 292 HGB erlassenen Rechtsverordnung bestimmt ist, daß § 291 HGB auf Konzernabschlüsse von Mutterunternehmen in diesem Staat anzuwenden ist.

Wäre A Kapitalgesellschaft mit Sitz in Deutschland, jedoch größenbedingt von **468** der Verpflichtung zur Konzernrechnungslegung gem. § 293 HGB befreit, so wäre die Rechtslage ebenfalls dieselbe. A könnte gem. § 291 Abs. 1 Satz 2 HGB freiwillig einen befreienden KA aufstellen, und infolgedessen bestehen Unternehmensverbindungen zwischen **allen** einzubeziehenden Unternehmen. Auch in diesem Fall gilt dies selbst dann, wenn die Aufstellung des KA unterbleibt (§ 271 Abs. 2 HGB, 2. Fallgruppe).

d) Als verbundene Unternehmen nicht erfaßte Fälle

aa) Nichterreichen der Größenmerkmale von § 293 HGB

Erreichen Unternehmen, deren JA in einem KA zusammengefaßt werden könn- **469** ten, nicht die Größe, daß ein KA aufgestellt werden muß, § 293 HGB, so fallen diese Unternehmen nach dem Wortlaut von § 271 Abs. 2 HGB, 1. Alternative, aus dem Anwendungsbereich dieser Bestimmung heraus. Wie im vorigen Abschnitt jedoch gezeigt wurde, besteht gleichwohl eine Unternehmensverbindung nach § 271 Abs. 2 HGB, 2. Alternative, wenn zum einen ein befreiender KA aufgestellt werden kann, zum anderen aber auch dann, wenn eine Befreiung im Rechtssinne zwar nicht in Betracht kommt, die Aufstellung eines KA jedoch gleichwohl möglich ist[436].

---

436 Vgl. Tz. 439 ff.; aM *Pankow/Gutike* in BeBiKo., § 271 Anm. 41 f.

bb) Assoziierte Unternehmen (§ 311 HGB)/Gemeinschaftsunternehmen (§ 310 HGB)

(1) Assoziierte Unternehmen (§§ 311, 312 HGB)

470   In § 311 HGB wird bei der Definition der assoziierten Unternehmen vorausgesetzt, daß sie nicht in den KA einbezogen werden. Die Unternehmensverbindungen knüpfen aber an die Einbeziehung nach den Vorschriften über die Vollkonsolidierung an. Daher können assoziierte Unternehmen **keine verbundenen Unternehmen** iSv. § 271 Abs. 2 HGB sein.

(2) Gemeinschaftsunternehmen (§ 310 HGB)

471   Für Unternehmen, die gemeinsam ein drittes Unternehmen „führen", eröffnet § 310 HGB die Möglichkeit anteilmäßiger Konsolidierung (sog. Quotenkonsolidierung).

472   Sieht man in der Quotenkonsolidierung lediglich eine Alternative zur Equity-Methode, die für assoziierte Unternehmen vorgeschrieben ist (§ 312 Abs. 1 HGB), so kann das Gemeinschaftsunternehmen des § 310 HGB in keinem Fall verbundenes Unternehmen gem. § 271 Abs. 2 HGB sein; denn beide Methoden stehen im Gegensatz zur Vollkonsolidierung, die für Unternehmensverbindungen Voraussetzung ist[437]. Jedoch wird auch die Auffassung vertreten, daß Gemeinschaftsunternehmen bei gemeinschaftlicher **einheitlicher Leitung** iSv. § 290 Abs. 1 HGB durch zwei oder mehrere MU in deren KA nach den Grundsätzen der **Vollkonsolidierung** einbezogen werden müssen; ein Wahlrecht, sich für die Quotenkonsolidierung zu entscheiden, sei in diesen Fällen nicht gegeben[438]. Hiernach wäre das Gemeinschaftsunternehmen, wenn eine Pflicht zur Vollkonsolidierung besteht, mit jedem leitenden Unternehmen und dessen Konzernunternehmen gem. § 271 Abs. 2 HGB, 1. Fallgruppe, verbunden[439].

473   Wieder anders ist die Rechtslage, wenn man in § 310 HGB eine spezielle Regelung für Gemeinschaftsunternehmen sieht, die den allgemeinen Regelungen in § 290 HGB vorgeht und eine Verpflichtung zur Vollkonsolidierung ausschließt; in § 310 HGB ist hiernach ein Wahlrecht zwischen Vollkonsolidierung und Quotenkonsolidierung eingeräumt[440].

474   Diese Auffassung ist indes nicht zweifelsfrei. Gemeinschaftsunternehmen werden somit nur dann zu den verbundenen Unternehmen nach § 271 Abs. 2 HGB zu rechnen sein, wenn im Einzelfall die einheitliche Leitung der (mehreren) Mutterunternehmen festgestellt werden kann, so daß das Gemeinschaftsunternehmen dann nach den Vorschriften über die Vollkonsolidierung in den KA einbezogen werden muß.

---

437 *Pankow/Gutike* in BeBiKo., § 271 Anm. 28.
438 Vgl. Erl. zu § 310 HGB in Abschn. M; *Maas/Schruff,* WPg. 1986 S. 237 ff., 244.
439 Vgl. *ADS,* § 271 HGB Tz. 35 sowie § 290 HGB Tz. 112 ff.; dies übersieht *Küting* in HdRKo, § 271 HGB Rn. 93.
440 Vgl. Bericht des Rechtsausschusses v. 18. 11. 1985, BT-Drs. 10/4268, S. 116; die anders lautenden Ausführungen in der Begr. RegE vom 12. 4. 1985, BR-Drs. 163/85 S. 41 sind durch die Begründung im Bericht des Rechtsausschusses überholt; auch *Hoffmann-Becking/Kellermeyer* sehen ein faktisches Wahlrecht, das Gemeinschaftsunternehmen wahlweise voll, nach Quoten oder gar nicht zu konsolidieren, so Gemeinschaftsunternehmen im neuen Recht der Konzernrechnungslegung, in FS für *Goerdeler,* (Fn. 17) S. 199 (207 ff.).

cc) Begründen Konzernabschlüsse nach dem PublG Unternehmensverbindungen iSv. § 271 Abs. 2 HGB?

Bei der Rechnungslegung einer Kapitalgesellschaft nach den Vorschriften des **475** HGB kann sich die Frage ergeben, ob verbundene Unternehmen auch Unternehmen sind, die nach dem PublG mit der Kapitalgesellschaft verbunden sind. Hier ist an den Fall zu denken, daß in einem Konzern eine **inländische Personengesellschaft** (zB eine KG) die **Konzernspitze** bildet und einen KA nach dem PublG aufzustellen hat, und daß eine Kapitalgesellschaft in diesen Abschluß einzubeziehen ist (§ 11 Abs. 1 PublG)[441]. Für die Rechnungslegung der KG ist die Kapitalgesellschaft gem. § 5 Abs. 1 PublG verbundenes Unternehmen; nach dieser Vorschrift gilt ua. § 271 Abs. 2 HGB sinngemäß. Ist aber auch umgekehrt die KG verbundenes Unternehmen der Kapitalgesellschaft bei deren Rechnungslegung nach dem HGB, maW ist bei den Posten des Jahresabschlusses der Kapitalgesellschaft, die verbundene Unternehmen betreffen, auch die KG (sowie die anderen in den KA der KG einzubeziehenden Unternehmen) zu berücksichtigen?

Eingangs des § 271 Abs. 2 HGB ist bestimmt, daß „verbundene Unternehmen im **476** Sinn dieses Buches" (also des Dritten Buchs des HGB, §§ 238–340o) solche Unternehmen sind, die in einen „nach dem Zweiten Unterabschnitt" (§ 290–315) aufzustellenden KA einzubeziehen sind. Die Einbeziehung in einen nach dem PublG aufzustellenden KA begründet somit dem **Wortlaut** der Vorschrift nach **keine Unternehmensverbindung** iSd. HGB, das konzernleitende und die anderen in den KA einzubeziehende Unternehmen sind in den Einzelabschlüssen der Kapitalgesellschaft nicht als verbundene Unternehmen zu behandeln.

Hiergegen wird in der Literatur Widerspruch erhoben. So hält *Kropff* eine **477** Gleichstellung der KA nach dem PublG mit KA nach dem HGB für zulässig[442]. Hierauf soll es nach *ADS* nicht ankommen, da lediglich die in § 290 HGB geregelten Beziehungen maßgeblich sind[443]. Dieser Auffassung ist zuzustimmen. Zwar ist darauf hinzuweisen, daß im PublG eine sinngemäße Anwendung des § 271 Abs. 2 HGB lediglich für die nach dem PublG zur Aufstellung eines JA verpflichteten Unternehmen (zu denen AG, KGaA und GmbH nicht gehören) vorgeschrieben ist (§ 5 Abs. 1 PublG). Für Tochterunternehmen, die in einen nach dem PublG aufzustellenden KA einzubeziehen sind (wozu auch Kapitalgesellschaften gehören können), verbleibt es bei den für diese geltenden Vorschriften. Indessen aber ist festgelegt, daß das in den KA einbezogene Tochterunternehmen verbundenes Unternehmen ist.

Ist allerdings eine in den KA nach § 11 PublG einbezogene Kapitalgesellschaft **478** ihrerseits MU gem. § 290 Abs. 2 HGB, so bestehen die vorgenannten Unternehmensverbindungen ohnehin, wenn der **Konzernabschluß** entweder ein **befreiender** ist (sofern er den Anforderungen des § 291 HGB entspricht) oder wenn das nach dem PublG konzernrechnungslegungspflichtige Unternehmen einen diesen Anforderungen entsprechenden befreienden KA aufstellen könnte (§ 271 Abs. 2 HGB, 2. Fallgruppe). Die praktische Bedeutung der oben behandelten Frage, ob die nach dem PublG aufzustellenden KA im Rahmen des § 271 Abs. 2 HGB den

441 Zur Rechnungslegung nach dem PublG vgl. H.
442 DB 1986 S. 364 ff., S. 365 unter B 11 Ziff. 2a.
443 *ADS*, § 271 HGB Tz. 67; im Erg. ebenso *Biener/Bernecke*, (Fn. 11) S. 188.

KA nach dem HGB gleichzustellen sind, ist hierdurch erheblich eingeschränkt. Die Verneinung einer solchen Gleichstellung schließt eben nicht aus, daß der KA eines nach dem PublG konzernrechnungslegungspflichtigen Unternehmens auch die Voraussetzungen des § 291 HGB erfüllt und eine einzubeziehende Kapitalgesellschaft von der Pflicht zur Aufstellung eines (Teil-)KA befreit, oder daß das Unternehmen einen solchen KA aufstellen könnte; in beiden Fällen aber sind die Unternehmen verbundene gem. der 2. Fallgruppe des § 271 Abs. 2 HGB.

dd) Gleichordnungskonzern

479   Anders als im AktG (§ 18 Abs. 2) begründet ein Gleichordnungskonzern nach § 271 Abs. 2 HGB **keine Unternehmensverbindung.** Die BRD hat von dem nationalen Wahlrecht in Art. 12 der Siebenten Richtlinie, auch Gleichordnungskonzerne in die Konzernrechnungslegung einzubeziehen, keinen Gebrauch gemacht. Ob nach bisherigem Recht, dh. nach dem am 1. 1. 1986 außer Kraft getretenen § 329 AktG, eine Verpflichtung zur Aufstellung von Konzernabschlüssen auch für Gleichordnungskonzerne bestand, war strittig. Bejaht wurde diese Frage für den Fall, daß in einem Gleichordnungskonzern die einheitliche Leitung von einem Unternehmen ausgeübt wird und die übrigen Voraussetzungen vorliegen.

480   Der Gleichordnungskonzern ist daher nur noch insofern von Bedeutung, als die zu dem Gleichordnungskonzern gehörenden Unternehmen gem. § 15, 18 Abs. 2 AktG für den Bereich des AktG verbundene Unternehmen sind.

e) Erweiterte Auslegung von § 271 Abs. 2 HGB?

481   Die vorstehend dargestellte Auslegung von § 271 Abs. 2 HGB, die sich über den Wortlaut teilweise hinwegsetzt, zeigt, daß eine große Zahl denkbarer Unternehmensverbindungen als verbundene Unternehmen im Sinne dieser Vorschrift zu behandeln sind. Dies gilt für alle Mutter-/Tochterunternehmensbeziehungen iSv. § 290 HGB, gleichgültig, ob ein KA aufgestellt wird, ferner für § 11 PublG und für die tatsächlich aufgestellten oder möglichen KA nach §§ 291, 292 HGB.

482   Ungeregelt bleiben nur wenige Fälle. Nicht als verbundene Unternehmen hätten die Unternehmen zu gelten, die in einem Unternehmensverbund mit einer Personenhandelsgesellschaft oder einem Einzelunternehmen an der Spitze, die nicht unter § 11 PublG fallen, sofern kein befreiender KA aufgestellt werden kann. Nicht verbunden iSv. § 271 Abs. 2 HGB wäre ferner ein Unternehmensverbund mit ausländischer Konzernspitze gleich welcher Rechtsform, wenn ebenfalls, wie im einstufigen Konzernaufbau, die Voraussetzungen für einen befreienden KA nicht gegeben sind.

483   Im Vergleich zu den als verbundene Unternehmen erfaßten Sachverhalten ist es weder rechtlich noch wirtschaftlich einleuchtend, die verbliebenen Gestaltungen auszuklammern. In der Literatur wurde daher seit Inkrafttreten des BiRiLiG versucht, die festgestellte Lücke im Wege der Auslegung zu schließen. Nach *Kropff*[444] könnte eine Auslegung von § 271 Abs. 2 HGB Abhilfe schaffen, die

---

444 *Kropff*, „Verbundene Unternehmen" im Aktiengesetz und Bilanzrichtliniengesetz, DB 1986 S. 364 (366); gefolgt von *Kupsch* in HdJ Abt. II/3 Das Finanzanlagevermögen, Rn. 28; *Scheffler* in HdRB, B 213 Rz. 54.

sich von der Pflicht (Rechtspflicht) zur Aufstellung eines Konzernabschlusses löst und verbundene Unternehmen auch dann annimmt, wenn die Voraussetzungen von § 290 HGB gegeben, ein KA aus Rechtsgründen nicht aufgestellt werden kann. Wie *Kropff* sieht *ADS*[445] in einer an **Sinn und Zweck** der Vorschrift sowie an Art. 41 der 7. EG-Richtlinie orientierten Auslegung die Notwendigkeit und Möglichkeit, den Anwendungsbereich von § 271 Abs. 2 HGB zur Schließung der Lücken auszudehnen. Unabhängig von der Konzernrechnungslegungspflicht, der befreienden Wirkung eines Konzernabschlusses und der tatsächlich oder nur möglichen Aufstellung von KA und der Berücksichtigung im Einbeziehungskreis soll es allein darauf ankommen, ob ein **Mutter-/Tochterunternehmensverhältnis vorliegt**; dies erstrecke sich auf weitere Tochterunternehmen[446]. Mit dieser, den Wortlaut der Regelung allerdings vernachlässigenden Interpretation lassen sich die oben offen gebliebenen Problemfälle lösen[447]. Der Befund, eine unbefriedigende, offene Regelungslücke in § 271 Abs. 2 HGB sehen zu müssen, wird auch von anderen Autoren festgestellt, doch nicht durch eine weitere Auslegung, sondern durch den Appell an den Gesetzgeber gelöst[448]. Soweit dafür bereits im Vorgriff auf eine Novellierung von § 271 Abs. 2 HGB anerkannt wird, daß die Verbundbeziehung bezeichnet und ausgewiesen werden dürfen, ist diese Auffassung gleich gestellt. Diese Auffassungen haben sich in der Praxis durchgesetzt, da sie allein zu praktikablen Ergebnissen führen.

5. Erstmalige Anwendung des Begriffs der verbundenen Unternehmen in § 271 Abs. 2 HGB

Ob Unternehmen „verbundene" iSv. § 271 Abs. 2 HGB sind, ist nach dieser Vorschrift davon abhängig, ob die Unternehmen in einen KA einzubeziehen sind, zu dessen Aufstellung ein Mutterunternehmen nach den §§ 290 ff. HGB verpflichtet ist, oder den es als befreienden KA aufstellt oder aufstellen könnte. Eine Pflicht zur Konzernrechnungslegung nach den Vorschriften des HGB besteht jedoch erstmals für das nach dem 31. 12. 1989 beginnende Geschäftsjahr (Art. 23 Abs. 2 EGHGB idF des BiRiLiG). Bis dahin scheint die Definition der verbundenen Unternehmen in § 271 Abs. 2 HGB auf den ersten Blick nach nicht anwendbar, eben weil eine Verpflichtung zur Konzernrechnungslegung neuen Rechts, auf die sie abstellt, erst ab 1990 gegeben ist. Anderseits müssen die Vorschriften des HGB über den JA schon auf das nach dem 31. 12. 1986 beginnende Geschäftsjahr angewendet werden, somit auch diejenigen Vorschriften, die für verbundene Unternehmen gelten. Das führt zu der Frage, welcher Begriff der verbundenen Unternehmen bei den Posten des Einzelabschlusses, die ver-

484

---

445 *ADS*, § 271 HGB Tz. 41 ff. insb. 50 ff.
446 *ADS*, § 271 HGB Tz. 57.
447 Im Ergebnis ebenfalls die richtlinienkonforme Auslegung befürwortend *P. Ulmer*, Begriffsvielfalt im Recht der verbundenen Unternehmen als Folge des Bilanzrichtlinien-Gesetzes, in FS für *Goerdeler*, (Fn. 17) S. 623 (646).
448 Vgl. *Pankow/Gutike* in BeBiKo., § 271 Anm. 47 f.; *Küting* in HdRKo. § 271 Rn. 121; *Schulze-Osterloh*, Die verbundenen Unternehmen nach dem Bilanzrichtlinien-Gesetz in FS für *Fleck*, (Fn. 218) S. 313 (324 ff.); ferner *Hoffmann*, Wann liegen „verbundene Unternehmen" im Einzelabschluß von ausländisch beherrschten Konzernen vor? BB 1987 S. 2192.

bundene Unternehmen betreffen, in den JA 1987, '88 und '89 zugrunde zu legen ist. Hierzu sind verschiedene Ansichten denkbar[449].

485 Für die Frage kommt es darauf an, daß in § 271 Abs. 2 HGB auf den weitestgehenden KA Bezug genommen wird, den das oberste MU „nach dem Zweiten Unterabschnitt" aufzustellen hat. Da das Dritte Buch des HGB und somit auch der vorgenannte Unterabschnitt mit dem 1. 1. 1986 in Kraft getreten ist (Art. 13 BiRiLiG), besteht – nach dem Zweiten Unterabschnitt – die Pflicht zur Aufstellung von KA bereits ab 1. 1. 1986. Aufgeschoben bis zu dem nach dem 31. 12. 1989 beginnenden Geschäftsjahr wird diese Pflicht nicht durch eine Vorschrift in diesem Unterabschnitt, sondern durch das Einführungsgesetz zum HGB; auch wird nicht etwa die Geltung der Vorschriften über den KA bis zu diesem Zeitpunkt aufgeschoben, sondern aufgeschoben ist lediglich die Pflicht zur Anwendung der vom 1. 1. 1986 an „geltenden Fassung" dieser Vorschriften (Art. 23 Abs. 2 EGHGB). Bei isolierter, vom Einführungsgesetz losgelöster Betrachtung des § 271 Abs. 2 HGB „hat" das oberste MU daher ab 1. 1. 1986 einen KA nach §§ 290 ff. HGB aufzustellen. Auch wenn dessen Aufstellung unterbleibt, weil die Pflicht zur Aufstellung bis 1990 aufgeschoben ist, bestimmen sich die Unternehmensverbindungen daher schon in dem ersten nach neuem Recht aufzustellenden Jahresabschluß nach einem solchen KA (§ 271 Abs. 2 HGB, 1. Fallgruppe)[450].

486 Diese Ansicht kann sich auch auf den Zweck der Übergangsvorschrift in Art. 23 Abs. 2 EGHGB für die Anwendung der Vorschriften des HGB über den KA stützen. Die Übergangsvorschrift soll den Unternehmen genügend Zeit lassen, sich auf die neuen Vorschriften zur Konzernrechnungslegung einzustellen und die nötigen Vorkehrungen für die Aufstellung der KA nach neuem Recht zu treffen. Sie bezweckt nicht, den Inhalt von Bestimmungen zu ändern, die bei der Aufstellung von JA anzuwenden sind, zumal die Jahresabschlüsse bereits für das nach dem 31. 12. 1986 beginnende Geschäftsjahr nach neuem Recht aufgestellt werden müssen. Die rechtlichen Grundlagen für die Aufstellung dieser JA gegenüber der Rechtslage, die ab 1990 besteht, sollten nicht berührt werden.

---

449 Nach *Kropff*, DB 1986 S. 364 ff., 365 unter B II 1b kommt es nicht auf die Pflicht zur Aufstellung des KA an. Diese Ansicht von *Kropff* dürfte mitbestimmt sein von seiner Auffassung, daß generell bei dem Begriff der verbundenen Unternehmen nicht auf die Pflicht zur Konzernrechnungslegung bzw. die Möglichkeit zur Aufstellung eines befreienden Konzernabschlusses abgestellt werden dürfe. Vgl. auch *Küting*, DStR 1987 S. 352.
450 Vgl. auch *ADS*, § 271 HGB Tz. 58; *Baumbach/Duden/Hopt*, (Fn. 396) § 271 HGB Anm. 2 aE.

Abschnitt S

Nichtigkeit und Anfechtbarkeit von Hauptversammlungs-beschlüssen und des festgestellten Jahresabschlusses

I. Allgemeines

Im siebenten Teil des ersten Buches des AktG werden die Voraussetzungen und 1
die Folgen von mit Mängeln behafteten HV-Beschlüssen und JA geregelt.

Bei den **Beschlüssen der HV** unterscheidet das Gesetz zwischen solchen, die **nichtig** sind, und solchen, die nur der **Anfechtung** unterliegen. Ist ein Beschluß mit schwerwiegenden, im Gesetz abschließend aufgeführten Mängeln behaftet, dann ist er nichtig. Da es sich um eine erschöpfende Regelung handelt, sind auch aus dem BGB, etwa aus § 134, weitere Nichtigkeitsgründe nicht ableitbar[1]. Die Nichtigkeit kann durch Nichtigkeitsklage oder in anderer Weise geltend gemacht werden.

Sind die Mängel weniger schwerwiegend, dann wird es denjenigen, die durch den Beschluß in ihren Rechten verletzt zu sein glauben, überlassen, den Beschluß durch **Anfechtungsklage** zu beseitigen. Zur Anfechtung befugt ist dabei nach dem Gesetz nur ein begrenzter Kreis von Beteiligten.

Zu unterscheiden von den nichtigen und anfechtbaren Beschlüssen sind die **unvollständigen** sowie die **unwirksamen** Beschlüsse, die für sich allein die beabsichtigte Rechtswirkung nicht herbeiführen können. Sie sind weder nichtig noch anfechtbar[2].

Ein **festgestellter JA** kann aufgrund von Mängeln nichtig sein, die das Gesetz ebenfalls abschließend aufzählt. Der JA kann nichtig sein, wenn er von der HV oder wenn er vom Vorstand und AR festgestellt wurde. Eine Anfechtung der Feststellung des JA ist nur möglich, wenn die Feststellung durch Beschluß der HV erfolgt.

Besteht Anlaß zu der Annahme, daß ein festgestellter JA oder der LB in bestimmten Einzelfällen mangelhaft ist, dann kann auf Antrag von Aktionären durch das Gericht eine **Sonderprüfung** angeordnet werden.

Wenn die Rechtsbehelfe des AktG tatbestandsmäßig nicht eingreifen, weil es etwa an einem danach angreifbaren Beschluß überhaupt fehlt, können die in ihren Rechten verletzten Aktionäre oder Dritten auf die allgemeinen Gesetze zurückgreifen. Bei Vorliegen eines rechtlichen Interesses kommt etwa eine gewöhnliche **Feststellungsklage** (§ 256 ZPO) in Betracht[3].

---

1 OLG Hbg. v. 3. 7. 1970, AG S. 230; *Schilling* in Großkom. § 241 Anm. 10, aA unter Verkennung der Systematik LG Hbg. v. 11. 1. 1990, ZIP S. 326, so auch OLG Hbg. v. 6. 10. 1989, ZIP 1990 S. 376, zur Kritik *Timm*, ZIP 1990 S. 361.
2 BGH v. 10. 11. 1954, BGHZ 15 S. 181; *Hüffer* in AktG-Kom. § 241 Rn. 18 mwN.
3 BGH v. 25. 2. 1982, DB 1983 S. 795: Zulässigkeit einer Feststellungsklage zB bei der Ausgliederung eines Betriebes, der den wertvollsten Teil des Gesellschaftsvermögens bildet ohne die Zustimmung der HV.

II. Nichtigkeit von Hauptversammlungsbeschlüssen

1. Nichtigkeitsgründe

2 Das Gesetz regelt in den §§ 241, 250, 253 und 256 AktG die Nichtigkeit von HV-Beschlüssen abschließend. § 241 AktG zählt die Nichtigkeitsgründe aller HV-Beschlüsse mit Ausnahmen der AR-Wahlen, des Gewinnverwendungsbeschlusses sowie der Feststellung des JA auf. In seinen Nr. 1–6 enthält er die **allgemeinen** Nichtigkeitsgründe für HV-Beschlüsse (dazu s. Tz. 4 ff.). Daneben wird in § 241 1. Hs. AktG auf die **zusätzlichen** Nichtigkeitsgründe verwiesen, die nur für einzelne HV-Beschlüsse gelten und an anderer Stelle im Gesetz geregelt sind (dazu s. Tz. 16 ff.).

3 Die Nichtigkeitsgründe für die **Wahlen von AR-Mitgliedern** durch Beschlüsse der HV sind in § 250 AktG erschöpfend ausgeführt (dazu s. Tz. 23 ff.). Eine abschließende Regelung der Nichtigkeit von HV-Beschlüssen über die **Verwendung des Bilanzgewinns** enthält § 253 AktG einschließlich seiner Verweisung (dazu s. Tz. 28 ff.). Erfolgt die **Feststellung des JA** abweichend vom Regelfall des § 172 AktG **durch Beschluß der HV**, so richtet sich dessen Nichtigkeit alleine nach § 256 AktG (dazu IV. Nichtigkeit des festgestellten Jahresabschlusses, Tz. 95 ff.).

a) Allgemeine Nichtigkeitsgründe des § 241 AktG

4 aa) § 241 Nr. 1 AktG: HV-Beschlüsse sind nichtig, wenn sie in einer HV gefaßt worden sind, deren **Einberufung** nicht den Anforderungen des § 121 Abs. 2, Abs. 3 AktG entspricht.

Dies ist zum einen der Fall, wenn die HV nicht durch dazu befugte Personen einberufen wird. Die HV wird nach § 121 Abs. 2 AktG vom Vorstand einberufen. Personen, die in das HR als Vorstand eingetragen sind, gelten als befugt, auch wenn sie nicht wirksam bestellt oder nicht mehr im Amt sind. Auch sonstige Personen, die dazu durch Gesetz oder Satzung ermächtigt sind, können die HV einberufen, zB gem. § 111 Abs. 3 AktG der AR[4].

Nichtigkeit tritt wegen des Verstoßes gegen § 121 Abs. 3 AktG ein, wenn die Einberufung nicht in den Gesellschaftsblättern bekannt gemacht worden ist. Das gleiche gilt, wenn die Einberufung nicht erkennen läßt, welche Gesellschaft sie betrifft. Außer der Firmenbezeichnung müssen der Sitz der Gesellschaft, Zeit und Ort der HV und die Bedingungen angegeben werden, von denen die Teilnahme an der HV und die Ausübung des Stimmrechts abhängen.

5 Unwesentliche Fehler, die keinen Zweifel darüber zulassen, hinsichtlich welcher Gesellschaft die HV stattfinden soll, führen nicht zur Nichtigkeit[5].

---

4 Bei der GmbH kann die Gesellschafterversammlung durch den Geschäftsführer oder durch Gesellschafter mit insgesamt mindestens 10%iger Beteiligung einberufen werden (§§ 49, 50 GmbHG). Letztere müssen zuvor vergeblich vom Geschäftsführer die Einberufung verlangt haben (BGH v. 7. 2. 1983, NJW S. 1677, DB S. 1248).
5 OLG Hbg. v. 19. 9. 1980, AG 1981 S. 193; *Schilling* in Großkom. § 243 Anm. 12; aA *Zöllner* in Kölner Kom. § 243 Rn. 82.

Andere Einberufungsfehler, zB Einberufung nicht an den Sitz oder Börsenort oder an den von der Satzung bestimmten Ort, Nichteinhalten der Fristen oder Formen für die Einberufung oder Verstöße gegen Satzungsbestimmungen, begründen nur ein Anfechtungsrecht[6].

6 Die Nichtigkeit entfällt, wenn alle Aktionäre erschienen oder vertreten sind (Vollversammlung) und unzweideutig zu erkennen geben, daß sie mit der Abhaltung der Versammlung überhaupt und der Beschlußfassung über einzelne Gegenstände der Versammlung einverstanden sind. Um Unklarheiten auszuschließen, empfiehlt es sich, in einem solchen Fall den Verzicht der Erschienenen auf die Einhaltung der Fristen und Formen der Einberufung beurkunden zu lassen[7].

7 bb) § 241 Nr. 2 AktG: HV-Beschlüsse sind nichtig, wenn sie nicht nach § 130 Abs. 1, Abs. 2 und Abs. 4 AktG beurkundet worden sind.

Danach ist jeder Beschluß der HV von einem **Notar zu beurkunden.** In der Niederschrift sind der Tag der Verhandlung, der Name des Notars sowie die Art und das Ergebnis der Abstimmung und die Feststellungen des Vorsitzenden über die Beschlußfassung aufzunehmen. Die Niederschrift ist außerdem vom Notar zu unterschreiben. Auch durch einen einstimmigen Beschluß einer Vollversammlung kann nicht auf eine formgerechte Beurkundung verzichtet werden[8].

Die Verletzung anderer Vorschriften über die Form und den Inhalt der Niederschrift begründen keine Nichtigkeit des Beschlusses.

8 cc) § 241 Nr. 3 AktG: Beschlüsse, die mit dem **Wesen der AG** nicht zu vereinbaren sind, oder durch ihren Inhalt **Vorschriften** verletzen, die ausschließlich oder überwiegend **zum Schutze der Gläubiger** der Gesellschaft oder sonst im **öffentlichen Interesse** gegeben sind, sind nichtig.

Bei dieser Regelung handelt es sich um eine Generalklausel, die schon im alten HGB zu finden war und dann in § 195 Nr. 3 AktG von 1937 übernommen wurde. Die umfangreiche Entscheidungspraxis des Reichsgerichts kann zur Interpretation dieser Vorschrift mit verwandt werden[9].

Der HV-Beschluß muß in beiden Tatbestandsgruppen, nicht nur bei den Gläubigerschutzvorschriften seinem Inhalt nach zu beanstanden sein[10].

Die Rangfolge der Tatbestandsgruppen ist umstritten[11]. Der Streit kann jedoch dahinstehen, weil er für die Rechtsfolge unerheblich ist.

9 Beschlüsse der ersten Tatbestandsgruppe, die mit dem Wesen der AG nicht vereinbar sind, sind solche, die zwingende Vorschriften verletzen, welche nach der Verkehrsauffassung das Bild der AG prägen und sie in ihrer Gesamtheit von anderen Gesellschaftsformen unterscheiden[12].

---

6 BGH v. 17. 10. 1988, AG 1989 S. 95.
7 *Schilling* in Großkom. § 241 Anm. 14.
8 RG v. 2. 7. 1926, RGZ 114 S. 205; RG v. 9. 12. 1927, RGZ 119 S. 229; *Hüffer* in AktG-Kom. § 241 Rn. 35 mwN; *Henn,* Handbuch des Aktienrechts, 4. Aufl. 1990, § 28 Abschn. 1 mwN.
9 Nachweise bei: *Henn,* Handbuch des Aktienrechts, 4. Aufl. 1990, § 28 Abschn. 1, RG v. 11. 6. 1940, RGZ 164 S. 220/223.
10 Statt aller *Henn,* § 28 Abschn. 1 mwN.
11 Dazu zusammenfassend *Hüffer* in AktG-Kom. § 241 Rn. 41, 42 mwN.
12 *Geßler,* ZGR 1980 S. 427/433.

Zu den Vorschriften, die das Wesen einer AG bestimmen, gehört § 1 AktG über die **eigene Rechtspersönlichkeit** sowie die Bestimmungen, nach denen diese Rechtspersönlichkeit nur unter bestimmten Voraussetzungen und durch bestimmte Rechtsvorgänge, wie Verschmelzung, Auflösung und Umwandlung aufgehoben werden kann[13].

Ferner gehören hierzu ua. die Vorschriften über den **Ausschluß der** persönlichen **Haftung der Aktionäre** für die Verbindlichkeiten der Gesellschaft, über den Ausschluß **der Nachschußpflicht** sowie über die **Organisation** der Gesellschaft (Vorstand, AR und HV)[14].

Dagegen führt ein Verstoß gegen den Grundsatz der **Gleichbehandlung** der Aktionäre nicht zur Nichtigkeit, sondern nur zur Anfechtbarkeit des Beschlusses.

10 Zur zweiten Tatbestandsgruppe zählen Beschlüsse, die ihrem Inhalt nach Vorschriften verletzen, die ausschließlich oder überwiegend im öffentlichen Interesse gegeben sind. Aus der Formulierung des Gesetzes kann entnommen werden, daß Vorschriften, die ausschließlich oder überwiegend dem Schutze der Gläubiger dienen, auch gleichzeitig als im öffentlichen Interesse liegend anzusehen sind.

Die Voraussetzung, daß eine Vorschrift „überwiegend" den Gläubigerschutz bezwecken muß, ist erfüllt, wenn der Gläubigerschutz eine wesentliche Komponente der Norm darstellt. Es kommt daher auch dann eine Nichtigkeit in Betracht, wenn Vorschriften im gleichen Maße wie den Gläubigerinteressen den Aktionärsinteressen dienen, wie zB das **Verbot der Einlagenrückgewähr** und der **verdeckten Gewinnausschüttung**[15].

11 Zu den sonstigen Vorschriften, die im öffentlichen Interesse gegeben sind, gehören die Vorschriften zum Schutze der künftigen Aktionäre sowie die unverzichtbaren Schutzvorschriften für die gegenwärtigen Aktionäre[16]. Dazu gehören auch die Normen eines weit verstandenen orde public[17]. Das sind regelmäßig mindestens die Normen, die mit Straftat- oder Ordnungswidrigkeitstatbeständen bewehrt sind.

Weiterhin gehören dazu die Vorschriften des MitbestG über die innere Ordnung, die Rechte und Pflichten des AR. Satzungsändernde Beschlüsse, die mit den §§ 25 ff. MitbestG nicht vereinbar sind, sind daher nach § 241 Nr. 3 AktG nichtig, ohne Rücksicht darauf, ob hierdurch die Anteilseigner oder die Arbeitnehmer benachteiligt werden[18]. Satzungsregelungen sind dabei nicht schon deshalb unzulässig, weil sie uU dazu führen könnten, das im Gesetz selbst angelegte leichte Übergewicht der Anteilseigner, etwa in zusätzlich gebildeten Ausschüssen, zur Geltung zu bringen. Sie sind aber unzulässig, wenn sie dazu dienen, zwingendes Mitbestimmungsrecht nach dessen Sinn und Zweck zu unterlaufen oder zu umgehen[19]. Unzulässig ist es

---

13 RG v. 11. 6. 1940, RGZ 164 S. 223; so auch LG Mannheim v. 23. 10. 1989, ZIP 1990 S. 379.
14 BGH v. 25. 1. 1988, DB S. 697; BGH v. 29. 6. 1987, NJW 1988 S. 260; BGH v. 15. 12. 1986, DB 1987 S. 475.
15 *Zöllner* in Kölner Kom. § 241 Rn. 104; *Schilling* in Großkom. § 241 Anm. 20.
16 *Schilling* in Großkom. § 241 Anm. 21; *Godin/Wilhelmi*, AktG, 4. Aufl. 1971, § 241 Anm. 10.
17 Statt aller *Hüffer* in AktG-Kom. § 241 Rn. 47.
18 BGH v. 25. 2. 1982, BGHZ 83 S. 106, DB S. 742, NJW S. 1525; vgl. dazu ausführlich *Hüffer* in AktG-Kom. Anhang zu § 241 Rn. 1–32.
19 BGH v. 25. 2. 1982, BGHZ 83 S. 145, DB S. 745, NJW S. 1528.

danach zB, die Position des AR-Vorsitzenden über seine gesetzlichen Befugnisse so zu verstärken, daß eine Beschlußfassung ohne ihn gänzlich ausgeschlossen ist[20]. Unzulässig sind ebenfalls Satzungsbestimmungen, die bestimmen, daß ein zweiter Stellvertreter des AR-Vorsitzenden aus dem Kreis der AR-Mitglieder der Aktionäre zu wählen sei[21].

Zu den Vorschriften idS gehört auch § 319 HGB. So ist zB ein Beschluß, durch den ein APr. gewählt wird, der nach § 319 Abs. 2 HGB von der Wahl ausgeschlossen ist, nichtig, weil Vorschriften verletzt sind, die im öffentlichen Interesse gegeben sind[22].

dd) § 241 Nr. 4 AktG: Beschlüsse, die durch ihren Inhalt gegen die **guten Sitten** 12 verstoßen, sind nichtig. Entscheidend für die Beurteilung ist, daß der Inhalt der Beschlüsse gegen die guten Sitten verstoßen muß. Maßstab dafür ist die zu § 138 BGB entwickelte Formel des Anstandsgefühls aller billig und gerecht Denkenden[23]. Sittenwidrig idS wäre beispielsweise ein Beschluß über die Errichtung eines verbotenen Unternehmens.

Inhaltliche **Sittenwidrigkeit** liegt nach der Rechtsprechung des BGH auch 13 dann vor, wenn der Beschluß zwar nicht nach seinem Wortlaut, aber nach seinem inneren Gehalt in einer sittenwidrigen Schädigung nicht anfechtungsberechtigter Personen besteht[24]. Zur Begründung wird ausgeführt, daß sich die Anwendung der Bestimmung dann und gerade dann rechtfertige, wenn der eigentliche Inhalt eines HV-Beschlusses sittenwidrig sei, jedoch durch eine nichtssagende Fassung seines Wortlautes verborgen werde.

Dagegen stellt der **Machtmißbrauch** einer Aktionärsmehrheit zum Schaden der Minderheit keinen reinen Inhaltsverstoß dar. Ein hierdurch sittenwidrig zustande gekommener Beschluß führt nicht zur Nichtigkeit des Beschlusses, sondern nach § 243 Abs. 1 AktG oder aufgrund der besonderen Vorschrift des § 243 Abs. 2 AktG nur zur Anfechtbarkeit.

ee) § 241 Nr. 5 AktG: Beschlüsse, die auf Anfechtungsklage durch **Urteil** rechts- 14 kräftig für nichtig erklärt worden sind, sind nichtig. Zur Anfechtungsklage wird auf die Ausführungen unter Tz. 54 ff. verwiesen.

ff) § 241 Nr. 6 AktG: Beschlüsse, die im Verfahren der freiwilligen Gerichtsbar- 15 keit gem. § 144 Abs. 2 FGG aufgrund rechtskräftiger Entscheidung im HR gelöscht worden sind, sind nichtig.

Ein Beschluß, der in das HR eingetragen worden ist, kann nach § 144 Abs. 2 FGG **von Amts wegen gelöscht** werden, wenn der Beschluß durch seinen Inhalt zwingende Gesetzesvorschriften verletzt und die Beseitigung des Beschlusses im öffentlichen Interesse erforderlich erscheint. Es kommt jedoch nur auf das Vorliegen einer rechtskräftigen auf Löschung gerichteten

---

20 BGH v. 25. 2. 1982, BGHZ 83 S. 151; OLG Hbg. v. 4. 4. 1984, DB S. 1616. Dagegen ist diese Frage umstritten, soweit das Mitbestimmungsgesetz nicht zur Anwendung kommt. Für die Zulässigkeit: *Godin/Wilhelmi*, § 108 Anm. 7; *Meyer/Landrut* in Großkom. § 108 Anm. 35; dagegen *Mertens* in Kölner Kom. § 108 Rn. 52; *Geßler* in AktG-Kom. § 108 Anm. 35.
21 BGH v. 25. 2. 1982, BGHZ S. 83 S. 151, entgegen OLG München v. 29. 4. 1981, NJW S. 2101 mit Anm. *Raiser* S. 2166.
22 Zu § 164 AktG aF: *Baumbach/Hueck*, AktG, 13. Aufl. 1968, § 164 Anm. 4; *Kropff* in AktG-Kom. § 164 Rn. 20; das übersieht OLG Düsseldorf v. 16. 9. 1990, BB 1991 S. 108.
23 Allg. Ans. *Hüffer* in AktG-Kom. § 241 Rn. 57 mwN.
24 BGH v. 8. 12. 1954, BGHZ 15 S. 382; zustimmend *Schilling* in Großkom. § 241 Anm. 5, *Zöllner* in Kölner Kom. § 241 Rn. 124.

Entscheidung im FGG-Verfahren an, nicht auf die materiellen Voraussetzungen des § 144 Abs. 2 FGG[25]. Eine Löschung nach § 142 Abs. 1 FGG wegen eines bloßen Mangels im Eintragungsverfahren ist nicht zulässig[26].

Ob diese Voraussetzungen gegeben sind, ist allein im Verfahren der freiwilligen Gerichtsbarkeit in dessen Instanzenzug zu entscheiden. Der Registerrichter ist bei schwebendem Nichtigkeits- oder Anfechtungsprozeß bzw. bei Klageabweisung durch das Prozeßgericht nicht gehindert, eine Löschung nach § 144 Abs. 2 FGG vorzunehmen. Andererseits ist das Prozeßgericht nicht an die Ablehnung der Löschung durch den Registerrichter gebunden[27]. Das Amtslöschungsverfahren kann von Dritten angeregt werden. Gegen eine ablehnende Verfügung kann Beschwerde eingelegt werden, wenn durch die Verfügung ein eigenes sachliches Recht des Antragstellers verletzt wird. Dem einzelnen Gesellschafter steht grundsätzlich kein eigenes Beschwerderecht in Registerangelegenheiten der Gesellschaft zu, da er seine Rechte in Gesellschaftsangelegenheiten durch Antragstellung und Beschlußfassung innerhalb der dafür vorgesehenen Gesellschaftsorgane, hier in der HV, ausüben kann. Anderes gilt aber für einen Aktionär, der nach Erklärung eines Widerspruchs zu Protokoll **fristgemäß Anfechtungsklage erhoben** hat[28]. Eine Verletzung von Individualrechten, die ein Beschwerderecht begründet, liegt auch dann vor, wenn es um die Löschung eines HV-Beschlusses geht, der das Mitgliedschaftsrecht des einzelnen Aktionärs einschränkt oder aufhebt[29].

Die Prüfungskompetenz der Registergerichte umfaßt auch die Vereinbarkeit einer Satzung mit dem MitbestG (§§ 25 ff.). Da diese Vorschriften dem öffentlichen Interesse dienen sollen, beschränkt sich die Bedeutung der entsprechenden Satzungsbestimmungen über den AR nicht nur auf das Innenleben der Gesellschaft[30].

b) Zusätzliche Nichtigkeitsgründe für einzelne Hauptversammlungsbeschlüsse

16 aa) § 192 Abs. 4 AktG: Beschlüsse der HV, die einem in das HR eingetragenen Beschluß über eine **bedingte Kapitalerhöhung** entgegenstehen, dh. diesen aufheben oder nachteilig verändern, sind nichtig.

Da diese Vorschrift zum Schutz der Umtausch- und Bezugsberechtigten dient, kommt sie nicht zur Anwendung, wenn alle Berechtigten auf ihre Rechte verzichtet haben[31].

17 bb) § 212 AktG: Beschlüsse, nach denen bei einer **Kapitalerhöhung aus Gesellschaftsmitteln** die neuen Aktien den Aktionären nicht im Verhältnis ihrer Anteile am bisherigen Grundkapital zustehen, sind nichtig.

Wegen des zwingenden Charakters der Norm ist der Beschluß auch dann nichtig, wenn ihm alle Aktionäre zugestimmt haben[32].

---

25 *Hüffer* in AktG-Kom. § 241 Rn. 60 mwN.
26 OLG Hbg. v. 22. 5. 1979, AG 1980 S. 79, BB 1981 S. 259 mit Anm. *Baums.*
27 *Zöllner* in Kölner Kom. § 241 Rn. 149 ff., *Henn* in Handbuch des Aktienrechts, 4. Aufl. 1990, § 28 Abschn. 1 am Ende.
28 OLG Hbg. v. 22. 5. 1979, AG 1980 S. 79.
29 OLG Hbg. v. 13. 11. 1970, DB 1971 S. 765.
30 OLG Hbg. v. 4. 4. 1984, DB S. 1616.
31 *Lutter* in Kölner Kom. § 192 Rn. 32; *Schilling* in Großkom. § 192 Anm. 14.
32 *Lutter* in Kölner Kom. § 212 Rn. 5 mwN; *Wiedemann* in Großkom. § 212 Anm. 2.

cc) § 217 Abs. 2 AktG: Beschlüsse über die Kapitalerhöhung aus Gesellschafts- **18**
mitteln, nach denen die neuen Aktien bereits am Gewinn des vorausgegangenen GJ teilnehmen, sind nichtig, wenn sie nicht binnen 3 Monaten nach
Beschlußfassung in das HR eingetragen worden sind.

dd) § 228 Abs. 2 AktG: Beschlüsse über eine **Kapitalherabsetzung** unter den **19**
Mindestnennbetrag von DM 100 000 bei gleichzeitiger Kapitalerhöhung
durch Geldeinlage sind nichtig, wenn sie und die Durchführung der Erhöhung nicht binnen 6 Monaten nach Beschlußfassung in das HR eingetragen
worden sind.

ee) § 234 Abs. 3 AktG: Beschlüsse über die Rückwirkung einer vereinfachten **20**
Kapitalherabsetzung auf das letzte abgelaufene GJ sind dann nichtig, wenn
sie nicht binnen 3 Monaten nach Beschlußfassung in das HR eingetragen
worden sind.

ff) § 235 Abs. 2 AktG: Beschlüsse über die Rückwirkung einer Kapitalerhö- **21**
hung, die gleichzeitig mit einer rückwirkenden Kapitalherabsetzung nach
§ 234 AktG getroffen werden, sind nichtig, wenn die Beschlüsse über die
Kapitalherabsetzung und die Kapitalerhöhung und die Durchführung der
Erhöhung nicht binnen 3 Monaten in das HR eingetragen worden sind.

In den vorstehenden Fällen cc) bis ff) wird der Lauf der Frist gehemmt, **22**
solange eine Anfechtungs- oder Nichtigkeitsklage rechtshängig ist oder eine
zur Kapitalerhöhung oder Kapitalherabsetzung beantragte staatliche
Genehmigung noch nicht erteilt ist. Hierdurch soll verhindert werden, daß
durch Anfechtungs- und/oder Nichtigkeitsklagen, die auch schikanös sein
könnten, oder durch den Zeitaufwand, den ein Genehmigungsverfahren
erfordert, zB bei VU nach dem VAG (§§ 5 Abs. 4, 13 Abs. 1, 53c Abs. 3
Ziff. 1a VAG), die Frist versäumt wird. Unter Nichtigkeits- und Anfechtungsklagen sind die des AktG zu verstehen, die hier dargestellt werden.

c) Nichtigkeit von Aufsichtsratswahlen (§ 250 AktG)

aa) Die Wahl eines AR-Mitgliedes durch die HV ist nichtig, wenn einer der fol- **23**
genden allgemeinen **Nichtigkeitsgründe** des § 241 AktG gegeben ist:

– § 241 Nr. 1 AktG (Einberufungsmängel)
– § 241 Nr. 2 AktG (Beurkundungsmängel)
– § 241 Nr. 5 AktG (Nichtigkeitserklärung durch rechtskräftiges Urteil aufgrund einer Anfechtungsklage).

Die allgemeinen Nichtigkeitsgründe des § 241 Nr. 3, 4 und 6 AktG sowie die
im Eingangssatz von § 241 AktG genannten Nichtigkeitsgründe sollen nach
dem erklärten Willen des Gesetzes nicht zur Nichtigkeit des Wahlbeschlusses führen.

bb) § 250 Abs. 1 Nr. 1 AktG: Die Wahl eines AR-Mitgliedes ist nichtig, wenn **24**
der AR unter Verstoß gegen die §§ 96 Abs. 2, 97 Abs. 2 Satz 1 oder 98 Abs. 4
AktG zusammengesetzt ist.

Die genannten Vorschriften betreffen die Bekanntmachung und gerichtliche
Entscheidung über die **Zusammensetzung des AR**. Die Nichtigkeitsregelung
des § 250 Abs. 1 Nr. 1 AktG schützt damit nur die formelle Richtigkeit des
Verfahrens über die Zusammensetzung des AR, gewährleistet dagegen nicht

die materiell rechtlich richtige Zusammensetzung. Wenn die genannten Verfahrensregeln eingehalten werden, ist die Wahl eines aktien- oder mitbestimmungsrechtlich gesetzwidrig zusammengesetzten AR gültig[33]. Sie ist allerdings anfechtbar gem. § 251 AktG.

25 cc) § 250 Abs. 1 Nr. 2 AktG: Die Wahl eines AR-Mitgliedes ist nichtig, wenn die HV, obwohl sie an **Wahlvorschläge gebunden** ist, eine nicht vorgeschlagene Person wählt.

Die Bindung an Wahlvorschläge besteht gem. § 101 Abs. 1 Satz 2 AktG nur bei Geltung des Montan-MitbestG hinsichtlich der Arbeitnehmervertreter und des neutralen AR-Mitgliedes (§§ 6 und 8 Montan-MitbestG, § 5 MErgGBE).

26 dd) § 250 Abs. 1 Nr. 3 AktG: Die Wahl eines AR-Mitgliedes ist nichtig, wenn durch die Wahl die gesetzliche **Höchstzahl der AR-Mitglieder** überschritten wird.

Die jeweilige Höchstzahl ergibt sich aus § 95 AktG oder, wenn diese Gesetze anwendbar sind, aus dem MitbestG bzw. aus dem Montan-MitbestG oder dem MErgGBE. Wenn eine einheitliche Wahl aller AR-Mitglieder erfolgt, sind bei Überschreitung der Höchstzahl alle Wahlen nichtig[34].

27 ee) § 250 Abs. 1 Nr. 4 AktG: Die Wahl eines AR-Mitgliedes ist nichtig, wenn das AR-Mitglied die in § 100 Abs. 1 und 2 AktG genannten **persönlichen Voraussetzungen** nicht erfüllt.

Danach kann Mitglied des AR nur eine natürliche, unbeschränkt geschäftsfähige Person sein. Weiter kann Mitglied des AR nicht sein, wer
– bereits in zehn Handelsgesellschaften oder bergrechtlichen Gewerkschaften, die gesetzlich einen AR zu bilden haben, AR-Mitglied ist,
– gesetzlicher Vertreter eines von der Gesellschaft abhängigen Unternehmens ist oder
– gesetzlicher Vertreter einer anderen Kapitalgesellschaft oder bergrechtlichen Gewerkschaft ist, deren AR ein Vorstandsmitglied der Gesellschaft angehört.

Maßgeblicher Zeitpunkt ist nicht die Wahl selbst, sondern der Beginn der Amtszeit, für die das AR-Mitglied gewählt worden ist[35].

d) Nichtigkeit von Gewinnverwendungsbeschlüssen (§ 253 AktG)

28 aa) § 241 AktG: Beschlüsse über die Verwendung des Bilanzgewinnes sind aus den allgemeinen Nichtigkeitsgründen nichtig (dazu Tz. 4 ff.).

Da ein Gewinnverwendungsbeschluß nicht in das HR eingetragen wird, scheidet aber eine Nichtigkeit nach § 241 Nr. 6 AktG aus.

29 bb) § 173 Abs. 3 AktG: Ein Gewinnverwendungsbeschluß ist nichtig, wenn im Falle der Feststellung des JA durch die HV diese den vom Vorstand aufgestellten **JA ändert**, den Beschluß über die Gewinnverwendung aufgrund der Änderung vor Erteilung des erneut erforderlichen BestV des Abschlußprü-

---

33 *Zöllner* in Kölner Kom. § 250 Rn. 23; *Schilling* in Großkom. § 250 Anm. 3.
34 *Zöllner* in Kölner Kom. § 250 Rn. 31; *Hüffer* in AktG-Kom. § 250 Rn. 20.
35 BGH v. 15. 12. 1986, DB 1987 S. 475.

fers faßt und der BestV nicht binnen zwei Wochen seit der Beschlußfassung über die Änderung erteilt wird.

cc) § 217 Abs. 2 AktG: Dazu Tz. 18. Neben dem Kapitalerhöhungsbeschluß ist   **30** auch der anschließend zu treffende Gewinnverwendungsbeschluß über das abgelaufene GJ nichtig, wenn der **Kapitalerhöhungsbeschluß** nicht binnen 3 Monaten **in das HR eingetragen** worden ist.

dd) § 253 Abs. 1 AktG: Ein Gewinnverwendungsbeschluß ist nichtig, wenn die   **31** Feststellung des JA, auf dem er beruht, nichtig ist.

Wann ein JA nichtig ist, ergibt sich aus § 256 AktG. Es kommt hierbei nicht darauf an, ob der JA vom Vorstand und AR oder von der HV festgestellt worden ist. Im übrigen wird auf die Ausführungen unter Tz. 95 ff. verwiesen.

2. Feststellung der Nichtigkeit von Hauptversammlungsbeschlüssen

Der **Begriff** der **Nichtigkeit** des AktG stimmt mit dem Begriff der Nichtigkeit des   **32** BGB überein. Ein nichtiger Beschluß ist dies von Anfang an und dauernd, ist also von Anfang an ohne jede rechtliche Wirkung[36]. Einer besonderen Feststellung der Nichtigkeit bedarf es deshalb nicht.

Wegen der besonderen Bedeutung der Nichtigkeit für das Leben einer AG regelt das Gesetz aber dennoch für einen besonderen Personenkreis die Geltendmachung der Nichtigkeit.

a) Nichtigkeitsklage gem. § 249 AktG

aa) Während die Anfechtbarkeit eines HV-Beschlusses nur im Wege der   **33** Anfechtungsklage geltend gemacht werden kann, und dies auch nur durch die nach näherer Maßgabe von § 245 AktG klagebefugten Aktionäre, den Vorstand sowie Vorstands- und AR-Mitglieder, kann sich grundsätzlich **jedermann** auf die Nichtigkeit eines HV-Beschlusses berufen und ihn mit den verschiedenen nach den allgemeinen Regeln möglichen Rechtsbehelfen angreifen (§ 249 Abs. 1 Satz 2 AktG). So kann die Nichtigkeit beispielsweise als Einrede gegen Einlageforderungen geltend gemacht werden[37].

Ein Aktionär, der Vorstand oder ein Mitglied des Vorstandes oder des AR kann nach § 249 AktG Klage auf Feststellung der Nichtigkeit des HV-Beschlusses gegen die Gesellschaft erheben.

Die Nichtigkeitsklage ist eine **Feststellungsklage**. Ihre **Zulässigkeit** hängt vom Feststellungsinteresse des Klägers ab, das spätestens im Zeitpunkt der letzten mündlichen Verhandlung gegeben sein muß (§ 256 ZPO). Bei der Klage eines Aktionärs reicht es aus, wenn dieser zum genannten Zeitpunkt Aktionär ist. Anders als bei der Anfechtungsklage ist nicht erforderlich, daß er bereits im Zeitpunkt der HV, in der der angegriffene Beschluß gefaßt worden ist, Aktionär war[38]. Bei **Namensaktien** kann sich der Aktionär auf

---

36 *Semler* in MünchHdb. § 41 Rn. 2 mwN.
37 *Semler* in MünchHdb. § 41 Rn. 85 mwN.
38 *Zöllner* in Kölner Kom. § 249 Rn. 13; OLG Celle v. 7. 9. 1983, BB S. 2229, AG 1983 S. 265.

seine Eintragung in das Aktienbuch gem. § 67 Abs. 2 AktG berufen, ohne daß es auf die materielle Rechtslage ankommt[39].

34 bb) Die Klage ist gem. § 249 Abs. 1 iVm. § 246 Abs. 2 AktG **gegen die Gesellschaft** zu richten, die in diesem Falle abweichend von § 78 AktG grundsätzlich durch den Vorstand und AR vertreten wird. Klagt der Vorstand, dann wird die Gesellschaft durch den AR, klagt ein AR-Mitglied, dann wird die Gesellschaft durch den Vorstand allein vertreten.

35 cc) **Zuständig** für die Klage ist nach § 249 Abs. 1 iVm. § 246 Abs. 3 Satz 1 AktG ausschließlich das LG, in dessen Bezirk die Gesellschaft ihren Sitz hat.

Mehrere Nichtigkeitsprozesse sind nach § 249 Abs. 2 AktG zur gleichzeitigen Verhandlung und Entscheidung zu verbinden. Nichtigkeits- und Anfechtungsprozesse können verbunden werden.

36 dd) Nach § 249 Abs. 1 iVm. § 246 Abs. 4 AktG hat der Vorstand die Erhebung der Klage und den Termin zur mündlichen Verhandlung unverzüglich in den Gesellschaftsblättern **bekanntzumachen.**

37 ee) Den **Streitwert** bestimmt das Prozeßgericht nach § 249 Abs. 1 Satz 1 iVm. § 247 AktG unter Berücksichtigung aller Umstände des Einzelfalls, insbesondere der Bedeutung der Sache für die Parteien, dh. die Auswirkung des Rechtsstreites auf ihre (wirtschaftlichen) Interessen nach billigem Ermessen[40]. Er darf jedoch ein Zehntel des Grundkapitals oder, wenn dieses Zehntel mehr als eine Mio. DM beträgt, eine Mio. DM nur insoweit übersteigen, als die Bedeutung der Sache für den Kläger höher zu bewerten ist.

38 Werden in einer Nichtigkeitsklage **mehrere Beschlüsse** angegriffen, so muß das Gericht für jeden Beschluß den Streitwert gesondert ermitteln. Die genannten Höchstgrenzen sind jeweils für jeden Beschluß gesondert festzulegen[41]. Macht eine Partei, dh. gewöhnlich der klagende Aktionär, glaubhaft, daß die Belastung mit den Prozeßkosten ihre wirtschaftliche Lage erheblich gefährden würde, so kann das Prozeßgericht auf Antrag anordnen, daß für sie der für die Berechnung der Anwalts- und Gerichtskosten maßgebliche Streitwert niedriger bemessen wird. Das Gericht hat gem. § 247 Abs. 2 AktG nach billigem Ermessen einen **Teilstreitwert** festzusetzen, der der Wirtschaftslage der antragstellenden Partei angemessen ist (Festsetzung des sog. gespaltenen Streitwertes). Die Festsetzung dieses Teilstreitwertes setzt zunächst die Festsetzung des sog. Regelstreitwertes nach § 247 Abs. 1 AktG voraus[42].

Der Teilstreitwert ist so zu bemessen, daß der Partei auch ein gewisser Vermögensbestand erhalten bleibt. Eine Gefährdung der wirtschaftlichen Lage kann daher auch vorliegen, wenn die voraussichtlichen Prozeßkosten das Vermögen des Aktionärs praktisch aufzehren, ihm aber ein sicheres Einkommen aus nichtselbständiger Arbeit verbleibt[43]. Bei der Einschätzung der wirtschaftlichen Gefährdung des Antragstellers ist jedoch in Betracht zu ziehen, daß neben § 247 Abs. 2 AktG auch **Prozeßkostenhilfe** beantragt werden

---

39 OLG Celle Fn. 38.
40 So wohl OLG München v. 28. 9. 1988, AG 1989 S. 212 m. Anm. *Ekkinga/Sittmann.*
41 OLG Frankfurt v. 24. 1. 1984, AG S. 154, DB S. 869.
42 OLG Frankfurt (Fn. 41).
43 OLG Frankfurt v. 28. 8. 1984, DB S. 2615.

kann. Die nach den §§ 122, 123 ZPO entstehende Entlastungswirkung ist in die Abwägung miteinzubeziehen. Das gilt auch dann, wenn die Voraussetzungen der §§ 114 ff. ZPO mangels Aussicht der Klage auf Erfolg nicht gegeben sind. Denn ein Anspruch darauf, Streitwertherabsetzung zu erlangen, um eine nicht erfolgversprechende Klage erheben zu können, kann nicht anerkannt werden [44].

Der Antrag ist vor der Verhandlung zur Hauptsache anzubringen. Später ist er nur zulässig, wenn der angenommene oder festgesetzte Streitwert durch das Prozeßgericht heraufgesetzt wird. Der Antrag ist noch in der Berufungsinstanz zulässig, wenn das Berufungsgericht den in erster Instanz festgesetzten Streitwert heraufsetzt. Der für die Partei gesondert festzusetzende Streitwert kann dann aber nicht niedriger liegen als der in der ersten Instanz angenommene Streitwert [45].

Für die Gewährung der Vergünstigung dürfen keine milderen Anforderungen gestellt werden. Der Antrag ist abzulehnen, wenn die beabsichtigte Rechtsverfolgung völlig aussichtslos und darüber hinaus auch mutwillig ist [46].

39   Wenn die Klage dagegen hinreichend Aussicht auf Erfolg bietet und auch nicht mutwillig erscheint, kann neben der Streitwertspaltung auch noch die Gewährung von **Prozeßkostenhilfe** gem. §§ 114 ff. ZPO in Betracht kommen. Die dabei erzielte Entlastung ist jedoch im Rahmen der Streitwertherabsetzung zu berücksichtigen [47].

Für die Bewertung der Beschwerde eines Rechtsmittelklägers (Berufung oder Revision) ist immer der Regelstreitwert nach § 247 Abs. 1 AktG maßgebend, denn wegen der erweiterten Rechtskraftwirkung des § 248 AktG ist dabei auch die Bedeutung der Sache für die Gesellschaft zu berücksichtigen [48].

40   ff) Da ein der Nichtigkeitsklage stattgebendes **rechtskräftiges Urteil** nur die bereits kraft Gesetzes eintretende Nichtigkeit feststellt, **wirkt** es **für und gegen alle** Aktionäre, Mitglieder des Vorstandes und des AR, gleichgültig, ob sie am Prozeß beteiligt waren oder nicht (§ 249 Abs. 1 iVm. § 248 Abs. 1 AktG). Es muß sich jedermann mit der Nichtigkeit abfinden.

Um zu gewährleisten, daß die Nichtigkeit der Beschlüsse zur Kenntnis der Beteiligten gelangt, ist das Urteil unverzüglich **zum HR einzureichen.** War der Beschluß in das HR einzutragen, dann hat der Registerrichter von Amts wegen einzutragen, daß der Beschluß als nichtig festgestellt worden ist.

Hatte der Beschluß eine Satzungsänderung zum Inhalt, so ist nach § 248 Abs. 2 AktG mit dem Urteil der vollständige Wortlaut der neuen Satzung zum HR einzureichen.

41   gg) Ein **nichtiger Beschluß** kann nicht bestätigt, wohl aber **neu vorgenommen** werden. Ein mit demselben Mangel behafteter inhaltsgleicher Beschluß

44 OLG Frankfurt v. 30.1.1990, DB S. 472.
45 OLG Frankfurt v. 28.8.1984, DB S. 2615.
46 OLG Hamm v. 18.1.1977, AG S. 233.
47 OLG Frankfurt v. 30.1.1990, DB S. 472; aA *Hüffer* in AktG-Kom. § 247 Rn. 23 mwN.
48 BGH v. 28.9.1981, WM S. 1344.

wird von der Feststellung der Nichtigkeit des alten nicht automatisch betroffen, sondern seine Nichtigkeit muß ebenfalls im Wege der Nichtigkeitsklage (oder in sonstiger Weise) geltend gemacht werden[49]. Wegen des Gebotes der Rechtssicherheit und der erweiterten Rechtskrafterstreckung nach § 249 Abs. 1 iVm. § 248 AktG kann im Urteil nur die Nichtigkeit des konkreten Beschlusses festgestellt werden, der in der Klage bezeichnet worden ist, da das Gericht an den Klageantrag gebunden ist (§ 308 Abs. 1 ZPO).

Der neue Beschluß, der mit demselben oder einem anderen Mangel behaftet ist, kann in eine bereits erhobene Nichtigkeitsklage durch Klageerweiterung einbezogen werden[50].

b) Besonderheiten der Nichtigkeitsklage hinsichtlich Aufsichtsratswahlen

42 aa) Klage auf Feststellung der Nichtigkeit von AR-Wahlen kann gem. § 250 Abs. 3 AktG erhoben werden, der weitgehend auf § 249 AktG und die dort genannten Vorschriften verweist. Die obigen Ausführungen unter Tz. 34–37 und 41 gelten daher auch hier.

43 bb) Gem. § 250 Abs. 3 iVm. Abs. 2 AktG können außer den Aktionären, dem Vorstand sowie Mitgliedern des Vorstandes oder des AR noch zusätzlich folgende **Organisationen oder Arbeitnehmervertretung** die Nichtigkeitsklage erheben:

– der Gesamtbetriebsrat der Gesellschaft oder, wenn in der Gesellschaft nur ein Betriebsrat besteht, der Betriebsrat sowie, wenn die Gesellschaft herrschendes Unternehmen eines Konzerns ist, der Konzernbetriebsrat,

– der Gesamtbetriebsrat eines anderen Unternehmens, dessen Arbeitnehmer selbst oder durch Wahlmänner an der Wahl von AR-Mitgliedern der Gesellschaft teilnehmen, oder, wenn in dem anderen Unternehmen nur ein Betriebsrat besteht, der Betriebsrat,

– jede in der Gesellschaft oder in einem Unternehmen, dessen Arbeitnehmer selbst oder Wahlmänner an der Wahl von AR-Mitgliedern der Gesellschaft teilnehmen, vertretene Gewerkschaft sowie deren Spitzenorganisationen.

44 cc) Das die Nichtigkeit rechtskräftig feststellende Urteil **wirkt** gem. § 252 Abs. 1 AktG **für und gegen alle Aktionäre** der Gesellschaft sowie die Mitglieder des **Vorstands** und des **AR**, darüber hinaus für und gegen die unter Tz. 43 genannten **Organisationen und Arbeitnehmervertretungen** sowie alle **Arbeitnehmer** der Gesellschaft und von anderen Unternehmen, deren Arbeitnehmer an der AR-Wahl teilnehmen.

Das Urteil ist nach § 250 Abs. 3 iVm. § 248 Abs. 1 Satz 2 AktG unverzüglich zum HR einzureichen.

c) Geltendmachung der Nichtigkeit in anderer Weise

45 Da die Nichtigkeit von selbst wirkt und sie auch durch Urteil nur festgestellt werden kann, sieht das Gesetz in § 249 Abs. 1 Satz 2 AktG nochmals ausdrück-

---

49 *Hüffer* in AktG-Kom. § 241 Rn. 77.
50 *Schilling* in Großkom. § 241 Anm. 9; *Zöllner* in Kölner Kom. § 241 Rn. 45.

lich vor, daß es nicht ausgeschlossen ist, die Nichtigkeit auch in anderer Weise als durch Erhebung der Nichtigkeitsklage geltend zu machen. Dabei kommt insbesondere die Möglichkeit einer **Einrede** gegen Leistungsansprüche aufgrund eines HV-Beschlusses in Betracht.

Die gewöhnliche **Feststellungsklage** nach § 256 ZPO steht einem nach § 249 Abs. 1 AktG Klagebefugten neben der Nichtigkeitsklage nicht zur Verfügung. Für eine nur zwischen den Parteien wirkende Feststellung nach § 256 ZPO besteht dann kein schutzwürdiges Interesse[51]. Andere als die in § 249 Abs. 1 AktG genannten Personen können dagegen die gewöhnliche Feststellungsklage erheben[52].

Wie schon ausgeführt, besteht außerdem für jedermann die Möglichkeit, das **46** **Amtslöschungsverfahren** gem. § 144 Abs. 2 FGG anzuregen und so eventuell die Nichtigkeit eines HV-Beschlusses gem. § 241 Nr. 6 AktG herbeizuführen. Gegen die Ablehnung der Löschung steht allerdings nur denjenigen die Beschwerde zu, deren Rechte durch die Verfügung beeinträchtigt werden (§ 20 FGG). Dazu im einzelnen unter Tz. 15.

3. Heilung der Nichtigkeit von Hauptversammlungsbeschlüssen

Die Nichtigkeit eines HV-Beschlusses löst für die AG schwerwiegende Folgen **47** aus. Damit im Interesse der Rechtssicherheit verhindert wird, daß die Nichtigkeit noch nach vielen Jahren geltend gemacht wird, nachdem sowohl die Beteiligten als auch die Gesellschaft selbst von der Rechtswirksamkeit der Beschlüsse ausgegangen sind und unbeteiligte Dritte sich auf die Wirksamkeit der Beschlüsse verlassen haben, hat das Gesetz unter bestimmten Voraussetzungen eine Heilung der Nichtigkeit vorgesehen. Die Wirkung der Heilung besteht darin, daß die Nichtigkeit weder durch Nichtigkeitsklage oder sonstige Klage noch durch Einrede geltend gemacht werden kann.

a) Heilung durch Eintragung in das Handelsregister

aa) § 242 Abs. 1 AktG: Beschlüsse werden durch die Eintragung in das HR **48** geheilt, soweit die Nichtigkeit darauf beruht, daß die Beschlüsse entgegen § 130 Abs. 1 Abs. 2 und Abs. 4 AktG nicht gehörig **beurkundet** worden sind (Fall des § 241 Nr. 2 AktG).

Voraussetzung für die Heilung ist die Eintragung, **nicht der Antrag** auf Eintragung. Die Heilung bindet auch das Registergericht, eine Amtslöschung ist nun nicht mehr zulässig. Das Registergericht muß die Eintragung ablehnen, wenn es den Mangel erkennt.

bb) § 242 Abs. 2 AktG: Ist ein HV-Beschluß nichtig nach **49**
   – § 241 Nr. 1 AktG (Einberufungsmangel)
   – § 241 Nr. 3 AktG (Wesenswidrigkeit oder inhaltlicher Gesetzesverstoß)
   – § 241 Nr. 4 AktG (inhaltliche Sittenwidrigkeit)

---

51 BGH v. 23. 2. 1978, BGHZ 70 S. 384/388.
52 *Semler* in MünchHdb. § 41 Rn. 85 mwN.

dann wird die Nichtigkeit durch Eintragung in das HR und durch den **Ablauf von 3 Jahren** seit der Eintragung geheilt[53].

Ist bei Ablauf der Frist eine **Klage** auf Feststellung der Nichtigkeit des HV-Beschlusses **rechtshängig**, so **verlängert** sich die Frist, bis über die Frage rechtskräftig entschieden ist oder sie sich auf andere Weise endgültig erledigt hat, zB durch Vergleich oder Klagerücknahme.

Zur Fristwahrung genügt die Einreichung der Klage bei Gericht, § 270 Abs. 3 ZPO. Trotz aller Unterschiede zwischen der Heilungsfrist nach § 242 Abs. 2 AktG und prozessualen Fristen, die in § 270 Abs. 3 ZPO angesprochen sind, dient auch die Frist nach § 242 Abs. 2 AktG dem Zweck der Rechtssicherheit und Klarheit. Dafür ist aber die rechtswahrende Wirkung der Klagezustellung, die gleichzeitig die Rechtshängigkeit bewirkt, entscheidend. Daher ist § 270 Abs. 3 ZPO auch auf die Frist nach § 242 Abs. 2 AktG anwendbar[54].

50   cc) § 242 Abs. 3 AktG: Durch die Eintragung in das HR und den Ablauf von 3 Jahren seit der Eintragung tritt ebenfalls Heilung ein, wenn die erforderliche **Eintragung** in den Fällen der §§ 217 Abs. 2, 228 Abs. 2, 234 Abs. 3, 235 Abs. 2 AktG **nicht fristgerecht** vorgenommen worden ist. Nach diesen Bestimmungen muß, damit eine beschlossene **Kapitalveränderung** wirksam sein soll, binnen bestimmter Frist eine Eintragung in das HR erfolgen (dazu im einzelnen Tz. 18 ff.). Wenn die Eintragung erst nach Ablauf der Frist vorgenommen wird, sind die entsprechenden Beschlüsse an sich nichtig. Die Nichtigkeit wird aber durch den Ablauf der 3-Jahresfrist geheilt, soweit noch nicht eine Nichtigkeitsklage rechtshängig ist.

51   In den vorgenannten Fällen Tz. 49 und Tz. 50 sind auch nach Zeitablauf und damit trotz eingetretener Heilung eine Löschung der Beschlüsse von Amts wegen nach § 144 Abs. 2 FGG noch möglich. Bei schweren Verstößen gegen das Gesetz soll es nicht dem Zufall überlassen bleiben, ob die Nichtigkeit geltend gemacht wird oder nicht. Nach § 144 Abs. 2 FGG kann der Beschluß aber auch dann als nichtig gelöscht werden, wenn er durch seinen Inhalt zwingende Vorschriften des Gesetzes verletzt und seine Beseitigung im öffentlichen Interesse erforderlich erscheint.

b) Heilung von Gewinnverwendungsbeschlüssen

52   Die Nichtigkeit eines Beschlusses über die Verwendung des Bilanzgewinnes kann nach § 253 Abs. 1 Satz 2 AktG nicht mehr geltend gemacht werden, wenn die Nichtigkeit der Feststellung des JA nicht mehr geltend gemacht werden kann.

Wann das der Fall ist, ist in § 256 Abs. 6 AktG geregelt. Vgl. hierzu die Ausführungen zu IV. 3. Heilung der Nichtigkeit des Jahresabschlusses, Tz. 137 ff.

---

53 Beschlüsse von GmbH-Gesellschaften, die ebenfalls aus den in § 241 Nr. 1, 3 und 4 AktG genannten Gründen nichtig sein können, müssen ebenfalls innerhalb der 3-Jahresfrist angefochten werden mittels einer Klage entsprechend § 249 AktG (BGH v. 20. 2. 1984, AG S. 149, BGHZ 80 S. 216; anders noch BGH v. 19. 1. 1978, DB S. 1344).
54 BGH v. 14. 1. 1988, NJW 1989 S. 904 mwN; so auch LG Düsseldorf v. 26. 2. 1988, AG 1989 S. 140/141.

c) Von der Heilung ausgeschlossene Fälle

Die Nichtigkeit von HV-Beschlüssen kann in den folgenden Fällen nicht geheilt **53** werden, da die entsprechenden Vorschriften in § 242 AktG nicht aufgeführt sind:

aa) § 192 Abs. 4 AktG (Änderung oder Aufhebung eines durch Eintragung in das HR rechtswirksam gewordenen Beschlusses über eine bedingte Kapitalerhöhung),

bb) § 212 AktG (Beeinträchtigung der Beteiligungsrechte von Aktionären bei einer Kapitalerhöhung aus Gesellschaftsmitteln),

cc) § 241 Nr. 5 AktG: (Nichtigkeitserklärung durch rechtskräftiges Urteil aufgrund einer Anfechtungsklage),

dd) § 241 Nr. 6 AktG (Löschung eines HV-Beschlusses nach § 144 Abs. 2 FGG).

Darüber hinaus kann auch die Nichtigkeit der **Wahl eines AR-Mitgliedes** (§ 250 AktG) nicht geheilt werden, da weder in § 242 AktG noch an anderer Stelle für Verstöße gegen § 250 AktG eine Heilung vorgesehen ist. Eine entsprechende Anwendung des § 242 AktG kommt nicht in Betracht, weil die AR-Wahl nicht in das HR eingetragen wird.

III. Anfechtung von Hauptversammlungsbeschlüssen

1. Anfechtungsgründe

Ebenso wie bei der Nichtigkeit unterscheidet das Gesetz zwischen allgemeinen **54** Anfechtungsgründen, die in § 243 AktG aufgeführt sind und den speziellen Anfechtungsgründen für bestimmte HV-Beschlüsse.

a) Allgemeine Anfechtungsgründe

aa) § 243 Abs. 1 AktG: Beschlüsse der HV können wegen **Verletzung des Geset-** **55** **zes oder der Satzung** angefochten werden.

Gegenstand der Anfechtung sind nur HV-Beschlüsse, Beschlüsse der Verwaltung sind nicht anfechtbar. Die Anfechtungsklage kann auch nicht dazu dienen, unternehmerische Entscheidungen auf ihre Nützlichkeit und Zweckmäßigkeit zu überprüfen, weil diese schon ihrer Natur nach keiner gerichtlichen Kontrolle unterworfen sind[55]. Sogenannte **Geschäftsordnungsbeschlüsse**, die nur für die Dauer der HV gelten, sind ebenfalls nicht anfechtbar.

Die HV-Beschlüsse können angefochten werden wegen Verletzung des **56** Gesetzes. Dabei sind unter Verletzung des Gesetzes nicht nur Verstöße gegen das AktG zu verstehen, sondern Verstöße gegen jede Rechtsnorm. Verstöße gegen bestimmte Normen mit besonders wichtiger Bedeutung führen allerdings gem. § 241 AktG zur Nichtigkeit, deren Geltendmachung keiner Anfechtungsklage bedarf (dazu Tz. 2 ff.). Andererseits gibt es bloße Ordnungsvorschriften (meist Sollvorschriften), deren Verletzung keine schutzwerten Interessen beeinträchtigt und deshalb keine Anfechtung rechtfertigt,

---

[55] OLG Hamm v. 18. 1. 1977, AG S. 233.

zB §§ 118 Abs. 2, 120 Abs. 3 Satz 1, 175 Abs. 3 Satz 2, 182 Abs. 4 Satz 1, 235 Abs. 1 Satz 3 AktG[56].

Ein Verstoß gegen § 128 AktG (Vorschriften über die Weitergabe der Mitteilungen durch Kreditinstitute und Vereinigungen von Aktionären) genügt nach der ausdrücklichen Vorschrift des § 243 Abs. 3 nicht, um eine Anfechtbarkeit zu begründen.

57   Im Gegensatz zu der kraft Gesetzes eintretenden Nichtigkeit kann die Anfechtung nicht nur auf die Verletzung des Gesetzes, sondern auch auf **Verstöße gegen die Satzung** gestützt werden[57]. Ob eine Verletzung der Satzung gegeben ist, hängt von deren Auslegung ab. Auch Satzungsvorschriften können als reine Ordnungsvorschriften gemeint sein, deren Verletzung nicht die Folge der Anfechtbarkeit nach sich ziehen soll.

Im einzelnen kommen als Anfechtungsgründe in Betracht, wobei die Abgrenzung teilweise schwierig ist[58]:

– Verstöße beim Zustandekommen eines HV-Beschlusses. Dazu gehören Verstöße bei der Beschlußvorbereitung, Verstöße im Abstimmungsverfahren und bei der Beschlußfeststellung sowie Verstöße gegen das Auskunftsrecht der Aktionäre (zu diesem ausführlich unter Tz. 61)
– inhaltliche Verstöße gegen einzelne Bestimmungen des AktG
– Verstöße gegen die guten Sitten
– Verstöße gegen den Gleichbehandlungsgrundsatz (§ 53a AktG)
– Verstöße gegen die Bindung an den Gesellschaftszweck
– Verstöße gegen die Treubindung bei Stimmrechtsausübung (Verletzung der Gesellschaftstreue).

58   Ein **gesellschaftsrechtliches Treueverhältnis** besteht nicht nur zwischen Gesellschaftern einer Personengesellschaft, sowie unter Gesellschaftern einer personalistisch organisierten GmbH, sondern auch unter Aktionären einer AG, denn auch der Mehrheitsaktionär kann durch seinen Einfluß auf die Geschäftsleitung die gesellschaftsimmanenten Interessen der anderen Aktionäre beeinträchtigen. Diese innere Struktur ist unabhängig von der Rechtsform, so daß die grundsätzlich körperschaftliche Struktur der AG einem Treuepflichtverhältnis nicht im Wege steht. Jedoch ist die Ausprägung um so geringer, je weniger Einfluß der Aktionär auf die Gesellschaft hat. Der Kleinaktionär unterliegt deswegen idR keiner Treubindung[59].

59   bb) § 243 Abs. 2 AktG: Ein Beschluß kann deshalb angefochten werden, weil ein Aktionär durch Ausübung des Stimmrechtes **Sondervorteile** verfolgt.

Die Vorschrift ist ein Sondertatbestand innerhalb des weitergehenden Anfechtungstatbestandes des Verstoßes gegen Treubindungen bei der Stimmrechtsausübung unter Mißbrauch der Mehrheitsmacht. Ein Treuver-

---

56 *Zöllner* in Kölner Kom., § 253 Rn. 63; *Schilling* in Großkom. § 243 Anm. 9; aA *Hüffer* in AktG-Kom. § 243 Rn. 16 ff.
57 Bei einer GmbH kann sich darüber hinaus eine Anfechtbarkeit auch daraus ergeben, daß ein Beschluß der Gesellschafterversammlung gegen eine von allen Gesellschaftern eingegangene vertragliche Bindung verstößt, ohne daß diese Satzungsinhalt zu sein braucht (BGH v. 20. 1. 1983, NJW S. 1910; BGH v. 27. 10. 1986, NJW 1987 S. 1890; aA *Ulmer*, NJW 1987 S. 1849).
58 Gliederung nach *Zöllner* in Kölner Kom. § 243 Rn. 112 ff. (mit ausführlichen Erörterungen zu den anfechtungsrelevanten Generalklauseln), ähnlich *Schilling* in Großkom. § 243 Rn. 16 ff. jeweils mwN.
59 BGH v. 1. 2. 1988, NJW S. 1579 mit Anmerkung *Timm*.

stoß kann nämlich auch gegeben sein, wenn mit einem für die Gesellschaft nachteiligen Beschluß überhaupt kein Interesse verfolgt wird (zB grundlose Verweigerung der Entlastung)[60].

Die Anfechtung nach § 243 Abs. 2 AktG hat folgende Voraussetzungen:

– Ein Sondervorteil muß erstrebt werden, dh. ein Vorteil, der nicht allen Aktionären zufließt, die sich der Gesellschaft gegenüber in der gleichen Lage befinden[61]. Dabei braucht es sich nicht um einen eigenen Vorteil zu handeln. In Frage kommen auch Vorteile für Dritte.
– Der Sondervorteil muß entweder die Gesellschaft oder die anderen Aktionäre schädigen.
– Der Beschluß muß objektiv geeignet sein, dem Streben nach einem Sondervorteil zu dienen. Es kommt dagegen nicht darauf an, ob dieser Sondervorteil tatsächlich erlangt wurde.
– In subjektiver Hinsicht muß der Vorsatz in bezug auf die Vorteilserlangung vorliegen. Nicht erforderlich ist, daß der Vorsatz die Schädigung der Gesellschaft oder der anderen Aktionäre umfaßt.
– Der Beschluß gewährt den anderen Aktionären keinen angemessenen Ausgleich für ihren Schaden (§ 243 Abs. 2 Satz 2 AktG). Die Ausgleichsgewährung schließt die Anfechtung auch dann aus, wenn es sich um einen Sondervorteil zum Schaden der Gesellschaft handelt[62].

Ein Sondervorteil im Sinne dieser Vorschrift wird erstrebt, wenn beispielsweise der Mehrheitsaktionär im Wege der Liquidation der beherrschten AG deren Vermögen übernehmen will, und schon vor Liquidationsbeschluß mit deren Geschäftsleitung insoweit rechtlich oder rein tatsächlich eine ausreichend sichere Grundlage für den alleinigen Erwerb geschaffen hat, so daß der Ausschluß Dritter vom geplanten Erwerb des Vermögens garantiert ist[63].

Ein Sondervorteil liegt in objektiver Hinsicht nicht schon vor, wenn ein   **60**
Aktionär aufgrund eines gesetzmäßigen Kapitalerhöhungsbeschlusses eine **angemessen bewertete Sacheinlage** erbringt. Allein dadurch, daß aufgrund eines Bezugsrechtsausschlusses sein Stimmrechtsanteil im Verhältnis zu den übrigen Gesellschaftern wächst, erlangt der bezugsberechtigte Aktionär noch keinen Sondervorteil zum Schaden der Gesellschaft oder der anderen Aktionäre.

Anderenfalls müßte bei Kapitalerhöhung mit Sacheinlagen einzelner Aktionäre stets ein Ausgleich nach § 243 Abs. 2 Satz 2 AktG gezahlt werden, selbst wenn die Sachleistung der Gesellschaft und allen Aktionären nützt und ihr Wert den dafür ausgegebenen Aktien entspricht[64].

cc) Eine Anfechtung nach § 243 Abs. 1 AktG kann auch darauf gestützt werden,   **61**
daß einem Aktionär entgegen § 131 AktG eine **Auskunft** nicht richtig oder nicht vollständig erteilt worden ist (vgl. § 243 Abs. 4 AktG).

---

60 *Schilling* in Großkom. § 243 Anm. 19, 21; *Zöllner* in Kölner Kom. § 243 Rn. 194/206.
61 *Baumbach/Hueck*, § 243 Anm. 10; *Godin/Wilhelmi*, § 243 Anm. 5; differenzierend *Zöllner* in Kölner Kom. § 243 Rn. 208 ff.
62 *Obermüller/Werner/Winden*, Die Hauptversammlung der Aktiengesellschaft, 3. Aufl., Düsseldorf 1967, S. 324.
63 BGH v. 1. 2. 1988, NJW S. 1579.
64 BGH v. 13. 3. 1978, BGHZ 71 S. 40/52; WM S. 401/406.

Der Vorstand darf iaR die Auskunft nicht unter Hinweis auf Nachteile der Gesellschaft verweigern, wenn bestimmte Tatsachen objektiv den hinreichenden Verdacht schwerwiegender Pflichtverletzungen der Verwaltung begründen und die Auskunft dazu geeignet sein kann, den Verdacht zu erhärten[65].

Auskunft darf auch nicht unter dem pauschalen Hinweis auf § 131 Abs. 3 AktG verweigert werden. Eine Auskunftsverweigerung muß mit konkreten Tatsachen, die die Nachteiligkeit der Auskunft für die Gesellschaft belegen, begründet werden[66].

62   Eine Anfechtung wegen Verletzung des Auskunftsrechts setzt voraus, daß in der HV die Auskunft verlangt worden ist. Dieses Recht des Aktionärs muß in der HV ausgeübt worden sein. Bloßes Zurückhalten von entscheidungserheblichen Informationen begründet grundsätzlich keine Anfechtbarkeit. Die Anfechtbarkeit nach § 243 Abs. 1 AktG kann aber auch bei unverlangten Auskünften aus dem Gesichtspunkt der arglistigen Täuschung bestehen (Anfechtung wegen Sittenverstoßes), jedoch nur, wenn die Auskünfte erforderlich waren, um Bedeutung und Tragweite des Beschlusses klarzustellen[67].

63   Ein Aktionär kann einen HV-Beschluß auch dann wegen Auskunftsverweigerung anfechten, wenn er nicht zuvor ein Auskunftserzwingungsverfahren nach § 132 AktG eingeleitet hat, da beide Verfahren ein unterschiedliches Ziel und ungleiches Gewicht haben[68]. Eine erfolgreiche Anfechtung führt zur Nichtigkeit des Beschlusses, das Verfahren nach § 132 AktG dagegen zur Entscheidung, ob der Vorstand die Auskunft zu geben hat oder nicht.

Ein abweichender Beschluß im Verfahren nach § 132 AktG hat für den Anfechtungsrichter keine Bindungswirkung. Der Anfechtungsrichter muß deshalb auch nicht das Anfechtungsverfahren bis zur rechtskräftigen Entscheidung des Anfechtungserzwingungsverfahrens nach § 132 AktG aussetzen.

64   dd) Weiterhin kann die Anfechtung nach § 243 Abs. 1 AktG auch darauf gestützt werden, daß ein **Verschmelzungsbericht** nicht den Anforderungen der §§ 340a, 340b AktG genügt. Das ist dann der Fall, wenn sich die rechtlichen und wirtschaftlichen Erläuterungen und die Begründung des Umtauschverhältnisses der Aktien darauf beschränkt, lediglich die Grundsätze seiner Ermittlung offenzulegen. Denn Zweck des Berichtes ist es, außenstehende Aktionäre dadurch zu schützen, daß die Einzelheiten des Verschmelzungsvorhabens so eingehend offengelegt werden, daß diese unter Kenntnis aller maßgebenden Umstände über die Fusion abstimmen können. Der Berichtspflicht steht kein generelles Geheimhaltungsinteresse der Gesellschaft entgegen, § 131 Abs. 3 AktG bezieht sich immer auf den konkret zu belegenden Einzelfall[69].

---

65 BGH v. 29. 11. 1982, DB 1983 S. 273/277.
66 BGH v. 18. 12. 1989, ZIP 1990 S. 168; BGH v. 22. 5. 1989, ZIP S. 980.
67 OLG Celle v. 7. 9. 1983, AG 1984 S. 266/272.
68 BGH v. 29. 11. 1982, DB 1983 S. 273, *Schilling* in Großkom. § 243 Anm. 12; *Zöllner* in Kölner Kom. § 132 Anm. 7; aA *Barz* in Großkom. § 132 Anm. 9; *Eckardt* in AktG-Kom. § 120 Anm. 40.
69 BGH v. 18. 12. 1989, ZIP 1990 S. 168; BGH v. 22. 5. 1989, ZIP S. 980.

b) Anfechtungsgründe bei Aufsichtsratswahlen

aa) § 251 Abs. 1 Satz 1 AktG: Die Wahl eines AR-Mitgliedes durch die HV **65**
kann ebenso wie die anderen HV-Beschlüsse wegen Verletzung des Gesetzes
oder der Satzung angefochten werden.

Als Gesetzesverstöße können insbesondere die Verletzung von § 127 AktG
(Vorschlag eines Aktionärs zur Wahl von AR-Mitgliedern) und von § 137
AktG (Abstimmung über Vorschläge eines Aktionärs zur Wahl von AR-Mit-
gliedern) in Betracht kommen.

Ein Verstoß gegen die §§ 311 ff. AktG sowie eine Treuepflichtverletzung liegt **66**
vor, wenn vorangegangene Tatsachen den dringenden Verdacht begründen,
daß mit der Wahl von AR-Mitgliedern in der Weise, daß anschließend der
AR ausschließlich mit Personen besetzt ist, die dem herrschenden Unternehmen verbunden sind, ein qualifizierter faktischer Konzern geschaffen werden soll. Denn anderenfalls wäre dem Vorstand die Erfüllung seiner Pflichten aus § 311, 312 AktG unmöglich gemacht. Jedoch verstößt die AR-Wahl
nur insoweit gegen das Gesetz, als damit die Wahl eines dem „Streubesitz"
zuzurechnenden AR-Mitglieds verhindert wird[70].

bb) § 251 Abs. 1 Satz 2 AktG: Die Wahl eines AR-Mitgliedes ist anfechtbar, **67**
wenn ein die HV bindender Wahlvorschlag gesetzwidrig zustande gekommen ist.

Ein bindender Wahlvorschlag besteht nur bei Geltung der Montan-Mitbestimmung (§§ 6, 8 Montan-MitbestG, § 5 MErgGBE, vgl. § 101 Abs. 1 Satz 2
AktG) hinsichtlich der von der HV zu wählenden Arbeitnehmervertreter
und des neutralen AR-Mitgliedes. Wie bei der Direktwahl von AR-Mitgliedern durch die Arbeitnehmerseite bei Geltung des MitbestG 1976 kommt
eine Anfechtung nur in Betracht, wenn gegen wesentliche Vorschriften des
Arbeitnehmerwahlverfahrens, das zur Aufstellung des Wahlvorschlages
geführt hat, verstoßen worden ist (§§ 21, 22 MitbestG)[71].

c) Anfechtungsgründe bei Gewinnverwendungsbeschlüssen

§ 254 Abs. 1 AktG: Beschlüsse über die Verwendung des Bilanzgewinns können **68**
nach § 243 AktG wegen Verletzung des Gesetzes oder der Satzung angefochten
werden.

In Erweiterung der allgemeinen Anfechtungsgründe kann ein Gewinnverwendungsbeschluß außerdem angefochten werden, wenn die HV aus dem in der
festgestellten Jahresbilanz ausgewiesenen Bilanzgewinn unnötige Rücklagen bildet und dadurch die Ausschüttung einer **Mindestdividende** von 4% **verhindert**
wird, soweit die Ausschüttung nicht bereits durch die Satzung ausgeschlossen
ist.

Diese Regelung ist im Interesse von Kleinaktionären erfolgt, denen bei ausreichendem Gewinn eine Mindestdividende gesichert werden soll, um ihnen
Schutz vor Aushungerung durch Großaktionäre zu gewähren. Der Anfechtungs-

---

70 OLG Hamm v. 3. 11. 1986, Beschluß nach § 91a ZPO, DB 1987 S. 82.
71 Kölner Kom. § 251 Rn. 15 f.; *Hüffer* in AktG-Kom. § 251 Rn. 8; *Lehmann/Heinsius*, Aktienrecht
   und Mitbestimmung, 6. Aufl. Niederkassel 1990, S. 31.

grund gilt daher entsprechend, wenn die Gewinnschmälerung darauf beruht, daß der Gewinn auf neue Rechnung vorgetragen wird[72].

d) Anfechtungsgründe bei Kapitalerhöhungsbeschlüssen gegen Einlagen

69   aa) Für Kapitalerhöhungsbeschlüsse gelten die **allgemeinen** Nichtigkeits- und Anfechtungsgründe (vgl. § 255 Abs. 1 AktG). Insbesondere kann eine Anfechtung gem. § 243 Abs. 2 AktG wegen Erstrebens eines Sondervorteils in Betracht kommen (dazu oben Tz. 59 f.).

70   bb) Außerdem kann nach § 255 Abs. 2 AktG, wenn in einem Kapitalerhöhungsbeschluß gem. § 186 Abs. 3 AktG das **Bezugsrecht** der Aktionäre **ausgeschlossen** worden ist, eine Anfechtung auch darauf gestützt werden, daß die neuen Aktien zu einem unangemessen niedrigen Betrag (oder Mindestbetrag) ausgegeben werden sollen. Dies gilt dann nicht, wenn den Aktionären ein mittelbares Bezugsrecht über ein Kreditinstitut (§ 186 Abs. 5 AktG) oder andere Dritte gewährt wird, in dem diese sich verpflichten, die von ihnen übernommenen neuen Aktien den Aktionären zum Bezug anzubieten.

Diese Bestimmung will verhindern, daß durch Ausgabe neuer Aktien unter Wert eine Wertminderung der alten Aktien sowie ein Verlust an Herrschafts- und Verwaltungsrechten der Aktionäre durch Minderung ihrer relativen Stimmrechtsquote eintritt (Verwässerungsschutz)[73].

71   Die Vorschrift ist auf Kapitalerhöhungen mit **Sacheinlagen** entsprechend anzuwenden. An die Stelle des Ausgabebetrages tritt dabei der Wert der Sacheinlage; ist diese im Verhältnis zum Wert der dafür ausgegebenen neuen Aktien unangemessen niedrig, so ist der Anfechtungstatbestand des § 255 Abs. 2 AktG erfüllt[74].

72   cc) § 255 Abs. 2 AktG ist auch für den Fall des Bezugsrechtsausschlusses keine Spezialvorschrift, die die Anwendung der allgemeinen Anfechtungsvorschriften ausschließt. Der Beschluß kann nach § 243 Abs. 2 AktG anfechtbar sein, auch wenn der Ausgabebetrag nicht unangemessen niedrig ist, sofern sich aus anderen Gründen die Verfolgung eines Sondervorteils ergibt[75].

Ganz allgemein ist der Bezugsrechtsausschluß anfechtbar, wenn sich keine sachliche Rechtfertigung für ihn ergibt, wobei eine Abwägung der Interessen der Aktionäre und der Gesellschaft vorzunehmen ist. Die Verhältnismäßigkeit zwischen dem Eingriff in die Rechte der Aktionäre und dem damit erstrebten Vorteil für die Gesellschaft muß gewahrt bleiben[76].

Dies gilt nicht nur für den Ausschluß des Bezugsrechtes auf neue Aktien, sondern auch auf Wandelschuldverschreibungen (Wandelanleihen oder Optionsanleihen), Gewinnschuldverschreibungen sowie Genußrechte gem. §§ 221 Abs. 3, 186 Abs. 3 AktG.

---

72 Zöllner in Kölner Kom. § 254 Rn. 15, Schilling in Großkom. § 254 Anm. 4; einschränkend Godin/Wilhelmi, § 254 Anm. 4; ADS, § 174 AktG Rn. 19.
73 Hüffer in AktG-Kom. § 255 Rn. 1.
74 BGH v. 13. 3. 1978, BGHZ 71 S. 40/50.
75 Schilling in Großkom. § 255 Anm. 3, Zöllner in Kölner Kom. § 255 Rn. 3.
76 BGH v. 13. 3. 1978, BGHZ 71 S. 40; Lutter in Kölner Kom. § 186 Anm. 49 ff., Wiedemann in Großkom. § 186 Anm. 2, 12.

Die genannten Grundsätze müssen auch beim **genehmigten Kapital** Anwen- **73**
dung finden, wobei die Ermächtigung der HV an die Verwaltung auch die
Entscheidung über den Bezugsrechtsausschluß umfassen kann (§ 203 Abs. 2
AktG). Die Unrechtmäßigkeit eines von der Verwaltung beschlossenen
Bezugsrechtsausschlusses ist vom Aktionär im Wege einer allgemeinen zivilrechtlichen Unterlassungs- oder Feststellungsklage zu erheben, da es nicht
um einen HV-Beschluß geht[77].

2. Bestätigung anfechtbarer Hauptversammlungsbeschlüsse

Nach § 244 AktG kann die Anfechtung dann nicht mehr geltend gemacht wer- **74**
den, wenn die HV den anfechtbaren Beschluß durch einen neuen Beschluß
bestätigt hat und dieser Beschluß innerhalb der Anfechtungsfrist nicht angefochten oder die Anfechtung rechtskräftig zurückgewiesen worden ist.

Der Grundgedanke der Regelung ist, daß HV-Beschlüsse wegen ihrer großen
Bedeutung, die sie insbesondere auch für Außenstehende haben, in ihrem
Bestand möglichst gesichert sein sollen.

Anfechtbare HV-Beschlüsse können deshalb auch durch einen neuen HV-
Beschluß in derselben Sache bestätigt werden. Die Bestätigung heilt den man-
gelhaften Beschluß mit Rückwirkung[78]. Hier ergibt sich ein Unterschied zu den
nichtigen HV-Beschlüssen, die nur neu vorgenommen werden können mit Wirkung ab dem Zeitpunkt der Neuvornahme.

Da die Rückwirkung der Bestätigung zu unerwünschten Ergebnissen führen
kann, wird durch § 244 Satz 2 AktG einem Kläger, der daran ein rechtliches
Interesse hat, die Möglichkeit gegeben, den ersten Beschluß für die Zeit bis zum
Bestätigungsbeschluß für nichtig erklären zu lassen.

3. Einwand des Rechtsmißbrauchs

Die Rechtsprechung hat schon immer anerkannt, daß die aktienrechtliche **75**
Anfechtungsklage dem Einwand des individuellen Rechtsmißbrauchs unterliegt[79]. Sie hat jedoch angenommen, Rechtsmißbrauch läge erst vor, wenn Straf-
tatbestände erfüllt seien. Dagegen wird eingewandt, ein Mißbrauch der Anfechtungsklage sei unmöglich, da sie ausschließlich fremdnützig sei, sie diene nämlich ausschließlich der Überprüfung von HV-Beschlüssen auf ihre Gesetzes- und
Satzungsmäßigkeit[80].

Das schließt jedoch nur einen **institutionellen** Rechtsmißbrauch aus. Der Kon- **76**
trollzweck schließt jedoch den Einwand des **individuellen** Rechtsmißbrauchs
nicht aus, denn das allgemeine öffentliche Interesse an der Kontrolle beseitigt
nicht den individuellen Charakter des Anfechtungsrechtes. Ein rechtsmiß-

---

77 *Lutter*, BB 1981 S. 861.
78 Begründung RegE: bei *Kropff*, AktG, Düsseldorf 1965, S. 331; *Schilling* in Großkom. § 244 Anm. 2;
    Baumbach/Hueck, § 244 Rn. 2; BayObLG v. 19. 8. 1977, NJW 1978 S. 1387; aA *Zöllner* in Kölner
    Kom. § 244 Rn. 8 ff.; *Hüffer* in AktG-Kom. § 244 Rn. 14 ff. mwN.
79 BGH v. 23. 11. 1961, BGHZ 36 S. 121.
80 Vgl. *Schilling* in Großkom. § 245 Anm. 25; *Mestmäcker* in Verwaltung, Konzerngewalt und Rechte
    der Aktionäre (1958) S. 14; *ders.*, BB 1961 S. 925/951 f.; *Bockelmann*, BB 1972 S. 733/736.

bräuchliches Verhalten ist dann gegeben, wenn die Klage mit dem Ziel erhoben wird, die verklagte Gesellschaft in grobeigennütziger Weise zu einer Leistung zu veranlassen, auf die der Kläger keinen Anspruch hat und auch billigerweise nicht erheben kann. Motiv des Klägers wird im allgemeinen sein, die verklagte Gesellschaft werde die verlangte Leistung erbringen, weil sie hoffe, daß der Eintritt anfechtungsbedingter Nachteile dadurch vermieden oder gering gehalten werden könne[81]. Da sich der Nachweis dieser Motivationslage als sogenannte innere Tatsache nur schwer führen läßt, sind alle von den Prozeßparteien vorgetragenen Tatsachen umfassend zu würdigen. Maßgeblich ist insbesondere das Verhalten des Klägers, das dieser in den Verhandlungen über die Beilegung des zur Entscheidung anstehenden Anfechtungsrechtsstreites gezeigt hat sowie das Verhalten des Klägers in anderen Anfechtungsverfahren[82].

77 Ist die Klage idS rechtsmißbräuchlich erhoben, entfällt die materielle Berechtigung, den Anfechtungsgrund geltend zu machen[83]. Maßgeblicher Zeitpunkt ist der Schluß der mündlichen Verhandlung[84]. Die Klage wäre damit unbegründet.

4. Verfahren zur Anfechtung von Hauptversammlungsbeschlüssen

78 Die aus den oben unter 1. dargestellten Gründen anfechtbaren und nicht bestätigten HV-Beschlüsse können nur durch Anfechtungsklage beseitigt werden.

a) Anfechtungsklage

aa) Die Anfechtungsklage kann nicht von jedem Interessenten oder von dem Beschluß Betroffenen erhoben werden, auch nicht von jedem Aktionär. Die **Anfechtungsbefugnis** ergibt sich aus § 245 AktG. Danach ist zur Anfechtung befugt:
- jeder in der HV erschienene Aktionär, wenn er gegen den Beschluß Widerspruch zur Niederschrift erklärt hat (Nr. 1)[85];
- jeder in der HV nicht erschienene Aktionär, wenn er zu der HV zu Unrecht nicht zugelassen worden ist oder die Versammlung nicht ordnungsgemäß einberufen oder der Gegenstand der Beschlußfassung nicht ordnungsgemäß bekannt gemacht worden ist (Nr. 2);
- im Falle des § 243 Abs. 2 AktG (Ausübung des Stimmrechts zur Erlangung von Sondervorteilen zum Schaden der Gesellschaft oder der anderen Aktionäre) jeder Aktionär (Nr. 3);
- der Vorstand (Nr. 4);
- jedes Mitglied des Vorstandes und des AR, wenn durch die Ausführung des Beschlusses Mitglieder des Vorstandes oder des AR eine strafbare Handlung oder eine Ordnungswidrigkeit begehen oder wenn sie ersatzpflichtig werden würden (Nr. 5).

---

81 BGH v. 22. 5. 1989, AG S. 399; BGH-Beschluß v. 25. 9. 1989, ZIP S. 1388; BGH v. 18. 12. 1989, ZIP 1990 S. 168; BGH v. 27. 10. 1990, ZIP S. 1560 jeweils mwN; jeweils zu §§ 340a/340b AktG.
82 BGH v. 29. 10. 1990, ZIP S. 1560/1563 mwN.
83 BGH v. 29. 10. 1990, ZIP S. 1560/1563; aA OLG Frankfurt v. 19. 2. 1991, DB S. 644. Das Anfechtungsrecht sei ein quasi öffentliches Recht, deshalb entfiele bei Mißbrauch das Rechtsschutzbedürfnis zu § 57 AktG.
84 OLG Frankfurt v. 6. 11. 1990, WM S. 2116/2119 zu §§ 131, 71 AktG; zust. Anm. *Diekgräf,* WM 1991 S. 613.
85 Zu den materiellen Anforderungen OLG Hamm v. 7. 1. 1985, AG 1986 S. 260; weiterführend *Noack,* AG 1989 S. 78/80 ff.

Ein anfechtender **Aktionär** muß sowohl zum Zeitpunkt der HV als auch wäh- **79** rend des gesamten Rechtsstreites in dieser Rechtsstellung sein. Ein Übergang des Anfechtungsrechtes findet lediglich bei einer Gesamtrechtsnachfolge statt, nicht hingegen bei einer Übertragung von Aktien[86].

Derjenige, dem das Gesetz eine Anfechtungsbefugnis verliehen hat, braucht nicht nachzuweisen, daß er ein persönliches, vermögensrechtliches oder sonstiges Rechtsschutzinteresse an der Aufhebung des angefochtenen Beschlusses hat. Die Verletzung von Gesetz oder Satzung rechtfertigen die Anfechtung, und zwar auch dann, wenn der Beschluß der Gesellschaft keinen Nachteil bringt, ihr sogar vorteilhaft ist. Was gesetzwidrig ist, kann nicht dadurch zulässig werden, daß es wirtschaftlich nützlich oder gar geboten ist[87].

bb) Die **Klage** muß gem. § 246 Abs. 1 AktG innerhalb eines Monats nach der **80** Beschlußfassung erhoben werden[88].

Die Einreichung der Klageschrift bei Gericht innerhalb der Frist genügt, wenn die Zustellung an die Beklagte demnächst, dh. ohne durch den Kläger zu vertretende Verzögerung, erfolgen kann (§§ 253 Abs. 1, 270 Abs. 3 ZPO).

Die fristwahrende Wirkung tritt jedoch bei Klage vor dem örtlichen oder sachlich unzuständigen Gericht nur ein, wenn der gem. § 281 ZPO notwendige Verweisungsbeschluß noch innerhalb der ursprünglichen Klagefrist ergeht[89].

cc) Die Klage ist nach § 246 Abs. 2 AktG gegen die Gesellschaft zu richten. **81** Klagt ein Aktionär, wird die Gesellschaft abweichend von § 78 AktG vom Vorstand und vom AR gemeinsam vertreten. Klagt der Vorstand oder ein Vorstandsmitglied, wird die Gesellschaft durch den AR, klagt ein AR-Mitglied, wird sie durch den Vorstand vertreten.

Bei der Klage eines Aktionärs muß aus der **Klageschrift** deutlich hervorgehen, daß diese mindestens einem Mitglied jedes der zur Vertretung berechtigten Organe zuzustellen ist. Die Zustellung an den AR erfolgt nur wirksam an die Privatwohnung eines AR-Mitglieds, deshalb ist diese im Passivrubrum der Klageschrift anzugeben[90].

Anderenfalls läuft der Kläger Gefahr, nach mangelhafter und damit idR unwirksamer Zustellung durch Fristablauf sein Anfechtungsrecht zu verlieren.

dd) Der Kläger kann gegen denselben Beschluß Nichtigkeits- und Anfechtungs- **82** klage einlegen. Letztere ist dann als Hilfsantrag zu behandeln, da mit der Feststellung der Nichtigkeit der Anspruch auf Nichtigerklärung entfällt[91].

---

86 *Schilling* in Großkom. § 245 Anm. 6; BGH v. 25. 2. 1965, BGHZ 43 S. 261/266; OLG Celle v. 7. 9. 1983, AG 1984 S. 266/271 mwN; aA *Zöllner* in Kölner Kom. § 245 Rn. 21.
87 *Baumbach/Hueck*, § 243 Anm. 6; *Schilling* in Großkom. § 243 Anm. 13; BGH v. 25. 2. 1965, BGHZ 43 S. 265.
88 Bei der GmbH tritt an Stelle der Monatsfrist zur Klageerhebung eine den Umständen des Einzelfalls angemessene Frist, die jedoch mindestens einen Monat beträgt (BGH v. 14. 5. 1990, BB S. 1293).
89 *Henn*, AG 1989 S. 230; *Heuer*, AG 1989 S. 235; aA *Hüffer* in AktG-Kom. § 246 Rn. 37 mwN.
90 BGH v. 22. 5. 1989, AG S. 399/400; OLG Frankfurt v. 13. 12. 1983, DB 1984 S. 1518; LG Frankfurt v. 22. 2. 1984, ZIP S. 321; *v. Gleichenstein*, AG 1969 S. 306.
91 *Schilling* in Großkom. § 246 Anm. 5 mwN.

Unter bestimmten Voraussetzungen kann der Kläger mit der Anfechtungsklage einen **Antrag auf Feststellung** eines zustimmenden Beschlusses stellen.
Dies gilt, wenn der Vorsitzende in der HV zu Unrecht verkündet, ein Antrag
sei wegen Fehlens der erforderlichen Stimmenmehrheit abgelehnt, ebenso
wenn ein Antrag wegen einer rechtsmißbräuchlichen Gegenstimme abgelehnt worden ist[92]. Die Feststellungsklage muß in derselben Frist und im
selben Prozeß wie die Anfechtungsklage erhoben werden.

83   ee) Nach § 246 Abs. 3 AktG ist für die Klage ausschließlich das LG zuständig,
in dessen Bezirk die Gesellschaft ihren Sitz hat. Das LG hat mehrere
Anfechtungsprozesse zur gleichzeitigen Verhandlung und Entscheidung zu
verbinden. Ebenso können gem. § 249 Abs. 2 AktG Anfechtungs- und Nichtigkeitsprozesse verbunden werden.

84   ff) Der Vorstand hat nach § 246 Abs. 4 AktG die Erhebung der Klage und den Termin zur mündlichen Verhandlung unverzüglich in den Gesellschaftsblättern
bekanntzumachen. Gleiches gilt, soweit gemäß Tz. 82 Klage auf Feststellung
eines zustimmenden Beschlusses mit der Anfechtung verbunden wird[93].

85   gg) Der Anfechtende hat einen behaupteten sachlich-rechtlichen Mangel als
Klagegrundlage zu beweisen.

Angesichts der Schwierigkeit, als Aktionär einen solchen Beweis zu führen,
muß aber die Gesellschaft die für den angefochtenen Beschluß maßgebenden Gründe darlegen. Es ist dann Sache des Aktionärs, diese zu widerlegen[94]. Soweit die Gesellschaft die Rechtfertigungsgründe für einen HV-
Beschluß bereits vor der HV schriftlich darzulegen hat (zB gem. § 186 Abs. 4
AktG für den Ausschluß des Bezugsrechtes), ist sie im Anfechtungsprozeß
mit weiteren, im Bericht nicht erfaßten Gründen ausgeschlossen.

86   Das Gesetz erfordert dagegen nach seinem Wortlaut keine Kausalität zwischen der Verletzung des Gesetzes oder der Satzung und dem angefochtenen Beschluß. Dieser ursächliche Zusammenhang wird vom Gesetz vielmehr unterstellt und ist vom Anfechtenden nicht zu beweisen.

Die Rechtsprechung gestattet aber der verklagten Gesellschaft den Beweis,
daß die Gesetzes- oder Satzungsverletzung ohne Einfluß auf den HV-
Beschluß war. Wenn dies bei Anlegung eines objektiven Maßstabes offensichtlich und nachweisbar ist, wird die Anfechtbarkeit verneint. Eine Wahrscheinlichkeit, daß der Beschluß auf diesem Mangel beruht, genügt hingegen nicht[95]. Auf die konkrete Anzahl der Gegenstimmen kann es für die
Anfechtbarkeit nicht ankommen, denn anderenfalls wäre das Anfechtungsrecht als wirksamste Waffe des Minderheitsaktionärs wirkungslos[96].

Für den Fall eines **Auskunftsverstoßes** wird in § 243 Abs. 4 AktG ausdrücklich eine Widerlegung der Kausalität durch Erklärung der HV oder von

---

92 BGH v. 13. 3. 1980, BGHZ 76 S. 191/197; BGH v. 26. 10. 1983, WM S. 1310.
93 BGH v. 13. 3. 1980, BGHZ 76 S. 191/200. Auch bei der GmbH ist das Recht der Mitgesellschafter
   auf rechtliches Gehör zu wahren, bei unterschiedlichem Gesellschafterkreis uU durch Benachrichti-
   gung von der Klageerhebung durch das Gericht (BVerfG v. 9. 2. 1980, WM S. 325).
94 BGH v. 13. 3. 1978, WM S. 401/403.
95 BGH v. 23. 11. 1961, BGHZ 36 S. 121/139; BGH v. 18. 12. 1989, ZIP 1990 S. 168/171; BGH v.
   29. 10. 1990, ZIP S. 1560 mwN auch zur Gegenansicht.
96 AA Vorauflage Bd. I. Abschn. XIII S. 1400 unter Hinweis auf BGH v. 27. 10. 1951, NJW 1952 S. 98,
   LG Frankfurt v. 22. 2. 1984 ZIP S. 321.

Aktionären insbesondere durch Erklärung der Mehrheit ausgeschlossen. Dagegen ist der Gesellschaft jede andere Beweisführung für die Einflußlosigkeit gestattet[97].

hh) Für den **Streitwert** einer Anfechtungsklage gilt ebenso wie für eine Klage **87** auf Feststellung der Nichtigkeit § 247 AktG. Auf die Ausführung zur Nichtigkeitsklage unter Tz. 37 ff. wird verwiesen.

ii) Ebenso wird auf die dortigen Ausführungen zur Wirkung des Urteils und **88** der Einreichungspflicht zum HR gem. § 248 AktG verwiesen, da sich insoweit keine Abweichungen zum Nichtigkeitsurteil ergeben (vgl. Tz. 40 f.).

kk) Wenn ein anfechtbarer HV-Beschluß von der HV **bestätigt** wird (dazu **89** Tz. 74) und der Bestätigungsbeschluß ebenfalls anfechtbar ist, muß dieser mit einer besonderen Anfechtungsklage angegriffen werden. Soweit eine Anfechtungsklage gegen den ersten Beschluß rechtshängig ist, kann dies durch Klageerweiterung auf den Bestätigungsbeschluß geschehen.

Wenn der Bestätigungsbeschluß die Mängel des ersten Beschlusses beseitigt, kann der Kläger die Sache für in der Hauptsache erledigt erklären. Dann wird nur noch über die Kosten entschieden (§ 91a ZPO). Der Kläger kann aber bei Vorliegen eines rechtlichen Interesses die Anfechtung des ersten Beschlusses auch weiter geltend machen (§ 244 Satz 2 AktG).

b) Besonderheiten der Anfechtungsklage hinsichtlich Aufsichtsratswahlen

aa) Für die Klage auf Anfechtung der Wahl eines AR-Mitgliedes gelten gem. **90** § 251 Abs. 3 AktG weitgehend die allgemeinen Vorschriften. Auf die Ausführungen unter Tz. 80–87 sowie 89 kann damit verwiesen werden.

bb) Für die **Anfechtungsbefugnis** gilt grundsätzlich das unter Tz. 78 f. Gesagte. **91** Es wird in § 251 Abs. 2 AktG aber nicht auf § 245 Nr. 3 und 5 AktG verwiesen, da diese der Sache nach hier nicht in Frage kommen.

Nach § 251 Abs. 2 Satz 2 und 3 AktG kann außerdem die Wahl eines AR-Mitgliedes, das nach dem Montan-MitbestG auf Vorschlag der Betriebsräte oder einer Spitzenorganisation gewählt worden ist, auch von jedem Betriebsrat eines Betriebes der Gesellschaft, jeder in den Betrieben der Gesellschaft vertretenen Gewerkschaft oder deren Spitzenorganisation angefochten werden. Die Wahl des neutralen Mitgliedes, das nach dem Montan-MitbestG oder dem MErgGBE auf Vorschlag der übrigen AR-Mitglieder gewählt worden ist, kann auch von jedem AR-Mitglied angefochten werden.

cc) Ein der Anfechtungsklage stattgebendes **Urteil** wirkt gegen alle Aktionäre **92** sowie alle Mitglieder des Vorstandes und des AR.

Im Falle der Wahl eines AR-Mitgliedes nach dem Montan-MitbestG auf Vorschlag der Betriebsräte oder einer Spitzenorganisation wirkt das Urteil für und gegen die nach dieser Vorschrift anfechtungsberechtigten Betriebsräte, Gewerkschaften und Spitzenorganisationen, auch wenn sie nicht Partei sind (§ 252 Abs. 2 AktG). Das Urteil ist unverzüglich zum HR einzureichen (§ 251 Abs. 3 iVm. § 248 Abs. 1 Satz 2 AktG).

---

97 *Schilling* in Großkom. § 243 Anm. 11.

93   dd) Die Wahl sowohl der Wahlmänner, als auch der Arbeitnehmervertreter im AR kann beim Arbeitsgericht angefochten werden, wenn gegen wesentliche Vorschriften über das Wahlrecht, die Wählbarkeit oder das Wahlverfahren verstoßen worden und keine Berichtigung erfolgt ist, es sei denn, der Verstoß hat keine Auswirkungen auf das Ergebnis (§§ 21, 22 MitbestG)[98].

c) Besonderheiten der Anfechtungsklage hinsichtlich Gewinnverwendungsbeschlüssen

94   Für die Anfechtung des Beschlusses über die Verwendung des Bilanzgewinns verweist § 254 Abs. 2 Satz 1 AktG auf §§ 244–248 AktG, so daß auch insoweit die Ausführungen unter Tz. 78 ff. gelten.

Bei der **Anfechtungsbefugnis** ergibt sich allerdings nach § 254 Abs. 2 Satz 3 AktG die Besonderheit, daß zur Anfechtung des Beschlusses über die Verwendung des Bilanzgewinns wegen zu hoher Einstellung in Rücklagen nach § 254 Abs. 1 AktG (dazu Tz. 68) Aktionäre nur dann befugt sind, wenn ihre Anteile zusammen den zwanzigsten Teil des Grundkapitals oder den Nennbetrag von einer Mio. DM erreichen. Es reicht also hier nicht wie sonst unter den Voraussetzungen des § 245 AktG bereits eine Aktie zur Geltendmachung der Anfechtungsklage aus. Die **Anfechtungsfrist** beginnt auch dann mit der Beschlußfassung, wenn der zugrunde liegende JA gem. § 316 Abs. 3 HGB erneut zu prüfen ist.

IV. Nichtigkeit des festgestellten Jahresabschlusses

95   Die Regelung der Nichtigkeitsgründe in § 241 AktG und der Nichtigkeitsklage in § 249 AktG betrifft ausschließlich die Nichtigkeit von HV-Beschlüssen, nicht aber die Fehlerhaftigkeit von Beschlüssen der Verwaltung. § 256 AktG regelt deshalb außerhalb der §§ 241 ff. AktG, wenn auch zT in inhaltlicher Anlehnung an die dort geregelten Nichtigkeitsgründe, abschließend die Fälle, in denen ein festgestellter JA nichtig ist. Genaugenommen handelt es sich dabei nicht um die Nichtigkeit des JA, sondern um die Nichtigkeit der Feststellung des JA[99].

1. Nichtigkeitsgründe

96   Gründe für die Nichtigkeit des festgestellten JA sind teils unabhängig, teils abhängig davon, wer den JA festgestellt hat. Bei der AG sind nach § 172 Abs. 1 AktG grundsätzlich Vorstand und AR (Verwaltung) für die Feststellung des JA zuständig. Abweichend von diesem Grundsatz erfolgt die **Feststellung durch die HV** nur in folgenden Fällen:

– § 173 Abs. 1 (1. Alternative) AktG: Vorstand und AR beschließen, die Feststellung des JA der HV zu überlassen,

– § 173 Abs. 1 (2. Alternative) AktG: Der AR hat den JA, den der Vorstand ihm gem. § 171 Abs. 1 AktG vorgelegt hat, nicht gebilligt,

– § 234 Abs. 2 Satz 1 AktG: Rückwirkung der vereinfachten Kapitalherabsetzung,

---

98 Vgl. *Lehmann/Heinsius*, (Fn. 71) S. 31 ff.
99 Allg. Ans.: *Hoffmann/Becking* in MünchHdb. § 47 Rn. 1 mwN.

- § 235 AktG: Rückwirkung einer Kapitalerhöhung bei vereinfachter Kapitalherabsetzung,
- § 270 Abs. 2 Satz 1 AktG: Feststellung bei der Abwicklung.

Bei der KGaA erfolgt die Feststellung des JA immer durch die HV (§ 286 Abs. 1 Satz 1 AktG).

a) Allgemeine Nichtigkeitsgründe des § 256 Abs. 1 AktG

Ein JA ist unabhängig davon, ob er von der Verwaltung (Vorstand und AR) oder **97** von der HV festgestellt worden ist, in den Fällen des § 256 Abs. 1 Nr. 1–4 AktG nichtig.

aa) § 256 Abs. 1 Nr. 1 AktG: Der JA ist nichtig, wenn er durch seinen Inhalt **Vorschriften** verletzt, die ausschließlich oder überwiegend zum Schutze der Gläubiger der Gesellschaft gegeben sind.

Unter den Vorschriften zum Schutze der Gläubiger sind nur Gesetzesvorschriften zu verstehen, Verstöße gegen die Satzung führen deshalb nicht zur Nichtigkeit des JA nach § 256 Abs. 1 Nr. 1.

Es war bisher schon anerkannt, daß zu den Bestimmungen, die zum Schutz der Gläubiger gegeben sind, grundsätzlich auch die Vorschriften über die Aufstellung des JA gehören. Im RegE des BiRiLiG war zunächst vorgesehen, ganz allgemein die Verletzung von Vorschriften über Form und Inhalt des JA bei dessen Aufstellung oder Feststellung mit einer Ordnungswidrigkeit zu bewehren[100]. Im Laufe des Gesetzgebungsverfahrens hat man sich dann entschlossen, nicht pauschal auf die Vorschrift über den JA zu verweisen, sondern die als Ordnungswidrigkeiten mit einem Bußgeld bedrohten Gesetzesverstöße konkret zu benennen. Vorbehaltlich abweichender Regelung muß deswegen vom Grundsatz her bei einem Verstoß gegen eine der in § 334 Abs. 1 Nr. 1 HGB konkret genannten Vorschriften die Rechtsfolge der Nichtigkeit des JA in Betracht gezogen werden.

Eine wesentliche Einschränkung dieser Feststellung, ein Verstoß gegen eine **98** der in § 334 Abs. 1 Nr. 1 HGB genannten Vorschriften indiziere die Nichtigkeit des JA, ergibt sich allerdings, soweit die dort genannten **Vorschriften über die Gliederung und Bewertung** betroffen sind. Wann bei Verstößen gegen Gliederungs- und Bewertungsvorschriften die Nichtigkeit des JA eintritt, ist in § 256 Abs. 4 und 5 besonders geregelt, diese Bestimmungen stellen Sonderregelungen dar, die als lex specialis der allgemeinen Vorschrift des § 256 Abs. 1 Nr. 1 für ihren Anwendungsbereich vorgehen[101].

Als Vorschriften, bei deren Verstoß die Nichtigkeit des JA gem. § 256 Abs. 1 Nr. 1 AktG in Betracht kommt, verbleiben danach die § 334 Abs. 1 Nr. 1 HGB genannten Regelungen, die nicht die Gliederung oder Bewertung betreffen.

Dies sind zunächst die in § 334 Abs. 1 Nr. 1a HGB genannten Vorschriften **99** über **Form und Inhalt des JA**, nämlich:

---

100 Vgl. § 289 Abs. 1 Nr. 1 HGB-Entwurf, BT-Drs. 10/317 S. 23 (mit Begründung des RegE S. 101).
101 *Schilling* in Großkom. § 256 Anm. 13, 15; *ADS*, § 256 AktG Tz. 5; so wohl auch LG Mainz v. 16. 10. 1990, AG 1991 S. 30; aA *Zöllner* in Kölner Kom. § 256 Rn. 14 Abs. 4 und Abs. 5 haben gegenüber Abs. 1 nur klarstellende und einschränkende Funktion.

§ 243 Abs. 1 HGB (Aufstellung des JA nach den GoB)

§ 243 Abs. 2 HGB (Klarheit und Übersichtlichkeit)

§ 244 HGB (Aufstellung in deutscher Sprache und in DM)

§ 245 HGB (Unterzeichnung mit Angabe des Datums)

§ 246 HGB (Vollständigkeit, Verrechnungsverbot)

§ 247 HGB (Inhalt der Bilanz)

§ 248 HGB (Bilanzierungsverbote)

§ 249 Abs. 1 Satz 1 HGB (Rückstellungen für ungewisse Verbindlichkeiten und für drohende Verluste aus schwebenden Geschäften)

§ 249 Abs. 3 HGB (keine anderen Rückstellungen als nach § 249 Abs. 1 und 2 HGB)

§ 250 Abs. 1 Satz 1 HGB (aktive Rechnungsabgrenzungsposten)

§ 250 Abs. 2 HGB (passive Rechnungsabgrenzungsposten)

§ 264 Abs. 2 HGB (ein den tatsächlichen Verhältnissen entsprechendes Bild der Vermögens-, Finanz- und Ertragslage).

Des weiteren sind in § 334 Abs. 1 Nr. 1d HGB folgende Vorschriften über die in der Bilanz oder im Anhang zu machenden Angaben ausdrücklich aufgeführt:

§ 280 Abs. 3 HGB (im Anhang Angabe von aus steuerlichen Gründen unterlassenen Zuschreibungen)

§ 281 Abs. 1 Satz 2 oder 3, Abs. 2 Satz 1 HGB (Berücksichtigung steuerrechtlicher Vorschriften)

§ 284 HGB (Erläuterung der Bilanz und der GuV im Anhang)

§ 285 HGB (sonstige Pflichtangaben im Anhang).

100   Auch hinsichtlich dieser verbleibenden Regelungen wird man wie bisher die Einschränkung machen müssen, daß es sich nicht bloß um eine unwesentliche Verletzung dieser Vorschriften handeln darf, wenn der Schutz der Gläubiger berührt sein soll[102]. Daran hatte sich auch durch die Einbeziehung dieser Verstöße in den Kreis der Ordnungswidrigkeiten nichts geändert. Ist der Verstoß unwesentlich, so dürfte mit Rücksicht auf das im Ordnungswidrigkeitenrecht geltende Opportunitätsprinzip (anders als bei Straftaten liegt die Verfolgung von Ordnungswidrigkeiten nur im pflichtgemäßen Ermessen der Verfolgungsbehörde – vgl. § 152 Abs. 2 StPO und § 47 Abs. 1 OWiG) eine Verfolgung und Ahndung nicht erforderlich sein; dann sollte aber erst recht nicht die schwerwiegende Folge der Nichtigkeit des JA eintreten.

101   Im Rahmen der Umsetzung der sogenannten Bankenrichtlinie in deutsches Recht ist in § 256 AktG der Passus „oder sonst im öffentlichen Interesse" gestrichen worden. Es sei nämlich zu befürchten, daß die Nichtigkeitsgründe des § 256 Nr. 1 AktG über den Ordnungswidrigkeitenkatalog des § 334 HGB in unverhältnismäßiger Weise ausgedehnt werden können, weil diese Tatbestände als im öffentlichen Interesse dienend angesehen werden könnten[103]. Diese Vorschriften bringen jedoch zugleich die fundamentalen Prinzipien ordnungsmäßiger Buchführung zum Ausdruck. Sie dienen somit letztendlich ausschließlich

---

102 *Schilling* in Großkom. § 256 Anm. 4; *ADS*, AktG § 256 Tz. 5; *Hoffmann/Becking* in MünchHdb. § 47 Rn. 4 mwN.

103 Begr. zum RegE, BT-Drs. 11–6275 S. 27.

dem Gläubigerschutz. Deswegen wird die Rechtslage durch die Reform im Grundsatz nicht verändert. Jedoch ist insofern eine Einschränkung der Nichtigkeitsgründe erfolgt, als es nicht mehr genügt, daß die vorletzte Vorschrift aus dem og. Katalog eine Ordnungswidrigkeit darstellt. Notwendig ist vielmehr, daß die verletzte Norm wenigstens gleichwertig neben anderen Zwecken dem Gläubigerschutz dient[104]. Da Ordnungswidrigkeittatbestände, ähnlich den Straftatbeständen die Minimalgrundlagen gedeihlichen Zusammenlebens sichern wollen, stellt die Verwirklichung eines dieser Tatbestände ein Indiz für eine Gläubigerschutzfunktion dar. Zwar unterliegen die Vorschriften über die Bilanzierung in der Beurteilung, welche Interessen im Vordergrund stehen, einem erheblichen Wandel. So erfährt der Gedanke des **Aktionärsschutzes** ebenso wie der einer Unterrichtung der Allgemeinheit über den Stand des Unternehmens zunehmende Betonung, während früher der Zweck der Bilanzierung ganz sicher als überwiegend oder ganz auf den Schutz der Gläubiger gerichtet verstanden worden ist. Ein derart stärkeres Hervortreten anderer Zwecke macht aber den Gläubigerschutz nicht weniger gewichtig als früher[105].

bb) § 256 Abs. 1 Nr. 2 AktG: Der JA ist nichtig, wenn trotz gesetzlicher Prüfungspflicht **keine Abschlußprüfung** nach § 316 Abs. 1 HGB stattgefunden hat **oder** eine erforderliche **Nachtragsprüfung** gem. § 316 Abs. 3 HGB unterblieben ist.   **102**

Die strenge Rechtsfolge der Nichtigkeit ist in den genannten Fällen notwendig, um die Einhaltung der im öffentlichen Interesse gegebenen Vorschriften über die Abschlußprüfung (§§ 316 ff. HGB) zu sichern.

Die Nichtigkeit tritt nicht nur dann ein, wenn überhaupt keine Prüfung stattgefunden hat, sondern auch, wenn eine Prüfung gewisse Mindestanforderungen, die an eine Abschlußprüfung zu stellen sind, nicht erfüllt. Der APr. muß daher Prüfungshandlungen vorgenommen haben, einen PrB erstattet und das Testat erteilt oder versagt haben[106].

Nichtigkeit wegen fehlender Prüfung soll naturgemäß dort nicht eintreten, wo keine Prüfungspflicht besteht. Die entsprechende Klarstellung ist notwendig, da anders als früher kleine AG iSd. § 267 Abs. 1 HGB nicht mehr prüfungspflichtig sind.

cc) § 256 Abs. 1 Nr. 3 AktG: Der JA ist nichtig, wenn er im Falle einer gesetzlichen Prüfungspflicht von **Personen** geprüft worden ist, **die nicht zum APr. bestellt** sind **oder** nach § 319 Abs. 1 HGB oder nach Art. 25 EGHGB **nicht APr. sind.**   **103**

Der APr. wird idR gem. § 318 Abs. 1 HGB von den Gesellschaftern gewählt, bei der AG also durch einen Beschluß der HV. Die Wahl genügt jedoch nicht zur Bestellung als APr. Vielmehr ist daneben der Abschluß eines schuldrechtlichen **Prüfungsvertrages** notwendig. Das ergibt sich aus dem Zusammenhang mit § 318 Abs. 1, Abs. 3 und 4 HGB. Wird nämlich vom Gericht aufgrund eines Antrages der gesetzlichen Vertreter, des AR oder der Aktionäre ein anderer WP zum APr. bestellt, ist der gewählte APr. zu hören. Schon daraus ergibt sich, daß der gewählte APr. nicht der bestellte APr. iSd.

---

104 *Zöllner* in Kölner Kom., § 241 Rn. 103, 104, § 256 Rn. 17, 18, *Hüffer* in AktG-Kom. § 241 Rn. 43, 44, jeweils mwN.
105 *Zöllner* in Kölner Kom., AktG § 256 Rn. 18 mwN.
106 *ADS*, AktG § 256 Tz. 20; *Zöllner* in Kölner Kom. § 256 Rn. 55 ff.; *Hüffer* in AktG-Kom. § 256 Rn. 40.

§ 256 Nr. 3 AktG ist. Dafür spricht auch, daß nur der vom Gericht bestellte APr. kraft Gesetzes Anspruch auf Auslagenersatz und Honorar hat (§ 318 Abs. 5 HGB). Auch geht das Gesetz in § 318 Abs. 4 HGB davon aus, daß die Bestellung als zweiten Akt den Abschluß eines Prüfungsvertrages verlangt, denn sonst wäre diese Vorschrift sinnlos. Nicht bestellt iSd. 1. Alternative des § 256 Abs. 1 Nr. 3 AktG ist daher eine Prüfungsperson, die nicht von der HV gewählt, sondern durch die Verwaltung bestimmt worden ist. Ebenso ist der Prüfer nicht bestellt, wenn der Wahlbeschluß der HV gem. § 241 nichtig ist (ggfs. aufgrund einer erfolgreichen Anfechtungsklage)[107]. Damit ist auch der von diesem APr. geprüfte JA gem. § 256 Abs. 1 Nr. 3 (1. Alternative) AktG nichtig.

104   Nach der 2. Alternative des § 256 Abs. 1 Nr. 3 AktG ist der JA nichtig, wenn er nicht von APr. iSd. § 319 Abs. 1 HGB oder Art. 25 EGHGB geprüft worden ist. APr. einer AG können gem. § 319 Abs. 1 HGB nur WP oder WPG sein. Gem. Art. 25 EGHGB dürfen AG, die mehrheitlich Genossenschaften oder gemeinnützigen Wohnungsunternehmen gehören, unter bestimmten Voraussetzungen ihre JA auch von den jeweiligen Prüfungsverbänden, denen sie angehören, prüfen lassen. Andere Personen oder Gesellschaften sind von der Abschlußprüfung generell ausgeschlossen[108]. Die **Qualifikation** des APr. muß nicht nur bei seiner Bestellung, sondern bis zum Abschluß der Prüfung und der Erteilung des BestV vorhanden sein[109].

105   Nach der 2. Alternative des § 256 Abs. 1 Nr. 3 AktG soll die Nichtigkeit des JA dann nicht mehr eintreten, wenn dieser von einer Person geprüft worden ist, die nur im konkreten Fall nach den in § 319 Abs. 2 und 3 HGB geregelten (und gegenüber den früher in § 164 Abs. 2 und 3 AktG erheblich erweiterten) **Tätigkeitsverboten** von der Abschlußprüfung ausgeschlossen war. Der Grund dieser Einschränkung ist, daß im Einzelfall die bei den Prüfungspersonen oder Prüfungsgesellschaften vorliegenden Verhältnisse, die jene von der Vornahme der Prüfung im konkreten Fall ausschließen, dem Unternehmen verborgen bleiben können. Dem Gesetzgeber erschien deshalb die Nichtigkeitssanktion als Rechtsfolge unangemessen[110]. Danach soll die Durchführung der Abschlußprüfung durch gem. § 319 Abs. 2 und 3 HGB ungeeignete WP bzw. WPG für den geprüften JA keine Auswirkungen mehr haben[111]. Der trotz des Verbotes tätige WP bzw. die WPG verliert seinen/ihren Honoraranspruch. Bei den tätigen Prüfungspersonen wird dies als Ordnungswidrigkeit geahndet, wenn diese auch den BestV gem. § 322 HGB erteilt haben[112].

106   Dabei wird allerdings übersehen, daß bei Bestellung eines nach § 319 Abs. 2 und 3 HGB ausgeschlossenen APr. bereits der Wahlbeschluß gem. § 241 Nr. 3 AktG nichtig ist, ohne daß es auf die Kenntnis der HV von den Ausschlußgründen oder deren Erkennbarkeit ankommt, soweit der Ausschlußgrund zum Zeitpunkt der Wahl vorlag. Früher war es nämlich allgemein anerkannt, daß sämtliche Vorschriften des § 164 aF AktG, also auch die Tätigkeitsverbote des Abs. 2 und 3, im öffentli-

---

107 *ADS*, AktG § 256 Tz. 38; *Schilling* in Großkom. § 256 Anm. 6; *Zöllner* in Kölner Kom. § 256 Rn. 72; *Hüffer* in AktG-Kom. § 256 Rn. 52.
108 Das Gesagte gilt entsprechend für die prüfungspflichtigen GmbH, abweichend davon können gem. § 319 Abs. 1 Satz 2 HGB Abschlußprüfer von mittelgroßen GmbH iSd. § 267 Abs. 2 HGB aber auch vBP und BPG sein.
109 *Forster*, WPg. 1965 S. 389/390; *ADS*, AktG § 256 Tz. 40; *Schilling* in Großkom. § 56 Anm. 7; *Zöllner* in Kölner Kom. § 256 Rn. 7.
110 *ADS*, HGB § 319 Tz. 4 mwN.
111 *Sarx/Marquardt* in BeBiKo., § 319 HGB Rn. 1.
112 OLG Düsseldorf v. 16. 11. 1990, BB 1991 S. 108.

chen Interesse gegeben waren[113]. Durch die Erweiterung der Tätigkeitsverbote und ihre Übernahme in § 319 Abs. 2 und 3 HGB hat sich diese Schutzrichtung nicht geändert[113a]. Wenn aber der Wahlbeschluß nichtig ist, ist der APr. nicht bestellt und der JA nach der 1. Alternative des § 256 Abs. 1 Nr. 3 nichtig[113b].

Liegt der Ausschlußgrund schon bei Wahl und Abschluß des Prüfungsvertrages **107** vor, scheitert die Bestellung zum APr. daran, daß auch der Prüfungsvertrag nichtig und damit kein APr. bestellt ist[114]. Denn die Ausschlußgründe nach § 319 Abs. 2 und 3 HGB sind Verbotsgesetze iSv. § 134 BGB. Zwar wendet sich § 319 Abs. 2 und 3 HGB wegen seiner Korrelation zu § 49 WPO und § 334 Abs. 2 HGB vorrangig an den Prüfer, das steht einer Annahme eines Verbotes iSv. § 134 BGB nicht entgegen. Daß es sich um ein Verbot idS handelt, folgt aus dem Sinn und Zweck der Norm. § 319 Abs. 2 und 3 HGB richten sich gerade gegen die Vornahme des Rechtsgeschäftes, denn sie sollen die Zuverlässigkeit der im Interesse der Gläubiger und der Allgemeinheit liegenden Prüfung gewährleisten. Bei dem Katalog in § 319 Abs. 2 und 3 HGB handelt es sich um die für die Prüfung elementaren Grundsätze, so daß sie in dem Katalog besonders hervorgehoben worden sind und gerade nicht in den nicht näher bezeichneten Befangenheitsgründen des § 318 Abs. 3 HGB aufgegangen sind. Dem widerspräche es, wenn ein Verstoß gegen § 319 Abs. 2 und 3 HGB lediglich mit einer Ordnungswidrigkeit nach § 334 Abs. 2 HGB sanktioniert wäre[115].

Fraglich ist, ob dieses vom Gesetzgeber nicht beabsichtigte Ergebnis durch eine einschränkende Auslegung der 1. Alternative des § 256 Abs. 1 Nr. 3 AktG verhindert **108** werden kann[116]. Der gesetzgeberischen Intention entspräche es etwa, wenn jedenfalls solche Ausschlußgründe gem. § 319 Abs. 2 und 3 HGB, die für die Gesellschaft überhaupt nicht erkennbar waren, nicht zur Nichtigkeit des Wahlbeschlusses und des JA führen könnten. Angesichts des unveränderten Wortlauts des § 241 Nr. 3 AktG und der 1. Alternative des § 256 Abs. 1 Nr. 3 AktG erscheint die Zulässigkeit einer solchen einschränkenden Auslegung allerdings zweifelhaft.

Dieses Ergebnis kann wohl auch nicht als bloßes Redaktionsversehen angesehen werden, weil bei § 241 Nr. 3 AktG im Gegensatz zu § 256 Abs. 1 Nr. 1 AktG der Passus „oder sonst im öffentlichen Interesse" auch im jüngsten Überarbeitungsvorhaben nicht gestrichen worden ist[117].

Es ist auch nicht möglich, WP und APr. als Synonyma zu betrachten. Das folgt schon aus dem Wortlaut des § 319 Abs. 1 und 2 HGB. Danach können WP APr. sein. Sie dürfen dies nicht sein, wenn einer der dort genannten Ausschlußgründe vorliegt.

Wie bisher gilt, daß die Bestimmungen des § 256 Abs. 1 Nr. 2 und 3 AktG, die **109** der Sicherung der Abschlußprüfung dienen sollen, sich nicht mit dem Sachgehalt der Abschlußprüfung beschäftigen, sondern ausschließlich damit, ob die

---

113 *ADS*, AktG § 164 Tz. 29; *Baumbach/Hueck* § 164 Rn. 3; *Claussen* in Kölner Kom. § 164 Rn. 6; *Brönner* in Großkom. § 164 Anm. 11; *Kropff* in AktG-Kom. § 164 Rn. 20.
113a Vgl. zum Problem *ADS*, § 319 HGB Tz. 113 ff.
113b AA Claussen, AG 1991 S. 323.
114 *Baetge/Hense* in HdR § 319 Rn. 184.
115 OLG Düsseldorf v. 16. 11. 1990, BB 1991 S. 108 mwN; die hier angesprochene Konsequenz wird jedoch übernommen, so auch zum Parallelproblem in §§ 14 Abs. 1 BNotO, 45 Nr. 4 BRAO, OLG Hamm v. 21. 9. 1987, DNotZ 1989 S. 632, OLG Hamm v. 17. 10. 1988, DNotZ 1989 S. 634 mit Anm. *Feurich*, DNotZ 1989 S. 596.
116 So *ADS*, § 319 HGB Tz. 115.
117 Vgl. RegE in BT-Drs. 11-6275 S. 9, 27.

formellen Voraussetzungen erfüllt sind, einmal, daß die Mindestvoraussetzungen einer Abschlußprüfung erfüllt sind, und zum anderen, daß diese von Personen durchgeführt werden, die die Gewähr für eine ordnungsgemäße Abschlußprüfung bieten. Damit wird nur indirekt dafür Sorge getragen, daß die Abschlußprüfung selbst sachlich in Ordnung ist [118].

110 dd) § 256 Abs. 1 Nr. 4 AktG: Der JA ist nichtig, wenn bei seiner Feststellung die Bestimmungen des Gesetzes oder der Satzung über die Einstellung von Beträgen in **Kapital- oder Gewinnrücklagen** oder über die Entnahme von Beträgen aus Kapital oder Gewinnrücklagen verletzt worden sind.

Die Bestimmung ist durch das BiRiLiG in ihrem Wortlaut dem neuen Bilanzrecht angepaßt worden. Eine sachliche Änderung ist aber nicht eingetreten. Die Nichtigkeit des JA kommt bei Verstößen gegen folgende Bestimmungen in Betracht, die die Bildung und Verwendung von Rücklagen materiell regeln:

§ 272 Abs. 2 HGB (Einstellung in die Kapitalrücklagen)

§ 58 AktG (Einstellung in andere Gewinnrücklagen)

§ 150 Abs. 1 und 2 AktG (Einstellung in die gesetzlichen Rücklagen)

§ 150 Abs. 3 und 4 AktG (Entnahmen aus den gesetzlichen Rücklagen und Kapitalrücklagen)

§ 173 Abs. 2 Satz 2 AktG (Einstellung in Gewinnrücklagen durch die HV)

§ 230 AktG (Verwendung der infolge einer vereinfachten Kapitalherabsetzung aufgelösten Gewinn- und Kapitalrücklagen)

§ 231 AktG (beschränkte Einstellung in die Kapitalrücklage und in die gesetzliche Rücklage)

§ 232 AktG (Einstellung von Beträgen in die Kapitalrücklage bei zu hoch angenommenen Verlusten)

§ 237 Abs. 5 AktG (Einstellung in die Kapitalrücklage bei Kapitalherabsetzung durch Einziehung von Aktien)

§ 300 AktG (gesetzliche Rücklage bei verbundenen Unternehmen)

§ 301 Satz 2 AktG (Entnahme aus anderen Gewinnrücklagen).

Dagegen gehören hierzu nicht Bestimmungen, die lediglich den formellen Ausweis in der Bilanz, in der GuV oder im Anhang betreffen, wie zB § 158 Abs. 1 AktG. Verstöße gegen diese Gliederungsvorschriften beurteilen sich nach § 256 Abs. 4 AktG.

111 Die Nichtigkeitsfolge tritt auch dann ein, wenn gegen Bestimmungen der Satzung über Einstellung in oder Entnahme aus Kapital- oder Gewinnrücklagen verstoßen worden ist. Solche Satzungsbestimmungen sind nach §§ 58 Abs. 1 und 2, 150 Abs. 3 und 4, 173 Abs. 2 AktG zulässig.

112 Der wichtigste Anwendungsfall des § 256 Abs. 1 Nr. 4 AktG ist ein Verstoß gegen die Vorschrift des § 58 AktG [119]. In § 58 AktG ist geregelt, inwieweit der Jahresüberschuß bei der Aufstellung des JA durch Bildung von anderen Gewinnrücklagen geschmälert werden kann. Die Regelung erfolgt zT durch das Gesetz, in einem gewissen Rahmen ist die Bestimmung aber auch der

---

118 *Godin/Wilhelmi*, § 256 Anm. 5.
119 *Lutter* in Kölner Kom. 2. Aufl. § 58 Rn. 37.

Satzung überlassen. Im Hinblick darauf, daß die HV nicht mehr den gesamten Jahresüberschuß zu verteilen hat, sondern nur über die Verwendung des idR von der Verwaltung festgestellten Bilanzgewinns zu beschließen hat, mußte der Gesetzgeber dafür sorgen, daß die Vorschriften des § 58 AktG und ggf. der Satzung eingehalten werden. Aus diesem Grunde wird bestimmt, daß ein festgestellter JA nichtig ist, wenn die Vorschriften über die Einstellung von Beträgen in andere Gewinnrücklagen verletzt worden sind. Das gleiche gilt für die ungerechtfertigte Entnahme von Beträgen aus Gewinnrücklagen.

b) Besonderer Nichtigkeitsgrund bei Feststellung durch die Verwaltung

Außer nach § 256 Abs. 1 AktG (vgl. oben Tz. 1) ist ein vom Vorstand und AR **113** festgestellter JA nach § 256 Abs. 2 AktG nur nichtig, wenn der Vorstand oder der AR bei seiner Feststellung nicht ordnungsgemäß mitgewirkt haben.

Bei der Beschlußfassung müssen also die Bestimmungen des Gesetzes und der Satzung über die **Mitwirkung von Vorstand oder AR** beachtet worden sein. Nicht jede geringfügige Verletzung solcher Vorschriften kann aber die Wirkung der Nichtigkeit des JA haben. Die Unterlassung der nach § 107 Abs. 2 AktG zwingend vorgeschriebenen **Protokollierung** des AR-Beschlusses führt schon wegen der ausdrücklichen Vorschrift des § 107 Abs. 2 Satz 3 AktG nicht zur Nichtigkeit des JA. Ebenso hat die bloße **Unvollständigkeit des AR** bei der Beschlußfassung keine Auswirkung auf die Wirksamkeit des JA[120].

Dagegen ist der Feststellungsbeschluß nicht ordnungsgemäß zustande gekom- **114** men, wenn der AR nicht gem. § 108 Abs. 2 AktG beschlußfähig war. Gleiches gilt, wenn ein AR-Ausschuß anstelle des Aufsichtsrats gehandelt hat, weil die Feststellung des JA nach § 107 Abs. 3 iVm. § 171 AktG nicht einem Ausschuß zur Beschlußfassung überwiesen werden kann. Die Nichtigkeit der Wahl von AR-Mitgliedern führt zur Nichtigkeit des festgestellten JA, wenn alle AR-Mitglieder nicht ordnungsgemäß gewählt wurden. Ist die Wahl einzelner AR-Mitglieder nichtig, dann ist von Bedeutung, ob die Feststellung gerade auf deren Mitwirkung beruht[121].

Die Mitwirkung des Vorstandes ist nicht ordnungsgemäß, wenn seine Besetzung **115** nicht deren gesetzlichen Mindestzahl gem. § 76 Abs. 2 AktG entspricht. Bei einem Grundkapital von mehr als 3 Mio. DM müssen mindestens 2 Vorstandsmitglieder vorhanden sein. Ist die Bestellung von Vorstandsmitgliedern nichtig, so ist die Mitwirkung des Vorstandes bei der Feststellung des JA nicht ordnungsgemäß, wenn aufgrund der nichtigen Bestellung die gesetzliche Mindestzahl des § 76 Abs. 2 AktG nicht mehr erreicht wird[122].

Bei einem abhängigen Unternehmen im faktischen Konzern ist eine ordnungsgemäße Mitwirkung des Vorstandes auch dann gegeben, wenn vollständige Personalidentität zwischen den Organen des herrschenden und des abhängigen Unternehmens besteht. Die Grenze wird erst überschritten, wenn kein eigenverantwortliches Vorstandshandeln iSd. §§ 76, 93 AktG mehr vorliegt, also konkrete Einzelanweisungen erteilt werden, oder die Vorstände des abhängigen Unter-

---

120 *Godin/Wilhelmi*, § 256 Anm. 7.
121 *Schilling* in Großkom. § 256 Anm. 10; *Zöllner* in Kölner Kom. § 256 Rn. 83.
122 *ADS*, AktG § 256 Rn. 106; *Zöllner* in Kölner Kom. § 256 Rn. 82; aA *Schilling* in Großkom. § 256 Anm. 9.

nehmens eine Strohmannstellung innehaben. Denn eine faktische Konzernierung im Rahmen des § 311 AktG befreit den Vorstand nicht von seiner Leitungspflicht aus den §§ 76, 93 AktG[123].

116 Von der nicht ordnungsgemäßen Mitwirkung zu unterscheiden ist der Fall, daß eines der beiden Organe bei der Aufstellung des JA übergangen worden ist. Da es sich dann nicht einmal um einen nichtigen, sondern um **Nicht-Beschluß** handelt, kommt auch eine **Heilung** gem. § 256 Abs. 6 AktG nicht in Betracht[124].

117 Sind Vorstand und AR für die Feststellung des JA nicht zuständig, weil das Gesetz die Feststellung zwingend der HV zuweist, haben sie aber dennoch anstelle der HV den JA gebilligt, so liegt ebenfalls keine Feststellung des JA vor, auch in diesen Fällen scheidet eine **Heilung** aus[125].

c) Besondere Nichtigkeitsgründe bei Feststellung des Jahresabschlusses durch die Hauptversammlung

118 Ein durch die HV festgestellter JA ist nach § 256 Abs. 1 Nr. 1–4 AktG (vgl. oben Tz. 96) auch in den folgenden Fällen nichtig:

aa) § 173 Abs. 3 AktG: **Änderung des** aufgestellten und geprüften **JA** durch die für die Feststellung zuständige HV.

Hat die HV den geänderten JA vor der gem. § 316 Abs. 3 AktG erforderlichen **Nachtragsprüfung** festgestellt, so wird dieser JA nichtig, wenn nicht binnen 2 Wochen seit der Beschlußfassung ein hinsichtlich der Änderungen uneingeschränkter BestV erteilt wird.

Dieser Nichtigkeitsgrund gilt aber nicht für kleinere AG iSd. § 267 Abs. 1 HGB, bei denen gem. § 316 Abs. 1 HGB keine Prüfungspflicht besteht.

119 bb) § 234 Abs. 3 AktG: Rückwirkung der vereinfachten **Kapitalherabsetzung.**

Bei einer Rückwirkung der vereinfachten Kapitalherabsetzung im JA hat die HV über die Feststellung des JA zu beschließen. Dieser Beschluß soll gleichzeitig mit dem Beschluß über die Kapitalherabsetzung gefaßt werden (§ 234 Abs. 2 AktG). Die Beschlüsse sind nichtig, wenn sie nicht binnen 3 Monaten in das HR eingetragen sind und eine Fristhemmung nicht vorliegt.

120 cc) § 235 Abs. 2 AktG: Rückwirkung einer gleichzeitigen Kapitalerhöhung bei einer vereinfachten Kapitalherabsetzung.

Sämtliche Beschlüsse sind nichtig, wenn die Kapitalherabsetzung, Kapitalerhöhung und die Durchführung der Erhöhung nicht binnen 3 Monaten in das HR eingetragen sind und eine Fristhemmung nicht vorliegt.

121 dd) § 256 Abs. 3 AktG: Nichtigkeit tritt ein, wenn

– Nr. 1: Die Feststellung in einer HV beschlossen worden ist, die nicht nach § 121 Abs. 2 und 3 AktG **einberufen** war, es sei denn, daß alle Aktionäre erschienen oder vertreten waren,

– Nr. 2: die Feststellung nicht nach § 130 Abs. 1, 2 und 4 AktG **beurkundet** ist,

---

123 OLG Karlsruhe v. 21. 11. 1986, BB 1987 S. 2413.
124 *Zöllner* in Kölner Kom. § 256 AktG Rn. 78; *H. P. Westermann*, AG 1981 S. 85/88.
125 *Schilling* in Großkom. § 256 Anm. 11; *ADS*, AktG § 256 Tz. 89; aA *Zöllner* in Kölner Kom. § 256 Rn. 84 ff.

– Nr. 3: die Feststellung auf Anfechtungsklage durch rechtskräftiges **Urteil** für nichtig erklärt worden ist.

In dieser Vorschrift werden die Sachverhalte wiederholt, die nach § 241 Nr. 1, 2 und 5 AktG die Nichtigkeit jedes HV-Beschlusses herbeiführen.

§ 241 Nr. 3 und 4 AktG brauchen nicht wiederholt zu werden, weil Nr. 3 in § 256 Abs. 1 Nr. 1 enthalten ist und Nr. 4 neben § 256 Abs. 1 Nr. 1 keine praktische Bedeutung haben kann. Auf die Ausführung zur Nichtigkeit von HV-Beschlüssen wird verwiesen (Tz. 2 ff.).

d) Verstöße gegen Gliederungsvorschriften und Nichtbeachten von Formblättern

Die Nichtigkeitsgründe des § 256 Abs. 4 AktG gelten für alle JA, gleichgültig, ob **122** diese vom Vorstand und AR oder von der HV festgestellt werden. Gegenüber der allgemeinen Vorschrift des § 256 Abs. 1 Nr. 1 AktG ist § 256 Abs. 4 eine Spezialnorm, die die Anwendung von Abs. 1 Nr. 1 ausschließt. Dies ergibt sich aus dem Wortlaut der Bestimmung, nach der der JA nur nichtig ist, wenn wegen eines Verstoßes gegen die Vorschriften über die Gliederung des JA sowie wegen der Nichtbeachtung von Formblättern, nach denen der JA zu gliedern ist, seine **Klarheit** und seine **Übersichtlichkeit** wesentlich beeinträchtigt sind.

Als Vorschriften über die **Gliederung** des JA, deren Nichtbeachtung zur Nichtig- **123** keit des JA führen kann, kommen insbesondere die Bestimmungen in Betracht, bei deren Zuwiderhandeln ein Ordnungswidrigkeitstatbestand gem. § 334 Abs. 1 Nr. 1c) HGB verwirklicht wird.

Das sind im einzelnen:

§ 265 Abs. 2 HGB (Angabe des Vorjahresbetrages)

§ 265 Abs. 3 HGB (Mitzugehörigkeit zu anderen Posten)

§ 265 Abs. 4 HGB (Geschäftszweiggliederung)

§ 265 Abs. 6 HGB (Änderung der Gliederung, um klaren und übersichtlichen JA zu erhalten)

§ 266 HGB (Gliederung der Bilanz)

§ 268 Abs. 2 HGB (Anlagespiegel)

§ 268 Abs. 3 HGB (Nicht durch Eigenkapital gedeckter Fehlbetrag)

§ 268 Abs. 4 HGB (Vermerk und Angaben zu Forderungen)

§ 268 Abs. 5 HGB (Vorschriften zu Verbindlichkeiten)

§ 268 Abs. 6 HGB (Ausweis oder Angabe des Disagios)

§ 268 Abs. 7 HGB (Angabe der Haftungsverhältnisse gem. § 251 HGB)

§ 272 HGB (Eigenkapital)

§ 273 HGB (Sonderposten mit Rücklageanteil)

§ 274 Abs. 1 HGB (latente Steuern)

§ 275 HGB (Gliederung der GuV)

§ 277 HGB (Vorschriften zu den einzelnen Posten der GuV).

Der Verstoß gegen die genannten oder andere Gliederungsvorschriften (zB **124** §§ 158, 240, 261, 268 AktG, § 16 EGAktG) führt nur zur Nichtigkeit des JA, wenn dadurch dessen Klarheit und Übersichtlichkeit wesentlich beeinträchtigt sind. Wann die Klarheit und die Übersichtlichkeit durch den Verstoß wesentlich beeinträchtigt wird, sagt das Gesetz nicht. Der Gesetzgeber dürfte davon ausgegangen sein, daß diese Voraussetzungen nur im Einzelfall festgestellt werden können, wobei der Umfang des Verstoßes und die Bedeutung der verletzten Vorschriften entscheidend sind.

125   Bis zum Inkrafttreten des BiRiLiG war eine Reihe von Verstößen, bei denen eine wesentliche Beeinträchtigung immer vorliegen sollte, in § 256 Abs. 4 AktG besonders aufgeführt worden. Entgegen dem Wortlaut von § 256 Abs. 4 Satz 2 aF AktG war aber nicht jede Mißachtung der ausdrücklich aufgeführten Regelungen als wesentliche Beeinträchtigung idS zu bewerten. Insbesondere mußte auch die Größenordnung des in Frage stehenden Betrages im Verhältnis zur Bilanz berücksichtigt werden. Bagatellverstöße gegen die in § 256 Abs. 4 AktG aF aufgeführten Bestimmungen führten nach allgemeiner Auffassung nicht zur Nichtigkeit des JA[126].

Der Katalog in § 256 Abs. 4 AktG ist als nicht erforderlich gestrichen worden[127]. Die zum bisherigen Gesetzeswortlaut getroffenen Überlegungen sind aber wegen der gleichzeitigen Einführung des umfangreichen Ordnungswidrigkeitenkataloges in § 334 HGB weiterhin von Bedeutung. Im Hinblick darauf kann für die Nichtigkeit des JA nicht allein die Tatsache ausreichen, daß gegen eine mit einer Ordnungswidrigkeit bewehrte Vorschrift verstoßen wurde. Neben der Bedeutung der verletzten Vorschrift ist für die wesentliche Beeinträchtigung auch der Umfang des Verstoßes zu berücksichtigen. Der Leser muß infolge des Verstoßes zu einem wesentlich anderen Bild über die Vermögens-, Ertrags- und Liquiditätsverhältnisse der Gesellschaft kommen[128].

e) Verstöße gegen Bewertungsvorschriften

126   Auch die Nichtigkeitsgründe des § 256 Abs. 5 AktG gelten für alle Jahresabschlüsse, § 256 Abs. 5 AktG ist ebenfalls lex specialis gegenüber § 256 Abs. 1 Nr. 1 AktG. Die Nichtigkeit des JA wegen Verstoßes gegen Bewertungsvorschriften tritt nur ein, wenn:
- Posten überbewertet sind oder
- Posten unterbewertet sind und dadurch die Vermögens- und Ertragslage der Gesellschaft vorsätzlich unrichtig wiedergegeben oder verschleiert wird.

127   aa) Der Nichtigkeitsgrund des § 256 Abs. 5 AktG hat zur Voraussetzung, daß gegen Bewertungsvorschriften verstoßen ist. Angesprochen sind dabei alle Vorschriften, die die Bewertung betreffen, insbesondere solche Bestimmungen, deren Zuwiderhandlung gem. § 334 Abs. 1 Nr. 1b HGB eine Ordnungswidrigkeit darstellt; dies sind im einzelnen:

§ 253 Abs. 1 Satz 1 iVm. § 255 Abs. 1 oder Abs. 2 Satz 1, 2 oder 6 HGB (Ansatz von Vermögensgegenständen zu Anschaffungs- oder Herstellungskosten)

§ 253 Abs. 1 Satz 2 HGB (Bewertung von Verbindlichkeiten)

§ 253 Abs. 2 Satz 1 und 2 HGB (planmäßige Abschreibung)

§ 253 Abs. 2 Satz 3 iVm. § 279 Abs. 1 Satz 2 HGB (außerplanmäßige Abschreibung)

---

126 *ADS*, AktG § 256 Tz. 55–59, 63; *Schilling* in Großkom. § 256 Anm. 14; *Zöllner* in Kölner Kom. § 256 Rn. 37 f.; *Hüffer* in AktG-Kom. § 256 Rn. 82.
127 Bericht des Rechtsausschusses zum BiRiLiG, BT-Drs. 10-4268 S. 127.
128 *Schilling* in Großkom. § 256 Anm. 13; *Zöllner* in Kölner Kom. § 256 Rn. 38.

§ 253 Abs. 3 Satz 1 und 2 HGB (Abschreibung auf den Börsen- oder Marktpreis oder auf den beizulegenden Wert)

§ 280 Abs. 1 HGB (Wertaufholungsgebot)

§ 282 HGB (Abschreibung der Aufwendungen für Ingangsetzung und Erweiterung)

§ 283 HGB (Wertansatz des Eigenkapitals)

bb) Verstöße gegen die genannten oder andere Bewertungsvorschriften führen allerdings nicht ohne weiteres zur Nichtigkeit des JA. Es muß dadurch auch eine **Über- oder Unterbewertung** eines Postens eingetreten sein.   **128**

Überbewertet sind Aktivposten, wenn sie mit einem höheren Wert, Passivposten, wenn sie mit einem niedrigeren Betrag,

unterbewertet sind Aktivposten, wenn sie mit einem niedrigeren Wert, Passivposten, wenn sie mit einem höheren Betrag,

als dies nach §§ 253–256 HGB iVm. §§ 279, 283 HGB zulässig ist, angesetzt sind.

Einen exakten Anhaltspunkt bietet diese Regelung dennoch nicht. Zulässig idS ist häufig nicht bloß ein bestimmter Wert, sondern eine ganze Bandbreite von Werten.   **129**

Dies wird offenkundig, wenn bei der Bewertung eines bestimmten Vermögensgegenstandes ein Wahlrecht besteht[129]. Von einer Über- oder Unterbewertung iSd Gesetzes kann nicht gesprochen werden, wenn von **Bewertungs- und Bilanzierungswahlrechten** in zulässiger Weise Gebrauch gemacht wird. Dies gilt auch dann, wenn eine andere zulässige Bewertungs- oder Bilanzierungsmethode zu niedrigeren oder höheren Wertansätzen geführt hätte[130].

Noch schwieriger wird es, wenn die Bewertung vom Ermessen des Bewertenden abhängt, wie dies vielfach erforderlich ist[131]. Von einer unzutreffenden Bewertung kann dann nicht die Rede sein, wenn bei der Bewertung das Ermessen des Bilanzierenden eine Rolle spielt und die Grenzen vernünftiger kaufmännischer Beurteilung beachtet sind[132].

cc) Die **Nichtigkeitsfolge** tritt nur ein, wenn ein „Posten" über- oder unterbewertet worden ist. Der Ausdruck „Posten" in § 256 Abs. 5 AktG ist gleichbedeutend mit den im Gliederungsschema vorgesehenen Bilanzposten, bezeichnet also nicht einen einzelnen Vermögensgegenstand. Es kommt daher darauf an, ob der unter einem Bilanzposten ausgewiesene **Gesamtbetrag** im Hinblick auf die Bewertungsvorschriften zu hoch oder zu niedrig ist. Über- und Unterbewertungen in einem und demselben Bilanzposten können ausgeglichen werden, ohne daß eine Nichtigkeit des JA gegeben ist[133].   **130**

---

129 *Forster* in Bericht über die IDW-Fachtagung 1966, Düsseldorf 1966, S. 21 ff.; *Kropff* in WPg. 1966 S. 369 ff.
130 *ADS*, AktG § 256 Tz. 67; *Schilling* in Großkom. § 256 Anm. 1; *Zöllner* in Kölner Kom. § 256 Rn. 41; *Hüffer* in AktG-Kom. § 256 Rn. 86.
131 *Roser*, IDW-Fachtagung 1966 S. 65 ff.
132 *ADS*, AktG § 256 Tz. 68; *Schilling* in Großkom. § 256 Anm. 15; *Zöllner* in Kölner Kom. § 256 Rn. 41; *Hüffer* in AktG-Kom. § 256 Rn. 86.
133 *ADS*, AktG § 256 Tz. 69–74; *Schilling* in Großkom. § 256 Anm. 15; *Zöllner* in Kölner Kom. § 256 Rn. 42; OLG Celle v. 7. 9. 1983, BB S. 2229/2233.

Bei der Feststellung, ob eine Kompensation zulässig ist, müssen alle zulässig bewerteten Vermögensgegenstände und Schulden außer Betracht bleiben. Zulässig ist nur ein Ausgleich unzulässiger Wertansätze. Eine Kompensation zwischen verschiedenen Bilanzpositionen ist ausgeschlossen[134].

131 dd) Nach dem Wortlaut des Gesetzes würde jede, auch noch so geringfügige Überbewertung, zur Nichtigkeit des JA führen.

Im Hinblick auf die weitreichenden Auswirkungen der Nichtigkeit des JA wird man jedoch eine **unwesentliche** Überbewertung als unschädlich ansehen können. Es hat sich deshalb in der Literatur die Auffassung durchgesetzt, daß Bagatellfälle schon tatbestandsmäßig nicht als Unterbewertung angesehen werden können, weil sie den Gläubigerschutz praktisch unberührt lassen[135].

132 Der BGH mußte zu dieser Frage bisher nur einmal Stellung nehmen, und zwar im Falle einer GmbH. Er hat sich zumindest für diesen Bereich der Auffassung der Literatur angeschlossen. Die Nichtigkeit eines JA einer GmbH setzt danach voraus, daß die Überbewertung in ihrem Umfang nicht bedeutungslos ist[136]. Maßgeblich für einen bedeutenden Umfang sei, ob der Schutzzweck der Norm, gegen die verstoßen worden ist, beeinträchtigt wird. Bei Normen, die dem Gläubigerschutz dienen, ist das der Fall, wenn der Verstoß gegen sie zur **Täuschung** der Gläubiger **über die Vermögenslage** der Gesellschaft führen muß[137].

133 ee) Anders als die Überbewertung führt die **Unterbewertung** von Posten der Jahresrechnung allein nicht zur Nichtigkeit des JA. Hinzu kommen muß weiter, daß dadurch die Vermögens- und Ertragslage der Gesellschaft **vorsätzlich** unrichtig wiedergegeben oder verschleiert wird.

Die unrichtige Wiedergabe kann durch falsche Angaben, aber auch durch Verschweigen wesentlicher Sachverhalte oder Tatsachen erfolgen. Durch das Tatbestandsmerkmal der Verschleierung werden auch Äußerungen erfaßt, die objektiv richtig sind, bei denen durch Art und Weise der Darstellung das Erklärte aber undeutlich gemacht und dadurch eine falsche Beurteilung des Tatbestandes veranlaßt wird.

Die Vermögens- und Ertragslage der Gesellschaft wird nicht verfälscht, wenn einzelne Posten nur **unwesentlich** unterbewertet sind. Der Gesetzgeber wollte mit diesem zusätzlichen Erfordernis ausdrücklich sicherstellen, daß Unterbewertungen den JA nur in schwerwiegenden Fällen nichtig machen[138].

134 ff) Wichtig ist bei der **Unterbewertung**, daß die unrichtige Wiedergabe oder Verschleierung vorsätzlich erfolgt sein muß. Fahrlässigkeit reicht für die

---

134 *ADS*, AktG § 256 Tz. 72; *Godin/Wilhelmi*, § 256 Anm. 10; *Schilling* in Großkom. § 256 Anm. 15; *Zöllner* in Kölner Kom. § 256 Rn. 43; *Hüffer* in AktG-Kom. § 256 Rn. 86; aA *Werner*, AG 1967 S. 122/124.
135 *ADS*, AktG § 256 Tz. 77/78; *Schilling* in Großkom. § 256 Anm. 15; *Obermüller/Werner/Winden*, S. 337; *Werner*, AG 1967 S. 124; *Zöllner* in Kölner Kom. § 256 Rn. 45; *Haase*, DB 1977 S. 241; *Hüffer* in AktG-Kom. § 256 Rn. 87; aA *Godin/Wilhelmi*, § 256 Anm. 10.
136 BGH v. 1. 3. 1982, BGHZ 83 S. 341/347; so auch LG Düsseldorf v. 26. 2. 1988, AG 1989 S. 140/141.
137 FG Nürnberg v. 28. 10. 1986, BB 1987 S. 520/521 zur GmbH unter Anwendung von § 256 Abs. 5 AktG analog.
138 *Kropff*, Textausgabe S. 327; *ADS*, AktG § 256 Tz. 81/84.

Anwendung des § 256 Abs. 2 Nr. 2 AktG in keiner Form aus. Es genügt aber **bedingter Vorsatz**, dh. die zuständigen Organe müssen zwar nicht klar erkannt haben, daß durch einen bestimmten Wertansatz die Vermögens- oder Ertragslage der Gesellschaft unrichtig dargestellt oder verschleiert wird, sie halten dies aber für möglich und nehmen diese Möglichkeit bewußt in Kauf[139]. Eine über den Vorsatz hinausgehende Täuschungsabsicht ist nicht erforderlich.

Dagegen braucht für den Nichtigkeitsgrund der **Überbewertung** weder Vorsatz noch Fahrlässigkeit der bilanzfeststellenden Organe hinsichtlich dieser Überbewertung gegeben sein[140]. Soweit die Auffassung vertreten wird, versehentliche Überbewertungen könnten nicht zur Nichtigkeit führen[141], ist dies offenbar nur im Zusammenhang mit geringfügigen Überbewertungen gemeint (Bagatellverstöße), bei denen ohnehin keine Nichtigkeit angenommen wird (dazu oben Tz. 131 f.).

2. Feststellung der Nichtigkeit des Jahresabschlusses

Die **Geltendmachung** der Nichtigkeit des JA erfolgt durch **Feststellungsklage**   **135** gegen die Gesellschaft. Nach § 256 Abs. 7 AktG gilt § 249 AktG, der die Klage auf Feststellung der Nichtigkeit eines HV-Beschlusses behandelt, sinngemäß. Auf die Ausführung zur Nichtigkeitsklage gegen HV-Beschlüsse (oben Tz. 33 ff.) kann daher verwiesen werden.

Der Nichtigkeitskläger muß sämtliche Voraussetzungen für die Nichtigkeit beweisen. Bei der Geltendmachung einer **Unterbewertung** muß der Kläger deshalb auch den **Vorsatz** der Verwaltung beweisen, die Vermögens- und Ertragslage der Gesellschaft unrichtig wiederzugeben oder zu verschleiern. Die Beweislastregelung des § 93 AktG mit der Folge, daß es zu Lasten der Gesellschaft ginge, wenn der Vorsatz weder zu bejahen noch auszuschließen ist, kann hier nicht entsprechend angewandt werden. Den Aktionären bleibt für den Fall, daß der Vorsatz nicht nachzuweisen ist, die Möglichkeit der Sonderprüfung nach den §§ 258–261 AktG[142].

Die Nichtigkeit des JA kann nach § 249 Abs. 1 Satz 2 AktG auch in anderer Weise als durch Erhebung der Klage geltend gemacht werden. Daraus folgt, daß die Nichtigkeitsklage, im Gegensatz zur Anfechtungsklage, keine Gestaltungsklage ist. Die Geltendmachung kann durch **Einrede** oder Erhebung einer **Widerklage** erfolgen. Möglich ist auch, daß der nichtige JA nicht beachtet wird. So kann zB die **Nichtbeachtung** im Zusammenhang mit der gleichzeitigen Nichtigkeit des Gewinnverwendungsbeschlusses dazu führen, daß die Dividende nicht zur Auszahlung kommt und der Vorstand in einem Prozeß gegen die Gesellschaft den Einwand der Nichtigkeit des JA und damit die Nichtigkeit des Gewinnverwendungsbeschlusses erhebt[143].

---

139 *Zöllner* in Kölner Kom. § 256 Rn. 49; *Hüffer* in AktG-Kom. § 256 Rn. 92/93, unklar *ADS*, AktG § 256 Tz. 86.
140 *Schilling* in Großkom. § 256 Anm. 16; *Zöllner* in Kölner Kom. § 256 Rn. 46; *Flume*, DB 1981 S. 2505.
141 *Werner*, AG 1977 S. 107/125; ebenso *Obermüller/Werner/Winden*, S. 337.
142 BGH v. 31. 10. 1978, WM 1979 S. 158/160.
143 *Godin/Wilhelmi*, § 256 Anm. 12.

In den Fällen der heilbaren Nichtigkeit ist dies aber nur möglich, solange noch keine **Heilung** eingetreten ist. Die Erhebung der Nichtigkeitsklage verhindert den Eintritt der Heilung. Auch bei dieser Klage ist § 270 Abs. 3 ZPO anwendbar mit der Folge, daß die Fristunterbrechung schon mit Einreichen der Klage bei Gericht eintritt[144]. Wird der **Klage** stattgegeben, dann steht die Nichtigkeit mit **Wirkung** für und gegen alle Aktionäre, sowie die Mitglieder des Vorstandes und des AR nach § 248 AktG fest. Wird die Klage hingegen abgewiesen, dann tritt mit der Rechtskraft des Urteils Heilung ein.

136 Entstehen **Meinungsverschiedenheiten zwischen dem APr. und** der **Gesellschaft** über die Auslegung der Bestimmungen über den JA, dann entscheidet hierüber gem. § 324 Abs. 1 HGB ausschließlich das LG. Die in diesem Verfahren ergehende Entscheidung hat keine Bindungswirkung für das Gericht, das über die Nichtigkeit des JA entscheidet[145].

3. Heilung der Nichtigkeit des Jahresabschlusses

137 Die Nichtigkeit eines JA löst für die AG ebenso wie die Nichtigkeit eines HV-Beschlusses schwerwiegende Folgen aus. Unter bestimmten Voraussetzungen hat das Gesetz deshalb in § 256 Abs. 6 AktG eine Heilung der Nichtigkeit vorgesehen, dh. die Feststellung des JA ist nachträglich rechtswirksam geworden[146].

Nach Ablauf von **6 Monaten seit der Bekanntgabe** des JA im BAnz. kann die Nichtigkeit nicht mehr geltend gemacht werden in den Fällen

- § 256 Abs. 1 Nr. 3 AktG: Prüfung durch Personen, die nicht zum APr. bestellt sind oder nicht APr. sind,
- § 256 Abs. 1 Nr. 4 AktG: Verletzung von Bestimmungen über die Einstellung in oder die Entnahme aus Kapital- oder Gewinnrücklagen,
- § 256 Abs. 2 AktG: keine ordnungsgemäße Mitwirkung von Vorstand oder AR bei der Feststellung,
- § 256 Abs. 3 Nr. 1 AktG: Feststellung in einer HV, die nicht ordnungsgemäß einberufen war,
- § 256 Abs. 3 Nr. 2 AktG: Feststellung in einer HV, die nicht ordnungsgemäß beurkundet wurde.

138 Nach Ablauf von **3 Jahren seit Bekanntgabe** im BAnz. kann die Nichtigkeit nicht mehr geltend gemacht werden in den Fällen

- § 256 Abs. 1 Nr. 1 AktG: Verstoß gegen Vorschriften, die zum Schutze der Gläubiger gegeben sind,
- § 256 Abs. 4 AktG: Verstöße gegen Vorschriften über die Gliederung sowie die Nichtbeachtung von Formblättern,
- § 256 Abs. 5 AktG: Verstoß gegen Bewertungsvorschriften.

Die Fristen verlängern sich, wenn bei ihrem Ablauf eine Klage auf Feststellung der Nichtigkeit des JA rechtshängig ist, bis über die Klage rechtskräftig entschieden ist oder sie sich auf andere Weise erledigt hat.

---

144 LG Düsseldorf v. 26. 2. 1988, AG 1989 S. 140.
145 *Schilling* in Großkom. § 256 Anm. 21; *ADS*, AktG § 169 Tz. 30.
146 *Schilling* in Großkom. § 256 Anm. 19; *Zöllner* in Kölner Kom. § 256 Rn. 131; *Hüffer* in AktG-Kom. § 256 Rn. 98; aA *ADS*, AktG § 256 Tz. 127/138: nur Ausschlußfrist.

Die Nichtigkeit von JA kann **nicht geheilt** werden in den 3 Fällen   **139**
- § 256 Abs. 1 Nr. 2 AktG: nicht geprüfter JA,
- § 256 Abs. 3 Nr. 3 AktG: Erklärung der Nichtigkeit durch Urteil aufgrund einer Anfechtungsklage,
- § 173 Abs. 3 AktG: Änderung des JA durch die HV und keine Erteilung eines uneingeschränkten BestV hinsichtlich der Änderung binnen zweier Wochen.

Ist die Heilung nicht möglich, dann kann die Nichtigkeit jederzeit und von jedermann geltend gemacht werden. Hier kann nur die Beseitigung des Mangels helfen [147].

V. Anfechtung der Feststellung des Jahresabschlusses durch die Hauptversammlung

Ein HV-Beschluß, durch den der JA festgestellt wird, kann gem. § 257 AktG   **140** auch nach § 243 AktG wegen **Verletzung des Gesetzes oder der Satzung** angefochten werden. Die Anfechtung kann jedoch nicht darauf gestützt werden, daß der Inhalt des JA gegen Gesetz oder Satzung verstößt.

Als Anfechtungsgründe kommen demnach nur Mängel des **Feststellungsbe-**   **141** **schlusses** selbst oder Mängel, die in der Art seines Zustandekommens liegen, in Betracht, soweit nach § 256 Abs. 3 AktG nicht ohnehin Nichtigkeit vorliegt [148].

Für die Anfechtung des durch die HV festgestellten JA bleibt somit wenig Raum [149]. Durch eingehende Regelung der Nichtigkeitsgründe in § 256 AktG ist das Bedürfnis für eine Anfechtung auch eingeschränkt.

Die Verbindung von Nichtigkeits- und Anfechtungsklagen nach § 249 Abs. 2 AktG gilt auch im Rahmen des § 257 Abs. 1 AktG. Der fehlende Hinweis in Abs. 2 erklärt sich daraus, daß § 249 Abs. 2 sich nicht auf die Anfechtung allein, sondern in erster Linie auf die Nichtigkeitsklage bezieht [150].

Für die Anfechtung gelten die §§ 244–248 AktG. Nach § 244 AktG kann der   **142** wegen seines Zustandekommens anfechtbare HV-Beschluß, mit dem der JA festgestellt worden ist, durch einen neuen Beschluß ebenso bestätigt werden wie jeder andere Beschluß der HV.

Von Wichtigkeit ist, daß die Frist von 1 Monat für die **Erhebung der Anfech-**   **143** **tungsklage** auch in dem Fall mit der Beschlußfassung beginnt, in dem der nach § 173 Abs. 3 AktG von der HV geänderte JA gem. § 316 Abs. 3 HGB erneut geprüft und bestätigt werden muß. Es hätte auch ohne die ausdrückliche Vorschrift des § 257 Abs. 2 Satz 2 AktG zweifelhaft sein können, ob die Frist nicht erst mit Erstellung des BestV zu laufen begonnen hätte [151].

Wenn Vorstand und AR den JA festgestellt haben, ist eine Anfechtung gem.   **144** § 257 AktG überhaupt nicht möglich, die Nichtigkeitsregelung des § 256 AktG ist insoweit abschließender Natur.

---

147 *Schilling* in Großkom. § 256 Anm. 18; *ADS*, AktG § 256 Tz. 138.
148 *Schilling* in Großkom. § 257 Anm. 2 und 3 m. ausführl. Darstellung. Dagegen ist bei der GmbH eine Inhaltsanfechtung der Feststellung des JA möglich (*Schmidt* in Scholz-GmbHG, 7. Aufl. Köln 1988, § 46 Rn. 39 mwN). Dort gibt es aber kein Recht auf Bestellung von Sonderprüfern.
149 *Kropff*, Textausgabe S. 343.
150 *Godin/Wilhelmi*, § 257 Anm. 1.
151 *Schilling* in Großkom. § 257 Anm. 4.

Abschnitt T

Unterbilanz und Überschuldung der Aktiengesellschaft

Ergibt sich ein Verlust in Höhe der Hälfte des Grundkapitals, wird die Gesellschaft zahlungsunfähig oder sie ist überschuldet, so hat der Vorstand einer AG nach § 92 AktG besondere Pflichten (die gleichen Pflichten treffen die persönlich haftenden Gesellschafter einer KGaA, § 283 AktG)[1].

I. Allgemeines

1. Voraussetzungen, Antragsfrist

Die Pflicht, ohne schuldhaftes Zögern, spätestens aber nach 3 Wochen das Konkurs- oder Vergleichsverfahren zu beantragen, beginnt im Fall der Überschuldung erst in dem Zeitpunkt, in dem der Vorstand positive Kenntnis von der Überschuldung erlangt. Doch muß der Konkurs- oder Vergleichsantrag nicht unbedingt sofort nach Erkennen der Überschuldung gestellt werden; der Vorstand ist vielmehr befugt und ggf. sogar verpflichtet, vorher zu prüfen, ob die Gesellschaft nicht durch eine **Sanierungsaktion** gerettet werden kann. Kommt er bei sorgfältiger und gewissenhafter Prüfung zu dem Ergebnis, daß ein Sanierungsversuch hinreichende Aussicht auf Erfolg bietet – wobei er auch die Vorteile eines Sanierungsversuchs gegen die Nachteile abzuwägen hat, die nicht eingeweihten Gläubigern bei einem Scheitern des Versuchs durch zwischenzeitliche Vermögensbewegungen entstehen können –, so steht ihm die Frist von höchstens 3 Wochen ab Erkennen der Konkurslage für den Sanierungsversuch zur Verfügung. Mißlingt ein idS sorgfältig abgewogener Sanierungsversuch und erleiden Geschäftspartner Schäden, so ist der Vorstand hierfür nicht haftbar[2].   **1**

Bei **schuldhafter Verletzung** der Pflichten aus § 92 AktG sind die Mitglieder des Vorstandes einer AG strafbar (§ 401 Abs. 1 Nr. 1 und 2 AktG) und schadenersatzpflichtig[3]. Die Schadensersatzpflicht besteht bei Unterlassung der Anzeige nach § 92 Abs. 1 AktG gegenüber der Gesellschaft und ihren Aktionären, bei Unterlassung des Konkurs- oder Vergleichsantrags darüber hinaus auch gegen-   **2**

---

1 Für die GmbH vgl. die weitgehend übereinstimmenden Vorschriften in §§ 49 Abs. 3, 64 Abs. 1 GmbHG, für die Genossenschaften §§ 331, 99 Abs. 1 GenG, für die Personengesellschaft, bei der kein Gesellschafter eine natürliche Person ist, §§ 130a, 177a HGB.
2 Urteil des BGH v. 9. 7. 1979 (Herstatt-Fall), DB S. 1689 ff.
3 Zur Frage der Haftung von Geschäftsleitung und AR vgl. *Liebs*, FS für Fritz Rittner, München 1991, S. 369 ff. Allgemeine Ausführungen über die Anforderungen, die im Zusammenhang mit dem § 92 Abs. 2 AktG weitgehend entsprechenden Vorschriften des § 64 GmbHG an den Geschäftsführer einer GmbH zu stellen sind, enthält das BGH-Urteil v. 24. 1. 1961 (DB S. 569 = BB S 387/388). Sie gelten für den Vorstand einer AG in gleicher Weise. Abweichend von den §§ 92 Abs. 2 AktG, 99 GenG und den §§ 130a, 177a HGB erwächst dem Geschäftsführer einer GmbH aus der Überschuldung der Gesellschaft eine Konkursantragspflicht nur dann, wenn sich die Überschuldung bei der Aufstellung der Jahresbilanz oder einer Zwischenbilanz zeigt; vgl. BGH v. 18. 1. 1984, BB S. 2041. Kritisch dazu *W. Müller*, ZGR 1985 S. 191/193 ff. – Die Frage der Beihilfe zur Unterlassung der Konkursanmeldung ist im BGH-Urteil v. 6. 5. 1960 behandelt (GmbHR S. 163).

über den Gläubigern der Gesellschaft[4]. Eine Schadensersatzpflicht des Vorstands gegenüber den Gesellschaftsgläubigern wegen nicht rechtzeitiger Einberufung der HV gem. § 92 Abs. 1 AktG (iVm. § 283 Abs. 2 BGB) ist dagegen nicht gegeben, weil die Einberufung der HV zur Entgegennahme der Anzeige, daß die Hälfte des Grundkapitals verloren ist, nicht den Zweck hat, Gesellschaftsgläubiger gegen Verluste zu schützen[5]. Auch bei der KGaA besteht die Verpflichtung zur Einberufung der HV bei Verlust in Höhe der Hälfte des Grundkapitals; dies ergibt sich aus § 283 Nr. 6 AktG[6]. Für Geschäftsführer einer GmbH ergibt sich Entsprechendes aus § 49 Abs. 3 GmbHG. Auch AR-Mitglieder einer AG oder KGaA können den Gläubigern als Anstifter oder Gehilfen einer dem Vorstand (bei der KGaA dem persönlich haftenden Gesellschafter) zur Last fallenden Verletzung des § 92 Abs. 2 AktG haftbar sein. Zu denken ist hier vor allem an den Fall, daß Mitglieder des AR den Vorstand zum Stillhalten veranlassen, obwohl sie erkennen, daß hierdurch der Konkursantrag pflichtwidrig verzögert wird[7].

3   Eine **spezielle Ersatzpflicht** ist in § 93 Abs. 3 Nr. 6 AktG für den Fall festgelegt, daß Zahlungen geleistet werden, nachdem sich die Zahlungsunfähigkeit oder die Überschuldung ergeben hat.

2. Besonderheiten für Unternehmen im Beitrittsgebiet nach Art. 3 des Einigungsvertrages

4   Die durch den Staatsvertrag vom 18. 5. 1990 vorgezeichnete Konzeption zur Herstellung der Währungs-, Wirtschafts- und Sozialunion zwischen der BRD und der DDR[8] auf dem Gebiet des Handels-, Gesellschafts- und Insolvenzrechts führt zur Überleitung der gesellschaftsrechtlichen Vorschriften auf Kapitalgesellschaften in der ehemaligen DDR, sieht jedoch vor, daß die Konkurs- und Vergleichsordnung im Beitrittsgebiet nicht eingeführt werden soll. Statt dessen gilt dort die **Gesamtvollstreckungsordnung** mit der 2. Verordnung über die Gesamtvollstreckung – Unterbrechung des Verfahrens[9].

---

4   § 92 Abs. 1 ist Schutzgesetz iSv. § 283 Abs. 2 BGB zugunsten der Gesellschaft und ihrer Aktionäre (*Meyer-Landrut* in Großkom. § 92 Anm. 3, 9; zum Umfang der Schadensersatzpflicht der Geschäftsführung einer GmbH gegenüber den Gläubigern vgl. BGH v. 16. 12. 1958 (BB 1959 S. 208 = DB 1959 S. 230). Nimmt die Gesellschaft selbst ihren Geschäftsführer aufgrund der allgemeinen Haftungsbestimmungen des § 43 Abs. 2 GmbHG (nicht aus § 64 Abs. 2 GmbHG) in Anspruch, so muß sie sich das Einverständnis aller Gesellschafter mit dem Aufschub des Konkursantrages entgegenhalten lassen (BGH v. 18. 3. 1974, BB S. 855).
5   BGH v. 9. 7. 1979 (Herstatt-Fall), DB S. 1689/1684; vgl. auch *Mertens* in Kölner Kom. 2. Aufl., § 92 Anm. 24 sowie *Wiesner* in MünchHdb., § 25 Rn. 44.
6   AA: *Mertens* in Kölner Kom., § 283 Anm. 16; *Barz* in Großkom., § 283 Anm. 12; OLG Köln v. 5. 5. 1977, AG 1978 S. 17/22; zur Konkursverschleppung vgl. BGH v. 11. 11. 1985, DB 1986 S. 160 (BuM II).
7   Urteil des BGH v. 9. 7. 1979 (Herstatt-Fall), DB S. 1689/1691. Vgl. *Meyer-Landrut* in Großkom., § 92 Anm. 3; *Mertens* in Kölner Kom., 2. Aufl., § 92 Anm. 49.
8   BGBl. II S. 518.
9   VO über die Gesamtvollstreckung vom 18. 12. 1975 (BGBl. I 1976 S. 5) idF des Einigungsvertrages v. 31. 8. 1990, vgl. auch Bekm. der Neufassung der Gesamtvollstreckungsordnung v. 23. 5. 1991 (BGBl. I S. 1185); dazu Erl. BT-Drs. 11/7817, S. 59 sowie Gesetz über die Unterbrechung von Gesamtvollstreckungsverfahren v. 25. 7. 1990 (BGBl. I S. 782) idF des Einigungsvertrages v. 31. 8. 1990, vgl. auch Bekm. der Neufassung des Gesamtvollstreckungsunterbrechungsgesetzes v. 23. 5. 1991 (BGBl. I S. 1191); dazu Erl. BT-Drs. 11/7817 S. 61.

Die Gesamtvollstreckungsordnung sieht in § 1 Abs. 1 vor, daß die Gesamtvoll- **5**
streckung bei juristischen Personen neben der Zahlungsunfähigkeit auch im
Falle der Überschuldung stattfindet. Die Begriffe der Zahlungsunfähigkeit und
Überschuldung werden im Gesetz nicht näher definiert, so daß für ihre Anwendung auf die zum bisherigen Insolvenzrecht entwickelten Grundsätze zurückzugreifen ist.

Für Unternehmen, die bisher volkseigenes Vermögen der Treuhandanstalt zum **6**
Zwecke der Privatisierung waren und nicht vor dem 1. 7. 1990 reprivatisiert worden waren (Unternehmen iSv. § 24 Abs. 1 DMBilG), kann sich bei Aufstellung
der DM-Eröffnungsbilanz ergeben, daß das Unternehmen überschuldet ist. Die
Überschuldung auf diesem Zeitpunkt wird durch die Anerkennung einer Ausgleichsforderung an den Anteilseigner (§ 24 Abs. 3 Satz 1 DMBilG) beseitigt,
wenn das Unternehmen sanierungsfähig ist, § 24 Abs. 1 Satz 2 DMBilG. Die
Ausgleichsforderung ist auflösend bedingt, so daß sie sofort bilanzierungsfähig
ist und die gesetzlichen Vertreter von der Verpflichtung enthebt, ggf. vorsorglich
das Gesamtvollstreckungsverfahren einzuleiten.

Wird die Anerkennung der Ausgleichsforderung abgelehnt, so haben die gesetz- **7**
lichen Vertreter des betroffenen Unternehmens idR einen Antrag auf Eröffnung
des Gesamtvollstreckungsverfahrens zu stellen; hierbei finden §§ 92 AktG, 64
GmbHG Anwendung. Im übrigen gelten für die Organe der betreffenden Gesellschaften die allgemeinen Bestimmungen über die Anzeige über den Verlust des
halben Grundkapitals bei einer AG (Stammkapital bei GmbH, § 49 Abs. 3
GmbHG) und die Beachtung der Rechtsfolgen bei Zahlungsunfähigkeit und
Überschuldung.

Durch das Gesetz zur Beseitigung von Hemmnissen bei der Privatisierung von **8**
Unternehmen und zur Förderung von Investitionen (verkündet am 22. 3. 1991,
BGBl. I S. 766) wurde auch das DMBilG geändert (Bek. der Neufassung des
DMBilG am 18. 4. 1991, BGBl. I S. 971). Durch die Einfügung von § 56d
DMBilG wurden die zur Vertretung der Gesellschaften berufenen Organe von
der Verpflichtung **befreit,** wegen einer bei Aufstellung der Eröffnungsbilanz sich
ergebenden Überschuldung die Eröffnung des Gesamtvollstreckungsverfahrens
zu beantragen oder dem Gesellschaftsorgan den Verlust des gezeichneten Kapitals, der sich bei Aufstellung der Eröffnungsbilanz ergibt, anzuzeigen, bis das
zuständige Gesellschaftsorgan über die Kapitalneufestsetzung Beschluß gefaßt
hat (Abs. 1)[10]. Die Befreiung von der Verpflichtung zur Einberufung der Gesellschafter oder Mitglieder zur Anzeige des Verlusts des gezeichneten Kapitals gilt
darüber hinaus auch für die Zeit, die zum Ausgleich des Kapitalentwertungskontos vorgesehen ist (Abs. 2).

II. Verlust in Höhe der Hälfte des Grundkapitals
(§ 92 Abs. 1 AktG)

Ergibt sich bei Aufstellung der Jahresbilanz oder einer Zwischenbilanz, daß ein **9**
Verlust in Höhe der Hälfte des Grundkapitals besteht, oder muß der Vorstand

---

10 Zu den mit § 56d DMBilG verbundenen, weitgehend ungeklärten Fragestellungen vgl. *Uhlenbruck*, ZIP
1991 S. 561; *Smid*, Insolvenzrechtliche Probleme des D-Markbilanzgesetzes, DB 1991 S. 1263.

bei pflichtmäßigem Ermessen annehmen, daß die Hälfte des Grundkapitals verloren ist, so hat er **unverzüglich** die **HV einzuberufen** und dieser davon Anzeige
zu machen. Die Anzeigepflicht besteht unabhängig vom Vorliegen einer Bilanz[11].

10 Ein Verlust in Höhe der Hälfte des Grundkapitals liegt dann vor, wenn der Verlust zzgl. eines Verlustvortrages so hoch ist, daß er nach Verrechnung mit den
Kapital- und **Gewinnrücklagen** und einem Gewinnvortrag die Hälfte des Grundkapitals übersteigt. Dabei brauchen die Rücklagen im Jahresabschluß nicht tatsächlich aufgelöst worden zu sein. Zum Zweck der Verrechnung ist zudem der
Eigenkapitalanteil in den **Sonderposten** mit **Rücklagenanteil** zu berücksichtigen[12].

11 Im Hinblick auf vereinzelte Äußerungen in der Rechtsprechung[13] umstritten ist
nach wie vor, nach welchen Grundsätzen die **Ansatz-** und **Bewertungsentschei-
dungen** für die Ermittlung des Verlusts in Höhe der Hälfte des Grundkapitals
vorzunehmen ist. Nach überwiegenden Auffassungen in der Literatur sind für
die Feststellung des halben Kapitalverlusts Ansatz- und Bewertungsgrundsätze
der **Jahresbilanz** (§§ 246 ff., 252 ff. iVm. § 264 HGB) zugrundezulegen; die für
den Vermögensstatus maßgebenden Bewertungsregelungen finden keine
Anwendung, so daß stille Rücklagen nicht zu berücksichtigen sind. Zu begründen ist diese Ansicht damit, daß die Ansatz- und Bewertungsgrundsätze der Jahresbilanz auf Konventionen beruhen, deren Einhaltung der Verkehr des Unternehmens mit seinen Gesellschaftern und mit Dritten ohne Rücksicht auf die
subjektive Einschätzung einzelner Beteiligter erfordert[14]. Für die Aktionäre
kann schon dann ein Anlaß zur Erörterung der Lage und zur Beschlußfassung
gegeben sein, wenn nach den für die Jahresbilanz maßgebenden Ansatz- und
Bewertungsvorschriften ein Verlust in der halben Höhe des Grundkapitals vorhanden ist, gleichgültig, ob sich ein entsprechender Verlust auch bei Aufstellung
einer Vermögensbilanz ergibt. Vor allem ist zu berücksichtigen, daß die Möglichkeit einer Gewinnausschüttung allein vom Ausweis in der Jahresbilanz
abhängt und ein Verlustausweis in Höhe der Hälfte des Grundkapitals deshalb
in aller Regel eine Gewinnausschüttung für absehbare Zeit ausschließt[15].

12 Der BGH hat jedoch in einer Entscheidung vom 9. 10. 1958 in Bestätigung des
Berufungsgerichts den Standpunkt vertreten, daß eine Anzeigepflicht nicht
besteht, solange der Verlust noch aus gesetzlichen oder freien offenen oder stillen Rücklagen unter Zuhilfenahme von weniger als der Hälfte des Grundkapitals gedeckt werden kann[16]. Die Auffassung des vorinstanzlichen Urteils **untermauert** der BGH seinerseits durch die Feststellung, ein Verlust in Höhe der
Hälfte des Grundkapitals sei nur ein Verlust, „der das **Vermögen der Gesellschaft**
auf einen Betrag mindert, der unter der Hälfte des Grundkapitals liegt". Er fügt
dem noch hinzu, daß „erst dann der Verlust so erheblich (ist), daß die Aktionäre

11 Zweifelnd indes BGHZ 100 S. 19/22 ff.; im übrigen hM: vgl. *Hüffer* in Hachenburg, GmbHG,
   8. Aufl., Berlin 1991 (7. Aufl. 1975), § 49 Rn. 22.
12 Vgl. *W. Müller,* ZGR 1985 S. 191/207/213.
13 BGH v. 9. 10. 1958, BB 1958 S. 1181 f. und OLG Köln v. 5. 5. 1977, AG 1978 S. 17.
14 Vgl. *W. Müller,* ZGR 1985 S. 191, 204.
15 *Meyer-Landrut* in Großkom., § 92 Anm. 3; *W. Müller,* ZGR 1985 S. 191/204 ff.; ebenso für die
   GmbH *Hüffer* in Hachenburg, (Fn. 11) § 49 Anm. 11, 13; *Scholz/Karsten Schmidt* in GmbHG,
   7. Aufl., Köln 1986/88. § 49 Anm. 22. Unklar *Hefermehl.* AktG Kom., § 92 Anm. 6.
16 BB 1958 S. 1181/1182 und WM 1958, B S. 1416 ff.; *Muser,* WPg. 1961 S. 29 ff. Im gleichen Sinne
   auch *Kirk,* Die Vorstandspflichten bei Verlust, Zahlungsunfähigkeit und Überschuldung einer
   Aktiengesellschaft, Düsseldorf 1966, S. 35–39.

davon verständigt werden müssen, um zu beraten, was nun geschehen soll[17]. Damit hat der BGH der in der Literatur herrschenden Lehre eindeutig widersprochen. Auf die Entscheidung des BGH beruft sich auch das OLG Köln in einem Urteil vom 5. 5. 1977, wobei es allerdings neben den stillen und offenen Rücklagen auch „Bewertungsreserven" anführt, und – im Anschluß an letztere – auf die aktienrechtlichen Bewertungsgrundsätze der §§ 153 ff. AktG hinweist, darüber hinaus einander widersprechende Kommentierungen zitiert[18]; in der hier interessierenden Hinsicht bleibt das Urteil des OLG daher unklar. Bedauerlicherweise hat sich der BGH nicht mit den Argumenten auseinandergesetzt, die für die vorerwähnte herrschende gegenteilige Meinung in der Literatur angeführt werden. Das hat Zweifel aufkommen lassen, ob der BGH tatsächlich die Berücksichtigung sämtlicher stiller Reserven bis zu den sog. wahren Werten zulassen wollte, oder ob die stillen Rücklagen nur bis zu den Höchstwerten der §§ 153–156 AktG (§§ 246 ff., 254 ff. HGB; Bindung an die Anschaffungskosten) berücksichtigt werden dürfen[19]. Der Kritik an der Auffassung des BGH ist zuzugeben, daß eine Objektivierung der Prüfung gem. §§ 92 Abs. 1 AktG, 49 Abs. 3 GmbHG bei Zugrundelegung der Verkehrswerte wegen deren subjektiver Färbung nicht erreicht wird[20]. Zu berücksichtigen ist andererseits, daß bei Zugrundelegung des Standpunkts des BGH eher **Härtefälle** vermieden werden, die sich sonst aus der kreditschädigenden Wirkung einer spektakulären Einberufung der HV im Zusammenhang mit einer Anzeige gem. § 92 Abs. 1 AktG ergeben können, obwohl ausreichende stille Reserven vorhanden sind; damit wird auch dem wohlverstandenen Interesse der Aktionäre Rechnung getragen. Auch die Meinungsbildung des BGH ist wohl von einer Erwägung mitbestimmt worden, wie seiner oben zitierten Bemerkung entnommen werden kann, daß erst bei Verlust von mehr als der Hälfte des „Vermögens" ausreichender Anlaß zur Unterrichtung der Aktionäre sein könne. Der Rechtsmeinung des BGH ist gleichwohl nur eingeschränkt zu folgen.

Stille Reserven dürfen für die Feststellung des Verlustes des halben Grundkapitals in dem Umfang aufgedeckt werden, wie dies nach handelsrechtlichen Vor-   **13**

---

17 BB 1958 S. 1181/1182.
18 OLG Köln v. 5. 5. 1977, AG 1978 S. 17/22.
19 *Goerdeler* vertritt in einer Rezension zur 11. Aufl. des Kom. zum AktG von *Baumbach/Hueck* die Auffassung, daß der BGH eine eingehende Begründung gegeben haben würde, wenn er eine grundsätzliche Abkehr von der bisher überwiegend vertretenen Gegenansicht beabsichtigt hätte (BB 1961 S. 1393). Die Zweifel hinsichtlich der Bedeutung des Urteils gewinnen noch dadurch an Gewicht, daß der BGH sich auch auf die Ausführungen von *Schmidt* in Großkom., 1. Aufl. beruft, der – jedenfalls in Abs. 1 und 2 seiner Anmerkung zu § 83 AktG – die Bewertungsregeln der Jahresbilanz als maßgebend bezeichnet. Allerdings zitiert der BGH nur den 3. Abs. dieser Anmerkung, wo – im Gegensatz hierzu – uneingeschränkt die Berücksichtigung der stillen Rücklagen gefordert wird. In der 3. Aufl. dieses Kom. schließt sich *Meyer-Landrut* der Ansicht an, daß eine Berücksichtigung stiller Rücklagen nur im Rahmen der Bewertungsgrundsätze der §§ 153 ff. zulässig sei, weil insoweit auch eine freiwillige Höherbewertung erfolgen könne (§ 92 Anm. 3). Die Berücksichtigung stiller Rücklagen nur bis zu der Höhe, in der ihre Auflösung nach den Grundsätzen der §§ 252 ff. HGB möglich wäre, befürwortet ferner *Mertens* in Kölner Kom., § 92 Anm. 3, wohl auch *Hefermehl* in AktG-Kom. § 92 Anm. 6, wenngleich dort auch davon die Rede ist, daß zur Feststellung des Verlustes alle verfügbaren offenen und stillen Rücklagen aufzulösen und insoweit die Bewertungsgrundsätze der §§ 153 ff. AktG zu modifizieren sind. Für die unbeschränkte Berücksichtigung der stillen Rücklagen dagegen *Muser*, WPg. 1961 S. 29 ff.; *Kirk*, Die Vorstandspflichten bei Verlust, Zahlungsunfähigkeit und Überschuldung einer AG, Düsseldorf 1966, S. 35–39; *Zilias*, WPg. 1977 S. 445 ff.
20 *W. Müller*, ZGR 1985 S. 191/205 ff.; *Goerdeler/Müller* in Hachenburg, (Fn. 11) 7. Aufl., § 42 Rn. 164.

schritten auch im Jahresabschluß zulässig wäre. Dabei gilt das Prinzip, daß die Anschaffungs- oder Herstellungskosten nicht überschritten werden dürfen[21].

Bilanzierungshilfen dürfen indes in Ansatz gebracht werden.

14   Besondere Aufmerksamkeit ist auch in diesem Zusammenhang – wie beim Jahresabschluß in vergleichbarer Situation – der Anwendung des **Fortführungsprinzips** going concern-Prinzip) zu widmen; § 252 Abs. 1 Nr. 2 HGB findet Anwendung. Daraus folgt allerdings auch, daß die Bilanzierung statt unter Fortführungsgesichtspunkten unter Liquidationsgesichtspunkten zu erfolgen hat, wenn der Vorstand nach gewissenhafter Prüfung der Lage zu der Einschätzung gelangt ist, daß mit einem dauerhaften Fortbestand des Unternehmens in der Zukunft nicht gerechnet werden kann[22].

15   Ungeklärt ist ferner, ob bei der Feststellung des Verlustes nicht passivierte **Pensionsverbindlichkeiten** (Anwartschaften und laufende Pensionen) zu berücksichtigen sind. Ist die Fortbestehensprognose für das Unternehmen nicht negativ, verbleibt es bei der auch für den Jahresabschluß getroffenen Entscheidung über die Ausübung des Passivierungswahlrechts (Art. 28 EGHGB); es ist jedoch unzulässig, für die Feststellung des Verlusts des halben Grundkapitals Pensionsrückstellungen aufzulösen, soweit der Grund für die Versorgungsverpflichtung nicht entfallen ist[23]. Auch bei Feststellung des hälftigen Kapitalverlustes ist eine Passivierung von Sozialplan- oder Interessenausgleichsforderungen dann geboten, wenn die zuständigen Unternehmensorgane hierüber bereits beschlossen haben, die Vereinbarungen mit dem Betriebsrat aber noch nicht abgeschlossen sind[24]. Demgegenüber erscheint eine Passivierung nicht schon dann zwingend erforderlich, wenn sich aus wirtschaftlichen Gründen eine notwendige Einschränkung eines Betriebs oder Teilbetriebs ergibt. Eine Passivierungspflicht von Verpflichtungen aus den §§ 112, 113 BetrVerfG richtet sich nach den Passivierungs- und Bewertungsgrundsätzen für den Jahresabschluß.

16   Geht man hinsichtlich der stillen Rücklagen von den **handelsrechtlichen Bewertungsgrundsätzen** aus, so ist es konsequent, auch hinsichtlich der Pensionsverbindlichkeiten den Bilanzierungsvorschriften zu folgen; soweit die Bilanzierung von Pensionsverbindlichkeiten nicht vorgeschrieben ist, sind nicht passivierte Pensionsverbindlichkeiten demgemäß auch nicht zu berücksichtigen. Für diese Auffassung spricht auch, daß nicht passivierte Verbindlichkeiten einer Gewinnausschüttung nicht entgegenstehen können. Wenn also der innere Grund für die Anzeige gem. § 92 Abs. 1 AktG vor allem darin liegen soll, den Aktionären Gelegenheit zu geben, durch Einleitung geeigneter Maßnahmen die sonst für absehbare Zeit drohende Dividendenlosigkeit zu verhindern, ist es gerechtfertigt, die nicht passivierten Verbindlichkeiten außer Betracht zu lassen. Im Rahmen der Prüfung des hälftigen Kapitalverlustes kommt dem auch hier anzuwendenden going concern-Prinzip eine besondere Bedeutung zu, sofern davon ausgegangen

---

21 *Baumbach/Hueck/Schulze-Osterloh*, GmbHG, München 1988, § 84 Rn. 11; *Lutter/Hommelhoff*, GmbHG, Köln 1991, § 49 Rn. 9.

22 *W. Müller*, ZGR 1985 S. 191/206; *Mertens* in Kölner Kom., 2. Aufl. § 92 Anm. 13; *Sarx* in BeBiKo., 1. Aufl., Anh. 3 Anm. 320.

23 *W. Müller*, ZGR 1985 S. 191/209; *Zilias*, WPg. 1977 S. 445/447; *ADS*, § 249 HGB Tz. 239 ff.; nach der St/HFA 1/1961 waren Pensionsverpflichtungen – auch im Rahmen des § 92 Abs. 1 AktG – in jedem Fall anzusetzen; vgl. unten Tz. 39 ff. Berücksichtigung der Pensionsverpflichtung als Schuldposten.

24 *Hüffer* in Hachenburg (Fn. 11), 8. Aufl., § 49 Rn. 25; *W. Müller*, ZGR 1985 S. 191/209 f.

wird, daß dem geltenden Passivierungswahlrecht der Gedanke zugrundeliegt, daß die Aufwendungen für laufende und zukünftige Pensionsverpflichtungen auch aus künftigen Erträgen getragen werden können[25].

III. Überschuldung (§ 92 Abs. 2 AktG)

Anders als bei natürlichen Personen findet bei AG das Konkursverfahren auch im Fall der Überschuldung statt (§ 207 KO). Deckt das Vermögen der Gesellschaft nicht mehr die Schulden, so hat der Vorstand ohne schuldhaftes Zögern, spätestens aber 3 Wochen nach Eintritt der Überschuldung, die Eröffnung des Konkursverfahrens oder des gerichtlichen Vergleichsverfahrens zu beantragen[26].   **17**

Die Verpflichtung aus § 92 Abs. 2 AktG trifft **jedes Mitglied** des Vorstands persönlich. Bei Eintritt von Zahlungsunfähigkeit oder Überschuldung ist der Vorstand verpflichtet, Konkurs- oder Vergleichsantrag zu stellen; das bedeutet, daß der Vorstand eines Unternehmens, welches sich in einer derartigen Krise befindet, stets zu prüfen hat, ob Zahlungsunfähigkeit mit der Folge des Zahlungsverbots gem. § 92 Abs. 3 AktG oder Überschuldung gegeben sind.   **18**

Die Handlungspflicht besteht bei **objektivem Vorliegen** von Überschuldung oder Zahlungsunfähigkeit. **Zahlungsunfähigkeit** ist das auf dem Mangel an Zahlungsmitteln beruhende dauernde Unvermögen des Schuldners, seine sofort zu erfüllenden Verpflichtungen im wesentlichen zu begleichen; eine Zahlungsstockung genügt idR noch nicht[27]. Zahlungsunfähigkeit ist insbesondere dann gegeben, wenn Zahlungseinstellung erfolgt ist, § 102 Abs. 2 KO.   **19**

Überschuldung liegt dann vor, wenn das Vermögen der Gesellschaft nicht mehr deren Schulden deckt[28]. Die Feststellung der Überschuldung erfolgt im Überschuldungsstatus, dessen Aufstellung jedoch dadurch erschwert ist, daß eindeutig anerkannte Bewertungsmethoden fehlen. Einigkeit besteht dahingegen, daß es sich bei dem Überschuldungsstatus um eine Vermögensbilanz handelt, für die die Ansatz- und Bewertungsvorschriften der §§ 246 ff., 252 ff., 264 ff. HGB nicht zur Anwendung kommen[29]. Es gilt insbesondere nicht das Anschaffungsprinzip, das Prinzip der Einzelbewertung, das Imparitätsprinzip oder das Realisationsprinzip.

1. Bewertung im Überschuldungsstatus

Das Fehlen gesetzlicher Vorschriften über die Bewertungsregeln hat zu Meinungsverschiedenheiten in grundsätzlichen Fragen der Überschuldungsmessung   **20**

---

25 *W. Müller*, ZGR 1985 S. 191/208 f.
26 Vgl. Erl. zu § 207 KO bei *Kuhn/Uhlenbruck*, Konkursordnung, 10. Aufl., München 1986.
27 Vgl. *Kuhn/Uhlenbruck*, (Fn. 26) § 102 Rn. 2; BGH v. 10. 1. 1985, WM S. 396.
28 Vgl. ua. BGH v. 3. 2. 1987, BB S. 1006.
29 Vgl. BGH v. 3. 2. 1987, BB S. 1006; BGH v. 27. 10. 1982, NJW 1983 S. 676 f.; hM aA *Mertens* in Kölner Kom., § 92 Anm. 31, der auf die für die Jahresbilanz geltenden Ansatz- und Bewertungsmethoden zurückgreift.

wie auch bei vielen Einzelfragen der Bewertung geführt. In der Literatur sind in jüngster Zeit vor allem die Grundsatzfragen behandelt worden [30].

21   Die im Schrifttum vertretenen Auffassungen über die der Bewertung im Überschuldungstatbestand zugrunde zu legenden Prämissen lassen sich wie folgt zusammenfassen [31]:

a) Prüfung unter der Annahme der **Fortführung** der Gesellschaft ggf. mit Veräußerung bestimmter (nicht betriebsnotwendiger) Vermögensteile;

b) Prüfung unter der Annahme der **Liquidation** der Gesellschaft entweder durch Veräußerung als Ganzes oder durch Veräußerung selbständiger Vermögensteile oder durch Zerschlagung;

c) **Kumulative Prüfung** unter der Annahme der Fortführung und der Liquidation des Unternehmens;

d) **Zweistufige (alternative) Prüfung** unter der jeweils wahrscheinlichen Annahme der Fortführung oder der Liquidation des Unternehmens (1. Stufe: betriebswirtschaftliche Fortbestehensanalyse, 2. Stufe: Erstellung des Status unter der jeweils in der 1. Stufe gefundenen Prämisse);

e) **Modifizierte zweistufige Prüfung** [32]: Der Vermögensstatus wird stets unter der Annahme der Liquidation erstellt (rechnerische Überschuldungsprüfung); diesem Status kommt jedoch nur dann rechtliche Bedeutung zu, sofern die Fortbestehensprognose mit überwiegender Wahrscheinlichkeit negativ ausfällt (rechtliche Überschuldung).

22   Die derzeit überwiegend vertretene Auffassung neigt der zweistufigen Prüfungsmethode zu [33]. Nach dieser Methode entscheidet das Ergebnis der Fortführungsprognose über die Anwendung von Fortführungs- oder Liquidationsgesichtspunkten. Ergibt sich ein negativer Vermögenssaldo, idR in jedem Fall Konkurs- oder Vergleichsantrag zu stellen, doch bestehen bei positiver Fortführungsprognose Chancen für eine Sanierung auf der Grundlage des Vergleichsverfahrens. Der Unterschied zur modifizierten zweistufigen Prüfungsmethode besteht darin, daß nach dieser Methode dem Vermögensstatus stets Liquidationswerte zugrunde liegen, daß aber ein solcher Vermögensstatus zu Liquidationswerten gar nicht erstellt werden muß oder aber rechtlich bedeutungslos ist, solange die Fortbestehensprognose für das Unternehmen positiv ist. Das Absehen von einer rechtlich relevanten Gegenüberstellung von Vermögenswerten und Schulden iSd. § 92 Abs. 2 Satz 2 AktG, solange nur eine – zwangsläufig subjektive – Fortbestehensprognose für das Unternehmen positiv ausfällt, ist jedoch mit dem Gesetzeswortlaut nur schwer in Einklang zu bringen [34] und führt darüber hinaus zu schwierigen Beweislastproblemen bei der Geltendmachung von Ansprüchen

30 *Drukarczyk,* Bilanzielle Überschuldungsmessung, ZGR 1979 S. 553 ff. und ZfbF 1986 S. 207; *Meyer-Cording,* ZIP 1989 S. 485; *Vonnemann,* BB 1991 S. 867; *Egner/Wolff,* Zur Unbrauchbarkeit des Überschuldungstatbestands als gläubigerschützendes Instrument, AG 1978 S. 99 ff.; *Schmidt,* Konkursgründe und präventiver Gläubigerschutz, AG 1978 S. 334 ff.; *Fischer,* Die Überschuldungsbilanz, Köln 1980; *Haack,* Bewertungsprobleme bei der Überschuldungsfeststellung, BB 1981 S. 883 ff.

31 Vgl. *Veit,* Die Konkursrechnungslegung, Köln 1982 S. 25; *Kupsch,* WPg. 1982 S. 273/276; *Arians,* Sonderbilanzen, Köln 1984, S. 235 ff.; neuere betriebswirtschaftliche Ansätze finden sich bei *Klar,* DB 1990 S. 2077 ff.

32 Vgl. *Karsten Schmidt,* AG 1978 S. 337 ff.; *ders.* in Scholz, GmbH-Gesetz, 7. Aufl., Köln 1986/88, § 63 Anm. 13; *Ulmer,* KTS 1981 S. 469; *ders.* in Hachenburg, (Fn. 11), 7. Aufl., § 63 Rn. 29 ff.

33 Vgl. zB *Ulmer* in Hachenburg, (Fn. 11), 7. Aufl., § 63 Rn. 28; *K. Schmidt,* ZIP 1980 S. 233 ff.; *Karsten Schmidt* in Scholz (Fn. 32), § 63 Anm. 11; *Lutter/Hommelhoff,* GmbHG, 13. Aufl., Köln 1991, § 63 Rn. 5 ff.

34 Vgl. auch BGH v. 27. 10. 1982, NJW 1983 S. 676/677.

nach § 93 AktG gegen den Vorstand und der Anwendung der Strafbestimmungen des § 401 Abs. 1 Nr. 2 AktG[35]. Nach der zweistufigen (alternativen) Methode kann auch bei positiver Fortführungsprognose ein Überschuldungsstatus auch unter „going concern"-Gesichtspunkten eine Überschuldung ergeben und grundsätzlich die Folgen des § 92 Abs. 2 AktG auslösen. Dieses Ergebnis erscheint sinnvoll, denn in einem solchen Fall wird eine offene oder stille Sanierung oder aber wenigstens ein außergerichtlicher Vergleich möglich sein. Ist das jedoch – zB wegen fehlender Überzeugungskraft der Prognoserechnung – innerhalb der gesetzlichen Fristen nicht erreichbar, so ist das gerichtliche Konkurs- oder Vergleichsverfahren zu beantragen. Der Referentenentwurf zur Reform des Insolvenzrechts greift diese Methodik auf und läßt in der Begründung erkennen, daß die Überschuldungsmessung je nach dem Urteil aus der Fortbestehensprognose zur Fortführungs- oder zu Liquidationswerten zu erfolgen hat[36]. Der BGH hat indes in seiner Entscheidung vom 3. 2. 1987[37] nicht beanstandet, daß bei der Erstellung des für die Ermittlung der Überschuldung erforderlichen Überschuldungsstatus die sog. „Kombinationsmethode" verwendet wird.

Nach der zweistufigen (alternativen) Prüfungsmethode ist zu unterscheiden:

1. Gelangt der Vorstand aufgrund sorgfältiger betriebswirtschaftlicher Analyse **23** der Rentabilität des Unternehmens, seiner Finanzierung sowie fundierter Erwartungen hinsichtlich der künftigen Entwicklung zu der Überzeugung, daß die Gesellschaft **lebensfähig** ist und auf absehbare Zeit nicht mit ihrer Liquidation gerechnet werden muß, so hat die Bewertung unter Berücksichtigung der **Fortführung** der Gesellschaft zu erfolgen (Ansatz der Betriebsbestehenswerte, nicht der Realisationswerte). Ergibt sich dabei keine Überschuldung der Gesellschaft, so besteht keine Verpflichtung zur Anmeldung des Konkurs- oder Vergleichsverfahrens, und zwar unabhängig davon, ob bei Ansatz der bei einer Veräußerung zu erzielenden Erlöse eine Überschuldung gegeben wäre. Die Bewertungsgrundsätze, die für Abwicklungs- und Konkurseröffnungsbilanzen gelten, sind bei Annahme des Fortbestehens der Gesellschaft nicht anwendbar, da diese Bilanzen nur der Feststellung dienen, was bewertet und verteilt werden kann. Demgegenüber kann im Rahmen des § 92 Abs. 2 AktG letztlich nur entscheidend sein, ob die Gesellschaft auf die Dauer in der Lage ist, ihren gegenwärtigen Verpflichtungen aus dem vorhandenen Vermögen nachzukommen.

2. Führt die Prüfung aller maßgeblichen Umstände durch den Vorstand dagegen **24** zu dem Ergebnis, daß die Gesellschaft **nicht existenzfähig** ist, oder ist die Liquidation der Gesellschaft aus anderen Gründen in absehbarer Zeit zu erwarten, so darf bei der Bewertung im Überschuldungsstatus nicht vom Fort-

---

35 Eine Umkehr der Beweislast wird befürwortet von *Ulmer*, KTS 1981 S. 469, und *Karsten Schmidt*, AG 1978 S. 337 ff.; es muß jedoch bezweifelt werden, ob eine „teleologische Reduktion" des Überschuldungstatbestandes zu so einschneidenden Rechtsfolgen für den Vorstand führen darf. Kritisch gegen diese Methode zB *Egner/Wolff*, AG 1978 S. 99, 104; *Karsten Schmidt*, AG 1978 S. 334/337 und JZ 1982 S. 165/170; *Ulmer*, KTS 1981 S. 469/475.

36 Vgl. § 21 des Referentenentwurfs, BMJ, Referentenentwurf zur Reform des Insolvenzrechts, Köln 1989; insbes. S. 20; dazu auch *v. Dohna*, WPg. 1986 S. 349, 351; *Meyer-Cording*, ZIP 1989 S. 485; *Wiedenbruck*, KTS 1986 S. 27; *Karsten Schmidt*, ZGR 1986 S. 188. Nach der modifizierten zweistufigen Methode ist der Überschuldungstatbestand hingegen nur kumulativ von Überschuldung in der Bilanz und negativer Prognose erfüllt; die Bilanz ist dann stets unter Liquidationsaspekten aufzustellen, vgl. *Lutter/Hommelhoff* (Fn. 21), § 63 Rn. 6 f.

37 BGH v. 3. 2. 1987, NJW 1987 S. 2433 (teilw. auch BB 1987 S. 1006) unter Hinweis auf *Ulmer*, KTS 1981 S. 477.

bestand der Gesellschaft ausgegangen werden. In diesem Fall sind vielmehr die Tageswerte unter Berücksichtigung der Realisierbarkeit zum Stichtag der Überschuldungsbilanz anzusetzen. Je nach den Verwertungsaussichten sind die Einzelveräußerungserlöse oder die Werte maßgebend, die sich bei einer Veräußerung des Betriebes im ganzen oder bei geschlossenem Verkauf einzelner Betriebskomplexe ergeben. Die Wertansätze sind nicht nach dem going-concern-Prinzip, sondern auf Liquidationsbasis zu bemessen.

25   Wird unter **Fortführungsgesichtspunkten** bewertet, so werden als **Zeitwerte** in der Regel die Wiederbeschaffungskosten in Frage kommen. Nicht betriebsnotwendige Vermögensteile können mit Liquidationswerten angesetzt werden. Immaterielle Vermögensgegenstände, die selbständig verkehrsfähig sind (Patente, Know-how, Konzessionen), können angesetzt werden, auch wenn es sich um selbstgeschaffene Werte handelt. Ein derivativer Firmenwert kann fortgeführt werden; ein originärer Firmenwert kann nur dann und insoweit angesetzt werden, wenn auch unter „going-concern"-Gesichtspunkten Betriebe oder Betriebsteile veräußert werden sollen[38]. Es dürfte auch nichts dagegenstehen, langfristige Passiva statt mit ihrem Rückzahlungsbetrag mit dem Barwert anzusetzen. Für eigene Aktien kann ein Wertansatz gerechtfertigt sein, wenn mit ihrer Veräußerung sicher gerechnet werden kann[39]; bei ernsthaft drohendem Konkursverfahren wird diese Möglichkeit indes auszuscheiden haben[40]. Bei schwebenden Geschäften (insbesondere langfristige Auftragsfertigung) ist eine Gewinn- oder Verlustrealisierung nach jeweiligem Auftragsfortschritt möglich; auch der Ansatz des gesamten Ergebnisbeitrags eines langfristigen Auftrags erscheint zulässig.

26   Bei der Bewertung unter **Liquidationsgesichtspunkten** können die nicht selbständig verwertbaren immateriellen Vermögenswerte (zB Firmenwert) nur berücksichtigt werden, wenn zu erwarten ist, daß ganze Betriebe oder Teilbetriebe veräußert werden können und der Kaufpreis voraussichtlich über der Summe der Werte der einzelnen Gegenstände des Betriebsvermögens liegt[41]. In solchen Fällen kann ein Differenzbetrag als Geschäftswert in den Status eingestellt werden, es können aber auch die zur Veräußerung stehenden Betriebe oder Betriebsteile als Ganzes bewertet und als einheitliches Aktivum eingestellt werden. Eigene Aktien sind unter der Liquidationsprämisse nicht anzusetzen[42].

---

38 Für den Fall einer möglichen Fortführung des Unternehmens wird die Berücksichtigung des Firmenwertes für zulässig gehalten von *Hefermehl* in AktG-Kom. § 92 Anm. 18. *Jaeger/Weber* befürworten einen Wertansatz der Firma, Kundschaft, Betriebsgeheimnisse und Zeitschriftentitel, soweit sie im Konkurs zugunsten der Gläubiger verwertbar sind, §§ 207, 208 Anm. 20; der Kom. liegt damit in etwa auf der Linie der auch hier vertretenen Auffassung. Generell abgelehnt wird die Berücksichtigung des Firmenwertes von *Meyer-Landrut* in Großkom., § 92 Anm. 7; *Baumbach/Hueck*, § 92 Rn. 6.

39 So *Hefermehl* in AktG-Kom. § 92 Anm. 18. Ablehnend auch hier *Meyer-Landrut* in Großkom. § 92 Anm. 7.

40 Vgl. *Wiesner* in MünchHdb., Bd. 4, § 25 Anm. 33; *Kuhn/Uhlenbruck*, (Fn. 26) § 102 Rn. 6k.

41 *Karsten Schmidt* in Scholz, (Fn. 32), § 63 Anm. 18; *Jaeger/Weber*, KO, 8. Aufl., Berlin 1973, § 207 Anm. 20 mwN; *Kuhn/Uhlenbruck*, KO, 10. Aufl. § 102 Rn. 6k.

42 *Ulmer* in Hachenburg, (Fn. 11), 7. Aufl., § 63 Anm. 37; *Karsten Schmidt* in Scholz, (Fn. 32) § 63 Anm. 17. Zur Rechnungslegung im Insolvenzverfahren vgl. *Heni*, WPg. 1990 S. 93 ff. und S. 203 sowie *Niethammer*, WPg. 1990 S. 202.

2. Kapitalersetzende Darlehen von Gesellschaftern

a) Grundtatbestand

Darlehen von Gesellschaftern an eine unterkapitalisierte GmbH werden in der   **27**
Rspr. als haftendes Eigenkapital qualifiziert, ohne daß eine Rangrücktrittserklärung erforderlich ist und unabhängig davon, ob sie zur Abwendung eines Konkurses gewährt worden sind. Voraussetzung ist, daß die GmbH mit dem vorhandenen Kapital nicht existenzfähig ist, insbesondere ihren Kapitalbedarf nicht durch fremde Kredite zu marktüblichen Bedingungen decken kann, so daß eine Zufuhr von Eigenkapital geboten wäre. Bei solchen Gesellschafterdarlehen ist die **Rückzahlung** wie auch die Zinszahlung auch ohne entsprechende Vereinbarung erst dann zulässig, wenn wieder ein **Vermögensüberschuß** in Höhe des satzungsmäßigen Stammkapitals vorhanden ist (also nicht schon, wenn die Überschuldung beseitigt ist). Die Behandlung der Darlehen als haftendes Kapital hat die Folge, daß der Gesellschafter bei Rückzahlung oder Zinszahlung vor Wiederauffüllung des Stammkapitals in analoger Anwendung der §§ 30 Abs. 1, 31 Abs. 1 GmbHG haftet[43]. Das gleiche gilt für die Gesellschafterdarlehen, die gewährt wurden, als die Gesellschaft wirtschaftlich noch gesund war, aber nach Eintritt der Überschuldung stehengelassen werden, obwohl der Darlehensgeber erkennen kann und muß, daß die Darlehensvaluta nunmehr als Kapitalgrundlage unentbehrlich ist[44].

Auch Darlehen von Gesellschaftern einer GmbH an eine **überschuldete KG,**   **28**
deren persönlich haftende Gesellschafterin die GmbH ist, unterliegen dem Rückzahlungsverbot, wenn die Rückgewähr des Darlehens zu Lasten des Stammkapitals der Komplementär-GmbH geht oder deren Überschuldung verschärft. Die Rückgewähr kapitalersetzender Gesellschafterleistungen, die in das Vermögen der KG geflossen sind, ist verboten, soweit diese Gesellschaft überschuldet und hierdurch mittelbar auch das Stammkapital der Komplementär-GmbH angegriffen wird[45].

Auch bei Gesellschafterdarlehen, die ausschließlich die **Zahlungsunfähigkeit**   **29**
verhindern sollen, während Stammkapital und Verbindlichkeiten durch Aktivwerte noch gedeckt sind, schließt der BGH die Rückzahlung aus, bis die Gesellschaft auch ohne die Darlehensvaluta wieder zahlungsfähig ist[46]. Hier kann das Rückzahlungsverbot jedoch nicht auf § 30 GmbHG gestützt werden, weil diese Vorschrift nur die Deckung des Stammkapitals sichert[47]. Die vorzeitige Rück-

---

43 Urteile des BGH v. 14. 12. 1959, BGHZ 31 S. 258/272; v. 29. 11. 1971, BB 1972 S. 111 ff.; v. 26. 11. 1979, BB 1980 S. 222 ff.; v. 24. 3. 1980, DB 1980 S. 1159 ff.; im einzelnen *Goerdeler/Müller* in *Hachenburg*, GmbHG, 7. Aufl., § 30 Anm. 31 ff. und *Ulmer* in *Hachenburg*, Anh. § 30 Anm. 77; *Kamprad*, GmbHR 1984 S. 339, 341.

44 BGH v. 26. 11. 1979, BB 1980 S. 222 ff. In diesem Urteil wird auch klargestellt, daß auch Darlehen von Personen, die nur wirtschaftlich (über einen Treuhänder) an der Gesellschaft beteiligt sind, von der Rspr. über kapitalersetzende Darlehen erfaßt werden. Zur Behandlung von Gesellschafterdarlehen bei verbundenen Unternehmen vgl. BGH v. 19. 9. 1988, WM 1988 S. 1525/1528, wonach auch mittelbare Gesellschafterverhältnisse einbezogen werden. Im übrigen haften wie ein Gesellschafter solche Personen, die mit dem Gesellschafter oder der Gesellschaft eine wirtschaftliche Einheit bilden; BGH v. 19. 9. 1988, WM 1988 S. 1525; BGH v. 9. 10. 1986, NJW 1987 S. 1081.

45 BGH v. 27. 9. 1976, BB 1976 S. 1528 ff.; BGH v. 24. 3. 1980, DB S. 1159 ff. Das Rückzahlungsverbot greift auch dann ein, wenn das Gesellschafterdarlehen die Kapitallücke aus einer Entwertung der Beteiligung der GmbH an der KG, die das Stammkapital der GmbH in Mitleidenschaft gezogen hat, ausfüllt.

46 Urteile des BGH v. 14. 12. 1959, BGHZ 31 S. 259 ff., 272 und v. 29. 11. 1971, BB 1972 S. 111 ff.

47 *Goerdeler/Müller* in Hachenburg, (Fn. 11), 7. Aufl., § 30 Anm. 33.

zahlung verbietet sich aber auch in solchen Fällen, weil sie mit der Zweckbestimmung des Darlehens, die Zahlungsunfähigkeit zu beseitigen, nicht vereinbar ist.

30   Diese zum GmbHG entwickelten Grundsätze finden auch auf die **Aktiengesellschaft** sinngemäße Anwendung, vorausgesetzt, der Gesellschafter-Gläubiger ist an der AG „unternehmerisch" beteiligt[48]. Davon ist regelmäßig bei einem Aktienbesitz von mehr als 25 vH des Grundkapitals auszugehen. Bei einer darunter liegenden, aber nicht unbeträchtlichen Beteiligung kann ein Gesellschafterdarlehen als haftendes Kapital einzustufen sein, wenn die Beteiligung mit weiteren Umständen dem Gläubiger Einfluß auf die Unternehmensleitung sichert und er ein entsprechendes unternehmerisches Interesse erkennen läßt[49].

31   Kapitalersetzende Gesellschafterdarlehen sind im **Überschuldungsstatus** grundsätzlich als **Verbindlichkeiten** anzusehen[50]. Trotz einer gesicherten Rspr. ist die Frage, ob ein Gesellschafterdarlehen im konkreten Einzelfall als funktionelles Eigenkapital zu behandeln ist, häufig nur schwer zu beurteilen. Es obliegt daher den Gesellschaftern ggf. nach Information gem. § 92 Abs. 1 AktG, § 49 Abs. 3 GmbHG für eine eindeutige Klärung der Rechtslage durch Erklärung eines Forderungserlasses oder durch eine Rangrücktrittserklärung zu sorgen[51]. Nur dann kann auf eine Passivierung der Darlehen in der Überschuldungsbilanz verzichtet werden[52].

b) Sondertatbestand bei nach dem 1. 1. 1981 an GmbH gewährte Darlehen

32   Für Gesellschafterdarlehen an GmbH, die nach dem 1. 1. 1981 gewährt worden sind, hat das Gesetz v. 4. 7. 1980 gewisse Gedanken der vorerwähnten Rspr. in gesetzliche Regelungen gefaßt (§§ 32a, 32b GmbHG; §§ 129a, 172a HGB für die GmbH & Co. KG und die OHG ohne natürliche Personen als Gesellschafter)[53].

33   Abweichend zur Rechtsprechung vor Inkrafttreten der neuen Bestimmungen stellen die §§ 32a, 32b GmbHG darauf ab, ob die Gesellschafterdarlehen in einem Zeitpunkt gewährt worden sind, in dem die Gesellschafter als ordentliche Kaufleute ihrer Gesellschaft Eigenkapital zugeführt hätten. Die neuen Bestimmungen setzen ferner die Eröffnung des Konkurs- oder Vergleichsverfahrens voraus und gewähren nur dann einen Erstattungsanspruch, wenn die Rückzah-

---

48 BGH v. 26. 3. 1984, BB S. 1067 ff.; AG 1984 S. 181 ff.; vgl. dazu *Karsten Schmidt,* AG 1984 S. 12 ff. zum vorinstanzlichen Urteil des OLG Düsseldorf v. 30. 6. 1983, AG S. 250; *Kamprad,* GmbHR 1984 S. 339/342 f.
49 Vgl. dazu *Weber,* WPg. 1986 S. 37.
50 Vgl. *Kuhn/Uhlenbruck,* (Fn. 26) § 102 Rn. 6 u; *Karsten Schmidt* in Scholz, (Fn. 32), 7. Aufl., § 63 Anm. 27; *Wiesner* in MünchHdb., § 25 Rn. 54; aA *Lutter/Hommelhoff,* (Fn. 33) § 63 Rn. 7 mwN; *Fleck,* GmbHR 1989 S. 322.
51 *Müller,* ZGR 1985 S. 191/207 f.; *Scholz/Karsten Schmidt,* GmbHG, 7. Aufl., § 63 Anm. 29; *Ulmer* in Hachenburg, (Fn. 11), 7. Aufl., § 63 Anm. 41; *Schmidt,* NJW 1980 S. 1769/1772; *ders.,* ZIP 1980 S. 328 ff., 333; *Lutter/Hommelhoff/Timm,* BB 1980 S. 737 ff., 742; *Herber,* GmbHR 1978 S. 25/28; *Priester,* DB 1977 S. 2429/2432; aM *Rowedder,* GmbHG, 2. Aufl., § 63 Rn. 14; *Jaeger/Weber,* (Fn. 41) §§ 207/208 Anm. 21; *Joecks,* BB 1986 S. 1681; *Ketzer,* Eigenkapitalersetzende Aktionärsdarlehen, 1989 S. 71 ff.
52 Vgl. hierzu BGH v. 7. 2. 1987, BB S. 728; wonach der vollwertige Freistellungsanspruch der Gesellschaft an den Gesellschafter-Bürgen im Überschuldungsstatus zur Aktivierung oder zum Wegfall der gesicherten Schuld führt.
53 Gesetz zur Änderung des GmbHG und anderer handelsrechtlicher Vorschriften, BGBl. I 1980 S. 836 ff. Im einzelnen zu den neuen Vorschriften *Müller,* WPg. 1980 S. 369 ff.; *Lutter,* DB 1980 S. 1317 ff.; *Deutler,* GmbHR 1980 S. 145 ff.

lung im letzten Jahr vor der Eröffnung des Konkurs- oder Vergleichsverfahrens erfolgt ist[54].

Neben den neuen Vorschriften finden nach der Rspr. des BGH die bisherigen **34** Grundsätze über kapitalersetzende Gesellschafterdarlehen weiterhin auch für die GmbH Anwendung[55]. Danach sind kapitalersetzende Gesellschafterdarlehen bei Vorliegen der Voraussetzungen wie haftendes Eigenkapital zu behandeln, wenn ein Konkurs- oder Vergleichsverfahren über das Vermögen mangels Masse nicht eingeleitet worden ist.

Für **Aktiengesellschaften** hat die Neuregelung in GmbHG keine Bedeutung[56]. Es **35** bleibt für sie – wie auch kumulativ für die GmbH – bei der Anwendung der unter Tz. 30 geschilderten Grundsätze.

Gesellschafterdarlehen, die unter §§ 32a, 32b GmbHG fallen, sind aus den unter **36** a) erläuterten Gründen im Überschuldungsstatus als Verbindlichkeiten anzusetzen[57]. Grundsätzlich bedarf es auch hier eines eindeutigen Forderungserlasses oder einer Rangrücktrittserklärung durch den Gläubiger, um auf einen Ausweis als Fremdkapital im Überschuldungsstatus verzichten zu können[58].

3. Beseitigung der Überschuldung durch Rangrücktritt

In der Praxis soll häufig eine bestehende Überschuldung dadurch abgewendet **37** werden, daß ein oder mehrere bestimmte Gläubiger, auch Gesellschafter-Gläubiger, „im Rang hinter alle übrigen Gläubiger zurücktreten". Mit einer solchen **Rangrücktrittserklärung** versehene Verbindlichkeiten sind bei der Feststellung der Überschuldung nur dann nicht zu berücksichtigen, wenn die Vereinbarung dahin geht, die Verbindlichkeiten nur **aus** zukünftigen **Gewinnen,** aus einem **Liquidationsüberschuß** oder, nach Überwindung der Krise, aus einem die sonstigen Schulden übersteigenden Vermögen zu begleichen[59]. Eine solche Vereinbarung hat jedoch nicht den gewünschten Effekt, wenn sie lediglich bedeuten soll, daß sich der Gläubiger verpflichtet, für bestimmte Zeit stillzuhalten; denn alsdann handelt es sich nur um eine Stundung, und gestundete Verbindlichkeiten sind bei Feststellung der Überschuldung in Ansatz zu bringen, weil sie im Konkurs als fällig gelten (§ 65 Abs. 1 KO). Auch eine Vereinbarung, die sich darauf beschränkt, daß die Verbindlichkeit in einem Konkurs- oder Vergleichsverfahren nachrangig nach allen anderen Gläubigern ist, reicht nicht aus, da sie eine normale Erfüllung vor Eintritt der genannten Ereignisse nicht ausschließt[60].

---

54 BGH v. 19. 9. 1988, WM 1988 S. 1525; v. 26. 3. 1984, BB S. 1067 ff.; v. 8. 3. 1982 S. 1014/1015; v. 21. 9. 1981, GmbHR S. 133 ff.; Urt. v. 24. 8. 1980, GmbHR S. 179 f.
55 Klarstellend insbes. BGH v. 12. 12. 1988, DB 1989 S. 419; BB 1984 S. 1067/1069; *Ulmer* in Hachenburg, (Fn. 11), 8. Aufl., § 32a, b Anm. 14: vgl. dazu die kritische Stellungnahme von *Kamprad*, GmbHR 1984 S. 339/341 f.
56 Sog. BuM-Urt., AG 1984 S. 181 ff.
57 Vgl. *Kuhn/Uhlenbruck*, (Fn. 26) § 102 Rn. 6w; *Ulmer* in Hachenburg, (Fn. 11), 8. Aufl., § 32a, b Anm. 19.
58 *Müller*, ZGR 1985 S. 191/207 f., sowie FN 51.
59 BGH v. 4. 5. 1962, WM S. 764 ff.; *Jaeger/Weber*, (Fn. 41), 8. Aufl., §§ 207, 208 Anm. 21; *Goerdeler/ Müller* in Hachenburg, GmbHG, 7. Aufl., § 42 Anm. 104; *Ulmer in Hachenburg*, GmbHG, 7. Aufl., § 63 Anm. 41; *Scholz/Karsten Schmidt*, (Fn. 15) § 63 Anm. 27, 22; *Priester*, DB 1977 S. 2429 ff.; aM *Lutter/Hommelhoff*, (Fn. 21) § 63 Rn. 7.
60 *Knobbe-Keuk*, ZIP 1983 S. 127, 129.

38 Unabhängig von der Behandlung im Range zurückgetretener Verbindlichkeiten im Überschuldungsstatus sind diese im Jahresabschluß oder in einem Status zur Feststellung des Verlustes des halben Grund- oder Stammkapitals dennoch in aller Regel zu passivieren. Im Status zur Feststellung des Verlustes des halben Grund- oder Stammkapitals kann dafür ein eigener Passivposten gebildet werden[61].

4. Berücksichtigung der Pensionsverpflichtungen als Schuldposten

39 Bei der Feststellung, ob Überschuldung vorliegt, sind auch **Pensionsverpflichtungen** zu berücksichtigen. Das für den Jahresabschluß für Verpflichtungen aus der betrieblichen Altersversorgung nach Art. 28 EGHGB bestehende Wahlrecht kann bei der Aufstellung einer Überschuldungsbilanz nicht in Anspruch genommen werden. Nach dem Gesetz zur Verbesserung der betrieblichen Altersversorgung v. 19. 12. 1974 (BGBl. I S. 3610 ff.) sind folgende Ansprüche aus der Altersversorgung zu beachten:

40 a) Die Verpflichtungen des Arbeitgebers werden nach 10jährigem Bestehen der Versorgungszusage oder nach 12jähriger Betriebszugehörigkeit und 3jährigem Bestehen der Versorgungszusage unverfallbar, sofern der Arbeitnehmer das 35. Lebensjahr vollendet hat (§ 1 BetrAVG)[62]. Von welcher Seite und aus welchen Gründen das Arbeitsverhältnis beendet worden ist, spielt dabei keine Rolle. Für die Höhe des im Überschuldungsstatus anzusetzenden Schuldpostens ist daher von erheblicher Bedeutung, in welchem Umfang die Versorgungsanwartschaften bereits unverfallbar geworden sind.

41 b) Der Ansatz der Pensionsverpflichtungen im Überschuldungsstatus hat sich nicht etwa dadurch erübrigt, daß im Insolvenzfall des Arbeitgebers der Träger der Insolvenzsicherung für den Arbeitgeber einspringt, soweit es sich um bereits laufende Pensionen oder unverfallbar gewordene Anwartschaften handelt. Die Ansprüche der Arbeitnehmer gegen den Arbeitgeber aus laufenden Pensionen und aus den nach § 1 BetrAVG unverfallbar gewordenen Pensionsanwartschaften erlöschen im Insolvenzfall nicht, sondern gehen auf den Träger der Insolvenzsicherung über (§ 9 Abs. 2 BetrAVG). Die Berechtigten haben bei Eintritt des Versorgungsfalles Anspruch auf Zahlung ihrer Versorgungsbezüge gegen den Träger der Insolvenzsicherung, der seinerseits die auf ihn übertragenen Ansprüche gegen den Arbeitgeber geltend macht.

42 c) Andererseits entfallen durch das Eintreten des Trägers der Insolvenzsicherung auch nicht etwaige Kürzungsmöglichkeiten, die wegen wirtschaftlicher Notlage des Arbeitgebers bestehen. (Näheres über diese Kürzungsmöglichkeiten im folgenden unter Ziff. 1 und 2.) Der Träger der Pensionssicherung tritt im übrigen auch dann ein, wenn der Arbeitgeber lediglich von einer solchen Kürzungsmöglichkeit Gebrauch macht (§ 7 Abs. 1 Nr. 5 iVm. Abs. 4 BetrAVG).

---

61 Vgl. *Goerdeler/Müller* in *Hachenburg,* GmbHG, 7. Aufl., § 42 Anm. 104; *W. Müller,* ZGR 1985 S. 191, 208; *Knobbe-Keuk,* ZIP 1983 S. 127 ff.

62 Hierdurch ist die Rspr. des BAG, durch die die Unverfallbarkeit nach 20jähriger Dienstzeit festgelegt wurde, überholt (vgl. zB BAG v. 10. 3. 1972, DB S. 1486, und v. 16. 3. 1972, DB S. 2116).

Im übrigen ist hinsichtlich der Höhe des anzusetzenden Schuldpostens zwischen laufenden Pensionen und Pensionsanwartschaften zu unterscheiden:

a) Laufende Pensionsverpflichtungen

Rückstellungen im Jahresabschluß für **laufende Pensionsleistungen** sind gem. **43** § 253 Abs. 1 Satz 2 HGB mit dem Barwert zu bilden, da für diese Pensionsverpflichtungen eine Gegenleistung nicht mehr zu erwarten ist. Der Barwert beinhaltet das kapitalmarktgerecht abgezinste Kapital, welches zur Befriedigung der Rentenansprüche nach versicherungsmathematischen Grundsätzen aufgebracht werden muß. Davon losgelöst bedarf es einer besonderen Prüfung, ob im Einzelfall eine Kürzung oder vorübergehende Einstellung der Pensionsbezüge zulässig ist, wenn dadurch – im Zusammenhang mit anderen Maßnahmen – die Existenzgefährdung für die Gesellschaft beseitigt werden kann. Die Rechtsgrundlage für eine solche Kürzung oder Einstellung der Pensionszahlungen findet sich entweder in den Vereinbarungen über die Pensionszusage, die häufig entsprechende Vorbehalte aufweisen[63], oder aber, falls keine derartigen Leistungsvorbehalte vereinbart sind, in der Rspr. der ArbG. Danach ist eine Kürzung der betrieblichen Ruhegelder zulässig, wenn sich das Unternehmen in einer Notlage befindet, die die Fortzahlung der Pension in der bisherigen Höhe nicht mehr tragbar erscheinen läßt, und wenn die Rettung des Unternehmens noch möglich erscheint[64]. Da es sich hier letzten Endes um einen Interessenwiderstreit zwischen dem Arbeitgeber und dem Träger der Insolvenzsicherung, dem Pensionssicherungsverein, handelt (weil dieser auch bei Kürzung oder Einstellung von Versorgungsleistungen wegen wirtschaftlicher Notlage des Arbeitgebers die Versorgungsansprüche der Arbeitnehmer zu erfüllen hat), erachtet das BAG die Einschaltung des Pensionssicherungsvereins durch den Arbeitgeber bereits vor Kürzung oder Einstellung der Versorgungsleistungen für notwendig. Hält der Pensionssicherungsverein eine Kürzung bzw. Einstellung nicht für gerechtfertigt, so muß der Arbeitgeber durch Erhebung einer Feststellungsklage gegen den Pensionssicherungsverein und seiner Arbeitnehmer eine Klärung hinsichtlich seiner Kürzungsberechtigung herbeiführen[65]. Besteht bei sorgfältiger Abwägung begründete Aussicht auf Erfolg eines solchen Verfahrens, so ist in der Überschuldungsbilanz nur der Barwert des Teiles der zugesagten Pensionsbeträge anzusetzen, mit dessen Zahlung hiernach noch gerechnet werden muß. Dagegen ist der Barwert der ungekürzten Pensionsverpflichtungen anzusetzen, wenn die Prüfung ergibt, daß die Gesellschaft nicht lebensfähig ist, also auch nicht durch eine Herabsetzung der Pensionen iVm. sonstigen Maßnahmen gerettet werden kann; denn unter diesen Voraussetzungen ist eine Herabsetzung der Pensionsbezüge gar nicht möglich, so daß der volle Betrag auf die Gesellschaft zukommt[66].

---

63 Vgl. zB den in Abschn. 41 Abs. 3 der EStR 1990 angeführten allgemeinen Vorbehalt, der die Kürzung oder Einstellung der Leistungen erlaubt, wenn der Firma „die Aufrechterhaltung der zugesagten Leistungen auch unter objektiver Betrachtung der Belange des Pensionsberechtigten nicht mehr zugemutet werden kann."

64 Vgl. *Hueck/Nipperdey*, Lehrbuch des Arbeitsrechts, 7. Aufl., Berlin 1963/70 I. Bd. S. 448 und die dort zitierte Rspr. und Literatur; BAG v. 17. 12. 1958, AP Nr. 42 zu § 242 BGB „Ruhegehalt"; BAG v. 10. 12. 1971, BB 1972 S. 317; BAG v. 16. 3. 1972, BB S. 1409; BAG v. 24. 11. 1977, DB 1978 S. 545; Urt. v. 20. 1. 1987, DB S. 1947; ferner *Schaub*, Arbeitsrechtshandbuch, 5. Aufl., S. 470 ff.; *Schumann*, DB 1990 S. 2118/2120; *Hess/Knörig*, Das Arbeitsrecht bei Sanierung und Konkurs, Neuwied/Frankfurt 1991, E Rn. 80 f. mit zahlreichen Einzelnachweisen.

65 BAG v. 6. 12. 1979, DB 1980 S. 1172 ff. und v. 26. 6. 1980, DB S. 2141.

66 Die gleiche Auffassung hinsichtlich der Berücksichtigung der laufenden Pensionen in der Überschuldungsbilanz vertreten *Ulmer* in Hachenburg, GmbHG, 7. Aufl., § 63 Anm. 40; *Karsten Schmidt*

b) Pensionsanwartschaften

44 Auch bei den **Pensionsanwartschaften** sind die Möglichkeiten zur Einstellung oder Kürzung von Pensionsleistungen zu berücksichtigen. Auch für diese hat das BAG entschieden, daß gegebene Versorgungszusagen nicht gänzlich unangetastet bleiben müssen und Anpassungen an veränderte wirtschaftliche und rechtliche Rahmenbedingungen und Entwicklungen in bestimmten Grenzen zulässig sind. Als mildeste Form der Kürzung von Versorgungsanwartschaften bietet sich an, lediglich den erreichten Teilwert (§ 2 BetrAVG) aufrechtzuerhalten, hingegen auf Zeit oder für dauernd die Steigerungsbeträge auszuschließen, die der Arbeitnehmer aufgrund der Versorgungszusage im Laufe des weiteren Arbeitsverhältnisses erwarten durfte. In jedem Fall ist nur der mildeste Eingriff zulässig, der zur Rettung des Unternehmens unerläßlich erscheint [67].

45 Auch bei unverfallbar gewordenen Pensionsanwartschaften (§ 1 BetrAVG) sind **Kürzungen** möglich. Sie müssen jedoch, auch wenn sie durch Betriebsvereinbarung erfolgen, durch besondere Gründe, insbesondere wegen wirtschaftlicher Notlage des Unternehmens, gerechtfertigt sein [68].

46 Für den Fall, daß mit der Fortführung des Unternehmens nicht zu rechnen ist, scheiden zwar Pensionskürzungen oder -einstellungen unter arbeitsrechtlichen Gesichtspunkten aus, weil dadurch das Unternehmen nicht mehr gerettet werden kann. Jedoch ist in Betracht zu ziehen, daß der Arbeitnehmer im allgemeinen seine Rechte aus der Pensionszusage verliert, wenn das Dienstverhältnis infolge des Konkurses über das Vermögen des Arbeitgebers beendet wird, bevor der Pensionsfall eingetreten ist; denn die Voraussetzungen, an die der Versorgungsanspruch idR geknüpft ist, sind dann nicht erfüllt. Dies gilt jedoch nur noch für Anwartschaften, die noch nicht unverfallbar geworden sind, dagegen nicht für die nach § 1 BetrAVG bereits unverfallbar gewordenen Anwartschaften. Wenn die Anwartschaft erlischt, sind die Pensionsansprüche auch bei der Liquidation nicht zu berücksichtigen und infolgedessen in der Überschuldungsbilanz nicht anzusetzen [69]. Anders ist die Rechtslage, wenn die Pensionsvereinbarung dahin geht, daß der Pensionsanspruch bereits mit Vertragsabschluß entstehen und nur seine Fälligkeit von dem Eintritt bestimmter Voraussetzungen abhängen soll; in diesem Fall ist der zu schätzende Kapitalwert der künftigen Pensionszahlungen im Überschuldungsstatus zu berücksichtigen [70]. Arbeitnehmer, die unmittelbar vor ihrer Pensionierung stehen, werden im Konkursfall stets den Pensionären gleichgestellt. Ein Aus- oder Absonderungsrecht hinsicht-

---

in *Scholz*, (Fn. 15), 7. Aufl., § 63 Anm. 31; *Rowedder* in Scholz, GmbHG, Kom., 2. Aufl., § 63 Rn. 14; *Hefermehl* in AktG-Kom., § 92 Anm. 19. Über die Berücksichtigung von Pensionsansprüchen und -anwartschaften im Konkurs im allgemeinen vgl. *Kuhn*, WM 1958 S. 834 ff. Bevorrechtigte Konkursforderungen sind aufgrund einer Gesetzesänderung v. 17. 7. 1974 auch rückständige Pensionszahlungen aus dem letzten Jahr vor Konkurseröffnung, § 61 Abs. 1 Nr. 1d KO. Im übrigen genießen Pensionsansprüche und Versorgungsanwartschaften, die sich im Konkursfall in einen nach § 69 KO zu schätzenden Zahlungsanspruch verwandeln, kein Konkursvorrecht, BAG v. 8. 12. 1977 (DB 1978 S. 941 ff.); *Kuhn/Uhlenbruck*, (Fn. 26) § 61 Rn. 32d.
67 Vgl. BGH, Urt. v. 18. 4. 1989, DB S. 1876; v. 23. 4. 1985 S. 2615.
68 BAG, Urt. v. 26. 4. 1988, DB S. 2311; BAG v. 17. 1. 1980, DB S. 1399. Versorgungsansprüche bereits ausgeschiedener Arbeitnehmer können durch Betriebsvereinbarung nicht herabgesetzt werden, weil die ausgeschiedenen Mitarbeiter nicht mehr durch den Betriebsrat vertreten werden.
69 So auch *Jaeger/Weber*, (Fn. 41) §§ 207, 208 Anm. 21.
70 Vgl. hierzu BGHZ 34 S. 324/329. Vgl. auch *Boest*, DB 1979 S. 2381 ff.

lich etwa gebildeter Pensionsrückstellungen haben die Arbeitnehmer in keinem Fall[71].

Im allgemeinen wird unter diesen Gesichtspunkten in der Überschuldungsbilanz **47** auch für Verbindlichkeiten aus Pensionsanwartschaften der **Barwert** dieser Verbindlichkeiten anzusetzen sein, der jedoch infolge der Ausnutzung von Kürzungsmöglichkeiten wesentlich unter dem Barwert der ursprünglich zugesagten Verpflichtung liegen kann[72].

Können unter Fortführungsgesichtspunkten Betriebe oder Teilbetriebe insge- **48** samt veräußert werden, so kann vom Ansatz einer Verbindlichkeit uU abgesehen werden, wenn die Arbeitsverhältnisse einschließlich Pensionsanwartschaften gemäß § 613a BGB auf einen möglichen Erwerber übergehen[73].

5. Berücksichtigung der Verbindlichkeiten aus Interessenausgleich, Sozialplan und Nachteilsausgleich (§§ 112, 113 BetrVerfG)

Sofern ein Interessenausgleich oder ein Sozialplan iSv. § 112 BetrVerfG bereits **49** zustande gekommen ist, sind die darin begründeten Verbindlichkeiten im Überschuldungsstatus anzusetzen. Dies gilt ebenso bei der Feststellung, ob die Hälfte des Grundkapitals verloren ist[74]. Fraglich kann nur sein, ob auch die Verbindlichkeiten aus einem künftigen Interessenausgleich oder Sozialplan angesetzt werden müssen. Das gleiche gilt für den Nachteilsausgleich gem. § 113 BetrVG, insbesondere für künftige Abfindungszahlungen bei Betriebsveränderungen ohne Interessenausgleich[75]. Dabei ist zu berücksichtigen, daß die Verpflichtun-

---

71 Vgl. *Menzel/Kuhn*, Kom. zur KO, 8. Aufl., München 1986, § 43 Anm. 8.
72 Die Versorgungsanwartschaft verwandelt sich im Konkursfall in einen Zahlungsanspruch gem. § 69 KO; BAG v. 16. 3. 1972, DB S. 2116; *Kuhn/Uhlenbruck*, (Fn. 26) § 69 Rn. 2 und 3c.
73 Vgl. *Ulmer* in Hachenburg, GmbHG, 7. Aufl., § 63 Anm. 40.
74 *W. Müller*, ZGR 1985 S. 191/209 f.; *Ulmer* in Hachenburg, GmbHG, 7. Aufl., § 63 Anm. 40; *Scholz/ Karsten Schmidt*, GmbHG, 7. Aufl., § 63 Anm. 23 ff.; *Zilias*, WPg. 1977 S. 455.
75 Zum Verhältnis zwischen Interessenausgleich und Sozialplan einerseits und Nachteilsausgleich andererseits hat das BAG mit Urt. v. 14. 9. 1976 folgende Grundsätze aufgestellt (BB 1977 S. 142):
Das in §§ 111, 112 BetrVerfG vorgesehene Verfahren, also auch einschließlich des Versuchs eines Interessenausgleichs, muß noch in einem Stadium abgewickelt werden, in dem der Plan zur Betriebsänderung noch nicht, und zwar auch noch nicht teilweise verwirklicht ist. Der Unternehmer muß den Betriebsrat einschalten, bevor er darüber entschieden hat, ob und inwieweit die Betriebsänderung erfolgt (vgl. BAGE 23 S. 62 [73]; BAG, AP Nr. 10 zu § 72 BetrVerfG).
Eine wirtschaftliche Zwangslage des Unternehmens, die eine sofortige Betriebsänderung erfordert, läßt die Notwendigkeit unberührt, den Betriebsrat vor der abschließenden Entscheidung über die Betriebsänderung nach §§ 111, 112 BetrVerfG einzuschalten; anders jedoch, wenn ein Hinausschieben der Betriebsstillegung den betroffenen Arbeitnehmern nur weitere Nachteile bringen könnte, BAG v. 23. 1. 1979 (DB S. 1139).
Das im § 112 Abs. 2 BetrVerfG vorgesehene Einigungsverfahren kann nicht mehr nachgeholt werden, wenn der Unternehmer die Betriebsänderung (Betriebsstillegung) und die Kündigungen der Arbeitnehmer endgültig beschlossen hat.
Die nachträgliche Erklärung des Betriebsrats, er wolle keine rechtlichen Schritte wegen des unterbliebenen Versuchs eines Interessenausgleichs unternehmen, ändert nichts an dem Bestehen des Anspruchs auf Nachteilsausgleich, der einem Arbeitnehmer nach § 113 Abs. 3 BetrVerfG erwachsen ist.
Der Anspruch auf Nachteilsausgleich nach § 113 Abs. 3 BetrVerfG wird nicht durch einen Sozialplan beseitigt, der nach der Einleitung der Betriebsänderung (Betriebsstillegung) und den deshalb ausgesprochenen Kündigungen gegenüber den Arbeitnehmern zustandekommt. Ob der Anspruch auf Abfindung auf Ansprüche auf den Sozialplan anzurechnen ist, war nicht zu entscheiden.

gen aus §§ 112, 113 BetrVerfG auch bei Betriebsstillegungen und -einschränkungen im Konkursverfahren bestehen [76].

Bei der Beurteilung der Frage, ob künftige Verbindlichkeiten iSv. §§ 112, 113 BetrVerfG im Überschuldungsstatus anzusetzen sind, ist zwischen folgenden Fällen zu unterscheiden [77]:

50   1. Haben sich die zuständigen Organe der Gesellschaft zur **Stillegung** oder Einschränkung des Betriebs oder Teilbetriebes **entschlossen**, so sind die gem. §§ 112, 113 BetrVerfG zu erwartenden Verbindlichkeiten in den Überschuldungsstatus einzustellen, auch wenn die entsprechenden arbeitsrechtlichen Instrumente noch nicht oder noch nicht vollständig mit dem Betriebsrat vereinbart sind. Wirtschaftlich sind diese Verbindlichkeiten durch den Beschluß der Unternehmensorgane bereits verursacht.

51   2. Auch wenn ein **Beschluß noch nicht** gefaßt wurde, die Stillegung oder Einschränkung des Betriebes oder Teilbetriebes jedoch aus wirtschaftlichen Gründen notwendig ist (zB wegen mangelnder Rentabilität oder unzureichender Finanzierung), sind die künftigen Verbindlichkeiten gem. §§ 112, 113 BetrVerfG im Überschuldungsstatus zu berücksichtigen.

Daß Interessenausgleich und Sozialplan uU erst im Konkursverfahren, also mit dem Konkursverwalter, zustandekommen, kann hierbei keine Rolle spielen [78]. Zwar sind Verbindlichkeiten, die erst durch die Eröffnung des Konkursverfahrens ausgelöst werden, nicht in den Überschuldungsstatus aufzunehmen [79], doch ergeben sich die Verbindlichkeiten aus dem (künftigen) Interessenausgleich und dem Sozialplan eben nicht erst als Folge der Konkurseröffnung, wenn die Stillegung schon nach den wirtschaftlichen Verhältnissen bei Prüfung des Konkursgrundes unausweichlich ist. Auch der Rang dieser For-

---

76 Daß auch der Konkursverwalter an die Mitwirkungs- und Mitbestimmungsrechte des Betriebsrats gebunden ist und daher bei Betriebsstillegung einen Interessenausgleich oder Sozialplan gem. § 112 Abs. 1 BetrVerfG anstreben muß, hat das BAG in einem Urt. v. 18.9. 1974 festgestellt (DB S. 2207 ff.). Vgl. ferner zu diesem Problemkreis LAG Hamm v. 28. 5. 1975, BB S. 1160; sowie ArbG Heilbronn v. 27. 9. 1974, BB 1975 S. 91 ff. Zu den Pflichten des Konkursverwalters im einzelnen *Uhlenbruck*, KTS 1973 S. 81. Der GrS des BAG hat diese Auffassung bestätigt (Beschluß vom 13. 12. 1978, DB 1979 S. 261 = DB 1979 S. 265).

77 Im Gegensatz zu der im folgenden vertretenen Auffassung ist *Ritze* der Ansicht, daß Verbindlichkeiten aus einem künftigen Interessenausgleich oder Sozialplan im Überschuldungsstatus generell nicht zu berücksichtigen sind (BB 1976 S. 325, 329/339).
Für den JA wird die Bildung von Rückstellungen für künftige Sozialplanverpflichtungen abgelehnt von *Briese*, DB 1977 S. 313/365, befürwortet dagegen vom Institut „Finanzen und Steuern eV" Heft 113 S. 49 ff. *Brise* hält offenbar die Bildung von Rückstellungen erst nach Vereinbarung des Sozialplans mit dem Betriebsrat für zulässig (S. 366/367). Diese Auffassung ist zu eng, weil es jedenfalls dann nicht auf das Datum der Betriebsvereinbarung ankommen kann, wenn die Betriebseinstellung aus wirtschaftlichen Gründen unausweichlich ist.
Zur steuerlichen Behandlung vgl. Abschn. 31a Abs. 9 EStR. Danach wird die Bildung von Rückstellungen für Verpflichtungen aus künftigen Sozialplänen gebilligt, und zwar von dem Zeitpunkt an, in dem sich der Unternehmer zu der Betriebsänderung entschlossen hat oder in dem eine wirtschaftliche Notwendigkeit zur Betriebsänderung besteht; darüber hinaus wird die Unterrichtung des Betriebsrats vor Feststellung des JA vorausgesetzt (BB 1977 S. 682). Für den Überschuldungsstatus kann es dagegen nicht darauf ankommen, ob und zu welchem Zeitpunkt der Betriebsrat unterrichtet wird. Im übrigen ist zu berücksichtigen, daß die Behandlung im JA für den Überschuldungsstatus ebensowenig maßgebend ist, wie die sonstigen Wertansätze im Jahresabschluß. Vgl. hierzu auch *Zilias*, WPg. 1979 S. 573/581.

78 *Scholz/Karsten Schmidt*, (Fn. 15) § 63 Anm. 31.

79 *Jaeger/Weber*, (Fn. 41) §§ 207, 208 Anm. 21; zu dem hierzu bestehenden Streitstand *Uhlenbruck*, Die GmbH & Co. KG in Krise, Konkurs und Vergleich, 2. Aufl., Köln 1988 S. 307 f.; *Sarx* in BeBiKo., 1. Aufl., Anh. 3 Anm. 355.

derungen im Konkurs kann auf die Behandlung dieser Forderungen im Überschuldungsstatus keinen Einfluß haben.

Die Abfindungsansprüche aus einem Sozialplan für den Verlust des Arbeitsplatzes und die Abfindungsansprüche nach § 113 Abs. 3 iVm. Abs. 1 BetrVerfG wurden von der früheren Rspr. des BAG als bevorrechtigte Forderungen mit dem Rang vor Nr. 1 des § 61 Abs. 1 KO angesehen[80]. Diese Rspr. wurde durch einen Beschluß des BVerfG v. 19. 10. 1983 aufgehoben[81]. Sozialplanabfindungen werden seither als nicht bevorrechtigte Konkursforderungen im Range des § 61 Abs. 1 Nr. 6 KO behandelt[82]. Mit der Begründung, die gegenwärtige Rechtslage werde der sozialen Bedeutung dieser Ansprüche nicht gerecht, wurde das Gesetz über den Sozialplan im Konkurs- und Vergleichsverfahren am 20. 2. 1985 verabschiedet, wonach Forderungen aus Sozialplänen im Gesamtbetrag von zweieinhalb Monatsverdiensten, die nicht früher als drei Monate vor dem Antrag auf Eröffnung des Konkurs- oder Vergleichsverfahrens aufgestellt worden sind, mit dem Vorrecht des § 61 Abs. 1 Nr. 1 KO ausgestattet werden[83]. Diese Bevorrechtigung ist begrenzt auf ein Drittel der für die Befriedigung der Konkursgläubiger zur Verfügung stehenden Konkursmasse.

3. Wenn nicht die Stillegung, sondern die **Veräußerung** eines Betriebs oder Teilbetriebs zu erwarten ist, so ist zu berücksichtigen, daß mit dem Betrieb oder Teilbetrieb die Rechte und Pflichten aus den bestehenden Arbeitsverhältnissen auf den Erwerber übergehen (§ 613a BGB). Insoweit entfallen im Regelfall Interessenausgleich und Sozialplan; denn nur in den Fällen, die in § 111 Satz 2 BetrVerfG im einzelnen aufgeführt sind, insbesondere also bei Einschränkung oder Stillegung des ganzen Betriebs oder wesentlicher Betriebsteile, handelt es sich um „Betriebsänderungen", die zu einem Interessenausgleich oder einem Sozialplan verpflichten, nicht dagegen bei einem Wechsel des Inhabers[84]. Ist zunächst die Stillegung zu erwarten, im weiteren Verlauf aber aller Voraussicht nach eine Veräußerung des Betriebs oder Teilbetriebs im ganzen möglich (zB wenn entsprechende Verhandlungen mit guter Aussicht auf Erfolg bereits laufen), so werden uU nur für eine Übergangszeit Interessenausgleich und Sozialplan notwendig werden. Hieraus zu erwartende Verbindlichkeiten sind im Überschuldungsstatus ebenfalls anzusetzen.   **52**

---

80 Beschluß des GrS des BAG v. 13. 12. 1978 (BB 1979 S. 267 ff. = DB 1979 S. 261 ff.).

81 BVerfG, Beschl. v. 19. 10. 1984, BB S. 141 ff.

82 BAG, Urt. v. 30. 4. 1984, BB S. 916/917; *Mohrbutter*, BB 1984 S. 296/297; *Müller*, BB 1984 S. 1073 f.

83 BGBl. I 1985 S. 369 ff.; zur Verlängerung des Vorrangs von Sozialplanansprüchen im Konkurs- und Vergleichsverfahren bis zum 31. 12. 1991 vgl. Gesetz v. 22. 12. 1989, BGBl. I S. 2405; vgl. auch *Kuhn/Uhlenbruck*, (Fn. 26) § 61 Rn. 32n. Zum Gesetz über den Sozialplan im Konkurs- und Vergleichsverfahren vgl. *Hess/Knörig*, Das Arbeitsrecht bei Sanierung und Konkurs, Neuwied/Frankfurt 1991 A Rn. 253 ff.; *Vonnemann*, BB 1991 S. 867/871.

84 Nach einem Urt. des BAG v. 4. 12. 1979 ist der Übergang eines Betriebes durch Rechtsgeschäfte auf einen anderen „für sich allein" keine Betriebsänderung iSv. § 111 BetrVerfG. Erschöpft sich jedoch der rechtsgeschäftliche Betriebsübergang nicht in dem bloßen Betriebsinhaberwechsel, sondern ist er mit Maßnahmen verbunden, die als solche einen der Tatbestände des § 111 BetrVerfG erfüllen, so sind die Beteiligungsrechte des Betriebsrates nach §§ 111, 112 BetrVerfG zu wahren (BB 1980 S. 679); vgl. auch BAG v. 21. 10. 1980 (DB 1981 S. 698 ff.); vgl. Münchener Kommentar, *Schaub*, BGB, 2. Aufl., München 1986, § 613 Rn. 97
Eine erhebliche Personalreduzierung ist nach einem Beschluß des BAG v. 15. 10. 1979 dann eine Betriebsänderung iSv. § 111 BetrVerfG, wenn es sich dabei „um eine außergewöhnliche, vom regelmäßigen Erscheinungsbild des Betriebes abweichende Maßnahme handelt" (BB 1980 S. 524 ff.); Münchener Kommentar, *Schaub*, BGB, 2. Aufl., München 1986, § 613a Rn. 98.

53 4. Bei Betrieben oder Teilbetrieben, die an sich lebensfähig sind, kann uU gerade infolge des Konkurses die Stillegung notwendig werden, zB weil nach Eröffnung des Konkursverfahrens die zur Fortführung des Teilbetriebs erforderlichen Mittel wegen Ausbleibens weiterer Lieferantenkredite nicht mehr zur Verfügung stehen oder weil die Kundschaft abwandert. Verbindlichkeiten aus einem Interessenausgleich oder Sozialplan, die aus solchen Gründen zu erwarten sind, brauchen in den Überschuldungsstatus nicht eingestellt werden; denn sie werden erst durch die Konkurseröffnung und dessen Folgen ausgelöst[85].

54 Die vorstehenden Grundsätze über den **Ansatz** von künftigen **Verbindlichkeiten** gem. §§ 112, 113 BetrVerfG gelten auch dann, wenn im übrigen bei Erstellung des **Überschuldungsstatus** vom Fortbestand des Unternehmens ausgegangen wird. Dabei ist hauptsächlich an den Fall zu denken, daß nur ein Teilbetrieb stillgelegt werden muß. Im Fall einer positiven Fortbestehensprognose ist ein Ansatz von Sozialplanforderungen nur im Rahmen der von der Prognose erfaßten Sanierungsmaßnahmen erforderlich.

Was die **Höhe** der im Überschuldungsstatus anzusetzenden Sozialplanverpflichtungen angeht, ist zu berücksichtigen, daß im Konkursfall die Rücksichtnahme auf Konkursgläubiger und im Betrieb verbliebene Arbeitnehmer einen niedrigeren Ansatz rechtfertigen kann[86]. Abgesehen vom Konkursfall können bei wirtschaftlicher Notlage des Unternehmens Kürzungen von Sozialplanverpflichtungen unter den gleichen Voraussetzungen zulässig sein wie bei betrieblichen Pensionszusagen[87].

6. Verpflichtungen aus Vorruhestand und Zusagen auf Jubiläumszuwendungen

55 **Vorruhestandsregelungen**[88] werden nicht als Pensionszahlungen betrachtet. Sie werden an Arbeitnehmer erbracht, die das für den Eintritt von Ruhestandsleistungen erforderliche Alter noch nicht erreicht haben. Rechtsgrundlagen sind Einzelvereinbarungen oder Tarifverträge. Im **Überschuldungsstatus** sind laufende Vorruhestandsverpflichtungen mit ihrem **Barwert** anzusetzen. Soweit Vorruhestandsleistungen noch nicht in Anspruch genommen werden, sind Rückstellungen in Höhe des nach vernünftigen kaufmännischen Beurteilungen erforderlichen Betrags anzusetzen[89].

Zusagen auf **Jubiläumszuwendungen** honorieren die in den fraglichen Zeitraum geleistete Arbeit der Mitarbeiter. Die Leistung ist zu erbringen, wenn der Mitarbeiter zum Zeitpunkt des Jubiläums sich in einem ungekündigten Arbeitsverhältnis befindet. Für die Einstellung dieser Verpflichtungen in den Überschuldungsstatus ist zu unterscheiden:

---

85 Darauf, daß Verbindlichkeiten, die erst durch die Eröffnung des Konkurses ausgelöst werden, nicht in den Überschuldungsstatus aufzunehmen sind, weisen *Jaeger/Weber*, (Fn. 41) §§ 207, 208 Anm. 21 hin. *Jaeger/Weber* führen in diesem Zusammenhang beispielhaft Schadensersatzforderungen nach §§ 19, 22 Abs. 2 KO sowie die Kosten der Konkursdurchführung an.
86 Beschl. des BAG v. 13. 12. 1978, DB 1979 S. 261/264; ferner *Kuhn/Uhlenbruck*, (Fn. 26) § 61 Rn. 32.
87 *Drukarczyk*, ZGR 1979 S. 553/573; *Durchlaub*, DB 1980 S. 496 ff.
88 Vgl. Vorruhestandsgesetz v. 13. 4. 1984, BGBl. I S. 601.
89 Vgl. *Kuhn/Uhlenbruck*, (Fn. 26) § 102 Rn. 6p; *Schülen* in HdJ Abt. III/7 Rn. 4 sowie 94 ff., *ADS*, § 249 HGB Tz. 94.

- Fällt die **Fortführungsprognose** für das Unternehmen **positiv** aus, so ist in den   **56**
Überschuldungsstatus die wahrscheinliche Leistungsverpflichtung, bewertet
mit dem Barwert der erdienten Anwartschaft anzusetzen.

- Ist das Unternehmen **nicht fortführungswürdig**, sind im Überschuldungsstatus   **57**
einerseits nur die Verpflichtungen auszusetzen, die bis zur Abwicklung des Unternehmens rechtlich entstehen, andererseits diejenigen Ansprüche, die im Falle des
Nichterreichens des Jubiläumszeitpunktes vom Arbeitnehmer als nicht verfall-
bare Anwartschaften gleichwohl geltend gemacht werden können. Letztes setzt
indessen die Einräumung der entsprechenden Rechtsposition voraus.

IV. Pflichten des Abschlußprüfers im Hinblick auf § 92 AktG

Ob die Voraussetzungen für die Anzeige an die HV oder die Stellung des Antra-   **58**
ges auf Eröffnung des Konkurs- oder Vergleichsverfahrens gegeben sind, hat der
Vorstand in eigener Verantwortung zu entscheiden. Es ist nicht Aufgabe des
APr., seinerseits darauf hinzuwirken, daß der Vorstand den Verpflichtungen aus
§ 92 AktG nachkommt.

Erkennt jedoch der Abschlußprüfer im Rahmen der Prüfung, daß die Voraussetzungen des § 92 Abs. 1 oder 2 AktG gegeben sind, so hat er den Vorstand hierauf
hinzuweisen. Im **Prüfungsbericht** hat der Abschlußprüfer nachteilige Veränderungen der Vermögens-, Finanz- und Ertragslage gegenüber dem Vorjahr und
Verluste, die das Jahresergebnis nicht unwesentlich beeinflußt haben, aufzuführen und ausreichend zu erläutern, § 321 Abs. 1 Satz 4 HGB. Darüber hinaus muß
der Abschlußprüfer darüber berichten, wenn er im Rahmen der Prüfung Tatsachen festgestellt hat, die den Bestand des Unternehmens gefährden, seine Entwicklung wesentlich beeinträchtigen können oder schwerwiegende Verstöße der
gesetzlichen Vertreter gegen Gesetz, Gesellschaftsvertrag oder Satzung erkennen
lassen, § 321 Abs. 2 HGB[90].

Auf die Anzeigepflicht gem. § 92 Abs. 1 AktG wird der Abschlußprüfer im Hin-   **59**
blick auf die Zweifel, die wegen der im Rahmen dieser Vorschrift anzuwendenden Bewertungsregeln möglich sind, schon dann aufmerksam machen, wenn
ohne Berücksichtigung stiller Rücklagen ein Verlust in Höhe der Hälfte des
Grundkapitals vorhanden ist. Wenn Gesellschafterdarlehen bei Feststellung der
Überschuldung mit der Begründung nicht angesetzt werden, sie hätten kapitaler-
setzenden Charakter und seien daher wie haftendes Kapital zu behandeln, wird
der Abschlußprüfer zur Klarstellung der Rechtslage im Regelfall die Vorlage
einer Rangrücktrittserklärung fordern müssen; werden die Zweifel nicht ausgeräumt, so sind die Darlehen als Verbindlichkeiten anzusetzen. Während im PrB
auf eine Überschuldung stets hinzuweisen ist, besteht kein Grund, den **BestV**
einzuschränken oder gar zu verweigern, da die Überschuldung oder der Verlust
der Hälfte des Grundkapitals die Ordnungsmäßigkeit des Jahresabschlusses
unberührt läßt. Wenn allerdings die Wertansätze im Jahresabschluß der Situation der Gesellschaft nicht Rechnung tragen oder im GV die Lage der Gesell-

---

90 Zur Berichtspflicht des Abschlußprüfers vgl. O Tz. 165, 168 ff., 193; auch FG IDW 2/1988 Abschn.
  2 II Anm. 3.

schaft nicht zutreffend dargestellt wird, ergibt sich eine Testateinschränkung unter diesem Gesichtspunkt[91].

Dagegen ist der Hinweis auf eine bestehende Überschuldung durch einen **Zusatz** zum Bestätigungsvermerk zulässig, aber nicht zwingend[92].

---

91 Vgl. zur Erforderlichkeit eines Testatzusatzes nach AktG Voraufl. Bd. I S. 1381; zur Rechtslage nach HGB *ADS*, § 322 HGB Tz. 41; danach ist ein Zusatz zum BestV nicht erforderlich, wenn der JA ein insoweit zutreffendes Bild von der Lage der Gesellschaft vermittelt.
92 Vgl. FG/IDW 3/1988 C I 6.

Abschnitt U

Tabellen zur Zinseszinsrechnung

I. Erläuterung und Anwendungsbeispiele

1. Allgemeines

Die im nachfolgenden Abschnitt II abgedruckten Tabellen sollen es ermögli- **1** chen, in der Praxis auftretende Aufgaben der Zinseszinsrechnung für die zZ am häufigsten zur Anwendung kommenden Zinssätze zu lösen. Für andere Zinssätze können die gesuchten Werte näherungsweise durch Interpolation ermittelt werden. Im übrigen wird auf das ausführliche **Tabellenwerk** von *Spitzer/Foerster* (Simon *Spitzers* Tabellen für die Zinseszinsen- und Rentenrechnung, ergänzt durch Kurstabellen und eine ausführliche Gebrauchsanweisung, von Dr. Emil *Foerster*, Verlag von Carl *Gerold's* Sohn, 13. Auflg., Wien 1973) verwiesen. Eine Vielzahl derartiger Berechnungen läßt sich auch mit Kleinrechnern durchführen[1].

Als **Zinsperiode** bezeichnet man den Zeitabschnitt, für den jeweils eine Zinsab- **2** rechnung vorgenommen wird. Zur allgemeinen Bezeichnung der Anzahl der Zinsperioden dient der Buchstabe „n" (bei unterjähriger Verzinsung ist der Zinssatz entsprechend anzupassen[2]).

Werden die Zinsen jeweils am Ende der Zinsperiode abgerechnet, so handelt es **3** sich um **nachschüssige Zinsen**. Dies ist die gebräuchlichste Form der Zinsabrechnung, und sie ist daher auch, wenn nichts Gegenteiliges ausdrücklich vermerkt ist, den Tabellen und der Erläuterung zugrunde gelegt.

Ein am Anfang einer Zinsperiode vorhandenes Kapital K erbringt bei nachschüssiger Verzinsung von p Prozent für die Periode am Ende derselben den

Zinsbetrag $\frac{p}{100} \cdot K$. Das Kapital wächst also bis zum Ende der Zinsperiode auf den Betrag

$$K + \frac{p}{100} \cdot K = K \cdot (1 + \frac{p}{100}) = K \cdot (1 + i) = K \cdot r$$

an, wenn man

$$\frac{p}{100} = i$$

$$\text{und } 1 + i = r$$

setzt.

Ist K der Wert eines Kapitals am Ende einer Zinsperiode bei nachschüssiger Verzinsung von p Prozent und bezeichnet man mit B (= Barwert) den Wert des

---

1 Vgl. *Kompenhaus*, Wirtschaftsmathematik mit Kleinrechnern, Wiesbaden 1978.
2 Vgl. nachstehend unter Tz. 9.

Kapitals am Anfang der Zinsperiode, dann besteht nach den vorangegangenen Ausführungen folgende Gleichung:

$$B \cdot r = K.$$

Demnach ist

$$B = K \cdot \frac{1}{r} = K \cdot v,$$

wenn man

$$\frac{1}{r} = v$$

⟨r⟩ → r = 1 + i 2B 1,06 bei 6 %

setzt.

Bei einem Zinssatz von zB 4 Prozent für die Zinsperiode ist

$$i = \frac{4}{100} = 0{,}04,$$

$$r = 1 + i = 1{,}04,$$

$$v = \frac{1}{1 + i} = \frac{1}{1{,}04}.$$

4 Werden die Zinsen zu Beginn der Zinsperiode abgerechnet, so spricht man von **vorschüssiger** (antizipativer) **Verzinsung.** Diese Rechenmethode geht auf die Handhabung beim An- und Verkauf von Wechseln zurück und soll daher an Hand dieses Beispiels erläutert werden.

Bekannt ist der Wert des Kapitals am Ende der Zinsperiode (das ist hier die Wechselsumme, die mit K bezeichnet sei). Gesucht ist der Barwert B am Anfang der Zinsperiode, wenn ein sofortiger Abzug (Diskont) von p Prozent von K (der Wechselsumme) vorgenommen werden soll. Es ergibt sich, wenn man auch hier

$\frac{p}{100}$ mit i bezeichnet, folgende Relation:

$$B = K - i \cdot K = K \cdot (1 - i).$$

Gilt zB für den Ankauf von Wechseln mit einer Laufzeit von 3 Monaten (Zinsperiode) ein Diskontsatz von 2 %, dann hat ein Wechsel mit einer Wechselsumme von 100 DM und einer restlichen Laufzeit von 3 Monaten einen Ankaufswert von 100 · (1 − 0,02) = 98 DM. Bei vorschüssiger Zinsabrechnung wird also mit dem Faktor 1 − i abgezinst und demgemäß mit dem Faktor $\frac{1}{1-i}$ aufgezinst.

2. Endwert eines Kapitals

5 Nach den Erläuterungen in Abschnitt 1 wächst ein Kapital K in einer Zinsperiode auf K · r an. Werden die Zinsen zum Kapital geschlagen, so vermehrt sich das Kapital bis zum Ende der 2. Zinsperiode auf

$$(K \cdot r) \cdot r = K \cdot r^2.$$

Nach n Zinsperioden erreicht das Kapital also mit Zinseszinsen folgenden Endwert E:

$$E = K \cdot r^n.$$

Werte für den Aufzinsungsfaktor r^n enthält die Tabelle *Spitzer* I (siehe Abschnitt II 1).

Beispiel:

K = 1000 DM, p = 5% jährlich, Zinsabrechnung jährlich. Gesucht wird der Endwert nach 12 Jahren; es ist also n = 12. Für r^{12} = $1{,}05^{12}$ liefert die Tabelle *Spitzer* I den Wert 1,7959. Der gesuchte Endwert ist also

$$E = 1000 \cdot 1{,}05^{12}$$
$$= 1000 \cdot 1{,}7959 = 1795{,}90 \text{ DM}.$$

Ist unter sonst gleichen Voraussetzungen n = 43, so kann der diesem n zugeordnete Wert für r^n in der Tabelle des Abschnitts II 1 zwar nicht direkt abgelesen werden, er läßt sich aber mit Hilfe der Tabelle leicht ermitteln, denn es gilt allgemein

$$r^{a+b} = r^a \cdot r^b$$

$$\text{und } r^{a-b} = \frac{r^a}{r^b}.$$

Demnach läßt sich r^{43} zB mit Hilfe folgender Gleichungen errechnen:

$$r^{43} = r^{40} \cdot r^3,$$

$$r^{43} = \frac{r^{45}}{r^2}.$$

Ferner ist zB

$$r^{118} = r^{50} \cdot r^{50} \cdot r^{18}.$$

Ist die Frage gestellt, bei welchem jährlichen Zinssatz sich ein Kapital in 15 Jahren verdoppelt, so ist der Zinssatz aus der Gleichung

$$r^{15} = 2$$

zu bestimmen.

Genügt ein annähernder Wert, so kann r durch Interpolation aus der Tabelle des Abschnitts II 1 ermittelt werden. In der Zeile n = 15 sind angegeben

für p = 4,5% der Wert 1,9353,
für p = 5 % der Wert 2,0789.

Der gesuchte Zinssatz ist also etwa

$$4{,}5 + (5 - 4{,}5) \cdot \frac{2 \qquad - 1{,}9353}{2{,}0789 - 1{,}9353}$$

$$= 4{,}5 + 0{,}5 \cdot \frac{0{,}0647}{0{,}1436} = 4{,}725\%.$$

Ferner läßt sich die Aufgabe mit Hilfe von Logarithmen lösen, denn aus $r^{15} = 2$ folgt

$$\log r = \frac{\log 2}{15}.$$

Verwendet man fünfstellige dekadische Logarithmen, dann ist

$$\log r = \frac{0{,}30103}{15} = 0{,}02007$$

und r = 1,0473.

Danach ist p = 4,73%.

Schneller erzielt man ein genaues Ergebnis mit Hilfe eines geeigneten Taschen-
rechners.

Werden keine Zinseszinsen berechnet, sondern die für n Perioden aufgelaufenen
Zinsen mit dem n-fachen Betrage der Zinsen für eine Periode bemessen, so
spricht man von „einfacher Zinsenrechnung".

3. Barwert eines Kapitals

6 Die Frage nach dem **Barwert** eines Kapitals ist die Umkehrung der unter 2
behandelten Aufgabe. Ist B der Barwert eines Kapitals K, so bedeutet dies, daß
B in n Zinsperioden auf K anwächst. Es ist also nach den Ausführungen unter 2
der Endwert von B nach n Zinsperioden = K. Es ist demnach

$$B \cdot r^n = K$$

oder
$$B = K \cdot \frac{1}{r^n} = K \cdot (\frac{1}{r})^n = K \cdot v^n,$$

wenn man $\frac{1}{r}$ gemäß Abschnitt 1 mit v bezeichnet.

Die Werte für den Abzinsungsfaktor v^n liefert *Spitzer* II (vgl. die Tabelle unter
II 3).

Ist zB ein Kapital von 1000 DM nach 15 Jahren fällig, dann ergibt sich sein Barwert B bei einer nachschüssigen jährlichen Verzinsung von 5% aus folgender
Gleichung:

$$B = 1000 \cdot (\frac{1}{1,05})^{15}$$
$$= 1000 \cdot 0,4810 = 481 \text{ DM.}$$

Bei vorschüssiger Verzinsung ist, wie in Abschnitt 1 dargelegt wurde, der Abzinsungsfaktor = 1 − i. Ist für n Jahre abzuzinsen, so ist also der Barwert

$$B = K \cdot (1 - i)^n.$$

Diese Formel findet praktisch vornehmlich bei der degressiven Abschreibung
(Abschreibung vom jeweiligen Buchrestwert bei gleichbleibendem Abschreibungssatz p) Anwendung. Ist zB bei einem Anschaffungswert von 1000 DM und
einer jährlichen Abschreibung von 10% des jeweiligen Buchrestwertes der Buchrestwert B nach 12 Jahren zu bestimmen, so ist

$$B = 1000 \cdot (1 - 0,10)^{12} \text{ DM.}$$

Der Wert für $1000 \cdot (1 - 0,10)^{12}$ kann in der in Abschnitt II 4 abgedruckten
Tabelle direkt abgelesen werden. Danach ist

$$B = 282,43 \text{ DM.}$$

4. Endwert einer Rente

7 Wird am Anfang einer jeden von n Zinsperioden eine Einlage (Rente) von 1
geleistet, so bezeichnet man den Wert, den die Summe der Einlagen (Renten)

einschließlich Zinseszinsen nach n Zinsperioden hat, mit $s_{\overline{n}|}$. Es ist aber nach den Darlegungen in Abschnitt 2

(1) $$s_{\overline{n}|} = r^n + r^{n-1} + \ldots + r^2 + r.$$

Also ist

(2) $$r \cdot s_{\overline{n}|} = r^{n+1} + r^n + \ldots r^3 + r^2.$$

Zieht man die Gleichung (1) von der Gleichung (2) ab, so ergibt sich die Gleichung

$$r \cdot s_{\overline{n}|} - s_{\overline{n}|} = r^{n+1} - r,$$

da sich auf der rechten Seite alle Glieder mit gleichen Exponenten gegenseitig aufheben. Es ist also weiter

$$s_{\overline{n}|} \cdot (r - 1) = r \cdot (r^n - 1)$$

und demnach der Endwert einer vorschüssigen Rente 1

$$s_{\overline{n}|} = r \cdot \frac{r^n - 1}{r - 1} = r \cdot \frac{r^n - 1}{i}. \qquad r = 1 + i \quad zB \quad 1{,}07$$

Die Werte für $s_{\overline{n}|}$ liefert *Spitzer* III (vgl. die nachstehend unter II 5 abgedruckte Tabelle). Ist zB der nach 6 Jahren erreichte Wert von jährlich im voraus geleisteten Zahlungen von je 150 DM bei einer jährlichen Verzinsung von 5 % zu bestimmen und bezeichnet man den gesuchten Wert mit E, dann ist

$$E = 150 \cdot s_{\overline{6}|} \, DM.$$

Nach der Tafel in Abschnitt II 5 ist $s_{\overline{6}|}$ für 5 % = 7,14; also ist

$$E = 150 \cdot 7{,}14 = 1071 \, DM.$$

Ist gefragt, welchen Betrag A man zu Beginn eines jeden Halbjahres einlegen muß, um bei einer halbjährigen Verzinsung von 4 % nach 7 Jahren ein Guthaben von 20 000 DM zu haben, so ergibt sich A aus folgender Gleichung

$$A \cdot s_{\overline{14}|} = 20\,000 \, DM.$$

Da $s_{\overline{14}|}$ für einen Zinssatz von 4 % laut Tabelle II 5 den Wert 19,02 hat, ist

$$A = \frac{20\,000}{19{,}02} = 1051{,}53 \, DM.$$

5. Barwert einer Rente

Ist am Ende einer jeden von n Zinsperioden eine Einlage (Rente) von 1 zu zahlen, so bezeichnet man den Barwert, den die Summe der Einlagen (Renten) unter Berücksichtigung von Zinseszinsen zu Beginn der ersten Zinsperiode hat, mit $a_{\overline{n}|}$. Nach den Darlegungen in Abschnitt 4 ist aber **8**

(1) $$a_{\overline{n}|} = v + v^2 + \ldots + v^{n-1} + v^n.$$

Also ist

(2) $$v \cdot a_{\overline{n}|} = v^2 + v^3 + \ldots + v^n + v^{n+1}.$$

Zieht man die Gleichung (2) von der Gleichung (1) ab, so ergibt sich die Gleichung

$$a_{\overline{n}|} - v \cdot a_{\overline{n}|} = v - v^{n+1},$$

da sich auf der rechten Seite alle Glieder mit gleichen Exponenten gegenseitig aufheben. Es ist also weiter

$$a_{\overline{n}|} \cdot (1 - v) = v \cdot (1 - v^n)$$

und demnach der Barwert einer nachschüssigen Rente 1

$$a_{\overline{n}|} = v \cdot \frac{1 - v^n}{1 - v} = \frac{1 - v^n}{i} \, . \qquad v = \frac{1}{1+i}$$

Die Werte für $a_{\overline{n}|}$ sind in *Spitzer* IV angegeben (vgl. die nachfolgend unter II 6 abgedruckte Tabelle). Ist zB der Barwert B einer 8 Jahre lang halbjährlich nachschüssig zahlbaren Rente von 200 DM bei einem halbjährlichen Zinssatz von 3 % zu bestimmen, so ist

$$B = 200 \cdot a_{\overline{16}|} \, DM.$$

Nach der Tafel in Abschnitt II 6 ist $a_{\overline{16}|}$ für 3 % = 12,5611; also ist

$$B = 200 \cdot 12{,}5611 = 2512{,}22 \, DM.$$

Mit wachsendem n strebt v^n nach null. Der Barwert einer ewigen Rente 1 ist also $= \frac{1}{i}$. Diese Größe bezeichnet man als Kapitalisierungsfaktor.

Wirft zB eine Anlage auf die Dauer jährlich nachschüssig 4000 DM ab, so ist ihr Barwert bei Zugrundelegung eines jährlichen Zinssatzes von 5 %

$$= 4\,000 \cdot \frac{1}{0{,}05} = 80\,000 \, DM.$$

Den Barwert einer vorschüssigen Rente 1 bezeichnet man mit $a_{\overline{n}|}$. Es ist also

$$a_{\overline{n}|} = 1 + v + v^2 + \dots v^{n-1}$$

oder $$a_{\overline{n}|} = 1 + a_{\overline{n-1}|} \, .$$

Man kann die Tabelle II 6 demnach auch ohne Schwierigkeit für die Berechnung des Barwertes einer vorschüssigen Rente benutzen. Ist zB der Barwert B einer 7 Jahre vorschüssig zahlbaren Rente von 300 DM bei einem Jahreszinssatz von 8 % zu bestimmen, so ergibt sich folgender Ansatz:

$$B = 300 \cdot a_{\overline{7}|} \, DM.$$
$$= 300 \cdot (1 + a_{\overline{6}|}) \, DM.$$

$a_{\overline{6}|}$ ist lt. *Spitzer* IV für 8 % = 4,6229. Es ist daher

$$B = 300 \cdot (1 + 4{,}6229) = 1686{,}87 \, DM.$$

Handelt es sich um eine aufgeschobene Rente, soll also die erste Rentenzahlung erst nach Ablauf von m Zinsperioden geleistet werden, so ist der Barwert der vorschüssigen Rente noch um m Jahre abzuzinsen. Ist zB m = 4 Jahre und verwendet man im übrigen die Bedingungen des letzten Beispiels, dann ist

$$B = (\frac{1}{1{,}08})^4 \cdot 1686{,}87$$
$$= 0{,}7350 \cdot 1686{,}87 = 1239{,}85 \, DM.$$

6. Unterjährliche Zinsabrechnung

Für Kreditgeschäfte, die weniger als ein Jahr dauern, wird der Zinsbetrag nach **9** kaufmännischer Übung so ermittelt, daß man den vereinbarten Jahreszinssatz mit der Laufzeit (in Tagen) multipliziert und durch 360 dividiert. Das Jahr wird hierbei also mit 360 Tagen angesetzt und dementsprechend der Monat mit 30 Tagen. Ist zB ein Kapital K für die Zeit vom 1. 1. bis zum 10. 5. einschließlich mit einem Jahreszins von 6% zu verzinsen, so ist der Zinsbetrag

$$= K \cdot \frac{130}{360} \cdot 0{,}06 = K \cdot 130 \cdot \frac{1}{\frac{360}{0{,}06}} \cdot$$

Die Größe $\frac{360}{0{,}06}$ bezeichnet man als Zinsdivisor. Er hat hier den Wert 6000. Eine **Zinsdivisorentafel** zur Errechnung der Zinsen für das Jahr von 360 Tagen ist **10** nachstehend wiedergegeben. Man findet den Zinsbetrag, indem man das Kapital mit der Anzahl der Tage multipliziert und durch den Divisor dividiert.

Zins	Divisor	Zins	Divisor	Zins	Divisor	Zins	Divisor
⅛	288 000	3 ⅛	11 520	6 ⅛	5 878	9 ⅛	3 945
¼	144 000	3 ¼	11 077	6 ¼	5 760	9 ¼	3 892
⅜	96 000	3 ⅜	10 667	6 ⅜	5 647	9 ⅜	3 840
½	72 000	3 ½	10 286	6 ½	5 538	9 ½	3 789
⅝	57 600	3 ⅝	9 931	6 ⅝	5 434	9 ⅝	3 740
¾	48 000	3 ¾	9 600	6 ¾	5 333	9 ¾	3 692
⅞	41 143	3 ⅞	9 290	6 ⅞	5 236	9 ⅞	3 646
1	36 000	4	9 000	7	5 143	10	3 600
1 ⅛	32 000	4 ⅛	8 727	7 ⅛	5 053	10 ⅛	3 556
1 ¼	28 000	4 ¼	8 471	7 ¼	4 966	10 ¼	3 512
1 ⅜	26 182	4 ⅜	8 229	7 ⅜	4 881	10 ⅜	3 470
1 ½	24 000	4 ½	8 000	7 ½	4 800	10 ½	3 429
1 ⅝	22 154	4 ⅝	7 784	7 ⅝	4 721	10 ⅝	3 388
1 ¾	20 571	4 ¾	7 579	7 ¾	4 645	10 ¾	3 349
1 ⅞	19 200	4 ⅞	7 385	7 ⅞	4 571	10 ⅞	3 310
2	18 000	5	7 200	8	4 500	11	3 273
2 ⅛	16 941	5 ⅛	7 024	8 ⅛	4 431	11 ⅛	3 236
2 ¼	16 000	5 ¼	6 857	8 ¼	4 364	11 ¼	3 200
2 ⅜	15 158	5 ⅜	6 698	8 ⅜	4 299	11 ⅜	3 165
2 ½	14 400	5 ½	6 545	8 ½	4 235	11 ½	3 130
2 ⅝	13 714	5 ⅝	6 400	8 ⅝	4 174	11 ⅝	3 097
2 ¾	13 091	5 ¾	6 261	8 ¾	4 114	11 ¾	3 064
2 ⅞	12 522	5 ⅞	6 128	8 ⅞	4 056	11 ⅞	3 032
3	12 000	6	6 000	9	4 000	12	3 000

Diese Rechenmethode läßt sich auch bei Rechnungen mit Zeitspitzen anwen- **11** den. Ist zB gefragt, in welcher Zeit sich ein Kapital bei einem jährlichen Zinssatz von p% verdreifacht, so erhält man n aus der Gleichung

$$r^n = 3.$$

Ist $p = 5\frac{1}{2}\%$, so ist zunächst in der entsprechenden Spalte von *Spitzer* I der nächste unter 3 liegende Wert zu suchen. Das ist der Wert 2,9178 für $n = 20$. Rechnet man für die Spitze von 0,0822 ($= 3 - 2,9178$) einfache Zinsen, dann ergibt sich die restliche Zeit x, die das Kapital noch stehenbleiben muß, um auf den dreifachen Wert anzuwachsen, aus der Gleichung

$$\frac{x}{360} \cdot 0,055 \cdot 2,9178 = 0,0822.$$

Demnach ist

$$x = \frac{0,0822}{2,9178} \cdot \frac{360}{0,055}$$
$$= 0,0282 \cdot 6545 = 185 \text{ Tage.}$$

Das Kapital verdreifacht sich also bei $5\frac{1}{2}\%$ Jahreszinsen in 20 Jahren und 185 Tagen.

Löst man die Aufgabe mit Hilfe dekadischer Logarithmen, dann ist

$$n = \frac{\log 3}{\log r} = \frac{\log 3}{\log 1,055} = \frac{0,47712}{0,02325} = 20,521 \text{ Jahre.}$$

Das sind 20 Jahre und 188 Tage, wenn man das Jahr mit 360 Tagen ansetzt.

12   Ein Kapital 1 hat, wenn es sofort fällig ist, den Wert 1, und wenn es nach einem Jahr fällig ist, den Wert

$$v = \frac{1}{1 + i}.$$

Die Differenz beträgt

$$1 - \frac{1}{1 + i} = \frac{i}{1 + i}.$$

Für jeden Monat eines Jahres, um den ein Kapital später als zu Beginn des Jahres fällig ist, mindert sich also sein Wert um

$$\frac{1}{12} \cdot \frac{i}{1 + i}$$

und demnach für m Monate um

$$\frac{m}{12} \cdot \frac{i}{1 + i}.$$

ZB ist der Wert eines Kapitals von 9 000,– DM, das nach 3 Jahren und 5 Monaten fällig ist,

$$= 9\,000,\!- \cdot v^3 \cdot (1 - \frac{5}{12} \cdot \frac{i}{1 + i}),$$

dh bei einem Zinssatz von 5,5%

$$= 9\,000,\!- \cdot 0,8516 \cdot (1 - 0,02172)$$
$$= 7\,497,93 \text{ DM.}$$

Ist vereinbart, daß die Zinsen in kleineren als jährlichen Zeitabständen abgerechnet und zum Kapital geschlagen werden, dann gelten ebenfalls *Spitzer* I bis *Spitzer* IV. Ist zB ein vierteljährlicher Zinssatz von 3% vereinbart, dann wächst ein Kapital von 1000 DM in 9 Jahren ($=$ 36 Zinsperioden) auf $1000 \cdot 1{,}03^{36}$ DM an. Der Kapitalendwert ist also lt. Tabelle in Abschnitt II 1

$$= 1000 \cdot 2{,}8983 = 2898{,}30 \text{ DM}.$$

Man spricht zwar gewöhnlich in diesem Falle von einem Jahreszinssatz von 12%, doch ist das nicht ganz richtig, denn es ist

$$1{,}03^4 = 1{,}1255, \text{ also größer als } 1{,}12.$$

Bezeichnet man den $i = 0{,}12$ entsprechenden vierteljährlichen Wert mit

$$\frac{j_{(4)}}{4},$$

dann errechnet sich diese Größe aus der Gleichung

$$(1 + \frac{j_{(4)}}{4})^4 = 1{,}12.$$

Es ist also

$$1 + \frac{j_{(4)}}{4} = 1{,}12^{¼} = \sqrt[4]{1{,}12}$$

und

$$\frac{j_{(4)}}{4} = \sqrt[4]{1{,}12} - 1.$$

Allgemein ist

$$1 + \frac{j_{(m)}}{m} = (1 + \frac{p}{100})^{1/m} = (1 + i)^{1/m} = \sqrt[m]{1 + i}$$

oder

$$(1 + \frac{j_{(m)}}{m})^m = 1 + i,$$

wenn man die Anzahl der Teilperioden des Jahres mit m bezeichnet.

Spitzer I_2 enthält für verschiedene Jahreszinssätze die Werte für den Ausdruck 13

$$1 + \frac{j_{(m)}}{m},$$

der den Aufzinsungsfaktor für einen Bruchteil der Zinsperiode darstellt.

Es wird

$$100 \cdot \frac{j_{(m)}}{m}$$

auch als einem bestimmten Jahreszinssatz konformer unterjährlicher Zinssatz bezeichnet. Die unter II 2 beigefügte Tabelle enthält konforme Zinssätze für eine Reihe von Jahreszinssätzen.

Für einen Jahreszinssatz von 12% ergibt sich aus der Tabelle II 2 ein vierteljähr- 14 licher konformer Zinssatz von 2,8737%. Geht es zB um die Feststellung, auf welchen Endwert E das Kapital K nach ¾ Jahren bei Verzinsung mit einem dem Jahreszinssatz von 12% konformen vierteljährlichen Zinssatz angewachsen ist, dann ergibt sich der Endwert aus folgender Gleichung:

$$E = K \cdot 1{,}028737^3.$$

Ist der Endwert nach 6¾ Jahren bei einem Jahreszins von 8 %, im übrigen aber gleichen Bedingungen zu bestimmen, so gilt folgende Gleichung:

$$E = K \cdot 1,019427^{27} = K \cdot 1,08^6 \cdot 1,019427^3.$$

Den Wert für $1,08^6$ erhält man aus *Spitzer* I.

15   Die unterjährliche Zinseszinsrechnung kann vor allem zur Lösung von theoretischen und praktischen Aufgaben im **Raten-Kreditgeschäft,** das große wirtschaftliche Bedeutung gewonnen hat, nützliche Dienste leisten. Es handelt sich dabei meist um Kredite mit Laufzeiten von mehr als einem Jahr und monatlichen Raten für Tilgung und Kreditgebühren.

Bezeichnen B den zur Auszahlung kommenden Kreditbetrag, R die gleichbleibende Monatsrate für Tilgung und Kreditgebühr und n die Anzahl der Raten, dann ist nach den Ausführungen unter 5.

$$B = a_{\overline{n}|} \cdot R \,.$$

Für den Kreditnehmer stellt sich – vornehmlich beim Angebotsvergleich – die Frage, welchem Jahreszinssatz (Effektivzinssatz)[3] die von ihm aufzubringenden Kreditgebühren entsprechen. Zur Lösung dieser Aufgabe ist $a_{\overline{n}|}$ aus der Gleichung

$$a_{\overline{n}|} = \frac{B}{R}$$

zu ermitteln. Ist zB B = 1000 DM und R = 25 DM, dann ist

$$a_{\overline{n}|} = 40.$$

Ist nun n = 48, dann liegt nach der Tabelle II 7 der Jahreszinssatz p zwischen 9 und 10 %. Bei linearer Interpolation ist

$$p = 9 + \frac{40,46 - 40}{40,46 - 39,75} = 9,65.$$

Legt man den so ermittelten Zinssatz zugrunde, so ist der Schuld nach Entrichtung von zB 10 Monatsraten nach Maßgabe der Werte für n = 48–10 = 38 in Tabelle II 7 ein Wert von

$$25 \cdot [33,14 - 0,65 \cdot (33,14 - 32,67)] = 821 \text{ DM}$$

beizumessen.

16   Auch für **Leasing-Geschäfte** gelten diese Ausführungen, wenn entsprechende Voraussetzungen vorliegen.

7. Annuität und Tilgungsplan

17   Bei Anleihen und Hypotheken ist oft eine planmäßige Tilgung vorgesehen. Dabei wird zumeist eine Regelung dahingehend getroffen, daß Tilgung und Verzinsung der Schuld in gleichbleibenden Raten erfolgen soll. Eine Jahresrate wird als **Annuität** bezeichnet.

---

3 Zur Berechnung des Effektivzinssatzes für Ratenkredite vgl. „Grundsätze zur Berechnung des effektiven Jahreszinses nach der VO über Preisangaben (PAngV)", Schr. des Ministeriums für Wirtschaft, Mittelstand und Verkehr BaWü. v. 4. 12. 1980 – IV 38 11.30/296.

Der Barwert der Annuitäten muß gleich dem Anfangsbetrag der Schuld sein. **18**
Bezeichnet man den Anfangsbetrag der Schuld mit K_0, die Annuität mit A und
die Zahl der Jahre, in denen die Tilgung erfolgen soll, mit n, dann ist also bei
der üblichen nachschüssigen Verzinsung und Tilgung gemäß Abschnitt 5

$$A \cdot a_{\overline{n}|} = K_0$$

oder
$$A = K_0 \cdot \frac{1}{a_{\overline{n}|}} \cdot$$

Die Werte für $\frac{1}{a_{\overline{n}|}}$ enthält *Spitzer* V (hier nicht abgedruckt).

Soll zB eine Hypothek von 10 000 DM bei einer jährlichen Verzinsung von 6% **19**
in 11 gleichen Jahresraten nachschüssig verzinst und getilgt werden, so ist

$$A = 10\,000 \cdot \frac{1}{a_{\overline{11}|}} = \frac{10\,000}{7,8869}$$

$$= 1268 \text{ DM}.$$

In der kaufmännischen Praxis werden zur Gewinnung einer Übersicht über die **20**
planmäßige Entwicklung der Schuld Tilgungspläne aufgestellt. Diese Pläne sind
auch für die Bilanzierung von Interesse. Für das letzte Zahlenbeispiel ergibt sich
folgender **Tilgungsplan:**

m	Restschuld nach m Jahren K_m	Annuität A	6% Zinsen für das m. Jahr	Tilgung am Ende des m. Jahres T_m
	DM	DM	DM	DM
	(10 000)			
1	9 332	1 268	600	668
2	8 624	1 268	560	708
3	7 874	1 268	518	750
4	7 078	1 268	472	796
5	6 235	1 268	425	843
6	5 341	1 268	374	894
7	4 393	1 268	320	948
8	3 389	1 268	264	1 004
9	2 324	1 268	203	1 065
10	1 196	1 268	140	1 128
11	0	1 268	72	1 196
		13 948	3 948	10 000

Jeder Wert von K_m läßt sich aus dem vorangehenden Wert (K_{m-1}) mit Hilfe fol- **21**
gender Gleichung errechnen:

$$K_m = K_{m-1} - T_m \cdot$$

Dabei ist

$$T_m = A - i \cdot K_{m-1} \cdot$$

Im vorstehenden Tilgungsplan ist zD

$$T_8 = 1268 - 0,06 \cdot 4393$$
$$= 1268 - 264 = 1004$$

und daher

$$K_8 = 4393 - 1004 = 3389.$$

Da die Restschuld K_m jeweils gleich dem Barwert der noch ausstehenden Annuitäten ist, kann sie auch aus folgender Gleichung – ohne Anknüpfung an den vorangehenden Wert – ermittelt werden:

$$K_m = A \cdot a_{\overline{n-m}|}.$$

Im vorstehenden Tilgungsplan ist zB

$$K_8 = 1268 \cdot a_{\overline{11-8|}} = 1268 \cdot a_{\overline{3}|}.$$

Es ist also nach *Spitzer* IV (Zinssatz 6 %)

$$K_8 = 1268 \cdot 2,6730 = 3389 \text{ DM}.$$

Auch jeder Wert von T_m kann selbständig errechnet werden. Es ist nämlich

$$T_m = A - i \cdot A \cdot a_{\overline{n-m+1}|}$$
$$= A \cdot (1 - i \cdot \frac{1 - v^{n-m+1}}{i})$$
$$= A \cdot v^{n-m+1}.$$

22 Aus dieser und aus der weiter oben für T_m angegebenen Gleichung läßt sich die Resttilgungsdauer $n-m$ bzw. die Gesamttilgungsdauer n (für $m = 0$) logarithmisch errechnen, denn aus

$$A \cdot v^{n-m+1} = A - i \cdot K_{m-1}$$

oder

$$A \cdot v^{n-m} = A - i \cdot K_m$$

ergibt sich

$$A = (A - i \cdot K_m) \cdot r^{n-m}$$

und

$$n-m = \frac{\log A - \log (A - i \cdot K)}{\log r}.$$

23 Geht man zB von den Zahlen des vorstehenden Tilgungsplanes aus, dann ist für $m = 0$

$$A - i \cdot K_0 = 1268 - 0,06 \cdot 10\,000$$
$$= 668$$

und

$$n = \frac{\log 1268 - \log 668}{\log 1,06}.$$

Wendet man dekadische Logarithmen an, dann ist also

$$n = \frac{3,10312 - 2,82478}{0,02531} = 11.$$

8. Disagio, Effektivverzinsung [4]

Sehen die Darlehnsbedingungen vor, daß die Verzinsung und Tilgung des Dar- **24**
lehns zwar in (gleichbleibenden) halb- oder vierteljährlichen Raten zu erfolgen
hat, daß die Raten aber mit der Hälfte bzw. einem Viertel der Annuität bemessen werden, die sich aus dem Tilgungsplan ergibt, der nach Maßgabe einer jährlichen Tilgung und Verzinsung zum vereinbarten Jahreszinssatz aufgestellt ist,
so ergibt sich (vgl. auch unter 6) ein vom vereinbarten Jahreszinssatz abweichender effektiver Jahreszinssatz. Das gleiche gilt für die Fälle, in denen die Schuld-
summe um ein „**Disagio**" oder „**Damnum**" gekürzt, also nicht voll ausgezahlt
wird. In diesem Zusammenhang ist insbesondere die Frage der Bilanzierung von
Interesse; sie soll deshalb nachfolgend durch ein Beispiel erläutert werden, in
dem sowohl eine – wie eben beschrieben – ratierliche Zahlung der Annuität als
auch ein Disagio zu berücksichtigen ist.

Soll jede Annuität in zwei gleichen Teilbeträgen halbjährlich nachträglich zu **25**
entrichten sein und bezeichnet man den Anfangsbetrag der Schuld mit K_0, das
Disagio mit D_0, die Annuität mit A, die Laufzeit (in Jahren) mit n und den auf
Basis des effektiven halbjährlichen Zinssatzes anzusetzenden Barwert der 2n
mal zahlbaren Rente 1 mit $a'_{\overline{2n|}}$, dann ist, da der Barwert der künftigen Leistun-
gen des Schuldners gleich dem Auszahlungsbetrag ($K_0 - D_0$) sein muß,

$$\frac{A}{2} \cdot a'_{\overline{2n|}} = K_0 - D_0$$

oder

$$a'_{\overline{2n|}} = (K_0 - D_0) \cdot \frac{2}{A} \, .$$

Übernimmt man das Zahlenbeispiel des Abschnittes 7 und setzt man D_0 gleich **26**
400 DM, dann ist

$$a'_{\overline{22|}} = (10\,000 - 400) \cdot \frac{2}{1268}$$

$$= 15{,}1420.$$

Durch Interpolation der Rentenwerte in *Spitzer* IV für die Zinssätze 3,5 und 4% **27**
erhält man den effektiven halbjährlichen Zinssatz

$$100 \cdot \frac{j_{(2)}}{2} = 3{,}5 + 0{,}5 \cdot \frac{15{,}1671 - 15{,}1420}{15{,}1671 - 14{,}4511} = 3{,}517.$$

Der effektive Jahreszinssatz ist also nach den Ausführungen in Abschnitt 6 **28**

$$= 7{,}158\%,$$

da $1{,}03517^2 = 1{,}07158$ ist.

Der Schuldner muß in seiner Jahresbilanz die jeweilige Restschuld ansetzen. **29**
Das ist die Größe K_m (vgl. Abschnitt 7), wenn der Zeitraum, für den die Annuität A entrichtet wird, sich mit dem Geschäftsjahr deckt. Das Disagio kann der
Schuldner unter die Aktiven aufnehmen. Sein jeweiliger Restwert D_m (der Index
m soll wie bei K_m die Anzahl der bereits abgelaufenen Jahre bedeuten) ergibt

---

4 Zum Effektivzinssatz bei Ratenkrediten s. vorstehend unter Tz. 9.

sich, wenn die Effektivverzinsung für die ganze Laufzeit unverändert bleiben soll, aus der Gleichung

$$K_m - D_m = \frac{A}{2} \cdot a'_{\overline{2n-2m|}}.$$

30 Die rechte Seite der Gleichung stellt den mit dem effektiven halbjährlichen Zinssatz ermittelten Barwert der restlichen künftigen Leistungen des Schuldners dar. Es ist also der Wertansatz für das Disagio nach m Jahren

$$D_m = K_m - \frac{A}{2} \cdot a'_{\overline{2n-2m|}}$$

$$= A \cdot a_{\overline{n-m|}} - \frac{A}{2} \cdot a'_{\overline{2n-2m|}}$$

$$= A \cdot (a_{\overline{n-m|}} - \frac{1}{2} \cdot a'_{\overline{2n-2m|}}).$$

Ist die Annuität in vierteljährlichen gleichen Teilbeträgen zu entrichten, so tritt in den Gleichungen an die Stelle der Zahl 2 die Zahl 4.

31 In der Praxis finden sich vielfach Kreditvereinbarungen, die unterjährliche Zins- und Tilgungsleistungen in gleichbleibenden Beträgen vorsehen, ohne auf eine (jährliche) Annuität Bezug zu nehmen. Meist wird hierbei ein Disagio und eine Frist vereinbart, während der der Zinssatz (Festzinsen) unverändert bleibt. Bei der Berechnung der **Effektivverzinsung** darf in diesen Fällen das Disagio nur auf die Zeit der Zinsbildung verteilt werden[5, 6]. Würde es auf die Gesamtlaufzeit verteilt, bliebe außer Betracht, daß nach der Zinsbindungsfrist für eine Anschlußfinanzierung eventuell ein neues Disagio fällig wird. Eine Effektivzinsberechnung über die Zinsbindungsfrist hinaus ist nur unter zusätzlichen Annahmen über die künftige Zinsentwicklung möglich.

9. Anleihenkurs

32 Abschließend soll noch erläutert werden, wie man den Kurs einer Anleihe bestimmt, die in gleichbleibenden Raten verzinst und getilgt wird.

Der restliche Gesamtnennwert einer Anleihe ist gleich dem restlichen Barwert laut Tilgungsplan. Bezeichnet man diesen Barwert nach Ablauf von m Zinsperioden mit K_m und den Barwert, der sich für den gleichen Zeitpunkt unter Zugrundelegung des marktüblichen Zinssatzes errechnet, mit K'_m, dann ist der Kurs der Anleihe

$$= 100 \cdot \frac{K'_m}{K_m}.$$

---

5 Eine Übersicht über die jeweils gültigen Effektivzinssätze enthalten die Monatsberichte der Deutschen Bundesbank im Statistischen Teil, Abschnitt „Zinssätze" unter der Rubrik „Soll- und Habenzinsen. Durchschnittssätze und Streubreiten" (vgl. zuletzt Heft 2/1991 S. 52).
6 Zur Berechnung der Effektivverzinsung vgl. *Sommer*, Einführung in die Mathematik, 2. Aufl., Berlin 1967, S. 140 ff.; *Schierenbeck*, Effektivverzinsung für Finanzierungen mit Festzinskonditionen, ZKW 1983 S. 521 ff.

Wird die Anleihe am Ende einer jeden der restlichen Zinsperioden mit einem gleichbleibenden Betrag verzinst und getilgt, dann ist der Kurs der Anleihe

$$= 100 \cdot \frac{a'\,\overline{{}_{n-m|}}}{a\,\overline{{}_{n-m|}}}.$$

Hierbei bedeutet n die Gesamtlaufzeit in Zinsperioden.

Ist zB n = 30 Halbjahre, m = 12 Halbjahre, der planmäßige halbjährliche Zins- **33** satz 3% und der marktübliche halbjährliche Zinssatz 4%, dann ist nach *Spitzer* IV

$$100 \cdot \frac{a'\,\overline{{}_{n-m|}}}{a\,\overline{{}_{n-m|}}} = 100 \cdot \frac{a'\,\overline{{}_{18|}}}{a\,\overline{{}_{18|}}} = \frac{12,6593}{13,7535} = 92.$$

34

II. Tabellen

1. Kapitalendwert

(*Spitzer* I)

Endwert eines Kapitals 1 mit Zinseszinsen nach n Zinsperioden bei nachschüssiger Verzinsung.

$$r^n$$

n	| Zinsfuß (%)							
	1½	2	2½	3	3½	4	4½	5
1	1,015	1,02	1,025	1,03	1,035	1,04	1,045	1,05
2	1,0302	1,0404	1,0506	1,0609	1,0712	1,0816	1,0920	1,1025
3	1,0457	1,0612	1,0769	1,0927	1,1087	1,1249	1,1412	1,1576
4	1,0614	1,0824	1,1038	1,1255	1,1475	1,1699	1,1925	1,2155
5	1,0773	1,1041	1,1314	1,1593	1,1877	1,2167	1,2462	1,2763
6	1,0934	1,1262	1,1597	1,1941	1,2293	1,2653	1,3023	1,3401
7	1,1098	1,1487	1,1887	1,2299	1,2723	1,3159	1,3609	1,4071
8	1,1265	1,1717	1,2184	1,2668	1,3168	1,3686	1,4221	1,4775
9	1,1434	1,1951	1,2489	1,3048	1,3629	1,4233	1,4861	1,5513
10	1,1605	1,2190	1,2801	1,3439	1,4106	1,4802	1,5530	1,6289
11	1,1779	1,2434	1,3121	1,3842	1,4600	1,5395	1,6229	1,7103
12	1,1956	1,2682	1,3449	1,4258	1,5111	1,6010	1,6959	1,7959
13	1,2136	1,2936	1,3785	1,4685	1,5640	1,6651	1,7722	1,8856
14	1,2318	1,3195	1,4130	1,5126	1,6187	1,7317	1,8519	1,9799
15	1,2502	1,3459	1,4483	1,5580	1,6753	1,8009	1,9353	2,0789
16	1,2690	1,3728	1,4845	1,6047	1,7340	1,8730	2,0224	2,1829
17	1,2880	1,4002	1,5216	1,6528	1,7947	1,9479	2,1134	2,2920
18	1,3073	1,4282	1,5597	1,7024	1,8575	2,0258	2,2085	2,4066
19	1,3270	1,4568	1,5987	1,7535	1,9225	2,1068	2,3079	2,5270
20	1,3469	1,4859	1,6386	1,8061	1,9898	2,1911	2,4117	2,6533
21	1,3671	1,5157	1,6796	1,8603	2,0594	2,2788	2,5202	2,7860
22	1,3876	1,5460	1,7216	1,9161	2,1315	2,3699	2,6337	2,9253
23	1,4084	1,5769	1,7646	1,9736	2,2061	2,4647	2,7522	3,0715
24	1,4295	1,6084	1,8087	2,0328	2,2833	2,5633	2,8760	3,2251
36	1,7091	2,0399	2,4325	2,8983	3,4503	4,1039	4,8774	5,7918
48	2,0435	2,5871	3,2715	4,1323	5,2136	6,5705	8,2715	10,4013
60	2,4432	3,2810	4,3998	5,8916	7,8781	10,5196	14,0274	18,6792
72	2,9212	4,1611	5,9172	8,4000	11,9043	16,8423	23,7888	33,5451
84	3,4926	5,2773	7,9580	11,9764	17,9883	26,9650	40,3430	60,2422
96	4,1758	6,6929	10,7026	17,0755	27,1815	43,1718	68,4170	108,1864

Fortsetzung der Tabelle *Spitzer* I

$$r^n$$

	Zinsfuß (%)							
n	5½	6	6½	7	7½	8	9	10
1	1,055	1,06	1,065	1,07	1,075	1,08	1,09	1,1
2	1,1130	1,1236	1,1342	1,1449	1,1556	1,1664	1,1881	1,21
3	1,1742	1,1910	1,2079	1,2250	1,2423	1,2597	1,2950	1,331
4	1,2388	1,2625	1,2865	1,3108	1,3355	1,3605	1,4116	1,4641
5	1,3070	1,3382	1,3701	1,4026	1,4356	1,4693	1,5386	1,6105
6	1,3788	1,4185	1,4591	1,5007	1,5433	1,5869	1,6771	1,7716
7	1,4547	1,5036	1,5540	1,6058	1,6590	1,7138	1,8280	1,9487
8	1,5347	1,5938	1,6550	1,7182	1,7835	1,8509	1,9926	2,1436
9	1,6191	1,6895	1,7626	1,8385	1,9172	1,9990	2,1719	2,3579
10	1,7081	1,7908	1,8771	1,9672	2,0610	2,1589	2,3674	2,5937
11	1,8021	1,8983	1,9992	2,1049	2,2156	2,3316	2,5804	2,8531
12	1,9012	2,0122	2,1291	2,2522	2,3818	2,5182	2,8127	3,1384
13	2,0058	2,1329	2,2675	2,4098	2,5604	2,7196	3,0658	3,4523
14	2,1161	2,2609	2,4149	2,5785	2,7524	2,9372	3,3417	3,7975
15	2,2325	2,3966	2,5718	2,7590	2,9589	3,1722	3,6425	4,1772
16	2,3553	2,5404	2,7390	2,9522	3,1808	3,4259	3,9703	4,5950
17	2,4848	2,6928	2,9170	3,1588	3,4194	3,7000	4,3276	5,0545
18	2,6215	2,8543	3,1067	3,3799	3,6758	3,9960	4,7171	5,5599
19	2,7656	3,0256	3,3086	3,6165	3,9515	4,3157	5,1417	6,1159
20	2,9178	3,2071	3,5236	3,8697	4,2479	4,6610	5,6044	6,7275
21	3,0782	3,3996	3,7527	4,1406	4,5664	5,0338	6,1088	7,4002
22	3,2475	3,6035	3,9966	4,4304	4,9089	5,4365	6,6586	8,1403
23	3,4262	3,8197	4,2564	4,7405	5,2771	5,8715	7,2579	8,9543
24	3,6146	4,0489	4,5331	5,0724	5,6729	6,3412	7,9111	9,8497
25	3,8134	4,2919	4,8277	5,4274	6,0983	6,8485	8,6231	10,8347
30	4,9840	5,7435	6,6144	7,6123	8,7550	10,0627	13,2677	17,4494
35	6,5138	7,6861	9,0623	10,6766	12,5689	14,7853	20,4140	28,1024
40	8,5133	10,2857	12,4161	14,9745	18,0442	21,7245	31,4094	45,2593
45	11,1266	13,7646	17,0111	21,0025	25,9048	31,9204	48,3273	72,8905
50	14,5420	18,4202	23,3067	29,4570	37,1897	46,9016	74,3575	117,3909

Fortsetzung der Tabelle *Spitzer* I

$$r^n$$

n	11	11½	12	12½	13	13½	14	15
				Zinsfuß (%)				
1	1,1100	1,1150	1,1200	1,1250	1,1300	1,1350	1,1400	1,1500
2	1,2321	1,2432	1,2544	1,2656	1,2769	1,2882	1,2996	1,3225
3	1,3676	1,3862	1,4049	1,4238	1,4429	1,4621	1,4815	1,5209
4	1,5181	1,5456	1,5735	1,6018	1,6305	1,6595	1,6819	1,7490
5	1,6851	1,7234	1,7623	1,8020	1,8424	1,8836	1,9254	2,0114
6	1,8704	1,9215	1,9738	2,0273	2,0820	2,1378	2,1950	2,3131
7	2,0761	2,1425	2,2107	2,2807	2,3526	2,4264	2,5023	2,6600
8	2,3045	2,3889	2,4760	2,5658	2,6584	2,7540	2,8526	3,0590
9	2,5580	2,6636	2,7731	2,8865	3,0040	3,1258	3,2519	3,5179
10	2,8394	2,9699	3,1058	3,2473	3,3946	3,5478	3,7072	4,0456
11	3,1518	3,3115	3,4785	3,6532	3,8359	4,0267	4,2262	4,6524
12	3,4985	3,6923	3,8960	4,1099	4,3345	4,5704	4,8179	5,3503
13	3,8833	4,1169	4,3635	4,6236	4,8980	5,1874	5,4924	6,1528
14	4,3104	4,5903	4,8871	5,2016	5,5347	5,8877	6,2613	7,0757
15	4,7846	5,1182	5,4736	5,8518	6,2543	6,6825	7,1379	8,1371
16	5,3110	5,7068	6,1304	6,5833	7,0673	7,5846	8,1372	9,3576
17	5,8951	6,3631	6,8660	7,4062	7,9861	8,6085	9,2765	10,7613
18	6,5436	7,0949	7,6900	8,3319	9,0243	9,7707	10,5752	12,3754
19	7,2633	7,9108	8,6128	9,3734	10,1974	11,0897	12,0557	14,2318
20	8,0623	8,8206	9,6463	10,5450	11,5231	12,5869	13,7435	16,3665
21	8,9492	9,8350	10,8038	11,8632	13,0210	14,2861	15,6676	18,8215
22	9,9336	10,9660	12,1003	13,3461	14,7138	16,2147	17,8610	21,6447
23	11,0263	12,2271	13,5523	15,0144	16,6266	18,4037	20,3616	24,8915
24	12,2392	13,6332	15,1786	16,8912	18,7881	20,8881	23,2122	28,6252
25	13,5855	15,2010	17,0001	19,0026	21,2305	23,7081	26,4619	32,9190
30	22,8922	26,1967	29,9599	34,2433	39,1159	44,6556	50,9502	66,2117
35	38,5749	45,1461	52,7996	61,7075	72,0685	84,1115	98,1002	133,1755
40	65,0009	77,8027	93,0510	111,1990	132,7815	158,4289	188,8835	267,8635
45	109,5302	134,0816	163,9876	200,3843	244,6414	298,4103	363,6791	538,7693
50	184,5648	231,0699	289,0022	361,0989	450,7359	562,0735	700,2330	1083,6574

2. Konformer Zinssatz bei unterjährlicher Zinsabrechnung 35

– vgl. die Ausführungen unter I.6. und *Spitzer* I_2 –

Aus $\qquad (1 + \frac{j_{(m)}}{m})^m = 1 + i \qquad\qquad (i = \frac{p}{100})$

folgt

Konformer Zinssatz $= 100 \cdot \frac{j_{(m)}}{m} = 100 \cdot (\sqrt[m]{1 + i} - 1)$.

Zinsfuß (%)

jährlich p	¼-jährlich $100 \cdot \frac{j_{(4)}}{4}$	jährlich p	monatlich $100 \cdot \frac{j_{(12)}}{12}$
5	1,227223	5	0,4074124
5,0945	1,25	5,1162	0,4166667
6	1,467385	6	0,4867551
6,1364	1,5	6,1678	0,5
7	1,705852	7	0,5654145
7,1859	1,75	7,2290	0,5833333
8	1,942655	8	0,6434030
8,2432	2	8,3000	0,6666667
9	2,177818	9	0,7207323
9,3083	2,25	9,3807	0,75
10	2,411369	10	0,7974140
10,3813	2,5	10,4713	0,8333333
12	2,873734	12	0,9488793
12,5509	3	12,6825	1
14	3,329948	14	1,0978852
14,7523	3,5	14,9342	1,1666667
16	3,780199	16	1,2445138
16,9859	4	17,2271	1,3333333
18	4,224664	18	1,3888430
19,2519	4,5	19,5618	1,5

3. Kapitalbarwert

(Spitzer II)

Barwert eines nach n Zinsperioden fälligen Kapitals 1 bei nachschüssiger Verzinsung.

$$v^n = 1 : r^n$$

				Zinsfuß (%)				
n	1½	2	2½	3	3½	4	4½	5
1	0,9852	0,9803	0,9756	0,9709	0,9662	0,9615	0,9569	0,9524
2	0,9707	0,9612	0,9518	0,9426	0,9335	0,9246	0,9157	0,9070
3	0,9563	0,9423	0,9286	0,9151	0,9019	0,8890	0,8763	0,8638
4	0,9422	0,9238	0,9060	0,8885	0,8714	0,8548	0,8386	0,8227
5	0,9283	0,9057	0,8839	0,8626	0,8420	0,8219	0,8025	0,7835
6	0,9145	0,8880	0,8623	0,8375	0,8135	0,7903	0,7679	0,7462
7	0,9010	0,8706	0,8413	0,8131	0,7860	0,7599	0,7348	0,7101
8	0,8877	0,8535	0,8207	0,7894	0,7594	0,7307	0,7032	0,6768
9	0,8746	0,8368	0,8007	0,7664	0,7337	0,7026	0,6729	0,6446
10	0,8617	0,8203	0,7812	0,7441	0,7089	0,6756	0,6439	0,6139
11	0,8489	0,8043	0,7621	0,7224	0,6849	0,6496	0,6162	0,5847
12	0,8364	0,7885	0,7436	0,7014	0,6618	0,6246	0,5897	0,5568
13	0,8240	0,7730	0,7254	0,6810	0,6394	0,6006	0,5643	0,5303
14	0,8118	0,7579	0,7077	0,6611	0,6178	0,5775	0,5400	0,5051
15	0,7999	0,7430	0,6905	0,6419	0,5969	0,5553	0,5167	0,4810
16	0,7880	0,7284	0,6736	0,6232	0,5767	0,5339	0,4945	0,4581
17	0,7764	0,7142	0,6572	0,6050	0,5572	0,5134	0,4732	0,4363
18	0,7649	0,7002	0,6412	0,5874	0,5384	0,4936	0,4528	0,4155
19	0,7536	0,6864	0,6255	0,5703	0,5202	0,4746	0,4333	0,3957
20	0,7425	0,6730	0,6103	0,5537	0,5026	0,4564	0,4146	0,3769
21	0,7315	0,6598	0,5954	0,5375	0,4856	0,4388	0,3968	0,3589
22	0,7207	0,6468	0,5809	0,5219	0,4692	0,4220	0,3797	0,3418
23	0,7100	0,6342	0,5667	0,5067	0,4533	0,4057	0,3634	0,3256
24	0,6995	0,6217	0,5529	0,4919	0,4380	0,3901	0,3477	0,3101
36	0,5851	0,4902	0,4111	0,3450	0,2898	0,2437	0,2050	0,1727
48	0,4894	0,3865	0,3057	0,2420	0,1918	0,1522	0,1209	0,0961
60	0,4093	0,3048	0,2273	0,1697	0,1269	0,0951	0,0713	0,0535
72	0,3423	0,2403	0,1690	0,1190	0,0840	0,0594	0,0420	0,0298
84	0,2863	0,1895	0,1257	0,0835	0,0556	0,0371	0,0248	0,0166
96	0,2395	0,1494	0,0934	0,0586	0,0368	0,0232	0,0146	0,0092

Fortsetzung der Tabelle *Spitzer* II

$$v^n$$

n	5½	6	6½	7	7½	8	9	10
1	0,9479	0,9434	0,9390	0,9346	0,9302	0,9259	0,9174	0,9091
2	0,8985	0,8900	0,8817	0,8734	0,8653	0,8573	0,8417	0,8264
3	0,8516	0,8396	0,8278	0,8163	0,8050	0,7938	0,7722	0,7513
4	0,8072	0,7921	0,7773	0,7629	0,7488	0,7350	0,7084	0,6830
5	0,7651	0,7473	0,7299	0,7130	0,6966	0,6806	0,6499	0,6209
6	0,7252	0,7050	0,6853	0,6663	0,6480	0,6302	0,5963	0,5645
7	0,6874	0,6651	0,6435	0,6227	0,6028	0,5835	0,5470	0,5132
8	0,6516	0,6274	0,6042	0,5820	0,5607	0,5403	0,5019	0,4665
9	0,6176	0,5919	0,5674	0,5439	0,5216	0,5002	0,4604	0,4241
10	0,5854	0,5584	0,5327	0,5083	0,4852	0,4632	0,4224	0,3855
11	0,5549	0,5268	0,5002	0,4751	0,4513	0,4289	0,3875	0,3505
12	0,5260	0,4970	0,4697	0,4440	0,4199	0,3971	0,3555	0,3186
13	0,4986	0,4688	0,4410	0,4150	0,3906	0,3677	0,3262	0,2897
14	0,4726	0,4423	0,4141	0,3878	0,3633	0,3405	0,2992	0,2633
15	0,4479	0,4173	0,3888	0,3624	0,3380	0,3152	0,2745	0,2394
16	0,4246	0,3936	0,3651	0,3387	0,3144	0,2919	0,2519	0,2176
17	0,4024	0,3714	0,3428	0,3166	0,2925	0,2703	0,2311	0,1978
18	0,3815	0,3503	0,3219	0,2959	0,2720	0,2502	0,2120	0,1799
19	0,3616	0,3305	0,3022	0,2765	0,2531	0,2317	0,1945	0,1635
20	0,3427	0,3118	0,2838	0,2584	0,2354	0,2145	0,1784	0,1486
21	0,3249	0,2942	0,2665	0,2415	0,2190	0,1987	0,1637	0,1351
22	0,3079	0,2775	0,2502	0,2257	0,2037	0,1839	0,1502	0,1228
23	0,2919	0,2618	0,2349	0,2109	0,1895	0,1703	0,1378	0,1117
24	0,2767	0,2470	0,2206	0,1971	0,1763	0,1577	0,1264	0,1015
25	0,2622	0,2330	0,2071	0,1842	0,1640	0,1460	0,1160	0,0923
30	0,2006	0,1741	0,1512	0,1314	0,1142	0,0994	0,0754	0,0573
35	0,1535	0,1301	0,1103	0,0937	0,0796	0,0676	0,0490	0,0356
40	0,1175	0,0972	0,0805	0,0668	0,0554	0,0460	0,0318	0,0221
45	0,0899	0,0727	0,0588	0,0476	0,0386	0,0313	0,0207	0,0137
50	0,0688	0,0543	0,0429	0,0339	0,0269	0,0213	0,0134	0,0085

Zinsfuß (%)

Fortsetzung der Tabelle *Spitzer* II

$$v^n$$

				Zinsfuß (%)				
n	11	11½	12	12½	13	13½	14	15
1	0,9009	0,8969	0,8929	0,8889	0,8850	0,8811	0,8772	0,8696
2	0,8116	0,8044	0,7972	0,7901	0,7831	0,7763	0,7695	0,7561
3	0,7312	0,7214	0,7118	0,7023	0,6930	0,6839	0,6750	0,6575
4	0,6587	0,6470	0,6355	0,6243	0,6133	0,6026	0,5921	0,5718
5	0,5935	0,5803	0,5674	0,5549	0,5428	0,5309	0,5194	0,4972
6	0,5346	0,5204	0,5066	0,4933	0,4803	0,4678	0,4556	0,4323
7	0,4817	0,4667	0,4523	0,4385	0,4251	0,4121	0,3996	0,3759
8	0,4339	0,4186	0,4039	0,3897	0,3762	0,3631	0,3506	0,3269
9	0,3909	0,3754	0,3606	0,3464	0,3329	0,3199	0,3075	0,2843
10	0,3528	0,3367	0,3220	0,3079	0,2946	0,2819	0,2697	0,2472
11	0,3173	0,3020	0,2875	0,2737	0,2607	0,2483	0,2366	0,2149
12	0,2853	0,2708	0,2567	0,2433	0,2307	0,2188	0,2076	0,1869
13	0,2575	0,2429	0,2292	0,2163	0,2042	0,1927	0,1821	0,1625
14	0,2320	0,2178	0,2046	0,1922	0,1807	0,1698	0,1597	0,1413
15	0,2090	0,1954	0,1827	0,1709	0,1599	0,1496	0,1401	0,1229
16	0,1883	0,1752	0,1631	0,1519	0,1415	0,1318	0,1229	0,1069
17	0,1696	0,1572	0,1456	0,1350	0,1252	0,1162	0,1078	0,0929
18	0,1528	0,1409	0,1300	0,1200	0,1108	0,1023	0,0946	0,0808
19	0,1377	0,1264	0,1161	0,1066	0,0981	0,0901	0,0829	0,0703
20	0,1240	0,1134	0,1037	0,0948	0,0868	0,0794	0,0728	0,0611
21	0,1117	0,1017	0,0926	0,0843	0,0768	0,0700	0,0638	0,0531
22	0,1007	0,0912	0,0826	0,0749	0,0680	0,0617	0,0560	0,0462
23	0,0907	0,0818	0,0738	0,0666	0,0601	0,0543	0,0491	0,0402
24	0,0817	0,0733	0,0659	0,0592	0,0532	0,0479	0,0431	0,0349
25	0,0736	0,0658	0,0588	0,0526	0,0471	0,0422	0,0378	0,0304
30	0,0436	0,0382	0,0334	0,0292	0,0256	0,0224	0,0196	0,0151
35	0,0259	0,0225	0,0189	0,0162	0,0138	0,0119	0,0102	0,0075
40	0,0153	0,0129	0,0107	0,0090	0,0075	0,0063	0,0053	0,0037
45	0,0091	0,0075	0,0060	0,0050	0,0040	0,0033	0,0027	0,0019
50	0,0054	0,0043	0,0035	0,0028	0,0022	0,0017	0,0014	0,0009

4. Kapitalbarwert bei vorschüssiger Verzinsung oder Restwert bei degressiver Abschreibung

Barwert eines nach n Zinsperioden fälligen Kapitals 1000 bei vorschüssiger Verzinsung oder

Buchrestwert eines Anlagengegenstandes mit dem Anschaffungswert 1000 nach n Abschreibungsperioden bei Abschreibung vom Buchwert.

$$1000 \cdot (1 - i)^n$$

n	Zinsfuß (vorschüssig) oder Abschreibungssatz (%)							
	4	5	6	8	10	15	20	30
1	960,00	950,00	940,00	920,00	900,00	850,00	800,00	700,00
2	921,60	902,50	883,60	846,40	810,00	722,50	640,00	490,00
3	884,74	857,38	830,58	778,69	729,00	614,13	512,00	343,00
4	849,35	814,51	780,75	716,39	656,10	522,01	409,60	240,10
5	815,37	773,78	733,90	659,08	590,49	443,71	327,68	168,07
6	782,76	735,09	689,87	606,36	531,44	377,15	262,14	117,65
7	751,45	698,34	648,48	557,85	478,30	320,58	209,72	82,35
8	721,39	663,42	609,57	513,22	430,47	272,49	167,77	57,65
9	692,53	630,25	572,99	472,16	387,42	231,62	134,22	40,35
10	664,83	598,74	538,62	434,39	348,68	196,88	107,37	28,25
11	638,24	568,80	506,30	399,64	313,81	167,35	85,90	19,77
12	612,71	540,36	475,92	367,67	282,43	142,24	68,72	13,84
13	588,20	513,34	447,37	338,25	254,19	120,91	54,98	9,69
14	564,67	487,67	420,52	311,19	228,77	102,77	43,98	6,78
15	542,09	463,29	395,29	286,30	205,89	87,35	35,18	4,75
16	520,40	440,13	371,57	263,39	185,30	74,25	28,15	3,32
17	499,59	418,12	349,28	242,32	166,77	63,11	22,52	2,33
18	479,60	397,21	328,32	222,94	150,09	53,65	18,01	1,63
19	460,42	377,35	308,62	205,10	135,08	45,60	14,41	1,14
20	442,00	358,49	290,11	188,69	121,58	38,76	11,53	0,80
21	424,32	340,56	272,70	173,60	109,42	32,95	9,22	
22	407,35	323,53	256,34	159,71	98,48	28,00	7,38	
23	391,06	307,36	240,96	146,93	88,63	23,80	5,90	
24	375,41	291,99	226,50	135,18	79,77	20,23	4,72	
25	360,40	277,39	212,91	124,36	71,79	17,20	3,78	
30	293,86	214,64	156,26	81,97	42,39	7,63	1,24	
35	239,60	166,08	114,68	54,02	25,03	3,39	0,41	
40	195,37	128,51	84,16	35,61	14,78	1,50		
45	159,30	99,44	61,77	23,47	8,73	0,67		
50	129,89	76,94	45,33	15,47	5,15	0,30		

38

5. Endwert einer vorschüssigen Rente

(*Spitzer* III)

Endwert einer Summe von n Einlagen von je 1 nach n Zinsperioden, wenn zu Beginn jeder Periode eine Einlage (Rente) geleistet wird, bei nachschüssiger Verzinsung.

$$s_{\overline{n}|} = r \cdot (r^n - 1) : (r - 1) = r \cdot (r^n - 1) : i$$

				Zinsfuß (%)				
n	1½	2	2½	3	3½	4	4½	5
1	1,02	1,02	1,03	1,03	1,04	1,04	1,05	1,05
2	2,05	2,06	2,08	2,09	2,11	2,12	2,14	2,15
3	3,09	3,12	3,15	3,18	3,21	3,25	3,28	3,31
4	4,15	4,20	4,26	4,31	4,36	4,42	4,47	4,53
5	5,23	5,31	5,39	5,47	5,55	5,63	5,72	5,80
6	6,32	6,43	6,55	6,66	6,78	6,90	7,02	7,14
7	7,43	7,58	7,74	7,89	8,05	8,21	8,38	8,55
8	8,56	8,75	8,95	9,16	9,37	9,58	9,80	10,03
9	9,70	9,95	10,20	10,46	10,73	11,01	11,29	11,58
10	10,86	11,17	11,48	11,81	12,14	12,49	12,84	13,21
11	12,04	12,41	12,80	13,19	13,60	14,03	14,46	14,92
12	13,24	13,68	14,14	14,62	15,11	15,63	16,16	16,71
13	14,45	14,97	15,52	16,09	16,68	17,29	17,93	18,60
14	15,68	16,29	16,93	17,60	18,30	19,02	19,78	20,58
15	16,93	17,64	18,38	19,16	19,97	20,82	21,72	22,66
16	18,20	19,01	19,86	20,76	21,71	22,70	23,74	24,84
17	19,49	20,41	21,39	22,41	23,50	24,65	25,86	27,13
18	20,80	21,84	22,95	24,12	25,36	26,67	28,06	29,54
19	22,12	23,30	24,54	25,87	27,28	28,78	30,37	32,07
20	23,47	24,78	26,18	27,68	29,27	30,97	32,78	34,72
21	24,84	26,30	27,86	29,54	31,33	33,25	35,30	37,51
22	26,23	27,84	29,58	31,45	33,46	35,62	37,94	40,43
23	27,63	29,42	31,35	33,43	35,67	38,08	40,69	43,50
24	29,06	31,03	33,16	35,46	37,95	40,65	43,57	46,73
36	47,99	53,03	58,73	65,17	72,46	80,70	90,04	100,63
48	70,61	80,94	93,13	107,54	124,60	144,83	168,86	197,43
60	97,66	116,33	139,39	167,95	203,39	247,51	302,53	371,26
72	130,00	161,22	201,61	254,07	322,46	411,90	529,21	683,45
84	168,67	218,14	285,28	376,86	502,37	675,09	913,63	1244,09
96	214,90	290,34	397,81	551,93	774,22	1096,47	1565,57	2250,91

Fortsetzung der Tabelle *Spitzer* III

$$s_{\overline{n}|}$$

	Zinsfuß (%)							
n	5½	6	6½	7	7½	8	9	10
1	1,06	1,06	1,07	1,07	1,08	1,08	1,09	1,10
2	2,17	2,18	2,20	2,21	2,23	2,25	2,28	2,31
3	3,34	3,37	3,41	3,44	3,47	3,51	3,57	3,64
4	4,58	4,64	4,69	4,75	4,81	4,87	4,98	5,11
5	5,89	5,98	6,06	6,15	6,24	6,34	6,52	6,72
6	7,27	7,39	7,52	7,65	7,79	7,92	8,20	8,49
7	8,72	8,90	9,08	9,26	9,45	9,64	10,03	10,44
8	10,26	10,49	10,73	10,98	11,23	11,49	12,02	12,58
9	11,88	12,18	12,49	12,82	13,15	13,49	14,19	14,94
10	13,58	13,97	14,37	14,78	15,21	15,65	16,56	17,53
11	15,39	15,87	16,37	16,89	17,42	17,98	19,14	20,38
12	17,29	17,88	18,50	19,14	19,81	20,50	21,95	23,52
13	19,29	20,02	20,77	21,55	22,37	23,21	25,02	26,97
14	21,41	22,28	23,18	24,13	25,12	26,15	28,36	30,77
15	23,64	24,67	25,75	26,89	28,08	29,32	32,00	34,95
16	26,00	27,21	28,49	29,84	31,26	32,75	35,97	39,54
17	28,48	29,91	31,41	33,00	34,68	36,45	40,30	44,60
18	31,10	32,76	34,52	36,38	38,35	40,45	45,02	50,16
19	33,87	35,79	37,83	40,00	42,30	44,76	50,16	56,27
20	36,79	38,99	41,35	43,87	46,55	49,42	55,76	63,00
21	39,86	42,39	45,10	48,01	51,12	54,46	61,87	70,40
22	43,11	46,00	49,10	52,44	56,03	59,89	68,53	78,54
23	46,54	49,82	53,35	57,18	61,30	65,76	75,79	87,50
24	50,15	53,86	57,89	62,25	66,98	72,11	83,70	97,35
25	53,97	58,16	62,72	67,68	73,08	78,95	92,32	108,18
30	76,42	83,80	91,99	101,07	111,15	122,35	148,58	180,94
35	105,77	118,12	132,10	147,91	165,82	186,10	235,12	298,13
40	144,12	164,05	187,05	213,61	244,30	279,78	368,29	486,85
45	194,25	225,51	262,34	305,75	356,97	417,43	573,19	790,80
50	259,76	307,76	365,49	434,99	518,72	619,67	888,44	1280,30

Fortsetzung der Tabelle *Spitzer* III

$$s_{\overline{n}|}$$

| n | \multicolumn{8}{c}{Zinsfuß (%)} |
	11	11½	12	12½	13	13½	14	15
1	1,11	1,11	1,12	1,12	1,13	1,13	1,14	1,15
2	2,34	2,36	2,37	2,39	2,41	2,42	2,44	2,47
3	3,71	3,74	3,78	3,81	3,85	3,89	3,92	3,99
4	5,23	5,29	5,35	5,42	5,48	5,54	5,61	5,74
5	6,91	7,01	7,12	7,22	7,32	7,43	7,53	7,75
6	8,78	8,93	9,10	9,25	9,40	9,57	9,73	10,07
7	10,86	11,08	11,30	11,53	11,76	11,99	12,23	12,73
8	13,16	13,47	13,78	14,09	14,42	14,75	15,08	15,79
9	15,72	16,13	16,55	16,98	17,42	17,87	18,34	19,30
10	18,56	19,10	19,65	20,23	20,81	21,42	22,04	23,35
11	21,71	22,41	23,13	23,88	24,65	25,45	26,27	28,00
12	25,21	26,10	27,03	27,99	28,98	30,02	31,09	33,35
13	29,09	30,22	31,39	32,61	33,88	35,20	36,58	39,50
14	33,41	34,81	36,28	37,81	39,42	41,09	42,84	46,58
15	38,19	39,93	41,75	43,67	45,67	47,77	49,98	54,72
16	43,50	45,64	47,88	50,25	52,74	55,36	58,12	64,07
17	49,40	52,00	54,75	57,66	60,73	63,97	67,39	74,84
18	55,94	59,09	62,44	65,99	69,75	73,74	77,97	87,21
19	63,20	67,01	71,05	75,36	79,95	84,83	90,02	101,44
20	71,27	75,83	80,70	85,91	91,47	97,42	103,77	117,81
21	80,21	85,66	91,50	97,77	104,49	111,70	119,44	136,63
22	90,14	96,63	103,60	111,12	119,20	127,92	137,30	158,28
23	101,17	108,85	117,16	126,13	135,83	146,32	157,66	183,17
24	113,41	122,49	132,33	143,02	154,62	167,21	180,87	211,79
25	127,00	137,69	149,33	162,02	175,85	190,92	207,33	244,71
30	220,91	244,30	270,29	299,19	331,32	367,03	406,74	499,95
35	379,16	428,03	483,46	546,37	617,75	698,75	790,67	1013,35
40	645,83	744,65	859,14	991,79	1145,49	1323,57	1529,91	2045,95
45	1095,17	1290,31	1521,22	1794,46	2117,81	2500,45	2953,24	4122,90
50	1852,34	2230,68	2688,02	3240,89	3909,24	4717,17	5693,75	8300,37

6. Barwert einer nachschüssigen Rente

(*Spitzer* IV)

Barwert einer Summe von n Einlagen von je 1, wenn am Ende einer jeden von n Zinsperioden eine Einlage (Rente) geleistet wird, bei nachschüssiger Verzinsung.

$$a_{\overline{n}|} = v \cdot (1 - v^n) : (1 - v) = (1 - v^n) : i$$

n	Zinsfuß (%)							
	1½	2	2½	3	3½	4	4½	5
1	0,9852	0,9804	0,9756	0,9709	0,9662	0,9615	0,9569	0,9524
2	1,9559	1,0416	1,9274	1,9135	1,8997	1,8861	1,8727	1,8594
3	2,9122	2,8839	2,8560	2,8286	2,8016	2,7751	2,7490	2,7232
4	3,8544	3,8077	3,7620	3,7171	3,6731	3,6299	3,5875	3,5460
5	4,7826	4,7135	4,6458	4,5797	4,5151	4,4518	4,3900	4,3295
6	5,6972	5,6014	5,5081	5,4172	5,3286	5,2421	5,1579	5,0757
7	6,5982	6,4720	6,3494	6,2303	6,1145	6,0021	5,8927	5,7864
8	7,4859	7,3255	7,1701	7,0197	6,8740	6,7327	6,5959	6,4632
9	8,3605	8,1622	7,9709	7,7861	7,6077	7,4353	7,2688	7,1078
10	9,2222	8,9826	8,7521	8,5302	8,3166	8,1109	7,9127	7,7217
11	10,0711	9,7868	9,5142	9,2526	9,0016	8,7605	8,5289	8,3064
12	10,9075	10,5753	10,2578	9,9540	9,6633	9,3851	9,1186	8,8633
13	11,7315	11,3484	10,9832	10,6350	10,3027	9,9856	9,6829	9,3936
14	12,5434	12,1062	11,6909	11,2961	10,9205	10,5631	10,2228	9,8986
15	13,3432	12,8493	12,3814	11,9379	11,5174	11,1184	10,7395	10,3797
16	14,1313	13,5777	13,0550	12,5611	12,0941	11,6523	11,2340	10,8378
17	14,9076	14,2919	13,7122	13,1661	12,6513	12,1657	11,7072	11,2741
18	15,6726	14,9920	14,3534	13,7535	13,1897	12,6593	12,1600	11,6896
19	16,4262	15,6785	14,9789	14,3238	13,7098	13,1339	12,5933	12,0853
20	17,1686	16,3514	15,5892	14,8775	14,2124	13,5903	13,0079	12,4622
21	17,9001	17,0112	16,1845	15,4150	14,6980	14,0292	13,4047	12,8212
22	18,6208	17,6580	16,7654	15,9369	15,1671	14,4511	13,7844	13,1630
23	19,3309	18,2922	17,3321	16,4436	15,6204	14,8568	14,1478	13,4886
24	20,0304	18,9139	17,8850	16,9355	16,0584	15,2470	14,4955	13,7986
25	20,7196	25,4888	23,5563	21,8323	20,2905	18,9083	17,6660	16,5469
48	34,0426	30,6731	27,7732	25,2667	23,0912	21,1951	19,5356	18,0772
60	39,3803	34,7609	30,9087	27,6756	24,9447	22,6235	20,6380	18,9293
72	43,8447	37,9841	33,2401	29,3651	26,1713	23,5156	21,2881	19,4038
84	47,5786	40,5255	34,9736	30,5501	26,9831	24,0729	21,6714	19,6680
96	50,7017	42,5294	36,2626	31,3812	27,5203	24,4209	21,8974	19,8151

Fortsetzung der Tabelle *Spitzer* IV

$$a_{\overline{n}|}$$

	Zinsfuß (%)							
n	5½	6	6½	7	7½	8	9	10
1	0,9479	0,9434	0,9390	0,9346	0,9302	0,9259	0,9174	0,9091
2	1,8463	1,8334	1,8206	1,8080	1,7956	1,7833	1,7591	1,7355
3	2,6979	2,6730	2,6485	2,6243	2,6005	2,5771	2,5313	2,4869
4	3,5052	3,4651	3,4258	3,3872	3,3493	3,3121	3,2397	3,1699
5	4,2703	4,2124	4,1557	4,1002	4,0459	3,9927	3,8897	3,7908
6	4,9955	4,9173	4,8410	4,7665	4,6938	4,6229	4,4859	4,3553
7	5,6830	5,5824	5,4845	5,3893	5,2966	5,2064	5,0330	4,8684
8	6,3346	6,2098	6,0888	5,9713	5,8573	5,7466	5,5348	5,3349
9	6,9522	6,8017	6,6561	6,5152	6,3789	6,2469	5,9952	5,7590
10	7,5376	7,3601	7,1888	7,0236	6,8641	6,7101	6,4177	6,1446
11	8,0925	7,8869	7,6890	7,4987	7,3154	7,1390	6,8052	6,4951
12	8,6185	8,3838	8,1587	7,9427	7,7353	7,5361	7,1607	6,8137
13	9,1171	8,8527	8,5997	8,3577	8,1258	7,9038	7,4869	7,1034
14	9,5896	9,2950	9,0138	8,7455	8,4892	8,2442	7,7862	7,3667
15	10,0376	9,7122	9,4027	9,1079	8,8271	8,5595	8,0607	7,6061
16	10,4622	10,1059	9,7678	9,4466	9,1415	8,8514	8,3126	7,8237
17	10,8646	10,4773	10,1106	9,7632	9,4340	9,1216	8,5436	8,0216
18	11,2461	10,8276	10,4325	10,0591	9,7060	9,3719	8,7556	8,2014
19	11,6077	11,1581	10,7347	10,3356	9,9591	9,6036	8,9501	8,3649
20	11,9504	11,4699	11,0185	10,5940	10,1945	9,8181	9,1285	8,5136
21	12,2752	11,7641	11,2850	10,8355	10,4135	10,0168	9,2922	8,6487
22	12,5832	12,0416	11,5352	11,0612	10,6172	10,2007	9,4424	8,7715
23	12,8750	12,3034	11,7701	11,2722	10,8067	10,3711	9,5802	8,8832
24	13,1517	12,5504	11,9907	11,4693	10,9830	10,5288	9,7066	8,9847
25	13,4139	12,7834	12,1979	11,6536	11,1469	10,6748	9,8226	9,0770
30	14,5337	13,7648	13,0587	12,4090	11,8104	11,2578	10,2737	9,4269
35	15,3906	14,4982	13,6870	12,9477	12,2725	11,6546	10,5668	9,6442
40	16,0461	15,0463	14,1455	13,3317	12,5944	11,9246	10,7574	9,7791
45	16,5477	15,4558	14,4802	13,6055	12,8186	12,1084	10,8812	9,8628
50	16,9315	15,7619	14,7245	13,8007	12,9748	12,2335	10,9617	9,9148

Fortsetzung der Tabelle *Spitzer* IV

$$a_{\overline{n}|}$$

				Zinsfuß (%)				
n	11	11½	12	12½	13	13½	14	15
1	0,9009	0,8969	0,8929	0,8889	0,8850	0,8811	0,8772	0,8696
2	1,7125	1,7012	1,6901	1,6790	1,6681	1,6573	1,6467	1,6257
3	2,4437	2,4226	2,4018	2,3813	2,3612	2,3413	2,3216	2,2832
4	3,1024	3,0696	3,0373	3,0056	2,9745	2,9438	2,9137	2,8550
5	3,6959	3,6499	3,6048	3,5606	3,5172	3,4747	3,4331	3,3522
6	4,2305	4,1703	4,1114	4,0538	3,9975	3,9425	3,8887	3,7845
7	4,7122	4,6370	4,5638	4,4923	4,4226	4,3546	4,2883	4,1604
8	5,1461	5,0556	4,5676	4,8820	4,7988	4,7177	4,6389	4,4873
9	5,5370	5,4310	5,3282	5,2285	5,1317	5,0377	4,9464	4,7716
10	5,8892	5,7678	5,6502	5,5364	5,4262	5,3195	5,2161	5,0188
11	6,2065	6,0697	5,9377	5,8101	5,6869	5,5679	5,4527	5,2337
12	6,4924	6,3406	6,1944	6,0535	5,9176	5,7867	5,6603	5,4206
13	6,7498	6,5835	6,4235	6,2698	6,1218	5,9794	5,8424	5,5831
14	6,9819	6,8013	6,6282	6,4620	6,3025	6,1493	6,0021	5,7245
15	7,1909	6,9967	6,8109	6,6329	6,4624	6,2989	6,1422	5,8474
16	7,3791	7,1719	6,9740	6,7848	6,6039	6,4308	6,2651	5,9542
17	7,5488	7,3291	7,1196	6,9198	6,7291	6,5469	6,3729	6,0472
18	7,7016	7,4700	7,2497	7,0398	6,8399	6,6493	6,4674	6,1280
19	7,8393	7,5964	7,3658	7,1465	6,9380	6,7395	6,5504	6,1982
20	7,9634	7,7098	7,4694	7,2413	7,0247	6,8189	6,6231	6,2593
21	8,0751	7,8115	7,5620	7,3256	7,1016	6,8889	6,6870	6,3125
22	8,1757	7,9027	7,6446	7,4006	7,1695	6,9506	6,7429	6,3586
23	8,2664	7,9845	7,7184	7,4671	7,2297	7,0049	6,7921	6,3988
24	8,3481	8,0578	7,7843	7,5264	7,2829	7,0528	6,8351	6,4338
25	8,4217	8,1236	7,8431	7,5790	7,3300	7,0950	6,8729	6,4641
30	8,6938	8,3637	8,0551	7,7664	7,4957	7,2415	7,0027	6,5660
35	8,8552	8,5030	8,1755	7,8704	7,5856	7,3193	7,0700	6,6166
40	8,9510	8,5839	8,2438	7,9281	7,6344	7,3607	7,1050	6,6418
45	9,0079	8,6308	8,2825	7,9601	7,6609	7,3825	7,1232	6,6543
50	9,0416	8,6580	8,3045	7,9778	7,6752	7,3942	7,1327	6,6605

7. Barwert einer nachschüssigen monatlichen Rente 1
bei monatlicher Zinsabrechnung

$$a_{\overline{n}|}$$

Zinsfuß (%)

jährlich

Mo-nate n	7	8	9	10	12	14	16	18
			monatlich (vgl. Tabelle II 2)					
	0,565	0,643	0,721	0,797	0,949	1,098	1,245	1,389
1	0,99	0,99	0,99	0,99	0,99	0,99	0,99	0,99
2	1,98	1,98	1,98	1,98	1,97	1,97	1,96	1,96
3	2,97	2,96	2,96	2,95	2,94	2,94	2,93	2,92
4	3,94	3,94	3,93	3,92	3,91	3,89	3,88	3,86
5	4,92	4,90	4,89	4,88	4,86	4,84	4,82	4,80
6	5,88	5,87	5,85	5,84	5,81	5,78	5,75	5,72
7	6,84	6,82	6,80	6,78	6,74	6,70	6,66	6,63
8	7,80	7,77	7,75	7,72	7,67	7,62	7,57	7,52
9	8,75	8,72	8,68	8,65	8,59	8,53	8,64	8,41
10	9,70	9,66	9,62	9,58	9,50	9,42	9,35	9,28
11	10,64	10,59	10,54	10,49	10,40	10,31	10,22	10,14
12	11,57	11,51	11,46	11,40	11,29	11,19	11,08	10,98
13	12,50	12,43	12,37	12,30	12,18	12,05	11,93	11,82
14	13,42	13,35	13,27	13,20	13,05	12,91	12,78	12,64
15	14,34	14,26	14,17	14,08	13,92	13,76	13,61	13,46
16	15,26	15,16	15,06	14,97	14,78	14,60	14,43	14,26
17	16,17	16,05	15,95	15,84	15,63	15,43	15,24	15,05
18	17,07	16,95	16,82	16,71	16,48	16,25	16,04	15,83
19	17,97	17,83	17,70	17,57	17,31	17,07	16,83	16,60
20	18,86	18,71	18,56	18,42	18,14	17,87	17,61	17,36
21	19,75	19,58	19,42	19,27	18,96	18,66	18,38	18,11
22	20,63	20,45	20,28	20,11	19,77	19,45	19,14	18,85
23	21,51	21,32	21,12	20,94	20,58	20,23	19,89	19,57
24	22,38	22,17	21,97	21,76	21,37	21,00	20,64	20,29
25	23,25	23,02	22,80	22,58	22,16	21,76	21,37	21,00

Fortsetzung der Tabelle Nr. 7

$$a_{\overline{n}|}$$

	Zinsfuß (%)							
	jährlich							
Mo-nate	7	8	9	10	12	14	16	18
				monatlich				
n	0,565	0,643	0,721	0,797	0,949	1,098	1,245	1,389
26	24,12	23,87	23,63	23,40	22,95	22,51	22,10	21,70
27	24,97	24,71	24,46	24,20	23,72	23,26	22,81	22,39
28	25,83	25,55	25,27	25,01	24,49	23,99	23,52	23,07
29	26,68	26,38	26,09	25,80	25,25	24,72	24,22	23,74
30	27,52	27,20	26,89	26,59	26,00	25,44	24,91	24,40
31	28,36	28,02	27,69	27,37	26,75	26,16	25,59	25,05
32	29,20	28,84	28,49	28,15	27,49	26,86	26,26	25,69
33	30,03	29,65	29,28	28,91	28,22	27,56	26,93	26,33
34	30,85	30,45	30,06	29,68	28,94	28,25	27,58	26,95
35	31,67	31,25	30,84	30,44	29,66	28,93	28,23	27,58
36	32,49	32,04	31,61	31,19	30,37	29,60	28,87	28,18
37	33,30	32,83	32,38	31,93	31,08	30,27	29,51	28,78
38	34,11	33,62	33,14	32,67	31,78	30,93	30,13	29,37
39	34,91	34,40	33,89	33,40	32,47	31,59	30,75	29,96
40	35,71	35,17	34,64	34,13	33,16	32,23	31,36	30,53
41	36,50	35,94	35,39	34,85	33,83	32,87	31,96	31,10
42	37,29	36,70	36,13	35,57	34,51	33,50	32,56	31,66
43	38,08	37,46	36,86	36,28	35,17	34,13	33,14	32,21
44	38,86	38,21	37,59	36,99	35,83	34,75	33,72	32,76
45	39,63	38,96	38,31	37,69	36,49	35,36	34,30	33,30
46	40,40	39,71	39,03	38,38	37,13	35,96	34,86	33,83
47	41,17	40,45	39,75	39,07	37,78	36,56	35,42	34,35
48	41,93	41,18	40,46	39,75	38,41	37,16	35,97	34,86
49	42,69	41,92	41,16	40,43	39,04	37,74	36,52	35,37
50	43,45	42,64	41,86	41,10	39,67	38,32	37,06	35,87

Fortsetzung der Tabelle Nr. 7

$$a_{\overline{n}|}$$

Mo-nate n	Zinsfuß (%) jährlich							
	7	8	9	10	12	14	16	18
				monatlich				
	0,565	0,643	0,721	0,797	0,949	1,098	1,245	1,389
51	44,20	43,36	42,55	41,77	40,28	38,89	37,59	36,37
52	44,94	44,08	43,24	42,43	40,89	39,46	38,12	36,86
53	45,69	44,79	43,92	43,09	41,50	40,02	38,64	37,34
54	46,42	45,50	44,60	43,74	42,10	40,57	39,15	37,81
55	47,16	46,20	45,27	44,38	42,70	41,12	39,66	38,28
56	47,89	46,90	45,94	45,02	43,29	41,67	40,16	38,74
57	48,61	47,59	46,61	45,66	43,87	42,20	40,65	39,20
58	49,33	48,28	47,27	46,29	44,45	42,73	41,14	39,65
59	50,05	48,96	47,92	46,92	45,02	43,26	41,62	40,09
60	50,76	49,64	48,57	47,54	45,59	43,78	42,10	40,53
61	51,47	50,32	49,22	48,15	46,15	44,29	42,57	40,96
62	52,18	50,99	49,86	48,77	46,71	44,80	43,03	41,39
63	52,88	51,66	50,49	49,37	47,26	45,30	43,49	41,81
64	53,57	52,32	51,12	49,97	47,80	45,80	43,94	42,22
65	54,27	52,98	51,75	50,57	48,35	46,29	44,39	42,63
66	54,96	53,64	52,37	51,16	48,88	46,78	44,83	43,03
67	55,64	54,29	52,99	51,75	49,41	47,26	45,27	43,43
68	56,32	54,94	53,61	52,33	49,94	47,73	45,70	43,82
69	57,01	55,58	54,22	52,91	50,46	48,21	46,13	44,20
70	57,67	56,22	54,82	53,48	50,98	48,67	56,55	44,58
71	58,34	56,85	55,42	54,05	51,49	49,13	46,96	44,96
72	59,01	57,48	56,02	54,62	51,99	49,59	47,37	45,33
73	59,67	58,11	56,61	55,18	52,50	50,04	47,78	45,70
74	60,33	58,73	57,20	55,73	52,99	50,48	48,18	46,06
75	60,99	59,35	57,78	56,28	53,49	50,92	48,57	46,41

Fortsetzung der Tabelle Nr. 7

$$a_{\overline{n}|}$$

	Zinsfuß (%)							
	jährlich							
Mo-nate	7	8	9	10	12	14	16	18
	monatlich							
n	0,565	0,643	0,721	0,797	0,949	1,098	1,245	1,389
76	61,64	59,96	58,36	56,83	53,97	51,36	48,96	46,76
77	62,29	60,57	58,93	57,37	54,46	51,79	49,35	47,11
78	62,93	61,18	59,51	57,91	54,94	52,22	49,73	47,45
79	63,57	61,78	60,07	58,45	55,41	52,64	50,11	47,79
80	64,21	62,38	60,64	58,98	55,88	53,06	50,48	48,12
81	64,84	62,97	61,20	59,50	56,35	53,47	50,85	48,44
82	65,47	63,56	61,75	60,02	56,81	53,88	51,21	48,77
83	66,10	64,15	62,30	60,54	57,26	54,28	51,57	49,09
84	66,72	64,74	62,85	61,05	57,72	54,68	51,92	49,40
85	67,34	65,32	63,39	61,56	58,16	55,08	52,27	49,71
86	67,96	65,89	63,93	62,07	58,61	55,47	52,62	50,01
87	68,57	66,46	64,47	62,57	59,05	66,86	52,96	50,32
88	69,18	67,03	65,00	63,06	59,48	56,24	53,29	50,61
89	69,78	67,60	65,52	63,56	59,91	56,62	53,63	50,91
90	70,38	68,16	66,05	64,05	60,34	56,99	53,95	51,19
91	70,98	68,72	66,57	64,53	60,77	57,36	54,28	51,48
92	71,58	69,27	67,09	65,01	61,18	57,73	54,60	51,76
93	72,17	69,82	67,60	65,49	61,60	58,09	54,92	52,04
94	72,76	70,37	68,11	65,97	62,01	58,45	55,23	52,31
95	73,34	70,91	68,61	66,44	62,42	58,80	55,54	52,58
96	73,93	71,45	69,11	66,90	62,82	59,15	55,84	52,85
102	77,35	74,62	72,05	69,63	65,17	61,18	57,60	54,37
108	80,66	77,67	74,86	72,22	67,38	63,08	59,22	55,77
114	83,86	80,61	77,56	74,70	69,48	64,85	60,73	57,06
120	86,95	83,43	80,14	77,06	71,46	66,51	62,14	58,25

41

8. Barwert einer zinslosen in gleichen Jahresraten zu tilgenden Forderung oder Schuld im Kapitalwert von 100 DM mit einer Laufzeit (n) bis zu 100 Jahren

$$\frac{100}{n} \cdot a_{\overline{n}|},$$

Zinssatz 5,5 %

(VStR 1983 – Hilfstafel 1a zum Abschnitt 56 Absatz 1).

Anzahl der Jahre n	Gegenwartswert in DM	Anzahl der Jahre n	Gegenwartswert in DM	Anzahl der Jahre n	Gegenwartswert in DM
1	94,787	36	43,156	71	25,037
2	92,316	37	42,362	72	24,718
3	89,931	38	41,591	73	24,407
4	87,629	39	40,843	74	24,103
5	85,406	40	40,115	75	23,805
6	83,259	41	39,408	76	23,515
7	81,185	42	38,721	77	23,230
8	79,182	43	38,053	78	22,953
9	77,247	44	37,404	79	22,679
10	75,376	45	36,773	80	22,414
11	73,568	46	36,158	81	22,154
12	71,821	47	35,561	82	21,898
13	70,131	48	34,979	83	21,648
14	68,497	49	34,414	84	21,404
15	66,917	50	33,863	85	21,165
16	65,388	51	33,327	86	20,930
17	63,909	52	32,805	87	20,700
18	62,478	53	32,296	88	20,476
19	61,093	54	31,802	89	20,255
20	59,752	55	31,319	90	20,039
21	58,453	56	30,848	91	19,827
22	57,196	57	30,390	92	19,620
23	55,978	58	29,943	93	19,416
24	54,799	59	29,507	94	19,216
25	53,656	60	29,084	95	19,020
26	52,548	61	28,668	96	18,829
27	51,474	62	28,265	97	18,639
28	50,434	63	27,870	98	18,455
29	49,424	64	27,486	99	18,274
30	48,446	65	27,111	100	18,096
31	47,496	66	26,745		
32	46,575	67	26,385		
33	45,682	68	26,037		
34	44,815	69	25,696		
35	43,973	70	25,362		

Abschnitt V

Grundformeln für die Renten- und Todesfallversicherung

Versicherungsmathematische Berechnungen im Zusammenhang mit Versor-   **1**
gungsverpflichtungen für die Handelsbilanz, Steuerbilanz oder bei der Unternehmensbewertung werden im allgemeinen von entsprechend vorgebildeten
Spezialisten vorgenommen. Der Prüfer sollte jedoch in der Lage sein, die
Grundzusammenhänge dieser Berechnungen zu erkennen. Der Abschnitt wurde
daher so konzipiert, daß auch Nichtmathematiker einen Einblick in den gedanklichen Aufbau der versicherungsmathematischen Grundbegriffe Barwert, Jahresprämie und Deckungskapital erhalten. Damit soll der Prüfer in die Lage versetzt
werden, die zutreffende Umsetzung betriebswirtschaftlicher Notwendigkeiten in
versicherungsmathematische Berechnungen besser beurteilen zu können.

I. Rechnungsgrundlagen, Bezeichnungen und Kommutationswerte

Grundlagen der versicherungsmathematischen Berechnungen[1] sind die **Zinses-**   **2**
zinsrechnung und die **Wahrscheinlichkeitsrechnung.** Durch die Zinseszinsrechnung wird berücksichtigt, daß Versicherungsbeiträge und/oder Versicherungsleistungen zu späteren Zeitpunkten fällig werden und demgemäß Beiträge dem
Versicherer erst künftig zur zinsbringenden Anlage zur Verfügung stehen bzw.
Leistungen erst künftig erbracht werden müssen.

Der für die versicherungsmathematischen Berechnungen verwendete Zinssatz   **3**
wird als **Rechnungszins** bezeichnet. Er ist ein sogenannter nomineller Zinsfuß, da
er nur eine kalkulatorische Größe darstellt. Davon zu unterscheiden ist der
effektive Zinsfuß, der den aus einem Kapital realisierten Zins angibt. Die Höhe
des Rechnungszinses ist für die versicherungsmathematischen Berechnungen
von erheblicher Bedeutung. Es ist auch ohne mathematische Beweisführung
leicht einzusehen, daß zB Rentenbarwerte um so niedriger sind, je höher der
Rechnungszins ist. Dies ergibt sich schon daraus, daß bei höherem Rechnungszins eine bessere Verzinsung des noch nicht verbrauchten Kapitals möglich ist,
so daß für gleiche Rentenzahlungen bei höherem Zins ein niedrigeres Ausgangs-
kapital (Rentenbarwert) benötigt wird.

Der Rechnungszins bei den deutschen Lebensversicherungen und Pensionskassen liegt nach den aufsichtsrechtlichen Bestimmungen bei 3 bzw. 3,5 vH jährlich. Aus der Differenz zwischen diesem kalkulatorischen Zins und dem effektiven Zinsfuß, der in den letzten Jahrzehnten wesentlich höher lag, entstehen
sogenannte Zinsgewinne, die zum größten Teil an den Versicherungsnehmer
weitergeleitet werden. Für die Berechnung von Pensionsrückstellungen ist steuerlich grundsätzlich der Rechnungszins 6 vH vorgeschrieben (vgl. E Tz. 160). In

---

1 Vgl. hierzu mit umfassenden Darstellungen *Boehm,* Versicherungsmathematik, Band 1 und 2, Berlin
1953; *Saxer,* Versicherungsmathematik, Berlin 1979.

der Handelsbilanz sind auch niedrigere Rechnungszinssätze möglich (vgl. E Tz. 153).

4 Die wichtigsten **Formeln zur Zinseszinsrechnung** sind in Abschnitt U angegeben. Von Bedeutung für die versicherungsmathematischen Berechnungen sind insbesondere folgende Bezeichnungen und Formeln:

p   vH-Satz bei nachschüssiger Verzinsung für die Zinsperiode von einem Jahr

$i = \dfrac{p}{100}$ Rechnungszins

$r = 1 + i$ Aufzinsungsfaktor

$v = \dfrac{1}{1+i} = \dfrac{1}{r}$ Abzinsungsfaktor, Diskontierungsfaktor

Ist zB p = 6, so gilt $i = \dfrac{6}{100} = 0{,}06$, $r = 1{,}06$ und $v = \dfrac{1}{1{,}06} = 0{,}9434$

5 Elemente der Wahrscheinlichkeitsrechnung werden bei versicherungsmathematischen Berechnungen über sogenannte **Ausscheideordnungen** wirksam. Die einfachste Form der Ausscheideordnung ist die Absterbeordnung, bei der nur das Risikoelement Ausscheiden durch Tod berücksichtigt wird. Komplizierter ist zB die Ausscheideordnung der „Richttafeln"[2], bei der zusätzlich das Ausscheiden durch Invalidität eine Rolle spielt.

6 Aus den Ergebnissen von nationalen Volkszählungen und dem Todesfallregister wurden für die Absterbeordnung Erkenntnisse darüber gewonnen, wieviel Personen des gleichen Alters in einem Jahr sterben. Diese Feststellungen werden für Männer und Frauen getrennt getroffen. Aus dem Vergleich von Gestorbenen eines Alters zu der vorhandenen Wohnbevölkerung ergeben sich die „rohen" Sterbenswahrscheinlichkeiten, die dann mit Hilfe mathematischer Ausgleichsverfahren zu den **Sterbewahrscheinlichkeiten** verarbeitet werden. Bei den Allgemeinen Sterbetafeln für die Bundesrepublik Deutschland (ADSt) geht man von einem normierten Ausgangsbestand von 100 000 männlichen oder weiblichen Geborenen aus und verändert von Jahr zu Jahr diesen Ausgangsbestand mit Hilfe der Sterbewahrscheinlichkeiten bis zum sogenannten Schlußalter, das im allgemeinen mit ω bezeichnet wird.

Dabei bedeuten in der Formelsprache:

l_x Anzahl der lebenden Männer des Alters x

$d_x = l_x - l_{x+1}$ Anzahl der gestorbenen Männer zwischen den Altern x und x + 1

$_np_x = \dfrac{l_{x+n}}{l_x}$ Bruchteil der Männer, die nach n Jahren noch leben

Da alle lebenden Männer des Alters x bis zum Schlußalter sterben, gilt:

$l_x = d_x + d_{x+1} + d_{x+2} + \ldots + d_\omega$

---

2 *Heubeck*, Richttafeln, Textband, Köln 1983.

Entsprechend bemißt sich der Teil der Männer, der in n Jahren stirbt mit

$$\frac{l_x - l_{x+n}}{l_x} = \frac{d_x + d_{x+1} + d_{x+2} + \ldots + d_{x+n-1}}{l_x} = 1 - \frac{l_{x+n}}{l_x}$$

Der Ausdruck $\frac{l_{x+n}}{l_x}$ wird mit $_np_x$ bezeichnet und bedeutet die Wahrscheinlichkeit eines x-jährigen Mannes, noch mindestens n Jahre zu leben (Erlebenswahrscheinlichkeit). Aus der vorgehenden Ableitung gilt:

$$\frac{l_x - l_{x+n}}{l_x} = 1 - \frac{l_{x+n}}{l_x} = 1 - {}_np_x$$

Man bezeichnet $1 - {}_np_x = {}_nq_x$ als die Wahrscheinlichkeit eines x-jährigen Mannes, im Laufe der nächsten n Jahre zu sterben (Sterbewahrscheinlichkeit).

Es gilt offensichtlich

$$_np_x + {}_nq_x = 1,$$

was nach der elementaren Wahrscheinlichkeitsrechnung nicht mehr aussagt, als daß ein x-jähriger Mann die nächsten n Jahre durchlebt oder stirbt.

Sonderfälle sind

$$_1p_x = \frac{l_{x+1}}{l_x} \qquad \text{die einjährige Erlebenswahrscheinlichkeit eines Mannes}$$

und

$$_1q_x = \frac{l_x - l_{x+1}}{l_x} = \frac{d_x}{l_x} \text{ die einjährige Sterbenswahrscheinlichkeit eines Mannes.}$$

In diesem Sonderfall wird meist auf den vorderen Index 1 verzichtet, also $\dot{p}_x$ und q_x verwendet.

Die sinngemäß gleichen Bezeichnungen und Beziehungen gelten für Frauen, wenn man den Index x durch y ersetzt.

Als Maß für die Sterblichkeit wird im internationalen Vergleich oft die soge-   7
nannte **mittlere Lebenserwartung** e_x benutzt:

$$e_x = \frac{l_x + l_{x+1} + l_{x+2} + \ldots + l_\omega}{l_x} - \frac{1}{2}$$

Dieser Ausdruck gibt die mittlere Anzahl von Jahren an, die ein x-jähriger Mann nach der angewendeten Sterbetafel noch leben wird. Da das Alter x beliebig wählbar ist, kann auf diese Weise nicht nur die mittlere Lebenserwartung eines Neugeborenen, sondern jedes x-Jährigen errechnet werden. Die Korrektur um $- 1/2$ ist deshalb erforderlich, weil sich die Todesfälle im allgemeinen über das ganze Jahr verteilen.

Die vorletzte auf einer Volkszählung beruhende sogenannte vollständige **Sterbe-**   8
tafel ist die ADSt 1970/72[3]. Zur Zeit wird noch die Volkszählung von Anfang 1987 ausgewertet, die ihren Niederschlag in der ADSt 1986/88 findet. Im Zeitraum zwischen der Herausgabe der vollständigen Sterbetafeln wurden sogenannte **abgekürzte** Sterbetafeln veröffentlicht, zuletzt 1982/84[4], die auf Fortschreibungen beruhen.

---

3 Statistisches Bundesamt, Allgemeine Sterbetafel 1970/72, Wirtschaft und Statistik 1974 S. 392*.
4 Dass., Abgekürzte Sterbetafel 1982/84, Wirtschaft und Statistik 1986 S. 16*.

9 Für die versicherungsmathematischen Berechnungen zur **Rentenversicherung,** bei
   denen auch das Risiko Invalidität zu berücksichtigen ist, reichen die Sterbetafeln nicht aus, da sie nur auf das Todesfallrisiko abstellen. Dies gilt insbesondere für die Bewertung betrieblicher Versorgungsleistungen. Hier wird im allgemeinen auf die 1983 erschienenen **„Richttafeln"** (vgl. Tz. 5) zurückgegriffen. Sie
   enthalten jeweils für Männer und Frauen getrennt Ausscheideordnungen für
   Aktive, Invalide sowie den Gesamtbestand aus Aktiven und Invaliden. Zur
   Bewertung von Hinterbliebenenrenten ist außerdem die Wahrscheinlichkeit,
   beim Tode in einem bestimmten Alter verheiratet zu sein, angegeben sowie das
   Alter des hinterbliebenen Ehegatten beim Tode eines x-jährigen Mannes bzw.
   einer y-jährigen Frau.

10 Zum Verständnis und zur Ableitung der noch folgenden Berechnungsformeln ist
   es erforderlich, die wichtigsten Bezeichnungen der **biometrischen Grundwerte
   und Relationen** der Ausscheideordnungen der „Richttafeln" in der dort verwendeten Symbolik bei Männern anzugeben[5]. Für Frauen ist der Index x jeweils
   durch y zu ersetzen:

   q_x^a einjährige Sterbenswahrscheinlichkeit eines x-jährigen Aktiven

   q_x^i einjährige Sterbenswahrscheinlichkeit eines x-jährigen Invaliden

   q_x einjährige Sterbenswahrscheinlichkeit eines x-jährigen Angehörigen des
          Gesamtbestandes, gilt auch für Rentner

   i_x einjährige Invalidisierungswahrscheinlichkeit eines x-jährigen Aktiven

   h_x Wahrscheinlichkeit, beim Tode im Alter x verheiratet zu sein

   $y(x)$ Alter der y-jährigen Hinterbliebenen beim Tode eines x-Jährigen

   Es gelten dann für die Ausscheideordnungen folgende Relationen:

   $l_{x+1}^a = l_x^a (1 - q_x^a - i_x)$ mit l_x^a Aktive des Alters x

   $l_{x+1}^i = l_x^i (1 - q_x^i)$ mit l_x^i Invalide des Alters x

   $l_{x+1} = l_x (1 - q_x)$ mit l_x Lebende des Alters x

   Durch einfache Division können diese Gleichungen in die aus Tz. 6 bekannte
   Form der einjährigen Überlebenswahrscheinlichkeiten umgeformt werden, zB:

   $$\frac{l_{x+1}^a}{l_x^a} = (1 - q_x^a - i_x) = p_x^a$$

   bzw.

   $$p_x^a + q_x^a + i_x = 1,$$

   was bedeutet, daß ein x-jähriger Mann das Alter x + 1 als noch Aktiver erreicht,
   wegen Tod ausscheidet oder Invalide wird.

11 Festzuhalten bleibt noch, daß die drei genannten Bestände der „Richttafeln"
   jeweils

   im Alter 20 mit $l_{20}^a = l_{20}^i = l_{20} = 100\,000$

   beginnen. Die Ausscheideordnung für Aktive und Invalide endet beim Alter 65,
   die für den Gesamtbestand bzw. Rentner bei 110.

---

5 Vgl. *Heubeck* (Fn. 2), S. 17.

Bisher wurden die für versicherungsmathematische Berechnungen erforderlichen biometrischen und zinsmäßigen Einflußgrößen getrennt betrachtet. Für die Praxis der Berechnungen mit Hilfe von Tabellenwerten, zB aus den ADSt oder den Richttafeln, hat es sich als sinnvoll herausgestellt, Hilfsgrößen, die sogenannten **Kommutationswerte**, zu definieren. Sie sind sowohl für die Renten- als auch für die Todesfallversicherung in ähnlicher Weise definiert.   **12**

Für die **Rentenversicherung** gilt in der Symbolik der „Richttafeln"   **13**

$$D_x^a = l_x^a \cdot v^x$$

$$D_x^i = l_x^i \cdot v^x$$

$$D_x = l_x \cdot v^x$$

Dabei ist v der Diskontierungsfaktor $\dfrac{1}{1+i}$ (vgl. Tz. 4).

Weiter gilt:

$$N_x^a = l_x^a \cdot v^x + l_{x+1} \cdot v^{x+1} + \ldots + l_{z-1} \cdot v^{z-1}$$

$$= D_x^a + D_{x+1}^a + \ldots + D_{z-1}^a$$

$$= \sum_{x}^{z-1} D_x^a$$

Die Summation der D_x^a erfolgt also vom Alter x bis einschließlich dem Alter z − 1, wobei z das Schlußalter der Aktivenausscheideordnung ist, zB 65 oder 60 Jahre.

Für N_x^i gelten die gleichen Formeln unter Ersatz des Index durch i. Bei den für den Gesamtbestand geltenden Kommutationswerten wird bis zum Endalter ω, bei den Richttafeln 110, summiert. Für Frauen ist bei allen Ausscheideordnungen der männliche Altersindex x durch den weiblichen Altersindex y zu ersetzen.

Die Werte

$$D_x^a, D_x^i, D_x, N_x^a, N_x^i \text{ und } N_x$$

sind in den „Richttafeln" **tabelliert** und ermöglichen so eine erhebliche Vereinfachung der Formeldarstellung und Rechenoperationen.

Für die **Todesfallversicherung** gelten entsprechende Definitionen. Hier lauten die Kommutationswerte: **14**

$$C_x = d_x \cdot v^{x+1}$$

$$M_x = d_x \cdot v^{x+1} + d_{x+1} \cdot v^{x+2} + \ldots + d_\omega \cdot v^{\omega+1}$$

$$= C_x + C_{x+1} + \ldots + C_\omega$$

$$= \sum_{x}^{\omega} C_x$$

Zwischen den Größen C, D, N und M bestehen aufgrund der Definitionen (vgl. Tz. 6, 13 und 14) die folgenden Beziehungen: **15**

$$C_x = d_x \cdot v^{x+1} = (l_x - l_{x+1}) \cdot v^{x+1}$$

$$= l_x \cdot v \cdot v^x - l_{x+1} \cdot v^{x+1}$$

$$= v \cdot D_x - D_{x+1}$$

$$M_x - \sum_x^\omega C_x = \sum_x^\omega (v \cdot D_x - D_{x+1})$$

$$= v \sum_x^\omega D_x - \sum_{x+1}^\omega D_x$$

$$= v \cdot N_x - N_{x+1}$$

Damit lassen sich zB auch Berechnungen für die Todesfallversicherung unter Benutzung der Richttafelwerte D_x und N_x durchführen.

II. Barwerte und Einmalprämien

16 Der Begriff des Barwertes ist bereits aus der Zinseszinsrechnung bekannt (vgl. U Tz. 6). Er ist dort definitionsgemäß der abgezinste Wert der künftigen Leistungen. In der Versicherungsmathematik, die auch Elemente der Wahrscheinlichkeitsrechnung enthält, ist der **Barwert** der auf einen bestimmten Stichtag abgezinste Wert der voraussichtlichen künftigen Leistungen. Der Barwert wird auch als versicherungstechnische Einmalprämie bezeichnet, da er der Wert ist, der einmalig zu entrichten wäre, um eine Anwartschaft auf bestimmte Leistungen zu erwerben. Werden zusätzlich noch Abschlußkosten und Verwaltungskosten berücksichtigt, so handelt es sich um Bruttoeinmalprämien[6]. Im hier vorliegenden Zusammenhang werden nur die Nettowerte, also ohne Abschluß- und Verwaltungskosten, betrachtet.

1. Erlebensfallversicherung

17 Bei einer Erlebensfallversicherung erhält der Berechtigte nach Ablauf von n Jahren, wenn er noch lebt, den Betrag 1. Der Barwert für einen am Stichtag x-jährigen Berechtigten errechnet sich entsprechend Tz. 4 in Verbindung mit Tz. 6 nach der Formel

$$_nE_x = v^n \cdot {}_np_x$$

wobei

v^n die Abzinsung (Diskontierung) bewirkt und

$$_np_x = \frac{l_{x+n}}{l_x}$$

die Tatsache berücksichtigt, daß von l_x x-jährigen Berechtigten nach n Jahren nur noch l_{x+n} Berechtigte vorhanden sind. Die Gleichung läßt sich weiter umformen und führt dann zu den tabellierten Kommutationswerten (vgl. Tz. 13)

$$_nE_x = v^n \frac{l_{x+n}}{l_x} = \frac{v^x \cdot v^n \cdot l_{x+n}}{v^x \cdot l_x}$$

$$= \frac{v^{x+n} \cdot l_{x+n}}{v_x \cdot l_x} = \frac{D_{x+n}}{D_x}$$

---

6 Vgl. *Saxer* (Fn. 1), S. 47 ff.

Zahlenbeispiel mit Richttafeln Zinsfuß 6 vH, Gesamtbestand, Alter am Stichtag 35 Jahre, Zahlung der Leistung nach 25 Jahren, also im Alter 60:

$$_{25}E_{35} = \frac{2641,65}{12801,3} = 0,20636$$

Ist der Betrag der Erlebensfalleistung zB DM 10 000, dann wäre der gesuchte Barwert DM 2 063,60.

Ein praktisch bedeutsamer Sonderfall einer Erlebensfallversicherung liegt vor, **18** wenn einem Mitarbeiter vom Unternehmen zugesagt wird, daß er nach einer bestimmten Betriebszugehörigkeit einen Einmalbetrag erhält **(Treueprämie, Jubiläumsgeld)**. In diesem Fall ist die Aktivenausscheideordnung der Richttafeln anzuwenden, die berücksichtigt, daß ein aktiver Mitarbeiter zwischen den Zeitpunkten x und x + n wegen Tod oder Invalidität ausscheiden und damit den Anspruch nicht realisieren kann (vgl. Tz. 10). Die Formel lautet dann

$$_{n}E_{x}^{a} = \frac{D_{x+n}^{a}}{D_{x}^{a}}$$

Zahlenbeispiel mit Richttafeln Zinsfuß 6 vH, Aktivenbestand, Alter am Stichtag 35 Jahre, Zahlung im Alter 60 nach 25 Jahren Betriebszugehörigkeit:

$$_{25}E_{35}^{a} = \frac{1967,62}{12680,6} = 0,15517$$

Beläuft sich das Jubiläumsgeld zB auf DM 10 000, dann wäre der Barwert DM 1 551,70.

2. Lebenslängliche und abgekürzte Leibrenten

Der Begriff der Rente stammt aus der Zinseszinsrechnung (vgl. U Tz. 6 f.). Auch **19** bei der Leibrente wird periodisch über einen gewissen Zeitraum eine Leistung erbracht, aber die Auszahlung ist davon abhängig, daß der Berechtigte die jeweiligen Zeitpunkte **erlebt**.

a) Sofort beginnende lebenslängliche Leibrente

Im Folgenden wird davon ausgegangen, daß der Abstand zwischen den Zahlungszeitpunkten jeweils ein Jahr beträgt **(Jahresrente)** und die Leistung 1 jeweils am Anfang der Periode erfolgt (vorschüssige Leibrente). Es ist dann sofort einleuchtend, daß sich der Barwert der sofort beginnenden Leibrente vom Betrag 1 als Barwert einer Folge von Erlebensfallversicherungen mit der Leistung 1 darstellen läßt:

$$a_{x} = {_{0}}E_{x} + {_{1}}E_{x} + {_{2}}E_{x} + \ldots + {_{\omega-x}}E_{x}$$

$$= \frac{D_{x}}{D_{x}} + \frac{D_{x+1}}{D_{x}} + \frac{D_{x+2}}{D_{x}} + \ldots + \frac{D_{\omega}}{D_{x}}$$

$$= \frac{D_{x} + D_{x+1} + D_{x+2} + \ldots + D_{\omega}}{D_{x}}$$

$$= \frac{N_{x}}{D_{x}}$$

Zahlenbeispiel mit Richttafeln Zinsfuß 6 vH, Gesamtbestand, Alter am Stichtag 65 Jahre:

$$a_{65} = \frac{17823,30}{1823,15} = 9,7761$$

Beträgt die Jahresrente DM 1000, so beläuft sich der gesuchte Barwert auf DM 9776,10.

(Die Werte a_x sind in den Richttafeln tabelliert.)

20   Im Rahmen der Bewertung von betrieblichen Versorgungsfällen ist noch der Sonderfall einer Leibrente an einen ehemaligen Mitarbeiter von Bedeutung, der wegen vorzeitiger Invalidität ausgeschieden ist, also nicht wegen Erreichens der Altersgrenze. Unter Zugrundelegung der Ausscheideordnung für Invalide lautet die Formel für den Barwert einer sofort beginnenden **lebenslänglichen Invalidenrente** vom Jahresbetrag 1 entsprechend

$$a_x^i = \frac{N_x^i}{D_x^i}$$

Diese Rentenbarwerte sind in den Richttafeln tabelliert. Sie sind geringfügig abhängig vom Pensionsalter z.

b) Aufgeschobene lebenslängliche Leibrente

21   Soll die lebenslängliche Leibrente nicht sofort, sondern erst nach dem Ablauf von t Jahren beginnen, so handelt es sich um eine aufgeschobene Leibrente. Auch hier ist für die Ableitung der Formel für den Barwert der Rückgriff auf die Erlebensfallversicherung möglich.

$$_t a_x = \frac{D_{x+t} + D_{x+t+1} + D_{x+t+2} + \ldots + D_\omega}{D_x}$$

Mit Hilfe der Kommutationswerte (vgl. Tz. 13) gilt:

$$_t a_x = \frac{N_{x+t}}{D_x}$$

Zahlenbeispiel mit Richttafeln Zinsfuß 6 vH, Gesamtbestand, Alter am Stichtag 50 Jahre, Aufschubzeit 10 Jahre:

$$_{10} a_{50} = \frac{29307,61}{5125,77} = 5,7177$$

Bei einer Jahresrente von DM 1000 ergibt sich dann ein Barwert von DM 5717,70.

22   Durch eine einfache Umformung (erweitern des Bruches mit D_{x+t}) läßt sich die letzte Formel wie folgt darstellen:

$$_t a_x = \frac{N_{x+t} \cdot D_{x+t}}{D_x \cdot D_{x+t}} = \frac{D_{x+t}}{D_x} \cdot a_{x+t}$$

Diese Darstellungsform ist insbesondere dann von Bedeutung, wenn sich die Aufschubzeit in einer anderen Ausscheideordnung vollzieht, als die Rentenzahlungszeit. Ein praktisches Beispiel ist zB dann gegeben, wenn eine betriebliche Versorgungszusage dahingehend lautet, daß eine lebenslängliche Leibrente nur dann gewährt wird, wenn der aktive Berechtigte **als Aktiver** das Pensionierungsalter z erreicht, also x + t = z ist:

$$_{z-x}a_x^{aA} = \frac{D_z^a}{D_x^a} \cdot a_z$$

Zahlenbeispiel mit Richttafeln 6 vH, Aktivenbestand für die Aufschubzeit, Gesamtbestand für die Zahlungszeit, Pensionierungsalter z = 65 Jahre, Alter am Stichtag 50 Jahre:

$$_{15}a_{50}^{aA} = \frac{778{,}325}{4840{,}69} \cdot 9{,}7761 = 1{,}5719$$

Bei einer Jahresrente von DM 1 000 ergibt sich ein Barwert von DM 1 571,90.

c) Abgekürzte Leibrente

Wird die sofort beginnende Leibrente nicht lebenslänglich, sondern längstens **23** t mal bis zu einem Zeitpunkt t − 1 gezahlt, so handelt es sich um eine abgekürzte Leibrente. Unter Rückgriff auf die Erlebensfallversicherung (vgl. Tz. 17) lautet dann die Barwertformel:

$$a_{x\,\overline{t}|} = {}_0E_x + {}_1E_x + {}_2E_x + \ldots + {}_{t-1}E_x$$

$$= \frac{D_x}{D_x} + \frac{D_{x+1}}{D_x} + \frac{D_{x+2}}{D_x} \ldots + \frac{D_{x+t-1}}{D_x}$$

$$= \frac{N_x - N_{x+t}}{D_x} \qquad \text{(vgl. Tz. 13)}$$

$$= \frac{N_x}{D_x} - \frac{N_{x+t}}{D_x}$$

$$= a_x - {}_ta_x$$

Diese Relation ist unmittelbar evident, denn sie besagt, daß der Barwert einer abgekürzten Leibrente gleich dem Barwert einer lebenslänglichen abzüglich dem Barwert einer aufgeschobenen Leibrente ist.

Eine für die Bewertung betrieblicher Versorgungsverpflichtungen wichtige abge- **24** kürzte Leibrente ist die sogenannte **Aktivenrente**. Durch sie wird bei der Teilwertbewertung (vgl. Tz. 56) die Rückstellungsbildung gesteuert. Eine Aktivenrente wird solange gezahlt, wie ein Mitarbeiter aktiv bleibt, längstens bis zum Pensionierungsalter (Schlußalter) z. Die Barwertformel läßt sich wiederum über eine Erlebensfallversicherung nur für Aktive ableiten:

$$a_{x\,\overline{z-x}|}^a = {}_0E_x^a + {}_1E_x^a + {}_2E_x^a + \ldots + {}_{z-1}E_x^a$$

$$= \frac{D_x^a}{D_x^a} + \frac{D_{x+1}^a}{D_x^a} + \frac{D_{x+2}^a}{D_x^a} + \ldots + \frac{D_{z-1}^a}{D_x^a} \qquad \text{(vgl. Tz. 23)}$$

Nach der Definition in Tz. 13 ist der Zählersummand

$$D_x^a + \ldots + D_{z-1}^a = N_x^a,$$ so daß die Formel lautet:

$$a_{x\,\overline{z-x}|}^a = \frac{N_x^a}{D_x^a}$$

Die Werte für $a_{x\,\overline{z-x}|}^a$ für die Pensionierungsalter z = 60, 63 und 65 sind in den Richttafeln tabelliert.

d) Unterjährige Leibrenten

Bisher wurden nur Barwerte für die jährliche vorschüssige Zahlung von Leibren- **25** ten betrachtet (vgl. Tz. 19). In der Praxis werden Renten jedoch meist monatlich gezahlt. Der Barwert einer unterjährig vorschüssig zu zahlenden Rente ist, auch ohne mathematischen Beweis, sicherlich geringer als der Barwert der jährlich vorschüssig zu zahlenden. Mit relativ komplizierten mathematischen Berechnungen läßt sich ein Abzugsglied ermitteln, das der Unterjährigkeit der Rentenzahlung Rechnung trägt. Es ist vom Maß der Unterjährigkeit und vom Zins abhängig. Für die **lebenslänglichen Leibrenten** lautet das Abzugsglied (mit t = Anzahl der unterjährigen Zahlungen und i = Rechnungszins):

$$k^{(t)} = \frac{t-1}{2t} + \frac{t^2 - 1}{6t^2} \cdot i \cdot (1 - \frac{i}{2})$$

Es ist dann:

$$^{(12)}a_x = a_x - k^{(12)}$$

Zahlenbeispiel mit monatlicher Zahlung (t = 12) und Rechnungszins i = 0,06 für $k^{(12)}$:

$$k^{(12)} = \frac{11}{24} + \frac{143}{864} \cdot 0,06 \cdot (1 - 0,03)$$

$$= 0,45833 + 0,00963 = 0,46796$$

26 Handelt es sich um eine **abgekürzte Leibrente** (vgl. Tz. 23), so ist die Unterjährigkeit durch ein weiteres Korrekturglied zu berücksichtigen:

$$k_{t|}^{(12)} = k^{(12)} \cdot (1 - \frac{D_t}{D_x})$$

Dabei ist t − 1 das Alter zum Zeitpunkt des letzten Zahlungstermins.

27 Für die **aufgeschobene Leibrente** läßt sich auf die Formel in Tz. 22 zurückgreifen. Es ist

$$^{(12)}_{t|}a_x = \frac{D_{x+t}}{D_x} \cdot {}^{(12)}a_x$$

28 Die Werte

$$^{(12)}a_x, \; ^{(12)}a_x^i, \; ^{(12)}a_x^a, \; ^{(12)}a_{x\overline{z-x|}} \; \text{und} \; _{60-z|}^{(12)}a_x$$

sind in den Richttafeln für die Pensionierungsalter z = 60, 63 und 65 tabelliert. Es sei noch einmal darauf hingewiesen, daß die Werte mit dem Index x für Männer gelten. Die jeweils entsprechenden Werte für Frauen (Index y) sind gleichfalls in den Richttafeln angegeben (vgl. Tz. 13).

3. Anwartschaftsbarwerte für Rentenzahlungen

a) Anwartschaft auf Altersrente

29 Bisher wurden grundsätzlich nur Barwerte von sofort beginnenden Leibrenten, lebenslänglich und abgekürzt, betrachtet. Eine Ausnahme bildete die aufgeschobene lebenslängliche Leibrente (vgl. Tz. 21 und 22). Dabei handelt es sich eigentlich bereits um einen sogenannten Anwartschaftsbarwert. Am Berechnungsstichtag (Alter x) haben die Leistungen noch nicht eingesetzt, es besteht eine Anwartschaft. Für betriebliche Versorgungsverpflichtungen ist dabei die Anwartschaft eines x-jährigen Aktiven auf eine vom Pensionierungsalter z an zu zahlende lebenslängliche Leibrente von Bedeutung. Die **Barwertformel bei monatlicher Rentenzahlung** lautet:

$$_{z-x}^{(12)}a_x^{aA} = \frac{D_z^a}{D_x^a} \cdot {}^{(12)}a_z$$

b) Anwartschaft auf Invalidenrente

Es besteht bei einem x-jährigen Aktiven die Anwartschaft auf eine lebenslängli- **30**
che Leibrente vom Betrag 1 ab Eintritt der Invalidität, die monatlich gezahlt
wird. Betrachtet man die möglichen Schadensfälligkeiten eines Jahres t bis t + 1,
so gilt:

$$\frac{l_{x+t}^a}{l_x^a} \cdot i_{x+t} \cdot \left({}^{(12)}a_{x+t+1/2}^i - \frac{1}{24} \right) \cdot v^{t+1/2}$$

Verbal ist dieser Ansatz wie folgt zu interpretieren: Ein x-jähriger Aktiver bleibt
mit der Wahrscheinlichkeit $l_{x+t}^a : l_x^a$ bis zum Jahr x + t im Aktivenbestand. Im
folgenden Jahr x + t bis x + t + 1 wird er mit der Wahrscheinlichkeit i_{x+t} inva-
lidisiert. Dadurch wird eine lebenslängliche monatliche Invalidenrente vom Jahresbetrag 1 ausgelöst, deren Barwert

$${}^{(12)}a_{x+t+1/2}^i - 1/24$$

ist. Das Abzugsglied 1/24 ergibt sich aus der Tatsache, daß eine Leistung nicht
unmittelbar im Versorgungsfall, sondern am ersten Zahlungstermin danach einsetzt [7].

Der Zeitpunkt der Invalidisierung und damit des Rentenbeginns wird wegen der
Gleichverteilung der Invalidisierungshäufigkeiten im Zeitraum x + t bis x + t + 1
auf x + t + 1/2 gesetzt. Da die Betrachtung vom Zeitpunkt x aus erfolgt, ist der
ganze Wert mit $v^{t+1/2}$ zu diskontieren. Zur technisch einfacheren Bewältigung
dieses relativ komplizierten Ausdrucks werden auch hier Kommutationswerte
eingeführt. Es ist:

$$D_x^{ai} = D_x^a \cdot i_x \cdot \left({}^{(12)}a_{x+1/2}^i - \frac{1}{24} \right) \cdot v^{1/2}$$

und $N_x^{ai} = \sum_{x}^{z-1} D_x^{ai}$

Daraufhin läßt sich der Barwert einer Anwartschaft eines x-jährigen Aktiven auf
eine monatlich zahlbare lebenslängliche Invalidenrente wie folgt darstellen:

$$\begin{aligned}
{}^{(12)}a_x^{ai} &= \frac{1}{D_x^a} \cdot \sum_{x}^{z-1} l_x^a \cdot i_x \cdot \left({}^{(12)}a_{x+1/2} - \frac{1}{24} \right) \cdot v^{1/2} \\
&= \frac{1}{D_x^a} \cdot \sum_{x}^{z-1} D_x^{ai} = \frac{N_x^{ai}}{D_x^a}
\end{aligned}$$

Zahlenbeispiel mit Richttafeln Zinsfuß 6 vH, Alter am Stichtag 50 Jahre, Pensionierungsalter für Altersrente z = 65 Jahre:

---

[7] Vgl. *Heubeck* (Fn. 2), S. 22.

$$^{(12)}a_{50}^{ai} = \frac{15\,319,44}{4\,840,69} = 3,1647$$

Beläuft sich die Monatsrente auf DM 100, also die Jahresrente auf DM 1200, so beträgt der gesuchte Barwert $1\,200 \cdot 3,1647 = $ DM $3\,797,64$.

Die Werte D_x^{ai}, N_x^{ai} und $^{(12)}a_x^{aiA}$ sind in den Richttafeln für die Schlußalter $z = 60$, 63 und 65 tabelliert. Die Abhängigkeit vom Schlußalter (Beginn einer Altersrente) ist evident, da Invalidität nur im Zeitraum vor dem Beginn einer Altersrente eintreten kann.

31 In der Praxis der betrieblichen Versorgungszahlungen werden oft sogenannte **Wartezeiten** vorgesehen. Sie bedeuten, daß Rentenzahlungen nur dann gewährt werden, wenn eine Mindestbetriebszugehörigkeit t, zB 10 Jahre, bei Eintritt des Versorgungsfalles vorliegt. Versicherungsmathematisch sind dann bei der Berechnung des Barwertes die möglichen Schadensfälligkeiten der ersten t Jahre auszuschließen. Dies wird dadurch realisiert, daß die Summation der D_x^{ai} erst im Alter t beginnt, also

$$^{(12)}_{t}a_x^{ai} = \frac{1}{D_x^a} \cdot \sum_{x+t}^{z-1} D_x^{ai}$$

$$= \frac{N_{x+t}^{ai}}{D_x^a}$$

32 Soll die Invalidenrente nicht lebenslänglich, sondern nur **abgekürzt** bis zur Vollendung des Alters z (zB Beginn einer Altersrente) gezahlt werden, so ist in der ersten Formel in Tz. 30 für die möglichen Schadensfälligkeiten eines Jahres der lebenslängliche Rentenbarwert in einen abgekürzten Leibrentenbarwert abzuändern. Es gilt dann:

$$\frac{l_{x+t}^a}{l_x^a} \cdot i_{x+t} \cdot \left({}^{(12)}a_{x+t+1/2\,\overline{z-x-t-1/2}|}^i - \frac{1}{24} \right) \cdot v^{t+1/2}$$

Über die in den Richttafeln tabellierten Kommutationswerte (vgl. Tz. 30)

$$D_x^{ai(z)} = D_x^a \cdot i_x \cdot \left({}^{(12)}a_{x+1/2\,\overline{z-x-1/2}|}^i - \frac{1}{24} \right) \cdot v^{1/2}$$

$$N_x^{ai(z)} = \sum_{x}^{z-1} D_x^{ai(z)}$$

ergibt sich die Barwertformel

$$^{(12)}a_x^{ai(z)} = \frac{N_x^{ai(z)}}{D_x^a}$$

Zahlenbeispiel mit Richttafeln Zinsfuß 6 vH, Aktivenbestand, Alter am Stichtag 50 Jahre, Schlußalter für die Zahlung $z = 65$:

$$^{(12)}a_{50}^{ai(65)} = \frac{6324,76}{4840,69} = 1,3066$$

Beläuft sich die Monatsrente auf DM 100, also die Jahresrente auf DM $1\,200$, so ergibt sich ein Barwert von $1\,200 \cdot 1,3066 = $ DM $1\,567,92$.

Die Werte $D_x^{ai(z)}$, $N_x^{ai(z)}$ und $^{(12)}a_x^{ai(z)}$ sind in den Richttafeln für die Schlußalter $z = 60$, 63 und 65 tabelliert.

c) Anwartschaft auf Invaliden- und Altersrente

Bei betrieblichen Versorgungsverpflichtungen wird meistens eine Rente im Falle **33** der Invalidität und bei Erreichen des Pensionierungsalters zugesagt. Der Barwert einer Anwartschaft eines x-jährigen Aktiven auf eine lebenslänglich monatlich zahlbare Invaliden- und Altersrente läßt sich aus den Barwerten für die lebenslängliche Invalidenrente und die lebenslängliche Altersrente zusammensetzen (vgl. Tz. 29 und 30).

$$^{(12)}a_x^{aiA} = {}^{(12)}a_x^{ai} + {}^{(12)}_{z-x}a_x^{aA}$$

$$= \frac{N_x^{ai}}{D_x^a} + \frac{D_z^a}{D_x^a} \cdot {}^{(12)}a_z = \frac{N_x^{ai} + D_z \cdot {}^{(12)}a_z}{D_x^a}$$

Auch hier werden in den Richttafeln tabellierte Hilfswerte eingeführt (vgl. Tz. 30 und 31):

$$N_x^{aiA} = N_x^{ai} + D_z \cdot {}^{(12)}a_z$$

Dann lautet die Formel für den **Anwartschaftsbarwert**:

$$^{(12)}a_x^{aiA} = \frac{N_x^{aiA}}{D_x^a}$$

Die Werte N_x^{aiA} und $^{(12)}a_x^{aiA}$ sind für die Schlußalter $z = 60$, 63 und 65 in den Richttafeln tabelliert.

d) Anwartschaften auf Hinterbliebenenrente

Für die Berechnung des Barwertes einer Hinterbliebenenrente können grund- **34** sätzlich zwei unterschiedliche Verfahren angewendet werden, die individuelle und die kollektive Methode. Die **individuelle Methode** berücksichtigt den exakten Altersunterschied der Ehegatten und die Tatsache, daß die Ehe zum Zeitpunkt der Bewertung besteht. Versicherungstechnisch handelt es sich um eine sogenannte Versicherung für verbundene Leben. Der Anwendungsbereich liegt hauptsächlich bei den individuellen Verträgen mit Versicherungsgesellschaften. Für ein Unternehmen kommt die individuelle Methode für eine Bewertung nur dann in Frage, wenn der versorgungsberechtigte Ehepartner namentlich genannt wird, und bei Kaufpreisrenten. Auf die Ableitung und Erläuterung der versicherungsmathematischen Formeln[8] für die individuelle Methode wird an dieser Stelle verzichtet. Zur Anwendung wird auf die Erläuterungen in den Richttafeln, Textband, S. 35 f., hingewiesen.

Bei der Bewertung betrieblicher Versorgungsverpflichtungen wird im allgemei- **35** nen die **kollektive Methode** angewendet. Dabei werden statistisch begründete Annahmen über die Wahrscheinlichkeit, zum Zeitpunkt des Todes verheiratet zu sein (h_x), und den Altersunterschied der Ehegatten in diesem Zeitpunkt ($y(x)$) gemacht. Der familiäre Status des Berechtigten und der individuelle Altersunterschied der Ehegatten bleiben unberücksichtigt.

---

8 Vgl. hierzu *Saxer* (Fn. 1), S. 59 ff.

36 Für die Anwartschaft eines Altersrentners oder Berechtigten des Gesamtbestandes läßt sich dann bei der möglichen Schadensfälligkeit eines Jahres t bis t+1 folgender Ansatz machen (vgl. Tz. 30):

$$\frac{l_{x+t}}{l_x} \cdot q_{x+t} \cdot h_{x+t+1/2} \cdot \left(^{(12)}a_{y+t+1/2} - \frac{1}{24}\right) \cdot v^{t+1/2}$$

Verbal läßt sich dieser Ansatz wie folgt interpretieren: Ein x-jähriger Angehöriger des Gesamtbestandes bleibt mit der Wahrscheinlichkeit $l_{x+t} : l_x$ bis zum Zeitpunkt x+t im Gesamtbestand. Im Jahr x+t bis x+t+1 stirbt er mit der Wahrscheinlichkeit q_{x+t}.

Im Jahresdurchschnitt ist er dann mit der Wahrscheinlichkeit $h_{x+t+1/2}$ verheiratet, hinterläßt also mit dieser Wahrscheinlichkeit eine Witwe. Diese im Zeitpunkt des Ablebens des Mannes y+t+1/2-jährige Witwe erhält eine lebenslängliche monatliche Witwenrente mit dem Barwert

$$^{(12)}a_{y+t+1/2} - \frac{1}{24}$$

Die Betrachtung erfolgt vom Alter x aus, also ist der ganze Wert mit $v^{t+1/2}$ zu diskontieren. Um das rechnerische Verfahren zu vereinfachen, werden in den Richttafeln tabellierte Hilfswerte eingeführt:

$$D_x^w = D_x \cdot q_x \cdot h_{x+1/2} \cdot \left(^{(12)}a_{y+1/2} - \frac{1}{24}\right) \cdot v^{1/2}$$

und

$$N_x^w = \sum_{X}^{\omega} D_x^w$$

Der Barwert einer Anwartschaft eines x-jährigen **Angehörigen des Gesamtbestandes** auf eine monatlich zahlbare lebenslängliche **Witwenrente** lautet dann:

$$^{(12)}a_x^w = \frac{1}{D_x} \cdot \sum_{X}^{\omega} D_x \cdot q_x \cdot h_{x+1/2} \cdot \left(^{(12)}a_{y+1/2} - \frac{1}{24}\right) \cdot v^{1/2}$$

$$= \frac{1}{D_x} \cdot \sum_{X}^{\omega} D_x^w = \frac{N_x^w}{D_x}$$

Zahlenbeispiel mit Richttafeln 6 vH, Gesamtbestand, Alter am Stichtag 65 Jahre:

$$^{(12)}a_{65}^w = \frac{4964,860}{1823,15} = 2,7232$$

Beläuft sich die Monatsrente für den Berechtigten auf DM 100 und die Monatsrente für die hinterbliebene Ehefrau auf 60 vH davon, also DM 60, so ergibt sich für die Jahresrente von DM 720 der gesuchte Barwert 720 · 2,7232 = DM 1960,70.

Die Werte D_x^w, N_x^w und $^{(12)}a_x^w$ sind in den Richttafeln tabelliert.

37 In ähnlicher Weise wird der Barwert einer Anwartschaft eines x-jährigen **Invaliden** auf lebenslängliche **Witwenrente** abgeleitet. Über die Hilfswerte

$$D_x^{iw} = D_x^i \cdot q_x^i \cdot h_{x+1/2} \cdot \left(^{(12)}a_{y+1/2} - \frac{1}{24}\right) \cdot v^{1/2} \quad \text{für } x = z-1,$$

$$D_x^{iw} = \frac{D_z^i}{D_z} \cdot D_x^w \qquad \text{für } x = z \quad \text{und}$$

$$N_x^{iw} = \sum_x^\omega D_x^{iw}$$

ergibt sich dann die Barwertformel

$$^{(12)}a_x^{iw} = \frac{\sum\limits_x^\omega D_x^{iw}}{D_x^i} = \frac{N_x^{iw}}{D_x^i}$$

Die Werte D_x^{iw}, N_x^{iw} und $^{(12)}a_x^{iw}$ sind in den Richttafeln tabelliert.

Im Barwert der Anwartschaft eines x-jährigen **Aktiven** auf lebenslängliche **38**
Witwenrente

$$^{(12)}a_x^{aw}$$

ist zu berücksichtigen, daß der Aktive als Aktiver, als Altersrentner oder als Invalider versterben kann. Demgemäß werden zwei Hilfswerte definiert:

$$D_x^{aaw} = D_x^a \cdot q_x^a \cdot h_{x+1/2} \cdot \left({}^{(12)}a_{y+1/2} - \frac{1}{24} \right) \cdot v^{1/2}$$

$$D_x^{aiw} = D_x^a \cdot i_x \cdot {}^{(12)}a^{iw}{}_{x+1/2} \cdot v^{1/2}$$

Weiter gilt:

$$N_x^{aaw} = \sum_x^{z-1} D_x^{aaw} + D_z \cdot {}^{(12)}a_z^w$$

$$N_x^{aiw} = \sum_x^{z-1} D_x^{aiw}$$

$$N_x^{aw} = N_x^{aaw} + N_x^{aiw}$$

Die **Barwertformel** lautet dann:

$$^{(12)}a_x^{aw} = \frac{N_x^{aw}}{D_x^a} = {}^{(12)}a_x^{aaw} + {}^{(12)}a_x^{aiw}$$

Die Werte D_x^{aaw}, D_x^{aiw}, N_x^{aaw}, N_x^{aiw}, $^{(12)}a_x^{aaw}$, $^{(12)}a_x^{aiw}$ und $^{(12)}a_x^{aw}$ sind in den Richttafeln tabelliert.

4. Todesfallversicherung

Besteht ein Anspruch auf die **Versicherungsleistung** 1 **im Todesfall,** so spricht **39**
man von einer reinen Todesfallversicherung. Unter Zugrundelegung der
Bezeichnungen und Kommutationswerte in Tz. 6 und Tz. 14 ergibt sich der Barwert (Einmalprämie) für den Anspruch eines x-Jährigen auf Zahlung der
Summe 1 im Todesfall nach folgender Formel:

$$A_y = \frac{l_x - l_{x+1}}{l_x} \cdot v + \frac{l_{x+1} - l_{x+2}}{l_x} \cdot v^2 + \ldots + \frac{l_\omega}{l_x} \cdot v^{\omega+1}$$

$$= \frac{d_x}{l_x} \cdot v + \frac{d_{x+1}}{l_x} \cdot v^2 + \ldots + \frac{d_\omega}{l_x} \cdot v^{\omega+1}$$

Nach Erweiterung des Ausdrucks mit v^x gilt:

$$A_x = \frac{1}{D_x} (C_x + C_{x+1} + \ldots + C_\omega)$$

$$= \frac{M_x}{D_x}$$

oder entsprechend Tz. 15

$$A_x = \frac{v \cdot N_x - N_{x+1}}{D_x}$$

Durch die Umformung der Kommutationswerte M_x, die nicht in den Richttafeln tabelliert sind, in N_x können die Barwerte für die reine Todesfallversicherung für den Gesamtbestand relativ einfach aus den Richttafeln ermittelt werden.

Zahlenbeispiel mit Richttafeln 6 vH, Gesamtbestand, Alter x = 50 (v = 0,9434 lt. Tz. 4):

$$A_{50} = \frac{0,9434 \cdot 68\,256,74 - 63\,130,97}{5\,125,77} = 0,24629$$

Der Barwert (Einmalprämie) für einen Anspruch auf eine Todesfalleistung von DM 1 000 beträgt im Alter 50 demnach DM 246,29.

40 Soll die Todesfalleistung nur dann gewährt werden, wenn der x-jährige Versicherte innerhalb der nächsten t Jahre stirbt, sogenannte **temporäre Todesfallversicherung,** dann gilt:

$$_tA_x = \frac{M_x - M_{x+t}}{D_x}$$

41 Besteht ein Anspruch auf die Todesfalleistung erst nach einer Wartezeit von n Jahren, sogenannte **aufgeschobene Todesfallversicherung,** so ergibt sich als Barwert

$$_nA_x = \frac{M_{x+n}}{D_x}$$

Zur Berechnung mit Hilfe der Richttafeln (Gesamtbestand) gelten die genannten Relationen zwischen den Kommutationswerten M_x und N_x (vgl. Tz. 15).

42 Die am stärksten verbreitete Versicherungsform in der Todesfallversicherung ist die sogenannte **gemischte Versicherung.** Dabei wird die Todesfallsumme 1 fällig, wenn der x-jährige Versicherte während der ersten n Jahre stirbt, spätestens jedoch nach Erleben der n Jahre. Die gemischte Versicherung besteht also aus einer temporären Todesfallversicherung (vgl. Tz. 40) und einer Erlebensfallversicherung (vgl. Tz. 17). Der Barwert einer gemischten Versicherung lautet demgemäß:

$$A_{x\,\overline{n}|} = _nA_x + _nE_x$$

$$= \frac{M_x - M_{x+n}}{D_x} + \frac{D_{x+n}}{D_x}$$

$$= \frac{M_x - M_{x+n} + D_{x+n}}{D_x}$$

Auch hier können mit Hilfe der Relationen zwischen M_x und N_x (vgl. Tz. 15) die Zahlenwerte aus den Richttafeln abgeleitet werden.

Die für die Todesfallversicherung angegebenen Formeln gelten für Männer des **43** Gesamtbestandes der Richttafeln (vgl. Tz. 15), für Frauen ist der Index x durch y zu ersetzen. Entsprechendes gilt für die Verwendung der ADSt. Die Formeln können bei entsprechender Leistungsausgestaltung selbstverständlich auch für andere Ausscheideordnungen, zB den Aktivenbestand der Richttafeln, unter Verwendung der dazugehörigen Kommutationswerte benutzt werden.

III. Jahresprämien

Die beschriebenen Leistungsbarwerte sind mit den versicherungstechnischen **44** Einmalprämien identisch (vgl. Tz. 16). Sie definieren den Leistungsumfang einer Verpflichtung und sind deshalb genauso vielfältig wie die möglichen Leistungsdefinitionen, zB in der betrieblichen Altersversorgung. Im vorhergegangenen Abschnitt (Tz. 16 bis Tz. 43) konnte nur ein Teil der denkbaren Leistungsbarwerte, nämlich für sogenannte gleichbleibende Renten und Todesfalleistungen behandelt werden. Daneben gibt es noch Leistungsordnungen, die zB mit der Versicherungsdauer oder der Betriebszugehörigkeit steigende Leistungen vorsehen, wobei die Steigerung teilweise erst nach einer gewissen Zeit einsetzt und/ oder nach einem bestimmten Zeitraum wieder abbricht. Typisches Beispiel sind die Grund- und Steigerungssysteme in der betrieblichen Altersversorgung. Im vorliegenden Zusammenhang kann auf die einschlägige Literatur verwiesen werden[9].

Die versicherungstechnische Einmalprämie (Leistungsbarwert) reicht aus, um **45** eine bestimmte Verpflichtung durch eine Einmaleinlage zu finanzieren. In der Praxis der Lebensversicherungen, aber auch bei der Bewertung betrieblicher Versorgungsverpflichtungen erfolgt jedoch keine Einmaleinlage, sondern es werden **mehrere Zahlungen** geleistet, die Prämien oder Beiträge. In der betrieblichen Altersversorgung spricht man gemäß § 6a EStG von auf die Aktivitätszeit verteilten Jahresbeträgen, die versicherungstechnisch mit einer Jahresnettoprämie identisch sind. Sie regeln die Verteilung des Aufwandes des Unternehmens für die Versorgungszusage. Die Berechnung einer Jahresprämie erfolgt grundsätzlich für alle Versicherungsleistungen nach der gleichen Methode, dem versicherungsmathematischen **Äquivalenzprinzip**. Es besagt, daß zu einem bestimmten Stichtag (Versicherungsbeginn bzw. Finanzierungsbeginn in der betrieblichen Altersversorgung) der Barwert aller Beiträge vom Betrag P_x gleich dem Leistungsbarwert (Einmalprämie) sein muß. Bezeichnet man ganz allgemein den Beitragsbarwert für den Jahresbetrag 1 mit a_x und den Leistungsbarwert mit B_x, so gilt:

$$P_x \cdot a_x = B_x$$

---

9 Vgl. *Saxer* (Fn. 1), S. 40 ff.; *Heubeck* (Fn. 2), S. 24 ff. u. S. 33.

$$\text{oder } P_\lambda = \frac{B_x}{a_x}$$

1. Lebenslängliche Prämienzahlung

46 Mit dieser Grundformel lassen sich nun Jahresprämien für die verschiedensten Leistungsgestaltungen errechnen. Wird die **vorschüssige Jahresprämie** lebenslänglich gezahlt, was zB für die lebenslängliche Todesfallversicherung mit der Leistung 1 in Frage kommt, so ergibt sich aus der allgemeinen Prämienformel folgender Ansatz (vgl. Tz. 39 und Tz. 19):

$$P_x = \frac{A_x}{a_x} = \frac{M_x : D_x}{N_x : D_x} = \frac{M_x}{N_x}$$

Will man diese Jahresprämie aus den Richttafeln (Gesamtbestand) errechnen, so ist noch die Relation zwischen M_x und N_x zu berücksichtigen (vgl. Tz. 15):

$$P_x = \frac{v \cdot N_x - N_{x+1}}{N_x} = v - \frac{N_{x+1}}{N_x}$$

Zahlenbeispiel mit Richttafeln 6 vH, Gesamtbestand, Alter bei Versicherungsbeginn x = 50 (v = 0,9434 lt. Tz. 4):

$$P_{50} = 0{,}9434 - \frac{63\,130{,}97}{68\,256{,}74}$$

$$= 0{,}9434 - 0{,}9249 = 0{,}0185$$

Die vorschüssige Jahresprämie für einen Anspruch auf eine Todesfallleistung von DM 1 000 beträgt ab Alter 50 bis zum Ableben DM 18,50.

Soll die Jahresprämie nicht jährlich vorschüssig, sondern **monatlich vorschüssig** gezahlt werden, so ist in der Prämienformel der Barwert a_x durch $^{(12)}a_x$ zu ersetzen.

2. Abgekürzte Prämienzahlung

47 Von wesentlich größerer Bedeutung als die lebenslängliche Prämienzahlung ist in der Praxis die abgekürzte Prämienzahlung, die also bei einem bestimmten Höchstalter endet. Für die **lebenslängliche Todesfallversicherung** mit der Leistung 1 ergibt sich dann die vorschüssige Jahresprämie wie folgt (vgl. Tz. 23):

$$P_{x\,\overline{t}|} = \frac{A_x}{a_{x\,\overline{t}|}} = \frac{M_x : D_x}{(N_x - N_{x+t}) : D_x}$$

$$= \frac{M_x}{N_x - N_{x+t}} = \frac{v \cdot N_x - N_{x+1}}{N_x - N_{x+t}}$$

48 Für die weit verbreitete gemischte Versicherung auf den **Todes- und Erlebensfall** ist die Beitragsdauer t meist identisch mit der Versicherungsdauer t. Es gilt dann für die vorschüssige Jahresprämie (vgl. Tz. 42):

$$P_{x\,\overline{t}|} = \frac{A_{x\,\overline{t}|}}{a_{x\,\overline{t}|}} = \frac{(M_x - M_{x+t} + D_{x+t}) : D_x}{(N_x - N_{x+t}) : D_x}$$

$$= \frac{M_x - M_{x+t} + D_{x+t}}{N_x - N_{x+t}}$$

Unter Anwendung der Relationen zwischen M_x und N_x können auch hier die benötigten Kommutationswerte aus dem Gesamtbestand der Richttafeln entnommen werden.

Die abgekürzte Prämienzahlungsdauer ist von besonderer Bedeutung für die   **49**
Bewertung von Anwartschaftsverpflichtungen in der betrieblichen Altersversorgung. Die Nettoprämien (nach § 6a EStG „Jahresbeträge") sind während der Aktivitätszeit des Berechtigten aufzubringen. Dies erfordert eine Kalkulation der Finanzierung im Rahmen der Ausscheideordnung für Aktive (vgl. Tz. 24). Danach ergibt sich für den Jahresbetrag P_x im Zeitpunkt des Eintritts in das Unternehmen grundsätzlich die Formel (vgl. Tz. 45):

$$P_x = \frac{B_x}{a^a_{x\,\overline{z-x|}}}$$

Dabei ist z das Schlußalter der Ausscheideordnung für Aktive, also der Beginn der normalen Altersrente. Weiter wird aber steuerlich gefordert, daß der Finanzierungsbeginn frühestens im Alter 30 liegt; dies bedeutet für alle Dienstantritte mit x < 30, daß in diesen Fällen immer gilt:

$$P_x = \frac{B_{30}}{a^a_{30\,\overline{z-30|}}}$$

Es handelt sich also steuerlich bei Dienstbeginn unter 30 Jahren um eine aufgeschobene und auf die Aktivitätszeit abgekürzte Prämie (Jahresbetrag).

IV. Prämienreserven, Deckungskapitalien und Teilwerte

Neben den Barwerten und den Prämien ist die Prämienreserve, auch Deckungs-   **50**
kapital genannt, der dritte zentrale Begriff der Versicherungsmathematik. Dabei wird im folgenden nur die Nettoprämienreserve (Nettodeckungskapital) betrachtet, also ohne Abschluß- und Verwaltungskosten (vgl. Tz. 16).

Die **Notwendigkeit** einer Prämienreserve wird an einem einfachen Beispiel ersichtlich. Das Todesfallrisiko, im Gesamtbestand der Richttafeln beschrieben durch die einjährige Sterbenswahrscheinlichkeit $_1p_x$ (vgl. Tz. 6), nimmt ab Alter 28 zu. Will man nun, was üblich ist, dieses steigende Risiko der Todesfallversicherung nach dem versicherungsmathematischen Äquivalenzprinzip (vgl. Tz. 45) mit einer gleichbleibenden Prämie abdecken, so ist diese Prämie im Vergleich zu dem jeweiligen Leistungsbedarf am Anfang sicher zu hoch, am Ende der Prämienzahlungszeit zu niedrig. Aus den am Anfang zu hohen Prämien wird dann ein Deckungskapital gebildet, mit dem die zu niedrigen Beiträge am Ende ausgeglichen werden. Noch deutlicher wird die Notwendigkeit einer Prämienreserve bei der gemischten Versicherung auf den Todes- und Erlebensfall und den Rentenversicherungen.

Für die **Berechnung** von Prämienreserven gibt es verschiedene Möglichkeiten[10].   **51**

---

10 Vgl. hierzu *Saxer* (Fn. 1), S. 95 ff.

An dieser Stelle soll das sogenannte **prospektive Verfahren** beschrieben werden. Nach der Definition muß die Prämienreserve (Deckungskapital) für eine im Alter x begonnene Versicherung nach t Jahren ($_tV_x$) zusammen mit dem Barwert der künftigen Prämien ($P_x \cdot a_{x+t}$) ausreichen, um alle Leistungsansprüche nach diesem Zeitpunkt $x+t$ zu erfüllen. Der Barwert (versicherungstechnische Einmalprämie) der künftigen Leistungen ist B_{x+t}.

Damit ergibt sich die **Grundformel**

$$_tV_x + P_x \cdot a_{x+t} = B_{x+t}$$

oder als Bestimmungsgleichung für das Deckungskapital

$$_tV_x = B_{x+t} - P_x \cdot a_{x+t}$$

Verbal läßt sich die Gleichung wie folgt deuten: Das Deckungskapital am Ende des t-ten Jahres nach Versicherungsbeginn ist gleich der versicherungstechnischen Einmalprämie zu diesem Zeitpunkt abzüglich dem Barwert der noch ausstehenden Prämien. Man sieht sofort, daß bei Abschluß des Versicherungsvertrages im Zeitpunkt x (t = 0) gilt (vgl. Tz. 45):

$$_0V_x = B_x - P_x \cdot a_x$$
$$= P_x \cdot a_x - P_x \cdot a_x = 0$$

Weiter ist aus der allgemeinen Bestimmungsgleichung ersichtlich, daß nach Abschluß der Beitragszahlungszeit, wenn also $a_x = 0$ ist, die Prämienreserve (Deckungskapital) mit dem Barwert der künftigen Leistungen identisch ist. Diese Aussage hat Bedeutung zB bei der Bewertung betrieblicher Versorgungsverpflichtungen gegenüber mit einer unverfallbaren Anwartschaft ausgeschiedenen Mitarbeitern.

52   Für die **Erlebensfallversicherung** bis zum Alter x + n läßt sich das Deckungskapital nach t Jahren aus der Grundformel (vgl. Tz. 51) mit Hilfe der Formeln aus Tz. 17, 23 und 45 wie folgt ableiten:

$$_tV_x = {}_tE_x - {}_nE_x \cdot \frac{1}{a_{x\,\overline{n}|}} \cdot a_{x+t\,\overline{n-x-t}|}$$

$$= \frac{D_{x+n}}{D_{x+t}} - \frac{D_{x+n}}{D_x} \cdot \frac{D_x}{N_x - N_{x+n}} \cdot \frac{N_{x+t} - N_{x+n}}{D_{x+t}}$$

$$= \frac{D_{x+n}}{D_{x+t}} \cdot \left(1 - \frac{N_{x+t} - N_{x+n}}{N_x - N_{x+n}}\right)$$

$$= \frac{D_{x+n}}{D_{x+t}} \cdot \frac{N_x - N_{x+n} - N_{x+t} + N_{x+n}}{N_x - N_{x+n}}$$

$$= \frac{D_{x+n}}{D_{x+t}} \cdot \frac{N_x - N_{x+t}}{N_x - N_{x+n}}$$

53   Entsprechend lassen sich unter Verwendung bisher angegebener Formeln weitere Prämienreserven t Jahre nach Versicherungsbeginn ableiten, zB für

– eine um n Jahre **aufgeschobene lebenslängliche** vorschüssige Leibrente (vgl. Tz. 21):

$$_tV_x = \frac{N_{x+n}}{N_x - N_{x+n}} \cdot \frac{N_x - N_{x+t}}{D_{x+t}}$$

– eine um m Jahre **aufgeschobene, höchstens n Jahre dauernde** vorschüssige Leibrente:

$$_tV_x = \frac{N_{x+m} - N_{x+m+n}}{N_x - N_{x+m}} \cdot \frac{N_x - N_{x+t}}{D_{x+t}}$$

Für die meisten Versicherungen, insbesondere die Rentenversicherungen, läßt **54** sich die Prämienreserve technisch am günstigsten auf der Basis der Grundformel ermitteln (vgl. Tz. 51). Dies zeigt sich insbesondere bei der **Bewertung von betrieblichen Versorgungsleistungen.** Nach § 6a EStG darf eine Pensionsrückstellung höchstens mit dem Teilwert angesetzt werden. Dabei ist der **Teilwert** einer Pensionsanwartschaft gleich dem Barwert der künftigen Pensionsleistungen abzüglich des sich auf denselben Zeitpunkt ergebenden Barwertes betragsmäßig gleichbleibender Jahresbeträge bis zum voraussichtlichen Eintritt des Versorgungsfalles; die Jahresbeträge sind so zu ermitteln, daß ihr Barwert bei Beginn des Dienstverhältnisses gleich dem Barwert der Pensionsverpflichtungen zum gleichen Zeitpunkt ist. Der erste Teil der Definition ist identisch mit der Definition einer prospektiven Prämienreserve (vgl. Tz. 51), der zweite Teil entspricht der Definition der gleichbleibenden Jahresprämie, die während der Aktivitätszeit des Berechtigten aufzubringen ist (vgl. Tz. 49), wenn man Versicherungsbeginn gleich Beginn des Dienstverhältnisses setzt.

Nach § 6a EStG ist das Dienstverhältnis des Pensionsberechtigten frühestens ab **55** seinem Alter 30 zu berücksichtigen. Hat das Dienstverhältnis schon vor dem Alter x = 30 des Berechtigten bestanden, so gilt es als zu Beginn des Wirtschaftsjahres entstanden, bis zu dessen Mitte er das 30. Lebensjahr vollendet hat.

Entsprechend ist also die Grundformel für die Prämienreserve (vgl. Tz. 51) für die **Berechnung nach § 6a EStG** wie folgt zu variieren:

$$_tV_x = B_{x+t} - P_x \cdot a^a_{x+t \; \overline{z-x-t}|}$$

Dabei ist $P_x = \dfrac{B_x}{a^a_{x \; \overline{z-x}|}}$ und für x < 30 gilt x = 30.

Wegen der letzten Bedingung spricht man von einem **eingeschränkten** Teilwert. Ein Dienstantritt vor dem 30. Lebensjahr hat also auf die Berechnung des Teilwertes keine Auswirkung.

Aus dieser Darstellung läßt sich entnehmen, daß nach Ende der Aktivitätszeit **56** ($a^a_{x \; \overline{z-x}|} = 0$) gilt:

$$_tV_x = B_{x+t}$$

Das heißt, der Teilwert ist identisch mit der versicherungstechnischen Einmalprämie bzw. dem Anwartschaftsbarwert. Diese Relation gilt auch für den Fall, daß ein Berechtigter mit einer unverfallbaren Anwartschaft ausgeschieden ist, da dann keine künftige Aktivitätszeit für das Unternehmen gegeben ist.

Wird die zugesagte Versorgungsleistung **erhöht** oder auch **gemindert,** zB bei **57** gehaltsabhängigen Zusagen durch Erhöhung des maßgeblichen Gehalts, so ist für die Rückstellungsbildung (Berechnung der Prämienreserve) nach der Definition in § 6a EStG rechnerisch die Erhöhung auf den Beginn des Dienstverhältnisses **zurückzubeziehen.** Hier zeigt sich der Unterschied zum sogenannten Gegenwartswertverfahren. Bei diesem ist die aus der Erhöhung resultierende Mehrbelastung erst ab dem Zeitpunkt der Erhöhung zu berücksichtigen. Beim Gegenwartswertverfahren ist also für jede Erhöhung eine zusätzliche Prämienreserve zu ermitteln, bei der der Versicherungsbeginn mit dem Erhöhungszeitpunkt identisch ist. Das Teilwertverfahren reagiert also wesentlich gegenwartsnäher und damit stärker auf eine Veränderung von Versorgungszusagen.

58 Nach der allgemeinen Formel für die Rückstellungsbildung entsprechend § 6a EStG (vgl. Tz. 55) können nun die **steuerlich zulässigen Rückstellungen** für verschiedene Typen von Versorgungszusagen ermittelt werden.

Beispiel: Ein bei Dienstbeginn x-jähriger Aktiver erhält eine Zusage auf Invaliden- und Altersrente vom Jahresbetrag R, zahlbar in monatlichen Beträgen von R/12. Es ist die Rückstellung (eingeschränkter Teilwert) im Alter x + t des Berechtigten zu berechnen. Das Alter bei Beginn der Altersrente (Pensionierungsalter) sei z, dann lautet die Formel:

$$_t V_x^{aiA} = R \cdot \left({}^{(12)}a_{x+t}^{aiA} - P_x \cdot a_{x+t\ \overline{z-x-t|}}^{a} \right)$$

Dabei ist $P_x = \dfrac{{}^{(12)}a_x^{aiA}}{a_{x\ \overline{z-x|}}^{a}}$

ungeformt gilt:

$$_t V_x^{aiA} = R \cdot \left({}^{(12)}a_{x+t}^{aiA} - {}^{(12)}a_x^{aiA} \cdot \frac{a_{x+t\ \overline{z-x-t|}}^{a}}{a_{x\ \overline{z-x|}}^{a}} \right)$$

Zahlenbeispiel mit Richttafeln 6 vH, Pensionierungsalter z = 65, Dienstbeginn Alter 25 (wegen der steuerlichen Vorschriften mindestens x = 30), Alter am Berechnungsstichtag x + t = 50, Jahresrente R = 1 000:

$$_{20} V_{30}^{aiA} = 1\,000 \cdot \left({}^{(12)}a_{50}^{aiA} - {}^{(12)}a_{30}^{aiA} \cdot \frac{a_{50\ \overline{15|}}^{a}}{a_{30\ \overline{35|}}^{a}} \right)$$

Mit Hilfe der in den Richttafeln tabellierten Werte ergibt sich:

$$_{20} V_{30}^{aiA} = 1\,000 \cdot \left(4{,}661 - 1{,}644 \cdot \frac{8{,}690}{14{,}329} \right)$$

$$= 1\,000 \cdot 3{,}664 = 3\,664$$

Die gesuchte Rückstellung beträgt also DM 3 664.

59 Aus dem umgeformten Ansatz für die Grundformel zur Rückstellungsberechnung nach § 6a EStG (vgl. Tz. 55)

$$_t V_x = B_{x+t} - B_x \cdot \frac{a_{x+t\ \overline{z-x-t|}}^{a}}{a_{x\ \overline{z-x|}}^{a}}$$

ist sofort ersichtlich, daß für die **unterschiedlichen Leistungsinhalte** von Versorgungszusagen die Rückstellungsberechnung allein von B_{x+t} und B_x abhängt, den Anwartschaftsbarwerten. So sind zB beim **Einschluß einer Witwenrente** von 60 vH der Mannesrente die Barwerte für die Jahresrente R = 1 im Beispiel in Tz. 58 wie folgt zu verändern:

$$B_x = {}^{(12)}a_x^{aiA} \text{ in } B_x = {}^{(12)}a_x^{aiA} + 0{,}6 \cdot {}^{(12)}a_x^{aw}$$

$$B_{x+t} = {}^{(12)}a_{x+t}^{aiA} \text{ in } B_{x+t} = {}^{(12)}a_{x+t}^{aiA} + 0{,}6 \cdot {}^{(12)}a_{x+t}^{aw}$$

Soll zB eine **n-jährige Wartezeit** berücksichtigt werden, so gilt (ohne Einschluß der Witwenrente) während der Wartezeit (t < n) nach Tz. 34:

$$B_x = \frac{D_{x+n}^{a}}{D_x^{a}} \cdot {}^{(12)}a_{x+n}^{aiA}$$

$$B_{x+t} = \frac{D^a_{x+n}}{D^a_{x+t}} \cdot {}^{(12)}a^{aiA}_{x+n}$$

Nach dem Ende der Wartezeit (t = n) gilt

B_x = unverändert

$B_{x+t} = {}^{(12)}a^{aiA}_{x+t}$

Auch in diesem Wartezeitbeispiel ist bei Einschluß einer Witwenrente von zB 60 vH der Mannesrente der Barwert ${}^{(12)}a^{aiA}_x$ durch die Barwerte ${}^{(12)}a^{aiA}_x + 0,6 \cdot {}^{(12)}a^{aw}_x$ zu ersetzen.

In den Ergänzungsbänden zu den Richttafeln[11] sind **Teilwerte für bestimmte einfache Leistungssysteme** tabelliert: **60**

– für gleichbleibende oder gleichmäßig bis zum Pensionierungsalter steigende Anwartschaften auf Invaliden- und Altersrente in den Kombinationen für Mannes- und Witwenrente 100/0, 0/100, 100/60 und 100/63
– mit und ohne Berücksichtigung einer Wartezeit von 10 Jahren
– für Männer und Frauen mit den Pensionierungsaltern z = 60, 63 und 65.

Die in der Praxis vorkommenden Versorgungszusagen sind von einer solchen   **61** Vielfalt, daß ein Tabellieren der Teilwerte für alle Leistungssysteme nicht möglich ist. Aus den bisherigen Formeln hat sich erwiesen, daß sich die daraus resultierenden rechnerischen Probleme auf die Ermittlung der Anwartschaftsbarwerte, die vom Leistungsinhalt abhängig sind, reduzieren (vgl. Tz. 59). Bei der **Entwicklung von Rechenprogrammen** zur Ermittlung der Teilwerte sind daher die Barwerte das entscheidende Element. Da die Barwerte nur für einfache Leistungsinhalte tabelliert sind, wird auf die Grund-Kommutationswerte (D_x-Werte, vgl. Tz. 29 bis 39) zurückgegriffen und der Anwartschaftsbarwert jahresweise durch Summation zusammengefaßt.

Ein einfaches **Beispiel** soll dieses Verfahren verdeutlichen:

Entsprechend der Versorgungszusage beträgt die Grundrente nach einer Wartezeit von 10 Dienstjahren 10 vH des jeweiligen Gehalts, die Anwartschaft steigt ab dem 11. Dienstjahr um 0,5 vH des jeweiligen Gehalts pro Dienstjahr bis zum Höchstberag von 17,5 vH nach 25 Dienstjahren. Auf diese Versorgungszusage wird eine Pensionskassenleistung angerechnet, die wie folgt definiert ist: Nach einer Wartezeit von 5 Dienstjahren beträgt die Anwartschaft 5 vH des Gehalts, ab dem 6. Dienstjahr steigt die Anwartschaft um jährlich 1/3 vH des Gehalts. Das pensionsfähige Gehalt bei der Pensionskasse ist auf DM 30 000 jährlich begrenzt. Der Berechtigte ist im Alter x = 35 eingetreten, am Berechnungsstichtag x + t = 50 Jahre alt und hat am Berechnungsstichtag ein Gehalt von DM 50 000 jährlich. Das Pensionierungsalter ist z = 65.

Es wird dann zuerst der sogenannte Leistungsvektor ermittelt, der aufgrund der Leistungszusage und der maßgeblichen Bezüge am Stichtag für jedes Alter zwischen x = 35 und z = 65 den Umfang der Verpflichtung des Unternehmens beschreibt. In der Tabelle in Tz. 63 dienen die Spalten (3) bis (5) der Errechnung des jeweiligen Netto-Jahresrentenanspruchs R_x aus der Differenz der Brutto-Firmenzusage R^F_x zur anrechnungsfähigen Pensionskassenleistung R^{PK}_x. Dabei sind negative Werte = 0 zu setzen. Wegen der Wartezeit bei der Firmenzusage kön-

---

11 Vgl. *Heubeck*, Richttafeln, Ergänzungsbände, Köln 1983; Auszüge in Abschnitt W.

nen in den ersten 10 Dienstjahren keine Leistungen fällig werden. In Spalte (5) sind die D_x^{ai} aus den Richttafeln angegeben, in Spalte (6) das Produkt $R_x \cdot D_x^{ai}$.

Dieses Produkt wird in Spalte (7) von $z - 1 = 64$ her addiert. Damit sind alle möglichen Fälligkeiten durch Invalidisierung erfaßt. Es fehlt noch die Altersrente, die sich aus dem Ansatz

$$R_z \cdot D_z^a \cdot {}^{(12)}a_z$$

$$= 8750 \cdot 778{,}325 \cdot 9{,}308 = 63\,390\,680$$

ergibt. Damit können die für die Teilwertermittlung erforderlichen **Barwerte** wie folgt ermittelt werden:

$$B_x = B_{35} = \frac{1}{D_{35}^a} \cdot (80\,061\,546 + 63\,390\,680)$$

$$= \frac{143\,452\,226}{12\,680{,}6} = 11\,312{,}27$$

$$B_{x+t} = B_{50} = \frac{1}{D_{50}^a} \cdot (73\,553\,542 + 63\,390\,680)$$

$$= \frac{136\,944\,222}{4\,840{,}69} = 28\,290{,}23$$

Damit ergibt sich der **Teilwert** (vgl. Tz. 59) wie folgt:

$$_t V_x = {}_{15}V_{35} = B_{50} - B_{35} \cdot \frac{a_{50\,\overline{15|}}^a}{a_{30\,\overline{35|}}^a}$$

$$= 28\,290{,}23 - 11\,312{,}27 \cdot \frac{8{,}690}{14{,}329}$$

$$= 28\,290{,}23 - 6\,860{,}47 = 21\,429{,}76$$

Der gesuchte Teilwert für den 50-jährigen Berechtigten beträgt also DM 21 429.

62 Will man das am Beispiel geschilderte Verfahren abstrakt darstellen, so lautet die **Formel für den Anwartschaftsbarwert** im Zeitpunkt x

$$B_x = \frac{1}{D_x^a} \cdot \left(\sum_{j=0}^{z-x-1} R_j \cdot D_{x+j}^{ai} + R_z \cdot D_z^a \cdot {}^{(12)}a_z \right)$$

Ist gleichzeitig eine Witwenrente vorgesehen, die in einer bestimmten Relation (zB 60 vH) zur Mannesrente steht, so sind die Summanden D_{x+j}^{ai} durch $D_{x+j}^{ai} + 0{,}6 \cdot D_{x+j}^{aw}$ und ${}^{(12)}a_z$ durch ${}^{(12)}a_z + 0{,}6 \cdot {}^{(12)}a_z^w$ zu ersetzen.

Ist die Witwenrentenanwartschaft der Mannesrente nicht direkt proportional, dann sind getrennte Leistungsvektoren für Mannes- und Witwenrenten gegeben und eine getrennte Barwertermittlung erforderlich.

63 Bei geeigneten Rechenanlagen kann statt auf die Grundkommutationswerte (D_x-Werte) auf die Grundwerte l_x, l_x^a, l_x^i, i_x, h_x und $y(x)$ (vgl. Tz. 10) zurückgegangen werden. Zwar steigt dadurch der Rechenaufwand, im Programm kann aber leicht der Rechnungszins geändert werden. Auch ist der Einsatz von unterschiedlichen Sterbetafeln (zB ADSt und Richttafeln) und die Variation von biologischen Wahrscheinlichkeiten eher möglich. Besondere Bedeutung haben die

Rechnerprogramme, wie sie in Tz. 61 und in der zugehörigen Tabelle (s. u.) beispielhaft angedeutet wurden, bei den komplizierten Berechnungen für sogenannte **Gesamtversorgungssysteme,** die eine Berücksichtigung der gesetzlichen Rentenversicherung vorsehen. Zu weiteren Einzelheiten muß auf die Fachliteratur verwiesen werden[12].

Beispiel für ein rechnerangepaßtes Verfahren zur Teilwertberechnung nach § 6a EStG (zu Tz. 61)

t	x+t	R^F_{x+t}	R^{PK}_{x+t}	R_{x+t}	D^{ai}_{x+t}	$\dfrac{R_{x+t}}{D^{ai}_{x+t}}$	$\sum \dfrac{R_{x+t}}{D^{ai}_{x+t}}$
(1)	(2)	(3)	(4)	(5)	(6)	(7)	(8)
0	35	0	0	0			
1	36	0	0	0			
2	37	0	0	0			
3	38	0	0	0			
4	39	0	0	0			
5	40	0	1 500	0			
6	41	0	1 600	0			
7	42	0	1 700	0			
8	43	0	1 800	0			
9	44	0	1 900	0			
10	45	5 000	2 000	3 000	353,781	1 061 343	80 061 546
11	46	5 250	2 100	3 150	369,622	1 164 309	79 000 203
12	47	5 500	2 200	3 300	390,324	1 288 069	77 835 894
13	48	5 750	2 300	3 450	410,830	1 417 364	76 547 825
14	49	6 000	2 400	3 600	438,033	1 576 919	75 130 461
15	50	6 250	2 500	3 750	476,470	1 786 763	73 553 542
16	51	6 500	2 600	3 900	516,903	2 015 922	71 766 779
17	52	6 750	2 700	4 050	570,158	2 309 140	69 750 857
18	53	7 000	2 800	4 200	644,212	2 705 690	67 441 717
19	54	7 250	2 900	4 350	721,144	3 136 976	64 736 027
20	55	7 500	3 000	4 500	812,312	3 655 404	61 599 051
21	56	7 750	3 100	4 650	903,396	4 200 791	57 943 647
22	57	8 000	3 200	4 800	998,497	4 792 786	53 742 856
23	58	8 250	3 300	4 950	1 088,99	5 390 501	48 950 070
24	59	8 500	3 400	5 100	1 362,58	6 949 158	43 559 569
25	60	8 750	3 500	5 250	1 650,21	8 663 603	36 610 411
26	61	8 750	3 600	5 150	1 490,40	7 675 560	27 946 808
27	62	8 750	3 700	5 050	1 598,64	8 073 132	20 271 248
28	63	8 750	3 800	4 950	1 432,95	7 093 103	12 198 116
29	64	8 750	3 900	4 850	1 052,58	5 105 013	5 105 013
30	65	8 750	4 000	4 750			

---

12 Vgl. zB *Ahrend/Förster/Rößler,* Steuerrecht der betrieblichen Altersversorgung, Losebl., Köln, 2. Teil, Tz. 160–359; Handbuch der betrieblichen Altersversorgung, Losebl., Wiesbaden, Band I (Grundlagen und Praxis).

Rechnerprogramme, wie sie in Dr. Brunn in der zugehörigen Tabelle (s. u.) beispielhaft angedeutet werden, bei den komplizierten Berechnungen für sogo-
nannte Gesamtversorgungssysteme, die eine Berücksichtigung der gesetzlichen
Rentenversicherung vorsehen. Zu weiteren Einzelheiten muß auf die Fachliteratur verwiesen werden[1].

Beispiel für ein rechnerunterstütztes Verfahren zur Teilwertberechnung
nach § 6a EStG (zu Tz. 6b)

$\frac{F}{P}$	$x+1$	R_{x+1}^*	R_{x+1}^c	D_x^*	D_x^c	$\frac{R_x}{P}$	$\frac{F}{P}$
(1)	(2)	(3)	(4)	(5)	(6)	(7)	(8)

[1] Vgl. zB den zum Thema „Renten-, Sterbetafeln der betrieblichen Altersversorgung", Loseblt., Köln.
s. Zeh., S. 10–359. – Handbuch der betrieblichen Altersversorgung, Loseblt., Wiesbaden; Grundlagen und Praxis.)

Abschnitt W

Tabellen mit Teilwerten und Barwerten
nach den Richttafeln von Dr. Klaus Heubeck

Die folgenden Tabellen sind jeweils für gleichbleibende Anwartschaften auf **1** Invaliden-, Alters- und ggf. 60% Witwen- oder Witwerrente anwendbar (Waisenrentenanwartschaften dürfen nur noch individuell berücksichtigt werden).

Beispielsweise beträgt der Teilwert für eine gleichbleibende Anwartschaft auf Invaliden- und Altersrente in Höhe von monatlich 300 DM einschließlich 60% Witwenrentenanwartschaft lt. Tabelle 2 für einen am Stichtag versicherungstechnisch 40jährigen männlichen Berechtigten (Eintrittsalter 32 Jahre):

$$\frac{12 \times 300 \text{ DM}}{1000 \text{ DM}} \times 1614 \text{ DM} = \underline{5810 \text{ DM}}.$$

Bei im Verlauf der Dienstzeit veränderlichen Anwartschaften können die Tabellen für eine grobe Abschätzung des Teilwerts auf eine unter Beachtung des tatsächlichen Anwartschaftsverlaufs ermittelte **gewichtete Rentenleistung** angewendet werden; die gewichtete Rente R ergibt sich aus der Formel

$R = 0,15 \cdot RX + 0,85 \cdot RPA$ bei männlichen Berechtigten, bzw.

$R = 0,05 \cdot RX + 0,95 \cdot RPA$ bei weiblichen Berechtigten,

wobei RX die erreichte Anwartschaft am Bilanzstichtag und RPA die bis zum unterstellten Pensionierungsalter erreichbare Jahresrente bedeutet.

Wird im obigen Beispiel anstelle einer gleichbleibenden Anwartschaft von monatlich 300 DM eine gleichmäßige steigende Anwartschaft von 0,3% des Gehaltes (mtl. 3000 DM) pro Dienstjahr gewährt, ergibt sich eine am Stichtag erreichte Rente von

$8 \times 12 \times 3000 \text{ DM} \times 0,3\% = 864 \text{ DM p.a.}$ und

eine im Alter 63 erreichbare Rente von

$31 \times 12 \times 3000 \text{ DM} \times 0,3\% = 3348 \text{ DM};$

die gewichtete Rente beträgt demnach

$0,15 \cdot 864 \text{ DM} + 0,85 \cdot 3348 \text{ DM} = 2975,40 \text{ DM},$

woraus sich ein Näherungswert für den Teilwert von

$$\frac{2975,40 \text{ DM}}{1000,00 \text{ DM}} \times 1614 \text{ DM} = \underline{4802 \text{ DM}}$$

ergibt. (Der exakte Wert lautet 4848 DM.)

Weicht das zu berücksichtigende Pensionierungsalter von dem in den Tabellen unterstellten Pensionierungsalter ab, so sind die solchermaßen ermittelten Werte für jedes Jahr der Abweichung nach oben/unten um je 5% des Tabellenwertes zu vermindern/erhöhen, um eine brauchbare Näherung für die Plausibilitätsprüfung zu erzielen.

Tabelle 1   Teilwerte nach den „Richttafeln" (Männer, Zins 6 %, Schlußalter 63) für eine gleichbleibende Anwartschaft auf Invaliden- und Altersrente in Höhe von jährlich 1000 DM

Eintrittsalter

abgelaufene Dauer	30	31	32	33	34	35	36	37	38	39	40	41	42	43	44	45	46	47	48	49	50	51	52	53	54	55	56	57	58	59	60	61	62
1	121	128	136	146	156	167	179	192	205	220	237	255	276	299	321	350	381	416	457	502	553	613	682	760	857	976	1132	1341	1653	2061	2780	4513	9848
2	247	263	281	300	320	342	367	393	420	452	486	524	566	610	659	717	780	853	935	1027	1132	1252	1389	1551	1747	1995	2318	2769	3367	4256	6016	9848	
3	380	405	432	461	493	527	565	604	647	695	748	805	868	938	1015	1102	1201	1311	1436	1575	1735	1915	2125	2372	2678	3063	3582	4248	5191	6814	9848		
4	520	554	591	631	675	721	771	826	885	951	1024	1101	1187	1282	1387	1508	1641	1791	1959	2148	2361	2605	2889	3230	3653	4201	4889	5821	7320	9848			
5	668	711	759	811	866	924	989	1059	1136	1220	1311	1411	1521	1643	1779	1932	2102	2292	2505	2742	3012	3322	3688	4130	4691	5379	6280	7661	9848				
6	823	877	935	998	1065	1139	1218	1305	1399	1500	1613	1736	1872	2023	2190	2376	2583	2815	3071	3359	3688	4070	4525	5088	5766	6631	7909	9848					
7	986	1051	1120	1195	1276	1364	1459	1563	1674	1796	1931	2078	2242	2421	2620	2841	3086	3357	3660	4001	4394	4855	5417	6079	6908	8099	9848						
8	1158	1234	1314	1403	1497	1600	1713	1832	1963	2107	2264	2438	2628	2838	3069	3326	3607	3921	4272	4671	5135	5691	6338	7132	8249	9848							
9	1338	1425	1519	1621	1730	1849	1977	2116	2267	2433	2616	2815	3034	3274	3538	3828	4149	4506	4911	5374	5924	6555	7318	8370	9848								
10	1527	1627	1734	1850	1975	2109	2255	2414	2586	2776	2983	3209	3457	3728	4024	4351	4712	5118	5580	6123	6739	7473	8470	9848									
11	1727	1839	1960	2091	2231	2383	2548	2727	2923	3135	3368	3622	3899	4200	4530	4894	5301	5760	6295	6896	7604	8554	9848										
12	1936	2062	2198	2343	2500	2671	2855	3057	3274	3512	3771	4053	4357	4690	5055	5461	5917	6444	7032	7717	8625	9848											
13	2156	2297	2446	2608	2783	2972	3179	3401	3643	3905	4191	4499	4834	5199	5604	6056	6574	7149	7814	8686	9848												
14	2388	2541	2708	2887	3080	3291	3517	3763	4028	4317	4627	4963	5329	5731	6178	6690	7253	7898	8739	9848													
15	2630	2800	2983	3180	3394	3623	3872	4141	4431	4742	5080	5445	5846	6289	6792	7344	7972	8784	9848														
16	2885	3071	3271	3488	3721	3972	4243	4536	4848	5185	5550	5949	6388	6884	7425	8037	8824	9848															
17	3153	3356	3575	3811	4065	4337	4631	4945	5282	5645	6042	6476	6966	7497	8095	8860	9848																
18	3434	3656	3894	4149	4424	4718	5033	5370	5732	6126	6557	7040	7562	8147	8891	9848																	
19	3731	3970	4227	4503	4799	5113	5450	5811	6203	6629	7107	7620	8193	8919	9848																		
20	4041	4300	4576	4873	5187	5524	5884	6273	6696	7167	7673	8235	8944	9848																			
21	4367	4644	4941	5256	5591	5950	6337	6756	7222	7721	8273	8967	9848																				
22	4707	5004	5318	5654	6011	6395	6812	7272	7764	8307	8987	9848																					
23	5062	5377	5711	6067	6449	6862	7318	7804	8338	9005	9848																						
24	5430	5764	6119	6499	6909	7361	7840	8367	9022	9848																							
25	5813	6166	6545	6952	7399	7874	8393	9038	9848																								
26	6211	6587	6991	7435	7904	8417	9052	9848																									
27	6626	7027	7468	7932	8438	9065	9848																										
28	7061	7498	7958	8459	9076	9848																											
29	7526	7982	8477	9087	9848																												
30	8004	8494	9097	9848																													
31	8510	9107	9848																														
32	9115	9848																															
33	9848																																

Tabelle 2 Teilwerte nach den „Richttafeln" (Männer, Zins 6 %, Schlußalter 63) für eine gleichbleibende Anwartschaft auf Invaliden- und Altersrente in Höhe von jährlich 1000 DM einschließlich einer Anwartschaft auf Witwenrente in Höhe von jährlich 600 DM

abge-laufene Dauer	Eintrittsalter																																
	30	31	32	33	34	35	36	37	38	39	40	41	42	43	44	45	46	47	48	49	50	51	52	53	54	55	56	57	58	59	60	61	62
1	150	159	168	181	193	205	220	235	251	268	288	308	334	360	386	419	455	495	543	595	653	723	803	893	1005	1143	1323	1567	1928	2401	3238	5250	11448
2	307	326	348	371	394	421	450	481	512	550	589	634	682	734	790	857	929	1013	1109	1215	1336	1475	1633	1820	2048	2335	2709	3232	3924	4957	7001	11448	
3	472	502	535	569	607	647	692	738	788	844	906	973	1045	1126	1215	1314	1429	1556	1701	1861	2045	2254	2496	2782	3135	3582	4182	4953	6048	7931	11448		
4	645	686	730	778	830	884	943	1007	1076	1153	1238	1327	1427	1536	1657	1796	1950	2123	2317	2535	2780	3062	3391	3784	4273	4907	5703	6784	8521	11448			
5	828	879	937	998	1063	1131	1208	1289	1379	1477	1582	1698	1825	1965	2122	2298	2494	2713	2959	3232	3543	3901	4323	4834	5482	6277	7320	8919	11448				
6	1018	1083	1152	1227	1306	1392	1484	1586	1695	1813	1943	2085	2242	2415	2608	2822	3061	3327	3622	3954	4334	4774	5299	5948	6730	7732	9209	11448					
7	1219	1296	1378	1467	1562	1664	1775	1896	2025	2168	2322	2491	2680	2886	3115	3369	3651	3962	4312	4704	5157	5688	6336	7098	8056	9431	11448						
8	1429	1519	1614	1719	1829	1949	2081	2218	2370	2537	2717	2917	3136	3377	3643	3938	4261	4622	5026	5485	6019	6659	7403	8320	9607	11448							
9	1649	1751	1863	1982	2110	2248	2397	2558	2732	2923	3133	3363	3614	3890	4193	4526	4894	5305	5770	6302	6934	7659	8538	9749	11448								
10	1879	1996	2122	2258	2403	2559	2728	2912	3110	3329	3567	3826	4111	4422	4761	5136	5550	6016	6547	7169	7877	8722	9867	11448									
11	2121	2252	2394	2547	2710	2886	3077	3283	3508	3752	4019	4310	4628	4973	5351	5768	6234	6761	7374	8062	8877	9966	11448										
12	2373	2520	2680	2849	3030	3228	3440	3672	3921	4195	4492	4814	5163	5543	5962	6426	6948	7551	8224	9010	10050	11448											
13	2638	2802	2976	3164	3367	3584	3822	4077	4355	4655	4982	5334	5717	6135	6598	7114	7706	8363	9126	10122	11448												
14	2915	3094	3288	3495	3717	3960	4220	4502	4805	5135	5490	5873	6292	6750	7261	7845	8487	9225	10185	11448													
15	3205	3402	3614	3841	4087	4350	4636	4943	5275	5630	6015	6433	6889	7395	7967	8596	9314	10239	11448														
16	3508	3723	3954	4204	4472	4759	5069	5403	5759	6144	6560	7014	7514	8078	8693	9391	10286	11448															
17	3826	4059	4312	4583	4873	5184	5520	5878	6262	6676	7127	7621	8177	8780	9461	10329	11448																
18	4156	4412	4685	4978	5292	5627	5986	6370	6782	7229	7719	8267	8859	9523	10367	11448																	
19	4506	4780	5074	5390	5727	6085	6468	6879	7323	7807	8348	8929	9580	10400	11448																		
20	4868	5165	5480	5819	6176	6559	6968	7409	7889	8422	8993	9630	10431	11448																			
21	5248	5564	5903	6262	6642	7050	7488	7962	8489	9052	9676	10459	11448																				
22	5643	5981	6339	6720	7125	7559	8031	8550	9104	9718	10483	11448																					
23	6054	6411	6790	7194	7626	8093	8607	9153	9756	10505	11448																						
24	6478	6856	7259	7688	8150	8659	9198	9791	10526	11448																							
25	6917	7317	7744	8204	8706	9239	9823	10545	11448																								
26	7373	7797	8252	8751	9276	9852	10562	11448																									
27	7845	8297	8792	9311	9879	10578	11448																										
28	8339	8829	9343	9904	10592	11448																											
29	8864	9373	9927	10606	11448																												
30	9400	9948	10618	11448																													
31	9968	10630	11448																														
32	10640	11448																															
33	11448																																

Tabelle 3 Teilwerte nach den „Richttafeln" (Frauen, Zins 6%, Schlußalter 60) für eine gleichbleibende Anwartschaft auf Invaliden- und Altersrente in Höhe von jährlich 1000 DM

Eintrittsalter

abgelaufene Dauer	30	31	32	33	34	35	36	37	38	39	40	41	42	43	44	45	46	47	48	49	50	51	52	53	54	55	56	57	58	59
1	163	173	187	201	215	231	248	268	289	313	338	367	399	434	477	519	575	637	711	805	907	1033	1194	1397	1670	2054	2629	3620	5644	11900
2	334	358	385	412	442	474	511	551	594	641	695	754	818	894	975	1068	1181	1310	1468	1651	1861	2123	2451	2871	3435	4229	5449	7548	11900	
3	517	553	593	635	681	732	787	849	915	989	1070	1160	1262	1374	1503	1648	1821	2026	2263	2541	2868	3271	3777	4430	5305	6563	8510	11900		
4	708	758	812	870	934	1003	1079	1163	1254	1354	1466	1591	1726	1882	2059	2260	2503	2779	3100	3480	3929	4482	5179	6080	7312	9096	11900			
5	910	974	1043	1118	1200	1289	1386	1494	1611	1739	1883	2040	2217	2418	2647	2913	3220	3571	3983	4469	5048	5763	6664	7851	9490	11900				
6	1124	1201	1288	1380	1481	1590	1711	1842	1986	2146	2320	2516	2736	2984	3273	3598	3973	4407	4913	5512	6231	7119	8257	9774	11900					
7	1348	1442	1546	1656	1776	1908	2052	2209	2383	2571	2782	3018	3283	3587	3931	4319	4768	5287	5894	6615	7483	8573	9987	11900						
8	1586	1696	1817	1947	2089	2243	2411	2597	2798	3021	3270	3548	3866	4221	4623	5079	5607	6215	6931	7782	8827	10154	11900							
9	1836	1964	2103	2254	2417	2595	2791	3003	3237	3497	3785	4113	4478	4888	5353	5881	6490	7197	8028	9035	10287	11900								
10	2100	2246	2405	2577	2762	2968	3188	3432	3701	3998	4334	4707	5123	5592	6122	6726	7424	8236	9206	10397	11900									
11	2378	2544	2723	2916	3129	3357	3608	3885	4190	4533	4911	5332	5803	6333	6934	7620	8413	9351	10487	11900										
12	2672	2857	3057	3276	3511	3769	4052	4363	4712	5095	5518	5991	6520	7115	7791	8565	9474	10563	11900											
13	2980	3186	3412	3652	3916	4204	4520	4873	5260	5685	6158	6686	7275	7941	8699	9580	10627	11900												
14	3305	3535	3782	4050	4343	4663	5019	5409	5836	6309	6833	7418	8074	8816	9673	10683	11900													
15	3650	3900	4173	4470	4794	5153	5544	5973	6445	6967	7545	8192	8919	9754	10732	11900														
16	4009	4286	4587	4913	5274	5668	6096	6568	7086	7659	8297	9011	9826	10775	11900															
17	4390	4693	5023	5386	5780	6209	6679	7195	7762	8392	9093	9890	10813	11900																
18	4791	5123	5488	5883	6311	6780	7293	7856	8477	9167	9947	10846	11900																	
19	5215	5581	5977	6405	6872	7382	7940	8554	9233	9998	10876	11900																		
20	5668	6063	6491	6957	7463	8017	8624	9293	10045	10903	11900																			
21	6143	6570	7034	7538	8087	8688	9348	10086	10928	11900																				
22	6643	7105	7607	8151	8746	9397	10124	10950	11900																					
23	7171	7669	8210	8799	9442	10159	10970	11900																						
24	7727	8263	8848	9484	10190	10988	11900																							
25	8313	8892	9522	10219	11004	11900																								
26	8933	9656	10245	11019	11900																									
27	9588	10269	11033	11900																										
28	10292	11046	11900																											
29	11058	11900																												
30	11900																													

Tabelle 4 Teilwerte nach den „Richttafeln" (Frauen, Zins 6%, Schlußalter 60) für eine gleichbleibende Anwartschaft auf Invaliden- und Altersrente in Höhe von jährlich 1000 DM einschließlich einer Anwartschaft auf Witwerrente in Höhe von jährlich 600 DM

abgelaufene Dauer	Eintrittsalter																													
	30	31	32	33	34	35	36	37	38	39	40	41	42	43	44	45	46	47	48	49	50	51	52	53	54	55	56	57	58	59
1	170	180	194	208	223	239	256	277	298	323	348	378	410	446	490	532	589	653	728	825	929	1057	1222	1429	1708	2101	2689	3703	5774	12172
2	348	372	399	428	458	490	528	568	613	661	715	775	841	918	1000	1096	1211	1342	1504	1691	1905	2172	2507	2937	3514	4326	5574	7721	12172	
3	537	574	615	658	705	757	813	877	944	1019	1101	1192	1296	1411	1541	1690	1867	2076	2318	2602	2935	3347	3864	4531	5427	6714	8705	12172		
4	736	787	842	901	966	1036	1114	1200	1292	1394	1507	1635	1772	1931	2111	2317	2565	2847	3174	3562	4020	4586	5298	6219	7480	9305	12172			
5	945	1011	1081	1157	1241	1332	1430	1540	1659	1790	1936	2096	2275	2480	2714	2986	3299	3657	4077	4573	5165	5896	6817	8031	9708	12172				
6	1167	1245	1334	1427	1531	1642	1764	1898	2045	2207	2384	2583	2807	3060	3355	3687	4069	4512	5028	5640	6374	7282	8447	9998	12172					
7	1398	1494	1599	1712	1834	1969	2114	2275	2451	2643	2857	3097	3368	3678	4028	4424	4882	5412	6032	6768	7655	8770	10216	12172						
8	1644	1755	1879	2012	2156	2312	2484	2673	2877	3104	3357	3640	3964	4327	4736	5201	5740	6361	7092	7961	9030	10387	12172							
9	1901	2032	2174	2327	2493	2674	2873	3089	3327	3591	3885	4219	4591	5009	5482	6021	6643	7364	8213	9243	10523	12172								
10	2174	2322	2484	2659	2847	3056	3280	3528	3802	4104	4446	4826	5250	5728	6268	6885	7597	8427	9418	10636	12172									
11	2460	2629	2811	3007	3223	3455	3710	3992	4302	4652	5036	5465	5945	6485	7098	7798	8608	9567	10728	12172										
12	2762	2950	3154	3376	3615	3876	4164	4481	4836	5226	5667	6138	6677	7284	7974	8764	9693	10806	12172											
13	3078	3287	3517	3761	4029	4322	4643	5003	5397	5829	6310	6848	7449	8128	8902	9802	10872	12172												
14	3411	3645	3896	4168	4466	4791	5153	5551	5985	6466	6999	7596	8265	9022	9897	10929	12172													
15	3765	4018	4296	4598	4927	5292	5690	6126	6606	7138	7727	8386	9128	9981	10979	12172														
16	4132	4413	4719	5050	5418	5818	6253	6734	7261	7844	8494	9222	10055	11023	12172															
17	4521	4829	5165	5534	5935	6370	6848	7373	7951	8592	9307	10120	11063	12172																
18	4931	5269	5640	6041	6476	6953	7474	8048	8680	9383	10179	11097	12172																	
19	5364	5736	6139	6574	7048	7566	8134	8759	9451	10232	11127	12172																		
20	5827	6229	6663	7136	7651	8214	8832	9513	10280	11156	12172																			
21	6312	6745	7216	7728	8287	8898	9570	10322	11181	12172																				
22	6821	7290	7800	8353	8958	9621	10362	11204	12172																					
23	7359	7865	8415	9013	9668	10398	11224	12172																						
24	7925	8469	9064	9711	10430	11243	12172																							
25	8522	9110	9751	10460	11260	12172																								
26	9153	9786	10487	11275	12172																									
27	9819	10512	11290	12172																										
28	10536	11303	12172																											
29	11316	12172																												
30	12172																													

6 Für **bereits laufende Renten** gibt die folgende Aufstellung über Barwerte eine Vorstellung über die Höhe der (Soll-)Rückstellung:

Barwerte nach den „Richttafeln" von Dr. Klaus Heubeck, Zins 6%,
für die in monatlich vorschüssigen Raten zahlbare Jahresrente 1000 DM

Alter	Männer		Witwer-rente	Frauen		Witwen-rente
	Invalidenrente*)			Invalidenrente**)		
	ohne	mit		ohne	mit	
	60% Witwenrenten-anwartschaft			60% Witwerrenten-anwartschaft		
(1)	(2)	(3)	(4)	(5)	(6)	(7)
30	11 731	13 453	15 509	13 119	14 362	16 008
40	11 208	13 243	14 443	12 821	13 900	15 200
50	10 991	12 934	12 848	12 601	13 262	13 901
60	10 353	12 000	10 626	11 900	12 172	11 900
63	9 848	11 448	9 848	11 192	11 400	11 192
65	9 308	10 942	9 308	10 569	10 835	10 569
70	7 938	9 578	7 938	9 040	9 278	9 040
80	5 339	6 589	5 339	5 898	6 011	5 898
90	3 318	3 955	3 318	3 442	3 467	3 442

*) ab Alter 63: Altersrente
**) ab Alter 60: Altersrente

Abschnitt X

Die Fachgutachten und Stellungnahmen
des Instituts der Wirtschaftsprüfer
auf dem Gebiet der Rechnungslegung und Prüfung [1]

I. Entstehung und Bedeutung

Hierzu ist in der Einleitung zu der 1956 im IDW-Verlag herausgegebenen **1**
Sammlung „Die Fachgutachten und Stellungnahmen des Instituts der Wirtschaftsprüfer auf dem Gebiete der Rechnungslegung und Prüfung" [2] ua. folgendes ausgeführt:

„Die Einführung der Pflichtprüfung von Jahresabschlüssen stellte den zur
Durchführung dieser Aufgabe geschaffenen Berufsstand der Wirtschaftsprüfer
vor zahlreiche schwierige fachliche Fragen. Da die literarischen Äußerungen
einzelner Sachverständiger zur Auslegung der Vorschriften auf dem Gebiete der
Rechnungslegung und Prüfung sowie zur Entwicklung der Grundsätze ordnungsmäßiger Bilanzierung und Abschlußprüfung nicht die notwendige Autori-
tät erlangen können, um eine einheitliche Berufsausübung zu sichern, wurde
bereits im Jahre 1933 beim Institut der Wirtschaftsprüfer ein Fachausschuß mit
der Aufgabe gebildet, zu wichtigen fachlichen Fragen Stellung zu nehmen. Diesem allgemeinen Fachausschuß, der heute als Hauptfachausschuß bezeichnet
wird, wurden alsbald nach seiner Gründung mehrere Unterausschüsse angegliedert, und zwar für das Gebiet der Rechnungslegung und Prüfung der Banken-
fachausschuß, der Versicherungsfachausschuß und der Fachausschuß für kommunales Prüfungswesen. [3]
. . . . . .
Im Laufe der Jahre wurden von den Fachausschüssen zahlreiche Stellungnahmen erarbeitet, die nicht nur die Berufsausübung maßgeblich beeinflußt, sondern sich auch auf die Gesetzgebung ausgewirkt haben. Während früher die
fachlichen Äußerungen des Instituts der Wirtschaftsprüfer unter der Bezeichnung „Fachgutachten" herausgegeben wurden, ist nach dem Kriege zumeist die
Bezeichnung „Stellungnahme" verwendet worden. Der Grund für diese Entwicklung ist vor allem darin zu sehen, daß man den zahlreichen fachlichen
Äußerungen, die infolge der Währungsumstellung und der Gesetzgebung über
die DM-Eröffnungsbilanzen notwendig wurden, nur vorübergehende Bedeutung
zumessen konnte."

Seither werden die Diskussionsergebnisse der nationalen Facharbeit in **Verlaut-** **2**
barungen, Stellungnahmen und **Fachgutachten** veröffentlicht. Hierzu hat der Vorstand des IDW 1977 (FN S. 145) die folgende Abgrenzung gegeben:

---

1 Zu internationalen Stellungnahmen und Empfehlungen s. Abschn. B Tz. 56.
2 Die Sammlung der Fachgutachten und Stellungnahmen wurde 1982 von der IDW-Verlag GmbH insgesamt neu in Loseblattform herausgegeben und wird laufend durch Nachträge ergänzt.
3 Grundsätze über die Berufung in Ausschüsse und Arbeitskreise des IDW wurden vom Vorstand in
FN 1977 S. 175 veröffentlicht.

„1. Die nachfolgende Unterscheidung bezieht sich auf die gegenwärtige Hand-habung, insbesondere vor dem Krieg war es gebräuchlich, nahezu alle Ver-lautbarungen als „Fachgutachten" zu bezeichnen.

2. Der Begriff „Verlautbarungen" ist ein Oberbegriff für alle fachlichen Äuße-rungen unseres Instituts. Verlautbarungen, die sich nicht als „Fachgutach-ten" oder „Stellungnahmen" qualifizieren, werden nur mit „Verlautbarung" bezeichnet.

3. „Fachgutachten" werden zu grundsätzlichen Bilanzierungs- und Prüfungs-fragen erstattet. Sie werden in einem besonderen Verfahren verabschiedet.

4. „Stellungnahmen" sind Verlautbarungen zu einzelnen Fachfragen, die mehr als Tagesbedeutung haben.

5. . . . . . . "

3 Zur Kennzeichnung der Bedeutung der Fachgutachten und Stellungnahmen seien zunächst die vom Hauptfachausschuß gebilligten Ausführungen im WP-Jahrb. 1954 (S. 1338) über die Bedeutung der Fachgutachten wiedergegeben:

„Diese vom Hauptfachausschuß des Instituts abgegebenen Gutachten legen die Berufsauffassung in Prüfungs- und Bilanzierungsfragen dar. Die Gutachten sol-len den Wirtschaftsprüfer einerseits in seiner Aufgabe unterstützen, die Grund-sätze ordnungsmäßiger Buchführung, Bilanzierung, Berichterstattung und Prü-fung zu vertreten. Andererseits kann im Falle eines Regreßanspruchs die Nicht-beachtung eines Fachgutachtens zum Nachteil des Wirtschaftsprüfers ausgelegt werden. Der WP hat in Erfüllung seiner verantwortungsvollen Aufgabe sorgfäl-tig zu prüfen, ob die grundsätzliche Regelung eines Gutachtens in dem von ihm zu bearbeitenden Fall anzuwenden ist. Er muß, wenn er in einem bedeutungs-vollen Falle oder wiederholt von der in einem Fachgutachten niedergelegten Auffassung abweicht, mit der Nachprüfung seines Verhaltens unter Umständen im berufsgerichtlichen Verfahren rechnen."

4 In den „Richtungweisenden Feststellungen" zu Abschn. II. „Gewissenhaftig-keit" hat sich die WPK in den von ihr 1987 neu festgestellten „Richtlinien für die Berufsausübung der Wirtschaftsprüfer und vereidigten Buchprüfer" der Aus-sage des IDW-FG 1/1988 über die Verbindlichkeit von Fachgutachten und Stel-lungnahmen des IDW wie folgt angeschlossen:

„2. Die von den Fachausschüssen des IDW abgegebenen Fachgutachten und Stellungnah-men legen die Auffassung des Berufs zu fachlichen Fragen, insbesondere der Prüfung und Bilanzierung, dar oder tragen zu ihrer Entwicklung bei. Der WP hat daher sorgfältig zu prüfen, ob die Grundsätze eines Fachgutachtens oder einer Stellungnahme in dem von ihm zu bearbeitenden Fall anzuwenden sind[4]."

---

4 S. hierzu Abschn. A Tz. 205.

II. Zeitliche Übersicht

Bedeutung der Abkürzungen: **5**

WPr. = Zeitschrift „Der Wirtschaftsprüfer"
WT   = Zeitschrift „Der Wirtschaftstreuhänder"
WPg. = Zeitschrift „Die Wirtschaftsprüfung"
FN   = „Fachnachrichten" des Instituts der Wirtschaftsprüfer

Die mit dem Zeichen * versehenen Gutachten und Stellungnahmen sind aufge- **6**
hoben oder überholt und in der in Abschnitt I eingangs erwähnten Sammlung
nicht abgedruckt. Die Aufnahme der nicht mehr gültigen Fachgutachten und
Stellungnahmen soll insbesondere historische Studien erleichtern.

Jahr Nr.	Betrifft	Abgedruckt in

1. Fachgutachten
(zitiert: FG/IDW)

1933   WPr.   **7**

1*	Ausführlichkeit des Prüfungsberichtes[5]	1933 S. 61
2*	Abschreibungen auf Debitoren[5]	1933 S. 62
3*	Bestimmung des Bilanzprüfers durch den Aufsichtsrat[5]	1933 S. 62
4*	Bewertung von Beteiligungseffekten[5]	1933 S. 62
5*	Berücksichtigung der Vergütung des Aufsichtsrats bei der Berechnung der Vorstandstantiemen[5]	1933 S. 62
6*	Getrennter Ausweis der Gesamtbezüge der Mitglieder des Vorstandes und des Aufsichtsrats im Geschäftsbericht[5]	1933 S. 40
7*	Beachtung steuerrechtlicher Vorschriften bei der Pflichtprüfung[5]	1933 S. 129
8*	Berichterstattung über Vorgänge von besonderer Bedeutung im Geschäftsbericht[5]	1933 S. 147
9*	Umfang der angabepflichtigen Gesamtbezüge des Vorstandes und der des Aufsichtsrats im Geschäftsbericht[5]	1933 S. 172

                                           WPr.

10*	Veröffentlichung der geprüften Jahresabschlüsse und Geschäftsberichte[6]	1933 S. 191	**8**
11*	Ausweis von Löhnen und Gehältern in der Gewinn- und Verlustrechnung[5]	1933 S. 191	
12*	Ausweis der Aufwendungen für elektrischen Strom in der Gewinn- und Verlustrechnung[5]	1933 S. 192	

---

5 Zur Begründung der Aufhebung s. WPg. 1982 S. 92 f., = FN 1982 S. 52 ff.
6 Aufgehoben durch FG 1/1953.

---

7 Aufgehoben durch FG 1/1951.
8 Vgl. Regelung im Entwurf der HFA zur Währungsumrechnung, WPg. 1986, S. 664–667, FN 1986, S. 443–447.
9 Aufgehoben durch FG 1/1955.

---

10 Ersetzt durch FG 1/1942.
11 IdF 1990.

Jahr Nr.	Betrifft	Abgedruckt in

14 1940   WT

1* Das mengenmäßige Inventar für Vorräte, Halb- und Fertig-   1941
erzeugnisse nach § 39 HGB (ergänzt um Anm. s. WPg. 1982 S. 94, FN   S. 59
1982 S. 55)

2* Der Ausweis von Organschaftsabrechnungen in den Abschlüssen der   1941
Ober- und Untergesellschaften⁵   S. 39

15 1942

1* Abgabe einer Vollständigkeitserklärung durch den Vorstand der   1942
geprüften Unternehmung⁵, ¹²   S. 40

2* Bilanzierung von bedingt rückzahlbaren Darlehen zur Schaffung   1942
bestimmter Aktivwerte⁵   S. 216

16 1948   WPg.   FN

1* Bilanzierung der „steuerfreien Rücklage für Ersatzbeschaf-   1/1948
fungen" in der Handelsbilanz   S. 30

17 1949

1* Wortlaut des Bestätigungsvermerks für die Eröffnungsbilanz   1950   12/1949
in Deutscher Mark   S. 38   Beilage

2* Rücklagen für Ersatzbeschaffung und Eröffnungsbilanz in   1950   12/1949
Deutscher Mark   S. 38   Beilage

18 1951

1* Die Bilanzierung von Pensionsverbindlichkeiten (Neufas-   1951   1951
sung 1953)⁵   S. 460   10/5.62
        1953   1953
        S. 356   S. 47

2* Angabe der Bezüge der Mitglieder des Vorstandes, des Auf-   1951   1951
sichtsrates und eines Beirates im Geschäftsbericht⁵   S. 461   S. 63

---

12 Nach dem Stand 1. Juli 1990 sind bei der IDW-Verlag GmbH, Postfach 32 05 80, 4000 Düsseldorf
30, die folgenden Vollständigkeitserklärungen zu beziehen:

Muster A   anzuwenden für AG und sinngemäß für GmbH (ohne Kreditinstitute und Versicherungsunternehmen)

Muster A 1   anzuwenden für Personengesellschaften (ohne Kreditinstitute und Versicherungunter-
nehmen)

Muster B   anzuwenden für Kreditinstitute in der Rechtsform der Kapitalgesellschaft und öffentlich-rechtliche Kreditinstitute

Muster B 1   anzuwenden für Kreditinstitute in der Rechtsform des Einzelkaufmanns oder der Personengesellschaft

Muster B 1 1   Ergänzung zur Vollständigkeitserklärung für Kreditinstitute in der Rechtsform des
Einzelkaufmanns und der Personengesellschaft

Muster C   anzuwenden für private und öffentliche Versicherungsunternehmen

Muster D   anzuwenden für gemeindliche Eigenbetriebe

Muster K   anzuwenden für Konzernabschluß/Konzerngeschäftsbericht, Teilkonzernabschluß/
Teilkonzerngeschäftsbericht

Muster I   anzuwenden für Investmentfonds

Muster M   anzuwenden für Gewerbetreibende iSd. § 34c Abs. 1 GewO gem. § 16 MaBV

Muster P   anzuwenden für Prospektprüfungen

Muster U   anzuwenden bei Unternehmensbewertungen

Vollständigkeitserklärung zur Depotprüfung

Jahr Nr.	Betrifft	Abgedruckt in		

1953		WPg.	FN	**19**
1	Veröffentlichung der geprüften Jahresabschlüsse und Geschäftsberichte (Neufassung 1982)[13]	1953 S. 333 1982 S. 407	1953 S. 49 1982 S. 212	
1954				**20**
1*	Wertberichtigungen zu Posten des Umlaufvermögens[5]	1954 S. 500	1954 S. 113	
1958				**21**
zu 1/42*	Neue Muster für Vollständigkeitserklärungen[5, 11]	1958 S. 76, 162	1958 S. 3, 36	
1967				**22**
1*	Grundsätze ordnungsmäßiger Durchführung von Abschlußprüfungen[14]	1967 S. 158	1967 S. 22	
1968				**23**
zu 1/42*	Neue Vollständigkeitserklärungen[5, 9]		1968 S. 23	
1970				**24**
1*	Grundsätze ordnungsmäßiger Berichterstattung über Abschlußprüfungen[15]	1970 S. 614	1970 S. 138	
1977				**25**
1	Grundsätze ordnungsmäßiger Durchführung von Abschlußprüfungen[16]	1977 S. 210	1977 Beilage 1 zu Nr. 4	
2	Grundsätze ordnungsmäßiger Berichterstattung bei Abschlußprüfungen[17]	1977 S. 214	1977 Beilage 1 zu Nr. 4	**26**
3	Grundsätze für die Erteilung von Bestätigungsvermerken bei Abschlußprüfungen (ergänzt um Anm. s. WPg. 1982 S. 94, FN 1982 S. 55)[18]	1977 S. 217	1977 Beilage 1 zu Nr. 4 S. 145	**27**
1988				**28**
1	Grundsätze ordnungsmäßiger Durchführung von Abschlußprüfungen	1989 S. 9	1989 S. 1	
2	Grundsätze ordnungsmäßiger Berichterstattung bei Abschlußprüfungen	S. 20	S. 9	**29**

13 IdF 1990.
14 Ersetzt durch FG 1/1977.
15 Ersetzt durch FG 2/1977.
16 Ersetzt durch FG 1/1988.
17 Ersetzt durch FG 2/1988.
18 Ersetzt durch FG 3/1988.

2. Gemeinsame Stellungnahme der Wirtschaftsprüferkammer und des Instituts der Wirtschaftsprüfer in Deutschland e. V.

3a. Stellungnahmen des Hauptfachausschusses

(zitiert: St/HFA)

---

19 Zur Begründung der Aufhebung s. WPg. 1982 S. 92 f., FN 1982 S. 54.

---

20 Zur Begründung der Aufhebung s. WPg. 1982 S. 407, FN 1982 S. 212.
21 Aufhebung der St wegen Änderung der Auffassung beabsichtigt.

---

22 IdF 1990.

---

23 Ersetzt durch FG 3/1988.
24 Ersetzt durch VFA 1/1983.

---

25 Ersetzt durch St. HFA 1/1985.
26 idF. 1990.

---

27 Zur Begründung der Aufhebung s. WPg. 1988 S. 403, FN 1988 S. 219.

Jahr Nr.	Betrifft	Abgedruckt in

3b. Stellungnahmen zu Fragen des neuen Aktienrechts (Hauptfachausschuß bzw. Sonderausschuß Neues Aktienrecht)

(zitiert: St/NA)

		WPg.	FN
69 **1965**			
1*	Inkrafttreten der neuen Prüfungsvorschriften [19]	1965 S. 611	1965 S. 102
70 **1966**			
1*	Freiwillige frühere Anwendung von Rechnungslegungsvorschriften des Aktiengesetzes 1965 [19]	1966 S. 131	1966 S. 2
2	Geringwertige und kurzlebige Anlagegüter	1966 S. 328	1966 S. 57
3	Festwerte	1966 S. 328	1966 S. 58
4	Untergrenze der Herstellungskosten	1966 S. 329	1966 S. 58
5	Zur Bewertung der Vorräte	1966 S. 677 1970 S. 343	1966 S. 122 1970 S. 67
6	Zum Bericht des Vorstandes über Beziehungen zu verbundenen Unternehmen (Abhängigkeitsbericht nach § 312 AktG 1965) (ergänzt durch Anm. s. WPg. 1982 S. 94, FN 1982 S. 55) [28]	1966 S. 678	1966 S. 123
71 **1967**			
1	Zum Inhalt des Geschäftsberichts nach § 160 Abs. 2 AktG 1965	1967 S. 129	1967 S. 56
2	Zur Rechnungslegung im Konzern [19] (geändert s. FN 1984 S. 7) [29]	1967 S. 488	1967 S. 84
72 **1968**			
1*	Zum Ausweis und zur Bewertung von Gegenständen des Anlagevermögens	1968 S. 72 1969 S. 206	1968 S. 3 1969 S. 37
2*	Zum Inhalt des Geschäftsberichts nach § 160 Abs. 3 und 4 AktG (ergänzt s. WPg. 1982 S. 94 f., FN 1982 S. 55)	1968 S. 132	1968 S. 21
3*	Zur Rechnungslegung im Konzern (Ergänzung)	1968 S. 133 1969 S. 206	1968 S. 22 1969 S. 37

---

28 siehe Anlage zu HFA 1/1983.
29 Siehe auch NA 3/1968 und AKW 1/1977.

3c. Ergebnisse des Arbeitskreises Weltbilanz

(zitiert: St/AKW)

4. Stellungnahmen des Bankenfachausschusses

(zitiert: St/BFA)

---

30 Ersetzt durch HFA 1/1983.
31 Sonderdruck, IDW-Verlag GmbH, Düsseldorf 1977.

32 Vgl. Verlautbarung BFA zur Aufhebung von BFA 2/1959 (WPg. 1979, S. 441/FN 1979 S. 199).
33 Ersetzt durch St/BFA 1/1981.

34 Ersetzt durch St/BFA 1/1978.
35 Ersetzt durch St/BFA 1/1979.

Jahr Nr.	Betrifft	Abgedruckt in	

---

36 Die Anleitung zur Depotführung des BFA (vgl. FN 1979 S. 282) ist – wie die Formulare zur Voll- ständigkeitserklärung – im IDW-Verlag GmbH, Düsseldorf, erschienen.

5. Stellungnahmen des Fachausschusses für kommunales Prüfungswesen

(zitiert: St/KFA)

---

37 Zur Begründung der Aufhebung s. FN 1982 S. 334 ff.

---

38 Ersetzt durch Stellungnahme KFA 1/1989.

6. Verlautbarungen des Krankenhausfachausschusses
(zitiert: St/KHFA)

---

39 Ersetzt durch Stellungnahme KHFA 2/1990.

40 Zur Begründung der Aufhebung s. WPg. 1982 S. 593, FN 1982 S. 255.

8. Stellungnahmen des Fachausschusses für moderne Abrechnungssysteme

(zitiert: St/FAMA)

---

41 Ersetzt durch St/FAMA 1/1975.

9. Stellungnahmen des Wohnungswirtschaftlichen Fachausschusses

(zitiert: St/WFA)

---

42 Ersetzt durch St/FAMA 1/1987.
43 Zur Begründung der Aufhebung s. WPg. 1982 S. 97, FN 1982 S. 58.
44 Ersetzt durch WFA 1/1981.

---

45 Abschn. D und E im Hinblick auf WFA 1/1982 gestrichen (vgl. WPg. 1982 S. 664, FN 1982 S. 370).
46 Ersetzt durch St/WFA 1/1987.

Abschnitt Y

Dauerkalender für die Jahre 1801–2099

Jahre			Monate											
1801–1900	1901–2000	2001–2099	J	F	M	A	M	J	J	A	S	O	N	D
01 29 57 85	25 53 81	09 37 65 93	4	0	0	3	5	1	3	6	2	4	0	2
02 30 58 86	26 54 82	10 38 66 94	5	1	1	4	6	2	4	0	3	5	1	3
03 31 59 87	27 55 83	11 39 67 95	6	2	2	5	0	3	5	1	4	6	2	4
04 32 60 88	28 56 84	12 40 68 96	0	3	4	0	2	5	0	3	6	1	4	6
05 33 61 89	01 29 57 85	13 41 69 97	2	5	5	1	3	6	1	4	0	2	5	0
06 34 62 90	02 30 58 86	14 42 70 98	3	6	6	2	4	0	2	5	1	3	6	1
07 35 63 91	03 31 59 87	15 43 71 99	4	0	0	3	5	1	3	6	2	4	0	2
08 36 64 92	04 32 60 88	16 44 72	5	1	2	5	0	3	5	1	4	6	2	4
09 37 65 93	05 33 61 89	17 45 73	0	3	3	6	1	4	6	2	5	0	3	5
10 38 66 94	06 34 62 90	18 46 74	1	4	4	0	2	5	0	3	6	1	4	6
11 39 67 95	07 35 63 91	19 47 75	2	5	5	1	3	6	1	4	0	2	5	0
12 40 68 96	08 36 64 92	20 48 76	3	6	0	3	5	1	3	6	2	4	0	2
13 41 69 97	09 37 65 93	21 49 77	5	1	1	4	6	2	4	0	3	5	1	3
14 42 70 98	10 38 66 94	22 50 78	6	2	2	5	0	3	5	1	4	6	2	4
15 43 71 99	11 39 67 95	23 51 79	0	3	3	6	1	4	6	2	5	0	3	5
16 44 72	12 40 68 96	24 52 80	1	4	5	1	3	6	1	4	0	2	5	0
17 45 73	13 41 69 97	25 53 81	3	6	6	2	4	0	2	5	1	3	6	1
18 46 74	14 42 70 98	26 54 82	4	0	0	3	5	1	3	6	2	4	0	2
19 47 75	15 43 71 99	27 55 83	5	1	1	4	6	2	4	0	3	5	1	3
20 48 76	16 44 72 00	28 56 84	6	2	3	6	1	4	6	2	5	0	3	5
21 49 77 00	17 45 73	01 29 57 85	1	4	4	0	2	5	0	3	6	1	4	6
22 50 78	18 46 74	02 30 58 86	2	5	5	1	3	6	1	4	0	2	5	0
23 51 79	19 47 75	03 31 59 87	3	6	6	2	4	0	2	5	1	3	6	1
24 52 80	20 48 76	04 32 60 88	4	0	1	4	6	2	4	0	3	5	1	3
25 53 81	21 49 77	05 33 61 89	6	2	2	5	0	3	5	1	4	6	2	4
26 54 82	22 50 78	06 34 62 90	0	3	3	6	1	4	6	2	5	0	3	5
27 55 83	23 51 79	07 35 63 91	1	4	4	0	2	5	0	3	6	1	4	6
28 56 84	24 52 80	08 36 64 92	2	5	6	2	4	0	2	5	1	3	6	1

Wochentage

S	1	8	15	22	29	36
M	2	9	16	23	30	37
D	3	10	17	24	31	
M	4	11	18	25	32	
D	5	12	19	26	33	
F	6	13	20	27	34	
S	7	14	21	28	35	

Beispiel: Auf welchen Wochentag fiel der 16. 2. 1877? Auf Freitag.

Lösung: Man gehe von der Jahrestafel aus und suche für das Jahr 1877 in der Monatstafel unter Februar die zugehörige Monatskennzahl (4); zuzüglich der Zahl der Wochentage ergibt sich die Schlüsselzahl (4 + 16 =) 20, für die man in der letzten Tafel als Wochentag den Freitag findet.

Abkürzungsverzeichnis

A

aA	anderer Ansicht / anderer Auffassung
AAB	Allgemeine Auftragsbedingungen für Wirtschaftsprüfer und Wirtschaftsprüfungsgesellschaften
AAF	Ausschuß für Aus- und Fortbildung des Instituts der Wirtschaftsprüfer in Deutschland eV
AAnz.	Amtlicher Anzeiger
ABBV	Allgemeine Bedingungen für Beschaffungsverträge des Bundesministeriums der Verteidigung
ABEI	Allgemeine Bedingungen für Entwicklungsverträge mit Industriefirmen
Abl.	Amtsblatt
Abl.EG (C bzw. L)	Amtsblatt der Europäischen Gemeinschaften
Abs.	Absatz
Abschn.	Abschnitt
abw.	abweichend
AbzG	Gesetz betr. die Abzahlungsgeschäfte (Abzahlungsgesetz)
AcP	Archiv für civilistische Praxis (Zeitschrift)
aD	außer Dienst
ADS	Adler/Düring/Schmaltz, Rechnungslegung und Prüfung der Unternehmen, 5. Auflage, Loseblattsammlung, Stuttgart
ADV	Automatisierte Datenverarbeitung
aE	am Ende
ÄndG	Änderungsgesetz
aF	alte(r) Fassung
AfA	Absetzung für Abnutzung
AfaA	Absetzung für außergewöhnliche technische und wirtschaftliche Abnutzung
AFG	Arbeitsförderungsgesetz
AFIZ	Ausschuß für internationale Zusammenarbeit des Instituts der Wirtschaftsprüfer in Deutschland eV
AfS	Absetzung für Substanzverringerung
aG	auf Gegenseitigkeit
AG	Aktiengesellschaft, auch Die Aktiengesellschaft (Zeitschrift)
AGB	Allgemeine Geschäftsbedingungen
AGBG	Gesetz zur Regelung des Rechts der Allgemeinen Geschäftsbedingungen (AGB-Gesetz)
AICPA	American Institute of Certified Public Accountants
AK	Arbeitskreis
AKB	Allgemeine Bedingungen für die Kraftfahrtversicherung
AKW	Arbeitskreis Weltbilanz des Instituts der Wirtschaftsprüfer in Deutschland eV
AktG	Aktiengesetz(es)
AktG-Kom.	Geßler/Hefermehl/Eckardt/Kropff, Aktiengesetz, Kommentar, München 1973/1984
AKU	Arbeitskreis Unternehmensbewertung des Instituts der Wirtschaftsprüfer in Deutschland eV
AKW	Arbeitskreis Weltbilanz des Instituts der Wirtschaftsprüfer in Deutschland eV
AllGO	Allgemeine Gebührenordnung für die wirtschaftsprüfenden sowie wirtschafts- und steuerberatenden Berufe (früher Essener Gebührenordnung)
AMBUB	Allgemeine Maschinen-Betriebsunterbrechungs-Versicherungsbedingungen

AnfG	Anfechtungsgesetz
Anh.	Anhang
Anm.	Anmerkung
AntBewR	Richtlinien zur Bewertung nicht notierter Aktien und Anteile an Kapitalgesellschaften
AnVNG	Gesetz zur Neuregelung des Rechts der Rentenversicherung der Angestellten
AnwBl.	Anwaltsblatt (Zeitschrift)
AöR	Archiv des öffentlichen Rechts
AO	Abgabenordnung
ao.	außerordentlich
AO/PR	Anordnung zum Preisrecht
AOStrafÄndG	Gesetz zur Änderung strafrechtlicher Vorschriften der Reichsabgabenordnung und anderer Gesetze
APr.	Abschlußprüfer
APB	Accounting Principles Board (USA)
AR	Aufsichtsrat
ARB	Allgemeine Bedingungen für die Rechtsschutzversicherung
ArbG	Arbeitsgericht
ArbGG	Arbeitsgerichtsgesetz
Art.	Artikel
ArVNG	Gesetz zur Neuregelung des Rechts der Rentenversicherung der Arbeiter
ASC	Accounting Standards Committee des CCAB (Consultative Committee of the Accountancy Bodies der Chartered Accountants Institute von England und Wales, Schottland, Irland sowie der Association of Certified Accountants des Instituts of Cost and Management Accountants und des Chartered Institute of Public Finance and Accountancy)
AStG	Gesetz über die Besteuerung bei Auslandsbeziehungen (Außensteuergesetz)
AUB	Allgemeine Unfallversicherungsbedingungen
Aufl.	Auflage
AuslInvestmG	Gesetz über den Vertrieb ausländischer Investmentanteile und über die Besteuerung der Erträge aus ausländischen Investmentanteilen (Auslandsinvestmentgesetz)
AuslInvG	Gesetz über steuerliche Maßnahmen bei Auslandsinvestitionen der deutschen Wirtschaft (Auslandsinvestitionsgesetz)
AV	Allgemeine Verfügung
AVAVG	Gesetz über Arbeitsvermittlung und Arbeitslosenversicherung
AVB	Allgemeine Versicherungsbedingungen
AVG	Angestelltenversicherungsgesetz
AVO RBerG	Verordnung zur Ausführung des Gesetzes zur Verhütung von Mißbräuchen auf dem Gebiete der Rechtsberatung (Rechtsberatungsgesetz)
AWD	Außenwirtschaftsdienst (Zeitschrift), ab 1975 Recht der Internationalen Wirtschaft (RIW)
AWV	Arbeitsgemeinschaft für wirtschaftliche Verwaltung eV

B

Ba.	Baden
BAB	Betriebsabrechnungsbogen
BaBiRiLiG	Gesetz zur Durchführung der Richtlinie des Rates der Europäischen Gemeinschaften über den Jahresabschluß und den konsolidierten Abschluß von Banken und anderen Finanzinstituten (Bankbilanzrichtlinie-Gesetz)
BAG	Gesetz über die Errichtung eines Bundesaufsichtsamtes für das Versicherungswesen (Bundesaufsichtsgesetz), auch Bundesarbeitsgericht
BAGE	Sammlung der Entscheidungen des Bundesarbeitsgerichts
BAK	Bundesaufsichtsamt für das Kreditwesen
Bankbilanz-RL	Richtlinie des Rates der EG über den Jahresabschluß und den konsolidierten Abschluß von Banken und anderen Finanzinstituten (Bankbilanz-Richtlinie)
BAnz.	Bundesanzeiger

Baumbach/Hueck	Baumbach/Hueck, GmbH-Gesetz, 15. Auflage, München 1988
BAV	Bundesaufsichtsamt für das Versicherungswesen, (bis 1972 Bundesaufsichtsamt für das Versicherungs- und Bausparwesen)
BaWü.	Baden-Württemberg
Bay.	Bayern
BayEGH	Entscheidungen des Bayerischen Ehrengerichtshofs für Rechtsanwälte 1948 bis 1956 in Band II der Entscheidungen der Ehrengerichtshöfe der Rechtsanwaltschaft des Bundesgebietes einschl. des Landes Berlin
BayObLG	Bayerisches Oberstes Landesgericht
BayVGH	Bayerischer Verwaltungsgerichtshof
BB	Betriebs-Berater (Zeitschrift)
BBauG	Bundesbaugesetz
BBergG	Bundesberggesetz
BBiG	Berufsbildungsgesetz
BBK	Buchführung, Bilanz, Kostenrechnung (Zeitschrift, Loseblattsammlung)
Bd.	Band
BdF	Bundesminister der Finanzen
BDI	Bundesverband der Deutschen Industrie
BdJ	Bundesminister der Justiz
BDSG	Gesetz zum Schutz vor Mißbrauch personenbezogener Daten bei der Datenverarbeitung (Bundesdatenschutzgesetz)
BDVB	Bundesverband Deutscher Volks- und Betriebswirte eV
BeBiKo.	Beck'scher Bilanz-Kommentar, 2. Auflage, bearbeitet von Budde/Clemm/Pankow/Sarx, München 1990
Begr.	Begründung
Bek.	Bekanntmachung
Bem.	Bemerkung(en)
BerlinFG	Berlinförderungsgesetz
Beschl.	Beschluß
BestV	Bestätigungsvermerk
Betr./betr.	Betreff, betrifft
BetrAV	Betriebliche Altersversorgung (Zeitschrift)
BetrAVG	Gesetz zur Verbesserung der betrieblichen Altersversorgung (Betriebsrentengesetz)
BetrVerfG	Betriebsverfassungsgesetz
BewG	Bewertungsgesetz
BewDV	Durchführungsverordnung zum Bewertungsgesetz
BewRGr.	Richtlinien für die Bewertung des Grundvermögens
Bf(in)	Beschwerdeführer(in)
BFA	Bankenfachausschuß des Instituts der Wirtschaftsprüfer in Deutschland eV
BFG	Gesetz zur Förderung der Berliner Wirtschaft (Berlinförderungsgesetz)
BFH	Bundesfinanzhof
BFHE	Sammlung der Entscheidungen des Bundesfinanzhofs
BFH/NV	Sammlung amtlich nicht veröffentlichter Entscheidungen des Bundesfinanzhofs (Zeitschrift)
BFuP	Betriebswirtschaftliche Forschung und Praxis (Zeitschrift)
BGB	Bürgerliches Gesetzbuch
BGBl.	Bundesgesetzblatt
BGH	Bundesgerichtshof
BGHSt.	Entscheidungen des Bundesgerichtshofs in Strafsachen
BGHZ	Entscheidungen des Bundesgerichtshofs in Zivilsachen
Bg(in).	Beschwerdegegner(in)
BHdR	Beck'sches Handbuch der Rechnungslegung, herausgegeben von Castan/Hegmann/Müller/Ordelheide/Scheffer, Loseblattsammlung, München
BHG	Berlinhilfegesetz
BHO	Bundeshaushaltsordnung
BHV	Berufshaftpflichtversicherung

BImSchG	Gesetz zum Schutz vor schädlichen Umwelteinwirkungen durch Luftverunreinigungen, Geräusche, Erschütterungen und ähnliche Vorgänge (Bundes-Immissionsschutzgesetz)
BiRiLiG	Gesetz zur Durchführung der Vierten, Siebenten und Achten Richtlinie des Rates der Europäischen Gemeinschaften zur Koordinierung des Gesellschaftsrechts (Bilanzrichtlinien-Gesetz)
BKA	Bundeskartellamt
bkVPR	Richtlinien für die Prüfung des Geschäftsbetriebs und der Vermögenslage bestimmter kleinerer Versicherungsvereine auf Gegenseitigkeit in der Fassung vom 8. 11. 1974 mit der Änderung vom 11. 1. 1988 = BAV-Sonderheft 13
bkVReV	Verordnung über die Rechnungslegung bestimmter kleinerer Versicherungsvereine auf Gegenseitigkeit im Sinne des § 53 des Versicherungsaufsichtsgesetzes vom 27. 1. 1988, BGBl. I S. 104 = BAV-Sonderheft 13
bkVVaG	bestimmte(r) kleinere(r) Versicherungsverein(e) auf Gegenseitigkeit
BlfGenWes.	Blätter für das Genossenschaftswesen (Zeitschrift)
Bln.	Berlin
Blümich	Blümich, Einkommensteuer/Körperschaftsteuer/Gewerbesteuer, Kommentar, Loseblattsammlung (1990)
BMF	Bundesministerium der Finanzen
BMFT	Bundesministerium für Forschung und Technologie
BMG	Bundesmietengesetz
BMJ	Bundesministerium der Justiz
BMW	Bundesministerium für Wirtschaft
BMWF	Bundesminister für Wirtschaft und Finanzen
BörsG	Börsengesetz
BörsZulV	Börsenzulassungsverordnung
BoHdR	Hofbauer/Kupsch, Bonner Handbuch der Rechnungslegung, Bonn, Loseblattsammlung
BP	Betriebsprüfung
BPflV	Verordnung zur Regelung der Krankenhauspflegesätze (Bundespflegesatzverordnung)
BPr.	Betriebsprüfer
BPG	Buchprüfungsgesellschaft
BPO	Buchprüferordnung
BpO(St)	Allgemeine Verwaltungsvorschrift für die Betriebsprüfung – Betriebsprüfungsordnung (Steuer)
BPVO	Verordnung PR 1/72 über die Preise für Bauleistungen bei öffentlichen oder mit öffentlichen Mitteln finanzierten Aufträgen (Baupreisverordnung)
BR	Bundesrat
Br	Bremen
BRAGebO	Bundesgebührenordnung für Rechtsanwälte
BRAK-Mitt.	BRAK-Mitteilungen (Mitteilungsblatt der Bundesrechtsanwaltskammer)
BRAO	Bundesrechtsanwaltsordnung
BRD	Bundesrepublik Deutschland
BR-Drs.	Bundesratsdrucksache
BReg.	Bundesregierung
BRH	Bundesrechnungshof
BRil.	Richtlinien für die Berufsausübung der Wirtschaftsprüfer und vereidigten Buchprüfer (Berufsrichtlinien)
BSpG	Gesetz über Bausparkassen (Bausparkassengesetz)
Bsp.	Beispiel
bspw.	beispielsweise
BStBHB	Beck'sches Steuerberaterhandbuch 1990, herausgegeben vom Deutschen wissenschaftlichen Steuerinstitut der Steuerberater und Steuerbevollmächtigten, München 1990
BStBl.	Bundessteuerblatt
BStMdI	Bayerischer Staatsminister des Innern
BT	Bundestag

BT-Drs.	Bundestagsdrucksache
Buchst.	Buchstabe
BUKG	Bundesumzugskostengesetz
BVerfG	Bundesverfassungsgericht
BvB	Bundesverband der vereidigten Buchprüfer eV
BVerfGE	Entscheidungen des Bundesverfassungsgerichts
BVG	Bundesverwaltungsgericht
BW	Der Betriebswirt (Zeitschrift)
BWB	Bundesamt für Wehrtechnik und Beschaffung
BfW	Bundesminister für Wirtschaft
BWMBl.	Ministerialblatt des Bundesministers für Wirtschaft
BWVPr.	Baden-Württembergische Verwaltungspraxis (Zeitschrift)
bzw.	beziehungsweise

C

ca.	circa
CM	Consbruch/Möller/Bähre/Schneider, Gesetz über das Kreditwesen, Textsammlung, begründet von Consbruch/Möller, fortgeführt von Bähre/Schneider, Loseblattsammlung, München
CoAP	Committee on Accounting Procedure
COM	Computerausgabe auf Mikrofilm (Computer Output on Microfilm)

D

DAT	Deutsche Automobil Treuhand GmbH, Stuttgart
DB	Der Betrieb (Zeitschrift), auch Durchführungsbestimmung und Deckungsbeitrag
DBA	Doppelbesteuerungsabkommen
DBB	Deutsche Bundesbank
DBW	Die Betriebswirtschaft (Zeitschrift)
DCF	Discount-Cash-flow
DDR	Deutsche Demokratische Republik
DepG	Gesetz über die Verwahrung und Anschaffung von Wertpapieren (Depotgesetz)
ders.	derselbe
DFG	Deutsche Freiwillige Gerichtsbarkeit (Zeitschrift)
dgl.	dergleichen, desgleichen
dh.	das heißt
DIHT	Deutscher Industrie- und Handelstag
Diss.	Dissertation
DJ	Deutsche Justiz (Zeitschrift)
DJZ	Deutsche Juristenzeitung (Zeitschrift)
DM	Deutsche Mark
DMBG	DM-Bilanzgesetz 1948
DMBilG	Gesetz über die Eröffnungsbilanz in Deutscher Mark und die Kapitalneufestsetzung (D-Markbilanzgesetz) 1990
DNA	Deutscher Normenausschuß
DNotZ	Deutsche Notar-Zeitschrift
DöH	Der öffentliche Haushalt (Zeitschrift)
DöV	Die öffentliche Verwaltung (Zeitschrift)
DpB	Der praktische Betriebswirt (Zeitschrift)
Drs.	Drucksache
DRZ	Deutsche Rechtszeitschrift
DStR	Deutsche Steuerrundschau (Zeitschrift) bis 1960, auch Deutsches Steuerrecht (Zeitschrift) 1. Jg. 1962/63
DSt.	Deutsche Steuerzeitung (ab 1980)

DStZA	. . . .	Deutsche Steuerzeitung (Ausgabe A), bis 1979
DStZEild.	. . . .	Deutsche Steuerzeitung (Eildienst), bis 1979
DSWR	. . . .	Datenverarbeitung, Steuer, Wirtschaft, Recht (Zeitschrift)
DV	. . . .	Datenverarbeitung
DVBl.	. . . .	Deutsches Verwaltungsblatt (Zeitschrift)
DVFA	. . . .	Deutsche Vereinigung für Finanzanalyse und Anlageberatung eV
DVLStHV	. . . .	Verordnung zur Durchführung der Vorschriften über die Lohnsteuerhilfe-vereine
DVO	. . . .	Durchführungsverordnung
DVR	. . . .	Deutsche Verkehrsteuer-Rundschau (Zeitschrift)
DVStB	. . . .	Verordnung zur Durchführung der Vorschriften über Steuerberater, Steuerbevollmächtigte und Steuerberatungsgesellschaften

E

E	. . . .	Entwurf
ebd.	. . . .	ebendort, ebenda
ECU	. . . .	European Currency Unit
ED	. . . .	Exposure Draft
EDV	. . . .	Elektronische Datenverarbeitung
EFG	. . . .	Entscheidungen der Finanzgerichte (Zeitschrift)
EG	. . . .	Einführungsgesetz, auch Europäische Gemeinschaften
eG	. . . .	eingetragene Genossenschaft
EGAktG	. . . .	Einführungsgesetz zum Aktiengesetz
EGH	. . . .	Ehrengerichtshof
EGHGB	. . . .	Einführungsgesetz zum Handelsgesetzbuch
EG-Versicherungs-bilanz-Richtlinie	. .	Geänderter Vorschlag für eine Richtlinie des Rates über den Jahresabschluß und den konsolidierten Abschluß von Versicherungsunternehmen vom 30. Oktober 1989 (ABl. EG C 30/1990 S. 51) in der nicht veröffentlichten Fassung vom 16. April 1991
EigBG	. . . .	Eigenbetriebsgesetz
EigVO	. . . .	Eigenbetriebsverordnung
Einf.	. . . .	Einführung
Einl.	. . . .	Einleitung
EK	. . . .	Eigenkapital
EKa.	. . . .	Eigenkapital (alt)
EKn.	. . . .	Eigenkapital (neu)
EK 01	. . . .	Unbelastetes, aus ausländischen Einkünften entstandenes Eigenkapital gemäß § 30 Absatz 2 Nummer 1 des Körperschaftsteuergesetzes
EK 02	. . . .	Unbelastetes, aus steuerlichen Vermögensmehrungen entstandenes Eigenkapital gemäß § 30 Absatz 2 Nummer 2 des Körperschaftsteuergesetzes
EK 03	. . . .	Vor dem 1. 1. 1977 entstandene Altrücklagen gemäß § 30 Absatz 2 Nummer 3 des Körperschaftsteuergesetzes
EK 04	. . . .	Einlagen der Anteilseigner gemäß § 30 Absatz 2 Nummer 4 des Körperschaftsteuergesetzes
EK 36	. . . .	Ermäßigtes, mit 36% besteuertes verwendbares Eigenkapital gemäß § 30 Absatz 1 Nummer 2 des Körperschaftsteuergesetzes
EK 50	. . . .	Vollbelastetes verwendbares Eigenkapital gemäß § 30 Absatz 1 Nummer 1 des Körperschaftsteuergesetzes
EK 56	. . . .	Vollbelastetes verwendbares Eigenkapital gemäß § 30 Absatz 1 Nummer 1 des Körperschaftsteuergesetzes
EntwLStG	. . . . . .	Gesetz über steuerliche Maßnahmen zur Förderung von privaten Kapitalanlagen in Entwicklungsländern (Entwicklungsländer-Steuergesetz)
ErbbVO	. . . .	Verordnung über das Erbbaurecht
ErbSt	. . . .	Erbschaftsteuer
ErdölBevG	. . . . .	Gesetz über die Bevorratung mit Erdöl und Erdölerzeugnissen (Erdölbevorratungsgesetz)
Erl.	. . . .	Erlaß, auch Erläuterung

EStG . . . . Einkommensteuer

ESt . . . . Einkommensteuer

EStÄndG . . . . Einkommensteueränderungsgesetz

EStDV . . . . Einkommensteuer-Durchführungsverordnung

EStER . . . . Einkommensteuer-Ergänzungsrichtlinien

EStG . . . . Einkommensteuergesetz

EStR . . . . Einkommensteuer-Richtlinien

EStRG . . . . Einkommensteuer-Reformgesetz

EuGH . . . . Europäischer Gerichtshof

EV . . . . Eigentumsvorbehalt

eV . . . . eingetragener Verein

evtl. . . . . eventuell

EW . . . . Einheitswert

EWG . . . . Europäische Wirtschaftsgemeinschaft

EWGV . . . . Vertrag zur Gründung der Europäischen Wirtschaftsgemeinschaft

EWiV . . . . Europäische wirtschaftliche Interessenvereinigung

Externe RechVUVO . Verordnung über die Rechnungslegung der Versicherungsunternehmen vom 11. 7. 1973 in der Fassung der Zweiten Änderungsverordnung vom 16. 8. 1976, BGBl. I S. 2388

Externe VUReV . . . Verordnung über die Rechnungslegung der Versicherungsunternehmen vom 11. 7. 1973 in der Fassung der Dritten Änderungsverordnung vom 23. 12. 1986, BGBl. I 1987 S. 2

F

f. . . . . folgende (Seite)

FA . . . . Fachausschuß, Finanzamt

FAMA . . . . Fachausschuß für moderne Abrechnungssysteme des Instituts der Wirtschaftsprüfer in Deutschland eV (vor 1964 Fachausschuß für betriebswirtschaftliche Fragen der Mechanisierung und Automation)

FA-Recht . . . . Fachausschuß Recht des Instituts der Wirtschaftsprüfer in Deutschland eV (zuvor FART)

FART . . . . Fachausschuß für Rechts- und Treuhandfragen des Instituts der Wirtschaftsprüfer in Deutschland eV

FASB . . . . Financial Accounting Standards Board of the Financial Accounting Foundation (USA)

FAZ . . . . Frankfurter Allgemeine Zeitung

FB . . . . Finanzbehörde

FBUB . . . . Allgemeine Feuer-Betriebsunterbrechungs-Versicherungsbedingungen

FEE . . . . Fédération des Experts Comptables Européens

ff. . . . . folgende (Seiten, Paragraphen)

FFG . . . . Gesetz über Maßnahmen zur Förderung des deutschen Films (Filmförderungsgesetz)

FG . . . . Finanzgericht, Fachgutachten

FGG . . . . Gesetz über die Angelegenheiten der freiwilligen Gerichtsbarkeit

FG/IDW . . . . Fachgutachten des Instituts der Wirtschaftsprüfer in Deutschland eV

FGO . . . . Finanzgerichtsordnung

Fifo . . . . First in – first out

FinS . . . . Finanzsenator

FlurberG . . . . Flurbereinigungsgesetz

FM . . . . Finanzminister, Finanzministerium

FN . . . . Fachnachrichten des Instituts der Wirtschaftsprüfer in Deutschland eV (internes Mitteilungsblatt)

Fn. . . . . Fußnote

FöRiWWV . . . . . . Zuwendungen für wasserwirtschaftliche Maßnahmen – Förderrichtlinien der Wasserwirtschaftsverwaltung (Rheinland-Pfalz)

FR . . . . Finanz-Rundschau (Zeitschrift)

FS . . . . Festschrift

FSt . . . . Finanzen und Steuern (Zeitschrift)
FuE . . . . Forschung und Entwicklung

G

GABl. . . . . Gemeinsames Amtsblatt
GAV . . . . Gewinnabführungsvertrag
GB . . . . Geschäftsbericht
GB/BAV . . . . Geschäftsbericht des Bundesaufsichtsamtes für das Versicherungswesen
GBl. . . . . Gesetzblatt
GBlWi. . . . . Gesetzblatt der Verwaltung des Vereinigten Wirtschaftsgebietes (1947/48 GVBlWi.)
GBMaßnG . . . . . . Gesetz über Maßnahmen auf dem Gebiete des Grundbuchwesens
GBO . . . . Grundbuchordnung
GbR . . . . Gesellschaft bürgerlichen Rechts
GDV . . . . Gesamtverband der deutschen Versicherungswirtschaft eV
GebO . . . . Gebührenordnung
GEFIU . . . . Gesellschaft für Finanzwirtschaft in der Unternehmensführung eV
gem. . . . . gemäß
GemKHBVO . . . . Gemeindekrankenhausbetriebsverordnung
GemPrO . . . . Gemeindeprüfungsordnung
GenG . . . . Gesetz betreffend die Erwerbs- und Wirtschaftsgenossenschaften (Genossenschaftsgesetz)
Ges. . . . . Gesetz
GewESt . . . . Gewerbeertragsteuer
GewK . . . . Gewerbekapital
GewKSt . . . . Gewerbekapitalsteuer
GewO . . . . Gewerbeordnung
GewSt . . . . Gewerbesteuer
GewStDV . . . . . . Gewerbesteuer-Durchführungsverordnung
GewStG . . . . Gewerbesteuergesetz
GewStR . . . . Gewerbesteuer-Richtlinien
GG . . . . Grundgesetz (für die Bundesrepublik Deutschland)
ggf. . . . . gegebenenfalls
GJ . . . . Geschäftsjahr
GKG . . . . Gerichtskostengesetz
GKV . . . . Gesamtkostenverfahren
glA . . . . gleicher Ansicht
GmbH . . . . Gesellschaft mit beschränkter Haftung
GmbHG . . . . Gesetz betreffend die Gesellschaften mit beschränkter Haftung
GmbHR . . . . GmbH-Rundschau (Zeitschrift)
GO . . . . Gemeindeordnung
GoAPr. . . . . Grundsätze ordnungsmäßiger Abschlußprüfung
GoB . . . . Grundsätze ordnungsmäßiger Buchführung
GoBi . . . . Grundsätze ordnungsmäßiger Bilanzierung
GoS . . . . Grundsätze ordnungsmäßiger Speicherbuchführung
GOTV . . . . Gebührenordnung des ehemaligen Treuhandverbandes
GoU . . . . Grundsätze ordnungsmäßiger Unternehmensbewertung
GOVDB . . . . Gebührenordnung des ehemaligen Verbandes Deutscher Bücherrevisoren
GPA . . . . Gemeindeprüfungsamt
GRB . . . . Gemeinschafts-Richtlinien für die Buchführung (Das Rechnungswesen, Grundsätze und Erläuterungen, Ausgabe Industrie, bearbeitet von Dirks, herausgegeben vom BDI)
GrESt . . . . Grunderwerbsteuer
GRK . . . . Gemeinschaftsrichtlinien für die Kosten- und Leistungsrechnung (Grundsätze und Gemeinschaftsrichtlinien für das Rechnungswesen, Ausgabe Industrie Teil II)

Großkom.	Gadow/Heinichen, Aktiengesetz, Großkommentar, 3. Auflage, bearbeitet von Barz/Klug/Meyer-Landrut/Wiedemann/Brönner/Mellerowicz/Schilling/Würdinger, Berlin 1970/1973
GrS	Großer Senat
GrSt	Grundsteuer
GRUR	Gewerblicher Rechtsschutz und Urheberrecht (Zeitschrift)
GRUR Int.	Gewerblicher Rechtsschutz und Urheberrecht International (Zeitschrift)
GS	preußische Gesetzessammlung
GStA	Generalstaatsanwalt
GuV	Gewinn- und Verlustrechnung
GV	Generalversammlung, auch Gemeindeverband
GVBl.	Gesetz- und Verordnungsblatt
GVBlWi.	Gesetz- und Verordnungsblatt des Wirtschaftsrates des Vereinigten Wirtschaftsgebietes (später GBlWi.)
GWB	Gesetz gegen Wettbewerbsbeschränkungen

H

hA	herrschende Auffassung
HB	Handelsbilanz
Hbg.	Hamburg
HBG	Hypothekenbankgesetz
HdJ	Handbuch des Jahresabschlusses in Einzeldarstellungen, herausgegeben von v. Wysocki/Schulze-Osterloh, Loseblattsammlung, Köln
HdR	Handbuch der Rechnungslegung. Kommentar zur Rechnungslegung und Prüfung, herausgegeben von Küting/Weber, 3. Auflage, Stuttgart 1990
HdRKo.	Handbuch der Konzernrechnungslegung, herausgegeben von Küting/Weber, Stuttgart 1989
HdU	Handbuch der Unternehmensbesteuerung, Herausgeber: Institut der Wirtschaftsprüfer, Düsseldorf 1990
HdV	Handwörterbuch der Versicherung, herausgegeben von Farny/Helten/Koch/Schmidt, Karlsruhe 1988
HdW	Handbuch der Wirtschaftswissenschaften, herausgegeben von Hax/Wessels, 2. Auflage, Köln/Opladen 1966
Hes.	Hessen
HFA	Hauptfachausschuß des Instituts der Wirtschaftsprüfer in Deutschland eV
HFR	Höchstrichterliche Finanzrechtsprechung (Zeitschrift)
HGB	Handelsgesetzbuch
HGrG	Gesetz über die Grundsätze des Bundes und der Länder (Haushaltsgrundsätzegesetz)
HHR	Herrmann/Heuer/Raupach, Kommentar zum Einkommensteuer- und Körperschaftsteuergesetz, Loseblattsammlung (1990)
Hifo.	Highest in – first out
hM	herrschende Meinung
HMdF	Hessischer Minister der Finanzen
HR	Handelsregister
HRR	Höchstrichterliche Rechtsprechung (Zeitschrift)
Hrsg.	Herausgeber
hrsgg.	herausgegeben
Hs.	Halbsatz
HUKV	Haftpflicht-, Unfall- und Kraftfahrtversicherung
HuRB	Handwörterbuch unbestimmter Rechtsbegriffe im Bilanzrecht des HGB, herausgegeben von Leffson/Rückle/Großfeld, Köln 1986
HV	Hauptversammlung
HWA	Handwörterbuch der Absatzwirtschaft, herausgegeben von Tietz, Stuttgart 1988
HWB	Handwörterbuch der Betriebswirtschaft, herausgegeben von Grochla/Wittmann, 4. Auflage, Stuttgart 1974/1976

HWF	Handwörterbuch der Finanzwirtschaft, herausgegeben von Büschgen, Stuttgart 1976
HWÖ	Handwörterbuch der öffentlichen Betriebswirtschaft, herausgegeben von Chmielewicz/Eichhorn, Stuttgart 1989
HWR	Handwörterbuch des Rechnungswesens, herausgegeben von Kosiol/Chmielewicz/Schweitzer, 2. Auflage, Stuttgart 1981
HWRev.	Handwörterbuch der Revision, herausgegeben von Coenenberg/v. Wysokki, Stuttgart 1983

I

iaR	in aller Regel
IAS	Rechnungslegungsgrundsatz des International Accounting Standards Committee
IASC	International Accounting Standards Committee
ICAEW	Institute of Chartered Accountants in England and Wales
ICCAP	International Coordination Committee for the Accountants Profession
idF	in der Fassung
idR	in der Regel
idS	in diesem Sinne
IDW	Institut der Wirtschaftsprüfer in Deutschland eV
IDW-Aufsatz-sammlung	Rechnungslegung und Prüfung der Versicherungsunternehmen, mit Beiträgen von Angerer/Donandt/Eisold/Fandré/Fricke/Heubaum/Jäger/Minz/Richter/v. Treuberg, herausgegeben vom Institut der Wirtschaftsprüfer in Deutschland eV, 3. Auflage, Düsseldorf 1989
IDW-Fachtagung	Bericht über die Fachtagung 19 . . (Jahr) des Instituts der Wirtschaftsprüfer in Deutschland eV, Düsseldorf 19 . . (Erscheinungsjahr)
iengS	im engeren Sinne
IFAC	International Federation of Accountants
IG	Interessengemeinschaft
IHK	Industrie- und Handelskammer
IKS	Internes Kontrollsystem
IM	Innenminister/-ministerium
Inf.	Die Information über Steuer und Wirtschaft (Zeitschrift)
insb.	insbesondere
Interne RechVUVO	Verordnung über die Rechnungslegung von Versicherungsunternehmen gegenüber dem Bundesaufsichtsamt für das Versicherungswesen vom 17. 10. 1974, BGBl. I S. 2453, 1975 S. 271 = BAV-Sonderheft 9
Interne VUReV	Verordnung über die Rechnungslegung von Versicherungsunternehmen gegenüber dem Bundesaufsichtsamt für das Versicherungswesen vom 30. 1. 1987, BGBl. I S. 530 = BAV-Sonderheft 11, geändert durch die Erste Verordnung zur Änderung der Verordnung über die Rechnungslegung von Versicherungsunternehmen gegenüber dem Bundesaufsichtsamt für das Versicherungswesen vom 27. 2. 1991, BGBl. I S. 505
InvZulG	Investitionszulagengesetz
IRR	Deutsches Institut für Interne Revision, Frankfurt/Main
iSd.	im Sinne der, des, dieser
iSv.	im Sinne von
iVm.	in Verbindung mit
IWB	Internationale Wirtschafts-Briefe (Zeitschrift, Loseblattsammlung)
iwS	im weiteren Sinne

J

JA	Jahresabschluß
Jb.	Jahrbuch
JbDStJG	Jahrbuch der Deutschen steuerjuristischen Gesellschaft
JbFSt.	Jahrbuch der Fachanwälte für Steuerrecht

JFG .... Jahrbuch für Entscheidungen in Angelegenheiten der freiwilligen Gerichtsbarkeit und des Grundbuchrechts

Jg. .... Jahrgang

JR .... Juristische Rundschau (Zeitschrift)

JuS .... Juristische Schulung (Zeitschrift)

JW .... Juristische Wochenschrift (Zeitschrift)

JZ .... Juristenzeitung (Zeitschrift)

K

KA .... Konzernabschluß

KAGG .... Gesetz über Kapitalanlagegesellschaften

KapAusstVO ..... Verordnung über die Kapitalausstattung von Versicherungsunternehmen (Kapitalausstattungsverordnung)

KapErhG .... Gesetz über die Kapitalerhöhung aus Gesellschaftsmitteln und über die Gewinn- und Verlustrechnung (Kapitalerhöhungsgesetz)

KapErhStG ...... Gesetz über steuerrechtliche Maßnahmen bei Erhöhung des Nennkapitals aus Gesellschaftsmitteln und bei Überlassung von eigenen Aktien an Arbeitnehmer (Kapitalerhöhungs-Steuergesetz)

KapErtrSt .... Kapitalertragsteuer

KapErtrStDV ..... Verordnung zur Durchführung des Steuerabzuges vom Kapitalertrag

KFA .... Fachausschuß für kommunales Prüfungswesen des Instituts der Wirtschaftsprüfer in Deutschland eV

KfH .... Kammer für Handelssachen

KfW .... Kreditanstalt für Wiederaufbau

Kfz. .... Kraftfahrzeug

KG .... Kommanditgesellschaft, auch Kammergericht

KGaA .... Kommanditgesellschaft auf Aktien

KGemG/NW ..... Gesetz über kommunale Gemeinschaftsarbeit Nordrhein-Westfalen

KGG .... Kindergeldgesetz

KGJ .... Jahrbuch für Entscheidungen des Kammergerichts

KGr. .... Kontengruppe

KHBG .... Krankenhausbetriebsgesetz

KHFA .... Krankenhausfachausschuß des Instituts der Wirtschaftsprüfer in Deutschland eV

KHG .... Krankenhausgesetz/Gesetz zur wirtschaftlichen Sicherung der Krankenhäuser und zur Regelung der Krankenhauspflegesätze

KiSt .... Kirchensteuer

KJ .... Kalenderjahr

klVVaG .... kleinere(r) Versicherungsverein(e) auf Gegenseitigkeit im Sinne von § 53 VAG

KO .... Konkursordnung

Kölner Kom. ..... Kölner Kommentar zum Aktiengesetz, bearbeitet von Biedenkopf/Claussen/Geilen/Koppensteiner/Kraft/Kronstein/Lutter/Mertens/Zöllner, Köln 1970/1984

KLR .... Kosten- und Leistungsrechnung

Kom. .... Kommentar

KommPrV ...... Kommunalwirtschaftliche Prüfungsverordnung

KonBefrV .... Entwurf einer Verordnung über befreiende Konzernabschlüsse

Konzern-RR ..... Richtlinien für die Konzernrechnungslegung der Konzerngeschäftsjahre ab 1990 vom 4. 2. 1991 des Bundesaufsichtsamtes für das Versicherungswesen, VerBAV 1991 S. 81

koord. .... koordiniert(er)

KoRVU .... Kompendium zur Rechnungslegung der Versicherungsunternehmen, Band I, 2. Auflage, bearbeitet von Welzel/Mannewitz/Oos/ Reuffurth, Loseblattsammlung, Karlsruhe (1982)

KostO .... Kostenordnung

KPA .... Kommunales Prüfungsamt

KPG	Gesetz über die überörtliche Prüfung kommunaler Körperschaften und die Jahresabschlußprüfung – Kommunalprüfungsgesetz (in Schleswig-Holstein)
krit.	kritisch
KSt	Körperschaftsteuer
KStDV	Durchführungsverordnung zum Körperschaftsteuergesetz
KStG	Körperschaftsteuergesetz
KStR	Körperschaftsteuer-Richtlinien
KStRG	Körperschaftsteuerreformgesetz
KStZ	Kommunale Steuer-Zeitschrift
KSVG	Kommunalselbstverwaltungsgesetz (des Saarlandes)
KTS	Konkurs-, Treuhand- und Schiedsgerichtswesen (Zeitschrift)
KVU	Krankenversicherungsunternehmen
KVSt	Kapitalverkehrsteuern
KWG	Gesetz über das Kreditwesen

L

LB	Lagebericht
Lfg.	Lieferung
LG	Landgericht
LHO	Landeshaushaltsordnung
Lifo	Last in – first out
Littmann	Littmann/Bitz/Meincke, Das Einkommensteuerrecht, Loseblattsammlung, Stuttgart (1990)
LM	Lindenmaier/Möhring, Leitsätze und Entscheidungen des Bundesgerichtshofes, Loseblattsammlung, München
LöschG	Gesetz über die Auflösung und Löschung von Gesellschaften und Genossenschaften
Lofo	Lowest in – first out
Losebl.	Loseblattsammlung
LSt	Lohnsteuer
LStHV	Lohnsteuerhilfevereine
LStR	Lohnsteuer-Richtlinien
lt.	laut
LVU	Lebensversicherungsunternehmen
LZB	Landeszentralbank

M

MABl. Bay.	Ministerialamtsblatt der inneren Verwaltung Bayern
MaBV	Verordnung über die Pflichten der Makler, Darlehens- und Anlagenvermittler, Bauträger und Baubetreuer (Makler- und Bauträgerverordnung)
MAPI	Machinery and Allied Products Institute
maW	mit anderen Worten
MBl.	Ministerialblatt
MBl. BMF	Ministerialblatt des Bundesministers der Finanzen
MBl. BMWF	Ministerialblatt des Bundesministers für Wirtschaft und Finanzen sowie Ministerialblatt des Bundesministers der Finanzen und des Bundesministers für Wirtschaft
MBliV	Ministerialblatt für die preußische innere Verwaltung
MBl. WiA	Ministerialblatt für Wirtschaft und Arbeit
MBO	management-buy-out
MdF	Minister/Ministerium der Finanzen
MdI	Minister/Ministerium des Inneren
MdIfSp.	Ministerium des Innern und für Sport (Rheinland-Pfalz)
MDR	Monatsschrift für Deutsches Recht (Zeitschrift)

MErgGBE	....	Gesetz zur Ergänzung des Gesetzes über die Mitbestimmung der Arbeitnehmer in den Aufsichtsräten und Vorständen der Unternehmen des Bergbaus und der Eisen und Stahl erzeugenden Industrie (Mitbestimmungs-Ergänzungsgesetz)
MfInWi.	....	Minister für Inneres und Wirtschaft
MfWA	....	Minister für Wirtschaft und Arbeit
Mio.	....	Million(en)
MiStra.	....	Anordnung über die Mitteilung in Strafsachen
MitbestG	....	Gesetz über die Mitbestimmung der Arbeitnehmer (Mitbestimmungsgesetz)
Mitt.	....	Mitteilung
MittBl.	....	Mitteilungsblatt
MittBl.VfF	......	Mitteilungsblatt der Verwaltung für Finanzen
MittBl.VfW	.....	Mitteilungsblatt der Verwaltung für Wirtschaft
MittBl. WPK	.....	Mitteilungsblatt der Wirtschaftsprüferkammer (bis 1989)
mN	....	mit Nachweisen
Montan-MitbestG	...	Gesetz über die Mitbestimmung der Arbeitnehmer in den Aufsichtsräten und Vorständen der Unternehmen des Bergbaus und der Eisen und Stahl erzeugenden Industrie (Montan-Mitbestimmungsgesetz)
Mrd.	....	Milliarden
MStb	....	Der Steuerberater, Mitteilungsblatt (Zeitschrift), ab 1962 Der Steuerberater (StB)
MünchHdb.	......	Münchener Handbuch des Gesellschaftsrechts, Band 4, Aktiengesellschaft, München 1988
MünchKom.	.....	Münchener Kommentar zum Bürgerlichen Gesetzbuch mit Losebl. Ergänzungsband, herausgegeben v. Rebmann/Säcker, München
MU	....	Mutterunternehmen
MuW	....	Markenschutz und Wettbewerb (Zeitschrift), von 1901 bis 1906: Unlauterer Wettbewerb
mwH	....	mit weiteren Hinweisen
mwN	....	mit weiteren Nachweisen
MWSt	....	Mehrwertsteuer

N

NA	....	Sonderausschuß Neues Aktienrecht des Instituts der Wirtschaftsprüfer in Deutschland eV
NB	....	Neue Betriebswirtschaft (Zeitschrift)
Nds.	....	Niedersachsen/niedersächsisch
NE	....	Nicht-Eisen (-Metalle)
nF	....	neue Fassung
NF	....	Neue Folge
NJW	....	Neue Juristische Wochenschrift (Zeitschrift)
NL	....	Niederlassung
nrkr.	....	nicht rechtskräftig
Nr.	....	Nummer
NSt.	....	Neues Steuerrecht von A–Z, Loseblattsammlung, Berlin/Bielefeld
Nw.	....	Nachweisung (der Internen VUReV)
NW	....	Nordrhein-Westfalen
NWB	....	Neue Wirtschafts-Briefe (Zeitschrift, Loseblattsammlung)
nv.	....	nicht veröffentlicht

O

oä.	....	oder ähnlich
ÖPG	....	Gesetz über die Pfandbriefe und verwandten Schuldverschreibungen öffentlich-rechtlicher Kreditanstalten (Pfandbriefgesetz)
ö.-r.	....	öffentlich-rechtlich
ÖR	....	Öffentliches Recht

ÖVD	Öffentliche Verwaltung und Datenverarbeitung (Zeitschrift)
öW	Öffentliche Wirtschaft (Zeitschrift)
OECD	Organization for Economic Cooperation and Development (Organisation für wirtschaftliche Zusammenarbeit und Entwicklung), vor 1961 OEEC
OEEC	Organization for European Economic Cooperation (Organisation für europäische wirtschaftliche Zusammenarbeit) bis 1960
OFD	Oberfinanzdirektion
OFH	Oberster Finanzhof
OFHE	Sammlung der Entscheidungen des Obersten Finanzhofes
og	oben genannte(n)
OGH	Oberster Gerichtshof
OGHZ	Entscheidungen des Obersten Gerichtshofes in Zivilsachen
OHG	Offene Handelsgesellschaft
oJ	ohne Jahr
OLG	Oberlandesgericht
OLGZ	Entscheidungen der Oberlandesgerichte in Zivilsachen
oO	ohne Ortsangabe
oV	ohne Verfasser
OVG	Oberverwaltungsgericht
OWiG	Gesetz über Ordnungswidrigkeiten

P

pa.	per anno
PC	Personal Computer
PR	Preisrecht
PrB	Prüfungsbericht
PrBesBl.	Preußisches Besoldungsblatt
ProdHaftG	Gesetz über die Haftung für fehlerhafte Produkte (Produkthaftungsgesetz)
Prölss	Schmidt/Frey, Prölss Versicherungsaufsichtsgesetz, Kommentar, 10. Auflage, München 1989
PrüfO	Prüfungsordnung
PrüfVO	Verordnung über die Prüfung der Eigenbetriebe und der Einrichtungen mit Sonderrechnung (Saarland)
P/StK	Pensions- und Sterbekasse(n)
PSV	Pensions-Sicherungs-Verein aG
PublG	Gesetz über die Rechnungslegung von bestimmten Unternehmen und Konzernen (Publizitätsgesetz)

Q

QuSt	Quellensteuer

R

RA	Rechtsanwalt, auch Rechnungsabgrenzung
RAfPr.	Reichsaufsichtsamt für Privatversicherung
RAG	Rentenanpassungsgesetz
RAnz.	Deutscher Reichsanzeiger und preußischer Staatsanzeiger
RAO	Reichsabgabenordnung
RAP	Rechnungsabgrenzungsposten
RBdL	Richtlinien der Bank Deutscher Länder
RBerG	Rechtsberatungsgesetz (ursprüngliche Bezeichnung: Gesetz zur Verhütung von Mißbräuchen auf dem Gebiete der Rechtsberatung – Rechtsberatungsmißbrauchsgesetz)
RBW	Restbuchwert
RdA	Recht der Arbeit (Zeitschrift)

RdErl.	Runderlaß
RdF	Reichsminister der Finanzen
RdJ	Reichsminister der Justiz
RDM	Ring Deutscher Makler
RdSchr.	Rundschreiben
RdV	Rückstellung für drohende Verluste aus schwebenden Versicherungsgeschäften
RdVfg.	Rundverfügung
RegBegr.	Regierungsbegründung
RechbkVVO	Verordnung über die Rechnungslegung bestimmter kleinerer Versicherungsvereine auf Gegenseitigkeit im Sinne des § 53 VAG vom 18. 10. 1974, BGBl. I S. 2909 = BAV-Sonderheft 8 (siehe auch bkVReV)
RechVUVO	Verordnung über die Rechnungslegung von Versicherungsunternehmen (siehe unter Externe bzw. Interne RechVUVO)
RegBl.	Regierungsblatt
RegE	Regierungsentwurf
RfA	Rücklage für eigene Aktien
RFH	Reichsfinanzhof
RFHE	Sammlung der Entscheidungen des Reichsfinanzhofes
RG	Reichsgericht
RGBl.	Reichsgesetzblatt
RGH	Reichsgerichtshof
RGR	Reichsgerichsrat, -räte
RGS NW	Sammlung des als Landesrecht in Nordrhein-Westfalen fortgeltenden ehemaligen Reichsrechts
RGSt.	Entscheidung(en) des Reichsgerichts in Strafsachen
RGZ	Entscheidung(en) des Reichsgerichts in Zivilsachen
RH	Rechnungshof
RHeimStG	Reichsheimstättengesetz
RHG Bln.	Gesetz über den Rechnungshof von Berlin (Rechnungshofgesetz)
Rhld.	Rheinland
RhldPf.	Rheinland-Pfalz
RHO	Reichshaushaltsordnung
RIW	Recht der Internationalen Wirtschaft (Zeitschrift), vor 1975: Außenwirtschaftsdienst des Betriebs-Beraters (AWD)
RJM	Reichsjustizministerium
rkr.	rechtskräftig
RKW	Rationalisierungs-Kuratorium der Deutschen Wirtschaft eV
RKW-Nachr.	Kurznachrichten des Rationalisierungs-Kuratoriums der Deutschen Wirtschaft eV
RL	Richtlinie
RM	Reichsmark
RMBliV	Ministerialblatt des Reichs- und Preußischen Ministeriums des Inneren
RMdI	Reichsminister des Inneren
Rn.	Randnummer(n)
ROI	Return on Investment-Methode
RPbkV	Richtlinien des Bundesaufsichtsamtes für das Versicherungswesen für die Prüfung des Geschäftsbetriebs und der Vermögenslage bestimmter kleinerer Versicherungsvereine auf Gegenseitigkeit im Sinne von § 53 VAG vom 8. 11. 1974, BAV-Sonderheft 8 (siehe auch bkVPR)
RPT	Regresse, Provenues, Teilungsabkommen
RR	Regierungsrat
RRJbkV	Richtlinien des Bundesaufsichtsamtes für das Versicherungswesen für die Aufstellung des Rechnungsabschlusses und des Jahresberichts bestimmter kleinerer Versicherungsvereine auf Gegenseitigkeit im Sinne von § 53 VAG vom 14. 11. 1974, BAV-Sonderheft 8 (siehe auch bkVReV)
RRVU	Richtlinien des Bundesaufsichtsamtes für das Versicherungswesen für die Aufstellung des zu veröffentlichenden Rechnungsabschlusses von Versicherungsunternehmen vom 2. 11. 1981, BAV-Sonderheft 10 (siehe auch VUBR)

RSiedlG	Reichssiedlungsgesetz
Rspr.	Rechtsprechung
RStBl.	Reichssteuerblatt
RuPrMdI	Reichs- und Preußischer Minister des Inneren
RuPrVerwBl.	Reichs- und Preußisches Verwaltungsblatt
RVO	Reichsversicherungsordnung, auch Rechtsverordnung
RVU	Rückversicherungsunternehmen
RWM	Reichswirtschaftsminister, Reichswirtschaftsministerium
RWMBl.	Ministerialblatt des Reichswirtschaftsministers
RWP	Rechts- und Wirtschaftspraxis, Blattei-Handbuch (Zeitschrift)

S

S.	Seite, auch Satz
s.	siehe
Sa.	Summe
Saar	Saarland
SABI	Sonderausschuß Bilanzrichtlinien-Gesetz des Instituts der Wirtschaftsprüfer in Deutschland eV
SaBl.	Sammelblatt für Rechtsvorschriften des Bundes und der Länder
SaErl.	Sammelerlaß
Sammlg. IDW FG/St	Die Fachgutachten und Stellungnahmen des Instituts der Wirtschaftsprüfer auf dem Gebiete der Rechnungslegung und Prüfung, Loseblattsammlung, Düsseldorf
SaRdSchr.	Sammelrundschreiben
Schadenrück-stellung(en)	Rückstellung für noch nicht abgewickelte Versicherungsfälle
SchBG	Gesetz über Schiffspfandbriefbanken (Schiffsbankgesetz)
ScheckG	Scheckgesetz
SchlH	Schleswig-Holstein
Schmidt, L.	Schmidt, Ludwig, Einkommensteuergesetz, Kommentar, 9. Auflage, München 1990
Schr.	Schreiben
SchVU	Schaden- und Unfallversicherungsunternehmen
Schwankungsrück-stellung(en)	Rückstellung zum Ausgleich des schwankenden Jahresbedarfs
SchwbWV	Dritte Verordnung zur Durchführung des Schwerbehindertengesetzes – Werkstättenverordnung Schwerbehindertengesetz
sd.	siehe dort
sE	seines Erachtens
Sen.	Senat(or)
sG	selbst abgeschlossenes (Versicherungs-)Geschäft
SGV NW	Bereinigte Sammlung zum Gesetz- und Verordnungsblatt für das Land Nordrhein-Westfalen
SJZ	Süddeutsche Juristenzeitung (Zeitschrift)
SKV	Staats- und Kommunalverwaltung (Zeitschrift)
SMBl. NW	Sammlung des bereinigten Ministerialblattes für das Land Nordrhein-Westfalen
so.	siehe oben
sog.	sogenannt(e)
Sp.	Spalte
SparPrG	Sparprämiengesetz
SpkG	Sparkassengesetz
SSAP	Statement of Standard Accounting Practice Nr. . . . des Institute of Chartered Accountants in England and Wales
St	Stellungnahme
StÄndG	Steueränderungsgesetz
StAnpG	Steueranpassungsgesetz

StAnz.	Staatsanzeiger
Stat. Jahrb.	Statistisches Jahrbuch 19. . . für die Bundesrepublik Deutschland
StB	Steuerberater (Berufsbezeichnung), auch Der Steuerberater (Zeitschrift), Steuerbilanz
StBerG	Gesetz über die Rechtsverhältnisse der Steuerberater und Steuerbevollmächtigten (Steuerberatungsgesetz)
StBFG	Städtebauförderungsgesetz (Gesetz über städtebauliche Sanierungs- und Entwicklungsmaßnahmen in den Gemeinden)
StBGebV	Steuerberatergebührenverordnung
StBG	Steuerberatungsgesellschaft
Stbg.	Die Steuerberatung (Zeitschrift)
StBHb.	Steuerberater-Handbuch 1990, herausgegeben vom Deutschen Steuerberaterverband eV, Bonn 1990
StbJb.	Steuerberater-Jahrbuch 19. ., herausgegeben im Auftrag des Fachinstituts der Steuerberater von Curtius-Hartung/Herzig/Niemann, Köln
StBK	Steuerberaterkammer
StBKR	Steuerberaterkongreß-Report 19. ., herausgegeben von der Steuerberaterkammer und dem Deutschen wissenschaftlichen Institut der Steuerbevollmächtigten, München
StBp.	Die steuerliche Betriebsprüfung (Zeitschrift)
StBv.	Steuerbevollmächtigte(r)
StEK	Steuererlasse in Karteiform (Steuererlaßkartei) Loseblattsammlung, Köln
StFA	Steuerfachausschuß des Instituts der Wirtschaftsprüfer in Deutschland eV
StGB	Strafgesetzbuch
StiftG	Stiftungsgesetz
StLex.	Steuerlexikon, Loseblattsammlung, Achim/Bremen
StPÄG	Gesetz zur Änderung der Strafprozeßordnung und des Gerichtsverfassungsgesetzes
Stpfl.	Steuerpflichtige(r)
StPO	Strafprozeßordnung
str.	strittig
StRG	(Erstes) Gesetz zur Reform des Strafrechts
StRK	Steuerrechtsprechung in Karteiform, Loseblattsammlung, Köln
stRspr.	ständige Rechtsprechung
StuW	Steuer und Wirtschaft (Zeitschrift)
StuZBl.	Steuer- und Zollblatt
StWa.	Steuerwarte (Zeitschrift)
SVAG	Sozialversicherungs-Anpassungsgesetz

T

Tarif-VO	Verordnung über die Tarife in der Kraftfahrtversicherung
TDM	Tausend DM
TIAVSC	The International Assets Valuation Standard Committee
TRC	Technical Research Committee
Trh.	Treuhänder
TrV	Transportversicherung
TV	Treuhandverband
Tz.	Textziffer

U

ua.	unter anderem
uä.	und ähnliche(s)
uam.	und andere(s) mehr
udgl.	und dergleichen
uE	unseres Erachtens

UEC	Union Européenne des Experts Comptables Economiques et Financiers
üG	in Rückdeckung übernommenes (Versicherungs-)Geschäft
UKV	Umsatzkostenverfahren
UmwG	Umwandlungsgesetz
UmwStG	Gesetz über Steuererleichterungen bei der Umwandlung von Kapitalgesellschaften und bergrechtlichen Gewerkschaften (Umwandlungs-Steuergesetz)
UPR	Unfallversicherung mit Prämienrückgewähr
UR	Umsatzsteuer-Rundschau (Zeitschrift) ab 1984, zuvor UStR
UrhG	Gesetz über Urheberrecht und verwandte Schutzrechte (Urheberrechtsgesetz)
UrhWahrnG	Gesetz zur Wahrnehmung von Urheberrechten und verwandten Schutzrechten (Urheberrechtswahrnehmungsgesetz)
Urt.	Urteil
USt	Umsatzsteuer
UStR	Umsatzsteuer-Rundschau (Zeitschrift) bis 1983
uU	unter Umständen
UVNG	Unfallversicherungs-Neuregelungsgesetz
UWG	Gesetz gegen den unlauteren Wettbewerb

V

v.	von, vom
VAG	Gesetz über die Beaufsichtigung der privaten Versicherungsunternehmen (Versicherungsaufsichtsgesetz)
vBP	vereidigte(r) Buchprüfer (Berufsbezeichnung)
VDB	Verband Deutscher Bücherrevisoren
VDI	Verein Deutscher Ingenieure
VDMA	Verband Deutscher Maschinen- und Anlagenbau
vEK	verwendbares Eigenkapital
VerAfP	Veröffentlichungen des Reichsaufsichtsamtes für Privatversicherung
VerBAV	Veröffentlichungen des Bundesaufsichtsamtes für das Versicherungswesen (bis 1972: . . . und Bausparwesen)
VermBDV	Verordnung zur Durchführung des Vermögensbildungsgesetzes
VermBG	Gesetz zur Vermögensbildung der Arbeitnehmer (Vermögensbildungsgesetz)
VeröffVW	Veröffentlichungen des Zonenamtes für das Versicherungswesen in Abwicklung
Versicherungs-enzyklopädie	Große/Müller-Lutz/Schmidt, Versicherungsenzyklopädie Bd. 1 bis 5, 3. Auflage des Versicherungswirtschaftlichen Studienwerks, Wiesbaden 1989
VersR	Versicherungsrecht (Zeitschrift)
VersRdsch.	Versicherungs-Rundschau (Zeitschrift)
VerwArch.	Verwaltungsarchiv (Zeitschrift)
VerZfVW	Veröffentlichungen des Zonenamtes für das Versicherungswesen in Abwicklung
Vfg.	Verfügung
VFA	Versicherungsfachausschuß des Instituts der Wirtschaftsprüfer in Deutschland eV
VfW	Verwaltung für Wirtschaft
VG	Verwaltungsgericht
vGA	Verdeckte Gewinnausschüttung
VGH	Verwaltungsgerichtshof
vgl.	vergleiche
vH	vom Hundert
VJ	Vorjahr
VN	Versicherungsnehmer
VO	Verordnung

VOB	Verdingungsordnung für Bauleistungen
VOBl. Bln.	Verordnungsblatt für Berlin
VOBl. BZ	Verordnungsblatt für die Britische Zone
VÖV	Verband öffentlicher Verkehrsbetriebe
VOL	Verdingungsordnung für Leistungen (ausgenommen Bauleistungen)
Vorbem.	Vorbemerkung
VP	Die Versicherungspraxis (Zeitschrift)
VRG	Vorruhestandsgesetz (Ges. zur Förderung von Vorruhestandsleistungen. Art. 1 des Ges. zur Erleichterung des Übergangs vom Arbeitsleben in den Ruhestand)
VSt	Vermögensteuer
vT	vom Tausend
VU	Versicherungsunternehmen
VUBR	Bilanzierungsrichtlinien für VU des Bundesaufsichtsamtes für das Versicherungswesen vom 30. 12. 1987, BAV-Sonderheft 12
VV	Versicherungsvertrag (-verträge)
VVaG	Versicherungsverein auf Gegenseitigkeit
VVG	Versicherungsvertragsgesetz
VW	Versicherungswirtschaft (Zeitschrift)
VWG	Vereinigtes Wirtschaftsgebiet (der ehemaligen Westzonen)
VwGO	Verwaltungsgerichtsordnung
VwZG	Verwaltungszustellungsgesetz
VZ	Veranlagungszeitraum
Vz.	Versicherungszweig

W

WBW	Wiederbeschaffungswert
WEG	Gesetz über das Wohnungseigentum und Dauerwohnrecht (Wohnungseigentumsgesetz)
WertR	Richtlinien für die Ermittlung des Verkehrswertes von Grundstücken (Wertermittlungs-Richtlinien)
WertV	Verordnung über die Grundsätze für die Ermittlung des Verkehrswertes von Grundstücken (Wertermittlungsverordnung)
WFA	Wohnungswirtschaftlicher Fachausschuß des Instituts der Wirtschaftsprüfer in Deutschland eV
WG	Wechselgesetz
WGG	Gesetz über die Gemeinnützigkeit im Wohnungswesen (Wohnungsgemeinnützigkeitsgesetz)
WGGDV	Durchführungsverordnung zum Gesetz über die Gemeinnützigkeit im Wohnungswesen
WIBAU-Liste	Baugeräte-Liste (Bauverlag GmbH, Wiesbaden)
WiGBl.	Gesetzblatt der Verwaltung des Vereinigten Wirtschaftsgebietes
WiKG	Gesetz zur Bekämpfung der Wirtschaftskriminalität
WiMin.	Wirtschaftsministerium
WiR	Wirtschaftsrecht (Zeitschrift)
WiSt	Wirtschaftswissenschaftliches Studium (Zeitschrift)
WiStG	Wirtschaftsstrafgesetz
wistra	Zeitschrift für Wirtschaft, Steuer, Strafrecht
WISU	Das Wirtschaftsstudium (Zeitschrift)
WJ	Wirtschaftsjahr
WM	Wertpapier-Mitteilungen, Teil IV (Zeitschrift)
WoBauG	Wohnungsbaugesetz
WoPDV	Verordnung zur Durchführung des Wohnungsbau-Prämiengesetzes
WoPG	Wohnungsbau-Prämiengesetz
WP	Wirtschaftsprüfer (Berufsbezeichnung)
WPg.	Die Wirtschaftsprüfung (Zeitschrift)
WPG	Wirtschaftsprüfungsgesellschaft

WPGO	Gebührenordnung für Pflichtprüfungen der Wirtschaftsprüfer
WPH	WP-Handbuch
WP-Jahrb.	Wirtschaftsprüfer-Jahrbuch (die Ausgaben 1951 und 1954 des WPH)
WPK	Wirtschaftsprüferkammer
WPK-Mitt.	Wirtschaftsprüferkammer-Mitteilungen (Zeitschrift)
WPO	Wirtschaftsprüferordnung
WPr.	Der Wirtschaftsprüfer (Zeitschrift)
WRV	Warenrückvergütung
WSI	Mitteilungen des Wirtschafts- und Sozialwissenschaftlichen Instituts der Gewerkschaften (Zeitschrift)
WStB	Wirtschafts- und Steuerberatung, Loseblatt-Zeitschrift für Berufsrecht und Berufspraxis der wirtschafts- und steuerberatenden Berufe (bis 1957 erschienen)
WT	Der Wirtschaftstreuhänder (Zeitschrift und frühere Berufsbezeichnung)
WT-Jahrb.	Wirtschaftstreuhänder-Jahrbuch
Wü.	Württemberg
WüBa.	Württemberg-Baden
WüHo.	Württemberg-Hohenzollern

Z

z.	zu, zum, zur
zB	zum Beispiel
ZfB	Zeitschrift für Betriebswirtschaft
ZfbF	Zeitschrift für betriebswirtschaftliche Forschung (ab 1964, bis 1963: ZfhF)
ZfG	Zeitschrift für das gesamte Genossenschaftswesen
ZfhF	Zeitschrift für handelswissenschaftliche Forschung (bis 1963, ab 1964: ZfbF)
ZfKuTrhW	Konkurs- und Treuhandwesen (Zeitschrift) 1.–15. Jg. (1927–1941), ab 16. Jg. (1955): Konkurs-, Treuhand- und Schiedsgerichtswesen (KTS)
ZfO	Zeitschrift für Organisation
ZfR	Zeitschrift für das gesamte Rechnungswesen
ZfV	Zeitschrift für Versicherungswesen
ZGR	Zeitschrift für Unternehmens- und Gesellschaftsrecht
ZHK	Zeitschrift für das gesamte Handels- und Konkursrecht bis 123. Bd. (1960), ab 124. Bd. (1962): ZHR
ZHR	Zeitschrift für das gesamte Handelsrecht und Wirtschaftsrecht ab 124. Bd. (1962), zuvor ZHK
Ziff.	Ziffer
ZIP	Zeitschrift für Wirtschaftsrecht (bis 1982: Zeitschrift für Wirtschaftsrecht und Insolvenzpraxis)
ZIR	Zeitschrift Interne Revision
ZKW	Zeitschrift für das gesamte Kreditwesen
ZögU	Zeitschrift für öffentliche und gemeinwirtschaftliche Unternehmen
ZöW	Zeitschrift für öffentliche Wirtschaft
ZonRFG	Gesetz zur Förderung des Zonenrandgebietes (Zonenrandförderungsgesetz)
ZPO	Zivilprozeßordnung
ZRP	Zeitschrift für Rechtspolitik
zst.	zustimmend
zT	zum Teil
ztr.	zutreffend
ZuSEG	Gesetz über die Entschädigung von Zeugen und Sachverständigen
ZVEI	Zentralverband der elektrotechnischen Industrie eV
ZVersWiss	Zeitschrift für die gesamte Versicherungswissenschaft
ZVG	Gesetz über die Zwangsversteigerung und die Zwangsverwaltung
zZ	zur Zeit
zzgl.	zuzüglich

– – bei Kreditinstituten J 92, 109
– – bei Prüfungen nach MaBV O 859
– – bei bestimmten kleineren VVaG
  O 638
– – bei Wirtschaftsbetrieben der öffentlichen Hand O 699 f.
– im Depotprüfungsbericht O 843
– – des Wertpapierhandelsgeschäfts J
  120
–, Maßnahmen der – im Abhängigkeitsbericht F 715
Organisationsfonds
–, Bilanzierung des – K 181 ff.
– im Konzernabschluß K 416
–, Zahlungen für den – K 131
– – von Nichtgesellschaftern K 182 f.
Organisationskosten
– in der Bilanz E 50, F 59
– in der Steuerbilanz F 60
Organkredite
– im Anhang F 590
– – der Versicherungsunternehmen K
  118
– in der Bilanz
– – der Kapitalgesellschaften F 96,
  98, 110, 123
– – der Versicherungsunternehmen K
  170
–, Prüfung der – P 350
– – bei Kreditinstituten J 86
– im Prüfungsbericht P 350 ff.
Organmitglieder
–, Abfindungen an – F 306, 442, 586
– bei Ermittlung der Beschäftigtenzahl nach PublG H 27
–, Aufwendungen für Altersversorgung und Unterstützung der – F
  311 ff., 442, 577
–, Beherrschung durch Personenidentität der – R 123
–, Forderungen an – F 96, 98, 442
–, Gewinnbeteiligungsvertrag mit – R
  267
– im Anhang
– – der Genossenschaften G 19
– –, Bezüge der – F 421, 442, 574 ff.
– –, Haftungsverhältnisse zugunsten
  von – F 241, 441, 442, 593
– –, Kredite an – F 442, 577, 590
– –, Namen der – F 442, 596

– –, Reisespesen der – F 579
–, Policendarlehen an – K 118
–, Wohnungsbaudarlehen an – X 35,
  39
Organschaft
–, Steuerausweis bei – F 362
–, Gewinnabführungsvertrag bei – R
  259
– bei Unternehmensvertrag mit Gesellschaft mbH R 310
Örtliche Prüfung L 60, X 115
Ortsangabe
– im Bestätigungsvermerk O 453
– im Prüfungsbericht O 199
– im Versagungsvermerk O 416
– in der Firma der WPG A 125, 126

P

Pachtaufwand
– in der GuV F 322
–, vorausgezahlter – E 172
Pachteinnahmen
–, Bilanzierung der – E 23, F 280, 292
Pachtverträge
–, Bilanzierung bei – E 23, 130, F 507
–, Wiederherstellungsverpflichtungen
  uä. aus – E 130 f.
Pachtvorauszahlungen E 23, 172
Paketbesitz
–, beherrschender Einfluß bei – R 124
Parkplätze
–, Ausweis der – F 73
Parteien
–, Prüfungsvermerk zum Rechen-
  schaftsbericht der – O 902 f.
–, Prüfungsvorschrift für – D 18
Partenreedereien
–, Anteile an – bei Versicherungsunter-
  nehmen K 125, 129, 361
Parzellierung
– bei der Grundstücksbewertung E
  334
Passiva F 147 ff.
–, Prüfung der – P 371 ff.
Passive Rückversicherung
– *siehe unter Rückversicherungsge-
  schäft*

Pfandbestellungen
- im Anhang F 504

Pfandbriefe
-, Bilanzierung der - F 93

Pfandgeld
-, Rückstellung für - E 110, F 104

Pfandrechte
- an Grundstücken und Schiffen bei Versicherungsunternehmen K 100
- bei den Haftungsverhältnissen F 240
- im Anhang F 504
-, Prüfung der - P 411 ff.

Pflegeheime
-, Prüfungsbericht und -vermerk bei - O 672 ff.
-, Prüfungsvorschrift für - D 31

Pfleger
- Berufsaufgabe des WP A 32

Pflegesatzprüfung D 12

Pflichtfeststellungen
- im Konzernprüfungsbericht O 234 ff.
- im Prüfungsbericht O 72 ff.

Pflichtgemäßes Ermessen
- siehe unter Ermessen

Pflichtprüfung
-, Bestätigungsvermerk bei - O 296 ff.
-, Berufsbezeichnung bei der - A 175
- erstmals nach BiRiLiG X 158
- bei Konzernbeziehungen X 10
-, Satzungsbestimmungen als Gegenstand der - X 78
-, steuerrechtliche Vorschriften bei der - X 7
- und Unterschlagungsprüfung P 3, X 12

Pflichtversicherungsunternehmen K 12

Pharmarisiken
-, Rückstellung für - siehe unter Großrisikenrückstellung

Planierungskosten
- bei der Grundstücksbewertung E 334

Planmäßigkeit
-, Grundsatz der - der Abschreibungen E 264, 256

Planung
- der Prüfung siehe unter Prüfungsplanung

Planungskosten
-, Anzahlungen auf - bei Versicherungsunternehmen K 96
- bei Ermittlung der Herstellungskosten E 241, 249

Planungsrechnung
-, Prüfung der - bei Krankenhäusern O 652

Platzbefestigungen
- in der Steuerbilanz E 338

Plausibilitätsbeurteilung
- bei der Abschlußprüfung K 508 f., P 24, 51 ff
- -, Begriff - P 51
- -, Zeitpunkt der - P 56 f.
- -, Aussagefähigkeit der - P 55
- - der Beitragsüberträge K 522
- - der Deckungsrückstellung K 541
- - der Schadenrückstellung K 525

Policendarlehen
-, Ausweis der - K 114, 116
-, Bewertung der - K 117
-, Charakter der - K 115
- an Organmitglieder K 118

Pooling-of-Interests
-, Methode - M 420 ff.

Poolvertrag
-, Unternehmenseigenschaft bei - R 49
-, Abhängigkeit bei - R 114

Portefeuille-Austrittsbeiträge K 155 f.

Portokosten F 302
-, Ausweis der - beim Umsatzkostenverfahren F 400

Postenbezeichnung
-, Anpassung der - F 20, 190
- - in der Bilanz
- - - der Genossenschaften G 5
- - - der Kreditinstitute J 62
- - - nach PublG H 31
- - in der GuV
- - - der Kapitalgesellschaften F 253
- - - der Kreditinstitute J 62
-, Kurzfassung der - F 253

Postenerläuterung
- im Konzernprüfungsbericht O 242 ff.
- im Prüfungsbericht O 43 ff., 97 ff.

Postenhinzufügung F 18, 246 f.

–, Sozietät mit – A 160
–, *Examen der – siehe unter Buchprü-fer-Examen*
Vereinbare Tätigkeiten
– des WP 24, 25 ff.
– der StB C 48
Vereine
–, Geltung des PublG für – H 5
–, Rechnungslegung der – F 9
–, Unternehmenseigenschaft der – R 48
Vereinfachte Kapitalherabsetzung
– bei gleichzeitiger Kapitalerhöhung F 152
–, Einstellung in die Kapitalrücklage bei – F 388, 442
–, Nichtigkeit des Beschlusses zur – S 20, 22, 119 f.
–, Verlustausgleich bei – R 302
Verfahrensdokumentation
–, Prüfung der – K 524
– im Prüfungsbericht K 497
Verfahrensprüfung
– bei Versicherungsunternehmen K 510
Verfügungsbeschränkungen
– bei Prüfung der Kreditinstitute J 101
– bei Wertpapieren der Versiche-rungsunternehmen K 134
Verfüllungskosten
–, Rückstellung für – E 131
Vergleichbarkeit
– des Jahresabschlusses E 198, F 13, 19, 255
– – bei Bewertungsänderung E 203
–, Angaben zur – im Anhang F 465 ff., 472 f., 475 f., 529, 530, 531
Vergleichsantrag
–, Frist für den – T 1
Vergleichsbewertung
– bei Bewertungsvereinfachungsver-fahren F 482
Vergleichsordnung
–, Geltung der – in den neuen Bundes-ländern T 4
Vergleichsverwalter
–, WP als – A 32
–, Honorar des – A 352

Vergleichszahlen
– im Jahresabschluß E 412, X 66
– – der Kapitalgesellschaften F 11 ff., 442, 475 ff., 531
–, Prüfung mit Hilfe von – P 53
–, Prüfung der – X 66
– im Konzernabschluß X 66
– *Vorjahreszahlen siehe dort*
Vergütung
– an persönlich haftende Gesellschaf-ter F 308
Verhältnismäßigkeit
– *siehe unter Wesentlichkeit*
Verjährungsfrist
– bei Treuhandtätigkeit A 22
– für Pflichtverletzungen des WP A 255, 262, 266
– für Schadensersatzansprüche des Auftraggebers des WP A 324 ff.
Verkaufsabteilungen
–, Aufwendungen der – beim Umsatz-kostenverfahren F 399 f.
Verkaufserlöse
–, Prüfung der – bei Verkauf an Mitar-beiter P 282
– *Umsatzerlöse siehe dort*
Verkaufsorganisation
– als Maßstab für Umsatzaufgliede-rung F 535
Verkehrsbetriebe
–, Gliederung
– – des Jahresabschlusses der – L 8 f., 16 ff.
– – des Konzernabschlusses der – L 8
–, Finanzzuschläge bei – X 8
– *siehe auch unter Eigenbetriebe*
Verkehrsopferhilfe K 271
–, Aufwendungen für – K 323
–, Rückstellung für – K 268
Verkehrswert
– bei der Grundstücksbewertung E 334
– bei Ermittlung der Unterbilanz T 12
Verlagsrechte
–, Bilanzierung der – E 52, 325 ff.
Verlautbarungen des IDW X 2 ff.
Verleger
–, WP als – A 34
Verlustabdeckung
– aus Kapitalrücklagen F 174
–, Verpflichtungen zur –

Wechselverkehr
–, Prüfung des – P 227 ff.
Wechselzinsen F 340
Wegeausbaukosten
–, Bilanzierung von – E 338
Wegerecht
– in der Steuerbilanz E 338
Weihnachtsgratifikation
–, Ausweis der – F 303
–, Rückstellung für – E 121
Wein
–, Anschaffungskosten des – E 229
Weisungsbefugnis
– bei Beherrschungsvertrag R 248
– bei Betriebspachtvertrag R 270
– bei Unternehmensvertrag R 279
– *siehe auch unter Direktionsmöglichkeit und Leitungsmacht*
Weltabschluß M 152
–, Stellungnahmen des IDW-Arbeitskreises zum – X 74
Werbeabteilung
–, Aufwendungen der – beim Umsatzkostenverfahren F 399 f.
Werbeaufwand
–, Abgrenzung des – E 172
–, Rückstellungen für unterlassenen – E 163
– in der GuV F 302
–, Aktivierungswahlrecht für – bei Versicherungsunternehmen K 82 f.
Werbedrucksachen
–, Aufwendungen für – bei Versicherungsunternehmen K 34
Werbefeldzug
–, Aufwandsrückstellung für – E 163
Werbekosten
– beim Umsatzkostenverfahren F 400
Werbeverbot
– für WP A 235 ff.
Werkleiter
–, Bezüge des – L 25
Werksausschuß
–, Bezüge der Mitglieder des – L 25
Werkstätten
–, Bilanzierung der Einrichtung von – F 77
– *für Behinderte siehe dort*
Werkstattinventur
–, systemgestützte – E 16

Werkstoffe
–, Begriff – E 239
–, Ermittlung des Verbrauchs von – E 239
Werksverpflegung
– im Lagebericht F 660
Werkswohnungen
– im Lagebericht F 660
–, Erlöse aus – F 280
–, Zuschüsse für – F 314
Werkvertrag
– des WP A 262, 293
– –, Kündigung des – A 290
– –, Schadensersatzansprüche aus – A 327
Werkzeuge
– bei Ermittlung der Herstellungskosten E 241
–, Bilanzierung der – E 320, F 77
Wertänderungen nach DM-Bilanzgesetz
– *siehe unter Bilanzänderung*
Wertansatz
–, Wahlrechte für den – E 193, 301, F 452 ff.
– in der Probebilanz nach PublG H 16
Wertaufhellende Tatsachen
–, Abgrenzung der – von wertbeeinflussenden E 195
– bei der Bewertung E 195 f., 393, X 11
– im Lagebericht F 664
– bei der Prüfung P 450
Wertaufholungen E 312 ff., F 35 ff.
–, Auswirkungen von – auf die Steuerbilanz E 424
– im Anhang
–, Eliminierung von Zwischengewinnen nach – M 310
–, Einstellung von – in Gewinnrücklagen F 195 f., 442, 523
–, unterlassene – bei Genossenschaften G 8
Wertaufholungsgebot E 311 ff., F 35 ff.
–, Abgrenzung des – für Nicht-Kapitalgesellschaften E 266, G 8
– im Anhang F 39, 442, 456, 467, 547, 558
–, Ausnahmen vom – F 37 f.
– nach PublG H 32

Notizen

Notizen

Notizen

Notizen

Notizen